LE GUIDE BETTANE & DESSEAUVE DES VINS DE FRANCE

Auteurs
Michel Bettane et Thierry Desseauve

Direction d'ouvrage
Alain Chameyrat et Florence Lécuyer

Dégustations
Michel Bettane, Alain Chameyrat, Guy Charneau, Thierry Desseauve, Hélène Durand, Denis Hervier, Antoine Petrus, Guillaume Puzo, Véronique Raisin et Barbara Schroeder

Coordination éditoriale
Éditions de La Martinière : Antoine Cam
BDT Médias : Lisa Henry, Éric Minet, Murielle Riffault, Pierre Alain Robert, Nicolas de Rouyn, Andrée Virlouvet, SANVIC, assistés par Quitterie Allard (caviste), Anne-Cécile Collard, Emma Hayes, Mélissa Pandor, Anaïs Voillot

Conception et animation base de données
Jean-Paul Viau

Développement informatique et conception du site internet des producteurs
VG InfoService : Vincent Guilbert

Conception graphique de la couverture
Valérie Gautier

Conception graphique de l'intérieur et réalisation
Hicham Abou Raad

Portraits auteurs
Photographie ©Mathieu Garçon

Cartographie
Légendes Cartographie

Fabrication
Marie-Hélène Lafin

Sites internet
Edition : Youri Soltys

Connectez-vous sur :
www.lamartinieregroupe.com
www.bettanedesseauve.com
www.mybettanedesseauve.com

ISBN : 978-2-7324-5028-5

LE GUIDE BETTANE & DESSEAUVE DES VINS DE FRANCE

Éditions
de La Martinière

Sommaire

L' ANNÉE DU VIN

GUIDE DES VINS

Les vignobles de France

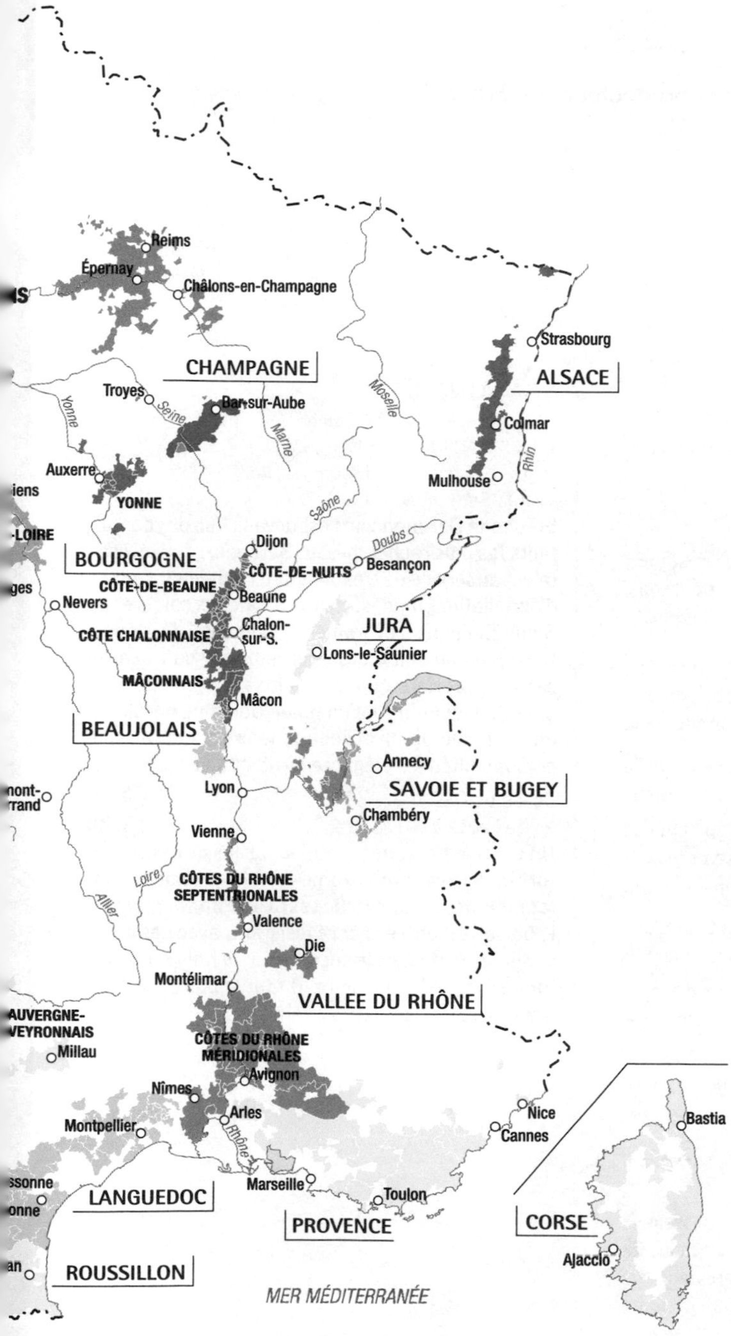

Reims
Épernay
Châlons-en-Champagne
CHAMPAGNE
Troyes
Seine
Bar-sur-Aube
Marne
Yonne
Auxerre
YONNE
ALSACE
Strasbourg
Colmar
Mulhouse
Rhin
Moselle
Saône
Doubs
Dijon
BOURGOGNE
CÔTE-DE-NUITS
Besançon
CÔTE-DE-BEAUNE
Beaune
Nevers
CÔTE CHALONNAISE
Chalon-sur-S.
JURA
Lons-le-Saunier
MÂCONNAIS
Mâcon
BEAUJOLAIS
Annecy
SAVOIE ET BUGEY
Lyon
Chambéry
Vienne
Loire
Allier
CÔTES DU RHÔNE SEPTENTRIONALES
Valence
Die
Montélimar
VALLEE DU RHÔNE
AUVERGNE-
VEYRONNAIS
Millau
CÔTES DU RHÔNE MÉRIDIONALES
Avignon
Nîmes
Arles
Rhône
Montpellier
Nice
Cannes
Bastia
Marseille
Toulon
LANGUEDOC
PROVENCE
CORSE
Ajaccio
ROUSSILLON
MER MÉDITERRANÉE

Le mode d'emploi du guide

> Les meilleurs producteurs de France

Classification du producteur de 0 BD à 5 BD pour l'ensemble de sa production actuelle.

Nom du domaine, de la cave ou de la maison : les producteurs sont classés par ordre alphabétique.

Coordonnées complètes.

Notre commentaire sur le producteur : sa situation, son actualité, le style de ses vins.

Notre sélection des meilleurs vins actuellement disponibles chez ce producteur.

Nom du vin, de la cuvée et du millésime.

☺ « Le bonheur tout de suite ! » : indique un vin particulièrement savoureux et accessible dès maintenant.

Couleur et catégorie (moelleux, sec...) du vin.

Date d'apogée de consommation prévisible.

Prix indicatif d'une bouteille dans le commerce de détail ou à la propriété.

Note B&D du vin sur 20.

Notre commentaire sur ce vin.

Prix des lecteurs Bettane+Desseauve Retrouvez les vins élus Ⓜ par nos lecteurs dans les restaurants et bars Mercure

DOMAINE DE L'A BD BD BD

Lieu-dit Fillol • 33350 Sainte-Colombe
Tél. 05 57 24 60 29 • Fax : 05 57 24 75 95
contact@vigneronsconsultants.com
Visite : Sur rendez-vous.

Stéphane Derenoncourt est devenu l'un des consultants les plus recherchés de Bordeaux. Il a mis son talent au service de très nombreux crus, qu'il s'agisse d'appellations modestes ou de châteaux célèbres de Saint-Émilion ou de Pomerol, mais aussi du Médoc. Il est passionnant d'observer le travail qu'il réalise dans la propriété qu'il a acquise avec son épouse à Castillon, et qu'ils ont nommée Domaine de l'A. En moins d'une demi-décennie, le cru a imposé une personnalité très élégante, profonde et onctueuse.

Côtes de Castillon 2007 Ⓜ ☺
Rouge | 2012 à 2017 | 28 € **15/20**

Un vin très personnel, issu de raisins de haute maturité, délivrant des arômes de prune et de chocolat noir, doté d'une riche texture. Pour le moment le boisé se montre encore insistant, avec des notes vanillées fortes, et le sucre venu du bois renforce l'impression de moelleux. Il faut le boire à table, à température pas trop chambrée.

Éditorial
Abondance de biens

Jamais au cours de sa très longue et riche histoire le vignoble français n'avait démontré autant de variété et de qualité dans sa production. Alors qu'on l'imaginait attaqué sur ses fondements mêmes il y a une quinzaine d'années – tant par un désintérêt programmé des jeunes générations pour le vin que par une nouvelle concurrence internationale - il a au contraire su séduire de nouveaux consommateurs buvant moins mais mieux en Europe et conquérir de nouveaux marchés à l'export. Avec un principe de base : un immense réservoir de vins et de vignerons à forte personnalité et sachant cultiver leurs différences. De ce fait, jamais il n'a été plus nécessaire de publier un guide pour permettre à tous ceux qui n'ont pas notre (harassante) chance de sillonner chaque année les vignobles du pays, de s'y retrouver et de choisir les bonnes bouteilles qui correspondent à leur goût et à leurs envies. Rappelons en introduction les principes intangibles qui ont contribué à la réalisation de la sixième édition du guide Bettane & Desseauve :

Sélectif. Nous dégustons chaque année le plus exhaustivement possible ce qui se produit en France. Avec notre équipe, nous avons dégusté près de 50 000 vins pour en sélectionner un sur six.

Indépendant. Nous sommes avant tout des journalistes amoureux du bon vin. Nous ne vendons pas de vin, nous ne sommes ni producteurs, ni consultants auprès des vignerons. Contrairement à d'autres guides, celui-ci n'est pas une synthèse de dégustations faites, sans concertation ni réflexion a posteriori, par des « professionnels de la profession ». Tous les vins sont dégustés par nous-mêmes et notre petite équipe de dégustateurs experts.

Complet. Chaque région, chaque vignoble, chaque producteur est traité avec la même exigence, qu'il soit célèbre ou inconnu. Et nous ne notons pas seulement les vins, mais aussi chaque producteur pour la cohérence de sa gamme, sa régularité et le potentiel de ses terroirs.

Fiable. Nous avons un juge de paix : nos lecteurs. On peut raconter des sornettes une fois ou deux, mais cela ne peut durer. Si nous avons le bonheur d'être lus, à travers nos guides et autres publications depuis plus de vingt ans, c'est que nous n'avons jamais trompé un public exigeant mais fidèle. C'est à la fois notre plus grande fierté et notre raison d'être.

Bonne lecture et large soif !

Michel Bettane et Thierry Desseauve

L'année du vin

Un nouveau Classement à Saint-Émilion

Lorsque vous lirez ces lignes, le nouveau « Classement de Saint-Émilion » devrait en théorie être paru. Dans l'histoire pluri centenaire des classements de crus bordelais, celui des crus de Saint-Émilion est d'invention assez récente. Lors de la création du « Classement des crus du département de la Gironde », en 1855, seul les vins du Médoc, à l'exception du graves Haut-Brion, apparaissaient en rouge. A l'époque, les vins du Médoc valaient en moyenne trois fois plus cher que ceux de Saint-Émilion. Il fallut attendre plus d'un siècle pour qu'en 1959 soit créé, à l'initiative des viticulteurs locaux, un classement officiel spécifique. Contrairement à celui de 1855, cette hiérarchie prévoyait d'être révisée tous les dix ans. De fait, elle le fut en 1969, puis 1986, 1996 et 2006. On distingua deux catégories, les « Premiers crus classés » et les « crus classés », en divisant les premiers en « A » (les seuls Cheval Blanc et Ausone) et les seconds en « B ». Alors que celui de 1855 n'a été révisé qu'une seule fois et au seul profit de Mouton Rothschild, passé en 1973 de second à premier cru, le classement de Saint-Émilion consacre ou provoque des changements importants de statut d'un vin, mais plus encore de la valeur foncière du cru qui le produit, d'autant qu'il juge le vignoble et non la marque. Si en Médoc la plupart des crus classés disposent aujourd'hui d'un vignoble très différent (et souvent beaucoup plus vaste) que celui qui leur avait permis d'être classé il y a 157 ans, l'assiette foncière est un des critères déterminants dans le dispositif saint-émilionnais. Les enjeux fonciers liés à ce classement ont donc pris une importance telle que le dernier en date a été remis en cause par plusieurs recours portés par des propriétaires mécontents et a vu l'ensemble de ses résultats invalidés : celui qui doit être publié cet été remplacera donc l'édition 2006. Ce nouveau classement, effectué sous la responsabilité d'une commission de personnalités choisies par l'Institut national des appellations d'origine (Inao), s'appuie sur un organisme agréé de certification qui examine les dossiers et réalise les dégustations d'échantillons prélevés sur les dix derniers millésimes produits par la propriété. Au terme de cet examen, sera considéré « Grand cru classé » tout cru ayant obtenu une note supérieure ou égale à 14/20 à partir de la dégustation des vins (50% de la note), de sa « notoriété » (20%), des caractéristiques géologiques et topographiques du cru (20%) et de la conduite viticole et œnologique du cru (10%). Pour la mention « Premier cru classé », les coefficients changent : 30% pour la dégustation, 35% pour la notoriété (y compris le prix du vin), 30% pour la géologie et 5% pour la pratique viti-vinicole, la note minimale étant portée à 16 sur 20. Enfin, l'arrêté du Ministre de l'agriculture prévoit que des distinctions A et B peuvent être proposées aux premiers crus « compte tenu de leur notoriété et de leur aptitude au vieillissement », ce qui ne manque pas de laisser rêveur tant le minimum qu'on puisse attendre des dix derniers millésimes d'un cru classé est qu'ils témoignent « d'une aptitude au vieillissement » ! Au final, un peu moins d'une centaine de crus ont présenté leur candidature. La dégustation des vins y jouant un rôle important, on pourra s'amuser à vérifier s'ils recoupent le jugement des critiques... En attendant, notre guide donne sa propre hiérarchie, parmi laquelle d'ailleurs des non classés actuels jouent un rôle non négligeable et dans laquelle certains-classés sont absents !

Le nouvel horizon chinois

L'ouverture aux vins du marché chinois n'est déjà plus une nouveauté, c'est une réalité qui s'impose à tous les producteurs du monde entier. En moins de cinq ans, Hong Kong a plus que réussi l'objectif que son gouvernement lui avait fixé, à savoir devenir une plaque tournante pour le commerce du vin en Asie. En 2008, tous les droits de douane ont été supprimés dans cette ville-état située dans le sud de la Chine ; aussitôt, les importations de vin ont bondi avec un taux d'accroissement qui, chaque année depuis 2008, a dépassé les 50%. Hong Kong importe aujourd'hui pour un milliard de dollars US par an de vins, dont plus du tiers sont des vins français. L'Italie est aujourd'hui plus modestement représentée sur ce marché, mais l'accroissement des ventes est aussi sensible. Hong Kong est évidemment la porte d'entrée pour un nouveau marché plus gigantesque encore, la Chine. Ses habitants ne consomment aujourd'hui que 0,5 litre de vin par habitant et par an et sont aujourd'hui les neuvièmes importateurs dans le monde. Mais cette réalité encore modeste cache une évolution plus spectaculaire. D'une part, les Chinois sont déjà de grands consommateurs de boissons alcoolisées fermentées, aujourd'hui issues le plus souvent du riz, et le gouvernement chinois souhaite désormais les remplacer par le vin pour réserver en priorité le riz à l'alimentation. Le second point concerne l'évolution de la société elle-même : le vin devient peu à peu un produit « de statut » que la classe moyenne émergeante et que les riches, nouveaux ou plus anciens, aiment acheter et servir ou offrir à leurs amis.

D'ores et déjà, les conséquences de ce spectaculaire développement sont importantes pour le monde viticole et même pour le style des vins

L'année du vin

produits en Europe. Il est significatif de remarquer que le marché chinois s'établit et se structure sans l'aide de populations immigrées venues de pays producteurs apportant les codes et la compréhension de cet univers si compliqué qu'est le vin. Prenez le cas de l'Italie, qui a trouvé aux États-Unis un marché d'exportation essentiel et très bénéfique à l'augmentation générale de la qualité. Pendant longtemps, et encore aujourd'hui, ce fut la très importante communauté italo-américaine qui construisit le succès brillant de ses vins sur le continent américain. Ce fut un négoce francophile qui installa les grands crus de Bordeaux ou de Bourgogne sur les tables des grands restaurants américains. En Chine, rien de cela n'existe : ce sont les Chinois eux-mêmes qui créent, organisent et développent, avec un esprit d'entreprise incroyablement dynamique, le nouvel imaginaire du vin. La plus importante erreur que l'on pourrait faire à ce sujet est donc de croire que l'on pourra imposer la très compliquée grammaire du vin, avec ses innombrables appellations, catégories, particularismes et exceptions !

Les Chinois perçoivent le vin européen comme un produit de luxe ou de semi-luxe. Les segments de l'entrée de gamme sont déjà occupés d'une part par les produits nationaux (la Chine est le quatrième pays producteur au monde) et par les vins d'Océanie, l'Australie et la Nouvelle-Zélande, plus proches géographiquement et organisés avec des entreprises de grosse taille axées vers l'export, comme le sont aussi les Chiliens, autres acteurs significatifs de ce marché. En matière de luxe, en revanche, l'Europe, France en tête, est sur son terrain. L'art de vivre semble être pour les chinois (et une bonne partie du monde) la principale caractéristique d'une Europe qui les fait rêver sans les inquiéter politiquement. Les Chinois connaissent déjà et adorent ces marques de luxe qui sont l'apanage de notre continent : les Hermès, Prada, Louis Vuitton, Armani et de très nombreux autres constituent pour eux le modèle idéal qu'ils souhaitent retrouver dans le vin. L'avenir du vin en Chine passe nécessairement par l'émergence de marques de luxe ! Le problème est que celles-ci sont aujourd'hui rares et peu représentatives : c'est pourtant à cela que doivent se consacrer nos meilleurs producteurs...

Contrepoint, *par Michel Bettane*

Mauvais marché

Nous savons que nous sommes difficiles à gouverner et je plains sincèrement les réformateurs présents, passés ou futurs de nos protections en tout genre devant le cri du cœur du citoyen « normal » : je veux que les plus riches que moi contribuent davantage, mais pas question que je donne à un plus pauvre ! Pour le vin, comme pour tout ce que nous mangeons, c'est la même chose. On veut le meilleur, mais surtout pas le payer à son vrai prix. Nous pouvons bien rêver et faire rêver les autres avec nos grands terroirs, il y a un chiffre qui ne fait pas rêver. C'est celui du prix moyen réel du vin d'appellation protégée, ce brevet de noblesse et symbole de nos spécificités culturelles en dehors duquel il n'est point de salut, ce que nos bons hauts fonctionnaires ne cessent de répéter à tous les viticulteurs depuis 70 ans. Nous ne serions pas surpris que 90 % du volume commercialisé de ces vins à pedigree se vende en dessous de 5 euros hors taxes la bouteille. Si l'on compte le prix du verre, du bouchon, de l'étiquette, du transport, du travail administratif supplémentaire terrifiant exigé par notre administration, qui s'ajoutent au dur labeur dans les vignes et aux démarches commerciales, on comprend qu'on ne fait pas trop fortune dans ce métier. Mais il y a plus grave.

À ce prix, le viticulteur consciencieux ne peut en aucun cas respecter à moyen ou long terme les normes qui définissent une appellation d'origine et garantissent qu'un vin exprime la spécificité du terroir dont il porte le nom. Avec une moyenne sur dix ans de quarante hectolitres à l'hectare, ce qui est bien le maximum pour produire un vin artisanal de qualité en tenant compte des caprices de la nature, un litre coûte déjà 3 à 5 euros à produire, et encore sans raffinement particulier dans l'élevage ! On voit donc que, pour survivre, il faut tricher sur un point ou sur un autre du cahier des charges de production, et tant que cela durera, tout discours syndicaliste sur la supériorité naturelle de nos vins relève de la naïveté la plus puérile ou d'une volonté peu sympathique de manipuler l'opinion. Il faut savoir que ce n'est pas le cas ailleurs, et que dans beaucoup de pays étrangers, le public local, souvent suivi par une clientèle internationale adoptant la même démarche, accepte de payer 30 euros ou plus un vin de haute qualité issu d'un terroir sans tradition historique tout simplement parce qu'il le trouve bon et que, quand c'est bon et qu'il aime, il ne compte pas. Nous sommes au contraire, en France, habitués à tout égaliser par le bas.

La grande distribution nous grise de rêves alimentaires à prix cassés et nous habitue à tout vouloir pour rien ou presque. Je connais même des amateurs plus que fortunés et, hélas, fort intelligents et cultivés, qui affirment le plus sérieusement du monde qu'un viticulteur a comme première qualité d'être pauvre : dès qu'il s'enrichit, il perd tout sens moral et dénature son vin ! En fait, nous n'avons jamais cessé de considérer que le vin, comme l'eau et le pain, est un produit alimentaire de première nécessité et qu'en tant que tel il se doit de demeurer le plus accessible possible, même dans sa version élitiste (simplement porteuse d'une plus-value culturelle !). Comme nous ne sommes jamais à une contradiction près, ces belles idées égalitaires cèdent vite le pas à notre respect des hiérarchies, surtout quand cela convient à notre radinerie. Ainsi chacun doit-il rester à sa place, et gare au simple bordeaux qui oserait se rapprocher de la qualité, et du prix, d'un cru classé ! Quant à un vin du Languedoc, n'en parlons même pas !

Notre engagement

Cinq principes essentiels
Si *Le Guide Bettane & Desseauve des vins de France* s'est imposé dès ses débuts comme une nouvelle référence pour tous les amateurs de bons vins, c'est parce qu'il est le seul guide à appliquer rigoureusement les cinq points de sa charte de qualité :

1> Un guide vraiment écrit par ceux qui ont dégusté les vins !
Ce guide n'est pas une réécriture d'une compilation de commentaires anonymes : nous nous engageons et assumons personnellement les commentaires de chaque vin dégusté.

2> Des auteurs experts
Pas de jurys composés à la va-vite, pas de « professionnels de la profession » dégustant leurs propres vins, mais deux journalistes dégustateurs consacrés internationalement depuis plus de vingt ans et travaillant avec une équipe soudée de huit experts, tous recrutés pour leur compétence reconnue.

3> 50 000 vins dégustés chaque année pour repérer tous les meilleurs, mais seulement les meilleurs vins.
Le guide est ouvert à tous les producteurs de France et à leurs vins, mais seuls les meilleurs sont sélectionnés : pas de quotas pour représenter toutes les appellations mêmes les plus médiocres, pas de *short list* oubliant les nouveaux venus de talent, pas de région occultée par manque de temps ou par volonté…

4> Une information complète et claire sur le producteur et ses vins
Tous les producteurs sont classés de 0 à 5. Les producteurs classés de 1 à 5 sont présentés par un texte spécifique. Quel que soit le classement du producteur, tous les vins sont décrits, notés et leur date idéale de consommation est précisée. Prix, coordonnées, détails techniques et conditions de visite sont signalés.

5> Nous associons nos lecteurs à nos choix
Pour la quatrième année consécutive, nos lecteurs ont participé à la rédaction de ce guide. Désormais en partenariat avec la chaîne d'hôtels Mercure, ils ont sélectionné parmi près de 500 vins abordables en prix et immédiatement prêts à boire, ceux qui leur paraissaient correspondre avec le plus de pertinence à un vin offrant « le bonheur tout de suite ! ». Vous pourrez également découvrir ces grands vins de plaisir sur les cartes des restaurants et bars à vins des hôtels Mercure. Ils sont signalés dans notre guide par le logo.

Nos principes de notation

Ce guide répertorie et classe en six niveaux les meilleurs producteurs de vins de notre pays. Tous les vins sélectionnés sont notés sur une échelle de vingt points.

Que signifie l'échelle de notation de la qualité globale d'un producteur ?

Les producteurs cités dans ce guide sont notés sur une échelle de zéro à cinq ■. La réunion de tous les producteurs cités constitue l'élite du vin français, du moins pour ce que nous pouvons connaître de lui. Chacun d'entre eux propose un ou plusieurs vins dignes de faire partie des caves de tout amateur ou professionnel sérieux. Les ■ ont une valeur universelle, tout vignoble et tout prix de vente confondus. Cela veut dire qu'un producteur de Loire, de Corse ou d'Alsace classé 3 ■ produit des vins de qualité globalement analogue, en tenant compte bien entendu des différences de climat ou de cépages.

La notation générale du producteur

Absence de notation / Indique un domaine ou une maison qui nous a séduits avec un ou plusieurs vins de sa production, sans que nous puissions donner un avis général sur le style de l'ensemble de la gamme. Pour cette raison, nous n'avons pas écrit de texte d'introduction pour ces producteurs.

■ / Signale une production sérieuse, recommandable, conforme à ce qu'on est en droit d'attendre de son ou de ses appellations.

■■ / Signale une production sérieuse et recommandable mais un peu plus régulière et homogène que la précédente.

■■■ / Signale une production de haute qualité, pouvant servir de référence dans son secteur.

■■■■ / Signale les producteurs de très haute qualité, ceux qui sont les gloires du vignoble français.

■■■■■ / Signale les producteurs exceptionnels, ceux qui représentent le sommet absolu de la qualité en France et dans le monde.

Notre engagement

Comment avons-nous établi notre notation des vins ?
Chaque vin recommandé est décrit dans un commentaire de dégustation, accompagné de la mention de la meilleure période où le boire, et reçoit une note sur 20 échelonnée de demi-point en demi-point. Nous n'avons conservé dans cette édition que les vins méritant une note égale ou supérieure à 13/20, sauf lorsque la célébrité du producteur ou d'une cuvée interdit que nous cachions une note inférieure.

Valeur des notes

> 13 à 14,5/20	bon vin, bien fait, représentatif de son origine.
> 15 à 16/20	très bon vin, hautement représentatif de la qualité de son origine.
> 16,5 à 18/20	vin de référence dans son appellation et son millésime.
> 18,5 à 19,5/20	vin de qualité exceptionnelle, digne des plus grandes occasions mais exigeant une conservation en cave et un niveau de service digne de lui.
> 20/20	une idée de la perfection le jour où nous l'avons dégusté !

Quels sont les vins qui vous offrent « le bonheur tout de suite » ☺ ?
On n'a pas forcément envie de choisir le même vin pour toutes les occasions. De la même façon que l'on peut prendre un plaisir différent mais majeur devant un bon saucisson et une baguette de pain bien croustillante que dans un trois étoiles, on se régalera parfois d'un vin souple, gouleyant et plein de fruit, que l'on débouche aussitôt acheté. Nous avons voulu indiquer ces vins faciles et souvent bon marché qui nous offrent un plaisir sans façon et immédiat. Ces vins qui vous assurent « le bonheur tout de suite ! », nous les avons catégorisés par le symbole ☺, aisément reconnaissable dans la succession des cuvées présentées.

Quels vins avons-nous dégustés ?
Nous avons cherché le plus possible à vous présenter les vins commercialisés à partir de la date de parution de ce guide (fin août 2012). Selon les régions, il s'agit essentiellement des millésimes 2008, 2009 et 2010, voire 2011 pour les blancs et rosés.

À combien de vins avez-vous accès avec ce guide ?

>7 500 dans le livre complétés par 1 100 supplémentaires sur www.bettanedesseauve.com. Ce sont les meilleurs vins des meilleurs producteurs de France ! 100 % des notes de dégustation publiées dans ce guide proviennent de dégustations réalisées entre septembre 2011 et juin 2012.

> L'ensemble de nos dégustations réalisées depuis la première édition de ce guide, en 2007, est consultable gratuitement par tout acheteur de ce guide en s'inscrivant sur notre site internet privé (comment le faire : voir p. 25) : vous y trouverez près de 40 000 vins dégustés et commentés pendant cette période ! Tous avec commentaire, note sur 20 et date d'apogée prévisible...

Les fourchettes d'apogée

En matière de mauvaises expériences œnophiles, il n'existe qu'une chose qui soit pire que de goûter un vin trop jeune : déguster un vin trop vieux ! Aussi, nous mentionnons pour chaque vin présenté dans ce guide une « fourchette d'apogée ». Cela signifie qu'à notre avis, le vin sera à son optimum de consommation entre les deux années mentionnées. Bien évidemment, le vin peut être bon avant ou après ces dates : il s'agit simplement d'un « idéal » de consommation.

À quoi correspond le prix cité pour les vins commentés ?

Dans la plupart des cas, il s'agit d'un tarif public départ propriété TTC qui nous a été communiqué par le producteur. Si vous achetez à la propriété, vous devrez ajouter le plus souvent des frais de port. Quand le vin n'est plus disponible à la propriété, ce tarif correspond à celui auquel le vin sera proposé par un caviste (« cav. »).

Pour les grands crus de Bordeaux, les prix relevés sont ceux du commerce : ils sont exprimés TTC sauf pour les vins du millésime 2011 vendus en réservation primeurs (« prix primeur HT »). Ces derniers sont généralement achetables en réglant leur montant hors TVA. Cette TVA ainsi que les frais de port seront à régler au moment de la livraison. Pour les millésimes anciens disponibles notamment sur notre site, notre partenaire iDealwine nous a transmis le prix moyen relevé dans les transactions aux enchères (« ench. »).

Pourquoi le prix de certains vins n'est-il pas mentionné ?

Nous mentionnons un prix NC, non communiqué, soit parce que le producteur n'a pas encore fixé son prix, soit parce qu'il ne le connaît pas et que nous n'avons pas pu établir une cote cohérente, soit parce qu'il se refuse à communiquer celui-ci.

Notre engagement

Comment déguster les vins et rencontrer les vignerons présents dans ce guide ?

Pour compléter les occasions que vous procurent les visites chez un bon caviste ou les équipées dans les vignobles, nous avons souhaité créer un grand rendez-vous qui permette à tous les amateurs (et aussi aux professionnels) de rencontrer les meilleurs producteurs et de déguster leurs vins. C'est ainsi qu'est né le Grand Tasting, notre salon de dégustation dont la septième édition se déroulera les 30 novembre et 1er décembre 2012 au Carrousel du Louvre, à Paris.

Vous pourrez y rencontrer un exceptionnel plateau de plus de 400 producteurs français et étrangers, participer à des dégustations d'exception et découvrir d'originales et conviviales animations. La sélection des producteurs se fait sur les notes obtenues au cours de nos dégustations, afin de célébrer le meilleur de la production. Vous trouverez sur notre site privé accessible avec ce guide et sur le site www.grandtasting.com toutes les informations sur cet événement.

Un guide + un site

Bénéficiez des avantages exclusifs de notre site privé !

Vous venez d'acquérir l'édition 2013 du *Guide Bettane & Desseauve des Vins de France*. Ce livre vous permet d'accéder à de très nombreux contenus exclusifs qui vous sont réservés sur notre site www.bettanedes-seauve.com.

Sur le rabat avant de la couverture du guide, vous disposez d'un code. Ce code vous est uniquement destiné ; il constitue le sésame qui vous permettra de vous connecter pendant toute une année, jusqu'à la parution du nouveau guide, à notre site privé vous mettant en relation directe avec les auteurs.

Sur ce site, vous accéderez à des informations et des services exclusifs complémentaires à ceux délivrés dans ce livre.

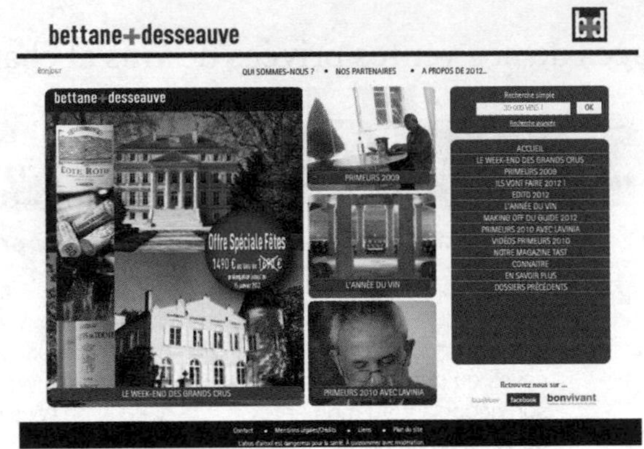

L'accès à l'intégrale de nos dégustations : plus de 40 000 vins et 4 000 domaines analysés et notés.

Plus de 7 500 vins sont notés et commentés dans cet ouvrage, mais vous pourrez en retrouver plus du triple grâce au moteur de recherche inclus dans le site. Celui-ci permet une recherche multi-critères, idéale pour sélectionner un vin en fonction de son type, de son prix, de sa note, ou du bon moment pour le boire.

Des dossiers pour vous accompagner tout au long de l'année.
Parmi les incontournables, prenez date pour :

Le guide complet des foires aux vins de votre région

Les foires aux vins constituent un rendez-vous incontournable pour tous les amateurs de vins. Mais parmi les centaines de vins proposés par les enseignes de grandes surfaces et les sites de vente en ligne, le choix est particulièrement difficile. Nous avons étudié tous les catalogues y compris les suppléments régionaux. Le résultat ? Notre sélection exclusive de chaque magasin, personnalisée en fonction de votre région. Sans oublier un moteur de recherche pour faciliter vos choix.

Le guide complet des primeurs de Bordeaux

L'autre temps fort de l'année pour tous les amateurs de vins est certainement la sortie des grands crus de Bordeaux en vente primeurs. Pour ce millésime exceptionnel que constitue 2011, vous avez accès à nos notes et commentaires de dégustation des 500 plus grands vins de Bordeaux. Et dès avril 2013, vous pourrez trouver en exclusivité nos appréciations du millésime 2012.

Un guide + un site

Nouveau : découvrez notre site d'actualité et de conseils My bettane + desseauve !

Depuis le mois d'avril 2011, tout amateur de vin a accès à un site que nous avons souhaité créer en accès libre : www.mybettanedesseauve.fr. MyBettaneDesseauve possède une sérieuse ambition qu'il s'efforce de réaliser sans pour autant se prendre au sérieux : celle de faire de ce site un vrai bon endroit où l'on aime à se retrouver quand on aime le vin et la vie qui va avec. Pas une agora, pas un nouveau concept x point Zéro, pas un machin impérieux et glacé, pas non plus l'un de ces champs de bataille verbeux qui semblent faire le quotidien du net, mais plutôt la terrasse d'un bon bistrot de village, un rien chic tout de même, un de ces lieux où respire le bonheur de vivre, autour d'une bonne bouteille, voire de deux ou d'un peu plus (on n'a pas besoin de voiture pour repartir, donc oubliez la modération), où l'on croise des amis vignerons qui entament la conversation avec la passion et le sens de la contradiction qui sied à toute conversation civilisée, où l'on rencontre aussi d'autres spécimens haut en couleur, venus d'autres univers parfois, d'autres pays souvent. Il y a bien sûr Bettane et votre serviteur, et l'un comme l'autre ne vont pas changer en passant à la dimension web, mais ils sont là pour tenir le bistrot, vous conseiller leurs dernières trouvailles et passer sans se casser la figure (au moins l'espérons-nous) les plats d'une équipe que nous n'hésiterons pas à qualifier de rêvée. Et puis, il y a vous : vous êtes le *my* de l'affaire, le maillon fort certainement. Nous n'aurons de cesse, au cours des semaines et des mois qui viennent, de faciliter vos réactions, vos questions, vos envies.

Avec ce guide, accédez à votre site privé

Des offres commerciales exclusives de partenaires sélectionnés

Des tarifs privilégiés pour les master class Grand Tasting

Comment accéder aux contenus privés du site www.bettanedesseauve.com ?

La démarche à suivre se découpe en étapes très simples :

1. Connectez-vous au site www.bettanedesseauve.com et dans la partie « Accès Privé », cliquez sur « S'inscrire » puis saisissez le code qui figure sur le rabat avant de la couverture de votre guide.

2. Suivez les différentes étapes de l'enregistrement préalable, qui seront automatiquement affichées à l'écran. Dès que celles-ci seront effectuées, vous aurez automatiquement accès au contenu privé du site.

3. Lors de cette inscription, il vous sera demandé de paramétrer un mot de passe. Chaque fois que vous souhaiterez accéder au site privé, vous devrez saisir l'adresse mail avec laquelle vous vous êtes inscrit (qui vous servira d'identifiant) et ce mot de passe dans l'espace « Déjà membre » du site www.bettanedesseauve.com. Vous serez alors reconnu immédiatement. Vous pourrez également accéder aux contenus privés du site depuis nos newsletters en utilisant les mêmes identifiants.

et bénéficiez de nombreux avantages

La capacité à s'inscrire à nos jurys de dégustation

Des voyages exceptionnels dans le vignoble

De nouveaux avantages
vous seront proposés avec cette édition !

Découvrez-les sur
www.mybettanedesseauve.com
www.bettanedesseauve.com

Nouveau ! Recevez votre e-book en cadeau !

Offre de lancement, valable du 30 août au 30 septembre.

Inscrivez-vous sur le site www.bettanedesseauve.com avant le 30 septembre 2012 pour recevoir la version numérique du guide (format e-pub) en cadeau.

Vous n'avez aucune démarche supplémentaire à effectuer.
Nous vous enverrons votre e-book gratuitement à l'adresse mail utilisée au moment de votre inscription, sous un délai d'environ une semaine.

BÉNE &

Les auteurs

Michel Bettane fut longtemps professeur agrégé de lettres classiques. Il a eu la bonne idée d'agrémenter ses loisirs en suivant les cours de dégustation de l'Académie du Vin à Paris en 1977 puis en y devenant rapidement professeur et, dès le début des années 1980, collaborateur principal de *La Revue du Vin de France*.

Journaliste de formation, **Thierry Desseauve** a été rédacteur en chef puis directeur de *La revue du vin de France* de 1989 à 2005. Premier lauréat du prix Edmond de Rothschild du meilleur livre sur le vin (Le livre du vin, Flammarion), il crée en 1995 le Classement annuel des meilleurs vins et domaines de France avec Michel Bettane.

Bettane et Desseauve ont créé en 2005 leur propre entreprise pour informer et conseiller le public des amateurs de vin en France et à l'étranger. Ils apportent notamment leur expertise à *Paris Match*, à *l'Express*, aux *Echos-Série Limitée*, au *Journal du Dimanche* et *Terres de Vin* et ont créé le magazine en ligne *TAST* et les sites internet bettanedesseauve.com et mybettanedesseauve.com. A l'étranger, ils collaborent également aux magazines *The World of Fine Wine* (Grande-Bretagne), *Gambero Rosso* (Italie), *Cru* (Hong Kong), *Re-Luxe*, *Wine* et *Wine Press* (Chine).

En 2006, ils ont créé avec Sylvie Douce et François Jeantet, les créateurs du Salon du Chocolat, le Grand Tasting, le premier festival de dégustation des grands vins. La septième édition se déroulera les 30 novembre et 1er décembre 2012 au Carrousel du Louvre à Paris. Le Grand Tasting a désormais chaque année une édition internationale à Hong Kong : sa quatrième édition se tiendra du 8 au 10 novembre 2012 au HK Convention Center. Le 26 et 27 octobre, ils créent cette année la première édition de The London Wine Experience, qui réunira 100 très grands domaines européens à la Saatchi Gallery. Toujours à Hong Kong, ils publient désormais le magazine *Bon Vivant* en langues anglaise et chinoise, en association avec le magazine chinois *Cru*.

Aux éditions La Martinière, ils publient chaque année le *Guide Bettane & Desseauve des vins de France* depuis 2007. Ils ont également réalisé *Les Grands Vins du monde*, la collection des *Petits Guides*, *Papilles* (en collaboration avec le chef Guy Martin), les *Leçons de dégustation* et *Le Guide de nos régions* aux éditions Point 2.

L'équipe : ils ont participé à cette édition

Alain Chameyrat

La première fois que nous avons rencontré Alain, c'était il y a une quinzaine d'années, lors du premier championnat de France des dégustateurs que nous organisions. Il remporta, haut la main, le titre. Les années suivantes, nous le rencontrâmes lors de chaque nouvelle édition de ces joutes où les compétiteurs doivent reconnaître, à l'aveugle, l'appellation, les cépages, le domaine, la cuvée, le millésime des vins. Il *trustait* les places d'honneur ou les titres. Quand il nous a proposé d'abandonner son premier métier de directeur financier pour se lancer dans l'aventure du vin, nous n'avons pas hésité à lui demander de nous rejoindre... Alain a suivi en particulier le Languedoc, le Val-de-Loire, la Provence, le Sud-Ouest et la Côte Chalonnaise.

Guy Charneau

Le premier métier de Guy est photographe. À ce titre, il suit depuis de nombreuses années le vignoble bordelais et, l'amour du vin s'ajoutant à celui de son métier, il a acquis une connaissance remarquable de la région et de ses producteurs. Très naturellement, il a apporté son concours à nos dégustations de la rive gauche bordelaise, ainsi que le Marmandais, Buzet et Limoux.

Hélène Durand

Œnologue de formation et ingénieur Enita, Hélène est une professionnelle reconnue et l'une de nos fidèles collaboratrices depuis près de vingt ans. Elle a travaillé avec nous pour toutes les appellations de la région de l'Entre-deux-mers ainsi que du bergeracois, des graves et du sud languedocien.

Denis Hervier

Homme de radio et écrivain du vin, Denis Hervier est notre homme dans le Berry. Il court d'un vigneron à l'autre, palais aux aguets et micro en main. Ce gourmet curieux et exigeant a suivi l'ensemble des dégustations de la vallée de la Loire, de la Provence, du Mâconnais, du Libournais et du Sud-Ouest.

Antoine Petrus
Il porte un nom prédestiné pour devenir un expert des grands vins ! Jeune étoile de la sommellerie, une profession essentielle à la découverte et au plaisir du vin, Antoine Pétrus a obtenu le titre suprême de Meilleur ouvrier de France en sommellerie en 2011. Il dirige aujourd'hui la salle du célèbre restaurant Lasserre dont il veille aussi bien sûr avec brio sur la cave qui est assurément l'une des plus belles de Paris. Nous lui avons confié la sélection des vins du sud de la vallée du Rhône.

Guillaume Puzo
Guillaume est un homme de presse et du vin. Après avoir travaillé avec nous à *La Revue du vin de France* puis dirigé une autre revue vinicole, il a participé avec son enthousiasme communicatif à notre nouvelle aventure dès son origine. Il a vagabondé pour ce guide de Chablis au nord de la vallée du Rhône en s'arrêtant également en Alsace, en Beaujolais, ainsi qu'en Gaillacois et Frontonnais.

Véronique Raisin
Elle aussi porteuse d'un nom prédestiné, Véronique Raisin est aujourd'hui une journaliste et une dégustatrice réputée qui collabore à plusieurs magazines ou revues spécialisées. Son expérience et son enthousiasme nous ont convaincu de lui confier cette année nos sélections en Savoie, dans le Jura et en Gascogne.

Barbara Schroeder
Allemande vivant au cœur des Côtes de Blaye et collaboratrice de *Vinum*, la principale revue de vin en Suisse, Barbara est une vraie Européenne aux talents multiples puisque, outre ses qualités de dégustatrice, elle est également une artiste peintre reconnue. La finesse de son jugement nous a été d'une grande aide pour les vins des côtes de Bordeaux.

L'ÉPICUVIN

La réalisation du *Guide Bettane+Desseauve des Vins de France* en cinq étapes

De novembre à février : présélections et sélections...
La réalisation du guide commence par un interminable marathon ! Dans toutes les régions de France, nos dégustateurs goûtent des centaines de vins de chaque appellation pour sélectionner les meilleurs d'entre eux. Cette présélection est ouverte à tous les producteurs. Nous nous appuyons sur les différents syndicats viticoles et comités interprofessionnels qui effectuent un appel à échantillons des millésimes qui seront en vente dans le courant de l'année 2012 et en 2013.

De janvier à avril : opération découvertes !
Chaque année, nous découvrons au cours de nos dégustations des dizaines de nouveaux domaines. La qualité de leurs vins nous a intéressés. Pour confirmer cette impression, nous allons enquêter sur place en rencontrant le vigneron pour comprendre son travail : l'exposition et la tenue de ses vignes, ses choix de vinification et d'élevage, sa vision du vin. Notre enquête doit confirmer, ou pas, notre première impression.

Tout au long de l'année : un travail de fond dans les vignobles.
Du 1er janvier au 31 décembre, depuis de très nombreuses années, nous sillonnons tous les vignobles pour rencontrer grands et petits vignerons de France, goûter leurs vins et suivre au plus près leur production. Cette activité permanente nous permet d'affiner encore nos informations et nos appréciations, et d'écrire un commentaire spécifique sur chaque producteur.

Avril à mai : les producteurs sélectionnés fournissent leurs informations
Cet ouvrage est aussi un guide d'achat pratique : chaque producteur sélectionné reçoit par internet un questionnaire complet qu'il remplit. Coordonnées complètes, horaires et modalités de visite, mode de commercialisation et bien sûr tarif des vins sont renseignés par le producteur lui-même, plus une foule d'autres renseignements techniques qui sont accessibles sur le site. Une équipe de correcteurs complète et vérifie ces informations.

De février à juin : le nouveau guide s'écrit !
Tous les vins de cette édition ont été dégustés cette année et suscitent un commentaire original. Ce travail d'écriture et de notation permet de vous présenter un véritable palmarès complet des meilleurs vins de France dans les millésimes disponibles actuellement. Toutes nos dégustations des éditions précédentes, très utiles pour gérer votre cave et disposer d'informations sur des vins plus anciens, sont accessibles sur le moteur de recherche du site internet privé auquel vous avez accès avec le code personnel qui est imprimé sur le rabat de la couverture de votre guide.

Prix des lecteurs Bettane+Desseauve

Retrouvez les vins élus par nos lecteurs dans les restaurants et bars Mercure

Pour la quatrième édition consécutive, nous avons demandé aux amateurs de vins de choisir parmi tous les vins sélectionnés dans ce guide, les bouteilles qui offrent « le bonheur tout de suite ! » : celles qui séduisent le plus, et méritent donc d'être les lauréates de notre prix des lecteurs. Pour la première fois, nous vous proposons de découvrir ces vins délicieux et accessibles dans les restaurants et bars des hôtels Mercure en France, notre partenaire. Depuis près de trente ans, les hôtels Mercure sont des spécialistes du bon vin, avec leur carte des « Grands Vins Mercure ». Aussi, c'est avec beaucoup d'enthousiasme que nous avons conçu ensemble un partenariat original et passionnant : celui de pouvoir proposer à tous les clients des hôtels Mercure une carte composée des meilleurs vins offrant « le bonheur tout de suite ! », sélectionnés dans notre guide et élus par les consommateurs.

Signalé dans notre guide par le symbole ☺, « le bonheur tout de suite ! » caractérise les vins qui nous paraissent accessibles en prix et qui offrent un plaisir immédiat à la dégustation (sans avoir besoin de les mettre en cave). Plus de 800 de ces vins sont ainsi sélectionnés dans notre guide. En juin 2012, dans les salons de l'hôtel Mercure Paris Porte de Saint-Cloud, 70 fins palais - tous lecteurs de notre guide - ont dégusté et noté à leur tour plusieurs centaines de ces vins. Chaque vin a été dégusté à l'aveugle, seule la région d'origine et le niveau de prix étaient communiqués. Des jurys de cinq personnes, réunis sous l'autorité d'un échanson Mercure*, ont apprécié le rapport « prix-plaisir » de chaque vin et validé la meilleure sélection.

De ces filtres successifs, la dégustation Bettane+Desseauve d'abord, le choix des consommateurs et des échansons ensuite, est née une sélection de 90 vins ! Chacun d'entre eux peut être repéré dans le guide grâce à un symbole supplémentaire Ⓜ, ainsi que dans les palmarès spécifiques présentés en ouverture de chaque région. Chaque hôtel Mercure choisira au minimum huit d'entre eux pour les proposer non seulement sur la carte des vins du restaurant, mais aussi en service au verre pour une dégustation gourmande au bar.

En s'engageant dans ce partenariat innovant, les hôtels Mercure et nous-mêmes partageons une même volonté : permettre aux plus grands nombre d'amateurs d'apprécier toute la variété et la richesse des meilleurs vins dans les meilleures conditions (qualité de service, cartes variées, prix attractifs). Bref, « le bonheur tout de suite ! ».

Michel Bettane et Thierry Desseauve

* Personne en charge du service du vin dans les hôtels Mercure

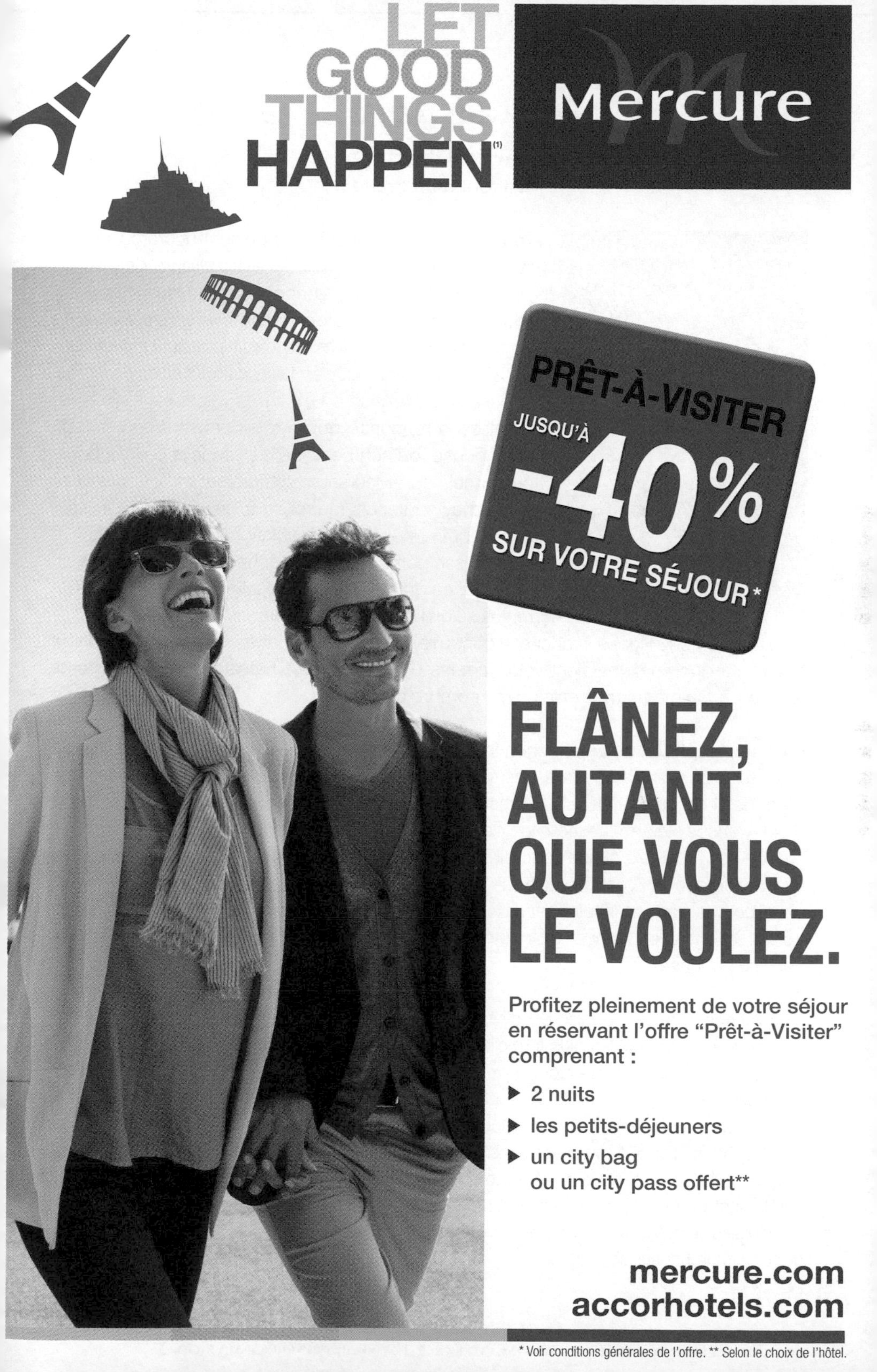

LET GOOD THINGS HAPPEN(1)
Mercure
PRÊT-À-VISITER
JUSQU'À
-40%
SUR VOTRE SÉJOUR*
FLÂNEZ, AUTANT QUE VOUS LE VOULEZ.
Profitez pleinement de votre séjour en réservant l'offre "Prêt-à-Visiter" comprenant :
▶ 2 nuits
▶ les petits-déjeuners
▶ un city bag ou un city pass offert**
mercure.com
accorhotels.com
* Voir conditions générales de l'offre. ** Selon le choix de l'hôtel.

L'homme de l'année

ARNAUD ENTE

Il a tout d'un grand...

Tout d'un grand... Il cultive à peine 4 hectares, ce petit, mais quels grands vins ! C'est d'ailleurs de plus en plus souvent le lot ou le choix de viticulteurs qui, par souci de perfection, limitent désormais leurs surfaces de vignes, comme nos artisans cuisiniers qui recherchent les 20 couverts par jour en faisant tout par eux-mêmes. Dans le cas d'Arnaud ce n'est pas volontaire mais le résultat de la rencontre qui lui a fait croiser le chemin de son épouse, de son beau-père et de leur petit vignoble personnel, sur Meursault, intégralement ou presque, leur volnay-santenots (du milieu !), se récoltant aussi sur cette commune. Une consolation quand même, leur plus grosse parcelle couvre 1,6 hectare sur le lieu-dit en Ormeau, ce qui permet de la décliner en 3 cuvées différentes selon l'âge de la vigne, la nature du sol et l'exposition. Avec 40 000 vignes à tailler et à conduire, un couple de vignerons peut les connaître toutes, ce que confirmeraient volontiers les Ginaudeau de Château Lafleur à Pomerol, exactement la même taille et le même nombre de pieds !

Pied après pied. Les Ente bichonnent donc chaque pied de vigne, chaque caisse de raisin rentrée, chaque barrique, des simples vignes d'aligoté, qui donnent un jus superbe de peps et de pureté, jusqu'à la prestigieuse Goutte d'Or et à une petite incursion dans Puligny et ses Referts. L'exactitude de leur viticulture produit des raisins exacts, chose si rare de nos jours, exacts par leur taille, leur acidité, leur maturité, la préservation de leurs micro-différences. À cette exactitude s'ajoute un sens aigu du pressurage et de l'élevage sous-bois, largement inspiré par l'exemple du Belge Jean-Marie Guffens et des longues conversations avec l'ami et distributeur Fabien Duperray, notre découverte de l'année, comme par hasard !

Des blancs exquis. Ce faisceau d'influences contribue largement à l'élaboration des vins blancs de chardonnay les plus formellement parfaits que nous connaissions, synthèse rare entre le meilleur de l'école réductrice (fraîcheur et préservation du potentiel aromatique, protection contre l'oxydation) et celui de l'école oxydative (développement optimal de la complexité du ferment grâce à la richesse autolytique donnée par les lies, dans les meilleurs fûts). Maturité sans manque d'acidité, fraîcheur sans manque de complexité, tendresse sans manque de tension, fruité sans manque d'expression de l'origine, les quatre éléments de la quadrature du cercle sont parfaitement en place pour le plus grand plaisir des happy few. Car les volumes disponibles seront toujours trop petits pour satisfaire les envies de tous. Aux autres viticulteurs donc de marcher sur ces traces...

La révélation de l'année

FABIEN DUPERRAY

DOMAINE JULES DESJOURNEYS

D.R.

Homme orchestre Les fils de la vie du Lyonnais Fabien Duperray semblent avoir été démêlés par les bienveillantes Parques depuis sa naissance pour en faire un des vignerons les plus significatifs de notre époque. Faire du beau vin de nos jours, dans des vignobles passés de mode, sans savoir le faire connaître ou sans savoir le vendre, est peine perdue, tant la prise de contact avec un public capable de le comprendre dépend de l'art de communiquer. Or, avant d'en produire, Fabien Duperray est passé par tous les métiers de courtage ou de mise en relation avec le vin. Élève des lycées hôteliers de Thonon et de Tain, sommelier à La Tour Rose ou chez Michel Chabran, il connaît parfaitement le rôle de la restauration et saura, le jour venu, déguster, puis lui livrer, des grands produits. À la Viti de Beaune, il apprend enfin le métier de vigneron. Ce qui l'aidera à établir des liens solides avec les grands vignerons, qu'il distribue et conseille en tant que compétent courtier de luxe. Cet amateur incollable sur les peintres de notre temps peut enfin, en 2007, mettre sa sensibilité d'artiste dans sa nouvelle activité de vigneron, flairant dans les grands terroirs du nord du Beaujolais, encore achetables, un grand potentiel inexploité.

Vigneron idéaliste. Fidèle disciple de Jules Chauvet, dont il donnera le prénom au domaine qu'il crée à la Chapelle de Guinchay, le village d'origine du grand savant, Fabien sait que les crus Fleurie, Moulin à Vent, Chénas et Morgon peuvent, entre des mains expertes, s'approcher des plus grandes réussites de la Côte-d'Or et de Côte Rôtie, dans une synthèse - non reproductible ailleurs - de l'univers du pinot et de celui de la syrah. Depuis 2007, il n'a de cesse d'obtenir les plus grands vins possibles au prix d'une viticulture impitoyablement sélective et respectueuse, qui a déconcerté plus d'un de ses voisins, et d'un tri, à la vigne et sur table, pratiquement grain par grain de la récolte. A chaque nouveau millésime, nous le voyons progresser dans une démarche qui n'a d'égale que celle de ses amis, Arnaud Ente à Meursault et Christophe Perrot-Minot à Morey-Saint-Denis, ou de son idole, Lalou Bize Leroy. Et cela passe aussi par un élevage accompli, sous et sans bois, dans des proportions que seuls l'expérience puis le flair peuvent donner, terres inconnues jusqu'ici dans le secteur.

Quel style pour les crus du Beaujolais ? Les somptueux 2010 et 2011 du domaine posent une question indiscrète concernant l'ensemble des crus du Beaujolais. Doivent-ils se contenter d'être les meilleurs vins de copains et de soif de France, et imaginer que c'est leur destin, comme celui d'être vendus au prix citoyen que nous leur connaissons, ou bien rivaliser crânement avec les plus grands crus de France, dans une recherche de l'absolu du raisin et de la qualité, avec la montée en prix nécessaire à la continuité de l'entreprise ? Aux consommateurs de juger et de décider. Pour nous, le choix est fait, vive le grand beaujolais nouveau… style !

L'appellation de l'année
CHÂTEAUNEUF-DU-PAPE

En majesté. Châteauneuf-du-Pape est depuis longtemps une grande appellation. Par son ancienneté d'abord, puisqu'elle fit partie des premières appellations d'origine contrôlée lors de la loi de 1936 : le père des appellations, avec le sénateur Caput, était le baron le Roy, propriétaire de Château Fortia, l'un des crus majeurs de ce vignoble. Par sa taille ensuite : avec 3 000 hectares de vignobles, soit autant que toute la Côte de Beaune, Châteauneuf est incontestablement la plus vaste des appellations de prestige. Par sa singularité ensuite : les crus français d'ancienne et illustre notoriété - à Bordeaux, en Bourgogne, en Champagne et même dans la vallée du Rhône septentrionale - sont tous situés au nord du 45e parallèle. Châteauneuf, entre Avignon et Orange, affirme sans complexe son caractère sudiste et solaire, sa générosité naturelle et ses accents chaleureux.

Prise de conscience. Pour autant, l'appellation dans son ensemble n'a émergé que du fait de quelques-uns de ses meilleurs représentants, le reste de la production étant avalé par un négoce à l'ambition limitée, mais commercialisant sans peine un vin particulièrement apprécié des consommateurs anglo-saxons. L'émulation a peu à peu saisi la jeune génération, tandis qu'une partie du négoce se réformait aussi. Tranquillement, le souci de qualité s'est emparé du vignoble. Il suffit de compter les producteurs de Châteauneuf sélectionnés dans ce guide, près de 90, pour s'apercevoir que ce souci n'est pas un vœu pieu. La généralisation du grenache, même si elle parait plutôt contraire à l'esprit d'une appellation qui s'enorgueillit de disposer dans son patrimoine d'une palette de treize cépages, a contribué à cette progression, tout comme une meilleure connaissance des différents terroirs et sols de l'appellation.

Générosité. Cette amélioration continue de la qualité, alliée au phénomène du réchauffement climatique, a eu une conséquence principale : l'augmentation générale et régulière du degré alcoolique des vins. Même si beaucoup de vins titrant allègrement plus de 15° dans les années chaudes - et elles n'ont pas manqué depuis une décennie ! - surprennent par leur équilibre (il faut saluer ici le travail fait par l'un des grands œnologues français actuels, Philippe Cambie, qui conseille beaucoup de propriétés), ces hauts degrés limitent nécessairement la popularisation de ce vin qui ne manque pourtant pas de finesse et encore moins de race. Le moyen le plus sûr pour dompter cette débordante générosité, c'est d'oublier ces grands vins plusieurs années en cave. Les châteauneufs figurent assurément parmi les crus mondiaux qui vieillissent le mieux.

Le vin de l'année

DOMAINE D'AIGUES BELLES, IGP PAYS D'OC, L'AUTRE BLANC, 2011

A la quête du champion. Choisir le vin de l'année n'est pas simple tant la production viticole fourmille de pépites dont ce guide se fait le recueil. Combien de magnifiques grands bordeaux, bourgognes, champagnes, rhônes, alsaces, provences et autres loires ou vins du sud-ouest mériteraient cette préséance... Toutes les appellations de France, même les plus discrètes, comptent au moins un champion pour concourir à cette distinction.

Un sans-nom. Ce vin de l'année, nous sommes allés le chercher parmi les « sans-nom ». Entendez par là ces vins qui ne revendiquent pas une appellation protégée, qu'on disait « de pays » avant l'apparition de la mention IGP, pour indication géographique protégée, mais qui excellent dès qu'on fait sauter le bouchon. L'assemblage de notre vin de l'année n'est pas banal. La roussanne est un grand cépage, l'hermitage en fait depuis longtemps la démonstration. Elle est rarement associée au chardonnay, autre grand cépage dont la classe n'est plus à démontrer. Encore plus original, mais rationnel si l'on y réfléchit, l'onctuosité native de ces deux cépages a trouvé auprès du sauvignon la nervosité qui pouvait faire défaut sous le soleil du Languedoc.
Le domaine familial que mène Gilles Palatan a été géré avec talent par plusieurs générations. Là où tant d'autres ne recherchent que des productions à grand volume, nous voyons chaque année Aigues Belles faire mieux que l'année précédente. Ce nom de L'autre blanc laisse entendre qu'il existe une autre cuvée. En effet, c'est Le Blanc pur chardonnay, de grande envergure aussi.

Le prix de ce vin. En ces temps de post-crise ou de pré-crise, nul ne saurait trancher, le prix de ce magnifique blanc est presque angélique : 12 € TTC. Cela peut sembler cher pour un vin IGP... jusqu'à l'avoir goûté ! Les amers de L'autre blanc surprendront certains, mais ils sont parfaitement équilibrés par l'acidité et par l'alcool. C'est la persistance en bouche qui rend ce vin exceptionnel. Ne comptez pas les caudalies, c'est-à-dire les secondes. Passez plutôt aux minutes, et même aux dizaines de minutes.

Domaine d'Aigues Belles
30260 Brouzet-les-Quissac
06 07 48 74 65
Mail : aigues.belles@orange.fr
www.aigues-belles.com

Les plus belles progressions de l'année

DE B&D B&D B&D B&D À B&D B&D B&D B&D B&D

CHÂTEAU DUCRU-BEAUCAILLOU
Bordeaux

CHÂTEAU PALMER
Bordeaux

ARNAUD ENTE
Bourgogne

DOMAINE DE LA VOUGERAIE
Bourgogne

EGLY-OURIET
Champagne

LOUIS ROEDERER
Champagne

DE ▪▪▪ À ▪▪▪▪

CHÂTEAU BOYD-CANTENAC
Bordeaux

CHÂTEAU BRANE-CANTENAC
Bordeaux

CHÂTEAU DUHART-MILON
Bordeaux

CHÂTEAU GISCOURS
Bordeaux

DOMAINE DES PERDRIX
Bourgogne

DOMAINE GEORGES MUGNERET ET MUGNERET-GIBOURG
Bourgogne

DOMAINE HENRI GOUGES
Bourgogne

LOUIS LATOUR
Bourgogne

DOMAINE DE MONTCALMÈS
Languedoc

CHÂTEAU VANNIÈRES
Provence

DOMAINE DE LA TAILLE AUX LOUPS
Vallée de la Loire

CHÂTEAU DE FONSALETTE
Vallée du Rhône

Les meilleurs vins de l'année

DOMAINE MARCEL DEISS
Alsace grand cru Altenberg de Bergheim, blanc moelleux 2008

DOMAINE WEINBACH - COLETTE, CATHERINE ET LAURENCE FALLER
Alsace gc Furstentum gewurztraminer Sélection de Grains Nobles,blanc liquoreux 2010

DOMAINE ZIND-HUMBRECHT
Alsace grand cru Rangen pinot gris, blanc 2010

CHÂTEAU CHEVAL BLANC
Saint-Émilion grand cru, rouge 2010

CHÂTEAU LAFLEUR
Pomerol, rouge 2009

CHÂTEAU MARGAUX
Margaux, rouge 2009

PETRUS
Pomerol, rouge 2009

BOUCHARD PÈRE ET FILS
Montrachet grand cru, blanc 2010

DOMAINE LEROY
Musigny grand cru, rouge 2010

JOSEPH DROUHIN
Musigny grand cru, rouge 2010

BOLLINGER
Champagne Grande Année, brut 2002

DOM PÉRIGNON
Champagne Œnothèque brut 1996

VEUVE CLICQUOT-PONSARDIN
Champagne Cave Privée, brut rosé 1989

CLOS MARIE
Coteaux du Languedoc - Pic Saint-Loup Simon, rouge 2009

LES VIGNERONS DE TERRATS TERRASSOUS
Rivesaltes Château Mosse, ambré VDN 1948

CLOS THOU
Jurançon suprême de thou, blanc liquoreux 2010

CLOS ROUGEARD
Saumur-Champigny Clos du Bourg, rouge 2009

DOMAINE DE LA TAILLE AUX LOUPS
Vouvray Clos de Venise, blanc 2011

DOMAINE JEAN-LOUIS CHAVE
Hermitage, blanc 2009

M. CHAPOUTIER
Ermitage Le Méal, blanc 2010

Une cave idéale : top 15 des vins à mettre en cave 10 ans

TRIMBACH
Alsace riesling Clos Sainte-Hune, blanc 2010

DOMAINE ALBERT MANN
Alsace grand cru Hengst pinot gris, blanc 2010

CHÂTEAU ROUGET
Pomerol, rouge 2010

CHÂTEAU FOMBRAUGE
Saint-Emilion grand cru, rouge 2009

LOUIS JADOT
Chambertin-Clos de Bèze grand cru, rouge 2010

DOMAINE ROSSIGNOL-TRAPET
Chambertin grand cru, rouge 2010

DOMAINE BRUNO CLAIR
Gevrey-Chambertin premier cru Les Cazetiers, rouge 2010

DOMAINE MACLE
Château-Chalon, blanc 2004

MAS JULLIEN
Coteaux du Languedoc, rouge 2009

CHÂTEAU VANNIÈRES
Bandol, rouge 2009

DOMAINE GAUBY
Côtes du Roussillon-Villages La Muntada, rouge 2009

DOMAINE YANNICK AMIRAULT
Bourgueil Le Grand Clos, rouge 2010

CHÂTEAU LA VARIÈRE
Bonnezeaux blanc liquoreux 2008

CHÂTEAU DE SAINT-COSME
Gigondas Hominis Fides, rouge 2010

DELAS
Hermitage Marquise de la Tourette, blanc 2010

Une cave idéale : top 15 des vins à mettre en cave 20 ans

HUGEL ET FILS
Alsace gewurztraminer Sélection de Grains Nobles « S », blanc liquoreux 2007

DOMAINE MARCEL DEISS
Alsace grand cru Altenberg de Bergheim, blanc moelleux 2010

CHÂTEAU D'YQUEM
Sauternes, blanc liquoreux 2009

CHÂTEAU MOUTON-ROTHSCHILD
Pauillac, rouge 2009

CHÂTEAU AUSONE
Saint-Émilion grand cru, rouge 2010

CHÂTEAU LA MISSION HAUT-BRION
Pessac-Léognan, rouge 2009

CHÂTEAU SUDUIRAUT
Sauternes, blanc liquoreux 2009

CHÂTEAU CALON-SÉGUR
Saint-Estèphe, rouge 2009

CHÂTEAU ANGÉLUS
Saint-Émilion grand cru, rouge 2010

DOMAINE DE LA ROMANÉE-CONTI
Romanée-Conti grand cru, rouge 2010

DOMAINE DE LA VOUGERAIE
Musigny grand cru, rouge 2010

LOUIS LATOUR
Romanée-Saint-Vivant grand cru Les Quatre Journaux, rouge 2010

DOMAINE PIERRE DAMOY
Chambertin-Clos de Bèze grand cru, rouge 2010

M. CHAPOUTIER
Ermitage Le Pavillon, rouge 2010

DOMAINE DE LA JANASSE
Châteauneuf-du-Pape Chaupin, rouge 2010

Le top 20 des vins à moins de 6 €

DOMAINE HENRY FUCHS
Alsace sylvaner Vieilles Vignes, blanc 2010

CHÂTEAU DE CAMARSAC
Bordeaux, rouge 2010

CORDIER MESTRÉZAT GRANDS CRUS
Bordeaux Collection Privée, rouge 2010

GINESTET
Bordeaux Mascaron par Ginestet, blanc 2011

DOMAINE DENUZILLER
Mâcon-Villages Solutré, blanc 2010

CHÂTEAU DE FAUZAN
Minervois, rouge 2007

CHÂTEAU GUÉRY
Vin de pays d'Oc sauvignon Serre de Guery, blanc 2011

JEANJEAN
Faugères Domaine de Fenouillet - Extraits de Schistes, rouge 2010

MAS GRANIER - MAS MONTEL
Vin de pays du Gard Vin d'Une Nuit, rosé 2011

DOMAINE DE CAMAÏSSETTE
Coteaux d'Aix-en-Provence, blanc 2011

CHÂTEAU LA RAYRE
Bergerac, rouge 2009

DOMAINE DES TROIS CAZELLES
Cahors, rouge 2009

DOMAINE DU HAUT-MONTLONG
Bergerac Éclat de Fruit, blanc moelleux 2011

LE ROC
Fronton La Saignée, Rosé, 2011

PRODUCTEURS PLAIMONT
Saint-Mont Marquis de Seillan, blanc 2011

CAVE BRUNEAU-DUPUY
Saint-Nicolas-de-Bourgueil Vieilles Vignes, rouge 2011

DOMAINE DE LA CHAUVINIÈRE
Muscadet Sèvre-et-Maine L'Inattendu, blanc 2010

DOMAINE DES CORBILLIÈRES
Touraine Les Griottines, rouge 2010

DOMAINE DU JONCIER
Lirac L'O de Joncier, rouge 2011

E. GUIGAL
Côtes du Rhône, rouge 2009

Le top 20 des vins qui offrent

DOMAINE MARC TEMPÉ
ALSACE ZELLENBERG RIESLING, BLANC 2009

DOMAINE PAUL BLANCK
ALSACE PINOT NOIR F, ROUGE 2009

CHÂTEAU DU MOULIN-À-VENT
MOULIN-À-VENT CHAMP DE COUR, ROUGE 2010

CHÂTEAU DES JACQUES
MOULIN-À-VENT, ROUGE 2010

CHÂTEAU VILLA BEL-AIR
GRAVES, BLANC 2011

CHÂTEAU MARJOSSE
BORDEAUX, ROUGE 2010

DOMAINE GUILHEM ET JEAN-HUGUES GOISOT
SAINT-BRIS CORPS DE GARDE, BLANC 2010

DOMAINE CORINNE ET JEAN-PIERRE GROSSOT
CHABLIS PREMIER CRU MONT DE MILIEU, BLANC 2010

DOMAINE VACCELLI
AJACCIO GRANIT, ROSÉ 2011

CLOS D'ALZETO
AJACCIO, BLANC 2011

le bonheur tout de suite !

DOMAINE DE LA PROSE
Coteaux du Languedoc Les Embruns, rouge 2010

CHÂTEAU SAINTE-EULALIE
Minervois-La-Livinière La Cantilène, rouge 2010

DOMAINE SINGLA
Rivesaltes Héritage du Temps - 30 ans, Ambré, Ambré VDN

DOMAINE JEAN-PIERRE ET JEAN-FRANÇOIS QUÉNARD
Vin de Savoie mondeuse Terres Rouges, rouge 2011

CAUSSE MARINES
Gaillac Peyrouzelles, rouge 2011

PRODUCTEURS PLAIMONT
Saint-Mont Marquis de Seillan, blanc 2011

HENRY ET JEAN-SÉBASTIEN MARIONNET
Touraine Vinifera gamay Franc de Pieds, rouge 2011

DOMAINE DES ROCHELLES
Coteaux de l'Aubance, blanc moelleux 2010

DOMAINE VINDEMIO
Côtes du Ventoux Regain, blanc 2009

DOMAINE DES BERNARDINS
Muscat de Beaumes-de-Venise, blanc moelleux 2011

Les meilleurs vins issus de domaines

DOMAINE ALBERT MANN
Alsace grand cru Schlossberg riesling, blanc 2010

DOMAINE MARC TEMPÉ
Alsace grand cru Furstentum gewurztraminer, blanc Doux, 2005

DOMAINE ZIND-HUMBRECHT
Alsace grand cru Rangen pinot gris, blanc 2010

RENÉ MURÉ - CLOS SAINT-LANDELIN
Alsace grand cru Vorbourg Clos Saint-Landelin gewurztraminer Sélection de Grains Nobles, blanc moelleux 2009

CHÂTEAU FONROQUE
Saint-Émilion grand cru, rouge 2010

CHÂTEAU CHÂTEAU ROLLAN DE BY
Médoc, rouge 2009

DOMAINE D'AUVENAY
Meursault premier cru Gouttes d'or, blanc 2010

DOMAINE DE LA VOUGERAIE
Corton - Clos du Roi grand cru, rouge 2010

DOMAINE LEROY
Corton - Renardes grand cru Aux Renardes, rouge 2010

DOMAINE VINCENT DAUVISSAT
Chablis grand cru Les Clos, blanc 2010

JOSEPH DROUHIN
Corton - Charlemagne grand cru, blanc 2009

CHAMPAGNE FLEURY
Champagne Millésimé, extra-brut 1995

FRANÇOISE BEDEL
Champagne Entre Ciel et Terre, brut non millésimé

DOMAINE D'ALZIPRATU
Corse - Calvi Pumonte, rouge 2010

DOMAINE DE TORRACCIA
Corse, blanc 2011

cultivés en agriculture biologique

SDOMAINE BERTHET-BONDET
Côtes du Jura Vin de Paille, blanc moelleux 2007

DOMAINE GANEVAT
Côtes du Jura poulsard L'Enfant Terrible, rouge 2011

PIERRE OVERNOY
Arbois Pupillin chardonnay, blanc 2010

BORIE DE MAUREL
Minervois Sylla, rouge 2010

CLOS MARIE
Coteaux du Languedoc - Pic Saint-Loup Métairie du Clos, rouge 2009

DOMAINE LES AURELLES
Coteaux du Languedoc Aurel, rouge 2008

CHÂTEAU SAINTE-MARGUERITE
Côtes de Provence Symphonie Pourpre, rouge 2008

CLOS SAINT-VINCENT
Bellet Le Clos, rouge 2010

DOMAINE DE L'HERMITAGE
Bandol L'Oratoire, rouge 2007

DOMAINE CAZES
Rivesaltes Aimé Cazes, ambré VDN 1978

DOMAINE LAFAGE
Côtes du Roussillon Léa, rosé 2011

CLOS ROUGEARD
Saumur-Champigny Clos du Bourg, rouge 2009

DOMAINE ALPHONSE MELLOT
Sancerre Générations, blanc 2010

DOMAINE PIERRE GONON
Saint-Joseph, rouge 2010

M. CHAPOUTIER
Ermitage Le Méal, rouge 2010

Prix des lecteurs Bettane+Desseauve

En partenariat avec les hôtels Mercure

Alsace

DOMAINE LÉON BOESCH
Alsace pinot blanc La Cabane, blanc 2010

DOMAINE MEYER-FONNÉ
Alsace pinot blanc Vieilles Vignes, blanc 2011

DOMAINE SCHLUMBERGER
Alsace pinot gris Les Princes Abbés, blanc demi-sec 2010

Beaujolais

CHÂTEAU DES JACQUES
Morgon Côte de Py Château des Lumières, rouge 2006

DOMAINE PIRON
Beaujolais-Villages Domaine de la Chanaise, rouge 2011

Bordeaux

CHÂTEAU BEAULIEU
Bordeaux Supérieur Comtes de Tastes, rouge 2010

CHÂTEAU BRONDELLE
Graves Classic, rouge 2009

DOURTHE
Graves Terroirs d'Exception Croix des Bouquets, blanc 2011

DOURTHE
Cadillac Côtes de Bordeaux Château de Ricaud, rouge 2009

CHÂTEAU FOMBRAUGE
Saint-Émilion grand cru Les Cadrans de Fombrauge, rouge 2008

CHÂTEAU GOUBAU
Castillon Côtes de Bordeaux Les Charmes, rouge 2009

CHÂTEAU L'ISLE FORT
Bordeaux Supérieur, rouge 2008

CHÂTEAU LA BOUADE
Sauternes cuvée Château, blanc liquoreux 2009

CHÂTEAU LES HAUTS DE PALETTE
Bordeaux Château Haut-Mondain - Grande Réserve, rouge 2010

BERNARD MAGREZ
Médoc Château Tour Blanche, rouge 2008

VIGNOBLES PÉRÉ-VERGÉ
Lalande de Pomerol Château La Gravière, rouge 2009

CHÂTEAU PHÉLAN-SÉGUR
Saint-Estèphe Franck Phélan, rouge 2008

VIGNERONS DE PUISSEGUIN LUSSAC SAINT-EMILION
Castillon Côtes de Bordeaux Oryade, rouge 2010

CHÂTEAU DE ROCHEMORIN
Pessac-Léognan, rouge 2006

CHÂTEAU THIEULEY
Bordeaux, rouge 2010

CHÂTEAU TOUR DE SARRAIL
Bordeaux, rouge 2009

CHÂTEAU VILLA BEL-AIR
Graves, blanc 2011

CHÂTEAU VILLA BEL-AIR
Graves, rouge 2009

Bourgogne

JEAN-LUC & PAUL AEGERTER
Bourgogne pinot noir, rouge 2011

DOMAINES ALBERT BICHOT
Bourgogne Secret de famille, rouge 2010

DOMAINE PASCAL BOUCHARD
Chablis Vieilles Vignes, blanc 2010

JEAN-MARC BROCARD
Chablis premier cru Montmains, blanc 2010

JEAN-MARC BROCARD
Chablis premier cru Les Butteaux, blanc 2010

DOMAINE DE LA CROIX SÉNAILLET
Saint-Véran En Pommards, blanc 2009

DOMAINE NATHALIE ET GILLES FÈVRE
Chablis, blanc 2011

DOMAINE ANTONIN GUYON
Aloxe-Corton premier cru Fournières, rouge 2009

LA CHABLISIENNE
Petit Chablis Pas Si Petit, blanc 2010

DOMAINE LAROCHE
Chablis premier cru Les Vaudeveys Domaine Laroche, blanc 2009

DOMAINE LONG-DEPAQUIT
Chablis premier cru Les Vaillons, blanc 2010

DOMAINE RIJCKAERT
Viré-Clessé Mont-Chatelaine, blanc 2010

DOMAINE RIJCKAERT
Saint-Véran En Faux, Vieilles Vignes, blanc 2009

CHÂTEAU DES JACQUES
Bourgogne Clos de Loyse, blanc 2010

TRÉNEL
Mâcon-Villages, blanc 2011

Jura

CAVES DE LA REINE JEANNE
Crémant du Jura, blanc brut, non millésimé

DOMAINE RIJCKAERT – JURA
Arbois chardonnay En Paradis, blanc 2009

Languedoc

ABBAYE DE FONTFROIDE
Corbières Déo Gratias, rouge 2009

DOMAINE D'AIGUES BELLES
Languedoc Classique, rouge 2010

CAVE ANNE DE JOYEUSE
Limoux La Butinière, blanc 2008

CLOS BAGATELLE
Saint-Chinian Donnadieu Camille et Juliette, rouge 2011

GÉRARD BERTRAND
Vin de pays d'Oc Cigalus, blanc 2011

GÉRARD BERTRAND
Coteaux du Languedoc - Terrasses du Larzac Château La Sauvageonne, Pica Broca, rouge 2010

DOMAINE DE L'AIGLE
Limoux, blanc 2011

DOMAINE DU GRAND ARC
Corbières cuvée des Quarante, rouge 2010

HECHT & BANNIER
Saint-Chinian, rouge 2010

JEANJEAN
Faugères Domaine de Fenouillet - Grande Réserve, rouge 2009

CHÂTEAU LANCYRE
Coteaux du Languedoc - Pic Saint-Loup Vieilles Vignes, rouge 2010

MICHEL LAROCHE - MAS LA CHEVALIÈRE
Vin de pays d'Oc Mas La Chevalière - Vignoble Peyroli, blanc 2010

DOMAINE LES GRANDES COSTES
Coteaux du Languedoc La Sarabande, rouge 2007

MONT TAUCH
Fitou Montmal, rouge 2010

LES DOMAINES PAUL MAS
Vin de pays d'Oc Arrogant Frog Chardonnay-Viognier Ribet, blanc 2011

CHÂTEAU SAINTE-EULALIE
Minervois-La-Livinière La Cantilène, rouge 2010

Prix des lecteurs Bettane+Desseauve

En partenariat avec les hôtels Mercure

Provence

MAS DE CADENET
Côtes de Provence Sainte-Victoire L'Arbaude, rouge 2011

DOMAINE DE CAMAÏSSETTE
Coteaux d'Aix-en-Provence, blanc 2011

DOMAINE LA SUFFRÈNE
Bandol, rosé 2011

CHÂTEAU MALHERBE
Côtes de Provence Pointe du Diable, rouge 2010

CHÂTEAU D'OLLIÈRES
Coteaux Varois en Provence Prestige, blanc 2011

CHÂTEAU SAINTE-ROSELINE
Côtes de Provence Lampe de Méduse, rosé 2011

DOMAINE DE TRIENNES
Vin de pays du Var Sainte-Fleur, blanc 2010

CHÂTEAU VIGNELAURE
Coteaux d'Aix-en-Provence La Source de Vignelaure, rosé 2011

Roussillon

VIGNERONS DE CARAMANY
Côtes du Roussillon-Villages Carmin, rouge 2011

VIGNERONS DE CARAMANY
Côtes du Roussillon-Villages Presbytère, rouge 2011

Sud-Ouest

DOMAINE GUY CAPMARTIN
Madiran cuvée du Couvent, rouge 2009

DOMAINE CHIROULET
Vin de pays des Côtes de Gascogne Terres Blanches, blanc 2011

DOMAINE DU HAUT-MONTLONG
Bergerac Éclat de Fruit, blanc moelleux 2011

PRODUCTEURS PLAIMONT
Vin de pays des Côtes de Gascogne Caprice de Colombelle, blanc 2011

Vallée de la Loire

DOMAINE DE BABLUT
Coteaux de l'Aubance Sélection,
blanc moelleux 2007

DOMAINE ÉMILE BALLAND
Sancerre Croq' Caillote, blanc 2011

DOMAINE DES CHAMPS FLEURIS
Saumur-Champigny Vieilles Vignes, rouge 2011

DOMAINE DE LA CHEVALERIE
Bourgueil Galichets, rouge 2010

DOMAINE DES CORBILLIÈRES
Touraine Les Demoiselles, rouge 2010

DOMAINE DE LA COTELLERAIE
Saint-Nicolas-de-Bourgueil, rouge 2011

PIERRE ET BERTRAND COULY
Chinon, rosé 2011
Couly-Dutheil, Chinon Diligence, rouge 2010

DOMAINES VÉRONIQUE GÜNTHER-CHÉREAU
Muscadet Sèvre-et-Maine Grand Fief
de la Cormeraie, blanc 2010

HENRY ET JEAN-SÉBASTIEN MARIONNET
Touraine Première Vendange, rouge 2011

DOMAINE DU ROCHER DES VIOLETTES
Montlouis-sur-Loire Touche-Mitaine,
blanc 2010

Vallée du Rhône

DOMAINE DES BERNARDINS
Muscat de Beaumes-de-Venise,
blanc moelleux 2011

DOMAINE DES BERNARDINS
Vin de pays Portes de Méditerranée
L'Esprit Libre, blanc demi-sec 2011

M. CHAPOUTIER
Saint-Joseph Deschants, blanc 2011

M. CHAPOUTIER
Tavel, rosé 2011

M. CHAPOUTIER
Crozes-Hermitage La Petite Ruche,
rouge 2010

E. GUIGAL
Côtes du Rhône, rosé 2010

E. GUIGAL
Saint-Joseph, blanc 2011

E. GUIGAL
Crozes-Hermitage, rouge 2009

OGIER
Châteauneuf-du-Pape Clos de l'Oratoire
des Papes, blanc 2011

OGIER
Châteauneuf-du-Pape Clos de l'Oratoire
des Papes, rouge 2010

Nos partenaires : idealwine

iDealwine.com, le site de référence des amateurs de vin

Créé en 2000, iDealwine est aujourd'hui le seul site dédié à l'achat, la revente et la cotation de grands crus.

Pour acheter aux enchères ou à prix fixe

- Ventes aux enchères en salle : les catalogues des plus belles ventes de vin à portée de clic
- Ventes aux enchères on-line : enchères sécurisées, 100% Internet
- Ventes à prix fixe : cuvées rares, accessibles sur allocation
- Offres iDéales, direct domaine, prix imbattables

Pour revendre vos vins

- Avec la cote iDealwine, estimation gratuite de vos vins
- Exposition unique : 300.000 amateurs d'Europe et d'Asie sont connectés sur iDealwine
- Offre globale : stockage, assurance, expédition à l'acheteur
- Formule souple : vente aux enchères en salle, en ligne, achat ferme de votre cave

Rejoignez la communauté iDealwine !

- Blog iDealwine : les dernières infos du monde du vin et des enchères
- Facebook : rejoignez les 8000 fans pour jouer, commenter et suivre les actualités
- Twitter : restez informés en temps réel de l'activité d'iDealwine

NOUVELLE VERSION : découvrez l'appli iPhone d'iDealwine !

- Prix des vins, News, Accords mets et vins… une appli indispensable !
- La cote des vins accessible partout, même sans connexion Internet
- Des informations plus complètes sur les vins, une navigation plus rapide

iDealwine
190, rue d'Estienne d'Orves
92700 Colombes
Tel : 01.56.05.86.10 – Fax : 01.56.05.86.11
www.idealwine.com – contact@idealwine.com

Le Grand
TASTING
Le festival des meilleurs vins
10h30 - 20h30
10h30 - 19h30
Carrousel du Louvre – 30 novembre et 1er décembre 2012
avec bettane+desseauve • www.grandtasting.com
L'ABUS D'ALCOOL EST DANGEREUX POUR LA SANTE. A CONSOMMER AVEC MODERATION

Nos partenaires : Riedel

Cristallerie autrichienne familiale, Riedel, qui a vu le jour il y a 250 ans, est aujourd'hui le leader mondial incontesté des verres œnologiques.
Grand amateur de vin, Claus Riedel (9e génération) constate qu'un même vin peut développer des caractéristiques très différentes selon le contenant dans lequel il est présenté. Il décide d'explorer cette voie et en 1973 nait la ligne Sommeliers : des verres aux formes spécifiques selon les cépages qui permettent d'exalter les grands vins.

Pourquoi des verres œnologiques ?
Bien que véritable intermédiaire entre l'amateur et le breuvage, le verre est souvent sous-estimé quant à ses capacités à exalter un vin. Pourtant, un même vin se présente tellement différemment selon la forme du verre que même des dégustateurs expérimentés peuvent envisager des vins différents !

Règles générales
Riedel a toujours considéré le verre à vin comme un instrument destiné à transmettre le message du vinificateur et à restituer la personnalité du vin, son nez et son goût (sans oublier la beauté de l'objet). Parce que la forme du verre détermine la qualité de la transmission des messages du vin, il est essentiel d'utiliser le verre qui convient.
Pour le dégustateur, le point initial de contact du vin dans la bouche dépend de la forme et du volume du verre, du diamètre du bord et de sa finition (a-t-il été coupé et poli ou a-t-il un bourrelet ?) aussi bien que de l'épaisseur du cristal.
Quand on porte un verre à ses lèvres, les papilles sont en alerte. Le flux du vin est dirigé vers les capteurs concernés par tel ou tel goût, ce qui conduit à différentes interprétations. Quand la langue est en contact avec le vin, trois messages sont transmis en même temps: température, texture et goût.

La Température
La qualité et l'intensité des arômes ne sont pas uniquement déterminées par le vin mais aussi par leur adéquation à la forme du verre. Le bouquet ne pouvant se développer correctement que dans une zone de température déterminée, la démonstration ne sera valide que si le vin est servi à bonne température et dans des proportions correctes (les basses températures diminuent l'intensité du bouquet, et l'alcool se fait plus présent lorsque la température augmente).

Sentir - le nez

Quand le vin est versé, il commence immédiatement à s'évaporer. Ses arômes emplissent le verre graduellement selon leur propre densité. La taille et la forme du verre peuvent donc être finement adaptées aux arômes spécifiques du cépage.

Les arômes les plus légers, les plus fragiles, rappellent les fleurs et les fruits. Ce sont ceux qui occupent la partie supérieure du verre. Au milieu se concentrent les senteurs végétales, minérales et tout ce qui évoque les sous-bois, la terre et les champignons. Les arômes les plus lourds, typiques du bois et de l'alcool, se situent au fond du verre. Faire tourner le vin dans son verre a pour effet d'augmenter l'évaporation des arômes et leur intensité. Mais ceci n'assemble pas les divers éléments aromatiques entre eux. Ce qui explique que le même vin dans des verres différents exprime des arômes différents. Le même vin peut ainsi faire ressortir des arômes fruités dans un verre et des notes végétales dans un autre. La seule façon de percevoir des arômes unifiés serait de secouer vigoureusement le verre.

Goûter - La bouche

Chacun son goût! Nous ne pouvons donc qu'énoncer quelques repères communs... La forme du verre elle-même implique une position de la tête telle que l'on puisse boire sans baver. Les verres largement ouverts nous forcent à baisser la tête alors que ceux plus étroits nous obligent à mettre la tête en arrière. Ceci conditionne l'arrivée du liquide sur les zones sensibles du palais.

Si l'on boit d'un trait, pour satisfaire une soif, on ne perçoit que l'arrière goût. Selon leur degré, les boissons alcooliques sont bues à petites ou très petites gorgées. C'est ainsi que l'on contrôle l'agressivité du contact de l'alcool sur la langue. La sensation perçue est transmise au cerveau à la vitesse de 400 mètres par seconde. C'est ce que nous appelons la première impression. Dans la plupart des cas nous sommes déçus si le fruit est absent ou dominé. Quand cela arrive on a tendance à dire que le vin n'est pas bon alors que, souvent, il s'agit d'un verre qui n'a pas la forme appropriée.

Chaque vin a sa propre combinaison : fruité, acidité, minéralité, astringence, alcool. Elle varie selon le cépage, le climat et le terroir dont il est issu. La finale joue un rôle important dans l'impression que laisse le vin et ceci est également déterminé par le dessin du contenant. Il faudra du temps pour comprendre qu'un verre n'est pas seulement un verre mais un instrument capable de multiplier le plaisir de la dégustation.

Philippe Guillon
Info@riedel.at

Nos partenaires : Grains Nobles

Grains Nobles s'adresse à tous ceux qui rêvent d'un espace entièrement consacré au vin pour y vivre pleinement leur passion. Une approche complète et originale du vin qui enchantera tous les amateurs avides d'expériences œnologiques hors du commun.

Le Cadre : un espace consacré au vin
Situé dans le cœur historique de Paris, en plein centre du Quartier latin, le nouveau caveau fait perdurer l'esprit qui anime Grains Nobles depuis 20 ans. Tout y est conçu et pensé pour la dégustation, depuis l'espace chaleureux du bar à vin jusqu'à l'ancienne cave en pierre du XIIIe siècle, théâtre de nos soirées et où dorment de magnifiques flacons… Intimité, fraîcheur, convivialité : un îlot de sérénité qui appelle à la découverte et aux plaisirs de la dégustation !

La Philosophie
À Grains Nobles, la connaissance du vin s'acquiert dans l'excellence. L'atmosphère des cours se veut à la fois professionnelle et conviviale.
Le vin, fascinant produit de culture et de patrimoine, mérite d'être considéré come un sujet d'étude important. L'ambiance conviviale et ludique des soirées de dégustation favorise les rencontres et les échanges qui permettent à tous de partager des expériences et des connaissances toujours enrichissantes.
Depuis toujours, Grains Nobles s'est donné l'ambition d'accueillir et d'accompagner tous les amateurs de vins, du débutant au fin connaisseur. Lors des cours, on peut tout autant découvrir et apprendre que consolider ses connaissances.

Une équipe de grands professionnels
Nos soirées sont animées par des journalistes et dégustateurs de renom, tels Michel Bettane et Bernard Burtschy, ainsi qu'Olivier Poussier, meilleur sommelier du monde : leurs connaissances, leur expertise, et le plaisir qu'ils ont de les faire partager, font de chaque soirée de dégustation un évènement unique et merveilleux.
En dégustant à leurs côtés, chacun se donne la chance de mieux comprendre toutes les subtilités du vin et de progresser rapidement pour devenir un amateur éclairé et toujours plus passionné.

Prolonger l'instant
Dans notre bar à dégustation, vous pourrez continuer à découvrir et approfondir les vins en choisissant parmi la trentaine de vins servis au verre ou les bouteilles de la cave (sans droit de bouchon) accompagnés d'assiettes à partager. **Ouverture du lundi au samedi de 12h à 15h et de 18h à 23h.**

Grains Nobles - 8 rue Boutebrie, 75005 Paris
tél : 01 75 57 89 07 - fax : 01 75 57 89 05

PFINGSTBERG

La sélection Bettane et Desseauve pour l'Alsace

Le vignoble de l'Alsace

Cette côte tournée vers l'Est produit quelques-uns des plus grands vins blancs de France. On connaît les cépages qui s'y épanouissent – le racé riesling, l'exubérant gewurztraminer, le profond pinot gris ou encore le souple sylvaner – les caractères secs ou au contraire issus de vendanges tardives qui en expriment la quintessence, on se perd un peu dans l'écheveau des crus, mais on doit absolument considérer les grands vins d'Alsace pour ce qu'ils sont : quelques-uns des meilleurs vins blancs du monde.

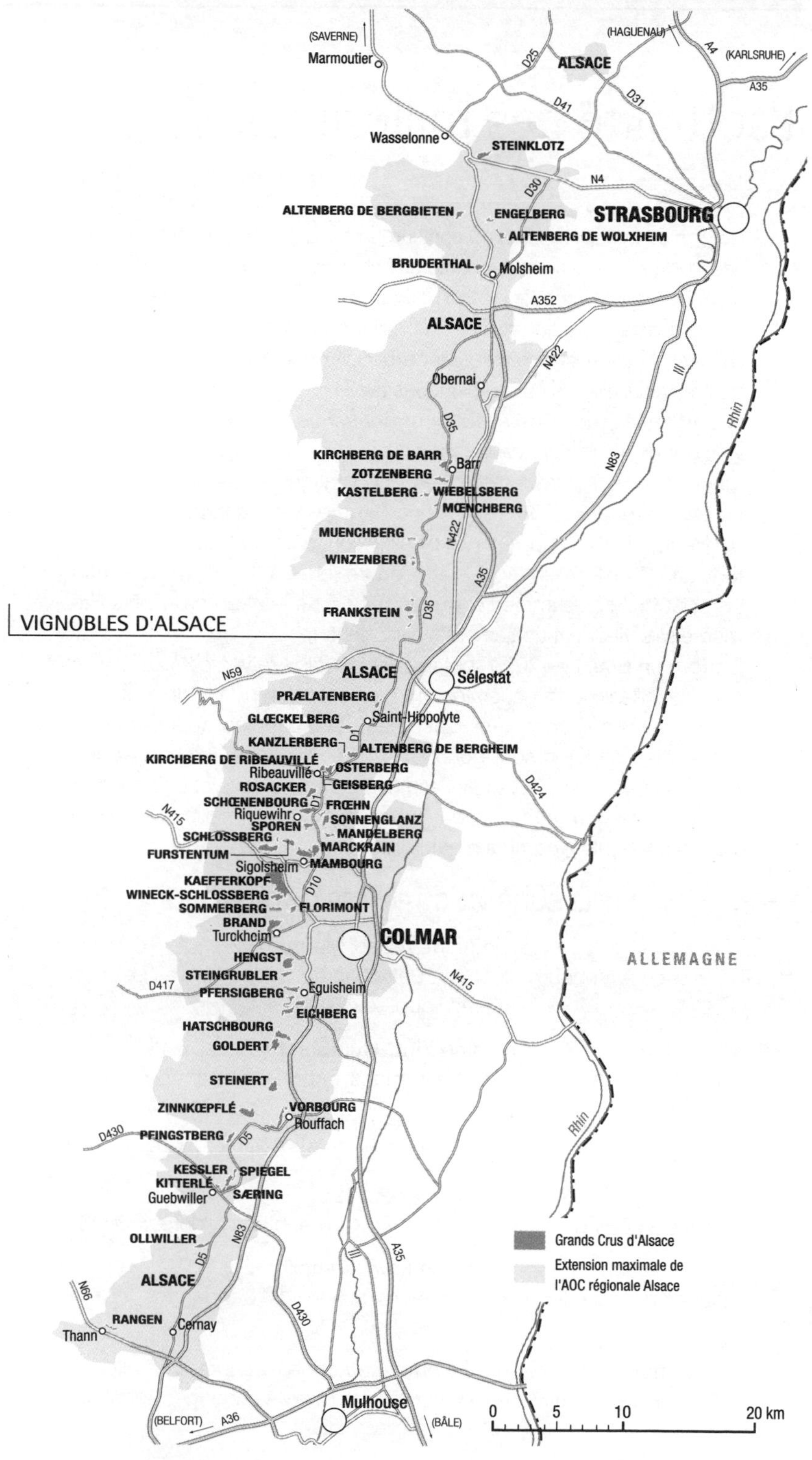
VIGNOBLES D'ALSACE
(SAVERNE)
Marmoutier
(HAGUENAU)
A4
(KARLSRUHE)
A35
D25
ALSACE
D31
D41
Wasselonne
STEINKLOTZ
N4
D30
ALTENBERG DE BERGBIETEN
ENGELBERG
STRASBOURG
ALTENBERG DE WOLXHEIM
BRUDERTHAL
Molsheim
A352
ALSACE
N422
Obernai
Ill
Rhin
D35
KIRCHBERG DE BARR
Barr
ZOTZENBERG
N83
KASTELBERG
WIEBELSBERG
MŒNCHBERG
MUENCHBERG
N422
WINZENBERG
A35
FRANKSTEIN
D35
N59
ALSACE
Sélestat
PRÆLATENBERG
GLŒCKELBERG
Saint-Hippolyte
D1
KANZLERBERG
ALTENBERG DE BERGHEIM
KIRCHBERG DE RIBEAUVILLÉ
Ribeauvillé
OSTERBERG
ROSACKER
GEISBERG
D424
SCHŒNENBOURG
D1
FRŒHN
N415
Riquewihr
SONNENGLANZ
SPOREN
MANDELBERG
SCHLOSSBERG
MARCKRAIN
FURSTENTUM
Sigolsheim
MAMBOURG
KAEFFERKOPF
D10
WINECK-SCHLOSSBERG
SOMMERBERG
FLORIMONT
BRAND
Turckheim
COLMAR
ALLEMAGNE
HENGST
STEINGRUBLER
N415
D417
PFERSIGBERG
Eguisheim
EICHBERG
HATSCHBOURG
GOLDERT
STEINERT
ZINNKŒPFLÉ
VORBOURG
Rouffach
D430
PFINGSTBERG
D5
Rhin
KESSLER
SPIEGEL
KITTERLÉ
Guebwiller
SÆRING
OLLWILLER
N83
Ill
A35
D5
Grands Crus d'Alsace
Extension maximale de l'AOC régionale Alsace
N66
ALSACE
D430
RANGEN
Cernay
Thann
Mulhouse
(BELFORT)
A36
(BÂLE)
0
5
10
20 km

L'actualité des millésimes

Ne pas se tromper. Les 2010 sont largement à la vente en cette fin d'année 2012, ils constituent la priorité à l'achat. Pas mal de domaines commencent déjà à proposer les 2011, notamment sur les entrées de gamme et les cuvées à rotation rapide ; ce millésime n'a pas autant de fond et d'intérêt, le fruité et la tendresse de bouche constituent les principales qualités mais les vins ne semblent pas avoir l'énergie pour aller bien loin.
Grand millésime. 2010 a tout pour donner de grandes émotions. Les vins ont de la matière, de la tension et un grand équilibre, ils vieilliront magnifiquement. De nombreuses dégustations nous ont permis de les comparer aux 2008 : les deux millésimes ont un profil légèrement différent, 2008 a une réserve et une concentration supérieures qui font que de nombreux vins sont encore fermés, les 2010 expriment un éclat fruité plus immédiat qui permettra de les apprécier plus vite, même s'ils vieilliront également avec bonheur.
Encore un peu. Les 2009 sont encore parfois à la vente. Pour les vins secs, le millésime n'a généralement pas la tension ni la profondeur des deux années qui l'encadrent, c'est même son principal défaut car pour le reste les parfums sont gourmands. En revanche, les vendanges-tardives et sélections-de-grains-nobles ont une pureté et une concentration d'une gourmandise souvent irrésistible, les meilleures cuvées vieilliront très bien, comme d'habitude.

MEILLEURS VINS TOUTES CATÉGORIES

Domaine Albert Mann
Alsace Altenbourg pinot gris Sélection de Grains Nobles Le Tri, blanc liquoreux 2008

Domaine Zind-Humbrecht
Alsace Clos Jebsal pinot gris Vendanges Tardives, blanc moelleux 2010

Domaine Marcel Deiss
Alsace grand cru Altenberg de Bergheim, blanc moelleux 2010

Hugel et Fils
Alsace riesling Sélection de Grains Nobles, blanc liquoreux 2009

Domaine Marc Tempé
Alsace grand cru Mambourg gewurztraminer "S" Vendanges Tardives, blanc moelleux 2009

Domaine Weinbach - Colette, Catherine et Laurence Faller
Alsace grand cru Mambourg gewurztraminer Vendanges Tardives, blanc moelleux 2009

LE BONHEUR TOUT DE SUITE

Domaine Marc Tempé
Alsace Zellenberg riesling, blanc sec 2009

Domaine André Kientzler
Alsace grand cru Kirchberg de Ribeauvillé muscat, blanc sec 2010

René Muré - Clos Saint-Landelin
Alsace grand cru Vorbourg Clos Saint-Landelin pinot gris, blanc sec 2010

Cave de Ribeauvillé
Alsace grand cru Gloeckelberg pinot gris, blanc demi-sec 2008

Domaine François Schmitt
Alsace grand cru Pfingstberg riesling cuvée Paradis, blanc sec 2010

Domaine Loew
Alsace Bruderbach Clos des Frères riesling, blanc sec 2010

Domaine Laurent Barth
Alsace grand cru Marckrain gewurztraminer, blanc sec 2010

MEILLEURS VINS À MOINS DE 7 €

Domaine Henry Fuchs
Alsace sylvaner Vieilles Vignes, blanc sec 2010

Domaine Henry Fuchs
Alsace riesling Tradition, blanc sec 2010

Domaine Meyer-Fonné
Alsace pinot blanc Vieilles Vignes, blanc sec 2011

Domaine Fernand Seltz
Alsace sylvaner Enggass Vieilles Vignes, blanc sec 2010

Domaine Roland Schmitt
Alsace Glintzberg riesling, blanc sec 2010

Domaine Agapé
Alsace sylvaner Expression, blanc sec 2010

Domaine Éric Rominger
Alsace pinot blanc, blanc sec 2010

Christian et Véronique Hebinger
Alsace gewurztraminer, blanc demi-sec, 2010

Domaine Bernhard & Reibel
Alsace sylvaner, blanc sec 2010

Domaine Hering
Alsace sylvaner Clos de la Folie Marco, blanc sec 2011

Domaine Fernand Seltz
Alsace pinot auxerrois, blanc sec 2010

MEILLEURS RIESLINGS

Hugel et Fils
Alsace riesling Sélection de Grains Nobles, blanc liquoreux 2009

Domaine Zind-Humbrecht
Alsace grand cru Rangen riesling, blanc sec 2010

Trimbach
Alsace riesling Clos Sainte-Hune, blanc sec 2010

Domaine Albert Mann
Alsace grand cru Schlossberg riesling, blanc sec 2010

Domaine Marc Tempé
Alsace grand cru Mambourg riesling, blanc sec 2008

Domaine Weinbach - Colette, Catherine et Laurence Faller
Alsace grand cru Schlossberg riesling cuvée Sainte-Catherine, blanc sec 2010

Hugel et Fils
Alsace riesling Sélection de Grains Nobles, blanc Doux, 2009

PRIX DES LECTEURS

EN PARTENARIAT AVEC LES HÔTELS MERCURE

Domaine Léon Boesch
Alsace pinot blanc La Cabane, blanc 2010

Domaine Meyer-Fonné
Alsace pinot blanc Vieilles Vignes, blanc 2011

Domaine Schlumberger
Alsace pinot gris Les Princes Abbés, blanc demi-sec 2010

MEILLEURS GEWURZTRAMINERS

Domaine Marc Tempé
Alsace grand cru Mambourg gewurztraminer "S" Vendanges Tardives, blanc moelleux, 2009

Domaine Weinbach - Colette, Catherine et Laurence Faller
Alsace grand cru Furstentum gewurztraminer Sélection de Grains Nobles, blanc liquoreux 2010

Hugel et Fils
Alsace gewurztraminer Sélection de Grains Nobles « S », blanc liquoreux 2007

Trimbach
Alsace gewurztraminer Sélection de Grains Nobles, blanc liquoreux 2007

MEILLEURS PINOTS GRIS

Domaine Zind-Humbrecht
Alsace grand cru Rangen pinot gris, blanc sec 2010

Domaine Albert Mann
Alsace grand cru Hengst pinot gris, blanc sec 2010

Domaine Weinbach - Colette, Catherine et Laurence Faller
Alsace Altenbourg pinot gris Vendanges Tardives Trie Spéciale, blanc moelleux 2009

Domaine Albert Mann
Alsace Altenbourg pinot gris Sélection de Grains Nobles Le Tri, blanc liquoreux 2008

Domaine Zind-Humbrecht
Alsace Clos Windsbuhl pinot gris Sélection de Grains Nobles, blanc liquoreux 2010

MEILLEURS PINOTS NOIRS

Hugel et Fils
Alsace pinot noir Jubilée Les Neveux, rouge 2009

Domaine Albert Mann
Alsace pinot noir H, rouge 2010

Domaine Marc Tempé
Alsace pinot noir, rouge 2009

JEAN-BAPTISTE ADAM

5, rue de l'Aigle • 68770 Ammerschwihr
Tél. 03 89 78 23 21 • Fax : 03 89 47 35 91
jbadam@jb-adam.fr • www.jb-adam.fr
Visite : Sur rendez-vous.

Derrière les cuvées issues d'achats de raisins, les 14 hectares de vignes propres au domaine sont cultivés en biodynamie depuis près de dix ans, produisant des vins séduisant par leur pureté et leur tension minérale. Du joli crémant à la belle sélection-de-grains-nobles, en passant par les rieslings ou la cuvée d'assemblage sur le Kaefferkopf, tout se goûtait bien dans les millésimes présentés cette année.

ALSACE GRAND CRU KAEFFERKOPF CUVÉE TRADITIONNELLE 2010 ☺
Blanc Demi-sec | 2012 à 2020 | 12,90 € 15/20
Assemblage de gewurztraminer très majoritaire et de riesling, l'équilibre en bouche est intéressant, entre les arômes du premier et l'acidité du second, le tout tendu par la minéralité du cru. Pour accompagner des nourritures épicées ou orientales.

ALSACE GRAND CRU KAEFFERKOPF RIESLING VIEILLES VIGNES 2009
Blanc | 2012 à 2019 | 17 € 15/20
Citronné et frais, ce qui fait du bien dans ce millésime, de la finesse et de la pureté, seul un petit manque de longueur limite le plaisir, la faute à une finale pas assez tranchante.

CRÉMANT D'ALSACE CHARDONNAY EXTRA-BRUT NM ☺
Blanc Extra brut eff. | 2012 à 2015 | 9,50 € 14,5/20
Fruité mûr (ananas), gourmand, la vivacité n'est pas arrondie par le moindre dosage, un crémant qui tient son rang à tous les apéritifs et même sur de beaux produits de la mer.

LETZENBERG PINOT GRIS 2010
Blanc Demi-sec | 2014 à 2025 | 16,50 € 15,5/20
Riche, petit moelleux en bouche bien retendu par une grande acidité, ensemble pur et légèrement minéral en fin, on peut attendre que tout se fonde en bouteille.

PINOT GRIS SÉLECTION DE GRAINS NOBLES COLLECTION JB ADAM 2008
Blanc Liquoreux | 2013 à 2028 | 25 € 17/20
Fruits exotiques, banane flambée, raisins secs, jus de figue, la gourmande palette aromatique laisse place à une liqueur veloutée et raffinée en bouche. À savourer à petites gorgées, mais il ne faut pas passer à côté.

RIESLING LES NATURES 2010 ☺
Blanc | 2012 à 2016 | 7,90 € 14,5/20
Pur, droit, tendu, entre terpènes et agrumes, désaltérant et gourmand.

DOMAINE AGAPÉ

10, rue des Tuileries • 68340 Riquewihr
Tél. 03 89 47 94 23 • Fax : 03 89 47 89 34
domaine@alsace-agape.fr • www.alsace-agape.fr
Visite : Du lundi au samedi : de 10h à 12h30 et de 13h30 à 18h

Vincent Sipp a quitté le domaine familial Sipp-Mack en 2007 pour s'établir à Riquewihr, sur sa propre exploitation. Désormais, tout est vinifié à Riquewihr, les vins sont profonds avec des expressions minérales à la hauteur des terroirs de Riquewihr, Hunawihr et Ribeauvillé. Ici pas de sucres inutiles, tous les vins sont secs ou d'esprit sec, et surtout d'un usage gastronomique immédiat, les 2010 régalent par leur élégance de bouche. Un domaine à suivre de près !

ALSACE GRAND CRU OSTERBERG RIESLING 2010
Blanc | 2012 à 2025 | 18 € 16,5/20
Fruits jaunes et agrumes concentrés au nez et en bouche, belle nervosité, de la tension et beaucoup de plaisir.

ALSACE GRAND CRU ROSACKER RIESLING 2010
Blanc | 2012 à 2030 | 18 € 17/20
Minéralité fine au nez, allonge délicate et très salivante, de l'extrait sec et beaucoup de précision dans la construction de la bouche. Il va très bien vieillir.

ALSACE GRAND CRU SCHOENENBOURG GEWURZTRAMINER 2010
Blanc Demi-sec | 2012 à 2030 | 17,40 € 17,5/20
Note fumée à l'attaque, intense et profonde, le reste est pur et sur une tonalité minérale plutôt aérienne, très élégante et bien équilibrée, beaucoup d'épaisseur et une petite rondeur bien digérée.

GEWURZTRAMINER SÉLECTION DE GRAINS NOBLES HÉLIOS 2008
Blanc Liquoreux | 2012 à 2028 | 28 € 18/20
Nuances épicées et pomelo, bouche corsée mais avec beaucoup de finesse, une minéralité intense revient en fin de bouche, ensemble racé.

PINOT NOIR EXPRESSION 2011
Rouge | 2012 à 2017 | 10,40 € **13/20**
Charnu, rond, tanins lisses, parfumé et velouté, un pinot noir de fruit.

SYLVANER EXPRESSION 2010
Blanc | 2012 à 2017 | 6,70 € **14,5/20**
Une expression franche et gourmande du cépage, arômes d'agrumes et de fleurs, bouche tendue et bien équilibrée, dynamique.

DOMAINE LUCIEN ALBRECHT

9, Grand-Rue • 68500 Orschwihr
Tél. 03 89 76 95 18 • Fax : 03 89 76 20 22
lucien.albrecht@wanadoo.fr • www.lucien-albrecht.fr
Visite : Du lundi au samedi de 8h à 19h.

Les lointains ancêtres des actuels propriétaires du domaine étaient déjà vignerons en 1425. Aujourd'hui, les plus belles vignes s'étendent sur le grand cru Pfingstberg et sur le Bollenberg voisin. Les vins du domaine affichent un style souple et tendre, certes digeste mais où un peu plus de concentration et de densité allongeraient les finales.

ALSACE GRAND CRU PFINGSTBERG PINOT GRIS 2008
Blanc Demi-sec | 2012 à 2016 | 15,80 € **13,5/20**
De concentration moyenne, le pfingstberg apporte sa puissance en bouche, avec une finale arrondie.

ALSACE GRAND CRU PFINGSTBERG RIESLING 2007
Blanc | 2012 à 2016 | 15,40 € **13/20**
Dans un millésime peu charnu, il se présente en demi-corps, léger et tendre mais digeste et fin.

ALSACE GRAND CRU PFINGSTBERG RIESLING VIN DE PAILLE 1997
Blanc Liquoreux | 2012 à 2017 | NC **15/20**
Un registre tertiaire se développe dans le verre (pétrole et menthol) avec une agréable fraîcheur aromatique. La bouche est souple, déliée, ce vin se déguste très bien aujourd'hui.

CRÉMANT D'ALSACE BRUT NM
Blanc Brut effervescent | 2012 à 2014 | NC **13/20**
Digeste, bulle légère, fruité agréable, petites note d'agrumes, vif.

GEWURZTRAMINER CUVÉE MARTINE ALBRECHT 2009
Blanc Demi-sec | 2012 à 2016 | 11,10 € **13/20**
Des arômes élégants mais là encore une expression en bouche un peu facile, digeste, un peu légère.

PINOT NOIR WEID 2009
Rouge | 2012 à 2017 | 16,50 € **14/20**
La bouche est étonnamment souple pour le millésime, parfums de fruits noirs et de cuir, on l'apprécie aujourd'hui.

DOMAINE BARMÈS-BUECHER

30, rue Sainte-Gertrude • 68920 Wettolsheim
Tél. 03 89 80 62 92 • Fax : 03 89 79 30 80
info@barmes-buecher.com
www.barmes-buecher.com
Visite : Du lundi au samedi Sur rendez-vous: de 9h à 12h et de 14h à 18h.

Geneviève Buecher et François Barmès (décédé accidentellement l'an dernier) ont uni leurs domaines familiaux et créé le domaine actuel en 1985. Avec un passage en biodynamie dès 1998, le domaine a progressivement affiné les vinifications, effectuant des élevages longs parfois en demi-muids, pour proposer des équilibres secs qui exaltent la minéralité des terroirs autour de Wettolsheim.

ALSACE GRAND CRU HENGST GEWURZTRAMINER 2010
Blanc | 2012 à 2025 | 25,90 € **16/20**
La puissance est bien contenue par l'acidité, un vin de bel équilibre.

ALSACE GRAND CRU HENGST RIESLING 2010
Blanc | 2012 à 2025 | 26,20 € **16/20**
La minéralité s'affirme bien en bouche, il faut attendre que tous les éléments se mettent en place.

ALSACE GRAND CRU PFERSIGBERG GEWURZTRAMINER 2010
Blanc liquoreux | 2012 à 2020 | 24 € **15/20**
Gourmand, fruité, il est déjà bien ouvert pour le millésime.

ALSACE GRAND CRU STEINGRÜBLER RIESLING 2010
Blanc | 2012 à 2025 | 24,50 € **15,5/20**
Riche et concentré, la tension de bouche arrivera à absorber la petite rondeur, de belles promesses.

ROSENBERG RIESLING 2010
Blanc | 2012 à 2020 | 15,80 € **15/20**
L'attaque est légèrement ronde, même si l'étiquette annonce un équilibre sec, du coup on n'ose plus le servir à table, ce qui est dommage.

DOMAINE LAURENT BARTH

3, rue du Maréchal-de-Lattre • 68630 Bennwihr
Tél. 03 89 47 96 06 • Fax : 03 89 47 96 06
laurent.barth@wanadoo.fr
Visite : Du lundi au vendredi sur rendez-vous.
Le samedi de 9h à 19h.

Laurent Barth produit sous son nom depuis 2004, année où il quitta la cave coopérative. Les 2010 affichent un style homogène, appuyé sur des bouches pleines de jus, avec de la tension, on sent un beau raisin à l'origine. De beaux parfums, des équilibres digestes, des vins conçus pour la table et qui donnent du plaisir : que demander de plus ?

ALSACE GRAND CRU MARCKRAIN GEWURZTRAMINER 2010 ☺
Blanc | 2012 à 2025 | 20 € **16,5/20**
Des notes de compote de fruits, de beurre fondu et de sous-bois, une amertume qui procure de la longueur, une texture épaisse pour un ensemble savoureux, assez original par ses parfums, une finale légèrement fumée, joli vin.

GEWURZTRAMINER LE CLOS DES TROIS CHEMINS 2010 ☺
Blanc | 2012 à 2020 | 15 € **15,5/20**
La bouche fond avec gourmandise, plus moelleuse que demi-sec (hélas non renseignée), des arômes épicés élégants, la nervosité de fin de bouche ainsi qu'une pointe de nobles amers ramènent une bonne fraîcheur.

MUSCAT 2010 ☺
Blanc | 2012 à 2017 | 8 € **14,5/20**
Fin, pomelo bien mûr, de l'élan, de la fraîcheur et une typicité gourmande, style sec, recommandé.

PINOT GRIS 2010 ☺
Blanc Demi-sec | 2012 à 2020 | 11 € **15/20**
Fruits blancs juteux, charnu, texture épaisse, ensemble parfumé et bien équilibré, plutôt riche mais sec par sa tension.

PINOT NOIR M 2010 ☺
Rouge | 2012 à 2020 | 13 € **15/20**
Fruité rouge, sous-bois, arômes élégants pour une texture fine et tendre, moyennement charnu mais élancé et digeste, tout en finesse.

RIESLING VIEILLES VIGNES 2010 ☺
Blanc | 2012 à 2020 | 10 € **15/20**
Attaque dense, la tension relaie bien, complet, droit, sur des notes racinaires et sous-bois, du jus.

DOMAINES JEAN BECKER

4, route d'Ostheim - Zellenberg, B.P. 24
68340 Riquewihr
Tél. 03 89 47 90 16 • Fax : 03 89 47 99 57
vinsbecker@aol.com • www.vinsbecker.com
Visite : Du lundi au samedi de 8h à 12h et de 14h à 18h. Ouverture à 10h dimanches et jours fériés de Pâques à fin décembre et sur rendez-vous le reste de l'année.

Le groupe Becker se compose d'une société de négoce et d'un domaine familial. La gamme est vaste et parfois hétérogène, les meilleures cuvées sont produites à partir des vignes de la maison, conduites en viticulture biologique. Comme souvent dans la région, on note un confortable sucre résiduel dans la plupart des cuvées. Un millésime comme 2010 y apporte une fraîcheur souvent bienvenue.

ALSACE GRAND CRU FROEHN PINOT GRIS 2010
Blanc liquoreux | 2012 à 2018 | 15,25 € **14/20**
Très doux en bouche mais aucune information sur l'étiquette, ça enlève de son caractère au vin mais l'acidité du millésime lui redonne de la fraîcheur.

ALSACE GRAND CRU FROEHN PINOT GRIS VENDANGES TARDIVES 2007
Blanc liquoreux | 2012 à 2017 | 24,20 € **14,5/20**
Une richesse indiscutable, mais un petit manque d'énergie qui alourdit la bouche, malgré de beaux arômes de fruits mûrs.

ALSACE GRAND CRU FROEHN RIESLING 2009
Blanc | 2012 à 2017 | 12,65 € **14,5/20**
Bon volume en bouche, de la chair et du fruit, son caractère tendre est très appréciable maintenant.

ALSACE GRAND CRU SCHOENENBOURG GEWURZTRAMINER 2010
Blanc Doux | 2012 à 2020 | 13,20 € **15/20**
La petite rondeur de l'attaque est assez bien supportée par la nervosité du millésime, qui ramène la minéralité du terroir en fin de bouche, les arômes sont intenses (clou de girofle).

PINOT NOIR «F» DE ZELLENBERG 2010
Rouge | 2012 à 2017 | 12,85 € **14/20**
Arômes de fruits rouges et d'épices douces, charnu et rond, fraîcheur et gourmandise, déjà souple.

DOMAINE BERNHARD & REIBEL

20, rue de Lorraine • 67730 Châtenois
Tél. 03 88 82 04 21 • Fax : 03 88 82 59 65
bernhard-reibel@wanadoo.fr
www.domaine-bernhard-reibel.fr
Visite : Le week-end sur rendez-vous, la semaine ouvert de 8h à 12h et de 13h30 à 19h.

Cécile Bernhard a propulsé le domaine sur le devant de la scène et, désormais aidée de son fils Pierre, poursuit de nouvelles ambitions. Ancrés sur les terroirs granitiques entre Scherwiller et Châtenois, les vins sont cristallins, avec la finesse des granites de Dambach-la-Ville et de Thannenkirch qui se déclinent sur plusieurs lieux-dits. Le passage à la culture biodynamique a été l'occasion de réaliser des élevages plus longs et de réduire le soufre dans les vins, ce qui se traduit par quelques cuvées plus fragilisées en 2009. Les 2010 dégustés cette année ne présentaient pas ce problème.

COTEAUX HAUT KŒNIGSBOURG RIESLING 2010
Blanc | 2012 à 2020 | 8 € **14,5/20**
Toujours ce registre floral intense, la bouche retrouve de l'allonge avec une belle tension en fin.

CRU HORS LIGNE BLANC DE NOIR 2008
Ambré | 2012 à 2018 | 25 € **14,5/20**
Un OVNI, avec des arômes de caramel savoureux, une rondeur pas dérangeante car fondue dans une bouche huileuse, de la tension et un style oxydatif assumé, la finale est fraîche. Il ne renie pas un lien de parenté aromatique avec les vins de paille jurassiens, le sucre en moins. Un casse-tête pour les sommeliers, mais une curiosité réussie.

RITTERSBERG RIESLING 2008
Blanc | 2012 à 2018 | 13 € **15/20**
Attaque riche et puissante, l'épaisseur se retend bien ensuite, vin plus gras que sec mais savoureux et finement salin en fin.

SYLVANER 2010
Blanc | 2012 à 2016 | 6 € **14,5/20**
Bouche épurée, registre floral fin et intense, droiture plus citronnée en fin.

WEINGARTEN PINOT GRIS 2010
Blanc | 2012 à 2017 | 11,20 € **14/20**
Les arômes de fruits rouges sont un peu lourds mais c'est un vin de gastronomie, par son équilibre sec et sa haute teneur en alcool (14°).

DOMAINE JEAN-MARC BERNHARD

21, Grand-Rue • 68230 Katzenthal
Tél. 03 89 27 05 34 • Fax : 03 89 27 58 72
vins@jeanmarcbernhard.fr
www.jeanmarcbernhard.fr
Visite : Du lundi au samedi de 9h à 12h et de 13h30 à 18h30. Sur rendez-vous

Basé à Katzenthal, avec une diversité de beaux terroirs peu commune, le domaine familial gagne progressivement en notoriété. 2010 a bien profité aux rieslings, notamment un très joli wineck-schlossberg, et l'ensemble de la gamme reste intéressant même si quelques sucres résiduels se font parfois un peu trop remarquer.

ALSACE GRAND CRU FURSTENTUM PINOT GRIS 2010
Blanc Demi-sec | 2015 à 2025 | 14 € **14,5/20**
Le moelleux et la tension ne sont pas encore en phase, il faut attendre que l'ensemble gagne en fondu et en harmonie.

ALSACE GRAND CRU KAEFFERKOPF GEWURZTRAMINER 2010
Blanc Doux | 2014 à 2025 | 11 € **15/20**
La bouche révèle une agréable pureté, de l'élégance, avec un équilibre tendre et parfumé qui gagnera en raffinement avec un peu de temps.

ALSACE GRAND CRU KAEFFERKOPF PINOT GRIS 2010
Blanc liquoreux | 2015 à 2025 | 13 € **16/20**
Raisin de Corinthe et figue à l'attaque, subtile palette de parfums par la suite, de l'élégance et beaucoup de pureté, la petite sucrosité devra se fondre.

ALSACE GRAND CRU MAMBOURG GEWURZTRAMINER 2010
Blanc Doux | 2015 à 2025 | 13 € **14/20**
Son confortable sucre résiduel masque pour l'heure toute expression du terroir, c'est dommage car il faudra attendre longtemps avant qu'il ne trouve sa place à table.

ALSACE GRAND CRU SCHLOSSBERG RIESLING 2010
Blanc | 2012 à 2020 | 12 € **14,5/20**
Un charme incontestable dans son toucher de bouche, dommage qu'une rondeur excessive n'écourte la tension citronnée. Moins de caractère que le wineck-schlossberg.

ALSACE GRAND CRU WINECK-SCHLOSSBERG RIESLING 2010
Blanc | 2012 à 2025 | 12 € **16,5/20**
Belle expression citronnée puis saline, bouche élégante et élancée, finale pure à souhait.

DOMAINE LÉON BEYER

2, rue de la Première-Armée • 68420 Eguisheim
Tél. 03 89 21 62 30 • Fax : 03 89 23 93 63
contact@leonbeyer.fr • www.leonbeyer.fr
Visite : Toute la semaine sauf jeudi de 10h à 12h et de 14h à 18, le mercredi jusqu'à 17

La célèbre maison de producteurs négociants possède de belles parcelles sur les grands crus Eichberg et Pfersigberg, dont elle tire les meilleures cuvées dites des Comtes-d'Eguisheim sans pour autant revendiquer l'appellation Alsace grand cru. La production propre est complétée par des achats de raisin, produisant une gamme très régulière de vins classiques à l'équilibre sec et léger.

MUSCAT RÉSERVE 2010
Blanc | 2012 à 2017 | 15,75 € **15/20**
Pamplemousse mûr, gourmand et plein de jus, la tension amène un équilibre idéal.

RIESLING COMTES D'EGUISHEIM 2007
Blanc | 2012 à 2022 | 24,70 € **15,5/20**
Joli riesling de table, complet et charnu, avec une tension désaltérante.

RIESLING LES ÉCAILLERS 2010
Blanc | 2012 à 2025 | 16,60 € **16/20**
Tension sous-jacente et belle longueur grâce à de subtils amers en fin.

RIESLING LES ÉCAILLERS 2007
Blanc | 2012 à 2017 | 16,60 € **14,5/20**
Il est à point aujourd'hui, avec son équilibre sec et sa finale enrobée.

DOMAINE PAUL BLANCK

32, Grand-Rue • 68240 Kientzheim
Tél. 03 89 78 23 56 • Fax : 03 89 47 16 45
info@blanck.com • www.blanck.com
Visite : Du lundi au vendredi de 10h à 12h et de 14h à 18h. le samedi de 9h à 12h et de 14h à 17h.

Le domaine est géré par deux petits-fils de Paul Blanck. Frédéric s'occupe de la cave et son cousin Philippe de la communication et de la vente. Le domaine possède des vignes sur cinq grands crus, ce qui permet de démontrer la typicité de chaque terroir sur plusieurs cépages. La vaste gamme permet de proposer en permanence plusieurs millésimes à la vente.

ALSACE GRAND CRU FURSTENTUM GEWURZTRAMINER VENDANGES TARDIVES 2007
Blanc liquoreux | 2015 à 2027 | épuisé **17/20**
La liqueur acidulée le rend plus aimable que sa version « sec », mais la minéralité sous-jacente demande encore à patienter.

ALSACE GRAND CRU FURSTENTUM GEWURZTRAMINER VIEILLES VIGNES 2007
Blanc | 2015 à 2027 | 21 € **17/20**
Élégant et délicat, dans un registre sec, plus frais que le mambourg mais comme lui dans sa phase de repli.

ALSACE GRAND CRU FURSTENTUM RIESLING 2007
Blanc | 2012 à 2025 | NC **17,5/20**
Le repère aromatique du cépage s'efface, arômes délicats de fraise des bois puis relais minéral, tension citronnée en bouche, frais et droit, le millésime donne une finale sèche.

ALSACE GRAND CRU MAMBOURG GEWURZTRAMINER 2007
Blanc | 2015 à 2027 | 21 € **16,5/20**
Bouche serrée, minérale, difficile d'accès à ce stade, mais la finesse florale qui revient bien nous fera patienter sans crainte, il est d'équilibre sec.

ALSACE GRAND CRU SCHLOSSBERG RIESLING 2008
Blanc | 2012 à 2028 | 16,30 € **17/20**
Fraîcheur légèrement mentholée, liée à un fruit bien mûr, texture grasse, allonge fraîche, déjà savoureux mais encore de la réserve.

ALSACE GRAND CRU SOMMERBERG RIESLING 2007
Blanc | 2015 à 2027 | épuisé **18/20**
Belle fraîcheur aromatique, menthol, une minéralité finement pétrolée sort le bout de son parfum, la bouche est racée et subtile mais encore totalement en place, la rondeur finale doit encore se fondre, attendre.

ALSACE GRAND CRU WINECK-SCHLOSSBERG PINOT GRIS 2007
Blanc Demi-sec | 2012 à 2027 | 18,50 € **17,5/20**
Note anisée fraîche, le moelleux de l'attaque se tend ensuite, le raisin était légèrement botrytisé, il ne laissera pas indifférent mais ne sourira pas à tous les accords. Un foie gras poêlé constitue une valeur sûre.

ALSACE GRAND CRU WINECK-SCHLOSSBERG RIESLING 2007
Blanc | 2012 à 2022 | 16,30 € **16,5/20**
Le minéral prend le pas sur le fruit mûr, la bouche est serrée, il est fait pour les sauces parfumées aux herbes.

ALTENBOURG GEWURZTRAMINER 2007
Blanc Doux | 2012 à 2022 | 14 € **15,5/20**
Expression épicée du cépage, finesse minérale en bouche, élégant, mentholé, équilibré.

CHASSELAS 2011
Blanc | 2012 à 2018 | 8 € **15,5/20**
Racinaire, floral, du gras et du charme, à essayer sur des asperges, jolie tension amère en fin.

PATERGARTEN PINOT GRIS 2009
Blanc | 2012 à 2019 | épuisé **15,5/20**
Note de dragée et de fruit sec, le caractère solaire gomme un peu le cépage, pour un résultat étonnant mais sapide.

PATERGARTEN RIESLING 2008
Blanc | 2012 à 2023 | épuisé **15,5/20**
Tendu, peau d'agrumes, la minéralité commence à ressortir, droit et très sec, beau millésime, la capsule à vis préserve bien sa tension.

PINOT AUXERROIS VIEILLES VIGNES 2008
Blanc | 2012 à 2016 | épuisé **15/20**
Beurre frais et miel, texture grasse, ouvert et opulent, fondant.

PINOT BLANC 2010
Blanc | 2012 à 2015 | 8,50 € **14/20**
Fruité blanc, acidulé, franc, désaltérant, bien fait, idéal, très accessible.

PINOT NOIR F 2009
Rouge | 2012 à 2024 | 24 € **16/20**
Fraîcheur mentholée au nez, fruits rouges, texture élégante, un pinot noir puissant et riche.

RIESLING 2010
Blanc | 2012 à 2016 | épuisé **14,5/20**
Citron et pétrole, de l'acidité, tendu et droit, ouvert.

SYLVANER VIEILLES VIGNES 2007
Blanc | 2012 à 2017 | épuisé **15,5/20**
Ouvert, sur de gourmandes notes de fraise des bois, de tisane, texture élégante, très gastronomique.

DOMAINE BOECKEL

2, rue de la Montagne • 67140 Mittelbergheim
Tél. 03 88 08 91 02 • Fax : 03 88 08 91 88
boeckel@boeckel-alsace.com
www.boeckel-alsace.com
Visite : Du lundi au samedi, de 9h à 12h et de 14h à 17h. Le dimanche matin et jours fériés sur rendez-vous.

CRÉMANT D'ALSACE CHARDONNAY EXTRA-BRUT 2008
Blanc Brut eff. | 2012 à 2016 | 10 € **14,5/20**
Les 21 hectares propres du domaine sont complétés par des achats sur 20 autres hectares, dont une majorité utilisée pour la production de crémants. Si la gamme de vins tranquilles nous semble régulièrement polluée par d'inutiles sucres résiduels, ce beau crémant extra-brut nous a régalés de sa fraîcheur, avec sa bouche cristalline, son charme et son élégance. Grâce à son dosage extra-brut, il se montre apéritif à souhait.

DOMAINE LÉON BOESCH

6, rue Saint-Blaise • 68250 Westhalten
Tél. 03 89 47 01 83 • Fax : 03 89 47 64 95
domaine-boesch@wanadoo.fr
Visite : Du lundi au samedi de 10h à 12h et de 14h à 18h.

Gérard Boesch et son fils Matthieu partagent la responsabilité du domaine familial ancré sur les terroirs de la Vallée Noble, entre grès et calcaire. La viticulture labellisée bio produit des raisins de haute maturité, ce qui donne des vins intensément parfumés dans le verre, reconnaissables entre tous. L'équilibre sec de toutes les cuvées se traduit parfois par des degrés élevés, notamment sur le Zinnkoepflé, l'un des terroirs les plus chauds d'Alsace, mais tous ces vins accèdent sans réservation à n'importe quelle table.

ALSACE GRAND CRU ZINNKOEPFLÉ GEWURZTRAMINER 2010
Blanc Doux | 2012 à 2025 | 17,90 € **17/20**
Arômes de fruits rouges et exotiques fins (mélange de fraise et de litchi, pur et gourmand), belle précision en bouche, une douceur presque imperceptible, persistance et allonge, zeste de pamplemousse en fin, salivant. À table, absolument.

ALSACE GRAND CRU ZINNKOEPFLÉ RIESLING 2010
Blanc | 2016 à 2030 | 17,90 € **16/20**
Très solaire, haut en alcool comme souvent sur le cru car le raisin est très mûr et l'équilibre sec, c'est un vin riche qui peut patienter un peu.

CLOS ZWINGEL PINOT GRIS 2010
Blanc Demi-sec | 2012 à 2025 | 12,80 € **16/20**
Riche, d'équilibre sec, bouche grasse et dense, légèrement fumée en fin, salivante et gastronomique, finale serrée.

LUSS RIESLING 2010 ☺
Blanc | 2012 à 2020 | 11,30 € **15,5/20**
Fleurs jaunes et agrumes, ample et tendu en bouche, bel équilibre pour une consommation plaisir dès maintenant, bien sec.

PINOT BLANC LA CABANE 2010 ⓜ ☺
Blanc | 2012 à 2018 | 8,40 € **16/20**
Forte personnalité, arômes floraux larges dans le verre, note fumée qui remonte dans le verre, un beau raisin a donné ce pinot de gastronomie, bien sec.

RIESLING LES GRANDE LIGNES 2010
Blanc | 2015 à 2025 | 8,80 € **15,5/20**
Plus tendu et serré que luss, un peu réservé aujourd'hui, on attendra que la bouche se libère et s'élargisse.

DOMAINE BOTT-GEYL

1, rue du Petit-Château • 68980 Beblenheim
Tél. 03 89 47 90 04 • Fax : 03 89 47 97 33
info@bott-geyl.com • www.bott-geyl.fr
Visite : Du lundi au samedi de 8h30 à 11h30 et de 14h à 17h30, le samedi à partir de 9h. Sur rendez-vous de fin novembre à mars.

Désormais converti à la viticulture en biodynamie, le domaine comprend de belles parcelles sur plusieurs grands crus, Schlossberg, Furstentum et Schoenenbourg, mais aussi sur les moins médiatisés Mandelberg et Sonnenglanz. Les 2008 et 2010 dégustés cette année sont de toute beauté, expressions pures et rayonnantes d'un raisin qui a bien capté la vérité de son sous-sol.

ALSACE GRAND CRU FURSTENTUM PINOT GRIS 2008
Blanc Doux | 2013 à 2028 | 22 € **17,5/20**
Notes de miel, de châtaigne et de raisin sec, la bouche est ample et gourmande, une finale savoureuse pleine de jus, salivante à souhait.

ALSACE GRAND CRU MANDELBERG RIESLING 2010
Blanc | 2012 à 2025 | 24 € **15,5/20**
Pur, arômes d'agrumes et de fleurs, la sucrosité de l'attaque se fond par la suite dans un retour minéral, on peut l'attendre même si on peut regretter le résiduel important.

ALSACE GRAND CRU SCHLOSSBERG RIESLING 2010
Blanc | 2012 à 2020 | 25 € **16/20**
Caractère sec et droit, séveux, de la densité pour ce vin encore en devenir.

ALSACE GRAND CRU SCHOENENBOURG RIESLING 2010
Blanc | 2016 à 2030 | 24 € **17/20**
La minéralité n'est pas encore en place, mais le jus citronné est concentré et bien droit, patience, le terroir va s'exprimer.

ALSACE GRAND CRU SONNENGLANZ GEWURZTRAMINER 2008
Blanc Doux | 2012 à 2028 | 23 € **18/20**
Minéral et droit, bouche raffinée avec de la densité et de savoureux parfums de fruits confits et de pudding, la finale acidulée digère bien le petit sucre restant grâce à un ultime retour minéral.

DOMAINE ALBERT BOXLER

78, rue des Trois-Épis • 68230 Niedermorschwihr
Tél. 03 89 27 11 32 • Fax : 03 89 27 70 14
albert.boxler@9online.fr
Visite : Du lundi au samedi de 9h à 12h et de 14h à 18h, sur rendez-vous.

Jean Boxler exploite avec talent les terroirs granitiques autour de Niedermorschwihr. La moitié des parcelles du domaine sont situées sur les grands crus Sommerberg et Brand, et permettent d'obtenir plusieurs cuvées qui expriment les subtiles nuances existant au sein de chaque terroir. L'important travail réalisé dans les vignes permet d'obtenir des cuvées de haut niveau sur toute la gamme. Conséquence de ce succès, il faut se positionner tôt après la mise en bouteille au domaine pour espérer obtenir quelques flacons des meilleures cuvées de muscat, sylvaner ou riesling. Brillante réussite en 2010.

ALSACE GRAND CRU BRAND GEWURZTRAMINER 2010
Blanc Doux | 2012 à 2025 | 28 € **17/20**
Un beau caractère, des arômes citronnés amènent de la fraîcheur aux notes florales du cépage, fine liqueur, de la fraîcheur, ensemble dominé par la pureté.

ALSACE GRAND CRU BRAND PINOT GRIS «S» 2010
Blanc Demi-sec | 2016 à 2025 | épuisé **16/20**
Concentré, bien riche, ça fera une belle bouteille pour la table car le vin a de la tenue mais il faut que le sucre se digère.

ALSACE GRAND CRU BRAND RIESLING 2010
Blanc | 2012 à 2025 | épuisé **17,5/20**
Un riesling floral, à la définition ciselée, la belle matière de bouche est bien équilibrée, un style sec mais gras.

ALSACE GRAND CRU BRAND RIESLING «K» 2010
Blanc | 2012 à 2030 | épuisé **18/20**
Les arômes évoquent le fruit jaune bien mûr, la bouche est cristalline, avec un gros extrait sec. Beaucoup de matière, belle consistance.

ALSACE GRAND CRU SOMMERBERG PINOT GRIS «W» 2010
Blanc Doux | 2015 à 2030 | 28 € **17/20**
Les vignes sont jeunes, mais on a une pureté et une élégance supérieures au steinglitz. Minéralité un peu caillouteuse en fin de bouche, qui affiche la richesse du vin. Lui aussi doit fondre ses sucres.

ALSACE GRAND CRU SOMMERBERG RIESLING 2010
Blanc | 2012 à 2025 | épuisé **16,5/20**
Pureté très granitique, bouche cristalline, ensemble frais et très fin, ça coule en bouche.

ALSACE GRAND CRU SOMMERBERG RIESLING «D» 2010
Blanc | 2012 à 2025 | épuisé **16,5/20**
Plus charnu que le E, plus épais en bouche, le sol amène de la puissance et de la matière, un peu moins de richesse accentuerait le caractère désaltérant du vin.

ALSACE GRAND CRU SOMMERBERG RIESLING «E» 2010
Blanc | 2012 à 2030 | épuisé **17,5/20**
Grand riesling de granite, droit et tendu à souhait, avec une matière concentrée et une belle expression minérale en fin.

GEWURZTRAMINER RÉSERVE 2010
Blanc Demi-sec | 2012 à 2018 | 15 € **14,5/20**
Un moelleux bien perceptible en bouche, des parfums floraux et épicés élégants, une fine amertume en fin qui ramène de la buvabilité, ensemble riche mais équilibré.

PINOT BLANC «B» 2010
Blanc | 2012 à 2018 | 11 € **15,5/20**
Fruité, matière charnue, bouche ronde, une interprétation assez riche du cépage, la minéralité ramène de l'équilibre.

PINOT GRIS CUVÉE ACHILLE SÉLECTION DE GRAINS NOBLES 2010
Blanc Demi-sec | 2015 à 2030 | NC **18/20**
L'acidité équilibre bien la liqueur, des arômes assez puissants de champignons des bois, beaucoup de finesse et d'élégance dans l'allonge persistante.

PINOT GRIS RÉSERVE 2010
Blanc Demi-sec | 2012 à 2018 | 15 € **14,5/20**
Fruité expressif, un équilibre demi-sec mais une bonne acidité en finale qui équilibre le tout, pour les amateurs gourmands qui le boiront aujourd'hui ou ceux qui patienteront qu'il fonde son sucre.

RIESLING 2010
Blanc | 2012 à 2018 | épuisé **15/20**
Fruité large et généreux, bouche assez grasse, ensemble charmeur et gourmand. On a de la maturité sans monter trop haut dans les sucres.

SYLVANER 2010
Blanc | 2012 à 2018 | épuisé **15,5/20**
Cristallin, tranchant, grande pureté de la bouche, salivant à souhait, finale saline.

DOMAINE PAUL BUECHER

15, rue Sainte-Gertrude • 68920 Wettolsheim
Tél. 03 89 80 64 73 • Fax : 03 89 80 58 62
vins@paul-buecher.com • www.paul-buecher.com
Visite : Du lundi au samedi de 8h à 12h et de 14h à 18h.

RIESLING RÉSERVE PERSONNELLE 2010
Blanc | 2012 à 2015 | 8 € **13/20**
La tentation de laisser traîner quelques grammes de sucre est grande en Alsace, et ce domaine n'y échappe hélas pas, rendant compliqués la plupart des accords mets et vins connus. Ce riesling s'en sort mieux, avec un fruité mûr, de la tension en bouche, même si sa pointe de sucre lui enlève un peu d'énergie.

DOMAINE AGATHE BURSIN

11, rue de Soultzmatt • 68250 Westhalten
Tél. 03 89 47 04 15
agathe.bursin@wanadoo.fr
Visite : Sur rendez-vous.

Agathe Bursin est revenue à Westhalten après ses études d'œnologie et a produit ses premiers vins dès l'année 2000. Depuis 2004, les millésimes sont très homogènes et de grande qualité, avec des 2009 plus tendres et moins salins que les deux précédents millésimes. L'extension de la cuverie est terminée, donnant plus de place à Agathe, et lui permettant aussi de produire un peu plus de bouteilles, exploitant désormais l'ensemble du parcellaire de l'exploitation. La très forte demande fait que les 2011 sont déjà disponibles, ils sont pleins de chair et de fruit.

ALSACE GRAND CRU ZINNKOEPFLÉ GEWURZTRAMINER 2011
Blanc Doux | 2012 à 2026 | 15,80 € **16,5/20**
Bouche large et ample, le grand cru digère bien les petits sucres traînants, de nombreuses alliances possibles.

ALSACE GRAND CRU ZINNKOEPFLÉ RIESLING 2011
Blanc | 2012 à 2026 | 15,80 € **16/20**
Floral, beau volume en bouche, l'acidité saline du calcaire digère bien la très légère rondeur pour en faire un vin à l'équilibre sec.

BOLLENBERG MUSCAT 2011 ☺
Blanc | 2012 à 2017 | 11,50 € **15,5/20**
Muscat rayonnant de fraîcheur de de pureté, bouche cristalline, zeste de pamplemousse, désaltérant dans un millésime tendre.

DIRSTELBERG GEWURZTRAMINER 2011 ☺
Blanc | 2012 à 2021 | 9,50 € **15,5/20**
On croque dans la chair de fruits sucrés, c'est fin et frais, désaltérant et idéalement apéritif, un style addictif par sa droiture.

LUTZELTAL SYLVANER 2011
Blanc | 2012 à 2017 | 7,20 € **15,5/20**
Puissant et floral, un équilibre relevé pour un vin sec, où le peu d'acidité du millésime fait ressortir la texture grasse en bouche.

PINOT BLANC PARAD'AUX 2011 ☺
Blanc | 2012 à 2017 | 7,50 € **14,5/20**
L'équilibre est riche, les levures ne voulaient plus travailler, il faudra des terrines pour absorber cette bouche assez épaisse avec de juteux arômes de fruits blancs.

PINOT GRIS 2011
Blanc Demi-sec | 2012 à 2026 | 9,50 € **16/20**
Droit et charnu, fruité pulpeux, fine tension en bouche et splendide équilibre, pur et frais.

STRANGENBERG PINOT NOIR 2011 ☺
Rouge | 2012 à 2017 | 15,50 € **14,5/20**
Fruité rouge préservé, bouche charnue, équilibre tendre.

STRANGENBERG PINOT NOIR 2010 ☺
Rouge | 2012 à 2018 | 15,20 € **15,5/20**
De la droiture, plus d'acidité que le 2011, de fins arômes de fruits et de viande fumée, de la finesse et de l'élégance.

SYLVANER ÉMINENCE 2011
Blanc Demi-sec | 2012 à 2021 | 12,30 € **16/20**
Un équilibre demi-sec voire doux pour un vin au fruité juteux, à la bouche ample et d'une grande pureté, allonge cristalline, à essayer sur un homard à la vanille.

DOMAINE MARCEL DEISS

15, route du Vin • 68750 Bergheim
Tél. 03 89 73 63 37 • Fax : 03 89 73 32 67
marceldeiss@marceldeiss.fr • www.marceldeiss.com
Visite : Du lundi au vendredi de 8h à 12h et de 14h à 18h. Le samedi de 10h à 12h et de 14h à 18h.
De janvier à mars, fermé le samedi.

Jean-Michel Deiss a désormais installé sa logique de complantation de cépages pour révéler le caractère des terroirs autour de Bergheim, en recherchant la maturité physiologique parfaite des raisins pour proposer des cuvées abouties, dont l'acidité complexe exprime parfaitement les nuances de salinité de chaque cru. Avec son fils Mathieu en charge des vinifications depuis le millésime 2008, Jean-Michel peut consacrer plus de temps à promouvoir son approche, en particulier sur les accords mets et vins qui obligent le consommateur à enfin se préoccuper de l'influence du terroir, en l'absence de repère variétal. Si les vins de terroir sont à garder plusieurs années et à carafer avant service, la gamme de vins de cépage continue de produire des cuvées très franches de style. La dégustation comparée des 2010 et 2008 cette année fut de très haut niveau.

ALSACE 2010 ☺
Blanc | 2012 à 2018 | 12 € **15/20**
Un vin d'Alsace complet, assemblage de 13 cépages, bien réussi dans son équilibre de bouche,

salin en finale, avec une belle diversité qui fond l'apport de chaque cépage. Son prix accessible permet de mieux comprendre la démarche de Jean-Michel Deiss.

Alsace 2010 ☺
Rouge | 2012 à 2018 | 18 € — 15/20
Charnu, élancé, tanins fins, finale légèrement épicée, beaucoup de gourmandise dans une structure fine.

Alsace grand cru Altenberg de Bergheim 2010
Blanc liquoreux | 2020 à 2040 | NC — 19,5/20
Parfait. Sur la réduction, d'un éclat citronné inégalable, plein de vitalité grâce à une viticulture très attentive. La bouche combine la puissance, l'élégance, la finesse et la concentration. Très gourmand aujourd'hui, mais il faut patienter pour que ses 90 grammes de sucre se fondent.

Alsace grand cru Mambourg 2010
Blanc | 2015 à 2040 | NC — 19/20
Une expression parfaite des pinots, puissante et élégante, d'une grande pureté aromatique (amande), une allonge sapide et une finale longue et épaisse. Équilibre riche pour ce vin bien sec, taillé pour la table.

Alsace grand cru Mambourg 2008
Blanc | 2012 à 2028 | 59 € — 19,5/20
Finement terpénique, anisé, très pur dans ses arômes, avec une grande fraîcheur en bouche, subtilement mentholée et torréfiée en finale. Une pureté encore supérieure au 2010.

Alsace grand cru Schoenenbourg 2010
Blanc liquoreux | 2020 à 2040 | NC — 19,5/20
Réducteur à souhait, tendu et cristallin, avec une acidité phénoménale et une note d'agrume en fin, typique du cru. Une très longue garde s'impose.

Alsace grand cru Schoenenbourg 2008
Blanc liquoreux | 2018 à 2028 | 59 € — 19/20
Une note de quinine – quinquina, orange amère, typique du Schoenenbourg. Une fine liqueur est bien équilibrée par une fraîcheur réglissée, mais on va aussi l'attendre.

Burg 2010
Blanc Demi-sec | 2015 à 2030 | NC — 18,5/20
Une grande personnalité, large et longue, une épaisseur marquée en bouche, des notes de boulangerie et de grillé, une violence presque terpénique, la finale est pure et tendue.

Burlenberg 2008
Rouge | 2015 à 2025 | 28 € — 16/20
Une note de sang cuit typique du cru, arômes chauds, légèrement kirschés, puissants, grosse matière et tanins fermes, grosse structure, à carafer une bonne heure.

Engelgarten 2010
Blanc | 2014 à 2025 | NC — 17,5/20
Une grande pureté, une allonge claire et fraîche, des tanins bien présents en bouche, étonnants pour un blanc, énergique et dense.

Grasberg 2010
Blanc Demi-sec | 2015 à 2030 | NC — 18,5/20
Pureté et énergie éclatantes dès le premier coup de nez, tension gourmande et ciselée, fraîcheur étonnante, rayonnant.

Gruenspiel 2010
Blanc | 2014 à 2030 | NC — 17,5/20
Un nez immédiat de pinot noir, très framboise, la bouche est étonnante, avec une personnalité à part, douce mais sans sucre. Un faux blanc de noirs, unique en son genre. À essayer sur des viandes blanches.

Huebuhl 2010
Blanc liquoreux | 2015 à 2030 | NC — 18,5/20
Fin, élégant, très pure liqueur, une allonge impressionnante, sur des agrumes très mûrs, du zeste confit. Impressionnant pour un vin avec 120 g/l de sucres restants.

Langenberg 2010
Blanc | 2014 à 2025 | NC — 17/20
Très salé, tendu, cristallin et pur, une complexité légèrement poivrée en finale. Il est sel au début et poivre en fin.

pinot d'Alsace 2010 ☺
Blanc | 2012 à 2020 | NC — 16/20
Intensément parfumé, floral fin, les pinots tirent ensemble dans la même direction, belle harmonie de bouche, finale citronnée légèrement enrobée, splendide. Beaucoup d'unité.

pinot gris 2010
Blanc | 2012 à 2020 | NC — 17/20
Très beau caractère, qui dépasse les normes habituelles du cépage. C'est mûr, rond mais sans lourdeur, élégant et frais, avec une allonge gourmande et salivante.

RIESLING 2010
Blanc | 2014 à 2020 | NC **16/20**
Cristallin et frais, avec une belle salivation grâce à l'acidité du millésime, allonge tendue mais à attendre un peu.

ROTENBERG 2010
Blanc Demi-sec | 2015 à 2025 | NC **17/20**
Un fruité beaucoup plus prononcé qu'engelgarten, très riche, envolé, d'une pureté profonde, avec de beaux amers complexes en finale.

SCHOFFWEG 2010
Blanc | 2015 à 2030 | NC **18/20**
Des notes de mie de pain, très gourmandes, une trame saline, beaucoup de gourmandise pour un équilibre riche en bouche, parfaitement sec.

DOMAINE DIRLER-CADÉ

13, rue d'Issenheim • 68500 Bergholtz
Tél. 03 89 76 91 00 • Fax : 03 89 76 85 97
dirler-cade@terre-net.fr • www.dirler-cade.com
Visite : Du lundi au samedi de 8h à 12h et de 13h30 à 18h (sauf le samedi jusqu'à 17h).

L'union de Jean Dirler et Ludivine Cadé a pratiquement doublé la taille du domaine Dirler. Les quatre grands crus de Bergholtz et Guebwiller sont un bon point de départ pour comprendre la gamme, avec plusieurs cuvées disponibles qui permettent de repérer les couples cépage-terroir les plus intéressants, car la multiplication des cuvées nuit à la lisibilité de la production du domaine. Un souci logistique nous a empêchés de déguster toute la gamme cette année, nous mettons les notes de dégustation prises lors de la Journée du Riesling, à Colmar, en juin 2012, et referons un point complet l'an prochain.

ALSACE GRAND CRU KESSLER RIESLING 2010
Blanc | 2013 à 2025 | 18,50 € **16/20**
Le plus rayonnant de tous le jour de notre dégustation, floral, pur et élancé.

ALSACE GRAND CRU KITTERLÉ RIESLING 2010
Blanc | 2015 à 2025 | 16,50 € **15,5/20**
Intense, dense, de belle évolution prévisible mais tout n'est pas en place.

ALSACE GRAND CRU SAERING RIESLING 2010
Blanc | 2012 à 2020 | 17,50 € **15/20**
Plus ouvert à ce stade, il devrait bien évoluer, sur un registre de fruits frais.

ALSACE GRAND CRU SPIEGEL RIESLING 2010
Blanc | 2015 à 2025 | 18 € **15,5/20**
Difficile à déguster jeune, mais la tension sous-jacente incite à patienter.

DOPFF AU MOULIN

Au Moulin • 68340 Riquewihr
Tél. 03 89 49 09 69 • Fax : 03 89 47 83 61
domaines@dopff-au-moulin.fr
www.dopff-au-moulin.fr
Visite : Du lundi au dimanche de 9h30 à 12h30 et de 14h à 18h. Se renseigner pour les ouvertures en week-end de janvier à mars.

ALSACE GRAND CRU SCHOENENBOURG RIESLING 2010
Blanc | 2012 à 2020 | env. 15,60 € **15,5/20**
Cette célèbre maison de Riquewihr possède entre autres des vignes sur le Schoenenbourg voisin. Elle y élabore ce riesling droit et élancé à l'allonge énergique, à la bouche ample, à la finale large et puissante, typique du cru. Le 2009 est également digeste et frais, plus tendre (14,5/20). En revanche, nous ne comprenons pas l'absence d'homogénéité entre les cépages, les pinots gris et gewurztraminers présentés en 2009 et 2010 révélant un sucre résiduel aussi inutile qu'inapproprié. Il est à ce propos fort dommage qu'aucune contre-étiquette n'indique la sucrosité de chaque cuvée, une information bien utile pour les consommateurs.

DOPFF ET IRION

1, cour du Château • 68340 Riquewihr
Tél. 03 89 49 08 98 • Fax : 03 89 47 98 90
post@dopff-irion.com, cave@dopff-irion.com
www.dopff-irion.com
Visite : De 10h à 18h, sur rendez-vous pour les visites guidées. Cave fermée pendant certaines périodes hivernales.

ALSACE GRAND CRU SCHOENENBOURG RIESLING 2007
Blanc | 2012 à 2017 | 15 € **15,5/20**
Cette maison de négoce de Riquewihr appartient désormais à la Cave de Pfaffenheim. La dégustation d'une partie de la gamme cette année nous a laissé un sentiment mitigé : des pinots gris manquant de caractère voire s'engluant dans leur sucre, un travers partagé par certains gewurztraminers. En revanche, les rieslings étaient fidèles à ce qu'on attend d'eux, secs et droits. Ce schoenenbourg affiche déjà un registre tertiaire, citron confit et petit pétrole, une bouche acidulée, assez

ample, pas très charnue mais c'est le millésime, bon style, très sec. Le riesling Les-Murailles 2008 est également équilibré, fin et droit, il se livre déjà, avec une bonne densité en bouche, agréablement citronnée (15/20). Ces derniers sont vivement recommandés.

DOMAINE PIERRE FRICK

5, rue de Baer • 68250 Pfaffenheim
Tél. 03 89 49 62 99 • Fax : 03 89 49 73 78
contact@pierrefrick.com • www.pierrefrick.com
Visite : Du lundi au samedi de 9h a 18h.

Jean-Pierre et Chantal Frick sont des vignerons engagés depuis plus de vingt-cinq ans dans la biodynamie, une démarche revendiquée sur chaque étiquette. Autre point de distinction, toutes les bouteilles sont fermées avec une capsule couronne (comme une bière), sans que cela altère les qualités du vin. Côté vins, la viticulture soignée et les élevages longs permettent de présenter toute une série de vins secs et dotés chacun d'une incontestable personnalité. Leurs qualités peuvent surprendre en dégustation pour leur non-clacisissime, mais elles brilleront à table. La série présentée cette année était remarquable.

ALSACE GRAND CRU STEINERT GEWURZTRAMINER VENDANGES TARDIVES 2008
Blanc liquoreux | 2012 à 2028 | 25 € **18/20**
Poivre et fleurs séchées, une palette aromatique subtile et complexe, beaucoup de charme et d'originalité pour ce vin bas en alcool mais bien équilibré, une allonge fraîche et une fine liqueur en fin, belle persistance.

ALSACE GRAND CRU VORBOURG RIESLING 2008
Blanc | 2012 à 2028 | 13,30 € **16,5/20**
Grosse tension, allonge citronnée avec déjà de fins terpènes, belle précision en bouche, finale ciselée qui ne demande qu'à briller à table.

BERGWEINGARTEN SYLVANER 2007
Blanc Demi-sec | 2012 à 2017 | 10,60 € **15,5/20**
Robe dorée, parfums très floraux, assez haut en alcool ce qui permet d'absorber la légère rondeur de l'attaque, épanoui, à point, finale rafraîchissante pour ce sylvaner atypique.

BIHL RIESLING 2009
Blanc | 2012 à 2024 | 9,80 € **15/20**
Pur, citronné et floral, tension structurante, belle persistance pour un millésime qui souvent tombe vite faute de nervosité, ce n'est pas le cas ici.

PINOT BLANC CARRIÈRE 2008
Blanc | 2012 à 2018 | 9,50 € **15/20**
Fruité blanc gourmand, bouche charnue avec une pointe de rondeur qui s'efface progressivement, la minéralité s'affirme petit à petit, riche, bon style.

PINOT NOIR ROT-MURLÉ LES TERRASSES 2005
Rouge | 2013 à 2020 | 14,50 € **15,5/20**
Épicé et floral au nez, il se livre aujourd'hui à point, harmonieux et concentré, fruits noirs et réglisse en bouche, allonge fraîche et gourmande, des tanins encore fermes mais droits. Une vraie personnalité.

DOMAINE HENRY FUCHS

8, rue du 3-Décembre • 68150 Ribeauvillé
Tél. 03 89 73 61 70 • Fax : 03 89 73 39 18
hfuchs@terre-net.fr • www.fuchs-henri-et-fils.fr
Visite : Du lundi au samedi de 10h à 12h et de 14h à 18h (préférable de prendre rendez-vous).
Dimanches et jours fériés sur rendez-vous.

L'arrivée sur l'exploitation de Paul Fuchs, depuis 2006, a été l'occasion d'aller plus loin dans la recherche de la qualité, avec une baisse des rendements, le pressurage en raisins entiers et la vinification sans enzymage à partir de 2007. Les vins sont secs et possèdent une pureté et une densité dignes des meilleures cuvées produites sur Ribeauvillé. Le grand cru Kirchberg de Ribeauvillé est parfaitement maîtrisé, mais avec des mises sur le marché plus tardives. Un domaine qui confirme avec ses 2010 les espoirs que nous placions en lui l'an passé.

GEWURZTRAMINER L'AMBROISIE 2009
Blanc | 2012 à 2024 | 9 € **16,5/20**
Un moelleux confortable en bouche mais de très beaux parfums floraux et épicés, ensemble puissant et corsé.

KIRCHBERG DE RIBEAUVILLÉ RIESLING 2008
Blanc | 2012 à 2023 | 12,90 € **16,5/20**
Des arômes citronnés très purs, une allonge bien tendue en bouche, finale sur de jolies notes terpéniques.

PINOT BLANC AUXERROIS 2010
Blanc | 2012 à 2016 | 5,30 € **14,5/20**
Gras et fruité, bouche ronde pour ce pinot blanc vinifié sec, de l'ampleur.

RIESLING TERRASSES DU SAINT-UL 2010
Blanc | 2012 à 2025 | 11,40 € **16/20**
La tension minérale de la bouche est superbe, grande précision dans le profil aromatique, complet et très sec.

RIESLING TRADITION 2010 ☺
Blanc | 2012 à 2020 | 6,20 € **15/20**
Dominé par les fleurs et les agrumes jaunes, bouche ample et parfumée, allonge savoureuse.

SYLVANER VIEILLES VIGNES 2010 ☺
Blanc | 2012 à 2016 | 5,30 € **15/20**
Gras et floral à souhait, bouche tendue par une fine acidité, beaucoup d'élégance, grande buvabilité.

DOMAINE PAUL GINGLINGER

8, place Charles-de-Gaulle • 68420 Eguisheim
Tél. 03 89 41 44 25 • Fax : 03 89 24 94 88
info@paul-ginglinger.fr • www.paul-ginglinger.fr
Visite : Du lundi au samedi de 8h à 12h et de 14h30 à 18h30. Le dimanche matin sur rendez-vous. 9h à 12h.

Diplômé d'œnologie, avec une expérience formatrice à l'étranger, Michel Ginglinger met en avant la typicité des terroirs calcaires autour d'Eguisheim, recherchant l'expression la plus juste des vins, c'est à dire droite et équilibrée. Après des 2007 et 2008 à l'acidité importante, 2009 marque un retour à des équilibres moins vifs qui conservent une belle fraîcheur et une minéralité importante. Leurs prix sages en font des bouteilles à encaver par six.

ALSACE GRAND CRU EICHBERG PINOT GRIS 2009
Blanc Doux | 2012 à 2024 | 15 € **16/20**
Mûr et puissant, la rondeur se fond dans le volume de bouche, l'ampleur appelle aujourd'hui des plats épicés ou des fromages, sinon on peut aussi l'attendre.

ALSACE GRAND CRU EICHBERG RIESLING 2007
Blanc | 2012 à 2022 | 18 € **16,5/20**
Aujourd'hui à maturité, fruits jaunes et agrumes, élancé, savoureux, pur, tendu sans nervosité, de l'extrait sec.

ALSACE GRAND CRU PFERSIGBERG GEWURZTRAMINER 2008
Blanc Doux | 2013 à 2028 | 18 € **16/20**
Épices, fleurs et agrumes confits, bouche épurée, allonge parfumée et élégante avec une jolie longueur, la légère sucrosité disparaîtra progressivement.

GEWURZTRAMINER VENDANGES TARDIVES 2007
Blanc liquoreux | 2012 à 2022 | 25 € **16,5/20**
Fruits exotiques (banane séchée) et miel, la bouche offre une liqueur fondante et fraîche, bon équilibre qui se conclut par une finale salivante.

MUSCAT CUVÉE CAROLINE 2011 ☺
Blanc | 2012 à 2015 | 9 € **14/20**
Fine amertume, frais et droit, désaltérant et apéritif.

DOMAINE PIERRE-HENRI GINGLINGER

33, Grand'Rue • 68420 Eguisheim
Tél. 03 89 41 32 55 • Fax : 03 89 24 58 91
gingling@terre-net.fr • www.vins-ginglinger.com
Visite : Tous les jours, de 9h à 12h et de 13h30 à 19h.

Mathieu Ginglinger nous a présenté cette année une gamme séduisante de simplicité et de franchise, les bouches ne traînaient pas de sucres inutiles, les parfums étaient gourmands, pour des vins qui se livraient jeunes. Ambre est une cuvée élevée en demi-muids et assemblant des pinots auxerrois et des pinots gris : l'exercice est réussi en 2009.

ALSACE GRAND CRU PFERSIGBERG PINOT GRIS 2010
Blanc Doux | 2012 à 2017 | 15 € **14,5/20**
Fruité tendre, manque un petit peu de nerf pour le millésime mais l'élégance de bouche amène une belle pureté en finale.

AMBRE 2009 ☺
Blanc Demi-sec | 2012 à 2019 | 9,40 € **14,5/20**
Nez raffiné, toasté et raisins secs, bouche large et ample, exercice réussi d'élevage sous bois, l'ensemble reste frais et tendu.

CRÉMANT D'ALSACE NM
Blanc Brut effervescent | 2012 à 2015 | 7,30 € **13,5/20**
Bien fait, charnu et fruité, la rondeur en bouche est bien retendue par la vivacité finale.

GEWURZTRAMINER 2010
Blanc Demi-sec | 2012 à 2015 | 8,80 € **13,5/20**
Fruité contenu, sans exubérance, fin et droit, agréablement épicé et sucrosité discrète.

MUSCAT 2010
Blanc Demi-sec | 2012 à 2015 | 7,20 € **13/20**
Très mûr, raisin sec et fleurs séchées, plus de tension lui donnerait une meilleure allonge, on le boira vite.

PINOT BLANC 2011 ☺
Blanc Demi-sec | 2012 à 2015 | 6,20 € **13,5/20**
Plein de fruit et de charme, élégant et tendre, gourmand.

DOMAINE RÉMY GRESSER

2, rue de l'École • 67140 Andlau
Tél. 03 88 08 95 88 • Fax : 03 88 08 55 99
domaine@gresser.fr • www.gresser.fr
Visite : Du lundi au samedi de 10h à 12h et de 14h à 17h30 sauf dimanche et jours fériés.

Rémy Gresser exploite des vignes sur les trois grands crus d'Andlau et sur une grande variété de terroirs autour du village. Les étiquettes indiquent fort à propos l'éventuelle sucrosité du vin, mais celle-ci est généralement bien tendue par une fine acidité. Les vins vieillissent bien, comme l'ont montré les cuvées présentées cette année.

ALSACE GRAND CRU KASTELBERG RIESLING 2008
Blanc | 2015 à 2028 | 19 € **16,5/20**
Bel extrait sec en bouche, densité et allonge, un vin encore en devenir mais d'esprit sec et gastronomique.

ALSACE GRAND CRU MOENCHBERG RIESLING 2007
Blanc | 2012 à 2022 | 15,50 € **16/20**
Aujourd'hui épanoui dans ses arômes, citron confit et terpènes nobles, la bouche est pure et fraîche, cristalline et fine.

ALSACE GRAND CRU MOENCHBERG RIESLING VIEILLES VIGNES 1998
Blanc Demi-sec | 2012 à 2023 | 21,50 € **16,5/20**
Justement étiqueté comme moelleux, la fine liqueur a fini par se fondre, son équilibre d'aujourd'hui, tendre façon demi-sec, s'accommodera d'une cuisine épicée ou d'un foie gras poêlé, grâce à de subtils arômes d'épices, de cire et de zeste.

PINOT BLANC SAINT-ANDRÉ 2010 ☺
Blanc | 2012 à 2016 | 9 € **14,5/20**
Fruité blanc mûr, bouche pure et fraîche, digeste et désaltérant.

PINOT GRIS CLOS DE L'OURSE 2009
Blanc Doux | 2012 à 2019 | 15,30 € **14/20**
Léger moelleux à l'attaque, bien intégré, une minéralité fumée remonte progressivement en bouche, il se fond dans le millésime.

DOMAINE JEAN-MARIE HAAG

17, rue des Chèvres • 68570 Soultzmatt
Tél. 03 89 47 02 38 • Fax : 03 89 47 64 79
jean-marie.haag@wanadoo.fr
www.domaine-haag.fr
Visite : Du lundi au vendredi de 10h à 12h et de 14h à 19h. Le samedi de 10h à 12h et de 14h à 18h. Le dimanche sur rendez-vous.

Jean-Marie et Myriam Haag exploitent depuis bientôt vingt ans des terroirs idéalement situés sur le grand cru Zinnkoepflé mais aussi tout autour dans la Vallée Noble, en particulier sur les parcelles plus gréseuses. Les derniers millésimes sont réussis et de caractère sensiblement plus sec qu'avant, avec des liquoreux de grande puissance lorsque le botrytis s'installe. 2008 a même vu la production d'un étonnant vin de glace à partir de sylvaner.

ALSACE GRAND CRU ZINNKOEPFLÉ GEWURZTRAMINER VENDANGES TARDIVES 2008
Blanc liquoreux | 2012 à 2028 | 25 € **17/20**
Liqueur fine en bouche, arômes élégants de fruits rouges et d'épices, allonge et fraîcheur.

IMAGINE ALL THE WINE 2010 ☺
Blanc | 2012 à 2015 | 7,50 € **14/20**
Assemblage gourmand, sur le fruit, élégant et digeste, à boire jeune.

RIESLING VENDANGES TARDIVES 2009
Blanc liquoreux | 2012 à 2024 | 22 € **16,5/20**
Une belle VT aux nuances terpéniques puissantes à défaut d'être fines, beaux arômes de zeste de citron, allonge savoureuse, fins amers en finale, bel équilibre.

SYLVANER CONFIDENTIEL 2008
Blanc Liquoreux | 2012 à 2028 | 90 € **17,5/20**
Arômes d'orange confite, liqueur raffinée, texture huileuse, saveur intense, grand équilibre, à apprécier par petites gorgées, devant un feu de cheminée.

VALLÉE NOBLE BREITENBERG PINOT GRIS 2010
Blanc Demi-sec | 2012 à 2020 | 10,60 € **15/20**
Plus de profondeur que le vallée-noble du même cépage, une sucrosité plus marquée aussi, heureusement que l'acidité du millésime ramène de la vivacité, il ne plaira pas à tous.

VALLÉE NOBLE PINOT GRIS 2010 ☺
Blanc | 2012 à 2016 | 7,70 € **14/20**
Fruité jaune mûr, bouche avec de la rondeur mais qui sait rester équilibrée, accessible.

Vallée Noble pinot gris 2010

Blanc | 2012 à 2016 | NC **14/20**

Fruité jaune mûr, bouche avec de la rondeur mais qui sait rester équilibrée, accessible.

DOMAINE HAEGI

33, rue de la Montagne • 67140 Mittelbergheim
Tél. 03 88 08 95 80 • Fax : 03 88 08 91 20
info@haegi.fr • www.haegi.fr
Visite : Du lundi au samedi de 9h à 12h et de 13h à 18h. Le dimanche sur rendez-vous.

Bernard Haegi a laissé depuis longtemps les commandes du domaine à son fils Daniel et son épouse Sylvie. Sur les terroirs autour de Mittelbergheim, les différentes cuvées présentent une belle régularité, sans excès de concentration mais toujours désaltérantes et équilibrées, avec notamment une interprétation complète du Zotzenberg, le seul grand cru à accepter le sylvaner dans ses rangs.

Alsace grand cru Zotzenberg gewurztraminer 2010

Blanc Doux | 2012 à 2020 | 10,20 € **14,5/20**

Récolté très mûr, la sucrosité arrive à se retendre grâce à une bonne fraîcheur.

Alsace grand cru Zotzenberg riesling 2010

Blanc | 2012 à 2020 | 8,40 € **15/20**

Bouche pure et cristalline, tension citronnée rafraîchissante, désaltérant et délicat.

Alsace grand cru Zotzenberg sylvaner 2010

Blanc Demi-sec | 2012 à 2020 | 10,20 € **15/20**

Une pointe de surmaturité heureusement bien retendue par une nervosité mûre, ensemble frais et fin, finale cristalline.

Brandluft riesling Prestige 2010

Blanc Demi-sec | 2012 à 2020 | 7,60 € **14,5/20**

La légère surmaturité est digérée par une belle acidité, ensemble frais et désaltérant.

muscat 2010

Blanc | 2012 à 2015 | 5,90 € **13,5/20**

Peau de pamplemousse, droit, nerveux, bouche ciselée, agréable.

pinot gris Vendanges Tardives 2010

Blanc liquoreux | 2012 à 2022 | 20 € **15/20**

Arômes de fruits exotiques (ananas, banane confite), riche liqueur mais une meilleure fraîcheur apporterait un équilibre plus aérien.

CHRISTIAN ET VÉRONIQUE HEBINGER

14, Grand Rue • 68420 Eguisheim
Tél. 03 89 41 19 90 • Fax : 03 89 41 15 61
hebinger.christian@wanadoo.fr
Visite : Du lundi au samedi de 8h à 12h et de 14h à 18h.

gewurztraminer 2010

Blanc Demi-sec | 2012 à 2018 | 6,20 € **14,5/20**

Ce domaine a achevé sa conversion à l'agriculture biologique. Si les pinots gris et les rieslings présentés nous ont semblé manquer de densité, ce gewurztraminer montrait un visage plus charmeur. L'étiquetage annonce intelligemment la présence de sucre, qui effectivement domine l'attaque, mais les arômes de raisin et de poivre reprennent le dessus, c'est un vin puissant avec une agréable amertume finale, même si son usage gastronomique n'est pas évident.

DOMAINE HERING

6, rue du Docteur-Sultzer • 67140 Barr
Tél. 03 88 08 90 07 • Fax : 03 88 08 08 54
jdhering@wanadoo.fr • www.vins-hering.com
Visite : Du lundi au vendredi de 8h30 à 12h et de 14h à 18h. Le samedi de 9h à 12h et de 14h à 17h30. Le dimanche matin sur rendez-vous.

Propriétaire d'une partie importante du grand cru Kirchberg de Barr, au cœur duquel il possède une grande parcelle dans le Clos Gaensbroennel, le domaine produit des vins de garde, pas toujours à leur avantage jeunes. Ne pas manquer la superbe salle de dégustation au pied du grand cru, ni les délicieuses cuvées produites sur le Clos de la Folie Marco.

Alsace grand cru Kirchberg de Barr gewurztraminer Clos Gaensbroennel 2010

Blanc Doux | 2012 à 2020 | 17 € **15/20**

Notes de fruits exotiques très mûres (jus de banane), c'est puissant plus que fin mais ses arômes trouveront leur public car la bouche reste droite malgré un moelleux bien présent.

Alsace grand cru Kirchberg de Barr pinot gris Vendanges Tardives 2008

Blanc liquoreux | 2016 à 2024 | 26 € **15/20**

La forte acidité allège la liqueur, mais pour l'heure le vin n'est pas en place, l'ensemble manque d'harmonie, il faut attendre.

Alsace grand cru Kirchberg de Barr riesling 2010 ☺
Blanc | 2012 à 2020 | 13,20 € **15,5/20**
Bien tendu, frais et élancé, bouche citronnée et pure, il faut lui laisser le temps de s'élargir dans le verre.

Pinot noir cuvée du Chat Noir 2009
Rouge | 2012 à 2017 | 13,20 € **14/20**
Fruité mûr, bouche charnue, allonge juteuse, fine amertume fumée en fin, appétissante.

Sylvaner Clos de la Folie Marco 2011
Blanc | 2012 à 2017 | 6,50 € **14,5/20**
Mûr, intensément floral et végétal (mais du beau végétal), texture gourmande, juteux et frais.

HUGEL ET FILS

3, rue de la Première-Armée - B.P. 32
68340 Riquewihr
Tél. 03 89 47 92 15 • Fax : 03 89 49 00 10
info@hugel.com • www.hugel.fr
Visite : Toute la semaine de 9h à 12h et de 13h à 18h, sauf en hiver, le week-end sur rendez-vous. Groupes jusqu'à 15 personnes maximum et sur rendez-vous.

La gamme à la célèbre étiquette jaune est structurée en trois niveaux (Hugel, Tradition et Jubilée), les deux premiers issus en grande partie d'achats de raisins et proposant des vins droits, secs et nets. La gamme Jubilée est issue des grands terroirs du domaine, sans pour autant revendiquer leurs appellations grand-cru respectives. Les vendanges tardives et sélections de grains nobles sont disponibles en bonne quantité dans plusieurs cépages et millésimes, montrant le savoir-faire du domaine dans les vins de pourriture noble, on frôle régulièrement la perfection en la matière.

Gentil Hugel 2010 ☺
Blanc | 2012 à 2016 | 9,42 € **14,5/20**
Élégant, miel fin, bon équilibre de bouche, très bistro dans le style, complet.

Gewurztraminer Hugel 2010 ☺
Blanc | 2012 à 2018 | 14,28 € **14/20**
Une interprétation parfaitement « sec » du cépage, bien fruitée (belle note de pomme), idéal pour la restauration type brasserie.

Gewurztraminer Sélection de Grains Nobles « S » 2007
Blanc Liquoreux | 2012 à 2047 | 135 € **19,5/20**
Encore une pureté exceptionnelle, des arômes de fruits poêlés au beurre très gourmands, une bonne acidité qui lui donne une grande tenue, il est néanmoins préférable d'attendre quelques années que sa palette aromatique se diversifie. Un très grand vin, même si nous lui préférons le riesling SGN 2009.

Gewurztraminer Vendanges Tardives 2005
Blanc liquoreux | 2012 à 2035 | 37,12 € **18,5/20**
Une pureté magnifique, de fins amers très nobles, une élégance qui délie la bouche, une fine liqueur bien intégrée.

Muscat Tradition 2010 ☺
Blanc | 2012 à 2017 | 12,22 € **14,5/20**
Parfumé, fin et droit, gourmande expression du cépage, pure et fraîche.

Pinot gris Jubilée 2008
Blanc | 2015 à 2030 | 26,42 € **17,5/20**
La dizaine de grammes va se fondre dans deux à trois ans, ça fera une très belle bouteille pour accompagner une escalope de foie gras ou une côte de porc. Riche, harmonieux, complet, gastronomique, de beaux amers viennent étirer la fin de bouche.

Pinot gris Tradition 2008 ☺
Blanc | 2012 à 2018 | 12,64 € **16/20**
Version élégante du cépage, avec une belle finesse en bouche, la vinification en vieux bois amène du gras mais l'ensemble reste très frais, équilibré, sans sucre. Coing, poire, artichaut aussi.

Pinot noir 2009 ☺
Rouge | 2012 à 2016 | 11,64 € **14/20**
Fruité profond, bonne mâche, gourmand, tanins ronds, friand.

Pinot noir Jubilée Les Neveux 2009
Rouge | 2012 à 2024 | 51,98 € **16,5/20**
Une cuvée au boisé prononcé mais gourmand et crémeux, bouche riche, texture onctueuse, il vieillira bien.

Riesling Jubilée 2007
Blanc | 2012 à 2027 | 30,24 € **17/20**
Nez bien pur, finement citronné, moins de matière que Tradition 2008 mais plus de finesse et de pureté, un grand terroir parle.

Riesling Sélection de Grains Nobles 2009
Blanc Doux | 2012 à 2049 | 180 € **20/20**
Il sera bientôt commercialisé, mais avec sa richesse d'anthologie (25° potentiels), sa pureté, la suavité de ses parfums, sa longueur ciselée et harmonieuse, il est parfait. Un équilibre de grand riesling allemand. Fine note de caramel au beurre salé en fin. À ne manquer sous aucun prétexte, son vieillissement sera éternel.

Riesling Tradition 2008
Blanc | 2012 à 2023 | 17,78 € **16/20**
Des nuances terpéniques nobles, une note de noisette grillée, vinifié parfaitement sec, idéal pour la belle gastronomie.

CAVE VINICOLE DE HUNAWIHR

48, route de Ribeauvillé - B.P. 10016
68150 Hunawihr
Tél. 03 89 73 61 67 • Fax : 03 89 73 33 95
info@cave-hunawihr.com • www.cave-hunawihr.com
Visite : Du lundi au vendredi, de 8h à 12h et de 14h à 18h, le week-end et les jours fériés de 9h30 à 12h et de 14h à 18h.

Alsace grand cru Rosacker riesling 2010
Blanc | 2012 à 2025 | 9,85 € **15,5/20**
La Cave de Hunawihr est l'un des producteurs majeurs du grand cru Rosacker. Le riesling qu'elle y produit domine de la tête et des épaules une gamme où l'on aimerait plus de caractère. Avec sa bouche droite, citronnée et salivante, ses beaux amers se régaleront d'accord marins. À noter qu'en 2010, le pinot noir cuvée 8 se présente charnu et concentré, il mérite d'être gardé un à deux ans pour fondre tous ses tanins (14/20).

JOSMEYER

76, rue Clémenceau • 68920 Wintzenheim
Tél. 03 89 27 91 90 • Fax : 03 89 27 91 99
domaine@josmeyer.com • www.josmeyer.com
Visite : Du lundi au vendredi de 9h à 12h et de 14h à 18h. Le samedi de 9h à 12h. Fermé les jours fériés et dimanches.

On ne présente plus le domaine, présidé par Jean Meyer et géré par Christophe Erhart. Sa notoriété internationale a été développée et entretenue par des vins très digestes, fins, gras et sans sucres résiduels inutiles. 2009 est le premier millésime vinifié par Isabelle Meyer, qui a bien géré la difficulté de produire des vins secs et mûrs sur cette année chaude. Les 2010 présentent néanmoins une tension et une droiture supérieures, mais comme la maison commercialise souvent des vins un peu âgés (pour les vins de terroir), on les appréciera d'ici quelques années.

Alsace grand cru Brand pinot gris 2010
Blanc | 2012 à 2025 | 31,60 € **16/20**
Arômes de viande séchée, de fumée, pur et fin, belle épaisseur en bouche, riche et long, finale légèrement torréfiée. La gourmandise des arômes est vraiment séduisante.

Alsace grand cru Brand pinot gris 2008
Blanc | 2012 à 2028 | 30,40 € **17,5/20**
Sa haute teneur en alcool, ses notes d'amande et de fleurs ne sont pas sans évoquer un méal de l'hermitage au nez, une bouche relevée mais pratiquement sans sucre, un très grand vin, qui supportera des accords à la truffe.

Alsace grand cru Brand riesling 2010
Blanc | 2015 à 2030 | 33 € **17/20**
Sa pureté s'exprime aujourd'hui de manière assez austère, tension citronnée, il plaira aux puristes mais quel joli caractère !

Alsace grand cru Hengst gewurztraminer 2010
Blanc liquoreux | 2012 à 2030 | 30,40 € **16,5/20**
Bouche droite et dense, compacte, assez serrée, pas de distraction sucrée en finale, excellent style, épicé et corsé.

Alsace grand cru Hengst gewurztraminer 2009
Blanc liquoreux | 2012 à 2024 | 30,40 € **15,5/20**
D'expression plus douce que le 2010 mais une douceur intégrée, des arômes de muscade et de poire séchée, moins de longueur que le 2010 mais agréable, minéralité assez sèche en bouche.

Alsace grand cru Hengst pinot gris 2010
Blanc | 2012 à 2025 | 30,40 € **15/20**
Massif, bouche large, il est bien compact mais moins gourmand que le brand, un peu moins en énergie.

Alsace grand cru Hengst riesling 2010
Blanc | 2015 à 2025 | 33 € **16,5/20**
Plus riche et moins tendu que le brand, même s'il demeure d'esprit sec, un peu moins de caractère à ce stade mais il doit encore affiner son équilibre.

ALSACE GRAND CRU HENGST RIESLING SAMAIN 2008
Blanc | 2014 à 2038 | 40 € **18/20**
Bouche d'une pureté exemplaire, droite et bien tendue, finale citronnée à souhait, allonge salivante. Le 2009 ne semble pas offrir la même personnalité.

FLEUR DE LOTUS 2010 ☺
Blanc | 2012 à 2018 | 10,90 € **15/20**
Belle cuvée aromatique et épicée mais sans lourdeur, d'équilibre admirablement sec, finale fine, parfaitement adaptée aux nourritures extrême-orientales et sur la cuisine aux herbes.

GEWURZTRAMINER LES FOLASTRIES 2010 ☺
Blanc | 2012 à 2016 | 16,50 € **14/20**
Dans un esprit sec, une bouche puissante et épicée, des arômes fins de fruits exotiques et un bel équilibre, une belle amertume finale.

PINOT AUXERROIS H VIEILLES VIGNES 2010
Blanc | 2012 à 2025 | 17,80 € **16/20**
Large en parfums, sec dans le style, texture épaisse avec une expression minérale prononcée qui amène une tonalité sèche en finale.

PINOT BLANC MISE DU PRINTEMPS 2011 ☺
Blanc | 2012 à 2016 | 9,75 € **14/20**
Fruité blanc juteux, bouche gourmande, texture ronde, parfait vin de casse-croûte.

RIESLING LE KOTTABE 2010
Blanc | 2012 à 2020 | 14,40 € **14,5/20**
Fruité agrumes épanoui, bouche dynamique, allonge vive et élancée, un vin de choucroute.

RIESLING LES PIERRETS 2010
Blanc | 2012 à 2020 | 21,40 € **15/20**
Belle trame de vin, densité et épaisseur en bouche, allonge sapide.

DOMAINE ANDRÉ KIENTZLER

50, route de Bergheim • 68150 Ribeauvillé
Tél. 03 89 73 67 10 • Fax : 03 89 73 35 81
domaine@vinskientzler.com
Visite : Du lundi au samedi sur rendez-vous.
Fermé le dimanche et les jours fériés.

André et Thierry Kientzler possèdent des vignes sur les meilleurs terroirs de Ribeauvillé et ont produit un grand nombre de vins parmi les plus racés d'Alsace. Les 2010 présentés cette année affichaient une pureté exemplaire, avec la légère salinité propre au secteur de Ribeauvillé. Ne manquez pas le muscat du Kirchberg, l'une des plus belles expressions de ce cépage de toute la région.

ALSACE GRAND CRU GEISBERG RIESLING 2009
Blanc | 2012 à 2029 | 26 € **17,5/20**
Frais et droit, paradoxalement d'équilibre plus sec encore que le 2008, tendu, définition ciselée, vin d'avenir.

ALSACE GRAND CRU GEISBERG RIESLING 2008
Blanc | 2012 à 2028 | 26 € **17,5/20**
Fruits juteux, noyau de cerise, gourmand et charnu, la tension est sous-jacente mais ne domine pas, plus riche que le reste de la gamme mais il goûte toujours sec.

ALSACE GRAND CRU KIRCHBERG DE RIBEAUVILLÉ MUSCAT 2010 ☺
Blanc | 2012 à 2025 | 15,50 € **18/20**
Salin dès l'attaque, cette petite austérité lui donne de l'allonge et de la pureté, beaucoup de finesse et un grand potentiel d'accords gourmands, un parfait vin sec.

ALSACE GRAND CRU OSTERBERG GEWURZTRAMINER 2010
Blanc Demi-sec | 2016 à 2030 | 18,50 € **17,5/20**
Riche et légèrement moelleux, vite retendu par la minéralité du cru, expression de sous-bois et de châtaignes, le cépage passe au second plan.

ALSACE GRAND CRU OSTERBERG RIESLING 2010
Blanc | 2012 à 2030 | 18,50 € **17,5/20**
Pureté et élégance, une fine minéralité qui structure la bouche dès l'attaque, aujourd'hui discret mais la finesse de la tension évoluera très bien.

AUXERROIS K 2011 ☺
Blanc Demi-sec | 2012 à 2021 | 12 € **16/20**
Beaux parfums floraux, emplissant bien le verre, l'équilibre est demi-sec mais l'acidité du terroir grand cru (Kirchberg) apporte toute l'énergie nécessaire, pour un vin qui se livre vite.

CHASSELAS 2010 ☺
Blanc | 2012 à 2017 | 5,50 € **14,5/20**
Fruité blanc gourmand, friand, rond, de la chair et de la nervosité, désaltérant, parfait vin de soif.

GEWURZTRAMINER 2010 ☺
Blanc | 2012 à 2018 | 8,50 € **15/20**
Épices et fruits, interprétation fine et élégante du cépage, bouche épurée, dentelle et équilibre.

GEWURZTRAMINER HAGUENEAU RÉSERVE PARTICULIÈRE 2010
Blanc Demi-sec | 2012 à 2020 | 13,50 € **16/20**
La rondeur de l'attaque laisse place à une minéralité cristalline qui la renvoie au second plan, son équilibre demi-sec passe dès à présent sur toutes les tables, finale pure et fraîche.

MUSCAT 2010
Blanc | 2012 à 2018 | 8,50 € **15,5/20**
Croquant et fin, une grande délicatesse dans les parfums et dans le glissant, finale fondante et juteuse, apéritif pour sa légère salinité.

PINOT BLANC 2010
Blanc | 2012 à 2017 | 7,50 € **15,5/20**
Gras et parfumé, épices douces et fruits blancs, la chair juteuse est bien équilibrée par une acidité salivante, gourmand.

PINOT GRIS 2010
Blanc | 2012 à 2016 | 8,50 € **14/20**
Fruité gourmand, note calcaire en bouche, de la chair et du plaisir.

PINOT GRIS RÉSERVE PARTICULIÈRE 2009
Blanc Demi-sec | 2012 à 2019 | 14,50 € **15/20**
Dans un équilibre demi-sec, de la rondeur et du charme, avec des fruits frais qui reviennent en fin.

RIESLING 2010
Blanc | 2012 à 2017 | 8,50 € **14,5/20**
Fruité mûr, discrète note de caramel, gourmand et plein, bon volume de bouche, plus en chair qu'en nerf.

RIESLING CUVÉE FRANÇOIS ALPHONSE 2009
Blanc | 2012 à 2029 | 19,50 € **18/20**
Expression anisée et mentholée, gourmande et fraîche, bouche pure avec une allonge minérale élégante, grand vin de table, belle tension pour l'année qui signe la finale par sa très légère rondeur.

RIESLING RÉSERVE PARTICULIÈRE 2010
Blanc | 2012 à 2020 | 12 € **16/20**
Une fine note anisée et des parfums floraux, il a toute la tension requise, nerveux et frais, légèrement citronné en fin.

SYLVANER 2011
Blanc | 2012 à 2016 | 6,50 € **14,5/20**
Bouche ample et large, fruité juteux, moins en tension que le chasselas mais plus gastronomique aussi, mais c'est 2011.

DOMAINE PAUL KUBLER

103, rue de la Vallée • 68570 Soultzmatt
Tél. 03 89 47 00 75 • Fax : 03 89 47 65 45
kubler@lesvins.com
Visite : Du lundi au vendredi de 10h à 12h et de 14h à 19h.

Philippe Kubler travaille en finesse les terroirs gréseux et calcaires de Soultzmatt. Si les rieslings sont vinifiés bien secs tout comme le magnifique sylvaner du Zinnkoepflé, quelques sucres traînent encore dans les pinots gris et les gewurztraminers, ce qui atténue la pureté et l'élégance de ces vins au demeurant dotés de rayonnants arômes de fleurs et d'agrumes comme souvent dans le secteur de la Vallée Noble. C'est notamment le cas en 2010.

ALSACE GRAND CRU ZINNKOEPFLÉ GEWURZTRAMINER 2010
Blanc Doux | 2017 à 2025 | 14,80 € **16/20**
Une sucrosité proche d'une vendange tardive, de l'onctuosité et de beaux parfums de fleurs et de fruits confits, mais une tension mieux soutenue permettrait d'allonger les beaux amers de la finale.

BREITENBERG RIESLING 2010
Blanc | 2012 à 2020 | 12,20 € **15,5/20**
Vif et gourmand, jus de fruits frais en bouche (agrumes), allonge savoureuse et nerveuse, excellent.

PINOT GRIS K 2010
Blanc | 2015 à 2020 | 9,10 € **14/20**
Une légère rondeur moelleuse à l'attaque lui enlève un peu de sa personnalité, dommage car le vin a du charme et de l'épaisseur, il est préférable de l'attendre 3 à 4 ans.

RIESLING K 2010
Blanc | 2012 à 2020 | 8,80 € **15,5/20**
Arômes plus complexes que le breitenberg, plus puissant mais peut-être moins de pureté, un style plus massif et un peu plus lourd, avec une note prononcée de caramel au lait.

RIESLING K 2008
Blanc | 2012 à 2023 | 11 € **16/20**
Le 2008 montre la voie au 2010. Toujours cette richesse en bouche, de la puissance et des arômes qui commencent à pétroler, un peu au détriment de la finesse et de la pureté.

SYLVANER Z 2010
Blanc | 2012 à 2020 | 14,80 € **16/20**
Pur, droit, bouche riche, bel extrait sec, tension citronnée en finale, complet.

KUENTZ-BAS

14, route des Vins • 68420 Husseren-les-Châteaux
Tél. 03 89 49 30 24 • Fax : 03 89 49 23 39
info@kuentz-bas.fr • www.kuentz-bas.fr
Visite : Du lundi au vendredi de 10h à 12h et de 13h30 à 18h. Ouvert le samedi à partir de fin avril jusqu'à fin octobre de 10h à 12h et de 13h30 à 17h.

Désormais propriété de la maison Adam, le domaine complète ses cuvées issues de ses propres vignes par de l'achat. Le pinot gris eichberg 2010 issu du négoce ne nous a pas séduits, mais le riesling pfersigberg issu lui du domaine dans le même millésime offrait un incontestable charme floral et citronné. Il vaut mieux choisir sa cuvée avec soin.

ALSACE GRAND CRU PFERSIGBERG RIESLING TROIS CHÂTEAUX 2010
Blanc | 2012 à 2020 | 18,10 € **15/20**
Élégant, droit et frais, avec d'agréables arômes d'agrumes et de fleurs blanches, de la tension.

AUXERROIS TROIS CHÂTEAUX 2010
Blanc | 2012 à 2015 | 8,20 € **13/20**
Facile, bouche ronde, fruité blanc simple et franc.

PINOT GRIS CAROLINE VENDANGES TARDIVES 2010
Blanc | 2012 à 2020 | 27 € **15,5/20**
Une belle liqueur, pure et fraîche, une allonge gourmande et de l'équilibre pour ce pinot gris qui supportera un dessert à la vanille ou aux fruits.

RIESLING TROIS CHÂTEAUX 2010
Blanc | 2012 à 2016 | 11,80 € **14,5/20**
Floral et large, du charme et une tension citronnée, agréable.

DOMAINE CLÉMENT LISSNER

20, rue Principale • 67120 Wolxheim
Tél. 03 88 38 10 31 • Fax : 03 88 38 10 46
info@lissner.fr • www.lissner.fr
Visite : Du lundi au samedi de 8h à 12h et de 13h à 19h. Dimanches et jours fériés sur rendez-vous.

Bruno Schloegel a repris en 2002 les commandes du domaine, à la disparition de son oncle. Avec un travail minutieux dans les vignes et en cave, il est en train de remettre sur le devant de la scène la réputation historique du grand cru Altenberg de Wolxheim, un des plus grands terroirs alsaciens. Dans le millésime 2009, de faible acidité, le riesling et le gewurztraminer s'y sortent avec les honneurs. En revanche, le reste de la gamme ne présentait pas le même intérêt.

ALSACE GRAND CRU ALTENBERG DE WOLXHEIM GEWURZTRAMINER 2009
Blanc Demi-sec | 2012 à 2018 | 14,10 € **14/20**
Arômes délicats de fruits secs et exotiques, allonge légèrement saline, de l'ampleur dans un millésime peu dynamique.

ALSACE GRAND CRU ALTENBERG DE WOLXHEIM RIESLING 2009
Blanc | 2012 à 2018 | 12,50 € **14/20**
L'élevage prend un peu le pas sur le vin, dans ce millésime de faible acidité. La bouche est ronde et la finale ramène un joli caractère.

WOLXHEIM RIESLING 2010
Blanc | 2012 à 2018 | 7,10 € **14/20**
Totalement sec, bouche droite, arômes floraux, nerveux.

DOMAINE LOEW

28, rue Birris • 67310 Westhoffen
Tél. 03 88 50 59 19 • Fax : 03 88 50 59 19
domaine.loew@orange.fr • www.domaineloew.fr
Visite : Sur rendez-vous.

Étienne Loew a placé le domaine parmi les meilleurs du vignoble de la Couronne d'Or autour de Strasbourg. Les vins sont marqués par les terroirs marno-calcaires autour de Westhoffen et Balbronn, avec de la profondeur et du gras. 2009 est la grande année pour les sylvaners et les pinots gris qui possèdent une maturité aboutie et une assise minérale importante. 2010 est particulièrement réussi en riesling. Les vins partent rapidement et mieux vaut s'approvisionner au domaine en début d'année.

Bruderbach Clos des Frères riesling 2010 ☺
Blanc | 2012 à 2025 | 10 € **16,5/20**
Attaque citronnée, bouche tendue, bel extrait sec, un riesling dense et droit, taillé pour un poisson à chair ferme comme un saumon.

Bruderbach Clos Marienberg pinot gris 2010
Blanc Demi-sec | 2012 à 2020 | 12 € **15,5/20**
Note minérale à l'attaque, une rondeur moelleuse vient caresser une bouche délicatement parfumée, bien retendue par une finale fraîche et pure.

Gewurztraminer Sélection de Grains Nobles 2009
Blanc Liquoreux | 2012 à 2029 | 33 € **16/20**
Un style dominé par la puissance et la concentration, bouche d'une grande richesse, à la texture huileuse, une SGN à apprécier pour elle-même, par petites gorgées. Finale gourmande sur l'ananas.

Ostenberg riesling 2010 ☺
Blanc | 2012 à 2020 | 11,80 € **15,5/20**
Fruité bien mûr (nectarine, pamplemousse), allonge gourmande, bouche ronde, très bon style.

Vérité de sylvaner 2009 ☺
Blanc | 2012 à 2019 | 10 € **15,5/20**
Récolté à haute maturité mais vinifié sec, la bouche est puissante et concentrée, avec une savoureuse palette fleurs et fruits secs, de gourmands amers en fin.

GUSTAVE LORENTZ

91, rue des Vignerons • 68750 Bergheim
Tél. 03 89 73 22 22 • Fax : 03 89 73 30 49
info@gustavelorentz.com • www.gustavelorentz.com
Visite : Du lundi au samedi 10h à 12h et de 14h à 18h.

La petite maison de négoce produit une gamme homogène et bien étalonnée, chapeautée par des vins produits à partir des vignes propres du domaine sur les grands crus Altenberg de Bergheim et Kanzlerberg. La gamme Cuvée-Particulière et les vins de l'Altenberg combinent une bonne qualité régulière et une grande disponibilité des vins, atout apprécié en restauration. Les millésimes présentés cette année montraient une belle homogénéité, avec notamment deux 2005 en pleine forme.

Alsace grand cru Altenberg de Bergheim pinot gris 2007
Blanc Demi-sec | 2012 à 2017 | 22,90 € **15,5/20**
Récolté en surmaturité mais vinifié dans un style sec, la bouche est puissante et généreuse, le moelleux gastronomique car haut en alcool, l'ensemble est riche et plaisant, dans un millésime à apprécier assez vite.

Alsace grand cru Altenberg de Bergheim riesling Vieilles Vignes 2005
Blanc | 2012 à 2025 | 21,20 € **16,5/20**
Une pureté et une finesse supérieures au kanzlerberg du même cépage dans le même millésime, bouche raffinée, arômes nobles.

Alsace grand cru Kanzlerberg riesling 2005
Blanc | 2012 à 2020 | 21,20 € **15,5/20**
Il évolue sur un registre classique de pétrole et de fruits secs, la bouche est droite et nerveuse, un beau millésime qui se goûte très bien dès à présent.

Pinot noir La Limite 2009
Rouge | 2012 à 2018 | 22,90 € **14,5/20**
La prise de bois est encore présente, mais l'ensemble reste équilibré et frais, avec une bonne densité en bouche et une note épicée en fin.

Rotenberg gewurztraminer 2008
Blanc Doux | 2012 à 2018 | 14,25 € **15,5/20**
Dommage qu'une pointe de douceur inutile lui enlève de son élégance et de sa finesse, les arômes sont épicés à souhait, avec une fin mentholée bien fraîche. À réserver à l'apéritif plus qu'à la table.

DOMAINE MADER

13, Grand-Rue • 68150 Hunawihr
Tél. 03 89 73 80 32 • Fax : 03 89 73 31 22
vins.mader@laposte.net • www.vins-mader.com
Visite : Sur rendez-vous.

Basés sur les terroirs marneux, calcaires et gréseux de Hunawihr, Ribeauvillé et Riquewihr, les vins présentent un style différent, selon le cépage, ce que l'on peut regretter. Dans le millésime 2010, la gamme des rieslings était bien sec mais les pinots gris plus en rondeur y perdaient en caractère. Agréable pinot noir, tendre et fruité.

Alsace grand cru Rosacker riesling 2010
Blanc | 2012 à 2015 | env.14 € **15,5/20**
Un joli caractère en bouche, texture serrée, fruité acidulé en fin, bien sec.

ALSACE GRAND CRU SCHLOSSBERG PINOT GRIS 2010
Blanc | 2014 à 2020 | épuisé **14,5/20**
Bouche ronde, de la densité, il doit encore s'épanouir en bouteille.

MUHLFORST RIESLING 2010
Blanc | 2012 à 2017 | env.11 € **14,5/20**
Déjà bien ouvert, fruité blanc, finale légèrement acidulée.

PINOT NOIR CUVÉE THÉOPHILE 2010 ☺
Rouge | 2012 à 2016 | env. 11 € **14/20**
Un pinot de fruit, bien vinifié, tendre et souple, que l'on apprécie jeune.

RIESLING 2010 ☺
Blanc | 2012 à 2015 | épuisé **13,5/20**
Parfumé, ouvert, bouche tendre, agréable, facile à boire.

DOMAINE ALBERT MANN

13, rue du Château • 68920 Wettolsheim
Tél. 03 89 80 62 00 • Fax : 03 89 80 34 23
vins@albertmann.com • www.albertmann.com
Visite : Du lundi au samedi sur rendez-vous de 9h à 12h et 14h à 18h.

Disposant d'un beau patrimoine de terroirs sur cinq grands crus et trois lieux-dits répartis entre Wettolsheim et Kientzheim, les frères Maurice et Jacky Barthelmé et leurs épouses travaillent avec acharnement pour produire des cuvées qui reflètent le plus possible leur origine. Après de grands 2007 et 2008, le millésime 2009 est très bien géré sur tous les cépages, en particulier la gamme très complète de grands pinots noirs. Le domaine produit également des liquoreux parmi les plus grands et les plus purs de la région, avec quelques micro-cuvées d'anthologie. Tant d'homogénéité et de régularité placent la maison parmi les plus grandes d'Alsace, ce que les splendides 2010 idéalement secs ne viennent que confirmer.

ALSACE GRAND CRU FURSTENTUM GEWURZTRAMINER VENDANGES TARDIVES 2009
Blanc Liquoreux | 2014 à 2029 | 60 € **18/20**
Nez assez discret, plus floral que fruité, liqueur fine et acidulée, allonge juteuse et fraîche, déjà savoureux mais encore très jeune, il peut encore gagner en équilibre de bouche.

ALSACE GRAND CRU FURSTENTUM GEWURZTRAMINER VIEILLES VIGNES 2010
Blanc Demi-sec | 2015 à 2030 | 24 € **18,5/20**
Très varié dans ses arômes, torréfaction, caramel, raisin sec puis floral, on perd le variétal pour intégrer le terroir, pureté cristalline en bouche, avec une allonge minérale qui amène beaucoup de fraîcheur, superbe.

ALSACE GRAND CRU FURSTENTUM PINOT GRIS 2010
Blanc Demi-sec | 2012 à 2030 | 23 € **17,5/20**
Fruits frais (melon), sous-bois, bouche charnue et juteuse, il goûte sec et accompagnera à ravir une cuisine créative par son équilibre et sa plasticité. Ceux qui auront la sagesse d'attendre seront récompensés.

ALSACE GRAND CRU FURSTENTUM RIESLING 2010
Blanc | 2012 à 2030 | 35 € **18/20**
Un peu plus expressif que le schlossberg, plus racinaire dans son registre, la bouche est un peu plus riche mais le terroir le supporte, la tension ramène l'équilibre. Plus flatteur et plus accessible que son confrère.

ALSACE GRAND CRU HENGST PINOT GRIS 2010
Blanc | 2017 à 2030 | 23 € **18,5/20**
Jus de poire au nez, gourmand, l'équilibre est plus demi-sec mais la puissance du vin le domptera, c'est un grand vin de gastronomie, patience, l'harmonie est splendide.

ALSACE GRAND CRU SCHLOSSBERG RIESLING 2010
Blanc | 2012 à 2030 | 35 € **19/20**
Nez discret où la pureté jaillit lentement, la texture fine est d'une subtile délicatesse, pureté typique du granite, remarquable.

ALSACE GRAND CRU STEINGRÜBLER GEWURZTRAMINER 2009
Blanc Demi-sec | 2013 à 2024 | 22 € **16,5/20**
Un registre gingembre et jus de litchi gourmand et délicat, l'année solaire a laissé une trentaine de grammes de sucre qui s'accorderont avec des accords épicés ou sucrés-salés, comme un porc au caramel, la finale mentholée est rafraîchissante à souhait.

Altenbourg pinot gris Sélection de Grains Nobles Le Tri 2008
Blanc Liquoreux | 2012 à 2038 | 45 € les 37,5 cl 20/20
Corbeille de fruits confits, mangue, ananas, coing, liqueur surconcentrée et surfraîche, avec un retour du torréfié et du grillé signe d'un petit passage sous bois, longueur épanouie, finale en queue de paon, parfait et pour longtemps.

muscat 2011
Blanc | 2012 à 2016 | 11,50 € 15/20
Très agrumes, fin et ciselé, allonge pure et désaltérante, droit, idéal.

pinot auxerrois 2011
Blanc | 2012 à 2016 | 10 € 14,5/20
Fruité blanc, floral, désaltérant et droit, sans sucres inutiles, digeste.

pinot noir Clos de la Faille 2010
Rouge | 2012 à 2017 | 28 € 15,5/20
De la sève, de l'élégance, fruits et sous-bois, très digeste.

pinot noir H 2010
Rouge | 2012 à 2020 | 35 € 16,5/20
Plus puissant, plus de mâche que clos-de-la-faille, bouche dense et séveuse, finale parfumée et structurée.

riesling cuvée Albert 2011
Blanc | 2012 à 2021 | 18 € 16/20
Tendu, droit, parfaitement sec, la droiture s'accompagne d'une chair juteuse, allonge salivante, belle trame citronnée.

JEAN-LOUIS ET FABIENNE MANN

6 A, rue de Colmar • 68420 Eguisheim
Tél. 03 89 24 26 47 • Fax : 03 89 24 09 41
mann.jean.louis@wanadoo.fr
Visite : Du lundi au samedi, de 8h à 18h, le dimanche sur rendez-vous.

Anciens coopérateurs, Jean-Louis et Fabienne Mann proposent aujourd'hui une gamme assez homogène, des vins qui se livrent vite pour la plupart. Les contre-étiquettes mentionnent à propos la sucrosité de chaque cuvée, même si certaines pourraient fermenter un peu plus d'alcool à notre goût. Les millésimes 2009 et 2010 montrent ici un bel aperçu du potentiel de ce couple de vignerons.

Alsace grand cru Eichberg gewurztraminer Sélection de Grains Nobles 2010
Blanc liquoreux | 2015 à 2030 | 40 € 17/20
Plus de fraîcheur que sur le pinot gris SGN 2009, grâce au millésime, bouche pure et élancée mais sans le même raffinement aromatique. Sans doute est-elle encore un peu jeune.

Altengarten riesling 2010
Blanc | 2012 à 2018 | 15,10 € 15/20
Droit et vif, jus d'agrumes en bouche, gourmand plus que tendu, agréable mais on le boira jeune.

Letzenberg pinot gris Sélection de Grains Nobles 2009
Blanc Liquoreux | 2012 à 2029 | 40 € 18/20
Poivre blanc et fruits confits au nez, bouche d'une grande richesse de liqueur, plus gourmande que fine car le millésime n'a pas donné une grande tension, mais le sirop de figue en finale est irrésistible ! Servir assez frais.

Ortel 2010
Blanc | 2012 à 2020 | 13,90 € 15,5/20
Large palette aromatique pour ce vin issu de complantation, bouche riche avec une pointe de sucre qu'une acidité finale vient retendre dans le sens de la longueur.

pinot noir Chemin de Pierre 2009
Rouge | 2012 à 2017 | 21,30 € 14/20
Fruité rouge intense, bouche souple, de la rondeur à défaut d'une grande profondeur, tendre et gourmand, pointe minérale en fin bien agréable.

DOMAINE DU MANOIR

56, rue de la Promenade • 68040 Ingersheim
Tél. 03 89 27 23 69
thomann@terre-net.fr • www.domainedumanoir.fr
Visite : Du lundi au vendredi de 10h à 12h et de 14h à 18h. Le week-end sur rendez-vous.

Jean et Marina Thomann ont défriché et replanté le clos du Letzenberg dans les années 1960. Avec l'aide de son fils œnologue, Jean-Victor, et son frère Philippe, Marina développe l'activité désormais seule depuis la disparition de Jean en 2009. Le terroir du clos étant similaire à celui du Heimbourg voisin, le pinot gris possède déjà une légère minéralité, mais on imagine le potentiel d'amélioration qualitative lorsque les sols seront plus travaillés et les vignes plus âgées. 2009 se présente en demi-teinte, la chaleur combinée au vent qui balaye régulièrement le clos a précipité le passerillage des

raisins. Les 2010 ont plus d'énergie, même si certains choix de vinification (élevage en barrique ou sucres résiduels) nuisent au plaisir immédiat de certaines cuvées.

CLOS DU LETZENBERG PINOT GRIS CUVÉE VICTORIA 2010
Blanc Demi-sec | 2012 à 2016 | 9 € **14/20**
La vinification en barriques apporte des notes beurrées un peu trop prononcées, elles dominent le vin mais plairont à certains, la finale retrouve de la fraîcheur.

CLOS DU LETZENBERG PINOT GRIS VENDANGES TARDIVES 2010
Blanc liquoreux | 2012 à 2020 | 15 € **15,5/20**
La richesse est bien tendue en finale, ensemble frais et digeste, avec d'élégantes notes de sous-bois et de fruits secs.

CLOS DU LETZENBERG PINOT NOIR 2010 ☺
Rouge | 2012 à 2018 | 7 € **14,5/20**
Un fruité noir élégant, une bouche agréable, des tanins qui s'arrondissent, de la finesse et du plaisir.

CLOS DU LETZENBERG RIESLING 2011
Blanc | 2012 à 2016 | 7,50 € **14/20**
Nerveux, droit, tendu, moyennement charnu, il se livrera assez vite mais c'est le millésime.

PINOT AUXERROIS 2010 ☺
Blanc | 2012 à 2015 | 5 € **13,5/20**
Fruité blanc, bouche charnue et légèrement saline, désaltérant et bien fait.

DOMAINE MEYER-FONNÉ

24, Grand-Rue • 68230 Katzenthal
Tél. 03 89 27 16 50 • Fax : 03 89 27 34 17
felix@meyer-fonne.com • www.meyer-fonne.com
Visite : Du lundi au samedi de 8h30 à 11h30 et de 13h30 à 17h30 Fermé le dimanche et les jours fériés.

Félix Meyer continue d'année en année à affiner les vins du domaine, cherchant un équilibre optimal entre la maturité et l'élégance. En plus du grand cru granitique Wineck-Schlossberg, dont il restitue parfaitement la finesse et la salinité, Félix exploite de nombreux terroirs autour de Katzenthal et jusqu'à Riquewihr. Dans les rieslings, les sucres sont traqués avec opiniâtreté, ce qui donne aux 2010 une magnifique vibration dans le verre. Excellente impression d'ensemble.

ALSACE GRAND CRU FURSTENTUM GEWURZTRAMINER VIEILLES VIGNES 2010
Blanc Doux | 2012 à 2030 | env. 18 € **17/20**
La douceur de la bouche est bien renseignée, parfums de fruits secs et de rose, finale aérienne et élégante, tout en finesse, avec une fin salivante. On peut le boire ou l'attendre, selon son goût et ses talents culinaires.

ALSACE GRAND CRU KAEFFERKOPF RIESLING 2010 ☺
Blanc | 2012 à 2020 | 18 € **16/20**
Fleurs et agrumes, avec des notes de châtaigne à l'aération, ensemble savoureux et élégant, tendu et frais.

ALSACE GRAND CRU SCHOENENBOURG RIESLING 2010
Blanc | 2015 à 2030 | 18 € **18/20**
Fermé voire austère au nez, droit et tendu comme un arc, la pureté de la bouche est renforcée par une grande allonge minérale, il n'est pas encore en place mais c'est normal pour le cru. Grand vin en préparation.

ALSACE GRAND CRU WINECK-SCHLOSSBERG RIESLING 2010
Blanc | 2014 à 2025 | 15,50 € **16,5/20**
Nez un peu en retrait, la bouche est plus convaincante, citrons juteux, concentration et allonge. Sans doute faut-il l'attendre un peu.

PFŒLLER RIESLING VENDANGES TARDIVES 2008
Blanc liquoreux | 2012 à 2028 | 15 € **17/20**
Nuances terpéniques prononcées, arômes intenses de citron confit et de bergamote, liqueur savoureuse, grand équilibre, fin et élancé, de la tension et beaucoup de fraîcheur.

PINOT BLANC VIEILLES VIGNES 2011 ⓜ ☺
Blanc | 2012 à 2016 | 6,40 € **15/20**
Pur, fruité blanc, allonge juteuse, de la concentration dans un millésime dont ce n'est pas la caractéristique majeure.

DOMAINE FRÉDÉRIC MOCHEL

56, rue Principale • 67310 Traenheim
Tél. 03 88 50 38 67 • Fax : 03 88 50 56 19
infos@mochel.net • www.mochel.net
Visite : Du lundi au vendredi de 8h à 12h et de 13h à 18h. Le week-end sur rendez-vous.

Si Frédéric Mochel a beaucoup développé le domaine et participé au développement du grand cru Altenberg de Bergbieten, son fils Guillaume continue à développer une gamme de vins nets et marqués

par leur terroir autour de Traenheim. La moitié des vignes est située sur le grand cru Altenberg de Bergbieten, permettant la production de riesling, de gewurztraminer et surtout d'un muscat de grande classe, dominé par la minéralité du terroir. En dehors du grand cru, ne négligez pas le gewurztraminer et le pinot noir, régulièrement réussis.

ALSACE GRAND CRU ALTENBERG DE BERGBIETEN MUSCAT 2010
Blanc | 2012 à 2020 | 15 € **15/20**
Épicé et floral, agréable expression aromatique, bouche fine et pure, finale saline.

ALSACE GRAND CRU ALTENBERG DE BERGBIETEN RIESLING CUVÉE HENRIETTE 2010
Blanc | 2014 à 2020 | 14,50 € **15/20**
La fine acidité absorbe la pointe de rondeur, un vin élégant et fin, qu'il convient de garder quelque temps.

RIESLING 2010 ☺
Blanc | 2012 à 2016 | 7,80 € **14,5/20**
Très mûr, bouche ronde aux francs arômes citronnés, un vin sec et agréable.

RIESLING VENDANGES TARDIVES 2007
Blanc liquoreux | 2012 à 2022 | 24 € **16/20**
Fins arômes d'agrumes confits, note de pâte d'amande, bouche élégante et pure, finale d'une belle finesse.

RENÉ MURÉ – CLOS SAINT-LANDELIN

RD 83 • 68250 Rouffach
Tél. 03 89 78 58 00 • Fax : 03 89 78 58 01
domaine@mure.com • www.mure.com
Visite : Du lundi au vendredi de 8h à 18h30.
Le samedi de 10h à 13h et de 14h à 18h.

René Muré exploite le Clos Saint-Landelin, situé sur le versant orienté plein sud du grand cru Vorbourg. Le domaine est passé à la viticulture biologique en 2005. Le résultat est lisible depuis quelques années, les vins possèdent désormais la minéralité, la richesse et la profondeur d'un terroir riche et solaire, sans en avoir la lourdeur. Les vins issus d'achats de raisin sont regroupés sous l'étiquette René-Muré, et proposent un style mûr et ample très homogène. Les clients réguliers qui connaissent le style de chaque vin achèteront sans crainte les vins en primeurs dans l'année qui suit chaque millésime. Le pinot noir 2009, en bouteille cette année, est magnifique, les grands crus 2010 et VT ou SGN 2009 brillent par la beauté de leurs parfums.

ALSACE GRAND CRU VORBOURG CLOS SAINT-LANDELIN GEWURZTRAMINER SÉLECTION DE GRAINS NOBLES 2009
Blanc liquoreux | 2012 à 2029 | NC **19/20**
Fleurs séchées, fruits confits, liqueur onctueuse d'une intense concentration, équilibrée par une fine acidité qui procure une incroyable fraîcheur, remarquable.

ALSACE GRAND CRU VORBOURG CLOS SAINT-LANDELIN PINOT GRIS 2010 ☺
Blanc | 2012 à 2030 | NC **17,5/20**
Fruits jaunes bien mûrs, bouche riche pour un équilibre de type « presque sec », ampleur et volume, grand avenir.

ALSACE GRAND CRU VORBOURG CLOS SAINT-LANDELIN RIESLING 2010
Blanc | 2012 à 2030 | NC **17,5/20**
Agrumes et fruits blancs, élégant et élancé, bouche dynamique et glissante, la tension est discrète mais sous-jacente.

ALSACE GRAND CRU VORBOURG CLOS SAINT-LANDELIN RIESLING VENDANGES TARDIVES 2009
Blanc liquoreux | 2012 à 2029 | NC **17,5/20**
Intensément floral, bouche pure et savoureuse, fine liqueur, allonge sur des notes de tarte au citron, finale éclatante.

CRÉMANT D'ALSACE MILLÉSIMÉ 2009 ☺
Blanc Brut effervescent | 2012 à 2017 | NC **16/20**
Nez ample, intensément floral, savoureux et parfumé, épaisseur en bouche, puissant mais c'est le millésime, ne pas servir trop frais.

PINOT NOIR 2009
Rouge | 2012 à 2024 | NC **16/20**
Fruits confits, épices, viande cuite, large palette aromatique, bouche ample et savoureuse, beaucoup de jus et de profondeur, un tanin enrobé et une allonge dynamique. Un passage en carafe améliore encore ses bonnes dispositions.

DOMAINE GÉRARD NEUMEYER

29, rue Ettore Bugatti • 67120 Molsheim
Tél. 03 88 38 12 45 • Fax : 03 88 38 11 27
contact@gerardneumeyer.fr
www.gerardneumeyer.fr
Visite : Du lundi au samedi 9h à 12h et de 14h à 19h. ouvert le dimanche sur rendez-vous

Gérard Neumeyer continue de porter haut les vins de la région de Molsheim. Le grand cru Bruderthal s'exprime ici avec tous les cépages, et la plupart des vins de la gamme ont leur place à table. Comme souvent dans la région, les 2010 ont une tension qui ravive la fin de bouche, là où les 2009 montrent parfois une rondeur un peu marquée faute de cette même tension.

ALSACE GRAND CRU BRUDERTHAL MUSCAT 2009
Blanc | 2012 à 2016 | 15,90 € **14,5/20**
Palette aromatique plus diversifiée que le muscat ottonel, notes florales prononcées (fleurs blanches), finale épicée, du caractère même si on apprécierait plus de longueur.

ALSACE GRAND CRU BRUDERTHAL PINOT GRIS 2010
Blanc Demi-sec | 2012 à 2020 | 17,80 € **15/20**
L'acidité du millésime lui donne une tension qui faisait défaut au 2009. Du coup, sa richesse retrouve de l'allonge, l'ensemble reste vif.

ALSACE GRAND CRU BRUDERTHAL PINOT GRIS 2009
Blanc Demi-sec | 2013 à 2019 | 18,30 € **14/20**
Une sucrosité trop prononcée et malheureusement non renseignée sur la contre-étiquette alourdit un peu la bouche. C'est dommage car la finale ressort concentrée avec de beaux arômes de sous-bois.

GEWURZTRAMINER MATHÉO
VENDANGES TARDIVES 2008
Blanc liquoreux | 2012 à 2023 | 21,80 € **16/20**
Fruité exotique fin (on croque dans la pulpe de litchi), fine liqueur, pur et frais, gourmand, retour épicé en fin.

MUSCAT OTTONEL 2010
Blanc | 2012 à 2015 | 8 € **13,5/20**
Parfums d'agrumes, fin, ampleur moyenne mais agréable.

PINOT GRIS LES CHARTREUX 2010
Blanc Demi-sec | 2012 à 2017 | 10,60 € **14,5/20**
L'étiquetage informe à propos d'une sucrosité bien présente, mais l'acidité du millésime apporte sa dynamique à la bouche, la finale reste fraîche, son moelleux appréciera des fromages.

DOMAINE OSTERTAG

87, rue Finkwiller • 67680 Epfig
Tél. 03 88 85 51 34
info@domaine-ostertag.fr
Visite : Sur rendez-vous. Fermé le week-end et jours fériés.

André Ostertag continue de produire des vins ciselés qui vibrent au son de leur terroir d'origine, qu'ils soient élevés de manière traditionnelle ou en barrique pour les pinots gris. Le travail en biodynamie dans les vignes se double d'une attention particulière en cave, et les derniers millésimes sont d'une exemplaire régularité, avec un style sec et concentré salin et savoureux en diable.

ALSACE GRAND CRU MUENCHBERG PINOT GRIS CUVÉE A360P 2010
Blanc | 2012 à 2030 | NC **18/20**
Enfin un pinot gris parfaitement sec. La texture épaisse, due à l'élevage en barrique, est fondante et gourmande, l'équilibre de bouche est tout simplement parfait.

ALSACE GRAND CRU MUENCHBERG RIESLING 2010
Blanc | 2012 à 2030 | NC **18/20**
Puissant, ample et large, le jus fin s'allonge et s'élargit en bouche, ensemble extrêmement harmonieux et fin, finale bien relevée.

ALSACE GRAND CRU MUENCHBERG RIESLING
VENDANGES TARDIVES 2007
Blanc liquoreux | 2012 à 2022 | NC **17/20**
Fin et élégant, la liqueur est fondue dans une bouche droite, ensemble frais et salivant, dominante d'agrumes et de fruits frais.

CLOS MATHIS RIESLING 2010
Blanc | 2012 à 2020 | NC **16/20**
Un jus dense et concentré en bouche, qui apporte de la texture et de la tension, allonge harmonieuse, plus compact que Vignoble-d'E.

HEISSENBERG RIESLING 2010
Blanc | 2012 à 2020 | NC **15/20**
Élégant, allonge légèrement poivrée, subtile et délicate, moins sur la concentration que clos-mathis mais plus de charme immédiat.

RIESLING VIGNOBLE D'E 2010
Blanc | 2012 à 2018 | NC **15/20**
Élancé, vif et droit, les arômes de fruits et de fleurs sont d'une exquise pureté, le jus fond en bouche, irrésistible.

LA CAVE DES VIGNERONS DE PFAFFENHEIM

5, rue du Chai - B.P. 33 • 68250 Pfaffenheim
Tél. 03 89 78 08 08 • Fax : 03 89 49 71 65
cave@pfaffenheim.com • www.pfaffenheim.com
Visite : De mai à fin septembre : Du lundi au vendredi de 9h à 19h, le samedi de 9h à 12h et de 14h à 18h, le dimanche de 10h à 12h et de 14h à 18h. D'octobre à avril : Du lundi au vendredi de 9h à 12h et de 14h à 18h, le samedi de 9h à 12h et de 14h à 18h, le dimanche de 10h à 12h et de 14h à 18h.

ALSACE GRAND CRU STEINERT PINOT GRIS 2008
Blanc Demi-sec | 2012 à 2018 | 15 € **14,5/20**
Après d'indiscutables progrès qualitatifs dans les années 1980, la cave n'a pas suivi l'élan qui allait entraîner toute la région. Cette année, trop de vins traînaient un sucre inutile quand ils ne présentaient pas une interprétation de leur cépage frôlant la caricature. Ce pinot gris steinert offre néanmoins une attaque enrobée d'un moelleux bien perceptible (hélas non signalé sur l'étiquette) mais la suite retrouve de la minéralité qui libère de la tension. C'est de loin le vin que nous avons préféré dans la série présentée, avec également un intéressant pinot noir Griffe-du-Diable en 2009, aux notes de fruits noirs et réglisse, à la bouche charnue, aux tanins ronds, gourmand.

DOMAINE PFISTER

53, rue Principale • 67310 Dahlenheim
Tél. 03 88 50 66 32 • Fax : 03 88 50 67 49
vins@domaine-pfister.com • www.domaine-pfister.com
Visite : Ouvert du lundi au samedi de 9h à 12h et de 14h à 18h. Dimanche de 10h à 12h.

La jeune Mélanie Pfister montre depuis quelques années déjà toute l'étendue de son talent, et sa gamme dégustée pour cette édition du guide était d'un très bon niveau, à commencer par un crémant très digeste pour le tirage proposé actuellement. Mais les grands vins ici sont incontestablement ceux du méconnu grand cru Engelberg, mention spéciale au riesling, très sec et exemplaire millésime après millésime. La SGN de riesling 2007 est un rare moment de fraîcheur aromatique. Bravo !

ALSACE GRAND CRU ENGELBERG GEWURZTRAMINER 2008
Blanc Demi-sec | 2012 à 2018 | 17 € **15/20**
Parfums légèrement poivrés, dommage qu'une légère rondeur vienne envahir la bouche car elle n'était pas nécessaire, l'ensemble conserve néanmoins du charme.

ALSACE GRAND CRU ENGELBERG RIESLING 2009
Blanc | 2014 à 2024 | 17 € **16,5/20**
Un riesling mûr et très sec, ce qui n'est pas si fréquent dans le millésime, sa densité serrée en bouche demande même une petite garde.

CRÉMANT D'ALSACE BLANC DE BLANCS NM
Blanc Brut eff. | 2012 à 2015 | 10,80 € **14,5/20**
Joli crémant, fin et frais, arômes citronnés purs, digeste, bulle fine, beau rapport qualité-prix en perspective.

CUVÉE 8 2010
Blanc | 2012 à 2018 | 12 € **15/20**
Assemblage des quatre cépages nobles, voilà une cuvée à l'aise à table en toutes circonstances grâce à son équilibre sec et désaltérant et sa large palette aromatique, entre fruits, fleurs et épices.

PINOT NOIR BARRIQUES 2008
Rouge | 2015 à 2020 | 16 € **15/20**
Encore jeune, tanins fermes, de l'allonge et de la fraîcheur, un équilibre fin et enlevé, on peut l'attendre car ses notes d'élevage vont se fondre.

SILBERBERG RIESLING
SÉLECTION DE GRAINS NOBLES 2007
Blanc Liquoreux | 2012 à 2027 | 31 € **17,5/20**
Nuances terpéniques au nez, la bouche est intense et rafraîchissante grâce à une finale sur l'eucalyptus, liqueur fine d'une remarquable pureté, une SGN en tout point excellente dans un millésime peu charnu.

CAVE DE RIBEAUVILLÉ

2, route de Colmar • 68150 Ribeauvillé
Tél. 03 89 73 61 80 • Fax : 03 89 73 31 21
cave@cave-ribeauville.com • www.vins-ribeauville.com
Visite : Du lundi au vendredi de 8h à 12h et de 14h à 18h, le week-end de 10h à 12h et de 14h30 à 18h. sauf Noël et jours de l'an.

Idéalement située au milieu des grands terroirs de la région de Ribeauvillé, la plus ancienne cave coopérative de France produit une vaste gamme de vins à l'équilibre souvent sec, réalisés par l'œnologue Évelyne Bléger, avec les conseils de Denis Dubour-

dieu pour l'élevage de certaines cuvées. À côté d'une gamme générique produite dans des volumes importants, les micro-cuvées de vins de terroir et de vins liquoreux étonnent par leur qualité et leur précision. Les derniers millésimes enchaînent une réussite exemplaire, surtout sur les grands crus. Une adresse fiable, assurément la meilleure cave coopérative de la région pour son haut de gamme.

ALSACE GRAND CRU ALTENBERG DE BERGHEIM GEWURZTRAMINER 2008 ☺
Blanc Doux | 2012 à 2028 | NC **16/20**
Épicé et élancé, avec la salinité propre au cru, la bouche est parfumée et raffinée, la finale compacte dompte bien le moelleux prononcé, à essayer sur un fromage fort.

ALSACE GRAND CRU GLOECKELBERG PINOT GRIS 2008 ☺
Blanc Demi-sec | 2012 à 2023 | NC **17/20**
Justement signalé comme doux, de beaux parfums de fruits rouges et d'épices, une bouche acidulée autour d'une fine liqueur, il a la juste tension pour garder l'équilibre, de beaux accords sur les épices en perspective.

ALSACE GRAND CRU KIRCHBERG DE RIBEAUVILLÉ RIESLING 2010 ☺
Blanc | 2012 à 2025 | NC **16,5/20**
Bouche concentrée et nerveuse, allonge sur le jus de citron, juteux et pulpeux, en gourmandise, finesse de texture.

CLOS DU ZAHNACKER 2009 ☺
Blanc | 2012 à 2019 | NC **15,5/20**
Joli travail de complantation, avec ce vin qui présente en bouche l'épaisseur du pinot gris, la droiture du riesling et les parfums aériens du gewurztraminer, c'est intense et long, avec une dominante champignonnée fort gastronomique.

RIESLING LES COMTES DE RIBEAUVILLÉ CUVÉE PRESTIGE 2010 ☺
Blanc | 2012 à 2016 | NC **14,5/20**
Dans un millésime bien tendu, un vin citronné et nerveux, élégant, bien fait.

RODERN RÉSERVE 2009 ☺
Rouge | 2012 à 2019 | NC **15,5/20**
Intense et profond, parfums de fruits noirs, de chocolat et d'épices, texture étoffée, finale florale, belle réussite dans une grande année.

DOMAINE RIEFLÉ

7, rue Drotfeld - B.P. 43 • 68250 Pfaffenheim
Tél. 03 89 78 52 21 • Fax : 03 89 49 50 98
riefle@riefle.com • www.riefle.com
Visite : Du lundi au damedi de 9h à 12h
et de 14h à 18h.

CÔTE DE ROUFFACH PINOT NOIR 2010
Rouge | 2012 à 2016 | 12 € **14/20**
Cet important domaine de Pfaffenheim, bien implanté sur les Côtes de Rouffach, propose une large gamme où souvent traînent d'importants sucres résiduels en bouche. Ce pinot noir n'a pas ce défaut. Porté par son élevage en barrique, qui l'habille de ses notes vanillées, il est à boire sur son fruit et sa tendresse de jeunesse.

DOMAINE ÉRIC ROMINGER

16, rue Saint-Blaise • 68250 Westhalten
Tél. 03 89 47 68 60 • Fax : 03 89 47 68 61
vins-rominger.eric@orange.fr
Visite : Du lundi au samedi de 10h à 11h45 et de 14h à 18h. Le dimanche sur rendez vous.

Éric et Claudine Rominger continuent de développer leur domaine à un rythme soutenu, et l'ont récemment converti à l'agriculture biologique. Les entrées de gamme sont bien réalisées, les zinnkoepflés sont plus riches avec des sucrosités parfois prononcées mais compensées par une acidité rafraîchissante, avec parfois de somptueuses sélections de grains nobles. Très joli pinot noir strangenberg en 2009.

ALSACE GRAND CRU ZINNKOEPFLÉ GEWURZTRAMINER LES SINNELLES 2009
Blanc Demi-sec | 2012 à 2024 | 15,70 € **17/20**
Riche avec un moelleux confortable en bouche, hélas non renseigné sur l'étiquette, ce vin a une acidité fine qui lui permet d'accompagner un foie poêlé ou une tarte fine aux fruits blancs ou aux agrumes.

ALSACE GRAND CRU ZINNKOEPFLÉ RIESLING LES SINNELLES 2008
Blanc | 2013 à 2023 | 15,10 € **16,5/20**
Bouche charnue, notes de fruits secs, de sous-bois et de miel, surmaturité évidente mais le vin a fermenté tous ses sucres, taillé pour la table sur des accords riches et savoureux.

PINOT BLANC 2010 ☺
Blanc | 2012 à 2016 | 6,80 € **14,5/20**
Fruité blanc, bouche charnue, bonne épaisseur, équilibre sec, complet.

Schwarzberg riesling 2010 ☺
Blanc | 2012 à 2017 | 9,50 € **14,5/20**
Floral et aérien, bouche en dentelle, élégant et frais, désaltérant.

Strangenberg pinot noir 2009
Rouge | 2012 à 2019 | 13,50 € **15/20**
Fruité noir juteux, épices fines, bouche charnue aux tanins fins, une belle profondeur et beaucoup d'élégance.

DOMAINE MARTIN SCHAETZEL

3, rue de la Cinquième-Division-Blindée • 68770 Ammerschwihr
Tél. 03 89 47 11 39 • Fax : 03 89 78 29 77
contact@martin-schaetzel.com
www.martin-schaetzel.com
Visite : Du lundi au samedi, de 9h à 12h et de 13h30 à 18h30.

Propriétaire dans le grand cru Kaefferkopf, Jean Schaetzel complète les vins issus de ses propres vignes par une gamme Réserve issue d'achats. Les vins offrent une belle maturité et une vinification exemplaire. La diminution des volumes issus du domaine permet le recentrage sur des cuvées de très bon rapport qualité-prix. La gamme de 2010 présentée cette année est impeccable de précision et de netteté en bouche grâce à des équilibres secs ou d'esprit sec.

Alsace grand cru Kaefferkopf gewurztraminer 2010
Blanc | 2012 à 2025 | 16 € **16/20**
Arômes de raisin frais et de fruits rouges, petite sucrosité en bouche heureusement équilibrée par une fine acidité, élégance et fraîcheur gourmande.

Alsace grand cru Kaefferkopf gewurztraminer cuvée Catherine 2010
Blanc Demi-sec | 2012 à 2025 | 19 € **16/20**
Une maturité plus poussée que sur l'autre kaefferkopf du même cépage, de la concentration avec une certaine puissance et une évidente sucrosité mais peut-être moins de buvabilité immédiate.

Alsace grand cru Kaefferkopf pinot gris 2010
Blanc | 2015 à 2030 | 15,50 € **17/20**
La vinification en barrique est présente au nez avec ses notes toastées et beurrées, la bouche est de belle ampleur, large et grasse, l'allonge gourmande et généreuse mais on peut l'attendre.

Alsace grand cru Kaefferkopf riesling cuvée Nicolas 2010
Blanc | 2012 à 2025 | 19 € **16/20**
Ciselé, tranchant, de beaux amers d'agrumes en bouche, une rondeur subtilement équilibrée, d'esprit sec grâce à sa finale salivante.

Alsace grand cru Rangen riesling 2010
Blanc | 2012 à 2025 | 29 € **15,5/20**
Minéral dès l'attaque, de la densité en bouche mais moins de charme immédiat que le kaefferkopf Nicolas. Sans doute une phase ingrate ?

pinot blanc Vieilles Vignes 2010
Blanc | 2012 à 2017 | 7,80 € **15/20**
Mûr, savoureux, bouche riche mais d'excellente fraîcheur, notes de fruits blancs et de beurre frais.

SCHIEFERKOPF

18, avenue du docteur Paul-Durand
26601 Tain Cedex
Tél. 04 75 08 92 21 • Fax : 04 75 08 93 36
www.chapoutier.com

Le rhodanien Michel Chapoutier s'essaie à l'Alsace, associé à quelques amateurs de grands vins : c'est le point de départ de Schieferkopf. Le style des vins commence à s'affirmer, fait de pureté et d'élégance, même si on peut encore progresser en densité de bouche. Les 2009 font apprécier leur gourmandise, et dans le millésime 2010, le simple riesling s'en sort avec beaucoup d'honneurs.

riesling 2010
Blanc | 2012 à 2020 | 12,50 € **15,5/20**
Plus de tension et de volume que le 2009, allonge citronnée bien pure, persistance et finesse.

riesling 2009
Blanc | 2012 à 2019 | 12,50 € **14,5/20**
Pur et droit, sans sucres traînants, il est déjà gourmand dans un millésime de faible acidité qui se livre bien.

riesling Buehl 2010
Blanc | 2012 à 2020 | 24 € **15,5/20**
Bouche droite et épurée, bon extrait sec, une finale pour l'heure resserrée mais de de belles promesses, finale sur l'ananas.

RIESLING BUEHL 2009
Blanc | 2012 à 2019 | 24 € **15/20**
Jolie note légèrement fumée en bouche, texture épaisse, ampleur moyenne, dans l'esprit du millésime.

RIESLING FELS 2010
Blanc | 2012 à 2020 | 27 € **15/20**
Belle pureté, allonge distinguée mais on peut encore gagner en densité en milieu de bouche.

DOMAINE SCHLUMBERGER

100, rue Théodore-Deck - B.P. 10 • 68500 Guebwiller
Tél. 03 89 74 27 00 • Fax : 03 89 74 85 75
mail@domaines-schlumberger.com
www.domaines-schlumberger.com
Visite : Ouvert du lundi au jeudi de 8h à 18h et le vendredi de 8h à 17h. Fermé les week-end et jours fériés.

Plus grosse exploitation privée de la région avec 140 hectares dont la moitié sur les quatre grands crus locaux, le domaine présente une gamme claire, répartie entre grands crus et cuvées Princes-Abbés. Ces derniers comprennent un part importante de raisins issus des grands crus, au risque de concurrencer les grands crus. La diminution des sucres résiduels dans la gamme Princes-Abbés ou les pinots gris grands crus ces dernières années rend les vins plus faciles à accorder à table. Les vins moelleux et liquoreux, produits les grandes années, complètent cette gamme homogène. La réussite en 2010 est homogène sur toute la gamme.

ALSACE GRAND CRU KESSLER GEWURZTRAMINER 2010
Blanc Doux | 2012 à 2025 | 19,70 € **15,5/20**
Pur et droit, un moelleux fin bien retendu par la minéralité du sol, une finale compacte.

ALSACE GRAND CRU KESSLER PINOT GRIS 2010
Blanc Doux | 2012 à 2025 | 15,40 € **16/20**
Une minéralité légèrement fumée, de la droiture qui absorbe bien le léger moelleux, élégant.

ALSACE GRAND CRU KESSLER RIESLING 2010
Blanc | 2012 à 2030 | 16,20 € **16,5/20**
Plus floral que saering, plus pur dans ses arômes, plus aérien et plus élégant, bel extrait sec.

ALSACE GRAND CRU KITTERLÉ GEWURZTRAMINER 2010
Blanc Doux | 2012 à 2030 | 24,60 € **17/20**
Le plus aérien des gewurztraminers, tendu et droit, allonge racée, l'équilibre est plus élégant que sur le kessler.

ALSACE GRAND CRU KITTERLÉ RIESLING 2010
Blanc | 2012 à 2030 | 19 € **17,5/20**
Le plus dense et le plus minéral des trois grands crus, caractère sec évident, tendu et ciselé, il faudra l'attendre.

ALSACE GRAND CRU SAERING RIESLING 2010
Blanc | 2012 à 2020 | 16,20 € **15,5/20**
Fruité jaune, texture tendre, le plus ouvert des rieslings grands crus, gourmand.

ALSACE GRAND CRU SPIEGEL PINOT GRIS 2010
Blanc Doux | 2012 à 2020 | 15,40 € **15,5/20**
Attaque moelleuse, la tension revient progressivement dans ce vin qui se livrera assez jeune, pour un équilibre plus gastronomique que par le passé.

GEWURZTRAMINER LES PRINCES ABBÉS 2010
Blanc Demi-sec | 2012 à 2017 | 12,95 € **14,5/20**
Gourmand et fruité, digeste et facile à boire, la petite rondeur n'est pas gênante.

PINOT BLANC LES PRINCES ABBÉS 2010
Blanc | 2012 à 2015 | 7,35 € **14/20**
Acidulé, fruité blanc, droit et épuré, nerveux, désaltérant.

PINOT GRIS LES PRINCES ABBÉS 2010
Blanc Demi-sec | 2012 à 2017 **15/20**
Nez présent, fin, aromatique. Cette maison travaille avec sérieux et le millésime est de grande qualité.

PINOT GRIS LES PRINCES ABBÉS 2010
Blanc Demi-sec | 2012 à 2016 | 9,20 € **14,5/20**
Moelleux, la bouche signale une rondeur assez marquée mais la vivacité de la finale rééquilibre le tout.

PINOT GRIS VENDANGES TARDIVES 2010
Blanc liquoreux | 2016 à 2030 | 28,85 € **17/20**
Abricot sec et datte séchée, arômes très pur, la liqueur est finement rafraîchie par une belle acidité, la finesse gagnera encore en harmonie d'ici quelques années.

RIESLING LES PRINCES ABBÉS 2010
Blanc | 2012 à 2020 | 9 € **15,5/20**
Droit et tendu, le miel de la bouche est rafraîchi par des nuances pétrolées, idéal pour la restauration type bistro.

DOMAINE FRANÇOIS SCHMITT

19, rue de Soultzmatt • 68500 Orschwihr
Tél. 03 89 76 08 45 • Fax : 03 89 76 44 02
info@francoisschmitt.fr • www.francoisschmitt.fr
Visite : Du lundi au samedi: de 8h à 12h et de 13h30 à 19h. Le dimanche sur rendez-vous.

La famille Schmitt est réunie autour du domaine, installé sur les terroirs du Bollenberg et du grand cru Pfingstberg. L'élevage en barriques de certaines cuvées est particulièrement bien maîtrisé par Frédéric Schmitt, en rouge comme en blanc, donnant des vins équilibrés et amples. Si le pinot noir 2009 commence à bien s'exprimer, la gamme des 2010 est époustouflante de réussite, des cuvées d'une incontestable définition gastronomique, sans sucres inutiles.

ALSACE GRAND CRU PFINGSTBERG RIESLING
CUVÉE PARADIS 2010 ☺
Blanc | 2012 à 2025 | 11,30 € **17/20**
Attaque citronnée, tension et droiture en bouche, ensemble pur et concentré, finale salivante à souhait, excellent.

GEWURZTRAMINER
SÉLECTION DE GRAINS NOBLES 2010
Blanc liquoreux | 2015 à 2030 | 41,30 € **18/20**
Une texture huileuse, une tension citronnée qui ravive la fin de bouche, une grande concentration et surtout un potentiel qu'il est préférable d'attendre un peu.

GEWURZTRAMINER VENDANGES TARDIVES 2009
Blanc liquoreux | 2012 à 2024 | 23,30 € **17/20**
Une VT parfumée et onctueuse, les arômes de fruits confits et d'épices dominent l'ensemble, elle se livre déjà car le millésime n'est pas très vif, mais sans lourdeur ni saturation, la bouche est bien équilibrée.

PINOT BLANC CROIX DU SUD 2010 ☺
Blanc | 2012 à 2020 | 7,80 € **15,5/20**
Riche et mûr, compote de fruits blancs, nuances fermentaires en bouche, complet, excellent.

PINOT GRIS LE MARÉCHAL 2010
Blanc | 2012 à 2020 | 11,30 € **17/20**
L'élevage a apporté sa rondeur à une matière déjà riche, la pointe de sucre résiduel est bien digérée, un pinot gris de table, pour un accord haut en goût, crémé ou épicé (un plat relevé mais aussi un curry).

PINOT NOIR CŒUR DE BOLLENBERG 2009
Rouge | 2012 à 2019 | 17,80 € **15,5/20**
Superbe pinot noir, fumé à souhait, tanins ronds et savoureux, texture charnue, ensemble élégant et savoureux, son élevage commence à s'intégrer.

DOMAINE JEAN-PAUL SCHMITT

Hühnelmühle • 67750 Scherwiller
Tél. 03 88 82 34 74 • Fax : 03 88 82 33 95
vins-schmitt@orange.fr • www.vins-schmitt.com
Visite : Du lundi au vendredi de 9h à 19h. Le samedi après-midi de 14h à 19h. Le dimanche après-midi sur rendez-vous.

Voilà 15 ans que Jean-Paul Schmitt est revenu au domaine familial après un début d'activité comme caviste. Dans la gamme présentée cette année, nous avons apprécié les rieslings tranchants et droits, sans sucres résiduels, ainsi qu'un gewurztraminer original dans ses parfums. Seuls les pinots gris affichaient une personnalité plus en retrait.

RITTERSBERG GEWURZTRAMINER
RÉSERVE PERSONNELLE 2008 ☺
Blanc Doux | 2012 à 2018 | 14,50 € **14,5/20**
Plus floral que fruité, la rondeur bien annoncée sur l'étiquette se fond dans la bouche grâce à un retour amer en finale.

RITTERSBERG PINOT GRIS CLASSIQUE 2010
Blanc | 2012 à 2016 | 9,90 € **13,5/20**
Notes de beurre et de fruits jaunes, caractère sec mais ampleur moyenne.

RITTERSBERG PINOT GRIS
RÉSERVE PERSONNELLE 2010
Blanc Demi-sec | 2012 à 2016 | 17,50 € **14/20**
Plus parfumé que la cuvée Classique, dommage qu'une pointe de rondeur (4 grammes) ne vienne trop se manifester en fin de bouche.

RITTERSBERG RIESLING CLASSIQUE 2010 ☺
Blanc | 2012 à 2017 | 9,90 € **14/20**
Très sec, très droit, une minéralité pierre-à-fusil, une tension citronnée en fin, très classique dans le style.

RITTERSBERG RIESLING
RÉSERVE PERSONNELLE 2009 ☺
Blanc | 2012 à 2016 | 17,50 € **14/20**
Toujours ce style droit et vif, un peu plus en chair que la cuvée Classique, complet.

DOMAINE ROLAND SCHMITT

35, rue des Vosges • 67310 Bergbieten
Tél. 03 88 38 20 72 • Fax : 03 88 38 75 84
domaine@roland-schmitt.fr • www.roland-schmitt.fr
Visite : Du lundi au samedi de 9h à 11h30 et de 13h30 à 19h. Fermé le dimanche et les jours fériés.

Anne-Marie Schmitt et ses deux fils Julien et Bruno produisent des vins fins qui révèlent la minéralité du grand cru Altenberg de Bergbieten et des terroirs voisins. Une conversion à l'agriculture biologique est en cours, et des vinifications précises donnent des crus ciselés, dans une gamme empreinte de pureté et d'élégance. 2009 est à boire assez rapidement, 2010 est un bon millésime classique, 2011 offre moins de matière dans les cuvées présentées cette année.

ALSACE GRAND CRU ALTENBERG DE BERGBIETEN GEWURZTRAMINER LES JARDINS D'AURÉLIEN 2010
Blanc Demi-sec | 2012 à 2020 | 14,20 € **16/20**
Beaux parfums de fruits poêlés au beurre, la bouche est gourmande et savoureuse, la rondeur bien retendue par une fine acidité. Très élégant.

ALSACE GRAND CRU ALTENBERG DE BERGBIETEN PINOT GRIS 2010
Blanc Demi-sec | 2012 à 2017 | 12,20 € **14/20**
Bouche offrant une belle pureté, même si une fermentation plus poussée lui donnerait encore plus de personnalité.

ALSACE GRAND CRU ALTENBERG DE BERGBIETEN RIESLING 2009
Blanc | 2012 à 2017 | NC **15/20**
2009 n'a pas la même allonge ni la tension que 2010, mais on se régale aujourd'hui de ses notes de noisette grillée et de sous-bois.

GLINTZBERG RIESLING 2010
Blanc | 2012 à 2018 | 6,50 € **14,5/20**
Bouche bien tendue, avec de la densité et de fins arômes de fleurs et de sous-bois, élégant et pur.

DOMAINE MAURICE SCHOECH ET FILS

4, route de Kientzheim • 68770 Ammerschwihr
Tél. 03 89 78 25 78 • Fax : 03 89 78 13 66
domaine.schoech@free.fr
www.domaineschoech.com
Visite : ouvert le dimanche sur rendez-vous de 9h à 12h et de 14h a 18h.

Jean-Léon et Sébastien Schoech sont aux commandes du domaine familial, proposant une série de cuvées assez hétérogènes. Passons sur les entrées de gamme, sans intérêt en 2011, le riesling du Kaefferkopf pourrait gagner en tranchant s'il perdait en rondeur, l'exercice d'élevage en barriques avec le pinot gris Justin est intéressant, et la complantation du Rangen (« R ») très réussie. Bref, l'amateur saura y trouver son compte, à condition de choisir.

ALSACE GRAND CRU KAEFFERKOPF RIESLING 2010
Blanc | 2012 à 2018 | épuisé **14,5/20**
Agréable même si une fermentation encore plus poussée lui aurait donné plus de tranchant, la légère rondeur (néanmoins perceptible) le raccourcit.

GEWURZTRAMINER VENDANGES TARDIVES 2009
Blanc liquoreux | 2012 à 2019 | 23 € **14,5/20**
Riche et assez puissant, sa concentration souffre d'un déficit de fraîcheur dû au millésime, il plaira aux inconditionnels de la catégorie.

HARMONIE R 2008
Blanc | 2012 à 2023 | 28 € **16,5/20**
Première complantation sur le grand cru Rangen, l'expérience est réussie, avec une jolie complexité aromatique (fumée, réglisse, fruits secs, sous-bois), la texture est grasse et épaisse, l'allonge gourmande et puissante.

PINOT GRIS CUVÉE JUSTIN 2009
Blanc | 2013 à 2019 | 11,50 € **15/20**
Arômes fumés, bouche grasse et parfumée, original mais style intéressant, la finale exprime une minéralité granitique très typique (une note d'encre qui n'est pas sans rappeler certains terroirs de l'Hermitage).

RIESLING 2011
Blanc | 2012 à 2016 | 6,20 € **13/20**
Un registre floral, pas très ample mais de la droiture et de la nervosité, à boire jeune.

DOMAINE HENRI SCHOENHEITZ

1, rue de Walbach • 68230 Wihr-au-Val
Tél. 03 89 71 03 96 • Fax : 03 89 71 14 33
cave@vins-schoenheitz.fr • www.vins-schoenheitz.fr
Visite : Ouvert du lundi au samedi de 9h à 12h puis de 14h à 19h, et de 14h à 18h en période de vendange.

En marge de la route des vins, au milieu de la vallée de Munster, Henri Schoenheitz et son épouse Dominique ont replanté les coteaux granitiques de Wihr-au-Val et Walbach dans les années 1980. En reprenant les vieilles vignes du domaine familial en 1989, ils ont créé un domaine de 14 hectares. Si le Herrenreben donne les vins de plus grande garde, le Linsenberg plus caillouteux et le Holder légèrement argileux apportent une variation sensible du terroir qui convient particulièrement aux pinots gris et gewurztraminers. Crémant et pinot noir complètent une gamme homogène de vins blancs secs et fins, ce qu'a encore confirmé notre dégustation cette année.

CRÉMANT D'ALSACE NM
Blanc | 2012 à 2015 | env. 9 € **13/20**
De la rondeur, une présence saline qui réhausse la sapidité, agréable.

HERRENREBEN RIESLING VENDANGES TARDIVES 2009
Blanc liquoreux | 2012 à 2019 | env. 25 € **15,5/20**
Pure et enlevée, avec une tension saline qui s'impose au fil de la bouche, une VT toute en délicatesse, qui conclut sur des notes de zeste.

HOLDER PINOT GRIS 2010
Blanc Demi-sec | 2012 à 2017 | env.13 € **14/20**
Haut en gaz, ce qui peut inciter à le passer en carafe, il doit s'aérer pour révéler son élégance et sa finesse.

HOLDER RIESLING 2007 ☺
Blanc | 2012 à 2022 | env. 12 € **15,5/20**
Citronné et tendu, sa minéralité appelle toutes sortes d'accords grâce à une présence large en bouche, droit à souhait.

LINSENBERG PINOT NOIR 2010 ☺
Rouge | 2012 à 2016 | env. 16 € **14,5/20**
L'élevage amène de gourmandes notes d'épices, qui se fondent dans la gelée de fruits rouges. Bouche en demi-corps, parfumée, élégante et élancée.

MUSCAT 2010 ☺
Blanc | 2012 à 2015 | env. 10 € **13/20**
Aromatique et sec, la pointe de gaz renforce agréablement son petit caractère, bien fait.

DOMAINE SCHOFFIT

66-68, Nonnenholzweg • 68000 Colmar
Tél. 03 89 24 41 14 • Fax : 03 89 41 40 52
domaine.schoffit@free.fr
Visite : Du lundi au vendredi de 8h30 à 11h30 et de 14h à 17h, sur rendez-vous. Le samedi de 8h30 à 11h30 et de 14h à 16h.

Installé à Colmar, le domaine produit du vin sur deux secteurs : d'un côté, les vignes de la plaine d'alluvions de la Harth à Colmar, travaillées avec des rendements très réduits, donnent des vins purs très concentrés. De l'autre, le vignoble extrême du Rangen, à Thann, planté des quatre cépages nobles, produit des vins de grande typicité.

ALSACE GRAND CRU RANGEN CLOS SAINT-THÉOBALD PINOT GRIS 2010
Blanc Doux | 2015 à 2025 | 30 € **16,5/20**
Complètement sur la réserve, presque violent dans son expression minérale en bouche, le délié de bouche est prometteur, il faut attendre.

ALSACE GRAND CRU RANGEN RIESLING CLOS DE LA VILLE DE THANN 2010
Blanc Doux | 2012 à 2020 | 30 € **15,5/20**
Sa rondeur à l'attaque le rend aimable jeune, mais le terroir demanderait encore à patienter un peu pour mieux s'exprimer.

CHASSELAS VIEILLES VIGNES 2010
Blanc | 2012 à 2018 | 8,30 € **14,5/20**
Élégant, fruité mûr, la concentration des vieilles vignes donne une allonge vigoureuse et plaisante.

GEWURZTRAMINER HARTH CUVÉE ALEXANDRE 2010
Blanc Doux | 2012 à 2025 | 13,60 € **15/20**
Une concentration de vendanges tardives pour ce vin à la liqueur fine, de bel équilibre, aux notes poivrées et florales rayonnantes.

DOMAINE FERNAND SELTZ

42, rue Principale • 67140 Mittelbergheim
Tél. 03 88 08 93 92 • Fax : 03 88 08 93 92
seltz.michel@wanadoo.fr
Visite : Sur rendez-vous.

Michel Seltz est aux commandes du domaine familial de 9 hectares, répartis sur les coteaux de Mit-

telbergheim. Si le riesling brille sur le Brandluft, sur le grand cru Zotzenberg c'est le gewurztraminer et le pinot gris qui proposent les vins les plus aboutis. Dans la gamme présentée dans les 2010, les sylvaners et l'auxerrois s'en sortent avec un caractère plus affirmé que les autres cépages.

ALSACE GRAND CRU ZOTZENBERG PINOT GRIS 2009
Blanc Doux | 2015 à 2020 | 14,40 € **14,5/20**
Fruits secs et champignons, texture élégante, allonge fraîche même si la rondeur finale chatouille un peu trop la minéralité du cru.

ALSACE GRAND CRU ZOTZENBERG SYLVANER 2010 ☺
Blanc Demi-sec | 2012 à 2020 | 12 € **15,5/20**
Onctueux, élégant et frais, de fins amers structurent la bouche, de la tension.

MITTELBERGHEIM GEWURZTRAMINER 2010 ☺
Blanc liquoreux | 2012 à 2016 | 9,20 € **14,4/20**
Fruité et pur, la bouche est élégante même si la finale un peu ronde, expression fine du cépage.

PINOT AUXERROIS 2010 ☺
Blanc | 2012 à 2017 | 6,20 € **14,5/20**
Fruité blanc gourmand, fine amertume en bouche, savoureux, parfumé et élégant.

PINOT GRIS FORST 2010
Blanc | 2012 à 2016 | 7,20 € **13,5/20**
Agréable, fruité frais et bouche ronde, facile, le bon compagnon des terrines.

SYLVANER ENGGASS VIEILLES VIGNES 2010 ☺
Blanc | 2012 à 2017 | 6,20 € **15/20**
Toucher élégant et glissant, parfums de fleurs et de feuilles, droit et équilibré.

DOMAINE ÉTIENNE SIMONIS

2, rue des Moulins • 68770 Ammerschwihr
Tél. 03 89 47 30 79 • Fax : 03 89 78 24 10
rene.etienne.simonis@gmail.com
wwww.vins-simonis.fr
Visite : Du lundi au samedi: de 9h à 12h et de 13h30 à 18h30. Ouvert le dimanche sur rendez-vous.

ALSACE GRAND CRU KAEFFERKOPF RIESLING 2010
Blanc | 2012 à 2018 | 11,20 € **15/20**
Ce domaine est en cours de conversion bio. Est-ce cela qui explique une telle disparité dans la gamme ? Les deux kaefferkopfs s'en sortent mieux que le reste. Le riesling 2010 est de style sec car il a fermenté presque tous ses sucres, d'où sa générosité en alcool et en saveur, l'ensemble est riche et puissant mais équilibré. Le gewurztraminer 2010 du même terroir a une sucrosité très prononcée mais bien renseignée sur l'étiquette, l'acidité le retend bien, il plaira surtout aux palais « sucrés » (14,5/20).

LOUIS SIPP

5, Grand-Rue • 68150 Ribeauvillé
Tél. 03 89 73 60 01 • Fax : 03 89 73 31 46
louis@sipp.com • www.sipp.com
Visite : Du lundi au dimanche de 8h à 12h et de 14h à 18h.

Ce grand domaine dispose d'un patrimoine important de vignes sur les coteaux de Ribeauvillé, complété par quelques achats. Si les efforts d'Étienne Sipp se traduisent par des progrès importants de toutes les cuvées depuis 2000, le millésime 2005 marque un tournant dans l'histoire du domaine avec une gamme homogène de très haut niveau, en particulier des vins moelleux remarquables de pureté. 2007 et 2008 ont confirmé l'excellence des grands crus, mais également la régularité du reste de la gamme, ce que notre dégustation de cette année confirme.

ALSACE GRAND CRU KIRCHBERG DE RIBEAUVILLÉ PINOT GRIS 2010
Blanc | 2016 à 2030 | 19 € **16/20**
Le sucre résiduel est bien relayé par une grande acidité, certains l'ouvriront jeune mais ils auront tort, ce vin doit vieillir et il en a le potentiel, avec sa tension et son élégance.

ALSACE GRAND CRU KIRCHBERG DE RIBEAUVILLÉ RIESLING 2008
Blanc | 2012 à 2028 | 19 € **17/20**
Il exprime de fines nuances terpéniques et agrumes, tension vibrante en bouche, long et en dentelle, finale mentholée rafraîchissante.

ALSACE GRAND CRU OSTERBERG GEWURZTRAMINER 2008
Blanc Demi-sec | 2012 à 2028 | 20,50 € **16,5/20**
Les parfums du cépage épousent la salinité du sol, ensemble relevé avec un petit moelleux en bouche, équilibré et tendu.

GROSSBERG PINOT NOIR 2009 ☺
Rouge | 2012 à 2024 | 17 € **16/20**
Nez élégant, fleurs et épices, le boisé se fait discret dans ce millésime de concentration, les ta-

nins sont bien enrobés, il goûtera encore mieux d'ici 3-4 ans.

PINOT GRIS SÉLECTION DE GRAINS NOBLES
CŒUR DE TRIES 2007
Blanc Liquoreux | 2013 à 2027 | 52 € **18/20**
Pâtes de fruits et tisane, la date, la figue et le miel tapissent la bouche, c'est d'une grande profusion aromatique, avec un magnifique équilibre qui tend la fin de bouche, à boire pour lui tout seul.

STEINACKER RIESLING 2010 ☺
Blanc | 2012 à 2020 | 11,70 € **15,5/20**
Tendu, droit, citronné et légèrement poivré, la savoureuse allonge est salivante et désaltérante.

DOMAINE SIPP-MACK

1, rue des Vosges • 68150 Hunawhir
Tél. 03 89 73 61 88 • Fax : 03 89 73 36 70
sippmack@sippmack.com • www.sippmack.com
Visite : Du lundi au samedi:de 9h à 12h
et de 14h à 18h.

Le domaine possède des vignes sur le grand cru Osterberg de Ribeauvillé, mais surtout sur les terroirs de Bergheim et Hunawihr, dont le grand cru Rosacker. La sucrosité est correctement renseignée, un élément important car les équilibres diffèrent selon les cuvées, mais même les cuvées à la douceur plus ou moins dissimulée ont la tension pour tout fondre avec le temps.

ALSACE GRAND CRU OSTERBERG PINOT GRIS 2009
Blanc Doux | 2015 à 2024 | 15,60 € **15/20**
L'étiquetage souligne à propos la sucrosité type demi-sec, pour l'heure ça enlève de son caractère au vin, il faudra l'attendre quelques années mais sa pureté et la minéralité de fin de bouche lui permettront de tenir.

ALSACE GRAND CRU ROSACKER RIESLING 2009
Blanc | 2012 à 2019 | 17,60 € **15/20**
Le millésime rend le cru moins percutant en bouche, sa richesse n'a pas le dynamisme habituel, c'est riche et compact, mais la finale reste équilibrée, pas de sucre inutile.

GEWURZTRAMINER CUVÉE LUCIE MARIE
VENDANGES TARDIVES 2008
Blanc liquoreux | 2012 à 2023 | 24,10 € **16/20**
Grande pureté dans les parfums, la fine liqueur est savoureuse de miel et de jus de fruits, ensemble droit et salivant, délicat.

PINOT NOIR BARRIQUE 2009
Rouge | 2013 à 2017 | 15,60 € **14,5/20**
Très épicé, en partie grâce à son élevage, c'est un pinot noir plus structuré qu'élégant, son amertume de fin de bouche appréciera des viandes rouges ou des gibiers.

RIESLING VIEILLES VIGNES 2010
Blanc | 2012 à 2020 | 9,20 € **14,5/20**
Tendu et droit, allonge vive, avec de fins arômes de jus de fruit frais.

SYLVANER VIEILLES VIGNES 2010
Blanc | 2012 à 2016 | 7 € **14/20**
Mûr, droit, de la tension, bien fait, un milieu de bouche assez dense.

DOMAINE STOEFFLER

1, rue des Lièvres • 67140 Barr
Tél. 03 88 08 52 50 • Fax : 03 88 08 17 09
info@vins-stoeffler.com • www.vins-stoeffler.com
Visite : Ouvert du lundi au samedi, de 10h à 12h
et de 13h30 à 18h.

Vincent Stoeffler est aux commandes du domaine familial, avec des vignes réparties sur le secteur de Barr mais également dans le Haut-Rhin entre Ribeauvillé et Riquewihr. Pratiquant la viticulture biologique, il effectue des pressurages longs, des fermentations lentes, et réalise des élevages sur lies en foudres de chêne. Nous regrettons l'absence d'unité dans le caractère des vins présentés cette année, avec des entrées de gamme manquant singulièrement d'intérêt mais un pinot gris du Kirchberg gastronomique à souhait. Ce grand écart stylistique incitera l'amateur à déguster avant acheter selon son goût, car certains vins sont parfaitement recommandables.

GEWURZTRAMINER SÉLECTION DE GRAINS NOBLES 2009
Blanc Liquoreux | 2012 à 2019 | 27 € **14,5/20**
Riche en liqueur, note légèrement fumée qui allonge la bouche, dommage que la finale souffre d'un déficit de fraîcheur qui l'alourdit mais c'est souvent le cas dans ce millésime, servir assez frais.

KIRCHBERG DE BARR PINOT GRIS 2010
Blanc | 2012 à 2020 | 13,40 € **16/20**
Un caractère « sec » bien engraissé par un élevage bien assimilé, riche, gastronomique, voilà le compagnon des champignons, des viandes blanches et des volailles. Finale tendue et bien fraîche.

MUHLFORST RIESLING 2010
Blanc | 2012 à 2016 | 9,20 € **15/20**
Un raisin bien mûr qui a complètement fermenté donne cette bouche épaisse, indéniablement faite pour la table, en accompagnement de sauces riches, l'acidité revient bien en seconde partie de bouche.

PINOT GRIS VIEILLES VIGNES 2010
Blanc Demi-sec | 2012 à 2017 | 10,40 € **14/20**
La sucrosité importante rend l'intérêt de ce vin discutable. Trop sucré pour le plat principal, pas assez pour le dessert ou les fromages. Dommage, la finale ramène de la tension, mais c'est en milieu de bouche qu'est le problème.

DOMAINE MARC TEMPÉ

16, rue du Schlossberg • 68340 Zellenberg
Tél. 03 89 47 85 22 • Fax : 03 89 47 97 01
marctempe@wanadoo.fr • www.marctempe.fr
Visite : sur rendez vous.

Marc Tempé est un vigneron exigeant et fougueux. Depuis ses débuts en 1995, il a pris des risques pour miser sur la qualité extrême des vins : viticulture en biodynamie, rendements minimes, élevages de deux années minimum sur lies totales avec un minimum d'intervention. L'objectif de produire des grands vins passe par une maturation parfaite des raisins et un élevage suffisamment long pour que chaque cuvée se stabilise, objectifs atteints avec le difficile millésime 2006, géré comme les autres sans concession. En réussissant son pari, Marc Tempé est devenu une référence alsacienne dans la vinification et l'élevage des vins. Plusieurs vins dans la gamme dégustée cette année sont des sommets absolus.

ALLIANCE 2009 ☺
Blanc | 2012 à 2019 | épuisé **15,5/20**
Floral et champignons des bois, gastronomique et savoureux, finale épicée, délicieux, parfaitement sec, pas un cépage dominant les autres.

ALSACE GRAND CRU FURSTENTUM GEWURZTRAMINER 2005
Blanc Doux | 2012 à 2030 | env. 29 € **19,5/20**
Nez intense et profond, morilles et curry, quels parfums ! Six ans d'élevage sans soufre ont permis ce style un peu à part, légèrement oxydatif mais très net, la liqueur de bouche est d'une grande fraîcheur, avec un toucher onctueux dû au botrytis de l'année 2005. Il tiendra longtemps mais les gastronomes devront tenir compte de sa douceur.

ALSACE GRAND CRU MAMBOURG GEWURZTRAMINER 2009
Blanc Doux | 2012 à 2029 | env. 39 € **19/20**
Agrumes et épices, kumquat confit, bouche savoureuse, délicate dans ses arômes parfumas, allonge d'une pureté extraordinaire, avec une rondeur présente mais intégrée, fins amers délicats en finale, sur le citron confit.

ALSACE GRAND CRU MAMBOURG GEWURZTRAMINER «S» SÉLECTION DE GRAINS NOBLES 2003
Blanc Liquoreux | 2012 à 2023 | NC **20/20**
Boîte à épices, tabac, les 6 ans d'élevage apportent de fins arômes d'épices douces, liqueur d'un raffinement absolu, relais torréfié et caramel au beurre salé, le remède absolu contre toutes les déprimes, avec plus de 220 grammes de sucre et une colonne d'acidité fine pour équilibrer dans la profondeur. La persistance de la texture huileuse est fondante et savoureuse, incroyable !

ALSACE GRAND CRU MAMBOURG GEWURZTRAMINER «S» VENDANGES TARDIVES 2009
Blanc liquoreux | 2012 à 2039 | env. 49 € **20/20**
Une grande délicatesse dans les parfums, tous les agrumes confits y passent, la concentration est finement équilibrée, ce n'est pas sa puissance qui se distingue mais sa sève et son allonge dense. Quelle classe !

ALSACE GRAND CRU MAMBOURG RIESLING 2008
Blanc | 2012 à 2028 | env.39 € **19/20**
Intensément floral, la puissance de l'allonge est majestueuse, le corps légèrement huileux par sa richesse, avec un équilibre parfaitement sec, tendu par une acidité serrée en fin. Grand avenir, pour ce vin élevé plus de 3 ans et demi.

ALSACE GRAND CRU MAMBOURG RIESLING SÉLECTION DE GRAINS NOBLES 2006
Blanc Liquoreux | 2016 à 2026 | 37 € les 37,5 cl **17,5/20**
Arômes de beurre fondu et de fruits séchés, cuir, élégant et profond, la bouche est pure et fine, la

liqueur s'est bien fondue dans les 4 ans d'élevage, il faut lui laisser le temps de ressortir en minéralité, l'élevage domine un peu.

BURGREBEN RIESLING 2009
Blanc | 2016 à 2029 | env. 19 € **17/20**
Plus floral et délicat que zellenberg, qui portant contenait des jeunes vignes du Burgreben, allonge fraîche et légère rondeur finale, sur une note de paille et d'herbes sèches. À attendre un peu pour une dégustation en vin sec, mais l'équilibre est là.

GRAFFENREBEN RIESLING 2008
Blanc | 2012 à 2028 | env. 21 € **18/20**
Expression plus épicée et florale, la vinification en barriques apporte sa petite touche, miel fin, bouche parfumée, saline, intense et gourmande, à la finale tendue et énergique.

PINOT NOIR 2009
Rouge | 2012 à 2019 | épuisé **16,5/20**
Fruité cerise prononcé, notes de viande cuite, épices, palette aromatique large, bouche ronde signalant la haute maturité du raisin, un grand pinot vinifié sans soufre. Premier essai totalement réussi, grâce à 2 ans d'élevage.

RIESLING SAINT-HIPPOLYTE 2009 ☺
Blanc | 2012 à 2024 | 13,90 € **17/20**
Floral, concentré et tendu dès l'attaque, une allonge serrée et intensément minérale, légèrement austère dans son toucher (des amers tanniques) mais tellement raffinée. Quelle force, quelle énergie !

RODELSBERG 2009
Blanc Demi-sec | 2012 à 2029 | env. 19 € **18,5/20**
Un nez plus proche d'un vin rouge que d'un vin blanc, viande séchée, fleurs, la bouche est glissante, en fraîcheur, avec de beaux amers qui étirent la finale, un équilibre concentré et dynamique.

ZELLENBERG PINOT BLANC 2009 ☺
Blanc | 2012 à 2019 | 11 € **16,5/20**
Une bouche légèrement ronde, une note fumée mais de la gourmandise et une bonne tension pour dynamiser le tout.

ZELLENBERG RIESLING 2009 ☺
Blanc | 2012 à 2029 | 13,90 € **18/20**
Intensément fumé, fruits secs, la bouche exprime la vivacité citronnée plus classique pour le cépage, encore un redoutable vin de gastronomie, splendide équilibre.

TRIMBACH

15, route de Bergheim • 68150 Ribeauvillé
Tél. 03 89 73 60 30 • Fax : 03 89 73 89 04
contact@maison-trimbach.fr
www.maison-trimbach.com
Visite : Du lundi au vendredi de 8h à 12h et de 13h30 à 17h15. Le samedi sur rendez-vous.

Trimbach est incontournable parmi les grandes maisons de producteurs-négociants qui ont favorisé le développement des vins d'Alsace en France et à l'étranger, grâce à une gamme homogène et très régulière d'un millésime à l'autre. Il serait trop facile de réduire les grandes cuvées aux seules Frédéric-Émile et Clos-Sainte-Hune, véritables étendards des grands rieslings alsaciens : le reste de la gamme est tout aussi intéressant. Les cuvées Prestige, provenant des vignes propres du domaine, sont souvent originaires de terroirs réputés autour de Ribeauvillé, y compris les rares vins moelleux toujours très précis. Parmi les nombreux vins dégustés cette année, les 2010 et 2008 montrent toute la splendeur de leur millésime, il ne faudra pas rater leur commercialisation.

GEWURZTRAMINER 2010 ☺
Blanc | 2012 à 2020 | 13,10 € **14,5/20**
Un caractère sec, de très beaux parfums épicés et floraux, la maison a choisi de ne produire qu'un seul gewurztraminer en 2010 mais elle a bien fait.

GEWURZTRAMINER SEIGNEURS DE RIBEAUPIERRE 2008
Blanc | 2012 à 2023 | env. 30 € **15/20**
Des arômes élégants de fruits exotiques et de fleurs sauvages, une bouche sans sucre inutile, taillé pour la table. La maison a l'intelligence de les commercialiser à point, tant mieux pour les amateurs.

GEWURZTRAMINER
SÉLECTION DE GRAINS NOBLES 2008
Blanc Liquoreux | 2018 à 2038 | env. 100 € **19/20**
Concentré, fruit confit, kumquat, liqueur d'une pureté admirable, de sublimes amers et un équilibre d'un fondu remarquable, la minéralité du terroir domine le caractère aromatique du cépage, fine salinité.

GEWURZTRAMINER
SÉLECTION DE GRAINS NOBLES 2007
Blanc Liquoreux | 2012 à 2037 | env. 100 € **19,5/20**
Agrumes confits, parfum de tisane, liqueur subtile et raffinée, pureté admirable, exemplaire.

GEWURZTRAMINER VENDANGES TARDIVES 2008
Blanc liquoreux | 2012 à 2038 | 35 € **18/20**
Des arômes de fruits au beurre d'une grande noblesse, bouche pure et fraîche, allonge fine et élégante, beaux amers fins en finale, fine note de menthol. Quelle pureté, quel naturel, quel équilibre !

GEWURZTRAMINER VENDANGES TARDIVES 2007
Blanc liquoreux | 2012 à 2037 | 35 € **18,5/20**
Subtiles notes de truffe (blanche), il est aérien et d'un niveau encore supérieur au 2008, pureté exemplaire, la minéralité lui apporte une dimension cristalline qui prend le pas sur l'expression immédiate du cépage.

PINOT BLANC 2010 ☺
Blanc | 2012 à 2018 | 9 € **15/20**
Splendide pinot blanc, parfumé et gras en bouche, intense et plein, on croque dans la chair, complet. De quoi vous réconcilier avec le cépage !

PINOT GRIS CUVÉE 13E GÉNÉRATION 2010
Blanc liquoreux | 2012 à 2030 | 35 € **16/20**
Opulent, légèrement caramélisé, typique des VT de la maison. Bien équilibré, finale bien pure.

PINOT GRIS RÉSERVE 2010
Blanc | 2012 à 2018 | env. 14 € **14,5/20**
Parfumé, avec un moelleux confortable en bouche qui apporte du gras, il est taillé pour la table car son style est sec.

PINOT GRIS RÉSERVE PERSONNELLE 2008
Blanc | 2012 à 2018 | 25 € **14,5/20**
Sa pointe de rondeur ressort après une série de rieslings très secs, mais l'équilibre est là, c'est un joli pinot gris de table.

RIESLING 2010 ☺
Blanc | 2012 à 2018 | 11 € **15/20**
Acidité mûre, allonge savoureuse, équilibré et fin, citronné, parfait, archétype du cépage.

RIESLING CLOS SAINTE-HUNE 2010
Blanc | 2016 à 2030 | 130 € **19/20**
Note anisée très pure, gourmande. Pureté des arômes, bouche savoureuse, grand équilibre, à comparer aux plus grands vins blancs de France !

RIESLING CLOS SAINTE-HUNE 2009
Blanc | 2019 à 2039 | 130 € **18/20**
La finale n'est pas encore en place, mais déjà de subtiles nuances terpéniques, beaucoup de largeur dans la bouche, un très grand riesling en construction.

RIESLING CLOS SAINTE-HUNE 2006
Blanc | 2012 à 2026 | 130 € **16,5/20**
Il exprime largement ses nuances de citron confit et de pétrole fin. La bouche est droite, digne de la saga des clos-sainte-hune. C'est celui qui est en vente actuellement.

RIESLING CUVÉE FRÉDÉRIC-ÉMILE 2010
Blanc | 2014 à 2030 | 38 € **17,5/20**
Moins en place à ce stade que le Réserve du même millésime, allonge citronnée qui équilibre bien la grande richesse, patienter.

RIESLING CUVÉE FRÉDÉRIC-ÉMILE 2009
Blanc | 2016 à 2039 | 38 € **17/20**
Très jeune dans le style, d'une cristallinité déjà tranchante mais qu'il faut attendre, son austérité et sa rigueur sont d'une précision hélas trop peu commune en Alsace.

RIESLING CUVÉE FRÉDÉRIC-ÉMILE 2008
Blanc | 2016 à 2038 | 38 € **18/20**
Note de citron confit très noble, grande pureté de bouche, précision des arômes. Les plus beaux poissons de petits bateaux, les soles et les turbots, seront là pour lui. Mais on peut l'attendre, il faut, même !

RIESLING RÉSERVE 2011
Blanc | 2012 à 2016 | 14,40 € **14/20**
Pur, droit, parfums d'agrumes bien mûrs (pomelo), bien sec mais relativement tendre.

RIESLING RÉSERVE 2010
Blanc | 2012 à 2025 | 14,40 € **17/20**
Fruité splendide, pureté éclatante, équilibre parfait. Il égale sinon dépasse nombre de grands crus.

RIESLING RÉSERVE 2009 ☺
Blanc | 2012 à 2024 | 14,40 € **15,5/20**
Léger début de minéralisation, après un peu plus d'un an de bouteille. Mélange agrumes, fleurs et notes terpéniques. Bouche d'une intense pureté, avec une finale concentrée, même si en grand millésime on aurait encore plus de tension vive sur la fin de bouche.

GUY WACH - DOMAINE DES MARRONNIERS

5, rue de la Commanderie • 67140 Andlau
Tél. 03 88 08 93 20 • Fax : 03 88 08 45 59
info@guy-wach.fr • www.guy-wach.fr
Visite : Du lundi au samedi de 8h à 12h et de 14h à 19h. Le dimanche sur rendez-vous.

Passionné par le riesling, Guy Wach dispose d'un terrain de jeu passionnant avec des parcelles de vieilles vignes sur les trois grands crus d'Andlau, offrant sur chacun des terroirs des vins à la forte typicité. Les derniers millésimes en vente sont très réussis et se vendent rapidement. Encavez les grands crus pour cinq à six ans minimum et foncez sur le crémant et les cuvées génériques, sans oublier les cuvées du Duttenberg toujours très abouties. Les 2010 sont au niveau attendu.

ALSACE GRAND CRU KASTELBERG RIESLING 2010
Blanc | 2012 à 2025 | 18,65 € **16,5/20**
À la fois ample, large et droit, la minéralité soutient bien la bouche, avec une allonge concentrée au fruité fin.

ALSACE GRAND CRU KASTELBERG RIESLING VIEILLES VIGNES 2009
Blanc | 2015 à 2024 | 20,85 € **16/20**
Une concentration supérieure à l'autre cuvée de kastelberg, mais dans ce millésime de plus basse acidité, la petite rondeur enlève de son énergie au vin. Il est préférable de l'attendre.

ALSACE GRAND CRU MOENCHBERG RIESLING 2010
Blanc | 2012 à 2025 | 15,40 € **16/20**
Plus de chair que wiebelsberg, expression plus tendre mais empreinte d'une grande finesse, allonge délicate et pure.

ALSACE GRAND CRU WIEBELSBERG RIESLING 2010
Blanc | 2012 à 2025 | 16,65 € **17/20**
Belle expression minérale en bouche, cristallin, pur et droit avec de fins arômes citronnés qui agrémentent la finale.

ANDLAU RIESLING 2010
Blanc | 2012 à 2020 | 8,35 € **15/20**
Tranchant, nerveux, salivant grâce à une minéralité imprégnant la bouche, allonge sur la pêche juteuse.

PINOT GRIS SÉLECTION VIEILLES VIGNES 2010
Blanc Demi-sec | 2012 à 2025 | 12,85 € **16/20**
Charnu, riche et juteux, la rondeur est bien assimilée par une tension énergique, elle se mettra au service d'une volaille aux morilles.

DOMAINE WEINBACH - COLETTE, CATHERINE ET LAURENCE FALLER

Clos des Capucins - 25, route du Vin
68240 Kaysersberg
Tél. 03 89 47 13 21 • Fax : 03 89 47 38 18
contact@domaineweinbach.com
www.domaineweinbach.com
Visite : Du lundi au samedi de 9h à 11h30 et de 14h à 17h sauf jours fériés.

Le domaine est installé au milieu des vignes du Clos des Capucins et possède des parcelles dans tous les terroirs orientés sud en sortie de la vallée de la Weiss. L'adéquation du couple cépage-terroir est ici optimisée pour créer une gamme homogène d'une grande précision, avec des rieslings sur le Schlossberg et des gewurztraminers sur le Furstentum. Plus souples que les vins parfois vifs du millésime 2008, les 2009 sont très réussis avec des résultats magnifiques sur les parties du Clos des Capucins en fond de vallée. En 2010, pour des raisons personnelles, Laurence Faller a quitté le domaine sans que le style des vins ne change. L'ensemble présenté cette année était encore une fois magistral. En 2009 et 2010, les sélections de grains nobles et cuvées Quintessence sont un rêve absolu.

ALSACE GRAND CRU FURSTENTUM GEWURZTRAMINER 2010
Blanc Doux | 2012 à 2040 | NC **18/20**
Le raisin bien passerillé est à la limite de la vendange tardive, l'équilibre est parfait mais son usage gastronomique doit être adapté. Pur, raffiné, équilibré, avec des arômes très francs de pomelo, une pureté minérale bien présente en finale.

ALSACE GRAND CRU FURSTENTUM GEWURZTRAMINER SÉLECTION DE GRAINS NOBLES 2010
Blanc Liquoreux | 2012 à 2040 | NC **20/20**
Encore un vin parfait, d'une pureté de fruit confit (mirabelle, citron, cédrat, mangue), une liqueur raffinée et onctueuse, finement équilibrée grâce à l'acidité du millésime. Peut-on rêver de mieux ?

ALSACE GRAND CRU MAMBOURG GEWURZTRAMINER VENDANGES TARDIVES 2010
Blanc liquoreux | 2012 à 2040 | NC **19/20**
Le botrytis amène de subtiles notes de mirabelle, une pureté exemplaire, un fruité croquant, une liqueur plus fine que le 2009 grâce à une meilleure énergie en finale (l'acidité). Différent du 2009, mais tout aussi remarquable.

ALSACE GRAND CRU MAMBOURG GEWURZTRAMINER VENDANGES TARDIVES 2009
Blanc liquoreux | 2012 à 2039 | NC **19,5/20**
On frôle la perfection, avec une grande noblesse dans les arômes, un fruit ouvert (raisin, melon) mais une délicatesse sublime en bouche, les 104 grammes de sucre sont complètement intégrés, une fraîcheur exemplaire.

ALSACE GRAND CRU SCHLOSSBERG RIESLING 2010
Blanc | 2012 à 2030 | NC **18/20**
Riche, concentré et dense, très citronné, très beau caractère, citronné, pur et tendu.

ALSACE GRAND CRU SCHLOSSBERG RIESLING CUVÉE SAINTE-CATHERINE 2010
Blanc | 2012 à 2030 | NC **19/20**
Un grand riesling sec, épuré, cristallin, salin en bouche, avec la sveltesse et la pureté propres au cépage. Il est en place, équilibre grandiose.

ALSACE GRAND CRU SCHLOSSBERG RIESLING SÉLECTION DE GRAINS NOBLES 2010
Blanc Liquoreux | 2012 à 2040 | NC **20/20**
La pureté des agrumes (citron, fleur d'oranger) et la finesse des grands rieslings, une allonge minérale subtile, un grand extrait sec, encore une vision parfaite du grand vin d'Alsace.

ALTENBOURG GEWURZTRAMINER SÉLECTION DE GRAINS NOBLES 2010
Blanc Liquoreux | 2012 à 2040 | NC **18,5/20**
Délicat, pur, une bouche éclatante, des arômes confits mais une liqueur moins voluptueuse que dans le Furstentum.

ALTENBOURG GEWURZTRAMINER VENDANGES TARDIVES 2009
Blanc liquoreux | 2012 à 2039 | NC **18,5/20**
Parfumé, noble, d'une pureté exemplaire, l'archétype du vin de dessert qui accompagnera aussi un beau fromage (pâte persillée, munster).

ALTENBOURG PINOT GRIS 2010
Blanc Demi-sec | 2012 à 2030 | NC **17,5/20**
Très parfumé, jus de figue, l'acidité tend la bouche dans une longueur très gastronomique, expression très savoureuse du pinot gris sur sol calcaire.

ALTENBOURG PINOT GRIS QUINTESSENCE DE GRAINS NOBLES 2010
Blanc Liquoreux | 2012 à 2040 | NC **19,5/20**
Il a l'acidité et la salinité qui manquent légèrement au 2009, toujours avec cette concentration et cette incroyable richesse de super SGN. Une droiture et une énergie exemplaires. Irrésistible aujourd'hui mais une longévité quasi infinie.

ALTENBOURG PINOT GRIS VENDANGES TARDIVES TRIE SPÉCIALE 2009
Blanc liquoreux | 2012 à 2039 | NC **18,5/20**
Toujours cette pureté propre au domaine, on est à la limite d'un grain noble, une finesse incomparable, un bel équilibre pour un millésime de faible acidité.

ALTENBOURG RIESLING VENDANGES TARDIVES 2009
Blanc liquoreux | 2012 à 2039 | NC **18/20**
Riche vendange tardive, beaucoup de gras et d'onctuosité, arômes gourmands de framboise, la fine acidité lui donne une persistante particulièrement raffinée.

MUSCAT RÉSERVE 2011
Blanc | 2012 à 2017 | NC **15/20**
Un muscat bien sec, très fruité, taillé pour la table, très parfumé, floral et gourmand.

MUSCAT RÉSERVE 2010
Blanc | 2012 à 2017 | NC **16,5/20**
Arômes fins, floral, grande droiture en bouche, droiture irréprochable.

PINOT BLANC RÉSERVE 2010
Blanc | 2012 à 2017 | NC **16,5/20**
Grand pinot blanc, équilibre de grand style grâce à une bonne acidité qui s'intègre à un sucre imperceptible, allonge savoureuse.

RIESLING CUVÉE SAINTE-CATHERINE 2010
Blanc | 2012 à 2030 | NC **17/20**
Un équilibre idéal, fruité raffiné et pur, il glisse en bouche, un soupçon de sucre résiduel qui soutient diaboliquement la finale.

SYLVANER RÉSERVE 2011
Blanc | 2012 à 2017 | NC **14,5/20**
Élégant, parfait vin de soif, citronné et rond en bouche.

SYLVANER RÉSERVE 2010 ☺
Blanc | 2012 à 2016 | NC **15,5/20**
Délicieux, acidité fine, arômes floraux nobles, très délicat, belle pureté, salin.

DOMAINE ZIND-HUMBRECHT

4, route de Colmar • 68230 Turckheim
Tél. 03 89 27 02 05 • Fax : 03 89 27 22 58
o.humbrecht@zind-humbrecht.fr
Visite : Du lundi au vendredi de 8h à 12h et de 14h à 17h sur rendez-vous.

Léonard Humbrecht avait porté haut la qualité des vins d'Alsace, son fils Olivier a encore repoussé les limites pour atteindre un sommet inégalé dans la région. Si les vins des années 1990 étaient marqués par des équilibres moelleux reflétant la maturité élevée des raisins, le passage en viticulture biodynamique au tournant du siècle s'est traduit par des vins plus secs, à l'acidité supérieure, présentant parfois des degrés alcooliques élevés. Les grands terroirs produisent des vins très pointus, parfois déroutants pour le néophyte, à déguster après plusieurs années de garde sur des plats qui leur donnent le change. Heureusement, le domaine propose sur le Herrenweg et d'autres terroirs des vins plus abordables jeunes. Pour les amateurs idéologiquement réfractaires à la notion de sucres résiduels, 2009 propose une nouvelle fois de nombreux vins techniquement secs, dans tous les cépages. Les 2010 qui suivent expriment au mieux ce qu'est un grand millésime avec toute la diversité des cépages et des sols alsaciens.

ALSACE GRAND CRU BRAND RIESLING 2010
Blanc | 2015 à 2030 | 65,70 € **17/20**
Nez confit, une très grande acidité, il faudra l'attendre car il n'est pas prêt.

ALSACE GRAND CRU BRAND RIESLING VENDANGES TARDIVES 2010
Blanc liquoreux | 2020 à 2040 | 84,40 € **19/20**
Une pureté de parfums exemplaire, une amertume de bouche d'une grande noblesse, il faut impérativement l'attendre, finale bien tendue.

ALSACE GRAND CRU GOLDERT MUSCAT 2010
Blanc | 2012 à 2020 | 39,80 € **17/20**
Des parfums d'une grande pureté, amers nobles en fin, beaucoup d'élégance et une superbe tension citronnée. Une merveille d'intensité.

ALSACE GRAND CRU HENGST GEWURZTRAMINER 2010
Blanc liquoreux | 2012 à 2030 | 56,90 € **19/20**
Magnifique de concentration et de pureté, grande race des arômes, expression florale intense, du concentré de gewurztraminer. C'est le hengst, intensément sauvage, floral.

ALSACE GRAND CRU RANGEN GEWURZTRAMINER 2010
Blanc liquoreux | 2012 à 2030 | 65,70 € **18,5/20**
Un équilibre proche du hengst, mais une expression différente, plus violente, plus minérale, un peu moins séduisante aujourd'hui peut-être.

ALSACE GRAND CRU RANGEN PINOT GRIS 2010
Blanc | 2015 à 2030 | 65,70 € **20/20**
Splendide nez fumé, d'une largeur impressionnante, c'est le grand cru façon Zind, avec un grain de fruit et une tension propres au terroir, expression minérale vibratoire.

ALSACE GRAND CRU RANGEN RIESLING 2010
Blanc | 2015 à 2030 | 65,70 € **19/20**
Le nez incomparable du rangen (fumée, pierre-à-fusil), un raisin de haute maturité pour ce vin à la bouche grasse et parfumée, à la finale florale très élégante.

CLOS HÄUSERER RIESLING 2010
Blanc | 2015 à 2030 | 38,80 € **18/20**
D'un équilibre en dentelle, peut-être plus lent à se faire que le clos-windsbuhl, grand extrait sec, remarquable.

CLOS JEBSAL PINOT GRIS VENDANGES TARDIVES 2010
Blanc liquoreux | 2020 à 2040 | NC **20/20**
D'une magnifique complexité, un vin de haute gastronomie, la pureté de bouche va éclater dans le verre après 7 à 8 années de garde. À essayer sur un homard.

CLOS WINDSBUHL GEWURZTRAMINER 2010
Blanc Doux | 2012 à 2030 | 49,70 € **17,5/20**
Pur, fin, allonge harmonieuse, peut-être pas la personnalité la plus affirmée mais beaucoup d'élégance.

CLOS WINDSBUHL PINOT GRIS 2010
Blanc Demi-sec | 2015 à 2030 | 49,70 € **18/20**
Un équilibre accompli, la grande richesse est bien retendue par une fine acidité, grand avenir.

CLOS WINDSBUHL PINOT GRIS SÉLECTION DE GRAINS NOBLES 2010
Blanc Liquoreux | 2020 à 2040 | NC **20/20**
Une concentration hors du commun, une fraîcheur époustouflante, des parfums ultra raffinés, peut-on rêver de mieux ? Il mettra 40 ans à se faire...

CLOS WINDSBUHL RIESLING 2010
Blanc | 2015 à 2030 | 56,90 € **18/20**
Aristocratique dans l'âme, élancé, très pur, d'une tenue exemplaire grâce à un raisin et une vinification admirables.

GEWURZTRAMINER CALCAIRE 2010
Blanc Demi-sec | 2012 à 2030 | 27,90 € **17/20**
Une fine liqueur, splendidement intégrée, allonge concentrée et racée, finale dense et subtilement poivrée.

GEWURZTRAMINER VENDANGES TARDIVES 2010
Blanc Demi-sec | 2012 à 2040 | 43,50 € **19/20**
Une merveille d'équilibre grâce à la pureté du botrytis, qui marque de sa finesse. Liqueur raffinée en bouche, parfums de citron confit et de sucre d'orge, du grand art.

HEIMBOURG PINOT GRIS 2010
Blanc Demi-sec | 2012 à 2025 | 34,90 € **16,5/20**
Grande richesse en bouche, équilibrée par une grande structure acide, élancé et frais.

HEIMBOURG RIESLING 2010
Blanc | 2015 à 2025 | 35,20 € **17/20**
Un équilibre plus haut en alcool, qui permet au terroir d'imprimer sa puissance, c'est le caractère du Heimbourg.

HERRENWEG GEWURZTRAMINER 2010
Blanc Demi-sec | 2012 à 2030 | 32,30 € **17/20**
Une fine liqueur, splendidement intégrée, allonge concentrée et racée, finale dense et subtilement poivrée.

HERRENWEG GEWURZTRAMINER VIEILLES VIGNES 2010
Blanc Demi-sec | 2012 à 2030 | 36,20 € **18,5/20**
Un nez splendide, de raisin confit, de tisane, la jolie liqueur épicée et fruitée appelle des desserts acidulés ou un foie gras. On sent le botrytis dans les arômes.

PINOT GRIS CALCAIRE 2010
Blanc Demi-sec | 2012 à 2025 | 27,90 € **16,5/20**
Aucune lourdeur dans les arômes, du fruit fin au nez, une bouche avec un amer légèrement fumé, savoureux et persistant.

PINOT GRIS VIEILLES VIGNES 2010
Blanc Doux | 2012 à 2040 | 39,80 € **18/20**
Quelle pureté, quelle délicatesse de bouche, quelle équilibre entre la richesse de la liqueur et la forte acidité !

RIESLING TERROIR D'ALSACE 2010
Blanc | 2012 à 2020 | 14,40 € **15,5/20**
Pur, plein d'énergie, concentration citronnée, fraîcheur et droiture, excellent riesling de gastronomie.

ROTENBERG PINOT GRIS 2010
Blanc liquoreux | 2015 à 2025 | 34,90 € **17/20**
Une bouche de grand caractère, avec un extrait sec prononcé, beaucoup de longueur qui absorbe parfaitement la très légère sucrosité.

DOMAINE VALENTIN ZUSSLIN

57, Grand-Rue • 68500 Orschwihr
Tél. 03 89 76 82 84 • Fax : 03 89 76 64 36
info@zusslin.com • www.zusslin.com
Visite : Du lundi au samedi de 8h30 à 11h30 et de 13h30 à 18h.

Depuis le passage à la biodynamie en 1997, le domaine n'a de cesse d'améliorer la qualité des raisins et des vinifications. Si les vins ont la puissance et la structure de leur terroir d'origine, ils possèdent également une très grande pureté et un toucher de bouche délicat, qui met en valeur la salinité du Bollenberg, du Clos Liebenberg ou du grand cru Pfingstberg. Tous les millésimes depuis 2005 sont très homogènes. Le domaine fait désormais partie des grandes maisons alsaciennes.

ALSACE GRAND CRU PFINGSTBERG RIESLING 2010
Blanc | 2012 à 2025 | NC **17,5/20**
Encore prisonnier de sa tension, beaucoup de finesse dans les arômes d'agrumes, très bel avenir.

ALSACE GRAND CRU PFINGSTBERG RIESLING 2008
Blanc | 2012 à 2023 | NC **17,5/20**
Grand vin, intense et profond par sa tension citronnée, il évoluera longtemps.

CLOS LIEBENBERG RIESLING 2010
Blanc | 2012 à 2020 | NC **16/20**
Explosif dans ses arômes de fleurs sauvages et d'agrumes, bouche tendue et droite.

CLOS LIEBENBERG RIESLING 2008
Blanc | 2012 à 2018 | NC **16,5/20**
Plus concentré que le 2010, il a bien digéré sa riche matière dans un équilibre gourmand aujourd'hui.

PINOT NOIR CUVÉE HARMONIE 2010
Rouge | 2012 à 2020 | NC **15,5/20**
Élancé, élégant, de savoureux arômes de fruits mûrs et de viande fraîche, belle finesse.

La sélection Bettane et Desseauve pour le Beaujolais

Le Beaujolais

Le Beaujolais, tant la région des crus que celle des Pierres Dorées, un peu plus au sud, est l'un des plus beaux vignobles de France. Les vins qu'on y produit sont justement populaires, mais le succès planétaire du beaujolais nouveau a fait assez injustement oublier que dans ses expressions les plus sincères, certains vins savent se hisser à des hauteurs insoupçonnées : il faut redécouvrir le Beaujolais !

VIGNOBLES DU BEAUJOLAIS

(MONTCEAU-LES-MINES)
(DIJON)
MÂCON
N79
A6
N6
Saône
BEAUJOLAIS
Chasselas
BEAUJOLAIS-VILLAGES
Pruzilly
Saint-Vérand
JULIÉNAS
D17
Jullié
Saint-Amour-Bellevue
Juliénas
SAINT-AMOUR
BEAUJOLAIS
Émeringes
BEAUJOLAIS-VILLAGES
D32
Chénas
CHÉNAS
La Chapelle-de-Guinchay
Vauxrenard
D23
FLEURIE
Fleurie
MOULIN-À-VENT
BEAUJOLAIS-VILLAGES
D933
CHIROUBLES
Chiroubles
Romanèche-Thorins
Les Ardillats
BEAUJOLAIS-VILLAGES
BEAUJOLAIS
Villié-Morgon
Beaujeu
MORGON
Corcelles-en-Beaujolais
Saint-Didier-sur-Beaujeu
D37
Lantignié
D9
RÉGNIÉ
BEAUJOLAIS-VILLAGES
Régnié-Durette
Saint-Jean-d'Ardières
Quincié-en-Beaujolais
Cercié
D9
Marchampt
Saint-Lager
Belleville
CÔTE DE BROUILLY ET BROUILLY
Charentay
Odenas
Saint-Étienne-la-Varenne
BROUILLY
D43
BROUILLY
Saint-Étienne-des-Oullières
D44
Vaux-en-Beaujolais
D49
Azergues
Salles-Arbuissonnas-en-Beaujolais
Blacé
BEAUJOLAIS-VILLAGES
Arnas
Montmelas-Saint-Sorlin
Saint-Just-d'Avray
D504
Denicé
D116
Villefranche-sur-Saône
Chamelet
Liergues
D485
Jarnioux
Oingt
D38
Saône
D933
BEAUJOLAIS
Anse
Saint-Clément-sur-Valsonne
Le Bois-d'Oingt
Bagnols
D13
A46
Tarare
N7
N6
(LYON)
(ROANNE)
Châtillon
Châzay-d'Azergues
D485
Bully
A6
L'Abresle
N7
N89
Brévenne
(LYON)
Saône
(MONTBRISON)
0 5 10 km

Appellations communales
Appellation sous-régionale Beaujolais-Villages
Appellation régionale Beaujolais

L'actualité des millésimes

Pour le siècle. Les 2009 sont en général un lointain souvenir sur la liste des cuvées disponibles à la vente, même si certains domaines pratiquant des élevages longs ne les ont mis que récemment sur le marché. Lorsqu'ils ont été correctement vinifiés, ils vieilliront plusieurs décennies et les meilleurs terroirs de Moulin-à-Vent, de Morgon et de Fleurie étonneront jusqu'à la fin de ce siècle. Même si le millésime prend souvent le pas sur le terroir, les vins ont une puissance jamais vue dans la région depuis plusieurs décennies.

Pour maintenant. Les 2010 sont disponibles aujourd'hui, voire les 2011 pour les domaines mettant rapidement leurs vins sur le marché. 2010 est très nettement inférieur à 2009, mais il n'était pas facile de suivre un tel extra-terrestre. Beaucoup de vins sont souples mais dotés d'un fruité plaisant, une définition assez classique pour un beaujolais. Les meilleurs sont de concentration supérieure, avec même un réel potentiel de bonification. Les 2011 dégustés avant mise dans les crus promettent d'ores et déjà une chair et une densité supérieures.

LES BEAUJOLAIS À METTRE EN CAVE

Domaine Jules Desjourneys
Fleurie La Chapelle-des-Bois Vieille Vigne, rouge 2009

Clos de Mez
Fleurie La Dot, rouge 2009

Domaine Métrat et Fils
Fleurie La Roilette Vieilles Vignes, rouge 2010

Domaine Louis-Claude Desvignes
Morgon Javernières Les Impénitents, rouge 2010

Château des Jacques
Morgon Côte de Py, rouge 2010

Domaine Jean-Marc Burgaud
Morgon Côte du Py James, rouge 2010

Domaine du Vissoux
Moulin-à-Vent Les Trois Roches, rouge 2010

Domaine des Grands Fers
Fleurie Grands Fers Les Côtes, rouge 2010

LE BONHEUR TOUT DE SUITE

Domaine des Nugues
Beaujolais-Villages Pierre, rouge 2009

Georges Dubœuf
Moulin-à-Vent Prestige, rouge 2009

Château du Moulin-à-Vent
Moulin-à-Vent Champ de Cour, rouge 2010

Domaine Hubert Lapierre
Chénas Vieilles Vignes, rouge 2010

Domaine Daniel Bouland
Morgon Vieilles Vignes, rouge 2010

Domaine des Terres Dorées Fleurie
rouge 2010

Domaine de la Grand'Cour
Fleurie cuvée Vieilles Vignes, rouge 2010

Domaine Paul-Henri Thillardon
Chénas Les Boccards, rouge 2010

Château Thivin
Côte de Brouilly La Chapelle, rouge 2010

MEILLEURS VINS À MOINS DE 7 €

Domaine Hubert Lapierre
Chénas Vieilles Vignes, rouge 2011

Domaine Raymond Bouland
Morgon Délys, rouge 2010

Domaine Piron
Beaujolais-Villages, rouge 2011

Domaine Métrat et Fils
Chiroubles, rouge 2010

Loron & Fils
Régnié Château de la Pierre, rouge 2010

MEILLEURS BEAUJOLAIS-VILLAGES

Domaine des Nugues
Beaujolais-Villages Quintessence du gamay, rouge 2009

Domaine Piron
Beaujolais-Villages, rouge 2011

Domaine des Nugues

Beaujolais-Villages, blanc 2011

Domaine de la Chapelle de Vâtre
Beaujolais-Villages cuvée Allys, rouge 2010

Domaine Paul et Éric Janin

Beaujolais-Villages, blanc 2010

Château des Bachelards
Beaujolais-Villages, rouge 2010

Domaine des Nugues
Beaujolais-Villages, rouge 2010

MEILLEURS CRUS DU BEAUJOLAIS

Domaine Jules Desjourneys
Fleurie La Chapelle-des-Bois Vieille Vigne, rouge 2009

Domaine Jean Foillard
Morgon cuvée 3.14, rouge 2009

Domaine Jules Desjourneys
Fleurie, rouge 2009

Château des Jacques
Moulin-à-Vent Grand Clos de Rochegrès, rouge 2010

Clos de Mez
Fleurie La Dot, rouge 2009

Domaine Métrat et Fils
Fleurie La Roilette Vieilles Vignes, rouge 2010

Domaine Paul et Éric Janin
Moulin-à-Vent Les Grenériers Vieilles Vignes, rouge 2010

Domaine Louis-Claude Desvignes
Morgon Javernières Les Impénitents, rouge 2010

Domaine Jules Desjourneys
Moulin-à-Vent Les Michelons, rouge 2010

Château Thivin
Côte de Brouilly Zaccharie, rouge 2010

Clos de Mez, Morgon
Château Gaillard, rouge 2010

Château des Jacques
Moulin-à-Vent Clos du Grand Carquelin, rouge 2010

PRIX DES LECTEURS

EN PARTENARIAT AVEC LES HÔTELS MERCURE

Château des Jacques
Morgon Côte de Py Château des Lumières, rouge 2006

Domaine Piron
Beaujolais-Villages Domaine de la Chanaise, rouge 2011

DOMAINE PASCAL AUFRANC

En Remont • 69840 Chénas
Tél. 04 74 04 47 95
pascal.aufranc@orange.fr
Visite : Sur rendez-vous.

Pascal Aufranc dispose de jolies parcelles sur Chénas, Juliénas et Fleurie, avec notamment une vieille vigne plantée en 1939 régulière par sa suavité et son élégance. Son secteur avait été très durement grêlé en 2008, une année à oublier, mais les 2009 ont donné à ce sympathique vigneron l'occasion de montrer tout son savoir-faire, notamment sur ses deux cuvées de prestige, Probus et Vignes-de-1939. Les 2010 offrent un équilibre tendre et digeste.

CHÉNAS VIGNES DE 1939 2009
Rouge | 2014 à 2024 | NC **16/20**
Il se referme aujourd'hui, mais la matière tannique est bien enrobée, avec une minéralité sous-jacente. À mettre de côté.

CHÉNAS VIGNES DE 1939 2003
Rouge | 2012 à 2023 | NC **16,5/20**
Il ne décline pas. Sa fiche signalétique est bien là : fruit cuit sans lourdeur, épices, allonge suave et distinguée, il régalera sur une épaule d'agneau confite ou un tajine, un rôti aux pruneaux aussi. Finale bien fraîche, c'est rare sur chénas.

JULIÉNAS PROBUS 2010
Rouge | 2012 à 2020 | NC **15,5/20**
Une belle matière tannique, concentrée et enrobée, de la fraîcheur et une belle allonge bien droite. Hautement recommandé.

JULIÉNAS PROBUS 2009
Rouge | 2013 à 2029 | NC **16,5/20**
Un jus légèrement torréfié, une allonge grasse avec de très beaux tanins bien enrobés, une finale très fraîche, bel équilibre.

CHÂTEAU DES BACHELARDS

Les Bachelards • 69820 Fleurie
Tél. 04 74 69 83 34
lbauchet@bachelards.com • www.bachelards.com
Visite : Sur rendez-vous.

Lilian Bauchet a quitté l'informatique et la région parisienne pour s'installer avec femme et enfants sur les coteaux sableux de Fleurie, en acquérant cette ancienne propriété qui longtemps vendait tout à un célèbre négociant local. Dès le début, la démarche bio les a inspirés, et si tout n'est pas encore au point, leurs vignes ont déjà belle allure. Lilian cherche encore son style, mais les deux vins dégustés cette année avaient fière allure. L'aventure continue...

BEAUJOLAIS-VILLAGES 2010
Rouge | 2012 à 2016 | 7 € **14,5/20**
Beaux parfums, fruits confits et fleurs, l'élevage sous bois lui donne de la rondeur, très digeste, excellent.

FLEURIE 2011
Rouge | 2012 à 2017 | 11 € **15/20**
Très floral, texture élégante et fine, grande pureté de bouche, l'allonge se serre progressivement.

DOMAINE DANIEL BOULAND

Lieu-dit Corcelette • 69910 Villié-Morgon
Tél. 04 74 69 14 71 • Fax : 04 74 69 14 71
bouland.daniel@free.fr
Visite : Sur rendez-vous.

Sur son terroir de Corcelette, Daniel Bouland soigne ses vignes avec beaucoup d'attention. Ses morgons sont souvent dominés par les fruits noirs, avec une texture légèrement minérale qui allonge la bouche. Des cuvées qui vieillissent admirablement, notamment le morgon Vieilles-Vignes. Après les extraordinaires 2009, les 2010 rentrent dans le rang, on apprécie leur suave élégance et leur grain de bouche typique du domaine, et on les dégustera jeunes.

CHIROUBLES 2010
Rouge | 2012 à 2020 | 8 € **15/20**
Fin, délicat, texture fondante, bouche d'une rare délicatesse, mine de crayon, belle finesse.

CÔTE DE BROUILLY MÉLANIE 2010
Rouge | 2012 à 2020 | 8 € **15/20**
Fruité rouge gourmand, la texture est épaisse pour le cru, bonne concentration.

MORGON CORCELETTE 2010
Rouge | 2012 à 2020 | 8 € **15,5/20**
Fruits rouges et poivres, grain prononcé en bouche, ferme mais sans raideur, un vin de texture.

MORGON VIEILLES VIGNES 2010
Rouge | 2012 à 2020 | 9 € **16/20**
Texture serrée, grain raffiné, allonge savoureuse, fruits noirs, poivres et réglisse, beaucoup de charme pour un vin qui se livrera vite.

DOMAINE RAYMOND BOULAND

Corcelette • 69910 Villié-Morgon
Tél. 04 74 04 22 25 • Fax : 04 74 04 22 25
vins_raymondbouland@hotmail.com
Visite : Sur rendez-vous.

Raymond est le grand frère de Daniel, et leurs propriétés sont d'ailleurs distantes de quelques mètres seulement. Comme lui, ses vignes sont sur le climat de Corcelette, et il en extrait deux cuvées : une sélection de vieilles vignes et une cuvée Délys (anciennement cuvée Prestige), à partir de vignes encore plus âgées. 2009 et 2010 sont bien dans le style, plus de concentration pour le premier, plus de fraîcheur pour le second, les 2011 goûtés avant mise annoncent une intensité supérieure.

MORGON DÉLYS 2011
Rouge | 2012 à 2021 | 7 € **15,5/20**
Goûté avant mise. Fruité plus rouge que la cuvée Vieilles-Vignes, texture épaisse, tanin appuyé mais sans rudesse.

MORGON DÉLYS 2010
Rouge | 2012 à 2016 | 6,80 € **15/20**
Parfums de fruits rouges prononcés, plus intense que sur la cuvée Vieilles-Vignes, texture fondante, il est à point.

DOMAINE JEAN-MARC BURGAUD

Morgon • 69910 Villié-Morgon
Tél. 04 74 69 16 10 • Fax : 04 74 69 16 10
jeanmarcburgaud@libertysurf.fr
www.jean-marc-burgaud.com
Visite : sur rendez-vous.

Jean-Marc Burgaud fait partie de la jeune génération qui contribue au dynamisme de l'appellation Morgon. Son vignoble se situe au cœur historique de la Côte de Py et sur de nombreux autres terroirs de qualité, sur Regnié et Villié-Morgon, et il vinifie dans l'esprit de produire des vins de garde. Après les exceptionnels 2009, qu'il faudra attendre un petit peu, les 2010 sont d'un accès frais et fin plus immédiat.

MORGON CÔTE DU PY 2010
Rouge | 2013 à 2025 | NC **15,5/20**
Habile synthèse de la gourmandise fruitée (rouge) et de la texture serrée de Morgon, il peut encore patienter un peu.

MORGON CÔTE DU PY JAMES 2010
Rouge | 2015 à 2025 | NC **16,5/20**
Très bel équilibre, de la fraîcheur, à ce stade peut-être moins en place que javernières, mais une finesse supérieure, avec une finale délicate. Bon potentiel.

MORGON JAVERNIÈRES 2010
Rouge | 2012 à 2025 | NC **16/20**
Bouche ample et épicée, grande allonge et fraîcheur gourmande en fin (fruits noirs, mine de crayon), beaucoup de caractère.

CHÂTEAU DE LA CHAIZE

69460 Odenas
Tél. 04 74 03 41 05 • Fax : 04 74 03 52 73
chateaudelachaize@wanadoo.fr
www.chateaudelachaize.com
Visite : Sur rendez-vous.

Cette immense propriété d'une centaine d'hectares abrite l'un des plus beaux châteaux de la région, et sa cuverie semi-enterrée est classée Monument Historique. Les vinifications sont assez traditionnelles, avec des élevages principalement en foudre. Les progrès sur les récents millésimes sont indiscutables, et les deux cuvées Vieilles-Vignes et Réserve-de-la-Marquise goûtent aujourd'hui très bien. Il ne reste plus qu'à accomplir les mêmes efforts sur le brouilly d'entrée de gamme, la cuvée majoritaire en volume. L'équilibre des 2010 est ici supérieur à celui des 2009, un peu plus frais.

BEAUJOLAIS-VILLAGES 2011 ☺
Rosé | 2012 à 2014 | 6,50 € **13/20**
Fruité croquant, désaltérant, longueur moyenne mais bien fait, de la chair.

BROUILLY CUVÉE VIEILLES VIGNES 2010 ☺
Rouge | 2012 à 2017 | 11 € **14,5/20**
Une belle densité de bouche, un toucher suave et élégant, les vieilles vignes donnent un jus subtil, l'équilibre est plus abouti que dans le brouilly d'entrée de gamme.

BROUILLY RÉSERVE DE LA MARQUISE 2010 ☺
Rouge | 2015 à 2020 | 15 € **15/20**
Le plus riche et le plus parfumé de la série, avec un fruité cerise croquant, une chair gourmande et un bon équilibre.

DOMAINE DE LA CHAPELLE DE VÂTRE

69840 Jullié
Tél. 04 74 04 43 57 • Fax : 04 74 04 40 27
capart@wanadoo.fr • www.vatre.com
Visite : Sur rendez-vous.

Belge naturalisé beaujolais depuis 1996, Dominique Capart s'est tellement bien acclimaté qu'il s'est fait élire président de l'interprofession régionale. Son domaine est situé tout au nord du Beaujolais, en haut d'un coteau à près de 450 mètres d'altitude. La vue y est splendide, le corps de ferme restauré avec goût, et le domaine propose également de très confortables chambres d'hôtes. Vous hésitez encore ? Goûtez donc la cuvée Allys, joliment décorée et dont l'étiquette change chaque année. Le beaujolais blanc est également recommandé.

Beaujolais-Villages cuvée Allys 2010 ☺
Rouge | 2012 à 2017 | 7 € **14,5/20**
Fruité fraise, cacao, tanins fondus dans une bouche souple et élégante, on apprécie sa finesse très digeste.

Beaujolais-Villages Prieuré de Vâtre 2011 ☺
Blanc | 2012 à 2016 | 7 € **14/20**
Fruité blanc, nerveux, frais et droit, désaltérant, avec une fine allonge citronnée.

DOMAINE ÉMILE CHEYSSON

Clos Les Farges • 69115 Chiroubles
Tél. 04 74 04 22 02 • Fax : 04 74 69 14 16
domainecheysson@orange.fr
www.domainecheysson.com
Visite : Du lundi au vendredi de 8h à 18h. Le week-end de 10h à 18h. Rendez-vous pour les groupes.

Ce domaine, qui appartient à la famille de l'ancien ministre socialiste, est depuis des années l'une des références de Chiroubles, le cru le plus élevé du Beaujolais. Millésime après millésime, la cuvée d'entrée de gamme constitue l'un des meilleurs ambassadeurs de l'appellation avec sa finesse de grain et sa texture délicate. En revanche, les cuvées élevées sous bois sont régulièrement dominées par leur élevage, notamment la-Précieuse, mais la-Secrète a bien tiré parti de la haute maturité de 2009 pour un exercice original qui plaira à certains.

Chiroubles 2010 ☺
Rouge | 2012 à 2017 | 6,90 € **14,5/20**
Fruité élégant, texture fine et tendre en bouche, idéal, ce qu'on attend d'un chiroubles.

Chiroubles La Secrète 2010
Rouge | 2012 à 2019 | 18 € **14,5/20**
Encore un exercice d'élevage, mieux réussi à notre avis que sur La-Précieuse. Les raisins viennent du climat de Côte Rôtie, et on sent de la concentration en bouche, dans ce très beau millésime. Les arômes du bois restent cependant bien présents.

DOMAINE CHIGNARD

Le Point-du-Jour • 69820 Fleurie
Tél. 04 74 04 11 87 • Fax : 04 74 69 81 97
domaine.chignard@wanadoo.fr
Visite : Du lundi au samedi de 8h à 12h et de 14h à 19h de préférence sur rendez-vous.

Michel Chignard et son fils Cédric résument leur démarche en trois points : « Des vieilles vignes, de petits rendements et de la concentration : pas de miracle ». Les sols de sable granitique sont de plus en plus labourés, les vinifications se font en vendange entière, avec élevage sous bois. Une verticale du fleurie cuvée Spéciale réalisée cette année (publiée sur le web) montre toute la splendeur de cette cuvée en grand millésime.

Fleurie cuvée Spéciale 2010
Rouge | 2014 à 2025 | 13 € **16/20**
Ouverture large sur les fleurs, une texture ferme en bouche, belle densité même si on l'appréciera assez vite, une fois son boisé absorbé.

Fleurie cuvée Spéciale 2009
Rouge | 2015 à 2029 | 13 € **17,5/20**
C'est la grande bouteille ! Toucher élégant, même s'il s'est un peu refermé, ce qui le durcit. Allonge profonde, encre et fruits noirs, persistance et ampleur, finale bien fraîche. 2005 sera prêt plus vite.

Fleurie cuvée Spéciale 2007
Rouge | 2012 à 2022 | 13 € **16,5/20**
Nez riche de fruits confits et d'épices, note de pâte d'amande, tanins gras, beaucoup de chair, compact et dense, avec une fin gourmande. L'écart avec 2006 est creusé, en les regoûtant à l'envers.

Fleurie cuvée Spéciale 2006
Rouge | 2012 à 2021 | 13 € **16/20**
Différent du 2007, qui aujourd'hui prend le dessus. Le tanin est un peu moins enrobé, sa minéralité ressort plus dans l'expression de bouche. Beaux arômes de thé et de raisins secs. Mais il y

aura toujours une petite raideur dans le 2006 là où le 2007 est enrobé.

Fleurie cuvée Spéciale 2005

Rouge | 2012 à 2025 | 13 € **17/20**

Autre très grand millésime, solaire et riche. Raisin très mûr, grande ampleur dans le verre, une allonge minérale qui évolue sur une finale fraîche et salivante. Il commence à régaler, mais pour longtemps. La fraîcheur mentholée finale est splendide. Prévoir de grands verres larges.

Fleurie Les Moriers 2009

Rouge | 2013 à 2024 | 9,20 € **16,5/20**

Il s'est refermé en bouteille, mais restent des parfums gourmands de confiture de fruits noirs, une texture serrée en bouche avec une allonge sur la minéralité. Splendide finale cassissée.

DOMAINE DU CLOS DES GARANDS

69820 Fleurie
Tél. 04 74 69 80 01 • Fax : 04 74 69 82 05
contact@closdesgarands.fr • www.closdesgarands.fr
Visite : Sur rendez-vous.

Audrey Charton s'implique avec beaucoup d'énergie dans le développement de son domaine et la renommée du cru Fleurie. Les très vieilles vignes du Clos des Garands poussent sur un terroir sableux pauvre qui donne toute sa minéralité et sa finesse au vin. Depuis quelques millésimes, Audrey affine la gestion des rafles lors des vinifications, avec un gain sensible en soyeux de bouche. Très belle cuvée Sublime en 2009.

Fleurie Sublime 2009

Rouge | 2012 à 2019 | 16 € **15/20**

Un exercice d'élevage sous bois mais le millésime s'y prête avec gourmandise. Fruits confits, pruneaux, bouche juteuse, finale torréfiée, les tanins sont élégants. La tension viendra plus tard.

Fleurie Vieilles Vignes 2009 ☺

Rouge | 2012 à 2019 | 12,50 € **14,5/20**

Fruité confit, intense et profond, la bouche offre des tanins gras et une tension gourmande. Le millésime s'exprime très bien.

DOMAINE DU CLOS DU FIEF

Les Gonnards • 69840 Juliénas
Tél. 04 74 04 41 62 • Fax : 04 74 04 47 09
micheltete@club-internet.fr
ou domaine@micheltete.com • www.micheltete.com
Visite : Du lundi au samedi de 8h à 19h.

Michel Tête dirige ce domaine réputé de Juliénas, qui a beaucoup souffert de la grêle en 2008. Les 2009 montraient un tout autre visage même si, dans cette année de grande maturité, la puissance naturelle des juliénas et des saint-amours aurait gagné en harmonie avec des finales moins généreuses. Les 2010 retrouvent une fraîcheur bienvenue.

Juliénas 2010

Rouge | 2012 à 2016 | 7,80 € **13,5/20**

Un tanin épicé, une bouche serrée, plus en puissance qu'en charme immédiat mais sa structure se distinguera à table.

Juliénas Prestige 2010

Rouge | 2012 à 2018 | 9 € **14,5/20**

Puissant et riche, l'élevage a bien dompté la matière, il appréciera une sauce au vin.

DOMAINE GILLES COPÉRET

Les Chastys • 69430 Régnié-Durette
Tél. 04 74 04 38 08

Entrée dans le guide pour ce vigneron de Régnié, adversaire acharné des techniques de thermovinification qui sévissent encore trop dans la région. Ses différentes cuvées de régnié, morgon et fleurie ont le goût juste. La cuvée Équation, élevée 18 mois en fût, est un exercice de vin boisé qui ne plaira pas à tous mais tire profit de la richesse du raisin en 2009.

Fleurie 2010 ☺

Rouge | 2014 à 2020 | NC **15/20**

Élégant et concentré, bonne minéralité pour une bouche dense, il se fera plus lentement que le régnié.

Fleurie Équation 2009

Rouge | 2012 à 2019 | NC **15,5/20**

Intensément boisé, note torréfiée, mais la bouche retrouve de la fraîcheur en fin, un beau travail qui plaira aux amateurs de sensations boisée fortes, la haute teneur en alcool du millésime lui convient bien. Atypique.

RÉGNIÉ 2010

Rouge | 2012 à 2018 | NC **15/20**

Un fruité gourmand, de bons petits tanins en bouche, une concentration étonnante pour le millésime, splendide ! Et un rapport qualité-prix imbattable.

DOMAINE DAVID-BEAUPÈRE

La Bottière • 69840 Juliénas
Tél. 09 75 92 61 19 ou 06 20 37 51 19
Fax : 03 85 36 70 35
domaine.david.beaupere@gmail.com
louisclementdavidbeaupere.blogspot.fr
Visite : Sur rendez-vous.

Louis-Clément David est un jeune vigneron très enthousiaste pour son vignoble de Juliénas, moins à l'aise sur ses chénas dont il abandonne les vignes à partir de 2011. Les vins sont élevés sous bois, ce qui peut leur prêter un caractère épicé mais la jolie matière reprend le dessus, surtout sur des plats en sauce.

JULIÉNAS L.C.D.B. 2011 ☺

Rouge | 2012 à 2016 | 10 € **14,5/20**

Un élevage un peu plus poussé lui aurait fait du bien, le tanin est un peu ferme.

JULIÉNAS LA BOTTIÈRE 2010

Rouge | 2015 à 2022 | 18 € **15/20**

Un boisé légèrement plus brûlé, une grosse matière tannique mais plus d'épaules que Saint-Antoine, un vin de sauces. Une sauce au vin rouge, notamment.

JULIÉNAS SAINT-ANTOINE 2010

Rouge | 2015 à 2022 | 11 € **14,5/20**

Grosse matière tannique, on peut encore l'attendre, la richesse demande à gagner encore en finesse.

DOMAINE JULES DESJOURNEYS

75, rue Jean-Thorin - Pontanevaux
71570 La-Chapelle-de-Guinchay
Tél. 03 85 33 85 88 • Fax : 03 85 36 77 05
contact@vinifera.fr

Fabien Duperray est en train de réussir son pari, celui de produire de très grands vins dans le Beaujolais, dès son premier millésime, 2007. Les vignes qu'il a rachetées sont très âgées (souvent centenaires, avec d'excellents porte-greffes) et idéalement situées, sur Fleurie et Moulin-à-Vent (et bientôt de nouvelles acquisitions !), et la viticulture a tout de suite été orientée vers le bio, l'agrément devant être demandé prochainement. Des vinifications soignées et des élevages très longs font qu'il met en bouteille près de deux années après la récolte. Son jusqu'au-boutisme n'a pas échappé aux habillages, très soignés eux aussi. Les prix sont à la hauteur. Après la débilité administrative qui a rejeté son fleurie 2008 sans l'avoir goûté, les 2009, 2010 et 2011 (encore en élevage) dégustés cette année ont franchi un palier, incontestablement. A star is born…

FLEURIE 2009

Rouge | 2012 à 2029 | env. 30 € **17,5/20**

Fruité intense, très mûr, noir et confit, note de viande séchée, grosse richesse tannique mais tanin parfaitement mûr, c'est trop riche pour aujourd'hui, il faut longuement le carafer. Longueur d'une intense persistance.

FLEURIE LA CHAPELLE-DES-BOIS VIEILLE VIGNE 2009

Rouge | 2019 à 2039 | env. 30 € **18/20**

Le nez est fermé, finement épicé. La bouche est d'une suavité et d'un velouté de légende, il est hors catégorie par sa finesse et sa longueur, mais mettra 10 ans à se faire, minimum. Combinaison parfaite du fruit, de l'élégance et de la chair.

MOULIN-À-VENT LES CHASSIGNOLS 2010

Rouge | 2012 à 2025 | env. 30 € **17,5/20**

Plus racé que michelons, plus dense mais plus serré aujourd'hui, finesse et précision dans la définition de bouche. Pour une vigne deux fois grêlée, chapeau bas !

MOULIN-À-VENT LES MICHELONS 2010

Rouge | 2012 à 2025 | env. 30 € **18/20**

Quelle classe, quelle chair, quelle finesse. Un grand vin est en gestation, déjà de fins arômes de pinot, type chambolle. La part de rafle assure une trame dense.

DOMAINE LOUIS-CLAUDE DESVIGNES

135, rue de la Voûte • 69910 Villié-Morgon
Tél. 04 74 04 23 35
louis.desvignes@wanadoo.fr
www.louis-claude-desvignes.com
Visite : Sur rendez-vous.

Louis-Claude Desvignes, aujourd'hui relayé par ses enfants Louis-Benoît et Claude-Emmanuelle, maintient depuis de nombreuses années au sommet ce

domaine, à nos yeux la référence de l'appellation Morgon par la profondeur des vins et leur splendide tenue dans le temps. Leurs vignes sont très bien situées sur la colline du Py, avec également une parcelle au pied de la côte, sur Javernières, sans doute les meilleures expositions. 2009 est bien ici le grand millésime attendu, mais les vins devront patienter en bouteille. À noter la naissance d'une nouvelle cuvée cette année, Les-Impénitents, sélection de vieilles vignes de Javernières. Les 2010 sont moins exubérants, plus classiques.

MORGON CÔTE DE PY 2010
Rouge | 2012 à 2025 | 12 € **16/20**
Charpenté, tanins gras, allonge suave, jus de viande et fruits noirs, déjà bien savoureux.

MORGON JAVERNIÈRES 2010
Rouge | 2015 à 2025 | 13,50 € **16,5/20**
Une texture plus veloutée et plus fondante que la cuvée de py, beaucoup de distinction et un vrai potentiel d'attente.

MORGON JAVERNIÈRES LES IMPÉNITENTS 2010
Rouge | 2015 à 2030 | 18 € **17/20**
Très concentré, des arômes de fruits noirs et de menthol en bouche, une grosse matière tannique qui doit encore se fondre, cette cuvée confirme tous les espoirs aperçus en 2009. Le prix reste abordable pour ce niveau de qualité.

DOMAINE JEAN FOILLARD

Le Clachet • 69910 Villié-Morgon
Tél. 06 76 48 48 71 • Fax : 04 74 69 12 71
jean.foillard@wanadoo.fr
Visite : Sur rendez-vous.

Jean Foillard donne sans doute l'une des interprétations les plus fruitées de morgon. Tous ces vins partagent une suavité dans la chair et une grande harmonie tant au nez qu'en bouche, grâce à une viticulture qui poursuit sa conversion officielle à l'agriculture biologique, mais aussi un processus de vinification rodé par près de trente années d'expérience. Les 2009 sont étonnants de puissance et de chair, plus méridionaux que beaujolais dans leur équilibre, ils vieilliront longtemps, les 2010 retrouvent une norme plus beaujolaise.

FLEURIE 2009
Rouge | 2012 à 2019 | NC 15,5/20
Des parfums de fruits noirs (2010 est fruits rouges), une concentration intense, on croque dans une bouche dense et charnue.

MORGON CORCELETTE 2010
Rouge | 2012 à 2020 | NC **15,5/20**
Plus de chair que le py, bouche moins délicate mais plus parfumée, un autre terroir s'exprime.

MORGON CÔTE DE PY 2010
Rouge | 2012 à 2020 | NC **15,5/20**
Fruité tendre, grande pureté en bouche, une fine minéralité rend le jus encore plus savoureux.

MORGON CUVÉE 3.14 2009
Rouge | 2014 à 2029 | NC **17,5/20**
Toujours aussi concentré et riche, un fruité intense, pulpe de fruits noirs frais, allonge veloutée, finale envoûtante, un très grand py dans un millésime hors normes. Il se goûte encore sur le fruit, mais devrait bientôt se refermer.

GEORGES DUBŒUF

Quartier de la Gare • 71570 Romanèche-Thorins
Tél. 03 85 35 34 20 • Fax : 03 85 35 34 24
gduboeuf@duboeuf.com • www.duboeuf.com
Visite : De 10h à 18h.

Georges Dubœuf a fait connaître les vins du Beaujolais, et surtout le beaujolais-nouveau, dans le monde entier. Les volumes sont considérables, et de nombreuses cuvées recourent trop à notre goût à des procédés de vinification modernes (thermo), ce qui nuit à l'expression du terroir. Cependant, les cuvées réussies sont de dignes ambassadeurs de la région, et 2011 en a produit ici quelques gourmands exemples. La gamme Prestige, dont le millésime 2009 commence à être commercialisé, offre des rapports qualité-prix difficilement battables.

BEAUJOLAIS-VILLAGES GAMME FLEURS 2011
Rouge | 2012 à 2016 | NC **14/20**
Jolie personnalité, allonge charnue et fruitée, gourmand.

CHIROUBLES DOMAINE DE LAVERNÉE 2011
Rouge | 2012 à 2016 | 6,40 € **14,5/20**
Large et floral, aromatique, belle expression gourmande.

JULIÉNAS CHÂTEAU DES CAPITANS 2011
Rouge | 2012 à 2016 | NC **14,5/20**
L'élevage assouplit les tanins, vin concentré et droit, finale riche et équilibrée.

Juliénas Prestige 2009
Rouge | 2013 à 2019 | NC **15,5/20**
Fruits confits, raisins secs, gourmand, charnu et séveux.

Moulin-à-Vent Domaine des Rosiers 2011
Rouge | 2012 à 2017 | NC **15/20**
Beau travail d'élevage, qui enrobe les tanins, ensemble riche, charnu et dense.

Moulin-à-Vent Prestige 2009
Rouge | 2013 à 2019 | NC **16,5/20**
Belle classe, un élevage raffiné, des arômes de fruits très mûrs pour un vin difficile à localiser dans le Beaujolais.

DOMAINE DE LA GRAND'COUR

69820 Fleurie
Tél. 04 74 69 81 16
jlouis.dutraive@neuf.fr
hwww.dutraive.jeanlouis.free.fr
Visite : Sur rendez-vous.

Jean-Louis Dutraive cultive ses 10 hectares en agriculture biologique certifiée, vinifie en levures indigènes, avec une macération carbonique et sans ajouter de soufre. Ses différentes cuvées développent dans le verre d'inimitables parfums de fruits rouges frais, avec des textures caressantes et glissantes. Les 2009 ont été vendangés en légère surmaturité, d'où leurs puissants arômes de fraise écrasée, mais l'équilibre de bouche est admirable. Les 2010 ont une buvabilité irrésistible, et les 2011 goûtés en élevage s'annoncent plus charnus.

Fleurie Clos de la Grand'Cour 2010
Rouge | 2012 à 2018 | NC **15,5/20**
Fruité rouge croquant, juteux, bons tanins, friand et irrésistible de fruit.

Fleurie cuvée Vieilles Vignes 2010
Rouge | 2012 à 2020 | NC **16/20**
Jus concentré et dense, allonge séveuse, tanins veloutés, équilibre et raffinement.

Fleurie Terroir Champagne 2010
Rouge | 2012 à 2020 | NC **16/20**
Bouche riche et charnue, toujours ce fruité rouge croquant de gourmandise, plus de densité et de matière que les autres cuvées, un peu moins d'élégance mais plus de puissance.

DOMAINE DES GRANDS FERS

69820 Fleurie
Tél. 04 74 04 11 27 • Fax : 04 74 68 89 55
vins@christianbernard.fr • www.grandsfers.com
Visite : Sur rendez-vous.

Christian Bernard a repris le domaine familial en 1992, avec 10 hectares de vignes presque exclusivement sur Fleurie. Certaines vignes sont enherbées, d'autres sont désherbées, et l'éraflage est ajusté selon les millésimes. Les vins vieillissent harmonieusement, en développant des notes de menthol rafraîchissantes, à l'image des 2009 qui se sont bien refaits en bouteille, et un fleurie 1991 dégusté cette année (grand millésime dans la région) rayonnait de parfums dans le verre.

Fleurie Grands Fers Les Côtes 2011
Rouge | 2012 à 2022 | 9 € **15,5/20**
Sur la réduction, belle finesse, de l'ampleur, mais à regoûter en bouteille. Ça sera un joli vin.

Fleurie Grands Fers Les Côtes 2010
Rouge | 2015 à 2020 | 9 € **15/20**
Beaux parfums, concentrés, noirs, la bouche est délicate, une pointe vanillée encore perceptible mais qui se fondra, finale épaisse.

Fleurie Grands Fers Les Roches 2009
Rouge | 2016 à 2024 | 12,50 € **16/20**
Il commence seulement à être commercialisé. Le bois n'est pas encore fondu, il durcit un peu la bouche à ce stade. On peut la mettre de côté, elle se fera lentement.

Fleurie Tradition 2011
Rouge | 2012 à 2019 | 8 € **15/20**
Plus en chair et en matière que 2010, un fruité gourmand, une finale tendre.

HENRY FESSY

644, route de Bel-Air • 69220 Saint-Jean-d'Ardières
Tél. 04 74 66 00 16 • Fax : 04 74 69 61 67
contact@henryfessy.com • www.henryfessy.com
Visite : Sur rendez-vous.

La maison a été rachetée en 2008 par le négociant beaunois Louis Latour, mais c'est véritablement à partir du millésime 2009 que les nouvelles orientations techniques mises en place par Laurent Chevalier prennent leur pleine mesure. La gamme a gagné en régularité, et désormais plus aucune thermovinification ne vient gâcher l'expression des différents crus. C'est un nouveau départ pour la maison, et les 2010 confirment ce nouveau cap, dans un millésime tendre et friand.

Brouilly cuvée Confidentielle 2010
Rouge | 2012 à 2017 | 11,50 € **15/20**
Une concentration et une puissance qui faisaient défaut au brouilly d'entrée de gamme, charnu et riche.

Fleurie 2010
Rouge | 2012 à 2016 | 10,40 € **14,5/20**
Expression minérale en bouche, savoureux, fin et frais.

Juliénas 2010
Rouge | 2012 à 2016 | 9 € **14,5/20**
Riche, puissant, du volume, un registre fruits rouges et épices, de l'allonge.

Moulin-à-Vent 2010
Rouge | 2012 à 2017 | 10,40 € **15/20**
De la puissance et de la chair pour une bouche arrondie, un fruité rouge fin, une finale savoureuse.

Saint-Amour 2010
Rouge | 2012 à 2016 | 10,10 € **14,5/20**
Belle expression, fruité et charnue, allonge et fine salinité en fin.

CHÂTEAU DES JACQUES

Les Jacques • 71570 Romanèche-Thorins
Tél. 03 80 22 10 57 • Fax : 03 85 35 59 15
chateau-des-jacques@wanadoo.fr
www.louisjadot.com
Visite : Sur rendez-vous.

Ce domaine, appartenant à Louis Jadot, a permis à de nombreux amateurs de découvrir l'ambition des crus du Beaujolais. À partir de 2008, les morgons ont abandonné l'étiquette du Château des Lumières pour reprendre celle du Château des Jacques. En 2010, la propriété a acquis 15 hectares de très beaux secteurs en Moulin-à-Vent, mais il faudra plusieurs années pour que la viticulture soignée, déjà en place sur les vignes historiques, y produise ses effets. En 2009, toutes les cuvées ont bien été produites, leur dégustation permet une belle lecture du terroir de Moulin-à-Vent. Les 2010 n'ont pas la même concentration mais seront aimables plus jeunes.

Beaujolais Grand Clos de Loyse 2010
Blanc | 2012 à 2016 | 11,60 € **14,5/20**
Élégant, ciselé, un fruité blanc très pur, grande fraîcheur gourmande.

Bourgogne Clos de Loyse 2010
Blanc | 2012 à 2017 | 14,80 € **14,5/20**
Plus en gras et en fruits mûrs que le beaujolais blanc, beaucoup de finesse dans les arômes, un style plus bourguignon mais la même gourmandise.

Chénas En Papolet 2010
Rouge | 2012 à 2018 | 16 € **14,5/20**
Expression de fruits rouges et de poivres, toucher soyeux avec déjà une emprise minérale sur la langue, pointe torréfiée en fin.

Morgon 2010
Rouge | 2012 à 2017 | 15 € **14,5/20**
Corsé, dense, allonge ferme, bouche droite, on peut encore gagner en rondeur et en élégance.

Morgon Côte du Py 2010
Rouge | 2012 à 2020 | 24 € **16/20**
Une élégance et un raffinement naturels qui font défaut à Roche-Noire, une subtile touche poivrée en bouche, du charme.

Morgon Côte de Py - Château des Lumières 2006
Rouge | 2012 à 2017 | NC **13/20**
Puissant, très structuré, sa puissance tannique étonne en beaujolais. Il tiendra une viande persillée.

Moulin-à-Vent 2010
Rouge | 2012 à 2020 | 19 € **16/20**
Bel assemblage des différents terroirs de la propriété, le charnu épouse le minéral, le fruit rouge les arômes plus floraux et les épices fortes, on croque dans le raisin.

Moulin-à-Vent Clos du Grand Carquelin 2010
Rouge | 2014 à 2025 | 26 € **17/20**
Un toucher caressant, une texture fondante, beaucoup de délicatesse et d'harmonie, de la chair et plein de charme, pour un vin dont la minéralité va progressivement envahir le verre.

Moulin-à-Vent Grand Clos de Rochegrès 2010
Rouge | 2014 à 2025 | 26 € **17,5/20**
Le plus complet de la série, comme souvent, floral et ample en bouche, déjà ouvert mais avec un bon potentiel d'évolution. La bouche coule d'un trait.

Moulin-à-Vent La Roche 2010
Rouge | 2014 à 2025 | 26 € **16,5/20**
Corsé à souhait, bouche tendue avec une expression minérale de grand caractère, propre au cru. Beaucoup de suavité dans la caresse du tanin.

DOMAINE PAUL ET ÉRIC JANIN

La Chanillière • 71570 Romanèche-Thorins
Tél. 03 85 35 52 80 • Fax : 03 85 35 21 77
contact@domaine-paul-janin.fr
www.domaine-paul-janin.fr
Visite : Du lundi au vendredi de 10h à 12h et de 14h à 18h. Le samedi sur rendez-vous.

Éric Janin soigne son vignoble idéalement situé sur l'un des meilleurs terroirs du Beaujolais. Les sols riches en manganèse donnent à ses cuvées un caractère épicé mais délicat, que ses vinifications sous bois et son hygiène de cave soulignent avec raffinement. Aucune fausse note dans les derniers millésimes, et 2009 répond bien aux attentes, avec en petite surprise une cuvée des Grenériers, issue de vignes presque centenaires dans le prolongement du Grand Carquelin, cuvée seulement produite en 1976 par Paul Janin, le père d'Éric. Les 2010 sont plus frais, mais les petits rendements ont permis une belle concentration.

BEAUJOLAIS-VILLAGES 2010 ☺
Blanc | 2012 à 2017 | 8,30 € **14,5/20**
Nez grillé, banane séchée, fin et élégant, bouche grasse tendue par une bonne acidité, gourmand. L'élevage est encore présent mais apporte de la gourmandise.

MOULIN-À-VENT CLOS DU TREMBLAY 2010
Rouge | 2012 à 2025 | 14,90 € **16,5/20**
Charnu, soyeux, raffiné, gourmandes notes de fruits noir et d'épices douces, onctueux, grande élégance, il peut encore patienter.

MOULIN-À-VENT
DOMAINE DES VIGNES DU TREMBLAY 2010 ☺
Rouge | 2012 à 2020 | 12,60 € **15,5/20**
Nez élégant, un registre assez floral, bouche dynamique, des tanins fins, une allonge fraîche avec de la chair et de la tension.

MOULIN-À-VENT LES GRENÉRIERS
VIEILLES VIGNES 2010
Rouge | 2012 à 2025 | 15,60 € **17/20**
À ce stade il offre plus de minéralité que le clos, ils se rejoindront dans l'élégance avec un peu de temps, mais grénériers aura toujours plus de finesse.

ANITA ET ANDRÉ KUHNEL

Les Raisses • 69910 Villié-Morgon
Tél. 04 74 04 22 59 • Fax : 04 74 04 22 59
aa.kuhnel@wanadoo.fr • www.kuhnel.fr
Visite : Sur rendez-vous.

Anita et André Kuhnel exploitent leurs vignes sur Morgon, Chénas et Moulin-à-Vent. Les techniques de vinification employées produisent des vins qui évoluent vite mais conviennent à la restauration bistro, le fruité est souvent gourmand même si on pourrait attendre plus de concentration et de matière sur de tels terroirs.

CHÉNAS CUVÉE P'TIT CO 2011
Rouge | 2012 à 2017 | 6,20 € **14,5/20**
De l'épaisseur en bouche, un fruité rouge frais, ensemble gourmand et charnu.

MOULIN-À-VENT REINE DE NUIT 2011
Rouge | 2012 à 2017 | 8,50 € **14,5/20**
De l'épaisseur en bouche, un fruité rouge frais, ensemble gourmand et charnu.

DOMAINE LABRUYÈRE

Moulin à Vent • 71570 Romanèche-Thorins
Tél. 03 85 20 38 00 • Fax : 03 85 38 89 90
edouard@groupe-labruyere.com
Visite : Sur rendez-vous.

Ce domaine a été repris en main par la famille Labruyère en 2007, avec la volonté affichée de faire parler leurs grands terroirs, le Clos du Moulin-à-Vent en tête, sans doute le plus beau sous-sol de l'appellation. Avec l'aide de l'œnologue Nadine Gublin, leur première tâche consiste à redonner vie aux sols, après des décennies de culture chimique. Les 2009 se présentent sous un jour plus favorable que les 2008, mais montrent également le chemin restant à parcourir pour rattraper les leaders de l'appellation. 2010 voit enfin les efforts visibles à la vigne récompensés dans le verre, et nous saluons ces savoureux progrès.

MOULIN-À-VENT GRANDE CUVÉE 2010
Rouge | 2012 à 2020 | 9,50 € **15/20**
Bouche bien charnue, fruité noir et jus de viande, allonge savoureuse avec beaucoup de délicatesse dans le tanin, finale parfumée sur le grain de raisin mûr.

MOULIN-À-VENT LE CLOS DU MOULIN-À-VENT MONOPOLE 2010

Rouge | 2012 à 2020 | 15 € **15,5/20**

Plus minéral dans son expression que la Grande-Cuvée, la bouche est bien tendue, avec des tanins tout droits, le terroir commence à bien s'exprimer, la finale est tout en élégance.

DOMAINE HUBERT LAPIERRE

Les Gandelins - Cidex 324 - 1847, route des Deschamps • 71570 La Chapelle-de-Guinchay
Tél. 03 85 36 74 89 • Fax : 03 85 36 79 69
hubert.lapierre@wanadoo.fr
www.domaine-lapierre.com
Visite : Sur rendez-vous.

Hubert Lapierre a choisi en 2009 de restreindre drastiquement la taille de son exploitation, se concentrant sur ses 3 hectares et demi en propriété, sur Chénas et Moulin-à-Vent. Avec près de cinquante vinifications au compteur, il prend le temps de soigner ses vignes comme un jardin, notamment en pratiquant l'enherbement. Ses vins vieillissent fort bien, et sont proposés essentiellement à la clientèle particulière. Les 2009 ont un fruité mûr légèrement confit, les 2010 un fruité plus acidulé, les 2011 goûtés avant mise combineront la chair et le fruit.

CHÉNAS FÛT DE CHÊNE 2011

Rouge | 2016 à 2031 | NC **17/20**

L'élevage le marque de ses notes grillées et toastées, mais la mise en bouteille n'est pas pour demain, le jus est élégant et velouté, la finale parfumée et bien équilibrée. Patience...

CHÉNAS TRADITION 2011 ☺

Rouge | 2012 à 2026 | 6,10 € **15,5/20**

Bien concentré, encre et fruits noirs, bouche charnue, ça fera une superbe bouteille.

CHÉNAS VIEILLES VIGNES 2011

Rouge | 2012 à 2031 | 6,80 € **17/20**

Fine accroche poivrée, splendide distinction, beaucoup de mâche avec un très joli soyeux de tanin. Grande bouteille en préparation !

MOULIN-À-VENT TRADITION 2011

Rouge | 2012 à 2026 | 6,80 € **16/20**

Une expression plus minérale et plus épurée que le chénas, bouche élancée, bel envol, de l'élégance.

MOULIN-À-VENT VIEILLES VIGNES 2011

Rouge | 2012 à 2031 | NC **16,5/20**

Emprise minérale dès l'accroche en bouche, elle domine pour l'instant la sensation de finesse et de chair, une autre grande bouteille que l'on comparera au chénas ! Pour l'heure, ils sont trop jeunes.

DOMAINE MARCEL LAPIERRE

Les Chênes • 69910 Villié-Morgon
Tél. 04 74 04 23 89 • Fax : 04 74 69 14 40
informations@marcel-lapierre.com
www.marcel-lapierre.com
Visite : Sur rendez-vous.

Depuis la disparition de Marcel lors des vendanges 2010, c'est son fils Mathieu qui assure les vinifications et l'élevage avec beaucoup de courage et de volonté. De sa formation de cuisinier, il a conservé une gestion méticuleuse de l'hygiène, indispensable lorsqu'on vinifie sans soufre. Attention, les cuvées non filtrées et non protégées doivent absolument être conservées à température de cave, sous peine de déviance. Le domaine propose aussi des cuvées plus classiques mais les contre-étiquettes sont clairement détaillées. Les 2010 s'apprécient jeunes, sur leur fruité gourmand, les 2011 ont plus de profondeur.

MORGON MARCEL LAPIERRE 2011

Rouge | 2012 à 2021 | 27 € **15,5/20**

Fruité très élégant, bouche droite et fraîche, toute en légèreté, grande buvabilité.

MORGON NATURE 2011 ☺

Rouge | 2012 à 2016 | 15 € **15/20**

Fruité frais, fraise des bois, bouche charnue, le registre floral se développe en fin, gourmand et pur.

MORGON SULFITÉ 2011 ☺

Rouge | 2012 à 2016 | 15 € **15/20**

Étriqué par sa mise, mais il se goûte aussi bien que la cuvée sans soufre.

DOMAINE LASSAGNE

Lieu-dit La-Ville • 71570 Saint-Amour-Bellevue
Tél. 03 85 37 11 93 • Fax : 03 85 36 56 61
andre@domainelassagne.com
Visite : Sur rendez-vous.

André et Nicole Lassagne se sont reconvertis vignerons avec le millésime 2000, en reprenant les six hectares du domaine familial, essentiellement sur Saint-Amour. On apprécie la franchise des diffé-

rentes cuvées, elles se livrent en général assez rapidement. Les 2010 et 2011 sont tendres, les 2009 étaient plus en chair.

Juliénas Vieilles Vignes 2011
Rouge | 2012 à 2016 | 10 € **13,5/20**
Texture délicate, minéralité fine en bouche, allonge fruitée et gourmande.

Saint-Amour Prestige 2009
Rouge | 2013 à 2019 | 15 € **15/20**
Concentré, charnu, beaux tanins allongés, il est moins ouvert que l'an passé et mérite une petite aération.

Saint-Amour Vieilles Vignes 2010 ☺
Rouge | 2012 à 2015 | 10 € **14/20**
Plus épicé que la cuvée Tradition, un jus élégant aux notes poivrées gourmandes, texture fine.

DOMAINE THIBAULT LIGER-BELAIR

Lieu-dit Maison Neuve • 69840 Chénas
Tél. 03 80 61 51 16
contact@thibaultligerbelair.com

Notre révélation de l'année passée confirme pleinement cette année. Thibault Liger-Belair, déjà fameux pour ses productions côte-d'oriennes, a acquis en 2009 de très jolies vignes sur Moulin-à-Vent. La reprise en mains du vignoble est en cours, les sols sont labourés avec application, mais les deux cuvées de Vieilles-Vignes et La-Roche brillent déjà. Les 2010 sont bien en chair, les 2011 en élevage s'annoncent légèrement supérieurs.

Moulin-à-Vent La Roche 2010
Rouge | 2014 à 2025 | NC **16/20**
Plus raffiné, plus élégant que la cuvée de vieilles-vignes, une finale tout en jus, savoureuse.

Moulin-à-Vent Vieilles Vignes 2010
Rouge | 2015 à 2025 | NC **15,5/20**
Plus tendu que les 2011, bouche dense et droite, il demande encore un peu de patience pour assouplir son tanin, arômes viandés savoureux.

Moulin-à-Vent Vignes Centenaires 2011
Rouge | 2012 à 2027 | NC **16/20**
Plus de réduction, mais quelle chair, quelle densité, quel jus ! À revoir en bouteille.

DOMAINE DE LA MADONE

La Madone • 69820 Fleurie
Tél. 04 74 69 81 51 • Fax : 04 74 69 81 93
domainedelamadone@wanadoo.fr
www.domaine-de-la-madone.com
Visite : Du lundi au samedi de 10h à 12h et de 13h30 à 18h. Le dimanche sur rendez-vous.

Le coteau pentu de La Madone offre une vue imprenable sur Fleurie et ses environs. Jean-Marc Després et son fils Arnaud y exploitent les deux propriétés voisines du domaine de la Madone et du domaine du Niagara. Dans la gamme, nous préférons la cuvée de Grille-Midi (une cuvette très solaire) et la cuvée-Spéciale, issue des plus vieilles vignes. Les 2009 sont bien réussis, même si les finales sont parfois d'un équilibre relevé, un écueil qu'ont évité les 2010.

Fleurie cuvée 1889 2009
Rouge | 2012 à 2019 | 27 € **15/20**
L'élevage est bien présent, dommage que ses arômes marquent trop la bouche mais ça plaira à certains. Les tanins sont fins, le raisin très mûr ce qui donne une fin de bouche relevée. Il plaira en concours mais fatiguera vite à table.

Fleurie Grille Midi Vieilles Vignes 2010 ☺
Rouge | 2012 à 2020 | 11 € **15,5/20**
Salin, épanoui, parfumé et large, ses notes de fruits noirs et de bacon font merveille.

DOMAINE LAURENT MARTRAY

Combiaty • 69460 Odenas
Tél. 04 74 03 51 03 ou 06 14 42 04 74
Fax : 04 74 03 50 92
martray.laurent@akeonet.com
www.domainelaurentmartray.com
Visite : Sur rendez-vous.

Laurent Martray possède l'essentiel de son domaine sur Brouilly et Côte de Brouilly, et offre une courte gamme parmi les plus régulières du secteur. Son application à la vigne et sa rigueur technique lui ont permis un sans-faute en 2009, avec des vins d'une buvabilité et d'un équilibre étonnants pour leur concentration, sans-faute reconduit en 2010. Un domaine hautement recommandable.

Brouilly Corentin 2010
Rouge | 2012 à 2020 | 12 € **16/20**
Le fût apporte une note gourmande mais surtout beaucoup de rondeur et de gras au vin, l'ensemble est bien fondu, frais et pur, finale sur le noyau de cerise.

Brouilly Vieilles Vignes Combiaty 2010
Rouge | 2012 à 2018 | 10 € **15/20**
Fruité croquant, rouge et bien gourmand, texture en rondeur, beaucoup de gourmandise pour ce brouilly vinifié de façon traditionnelle. Grande buvabilité.

Côte de Brouilly Les Feuillées 2010
Rouge | 2012 à 2020 | 10 € **16/20**
Un fruité confit gourmand, une bouche à la minéralité corsée, excellent caractère, très typé côte.

DOMAINE MÉTRAT ET FILS

La Roilette • 69820 Fleurie
Tél. 04 74 69 84 26 • Fax : 04 74 69 84 49
contact@domainemetrat.fr
www.domainemetrat.com
Visite : Sur rendez-vous.

Bernard Métrat a la chance de cultiver des vignes dans le prestigieux secteur de la Roilette. Situé sur Fleurie mais en bordure de Moulin-à-Vent, le sous-sol y est plus caillouteux et argileux que dans le reste de l'appellation, fameux pour ses sols de granite rose décomposé. Les vins associent alors avec bonheur le parfum inimitable des fleuries au corps charnu des moulin-à-vents. Les 2009 sont splendides et nous saluons la naissance d'une nouvelle cuvée de Chiroubles, dont le nom animera les conversations les soirs d'hiver. les 2010 sont moins exubérants mais plus fins.

Chiroubles 2010 ☺
Rouge | 2012 à 2020 | 6,50 € **15/20**
Gourmands arômes de fruits mûrs, cassis et réglisse, texture ferme mais précise dans sa définition, allonge savoureuse.

Chiroubles lieu-dit Côte Rôtie 2010 ☺
Rouge | 2012 à 2025 | 8 € **15,5/20**
Finesse supérieure des arômes par rapport à l'autre chiroubles, tabac et fruits secs, la texture du cru revient en seconde partie de bouche.

Fleurie La Roilette Vieilles Vignes 2010
Rouge | 2015 à 2025 | 8,50 € **17/20**
Profondeur des arômes, une allonge minérale qui étire la bouche, un jus pur, dense et concentré.

Moulin-à-Vent lieu-dit Champagne 2010
Rouge | 2015 à 2025 | 8,50 € **16,5/20**
Il est encore jeune, mais la chair et la volupté sont déjà présents, l'allonge fruitée est bien gourmande, il régalera assez vite.

CLOS DE MEZ

Les Raclets • 69820 Fleurie
Tél. 06 03 35 71 89 • Fax : 03 80 61 21 47
contact@closdemez.com • www.closdemez.com
Visite : Sur rendez-vous.

Le Clos de Mez est la création de Marie-Élodie Zighera (dont les initiales reforment le mot MEZ), à partir d'une partie des vignes familiales, qui longtemps étaient apportées à la cave de Fleurie. Après des études viticoles et de nombreuses recherches documentaires, elle s'est mis en tête de produire des beaujolais comme autrefois. Elle a donc mis en place une viticulture exemplaire, avec reprise des labours, elle vendange à parfaite maturité, en évitant les excès en 2009, les fermentations démarrent à basse température, avec des cuvaisons longues et des élevages qui prennent le temps nécessaire. Les 2008 actuellement commercialisés offrent un fruité épicé, les 2009 les surpasseront. Les 2010 goûtaient très bien lors de notre passage mais n'étaient pas en bouteille.

Fleurie La Dot 2010
Rouge | 2012 à 2025 | 11 € **15,5/20**
Belle palette aromatique, viande fumée et épices, pas mal de fraîcheur qui allonge la bouche, un millésime assez acide. Il ne faut pas se presser de le mettre en bouteille.

Fleurie La Dot 2009
Rouge | 2015 à 2029 | 11 € **17/20**
Une petite réduction à l'ouverture qui apprécie un passage en carafe. Nuances minérales, zeste d'orange, fruits rouges, la palette est variée à souhait. La bouche est riche et large, avec des tanins encore un peu fermes, une allonge savoureuse, un vin complet au grand avenir.

Morgon Château Gaillard 2010
Rouge | 2012 à 2030 | 11 € **17/20**
Plus concentré, plus dense, plus tannique que le fleurie, grosse matière, il se goûte mieux que le fleurie car il est moins chargé en gaz ! Il sera plus vite prêt à être mis.

MOMMESSIN

Le Pont-des-Samsons • 69430 Quincié-en-Beaujolais
Tél. 04 74 69 09 30 • Fax : 04 74 69 09 28
information@mommessin.fr
Visite : Du lundi au vendredi sur rendez-vous.

Mommessin est la tête de pont du groupe Boisset dans le Beaujolais. L'expérience Monternot, un cuvier indépendant pour des vinifications pointues,

a hélas pris fin, privant la marque de quelques cuvées de bon niveau. Le reste de la gamme permet de trouver de jolies bouteilles, mais il faut savoir trier.

Fleurie Domaine de la Presle 2010
Rouge | 2012 à 2016 | 9,50 € **14,5/20**
Joli fleurie, bien poivré, texture fine, gourmand et bien frais.

Juliénas 2010
Rouge | 2012 à 2017 | 7,20 € **14,5/20**
Un meilleur caractère que le Domaine de la Conseillère, une bouche épicée dans une allonge bien tannique, joli.

Mâcon-Villages Vieilles Vignes 2010
Blanc | 2012 à 2016 | 6,85 € **13,5/20**
Gras, agréablement concentré, fruits blancs et ananas juteux, équilibré et gourmand.

Morgon Domaine de Lathevalle 2010
Rouge | 2012 à 2017 | 7,85 € **14,5/20**
Bon fruit, texture bien serrée, de la chair et de la longueur. Recommandé.

CHÂTEAU DU MOULIN-À-VENT

4, rue des Thorins • 71570 Romanèche-Thorins
Tél. 03 85 35 50 68
info@chateaudumoulinavent.com
www.chateaudumoulinavent.com
Visite : Du lundi au vendredi de 9h à 12h et de 14h à 17h; le week-end sur rendez-vous.

Le Château du Moulin-à-Vent, longtemps appelé Château des Thorins, a été racheté par Jean-Jacques Parinet en 2009. Issu de l'univers des logiciels, ce Parisien d'origine a tout de suite vu grand pour cette splendide propriété de 30 hectares, idéalement situés autour du fameux moulin. Le domaine s'est encore agrandi en 2012, en acquérant 17 hectares supplémentaires de terroirs de premier plan, toujours en Moulin-à-Vent. De lourds investissements ont été consentis, la cuverie permet désormais une hygiène idéale, et bien sûr les vignes ont été sérieusement reprises en main, les désherbages cessés et les manquants replantés. Comme premier millésime, il était difficile d'envisager plus idyllique que 2009. Les 2010 confirment cette bonne impression chez ce domaine qui progresse à chaque dégustation.

Moulin-à-Vent Champ de Cour 2010
Rouge | 2012 à 2025 | cav. 25,90 € **16,5/20**
Plus en épaisseur que vérillats, fruité rouge et noir sans note de surmaturation, équilibré, élevage intégré, jolie bouteille en préparation.

Moulin-à-Vent
Château du Moulin-à-Vent 2010
Rouge | 2012 à 2020 | cav. 16,90 € **15,5/20**
Cerises et épices, texture fine en bouche, toucher délicat, allonge et raffinement.

Moulin-à-Vent Couvent des Thorins 2010
Rouge | 2012 à 2016 | cav. 11,90 € **14,5/20**
Fruits rouges et notes viandées, gourmand, juteux, de la vinosité et des tanins encore un peu fermes.

Moulin-à-Vent Croix des Vérillats 2010
Rouge | 2012 à 2020 | cav. 23,30 € **16/20**
Boisé torréfié au nez, il faudra patienter un peu, la minéralité apporte une belle pureté, finale racée, avec un fruité surmûr typique de la parcelle.

Pouilly-Fuissé 2011
Blanc | 2012 à 2018 | cav. 19,10 € **15/20**
Agrumes mûrs, gras, tension en bouche, élégant et pur.

DOMAINE DU MOULIN D'ÉOLE

Le Bourg • 69840 Chénas
Tél. 04 74 04 46 88 • Fax : 04 74 04 47 29
moulindeole@wanadoo.fr
Visite : Du lundi au vendredi de 10h à 12h30 et de 14h30 à 19h.

Philippe Guérin propose essentiellement deux cuvées de moulin-à-vent, un thorins vinifié de façon traditionnelle, en cuve, et un champ-de-cour élevé en fût de chêne. Les vins expriment une solide puissance tannique, un style massif qui s'impose à table.

Moulin-à-Vent Les Champs de Cour 2009
Rouge | 2012 à 2019 | 9 € **15,5/20**
Riche, concentré, il demande un peu d'aération pour bien se révéler dans le verre, la bouche est puissante mais n'a pas encore totalement digéré son élevage en fûts. Il goûte mieux que l'an passé.

Moulin-à-Vent Les Thorins 2010

Rouge | 2012 à 2018 | 8 € **15/20**

Fruits rouges et notes de sous-bois, de fermes tanins, de la mâche, de la droiture et un bel équilibre, solide.

DOMAINE DES NUGUES

Les Pasquiers - 40, rue de la Serve • 69220 Lancié
Tél. 04 74 04 14 00 • Fax : 04 74 04 16 73
earl-gelin@wanadoo.fr
www.domainedesnugues.com
Visite : Du lundi au samedi de 8h à 12h et de 13h30 à 18h30 sur rendez-vous de préférence.

Gilles Gelin élabore des beaujolais comme nous les aimons : avec de la mâche et de la densité en bouche, sans céder aux sirènes du fruité technologique et vulgaire. Sa cuvée Quintessence est un modèle de gamay vinifié sur la matière, elle doit être servie en carafe pour piéger les dégustateurs snobs qui méprisent la région. Grands 2009, à ne manquer sous aucun prétexte, à commencer par la nouvelle cuvée, Pierre, vinifiée en grappes entières. Les 2010 sont plus frais, moins en concentration mais tout aussi charmeurs.

Beaujolais-Villages 2011

Blanc | 2012 à 2016 | 9,50 € **15/20**

Fruité, cristallin, arômes purs de fruits blancs, finale légèrement saline.

Beaujolais-Villages 2010

Rouge | 2012 à 2015 | 7,50 € **14,5/20**

Bouche souple, fruité rouge, à boire sur son fruité acidulé, pour son charme.

Beaujolais-Villages Quintessence du gamay 2009

Rouge | 2012 à 2024 | 10,50 € **17/20**

Pêche de vigne et épices douces, toucher délicat, beaucoup d'élégance mais encore une belle marge de progression, de l'allonge et un grand équilibre frais.

Fleurie 2010

Rouge | 2012 à 2020 | 10 € **15/20**

Droit, belle finesse en bouche, élégant, il évoluera bien même s'il paraît discret à l'ouverture.

DOMAINE JEAN-GUILLAUME PASSOT

Les Pillets • 69910 Villié-Morgon
Tél. 09 53 44 11 81 • Fax : 09 58 44 11 81
jgpassot@yahoo.fr
www.jeanguillaumepassot.passotcollonge.fr
Visite : Sur rendez-vous.

Le jeune Jean-Guillaume vinifie depuis 2005, sur Brouilly et Côte de Brouilly. Le second cru nous a légèrement déçus en 2010, mais la nouvelle cuvée de pisse-vieille (c'est l'un des climats de Brouilly, évitons ainsi tout malentendu...) est parfumée à souhait.

Brouilly Pissse-Vieille 2010

Rouge | 2012 à 2016 | NC **14,5/20**

Une personnalité supérieure au brouilly, un fruité rouge plus fin, plus fraise, belle finesse d'ensemble.

DOMAINE DU PENLOIS

Le Penlois • 69220 Lancié
Tél. 04 74 04 13 35 • Fax : 04 74 69 82 07
domaine-du-penlois@wanadoo.fr
www.domaine-du-penlois.fr

Beaujolais 2011

Blanc | 2012 à 2017 | NC **15/20**

Complet, la petite réduction allonge la bouche, savoureux, gras et doté d'arômes de fruits mûrs.

CHÂTEAU DE PIERREUX

Pierreux • 69460 Odenas
Tél. 04 74 69 09 34 • Fax : 04 74 03 18 39
nesme.l@chateaudepierreux.com

Cette splendide propriété appartient depuis 2002 au groupe Boisset, qui l'a joliment restaurée. Situé au pied du mont Brouilly, le terroir est de premier ordre, il donne une belle structure minérale aux vins. Les vinifications se font entièrement en foudres. Le château n'élabore que deux cuvées de brouilly, une entrée de gamme et une Réserve-du-Château, très savoureuse en 2008, avec plus de puissance en 2009. Pas de Réserve en 2010, ce qui profite bien à la cuvée d'entrée de gamme.

Brouilly 2010

Rouge | 2012 à 2018 | 8,15 € **14,5/20**

Plein, dense, concentration agréable pour un brouilly qui livre déjà ses francs arômes de fruits rouges, bonne texture pleine de jus.

Brouilly 2009
Rouge | 2012 à 2019 | 8,15 € **14,5/20**
Plus de matière, plus de chair que le 2010, belle épaisseur en bouche, tanins ronds et gourmands.

Brouilly La Réserve du Château 2009
Rouge | 2013 à 2019 | 11 € **15,5/20**
Très mûr, d'où ses arômes de fruits cuits, plus rhodanien que beaujolais dans le style (on frôle les 15°), ensemble riche et gourmand.

DOMAINE PIRON

Morgon • 69910 Villié-Morgon
Tél. 04 74 69 10 20 • Fax : 04 74 69 16 65
dominiquepiron@domaines-piron.fr
www.domaines-piron.fr
Visite : Sur rendez-vous.

Dominique Piron fait partie de ses infatigables ambassadeurs du Beaujolais qui parcourent le monde pour y faire déguster les différents terroirs qu'il vinifie dans le plus grand respect de la tradition et de l'origine. Les morgons 2011 n'étaient pas assemblés lors de notre passage, mais les différents lots présentaient chair et densité, et vieilliront fort bien.

Beaujolais-Villages 2011
Rouge | 2012 à 2016 | 6,75 € **15/20**
Fruité tendre, gourmand, savoureux avec une matière bien charnue, complet.

Brouilly 2011
Rouge | 2012 à 2017 | 8,25 € **14,5/20**
Fruité, texture tendre, légèrement salin, pas l'expression la plus aboutie du terroir mais idéal pour les bistrots et brasseries.

Chénas Domaine Piron-Lameloise cuvée Quartz 2011
Rouge | 2012 à 2021 | 11,50 € **16/20**
Belle réussite, de la chair, de la densité avec cette emprise minérale qui enserre la fin de bouche.

Beaujolais-Villages
Domaine de la Chanaise 2011
Rouge | 2013 à 2014 **13,5/20**
Robe bleutée, arômes fruités bien dégagés, entre la cerise noire et la myrtille, du tonus, de la matière et une certaine assurance.

Moulin-à-Vent Domaine Piron-Lameloise
Vieilles Vignes 2011
Rouge | 2012 à 2026 | 13 € **16,5/20**
Bouche bien charnue, de la profondeur, fruits noirs et mine de crayon, fin de bouche riche.

Régnié Croix Penet 2011
Rouge | 2012 à 2018 | NC **15,5/20**
Une bouche bien charnue, beaucoup de plaisir pour ce régnié vinifié sans thermo, complet, droit. Une nouvelle cuvée prometteuse.

DOMAINE DU PRESSOIR FLEURI

Le Bourg • 69115 Chiroubles
Tél. 04 74 04 23 12 • Fax : 04 74 69 12 65
dom.pressoir.fleuri@terre-net.fr
Visite : Sur rendez-vous.

Nous avions retenu ce domaine l'an passé pour l'homogénéité et le fruité gourmand de sa gamme en 2009. Les 2010 confirment notre bonne impression initiale. Les chiroubles sont ici la spécialité, tant mieux car trop peu de domaines s'intéressent à cette appellation, le cru le plus élevé du Beaujolais.

Chiroubles Vieilles Vignes 2010
Rouge | 2012 à 2017 | 7,50 € **14/20**
Texture affirmée, beaucoup de charme et d'élégance, gourmand et fin.

Fleurie 2010
Rouge | 2012 à 2017 | 7,50 € **14/20**
Belle présence minérale en bouche, de la chair et une belle palette florale.

DOMAINE LES ROCHES BLEUES

Côte-de-Brouilly • 69460 Odenas
Tél. 04 74 03 43 11 • Fax : 04 74 03 50 06
lacondemine.dominique@wanadoo.fr
Visite : Sur rendez-vous.

Les terres bleues du mont Brouilly sont parmi les plus volcaniques du Beaujolais, et contribuent fortement au goût de terroir des vins de la propriété, minéraux et tendus. Ici, le sol domine le fruit, comme il se doit dans un cru, grâce à des élevages en vieux foudres. Seule la cuvée Des-Lys est logée partiellement en fûts, d'où son style légèrement boisé. Belle réussite d'ensemble des 2010, après les très beaux 2009.

Brouilly 2010
Rouge | 2012 à 2017 | 6,50 € **14,5/20**
Élégant, salin, savoureux et élancé, il est à point.

Côte de Brouilly 2010
Rouge | 2012 à 2020 | 7 € **15,5/20**
Plus minéral que le brouilly, texture serrée, élégant et fin, tout en délicatesse.

Côte de Brouilly Des Lys 2010
Rouge | 2012 à 2020 | 8,50 € **15/20**
L'élevage s'est bien fondu, la texture est suave et fruitée, gourmande plus que minérale.

CLOS DE LA ROILETTE

Domaine Alain Coudert • 69820 Fleurie
Tél. 04 74 69 84 37 • Fax : 04 74 69 81 26
clos-de-la-roilette@wanadoo.fr
Visite : Du lundi au samedi de 8h à 19h.
Le dimanche sur rendez-vous.

Alain Coudert a la chance d'exploiter 7 hectares du fameux secteur de la Roilette, par certains égards plus typé moulin-à-vent que fleurie. Sa fameuse cuvée Tardive, qui demande toujours un peu de temps en bouteille, est l'un des grands flacons du millésime 2009. Dans ce millésime, une nouvelle cuvée est née, la Griffe-du-Marquis, issue des mêmes jus que Tardive mais avec un élevage en fûts et non en vieux foudres. Les 2010 montraient un visage ingrat le jour de notre dégustation, comme le font parfois les vins jeunes, mais quelques mois en bouteille devraient leur ramener le sourire.

Fleurie cuvée Tardive 2010
Rouge | 2014 à 2020 | épuisé **15,5/20**
Texture ferme, la bouche est déjà bien tendue, le registre floral revient en finale.

Fleurie Griffe du Marquis 2010
Rouge | 2015 à 2020 | épuisé **15,5/20**
L'élevage n'est pas encore digéré, mais le toucher de bouche est caressant, l'allonge gourmande, attendre un peu.

DOMAINE RICHARD ROTTIERS

La Sampinerie • 71570 Romanèche-Thorins
Tél. 03 85 35 22 36 • Fax : 03 85 35 22 36
contact@domainerichardrottiers.com
www.domainerichardrottiers.com
Visite : Sur rendez-vous.

Richard Rottiers, Chablisien d'origine, est venu s'installer dans le Beaujolais en 2007. Sur ses vignes de Moulin-à-Vent, il a tout de suite mis l'accent sur la viticulture, la démarche bio étant dans sa ligne de mire, mais il s'agit pour l'heure de faire renaître la vie des sols en les labourant et y ramenant de la matière organique. Les 2008 se sont bien refaits en bouteille, et les 2009 montrent l'amélioration qualitative des raisins millésime après millésime, des progrès encourageants que les 2010 mettent en pleine lumière, d'où une promotion dans notre hiérarchie.

Moulin-à-Vent 2010
Rouge | 2012 à 2020 | 9 € **15,5/20**
Élancé, fruit rouge, la minéralité revient bien en bouche, de la chair et un plaisir gourmand bien présent, avec une fraîcheur désaltérante.

Moulin-à-Vent Champ de Cour 2010
Rouge | 2014 à 2025 | 13 € **16,5/20**
Attaque suave et harmonieuse, beaucoup de fondu dans la caresse de bouche, attendre que tout l'élevage soit assimilé, jolie finale.

Moulin-à-Vent Dernier Souffle 2010
Rouge | 2014 à 2020 | 11 € **15/20**
Nouvelle cuvée. Le fût le marque de notes vanillées, le 2011 n'aura pas ce désavantage car élevé en foudres. Le jus est suave et élégant, on patientera car les tanins sont fins.

DOMAINE DES TERRES DORÉES

Crière • 69380 Charnay-en-Beaujolais
Tél. 04 78 47 93 45 • Fax : 04 78 47 93 38
contact@jeanpaulbrun.fr
Visite : Sur rendez-vous.

Jean-Paul Brun est situé au sud de la région, dans le secteur des Pierres Dorées, et ses beaujolais sont régulièrement des vins accomplis, charnus et profonds, loin des stéréotypes que l'on rencontre trop souvent dans la région. En 2009, dans une gamme où chaque cru goûte juste, le morgon et le bourgogne pinot noir sont exceptionnels. Les 2010 sont de la même veine, fraîche et vineuse.

Beaujolais chardonnay vinification bourguignonne 2010
Blanc | 2012 à 2015 | 14 € **15/20**
Bouche grasse rafraîchie par une belle tension citronnée, il combine à ravir la texture des bourgognes et la fraîcheur désaltérante des beaujolais blancs.

Morgon 2010
Rouge | 2012 à 2025 | 12 € **16,5/20**
Dominante fruits rouges et minéralité saline, allonge juteuse gourmande, texture fine, tension finale.

Moulin-à-Vent 2010
Rouge | 2012 à 2025 | 14,50 € **16,5/20**
Minéral et droit, le tanin est épicé, l'allonge moins en chair qu'en 2009 mais c'est un vin de belle finesse.

DOMAINE PAUL-HENRI THILLARDON

Le Bourg - Cidex 1014 • 71570 Romanèche-Thorins
Tél. 06 07 76 00 91
paul-henri.t@hotmail.fr
www.paul-henri-thillardon.blogspot.com
Visite : Sur rendez-vous.

Paul-Henri Thillardon, jeune vigneron motivé et dynamique, s'est installé sur Chenas en 2008, et s'est tout de suite orienté vers l'agriculture biologique certifiée, avec la biodynamie en ligne de mire. Ses vignes sont cultivées comme un jardin, il vient de démarrer les labours au cheval, et ses efforts sont bien récompensés en 2009. Les raisins sont éraflés, ce qui donne des touchers de bouche caressants et suaves, associés à des parfums de fruits noirs purs et gourmands. Les durées de macération se sont allongées en 2010, renforçant le corps du vin. Quelques cuvées élevées sous bois (Carrière Origine) ou sans soufre (Vibrations) tâtonnent encore un peu, et ne sont pas au même niveau. Un péché de jeunesse, assurément…

BEAUJOLAIS LA VIGNE DE MON PÈRE 2011 ☺
Rouge | 2012 à 2016 | 7 € **14,5/20**

Encore malmené par sa mise récente, il exprime une palette diversifiée, sous-bois, champignons, fruits noirs, mais c'est en bouche que la richesse s'exprime le mieux, avec un jus savoureux et de bons tanins.

CHÉNAS LES BOCCARDS 2010 ☺
Rouge | 2012 à 2020 | 11,50 € **16/20**

Notes viandées et réglissées, toujours beaucoup de saveur en bouche, une fine texture minérale que vient complexifier une note saline en fin.

CHÉNAS LES CARRIÈRES 2010 ☺
Rouge | 2012 à 2018 | 9,50 € **15/20**

Très joli fruit rouge, légèrement épicé, note de tisane et de figue séchée aussi, bouche toujours aussi parfumée, toucher élégant, intensément gourmand et suave, ensemble plus riche et plus tannique que par le passé.

CHÂTEAU THIVIN

La Côte de Brouilly • 69460 Odenas
Tél. 04 74 03 47 53 • Fax : 04 74 03 52 87
geoffray@chateau-thivin.com
www.chateau-thivin.com
Visite : Du lundi au samedi de 9h à 12h et de 14h à 19h. Le dimanche sur rendez-vous.

Le Château Thivin est l'un des meilleurs ambassadeurs de la Côte de Brouilly sur laquelle il est posé. Sous l'impulsion de Claude Geoffray, père et fils, la viticulture est soignée, les sols labourés et enherbés (seules les vieilles vignes sont encore désherbées), les vinifications généralement en grappes entières, et les élevages se font dans de vieux foudres. Les vins sont caractéristiques du terroir, mélange de fruits rouges et de droiture minérale en bouche, avec en point d'orgue la splendide cuvée Zaccharie. Les 2009 sont concentrés et à garder, les 2010 sont plus gourmands et plus désaltérants, on inversera les millésimes dans l'ordre de consommation.

BROUILLY 2010 ☺
Rouge | 2012 à 2018 | 8,20 € **15/20**

Fruité rouge intense, avec une bonne mâche, des tanins enrobés et beaucoup de plaisir.

CÔTE DE BROUILLY GODEFROY 2010
Rouge | 2013 à 2020 | 12 € **15,5/20**

Beaucoup de densité en bouche, un tanin très ferme mais moins en suavité et en charme que lachapelle. Le temps devrait finir par l'arrondir.

CÔTE DE BROUILLY LA CHAPELLE 2010 ☺
Rouge | 2012 à 2020 | 12,50 € **16/20**

Un nez dominé par les fruits rouges et le poivre, un dégagement aromatique qui se prolonge en bouche avec une texture ferme et une expression minérale qui allonge la fin.

CÔTE DE BROUILLY LES GRIOTTES D'EN BRUILHIÉ 2010 ☺
Rouge | 2012 à 2020 | 12 € **15,5/20**

Très joli fruité cerise noire (tant pis pour les griottes), bouche élégante avec une texture particulièrement élégante et élancée et beaucoup de fraîcheur finale.

CÔTE DE BROUILLY ZACCHARIE 2010
Rouge | 2012 à 2025 | 15 € **17/20**

Sans hésitation le plus abouti de tous les côtes-de-brouilly du millésime, une chair au moelleux fondant en bouche, des parfums de fines épices et de fruits rouges très délicats, un élevage précis et déjà bien intégré, ensemble frais et d'une harmonie rare.

TRÉNEL

33, chemin du Buéry • 71850 Charnay-lès-Mâcon
Tél. 03 85 34 48 20 • Fax : 03 85 20 55 01
contact@trenel.com • www.trenel.com
Visite : Du lundi au vendredi de 8h à 18h.

Cette petite maison de négoce propose une gamme répartie entre vins du Mâconnais et du Beaujolais, qui sont de sincères expressions de leur origine, grâce entre autres à des achats judicieux chez d'excellents producteurs. Quelques rouges vinifiés à l'aide de thermovinifications présentent une personnalité amoindrie, les blancs sont irréprochables.

FLEURIE HOMMAGE À ANDRÉ TRÉNEL 2010
Rouge | 2012 à 2017 | 11,35 € **15/20**
Un fruité rouge fraise très pur, gourmand, la source est de qualité mais la matière a été bien respectée.

JULIÉNAS L'ESPRIT MARIUS SANGOUARD 2010
Rouge | 2012 à 2017 | 7,75 € **15,5/20**
Bon style, élancé et droit, la richesse de bouche est bien équilibrée par la fraîcheur finale, jolis tanins.

MÂCON-VILLAGES 2011
Blanc | 2012 à 2015 | NC **14/20**
Blanc corpulent, onctueux, bien typé bourgogne sud mais sans lourdeur. La finale est équilibrée.

MORGON CÔTE DU PY 2010
Rouge | 2012 à 2018 | 7,65 € **15/20**
De la chair, du fruit, une bouche ronde mais avec du volume, élégant et gourmand.

POUILLY-FUISSÉ 2010
Blanc | 2012 à 2017 | 11,90 € **15/20**
Texture grasse, bonne matière, francs arômes citronnés, élégant.

SAINT-AMOUR 2010
Rouge | 2012 à 2017 | 9,40 € **15/20**
Belle texture minérale, le grain est fin, c'est élégant et savoureux, registre fruits rouges et épices.

VIRÉ-CLESSÉ HOMMAGE À ANDRÉ TRÉNEL 2010
Blanc | 2012 à 2018 | 10,90 € **15,5/20**
Très jolie palette aromatique, agrumes et fleurs, bouche vive et fraîche, le raisin était très beau.

VILLA PONCIAGO

B.P. 6 • 69820 Fleurie
Tél. 04 37 55 34 75 • Fax : 04 37 55 35 87
contact@villaponciago.fr • www.villaponciago.fr

La famille Henriot, également propriétaire des champagnes éponymes, de Bouchard Père et Fils et de William Fèvre, s'est fixée un nouvel objectif : redonner sa splendeur passée au Château de Poncié (Ponciago en latin), une splendide propriété viticole d'une cinquantaine hectares, à Fleurie. Le rachat a eu lieu en 2008, mais le chemin sera long pour que le terroir reprenne ses droits et la vie renaisse dans les sols, même si l'ambition et les moyens sont là. Après le beau millésime 2009, les 2010 montrent une inflexion positive dans l'expression des différentes cuvées, signe que le travail commence à porter ses premiers fruits.

FLEURIE LA RÉSERVE 2010
Rouge | 2012 à 2018 | 11,50 € **14,5/20**
Vineux, charnu, dense, belle matière, notes de viande séchée, cette cuvée confirme le renouveau de la propriété.

FLEURIE LA ROCHE MURIERS 2009
Rouge | 2012 à 2019 | 22 € **15,5/20**
Toujours aussi parfumé, jus de myrtilles, la minéralité de bouche évite toute lourdeur due au millésime, ensemble généreux mais équilibré.

FLEURIE LES HAUTS DU PY 2010
Rouge | 2012 à 2020 | 14,50 € **15/20**
Plus de tension et de minéralité que la-Réserve, une élégance supérieure et une allonge finale très réussie.

DOMAINE DU VISSOUX

Vissoux • 69620 Saint-Vérand
Tél. 04 74 71 79 42 • Fax : 04 74 71 84 26
domaineduvissoux@chermette.fr • www.chermette.fr
Visite : Sur rendez-vous.

Martine et Pierre-Marie Chermette ont fait de leur domaine l'une des références incontournables du sud de la région, avec des beaujolais et des crus au fruité gourmand et aux bouches glissantes, à l'équilibre toujours digeste, dont beaucoup devraient s'inspirer. Après l'opulence des 2009, les 2010 se présentent plus frais mais régalent déjà dans tous les bons bistrots.

BEAUJOLAIS 2010
Blanc | 2012 à 2015 | 10 € **14,5/20**
Fruits blancs et miel, la fraîcheur retend bien la bouche, complet, idéal.

BEAUJOLAIS CUVÉE TRADITIONNELLE 2010
Rouge | 2012 à 2016 | 8 € **15/20**
Beaux raffinement des parfums, fruits rouges légèrement confits et fleurs, allonge distinguée, grand charme, agréable persistance.

FLEURIE LES GARANTS 2010
Rouge | 2012 à 2025 | 13 € **16/20**
Plus en tanins que poncié, avec une minéralité plus prononcée aussi, l'allonge est plus importante, la finale plus concentrée.

MOULIN-À-VENT LES TROIS ROCHES 2010
Rouge | 2015 à 2020 | 13 € **15,5/20**
La bouche demande encore un peu de patience, la minéralité n'est pas encore associée au charnu mais l'ensemble possède un charme incontestable.

AUSONE
1896

La sélection Bettane et Desseauve pour le Bordelais

Gironde
Saint-Vivien-de-Médoc
(SAINTES)
N215
MÉDOC
Lesparre-Médoc
A10
N137
SAINT-ESTÈPHE
OCÉAN
ATLANTIQUE
Pauillac
PAUILLAC
BLAYE CÔTES DE BORDEAUX
SAINT-JULIEN
HAUT-MÉDOC
Blaye
N10
Étang d'Hourtin-Carcans
N137
Listrac-Médoc
LISTRAC-MÉDOC
MOULIS
CÔTES DE BOURG
Bourg
MÉDOC
MARGAUX
N1215
HAUT-MÉDOC
BORDEAUX
Étang de Lacanau
HAUT-MÉDOC
N215
CANON-F
BORDEA
A10
A630
GRA
DE VAY
BORDEAUX
Pessac
GRAVES
PESSAC-LÉOGNAN
Léognan
CADILLAC
CÔTES DE BORD
Bassin
d'Arcachon
N250
A63
N113
A62
Arcachon
N10
A660
GRAVES
CÉRONS
GRAVES
Étang de Cazaux
et de Sanguinet
(BAYONNE)

Appellations communales
Extensions maximales des AOC sous-régionales
Extension maximale de l'AOC régionale Bordeaux

Le vignoble du Bordelais

Le plus vaste département viticole de France, la Gironde, produit les vins les plus célèbres et les plus coûteux de la planète mais aussi un très grand nombre de bouteilles de qualité, au rapport qualité-prix difficile à battre !

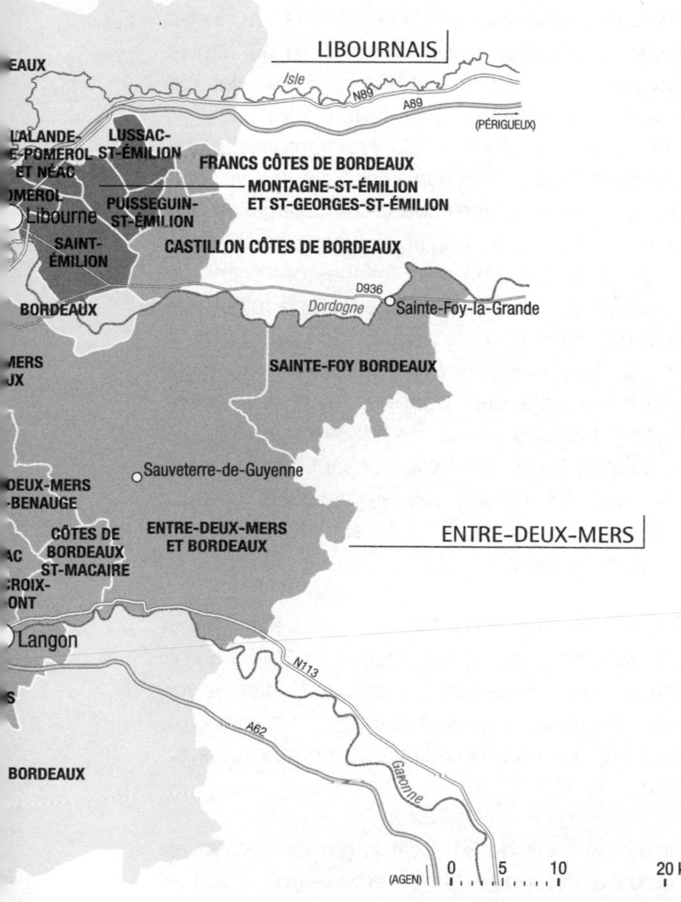

L'actualité des millésimes

Les temps changent. Le négociant Jean-qui-rit en 2011 devient Jean-qui-pleure en 2012. La vente du 2011 en primeur ? Une «comédie dramatique», selon la fine formule d'une des plus charmantes et compétentes négociantes de la Place. Malgré des baisses conséquentes, les premiers crus restent hors de portée de la plupart d'entre nous, entre 400 et 500 euros la bouteille, soit cinq à vingt fois le prix des autres crus classés ! Même les second vins ne font pas de cadeau : Carruades caracole de façon indécente au niveau du grand vin de Léoville. Il n'y aura donc pas foule pour acheter très tôt et, de fait, le marché prend la forme d'un long surplace, sans pistard malin pour faire repartir les choses. Mais, honnêtement, les vins réussis - et il y en a - valent mieux que cette indifférence liée à la folie des cours des années précédentes et le retour à une saine morale qui stipule qu'on achète pour boire ou faire boire, et non pour spéculer. On ne donnait pas cher de la qualité à la mi-août, un été des plus moyens ayant annulé les espoirs nés d'un printemps génialement chaud et précoce. Mais dès que le soleil a fait sa réapparition, sur trois longues semaines permettant aux cépages et aux terroirs tardifs de mûrir une récolte peu abondante (une chance), cette précocité a été très utile. Les nuits fraîches ont accentué le potentiel aromatique des raisins blancs, avec une fulgurante concentration des maturités dans le secteur des liquoreux, et obligé les vendangeurs à courir pour éviter de rentrer des moûts monstrueusement riches en sucre, avant que les pluies annoncées noient un grand potentiel. Donc, de bons rouges sérieux, moins alcoolisés qu'en 2009 ou 2010, mais pesant quand même 13° naturels, ou plus, des blancs très aromatiques, tendus, riches en extrait sec, et des liquoreux riches et fruités. Que faire pour les acheter intelligemment ?

1. Bouder encore les premiers crus. Mais ne pas hésiter, dans la tranche des 20-35 euros pour la rive gauche (et 30-50 euros pour la rive droite, toujours un peu plus coûteuse du fait de volumes plus réduits) à réserver des premiers vins de beaux crus classés, qui retrouvent un vrai prix de marché, en rapport avec leur prestige et leur potentiel.

2. Attendre les foires aux vins de 2013 car la grande distribution achètera certainement à bon compte (donc à la baisse) des volumes importants de belles marques, pour des lots inférieurs à une caisse.

3. Attendre plus longtemps, si les caves sont encore bien remplies : un médiocre 2012 (en mai et juin les vignerons étaient à la peine) rendrait les 2011 plus attractifs.

Quels sont les caractères généraux des cinq derniers millésimes ? 2009 commence seulement sa vie en bouteille, et on a tellement parlé de lui qu'il ne conserve aucun mystère. Un peu partout c'est du grand vin, à coup sûr, peut-être un rien plus homogène que le 2010, un peu plus évident aussi, par la puissance des arômes et le velouté des textures des vins rouges. Le prix est une autre histoire, les pays émergents l'ayant acheté à des cours déraisonnables pour les premiers crus et une centaine d'autres marques réputées. Ce sera un coureur de fond, l'âge apaisera son caractère solaire et riche en alcool, et il ne va disparaître comme cela du marché. Comptez sur les fluctuations des économies occidentales et même asiatiques pour que des collections entières soient remises en vente pour des besoins de trésorerie.
2008 est un bon millésime, de facture plus classique, moins baroque que 2009, avec le revers de ses qualités : le sérieux peut rapidement devenir ennuyeux si la maturité du raisin n'a pas été totale, et il faudra compter sur quelques années de fermeture en bouteille. Cela rendra les vins parfois méconnaissables, sauf à les passer en carafe quatre à six heures avant le service. Les vins les plus précoces, à base de merlot, devraient quand même donner du plaisir dans trois ou quatre ans.
2007 a été fort critiqué, d'autant que les prix de sortie n'avaient pas considérablement baissé, parce qu'il faut aux esprits cartésiens de mauvais millésimes pour justifier l'existence de bons. On sait pourtant que le tri minutieux de la vendange, désormais largement pratiqué a rendu caduques les anciennes hiérarchies entre millésimes. Pour les premiers vins on a mis de splendides raisins dans les cuves, d'une teneur en alcool naturel, en tannin et en potentiel aromatique largement comparable à celle de vins légendaires. Et comme par miracle, le goût de « pas mûr, trop cher et pas digne de moi » est en train de se transformer en « quelle belle surprise ! ». On va lui trouver bientôt toutes les qualités, au rang desquelles des prix rétroactivement raisonnables ! Il faut naturellement trier : les liquoreux sont splendides, les blancs secs très harmonieux, les rouges plus inégaux, surtout dans les seconds vins. Mais les meilleurs (consultez nos notes

sur le site internet et, surtout, suivez vos goûts) sont pratiquement prêts à boire, sans la moindre perspective immédiate de déclin. Essayez-les au restaurant et, s'ils vous plaisent, consultez leurs tarifs chez les marchands, certains n'étant toujours pas épuisés. 2006 est plus austère dans les deux couleurs et ne sera apprécié que par les consommateurs aimant son caractère sérieux, épicé plus que fruité, avec un tannin parfois sévère. Les meilleurs crus devraient bien vieillir, lentement mais sûrement, et créer la bonne surprise dans douze à quinze ans.
Enfin 2005, né glorieux, parfois même matamore, a perdu un peu de sa suffisance, les 2009 et 2010 ayant pris le relais. Les prix restent très élevés, mais ont tendance à ne pas monter, ce qui devrait permettre d'encaver quelques flacons, pour le principe, mais surtout pour les enfants ou les petits-enfants, car il y aura de grandes bouteilles.

MEILLEURS VINS TOUTES CATÉGORIES

Château Margaux
Margaux, rouge 2009

Château d'Yquem
Sauternes, blanc liquoreux 2009

Château Cheval Blanc
Saint-Émilion grand cru, rouge 2010

Petrus
Pomerol, rouge 2009

Château Mouton-Rothschild
Pauillac, rouge 2009

Château La Mission Haut-Brion
Pessac-Léognan, blanc 2009

Château Ausone
Saint-Émilion grand cru, rouge 2009

Château L'Église Clinet
Pomerol, rouge 2010

Château Lafleur
Pomerol, rouge 2010

Château Pavie
Saint-Émilion grand cru, rouge 2010

LE BONHEUR TOUT DE SUITE

Château Villa Bel-Air
Graves, blanc 2011

Château Marjosse
Bordeaux, rouge 2010

Domaine de Courteillac
Bordeaux Supérieur, rouge 2010

Château Beaulieu
Bordeaux Supérieur Comtes de Tastes, rouge 2010

Château Montviel
Lalande de Pomerol Château La Gravière, rouge 2009

Château Trocard
Bordeaux Supérieur Mon Repos, rouge 2009

Château Thieuley
Bordeaux, rouge 2010

MEILLEURS VINS À MOINS DE 7 €

Château Penin
Bordeaux clairet, rosé 2011

Sichel
Bordeaux Sirius, rouge 2009

Château Bonnet
Entre-Deux-Mers, blanc 2011

Excellence de Tutiac
Blaye Côtes de Bordeaux, blanc 2010

Ginestet
Bordeaux Mascaron par Ginestet, rouge 2009

Yvon Mau
Bordeaux Premius, rosé 2011

Château Haut-Cruzeau
Bordeaux Supérieur, rouge 2010

Cordier Mestrézat Grands Crus
Bordeaux Collection Privée, rouge 2010

Château Haut-Macô
Côtes de Bourg, rouge 2009

Château Tour des Graves
Côtes de Bourg, rouge 2009

Château Dudon
Côtes de Bordeaux cuvée Jean-Baptiste Dudon, rouge 2009

MEILLEURS BLANCS SECS

Domaine de Chevalier
Pessac-Léognan, blanc 2010

Château Haut-Brion
Pessac-Léognan, blanc 2010

Château La Mission Haut-Brion
Pessac-Léognan, blanc 2011

Château Pape Clément
Pessac-Léognan, blanc 2010

Château Malartic-Lagravière
Pessac-Léognan, blanc 2010

Château La Mission Haut-Brion
Pessac-Léognan, blanc 2010

Domaine de Chevalier
Pessac-Léognan, blanc 2011

Château Haut-Brion
Pessac-Léognan La Clarté de Haut-Brion, blanc 2011

Château Smith Haut-Lafitte
Pessac-Léognan, blanc 2010

Château de Fieuzal
Pessac-Léognan, blanc 2010

Château Valandraud
Bordeaux N°1, blanc 2010

MEILLEURS VINS DE LA RIVE GAUCHE

Château Ducru-Beaucaillou
Saint-Julien, rouge 2009

Château Latour
Pauillac, Grand Vin, rouge 2009

Château Lafite-Rothschild
Pauillac, rouge 2009

Château Calon-Ségur
Saint-Estèphe, rouge 2009

Château Pontet-Canet
Pauillac, rouge 2009

Château Haut-Brion
Pessac-Léognan, rouge 2009

Château La Mission Haut-Brion
Pessac-Léognan, rouge 2009

Château Palmer
Margaux, rouge 2009

Château Léoville-Las Cases
Saint-Julien, rouge 2009

Domaine de Chevalier
Pessac-Léognan, rouge 2009

Château Haut-Bailly
Pessac-Léognan, rouge 2009

Château Smith Haut-Lafitte
Pessac-Léognan, rouge 2009

MEILLEURS SAUTERNES

Château d'Yquem
Sauternes, blanc liquoreux 2009

Château Climens
Barsac, blanc liquoreux 2009

Château Suduiraut
Sauternes, blanc liquoreux 2009

Château La Tour Blanche
Sauternes, blanc liquoreux 2009

Château Rieussec
Sauternes, blanc liquoreux 2009

Château Sigalas-Rabaud
Sauternes, blanc liquoreux 2009

Château Rabaud-Promis
Sauternes, blanc liquoreux 2009

Château de Rayne-Vigneau
Sauternes, blanc liquoreux 2009

Clos Haut-Peyraguey
Sauternes, blanc liquoreux 2009

Château Lafaurie-Peyraguey
Sauternes, blanc liquoreux 2009

Château Gilette
Sauternes Crème de Tête, blanc liquoreux 1989

Château Raymond-Lafon
Sauternes, blanc liquoreux 2009

Château Guiraud
Sauternes, blanc liquoreux 2009

Château de Malle
Sauternes, blanc liquoreux 2009

Château Filhot
Sauternes, blanc liquoreux 2009

MEILLEURS VINS DE LA RIVE DROITE

Château Trotanoy
Pomerol, rouge 2009

Château Cheval Blanc
Saint-Émilion grand cru, rouge 2009

Château L'Église Clinet
Pomerol, rouge 2009

Petrus
Pomerol, rouge 2010

Château Ausone
Saint-Émilion grand cru, rouge 2010

Château Le Tertre-Rotebœuf
Saint-Émilion grand cru, rouge 2010

La Mondotte
Saint-Émilion, rouge 2010

Château Angélus
Saint-Émilion grand cru, rouge 2009

Château Pavie-Macquin
Saint-Émilion grand cru, rouge 2009

Château Valandraud
Saint-Émilion grand cru, rouge 2010

PRIX DES LECTEURS

EN PARTENARIAT AVEC LES HÔTELS MERCURE

Château Beaulieu
Bordeaux Supérieur Comtes de Tastes, rouge 2010

Château Brondelle
Graves Classic, rouge 2009

Dourthe
Graves Terroirs d'Exception Croix des Bouquets, blanc 2011

Dourthe
Cadillac Côtes de Bordeaux Château de Ricaud, rouge 2009

Château Fombrauge
Saint-Émilion grand cru Les Cadrans de Fombrauge, rouge 2008

Château Goubau
Castillon Côtes de Bordeaux Les Charmes, rouge 2009

Château L'Isle Fort
Bordeaux Supérieur, rouge 2008

Château La Bouade
Sauternes cuvée Château, blanc liquoreux 2009

Château Les Hauts de Palette
Bordeaux Château Haut-Mondain - Grande Réserve, rouge 2010

Bernard Magrez
Médoc Château Tour Blanche, rouge 2008

Vignobles Péré-Vergé
Lalande de Pomerol Château La Gravière, rouge 2009

Château Phélan-Ségur
Saint-Estèphe Franck Phélan, rouge 2008

Vignerons de Puisseguin Lussac Saint-Emilion
Castillon Côtes de Bordeaux Oryade, rouge 2010

Château de Rochemorin
Pessac-Léognan, rouge 2006

Château Thieuley
Bordeaux, rouge 2010

Château Tour de Sarrail
Bordeaux, rouge 2009

Château Villa Bel-Air
Graves, blanc 2011

Château Villa Bel-Air
Graves, rouge 2009

Entre-Deux-Mers et Côtes de Bordeaux

Entre Dordogne et Gironde, l'Entre-Deux-Mers est la source par excellence des « petits bordeaux », les très bonnes bouteilles à prix raisonnable. Mais dans le secteur très divers des « côtes », de plus en plus de producteurs mettent en valeur des terroirs de premier ordre et proposent des vins à forte personnalité, encore méconnus.

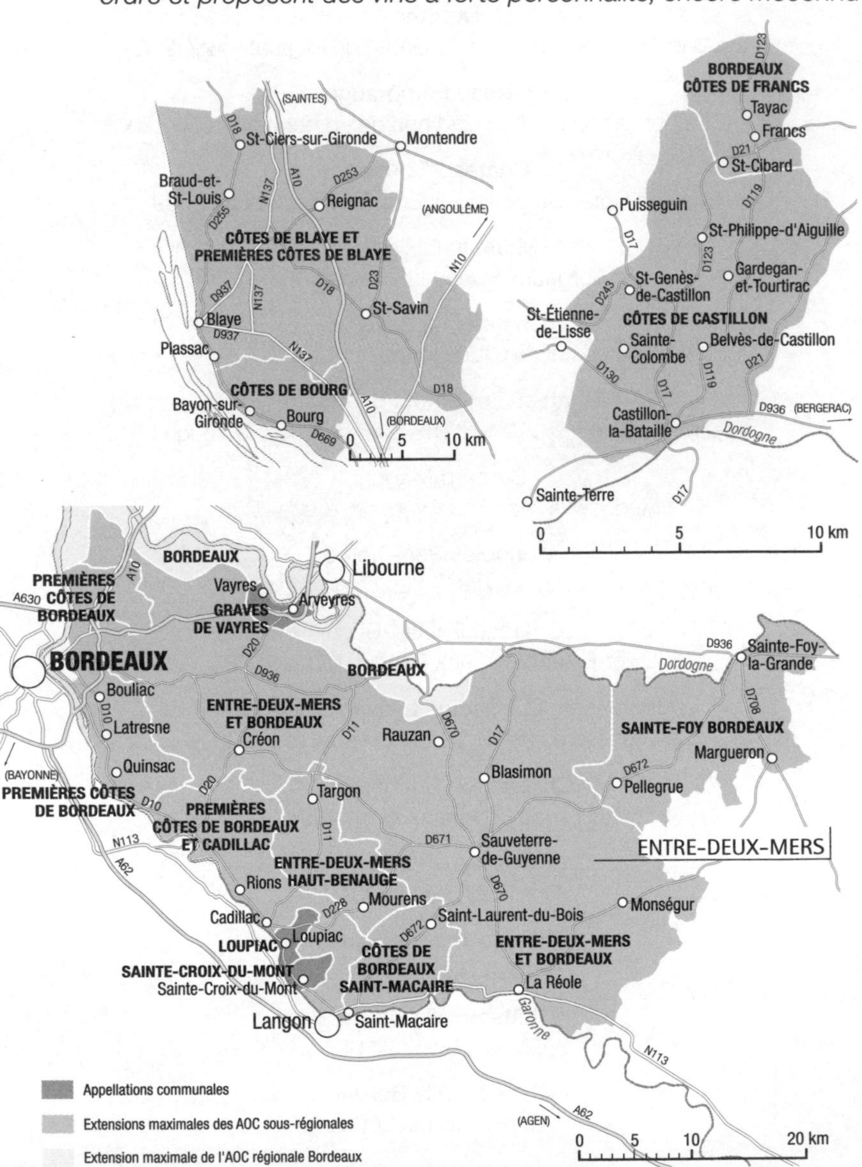

DOMAINE DE L'A

Lieu-dit Fillol • 33350 Sainte-Colombe
Tél. 05 57 24 60 29 • Fax : 05 57 24 75 95
contact@derenoncourtconsultants.com
www.derenoncourtsconsultants.com
Visite : De 9h à 19h.

Stéphane Derenoncourt est devenu l'un des consultants les plus recherchés de Bordeaux. Il a mis son talent au service de très nombreux crus, qu'il s'agisse d'appellations modestes ou de châteaux célèbres de Saint-Émilion ou de Pomerol, mais aussi du Médoc. Il est passionnant d'observer le travail qu'il réalise dans la propriété qu'il a acquise avec son épouse à Castillon, et qu'ils ont nommée Domaine de l'A. En moins d'une demi-décennie, le cru a imposé une personnalité très élégante.

Castillon Côtes de Bordeaux 2009
Rouge | 2015 à 2021 | 12,50 € **16/20**
Beau nez profond de fruits noirs très frais, bouche racée sur la maturité, suave, souple caressante. Très réussi. Un cran au-dessus du 2008 !

Côtes de Castillon 2011
Rouge | Prix primeur HT : 19 € **17/20**
Il y a déjà tout, la texture soyeuse et crémeuse, l'amplitude et la profondeur en bouche et un tanin dynamique de grande race.

CHÂTEAU L'ABBAYE

Nardon • 33580 St Ferme
Tél. 05 56 61 31 44
domainesderaignac@orange.fr

Bordeaux Supérieur Abbaye de Saint-Ferme «Les Vignes du Soir» 2009
Rouge | 2012 à 2015 | 7 € **14/20**
Charnu, tonique, équilibré et élégant, ce 2009 offre des arômes raffinés et élégants, mêlant fruit très mûr et frais en même temps.

AD FRANCOS

33570 Francs
Tél. 0032475763682 • Fax : 0032 16 765125
chateau@chateau-adfrancos.com
www.chateau-adfrancos.com

Francs Côtes de Bordeaux 2009
Rouge | 2015 à 2018 | 32 € **14,5/20**
Présentation très ostentatoire devant plaire aux palais californiens, boisé neuf, fruits très mûrs, corps puissant, épicé, du volume, de la personnalité, des tanins très présents avec un grain perceptible, le boisé devra encore s'intégrer. La fenêtre du meilleur moment pour le goûter sera petite.

Francs Côtes de Bordeaux
Château Le Priolat 2009
Rouge | 2012 à 2018 | 16 € **14/20**
C'est par amour des vieilles pierres que Viviane et André Vossen se sont intéressés au Château Ad Francos qui était à l'abandon. 2009 est le premier millésime récolté à partir d'une parcelle d'un hectare planté en merlot exclusivement. Nez exubérant de fruits rouges très mûrs, bouche douce et pleine, tenue par des tanins suaves de densité moyenne manquant un peu de charpente.

AD VITAM AETERNAM

36, rue des Gauthiers • 33500 Les Billaux
Tél. 05 57 74 66 36 • Fax : 05 57 74 66 36
vin.advitam@orange.fr
www.mespetitsproducteurs.com
Visite : Sur rendez-vous.

Né en 2005 d'une association entre Xavier Péneau et Xavier Buffo, ce domaine de poupée vinifie une seule cuvée à partir d'un fermage d'une parcelle de 1,5 hectare sur la commune de La Rivière, en plein vignoble du Fronsadais. Les vins offrent une maturité harmonieuse avec toujours de belles structures et une texture très soyeuse. Le 2008 est aujourd'hui une superbe bouteille.

Bordeaux 2010
Rouge | 2012 à 2020 | NC **16/20**
Puissance, élégance, volupté, ce vin a tout pour lui avec un très beau toucher de tanin et une profondeur menthée.

Bordeaux 2008
Rouge | 2012 à 2021 | NC **16,5/20**
Bouche voluptueuse avec un tanin énergique derrière, ce vin affiche une belle forme et il déroule une aromatique allant des fruits noirs au poivre de Sichuan, la finale fraîche et menthée a de la classe.

CHÂTEAU D'AIGUILHE

33350 Saint-Philippe-d'Aiguilhe
Tél. 05 57 40 60 10 • Fax : 05 57 40 63 56
info@neipperg.com • www.neipperg.com
Visite : Du lundi au vendredi, de 9h à 12h et de 14h à 17h, sur rendez-vous.

Situé sur le plateau de Saint-Philippe-d'Aiguilhe, ce château d'ancienne origine a donné son nom à la commune. Repris par Stephan von Neipperg (Canon-la-Gaffelière), le cru, qui a toujours été un porte-drapeau du secteur, a atteint un tout autre stade, devenant désormais l'une des belles valeurs de la Rive droite : onctueux, profonds et soyeux, les vins allient puissance et souplesse avec élégance.

Castillon Côtes de Bordeaux 2009
Rouge | 2016 à 2021 | 30 € **16/20**
Nez fruité, exubérant, belle bouche croquante et crémeuse sur du fruit frais noir, corps imposant aux tanins puissants, enrobant et généreusement veloutés. Puissant mais précis, il doit vieillir.

Côtes de Castillon 2011
Rouge | Prix primeur HT : 15 € **16/20**
Intense et volumineux, belle densité gourmande, petits fruits noirs, cassis mûr, de l'allonge.

CHÂTEAU AMPÉLIA

21, allée Robert-Boulin • 33500 Libourne
Tél. 06 09 08 77 08 • Fax : 05 57 51 29 18
f-despagne@grand-corbin-despagne.com
www.grand-corbin-despagne.com
Visite : Sur rendez-vous.

Acquise en 1999 par François Despagne, pour un premier millésime en 2000, cette propriété de moins de 5 hectares, plantée à 95 % de merlot, s'est vite imposée dans l'appellation des Côtes de Castillon. Situées sur le plateau de Saint-Philippe-d'Aiguilhe, entre le Château Joanin-Bécot et le Château d'Aiguilhe, les vignes sont plantées sur une mince couche argilo-calcaire reposant sur un socle calcaire.

Côtes de Castillon 2009
Rouge | 2015 à 2020 | 14 € **15/20**
Rouge éclatant, riche en bouche, ample, moins strict et plus pulpeux qu'habituellement, tanins fermes en finale, il a du potentiel.

BARTON ET GUESTIER

87, rue du Dehez • 33290 Blanquefort
Tél. 05 56 95 48 00 • Fax : 05 56 95 48 01
barton-guestier@diageo.com
www.barton-guestier.com

Bordeaux 2010
Rouge | 2012 à 2015 | NC **13,5/20**
Agréable, facile à boire, bien vinifié, avec un nez suave, fruité, une bouche ronde et finement tannique.

Bordeaux Les Charmes de Magnol 2011
Blanc | 2012 à 2014 | NC **14/20**
Joli fruit mûr et frais en même temps, notes vanillées, bouche charnue, vigoureuse et équilibrée.

Bordeaux Prince Noir 2010
Rouge | 2012 à 2015 | NC **14/20**
Le bon petit bordeaux de tous les jours, délicatement fruité, rond, frais et équilibré.

CHÂTEAU BEAULIEU

33240 Salignac
Tél. 05 57 97 75 05 ou 06 85 71 48 26 • Fax : 05 57 97 75 06
g.detastes@lestapis.com
www.vignoblescomtesdetastes.com
Visite : Sur rendez-vpus

Le domaine est situé sur la commune de Salignac et le vignoble, de 15 ans d'âge en moyenne, est planté sur une belle croupe argilo-calcaire.

Bordeaux Supérieur 2010
Rouge | 2012 à 2016 | 7 € **14,5/20**
Moins puissant que le 2009, ce vin plein de charme offre un nez très raffiné, une bouche charnue, aromatique et tout à fait équilibrée.

Bordeaux Supérieur Comtes de Tastes 2010
Rouge | 2012 à 2017 | NC **16/20**
Superbe expression du raffinement bordelais avec des tanins bien dessinés. On se régale.

CHÂTEAU BÉGOT

5, Bégot • 33710 Lansac
Tél. 05 57 68 42 14
chateau.begot@wanadoo.fr

Côtes de Bourg 2009
Rouge | 2014 à 2018 | 5,40 € **13,5/20**
Grande authenticité pour les vins du domaine sur la commune de Lansac, à l'est de l'appellation. Stature corpulente, robuste, bouche intense avec beaucoup de chair mais aussi de la fraîcheur. Finale longue. Un côtes-de-bourg pur et dur.

CHÂTEAU DE BEL

1, Malbatit • 33500 Arveyres
Tél. 09 51 40 81 15 ou 06 63 09 75 82
Fax : 05 57 51 97 11
oliviercazenave@yahoo.fr
Visite : Du lundi au samedi de 9h à 12h et de 14h à 18h.

Bordeaux Supérieur La Capitane 2010
Rouge | 2012 à 2016 | 9 € **14/20**
On aime l'exubérance du nez qui développe un fruit extrêmement mûr, des notes florales et cacaotées, la bouche suave, franche, aux tanins frais qui lui confèrent une belle élégance.

CHÂTEAU BEL AIR

33410 Sainte-Croix-du-Mont
Tél. 05 56 62 01 19 • Fax : 05 56 62 09 33
vignobles.meric@orange.fr • www.chateaubelair.net
Visite : En semaine, 9h à 12h et 14h à 18h sur rendez-vous le week-end.

Sainte-Croix-du-Mont Prestige 2009
Blanc Liquoreux | 2017 à 2022 | env. 22 € **14/20**
Dominant la vallée de la Garonne, le vignoble s'étend sur 35 hectares de vignes en coteaux. Jean Guy Méric y récolte un sainte-croix-dumont honnête, très typique, à la bouche crémeuse assez complexe, avec une certaine plénitude. Du rôti sur la finale d'agrumes.

CHÂTEAU BEL-AIR LA ROYÈRE

1, Les Ricards • 33390 Cars
Tél. 05 57 42 91 34 ou 06 89 90 20 04
Fax : 05 57 42 32 87
chateau.belair.la.royere@wanadoo.fr
www.bel-air-la-royere.com
Visite : Sur rendez-vous.

En 1992, les Charentais d'origine Corinne et Xavier Loriaud sont devenus vignerons grâce à un véritable coup de foudre pour cette ancienne propriété de Blaye. Ayant accompli des efforts gigantesques pour remonter le vignoble, ils produisent aujourd'hui un vin racé au plus haut niveau de son appellation, qui conserve en outre une typicité certaine grâce à une part non négligeable du cépage local malbec (appelé cot à Cahors) dans les assemblages.

Blaye 2009
Rouge | 2017 à 2021 | 25 € **15/20**
Couleur intense, nez de fruits rouges, belle bouche crémeuse, souple, juteuse, finale chaleureuse mais relevée par une agréable pointe d'amertume. Un boisé toujours trop dominant.

Blaye Côtes de Bordeaux L'Esprit de Bel-Air La Royère 2009
Rouge | 2014 à 2018 | 12 € **14/20**
Belle bouche ronde et souple, agréable, harmonieux, texture crémeuse très 2009, un boisé discret en finale.

CHÂTEAU BELLE-GARDE

2692, route de Moulon • 33420 Génissac
Tél. 05 57 24 49 12 • Fax : 05 57 24 41 28
duffau.eric@wanadoo.fr
www.vignobles-ericduffau.com
Visite : En semaine de 8h à 12h et de 14h à 19h.

46 hectares de belles vignes, à quelques kilomètres de Saint-Émilion, permettent à Éric Duffau d'entretenir la tradition familiale puisque ses ancêtres achetaient des vignes dès 1850 ! Les vins sont qualitatifs et régulièrement parmi les plus réussis de l'appellation, et ce dans les trois couleurs.

Bordeaux rosé 2011
Rosé | 2012 à 2013 | NC **15/20**
Superbe d'équilibre, d'élégance, de complexité fruitée et florale, bouche charnue, ronde et ample, avec une délicieuse vivacité. Il devrait servir de modèle à tous les rosés de Bordeaux.

Bordeaux Supérieur
Excellence de Belle Garde 2010
Rouge | 2012 à 2017 | 8,70 € **14,5/20**
Très belle cuvée régulièrement réussie : nez épanoui, mêlant harmonieusement fruit et joli boisé, bouche dense, puissante et fraîche en finale.

CHÂTEAU BELLEVUE

33540 Sauveterre-de-Guyenne
Tél. 05 56 71 54 56 • Fax : 05 56 71 83 95
vignesdamecourt@aol.com
www.famille-damecourt.com
Visite : Sur rendez-vous.

C'est en 1973 que la famille d'Amécourt a acquis cette propriété de 130 hectares, située au cœur de l'Entre-Deux-Mers, dans une superbe région tout en relief, qualifiée de «Toscane bordelaise». Nous avons bien apprécié les blancs 2011.

Bordeaux 2011
Blanc | 2012 à 2014 | 5,90 € **14/20**
Mûr, élégant, extrêmement fruité, avec une bouche ronde, riche et longue.

Bordeaux Château Belœil 2011
Blanc | 2012 à 2014 | 4,90 € **14/20**
Beloeil, petit village belge dont est issue la famille d'Amécourt. Une cuvée pleine de charme, aux arômes de fruits exotiques, chèvrefeuille et à la vivacité bien appuyée en fin de bouche.

CHÂTEAU BERTINERIE

33620 Cubnezais
Tél. 05 57 68 70 74 • Fax : 05 57 68 01 03
contact@chateaubertinerie.com
www.chateaubertinerie.com
Visite : Du lundi au vendredi de 9h à 12h et de 14h à 18h . Le week-end sur rendez-vous.

La famille Bantegnies fut de celles qui, dès la fin des années 1980, montrèrent aux amateurs le potentiel des terroirs du Blayais, dans les trois couleurs. Haut-Bertinerie, qui désigne les meilleures cuvées de la propriété, est un vin très régulier en blanc, en rouge et en clairet, l'une des attachantes spécialités de la maison. Le domaine, très vaste, est cultivé en lyres et demeure dans ce registre l'un des précurseurs du vignoble bordelais.

Blaye Côtes de Bordeaux
Château Bertinerie 2009
Rouge | 2014 à 2017 | 9,80 € **14,5/20**
Notes de petits fruits rouges, bonne fraîcheur soutenue par une structure solide, bien constituée. Expression plaisante et digeste.

Blaye Côtes de Bordeaux
Château Haut Bertinerie 2011
Blanc | 2012 à 2017 | 12,90 € **16/20**
Délicieux comme chaque année : superbe nez de notes fumées et fruitées, délicieux avec sa bouche dense, ronde et ample, belle intensité fruitée, fraîcheur et grande longueur. Magnifique.

Blaye Côtes de Bordeaux Grand Vin
du Château Haut Bertinerie 2009
Rouge | 2016 à 2021 | 12,90 € **15/20**
Nez délicat de violette et de réglisse, bouche crémeuse, soyeuse, tanins raffinés, polis, construits sur l'élégance. Grande réussite une fois de plus. À boire tout de suite ou à garder.

CHÂTEAU BIAC

Les vignobles du Biac - B.P. 35 • 33550 Langoiran
Tél. 05 56 67 61 54 • Fax : 05 56 67 29 18
info@chateaubiac.com • www.chateaubiac.com

Le couple libannais Tony et Youmna Asseily a réveillé ce domaine de 600 ans, surplombant la Garonne, de son sommeil de Belle-au-bois-dormant. Sous la houlette de l'emblématique œnologue Patrick Léon, l'ancien directeur technique de Mouton-Rothschild, et à la suite de nombreux investissements dans la vigne et dans le chai, ils produisent aujourd'hui une gamme de vins cohérente et d'une qualité remarquable. Reste encore à ajuster les prix...

Cadillac Côtes de Bordeaux 2009
Rouge | 2012 à 2020 | 39 € **15,5/20**
Bouquet séduisant de violette avec des notes lactiques liées à l'élevage sous bois, voluptueuses et de type moderne. La bouche est généreuse, onctueuse marquée par des merlots très murs. Tanin voluptueux, vin ambitieux et fait avec soin. Le prix est un peu élevé dans l'absolu.

Cadillac Côtes de Bordeaux B de Biac 2008
Rouge | 2014 à 2020 | 24 € **15/20**
Fruits noirs, notes de fumé, belle trame de tanins, racé et d'une longueur soutenue. Interprétation très sensuelle d'un millésime austère.

CHÂTEAU DE BIROT

8, rue de Reynon • 33410 Béguey
Tél. 05 56 62 68 16 • Fax : 05 56 62 68 16
contact@chateau-birot.com
www.chateau-birot.com
Visite : du lundi au vendredi de 9h à 12h et de 13h30 à 18h.

Cadillac Côtes de Bordeaux 2009

Rouge | 2014 à 2018 | 9,50 € **14,5/20**

Birot, un lieu de vigne depuis plus de 200 ans a été repris en 1989 par Éric et Hélène Fournier-Castéjà, qui ont passé les commandes à Arthur, l'un de leur fils. Boisé fin, tanins frais, légèrement fumé, de densité moyenne, vin tonique vinifié sur l'élégance. Bon compagnon de table.

CHÂTEAU BOLAIRE

Château de Gironville • 33460 Macau
Tél. 05 57 88 19 79 • Fax : 05 57 88 41 79
contact@chateau-belle-vue.fr
www.chateau-belle-vue.com
Visite : sur rendez-vous le week-end et la semaine.

L'originalité de ce vin tient au fort pourcentage de petit verdot qui entre dans son assemblage, généralement autour de 40 %. Ce cépage exprime tout son potentiel sur le terroir de palus prédominant pour cette propriété, située sur une ancienne île de la Garonne qui fut rattachée à la terre au Moyen-Âge.

Bordeaux Supérieur 2010

Rouge | 2012 à 2017 | env.14 € **14,5/20**

Fruit exubérant et joli boisé, bouche pleine de présence et de fraîcheur, du potentiel pour ce vin solide qui sait garder une bonne élégance.

CHÂTEAU DE BONHOSTE

33420 Saint-Jean-de-Blaignac
Tél. 05 57 84 12 18 • Fax : 05 57 84 15 36
contact@chateaudebonhoste.com
www.chateaudebonhoste.com
Visite : De 9h à 18h.

Avec 50 hectares de belles vignes de bonne exposition, sur un terroir argilo-calcaire, le Château de Bonhoste fait partie des belles propriétés régulières de l'appellation.

Bordeaux Prestige 2011

Blanc | 2012 à 2013 | 8,30 € **14,5/20**

Fruits exotiques, miel d'acacia, boisé élégant, voilà les jolis arômes que l'on retrouve dans une bouche charnue et très vive.

Bordeaux Supérieur 2010

Rouge | 2012 à 2015 | 6,70 € **14/20**

Naturellement élégant dans le fruit, long, équilibré, gourmand et très bien fait.

Bordeaux Supérieur Prestige 2009

Rouge | 2012 à 2017 | 8,70 € **16/20**

Une des réussites majeures de cette propriété talentueuse : nez d'une magnifique élégance et complexité aromatique que l'on retrouve dans une bouche charmeuse, aux profonds tanins gras et à la délicieuse fraîcheur. Très harmonieux.

CHÂTEAU BONNANGE

10, chemin des Roberts
33390 Saint-Martin-Lacaussade
Tél. 05 57 42 06 98 ou 06 85 52 48 08
claude.bonnange@wanadoo.fr
Visite : De 9h à 12h et de 14h à 17h.

Après une carrière brillante dans la publicité, Claude Bonnange s'est installé dans cette propriété du Blayais avec la ferme intention d'exprimer en matière viticole le meilleur de ce terroir. Il travaille avec son voisin, Paul-Emmanuel Boulmé, l'un apportant son expérience et son imagination créatrice, l'autre sa belle connaissance du vignoble et des vins.

Blaye Côtes de Bordeaux Les Fruits Rouges 2009

Rouge | 2015 à 2018 | 14 € **14,5/20**

Vin agréable sur des fruits frais, croquants, bouche vive avec une structure lui permettant de vieillir un peu, finale encore un peu abrupte.

CHÂTEAU BONNET

33420 Grézillac
Tél. 05 57 25 58 58 • Fax : 05 57 74 98 59
andrelurton@andrelurton.com
www.andrelurton.com

Les quatre fois vingt ans allègrement dépassés, André Lurton est toujours aussi étonnant de vitalité et d'innovation, d'autant plus que son fils Jacques l'a désormais rejoint. Aussi à l'aise dans les grandes que dans les petites appellations de ses nombreux domaines, il demeure viscéralement attaché au Château Bonnet, une magnifique propriété de

270 hectares dans l'Entre-Deux-Mers, en blanc, rosé et rouge.

Bordeaux Réserve 2010
Rouge | 2012 à 2016 | NC **15/20**
Belle réalisation ! Nez richement fruité et mûr tout en étant doté d'une belle élégance, bouche ronde, charnue, s'adossant sur une trame tannique suave et une bonne fraîcheur.

Bordeaux rosé 2011
Rosé | 2012 à 2013 | 6,50 € **15/20**
Un grand classique de la propriété, qui ne déçoit jamais : grande pureté de fruit, délicates notes florales, bouche charnue, très aromatique et exquisement vive.

Entre-Deux-Mers 2011
Blanc | 2012 à 2014 | 6,80 € **15,5/20**
Grand raffinement tant au nez qu'en bouche : fruit très pur, belle minéralité, notes de fleurs suaves, bouche charnue, ronde, fondante, très aromatique et délicieusement fraîche.

CHÂTEAU DE BOUILLEROT

8, Lacombe • 33190 Gironde-sur-Dropt
Tél. 05 56 71 46 04 • Fax : 08 11 38 21 94
info@bouillerot.com • www.bouillerot.com
Visite : du lundi au vendredi de 9h à 12h et de 14h à 18h

Côtes de Bordeaux Saint-Macaire Le Palais d'Or 2009
Blanc Liquoreux | 2015 à 2019 | 9,50 € **14/20**
La propriété au cœur de l'Entre-Deux-Mers produit également des liquoreux à base de 100 % sémillon. Très joli nez confit, rond et opulent, très parfumé, avec une finale encore collante marquée par le sucre. Devrait s'affiner.

CHÂTEAU BRULESÉCAILLE

29, route des Châteaux • 33710 Tauriac
Tél. 05 57 68 40 31 • Fax : 05 57 68 21 27
cht.brulesecaille@wanadoo.fr
www.brulesecaille.com
Visite : Du lundi au samedi de 9h à 12h et de 14h à 18h.

On ne présente plus Jacques Rodet, ce vigneron discret qui, depuis 1974, est à la tête d'une propriété familiale où il vinifie avec son épouse Martine des côtes-de-bourg sans concessions, authentiques et d'une sincérité désarmante. La recherche de l'équilibre les éloigne des modes excessives et font de leurs vins des compagnons incontournables de la table - et à des prix défiant toute concurrence.

Côtes de Bourg 2009
Rouge | 2015 à 2019 | 9,50 € **14,5/20**
Bien charpenté avec un fort retour des tanins en finale sur des arômes de fruits mûrs et d'épices, du potentiel.

CHÂTEAU DE CAMARSAC

33750 Camarsac
Tél. 09 63 24 16 29
sylvie@camarsac.com

Superbe bâtisse datant du XIIe siècle, connu comme l'un des châteaux du Prince Noir, maintenant propriété de Thierry Lurton. Celui-ci s'amuse véritablement avec la diversité de son terroir, et plutôt que de raisonner en premier vin et second vin, préfère créer plusieurs cuvées, chacune exprimant parfaitement la combinaison de tel cépage avec tel type de terroir. Les vins ont comme dénominateur commun leur texture charnue et leur charme.

Bordeaux 2010
Rouge | 2012 à 2016 | 4,50 € **14,5/20**
Magnifique nez offrant un raffinement de fruit exquis, de suaves notes florales, bouche charnue, avec de beaux tanins et une longue finale équilibrée. Un beau bordeaux gourmand et très bien vinifié.

Bordeaux rosé 2011
Rosé | 2012 à 2013 | 5 € **13,5/20**
Très proche du clairet avec sa robe cerise pâle, son nez gourmand et fruité, sa bouche puissante, tonique et pleine de caractère.

CHÂTEAU DE CHAINCHON

33350 Castillon-la-Bataille
Tél. 05 57 40 14 78 • Fax : 05 57 40 25 45
chainchon@wanadoo.fr • www.chateau-chainchon.com
Visite : Du lundi au samedi de 8h à 12h et de 14h à 18h.

Castillon Côtes de Bordeaux Le Prestige 2009
Rouge | 2014 à 2018 | 7,50 € **14/20**
Nez séduisant d'épices, bouche onctueuse, assez riche, totalement sur le fruit, elle mériterait la note de 15 à elle seule. Mais l'alcool (15,5 %) est un vrai handicap et lui donne des notes de porto en finale.

Castillon Côtes de Bordeaux
Valmy Dubourdieu Lange 2008
Rouge | 2013 à 2018 | 11,50 € **15/20**
Issu de vieux pieds de merlots situés sur le terroir Valmy, le vin présente une bouche classique et équilibrée avec des tanins serrés, compacts, tendus mais sans violence. Longue finale sur des baies rouges.

CHÂTEAU CHAMP DE LUCAS

Vignobles Pellé • 33490 Saint-Martin-de-Sescas
Tél. 05 56 63 60 90
contact@vignobles-pelle.com

Bordeaux 2010
Rouge | 2012 à 2015 | NC **14/20**
Bien vinifié, élégant, classique et équilibré, il montre de jolis arômes de fruits bien mûrs et de violette, une bouche fondante, aromatique et fraîche.

CHÂTEAU CHAMP DES TREILLES

Pibran • 33250 Pauillac
Tél. 05 56 59 15 88 • Fax : 05 56 59 15 88
champdestreilles@wanadoo.fr
www.champdestreilles.com
Visite : sur rendez-vous.

Jean-Michel Comme, impeccable maître de chai du Château Pontet-Canet à Pauillac, possède avec son épouse Corinne ce petit cru, situé quasiment à l'autre extrémité du département. Tous deux l'exploitent comme un jardin, s'évertuant à y réaliser, avec beaucoup de doigté, toute la gamme des vins de Bordeaux ou presque, c'est-à-dire des rouges, des blancs secs et des liquoreux. Très droits et purs, ces vins brillent par leur franchise et leur grand équilibre de constitution.

Sainte-Foy-Bordeaux Petit Champ 2009
Rouge | 2014 à 2020 | 8 € **14,5/20**
Nez charmeur aux notes mentholées, belle énergie, structure puissante arquée par des tanins robustes parfaitement extraits et civilisés par l'élevage. Idéal pour la table.

Sainte-Foy-Bordeaux Vin Passion 2011
Blanc | 2015 à 2019 | 8 € **15,5/20**
Nez de tilleul, très sémillon, de la densité en bouche, bel équilibre entre gras et fraîcheur, long, puissant. Le format d'un grand pessac-léognan.

CHÂTEAU CLOS CHAUMONT

8, lieu-dit Chomon • 33550 Haux
Tél. 05 56 23 37 23
chateau-clos-chaumont@wanadoo.fr
www.closchaumont.com
Visite : Sur rendez-vous du lundi au vendredi de 8h à 17h.

Cadillac Côtes de Bordeaux 2009
Rouge | 2014 à 2016 | 16,50 € **13,5/20**
S'appuyant sur les connaissances en viticulture de Kees van Leeuwen, consultant auprès du Château Cheval Blanc et d'Hubert de Boüard de Laforest (Château Angelus), conseiller en matière de vinification, la propriété sort peu à peu de l'ombre. Nez de torréfaction et de cerise noire, bonne bouche séduisante, mais un alcool encore trop perceptible en finale.

CHÂTEAU CONILH HAUTE LIBARDE

Conilh • 33710 Bourg sur Gironde
info@vins-scb.com • www.vins-scb.com

Côtes de Bourg L'Excellence 2009
Rouge | 2012 à 2018 | 9 € **15/20**
L'un des plus anciens crus du Bourgeais avec plus de trois siècles d'existence, qui produit un vin gouleyant, aux notes de fruits frais, tanins de format moyen, soyeux, vinifié sur la fraîcheur avec seulement 12,5 % vol. et pourtant parfaitement mûr, un terroir qui exprime une vraie identité. Une bouteille plaisir sans réfléchir !

CORDIER MESTRÉZAT GRANDS CRUS

109, rue Achard - La Croix Bacalan B.P. 154
33042 Bordeaux
Tél. 05 56 11 29 00 • Fax : 05 56 11 29 01
contact@cordier-wines.com
www.cordier-wines.com
Visite : Sur rendez-vous uniquement pour les professionnels.

L'union de deux maisons bordelaises centenaires, Cordier et Mestrezat, nous donne de par leur activité de négoce des vins au goût du jour, élaborés par Olivier Leblans, œnologue talentueux qui a fait ses armes chez Lafite-Rothschild avant de vinifier en Australie et en Nouvelle-Zélande. Cordier est sans conteste aujourd'hui l'une des maisons de négoce bordelaises les plus dynamiques. Collection-Privée ou Labottière-Réserve sont hautement fréquentables.

Bordeaux Collection Privée 2010
Rouge | 2012 à 2015 | 4,45 € **14,5/20**
Tout en élégance, en fruit épanoui, en suavité, avec un bel équilibre sur la fraîcheur. Bien vinifié.

Bordeaux Labottière Réserve 2011
Blanc | 2012 à 2015 | 4,60 € **15/20**
On aime la grande délicatesse et complexité des arômes, fruits mûrs, glycine, résineux, la bouche ample, riche, parfaitement équilibrée par une délicieuse vivacité en finale.

Bordeaux rosé Collection Privée 2011
Rosé | 2012 à 2013 | 4,45 € **15/20**
Très maîtrisé, il offre un superbe fruit, des notes épicées et florales, une bouche charnue, ronde et parfaitement rafraîchissante. Un pur délice.

CHÂTEAU CÔTE MONTPEZAT

8, Brousse - B.P. 42 • 33350 Belvès-de-Castillon
Tél. 05 57 56 05 55 • Fax : 05 57 56 05 56
bessineau@cote-montpezat.com
www.cote-montpezat.com
Visite : Du lundi au vendredi de 8h30 à 12h et de 14h à 18h. Samedi et dimanche sur rendez-vous.

Côtes de Castillon cuvée Compostelle 2009
Rouge | 2013 à 2015 | 12,90 € **14/20**
Cet ancien relais de poste était une étape sur le chemin de Compostelle. Avec ses 29 hectares de vignes, dont un tiers sur les meilleurs terroir d'un plateau calcaire, son propriétaire Dominique Bessineau propose des vins d'une qualité constante et irréprochable. Nez séduisant sur du fruit noir mûr, riche dans une expression de fruits à la limite de la surmaturité. Dans un style digeste, plaisant, à boire rapidement.

DOMAINE DE COURTEILLAC

33350 Ruch
Tél. 05 57 83 18 18 • Fax : 05 57 83 18 20
info-dma@wanadoo.fr • www.intothewine.com
Visite : Sur rendez-vous.

Situés à Ruch, près de Castillon-la-Bataille, ces 28 hectares sont plantés à 70 % de merlot, 20 % de cabernet-sauvignon et 10 % de cabernet franc. Dominique Méneret produit un superbe rouge, très classique, et depuis peu un délicieux rosé. C'est une valeur sûre du «grand petit bordeaux»!

Bordeaux Supérieur 2010
Rouge | 2012 à 2016 | NC **16/20**
Très beau vin, intense et élégant, exprimant avec une remarquable fraîcheur un fruit d'une pureté splendide. Vivement recommandé.

CHÂTEAU CROIX-MOUTON

Lieu-dit Château la Conception • 33330 Saint-Émilion
Tél. 05 57 25 91 19 • Fax : 05 57 48 00 04
jpj@jpjdomaines.com • www.jpjdomaines.com
Visite : Du lundi au vendredi de 9h à 12h et de 13h30 à 17h30 sur rendez-vous.

Racheté en 1997 par Philippe Janoueix et rebaptisé Château Croix-Mouton, ce cru est rapidement devenu l'un des bordeaux les plus appréciés du marché, retournant ainsi parmi les fleurons du secteur. C'est un beau vin complet, capable de bien vieillir. L'autre propriété de Philippe Janoueix, Château Le Conseiller, n'a rien à envier à Croix-Mouton.

Bordeaux Supérieur 2010
Rouge | 2012 à 2017 | 10 € **14,5/20**
Nez de fruits noirs, résineux, lilas, bouche très chaleureuse, avec des tanins serrés et une belle fraîcheur en finale. Le fruit est très beau et survit à l'opulence.

**Bordeaux Supérieur
Château Le Conseiller 2010**
Rouge | 2012 à 2018 | 11,50 € **16/20**
Superbe vin très harmonieux. Nez complexe, élégant, fruit mûr, eucalyptus, bouche savoureuse, riche, avec un grand fruit et de la fraîcheur.

CHÂTEAU DU CROS

94, route Saint-Macaire • 33410 Loupiac
Tél. 05 56 62 99 31 • Fax : 05 56 62 12 59
contact@chateauducros.com
www.chateauducros.com
Visite : Du lundi au vendredi, de 8h à 12h et de 13h30 à 18h (17h le vendredi) . Le week-end sur rendez-vous; ouvert le samedi après-midi en juillet et août de 13h30 à 18h30, le dimanche sur rendez-vous uniquement.

Loupiac 2009
Blanc liquoreux | 2013 à 2018 | 16,20 € **14/20**
Ce domaine, dont l'histoire commence avec Richard Cœur de Lion il y a plus de 800 ans, est tenu par la famille Boyer depuis quatre générations. Il produit des vins dans les trois appellations : Bor-

deaux, Graves et Loupiac, son lieu d'implantation. Nez riche de fruit exotique, plaisant en bouche avec son arôme d'ananas. Un loupiac dans son jus.

CHÂTEAU DAMAS DE MONTDESPIC

3, Terrasson • 33570 Puisseguin
Tél. 05 57 40 59 13 ou 06 07 31 72 35
Fax : 05 57 56 06 76
contact@chateau-terrasson.com
www.vignobles-lavau.com
Visite : Tous les jours sur rendez-vous de 8h30 à 12h et de 14h à 19h.

Côtes de Castillon 2009

Rouge | 2014 à 2017 | 7,50 € **14/20**

Le château doit son nom à une colline (ou «mont») sur laquelle vivraient de nombreuses vipères aspic. Y prospèrent également les vignes de merlot et de cabernet à l'origine de ce castillon aux fruits mûrs et épices, à la bouche croquante, juteuse, équilibrée.

CHÂTEAU DARZAC

22, route de Bordeaux • 33420 Naujan-et-Postiac
Tél. 05 57 84 55 04 • Fax : 05 57 84 60 23
alain@vignoblesclaudebarthe.com
www.chateu-darzac.com
Visite : Du lundi au vendredi de 8h à 12h et de 13h30 à 17h30. Le week-end sur rendez-vous.

Bordeaux cuvée Héritage 2010

Rouge | 2012 à 2017 | 9,15 € **14,5/20**

Beau vin bien constitué et au bon potentiel de garde, nez de fruits noirs et boisé épicé, bouche offrant une belle texture, avec un joli toucher de tanins, du fruit et de la fraîcheur.

CHÂTEAU DAUPHINÉ-RONDILLON

33410 Loupiac
Tél. 05 56 62 61 75 • Fax : 05 56 62 63 73
contact@vignoblesdarriet.fr • www.vignoblesdarriet.fr
Visite : Du lundi au vendredi, de 8h30 à 12h30 et de 14h à 18h. Le week-end sur rendez-vous.

Loupiac 2008

Blanc liquoreux | 2014 à 2019 | 13 € **14/20**

Les frère et sœur Jean-Christophe et Sandrine Darriet ont repris le domaine familial il y a quatorze ans. Leur travail sur le terroir et dans le chai se ressent désormais dans les vins qui ont gagné en profondeur et en pureté. Un 2008 sympathique, sans prétentions, avec un sucre dans la mesure, bonne finale fraîche et vive. Expression fine et complexe.

VIGNOBLES DESPAGNE

Le Touyre • 33420 Naujan-et-Postiac
Tél. 05 57 84 55 08 • Fax : 05 57 84 57 31
contact@despagne.fr • www.despagne.fr
Visite : Sur rendez-vous.

La famille Despagne dispose de cinq propriétés et de 300 hectares de vignes, plantées des cépages traditionnels bordelais. Le sérieux, l'inventivité et la compétence des Despagne font que tous leurs vins, et notamment ceux de leurs propriétés phares, Tour de Mirambeau et Rauzan Despagne, pourraient servir de modèle à bien des bordeaux. Toujours flatteurs mais jamais loin du classicisme bordelais.

Bordeaux Château Tour de Mirambeau 2011

Blanc | 2012 à 2014 | 8 € **14,5/20**

Le fruit est pur, les notes florales et minérales exquises, la bouche charnue, longue et vive. Un blanc très rafraîchissant.

Bordeaux Château Tour de Mirambeau Passion 2010

Blanc | 2012 à 2015 | 15 € **15,5/20**

Cuvée haut de gamme, flatteuse, chaleureuse, avec un fruit bien mûr et de jolies nuances florales, une finale très vive qui donne cette sensation de superbe équilibre.

DOURTHE

35, rue de Bordeaux • 33290 Parempuyre
Tél. 05 56 35 53 00 • Fax : 05 56 35 53 29
contact@dourthe.com • www.dourthe.com
Visite : Sur rendez-vous.

À travers ses cuvées phares qui portent haut les couleurs du Bordelais ou les châteaux qu'elle amène au sommet de leur appellation, Dourthe est une maison à la signature sûre. Sa cuvée phare, déclinée dans les trois couleurs, est le Dourthe-n°1, véritable archétype du bon bordeaux. Elle possède également plusieurs propriétés importantes, comme Pey La Tour, dans l'Entre-Deux-Mers, La Garde, en Pessac-Léognan, et le cru classé du Haut-Médoc, Belgrave. Reprise par le Champenois Alain Thiénot, elle n'a en rien modifié sa philosophie d'action.

Bordeaux Dourthe N°1 2011
Rosé | 2012 à 2013 | 7,50 € **14,5/20**
Le fruit est raffiné, les notes florales et d'agrumes bien agréables, la bouche vigoureuse, très aromatique et particulièrement tonique.

Bordeaux Dourthe N°1 2011
Blanc | 2012 à 2014 | 7,50 € **14,5/20**
Charmeur, richement fruité, ample, puissant tout en étant bien rafraîchissant : encore un N° 1 bien réussi.

Bordeaux Dourthe N°1 2010
Rouge | 2012 à 2016 | 8,50 € **14,5/20**
Un classique de la maison. Fruit éclatant, jolies nuances florales et toastées, bouche charnue, s'appuyant sur une belle assise tannique et de la fraîcheur.

Bordeaux La Grande Cuvée 2011
Blanc | 2012 à 2014 | 6,50 € **15/20**
Puissante, raffinée, très fruitée, cette cuvée équilibrée et longue se montre particulièrement rafraîchissante.

Bordeaux Supérieur Château Pey La Tour Réserve du Château 2009
Rouge | 2012 à 2016 | 9,50 € **14/20**
Beaucoup de style pour ce vin très aromatique, fruité et fleuri, à la bouche charmeuse et bien fraîche.

Cadillac Côtes de Bordeaux
Château de Ricaud 2009
Rouge | 2012 à 2018 | NC **15/20**
Bien inscrit dans ce millésime solaire, le vin est charnu, très gourmand, plein avec une finale sur les poivres.

Graves Terroirs d'Exception
Croix des Bouquets 2011
Blanc | 2012 à 2016 | NC **15/20**
Le vin ne brille pas par son éclat aromatique comme trop de blancs technologiques mais plutôt par sa profondeur de bouche. Ce sera l'allié à table de la cuisine des poissons, qu'ils soient grillés ou en sauce.

VIGNOBLES DUCOURT

18, route de Montignac • 33760 Ladaux
Tél. 05 57 34 54 00 • Fax : 05 56 23 48 78
ducourt@ducourt.com • www.ducourt.com
Visite : Sur rendez-vous.

Ce bel ensemble de 128 hectares est l'un des plus grands de l'appellation Bordeaux. Il regroupe le Château Larroque, situé au sud de Langon sur un beau terroir argilo-graveleux, à l'encépagement classique (45 % de cabernet-sauvignon, 30 % de merlot et 25 % de cabernet franc), et le Château de Beauregard-Ducourt, situé au sud de Targon, dont l'encépagement s'équilibre entre merlot et cabernet-sauvignon.

Bordeaux Château de Beauregard-Ducourt 2010
Rouge | 2012 à 2016 | 5,20 € **14/20**
Beaucoup de présence et d'équilibre pour ce vin offrant une belle palette aromatique, une bouche franche, charnue et très fruitée.

Bordeaux Château Larroque 2010
Rouge | 2012 à 2017 | 5,30 € **14,5/20**
Nez superbe de complexité et d'épanouissement, framboise fraîche, fleurs suaves, boisé élégant, bouche dans le même esprit, flatteuse, ample et équilibrée.

Entre-Deux-Mers
Château de Beauregard-Ducourt 2011
Blanc | 2012 à 2014 | 4,40 € **14,5/20**
Nez de belle complexité, fruits blancs et exotiques, rose, minéral, bouche ronde, grasse, très aromatique et vive. Agréable.

CHÂTEAU DUDON

Château Dudon • 33880 Baurech
Tél. 05 57 97 77 35
info@jean-merlaut.com • www.jean-merlaut.com
Visite : Sur rendez-vous.

Côtes de Bordeaux Acanthe de Dudon 2009
Rouge | 2014 à 2019 | 8,60 € **15/20**
Vin complet, avec des tanins de grande classe, racés, du fruit croquant mais aussi une minéralité peu fréquente dans l'appellation. En harmonie.

Côtes de Bordeaux Château Laroche Bel Air 2009
Rouge | 2012 à 2016 | 7,50 € **14,5/20**
Jean Merlaut, administrateur de Gruaud Larose, vinifie sur le domaine familial, Dudon, sous l'étiquette Laroche, des côtes-de-bordeaux d'une

grande précision avec un beau charme de texture pour un prix très très attractif. La cuvée Bel-Air présente un nez discret, un grain fin et racé, une délicatesse des tanins, un bel équilibre dans une dimension moyenne. Vin bien fait et accessible tout de suite.

VIGNERONS DE TUTIAC

La Carfouche • 33860 Marcillac
Tél. 05 57 32 48 33 • Fax : 05 57 32 55 20
contact@tutiac.com • www.tutiac.com
et www.lesamisdetutiac.com
Visite : Sur rendez-vous.

BLAYE CÔTES DE BORDEAUX
L'EXCELLENCE DE TUTIAC 2010
Blanc | 2012 à 2015 | cav. 5,70 € **15/20**
La Cave des Hauts de Gironde, au cœur de l'appellation Blaye, produit une large palette de vins bien représentatifs de l'appellation. La cuvée Excellence est une sélection de vieilles vignes, elle est élevée en fûts de chêne pendant 12 à 15 mois. Dans le millésime 2010 elle exprime un nez fin, belle bouche fruitée, équilibrée, fraîche, avec de la vivacité, une facture irréprochable, bien vinifié avec un boisé discret parfaitement maîtrisé.

CHÂTEAU FALFAS

33710 Bayon-sur-Gironde
Tél. 05 57 64 80 41 • Fax : 05 57 64 93 24
jvcochran@online.fr • www.chateaufalfas.com
Visite : De 9h à 12h et de 14h à 18h, sur rendez-vous du lundi au vendredi.

Véronique Cochran, la fille de François Bouchet (l'un des pères de la biodynamie en France) s'est beaucoup investie dans cette propriété des Côtes de Bourg qui est devenue l'une des sites pilotes de ce mode de culture à Bordeaux. Les vins sont francs et intenses, parfois sans se départir d'une saine tension. Un 2009 accessible et charmeur qui montre de la force et de la tenue pour le vieillissement.

CÔTES DE BOURG 2009
Rouge | 2017 à 2022 | 13,50 € **14/20**
Arôme épicé de thé et de réglisse, bouche puissante avec toute la mâche attendue, un style bien marqué, encore sur la jeunesse. Malheureusement très peu de volume à cause de la grêle du 12 mai.

CÔTES DE BOURG LE CHEVALIER 2008
Rouge | 2016 à 2020 | 21 € **14,5/20**
Couleur pourpre, vin complet avec des tanins accrocheurs, un corps considérable et une énergie un peu sauvage, beaucoup de force de caractère. Un vin qui ne laisse pas indifférent mais qui a besoin de temps pour s'arrondir.

CHÂTEAU FLEUR HAUT-GAUSSENS

Les Gaussens • 33240 Vérac
Tél. 05 57 84 48 01 • Fax : 05 57 84 48 01
fleur.haut.gaussens@wanadoo.fr
Visite : Sur rendez-vous.

Depuis une demi-décennie, ce cru de l'Entre-Deux-Mers séduit par ses vins généreux et gourmands, au fruité expressif bien associé à un boisé toasté.

BORDEAUX SUPÉRIEUR 2010
Rouge | 2012 à 2016 | NC **14,5/20**
Intensément fruité et boisé, bouche profonde, riche, dense et harmonieuse.

DOMAINE FLORIMOND-LA-BRÈDE

33390 Berson
Tél. 05 57 64 39 07 • Fax : 05 57 64 23 27
vignobleslouismarinier@wanadoo.fr

CÔTES DE BOURG LA PETITE CHARDONNE 2009
Rouge | 2014 à 2018 | 9 € **14,5/20**
Le premier millésime certifié en agriculture biologique de ce domaine de 3 hectares en Côtes de Bourg a été vinifié par Paul-Emmanuel Boulmé (Château Bonnange). Nez agréablement épicé, bouche croquante, tendue, tanins de facture moyenne, bel équilibre.

CHÂTEAU FONCHEREAU

33450 Montussan
Tél. 05 56 72 96 12
direction@fonchereau.com

BORDEAUX 2011
Blanc | 2012 à 2014 | 13,15 € **14/20**
Un blanc friand, élégant et tonique, exprimant un fruit d'une grande pureté et une minéralité cristalline.

BORDEAUX ROSÉ 2011
Rosé | 2012 à 2013 | 6,70 € **14/20**
Un rosé de repas, charnu, intensément fruité, franc, doté d'un bel équilibre sur la fraîcheur.

CHÂTEAU FONT-GUILHEM

Conilh • 33710 Bourg
Tél. 05 57 68 45 76 • Fax : 05 57 68 30 32
info@vins-scb.com
Visite : Sur rendez-vous au 06 73 27 67 05

Côtes de Bourg cuvée Étoile 2009
Rouge | 2015 à 2019 | 9 € **14/20**
Acquise en 1996 par la famille Bernier, cette propriété doit son nom à une ancienne fontaine dénommée autrefois « fontaine de Guillaume ». Cette cuvée issue de merlot et de malbec révèle un nez finement toasté, structure puissante avec des tanins massifs, denses, très compacts, qui demandent à vieillir, style robuste d'une bonne franchise.

CHÂTEAU DE FONTENILLE

1315, route de Grimard • 33670 La Sauve-Majeure
Tél. 05 56 23 03 26 • Fax : 05 56 23 30 03
contact@chateau-fontenille.com
www.chateau-fontenille.com
Visite : tous les jours, 8h30-12h et 13h30-17h30
sur rendez-vous.

Entre-Deux-Mers 2011
Blanc | 2012 à 2014 | 6,60 € **15/20**
On admire la complexité aromatique du nez, fruits bien mûrs, notes fumées, crayeuses, épicées, la bouche franche, avec une belle sapidité et une longue finale très fraîche.

CHÂTEAU FOUGAS

B.P. 51 • 33710 Lansac
Tél. 05 57 68 42 15 • Fax : 05 57 68 28 59
jybechet@fougas.com • www.fougas.com
Visite : Du lundi au vendredi, de 8h à 12h
et de 14h à 18h.

C'est l'une des plus anciennes propriétés des Côtes de Bourg, acquise en 1976 par Jean-Yves Bechet, fils d'une famille de négociants bordelais. Autour du château se répartissent 17 hectares d'un seul tenant qui, depuis 2007, sont entrés en conversion à l'agriculture biologique. Deux ruisseaux servent au drainage naturel à chaque extrémité de la propriété. Depuis 1983, Jean-Yves Bechet, qui n'est jamais à cours d'idées, a renoué avec la coutume ancestrale pratiquée par les négociants bordelais, et propose à ses clients de leur louer les pieds de vignes et d'acheter la récolte sur cep.

Côtes de Bourg 2009
Rouge | 2014 à 2018 | 8,90 € **14/20**
Nez de chocolat, bouche ample, large, très boisée, tanin consistant, chaleureux en finale.

Côtes de Bourg Maldoror 2009
Rouge | 2015 à 2019 | 16,80 € **15/20**
Très beau nez de cendre froide, beau toucher de bouche, élégant, tanins fermes, prometteurs de grande garde. Bonne réussite.

CHÂTEAU FRACHET

11 Avenue de Bordeaux • 33360 Cenac
Tél. 05 56 20 16 94
pauline.lacombe@chateauxenbordeaux.com

Bordeaux Supérieur 2009
Rouge | 2012 à 2016 | 6,90 € **14/20**
Joli vin riche et bien fait, montrant un nez expressif, frais, grandement fruité, une bouche savoureuse, fondante, avec de beaux tanins mûrs, de la suite et une excellente fraîcheur.

CHÂTEAU DE FRANCS

33570 Francs
Tél. 05 57 40 65 91 • Fax : 05 57 40 63 04
chateaudefrancs@terre-net.fr
Visite : Du lundi au vendredi, de 8h à 12h
et de 14h à 17h.

Propriété commune d'Hubert de Boüard (Angélus) et de Dominique Hébrard (Bellefont-Belcier), ce classique des Côtes de Francs présente depuis des années une régularité sans faille, avec des vins aux arômes fruités et au corps généreux, toujours à leur meilleur entre deux et cinq ans de garde. Les vignes, qui entourent les ruines du château, offrent un caractère de merlot typique, riche et mûr.

Côtes de Francs Les Cerisiers 2008
Rouge | 2014 à 2019 | 9,70 € **15,5/20**
Corps complet et gras, incroyablement structuré, certes avec une charge alcoolique spectaculaire de 15° affichés sur l'étiquette, mais parfaitement intégrée, un boisé important, des tanins serrés et très frais lui donnant du potentiel. Grand vin avec beaucoup d'énergie.

CHÂTEAU GARREAU

33710 Pugnac
Tél. 05 57 68 90 75 • Fax : 05 57 68 81 90
contact@chateaugarreau.com
www.chateaugarreau.com

Côtes de Bourg 2009
Rouge | 2014 à 2018 | 15 € **13,5/20**
S'il fallait encore une preuve de la longue histoire viticole de l'appellation Côtes de Bourg, cette propriété en fournit la preuve. Les vignes y sont exploitées depuis l'ère romaine sous le Consul Ausone. Aujourd'hui, le vin s'exprime avec une grande franchise, par des tanins serrés, frais, très côtes-de-bourg. On aime.

CHÂTEAU GIGAULT

33390 Mazion
Tél. 05 57 32 62 59 • Fax : 05 56 54 39 38
chateau.gigault@gmail.com
www.chateau.gigault.com

Propriétés de Christophe Reboul-Salze, brillant négociant bordelais de la société The Wine Merchant, les châteaux Gigault et Les Grands Maréchaux comptent aujourd'hui parmi les vins les plus racés et les mieux définis du nord Gironde. Grâce aux précieux conseils de Stéphane Derenoncourt, ils affichent un style alliant fraîcheur de fruit et sveltesse du corps, qui ne manque pas de cachet.

Blaye Côtes de Bordeaux
Château les Grands Maréchaux 2009
Rouge | 2014 à 2018 | 10 € **15/20**
Tanins soyeux, pleins de sève, grande profondeur, finale de chocolat noir. Belle réalisation, très solaire.

Blaye Côtes de Bordeaux cuvée Viva 2009
Rouge | 2014 à 2019 | 15 € **15,5/20**
Couleur intense, fruits frais, bouche encore marquée par l'élevage mais tanins doux, ronds, généreux, grande souplesse et amabilité. Belle bouteille.

GINESTET

19, avenue de Fontenille
33360 Carignan-de-Bordeaux
Tél. 05 56 68 81 82 • Fax : 05 56 20 94 47
contact@ginestet.fr • www.ginestet.fr
Visite : Sur rendez-vous.

Bordeaux Mascaron par Ginestet 2011
Blanc | 2012 à 2014 | 3,50 € **15/20**
Belle complexité aromatique, le fruit est mûr, les notes épicées et florales agréables, la bouche est intense, franche, vive et longue.

Bordeaux Mascaron par Ginestet 2009
Rouge | 2012 à 2015 | 3,50 € **14,5/20**
Puissant et riche, avec un fruit très mûr, de la densité, des tanins serrés, un boisé harmonieux et de la fraîcheur.

Bordeaux Prestige 2009
Rouge | 2012 à 2014 | 3 € **14/20**
Cuvée équilibrée, bien fruitée, notes de résineux, avec de la rondeur et de la vivacité.

Bordeaux rosé Marquis de Chasse 2011
Rosé | 2012 à 2013 | 2,50 € **14/20**
Charmeur, équilibré, avec un fruit mûr et fondu, une bouche ronde, flatteuse mais non dénuée de fraîcheur.

CHÂTEAU GODARD-BELLEVUE

33570 Francs
Tél. 05 57 40 65 77 • Fax : 05 57 40 65 77
earl.arbo@wanadoo.fr • www.godardbellevue.com
Visite : De 8h à 12h et de 14h à 18h, sur rendez-vous.

Le château appartient à la famille Arbo, par ailleurs propriétaire du Château Puyanché, en Côtes de Francs, et des Moulins de Coussillon, en Côtes de Castillon. La superficie du vignoble de Godard-Bellevue est de 10 hectares, avec des vignes de 30 à 40 ans d'âge. La culture y est particulièrement soignée pour récolter des raisins proches de la perfection. Depuis 2005, on produit la cuvée l'Étoile à base de merlot principalement, en quantité confidentielle de 3 300 bouteilles, dans un style un peu trop surextrait qui a encore besoin de trouver sa voie.

Francs Côtes de Bordeaux 2009
Rouge | 2016 à 2020 | 9 € **14/20**
Corps charnu, tanins serrés un peu solaires, il faut lui donner le temps de s'affiner et d'absorber la pointe de sécheresse en finale.

Francs Côtes de Bordeaux L'Étoile 2008
Rouge | 2015 à 2019 | 16,50 € **14,5/20**
Forte couleur, arômes de bois neuf très prononcés au nez, corps dense et serré, tanins frais et tendus, encore un peu accrocheurs en finale. Il doit vieillir pour absorber le chêne.

CHÂTEAU GOUBAU

78, Gerbaÿ • 33350 Gardegan et Tourtirac
Tél. 05 57 40 27 16 • Fax : 05 57 40 66 39
bea.goubau@telenet.be • www.chateaugoubau.eu

Castillon Côtes de Bordeaux 2009
Rouge | 2015 à 2018 | 8,25 € **14,5/20**
En conversion vers l'agriculture biologique, avec ses vignes à 100 mètres d'altitude, le domaine produit des vins structurés. Rouge rubis profond, nez de fruits noirs et boisé encore perceptible, bouche bien charpentée, ample, voluptueuse, avec une grande intensité. L'alcool est bien intégré.

Castillon Côtes de Bordeaux La Source 2009
Rouge | 2014 à 2018 | 4,50 € **14/20**
Le vignoble, planté sur un plateau à 100 mètres d'altitude, profite de conditions climatiques particulières. Belle couleur éclatante, boisé fin, tanins polis, frais, racés et d'une longue persistance.

Castillon Côtes de Bordeaux
Les Charmes 2009
Rouge | 2012 à 2017 | NC **13/20**
C'est un castillon puissant, structuré qui ne fléchira pas devant un magret ou toute viande rouge puissante en goût.

CHÂTEAU GRAND BIREAU

3, au Grand Bireau • 33420 Daignac
Tél. 05 57 84 55 23 • Fax : 05 57 84 57 37
scea.barthemichel@wanadoo.fr • www.tonvin.fr
Visite : Du lundi au vendredi sur rendez-vous uniquement, de 8h à 12h et de 13h30 à 17h30 et sur rendez-vous le week-end.

Bordeaux 2011
Blanc | 2012 à 2015 | 5 € **14/20**
Superbe nez offrant un fruit pur, des notes florales et anisées que l'on retrouve dans une bouche grasse et vive.

Bordeaux clairet 2011
Rosé | 2012 à 2013 | NC **14/20**
Puissant, très fruité, vigoureux, c'est un vrai clairet de repas, riche et équilibré.

CHÂTEAU GRAND MAISON

Valades • 33710 Bourg
Tél. 05 57 64 24 04 • Fax : 05 57 64 24 04
cht.grandmaison-bourg@wanadoo.fr
www.grandmaison-bourg.com
Visite : Sur rendez-vous uniquement.

Deux grandes figures des Côtes de Bourg ont ici associé leurs talents : Hervé Romat, œnologue-consultant, et Jean Mallet, issu d'une lignée de viticulteurs. Après l'acquisition de la propriété en 2004, située sur l'un des meilleurs terroirs des Côtes de Bourg, ils ont développé la réputation du cru. Le grand vin assemble les raisins de sols argilo-calcaires vendangés à la main, il est d'un grand classicisme, très minéral, d'une belle matière polie et soyeuse comme peu dans la région.

Côtes de Bourg cuvée Spéciale 2009
Rouge | 2014 à 2018 | 8,50 € **14,5/20**
Encore sur la retenue, bouche franche, fruitée, suave, finale tendue sur la fraîcheur.

Côtes de Bourg Grand Vin 2009
Rouge | 2016 à 2021 | 14,5 € **16/20**
Robe dense, nez net, précis, sur la prune bien mûre, signe de l'exactitude de la période choisie pour vendanger les merlots, corps équilibré et plein, tanins fermes sans lourdeur, style classique, accompli, dans la ligne des millésimes précédents. Et les prix restent sages.

CHÂTEAU GRAND-VILLAGE

33240 Mouillac
Tél. 05 57 84 44 03 • Fax : 05 57 84 83 31
scea.guinaudeau@orange.fr
Visite : Sur rendez-vous.

Les Guinaudeau ont leur jardin, sur Pomerol, avec le cultissime Château Lafleur. Sur Mouillac, à côté de Fronsac, ils bichonnent leur vignoble de Grand-Village où ils produisent l'un des meilleurs bordeaux rouges avec une texture précise, un tanin allongé de grande élégance et un fruité immédiatement savoureux. Sur Fronsac, depuis 2009, ils produisent le G qui, au fil des millésimes, doit constituer un absolu cultural et culturel.

Bordeaux Supérieur 2010
Rouge | 2012 à 2022 | NC **16,5/20**
Bouquet subtil de petits fruits rouges, corps ample et souple, finale de belle fraîcheur, gourmandise discrète et raffinée.

Bordeaux Supérieur G 2010
Rouge | 2012 à 2024 | NC **17/20**
Énergie, longueur intense et volume profond, ce vin offre un superbe potentiel

CHÂTEAU DE LA GRAVE

33710 Bourg-sur-Gironde
Tél. 05 57 68 41 49 • Fax : 05 57 68 49 26
info@chateaudelagrave.com
www.chateaudelagrave.com
Visite : Sur rendez-vous.

Côtes de Bourg Caractère 2009
Rouge | 2015 à 2019 | 9,50 € **14/20**
Le labour et la lutte raisonnée sont appliqués dans cette propriété en coteaux, située au cœur de l'appellation. Nez très ouvert sur des notes de moka, bouche intense, boisé modéré, finale tendue. Très moderne dans son style.

Côtes de Bourg Nectar Vieilles Vignes 2009
Rouge | 2015 à 2017 | 14 € **15/20**
Bouche très dense, compacte avec des tanins serrés, longs, intenses. Très réussi avec une bonne matière et de la sapidité, un boisé mieux maîtrisé, le meilleur équilibre de ces derniers millésimes. Bravo.

CHÂTEAU GRÉE-LAROQUE

225, rue Laroque • 33910 Saint-Ciers-d'Abzac
Tél. 05 57 49 45 42
greelaroque@wanadoo.fr
Visite : Sur rendez vous.

Cette petite propriété est située au nord de Libourne, au-delà du Fronsadais. Très soigneusement tenue, elle est suivie depuis 2000 par Stéphane Derenoncourt et s'est discrètement imposée comme produisant l'un des meilleurs bordeaux actuellement disponibles. Très précisément construit, sans aucune lourdeur, raideur ou mollesse, le vin possède un équilibre fruité très brillant.

Bordeaux Supérieur 2004
Rouge | 2013 à 2016 | NC **15/20**
Dense, serré et profond, c'est un vin intense, mais sans la moindre dureté. Une ambition maîtrisée.

CHÂTEAU GROSSOMBRE

33420 Grézillac
Tél. 05 57 25 58 58

Bordeaux 2009
Rouge | 2012 à 2017 | 7,50 € **14,5/20**
Un fruit explosif, de belles notes minérales et épicées, une bouche savoureuse, aux tanins riches mais très soyeux, une finale longue et fraîche : un beau bordeaux classique, équilibré, élégant et au bon potentiel de garde.

CHÂTEAU HAUT-CRUZEAU

33370 Fargues-Saint-Hilaire
Tél. 05 56 21 11 11 • Fax : 05 56 21 11 11
cruzeau@wanadoo.fr
Visite : Toute la semaine sur rendez-vous, y compris le week-end.

Cette petite propriété de 4,3 hectares, située sur la commune de Fargues-Saint-Hilaire, aux portes de l'Entre-Deux-Mers, a été reprise en 2001 par le jeune Régis Chevalier, un artiste peintre qui sait donner à ses vins de belles couleurs et une jolie palette aromatique.

Bordeaux Supérieur 2010
Rouge | 2012 à 2017 | 6,50 € **14,5/20**
Superbe maturité de fruit, notes de résineux, joli boisé, grand raffinement que l'on retrouve dans une bouche ample, veloutée, aux tanins soyeux et à la longue finale vigoureuse.

CHÂTEAU HAUT DINA

3, Terrasson • 33570 Puisseguin
Tél. 05 57 40 59 13 • Fax : 05 57 56 06 76
contact@chateau-terrasson.com • www.vignobles_lavau.com

Castillon Côtes de Bordeaux 2009
Rouge | 2014 à 2017 | 6 € **13,5/20**
Le domaine familial de près de 9 hectares propose un vin équilibré, souple, aux tanins bien intégrés, finale fruitée et fraîche. Très agréable.

CHÂTEAU HAUT-GAUSSENS

4, les Gaussens • 33240 Vérac
Tél. 06 17 57 48 45 • Fax : 05 57 84 42 55
chateauhautgaussens@orange.fr
www.chateauhautgaussens.fr
Visite : du lundi au vendredi de 8h30 à 12h30 et de 13h30 à 18h30. Le week end sur rendez vous.

Une jolie petite propriété familiale depuis plus d'un demi-siècle, sur la rive droite de la Garonne. 15 hectares majoritairement complantés en merlot, un cépage qui s'épanouit à merveille sur un beau terroir argilo-calcaire.

Bordeaux Supérieur 2010
Rouge | 2012 à 2017 | NC **14/20**
Beau raffinement aromatique, fruits mûrs, café et épices, belle bouche dense, solide, avec une longue finale fraîche. Bon potentiel.

CHÂTEAU HAUT-GUILLEBOT

Lieu-dit Huit-Guillebot • 33420 Lugagnac
Tél. 05 57 84 51 71 • Fax : 05 57 84 62 73
chateauhautguillebot@wanadoo.fr
www.chateauhautguillebot.com
Visite : Du lundi au vendredi de 9h à 12h30 et de 13h30 à 17h30

Le Château Haut-Guillebot, propriété familiale transmise de mère en fille depuis sept générations, bénéficie d'une superbe situation sur des coteaux argilo-calcaires dominant la Dordogne.

Bordeaux 100 % sémillon 2011
Blanc | 2012 à 2014 | NC **14/20**
Toute l'exubérance du sémillon bien mûr, avec des notes épicées et mentholées, une texture savoureuse, riche mais bien équilibrée par une délicieuse fraîcheur.

Bordeaux rosé 2011
Rosé | 2012 à 2013 | NC **14/20**
Arômes expressifs de fruits très mûrs et floraux, bouche généreuse et charnue, tendue par une excellente vivacité.

Bordeaux Supérieur cuvée Prestige 2009
Rouge | 2012 à 2015 | 8,30 € **15/20**
Encore meilleur que le 2008 tout en conservant le style charmeur, nez montrant un beau fruit, de suaves notes florales et épicées, bouche savoureuse avec des tanins fins et frais, ainsi qu'une grande tenue.

CHÂTEAU HAUT-GUIRAUD

EARL Bonnet & Fils • 33710 Saint-Ciers-de-Canesse
Tél. 05 57 64 91 39 • Fax : 05 57 64 88 05
bonnetchristophe@wanadoo.fr
www.chateauhautguiraud.com
Visite : Du lundi au vendredi, de 8h à 12h et de 15h à 17h. Le week-end sur rendez-vous.

Propriété familiale de 30 hectares dominant l'estuaire de la Gironde, qu'exploite avec passion Christophe Bonnet en cinquième génération, le Château Haut-Guiraud est l'un des leaders incontesté de l'appellation. Péché-du-Roy est une jolie cuvée qui a fait la réputation du cru et qui doit son nom à Louis XIV, alors jeune roi, qui se régala des pêches de Haut-Guiraud lors de son séjour dans le Bourgeais. L'amateur y trouvera un archétype de vin assurément généreux, ancré au plus profond de son terroir.

Côtes de Bourg 2009
Rouge | 2015 à 2019 | 6,40 € **14,5/20**
Bouche riche, dense, intense, avec des tanins accrocheurs, finale chocolatée sur la fraîcheur. Un Haut-Guiraud avec du tempérament.

Côtes de Bourg cuvée Péché du Roy 2009
Rouge | 2016 à 2021 | 12,70 € **15/20**
Boisé très imposant, un vin encore en devenir avec un élevage présent, des tanins larges qui demandent à s'affiner et beaucoup d'alcool (15 % vol sur l'étiquette), il s'épanouira avec le temps.

CHÂTEAU HAUT-MACÔ

61, rue des Gombauds • 33710 Tauriac
Tél. 05 57 68 81 26 • Fax : 05 57 68 91 97
hautmaco@wanadoo.fr • www.hautmaco.com
Visite : lundi au samedi 8h à 12h et de 14h à 18h.

Cela fait bientôt quarante ans que Jean et Bernard Mallet ont pris en charge cette belle propriété de 49 hectares, aux mains de la famille depuis trois générations. Aujourd'hui les enfants de Bernard, Anne et Hugues, tiennent les rênes et produisent des vins délicats et brillants. La cuvée phare Jean-Bernard est particulièrement réussie en 2009. On peut l'apprécier tôt, sur son fruit expressif mais elle montre aussi une belle aptitude à évoluer dans le temps.

Côtes de Bourg 2009
Rouge | 2013 à 2017 | 5,20 € **14/20**
Nez finement chocolaté, bouche équilibrée, fraîche, croquante. Vin de bistrot.

Côtes de Bourg cuvée Jean-Bernard 2009
Rouge | 2016 à 2020 | 8 € **15/20**
Vin tonique aux tanins vifs, bien en chair, harmonieux, beaucoup de race. Sans doute la plus belle réussite de la jeune équipe depuis qu'elle a repris le flambeau. Prix Angélique.

CHÂTEAU HAUT-NIVELLE

33660 Saint-Sauveur-de-Puynormand
Tél. 05 57 69 69 69 • Fax : 05 57 69 62 84
vignobles@lepottier.com • www.lepottier.com
Visite : Sur rendez-vous.

Bordeaux Supérieur cuvée Prestige 2010
Rouge | 2012 à 2017 | 6 € **14/20**
Le fruit est particulièrement épanoui, les notes de lilas élégantes, la bouche charnue, très aromatique et fraîche.

CHÂTEAU HOSTENS-PICANT

33220 Les Lèves-et-Thoumeyrague
Tél. 05 57 46 38 11 • Fax : 05 57 46 26 23
chateauhp@aol.com • www.chateauhostens-picant.fr
Visite : Sur rendez-vous.

Cette propriété méritante, du secteur très excentré de Sainte-Foy-la-Grande, est parvenue à un haut niveau qualitatif grâce au travail acharné de Nadine et Yves Picant, qui se sont installés ici en 1986. Le vignoble, très bien tenu, possède un encépagement classiquement dominé par le merlot en rouge, mais partagé entre sémillon et sauvignon en blanc. Longtemps tout en intensité et en robustesse, les rouges ajoutent peu à peu à ces qualités une plus grande souplesse et des structures tanniques plus soyeuses.

Sainte-Foy-Bordeaux
cuvée des Demoiselles 2010
Blanc | 2013 à 2017 | 20 € **15/20**
Arôme boisé, richement fruité, tendu, frais en bouche, assez plein, finale tonique et équilibrée.

CHÂTEAU L'INSOUMISE

360, chemin Peyrot • 33240 Saint-André-de-Cubzac
Tél. 05 57 43 17 82 • Fax : 05 57 43 22 74
chateau.linsoumise@wanadoo.fr
www.chateaulinsoumise.com
Visite : Du lundi au vendredi de 10h à 12h et de 13h30 à 18h. Le week-end sur rendez_vous.

Bordeaux Supérieur Prestige 2009
Rouge | 2012 à 2017 | 8 € **14/20**
Arômes de confiture de fruits noirs, notes de cuir, bouche chaleureuse, s'adossant sur une trame tannique serrée et mûre, bonne fraîcheur. Bon équilibre dans l'opulence.

CHÂTEAU DE JAYLE

1 et 2, Jayle • 33490 Saint Martin de Sescas
Tél. 05 56 63 60 90 • Fax : 05 56 62 71 60
contact@vignoble-pelle.com

Côtes de Bordeaux Saint-Macaire 2010
Blanc Liquoreux | 2013 à 2016 | 8 € **13,5/20**
Cinq générations de vignerons se sont succédées pour créer cet ensemble de trois châteaux sur 70 hectares. Vendange manuelle pour ce liquoreux au nez légèrement citronné, levuré, bouche huileuse, amertume en finale, sucre perceptible. Gentil et agréable sans défaut. Pour l'apéro.

CHÂTEAU JEAN FAUX

33350 Sainte Radegonde
Tél. 05 57 40 03 85

Bordeaux Supérieur 2009
Rouge | 2012 à 2018 | NC **15/20**
Beaucoup de classe pour le nez développant des arômes de fruits noir, graphite et violette, la bouche dense, opulente, avec des tanins gras et ronds, ainsi qu'une longue finale fraîche.

CHÂTEAU JOANIN-BÉCOT

Lieu-dit Joanin • 33350 Saint-Philippe-d'Aiguilhe
Tél. 05 57 74 46 87 • Fax : 05 57 24 66 88
contact@beauséjour-becot.com
www.beausejour-becot.com
Visite : Sur rendez-vous.

La propriété, très bien située dans le meilleur secteur des Côtes de Castillon, a été acquise par la famille Bécot (Château Beauséjour-Bécot) qui, en conservant le style séveux et gourmand qui a fait leur succès à Saint-Émilion, a rapidement propulsé

le cru parmi les meilleurs de l'appellation. Comme ses pairs, Joanin-Bécot a un caractère très proche d'un bon saint-émilion, avec néanmoins une personnalité plus immédiatement prête à boire.

Côtes de Castillon 2009
Rouge | 2015 à 2019 | 22 € **15/20**
Joli nez de fruits frais et d'épices, bon tanin puissant offrant une solide structure racée, finale chaleureuse. Ensemble bien fait.

KRESSMANN

35, rue de Bordeaux • 33290 Parempuyre
Tél. 05 56 35 53 00 • Fax : 05 56 35 53 29
contact@kressmann.com • www.kressmann.com
Visite : Sur rendez-vous.

Bordeaux Grande Réserve 2011
Blanc | 2012 à 2014 | 4,70 € **14,5/20**
Bel équilibre sur la fraîcheur, avec un fruit pur et de la minéralité, une bouche aromatique et très vigoureuse.

Bordeaux Monopole 2010
Rouge | 2012 à 2015 | 7,20 € **14/20**
Fruit bien mûr, notes fumées, bouche charnue, vigoureuse, bien campée sur ses tanins pour ce bordeaux bien fait.

CHÂTEAU L'ENCLOS

3, route de Bergerac • 33220 Pineuilh
Tél. 05 57 46 55 95 • Fax : 05 57 46 55 95
chateaulenclos@yahoo.fr • www.chateaulenclos.fr
Visite : Sur rendez-vous du lundi au vendredi.

Sainte-Foy-Bordeaux Triple A 2009
Rouge | 2012 à 2020 | 16 € **14/20**
Depuis 2002, Isabelle et Éric Bonneville travaillent ensemble pour élaborer des vins à la fois charnus et structurés avec un fruit savoureux. Leur cuvée de prestige révèle un nez finement toasté, tanins un rien stricts, chaleureux en finale, ensemble équilibré, parfaitement dans son millésime.

CHÂTEAU L'ISLE FORT

36, route de l'Entre-Deux-Mers
33360 Lignan-de-Bordeaux
Tél. 06 82 00 68 95 • Fax : 05 56 68 30 64
lislefort@lislefort.com • www.lislefort.com
Visite : Sur rendez-vous au 06 81 65 05 68.

Très jolie propriété de l'Entre-Deux-Mers, l'Isle Fort a été acquise en 2004 par un couple de gourmets, Sylvie Douce et François Jeantet, par ailleurs créateurs du Salon du Chocolat. Intelligemment conseillée par l'omniprésent Stéphane Derenoncourt, la propriété a rapidement trouvé ses marques et réalise l'un des plus élégants et gourmands bordeaux-supérieurs que l'on puisse trouver. La propriété produit également un superbe rosé, nommé l'Isle-Douce.

Bordeaux rosé Isle Douce 2011
Rosé | 2012 à 2013 | 8 € **15/20**
Dans la lignée des rosés de la propriété : robe rose très tendre, nez délicat, fleuri et fruité, bouche ronde, aromatique, fraîche. Un régal pour toutes les occasions.

Bordeaux Supérieur 2010
Rouge | 2012 à 2017 | 15 € **15/20**
Un bordeaux charmeur et savoureux, au nez profond, superbe de complexité, à la bouche charnue, présentant des tanins serrés et soyeux, du fruit et une idéale fraîcheur.

Bordeaux Supérieur 2008
Rouge | 2012 à 2014 | NC **15/20**
Charnu, très gourmand, avec un équilibre très séducteur entre fruits rouges et notes de toast, c'est un bordeaux de grand charme, aujourd'hui à son apogée.

CHÂTEAU LA BERTRANDE

33410 Omet
Tél. 05 56 62 19 64 • Fax : 05 56 76 90 55
chateau.la.bertrande@wanadoo.fr
www.chateau-la-bertrande.com
Visite : Sur rendez-vous.

Le Château La Bertrande affiche trois siècles d'histoire, au cœur de la vallée de la Garonne. La famille Grillet exploite le domaine depuis 1880 et y réalise des vins d'une qualité remarquable et constante. Sur les croupes graveleuses et les coteaux argilo-calcaires, les liquoreux de la gamme Summum – même si le boisé est parfois un peu trop marquant, montrant une vraie finesse.

Cadillac Summum 2006

Blanc Liquoreux | 2013 à 2017 | 30 € **13,5/20**

Arôme de fruits confits, volumineux en bouche, ample. Un cadillac sur un bon terroir, de facture traditionnelle, riche, un peu beurré, nous préférions l'équilibre du 2005.

CHÂTEAU LA BRANDE

Château Mangot • 33330 Saint-Émilion
Tél. 05 57 40 18 23 • Fax : 05 57 56 43 97
todeschini@chateaumangot.fr
www.chateaumangot.fr

Castillon Côtes de Bordeaux 2009

Rouge | 2013 à 2015 | 9,90 € **13,5/20**

La famille Todeschini, qui possède également le Château Mangot à Saint-Émilion, cultive à Castillon 25 hectares sur des coteaux argilo-calcaire avec une exposition plein sud. Nez fruité, boisé discret, arômes de chocolat, tanins de densité moyenne. Plaisir immédiat.

LA CHAPELLE D'ALIÉNOR

B.P. 12 • 33330 Saint-Émilion
Tél. 05 57 56 40 82 • Fax : 05 57 56 40 89
contact@chateauchapelledalienor.com
www.chateauchapelledalienor.com

Tout près de Saint-Émilion, cette jolie propriété d'un peu plus d'une quinzaine d'hectares, anciennement nommée Château Chapelle Maracan, dispose d'un beau terroir de coteaux. Depuis 2006, Alexandre de Malet et son épouse Aliénor font appel à Stéphane Derenoncourt, et les résultats sont là.

Bordeaux 2011

Blanc | 2012 à 2015 | NC **14/20**

Nez élégant et friand, bouche charnue, pleine d'allant et de fruit pour cette cuvée tonique et équilibrée.

Bordeaux rosé 2011

Rosé | 2012 à 2013 | NC **15/20**

Superbe rosé au fruit délicat et précis, tout en élégance, en légèreté et en équilibre sur la fraîcheur.

Bordeaux Supérieur 2010

Rouge | 2012 à 2017 | NC **14/20**

Classique, élégant, très bordelais avec son nez délicatement fruité, épicé, minéral, sa bouche soyeuse, franche, fraîche et équilibrée.

CHÂTEAU LA COMMANDERIE DE QUEYRET

33790 Saint-Antoine-du-Queyret
Tél. 05 56 61 31 98 • Fax : 05 56 61 34 22
vignoble.comin@wanadoo.fr
www.commanderie-de-queyret.com
Visite : Du lundi au vendredi, de 9h à 11h et de 14h à 17h et le week-end sur rendez-vous.

Si Claude Comin n'est pas chevalier de Saint-Jean-de-Jérusalem, comme ceux qui fondèrent la commanderie de Queyret au début du XIIIe siècle et plantèrent de la vigne, il n'en respecte pas moins la grande tradition bordelaise, sur son beau vignoble de 106 hectares.

Bordeaux 2010

Rouge | 2012 à 2015 | 7 € **13,5/20**

Sans prétention mais équilibré et élégant, avec un joli fruit, une texture souple et fraîche.

CHÂTEAU LA CROIX LARTIGUE

SARL Les 3 origines - Lieu dit Fillol
33350 Sainte Colombe
Tél. 05.57.24.60.29 • Fax : 05 57 24 75 95
simon@derenoncourtconsultants.com

Castillon Côtes de Bordeaux 2009

Rouge | 2014 à 2018 | 20 € **13/20**

Domaine repris par Stéphane Derenoncourt en 2008, avec deux de ses associés, le Château est plus abordable sans avoir la profondeur de l'A dans la même appellation. Nez discret, bouche riche et compacte avec des tanins serrés, un peu rustiques et asséchants en finale mais nécessaires pour soutenir cette charge d'alcool de 15 %. Du porto.

CHÂTEAU LA FRANCE

33750 Beychac-et-Caillau
Tél. 05 57 55 24 10 • Fax : 05 57 55 24 19
contact@chateaulafrance.com
www.chateaulafrance.com
Visite : D'avril à octobre, du lundi au samedi de 9h à 13 et de 14h à 18h. Le reste de l'année du lundi au vendredi de 10h à 12h et 14h à 17h.

Bordeaux 2011

Blanc | 2012 à 2015 | 5,90 € **14/20**

Dans un style puissant et flatteur, avec un fruit mûr et de la minéralité, une bouche riche, suave et tout de même équilibrée.

Bordeaux Supérieur cuvée Gallus 2010
Rouge | 2012 à 2017 | 8,50 € **15/20**
Très réussie cette année, la cuvée Gallus présente un nez expressif avec un grand raffinement de fruit et un boisé élégant, une belle profondeur de tanins et beaucoup de fraîcheur. Grand potentiel.

CHÂTEAU LA FREYNELLE

Peyrefus • 33420 Daignac
Tél. 05 57 84 55 90 • Fax : 05 57 74 96 57
veronique@vbarthe.com • www.vbarthe.com
Visite : Sur rendez-vous.

Bordeaux cuvée Émotion 2010
Rouge | 2012 à 2017 | 9,50 € **14,5/20**
Bonne constitution pour cette cuvée richement aromatique, puissante, serrée et fraîche. Le potentiel est là.

CHÂTEAU LA GASPARDE

37, rue Pline Parmentier • 33506 Libourne
Tél. 05 57 51 41 86 • Fax : 05 57 51 53 16
info@j-janoueix-bordeaux.com
www.josephjanoueix.com

Castillon Côtes de Bordeaux 2009
Rouge | 2014 à 2017 | 9,50 € **13,5/20**
Nez épicé, bouche veloutée, souple. Un castillon sincère, équilibré, sur la fraîcheur, de densité moyenne.

Castillon Côtes de Bordeaux cuvée Prestige 2009
Rouge | 2014 à 2017 | 15,10 € **14/20**
La propriété de la Maison Janoueix, qui doit son surnom à une jeune - et jolie - veuve que fréquenta assidûment le baron Gaspard, son proche voisin, s'étend sur 18 hectares d'un seul tenant. Un style un peu traditionnel, qui ne joue pas sur la séduction mais le travail bien fait. Élégant, sans âpreté ni amertume, belle fraîcheur et un boisé neuf bien dosé.

CHÂTEAU LA MOTHE DU BARRY

2, Les Arromans • 33420 Moulon
Tél. 05 57 74 93 98 • Fax : 05 57 84 66 10
joel.duffau@aliceadsl.fr • www.vignoblesjoelduffau.fr
Visite : Du lundi au vendredi, de 8h30 à 12h et de 13h30 à 17h et le week-end sur rendez-vous.

Le château est situé aux portes de l'Entre-Deux-Mers, à Moulon, au bord de la Dordogne, à une encablure de Saint-Émilion. La propriété propose plusieurs cuvées, ainsi qu'un clairet et un blanc. Joël Duffau, œnologue de formation et naturellement talentueux, s'attache à faire des vins fruités, charmeurs et rapidement plaisants à boire. Avec son épouse Sandrine, ils possèdent également une autre propriété de qualité, le Château Les Arromans.

Bordeaux Château Les Arromans Prestige 2010
Rouge | 2012 à 2015 | NC **14/20**
Belle vinification pour cette cuvée bien fruitée, complexe, savoureuse, franche et parfaitement équilibrée.

Bordeaux rosé Château Les Arromans 2011
Rosé | 2012 à 2013 | 4,70 € **14,5/20**
Classique, délicieusement fruité, charnu, vigoureux et parfaitement équilibré. Un rosé agréable en toutes circonstances.

Entre-Deux-Mers 2011
Blanc | 2012 à 2014 | 4,75 € **14/20**
Agréable nez d'abricot, buis et minéral, bouche ronde, ample, vigoureuse et très aromatique.

CHÂTEAU LA NAUZE

Monbadon • 33570 Puisseguin
Tél. 05 57 40 49 81 • Fax : 05 57 40 49 81
contact@chateau-lanauze.com
www.chateau-lanauze.com
Visite : sur rendez-vous.

Castillon Côtes de Bordeaux Identité 2009
Rouge | 2015 à 2018 | 14,50 € **13,5/20**
Dans un style moderne, sur la surmaturité mais sans le défaut de l'alcool, bouche sucrée, tanins chaleureux, assez persistants. Pour les amateurs d'un style californien.

CHÂTEAU LA PRADE

33570 Saint-Cibard
Tél. 05 57 56 07 47 • Fax : 05 57 56 07 48
chateau-laprade@nicolas-thienpont.com
www.nicolas-thienpont.com
Visite : Sur rendez-vous du lundi au vendredi de 9h à 12h et de 14h à 17h.

Petite propriété de 4,5 hectares, située sur la commune de Saint-Cibard, que Nicolas Thienpont, le consultant et fin connaisseur de l'appellation Côtes de Francs, a acquis en 2000 pour y produire des vins tout en finesse et en profondeur. La moitié des parcelles sont situées sur un plateau calcaire avec

de belles argiles, l'autre moitié en coteaux orientés sud.

Côtes de Francs 2010
Rouge | 2013 à 2017 | NC **15/20**
Beau velouté, trame tannique fine, allonge élégante et racée.

CHÂTEAU LA RAME

La Rame • 33410 Sainte-Croix-du-Mont
Tél. 05 56 62 01 50 • Fax : 05 56 62 01 94
dgm@wanadoo.fr
Visite : Du lundi au vendredi de 8h30 à 12h et de 14h à 18h.

Sainte-Croix-du-Mont Réserve du Château 2009
Blanc Liquoreux | 2017 à 2022 | 25 € **16/20**
La locomotive de l'appellation un peu à la traîne ces dernières années retrouve en 2009 enfin ses lettres de noblesse et son rang parmi les meilleurs. Nez et bouche très fins, vin élégant et distingué, tendre, velouté, riche avec bonne amertume en finale sur un boisé raffiné. Magnifique !

CHÂTEAU LA RAZ CAMAN

33390 Anglade
Tél. 05 57 64 41 82 • Fax : 05 57 64 41 77
jean-francois.pommeraud@wanadoo.fr
www.larazcaman.com
Visite : Sur rendez-vous.

Blaye Côtes de Bordeaux 2009
Rouge | 2013 à 2016 | 9 € **14/20**
Le vignoble se situe sur les terroirs argilo-calcaires et pierreux du nord de l'appellation. Sa production est vinifiée dans un esprit classique, en recherchant la pleine maturité du raisin et en visant l'élégance et les textures charmeuses et souples. Le 2009 s'inscrit dans ce style qu'on a plaisir à boire rapidement. Arômes de fruits très mûrs, structure souple et chaleureuse. Dans son millésime.

CHÂTEAU LA VERRIÈRE

33790 Landerrouat
Tél. 05 56 61 36 91 • Fax : 05 56 61 44 25
jeanpaul.bessette@orange.fr
ou alainbessette@orange.fr
www.chateaulaverriere.com
Visite : sur rendez-vous.

Bordeaux 2011
Blanc | 2012 à 2014 | NC **14,5/20**
Charmeur, avec une expression de fruit très pure, des nuances florales et mentholées, une bouche ample, chaleureuse, très aromatique et d'une grande vivacité.

Bordeaux Supérieur 2009
Rouge | 2013 à 2016 | NC **14,5/20**
Beaux arômes de fruits noirs et floraux, tanins bien campés et mûrs, bon équilibre sur la fraîcheur. Très agréable.

CHÂTEAU LABADIE

1, Cagna • 33710 Mombrier
Tél. 05 57 64 23 84 • Fax : 05 57 64 23 85
vignoblesjdupuy@aol.com
Visite : Sur rendez-vous.

Côtes de Bourg 2009
Rouge | 2014 à 2017 | 8 € **14,5/20**
Les vins séduisent chaque année par leur suavité. Nez de notes grillées, bouche riche et ample, souple, sur du fruit mûr, fidèle à son style avec les notes toastés en finale, bien équilibré. Accessible rapidement.

CHÂTEAU LACAUSSADE SAINT-MARTIN

8, route de Labrousse
33390 Saint-Martin-Lacaussade
Tél. 05 57 32 51 61 • Fax : 05 57 32 51 38
j.chardat@corlianges.com
www.lacaussade-saintmartin.com
Visite : En semaine, de 10h à 19h, le week-end sur rendez-vous.

Le Château Lacaussade Saint-Martin est l'une des plus anciennes propriétés du Blayais : 40 hectares dont 4 de blancs, situés sur les premiers coteaux bordant la Gironde, face au Médoc, avec un terroir calcaire et argileux très particulier car riche en oursins fossilisés.

Blaye Côtes de Bordeaux
cuvée Trois Moulins 2009
Rouge | 2015 à 2018 | 8,50 € **14,5/20**
Nez épicé, tanins bien en chair un peu fatigués par le bois en finale mais frais et fruité. À su miser sur la mesure en matière d'alcool.

CHÂTEAU LAFAURIE DU PIN GALANT

Yvon Mau SA - rue Sainte Petronille • 33490 Semens
Tél. 05 56 62 08 30 • Fax : 05 56 61 54 61
pascale.mau@yvonmau.fr

Sainte-Croix-du-Mont 2010
Blanc Liquoreux | 2013 à 2016 | 4,10 € **13,5/20**
Un super rapport qualité-prix pour ce liquoreux au nez un peu fermé, marqué par l'élevage, assez fin, vendange pas trop flétrie, texture grassouillette mais harmonieuse.

CHÂTEAU LAGRANGE LES TOURS

30, rue de Bernescut • 33240 Cubzac-les-Ponts
Tél. 05 57 43 04 96 • Fax : 05 57 43 04 96
vignobles.choquet@wanadoo.fr
www.chateau-lagrange-les-tours.fr
Visite : Sur rendez-vous.

C'est en 2001, après une longue quête, que Michel et Pierre Choquet, industriels belges, trouvent la propriété de leurs rêves : un petit château Napoléon Ier, entouré de 22 hectares de vignes d'un seul tenant, dans un ensemble de 38 hectares situé entre Bourg et Fronsac.

Bordeaux rosé Les Ormes de Lagrange 2011
Rosé | 2012 à 2013 | NC **14/20**
Tout en délicatesse, depuis la robe rose tendre, en passant par le nez finement fruité et minéral, jusqu'à la bouche ronde et vive.

CHÂTEAU LAJARRE

24, avenue des Châteaux
33350 Mouliets-et-Villemartin
Tél. 06 82 01 07 27 • Fax : 05 57 40 71 20
gregory.lovato@hotmail.fr • www.chateau-lajarre.com
Visite : sur rendez-vous.

Bordeaux Supérieur cuvée Éléonore 2009
Rouge | 2012 à 2017 | 6 € **14,5/20**
On aime l'exubérance tant du nez que de la bouche, très fruitée, s'adossant sur de beaux tanins gras et se terminant sur une note fraîche. Bon potentiel.

CHÂTEAU LAMOTHE DE HAUX

Les Caves du Château-Lamothe - B.P. 6 • 33550 Haux
Tél. 05 57 34 53 00 • Fax : 05 56 23 24 49
info@chateau-lamothe.com • www.chateau-lamothe.com
Visite : Sur rendez-vous.

Voilà cinquante ans que la famille Neel-Chombart exploite ce vignoble de 85 hectares (59 pour le rouge et 26 pour le blanc). Anne Neel reçoit et fait déguster les vins, sa fille Maria Chombart vinifie avec rigueur et finesse. Les chais sont de magnifiques anciennes carrières datant du XVIIe siècle dont les galeries, à soixante mètres sous terre, abritent idéalement barriques et bouteilles. Tout est fait au château, de la récolte jusqu'à la commercialisation.

Côtes de Bordeaux Première Cuvée 2010
Rouge | 2013 à 2015 | 9,55 € **13,5/20**
Vin authentique, tanins digestes, finale assez fluide manquant de consistance. Inutile de le garder.

Côtes de Bordeaux
Valentine par Valentine 2009
Rouge | 2015 à 2018 | 12,50 € **14/20**
Nez de fruits mûrs, tanins croquants un peu alourdis par un boisé persistant, fraîcheur et vigueur.

CHÂTEAU LAMOTHE-VINCENT

Chemin Laurenceau • 33760 Montignac
Tél. 05 56 23 96 55 • Fax : 05 56 23 97 72
info@lamothe-vincent.com
www.lamothe-vincent.com
Visite : Sur rendez-vous.

Le Château Lamothe-Vincent, grande propriété de 80 hectares plantés majoritairement de merlot, produit régulièrement de belles cuvées en bordeaux rouge, bordeaux rosé, bordeaux blanc et bordeaux-supérieur, ces deux dernières bénéficiant d'une cuvée Héritage. Elle seule est élevée en fûts de chêne pendant douze mois.

Bordeaux 2011
Rosé | 2012 à 2013 | 4,80 € **14/20**
Puissant et plein de caractère, avec beaucoup de fruit, une bouche très charnue, équilibrée par une bonne vivacité.

Bordeaux cuvée Héritage 2011
Blanc | 2012 à 2014 | 7,20 € **14/20**
Exubérant et tonique, ce blanc montre une très grande palette aromatique et une délicieuse fraîcheur.

Bordeaux sauvignon blanc Intense 2011
Blanc | 2012 à 2014 | 6,50 € **14,5/20**
Une belle harmonie entre le raffinement et la maturité de fruit, de jolies notes minérales et florales, une bouche tendue, tonique et d'une exquise fraîcheur. Très agréable.

Bordeaux Supérieur cuvée Héritage 2010
Rouge | 2012 à 2016 | 7,20 € **14,5/20**
Le boisé est encore perceptible mais il n'aura aucun mal à se fondre dans cette texture profonde, riche et savoureuse. Bon potentiel.

CHÂTEAU LANDEREAU

RD 671 - B.P. 43 • 33670 Sadirac
Tél. 05 56 30 64 28 • Fax : 05 56 30 63 90
vignoblesbaylet@free.fr • www.vignoblesbaylet.com
Visite : Du lundi au vendredi de 8h30 à 12h et de 13h30 à 17h30 . Le week-end sur rendez vous.

La famille Baylet est propriétaire des vignes de Landereau depuis 1959. En 1980 y fut ajouté le Château de l'Hoste Blanc. Le relief de Landereau est très vallonné, et certains coteaux ont dû être aménagés en banquettes, ce qui est plutôt rare dans le Bordelais. Les quatre appellations, Bordeaux Supérieur pour les rouges, Entre-Deux-Mers pour les blancs, Bordeaux rosé et Bordeaux Clairet représentent en moyenne 400 000 bouteilles d'une qualité très au-dessus de la moyenne.

Bordeaux Château de l'Hoste Blanc Vieilles Vignes 2011
Blanc | 2012 à 2014 | 8 € **15/20**
Plein de charme et d'élégance, avec son beau fruit mûr et boisé vanillé, sa texture riche mais non dénuée de vivacité.

Bordeaux clairet 2011
Rosé | 2012 à 2013 | 5 € **15/20**
Une sérieuse référence dans l'appellation : très harmonieux, équilibré, avec un nez d'une superbe élégance, une bouche ample, fondante, fruitée et très fraîche.

Bordeaux Supérieur cuvée Prestige 2010
Rouge | 2012 à 2018 | 12 € **15/20**
Les vieilles vignes de merlot trouvent ici toute leur expression : nez de fruits ultra mûrs, prune, cuir, épices douces, bouche flatteuse avec des tanins ronds, un boisé agréable et de la tenue.

Entre-Deux-Mers 2011
Blanc | 2012 à 2014 | 5,50 € **15/20**
Grande expressivité des arômes, très fruités, minéraux, eucalyptus et épicés, bouche vigoureuse, puissante, longue, aromatique et bien équilibrée.

CHÂTEAU LARTEAU

33500 Arveyres
Tél. 05 57 24 86 98 • Fax : 05 57 24 86 98
contact@chateaularteau.com
www.chateaularteau.fr
Visite : Du lundi au vendredi de 8h à 12h et de 14h à 18h. Le samedi sur rendez-vous.

Jean-Pierre Angliviel de la Beaumelle, descendant de la fameuse famille de négociants bordelais Mestrezat, qu'il dirigea d'ailleurs jusqu'en 2000, a acheté en 2007 le Château Larteau, situé à Arveyres. Il y réalise d'importants travaux, tant à la vigne que dans les chais et fait appel à François Despagne pour la vinification. Les résultats sont spectaculaires, ce 100 % merlot possède un réel caractère.

Bordeaux Supérieur 2009
Rouge | 2012 à 2016 | 7,80 € **15/20**
Dans la lignée du 2008, il présente un nez d'un grand raffinement de fruit et subtilement floral, une bouche savoureuse, fraîche, équilibrée. L'élégance dans toute sa splendeur. Bon potentiel de garde.

Bordeaux Supérieur 2008
Rouge | 2012 à 2015 | 7,50 € **15/20**
Ce 2008 confirme la qualité de cette propriété : superbe nez épanoui, agréablement fruité et minéral, bouche tout aussi fruitée, avec une belle chair et de la vigueur. Équilibre et potentiel.

CHÂTEAU LAUDUC

5, avenue de Lauduc • 33370 Tresses
Tél. 05 57 34 43 56 • Fax : 05 57 34 08 19
m.grandeau@lauduc.fr • www.lauduc.fr
Visite : Du lundi au vendredi, de 9h à 12h
et de 14h à 17h.

Bordeaux clairet 2011
Rosé | 2012 à 2013 | NC **14/20**
Un clairet puissant et raffiné à la fois, très aromatique et vif en finale.

Bordeaux Classic 2011
Blanc | 2012 à 2014 | NC **14/20**
Belle complexité du nez aux arômes de fruits très mûrs, fumée et balsamine, bouche offrant une texture suave et une délicieuse vivacité en finale.

Bordeaux rosé cuvée Classic 2011
Rosé | 2012 à 2013 | NC **14/20**
Délicatement épicé, fruité et floral, charnu, rafraîchissant et équilibré, un vrai rosé d'apéritif.

CHÂTEAU LE PIN BEAUSOLEIL

Le Pin • 33420 Saint-Vincent-de-Pertignas
Tél. 05 57 84 02 56 • Fax : 05 57 84 02 56
lepin.beausoleil@wanadoo.fr • www.lepinbeausoleil.com
Visite : Sur rendez-vous.

Ce vignoble de poupée (5,8 hectares) a été acquis en 2004 par un couple de passionnés, Ingrid et Michael Hallek.

Bordeaux Supérieur 2010
Rouge | 2012 à 2015 | 15/20 € **14,5/20**
On apprécie le fruit magnifique, les nuances minérales et fleuries, la texture franche, solide, riche et équilibrée par une bonne fraîcheur dans ce bordeaux classique et harmonieux.

LE PRÉVOT

Le Prévot • 33570 Lussac
Tél. 05 57 84 38 52 • Fax : 05 57 84 31 39
contact@vins-maurin-delmas.com
www.vins-maurin-delmas.com
Visite : Tous les jours, de 9h à 19h

Francs Côtes de Bordeaux 2009
Rouge | 2015 à 2020 | 14,50 € **15/20**
Claude Delmas, propriétaire également dans le Bergeracois, vinifie ses vins dans un équilibre savant entre puissance et velouté. Le 2009 n'échappe pas à la règle, une présentation vigoureuse et intense, bon volume au fruit généreux, le bois neuf domine encore mais il y a de la matière pour l'assimiler et surtout une grande fraîcheur et peu d'alcool. Un exercice de style très réussi.

CHÂTEAU LE TROS

33420 Tizac-de-Curton
Tél. 05 57 24 26 85
chateauletros@orange.fr

Bordeaux 2011
Blanc | 2012 à 2014 | NC **14,5/20**
Complexe, mûr, épanoui, grandement fruité et minéral, avec une texture suave, ronde, élégante et très fraîche.

DOMAINE LÉANDRE CHEVALIER

1, route des Lamberts • 33390 Anglade
Tél. 05 57 64 46 54 • Fax : 05 57 64 42 41
info@lhommecheval.com • www.lhommecheval.com

Dominique Léandre, l'architecte reconverti en vigneron «de Gironde», n'a de cesse de rechercher la quintessence du vin. Cette quête l'a amené à réduire son vignoble de plus de moitié, à l'inverse des coutumes vigneronnes. Son grand sens du perfectionnisme ne lui fait rien laisser au hasard, et il bichonne ses ceps comme s'il connaissait chaque pied, les labourant encore au cheval. Son blanc-de-noirs fait à partir de cabernet-sauvignon, et son blaye issu de vignes plantées à 10 000 pieds à l'hectare sont d'une grande originalité. Quelques bouteilles exceptionnelles de petit verdot non greffés plantés à plus 33 000 pieds à l'hectare, méritent à elles seules le voyage.

Blaye Côtes de Bordeaux
Le Joyau du Château Le Queyroux 2009
Rouge | 2013 à 2019 | 30 € **15,5/20**
Les 12 mois d'élevage en barriques neuves marquent encore le nez par un fumé très prononcé. Bouche intense, avec des tanins vifs sans dureté ni sécheresse, très jeune sur des notes de bourbes. Le boisé se met en retrait et laisse exprimer un bouquet de fruits noirs en finale. Présentation soignée pour ce vin unique du Blayais, planté à 10 000 pieds l'hectare.

Vin de France Blanc Noir 2011
Blanc | 2015 à 2016 | 10 € **15/20**
Un blanc vinifié à partir du cabernet-sauvignon ! Nez de levure encore très présent, bouche volumineuse mais tendue, longue persistance, très original.

CHÂTEAU LES BERTRANDS

33860 Reignac
Tél. 05 57 32 40 27 • Fax : 05 57 32 41 36
chateau.les.bertrands@wanadoo.fr
www.chateaulesbertrands.com

Blaye Côtes de Bordeaux cuvée Prestige 2011
Blanc | 2012 à 2014 | 7,40 € **14/20**
Nez de fruits jaunes, du gras, souple, rond, longueur moyenne. Très agréable.

Blaye Côtes de Bordeaux Nectar des Bertrands 2009
Rouge | 2016 à 2020 | 15 € **15/20**
C'est une affaire de famille qui dure : l'ancêtre plantait les premiers pieds il y a 300 ans, à l'époque de Vauban. Neuf générations plus tard, la famille Dubois est toujours là. Située sur les hauteurs de Reignac, leur propriété témoigne aussi une continuité dans le style : couleur rouge rubis, beaucoup d'étoffe, tanins massifs, amples, le boisé encore présent devra se fondre. Sa fraîcheur est son grand atout, longue persistance.

CHÂTEAU LES CHARMES GODARD

Lauriol • 33570 Saint-Cibard
Tél. 05 57 56 07 47 • Fax : 05 57 56 07 48
charmes-godard@nicolas-thienpont.com
www.nicolas-thienpont.com
Visite : Le weekend sur rendez-vous.
Ouvert la semaine de 9h à 12h et de 14h à 17h.

Francs Côtes de Bordeaux 2009
Rouge | 2013 à 2017 | 16 € **14,5/20**
Notes de fruit et d'un boisé franc, bouche onctueuse, pleine de pulpe et de croquant. Bonne tenue avec des tanins solides sur des notes de figue et de fumé en finale.

CHÂTEAU LES HAUTS DE PALETTE

4bis, Chemin de Palette • 33410 Beguey
Tél. 05 56 62 94 85 • Fax : 05 56 62 18 11
h-d-p@wanadoo.fr
Visite : tous les jours ouvrables de 9h00 à 12h
et de 14h à 18h.

Bordeaux Château Haut-Mondain - Grande Réserve 2010 
Rouge | 2012 à 2013 | NC **13/20**
Bouche dense et légèrement boisée, portée par une poiunte d'amertume. Le vin est rond et gras en bouche.

CHÂTEAU LES JONQUEYRES

Courgeau • 33390 Saint-Paul
Tél. 05 57 42 34 88 • Fax : 05 57 42 93 80
pascal@chateaulesjonqueyres.com
www.chateaulesjonqueyres.com
Visite : Sur rendez-vous.

En 1977, Pascal Montaut a repris le vignoble familial situé à Saint-Paul, au nord-est de Blaye. Le sol très argileux convient parfaitement à un encépagement largement dominé par le merlot. C'est depuis plus de vingt ans l'une des propriétés de référence de l'appellation, avec un travail très respectueux de l'environnement (pas de désherbants chimiques, pas d'insecticides) et une utilisation systématique des levures indigènes pour les vinifications. Sur la commune de Gauriac, une petite parcelle d'un demi-hectare sert à l'élaboration d'un côtes-de-bourg, le Clos-Alphonse-Dubreuil, qui s'appuie quant à lui sur un terroir calcaire et davantage de cabernet-sauvignon. Les vins dans les deux appellations sont bien vinifiés, précis, assurés.

Blaye Côtes de Bordeaux Vieilles Vignes 2009
Rouge | 2016 à 2019 | 16 € **15/20**
Un Jonqueyres qui joue sur la puissance : nez intense de fruits noirs, riche en bouche avec beaucoup d'extrait, l'alcool tapisse agréablement les tanins, massif, chaleureux, dans son millésime, long.

Côtes de Bourg Clos Alphonse Dubreuil 2009
Rouge | 2017 à 2021 | 21 € **15,5/20**
Nez de fruits frais, un Alphonse-Dubreuil moins sérieux qu'en 2008 et plus accessible, croquant, dense, riche, une extraction maîtrisée, finale épanouie mais l'équilibre n'est pas encore atteint.

CHÂTEAU DE LISENNES

Chemin de Petrus • 33370 Tresses
Tél. 05 57 34 13 03 • Fax : 05 57 34 05 36
contact@lisennes.com • www.lisennes.fr
Visite : Du lundi au vendredi, de 8h à 12h et de 13h30 à 17h et le samedi matin de 9h à 12h.

Le Château de Lisennes est une propriété familiale de 57 hectares, située à Tresses, aux portes de Bordeaux, qui produit 400 000 bouteilles par an en appellations Bordeaux Clairet, Bordeaux et Bordeaux Supérieur.

Bordeaux clairet Clairet de Lisennes 2011
Rosé | 2012 à 2013 | 4,75 € **14/20**
Très équilibré et épanoui, avec des arômes fruités et floraux, une texture charnue et bien fraîche.

Bordeaux Supérieur cuvée Tradition 2010

Rouge | 2012 à 2016 | 4,75 € **14/20**

Bien fait et très gourmand, avec un fruit exubérant, des notes fleuries, des tanins ronds, de la suavité et un bon équilibre.

CHÂTEAU LOUBENS

33410 Sainte-Croix-du-Mont
Tél. 05 56 62 01 25 • Fax : 09 55 62 01 25
contact@loubens.com • www.loubens.info
Visite : Du lundi au vendredi, de 8h30 à 13h
et de 14h à 19h30.

Loubens est le terroir le plus célèbre de Sainte-Croix-du-Mont, sur les fameux calcaires huîtriers qui surplombent la Garonne. Arnaud de Sèze est un viticulteur prudent, qui n'a jamais disposé de grands moyens pour produire des vins spectaculaires, mais qui depuis longtemps préfère élaborer des liquoreux très équilibrés et fidèles à leur origine, plus miellés et un rien plus simples en primeurs que les grands sauternes, mais vieillissant somptueusement en prenant les riches nuances d'abricot confit et d'agrumes qui sont la signature des grands sémillons. La propriété dispose de magnifiques flacons de très vieux millésimes à la vente.

Sainte-Croix-du-Mont 2005

Blanc Liquoreux | 2015 à 2021 | 19,50 € **14,5/20**

Robe doré, nez très iodé, typique de ce cru. Exprime toute la complexité de son terroir calcaire par sa richesse, son moelleux, sa fraîcheur grâce à l'acidité. Un vin avec beaucoup de personnalité.

CLOS DES LUNELLES

33330 Saint-Émilion
Tél. 05 57 55 43 43 • Fax : 05 57 24 63 99
contact@vignoblesperse.com
www.vignoblesperse.com
Visite : Pas de visites ni dégustations,
vente par correspondance.

Côtes de Castillon 2009

Rouge | 2016 à 2021 | 30 € **14/20**

Cette propriété des vignobles Perse (Château Pavie) pourrait se nommer le «Hulk» de Castillon, un vin hyper-musclé ! Nez boisé, beaucoup d'extraction, tanins sur la puissance, cependant l'ensemble est sans dureté, d'une grande cohérence dans son style moderne.

BERNARD MAGREZ

216, avenue du Docteur-Nancel-Pénard
33600 Pessac
Tél. 05 57 26 38 38 05 57 26 70 80
Fax : 05 57 26 38 39
alliat@pape-clément.com • www.pape-clément.com
Visite : Du lundi au samedi de 11h à 19h30, le dimanche à 9h à 12h. Visite en anglais et en français sur rendez-vous tous les jours y compris le dimanche.

Le propriétaire de Pape Clément, Fombrauge, La Tour Carnet et Les Grands Chênes (voir ces occurrences dans le guide) possède également de nombreux autres crus à Bordeaux. Nous les réunissons ici sous son nom. Il s'agit le plus souvent de vins charnus, bien constitués, largement diffusés et avec des rapports qualité-prix intéressants.

Côtes de Bordeaux cuvée Alix 2009

Rouge | 2012 à 2015 | NC **15/20**

Frais, élancé, bon fruit, savoureux et gourmand. Une finale gourmande et savoureuse.

Médoc Château Tour Blanche 2009

Rouge | 2012 à 2016 | NC **15/20**

Ample, généreusement boisé, avec des tanins présents et sans rudesse et un fruit qui s'exprime en souplesse en finale.

Médoc Château Tour Blanche 2008

Rouge | 2013 à 2018 | NC **14,5/20**

L'élevage est encore perceptible mais il est sans sécheresse, joli fruit, tanins présents bien enrobés, bon extrait sec.

Premieres Côtes de Blaye
Château Pérenne 2009

Rouge | 2014 à 2018 | NC **15,5/20**

Souple et chaleureux, avec une intensité certaine : on peut le laisser en cave un à deux ans pour qu'il épanouisse pleinement son potentiel.

CHÂTEAU MARÉCHAUX

1 Les Maréchaux • 33230 Savignac de l'Isle
Tél. 05 57 84 22 29
mingot.julien@wanadoo.fr

Bordeaux Supérieur 2009

Rouge | 2012 à 2016 | 7,50 € **14,5/20**

Belle réussite : nez épanoui et exubérant, jolie association d'un fruit très mûr et acidulé à la fois, notes florales, bouche riche, longue, montrant une texture suave et beaucoup de fraîcheur.

CHÂTEAU MARJOSSE

EARL Pierre Lurton • 33420 Tizac-de-Curton
Tél. 05 57 55 57 80 • Fax : 05 57 55 57 84
pierre.lurton@wanadoo.fr
www.chateau-marjosse.com
Visite : Sur rendez-vous.

Pierre Lurton, par ailleurs directeur du Château Cheval Blanc et président du Château d'Yquem, a acheté voilà plus de quinze ans le Château Marjosse, séduit par les vieilles vignes et par la qualité du terroir : chose assez rare dans l'Entre-Deux-Mers, le calcaire à astéries, le même qui fait la renommée des saint-émilions, arrive ici à affleurement. La qualité de ce vin, tant en blanc qu'en rouge, ne cesse de progresser, surtout depuis 2000, avec la construction d'un nouveau chai.

BORDEAUX 2011
Blanc | 2012 à 2015 | NC **16/20**
Beaucoup de style pour ce blanc au top ! Nez très raffiné, fruit pur, notes de chèvrefeuille et menthe douce, bouche charnue, longue et d'un équilibre sur la fraîcheur rare.

BORDEAUX 2010
Rouge | 2012 à 2018 | 9 € **16/20**
Équilibré, racé et plein de charme, ce vin offre un nez superbe de complexité, un grand fruit mûr, un joli boisé, une texture charnue, aux tanins soyeux et frais.

ENTRE-DEUX-MERS 2011
Blanc | 2012 à 2015 | 8,50 € **16/20**
Superbe expression de fruit, grande minéralité, bouche ample, charnue, fraîche et d'une élégance magnifique.

CHÂTEAU MARSAU

Bernarderie • 33570 Francs
Tél. 05 56 44 30 49 • Fax : 05 56 44 30 49
jm.chadronnier@gmail.com
Visite : Sur rendez-vous.

Propriété de Jean-Marie Chadronnier, qui dirigea longtemps la maison Dourthe-Kressmann, Marsau est devenu l'un des crus vedettes des petites appellations de la Rive droite bordelaise. Il doit ce succès à un style extrêmement séducteur, mis au point par son propriétaire : noir de couleur, le vin exprime un bouquet séduisant, mêlant les notes toastées à celles de bons fruits noirs, puis développe un corps ample et riche, soutenu par des tanins puissants. Ce caractère est à son meilleur après deux à trois ans de bouteille.

FRANCS CÔTES DE BORDEAUX 2009
Rouge | 2017 à 2021 | 12,50 € **14/20**
Arôme chocolaté, plus souple et généreux qu'à son habitude, du volume structuré, de la fraîcheur avec des contours cependant un peu rigides et austères.

CHÂTEAU MARTINAT

1, Château Martinat • 33710 Lansac
Tél. 05 57 68 34 98 • Fax : 05 57 68 35 39
s.donze@chateau-martinat.com
www.chateau-martinat.com
Visite : Sur rendez vous.

Perfectionniste, Stéphane Donze s'est imposé un dur travail pour atteindre une production très au-dessus du niveau habituel de la viticulture de la région. Après avoir acheté le domaine, lui et sa femme Lucie ont, pendant quinze ans, étudié et observé au plus près la configuration de leurs parcelles. Un travail de fond pour atteindre, toujours à la limite du risque, la parfaite maturité et une grande précision dans leurs vins. Leur cuvée Epicuria provient des argiles blanches et reflète les matières riches qui ont besoin de temps pour se fondre harmonieusement en bouteille. On savoure avec un plaisir plus immédiat le fruité gourmand de la cuvée Martinat.

CÔTES DE BOURG 2009
Rouge | 2015 à 2017 | 9,50 € **14,5/20**
Après un 2008 un peu décevant, voilà un 2009 à la hauteur de ses prétentions. Nez discret, bouche équilibrée, sur le fruit, souple, tanins mûrs et fondus. À boire sans trop attendre.

CÔTES DE BOURG EPICURÉA 2009
Rouge | 2017 à 2022 | 17 € **14,5/20**
Dans son style un peu excessif, nez toasté, forte extraction, tanins largement charpentés, sans sécheresse mais à la finale un peu abrupte, l'alcool de 15 % est bien intégré, il a besoin de vieillir pour exprimer son terroir.

CHÂTEAU MIRAMBEAU-PAPIN

40, avenue Stephen-Couperie
33440 Saint-Vincent-de-Paul
Tél. 05 56 77 03 64 • Fax : 05 56 77 11 17
landeau.xavier@orange.fr • www.vignobleslandeau.fr
Visite : Sur rendez-vous.

Le Château Mirambeau-Papin est l'un des trois vignobles exploités depuis plus de cinq générations par la famille Landeau : 10 hectares de vignes anciennes sur une superficie totale de 23, merlot et

cabernet-sauvignon en proportions égales. Cette ancienne famille de vignerons a su se mettre au goût du jour, et produit un vin qui est parmi les plus réguliers de l'appellation.

Bordeaux Supérieur 2010
Rouge | 2012 à 2016 | 10 € **14/20**
On retrouve le traditionnel caractère vigoureux et authentique de ce vin, au nez fruité et minéral, à la bouche charpentée et fraîche.

CHÂTEAU MONCONSEIL-GAZIN

15, route de Compostelle • 33390 Plassac
Tél. 05 57 42 16 63 • Fax : 05 57 42 31 22
mbaudet@terre-net.fr • www.monconseilgazin.com
Visite : Sur rendez-vous.

Cette très ancienne propriété, dont les bâtiments datent du XVIe siècle, fut acquise en 1894 par la famille actuellement propriétaire. Depuis, cinq générations ont travaillé pour développer ce cru. Situées sur la commune de Plassac, les vignes en coteaux de ce château s'appuient sur un sous-sol argilo-calcaire typique de l'appellation. Le vin produit, équilibré et harmonieux, représente certainement l'une des illustrations les plus séduisantes du potentiel des Côtes de Blaye.

Blaye Côtes de Bordeaux 2010
Blanc | 2012 à 2015 | 7,40 € **14/20**
Joli nez de tilleul et d'agrumes, bouche tendue avec acidité et amertume qui donnent de l'énergie mais aussi de la profondeur.

Blaye Grande Réserve 2009
Rouge | 2014 à 2019 | 12,30 € **14,5/20**
Nez fin en retrait, belle bouche pleine de chair et de fruit, les tanins sont au rendez-vous avec vigueur et longueur.

DOMAINE MONDÉSIR-GAZIN

77, route de l'Estuaire • 33390 Plassac
Tél. 05 57 42 29 80
mondesirgazin@aol.com • www.mondesirgazin.com
Visite : Sur rendez-vous.

C'est en 1990 que Marc Pasquet, photographe, et son épouse Laurence s'installent à Plassac. Avec beaucoup de volonté et d'exigence, ils ont parfaitement su exploiter le potentiel de ce vignoble, situé sur des coteaux argilo-calcaires. Toutes les cultures sont réalisées sans désherbants chimiques ni insecticides ou traitements anti-pourriture, et 3 hectares sont plantés à forte densité (7 400 pieds, une rareté sur cette rive). Enfin, Marc Pasquet réalise aussi, sur moins de 2 hectares, un savoureux côtes-de-bourg. Ses vins progresseront encore avec quelques réglages pour atteindre un bouquet plus précis.

Blaye 2009
Rouge | 2015 à 2019 | 14 € **15/20**
Nez complexe de petites baies rouges et de thé vert, tanins serrés de belle facture, vifs, fruités en finale. On lui pardonne volontiers la légère imprécision en finale.

Côtes de Bourg Haut-Mondésir 2009
Rouge | 2016 à 2020 | 14 € **15,5/20**
Issu de 90 % merlot et de 10 % malbec en conversion à l'agriculture biologique. Nez discret, arômes fruités, texture suave, tendre, sur une finale intense de fruits noirs et de notes de cacao. On aime.

CHÂTEAU DU MONT

33410 Sainte-Croix-du-Mont
Tél. 06 89 96 54 73 • Fax : 05 56 62 07 58
chateau-du-mont@wanadoo.fr
www.chateau-du-mont.com
Visite : Sur rendez-vous.

Petit domaine viticole sur les hauteurs de Sainte-Croix-du-Mont, où le talentueux vigneron Hervé Chouvac produit une gamme de vins soignés et raffinés. Les derniers millésimes sont brillamment vinifiés, alliant respect du terroir et raisin bien mûr à une œnologie moderne parfaitement maîtrisée. Il produit également d'excellents sauternes à des prix imbattables, ainsi que des blancs secs, très droits, purs et tendus, à base de sauvignon.

Sainte-Croix-du-Mont cuvée Pierre 2009
Blanc Liquoreux | 2016 à 2020 | 13 € **14/20**
Copieusement boisé mais fin, très concentré, onctueux avec beaucoup de sucre, on devine une vendange très dense sur un bon terroir. Finale crémeuse avec un sucré qui devra encore se combiner.

Sauternes cuvée Jeanne 2009
Blanc Liquoreux | 2016 à 2023 | 13 € **16/20**
Robe dorée, vin ambitieux avec beaucoup de richesse et de collant qui nécessite dix ans de vieillissement, très longue persistance, encore marqué par le bois. Un vin encore dans l'enfance, qui peut rivaliser avec les crus classés.

CHÂTEAU DE MONTEBERIOT

Le Maine • 33710 Mombrier
Tél. 05 57 64 20 96 ou 06 07 50 98 18
Fax : 05 57 64 20 97
contact@monteberiot.com • www.monteberiot.com
Visite : De 9h à 12h et de 14h à 18h30, pour un meilleur accueil, visites sur rendez-vous de préférence.

La propriété, située à Mombrier sur un superbe terroir d'argiles rouges et de graves argilo-calcaires, a été acquise par Marie-Hélène Léonard et Gilles Marsaudon en 2003. Durant plusieurs millésimes, ces nouveaux vignerons ont cherché leur style en abusant parfois de la barrique ou de l'extraction. Avec les derniers millésimes, le chemin semble tracé vers une vinification modérée et plus personnelle.

Côtes de Bourg 2009
Rouge | 2014 à 2018 | 8 € **14,5/20**
Nez intense de cannelle et de clou de girofle, belle bouche, ample, soyeuse, souple. Vinifié sur l'élégance, finesse des tanins, belle race, moins exubérant que la Part-des-Fées.

Côtes de Bourg La Part des Fées 2009
Rouge | 2012 à 2018 | 11 € **15/20**
Rubis noir, arôme de bouche intense, riche et plein, tanins soyeux, crémeux, finale très solaire, sur du fruit mûr.

CHÂTEAU MOULIN DE CLOTTE

33350 Les-Salles-de-Castillon
Tél. 05 57 55 23 28 • Fax : 05 57 55 23 29
contact@vignobles-lannoye.com
www.vignobles-lannoye.com
Visite : De mai à octobre, du lundi au samedi, de 10h à 18h, sur rendez-vous le reste de l'année.

La cuvée Dominique du Château Moulin de Clotte est produite à seulement 6 000 bouteilles, à partir d'un hectare et demi de vignes de quarante ans. Elle est la démonstration flagrante que l'appellation Côtes de Castillon peut être bien plus que «le petit frère de Saint-Émilion». L'œnologue de la propriété, François Despagne, met dans cette cuvée 90 % de merlot et l'élève douze mois en barrique, dont 60 % de barriques neuves. Tous les millésimes sont impressionnants d'équilibre, et le formidable 2009 n'échappe pas à la règle.

Castillon Côtes de Bordeaux 2009
Rouge | 2014 à 2018 | 7,50 € **14/20**
Nez d'un boisé fin, belle bouche aux tanins serrés, un peu abrupts qui vont certainement s'étoffer. Moins immédiat qu'à son habitude.

Castillon Côtes de Bordeaux cuvée Dominique 2009
Rouge | 2014 à 2018 | 10 € **15,5/20**
Pas encore très expressif mais bien fait, mise sur l'équilibre et le classicisme qui est une valeur sûre. L'un des plus harmonieux de son appellation, moins immédiat aussi, il faut l'approcher lentement.

CHÂTEAU MOULIN DES GRAVES

Le Poteau - RN 137 • 33710 Teuillac
Tél. 05 57 64 30 58
jean-bost@orange.fr • www.vin-jean-bost.com
Visite : Sur rendez-vous.

Cette propriété de 10 hectares est depuis quarante ans un précurseur dans l'appellation. Dans son vignoble de sauvignon blanc planté sur 3 hectares de sols argilo-siliceux, le vigneron Jean Bost offre avec régularité des blancs d'une grande pureté. Les 2011 sont particulièrement élégants et d'une délicieuse fraîcheur.

Côtes de Bourg 2011
Blanc | 2012 à 2016 | 4,50 € **15/20**
Un 2011 dans une dimension très digeste avec du croquant et beaucoup de vivacité comme on peut l'attendre d'un vin issu de sauvignon, arômes légèrement variétaux mais juste comme il faut. Bien fait et quel prix !

Côtes de Bourg cuvée Particulière 2011 ☺
Blanc | 2012 à 2019 | 7,50 € **15,5/20**
Un blanc tonique, très tendu, à qui le boisé donne une dimension supplémentaire dans la structure mais sans l'arôme du merrain, vinifié avec beaucoup de doigté. Belle présentation. Il faut se dépêcher pour en acheter, il n'en existe que peu de bouteilles.

Côtes de Bourg cuvée Particulière 2009
Rouge | 2015 à 2019 | 9 € **14,5/20**
Un Moulin-des-Graves rouge réussi, avec une bouche souple charnue, sans astringence, dense et tendu en finale.

CHÂTEAU NARDIQUE LA GRAVIÈRE

33670 St Genès de Lombaud
Tél. 05 56 23 01 37
lesvignoblestherese@wanadoo.fr

ENTRE-DEUX-MERS CHÂTEAU NARDIQUE LA GRAVIÈRE 2011
Blanc | 2012 à 2014 | 5 € **14,5/20**
Agréable nez au fruit très mûr, aux notes vanillées, épicées et fleuries, bouche chaleureuse, ample, vive et longue. Très bien fait.

CHÂTEAU NARDOU

33570 Tayac
Tél. 05 57 40 69 60 • Fax : 05 57 40 69 20
fdubard@chateau-nardou.com
www.chateau-nardou.com
Visite : en semaine, de 9h à 13h et de 14h à 19h
week-end sur rendez-vous.

FRANCS CÔTES DE BORDEAUX 2009
Rouge | 2014 à 2018 | 8,50 € **14,5/20**
Depuis 1998, Florent Dubard a su rénover et moderniser avec enthousiasme cette propriété dans le plus grand respect de la nature et du raisin. Souple, fruité agréable, tanins fondus, vinifié sur la retenue, sincère, bon équilibre.

CHÂTEAU DE PARENCHÈRE

B.P. 57 • 33220 Ligueux
Tél. 05 57 46 04 17 • Fax : 05 57 46 42 80
info@parenchere.com • www.parenchere.com
Visite : Du lundi au jeudi, de 8h à 12h et de 14h à 18h
et le vendredi, de 8h à 12h et de 14h à 16h.

Acheté en 1958 par Raphaël Gazaniol, originaire du Maroc, le domaine compte actuellement 157 hectares, dont 63 sont plantés en vignes sur les parcelles les mieux exposées. Ainsi, 32 parcelles différentes sont vinifiées séparément et sont retenues soit pour le vin de base, déjà de haute qualité, soit pour la fameuse cuvée Raphaël, démonstration éclatante qu'une simple appellation Bordeaux peut donner des vins magnifiques. La production est complétée par du bordeaux blanc et du bordeaux clairet.

BORDEAUX 2011
Blanc | 2012 à 2014 | 6,30 € **14/20**
Grande palette aromatique, fruitée, florale, minérale, bouche généreuse, vigoureuse, avec une petite touche d'amertume équilibrante.

BORDEAUX CLAIRET 2011
Rosé | 2012 à 2013 | 6,30 € **14/20**
Un beau compromis entre puissance et élégance, un fruit explosif et une délicieuse fraîcheur. Très agréable.

BORDEAUX SUPÉRIEUR CUVÉE RAPHAËL 2010
Rouge | 2012 à 2016 | 10,90 € **14,5/20**
Une cuvée harmonieuse offrant un grand fruit, des notes de café vert et de boisé élégant, une bouche franche, goûteuse, avec des tanins qui tapissent bien le palais et une excellente fraîcheur.

CHÂTEAU PENIN

39, impasse Couponne • 33420 Génissac
Tél. 05 57 24 46 98 • Fax : 05 57 24 41 99
vignoblescarteyron@wanadoo.fr
www.chateaupenin.com
Visite : Du lundi au vendredi de 9h à 12h
et de 14h30 à 17h30.

Patrick Carteyron est l'un des leaders de la gigantesque appellation Bordeaux. Il a fait de son Château Penin une référence dans différentes appellations, couleurs et cuvées. L'exploitation familiale est passée de 13 hectares, en 1854, à 40 hectares aujourd'hui. La production des rouges, et tout particulièrement des belles cuvées, les-Cailloux et Grande-Sélection, s'effectue sur un terroir caillouteux du Quaternaire, le plus noble de l'exploitation. Les terroirs sableux et argileux, plus communs, sont réservés à l'élaboration des délicieux rosés et clairets.

BORDEAUX 2011
Blanc | 2012 à 2014 | 7,90 € **14/20**
Dans un style puissant qui n'affecte en rien l'élégance, beaux arômes de fruits mûrs, chèvrefeuille, bouche vigoureuse, franche, longue.

BORDEAUX CLAIRET 2011
Rosé | 2012 à 2013 | 6,40 € **16/20**
On ne sera jamais déçu avec un Pénin clairet. En 2011, le fruit est magnifique, agrémenté de nuances florales, la bouche puissante, fondante, mûre, aromatique et bien vive en finale.

BORDEAUX SUPÉRIEUR TRADITION 2010
Rouge | 2012 à 2015 | 6,60 € **14/20**
Facile à boire, cette élégante cuvée propose un nez expressif et gourmand, tout comme la bouche qui finit par une délicieuse vivacité.

CHÂTEAU PETIT BOYER

5, Les Bonnets • 33390 Cars
Tél. 05 57 42 19 40 • Fax : 05 57 42 33 49
bideau.jv@wanadoo.fr • www.petit-boyer.com
Visite : du lundi au vendredi De 9h à 12h et de 14h à 17h30. De juillet à août du lundi au samedi 10h à 12h30 et de 14h à 18h.

Blaye Côtes de Bordeaux La Passion 2009
Rouge | 2014 à 2017 | 7 € **13,5/20**
Disposant d'un terroir mêlant le calcaire pur, les croupes de calcaire et de terre (appelées gruppes dans la région) et les lentilles d'argile, le Château Petit Boyer possède une situation très caractéristique du Blayais. L'ensemble de la gamme est fortement marqué par l'élevage. Cette cuvée offre une bouche plus avenante, à la finale fruitée.

LA PETITE DORÉE

Château Majoureau • 33490 Caudrot
Tél. 05 56 62 81 94 • Fax : 05 56 62 75 87
familledelong@hotmail.com • chateaumajoureau.e-monsite.com
Visite : Du lundi au vendredi de 9h à 18h.

Côtes de Bordeaux Saint-Macaire 2010
Blanc liquoreux | 2013 à 2019 | 10 € **14/20**
Un moelleux sans défaut issu de pieds de sémillon et de muscadelle de plus de 80 ans d'âge. Onctueux, bien équilibré, long en bouche. Bonne fraîcheur, jolie acidité, sans excès de sucré. Parfait pour petits budgets.

CHÂTEAU PEYFAURES

33420 Génissac
Tél. 05 57 55 06 77 • Fax : 05 57 25 16 63
chateau.peyfaures@wanadoo.fr
www.chateau-peyfaures.com
Visite : Sur rendez-vous.

Bordeaux Supérieur
cuvée La Dame de Cœur 2010
Rouge | 2012 à 2017 | NC **13,5/20**
Bon potentiel de garde pour cette cuvée au nez riche de fruits très mûrs, violette, réglisse, à la bouche charnue et ample, dotée d'une structure tannique solide qui devrait s'affiner.

CHÂTEAU PIERRAIL

33220 Margueron
Tél. 05 57 41 21 75 • Fax : 05 57 41 23 77
alice.pierrail@orange.fr • www.chateau-pierrail.fr ou www.chateaupierrail.com
Visite : Sur rendez-vous.

Ce grand domaine est chargé d'histoire. Situé sur les coteaux de la vallée de la Fonchotte, le château abrita en 1832 la duchesse de Berry, veuve du duc de Berry, héritier du trône. La famille Demonchaux reprit le domaine en 1971 et, grâce à un travail acharné, lui rendit tout son éclat. Aujourd'hui, les vins rouges, blancs et rosés du Château Pierrail sont intelligemment commercialisés par Alice Demonchaux.

Bordeaux rosé 2011
Rosé | 2012 à 2013 | 5,30 € **14/20**
Un rosé de plaisir, bien équilibré, au nez expressif de fruits rouges et d'œillet, à la bouche charnue et très vive.

Bordeaux Supérieur 2010
Rouge | 2012 à 2018 | NC **15,5/20**
Particulièrement réussi dans ce millésime. Le nez est d'une puissance et d'une complexité remarquables, la bouche superbe, riche, profonde, savoureuse et d'une excellente tenue.

CHÂTEAU LES PIERRÈRES

1, La Palanque • 33390 Fours
Tél. 05 57 42 87 12 • Fax : 05 57 42 36 69
chateau-hautcanteloup@wanadoo.fr • www.chateau-haut-canteloup.com
Visite : Sur rendez-vous de 8h à 12h et de 14h à 18h.

Vincent et Alexandre Bordenave ont décidé de relancer le domaine en 2003, en créant au sein des 44 hectares du Château Haut-Canteloup un nouveau cru, reprise de l'ancien Château Les Pierrères, marque autrefois utilisée par leurs grands-parents. Issue de vignes de plus de 50 ans, cette cuvée certes confidentielle est la démonstration du résultat que l'on peut atteindre en travaillant beaucoup et très bien.

Blaye 2009
Rouge | 2016 à 2021 | 12 € **14,5/20**
Nez toasté, souple et rond en bouche avec l'alcool de l'année, finale épicée. Plus charmeur que 2008.

Blaye Côtes de Bordeaux
Château Haut-Canteloup cuvée Prestige 2009
Rouge | 2014 à 2018 | 7,20 € **14/20**
Nez toasté, tanins frais, bien étoffés, bonne structure, riche et fruitée, finale soutenue et fraîche.

CHÂTEAU PINET LA ROQUETTE

33390 Berson
Tél. 05 57 42 64 05 • Fax : 05 57 42 64 05
sv.nativel@orange.fr • www.pinetlaroquette.free.fr
Visite : De 9h à 18h sauf le mercredi après-midi; le dimanche sur rendez-vous.

Au sortir de la Révolution, le domaine fut acquis par un écuyer du roi Louis XVI. Depuis 2001, Valérie et Stéphane Nativel, ingénieurs de l'armement au ministère de la Défense, ont choisi de changer d'orientation et se sont transformés en vignerons. Cette reconversion les situe parmi les meilleurs viticulteurs du Blayais. Le ministère de la Défense a-t-il encore d'autres vignerons potentiels ?

Blaye Côtes de Bordeaux Le Bouquet 2009
Rouge | 2013 à 2017 | 7,50 € **15/20**
Nez fin et discret, bouche onctueuse, svelte et souple, finale épicée, vin bien fait, équilibré, une valeurs sûre, s'inscrit dans l'année sans se renier.

CLOS PUY ARNAUD

7, Puy Arnaud • 33350 Belvès-de-Castillon
Tél. 05 57 47 90 33 • Fax : 05 57 47 90 53
clospuyarnaud@wanadoo.fr
Visite : Sur rendez-vous.

Ce vigneron exigeant et ultra doué a réussi à imposer son style, alliant générosité de sève et finesse de texture. Dans cette région où beaucoup de producteurs jouent, parfois jusqu'à la lourdeur, la carte de la rondeur et du fruit surmûr, les vins de Puy Arnaud surprennent par leur droiture élégante et fraîche, et leur minéralité sans maquillage. C'est aujourd'hui l'un des vins les plus racés du secteur.

Castillon Côtes de Bordeaux 2009
Rouge | 2014 à 2018 | 28 € **15,5/20**
Nez poivré et fruit noir, bouche puissante, solidement bâtie, long, onctueux, avec du tempérament.

CHÂTEAU PUYGUERAUD

33570 Saint-Cibard
Tél. 05 57 56 07 47 • Fax : 05 57 56 07 48
puygueraud@nicolas-thienpont.com
www.nicolas-thienpont.com
Visite : Sur rendez-vous, du lundi au vendredi de 9h à 12h et de 14h à 17h. Fermé le week-end.

Acheté en 1946 par Georges Thienpont, le père de Nicolas, le Château Puygueraud n'a accueilli des vignes qu'à partir des années 1970, le millésime 1983 fut le premier vin mis en bouteille au château. Depuis 2005, le cabernet-sauvignon a remplacé le cabernet franc, plus précoce et mieux adapté au terroir très argileux, qui confère aux vins puissance et structure.

Francs Côtes de Bordeaux 2009
Rouge | 2016 à 2019 | 12,50 € **14,5/20**
Dans un style puissant, tanins robustes, volumineux, boisé torréfié, plus sur les épices que sur le fruit. L'alcool demande encore à s'intégrer.

CHÂTEAU RÉGALDO SAINT-BLANCARD

55, avenue des Vignes • 33370 Sallebœuf
Tél. 06 70 47 00 62 • Fax : 05 56 21 15 08
muriel.rsb@wanadoo.fr
Visite : sur RDV au 06 70 47 00 62

Bordeaux Supérieur 2010
Rouge | 2012 à 2016 | 7,95 € **14/20**
Nez complexe, au fruit éclatant, aux notes mentholées, résineux, bouche riche, gourmande, soyeuse, équilibrée par une délicieuse fraîcheur.

CHÂTEAU DE REIGNAC

38, chemin de Reignac • 33450 Saint-Loubès
Tél. 05 56 20 41 05 • Fax : 05 56 68 63 31
chateau.reignac@orange.fr • www.reignac.com
Visite : Du lundi au vendredi de 8h30 à 12h et de 13h30 à 17h.

Yves et Stéphanie Vatelot font partie de cette génération de chefs d'entreprise devenus vignerons voici une vingtaine d'années. Ils ont fortement enrichi le potentiel de cette propriété, tant à la vigne que dans les chais. Conseillés par Michel Rolland, ils produisent des vins, en rouges comme en blancs, d'une qualité et d'une régularité exemplaires, qui les classent parmi les leaders de l'appellation.

BORDEAUX 2010
Blanc | 2012 à 2015 | 19 € **16/20**
Un blanc puissant, racé et éclatant. Grand fruit, superbes notes minérales et épicées, texture grasse, ample, vigoureuse et d'une magnifique fraîcheur.

BORDEAUX GRAND VIN DE REIGNAC 2010
Rouge | 2012 à 2018 | 18 € **15/20**
Nez superbe, complexe, riche, élégant, fruit explosif, violette, réglisse, bouche voluptueuse, dense, avec de beaux tanins et de l'allonge. Grand potentiel.

CHÂTEAU REYNON

21, route de Cardan • 33410 Beguey
Tél. 05 56 62 96 51 • Fax : 05 56 62 14 89
reynon@wanadoo.fr • www.denisdubourdieu.com
Visite : Sur rendez-vous.

Reynon est la propriété originelle de l'œnologue Denis Dubourdieu. Splendidement située sur le coteau de Beguey, à côté du village de Cadillac, elle fait face à la Garonne et au vignoble de Graves où Denis s'est aujourd'hui également implanté (Clos Floridène et Le Haura). Rouges et blancs sont ici recommandables, dans un style racé et élancé, séduisant par sa droiture et sa fraîcheur.

BORDEAUX SAUVIGNON BLANC 2011
Blanc | 2012 à 2015 | 9 € **15,5/20**
Superbe bordeaux au nez complexe et raffiné, à la bouche vigoureuse, tonique, avec un grand fruit, une minéralité précise et une longue finale fraîche.

CADILLAC CÔTES DE BORDEAUX 2009
Rouge | 2015 à 2019 | 12 € **15,5/20**
Notes chocolatées, fruité et croquant en bouche avec des tanins présents mais bien enrobés, parfaite maîtrise. Une valeur sûre.

CHÂTEAU ROBIN

33350 Belvès-de-Castillon
Tél. 05 57 47 92 47 • Fax : 05 57 47 92 47
chateau.robin@wanadoo.fr • www.chateau-robin.com
Visite : Du lundi au samedi de 10h à 12h et de 14h à 18h et le dimanche sur rendez-vous.

CÔTES DE CASTILLON 2009
Rouge | 2013 à 2017 | 9,90 € **15/20**
Jérôme Caillé est né dans le monde de l'automobile où il a tenu 10 ans avant de décider en 2003 de quitter les plages de sable blanc et les lagons turquoise de l'Océan Indien pour s'installer avec sa famille dans les Côtes de Castillon. Il y récolte des vins souples et séveux avec une grande régularité. Un 2009 au nez épicé, dans un style traditionnel dans le bon sens du terme, un boisé discret et élégant, d'une densité moyenne, fidèle à sa ligne sans excès. Le vin harmonieux, souple, aimable et parfait pour la gastronomie. On apprécie sa retenue.

ROC DE CAMBES

33710 Bourg
Tél. 05 57 74 42 11
contact@roc-de-cambes.com
www.roc-de-cambes.com
Visite : Sur rendez-vous.

François Mitjaville, le très brillant propriétaire de Tertre-Rotebœuf à Saint-Émilion, s'est lancé il y a une dizaine d'années dans une aventure plus étonnante encore : la création d'un grand vin dans l'un des secteurs les plus méconnus du Bordelais, le Bourgeais. Roc de Cambes, superbement situé sur un tertre argilo-calcaire exposé plein sud, est ainsi né et s'est développé avec la même extrême exigence qui marque le travail de Mitjaville. Comme à Saint-Émilion, ce travail a fait des étincelles, et le vin est très demandé avec des quantités qui demeurent limitées.

CÔTES DE BOURG 2010
Rouge | 2016 à 2025 | NC **17/20**
Intense, c'est le mot qui caractérise le mieux roc-de-cambes 2010 : du bouquet fruité et finement épicé à la structure profonde et serrée, de la fraîcheur énergique à la persistance en bouche, tout est ici tendu, intense, profond. Grand potentiel.

CÔTES DE BOURG CAMBES 2010
Rouge | 2013 à 2017 | NC **16/20**
Vin de grande fraîcheur, exprimant de notes de fruits rouges et développant un volume dense, sérieux, construit.

CHÂTEAU ROC DU BREUIL

51, Francicot • 33710 Gauriac
Tél. 05 57 64 86 06 • Fax : 05 57 64 86 06
roc-du-breuil@wanadoo.fr

CÔTES DE BOURG ROC DU BREUIL 2009
Rouge | 2013 à 2017 | 5 € **14,5/20**
Un domaine passé de mère en filles. Nez fin de petits fruits rouges et de tabac, bouche savou-

reuse, souple, finale agréablement fruitée. Super rapport qualité-prix.

CHÂTEAU ROQUEFORT

Lieu-dit Roquefort • 33760 Lugasson
Tél. 05 56 23 97 48 • Fax : 05 56 23 50 60
lm@chateau-roquefort.com
ou mscl@chateau-roquefort.com
www.chateau-roquefort.com
Visite : Du lundi au vendredi De 9h à 12h30
et de 14h à 17h30.

Le Château Roquefort est un beau domaine de plus de 100 hectares, acheté en 1976 par Jean Bellanger, ancien industriel dans le textile. Aujourd'hui, c'est son fils Frédéric qui est aux commandes.

Bordeaux 2010
Rouge | 2012 à 2016 | 6 € **14/20**
Fruit extraverti, boisé vanillé raffiné, bouche chaleureuse, ample, avec une assise tannique bien présente : bon potentiel.

Bordeaux Supérieur Roquefortissime 2010
Rouge | 2012 à 2018 | 9 € **14,5/20**
Belle suavité et maturité du nez exubérante, bouche savoureuse, très charpentée mais mûre, avec un boisé perceptible qui se fondra sans problème. Riche et charmeur.

CHÂTEAU ROQUES MAURIAC

Lagnet • 33350 Doulezon
Tél. 05 57 40 51 84 • Fax : 05 57 40 55 48
contact@levieux-vignerons.com • www.roques-mauriac.com et www.levieux-vignerons.com
Visite : De 9h à 12h30 et de 14h à 18h.

Ce vaste vignoble fait partie des propriétés d'Hélène Levieux, fille du créateur des magasins Leclerc, qui possède un important ensemble de crus dans l'Entre-Deux-Mers. Suivis aujourd'hui par son fils Vincent et son épouse Sylvie, les vins ont beaucoup gagné en rondeur et en qualité de fruit dans les derniers millésimes, et ce dans toutes les cuvées réalisées. Outre le bordeaux-supérieur principal, les Levieux proposent aussi Damnation, une cuvée dédiée au cabernet franc.

Bordeaux Damnation 2010
Rouge | 2012 à 2017 | 20 € **14,5/20**
On aime l'exubérance des arômes fruités et boisés qui savent rester raffinés, la bouche ample, chaleureuse, dense, qui témoigne du bon potentiel de garde de cette cuvée.

Bordeaux Grand Vin 2010
Rouge | 2012 à 2017 | 12 € **14/20**
Très beau nez de fruits mûrs, épices douces, fleurs suaves, arômes que l'on retrouve dans une bouche offrant franchise, densité, grande tenue et fraîcheur.

CHÂTEAU LA ROSE BELLEVUE

5, les Mouriers • 33820 Saint-Palais
Tél. 05 57 32 66 54 • Fax : 05 57 32 78 78
service.commercial@chateau-larosebellevue.com
www.chateau-larosebellevue.com
Visite : De mai à septembre, les visites se font sur rendez-vous mais les dégustations ont lieu sans réservation de 10h à 12h et de 14h à 18h30; le reste de l'année sur rendez-vous uniquement.

Blaye Côtes de Bordeaux Prestige 2009
Rouge | 2014 à 2018 | 8 € **15/20**
Le jeune viticulteur Jérôme Eymas vinifie à Saint-Palais, au nord de l'appellation, un blaye remarquable et d'une qualité constante. Très joli nez d'épices et d'herbes fraîches, belle bouche élégante, soyeuse, des tanins présents sur la fraîcheur avec de la tension, élégant, bien fait.

CHÂTEAU SAINTE-MARIE

51, route de Bordeaux • 33760 Targon
Tél. 05 56 23 64 30 • Fax : 05 56 23 66 80
ch.ste.marie@wanadoo.fr
www.chateau-sainte-marie.com
Visite : Du lundi au vendredi, de 8h à 18h,
sur rendez-vous.

À quelques kilomètres de l'Abbaye de la Sauve-Majeure, l'une des plus anciennes de France, le Château Sainte-Marie appartient depuis les années 1950 à la famille Dupuch, qui s'attache tout particulièrement à défendre et à mettre en valeur la typicité du terroir de l'Entre-Deux-Mers. La cuvée vieilles-vignes, issue de vignes dépassant les 100 ans, est une valeur sûre de la propriété.

Bordeaux Le Moulin 2011
Blanc | 2012 à 2014 | 5,95 € **14/20**
Très tonique et équilibré, il exprime des arômes miellés et d'agrumes bien mûrs. Très agréable.

Bordeaux Supérieur Vieilles Vignes Source de Passion 2010
Rouge | 2012 à 2016 | 7,50 € **14,5/20**
Une cuvée savoureuse, grandement fruitée, longue, fraîche, équilibrée et pleine de charme.

CHÂTEAU SAUMAN

Le Sauman • 33710 Villeneuve
Tél. 05 57 42 16 64 • Fax : 05 57 42 93 00
chateau.sauman@wanadoo.fr
www.chateausauman.com

CÔTES DE BOURG CUVÉE ÉMOTION MERLOT-MALBEC 2009
Rouge | 2016 à 2019 | 7,50 € **14,5/20**
Véronique Braud perpétue et développe l'héritage de cette ancienne villégiature du XIXe siècle. Pour aller contre la mode du «tout merlot», elle crée en 2004 la cuvée Émotion pour une parcelle prometteuse de malbec de 40 ans d'âge qu'elle «arrondie» en assemblage avec du merlot. Le résultat est un vin de caractère. Nez riche de fruits noirs, douceur en bouche, ample, intense, croquant, tout sur le fruit alors que les tanins sont omniprésents, et chaleureux pour soutenir la structure.

CÔTES DE BOURG ÉMOTION 2009
Rouge | 2013 à 2016 | 6,50 € **14/20**
Un côtes-de-bourg bien construit, avec des tanins friands et tendus. On peut l'apprécier dès maintenant.

CHÂTEAU SEGUIN

33360 Lignan de Bordeaux
Tél. 05 57 97 19 81

BORDEAUX SUPÉRIEUR PRESTIGE 2010
Rouge | 2012 à 2017 | NC **15/20**
Joue sur le registre de l'opulence. Nez de fruits noirs à grande maturité, bouche chaleureuse, dense, s'adossant sur une trame tannique serrée et mûre. Très flatteur. Bon potentiel.

SICHEL

8, rue de la Poste • 33210 Langon
Tél. 05 56 63 50 52 • Fax : 05 56 63 42 28
ventes-france@sichel.fr • www.sichel.fr
Visite : Du lundi au samedi de 9h à 18h30.
Le samedi à partir de 10h.

La maison Sichel, à la fois propriétaire, vinificateur et négociant, exploite 150 hectares de rouges, 19 hectares de blancs et 9 hectares de rosés. Elle produit une superbe cuvée haut de gamme dans les trois couleurs : Sirius.

BORDEAUX ROSÉ 2011
Rosé | 2012 à 2013 | 6,50 € **15/20**
Très rafraîchissant, avec de beaux arômes de fruits rouges, agrumes et rose, une bouche charnue et bien vive.

BORDEAUX SIRIUS 2011
Blanc | 2012 à 2014 | 6,50 € **15/20**
Épanoui et élégant, il développe un beau fruit pur et mûr, de la minéralité, la bouche est charnue, très aromatique et de belle tenue.

BORDEAUX SIRIUS 2009
Rouge | 2012 à 2016 | 6,50 € **15,5/20**
D'une très grande élégance, ce bordeaux offre un fruit mûr et complexe, un boisé bien dosé, la bouche montre une texture suave, des tanins soyeux et une longue finale aromatique et fraîche.

CHÂTEAU SUAU

33550 Capian
Tél. 05 56 72 19 06 • Fax : 05 56 72 12 43
bonnet.suau@wanadoo.fr • www.chateausuau.com
Visite : Du lundi au vendredi, de 8h30 à 12h et de 14h à 17h et le week-end sur rendez-vous.

Il n'est pas un millésime où le Château Suau ne soit médaillé, récompensé ou honoré. Monique Bonnet, méticuleuse propriétaire aidée du régisseur Éric Chabot, s'attache à employer les méthodes les plus subtiles, tant à la vigne qu'au chai. Le château, ancien pavillon de chasse du duc d'Épernon, trône sur ses 60 hectares de vignes formant une mosaïque de parcelles aux cépages choisis. Les vins sont généralement savoureux et charmeurs, et ont un bon potentiel d'évolution dans le temps.

CADILLAC CÔTES DE BORDEAUX 2009
Rouge | 2016 à 2021 | 12,50 € **14/20**
Rouge rubis, nez boisé, bouche serrée avec des tanins présents qui demandent à vieillir. Encore un peu austère à ce stade, robuste, avec du potentiel.

CADILLAC CÔTES DE BORDEAUX L'ARTOLIE 2009
Rouge | 2016 à 2021 | 25 € **14,5/20**
Cette cuvée a été exceptionnellement élaborée en 2009 et vinifiée dans des barriques de 500 litres puis élevée pendant 15 mois en fût de chêne français. Le vin a bien digéré son élevage et se distingue par ses notes de petites baies rouges et ses accents végétaux nobles donnant de la fraîcheur, des tanins vifs, dynamiques, longs en finale, dans la puissance. Peut vieillir.

CHÂTEAU TANESSE

33550 Lestiac-sur-Garonne
Tél. 05 56 72 14 38
gonfrier@wanadoo.fr
Visite : Du lundi au vendredi de 8h à 18h.
Sur rendez-vous le samedi.

Cadillac 2010
Blanc liquoreux | 2014 à 2019 | 8,90 € **14/20**
Depuis la reprise du domaine familial en 1998, les deux frères Philippe et Éric Gonfrier ont étendu l'exploitation avec une opiniâtreté sans faille et un travail considérable. Tanesse, sur la commune de Langoiron, produit des rouges et des blancs. Le moelleux séduit par les arômes d'agrumes et les notes de boisé qui adoucissent l'amertume, bonne structure, assez complexe, dense et fin, une certaine élégance avec de la fraîcheur. Fait avec soin.

Bordeaux Causse Rouge 2009 ☺
Rouge | 2012 à 2014 | NC **14,5/20**
Joli fruit gourmand, vin tendre et souple, à la franchise harmonieuse. Un an de bouteille supplémentaire n'a pas altéré sa fraîcheur gourmande.

Côtes de Castillon Manoir du Gravoux 2010
Rouge | 2012 à 2015 | NC **15/20**
Bonne dimension charpentée, sans rudesse mais avec un caractère moins rond et séducteur que le 2009. En revanche, voilà une belle identité de la rive droite bordelaise !

Saint-Émilion grand cru
Château Peyroutas 2009
Rouge | 2012 à 2015 | NC **15/20**
Onctueux et souple, avec des arômes de compote de pruneau et de fin toast, c'est un joli saint-émilion déjà prêt à boire.

CHÂTEAU TECHENEY

Ch. Mirefleurs - 23 Chemin du Loup • 33370 Yvrac
Tél. 05 56 35 72 73
contact@chateaux-castel.com

Bordeaux Supérieur 2009
Rouge | 2012 à 2017 | NC **15/20**
Une petite bombe au nez explosif de fruits à surmaturité, pierre chaude et freesia, à la bouche voluptueuse mais non dénuée de fraîcheur équilibrante.

TERRA BURDIGALA

189, rue Georges-Mandel • 33000 Bordeaux
Tél. 05 57 81 68 00 • Fax : 05 57 81 68 09
info@terraburdigala.com • www.terraburdigala.com

Créé par Stéphane Derenoncourt et François Thienpont, Terra Burdigala propose des vins issus de vignobles soigneusement sélectionnés, et suivis depuis la vigne jusqu'à la mise en bouteille par le duo, associé pour l'occasion à chacun des vignerons concernés. Les vins possèdent incontestablement la «griffe Derenoncourt», avec leur fruité souple et très franc, leur corps délié et gourmand et leur finesse tannique.

Bordeaux Causse Rouge 2010
Rouge | 2012 à 2015 | NC **15/20**
Dense et gourmand, charpenté, sans rudesse, c'est un très beau bordeaux d'une modernité sans caricature, jouant sur le soyeux tannique et la fraîcheur fruitée. Du beau travail.

CHÂTEAU THIEULEY

Le Thieuley • 33670 La Sauve
Tél. 05 56 23 00 01 • Fax : 05 56 23 34 37
chateau.thieuley@wanadoo.fr • www.thieuley.com
Visite : Du lundi au vendredi de 8h30 à 12h
et de 13h30 à 17h30,sauf mercredi fermé.
Samedi sur rendez-vous.

Situé à La Sauve-Majeure, au cœur de l'Entre-Deux-Mers, ce domaine est depuis longtemps un grand classique du bon bordeaux à prix accessible, et ce dans les trois couleurs : rouge, blanc et clairet sont toujours bien construits, savoureux, gourmands et équilibrés. La famille Courselle, qui veille sur le château et ses vinifications avec talent et expertise, a su créer l'archétype de la bonne adresse. Ce cru est fréquemment distribué dans les foires aux vins.

Bordeaux 2010 ☺
Rouge | 2012 à 2014 | NC **15,5/20**
Prototype du bordeaux bien fait, jamais surjoué sans extraction intempestive. On se régale.

Bordeaux clairet 2011
Rosé | 2012 à 2013 | NC **14,5/20**
Très charnu, avec un nez superbe au fruit mûr, une bouche suave, aromatique et une excellente fraîcheur.

Bordeaux Réserve Francis Courselle 2010
Blanc | 2012 à 2014 | NC **14,5/20**
Jolie cuvée offrant un nez richement fruité, aux notes épanouies minérales et boisées, une bouche généreuse, suave et équilibrée par une bonne vivacité.

Bordeaux Supérieur Réserve Francis Courselle 2009
Rouge | 2012 à 2015 | 11 € **14,5/20**
On apprécie particulièrement la complexité, le fruit intense, les notes mentholées et florales, la bouche charnue, la qualité des tanins ainsi que l'équilibre.

ÉTABLISSEMENTS THUNEVIN

6, rue Guadet - B.P. 88 • 33330 Saint-Émilion
Tél. 05 57 55 09 13 • Fax : 05 67 67 03 07
thunevin@thunevin.com • www.thunevin.com
Visite : Du lundi au samedi. de 10h à 18h30.

Jean-Luc Thunevin a développé une activité de négociant et de conseil pour de nombreuses propriétés. Spécialiste du vin de luxe, il ne cesse d'innover, sa plus grande réussite actuelle étant très certainement Bad-Boy, un bordeaux-supérieur conçu comme un grand cru. Le pari est brillamment réussi, et, vingt ans après la création de Valandraud, ouvre une nouvelle voie à Bordeaux.

Bordeaux Bad Boy 2010
Rouge | 2012 à 2016 | 15 € **14,5/20**
Nez puissant, fruits rouges, épices, bouche grasse, ample, dense, équilibrée, pour cette cuvée pleine de personnalité.

CHÂTEAU TIMBERLAY

Vignobles Robert Giraud - Domaine de Loiseau
33240 Saint-André-de-Cubzac
Tél. 05 57 43 01 44
direction@robertgiraud.com

Bordeaux Supérieur Prestige cuvée Marie 2009
Rouge | 2012 à 2015 | 10,60 € **14,5/20**
Épanoui, richement fruité et boisé, avec une texture soyeuse, de la fraîcheur et un bon potentiel de garde.

CHÂTEAU TIRE PÉ

1, Puderan • 33190 Gironde-sur-Dropt
Tél. 05 56 71 10 09 • Fax : 05 56 71 10 09
tirepe@wanadoo.fr • www.tirepe.com
Visite : Sur rendez-vous.

Sur ces dix dernières années, David Barrault, viticulteur surdoué, a étonné la viticulture bordelaise en cherchant avant tout à préserver le fruit et l'équilibre, à valoriser le potentiel du terroir et à n'utiliser l'élevage en barriques qu'au service du vin. Sur 13,5 hectares, il produit trois cuvées principales : Tire-Pé, un vin de plaisir immédiat vinifié en cuve, pratiquement issu du seul merlot, les-Malbecs, provenant de l'unique parcelle de malbec issue d'une sélection massale et la-Côte, la grande cuvée, 60 % merlot, 30 % cabernet franc et 10 % cabernet-sauvignon, un vin racé qui ne cherche pas à caricaturer les grands mais exprime sa propre personnalité.

Bordeaux 2010
Rouge | 2012 à 2016 | 7,60 € **14,5/20**
Un fruit pur, des nuances épicées et fleuries, une bouche charnue, vigoureuse, beaucoup de pep's pour ce vin de caractère.

Bordeaux La Côte 2009
Rouge | 2012 à 2018 | 11,60 € **15/20**
Une pure gourmandise : nez complexe, fondu, très mûr, texture en bouche raffinée, de la fraîcheur et de la longueur.

Bordeaux Les Malbecs 2010
Rouge | 2012 à 2017 | 15 € **15/20**
Cette cuvée pleine de caractère, 100 % malbec, cultive l'exubérance avec ses arômes de prune, framboise, poivre gris, sa bouche ample, aux tanins satinés et à la longue finale fraîche.

CHÂTEAU TOUR DE SARRAIL

33370 Pompignac
Tél. 05 56 21 18 11

Bordeaux 2009
Rouge | 2012 à 2016 | NC **14,5/20**
Ce rouge a trouvé de la fraîcheur dans ce millésime chaud. Les tanins sont denses, bien campés. C'est un bordeaux classique, fruité et sérieusement construit.

CHÂTEAU TOUR DES GRAVES

Le Poteau • 33710 Teuillac
Tél. 09 63 62 00 47 • Fax : 09 70 62 19 50
vignoblesarnaud@orange.fr
Visite : Du lundi au samedi de 9h à 12 et de 14h à 19h.

Côtes de Bourg 2009
Rouge | 2014 à 2017 | 6,50 € **14/20**
Nez sur la retenue, bouche puissante, tanins très présents, à la limite de la maturité, mais frais et intenses. Vin sincère. C'est le premier millésime de David Arnaud, jeune viticulteur sur Teuillac,

qui a repris le domaine en cinquième génération. Un vigneron à suivre.

CHÂTEAU DES TOURTES

30, le Bourg • 33820 Saint-Caprais-de-Blaye
Tél. 05 57 32 65 15 • Fax : 05 57 32 99 38
chateau-des-tourtes@orange.fr
www.chateau-des-tourtes.com
Visite : Du lundi au vendredi, de 8h30 à 12h30 et de 13h30 à 18h30, le samedi sur rendez-vous.

Blaye Côtes de Bordeaux cuvée Prestige 2009
Rouge | 2014 à 2018 | 7,80 € **13,5/20**
Vin sincère, de bonne consistance, tanins riches mais ensemble souple, rond, gouleyant.

Blaye L'Attribut des Tourtes 2009
Rouge | 2015 à 2019 | 12,50 € **14/20**
L'affaire familiale créée en 1967 par Philippe et Lise Raguenot s'étend sur 67 hectares. Aujourd'hui, leurs deux filles Emmanuelle et Marie-Pierre, accompagnées de leur maris, proposent une gamme de vins très équilibrés, savoureux, avec une fraîcheur aromatique remarquable.

CHÂTEAU TROCARD

33570 Les Artigues de Lussac
Tél. 05 57 55 57 90 • Fax : 05 57 55 57 98
contact@trocard.com

Bordeaux Supérieur 2009
Rouge | 2012 à 2015 | NC **14/20**
Vin souple et joliment équilibré, aux notes de fruits rouges bien exprimées, prêt à boire.

Bordeaux Supérieur Mon Repos 2009 ☺
Rouge | 2012 à 2015 | NC **15,5/20**
Joli merlot complet et gourmand, avec un fruit remarquablement frais et mur et un allonge pleine de sève. Très réussi.

CHÂTEAU TURCAUD

1033, route de Bonneau • 33670 La Sauve-Majeure
Tél. 05 56 23 04 41 • Fax : 05 56 23 35 85
chateau-turcaud@wanadoo.fr
www.chateauturcaud.com
Visite : De 9h à 12h et de 14h à 18h du lundi au vendredi. Le samedi de 9h30 à 12h30 et de 14h30 à 17h30 sur rendez-vous.

Le vin n'a plus guère de secrets pour Maurice Robert, bientôt 80 ans : parti de 7 hectares en 1973, il a développé un vignoble de 45 hectares. C'est auprès d'André Lurton qu'il a fait ses classes et effectivement, les vins affichent la régularité et le sérieux que l'on retrouve à Bonnet. Aujourd'hui, le mélange harmonieux de la passion, de l'expérience et de l'investissement familial font de ce cru une adresse sûre.

Bordeaux 2010
Rouge | 2012 à 2017 | 7 € **14,5/20**
Arômes intenses de fruits rouges, œillet et minéraux, bouche charnue, franchement tannique mais sans excès, pour ce vin de caractère, au bon potentiel.

Bordeaux Supérieur cuvée Majeure 2010
Rouge | 2012 à 2017 | 10 € **15/20**
On retrouve l'élégance qui caractérise régulièrement cette cuvée : nez d'une grande maturité de fruit, touches épicées et minérales, bouche bien constituée.

Entre-Deux-Mers 2011
Blanc | 2012 à 2014 | 5,50 € **14,5/20**
Grande intensité fruitée, minérale et boisée pour le nez, bouche chaleureuse, ronde, longue et superbement fraîche.

CHÂTEAU VERMONT

Vignobles Dufourg • 33760 Targon
Tél. 05 56 23 90 16
vignoblesdufourg@wanadoo.fr

Bordeaux 2010
Rouge | 2012 à 2015 | 5,50 € **14,5/20**
Nez suave et complexe, bouche savoureuse, finement tannique, dotée d'une belle suite et de fraîcheur. L'élégance est au rendez-vous.

Bordeaux rosé 2011
Rosé | 2012 à 2013 | 4,50 € **14,5/20**
Belle complexité aromatique, framboise, grenadine, fleurs suaves, bouche chaleureuse, dense, longue et vive. On pourra le servir tout au long d'un repas.

CHÂTEAU VEYRY

Paupin • 33330 Saint-Laurent-des-Combes
Tél. 06 07 28 53 80 • Fax : 05 57 74 09 56
veyry@orange.fr
Visite : Sur rendez-vous.

Propriété de 2 hectares dont les vignes escarpées, sinueuses, presque en terrasses pour certaines, dominent la petite ville de Castillon-la-Bataille. L'œnologue Christian Veyry l'a patiemment créée, acquérant le terrain en 1986, plantant une première parcelle en 1993 et une seconde quatre ans plus tard. Aujourd'hui, ce vignoble parvient, sinon à sa maturité, du moins à une excellente définition de ses vins, impressionnants par leur intensité de fruit et par leur souplesse onctueuse et extrêmement séduisante.

Côtes de Castillon 2009
Rouge | 2016 à 2020 | 22 € **15/20**
Un Veyry réglissé et généreux, beaucoup de sève, avec une finale sur la fraîcheur, il doit encore gagner en souplesse.

CHÂTEAU DE LA VIEILLE CHAPELLE

4, La Chapelle • 33240 Lugon-et-l'Île-du-Carnay
Tél. 05 57 84 48 65 • Fax : 05 57 84 40 28
best-of-bordeaux-wine@chateau-de-la-vieille-chapelle.com • www.chateau-de-la-vieille-chapelle.com
Visite : De 9h à 20h.

Situé en bord de Dordogne, ce château repris en 2006 possède un terroir d'alluvions qui apporte à ses vins une souplesse fruitée très agréable, loin des raides et astringentes caricatures du «petit bordeaux». Le rouge du château exprime un fruité immédiat très séduisant, tandis que la cuvée 100 % merlot développe avec rondeur et gourmandise un caractère savoureux, ample et mûr, particulièrement charmeur. Ce sont des vins à apprécier sur leur fruit, mais qui n'ont aucun problème de garde.

Bordeaux Les Grands Blancs 2011
Blanc | 2012 à 2014 | 12 € **14/20**
Du caractère, des arômes de fruits blancs très mûrs et minéraux, de la tonicité et un bon équilibre.

Bordeaux Supérieur
Les merlots de Baudet 2010
Rouge | 2012 à 2017 | 10,50 € **14,5/20**
Belle cuvée opulente et flatteuse : nez complexe de fruits rouges très mûrs et d'épices douces, bouche dense, savoureuse, avec une texture serrée et mûre, un grand fruit et une excellente fraîcheur.

CHÂTEAU VIEUX NODEAU

1, Nodeau • 33710 Saint-Ciers-de-Canesse
Tél. 05 57 64 91 89 • Fax : 05 57 64 91 89
vieuxnodeau@yahoo.fr

Côtes de Bourg 2009
Rouge | 2012 à 2017 | 12 € **14/20**
Le domaine, au cœur de l'appellation, est exploité par Philippe Ferrer qui réussi à produire des vins de grande harmonie. Un 2009 exemplaire de charme, vinifié sur la souplesse. Nez intensément épicé, belle bouche fruitée, croquante, gouleyante, souple, petits fruits rouges en finale.

CHÂTEAU VILATTE

5, lieu-dit Vilatte • 33660 Puynormand
Tél. 05 57 49 77 60 • Fax : 05 57 49 67 89
stefaan.vilatte@wanadoo.fr • www.chateauvilatte.com
Visite : sur rendez-vous, fermé le dimanche

Bordeaux Supérieur 2009
Rouge | 2012 à 2015 | 7,50 € **14,5/20**
Classique et bien équilibré avec son joli nez de cerise, épices, noyau, sa bouche tout aussi fruitée et bien fraîche.

YVON MAU

Rue Sainte-Pétronille • 33190 Gironde-sur-Dropt
Tél. 05 56 61 54 54 • Fax : 05 56 61 54 61
info@ymau.com • www.ymau.com

Yvon Mau, «découvreur de Bordeaux depuis 1897», tire son nom de son fondateur, qui parcourait le vignoble de l'Entre-Deux-Mers à vélo pour chercher de nouveaux vins. Racheté en 2001 par le groupe espagnol Freixenet, l'objectif de qualité est toujours d'actualité. La cuvée Premius est une des belles cuvées de la maison, obtenue grâce à des partenariats passés avec des viticulteurs soumis à de stricts cahiers des charges concernant la conduite de la vigne, les rendements et la vinification.

Bordeaux Premius 2011
Rosé | 2012 à 2013 | 5,40 € **14,5/20**
Beau compromis entre l'élégance du nez, très fruité et pivoine, et la puissance de la bouche, très aromatique et vive.

Bordeaux Premius 2011
Blanc | 2012 à 2014 | NC **14/20**
Un fruit flamboyant, des notes florales, une bouche charnue, ronde et équilibrée par une bonne vivacité.

Graves et Sauternais

Le vignoble des Graves, berceau du goût « historique » des vins de Bordeaux, commence directement dans la banlieue sud de la grande ville et continue jusqu'à Langon : blancs secs et rouges partagent les mêmes qualités de finesse et d'équilibre. Sauternes est une enclave dans la partie sud de ce vignoble, spécialisée dans la production en volume unique dans le monde, de vins blancs liquoreux de grande classe.

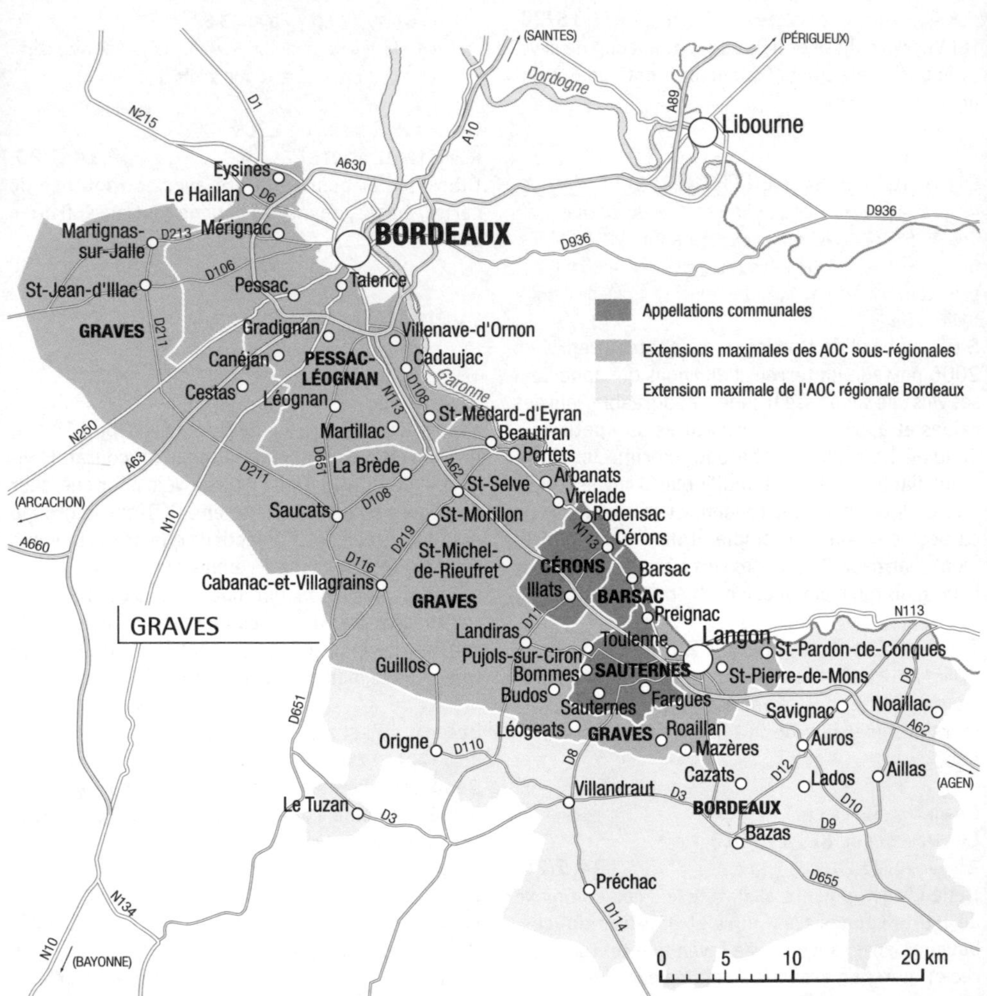

CHÂTEAU D'ARCHE

33210 Sauternes
Tél. 05 56 76 66 55 • Fax : 05 56 76 64 38
chateaudarche@wanadoo.fr
www.chateaudarche-sauternes.com
Visite : Sur rendez-vous de préférence du lundi au vendredi de 9h à 12h et de 14 à 17h.
Le samedi sur rendez-vous uniquement.

Ce cru dispose d'un très beau vignoble, jouxtant les châteaux Lamothe et Filhot, et un hôtel de luxe y a été construit très récemment par ses propriétaires, de façon à faire progresser le tourisme viticole en Sauternais. Le vin est très sérieusement élaboré, même si pour le moment on ne peut se permettre le même type de viticulture qu'à Yquem, et il progresse régulièrement. 2008, bien que fort honorable n'est pas le plus éblouissant des vins du millésime mais 2009 et 2010 retrouvent la meilleure forme du cru, qui peut et doit encore faire encore mieux !

Sauternes 2009

Blanc Liquoreux | 2017 à 2029 | 27,50 € **15,5/20**

Notes de tilleul et de coing au nez, fruit pur, assez ample, long, rôti évident mais encore un peu d'amertume, à mettre au compte d'un soufre pas encore digéré.

Sauternes 2005

Blanc Liquoreux | 2012 à 2017 | 23 € **13,5/20**

Peu de botrytis pour ce vin de densité moyenne, un équilibre correct dans le demi-rôti. À boire sur la jeunesse.

CHÂTEAU BARDINS

124 Avenue de Toulouse • 33140 Cadaujac
Tél. 05 56 30 78 01
chateau.bardins.free.fr

Pessac-Léognan 2009

Rouge | 2013 à 2020 | NC **15/20**

Un fruit éclatant, des notes florales, une bouche franche, vigoureuse et structurée pour ce beau pessac-léognan tonique et équilibré.

CHÂTEAU BASTOR-LAMONTAGNE

33210 Preignac
Tél. 05 56 63 27 66 • Fax : 05 56 76 87 03
bastor@bastor-lamontagne.com
www.bastor-lamontagne.com
Visite : Du lundi au jeudi de 9h à 12h30 et de 14h à 17h30. Le vendredi jusqu'à 16h30.

Propriété du Crédit Foncier, Bastor est parfaitement géré depuis vingt ans et produit un sauternes très agréable, moins liquoreux que les plus grands crus de la commune. Il joue sur le registre de la qualité du fruit et du rapport qualité-prix.

CHÂTEAU BAULOS-CHARMES

655 rue Laroche • 33140 Cadaujac
Tél. 05 56 30 98 44
contact@baulos-charmes.com

Pessac-Léognan 2009

Rouge | 2013 à 2020 | NC **15,5/20**

Classique, charmeur, avec un excellent potentiel, il pourrait servir de modèle : nez puissamment fruité, minéral et épicé, bouche savoureuse, dense, avec un grand équilibre.

CHÂTEAU BEAUREGARD-DUCASSE

33210 Mazères
Tél. 05 56 76 18 97 • Fax : 05 56 76 17 73
jperromat@mjperromat.com • www.mjperromat.com
Visite : Sur rendez-vous.

Graves cuvée Albertine Peyri 2010

Blanc | 2012 à 2016 | 9,20 € **14/20**

Classique et bien vinifié, il exprime de délicats arômes fruités et floraux, une bouche charnue et très fraîche.

CHÂTEAU BOUSCAUT

1477, avenue Toulouse • 33140 Cadaujac
Tél. 05 57 83 12 20 • Fax : 05 57 83 12 21
cb@chateau-bouscaut.com
www.chateau-bouscaut.com
Visite : Sur rendez-vous. du lundi au vendredi de 8h à 12h et de 13h30 à 17h30. Sauf mercredi ouvert de 8h à 12h.

Cette propriété classée de Cadaujac possède un terroir différent de ses voisines, avec des sols plus calcaires, et d'une certaine façon mieux adaptés aux cépages blancs. Sophie Cogombles et son très sympathique mari réussissent d'ailleurs très bien leur vin blanc, séveux, complexe, présentant une belle synergie entre sauvignon et sémillon. Le rouge, à dominante de merlot, est lui aussi très soigné, harmonieux, velouté mais sans la complexité des tout meilleurs crus de l'appellation.

Pessac-Léognan 2010
Blanc | 2013 à 2019 | NC **15,5/20**
Un style riche, mûr, aux arômes miellés, musqués, abricot confit, minéraux, texture opulente, manquant un rien d'élégance.

Pessac-Léognan 2009
Rouge | 2014 à 2020 | 30 € **16/20**
Fruit bien mûr, assez exubérant, notes florales et épicées raffinées, bouche souple, soyeuse, avec des tanins tendres et de la fraîcheur.

CHÂTEAU BRONDELLE

Vignobles Belloc • 33210 Langon
Tél. 05 56 62 38 14 • Fax : 05 56 62 23 14
chateau.brondelle@wanadoo.fr
Visite : Du lundi au vendredi, de 9h à 12h et de 14h à 17h30. Le week-end sur rendez vous.

Graves 2010
Blanc | 2012 à 2018 | 12 € **14,5/20**
Un beau graves blanc bien vinifié dans un beau millésime, fruit de bonne maturité, touches minérales, bouche charnue, franche, longue et équilibrée.

Graves Classic 2011
Blanc | 2012 à 2015 | NC **15/20**
Bon graves frais, dynamique, assez long en bouche. Il séduira fruits de mer, crustacés et poissons en sauce.

Graves Classic 2009
Rouge | 2012 à 2018 | NC **15/20**
Grand classique de l'appellation avec sa pointe minérale en finale et un joli fruit gourmand. Equilibré, il laisse une bouche nette et fraîche.

CHÂTEAU BROWN

Allée John-Lewis-Brown • 33850 Léognan
Tél. 05 56 87 08 10 • Fax : 05 56 87 87 34
chateau.brown@wanadoo.fr
www.chateau-brown.com
Visite : Sur rendez-vous.

Pessac-Léognan 2010
Blanc | 2012 à 2020 | 27 € **15,5/20**
On apprécie l'association de la puissance et du raffinement. Arômes de fruits mûrs, eucalyptus, grande minéralité, bouche charnue, franche, très longue, très fraîche. Parfaitement équilibré.

Pessac-Léognan 2009
Rouge | 2013 à 2020 | 22 € **14/20**
Fruit épanoui et mûr, notes de pivoine, minérales et résineux, bouche savoureuse, riche, fondante avec des tanins vigoureux.

CHÂTEAU CAILLOU

9, Caillou • 33720 Barsac
Tél. 05 56 27 16 38 • Fax : 05 56 27 09 60
contact@chateaucaillou.com
www.chateaucaillou.com
Visite : Du lundi au vendredi 9h à 12h et de 14h à 18h. Le week-end sur rendez-vous,téléphoner une semaine avant.

Ce second cru classé, situé au cœur de la partie haute du village, juste à côté de Climens, reste un peu à l'écart de la gloire, vivant la tranquille vie barsacaise sans faire de remous. De très vieux millésimes ont appris à de nombreux amateurs de notre génération ce qu'était un vrai barsac, et nous aurons toujours beaucoup de joie à signaler un millésime réussi comme le 1997 ou le 2001. Après une petite baisse de forme, Caillou a produit à nouveau en 2009 et 2010 un barsac de caractère.

Barsac 2009
Blanc Liquoreux | 2019 à 2029 | 39 € **16/20**
Plus confit que rôti au nez et en bouche, mais avec une texture crémeuse à souhait, du nerf, du fruit, de l'allonge et une excellente matière, barsac classique.

CHÂTEAU CANTEGRIL

Château Reynon • 33420 Beguey
Tél. 05 56 62 96 51 • Fax : 05 56 62 14 89
www.denisdubourdieudomaines.com

Sauternes 2009
Blanc Liquoreux | 2017 à 2021 | 22 € **15/20**
Le château est un enclos de 22 hectares sur le plateau calcaire du Haut-Barsac. Depuis 2000, Denis Dubourdieu a mis tout en œuvre pour hisser la propriété familiale à un niveau de second cru classé de Barsac. Un 2009 riche et équilibré, précis, bien élevé, qui va en direction des crus classés. Présentation élégante et soignée.

La note des bordeaux 2011 dégustés en primeur peut bien entendu évoluer après les assemblages définitifs et leur mise en bouteille fin 2013.

CHÂTEAU CANTELYS

33650 Martillac
Tél. 05 57 83 11 22 • Fax : 05 57 83 11 21
smith-haut-lafitte@smith-haut-lafitte.com
www.smith-haut-lafitte.com
Visite : Sur rendez-vous.

Ce cru appartient à Florence et Daniel Cathiard, propriétaires du Château Smith Haut-Lafitte. Cantelys ne cesse de progresser, tant en rouge qu'en blanc, et constitue maintenant une belle affaire pour les amateurs de pessac-léognans.

Pessac-Léognan 2010
Blanc | 2012 à 2016 | 18 € **14,5/20**
Jolis arômes fruités, minéraux et fleuris, très pimpants, bouche ronde, franche, vive et longue. Plaisant.

DOMAINE DE CARBONNIEU

33210 Bommes
Tél. 05 56 76 64 48
vignobles.charrier@wanadoo.fr

Sauternes 2007
Blanc Liquoreux | 2014 à 2018 | 16 € **13,5/20**
Christophe Charrier perpétue la tradition familiale. Doré soutenu, riche, amusant, très aromatique, sauvignonné, glissant, finale sur les fruits exotiques. Un vin sympathique mais fatigant.

CHÂTEAU CARBONNIEUX

33850 Léognan
Tél. 05 57 96 56 20 • Fax : 05 57 96 59 19
info@chateau-carbonnieux.fr • www.carbonnieux.com
Visite : Du lundi au vendredi, de 8h30 à 12h et de 13h30 à 17h sur rendez-vous.

Un grand classique de l'appellation Pessac-Léognan par l'abondance des bouteilles, surtout en blanc, mais aussi par la régularité et la typicité de son style. Les blancs très pâles sont frais, nerveux, supérieurement fins mais gagnent depuis 2009 en richesse de constitution. Les rouges ont énormément gagné en puissance et en densité et rivalisent avec les meilleurs. Excellents 2006, où l'influence de la nouvelle génération, orpheline d'Antony Perrin trop tôt disparu, se fait sentir. Les 2008 et surtout 2009 montrent les signes d'importants progrès.

Pessac-Léognan 2011
Blanc | Prix primeur HT : 22 € **17-17,5/20**
Finesse remarquable des arômes, dans un registre d'agrumes bien diversifié, du pamplemousse au cédrat. Délicate note boisée et sentiment d'un choix de vendanger un peu plus mûr, ce que nous ne pouvons qu'approuver.

Pessac-Léognan 2011
Rouge | Prix primeur HT : 21 € **16-16,5/20**
Très léognan dans ses notes épicées, son toucher de bouche sérieux et épicé, et son tanin précis. Un bordeaux classique, d'excellent rapport qualité-prix.

Pessac-Léognan 2010
Blanc | 2012 à 2020 | 28 € **17/20**
Arômes très expressifs, fruit pur, minéralité, notes exotiques, citronnées, fumées, bouche ample, charnue, volumineuse, aromatique et tonique : riche, très équilibré et racé.

Pessac-Léognan 2009
Rouge | 2015 à 2025 | 30 € **17/20**
Le cru continue sûrement sa progression qualitative avec ce 2009. Nez puissant et élégant à la fois, joli fruit mûr, notes minérales et résineux, bouche harmonieuse, dense, charnue, avec une trame enveloppante, beaucoup de fruit, de fraîcheur et d'équilibre. Bon potentiel.

CHÂTEAU DE CARDAILLAN

Château de Malle • 33210 Preignac
Tél. 05 56 62 36 86 • Fax : 05 56 76 82 40
contact@chateau-de-malle.fr
www.chateau-de-malle.fr

Graves 2009
Rouge | 2012 à 2019 | 11,20 € **15,5/20**
On aime le nez épanoui, finement fleuri, fruits rouges et toasté, la bouche, tout aussi aromatique, avec des tanins veloutés et une belle fraîcheur.

CHÂTEAU DE CASTRES

33640 Castres sur Gironde
Tél. 05 56 67 51 51
contact@chateaudecastres.fr

Graves 2010
Blanc | 2012 à 2016 | 14,50 € **14,5/20**
Nez raffiné, fruit pur et belle minéralité, bouche dans le même esprit, tout en arômes, avec une texture tendre et une délicieuse longue finale fraîche.

CHÂTEAU DE CHANTEGRIVE

Route de Saint-Michel-de-Rieufret
- 44, Cour George • 33720 Podensac
Tél. 05 56 27 17 38 • Fax : 05 56 27 29 42
courrier@chateau-chantegrive.com
www.chantegrive.com
Visite : Du lundi au vendredi de 9h à 12h30
et de 13h30 à 17h. Le samedi sur rendez-vous.

Cette très grande propriété du sud des Graves est désormais suivie par Hubert de Boüard (Château Angélus) qui, dès son premier millésime (2006), a produit un vin très typique, en rouge comme en blanc, finement aromatique, charmeur, gourmand, destiné au plus vif succès.

GRAVES 2009

Rouge | 2012 à 2021 | 13 € **14/20**

Le style est ambitieux et le potentiel est là : nez de fruits noirs, minéral, boisé appuyé, bouche dense, s'appuyant sur des tanins solides qui se fondront.

GRAVES CAROLINE 2010

Blanc | 2012 à 2017 | 15 € **13,5/20**

Dans un style très opulent, chaleureux, avec un fruit très mûr et des notes florales et briochées, on regrette le léger déficit de vivacité en finale.

DOMAINE DE CHEVALIER

102, chemin de Mignoy • 33850 Léognan
Tél. 05 56 64 16 16 • Fax : 05 56 64 18 18
olivierbernard@domainedechevalier.com
www.domainedechevalier.com
Visite : Sur rendez-vous.

Voici une propriété estimée de tous, dotée d'un superbe vignoble d'un seul tenant autour du château, parmi les mieux cultivés du Bordelais. Olivier Bernard est un infatigable ambassadeur des vins de Bordeaux (et pas seulement des siens !) dans le monde. Il est aussi l'un de ceux qui connaissent le plus intimement la valeur de leur produit, grâce à des dégustations quotidiennes en compagnie des innombrables visiteurs du domaine, pionnier dans l'accueil du public. Les blancs sont les plus fins de la commune, les rouges des modèles de classicisme bordelais dans leur proportion et leur saveur. Les derniers rouges sont très impressionnants par leur supplément de corps et de complexité.

PESSAC-LÉOGNAN 2011

Blanc | Prix primeur HT : 65 € **18/20**

Grande complexité aromatique, fraîcheur, tension, éclat, finale subtile sur l'abricot, grande race.

PESSAC-LÉOGNAN 2011

Rouge | Prix primeur HT : 34 € **17-17,5/20**

Beaucoup de variations dans les échantillons, comme souvent, mais les meilleurs donnent le ton : vin d'une très belle fraîcheur aromatique et d'un équilibre digne de sa réputation.

PESSAC-LÉOGNAN 2010

Blanc | 2014 à 2028 | 73 € **19/20**

Avec ce 2010, Chevalier frôle comme avec le rouge 2009 la perfection. Arômes puissants et raffinés de fruits blancs mûrs, chèvrefeuille, minéraux, épicés, un beau mix entre maturité et fraîcheur, bouche d'une puissance impressionnante, avec une trame superbe, des arômes très persistants et une fraîcheur cristalline. Grande classe.

PESSAC-LÉOGNAN 2009

Rouge | 2015 à 2030 | 80 € **18,5/20**

2009 restera sans doute comme l'une des réussites majeures de Chevalier. Le nez frôle la perfection : complexité incroyable, grand fruit mûr, minéralité subtile, boisé très intégré. La bouche est à la hauteur avec une texture complète, savoureuse, dense, une finale exceptionnellement longue et fraîche. Très gros potentiel.

CHÂTEAU CLIMENS

33720 Barsac
Tél. 05 56 27 15 33 • Fax : 05 56 27 21 04
contact@chateau-climens.fr
www.chateau-climens.fr
Visite : Sur rendez-vous toute la semaine de 9h à 16h.

De l'avis unanime, Climens est le premier des vins de Barsac : la nature de son sol sur socle calcaire lui donne un supplément d'acidité, qui équilibre à merveille sa richesse en liqueur, souvent considérable dans les derniers millésimes, et le maintient très longtemps jeune et frais. Mais il reste quelque chose de mystérieux, même en tenant compte de la qualité des hommes et des femmes qui l'ont eu en charge (aujourd'hui, Bérénice Lurton) dans l'extraordinaire voire transcendante finesse de ses parfums. Les derniers millésimes ont tous été favorables, et ont permis des assemblages exprimant parfaitement la noblesse du terroir. Le second vin, Cyprès-de-Climens, est un des plus accomplis et des plus réguliers du genre.

Barsac 2011

Blanc Liquoreux | Prix primeur HT : 79 € **En attente**

L'assemblage comme d'habitude n'est pas fait (tout comme celui du 2010, qui attend toujours sa mise en forme définitive !), mais les divers lots dégustés ont le caractère puissant et riche en arômes primaires du millésime, bien que la réduction du vin dans ses barriques rende plus difficile l'appréciation de son vrai caractère que dans les millésimes précédents.

Barsac 2009

Blanc Liquoreux | 2019 à 2039 | 110 € **19/20**

Corps et liqueur impressionnants, même pour Climens, vin de grand format et de grand avenir, avec aucun manque d'acidité pour équilibrer l'ensemble.

CHÂTEAU COUHINS

Chemin de la Gravette - B.P. 81
33883 Villenave-d'Ornon
Tél. 05 56 30 77 61 • Fax : 05 56 30 70 49
couhins@bordeaux.inra.fr • www.chateau-couhins.fr

Ce cru, à ne pas le confondre avec Couhins-Lurton, appartient à l'INRA, qui pendant longtemps et malgré son classement ne faisait pas grand-chose pour le faire connaître. Ce n'est désormais plus le cas et une équipe technique très compétente le met progressivement au niveau de ses pairs. Seul le blanc est classé et il est proportionnellement plus racé que le rouge, mais ce dernier progresse avec l'âge des vignes.

Pessac-Léognan 2010

Blanc | 2012 à 2019 | 20/25 € **16/20**

Superbe expression du sauvignon bien mûr au nez, notes fumées, buis, abricot, bouche plus simple mais néanmoins charnue, vigoureuse, avec une belle minéralité ciselée.

Pessac-Léognan 2009

Rouge | 2012 à 2018 | 15/20 € **15/20**

Nez fin et épanoui, avec un fruit pur et d'élégantes notes florales, bouche tout aussi élégante, charnue, franche, avec des tanins ronds et de la fraîcheur. Beaucoup de charme.

CHÂTEAU COUHINS-LURTON

Château Bonnet • 33420 Grézillac
Tél. 05 57 25 58 58 • Fax : 05 57 74 98 59
andrelurton@andrelurton.com
www.andrelurton.com
Visite : Sur rendez-vous.

Le château a été rénové luxueusement par André Lurton qui, depuis longtemps, y produit un vin blanc d'une remarquable finesse, très typé sauvignon mais prenant au vieillissement les notes épicées typiques du terroir. À partir de jeunes vignes, un vin rouge non classé était produit, très fruité mais assez souple. Le 2006 a marqué une étape certaine dans la progression de sa constitution que le 2009 confirme entièrement.

Pessac-Léognan 2010

Blanc | 2012 à 2020 | 28 € **16/20**

Jolis arômes de fruits blancs, notes fumées, minérales, citronnées, bouche ronde, fruitée, tendre, de belle facture, aromatique et fraîche.

Pessac-Léognan 2009

Rouge | 2012 à 2018 | 25,70 € **15/20**

Nez riche et exubérant, fruits rouges très mûrs, boisé intelligemment dosé, bouche savoureuse, aromatique, fraîche, équilibrée et bien faite.

CHÂTEAU COUTET

33720 Barsac
Tél. 05 56 27 15 46 • Fax : 05 56 27 02 20
info@chateaucoutet.com • www.chateaucoutet.com
Visite : Du lundi au vendredi de 9h à 12h et de 14h à 18h. Le week-end et jours fériés sur rendez-vous.

Coutet (prononcer Coutette, à la gasconne) est condamné à être l'éternel rival de Climens, à Barsac, ce qui n'est pas un destin misérable. Ses sols sont légèrement différents, et si l'on retrouve les notes citronnées nées du socle calcaire, Coutet donne des vins un peu plus nerveux et plus minéraux que son rival : la famille Baly, d'origine alsacienne, l'administre avec sagesse et en a confié la commercialisation mondiale à la société Baron Philippe de Rothschild, ce qui permet de rappeler à quel point Philippe de Rothschild était amoureux de ce cru. Dans les derniers millésimes, le vin montre plus d'onctuosité et de liqueur, émulation avec ses pairs oblige. Un grand vin sec est en cours d'étude et les amateurs l'attendent tous avec impatience.

Barsac 2011
Blanc Liquoreux | Prix primeur HT : 47 € **18/20**
Immense richesse en liqueur, grande longueur, grand style, encore dans ses limbes mais terriblement prometteur.

Barsac 2009
Blanc Liquoreux | 2019 à 2029 | env. 50 € **18 /20**
Nez développé d'agrumes, moins opulent que d'autres mais très plein, très équilibré, parfaitement barsac dans sa finale où un léger sel équilibre le sucre. Beaucoup de rôti dans la liqueur.

CHÂTEAU CRABITEY

63, route du Courneau • 33640 Portets
Tél. 05 56 67 18 64 • Fax : 05 56 67 14 73
vignobles@debutler.fr
Visite : Sur rendez-vous.

Ce cru est l'un des plus soignés du secteur de Portets, et certainement celui qui donne aujourd'hui les vins rouges les plus équilibrés. Nous sommes ici au cœur du classicisme du goût bordelais.

Graves 2009
Rouge | 2012 à 2021 | NC **16/20**
Nez puissamment fruité et boisé avec tact, bouche chaleureuse, avec une texture savoureuse et serrée, une longue finale équilibrée. Bon potentiel. Beau vin bien accompli.

CHÂTEAU DE CRUZEAU

1, allée de Cruzeau • 33650 Saint-Médard-d'Eyrans
Tél. 05 56 20 33 06
andrelurton@andrelurton.com
www.andrelurton.com

Le Château de Cruzeau fait partie de l'empire viticole d'André Lurton. Celui-ci achète dans les années 1970 cette belle propriété dont l'existence remonte au XVIIIe siècle, une centaine d'hectares qu'il remet entièrement en état. Le vignoble est planté dans un sol de graves profondes : 70 hectares de rouge, avec 55 % de cabernet-sauvignon, 43 % de merlot et 2 % de cabernet franc, 27 hectares de blanc, 100 % sauvignon. Les 2 couleurs sont suivies par le professeur Denis Dubourdieu. Le résultat : des vins régulièrement réussis, très élégants, classiques, dans la plus parfaite tradition des vins de Pessac-Léognan.

Pessac-Léognan 2010
Blanc | 2012 à 2018 | NC **15,5/20**
Délicatement fruité, épicé et minéral, classique, bien vinifié, très équilibré par une délicieuse fraîcheur. Belle bouteille de référence.

Pessac-Léognan 2009
Rouge | 2013 à 2020 | 13,06 € **15/20**
On aime l'élégance du nez avec son fruit mûr et sa minéralité ciselée, sa bouche franche, flatteuse, de bonne constitution et d'un équilibre irréprochable.

CHÂTEAU DOISY-DAËNE

10, Gravas • 33720 Barsac
Tél. 05 56 62 96 51 • Fax : 05 56 62 14 89
reynon@wanadoo.fr • www.denisdubourdieu.com
Visite : Sur rendez-vous.

Denis Dubourdieu et ses fils dirigent de façon magistrale leur grand cru familial : autant dire qu'ici, la science agronomique et œnologique la plus pointue est aux prises avec les caprices de la nature, pour le meilleur. Une toute petite production (trois mille bouteilles) d'un vin très liquoreux est produite sous la marque l'Extravagant-de-Doisy-Daëne lorsque la récolte s'y prête. La même équipe vinifie deux crus non classés remarquables, Château Cantegril et Château de Carles, qui font des vins d'apéritif hors du commun. Les meilleurs lots de Carles intègrent désormais Doisy, et permettent d'en produire un peu plus, sans altérer sa netteté de caractère, admirablement évidente dans les trois derniers millésimes.

Barsac 2011
Blanc Liquoreux | Prix primeur HT : 30 € **16-17/20**
Anormalement riche en sucre résiduel pour le cru, très grand format, pas encore pleinement expressif de son origine.

Barsac 2009
Blanc Liquoreux | 2019 à 2029 | 42 € **18 /20**
Admirable arôme noble de raisins parfaitement cueillis et triés, entre l'abricot, la fleur d'acacia, la mangue et le cédrat. Pureté d'école, grande longueur, grande classe et grand rapport qualité-prix (aucune spéculation n'est à envisager !).

La note des bordeaux 2011 dégustés en primeur peut bien entendu évoluer après les assemblages définitifs et leur mise en bouteille fin 2013.

CHÂTEAU DOISY-VÉDRINES

33720 Barsac
Tél. 05 56 27 15 13 • Fax : 05 56 27 26 76
doisy-vedrines@orange.fr
Visite : Du lundi au vendredi de 10h à 17h sur rendez-vous.

Barsac classique par la position de son vignoble et le style de son vin, Doisy-Védrines est chouchouté comme il le mérite par la famille Castéja, qui l'aime très liquoreux et richement bouqueté. Son prix en fait une affaire remarquable, et si on sait l'attendre vingt ans, on peut espérer un vin de qualité proche de Climens. Nous avons un faible pour le 2000 et le 2002 par rapport au 2006 de la propriété, car souvent Barsac n'a pas exactement les mêmes grands millésimes que Sauternes. Ne manquez pas 2009.

Barsac 2011
Blanc Liquoreux | Prix primeur HT : 23 € **16-17/20**
Beaucoup de richesse aromatique, vin large, gras, très fruité et tendu, de belle élégance. Vieillissement assuré.

Barsac 2009
Blanc Liquoreux | 2017 à 2029 | 35 € **17,5/20**
Riche, crémeux, rôti, long, beaucoup d'allonge, parfaitement typé. Remarquable rapport qualité-prix.

CHÂTEAU DE FARGUES

33210 Fargues-de-Langon
Tél. 05 57 98 04 20 • Fax : 05 57 98 04 21
fargues@chateau-de-fargues.com
www.chateau-de-fargues.com
Visite : Du lundi au vendredi, de 9h à 12h et de 13h30 à 17h30, sur rendez-vous.

Fargues appartient à Alexandre de Lur-Saluces, qui applique exactement les mêmes règles de viticulture et de cueillette du raisin qu'à Yquem, qu'il a administré plus d'un quart de siècle. Le vin est complet, généreusement bouqueté, toujours très rôti et il rivalise avec les premiers crus classés. Somptueux 2005, digne des plus grands et un 2008 qui progressera encore lorsque le boisé sera intégré.

Sauternes 2011
Blanc Liquoreux | Prix primeur HT : 82 € **17-18/20**
Grand classique en préparation, beaucoup de rôti et de densité, finale complexe enveloppante, remarquable.

Sauternes 2008
Blanc Liquoreux | 2017 à 2024 | 98 € **15,5/20**
Puissant et long, opulent, beaucoup de richesse, beau rôti, botrytis noble avec bonne acidité qui lui donne de la tenue, nous déplorons cependant un boisé encore un peu trop insistant.

CHÂTEAU FERRAN

33650 Martillac
Tél. 09 77 64 23 11 • Fax : 05 56 72 62 73
ferran@chateauferran.com • www.chateauferran.com
Visite : Sur rendez-vous uniquement.

Pessac-Léognan 2009
Rouge | 2012 à 2020 | 14 € **14,5/20**
Richement fruité, avec des notes fondues de freesia et vanille douce, texture franche, montrant des tanins de belle facture, de la fraîcheur et de l'allonge. Classique et fait pour durer.

CHÂTEAU FERRANDE

33640 Castres-Gironde
Tél. 05 56 67 05 86 • Fax : 05 56 67 25 27
contact@chateau-ferrande.com
www.chateau-ferrande.com

Graves 2010
Rouge | 2012 à 2018 | NC **14/20**
Solide, ferme, sérieusement construit sans caractère végétal, de la longueur. Bon classique de l'appellation.

CHÂTEAU DE FIEUZAL

124, avenue de Mont-de-Marsan • 33850 Léognan
Tél. 05 56 64 77 86 • Fax : 05 56 64 18 88
infochato@fieuzal.com • www.fieuzal.com
Visite : Sur rendez-vous.

Ce cru fut longtemps célèbre d'abord par son vin blanc, un des plus complets de Léognan. Après une longue traversée du désert, le millésime 2010 marque enfin le retour au meilleur niveau de Fieuzal blanc. Les derniers rouges avaient déçu, mais le 2008 et encore plus le 2009 marquent le retour du cru au premier plan dans cette couleur. Les nouveaux chais, récemment achevés puisque la vendange 2011 y a été vinifiée, ne peuvent qu'accentuer cette progression qualitative. Ultra performants, avec de nombreuses petites cuves de contenances diverses, en béton, en inox ou en bois, ils permettent désormais à Stephen Carrier, le directeur de Fieuzal, de faire de la haute couture.

Pessac-Léognan 2011
Blanc | Prix primeur HT : 34 € **17,5-18/20**
Remarquable diversité aromatique, associant la fleur de tilleul et les agrumes, beaucoup d'élégance et d'éclat en fin de bouche, le blanc le plus accompli de l'histoire récente du cru.

Pessac-Léognan 2011
Rouge | Prix primeur HT : 25 € **17-17,5/20**
Belle générosité de texture, tanin adroitement extrait, du volume et du style.

Pessac-Léognan 2010
Blanc | 2012 à 2021 | env. 44 € **18/20**
Voilà un millésime qui renoue avec le style des beaux Fieuzal d'antan. Nez riche et complexe, beaucoup d'exotisme, de nuances fumées, boisé vanillé, fleurs blanches, bouche puissante, opulente, avec de magnifiques arômes, une minéralité et une grande vivacité harmonieuses.

Pessac-Léognan 2009
Rouge | 2014 à 2025 | env. 31 € **17/20**
Arômes de petits fruits rouges à noyau, minéralité extrême, notes de résineux, bouche très dense, avec une chair enveloppante et une superbe longueur. Très bon potentiel mais déjà très charmeur.

CHÂTEAU FILHOT

33210 Sauternes
Tél. 05 56 76 61 09 • Fax : 05 56 76 67 91
filhot@filhot.com • www.filhot.com
Visite : Du lundi au vendredi de 9h à 12h et de 14h à 17h. Le week-end sur rendez-vous.

Ce grand domaine, situé sur un des meilleurs coteaux du village de Sauternes, produit des vins de caractère mais qu'il ne faut surtout pas juger trop jeunes car ils conservent alors un aspect rustique un peu démodé. Les vins vieux se signalent par une fin de bouche très minérale, qui équilibre étrangement le sucre de la liqueur mais surtout permet des usages gastronomiques hauts en couleur et en saveur avec les produits de la mer, en particulier le homard. On peut commencer à parler des 1996 et 1997, les millésimes plus récents sont dans les langes. 2009 semble marquer une révolution dans le caractère immédiat du cru, confirmée par les millésimes suivants.

Sauternes 2011
Blanc Liquoreux | Prix primeur HT : 17 € **16/20**
Légère réduction au nez, boisé marqué, ce qui confirme une révolution dans l'élevage de ce cru, beaucoup de richesse en liqueur, texture large, vin de grande puissance.

Sauternes 2009
Blanc Liquoreux | 2017 à 2029 | 25 € **17/20**
Le meilleur Filhot récent, généreux, racé, parfaitement rôti, avec même, une vraie révolution, un boisé intégré. Fin de bouche énergique et racée, vin vivement recommandé.

CLOS FLORIDÈNE

Château Reynon - 21, route de Cardan
33410 Beguey
Tél. 05 56 62 96 51 • Fax : 05 56 62 14 89
reynon@wanadoo.fr • www.denisdubourdieu.com
Visite : Sur rendez-vous.

Cette marque, qui associe les prénoms de Florence et Denis Dubourdieu, bénéficie du savoir-faire et du faire-savoir du célèbre œnologue bordelais. Il a beaucoup fait progresser les blancs, qui désormais expriment davantage la minéralité étonnante d'un terroir calcaire que les arômes variétaux des cépages locaux. Une petite quantité de rouge, très soignée et rejoignant maintenant la perfection du blanc, est également produite.

Graves 2011
Rouge | Prix primeur HT : 11 € **15,5-16/20**
L'élégance habituelle du cru est au rendez-vous en 2011. La précision du fruit, la minéralité, la texture ample, la délicieuse fraîcheur et l'équilibre caractérisent cette belle bouteille.

Graves 2011
Blanc | Prix primeur HT : 14 € **16,5/20**
Magnifique ! Fruit pur, minéralité cristalline, bouche charnue, avec de la rondeur, du gras, de grands arômes racés et persistants, et une longue finale parfaitement équilibrée.

Graves 2010
Blanc | 2012 à 2019 | 18 € **16,5/20**
Tout est au top : nez superbe, raffiné, complexe, d'une grande maturité de fruit, notes minérales, épicées, bouche ample, harmonieuse, équilibrée et d'une magnifique longueur.

Graves 2009
Rouge | 2012 à 2022 | 14 € **17/20**
On reconnaît la patte du maître ! Puissance, complexité, fruit mûr, minéralité, raffinement, tanins ronds, fraîcheur, grande suite, équilibre parfait ! Un graves moderne et harmonieux.

CHÂTEAU DE FRANCE

98, route de Mont-de-Marsan • 33850 Léognan
Tél. 05 56 64 75 39 • Fax : 05 56 64 72 13
contact@chateau-de-france.com
www.chateau-de-france.com
Visite : Sur rendez-vous du lundi au vendredi, de 9h à 12h et de 13h à 17h30.

Beau vignoble proche de Fieuzal et très soigneusement cultivé, Château de France produit des vins bien équilibrés et sérieusement constitués. Dans les derniers millésimes, le style du vin a progressé.

Pessac-Léognan 2010

Blanc | 2012 à 2018 | 21,10 € **15/20**

Nez racé, fruits blancs très mûrs, grande minéralité, bouche ample, flatteuse, très chaleureuse mais bien tendue par une excellente vivacité.

Pessac-Léognan 2009

Rouge | 2012 à 2019 | 22,10 € **14,5/20**

D'un style raffiné et frais, avec un fruit élégant, des nuances florales et mentholées, une bouche tendre, finement tannique et fraîche.

CHÂTEAU GAZIN ROCQUENCOURT

74, avenue de Cestas • 33850 Léognan
Tél. 05 56 64 75 08 • Fax : 05 56 64 99 66
malartic-lagraviere@malartic-lagraviere.com
www.malartic-lagraviere.com

Pessac-Léognan 2009

Rouge | 2012 à 2022 | NC **15,5/20**

Fait partie des belles réussites du millésime : nez subtil, délicatement fruité, floral et épicé, bouche charnue, franche, aux tanins serrés et mûrs, avec une longue finale fraîche. Grande élégance.

CHÂTEAU GILETTE

4, rue du Port • 33210 Preignac
Tél. 05 56 76 28 44 • Fax : 05 56 76 28 43
contact@gonet-medeville.com
www.gonet-medeville.com
Visite : Du lundi au jeudi de 9h30 à 12h et de 14h à 17h Ouvert le vendredi de 9h à 12h et de 14h à 15h

Gilette est une spécialité de la famille Médeville, unique en Sauternais puisque le vin est vieilli une bonne quinzaine d'années en petites cuves puis cinq ans en bouteille, avant d'être mis en vente. Cette façon spéciale de travailler renforce, par une longue réduction, le fruité naturel des vins de Preignac, avec leurs notes d'agrumes, et les rend presque immortels, portés par une sensationnelle complexité aromatique et dotés d'une longueur en bouche insurpassable. Leur forte teneur en alcool transformé en fait de très grands produits de gastronomie.

Sauternes Crème de Tête 1989

Blanc Liquoreux | 2013 à 2018 | 125 € **17/20**

Jaune d'or brillant, beau nez de rôti très fin avec un boisé racé et beaucoup de fraîcheur, bien construit entre richesse et élégance avec l'amabilité d'un millésime arrivé aujourd'hui parfaitement à point, tendre et sans excès de liqueur.

CHÂTEAU GUIRAUD

SCA du Château Guiraud - B.P. 1 • 33210 Sauternes
Tél. 05 56 76 61 01 • Fax : 05 56 76 67 52
dgalhaud@chateauguiraud.com
www.chateauguiraud.com
Visite : De 9h à 12h et de 14h à 17h.

Le château a été acquis par la famille Peugeot, associée au trio de choc Xavier Planty (qui dirige le domaine), Stephan von Neipperg et Olivier Bernard. Ce premier cru classé, irréprochable en matière de viticulture probe et de respect scrupuleux des usages loyaux dans la production de vin liquoreux, a progressé, particulièrement en raffinement dans l'élevage. Quelques millésimes récents, antérieurs à 2002, étaient très purs à la naissance mais ont vieilli un peu vite dès que le bouchon présentait quelque faiblesse. On imagine mal que les plus récents, merveilleusement équilibrés, aient le même sort. Le vin sec peut encore progresser.

Sauternes 2011

Blanc Liquoreux | Prix primeur HT : 33 € **18/20**

Beaucoup de rôti, merveilleuse finesse et race aromatique, richesse et pureté, grande suite en bouche, amers nobles, grand vin.

Sauternes 2009

Blanc Liquoreux | 2017 à 2024 | 50 € **17/20**

Notes d'acacia et de pin au nez, riche, équilibré mais donnant le sentiment d'arriver assez vite à son sommet, moins complexe en finale que 2008 et moins complet à la naissance que les vins qui suivront, en cours d'élevage, les merveilleux 2010 et 2011.

CHÂTEAU HAURA

Château Reynon - 21, Route de Cardan
33410 Beguey
Tél. 05 56 62 96 51 • Fax : 05 56 27 14 89
reynon@wanadoo.fr
www.denisdubourdieudomaines.com
Visite : Sur rendez-vous.

Denis Dubourdieu a repris un des meilleurs vignobles du secteur et, malgré la jeunesse des vignes, offre un rouge au fruité déjà très élégant et précis, avec un prix de vente imbattable. Excellent 2009, d'une fraîcheur aromatique étonnante.

Cérons 2009
Blanc Liquoreux | 2017 à 2023 | 19 € **14/20**
Un liquoreux bien fait, élégant avec une bonne teneur en sucre, équilibré sans chercher trop la liqueur, belle fraîcheur en finale, vieillira bien.

Graves 2009
Rouge | 2012 à 2021 | 12,10 € **15/20**
Beaucoup de charme : un fruit puissant et pur, de la minéralité, un boisé riche mais pas dominant, une bouche exprimant la même palette aromatique, avec une texture fondante et de la fraîcheur.

CHÂTEAU HAUT-BAILLY

103, avenue de Cadaujac • 33850 Léognan
Tél. 05 56 64 75 11 • Fax : 05 56 64 53 60
mail@chateau-haut-bailly.com
www.chateau-haut-bailly.com

Ce cru célèbre illustre au plus haut point les qualités d'équilibre et de raffinement des plus beaux rouges bordelais. Le vignoble a la chance d'être vieux, impeccablement tenu par une équipe technique très performante, conduite par Gabriel Vialard, et administré avec passion par Véronique Sanders, petite-fille de l'ancien propriétaire du château. Le second vin, La-Parde-de-Haut-Bailly, un des plus constants et fiables de la catégorie, demande deux ou trois ans de bouteille pour révéler la plénitude de son fruit et de sa texture. À quand la plantation d'une petite vigne en blanc ? Robert Wilmers, propriétaire de Haut-Bailly, vient de racheter son plus proche voisin, le Château Le Pape dont l'encépagement à forte dominante merlot (80 %), qui n'a rien à voir avec celui de Haut-Bailly (plus de 60 % cabernet), laisse penser que cette jolie petite propriété de 7 hectares gardera son identité propre.

Pessac-Léognan 2011
Rouge | Prix primeur HT : 63 € **18/20**
Style et équilibre exemplaires, tanin racé, il rappelle le magnifique 2008.

Pessac-Léognan 2009
Rouge | 2015 à 2030 | NC **18,5/20**
Superbe nez très racé, fruits rouges et noirs bien mûrs, tabac, graphite, bouche dense, riche, avec une texture tannique ample et harmonieuse, une persistance incroyable. Fait pour durer dans l'élégance la plus parfaite qui soit.

CHÂTEAU HAUT-BERGEY

69, cours Gambetta • 33850 Léognan
Tél. 05 56 64 05 22 • Fax : 05 56 64 06 98
info@vignoblesgarcin.com
www.vignoblesgarcin.com

Haut-Bergey est l'un de ces crus non classés de Léognan à qui l'on a donné les moyens de faire jeu égal avec les classés. La famille Garcin, avec l'aide successive de Michel Rolland, Jean-Luc Thunevin et Alain Raynaud, l'a peu à peu transformé en propriété pilote : aujourd'hui, le blanc dépasse d'une courte tête en personnalité le rouge.

Pessac-Léognan 2010
Blanc | 2012 à 2019 | 29 € **16/20**
De style voluptueux, puissant, avec un fruit exotique à grande maturité, une minéralité cristalline, un boisé parfait, une texture franche, ample, avec une excellente vivacité en finale qui apporte un réel équilibre.

Pessac-Léognan 2009
Rouge | 2012 à 2018 | 30 € **15,5/20**
Joue à fond sur le classicisme et l'équilibre : nez de confiture de fruits noirs et fumée, bouche dense, avec une belle amplitude, des tanins fins et de l'allonge.

CHÂTEAU HAUT-BRION

33608 Pessac
Tél. 05 56 00 29 30 • Fax : 05 56 98 75 14
info@haut-brion.com ou contact@domaineclarens-dillon.com • www.haut-brion.com
Visite : Visites / dégustation sur rendez-vous uniquement, du lundi au vendredi de 9h à 11h et du lundi au jeudi de 14h à 16h. Fermeture le vendredi après-midi et les week-ends. Fermeture annuelle du 15 juillet au 15 août.

Cru magistral, au vignoble enchâssé dans la ville de Bordeaux et bénéficiant par l'urbanisation d'un microclimat très chaud et d'une précocité supérieure à tous ses pairs, Haut-Brion a toujours brillé par sa régularité et ne connaît pas de petit millésime. Même en année moins favorable, il conserve la plénitude de son caractère aromatique, le fameux goût «fumé» de Pessac, et une étonnante capacité à le renforcer au long vieillissement. Une toute petite quantité de vin blanc, d'une force de caractère exceptionnelle, un peu plus marquée par les arômes du sauvignon que Mission-Haut-Brion, rivalise parfois en puissance avec le montrachet. Certains millésimes blancs de la décennie 1990 ont mal vieilli, peut-être victimes de bouchons oxydants. En rouge, le second vin, désormais nommé Clarence, possède une finesse, une classe, une précision et une parenté de style avec le grand vin qui sont uniques à Bordeaux.

PESSAC-LÉOGNAN 2011
Blanc | Prix primeur HT : 657 € **19-19,5/20**
Un sommet absolu du millésime et une classe vraiment à part (il faudrait une autre échelle de notation pour lui rendre justice !), le vin blanc sec le plus complet imaginable, associant la plus grande richesse de texture à la finesse et à la pureté idéales dans ce type.

PESSAC-LÉOGNAN 2011
Rouge | Prix primeur HT : 410 € **19-19,5/20**
Encore une fois un monument de classe naturelle, liée au terroir et de savoir-faire humain : corps considérable, somptueux socle tannique, ferme mais très élégant dans sa texture, admirable construction en bouche. Le vin de Bordeaux dans toute sa splendeur. Très longue garde prévisible.

PESSAC-LÉOGNAN 2010
Blanc | 2016 à 2022 | 840 € **19/20**
Saveur épicée et tendue du sauvignon, grande matière, grande race, inimitable plénitude.

PESSAC-LÉOGNAN 2009
Rouge | 2024 à 2039 | 1010 € **19/20**
Énorme matière, tanin monumental, teneur en alcool fort élevée, encore plus épicé et tendu que Mission, vinifié pour défier les décennies.

PESSAC-LÉOGNAN CLARENCE 2009
Rouge | 2019 à 2029 | 150 € **18/20**
Le plus impressionnant second vin du millésime, noblement épicé, charnu, velouté, avec un tanin suffisamment ferme et profond pour équilibrer l'alcool, complexe, consolera aisément ceux qui ne peuvent avoir accès au grand vin.

PESSAC-LÉOGNAN LA CLARTÉ DE HAUT-BRION 2011
Blanc | Prix primeur HT : 70 € **18/20**
Niveau absolument remarquable pour un second vin, avec la plénitude des caractéristiques incomparables des blancs des domaines Dillon, un festival d'arômes nobles de sauvignon et sémillon quasi parfaits.

PESSAC-LÉOGNAN LA CLARTÉ DE HAUT-BRION 2010
Blanc | 2013 à 2020 | 95 € **17/20**
Arômes très précis de fruits exotiques, résineux, fumée, texture ample, riche, avec beaucoup de fruit et de fraîcheur. Belle qualité aromatique et bel équilibre sur la richesse.

CHÂTEAU HAUT COUSTET

Château Tuyttens • 33212 Fargues
Tél. 05 56 76 85 69 • Fax : 05 56 76 85 69
emercadier@vignoblesmercadier.com

SAUTERNES 2009
Blanc Liquoreux | 2016 à 2023 | 17 € **15,5/20**
À la tête du Château Suduiraut vendu en 1992, Philippe et Lucile Mercadier, amoureux de la région, décident alors d'acquérir plusieurs domaines parmi lesquels le Château Haut-Coustet à Barsac, qui présente un 2009 des plus remarquables. Robe dorée, vin fin et linéaire, droit, dans une expression très barsac, vinification précise, présentation équilibrée, longue persistance, très juteux malgré la richesse du botrytis noble. Belle bouteille.

CLOS HAUT-PEYRAGUEY

33210 Bommes-Sauternes
Tél. 05 56 76 61 53 • Fax : 05 56 76 69 65
contact@closhautpeyraguey.com
www.closhautpeyraguey.com
Visite : De 9h à 12h et de 14h à 19h toute l'année, jours fériés compris.

Le cru a intelligemment simplifié son nom et le mot château disparaît de l'étiquette. On aurait du mal d'ailleurs à qualifier de château les modestes bâtiments où Martine Langlais-Pauly vinifie avec détermination et abnégation son magnifique vin. Le terroir est incomparable par son unité et son homogénéité, et sa petite superficie permet des vendanges à la carte. Les derniers millésimes nous ont conquis par leur richesse, leur pureté et leur remarquable finesse. Sur ce point, ils sont, de tout ce secteur du Haut-Bommes, ceux qui se rapprochent le plus d'Yquem. Il faut les attendre trois ou quatre ans de plus que leurs voisins immédiats, le vin ayant tendance à se densifier juste après la mise et perdre provisoirement son charme aromatique.

Sauternes 2011
Blanc Liquoreux | Prix primeur HT : 34 € **17-18/20**
Vin complet, riche, séveux, très affirmé dans sa finale mais lui aussi pas complètement formé. Un géant, certainement, qui demandera du temps pour son épanouissement définitif.

Sauternes 2009
Blanc Liquoreux | 2019 à 2039 | 43 € **18/20**
Grand volume de bouche, impressionnant de puissance et de complexité en devenir, il mérite le plus large succès.

CHÂTEAU HAUT-REYS

18, allée Perrucade • 33650 La Brède
Tél. 05 56 20 38 29 • Fax : 05 56 20 38 29
gabin.earl@orange.fr • www.haut-reys.com
Visite : Du lundi au samedi, de 9h30 à 12h30 et de 14h à 19h.

Graves Paumarel 2009
Rouge | 2012 à 2020 | 15 € **15/20**
Grande expression fruitée, minérale et épicée, bouche dans le même esprit, avec une texture savoureuse, des tanins gras et ronds, de la fraîcheur. Aucun excès, parfait équilibre : un graves harmonieux comme on aimerait en trouver davantage.

Graves Vieilles Vignes 2009
Rouge | 2012 à 2018 | 9 € **14,5/20**
Élégant, harmonieux, avec un grand fruit mûr, une bouche fondante, fraîche et longue.

CHÂTEAU HAUT-SELVE

Rue du Port • 33650 Saint-Selve
Tél. 05 57 94 09 20 • Fax : 05 56 78 47 63
contact@leda-sa.com
www.vignobles-lesgourgues.com
Visite : Sur rendez-vous.

Graves 2010
Blanc | 2012 à 2015 | 10,50 € **13,5/20**
Classique, il offre des arômes de fruits blancs très mûrs et de fumée, une bouche aromatique, charnue et très vive.

Graves 2009
Rouge | 2012 à 2017 | 13 € **14/20**
Belle complexité aromatique, on jongle entre le fruit mûr, la minéralité, les notes épicées et fleuries, bouche harmonieuse, fraîche et tonique.

Graves Château Le Bonnat 2009
Rouge | 2012 à 2020 | 9,90 € **14,5/20**
Un fruit bien mûr, des notes fleuries, un boisé fondu, une texture harmonieuse, de la maturité dans les tanins et de la fraîcheur pour ce vin bien équilibré.

CHÂTEAU HAUT-VIGNEAU

20, rue Jules Guesde • 33850 Léognan
Tél. 05 57 96 56 20 • Fax : 05 57 96 59 19
info@chateau-carbonnieux.fr
www.haut-vigneau.com
Visite : Du lundi au vendredi, de 8h30 à 12h et de 13h30 à 17h.

Pessac-Léognan 2009
Rouge | 2012 à 2017 | NC **14,5/20**
On aime la belle complexité du nez, qui développe des arômes de fruits rouges mûrs, boisé toasté, épices douces, la bouche flatteuse, franche, fruitée et bien fraîche.

La note des bordeaux 2011 dégustés en primeur peut bien entendu évoluer après les assemblages définitifs et leur mise en bouteille fin 2013.

CHÂTEAU HAUT-BERGERON

3, Piquey • 33210 Preignac
Tél. 05 56 63 24 76 • Fax : 05 56 63 23 31
haut-bergeron@wanadoo.fr
www.chateauhautbergeron.com
Visite : sur rendez-vous.

Sauternes 2010
Blanc Liquoreux | 2018 à 2024 | env. 25 € **16/20**
Hervé & Patrick Lamothe, qui produisent également des graves, réussissent un très impressionnant 2010. Très riche avec une grosse liqueur, long et onctueux en bouche, finale camphrée et de pinède. Vin de grande allure, encore très jeune, un vrai sauternes de bouche. Très bien.

Sauternes 2009
Blanc Liquoreux | 2015 à 2023 | 24 € **15/20**
Un sauternes de garde, riche, avec du collant et du rôti, pas des plus fins mais fait dans les règles de l'art. Jolie finale de bonbon à la mirabelle et à la prune.

DOMAINE JEANONIER

2, le Bourdieu • 33210 Leogeats
Tél. 05 56 62 78 36
beanico@yahoo.fr

Sauternes 2009
Blanc Liquoreux | 2016 à 2022 | 12 € **14,5/20**
Nicolas Bonnard fut pendant 13 ans employé à Château Lafaurie-Peyraguey avant de reprendre l'exploitation familiale sur la commune de Bommes en 2008. Un nez atlantique très particulier, notes marines de pinèdes, fruité, beaucoup de profondeur avec un noble amer en finale. Un vin original avec du caractère.

CHÂTEAU LA BOUADE

4, impasse la Bouade • 33720 Barsac
Tél. 05 56 27 30 53
chateaulabouade@orange.fr
www.chateaulabouade.fr
Visite : Sur rendez-vous.

Sauternes cuvée Château 2010
Blanc Liquoreux | 2015 à 2022 | 18,50 € **14,5/20**
Le jeune tandem Olivier Fargues et Stéphane Wagrez poursuit sa lancée et allie savamment le traditionnel et la modernité. Robe dorée, beau nez, tout est juste et à sa place, super bien fait, très équilibré. Une belle continuité dans la qualité.

Sauternes cuvée Château 2009
Blanc Liquoreux | 2012 à 2018 **14/20**
Agréable sauternes bien roti, onctueux avec une finale très fruitée mais qui a su garder de la fraîcheur.

Sauternes cuvée Coccinelle 2009
Blanc Liquoreux | 2012 à 2016 | 13,50 € **13,5/20**
De la douceur en bouche, expression légère, agréable, à boire rapidement.

CHÂTEAU LA CLOTTE-CAZALIS

10, place du Général-de-Gaulle • 33640 Portets
Tél. 06 08 81 46 09 • Fax : 05 56 67 54 27
lacostebernadette@wanadoo.fr • www.laclotte.com
Visite : Sur rendez-vous.

La Clotte-Cazalis est une toute petite propriété familiale de Barsac, reprise en main par Marie-Pierre Lacoste qui, très intelligemment, ne cherche pas à produire un vin trop liquoreux, mais tout en finesse et en fraîcheur, dans l'esprit de son terroir. Son vin sera parfait à l'apéritif. Un 2008 tout en harmonie.

Sauternes 2009
Blanc Liquoreux | 2017 à 2022 | 25 € **15/20**
Belle rondeur et arôme persistant, beau tri, un vin complet et riche, dans un équilibre parfait.

CHÂTEAU LA GARDE

1, chemin de la Tour • 33650 Martillac
Tél. 05 56 35 53 00 • Fax : 05 56 35 53 79
contact@dourthe.com • www.dourthe.com
Visite : Sur rendez-vous.

Propriété très bien située, sur des graves bien drainées de Martillac, et objet de beaucoup d'attentions de la part de son propriétaire, le groupe CVBG, La Garde améliore lentement mais sûrement ses blancs et ses rouges.

Pessac-Léognan 2010
Blanc | 2012 à 2016 | 30 € **15/20**
Un beau blanc puissant, riche, aux arômes épanouis de fruits exotiques, minéraux et pistache, bien pourvu en tonicité, suite et équilibre.

Pessac-Léognan 2009
Rouge | 2012 à 2020 | 27 € **15/20**
Plus dense que le 2008, il offre un nez tendrement fruité, fumé et épicé, une bouche ample, savoureuse, bien tramée et équilibrée.

CHÂTEAU LA LOUVIÈRE

149, avenue Cadaujac • 33850 Léognan
Tél. 05 56 64 75 87 • Fax : 05 56 64 71 76
lalouviere@andrelurton.com • www.andrelurton.com
Visite : Sur rendez-vous.

Le majestueux Château La Louvière, encadré par Carbonnieux et Haut-Bailly, est un des plus efficaces ambassadeurs de Pessac-Léognan dans le monde. Les vins sont puissants, un rien austères mais d'une régularité sans faille, ils vieillissent superbement.

Pessac-Léognan 2010
Blanc | 2012 à 2019 | 26 € **16/20**
Une race évidente qui s'exprime au travers d'une minéralité exquise, d'un fruit très pur, d'une bouche ample, franche, dense, avec une très grande persistance et un bel équilibre sur la fraîcheur.

Pessac-Léognan 2009
Rouge | 2013 à 2022 | 28,95 € **16/20**
Nez complexe, le fruit est mûr, la minéralité et le boisé toasté harmonieux. Bouche dense, s'appuyant sur une texture serrée, soyeuse, finissant par une délicieuse fraîcheur.

CHÂTEAU LA MISSION HAUT-BRION

Domaine Clarence Dillon S.A.S. • 33608 Pessac
Tél. 05 56 00 29 30 • Fax : 05 56 98 75 14
info@haut-brion.com • www.mission-haut-brion.com, www.domaine clarencedillon.com , www.haut-brion.com
Visite : Visites / dégustation sur rendez-vous uniquement, du lundi au vendredi de 9h00 à 11h00 et du lundi au jeudi de 14h00 à 16h00. Fermeture le vendredi après-midi et les week-ends. Fermeture annuelle du 15 juillet au 15 août.

Le cru a replanté une bonne partie de son vignoble dans les années 1980, ce qui a pu expliquer quelques inégalités comme un pitoyable 1997. Mais il a aujourd'hui retrouvé tout ce qui l'a rendu mondialement célèbre : une association rare entre une texture très voluptueuse, avec un bouquet très puissant et original, rapide à se développer dans le verre, et une finesse superlative dans le tanin. Son appel est donc universel et beaucoup (mais nous ne faisons pas partie de cette tendance) le préfèrent même à Haut-Brion. À partir de 2006, le second vin du château, La-Chapelle, récupère les vignes de La Tour Haut-Brion, cru classé en 1953, dont l'existence disparaît, ce qui lui donne une force de caractère inconnue jusque-là, mais pas la classe de son cousin Clarence. Depuis 2009, le vignoble blanc de Laville porte désormais très logiquement le nom de Mission sans changement quant à la qualité extraordinaire du produit.

Pessac-Léognan 2011
Blanc | Prix primeur HT : 667 € **18-18,5/20**
La différence avec Clarté se situe au niveau de la générosité de la matière, mais avec les blancs rien n'est si simple : ce qu'on gagne en ampleur de texture ne se traduit pas par un agrément immédiat. Seul le temps justifiera le type de sélection effectué, mais le vin est déjà impressionnant.

Pessac-Léognan 2011
Rouge | Prix primeur HT : 250 € **18,5-19/20**
Texture particulièrement complète et accomplie pour le millésime, parfaite définition du tanin, grande suite en bouche, vin magnifique d'élégance et de classicisme. Chapelle, le second vin a de la rondeur et du charme mais son rapport qualité-prix ne sera sans doute pas idéal. Clarté en blanc le surpasse largement en intérêt.

Pessac-Léognan 2010
Blanc | 2015 à 2022 | NC **18,5/20**
Beaucoup d'ampleur et de tension, magnifique intégration du boisé, extrait sec hors du commun, moins génialement sensuel que le 2009, avec une finale saline plus accentuée. Vin de haute gastronomie mais surtout pas de soif...

Pessac-Léognan 2009
Blanc | 2013 à 2027 | 730 € **19,5/20**
Le plus beau sémillon de la planète? Difficile d'imaginer plus large, plus généreux, plus affirmé et plus original en vin blanc sec à Bordeaux (ou ailleurs...).

Pessac-Léognan 2009
Rouge | 2021 à 2034 | NC **19/20**
Grand nez chocolaté, sublime velouté de texture, chaleureux comme un grand vin du Sud mais soutenu par des tanins fermes et inimitables des cépages bordelais, lui aussi conçu pour défier le temps.

CHÂTEAU LA TOUR BLANCHE

1 Ter, Tour-Blanche • 33210 Bommes
Tél. 05 57 98 02 73 • Fax : 05 57 98 02 78
tour-blanche@tour-blanche.com
www.tour-blanche.com
Visite : Du lundi au vendredi de 8h30 à 12h et de 13h30 à 17h30.

Le château appartient à l'État et abrite une très officielle école de viticulture. Mais il est d'abord connu dans le monde pour son merveilleux vin liquoreux, très riche, tout en finesse aromatique et en subtils dégradés de saveur, avec peut-être une évolution un peu trop rapide en bouteille de quelques grands millésimes récents. 2008 est ici pratiquement inexistant, la grêle ayant détruit la récolte, mais fort agréable. On retrouvera le caractère complet et inimitable du cru en 2009 et 2010 avec l'évolution de style attendue et une capacité de garde accrue.

Sauternes 2011
Blanc Liquoreux | Prix primeur HT : 38 € **18-18,5/20**
Sublime coup de nez, merveilleuse finesse et ampleur de liqueur, ce jour-là le plus séducteur des premiers crus classés et certainement une des gloires du millésime.

Sauternes 2009
Blanc Liquoreux | 2019 à 2029 | env. 46 € **18,5/20**
Richesse, élégance, pureté, grande complexité dans les nuances aromatiques liées à une pourriture très noble, boisé intégré, un vin magnifique.

CHÂTEAU LAFAURIE-PEYRAGUEY

33210 Bommes
Tél. 05 56 76 60 54 • Fax : 05 56 76 61 89
info@lafaurie-peyraguey.com
www.lafaurie-peyraguey.com
Visite : Sur rendez-vous.

Le cru attire le regard, grâce au style grandiosement mauresque du château et de ses murailles, mais son vin est tout aussi monumental, très riche en liqueur, très régulier, parfait représentant du potentiel et du style de la partie haute de Sauternes. Actuellement les 1988 et 1990 sont des splendeurs, très proches d'Yquem par leur corps et leur somptuosité de saveur. Les prix, très raisonnables en comparaison avec la qualité, des 2002, 2003, 2004 et 2005 devraient leur valoir plus de succès qu'ils n'en ont ! 2010 dépassant encore le magnifique 2009.

Sauternes 2011
Blanc Liquoreux | Prix primeur HT : 29 € **18-18,5/20**
Grande richesse aromatique, caractéristique du millésime, puissance, finesse, fraîcheur, tout y est, avec une précision dans la perception de son caractère plus affirmée que chez ses voisins.

Sauternes 2009
Blanc Liquoreux | 2019 à 2029 | 42 € **17,5/20**
Nez puissant, rappelant l'ananas, concentré, corps très riche, liqueur pas encore complètement intégrée à son bois, grande suite en bouche.

CHÂTEAU LAFONT-MENAUT

Lieu-dit Menault • 33650 Martillac
Tél. 05 57 96 56 20 • Fax : 05 57 96 59 19
philibert.perrin@chateau-carbonnieux.fr
www.carbonnieux.com

Pessac-Léognan 2010
Blanc | 2012 à 2016 | NC **14,5/20**
On apprécie l'élégance des arômes fruités, floraux, résineux et minéraux, la bouche fondante, suave, fraîche et plaisante.

CHÂTEAU LAMOTHE-GUIGNARD

33210 Sauternes
Tél. 05 56 76 60 28 • Fax : 05 56 76 69 05
chateau.lamothe.guignard@orange.fr
www.chateau-lamothe-guignard.fr
Visite : Du lundi au vendredi de 8h à 12h et de 14h à 18h. Le week-end et les jours fériés sur rendez-vous.

Ce cru a été plus régulier dans les années 1980 et 1990 que son voisin du même nom, avec des vins demi-liquoreux mais soignés dans leur élevage et leur équilibre. Après quelques millésimes moyennement réussis, la propriété retrouve depuis 2010 les qualités que son excellent terroir, voisin d'Arche et de Filhot, est susceptible de produire. Les 2008 et 2009 montrent moins de précision.

Sauternes 2009
Blanc Liquoreux | 2014 à 2019 | 23 € **14,5/20**
Robe assez dorée, notes plus confites que rôties au nez, évolution plutôt rapide à prévoir.

CHÂTEAU LAMOURETTE

4, la Mourette • 33210 Bommes
Tél. 05 56 76 63 58 • Fax : 05 56 76 60 85
chateaulamourette@orange.fr
Visite : Sur rendez-vous.

Cette propriété, uniquement gérée par des femmes, n'avait guère brillé jusqu'à ce qu'Anne-Marie Léglise reprenne les rênes en 1980. Sous ses efforts, les sauternes ont trouvé un haut niveau qualitatif, sur un style très aromatique. La dizaine d'hectares de vignes est bien située à Bommes, en majeure partie autour du chai, au cœur de l'appellation Sauternes. Seules les grandes années sont mises en bouteille. Excellent 2005, d'une complexité aromatique étonnante, un 2009 fruité et digeste, sur la fraîcheur.

SAUTERNES 2009

Blanc Liquoreux | 2015 à 2020 | 19 € **14/20**

Bonne bouche, agréablement vive et fraîche en finale, de densité moyenne. Un sauternes au verre, bien équilibré.

CHÂTEAU DE LANDIRAS

4, route Frères Bordes • 33720 Landiras
Tél. 05 56 76 76 61 • Fax : 05 56 71 86 12
chateau.landiras@wanadoo.fr
Visite : Sur rendez-vous.

GRAVES 2009

Rouge | 2012 à 2020 | 9 € **14,5/20**

Classique et réussi : nez offrant une belle harmonie d'arômes fruités, réglissés et boisés, bouche franche, ample, avec une belle trame, des arômes persistants et un bon équilibre.

CHÂTEAU LANGLET

SCEA Vignobles Jean Kressmann • 33650 Martillac
Tél. 05 57 97 71 11 • Fax : 05 57 97 71 17
latourmartillac@latourmartillac.com
www.latourmartillac.com

GRAVES 2010

Blanc | 2012 à 2018 | NC **15/20**

Joli nez très friand et frais, avec d'agréables touches vanillées, bouche tendre, flatteuse, très aromatique et délicieusement vive en finale, très bien fait.

GRAVES 2009

Rouge | 2012 à 2017 | 12,50 € **14/20**

Joli nez au fumé très racé, bouche charnue, savoureuse, finement tannique, tout en élégance et en fraîcheur. Très plaisant.

CHÂTEAU LARRIVET HAUT-BRION

84, avenue de Cadaujac • 33850 Léognan
Tél. 05 56 64 75 51 • Fax : 05 56 64 53 47
larrivethautbrion@wanadoo.fr
www.larrivethautbrion.fr
Visite : Du lundi au vendredi de 10h à 13h
et de 14h à 17h; du lundi au samedi en saison,
de 10h à 13 h et de 14h à 18h.

Au cœur de Léognan, la propriété de Philippe Gervoson et son épouse élabore des vins de style moderne, avec des rouges gras, vineux et chaleureux, tandis que le blanc a beaucoup gagné en étoffe et en précision. L'arrivée de Bruno Lemoine, le vinificateur du fameux Montrose 1990, permet au cru d'affirmer encore plus de personnalité.

PESSAC-LÉOGNAN 2010

Blanc | 2012 à 2018 | 16 € **16/20**

Complexité des arômes de fruits exotiques bien mûrs, café, grillé, qui persistent longtemps dans une bouche opulente, bien tramée et longue.

PESSAC-LÉOGNAN 2009

Rouge | 2015 à 2022 | 16 € **15/20**

Vigoureux, plein de caractère, avec des arômes de fruits confiturés et de boisé toasté, une bouche chaleureuse, ample, solide et au potentiel certain.

CHÂTEAU LASSALLE

2, allée Lassalle • 33650 La Brède
Tél. 05 56 78 49 65 • Fax : 05 56 78 42 75
flalanne1@club-internet.fr • www.chateaulassalle.com
Visite : De 9h à 18h. Le week-end sur rendez-vous.

GRAVES 2010

Blanc | 2012 à 2016 | 9,30 € **14/20**

Agréable nez plein de personnalité, aux arômes fruits exotiques, fleur d'oranger et épices, bouche charnue, avec une belle présence et de la vivacité.

GRAVES 2009

Rouge | 2012 à 2020 | 7,90 € **15/20**

Tout est harmonieux : le nez au fruit mûr, notes fleuries et boisé bien dosé, la bouche savoureuse, bien tramée et longue.

CHÂTEAU LATOUR-MARTILLAC

8, chemin de la Tour • 33650 Martillac
Tél. 05 57 97 71 11 • Fax : 05 57 97 71 17
latourmartillac@latourmartillac.com
www.latourmartillac.com
Visite : Du lundi au vendredi, de 10h à 12h et de 14h à 17h . samedi de 10h à 12h sur rendez-vous.

Un peu isolé dans Martillac, ce cru classé est un modèle de propriété familiale, avec un attachement quasi filial de tous les enfants Kressmann à leur patrimoine, et une gestion très saine de bon père de famille. Ce n'est qu'à quinze ou vingt ans d'âge qu'un bon millésime révèle ici la plénitude de l'expression de son origine. On peut encore en affiner le tanin et la texture, et c'est dans cette direction que les propriétaires se sont engagés depuis quelques années. Le 2009 marque un réel tournant dans cette évolution.

PESSAC-LÉOGNAN 2011
Blanc | Prix primeur HT : 22 € **16,5-17/20**
Encore un peu d'amertume à fondre, texture dense, imposant plus que charmeur, à attendre.

PESSAC-LÉOGNAN 2011
Rouge | Prix primeur HT : NC **16,5-17/20**
Bien constitué, texture assez large pour l'appellation, tanin ferme, style un peu plus traditionnel dans l'extraction et la prise de bois que chez ses voisins.

PESSAC-LÉOGNAN 2010
Blanc | 2012 à 2020 | 35 € **16,5/20**
Élégant, bien fait, avec ses arômes de fruits exotiques, floraux et guimauve, sa bouche charnue, aromatique, longue et rafraîchissante.

PESSAC-LÉOGNAN 2009
Rouge | 2014 à 2025 | 35 € **17/20**
On aime le côté joyeusement expressif du nez qui offre une véritable explosion de fruit, une minéralité et un boisé exquis, la bouche est tout à fait dans le même esprit, savoureuse, charnue, très aromatique et d'un magnifique équilibre.

CHÂTEAU LE BOURDILLOT

11, rue de l'Hospital • 33640 Portets
Tél. 05 56 67 11 32 • Fax : 05 56 67 37 55
patrice.haverlan@worldonline.fr
Visite : Sur rendez-vous.

GRAVES TENTATION
DU CHÂTEAU LE BOURDILLOT 2010
Blanc | 2012 à 2015 | 11 € **14/20**
Arômes d'agrumes bien mûrs et de résineux que l'on retrouve dans une bouche charnue, facile, vive et équilibrée.

GRAVES TENTATION
DU CHÂTEAU LE BOURDILLOT 2009
Rouge | 2012 à 2020 | 13 € **15/20**
Très raffiné avec son fruit pur, ses agréables notes fumées et florales, sa bouche très aromatique, montrant une trame serrée et mûre, une longue finale sur la fraîcheur.

LE GRAND ENCLOS DU CHÂTEAU DE CÉRONS

33720 Cérons
Tél. 05 56 27 01 53 • Fax : 05 56 27 08 86
grand.enclos.cerons@wanadoo.fr
www.le-grand-enclos.com
Visite : en semaine, de 9h à 12h30 et de 14h à 17h30 week-end sur rendez-vous

Giorgio Cavanna, propriétaire d'un des plus beaux domaines du Chianti Classico, le Castello di Ama, a repris ici en 2000 l'un des meilleurs terroirs du secteur et offre avec l'aide de son équipe technique, dont Bertrand Léon, le fils de l'ancien directeur technique de Mouton-Rothschild, un vin élégant et de grand raffinement.

CÉRONS GRAND ENCLOS
DU CHÂTEAU DE CÉRONS 2007
Blanc Liquoreux | 2014 à 2020 | NC **15/20**
Reflet de paille, notes iodées, bouche finement onctueuse et pure, légèrement citronnée sans la moindre oxydation. Servir très frais pour ne pas trop percevoir la richesse du sucre.

CHÂTEAU LE SARTRE

78, chemin du Sartre • 33850 Léognan
Tél. 05 56 64 08 78 • Fax : 05 56 64 52 57
chateaulesartre@wanadoo.fr • www.lesartre.com
Visite : du lundi au vendredi, de 9h à 12h et de 14h à 16h, sur rendez-vous.

Pessac-Léognan 2010
Blanc | 2012 à 2018 | 18 € **15/20**
Un blanc plein de caractère, au nez expressif et vif, fruits exotiques, notes fumées, citronnées, aubépine, bouche vigoureuse, aromatique et parfaitement équilibrée.

Pessac-Léognan 2009
Rouge | 2012 à 2021 | 17 € **14/20**
Fait pour durer avec son nez complexe de fruits mûrs, résineux et fumés, sa bouche dense et bien construite, sans que ça nuise à l'élégance.

CHÂTEAU LEHOUL

Route d'Auros • 33210 Langon
Tél. 05 56 63 57 74
chateaulehoul@orange.fr

Graves Plénitude 2009
Rouge | 2012 à 2022 | 19 € **15/20**
D'un grand classicisme : nez puissant et complexe, fruit mûr, notes de violette, bouche profonde, s'adossant sur une solide assise tannique bien mûre, avec une très grande allonge sur la fraîcheur. Grande garde.

CHÂTEAU LÉOGNAN

88, chemin du Barp • 33850 Léognan
Tél. 05 56 64 14 96 • Fax : 05 56 64 52 97

Pessac-Léognan 2009
Rouge | 2012 à 2017 | 34,50 € **14/20**
Facile, charmeur, finement fruité, épicé et fleuri, avec des tanins fins et une agréable fraîcheur.

CHÂTEAU LES CARMES HAUT-BRION

20, rue des Carmes • 33000 Bordeaux
Tél. 05 56 93 23 40 • Fax : 05 56 93 10 71
chateau@les-carmes-haut-brion.com
www.les-carmes-haut-brion.com
Visite : Sur rendez-vous.

Petit cru voisin de Haut-Brion, et lui aussi sauvé de l'urbanisation de Pessac, Les Carmes produit un vin très harmonieux et subtil, où le cabernet franc en particulier apporte son incomparable finesse. Les derniers millésimes sont tous remarquables. La propriété a été achetée par Patrice Pichet, à la tête du groupe immobilier éponyme, Patrimoniale Foncière Pichet.

Pessac-Léognan 2010
Rouge | 2015 à 2022 | NC **14,5/20**
Notes de violette et de réglisse, haute maturité évidente du raisin, curieusement souple en entrée de bouche, bonne corpulence demi volume, bon alcool, potentiel encore à épanouir.

CHÂTEAU LES JUSTICES

4, rue du Port - B.P. 14 • 33210 Preignac
Tél. 05 56 76 28 44 • Fax : 05 56 76 28 43
contact@gonet-medeville.com
www.gonet-medeville.com
Visite : du lundi au jeudi de 9h à 12h et de 14h à 17h. Le vendredi jusqu'à 15h.

Un des plus réguliers et des meilleurs crus non classés de Sauternes, très fruité comme souvent à Preignac, très complexe au vieillissement mais surtout d'un idéal rapport alcool-liqueur (souvent plus de 14°) qui en fait un grand compagnon de gastronomie. Les derniers millésimes sont encore plus riches que ceux des années 1970. Remarquable série ininterrompue de sauternes bien faits, culminant avec un 2005 monumental, un 2006 très surprenant par sa vivacité aromatique, un 2007 qui développe une prodigieuse complexité, et un 2008 encore sur la réserve mais tout en équilibre et en finesse.

Sauternes 2009
Blanc Liquoreux | 2018 à 2023 | 28 € **15/20**
Belle expression du millésime, même si l'on peut regretter à ce stade un manque d'énergie. Le botrytis est présent et laisse supposer un bon potentiel de vieillissement.

CHÂTEAU LESPAULT-MARTILLAC

1, route de la Solitude • 33650 Martillac
Tél. 05 56 72 74 74
olivierbernard@domainedelasolitude.com

Jolie petite propriété de 8 hectares de belles graves sur la commune de Martillac, appartenant à la famille Bernard, par ailleurs propriétaire de l'excellent Domaine de Chevalier.

Pessac-Léognan 2010
Blanc | 2012 à 2016 | NC **14/20**
Minéralité, fruits exotiques, belle matière et bon équilibre pour ce blanc puissant et vigoureux.

Pessac-Léognan 2009 ☺
Rouge | 2012 à 2019 | NC **14/20**
Nez superbement épanoui, avec un beau fruit pur, des notes fumées et minérales, bouche élégante, savoureuse, très aromatique, avec de la longueur et un bon équilibre sur la fraîcheur.

CHÂTEAU LUCHEY-HALDE

17, avenue du Maréchal-Joffre • 33700 Mérignac
Tél. 05 56 45 97 19 • Fax : 05 56 45 33 79
info@luchey-halde.com • www.luchey-halde.com
Visite : Du lundi au samedi, de 9h à 12h et de 14h à 18h. Le dimanche sur rendez-vous

Pessac-Léognan 2010
Blanc | 2012 à 2017 | NC **14,5/20**
Puissant, chaleureux, très aromatique, avec des notes miellées et une bienheureuse vivacité équilibrante.

Pessac-Léognan 2009
Rouge | 2012 à 2018 | 25 € **14,5/20**
Plus intéressant que le 2008, il présente un nez toasté, café vert et confiture de mûre, une bouche ample, charnue et vigoureuse. Bon potentiel en restant dans l'équilibre.

CHÂTEAU LUDEMAN LA CÔTE

33210 Langon
Tél. 05 56 63 07 15 • Fax : 05 56 63 48 17
mbelloc-ludeman@wanadoo.fr
Visite : Sur rendez-vous.

Situé sur la commune de Langon, ce vignoble d'une vingtaine d'hectares se transmet depuis 1930 de génération en génération par les femmes. Depuis plus de quinze ans, c'est Muriel Belloc-Lambrot qui dirige l'exploitation. La culture traditionnelle de la vigne est très soignée. Les vins traduisent ces principes, avec un style sans esbroufe.

Graves 2010
Blanc | 2012 à 2015 | 6 € **14/20**
Superbe nez très abricot, ananas, fleurs blanches suaves, bouche tout aussi expressive, charnue et très vive.

Graves 2009
Rouge | 2012 à 2017 | 7 € **14/20**
Mise tout sur l'élégance : nez discrètement fruité et fumé, bouche charnue, tanins fins, finale vive.

CHÂTEAU MAGNEAU

12, chemin Maxime-Ardurats • 33650 La Brède
Tél. 05 56 20 20 57 • Fax : 05 56 20 39 95
ardurats@chateau-magneau.com
www.chateau-magneau.com
Visite : Du lundi au samedi, de 9h à 12h et de 14h à 18h (samedi de préférence sur rendez-vous). Dimanche sur rendez-vous.

Graves 2009
Rouge | 2012 à 2018 | 13 € **15/20**
Grand raffinement, tant au nez, complexe, richement fruité et minéral, qu'en bouche, charnue, fraîche, longue et aux tanins soyeux.

Graves Julien 2010
Blanc | 2012 à 2016 | 11,80 € **14,5/20**
Belles amplitude, complexité, maturité de fruit, notes épicées pour ce blanc charnu qui bien qu'étant de style puissant ne manque nullement de vivacité.

CHÂTEAU MALARTIC-LAGRAVIÈRE

43, avenue de Mont-de-Marsan • 33850 Léognan
Tél. 05 56 64 75 08 • Fax : 05 56 64 99 66
malartic-lagraviere@malartic-lagraviere.com
www.malartic-lagraviere.com

Propriétaires perfectionnistes, les Bonnie ont rénové les installations techniques de la propriété de manière magistrale, remis en état et agrandi le vignoble et surtout métamorphosé les vins. Les rouges, sévèrement sélectionnés, possèdent une force et une droiture de constitution étonnantes, qui ne déparent pas leur finesse native. Les blancs récents sont aussi remarquables : ils ont gagné en volume de bouche et en onctuosité. Les derniers millésimes se situent tous au premier rang de Léognan. Le second vin, le Sillage-de-Malartic, semble le plus complet de sa catégorie, en blanc comme en rouge.

Pessac-Léognan 2011
Blanc | Prix primeur HT : 49 € **16,5-17/20**
Notes d'agrumes, beaucoup de finesse et de subtilité, texture plus linéaire que profonde, il se révélera avec la garde !

Pessac-Léognan 2011
Rouge | Prix primeur HT : 32 € **17,5-18/20**
Arômes floraux d'une netteté et d'une franchise exemplaires, texture riche et serrée, terroir magnifiquement mis en valeur, grand vin de garde.

Pessac-Léognan 2010
Blanc | 2014 à 2026 | NC **18,5/20**
Depuis plusieurs millésimes, Malartic fait partie du peloton de tête des blancs de l'appellation. Nez raffiné, complexe, harmonieux, avec une grande minéralité, des arômes de fleur d'oranger, fruits exotiques et épices, bouche ample, fondante, une trame et une tension superbes, grande longueur. Magnifique.

Pessac-Léognan 2009
Rouge | 2014 à 2030 | NC **18/20**
Nez d'un très grand raffinement, fruit d'une maturité et d'une subtilité rares, grande minéralité, boisé des plus distingués, la bouche exprime les mêmes qualités aromatiques, la texture est ample, dense, très franche, fraîche et longue. Un équilibre complètement juste.

CHÂTEAU DE MALLE

33210 Preignac
Tél. 05 56 62 36 86 • Fax : 05 56 76 82 40
accueil@chateau-de-malle.fr
www.chateau-de-malle.fr
Visite : Du lundi au vendredi de 9h à 12h et de 14h à 17h30.

Avec son merveilleux jardin à l'italienne, le château est classé, tout comme le vin, archétype du sauternes de Preignac, sorte de transition entre le fruité très vite épanoui des barsacs et l'opulence des sauternes. Quelques millésimes ont un peu déçu, donnant le sentiment d'un manque de précision dans le tri ou dans l'élevage mais les trois derniers voient le cru à son meilleur et le 2008, délicieux après mise, devrait réjouir de nombreux amateurs ou professionnels. Malle est également un producteur de bon niveau en appellation Graves, dans les deux couleurs, sous la marque Château de Pardaillan.

Sauternes 2011
Blanc Liquoreux | Prix primeur HT : 26 € **15,5-16/20**
Léger boisé, rôti plus marqué que dans les premiers vins dégustés, belle acidité, du style, de l'ampleur et de la fraîcheur. Très recommandable.

Sauternes 2009
Blanc Liquoreux | 2019 à 2029 | 28,80 € **17/20**
Du volume, de la puissance, du charme, un développement plus précoce que celui d'autres crus classés est ici particulièrement appréciable.

CLOS MARSALETTE

33650 Martillac
Tél. 05 57 24 71 33 • Fax : 05 57 24 67 95
info@neipperg.com

Ce petit cru, mené par Stephan von Neiperg, s'impose année après année comme une valeur sûre des rouges de Pessac-Léognan. C'est un vin charnu, fruité, gourmand, assez tôt prêt à boire.

Pessac-Léognan 2010
Blanc | 2012 à 2018 | cav. env. 23 € **15/20**
Fruit particulièrement mûr et éclatant, notes minérales et épicées, bouche voluptueuse, savoureuse, avec une délicieuse vivacité qui soutient le fruit.

Pessac-Léognan 2010
Rouge | 2014 à 2020 | NC **15/20**
Vin au style généreux mais équilibré, belle allonge, avec de la franchise.

Pessac-Léognan 2009
Rouge | 2012 à 2017 | cav. env. 23 € **14,5/20**
On aime le nez vif de cassis, myrtille, fruits rouges frais, les notes de menthe douce, jolis arômes que l'on retrouve dans une bouche fraîche, fondante, gourmande et équilibrée.

CHÂTEAU DE MYRAT

33720 Barsac
Tél. 05 56 27 09 06 • Fax : 05 56 27 11 75
myrat@chateaudemyrat.fr • www.chateaudemyrat.fr
Visite : Sur rendez-vous.

Jacques de Pontac, l'un des propriétaires les plus valeureux de Barsac, s'efforce sans grands moyens de produire des liquoreux authentiques. Il n'est pas aidé par la sélection de son matériel végétal, qui ne permet pas toujours le développement le plus noble du champignon, mais le tri est fait selon des règles très strictes. Le 2002 se déguste au mieux aujourd'hui et montre le potentiel du cru. Évitez le 2008 trop évolué mais faites confiance au 2009, classique, bien rôti, mais à ne pas trop conserver.

Sauternes 2009
Blanc Liquoreux | 2014 à 2019 | 31 € **15/20**
Savoureux et bien rôti, généreux en fin de bouche, boisé moins subtil que dans d'autres barsacs, du beau vin liquoreux, qui ne ruinera personne et parfait à boire dans deux à trois ans.

CHÂTEAU NAIRAC

33720 Barsac
Tél. 05 56 27 16 16 • Fax : 05 56 27 26 50
chateau.nairac@wanadoo.fr
www.chateaunairac.com
Visite : Sur rendez-vous.

Les Tari sont des propriétaires passionnés, et ils mettent toute leur énergie à produire un vin aussi riche et aussi authentique que possible, sur les excellentes terres de Nairac. On y vise le tout grand vin, avec une viticulture très propre et sans la moindre triche : pas question ici de chaptaliser. Quelques millésimes des années 1990 sont apparus trop lourds et fatigués, mais les réglages nécessaires ont été faits et les derniers millésimes sont superbes et parfois grandioses. Mais il faut aimer les vins riches en liqueur... 2008 sera peut-être dépassé en richesse par 2009 mais son équilibre très «barsac» est plus proche de l'originalité du terroir.

Barsac 2011
Blanc Liquoreux | Prix primeur HT : 38 € **15,5-16/20**
Rôti accentué, allant même vers la sensation de confit, très riche en liqueur, plus massif que raffiné, du moins à ce stade.

Barsac 2009
Blanc Liquoreux | 2017 à 2029 | 54 € **17/20**
Riche, puissant, très rôti, pas encore pleinement rétabli de sa prise de bois, excellente acidité, du vrai et sincère grand liquoreux.

CHÂTEAU OLIVIER

175, avenue de Bordeaux • 33850 Léognan
Tél. 05 56 64 73 31 • Fax : 05 56 64 54 23
mail@chateau-olivier.com • www.chateau-olivier.com
Visite : Sur rendez-vous.

Magnifique propriété, parfaitement protégée du développement de l'urbanisation par la famille Bethmann. Olivier a longtemps produit un vin sans grande ambition. Au début des années 2000, il a été l'objet d'une révolution complète dans les méthodes de travail et les résultats ont été immédiats. Le vin blanc, qui contient traditionnellement une bonne proportion de sémillon, est devenu complexe et élégant, tout en conservant son côté corsé, et les rouges, bien mieux vinifiés, expriment avec plus de précision leur excellent terroir. Le cru mérite donc enfin son rang de cru classé.

Pessac-Léognan 2011
Blanc | Prix primeur HT : 21 € **17-17,5/20**
Magnifique pureté aromatique, sur la verveine, ultra fin, délicat et subtil, vraiment délicieux.

Pessac-Léognan 2011
Rouge | Prix primeur HT : 20 € **16-16,5/20**
On a ici choisi la rondeur et le fruit plus que la puissance, avec pourtant un tanin soutenu. Cela permettra de le boire plus tôt que la moyenne de ses pairs.

Pessac-Léognan 2010
Blanc | 2013 à 2020 | 31 € **16,5/20**
Classique, équilibré, finement fruité, floral, minéral, avec une texture charnue, assez savoureuse et une longue finale équilibrée. Grand progrès de ce cru depuis quelques millésimes.

Pessac-Léognan 2009
Rouge | 2014 à 2024 | 31 € **16,5/20**
Un juste compromis entre élégance et puissance. Nez subtilement fruité, fleuri, épicé, belle minéralité également, bouche ample, dense, avec une texture jouant sur la suavité, et une excellente fraîcheur en finale.

CHÂTEAU PAPE CLÉMENT

216, avenue du Docteur-Nancel-Pénard • 33600 Pessac
Tél. 05 57 26 38 38 • Fax : 05 57 26 38 39
chateau@pape-clement.com • www.pape-clement.com
Visite : Du lundi au samedi de 11h à 19h30. Le dimanche de 9h à 12h.

Une des marques les plus justement réputées du Bordelais, Pape Clément ne néglige aucun détail pour rester au sommet de la qualité, y compris le désormais fameux égrappage manuel sur table, où des dizaines de petites mains trient et coupent les rafles des raisins. Les rouges ont une volupté de texture unique dans l'appellation, sur beaucoup de points très proches de La Mission-Haut-Brion. Les blancs partagent la même finesse et la même sophistication, mais devront digérer en bouteille un boisé plus affirmé que chez d'autres.

PESSAC-LÉOGNAN 2011
Blanc | Prix primeur HT : 112 € **17-17,5/20**
Forte prise de bois, comme souvent en primeurs avec ce cru, mais évidemment derrière il y a beaucoup de matière, un raisin parfaitement mûr et une réserve aromatique formidable.

PESSAC-LÉOGNAN 2011
Rouge | Prix primeur HT : 66 € **17,5-18/20**
Riche et serré dans sa texture, avec une vinosité rare dans le millésime, grande suite en bouche, et déjà présentes les notes fumées du terroir.

PESSAC-LÉOGNAN 2010
Blanc | 2014 à 2026 | 190 € **18,5/20**
Plus Pape que Pape, il affiche un nez racé d'une incroyable complexité, avec son grand fruit et ses délicieuses touches fumées, une bouche imposante, avec une texture fondante, du gras, de la longueur et de la vivacité. Très opulent tout en restant extrêmement raffiné.

PESSAC-LÉOGNAN 2009
Rouge | 2015 à 2032 | 170 € **18/20**
Nez puissant et impérial, grand fruit très mûr, minéralité, épices, boisé harmonieux et bien à sa place, bouche dense, profonde, montrant une belle ossature tannique, une grande vigueur. Très imposant, équilibré, fait pour durer.

CHÂTEAU PESSAN

1, rue des Tonneliers • 33640 Portets
Tél. 05 56 62 36 86 • Fax : 05 56 76 82 40
accueil@chateau-de-malle.fr
www.chateau-pessan.fr

GRAVES 2009
Rouge | 2012 à 2019 | 12,50 € **14,5/20**
Exubérant, flatteur, avec des arômes épanouis de griotte, noyau, pierre-à-fusil, une bouche chaleureuse, aromatique et très vive.

CHÂTEAU PICQUE CAILLOU

93 Avenue Pierre Mendès France • 33700 Mérignac
Tél. 05 56 47 37 98
chateaupicquecaillou@wanadoo.fr

PESSAC-LÉOGNAN 2010
Blanc | 2012 à 2016 | 14,50 € **14,5/20**
On aime la richesse et la complexité des arômes, fruits très mûrs, pistache, menthol et fumé, la bouche chaleureuse, opulente et équilibrée par une bonne vivacité.

PESSAC-LÉOGNAN 2009
Rouge | 2013 à 2020 | 16 € **14,5/20**
Classique, élégant, arômes de fruits noirs, boisé toasté, menthe douce, bouche charpentée avec une bonne fraîcheur en finale. Bon potentiel.

CHÂTEAU PIRON

Piron • 33650 Morillon
Tél. 05 56 20 22 94
muriel.boyreau@chateau-piron.com

GRAVES TERRE D'AURORE 2010
Blanc | 2012 à 2018 | 8,50 € **14,5/20**
On apprécie le nez expressif, puissamment fruité, minéral et vanillé, la bouche franche, généreuse, pleine de tenue, vivacité et équilibre. Très élégant.

CHÂTEAU DES PLACES

46, avenue Maurice-La-Chatre • 33640 Arbanats
Tél. 05 56 67 20 13 • Fax : 05 56 67 17 05
contact@vignobles-reynaud.fr
www.vignobles-reynaud.fr
Visite : Sur rendez-vous uniquement.

GRAVES 2010
Blanc | 2012 à 2015 | 5,40 € **13,5/20**
Nez de fruits blancs très mûrs, notes citronnées et anisées, bouche chaleureuse, aromatique, sans grande vivacité.

GRAVES 2009
Rouge | 2014 à 2020 | 8 € **14/20**
Contraste entre le nez élégant, suave et la bouche solide, charpentée, vigoureuse. Il faut l'attendre encore un peu.

CHÂTEAU PONTAC-MONPLAISIR

20, rue Maurice-Utrillo • 33140 Villeneuve-d'Ornon
Tél. 06 09 28 80 88 • Fax : 05 56 87 35 10
contact@pontac-monplaisir.fr
www.pontac-monplaisir.fr
Visite : Du lundi au samedi sur rendez-vous.

Petite propriété sauvée de l'urbanisation, Pontac-Monplaisir revit des jours bien meilleurs et offre à des prix raisonnables un rouge souple et subtil, mais surtout un blanc doté de beaucoup de personnalité.

PESSAC-LÉOGNAN 2010
Blanc | 2012 à 2015 | 14 € **14/20**
Dans un style plus opulent qu'à l'accoutumée, avec des arômes très mûrs, résineux et miellés, une bouche flatteuse et fruitée.

CHÂTEAU RABAUD-PROMIS

33210 Bommes
Tél. 05 56 76 67 38 • Fax : 05 56 76 63 10
rabaud-promis@wanadoo.fr
www.rabaud-promis.com
Visite : Sur rendez-vous.

Le cru est issu d'une division du Château Rabaud, dont la famille Sigalas a repris une partie des vignes, et forme une sorte de transition entre les crus du Haut-Sauternes et ceux situés un rien plus bas. Les Dejean, propriétaires du cru, sont des vignerons accomplis mais très timides, et leur expertise en matière de pourriture noble n'a d'égale que leur prudence, d'autant qu'ils pratiquent une viticulture d'inspiration bio. Il arrive donc que certains millésimes manquent de rôti comme en 2008, mais 2009 et 2010 tiennent parfaitement leur rang de premier cru, opulents, avec un rôti magnifique dans la liqueur.

SAUTERNES 2011
Blanc Liquoreux | Prix primeur HT : 22 € **17/20**
Plus formé que Sigalas, remarquablement complexe et diversifié au nez, rôti accentué, très long, noble, prometteur.

SAUTERNES 2009
Blanc Liquoreux | 2017 à 2029 | 34 € **18/20**
Grand rôti du raisin, liqueur abondante, vin généreux, racé, noblement expressif, et superbe rapport qualité-prix. Vivement recommandé.

CHÂTEAU RAHOUL

4, route du Courneau • 33640 Portets
Tél. 05 57 97 73 33 • Fax : 05 57 97 73 36
chateau-rahoul@thienot.com
www chateau-rahoul com
Visite : Sur rendez-vous.

La famille Thiénot, important opérateur en Champagne, s'installe de plus en plus à Bordeaux. Avant de reprendre Dourthe, elle avait commencé par quelques propriétés peu connues, où elle applique une politique de qualité, comme Rahoul à Portets.

GRAVES 2010
Blanc | 2013 à 2018 | 20 € **14,5/20**
Jolis arômes de fruits blancs, acacia et verveine, bouche charnue, fruitée, avec une belle longueur et une finale délicieusement acidulée.

CHÂTEAU RAYMOND-LAFON

4, Au Puits • 33210 Sauternes
Tél. 05 56 63 21 02 • Fax : 05 56 63 19 58
famille.meslier@chateau-raymond-lafon.fr
www.chateau-raymond-lafon.fr
Visite : Sur rendez-vous.

Magnifiquement situé dans la partie haute de Sauternes, voisin des meilleurs premiers crus classés, Raymond-Lafon produit depuis longtemps un vin qui leur est comparable, sous la direction très méticuleuse de Pierre Meslier et de ses enfants. D'origine médocaine, Pierre Meslier fut un brillant directeur d'Yquem dans les années 1970 et 1980, et sait ce qu'il faut faire pour obtenir un grand liquoreux. Très riches en liqueur, impeccablement rôtis et d'un vieillissement assuré, les vins du château méritent leur notoriété mondiale.

SAUTERNES 2011
Blanc Liquoreux | Prix primeur HT : 28 € **18-18,5/20**
Un vin du niveau des premiers crus classés par sa richesse de texture et son autorité de saveur, assez proche de celle d'Yquem. Bravo !

SAUTERNES 2009
Blanc Liquoreux | 2020 à 2028 | 50 € **17/20**
Alcool perceptible, sans perdre sa fraîcheur, de l'amertume, du collant, vin puissant, grande concentration grâce au bois, au meilleur de sa forme dans 10-15 ans.

CHÂTEAU DE RAYNE-VIGNEAU

4, quai Antoine-Ferchaud • 33260 Pauillac
Tél. 05 56 59 00 40 • Fax : 05 56 59 36 47
contact@cagrandscrus.fr • www.cagrandscrus.com
ou www.raynevigneau.fr
Visite : Visites réservées aux professionnels,
du lundi au vendredi de 9h à 12h et de 14h à 17h,
sur rendez-vous.

Le terroir de Rayne-Vigneau ne le cède qu'à celui d'Yquem, et encore, en matière de qualité d'exposition et de facilité naturelle de drainage. Le vin, bien que soigneusement élaboré, n'a que rarement approché les mêmes hauteurs depuis cinquante ans, mais il semble qu'enfin le nouveau propriétaire, le tout-puissant Crédit Agricole, a compris la valeur

du cru, et l'obligation de mettre un aussi grand patrimoine pleinement en valeur. Le 2007 est à peine supérieur à 2006 mais c'est avec le 2009 que le cru redevient lui même, profitant de l'arrivée d'une nouvelle équipe à qui l'on a donné les moyens de pratiquer une viticulture digne du terroir.

Sauternes 2011
Blanc Liquoreux | Prix primeur HT : 30 € **17-17,5/20**
Grande pourriture noble avec ses notes de gelée d'abricot, riche mais d'une texture et d'une finale un peu lourde pour le moment.

Sauternes 2009
Blanc Liquoreux | 2019 à 2029 | cav. 39 € **18/20**
Un grand classique, avec le même type de rôti et de profondeur de saveur qu'Yquem, et un immense potentiel pour devenir plus complexe encore avec le temps, enfin un vin digne du terroir !

CHÂTEAU DE RESPIDE

Le Pavillon de Boyrein • 33210 Roaillan
Tél. 05 56 63 24 24 • Fax : 05 56 63 24 34
vignobles-bonnet@wanadoo.fr
www.chateau-de-respide.com
Visite : Du lundi au vendredi, de 9h 12h et 14h à 17h.
Sur rendez-vous le week-end.

Le Château de Respide est l'un des plus vieux châteaux viticoles des Graves. Il est cité dans l'édition du Féret vers 1840. Le domaine fut la propriété du chef de la police de Paris sous Louis XIV, puis appartint à la tante du peintre Toulouse-Lautrec. Il est aujourd'hui propriété de la famille Bonnet.

Graves Callipyge 2010
Blanc | 2012 à 2016 | 11 € **14/20**
Une cuvée puissante, aux arômes de fruits blancs très mûrs, chaleureuse, rondouillarde, équilibrée heureusement par une bonne vivacité.

Graves Callipyge 2009
Rouge | 2012 à 2016 | NC **14/20**
Notes de cerise noire, fumée et poivron mûr, bouche dense, avec des tanins agréables, de la fraîcheur et un bon équilibre. Du caractère.

CHÂTEAU RESPIDE-MÉDEVILLE

4, rue du Port • 33210 Preignac
Tél. 05 56 76 28 44 • Fax : 05 56 76 28 43
contact@gonet-medeville.com
www.gonet-medeville.com
Visite : Du lundi au jeudi de 9h à 12h et de 14h à 17h.
Vendredi de 9h à 12h et de 14h à 15h.
Sur rendez-vous.

Cette propriété appartient à la famille Médeville, bien connue pour son fameux sauternes Château Gilette. Le cru produit sur 8 hectares un beau graves rouge à dominante cabernet-sauvignon, et sur moitié moins un très élégant graves blanc, de qualité reconnue et constante.

Graves 2010
Blanc | 2012 à 2019 | 13 € **15,5/20**
Superbe nez d'une grande pureté aromatique, fruit vif, notes minérales et d'orange confite, bouche dans le même esprit, ronde, épanouie, dotée d'une longue finale fraîche.

Graves 2009
Rouge | 2012 à 2021 | 16 € **16/20**
Nez d'une parfaite élégance, fruit mûr, grande minéralité, boisé bien dosé, bouche très vigoureuse qui témoigne d'un bon potentiel de garde.

CHÂTEAU RIEUSSEC

34, route de Villandreau • 33210 Fargues-de-Langon
Tél. 05 57 98 14 14 • Fax : 05 57 98 14 10
rieussec@lafite.com • www.lafite.com
Visite : Sur rendez-vous.

Actuellement, ce premier cru classé est le plus recherché de sa catégorie, grâce à la qualité indéniable de son vin, très liquoreux et d'une régularité remarquable, mais aussi grâce à la puissance et à l'adresse commerciales des Domaines Rothschild. Charles Chevallier, directeur de Lafite, y a construit sa carrière et continue à veiller amoureusement sur le style du vin, vinifié avec tout le savoir-faire technique moderne. On y perd peut-être en poésie mais certainement pas en qualité. Le vin continue à être très riche, même en millésime intermédiaire, mais il a gagné en finesse dans ses équilibres, y compris dans l'extravagance climatique du 2003.

Sauternes 2011
Blanc Liquoreux | Prix primeur HT : 52 € **17-18/20**
Un géant très discipliné, très rôti mais pas au détriment de la fraîcheur, maîtrise technique évidente, grand avenir.

SAUTERNES 2009
Blanc Liquoreux | 2019 à 2029 | 68 € **18/20**
Un classique du millésime, tout en rondeur, puissance, générosité de saveur et de liqueur, avec une fin de bouche enveloppante, interminable, et la pointe de caramélisation du raisin par le soleil de l'année.

CHÂTEAU ROCHE-LALANDE

Château de Castres - Route de Pommarède
33640 Castres-Gironde
Tél. 05 56 67 51 51 • Fax : 05 56 67 52 22
chateaudecastres@chateaudecastres.fr
www.chateaudecastres.fr
Visite : De 8h à 19h.

PESSAC-LÉOGNAN 2010
Blanc | 2012 à 2017 | NC **14,5/20**
Joli vin équilibré et nerveux, exprimant un fruit mûr, des notes citronnées et minérales, une bouche élégante.

CHÂTEAU DE ROCHEMORIN

Chemin de Carosse • 33650 Martillac
Tél. 05 57 25 58 58 • Fax : 05 57 74 98 59
andrelurton@andrelurton.com
www.andrelurton.com

PESSAC-LÉOGNAN 2010
Blanc | 2012 à 2016 | NC **14/20**
Jolis arômes d'agrumes, pêche blanche, fleur d'oranger, minéralité appuyée, bouche ronde, fondante, aromatique et très vive.

PESSAC-LÉOGNAN 2009
Rouge | 2012 à 2018 | 16,20 € **14,5/20**
Tout en élégance avec un nez très joliment fruité et épicé, une bouche charnue, fondante, aux tanins soyeux et à la délicieuse fraîcheur.

PESSAC-LÉOGNAN 2006
Rouge | 2012 à 2017 | NC **14,5/20**
Ce 2006 arrive à maturité. Il est ouvert avec un tanin présent mais enrobé, bien inscrit dans le classicisme bordelais.

CHÂTEAU DE ROLLAND

33720 Barsac
Tél. 05 56 27 15 02 • Fax : 05 56 27 28 58
info@chateauderolland.com
www.chateauderolland.com
Visite : Du lundi au vendredi, de 9h à 12h et de 14h à 17h

SAUTERNES 2009
Blanc Liquoreux | 2016 à 2021 | 17,30 € **15/20**
Le domaine, sur l'un des plus anciens terroirs de Barsac, s'exprime par une bouche onctueuse, riche, bon collant, bonne assurance dans le botrytis, complexe en finale. Un sauternes subtil et long.

CHÂTEAU ROMER

33210 Fargues-de-Langon
Tél. 05 56 63 24 04 • Fax : 05 56 63 24 05
annefarges@chateau-romer.com
www.chateau-romer.com
Bernard Magrez vient de racheter ce château et son petit vignoble très bien situé, proche de Barsac, mais on sentait dès le millésime 2010 des progrès certains en vinification. Il vaut mieux oublier les millésimes précédents. On suivra avec intérêt les suivants...

CHÂTEAU DE ROUILLAC

12, chemin du 20-août-1949 • 33610 Canéjan
Tél. 05 57 12 84 63
info@chateauderouillac.com
Situé au sud de l'agglomération bordelaise, le Château de Rouillac a une longue histoire : le plus célèbre de ses propriétaires fut le baron Haussmann qui l'acquiert en 1864. Grand bâtisseur, le baron fit de nombreux travaux à Rouillac, avec entre autres de belles écuries. Laurent Cisneros, dynamique chef d'entreprise et grand sportif, achète Rouillac en 2008 : tout lui convenait, la taille du domaine, le terroir, le château et enfin les écuries, parfaits pour ce fondu d'équitation. En quatre ans seulement, Rouillac a pris sa place dans la cour des grands pessac-léognans.

PESSAC-LÉOGNAN 2010
Blanc | 2012 à 2018 | NC **16/20**
La réussite est égale à celle du rouge. Nez épanoui de fruits à grande maturité tout en gardant une bonne subtilité avec des notes d'épices douces et mentholées. Bouche chaleureuse, opulente,

avec une excellente vivacité qui veille au grain pour garder un parfait équilibre.

Pessac-Léognan 2009
Rouge | 2013 à 2021 | 25 € **16/20**
Superbe nez puissant, complexe, exprimant un fruit mûr, un boisé et une minéralité subtils, bouche dense, s'adossant sur une trame tannique serrée et charmeuse, dotée d'une grande suite pleine de fraîcheur. Beau vin accompli au bon potentiel.

CLOS DU ROY

Château Piada • 33720 Barsac
Tél. 06 12 95 63 77 • Fax : 09 70 06 58 65
chateau.piada@wanadoo.fr

Sauternes 2010
Blanc Liquoreux | 2014 à 2020 | 15 € **14,5/20**
La propriété, sur la commune de Barsac, propose un 2010 au nez frais d'agrumes, agréable avec un sucré pas trop dominant, pas très complexe mais frais et sans prétention, en équilibre, bien fait. Idéal pour un sauternes au verre.

CHÂTEAU SAINT-ROBERT

SCEA vignobles de Bastor & Saint-Robert
33210 Preignac
Tél. 05 56 63 27 66 • Fax : 05 56 76 87 03
bastor@bastor-lamontagne.com
www.chateau-saint-robert.com
Visite : Du lundi au jeudi de h à 12h30 et de 14h à 17h30. Le vendredi jusqu'à 16h30 le vendredi.

Graves Poncet-Deville 2009 ☺
Rouge | 2012 à 2017 | 18 € **14/20**
Très joli toucher de bouche, arômes fruités, poivrés et minéraux, de la tenue, élégance, équilibre.

CHÂTEAU SEGUIN

Chemin de la House • 33610 Canéjan
Tél. 05 56 75 02 43 • Fax : 05 56 89 35 41
contact@chateauseguin.com
www.chateauseguin.com
Visite : en semaine, de 8h à 12h et de 13h à 16h
week-end sur rendez-vous

Reconstitué par Jean Darriet, ingénieur géomètre, et son épouse, ce domaine de 35 hectares produit à nouveau des rouges séveux et complexes, qui à chaque millésime gagnent en précision. L'arrivée comme associé de Moïse Ohana a encore accentué le dynamisme de la propriété, qui devient progressivement une figure incontournable de son appellation.

Pessac-Léognan 2009
Rouge | 2013 à 2022 | 18,90 € **16/20**
Séduisant, plein de charme, avec également un très bon potentiel de garde. Arômes de fruits noirs, grande minéralité, bouche chaleureuse, flatteuse, solide et pleine d'allonge.

CHÂTEAU SIGALAS-RABAUD

33210 Bommes
Tél. 05 56 21 31 43 • Fax : 05 56 78 71 55
contact@chateau-sigalas-rabaud.com
www.chateau-sigalas-rabaud.com
Visite : Sur rendez-vous.

Voisin direct de Lafaurie-Peyraguey, Sigalas-Rabaud est un petit vignoble de 14 hectares d'un seul tenant, idéalement exposé, capable de donner un vin très liquoreux mais d'une finesse transcendante. La pourriture du raisin, en raison de sa précocité, s'y développe de façon particulièrement noble, comme l'ont prouvé les 1988, 1990, 1996 et 1997 de la propriété. 2008 à l'évolution montre plus de caractère que prévu et les millésimes suivants raviront tous les amoureux de beaux sauternes.

Sauternes 2011
Blanc Liquoreux | Prix primeur HT : 32 € **16-17/20**
Boisé dominateur sur ces échantillons, grande richesse aromatique, plus fluide et élancé que Fargues, très fin, pas encore complètement formé.

Sauternes 2009
Blanc Liquoreux | 2017 à 2029 | 49 € **18/20**
Excellent fondu du bois, généreux mais avec une extrême finesse pour le millésime, long, rôti, grande allure et grand avenir.

CHÂTEAU SMITH HAUT-LAFITTE

33650 Martillac
Tél. 05 57 83 11 22 • Fax : 05 57 83 11 20
smith-haut-lafitte@smith-haut-lafitte.com
ou visites@smith-haut-lafitte.com
www.smith-haut-lafitte.com
Visite : Sur rendez-vous.

Propriété phare de Martillac par la qualité de ses installations et son ouverture au tourisme viticole, Smith Haut-Lafitte est aussi un vignoble pionnier dans sa catégorie pour sa philosophie de viticulture, largement inspirée de l'école biodynamique. Les-

Hauts-de-Smith, le second vin de la propriété, est devenu délicieux dans les deux couleurs.

Pessac-Léognan 2011
Blanc | Prix primeur HT : 66 € **17-17,5/20**
Grands arômes d'agrumes, ample et énergique, grande suite en bouche.

Pessac-Léognan 2011
Rouge | Prix primeur HT : 52 € **17-17,5/20**
Très joli fruit, texture généreuse, tanin accompli, assez tendre pour le millésime, plein de charme.

Pessac-Léognan 2010
Blanc | 2012 à 2021 | NC **18/20**
Grande complexité aromatique, agrumes confits, rose ancienne, miel d'acacia, minéral, bouche très puissante, fondante, aromatique et tendue par une élégante vivacité. Charmeur mais très équilibré.

Pessac-Léognan 2009
Rouge | 2014 à 2030 | env. 40 € **18,5/20**
Nez superbe d'exubérance et de richesse, très mûr, très fruité, beau boisé, minéralité délicate, notes de café vert, bouche offrant une matière voluptueuse, jouant sur le même registre aromatique que le nez, avec une longue finale fraîche. Dans un style magnifique et baroque, mais le classicisme n'est pas loin. On l'aime !

CHÂTEAU SUAU

33720 Illats
Tél. 05 56 27 20 27 - 06 81 56 42 57
Fax : 05 56 62 47 78
bonnet.suau@wanadoo.fr • www.chateausuau.com
Visite : Sur rendez-vous.

Cette propriété, longtemps en queue de peloton des crus classés, essaie de bien faire et les deux derniers millésimes 2011 et 2010, non mis en bouteilles, amorcent le progrès sans encore atteindre le niveau de richesse obligatoire pour un cru classé.

CHÂTEAU SUDUIRAUT

33210 Preignac
Tél. 05 56 63 61 92 • Fax : 05 56 63 61 93
accueil@suduiraut.com • www.suduiraut.com
Visite : Sur rendez-vous.

Doté d'un vignoble très étendu, Suduiraut n'est pas le plus commode des crus de Sauternes à exploiter mais peut jouer, comme Yquem, sur la diversité de ses terres. Son caractère complet, associant un grand développement aromatique et une impressionnante richesse en liqueur, lui vaut la faveur de tous les amoureux des grands vins liquoreux, et il n'a jamais été aussi bien administré depuis cinquante ans. Les derniers millésimes sont tous exceptionnellement bien réussis, sous la direction d'un des régisseurs les plus compétents du Sauternais, vouvrillon d'origine, Pierre Montaigu. Le vin blanc sec S sera quasi parfait en 2011 et égalera les meilleurs pessac-léognans.

Sauternes 2011
Blanc Liquoreux | Prix primeur HT : 50 € **18-18,5/20**
Somptueuse richesse aromatique, de l'éclat, du style, de la profondeur, un des quatre ou cinq plus grands vins du millésime.

Sauternes 2009
Blanc Liquoreux | 2019 à 2039 | 80 € **18,5/20**
Une merveille d'harmonie dans la puissance, et toute la beauté aromatique liée à ce château, dont le fruit peut rappeler celui des grands barsacs, mais avec le rôti du voisinage d'Yquem.

CHÂTEAU TOUMILON

33210 Saint-Pierre-de-Mons
Tél. 05 56 63 07 24 • Fax : 05 56 63 59 24
contact@chateau-toumilon.com
www.chateau-toumilon.com
Visite : Sur rendez-vous.

Une trentaine d'hectares, logés au cœur des Graves, pour cette propriété familiale depuis le XVIIIe siècle. L'encépagement délibérément majoritaire en cabernet produit des vins d'une grande élégance et de longue garde. On apprécie tout particulièrement la cuvée Charles-Brannens, issue des meilleures parcelles.

Graves 2010
Blanc | 2012 à 2016 | NC **14/20**
Nez très épanoui, finement fruité et minéral, brioche fraîche, bouche agréable, aromatique, fraîche, pas trop tape-à-l'œil.

Graves 2009
Rouge | 2012 à 2018 | 12 € **14,5/20**
Joli fruit mûr et boisé fondu, notes de pivoine, bouche ample, avec une belle trame tannique et une longue finale équilibrée. Harmonieux.

GRAVES CHARLES BRANNENS 2009
Rouge | 2012 à 2020 | 18 € **15,5/20**
On apprécie le nez puissant, complexe, au fruit très mûr, aux jolies nuances épicées, la bouche riche, savoureuse, s'adossant sur des tanins soyeux et une belle fraîcheur. Beau vin plein de charme et de potentiel.

CHÂTEAU DU TOURTE

Route de Respides • 33210 Toulenne
Tél. 05 56 62 28 26 • Fax : 05 56 62 28 26
chateau.du.tourte@orange.fr
www.chateaudutourte.com
Visite : De 9h à 18h.

GRAVES 2009
Rouge | 2012 à 2018 | 15 € **14,5/20**
Belles maturité et expression de fruit, boisé agréable, texture savoureuse, fraîche, bonne allonge.

CHÂTEAU TUYTTENS

33212 Fargues
Tél. 05 56 76 85 69 • Fax : 05 56 76 85 69
emercadier@vignoblesmercadier.com

SAUTERNES 2009
Blanc Liquoreux | 2018 à 2023 | 16 € **15/20**
À côté du Château Haut-Coustet à Barsac, le couple Philippe et Lucile Mercadier est également propriétaire du Château Tuyttens, à Fargues de Langon. Délicieux, dans un registre très jeune mais parti pour vieillir longtemps, vin droit, avec du collant, une bonne matière première. Sauternes bien fait, goûteux, savoureux, pour la restauration.

VIEUX CHÂTEAU GAUBERT

35, avenue du 8-mai-1945 • 33640 Portets
Tél. 05 56 67 18 63 • Fax : 05 56 67 52 76
dominique.haverlan@libertysurf.fr
Visite : De 9h à 12h et de 14h à 17h.

Dominique Haverlan est depuis plus de vingt ans l'un des producteurs de référence de l'appellation Graves. Son rouge, à dominante merlot, est sérieusement sélectionné et élevé pendant un an en barrique. Le blanc voit également le bois, en fermentant et en étant élevé sur lies pendant neuf mois. Nouveau défi, Dominique vient de reprendre en main le Château La Brède, juste au moment de la récolte 2011.

GRAVES 2010
Blanc | 2012 à 2017 | 12 € **14/20**
Dans le style puissant et exubérant du blanc du château, avec de beaux arômes exotiques et vanillés, une bouche chaleureuse, longue et vive.

GRAVES 2009
Rouge | 2012 à 2020 | 14,80 € **14,5/20**
Plus que sur le registre de la puissance, il joue sur celui du classicisme et de l'équilibre : complexité des arômes, subtilité dans le bois, bouche bien tramée et de grande allonge.

CHÂTEAU VILLA BEL-AIR

33650 Saint-Morillon
Tél. 05 56 20 29 35 • Fax : 05 56 78 44 80
infochato@villabelair.com • www.villabelair.com

Un parc, une pièce d'eau avec ses sculptures et une jolie chartreuse : le stéréotype de la villa italienne. Jean-Michel Cazes acheta cette belle propriété en 1988, et restructura intégralement le vignoble et les installations techniques. Le domaine produit des rouges élégants et des blancs remarquables d'équilibre.

GRAVES 2011
Blanc | Prix primeur HT : 8 € **14/20**
Joli blanc complexe, exubérant tout en restant élégant, arômes de fruits blancs et miellés, bouche riche, aromatique et vive.

GRAVES 2010
Blanc | 2012 à 2016 | env. 14 € **15/20**
Arômes complexes, fruits exotiques, miel, minéraux, bouche charnue, fruitée, tendue par une excellente vivacité.

GRAVES 2009 
Rouge | 2012 à 2015 | env. 14 € **15/20**
Reste fidèle à son style : tout en délicatesse et élégance, avec un nez fondu et mûr, une très jolie minéralité, une bouche ample, aux tanins ronds et harmonieux, avec une bonne fraîcheur.

CHÂTEAU D'YQUEM

33210 Sauternes
Tél. 05 57 98 07 07 • Fax : 05 57 98 07 08
info@yquem.fr • www.yquem.fr

Yquem jouit d'un statut unique dans la production bordelaise, qui le place pratiquement hors de tout jugement critique, un peu comme la Joconde dans l'univers de la peinture. Le cru ne connaît pas de

petits, voire de moyens millésimes, car il ne supporte aucun compromis. LVMH aujourd'hui, comme hier la famille Lur-Saluces, n'imagine même pas la possibilité d'en faire ! La propriété a poursuivi son évolution vers la recherche de plus de fraîcheur et de finesse aromatique, sans rien perdre de sa somptuosité. Tous les millésimes récents sont au sommet. Un remodelage du même ordre a redonné au vin sec de la propriété, Y, produit en toute petite quantité, la même perfection formelle. On peut désormais boire tous les vins de la propriété plus jeunes, dans tout l'éclat de leur fruit, même si leur vieillissement est assuré pour de nombreuses décennies.

Sauternes 2011

Blanc Liquoreux | Prix primeur HT : NC **19-19,5/20**

Encore une fois le sommet absolu du millésime à Sauternes, avec un équilibre entre sucre et alcool idéal, une sensation de rôti parfait du raisin, une longueur impressionnante et une autorité de saveur et de texture inimitable.

Sauternes 2009

Blanc Liquoreux | 2019 à 2039 | cav. 825 € **20/20**

Un vin absolument parfait à sa naissance, si cela peut exister : corps admirable, fruit prestigieux et pur, allonge considérable, impossible d'imaginer comment aller plus haut !

La note des bordeaux 2011 dégustés en primeur peut bien entendu évoluer après les assemblages définitifs et leur mise en bouteille fin 2013.

Médoc

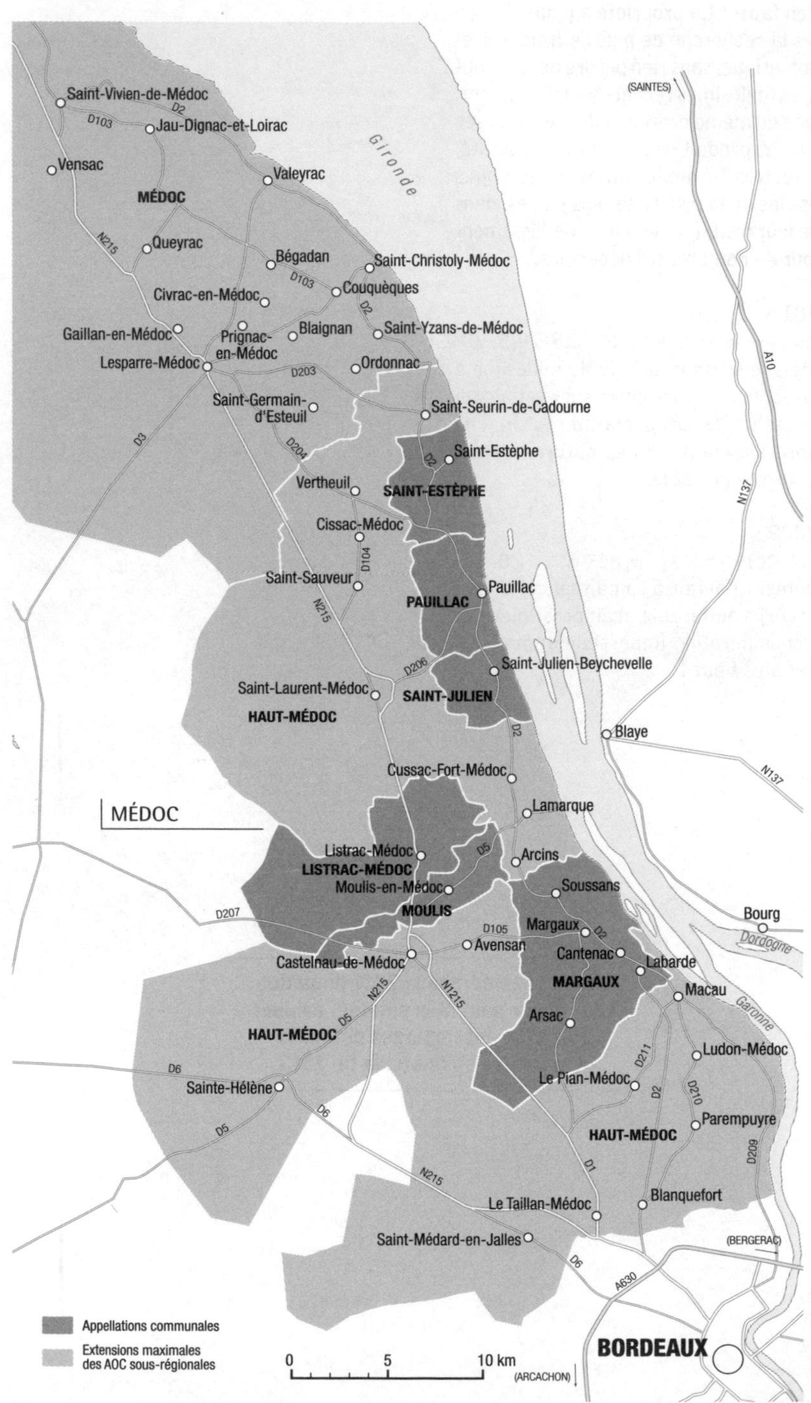
Saint-Vivien-de-Médoc
Jau-Dignac-et-Loirac
Vensac
Valeyrac
MÉDOC
Gironde
Queyrac
Bégadan
Saint-Christoly-Médoc
Civrac-en-Médoc
Couquèques
Gaillan-en-Médoc
Prignac-en-Médoc
Blaignan
Saint-Yzans-de-Médoc
Lesparre-Médoc
Ordonnac
Saint-Germain-d'Esteuil
Saint-Seurin-de-Cadourne
Saint-Estèphe
Vertheuil
SAINT-ESTÈPHE
Cissac-Médoc
Saint-Sauveur
Pauillac
PAUILLAC
Saint-Julien-Beychevelle
Saint-Laurent-Médoc
SAINT-JULIEN
HAUT-MÉDOC
Blaye
Cussac-Fort-Médoc
Lamarque
MÉDOC
Listrac-Médoc
Arcins
LISTRAC-MÉDOC
Moulis-en-Médoc
Soussans
MOULIS
Bourg
Margaux
Dordogne
Avensan
Cantenac
Castelnau-de-Médoc
Labarde
MARGAUX
Macau
Garonne
Arsac
HAUT-MÉDOC
Ludon-Médoc
Sainte-Hélène
Le Pian-Médoc
Parempuyre
HAUT-MÉDOC
Blanquefort
Le Taillan-Médoc
Saint-Médard-en-Jalles
(SAINTES)
(BERGERAC)
(ARCACHON)
BORDEAUX
D2
D103
N215
D203
D204
D3
D104
D206
D207
D105
D5
N1215
D211
D210
D209
D6
D1
A630
A10
N137
Appellations communales
Extensions maximales des AOC sous-régionales
0 5 10 km

CHÂTEAU D'AGASSAC

15, rue du Château-d'Agassac • 33290 Ludon-Médoc
Tél. 05 57 88 15 47 • Fax : 05 57 88 17 61
contact@agassac.com • www.agassac.com
Visite : De 10h30 à 18h30, de juin à septembre, ouvert du lundi au samedi, de juillet à août, ouvert tous les jours.

Passé dans le giron de Groupama en 1996, ce vignoble de graves du sud Médoc est l'un des plus importants du secteur, avec une quarantaine d'hectares. Régi par Jean-Luc Zell, très impliqué dans la mise en valeur de son terroir et de son image, le château produit trois cuvées d'égale réussite, dans un style typiquement médocain, dont l'Agassant, un 90 % merlot plus contemporain.

Haut-Médoc 2011

Rouge | Prix primeur HT : 12 € **15/20**

Fruité et floral, avec des tanins à peine marqués contrairement à beaucoup de ses pairs. Il joue le registre de l'élégance.

Haut-Médoc 2010

Rouge | 2012 à 2018 | 12,50 € **15/20**

Joli vin à l'expression très nette, de la droiture, assortie d'une belle minéralité. Petite pointe saline en finale.

Haut-Médoc 2010

Rouge | 2012 à 2022 | 18,50 € **16/20**

Vin droit et long. La matière est noble, grande densité en bouche, avec de l'homogénéité. Tanins d'une grande finesse.

Haut-Médoc L'Agassant d'Agassac 2010

Rouge | 2012 à 2018 | 14,50 € **15/20**

Pas mal d'épices au nez et en bouche pour cette cuvée, bouche dense, longue, tanins nobles.

La note des bordeaux 2011 dégustés en primeur peut bien entendu évoluer après les assemblages définitifs et leur mise en bouteille fin 2013.

CHÂTEAU D'ANGLUDET

33460 Cantenac
Tél. 05 57 88 71 41 • Fax : 05 57 88 72 52
contact@chateau-angludet.fr
www.chateau-angludet.fr

Margaux 2010

Rouge | 2015 à 2025 | NC **17/20**

Cette propriété classique appartenant à l'illustre famille de négociants Sichel (également copropriétaires de Palmer) progresse beaucoup. Son 2010 est extrêmement prometteur : merveilleux fruit complexe, texture satinée, raisin mûr, admirable finale, long, parfait.

CHÂTEAU ANTHONIC

33480 Moulis en Médoc
Tél. 05 56 58 34 60 • Fax : 05 56 58 72 76
contact@chateauanthonic.com
www.chateauanthonic.com

Propriété de la famille Cordonnier, ce classique vignoble de Moulis compte une quarantaine d'hectares, en majeure partie situés sur le plateau argilo-calcaire de l'appellation. Le retour aux cuves en béton, permettant de travailler le parcellaire, commence à porter ses fruits. Les vins offrent un bon volume, de l'équilibre et la fraîcheur.

Moulis 2009

Rouge | 2012 à 2018 | 15 € **14,5/20**

Un nez dense et expressif sur les fruits noirs. Bouche ronde et voluptueuse, tout en équilibre. Bonne longueur, tanins raffinés.

CHÂTEAU D'ARCINS

1, place des Châteaux • 33460 Arcins
Tél. 05 56 58 91 26
www.cavedarcins.fr

Cette propriété classique et très ancienne du Haut-Médoc, située juste avant d'arriver à Margaux, appartient à la famille Castel. Depuis quelques années, le numéro un du vin en France s'attache à redonner ses lettres de noblesse à ce domaine et le millésime 2009 marque une étape dans cette progression.

Haut-Médoc 2009

Rouge | 2013 à 2017 | 9,50 € **14,5/20**

Bon élevage, vin droit, structuré, toujours un peu rigide dans la structure tannique mais avec un fruit bien exprimé.

CHÂTEAU D'ARMAILHAC

33250 Pauillac
Tél. 05 56 59 22 22 • Fax : 05 56 73 20 44
webmaster@bphr.com • www.bphr.com

Le vignoble jouxte celui de Mouton-Rothschild, mais sur des graves plus légères et moins parfaitement drainées. Une proportion non négligeable de cabernet franc lui donne une finesse aromatique et une structure longiligne caractéristiques, mais le cru a beaucoup gagné en profondeur de texture sous la direction de Philippe Dalhuin car Philippine de Rothschild veille à ce que ce château, qui lui est cher, produise un vin aussi complet que possible. C'est aujourd'hui l'un des meilleurs rapports qualité-prix de Pauillac.

Pauillac 2011

Rouge | Prix primeur HT : 35 € — 17-18/20

Grande réussite, avec une des textures les plus riches et les plus harmonieuses de Pauillac dans le millésime et une prise de bois remarquablement élégante. Vivement recommandé.

Pauillac 2009

Rouge | 2019 à 2029 | NC — 17,5/20

Splendide arôme associant les épices et la violette, excellent volume de bouche, tanin profond et élégant. Un classique du millésime qu'il ne faudra pas ouvrir trop tôt.

CHÂTEAU BATAILLEY

86, cours Balguerie-Stuttenberg • 33250 Pauillac
Tél. 05 56 00 00 70 • Fax : 05 57 87 48 61
domaines@borie-manoux.fr • www.bataillet.com
Visite : Visites possible (principalement pour les professionnels) – sur RDV uniquement

Ce cru a retrouvé la plénitude de son style, associant la puissance dont il a souvent fait preuve entre 1945 et 1961, mais avec infiniment plus de pureté et de finesse aromatique. Intelligemment conseillé par Denis Dubourdieu, Philippe Castéja a fait les ajustements nécessaires et veille à ce qu'ils portent leur fruit. Batailley est devenu l'un des crus les plus recommandables de l'appellation Pauillac, avec un rapport qualité-prix très attractif. 2010 semble ici plus complet que 2009.

Pauillac 2009

Rouge | 2019 à 2024 | 60 € — 16/20

Ensemble velouté et souple, léger manque de complexité par rapport à ses pairs. Il devrait retrouver au vieillissement la plénitude de sa naissance.

CHÂTEAU BEAU-SITE

86-90, cours Balguerie-Stuttenberg
33082 Bordeaux
Tél. 05 56 00 00 70 • Fax : 05 57 87 48 61
domaines@borie-manoux.fr
www.borie-manoux.com
Visite : Sur rendez-vous.

Magnifique chartreuse regardant le fleuve, le Château Beau-Site bénéficie d'un des plus jolis panoramas du nord de l'appellation. Il appartient à Philippe Castéja, également propriétaire des châteaux Batailley et Trottevieille. Jouxtant le vignoble de Calon-Ségur, le domaine produit un vin élégant, tout en finesse.

Saint-Estèphe 2009

Rouge | 2012 à 2020 | 20 € — 14,5/20

Le nez est fin, la bouche possède une matière élégante tout en équilibre, tanins d'une belle finesse.

CHÂTEAU BÉHÈRÉ

13, rue Paul-Doumer - Le Pouyalet • 33250 Pauillac
Tél. 05 56 59 11 19 • Fax : 05 56 59 11 19
jean-gabriel.camou@orange.fr
www.chateaubéhèré.fr
Visite : Sur rendez-vous le week end et la semaine en visite libre.

Ce cru artisan, au vignoble de moins de 5 hectares, se situe à Pauillac au milieu de prestigieux voisins, Mouton-Rothschild, Lafite-Rothschild, Pontet-Canet... Monsieur Camou soigne ses vinifications faites sans artifices, de manière traditionnelle, à moins de 150 mètres du prestigieux chai de Mouton Rothshild au Pouyalet. Les vins produits sont charpentés et séveux, avec une trame tannique imposante.

Pauillac 2009

Rouge | 2014 à 2025 | 26 € — 14,5/20

Le nez révèle de jolies notes toastées et grillées, des épices également comme le poivre. La bouche est fine et élégante, sur les fruits noirs, les tanins encore imposants devront se fondre.

CHÂTEAU BELGRAVE

33112 Saint-Laurent-du-Médoc
Tél. 05 56 35 53 00 • Fax : 05 56 35 53 29
contact@dourthe.com • www.dourthe.com
Visite : Sur rendez-vous.

Le vignoble du château se trouve comme ses deux voisins Camensac et Latour-Carnet en limite de l'appellation Saint-Julien, sur des terroirs de même caractère. Ses propriétaires en ont confié l'exploi-

tation à la maison Dourthe qui en a considérablement affirmé le style et la régularité. Droit, équilibré, toujours vendangé à parfaite maturité, le vin possède toutes les qualités d'un médoc bien né. Son prix de vente raisonnable le rend accessible à la plupart des amateurs.

HAUT-MÉDOC 2011
Rouge | Prix primeur HT : 21 € **16/20**
Beaucoup de précision et de fraîcheur dans le fruit, tension donnée par une tonique acidité, tanin ferme, un tout petit peu asséchant, ensemble dense, ferme et droit, avec un beau potentiel de garde.

HAUT-MÉDOC 2009
Rouge | 2017 à 2024 | 36 € **15,5/20**
Le millésime solaire n'a pas tellement marqué le vin qui reproduit le caractère franc et équilibré du 2008 avec un petit peu plus de vinosité. Il permettra d'attendre dignement les grandes pointures du Médoc et même de ne pas les regretter quand ils sont hors de prix.

CHÂTEAU BELLE-VUE

103, route de Pauillac • 33460 Macau
Tél. 05 57 88 19 79 • Fax : 05 57 88 41 79
contact@chateau-belle-vue.fr
www.chateau-belle-vue.fr
Visite : Du lundi au vendredi sur rendez-vous de 9h30 à 12h et de 13h30 à 17h30.

Achetée par Vincent Mulliez en 2004, cette belle chartreuse de Macau, mitoyenne du terroir margalais, a la particularité de cultiver le petit verdot plus qu'ailleurs. La propriété est aujourd'hui dirigée par Isabelle, l'épouse de Vincent Mulliez, disparu prématurément. La famille possède également les châteaux de Gironville et Bolaire, tous deux situés sur ces terroirs de fines graves. Les vins, toujours très denses, allient l'élégance et la structure, avec une touche de modernité appréciable.

HAUT-MÉDOC CHÂTEAU BELLE-VUE 2010
Rouge | 2012 à 2022 | env. 20 € **17/20**
Vin remarquable de densité et de précision. Un fruit généreux, une bouche suave et enrobée, aux notes vanillées, un côté aérien sur la finale.

HAUT-MÉDOC CHÂTEAU BELLE-VUE 2009
Rouge | 2012 à 2022 | 19,60 € **16/20**
Nez intense et épicé, bouche ronde, dense, suave, avec de la droiture et une finale légèrement épicée. Ce vin peut attendre.

HAUT-MÉDOC CHÂTEAU DE GIRONVILLE 2010
Rouge | 2012 à 2018 | env. 16 € **15,5/20**
Fraîcheur de fruit remarquable, nez d'une grand raffinement, associé à un boisé élégant. Bouche gourmande et fraîche aux notes de fruits rouges, mûres, framboises, tanins enrobants sur la finale.

HAUT-MÉDOC CHÂTEAU DE GIRONVILLE 2009
Rouge | 2012 à 2018 | 15,50 € **15,5/20**
Nez riche et précis, bouche onctueuse et suave, tanins soyeux, du velours !

CHÂTEAU BELLEGRAVE

22, route des Châteaux • 33250 Pauillac
Tél. 05 56 59 05 53 • Fax : 05 56 59 06 51
contact@chateau-bellegrave.com
www.chateau-bellegrave.com
Visite : Sur rendez-vous.

C'est en 1997 que Jean-Paul Meffre, également propriétaire du Château du Glana, à Saint-Julien de Beychevelle, fit l'acquisition de cette propriété sud pauillacaise, faisant face à Fonbadet, sur la route des châteaux. Les vignes du domaine sont enclavées au milieu de plusieurs crus classés de Paulllac, tels Latour, Pichon-Longueville et Lynch-Bages. Les vins produits sont à la fois souples et suaves.

PAUILLAC 2009
Rouge | 2012 à 2020 | 25,50 € **15/20**
Nez profond sur les fruits noirs, bouche souple et crémeuse, longiligne, les tanins sont d'une belle finesse.

CHÂTEAU BELLEVUE DE TAYAC

6, rue Guadet • 33460 Soussans
Tél. 05 57 55 09 13 • Fax : 05 57 55 09 12
thunevin@thunevin.com • www.thunevin.com
Visite : lundi au samedi de 10h à 18h30.

C'est en 2004 que Jean-Luc Thunevin achète trois hectares de vignes à Soussans, au cœur de l'appellation Margaux. Les vignes sont situées sur une croupe de graves sur argiles, composées en majorité de merlot, complétés de cabernet-sauvignon et de petit verdot. Ramassés à une maturité optimale, les vins sont crémeux, denses, assortis d'une belle fraîcheur.

La note des bordeaux 2011 dégustés en primeur peut bien entendu évoluer après les assemblages définitifs et leur mise en bouteille fin 2013.

Margaux 2009
Rouge | 2012 à 2022 | 35 € **15,5/20**
Nez aux notes toastées, cassis très mûr. Matière généreuse en bouche, sur la fraîcheur, lui donnant de la buvabilité, tanins soyeux.

CHÂTEAU BERNADOTTE

Le Fournas Nord • 33250 Saint-Sauveur
Tél. 05 56 59 57 04 • Fax : 05 56 59 54 84
bernadotte@chateau-bernadotte.com
www.chateau-bernadotte.com
Visite : Sur rendez-vous.

Racheté par la maison de champagne Roederer en même temps que le Château Pichon-Longueville Comtesse de Lalande, ce vignoble borde l'appellation Pauillac. Entièrement remembré, il bénéficie à présent d'une bonne dynamique impulsée par la nouvelle équipe. Le dernier millésime nous a fait bonne impression.

Haut-Médoc 2009
Rouge | 2012 à 2019 | 15,80 € **14,5/20**
Nez aux notes d'épices douces, la matière en bouche est ample et structurée.

CHÂTEAU BEYCHEVELLE

33250 Saint-Julien-Beychevelle
Tél. 05 56 73 20 70 • Fax : 05 56 73 20 71
beychevelle@beychevelle.com • www.beychevelle.com
Visite : Du lundi au vendredi, de 10h à 12h et de 13h30 à 17h. Mêmes horaires le samedi de mai à octobre.

Cette magnifique propriété, possédant les bâtiments les plus élégants de Saint-Julien, vient d'être rachetée en grande partie par la famille Castel : elle produit en millésime favorable un vin parfaitement accordé au style du château, d'une finesse difficile à surpasser même à Margaux, et d'une délicatesse de texture qui demande d'être un peu esthète pour l'apprécier à sa juste mesure. Le cru a pu apparaître maigre et vert dans les années les plus difficiles, mais il est en progrès certains au niveau de sa régularité. Son vinificateur, Philippe Blanc, ne fait rien pour lui donner un charme précoce, qu'il juge incompatible avec la dignité du terroir et c'est avec le temps que le cru révèle sa pleine dimension.

Saint-Julien 2011
Rouge | Prix primeur HT : 52 € **16-16,5/20**
Un peu de réduction au nez, vin strict et tendu, un peu plus mince le jour de notre dégustation que certains de ses voisins. L'élevage devrait l'harmoniser.

Saint-Julien 2009
Rouge | 2019 à 2029 | 90 € **17,5/20**
Excellent nez racé de graphite, vin énergique et élégant, avec de la profondeur et du style, grand avenir.

Saint-Julien Amiral 2009
Rouge | 2014 à 2019 | 29,50 € **14,5/20**
Assez fluide mais précis dans ses arômes épicés, léger manque de puissance et de personnalité.

CHÂTEAU BIBIAN

Château Cap Léon Veyrin - 54, route de Donissan
33480 Listrac-Médoc
Tél. 05 56 58 07 28 • Fax : 05 56 58 07 50
contact@vignobles-meyre.com
www.vignobles-meyre.com
Visite : Du lundi au vendredi, de 9h à 12h et de 14h à 18h.

Classique propriété de Listrac, le château Bibian compte 20 hectares de vignes, aujourd'hui détenues par la famille Meyre. Sous la houlette de la nouvelle génération, les vins ont progressé et ont gagné en profondeur et en équilibre.

Listrac-Médoc 2009
Rouge | 2012 à 2018 | 14 € **14/20**
Joli nez de fruits mûrs, matière en bouche enveloppante et généreuse, tanins assez marqués en finale mais de belle facture.

CHÂTEAU BOURNAC

16, route des Petites-Granges - Lieu-dit Bournac
33340 Civrac-en-Médoc
Tél. 06 37 27 18 65
didier.secret@orange.fr • www.chateau-bournac.com

Médoc 2009
Rouge | 2015 à 2020 | 9,5 € **14,5/20**
Un cru bourgeois avec un réel sens du style classique. Joli nez fruité, tanins vifs, serrés, avec de la matière. Plus structuré qu'en 2008.

CHÂTEAU BOYD-CANTENAC

11, route de Jean-Faure • 33460 Cantenac
Tél. 05 57 88 90 82
guillemet.lucien@wanadoo.fr • www.boyd-cantenac.fr
Visite : Sur rendez-vous uniquement.

Ce vin échappe souvent aux grands-messes des dégustations primeurs et tant mieux pour lui car c'est en bouteille qu'il prend sa vraie dimension, avec

une fermeté de corps et une complexité aromatique dignes de son rang. Lucien Guillemet, son propriétaire-vinificateur, ingénieur agronome et œnologue, un des rares à posséder les deux diplômes en Médoc, a su garder son indépendance et sa liberté, et il les utilise en grand professionnel. Les derniers millésimes sont conformes au terroir et au style de l'année, avec des vins complets et capables d'un long vieillissement.

Margaux 2011
Rouge | Prix primeur HT : 40 € **17/20**
Magnifique plénitude, équilibre rare dans l'appellation et dans ce millésime pour un vin à large dominante de cabernet, superbe assise tannique, grande classe.

Margaux 2009
Rouge | 2019 à 2029 | env.55 € **17,5/20**
Grande sève, tanin puissant et harmonieux, bel avenir, vin complet, qui affinera ses tanins avec le temps.

CHÂTEAU BRANAIRE-DUCRU

Lieu-dit le Bourdieu • 33250 Saint-Julien-Beychevelle
Tél. 05 56 59 25 86 • Fax : 05 56 59 16 26
branaire@branaire.com • www.branaire.com
Visite : Du mardi au samedi de 9h à 11h et de 14h à 16h30.

Ce cru, au parcellaire réparti sur l'ensemble de l'appellation, exige de la rigueur, particulièrement au niveau du rendement, pour égaler les meilleurs. Il y réussit parfaitement grâce à la qualité et à la discipline du travail, tant à la vigne qu'au cuvier, qui fut le premier du secteur à reprendre le principe de gravité. Le vin allie régulièrement finesse et plénitude de constitution mais il ne faut pas lui demander le supplément de vinosité des Léoville. Le grand vin bénéficie à partir de 2010 de l'apport de vignes superbement placées dans le secteur de Beychevelle, habilement achetées par Patrick Maroteaux.

Saint-Julien 2011
Rouge | Prix primeur HT : 36 € **17-17,5/20**
Vin complet pour l'année, racé et complexe avec, dès la naissance, une onctuosité de texture surprenante pour le cru qui, avec l'acquisition récente de vignes sur des terroirs superbes, a certainement gagné en autorité de style.

Saint-Julien 2009
Rouge | 2017 à 2029 | 73 € **17/20**
Boisé assez sensuel et aromatique à la bourguignonne, beaucoup de sève et d'harmonie, plus charmeur qu'impressionnant, encore sous l'effet d'une mise récente.

Saint-Julien Duluc 2009
Rouge | 2014 à 2019 | 40 € **15,5/20**
Notes de cacao au nez, beaucoup de fruit et de générosité, tanin précis, boisé plus rapidement intégré que celui du grand vin, parfait saint-julien d'attente.

CHÂTEAU BRANAS GRAND POUJEAUX

23, chemin de la Raze • 33480 Moulis-en-Médoc
Tél. 05 56 58 93 30 • Fax : 05 56 58 08 62
contact@branasgrandpoujeaux.com
www.branasgrandpoujeaux.com
Visite : sur rendez vous.

Bordé de deux illustres confrères, les châteaux Poujeaux et Chasse-Spleen, Branas Grand Poujeaux joue la discrétion et la mesure non sans panache. Ses douze hectares sont depuis 2002 la propriété de Justin Onclin (PDG du Château Prieuré-Lichine à Margaux). Exigeant et attentif autant au fond qu'à la forme (le cuvier entièrement restauré est magnifique), il a hissé ce cru à un haut niveau. Le millésime 2009 nous a largement convaincus, conjuguant finesse et harmonie.

Moulis 2009
Rouge | 2012 à 2020 | 35 € **16,5/20**
Une fois de plus la magie opère ! Fruit frais, toucher soyeux et raffiné, matière ample mais d'une grande justesse.

Moulis Les Éclats de Branas 2009
Rouge | 2012 à 2018 | 20 € **15/20**
Bouche avec de la densité, de la droiture et de la tension, préservant un beau fruit, tanins fermes.

CHÂTEAU BRANE-CANTENAC

33460 Cantenac
Tél. 05 57 88 83 33 • Fax : 05 57 88 72 51
contact@brane-cantenac.com
www.brane-cantenac.com
Visite : De 9h à 12h et de 14h à 17h.
Sur rendez-vous uniquement.

Disposant d'un emplacement réputé et homogène au cœur du plateau de Cantenac, sur des sols de graves de la plus haute qualité, Brane produit un vin harmonieux par la volonté d'Henri Lurton, son propriétaire. L'expérience montre que le cru prend plus de temps que d'autres pour s'affirmer mais qu'il peut alors rivaliser avec les plus grands, grâce à sa sa plénitude de constitution. Les derniers millésimes, parmi les plus fins de tout le Bordelais, sont tous recommandables.

MARGAUX 2011
Rouge | Prix primeur HT : 36 € **17-17,5/20**
Immense finesse et distinction au nez, ensemble longiligne, délicatement épicé, subtil, avec le tanin strict mais racé de l'année, un classique du genre et précoce montrant les progrès du château dans la mise au point d'échantillons « primeurs » plus en phase avec le potentiel ultérieur des vins.

MARGAUX 2009
Rouge | 2017 à 2029 | cav. env. 75 € **18/20**
Raffiné et même désaltérant, dans un millésime qui ne s'y prête pas souvent, race considérable perceptible dans le soutien tannique, avec les fines notes de cèdre des meilleurs cabernet-sauvignons.

CHÂTEAU LE BREUIL RENAISSANCE

6, route du Bana • 33340 Bégadan
Tél. 05 56 41 50 67 • Fax : 05 56 41 36 77
phil.berard@wanadoo.fr
www.lebreuil-renaissance.com
Visite : le matin de 9h à 13h.

MÉDOC 2009
Rouge | 2013 à 2018 | 7 € **13,5/20**
Les 30 hectares, situés au cœur du médoc sur la commune de Bégadan, en bordure de la Gironde, produisent un médoc plaisant au bouquet épanoui de fruit et d'épices. Bouche ample, souple, gourmande. Pour un plaisir immédiat, super rapport qualité-prix.

CHÂTEAU BRILLETTE

Route de Peyvignau • 33480 Moulis-en-Médoc
Tél. 05 56 58 22 09 • Fax : 05 56 58 12 26
contact@chateau-brillette.fr
www.chateau-brillette.fr
Visite : Sur rendez-vous. Du lundi au jeudi de 8h30 à 12h30 et de 13h30 à 17h et le vendredi matin.

La famille Berthault-Flageul a acquis ce vaste domaine en 1975. Sur les cent hectares, une quarantaine est exploitée en vignes, partagées entre merlots et cabernets. Constant et sérieux dans la qualité de ses vins, ce château représente une valeur sûre de l'appellation, ce que confirme le millésime 2009.

MOULIS 2009
Rouge | 2012 à 2020 | 21 € **15,5/20**
Nez expressif et profond. Une bouche très droite, beaucoup de pureté, un fruit bien présent, soutenu par une belle acidité, tanins fermes. L'un des beaux millésimes de cette propriété.

CHÂTEAU CALON-SÉGUR

33180 Saint-Estèphe
Tél. 05 56 59 30 08 • Fax : 05 56 59 71 51
calon-segur@calon-segur.fr
Visite : Sur rendez-vous.

Calon-Ségur est une admirable propriété aux confins nord de l'appellation, somptueusement enclose dans ses murs, où le temps semble divinement suspendu. Madame Capbern-Gasqueton, disparue hélas cette année, lui avait rendu tout son cachet et le cru produit aujourd'hui, sous la direction d'un très fin et brillant directeur, Vincent Millet, un des vins les plus racés et les plus réguliers du Médoc. Son caractère se rapproche de celui des premiers crus par sa finesse aromatique et son ampleur de texture, avec un naturel d'expression des plus réjouissants. Sa longévité en bouteille est proverbiale et les 2000, 2003, 2005, 2006 et 2009 auront certainement dans cinquante ans la remarquable tenue des 1947 ou 1953. Le second vin, Marquis-de-Calon, est un des plus recommandables de sa catégorie.

SAINT-ESTÈPHE 2011
Rouge | Prix primeur HT : 45 € **17/20**
Échantillon un peu fermé, mais la construction du vin, tendue, rigoureuse, précise, ne laisse aucun doute sur la parfaite typicité du vin. Il méritera sans doute une note encore plus haute dans deux ans.

Saint-Estèphe 2009

Rouge | 2019 à 2029 | NC **19/20**

Ensemble absolument remarquable (mais qui sera peut-être dépassé par le sublime 2010), où la puissance du millésime ne contrarie pas l'harmonie de la texture et le velouté de tanins très nobles.

Saint-Estèphe Marquis de Calon 2009

Rouge | 2015 à 2021 | NC **16/20**

Arôme épicé de beau cabernet, bel équilibre, vin net et charmeur, manquant peut-être un peu de vinosité.

CHÂTEAU CAMBON LA PELOUSE

5, chemin de Canteloup • 33460 Macau
Tél. 05 57 88 40 32 • Fax : 05 57 88 19 12
contact@cambon-la-pelouse.com
www.cambon-la-pelouse.com
Visite : du lundi au vendredi de 9h à 12h et de 14h à 17h.

Bénéficiant d'une nouvelle dynamique depuis l'arrivée de Jean-Pierre Marie et son fils Nicolas en 1996, ce vaste vignoble idéalement placé à proximité de Giscours et Cantemerle, sur la croupe de Macau, ne cesse de gagner en notoriété, à juste titre. Le grand vin, issu des plus anciennes vignes du domaine, affiche un profil charmeur qui confirme sa montée en puissance.

Haut-Médoc 2009

Rouge | 2012 à 2020 | 15 € **15/20**

Nez concentré et précis, notes de mûres, léger boisé. La bouche est onctueuse, opulente, généreuse. Solides tanins en finale.

Margaux L'Aura de Cambon 2009

Rouge | 2013 à 2022 | 31 € **16/20**

Très belle texture, il faudra encore patienter que les tanins s'affinent.

CHÂTEAU DE CAMENSAC

Route de Saint-Julien - B.P. 9
33112 Saint-Laurent-du-Médoc
Tél. 05 56 59 41 69 • Fax : 05 56 59 41 73
chateaucamensac@wanadoo.fr
www.chateaucamensac.com
Visite : Sur rendez-vous.

La famille Merlaut, tranquillement mais sûrement, fait progresser la qualité dans cet excellent vignoble frontalier de l'appellation Saint-Julien, capable de donner des vins complexes et racés. La finesse, la droiture et la franchise des tanins sont au rendez-vous mais il manque encore un peu de densité de matière pour égaler les très bons crus du voisinage. Excellent rapport qualité-prix, le troisième BD se rapproche.

Haut-Médoc 2009

Rouge | 2017 à 2024 | 29 € **15/20**

Saveur épicée très classique dans un écrin tannique solide, léger manque de finesse au plus haut niveau, mais fin de bouche très prometteuse pour un vieillissement prolongé.

CHÂTEAU CANTEMERLE

33460 Macau
Tél. 05 57 97 02 82 • Fax : 05 57 97 02 84
cantemerle@cantemerle.com • www.cantemerle.com
Visite : Sur rendez-vous.

Cette magnifique propriété du sud du Médoc produisait depuis longtemps déjà une des vins les plus délicats du classement de 1855, avec une étonnante capacité à prendre du volume en bouche au cours de son vieillissement en bouteille. Les derniers millésimes ont donné des vins encore mieux constitués à la naissance sans renoncer à la finesse : leur rapport qualité-prix est donc meilleur que jamais.

Haut-Médoc 2011

Rouge | Prix primeur HT : 23 € **17-17,5/20**

Forte couleur, texture plus pleine et plus aboutie que la plupart, beaucoup d'onctuosité, grande longueur, sélection certainement drastique du raisin, le plus harmonieux échantillon de notre dégustation à l'aveugle dans cette appellation.

Haut-Médoc 2009

Rouge | 2017 à 2024 | env. 33 € **17/20**

Noblement épicé au nez et doté d'une texture particulièrement élégante dans ce millésime de soleil. Grand avenir.

La note des bordeaux 2011 dégustés en primeur peut bien entendu évoluer après les assemblages définitifs et leur mise en bouteille fin 2013.

CHÂTEAU CANTENAC-BROWN

33460 Margaux
Tél. 05 57 88 81 81 • Fax : 05 57 88 81 90
contact@cantenacbrown.com
www.cantenacbrown.com
Visite : Sur rendez-vous du lundi au vendredi, de 9h30 à 12h30 et de 14h à 18h.

Ce cru a été racheté par Simon Halabi, un amoureux des grands vins du Médoc et qui donne à une équipe motivée, sous la direction du très sympathique José Sanfins, les moyens de faire progresser la qualité. 2007 brille plus par sa constitution que par son raffinement aromatique, 2008 semble un peu dur mais 2009 voit des changements majeurs et un départ de vin d'une harmonie et d'une ampleur sans équivalent antérieur connu.

MARGAUX 2011
Rouge | Prix primeur HT : 32 € **17/20**
Nez floral, élégant, parfaitement typé, texture assez soyeuse de raisin mûr, fin de bouche solide, bien affirmée mais sans agressivité, style moderne mais sûr, il mérite un large succès.

MARGAUX 2009
Rouge | 2017 à 2030 | 60 € **17/20**
Beaucoup de chair, plus de velouté de texture que dans les grands millésimes antérieurs, tanin fermement extrait, superbe caractère médocain et grand avenir.

CHÂTEAU CAP DE HAUT

SC Gromand d'Evry - Au Château de Lamarque • 33460 Lamarque
Tél. 05 56 58 90 03 • Fax : 05 56 58 93 43
lamarque@chateaudelamarque.fr • www.chateaudelamarque.fr
Visite : De 9h à 11h30 et de 14h à 16h30 en semaine fermé le week-end.

HAUT-MÉDOC 2009
Rouge | 2012 à 2020 | 9 € **14/20**
Vin complet parfaitement structuré, offrant une trame solide, un joli fruit associé à un joli boisé.

CHÂTEAU CAP LÉON VEYRIN

54, route de Donissan • 33480 Listrac-Médoc
Tél. 05 56 58 07 28 • Fax : 05 56 58 07 50
contact@vignobles-meyre.com
www.vignobles-meyre.com
Visite : Du lundi au vendredi, de 9h à 12h et de 14h à 18h.

Berceau familial de la famille Meyre depuis 1810, cette propriété de Listrac a vu se succéder plusieurs générations. Le terroir argilo-calcaire et de marnes graveleuses est planté majoritairement de merlot, complété de 35 % de cabernet-sauvignon et de 5 % de petit verdot. Les vins produits sont toujours sur la fraîcheur et d'une séduisante rondeur.

LISTRAC-MÉDOC 2009
Rouge | 2012 à 2025 | 16 € **15/20**
Une nez offrant une grande concentration sur des notes de cassis et de fruits rouges. Bouche suave, dense et puissante. Masse tannique de grande dimension en finale, le temps fera son œuvre et harmonisera l'ensemble.

CHÂTEAU CARONNE SAINTE-GEMME

Caronne • 33112 Saint-Laurent-Médoc
Tél. 05 57 87 56 81 • Fax : 05 56 51 71 51
fnony@chateau-caronne-ste-gemme.com
www.chateau-caronne-ste-gemme.com
Visite : Sur rendez-vous.

Situé sur la commune de Saint-Laurent, le Château Caronne Sainte-Gemme dispose de belles croupes blanches voisines de celles de Château Lagrange. Il n'est donc pas étonnant de retrouver, lors du mûrissement, de nombreuses parentés avec les crus de Saint-Julien. François Nony, aidé d'Olivier Dauga, peaufine au fil des millésimes un style de vin structuré et ferme, à la finale nerveuse et mentholée, avec une juste concentration et une maturité harmonieuse.

HAUT-MÉDOC 2009
Rouge | 2012 à 2018 | 18 € **15/20**
Nez droit et précis, sur les fruits noirs, la bouche est ample, pleine, sur un fruit bien mûr.

CHÂTEAU CASTERA

LE BOURG • 33340 St Germain d'Esteuil
Tél. 05 56 73 20 60 • Fax : 05 56 73 20 61
chateau@castera.fr • www.chateau-castera.com

MÉDOC 2009
Rouge | 2015 à 2019 | 18 € **14/20**
L'ex-propriété d'Alexis Lichine, reprise en 1983 par deux fous de vin, Dieter Tondera et Carl E Press, a subi des travaux colossaux tant dans la vigne que dans le chai. Pas un coin où la truelle ne soit pas passée ! Il s'exprime par un grand classicisme et dans un style tonique, avec son bouquet toasté, sa bouche fruitée et charnue, aux tanins friands et vifs.

CHÂTEAU CHARMAIL

33180 Saint-Seurin-de-Cadourne
Tél. 05 56 59 70 63 • Fax : 05 56 59 39 20
charmail@chateau-charmail.fr
www.chateau-charmail.fr
Visite : Du lundi au jeudi de 8h30 à 12h et de 13h30 à 16h. Sauf vendredi de 8h à 12h. Uniquement sur rendez-vous.

Cru très régulier de Saint-Seurin-de-Cadourne, géré par le duo formé par le nouveau propriétaire, Bernard d'Halluin, et l'ancien, Olivier Sèze, le Château Charmail est implanté sur un terroir de graves, tout près de Sociando-Mallet. La qualité et la précision du travail accompli depuis près de trente ans ont donné cette année encore un vin précis, équilibré, qui gagnera en finesse après cinq à six années de garde.

HAUT-MÉDOC 2009
Rouge | 2012 à 2020 | 18 € **15/20**
Vin savoureux, aux notes de myrtilles et d'épices. Bouche dense, aux tanins suaves.

CHÂTEAU CHASSE-SPLEEN

32, chemin de la Raze • 33480 Moulis-en-Médoc
Tél. 05 56 58 02 37 • Fax : 05 57 88 84 40
info@chasse-spleen.com • www.chasse-spleen.com

C'est sans doute l'un des plus réputés des crus de Moulis, que l'on imagine souvent classé étant donnée la qualité de ses vins. Le vignoble de Chasse-Spleen reste un mythe, perché sur le plateau de Grand-Poujeaux et ses graves garonnaises. Là, le cabernet-sauvignon domine, donnant aux vins une tournure médocaine certaine.

MOULIS 2009
Rouge | 2013 à 2022 | cav. env. 29 € **15,5/20**
Nez aux notes de cassis, vin droit, ferme et charpenté, la finale est fine et suave à la fois.

CHÂTEAU CITRAN

1, chemin de Citran • 33480 Avensan
Tél. 05 56 58 21 01 • Fax : 05 57 88 84 60
info@citran.com • www.citran.com
Visite : du lundi au vendredi de 9h à 12h et de 14h à 17h, uniquement sur rendez-vous

Ancienne propriété du Médoc, sur laquelle les marquis de Donissan (alliés plusieurs fois à la famille de France) ont régné pendant 600 ans, et ce jusqu'au milieu du XIXe siècle. Un vignoble de 90 hectares, planté à parts égales entre cabernet-sauvignon et merlot. Racheté en 1996 par la famille Merlaut, et depuis peu sous la responsabilité de Céline Villars (nièce d'Antoine Merlaut), cette dernière s'efforce d'insuffler un nouveau style aux vins, denses tout en conservant de l'élégance.

HAUT-MÉDOC 2009
Rouge | 2012 à 2022 | 17 € **15/20**
Notes de fruits noirs, bouche généreuse, élégante, pleine et raffinée, où s'accordent les notes fruitées et cacaotées.

CHÂTEAU CLARKE

33480 Listrac
Tél. 05 56 58 38 00 • Fax : 05 56 58 26 46
contact@cver.fr • www.cver.fr

Dans la galaxie des vins Edmond de Rothschild depuis 1973, la branche cousine de Mouton-Rothschild et Lafite, Clarke fait figure de tête de pont du vignoble de Listrac. Les 54 hectares de vignes, plantées sur des croupes argilo-calcaires, à dominante de merlot, sont soignées comme dans un cru classé. Les vins expriment noblesse et profondeur au travers d'un style moderne.

BORDEAUX ROSÉ 2011
Rosé | 2012 à 2012 | 7,60 € **15/20**
Rosé gourmand, avec une qualité de fruit évidente et une finale suave, classieuse.

LISTRAC-MÉDOC 2009
Rouge | 2012 à 2020 | NC **16/20**
Nez expressif, fruits rouges, cerises, puis notes réglissées. Bouche tendre et onctueuse, belle longueur sur la fraîcheur, tanins d'une belle finesse.

CHÂTEAU CLAUZET

Leyssac • 33180 Saint-Estèphe
Tél. 05 56 59 34 16 • Fax : 05 56 59 37 11
clauzet@chateauclauzet.com
www.chateauclauzet.com
Visite : Du lundi au vendredi de 8h30 à 12h et de 13h30 à 17h.

Voici le prototype des beaux bourgeois de Saint-Estèphe. Emmené par un propriétaire très impliqué, le baron Velge, le vin a su, année après année, conserver sa régularité et son équilibre savoureux.

Saint-Estèphe 2009

Rouge | 2012 à 2020 | 22 € **16/20**

Ce millésime est tout à la fois fruité et équilibré, longueur en bouche épicée, ponctuée par des tanins serrés.

CHÂTEAU CLÉMENT-PICHON

36, avenue Pichon • 33290 Parempuyre
Tél. 05 56 35 23 79 • Fax : 05 56 35 85 23
contact@vignobles.fayat.com
www.vignobles.fayat.com
Visite : Du lundi au jeudi, de 9h à 12h30 et de 14h à 17h30. Vendredi de 9h à 12h et de 14h à 16h.

Situé à Parempuyre, aux portes de Bordeaux, ce cru acheté en 1976 est luxueusement entretenu par Clément Fayat. Après un millésime 2008 qui conjuguait densité et allonge, le 2009, dont la vinification a été supervisée par Yannick Evenou, a gagné en densité et en précision, avec un superbe fruit.

Haut-Médoc 2009

Rouge | 2012 à 2022 | 16,90 € **15,5/20**

Un fruité expressif au nez, la bouche est pleine, dense et suave, avec un fruit éclatant, et une finale aux tanins fondus.

CHÂTEAU CLERC-MILON

33250 Pauillac
Tél. 05 56 73 20 20 • Fax : 05 56 73 20 44
webmaster@bpdr.com • www.bpdr.com
Visite : Travaux de rénovations en cours.

Un magnifique bâtiment d'exploitation, très original et «citoyen», construit tout en bois selon un rigoureux cahier des charges environnemental, permet désormais de vinifier et d'élever dans de meilleures conditions ce superbe cinquième cru de Pauillac. Son terroir proche de l'ancienne raffinerie est plus argileux que celui du plateau de Mouton et donne plus de richesse d'expression au cépage merlot qui est donc utilisé ici en plus grande proportion. Le vin a plus de corps et de volume de bouche qu'Armailhac, peut-être moins de finesse pure, et bénéficie de la même assurance dans l'élevage ce qui lui donne un boisé parfaitement intégré.

Pauillac 2011

Rouge | Prix primeur HT : 42 € **17-17,5/20**

Pauillac très corsé, intense et intègre, plus jeune et plus réduit dans son développement aromatique qu'Armailhac et soutenu par un tanin vigoureux, renforcé par une acidité naturelle élevée. Attendre encore six mois d'élevage supplémentaire pour bien en saisir la texture.

Pauillac 2009

Rouge | 2021 à 2029 | NC **17,5/20**

Grande texture, grande profondeur, tanin épicé, enrobé et charnu, grande suite en bouche. Superbe pauillac.

CLOS MANOU

7, rue du 19 mars 1962
33340 Saint-Christoly Médoc
Tél. 05 56 41 54 20
sogeviti.sf@wanadoo.fr
Visite : Tous les jours sur rendez-vous.

Un nouvel arrivant dans le guide, qui nous a déjà séduit en 2008 par la qualité du second vin, le Petit-Manou, alors que ce millésime n'était pas des plus évidents. Les vignes de Françoise et de Stéphane Dief sont sur la commune de Saint-Christoly, et grâce à une vinification et un élevage sous bois des plus subtils, ils en extraient le Clos Manou, avec l'intention de produire un vin de garde, très pur et d'une grande perfection de style.

Médoc Clos Manou 2009

Rouge | 2017 à 2022 | 20 € **15,5/20**

Robe rubis noir, boisé finement toasté, tanins frais et tendus à la trame serrée, portés par une belle expression fruitée, longue persistance fraîche. Beau vin avec beaucoup d'éclat, qui répond avec élégance à tous les excès d'extraction.

Médoc Petit Manou 2009

Rouge | 2015 à 2019 | 10 € **14,5/20**

Nez toasté, bouche équilibrée, croquante, suave, sur le fruit, souple et généreuse. Le vin plaisir par excellence, finale sur le tabac.

CHÂTEAU CONFIDENCE DE MARGAUX

121, avenue du Port du Roy • 33290 Blanquefort
Tél. 06 07 03 19 60
dbefve@free.fr

Dominique Befve, directeur général du Château Lascombes à Margaux, et son épouse Pia ont acquis deux hectares de vignes, coincés entre les châteaux Cantenac-Brown et Rauzan-Ségla. Un juste équilibre entre merlot et cabernet-sauvignon semble la voie propice à la réalisation d'un vin onctueux, fin et complexe. Doublé d'une vinification parfaite, ce cru confidentiel n'en reste pas moins une bonne trouvaille !

Margaux 2009

Rouge | 2012 à 2018 | 24 € **14,5/20**

Un nez expressif sur le floral et les épices. Bouche tout en rondeur, avec une belle acidité sur toute la longueur su vin. Tanins fins bien structurés.

CHÂTEAU CORDEILLAN-BAGES

Route de Bordeaux • 33460 Macau
Tél. 05 57 88 60 04

Quand on parle de Cordeillan-Bages, tout le monde pense à cette table gastronomique incontournable du Médoc, et à son hôtel Relais & Châteaux. On en oublierait presque son vin, issu d'un petit vignoble de 2 hectares, situé sur une belle croupe de graves au sud de l'appellation. Ce sont les équipes de Lynch-Bages qui conduisent ce vignoble et les vinifications.

Pauillac 2009

Rouge | 2012 à 2022 | env. 70 € **15,5/20**

Nez intense de fruits bien mûrs, notes de cèdres classiques d'un pauillac, bouche d'une grande élégance, avec une fraîcheur bien marquée, de l'allonge.

CHÂTEAU COS D'ESTOURNEL

33180 Saint-Estèphe
Tél. 05 56 73 15 50 • Fax : 05 56 59 72 59
estournel@estournel.com • www.estournel.com
www.michelreybier.com
Visite : Sur rendez-vous pour professionnels et non professionnels sur rendez-vous.

Le cuvier flambant neuf, aussi spectaculaire dans son genre que les pagodes du château, doté d'ascenseurs à cuves permettant de travailler par gravité, non seulement pendant les vinifications mais pendant l'élevage, a servi pour la première fois en 2008. Il couronne les efforts considérables de la propriété pour porter ce cru au plus haut niveau possible, avec l'ambition de rivaliser en qualité avec les premiers crus classés. Le sol fait de graves profondes fait généralement de lui le plus corsé des vins du Médoc, le plus voluptueux dans sa texture, tout en conservant une finesse et une complexité caractéristiques de son voisinage avec Château Lafite. Les amateurs du cru seront toujours plus à l'aise avec les magnifiques 2008 et 2010 qu'avec le spectaculaire mais sans doute excessif 2009. Pagodes-de-Cos est devenu l'un des seconds vins les plus complets du Médoc.

Saint-Estèphe 2011

Rouge | Prix primeur HT : 115 € **18-18,5/20**

Tout petit rendement mais grande réussite : vin complet, coloré, d'une texture ample et harmonieuse, finale complexe, presque mentholée, admirable pureté dans sa prise de bois.

Saint-Estèphe 2009

Rouge | 2024 à 2039 | 500 € **17,5/20**

L'évolution du vin confirme son caractère exceptionnel, marqué par un taux d'alcool vraiment inhabituel en Médoc et une saveur de surmaturité qui ne plaira pas à tous. Il y a de l'élégance dans sa force monstrueuse mais pas de pureté d'expression du terroir.

Saint-Estèphe Pagodes 2011

Rouge | Prix primeur HT : 33 € **17-17,5/20**

Vin impressionnant par son potentiel aromatique et la maîtrise (immédiatement perceptible) de l'extraction d'un tanin harmonieux.

Saint-Estèphe Pagodes 2009

Rouge | 2019 à 2029 | 75 € **18/20**

Nez de myrtille très typé du millésime, taux d'alcool élevé, saveur très «rôtie» mais plus équilibrée que celle du grand vin, tanin mieux intégré. Un grand produit, original, dont on suivra avec une grande curiosité l'évolution.

CHÂTEAU COS LABORY

33180 Saint-Estèphe
Tél. 05 56 59 30 22 • Fax : 05 56 59 73 52
contact@cos-labory.com • www.cos-labory.com
Visite : Du lundi au vendredi, de 9h à 12h et de 14h à 18h.

Le cru possède une bonne partie de son vignoble sur des sols semblables à ceux de Cos d'Estournel. Il n'est pas administré avec autant de faste que son illustre voisin mais il a produit dans les derniers millésimes de très bons vins avec un caractère épicé

très savoureux. L'amateur à la recherche d'un cru classé de qualité pour un prix accessible trouvera ici son bonheur, d'autant que le second vin, Charme-de-Labory, plus souple mais fait avec soin, permet d'attendre le grand vin sans déchoir.

Saint-Estèphe 2011
Rouge | Prix primeur HT : 23 € **16-16,5/20**
Arôme noble de tabac et de cèdre, puissant, parfaitement équilibré et persistant : style parfait et encore une fois un rapport qualité-prix probable exemplaire. Du vrai et du pur saint-estèphe.

Saint-Estèphe 2009
Rouge | 2017 à 2021 | 32 € **16,5/20**
Belle texture classique de vin médocain, grande maturité du raisin, fin de bouche nette, assurée, vin bien fait et d'excellente longévité probable.

CHÂTEAU COUFRAN

33180 Saint-Seurin-de-Cadourne
Tél. 05 56 59 31 02 • Fax : 05 56 81 32 35
emiailhe@coufran-verdignan.com
www.chateau-coufran.com
Visite : Sur rendez-vous.

Haut-Médoc 2009
Rouge | 2013 à 2020 | 16 € **14,5/20**
Fruits rouges bien mûrs, bouche ronde et suave, avec des tanins encore un peu accrocheurs en finale.

CHÂTEAU CROIZET-BAGES

Rue du Port de la Verrerie • 33250 Pauillac
Tél. 05 56 59 01 62 • Fax : 05 56 59 23 39
bureaucb@domaines-quie.com
www.domaines-quie.com

Ce cru classé de Pauillac dispose d'un excellent terroir, jouxtant Lynch-Bages et Grand-Puy-Lacoste, mais jusqu'il y a peu le niveau de viticulture et de vinification était inférieur à ce qu'on peut exiger de son rang. Une nouvelle génération de la famille Quié est aux commandes et cherche à bien faire. Les vins récents sont en progrès certains et offrent un bon rapport qualité-prix, sans égaler cependant leurs pairs du classement. Le second vin manque de précision et de caractère.

Pauillac 2009
Rouge | 2019 à 2024 | 35 € **15/20**
Arôme strict d'épices et de tabac, beaucoup de puissance mais le tanin manque d'harmonie et de complexité par rapport aux autres cinquièmes crus de l'appellation.

Pauillac 2009
Rouge | 2017 à 2021 **14,5/20**
Arômes de tabac et de cèdre, dans l'esprit des cabernets, mais le tanin apparaît encore trop rêche pour un cru classé dans le cadre de notre dégustation à l'aveugle. Il faudrait revoir le vin dans cinq ans.

CHÂTEAU DAUZAC

33460 Labarde
Tél. 05 57 88 32 10 • Fax : 05 57 88 96 00
chateaudauzac@chateaudauzac.com
www.chateaudauzac.com
Visite : Du lundi au vendredi de 9h à 12h30 et de 14h à 18h. Le samedi en saison mêmes horaires.

Frère jumeau de Siran par l'emplacement de ses vignes, mais classé en 1855, Dauzac appartient à la MAIF et produit des vins corsés et colorés, dont les équipes techniques formées par André Lurton ont encore accentué le caractère depuis cinq ans. Une évolution vers plus de finesse était bienvenue et elle est en cours. Le soin pris à trier les vendanges a été payant en 2006, avec un vin très mûr et d'une vinosité qui a parfaitement résisté au traumatisme de la mise en bouteille. 2007 surpasse la plupart des crus de l'appellation et 2008 semble parti pour en faire autant. Le second vin, Bastide-de-Dauzac, montre le même soin dans son élaboration. Remarquable rapport qualité-prix.

Margaux 2011
Rouge | Prix primeur HT : 27 € **15-16/20**
Bien construit, moins nuancé que d'autres, tanin ferme, pas encore suffisamment affiné ce qui n'est pas vraiment grave pour un vin commençant à peine son élevage, et c'est bien là la limite de l'exercice de dégustations aussi précoces.

Margaux 2009
Rouge | 2017 à 2027 | 44 € **17,5/20**
Noble arôme de mûre, grande couleur, corps considérable, vin de grand format, complet, racé, vivement recommandé : chapeau à toute l'équipe du château.

CHÂTEAU DESMIRAIL

28, avenue de la Vème-République • 33460 Cantenac
Tél. 05 57 88 34 33 • Fax : 05 57 88 96 27
contact@desmirail.com • www.desmirail.com
Visite : Sur rendez-vous lundi au vendredi 9h à 12h et de 14h à 17h. En saison mêmes horaires toute la semaine.

Ce cru ne se présente jamais à son meilleur en primeurs car il joue plus sur la finesse aromatique que sur la plénitude de constitution. Dans les années intermédiaires, le raisin est sans doute cueilli un peu trop tôt mais c'est le goût de la famille Lurton. Le 2005 révèle beaucoup de souplesse et de franchise aromatique, avec un caractère authentiquement margalais. À partir de 2008, les choses changent et le cru gagne en personnalité immédiate à chaque nouveau millésime.

MARGAUX 2011
Rouge | Prix primeur HT : 21 € **16,5-17/20**
Le cru poursuit ses progrès : nez et bouche élégantes et précises, typicité margalaise affirmée, de la souplesse, du style mais aussi du potentiel de vieillissement grâce à des tanins cachant bien leur masse.

MARGAUX 2009
Rouge | 2015 à 2019 | env. 30 € **16,5/20**
Absolument délicieux, arrondi, complexe, finesse margalaise inimitable, assez long, se fera plutôt vite, progrès évidents et rapport qualité-prix excellent.

CHÂTEAU DEVISE D'ARDILLEY

33112 Saint-Laurent-Médoc
Tél. 05 57 75 14 26 • Fax : 05 57 75 14 26
devise.dardilley@terre-net.fr
Visite : De 10h à 12h et de 14h à 18h.

Constitué il y a vingt ans par le regroupement de parcelles, le Château Devise d'Ardilley compte aujourd'hui dix hectares de vignes en Haut-Médoc, rachetés en 2000 par les Philippe. Sans être le plus démonstratif, le vin affiche une belle régularité depuis quelques millésimes, dans un style plutôt savoureux.

HAUT-MÉDOC 2009
Rouge | 2012 à 2018 | 11 € **14,5/20**
Nez intense sur les fruits noirs, toucher de bouche soyeux et ample, tanins bien mûrs.

CHÂTEAU DEYREM VALENTIN

1, rue Valentin Deyrem • 33460 Soussans
Tél. 05 57 88 35 70 • Fax : 05 57 88 36 84
contact@chateau-deyrem-valentin.com
www.chateau-deyrem-valentin.com
Visite : Sur rendez-vous.

C'est en famille, aidé de ses deux filles Sylvie et Christelle, que Jean Sorge s'occupe de la propriété familiale, située en plein cœur de l'appellation Margaux, à Soussans. Un encépagement pratiquement égal entre merlot et cabernet-sauvignon, juste agrémenté de 1 % de carménère et 1 % de petit verdot, constitue les 13 hectares de la propriété. Les vins sont d'une grande élégance, à l'image du 2009.

MARGAUX 2009
Rouge | 2012 à 2020 | NC **14,5/20**
Arômes floraux au nez, bouche d'une grande finesse, délicate, arrondie, avec une finale ponctuée par des tanins soyeux.

CHÂTEAU DONISSAN

4, chemin de Martinon • 33480 Listrac
Tél. 0556580477 • Fax : 0556580445
chateau.donissan@wanadoo.fr
www.chateau-donissan.com

Propriété historique de Listrac, plutôt discrète, Donissan compte 10 hectares de vignes, en majeure partie occupées par des merlots. Marie-Véronique Laporte y produit un vin classique, dans le droit fil de l'appellation.

LISTRAC-MÉDOC 2009
Rouge | 2012 à 2018 | 10,50 € **14,5/20**
Nez sur le cassis bien mûr. Bouche avec de la droiture, équilibrée et de la fraîcheur. Tanins fins.

CHÂTEAU DOYAC

33180 Saint-Seurin de Cadourne
Tél. 05 56 59 34 49 • Fax : 05 56 59 74 82
chateau.doyac@wanadoo.fr • www.chateaudoyac.fr

Pour Max de Pourtalés, financier dans le secteur bancaire, 1998 marque un changement de cap radical. Ce passionné de vin a le coup de cœur pour le Château Doyac et son vignoble de 34 hectares, situé sur les croupes argilo-calcaires de la commune de Saint-Seurin-de-Cadourne, dont une bonne partie de coteaux orientés au sud. Finesse et élégance caractérisent les vins à dominante merlot produits par ce néo-vigneron, qui a vite pris le pli.

HAUT-MÉDOC 2009
Rouge | 2012 à 2018 | 12 € **14,5/20**
Nez aux notes grillées. Bouche fruitée et équilibrée, assortie d'une belle fraîcheur.

CHÂTEAU DUCRU-BEAUCAILLOU

33250 Saint-Julien-Beychevelle
Tél. 05 56 73 16 73 • Fax : 05 56 59 27 37
je-borie@je-borie-sa.com
www.chateau-ducru-beaucaillou.com

Ce cru célèbre peut donner un des trois ou quatre médocs les plus fins et les plus élégants, comme en 1961 ou 1970. Depuis 2003, son nouvel administrateur, Bruno Borie, lui a permis de retrouver son plus haut niveau, avec des vins d'une perfection formelle presque magique, sans aucune concession au goût international. Le second vin, la Croix-de-Beaucaillou, qui comprend des vignes remarquables achetées à Terrey Gros Cailloux, a fini par rejoindre les meilleurs de la catégorie depuis 2005. Un troisième saint-julien, Lalande-Borie, vieille marque estimée du négoce, désigne un vin souple et précoce, fort réussi en 2009, issu de vignes appartenant en 1855 au Château Lagrange. Depuis 2008, un superbe listrac, rebaptisé Fourcas-Borie après un rachat de vignes dans ce lieu-dit, montre ce qu'on peut produire dans l'appellation quand on travaille comme il faut. Toutes nos félicitations à la remarquable jeune œnologue de la propriété, Virginie Sallette.

SAINT-JULIEN 2011
Rouge | Prix primeur HT : 85 € **18-18,5/20**
Couleur intense, nez classique avec ses notes de graphite et de cèdre, densité remarquable de matière, tanin parfaitement civilisé mais ferme, grand avenir, vin magnifique !

SAINT-JULIEN 2009
Rouge | 2021 à 2034 | NC **19 /20**
Toujours aussi étonnant d'ampleur, de concentration et en même temps de clarté et de transparence dans l'expression du terroir, ce merveilleux 2009 est un des sommets du millésime à Bordeaux.

SAINT-JULIEN LA CROIX DE BEAUCAILLOU 2011
Rouge | Prix primeur HT : 27 € **16,5-17/20**
Arôme noble de cèdre, texture précise, sans maigreur, tanin racé lui aussi, un archétype de beau saint-julien.

SAINT-JULIEN LA CROIX DE BEAUCAILLOU 2009
Rouge | 2017 à 2024 | NC **17/20**
Second vin très racé, aux notes de cèdre et de graphite des plus grands terroirs du cœur du Médoc, parfaitement défini, merveilleusement ouvert le jour de la dégustation, mais qui se refermera certainement dans les prochaines années, provisoirement.

CHÂTEAU DUHART-MILON

33250 Pauillac
Tél. 05 56 73 18 18 • Fax : 05 56 59 26 83
visites@lafite.com • www.lafite.com
Visite : Sur rendez-vous.

Situé sur un remarquable plateau proche de Lafite mais sans les fameuses graves sur socle calcaire de ce dernier, Duhart-Milon a encore progressé, dans les derniers millésimes, vers une plus grande harmonie de constitution et un tanin plus racé et mieux intégré. Une bonne proportion de merlot continue à lui donner un moelleux de texture caractéristique, avec les nuances aromatiques de cèdre et d'épices propres au style des domaines Rothschild. Les millésimes récents sont en progrès constants et offrent un rapport qualité-prix largement supérieur à celui des Carruades. 2009 égalera les meilleurs crus de l'appellation.

PAUILLAC 2011
Rouge | Prix primeur HT : 69 € **17 -18/20**
Beaucoup de personnalité et de vinosité, bien dans l'esprit des vins des domaines Rothschild, avec une prédominance d'arômes de cèdre et de tabac, tanin ferme, pauillac exemplaire.

PAUILLAC 2009
Rouge | 2017 à 2029 | NC **17,5/20**
Magnifique nez de cèdre, texture racée à souhait, grande longueur, vin de très grand caractère, mais hélas les prix du millésime commencent à prendre la même hauteur.

CHÂTEAU DUPLESSIS

2036, Chalet • 33480 Moulis-en-Médoc
Tél. 05 56 58 02 55 • Fax : 05 56 58 15 10
contact@marielaurelurton.com
www.marielaurelurton.com

Passé dans le giron de la branche Lucien Lurton en 1983, le vignoble est géré depuis vingt ans par Marie-Laure Lurton, sa fille. La trentaine d'hectares, conduite en culture raisonnée, privilégie le merlot qui s'exprime particulièrement bien sur ces

sols argilo-sableux et argilo-marneux. Les vins sont d'un caractère plutôt avenant, souples et colorés.

Moulis 2009

Rouge | 2012 à 2018 | 12 € **14/20**

Couleur rubis, nez sur les fruits rouges frais. Bouche fraîche, bien constituée, équilibrée. Trame tannique fine, vin élégant sans aucune lourdeur.

CHÂTEAU DURFORT-VIVENS

3, rue du Général-de-Gaulle • 33460 Margaux
Tél. 05 57 88 31 02 • Fax : 05 57 88 60 60
infos@durfort-vivens.com • www.durfort-vivens.com
Visite : Sur rendez-vous.

Gonzague Lurton semble fort attaché à la progression de la qualité et de la réputation de son cru. Aussi passionné par les terroirs et le vrai style des vins de Margaux que son père Lucien, mais plus strict dans le travail quotidien, il a certainement contribué à renforcer le corps et la précision aromatique des derniers millésimes, avec parfois des tanins encore sévères. Ce ne sera pas le cas avec le très charmeur 2009.

Margaux 2009

Rouge | 2017 à 2027 | NC **16,5/20**

Beau nez expressif de prune bien mûre, texture veloutée, ensemble étonnant de sensualité immédiate pour ce cru parfois austère, tout le charme de 2009.

CHÂTEAU D'ESCURAC

Route d'Escurac • 33340 Civrac-en-Médoc
Tél. 05 56 41 50 81 • Fax : 05 56 41 36 48
contact@chateaudescurac.com
www.chateaudescurac.com
Visite : Du lundi au vendredi de 9h à 12h et de 13h30 à 17h. Le week-end sur rendez-vous.

Jean-Marc Landureau a repris en 1989 le domaine familial qui jusque-là livrait sa vendange à la coopérative, et signait son premier millésime l'année suivante. Les médocs produits ici sont de constitution très classique et misent plus sur un corps velouté et suave que sur la puissance. Le vin est devenu régulier et équilibré, son rapport qualité-prix est avantageux.

Médoc 2008

Rouge | 2015 à 2020 | 13 € **15/20**

Vin friand, texture suave et souple, avec des tanins croquants se terminant sur une finale fruitée, ensemble équilibré, discret, soigné. Bon classique.

CHÂTEAU FERRIÈRE

33 bis, rue de la Trémoille • 33460 Margaux
Tél. 05 57 88 76 65 • Fax : 05 57 88 98 33
infos@ferriere.com • www.ferriere.com
Visite : Sur rendez-vous.

Ce petit cru classé par rapport à la moyenne médocaine (10 hectares) produit des vins fermes pour son appellation, exigeant huit à dix ans de garde pour épanouir leur caractère margalais. 2009 ne sera pas une exception à cette nécessité.

Margaux 2011

Rouge | Prix primeur HT : 23 € **15-16/20**

Notes fraîches de poivron rouge au nez, ensemble ferme mais plus austère que la moyenne à ce stade, peu charmeur mais rigoureusement construit.

Margaux 2009

Rouge | 2019 à 2029 | cav. env. 42 € **15,5/20**

Beaucoup d'épices au nez et de notes ligneuses liées au tanin, vin tendu, riche en alcool, à la fin de bouche encore abrupte par rapport à celle de ses voisins, mais séveux et savoureux. 2009 exigeant et pour le moment pas prêt à boire.

CHÂTEAU FLEUR LA MOTHE

Route du Canyon • 33250 Pauillac
Tél. 05 56 59 67 06/05 56 62 35 01/06 87 14 89 66
Fax : 05 56 59 67 07
contact@chateaufleurlamothe.fr
www.chateaufleurlamothe.fr
Visite : Sur rendez-vous.

Médoc 2009

Rouge | 2014 à 2019 | 12 € **15/20**

Ce médoc est une œuvre commune entre les trois amis œnologues Henri Boyer, Antoine Médeville et Édouard Massie. Leur second millésime est finement boisé sans fatiguer pour autant la bouche. Tanins élégants, de densité moyenne, belle fraîcheur en finale, vin bien fait.

CHÂTEAU FONBADET

47, route des Châteaux • 33250 Pauillac
Tél. 05 56 59 02 11 • Fax : 05 56 59 22 61
pascale@chateaufonbadet.com
www.chateaufonbadet.com
Visite : Sur rendez-vous.

Pascale Peyronie perpétue la tradition familiale et protège le Château Fonbadet des convoitises de leurs riches voisins. Les 20 hectares de la propriété sont dominés à 60 % par le cabernet-sauvignon. Toujours aptes au vieillissement, ces vins aux notes de cèdre et de tabac havane ont gagné en raffinement et en suavité au cours des derniers millésimes.

PAUILLAC 2009
Rouge | 2012 à 2022 | 33,50 € **16/20**
Nez expressif sur les notes de cèdre, bouche intensément fruitée, souple, prolongée par des tanins fins.

CHÂTEAU FONRÉAUD

33480 Listrac-Médoc
Tél. 05 56 58 02 43 • Fax : 05 56 58 04 33
contact@vignobles-fonreaud.com
www.vignobles-fonreaud.com

C'est à cette «fontaine royale», dit-on, que le roi d'Angleterre Henri II se serait abreuvé lors d'une halte médocaine. La source est toujours là, au milieu du magnifique parc. Le vignoble, installé face au château sur des croupes graveleuses, est géré depuis trente ans par Jean et Marie-Hélène Chanfreau (la même famille qu'à Lestage). Le bordeaux blanc le-Cygne est une grande réussite, toujours impeccable de précision et de fraîcheur à chaque millésime. Les rouges progressent mais peuvent encore aller plus loin à notre sens.

LISTRAC-MÉDOC 2009
Rouge | 2012 à 2020 | 15 € **14/20**
Vin charmeur aux notes de torréfaction, la bouche est dense et vive, belle fraîcheur.

CHÂTEAU FOURCAS-DUPRÉ

Le Fourcas • 33480 Listrac-Médoc
Tél. 05 56 58 01 07 • Fax : 05 56 58 02 27
info@fourcasdupre.com • www.fourcasdupre.com
Visite : De 9h à 12h et de 14h à 17h30.

L'une des valeurs sûres de l'appellation Listrac. Une quarantaine d'hectares d'un seul tenant, sur un sol de graves légèrement argileuses. Patrice Pagès mène la propriété avec discernement, les vins sont généralement austères et fermés dans leur jeunesse mais gagnent leur élégance au fil des années.

LISTRAC-MÉDOC 2009
Rouge | 2014 à 2022 | 16 € **14,5/20**
Un fruit net au nez. Une bouche sur les fruits noirs et le cassis, avec beaucoup de fraîcheur. Impression de puissance dans le corps du vin. Bonne structure tannique.

CHÂTEAU FOURCAS-HOSTEN

2, place de l'Église • 33480 Listrac-Médoc
Tél. 05 56 58 01 15 • Fax : 05 56 58 06 73
contact@fourcas-hosten.com
www.fourcas-hosten.com
Visite : Du lundi au vendredi de 9h à 12h et de 14h à 17h.

Les vins bénéficient d'une nouvelle impulsion depuis l'arrivée à la tête de ce joli cru de la famille Momméja en 2006. Renaud et Laurent Momméja ont entrepris d'importants travaux de rénovation, aussi bien des chais que de la chartreuse, le vignoble de 47 hectares a également été restructuré. Depuis, les vins ne cessent de progresser, gagnant en précision et en finesse. L'arrivée de Caroline Artaud, directrice technique, avec la complicité d'Éric Boissenot, œnologue reconnu, les y a aidés.

LISTRAC-MÉDOC 2010
Rouge | 2015 à 2020 | NC **15,5/20**
Très sérieusement construit, avec un tanin qui retrouve un vrai soyeux de texture et un fruit bien exprimé.

LISTRAC-MÉDOC 2009
Rouge | 2012 à 2020 | 17 € **15/20**
Un joli fruit croquant, belle longueur, il faudra attendre un peu afin que les tanins se fondent dans le corps du vin.

CHÂTEAU GISCOURS

10, route de Giscours • 33460 Margaux
Tél. 05 57 97 09 09 • Fax : 05 57 97 09 00
giscours@chateau-giscours.fr
www.chateau-giscours.fr
Visite : Sur rendez-vous.

Les vignes appartiennent toujours à la famille Tari mais le vin est élaboré par les talentueux Alexander van Beek et Jacques Pellissié, sous la direction d'Éric Albada Jelgersma, fermier de la propriété, gravement handicapé depuis un terrible accident mais toujours impliqué dans un domaine qu'il a remis

sur de bons rails. En raison de son terroir, ce cru donne un margaux particulièrement coloré et corsé, de très longue garde, avec un caractère assez différent des crus de la partie nord de l'appellation. Quand il est réussi, il peut rivaliser avec Palmer mais les prix restent infiniment plus raisonnables que chez son rival. Le cru a brillé entre 2000 et 2005, un peu moins en 2006 et 2007, mais tout est mis en œuvre pour qu'il revienne à son vrai niveau, ce que confirment les splendides 2009, 2010 et 2011 (ce dernier étant peut-être le plus fin des trois).

MARGAUX 2011

Rouge | Prix primeur HT : 33 € **18/20**

Une des grandes réussites de l'année, avec une robe bleu-noir étonnante pour Margaux, un arôme floral d'une pureté saisissante et des tanins au soyeux tout aussi étonnant, indiquant une maturité idéale du raisin. Bravo !

MARGAUX 2009

Rouge | 2019 à 2029 | 50 € **17,5/20**

Grand nez de cèdre, boisé sensible mais racé, corps et tanins épicés, grand millésime évident, quelques voisins ont peut-être fait encore plus fin.

CHÂTEAU DU GLANA

5, rue Glana • 33250 Saint-Julien-Beychevelle
Tél. 05 56 59 06 47 • Fax : 05 56 59 06 51
contact@chateau-du-glana.com
www.chateau-du-glana.com
Visite : Sur rendez-vous.

Faisant face au Château Ducru-Beaucaillou à Saint-Julien, cette propriété appartient à la famille Meffre. C'est Gabriel Meffre, pépiniériste dans le Vaucluse, qui en fit l'acquisition en 1961. Aujourd'hui ses petit-fils, Ludovic et Julien, s'en occupent avec passion, y produisant des vins onctueux. Par ailleurs la famille est également propriétaire du Château Bellegrave à Pauillac.

SAINT-JULIEN 2009

Rouge | 2012 à 2022 | 22 € **15/20**

Notes de fruits noirs, de mûre, de vanille. Bouche onctueuse, sphérique, un boisé bien maîtrisé laisse la part belle au fruits.

La note des bordeaux 2011 dégustés en primeur peut bien entendu évoluer après les assemblages définitifs et leur mise en bouteille fin 2013.

CHÂTEAU GLORIA

33250 Saint-Julien-Beychevelle
Tél. 05 56 59 08 18 • Fax : 05 56 59 16 18
contact@domaines-martin.com
www.domaines-henri-martin.com
Visite : Du lundi au vendredi, de 8h à 12h et de 14h à 18h sur rendez-vous. Fermeture à 16h le vendredi.

Superbement situé sur la commune de Saint-Julien-Beychevelle, et entouré de nobles pairs, Château Gloria appartient aujourd'hui à Jean-Louis Triaud et à son épouse, la fille d'Henri Martin, son «créateur» (tout comme le Château Saint-Pierre). Cette propriété a depuis cinq ans retrouvé la plénitude de ses qualités, dont un fruit pur et une trame souple, et entend bien rivaliser avec ses illustres voisins crus classés. Ses 44 hectares de graves günziennes peuvent y prétendre et le vin, à majorité de cabernet-sauvignon, est en très bonne voie.

SAINT-JULIEN 2011

Rouge | Prix primeur HT : 25 € **15/20**

Fruit bien dégagé, texture plutôt confortable, vin de caractère, harmonieux, assez souple pour une consommation agréable d'ici 5 à 6 ans.

SAINT-JULIEN 2009

Rouge | 2012 à 2022 | 38 € **16/20**

Vin élégant, belle densité aromatique. Bouche souple et suave sur des notes de cassis et de mûres, finement boisée. Finale réglissée.

GOULÉE BY COS D'ESTOURNEL

33180 Saint-Estèphe
Tél. 05 56 73 15 50 • Fax : 05 56 59 72 59
estournel@estournel.com • www.estournel.com
www.michelreybier.com
Visite : Sur rendez-vous pour professionnels et non professionnels sur rendez-vous.

Goulée est un projet conçu et conduit brillamment à terme par Jean-Guillaume Prats : le principe est d'appliquer dans le vignoble méconnu du nord du Médoc la même discipline de travail que dans les plus grands crus. Il fallait croire en son terroir et cette confiance est justifiée, le vin a de la vigueur, de la sève et un bouquet racé et complexe, qui fait regretter que si peu d'autres crus du secteur travaillent avec autant de rigueur. Le domaine produit également un blanc.

MÉDOC 2009

Rouge | 2017 à 2021 | 20 € **14,5/20**

Un médoc friand, généreux, en harmonie, texture ferme et solide, vinification impeccable.

CHÂTEAU GRAND-PUY-DUCASSE

4, quai Antoine-Ferchaud • 33250 Pauillac
Tél. 05 56 59 00 40 • Fax : 05 56 59 36 47
contact@cagrandscrus.fr • www.cagrandscrus.com
ou www.grandpuyducasse.fr
Visite : Visites réservées aux professionnels, du lundi au vendredi, de 9h à 12h et de 14h à 17h sur rendez-vous.

Ce cru est issu de plusieurs parcelles, dont l'ensemble devrait constituer une bonne synthèse de l'appellation Pauillac. Des efforts certains, à commencer par la construction d'un nouveau cuvier, ont été entrepris dans les années 1990, sans que la qualité n'atteigne encore le niveau des meilleurs cinquièmes crus classés de l'appellation. La progression a été réelle mais irrégulière depuis 2005, mais le meilleur est encore pour demain, car le Crédit Agricole donne enfin depuis deux ans aux responsables de la vinification les moyens dont ils manquaient.

PAUILLAC 2009
Rouge | 2017 à 2027 | cav. 40 € **15/20**
Petites notes de suie et de créosote au nez, qui semblent propres au terroir du cru, puissant, charnu mais encore un peu raide dans son tanin.

CHÂTEAU GRAND-PUY-LACOSTE

Domaines F.X. Borie - B.P. 82 • 33250 Pauillac
Tél. 05 56 59 06 66 • Fax : 05 56 59 22 27
dfxb@domainesfxborie.com
Visite : Sur rendez-vous de 9h30 à 12h et de 14h à 16h30. Réservé aux professionnels.

Un des meilleurs terroirs de Pauillac et l'un des crus classés les plus réguliers. Grand-Puy-Lacoste, GPL pour les initiés, est désormais pleinement sous la coupe de François-Xavier Borie, qui a procédé à une modernisation complète des installations techniques. De vieilles vignes de cabernet-sauvignon donnent au cru sa remarquable vinosité et ses arômes épicés très nobles. Dans les grands millésimes, il gagne énormément à vieillir quinze ans ou plus en bouteille. Les derniers millésimes ont progressé en précision dans la définition aromatique et en raffinement de tanin, et dans les grands millésimes comme 2005 ou 2009 il égale les bons seconds crus classés.

PAUILLAC 2011
Rouge | Prix primeur HT : 44 € **17-17,5/20**
Vin de construction et d'expression d'un classicisme revendiqué et apprécié, texture serrée, tanin fin mais encore ferme et pas complètement intégré.

PAUILLAC 2009
Rouge | 2019 à 2029 | cav. env. 85 € **18/20**
Remarquable équilibre, tanin noble, tension de très grand terroir, élevage dans la grande tradition médocaine. Un classique.

CHÂTEAU GREYSAC

18, route de By • 33340 Bégadan
Tél. 05 56 73 26 56 • Fax : 05 56 73 26 58
info@greysac.com • www.greysac.com
Visite : Du lundi au vendredi, de 9h à 12h30 et de 13h30 à 17h30, le week-end sur rendez-vous.

Vaste propriété de la commune de Bégadan, Greysac produit en volume confortable un vin plein de finesse et de fraîcheur épicée, ce qui devient rare, avec d'étonnantes notes de poivron rouge qu'il ne faut surtout pas prendre pour de la verdeur, et qui deviennent racées au long vieillissement. Les amateurs de vrais médocs apprécieront. Un 2009 agréablement charnu et plus charmeur que les millésimes précédents.

MÉDOC 2009
Rouge | 2017 à 2022 | 19 € **15/20**
Un médoc solide, savoureux, aux tanins fermes bien mûrs, riches. L'année chaleureuse lui est bénéfique, bon équilibre, il mérite être décanté avant le service.

CHÂTEAU GRIVIÈRE

33340 Blaignan
Tél. 05 56 73 31 51 • Fax : 05 56 73 31 52
cgr@domaines-cgr.com • www.domainescgr.com
Visite : Du lundi au vendredi de 9h à 12h et de 13h30 à 17h sauf le vendredi jusqu'à 12h.

Cet ensemble au nord de la presqu'île du Médoc appartint aux Domaines Rothschild jusqu'en 1990, l'année où le financier Charloux le reprit. Il regroupe trois propriétés aux styles très complémentaires, dont le Château Grivière, qui produit des vins structurés et bâtis pour vieillir. La spécialité des Domaines CRG (Cardonne Ramafort Grivière) est d'ailleurs la vente de millésimes prêts à boire.

MÉDOC 2009
Rouge | 2017 à 2020 | 14 € **14/20**
Nez toasté, tanins serrés, avec de la chair. Un peu austère pour un millésime aussi charmeur.

CHÂTEAU GRUAUD-LAROSE

33250 Saint-Julien-Beychevelle
Tél. 05 56 73 15 20 • Fax : 05 56 59 64 72
gl@gruaud-larose.com • www.gruaud-larose.com

Le vaste vignoble du château est situé sur l'un des plus somptueux et homogènes plateaux de graves profondes de tout le Médoc. Il produit grâce à cela une quantité importante de vins d'une régularité connue de tous. Le cru allie parfaitement force et finesse, et cache souvent en primeurs l'ampleur de sa charpente, qui ne se révèle pleinement qu'après vingt ou trente ans de garde. Les notes animales mêlées aux arômes classiques de cèdre et de tabac, et qu'on attribuait au terroir, ont disparu aujourd'hui, ce qui n'est pas pour nous déplaire. La sagesse de Jean Merlaut, administrateur du domaine, se sent dans l'évolution actuelle du cru, plus propre, plus précis que par le passé mais avec la même générosité de bouquet et le même charme de texture. Le second vin, Sarget, est plus irrégulier.

Saint-Julien 2009

Rouge | 2019 à 2027 | NC **17,5/20**

Charnu et épicé, raisin bien mûr, texture riche et suave, belle longueur, beaucoup de sève et d'équilibre, très saint-julien.

Saint-Julien Sarget 2009

Rouge | 2014 à 2019 | NC **14/20**

Beaucoup de réduction au nez, avec une note animale finalement assez rare dans le millésime, on souhaiterait plus de finesse et de précision, mais c'est facile à boire et à comprendre.

CHÂTEAU HAUT-BAGES LIBÉRAL

Saint-Lambert • 33250 Pauillac
Tél. 05 57 88 76 65 • Fax : 05 57 88 98 33
chateau@ferriere.com, info@ferriere.com
www.hautbagesliberal.com
Visite : Sur rendez-vous.

Une partie du vignoble jouxte celui de Château Latour et contribue beaucoup à la force d'expression de ce pauillac très corsé et généreux, qui finit en bouteille toujours plus complexe et abouti qu'on ne l'imagine en goûtant en primeurs, sauf peut-être en 2006. Son rapport qualité-prix reste très attractif et infirme les idées préconçues sur les tarifs trop élevés des vins de Bordeaux. Le millésime 2009 s'est parfaitement comporté dans nos dégustations comparatives après mise et montre pleinement le potentiel du cru.

Pauillac 2011

Rouge | Prix primeur HT : 26 € **15,5-16,5/20**

Ressemble un peu à Clerc Milon par la présence d'une acidité assez mordante, beaucoup de corps et de potentiel de terroir mais pour le moment peu de charme.

Pauillac 2009

Rouge | 2019 à 2027 | cav. env. 40 € **17/20**

Nez puissant, ouvert et fort typé de cèdre et de tabac, grand volume de bouche, tanin puissant et harmonieux, niveau d'alcool élevé mais sans déséquilibre, beaucoup de personnalité et de style.

CHÂTEAU HAUT-BAGES MONPELOU

86-90, cours Balguerie-Stuttenberg
33300 Bordeaux
Tél. 05 56 00 00 70 • Fax : 05 57 87 48 61
domaines@borie-manoux.fr
Visite : Sur rendez-vous.

Propriété de Philippe Castéja, président du Conseil des Crus Classés en 1855, également propriétaire du Château Batailley à Pauillac et de Trottevieille à Saint-Émilion. La distribution en est assurée par la maison de négoce Borie-Manoux. Les vins toujours corsés ont gagné en finesse au cours des derniers millésimes.

Pauillac 2009

Rouge | 2012 à 2020 | 20 € **14,5/20**

D'une structure imposante, ce pauillac n'en est pas moins charmeur. Bouche fruitée et souple, complétée d'une belle fraîcheur, il accompagnera les viandes grillées.

CHÂTEAU HAUT-BATAILLEY

33250 Pauillac
Tél. 05 56 59 06 66 • Fax : 05 56 59 22 27
dfxb@domainesfxborie.com

Ce cru est issu d'un partage de Batailley entre les familles corréziennes Borie et Castéja. Les terroirs sont assez semblables mais les vins témoignent de caractères différents, liés à la personnalité des propriétaires. François-Xavier Borie cherche à Haut-Batailley la finesse ainsi qu'une certaine souplesse, pour le différencier de Grand-Puy-Lacoste et, à quelques exceptions près, il y réussit parfaitement. À Batailley, Philippe Castéja obtient plus de vinosité et un caractère pauillac plus affirmé. Haut-Batailley semble avoir gagné en force de caractère depuis 2005, et son rapport qualité-prix devient donc plus attractif que jamais.

Pauillac 2011
Rouge | Prix primeur HT : 26,50 € **16/20**
Un peu moins de vinosité et de complexité que Grand Puy, mais d'une texture plus immédiatement élégante, contredite immédiatement par un tanin strict. Joli vin mais vin d'amateur.

Pauillac 2009
Rouge | 2017 à 2029 | cav. env. 40 € **17/20**
Belle réussite, beaucoup de distinction et de définition, fraîcheur étonnante dans ce millésime de soleil, tanin sur le cèdre parfaitement pauillac.

CHÂTEAU HAUT-BEYZAC

Le Parc • 33180 Vertheuil
Tél. 05 57 32 65 15 • Fax : 05 57 32 99 38
chateau-des-tourtes@orange.fr
www.chateauhautbeyzac.fr
Visite : Du lundi au vendredi, de 8h30 à 18h30, le week-end sur rendez-vous.

Cette propriété de Vertheuil, rachetée en 1997 par la famille Raguenot Lallez Miller, a produit son premier millésime en 2001. Nous avons préféré la cuvée O'Peyrat au grand vin, pour sa gourmandise plus immédiate.

Haut-Médoc La cuvée O'Peyrat 2009
Rouge | 2012 à 2018 | 8,50 € **13,5/20**
Ce vin charmeur, à la bouche souple et ronde, au boisé moderniste, est séduisant.

CHÂTEAU HAUT-CONDISSAS ET CHÂTEAU ROLLAN DE BY

3, route du Haut-Condissas • 33340 Bégadan
Tél. 05 56 41 58 59 • Fax : 05 56 41 37 82
infos@rollandeby.com • www.rollandeby.com
Visite : Du lundi au vendredi, de 10h à 12h et de 14h à 17h30 sur rendez-vous de préférence, le week-end sur rendez-vous uniquement.

Jean Guyon a créé, dans son vignoble de Bégadan, deux marques au caractère bien distinct. Haut-Condissas est issu d'un vignoble supérieur en qualité et cultivé de façon plus exigeante. Le vin possède le nez épicé et la sève d'un très beau cru classique du cœur du Médoc. Rollan de By est un vin plus simple mais soigné, adroitement assemblé pour associer vigueur et souplesse. Les derniers millésimes sont tous réussis et recommandables. Un peu moins de bois neuf et plus de raffinement dans leur expression et les vins se mesureront bientôt aux meilleures expressions de l'appellation.

Médoc Rollan de By 2009
Rouge | 2017 à 2020 | 16,35 € **14,5/20**
Fidèle à son style d'un boisé neuf très prononcé, bouche fraîche, intense, bonne texture, tanins solides et fermes, la finale est encore dominée par le chêne.

CHÂTEAU HAUT-MARBUZET

Vignobles H. Duboscq & Fils • 33180 Saint-Estèphe
Tél. 05 56 59 30 54 • Fax : 05 56 59 70 87
infos@haut-marbuzet.net
Visite : Sur rendez-vous.

Ce cru mondialement connu se trouve à Marbuzet, coteau faisant face à la Gironde. Son vignoble est situé à mi-chemin entre Cos d'Estournel et Montrose. Henri Dubosq, figure incontournable du Médoc, vinifie les vins de la propriété depuis 1982, et au fil des années a donné rondeur et volupté à ses vins.

Saint-Estèphe 2009
Rouge | 2013 à 2025 | 32 € **17/20**
Toujours d'une couleur sombre, ce 2009 aux notes de fruits noirs, cassis, myrtille, offre une bouche ronde et crémeuse, d'une grande longueur, avec une finale fruitée.

CHÂTEAU HAUT-MAURAC

Route de Mazails • 33340 Saint-Yzans-de-Médoc
Tél. 05 57 51 34 86 • Fax : 05 57 51 94 59
contact@lvod.fr
Visite : Sur rendez-vous.

Le vignoble, acheté par Olivier Decelle en 2000, s'étend sur une croupe de graves garonnaises descendant en pente douce vers la Gironde, où il profite d'un microclimat particulièrement propice à la maturité des raisins. Sous la houlette du consultant Stéphane Derenoncourt (qui vient de mettre un terme à sa collaboration), les vins ont gagné en régularité et en harmonie avec des tanins plus veloutés et une expression de fruit de raisin mûr. Ils ont un bon potentiel de vieillissement.

Médoc 2008
Rouge | 2016 à 2021 | 15 € **15/20**
Beau velouté de texture, avec des notes discrètes de torréfaction et de poivron frais, vineux mais élégant et précis avec des tanins fins et longs, style sûr et vieillissement assuré.

CHÂTEAU HAUT-BELLEVUE

10, chemin des Calinottes • 33460 Lamarque
Tél. 05 56 58 91 64 • Fax : 05 56 58 50 64
contact@chateauhautbellevue.fr
www.chateauhautbellevue.fr
Visite : Sur rendez-vous du lundi au vendredi de 9h à 12h et de 13h30 à 17h.Possibilité de rendez-vous le week-end.

Avec Grand-Tayac à Margaux, les Roses exploitent là deux jolis vignobles. Situé sur la commune de Lamarque, Haut-Bellevue occupe des sols de graves, les efforts consentis au chai ont contribué à hausser la qualité des vins. Ce millésime 2009 est sur la bonne voie.

Moulis 2009
Rouge | 2012 à 2018 | 15 € **14,5/20**
D'une couleur rubis foncé, ce vin offre un nez fin et précis. Sa bouche aux notes de fruits noirs est équilibrée, et assortie d'une belle longueur. La finale est constituée par des tanins fins.

CHÂTEAU HAUT-BRETON LARIGAUDIÈRE

3, rue des Anciens Combattants • 33460 Soussans
Tél. 05 57 88 94 17 • Fax : 05 57 88 39 14
contact@de-mour.com • www.de-mour.com

On ne peut manquer de voir cette jolie bâtisse au milieu d'un parc en plein cœur du village de Soussans, l'une des cinq communes constituant l'appellation Margaux. Les vins produits ont de la puissance tout en conservant l'élégance margalaise. Nous avons été séduits par la cuvée le-Créateur, hommage à Émile de Schepper, qui acheta cette propriété en 1964.

Margaux cuvée Le Créateur 2009
Rouge | 2012 à 2018 | 29 € **14/20**
De beaux fruits bien mûrs constituent la bouche de ce vin séduisant, élégant, au boisé fin. Pur style margalais.

La note des bordeaux 2011 dégustés en primeur peut bien entendu évoluer après les assemblages définitifs et leur mise en bouteille fin 2013.

CHÂTEAU D'ISSAN

B.P. 5 • 33460 Cantenac
Tél. 05 57 88 35 91 • Fax : 05 57 88 74 24
issan@chateau-issan.com • www.chateau-issan.com
Visite : Sur rendez-vous.

Situé sur d'excellentes terres de graves en bordure de Gironde, ce cru de Margaux possède le château le plus réussi et le plus authentique dans son architecture du sud du Médoc. Le vin peut sembler réservé à sa naissance mais le vieillissement lui apporte le raffinement de bouquet et de texture qu'on attend d'un troisième cru classé. Emmanuel Cruse est certainement l'administrateur le plus ambitieux que le cru ait connu, et la sévérité de ses sélections se sent dans le progrès de constitution des derniers millésimes, qui ne nuit pas à la finesse. Ce cru progressera encore, avec quelques petits réglages de vinification.

Margaux 2011
Rouge | Prix primeur HT : 38 € **16-16,5/20**
Ensemble tendu, serré, dotés de tanins plutôt austères et appuyés mais avec la pleine préservation du cachet du terroir. Il faudra enrober ce socle tannique par un élevage adroit.

Margaux 2009
Rouge | 2017 à 2027 | cav. 70 € **17 /20**
Élégance évidente, jolies notes épicées en bouche, tanin harmonieux, plus délié et détendu que ses voisins, un peu moins dense.

CLOS DU JAUGUEYRON

45, rue de Guiton • 33460 Arsac
Tél. 05 56 58 89 43 • Fax : 05 56 58 89 43
theron.michel@wanadoo.fr • www.biturica.com
Visite : Sur rendez-vous

Cette petite propriété, partagée entre les terroirs de Margaux et du Haut-Médoc, se révèle depuis plusieurs années comme l'une des plus régulières du secteur. Michel Theron a su réaliser des vins sans artifice, longs et profonds, avec un caractère élancé loin de toute lourdeur. C'est une adresse sûre.

Haut-Médoc 2010
Rouge | 2014 à 2024 | 16 € **17/20**
Notes de mûres au nez. Toucher de bouche remarquable de finesse et d'élégance, grande matière, suave et généreuse, une extraction précise, lui laissant tout son côté aérien.

Haut-Médoc 2009
Rouge | 2014 à 2022 | 16 € **16/20**
Nez fin sur les fruits noirs bien mûrs. Bouche séveuse et harmonieuse. Tanins élégants.

Margaux 2010
Rouge | 2014 à 2025 | 52 € **17/20**
Michel Théron a une nouvelle fois réalisé un grand millésime pour son margaux. Généreux et suave, avec un fruit superbe, tanins soyeux et raffinés.

Margaux 2009
Rouge | 2014 à 2025 | épuisé **17,5/20**
Vin construit pour la garde, beaucoup de complexité, profond et complexe au niveau de l'aromatique. La bouche est dense, sur un fruit croquant, de la longueur et un très joli grain de tanin.

CHÂTEAU KIRWAN

33460 Cantenac
Tél. 05 57 88 71 00 • Fax : 05 57 88 77 62
mail@chateau-kirwan.com
www.chateau-kirwan.com
Visite : Du lundi au samedi.

Les derniers millésimes confirment les progrès accomplis depuis dix ans sur ce remarquable terroir margalais : les vins ont gagné en pureté d'expression du raisin et du terroir et expriment avec charme mais aussi profondeur toute la valeur du terroir. Par ailleurs un remarquable rajeunissement des bâtiments d'accueil met le cru au premier rang pour le développement de l'œnotourisme.

Margaux 2011
Rouge | Prix primeur HT : 33 € **17-17,5/20**
Nez noble, sans la moindre surcharge, excellente prise de bois, chair remarquable habillant parfaitement un support tannique particulièrement ferme. Grand avenir.

Margaux 2009
Rouge | 2017 à 2027 | 67 € **16,5 /20**
Puissant, charnu, complexe, boisé un rien trop lourd, grand avenir, 2010 sera plus élégant et tout aussi riche.

CLOS LA BOHÈME

7, chemin du Bord-de-l'Eau • 33460 Macau
Tél. 05 57 10 03 70 • Fax : 05 57 10 02 00
chateau-beau-rivage@nadali.fr
www.chateau-beau-rivage.com
Visite : 11h-13h et 15h-19h juin juillet août
- sur rendez-vous le reste de l'année.

Dans le secteur de Macau, ce tout petit vignoble de trois hectares a été créé en 2002 par Christine Nadalié, également directrice commerciale de la tonnellerie familiale éponyme. Œnologue et seule aux commandes, elle produit en agriculture biologique un unique vin à dominante de cabernet-sauvignon, servi par un boisé assez présent, dans un style moderne.

Haut-Médoc 2009
Rouge | 2012 à 2020 | 19,50 € **16/20**
Notes de fruits noirs et d'épices fines, structure d'une grande densité, tanins soyeux.

CHÂTEAU LA CARDONNE

Route de la Cardonne • 33340 Blaignan
Tél. 05 56 73 31 51 • Fax : 05 56 73 31 52
cgr@domaines-cgr.com • www.domaines-cgr.com
Visite : Du lundi au vendredi, de 8h30 à 12h et de 14h à 16h30. Sauf le vendredi après midi.

Cet ensemble au nord de la presqu'île du Médoc appartint aux Domaines Rothschild jusqu'en 1990, l'année où le financier Charloux le reprit. Il regroupe trois propriétés aux styles très complémentaires, dont La Cardonne, 45 hectares plantés sur des graves argilo-calcaires, qui produit des vins complexes, frais et fruités. La spécialité des Domaines CGR (Cardonne Grivière Ramafort) est la vente de millésimes prêts à boire. La cave s'est dotée d'un outil de vieillissement moderne qui permet de stocker les neuf derniers millésimes dans des conditions idéales, à dix mètres de profondeur. En 2009, toute la gamme est un cran en-dessous des 2008 mais s'affinera avec quelques années en bouteille.

Médoc 2009
Rouge | 2017 à 2021 | 16 € **14/20**
L'ensemble de la gamme des Domaines CGR est un peu décevant en 2009. La Cardonne peine pour échapper à la règle. Son nez d'épices, de girofle et de cannelle est plaisant, avec les tanins les plus souples, les plus polis et les plus charmeurs des trois vins. Il doit vieillir pour plus d'harmonie.

CHÂTEAU LA LAGUNE

33290 Ludon-Médoc
Tél. 05 57 88 82 77 • Fax : 05 57 88 82 70
contact@chateau-lalagune.com
www.chateau-lalagune.com
Visite : Sur rendez-vous.

Dans ses somptueuses installations techniques récentes, le cru a beaucoup gagné en pureté aromatique et en définition, tout en conservant un caractère très individuel, né des terroirs de graves particuliers de Ludon et d'un encépagement faisant appel à une bonne proportion de petit verdot. Le grand vin joue de plus en plus sur l'harmonie et la finesse, en communion totale d'esthétique entre Caroline Frey, fille du propriétaire, et son consultant Denis Dubourdieu.

Haut-Médoc 2011

Rouge | Prix primeur HT : 42 € **16 -16,5/20**

Forte couleur, vin tendu et strict, tanin racé et plus à nu que dans des millésimes précédents, style médocain classique, à attendre !

Haut-Médoc 2009

Rouge | 2019 à 2029 | env. 73 € **16,5/20**

Matière de grand millésime, ensemble ample, savoureux, chaleureux, tanin discipliné, boisé encore un peu démonstratif.

CHÂTEAU LA TOUR CARNET

Route de Saint-Julien-Beychevelle
33112 Saint-Laurent-du-Médoc
Tél. 05 56 73 30 90 • Fax : 05 56 59 48 54
latour@latour-carnet.com • www.bernard-magrez.com, www.chateau-latourcarnet.com/

Sous la direction avisée et ambitieuse de Bernard Magrez et avec la collaboration de Michel Rolland, le cru s'est considérablement modernisé en dix ans, affirmant de plus en plus son originalité de terroir, une superbe croupe calcaire donnant des merlots de grande classe. Le vin, riche et voluptueux, incarne la modernité médocaine avec beaucoup de générosité, parfois au détriment de la finesse pure. Le second vin, Douves-de-Carnet, est fait dans le même esprit que le grand vin. La propriété produit aussi un blanc sec très vigoureux et savoureux.

Haut-Médoc 2011

Rouge | Prix primeur HT : 23 € **16/20**

Forte couleur, dans un millésime qui n'en manque pourtant pas, arômes racinaires, entre l'iris et la truffe, construction précise et ample en bouche, extraction importante, tanin un peu austère.

Haut-Médoc 2009

Rouge | 2019 à 2029 | 46 € **16/20**

Nez puissant et ouvert, renforcé par des notes de torréfaction liées à la barrique, excellent volume de bouche, tanin voluptueux pour un médoc, teneur en alcool élevée, vin solaire mais très savoureux.

Haut-Médoc Les Douves de la Tour Carnet 2009

Rouge | 2013 à 2015 | NC **14,5/20**

Joli vin très souple, fruité, pur, facile à boire mais avec un caractère médocain épicé qui plaira au connaisseur. Parfait à boire dans les cinq ans.

CHÂTEAU LA TOUR DE BY

5, route de la Tour de By • 33340 Bégadan
Tél. 05 56 41 50 03 • Fax : 05 56 41 36 10
info@la-tour-de-by.com • www.la-tour-de-by.com
Visite : De 8h à 12h et de 13h30 à 17h30 (le vendredi à 16h30) Le week-end en juillet et août.

Ce cru classique de Bégadan se divise en deux parties : l'une autour du château, en bord de rivière, sur des graves magnifiques comparables à celles de Montrose ou Sociando-Mallet, l'autre vers Saint-Christoly. Le vin a toujours été soigneusement élaboré mais sans ambition, sans doute pour conserver un excellent rapport qualité-prix. Il vieillit beaucoup mieux que ses voisins grâce à la qualité de son terroir. Il semble que le cru amorce les progrès tant attendus de sévérité dans la sélection : le 2009 rejoint les grands millésimes classiques des années 1980, vinifié sans excès pour un plaisir très digeste. La cuvée haut de gamme, Héritage-Marc-Pagès, est le fruit d'une sélection d'un demi hectare, elle nécessite quelques années de vieillissement pour intégrer l'élevage de 18 mois en barriques neuves.

Médoc 2009

Rouge | 2014 à 2019 | 18 € **14,5/20**

La classe attendue : arôme chocolaté avec d'agréables notes de poivron rouge, souple, charmeur, de stature moyenne, bel équilibre, accessible rapidement.

Médoc Héritage Marc Pagès 2009

Rouge | 2015 à 2020 | 32 € **14,5/20**

2009 permet de donner plus de matière à cette cuvée, un boisé qui ne passe pas inaperçu et une vinification qui mise sur l'extraction, finale longue et intense sur des notes toastées.

CHÂTEAU LA TOUR DE MONS

33460 Soussans

Tél. 05 57 88 33 03 • Fax : 05 57 88 32 46

Sur l'aire d'appellation Margaux, la Tour de Mons est un vaste et ancien vignoble de 100 hectares, co-propriété de la Caisse des Dépôts du Québec depuis 1995, rejointe dernièrement par le Crédit Agricole. Les investissements consentis dans le chai autant que dans le vignoble ont contribué à redorer le blason de ce beau terroir et les vins, sous l'influence de la nouvelle directrice technique Christel Spinner, ont retrouvé leur rang.

MARGAUX 2009

Rouge | 2012 à 2018 | 14 € **15/20**

Toujours de conception classique, ce 2009 est solide. Nez intense de fruits rouges, notes de moka. Beau toucher de bouche onctueux et soyeux, tanins harmonieux.

CHÂTEAU LABÉGORCE

33460 Margaux

Tél. 05 57 88 71 32 • Fax : 05 56 88 35 01

marquis@chateau-marquis-dalesme.fr • www.chateau-marquis-dalesme.fr

Visite : De 9h à 12h30 et de 13h30 à 17h.

Depuis 2009, Labégorce et Labégorce-Zédé ne font plus qu'un. Cette fusion est due à la réorganisation des propriétés margalaises de la famille Perrodo. Marjolaine de Conninck arrive à la direction générale des propriétés en 2010. Les vins produits n'ont rien perdu de leur identité, de leur finesse et de leur élégance, mais avec aujourd'hui plus de modernité.

MARGAUX 2009

Rouge | 2012 à 2020 | env. 20 € **15,5/20**

Vin sans aucune exubérance, un joli fruit préservé, une bouche toute en élégance, les tanins enrobent la finale.

CHÂTEAU LAFITE-ROTHSCHILD

33250 Pauillac

Tél. 05 56 73 18 18 • Fax : 05 56 59 26 83

clesure@lafite.com • www.lafite.com

Visite : Sur rendez-vous par fax ou par mail. Fermé en août, pendant les vendanges et vacances de Noël.

Cru suprême de Pauillac, Lafite doit son inégalable finesse à ses graves du nord de l'appellation, sur socle calcaire, qui le distinguent pour l'éternité de Latour. Fortement marqué par le cabernet-sauvignon, souvent supérieur à 90 % de l'assemblage, il développe d'incroyables arômes de cèdre et de graphite qui sont aux antipodes de la notion habituelle de fruit. Sa texture est impossible à reproduire ailleurs dans le monde, avec en particulier un tanin sec mais caressant qui en fait un vin d'esthète. Les inégalités impardonnables des décennies 1960 et 1970 ne sont plus aujourd'hui qu'un mauvais souvenir, avec des sélections très rigoureuses qui écartent souvent plus de la moitié de la récolte. Le second vin de la propriété, Les-Carruades, brille par sa finesse plus que par son corps sauf en 2009 qui montre des progrès certains sur ce point.

PAUILLAC 2011

Rouge | Prix primeur HT : 490 € **18-19/20**

Le caractère du terroir est parfaitement dessiné avec des arômes de cèdre et de graphite d'une inimitable élégance mais la bouche, beaucoup plus stricte et tendue que celle des Carruades, laisse imaginer une évolution beaucoup plus lente en bouteille. Grand vin de garde dont il faudrait mieux reparler dans douze à quinze ans, ce qui ne sera hélas pas son destin majoritaire...

PAUILLAC 2009

Rouge | 2029 à 2039 | NC **19/20**

Somptueuse expression du millésime avec un tanin d'une race et d'une complexité vraiment admirable. Il n'a cessé de s'affirmer au cours de son élevage.

PAUILLAC LES CARRUADES DE LAFITE 2011

Rouge | Prix primeur HT : 127 € **16-17/20**

Une recherche évidente de souplesse et de finesse avec comme résultat une texture d'une remarquable accessibilité dès la naissance. Mais les amateurs de grands vins apprécieront davantage Duhart-Milon.

PAUILLAC LES CARRUADES DE LAFITE 2009

Rouge | 2021 à 2034 | NC **18/20**

La plus complète expression de cette cuvée, elle aussi devenue culte en Asie et ailleurs, et un pauillac remarquablement défini, ample, raffiné, subtil même dans un millésime dont ce n'est pas la qualité première.

La note des bordeaux 2011 dégustés en primeur peut bien entendu évoluer après les assemblages définitifs et leur mise en bouteille fin 2013.

CHÂTEAU LAFON-ROCHET

Lieu-dit Blanquet • 33180 Saint-Estèphe
Tél. 05 56 59 32 06 • Fax : 05 56 59 72 43
lafon@lafon-rochet.com • www.lafon-rochet.com
Visite : Du lundi au samedi de 9h à 12h et de 14h à 16h.

Michel Tesseron, désormais relayé par son fils Basile, a parfaitement modernisé les installations techniques et rendu au vignoble l'aspect que doit avoir un beau cru classé. Les terres, voisines de Lafite, sont excellentes pour la maturation de tous les cépages médocains mais le propriétaire joue beaucoup sur les merlots, qui donnent beaucoup de rondeur et de charme à la texture, même s'il fait également de plus en plus appel à d'excellents cabernet-sauvignons. 2009 voit le cru encore en progrès avec une maîtrise plus affirmée de la qualité des tanins. Le second vin, Pèlerins, peut encore s'affiner.

Saint-Estèphe 2011
Rouge | Prix primeur HT : 27 € **17/20**
Forte couleur, saveur ample et caractéristique de cèdre, terroir fortement marqué, beaucoup d'énergie, excellente vinification et sélection rigoureuse.

Saint-Estèphe 2009
Rouge | 2019 à 2029 | env. 50 € **17,5/20**
Sans doute le meilleur vin récent de la propriété, raffiné sur le plan aromatique, très équilibré dans son tanin, long, frais, élégant et d'un superbe rapport qualité-prix.

Saint-Estèphe Pèlerin de Lafon-Rochet 2009
Rouge | 2014 à 2019 | env. 19 € **14,5/20**
Arôme étonnant de truffe, vin plein mais un peu rugueux, dans l'esprit des merlots parfois excessifs du millésime.

CHÂTEAU LAGRANGE

33250 Saint-Julien-Beychevelle
Tél. 05 56 73 38 38 • Fax : 05 56 59 26 09
chateau-lagrange@chateau-lagrange.com
www.chateau-lagrange.com
Visite : Toute l'année du lundi au vendredi de 9h à 12h30 et de 13h30 à 17h30. De mars à septembre, le samedi de 10h à 17h.

Cette très belle et grande propriété fait la transition entre Gruaud-Larose, les arrières des Léoville et les crus classés de Saint-Laurent-du-Médoc, sur des terroirs de premier ordre. Marcel Ducasse, engagé dès le rachat de la propriété par le grand groupe japonais Suntory, a modelé un vin très classiquement médocain, un peu rigoureux dans sa jeunesse mais séveux, distingué et d'une grande régularité. Son successeur Bruno Eynard commence à lui donner plus de charme et de délicatesse aromatique. Le second vin, Fiefs-de-Lagrange, qui a produit de nombreux millésimes épatants pour leur rapport qualité-prix n'a pas atteint en 2009 le niveau attendu.

Saint-Julien 2011
Rouge | Prix primeur HT : 31 € **16,5-17/20**
Finesse bien dégagée, au détriment peut-être de la richesse de texture, tanin harmonieux.

Saint-Julien 2009
Rouge | 2019 à 2029 | cav. env. 53 € **17/20**
Texture crémeuse, tanin raffiné, ensemble souple, charnu, élégant, d'un classicisme médocain exemplaire.

Saint-Julien Fiefs de Lagrange 2009
Rouge | 2012 à 2014 | cav. env. 25 € **13/20**
Assez fluide et simple, plutôt décevant même si sa souplesse le rend immédiatement accessible. Il faudra le déguster à nouveau.

CHÂTEAU LAMOTHE-BERGERON

33460 Cussac-Fort-Médoc
Tél. 05 56 58 94 77 • Fax : 05 56 58 98 18
contact@lamothebergeron.fr
www.lamothebergeron.com
Visite : Sur rendez-vous.

Fameuse propriété, très en vogue au XIXe siècle, cette belle endormie s'est réveillée en pleine forme il y a trois ans, grâce au rachat par la maison de cognac Mounier et Hardy. Laurent Méry en assure la direction. Situé entre Margaux et Saint-Julien, sur des terroirs de graves, le vignoble compte près de 70 hectares de vignes plantées à parité entre cabernet et merlot. Moderne et avant-gardiste, conseillé par Hubert de Boüard, le vin conserve toujours finesse et élégance.

Haut-Médoc 2010
Rouge | 2013 à 2023 | 15 € **16/20**
Nez aux notes de fruits bien mûrs et de moka. La bouche est gourmande, avec par rapport au millésime précédent un côté plus aérien et plus longiligne. Tanins exemplaires de finesse.

Haut-Médoc 2009
Rouge | 2012 à 2020 | 15 € **15/20**
Couleur rubis. Nez fin et fruité, aux notes de cassis. Bouche bien structurée, aérienne, souple et concentré à la fois.

CHÂTEAU LAMOTHE-CISSAC

Cissac-Médoc • 33250 Pauillac
Tél. 05 56 59 58 16 • Fax : 05 56 59 57 97
domaines.fabre@enfrance.com • domaines-fabre.fr
Visite : Du lundi au vendredi, de 9h à 11h30 et de 14h à 17h.

Haut-Médoc 2010
Rouge | 2012 à 2016 | env. 12 € **14/20**
C'est un haut-médoc souple et déjà prêt à boire, mais on apprécie ses tanins plutôt fins et sa longueur fraîche.

Haut-Médoc Vieilles Vignes 2010
Rouge | 2013 à 2017 | env. 17,50 € **14,5/20**
Sur un registre qui reste souple et frais, mais une intensité chaleureuse qui donnera du confort à une dégustation autour d'une entrecôte aux sarments.

CHÂTEAU LANESSAN

SCEA Delbos Bouteiller • 33460 Cussac-Fort-Médoc
Tél. 05 56 58 94 80 • Fax : 05 57 88 89 92
infos@lanessan.com • www.lanessan.com
Visite : Du lundi au dimanche de 9h à 12h et de 14h à 18h.

Depuis l'arrivée de la dynamique et efficace Paz Espejo, les vins de Château Lanessan ont retrouvé leur éclat. Toujours propriété de la famille Bouteiller depuis le XVIIIe siècle, ce vignoble de 45 hectares contigu à l'appellation Saint-Julien fait partie des valeurs montantes du Haut-Médoc. Le millésime 2011 goûté en primeurs confirme largement cette impression.

Haut-Médoc 2009
Rouge | 2012 à 2019 | 13,95 € **15,5/20**
Nez fin sur les fruits noirs, notes de boite à cigares. Bouche sur le fruit à la fois ample et soyeuse. Belle longueur en bouche, ponctuée par une belle fraîcheur de fruit.

Haut-Médoc Les Calèches de Lanessan 2009
Rouge | 2012 à 2017 | 10 € **14/20**
La bouche possède un fruit gourmand, aux notes épicées. Finale fine et agréable, sur des notes de pain d'épices.

CHÂTEAU LANGOA-BARTON

33250 Saint-Julien-Beychevelle
Tél. 05 56 59 06 05 • Fax : 05 56 59 14 29
chateau@leoville-barton.com
www.leoville-barton.com
Visite : Visites du lundi au vendredi, le matin uniquement sur rendez-vous. Pas de vente à la propriété.

Langoa est le nom de la délicieuse chartreuse où habite la famille Barton, et le lieu où Léoville-Barton est également vinifié. Nous sommes au cœur du vignoble de Saint-Julien, juste au sud de Léoville, et il est parfois difficile en primeurs de distinguer les deux crus, même si Léoville possède généralement plus de corps et de densité de texture. Le vin de Langoa est d'une facture très classique, dense, tannique, très épicé même si parfois il manque un peu de pureté au nez et en fin de bouche. Une dégustation récente de plusieurs millésimes, tout en soulignant les qualités de constitution précitées, a mis aussi en valeur les limites actuelles en matière de raffinement et de complexité du cru par rapport aux meilleurs du village.

Saint-Julien 2011
Rouge | Prix primeur HT : 35 € **15,5-16/20**
Sur l'échantillon présenté, le tanin était encore assez agressif et le potentiel aromatique insuffisant pour l'équilibrer. Le vin ne semble pas encore pleinement formé. Attendons encore un an pour le juger plus sereinement.

Saint-Julien 2009
Rouge | 2017 à 2024 | NC **16,5/20**
Beaucoup d'épices au nez et même une pointe de térébinthe, pas aussi riche et enveloppé que les leaders de l'appellation mais doté d'un tanin classique et équilibré.

CHÂTEAU LAROSE-TRINTAUDON

Route de Pauillac • 33112 Saint-Laurent-Médoc
Tél. 05 56 59 41 72 • Fax : 05 56 59 93 22
info@trintaudon.com
www.chateau-larose-trintaudon.fr
Visite : De 9h à 11h30 et de 14h à 16h
sur rendez-vous.

Larose-Trintaudon est l'un des plus grands vignobles du Médoc, avec 180 hectares ! Propriété des assureurs Allianz depuis 1986, elle bénéficie de solides engagements financiers et d'une équipe de 55 personnes. Le Château Larose-Perganson fait partie intégrante du domaine viticole, le vin étant une deuxième marque aux côtés de son aîné. En 2007, acquisition par le groupe du Château Arnauld, situé à Arcins, sur la route des châteaux.

Haut-Médoc 2009

Rouge | 2012 à 2018 | 11 € **14,5/20**
Nez ouvert et expressif sur les fruits rouges, la bouche est séduisante, fine et équilibrée.

Haut-Médoc Château Larose-Perganson 2009

Rouge | 2012 à 2017 | 15 € **15/20**
Couleur profonde, un nez évoquant le cassis et la mûre, également les épices. Bouche enveloppante sur le fruit, avec un joli boisé.

CHÂTEAU LASCOMBES

1, cours de Verdun - B.P. 4 • 33460 Margaux
Tél. 05 57 88 70 66 • Fax : 05 57 88 72 17
chateaulascombe@chateau-lascombes.fr
www.chateau-lascombes.com
Visite : Du lundi au jeudi de 8h30 à 12h30 et de 13h30 à 17h30. Le vendredi uniquement le matin. Fermé entre Noël et le Nouvel An.

Ce château, beaucoup plus connu à l'étranger que chez nous, particulièrement en Asie, a fait des progrès considérables ces dernières années, sous l'impulsion du fonds Colony Capital qui l'a vendu l'an dernier à un groupe d'assurances, et de son excellent directeur, Dominique Befve. Les vins jeunes du château ont sans doute choqué les traditionalistes par leur côté mûr et suave, mais force est de constater que le perfectionnisme de leur élaboration, et en particulier le respect de la matière première, se retrouve après la mise en bouteille (ce n'est pas le cas chez tous...) dans des textures remarquables d'élégance et de raffinement. Il mérite pleinement sa haute classification.

Margaux 2011

Rouge | Prix primeur HT : 48 € **16/20**
Original dans le millésime par ses notes de pruneau de haute maturité (certains diront surmaturité) du raisin, texture onctueuse, mais sur cet échantillon un peu de lourdeur en fin de bouche. Il faudra le revoir dans un an.

Margaux 2009

Rouge | 2019 à 2029 | 100 € **17,5/20**
Grand nez complexe et raffiné, bouche suave, généreuse, tanin magnifiquement extrait, style «moderne» mais pleinement abouti et expressif du terroir.

CHÂTEAU LATOUR

Saint-Lambert • 33250 Pauillac
Tél. 05 56 73 19 80 • Fax : 05 56 73 19 81
s.guerlou@chateau-latour.com
www.chateau-latour.com

Ce cru, qui à l'exception de la période 1983-1987 était la régularité incarnée, ne s'est pas reposé sur ses lauriers. François Pinault a donné carte blanche à Frédéric Engerer pour faire encore mieux en procédant à des vinifications parcellaires plus précises. Le grand vin du château n'a jamais été aussi harmonieux dès sa naissance avec, quand le climat est exceptionnel, un toucher de bouche défiant toute description. On aura donc le choix entre le baroque génial du 2003 ou du 2009 et le classicisme des 2005 et 2010. Le second vin du château, les-Forts-de-Latour, issu en grande partie d'un vignoble indépendant, mérite amplement l'estime des amateurs. Un troisième vin, étiqueté simplement Pauillac mais élaboré avec une forte proportion de vins de presse des grands terroirs, vieillit avec panache et régularité.

Pauillac 2009

Rouge | 2015 à 2021 | NC **14,5/20**
La haute maturité du raisin se traduit par un nez un peu animal, moins épuré que celui des deux autres vins de la propriété mais cela reste un vin générique exceptionnel.

Pauillac Forts de Latour 2011

Rouge | Prix primeur HT : 131 € **16,5-17/20**
Le millésime lui a donné une forme imposante, rigoureuse, pas encore très souriante, avec beaucoup d'énergie dans la fin de bouche, mais il n'égalera pas en finesse et en raffinement aromatique Alter Ego ou le Clos du Marquis.

Pauillac Forts de Latour 2009
Rouge | 2021 à 2034 | cav. env. 300 € **17,5/20**
Beaucoup d'ampleur de texture et un tanin très puissant mais un peu de durcissement dans l'arrière-bouche, peut-être consécutif à la mise en bouteille. Grand vin de garde à revoir dans huit à dix ans.

Pauillac Grand Vin 2011
Rouge | Prix primeur HT : 510 € **18,5 -19/20**
Grand vin classique de ce terroir, d'une seule pièce, et d'une intégrité totale. Tanin ferme, grande suite en bouche, autorité magistrale. Comme pour Lafite, il faudra attendre douze ou quinze ans pour qu'il trouve sa forme définitive, justifiant son classement et son prix.

Pauillac Grand Vin 2009
Rouge | 2024 à 2039 | cav. env. 1450 € **19/20**
Après mise, la forme du vin s'est un peu simplifiée mais il conserve une énergie considérable et un tanin très velouté et gourmand pour le cru. Il confirme son statut de grand vin solaire.

CHÂTEAU LE BOSQ

33180 Saint-Estèphe
Tél. 05 56 35 53 00 • Fax : 05 56 35 53 29
contact@dourthe.com • www.dourthe.com
Visite : Du lundi au samedi de 10h à 19h.

Cette propriété de 18 hectares est la plus au nord de l'appellation Saint-Estèphe, sur des sols très argileux, majoritairement plantée de merlot à 65 %, pour 25 % de cabernet-sauvignon et 10 % de petit-verdot. Frédéric Bonnafous du CVBG et ses équipes y réalisent des vins généreux et terriblement séduisants.

Saint-Estèphe 2009
Rouge | 2012 à 2022 | 34 € **15,5/20**
Nez fin et profond sur des notes de mûres, bouche suave et précise, construite sans excès, avec des tanins fins.

CHÂTEAU LE CROCK

Rue de Marbuzet • 33180 Saint-Estèphe
Tél. 05 56 59 73 05 • Fax : 05 56 59 30 33
lp@leoville-poyferre.fr • www.chateaulecrock.fr
Visite : du lundi au jeudi De 9h à 12h et de 14h à 17h. Vendredi 8h30 à 12h.

Les 32 hectares du Château Le Crock se situent entre les châteaux Cos d'Estournel et Montrose, et sont limitrophes également des châteaux Marbuzet et Haut-Marbuzet. Acquis en 1903 par la famille Cuvelier, ce superbe château, dont le vignoble est constitué à 60 % de cabernet-sauvignon, est conseillé par Michel Rolland, les vins produits sont séduisant, épicés et de bonne garde.

Saint-Estèphe 2009
Rouge | 2012 à 2022 | 24 € **16/20**
Vin parfaitement équilibré. Nez de fruits et d'épices, bouche ronde et suave, tanins d'une grande finesse.

CHÂTEAU LÉOVILLE-BARTON

33250 Saint-Julien-Beychevelle
Tél. 05 56 59 06 05 • Fax : 05 56 59 14 29
chateau@leoville-barton.com
www.leoville-barton.com

Sous la direction sobre, honnête et passionnée d'Anthony Barton, ce cru a rejoint l'élite suprême du Médoc, sans trop faire exploser ses prix de vente. La qualité actuelle du vin s'explique par l'âge et la situation des vignes, qui permettent d'associer quantité et qualité, et par la volonté de conserver et d'optimiser le style le plus classiquement médocain. Reste le mystère de son caractère car ce cru de très grande garde naît tout fait, avec une consistance presque crémeuse qui le fait immédiatement remarquer et aimer. Les derniers millésimes sont dans la lignée : complets, immédiatement perceptibles comme vins de grande classe et de grand avenir. Le second vin, modestement intitulé Réserve, assez rare à trouver, est l'un des plus complets du genre à Saint-Julien et devrait figurer plus souvent à la carte de nos bons restaurants.

Saint-Julien 2011
Rouge | Prix primeur HT : 52 € **17,5-18/20**
Un classique du genre en formation : arôme de cèdre et de truffe, texture onctueuse, mais dans le tanin et contrairement aux deux autres Léoville, on a l'impression d'une maturité moins aboutie du raisin.

Saint-Julien 2009
Rouge | 2019 à 2029 | NC **18/20**
Vin complet, noblement aromatique, associant cèdre, fruits rouges, truffe et épices douces liées à un excellent parc à barriques. Aucun des excès du millésime.

Saint-Julien Réserve de Léoville-Barton 2009
Rouge | 2015 à 2021 | NC **17/20**
Remarquable second vin, d'une définition et d'un volume de bouche étonnants, dans le plus pur style médocain. Dommage qu'il soit si difficile d'en trouver.

CHÂTEAU LÉOVILLE-LAS CASES

Route de Pauillac • 33250 Saint-Julien-Beychevelle
Tél. 05 56 73 25 26 • Fax : 05 56 59 18 33
contact@leoville-las-cases.com
Visite : Sur rendez-vous uniquement pour les professionnels du vins.

Propriété phare du Médoc, Léoville-Las Cases doit tout à la qualité exceptionnelle de son cœur de terroir, le Grand Enclos, voisin direct de celui de Latour : une combinaison idéale de sol, d'exposition et de microclimat permet la maturation parfaite du cabernet-sauvignon. L'autre grand vin de la propriété, le Clos-du-Marquis, issu des vignes de plus en plus vieilles des extérieurs de l'enclos, est avec les Forts-de-Latour le meilleur de ce qu'il faut désormais ne plus appeler second vin, et il égale largement une bonne moitié des crus classés. À partir de 2009, les jeunes vignes de l'enclos donneront un vrai second vin, le Petit-Lion. La régularité du grand vin depuis vingt ans n'a sans doute aucun équivalent à Bordeaux. Les amoureux de la marque discuteront longtemps pour savoir qui est supérieur de 2009 ou 2010, nous penchons pour le moment pour 2010.

Saint-Julien 2011
Rouge | Prix primeur HT : 110 € **18 -19/20**
Grande robe, nez très noble de cèdre, ensemble puissant et civilisé, tanins complexes, remarquable départ pour un vin destiné à rivaliser avec les premiers crus classés du secteur.

Saint-Julien 2009
Rouge | 2021 à 2034 | cav. 320 € **18,5/20**
Même sentiment de puissance que l'an dernier, vin impressionnant de majesté et de tension de texture, mais sans lourdeur. Un grand classique, incontestablement.

Saint-Julien Clos du Marquis 2009
Rouge | 2019 à 2034 | cav. 49 € **17,5/20**
Ensemble complet, dans un équilibre savant et réussi entre alcool, acidité et tanin, boisé moins raffiné que celui du grand vin, grand avenir.

Saint-Julien Le Petit Lion 2009
Rouge | 2014 à 2019 | cav. 51 € **14,5/20**
Issu des jeunes vignes de l'Enclos, ce vin n'a certainement pas le corps et la richesse de texture du Clos-du-Marquis mais une finesse et une subtilité particulière, qui le rendra vite prêt à boire.

CHÂTEAU LÉOVILLE-POYFERRÉ

28, rue Saint-Julien • 33250 Saint-Julien-Beychevelle
Tél. 05 56 59 08 30 • Fax : 05 56 59 60 09
lp@leoville-poyferre.fr • www.leoville-poyferre.fr
Visite : Sur rendez-vous du lundi au samedi.

Une grande partie du terroir fait face à Léoville-Las Cases et jouxte Latour et Pichon-Longueville, c'est dire que nous sommes en plein cœur des meilleures terres du Médoc. Le cru répond désormais à l'attente : vineux, racé, très complexe, il manque encore un peu de charme immédiat, mais dès la cinquième année de vieillissement, il colle de très près aux plus grands, d'autant que sa régularité est devenue remarquable. Il tient désormais parfaitement sa place dans le concert des trois Léoville. À partir de 2009 il faudra distinguer Moulin-Riche, un vin issu d'une parcelle spécifique de 21 hectares, particulièrement soigné par l'œnologue du château, Isabelle Davin, et Pavillon-de-Poyferré, qui assemble les seconds vins de Léoville-Poyferré et de Moulin-Riche.

Saint-Julien 2011
Rouge | Prix primeur HT : 60 € **18-18,5/20**
Un des vins les plus impressionnants du millésime en Médoc, grande couleur, grande texture, tanin ferme mais mûr, magnifique persistance. Ici l'achat en primeurs aura vraiment du sens.

Saint-Julien 2009
Rouge | 2019 à 2034 | NC **18/20**
Un vin de grand format, parfaitement défini, doté de tanins majestueux, long, complexe, racé, digne de son magnifique terroir.

Saint-Julien Moulin Riche 2009
Rouge | 2014 à 2019 | 40 € **15,5/20**
Arômes assez frais pour le millésime, peu boisé, tanin strict, parfait pour boire dans cinq à six ans.

Saint-Julien Pavillon de Léoville-Poyféré 2009
Rouge | 2017 à 2024 | 35 € **16,5/20**
Encore plus de définition saint-julien que Moulin-Riche, tanin strict, classique, beaucoup de corps, excellente entrée en matière pour comprendre le grand vin.

CHÂTEAU LES EYRINS

27, cours Pey-Berland • 33460 Margaux
Tél. 05 56 76 28 44 • Fax : 05 56 76 28 43
contact@gonet-medeville.com
Visite : Du lundi au vendredi, de 9h à 18h
sur rendez-vous.

Repris en 2009 par Julie et Xavier Gonet-Médeville, également propriétaires de la maison de champagne éponyme et du Château Gilette à Sauternes, ce petit cru de Margaux d'à peine 3 hectares est situé sur des graves profondes, sur la commune de Margaux. Majoritairement constitués de cabernet-sauvignon à 75 % (le reste en merlot), et toujours suivis par leur ancien propriétaire Éric Grangeroux, les vins ont gagné en précision et en densité, tout en conservant leur race margalaise d'origine.

MARGAUX 2009
Rouge | 2012 à 2020 | 30 € **16/20**
Arômes fruités et finement cacaotés. Bouche toute en suavité, avec un léger toasté, ponctuée par des tanins fins et intégrés au corps du vin.

CHÂTEAU LES GRANDS CHÊNES

13, route de Lesparre • 33340 Saint-Christoly-Médoc
Tél. 05 56 41 53 12 • Fax : 05 56 41 39 06
chateaugrandschenes@orange.com
www.bernard-magrez.com
Visite : Sur rendez-vous.

Bernard Magrez fait appliquer sur cette petite propriété du nord de la presqu'île les mêmes règles de travail que dans ses grands crus, jusqu'au tri du raisin le plus sophistiqué. Il optimise ainsi l'expression d'un joli terroir : le vin impressionne par son corps, sa texture et le côté luxueux de son élevage.

MÉDOC 2009
Rouge | 2016 à 2021 | 15 € **14,5/20**
Médoc chaleureux, fruits rouges et boisé violette, bouche aux tanins serrés, la finale légèrement asséchante devrait se fondre avec quelques années en bouteille.

CHÂTEAU LES ORMES DE PEZ

33180 Saint-Estèphe
Tél. 05 56 73 24 00 • Fax : 05 56 59 26 42
infochato@ormesdepez.com • www.ormesdepez.com

Les ormes ont disparu mais le hameau de Pez abrite toujours cette jolie propriété, acquise par Jean-Michel Cazes. Les vinifications sont d'ailleurs menées sous l'œil bienveillant des équipes de Château Lynch-Bages, ajoutant au vin un petit supplément d'âme et surtout beaucoup d'élégance, le vin ayant gagné en raffinement de texture et en régularité depuis 2008.

SAINT-ESTÈPHE 2009
Rouge | 2013 à 2023 | env. 35 € **17/20**
Nez sur les fruits noirs, bouche charnue, belle longueur, avec une finale ponctuée par des tanins serrés.

CHÂTEAU LES ORMES-SORBET

20, rue du 3-Juillet-1895 • 33340 Couquêques
Tél. 05 56 73 30 30 • Fax : 05 56 73 30 31
ormes.sorbet@wanadoo.fr • www.ormes-sorbet.com
Visite : Du lundi au vendredi, de 9h à 12h et de 14h à 18h. le week-end sur rendez-vous.

Ce cru fut jadis l'un des artisans du renouveau de l'appellation Médoc dans les années 1980, sous l'influence d'un viticulteur passionné, Jean Boivert. Son fils travaille dans le même esprit, cultive aussi bien que possible et élève en bonnes barriques. Le vin possède le charme des sols calcaires du secteur, mais le choix du cabernet comme cépage principal le relie directement au style classique médocain. Un 2009 sur la fraîcheur en nette progression par rapport aux sévères 2007 et 2008, mais qui peine encore à atteindre la période de gloire des grands millésimes d'autrefois.

MÉDOC 2009
Rouge | 2016 à 2021 | 18 € **14,5/20**
Joli nez d'épices pour ce vin sur la fraîcheur, bouche tendue, tanins friands et droits qui tapissent bien le palais, du potentiel.

CHÂTEAU LESTAGE

33480 Listrac-Médoc
Tél. 05 56 58 02 43 • Fax : 05 56 58 04 33
contact@vignobles-chanfreau.com
www.vignobles-lestage.com
Visite : De 8h30 à 12h et de 14h à 17h30.
le week-end sur rendez-vous.

Caroline Chanfreau-Philippon est, comme son frère Jean Chanfreau (Fonréaud), à la tête d'un magnifique patrimoine de vignes. La cinquantaine d'hectares (sur Listrac en grande majorité mais aussi sur Moulis), d'un seul tenant sur le plateau du Puy de Menjon, entoure le château construit sous Napoléon III. Entre graves, argiles et calcaires, et marnes, les merlots disposent de différentes natures de sols, ils concourent à l'élaboration de vins agréables, qui manquent encore un peu de profondeur.

Listrac-Médoc 2009

Rouge | 2012 à 2018 | 15 € **14/20**

Fruits noirs, la matière en bouche peu opulente est ronde, souple et harmonieuse, tanins d'une grande finesse.

CHÂTEAU LILIAN-LADOUYS

Blanquet • 33180 Saint-Estèphe

Tél. 05 56 59 71 96 • Fax : 05 56 59 63 19

contact@chateau-lilian-ladouys.com

www.chateau-lilian-ladouys.com

Visite : du mardi au samedi de 9h30 à 17h30.

Sur la route des châteaux, une fois passé Cos d'Estournel, et faisant face à Lafon-Rochet, les deux tours de Lilian-Ladouys émergent d'un océan de vignes. Cette propriété de 47 hectares à été rachetée par Jacky Lorenzetti en septembre 2008. Le suivi technique, tout comme à Pédesclaux, est assuré par Vincent Bache-Gabrielsen, dont les vins colorés et denses séduisent immédiatement.

Saint-Estèphe 2009

Rouge | 2012 à 2022 | 18 € **16/20**

Nez exprimant les fruits noirs de façon intense, bouche dense et suave, à la trame serrée, boisé marqué mais harmonieux.

CHÂTEAU LOUSTEAUNEUF

2, route de Lousteauneuf • 33340 Valeyrac

Tél. 05 56 41 52 11 • Fax : 05 56 41 38 52

chateau.lousteauneuf@wanadoo.fr

www.chateau-lousteauneuf.com

Visite : De 8h à 12h et de 14h à 16h30 sur rendez-vous. Fermé le mercredi.

Bruno Segond a beaucoup œuvré pour donner une forme moderne et plaisante à ce vin, d'appel universel, en raison de la gourmandise de son fruit bien mûr, de la souplesse du tanin et de la parfaite intégration du boisé. Le vin continue sur une brillante lancée avec un 2009 onctueux plein de sève.

Médoc 2009

Rouge | 2016 à 2022 | 13 € **15,5/20**

Nez dense et profond, boisé intelligent, travaillé avec soin, bel équilibre entre fruit et tanins vifs, puissant, avec une bonne sapidité. Très médoc.

Médoc Le Petit Lousteau 2009

Rouge | 2014 à 2018 | 8,50 € **13,5/20**

Nez de fruits rouges, groseille, style agréable, fruité, très digeste, un vin charmeur.

Médoc Le Second 2009

Rouge | 2014 à 2019 | 8,50 € **14,5/20**

Nez intense de fruit noir bien mûr, charnu, croquant, finale sur du fruit frais avec bonne petite touche de boisé, le vin plaisir qu'on aimerait voir davantage en Médoc...

CHÂTEAU LYNCH-BAGES

B.P. 120 • 33250 Pauillac

Tél. 05 56 73 24 00 • Fax : 05 56 59 26 42

infochato@lynchbages.com • www.lynchbages.com

Visite : Toute l'année sauf de Noël au nouvel an, de 9h à 12h et de 14h à 17h, sur rendez-vous. Ouvre à 9h30 le week-end.

Mondialement célèbre en raison de son opulence et de sa régularité, ce cinquième cru classé de Pauillac se vend au prix des seconds. Une terre riche, une forte proportion de cabernet-sauvignon, la recherche de la plus haute maturité possible du raisin lui ont toujours donné un corps et une ampleur de texture remarquables. Après un bref passage à vide où il semblait avoir un peu perdu de sa plénitude, le cru a retrouvé en 2006 tout son éclat et sa force de caractère. Les millésimes suivants, signés par Jean-Charles Cazes, digne fils de Jean-Michel, confirment la tendance. Le second vin, Écho, partage la puissance et l'autorité du grand vin.

Pauillac 2011

Rouge | Prix primeur HT : 79 € **17-17,5/20**

Belle ampleur comme toujours, beaucoup de chair et de présence en bouche, avec une fraîcheur que le cru n'avait pas développé depuis de nombreuses années. Jeune et prometteur mais évidemment moins complet que 2010 comme pour la plupart des pauillacs.

Pauillac 2009

Rouge | 2019 à 2029 | env. 155 € **17/20**

Un peu réduit au nez mais très large, velouté, dense, complexe en bouche, avec le côté solaire propre au millésime, mais parfaitement dompté par l'élevage.

Pauillac Écho 2009

Rouge | 2016 à 2021 | env. 35 € **15/20**

Très puissant et volumineux, caractère pauillac bien marqué, très chaleureux dans sa fin de bouche, à réserver dans quelques années pour les plats de chasse, avec une préférence pour le gibier à plumes.

CHÂTEAU LYNCH-MOUSSAS

33250 Pauillac
Tél. 05 56 00 00 97 • Fax : 05 57 87 48 61
domaines@borie-manoux.fr
www.lynch-moussas.com

Situé dans les arrières de Pauillac, ce cru a longtemps déçu, mais depuis cinq à six ans l'âge moyen des vignes est devenu suffisant et il bénéficie surtout de la reprise en main de toutes les propriétés de la famille Castéja. Charnu et très arrondi dans sa texture, avec un bouquet généreux, rapide et précoce dans son ouverture, il permet d'attendre dignement l'autre cru classé de la famille, Batailley, plus dense et plus classiquement pauillac. Certaines bouteilles vieillissent un peu plus vite que prévu et ne gagnent pas à une longue aération préalable.

Pauillac 2009

Rouge | 2015 à 2019 | NC **14,5/20**

Texture crémeuse, nez très mûr, notes de pruneau légèrement évoluées sur les échantillons de notre dégustation à l'aveugle. Au château, le vin présente également un peu de lourdeur et une souplesse moins racée que celle du 2008.

CHÂTEAU MAISON BLANCHE

1, route de Lamena • 33340 Saint-Yzans-de-Médoc
Tél. 05 56 09 05 01 • Fax : 05 56 09 06 31
ch.maisonblanche@wanadoo.fr
www.maisonbouey.fr
Visite : Sur rendez-vous.

Médoc 2009

Rouge | 2015 à 2018 | 8 € **14,5/20**

Depuis 1998, année où Patrick Bouey et sa famille firent l'acquisition de cette propriété au nord du Médoc, le vin a beaucoup progressé. Le 2009 révèle une bouche ample, croquante, bel équilibre, tanins structurés, finale tonique.

CHÂTEAU MALESCOT SAINT-EXUPÉRY

16, rue George-Mandel • 33460 Margaux
Tél. 05 57 88 97 20 • Fax : 05 57 88 97 21
malescotstexupery@malescot.com
www.malescot.com
Visite : Du lundi au vendredi de 10h à 12h et de 14h à 15h45.

Depuis 1990, ce cru de taille modeste mais suffisante pour faire le bonheur de nombreux amateurs, produit un margaux sérieusement constitué, dont l'assise tannique traduit parfaitement la forte proportion de cabernet-sauvignon. Jean-Luc Zuger, son propriétaire passionné, a très bien fait de faire appel à Michel Rolland, qui a appris avec lui à mieux comprendre le caractère des crus du Médoc. Les derniers millésimes sont hautement recommandables mais il faudra savoir patienter quelques années pour les ouvrir à leur plein équilibre.

Margaux 2011

Rouge | Prix primeur HT : 38 € **16,5 -17/20**

Un peu de réduit au nez mais le vin se déploie en totale liberté en bouche, affirmant finesse de texture et densité du tanin. Vin de caractère, fidèle à ses habitudes.

Margaux 2009

Rouge | 2019 à 2029 | env. 90 € **17/20**

Robe noire, intense, très grande matière savoureuse et concentrée, vin de garde, il rappelle davantage le caractère de vins d'appellations situées plus au nord de Margaux.

CHÂTEAU DE MALLERET

33290 Le Pian-Médoc
Tél. 05 56 35 05 36 • Fax : 05 56 35 05 38
contact@chateau-malleret.fr
www.chateau-malleret.fr
Visite : Sur rendez-vous.

Cet immense domaine de 224 hectares, composé de bois et de prairies, compte un peu plus de 54 hectares de vignes en appellation Haut-Médoc, situés sur les communes du Pian-Médoc et de Ludon-Médoc, à mi-chemin entre les châteaux Sénéjac et d'Agassac. Un encépagement, similaire dans leurs quantités entre merlot et cabernet-sauvignon, est complété par 10,5 % de cabernet franc et 2,5 % de petit verdot. Les vins produits sont denses, concentrés et puissants. La séduisante cuvée M, 100 % merlot, est issue des vignes situées en appellation Margaux.

Haut-Médoc 2009

Rouge | 2012 à 2018 | 17 € **14/20**

Ample, matière savoureuse et juteuse, fines notes toastées, trame veloutée ponctuée par de solides tanins.

Margaux M 2010

Rouge | 2013 à 2023 | 24 € **16,5/20**

Très élégant, possédant une grande fraîcheur de fruit et un boisé parfaitement maîtrisé, superbes tanins.

CHÂTEAU MALMAISON - BARONNE NADINE DE ROTHSCHILD

33480 Moulis
Tél. 05 56 58 38 00 • Fax : 05 56 58 26 46
contact@cver.fr • www.cver.fr
Visite : Visites réservées aux professionnels, sur rendez-vous.

La baronne Nadine de Rothschild a acheté ce joli vignoble en 1973, en même temps que le Château Clarke à Listrac, dont il est contigu. Le merlot, dominant, donne des vins charmants et charmeurs dès leur prime jeunesse. Une propriété à découvrir.

MOULIS 2009
Rouge | 2012 à 2020 | 16,50 € **14,5/20**
Nez concentré sur des notes épicées et fruitées, la bouche est élégante et bien structurée, vineuse, suave avec une finale aux tanins fermes.

CHÂTEAU MARGAUX

33460 Margaux
Tél. 05 57 88 83 83 • Fax : 05 57 88 31 32
chateau-margaux@chateau-margaux.com
www.chateau-margaux.com
Visite : Pas de vente sur le domaine.

Ce cru n'a jamais déçu, depuis son rachat par la famille Mentzelopoulos en 1977, et domine sans grand mal toute l'appellation Margaux. On admirera en particulier le mariage rare de finesse dans la densité et de fraîcheur dans l'opulence, sans aucune sollicitation de surmaturité du raisin, obtenu avec une très forte majorité de cabernet-sauvignon dans l'assemblage. Le second vin, Pavillon-Rouge, a beaucoup gagné avec le réchauffement climatique et bénéficie des meilleurs merlots de la propriété, issus en partie de terroirs calcaires, rarissimes dans le sud du Médoc. Une dizaine d'hectares, plantés en cépages blancs, donne le Pavillon-Blanc, devenu en quelques années un des trois ou quatre plus grands blancs secs de Bordeaux, par sa richesse de constitution et sa noblesse aromatique de sauvignon idéalement mûr.

BORDEAUX PAVILLON BLANC 2010
Blanc | 2015 à 2022 | cav. env. 130 € **17,5/20**
Fruits blancs très purs au nez, grande tension en bouche, race étonnante, finale sûre d'elle, style parfait.

MARGAUX 2011
Rouge | Prix primeur HT : 400 € **18-18,5/20**
Incomparable noblesse des arômes floraux et épicés de grands cabernet-sauvignons, longiligne mais avec suffisamment de chair pour enrober le tanin, finale d'une fraîcheur et d'une précision d'école !

MARGAUX 2009
Rouge | 2021 à 2039 | cav. env. 880 € **20/20**
Toujours cette sublime texture, ce parfum d'une noblesse inégalable, et un tanin magique, le plus harmonieux et le plus riche Château-Margaux des trente dernières années.

MARGAUX PAVILLON ROUGE 2011
Rouge | Prix primeur HT : 100 € **16-16,5/20**
Peu de chair mais tanin supérieur à la moyenne, assez réservé sur le plan aromatique, finesse évidente, texture plutôt austère pour plaire à tous.

MARGAUX PAVILLON ROUGE 2009
Rouge | 2019 à 2029 | cav. env. 120 € **17,5/20**
Admirable arôme subtilement floral, inimitable, délicatesse extrême dans la puissance, formidable Pavillon-Rouge qui aurait fait un parfait grand vin il y a seulement vingt ans.

MAROJALLIA

2, rue du Général-de-Gaulle - B.P. 40033
33460 Margaux
Tél. 05 57 88 96 97 • Fax : 05 56 42 69 88
chateau@marojallia.com • www.marojallia.com
Visite : Sur rendez-vous

Marojallia, Margaux en latin ! C'est à l'entrée dudit village que se situe la propriété de Philippe Porcheron, acquise en 1999. À ses débuts, assisté par Jean-Luc Thunevin (Château Valandraud) il y réalise le premier vin de garage de la Rive gauche. Depuis, au fil des millésimes, les vins ne perdent rien de leur superbe, toujours colorés, très denses, avec une remarquable suavité.

MARGAUX 2009
Rouge | 2014 à 2025 | 120 € **16/20**
Nez intense au boisé fin, bouche d'une grande suavité, beaucoup d'intensité, tanins puissants, il faudra être patient avant de déguster ce vin.

MARGAUX CLOS MARGALAINE 2009
Rouge | 2012 à 2020 | 30 € **15,5/20**
Notes boisées, bouche crémeuse et pleine, tanins de grande qualité.

CHÂTEAU MARQUIS D'ALESME

33460 Margaux
Tél. 05 57 88 71 32 • Fax : 05 57 88 35 01
ddariol@chateau-marquis-dalesme.fr
www.chateau-marquis-dalesme.fr
Visite : Du lundi au vendredi de 9h à 12h30 et de 13h30 à 17h.

2009 sera donc le premier millésime à montrer le potentiel de ce château classé en 1855, complètement ressuscité par la famille Perrodo, également propriétaire du superbe cru bourgeois voisin, Labégorce. Le vignoble, de taille modeste pour le Médoc (15 hectares), est situé dans les meilleurs quartiers de Margaux et donne aux quatre derniers millésimes toute la finesse de caractère qu'on attend de l'appellation.

MARGAUX 2009
Rouge | 2019 à 2029 | 22 € **17/20**
Beaucoup de pureté et de fraîcheur au nez pour ce millésime solaire, corps équilibré, texture noblement serrée, terroir très bien exprimé, vin élégant, digne de son classement.

CHÂTEAU MARQUIS DE TERME

3, route de Rauzan - B.P. 11 • 33460 Margaux
Tél. 05 57 88 30 01 • Fax : 05 57 88 32 51
mdt@chateau-marquis-de-terme.com
www.chateau-marquis-de-terme.com
Visite : Du lundi au vendredi 9h à 11h30 et de 14h à 16h30.

Ludovic David, avec le plein soutien de la famille Sénéclauze, a procédé à une véritable révolution dans la vinification et l'élevage de ce cru doté d'un remarquable terroir. 2009 inaugure cette ère nouvelle avec un vin puissant et charmeur en diable.

MARGAUX 2011
Rouge | Prix primeur HT : 28 € **16-16,5/20**
Notes de fève de cacao au nez, signe de maturité très élevée du raisin, construit en puissance, riche en alcool naturel et en tanins, même si ceux-ci sont encore accrocheurs. On ne lui trouve pas une finesse égale à celle de nombreux autre margaux mais plutôt une allure de pauillac !

MARGAUX 2009
Rouge | 2019 à 2029 | 38 € **17,5/20**
Grand vin vigoureux et racé, parfaitement harmonieux dans son tanin, un des meilleurs rapports qualité-prix de ce millésime très recherché.

CHÂTEAU MAUCAILLOU

Quartier de la Gare • 33480 Moulis-en-Médoc
Tél. 05 56 58 01 23 • Fax : 05 56 58 00 88
notable@chateau-maucaillou.com
www.chateau-maucaillou.com
Visite : Du 1er octobre au 30 avril, tous les jours de 10h à 12h et de 14h à 17h; le reste de l'année sans interruption de 10h à 17h.

Touchant la gare de Moulis, l'architecture du château Maucaillou est assez étrange, association des styles Renaissance et XVIIIe siècle. Propriété de la famille Dourthe depuis 1929, c'est Pascal Dourthe qui, avec l'aide de ses deux sœurs, Magali et Caroline, à repris le flambeau en 2007, poursuivant le travail de leur père Philippe. Magali est à la gestion technique, et 2009 marque un tournant dans la philosophie des vins de la propriété.

MOULIS 2009
Rouge | 2012 à 2020 | env. 20 € **15/20**
Le nez exprime fruits rouges, épices douces et moka. Une texture suave et souple en bouche, enveloppée par des tanins soyeux.

CHÂTEAU MAYNE-LALANDE

7, route du Mayne • 33480 Listrac-Médoc
Tél. 05 56 58 27 63
blartigue@terre-net.fr ou blartigue2@wanadoo.fr
www.chateau-mayne-lalande.com
Visite : Du lundi au vendredi, de 9h à 12h et de 14h à 18h. Le week-end sur rendez-vous.

Non content de gérer ses 14 hectares de vignes sur Listrac, Bernard Lartigue officie en parallèle en tant qu'hôtelier, disposant de très belles chambres d'hôtes au cœur de son vignoble, «Les Cinq Sens». Hubert de Boüard le conseille depuis trois millésimes et l'alliance fonctionne à merveille : les vins ont gagné en finesse et en densité.

LISTRAC-MÉDOC 2009
Rouge | 2012 à 2020 | 18 € **15,5/20**
Un nez évoquant la mûre. La bouche est enveloppante, crémeuse, avec des notes de fruits à l'eau-de-vie, de moka. Tanins nobles.

CHÂTEAU MEYNEY

B.P. 23 - 4, quai Antoine Ferchaud • 33250 Pauillac
Tél. 05 56 59 00 40 • Fax : 05 56 59 36 47
contact@cagrandscrus.fr • www.cagrandscrus.com
Visite : Sur rendez-vous.

Racheté par CA Grands Crus en 2004, Meyney est un petit bijou d'architecture médocaine, prisé tant

par sa situation – il est voisin de Montrose et de Phélan-Ségur - que par la qualité de ses vins. La cinquantaine d'hectares qui entourent le château, situés sur une croupe de graves siliceuses et d'argiles bleues profondes, en bord de Gironde, donne l'avantage au cabernet-sauvignon. Les vins, supervisés par Denis Dubourdieu, ont retrouvé le lustre des grandes heures de l'ère Cordier, du temps où Meyney égalait Talbot. Séveux, d'une intensité extra, Meyney apparaît comme un challenger encore sous-estimé qui sait montrer sa suprématie après vingt ans de vieillissement.

SAINT-ESTÈPHE 2011
Rouge | Prix primeur HT : 22 € **17-17,5/20**
Le plus impressionnant des crus non classés du millésime, avec un nez très pur et harmonieux de cèdre, de cuir frais, de baies rouges, et une délivrance de sensations tactiles exceptionnellement fines. Tanin bien enrobé, longue persistance : on est au niveau des quinze meilleurs vins du Médoc.

SAINT-ESTÈPHE 2009
Rouge | 2013 à 2025 | cav. 29 € **17/20**
Nez profond et complexe sur les fruits noirs et rouges (myrtille, cassis). Bouche dense, structurée, fruitée, avec une belle persistance aromatique. Tanins soyeux.

CHÂTEAU MILLE ROSES

33460 Macau en Médoc
Tél. 05 57 88 42 16 • Fax : 05 57 88 42 16
contact@chateaumilleroses.com
www.chateaumilleroses.com

Le Château Mille Roses est né en 1999 des effort conjugués de Sophie et David Faure. Le vignoble, situé sur les deux communes d'Arsac et de Macau, se trouve exactement entre les châteaux Cantemerle et Giscours. Deux vins y sont produits, un margaux sur 4 hectares et un haut-médoc sur 5,5 hectares. Nous avons été séduits par le margaux d'une grande justesse.

MARGAUX CHÂTEAU MILLE ROSES 2009
Rouge | 2012 à 2020 | 21 € **16,5/20**
Ce vin à la robe pourpre foncée, possède un nez concentré, droit et d'une grande profondeur. Belle texture de bouche avec une extraction juste et précise, et un grand raffinement de tanins.

CHÂTEAU MONBRISON

1, allée Monbrison • 33460 Arsac
Tél. 05 56 58 80 04 • Fax : 05 56 58 85 33
lvdh33@wanadoo.fr • www.chateaumonbrison.com
Visite : Sur rendez-vous.

Laurent Von Der Heyden, aux commandes de la propriété depuis 1992, démontre au fil des années qu'il produit l'un des margaux les plus élégants qui soit. Situé sur les plus fines graves d'Arsac, Monbrison prend toute sa dimension pendant son élevage sous bois.

MARGAUX 2009
Rouge | 2012 à 2022 | 35 € **16/20**
Fruits rouges, mine de crayon, quelques notes épicées également, la bouche est longiligne et harmonieuse.

CHÂTEAU MONGRAVEY

8, avenue Jean-Luc Vonderheyden • 33460 Arsac
Tél. 05 56 58 84 51 • Fax : 05 56 58 83 39
chateau.mongravey@wanadoo.fr
www.chateau-mongravey.fr
Visite : Sur rendez-vous.

Au cœur du village d'Arsac, Karin et Régis Bernaleau apportent beaucoup de soins à leurs deux propriétés. Les 19 hectares dont il disposent sont répartis de manière égale entre le Château Mongravey, en appellation Margaux, et le Château de Braude, en Haut-Médoc. Après de nombreuses années d'investissements, leurs vins sont équilibrés et généreux.

HAUT-MÉDOC CHÂTEAU DE BRAUDE 2009
Rouge | 2012 à 2018 | 13 € **14,5/20**
Un nez aux notes épicées, bouche équilibrée avec beaucoup de finesse, tanins souples.

MARGAUX 2009
Rouge | 2012 à 2022 | 22 € **15,5/20**
Vin qui gagne en élégance année après année. Bouche ample, sur un fruit bien mûr, tanins d'une grande finesse.

CHÂTEAU MONTROSE

33180 Saint-Estèphe
Tél. 05 56 59 30 12 • Fax : 05 56 59 71 86
chateau@chateau-montrose.com
www.chateau-montrose.com

Martin Bouygues met tout en œuvre, depuis qu'il a acheté ce cru célèbre de Saint-Estèphe, pour optimiser les éminentes qualités de son vignoble et la

place de son vin au sommet de la hiérarchie médocaine. Il a eu l'heureuse idée de faire appel à Jean Delmas pour diriger la propriété et veiller, fort de sa longue expérience à Haut-Brion, à ce que le vin respecte le style bordelais le plus pur. L'expérimenté Hervé Berland (ex Mouton-Rothschild) dirige aujourd'hui la propriété. Les premiers millésimes issus de sa direction ont conservé la puissance d'expression du terroir et la force de son tanin, toujours très vigoureux à la naissance. Le second vin, Dame-de-Montrose apparaît en net progrès avec le millésime 2009.

Saint-Estèphe 2011
Rouge | Prix primeur HT : 80 € **16,5 -17/20**
Forte couleur, vin de très grande puissance, au tanin assez austère, et au potentiel aromatique pas aussi diversifié que chez certains voisins. Il est vrai que l'échantillon était servi un peu trop chaud.

Saint-Estèphe 2009
Rouge | 2019 à 2034 | NC **18/20**
Grand nez de myrtille, énorme matière, avec toute la puissance de ce beau terroir en grand millésime mais il faudra que les tanins s'affinent au long vieillissement.

Saint-Estèphe Dame de Montrose 2009
Rouge | 2017 à 2024 | NC **17/20**
Remarquable équilibre, avec une finesse et une pureté de texture plus vite affirmée que celle du grand vin, saveur droite et racée de cèdre, tanin ferme, noble, presque salin, très typé du terroir.

CHÂTEAU DU MOULIN

16, chemin du Vieux-Chêne • 33460 Lamarque
Tél. 06 10 46 34 35 • Fax : 05 57 88 81 90
sansfinsjose@aol.com
Visite : Sur rendez-vous.

José Sanfins, le brillant directeur du Château Cantenac-Brown à Margaux, à acquis en 2005 ce petit vignoble d'un hectare, situé sur le point culminant du plateau de Tayac. C'est également à Tayac, dans un mini chai, que ce vin est vinifié et élevé à côté du haut-médoc le Château-du-Moulin. Ce vin, produit à base de 65 % cabernet-sauvignon et 35 % merlot, est élégant et précis, somme toute très margalais !

Haut-Médoc 2009
Rouge | 2012 à 2020 | 14 € **15,5/20**
Nez fin et profond, attaque de bouche ample et soyeuse, avec un très beau toucher, tanins d'une grande finesse.

Margaux Chantelune 2009
Rouge | 2012 à 2022 | 22 € **16/20**
Vin fruité, souple et délicat, belle harmonie entre le fruit et le bois.

CHÂTEAU MOUTON-ROTHSCHILD

33250 Pauillac
Tél. 05 56 73 21 29 • Fax : 05 56 73 21 28
webmaster@bphr.com • www.bpdr.com
Visite : En raison d'importants travaux de rénovation, Château Mouton Rothschild doit interrompre son activité visites pour une période indéterminée.

Le grand événement pour le cru est évidemment le monumental nouveau cuvier où en principe le millésime 2012 sera vinifié. Pour le reste, les derniers millésimes confirment leur remarquable régularité, avec des vins d'un exaltant velouté de texture, les plus hédonistes du Médoc, mais toujours respectueux de la noblesse des irremplaçables cabernet-sauvignons de la propriété. Petit-Mouton, le second vin du château, n'a rien de petit («Petit» désigne en fait la délicieuse maison où vit la baronne Philippine) et rivalise avec tous les grands vins des crus classés de Pauillac. Le vin blanc du domaine, Ailes-d'Argent n'a cessé de progresser et se situe désormais au tout premier rang des blancs secs du Bordelais.

Bordeaux Ailes d'Argent 2009
Blanc | 2012 à 2019 | NC **17/20**
Grand nez musqué, corps imposant, finale veloutée, un vin très ample, très généreux, né d'un soleil plus méridional qu'occidental. Les amateurs de classicisme préféreront le 2010.

Pauillac 2011
Rouge | Prix primeur HT : 410 € **19/20**
Vin magnifique de puissance et de raffinement, le plus ouvert cette année des Premiers dans la période des dégustations primeurs, avec un tanin ferme mais déjà pleinement intégré : difficile d'imaginer une rigueur plus voluptueuse ou une volupté plus rigoureuse en vin jeune !

Pauillac 2009
Rouge | 2029 à 2039 | NC **19,5/20**
Ultra élégant, avec une très grande richesse aromatique et une texture de rêve, sans la moindre simplification consécutive à la mise, de l'essence de cabernet-sauvignon.

Pauillac Petit Mouton 2011
Rouge | Prix primeur HT : 85 € **17 -17,5/20**
Nez légèrement empyreumatique, texture pleine mais souple, plus de vinosité que Carruades et autant d'harmonie. Fin de bouche très distinguée dans sa prise de bois.

Pauillac Petit Mouton 2009
Rouge | 2019 à 2029 | NC **17/20**
Contrairement au grand vin, il a un peu perdu de sa générosité de texture tout en conservant sa précision et son élégance aromatique. Crémeux et un rien lactique, le boisé n'est pas encore parfaitement intégré.

CHÂTEAU MOUTTE BLANC

6, impasse de la Libération • 33460 Macau
Tél. 05 57 88 40 39 • Fax : 05 57 88 40 39
moutteblanc@wanadoo.fr • www.moutte-blanc.fr
Visite : sur rendez-vous (06 03 55 83 38)

Petit domaine de moins de cinq hectares situé sur la commune de Macau, à cheval entre les appellations Haut-Médoc et Margaux, Château Moutte Blanc appartient à la famille Bortoli depuis 1983. Nous n'avons dégusté que la cuvée Marguerite-Dejean, qui, comme les années passées, nous a convaincus par son élégance toute margalaise.

Haut-Médoc cuvée Marguerite Dejean 2009
Rouge | 2012 à 2020 | 12,50 € **15/20**
Nez concentré sur les fruits noirs, la bouche structurée est séveuse et veloutée, belle fraîcheur sur le fruit, tanins fins.

CHÂTEAU PALMER

Cantenac • 33460 Margaux
Tél. 05 57 88 72 72 • Fax : 05 57 88 37 16
chateau-palmer@chateau-palmer.com
www.chateau-palmer.com
Visite : Du lundi au vendredi, de 9h à 12h30 et de 14h à 17h30.

Cru justement célèbre par sa régularité et le caractère voluptueux et confortable de ses arômes et de sa texture, inhabituels en Médoc. Pendant trois générations, la famille Chardon avait préservé une authenticité dans l'expression du terroir unanimement admirée. Thomas Duroux, l'actuel directeur, a su faire entrer la modernité dans son élaboration, sans altérer ce style mais en lui donnant encore plus de perfection formelle. Le second vin du château, Alter-Ego, porte bien son nom car la propriété veut qu'il réponde à des critères de qualité égaux à ceux du grand vin, mais avec un équilibre spécifique et différent, lui permettant d'être consommé plus jeune. Après quelques millésimes chahutés par la grêle, 2009 retrouve le cru à son plus haut niveau et 2010 égale vraiment le niveau des premiers crus.

Margaux 2011
Rouge | Prix primeur HT : 194 € **18/20**
Tout petit rendement (20 hl/ha !) avec tout ce qui va avec, texture tendue et serrée, mais pas asséchante, plus de droiture que de volupté, assez impressionnant dans son assise et sa persistance.

Margaux 2009
Rouge | 2021 à 2034 | cav. 375 € **18,5/20**
Grand arôme fruité et légèrement cacao noir, finale noble et mentholée, matière très concentrée mais voluptueuse, grande suite en bouche.

Margaux Alter Ego 2011
Rouge | Prix primeur HT : 47 € **17-17,5/20**
Noblement aromatique, très adroitement vinifié pour adoucir un tanin de naissance astringent, frais, équilibré et de grande finesse. Grande réussite.

CHÂTEAU PALOUMEY

50, rue Pouge-de-Beau • 33290 Ludon-Médoc
Tél. 05 57 88 00 66 • Fax : 05 57 88 00 67
info@chateaupaloumey.com
www.chateaupaloumey.com
Visite : Du lundi au vendredi, de 9h à 18h, le week-end sur rendez vous.

Martine Cazeneuve, déjà propriétaire dans les côtes-de-blaye, a repris ce domaine de la Rive gauche en 1989. Elle a travaillé d'arrache pied pour lui redonner son lustre d'antan, replanter la vigne et rénover les bâtiments. Aujourd'hui, Paloumey a retrouvé l'esprit classique du médoc qui a fait son succès, avec des vins en net progrès, notamment les-Ailes, le second vin.

Haut-Médoc 2009

Rouge | 2012 à 2020 | 17,50 € **14,5/20**

Nez de fruits mûrs, joli toucher de bouche, bouche fine et élégante mais avec une matière ample, et une trame tannique imposante en fin de bouche.

Haut-Médoc Ailes de Paloumey 2009

Rouge | 2012 à 2016 | 12 € **13,5/20**

D'une belle couleur pourpre, ce vin offre un nez expressif sur les fruits mûrs. Toucher de bouche alliant finesse et élégance, ponctué par des tanins fins. Un bon second vin.

CHÂTEAU DE PANIGON

Route d'Escurac • 33340 Civrac-en-Médoc
Tél. 06 19 32 62 23 • Fax : 05 56 41 37 00
chateau.panigon@orange.fr
Visite : Sur rendez-vous.

Médoc 2009

Rouge | 2014 à 2018 | 8,50 € **15/20**

La propriété qui date d'avant la Révolution française affiche un style avenant réellement à lui. Beau fruité gouleyant, avec des tanins souples et crémeux, moins marqués par les notes toastées qu'en 2009. Très harmonieux, dimension moyenne. Prix accessible, à boire maintenant.

CHÂTEAU PATACHE D'AUX

1, rue du 19-Mars • 33340 Bégadan
Tél. 05 56 41 50 18 • Fax : 05 56 41 54 65
info@domaines-lapalu.com
www.domaines-lapalu.com
Visite : Du lundi au vendredi de 9h à 12h30 et de 14h à 17h, le vendredi fermeture à 16h30.

Nous saluons avec plaisir le retour au premier plan de cette vieille marque classique de Bégadan, qui a longtemps rivalisé avec La Tour de By. Le vin avait perdu une grande partie de sa personnalité mais il la retrouve peu à peu avec une nouvelle génération d'exploitants. De facture classique, il développe les saveurs et le tanin épicé propres aux vrais médocs, avec un élevage beaucoup plus poussé et des sélections plus rigoureuses. Les 2008 et 2009 affichent de l'ambition, à condition de gommer les excès du boisé et de l'extraction.

Médoc 2009

Rouge | 2018 à 2022 | 18 € **15/20**

Boisé neuf et notes balsamiques, bouche fruitée, intense, tanins puissants, serrés, très extraits, déjà un peu polis par l'élevage, à attendre.

CHÂTEAU PAVEIL DE LUZE

3, chemin du Paveil • 33460 Soussans
Tél. 05 57 80 33 00 • Fax : 05 57 80 33 08
contact@chateaupaveildeluze.com
www.chateaupaveildeluze.com

C'est en 2004 que le baron Frédéric de Luze a repris les rênes de la propriété familiale, prenant ainsi la suite de cinq générations, à la tête du cru depuis 1862. En 1992, il créé avec son associé Thierry Decre la maison de négoce LD Vins, reconnue dans la distribution des Grands Crus Classés. Enfin, il occupe le fauteuil de président de l'Alliance des Crus Bourgeois depuis 2010. Malgré un emploi du temps des plus remplis, il s'occupe avec grand soin de sa propriété, où les vins produits sont toujours d'un grand raffinement.

Bordeaux Pont Rouge du Paveil 2009

Rouge | 2012 à 2016 | 8,95 € **14,5/20**

Arômes de fruits noirs, touches animales et minérales, bouche franche, avec une belle assise tannique, du fruit, de la vigueur et une grande allonge.

Margaux 2009

Rouge | 2012 à 2022 | 20 € **15,5/20**

À la fois onctueux et charnu, possédant une matière dense délicieusement raffinée, finale sur des tanins d'une grande élégance. Authentiquement margalais.

CHÂTEAU PÉDESCLAUX

Route de l'Industrie - Padarnac • 33250 Pauillac
Tél. 05 56 59 22 59 • Fax : 05 56 59 63 19
contact@chateau-pedesclaux.com
www.chateau-pedesclaux.com
Visite : Du lundi au vendredi sur rendez-vous uniquement.

Ce cru se situe pour l'essentiel dans un excellent quartier de Pauillac mais, malgré des efforts certains dans les derniers millésimes, ne pouvait rivaliser en qualité de viticulture ni en précision de vinification avec ses pairs du classement de 1855. Racheté par l'homme d'affaires Jacky Lorenzetti en 2009, tout comme le saint-estèphe Lilian-Ladouys, la propriété retrouve une toute nouvelle ambition qu'autorise son terroir, d'autant que de nouvelles vignes encore mieux situées viendront s'ajouter à partir de 2012 au terroir d'origine. Après mise, les vins du millésime 2009 tiennent toutes leurs promesses.

Pauillac 2009

Rouge | 2019 à 2029 | 35 € **16,5/20**

Quelques nuances de poivre au nez, rappelant une jolie syrah du Rhône Nord, sans doute liée à un boisé un peu torréfié, excellent corps, tanin voluptueux propre au millésime, ensemble plein et soigné.

Pauillac Fleur de Pédesclaux 2009

Rouge | 2014 à 2021 | NC **15/20**

Nez distingué et précis, bouche équilibrée, tanin réglissé de haute maturité de raisin, bien plus agréable que quelques seconds vins plus connus.

CHÂTEAU PETIT-BOCQ

3, rue de la Croix-de-Pez • 33180 Saint-Estèphe
Tél. 05 56 59 35 69 • Fax : 05 56 59 32 11
chateaupetitbocq@hotmail.com
Visite : Sur rendez-vous.

À proximité immédiate de Haut-Marbuzet, sur le même plateau, ce château discret est entre les mains du docteur Lagneaux. Heureux propriétaire de ces 14 hectares, il met autant d'attention à soigner sa vigne que ses patients. Les 80 parcelles du vignoble offrent une belle représentativité des terroirs de Saint-Estèphe, mais le fort accent merlot oriente toutefois le vin dans un style délibérément charmeur et flatteur

Saint-Estèphe 2009

Rouge | 2013 à 2023 | 18 € **16/20**

Notes torréfiées et cacaotées. La bouche est suave avec un très beau toucher, alliant finesse et élégance. Il faudra être patient, les tanins imposants en fin de bouche porteront ce vin dans son vieillissement.

CHÂTEAU PEY DE PONT

3, route du Port-de-Goulée • 33340 Civrac-en-Médoc
Tél. 05 56 41 52 80 ou 06 85 02 35 18
Fax : 05 56 41 52 80
cht.pey-de-pont@wanadoo.fr
www.chateau-pey-de-pont.com
Visite : Du lundi au vendredi de 9h30 à 12h et de 14h à 18h, le week-end sur rendez-vous au 06 85 02 35 18.

Médoc 2009

Rouge | 2014 à 2019 | 8 € **14,5/20**

Le vignoble, réparti sur les deux communes de Bégadan et Civrac, en Médoc, produit avec une grand régularité des rouges équilibrés et très recommandables. Beau boisé épicé, bouche fruitée, onctueuse, structure solide, se terminant sur une finale croquante, non sans race.

CHÂTEAU PEYRABON

Vignes de Peyrabon
33250 Saint-Sauveur-en-Médoc
Tél. 05 56 59 57 10 • Fax : 05 56 59 59 45
contact@chateau-peyrabon.com
www.chateau-peyrabon.com
Visite : Du lundi au vendredi de 10h à 12h et de 14h à 17h.Ouvert le samedi en juillet et Aout .

Le négociant bordelais Patrick Bernard (Milllésima) a racheté en 1998 ce vignoble de 49 hectares, situé sur la commune de Saint-Sauveur, dont une partie débordant sur Pauillac et produisant la cuvée Fleur-Peyrabon. Les vins sont toujours bien réalisés, à la fois suaves et profonds.

Haut-Médoc 2009

Rouge | 2012 à 2020 | 12,90 € **15/20**

Ampleur et densité pour ce vin soyeux en bouche, ponctué par des tanins fins.

Pauillac Château La Fleur Peyrabon 2009

Rouge | 2012 à 2022 | 22,90 € **15,5/20**

Beaucoup d'élégance pour ce vin à la bouche fine et enveloppante, au joli boisé, doté de tanins de tout premier ordre.

CHÂTEAU PEYRAT-FOURTHON

1, allée Fourthon • 33112 Saint-Laurent-du-Médoc
Tél. 05 56 59 40 87 • Fax : 05 56 59 92 65
pn@peyrat-fourthon.com • www.peyrat-fourthon.com
Visite : Sur rendez-vous.

Propriété située sur les terroirs de graves de Saint-Laurent-du-Médoc, proches de Saint-Julien, Peyrat-Fourton en est peut-être aujourd'hui l'expression la plus soignée, avec des vins droits et équilibrés, aux tanins précis. Les étiquettes ont un graphisme original, élégant et moderne, en rapport avec la qualité du produit. Depuis 2004, elle appartient à la famille Narboni.

Haut-Médoc 2009

Rouge | 2012 à 2020 | 20 € **16/20**

Joli nez boisé, bouche élégante et équilibrée, joli fruit, tanins fins et soyeux.

CHÂTEAU DE PEZ

33180 Saint-Estèphe
Tél. 05 56 59 30 26 • Fax : 05 56 59 39 25
pmoureau@chateaudepez.com
www.champagne-roederer.com

À l'ouest de Saint-Estèphe, ce très ancien vignoble d'une petite quarantaine d'hectares appartient à Roederer depuis 1995. Aux petits soins pour son poulain depuis, la maison champenoise n'a de cesse d'investir et de redonner à ce cru son éclat d'antan. C'est aujourd'hui en bonne voie : les derniers millésimes montrent clairement une montée en puissance de la qualité des vins.

SAINT-ESTÈPHE 2009
Rouge | 2013 à 2023 | 42 € **16/20**
Notes de bois de santal, corps épicé, belle longueur, tanins solides.

CHÂTEAU PHÉLAN-SÉGUR

33180 Saint-Estèphe
Tél. 05 56 59 74 00 • Fax : 05 56 59 74 10
phelan@phelansegur.com • www.phelansegur.com
Visite : Sur rendez-vous.

Thierry Gardinier et ses frères Stéphane et Laurent sont les heureux propriétaires de ce magnifique vignoble acheté par leur père en 1985. Merveilleusement situé en bord de Garonne, ce cru, qui est en quelque sorte le cousin germain de Calon-Ségur, offre un caractère différent, marqué par des notes de cèdre et une bonne souplesse de milieu de bouche. La passation de pouvoir entre le maître de chai Alain Coculet et le jeune Fabrice Bacquey devrait pérenniser la constance du cru.

SAINT-ESTÈPHE 2011
Rouge | Prix primeur HT : 25 € **16-16,5/20**
Jolie prise de bois, et priorité donnée à la finesse et à la souplesse en bouche, ce qui conduit à un tanin civilisé pour l'année. Fraîcheur et distinction mais sans le corps des très grands millésimes.

SAINT-ESTÈPHE 2009
Rouge | 2013 à 2023 | 45 € **17/20**
Nez d'une grande finesse, notes de cèdre et d'épices, le corps du vin est long, soutenu par une belle fraîcheur, tanins serrés.

SAINT-ESTÈPHE FRANCK PHÉLAN 2008
Rouge | 2012 à 2018 **15/20**
Avec de la souplesse mais aussi un charpente tannique sans rudesse, c'est un joli vin déjà prêt à boire, au fruité racé et à la longeur veloutée.

CHÂTEAU PIBRAN

33250 Pauillac
Tél. 05 56 73 17 17 • Fax : 05 56 59 64 62
contact@pichonlongueville.com
www.chateaupichonlongueville.com

Propriété d'Axa, ce vignoble est idéalement situé sur une croupe de graves, avec des voisins aussi prestigieux que Pontet-Canet et d'Armailhac. Avec l'acquisition en 2001 du Château Tour Pibran, le choix du parcellaire permit à Jean-René Matignon et ses équipe de Pichon-Baron de sélectionner le meilleur pour Pibran et de créer un deuxième vin. Les vins expriment un style classique, souple et fruité.

PAUILLAC 2009
Rouge | 2012 à 2022 | 35 € **16,5/20**
Vin d'une grande élégance, texture de taffetas, beaucoup de vinosité et de densité, tanins soyeux.

CHÂTEAU PICHON-LONGUEVILLE BARON

B.P. 112 • 33250 Pauillac
Tél. 05 56 73 17 17 • Fax : 05 56 73 17 28
contact@pichonlongueville.com
www.pichonlongueville.com
Visite : Sur rendez-vous.

Le grand vin du domaine est produit juste en face de Château Latour, sur des graves parfaitement drainées et bénéficiant du microclimat des bords de Gironde. Il possède la vigueur et la puissance des plus grands médocs, dans un style très pur sur lequel veille amoureusement Jean-René Matignon, un des directeurs techniques les plus expérimentés du Bordelais. Tous les millésimes récents sont remarquables, avec le même classicisme de caractère, lié au cabernet-sauvignon dominant et aux notes minérales et graphitiques du terroir. Le second vin, Tourelles, a beaucoup progressé et se rapproche en 2009 des meilleurs de la catégorie.

PAUILLAC 2011
Rouge | Prix primeur HT : 84 € **18-18,5/20**
Forte proportion de cabernet-sauvignon (plus de 80 %), peut-être la plus forte de son histoire récente, ce qui renforce encore l'unité de présentation d'un vin complet pour l'année, noblement marqué par le cèdre et capable de rivaliser avec les Premiers. Son tanin puissant, encore un peu rigoureux, mettra du temps à s'harmoniser. Excellent second vin (les Tourelles).

Pauillac 2009

Rouge | 2021 à 2034 | 220 € **18/20**

Excellente fusion du boisé, grand volume de bouche, tanin noble dans les sensations tactiles délivrées, caractère de terroir très bien défini, un classique du millésime.

Pauillac Les Tourelles de Pichon-Longueville 2009

Rouge | 2017 à 2022 | 35 € **16/20**

Notes de cèdre et d'épices, grande couleur, beaucoup de générosité de texture, évidemment un peu moins fin dans sa fin de bouche que le grand vin, mais très réussi.

CHÂTEAU PICHON-LONGUEVILLE COMTESSE DE LALANDE

B.P. 72 • 33250 Pauillac
Tél. 05 56 59 19 40 • Fax : 05 56 59 26 56
pichon@pichon-lalande.com
www.pichon-lalande.com

La maison de champagne Roederer a acquis ce cru très célèbre et a parfaitement les moyens et la volonté de continuer l'œuvre de la famille de Lencquesaing. Velouté et vite ouvert, le vin vieillit remarquablement sans rien perdre de son charme et de sa grande distinction de tanin, même si certains dégustateurs déplorent les quelques notes de poivron qui contribuent à sa personnalité et se complexifient étonnamment au vieillissement. Le second vin de la propriété, La-Réserve-de-la-Comtesse, est un des plus réguliers de sa catégorie. Mais quelles que soient les qualités actuelles du cru, dans les derniers millésimes son voisin Pichon-Baron a produit des vins plus complets. Les dernières dégustations de 2009 nous ont un peu déçus.

Pauillac 2011

Rouge | Prix primeur HT : 84 € **17-17,5/20**

Vin ferme, tendu, assez charnu pour équilibrer son tanin avec le temps, lui aussi très cabernet, ce qui confirme une évolution de style voulue par les nouveaux propriétaires, mais à ce stade un peu moins éclatant et unitaire que ses voisins immédiats.

Pauillac 2009

Rouge | 2019 à 2029 | 200 € **16/20**

Aucun excès de maturité, et évidemment beaucoup de finesse dans le tanin mais l'ensemble manque de caractère et de personnalité au plus haut niveau, du moins pour le moment.

CHÂTEAU POITEVIN

14, rue du 19-mars-1962
33590 Jaudignac-et-Loirac
Tél. 05 56 09 45 32 • Fax : 05 56 09 03 75
contact@chateau-poitevin.com
www.chateau-poitevin.com
Visite : Du lundi au vendredi de 9h à 12h et de 14h à 18h; le week-end sur rendez-vous.

Médoc 2009

Rouge | 2014 à 2018 | 11 € **15/20**

Guillaume et Natacha Poitevin produisent un cru bourgeois classique avec du caractère, fidèle au style de son appellation. Nez de café grillé, tanins racés, mûrs, bien polis, se prolongeant sur une finale longue et fruitée.

CHÂTEAU PONTET-CANET

33250 Pauillac
Tél. 05 56 59 04 04 • Fax : 05 56 59 26 63
info@pontet-canet.com • www.pontet-canet.com
Visite : Du lundi au samedi de 10h à 13h et de 14h à 18h30. Le dimanche et les jours féries de 10h à 13h et de 14h à 17h30.

Le cru dispose d'un magnifique terroir, voisin direct de celui de Mouton-Rothschild, qui a permis à Alfred Tesseron, administrateur perfectionniste et passionné, de voir immédiatement récompensés tous les efforts mis en œuvre pour lui rendre justice. La beauté de texture et de saveur des derniers millésimes est vraiment impressionnante. Une grande part de cette réussite revient au dévouement sans faille du régisseur du domaine, Jean-Michel Comme, qui a courageusement développé des principes de culture respectueuse de l'environnement bien rares à Bordeaux. Une méchante grêle a perturbé 2007 mais 2008 et 2009 sont bien nés et nous surveillerons avec plaisir leur évolution et les modifications apportées par le nouveau type de viticulture.

Pauillac 2011

Rouge | Prix primeur HT : 76 € **18-18,5/20**

Impressionnante noblesse de texture, d'une suavité dans les sensations tactiles cette année inégalée à Pauillac, grands arômes de cèdre, tanin très ferme et présent, grand avenir. Encore un des meilleurs vins de tout le Médoc et un sujet de réflexion pour ses pairs.

Pauillac 2009

Rouge | 2019 à 2029 | env. 220 € **19/20**

Une des merveilles du millésime, un vin enthousiasmant par sa plénitude de construction, son parfait velouté de texture, la noblesse et la complexité de son tanin. Monumental mais parfaitement naturel dans ses équilibres, il devrait vieillir somptueusement pendant une ou deux générations.

CHÂTEAU PONTOISE CABARRUS

27, rue Georges Mandel
33180 Saint-Seurin-de-Cadourne
Tél. 05 56 59 34 92
pontoisecabarrus@orange.fr
www.chateau-pontoise-cabarrus.com
Visite : Du lundi au vendredi de 9h à 12h30 et de 14h à 17h30; le week-end sur rendez-vous.

Classique domaine familial médocain, propriété des Tereygeol, ce domaine discret d'une trentaine d'hectares produit des vins de bonne facture, au caractère aimable et immédiatement séduisant.

Haut-Médoc 2009
Rouge | 2012 à 2018 | 14 € **15/20**
Nez de fruits mûrs, bouche en demi-corps, bien équilibrée sur un joli fruit, tanins persistants.

CHÂTEAU POTENSAC

33340 Ordonnac
Tél. 05 56 73 25 26 • Fax : 05 56 59 18 33
contact@leoville-las-cases.com
Visite : Sur rendez-vous uniquement pour les professionnels.

Cru sans doute le plus estimé de l'appellation Médoc, Potensac doit son succès à la qualité des équipes de vinification réunies par la famille Delon, propriétaire du château, et qui travaillent selon les mêmes critères exigeants qu'à Léoville-Las Cases. Et l'âge très élevé du vignoble ne l'empêche pas d'être parfaitement productif ! Le vin possède au plus haut degré le style classique, avec des notes de cèdre au nez et d'épices dans le tanin, et beaucoup de fermeté. Il évolue actuellement vers plus de finesse immédiate et plus de souplesse. Un 2009 loin au dessus de tous les autres crus de son appellation. Il consolera ceux qui ne peuvent plus s'offrir les crus les plus célèbres.

Médoc 2011
Rouge | Prix primeur HT : 15 € **16,5 -17/20**
Remarquable raffinement de texture, tanins nobles, plus délicatement extraits que dans les derniers millésimes, vraiment remarquable.

Médoc 2009
Rouge | 2016 à 2022 | 22 € **16,5/20**
C'est indéniablement la plus racée des expressions de son appellation, bouche intensément fruitée soutenue par des tanins serrés, droits, très précisément construits et enrobés. Très réussi.

CHÂTEAU POUGET

11, route de Jean-Faure • 33460 Cantenac
Tél. 05 57 88 90 82
administration@boyd-cantenac.fr
guillemet.lucien@wanadoo.fr • www.boyd-cantenac.fr
Visite : Sur rendez-vous.

On goûte rarement en bouteille ce petit cru classé et c'est bien dommage. Voisin de Boyd-Cantenac, il appartient d'ailleurs au même propriétaire mais il est vinifié à part : peu de choses séparent désormais les deux crus. La qualité des barriques, longtemps un point faible, a beaucoup progressé depuis cinq ans et le vin tient bien sa place dans le classement, régulier, bien constitué et avec une texture serrée donnée par de vieilles vignes.

Margaux 2011
Rouge | Prix primeur HT : 27 € **15-15,5/20**
Très différent de son voisin Boyd cette année, et dès sa naissance. Il y a de la chair et de l'ampleur mais le tanin est plus rude, moins affiné et le potentiel aromatique est moins précis. Le vin semble encore trop jeune pour un jugement équitable.

Margaux 2009
Rouge | 2017 à 2029 | env.50 € **17/20**
Beaucoup de sève, tanin ferme, raisin bien mûr malgré cette assise un peu forte, grand avenir, plus grand «médoc» que «margaux».

CHÂTEAU POUJEAUX

33480 Moulis-en-Médoc
Tél. 05 56 58 02 96 • Fax : 05 56 58 01 25
contact@chateau-poujeaux.com
www.chateau-poujeaux.com
Visite : Sur rendez-vous.

Racheté en 2008 par la famille Cuvelier, également propriétaire du Château Clos Fourtet, Premier Grand Cru Classé de Saint-Émilion, ce vignoble de graves profondes du plateau de Grand Poujeaux jouit de formidables terroirs mais aussi d'installations optimales. Ajoutons à cela le savoir-faire de Stéphane Derenoncourt, qui conseille le cru, et l'on obtient, presque sans surprise, l'un des meilleurs moulis qui soit, à la fois riche et de grande suavité.

MOULIS 2009

Rouge | 2013 à 2023 | 30 € **16/20**

Vin au nez puissant, droit, avec de la profondeur. Notes de cassis, de cannelle. La matière en bouche est dense, serrée, avec une finale longue aux notes de moka.

CHÂTEAU PREUILLAC

Route d'Ordonnac • 33340 Lesparre-Médoc
Tél. 05 56 09 00 29 • Fax : 05 56 09 00 34
chateau.preuillac@wanadoo.fr
www.chateau-preuillac.com

Jean-François Mau fut l'un des négociants les plus actifs et les plus imaginatifs de la place de Bordeaux. En rachetant, avec son fils Jean-Christophe, le Château Preuillac, au nord du Médoc, près de Lesparre, il a voulu réveiller une «belle au bois dormant». L'appellation Médoc s'était enlisée dans la routine et, à de rares exceptions près, ses vins avaient perdu tout prestige malgré la popularité du nom. Mais le terroir est là et dès les premiers millésimes, les soins apportés par une étonnante équipe internationale à la vigne, ainsi qu'un retour aux vendanges manuelles, ont porté leurs fruits. Les vins sont généreux et élégants, et donnent le ton pour la région.

MÉDOC 2009

Rouge | 2016 à 2021 | 14 € **15,5/20**

Nez séduisant de fruits noirs, plaisant, accessible, bouche souple et croquante avec des tanins vigoureux mais bien enrobés. Un Preuillac avec du tempérament et un charme inhabituel.

CHÂTEAU PRIEURÉ-LICHINE

34, avenue de la Cinquième-République
33460 Cantenac
Tél. 05 57 88 36 28 • Fax : 05 57 88 78 93
contact@prieure-lichine.fr • www.prieure-lichine.fr
Visite : Du lundi au samedi, de 9h à 12h et de 14h à 17h (18h en été) sur rendez-vous de préférence.

Le vignoble du château, comme souvent à Margaux, est dispersé en un grand nombre de parcelles disséminées sur toute l'aire de l'appellation, ce qui permet au vin d'exprimer une personnalité qui peut servir d'exemple pour définir le style de ce terroir. Sur les conseils de Stéphane Derenoncourt, d'importants progrès de viticulture ont permis aux derniers millésimes de progresser en finesse, en précision et en harmonie, et d'égaler les plus grands vins du sud du Médoc.

MARGAUX 2011

Rouge | Prix primeur HT : 32 € **17/20**

Margaux complet, associant une belle prise de bois à un potentiel aromatique particulièrement élégant, donnant une impression d'assurance de style supérieure à celle des millésimes précédents.

MARGAUX 2009

Rouge | 2017 à 2027 | 55 € **16,5/20**

Quelques variations de bouteille à bouteille, joli style, corps conforme à l'amplitude du millésime, tanin ferme, les meilleurs échantillons méritent une note plus haute.

CLOS DES QUATRE VENTS

Cave des Quatre Vents - 12, rue Georges Mandel
33460 Margaux
Tél. 05 56 58 97 90 ou 06 08 02 37 67
info@luc-thienpont.com • www.luc-thienpont.com
Visite : Tous les jours, de 9h30 à 19h.

Luc Thienpont, l'ancien propriétaire de Labégorce-Zédé, est à la tête du Clos des Quatre Vents depuis 2000. Idéalement situé sur un plateau de graves garonnaises, à cheval entre Margaux et Soussans, et planté de vieilles vignes de 65 ans d'âge moyen, il produit des vins équilibrés et puissants.

MARGAUX 2009

Rouge | 2012 à 2020 | 55 € **15,5/20**

Nez expressif et profond, bouche complexe et dense, gardant toute sa fraîcheur de fruit, tanins d'une grande finesse.

MARGAUX CHÂTEAU TAYAC PLAISANCE 2009

Rouge | 2012 à 2020 | 24 € **15/20**

Issu de 3 hectares de vieilles vignes de 45 ans, situées entre Soussans et Tayac. Les vins qui y sont produits, à l'image de ce 2009, sont fins, élégants et raffinés.

CHÂTEAU RAMAFORT

Route de la Cardonne • 33340 Blaignan
Tél. 05 56 73 31 51 • Fax : 05 56 73 31 52
cgr@domaines-cgr.com • www.domaines-cgr.com
Visite : Du lundi au vendredi, de 9h à 11h30 et de 13h30 à 17h sur rendez-vous (fermé le vendredi après-midi et le week-end).

Cet ensemble au nord de la presqu'île du Médoc appartint aux Domaines Rothschild jusqu'en 1990, l'année où le financier Charloux le reprit. Il regroupe trois propriétés dont Ramafort, planté de très vieux pieds de merlot qui expriment avec vigueur les

médocs modernes, généreusement bouquetés et intensément construits. La spécialité des Domaines CRG (Cardonne Grivière Ramafort) est la vente de millésimes prêts à boire.

Médoc 2008
Rouge | 2014 à 2018 | 17 € **14,5/20**
Nez épicé, souple et charnu en bouche avec une bonne structure tannique. Vin bien fait, comme d'habitude, et sans excès.

CHÂTEAU RAMAGE LA BÂTISSE

Tourteran • 33250 Saint-Sauveur-du-Médoc
Tél. 05 56 59 57 24 • Fax : 05 56 59 54 14
ramagelabatisse@wanadoo.fr
www.gironde-et-gascogne.com
Visite : Du lundi au vendredi de 8h à 12h et de 13h30 à 17h30.

C'est en 1986 que la MACIF a acheté de domaine de 65 hectares de vignes situé à Saint-Sauveur, non loin de Pauillac mais plus à l'intérieur des terres. Ramage La Bâtisse est un cru bourgeois sagement mené et qui a été progressivement remembré pour apparaître aujourd'hui d'un seul tenant. Y sont produits un second vin ainsi qu'un rosé.

Bordeaux rosé La Rosée de Ramage 2011 ☺
Rosé | 2012 à 2013 | 6,55 € **14,5/20**
Un beau rosé du Médoc : puissant, complexe, extrêmement fruité, délicatement épicé, charnu, vigoureux et équilibré.

Haut-Médoc 2009
Rouge | 2012 à 2019 | 16,55 € **14/20**
D'une belle intensité aromatique, ce vin rond et fruité est ponctué par une solide trame tannique.

CHÂTEAU RAUZAN-GASSIES

1, rue Alexis-Millardet • 33460 Margaux
Tél. 05 57 88 71 88 • Fax : 05 57 88 37 49
rauzangassies@domaines-quie.com
www.domaines-quie.com
Visite : Visites et dégustations: - mercredi, jeudi, vendredi à 10h, 11h, 14h, 15h et 16h. - d'avril à fin octobre: 11h, 14h30 et 16h le lundi et le samedi - pas de visites le lundi matin.

Une nouvelle génération de la famille Quié est en charge de cette propriété et il n'est pas question de douter de son désir de lui redonner tout son lustre. Le terroir est de premier ordre, avec quelques-unes des meilleures graves de la commune. L'observateur aura remarqué d'indéniables progrès dans la viticulture qui commencent à porter leurs fruits. Le vin a certainement gagné en puissance et en vinosité mais n'a pas encore le fini des meilleurs margaux, ce qui laisse entendre qu'on peut ici encore améliorer l'élevage. 2009, superbement né, a en effet un peu séché dans ses barriques.

Margaux 2011
Rouge | Prix primeur HT : 31 € **16-17/20**
Beaux parfums, entre la fleur et le fruit rouge, excellente constitution, tanin racé, sans doute le meilleur départ dans la vie de ce cru depuis plusieurs générations car la prise de bois est enfin réussie !

Margaux 2009
Rouge | 2017 à 2027 | env. 55 € **15,5/20**
Nez net, racé, épicé, corps riche, texture serrée, tanin un peu austère. Un vin de garde, qui aurait pu conserver plus de charme de texture.

CHÂTEAU RAUZAN-SÉGLA

Rue Alexis-Millardet - B.P. 56 • 33460 Margaux
Tél. 05 57 88 82 10 • Fax : 05 57 88 34 54
contact@rauzan-segla.com
www.chateaurauzansegla.com
Visite : Sur rendez-vous.

L'âge des cabernet-sauvignons de la propriété n'est pas encore assez élevé pour permettre au cru de rivaliser en puissance avec Château Margaux, mais sur tous les autres critères, le vin est un margaux exemplaire de finesse, de tendresse dans la texture et de pureté dans l'expression du terroir. John Kolasa et ses collaborateurs méritent tous nos compliments pour l'esprit et le style qu'ils insufflent à cette propriété. Le second vin, Ségla, sans égaler en vinosité quelques autres seconds vins célèbres, a bien gagné en définition. On pourra diversement apprécier le style de l'étiquette du 2009, née de l'imaginaire tourmenté de Karl Lagerfeld, mais on s'accordera sur la splendide constitution du vin.

Margaux 2011
Rouge | Prix primeur HT : 65 € **17-17,5/20**
Richesse de constitution évidente, fruit généreux et noble, grain de tanin harmonieux, longueur et classe dignes de son classement et de son terroir.

Margaux 2009
Rouge | 2019 à 2029 | cav. env. 150 € **18/20**
Les meilleures bouteilles dégustées sont remarquables de puissance et de raffinement, dans un équilibre souverainement médocain, d'autres (at-

tention à la température de service) font ressortir l'important degré alcoolique naturel du millésime.

CHÂTEAU SAINT-PIERRE

33250 Saint-Julien-Beychevelle
Tél. 05 56 59 08 18 • Fax : 05 56 59 16 18
contact@domaines-martin.com
www.domaines-henri-martin.com
Visite : Du lundi au vendredi, de 8h à 12h et de 14h à 18h sur rendez-vous. Fermeture à 16h le vendredi.

Ce cru, propriété de la famille Triaud, n'a pas la réputation mondiale d'autres saint-juliens, mais dans les derniers millésimes il les a rejoints et même parfois dépassés en qualité, grâce à ses très vieilles vignes idéalement situées au cœur du village. Le vin associe finesse, vinosité et intensité dans un équilibre difficile à dépasser et qui fait le charme des crus de cette appellation. Sa régularité depuis dix ans, largement due aux compétences d'un excellent directeur technique, mérite d'être soulignée.

Saint-Julien 2011

Rouge | Prix primeur HT : 38 € **17-17,5/20**

Magnifique densité de texture, à attribuer au vieil âge des vignes, ensemble classique de l'appellation, mariant la finesse de fruit et la tenue de tanins épicés. Grande garde prévisible !

Saint-Julien 2009

Rouge | 2019 à 2029 | 80 € **17,5/20**

Remarquable nez de cèdre, sans aucune des déviations aromatiques plus sudistes du millésime, complexe, racé, très cabernet, tanin noble, remarquable.

CHÂTEAU SARANSOT-DUPRÉ

4, Grand-Rue • 33480 Listrac-Médoc
Tél. 05 56 58 03 02 • Fax : 05 56 58 07 64
y@sransot-dupre.com • www.saransot-dupre.co
Visite : du lundi au vendredi de 9h à 12h et de 14h à 18h. Le week-end sur rendez-vous.

C'est à la fin du XIXe siècle que la famille Raymond rachète les propriétés listracaises aux Dupré. Les différentes maladies qui ravagent le vignoble à cette époque les laisseront tout près de la ruine. Saransot-Dupré est sauvé grâce à l'énergie et au talent de vinificatrice de Marie Raymond, l'arrière grand-mère d'Yves, qui préside aujourd'hui aux destinées de la propriété, devenue au fil des années incontournable dans l'appellation.

Listrac-Médoc 2009

Rouge | 2012 à 2020 | 15 € **15/20**

Nez fin. Notes de fruits noirs, de bois de santal. Toasté. La bouche est fruitée douce, harmonieuse et fine.

CHÂTEAU SÉNÉJAC

Allée Saint-Seurin • 33290 Le Pian-Médoc
Tél. 05 56 70 20 11 • Fax : 05 56 70 23 91
chateau.senejac@wanadoo.fr

À l'extrême sud du Médoc, le Château Sénéjac est la propriété de la famille Bignon Cordier, à qui appartient également Château Talbot. Suite au décès l'année dernière de Lorraine Cordier, c'est Nancy sa sœur qui dirige les deux propriétés. Sénéjac est conduit de façon rigoureuse. Après des essais menés en agriculture biologique de 2009 à 2011, l'heure est à la culture raisonnée. Les vins offrent sur ces terroirs silico-graveleux une jolie finesse.

Haut-Médoc 2010

Rouge | 2014 à 2024 | 13 € **15/20**

Nez exprimant le cassis, la myrtille, bouche droite, dense, fraîche, tanins fins et soyeux.

Haut-Médoc 2009

Rouge | 2012 à 2020 | 19,10 € **14,5/20**

Notes fumées, poivrées, la bouche bien structurée possède une matière suave, allonge aux notes cacaotée, tanins souples.

CHÂTEAU SÉRILHAN

5, rue Édouard-Herriot • 33180 Saint-Estèphe
Tél. 05 56 59 38 83 • Fax : 05 56 59 35 14
chateau.serilhan@wanadoo.fr • www.chateau-serilhan.fr

Didier Marcelis a repris la gestion de la propriété familiale en 2003. Les 9,5 hectares constitués par son grand-père dès 1982 se transforment rapidement en 24 hectares, de gros efforts sont consentis pour améliorer la qualité des vins et le conseiller Hubert de Boüard est appelé à la rescousse, il y a peu. Une décennie plus tard, les trois vins produits – Sérilhan, Moutinot et Mignot – forment un trio tout à fait réussi, alliant trame tannique et finesse.

Saint-Estèphe 2009

Rouge | 2013 à 2023 | 15 € **16/20**

Charmeur et élégant, une bouche fruitée, équilibrée, aux tanins parfaitement mûrs.

CHÂTEAU SIRAN

B.P. 10 • 33460 Margaux
Tél. 05 57 88 34 04 • Fax : 05 57 88 70 05
info@chateausiran.com • www.chateausiran.com
Visite : Du mardi au samedi de 10h à 17h30 du mardi au samedi, de préférence sur rendez-vous.

Ce cru bourgeois de Margaux, situé sur les très belles graves de Labarde, est dirigé depuis 2007 par Édouard Miailhe. Conseillé par Denis Dubourdieu, les vins de Siran, toujours charmeurs dans leur jeunesse, se complexifient au vieillissement, avec notamment des notes de rose ancienne et d'épices.

Margaux 2009

Rouge | 2012 à 2022 | 35 € **15,5/20**

Belles notes florales, un très beau fruit, bouche d'une grande onctuosité, tanins raffinés.

Margaux 2008

Rouge | 2012 à 2022 | 28 € **15,5/20**

Le nez est fruité et frais. Bouche superbe d'équilibre, onctueuse et fraîche sur toute sa longueur.

CHÂTEAU SOCIANDO-MALLET

33180 Saint-Seurin-de-Cadourne
Tél. 05 56 73 38 80 • Fax : 05 56 73 38 88
info@sociandomallet.com • www.sociandomallet.com
Visite : Du lundi au vendredi midi, de 8h à 12h30 et de 14h à 17h15, sur rendez-vous.vendredi de 8h a 12h

Figure incontournable du Médoc, Jean Gautreau est l'un des artisans du renouveau de ses crus. Respecté par ses pairs, il a hissé Sociando-Mallet au niveau d'un cru classé, agrandissant largement le vignoble depuis son achat en 1969. Aujourd'hui, sur les 85 hectares de la propriété, une cinquantaine ont le niveau d'un troisième voire d'un second cru classé. Jean Gautreau est l'un des rares propriétaires à superviser lui-même les vinifications et décider du style de son vin, qu'il veut conforme à la grande tradition médocaine.

Haut-Médoc 2011

Rouge | Prix primeur HT : 23 € **16/20**

Vin étoffé et plein, style médocain affirmé avec des notes de cèdre et de tabac, tanin racé. Le vin ne rivalisera pas avec les dix meilleurs crus classés du millésime ou sa réussite de 2010, mais il semble plus équilibré qu'en 2009.

Haut-Médoc 2009

Rouge | 2012 à 2025 | 34 € **16,5/20**

Nez élégant, aux notes de cassis, la bouche est droite et précise, entre fruits et épices. Des tanins puissant ponctuent cette grande longueur.

CHÂTEAU TALBOT

33250 Saint-Julien-Beychevelle
Tél. 05 56 73 21 50 • Fax : 05 56 73 21 51
chateau-talbot@chateau-talbot.com
www.chateau-talbot.com

Cette propriété, parmi les plus justement populaires du Médoc, appartient toujours à la famille Cordier. Elle donne naissance à une abondante production, d'une régularité difficile à prendre en défaut. Talbot incarne pour beaucoup l'idéal du saint-julien, généreusement bouqueté, très stable et sûr au vieillissement. Un joli vin blanc sec, aromatique et nerveux, continue à être produit sous la marque Caillou-Blanc. Après une toute petite baisse de tension de 2006 à 2008, le cru a fait appel aux conseils de Stéphane Derenoncourt.

Saint-Julien 2011

Rouge | Prix primeur HT : 31 € **16,5-17/20**

Fruité fin et original de cerise, texture fine et onctueuse, tanins fermes, beaucoup de sincérité, de charme et de précision.

Saint-Julien 2009

Rouge | 2017 à 2021 | cav. 60 € **15/20**

L'échantillon dégusté ne montrait pas un corps et une précision de définition comparable à celle de ses pairs. Il y aura d'autres occasions pour le déguster à nouveau.

CHÂTEAU DU TERTRE

Route de Ligondras • 33460 Arsac
Tél. 05 57 88 52 52 • Fax : 05 57 88 52 51
receptif@chateaudutertre.fr • www.chateaudutertre.fr
Visite : Sur rendez-vous au 05 57 97 09 09.

Un peu isolé mais situé d'un seul tenant sur une splendide croupe de graves siliceuses, le Château du Tertre a magnifiquement été restauré et réhabilité par son propriétaire hollandais, Éric Albada Jelgersma. Son caractère aromatique, très frais et élégant, doit beaucoup à la proportion d'excellents cabernets francs dans l'encépagement. Les derniers millésimes sont personnels et réussis, avec un corps assez léger mais sans défaut, et en général une jolie finesse aromatique. Excellent rapport qualité-prix.

Margaux 2011

Rouge | Prix primeur HT : 24 € **16/20**

Certains échantillons se montraient trop réduits, d'autres affirmaient une délicatesse aromatique parfaitement margalaise, dans un ensemble plus léger et discret que Giscours, ce qui sera parfait pour attendre ce dernier.

Margaux 2009
Rouge | 2017 à 2027 | env. 35 € **16/20**
Le vin montre un corps splendide, et développent de remarquables arômes frais et épicés.

CHÂTEAU TOUR DE PEZ

Lieu-dit l'Hereteyre • 33180 Saint-Estèphe
Tél. 05 56 59 31 60 • Fax : 05 56 59 71 12
contact@tourdepez.com • www.tourdepez.com
Visite : Du lundi au vendredi de 10h à 11h et de 14h à 17h sur rendez-vous fermé le week-end.

Dans le voisinage des Ormes de Pez, Tour de Pez est un vignoble d'une trentaine d'hectares situés sur des sols de graves et d'argiles calcaires. Planté de cabernet-sauvignon pour moitié, et de merlot pour une bonne partie, il offre un vin souple et idéal, à consommer sur le fruit.

Saint-Estèphe 2009
Rouge | 2012 à 2020 | 25,75 € **15/20**
Souple, alliant finesse et élégance, fruit bien préservé.

CHÂTEAU TOUR DES TERMES

2, rue du Pigeonnier • 33180 Saint-Estèphe
Tél. 05 56 59 32 89 • Fax : 05 56 59 73 74
contact@chateautourdestermes.com
www.chateautourdestermes.com
Visite : sur rendez-vous.

La tour médiévale n'est plus mais la parcelle des Termes, à l'entrée du village de Saint-Corbian, a subsisté et porte encore le vignoble de 16 hectares acquis par la famille Anney.

Saint-Estèphe 2009
Rouge | 2013 à 2020 | 23 € **15/20**
Fruit éclatant, bouche ample et massive, tanins encore un peu fermes, à attendre.

CHÂTEAU TOUR-PRIGNAC

33340 Prignac-en-Médoc
Tél. 05 56 41 02 19 • Fax : 05 56 41 02 19
chateau.prignac@castel-freres.com
www.chateaux-castel.com
Visite : Sur rendez-vous.

Médoc Grande Réserve 2009
Rouge | 2013 à 2017 | 11,50 € **15/20**
Cette grande propriété, appartenant à la famille Castel, sélectionne ses meilleurs vignes pour réaliser cette cuvée bien suivie par l'œnologue Éric Boisseneau : boisé toasté, générosité du fruit, bouche charnue avec un volume de belle sève. Très classiquement médocain, joliment maîtrisé.

CHÂTEAU TRONQUOY LALANDE

33180 Saint-Estèphe
Tél. 05 56 59 30 12 • Fax : 05 56 59 63 05
chateau-tronquoy@orange.fr
www.tronquoy-lalande.com

Acquise par Martin et Olivier Bouygues, cette discrète propriété de Saint-Estèphe de 18 hectares côtoie sa prestigieuse voisine Montrose, également détenue par la fratrie. C'est l'un des plus anciens vignobles de l'appellation, revenu aujourd'hui à un bon niveau, et qui devrait encore progresser sous l'impulsion de son nouveau directeur, ancien de Mouton-Rothschild.

Saint-Estèphe 2009
Rouge | 2012 à 2022 | 24 € **16/20**
Un nez fin, précis, aux notes épicées. Bouche au très beau toucher, suave et svelte à la fois et d'une grande longueur, bel équilibre.

CHÂTEAU VIEUX ROBIN

3, route des Anguilleys • 33340 Bégadan
Tél. 05 56 41 50 64 • Fax : 05 56 41 37 85
contact@chateau-vieux-robin.com
www.chateau-vieux-robin.com
Visite : Juillet-mi septembre: ouvert du lundi au samedi de 10h à 17h30, sans interruption. Les dimanches et jours fériés sur rendez-vous. Le reste de l'année: Du lundi au vendredi, de 9h à 12h et de 13h30 à 17h30.

Un des crus les plus soignés du nord du Médoc, et sur lequel veille avec amour un couple de viticulteurs passionnés, les Roba. Le vin de prestige, Bois-de-Lunier, franc, épicé, assez complexe et agréablement digeste, est très régulier. Avec le 2009 il franchit une étape, vers l'équilibre et la finesse.

Médoc Bois de Lunier 2009
Rouge | 2016 à 2020 | 16 € **15/20**
Un millésime qui convient comme un gant à cette propriété qui a parfois du mal à obtenir la parfaite maturité. Nez fruité, bouche ample, souple, tanins noble, vinifié sur le charme, la digestabilité, le croquant. Belle réussite.

Rive droite

Inspirés par les paysages et la lumière de la Dordogne, et marqués par la tendresse du merlot, les vins de la rive droite sont les plus chaleureux et les plus voluptueux du Bordelais. Ils se montrent un peu plus fermes à Fronsac et à Saint-Émilion, un peu plus arrondis et suaves à Pomerol et à Lalande de Pomerol, mais tous ont la chance de charmer jeunes, tout en étant de très grande garde.

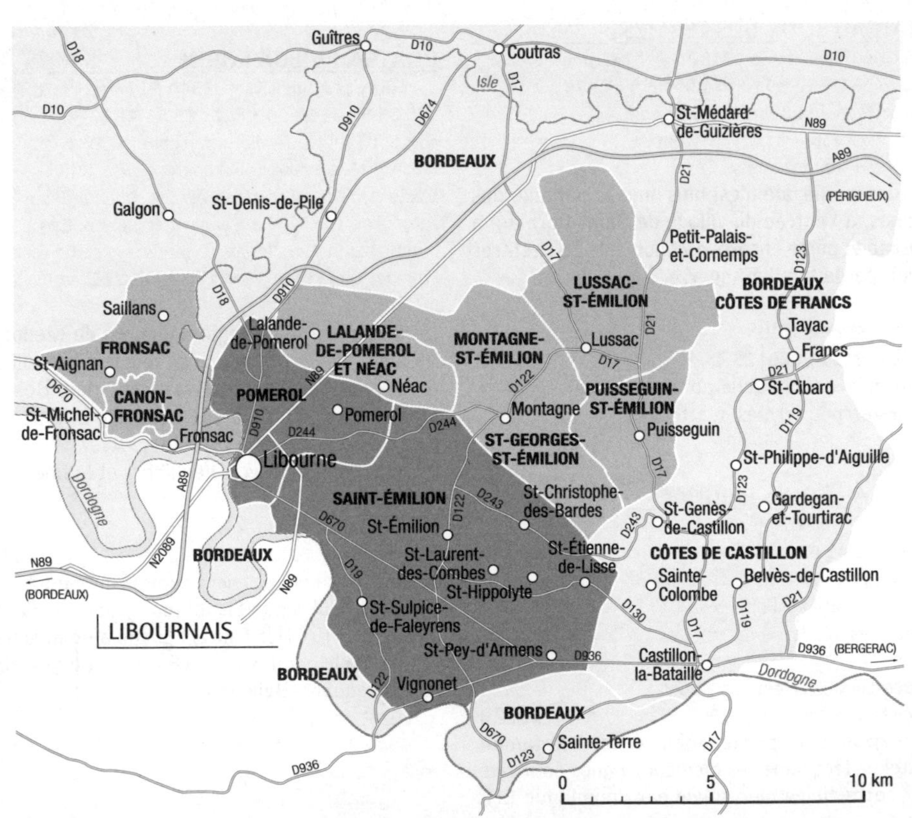

CHÂTEAU ACAPPELLA

33570 Montagne-Saint-Émilion
Tél. 06 18 02 06 14
christophe.choisy33@orange.fr
www.chateau-acapella.com
Visite : Sur rendez-vous.

C'est une des valeurs sûres de Montagne, le domaine produit des vins amples et équilibrés avec une concentration harmonieuse.

MONTAGNE-SAINT-ÉMILION 2009
Rouge | 2012 à 2017 | 40 € **15/20**
Tanin enveloppant et épicé avec une bonne tenue derrière.

CHÂTEAU ADAUGUSTA

33330 Saint-Hippolyte
Tél. 06 84 20 25 20
contact@chateauadaugusta.fr
www.chateauadaugusta.fr
Visite : Tous les jours sur rendez-vous.

Le nom Adaugusta vient de la devise latine «Ad Augusta per Angusta» («on n'atteint les sommets qu'au prix de grands efforts»), ce qui résume la philosophie de ce cru de poupée, créé de toute pièce en 2006 par Gérard et Catherine Canuel à partir de parcelles situées sur Saint-Hippolyte et Saint-Étienne-de-Lisse. Conseillés par leur cousin Hubert de Boüard, les vins ont franchi à partir de 2008 un seuil qualitatif.

SAINT-ÉMILION GRAND CRU 2009
Rouge | 2012 à 2019 | 17 € **15/20**
Long et droit, beaucoup d'allonge, profond, avec une texture veloutée à souhait, ce vin a déjà du charme.

CHÂTEAU ÂME DE MUSSET

Château Tour du Pas Saint-Georges
33570 Montagne
Tél. 05 57 24 70 94 • Fax : 05 57 24 67 11
contact@delbeckvignobles.com
www.delbeckvignobles.com
Visite : Du lundi au vendredi, de 8h30 à 12h30 et de 13h30 à 17h.

En plus du Château Tour du Pas Saint-Georges, Pascal Delbeck a un fermage de 5 hectares en Lalande de Pomerol. Les vins produits sont souples, gourmands dans leur jeunesse et plus complexes en vieillissant. Le 2007 est à point aujourd'hui pour boire sur un rouget à la moelle, avec échalotes et betterave en aigre doux signé Didier Clément, chef du Lion d'Or à Romorantin.

LALANDE DE POMEROL 2009
Rouge | 2012 à 2022 | 18 € **15/20**
Le tanin est bien enrobé avec une bonne longueur, la finale se révèle élégante. Bon potentiel.

LALANDE DE POMEROL 2008
Rouge | 2012 à 2018 | 16 € **14,5/20**
Vin sérieux, avec de la droiture et une bonne structure. La bouche offre un fruit généreux, un joli gras, elle est ponctuée par des tanins fins et élégants, ce vin évolue parfaitement.

CHÂTEAU ANGÉLUS

33330 Saint-Émilion
Tél. 05 57 24 71 39 • Fax : 05 57 24 68 56
chateau-angelus@chateau-angelus.com
www.angelus.com
Visite : Du lundi au vendredi sur rendez-vous.

Formidablement bien situé au cœur de la côte de Saint-Émilion, à l'ouest du village, le Château Angélus dispose d'un terroir de haut niveau, très classique du cœur de cette appellation, et peut jouer en outre sur une part minoritaire mais non négligeable de cabernet franc, qui apporte sa fraîcheur et sa brillance à l'ample merlot. Si les millésimes des années 1990 brillent par leur plénitude de constitution, ceux de ce nouveau siècle ajoutent à cette personnalité une finesse de tanin et un éclat aromatique qui lui ont fait franchir un nouveau cap.

SAINT-ÉMILION GRAND CRU 2011
Rouge | Prix primeur HT : 162 € **17,5-18/20**
Rondeur charnue d'une dimension évidemment plus limitée que les 2010 et 2009 de la propriété mais d'un volume séduisant, gourmand et croquant. Beaucoup de charme et d'éclat associés à une réelle profondeur.

SAINT-ÉMILION GRAND CRU 2010
Rouge | 2018 à 2028 | NC **17,5/20**
Vin riche et ample, très gras, très ambitieux dans son élevage mais offrant également un fruité précis et un équilibre intense, avec une finale généreuse.

SAINT-ÉMILION GRAND CRU 2009
Rouge | 2016 à 2026 | 400 € **18,5/20**
Grand nez exhalant un boisé toasté, un fruit mûr et complexe, beau volume généreusement bou-

queté, allonge suave, profondeur épicée avec de la mûre confiture en finale. Grand avenir.

SAINT-ÉMILION GRAND CRU LE CARILLON 2011
Rouge | Prix primeur HT : 41 € **17,5-18/20**
Brillant et svelte, belle profondeur musclée et raffinée, beaucoup d'expression fruitée, ce qui n'est pas fréquent dans ce millésime.

VIGNOBLES JEAN-BAPTISTE AUDY

62, quai du Priourat • 33500 Libourne
Tél. 05 57 51 62 17 • Fax : 05 57 51 28 28
contact@jbaudy.fr • www.vignoblesbourotte.fr

On connaît le savoir-faire de cette maison du Libournais sur ses crus de Pomerol que sont Bonalgue et le Clos du Clocher, il convient d'y ajouter les Hauts Conseillants, un lalande bien en tanin et le Château du Courlat, un lussac gourmand à souhait.

LALANDE DE POMEROL
CHÂTEAU LES HAUTS CONSEILLANTS 2010
Rouge | 2012 à 2018 | 20 € **15,5/20**
Une belle matière, avec un élevage bien maîtrisé, une texture soyeuse et raffinée, ce vin est déjà un grand séducteur.

LUSSAC-SAINT-ÉMILION 2009 ☺
Rouge | 2012 à 2019 | 15,95 € **15/20**
Tanins juteux déjà bien arrondis, on aime cette bouche charnue et gourmande.

CHÂTEAU AUSONE

33330 Saint-Émilion
Tél. 05 57 24 24 57 • Fax : 05 57 24 24 58
chateau.ausone@wanadoo.fr

Disposant d'une extraordinaire exposition à l'entrée sud du village de Saint-Émilion, les vignes du Château Ausone sont plantées sur un tertre calcaire recouvert d'une très mince couche de terre graveleuse. Cette position unique est un atout indéniable qu'a su magnifier le propriétaire actuel : Alain Vauthier a donné au cru le plus haut niveau de la rive droite bordelaise depuis plus de dix ans. D'un incomparable velouté de tanins, d'une fraîcheur aromatique éblouissante, tous les millésimes sont au sommet depuis 1997, avec certainement 2000, 2005, 2009 et 2010 couronnant un ensemble proche de la perfection. Si la production est extrêmement contingentée, il faut signaler que le second vin, La-Chapelle-d'Ausone, constitue un frère en tout point fidèle à l'esprit et surtout à la finesse du grand vin.

SAINT-ÉMILION GRAND CRU 2011
Rouge | Prix primeur HT : 600 € **18,5-19/20**
Le bouquet est floral et assez vif, l'allonge subtile, le corps se développe avec beaucoup de volupté et de tendresse mais sans impressionner par son ampleur en bouche : Ausone exprime cette année un volume délicieux dans un registre sans épate.

SAINT-ÉMILION GRAND CRU 2010
Rouge | 2020 à 2040 | cav. 1500 € **19/20**
Le bouquet est déjà d'un charme et d'une précision de fruits incomparable. L'ensemble brille par son tanin surfin, sa chair de taffetas, son allonge d'une profondeur interminable. Évidemment, un très grand Ausone.

SAINT-ÉMILION GRAND CRU 2009
Rouge | 2020 à 2040 | cav. 1900 € **19,5/20**
Avec 55 % de cabernet franc, c'est un vin à l'élégance quintessentielle, d'une grande allonge persistante, d'un volume surfin. La fraîcheur en finale est inoubliable.

SAINT-ÉMILION GRAND CRU
CHAPELLE D'AUSONE 2011
Rouge | Prix primeur HT : 114 € **18/20**
Droit, profond et fin, grande style avec ce qu'il faut de nervosité, très bel éclat.

SAINT-ÉMILION GRAND CRU
CHAPELLE D'AUSONE 2009
Rouge | 2015 à 2025 | NC **18/20**
Fruité et fraîcheur extraordinaires, allonge subtilissime, grand style, une Chapelle au sommet.

CLOS BADON

Établissements Thunevin - 6, rue Guadet
33330 Saint-Émilion
Tél. 05 57 55 09 13 • Fax : 05 67 67 03 07
thunevin@thunevin.com • www.thunevin.com
Visite : De 10h à 19h.

À proximité directe de Pavie et de Larcis-Ducasse, Clos Badon est idéalement situé sur un terroir de pied de côte. C'est un vin élégant, souple et voluptueux, bénéficiant du caractère velouté et des tanins fins qu'affectionnent les propriétaires Jean-Luc et Murielle Thunevin. Leur talent s'exprime à travers les derniers millésimes, d'une gourmandise irrésistible !

La note des bordeaux 2011 dégustés en primeur peut bien entendu évoluer après les assemblages définitifs et leur mise en bouteille fin 2013.

SAINT-ÉMILION GRAND CRU 2010
Rouge | 2013 à 2020 | 40 € **16/20**
Tanin plus en énergie que sur le 2009, la suavité de texture et une profondeur épicée le rendent irrésistible.

CLOS DES BAIES

1, Montremblant • 33330 Saint-Émilion
Tél. 06 88 67 16 68
philippe.baillarguet.1@orange.fr

Cette propriété de poupée, 30 ares situés en pied de côte, appartient au jeune responsable technique d'Ausone. 2009 s'affirme aujourd'hui en bouteille par son grand fruit gourmand, son corps profond et charnu au potentiel certain. 2010, dégusté en élevage, paraît encore plus prometteur. Attention, il n'y a pas plus de 1200 bouteilles par millésime !

SAINT-ÉMILION GRAND CRU 2010
Rouge | 2015 à 2022 | NC **18/20**
Le nouveau terroir de côtes apporte une toute autre dimension au vin : volumineux, tannique mais soyeux, grand style intense. Le retour des grands vins de garage !

SAINT-ÉMILION GRAND CRU 2009
Rouge | 2014 à 2020 | 20 € **16/20**
Toujours ce grand fruit gourmand, corps profond et charnu, il y a du potentiel, dans ce vin sensuel.

CHÂTEAU BARDE-HAUT

33330 Saint-Christophe-des-Bardes
Tél. 05 56 64 05 22 • Fax : 05 56 64 06 98
info@vignoblesgarcin.com
www.vignoblesgarcin.com
Visite : Sur rendez-vous.

Située à Saint-Christophe-des-Bardes dans un amphithéâtre spectaculaire, Barde-Haut est en pleine renaissance grâce à un couple attachant, Hélène Garcin et Patrice Lévêque qui n'hésitent pas à mettre la main à la vigne. C'est l'une des valeurs sûres du secteur, avec des vins toujours solidement constitués, parfois un peu austères dans les millésimes moyens et qui demandent du temps pour s'assouplir. Les bonnes années, le style est généreux, intense et franc. Les nouvelles installations techniques sont du meilleur goût dans un style écolo-libournais, elles contribueront à affiner le style, avec pour modèle le superbe 2010.

SAINT-ÉMILION GRAND CRU 2010
Rouge | 2014 à 2023 | NC **16/20**
Le meilleur Barde-Haut jamais produit, avec de la distinction, un tanin énergique, une texture crémeuse et une fin de bouche aérienne montante.

SAINT-ÉMILION GRAND CRU 2009
Rouge | 2014 à 2018 | 39 € **15,5/20**
Vin franc et facile d'accès qui se révèle généreux, ample et harmonieusement épicé en finale.

CHÂTEAU BARRABAQUE

33126 Fronsac
Tél. 05 57 55 09 09 ou 06 07 46 08 08
Fax : 05 57 55 09 00
chateaubarrabaque@yahoo.fr
www.chateaubarrabaque.com
Visite : Sur rendez-vous.

Cette propriété du XVIIIe siècle est située sur les coteaux dominant la Dordogne, constamment exposés au soleil. Propriétaire du cru depuis 1936, la famille Noël en a fait depuis longtemps l'une des valeurs sûres de l'appellation, avec une cuvée Prestige toujours solidement construite, à point après trois à cinq ans de bouteille. Le cru a suivi l'évolution bienheureuse de la plupart des fronsacs, vers des tanins plus souples et plus finement extraits. Un 2009 bien réussi.

CANON-FRONSAC PRESTIGE 2009
Rouge | 2016 à 2019 | 19 € **15/20**
Un fronsac qui trouve son équilibre entre tanins fermes et tendus et une finale chaleureuse, long, fruité. Grand classique.

CLOS DU BEAU-PÈRE

33500 Pomerol
Tél. 05 57 55 09 13 • Fax : 05 57 55 09 12
thunevin@thunevin.com • www.thunevin.com
Visite : Sur rendez-vous.

Ex-Château Ratouin, ce domaine voisin de Bellegrave a été racheté par Jean-Luc Thunevin en 2006. Aux deux hectares de sols sableux, situés à l'ouest de la N 89, il faut rajouter deux hectares bien placés sur le plateau, dans le secteur de Bourgneuf. Ces deux terroirs différents sont assemblés pour donner le Clos du Beau-Père. Le vin est onctueux, sensuel et profond, il s'accommode parfaitement de tous les mets sertis de truffe.

Pomerol 2010

Rouge | 2012 à 2020 | 45 € **15,5/20**

Tanins chocolatés avec des accents de cerise noire et de fruits à l'eau-de-vie, la bouche est déjà bien en place et on en apprécie l'onctuosité épicée et les tanins gourmands.

CHÂTEAU BEAU SOLEIL

26, chemin de Plince • 33500 Pomerol
Tél. 06 03 57 79 79 • Fax : 05 57 25 54 09
chateau.beausoleil@orange.fr
www.chateau-beau-soleil.com

Les terres de Beau-Soleil se situent dans la zone sud-ouest de Pomerol, elles sont essentiellement composées de sable graveleux avec des sous-couches de crasse de fer, plantées à 100 % de merlot. Menée par Thierry Rustmann depuis 2005 et conseillée par Éric Boissenot, la propriété produit des vins gourmands aux tanins bien enrobés, avec ce qu'il faut de charnu.

Pomerol 2010

Rouge | 2013 à 2020 | env. 19 € **15/20**

Jolie matière qui commence à se fondre avec l'élevage, finale épicée de bonne tenue.

CHÂTEAU BEAUREGARD

33500 Pomerol
Tél. 05 57 51 13 36 • Fax : 05 57 25 09 55
pomerol@chateau-beauregard.com
www.chateau-beauregard.com
Visite : Sur rendez-vous.

La propriété compte 16 hectares d'un seul tenant, situés sur le versant sud du plateau. Son sol sablo-graveleux, avec sous-sol d'argile et crasse de fer, permet aux 70 % de merlot et 30 % de cabernet franc d'obtenir un assemblage harmonieux. Le vin offre une suavité longiligne toujours de bonne fraîcheur et même s'il se déguste parfaitement dès ses premières années, mieux vaut l'attendre. 2010 est une réussite majeure pour le cru.

Pomerol 2010

Rouge | 2012 à 2020 | env. 43 € **15,5/20**

Les 25 % de cabernet franc ont permis d'apporter énergie et fraîcheur aromatique, avec une structure bien proportionnée et une délicieuse finale sur la pivoine. C'est le meilleur Beauregard jamais produit.

CHÂTEAU BEAUSÉJOUR

Arriaih • 33570 Montagne
Tél. 06 72 92 06 71
pierre.bernault@gmail.com
www.chateau-beausejour.com
Visite : Sur rendez-vous: 06 72 92 06 71

Au sommet du coteau de Montagne, Beauséjour est depuis quelques décennies l'une des références du secteur. L'âge élevé de ce vignoble situé sur argilo-calcaire permet une évolution parfaite en bouteille. Depuis 2005, la propriété est suivie par Stéphane Derenoncourt qui a permis un meilleur fondu dans l'expression du tanin.

Montagne-Saint-Émilion Clos 2009

Rouge | 2012 à 2019 | 20 € **15/20**

Maturité harmonieuse du tanin, plénitude en bouche avec ce qu'il faut de fraîcheur en finale, ce vin est parfaitement équilibré.

CHÂTEAU BEAUSÉJOUR-BÉCOT

33330 Saint-Émilion
Tél. 05 57 74 46 87 • Fax : 05 57 24 66 88
contact@beausejour-becot.com
www.beausejour-becot.com
Visite : Sur rendez-vous.

Le cru est situé à l'ouest du village de Saint-Émilion, sur le plateau argilo-calcaire qui surplombe la côte. Il est dirigé depuis 1985 par deux frères, Dominique et Gérard Bécot, aidés maintenant par la fille de ce dernier, Juliette. Les vins de Beauséjour-Bécot savent associer une profondeur racée à une dimension riche et gourmande, très directe, intense et savoureuse.

Saint-Émilion grand cru 2011

Rouge | Prix primeur HT : 40 € **17-18/20**

Robe brillante, nez finement ciselé avec ses nuances de fruits rouges et noirs frais et des notes florales brillantes. En bouche, volume élancé, distingué et velouté. Le tanin est suave, l'ensemble a beaucoup de finesse et une impressionnante profondeur fine et délicate. Brillant.

Saint-Émilion grand cru 2010

Rouge | 2018 à 2026 | NC **17/20**

Vin à la belle robe grenat très profonde, épicé, puissant, encore d'un bloc, beaucoup de potentiel.

CHÂTEAU BEAUSÉJOUR

33330 Saint-Émilion
Tél. 05 57 24 71 61 • Fax : 05 57 74 48 40
beausejourhdl@beausejourhdl.com
www.beausejourhdl.com
Visite : Sur rendez-vous.

Fort bien situé sur le flanc ouest de la côte de Saint-Émilion, Beauséjour, qu'on peut aussi appeler plus complètement Beauséjour Duffau-Lagarosse, est depuis 2009 suivi par le duo Thienpont-Derenoncourt, comme d'autres grands crus de Saint-Émilion (Pavie-Macquin, Larcis Ducasse). Ils ont immédiatement su exploiter le grand potentiel de ce pur-sang avec des 2009 et 2010 somptueux.

SAINT-ÉMILION GRAND CRU 2011
Rouge | Prix primeur HT : 55 € **16-17/20**
Robe profonde, fruits noirs très présents et bien mûrs, bouche ronde mais avec une pointe d'acidité qui s'impose en finale. Racé, mais nerveux. Vin profond.

SAINT-ÉMILION GRAND CRU 2009
Rouge | 2015 à 2025 | épuisé **18/20**
Beau volume fin et profond, fruit rouge franc, délicat et intense, grande richesse de saveur et superbe équilibre. Assurément le plus grand Beauséjour de l'histoire contemporaine.

CHÂTEAU BELAIR-MONANGE

6, Madeleine • 33330 Saint-Émilion
Tél. 05 57 51 78 96
info@jpmoueix.com • www.chateaubelair.com

Après avoir été longtemps dirigé par l'attachant Pascal Delbeck, Belair appartient aujourd'hui en totalité aux Établissements Jean-Pierre Moueix, qui en assurent la complète gestion et dont la première décision a été de rebaptiser le cru Belair-Monange. Installé sur un magnifique terroir calcaire à l'entrée sud de Saint-Émilion, comme ses voisins Ausone et Magdelaine, le cru possède un gigantesque potentiel. Les tout derniers millésimes indiquent une inflexion bienvenue de la personnalité du vin qui, sans perdre son allure fine et très élégante, a gagné en charme immédiat et en précision tannique.

SAINT-ÉMILION GRAND CRU 2011
Rouge | Prix primeur HT : 70 € **15-16/20**
Fruité souple, élégant mais demi-corps, caractère tendre. La propriété a réalisé un millésime en finesse, mais on peut attendre plus d'intensité d'un tel cru.

SAINT-ÉMILION GRAND CRU 2009
Rouge | 2015 à 2025 | NC **17/20**
Beau moelleux associé à une fraîcheur délicate et suave, le tanin est soyeux, l'ensemble exprime un fruit pur.

CHÂTEAU BELLEFONT-BELCIER

33330 Saint-Laurent-des-Combes
Tél. 05 57 24 72 16 • Fax : 05 57 74 45 06
chateau.bellefont-belcier@wanadoo.fr
www.bellefont-belcier.fr
Visite : Sur rendez-vous.

Ce cru, voisin de Larcis-Ducasse, possède un superbe terroir de côte, mais ne produit des vins distingués que depuis le début de ce siècle. Le velouté de texture des derniers millésimes, avec un bouquet classique de grand merlot et un potentiel certain de développement en bouteille, est remarquable et s'affirme de plus en plus comme un représentant des saint-émilions de côte.

SAINT-ÉMILION GRAND CRU 2011
Rouge | Prix primeur HT : 32 € **16-17/20**
Volume épanoui et charnu, bon fruit toasté, allonge généreuse, tanin fin, séduisant avec de la classe.

SAINT-ÉMILION GRAND CRU 2010
Rouge | 2018 à 2028 | env. 50 € **16/20**
Vin coloré, arômes prenants de fruits noirs et de mûres, volume assez large, bonne densité et profondeur avec un tanin subtil. Spectaculaire mais fin.

CHÂTEAU BELLEGRAVE

Lieu-dit René • 33500 Pomerol
Tél. 05 57 51 20 47 • Fax : 05 57 51 23 14
chateaubellegrave@orange.fr
www.chateaubellegravepomerol.com
Visite : Sur rendez-vous du lundi au vendredi de 8h à 12h30 et de 14h à 19h30.

À l'ouest de la N 89, les 6 hectares de gravier rouge et de sables constituent un classique du secteur avec des vins à la fois directs, souples et gourmands où se mêlent fruits noirs et épices. Dans leur jeunesse, les tanins peuvent être serrés et épicés sur les millésimes jaloux, ils s'arrondissent de la meilleure des façons au bout de deux ou trois ans.

Pomerol 2010
Rouge | 2012 à 2022 | 32 € **14/20**
Boisé insistant en attaque, mais la matière est noble derrière et le fruité de grande fraîcheur.

CHÂTEAU BELLEVUE

Route du Milieu • 33330 Saint-Émilion
Tél. 05 57 51 06 07 • Fax : 05 57 51 59 61
chateau-angelus@chateau-angelus.com
Visite : Sur rendez-vous.

Appartenant pour partie à Hubert de Boüard (Château Angélus), qui le gère désormais, Bellevue est devenu un cru majeur du secteur privilégié de la côte de Saint-Émilion. C'est un vin riche et onctueux mais démontrant immédiatement une race et une finesse très spécifiques.

Saint-Émilion grand cru 2011
Rouge | Prix primeur HT : 35 € **16-17/20**
Droit et très fin, beau vin élégant, grand raffinement. Le cru est fidèle à son (magnifique) terroir du secteur de Belair.

Saint-Émilion grand cru 2010
Rouge | 2018 à 2028 | 75 € **17/20**
Un beau registre racé et fin avec un fruit bien présent et très mûr, ensemble savoureux avec une longueur élégante.

CHÂTEAU BELLEVUE-MONDOTTE

Château Pavie • 33330 Saint-Émilion
Tél. 05 57 55 43 43 • Fax : 05 57 24 63 99
contact@vignoblesperse.com
www.vignoblesperse.com

Gérard Perse, l'heureux propriétaire des châteaux Pavie, Pavie-Decesse et Monbousquet, a créé cette microcuvée en 2001, à partir d'un vignoble issu de Pavie-Decesse et situé sur le plateau calcaire dans le secteur de Mondot. Ce vin impressionnant a beaucoup gagné en équilibre et en élégance dans les derniers millésimes.

Saint-Émilion grand cru 2011
Rouge | Prix primeur HT : 122 € **18-19/20**
Très belle ampleur, suave et veloutée, mais en même temps une folle énergie. Le cru dépasse largement le cadre du millésime pour imposer une personnalité forte et désormais très harmonieuse. Grand volume, grande intensité, grand velouté.

Saint-Émilion grand cru 2009
Rouge | 2016 à 2026 | 350 € **17,5/20**
Toujours spectaculaire, le vin apparaît particulièrement volumineux et intense, charnu, développant puissance et force, mais le tanin est fin.

CHÂTEAU BERGAT

86, cours Balguerie-Stuttenberg • 33300 Bordeaux
Tél. 05 56 00 00 70 • Fax : 05 57 87 48 61
domaines@borie-manoux.fr
www.borie-manoux.com
Visite : sur rendez-vous.

Comme tous les vins appartenant à la grande famille de négociants bordelais Castéja, Bergat a beaucoup progressé depuis le début des années 2000, et se montre désormais digne de son rang et du potentiel de son terroir voisin de Trottevieille : à leur meilleur, les vins séduisent par leur fraîcheur et leur équilibre sans lourdeur.

Saint-Émilion grand cru 2009
Rouge | 2013 à 2020 | 50 € **16,5/20**
Beau vin onctueux, de belle fraîcheur, avec une allonge relevée par des notes fraîches de fruits rouges.

CHÂTEAU BERLIQUET

33330 Saint-Émilion
Tél. 05 57 24 70 48 • Fax : 05 57 34 70 24
chateau.berliquet@wanadoo.fr
Visite : Sur rendez-vous.

La propriété s'appuie majoritairement sur des vignes de merlot qui peuvent s'épanouir sur un terroir argilo-calcaire en coteaux. Désormais managée par l'incontournable duo Nicolas Thienpont - Stéphane Derenoncourt, elle affirme une personnalité de saint-émilion très classique, généreusement construit mais sans lourdeur.

Saint-Émilion grand cru 2009
Rouge | 2014 à 2021 | 35 € **16/20**
Vin puissant, au volume sérieux, de bon potentiel.

CLOS BERTINEAU

B.P. 5 • 33570 Montagne-Saint-Émilion
Tél. 06 81 99 37 32
contact@closbertineau.fr • www.closbertineau.fr
Visite : Entre 12h et 14h. Le week-end sur rendez-vous

Philippe Nunes, jeune homme passionné et plein de talent, s'occupe avec grand soin des 38 ares de sa

propriété. Œnologue de formation, il travaille avec Hubert De Boüard et s'occupe plus particulièrement du Château La Fleur de Boüard, à Lalande de Pomerol.

Montagne-Saint-Émilion 2010
Rouge | 2014 à 2020 | 13,50 € **15,5/20**
Du fond, des tanins harmonieux et ce qu'il faut de fraîcheur en fin, ce vin offre de belles perspectives.

CHÂTEAU BERTINEAU SAINT-VINCENT

10, chemin de Maillet • 33500 Pomerol
Tél. 05 57 51 52 43 • Fax : 05 57 51 52 93
contact@rollandcollection.com
www.rollandcollection.com
Visite : Sur rendez-vous.

Sur Lalande de Pomerol, Bertineau est la propriété de Michel Rolland, elle produit des vins au tanin bien enrobé avec ce qu'il faut de densité. Ce cru s'apprécie jeune et les derniers millésimes sont de bonne facture.

Lalande de Pomerol 2009
Rouge | 2012 à 2020 | 18,90 € **15,5/20**
Superbe matière en bouche, avec de l'enrobage et un tanin sensuel et frais.

CHÂTEAU BONALGUE

62, quai du Priourat - B.P. 79 • 33500 Libourne
Tél. 05 57 51 62 17 • Fax : 05 57 51 28 28
contact@jbaudy.fr • www.vignoblesbourotte.com
Visite : Sur rendez-vous.

Aujourd'hui, c'est Jean-Baptiste Bourotte qui hisse haut les couleurs de ce cru aux tanins juteux, des vins à la fois souples, charnus, gourmands et élégants avec une dominante de fruits rouges mûrs. On peut les boire rapidement comme les conserver entre dix et trente ans selon les millésimes. Depuis 2006, un palier qualitatif permet à Bonalgue d'être dans le haut du bouchon des crus de l'ouest de l'appellation.

Pomerol 2011
Rouge | Prix primeur HT : NC **16-17/20**
Le toasté du nez disparaît progressivement au profit des fruits noirs et de la menthe, on apprécie surtout l'attaque en bouche pleine, avec de la tension et une fin de bouche florale très agréable, avec le juteux de tanin habituel.

Pomerol 2010
Rouge | 2012 à 2022 | 46 € **16/20**
Le charme immédiat de Bonalgue, avec des tanins qui vous sautent au cou, une aromatique expressive et une texture soyeuse bien corsetée. Cela ne doit pas nous faire oublier que ce vin évoluera parfaitement dans le temps.

CHÂTEAU BOURGNEUF

1, le Bourg Neuf • 33500 Pomerol
Tél. 05 57 51 42 03 ou 06 17 84 48 06
Fax : 05 57 25 01 40
chateaubourgneufvayron@wanadoo.fr
www.chateaubourgneuf.com
Visite : Sur rendez-vous.

Depuis que le château l'Écuyer existe et que les propriétaires de Vieux Bourgneuf ont abandonné leur nom originel, Bourgneuf est redevenu Bourgneuf, supprimant de son vocable la mention de sa famille tutélaire, les Vayron, qui tiennent les rênes depuis 1821. Ils croient en Frédérique, qui s'affirme pleinement depuis le millésime 2008. Il faut dire que les 9 hectares argilo-graveleux tutoient Trotanoy sur le plateau mythique. Les parcelles les mieux exposées ont été épargnées par le gel de 1956, ce qui fait que le patrimoine de vieilles vignes vaut son pesant de tanins. 2009 continue de nous enchanter et 2010 ouvre de belles perspectives.

Pomerol 2011
Rouge | Prix primeur HT : 23 € **16-17/20**
Très jolie définition aromatique florale et finement truffée, bouche ample, suave et profonde, allonge raffinée. Beau vin onctueux.

Pomerol 2010
Rouge | 2012 à 2023 | 42 € **16,5/20**
Très équilibré, ce cru joue dans le raffinement du secteur de Trotanoy, en densité, en fraîcheur et en équilibre.

CHÂTEAU BOUTISSE

33330 Saint-Christophe-des-Bardes
Tél. 05 57 50 33 43 • Fax : 05 57 50 33 44
contact@chateau-boutisse.fr
www.chateau-boutisse.fr
Visite : sur rendez vous.

Cette propriété de Saint-Christophe-des-Bardes a été acquise en 1996 par la famille Milhade, propriétaire de deux autres crus à Bordeaux (Recougne et Damase en Bordeaux Supérieur). Située à l'est de

l'appellation, elle produit des vins en progression régulière.

Saint-Émilion grand cru 2010
Rouge | 2015 à 2026 | NC **15,5/20**
Le tanin est profond avec une aromatique déclinant les fruits noirs et le poivre de Sichuan, il faut attendre que l'ensemble se fonde.

DOMAINES BOUYER

33330 Saint-Christophe-de-Bardes
Tél. 05 57 24 77 18
milon-cure@wanadoo.fr • www.domaines-bouyer.com
Visite : Sur rendez-vous.

Propriétés d'Alexia et Pierre Bouyer, le Clos de la Cure et le Château Milon sont des crus de Saint-Émilion qui commencent à poindre le bout du bouchon. Le pomerol Clos 56, qui fait référence à sa superficie calculée en ares, s'affirme dès son premier millésime grâce aux conseils précieux d'Olivier Dauga, qui intervient également sur les crus de Saint-Émilion à partir de 2011.

Pomerol Clos 56 2010
Rouge | 2012 à 2020 | 55 € **15/20**
Fruits noirs et notes florales se mêlent au nez, le tanin a du charme avec ce qu'il faut d'onctuosité et de soyeux, finale menthée, voilà un premier millésime réussi !

CHÂTEAU BRANDA

33570 Puisseguin
Tél. 05 57 74 62 55
chateau.branda@wanadoo.fr
Visite : Du lundi au vendredi de 8h à 16h.

Également propriétaire du Château Pas de l'Âne, Arnaud Delaire a installé Branda à la fin du siècle dernier dans le peloton de tête des satellites de Saint-Émilion. Après des débuts dans un registre large d'épaules, Branda a bien affiné son style et il se révèle d'une belle harmonie sur les derniers millésimes.

Puisseguin-Saint-Émilion 2010
Rouge | 2014 à 2023 | 11 € **15/20**
Belle intensité tannique, l'élevage et la matière commencent déjà à bien se fondre.

CHÂTEAU LA CABANNE

35, rue de Montaudon • 33500 Libourne
Tél. 05 57 51 04 09 • Fax : 05 57 25 13 38
estager@estager.com • www.estager.com
Visite : Sur rendez-vous.

Ce domaine du versant ouest de la haute terrasse appartient à la famille Estager. Les 94 % de merlot et 6 % de cabernet franc se situent sur un sol argilo-graveleux sur une concrétion de sable et de fer. Ces 10 hectares de vignes donnent un vin corsé avec une trame solide dans les premières années. Avec le temps, le cru évolue parfaitement comme ce 1975 qui constitue une référence sur le millésime. Après une période difficile due à un incendie qui a privé les amateurs du 2008, La Cabanne revient sur le devant du tanin grâce à un 2010 de belle facture.

Pomerol 2010
Rouge | 2012 à 2020 | NC **16/20**
Grande profondeur au nez comme en bouche, avec des accents de fruits noirs et une densité harmonieuse exemplaire.

CHÂTEAU CADET-BON

1, Le Cadet • 33330 Saint-Émilion
Tél. 05 57 74 43 20 • Fax : 05 57 24 66 41
chateau.cadet.bon@orange.fr • www.cadet-bon.com
Visite : Du lundi au vendredi, sur rendez-vous.

Cadet-Bon est un petit vignoble de 7 hectares situé pour sa majeure partie à la sortie du village de Saint-Émilion. Appartenant depuis 2001 à la famille Richard, le cru a sagement progressé et 2009 et 2010 sont à coup sûr ses plus probantes réussites.

Saint-Émilion grand cru 2010
Rouge | 2018 à 2028 | 35 € **16,5/20**
Volumineux mais allongé, svelte et pur, grand tanin fin, très prometteur, allonge intense et persistante sans mollesse ni impressions confiturées.

CHÂTEAU CALON

33570 Montagne
Tél. 05 57 51 64 88 • Fax : 05 57 51 56 30
vignoblesjnboidron@wanadoo.fr

Constitué lors des trois derniers siècles par la famille Boidron, le Château Calon compte 7 hectares rassemblés sur des argilo-calcaires. On en apprécie l'élégance soyeuse avec ce qu'il faut de profondeur.

Saint-Georges-Saint-Émilion 2009
Rouge | 2012 à 2018 | 13,80 € **15,5/20**
Progressivement, ce cru prend de l'étoffe, et son élégance soyeuse avec un tanin bien tenu lui vaut une note à la hausse.

CHÂTEAU CANON

B.P. 22 • 33330 Saint-Émilion
Tél. 05 57 55 23 48 • Fax : 05 57 24 68 00
contact@chateau-canon.com
www.chateau-canon.com
Visite : Sur rendez-vous au 05 57 55 23 45.

Bénéficiant du travail long et patient du Médocain John Kolasa et de son équipe, depuis le rachat du cru par la famille Wertheimer en 1996, Canon parvient progressivement à confirmer son indéniable potentiel. Le vin ne se caractérise jamais par sa puissance mais au contraire par un style fin et délié qui mérite plusieurs années de garde pour s'épanouir pleinement.

Saint-Émilion grand cru 2011
Rouge | Prix primeur HT : 68 € **16-16,5/20**
Nez fumé, bouche droite et volumineuse, plus en structure qu'en nuances. Le volume est pour l'instant en place, sa personnalité a besoin de temps pour s'exprimer.

Saint-Émilion grand cru 2010
Rouge | 2018 à 2028 | cav. env. 130 € **17/20**
Beaucoup de droiture et de fraîcheur du fruit, tanin un rien vif, allonge souple, très bel équilibre avec un style impeccable.

CHÂTEAU CANON-LA-GAFFELIÈRE

B.P. 34 • 33330 Saint-Émilion
Tél. 05 57 24 71 33 • Fax : 05 57 24 67 95
info@neipperg.com • www.neipperg.com
Visite : Sur rendez-vous.

Au pied de la côte de Saint-Émilion, presque aux portes du village, Canon-la-Gaffelière est la propriété phare de Stephan von Neipperg qui s'est révélé, depuis son arrivée au début des années 1980, comme l'un des vignerons les plus doués de la rive droite bordelaise. Sachant aussi bien jouer sur la puissance de constitution que sur la finesse des tanins, Neipperg a réalisé depuis le début des années 1990 un quasi sans-faute, installant son cru comme l'une des grandes valeurs de la commune.

Saint-Émilion grand cru 2011
Rouge | Prix primeur HT : 47 € **17-17,5/20**
Volumineux avec une dimension aromatique plus florale que fruitée à ce stade, tanins fins, onctuosité et longueur savoureuses.

Saint-Émilion grand cru 2010
Rouge | 2016 à 2028 | cav. env. 90 € **17,5/20**
Grande dimension de corps et de profondeur, texture incomparablement soutenue et intense, allonge fraîche, corps raffiné, élégant, fruit profond.

Saint-Émilion grand cru 2009
Rouge | 2016 à 2028 | cav. env. 90 € **18/20**
40 % de cabernet franc et 10 % de cabernet-sauvignon apportent de la fraîcheur alliée à la suavité et à la rondeur. D'une longueur raffinée, c'est un grand vin brillant.

CHÂTEAU CANON-PÉCRESSE

33126 Saint-Michel-de-Fronsac
Tél. 05 57 24 98 67 • Fax : 05 57 24 98 67
canon@pecresse.fr • www.chateau-canon-pecresse.fr
Visite : Du lundi au samedi sur rendez-vous

Ce domaine familial, qui a pris le nom de ses propriétaires (l'ancien nom était, il est vrai, un rien compliqué : Canon Bodet La Tour...), a longtemps livré ses vins en vrac à un négociant libournais. Il a affiché de nouvelles ambitions à partir de 2003, en mettant sa production en bouteille, en créant même un second vin et surtout en insistant sur l'équilibre et la finesse tannique. Souvent très fermés dans leur prime jeunesse, ils émerveillent ensuite par leur texture soyeuse et leur élégance.

Canon-Fronsac 2009
Rouge | 2014 à 2019 | 14,90 € **15,5/20**
Toujours sur la retenue à ce stade, bonne bouche onctueuse et charnue, des tanins fermes et solides qui se prolongent sur le fruit noir en finale. Un boisé fin et bien maîtrisé non sans race, il peut vieillir.

CHÂTEAU CANTENAC

2, Cantenac • 33300 Saint-Émilion
Tél. 05 57 51 35 22 • Fax : 05 57 25 19 15
contact@chateau-cantenac.fr
www.chateau-cantenac.fr
Visite : Tous les jours 8h-12h et 14h-18h.
Le week-end et les jours fériés sur rendez-vous.

Nicole Roskam-Brunot, entourée de ses enfants, continue d'écrire avec passion l'histoire de ce vignoble de 12,5 hectares situés à l'ouest de Saint-Émilion. Aujourd'hui, ils pratiquent une culture raisonnée qui permet d'obtenir des vins de belle expression aromatique, avec ce qu'il faut de fond et de fraîcheur.

Saint-Émilion grand cru 2010
Rouge | 2014 à 2020 | 22 € **14,5/20**
Nez de pulpe de fruits noirs, bouche aux tanins juteux persistants avec une finale épicée harmonieuse.

CHÂTEAU CAPET GUILLIER

Saint-Hippolyte • 33330 Saint-Émilion
Tél. 05 57 24 70 21

Ce vignoble, situé sur Saint-Hippolyte et suivi depuis 2009 par l'équipe technique de Stéphane Derenoncourt, commence à s'affirmer dans la jungle des saint-émilions grand cru. On apprécie l'énergie de son tanin et sa fin de bouche montante et fraîche.

Saint-Émilion grand cru 2010
Rouge | 2014 à 2024 | NC **15/20**
C'est le millésime du déclic avec de l'énergie dans le tanin, de la profondeur et des accents épicés subtils.

CHÂTEAU CARTEAU CÔTE DAUGAY

33330 Saint-Émilion
Tél. 05 57 24 73 94 • Fax : 05 57 24 69 07
vignobles.jbertrand@wanadoo.fr
www.chateaucarteau.com
Visite : Sur rendez-vous.

Carteau Côte Daugay est un domaine classique du début de la côte de Saint-Émilion, à l'ouest du village. Appartenant depuis cinq générations à la famille Bertrand, le vin, qui a toujours été solide et structuré, a gagné dans les derniers millésimes en finesse d'expression. Une verticale de 1998 à nos jours nous a pleinement convaincus de la promotion méritée de ce grand classique d'un excellent rapport qualité-prix.

Saint-Émilion grand cru 2010
Rouge | 2016 à 2022 | 15 € **15,5/20**
Pour l'instant sur la réserve, on sent un tanin énergique, avec ce qu'il faut de profondeur.

Saint-Émilion grand cru 2008
Rouge | 2014 à 2018 | 15 € **15,5/20**
Ce cru a gagné en complexité, avec ce qu'il faut de fond, il lui faut encore un peu de temps.

CHÂTEAU CASSAGNE HAUT-CANON

33126 Saint-Michel-de-Fronsac
Tél. 05 57 25 05 55 • Fax : 05 57 51 63 98
contact@chateau-cassagne.fr
www.chateau-cassagne.fr
Visite : Sur rendez-vous.

Ce joli château du Fronsadais est depuis longtemps l'une des valeurs sûres de l'appellation. Jean-Jacques Dubois y réalise des canon-fronsacs très classiques, charnus et exprimant avec une belle intensité ces arômes de truffe noire auxquels le vin doit son nom. Ils vieillissent fort bien et on les apprécie à leur optimum après trois à cinq ans de bouteille. Un 2009 particulièrement harmonieux.

Canon-Fronsac La Truffière 2009
Rouge | 2016 à 2021 | env. 20 € **15,5/20**
Il renoue avec les grands millésimes des années 1990 qui ont fait la réputation de ce cru. Belle bouche onctueuse et riche avec une solide structure tannique qui permettra au vin de vieillir, généreux et fruité, il est bien moins austère et rustique que ces dernières années.

CHÂTEAU CERTAN DE MAY

33500 Pomerol
Tél. 05 57 51 41 53 • Fax : 05 57 51 88 51
chateau.certan-de-may@wanadoo.fr

Jean-Luc Bareau dirige avec aplomb ce château très bien situé sur le plateau magique. Bien bâtis, les vins dévoilent leurs charmes au bout d'une dizaine d'années, prenant de très profonds accents de truffe. Si 2007 possède toujours de l'aplomb, il convient d'attendre 2008, 2009 et 2010.

Pomerol 2010
Rouge | 2012 à 2019 | NC **15,5/20**
Nez de pivoine et d'épices, attaque suave et tendue, le tanin s'étire derrière en profondeur, avec une belle fin sur la cerise noire et les fleurs.

POMEROL 2009
Rouge | 2015 à 2035 | 110 € **15,5/20**
Vin droit au bon tanin ferme et soyeux, d'un volume «certan» et d'une grande allonge.

CHÂTEAU DE CHAMBRUN

33500 Néac
Tél. 05 57 40 34 99
info@vignobles-silvio-denz.com
www.vignobles-silvio-denz.com
Visite : Du lundi au vendredi de 9h à 12h et de 14h à 17h. Le week-end sur rendez-vous.

Propriété de Sylvio Denz, qui excelle également sur Faugères à Saint-Émilion, le Château de Chambrun figure maintenant dans l'élite des meilleurs lalandes. Les 6,80 hectares sont situés sur des graves sur argiles qui donnent des vins aux tanins longs et élégants, avec ce qu'il faut de densité.

LALANDE DE POMEROL 2010
Rouge | 2012 à 2017 | env. 35 € **15,5/20**
Beaucoup de charme pour ce vin qui a su garder un fruité frais et des tanins longs et subtils, c'est l'une des priorités sur le secteur.

CHÂTEAU CHAUVIN

1, les Cabanes Nord - B.P. 67 • 33330 Saint-Émilion
Tél. 05 57 24 76 25 • Fax : 05 57 74 41 34
chateauchauvingcc@wanadoo.fr
www.chateauchauvin.com
Visite : De 10h à 12h et de 14h à 16h30 en semaine et sur rendez-vous le week-end.

Ce cru classé, situé sur le plateau ouest de Saint-Émilion avec un encépagement largement dominé par le merlot, est aujourd'hui un cru régulier.

SAINT-ÉMILION GRAND CRU 2010
Rouge | 2018 à 2028 | env. 34 € **14/20**
Robe dense, même structure tannique intense, volume puissant et sans soyeux, longueur serrée.

LA CHENADE

10, rue Catusseau • 33500 Pomerol
Tél. 05 57 25 96 59

Composé pour son encépagement de 90 % de merlot et 10 % de cabernet franc, ce domaine est devenu l'un des classiques de Lalande : son propriétaire Denis Durantou brille sur Pomerol avec l'Église-Clinet, et il apporte le même soin à ses autres appellations. La Chenade offre toujours une palette aromatique fraîche et ce qu'il faut de profondeur.

LALANDE DE POMEROL 2009
Rouge | 2012 à 2018 | cav. env. 19 € **15/20**
Tanin gourmand et juteux, avec ce qu'il faut de plénitude et de gourmandise, jolie fin menthée.

CHÂTEAU CHÉRUBIN

5, Fonrazade • 33330 Saint-Émilion
Tél. 06 08 97 52 07
bbourdil@hotmail.com
Visite : Sur rendez-vous.

Le décor ornant l'étiquette de Château Chérubin est inspiré du célèbre couple d'anges sculptés dans la nef centrale de l'église de Saint-Émilion. Ici, les anges se nomment Carole et Marie-Line Bourdil et elles veillent commercialement sur les vins que produit leur père Bertrand soit 2 hectares situés entre Angélus et Fonrazade. Œnologue de formation et vinificateur durant 20 ans de Mouton-Rothschild, il privilégie puissance, élégance et potentiel de garde.

SAINT-ÉMILION GRAND CRU 2009
Rouge | 2012 à 2024 | 55 € **15,5/20**
Tanin à la fois dynamique et soyeux, avec de la profondeur et une belle finale sur les fruits noirs et les épices. L'élevage est bien intégré, c'est un joli 2009.

CHÂTEAU CHEVAL BLANC

33330 Saint-Émilion
Tél. 05 57 55 55 55 • Fax : 05 57 55 55 50
contact@chateau-chevalblanc.com
www.chateau-cheval-blanc.com
Visite : Sur rendez-vous pour les professionnels uniquement.

Dans toute la seconde moitié du XXe siècle, Cheval Blanc fut de très loin le cru le plus régulier, au meilleur niveau de la rive droite bordelaise. Il se distingue assez nettement de ses pairs par son encépagement, où le cabernet franc occupe une place primordiale, et par son terroir sablo-graveleux du plateau de Pomerol, appellation dont il est d'ailleurs directement voisin. Après un passage plus irrégulier au tournant du millénaire, le cru a retrouvé aujourd'hui toute sa splendeur qui en fait un vin au style unique.

SAINT-ÉMILION GRAND CRU 2011
Rouge | Prix primeur HT : 500 € **18-19/20**
Avec 52 % de cabernet franc, c'est un grand Cheval à la fraîcheur éblouissante, à l'allonge subtile, au caractère floral brillant. En bouche, le vin dé-

montre une longueur suave et voluptueuse et une personnalité racée au possible.

SAINT-ÉMILION GRAND CRU 2010
Rouge | 2018 à 2030 | 900 € **20/20**
A notre sens le plus grand Cheval depuis le légendaire 1947 ! Floral, il révèle au nez comme en bouche un éclat aromatique inoubliable, et déploie un équilibre parfait entre plénitude, vivacité et allonge, grand style incroyablement profond

SAINT-ÉMILION GRAND CRU 2009
Rouge | 2016 à 2030 | 900 € **19/20**
Grand vin opulent et épanoui, au corps gras et ample, à la saveur charnue, au volume surfin, à l'allonge suave et persistante. Un grand généreux mais sans aucune lourdeur et d'une fraîcheur finale éblouissante.

SAINT-ÉMILION GRAND CRU PETIT CHEVAL 2011
Rouge | Prix primeur HT : 120 € **17-18/20**
La production se partage cette année en 15 % de vin écarté, 20 % pour Petit-Cheval et 65 % pour le grand vin. Petit-Cheval confirme l'éclat des précédents millésimes : grande finesse de saveur, allonge suave et voluptueuse, fruit brillant, densité pas énorme mais finesse éblouissante.

SAINT-ÉMILION GRAND CRU PETIT CHEVAL 2010
Rouge | 2015 à 2026 | 168 € **17,5/20**
Finesse superlative, corps suave et racé, brillantissime dans l'éclat et la fraîcheur, doté d'une allonge épanouie, mariant délicatesse de texture et précision du fruit.

CHÂTEAU CLARISSE

33570 Puisseguin
Tél. 05 46 67 83 74
contact@chateau-clarisse.com
www.chateau-clarisse.com

Le château Clarisse est le fruit de la passion d'Olivia et Didier Le Calvez, qui ont acheté la propriété en 2009. Le directeur du Bristol possède ainsi 5,11 hectares sur un sol argilo-calcaire et argilo-siliceux sur le plateau de Puisseguin. Stéphane Derenoncourt intervient en conseil. Les vins présentent un tanin enrobé avec de la finesse et de l'énergie. La cuvée Vieilles-Vignes est l'une des réussites majeures en 2010 sur le secteur.

PUISSEGUIN-SAINT-ÉMILION 2010
Rouge | 2012 à 2019 | 22,10 € **15/20**
De la gourmandise dans le tanin, en même temps que de la souplesse et de la profondeur.

PUISSEGUIN-SAINT-ÉMILION VIEILLES VIGNES 2010
Rouge | 2012 à 2020 | 34,70 € **15,5/20**
Franche réussite pour ce vin au tanin bien enrobé, avec ce qu'il faut d'énergie et de persistance.

CHÂTEAU CLINET

16, chemin de Feytit • 33500 Pomerol
Tél. 05 57 25 50 00 • Fax : 05 57 25 70 00
contact@chateauclinet.com • www.chateauclinet.com
Visite : Sur rendez-vous.

Situé au sommet du plateau de Pomerol, les 8,5 hectares de Clinet sont riches en vieilles graves profondes mêlées d'argile et en crasse de fer. Rachetée en 1998 par Jean-Louis Laborde, cette exploitation est dirigée aujourd'hui par Ronan, son fils, qui apporte tout son dynamisme au renouveau de Clinet. La replantation d'une partie du vignoble a été mise en place. Les derniers millésimes sont plus en finesse et en fraîcheur.

POMEROL 2011
Rouge | Prix primeur HT : 56 € **17-17,5/20**
Une sève assez dense, avec des accents de mûre et de myrtille, matière équilibrée, il y a de la puissance et de l'élégance.

POMEROL 2009
Rouge | 2013 à 2025 | NC **16,5/20**
Ce vin coule gras dans le verre, superbe nez profond avec des touches florales et de poivre du Chili, la bouche est suave et raffinée, le tanin précis, ce vin évolue en finesse.

CLOS DU CLOCHER

35, quai du Priourat - B.P. 79 • 33502 Libourne
Tél. 05 57 51 62 17 • Fax : 05 57 51 28 28
contact@jbaudy.fr • www.jbaudy.fr
Visite : Sur rendez-vous.

Au cœur du plateau de Pomerol, ce vin imposant et intense dans sa jeunesse évolue parfaitement et gagne en complexité au fil des ans, pour devenir l'un des meilleurs du secteur. Depuis 2008, un stade qualitatif a été franchi avec des vins plus en nuances et une plus grande précision. L'ascension du Clos du Clocher correspond au nouveau parcellaire qui isole la partie la plus sableuse de Montregard La Croix.

Pomerol 2011

Rouge | Prix primeur HT : 25 € **16-17/20**

Le vin est juteux, presque massif et dense avec des tanins gras et épicés. Il y a du vin mais peu de nuances à ce stade, elles viendront avec l'élevage.

Pomerol 2010

Rouge | 2016 à 2030 | 73 € **16/20**

Tout en réserve et en puissance, ce vin est encore dans ses langes, il a tout pour lui car il y a une superbe matière.

CHÂTEAU CLOS DES PRINCE

33330 Saint-Laurent-des-Combes

Tél. 05 57 84 64 14

vignobles-prince@wanadoo.fr

Visite : Sur rendez-vous.

Nicolas Prince appartient à la jeunesse tannique de Saint-Émilion qui apporte un vent de fraîcheur sur la région, leur association «Arômes de Jeunesse» a le sens de l'humour bachique. Issu d'une famille de courtiers bien en cour sur les deux rives, il s'est constitué un domaine de 2,97 hectares sur sept parcelles de différents terroir de la cité d'Ausone. Le premier millésime en 2008 est franc et coulant, et le second en 2009 possède profondeur et complexité.

Saint-Émilion grand cru 2010

Rouge | 2013 à 2020 | env.24 € **14/20**

On a un joli fond, avec de la suavité, de la tension et de la fraîcheur.

Saint-Émilion grand cru 2009

Rouge | 2013 à 2023 | NC **14,5/20**

Juteux et gourmand, le grain de tanin de ce 2009 possède de la distinction. Comme la profondeur est au rendez-vous, ce vin se révèle idéal sur une lamproie.

CLOS RENÉ

3, rue Grand Moulinet • 33500 Pomerol

Tél. 05 57 51 10 41 • Fax : 05 57 51 16 28

clos-rene-pomerol@wanadoo.fr

Visite : Sur rendez vous.

Sur un terrain sablo-argileux, avec de la crasse de fer en sous-sol, les 10,5 hectares tirent leur nom du hameau voisin appelé René. Ce cru qui ne fait pas de bruit se montre toujours régulier. On en apprécie la souplesse, les flaveurs de violette et l'aptitude à bien évoluer dans le temps. Les 1975 sont encore en forme et cette année nous avons retendu le verre sur ce type de millésime.

Pomerol 2010

Rouge | 2012 à 2019 | env. 28 € **15/20**

Bon rapport qualité-prix pour ce grand classique du secteur de René, avec de la suavité, de la souplesse et ce qu'il faut d'allonge.

CHÂTEAU CLOS SAINT-ÉMILION PHILIPPE

2, lieu-dit Beychet • 33330 Saint-Émilion

Tél. 05 57 51 05 93 • Fax : 05 57 25 96 39

vignobles.philippe@wanadoo.fr

www.clos-saint-emilion.com

Visite : Sur rendez-vous.

Petite propriété suivie par le brillant consultant Olivier Dauga, Clos Saint-Émilion Philippe propose une sélection issue de vignes pré-phylloxériques qui porte chaque année l'âge des plus vieilles vignes de la parcelle, censément plantée en 1900. Le vin possède une robe très dense et témoigne d'un réel fond, avec une charpente solide sans aucune massivité et un fruit persistant. La cuvée classique du domaine est beaucoup plus souple.

Saint-Émilion 110 2010

Rouge | 2014 à 2024 | 28 € **15,5/20**

Accents floraux avec un fruit bien dégagé, au nez comme en bouche, on ne peut qu'opiner du verre car la finale sur la guimauve est très belle. On reconnaît le style daugasque qui fait ici merveille.

Saint-Émilion grand cru 2010

Rouge | 2012 à 2016 | 17 € **14,5/20**

On apprécie le tanin souple et décontracté qui va droit au goût.

CHÂTEAU CORBIN

33330 Saint-Émilion

Tél. 05 57 25 20 30 • Fax : 05 57 25 22 00

contact@chateau-corbin.com

www.chateau-corbin.com

Visite : Sur rendez-vous.

Cette belle et très ancienne propriété, qui appartient à la même famille depuis l'entre-deux-guerres, est située sur le plateau de Pomerol, sur un sol de graves fines qui est aussi celui de Cheval Blanc. 2008 et 2009 indiquent clairement une nouvelle ère.

Saint-Émilion grand cru 2009
Rouge | 2016 à 2026 | 35 € **16/20**
Beau vin harmonieux et racé. Très classiquement construit, dans un style long et fruité sans lourdeur.

CHÂTEAU CÔTE DE BALEAU

GFA Les Grandes Murailles • 33330 Saint-Émilion
Tél. 05 57 24 71 09 • Fax : 05 57 24 69 72
lesgrandesmurailles@wanadoo.fr
www.lesgrandesmurailles.fr
Visite : Visites et dégustations sur rendez-vous.

Sophie Fourcade a pour challenge de faire rentrer ce cru situé sur le plateau argilo-calcaire du centre de Saint-Émilion dans la catégorie des grands crus classés. On en apprécie la finesse de grain et la tension dans le tanin particulièrement harmonieux.

Saint-Émilion grand cru 2009
Rouge | 2012 à 2020 | 17,50 € **15,5/20**
La richesse du millésime et la tension du tanin se révèlent une belle réussite.

CLOS DE LA CURE

Domaine Bouyer - Saint-Christophe de Bardes
33300 Saint-Emilion
Tél. 05 57 24 77 18
milon-cure@wanadoo.fr • www.domaines-bouyer.com
Visite : Du lundi au vendredi de 9h à 12h et de 14h à 17h.

Saint-Émilion grand cru 2009
Rouge | 2015 à 2020 | 18 € **14,5/20**
Plus généreux que le 2010 de la propriété, ce millésime gras et de bonne sève offre une personnalité classique mais épanouie.

CHÂTEAU DALEM

1, Dalem • 33141 Saillans
Tél. 05 57 84 34 18 • Fax : 05 57 74 39 85
chateau-dalem@wanadoo.fr
www.chateau-dalem.com
Visite : De 9h à 12h et de 14h à 18h.

Ce château du XVIIIe siècle et son parc dominent la vallée de l'Isle. L'activité viticole y est très ancienne, elle a acquis une solide réputation dans les années 1980 lorsque Michel Rullier a défini le profil d'un fronsac extrêmement puissant, aux tanins serrés et denses et à la personnalité corsée. Aujourd'hui, avec Brigitte Rullier qui désormais tient les rênes, le style énergique mais parfois abrupt s'est assoupli avec bonheur et les vins, sans perdre de leur vigueur, ont beaucoup gagné en raffinement. Il ne faudra pas manquer le 2009.

Fronsac 2009
Rouge | 2017 à 2022 | 25 € **17/20**
Un Dalem très racé, au nez de fruits frais et d'un végétal noble, bouche élégante, tanins crémeux, souples, très complexe, long et vif en finale, du vrai vin de garde. L'une des très grandes bouteilles de Fronsac.

CHÂTEAU DASSAULT

1, Couprie • 33330 Saint-Émilion
Tél. 05 57 55 10 00 • Fax : 05 57 55 10 01
lbv@chateaudassault.com
www.chateaudassault.com
Visite : Sur rendez-vous.

L'ancien Château Couperie a été acquis et rebaptisé en 1955 par Marcel Dassault, il est aujourd'hui administré par son petit fils Laurent. Mené de main de maître par Laurence Brun, elle-même petite fille du premier régisseur nommé par la famille, ce cru très régulier s'est imposé comme une valeur sûre de l'appellation.

Saint-Émilion grand cru 2011
Rouge | Prix primeur HT : NC **15/20**
Bon volume charnu, solidement bâti mais avec de l'équilibre et une dimension fruitée sérieuse.

Saint-Émilion grand cru 2010
Rouge | 2015 à 2025 | NC **17/20**
Style comparable au 2009, avec un vin de grand volume, ample, aux arômes de fruits noirs, au corps gras et ambitieux, sans la moindre sécheresse.

CHÂTEAU DE LA DAUPHINE

Rue Poitevine • 33126 Fronsac
Tél. 05 57 74 06 61 • Fax : 05 57 51 80 57
contact@chateau-dauphine.com
www.chateau-dauphine.com
Visite : Sur rendez-vous.

Chartreuse très élégante et spectaculaire, La Dauphine fut bâtie au XIXe siècle par l'architecte Victor Louis. En 2000, l'industriel de la distribution Jean Halley fit son acquisition, ainsi que celle de Canon de Brem, remarquable vignoble de huit hectares splendidement situé sur le tertre de Canon-Fronsac, et intégré à La Dauphine à partir du millésime 2006. Après de grands travaux entrepris tous azimuts,

notamment la réalisation d'un chai ultra moderne et très adapté à l'exigence des propriétaires, les vins ont trouvé leur style. Bénéficiant des conseils de l'œnologue Denis Dubourdieu, la production joue clairement la carte de la finesse et de l'équilibre, quitte à paraître parfois très souple dans des millésimes moyens. 2008 semble amorcer le vrai départ du cru, que son potentiel devrait pouvoir amener à un niveau comparable à celui d'un cru classé de Saint-Émilion. Magnifique 2009.

FRONSAC 2009
Rouge | 2015 à 2019 | 16 € **16/20**
Bonne densité et structure soutenue pour ce beau fronsac, du fruit croquant et une longue persistance. Une Dauphine toute sur le charme, qui affirme un style de plus en plus sur la finesse. Belle réussite.

CHÂTEAU DESTIEUX

1, lieu-dit Destieux • 33330 Saint-Hippolyte
Tél. 05 57 24 77 44 • Fax : 05 57 24 18 79
contact@vignoblesdauriac.com
www.vignoblesdauriac.com
Visite : Du lundi au jeudi, de 8h à 12h et de 14h à 17h ou sur rendez-vous. Le vendredi de 8h à 12h.

Appartenant depuis les années 1970 à la famille Dauriac, Destieux est situé sur un tertre spectaculaire, dans la partie orientale de Saint-Émilion. C'est une propriété qui a atteint un niveau hautement recommandable, avec une régularité impressionnante d'un millésime à l'autre et des élevages soignés.

SAINT-ÉMILION GRAND CRU 2011
Rouge | Prix primeur HT : 26 € **15-16/20**
Très toasté, note fumée également qui s'associe à un fruit savoureux en bouche.

SAINT-ÉMILION GRAND CRU 2009
Rouge | 2016 à 2026 | 39 € **16/20**
Fruit souple, belle dimension en bouche avec une bonne construction racée et une longueur honorable.

CHÂTEAU DU DOMAINE DE L'ÉGLISE

86, cours Balguerie-Stuttenberg • 33082 Bordeaux
Tél. 05 56 00 00 70 • Fax : 05 57 87 48 61
domaines@borie-manoux.fr
www.domainedeleglise.com
Visite : sur rendez-vous.

À l'ombre de l'église, idéalement situé au centre du plateau, ce château appartient depuis 1973 à la famille Castéja qui a permis au cru de faire un bon qualitatif notoire au début de ce siècle. On en apprécie la suavité, les tanins enrobés et frais, l'intensité quasi moelleuse de la texture, avec du style et un grand raffinement. C'est à coup sûr l'un des plus méconnus des grands pomerols.

POMEROL 2010
Rouge | 2014 à 2023 | 35 € **16/20**
Jolie matière, avec une profondeur au nez comme en bouche, un vin tout en devenir.

CHÂTEAU L'ÉCUYER

33500 Néac
Tél. 05 57 51 18 61
Visite : De 8h à 12h et de 13h à 17h du lundi au vendredi.

Anciennement Château Bourgueneuf, l'Écuyer est le nouveau nom de ce domaine racheté par la famille Petit qui a fait du Château de Tournefeuille l'un des fers de lance de Lalande de Pomerol. Sur les 3 hectares pourvus en argiles graveleuses et crasse de fer en limite de Bourgneuf, Rouget et Clos l'Église, ce domaine émergent est à suivre de près. 2007 épouse bien la souplesse du millésime, les choses sérieuses commencent réellement avec le millésime 2008. 2009 et 2010 permettent un nouveau palier qualitatif.

POMEROL 2010
Rouge | 2012 à 2024 | 38,50 € **15,5/20**
Le meilleur millésime depuis la reprise du cru. Il ressemble au niveau de l'aromatique à son voisin Bourgneuf, avec un nez frais sur des flaveurs de violette, et des touches de pivoine. La bouche offre des tanins soyeux plus longs et plus racés que sur les millésimes précédents. Belle réussite.

CHÂTEAU FAUGÈRES ET PEBY-FAUGÈRES

33330 Saint-Étienne-de-Lisse
Tél. 05 57 40 34 99 • Fax : 05 57 40 36 14
info@chateau-faugeres.com
www.chateau-faugeres.com
Visite : Sur rendez-vous.

Situé à l'est de la côte de Saint-Émilion, ce cru est proche des Côtes de Castillon, appellation pour laquelle la propriété produit d'ailleurs une excellente cuvée, Cap-de-Faugères. Bien lancé par Corinne Guisez dans les années 1990, le cru a été repris au début du nouveau millénaire par un homme d'affaires suisse, Sylvio Denz. Il a encore haussé son niveau d'exigence et accentué ses sélections, tant au niveau de la cuvée du château que sur la sélection

parcellaire Péby-Faugères. Très puissants, intenses, ce sont assurément deux vins à suivre de près.

Saint-Émilion grand cru 2011
Rouge | Prix primeur HT : 22 € **17/20**
Vin gras et gourmand, belle intensité généreuse, du fruit, solidement épanoui. Grande vigueur.

Saint-Émilion grand cru 2010
Rouge | 2012 à 2020 | env. 37 € **17,5/20**
On a de la profondeur et une harmonie tannique légèrement en dessus du savoureux 2009, son centre de bouche offre le charnu habituel du cru.

Saint-Émilion grand cru
Château Péby Faugères 2011
Rouge | Prix primeur HT : 68 € **16,5-17,5/20**
Robe noire. Ultra intense, volume généreux, grande densité, un poil d'amertume mais volume riche et serré. Le cru rivalise avec les grands crus classés par l'intensité de sa sève.

Saint-Émilion grand cru
Château Péby Faugères 2010
Rouge | 2012 à 2020 | env. 150 € **18/20**
On est plus en fruits noirs et épices, avec une suavité généreuse et persistante, la fin de bouche est flamboyante.

CHÂTEAU FAURIE DE SOUCHARD

33330 Saint-Émilion
Tél. 05 57 74 43 80 • Fax : 05 57 74 43 96
fauriedesouchard@wanadoo.fr
www.fauriedesouchard.com
Visite : Vente directe au domaine sur rendez-vous.

Ce cru de taille non négligeable (14 hectares) vit un renouveau depuis moins de cinq ans et l'arrivée d'une nouvelle génération à sa tête. Situé au nord du village de Saint-Émilion, ce voisin de Soutard est aujourd'hui suivi par Stéphane Derenoncourt qui y a apporté une souplesse et plénitude de constitution immédiatement perceptibles.

Saint-Émilion grand cru 2010
Rouge | 2018 à 2028 | 28,50 € **17/20**
Générosité gourmande, profonde et riche, équilibré malgré un alcool présent, grand volume ambitieux.

CHÂTEAU FAYAT

36, avenue du Château-Clément-Pichon
33290 Parempuyre
Tél. 05 56 35 23 79 • Fax : 05 56 35 85 23
contact@vignobles.fayat.com
www.vignobles.fayat.com
Visite : Sur rendez-vous.

Clément Fayat s'est implanté sur Pomerol dès 1983, puis a complété avec des achats sur toute l'appellation. La décision a été prise à partir du millésime 2009 de regrouper les trois grandes parcelles de 15 hectares en un seul cru, le Château Fayat. Ce vin offre un bon moelleux, de la densité et des tanins souvent flamboyants.

Pomerol 2010
Rouge | 2013 à 2020 | 29 € **15,5/20**
Vin de belle plénitude avec des tanins juteux et épicés qui possèdent l'onctuosité et l'allonge du millésime.

CHÂTEAU DE FERRAND

33330 Saint-Émilion
Tél. 05 57 74 47 11 • Fax : 05 57 24 69 08
info@chateaudeferrand.com
www.chateaudeferrand.com
Visite : Sur rendez-vous.

42 hectares d'un seul tenant sur le plateau de Saint-Hippolyte, dont 30 de vignoble d'une moyenne d'âge de 30 ans, Ferrand possède des lettres de terroir. Le vignoble s'épanouit sur un sous-sol calcaire et un sol constitué d'argiles profondes. On en apprécie le tanin énergique, toujours bien enrobé sur les derniers millésimes.

Saint-Émilion grand cru 2010
Rouge | 2012 à 2020 | 29 € **15/20**
Du charme avec des accents floraux sur fond de fruits noirs que l'on retrouve au nez comme en bouche, avec une finale stylée.

La note des bordeaux 2011 dégustés en primeur peut bien entendu évoluer après les assemblages définitifs et leur mise en bouteille fin 2013.

CHÂTEAU FEYTIT-CLINET

33500 Pomerol
Tél. 05 57 25 51 27 • Fax : 05 57 25 93 97
jeremy.chasseuil@orange.fr
Visite : Sur rendez-vous.

L'arrivée du fils de la maison, Jérémy Chasseuil, au début de ce siècle a permis au cru de s'installer dans le peloton de tête de l'appellation dès le millésime 2001. Sur cette propriété très bien située, on privilégie le fruit, le soyeux de texture, la fraîcheur de tanins et la longueur svelte et onctueuse. Le cru frappe un grand coup sur des millésimes jaloux comme 2004 ou 2007. Les derniers millésimes se rapprochent de ceux des grands noms du secteur.

POMEROL 2011
Rouge | Prix primeur HT : 39 € **16-17/20**

Ample et généreux, ce vin présente déjà une structure suave et gourmande, avec des tanins juteux très bien enrobés.

POMEROL 2010
Rouge | 2012 à 2024 | 59 € **16,5/20**

Vin magistral dans son équilibre floral, avec des touches de fruits noirs et de violette et une fraîcheur qui vous fait retendre le verre, une des grandes réussites du millésime.

CHÂTEAU FIGEAC

33330 Saint-Émilion
Tél. 05 57 24 72 26 • Fax : 05 57 74 45 74
chateau-figeac@chateau-figeac.com
www.chateau-figeac.com
Visite : Sur rendez-vous. Fermé les jours fériés.

Mené pendant plus de soixante ans par Thierry Manoncourt, aujourd'hui sagement dirigé par sa fille et son gendre Laure et Éric d'Aramon, Figeac fait partie des bordeaux qui possèdent la personnalité la plus affirmée. Avec ses deux tiers de cabernet, on a coutume de dire que Figeac, installé sur le plateau graveleux qui borde Pomerol, est le plus médocain des saint-émilions. Ce n'est pas faux car le vin est droit, direct, svelte et frais ; cette allure qui tranche avec la ronde puissance de tant d'autres vins de la Rive droite n'est pas à la mode. Sans jamais renier ses convictions, le cru a ajouté depuis 1995 à cette palette une réelle vigueur de constitution, et surtout une fraîcheur et un équilibre dont on ne peut manquer de se dire qu'ils sont les qualités premières d'un grand bordeaux.

SAINT-ÉMILION GRAND CRU 2011
Rouge | Prix primeur HT : 83 € **16-17/20**

Robe de belle profondeur, fruit rouge fin et frais associé à des notes de fin caramel. Bouche svelte, souple mais avec beaucoup de personnalité, tanin fin, allonge fraîche. Vin droit, sans lourdeur, d'une dimension modérée mais avec de la tension. Un vin classique et aristocratique, qui séduit sans imposer.

SAINT-ÉMILION GRAND CRU 2010
Rouge | 2018 à 2028 | NC **18/20**

Très coloré. Fruits noirs et poivre blanc, bouche profonde et racée, grand tanin stylé, allonge subtile, fruit gourmand. Persistance aromatique remarquable.

CHÂTEAU FLEUR CARDINALE

7, Le Thibaud • 33330 Saint-Étienne-de-Lisse
Tél. 05 57 40 14 05 • Fax : 05 57 40 28 62
fleurcardinale@wanadoo.fr
www.chateau-fleurcardinale.com
Visite : Sur rendez-vous.

Ce beau cru de côte, du secteur proche de Castillon, a atteint un niveau tout à fait remarquable. Il a notamment beaucoup gagné en finesse de tanin et est devenu un vin de grand raffinement, sans pour autant perdre la généreuse constitution qu'apportent ses sols riches et plus tardifs.

SAINT-ÉMILION GRAND CRU 2011
Rouge | Prix primeur HT : 24 € **16-17/20**

Nez de toast et de fruits noirs, gras, généreux et harmonieux, beau vin au volume charnu et charmeur, à l'allonge certaine. Élégant, gourmand et non dénué de race.

SAINT-ÉMILION GRAND CRU 2010
Rouge | 2018 à 2028 | NC **17,5/20**

Le vin s'est apuré depuis sa dégustation en primeurs : allonge harmonieuse, subtilement bouquetée (bois précieux et fruit rouge), longueur et finesse, beau vin racé.

CHÂTEAU FOMBRAUGE

33330 Saint-Christophe-des-Bardes
Tél. 05 57 24 77 12 • Fax : 05 57 24 66 95
chateau@fombrauge.com • www.fombrauge.com
Visite : Du lundi au samedi de 10h à 17h.

Depuis son acquisition par Bernard Magrez, cette grande propriété située au nord-est de Saint-Émilion a énormément progressé, et son vin démontre

désormais une race et un équilibre qu'on ne lui soupçonnait pas à l'origine. Plein, gourmand, superbement élevé, il impressionne par son harmonie et sa plénitude de constitution. Magrez-Fombrauge est une sélection qui bénéficie d'un soin encore plus extrême dans toutes les phases de la culture et de la vinification. Plus puissant et riche, avec également une finesse de tanin superbe, il a connu à partir du millésime 2008 une inflexion heureuse pour gagner en équilibre et en élégance.

SAINT-ÉMILION GRAND CRU 2011
Rouge | Prix primeur HT : 17 € **16-16,5/20**
Nez de fruits noirs agrémenté de touches épicées, bouche bien enrobée avec des tanins harmonieux, il y a un beau volume.

SAINT-ÉMILION GRAND CRU 2009
Rouge | 2014 à 2022 | 32 € **17/20**
On a une profondeur enveloppante, avec un tanin qui conjugue puissance et élégance, ce vin évolue parfaitement.

SAINT-ÉMILION GRAND CRU
LES CADRANS DE FOMBRAUGE 2008
Rouge | 2012 à 2015 **14/20**
Merlot gourmand, allonge fraîche, souple et prêt à boire.

SAINT-ÉMILION GRAND CRU
MAGREZ-FOMBRAUGE 2009
Rouge | 2015 à 2025 | NC **16,5/20**
Le beau coteau de Magrez-Fombrauge délivre sa plus belle réussite depuis la création de la cuvée : savoureux fruit noir, tanin surfin, puissance veloutée. Pas démonstratif, simplement grand, avec une évolution parfaite. Il faut savoir l'attendre.

CHÂTEAU DE FONBEL

33330 Saint-Émilion
Tél. 05 57 24 24 57 • Fax : 05 57 74 47 39
chateau.ausone@wanadoo.fr • www.chateau-ausone.fr

Cette propriété familiale est depuis quelques années suivie et vinifiée par Alain Vauthier, le grand homme d'Ausone. Évidemment d'ambition plus modeste, Fonbel n'en séduit pas moins dès sa prime jeunesse, avec des vins toujours fruités, élancés et frais.

SAINT-ÉMILION GRAND CRU 2009
Rouge | 2014 à 2020 | 20 € **15,5/20**
L'évolution en bouteille nous montre la réussite entrevue lors de l'élevage. Le tanin se révèle stylé et dynamique, avec une finale épicée.

CHÂTEAU FONPLÉGADE

33330 Saint-Émilion
Tél. 05 57 74 43 11 • Fax : 05 57 74 44 67
chateaufonplegade@fonplegade.fr
www.fonplegade.com
Visite : De 10h à 17h.

Repris par un banquier d'origine américaine, Fonplégade est un cru superbement situé sur la côte de Saint-Émilion. Depuis 2004, il n'a cessé de progresser et le cru est en train d'accéder à un niveau qualitatif correspondant véritablement au grand potentiel de son terroir.

SAINT-ÉMILION GRAND CRU 2011
Rouge | Prix primeur HT : 25 € **16-16,5/20**
Fruité souple, allonge svelte mais persistante, dimension intéressante avec de la fraîcheur.

SAINT-ÉMILION GRAND CRU 2009
Rouge | 2016 à 2026 | 58 € **16/20**
Puissant, gras, ambitieux, un rien fatigant par sa sensation d'alcool mais il y a incontestablement un grand volume généreusement toasté.

CHÂTEAU FONROQUE

33330 Saint-Émilion
Tél. 05 57 24 60 02 • Fax : 05 57 24 74 59
info@chateaufonroque.com
www.chateaufonroque.com
Visite : Du lundi au vendredi, de 9h à 12h et de 14h à 17h.

Ce cru classé de Saint-Émilion cultivé en agriculture biologique produit des vins sans esbroufe, avec une trame fine et svelte et des équilibres toujours fondés sur la fraîcheur. La qualité progresse régulièrement.

SAINT-ÉMILION GRAND CRU 2010
Rouge | 2018 à 2028 | NC **16/20**
Bouche ample mais s'affinant vite en bouche dans un registre salin et assez délicat. Un style affirmé qui est le contraire de l'épate.

CHÂTEAU FONTENIL

Cardeneau Nord • 33141 Saillans
Tél. 05 57 51 52 43 • Fax : 05 57 51 52 93
contact@rollandcollection.com
www.rollandcollection.com
Visite : Sur rendez-vous.

C'est en 1986 que Dany et Michel Rolland ont acheté cette propriété où ils vivent habituellement. Sur des coteaux de terre argileuse, le merlot s'épanouit et les Rolland ont pu affiner ici, avec leur

professionnalisme et leur rigueur habituels, le style généreux et gourmand qui a fait le succès de la «patte» Rolland dans le monde entier. Leurs vins, structurés, concentrés et charnus expriment une jolie palette de fruits rouges et d'arômes toastés. Ils sont prêts à boire après deux à trois ans de garde. Ils ont gagné en finesse dans les derniers millésimes.

FRONSAC 2011
Rouge | Prix primeur HT : 15 € **16/20**
Distingué, floral et épicé, ce vin est bien dans le millésime, son attaque suave se poursuit dans une bouche qui a juste ce qu'il faut de concentration par rapport à son fruit et surtout une très belle longueur.

FRONSAC 2009
Rouge | 2014 à 2018 | 26 € **15/20**
Nez de moka, frais en bouche, charnu, du fruit mûr, bonne tenue tannique au grain perceptible, long et épicé. Dans un style souple et chaleureux, très Michel Rolland.

VIN DE TABLE LE DÉFI DE FONTENIL 2011
Rouge | Prix primeur HT : 48 € **17/20**
Gras et ample, générosité musclée, belle race, de la vigueur et de la finesse, longueur intense. Un must dans le millésime.

CLOS FOURTET

1, Châtelet Sud • 33330 Saint-Émilion
Tél. 05 57 24 70 90 • Fax : 05 57 74 46 52
closfourtet@closfourtet.com • www.closfourtet.com
Visite : Sur rendez-vous du lundi au vendredi.

Cette petite mais attachante propriété est facile à remarquer quand on visite Saint-Émilion : elle est située face à l'église et occupe le spectaculaire plateau calcaire qui s'étend au-delà de la côte. Elle fut longtemps la propriété de la famille Lurton, avant d'être reprise par Philippe Cuvelier qui n'a cessé, à partir des années 2000, de remettre le cru au plus haut niveau. 2009 est certainement leur millésime le plus brillant à ce jour.

SAINT-ÉMILION GRAND CRU 2011
Rouge | Prix primeur HT : 59 € **15-16/20**
Dimension généreusement fruitée jusqu'à quelques notes de confiture. En bouche, volume dense, gourmand, riche et gras, finale encore entêtante.

SAINT-ÉMILION GRAND CRU 2009
Rouge | 2016 à 2026 | env. 270 € **17,5/20**
Fruité souple, volume gras et assez délicat, bon fruit rouge en coulis, tanin fin, de la délicatesse.

CHÂTEAU FRANC BAUDRON

Lieu-dit Baudron • 33570 Montagne
Tél. 05 57 74 62 65 • Fax : 09 71 21 83 41
vinsfrans.baudron@wanadoo.fr

Appartenant à la famille Guimberteau depuis 1923, cette propriété se situe sur des coteaux et des plateaux argilo-calcaires de l'appellation. Travaillé en lutte raisonnée depuis 2005, le château a commencé sa conversion en agriculture biologique en 2010.

MONTAGNE-SAINT-ÉMILION
CHÂTEAU FRANC BAUDRON 2009
Rouge | 2012 à 2016 | NC **14/20**
Nez de fruits noirs, bouche au tanin long et bien enrobé.

CHÂTEAU FRANC-MAYNE

33330 Saint-Émilion
Tél. 05 57 24 62 61 • Fax : 05 57 24 68 25
welcome@relaisfrancmayne.com
www.relaisfrancmayne.com
Visite : Sur rendez-vous.

Aux abords de Saint-Émilion et à proximité de Pomerol, Franc-Mayne est à la fois une propriété viticole bien située sur le plateau, à quelques encablures de Beauséjour-Bécot, et un hôtel de grand charme. En matière viticole, la propriété produit des vins sérieusement constitués qu'il faut apprécier tôt pour profiter de leur fruit expressif.

SAINT-ÉMILION GRAND CRU 2009
Rouge | 2015 à 2024 | 50 € **17/20**
Robe profonde, arômes de sorbet de fruits rouges, corps soyeux et fin, allonge fraîche, très raffiné. Le meilleur Franc-Mayne de l'histoire contemporaine.

CHÂTEAU GAZIN

Chemin de Chantecaille • 33500 Pomerol
Tél. 05 57 51 07 05 • Fax : 05 57 51 69 96
contact@gazin.com • www.gazin.com

Avec ses 24 hectares d'un seul tenant, Gazin est l'une des plus grandes propriétés de Pomerol. Le travail accompli depuis la fin des années 1980 est considérable et à l'heure actuelle, le cru tient son

rang parmi les meilleurs vins de Pomerol. On l'apprécie pour sa fraîcheur de constitution, sa souplesse de tanins en même temps que leur longueur et une belle aptitude à évoluer dans le temps. Les 2009 et 2010 sont superbes.

Pomerol 2011
Rouge | Prix primeur HT : 49 € **16-16,5/20**
Floral à souhait au nez comme en début de bouche, on apprécie la sève de ce vin qui offre une fraîcheur de première saveur et un tanin crémeux bien intégré. Il y a un beau volume.

Pomerol 2010
Rouge | 2012 à 2023 | NC **16,5/20**
L'archétype du grand pomerol, dans la finesse et la profondeur derrière, avec un retour de violette superbe, il devrait bien évoluer.

CHÂTEAU GOMBAUDE-GUILLOT

4, chemin les Grand'Vignes • 33500 Pomerol
Tél. 05 57 51 17 40 • Fax : 05 57 51 16 89
gombaude@free.fr • www.pomerol-terroir-bio.fr
Visite : Sur rendez-vous.

Claire Laval s'est engagée depuis 1999 dans la voie de l'agriculture biologique, avec un vrai tournant qualitatif à partir de 2007. Les vins sont coulants dans leur jeunesse, avec une belle pureté aromatique. Ils gagnent à être conservés plusieurs années car ils évoluent parfaitement, offrant une belle matière avec des tanins à la fois suaves et souples et qui se fondent très bien au bout de quelques années.

Pomerol 2010
Rouge | 2013 à 2024 | 38 € **15/20**
Nez d'encre et de cendres sur fond de fruits noirs, bouche tonique avec de la profondeur et du potentiel, dans un style bien affirmé.

CHÂTEAU LA GOMERIE

Château Beauséjour-Bécot • 33330 Saint-Émilion
Tél. 05 57 74 46 87 • Fax : 05 57 24 66 88
contact@beausejour-becot.com
www.beausejour-becot.com
Visite : Sur rendez-vous de 8h a 12h et de 14h a 17h.

Les frères Bécot ont la gourmandise et l'humour truffier chevillés au corps. À côté du très raffiné Beauséjour, ils exploitent sur la Gomerie 2,5 hectares répartis sur deux parcelles qui donnent des vins opulents et charnus, qui évoluent favorablement pour caresser les plats sertis de diamant noir.

Saint-Émilion grand cru 2011
Rouge | Prix primeur HT : NC **16/20**
Nez délicieux de pivoine et de fruits noirs, la texture en bouche est onctueuse et crémeuse, avec des tanins ronds, juteux et épicés. Ensemble délicieux, charmeur et dense, avec une fin de bouche florale très distinguée. Dans quelques années, ce vin caressera une tourte de faisan aux truffes !

Saint-Émilion grand cru 2009
Rouge | 2014 à 2022 | 65 € **17/20**
Recherche ici d'élégance dans la matière, avec un tanin précis et stylé, et ce qu'il faut de fraîcheur derrière. Belle réussite.

CHÂTEAU GRAND BARRAIL LA MARZELLE FIGEAC

33300 Saint-Émilion
Tél. 05 57 24 99 26 • Fax : 05 56 35 68 11
lacave@dourthe.com • www.lacavedourthe.com
Visite : Du lundi au samedi de 10h à 19h.

Située à l'entrée de Saint-Émilion, cette propriété qui s'enorgueillit d'un spectaculaire château (et aussi d'un hôtel) a été reprise par les équipes de la maison Dourthe. 2009 se révèle gras, gourmand, et 2010 poursuit sur la lancée.

Saint-Émilion 2010
Rouge | 2012 à 2016 | env. 27 € **15/20**
On a l'amplitude, des tanins enrobés et ce qu'il faut de longueur.

CHÂTEAU GRAND CORBIN

33330 Saint-Émilion
Tél. 05 57 24 70 62 • Fax : 05 57 74 47 18
grand-corbin@wanadoo.fr • www.grand-corbin.com
Visite : Sur rendez-vous, du lundi au vendredi de 9h à 12h et de 14h à 17h.

Saint-Émilion grand cru 2010
Rouge | 2018 à 2028 | env. 20 € **15/20**
Grand-Corbin progresse tranquillement, ce 2010 offre le profil d'un vin gras et rond, développant une générosité framboisée.

CHÂTEAU GRAND CORBIN-DESPAGNE

33330 Saint-Émilion
Tél. 05 57 51 08 38 • Fax : 05 57 51 29 18
f-despagne@grand-corbin-despagne.com
www.grand-corbin-despagne.com
Visite : De 8h à 12h et de 14h à 18h ou sur rendez-vous.

Le cru constitue une valeur sûre des saint-émilions du plateau de Pomerol. Il réalise des vins très pleins, harmonieux et équilibrés, s'épanouissant après quatre à cinq années de cave. La précision des vinifications et le soin de la viticulture ont fait franchir au cru une nouvelle étape dans les derniers millésimes.

SAINT-ÉMILION GRAND CRU 2011
Rouge | Prix primeur HT : 19 € **16-17/20**
Volume souple, fruit discret mais fin, allonge simple, volume équilibré, longueur ample avec beaucoup de sève. Beau potentiel.

SAINT-ÉMILION GRAND CRU 2010
Rouge | 2018 à 2028 | NC **17/20**
Fruit très gourmand, coulis de mûre et fruits frais rouges et noirs, allonge saine et franche, bons tanins et excellent équilibre. Certainement l'un des meilleurs Grand-Corbin-Despagne de l'histoire contemporaine.

CHÂTEAU GRAND CORBIN MANUEL

Grande Métairie • 33330 Saint-Émilion
Tél. 05 57 25 09 68
info@grandcorbinmanuel.fr
www.grandcorbinmanuel.fr
Visite : Sur rendez-vous.

Stéphane de Gaye décide en 2005, avec ses enfants, de reprendre le Château Grand Corbin Manuel. C'est sa fille Yseult, qui a l'entière responsabilité de ces 7 hectares situés au nord-ouest de Saint-Émilion, à proximité de Pomerol. Les investissements importants réalisés permettent au cru de retrouver son lustre.

SAINT-ÉMILION GRAND CRU 2010
Rouge | 2014 à 2024 | 20 € **15/20**
Nez de myrtille et d'épices, attaque ferme et soyeuse, belle densité en bouche avec des tanins expressifs en finale.

CHÂTEAU GRAND-MAYNE

B.P. 64 • 33330 Saint-Émilion
Tél. 05 57 74 42 50 • Fax : 05 57 74 41 89
grand-mayne@grand-mayne.com
www.grand-mayne.com
Visite : Sur rendez-vous.

Dirigé par Marie-Françoise Nony et ses fils, le cru a retrouvé depuis le milieu des années 2000 ce qui avait fait son succès au début de la décennie précédente, c'est-à-dire un caractère intense et profond, marqué par une structure tannique toujours solidement présente mais sans rudesse, et par un fruit gourmand et charnu.

SAINT-ÉMILION GRAND CRU 2010
Rouge | 2018 à 2028 | NC **17/20**
Bouche dense et intense, boisée mais sans sécheresse, très généreuse, avec une perception d'alcool sensible mais également un volume, du fruit et des tanins brillants.

SAINT-ÉMILION GRAND CRU 2009
Rouge | 2016 à 2026 | 50 € **17,5/20**
Le vin s'est splendidement épanoui avec sa mise en bouteille. Le bouquet, associant boisé et notes de fruits rouges et noirs, séduit. Bouche ample, charnue et racée avec des tanins fins et brillants. Grande allonge excitante et aromatique.

CHÂTEAU GRAND ORMEAU

2, Grandes Nauves • 33500 Lalande-de-Pomerol
Tél. 05 57 25 30 20 • Fax : 05 57 25 22 80
grand.ormeau@wanadoo.fr
www.chateaugrandormeau.com
Visite : Du lundi au vendredi, de 8h à 12h et de 14h à 18h.

C'est en 1988 que Jean-Claude Beton, l'inventeur de la célèbre petite bouteille ronde Orangina, reprend le Château Grand Ormeau. Il s'engage alors dans la remise en état du vignoble et de son outil de production pour lequel il consacre un investissement important. Aujourd'hui, la fille de la maison Françoise Beton reprend le flambeau avec autant de passion. La cuvée Madeleine est l'une des meilleures du secteur et elle évolue parfaitement dans le temps.

LALANDE DE POMEROL 2009
Rouge | 2012 à 2017 | 22 € **15/20**
Bouche de belle dimension avec un tanin bien enrobé.

Lalande de Pomerol cuvée Madeleine 2010
Rouge | 2015 à 2025 | 31 € **15/20**
Voilà une très belle cuvée prestige qui est taillée pour la garde, avec des fruits noirs et des accents épicés au niveau aromatique, ainsi qu'une belle structure.

CHÂTEAU GRAND-PONTET

33330 Saint-Émilion
Tél. 05 57 74 46 88 • Fax : 05 57 74 45 31
chateau.grand-pontet@wanadoo.fr
www.chateaugrandpontet.com
Visite : Sur rendez-vous.

La propriété, administrée par les frères Bécot, est proche de Beauséjour-Bécot, sur le plateau de Saint-Émilion, avec des terroirs très argileux. Sa régularité et sa précocité en font un cru qui n'est jamais décevant dans les millésimes moyens.

Saint-Émilion grand cru 2011
Rouge | Prix primeur HT : 20 € **17/20**
Gras, presque épicé, volume séveux mais unidimensionnel. Il y a de l'intensité mais le charme et la finesse sont pour l'instant discrets.

Saint-Émilion grand cru 2009
Rouge | 2016 à 2026 | 38 € **16,5/20**
Élégante finesse, tendresse fruitée se développant avec des notes de confiture de fruits rouges et noirs en finale, volume charmeur et assez structuré.

CHÂTEAU GRAND RENOUIL

Les Chais du Port - B.P. 3 • 33126 Fronsac
Tél. 05 57 51 29 57 • Fax : 05 57 74 08 47
ponty.dezeix@wanadoo.fr
Visite : Lundi au vendredi de 9h à 12h et de 14h à 18h. Samedi de 9h à 12h ou sur rendez vous.

Ce vignoble de Canon-Fronsac est magnifiquement exposé, et la propriété produit l'un des meilleurs vins du Fronsadais. Le microclimat permet de profiter de l'ensoleillement des arrière-saisons et Michel Ponty, propriétaire discret, sait garder cette fraîcheur qui manque souvent aux vins démonstratifs du secteur qui, au bout de cinq ans, sont incapables de soutenir la comparaison avec Grand Renouil. Les 1988, 1989 et 1990 sont encore debout, conservant du fruit, de la charpente et des accents de truffe noire qui régalent les amateurs. En primeurs, ce vin est toujours en retrait, il ne s'affirme qu'au bout de trois ans de bouteille. Les plus pressés se régaleront du Petit-Renouil, second vin rond et coulant ou du Château du Pavillon, plus immédiat.

Canon-Fronsac Grand Renouil 2009
Rouge | 2017 à 2022 | 20 € **16/20**
Riche et incroyablement concentré, viril, massif mais tout sur l'équilibre avec des tanins serrés, bien bâtis. Un fronsac avec du potentiel.

CHÂTEAU GUILLOT CLAUZEL

33500 Pomerol
Tél. 05 57 51 14 09

Conseillé par le talentueux François Despagne, voici un cru proche de Beauregard qui ne fait pas de bruit, car son terroir parle pour lui. Depuis 2009, une meilleure sélection des cabernets permet au vin de gagner en distinction. Il faut réserver au plus vite le 2010 car c'est un très bon rapport qualité-prix. Les 2005, 2008 et 2009 ont également une belle tenue.

Pomerol 2010
Rouge | 2015 à 2024 | NC **15,5/20**
Équilibré par la puissance du vin, ce cru a de l'énergie, il y a une attaque boisée et beaucoup de matière noble derrière. Il est taillé pour la garde.

CHÂTEAU HAUT-BALLET

33126 Saint-Michel-de-Fronsac
Tél. 05 57 51 34 86 • Fax : 05 57 51 94 59
contact@lvod.fr
Visite : Sur rendez-vous.

Olivier Decelle, ancien président des surgelés Picard, est déjà propriétaire de Jean-Faure à Saint-Émilion et de Haut-Maurac dans le Médoc. Il réalise ici un canon-fronsac classique et sérieusement construit, issu exclusivement de merlot.

Canon-Fronsac 2010
Rouge | 2012 à 2016 **15/20**
De pulpeuses rondeurs séduisent d'emblée pour ce vin qui a du fond et une belle fin de bouche dans le registre fruits noirs et poivre noir.

La note des bordeaux 2011 dégustés en primeur peut bien entendu évoluer après les assemblages définitifs et leur mise en bouteille fin 2013.

CHÂTEAU HAUT-CARLES

33141 Saillans
Tél. 05 57 84 32 03 • Fax : 05 57 84 31 91
chateaudecarles@free.fr ou contact@hautcarles.com
www.hautcarles.com
Visite : Du lundi au vendredi,de 8h à 12h et de 13h à 16h30. Le week-end sur rendez-vous.

Cette propriété magnifique et historique retrouve, sous l'impulsion de ses propriétaires actuels, Constance et Stéphane Droulers, un lustre impressionnant. Le vignoble est aujourd'hui parfaitement structuré et travaillé, et la propriété dispose d'un superbe chai, entièrement conçu pour pouvoir conduire toutes les étapes de la vinification par gravité. Les vins, en particulier la cuvée Haut-Carles qui s'appuie sur un peu moins de la moitié du vignoble, n'ont jamais été aussi complets et harmonieux. Haut-Carles est indéniablement un vin de garde, aux tanins très soyeux, largement du niveau d'un cru classé de Saint-Émilion.

Fronsac Château de Carles 2009

Rouge | 2014 à 2017 | 14 € **14,5/20**

Nez chocolaté, dense en bouche, tanins serrés de bonne facture, soutenu par un beau fruité, finale épicée.

Fronsac Haut-Carles 2011

Rouge | Prix primeur HT : 18 € **16/20**

Nez toasté, la prise de bois se sent dès l'attaque en bouche, mais derrière il y a une belle matière.

Fronsac Haut-Carles 2009

Rouge | 2014 à 2018 | 30 € **16/20**

Excellent corps, dense sans lourdeur, très tendu, un boisé de mieux en mieux intégré, finale racée, longue et chaleureuse. Un Haut-Carles très complet.

CHÂTEAU HAUT-CORBIN

33330 Saint-Émilion
Tél. 05 57 51 95 54 • Fax : 05 57 51 90 93
contact@hautcorbin.fr • www.hautcorbin.com
Visite : Pas de visite.

Bien situé au cœur du quartier des Corbin, Haut-Corbin a bien progressé dans les derniers millésimes, gagnant nettement en finesse mais aussi en intensité.

Saint-Émilion grand cru 2010

Rouge | 2018 à 2028 | 35 € **15,5/20**

Ensemble assez similaire au millésime précédent, avec une acidité plus présente mais autant de puissance.

CHÂTEAU HAUT-SEGOTTES

33330 Saint-Émilion
Tél. 05 57 24 60 98 • Fax : 05 57 74 47 29
hautsegottes@wanadoo.fr • www.hautsegottes.com
Visite : Sur rendez-vous.

Petite propriété voisine de Figeac, impeccablement tenue, Haut-Segottes est depuis longtemps l'archétype de la bonne affaire, avec des vins toujours solidement constitués, le 2009 évolue parfaitement.

Saint-Émilion grand cru 2009

Rouge | 2015 à 2024 | 18 € **15/20**

Au nez, ce vin n'est pas racoleur, mais ce qui fait son charme c'est sa fraîcheur et longueur de tanin, avec juste ce qu'il faut de concentration.

Saint-Émilion grand cru 2001

Rouge | 2012 à 2019 | épuisé **15/20**

Nez de raisin de Corinthe avec une touche de sous-bois, le tanin est droit et de bonne longueur, vin conforme à ce que l'on doit trouver sur le secteur.

CHÂTEAU HAUT-SARPE

37, rue Pline Parmentier • 33506 Libourne
Tél. 05 57 51 41 86 • Fax : 05 57 51 53 16
info@j-janoueix-bordeaux.com
www.josephjanoueix.com

Haut Sarpe est un cru idéalement situé sur le point culminant du coteau, à la limite de Saint-Emilion et Saint-Christophe des Bardes. Son terroir argilo-calcaire permet de produire des vins savoureux taillés pour la garde. Sur les derniers millésimes, les vins ont gagné en consistance sur le milieu de bouche. Ce cru est la propriété de la maison Joseph Janoueix qui produit également un Saint-Emilion de charme le Château Le Castelot sur un sol sableux et argilo-graveleux.

Saint-Émilion grand cru 2010

Rouge | 2018 à 2028 | 30 € **16,5/20**

Vin racé, élégante allonge, style noble et profond, bel équilibre.

CHÂTEAU HOSANNA

33330 Saint-Émilion
Tél. 05 57 74 48 94 • Fax : 05 57 74 47 18
info@jpmoueix.com • www.moueix.com
Visite : Sur rendez-vous.

Au départ, il y avait Certan-Giraud. Lorsque la propriété fut vendue, Nénin en racheta une partie et les Établissements Jean-Pierre Moueix une autre : le cru fut baptisé Hosanna en 1999. Celui-ci part bien dans la vie, avec 5 hectares sur argiles et sur graves et des voisins comme Petrus et Lafleur, le vin a un élégant velouté, de la générosité et des tanins onctueux. Il gagne en raffinement au fil des millésimes, et on peut dire qu'Hosanna est déjà bien installé au plus haut des cieux de Pomerol.

POMEROL 2011
Rouge | Prix primeur HT : 97 € **17/20**
Grande finesse suave, sans lourdeur ni exubérance, mais avec une vrai suavité, notes de lait de coco discrètement associées au floral, grande allonge veloutée et fraîche.

POMEROL 2009
Rouge | 2014 à 2039 | NC **16/20**
Pas facile de goûter ce cru après une année de bouteille, il convient de le carafer au moins trois heures à l'avance car le vin est tout en devenir, il offre une très belle structure, un tanin enrobé avec derrière de la vigueur.

CLOS DES JACOBINS

4, Gomerie • 33330 Saint-Émilion
Tél. 05 57 24 70 14 • Fax : 05 57 24 68 08
contact@closdesjacobins.com
www.closdesjacobins.com
Visite : Sur rendez-vous.

Superbement situé sur une croupe entre Libourne et Saint-Émilion, le cru qui appartient aujourd'hui à la famille de Bernard Decoster n'a cessé de progresser tout au long de la décennie, pour atteindre un niveau jamais connu auparavant. La Commanderie, autre cru familial, est un vin plus souple et immédiatement séduisant.

SAINT-ÉMILION GRAND CRU 2011
Rouge | Prix primeur HT : 21 € **15-16/20**
Gras et charnu, mais un fruit moyennement expressif. Il y a cependant du volume.

SAINT-ÉMILION GRAND CRU 2010
Rouge | 2018 à 2028 | 64 € **16,5/20**
Beau vin riche, gras, racé, séduisant et moderne.

VINS FRANÇOIS JANOUEIX

20, quai Priourat • 33500 Libourne
Tél. 05 57 55 55 44
vins@janoueixfrancois.com

Propriétaire de nombreux crus sur la rive droite, François Janoueix propose des vins d'un très bon rapport qualité-prix, moins démonstratifs que beaucoup de cuvées du secteur mais qui vont droit au goût et se boivent le coude dégagé avec le plus grand des plaisirs.

LALANDE DE POMEROL CHÂTEAU DE BERTINEAU 2010
Rouge | 2012 à 2017 | 27 € **14,5/20**
Ce vin large d'épaules possède du potentiel et un tanin pour l'instant réservé qui devrait bien évoluer.

MONTAGNE-SAINT-ÉMILION
CHÂTEAU FORLOUIS VIEILLES VIGNES 2010
Rouge | 2012 à 2025 | 18 € **15/20**
Tanin souple, profond et gourmand, ce vin devrait évoluer comme le très beau 2000 qui est l'un des meilleurs crus de notre dégustation des vins de ce début de siècle sur Montagne.

CHÂTEAU JEAN DE GUÉ

Château La Couspaude • 33330 Saint-Émilion
Tél. 05 57 40 15 76 • Fax : 05 57 40 10 14
vignobles.aubert@wanadoo.fr
www.aubert-vignobles.com

Cette propriété se situe sur un terroir de graves fines, elle appartient à la famille Aubert qui applique ici les mêmes règles qualitatives qu'à La Couspaude, leur propriété phare sur Saint-Emilion.

LALANDE DE POMEROL 2010
Rouge | 2012 à 2015 | 19,50 € **15/20**
Nez de pruneau, bouche dense avec ce qu'il faut d'élégance et une jolie finale épicée. Vin d'une grande franchise.

CHÂTEAU JEAN-FAURE

33330 Saint-Émilion
Tél. 05 57 51 34 86 • Fax : 05 57 51 94 59
contact@lvod.fr • www.chateaujeanfaure.com
Visite : Sur rendez-vous.

Très bien situé sur le plateau de Pomerol, Jean-Faure a été repris en 2003 par Olivier Decelle, qui a reconstruit le chai et installé une discipline de travail dans les vignes aussi impressionnante que celle qui a fait son succès en Roussillon (il est également propriétaire du Mas Amiel, à Maury). À partir de 2005, le cru est une valeur sûre.

Saint-Émilion grand cru 2011

Rouge | Prix primeur HT : NC **17/20**

Toujours élégant, ce vin joue la fraîcheur et l'équilibre avec ce qu'il faut de sève et cette subtilité qui traduit le terroir qui le porte.

Saint-Émilion grand cru 2009

Rouge | 2015 à 2022 | NC **16,5/20**

Nez de fruits noirs agrémenté de touches florales, bouche élégante et fraîche, bien dans le style du secteur de Cheval Blanc.

CHÂTEAU L'ARROSÉE

1, Larosé • 33330 Saint-Émilion
Tél. 05 57 24 69 44 • Fax : 05 57 24 66 46
chateau.larrosee@wanadoo.fr
contact@chateaularrosee.com
www.chateaularrosee.com
Visite : Sur rendez-vous.

Splendidement situé en plein coteau à l'ouest de Saint-Émilion, le cru connaît depuis son rachat en 2003 par la famille lyonnaise Caille une période faste. Il n'a cessé de progresser, en améliorant notamment la finesse et l'éclat des tanins qui le font assurément entrer dans le cénacle des plus grands crus de Saint-Émilion.

Saint-Émilion grand cru 2011

Rouge | Prix primeur HT : 28 € **17/20**

Droit, sans fioritures mais de grande tenue. Allonge persistante avec un tanin surfin. Il y a de la race !

Saint-Émilion grand cru 2009

Rouge | 2016 à 2026 | 92 € **17,5/20**

Dimension intense en attaque avec un corps gras et une incontestable générosité en alcool, mais le fruit est sans lourdeur et profond, la finesse s'impose en finale. Grand avenir.

CLOS L'ÉGLISE

33500 Pomerol
Tél. 05 56 64 05 22 • Fax : 05 56 64 06 98
info@vignoblesgarcin.com • www.vignoblesgarcin.com
Visite : Sur rendez-vous.

En 1925, le président du syndicat de Pomerol adresse à la Chambre de Commerce de Bordeaux un classement des grands crus de Pomerol où Clos l'Église figure dans le peloton de tête. Ce cru retrouve son lustre d'antan, avec une plus grande précision à partir de 2008 dans le dessin des tanins et une texture veloutée bien dans le style des vins de ce secteur. Il évolue parfaitement dans le temps. Une verticale depuis 2000 a renforcé nos convictions sur la qualité du cru.

Pomerol 2010

Rouge | 2014 à 2024 | 150 € **16,5/20**

Intensité florale, une bouche au tanin profond et précis, c'est une superbe réussite.

Pomerol 2009

Rouge | 2014 à 2027 | 220 € **16,5/20**

La fraîcheur des arômes de rose et de poivre qui se mêlent aux fruits noirs fait saliver, l'attaque en bouche est élégante, les tanins souples et tendus ont du style. Charmeur aujourd'hui, on le retrouvera dans quelques années sur une côte de veau truffée. Il évolue parfaitement.

CHÂTEAU L'ÉGLISE CLINET

33500 Pomerol
Tél. 05 57 25 96 59 • Fax : 05 57 25 21 96
denis@durantou.com • www.eglise-clinet.com
Visite : pas de vente sur le domaine

Les six hectares de sous-sols argilo-graveleux sont idéalement situés sur le plateau. Le propriétaire Denis Durantou est à la fois exploitant, chef de culture et artiste de la vinification. L'Église-Clinet possède une grande précision dans le dessin de ses tanins qui offrent une harmonie veloutée, onctueuse et fraîche. La finesse de grain et la texture quasi satinée en font l'un des pomerols les plus recherchés avec les accents de violette parmi les plus subtils du secteur. Depuis 2005, on a pu reconstituer tous les terroirs traditionnels du cru et la qualité en a encore profité, 2009 et 2010 entreront dans la légende.

Pomerol 2011

Rouge | Prix primeur HT : 114 € **18-18,5/20**

Robe élégante sans opacité, floral et fruit rouge, violette, bouche dense, de grande fraîcheur, allonge subtile et fondue mais avec beaucoup d'énergie. Finale menthol fin.

Pomerol 2010
Rouge | 2014 à 2031 | 445 € **19,5/20**
Enveloppe aromatique impressionnante avec des accents floraux et un fruit pur déjà bien dégagé, on est dans la grande délicatesse, le soyeux et le grain sont d'un raffinement suprême, vin absolument renversant.

Pomerol 2009
Rouge | 2016 à 2033 | 445 € **19/20**
Excellent maintenant, il sera éclatant dans dix ans, avec une texture de rêve satinée, une grande sève, une fin de bouche à la fois montante et aérienne, on tutoie la perfection.

CHÂTEAU L'ENCLOS

33500 Pomerol
Tél. 05 57 74 43 11 • Fax : 05 57 74 44 67
estelle.tehan@fonplegade.fr • www.fonplegade.fr
Visite : De 10h à 17h.

L'Enclos possède des sols de sable, graves et silex, c'est une propriété très morcelée qui compte 38 parcelles pour seulement 9 hectares. Elle a été acquise comme Fonplégade par l'homme d'affaires américain Steve Adams et elle est gérée par la même équipe technique. Il lui faut quatre ou cinq ans pour livrer un fruit opulent, riche et soyeux.

Pomerol 2010
Rouge | 2012 à 2019 | 30 € **15,5/20**
Beau renouveau pour ce clos bien dans ses tanins et dans le millésime, avec ce qu'il faut de densité.

CHÂTEAU L'ÉVANGILE

2, chemin Vieux-Maillet • 33500 Pomerol
Tél. 05 57 55 45 55 • Fax : 05 57 55 45 56
levangile@lafite.com • www.lafite.com
Visite : Sur rendez-vous.

Racheté par Éric de Rothschild à la fin des années 1980, L'Évangile possède de solides arguments avec ses 14 hectares sur des sols profonds de graves mêlées d'argile et de sable. Depuis 1998, un plan de restauration du vignoble a été mis en place. Sa grande sève, son bouquet généreux de truffe, sa texture veloutée d'un grand raffinement dans sa longueur, avec une dimension élégante sans surpuissance en font l'un des ténors du secteur, avec un palier qualitatif franchi depuis 2004. 2009 est superbe et le 2010 s'annonce remarquable.

Pomerol 2011
Rouge | Prix primeur HT : 110 € **18/20**
Fruité fin, caractère finement poivronné étonnant mais loin d'être désagréable car ces notes sont mûres, allonge svelte, de la finesse et une vigueur élancée. C'est étonnamment croquant : une illustration brillante du millésime. 73 % de premier vin.

Pomerol 2009
Rouge | 2012 à 2026 | NC **17/20**
Voilà un des ténors du millésime avec sa grande sève, son bouquet généreux, sa texture crémeuse en attaque, sa bouche veloutée d'un grand raffinement dans sa longueur, avec une dimension élégante et pleine.

Pomerol Blason de l'Évangile 2009 ☺
Rouge | 2012 à 2020 | NC **15,5/20**
On se fait déjà plaisir avec ce vin au toucher de tanin soyeux, à la rondeur harmonieuse, avec une finale menthée élégante.

CHÂTEAU L'ÉVÊCHÉ

20 Quai Priourat • 33500 Libourne
Tél. 05 57 55 55 44
vins@janoueixfrancois.com

Les deux grandes parcelles qui composent L'Évêché se situent dans le secteur de Beauregard et celui de l'ouest de Cheval Blanc. Le sol est composé de graviers, de sables anciens et les vignes affichent la cinquantaine rayonnante. Le vin offre une élégance dans son attaque et une structure qui étire parfaitement ses tanins avec ce qu'il faut de texture soyeuse, de quoi faire galoper un évêque le Vendredi Saint.

Pomerol 2010
Rouge | 2012 à 2019 | 39 € **15,5/20**
Vin complet, avec de l'amplitude, des accents floraux, un soyeux de tanin profond et une finale fraîche et montante. Idéal pour faire ses Pâques !

CHÂTEAU LA BIENFAISANCE

39, le Bourg • 33330 Saint-Christophe-des-Bardes
Tél. 05 57 24 65 83 • Fax : 05 57 24 78 26
info@labienfaisance.com • www.labienfaisance.com
Visite : Du lundi au vendredi, de 8h à 12h et de 14h à 17h. Le week-end sur rendez-vous.

Situé à Saint-Christophe-des-Bardes, sur le plateau argilo-calcaire de Saint-Émilion, La Bienfaisance

est un cru relancé au début des années 1990. Si le vin qui porte le nom du château est souple et facile à boire, les propriétaires ont créé une cuvée plus ambitieuse, Sanctus. Pour ces deux vins, 2009 et 2010 constituent des réussites brillantes. Le deuxième ♖ n'est pas loin !

Saint-Émilion grand cru 2009
Rouge | 2013 à 2019 | 20,45 € **15,5/20**
Belle robe profonde, corps riche et mûr sur des saveurs de fruits noirs, bonne allonge gourmande avec un tanin bien enrobé.

Saint-Émilion grand cru Sanctus 2010
Rouge | 2014 à 2023 | 42,95 € **16/20**
Doit-on crier «sanctus» ou «gloria» sur ce 2010, d'une grande profondeur et qui peut rivaliser avec les meilleurs crus du secteur ?

CHÂTEAU LA CLÉMENCE ♖♖♖

33500 Pomerol
Tél. 05 57 24 77 44 • Fax : 05 57 24 18 79
contact@vignoblesdauriac.com
www.vignoblesdauriac.com
Visite : Sur rendez-vous (06 13 42 95 35).

On parle véritablement de ce cru de 3 hectares depuis la reprise en main, à la fin du siècle dernier, par le docteur Christian Dauriac. La Clémence possède six parcelles hétérogènes, avec argiles bleues, graves sableuses et sable. Ce cru résume à lui tout seul la mosaïque des domaines de Pomerol. Il offre une texture onctueuse quasi crémeuse, avec une belle densité. C'est un style très sensuel et il y a des tanins pulpeux au balcon !

Pomerol 2010
Rouge | 2014 à 2022 | NC **15,5/20**
De la matière, de la densité, du potentiel, à revoir car pour l'instant le boisé domine en fin de bouche, mais il y a du vin derrière.

Pomerol 2009
Rouge | 2012 à 2020 | 60 € **16/20**
Nez de fruits noirs agrémenté de touches épicées, bouche bien enrobée avec des tanins harmonieux, il y a un beau volume et un superbe retour de rose ancienne en fin de bouche. Ce vin sensuel aime les ravioles de faisan aux truffes.

CHÂTEAU LA CLOTTE ♖♖♖

33330 Saint-Émilion
Tél. 05 57 24 66 85 • Fax : 05 57 24 79 67
chateau-la-clotte@wanadoo.fr
www.chateaulaclotte.com
Visite : Sur rendez-vous.

Situé dans le quartier de Bergat, en plein cœur du coteau calcaire, La Clotte est une petite propriété disposant d'un terroir remarquable. Elle réalise des vins charmeurs, ronds, généreux et s'épanouissant tôt en bouteilles. Très proche du centre du village, la propriété se visite et possède une salle de dégustation troglodyte.

Saint-Émilion grand cru 2011
Rouge | Prix primeur HT : 28 € **17-17,5/20**
Robe profonde, fruit pur, allonge musclée et svelte, beau volume intense, très pur, très droit, forte personnalité.

Saint-Émilion grand cru 2009
Rouge | 2016 à 2026 | 50 € **17/20**
Fruité assez fin, belle délicatesse tannique, témoignant avec beaucoup de sincérité de son terroir calcaire. Vin précis et racé.

CHÂTEAU LA CONFESSION ♖

Haut-Ponté • 33330 Saint-Émilion
Tél. 05 57 48 13 13 • Fax : 05 57 48 00 04
jpj@jpjdomaines.com • www.jpjdomaines.com

Jean-Philippe Janoueix est devenu l'une des grandes signatures de la rive droite et il produit ici un vin généreux et charnu, marqué en fin de bouche par l'élégance et la fraîcheur de ses cabernets francs. La Confession est un petit domaine de 2,7 hectares, plantés dans un sol argilo-sableux où le merlot représente 50 %, le cabernet franc 45 % et le cabernet sauvignon 5 %.

Saint-Émilion grand cru 2010
Rouge | 2012 à 2019 | 38 € **15,5/20**
Accents de châtaigne et de marron glacé soutenus par les fruits noirs, bouche charnue avec une vraie plénitude et une finale menthée.

CHÂTEAU LA CONSEILLANTE ♖♖♖♖

33500 Pomerol
Tél. 05 57 51 15 32 • Fax : 05 57 51 42 39
contact@la-conseillante.com • www.la-conseillante.com

Ce cru, qui voisine avec L'Évangile, Vieux Certan, Cheval Blanc et Figeac, possède un terroir d'un seul tenant. Les vins ont une sève inimitable, avec la

suavité raffinée, le moelleux de grand style des plus grands pomerols et la texture sensuelle des sols sablo-argileux de Saint-Émilion. L'encépagement est dans la norme avec 80 % de merlot et 20 % de cabernet franc, mais le directeur technique, le talentueux Jean-Michel Laporte, aimerait porter la proportion de ce dernier à 25 %. Arrivé depuis le millésime 2004, celui-ci donne au cru plus de régularité au plus haut niveau. Le futur cuvier, prévu pour 2012, risque également de peaufiner encore la qualité de ce cru historique qui vient de prendre comme consultant Jean-Claude Berrouet, l'homme de Petrus.

POMEROL 2011
Rouge | Prix primeur HT : 81 € **17-18/20**
82 % merlot, 18 % de cabernet franc et 80 % de bois neuf. Onctueux et velouté, très fruité et floral avec une acidité allègre qui sous-tend en permanence le vin et lui apporte un grand dynamisme de constitution. Notes d'amandes fraîches en finale.

POMEROL 2010
Rouge | 2013 à 2028 | 210 € **17/20**
Nez de violette, attaque suave et raffinée, on a un grain de vin fin avec de l'allonge, il rayonne progressivement, et sa profondeur est toute en élégance.

POMEROL DUO DE CONSEILLANTE 2011
Rouge | Prix primeur HT : 26 € **16/20**
95 % merlot, 20 % de la production du domaine. Fruité assez vif, croquant mais avec une souplesse de texture brillante et une plastique très dynamique. Arômatiquement persistant.

CHÂTEAU LA COUSPAUDE

B.P. 40 • 33330 Saint-Émilion
Tél. 05 57 40 15 76 • Fax : 05 57 40 10 14
vignobles.aubert@wanadoo.fr
www.aubert-vignobles.com
Visite : Tous les jours de juillet à août 10h à 19h.
Sur rendez-vous le reste de l'année.
Fermé pendant les vendanges.

Appartenant à Jean-Claude Aubert, La Couspaude est depuis les années 1990 l'un des crus les plus réguliers de Saint-Émilion. Son style est très marqué par la patte de Michel Rolland, qui conseille le domaine : c'est un vin généreux, rond, gourmand, très bien élevé, de plus en plus subtil.

SAINT-ÉMILION GRAND CRU 2011
Rouge | Prix primeur HT : 32 € **15/20**
Volume gras, épicé, tanins intenses mais dimension sans beaucoup de nuances à ce stade. Attendre l'élevage qui doit affiner ce vin.

SAINT-ÉMILION GRAND CRU 2010
Rouge | 2018 à 2028 | 60 € **17/20**
Le vin conjugue intensité et plénitude, il développe une amplitude riche, suave et équilibrée. Bravo !

CHÂTEAU LA CROIX

37, rue Pline-Parmentier • 33506 Libourne
Tél. 05 57 51 41 86 • Fax : 05 57 51 53 16
info@j-janoueix-bordeaux.com
www.j-janoueix-bordeaux.com
Visite : Sur rendez-vous.

Dix hectares situés sur un terroir sablo-graveleux, avec un encépagement de 20 % de cabernet franc, 20 % de cabernet-sauvignon et 60 % de merlot, voici le profil de ce pomerol de bonne fraîcheur tannique. Avec ses tanins souples et séveux, La-Croix évolue très bien. Le 2010 s'annonce comme le plus savoureux de l'histoire de la propriété, il évolue parfaitement.

POMEROL 2010
Rouge | 2012 à 2020 | 29,50 € **16/20**
Tanin profond et suave avec de délicieux accents menthés et floraux, c'est le vin le plus racé jamais produit, à réserver au plus vite en magnum, car il évoluera parfaitement.

CHÂTEAU LA CROIX DE GAY

8, route de Saint-Jacques-de-Compostelle
33500 Pomerol
Tél. 05 57 51 19 05 • Fax : 05 57 51 81 81
contact@chateau-lacroixdegay.com
Visite : Du lundi au vendredi de 9h à 12h30 et de 14h a 16h et fermé le mercredi apres midi.
Le samedi matin sur rendez vous.

Ce domaine du nord de Pomerol produit un vin élégant, classique avec son caractère truffé et sa rondeur souple, bien dans ses tanins depuis 2008. Depuis les années 1980, la propriété sélectionne ses meilleures parcelles pour réaliser La-Fleur-de-Gay, un vin d'une grande sensualité.

Pomerol 2010
Rouge | 2012 à 2024 | NC **15,5/20**
Toasté au nez, ce vin offre de belles perspectives en bouche, avec ce qu'il faut de plénitude.

Pomerol La Fleur de Gay 2010
Rouge | 2016 à 2027 | NC **16/20**
Nez torréfié, jolie matière derrière avec un grain très fin et ce qu'il faut de profondeur. Vin taillé pour la garde.

Pomerol La Fleur de Gay 2009
Rouge | 2013 à 2032 | env. 85 € **16,5/20**
Enveloppant et sensuel, ce vin de belle dimension offre une sève marquée par ce grand terroir. On l'a servi sur une compotée de lièvre aux truffes.

CHÂTEAU LA CROIX DES MOINES

1175, rue Jean Trocard
33570 Les Artigues-de-Lussac
Tél. 05 57 55 57 90 • Fax : 05 57 55 57 98
bt@trocard.com • www.trocard.com
Visite : Du lundi au vendredi, de 8h30 à 12h et de 14h30 à 17h30; le week-end sur rendez-vous.

Propriété de la famille Trocard, située au cœur de la commune de Lalande de Pomerol, ce château de 11 hectares produit deux vins : le classique, élégant et généreux, et une cuvée 100 % merlot, issue de 2 hectares avec un élevage de 18 mois en barriques neuves.

Lalande de Pomerol 2009
Rouge | 2012 à 2017 | 14,50 € **15/20**
Le boisé est ici bien intégré, le vin a de la sève et de la gourmandise.

Lalande de Pomerol L'Ambroisie 2010
Rouge | 2015 à 2026 | 45 € **15,5/20**
Joli potentiel pour cette cuvée spéciale qui offre une bouche persistante et épicée.

CHÂTEAU LA CROIX DU CASSE

86-90, cours Balguerie-Stuttenberg
33082 Bordeaux
Tél. 05 56 00 00 70 • Fax : 05 57 87 48 61
domaines@borie-manoux.fr
Visite : sur rendez-vous.

Philippe Casteja applique ici les mêmes recettes qui font le succès du Château du Domaine de l'Église, à la vigne comme en cuverie. Les derniers millésimes sont gourmands et juteux à souhait, c'est un vin de charme immédiat qui évolue parfaitement dans le temps, comme en témoignent les vins des années 1990.

Pomerol 2010
Rouge | 2012 à 2020 | 30 € **15,5/20**
Nez profond, tanin encore un peu austère mais il y a une jolie matière derrière, il devrait bien évoluer.

CHÂTEAU LA CROIX-FIGEAC

14, rue d'Aviau • 33000 Bordeaux
Tél. 05 56 81 19 69 • Fax : 05 56 81 19 69
Visite : Sur rendez-vous.

Ce petit cru, situé sur le plateau calcaire, a été acquis à la fin du siècle dernier par l'attachante famille Dutruilh, dont le père s'est illustré dans le vin et le fils dans le ski. Père et fils ont uni leurs talents pour produire des vins souplement construits mais très agréables, à boire grâce à leur fruité savoureux et à leur svelte élégance. Une récente verticale nous a montré que les vins vieillissaient avec race et harmonie.

Saint-Émilion grand cru 2010
Rouge | 2015 à 2024 | NC **16/20**
Vigoureux, plein, beau travail complet long et mûr, grande acidité. Volume remarquable.

CHÂTEAU LA CROIX-SAINT-GEORGES

37, rue Pline-Parmentier • 33500 Libourne
Tél. 05 57 51 41 86 • Fax : 05 57 51 53 16
info@j-janoueix-bordeaux.com
www.j-janoueix-bordeaux.com
Visite : Sur rendez-vous.

En 1999, Marie-Antoinette Janoueix eut l'idée d'isoler ces 4 hectares de graves situées au cœur du plateau argileux et qui entraient dans la composition du Château La Croix. Les voisins ne sont autres que Petit Village, Le Pin et Vieux Château Certan ! Les 95 % de merlots sont assemblés aux 5 % de cabernets francs, et la vinification de Jean-Philippe Janouiex est très pertinente. La densité est remarquable et la tension de fin de bouche toujours raffinée. Les derniers millésimes sont superbes et ce domaine peut désormais se frotter aux meilleurs.

Pomerol 2011
Rouge | Prix primeur HT : 33 € **17/20**
Vin très floral sur fond de fruits noirs, chair harmonieuse avec des tanins fondants et frais et une fin de bouche subtile et précise dans un registre

aromatique allant de l'œillet à la violette en passant par la guimauve. C'est superbement réalisé !

Pomerol 2010
Rouge | 2015 à 2031 | 67,70 € **16,5/20**
Cerise noire, violette et épices se mêlent de la façon la plus élégante dans un nez très profond. Le tanin très stylé est à la fois enrobé et énergique.

CHÂTEAU LA DOMINIQUE

33330 Saint-Émilion
Tél. 05 57 51 31 36 • Fax : 05 57 51 63 04
contact@vignobles.fayat.com
www.chateau-ladominique.com
Visite : Sur rendez-vous.

Cette belle propriété proche de Pomerol est installée sur un magnifique terroir de petites graves et de terre argileuse. Grand industriel des travaux publics, Clément Fayat a remarquablement redressé la barre après un certain passage à vide au début des années 2000. Tous les millésimes depuis 2006 sont brillants et les 2009 et 2010 sont les meilleurs jamais réalisés ici.

Saint-Émilion grand cru 2011
Rouge | Prix primeur HT : 25 € **16,5-17,5/20**
Robe profonde, vin gras et ample, fruit noir frais généreux, notes de pivoine, allonge harmonieuse et charnue, bel équilibre avec des tanins de bonne constitution. Incontestablement réussi.

Saint-Émilion grand cru 2010
Rouge | 2018 à 2028 | 45 € **17/20**
Vin intense, droit, serré, long, doté d'une certaine minéralité qui n'altère pas la pureté du fruit, du potentiel. Belle confirmation.

CHÂTEAU LA FLEUR D'ARTHUS

La Grave • 33330 Vignonet
Tél. 06 08 49 18 11 • Fax : 05 57 84 61 76
fleurdarthus@orange.fr • www.fleurdarthus.fr
Visite : De 9h à 12h et de 13h à 18h.

Qui aurait pu imaginer que Vignonet, au fin fond de l'appellation Saint-Émilion, en lisière de Dordogne, puisse un jour produire de très grands vins ? Jean-Denis Salvert, amoureux fou des grands crus et dégustateur hors pair, y est parvenu en sélectionnant d'excellentes parcelles parfaitement exposées et drainées, et en pratiquant une viticulture d'élite qui n'a rien à envier aux crus cultes du coteau. Les derniers millésimes sont particulièrement réussis.

Saint-Émilion grand cru 2011
Rouge | Prix primeur HT : 14 € **16/20**
De la souplesse dans les tanins avec une belle longueur, il y a de l'enrobage et du charme.

Saint-Émilion grand cru 2009
Rouge | 2015 à 2020 | 23 € **16/20**
Très grande réussite, avec ce tanin fin, profond et subtil. Ce vin s'impose par son équilibre !

CHÂTEAU LA FLEUR DE BOÜARD

B.P. 7 - Lieu-dit Bertinau • 33500 Néac
Tél. 05 57 25 25 13 • Fax : 05 57 51 65 14
contact@lafleurdebouard.com
www.lafleurdebouard.com
Visite : Sur rendez-vous.

Cette propriété d'Hubert de Boüard (Angélus) depuis 1998 est située sur les deux terroirs de l'appellation, l'un proche de Pomerol, à Néac, constitué de grosses graves, et l'autre près de Lalande de Pomerol, sur des sables et des argiles. On vinifie ici l'un des meilleurs lalandes, d'une régularité sans faille. Les derniers millésimes sont à la fois sensuels et stylés.

Lalande de Pomerol 2011
Rouge | Prix primeur HT : 20 € **16/20**
Ultra moelleux, grande onctuosité et tanin surfin, allonge subtile et florale, finale profonde. Grand vin.

Lalande de Pomerol 2010
Rouge | 2013 à 2024 | 26 € **17/20**
Les fruits noirs et les épices dominent au nez comme en bouche, il y a une réelle profondeur et l'harmonie du millésime.

Lalande de Pomerol
Le Plus de la Fleur de Boüard 2011
Rouge | Prix primeur HT : 66 € **17-18/20**
Même onctuosité et suavité, floral et fin chocolat, allonge généreuse, supplément de sève, grande finale suave.

CHÂTEAU LA FLEUR POITOU

33570 Lussac
Tél. 05 57 74 52 43

Jean-Luc Bareau, propriétaire de Certan-de-May, sur Pomerol, a constitué avec sa mère cette propriété il y a une vingtaine d'années dans le secteur nord-ouest de Lussac, avec un encépagement composé de 70 % de merlot, 20 % de cabernet franc

et 10 % de cabernet-sauvignon. L'âge des vignes aidant, les vins commencent à avoir ce qu'il faut de densité et de dynamisme dans le tanin.

Lussac-Saint-Émilion 2009
Rouge | 2012 à 2019 | NC **15/20**
Nez de fruits noirs et d'épices, structure pleine, tanins denses, enrobés et fermes, et des notes menthées en fin.

CHÂTEAU LA FLEUR-PETRUS

33500 Pomerol
Tél. 05 57 51 78 96 • Fax : 05 57 51 79 79
info@jpmoueix.com • www.moueix.com

Les cinq hectares achetés au Gay en 1995, dans le secteur de Pîtres, se situent en face de Lafleur. Très qualitatifs, ils ont permis au vin de gagner en complexité. Ce cru est l'un des plus raffinés de Pomerol, ses tanins pleins de grâce possèdent un satiné rafraîchissant unique sur le secteur. La Fleur-Petrus est un grand vin de gastronomie.

Pomerol 2011
Rouge | Prix primeur HT : 96 € **16/20**
Rondeur souple, allonge discrète, pas très impressionnant à ce stade mais de la finesse. Allonge fine.

Pomerol 2009
Rouge | 2013 à 2029 | NC **17/20**
Nez magique de violette et de guimauve, toucher de tanin suave et fondant, bouche longue et soyeuse avec une finale montante très florale.

CHÂTEAU LA GAFFELIÈRE

B.P. 65 • 33330 Saint-Émilion
Tél. 05 57 24 72 15 • Fax : 05 57 24 69 06
contact@chateau-la-gaffeliere.com
www.chateau-la-gaffeliere.com
Visite : Sur rendez-vous.

Cette très jolie propriété, située à l'entrée sud du village de Saint-Émilion, appartient à la famille Malet Roquefort. Elle dispose d'un terroir en coteaux, magnifiquement exposé. Ici, on cherche plutôt à produire des vins assurément généreux, gourmands, racés et toujours d'un équilibre très classique, privilégiant la fraîcheur et l'harmonie.

Saint-Émilion grand cru 2011
Rouge | Prix primeur HT : 39 € **16-17/20**
Fruité, souple, élégant mais d'une dimension assez modeste en attaque. Il y a de la finesse, du charme et une finale qui reprend du poil de la bête : c'est un vin délicat qui dévoile peu à peu son potentiel.

Saint-Émilion grand cru 2010
Rouge | 2018 à 2028 | 75 € **16,5/20**
Vin harmonieux, grande vivacité, allonge subtile, fruit noir frais et vivacité avec un style affirmé.

CHÂTEAU LA GRAVE-À-POMEROL

33500 Pomerol
Tél. 05 57 51 78 96 • Fax : 05 57 51 79 79
info@jpmoueix.com • www.moueix.com

Situé sur la partie la plus orientale de Pomerol, La Grave appartient aux Établissements Jean-Pierre Moueix. Il bénéficie des sols de graves et de sable du secteur pour produire un vin de plus en plus profond, ne jouant jamais sur l'opulence des secteurs plus argileux de l'appellation. Il évolue de bonne façon.

Pomerol 2009
Rouge | 2012 à 2016 | NC **15/20**
Nez délicat et floral avec des nuances d'épices, la bouche est souple, avec un velouté harmonieux.

CLOS LA MADELEINE

33330 Saint Emilion
Tél. 05 57 55 38 03 • Fax : 05 57 55 38 01
clos.la.madeleine@wanadoo.fr
www.closlamadeleine.com
Visite : Sur rendez-vous.

Voisins de Bélair Monange et Magdelaine, les 2,5 hectares de ce clos sont idéalement placés, dans le secteur calcaire le plus qualitatif de Saint-Émilion. Depuis 2008, les millésimes s'enchaînent avec succès, le travail entrepris dans tous les domaines paie.

Saint-Émilion grand cru 2008
Rouge | 2012 à 2020 | 32 € **16/20**
Suave, avec une tension équilibrée derrière, ce vin offre ce qu'il faut de percussion et bien carafé, il dynamise un tournedos Rossini.

CHÂTEAU LA MARZELLE

La Marzelle • 33330 Saint-Émilion
Tél. 05 57 55 10 55 • Fax : 05 57 55 10 56
info@lamarzelle.com • www.chateaulamarzelle.com
Visite : Sur rendez-vous.

Le cru, situé sur la route qui va de Libourne à Saint-Émilion en bordant Pomerol, a progressé et fait désormais exprimer à ce terroir son réel potentiel. Aujourd'hui, le vignoble est parfaitement tenu et les chais, refaits, sont bien adaptés à la réalisation de saint-émilions amples et riches.

SAINT-ÉMILION GRAND CRU 2010
Rouge | 2018 à 2028 | NC **15/20**
Vin coloré, gras, puissant et charnu.

SAINT-ÉMILION GRAND CRU 2009
Rouge | 2016 à 2026 | 47 € **15/20**
Gras, ample, sérieux mais bien construit, bonne ampleur.

LA MONDOTTE

B.P. 34 • 33330 Saint-Émilion
Tél. 05 57 24 71 33 • Fax : 05 57 24 67 95
info@neipperg.com • www.neipperg.com

Ce petit vignoble, situé sur le plateau calcaire à l'est de Saint-Émilion, possède des sols très argileux. Le merlot et les soins extrêmement méticuleux apportés par Stephan von Neipperg, avec l'aide de Stéphane Derenoncourt, y ont permis l'éclosion, à partir de 1996, d'un vin qui est vite devenu culte. Le cru est, pour Neipperg, un véritable «laboratoire de l'excellence». Il y a en effet affirmé et développé son style, à la fois très profond et doté d'une éblouissante finesse.

SAINT-ÉMILION 2011
Rouge | Prix primeur HT : 123 € **17-17,5/20**
Profond, intense et séveux, grand style intense, sans violence et avec du fruit. Pas au sommet des millésimes précédents, mais superbement sérieux.

SAINT-ÉMILION 2010
Rouge | 2018 à 2030 | 320 € **19/20**
Droiture parfaite, allonge intense, grand vin de style, brillante vigueur, beaucoup d'acidité, beaucoup de muscle, magnifique persistance aromatique.

CHÂTEAU LA POINTE

33500 Pomerol
Tél. 05 57 51 02 11 • Fax : 05 57 51 42 33
contact@chateaulapointe.com
www.chateaulapointe.com
Visite : En travaux

Appartenant à Generali France, La Pointe est l'un des domaines les plus vastes de Pomerol avec ses 22 hectares sablo-graveleux. Depuis 2008, d'importants investissements ont été menés, visant à exprimer tout le potentiel de ce vignoble. Une étude des sols a permis d'optimiser le système de drainage, offrant une marge importante dans l'évolution de la qualité des raisins. Au niveau des chais, les travaux de rénovation permettent de vinifier en respectant les particularités de chacune des parcelles du vignoble. Éric Monneret le directeur technique, possède l'enthousiasme et le talent qu'il faut pour motiver toute l'équipe. Enfin, cerise sur le merlot, les conseils d'Hubert de Boüard, co-propriétaire du Château Angélus, apportent plus de sensualité au cru.

POMEROL 2010
Rouge | 2012 à 2020 | cav. env. 35 € **16/20**
Techniquement très bien fait, ce vin correspond bien à son secteur, avec ce qu'il faut d'intensité et de rectitude, avec une fraîcheur florale superbe. C'est savoureux !

LA PROVIDENCE

Établissements Jean-Pierre Moueix - Quai du Priourat
33500 Libourne
Tél. 05 57 51 78 96 • Fax : 05 57 51 79 79
info@jpmoueix.com • www.moueix.com
Visite : Pas de visites et ni de vente

Le château bien restauré a fière allure dans Pomerol, ces 4 hectares proches de l'église reposent sur des sols limono-argileux-graveleux sur argiles et graves. Acquise en 2005 par les Établissements Jean-Pierre Moueix, la propriété produit un vin dont la grande onctuosité lui donne un style flatteur.

POMEROL 2009
Rouge | 2012 à 2015 | NC **14/20**
Avec ses notes de chocolat, d'épices et de fruits noirs, ce vin est en rondeurs pulpeuses.

La note des bordeaux 2011 dégustés en primeur peut bien entendu évoluer après les assemblages définitifs et leur mise en bouteille fin 2013.

CHÂTEAU LA SERRE

Luc d'Arfeuille SCE • 33330 Saint-Émilion
Tél. 05 57 24 71 38 • Fax : 05 57 24 63 01
darfeuille.luc@wanadoo.fr
wwww.chateaulaserre.com
Visite : Sur rendez-vous.

Voisin de Trottevieille, sur le plateau calcaire à la sortie nord-est de Saint-Émilion, La Serre produit des vins jouant beaucoup plus sur l'élégance que sur la puissance.

Saint-Émilion grand cru 2010
Rouge | 2018 à 2028 | 43 € **17,5/20**
Par rapport au millésime précédent, le vin possède plus de corps encore mais affiche la même fraîcheur et précision du fruit.

CHÂTEAU LA TOUR DU PIN

SARL André Giraud • 33330 Saint-Émilion
Tél. 05 57 51 06 10
giraud.belivier@wanadoo.fr
www.vins-giraud-belivier.com
Visite : Sur rendez-vous de 9h à 12h et de 14h à 17h.

Cette petite propriété bien située sur le plateau a été acquise par les propriétaires de Cheval Blanc, et c'est l'équipe technique du premier cru qui s'en occupe avec beaucoup d'enthousiasme, même si jusqu'à présent le vin cherche encore ses marques.

Saint-Émilion grand cru 2010
Rouge | 2015 à 2025 | 27 € **15,5/20**
C'est le premier millésime où ce cru vinifié par l'équipe de Cheval Blanc offre une personnalité affirmée. Le vin ne manque pas de précision, on apprécie sa rondeur et sa droiture, ainsi que sa finesse longue.

CHÂTEAU LA TOUR FIGEAC

B.P. 007 • 33330 Saint-Émilion
Tél. 05 57 51 77 62 • Fax : 05 57 25 36 92
latourfigeac@wanadoo.fr
Visite : Sur rendez-vous.

Ce cru très bien situé sur le plateau de Saint-Émilion appartient depuis le milieu des années 1990 à la famille Rettenmaier. Les vins charnus et denses qu'on y produit ont beaucoup gagné en finesse dans les derniers millésimes.

Saint-Émilion grand cru 2009
Rouge | 2016 à 2026 | 50 € **16/20**
Dense et ferme, volume large d'épaules et bonne fraîcheur épicée.

CHÂTEAU LA VALLIÈRE

13, chemin de Jean-Lande - Catusseau
33500 Pomerol
Tél. 05 57 51 74 57 • Fax : 05 57 25 99 95
sarl.dubost.l@wanadoo.fr
www.chateaux-dubost.com
Visite : Sur rendez vous.

Laurent Dubost, qui produit sur Pomerol le château Lafleur du Roy, possède également ce cru sur Lalande. Celui-ci se montre souple et harmonieux et se boit dans les trois ans qui suivent la mise en bouteille.

Lalande de Pomerol 2009
Rouge | 2012 à 2015 | 11,60 € **14/20**
Souple et sur le fruit, ce vin donne déjà du plaisir.

CHÂTEAU LA VIEILLE CURE

Coutreau • 33141 Saillans
Tél. 05 57 84 32 05 • Fax : 05 57 74 39 83
vieillecure@wanadoo.fr • www.la-vieille-cure.com
Visite : Sur rendez-vous.

Cette propriété, dont les origines remontent au XVIIIe siècle, est située à l'est de l'appellation, en plateau et en côtes, le long d'une petite rivière, l'Isle. Depuis une quinzaine d'années, c'est l'un des fronsacs les plus réguliers en qualité, avec des vins toujours pleins de sève, parfois un peu rigides dans leur jeunesse mais vieillissant noblement.

Fronsac 2009
Rouge | 2018 à 2022 | 25 € **15/20**
La bouche est riche et puissante, tanins larges, bien structurés, à garder quatre ou cinq ans avant d'ouvrir.

CHÂTEAU LA VIOLETTE

Château Montviel - 1, rue du Grand-Moulinet
33500 Pomerol
Tél. 03 20 64 20 56 • Fax : 03 20 64 18 99
communication@montviel.com • www.montviel.fr
Visite : Sur rendez-vous

Catherine Péré-Vergé a réveillé ce joyau de Pomerol situé au cœur du célèbre plateau. Exubérant dans sa suavité, ce cru rayonne en bouche, il est l'un des vins les plus sensuels de Pomerol. La fulgurance aromatique est exceptionnelle : fruits rouges et fleurs se mêlent de la façon la plus harmonieuse avec une touche d'épices. Ce cru possède un style irrésistible, avec un 2010 déjà très volubile.

POMEROL 2011
Rouge | Prix primeur HT : 162 € **17,5/20**
Rouge profond, très violette, très onctueux, profondeur racée, avec beaucoup d'énergie, de dynamisme et une profondeur insinuante. Allonge très florale, finale un peu moins enlevée que dans les deux millésimes précédents.

POMEROL 2010
Rouge | 2015 à 2026 | 270 € **17,5/20**
Nez de violette avec des accents épicés, la bouche est séveuse, avec un fruit bien dégagé, les tanins sont longs, frais, voluptueux et élégants avec un beau retour de menthe poivrée, de pivoine et une texture de rêve. Ce vin traduit au mieux le terroir qui le porte.

CHÂTEAU LAFLEUR

Grand-Village • 33240 Mouillac
Tél. 05 57 84 44 03 • Fax : 05 57 84 83 31
scea.guinaudeau@orange.fr
Visite : Sur rendez-vous.

Exemple quasi unique dans la région, les Guinaudeau connaissent tous leurs pieds de vigne. Chaque rang des quatre hectares est cultivé spécifiquement pour composer avec la nature de son sol, on est là dans de la haute couture entre culture et jardin. La proportion égale de merlot et de cabernet s'harmonise parfaitement. Dans ses replis merlotés, on a envie de dessiner ce cru comme une sphère dont les tanins remplissent complètement la bouche, avec une texture de taffetas incroyable. 2009 et 2010 atteignent des sommets absolus.

POMEROL 2011
Rouge | Prix primeur HT : 512 € **18/20**
Robe assez fluide, bouche tendre et délicate, sans violence, profondeur suave, long et impressionnant, sans lourdeur ni tanins agressifs.

POMEROL 2010
Rouge | 2017 à 2070 | 1100 € **19,5/20**
Pureté absolue au nez, avec un dégradé de fruits tout en fraîcheur et des touches truffées, grandissime bouche avec une précision absolue dans le dessin du tanin, une suavité et une tension fusionnelles.

POMEROL LES PENSÉES DE LAFLEUR 2011
Rouge | Prix primeur HT : 80 € **17/20**
Grande vivacité, parfum floral racé, fraîcheur immense, le fin chocolat s'impose en finale, vin intense et vibrant.

DOMAINE LAFLEUR

20, quai Priourat • 33500 Libourne
Tél. 05 57 55 55 44
vins@janoueixfrancois.com

50 ares de vignes situées entre Lafleur-Petrus et Lafleur-Gazin donnent ce vin à la fois soyeux, aérien et floral avec un très joli grain. C'est bien dans l'esprit des pomerols élégants, avec une matière concentrée harmonieuse.

POMEROL 2009
Rouge | 2012 à 2019 | 85 € **15,5/20**
Le tanin est à la fois enrobé et dynamique, il y a le velouté propre au secteur et ce cru s'affirme sur des saint-jacques cloutées de truffes.

CHÂTEAU LAFLEUR DU ROY

13, chemin de Jean-Lande • 33500 Pomerol
Tél. 05 57 51 74 57 • Fax : 05 57 25 99 95
sarl.dubost.l@wanadoo.fr • www.chateau-dubost.com
Visite : Sur rendez-vous.

Ce vignoble de 4 hectares est né en 1958 grâce à Yvon Dubost, qui était pépiniériste. Aujourd'hui, son fils Laurent est aux commandes, et ses derniers millésimes séduisent par leur sève, leurs accents de violette, leur suavité et leur souplesse raffinée. Ce domaine est à suivre de près, car sur les derniers millésimes on ne peut pas trouver de meilleur rapport qualité-prix !

POMEROL 2010
Rouge | 2012 à 2020 | env. 20 € **15,5/20**
Nez floral de première saveur, attaque caressante et pleine, tanin suave et élégant, il y a une densité harmonieuse et gourmande. C'est l'un des rapports qualité-prix du millésime.

CHÂTEAU LAFLEUR SAINT-JEAN

François Janoueix - 20, quai du Priourat
33500 Libourne
Tél. 05 57 55 55 44 • Fax : 05 57 51 83 70
vins@janoueixfrancois.com
www.janoueixfrancois.com
Visite : Du lundi au vendredi de 8h à 12h
et de 14h à 18h Le week end sur rendez vous.

Les deux hectares sur graves avec limon en surface et argile et crasse de fer en sous-sol ont une partie très bien placée entre Petrus, Lafleur et Lafleur-Petrus, l'autre étant située sur la partie sud du plateau. Appartenant à François Janoueix, Lafleur Saint-Jean s'apprécie sur sa suavité, avec ses tanins à la fois enrobés, tendus et longs se terminant sur

des notes menthées avec quelques accents de truffe. Les derniers millésimes sont des réussites et ils évoluent parfaitement sur les préparations truffières.

Pomerol 2010
Rouge | 2012 à 2020 | 105 € **15,5/20**
Nez de fruits noirs et d'épices, la bouche est dense et veloutée, avec des tanins bien corsetés. L'élevage est bien dosé et il soutient de la meilleure des façons une matière très harmonieuse qui évolue parfaitement.

Saint-Émilion grand cru 2011
Rouge | Prix primeur HT : 39 € **17/20**
Volume souple mais de belle finesse tannique, soupe de fruits noirs et rouges, allonge dynamique, finale tendre mais longue. À la fois raffiné et énergique.

Saint-Émilion grand cru 2010
Rouge | 2018 à 2028 | cav. 85 € **18/20**
Le vin développe la même intensité que dans le millésime précédent et se déploie avec une magnifique puissance voluptueuse. Grand style.

CHÂTEAU LANIOTE

33330 Saint-Émilion
Tél. 05 57 24 70 80 • Fax : 05 57 24 60 11
contact@laniote.com • www.laniote.com
Visite : Sur rendez-vous.

Laniote est une petite propriété de Saint-Émilion (5 hectares de vigne), appartenant à la même famille depuis de nombreuses générations et située au nord du village. Son vignoble est installé sur le plateau calcaire, avec également une partie du sous-sol très argileuse : la famille de la Filolie y produit ainsi un saint-émilion très classique, souple et équilibré, où le merlot se taille la part du lion.

Saint-Émilion grand cru 2010
Rouge | 2018 à 2028 | 29 € **14,5/20**
Robe sombre, nez vineux, bouche ronde et assez harmonieuse, léger manque de densité en milieu de bouche.

CHÂTEAU LARCIS DUCASSE

1, Grottes d'Arsis - Saint-Laurent-des-Combes
33330 Saint-Émilion
Tél. 05 57 24 70 84 • Fax : 05 57 24 64 00
larcis-ducasse@nicolas-thienpont.com
www.larcis-ducasse.com
Visite : Sur rendez-vous.

Possédant l'une des plus attachantes personnalités des vins de Saint-Émilion, ce cru a, sous la conduite de Nicolas Thienpont et Stéphane Derenoncourt à partir du millésime 2005, immédiatement démontré la race de son terroir avec des vins confondants de velouté et de pureté. Dans les millésimes précédents, le vin ne se révélait pas si tôt : souvent austère dans sa prime jeunesse, Larcis-Ducasse démontrait avec le temps une race et un équilibre fins.

CHÂTEAU LARMANDE

33330 Saint-Émilion
Tél. 05 57 24 71 41 • Fax : 05 57 74 42 80
contact@soutard.com • www.chateau-larmande.com
Visite : Sur rendez-vous.

Le cru a été acquis dans les années 1990 par un groupe d'assurances. Il apparaît très régulier dans la qualité de ses vins, solides et bien constitués, souvent à leur meilleur dans leur première phase d'évolution. Pas encore apte à rivaliser avec les plus grands, la propriété s'impose millésime après millésime comme une valeur sûre.

Saint-Émilion grand cru 2010
Rouge | 2018 à 2028 | NC **16/20**
Vin subtil et souple, intéressant et prometteur. Très beau bouquet précis de fruits rouges.

CHÂTEAU LAROQUE

Saint-Christophe-des-Bardes • 33330 Saint-Émilion
Tél. 05 57 24 77 28 • Fax : 05 57 24 63 65
contact@chateau-laroque.com
www.chateau-laroque.com
Visite : En semaine, de 9h à 12h et de 14h à 17h (vendredi 12h); fermé le week-end

Saint-Émilion grand cru 2010
Rouge | 2018 à 2028 | 34 € **15/20**
Bonne allonge fruitée, charme svelte, un bon potentiel sans esbroufe.

CHÂTEAU LAROZE

1, Goudichau - B.P. 61 • 33330 Saint-Émilion
Tél. 05 57 24 79 79 • Fax : 05 57 24 79 80
info@laroze.com • www.laroze.com
Visite : Sur rendez-vous.

Situé en pied de côte au sud du village, le vignoble d'un seul tenant s'appuie sur un sol de sables anciens

avec un sous-sol d'argiles profondes. Cultivée sans engrais chimiques ni désherbants, et désormais conseillée par Hubert de Boüard, la propriété a conservé son style pur et sans esbroufe, en arrondissant cependant les angles d'un vin parfois abrupt autrefois.

SAINT-ÉMILION GRAND CRU 2010
Rouge | 2018 à 2028 | NC **16,5/20**
Très beaux arômes de fruits rouges d'une grande précision, suavité gourmande, belle finesse et allonge svelte.

SAINT-ÉMILION GRAND CRU 2009
Rouge | 2016 à 2026 | 36 € **16/20**
Droit et subtil, pas très large d'épaules mais fin, c'est un vin sans fioritures, exprimant des notes pures de fruits rouges frais.

CHÂTEAU LASSÈGUE

Saint-Hippolyte • 33330 Saint-Émilion
Tél. 05 57 24 19 49 • Fax : 05 57 24 00 38
olympe.betram@orange.fr
www.chateau-lassegue.com
Visite : Sur rendez-vous.

Lassègue est une belle propriété méconnue, située en plein coteau de Saint-Émilion, à Saint-Hippolyte. Le cru, acquis en 2003 par le groupe familial californien Jackson Family Wines, est mené par le Gascon Pierre Seillan, copropriétaire du château. Peu à peu, les vins trouvent leur style, consistant et puissant, gagnant progressivement en finesse, ce qu'autorise largement le terroir. Les 2009 et 2010 sont de très belle facture et le 2006 est aujourd'hui délicieux.

SAINT-ÉMILION GRAND CRU 2010
Rouge | 2013 à 2023 | NC **15,5/20**
Nez profond qui fait saliver, la bouche possède ce qu'il faut d'intensité et une finale épicée.

CHÂTEAU LATOUR-À-POMEROL

33500 Pomerol
Tél. 05 57 51 78 96 • Fax : 05 57 51 79 79
info@jpmoueix.com • www.moueix.com

Pour les pomerophiles, Latour est l'un des bons rapports qualité-prix des grands pomerols, on l'apprécie pour sa fraîcheur de constitution, son soyeux et son charnu. Il a toujours des touches florales très fines qui évoluent vers la truffe au fil du temps. Les derniers millésimes affichent une belle régularité.

POMEROL 2011
Rouge | Prix primeur HT : 44 € **15/20**
Gras et souple, moins épanoui que dans les précédents millésimes, une définition très florale avec une finale qui manque d'énergie. Moins brillant qu'à l'accoutumée.

POMEROL 2009
Rouge | 2013 à 2027 | NC **16,5/20**
Depuis notre dernière dégustation, ce vin a encore gagné en charme, avec un toucher de bouche velouté, le tanin se révèle long et tonique, la concentration est harmonieuse et la finale fraîche fait retendre le verre. Note en hausse.

CHÂTEAU LE BON PASTEUR

10, chemin de Maillet • 33500 Pomerol
Tél. 05 57 51 52 43 • Fax : 05 57 51 52 93
contact@rollandcollection.com
www.rollandcollection.com
Visite : Sur rendez-vous.

Au Bon Pasteur, Michel Rolland, la star des œnologues bordelais, a plus de trente millésimes à son actif. Situé dans le secteur de Maillet, avec une partie sur un sol d'argiles et de graves et une autre sur des terroirs plus légers, Bon-Pasteur brille par une générosité de tanins, une texture charnue et soyeuse séduisante. Régulier, il évolue parfaitement dans le temps et depuis quelques millésimes il gagne en raffinement et en précision.

POMEROL 2011
Rouge | Prix primeur HT : 40 € **16-17/20**
Gras et gourmand, charnu, long et distingué, tanins ronds et intenses, longueur généreuse, de l'intensité en finale.

POMEROL 2010
Rouge | 2014 à 2026 | 69,60 € **16,5/20**
Vin aux accents d'épices, de guimauve et de violette avec une chair magnifique, des tanins fondants et frais et une fin de bouche subtile et précise dans un registre aromatique enjôleur. Depuis ses premières dégustations, ce vin reste délicieux.

La note des bordeaux 2011 dégustés en primeur peut bien entendu évoluer après les assemblages définitifs et leur mise en bouteille fin 2013.

CHÂTEAU LE CHEMIN

Château Grand Corbin Despagne
33330 Saint-Émilion
Tél. 05 57 51 08 38 • Fax : 05 57 51 29 18
f-despagne@grand-corbin-despagne.com
Visite : Tous les jours, de 8h à 12h et de 14h à 18h.
Autres possibilités sur rendez-vous.

Voici l'un des derniers-nés des domaines de Pomerol, avec 100 % merlot ! Jusqu'en 2008, ce terroir d'un hectare de pied de côte graveleuse, situé à proximité de Rouget, entrait dans les assemblages de La Rose-Figeac. François Despagne, le plus pomerolais des saint-émilionnais, a jeté son dévolu sur ce terroir familial. Le premier millésime 2009 est une réussite, avec un vin à la structure énergique et tendue.

Pomerol 2010
Rouge | 2014 à 2020 | 45 € **15/20**
Épices et accents floraux au nez se retrouvent dans une bouche équilibrée.

CHÂTEAU LE GAY

Château Montviel - Rue du Grand Moulinet
33500 Pomerol
Tél. 05 57 25 34 34 ou 01 46 43 03 46
Fax : 05 57 25 56 45
pvp.montviel@skynet.be • www.montviel.com

Racheté en 2003 par Catherine Péré-Vergé, ce château bien restauré est devenu un lieu de réception à la hauteur de son terroir, considéré sur le nord du plateau comme l'un des meilleurs de l'appellation. Le moelleux de texture très sculptural, la race et l'intensité de sève font de Le Gay un des crus les plus recherchés par les amateurs depuis 2004. Quand les vins auront pris de l'âge, on pourra en saisir toutes les nuances et leur grand raffinement, les derniers millésimes sont porteurs de superbes promesses.

Pomerol 2011
Rouge | Prix primeur HT : 61 € **16,5/20**
Vin droit, allongé, dans la droiture plus que dans l'onctuosité, avec des tanins fins mais sérieux. Longueur sans dureté.

Pomerol 2010
Rouge | 2016 à 2026 | NC **17,5/20**
Ce vin évolue favorablement et il gagne en complexité depuis la dégustation des primeurs, il pourrait surpasser l'excellent 2009. Le match risque d'être serré entre les deux.

CHÂTEAU LE MOULIN

Moulin de Lavaud • 33500 Pomerol
Tél. 05 57 55 19 60 • Fax : 05 57 51 12 53
contact@vignobles-querre.com ou contact@moulin-pomerol.com • www.moulin-pomerol.com et www.vignobles-querre.com
Visite : Sur rendez-vous de 9h à 12h et de 14h à 18h.

Ce cru existe depuis 1997, date du rachat du vignoble par Michel Querre, adepte de la vinification parcellaire qui isole chacune de ses parcelles dans de petites cuves coniques avec un soin méticuleux. Le vin possède un fruité mûr, il développe une structure ample à la suavité élégante et fraîche avec ce qu'il faut de tension. Une verticale complète de 1997 à 2010 nous a montré la parfaite évolution de ce pomerol de charme.

Pomerol 2011
Rouge | Prix primeur HT : 29 € **15,5-16,5/20**
Grosse prise de bois mais il y a du vin derrière, c'est plein de sève et de richesse, sans amertume. Finale sur des notes d'After Eight.

Pomerol 2010
Rouge | 2012 à 2042 | 50 € **16/20**
Pas d'esbroufe sur ce vin tout en fruits, en souplesse et en profondeur, la finale sur les fruits noirs et la menthe sont tout en délicatesse.

LE PIN

Les Grands-Champs • 33500 Pomerol
Tél. 05 57 51 33 99 • Fax : 00 32 55 31 09 66
wine@thienpontwine.com
Visite : Sur rendez-vous.

Avec ses deux hectares situés au cœur du plateau, ce vignoble de poupée appartenait depuis le début du XXe siècle à la famille Laubie. Racheté en 1979 par les Thienpont de Vieux-Certan, il devint l'une des propriétés pilote des vins de garage. Ses accents exotiques et exubérants firent son succès, nous lui préférons l'évolution actuelle vers plus de finesse. Si l'année est trop chaude comme en 2003, le Pin, brûlé par le soleil, est déclassé. On reste sous le charme de millésimes comme 2005, 2008 et 2009 qui privilégient la très grande élégance des tanins. 2010 continue sur la lancée.

Pomerol 2011
Rouge | Prix primeur HT : 850 € **17-18/20**
Grande couleur profonde, fruit noir et pivoine, allonge subtile, gras et ample, dans un registre raffiné, élégance fruitée et finement épicée. Belle ampleur, avec une prise de bois plutôt présente.

Pomerol 2010
Rouge | 2016 à 2023 | épuisé **18/20**
Goûté en élevage, ce cru possède à la fois complexité et charme avec des accents floraux irrésistibles, avec une finale montante de grand style.

CHÂTEAU LE PRIEURÉ

Château Siaurac • 33500 Néac
Tél. 05 57 51 64 58 • Fax : 05 57 51 41 56
info@baronneguichard.com
www.baronneguichard.com
Visite : sur rendez-vous

Appartenant comme Siaurac et Vray Croix de Gay à la famille Guichard, ce cru très bien situé dans le secteur de Mondot et de Pavie-Macquin exploite aujourd'hui parfaitement son grand potentiel, avec des vins qui privilégient l'équilibre et la finesse. 2009 et 2010 confirment la progression.

Saint-Émilion grand cru 2011
Rouge | Prix primeur HT : 26 € **16/20**
Bon volume et bonne sève, arômes de fruits frais, fraîcheur et dimension droite, sérieuse mais juvénile, non sans vigueur. La finale, encore d'un bloc, manque à ce stade de nuances.

Saint-Émilion grand cru 2010
Rouge | 2018 à 2028 | 50 € **17/20**
La confirmation du pas franchi par la propriété : vin dense, du fruit et de la tenue, tanins un peu plus austères à ce stade qu'en 2009, mais le volume est incontestablement prometteur.

CHÂTEAU LE TERTRE-ROTEBŒUF

33330 Saint-Laurent-des-Combes
Fax : 05 57 74 42 11
tertre.roteboeuf-roc.de.cambes@wanadoo.fr
www.tertre-roteboeuf.com
Visite : Sur rendez-vous.

François Mitjaville est, de tous les grands viticulteurs bordelais, celui qui a la sensibilité la plus artistique et qui correspond le plus à l'idée que l'on se fait d'un «créateur de vin», même s'il se définit plus volontiers comme interprète d'un terroir. Le magnifique promontoire du Tertre termine en quelque sorte la côte Pavie, mais est soumis à un microclimat plus froid, qui exige d'attendre un peu plus longtemps la maturité idéale du raisin. Cet allongement du cycle végétatif du raisin entraîne la création d'arômes tout à fait étonnants et uniques dans l'appellation, qu'il faut saisir et stabiliser à la vinification. Le tempérament intuitif et empirique du propriétaire des lieux n'aurait pas suffi: il a eu l'intelligence de comprendre que la science œnologique était la seule à garantir la réussite de l'œuvre d'art. Son vin, par la somptuosité de son corps et de ses arômes et par la volupté de ses textures, a fidélisé un peu partout sur cette planète des centaines d'esthètes, qui le placent au sommet de leur panthéon personnel.

Saint-Émilion grand cru 2011
Rouge | Prix primeur HT : 116 € **17-17,5/20**
C'est mûr, c'est racé, c'est épanoui, voilà un vin au charme plutôt extraverti, dans un millésime où cette dimension est rare. Les tanins n'ont pas l'extrême finesse des plus grands millésimes, mais la sève est là. Profonde.

Saint-Émilion grand cru 2010
Rouge | 2016 à 2026 | NC **19/20**
François Mitjaville a réussi un Tertre de très grand volume et d'une énergie extraordinaire, mais en sachant artistiquement y associer une tendreté de chair et une finesse de parfum inoubliables. Dans ce « millésime plus », comme il le dit lui-même (« plus de concentration, plus d'acidité, plus de tanins »), il parvient aussi à y ajouter plus d'équilibre.

CHÂTEAU LES CRUZELLES

10, rue Catusseau • 33500 Pomerol
Tél. 05 57 25 96 59
denis@durantou.com

Propriété de Denis Durantou, ce lalande-de-pomerol bénéficie des soins attentifs de toute l'équipe de l'Église-Clinet. Composé de 90 % de merlot et de 10 % de cabernet franc, ce vin est facile d'accès dès sa prime jeunesse et évolue parfaitement, il possède l'un des meilleurs profils de l'appellation.

Lalande de Pomerol 2009
Rouge | 2012 à 2020 | 27 € **15,5/20**
Poivré au nez avec des accents de fruits noirs, ce vin possède une attaque onctueuse toute en fraîcheur avec un fruit bien dégagé derrière, et une fraîcheur élégante. C'est déjà un pur plaisir.

CHÂTEAU LES GRANDES MURAILLES

33330 Saint-Émilion
Tél. 05 57 24 71 09 • Fax : 05 57 24 69 72
lesgrandesmurailles@wanadoo.fr
www.lesgrandesmurailles.fr
Visite : Sur rendez-vous.

Le cru impressionne dans les bonnes années par sa tenue en bouche et sa structure puissante mais sans rudesse. Tout comme le Château Côte de Baleau et le Clos Saint-Martin, la propriété appartient à la famille Reifers, qui a placé ses vins au plus haut rang de l'appellation.

Saint-Émilion grand cru 2011

Rouge | Prix primeur HT : 33 € **15/20**

Corps souple et correct, notes de soupe de fruits, allonge puissante, tanin encore ferme. Volumineux mais encore brut.

Saint-Émilion grand cru 2010

Rouge | 2018 à 2028 | 55 € **16/20**

Vin très coloré, riche et intense, volume puissant, doit s'affiner mais le potentiel est incontestable.

CHÂTEAU LES TROIS CROIX

Lieu-dit Les-Trois-Croix • 33126 Fronsac
Tél. 05 57 84 32 09 • Fax : 05 57 84 34 03
lestroiscroix@aol.com • www.chateaulestroiscroix.com
Visite : Sur rendez-vous.

Le nom de cette très ancienne propriété de Fronsac (début XVIIIe siècle) vient de son implantation particulière, depuis laquelle on peut voir les trois clochers des trois communes de l'appellation Fronsac. Elle a été reprise en 1995 par l'affable et brillant œnologue-vinificateur Patrick Léon (ex-Mouton-Rothschild), qui a laissé désormais l'exploitation à son fils et à sa fille. S'appuyant sur la philosophie de Patrick Léon pour des vinifications axées sur l'équilibre et la finesse, les vins se déploient en longueur et en sveltesse plutôt qu'en puissance et en lourdeur. Cette propriété est indéniablement devenue l'une des références de l'appellation.

Fronsac 2011

Rouge | Prix primeur HT : 12 € **16 /20**

Distingué, floral et épicé, ce vin est bien dans le millésime, son attaque suave se poursuit dans une bouche qui a juste ce qu'il faut de concentration par rapport à son fruit.

Fronsac 2009

Rouge | 2016 à 2019 | 19 € **16/20**

Un vin solaire, charmeur, à la texture gourmande et croquante, aux tanins serrés, finale longue sur les fruits noirs, beaucoup de race même si l'alcool est encore dominant.

CLOS DES LITANIES

33500 Pomerol
Tél. 05 57 51 41 86 • Fax : 05 57 51 53 16
info@j-janoueix-bordeaux.com
www.josephjanoueix.com
Visite : Sur rendez-vous.

Au XVIe siècle, le frère Mathieu Bossuet se rendait dans un clos de Pomerol, au tènement de Jougla, pour se recueillir et pour réciter des litanies à la gloire de Saint-Vincent. Les vignerons baptiseront les lieux, Clos des Litanies... Celui-ci compte 81 ares uniquement plantés de merlot sur un sol sableux sur fond très ferrugineux. On apprécie pleinement ses rondeurs florales et ses tanins généreux qui poussent au péché de gourmandise. Le 2010 est irrésistible.

Pomerol 2010

Rouge | 2012 à 2017 | 33,20 € **15,5/20**

Entrée en bouche suave, se développant sur un corps charmeur de belle étoffe, la persistance aromatique est harmonieuse.

CHÂTEAU DE LUSSAC

15, rue de Lincent • 33570 Lussac
Tél. 05 57 74 56 58 • Fax : 05 57 74 56 59
info@chateaudelussac.com • www.chateaudelussac.com
Visite : Sur rendez-vous.

Depuis sa reprise en main par la famille Laviale, ce cru majeur de Lussac retrouve des couleurs et un profil de vin large d'épaules, avec une texture enveloppante et une finale épicée.

Lussac-Saint-Émilion 2009

Rouge | 2012 à 2020 | 19 € **15/20**

Tanins dans un registre viril avec ce qu'il faut d'enrobage autour pour caresser la côte de bœuf.

CHÂTEAU LYONNAT

Établissements Milhade • 33133 Galgon
Tél. 05 57 55 48 90
scea.lyonnat@orange.fr • www.chateaulyonnat.com

Appartenant à la famille Milhade depuis 1961, le Château Lyonnat est situé au sommet d'un coteau

calcaire exposé sud/sud-est. Il est suivi depuis quelques millésimes par Hubert de Boüard, l'homme de l'Angélus qui a fait évolué ce lussac dans un registre plus élégant avec des tanins plus juteux. 2009 et 2010 sont à encaver au plus vite.

Lussac-Saint-Émilion 2009
Rouge | 2012 à 2017 | 11,90 € **14/20**
Nez de fruits noirs, attaque large et charnue, bouche sphérique et gourmande.

Lussac-Saint-Émilion Émotion 2010
Rouge | 2013 à 2020 | 21,90 € **15/20**
Il y a de la profondeur, l'élevage commence à bien se fondre, cette cuvée fait dans le registre sensuel.

CHÂTEAU MAGDELAINE

33330 Saint-Émilion
Tél. 05 57 55 05 80 • Fax : 05 57 25 13 30
info@jpmoueix.com • www.moueix.com

Le cru, qui appartient à la famille Moueix, voisine avec les plus illustres noms de Saint-Émilion et possède une situation absolument exceptionnelle, sur le coteau calcaire qui ouvre la route vers le village médiéval. Les vins possèdent un style délicat et très fin mais paraissent toutefois manquer de substance et de profondeur par rapport à ses pairs, y compris ceux qui cultivent le même style sans lourdeur. 2009 amorce un net progrès.

Saint-Émilion grand cru 2009
Rouge | 2015 à 2025 | NC **17/20**
Vin fin, délicat, souple et suave. Soyeux, certainement l'une des réussites majeures de la propriété.

CHÂTEAU MAGONDEAU

1, port de Saillans • 33141 Saillans
Tél. 0557843202 • Fax : 0557843951
contact@chateaumagondeau.com
www.chateaumagondeau.com

Fronsac Passion 2009
Rouge | 2015 à 2020 | 18 € **14/20**
La date de construction de cette propriété, établie sur le petit port de Saillans, au bord de l'Isle, remonte à 1878. Les gabares y venaient charger les vins en tonneaux à destination du négoce de Libourne et de Bordeaux. Nez opulent de fruits frais, bouquet complexe minéral, fruité et épicé, bouche suave et élégante, équilibre remarquable, finale subtile.

CHÂTEAU MAZERIS

EARL de Cournuaud • 33126 Saint-Michel-de-Fronsac
Tél. 05 57 24 96 93 • Fax : 05 57 24 96 93
mazeris@wanadoo.fr • www.chateau-mazeris.com
Visite : tous les jours sauf le dimanche, de 9h à 17h.

Canon-Fronsac 2009
Rouge | 2015 à 2017 | 11 € **13,5/20**
Qualité et authenticité sont les deux valeurs qui importent à Patrick de Cournuaud. Il vinifie un vin traditionnel, solidement bâti, fruité. Le tanin à grain moyen, encore costaud, devra se fondre par quelques années de bouteille.

CHÂTEAU MAZEYRES

56, avenue Georges-Pompidou • 33500 Libourne
Tél. 05 57 51 00 48 • Fax : 05 57 25 22 56
mazeyres@wanadoo.fr • www.mazeyres.com
Visite : De 9h à 12h et de 14h à 17h. Prendre rendez-vous pour les dégustations en semaine et pour les visites le week-end.

Mazeyres est un joli château, dans la périphérie de Libourne, sur des terroirs de sables lardés d'argiles et de graves qui, s'ils limitent souvent la profondeur et la capacité de grande garde des vins, peuvent donner quand ils sont bien menés des résultats savoureux. C'est le cas ici, où le discret mais très compétent Alain Moueix réalise un travail efficace.

Pomerol 2010
Rouge | 2012 à 2019 | NC **15/20**
Nez réglissé sur fond de fruits noirs, bouche au tanin souple et étoffé.

CHÂTEAU MONBOUSQUET

42, route de Saint-Émilion
33330 Saint-Sulpice-de-Faleyrens
Tél. 05 57 55 43 43 • Fax : 05 57 24 63 99
contact@vignoblesperse.com
www.vignoblesperse.com

Très spectaculaires dans leur prime jeunesse, les vins de ce cru situé en pied de côte et transfiguré par le travail de Gérard Perse (également propriétaire de Pavie) vieillissent avec une grande harmonie, grâce à une exceptionnelle finesse tannique.

Bordeaux 2011
Blanc | Prix primeur HT : 44 € **16-17/20**
Nez d'agrumes très pur, fruité souple, petite nuance très finement miellée s'imposant en finale, allonge subtile. Commence simple et direct, finit élégant et complexe.

Saint-Émilion grand cru 2011
Rouge | Prix primeur HT : 30 € **17/20**
Nez enjôleur de petits fruits rouges et de nougatine, tanin surfin, bouche enveloppante, même si le vin assume une certaine fluidité, il possède une énergie suave et profonde ultra séduisante. Belle personnalité.

Saint-Émilion grand cru 2010
Rouge | 2018 à 2028 | 40 € **17,5/20**
Long et profond, le vin exprime une grande suavité énergique, il faut lui donner le temps d'intégrer sa générosité de constitution.

CHÂTEAU MONTREGARD LA CROIX

35, quai du Priourat • 33500 Libourne
Tél. 05 57 51 62 17 • Fax : 05 57 51 28 28
contact@jbaudy.fr • www.jbaudy.fr
Visite : Sur rendez-vous.

Issues de terroirs sablo-argileux avec la présence de graves légères en surface, les parcelles à l'origine de ce vin représentent 1,3 hectare sur les 5,90 hectares que compte le Clos du Clocher. Il ne s'agit pas d'un second vin mais bien d'un vin issu d'un terroir particulier et différent. Il a donc été décidé de différencier ces terroirs en les vinifiant séparément. Ce vin est plus souple que Le Clos-du-Clocher qui se trouve bonifié par cette sélection.

Pomerol 2010
Rouge | 2012 à 2019 | 35 € **15/20**
Nez de myrtille et de violette, la bouche est pleine avec juste ce qu'il faut de densité.

CHÂTEAU MONTVIEL

1, rue du Grand-Moulinet • 33500 Pomerol
Tél. 03 20 64 20 56 • Fax : 03 20 64 18 99
communication@montviel.com • www.montviel.fr
Visite : Sur rendez-vous au 05 57 51 87 92.

Catherine Péré-Vergé, véritable capitaine d'industrie, est une femme énergique qui a acquis au début des années 1980 des parcelles éparses de chaque côté de la N 89. Elles composent les 7 hectares du Château Montviel, qui s'impose au fil des millésimes comme un vin à la longueur élancée, avec encore plus de caractère et de complexité sur les derniers millésimes, grâce à une sélection plus rigoureuse qui porte maintenant sur un peu plus de 3 hectares, essentiellement situés dans le secteur de Clinet. Depuis 2009, le Château La Gravière (en Lalande de Pomerol) mérite aussi des éloges tanniques.

Lalande de Pomerol
Château La Gravière 2009
Rouge | 2012 à 2019 | 23 € **15,5/20**
Concentration harmonieuse, tanin enrobé et frais, avec un soyeux juteux, ce vin a tout pour lui et il donne déjà beaucoup de plaisir.

Pomerol 2011
Rouge | Prix primeur HT : 18 € **17-17,5/20**
Grand nez floral, tanin racé et ultra raffiné, allonge brillante, fraîcheur et éclat. Désormais l'un des crus les plus brillants de Pomerol !

Pomerol 2009
Rouge | 2013 à 2023 | 39 € **16/20**
La texture crémeuse à souhait possède du raffinement, c'est déjà un séducteur car le retour de gorge a de la percussion.

CHÂTEAU MOULIN DE LA BERGÈRE

Château La Bergère • 33570 Montagne
Tél. 05 57 74 61 61 • Fax : 05 57 74 64 86
ablaunay@wanadoo.fr
Visite : Sur rendez-vous.

André et son fils Camille Benoist ont quitté la région Centre pour s'installer sur Saint-Georges et Montagne en 1998. C'est sur cette première appellation que se sont portées cette année nos papilles, grâce à un 2009 à la fois élégant et concentré.

Saint-Georges-Saint-Émilion 2009
Rouge | 2012 à 2017 | 11 € **14/20**
Tanin souple et persistant, avec de la maturité et une concentration harmonieuse.

CHÂTEAU MOULIN HAUT-LAROQUE

Le Moulin • 33141 Saillans
Tél. 05 57 84 32 07 • Fax : 05 57 84 31 84
hervejnoel@wanadoo.fr • www.moulinhautlaroque.com
Visite : Sur rendez-vous.

La constitution définitive de ce vignoble remonte à la fin du XIXe siècle, à l'issue de la crise du phylloxéra. À l'heure actuelle, ses vignes font partie des plus âgées du Libournais. Jean-Noël Hervé, qui a en charge la propriété depuis 1977, s'applique à élaborer un vin typique de l'appellation Fronsac. Il a indéniablement réussi dans cette entreprise, avec des vins qui possèdent une personnalité certaine, sans jamais singer les saint-émilions ni les bêtes à concours. Cela passe par un encépagement très varié, donnant des vins fermes, pleins de sève, charpentés mais sans lourdeur, toujours soutenus

par une trame acide parfaitement équilibrée. Un 2009 d'un grand potentiel.

Fronsac 2011
Rouge | Prix primeur HT : 13 € — 15/20

C'est encore brut, mais il y a du fruit derrière, devrait bien évoluer.

Fronsac 2009
Rouge | 2015 à 2021 | 25 € — 16/20

Boisé fin, encore sur la réduction ce qui est normal juste après la phase d'élevage, tanins polis, très très serrés, avec la race attendue mais un peu en déséquilibre dans cette phase, riche en alcool. Il a besoin de temps pour s'harmoniser.

CHÂTEAU MOULIN PEY-LABRIE

33126 Fronsac
Tél. 05 57 51 14 37
moulinpeylabrie@wanadoo.fr
www.moulinpeylabrie.com
Visite : Sur rendez-vous.

Située sur un terroir très classique de molasses du Fronsadais, ce sol mêlant calcaire et argile, cette petite propriété se trouve en haut d'un coteau («pey» dans le patois local) qui donne son nom au cru. Les vignes et les vins sont très attentivement travaillés, avec un caractère à la fois très sincère et représentatif du style corsé et charpenté des fronsacs. Un 2009 imposant et généreux.

Canon-Fronsac 2009
Rouge | 2014 à 2017 | 26 € — 14,5/20

Un vin très mondain, aux notes de chocolat et d'épices, riche, volumineux et concentré, avec des tanins souples et enrobés, un peu trop d'alcool (15 % vol.).

CHÂTEAU MOULIN SAINT-GEORGES

33330 Saint-Émilion
Tél. 05 57 24 24 57 • Fax : 05 57 24 24 58
chateau-ausone@wanadoo.fr
www.chateau-ausone.fr

Ce petit cru appartient à la famille d'Alain Vauthier et est géré par ce dernier selon des principes similaires à ceux d'Ausone. Si le terroir n'est pas le même et si le vin ne possède pas la finesse extrême du premier cru classé, l'harmonie générale, le velouté en bouche et la fraîcheur aromatique sont immédiatement reconnaissables. C'est une brillante expression de l'appellation.

Saint-Émilion grand cru 2011
Rouge | Prix primeur HT : 23 € — 16/20

Volume un peu vif, pas aussi gourmand que dans les millésimes précédents mais c'est fin, racé et long.

CHÂTEAU MOULINET

Chemin de la Combe • 33500 Pomerol
Tél. 05 57 51 23 68 • Fax : 05 57 51 27 78
chateaumoulinet@wanadoo.fr

Ce cru situé à l'ouest de la N 89 appartient à Nathalie Moueix. Il s'est remis en question depuis quelques millésimes. Longtemps manquant de matière, les vins gagnent à chaque millésime en consistance, donnant aujourd'hui un pomerol gourmand, avec ce qu'il faut de fond, surtout depuis l'arrivée en 2009 de l'équipe de Stéphane Derenoncourt.

Pomerol 2010
Rouge | 2012 à 2022 | 30 € — 15,5/20

Raffinement de tanin, technique bien maîtrisée, soyeux de texture, il y a une vraie unité dans ce vin, c'est déjà très équilibré, dans un registre d'élégance dans la profondeur. Le meilleur Moulinet de l'histoire.

CHÂTEAU NÉNIN

66, route de Montagne • 33500 Pomerol
Tél. 05 56 73 25 26 • Fax : 05 56 59 18 33
contact@leoville-las-cases.com
Visite : Sur rendez-vous uniquement pour les professionnels.

Nénin a baissé pavillon dans les années 1980, avec de nombreux vins herbacés et métalliques. Heureusement en 1997, la famille Delon a racheté le château, entreprenant des travaux pharaoniques, tellement le domaine avait besoin d'une révolution culturale. Une redéfinition parcellaire et un nouveau cuvier ont permis de bien progresser au fil des millésimes. Le rachat, à la fin du XXe siècle, d'une partie de Certan-Giraud a permis au cru de pouvoir compter sur l'un des meilleurs terroirs de Pomerol. Beaucoup moins démonstratif que la majorité de ses pairs, il est taillé pour la garde et en constante évolution. Il convient de le carafer deux heures avant le service.

Pomerol 2011
Rouge | Prix primeur HT : 33 € — 16-17/20

Environ 45 % de la propriété, 78 % merlot, 22 % cabernet franc. Fruité dense, même style primeur que Fugue mais avec plus de fraîcheur et de profondeur, allonge très fruitée.

Pomerol 2010
Rouge | 2014 à 2027 | 60 € **17/20**
Goûté plusieurs fois, Nénin 2010 semble bien armé pour la garde, on en apprécie le toucher de tanin soyeux et sa plénitude racée avec une finale qui fera la différence dans quelques années.

Pomerol Fugue de Nénin 2011
Rouge | Prix primeur HT : 17 € **15/20**
88 % merlot. Frais, bonne allonge sur un caractère de fruit très primeur, souple et charnu, assez simple.

CLOS DE L'ORATOIRE

B.P. 34 • 33330 Saint-Émilion
Tél. 05 57 24 71 33 • Fax : 05 57 24 67 95
info@neipperg.com • www.neipperg.com
Visite : Sur rendez-vous.

Après Canon-la-Gaffelière et La Mondotte, le Clos de l'Oratoire est la troisième propriété de Stephan von Neipperg à Saint-Émilion. Le vignoble est situé au nord-est de la commune, sur un terroir très argilo-calcaire qui convient parfaitement au merlot. Moins connu que les deux autres crus cités, le Clos de l'Oratoire n'en est pas moins un vin archétypique du style de Neipperg, c'est-à-dire très plein, gourmand et intense mais aussi finement structuré et incontestablement racé.

Saint-Émilion grand cru 2011
Rouge | Prix primeur HT : 24 € **16-16,5/20**
Gras et gourmand, fruits des bois, belle saveur ronde et charmeuse, équilibré et long.

Saint-Émilion grand cru 2010
Rouge | 2015 à 2025 | cav. 38 € **17,5/20**
Vin dense, profond, intense, grand style musclé, longueur svelte.

VIEUX CHÂTEAU PALON

Mondou • 33330 Saint-Sulpice-de-Faleyrens
Tél. 06 89 10 90 01 • Fax : 05 57 51 23 79
vignobles.naulet@wanadoo.fr
Visite : Sur rendez-vous.

Installé au milieu des années 1990, Grégory Naulet monte progressivement en puissance avec ce montagne issu de 5,20 hectares sur argilo-calcaires situés sur les pentes du coteau de Calon. Les 75 % de merlot cohabitent avec 25 % de cabernet franc. Ce cru conjugue profondeur et élégance avec une finale montante fraîche.

Montagne-Saint-Émilion 2009
Rouge | 2012 à 2018 | 17 € **15/20**
Robe pourpre foncée, nez profond et dense, beau toucher de bouche, tanins fermes, bel équilibre. Ce vin a gagné en complexité depuis notre dernière dégustation.

CHÂTEAU PAS DE L'ÂNE

Le Cros • 33330 Saint-Émilion
Tél. 09 62 18 10 87 • Fax : 05 57 24 67 66
chateaupasdelane@orange.fr
www.chateaupasdelane.fr
Visite : Du lundi au vendredi de 9h à 12h et de 14h à 17h et le week-end sur rendez-vous.

Conseillé par Jean-Luc Thunevin, cette propriété d'Arnaud Delaire, qui possède également le château Branda sur Puisseguin, commence à occuper le haut du bouchon. Grâce à ses tanins suaves, gourmands et ce qu'il faut de tension, ses derniers millésimes ont retenu toute notre attention.

Saint-Émilion grand cru 2010
Rouge | 2012 à 2022 | 28 € **15/20**
Tanins déjà bien en place, avec ce qu'il faut de fond et des accents de fruits noirs en finale.

CHÂTEAU PATRIS

Chemin du Moulin de Lavaud • 33500 Pomerol
Tél. 05 57 55 19 60
contact@chateau-patris.com
ou contact@vignobles-querre.com
www.chateau-patris.com
www.vignobles-querre.com
Visite : Uniquement sur rendez-vous de 9h à 12h et de 14h à 18h.

Situé sur le versant sud-ouest du coteau de Saint-Émilion, sur un sol sablo-argileux, le Château Patris est bien exposé. Il appartient à Michel et Geneviève Querre, un couple bien ancré sur la rive droite, amis de tous les étoilés français. À ce titre, Michel Querre s'attache à produire un vin d'un bon rapport qualité-prix avec sa cuvée domaine, vin aimable et velouté qui tient bien sa place à table. Son prix entre 12 et 17 euros est particulièrement attractif. Produite à partir de 2009, la cuvée Patris-Querre, plus ambitieuse, possède de la profondeur et un tanin harmonieusement enrobé.

Saint-Émilion grand cru 2010
Rouge | 2013 à 2018 | 17 € **15/20**
On joue l'élégance, avec des tanins qui déroulent bien une aromatique florale et épicée.

Saint-Émilion grand cru Patris Querre 2009
Rouge | 2013 à 2020 | 28 € **15,5/20**
Vinification précise, tanin harmonieusement enrobé avec ce qu'il faut de profondeur, cette nouvelle cuvée a de l'avenir.

CHÂTEAU PAVIE

33330 Saint-Émilion
Tél. 05 57 55 43 43 • Fax : 05 57 24 63 99
contact@vignoblesperse.com • www.vignoblesperse.com
Visite : Sur rendez-vous, réservé aux professionnels.

Situé sur le flanc est de la spectaculaire côte qui borde Saint-Émilion, Pavie dispose de l'une des meilleures expositions de l'appellation. Repris en 1997 par Gérard Perse, il a depuis fait une mue spectaculaire et impressionne à chaque millésime par sa puissance, son ampleur solaire et généreuse, mais aussi par une finesse de tanins qui est la marque des plus grands.

Saint-Émilion grand cru 2011
Rouge | Prix primeur HT : 125 € **18,5-19/20**
Grande profondeur et grande sève, là aussi, le millésime est transcendé. Pavie est un vin très masculin, intense et profond, aux accents de graphite et de fruits noirs, à l'énergique profondeur soutenue par une chair dense et veloutée et des tanins serrés mais ultra fins. Grand style.

Saint-Émilion grand cru 2010
Rouge | 2018 à 2032 | 320 € **19,5/20**
Grand volume parfait, remarquable d'intensité et de volupté, longueur profonde. Grand raffinement de texture, une puissance domptée, un soyeux de tanin remarquable, c'est un très grand.

CHÂTEAU PAVIE-DECESSE

33330 Saint-Émilion
Tél. 05 57 55 43 43 • Fax : 05 57 24 63 99
contact@vignoblesperse.com • www.vignoblesperse.com

En rachetant Pavie-Decesse à la même époque que Pavie, en 1997, Gérard Perse a choisi de conserver l'identité des deux propriétés, pourtant voisines sur la côte de Saint-Émilion. Le cru impressionne à chaque millésime par sa puissance, son ampleur et la formidable densité tannique qui se dégage de ce vin racé.

Saint-Émilion grand cru 2011
Rouge | Prix primeur HT : 94 € **16-17/20**
Robe profonde, prise de bois encore assez sévère, de l'amertume en finale, le vin s'exprime encore tout d'un bloc. Il faudra le revoir même si le potentiel est important.

Saint-Émilion grand cru 2010
Rouge | 2018 à 2028 | 180 € **18/20**
Avec une acidité plus marquée qu'en 2009, ce vin de grand volume et d'une remarquable sève, nerveux et profond, est taillé pour la grande garde.

CHÂTEAU PAVIE-MACQUIN

33330 Saint-Émilion
Tél. 05 57 24 74 23 • Fax : 05 57 24 63 78
pavie-macquin@nicolas-thienpont.com ou pavie.macquin@wanadoo.fr • www.pavie-macquin.com
Visite : Sur rendez-vous.

Voisin immédiat de Troplong-Mondot, Pavie-Macquin est justement devenu premier cru classé. Stéphane Derenoncourt et Nicolas Thienpont savent exprimer le meilleur du terroir tout en lui donnant une forme moderne, adaptée au goût du consommateur actuel. Très corsé et charnu, le vin de Pavie-Macquin gagne en finesse et en harmonie à chaque nouveau millésime, avec l'inimitable saveur de truffe et la tension minérale propres au secteur de Pavie.

Saint-Émilion grand cru 2011
Rouge | Prix primeur HT : 47 € **17-17,5/20**
Robe ample et bouquet très expressif sur un registre de soupe de fruits rouges et noirs, beau volume épanoui, bonne acidité sans dureté, allonge gourmande. Registre allègre, encore très primeur mais des promesses incontestables.

Saint-Émilion grand cru 2009
Rouge | 2016 à 2028 | 84 € **18,5/20**
Fruit très intense et élevage brillant, grand volume sculpté, viril et raffiné. Le vin apparaît d'une construction impressionnante par sa puissance et sa race.

CHÂTEAU PAVILLON BEAUREGARD

SCEA Château Beauregard • 33500 Pomerol
Tél. 05 57 51 13 36 • Fax : 05 57 25 09 55
pomerol@chateau-beauregard.com
www.pavillonbel-air.com
Visite : Du lundi au vendredi de 8h à 12h
et de 14h à 17h.

Pris en mains par toute l'équipe technique du château de Beauregard, ce lalande s'affirme au fil des millésimes comme l'un des bons vins de l'appellation grâce à son tanin large et soyeux.

Lalande de Pomerol 2010
Rouge | 2013 à 2016 | NC **14/20**
Attaque sur les fruits noirs, les tanins sont encore marqués derrière, il faut attendre pour qu'ils s'assouplissent.

VIGNOBLES PÉRÉ-VERGÉ

Le Grand-Moulinet • 33500 Pomerol
Tél. 03 20 64 20 56 • Fax : 03 20 64 18 99
pvp.montviel@skynet.be

Lalande de Pomerol
Château La Gravière 2009
Rouge | 2012 à 2017 **15/20**
Cuvée typique de Lalande de Pomerol avec la maturité du millésime qui a donné ici des vins pleins et charnus. Le tanin est gourmand.

CHÂTEAU PETIT-GRAVET AÎNÉ ET CLOS SAINT-JULIEN

Château Gaillard - B.P. 84 • 33330 Saint-Émilion
Tél. 05 57 24 72 44 • Fax : 05 57 24 74 84
chateau.gaillard@wanadoo.fr
Visite : Sur rendez-vous.

Ces vins sont produits par Catherine Papon-Nouvel, qui s'affirme incontestablement comme l'une des vinificatrices les plus sensibles et adroites de la rive droite bordelaise. Si ses vins ne manquent jamais de puissance ni de générosité, ils possèdent avant tout une fraîcheur et un équilibre superbes qui leur rendent toute la noblesse de leur fonction première : celle d'être bus ! Ses deux (petites) propriétés principales, Clos Saint-Julien et Petit-Gravet Aîné, s'appuient sur une part non négligeable de cabernet franc.

Saint-Émilion grand cru
Château Petit-Gravet Aîné 2011
Rouge | Prix primeur HT : 21 € **17/20**
Quelle fraîcheur rare dans ce millésime, subtil et profond, beau tanin fin, longueur insinuante, quel style !

Saint-Émilion grand cru
Château Petit-Gravet Aîné 2009
Rouge | 2013 à 2020 | épuisé **17,5/20**
Avec 80 % de cabernet franc, c'est un vin d'un éclat quasiment sans équivalent à Saint-Émilion. Magnifique de fraîcheur et de longueur, développant des notes de fruits rouges brillantes et d'une allonge remarquable. Le meilleur millésime de la propriété et l'une des réussites majeures de l'appellation.

Saint-Émilion grand cru
Clos Saint-Julien 2011
Rouge | Prix primeur HT : 30 € **17-17,5/20**
Fraîcheur subtile, encore plus racé et fin, bouquet persistant et longueur remarquable.

Saint-Émilion grand cru Clos Saint-Julien 2009
Rouge | 2013 à 2020 | épuisé **17/20**
Le vin associe à parité merlot et cabernet franc. C'est un vin plein, profond et précis, d'une richesse de texture remarquable et d'une longueur fraîche et fruitée.

CHÂTEAU PETIT-VILLAGE

33500 Pomerol
Tél. 05 57 51 21 08 • Fax : 05 57 51 87 31
contact@petit-village.com • www.petit-village.com
Visite : Du lundi au samedi de 9h à 12h
et de 14h à 16h.

Le cru se hisse progressivement parmi l'élite du plateau. Arrivée de Stéphane Derenoncourt comme consultant à partir de 2006, travail minutieux de Serge Lei, directeur technique et son équipe, sélection parcellaire, nouvelles installations, tout est mis en œuvre pour bien se positionner, les progrès sont évidents avec le 2008, ils se poursuivent sur 2009, et 2010 est le meilleur vin jamais produit.

Pomerol 2011
Rouge | Prix primeur HT : 44 € **17-17,5/20**
Grand raffinement de texture, superbe entrée en bouche, suave et satinée se développant sur un toucher caressant, fin et soyeux avec des notes de violette et de fruit noirs frais. Tannicité savoureuse et assez persistante, superbe réussite.

Pomerol 2010
Rouge | 2015 à 2030 | 70 € **17,5/20**
Gros potentiel pour ce vin au toucher de tanin soyeux, à la profondeur suave et menthée, avec une finale délicieuse sur la violette,style évident.

PETRUS

1, rue Petrus-Arnaud • 33500 Pomerol
Tél. 05 57 51 17 96
info@jpmoueix.com • www.moueix.com

Avec ses 11,5 hectares exceptionnellement situés sur une boutonnière d'argiles noires gonflantes reposant sur un lit de crasse de fer, au centre du plateau, Petrus est devenu après la seconde guerre mondiale le cru le plus réputé de Pomerol, surpassant en notoriété et en prix les premiers crus classés du Médoc. La circulation de l'eau est très favorable grâce au drainage naturel du bassin de la Barbane. De ce fait, la vigne s'enfonce de la meilleure des façons dans les argiles peu dégradées. De ce sol favorable uniquement au merlot, le vin tire sa force et sa puissance. En 1964, l'arrivée d'un jeune œnologue, Jean-Claude Berrouet, soutenu à sa juste valeur par la famille Moueix, permet au cru de s'affirmer réellement sur la scène mondiale. Toujours très modeste, ce basque qui a passé le relais à son fils Olivier en 2008 considère que «le magnifique 1964 est l'expression de la nature dans son authenticité». Il faut au moins une vingtaine d'années pour apprécier à sa juste saveur ce cru mythique, sans cela on passe à côté du grand frisson... avec sa tension raffinée et profonde et ce qu'il faut de densité, sa texture de taffetas et ses retours floraux. Les derniers millésimes sont irrésistibles avec en point d'orgue 2009 et 2010.

Pomerol 2011
Rouge | Prix primeur HT : 1080 € **18-19/20**
Grande élégance et suavité délicate, texture raffinée, allonge sereine, avec du fruit et un caractère ample mais vif. « Pour faire du mauvais vin en 2009 et 2010, il fallait le faire exprès ; en 2011, c'était l'inverse ! », dit avec malice et justesse Olivier Berrouet... qui a réalisé un beau Petrus sobre, sans violence, construit comme un retour au classicisme après deux millésimes hors normes.

Pomerol 2010
Rouge | 2022 à 2040 | NC **19/20**
Nez très floral et complexe d'où émergent la pivoine, la violette, avec une touche de poivre de Sichuan et la cerise noire, le tanin énergique est encore plus frais qu'en 2009. Si ce dernier semble une évidence, 2010 se révèle d'une vibration folle, c'est un style unique.

Pomerol 2009
Rouge | 2021 à 2070 | NC **19,5/20**
Le vin est toujours d'une grande complexité, avec ses accents de fruits noirs frais, de pivoine et de violette, le tanin est énergique et frais, avec ce qu'il faut de suavité, la finale florale est irrésistible.

CHÂTEAU PINDEFLEURS

33330 Saint-Émilion
Tél. 06 88 55 92 87 • Fax : 05 57 24 71 25
chateau@pindefleurs.fr • www.pindefleurs.fr
Visite : Ouvert du lundi au vendredi de 8h à 17h30

Dominique Lauret acheta les 2 hectares de Pindefleurs en 2006 et récupéra 15 hectares de Pipeau d'un partage familial. De gros investissements suivirent avec la construction d'un nouveau chai qui bénéficie à la fille de la maison Audrey, fraîchement sortie de ses études viti-oeno. Celle-ci vinifia son premier millésime en 2009 dans un registre concentré, floral et élégant. 2010 et 2011 sont dans la continuité.

Saint-Émilion grand cru 2010
Rouge | 2014 à 2022 | NC **15,5/20**
Délicatesse et subtilité avec un tanin allongé et profond, ce vin possède une belle finale florale.

CHÂTEAU PIPEAU

33330 Saint-Émilion
Tél. 05 57 24 72 95

Les vignes de Pipeau ont aujourd'hui près d'un demi siècle d'âge moyen et sont issues du travail de trois générations de la famille Mestreguilhem. Enracinée à trois kilomètres de Saint-Émilion, la propriété a été l'objet de toutes les attentions. Et les lignes de coteaux que la vigne escalade en rangs serrés ont donné corps à un grand cru droit et profond, avec un tanin raffiné.

Saint-Émilion grand cru 2009
Rouge | 2012 à 2018 | 23 € **15/20**
Profil longiligne avec de la profondeur et de la fraîcheur, ce vin séduit à condition de le carafer deux heures avant.

CHÂTEAU PLINCE

33500 Libourne
Tél. 05 57 51 68 77 • Fax : 05 57 51 43 39
plince@aliceadsl.fr • www.chateauplince.fr
Visite : Sur rendez-vous.

«Depuis 2001 : notre machine à vendanger possède un équipement spécial par tapis, éliminant non seulement les feuilles mais aussi les graines séchées, coulées ou atteintes de millerandage. De plus nous ne commençons jamais les vendanges avant 10 heures du matin, ce qui permet au soleil de bien sécher les grappes couvertes de la rosée de la nuit. Enfin, la souplesse de la machine est très appréciée lorsque l'on doit se dépêcher de terminer une vendange à cause du mauvais temps ou du botrytis». C'est en ces termes que M. Moreau, propriétaire de ce cru situé sur sables noirs et crasse de fer, défend son mode de vendanges qui a permis de produire des 2009 et 2010 à boire dans les cinq ans.

POMEROL 2010
Rouge | 2012 à 2024 | 26 € **15,5/20**
Nez floral et frais qui fait saliver, en bouche on retrouve ces aspects racés très pomerolais, il y a là puissance et élégance.

CHÂTEAU POMEAUX

Lieu-dit Toulifaut • 33500 Pomerol
Tél. 05 57 51 98 88 • Fax : 05 57 51 88 99
j.palous@wine-and-vineyards.com
www.pomeaux.com
Visite : Sur rendez-vous.

Sur le côté sud-est du plateau, à la frontière entre Pomerol et Saint-Émilion, les deux hectares du Château Pomeaux sont une combinaison de graves, d'argiles et de sables ferrugineux, avec des vignes d'une trentaine d'années. Ce domaine produit des vins généreux qui doivent attendre quelques années en cave pour exprimer leurs flaveurs de truffe et gagner en suavité. Ce velouté généreux en fait l'une des valeurs montantes de Pomerol.

POMEROL 2010
Rouge | 2012 à 2023 | env. 60 € **15,5/20**
Grande sincérité dans cette expression de Pomerol, avec ses accents de cassis et de violette, et une persistance caressante qui constitue déjà un pur régal.

CHÂTEAU DE PRESSAC

33330 Saint-Étienne-de-Lisse
Tél. 05 57 40 18 02 • Fax : 05 57 40 10 07
contact@chateau-de-pressac.com
www.chateau-de-pressac.com
Visite : Du lundi au jeudi de 8h à 12h et de 13h30 à 17h30. Le vendredi de 8h à 12h.

Reprise au début des années 1990 par Jean-François Quenin, la propriété est très bien située, sur un tertre plein sud qui a pour seul tort d'être excentré, à l'est de Saint-Émilion. Des travaux très importants ont été entrepris, en particulier pour recréer des terrasses là où la friche avait pris le pas sur la vigne. Le cru est aujourd'hui devenu une valeur sûre, et son second vin est l'un des plus réguliers de l'appellation. 2010 et 2011 sont à réserver d'urgence.

SAINT-ÉMILION GRAND CRU 2010
Rouge | 2014 à 2027 | 27 € **15,5/20**
Progressivement un style se met en place, avec une belle allonge, de l'élégance et une finale montante bien structurée.

SAINT-ÉMILION GRAND CRU TOUR DE PRESSAC 2010
Rouge | 2012 à 2016 | 19 € **14,5/20**
Souplesse de tanins, avec un glissant qui porte bien une terrine de canard.

VIGNERONS DE PUISSEGUIN LUSSAC SAINT-EMILION

Puisseguin • 33570 Lussac
Tél. 05 57 55 50 40 • Fax : 05 57 74 57 43
www.puisseguin-lussac.com

CASTILLON CÔTES DE BORDEAUX
ORYADE 2010
Rouge | 2012 à 2017 | NC **14/20**
Rouge puissant, séveux aux tanins bien dessinés. La longueur de bouche se remarque.

CHÂTEAU QUINAULT L'ENCLOS

30, chemin Videlot • 33500 Libourne
chaiquinault@orange.fr • www.chateau-quinault.com
Visite : Sur rendez-vous.

Situé dans la périphérie de Libourne, Quinault est un joli écrin parfaitement mis en valeur par Alain Raynaud. Repris aujourd'hui par Albert Frère et travaillé par l'équipe technique de Cheval Blanc, le vin témoigne parfaitement du style frais, souple et raffiné que peuvent produire ces sols de sables anciens du secteur. 2009 marque un palier qualitatif supplémentaire.

SAINT-ÉMILION GRAND CRU 2009
Rouge | 2012 à 2019 | cav. env. 30 € 15,5/20
Un raffinement exquis au nez comme en bouche, avec une sveltesse de constitution enveloppée harmonieusement et une finale très fraîche.

CHÂTEAU RENARD-MONDÉSIR

33126 La Rivière
Tél. 05 57 24 96 37 • Fax : 05 57 24 90 18
chateau.renard.mondesir@wanadoo.fr
www.vignobles-chassagnoux.com
Visite : Du lundi au samedi de 10h à 19h.

FRONSAC 2009
Rouge | 2016 à 2021 | 14 € 15/20
Ce fronsac qui fuit les performances passe toujours inaperçu dans les dégustations mais une fois sur la table, c'est la bouteille que l'on vide en premier. Vin très agréable, au boisé discret, souple et croquant, tanins précis et linéaires, la délicate amertume en finale apporte une agréable vivacité et fraîcheur. Une vraie gourmandise.

CHÂTEAU LA RÉVÉRENCE

24, rue de l'Église • 33500 Néac
Tél. 05 57 51 18 61 • Fax : 05 57 51 00 04
chateautournefeuille@wanadoo.fr
www.chateau-tournefeuille.com
Visite : En semaine, de 8h à 12h et de 13h30 à 17h30, le week-end sur rendez-vous.

Située en pied de côte, cette propriété de 3 hectares reçoit les soins attentifs de toute l'équipe d'Émeric Petit, présente sur Tournefeuille et L'Écuyer. Le vin produit ici séduit par sa souplesse, son élégance gourmande et son onctuosité.

SAINT-ÉMILION GRAND CRU 2009
Rouge | 2012 à 2019 | 24 € 15/20
Tanin élégant avec ce qu'il faut de profondeur, ce vin offre déjà de belles perspectives.

CHÂTEAU ROCHEBELLE

B.P. 73 • 33330 Saint-Émilion
Tél. 05 57 51 30 71 • Fax : 05 57 51 01 99
faniest@wanadoo.fr • www.grand-cru-st-emilion.com
Visite : Du lundi au vendredi de 9h à 12h et de 14h à 18h de Pâques à novembre. Hors saison: de 10h à 12h et de 14h à 18h.

Idéalement situé entre le Tertre Roteboeuf et la Mondotte, Rochebelle appartient aux Faniest depuis 1847. Philippe est conscient de la marge de progression de cette propriété où sa fille Émilie l'a rejoint pour la partie technique. Celle-ci contribue également sur Pomerol au renouveau du Château La Pointe, et depuis quelques millésimes elle imprime son savoir-faire sur cette propriété du sommet de la Côte de Saint-Émilion.

SAINT-ÉMILION GRAND CRU 2010
Rouge | 2016 à 2026 | 30 € 15,5/20
Belle structure pour ce vin profond qui sera bien dans ses tanins d'ici quelques années. L'aromatique commence à émerger, et on sent le potentiel.

CHÂTEAU ROL VALENTIN

5, Cabanes Sud • 33330 Saint-Émilion
Tél. 05 57 74 43 51 • Fax : 05 57 74 45 13
contact@vignoblesrobin.com
www.vignoblesrobin.com
Visite : Sur rendez-vous.

Cette petite propriété, située sur des sols argilo-calcaires et sableux, exprime avec beaucoup de vigueur mais aussi avec un grand charme toute la force des saint-émilions de merlot modernes, généreusement bouquetés et intensément construits. Puissant et profond, le vin est également parfaitement équilibré, et s'il séduit immédiatement, il est aussi capable de bien vieillir. Ayant changé de propriétaire mais pas de philosophie, c'est aujourd'hui une valeur sûre.

SAINT-ÉMILION GRAND CRU 2011
Rouge | Prix primeur HT : 24 € 16-17/20
Belle densité sans rudesse, bouche onctueuse et fine, profondeur sculptée, beau volume.

SAINT-ÉMILION GRAND CRU 2009
Rouge | 2013 à 2020 | cav. env. 40 € 17/20
Vin riche et profond, grande allure gourmande, persistant et intense, brillant.

CHÂTEAU ROUGET

4-6, route de Saint-Jacques-de-Compostelle
33500 Pomerol
Tél. 05 57 51 05 85 • Fax : 05 57 55 22 45
chateau.rouget@wanadoo.fr
www.chateau-rouget.com
Visite : Sur rendez vous.

En 1868, le guide Féret précise que Rouget figure dans le top cinq de Pomerol. Ce vignoble se situe sur le plateau, avec pour voisins l'Église-Clinet, Petrus et La Croix de Gay. En 1992, le rachat du domaine par Jean-Pierre Labruyère s'accompagne

d'une replantation du vignoble, puis l'achat de parcelles sur le haut plateau en 1999 renforce la position du cru dirigé aujourd'hui par son fils Édouard. Alliant puissance et élégance, Rouget devient plus précis dans l'architecture de ses tanins.

Pomerol 2011
Rouge | Prix primeur HT : 28 € **17/20**
Belle plénitude en bouche avec une sensualité de tanins épicés et mûrs, on apprécie la structure. Avec l'élevage, le style va s'affiner et l'on aura une très belle bouteille.

Pomerol 2010
Rouge | 2014 à 2024 | 45 € **16,5/20**
Bouche déliée très élégante avec ce qu'il faut de densité derrière.

CHÂTEAU ROYLLAND

33330 Saint-Émilion
Tél. 06 12 33 31 89 • Fax : 05 57 24 65 25
jean-bernard.chambard@orange.fr
Visite : Sur rendez-vous au 06 12 33 31 89

Sables et argiles de l'anse de Mazerat sont les constituants majeurs de ce terroir qui a souvent changé de mains ces dernières années. Néanmoins le 2010 s'est classé dans le peloton de tête de notre dégustation à l'aveugle des saint-émilions grand cru.

Saint-Émilion grand cru 2010
Rouge | 2013 à 2022 | 25 € **15,5/20**
L'onctuosité de la bouche avec ce qu'il faut de dynamisme dans le tanin séduisent, d'autant que la finale est fraîche et élégante.

DOMAINE DES SABINES

2, impasse de René • 33500 Pomerol

D'une superficie de 1,3 hectare, ce vignoble repose sur des graves légères où l'on retrouve une majorité de merlot (80 %), complétée de cabernet-sauvignon. Achetée par Jean-Luc Thunevin en 2006, la propriété est constituée de 3 parcelles distinctes, sur la commune de Lalande de Pomerol. Le vin produit offre une gourmandise de tanin irrésistible.

Lalande de Pomerol 2010
Rouge | 2012 à 2020 | NC **15,5/20**
Velouté de tanin, densité en bouche, on joue ici sur le charme, la sensualité et la gourmandise. Belle réussite.

CHÂTEAU SAINT-ANDRÉ CORBIN

Château Rozier • 33330 Saint-Laurent-des-Combes
Tél. 05 57 24 73 03 • Fax : 05 57 24 67 77
ets.saby@orange.fr • www.vignobles-saby.com
Visite : Du lundi au vendredi de 10h à 12h et de 14h à 18h. Le week-end sur rendez-vous.

Cette propriété de 17 hectares appartient à la famille Saby qui possède plusieurs domaines sur le Libournais. La qualité dans l'élégance des derniers millésimes fait merveille pour l'amateur, c'est un très bon rapport qualité-prix.

Saint-Georges-Saint-Émilion 2009
Rouge | 2012 à 2019 | 13 € **15,5/20**
De l'élégance et de la souplesse, avec une texture soyeuse et un tanin fin et savoureux, ce 2009 est très harmonieux, note en hausse.

CHÂTEAU SAINT-GEORGES

1, Saint-Georges • 33570 Montagne
Tél. 05 57 74 62 11 • Fax : 05 57 74 58 62
g.desbois@chateau-saint-georges.com
www.chateau-saint-georges.com
Visite : lundi vendredi de 8h à 12h et de 13h30 à 17h30. Samedi de 10h30 à 17h30.

Le vignoble du château Saint-Georges est installé sur des pentes au sol argilo-calcaire homogène et bien drainées, bénéficiant d'un excellent ensoleillement et de douces influences océaniques qui permettent une bonne fraîcheur de constitution.

Saint-Georges-Saint-Émilion 2010
Rouge | 2012 à 2019 | env. 26 € **14,5/20**
Ce millésime offre de belles perspectives de garde, la matière est concentrée et prometteuse.

CHÂTEAU SAINT-JEAN DE LAVAUD

16, chemin de Maillet • 33500 Pomerol
Tél. 05 57 74 56 80 • Fax : 05 57 74 56 59
info@chateauvieuxmaillet.com
www.chateauvieuxmaillet.com
Visite : Sur rendez-vous au Château Vieux Maillet.

Propriété appartenant à Griet et Hervé Laviale, également propriétaires des châteaux Vieux Maillet, de Lussac et Franc Mayne, ce lalande offre un fruit généreux, soutenu par une trame tannique imposante.

Lalande de Pomerol 2009
Rouge | 2012 à 2017 | NC **14,5/20**
Rondeurs de belle facture, bouche construite avec une finale épicée.

CLOS SAINT-MARTIN

SA Les Grandes Murailles - Château Côte-de-Baleau
33330 Saint-Émilion
Tél. 05 57 24 71 09 • Fax : 05 57 24 69 72
lesgrandesmurailles@wanadoo.fr
www.lesgrandesmurailles.fr
Visite : sur rendez-vous

Tout petit cru, le Clos Saint-Martin est splendidement situé sur la côte de Beauséjour. Cultivé et vinifié avec un soin extrême par ses propriétaires, il est devenu l'un des crus les plus séduisants au plus haut niveau, depuis la fin des années 1990, avec des vins riches et veloutés.

SAINT-ÉMILION GRAND CRU 2011
Rouge | Prix primeur HT : 38 € **16-17/20**
Vin ample, solide et profond, générosité gourmande, beau volume.

SAINT-ÉMILION GRAND CRU 2010
Rouge | 2018 à 2028 | 65 € **15,5/20**
Très fruité au nez comme en bouche, plus souple que le millésime précédent, meilleure définition riche et pleine.

CHÂTEAU DE SALES

33500 Libourne
Tél. 05 57 51 04 92 • Fax : 05 57 25 23 91
chdesales@chateaudesales.fr
www.chateau-de-sales.fr
Visite : Du lundi au vendredi de 9h à 12h30 et de 14 à 18h. Le samedi en saison sur rendez-vous.

La famille de Lambert se transmet la propriété depuis plus de cinq siècles, et le château du XVIe siècle a fière allure. On peut alors en profiter pour goûter les vins souples, aimables et coulants réalisés à partir du plus vaste vignoble de Pomerol qui compte 47,5 hectares.

POMEROL 2010
Rouge | 2012 à 2015 | 30 € **14,5/20**
Nez épicé, il y a une bouche souple et droite, avec des accents floraux en finale.

CHÂTEAU SAMION

1, Samion • 33570 Montagne-Saint-Émilion
Tél. 06 76 67 87 48
chateau.samion@wanadoo.fr

C'est l'une des deux propriétés de la famille Berrouet, 1,20 hectare de graves sur argile à proximité de Grand Ormeau, sur Lalande de Pomerol. Ce vin 100 % merlot offre des rondeurs harmonieuses, une texture veloutée et surtout cette fraîcheur chère à Jean-Claude. Celui-ci conseille maintenant son fils Jef qui a bien pris la dimension du secteur. Ce vin est meilleur 2 heures après ouverture.

LALANDE DE POMEROL 2009
Rouge | 2012 à 2030 | 14,50 € **15,5/20**
Les promesses de la dégustation en primeurs se retrouvent en bouteille. Le tanin a ce qu'il faut de ressort, du soyeux et une finale florale délicieuse.

CHÂTEAU SANSONNET

1, Sansonnet • 33330 Saint-Émilion
Tél. 06 11 10 18 14 • Fax : 05 57 25 01 56
marie.lefevere@chateau-sansonnet.com
www.chateau-sansonnet.com
Visite : Sur rendez-vous.

Sur le plateau argilo-calcaire, à proximité du château Trotevieille, sur un terroir de grand cru classé, le Château Sansonnet appartint au duc Decazes, ministre épicurien de Louis XVIII. Avec l'arrivée de Marie-Bénédicte Lefévère en 2009 pour diriger la manœuvre, ce domaine affiche une nouvelle ambition qui apparaît sur le millésime 2010, lequel possède le charme de la nouvelle propriétaire. À suivre de très près.

SAINT-ÉMILION GRAND CRU 2010
Rouge | 2012 à 2024 | env. 35 € **15,5/20**
Le meilleur Sansonnet jamais produit, avec du fond, de l'élégance et une grande pureté de fruit, la finale florale qui se mêle aux fruits noirs est irrésistible.

CHÂTEAU LA SERGUE

Vignobles Chatonnet - Lieu-dit Chagneau
33500 Néac
Tél. 05 57 51 31 31 • Fax : 05 57 25 08 93
contact@vignobleschatonnet.com
www.vignobleschatonnet.com
Visite : De 9h à 12h et de 13h30 à 17h30 du lundi au vendredi et le week-end sur rendez-vous.

La Sergue est le résultat d'une sélection et de l'assemblage des meilleurs raisins issus de terroirs différents, choisis au sein du Château Haut-Chaigneau. Cinq hectares maximum, à dominante merlot, vinifiés avec talent par Pascal Chatonnet, en cuves bois et élevés pendant 15 mois en fûts de chêne 100 % neufs.

LALANDE DE POMEROL
CHÂTEAU HAUT-CHAIGNEAU 2009
Rouge | 2012 à 2018 | 16,60 € **14,5/20**
La myrtille saute au nez, bouche aux tanins compacts et épicés avec des notes fruitées.

CHÂTEAU SIAURAC

33500 Néac
Tél. 05 57 51 64 58 • Fax : 05 57 51 41 56
info@baronneguichard.com
www.baronneguichard.com
Visite : Sur rendez-vous.

Propriété la plus étendue de Lalande de Pomerol, avec 40 hectares, Siaurac fait partie des domaines du Libournais de la baronne Guichard. À la rondeur habituelle du cru, due à la forte proportion de merlot, il faut ajouter plus de profondeur sur les derniers millésimes. Plaisir-de-Sauriac, le second vin, est tourné vers la recherche d'un fruité immédiat. 2010 marque un tournant qualitatif pour le cru.

LALANDE DE POMEROL 2010
Rouge | 2013 à 2020 | 20 € **15,5/20**
C'est le meilleur Siaurac jamais produit, avec ses accents de pivoine et de mûre, le tanin a de la percussion et de la fraîcheur.

CHÂTEAU SIMARD

33330 Saint-Émilion
Tél. 05 57 24 24 57
chateau.ausone@wanadoo.fr

Cette vaste propriété appartenait depuis longtemps à la famille d'Alain Vauthier (Ausone). Celui-ci s'en occupe désormais directement, et il a aussitôt commencé par distinguer la production en deux cuvées, Simard et Haut-Simard. Cette dernière, débutée en 2007, est aujourd'hui une valeur sûre. Les 2009 évoluent parfaitement en bouteille.

SAINT-ÉMILION GRAND CRU 2010
Rouge | 2014 à 2020 | NC **15/20**
Vin réussi au volume profond, au bel équilibre racé.

SAINT-ÉMILION GRAND CRU 2009
Rouge | 2012 à 2015 | env. 17 € **14/20**
Vin de plaisir immédiat, avec souplesse et rondeurs distinguées.

SAINT-ÉMILION GRAND CRU HAUT-SIMARD 2010
Rouge | 2015 à 2022 | NC **16,5/20**
Conjuguant puissance, volume, équilibre, c'est un beau vin complet.

SAINT-ÉMILION GRAND CRU HAUT-SIMARD 2009
Rouge | 2013 à 2020 | env. 17 € **16/20**
Onctuosité veloutée et profonde, beaux arômes de fruits noirs et de chocolat noir, allonge tapissante et tendre, ce vin évolue parfaitement en bouteille.

CHÂTEAU SOLEIL

SCEA Winevest Saint-Émilion - 32, route de Saint-Émilion • 33570 Puisseguin
Tél. 05 57 74 60 18 • Fax : 05 57 74 60 18
info@chateausoleil.fr • www.chateausoleil.fr
Visite : Les lundis, mardis, jeudis et vendredis de 9h à 12h30 et de 13h à 16h30.

Ce domaine, situé sur le plateau calcaire de Puisseguin, est administré par Stephan von Neipperg. Le cru s'affirme d'année en année avec des vins charnus et élégants et une concentration qui respecte chaque millésime.

PUISSEGUIN-SAINT-ÉMILION 2010
Rouge | 2012 à 2022 | 22 € **15,5/20**
Plénitude, gourmandise, tanin enrobant et frais, ce vin s'affirme déjà sur une oie de Noël.

CHÂTEAU SOUTARD

B.P. 4 • 33330 Saint-Émilion
Tél. 05 57 24 71 41 • Fax : 05 57 74 42 80
contact@soutard.com • www.soutard-larmande.com
Visite : Pas de visite.

Le cru a été repris en 2006 par les assurances La Mondiale, et est administré par la même équipe que l'autre propriété du groupe à Saint-Émilion, Château Larmande. L'équipe est désormais bien en place et la propriété a connu une spectaculaire reprise en mains : les derniers millésimes témoignent avec élégance de ce renouveau.

SAINT-ÉMILION GRAND CRU 2011
Rouge | Prix primeur HT : 25 € **16-17/20**
Très belle finesse de tanin, allonge délicate et profonde, intensité discrète mais énergique. Beau volume et confirmation des progrès du cru.

SAINT-ÉMILION GRAND CRU 2010
Rouge | 2018 à 2028 | NC **17/20**
Allure svelte, tanin fin, allonge racée, belle tenue. Sans modifier la structure acide qui est l'une des

marques du cru, le vin gagne beaucoup en onctuosité par rapport à ses devanciers.

CHÂTEAU TAILLEFER

B.P. 9 • 33501 Libourne
Tél. 05 57 25 50 45 • Fax : 05 57 25 50 45
bernard.moueix@orange.fr • www.chateautaillefer.fr
Visite : Du lundi au vendredi de 9h à 12h
et de 14h à 18h.

Catherine Moueix dirige avec tact et constance la propriété, grâce à l'aide technique de Denis Dubourdieu. Cette femme raffinée a permis une progression constante du cru depuis le début du troisième millénaire. On apprécie dans Taillefer sa franchise de constitution et une définition aromatique et structurelle précise, c'est un cru régulier sur lequel on peut compter. Le 2010 possède un charme fou.

POMEROL 2010

Rouge | 2012 à 2024 | 25 € **15,5/20**

Nez profond et frais avec de subtils accents de violette, belle plénitude en attaque, tanin de grande élégance, il y a de l'énergie derrière, avec une finale montante florale stylée. Le meilleur Taillefer jamais produit.

CHÂTEAU TAUZINAT L'HERMITAGE

SC Bernard Moueix - B.P. 9 • 33501 Libourne Cedex
Tél. 05 57 25 50 45
bernard.moueix@orange.fr
Visite : Du lundi au vendredi de 9h à 12h
et de 14h à 18h.

Les chênes tauzins, réputés pour les truffes qui poussaient à leur pied, ont donné leur nom à cette belle propriété de Saint-Émilion, qui appartient depuis plus de 50 ans à la famille de Bernard Moueix. Deux grandes parcelles permettent d'élaborer ce grand cru, l'une installée sur de jolis coteaux argilo-calcaires en terrasses sur Saint-Christophe des Bardes et Saint-Hippolyte, et l'autre du côté de Fombrauge. Élégant et profond, le vin produit est harmonieux sur les derniers millésimes, le 2000 possède une grâce truffière que peu de domaines ont sur le secteur.

SAINT-ÉMILION GRAND CRU 2010

Rouge | 2016 à 2022 | 17 € **14/20**

Sur la réserve, ce 2010 est en retrait pour l'instant par rapport aux millésimes antérieurs, on sent toutefois le potentiel.

CHÂTEAU TERTRE-DAUGAY

33330 Saint-Émilion
Tél. 05 56 00 29 30 • Fax : 05 57 56 40 89
info@haut-brion.com
www.chateau-tertre-daugay.com

SAINT-ÉMILION GRAND CRU 2010

Rouge | 2018 à 2028 | cav. 24 € **14/20**

Chocolaté et gras, notes de fruits noirs en confiture s'imposant en bouche, puissant et assez entêtant.

CHÂTEAU TOUR BAYARD

Bayard • 33570 Montagne
Tél. 05 57 74 51 05 • Fax : 05 57 74 53 10
richard@alienor.fr • www.fanny-et-bruno-richard.com
Visite : Du lundi au samedi, de 9h à 12h et de 14h à 19h, sur rendez-vous.

Domaine familial, La Tour Bayard se signale par sa cuvée Angelot, qui sur les 2009 et 2010 est l'une des meilleures du secteur.

MONTAGNE-SAINT-ÉMILION L'ANGELOT 2009

Rouge | 2012 à 2019 | 24,50 € **14,5/20**

Les tanins commencent à se fondre et leur profondeur est du meilleur effet.

CHÂTEAU TOUR BEL-AIR

1, La Caillebosse • 33910 Saint Martin du Bois
Tél. 0557847216 • Fax : 0557847217
chateau.lascaux@wanadoo.fr
www.vignoble-lascaux.fr

FRONSAC CHÂTEAU TOUR BEL-AIR 2009

Rouge | 2014 à 2019 | 16 € **13,5/20**

Depuis sa création en 2006, ce vignoble cherche encore sa voie. Présentation moderne mais pas tout à fait aboutie. Nez toasté, sur les épices et le fruit. Onctueux et ample en bouche avec des tanins intenses, marqué par un boisé un peu fatiguant.

CHÂTEAU TOUR DU MOULIN

Le Moulin • 33141 Saillans
Tél. 0557743426 • Fax : 0557743426
chateau-tour-du-moulin@orange.fr

FRONSAC CUVÉE PARTICULIÈRE 2009

Rouge | 2015 à 2019 | 16 € **14/20**

Avec Vincent Dupuch, on est dans la sagesse de la mesure. Il produit des fronsacs souples et francs, joliment prêts à boire, tel ce 2009 au nez finement épicé, à la bouche soyeuse, souple, de densité moyenne, à la finale croquante sur les fruits noirs, un vin flatteur.

CHÂTEAU TOUR DU PAS SAINT-GEORGES

Delbeck Vignobles et Développements
33570 Montagne
Tél. 05 57 24 70 94 • Fax : 05 57 24 67 11
contact@delbeckvignobles.com
www.delbeckvignobles.com
Visite : Du lundi au vendredi, de 9h à 12h et de 14h à 17h.

Ce domaine de 15 hectares, situé sur argilo-calcaires, appartient à Pascal Delbeck, l'une des figures de proue du Libournais qui le vinifie depuis plus d'une trentaine d'années. Une verticale du domaine, suivie d'une séance d'accords mets et vins mise en saveurs par le talentueux Didier Clément, chef du Lion d'Or à Romorantin, nous a éclairés sur la constance qualitative de ce cru qui évolue parfaitement, avec un 1982 encore en grande forme.

Saint-Georges-Saint-Émilion 2009
Rouge | 2012 à 2023 | 14,90 € **16/20**
Texture voluptueuse avec un tanin bien corseté et une profondeur harmonieuse, il faut acheter ce vin en magnum.

CHÂTEAU LA TOUR DU PIN FIGEAC (GIRAUD)

Château Le Caillou • 33500 Pomerol
Tél. 05 56 51 06 10 • Fax : 05 57 51 74 95
giraud.belivier@wanadoo.fr
www.vins-giraud-belivier.com
Visite : Sur rendez-vous.

Saint-Émilion grand cru 2009
Rouge | 2016 à 2026 | 23,50 € **16,5/20**
Le millésime est une franche réussite, avec un vin à la fraîcheur fruitée et au corps exprimant une tendresse élégante.

La note des bordeaux 2011 dégustés en primeur peut bien entendu évoluer après les assemblages définitifs et leur mise en bouteille fin 2013.

CHÂTEAU TOUR MAILLET

Negrit • 33570 Montagne
Tél. 05 57 74 61 63 • Fax : 05 57 74 59 62
vignobleslagardere@wanadoo.fr
www.vignobles-lagardere.com
Visite : Sur rendez-vous.

Ce cru de 2,20 hectares situé sur le secteur de Maillet, sur des terroirs classiques de l'appellation, produit des vins à la séduction immédiate, avec un style floral et une bouche bien charnue. Les 2001 sont aujourd'hui à point et ils sont délicieux, cette propriété a réussi également de très beaux 2004.

Pomerol 2010
Rouge | 2012 à 2019 | env. 28 € **14/20**
Classique du secteur avec ses accents de fruits noirs et de fleurs, bouche qui se met progressivement en place dans un registre souple.

CHÂTEAU TOURNEFEUILLE

24, rue de l'Église • 33500 Néac
Tél. 05 57 51 18 61 • Fax : 05 57 51 00 04
chateautournefeuille@wanadoo.fr
www.chateau-tournefeuille.com
Visite : Du lundi au vendredi de 8h à 12h et de 13h30 à 17h et le week-end sur rendez-vous.

Les 18 hectares de vignes du Château Tournefeuille, propriété des familles Petit et Cambier, sont idéalement situés sur le plateau de Néac, près de l'église. Son superbe coteau qui descend jusqu'à la Barbanne, frontière historique entre les vignobles de Pomerol et de Lalande, offre un magnifique point de vue sur Petrus et ses prestigieux voisins. Émeric Petit cherche avant tout à préserver finesse et élégance à ses vins, chose qu'il a parfaitement réussie sur tous ses derniers millésimes.

Lalande de Pomerol 2010
Rouge | 2013 à 2020 | 19,80 € **15,5/20**
Nez de pivoine, tanin élégant et profond avec une aromatique qui décline les fruits noirs et les fleurs.

CHÂTEAU TRIANON

33330 Saint-Émilion
Tél. 05 57 25 34 46 • Fax : 05 57 25 28 61
contact@chateau-trianon.com

Situé à la sortie de Libourne, sur des sols sableux, Trianon a été repris en 2001 par Dominique Hébrard, qui a apporté à ce terroir intéressant un drainage indispensable ici pour réaliser de belles choses. Depuis cette date, le vin a en effet specta-

culairement progressé, exprimant parfaitement le style velouté et suave des meilleurs saint-émilions du secteur.

SAINT-ÉMILION GRAND CRU 2010
Rouge | 2014 à 2022 | env. 21 € **15,5/20**
Élégance au nez, tanin subtil et racé en bouche, avec ce qu'il faut de vinosité, ce vin a déjà du style.

CHÂTEAU TROPLONG-MONDOT

33330 Saint-Émilion
Tél. 05 57 55 32 05 • Fax : 05 57 55 32 07
contact@chateau-troplong-mondot.com
www.chateau-troplong-mondot.com
Visite : Du lundi au vendredi de 9h à 12h et de 14h à 17h. Fermé les week-end et jours fériés.

Situé au sommet de la côte Pavie et sur le plateau qui lui fait suite, Troplong-Mondot est un site magnifique, qui semble préservé du temps et des modes. Le cru doit beaucoup à sa propriétaire, Christine Valette, qui y pratique une viticulture d'élite, mettant pleinement en valeur un remarquable terroir qui produit des vins profonds, corsés mais harmonieux, développant lentement un très noble parfum d'épices et de truffe.

SAINT-ÉMILION GRAND CRU 2011
Rouge | Prix primeur HT : 69 € **17-17,5/20**
Robe profonde, arômes généreux de liqueur de fruits noirs, bouche puissante, un peu entêtante, démontrant une ambition certaine. L'ensemble ne manque évidemment ni de potentiel, ni de promesses, l'élevage se chargeant d'affiner cette matière encore brute.

SAINT-ÉMILION GRAND CRU 2009
Rouge | 2016 à 2026 | NC **18/20**
Nez étonnamment fumé, charnu, ample mais svelte, belle saveur framboisée et florale associée à des notes de toast et de truffe. Grande allonge gourmande.

CHÂTEAU TROTANOY

33500 Pomerol
Tél. 05 57 51 78 96 • Fax : 05 57 51 79 79
info@jpmoueix.com • www.moueix.com

Voisin de Petrus, Trotanoy est la propriété phare des Établissements Jean-Pierre Moueix, avec 7,2 hectares idéalement placés sur le plateau argileux. Son sol se compose pour moitié d'argiles noires et l'autre moitié de graves argileuses. Cette mixité donne au vin à la fois de la puissance, de l'élégance et de la profondeur. Ce que les amateurs apprécient dans Trotanoy, c'est son intensité aromatique et sa juxtaposition de notes chaudes, d'amande grillée, de truffe, de cèdre et de réglisse, c'est l'un des pomerols les plus séveux et sa sensualité séduit. Ce cru, qui représente la quintessence de Pomerol, était l'un des vins favoris de Georges Pompidou, un président qui avait bon goût et qui aimait le vin.

POMEROL 2011
Rouge | Prix primeur HT : 156 € **18-19/20**
Volume superbe, ampleur savoureuse et raffinée, fruit précis, floral onctueux, onctuosité fraîche et longue.

POMEROL 2009
Rouge | 2014 à 2039 | NC **19/20**
Une nouvelle fois ce cru est l'un des vins du millésime sur la Rive droite, il possède une texture de rêve entre soie et satin, et un tanin énergique derrière avec une finale très pure sur la violette.

CHÂTEAU TROTTEVIEILLE

33330 Saint-Émilion
Tél. 05 56 00 00 70 • Fax : 05 57 87 48 61
domaines@borie-manoux.fr • www.trottevieille.com
Visite : sur rendez-vous.

Depuis la fin des années 1990 et l'arrivée aux commandes de Philippe Castéja, appuyé par le brillant œnologue Denis Dubourdieu, cette propriété magnifiquement située sur le plateau calcaire, à la sortie nord-est du village de Saint-Émilion, séduit par une intensité très affirmée mais aussi par son équilibre, sa finesse et sa fraîcheur, proposant la personnalité d'un saint-émilion racé, long et svelte, séduisant dès sa prime jeunesse.

SAINT-ÉMILION GRAND CRU 2011
Rouge | Prix primeur HT : 51 € **15,5-16,5/20**
Robe plus souple, fruit tendre, bouche gourmande et souple, finesse élégante et un rien limitée à ce stade mais il y a de l'agrément.

SAINT-ÉMILION GRAND CRU 2010
Rouge | 2018 à 2028 | 80 € **16,5/20**
Vin rond et gourmand, aux précis arômes de fruits rouges et noirs, charnu avec une finale souple mais assez longue.

CHÂTEAU VALANDRAUD

6, rue Guadet - B.P. 88 • 33330 Saint-Émilion
Tél. 05 57 55 09 13 • Fax : 05 57 55 09 12
thunevin@thunevin.com • www.thunevin.com
www.thhunevinonline.com
Visite : Sur rendez-vous.

Situé dans l'est de l'appellation, à Saint-Étienne-de-Lisse, créé ex-nihilo par Jean-Luc Thunevin, Valandraud est passé de 60 ares de vignes au début des années 1990 à plus de 20 hectares aujourd'hui. Il n'est donc plus désormais le «vin de garage» dont il avait lancé la mode, mais bien l'un des crus les plus harmonieux et racés de Saint-Émilion. Épanoui, large d'esprit et d'épaules mais aussi doté de tanins délicats et fins, Valandraud exprime avec originalité et modernité une certaine idée de la perfection vigneronne. Le blanc s'impose à partir de 2009 comme une référence dans sa catégorie.

Bordeaux N°1 2010
Blanc | 2012 à 2020 | 60 € **18/20**
Un des plus beaux blancs du millésime, toutes appellations confondues : grand vin, élancé et profond, raffiné avec une subtilité aromatique rare et une intensité délicate et persistante.

Bordeaux N°2 2010
Blanc | 2012 à 2016 | 30 € **16/20**
Réussite immédiatement séduisante : fruit souple, allonge, intensité, très profond.

Saint-Émilion grand cru 2011
Rouge | Prix primeur HT : 156 € **18-19/20**
Brillant et onctueux, longueur et ampleur gourmande, beau fruit racé, allonge profonde. Un grand, avec l'un des plus beaux grains de tanins du millésime.

Saint-Émilion grand cru 2010
Rouge | 2015 à 2025 | 350 € **18,5/20**
Après un magnifique 2009, voici encore l'un des grands millésimes de l'histoire du cru. Murielle Thunevin a réalisé un grand vin stylé, profond, velouté et élancé, superbement racé.

Saint-Émilion grand cru N°3 2011
Rouge | Prix primeur HT : 18 € **15-16/20**
Souple, frais, fruité sans ostentation, déjà prêt à boire et très savoureux.

Saint-Émilion grand cru
Virginie de Valandraud 2011
Rouge | Prix primeur HT : 32 € **16,5-17/20**
Très beau volume racé, fruit brillant, finesse onctueuse, allonge subtile. Bravo !

CHÂTEAU DE VALOIS

Rouilledinat • 33500 Libourne
Tél. 05 57 51 19 77 • Fax : 05 55 51 00 62
frederic.leydet@wanadoo.fr
Visite : Sur rendez-vous.

Dans la même famille depuis 1862, le Château de Valois compte 8 hectares sur graves fines et sous-sol d'alios, il peut produire comme en 2010 des vins souples et harmonieux, avec ce qu'il faut de plénitude en bouche.

Pomerol 2010
Rouge | 2012 à 2021 | 26 € **15,5/20**
Nez profond d'encre et de cendre froide, grande plénitude en bouche, c'est déjà très bon.

VIEUX CHÂTEAU CERTAN

33500 Pomerol
Tél. 05 57 51 17 33 • Fax : 05 57 25 35 08
info@vieuxchateaucertan.com
www.vieuxchateaucertan.com

La propriété, qui ne compte que 65 % de merlot, joue sur ses vieilles vignes de plus de cinquante ans, ses différences de sols, argileux du côté de Petrus, graveleux sur La Gravette et sableux autour du château, ce qui lui permet de cultiver dans une plus forte proportion les cabernet-sauvignons et les cabernets francs même si ces derniers sont passés de 30 à 28 % alors que les cabernet-sauvignons restent autour de 5 % . Sur des millésimes comme 2009, Alexandre Thienpont regrette de ne pas avoir disposé de 50 % de ce cépage pour donner encore plus de complexité au cru. À maturité, le bouquet du cru est certainement le plus frais et le plus complexe du Libournais. Vieux-Château-Certan fut le premier des crus de Pomerol (il était le plus réputé dès la fin du XIXe siècle) et il reste pour tous les cabernophiles l'une des références de la rive droite, avec un 2010 de légende.

Pomerol 2011
Rouge | Prix primeur HT : 115 € **18,5-19/20**
Très délicate et brillante fraîcheur, avec 30 % de cabernet franc, élégance fruitée, peut-être l'un des vins qui se rapproche le plus de l'idéal d'un millésime

sans opulence. Quelle allonge, quel alliance fruité et florale raffinée, quelle élégance brillante !

Pomerol 2010
Rouge | 2016 à 2027 | NC **17,5/20**
Vin encore fougueux, aux accents de pivoine, en bouche on apprécie l'intensité tannique à la fois puissante et délicate, on a une grande cohérence entre le nez et la bouche.

VIEUX CHÂTEAU SAINT-ANDRÉ

1, Samion • 33570 Montagne
Tél. 06 76 67 87 48
chateau.samion@wanadoo.fr
Visite : Du lundi au vendredi de 8h à 12h et de 14h à 18h; le week-end sur rendez-vous.

Depuis 1979, Jean-Claude Berrouet bichonne ces 7 hectares avec une parcelle sur le versant sud du coteau de Montagne et l'autre qui touche Saint-Georges dans un secteur argilo-calcaire. L'ex-directeur de Petrus, rejoint par son fils Jef, s'attache à produire des vins distingués qui constituent un excellent rapport qualité-prix.

Montagne-Saint-Émilion 2009
Rouge | 2012 à 2025 | 11,50 € **15,5/20**
Nez très subtil de pivoine et de poivre de Sichuan, on retrouve cette fraîcheur dans une bouche élégante avec des tanins mûrs et frais qui s'étirent de la meilleure des façons.

CHÂTEAU VIEUX MAILLET

16, chemin de Maillet • 33500 Pomerol
Tél. 05 57 74 56 80 • Fax : 05 57 74 56 59
info@chateauvieuxmaillet.com
www.chateauvieuxmaillet.com
Visite : Sur rendez-vous.

Cette propriété de 7 hectares de l'extrême est de l'appellation, qui tutoie Saint-Émilion, est tenue depuis le début de ce siècle par Griet et Hervé Laviale, qui donnent au vin une définition plus précise. Ce cru se révèle d'une belle régularité, appréciable pour sa souplesse et sa suavité, avec juste ce qu'il faut de fond et de gourmandise. Le 2010 surpasse tous les autres millésimes.

Pomerol 2010
Rouge | 2012 à 2023 | NC **16/20**
Heureuse surprise sur notre dégustation de 2010, ce vin émerge par sa densité, ses accents floraux et un équilibre entre le charme, la puissance et l'élevage. Le meilleur millésime de la propriété.

CLOS VIEUX TAILLEFER

33350 Saint-Magne-de-Castillon
Tél. 05 57 40 13 76
contact@vignoblesrobin.com

En août 2008, Nicolas et Alexandra Robin rachètent à leur grand-père Francis Robin une parcelle dans ce secteur de Vieux Taillefer. Le cru est agrandi en 2009, puis un chai de vinification est construit qui permet de faire des sélections parcellaires et d'obtenir un 2010 de belle facture. Il faut désormais compter sur cette propriété.

Pomerol 2010
Rouge | 2013 à 2020 | cav. env. 25 € **15/20**
Nez floral et profond, on retrouve la même chose en bouche, il y a de la densité et une belle matière.

CHÂTEAU VILLARS

33141 Saillans
Tél. 05 57 84 32 17 • Fax : 05 57 84 31 25
chateau.villars@wanadoo.fr
www.chateauvillars.com
Visite : du lundi au vendredi, de 9h à 12h et de 14h à 17h

Château Villars s'étend sur la commune de Saillans, dans le fief des meilleurs fronsacs. Les vins ont franchi incontestablement une étape depuis que Thierry Gaudrie a repris le flambeau du domaine familial en 1997. Un travail long et patient et une meilleure connaissance du terroir ont contribué au retour du domaine comme une valeur sûre du secteur. Les vins gagnent en équilibre et en naturel et sont plus rapidement prêts à être consommés, même si quelques réglages supplémentaires permettront de gagner encore en précision.

Fronsac Château Moulin Haut-Villars 2009
Rouge | 2017 à 2021 | 17 € **15/20**
Villars revient avec un vin sur le fruit, à la bouche souple et croquante, une bonne tenue des tanins, finale croquante et longue. On peut encore monter d'un cran. Plaisant.

CHÂTEAU VILLEMAURINE

33330 Saint-Émilion
Tél. 05 57 74 47 30 • Fax : 05 57 24 63 09
resevations@villemaurine.com
www.villemaurine.com
Visite : D'avril à novembre, ouvert tous les jours sauf le mardi sur rendez-vous.

Cette propriété est superbement située à la sortie nord du village de Saint-Émilion, à côté de Trotte-

vieille, sur le plateau calcaire. Reprise en 2007 par le négociant Justin Onclin, par ailleurs déjà propriétaire du moulis Château Branas Grand-Poujaux, elle produit désormais de beaux vins délicats et brillants.

Saint-Émilion grand cru 2011
Rouge | Prix primeur HT : 26 € **16-16,5/20**
Droit et d'une réelle élégance racée mais sans fioritures, allonge svelte et distinction fruitée en finale.

Saint-Émilion grand cru 2010
Rouge | 2018 à 2028 | 45 € **17/20**
Grand vin gourmand, ample et profond, développant immédiatement de grandes promesses. Fruit et minéralité s'associent non sans subtilité.

CHÂTEAU VRAI CANON BOUCHÉ

1, le Tertre de Canon • 33126 Fronsac
Tél. 05 53 24 18 43 • Fax : 05 53 24 18 14
contact@chateauvraicanonbouche.com
www.chateauvraibouche.com

Bien situé sur le plateau du tertre du canon, Vrai Canon Bouché doit sa renaissance à Philip de Haseth-Möller qui l'a acquis en 2005 sur les bons conseils de Stéphane Derenoncourt. Grâce aux efforts entrepris dans la vigne et surtout à une grande patience et à l'humilité nécessaire pour comprendre un terroir aussi complexe, les vins n'ont eu de cesse de progresser en précision de tanin et en complexité aromatique. L'excellent 2009, soigneusement élaboré par l'équipe de Jean de Laitre, s'inscrit exactement dans cette évolution.

Canon-Fronsac 2009
Rouge | 2017 à 2022 | 20 € **15,5/20**
Grande classe pour ce canon-fronsac aux tanins serrés d'un bel équilibre. L'alcool (à la limite des 14,5 %) est parfaitement intégré et le boisé moins dominant qu'en 2008. Sur la bonne voie.

CHÂTEAU VRAY CROIX DE GAY

Château Siaurac • 33500 Néac
Tél. 05 57 51 64 58 • Fax : 05 57 51 41 56
info@baronneguichard.com
www.baronneguichard.com
Visite : visites à 16h tous les jours week-end sur rendez-vous

Les progrès de ce cru superbement situé dans le secteur du Gay s'observent de millésime en millésime, avec un tournant qualitatif en 2007. Le vin a gagné en fond et en suavité, il devrait dans l'avenir devenir encore plus complexe et justifier ainsi l'excellence de son terroir. 2008 marque une étape qualitative importante qui se confirme en 2009 et 2010. À suivre de très près, d'autant que les héritiers du baron Guichard mettent tout leur enthousiasme dans la balance, avec des consultants de premier ordre comme Alain Raynaud pour le millésime 2010, certainement le plus réussi de l'histoire récente. Notation en hausse.

Pomerol 2011
Rouge | Prix primeur HT : 37 € **16-17/20**
Nez riche de mûre avec des accents épicés, la bouche est séveuse et onctueuse, avec un fruit intense, vin de grande dimension, texture superbe.

Pomerol 2010
Rouge | 2013 à 2026 | 75 € **16/20**
Très violette au nez comme en bouche, texture suave et tanin profond avec un subtil retour floral en finale.

CHÂTEAU YON-FIGEAC

3, Yon • 33330 Saint-Émilion
Tél. 05 57 84 82 98 • Fax : 05 57 74 47 58
info@vignobles-alainchateau.com
www.vignobles-alainchateau.com
Visite : De 9h à 12h et de 14h à 18h.

Saint-Émilion grand cru 2009
Rouge | 2016 à 2026 | 25,50 € **15/20**
Vin épicé, fruité, souple derrière des tanins qui pourraient être plus fins. L'ensemble a cependant un bon volume, c'est un redémarrage intéressant pour la propriété.

La sélection Bettane et Desseauve pour la Bourgogne

Le vignoble de Bourgogne

Vignoble chargé d'histoire, véritable marqueterie d'art en raison d'une incroyable diversité de sols et de « climats », justifiant d'une appellation d'origine pour chacun d'eux, il n'a jamais été aussi amoureusement étudié et suivi par les aficionados du pinot noir, le plus à la mode des cépages rouges, et du chardonnay, le plus universel des cépages blancs, qui poussent ici dans leur terreau naturel !

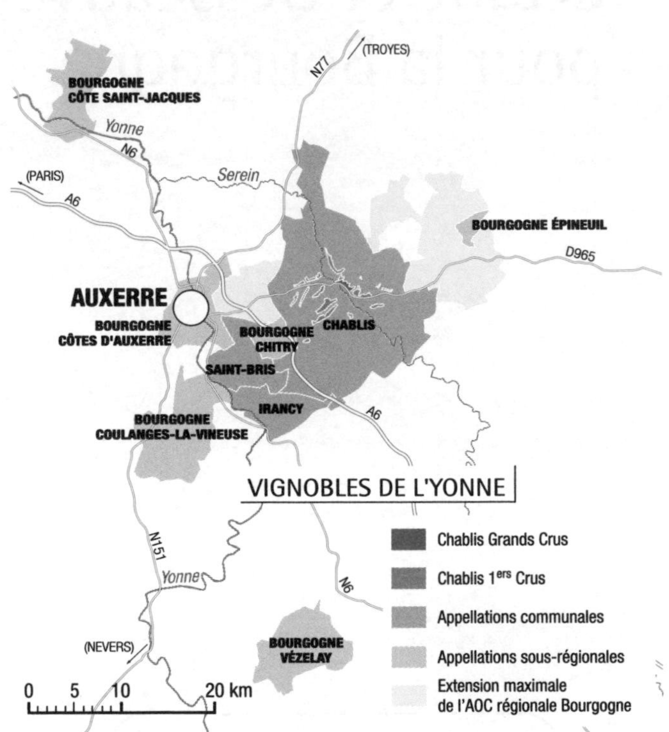

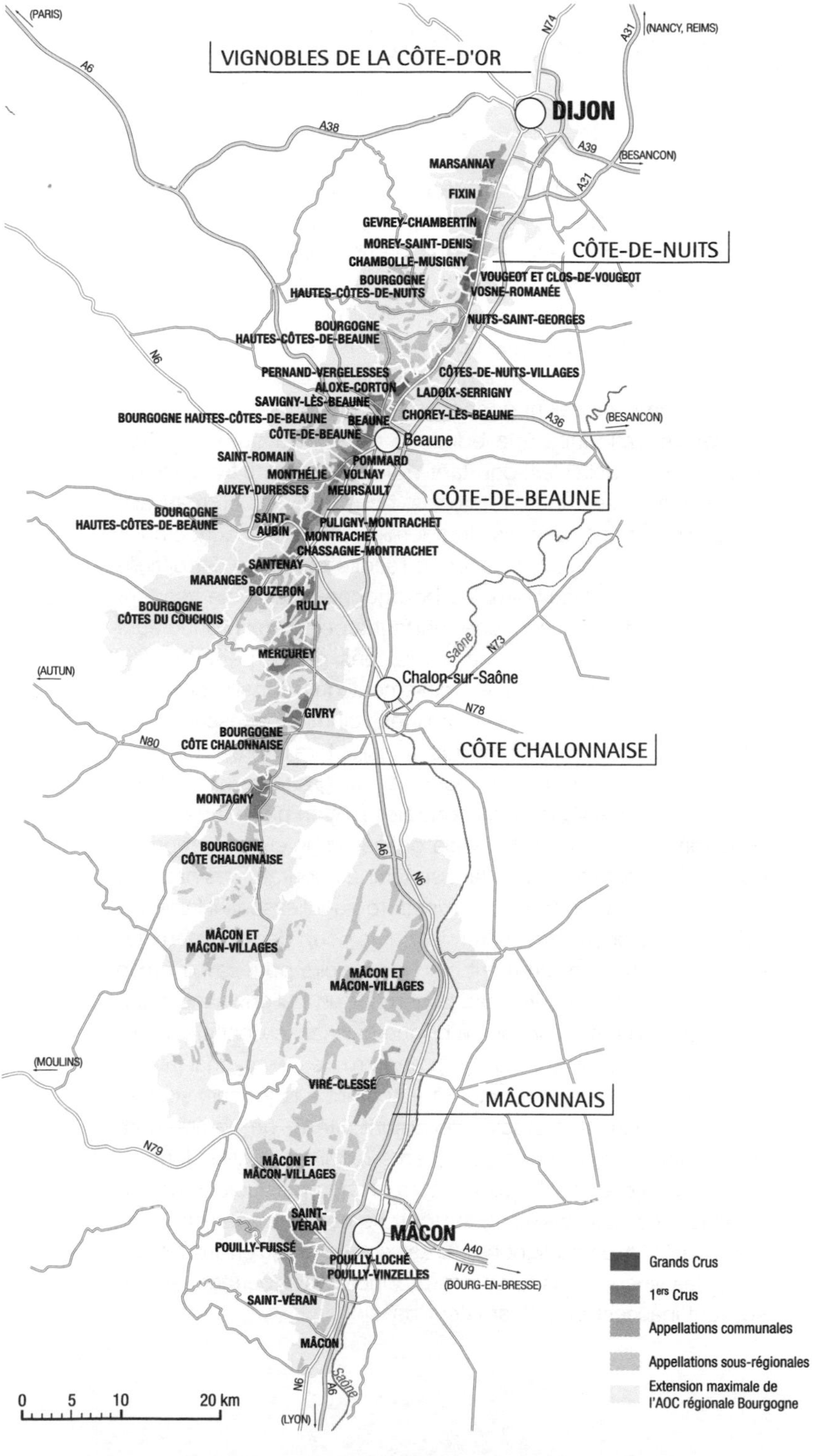

VIGNOBLES DE LA CÔTE-D'OR

(PARIS)
(NANCY, REIMS)
DIJON
(BESANCON)
MARSANNAY
FIXIN
GEVREY-CHAMBERTIN
MOREY-SAINT-DENIS
CHAMBOLLE-MUSIGNY
CÔTE-DE-NUITS
BOURGOGNE HAUTES-CÔTES-DE-NUITS
VOUGEOT ET CLOS-DE-VOUGEOT
VOSNE-ROMANÉE
NUITS-SAINT-GEORGES
BOURGOGNE HAUTES-CÔTES-DE-BEAUNE
PERNAND-VERGELESSES
CÔTES-DE-NUITS-VILLAGES
ALOXE-CORTON
LADOIX-SERRIGNY
SAVIGNY-LÈS-BEAUNE
BOURGOGNE HAUTES-CÔTES-DE-BEAUNE
BEAUNE
CHOREY-LÈS-BEAUNE
(BESANCON)
CÔTE-DE-BEAUNE
Beaune
SAINT-ROMAIN
POMMARD
MONTHÉLIE
VOLNAY
AUXEY-DURESSES
MEURSAULT
CÔTE-DE-BEAUNE
BOURGOGNE HAUTES-CÔTES-DE-BEAUNE
SAINT-AUBIN
PULIGNY-MONTRACHET
MONTRACHET
CHASSAGNE-MONTRACHET
SANTENAY
MARANGES
BOUZERON
BOURGOGNE CÔTES DU COUCHOIS
RULLY
MERCUREY
(AUTUN)
Saône
Chalon-sur-Saône
GIVRY
BOURGOGNE CÔTE CHALONNAISE
CÔTE CHALONNAISE
MONTAGNY
BOURGOGNE CÔTE CHALONNAISE
MÂCON ET MÂCON-VILLAGES
MÂCON ET MÂCON-VILLAGES
(MOULINS)
VIRÉ-CLESSÉ
MÂCONNAIS
MÂCON ET MÂCON-VILLAGES
SAINT-VÉRAN
MÂCON
POUILLY-FUISSÉ
POUILLY-LOCHÉ
POUILLY-VINZELLES
(BOURG-EN-BRESSE)
SAINT-VÉRAN
MÂCON
(LYON)
0 5 10 20 km

Grands Crus
1ers Crus
Appellations communales
Appellations sous-régionales
Extension maximale de l'AOC régionale Bourgogne

L'actualité des millésimes

Rien n'est plus mystérieux que le marché des vins de Bourgognes. La production du cœur du vignoble, la côte d'Or, demeure une goutte de vin dans l'océan des vins du monde. Le nombre d'articles de presse, de livres sur les vins du secteur, n'a aucun équivalent sur la planète, tout comme l'engouement du public pour les cépages bourguignons, l'histoire et le caractère de ses vins. Le meilleur du meilleur, les grands crus ou les premiers crus, devraient donc tous être prévendus d'une année sur l'autre, rationnés à la bouteille près, et à des prix stratosphériques. Cela n'est pourtant vrai que pour une trentaine de fournisseurs. Les autres, très bons, bons, moyens ou mauvais, se réjouissent que dans les cinq dernières récoltes, quatre aient été fortement déficitaires, tant une récolte complète est difficile à écouler ! Quant aux simples bourgognes, ils ne se vendent bien que bradés à des prix permettant à peine aux producteurs de survivre ! Si l'on cherche les raisons de ce paradoxe, on accusera bien entendu le morcellement des appellations, des propriétés, l'impossibilité de fournir les volumes nécessaires à la distribution moderne, mais surtout le caractère imprévisible de la qualité : aux mains d'un jean-foutre, le plus grand terroir peut encore donner, malgré tous les contrôles mis en place, une bibine désarmante de médiocrité ! Cela oblige l'acheteur à se montrer particulièrement malin. Il lui faut se tenir au courant des hauts et des bas, inévitables dans une viticulture pour l'essentiel familiale, éviter les *has been*, être le premier sur le coup des nouveaux talents, connaître suffisamment bien les terroirs pour savoir qu'un saint-aubin bien fait surclasse largement un puligny sans inspiration, ou qu'un marsannay de bonne naissance donnera largement plus de satisfaction qu'un grand cru de Gevrey mal fait. Le mieux reste toujours d'acheter directement à la (bonne) source, mais en général ses stocks s'épuisent vite et on comprendra qu'elle donne la priorité à ses clients réguliers. Evitez donc, si vous avez la chance d'avoir accès à un bon producteur, de papillonner chez les voisins et, surtout, ne négligez pas l'offre des bons cavistes bourguignons : c'est chez eux qu'on trouvera à l'unité les vins les plus rares des producteurs superstars et trop souvent inaccessibles à l'amateur passionné !

L'offre probable en 2013 concernera surtout les 2010, mis en bouteilles au printemps 2011. C'est certainement, et à nouveau, un beau millésime en rouge, avec des vins moins capiteux et solaires que les 2009, mais quand même un raisin de haute maturité. Leur acidité supérieure, leur plus grande fraîcheur aromatique, leur donnent un caractère plus racé et élégant, plus conforme aux formes classiques des vins de pinot noir. Les rouges de Côte de Nuits sont en moyenne plus corsés et plus homogènes que ceux de Côte de Beaune, où une mention spéciale doit être faite des volnays, de très belle race. Un rien inférieurs aux 2008, qui resteront longtemps une référence, les blancs sont certainement plus énergiques et plus tendus dans leur forme que les 2009, et marqués par des rendements faibles. Rouges et blancs 2009, très recherchés, disparaissent du marché et ne changent guère : opulents, assez homogènes, dans la lignée des 2005 en plus solaires encore. Les rouges 2008, nés d'une faible récolte, mais encore trouvables, montrent parfois une austérité dans les tannins qui ne sera appréciée que par les connaisseurs. 2007 devrait mettre tout le monde d'accord, en blanc comme en rouge, avec des vins harmonieux, assez ouverts dès leur naissance, parfaits pour attendre le vieillissement des deux précédents.
Un mot sur Chablis qui ne suit pas toujours le caractère des millésimes de la Côte d'Or. Le chablis le plus pur, le plus vrai vous le trouverez avec les 2010, dignes successeurs des 2008. Les premiers 2011, assez vifs et typés, ne leur seront guère inférieurs. En côte chalonnaise, le 2011 voit une récolte décimée par la grêle à Rully. Les blancs sont réussis à Mercurey et à Givry. Les rouges seront un peu moins charnus que les 2010 mais partageront les qualités de fraîcheur de leur prédécesseur. 2010 permettait de réaliser de jolis blancs. Si l'expression du fruit n'est pas toujours leur qualité première, ils ont évité la note chaude de beaucoup de 2009. Dans ce dernier millésime les rouges sont hétérogènes mais les grandes réussites ne sont pas rares. En Mâconnais, les 2011 sont plus hétérogènes, pas très riches en alcool, mais nerveux et très francs. En 2010, la grêle a perturbé certains secteurs (Chaintré et Fuissé), créant de l'hétérogénéité, mais il y a des vins complets chez les bons producteurs.

MEILLEURS VINS TOUTES CATÉGORIES

Bouchard Père et Fils
Montrachet grand cru, blanc 2010

Domaine d'Auvenay
Chevalier-Montrachet grand cru, blanc 2010

Domaine Leroy
Musigny grand cru, rouge 2010

Louis Jadot
Chevalier-Montrachet grand cru Demoiselles, blanc 2010

Joseph Drouhin
Musigny grand cru, rouge 2010

Domaine de la Romanée-Conti
Romanée-Conti grand cru, rouge 2010

Étienne Sauzet
Montrachet grand cru, blanc 2010

LE BONHEUR TOUT DE SUITE

Domaine Guilhem et Jean-Hugues Goisot
Saint-Bris Corps de Garde, blanc 2010

Domaine Pinson
Chablis premier cru Mont de Milieu, blanc 2010

Domaine Guilhem et Jean-Hugues Goisot
Saint-Bris Moury, blanc 2010

Domaine Faiveley
Mercurey, rouge 2010

Domaine Corinne et Jean-Pierre Grossot
Chablis premier cru Mont de Milieu, blanc 2010

Domaine Gilbert Picq et Fils
Chablis Vieilles Vignes, blanc 2010

Domaine Pinson
Chablis premier cru La Forêt, blanc 2010

Seguin Manuel
Savigny-lès-Beaune Goudelettes, blanc 2010

Domaine Oudin
Chablis Les Serres, blanc 2008

Garnier et Fils
Chablis Grains Dorés, blanc 2008

Domaine Jean-Baptiste Ponsot
Rully premier cru Molesme, blanc 2010

MEILLEURS VINS À MOINS DE 7 €

Domaine Denuziller
Mâcon-Villages Solutré, blanc 2010

Domaine Guilhem et Jean-Hugues Goisot
Bourgogne aligoté, blanc 2010

Domaine d'Élise
Petit Chablis, blanc 2010

Simonnet-Febvre
Saint-Bris, blanc 2010

Domaine Les Temps Perdus
Bourgogne aligoté, blanc 2010

Domaine Lapalus
Mâcon-Villages Pierreclos, rouge 2010

Domaine Corinne et Jean-Pierre Grossot
Petit Chablis, blanc 2010

Domaine Guilhem et Jean-Hugues Goisot
Bourgogne Côtes d'Auxerre, rouge 2010

Nuiton-Beaunoy - Cave des Hautes-Côtes
Hautes Côtes de Beaune, blanc 2010

MEILLEURS BOURGOGNES BLANCS

Bouchard Père et Fils
Montrachet grand cru, blanc 2010

Domaine d'Auvenay
Chevalier-Montrachet grand cru, blanc 2010

Louis Jadot
Chevalier-Montrachet grand cru Demoiselles, blanc 2010

Étienne Sauzet
Montrachet grand cru, blanc 2010

Bouchard Père et Fils
Chevalier-Montrachet grand cru La Cabotte, blanc 2010

Louis Jadot
Montrachet grand cru, blanc 2010

Olivier Leflaive
Chevalier-Montrachet grand cru, blanc 2010

Arnaud Ente
Meursault premier cru Goutte d'Or, blanc 2010

Domaine de la Vougeraie
Corton - Charlemagne grand cru, blanc 2010

Domaine Vincent Dauvissat
Chablis grand cru Les Clos, blanc 2010

Joseph Drouhin
Corton - Charlemagne grand cru, blanc 2009

Domaine Jacques Prieur
Montrachet grand cru, blanc 2010

Domaine Bonneau du Martray
Corton - Charlemagne grand cru, blanc 2010

Domaine William Fèvre
Chablis grand cru Les Clos, blanc 2010

MEILLEURS BOURGOGNES ROUGES

Domaine Leroy
Romanée-Saint-Vivant grand cru, rouge 2010

Joseph Drouhin
Musigny grand cru, rouge 2010

Domaine de la Romanée-Conti
Romanée-Conti grand cru, rouge 2010

Chanson Père et Fils
Beaune premier cru Clos des Fèves, rouge 2010

Bouchard Père et Fils
Chambertin-Clos de Bèze grand cru, rouge 2010

Louis Jadot
Chambertin-Clos de Bèze grand cru, rouge 2010

Dominique Laurent
Gevrey-Chambertin premier cru Clos Saint-Jacques, rouge 2010

Domaine Henri Perrot-Minot et Domaine Christophe Perrot-Minot
Chambertin grand cru Vieilles Vignes, rouge 2010

Domaine de la Vougeraie
Bonnes-Mares grand cru, rouge 2010

Louis Latour
Romanée-Saint-Vivant grand cru Les Quatre Journaux, rouge 2010

Domaine Sylvie Esmonin
Gevrey-Chambertin premier cru Clos Saint-Jacques, rouge 2010

Domaine Armand Rousseau
Chambertin-Clos de Bèze grand cru, rouge 2010

PRIX DES LECTEURS

EN PARTENARIAT AVEC LES HÔTELS MERCURE

Jean-Luc & Paul Aegerter
Bourgogne pinot noir, rouge 2011

Domaines Albert Bichot
Bourgogne Secret de famille, rouge 2010

Domaine Pascal Bouchard
Chablis Vieilles Vignes, blanc 2010

Jean-Marc Brocard
Chablis premier cru Montmains, blanc 2010

Jean-Marc Brocard
Chablis premier cru Les Butteaux, blanc 2010

Domaine de la Croix Sénaillet
Saint-Véran En Pommards, blanc 2009

Domaine Nathalie et Gilles Fèvre
Chablis, blanc 2011

Domaine Antonin Guyon
Aloxe-Corton premier cru Fournières, rouge 2009

La Chablisienne
Petit Chablis Pas Si Petit, blanc 2010

Domaine Laroche
Chablis premier cru Les Vaudeveys Domaine Laroche, blanc 2009

Domaine Long-Depaquit
Chablis premier cru Les Vaillons, blanc 2010

Domaine Rijckaert
Viré-Clessé Mont-Chatelaine, blanc 2010

Domaine Rijckaert
Saint-Véran En Faux, Vieilles Vignes, blanc 2009

Château des Jacques
Bourgogne Clos de Loyse, blanc 2010

Trénel
Mâcon-Villages, blanc 2011

RIEDEL BOURGOGNE

Un grand bourgogne rouge, c'est d'abord affaire de bouquet. La forme très particulière des Riedel pinot noir rend parfaitement justice à la subtilité des arômes des grands pinots. En bouche la forme du verre permet un respect parfait de l'équilibre des vins, alors que beaucoup d'autres verres en exacerbent l'acidité. Pour les blancs, nous apprécions particulièrement le Riedel Chardonnay aux larges formes qui retranscrit de la meilleure façon l'onctuosité de ces vins. Pour les plus minéraux, les versions Chablis des séries Vinum ou Sommelier sont idéales. Le verre Riesling Grand Cru (que beaucoup appellent Chianti Classico), c'est à dire le verre utilisé dans la plupart des grandes dégustations à travers le monde (dont le grand Tasting !) reste une bonne alternative.

Chablis et les vignobles de l'Yonne

Les terres blanches de Chablis conviennent idéalement à la production de vins blancs secs, minéraux, très fins, parfois un peu austères en année froide, mais capables de s'animer merveilleusement dès qu'on les met à table ! Le réchauffement climatique redonne également une nouvelle jeunesse aux petits cousins méconnus du chablisien, auxquels ils ressemblent comme deux gouttes... d'eau ! Le sauvignon, roi de Pouilly-sur-Loire, refait une apparition remarquée à Saint-Bris, et les rouges de pinot noir commencent à ressembler à quelque chose !

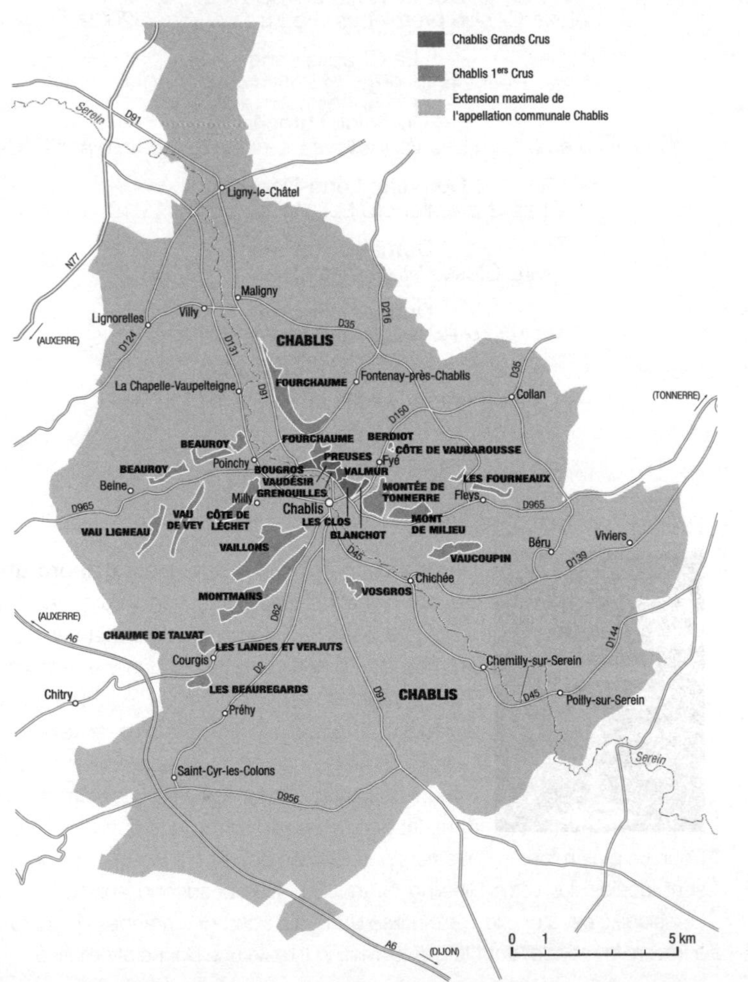

DOMAINE JEAN-CLAUDE BESSIN

18, rue de Chitry • 89800 Chablis
Tél. 03 86 42 46 77 • Fax : 03 86 42 85 30
dnejcbessin@wanadoo.fr
Visite : Sur rendez-vous.

Depuis plusieurs années, Jean-Claude Bessin nous régale avec ses chablis d'une pureté et d'une droiture exemplaires, marqués par une minéralité incisive. Le soin et le détail dans le travail, à la vigne comme en cave, expliquent la grande régularité du domaine. 2008, 2009, 2010, les derniers millésimes sont parfaitement maîtrisés. Le fourchaume La-Pièce-Au-Comte et le valmur sont encore au sommet cette année. Les prix pratiqués demeurent très sages, les amateurs avisés devraient retenir l'adresse.

Chablis grand cru Valmur 2010
Blanc | 2015 à 2030 | 24 € **17,5/20**
Le nez est encore un peu fermé, la bouche ouvre sur une dimension de largeur. Grand volume, belle longueur, il doit encore préciser sa définition et digérer son élevage. Beaucoup d'élégance et de distinction.

Chablis premier cru Fourchaume La Pièce au Comte 2010
Blanc | 2014 à 2025 | 17 € **17/20**
Un gras supérieur à l'autre fourchaume, grosse matière, arômes raffinés, l'élevage est encore perceptible, finale citronnée rafraîchissante.

Chablis premier cru La Forêt 2010
Blanc | 2014 à 2025 | 14,50 € **16,5/20**
Encore fermé, jus coulant et raffiné, arômes de fruits blancs et d'agrumes, la minéralité est sous-jacente, grande gourmandise.

Chablis Vieilles Vignes 2010 ☺
Blanc | 2012 à 2020 | 11 € **15,5/20**
Fruité dégagé, blanc et jaune, milieu de bouche dense, finale riche mais fraîche, excellent équilibre.

SAMUEL BILLAUD

23, rue du Serein • 89800 La Chapelle-Vaupelteigne
Tél. 06 37 52 50 32
samuel.billaud@orange.fr
Visite : Sur rendez-vous.

Samuel Billaud a désormais créé sa propre activité de négoce, totalement distincte du domaine familial. Si 2009, le premier millésime commercialisé, a été entièrement vinifié en cuve, les 2010 commencent pour certains crus à voir le bois, un mode de travail que Samuel maîtrise parfaitement. Cette jeune structure tient toutes ses promesses.

Chablis 2010 ☺
Blanc | 2012 à 2018 | 8,90 € **15,5/20**
Gourmand, mûr, texture riche et savoureuse, bouche grasse et ample, un superbe chablis de table.

Chablis premier cru Mont de Milieu 2010
Blanc | 2012 à 2020 | 15 € **15,5/20**
Le boisé est présent, mais n'enlève rien à la gourmandise des arômes de fruits jaunes et exotiques. Bon potentiel. Un style riche et puissant, beaucoup de densité.

Chablis premier cru Montée de Tonnerre 2010
Blanc | 2012 à 2020 | 15 € **16/20**
On apprécie la minéralité propre au cru, la bouche tranchante, l'élevage est élégant, avec plus de finesse que le mont-de-milieu.

DOMAINE BILLAUD-SIMON

1, quai de Reugny - B.P. 46 • 89800 Chablis
Tél. 03 86 42 10 33 • Fax : 03 86 42 48 77
bernard.billaud@online.fr • www.billaud-simon.com
Visite : Du lundi au vendredi de 8h à 12h et de 14h à 17h. Le samedi sur rendez-vous.

Avec vingt hectares en propriété, idéalement situés, complétés par une activité de négoce, ce domaine d'excellente réputation a défini un style de chablis gras et riche, grâce à des élevages sous bois plus ou moins prononcés qui en font d'excellents compagnons de la gastronomie chablisienne. Les 2008 évolueront dans la lignée du grand millésime 2002, les 2009 se livreront plus rapidement, et les 2010 promettent de très grandes émotions. Tous n'étaient pas en bouteille le jour de notre dégustation mais les échantillons étaient magnifiques, nous les regoûterons l'an prochain.

Chablis grand cru Les Blanchots Vieille Vigne 2009
Blanc | 2012 à 2029 | NC **17,5/20**
Fines notes épicées et gourmandes (cannelle et vanille), toucher onctueux, texture légèrement crémeuse, finale dense qui se resserre, sur le zeste de citron, intense et savoureux mais ce millésime riche lui convient parfaitement.

Chablis grand cru Les Clos 2009
Blanc | 2014 à 2029 | NC **17/20**
Encore sur la réserve, aujourd'hui moins expressif que preuses, mais son extrait sec, sa densité et son caractère très « sec » en finale sont prometteuses.

Chablis grand cru Les Preuses 2009
Blanc | 2012 à 2029 | NC **17/20**
Généreux, puissant, fruité riche et gourmand, épaisseur en bouche, la minéralité caillouteuse ressort en fin.

Chablis premier cru Les Fourchaumes 2010
Blanc | 2012 à 2020 | NC **16/20**
Intensément floral, solaire, foin doré, bouche assez grasse, note de beurre frais, finale citronnée savoureuse, colonne bien droite en bouche.

Chablis premier cru Mont de Milieu Vieille Vigne 2010
Blanc | 2015 à 2030 | NC **18/20**
Sur la réserve par rapport à son petit frère, grosse énergie en bouche, acidité mûre, densité serrée, très grand avenir.

Chablis premier cru Mont de Milieu Vieille Vigne 2009
Blanc | 2012 à 2019 | NC **16,5/20**
Arômes très gourmands, fruits blancs et exotiques, beaucoup de gras et de rondeur en bouche, texture épaisse, presque huileuse, plus gourmand que tendu.

Chablis premier cru Montée de Tonnerre 2010
Blanc | 2012 à 2030 | NC **17/20**
Tranchante, allongée, avec déjà une bonne épaisseur minérale en bouche, une fraîcheur mûre, une splendide montée.

Chablis Tête d'Or 2010
Blanc | 2012 à 2020 | NC **16,5/20**
Ciselé, minéral et frais, de grande finesse, avec un jus élégant et une finale pure.

DOMAINE PASCAL BOUCHARD

Parc des Lys • 89800 Chablis
Tél. 03 86 42 18 64 • Fax : 03 86 42 48 11
info@pascalbouchard.com
www.pascalbouchard.com
Visite : De 10h à 12h30 et de 14h à 18h30.
Fermé le dimanche après-midi en janvier.

Pascal Bouchard délègue progressivement les responsabilités à ses deux fils Romain et Damien à la tête de l'entreprise. La gamme de vins de l'Yonne est vaste mais nous recommandons les cuvées issues des parcelles du domaine, qui respectent l'identité de leur terroir, là où les cuvées issues d'achats manquent régulièrement de caractère avec parfois des évolutions prématurées. 2010 voit l'arrivée d'une nouvelle signature dans la gamme, DRB, pour Damien et Romain Bouchard.

Chablis grand cru Blanchot 2010
Blanc | 2012 à 2017 | 32 € **14,5/20**
Nerveux, droit, concentration moyenne mais arômes nets. On aimerait plus d'ampleur.

Chablis grand cru Vaudésir 2010
Blanc | 2012 à 2018 | 32 € **15/20**
Belle tension, droiture en bouche, finale légèrement citronnée, les notes vanillées du bois s'estompent.

Chablis premier cru Fourchaume Vieilles Vignes 2010
Blanc | 2012 à 2019 | 18 € **15/20**
Il doit encore trouver son équilibre mais belle constitution, de puissants arômes de fleurs et d'agrumes, finale pure.

Chablis premier cru Montmains Vieilles Vignes 2010
Blanc | 2012 à 2017 | 16 € **14,5/20**
Encore serré par sa mise mais parfums floraux élégants, densité et allonge.

Chablis Vieilles Vignes 2010
Blanc | 2012 à 2016 | 11 € **13,5/20**
Énergique, dense, joli jus, de l'intensité et de la profondeur, on peut encore gagner en profondeur.

JEAN-MARC BROCARD

3, route de Chablis • 89800 Prehy-Chablis
Tél. 03 86 41 49 00 • Fax : 03 86 41 49 09
info@brocard.fr • www.brocard.fr
Visite : Du lundi au samedi de 9h à 13h et de 14h à 18h30.

Jean-Marc Brocard passe la main à son fils Julien, fervent adepte de l'agriculture biologique et de la biodynamie, à laquelle il a converti 85 hectares parmi les 180 en propriété. Cette nouvelle démarche, ainsi qu'une vinification en levures indigènes, fait ressortir le fruité du raisin et accroît la pureté des différentes cuvées, avec des finales salines caractéristiques. Les progrès sur les derniers millésimes sont évidents, une nouvelle voie semble

tracée. La jolie série des 2010 justifie une promotion dans notre hiérarchie.

Bourgogne Kimméridgien 2010
Blanc | 2012 à 2014 | 7 € **14,5/20**
Riche, dense, le plus complet de la série, équilibre intense et gourmand.

Bourgogne Portlandien 2010
Blanc | 2012 à 2014 | 7 € **14/20**
Plus épuré que Jurassique, notes de noisettes grillées typiques, belle finesse.

Chablis Domaine Sainte-Claire 2010
Blanc | 2012 à 2015 | 9,20 € **14,5/20**
Pur et cristallin, bouche en fraîcheur, harmonieux, finale légèrement saline, on sent un très joli raisin.

Chablis Domaine Sainte-Claire «bio» 2010
Blanc | 2012 à 2015 | 12 € **14,5/20**
Beaux parfums, savoureux, moins sur la minéralité que l'autre chablis du domaine.

Chablis Domaine Sainte-Claire Vieilles Vignes 2010
Blanc | 2012 à 2016 | 12 € **15/20**
Jus dense et concentré, belle finesse des arômes, ensemble délicat et empreint d'une belle élégance saline.

Chablis grand cru Les Preuses 2010
Blanc | 2015 à 2025 | NC **16,5/20**
Puissant, précis dans sa construction, un vin de bel avenir, il doit fondre ses notes d'épices douces.

Chablis premier cru Les Butteaux 2010
Blanc | 2012 à 2020 | 19 € **16/20**
Fruité légèrement exotique (ananas), la bouche épaisse signe un joli terroir, finale bien équilibrée.

Chablis premier cru Montée de Tonnerre 2010
Blanc | 2014 à 2020 | 19 € **15,5/20**
Minéralité serrée en bouche, il demande un à deux ans pour gagner en étoffe, finale compacte.

Chablis premier cru Montmains 2010
Blanc | 2012 à 2019 | 13,90 € **15,5/20**
Belle expression, bouche dense, fine amertume, notes de sous-bois et de mousses.

Chablis premier cru Vau de Vey 2010
Blanc | 2012 à 2017 | 15 € **15/20**
Parfums de fleurs et de fruits jaunes, bouche élégante, ciselée, finale dense.

Chablis premier cru Vaulorent 2010
Blanc | 2012 à 2020 | 19 € **16/20**
Le plus puissant des premiers crus, bouche riche, arômes floraux intenses, finale large.

DOMAINE BENOÎT CANTIN

35, chemin des Fossés • 89290 Irancy
Tél. 03 86 42 21 96 • Fax : 03 86 42 35 92
cantin.benoit@orange.fr • www.cantin-irancy.com
Visite : Sur rendez-vous.

Benoît Cantin a recommencé le travail des sols, arrêté les désherbants, et vendange désormais à la main. Si la cuvée Émeline, au boisé bien présent, collectionne les médailles dans certains concours, nous avouons très clairement notre préférence pour la palotte, d'un parfum sans égal, et à notre sens plus proche de ce que doit être un grand vin d'Irancy. Elle est splendide en 2009, un millésime gourmand en ce moment. Les 2010 se goûtaient mal le jour de notre visite, et la plupart n'étaient pas en bouteille. Nous referons le point l'an prochain.

Irancy cuvée Émeline 2009
Rouge | 2012 à 2016 | 11,60 € **14/20**
Le boisé donne des notes vanillées, l'ensemble est gourmand et marqué par un fruité bien rouge.

Irancy Palotte 2009
Rouge | 2012 à 2019 | 12,70 € **15/20**
Le plus suave et charmeur de la gamme, avec des tanins bien ronds et une élégance parfumée.

DOMAINE DU CHARDONNAY

Moulin-du-Pâtis • 89800 Chablis
Tél. 03 86 42 48 03 • Fax : 03 86 42 16 49
info@domaine-du-chardonnay.fr
www.domaine-du-chardonnay.fr
Visite : D'avril à décembre, du lundi au vendredi de 9h à 12h et de 13h30 à 17h. Le week-end de 10h à 13h et de 14h à 18h.

Ce domaine au nom prédestiné dispose d'une vue imprenable sur la colline des grands crus. Une saine viticulture permet d'avoir de bons raisins, et même si certaines cuvées manquent parfois de caractère, la plupart affichent bien la typicité attendue. Le domaine dispose d'une jolie gamme de premiers crus, mont-de-milieu et la montée sont au-dessus en 2010.

Chablis premier cru Mont de Milieu 2010
Blanc | 2013 à 2017 | 13,50 € **14,5/20**
Le jus est fin, l'équilibre doit encore se préciser en bouteille, le milieu de bouche est dense.

CHABLIS PREMIER CRU MONTÉE DE TONNERRE 2010
Blanc | 2013 à 2017 | 13,50 € **14,5/20**
Bouche serrée, de la matière, finale droite, encore compact pour l'heure.

CHABLIS PREMIER CRU MONTÉE DE TONNERRE 2009
Blanc | 2012 à 2016 | épuisé 14,5/20
Il évolue vite, mais c'est gourmand, sur un registre sous-bois, et on a bien le tranchant de la montée en finale.

DOMAINE DES CHENEVIÈRES

3, route de Chablis • 89800 Chablis
Tél. 03 86 41 49 00 • Fax : 03 86 41 49 09
info@broncard.fr • www.fredericgueguin.fr
Visite : Du lundi au samedi de 9h30 à 12h et de 14h à 18h.

CHABLIS PREMIER CRU L'HOMME MORT 2010
Blanc | 2012 à 2016 | 15 € **14,5/20**
Ce domaine est la propriété de Frédéric Guéguen, vinificateur chez Jean-Marc Brocard. Les douze hectares de vignes sont situés sur La-Chapelle-Vaupelteigne. Dans une gamme particulièrement hétérogène cette année, l'homme-mort s'en sortait honorablement, frais et fin, avec une bouche aux délicats arômes floraux et citronnés, harmonieux.

DOMAINE CHRISTOPHE ET FILS

Ferme des Carrières - Fyé • 89800 Chablis
Tél. 03 86 55 23 10
domaine.christophe@wanadoo.fr

CHABLIS PREMIER CRU MONTÉE DE TONNERRE 2010
Blanc | 2012 à 2017 | NC **14/20**
Un boisé légèrement torréfié, mais la minéralité devrait reprendre le pas d'ici peu, la bouche est élégante.

DOMAINE MICHEL COLBOIS

69, Grande Rue • 89530 Chitry
Tél. 03 86 41 43 48
contact@colbois-chitry.com • www.colbois-chitry.com
Visite : Du lundi au samedi de 8h à 12h et de 14h à 18h sur rendez-vous de préférence. Le dimanche sur rendez-vous uniquement.

BOURGOGNE CHITRY 2010
Blanc | 2012 à 2016 | 5,50 € **13,5/20**
Tendu, citronné, équilibré et désaltérant, fine expression minérale.

DOMAINE ANITA, JEAN-PIERRE ET STÉPHANIE COLINOT

1, rue des Chariats • 89290 Irancy
Tél. 03 86 42 33 25 • Fax : 03 86 42 33 25
earlcolinot@aol.com
Visite : Sur rendez-vous.

Depuis qu'elle a repris le domaine parental, Stéphanie Colinot précise sa gestion de l'éraflage et affine le toucher de bouche dans ses vins, en apportant si nécessaire une petite part de césar dans l'assemblage, ce vieux cépage ica-onnien. Elle continue de nous régaler avec une gamme qui couvre de nombreux terroirs d'Irancy, dont les cuvées palotte, côte-du-moutier, mazelots et les-cailles constituent les valeurs sûres. Après les beaux 2008, les 2009 expriment un fruité noir gourmand, avec beaucoup de chair. 2010 est entièrement égrappé, une première au domaine, pour un résultat positif dans ce millésime délicat.

BOURGOGNE PASSE-TOUT-GRAINS 2010
Rouge | 2012 à 2014 | 7 € **13/20**
Bon fruit mûr, tendre, gourmand, bouche charnue, de petits tanins fermes mais du charme.

IRANCY LES CAILLES 2010
Rouge | 2012 à 2018 | 13 € **15/20**
Expression intensément parfumée, fruité rouge fin, une note de pomelo comme souvent sur le cru, beaux tanins, chair et gourmandise, finale élégante.

IRANCY MAZELOTS CUVÉE CÉSAR ÉLEVÉ EN FÛT DE CHÊNE 2010
Rouge | 2013 à 2020 | 15 € **14/20**
Le boisé est présent, mais le changement du parc à barriques s'avère bénéfique, la bouche est charnue, la finale suave. À part dans la gamme, mais cette cuvée semble trouver son style.

IRANCY PALOTTE 2010
Rouge | 2012 à 2018 | 15 € **15/20**
Moins de corps et de chair que les-cailles, mais texture plus suave et plus élégante, allonge gourmande.

IRANCY VIEILLES VIGNES 2010
Rouge | 2012 à 2016 | 12 € **13,5/20**
De la mâche, même si cette cuvée est désormais entièrement égrappée, plus en puissance qu'en finesse, mais le tanin n'est pas parfaitement rond.

DOMAINE VINCENT DAUVISSAT

8, rue Émile-Zola • 89800 Chablis
Tél. 03 86 42 11 58 • Fax : 03 86 42 85 32

Vincent Dauvissat a converti progressivement son vignoble à la biodynamie à partir de 2002. Ce vigneron passionné travaille ses différentes parcelles avec une méticulosité qui explique la fidèle retranscription du sous-sol dans chacune de ses cuvées. Les vinifications se font ici dans de vieux fûts. Souvent un peu discrets et réservés dans leur jeunesse, voire serrés dans leurs expressions de bouche, les vins gagnent à vieillir dix ans au moins en bouteille pour laisser éclater leur pureté cristalline dans le verre. Les 2009 affichaient une gourmandise irrésistible après leur mise, les 2010 ont plus de tension et un grand avenir devant eux.

CHABLIS 2010
Blanc | 2012 à 2020 | NC **16/20**
Jus d'une grande pureté, allonge ciselée et gourmande, fruité blanc et citronné, note légèrement fumée en fin, très élégante.

CHABLIS GRAND CRU LES CLOS 2010
Blanc | 2017 à 2030 | NC **19/20**
Une grande année pour le cru, qui démarre discrètement avec des arômes floraux très purs, mais une minéralité qui densifie progressivement la bouche. À attendre, comme toujours.

CHABLIS GRAND CRU LES PREUSES 2010
Blanc | 2015 à 2030 | NC **18,5/20**
Puissant et concentré, mais avec une grande tension sous-jacente, il demande encore un peu de patience.

CHABLIS PREMIER CRU LA FOREST 2010
Blanc | 2012 à 2030 | NC **17/20**
Élégant, cristallin, sa pureté actuelle dissimule une vraie réserve qui va s'étoffer en bouteille.

CHABLIS PREMIER CRU SÉCHET 2010
Blanc | 2012 à 2030 | NC **17/20**
Arômes frais et d'une incroyable pureté, grande élégance dans le style, netteté et précision de la bouche.

CHABLIS PREMIER CRU VAILLONS 2010
Blanc | 2012 à 2030 | NC **17/20**
Plus en fruits mûrs (abricot, raisin sec) que séchés, définition tout aussi cristalline et pure de la bouche, remarquable de précision.

PETIT CHABLIS 2010
Blanc | 2012 à 2017 | NC **15,5/20**
Intensément parfumé, très beaux arômes de tilleul et de champignon, allonge droite et finale « sèche ».

DOMAINE JEAN-PAUL ET BENOÎT DROIN

14 bis, rue Jean-Jaurès • 89800 Chablis
Tél. 03 86 42 16 78 • Fax : 03 86 42 42 09
benoit@jeanpaulbenoit-droin.fr
www.jeanpaulbenoit-droin.fr
Visite : Du lundi au vendredi de 8h30 à 12h et de 13h30 à 17h; fermé en août.

Benoît Droin dispose d'un très beau patrimoine de premiers et grands crus, avec notamment cinq des sept grands crus en propriété, dont le très rare Grenouille. Les vendanges sont essentiellement mécaniques et les vinifications à 80 % en cuves inox, les 20 % vinifiés en barriques sont logés dans des bois assez jeunes (5 ans maximum). La forte colonne vertébrale acide de tous les vins de la gamme leur assure une longue garde. Les 2009 associent fruit et nervosité, dans un registre assez classique, les 2010 offrent plus de perspectives.

CHABLIS 2010
Blanc | 2012 à 2015 | NC **14/20**
Matière mûre, fruits blancs juteux, bouche enrobée, savoureux.

CHABLIS GRAND CRU GRENOUILLE 2010
Blanc | 2015 à 2025 | NC **17/20**
Fine note de tilleul et d'amande, grande délicatesse aromatique, parfumé et élégant, beaucoup de distinction avec une finale bien tendue.

CHABLIS GRAND CRU LES CLOS 2010
Blanc | 2015 à 2025 | NC **17/20**
Bien tendu, minéral à souhait, beaucoup de finesse dans le toucher, le boisé se fond assez bien mais on patientera.

CHABLIS GRAND CRU VALMUR 2010
Blanc | 2012 à 2020 | NC **15,5/20**
Plus large et plein que vaudésir, fruité blanc charnu, une jeune vigne qui gagne progressivement en concentration.

CHABLIS PREMIER CRU FOURCHAUME 2010
Blanc | 2012 à 2020 | NC **16,5/20**
Riche, gras, texture épaisse, volume puissant, allonge gourmande, sur un fruité bien mûr, (abricot sec), une note vanillée, le boisé est bien digéré.

Chablis premier cru Mont de Milieu 2010
Blanc | 2012 à 2020 | NC **17/20**
Belle réussite, très solaire, fruité jaune et exotique mûr mais fin, l'épaisseur de bouche laisse progressivement place à une minéralité cristalline, finale fraîche et pure.

Chablis premier cru Montée de Tonnerre 2010
Blanc | 2015 à 2020 | NC **16/20**
L'élevage le marque encore, pour l'instant c'est son amertume qui domine, due à la fois au terroir et au fût, on patientera car on sent une finale pure.

Chablis premier cru Montmains 2010
Blanc | 2012 à 2020 | NC **15,5/20**
L'élevage donne quelques notes d'épices douces, qui pour l'instant prennent le dessus sur l'épaisseur et la profondeur du vin.

Chablis premier cru Vosgros 2010 ☺
Blanc | 2012 à 2020 | NC **15/20**
Un meilleur caractère que le chablis, une agréable expression minérale qui « sèche » en fin. Il est plus typé que le 2009.

DOMAINE DROUHIN-VAUDON

Chemin du Moulin - Chichée • 89800 Chablis
Tél. 03 80 24 68 88 • Fax : 03 80 22 43 14
maisondrouhin@drouhin.com
www.drouhin-vaudon-chablis.com

Denis Méry dirige ce domaine qui appartient à la famille Drouhin, de Beaune, où d'ailleurs les vins sont toujours vinifiés. La biodynamie donne ici un parfum inimitable au raisin, que l'on retrouve dans la pureté et la droiture des vins, avec une dynamique de bouche qui fait défaut aux millésimes plus anciens. Grands 2010, avec des grands crus d'un niveau jamais atteint jusque-là.

Chablis 2010
Blanc | 2012 à 2016 | NC **14,5/20**
Concentré, avec une matière presque huileuse, un équilibre citronné à la finale précise.

Chablis grand cru Bougros 2010
Blanc | 2012 à 2030 | NC **17/20**
Une bouche plus ronde que vaudésirs, un fruité plus expressif qui laisse progressivement place à une tension sèche, toujours ce sentiment de pureté et d'élégance.

Chablis grand cru Les Clos 2010
Blanc | 2015 à 2030 | NC **18/20**
Nez immédiatement minéral, avec une réserve normale pour le cru, la bouche est dense mais sur la retenue, on lit l'origine avec une grande évidence, finale très pure, presque sucrée dans sa gourmandise. Il est préférable de l'attendre, son potentiel est certain.

Chablis grand cru Vaudésir 2010
Blanc | 2012 à 2030 | NC **17,5/20**
Une note florale et anisée très pure (ça rappelle l'orgeat de notre enfance !) au nez, une bouche gourmande et très pure, la puissance du grand cru s'exprime avec beaucoup de classe et de distinction. Un délié élégant du début du nez à la fin de la bouche, sans excès dans la tension ou l'expression du fruit, tout en naturel.

Chablis premier cru Montmains 2010
Blanc | 2012 à 2020 | NC **15,5/20**
Note de miel fin très pure, bouche élégante, avec un petit gras qui s'installe sur la langue, élégant et raffiné, tension sèche bienvenue.

Chablis premier cru Vaillons 2010 ☺
Blanc | 2012 à 2020 | NC **16/20**
Plus minéral que montmains, fraîcheur anisée en fin très élégante, un jus pur et coulant en bouche, désaltérant en diable, qui signe le caractère très caillouteux du terroir.

DOMAINE JEAN DURUP ET FILS

4, Grande-Rue • 89800 Maligny
Tél. 03 86 47 44 49 • Fax : 03 86 47 55 49
contact@domainesdurup.com
www.durup-chablis.com
Visite : Du lundi au vendredi de 8h à 11h30 et de 13h30 à 16h30.

Jean Durup et son fils Jean-Paul sont à la tête du plus gros domaine privé de Chablis, avec 203 hectares en production. Ici, les vins ne voient jamais le bois. Les plus typés et les plus originaux sont les trois parcellaires de chablis Vigne-de-la-Reine, Marche-du-Roi et Carré-de-César, et bien entendu la Reine-Mathilde, un assemblage de parcelles plantées en premier cru. L'équipe technique s'est récemment étoffée, et la dégustation de quelques 2011 et des 2010 en bouteille montrait des signes encourageants, que nous suivrons avec intérêt.

CHABLIS PREMIER CRU FOURCHAUME L'ÉGLANTIÈRE 2010
Blanc | 2012 à 2016 | 14,80 € **14/20**
Ouvert, floral, avec une texture grasse agréable, de l'élégance.

CHABLIS PREMIER CRU REINE MATHILDE - JEAN DURUP 2010
Blanc | 2012 à 2016 | 17,90 € **14/20**
Belle complexité de bouche, arômes de thé vert, finale gourmande et équilibrée.

CHABLIS PREMIER CRU VAU DE VEY L'ÉGLANTIÈRE 2010
Blanc | 2012 à 2016 | 14,80 € **14/20**
Ouvert, épanoui, agréables arômes floraux, de l'élégance.

DOMAINE D'ÉLISE

Chemin de la Garenne • 89800 Milly
Tél. 03 86 42 40 82 • Fax : 03 86 42 44 76
frederic.prain@wanadoo.fr
Visite : Sur rendez-vous.

Frédéric Prain dirige avec passion son petit domaine situé au sommet de la Côte de Lechet, sur un terroir calcaire très spectaculaire. La gamme est resserrée, mais les petit-chablis et chablis du domaine sont de vrais « vins de cailloux », minéraux et ciselés, tarifés à des prix angéliques. Ne passez pas à côté de la splendide cuvée Galilée 2008, si vous en trouvez encore chez les cavistes. Sinon, buvez le reste de la gamme, c'est très bon.

CHABLIS 2010
Blanc | 2012 à 2015 | 8,50 € **14/20**
Bon style, fruit mûr et allonge fine, il se livre vite, idéal pour la restauration bistrot.

CHABLIS GALILÉE 2009
Blanc | 2012 à 2015 | 10 € **15/20**
Intensément floral, de beaux amers rallongent la gourmandise, moins tendu que le 2008 mais plus en séduction immédiate.

CHABLIS PREMIER CRU CÔTE DE LECHET 2010
Blanc | 2012 à 2018 | 13 € **15/20**
Arômes floraux élégants, texture délicate, allonge distinguée, très joli lechet.

PETIT CHABLIS 2010
Blanc | 2012 à 2014 | 6,50 € **14,5/20**
Nerveux, concentré, bouche dense, jolie expression minérale, complet.

DOMAINE NATHALIE ET GILLES FÈVRE

Route de Chablis • 89800 Fontenay-près-Chablis
Tél. 03 86 18 94 47 • Fax : 03 86 18 96 92
fevregilles@wanadoo.fr
www.nathalieetgillesfevre.com
Visite : Sur rendez-vous.

Nathalie et Gilles se sont installés en 2004, après avoir sorti une partie de leurs quarante hectares de vignes de la cave coopérative, une structure que Nathalie connaît bien pour y avoir longtemps été œnologue. Les vinifications se font en cuve inox ou sous bois selon les cuvées, le style tranchant des vins demandant souvent une à deux années pour pleinement s'exprimer. Lors du service, n'hésitez pas à les aérer une bonne demi-heure, ils s'ouvriront tout en évacuant le C02 qui les protège en bouteille. Bons 2010.

CHABLIS 2011
Blanc | 2012 à 2015 | NC **14,5/20**
La persistance est réelle dans cette fin de bouche de fleurs blanches et de craie. La minéralité est signée chablis.

CHABLIS 2010
Blanc | 2012 à 2015 | NC **14/20**
Tendu et droit, saveur fruitée franche, finale minérale, la pointe de gaz allonge sa persistance.

CHABLIS GRAND CRU LES PREUSES 2010
Blanc | 2014 à 2025 | NC **17/20**
Encore secoué par sa mise récente, les arômes sont fins, la bouche élancée et pure, la finale ciselée conclut sur de savoureux amers. Tout en droiture, avec beaucoup d'élégance, le raisin était très beau.

CHABLIS GRAND CRU LES PREUSES 2009
Blanc | 2014 à 2019 | NC **16,5/20**
Riche, arômes mûrs, très fruits blancs, l'année n'est pas très acide et ça se sent.

CHABLIS PREMIER CRU FOURCHAUME 2010
Blanc | 2012 à 2018 | NC **15,5/20**
Arômes épurés de fleurs jaunes, élégant, bouche ciselée, il va gagner en gras une fois remis de sa mise.

CHABLIS PREMIER CRU MONT DE MILIEU 2010
Blanc | 2012 à 2020 | NC **16/20**
Assez ample, mandarine et pamplemousse, finesse des arômes, bouche ciselée et délicate, finale très mûre, presque sucrée dans sa saveur, trompeuse.

Chablis premier cru Vaulorent 2010
Blanc | 2014 à 2020 | NC **16/20**
Riche et puissant, la bouche est élancée, avec une fin bien dense. Il vaut mieux l'attendre, sa petite note boisée se fondra.

GARNIER ET FILS

Chemin Méré • 89144 Ligny-le-Châtel
Tél. 03 86 47 42 12 • Fax : 03 86 98 09 95
info@chablis-garnier.com • www.chablis-garnier.com
Visite : Sur rendez-vous.

Les frères Garnier, Xavier et Jérôme, ont développé le domaine familial, planté exclusivement en Chablis et Petit Chablis, en le complétant d'une petite activité de négoce. Les vinifications se font désormais en levures indigènes, et les élevages sous bois se sont affinés. Différents millésimes sont proposés en parallèle, selon le standing du terroir, avec un soin et une homogénéité sans faille. Ne pas manquer en 2008 la cuvée Grains-Dorés, magnifique exercice de chardonnay vinifié et élevé sous bois, pour un prix imbattable.

Bourgogne Épineuil 2009
Rouge | 2012 à 2015 | 9,50 € **15/20**
Note fumée, bouche concentrée, tanin précis, allonge mûre. Belle matière, et surtout un prix canon !

Chablis 2010
Blanc | 2012 à 2014 | 10,50 € **13,5/20**
Mûr, rond, bonne épaisseur de bouche, souple, gourmand.

Chablis Grains Dorés 2009
Blanc | 2012 à 2018 | 13 € **15,5/20**
Robe dorée intense. Nez racé, finement grillé, arômes savoureux, où le boisé toasté se mêle aux arômes de fruits exotiques (ananas mûr), l'ensemble est séveux.

Chablis Grains Dorés 2008
Blanc | 2012 à 2018 | 13 € **16/20**
Une année en bouteille lui a permis de se refaire, il est aujourd'hui splendide. Arômes épanouis de chardonnay mûr, fruité blanc et exotique, notes grillées, allonge fraîche et distinguée.

Chablis grand cru Les Clos 2009
Blanc | 2014 à 2019 | 35 € **16,5/20**
Concentré, encore un peu serré, plein de promesses, le terroir des clos s'exprimera d'ici deux à trois ans.

Chablis premier cru Mont de Milieu 2010
Blanc | 2012 à 2018 | 16 € **15,5/20**
Cristallin, pur et droit, bouche ciselée et raffinée, grande classe. Fine amertume sur le pamplemousse en fin, appétissante.

DOMAINE GUILHEM ET JEAN-HUGUES GOISOT

30, rue Bienvenu-Martin
89530 Saint-Bris-le-Vineux
Tél. 03 86 53 35 15 • Fax : 03 86 53 62 03
domaine.jhg@goisot.com • www.goisot.com
Visite : Du lundi au samedi sur rendez-vous.

Jean-Hugues et son fils Guilhem sont parmi les viticulteurs les plus idéalistes de l'Yonne. Biodynamistes convaincus, ils soignent leurs différentes parcelles afin d'en extraire la quintessence, exprimant ainsi toute la diversité du secteur de Saint-Bris, plantée comme sa voisine Chablis sur un sous-sol crayeux kimmeridgien qui convient au pinot noir et au chardonnay, mais aussi et surtout au sauvignon, régulièrement l'expression la plus magique du domaine, par l'éclat de ses parfums et sa pureté de bouche. À partir de 2011, les rouges ne sont plus pigés et les cuvaisons se sont allongées, pour un gain immédiat en suavité et en chair, les 2010 sont plus tendus. En blancs, les 2010 sont plus énergiques que les 2009, avec un fruité charmeur.

Bourgogne aligoté 2010
Blanc | 2012 à 2015 | 6,10 € **14,5/20**
Fruité mûr, note de miel, glissant, coulant, légèrement salin en fin, idéal.

Bourgogne Côtes d'Auxerre 2011
Rouge | 2012 à 2020 | 7 € **15/20**
Racinaire, sous-bois, élégant et parfumé, bouche déliée, allonge salivante, soupçon fumé en finale.

Bourgogne Côtes d'Auxerre 2011
Blanc | 2012 à 2017 | 7 € **14,5/20**
Fruits et feuilles, large palette variétale, allonge juteuse et tension rafraîchissante.

Bourgogne Côtes d'Auxerre Biaumont 2010
Blanc | 2012 à 2020 | 11,30 € **16/20**
Grande pureté, droiture cristalline, il paraît léger mais une fine minéralité lui donne de la structure.

Bourgogne Côtes d'Auxerre Corps de Garde 2010
Rouge | 2012 à 2020 | 9 € **15/20**
Plus de tension que la cuvée Tradition, sa pointe minérale demande à patienter, le fruité est dans l'ombre.

Bourgogne Côtes d'Auxerre Gondonne 2010
Blanc | 2015 à 2020 | 11,30 € **16/20**
Une bouche plus juteuse que Gueules-de-Loup, plus en charme et moins en tension, mais c'est une phase de jeunesse, il va se redresser. On peut l'attendre.

Bourgogne Côtes d'Auxerre Gueules de Loup 2010
Blanc | 2012 à 2020 | 11,30 € **16/20**
Bel extrait sec, une tension ramassée, une allonge salivante et une finale nerveuse.

Irancy Les Mazelots 2010
Rouge | 2012 à 2020 | 12,20 € **15,5/20**
Élancé, bouche aérienne et dynamique, tanin d'une belle finesse, arômes délicats et d'une grande précision.

Saint-Bris Corps de Garde 2010
Blanc | 2012 à 2020 | 9 € **17,5/20**
Parfums raffinés de fruits et de racines, bouche savoureuse et d'une fraîcheur large, gourmand, complet.

Saint-Bris Exogyra Virgula 2010
Blanc | 2012 à 2020 | 7 € **16/20**
La minéralité donne de l'assise à la bouche, c'est concentré et gourmand, avec une fraîcheur intensément réglissée en fin. Le 2011 devrait suivre le même chemin.

Saint-Bris Moury 2010
Blanc | 2012 à 2020 | 7 € **16,5/20**
Plus tendu et étiré qu'Exogyra-Virgula, beaucoup de race et de délié, savoureux en diable.

DOMAINE DE LA GRANDE CHAUME

Parc des Lys - B.P. 34 • 89800 Chablis
Tél. 03 86 42 18 64 • Fax : 03 86 42 48 11
romain@pascalbouchard.com
www.pascalbouchard.com
Visite : Du lundi au vendredi de 10h à 12h30 et de 15h à 18h30. Le dimanche de 10h à 13h.

En marge de la société familiale, Romain Bouchard développe depuis 2006 son propre domaine, avec une labellisation en agriculture biologique effective avec le millésime 2010. Plus qu'un jardin d'expérimentation, c'est une source fiable de bons chablis, avec des vins qui conservent la pureté et le croquant du raisin. Seules deux cuvées sont proposées, régulières et riches en extrait sec.

Chablis Le Grand Bois 2010
Blanc | 2012 à 2016 | 13 € **14,5/20**
Gras, complet, beaux raisins, bouche gourmande, allonge savoureuse.

Chablis premier cru Vau de Vey 2010
Blanc | 2012 à 2018 | 18 € **15/20**
Parfums plus épurés que sur le chablis, allonge concentrée, bon style.

DOMAINE CORINNE ET JEAN-PIERRE GROSSOT

4, route de Mont-de-Milieu • 89800 Fleys
Tél. 03 86 42 44 64 • Fax : 03 86 42 13 31
info@chablis-grossot.com • www.chablis-grossot.com
Visite : Sur rendez-vous.

Ce domaine propose une large gamme de chablis, mais pas de grands crus. Les vinifications se font en cuve inox ou en barriques, mais uniquement de vieux bois, avec des élevages courts. Grâce à une hygiène de cave impeccable, tous les vins combinent finesse et fraîcheur dans de savoureux équilibres de bouche. Les 2009 sont actuellement gourmands, et les 2010 leur sont globalement supérieurs par la richesse et la tension, le mont-de-milieu étant particulièrement réussi.

Chablis 2010
Blanc | 2012 à 2018 | 8,60 € **14,5/20**
Bouche ample, des arômes de sous-bois, allonge concentrée, belle droiture, style impeccable.

Chablis La Part des Anges 2010
Blanc | 2012 à 2020 | 9,90 € **15,5/20**
Toujours aussi complète, grasse et riche, avec une tension de bon aloi, une fraîcheur citronnée.

Chablis premier cru Fourchaume 2010
Blanc | 2013 à 2020 | 14,70 € **16/20**
Très fleurs séchées, belle maturité du raisin, texture assez épaisse, déjà gourmand mais bon potentiel.

Chablis premier cru Fourchaume 2009
Blanc | 2012 à 2024 | 14,70 € **16/20**
Arômes floraux intenses, foin doré au soleil, bouche droite, finale élancée.

Chablis premier cru Les Fourneaux 2010
Blanc | 2012 à 2020 | 13,20 € **15/20**
Fruité frais, bouche friande, pureté gourmande des arômes, finale délicate et citronnée.

Chablis premier cru Mont de Milieu 2010 ☺
Blanc | 2012 à 2025 | 14,40 € **16,5/20**
Un vin splendide par sa concentration et sa droiture, arômes citronnés élégants, une pureté éclatante.

Chablis premier cru Mont de Milieu 2009 ☺
Blanc | 2012 à 2024 | 14,40 € **16,5/20**
Encore très jeune, arômes de raisin et de fruits frais, bonne épaisseur de bouche, le millésime a bien réussi au terroir.

Chablis premier cru Vaucoupin 2010
Blanc | 2013 à 2020 | 13,20 € **15,5/20**
Équilibré, fin et élégant, avec une acidité plus citronnée que sur le fourchaume. Mais c'est son caractère.

Chablis premier cru Vaucoupin 2009
Blanc | 2012 à 2019 | 13,20 € **15,5/20**
Nuances de sous-bois, une meilleure fraîcheur que dans fourneaux, parfums élégants.

Petit Chablis 2010 ☺
Blanc | 2012 à 2016 | 6,70 € **14/20**
Intensément parfumé, floral, droit, concentré, bon caractère, l'amer et la salinité de fin de bouche accentuent la gourmandise.

LA CHABLISIENNE

8, boulevard Pasteur - B.P. 14 • 89800 Chablis
Tél. 03 86 42 89 89 • Fax : 03 86 42 89 90
chab@chablisienne.fr • www.chablisienne.com
et www.chateaugrenouilles.com
Visite : De 9h à 12h et de 14h à 18h.

La cave coopérative de Chablis vinifie près du quart de la production locale. La large gamme permet de découvrir presque tous les crus de l'appellation pour un rapport qualité-prix raisonnable, même si les entrées de gamme semblent avoir perdu en éclat et en fraîcheur. Les vins sont commercialisés après des élevages assez longs. Après le grand millésime 2008, 2009 se présente plus souple et fruité, à boire assez rapidement. Lys, vaulorent, mont-de-milieu, preuses et le fameux château-grenouilles sont encore une fois au sommet.

Chablis grand cru Grenouilles Château Grenouilles 2009
Blanc | 2012 à 2024 | 50,30 € **16/20**
Peut-être pas le millésime le plus évident pour le cru, mais c'est toujours le sommet de la cave, riche, élégant, complet, avec un bel équilibre en bouche.

Chablis grand cru Les Preuses 2009
Blanc | 2012 à 2024 | 35,80 € **16/20**
Belle expression de bouche, riche et puissante, quelques notes de poivre blanc amènent de la puissance en finale.

Chablis Les Vénérables Vieilles Vignes 2009 ☺
Blanc | 2012 à 2015 | 14,60 € **14/20**
Un jus dense et parfumé, des arômes de sous-bois et de feuilles mortes déjà présents, il est à point.

Chablis premier cru Côte de Lechet 2009
Blanc | 2012 à 2016 | 16,40 € **14,5/20**
Équilibré et parfumé, une bouche élégante avec de juteux arômes de fruits blancs frais.

Chablis premier cru Grande Cuvée 2009
Blanc | 2012 à 2015 | 16,40 € **14/20**
Ex-cuvée Singulière, cet assemblage de premiers crus est bien fruité (blanc), agréable mais un peu facile pour un premier cru.

Chablis premier cru L'Homme Mort 2010 ☺
Blanc | 2012 à 2028 | 19,80 € **15,5/20**
Tension citronnée, beau volume, un vin charnu et gourmand.

Chablis premier cru Les Lys 2009 ☺
Blanc | 2012 à 2019 | 19,20 € **15/20**
L'exposition nord a préservé une fraîcheur bienvenue dans ce millésime d'acidité basse, élégance raffinée en bouche.

Chablis premier cru Montée de Tonnerre 2009
Blanc | 2015 à 2024 | 19,80 € **15,5/20**
Belle richesse de bouche, un vin dense et épais, avec de beaux amers qui prolongent le fruité de jeunesse.

Chablis premier cru Vaulorent 2009 ☺
Blanc | 2012 à 2024 | 19,20 € **15,5/20**
La puissance du vaulorent s'étale dans le verre, une bouche dense, avec de l'extrait sec.

Petit Chablis Pas Si Petit 2010
Blanc | 2012 à 2014 **14,5/20**
Il est grand, ce petit chablis pas si petit. Il a la tête de l'endroit avec la pointe de minéralité chablisienne. C'est un joli vin de plaisir immédiat.

LAMBLIN ET FILS

Rue Marguerite-de-Bourgogne • 89800 Maligny
Tél. 03 86 98 22 00 • Fax : 03 86 47 50 12
infovin@lamblin.com • www.lamblin.com
Visite : Du lundi au vendredi de 8h à 12h et de 14h à 17h. Le samedi de 8h à 12h.

Les Lamblin sont à Chablis depuis 1690, et comptent parmi les principaux acteurs de la région, en volume. Si les vins d'entrée de gamme manquent parfois de caractère, la cuvée Fleur-d'Acacia charme par son parfum, tout comme le fourchaume et le mont-de-milieu. Les 2010 expriment la délicatesse et la droiture du millésime.

Chablis Clément et Alexandre 2009
Blanc | 2012 à 2015 | 9,10 € **14/20**
Une note de dragée au nez, la texture est grasse, la finale fraîche mais les arômes un peu lourds, c'est le millésime, avec son registre de fruits confits.

Chablis Fleur d'Acacia 2010
Blanc | 2012 à 2015 | 8,65 € **14/20**
Intenses parfums de fleurs et de miel fin, bouche grasse, allonge savoureuse, très plaisant, comme toujours.

Chablis premier cru Beauroy 2010
Blanc | 2012 à 2016 | 12,60 € **14/20**
Élégant, fin et délicat, un caractère assez proche de la cuvée de vieilles vignes.

Chablis premier cru Fourchaumes 2010
Blanc | 2012 à 2016 | 13,40 € **15/20**
Caractère plus floral que les autres vins de la gamme, bouche parfumée et large, belle délicatesse.

Chablis Vieilles Vignes 2010
Blanc | 2012 à 2016 | 8,65 € **14,5/20**
Plus gras, plus riche que le chablis d'entrée de gamme, harmonie et délicatesse des parfums de fruits blancs.

DOMAINE LAROCHE

22, rue Louis-Bro • 89800 Chablis
Tél. 03 86 42 89 00 • Fax : 03 86 42 89 29
info@larochewines.com • www.larochewines.com
Visite : Sur rendez-vous.

Michel Laroche s'est adossé au groupe languedocien Jeanjean pour donner naissance à une nouvelle structure, Advini, mais ces évolutions capitalistiques n'ont pas perturbé ce domaine, sans doute le plus médiatique de Chablis. Les 2010 ont bénéficié des conseils de Stéphane Derenoncourt, qui a su mettre en place une équipe et une dynamique pour capter au mieux l'énergie de ce millésime droit et tendu. Débuts très prometteurs, sachant que l'historique véhiculait déjà une flatteuse réputation.

Bourgogne bio 2010
Blanc | 2012 à 2015 | 8,20 € **14,5/20**
Une saveur supérieure à la Tête-de-Cuvée, des arômes d'agrumes très gourmands, beaucoup de fraîcheur.

Chablis grand cru Les Blanchots 2010
Blanc | 2012 à 2025 | 42 € **16,5/20**
Jus plus dense que bouguerots, amers citronnés, bouche élancée, en dentelle.

Chablis grand cru Les Blanchots Réserve de l'Obédience 2010
Blanc | 2015 à 2030 | 82 € **18,5/20**
Une tension et une droiture supérieures à blanchots, allonge vigoureuse mais précise, finale distinguée où la minéralité ressort, très gros potentiel. Splendide, car le boisé est bien effacé. La nouvelle équipe signe là une superbe sélection.

Chablis grand cru Les Bouguerots 2010
Blanc | 2012 à 2020 | 42 € **16/20**
Expression fruitée, les jeunes vignes ont bien digéré leur élevage mais se signalent par leur fin de bouche assez rapide, avec de beaux amers minéraux.

Chablis grand cru Les Clos 2010
Blanc | 2015 à 2030 | 54 € **18,5/20**
Grand millésime pour le cru, équilibre cristallin, grand équilibre entre puissance et minéralité, finale serrée à souhait.

Chablis Laroche 2010
Blanc | 2012 à 2016 | 11 € **14/20**
Élégant, beaux parfums, bouche ciselée, finale épurée.

Chablis premier cru Les Fourchaumes Vieilles Vignes Domaine Laroche 2010
Blanc | 2012 à 2020 | 28 € **16/20**
Bon fruit, gourmand et riche mais bien équilibré par une acidité sans mordant, allonge fraîche.

Chablis premier cru Les Fourneaux 2010
Blanc | 2012 à 2020 | 22 € **15,5/20**
Notes florales et fumées, bois vert, bouche en épaisseur, savoureuse et longue, assez puissant mais plein de caractère.

Chablis premier cru Les Montmains 2010
Blanc | 2012 à 2020 | 22 € **15,5/20**
Expression racinaire, bouche dense, texture de belle épaisseur, bonne allonge même si les vignes sont encore jeunes.

Chablis premier cru Les Vaillons Vieilles Vignes 2010
Blanc | 2012 à 2020 | 25 € **15,5/20**
Nez de fruits exotiques légèrement confits, bouche charmeuse, sans la tension du vaudevey, avec plus d'épaisseur.

Chablis premier cru Les Vaudeveys Domaine Laroche 2009
Blanc | 2012 à 2019 | NC **15,5/20**
Les arômes de fruit sont fins, la bouche est tendue et droite, avec une fine minéralité.

Chablis Saint-Martin 2010
Blanc | 2012 à 2016 | 14 € **15/20**
Élégance des parfums, profondeur de bouche, ciselé, un grand millésime de chablis.

DOMAINE LES TEMPS PERDUS

3, rue de Chantemerle • 89800 Préhy
Tél. 03 86 41 46 05 • Fax : 03 69 99 00 49
info@clotildedavenne.fr • www.clotildedavenne.fr
Visite : Sur rendez-vous.

Après une première carrière comme œnologue, c'est en 2004 que Clotilde Davenne a vinifié le premier millésime sur son domaine. Depuis, elle nous régale avec les cuvées issues de ses propres vignes, vinifiées en levures indigènes : aligotés ou saint-bris en blancs, côtes-d'auxerres en rouges. Nous les recommandons vivement, mais signalons également que les cuvées issues d'achats de raisins ne possèdent pas la même force de caractère, voire déçoivent. Les 2010 ont ici le style frais et tendu idéal.

Bourgogne 2010
Blanc | 2012 à 2015 | 6,50 € **13,5/20**
Nerveux et frais, arômes de fruits blancs, bouche pure, finale fraîche, style empreint d'une grande délicatesse.

Bourgogne aligoté 2010
Blanc | 2012 à 2015 | 6 € **14/20**
Pur, ciselé, tendre, fruité blanc fin, désaltérant, idéale expression du cépage.

Bourgogne Côtes d'Auxerre 2010
Rouge | 2012 à 2015 | 7 € **13/20**
Fruité rouge intense, bouche tendre et acidulée, c'est le style des pinots noirs de l'Yonne, sur la délicatesse plus que la chair.

Chablis Les Temps Perdus 2010
Blanc | 2012 à 2016 | 10 € **14/20**
Nuances de feuilles et de sous-bois, plus d'épaisseur que le petit-chablis, parfums élégants, bel équilibre.

Petit Chablis Les Temps Perdus 2010
Blanc | 2012 à 2015 | 7,50 € **13/20**
Une minéralité plus affirmée que sur le bourgogne, un style pur et frais, désaltérant.

Saint-Bris 2010
Blanc | 2012 à 2015 | 7 € **13,5/20**
Droit, nerveux, bonne matière, les jeunes vignes commencent à prendre de l'âge, finale parfumée sur le citron vert.

Saint-Bris Vieilles Vignes 2010
Blanc | 2012 à 2016 | 12 € **14,5/20**
Plus de subtilité et de raffinement que la cuvée de jeunes vignes, élégance et délicatesse de la bouche, finale pure sur le jus de citron jaune.

DOMAINE LONG-DEPAQUIT

45, rue Auxerroise • 89800 Chablis
Tél. 03 86 42 11 13 • Fax : 03 86 42 81 89
chateau-long-depaquit@albert-bichot.com
www.albert-bichot.com
Visite : Du lundi au vendredi de 9h à 12h30 et de 14h à 18h. En été, du lundi au samedi de 9h à 12h30 et de 14h à 18h.

Propriété de la famille Bichot, de Beaune, ce château dispose d'un exceptionnel patrimoine de vignes. Si les entrées de la vaste gamme sont agréables (les premiers crus ne sont hélas pas situés sur les meilleurs secteurs), ce sont les grands crus qui re-

tiennent l'attention, avec un dixième de la superficie totale et cinq des sept climats en propriété. Le monopole de la Moutonne, grand cru à cheval sur Preuses et Vaudésirs, est régulièrement le sommet de la gamme, avec une puissance rare pour l'appellation. Les 2010 montrent un profil tendu et rayonnant, l'adoption du bouchage Diam sur les villages et premiers crus évitant désormais les insupportables irrégularités dues au liège.

Chablis 2010 ☺
Blanc | 2012 à 2016 | 10,75 € **14,5/20**
Excellent chablis, gras, riche, qui emplit bien la bouche et s'allonge sur une fine amertume minérale.

Chablis grand cru La Moutonne 2010
Blanc | 2015 à 2030 | 50 € **17,5/20**
Encore fermée par sa mise récente, elle offre un grand potentiel. La bouche est concentrée, la puissance s'équilibre dans la fraîcheur.

Chablis grand cru Les Clos 2010
Blanc | 2015 à 2030 | 32,30 € **17/20**
Le boisé est plus prononcé que les autres grands crus, mais la bouche est déjà tranchante, la finale profonde, pure et fraîche. Ça fera une grande bouteille.

Chablis grand cru Les Vaudésirs 2010
Blanc | 2015 à 2030 | 30,50 € **17/20**
Un nez de raisin bien mûr, une allonge pure et concentrée, beaucoup d'ampleur, le cru rayonne en bouche.

Chablis premier cru Les Beugnons 2010
Blanc | 2012 à 2020 | 17,15 € **15/20**
Un fruité plus mûr que lys, en évitant la surmaturité, la tension finale est moins intense que dans lys.

Chablis premier cru Les Lys 2010
Blanc | 2012 à 2020 | 17 € **15,5/20**
Large palette aromatique, il se livre pleinement, bouche grasse, allonge minérale et finale légèrement saline.

Chablis premier cru Les Vaillons 2010 ⓜ ☺
Blanc | 2012 à 2020 | 16,60 € **16/20**
Parfumé, délicat, bouche harmonieuse et savoureuse, finale gracieuse et épanouie, légèrement tendue, la pointe d'élevage est complètement fondue.

Chablis premier cru Les Vaucopins 2010
Blanc | 2012 à 2020 | 18,40 € **15,5/20**
Nez de beurre frais, d'herbe dorée au soleil, texture grasse et riche, finale fondante et onctueuse, ensemble frais et équilibré.

DOMAINE DES MALANDES

63, rue Auxerroise • 89800 Chablis
Tél. 03 86 42 41 37 • Fax : 03 86 42 41 97
contact@domainedesmalandes.com
www.domainedesmalandes.com
Visite : Du lundi au vendredi de 9h à 18h.
Le samedi sur rendez-vous.

Lyne Marchive et son jeune œnologue Guénolé Breteaudeau ont bien redressé le domaine depuis quelques millésimes. Contrôles des maturités et de l'état sanitaire, débourbages rigoureux, températures de fermentation basses : les vins y ont gagné en pureté et en croquant de fruit. Reste maintenant à affiner les élevages et l'intégration du boisé. 2009 a franchi un palier, incontestablement, avec des vins très gourmands jeunes. Les 2010 sont plus tendus, notamment un joli fourchaume.

Chablis grand cru Les Clos 2010
Blanc | 2013 à 2025 | 29 € **16,5/20**
On reconnaît immédiatement le tranchant des clos, belle pureté de bouche, bon potentiel, une vraie eau-de-roche.

Chablis grand cru Vaudésir 2010
Blanc | 2012 à 2020 | 26 € **16/20**
Complet, élégant, floral, il s'exprimera mieux dans quelques mois.

Chablis premier cru Côte de Léchet 2010 ☺
Blanc | 2012 à 2017 | 12,70 € **14,5/20**
Gourmands arômes de fruits exotiques, bel équilibre, sapide, tendre.

Chablis premier cru Fourchaume Vieilles Vignes 2010 ☺
Blanc | 2012 à 2020 | 13,70 € **15,5/20**
Subtils parfums floraux, foin séché, bien typé, allonge élégante et parfumée.

Chablis premier cru Montmains Vieilles Vignes 2010
Blanc | 2012 à 2020 | 13,70 € **15/20**
Belle pureté, milieu de bouche dense et serré, finale intense.

Chablis Tour du Roy 2010
Blanc | 2012 à 2016 | 9,90 € **14,5/20**
Élégant, délicat, bouche ciselée et pure, belle droiture.

DOMAINE LOUIS MICHEL ET FILS

9, boulevard de Ferrières • 89800 Chablis
Tél. 03 86 42 88 55 • Fax : 03 86 42 88 56
contact@louismicheletfils.com
www.louismicheletfils.com
Visite : Du lundi au vendredi de 9h à 11h30 et de 14h à 17h30. Le samedi sur rendez-vous.

Ce domaine vend l'essentiel de sa production à l'export, où il est très prisé. Le patrimoine de terroirs est remarquable, avec notamment les trois expressions du premier cru Montmains (Montmains, Forêt, Butteaux), une première à Chablis. Tous les vins sont vinifiés en cuve, avec des élevages sur lies et le moins de manipulations possibles. S'ils paraissent discrets jeunes, ils vieillissent avec bonheur en faisant ressortir le cachet de leur terroir, dans un style épuré et cristallin. Les progrès sur les derniers millésimes sont constants, et les 2010 feront date.

Chablis 2010 ☺
Blanc | 2012 à 2017 | NC **15/20**
Épuré, fines notes grillées, équilibre en dentelle, grande longueur, le grand style.

Chablis grand cru Grenouilles 2010
Blanc | 2015 à 2030 | 40 € **18/20**
Parfumé, élégant et raffiné, délicatesse de bouche, finale juteuse et fine, très bel avenir.

Chablis grand cru Grenouilles 2009
Blanc | 2014 à 2024 | 40 € **17,5/20**
Plus jeune, plus frais que la montée, il évolue moins vite. Arômes élégants et gourmands, sans doute le plus complet des grands crus, entre le nez et la bouche, le plus harmonieux et équilibré. Il en a encore sous le pied !

Chablis grand cru Les Clos 2010
Blanc | 2015 à 2030 | 40 € **18/20**
Très grosse tension, bouche ciselée, l'équilibre est assez riche car le raisin est de belle maturité, on peut l'attendre, ensemble bien tendu.

Chablis grand cru Vaudésir 2010
Blanc | 2015 à 2030 | 35 € **17,5/20**
Très floral, intense, presque violent, très belle tenue de bouche, finale épanouie.

Chablis premier cru Butteaux 2010
Blanc | 2014 à 2025 | 17 € **16,5/20**
L'épaisseur des butteaux, qui donne beaucoup d'assise et de densité au milieu de bouche, des arômes très élégants, une finale ciselée.

Chablis premier cru Forêts 2010
Blanc | 2014 à 2025 | 17 € **16/20**
Plus ouvert que le montmains, sur un registre plus marqué par les agrumes, il vieillira tout aussi bien. Grande pureté.

Chablis premier cru Montée de Tonnerre 2010
Blanc | 2014 à 2025 | 20 € **17/20**
C'est une grande montée, discrète mais déjà tranchante, tendue et compacte, avec un extrait sec qui se délie au cours de la dégustation.

Chablis premier cru Montée de Tonnerre 2009
Blanc | 2014 à 2019 | 20 € **16,5/20**
Il évolue déjà sur des notes de sous-bois, racinaires, avec un côté tranchant typique de la montée. Bouche riche et grasse, gros volume, allonge minérale, grande richesse de saveur.

Chablis premier cru Montmains 2010
Blanc | 2014 à 2025 | 15 € **16/20**
Racinaire, élégant, les arômes sont encore discrets mais la concentration en bouche rappelle le potentiel du cru.

Chablis premier cru Séchets 2010
Blanc | 2014 à 2025 | 17 € **16,5/20**
Le cru est désormais séparé des vaillons. Parfums floraux intenses et purs, violette, bouche subtile et ramassée, allonge racée, finale étirée. Q

Chablis premier cru Vaulorent 2010
Blanc | 2014 à 2025 | 19 € **17/20**
Très discret au nez, il retrouve son opulence en bouche, avec une large palette de fruits jaunes et secs (abricot séché), la bouche va petit à petit gagner en étoffe.

Petit Chablis 2010 ☺
Blanc | 2012 à 2016 | NC **15/20**
Droit, tendu, matière bien mûre, arômes de tilleul, équilibre cristallin, finale épurée.

DOMAINE LOUIS MOREAU

10, Grande-Rue • 89800 Beines
Tél. 03 86 42 87 20 • Fax : 03 86 42 45 59
contact@louismoreau.com • www.louismoreau.com
Visite : Du lundi au vendredi de 8h30 à 12h et de 14h à 17h30 (17h le vendredi). Le samedi sur rendez-vous.

Ce domaine est l'un des nombreux à porter le nom de Moreau à Chablis. Louis est le cousin de Christian, et leurs deux domaines se sont partagé le splendide patrimoine familial de vignes en 2002. Louis a depuis étendu sa production en Petit Chablis et Chablis. Nous avions été déçus par les 2009, et les 2010 ne sont hélas pas aussi tendus et droits que l'on pouvait attendre, surtout de telles origines. Seules les deux cuvées de clos offraient une identité plus conforme au terroir. Nous referons un point l'an prochain.

Chablis grand cru Les Clos 2010
Blanc | 2012 à 2018 | 30 € **14,5/20**
Le millésime convient bien au cru, la tension revient en milieu de bouche.

Chablis grand cru Les Clos
Le Clos des Hospices 2010
Blanc | 2012 à 2018 | 50 € **15/20**
Un peu plus de délicatesse et de droiture que l'autre cuvée de clos, allonge droite qui va digérer son élevage.

DOMAINE CHRISTIAN MOREAU PÈRE ET FILS

26, avenue d'Oberwesel • 89800 Chablis
Tél. 03 86 42 86 34 • Fax : 03 86 42 84 62
contact@domainechristianmoreau.com • www.domainechristianmoreau.com
Visite : Sur rendez-vous.

Dès la création du domaine, en 2002, Christian et son fils Fabien ont mis l'accent sur la viticulture : travail des sols, réorganisation de la surface foliaire et bien entendu, vendanges manuelles, avec à la clef une conversion à l'agriculture biologique, actuellement en cours. Les vinifications en levures indigènes préservent les expressions tranchantes des vins du domaine, qui dispose d'un fabuleux patrimoine de vignes, notamment en grands crus. Les 2009 sont très réussis, les 2010 sont moins gourmands jeunes mais feront une plus belle carrière.

Chablis 2010
Blanc | 2012 à 2016 | 10 € **15/20**
Ouvert, fruité, rond, acidité fine sans mordant, excellent.

Chablis grand cru Blanchot 2010
Blanc | 2012 à 2025 | 30 € **17/20**
Fruité gourmand, jus de poire, bouche sur le même registre séduisant, élégant et frais.

Chablis grand cru Les Clos 2010
Blanc | 2015 à 2030 | 30 € **17/20**
À ce stade moins en évidence que les autres grands crus mais il est très jeune, bouche dense et nette, belle évolution prévisible.

Chablis grand cru Les Clos
Le Clos des Hospices 2010
Blanc | 2015 à 2030 | 35 € **18/20**
Grande bouteille, raffinée et complexe, l'élevage doit encore bien se fondre mais l'ensemble est déjà séveux et élégant.

Chablis grand cru Valmur 2010
Blanc | 2014 à 2030 | 30 € **17/20**
Une note boisée plus prononcée que les autres grands crus, arômes de fruits poêlés, bouche riche, allonge gourmande et fraîche.

Chablis premier cru Vaillon 2010
Blanc | 2012 à 2020 | 15 € **15,5/20**
Beau fruité jaune bien mûr, avec une bonne fraîcheur en bouche qui étire bien la bouche. Très précis.

Chablis premier cru Vaillon Guy Moreau 2010
Blanc | 2012 à 2025 | 17 € **17/20**
Plus concentré, plus épuré aussi que l'autre vaillons, un raffinement de bouche supérieur, grande classe pour ce terroir.

DOMAINE MOREAU-NAUDET

5, rue des Fossés • 89800 Chablis
Tél. 03 86 42 14 83 • Fax : 03 86 42 85 04
moreau.naudet@wanadoo.fr
Visite : rSur rendez-vous

Notre découverte de l'année sur Chablis, pour ce vigneron qui a bien fait de présenter ses vins à notre dégustation à l'aveugle. Stéphane Moreau (aucun lien de famille avec les autres Moreau de Chablis) exploite de jolies vignes d'un âge respectable, pratique une viticulture soignée et surtout des élevages très longs, jusqu'à 24 mois pour les premiers crus. Certains 2008 sont encore à la vente, les 2009 sont d'une gourmandise plus immédiate mais 2010 montre bien le caractère propre à chaque terroir. On les achètera en priorité.

Chablis 2010
Blanc | 2012 à 2016 | 14,50 € **14,5/20**
Riche et ciselé à la fois, allonge fine et fraîche, on croque dans le fruit.

Chablis 2009
Blanc | 2012 à 2015 | 14,50 € **14/20**
Moins d'acidité que 2010, mais une bonne matière, ronde, mûre, savoureuse. On le boira plus vite. Aucune mollesse, mais des arômes de raisin assez mûr.

Chablis Caractère 2010 ☺
Blanc | 2012 à 2020 | 18,50 € **15/20**
Un caractère plus affirmé, une minéralité et une amertume plus prononcées, allonge sapide.

Chablis grand cru Valmur 2010
Blanc | 2015 à 2020 | 51,50 € **16/20**
À ce stade moins minéral que la montée, un peu plus souple en bouche, mais il devrait bien progresser en bouteille. À revoir.

Chablis premier cru Forêt 2010 ☺
Blanc | 2012 à 2025 | 26 € **16/20**
Une dimension minérale, à la fois saline et bien sèche en fin de bouche, belle expression d'un des plus beaux terroirs de Chablis.

Chablis premier cru Forêt 2009
Blanc | 2012 à 2019 | 26 € **15,5/20**
Ciselé, fin, frais, vraiment élégant, tout en droiture.

Chablis premier cru Les Vaillons 2010
Blanc | 2012 à 2020 | 26 € **15/20**
Fruité très mûr, bouche grasse, allonge ample, généreux, dans un registre qui évolue vite.

Chablis premier cru Montée de Tonnerre 2010
Blanc | 2015 à 2025 | 35 € **16/20**
Beaucoup de sincérité dans ce cru, concentré et ramassé en bouche, on peut l'attendre.

Chablis premier cru Montmains 2010
Blanc | 2012 à 2020 | 26 € **15,5/20**
Élégant, pur, bouche cristalline, allonge tendue, bon extrait sec.

Petit Chablis 2010 ☺
Blanc | 2012 à 2016 | 10,90 € **14,5/20**
Un gras étonnant pour un petit chablis, mais le long élevage apporte un bel enrobage, bouche épurée.

DOMAINE OLIVIER MORIN

2, chemin de Vaudu • 89530 Chitry
Tél. 03 86 41 47 20
morin.chitry@orange.fr • www.olivier-morin.fr
Visite : Sur rendez-vous.

Olivier Morin est installé à Chitry, petite commune à quelques kilomètres de Chablis, assise sur des sols kimméridigiens comme elle. Une viticulture soignée, des sols labourés, des vinifications sans levurages et des élevages longs permettent de tirer le meilleur de ce terroir minéral. La production du domaine, toujours empreinte d'une grande pureté, devrait plus attirer les amateurs par sa régularité et ses tarifs angéliques. Des vins qui vieillissent très bien, comme nous l'a rappelé ce 2002 dégusté l'an passé.

Bourgogne aligoté 2010 ☺
Blanc | 2012 à 2015 | 6,50 € **13,5/20**
Séduisant par ses arômes de fruits blancs, son acidité citronnée, sa vivacité finale, belle pureté, il est plus typique du cépage que 2009.

Bourgogne Chitry Constance 2010 ☺
Rouge | 2012 à 2015 | 8 € **13,5/20**
Un fruité rouge charmeur, de la gourmandise, de petits tanins délicats et un bel équilibre.

Bourgogne Chitry Constance 2010 ☺
Blanc | 2012 à 2018 | 7,50 € **14/20**
Texture crayeuse en bouche, finale pure et droite, ensemble frais et fin, il ira plus loin que le 2009.

Bourgogne Chitry Constance 2008 ☺
Blanc | 2012 à 2018 | 7,50 € **15/20**
Il commence à développer des notes tertiaires, mousseron et châtaigne, la texture est crémeuse en bouche mais l'acidité le tient encore et pendant quelques années. Très belle cuvée.

Bourgogne Chitry cuvée Olympe 2008
Blanc | 2012 à 2018 | 10,50 € **15,5/20**
Une très belle réussite pour la cuvée, avec un raisin complet, mûr en ayant conservé de l'acidité, on peut encore patienter même si elle donne déjà du plaisir.

Bourgogne Chitry cuvée Vau du Puits 2006
Rouge | 2012 à 2016 | 10,50 € **15/20**
Arômes fondus de cerise et d'épices douces, sa trame est toujours ferme mais les tanins sont ronds, délicieux aujourd'hui.

Chablis 2010
Blanc | 2012 à 2016 | 10,50 € **14,5/20**
Le passage sous bois est perceptible mais s'intègre bien à la minéralité de la bouche, ensemble fondu et gourmand.

DOMAINE SYLVAIN MOSNIER

36, Route Nationale • 89800 Beines
Tél. 03 86 42 43 96 • Fax : 03 86 42 42 88
sylvain.mosnier@libertysurf.fr
www.chablis-mosnier.com
Visite : Sur rendez-vous.

Stéphanie Mosnier a désormais rejoint son père, Sylvain, mais les vins sont toujours entièrement vinifiés en cuve inox, en levures indigènes. Tous partagent le style des chablis de Beines, dominés par des notes poivrées et florales plus que par le fruit, avec une dimension épurée et minérale plus sensible depuis quelques millésimes. Une politique commerciale intelligente permet de proposer des millésimes plus anciens à la vente, à des prix extrêmement raisonnables. Les 2010 sont discrets dans leur jeunesse mais suivront la voie de leurs aînés.

Chablis 2010
Blanc | 2012 à 2015 | 8,50 € **13/20**
Francs arômes de fruits jaunes, bouche gourmande, équilibre tendre.

Chablis 2007
Blanc | 2012 à 2015 | 9 € **14,5/20**
Il prend des notes de sous-bois, de châtaigne. Gourmand, à point, on oublie le petit manque de chair de l'année.

Chablis premier cru Beauroy 2010
Blanc | 2013 à 2017 | 12,50 € **14/20**
Tendu, serré, on peut encore l'attendre quelques mois, il a un joli potentiel.

Chablis premier cru Côte de Lechet 2010
Blanc | 2012 à 2017 | 12,50 € **14,5/20**
Arômes d'agrumes fins, amertume savoureuse, l'attendre un peu ne lui fera pas de mal.

Chablis premier cru Côte de Lechet 2009
Blanc | 2013 à 2018 | 12,50 € **14,5/20**
Gourmand, encore un peu serré, registre floral, finale minérale, on peut l'attendre.

Chablis Vieilles Vignes 2010
Blanc | 2012 à 2015 | 10 € **13,5/20**
Arômes de fruits mûrs (melon), bouche équilibrée, friande.

Chablis Vieilles Vignes 2009
Blanc | 2012 à 2015 | 10 € **14,5/20**
Fruité ample et rayonnant, bouche grasse, minéralité savoureuse en fin, très gourmand.

Petit Chablis 2010
Blanc | 2012 à 2014 | 7 € **13,5/20**
Nerveux, floral, très droit, finale tendue, il gagne à s'aérer.

DOMAINE OUDIN

5, rue du Pont • 89800 Chichée
Tél. 03 86 42 44 29

Nous entendons beaucoup de bien de ce petit domaine de Chichée depuis plusieurs années, et nous sommes ravis d'avoir pu le visiter pour cette édition du guide. Nathalie Oudin, jeune maman vigneronne, prend la suite de son père Jean-Claude et travaille avec beaucoup d'application ses vignes situées à quelques kilomètres en amont de Chablis. Sa cuvée les-Serres offre un exceptionnel rapport qualité-prix !

Chablis 2010
Blanc | 2012 à 2015 | NC **13/20**
Bouche pure et élégante, de beaux amers, bon équilibre.

Chablis Les Serres 2009
Blanc | 2012 à 2016 | NC **15/20**
Une pointe de réduction, l'air lui fait du bien, bouche concentrée, allonge distinguée, finale légèrement réglissée.

Chablis Les Serres 2008
Blanc | 2012 à 2018 | NC **16/20**
Bel équilibre de bouche, arômes élégants de mousseron et de citron confit, tout en pureté, délicieux.

Chablis premier cru Vaucoupins 2010
Blanc | 2012 à 2018 | NC **15/20**
Bonne richesse du raisin, on sent la maturité de la baie. Bon volume, bouche charnue.

Chablis premier cru Vaugiraut 2010
Blanc | 2012 à 2018 | NC **14,5/20**
Parfums élégants et délicats, bouche tendre, texture crayeuse, beaucoup de délicatesse.

DOMAINE GÉRARD PERSENOT

20, rue de Gouaix • 89530 Saint-Bris-le-Vineux
Tél. 03 86 53 61 46 • Fax : 03 86 53 61 52
gerard@persenot.com • www.persenot.com
Visite : Du lundi au vendredi de 9h à 12h et de 14h à 18h; le week-end sur rendez-vous.

Irancy 2009 ☺
Rouge | 2012 à 2016 | 8,50 € **13,5/20**
Sous-bois et fruits secs, la bouche est ferme dans sa structure mais charmeuse par son allonge.

DOMAINE GILBERT PICQ ET FILS

3, route de Chablis • 89800 Chichée
Tél. 03 86 42 18 30 • Fax : 03 86 42 17 70
domaine.picq-gilbert@wanadoo.fr
Visite : Sur rendez-vous.

Toute la production de ce petit domaine est réservée d'une année sur l'autre, conséquence logique de l'extrême qualité des vins. Viticulture probe, vinifications en levures indigènes et intégralement en cuves inox, les vins expriment l'âme de Chablis, mélange de pureté et de densité en bouche. Excellents 2010, la petite récolte a naturellement concentré les raisins.

Chablis 2010 ☺
Blanc | 2012 à 2017 | 12 € **15,5/20**
Nez de fruits bien mûrs, bouche concentrée, la haute maturité est bien allongée par une acidité bien fraîche. Superbe !

Chablis Dessus la Carrière 2010
Blanc | 2015 à 2025 | 13 € **16,5/20**
Quel extrait de caillou ! Grosse minéralité, elle équilibre heureusement la haute maturité du raisin. On patientera. Il lui faudra des sauces à la crème pour digérer sa richesse.

Chablis premier cru Vaucoupin 2010
Blanc | 2013 à 2020 | 17,50 € **16,5/20**
Plus délicat, plus pur que le chablis vieilles-vignes, l'allonge est plus distinguée, il demandera un peu de temps pour s'harmoniser. Gros extrait sec.

Chablis premier cru Vosgros 2010
Blanc | 2013 à 2025 | 16,75 € **16,5/20**
Très fruits mûrs, charnu, bon équilibre, son opulence le rend plus aimable immédiatement que dessus-la-carrière.

Chablis Vieilles Vignes 2010 ☺
Blanc | 2012 à 2020 | 14,50 € **16,5/20**
Un jus encore plus concentré que le chablis villages, fruité jaune bien mûr, irrésistible aujourd'hui mais il tiendra bien !

DOMAINE PINSON

5, quai Voltaire • 89800 Chablis
Tél. 03 86 42 10 26 • Fax : 03 86 42 49 94
contact@domaine-pinson.com
www.domaine-pinson.com
Visite : Du lundi au vendredi de 8h à 12h et de 13h30 à 17h30. Le samedi de 8h à 12h et de 14h à 17h de préférence sur rendez-vous.

Cette affaire familiale (Laurent, son frère Christophe, et désormais sa fille Charlène) est établie sur Chablis depuis plus de 350 ans. Certaines cuvées voient le bois, d'autres pas, mais les terroirs sont bien respectés et tous expriment un style riche et savoureux, empreint d'une belle pureté. Les 2010 offrent une tension sans nervosité, dans un registre authentiquement chablisien.

Chablis 2010 ☺
Blanc | 2012 à 2016 | 10,50 € **15/20**
Grosse maturité, bouche intense, sur les fleurs et les fruits, tension citronnée, désaltérant.

Chablis cuvée Mademoiselle 2010 ☺
Blanc | 2012 à 2020 | 12,60 € **16/20**
L'acidité ressort plus que dans les millésimes précédents, la matière est moins marquée par le bois, c'est l'effet millésime mais c'est très réussi. Très bel équilibre, dans une typicité plus chablisienne.

Chablis grand cru Les Clos 2010
Blanc | 2015 à 2025 | 28 € **17/20**
Très joli clos, la minéralité est déjà présente, la tension citronnée rendue plus gourmande par l'élevage sous bois, un grand clos est en préparation.

Chablis grand cru Les Clos 2009
Blanc | 2013 à 2024 | 28 € **16,5/20**
Il doit bien s'aérer. Arômes épanouis de fruits blancs, typiques du millésime, la bouche retrouve

la marque du terroir, une minéralité caillouteuse à souhait, il est déjà gourmand.

CHABLIS GRAND CRU LES CLOS L'AUTHENTIQUE 2009
Blanc | 2015 à 2024 | 36 € **17/20**
L'élevage est présent mais sur un registre gourmand de fruits secs et d'épices douces, la bouche fait déjà ressortir le caractère cristallin du clos, l'équilibre est moins riche qu'en 2008 mais belle fraîcheur. On peut l'attendre.

CHABLIS PREMIER CRU LA FORÊT 2010 ☺
Blanc | 2012 à 2020 | 15 € **16,5/20**
Un registre empreint d'une grande pureté, élégance raffinée, allonge cristalline, savoureux et frais.

CHABLIS PREMIER CRU MONT DE MILIEU 2010 ☺
Blanc | 2012 à 2025 | 15 € **17/20**
Bouche de belle densité, jus gourmand et pur mais encore sur la réserve, finale compacte qui se délivrera progressivement. Il ira loin.

CHABLIS PREMIER CRU MONTMAIN 2010 ☺
Blanc | 2012 à 2020 | 15 € **16,5/20**
Arôme plus intense que forêt (plus de fruit), pourtant toute proche, bouche élégante et pure mais avec un peu plus d'épaisseur en bouche, le terroir parle !

CHABLIS PREMIER CRU VAILLONS 2010
Blanc | 2012 à 2019 | 15 € **15/20**
Plus floral que fruité, intensément parfumé, les vignes sont encore jeunes mais commencent à bien s'exprimer, finale désaltérante.

CHABLIS PREMIER CRU VAUGIRAUT 2010 ☺
Blanc | 2012 à 2020 | 15 € **15,5/20**
L'élevage est toujours perceptible sur cette cuvée, un peu plus en 2010 mais le jus est gourmand, fin, empreint d'une belle élégance, la finale est harmonieuse.

DOMAINE ISABELLE ET DENIS POMMIER

31, rue de Poinchy - Poinchy • 89800 Poinchy
Tél. 03 86 42 83 04 • Fax : 03 86 42 17 80
contact@denis-pommier.com
www.denis-pommier.com
Visite : Du lundi au vendredi de 9h à 12h et de 14h à 18h. Le week-end sur rendez-vous sauf le dimanche après-midi.

Ce couple de vignerons est installé depuis une vingtaine d'années et propose une gamme homogène. Les fermentations se font en levures indigènes, plusieurs cuvées sont vinifiées en fût, avec des élevages plutôt longs, ce qui définit un profil de vins moins ciselés ou minéraux que d'autres, mais empreints de finesse et d'élégance. Le petit-chablis est magnifique en 2010, c'est le rapport qualité-prix de la région.

BOURGOGNE PINOT NOIR 2010
Rouge | 2012 à 2015 | cav. 11 € **14/20**
Fruité rouge intense, texture fine, allonge élégante, un pinot de fruit et de plaisir.

CHABLIS 2010
Blanc | 2012 à 2015 | cav. 13 € **14/20**
Vendangé plus tôt que le petit-chablis, il paraît plus puissant mais un peu moins équilibré, avec néanmoins de gourmands arômes de fruits blancs.

CHABLIS CROIX AUX MOINES 2010 ☺
Blanc | 2012 à 2016 | cav. 15 € **15/20**
La vinification moitié en fût se fait sentir, elle apporte rondeur et gras en bouche, bel équilibre, un style riche.

CHABLIS PREMIER CRU BEAUROY 2010
Blanc | 2012 à 2016 | cav. 19,80 € **14,5/20**
Fruité gourmand, bouche ronde, souple, il se livre assez vite.

CHABLIS PREMIER CRU BEAUROY 2009 ☺
Blanc | 2012 à 2016 | cav. 19,80 € **15/20**
Note grillée toastée très agréable. Gourmand, à point.

CHABLIS PREMIER CRU CÔTE DE LECHET 2010
Blanc | 2012 à 2018 | cav. 19,80 € **15/20**
Floral, un caractère plus affirmé que le beauroy, bouche complète, harmonieuse.

CHABLIS PREMIER CRU FOURCHAUME 2010
Blanc | 2012 à 2018 | cav. 21 € **15/20**
Matière mûre et parfumée, jus élégant, fleurs et fruits jaunes, finale agréable et ample, ses 14 degrés sont bien domptés.

CHABLIS PREMIER CRU FOURCHAUME 2009
Blanc | 2012 à 2017 | cav. 21 € **15/20**
Floral, riche, un style gourmand et ample, excellent style mais haute maturité du raisin.

Petit Chablis 2010 ☺
Blanc | 2012 à 2015 | cav. 10 € **15/20**
Un bon petit-chablis, gras, riche, surmaturité sur-mûr mais sans excès, il a été vendangé en dernier et ça se sent !

DOMAINE RAVENEAU

9, rue de Chichée • 89800 Chablis
Tél. 03 86 42 17 46 • Fax : 03 86 42 45 55

Les générations passent, mais ce domaine continue de figurer au firmament de l'appellation et de régaler les amateurs qui ont la chance d'avoir quelques allocations ou de connaître les bons cavistes, avec des vins d'un raffinement et d'une complexité de saveurs sans équivalent, et surtout d'une extraordinaire longévité. Les 2010 redégustés cette année étaient dans une phase intermédiaire, courante au domaine car pour bien s'exprimer, tous les millésimes demandent ici un minimum de cinq années en bouteille, et même plus pour les premiers et grands crus. Mais pas de crainte : c'est bien un très grand millésime qui est sous verre.

Chablis 2010
Blanc | 2012 à 2020 | NC 15,5/20
Plus gras, plus épais que ses pairs, avec une tension citronnée et une allonge vive bien mûr.

Chablis grand cru Blanchot 2010
Blanc | 2016 à 2030 | NC **17,5/20**
Un fruité gourmand emplit la bouche, la minéralité caillouteuse arrive en deuxième partie de bouche.

Chablis grand cru Les Clos 2010
Blanc | 2020 à 2030 | NC **18,5/20**
Une minéralité cristalline qui souligne la bouche, ensemble ramassé et compact, grand avenir mais il va falloir patienter.

Chablis grand cru Valmur 2010
Blanc | 2016 à 2030 | NC **18/20**
Peut-être plus immédiatement chablisien que blanchots dans ses arômes, dans un registre de sous-bois et de feuilles, allonge concentrée et fine, finale resserrée.

Chablis grand cru Valmur 2009
Blanc | 2014 à 2029 | NC **17,5/20**
La minéralité du terroir est déjà bien tranchante, avec une tonalité « sèche » en finale.

Chablis premier cru Butteaux 2010
Blanc | 2015 à 2030 | NC **17/20**
Déjà complet, bouche charnue et fruitée, finale élancée, allonge concentrée et de grande longueur. Déjà au sommet.

Chablis premier cru Forest 2010
Blanc | 2015 à 2030 | NC **16,5/20**
Tranchant, incisif, épaisseur minérale en bouche, déjà grand alors que ce n'est qu'un enfant. Mais sa note montera.

Chablis premier cru Montée de Tonnerre 2010
Blanc | 2015 à 2030 | NC **17,5/20**
Attaque tranchante, qui laisse place à une expression plus fruitée (jaune) en milieu de bouche, allonge cristalline.

Chablis premier cru Montée de Tonnerre 2009
Blanc | 2015 à 2029 | NC **16/20**
Cristallin, pas encore en place, mais dans le style reconnaissable par ses arômes de raisin très mûr typiques de 2009.

Chablis premier cru Montée de Tonnerre 2008
Blanc | 2016 à 2028 | NC **17/20**
Un millésime plus incisif et citronné que 2009 ! Une minéralité d'eau de roche, tranchant et pur, à attendre absolument !

Chablis premier cru Montmain 2010
Blanc | 2015 à 2030 | NC **16,5/20**
Un fruité plus prononcé que forêt, allonge dynamique, plein de jus et de fraîcheur.

Chablis premier cru Vaillons 2010
Blanc | 2015 à 2030 | NC **16,5/20**
Toujours ce fruité jaune propre au terroir, ici d'une grande finesse (pulpe d'abricot), bouche tendue.

DOMAINE DAVID RENAUD

11, chemin des Fossés • 89290 Irancy
Tél. 03 86 42 27 39 • Fax : 03 86 42 27 39
domaine.renaud@orange.fr
www.davidrenaud-irancy.com
Visite : Sur rendez-vous.

David Renaud donne un souffle nouveau à Irancy, trop méconnue appellation rouge de l'Yonne. Une nouvelle cuverie, une conversion du vignoble à l'agriculture biologique : les prochains millésimes devraient montrer la nouvelle direction du domaine. Déjà le 2010 rompt avec la démarche compliquée

des lots numérotés des années passées : désormais ne subsistent qu'une cuvée d'assemblage et un lieu-dit, Vaupessiot, dégusté avant mise cette année.

Irancy 2010 ☺
Rouge | 2012 à 2018 | 11,50 € **15/20**
Fruit, épices, racines, plein de sève et de jus, gourmand.

Irancy Vaupessiot 2010
Rouge | 2012 à 2020 | 15 € **15,5/20**
Goûté en élevage, le bois le marque mais sa riche matière le digérera, on le regoûtera en bouteille.

DOMAINE SÉGUINOT-BORDET

8, chemin des Hâtes • 89800 Maligny
Tél. 03 86 47 44 42 • Fax : 03 86 47 54 94
contact@seguinot-bordet.fr • www.seguinot-bordet.fr
Visite : Du lundi au vendredi de 8h à 12h et de 13h30 à 17h30. Le samedi sur rendez-vous.

Jean-François Bordet est la treizième génération de cette famille dont l'arbre généalogique remonte à 1590. Il a développé la mise en bouteille au domaine, accru les densités de plantation et essaie de revenir aux sélections massales. Les 2010 affichent l'équilibre et la richesse attendus, seul vaudésir est commercialisé avec un millésime de décalage car élevé plus longuement.

Chablis 2010
Blanc | 2012 à 2015 | 9 € **14/20**
Complet, nerveux, frais et droit, désaltérant.

Chablis grand cru Vaudésir 2009
Blanc | 2012 à 2019 | 30 € **14,5/20**
Le boisé ressort dans ce millésime d'acidité basse, on perd un peu en expression du cru même si l'ensemble reste équilibré et gourmand.

Chablis premier cru Fourchaume 2010
Blanc | 2012 à 2020 | 15 € **15/20**
Élégant, droit et légèrement citronné, de l'allonge et une belle subtilité.

Chablis premier cru Vaillons 2010
Blanc | 2012 à 2017 | 15 € **14,5/20**
Pas le même charme que le fourchaume, un peu plus simple dans son expression mais fruité jaune agréable.

Chablis Vieilles Vignes 2010 ☺
Blanc | 2012 à 2020 | 12 € **15/20**
Plus fin et plus épais que le chablis, allonge savoureuse, finale complexe.

DOMAINE SERVIN

20, avenue d'Oberwesel • 89800 Chablis
Tél. 03 86 18 90 00 • Fax : 03 86 18 90 01
contact@servin.fr • www.servin.fr
Visite : Du lundi au vendredi de 9h à 12h et de 13h30 à 17h3 et le samedi de 9h30 à 12h30 et de 14h à 18h.

Ce domaine dispose d'un joli vignoble sur Chablis. Les vendanges sont mécaniques ou manuelles selon les crus, et seules quelques cuvées sont passées en fûts (le chablis vieilles-vignes pour moitié, les-clos et les-preuses totalement, par exemples). Cela donne des vins riches, puissants, parfois plus côte-d'oriens que chablisiens, selon le goût de François Servin. 2010 est sans surprise supérieur à 2009, les beaux terroirs démarrent discrètement ce qui est gage de grande évolution. Pour en mesurer le potentiel, nous avons fait cette année une verticale fort intéressante de montée-de-tonnerre, où François Servin a généreusement débouché 19 bouteilles, remontant à 1962.

Chablis 2010 ☺
Blanc | 2012 à 2015 | 9 € **14,5/20**
Arômes purs, grosse tension citronnée en bouche, sans raideur, excellent style.

Chablis grand cru Blanchot 2010
Blanc | 2014 à 2025 | 28 € **16/20**
Arômes fruits blancs, fleurs et agrumes, droiture et tension, beaucoup d'élégance dans les parfums, amertume gourmande en fin de bouche.

Chablis grand cru Bougros 2010
Blanc | 2015 à 2025 | 28 € **16,5/20**
Riche, le boisé le marque encore de son registre torréfié.

Chablis grand cru Les Clos 2010
Blanc | 2015 à 2025 | 35 € **17,5/20**
Une belle expression minérale des clos, beaucoup de réserve en bouche, il a bien mieux digéré son élevage (pourtant identique) que bougros, du potentiel.

Chablis premier cru Butteaux 2010
Blanc | 2014 à 2020 | 13,50 € **16/20**
Joli style, élégant et concentré, le fruité mûr est soutenu par une acidité gourmande, il a de la réserve.

Chablis premier cru Les Forêts 2010
Blanc | 2013 à 2020 | 13,50 € **15/20**
Parfums de sous-bois, de fruits jaunes, bouche gourmande bien étirée par une bonne acidité.

Chablis premier cru Vaillons 2010
Blanc | 2013 à 2020 | 13,50 € **15,5/20**
Arômes fruités blancs et jaunes, texture grasse en bouche bien que le vin n'ait pas vu le bois, finale généreuse et gourmande.

Chablis Vieilles Vignes 2010 ☺
Blanc | 2012 à 2018 | 11 € **15,5/20**
Belle densité en bouche, jus délicat et parfumé, acidité fine, délicieux.

Petit Chablis 2010 ☺
Blanc | 2012 à 2015 | 7,50 € **14/20**
Bien vif, droit, arômes citronnés, très typé.

SIMONNET-FEBVRE

30, route de Saint-Bris • 89530 Chitry
Tél. 03 86 98 99 00 • Fax : 03 86 98 99 01
contact@simonnet-febvre.com
www.simonnet-febvre.com
Visite : Du mardi au samedi de 10h à 12h30 et de 14h à 18h30.

Jean-Philippe Archambaud redonne progressivement ses lettres de noblesse à cette maison historique, rachetée en 2003 par Louis Latour. Spécialiste des crémants, ceux-ci ont gagné en fraîcheur, et des dosages faibles font ressortir la subtilité des finales. Les blancs ont beaucoup progressé en pureté et en densité, avec des élevages sous bois désormais plus discrets. Le mont-de-milieu vendangé à la main en 2010 confirme la nouvelle orientation de la maison, la gamme devrait séduire les restaurateurs.

Bourgogne Chitry 2010 ☺
Blanc | 2012 à 2015 | 6,70 € **13/20**
Nerveux, droit, un cru idéal pour la restauration type brasserie, du caractère et de la tenue.

Bourgogne Épineuil 2010 ☺
Rouge | 2012 à 2016 | 7,10 € **13,5/20**
Floral, parfumé, petits tanins, bouche souple, désaltérant, idéal pour les bistrots.

Bourgogne Vézelay 2010 ☺
Blanc | 2012 à 2015 | 6,50 € **13,5/20**
Plus parfumé et floral que le chitry, excellente expression du style des chardonnays de l'Yonne.

Chablis 2010 ☺
Blanc | 2012 à 2016 | 10,40 € **14/20**
Complet, fruité bien mûr, pêche blanche, finale gourmande.

Chablis grand cru Blanchots 2010
Blanc | 2012 à 2020 | 34,95 € **16/20**
L'élevage en barriques lui confère un registre légèrement exotique qui accentue la gourmandise, un style plus charnu que preuses, plus accessible peut-être.

Chablis grand cru Les Clos 2010
Blanc | 2015 à 2025 | 35,50 € **16,5/20**
Goûté avant mise, il se présente déjà bien minéral, même si son élevage partiel sous bois se remarque encore. Sa pureté et sa droiture lui donnent un joli potentiel.

Chablis grand cru Les Preuses 2010
Blanc | 2012 à 2020 | épuisé **16,5/20**
Encore jeune, la bouche est charnue et pleine, le fruité blanc et légèrement citronné, la finale précise et droite.

Chablis premier cru Côte de Lechet 2010
Blanc | 2012 à 2017 | 14,20 € **14,5/20**
Plus typé que montmains, une bouche aux parfums gourmands de champignons et de sous-bois, une finale tendre mais compacte.

Chablis premier cru Fourchaume 2010 ☺
Blanc | 2012 à 2018 | 18,10 € **15,5/20**
Joli fourchaume, épanoui et bien floral, plein, assez riche, le succès commercial récent de cette cuvée est parfaitement mérité.

Chablis premier cru Mont de Milieu 2010
Blanc | 2012 à 2020 | 16,60 € **16/20**
Fruité très mûr, moins exotique (ananas) que dans les millésimes précédents, ce qui renforce la saveur minérale en bouche, un style plus classique pour le terroir.

Chablis premier cru Montée de Tonnerre 2010
Blanc | 2012 à 2020 | 17,95 € **15/20**
Le cru est désormais vinifié en cuve, et gagne en pureté immédiate d'expression. Un vin élégant, même si on peut encore gagner en droiture.

Chablis premier cru Vaillons 2010 ☺
Blanc | 2012 à 2017 | 15,70 € **15/20**
Jolie texture ronde, des parfums élégants de fleurs et de sous-bois, agréable et complet.

Petit Chablis 2010
Blanc | 2012 à 2015 | 8,25 € **13/20**
Bouche glissante, arômes de fruits frais, désaltérant.

Saint-Bris 2010

Blanc | 2012 à 2015 | 6,50 € **14,5/20**

Belle réussite dans le millésime, cette cuvée s'installe dans la régularité, parfums de mangue bien mûrs, bouche nerveuse, apéritive par excellence. À essayer sur un feuilleté aux asperges.

DOMAINE TESTUD

38, rue des Moulins • 89800 Chablis

Tél. 03 86 42 45 00 • Fax : 03 86 42 14 75

domaine.testud@orange.fr

Visite : Du lundi au vendredi de 9h à 18h.

Le week-end sur rendez-vous.

Les Testud ont participé à l'essor du Chablisien dans les années 1960 mais le domaine actuel ne date que des années 1980, avec pour privilège rare la détention de cinquante ares du grand cru Grenouilles, qui ne compte que sept propriétaires. Cyril Testud vendange à la main les raisins qu'il garde pour la production du domaine, et vinifie en cuves (seul le grenouilles voit un petit peu le bois), les vins demandant généralement quelques années pour dompter leur colonne d'acidité. Les derniers millésimes confirment les progrès récents du domaine, les 2010 sont réussis même si on peut encore gagner en caractère sur les beaux terroirs.

Chablis grand cru Grenouille 2010

Blanc | 2015 à 2020 | 35 € **15,5/20**

De beaux parfums de fruits secs et de fleurs séchées, une texture assez épaisse mais il faut impérativement l'attendre, son boisé le marque un peu aujourd'hui.

Chablis premier cru Montée de Tonnerre 2010

Blanc | 2014 à 2018 | 15 € **15,5/20**

Une montée encore discrète mais la bouche est bien pure, toute droite, la finale tranchante, il faut lui laisser un peu de temps.

Chablis premier cru Testud 2010

Blanc | 2012 à 2018 | 13,50 € **15,5/20**

Beaux arômes gourmands de fruits mûrs, bouche droite, finale ciselée, impeccable.

Chablis Rive Droite 2010

Blanc | 2012 à 2016 | 9,50 € **14,5/20**

Arômes bien purs, bouche ciselée, tension citronnée, finale vive, hautement recommandable.

DOMAINE GÉRARD TREMBLAY

12, rue de Poinchy • 89800 Chablis

Tél. 03 86 42 40 98 • Fax : 03 86 42 40 41

gerard.tremblay@wanadoo.fr

www.chablis-tremblay.com

Visite : Du lundi au samedi de 10h à 12h et 14h à 18h.

La famille Tremblay a donné de nombreux vignerons à Chablis. Gérard dirige le domaine familial, désormais rejoint par ses enfants. Les vendanges sont mécaniques, sauf le grand cru, les vins sont levurés, et les élevages majoritairement en cuves sauf pour les premiers et grands crus ainsi que la cuvée Hélène. Les derniers millésimes nous paraissent plus banals que par le passé, avec des entrées de gamme décevantes, même si la cuvée de fourchaume vieilles-vignes s'en sort régulièrement bien.

Chablis premier cru Fourchaume Vieilles Vignes 2010

Blanc | 2012 à 2017 | NC **14,5/20**

Plus concentré que les autres premiers crus du domaine, la bouche est parfumée (beurre frais), la texture et la finale élégantes.

DOMAINE LAURENT TRIBUT

15, rue de Poinchy • 89800 Poinchy

Tél. 03 86 42 46 22

Visite : Sur rendez-vous.

Laurent Tribut est le beau-frère de Vincent Dauvissat, et leurs vins ne sont pas sans partager un air de famille. De beaux raisins et des élevages dans de vieux bois donnent un caractère cristallin et tendu aux vins, avec un extrait sec qui se défait lentement en bouteille, leur permettant de vieillir avec bonheur. La gamme est d'une rare homogénéité. Très beaux 2010, qui s'ouvriront patiemment en bouteille.

Chablis 2010

Blanc | 2012 à 2018 | NC **15,5/20**

Gras, onctueux, minéralité tendue, expression cristalline, finale pure.

Chablis premier cru Beauroy 2010

Blanc | 2014 à 2020 | NC **16/20**

Toucher gourmand, concentré, définition minérale bien sèche, tendu, droit.

Chablis premier cru Côte de Lechet 2010

Blanc | 2014 à 2020 | NC **15,5/20**

Serré, concentré, encore compact, il faudra l'attendre un peu. Finale sur de très beaux amers.

Chablis premier cru Montmains 2010
Blanc | 2015 à 2025 | NC **16,5/20**
Le plus gras et le plus épais de tous, matière riche, tension sèche qui étire la bouche, superbe.

Chablis Solange Tribut 2010
Blanc | 2012 à 2018 | NC **15,5/20**
Solange est la fille de Laurent, et vinifie désormais avec lui tout en travaillant sa propre vigne. On retrouve la filiation dans le verre, un peu plus de tension que dans le chablis de Laurent, un peu moins de minéralité mais beaucoup de pureté et de droiture.

DOMAINE ALAIN VIGNOT

16, rue des Prés • 89300 Paroy-sur-Tholon
Tél. 03 86 91 03 06 • Fax : 03 86 91 09 37
info@domaine-alain-vignot.com
www.domaine-alain-vignot.com

Bourgogne Côte Saint-Jacques 2010 ☺
Rouge | 2012 à 2016 | NC **14/20**
Les notes boisées amènent de la gourmandise, ensemble fin et bien digeste, tout en délicatesse.

CHÂTEAU DE VIVIERS

2, rue des Fourches • 89700 Viviers
Tél. 03 86 75 90 04
bernard.lefebure@numericable.fr
Visite : Sur rendez-vous.

Le Château de Viviers appartient à la famille Bichot, également propriétaire du Château Long-Depaquit, et les mêmes équipes y sont à l'œuvre. Si les premiers et grands crus de Viviers sont également proposés par Long-Depaquit, la différence majeure vient des chablis, issus du village de Viviers (et non de Chablis pour Long-Depaquit). De manière générale, les vins ici ont souvent une expression tendre qui les rend aimables jeunes. Belle réussite sur 2010.

Chablis 2010
Blanc | 2012 à 2015 | NC **14/20**
Parfumé, droit, moins concentré que le même vin chez Long-Depaquit, tendre.

Chablis grand cru Les Blanchots 2010
Blanc | 2014 à 2020 | NC **16/20**
Il est étonnamment plus ouvert que le même cru de Long-Depaquit, avec une similaire saveur de fleurs et de feuilles.

Chablis premier cru Les Vaillons 2010
Blanc | 2012 à 2015 | NC **14,5/20**
Il offre une évolution plus marquée que le même vin de Long-Depaquit, un arôme de miel assez prononcé qui lui fait perdre un peu de son caractère.

Chablis premier cru Les Vaucopins 2010 ☺
Blanc | 2012 à 2018 | NC **15/20**
Belle expression, fleurs et sous-bois, bouche tendre.

DOMAINE WILLIAM FÈVRE

21, avenue d'Oberwesel • 89800 Chablis
Tél. 03 86 98 98 98 • Fax : 03 86 98 98 99
contact@williamfevre.com • www.williamfevre.com
Visite : Du lundi au samedi de 9h30 à 12h30 et de 13h30 à 18h. Le dimanche sur rendez-vous.
Fermeture annuelle du 1er décembre au 1er mars.

Racheté par Bouchard Père et Fils en 1998, William Fèvre fait désormais jeu égal avec les meilleurs domaines de la région. Propriétaire notamment de 20 % des grands crus de Chablis, la maison ne manquait pas d'atouts, mais le travail accompli par Didier Séguier et ses équipes, à la vigne comme en cave, a permis de retrouver la pureté cristalline et le caractère propre à chaque cru. Une viticulture particulièrement soignée et de plus en plus respectueuse de l'environnement, des vendanges exclusivement manuelles, des vinifications pour partie sous bois mais sans fûts neufs, et surtout, beaucoup de patience et d'humilité pour comprendre un terroir aussi complexe : plus qu'une recette, une philosophie. Les 2010 sont splendides, la lecture des terroirs est d'une grande clarté.

Chablis 2010 ☺
Blanc | 2012 à 2016 | 11,90 € **15/20**
Belle pureté, fruité blanc rayonnant, plein de jus et de nerf, une arrière-bouche toute en fraîcheur.

Chablis grand cru Bougros 2010
Blanc | 2015 à 2030 | 39 € **17/20**
Ciselé, fruité et déjà minéral, une pureté éclatante et beaucoup d'ampleur, grand avenir.

Chablis grand cru Bougros Côte de Bouguerots 2010
Blanc | 2017 à 2030 | 46 € **18/20**
Du jus et de la droiture, sa gourmandise fruitée le rend faussement prêt à boire, la tension qui prend le relais devrait inciter à la patience.

Chablis grand cru Grenouilles 2010
Blanc | 2012 à 2025 | 46 € **16/20**
Fin, élégant, le plus gourmand de la série des grands crus dans son immédiateté.

Chablis grand cru Les Clos 2010
Blanc | 2017 à 2030 | 52 € **19/20**
L'élevage est un rien perceptible, la minéralité du terroir remonte progressivement, il faudra l'attendre, sa pureté en fera un vin magnifique, plus lent que le 2009.

Chablis grand cru Les Preuses 2010
Blanc | 2017 à 2030 | 46 € **18,5/20**
Très fin, grande délicatesse des arômes de menthe et d'herbes fraîches, allonge d'une grande pureté.

Chablis grand cru Valmur 2010
Blanc | 2015 à 2030 | 46 € **17,5/20**
Moins en charmes que vaudésir, un peu plus sur la réserve car sa tension le fait évoluer lentement.

Chablis grand cru Vaudésir 2010
Blanc | 2015 à 2030 | 46 € **18/20**
Concentré, pur, avec un ressort dynamique à souhait, une grande énergie se libère petit à petit.

Chablis premier cru Beauroy 2010
Blanc | 2012 à 2018 | 23,50 € **15/20**
Le plus accessible de tous les premiers crus, la richesse du cru est bien équilibrée par la fraîcheur du millésime.

Chablis premier cru Fourchaume 2010
Blanc | 2015 à 2025 | 26 € **16/20**
Très floral, intense et puissant, agrumes mûrs en bouche avec de la tension, sa réserve est prometteuse.

Chablis premier cru Les Lys 2010
Blanc | 2012 à 2025 | 23,50 € **16/20**
On retrouve l'exposition nord par la dimension réservée du fruité, la tension sous-jacente, moins éclatant que vaillons mais plus compact grâce à de petits rendements.

Chablis premier cru Mont de Milieu 2010
Blanc | 2012 à 2025 | 26 € **15/20**
Première année où les vignes sont cultivées par la maison. Bouche charnue, de l'épaisseur mais pas la même tension que vaillons. La reprise de la vigne est récente, cela se sent en milieu de bouche.

Chablis premier cru Montée de Tonnerre 2010
Blanc | 2015 à 2025 | 28 € **17/20**
La minéralité est déjà présente en bouche, pureté tranchante avec un retour de fruits blancs en fin, grand avenir.

Chablis premier cru Montmains 2010 ☺
Blanc | 2012 à 2020 | 23,50 € **16/20**
Très beaux parfums, la discrétion cristalline de la bouche s'étoffe progressivement, très élégant, le plaisir est déjà là.

Chablis premier cru Vaillons 2010
Blanc | 2015 à 2025 | 23,50 € **16/20**
Une note fumée discrète à l'attaque, relais cristallin, bien sec en fin, il faut l'attendre, qu'il retrouve son fruit.

Chablis premier cru Vaulorent 2010
Blanc | 2015 à 2025 | 32,50 € **17,5/20**
Moins en évidence que la montée, très dense, très riche, avec une puissance sous-jacente qui ne s'est pas encore libérée, pas d'inquiétude.

La Côte de Nuits

Cette toute petite bande de vignes donne certains des vins rouges les plus prestigieux de la planète, mais il faut savoir les choisir, tant la qualité peut varier d'un producteur à l'autre.

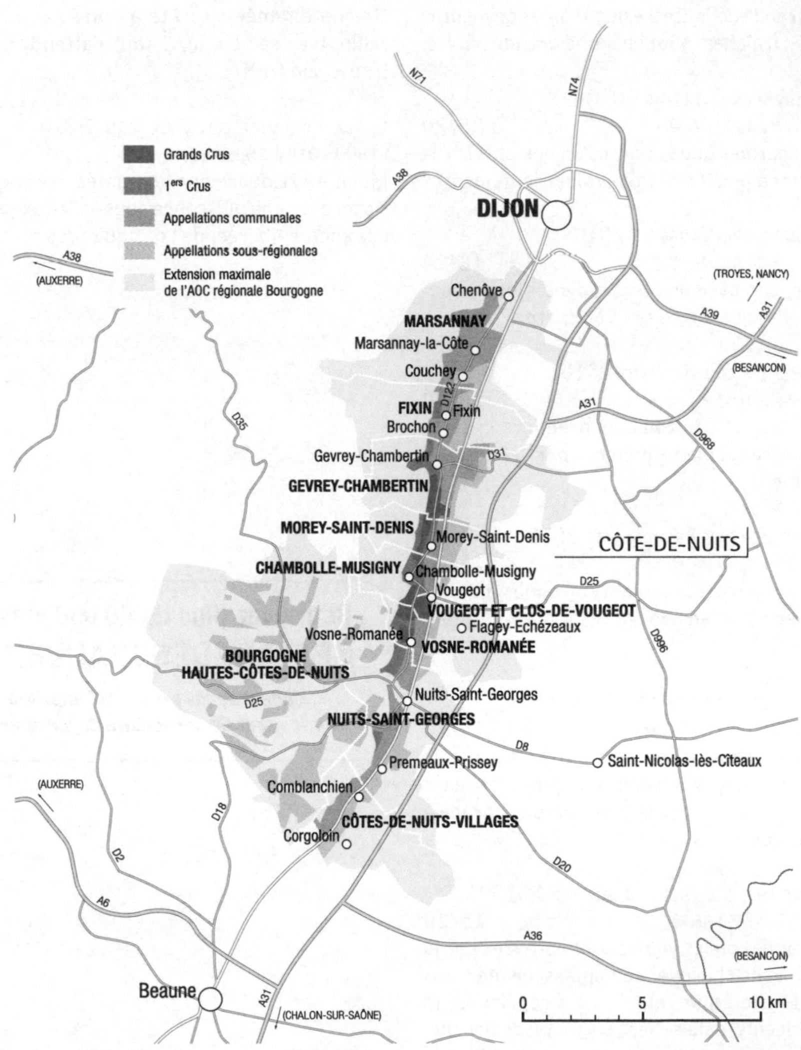

JEAN-LUC & PAUL AEGERTER

49, rue Henri-Challand • 21700 Nuits-Saint-Georges
Tél. 03 80 61 02 88 • Fax : 03 80 62 37 99
infos@aegerter.fr • www.aegerter.fr
Visite : Tous les jours de 10h à 19h.

Négociants fort intelligents de Nuits-Saint-Georges, sachant allier la qualité du produit et le sens de la vente, Jean-Luc Aegerter et son fils se sont assurés les vendanges de quelques crus prestigieux, qui s'ajoutent à leur petit domaine, et sont particulièrement adroits en matière d'élevage. Ils possèdent une superbe boutique à Beaune, où l'on peut trouver tout ce qu'il y a de bon et de rare en Bourgogne. Leur production mérite d'être mieux connue en France.

BEAUNE PREMIER CRU LES REVERSÉES 2010
Blanc | 2014 à 2018 | 59 € **15/20**
Boisé assez marqué, vin gras, net, généreux, avec de la suite en bouche mais une pointe de lourdeur.

BONNES-MARES GRAND CRU 2010
Rouge | 2020 à 2030 | 198 € **17,5/20**
Spécialité de la maison, parfaitement défini, assemblé, élevé, race évidente, beaucoup d'assurance dans le tanin. Le 2003 des mêmes sources est exceptionnel !

BOURGOGNE PINOT NOIR 2011
Rouge | 2012 à 2016 | NC **14/20**
Tout en fruit, très adroitement vinifié pour éviter tout tannin sec, ensemble facile, savoureux, sans prétention mais bien entraînant, parfait vin de copains ou copines, boire frais 14/15°C maximum.

BOURGOGNE PINOT NOIR 2010
Rouge | 2013 à 2015 | 12 € **14,5/20**
Souple, gourmand, très facile et agréable à boire, bien marqué par son origine (Couchois), générique moderne, très adroitement vinifié.

CHABLIS LES OPALES 2010
Blanc | 2013 à 2015 | 15 € **15/20**
Gras, mûr, onctueux, parfaite mise en bouteille également, très agréable à boire, à conseiller à tous les restaurateurs.

CHASSAGNE-MONTRACHET 2010
Blanc | 2016 à 2018 | 38 € **15,5/20**
Beaucoup de vitalité et de précision, parfait élevage en demi-muid, un rien plus de définition que le meursault, fort recommandable.

GEVREY-CHAMBERTIN 2010
Rouge | 2016 à 2020 | 39 € **15,5/20**
Bel assemblage de village, équilibre réussi entre vinosité et finesse, fruit net, jolie fin de bouche.

HAUTES CÔTES DE NUITS BELLE CANAILLE 2010
Rouge | 2014 à 2016 | 18 € **14,5/20**
Beaucoup de finesse et de fruit, glissant, souple, bien assemblé et mis en bouteille, parfait bourgogne de brasserie de qualité.

NUITS-SAINT-GEORGES 2010
Rouge | 2018 à 2025 | 48 € **16/20**
Récolte du domaine : forte couleur, vin solidement construit, tanin généreux, belle complexité, fait pour la garde.

POMMARD PREMIER CRU ÉPENOTS 2010
Rouge | 2018 à 2022 | 59 € **16,5/20**
Beaucoup de finesse, de netteté, de complexité dans le tanin, terroir bien dessiné, excellent.

SAVIGNY-LÈS-BEAUNE
RÉSERVE PERSONNELLE 2010
Blanc | 2014 à 2018 | 29 € **15/20**
Récolte du domaine, joli nez épicé, vin spirituel, très net, correspondant bien à l'idée d'un bon vin de de village, facile à boire.

MAISON AMBROISE

8, rue de l'Église • 21700 Premeaux-Prissey
Tél. 03 80 62 30 19 • Fax : 03 80 62 38 69
maison.ambroise@orange.fr • www.ambroise.com
Visite : Sur rendez-vous.

Dans les millésimes des années 1990, les rouges du domaine, très colorés et très tanniques, ont séduit les amateurs du style moderne mais sont apparus excessifs aux amateurs de bourgognes classiques. Les dernières vinifications montrent une nette évolution vers la tradition, tout en maintenant un haut niveau technique. Les blancs évoluent remarquablement en bouteille, aussi bien le corton-charlemagne que l'étonnant saint-romain.

NUITS-SAINT-GEORGES HAUTS DE PRULIER 2010
Rouge | 2018 à 2022 | 28 € **14,5/20**
Forte couleur, nez fumé, vinosité marquée et bien «nuitonne», assez ferme, terroite (petite note terrienne), vin de plats de chasse.

Nuits-Saint-Georges premier cru
Vaucrains 2010
Rouge | 2020 à 2028 | 42 € **17,5/20**
Immense matière, grande générosité aromatique, terroir magnifiquement défini, grande garde, superbe !

DOMAINE PIERRE ET JEAN-LOUIS AMIOT

27, Grande-Rue • 21220 Morey-Saint-Denis
Tél. 03 80 34 34 28 • Fax : 03 80 58 51 17
domaine.amiot-pierre@wanadoo.fr
Visite : Sur rendez-vous.

Ce domaine appartient à une famille sérieuse de viticulteurs. Jean-Louis est le frère de Christian, vigneron estimé de Chambolle et un des classiques de notre guide. Ses vinifications sont de plus en plus assurées et donnent des vins élégants et équilibrés, à qui il ne manque que le supplément de personnalité qui fait les grandes réussites.

Clos de la Roche grand cru 2010
Rouge | 2020 à 2025 | 56 € **16/20**
Excellent corps et texture pleine, saveur équilibrée, classique, assurée, mais moins raffiné dans son parfum que les plus grands.

Morey-Saint-Denis premier cru Blanchards 2010
Rouge | 2020 à 2025 | 32 € **15/20**
Vin terrien, épicé, avec même une note de truffe, tanin épais mais pas astringent, parfait sur le gibier à plumes.

DOMAINE AMIOT-SERVELLE

34, Caroline Aigle • 21220 Chambolle-Musigny
Tél. 03 80 62 80 39
domaine@amiot-servelle.com
www.amiot-servelle.com
Visite : Sur rendez-vous.

Christian Amiot a la chance de posséder de jolies parcelles dans les meilleurs terroirs de Chambolle, comme Amoureuses, Charmes, Derrière la Grange (en fait Gruenchers), et réussit en général parfaitement son vin village. Son style de vinification donne des cuvées un peu austères à leur début mais très nettes, complexes et capables d'un long vieillissement. Les derniers millésimes soulignent mieux, dès leur naissance, la finesse native de ces prestigieux terroirs. Le jour ne notre dégustation, ses 2010 ne se montraient pas à leur meilleur mais vous pouvez leur faire confiance ! Nous dégusterons l'an prochain au domaine.

Morey-Saint-Denis 2010
Rouge | 2017 à 2022 | NC **16/20**
Nez épicé, corps racé et classique, tanin équilibré, une entrée séduisante dans le portefeuille de crus de ce producteur.

DOMAINE DE L'ARLOT

RN 74 • 21700 Premeaux-Prissey
Tél. 03 80 61 01 92 • Fax : 03 80 61 04 22
contact@arlot.fr • www.arlot.com
Visite : Sur rendez-vous.

Avec le changement de directeur, ce domaine célèbre, appartenant toujours à Axa, présente désormais ses vins à nos dégustations. Il produit des cuvées monopoles de volume important qui ont donc la chance d'avoir une commercialisation plus conforme à la tradition, avec un vin de trois ans en vente et non de deux ans comme partout ailleurs. Les 2010 naissent avec un rien de plus d'énergie que les 2009.

Nuits-Saint-Georges premier cru
Clos de l'Arlot 2010
Rouge | 2020 à 2028 | 44,50 € **17/20**
Texture et parfum raffinés, un des plus complets de l'histoire, beaucoup d'avenir.

Nuits-Saint-Georges premier cru
Clos des Forêts Saint-Georges 2010
Rouge | 2020 à 2030 | 44,50 € **17/20**
Sentiment de raisin non foulé, beaucoup de finesse et de subtilité de texture, grande classe, encore jeune...

Nuits-Saint-Georges premier cru
Les Petits Plets 2010
Rouge | 2018 à 2022 | 24,50 € **17/20**
Magnifique raffinement de saveur et de texture, long, vivement recommandé.

Vosne-Romanée premier cru Suchots 2010
Rouge | 2020 à 2030 | 60 € **18/20**
Idéale expression de ce climat, nez merveilleux de rose ancienne (raisin entier ?), texture digne d'une romanée, grande longueur, émotion garantie.

DOMAINE CHARLES AUDOIN

7, rue de la Boulotte • 21160 Marsannay-la-Côte
Tél. 03 80 52 34 24 • Fax : 03 80 58 74 34
domaine-audoin@wanadoo.fr
Visite : Sur rendez-vous.

Ce domaine fort sérieux de Marsannay retrouve une nouvelle jeunesse avec l'actuelle génération. De nombreux séjours en Californie et en Oregon lui ont ouvert les yeux et donné une juste vision de ce que les amateurs de la planète aiment dans les vins de pinot noir et chardonnay. Les vins précis et savoureux, mais au fond très classiques, plairont au plus grand nombre, modernistes et traditionalistes réunis.

GEVREY-CHAMBERTIN 2010
Rouge | 2016 à 2022 | 21 € **14,5/20**
Robe dense, vin solidement construit, tanins fermes, bien dans le type masculin de gevrey.

MARSANNAY CLOS DU ROY 2010
Rouge | 2017 à 2020 | 16 € **15/20**
Bien construit, dense, épicé, tanin classique, belles possibilités de garde.

DOMAINE BALLORIN

17, rue Ribordot • 21220 Morey-Saint-Denis
Tél. 03 80 41 85 48
domaineballorin@orange.fr
Visite : De 8h à 12h et de 14h à 18h.

Ce petit domaine très «tendance» (bio, etc.) travaille certainement dur mais ne réussit pas tout ce qu'il touche, sans doute par excès d'un idéalisme, mais quand il fait mouche les vins sont exquis.

FIXIN CHENEVIÈRES 2010
Rouge | 2012 à 2018 | 26 € **14,5/20**
Nez très pur et fruité de cerise, tendre, adroitement vinifié dans le sens du naturel, pas très complexe mais glissant. Boire assez frais.

NUITS-SAINT-GEORGES BELLES CROIX 2010
Rouge | 2018 à 2022 | 30 € **16,5/20**
Remarquable finesse et subtilité aromatique, grain de tanin séduisant, vin de très haute qualité et d'un naturel parfait. Bravo !

DOMAINE BART

23, rue Moreau • 21160 Marsannay-la-Côte
Tél. 03 80 51 49 76 • Fax : 03 80 51 23 43
domaine.bart@wanadoo.fr
Visite : Sur rendez-vous.

À chaque nouveau millésime, Martin Bart semble davantage maître de son style. Cousin de Bruno Clair, il partage avec lui non seulement quelques crus mais une même vision sérieuse, classique et intemporelle du vin de Bourgogne, privilégiant l'expression exacte et stricte du terroir à l'explosion aromatique ou à l'hédonisme pur des textures. Ses 2010, et notamment une large gamme de marsannays, sont excellents.

CHAMBERTIN-CLOS DE BÈZE GRAND CRU 2010
Rouge | 2022 à 2035 | épuisé **18/20**
Grande race évidente, texture parfaitement équilibrée, tanin classique du clos, beaucoup de style, grand avenir.

FIXIN PREMIER CRU LES HERVELETS 2010
Rouge | 2018 à 2022 | 23 € **15,5/20**
Le mieux défini et le plus complexe des hervelets présentés, encore une fois, ensemble généreux, très classique de construction, de bonne garde probable.

MARSANNAY LES GRANDES VIGNES 2010
Rouge | 2016 à 2020 | 12,50 € **14,5/20**
Souple, épicé, facile mais très juste dans son expression du raisin.

DOMAINE GHISLAINE BARTHOD

4, rue du Lavoir • 21220 Chambolle-Musigny
Tél. 03 80 62 80 16 • Fax : 03 80 62 82 42
domaine.ghislaine.barthod@orange.fr
Visite : Sur rendez-vous.

Ghislaine Barthod est devenue, à juste titre, une des productrices les plus respectées de la commune de Chambolle, produisant d'une année sur l'autre des vins d'une grande finesse et d'une irréprochable précision, dans un style conforme à la tradition familiale. Simplement, les vins actuels ont un peu plus de couleur et de densité car ils sont vinifiés à partir de vendanges plus mûres. Ses crus les plus corsés sont cras et caroilles, son vin le plus parfumé, beauxbruns. Le mari de Ghislaine, Louis Boillot, à ne pas confondre avec son père Lucien (quand seule la première lettre du prénom est imprimée), a créé une petite firme de négoce où les vins sont élevés dans la même cave.

Chambolle-Musigny premier cru
Beaux Bruns 2010
Rouge | 2018 à 2025 | NC **16/20**
Excellent parfum, texture fine, tanin élégant, expression exacte et harmonieuse d'un terroir qui réussit toujours au domaine.

DOMAINE DES BEAUMONT

9, rue Ribordot • 21220 Morey-Saint-Denis
Tél. 03 80 51 87 89
contact@domaine-des-beaumont.com
www.domaine-des-beaumont.com
Visite : sur rendez-vous uniquement.

Thierry Beaumont progresse à chaque nouveau millésime et ses 2010 sont sans doute les vins les plus achevés qu'il ait jamais faits. Il privilégie un style classique, défiant les modes, et obtient des textures veloutées, fort agréables, avec une juste mise en valeur du terroir. Les prix restent raisonnables.

Chambolle-Musigny Chardannes 2010
Rouge | 2020 à 2025 | 24,90 € **16,5/20**
Remarquable délicatesse de texture mais corps plein et tanin très bien fixé, de la classe et de la longueur, vraiment excellent !

Charmes-Chambertin grand cru 2010
Rouge | 2020 à 2028 | 63 € **17/20**
Généreux, riche, tannique, Charmes complet, plutôt typé mazoyères d'ailleurs.

Gevrey-Chambertin premier cru Combottes 2010
Rouge | 2018 à 2025 | 43 € **17,5/20**
Un des vins les plus harmonieux du village, au fruit onctueux où domine la réglisse, tanin remarquablement élégant, plus racé encore que le 2009. Bravo !

Morey-Saint-Denis 2010
Rouge | 2020 à 2024 | 22,90 € **16,5/20**
Excellent volume de bouche, boisé intégré, belle persistance, un morey exemplaire, vivement recommandé.

DOMAINE BERTAGNA

16, rue du Vieux-Château • 21640 Vougeot
Tél. 03 80 62 86 04 • Fax : 03 80 62 82 58
contact@domainebertagna.com
www.domainebertagna.com
Visite : Du lundi au samedi de 10h à 12h30 et de 13h30 à 17h30.

Ce domaine appartient à la famille Reh, riches vignerons de la Moselle allemande, et possède des terroirs prestigieux en Corton et en Côte de Nuits, dont une superbe parcelle de Clos Saint-Denis. Depuis le départ de Claire Forestier, le style des vins s'est un peu relâché mais les derniers millésimes montrent une nette reprise en mains. Le 3e est proche.

Chambolle-Musigny Le Village 2010
Rouge | 2018 à 2025 | 33 € **16,5/20**
Beaucoup de profondeur, terroir bien lisible, longueur appréciable, vin classique, très recommandé.

Clos de Vougeot grand cru 2010
Rouge | 2020 à 2030 | 100 € **17,5/20**
Très beau clos, raffiné et aromatique mais avec le corps et la couleur attendus, et un tanin robuste mais élégant qui est la signature vraie de ce terroir de mi-côte.

Clos Saint-Denis grand cru 2010
Rouge | 2020 à 2028 | 96 € **17/20**
Belle richesse de matière, corps et tanin dignes de ce grand cru, bel avenir, recommandé.

Vosne-Romanée premier cru Beaumonts 2010
Rouge | 2017 à 2025 | 54 € **16,5/20**
Robe bleu violine, grande matière, raisin très mûr, capiteux même, très charnel, très beau vin.

LOUIS BOILLOT ET FILS (CHAMBOLLE)

4, rue du Lavoir • 21220 Chambolle-Musigny
Tél. 03 80 62 80 16 • Fax : 03 80 62 82 42
domaine.louis.boillot@orange.fr
Visite : Sur rendez-vous.

Il ne faut surtout pas confondre ce domaine avec un autre Domaine Louis Boillot, sis à Volnay, même si celui-ci possède également des vignes sur Pommard et Volnay : c'est la Bourgogne ! Louis est le mari de Ghislaine Barthod. Il vinifie et élève à Chambolle-Musigny les vins de son domaine, division de l'ancien Domaine Lucien Boillot, la seconde partie de ce domaine ayant été reprise par son frère.

Chambolle-Musigny 2010
Rouge | 2018 à 2022 | NC **15/20**
Boisé bien étudié ne masquant pas la floralité habituelle des vins du village, tanin ferme, village bien bâti.

Gevrey-Chambertin Évocelles 2010
Rouge | 2017 à 2025 | NC **15/20**
Frais, style classique et élégant, terroir lisible, vin précis, soigné, subtil et certainement de garde.

BOISSET

Les Ursulines - 5, quai Dumorey
21703 Nuits-Saint-Georges
Tél. 03 80 62 61 61 • Fax : 03 80 62 61 59
mallinger.a@boisset.fr • www.jcboisset.com
Visite : Le lundi de 14h à 19h. Du mardi au dimanche, de 10h à 19h. fermé le 25 décembre et le 1er janvier.

Cette maison a, depuis cinq ans, complètement révolutionné sa position dans l'univers bourguignon et métamorphosé le style de ses vins. La famille Boisset, sans doute agacée des commentaires habituels et fière du renouveau de son Domaine de la Vougeraie, a eu l'heureuse idée d'engager le talentueux Grégory Patriat, jeune, brillant et surtout anticonformiste, formé à l'école de Lalou Bize-Leroy, pour produire des vins dignes des meilleurs producteurs. C'est aujourd'hui chose faite, au prix d'une considérable diminution des volumes. 2009 et 2010 confirment la régularité du style et des ambitions de la maison dans les très nombreux crus présentés, en blanc comme en rouge. Toutes nos félicitations.

Beaune premier cru Bressandes 2009
Rouge | 2017 à 2024 | 25 € **17/20**
Beaucoup d'arômes de fruits noirs, texture tendre mais sans creux, beaucoup de finesse, de complexité et de race, une des plus parfaites expressions de ce cru que nous connaissions. Vivement recommandé.

Beaune premier cru Grèves 2009
Rouge | 2017 à 2024 | 26 € **17/20**
Coloré, très charnu, parfaite définition du terroir, longueur appréciable, souplesse veloutée capable de séduire le plus grand nombre.

Gevrey-Chambertin 2010
Rouge | 2017 à 2022 | 24 € **15,5/20**
Arômes épicés complexes, texture large et équilibrée, belle suite en bouche, excellente typicité.

Gevrey-Chambertin Jeunes Rois 2010
Rouge | 2017 à 2022 | 25 € **15/20**
Du très bon pinot noir aux arômes précis de fruits rouges, texture et tanin équilibrés et raffinés, excellente vinification.

Ladoix premier cru Hautes-Mourottes 2009
Rouge | 2017 à 2024 | 18,60 € **17/20**
On approche du corton ! Grand nez épicé et typé rognet, grande sève, grands tanins, l'épitomé du ladoix.

Nuits-Saint-Georges Charbonnières 2010
Rouge | 2016 à 2020 | 24 € **15/20**
Petite note lactique au nez, tendre mais avec du fond et de la suite en bouche, très agréable.

Savigny-lès-Beaune 2009
Rouge | 2015 à 2019 | 15 € **15/20**
Style et équilibre proches de l'idéal, vin tendre, charnu, velouté, sincère, comme très peu savent en faire dans ce village.

Savigny-lès-Beaune premier cru
Serpentières 2009
Rouge | 2016 à 2021 | 20 € **15,5/20**
Coloré, épicé, très belle étoffe, terroir lisible, bonne longueur, recommandé si l'on recherche l'excellence à un bon prix.

DOMAINE J.P. BONY

5, rue de Vosne • 21700 Nuits-Saint-Georges
Tél. 03 80 61 16 02 • Fax : 03 80 61 16 02
fabiennebony@gmail.com • www.domainejpbony.com
Visite : Sur rendez-vous.

Nuits-Saint-Georges Damodes 2010
Rouge | 2018 à 2022 | 18,50 € **15/20**
Belle vinosité, vin sincère, équilibré, expressif de son terroir, recommandé, et domaine artisanal à suivre.

RÉGIS BOUVIER

52 rue Mazy • 21160 Marsannay la Côte
Tél. 03 80 51 33 93 • Fax : 03 80 58 75 07
dom.reg.bouvier@hotmail.fr
Visite : Sur rendez-vous.

Marsannay Longeroies 2010
Rouge | 2018 à 2022 | 14 € **15/20**
Excellente expression de longeroies, style classique sur la réglisse, donne envie de mieux

connaître les autres vins de ce producteur apparenté à Bernard Bouvier.

DOMAINE RENÉ BOUVIER

Chemin de Saule-Brochon
21220 Gevrey-Chambertin
Tél. 03 80 52 21 37 • Fax : 03 80 59 95 96
rene-bouvier@wanadoo.fr
Visite : Sur rendez-vous.

Bernard Bouvier fait partie de la jeune génération des vignerons de Marsannay qui mettent pour la première fois en valeur le riche patrimoine de cette commune. Les vins sont vinifiés de manière moderne mais respectueuse des terroirs, dans un style opulent et fin, très consensuel. Si l'on ajoute la gentillesse de l'accueil et le dynamisme de la commercialisation, on conviendra que ce jeune producteur donne une image très favorable de la Bourgogne d'aujourd'hui. Ses 2008 et 2009 montrent une évolution de style vers plus de finesse comme quelques autres dans son village, et ce mouvement va sans doute en faire réfléchir d'autres encore.

Charmes-Chambertin grand cru 2010
Rouge | 2020 à 2030 | 76 € **16/20**
Amusant et original avec ses notes poivrées de grande syrah, mais le tanin et le velouté de texture sont bien pinot, jolie suite en bouche.

Fixin Vieilles Vignes 2010
Rouge | 2020 à 2022 | 23 € **15/20**
Plus classique de style que crais-de-chêne, vin droit, très strict, encore tendu, avec du style.

Gevrey-Chambertin Jeunes Rois 2010
Rouge | 2018 à 2022 | 34,22 € **16/20**
Grande réussite, tout en finesse et droiture d'expression, tanins fins, élevage soigné, caractère plus racé que 2009.

Gevrey-Chambertin Racines du Temps 2010
Rouge | 2018 à 2025 | 42 € **16/20**
Robe bleu noir, grand nez de pruneau, onctuosité étonnante et maturité du raisin exceptionnelle pour le millésime, tanins de velours, extrêmement séducteur.

Marsannay Clos du Roi 2010
Rouge | 2018 à 2025 | 24 € **15,5/20**
Grande sève, vin puissant, tanin gras de raisin mûr, un rien de réduction, encore une fois le meilleur marsannay du producteur.

Marsannay En Ouzeloy 2010
Rouge | 2015 à 2020 | 19 € **15/20**
Coloré, bien mûr, notes de prune savoureuses, tanin ferme, excellent rapport qualité-prix.

Marsannay Le Clos ☺
Blanc | 2012 à 2015 | 18,10 € **14,5/20**
Jolis arômes de citron, frais, net, désaltérant, parfait à l'apéritif.

DOMAINE CASTAGNIER

20, rue des Jardins • 21220 Morey-Saint-Denis
Tél. 03 80 34 31 62 • Fax : 03 80 58 50 04
jeromecastagnier@yahoo.fr
Visite : Du lundi au samedi sur rendez-vous.

Ce domaine est repris par un jeune vigneron au caractère bien trempé et individualiste. Son patrimoine de vignes est un des plus remarquables du village et les vins commencent à montrer de quoi elles sont capables, sans atteindre encore le niveau des références.

Charmes-Chambertin grand cru 2010
Rouge | 2018 à 2028 | 40 € **15,5/20**
Bonne charpente, texture serrée, un peu tendue, petit déficit actuel en arômes, du style mais le raisin n'est pas allé jusqu'à maturité optimale.

Clos de la Roche grand cru 2010
Rouge | 2020 à 2030 | 40 € **16/20**
Excellente constitution, tout est net et précis dans ce vin, le terroir s'exprime avec assurance, mais comme souvent dans ce cru le parfum manque un peu de finesse immédiate.

Clos de Vougeot grand cru 2010
Rouge | 2018 à 2030 | 45 € **15,5/20**
Puissant et charpenté, tanin strict, sans atteindre la finesse et l'harmonie des grands 2010.

SYLVAIN CATHIARD

20, rue de la Goillotte • 21700 Vosne-Romanée
Tél. 03 80 62 36 01 • Fax : 03 80 61 18 21
sylvain.cathiard@orange.fr

Comme d'habitude, le domaine n'a pas présenté de vin mais nous avons pu les déguster à Londres et vérifier qu'ils sont fidèles aux compliments que nous leur avions donnés l'an dernier, des vins d'un style sûr et classique qui feront de grandes bouteilles quand leur boisé sera digéré.

NUITS-SAINT-GEORGES PREMIER CRU THOREYS 2010
Rouge | 2018 à 2024 | NC **17/20**
Le thoreys le plus distingué dont nous ayons souvenir, texture profonde, tanin noble et boisé bien fondu, contrairement à son compagnon de cave le murger.

VOSNE-ROMANÉE 2010
Rouge | 2016 à 2022 | NC **16,5/20**
Belle couleur, texture noble pour un village, fin de bouche pure et pas trop boisée, vivement recommandé.

VOSNE-ROMANÉE PREMIER CRU MALCONSORTS 2010
Rouge | 2020 à 2030 | NC **17,5/20**
Du grand jus, un tanin très noble, une texture parfaite mais un choix de bois neuf légèrement trop épicé qui devrait se fondre dans trois ou quatre ans. Mais l'échantillon n'était pas encore en bouteille...

VOSNE-ROMANÉE PREMIER CRU REIGNOTS 2010
Rouge | 2020 à 2030 | NC **18/20**
Grande noblesse aromatique, tanins raffinés, égale les très beaux grands crus de la commune.

DOMAINE PHILIPPE CHARLOPIN-PARIZOT

18, route de Dijon • 21220 Gevrey-Chambertin
Tél. 03 80 58 50 46 • Fax : 03 80 58 55 98
charlopin.philippe21@orange.fr
www.domaine-charlopin-parizot.com
Visite : Du mardi au samedi de 10h à 19h.

Philippe Charlopin dispose d'un des plus brillants patrimoines de crus de toute la Côte de Nuits. Un tour de cave au domaine est une visite privilégiée à travers un très grand nombre de cuvées, toutes brillamment vinifiées et illustrant le meilleur des pratiques de vinification modernes : vendange à très haute maturité, tri minutieux du raisin, longues macérations préfermentaires, élevage quasi exclusif en fûts neufs. Son fils a désormais bien pris en charge vignes et vinifications, sans changement de style. Sous sa direction, les vins du domaine de Chablis s'affinent d'année en année et offrent un bon rapport qualité-prix.

CHAMBOLLE-MUSIGNY 2010
Rouge | 2018 à 2025 | 40 € **16,5/20**
Nez floral, grande maturité du raisin, texture large, mûre, sensuelle, longueur appréciable, forte personnalité et progrès certain dans l'intégration immédiate du bois.

CHARMES-CHAMBERTIN GRAND CRU 2010
Rouge | 2018 à 2028 | 110 € **17/20**
Mûr, onctueux, voluptueux même, boisé riche mais non asséchant, de la suite et de l'avenir.

CLOS SAINT-DENIS GRAND CRU 2010
Rouge | 2020 à 2030 | 110 € **18/20**
Beaucoup de raffinement malgré la haute maturité du raisin évidente dans un grain de texture voluptueux, grande suite en bouche, grand vin.

CORTON - CHARLEMAGNE GRAND CRU 2010
Blanc | 2015 à 2022 | 100 € **16,5/20**
Notes grillées subtiles, tendu, plein, assez racé, du style et de l'allonge à défaut de grand volume de bouche.

FIXIN CLOS DE FIXEY 2010
Rouge | 2017 à 2020 | 25 € **15/20**
Bon fruit mûr, assez complexe dans ses nuances, corps équilibré, finale droite, vin de caractère.

GEVREY-CHAMBERTIN PREMIER CRU BEL AIR 2010
Rouge | 2018 à 2025 | 54 € **16,5/20**
Gevrey de race, élégant, précis, noblement boisé, avec un côté plein et voluptueux typique du domaine, à l'opposé du vieilles-vignes.

MARSANNAY ÉCHEZOTS 2010
Rouge | 2016 à 2020 | 25 € **15/20**
Coloré, gourmand, onctueux, style moderne affirmé (recherche de la plénitude de texture plus que de la fraîcheur aromatique), très facile à boire !

MOREY-SAINT-DENIS 2010
Rouge | 2018 à 2022 | 40 € **16/20**
Robe très foncée, corps considérable à ce niveau de cru, fin de bouche racée, morey de luxe mais aussi de terroir.

PERNAND-VERGELESSES 2010
Blanc | 2013 à 2017 | 30 € **15/20**
Franc, nerveux, boisé bien mieux intégré que par le passé, désaltérant et minéral, comme il se doit.

VOSNE-ROMANÉE 2010
Rouge | 2018 à 2022 | 50 € **15/20**
Personnel, chaleureux, long, sincère dans sa recherche de haute maturité, long, sensuel, fait pour la table.

DOMAINE JEAN CHAUVENET

3, rue de Gilly • 21700 Nuits-Saint-Georges
Tél. 03 80 61 00 72 • Fax : 03 80 61 12 87
domaine-jean.chauvenet@orange.fr
Visite : Sur rendez-vous.

NUITS-SAINT-GEORGES PREMIER CRU PRULIERS 2010
Rouge | 2018 à 2025 | NC **15,5/20**
Bon boisé, vin plein et harmonieux, raisin mûr, bonne suite en bouche, léger manque de fraîcheur mais à un haut niveau !

NUITS-SAINT-GEORGES PREMIER CRU
VAUCRAINS 2010
Rouge | 2020 à 2028 | 45 € **15,5/20**
Moins exceptionnel que d'autres vaucrains mais beau vin, riche, harmonieux, assez long, droit, peut-être pas assez artistiquement vinifié.

DOMAINE CHEVILLON CHEZEAUX

41, rue Henry-de-Bahezre
27000 Nuit-Saint-Georges
Tél. 03 80 61 23 95 • Fax : 03 80 61 13 57
chevillon.chezeaux@orange.fr
www.chevillion-chezeaux.com
Visite : Sur rendez-vous.

NUITS-SAINT-GEORGES BOUSSELOTS 2010
Blanc | 2014 à 2018 | 30 € **15/20**
Droiture et finesse rares à Nuits (en vin blanc!), bon équilibre, généreux, bien vinifié.

NUITS-SAINT-GEORGES PREMIER CRU
LES SAINT-GEORGES 2010
Rouge | 2020 à 2030 | 35 € **16,5/20**
Moins complexe et raffiné que d'autres saint-georges mais nuits superbe quand même, vineux, équilibré, long, et qui rattrapera peut-être son retard avec le temps.

DOMAINE GEORGES CHICOTOT

15, rue du Général-de-Gaulle - B.P. 118
21703 Nuits-Saint-Georges
Tél. 03 80 61 19 33 • Fax : 03 80 61 38 94
chicotot@aol.com • www.domaine-chicotot.com
Visite : Du lundi au vendredi de 9h30 à 12h et de 14h à 18h30.

Ce petit domaine artisanal s'affirme d'une année sur l'autre comme une des sources les plus remarquables et les plus raisonnables en matière de prix pour celui qui aime les vins de Nuits-Saint-Georges. Les parcelles sont petites mais toutes remarquablement situées et les vins, méticuleusement vinifiés par l'épouse de Georges Chicotot, peuvent servir de modèle de style. Excellents 2009, comme d'habitude, peut-être dépassés par les 2010, on verra.

NUITS-SAINT-GEORGES PREMIER CRU
LES SAINT-GEORGES 2010
Rouge | 2020 à 2030 | 45 € **17,5/20**
Belle robe, nez racé, texture très raffinée, très subtile, grande longueur, étonnant mais ce domaine est coutumier du fait ! Recommandé même si produit en volumes confidentiels et de niveau grand cru.

NUITS-SAINT-GEORGES PREMIER CRU
VAUCRAINS 2010
Rouge | 2020 à 2030 | 45 € **17,5/20**
Grand nez sur le moka, texture de taffetas rare dans un vaucrains, signe de la parfaite maturité du raisin, grand avenir.

DOMAINE BRUNO CLAIR

5, rue du Vieux Collège - B.P. 22
21160 Marsannay-la-Côte
Tél. 03 80 52 28 95 • Fax : 03 80 52 18 14
brunoclair@wanadoo.fr • www.bruno-clair.com
Visite : Sur rendez-vous.

Nous sommes ici au cœur du classicisme bourguignon, avec des vins d'une netteté et d'une élégance rarissimes. Le patrimoine de vignes est un des plus nobles qui soit, avec les grands joyaux de Gevrey comme le Clos Saint-Jacques, les Cazetiers et le Clos de Bèze, auquel il faut ajouter à partir de 2006 une partie du Bonnes Mares provenant de l'héritage de Bernard Clair. La réussite générale des cinq derniers millésimes mérite un grand coup de chapeau !

CHAMBERTIN-CLOS DE BÈZE GRAND CRU 2010
Rouge | 2025 à 2040 | 115 € **18/20**
Grand vin épicé, complet, pour le moment sur la réserve mais difficile d'imaginer plus juste expression du millésime. Patience donc !

GEVREY-CHAMBERTIN PREMIER CRU
LES CAZETIERS 2010
Rouge | 2022 à 2035 | 64 € **17/20**
Grande matière, arôme noble, corps et texture pour le moment peu détendus, tanin ferme, tout en devenir, donc patience...

Morey-Saint-Denis En la Rue de Vergy 2010
Rouge | 2017 à 2022 | 32,50 € **16,5/20**
Grande finesse et parfaite définition du morey, tout en fruits rouges et en harmonie de tanin. Recommandé.

Savigny-lès-Beaune premier cru La Dominode 2010
Rouge | 2018 à 2025 | 40 € **17,5/20**
Comme toujours incroyablement complet et racé, d'un classicisme de facture presque insolent, et grande expression de la classe du millésime.

DOMAINE CHRISTIAN CLERGET

10, ancienne RN - Gilly-les-Cîteaux • 21640 Vougeot
Tél. 03 80 62 87 37 • Fax : 03 80 62 84 37
domainechristianclerget@wanadoo.fr
Visite : Sur rendez-vous.

Domaine sérieux, disposant de jolies vignes sur Chambolle et Flagey mais que nous dégustons trop peu souvent pour suivre avec pertinence son évolution récente.

Chambolle-Musigny premier cru Charmes 2010
Rouge | 2020 à 2025 | env. 39 € **15,5/20**
Ne épicé, ensemble assez vigoureux pour Chambolle, tanin ferme, tout le sérieux de charmes. Seul le vieillissement apportera le sourire qui manque encore.

COLLOTTE

44 rue Mazy • 21160 MARSANNAY LA COTE
Tél. 03 80 52 24 34 • Fax : 03 80 58 74 40
domaine.collotte
Visite : Sur rendez-vous.

Domaine artisanal de Marsannay en grands progrès et qui a très bien réussi ses 2010, avec à la clé un rapport qualité-prix des plus alléchants.

Marsannay Champs Salomon 2010
Rouge | 2016 à 2020 | 12 € **15,5/20**
Beaucoup de style, de finesse aromatique et d'amplitude en fin de bouche, hautement recommandable.

DOMAINE DU COMTE LIGER-BELAIR

Château de Vosne-Romanée • 21700 Vosne-Romanée
Tél. 03 80 62 13 70 • Fax : 03 71 70 00 50
contact@liger-belair.fr • www.liger-belair.fr

Progressivement, Louis-Michel Liger-Belair installe son domaine au tout premier rang de la Bourgogne, avec des vins d'un raffinement de texture et d'arôme qui ne le cède qu'à celui de la Romanée-Conti. Pour y parvenir, il pratique une des viticultures les plus strictes et disciplinées de la Côte. Son fleuron, laromanée, ressemble d'ailleurs de plus en plus aux autres grandes romanées. Le millésime 2010 a donné des vins de grande finesse, étonnamment accessibles dès leur naissance.

La Romanée grand cru 2010
Rouge | 2022 à 2030 | 600 € **17,5/20**
Très expressif au nez avec un aspect floral élégant, pour l'instant porté par un boisé très fin, non asséchant mais qui en bouche tend encore un peu trop la matière.

Nuits-Saint-Georges premier cru Cras 2010
Rouge | 2018 à 2025 | 96 € **17/20**
Un rien plus fumé, très complexe, distingué, souple, subtil.

Vosne-Romanée Clos du Château 2010
Rouge | 2015 à 2022 | 62 € **16/20**
Terroir mieux défini, très jolie robe, fruit élégant, tanin fin, très délicat, long, racé.

Vosne-Romanée La Colombière 2010
Rouge | 2016 à 2022 | 48 € **15,5/20**
Souple, boisé marqué, délicat, sur l'élégance, plus en coup de nez qu'en intensité de bouche.

Vosne-Romanée premier cru Reignots 2010
Rouge | 2018 à 2025 | cav. 123 € **17/20**
Très élégant, très immédiat, plus épicé que petitsmonts, assez souple et épuré pour un vin aussi jeune.

DOMAINE CONFURON-COTETIDOT

10, rue de la Fontaine • 21700 Vosne-Romanée
Tél. 03 80 61 03 39 • Fax : 03 80 61 17 85
domaine-confuron-cotetidot@wanadoo.fr
Visite : Sur rendez-vous.

Domaine artisanal exemplaire, avec un patrimoine de vignes idéalement réparti sur les communes principales de la Côte de Nuits, et désormais un pied à Pommard où Yves Confuron est le brillant régis-

seur du Domaine de Courcel. Dans sa propriété familiale, il travaille en duo avec son frère Jean-Pierre (directeur technique de Chanson) et ce tandem conserve le style noble mais robuste mis au point par leur père, en l'affinant peu à peu. Les vins gagnent en harmonie et en raffinement de texture. Les trois derniers millésimes atteignent un niveau de qualité et d'homogénéité difficilement surpassable. Depuis deux ans, deux cuvées de pommard et une de meursault se sont ajoutées à la gamme, nous les dégusterons l'an prochain.

CHAMBOLLE-MUSIGNY 2010
Rouge | 2020 à 2025 | env. 27 € **17/20**
Exceptionnelle plénitude de constitution, merveilleux parfum floral, tanin très pur, race digne d'un premier cru, grand avenir.

CHAMBOLLE-MUSIGNY PREMIER CRU
DERRIÈRE LA GRANGE 2010
Rouge | 2020 à 2030 | env. 43 € **17,5/20**
Magnifique architecture et grande noblesse aromatique, ensemble digne des meilleurs grands crus. Vive le raisin entier quand il donne un vin d'une telle beauté.

CHARMES-CHAMBERTIN GRAND CRU 2010
Rouge | 2020 à 2035 | env.73 € **17,5/20**
Floral, pur, racé, grain incomparable du raisin entier, finale sur la myrtille, grand avenir.

ÉCHEZEAUX GRAND CRU 2010
Rouge | 2020 à 2030 | enc. 63 € **18/20**
Grande matière, grand style, grand avenir, expression quasi idéale des Treux du dessus, bordant les Grands-Échezeaux.

NUITS-SAINT-GEORGES 2010
Rouge | 2018 à 2025 | env. 27 € **16,5/20**
Difficile de ne pas repérer la vinification en raisin entier dans le nez magnifique de rose, mais le corps, la chair, la matière sont également exemplaires à l'opposé d'une autre école trop influencée par les vins du Beaujolais !

NUITS-SAINT-GEORGES PREMIER CRU
VIGNES RONDES 2010
Rouge | 2018 à 2025 | env. 43 € **16/20**
Raisin mûr, fortement charpenté et tannique, épicé, sensation évidente de raisins entiers, encore un peu fermé. Bel avenir.

VOSNE-ROMANÉE PREMIER CRU LES SUCHOTS 2010
Rouge | 2020 à 2030 | env. 43 € **17,5/20**
Ensemble remarquablement construit et expressif, grande race, grand avenir, encore un rien strict mais on est du niveau grand cru ici.

DOMAINE PIERRE DAMOY

11, rue du Maréchal-de-Lattre-de-Tassigny
21220 Gevrey-Chambertin
Tél. 03 80 34 30 47 • Fax : 03 80 58 54 79
info@domaine-pierre-damoy.com
Visite : Sur rendez-vous.

Les 2007 ont permis à ce domaine prestigieux, le plus important propriétaire en Chambertin, de retrouver ce grand domaine à son meilleur. Dans les millésimes directement antérieurs, quelques cuvées présentaient d'étranges déviations aromatiques terreuses, qui ont certainement obligé Pierre Damoy à en rechercher très sérieusement la cause. Les vins récents, tout en puissance, méritent de longues années de garde.

CHAMBERTIN-CLOS DE BÈZE GRAND CRU 2010
Rouge | 2025 à 2040 | env. 95 € **18,5/20**
Robe noire, immense expression de ce grand terroir, peut-on souhaiter un rien plus de fraîcheur en milieu de bouche ? Ce serait alors la perfection.

CHAPELLE-CHAMBERTIN GRAND CRU 2010
Rouge | 2020 à 2030 | env. 83 € **17/20**
Robe noire, très riche, presque confit, quelques notes animales si on ne décante pas le vin longtemps à l'avance. Grande matière.

DECELLE-VILLA

3, rue des Seuillets • 21700 Nuits-Saint-Georges
Tél. 03 80 53 74 35 • Fax : 03 80 53 74 34
contact@decelle-villa.com

Entrée modeste d'une nouvelle «winery» bourguignonne (raisins achetés et raisins d'un domaine propre), née de l'association d'Olivier Decelle (Mas Amiel et Château Jean Faure) et Pierre-Jean Villa (du nord de la vallée du Rhône), amoureux des terroirs bourguignons et voulant leur apporter leur savoir-faire. Nous n'avons pu déguster qu'une gamme très limitée de leur petite production, mais elle ne manquait pas d'intérêt !

NUITS-SAINT-GEORGES 2010
Rouge | 2018 à 2022 | 28 € **15/20**
Boisé évident, mais derrière un joli nuits classique, précis, tendu, un peu fumé, très soigné dans son respect du raisin.

DOMINIQUE LAURENT

Rue Principale • 21220 L'Étang-Vergy
Tél. 03 80 61 49 94 • Fax : 03 80 61 49 95
dominiquelaurent@club-internet.fr
Visite : Sur rendez-vous.

Dominique Laurent a inventé à la fin des années 1980 le concept de négociant haute couture, spécialisé dans l'élevage de petites quantités de cuvées choisies pour la qualité exceptionnelle de leur matériel végétal, des très vieilles vignes de pinot fin. La gamme des vins débute avec la qualité Tradition, destinée à la restauration et à la grande distribution : elle joue en quelque sorte le rôle d'un second vin du Bordelais. Au-dessus se trouvent les séries n°1 et les cuvées Vieilles-Vignes, issues des meilleurs lots et des meilleures barriques. Les «villages» des deux côtes sont souvent remarquables car ils contiennent une bonne proportion de premiers crus déclassés. L'activité de négoce se prolonge désormais par l'exploitation d'un petit domaine propre. Après des 2010 inégaux, le 2011 de la propriété s'annonce exceptionnel.

BEAUNE PREMIER CRU 2010
Rouge | 2017 à 2022 | 23 € **16/20**
Joli nez floral, densité et fermeté tannique conformes à l'habitude et au style de vinification du fournisseur en raisins entiers. Excellent rapport qualité-prix. Le beaune village possède exactement le même caractère.

BEAUNE PREMIER CRU GRÈVES 2010
Rouge | 2017 à 2025 | 35 € **17,5/20**
Merveilleuse finesse et typicité, le grèves à son maximum de gourmandise.

BONNES-MARES GRAND CRU 2010
Rouge | 2020 à 2028 | 100 € **18/20**
Riche, racé, tendu, très unitaire (il n'y a plus qu'un seul fournisseur), finale assez enthousiasmante.

CHAMBERTIN-CLOS DE BÈZE GRAND CRU 2010
Rouge | 2018 à 2030 | 145 € **18/20**
Grand nez de rose ancienne, avec une toute petite note volatile, texture charmeuse, grande suite en bouche, magnifique mais 2011 ira encore plus loin en intensité de forme et de saveur.

CHAMBOLLE-MUSIGNY VIEILLES VIGNES 2010
Rouge | 2018 à 2022 | 33 € **16,5/20**
Belle densité de couleur, saveur intense pour un village, tanins fermes et racés, beaucoup de style.

CHOREY-LÈS-BEAUNE VIEILLES VIGNES 2010
Rouge | 2015 à 2020 | 13 € **15/20**
Excellent équilibre, corps ferme, beaucoup de matière, vin puissant et sincère, remarquable rapport qualité-prix.

CLOS DE LA ROCHE GRAND CRU 2010
Rouge | 2018 à 2028 | NC **17,5/20**
Beau type minéral, à la texture raffinée, au boisé parfaitement en place, mais pour ce cru 2011 ira encore plus loin, peut-être le meilleur jamais produit par Laurent.

ÉCHEZEAUX GRAND CRU 2010
Rouge | 2018 à 2028 | 65 € **18/20**
Nez de grande race, notes de violette, d'anis, d'épices douces, superbe intégration du bois, long, suave, étonnant.

GEVREY-CHAMBERTIN PREMIER CRU
CLOS SAINT-JACQUES 2010
Rouge | 2018 à 2030 | 72 € **19/20**
Sublime coup de nez, raisin taffetas ultra mûr, longueur difficilement surpassable, boisé noblement tronçais, une merveille identique à celle du domaine qui l'a produit !

GEVREY-CHAMBERTIN VIEILLES VIGNES 2010
Rouge | 2017 à 2022 | 24 € **16,5/20**
Village exemplaire, charnu, parfumé, long, sensuel mais précis et rigoureux, digne des meilleures caves.

GRANDS-ÉCHEZEAUX GRAND CRU 2010
Rouge | 2020 à 2030 | 135 € **18,5/20**
Noble nez floral, corps magnifique, race inégalable du terroir, deux sources magnifiquement complémentaires. Grand vin.

DOMAINE DROUHIN-LAROZE

20, rue du Gaizot • 21220 Gevrey-Chambertin
Tél. 03 80 34 31 49 • Fax : 03 80 51 83 70
drouhin-laroze@wanadoo.fr • www.drouhin-laroze.com
Visite : Sur rendez-vous.

Nous attendons toujours que ce domaine prestigieux et sérieusement conduit sorte les vins comparables aux meilleurs de ses concurrents, ce qui n'est pas encore le cas. Mais certaines cuvées s'en approchent (et curieusement davantage celles issues du négoce créé par la fille du propriétaire), et dans les années qui viennent nous ferons un point complet sur l'évolution des vins des années antérieures à 2010.

CLOS DE VOUGEOT GRAND CRU 2010
Rouge | 2020 à 2030 | 66 € **16/20**
Grande couleur, nez puissant mais un peu simple de cassis, en revanche le corps et la texture rendent justice au clos, dans un esprit de modernité bien comprise.

DOMAINE DAVID DUBAND ET FRANÇOIS FEUILLET

36, rue de la Fontaine • 21220 Chevannes
Tél. 03 80 61 41 16
domaine.duband@wanadoo.fr
Visite : Sur rendez-vous.

David Duband est incontestablement un des vignerons les plus dynamiques et les plus doués de la nouvelle génération, et son patrimoine de vignes n'a fait qu'augmenter grâce à la générosité et à l'amour du vin de Bourgogne de son «mécène», François Feuillet, qui présente d'ailleurs quelques cuvées sous sa propre étiquette. Il joint désormais les meilleurs terroirs de Nuits à ceux de Morey, de Chambolle et de Gevrey avec l'arrivée des vignes de l'ancien domaine Truchot, à Morey Saint-Denis, et de quelques parcelles du domaine Rémy (notamment du Chambertin). Les 2010 très délicats sont peut-être allés trop loin dans la recherche de la finesse avec un petit manque de vinosité. Mais c'est à ce prix que les grands réglages se font.

CHAMBERTIN GRAND CRU 2010
Rouge | 2020 à 2030 | cav. 190 € **17/20**
Découverte du cru, vinification tendre, très féminine, grande longueur, grande classe mais il faut ici encore donner plus de fond.

CHAMBOLLE-MUSIGNY PREMIER CRU SENTIERS 2010
Rouge | 2017 à 2020 | cav. 70 € **15,5/20**
Beau nez floral, corps plus ingrat, le tanin de rafle ressortant un peu trop, mais du charme, vin d'amateur.

CLOS DE LA ROCHE GRAND CRU 2010
Rouge | 2018 à 2025 | cav. 110 € **16/20**
Très réduit, tanin net mais cuvaison insuffisante pour équilibrer texture et matière, et délivrer le meilleur de beaux raisins entiers.

MOREY-SAINT-DENIS PREMIER CRU CLOS SORBÈS 2010
Rouge | 2016 à 2022 | cav. 50 € **16/20**
Un peu de réduction au nez mais beaucoup de charme aromatique et de fraîcheur, termine sur le floral de raisin entier, souple, naturel, séducteur.

NUITS-SAINT-GEORGES PREMIER CRU AUX THOREY F. FEUILLET 2010
Rouge | 2018 à 2022 | cav. 50 € **15/20**
Demi couleur, très grande finesse, dans un registre plus vosne que nuits, un peu léger mais distingué.

VOSNE-ROMANÉE FRANÇOIS FEUILLET 2010
Rouge | 2016 à 2022 | cav. 36 € **15/20**
Précis, tendre, frais, tout en fruit, raisin entier perceptible, léger manque de fond.

DOMAINE G.Y. DUFOULEUR

17, rue Thurot • 21700 Nuits-Saint-Georges
Tél. 06 13 27 15 59 • Fax : 03 80 62 31 00
yvan.dufouleur@21700-nuits.com
Visite : En été du lundi au dimanche de 9h à 19h.
Le reste de l'année de 9h à 17h.

Ce domaine est géré par le descendant d'une des plus connues parmi les familles nuitonnes, mais dans une optique de qualité qu'on ne lui trouvait pas il y a dix ans. Les vins sont vinifiés pour plaire, avec un boisé généreux mais rarement asséchant, et beaucoup de rondeur dans le fruit et la texture.

NUITS-SAINT-GEORGES AUX SAINT-JULIEN 2010
Rouge | 2014 à 2018 | 22 € **14/20**
Délicat, floral, souple, finement vinifié, sans volonté d'épate, fait pour boire assez vite et avec plaisir.

NUITS-SAINT-GEORGES PREMIER CRU POULETTES 2010
Rouge | 2017 à 2022 | 35 € **14/20**
Généreux et plein, très traditionnel et agréable mais on attend plus de précision dans l'expression de l'origine.

DOMAINE DUPASQUIER ET FILS

47 bis, rue Henri Challand
21700 Nuits-Saint-Georges
Tél. 03 80 61 13 78 • Fax : 03 80 61 05 08
dupasquier.domaine@wanadoo.fr
Visite : Sur rendez-vous.

NUITS-SAINT-GEORGES PREMIER CRU VAUCRAINS 2010
Rouge | 2020 à 2030 | 23 € **17/20**
Décidément 2010 est une année vaucrains, grand vin complet, racé, long, superbement construit sur des tanins dignes d'un grand cru.

DUPONT-TISSERANDOT

2, place des Marronniers • 21220 Gevrey-Chambertin
Tél. 03 80 34 10 50 • Fax : 03 80 58 50 71
dupont.tisserandot@orange.fr
www.duponttisserandot.com
Visite : Sur rendez-vous.

Nous connaissons depuis longtemps le remarquable patrimoine de vignes, et en particulier ses grandes parcelles de Cazetiers et de Lavaux. Depuis cinq ans, nous avions également remarqué de nombreux changements, bienvenus, dans la conduite des vignes et qui ont métamorphosé le style des vins. Ceux-ci associent désormais plénitude, sensualité et remarquable précision dans l'expression des terroirs. 2009 ne décevra pas.

GEVREY-CHAMBERTIN PREMIER CRU CAZETIERS 2010
Rouge | 2018 à 2025 | env. 37 € **16,5/20**
Belle acidité, texture plus riche et saveur plus complexe que lavaux, grande suite en bouche, le raisin semble plus mûr et la saveur plus noble.

GEVREY-CHAMBERTIN PREMIER CRU LAVAUX SAINT-JACQUES 2010
Rouge | 2017 à 2025 | env. 37 € **15,5/20**
Arôme de ronce sauvage, corps puissant, équilibré dans son tanin, bien défini mais pas d'émotion aromatique véritable.

DOMAINE DUROCHÉ

7, place du Monument • 21220 Gevrey-Chambertin
Tél. 03 80 51 82 77
duroche.gilles@wanadoo.fr • wwww.vins-duroche.com
Visite : Sur rendez-vous uniquement.

Ce domaine dispose de parcelles situées sur de très beaux lieux-dits du secteur de Gevrey, et à en juger par les deux derniers millésimes les vins sont en très net progrès, associant précision et finesse. Ils méritent que l'amateur avisé s'intéresse à eux.

GEVREY-CHAMBERTIN PREMIER CRU ESTOURNELLES SAINT-JACQUES 2010
Rouge | 2018 à 2028 | NC **17/20**
Dentelle de grand pinot, floral, soyeux, long, racé, excellent style, mérite d'être mieux connu.

LATRICIÈRES-CHAMBERTIN GRAND CRU 2010
Rouge | 2020 à 2030 | NC **16,5/20**
Pas très coloré mais floral et minéral au nez, délicat, un rien fluide, rebondissant sur un tanin racé. Réelle élégance.

DOMAINE SYLVIE ESMONIN

1, rue Neuve - Clos Saint-Jacques
21220 Gevrey-Chambertin
Tél. 03 80 34 36 44 • Fax : 03 80 34 17 31

Ce petit domaine dispose d'une grande cote d'amour chez les amateurs de gevreys authentiques et on les comprend, tant les vins ont ici de noblesse et de classicisme dans la facture et dans la saveur. Sylvie Esmonin a adopté progressivement les vinifications en grappes entières, à partir de raisins provenant d'une viticulture elle-même encore plus rigoureuse que par le passé. Cela a donné des millésimes récents d'anthologie, rappelant les vins mythiques du XIXe siècle dans leur parfum et leur consistance. On ne sous-estimera pas pour autant son remarquable côte-de-nuits-village, et en quantité confidentielle, un délicieux volnay-santenots.

GEVREY-CHAMBERTIN PREMIER CRU CLOS SAINT-JACQUES 2010
Rouge | 2020 à 2030 | cav. env. 60 € **19/20**
Difficile de nier la présence d'un grand boisé de merrain noble, mais derrière, un des plus grands vins imaginables d'aujourd'hui, monumental, racé à l'extrême, témoignant d'une qualité de vendange que seul Leroy peut dépasser !

Gevrey-Chambertin Vieilles Vignes 2010
Rouge | 2018 à 2025 | cav. env. 35 € **17/20**
Carafer le vin deux heures avant le service pour le délivrer de son caractère «toasté» de réduction : mais derrière on admire sans réserve la qualité de la matière, la densité du vin, la race de son tanin et son potentiel. Future grande bouteille.

DOMAINE FAIVELEY

8, rue du Tribourg • 21700 Nuits-Saint-Georges
Tél. 03 80 61 04 55 • Fax : 03 80 62 33 37
accueil@bourgognes-faiveley.com
www.domaine-faiveley.com

L'arrivée de Bernard Hervet et la qualité du tandem qu'il forme avec Erwan Faiveley ont entraîné de profonds changements dans ce grand domaine, au patrimoine de terroirs prestigieux, avec au premier rang les crus les plus nobles de Gevrey-Chambertin. Les derniers millésimes, en effet, ne retrouvaient plus la sûreté d'élaboration du début des années 1990, avec des fins de bouche asséchantes. En 2007 tout change, les vins rouges sont raffinés, subtils et élégants, fidèles aux terroirs avec peut-être un manque de vinosité par rapport aux promesses des 2008. Les blancs sont sans doute encore proportionnellement supérieurs, avec l'arrivée au domaine de nouvelles cuvées sur les plus grands terroirs de Meursault et Puligny-Montrachet.

Bâtard-Montrachet grand cru 2010
Blanc | 2020 à 2025 | 199 € **18,5/20**
Magnifiques arômes d'agrumes de haute maturité du raisin, très grande ampleur, très grande suite en bouche, le type même du grand Bâtard.

Chassagne-Montrachet 2010
Blanc | 2015 à 2020 | 31 € **15/20**
Beau boisé de luxe mais vin très net, équilibré, franc, long et porteur de l'élégance du terroir à un prix encore accessible.

Mercurey 2010 ☺
Rouge | 2012 à 2018 | 12,20 € **16,5/20**
Frais et fruité, gracile, très fin dans son tanin, superbe.

Mercurey La Framboisière 2010 ☺
Blanc | 2012 à 2017 | 16,30 € **15/20**
Jolie expression du cru avec une onctuosité et de la complexité. Réalisé dans un style bien mûr tout en gardant de la fraîcheur.

Meursault premier cru Charmes 2010
Blanc | 2018 à 2025 | 62,50 € **17/20**
Très beau jus, racé à souhait, long, complexe, boisé encore un peu intimidant, grand avenir, un vrai premier cru!

Montagny La Framboisière 2010 ☺
Blanc | 2012 à 2014 | 11,30 € **15/20**
Floral et fruité, agréable longueur, avec ce qu'il faut de gras. La finale de chèvrefeuille est agréable et pure.

Nuits-Saint-Georges premier cru
Aux Chaignots 2010
Rouge | 2020 à 2030 | 51,70 € **17/20**
Complet, racé, complexe, style raffiné, terroir transparent, tout ce que nous aimons dans un beau pinot bourguignon.

Pommard premier cru Rugiens 2010
Rouge | 2018 à 2025 | 55,30 € **16,5/20**
Précis, floral, élégant, très châtié dans son tannin, finit sur une fraîcheur racée, léger manque d'opulence.

Volnay premier cru Santenots 2010
Rouge | 2018 à 2025 | 46,50 € **16,5/20**
Notes fumées au nez, texture serrée et racée, tannin fin, très bien vinifié, dans un style classique et indémodable, un peu moins «baroque» que quelques autres.....

DOMAINE GILBERT ET CHRISTINE FELETTIG

Rue du Tilleul • 21220 Chambole-Musigny
Tél. 03 80 62 85 09 • Fax : 03 80 62 86 41
gaecfelettig@wanadoo.fr
Visite : Sur rendez-vous.

Ce domaine artisanal vinifie une belle brochette de premiers crus de Chambolle-Musigny, ayant repris une partie du Domaine Modot, important propriétaire sur cette commune. Ses 2008 ont la finesse native et le charme du millésime, avec une expression juste des terroirs. Un peu plus de raffinement dans les textures et le domaine égalera les meilleurs stylistes de la commune. 2009 suit dignement, en un peu plus corsé et les 2010 s'annoncent du même calibre.

Chambolle-Musigny premier cru Combottes 2010
Rouge | 2020 à 2030 | NC **16/20**
Très belle couleur, matière complète pour l'année, finale sur le réglisse et le moka très harmonieuse, joli vin.

Chambolle-Musigny premier cru Noirots 2010
Rouge | 2020 à 2025 | NC **15/20**
Forte couleur, vineux, tannique, un rien trop agressif dans son tanin mais du style et de l'avenir.

DOMAINE JEAN FERY

1, rue Marey • 21720 Échevronne
Tél. 03 80 21 59 60 • Fax : 03 80 21 59 59
fery.vin@wanadoo.fr • www.fery-vin.fr
Visite : Sur rendez-vous.

Vosne-Romanée Aux Réas 2010
Rouge | 2020 à 2025 | NC **16/20**
Vinifié par Pascal Marchand, un vin très bien construit, ample, tannique, sérieux, complexe et de garde.

DOMAINE RÉGIS FOREY

2, rue Derrière-le-Four • 21700 Vosne-Romanée
Tél. 03 80 61 09 68 • Fax : 03 80 61 12 63
domaineforey@orange.fr
Visite : Du lundi au samedi matin sur rendez-vous uniquement.

Ce producteur sérieux aime les vins très solidement constitués et cela réussit bien à ses cuvées de nuits-saint-georges, où il possède d'excellents emplacements. Ils ont en général plus de naturel et d'équilibre que ceux de vosne-romanée, sauf pour la confidentielle cuvée de gaudichots qui avec un peu de chance aurait pu intégrer La Tâche ! Les 2010 semblent marquer une inflexion de style vers des formes et des textures plus élégantes encore et nous nous en réjouissons.

Nuits-Saint-Georges 2010
Rouge | 2018 à 2022 | 22 € **16/20**
Nuits classique, généreux, beaucoup de personnalité et d'harmonie dans un tannin réglissé et bien enveloppant. Recommandé.

Nuits-Saint-Georges premier cru
Les Saint-Georges 2010
Rouge | 2022 à 2030 | 37,80 € **18,5/20**
Ce jour-là et à l'aveugle le plus accompli des saint-georges, avec une prodigieuse ouverture aromatique et une chair digne d'un grand richebourg. Bravo !

Nuits-Saint-Georges premier cru
Perrières 2010
Rouge | 2018 à 2025 | 32,50 € **16,5/20**
Grande matière, beau volume de bouche, caractère nuiton très marqué, bonne longueur, un vrai premier cru.

Vosne-Romanée premier cru Gaudichots 2010
Rouge | 2020 à 2030 | 41,50 € **17/20**
Grande matière, boisé pour le moment très marqué et moins intégré que dans le saint-georges, tanin de grande race, fait pour la garde.

DOMAINE JEAN FOURNIER

29, rue du Château • 21160 Marsannay-la-Côte
Tél. 03 80 52 24 38 • Fax : 03 80 52 77 40
domaine.jean.fournier@orange.fr
Visite : Du lundi au vendredi de 9h à 12h et de 14h à 18h. Le samedi sur rendez-vous.

Laurent Fournier, qui reprend peu à peu cette traditionnelle propriété familiale, est un des talents les plus brillants de la nouvelle génération bourguignonne. Il nous fait plaisir en cherchant et réussissant à retrouver les secrets des très grands vins d'autrefois, vinifiés à partir de raisins entiers. Sa cuvée spéciale de vin à l'ancienne est simplement le plus grand et le plus beau marsannay que nous connaissions, et peu à peu les excellents échezots et clos-du-roy s'en rapprochent. Mais la faible couverture en SO_2 entraîne parfois des réductions peu élégantes et sur ce point des progrès d'élevage restent à faire.

Bourgogne Le Chapitre 2010
Rouge | 2015 à 2020 | 11,50 € **14/20**
Coloré et mûr, splendide texture mais une réduction très animale au nez le prive pour le moment de toute harmonie. Aérer le vin trois heures avant le service.

Côte de Nuits-Villages Les Croix Violettes
Vieilles Vignes 2010
Rouge | 2017 à 2022 | 22 € **16/20**
Plus frais et élégant que le 2009, même texture onctueuse à souhait mais toujours cette réduction qui exige une bonne aération préalable.

MARSANNAY CLOS DU ROY 2010
Rouge | 2016 à 2020 | 17,25 € **15/20**
Vin classique dans son corps, sa texture et son tanin, avec une certaine réserve.

MARSANNAY LONGEROIES 2010
Rouge | 2017 à 2022 | 17,25 € **15,5/20**
Beaucoup de caractère, ensemble plein, précis, racé, valant largement bien des gevreys villages !

MARSANNAY TROIS TERRES 2010
Rouge | 2016 à 2022 | 26,50 € **16/20**
VIn complet, harmonieux, assez raffiné dans son tanin, encore dans l'enfance.

DOMAINE FOURRIER

7, route de Dijon • 21220 Gevrey-Chambertin
Tél. 03 80 34 33 99
domainefourrier@wanadoo.fr

Il est rare qu'un producteur entre dans le guide avec 4, mais la qualité merveilleuse des 2010 dégustés à Londres (le domaine par timidité déplacée ne présentait jamais son vin à nos dégustations), nous conduit à le faire, et avec beaucoup de joie, tant l'information sera appréciée de nos lecteurs, s'ils sont amoureux du grand style en Bourgogne. La finesse, la subtilité aromatique, la justesse d'expression des terroirs nous ont enchanté, et il en sera de même, sans doute, pour vous.

GEVREY-CHAMBERTIN PREMIER CRU CHERBAUDES 2010
Rouge | 2012 à 2030 | NC **17/20**
Délicat, raffiné, corps et texture remarquablement élégants, belle suite en bouche.

GEVREY-CHAMBERTIN PREMIER CRU CLOS SAINT-JACQUES 2010
Rouge | 2018 à 2025 | NC **18,5/20**
Expression originale de ce grand climat, jouant sur le raffinement aromatique plus que sur la tension mais avec une harmonie des plus convaincantes et rappelant les grands vins du XIXᵉ siècle.

GEVREY-CHAMBERTIN PREMIER CRU COMBE AUX MOINES 2010
Rouge | 2012 à 2030 | NC **18/20**
Nez très noble, entre la rose et les épices, merveilleusement pinot noir, tanin raffiné, grande suite en bouche, niveau de race d'un grand cru.

MOREY-SAINT-DENIS CLOS SOLON 2010
Rouge | 2016 à 2022 | NC **17,5/20**
Remarquable pureté et délicatesse aromatique, un village d'une grâce étonnante.

VOUGEOT PREMIER CRU LES PETITS VOUGEOT 2010
Rouge | 2018 à 2022 | NC **18/20**
Fruité merveilleux, texture de soie, grande longueur, boisé d'une justesse d'intégration à citer en modèle, grande longueur, égale les plus fins chambolles.

DOMAINE PHILIPPE GAVIGNET

36, rue du Docteur Louis-Legrand
21700 Nuits-Saint-Georges
Tél. 03 80 61 09 41 • Fax : 03 80 61 03 56
contact@domaine-gavignet.fr
www.domaine-gavignet.fr
Visite : Du lundi au vendredi de 9h à 12h et de 14h à 18h. Le week-end sur rendez-vous.

Jeune viticulteur très impliqué dans la vie de son appellation, Philippe Gavignet a beaucoup progressé dans ses vinifications en dix ans et sa production devient recommandable : il aime les vins souples, veloutés et fins et ce style leur permettra d'être consommés plus jeunes que d'autres.

NUITS-SAINT-GEORGES PREMIER CRU CHABŒUFS 2010
Rouge | 2018 à 2025 | 29 € **15/20**
Souple, mûr, onctueux, réglissé, moins intense que d'autres mais savoureux.

NUITS-SAINT-GEORGES PREMIER CRU PRULIERS 2010
Rouge | 2020 à 2025 | 30 € **15/20**
Un peu sauvage au nez, corsé, tannique mais d'un tannin distingué, à garder.

DOMAINE GEANTET-PANSIOT – ÉMILIE GEANTET

15, rue de Paris • 21220 Gevrey-Chambertin
Tél. 03 80 34 32 37 • Fax : 03 80 34 16 23
domaine.geantet@wanadoo.fr
www.geantetpansiot.com
Visite : Sur rendez-vous.

Vincent Geantet, un des viticulteurs les plus compétents de Gevrey-Chambertin, a encore renforcé sa présence sur Chambolle, dont il aime tant les terroirs, en ajoutant à sa palette un excellent premier cru Baudes, en dessous des Bonnes-Mares. Ce remarquable technicien s'est doté le premier d'un matériel de réception de la vendange redoutable de

précision et qu'il a aidé à mettre au point. Sa fille Émilie le seconde de plus en plus mais a également créé de façon indépendante sa propre maison de négoce, où elle vinifie à sa façon des vins du secteur, dans un style un rien plus... masculin que son père. Il est arrivé que certains millésimes n'aient pas tenu les promesses de départ. Les deux productions sont certainement suivies par les mêmes acheteurs et nous les conservons encore sous une même rubrique.

CHARMES-CHAMBERTIN GRAND CRU 2010
Rouge | 2020 à 2030 | 110 € **16,5/20**
Boisé bien marqué mais avec la myrtille du millésime, grande netteté d'expression, tanin fermement dessiné, bonne suite en bouche.

GEVREY-CHAMBERTIN PREMIER CRU POISSENOT 2010
Rouge | 2018 à 2025 | 65 € **15/20**
Gevrey ferme, texture riche mais musclée, encore un bon vin pour menu de chasse.

GEVREY-CHAMBERTIN VIEILLES VIGNES 2010
Rouge | 2015 à 2018 | 40 € **16/20**
Un festival aromatique (fruits rouges, pivoine, réglisse), excellente texture, tanin diaboliquement bien extrait, beaucoup de charme immédiat.

DOMAINE GELIN

22, rue de la Croix-Blanche • 21220 Fixin
Tél. 03 80 52 45 24 • Fax : 03 80 51 47 80
info@domaine-pierregelin.fr
www.domaine-pierregelin.fr
Visite : Du lundi au samedi de 10h à 17h.

FIXIN PREMIER CRU CLOS NAPOLÉON 2010
Rouge | 2018 à 2022 | 25 € **14,5/20**
Petite touche fumée au nez, encore un peu sur le réduit, corps équilibré, bonne suite en bouche, vin de caractère.

FIXIN PREMIER CRU HERVELETS 2010
Rouge | 2018 à 2022 | 25 € **14,5/20**
Assez précis et articulé au nez et en bouche, bon corps, bon tanin, léger manque de souplesse.

DOMAINE FRANÇOIS GERBET - MARIE-ANDRÉE ET CHANTAL GERBET

Place de l'Église • 21700 Vosne-Romanée
Tél. 03 80 61 07 85 • Fax : 03 80 61 01 65
vins.gerbet@wanadoo.fr • www.vins-gerbet.com
Visite : Du lundi au samedi de 10h à 12h et de 14h à 18h. D'avril à octobre le dimanche de 10h à 12h. En janvier sur rendez-vous.

Les deux sœurs Gerbet privilégient la finesse sur la puissance mais avec plus de rigueur et de précision que naguère. Les vins réussis ont gagné en définition d'expression du terroir et en corps mais pas en régularité à l'intérieur de l'ensemble présenté. Sur ce point, Anne Gros ou Cécile Tremblay montrent la voie à suivre.

ÉCHEZEAUX GRAND CRU 2010
Rouge | 2018 à 2025 | env. 52 € **16/20**
Riche, mûr, belle saveur de cassis, un rien réduit, assez long, du style et de l'avenir.

VOSNE-ROMANÉE AUX RÉAS 2010
Rouge | 2017 à 2022 | env. 25 € **15/20**
Vinification classique et attentive, beaucoup de finesse de parfum et de subtilité, léger manque de vinosité, jolie suite en bouche.

VOSNE-ROMANÉE PREMIER CRU PETITS MONTS 2010
Rouge | 2018 à 2025 | env. 35 € **15,5/20**
Très corsé pour le domaine, charnu, dense, assez chaleureux, petite sensation d'alcool.

DOMAINE HENRI GOUGES

7, rue du Moulin • 21700 Nuits-Saint-Georges
Tél. 03 80 61 04 40 • Fax : 03 80 61 32 84
domaine@gouges.com • www.gouges.com

Dans ce domaine célèbre, le relais est en train de passer des mains de Christian Gouges à celles de son neveu Grégory. Des installations techniques complètement renouvelées, conformes à ce que l'on doit attendre d'une telle source, permettent de travailler par gravité et d'adoucir des tanins qui, dans les derniers millésimes, avaient eu tendance à se durcir. Mais n'attendez pas que les vins vous sautent au cou : chez les Gouges, le nuits, c'est du sérieux et de longue garde.

NUITS-SAINT-GEORGES PREMIER CRU LES SAINT-GEORGES 2010
Rouge | 2022 à 2040 | NC **17,5/20**
Grand nez racé, complet, évoquant la ronce et la fleur épicée, type pivoine, corps imposant, très

classique, un rien moins d'éclat à la naissance que vaucrains mais niveau grand cru.

Nuits-Saint-Georges premier cru Pruliers 2010
Rouge | 2020 à 2025 | NC **15,5/20**
Un peu de réduction au nez, de type mercaptan mais vin bien bâti, sérieux, dense, fait pour la garde.

Nuits-Saint-Georges premier cru
Vaucrains 2010
Rouge | 2020 à 2030 | NC **18/20**
Nez de grande race, corps puissant, texture serrée, terroir magnifiquement défini, long, complexe, du niveau d'un grand cru.

DOMAINE JEAN GRIVOT

6, rue de la Croix-Rameau • 21700 Vosne-Romanée
Tél. 03 80 61 05 95 • Fax : 03 80 61 32 99
www.domainegrivot.fr
Visite : Sur rendez-vous.

Ce domaine très réputé de Vosne-Romanée a révolutionné son style à la fin des années 1980. Les 2007 montrent une évolution certaine vers plus d'élégance dans le tanin, dans le respect du caractère de ce millésime si adapté au naturel du pinot noir. Ses grands crus 2009 sont formidables dans tous les grands terroirs et mériteraient d'être mieux connus en France, les Anglais se montrant plus attachés que nous à ces vins de style très affirmé. Les 2010 sont dans la lignée.

Échezeaux grand cru 2010
Rouge | 2018 à 2030 | NC **17,5/20**
Plus de charme et d'ouverture aromatique que le clos mais tanin très proche dans le style, et on se prend à rêver d'un assemblage des deux cuvées si complémentaires !

Nuits-Saint-Georges premier cru Boudots 2010
Rouge | 2020 à 2030 | NC **17/20**
Texture charnue, parfum racé de pivoine, plus sensuel dans sa texture que les vins de Flagey, grande suite en bouche, un vrai boudots.

Richebourg grand cru 2010
Rouge | 2022 à 2035 | NC **18/20**
Grande couleur, nez puissant et autoritaire de rose épicée ou de pivoine, grande texture, tanin ferme, mais pas pour demain.

Vosne-Romanée premier cru
Les Beaux Monts 2010
Rouge | 2018 à 2030 | NC **17/20**
Proche en corps et en grain de tanin du boudot mais plus frais au nez et en bouche, grande allonge, vin très bien fait mais à attendre.

DOMAINE ANNE GROS

11, rue des Communes • 21700 Vosne-Romanée
Tél. 03 80 61 07 95 • Fax : 03 80 61 23 21
domaine-annegros@orange.fr • www.anne-gros.com

Anne Gros a repris depuis maintenant de nombreuses années le domaine de son père, qui était lui-même séparé de celui de ses autres frères et cousins, et qui comprend entre autres de vieilles vignes admirablement situées en Clos Vougeot et Richebourg. Vinificatrice accomplie, Anne aime les vins délicats, complexes et frais et la plupart du temps les produit ainsi. Leur équilibre les destine naturellement au long vieillissement, où ils se comportent en vins classiques et dignes de tous les éloges. Amateurs de vins plus riches et plus voluptueux, en revanche, s'abstenir !

Clos de Vougeot grand cru 2010
Rouge | 2020 à 2030 | NC **17/20**
Plus nerveux et tendu que beaucoup d'autres, texture particulièrement serrée, volontairement timide mais plein de ressources.

Hautes Côtes de Nuits Marine 2010
Blanc | 2014 à 2018 | NC **15,5/20**
Salin, tendu, nerveux, pur, un brin austère, un vin de style irréprochable mais moins aguicheur que le 2007.

Richebourg grand cru 2010
Rouge | 2018 à 2035 | NC **17/20**
Couleur vive mais dans l'esprit du pinot, nez épicé, discret, pudique, texture pleine et précise, tanin très fin et ferme, ensemble strict, classique, de grand avenir mais sans la grande envolée de millésimes plus chauds.

Vosne-Romanée Les Barreaux 2010
Rouge | 2018 à 2025 | NC **16,5/20**
Beaucoup d'unité et d'exactitude dans l'expression du terroir, notes finement épicées et florales au nez et quelque chose rappelant le richebourg dans la tenue en bouche du tanin.

DOMAINE GROS FRÈRE ET SŒUR

6, rue des Grands-Crus • 21700 Vosne-Romanée
Tél. 03 80 61 12 43 • Fax : 03 80 61 34 05
bernard.gros2@wanadoo.fr
www.domaine-gros-frere-et-soeur.fr
Visite : Sur rendez-vous.

Ce domaine est désormais dirigé par Bernard Gros, qui a repris en charge le prestigieux vignoble de son oncle et sa tante, laissant à son frère Michel les vignes de ses parents. Son style est différent de tous les autres domaines portant le même nom de famille, avec des vins d'une ouverture aromatique immédiate, et d'une volupté de texture qui étonne à chaque dégustation car on se pose la question : est-ce que ce charme est durable ? En attendant, on se régale, d'autant que les prix restent assez raisonnables pour des crus aussi rares et demandés.

Clos de Vougeot grand cru Le Musigni 2010
Rouge | 2018 à 2025 | 65 € **17,5/20**
Beaucoup d'ouverture aromatique et de précision dans les arômes, ensemble complet, au tanin particulièrement velouté.

Grands-Échezeaux grand cru 2010
Rouge | 2020 à 2030 | 132 € **17,5/20**
Raisin mûr et onctuosité spéciale de texture, notes de cacao, grande longueur, aristocratique et séducteur, un rien décadent mais on aime !

Richebourg grand cru 2010
Rouge | 2018 à 2030 | 198 € **17/20**
Excellent nez rappelant le cacao, comme assez souvent dans ces secteurs, belle bouche onctueuse à souhait, raisin un rien décadent ou un rien trop chauffé en vinification, plus séducteur que pur et destiné aux puristes, mais quel plaisir !

Vosne-Romanée 2010
Rouge | 2017 à 2022 | 31 € **16/20**
Toujours ce style séducteur, si adapté à vosne, texture soyeuse, beaucoup de souplesse et d'allonge, long, riche en alcool mais glissant quand même !

DOMAINE MICHEL GUILLARD

3, rue des halles • 21220 Gevrey-Chambertin
Tél. 03 80 34 32 44

Gevrey-Chambertin premier cru
Lavaux Saint-Jacques 2010
Rouge | 2020 à 2025 | NC **17/20**
Une petite merveille d'un tout petit domaine artisanal : nez floral parfait, bois noble et équilibré, texture fine, terroir remarquablement lisible, un classique du millésime. Hautement recommandé.

DOMAINE JEAN-MICHEL GUILLON & FILS

33, route de Beaune • 21220 Gevrey-Chambertin
Tél. 03 80 51 83 98 • Fax : 03 80 51 85 59
contact@domaineguillon.com
www.domaineguillon.com
Visite : Sur rendez-vous.

Jean-Michel Guillon dirige avec autorité, et un sens de l'humour qui n'appartient qu'à lui, le syndicat si dynamique de Gevrey, et entretient l'esprit de compétition qui a fait tant progresser l'appellation. Ses vins sont parfaitement représentatifs du terroir, en particulier sa cuvée de Champonnet. Un de ses meilleurs vins ne figure pas ici, car sa production confidentielle est vendue d'avance : un remarquable riotte, premier cru de Morey-Saint-Denis.

Gevrey-Chambertin 2010
Rouge | 2016 à 2022 | 21 € **15/20**
Beau nez de cerise, vin précis, bien élevé, bien mis en bouteille, finale réglissée, caractère local marqué.

Gevrey-Chambertin premier cru
Champonnets 2010
Rouge | 2017 à 2025 | 31 € **14,5/20**
Nez épicé, vin concentré, puissant plus que charnu, dense, tannique, de garde mais avec de la race.

DOMAINE JEAN-PIERRE ET MICHEL GUYON

16 et 11, RD 974 • 21700 Vosne-Romanée
Tél. 03 80 61 02 46 • Fax : 03 80 62 36 56
domaine.guyon@wanadoo.fr
www.domaineguyon-vosne.com
Visite : Sur rendez-vous.

Ce petit domaine a connu de nombreux changements de style de vinification mais à force de rechercher, Jean-Pierre Guyon a fini par trouver, en produisant

en 2008 des vins impressionnants par leur texture, leur matière et leur noblesse d'expression. Les millésimes suivants sont aussi accomplis et cette source devient des plus incontournables dans le village, mais hélas les quantités sont réduites !

ÉCHEZEAUX GRAND CRU 2010
Rouge | 2020 à 2030 | 70 € **18/20**
Un des sommets de l'année, matière vraiment somptueuse, digne d'un grand richebourg, truffé, profond, très long, grand avenir.

NUITS-SAINT-GEORGES ARGILLATS 2010 ☺
Blanc | 2012 à 2018 | 30 € **15,5/20**
Superbe expression du pinot blanc, très pur, frais, net, sur la fleur blanche, original et mieux vinifié que la plupart des blancs présentés dans ce village, où cette couleur commence à avoir du succès.

NUITS-SAINT-GEORGES AUX HERBUES 2010
Rouge | 2020 à 2025 | 25 € **16,5/20**
Un des grands «villages» de la dégustation, floral, racé, grand style, grande longueur, hautement recommandable !

DOMAINE OLIVIER GUYOT

39, rue de Mazy • 21160 Marsannay-la-Côte
Tél. 03 80 52 39 71 • Fax : 03 80 51 17 58
domaine.guyot@wanadoo.fr • www.domaineguyot.fr
Visite : Sur rendez-vous.

Ce domaine artisanal et très consciencieux laboure encore au cheval et reste fidèle aux beaux gestes de vinification et d'élevage. Ses marsannays, et en particulier la cuvée Montagne, sont parmi les plus complets du village, et ses vignes de Gevrey voisinent celles du Domaine Mortet, inspirateur évident d'Olivier. En dehors des vins du domaine, Olivier Guyot propose des grands crus de Morey-Saint-Denis qui ont gagné beaucoup de force de caractère en trois ans, particulièrement le clos-saint-denis.

MARSANNAY LA MONTAGNE 2010
Blanc | 2014 à 2018 | 16 € **14/20**
Fin, frais, droit en bouche, un rien simple.

MARSANNAY LA MONTAGNE 2010
Rouge | 2015 à 2020 | 20 € **15/20**
Raisin mûr, ensemble équilibré, facile mais plein, demandant un peu d'aération, style affirmé.

DOMAINE HARMAND-GEOFFROY

1, place des Lois • 21220 Gevrey-Chambertin
Tél. 03 80 34 10 65 • Fax : 03 80 34 13 72
harmand-geoffroy@wanadoo.fr
www.harmand-geoffroy.com
Visite : Sur rendez-vous.

Ce domaine a désormais complètement modifié ses élevages, pour éviter les déviations aromatiques faisandées du passé. Il présente une gamme de gevrey-chambertins puissants mais sans agressivité, fidèles à leurs différentes origines et capables de plaire au plus grand nombre par la qualité de leur texture. Il y a encore certainement du vin à vendre dans des appellations très recherchées.

GEVREY-CHAMBERTIN PREMIER CRU
LAVAUX SAINT-JACQUES 2010
Rouge | 2018 à 2025 | env. 37 € **17/20**
Grand vin racé, complexe, classique, conforme à la réussite globale de ce secteur privilégié de Gevrey. Vivement recommandé.

GEVREY-CHAMBERTIN VIEILLES VIGNES 2010
Rouge | 2017 à 2022 | env. 28 € **14,5/20**
Grande couleur, notes de réglisse au nez, texture veloutée, vin plein, assez tannique, bien typé.

MAZIS-CHAMBERTIN GRAND CRU 2010
Rouge | 2022 à 2030 | env. 63 € **18/20**
Robe noire, grand élevage, grande matière, pulpeux, truffé, équilibré, termine sur la plus belle note de cacao imaginable. Grand vin.

DOMAINE HERESZTYN

27, rue Richebourg • 21220 Gevrey-Chambertin
Tél. 03 80 34 13 99 • Fax : 03 80 34 13 99
domaine.heresztyn@orange.fr
www.domaine-heresztyn.com/
Visite : Sur rendez-vous.

Un domaine sérieux, avec une belle gamme de villages et de premiers crus du nord de la Côte de Nuits. Les vins sont solides, équilibrés, fidèles au terroir mais sans le supplément de finesse et de pureté qui fait les grandes émotions. Excellents rapports qualité-prix sur tous les vins de la carte.

GEVREY-CHAMBERTIN PREMIER CRU CORBEAUX 2010
Rouge | 2018 à 2025 | env. 35 € **15,5/20**
Beaucoup de style, ensemble très 2010 avec ses notes de réglisse, texture fine, tanin élégant, un des vins les plus réussis de l'histoire de ce domaine.

Gevrey-Chambertin Vieilles Vignes 2010
Rouge | 2016 à 2022 | env. 22 € **15/20**
Grande robe, nez très bien défini, excellente matière, tanin bien extrait, terroir lisible, un très bon village.

DOMAINE HUDELOT NOELLAT

5, ancienne RN 74 • 21200 Chambolle-Musigny
Tél. 03 80 62 85 17 • Fax : 03 80 62 83 13
dom.hudelot-noellat@orange.fr
Visite : Sur rendez-vous.

Romanée-Saint-Vivant grand cru 2010
Rouge | 2020 à 2028 | 200 € **17/20**
Dégusté à Londres. Très coloré, harmonieux, suave mais affligé d'un boisé moins noble que son expression juste du terroir. Mais le vin était tiré du fût.

DOMAINE HUGUENOT

7, ruelle du Carron • 21160 Marsannay-la-Côte
Tél. 03 80 52 11 56 • Fax : 03 80 52 60 47
domaine.huguenot@wanadoo.fr
www.domainehuguenot.com
Visite : Sur rendez-vous.

Ce domaine va de l'avant et ses vins sont de plus en plus élégants, tout en conservant le fruité agréable qui séduit dès leur prime jeunesse. Les terroirs s'expriment avec plus d'assurance que dans les années 1990. Les 2010 sont tous réussis.

Charmes-Chambertin grand cru 2010
Rouge | 2020 à 2028 | 50 € **16/20**
Coloré, racé au nez, bien construit, fruit frais, beaucoup de rondeur, légère simplification du détail de l'expression du terroir. Devrait prendre du caractère au vieillissement.

Marsannay Champs Perdrix 2010
Rouge | 2015 à 2020 | 18 € **15,5/20**
Marsannay d'école, d'une impeccable mise en valeur du terroir, finale sur le cuir, les épices et le réglisse, lui aussi vivement recommandé.

Marsannay Montagne 2010
Rouge | 2018 à 2022 | 16 € **15,5/20**
Excellente cuvée, parfaitement équilibrée, dans un style moderne maîtrisé, sachant associer maturité du raisin, finesse et appétence, vivement recommandé.

DOMAINE HUMBERT FRÈRES

Rue de Planteligone • 21220 Gevrey-Chambertin
Tél. 03 80 51 80 14 • Fax : 03 80 51 80 14
frederic.humbert1@hotmail.fr
Visite : Sur rendez-vous.

Voici la troisième et méconnue branche des Dugat, car le nom magique (celui de la mère du propriétaire) a disparu des étiquettes. Reste le sens du style, commun à tous, avec plus de délicatesse de bouche peut-être ici, et moins de monumentalité dans les textures. Les 2002 nous avaient enchantés, les 2005, 2006 et 2007 prennent dignement la relève. Le point fort du domaine est encore une fois sa remarquable série de premiers crus, élégants, authentiques, hautement recommandables. Les volumes sont restreints mais les prix ne flambent pas.

Charmes-Chambertin grand cru 2010
Rouge | 2020 à 2030 | 60 € **17/20**
Bien dans le type de l'année (myrtille), puissant, charnu, encore un peu ferme et austère dans son tanin, grand potentiel.

Gevrey-Chambertin premier cru Poissenot 2010
Rouge | 2018 à 2028 | 38 € **17/20**
Spécialement réussi en 2010, grande élégance de parfum et texture, tanin exact, boisé noble et fondu, bel avenir.

DOMAINE ALAIN JEANNIARD

4, rue aux Loups • 21220 Morey-Saint-Denis
Tél. 06 84 56 13 89 • Fax : 03 80 58 53 49
domaine.ajeanniard@wanadoo.fr
www.domainealainjeanniard.fr
Visite : Sur rendez-vous.

Domaine artisanal de qualité, dont nous avons pu depuis trois ans apprécier la régularité dans l'élaboration de vins précis et de facture classique. Les prix restent sages.

Chambolle-Musigny 2010
Rouge | 2013 à 2017 | 25 € **15/20**
Fruité, doté d'une robe bien limpide, tanin ferme, sensation saline, précis, avec une vraie personnalité.

Morey-Saint-Denis Vieilles Vignes 2010
Rouge | 2017 à 2022 | 23 € **15,5/20**
Nez développé, précis, classique, associant la fleur et l'épice, texture pleine, assez long, vinification conforme à la tradition.

DOMAINE FRANÇOIS LAMARCHE

9, rue des Communes • 21700 Vosne-Romanée
Tél. 03 80 61 07 94 • Fax : 03 80 61 24 31
vins.lamarche@wanadoo.fr
www.domaine-lamarche.com
Visite : Du lundi au jeudi de 8h à 12h et de 13h30 à 18h. Le vendredi de 8h à 12h.

Ce domaine aux vignes prestigieuses nous a longtemps déçus, car son niveau de viticulture et celui de vinification ne pouvaient se comparer à ceux des meilleurs de sa commune, dans des crus voisins ou comparables. Mais depuis deux ans la nouvelle génération de la famille, deux jeunes femmes déterminées, Nicole et Nathalie, travaille dans la juste direction pour remettre les pendules à l'heure, et c'était un vrai plaisir de voir à nouveau ce printemps des vignes aussi bien cultivées. Les vins ont également gagné en définition et en élégance, et peuvent être à nouveau chaleureusement recommandés, sans qu'ils égalent les tout meilleurs. Mais ils s'en rapprochent fort !

ÉCHEZEAUX GRAND CRU 2010
Rouge | 2020 à 2030 | 72 € **17/20**
Mûr, onctueux, entêtant, moins magique dans son parfum que malconsorts mais lui aussi somptueusement savoureux !

VOSNE-ROMANÉE PREMIER CRU MALCONSORTS 2010
Rouge | 2020 à 2030 | 66 € **17,5/20**
Nez raffiné et naturel, exemplaire de vosne à son plus original, merveilleuse finesse, grande allonge, vin de grand style, montrant tous les progrès du domaine.

DOMAINE DES LAMBRAYS

31, rue Basse • 21220 Morey-Saint-Denis
Tél. 03 80 51 84 33 • Fax : 03 80 51 81 97
clos.lambrays@wanadoo.fr • www.lambrays.com
Visite : Sur rendez-vous.

Le riche propriétaire allemand du Clos des Lambrays, Günter Freund, récemment disparu, a permis à Thierry Brouin de procéder, depuis quelques millésimes, aux sélections nécessaires pour optimiser la qualité du grand vin, en déclassant les vignes un peu trop jeunes ou moins parfaitement exposées, comme on le fait à Bordeaux. Il en a résulté une succession ininterrompue de vins d'une pureté de style exemplaire, avec le charme inimitable des vinifications en raisins entiers. Le domaine possède également sur Puligny-Montrachet deux petites vignes, Cailleret et Folatières, et quelques privilégiés savent qu'elles donnent des blancs remarquables.

CLOS DES LAMBRAYS GRAND CRU 2010
Rouge | 2020 à 2030 | 95 € **17,5/20**
Nez élégant, délié, typique du raisin entier, texture dense mais sans excès, fin de bouche racée, un rien longiligne, prêt à vieillir avec grâce.

DOMAINE PHILIPPE ET VINCENT LECHENEAUT

14, rue des Seuillets • 21700 Nuits-Saint-Georges
Tél. 03 80 61 05 96 • Fax : 03 80 61 28 31
lecheneaut@wanadoo.fr
Visite : Sur rendez-vous.

Voici un petit domaine artisanal comme on les aime : la viticulture y est méticuleuse et le style des vins très affirmé, associant puissance et finesse dans un équilibre finalement très classique. Les vins sont moins réduits et plus élevés qu'il y a quelques années, et n'ont plus besoin d'une longue aération préalable. Les 2010 prendront dignement la relève des 2009 avec sans doute plus de finesse pure.

CHAMBOLLE-MUSIGNY PREMIER CRU 2010
Rouge | 2020 à 2025 | NC **17/20**
Encore un trésor caché et confidentiel du domaine, boisé intelligent, grande suavité et subtilité de texture et d'arômes, chambolle parfaitement typé.

CLOS DE LA ROCHE GRAND CRU 2010
Rouge | 2020 à 2030 | NC **17,5/20**
Plus de raffinement de parfum et de soin d'élevage que dans bien d'autres clos-de-la-roche, fraîcheur et éclat de grand vin, dommage qu'il y en ait si peu...

NUITS-SAINT-GEORGES PREMIER CRU LES PRULIERS 2010
Rouge | 2020 à 2028 | NC **16,5/20**
Réduction noble sur le cassis et les épices, grande matière, tanin harmonieux, beaucoup de style, le plus complexe des pruliers dégustés.

DOMAINE PHILIPPE LECLERC

9, rue des Halles • 21220 Gevrey-Chambertin
Tél. 03 80 34 30 72 • Fax : 03 80 34 17 39
philippe.leclerc60@wanadoo.fr
www.philippe-leclerc.com
Visite : Sur rendez-vous.

Philippe Leclerc est un des vignerons les plus excentriques mais les plus attachants de la commune de Gevrey. Il s'était signalé au début des années 1980 par des vins d'une intensité de matière à mille lieues de la banalité ambiante, mais avait multiplié par la suite les vins excessifs, étranges ou fautifs. Nous avions perdu de vue sa production mais nous sommes heureux de la retrouver aujourd'hui, avec des 2006 remarquables qui renouent avec ce que nous attendons de lui. Les millésimes suivants confirment.

GEVREY-CHAMBERTIN EN CHAMPS 2010
Rouge | 2018 à 2024 | NC **15/20**
Robe noire, nez fortement réduit, grande puissance, vin ambitieux dans sa texture et son élevage, très torréfié, à ouvrir deux heures avant le service.

GEVREY-CHAMBERTIN PREMIER CRU CAZETIERS 2010
Rouge | 2020 à 2030 | NC **16,5/20**
Encore une grande et noble matière, notes de myrtille au nez, un rien plus frais que combe-aux-moines, suave, profond, un rien moins tendu que d'autres vins du secteur.

GEVREY-CHAMBERTIN PREMIER CRU CHAMPEAUX 2010
Rouge | 2020 à 2025 | NC **17/20**
Robe noire, merveilleuse maturité du raisin, texture soyeuse, tanin noble, vin complet.

GEVREY-CHAMBERTIN PREMIER CRU
COMBE AUX MOINES 2010
Rouge | 2020 à 2028 | NC **17/20**
Robe noire, texture plus qu'onctueuse, notes de chocolat et de moka, matière remarquable.

DOMAINE LEROY

15, rue de la Fontaine • 21700 Vosne-Romanée
Tél. 03 80 21 21 10 • Fax : 03 80 21 63 81
domaine.leroy@wanadoo.fr • www.domaineleroy.com

Ce domaine phare a produit à peine 13 hl/ha en moyenne dans le millésime 2010, et donc chaque bouteille sera un événement, d'abord par sa rareté. Mais l'accumulation d'une expérience sans aucun précédent connu en matière de viticulture biodynamique a donné à ces trop rares raisins une intensité unique et leur vinification en grappe entière des vins d'un parfum si étrange et pénétrant que Verlaine en aurait pleuré d'émotion. Aux amateurs qui auront la chance de s'en procurer d'en faire le meilleur usage, à savoir partager leurs bouteilles avec les jeunes viticulteurs les plus talentueux pour leur donner une idée d'absolu pour toute leur vie. Les vins ont été dégustés au domaine après aération de quelques heures, rendue obligatoire par leur mise en bouteille récente.

CHAMBERTIN GRAND CRU 2010
Rouge | 2025 à 2050 | NC **19,5/20**
Couleur remarquable, nez, corps, texture, tanin allant jusqu'au bout du potentiel d'un terroir unique, un vin de légende est né.

CHAMBOLLE-MUSIGNY PREMIER CRU
LES CHARMES 2010
Rouge | 2022 à 2030 | NC **18,5/20**
Égal au 2009 mais dans un style différent, plus de tension et de serré dans la texture, moins d'immédiateté de parfum, mais qui arrive à ce niveau en charmes ?

CLOS DE LA ROCHE GRAND CRU 2010
Rouge | 2022 à 2035 | NC **19/20**
Définition inouïe de la tension et de la minéralité rocheuse de ce grand cru, grande longueur, grand style, mais patience !

CLOS DE VOUGEOT GRAND CRU 2010
Rouge | 2025 à 2050 | NC **19/20**
Race grandiose, éclat et tension uniques, propres à ce millésime, finale un rien plus hautaine et ascétique que pour d'autres grands crus, mais c'est la signature même du clos.

CORTON - CHARLEMAGNE GRAND CRU 2010
Blanc | 2020 à 2030 | NC **18/20**
Grand arôme de noisette, matière très serrée et tendue, beaucoup d'éclat en finale, plus intellectuel que sensuel ! Mais quel avenir !

CORTON - RENARDES GRAND CRU
AUX RENARDES 2010
Rouge | 2025 à 2050 | NC **19,5/20**
Monumentale noblesse, tanin d'une race équivalente à celle du chambertin. Ce vin rappelle ce que peut être le plus grand corton rouge !

Gevrey-Chambertin premier cru Combottes 2010
Rouge | 2020 à 2030 | NC **17/20**
L'harmonie de ce vin et son équilibre sont dignes de toutes les louanges, mais en compagnie des autres stars de la cave le parfum si franc et si naturel fait un peu simple !

Latricières-Chambertin grand cru 2010
Rouge | 2024 à 2035 | NC **19/20**
Intense et raffiné mais encore sur la réserve, un vin d'esthète, à attendre encore longtemps.

Musigny grand cru 2010
Rouge | 2028 à 2050 | NC **20/20**
Sublime : on ne peut rien dire d'autre ! Nous n'avons jamais senti de plus parfait parfum ni rencontré une texture aussi noble et équilibrée.

Nuits-Saint-Georges premier cru
Aux Boudots 2010
Rouge | 2025 à 2035 | NC **19/20**
Le vin égale en beauté de parfum les grands crus, avec une texture d'une volupté irrésistible dans un millésime qui ne la favorisait pas !

Pommard Les Vignots 2010
Rouge | 2022 à 2030 | NC **17/20**
Parfum absolument étonnant, floral, donné par le raisin entier, mais la bouche a la fermeté et le tanin uniques de cette appellation. Hautement recommandé.

Richebourg grand cru 2010
Rouge | 2030 à 2050 | NC **19,5/20**
Sera sublime de parfum et de corps, avec la fermeté intérieure dans une enveloppe suave qui est la définition même d'un richebourg ! Exceptionnelle race et tension.

Romanée-Saint-Vivant grand cru 2010
Rouge | 2025 à 2050 | NC **20/20**
Aussi sublime et pénétrante dans son arôme que le musigny, aussi parfaite sur le plan formel, seule la texture diffère, plus de soie dans la Romanée, plus de pureté peut-être dans le musigny. Quelle leçon !

Savigny-lès-Beaune premier cru
Les Narbantons 2010
Rouge | 2020 à 2030 | NC **18/20**
Admirable arôme floral, complexe, indescriptible, corps d'une harmonie aussi rare et comparable que celle des grands côtes-de-nuits, ne le manquez pas !

Volnay premier cru Santenots 2010
Rouge | 2025 à 2035 | NC **18,5/20**
Une seule pièce et un vin noir, d'une densité de matière époustouflante et d'une vitalité considérable.

Vosne-Romanée premier cru Aux Brûlées 2010
Rouge | 2025 à 2035 | NC **18,5/20**
Nez floral et épicé digne du plus génial des parfumeurs, un rien plus tendu et secret que beaumont, un rien moins généreux et harmonieux aussi, vosne à son niveau le plus élevé, tous les vignerons du village doivent l'avoir au moins senti une fois, pour savoir.

Vosne-Romanée premier cru
Les Beaux Monts 2010
Rouge | 2030 à 2040 | NC **19/20**
Le beaumont le plus sublimement parfumé jamais produit par le domaine à sa naissance, avec une distinction digne du plus grand des échezeaux. Formellement parfait. Et il y en a quelques pièces.

DOMAINE CHANTAL LESCURE

34 A, rue Thurot • 21700 Nuits-Saint-Georges
Tél. 03 80 61 16 79 • Fax : 03 80 61 36 64
contact@domaine-lescure.com
www.domaine-lescure.com
Visite : Du lundi au jeudi de 8h à 12h et de 13h30 à 17h. Le vendredi, de 8h à 12h et de 13h30 à 16h.

Voici un domaine fort sérieux, propriétaire de nombreux crus de qualité de Pommard au sud de la Côte de Nuits, et dont les vinifications précises sont un compromis réussi entre tradition et modernité. Les vins ont du corps, de la sève, des tanins plutôt puissants mais sans agressivité, mais surtout les terroirs s'expriment avec naturel et évidence. Certains vins vieillissent de façon un peu rigide mais on peut faire confiance aux 2010 que nous avons sélectionnés.

Clos de Vougeot grand cru 2010
Rouge | 2018 à 2030 | 120 € **17/20**
Vin corsé et de belle envergure dans le tanin, charnu, mûr et possédant cette mystérieuse touche de menthe qui est le propre de quelques parcelles du clos.

NUITS-SAINT-GEORGES PREMIER CRU
LES DAMODES 2010
Rouge | 2020 à 2025 | 35 € **15/20**
Sur la réduction mais riche, équilibré, fortement tannique mais sans astringence, finale droite, vin de garde.

VOSNE-ROMANÉE PREMIER CRU SUCHOTS 2010
Rouge | 2020 à 2030 | 82 € **17/20**
Splendide nez épicé, grande matière, tanin noble, magnifique vosne, même si la finesse du suchots de l'Arlot semble hors d'atteinte en 2010.

DOMAINE VINCENT LESDY

14, rue Thurot • 2170 Nuits-Saint-Georges
Tél. 03 80 61 35 50

HAUTES CÔTES DE NUITS 2010
Rouge | 2012 à 2015 | 8,90 € **15/20**
Nez très axpressif et complexe sur une robe très profonde. Ce vin intéressant présente une belle matière, sur le fruit, une consistance aux tanins fermes avec des notes de fruits cuits.

DOMAINE THIBAULT LIGER-BELAIR ♖♖♖

32, rue Thurot • 21700 Nuits-Saint-Georges
Tél. 03 80 61 51 16 • Fax : 03 80 61 51 16
contact@thibaultligerbelair.com
www.thibaultligerbelair.com
Visite : Sur rendez-vous.

Ce domaine, héritier d'une tradition plus que centenaire, a été repris en main par Thibault Liger-Belair, un des viticulteurs les plus passionnés de sa génération et les mieux pourvus en grands terroirs. L'autorité et la plénitude de ses 2005 les ont faits à juste titre remarquer, mais ses 2007 marquent une étape supplémentaire dans la recherche de la pureté et de la netteté. Ils devraient devenir, pour les meilleurs, des classiques du millésime. 2008 continue au même niveau mais on attend évidemment encore des progrès, surtout en viticulture, pour que le domaine égale les plus grands, ce qui est sa vocation naturelle. Il faudra aussi compter avec ses moulin-à-vents, issus des meilleurs terroirs. Le quatrième ♖ se rapproche...

ALOXE-CORTON PREMIER CRU
LA TOPPE AU VERT 2010
Rouge | 2017 à 2022 | NC **16/20**
Beaucoup de générosité de constitution, notes de violette au nez, tanin étoffé, bonne longueur.

CHARMES-CHAMBERTIN GRAND CRU 2010
Rouge | 2020 à 2030 | NC **16,5/20**
Vin de négoce mais fort réussi avec un beau nez de myrtille, du gras, de la longueur et de la classe, mais sans l'absolue précision des vins de Vosne.

CLOS DE VOUGEOT GRAND CRU 2010
Rouge | 2020 à 2030 | NC **16,5/20**
Beaux arômes de poivre et d'épices, vin puissant, racé, tendu, tanin ferme, encore sur la réduction.

CORTON - RENARDES GRAND CRU 2010
Rouge | 2020 à 2030 | NC **17/20**
Beaucoup de profondeur de texture, onctuosité équivalente de matière, saveur de réglisse, tanin garni, très mûr.

NUITS-SAINT-GEORGES PREMIER CRU
LES SAINT-GEORGES 2010
Rouge | 2020 à 2030 | NC **18/20**
Somptueuse étoffe, grande allure, encore un rien de réduction mais quelle allonge ! Décidément les vignerons du climat veulent le classement en grand cru et ils le méritent amplement.

RICHEBOURG GRAND CRU 2010
Rouge | 2020 à 2035 | NC **18/20**
Lacté, truffé, réglissé, somptueux de corps et de suite en bouche, pas encore totalement fondu et harmonisé mais impressionnant.

DOMAINE HUBERT LIGNIER ♖♖

45, Grande-Rue • 21220 Morey-Saint-Denis
Tél. 03 80 51 87 40 • Fax : 03 80 51 80 97
domaine.hubert.lignier@orange.fr

Après la mort hélas trop précoce de Romain Lignier, son père Hubert a repris la barre d'une bonne partie du vignoble et continue les vinifications précises, très classiques d'inspiration, qui faisaient estimer ses vins de tous.

CLOS DE LA ROCHE GRAND CRU 2009
Rouge | 2017 à 2029 | NC **17/20**
Beau nez racé floral et épicé, corps complet, tanin bien intégré, terroir parfaitement dessiné, bel avenir.

MOREY-SAINT-DENIS PREMIER CRU CHAFFOTS 2010
Rouge | 2020 à 2025 | NC **16/20**
Bon boisé, nez épicé classique, corps équilibré, jolie suite en bouche, excellent morey.

DOMAINE VIRGILE LIGNIER-MICHELOT

11, rue Haute • 21220 Morey-Saint-Denis
Tél. 03 80 34 31 13 • Fax : 03 80 58 52 16
virgile.lignier@wanadoo.fr
Visite : Tout les jours de 10h à 19h.

Virgile Lignier, jeune viticulteur intelligent et ambitieux, fait partie de l'élite de la nouvelle génération bourguignonne, celle qui progressivement retrouve le style des grands producteurs des années 1920 et 1930. Son style s'affirme d'une année sur l'autre et 2007 est sans doute à ce jour sa réussite la plus homogène. 2008 et 2009 confirment.

CHAMBOLLE-MUSIGNY VIEILLES VIGNES 2010
Rouge | 2018 à 2025 | 28 € **15/20**
Robe noire, nez framboisé, finale plus anisée, saturé en CO2 mais beaucoup de matière. Attendre encore cinq ans.

CHARMES-CHAMBERTIN GRAND CRU 2010
Rouge | 2020 à 2028 | 108 € **16/20**
Un peu de réduction, beaucoup de rondeur et de fruit, texture large, finale un peu simple pour le moment mais fort agréable.

DOMAINE BERTRAND MACHARD DE GRAMONT

13, rue de Vergy • 21700 Nuits-Saint-Georges
Tél. 03 80 61 16 96 • Fax : 03 80 61 16 96
bertrandmacharddegramont@gmail.com • www.bertrand-macherddegramont.fr
Visite : Sur rendez-vous au 06 62 37 36 08.

Excellent domaine artisanal, à la viticulture très respectueuse de l'environnement et doté de jolis terroirs sur Nuits, dont les magnifiques terrasses des Vallerots, bâties à la force du poignet. 2009 et 2010 ont produit des vins sincères et complets, aux prix encore accessibles pour l'amateur avisé.

NUITS-SAINT-GEORGES AUX ALLOTS 2010
Rouge | 2018 à 2022 | 26 € **15/20**
Beau nez de fruits noirs (myrtilles, mûres), savoureux, assez long, personnel mais en même temps bien dans son «jus».

NUITS-SAINT-GEORGES LES VALLEROTS 2010
Rouge | 2018 à 2022 | 24 € **15,5/20**
Arôme net de cassis rappelant un peu le style d'un cru comme la-richemone, mûr, plein et de bel avenir, vin de fort caractère.

NUITS-SAINT-GEORGES
TERRASSES DES VALLEROTS 2010
Rouge | 2018 à 2025 | 20 € **15/20**
Généreux, original, plein de caractère même si l'échantillon apparaît un rien moins vineux que le vallerots «normal».

FRÉDÉRIC MAGNIEN

26, Route Nationale • 21220 Morey-Saint-Denis
Tél. 03 80 58 54 20 • Fax : 03 80 51 84 34
frederic@fred-magnien.com
www.frederic-magnien.com
Visite : Sur rendez-vous.

Il faut ici faire la distinction entre les vins de négoce, présentés ci-dessous, même s'ils sont vinifiés par le talentueux et énergique Frédéric Magnien, et ceux de la propriété, signés Michel Magnien, où un meilleur contrôle des vignes explique leur supplément de finesse et de précision. Jeune viticulteur passionné, Frédéric a eu parfois un peu tendance à trop accentuer les extractions mais il a changé et 2008 se montrera fort élégant, avec une large gamme d'appellations à tous les niveaux de crus, d'une rare homogénéité et constance de style et de qualité.

CHAMBOLLE-MUSIGNY PREMIER CRU CHARMES 2010
Rouge | 2020 à 2030 | 96 € **17,5/20**
Vin de grand format, puissant, noblement aromatique, long, complexe, tout ce qu'on aime, magnifique élevage.

FIXIN CŒUR DE VIOLETTE 2010
Rouge | 2018 à 2022 | 21 € **15,5/20**
Autre beau fixin de cette source, un rien plus expressif et complexe que crais-de-chênes, bon avenir.

FIXIN CRAIS DE CHÊNE 2010
Rouge | 2018 à 2022 | 21 € **15/20**
Un des beaux fixins de la dégustation générale, joli nez de fraise, vin plein, très pinot, assez long, ayant conservé sa fraîcheur malgré la maturité du raisin, bon rapport qualité-prix.

MOREY-SAINT-DENIS PREMIER CRU
BLANCHARDS 2010
Rouge | 2019 à 2022 | 59 € **15,5/20**
Boisé marqué, texture assez pleine mais racée, charmeur, long, sensuel, réussi.

Nuits-Saint-Georges Vieilles Vignes 2010
Rouge | 2020 à 2025 | 35 € **16/20**
Vin savoureux, généreux, persistant, très typé de son village, très agréable et certainement de long avenir.

DOMAINE MICHEL MAGNIEN

4, rue Ribordot • 21220 Morey-Saint-Denis
Tél. 03 80 51 82 98 • Fax : 03 80 58 51 76
d-magnien@orange.fr ou frederic@fred-magnien.com
www.domaine-magnien.com
Visite : Sur rendez-vous.

Frédéric Magnien vinifie aussi les vins du domaine familial, Michel Magnien, dans le même esprit que ceux de sa maison de négoce. Les vins produits rivalisent avec les plus accomplis de la Côte de Nuits.

Chambolle-Musigny premier cru Sentiers 2010
Rouge | 2020 à 2025 | 82 € **15,5/20**
Toujours cette petite réduction sur le cassis mais excellente bouche, bien construite, raisin mûr et avenir assuré.

Charmes-Chambertin grand cru 2010
Rouge | 2018 à 2028 | 165 € **17/20**
Excellente texture pulpeuse pour l'année, très fruité (fraise, framboise), grande longueur, style moderne et équilibré.

Morey-Saint-Denis premier cru Millandes 2010
Rouge | 2018 à 2022 | 63 € **15/20**
Forte couleur, nez de cassis sur le réduit comme souvent en vin jeune chez le producteur, net et ferme, plus en vigueur qu'en finesse.

DOMAINE STÉPHANE MAGNIEN

5, ruelle de l'Église • 21220 Morey-Saint-Denis
Tél. 03 80 51 83 10 • Fax : 03 80 58 53 27
mail@domainemagnien.com
www.domainemagnien.com
Visite : Sur rendez-vous.

Petit producteur artisanal, avec des vignes très bien situées au cœur de la Côte de Nuits. Le niveau de viticulture est excellent, les vins recherchent la finesse, pas la couleur ni le volume de bouche, ce qui ne saurait nous déplaire. 2009 marque des progrès certains en définition du millésime et de l'origine. Nous dégusterons la gamme des 2010 en bouteille l'an prochain.

Morey-Saint-Denis premier cru Aux Petites Noix 2010
Rouge | 2019 à 2022 | 27,50 € **16/20**
Extrêmement précis et subtil dans l'expression du terroir, belle longueur, impeccablement classique mais savoureux.

JEAN-PHILIPPE MARCHAND

4 rue Souvert Bp 41 • 21220 Gevrey-Chambertin
Tél. 03 80 34 33 60 • Fax : 03 80 34 12 77
contact@marchand-jph.fr • www.marchand-jph.fr
Visite : Sur rendez-vous.

Jean-Philippe Marchand est désormais en charge de son petit vignoble familial, situé sur quelques beaux climats du nord de la Côte de Nuits. Les 2010 présentés montraient un caractère plus affirmé que les vins de son père et le font entrer dans le guide cette année.

Gevrey-Chambertin Clos Prieur 2010
Rouge | 2016 à 2022 | 25,50 € **14,5/20**
Nez légèrement lactique, corps équilibré, texture onctueuse de raisin mûr, tanins bien enrobés, vinification soignée.

Ruchottes-Chambertin grand cru 2010
Rouge | 2020 à 2030 | NC **17/20**
Beaucoup de style, vin racé, floral, précis, une vraie caresse dans son tanin.

MARCHAND FRÈRES

1, place du Monument • 21220 Gevrey-Chambertin
Tél. 03 80 62 10 97 • Fax : 03 45 83 48 31
dmarc2000@sfr.fr • www.domainemarchandfreres.com
Visite : Sur rendez-vous.

Ce producteur de vins du nord de la Côte de Nuits n'avait pas encore trouvé son style il y a quelques années mais les 2010 présentés nous ont plu par leur équilibre et leur rendu du terroir, preuve supplémentaire de l'influence bénéfique de la jeune génération.

Charmes-Chambertin grand cru 2010
Rouge | 2012 à 2020 | 48 € **17/20**
Remarquablement réussi et typé charmes, raisin mûr, texture harmonieuse, grande longueur, tendre dans sa puissance.

Gevrey-Chambertin premier cru
Combettes 2010
Rouge | 2016 à 2022 | 36 € **15/20**
Progrès évidents de style pour ce millésime et vin très droit, fruité, équilibré, au terroir bien défini, de demi garde.

Morey-Saint-Denis premier cru
Clos des Ormes 2010
Rouge | 2018 à 2025 | 26 € **15,5/20**
Beau nez de fraise, vin équilibré et de style classique, certainement à garder sans crainte.

PASCAL MARCHAND TAWSE

9, rue Julie Godmet - B.P. 76
21700 Nuits-Saint-Georges
Tél. 03 80 20 37 32 • Fax : 03 80 20 37 32
pascal@pasmarchand.com • www.pasmarchand.com
Visite : Sur rendez-vous.

Pascal Marchand est de retour : outre son rôle de vinificateur au Domaine Jean Féry, il s'est installé à son compte comme négociant et vinifie un petit volume de vins de la Côte de Nuits. Il a acheté avec quelques actionnaires américains quelques jolies parcelles dont le magnifique Mazis de la famille Maume dont nous avons gardé des souvenirs émus, et qui retrouve en 2010 toute sa grandeur.

Mazis-Chambertin grand cru
domaine Maume 2009
Rouge | 2020 à 2035 | 108 € **18/20**
Grande réduction au nez, arôme noble de ronce, matière majestueuse, tanin racé, vraiment du grand vin, inimitable.

Volnay 2010
Rouge | 2017 à 2022 | 27,50 € **16/20**
nez complexe, beaucoup d'enveloppe, complexité de premier cru, très net et bien élevé. Plaira à tous.

Volnay Premier cru 2010
Rouge | 2018 à 2025 | 32,50 € **16/20**
Grande couleur, nez ample de fruits rouges, beaucoup de caractère mais dans la puissance et la droiture.

CHÂTEAU DE MARSANNAY

Route des Grands-Crus - B.P. 78 • 21160 Marsannay
Tél. 03 80 51 71 11 • Fax : 03 80 51 71 12
domaine@chateau-marsannay.com
www.chateau-marsannay.com
Visite : Tous les jours de 10h00 à 12h00 et de 14h à 18h30 sans rendez-vous pour les individuels. Rendez-vous souhaitable pour les groupes.

Pommard premier cru Prieur Louis Berrier 2010
Rouge | 2018 à 2022 | 39 € **15,5/20**
Encore plus prometteur que le 2009, nez précis de truffe, excellent fruit, belle suite en bouche, si seulement les marsannays étaient de cette trempe, mystère...

Pommard premier cru Prieur Louis Berrier 2009
Rouge | 2017 à 2024 | 41 € **15/20**
Nez sanguin, beaucoup de mâche, style classique mais non agressif, vin riche, dans l'esprit qu'attend le public dans cette appellation.

DOMAINE MÉO-CAMUZET

11, rue des Grands-Crus • 21700 Vosne-Romanée
Tél. 03 80 61 55 55 • Fax : 03 80 61 11 05
meo-camuzet@wanadoo.fr • www.meo-camuzet.com

Le style actuel de ce domaine prestigieux, propriétaire entre autres d'une large parcelle superbement située du Clos Vougeot, juste à côté du château, tente avec succès de concilier tradition et modernisme. Jean-Nicolas Méo et son régisseur Christian Faurois sont des hommes très méticuleux et réfléchis, se remettant continuellement en question. Les vins sont vigoureux et denses mais avec style, bâtis pour un long vieillissement. En dehors de la production du domaine, une petite activité de négoce permet de présenter des vins de même style mais d'appellations moins recherchées et moins coûteuses, comme un excellent fixin. Les 2008 poursuivent la recherche d'une plus grande élégance de tanin et d'un boisé approprié à chaque cru. 2009 va encore plus loin dans cette direction et a produit les vins les plus accomplis de l'histoire récente ou moins récente de ce producteur.

Échezeaux grand cru 2010
Rouge | 2020 à 2025 | cav. env. 165 € **16,5/20**
Issu du lieu dit les Rouges, un échezeaux très puissant, coloré, charnu, intense dans sa rétro-olfaction, mais avec un petit manque de finesse pure.

Fixin premier cru Clos du Chapitre 2010
Rouge | 2018 à 2022 | cav. env. 36 € **16/20**
Belle couleur, nez ample, classique, avec des notes de cuir et de fruits noirs, un rien réduit, texture suave, de la classe et de la complexité, à défaut de l'évidence du grand raisin.

Hautes Côtes de Nuits
Clos Saint-Philibert 2010
Blanc | 2014 à 2020 | cav. env. 19 € **15,5/20**
Nez complexe, beurré, citronné, légèrement toasté (petite réduction), assez long et savoureux, plutôt nerveux que plein.

Nuits-Saint-Georges
premier cru Aux Boudots 2010
Rouge | 2020 à 2025 | cav. env. 90 € **17/20**
Belle note florale complexe, grande sève, grand style, avec un côté détendu que n'a pas l'échezeaux.

DOMAINE DENIS MORTET

22, rue de l'Église • 21220 Gevrey-Chambertin
Tél. 03 80 34 10 05 • Fax : 03 80 34 16 26
denis-mortet@wanadoo.fr
www.domaine-denis-mortet.com

Le domaine avait porté à un degré d'expression rare un style de vin qui était devenu le symbole de la modernité bourguignonne : une maturité exceptionnelle du raisin, un parfum floral et fruité d'un appel immédiat, amplifié par un boisé très étudié, et des textures d'une plénitude et d'une précision exemplaires. Arnaud Mortet continue l'œuvre de son père en affinant les extractions et l'élevage, avec des vins moins démonstratifs mais sans doute plus subtils.

Fixin Champ Pennebaut 2010
Rouge | 2018 à 2022 | NC **16/20**
Encore une fois le plus harmonieux et le plus complexe des fixins village, grand nez de cerise, cuir et épices, tanin noble, belle suite en bouche, remarquablement vinifié.

Gevrey-Chambertin premier cru
Lavaut Saint-Jacques 2010
Rouge | 2020 à 2030 | NC **16/20**
Corps plein, beaucoup d'arômes de fruits rouges et noirs, grande fraîcheur en début de bouche, finale plus harmonieuse, vin fort réussi mais en devenir.

Gevrey-Chambertin Vieilles Vignes 2010
Rouge | 2018 à 2025 | NC **17/20**
On retrouve avec grand plaisir cet assemblage exemplaire par sa précision aromatique, l'équilibre du corps et surtout la précision de l'expression du millésime et du raisin, et beaucoup de délicatesse en fin de bouche. Hautement recommandé.

Marsannay Les Longeroies 2010
Rouge | 2016 à 2022 | NC **16/20**
Grande classe aromatique, très équilibré, nuancé, élégant, parfaite alliance de classicisme et modernisme.

DOMAINE GEORGES MUGNERET ET MUGNERET-GIBOURG

5, rue des Communes • 21700 Vosne-Romanée
Tél. 03 80 61 01 57 • Fax : 03 80 61 33 08
dgm@mugneret-gibourg.com
www.mugneret-gibourg.com
Visite : Sur rendez-vous les lundis, mardis, jeudis et vendredis.

Ce domaine est un des temples du classicisme bourguignon : d'une année sur l'autre, ses meilleures cuvées (il y en a aussi de plus faibles) montrent une sûreté de style qui les font aimer de tous, avec une finesse d'extraction exemplaire et surtout une mise en valeur incroyablement précise du terroir. Selon les crus, l'étiquette porte la mention Georges Mugneret (nom du père des productrices actuelles, et médecin célèbre) ou Mugneret-Gibourg mais les vins ont exactement le même style.

Clos de Vougeot grand cru 2010
Rouge | 2020 à 2030 | 98 € **17/20**
Vin très élégant de la partie haute, généreusement aromatique avec des notes de café, de cacao et de menthe, et le soupçon de truffe qui a souvent étonné les amateurs.

Échezeaux grand cru 2010
Rouge | 2020 à 2030 | 90 € **18/20**
Magnifique élevage, grande race au nez et en bouche, classicisme exemplaire de facture, grand vin tout court et montrant ce dont ce climat, sans doute un peu trop vaste, est capable, dans ses meilleurs secteurs.

Ruchottes-Chambertin grand cru 2010
Rouge | 2022 à 2032 | 98 € **17,5/20**
Grande race, boisé de merrain noble, intense, vineux, complexe, tanin parfaitement en place, grand avenir.

Vosne-Romanée 2010
Rouge | 2018 à 2022 | 35 € **16/20**
Coloré, précis, expressif, village complet et de style ultra classique. Bel avenir.

DOMAINE JACQUES-FRÉDÉRIC MUGNIER

Château de Chambolle-Musigny
21220 Chambolle-Musigny
Tél. 03 80 62 85 39 • Fax : 03 80 62 87 36
info@mugnier.fr • www.mugnier.fr

Ce domaine n'a cessé de perfectionner viticulture et vinification depuis le début des années 1990, et plus spécialement encore depuis ses retrouvailles avec son célèbre Clos de la Maréchale, qui a doublé la surface des vignes et exigé une refonte de la structure d'exploitation ainsi qu'une modernisation bienvenue de la cuverie. Il produit sans doute le plus pur et le plus raffiné des musignys actuels ainsi qu'une petite gamme de vins de Chambolle, tous délicats, subtils, pudiques, vraiment dans l'esprit que nous aimons et défendons.

Chambolle-Musigny 2010
Rouge | 2018 à 2025 | NC **16/20**
Texture ultra classique et ensemble rafraîchissant par sa finesse aromatique remarquable et le grain de son tanin, vin d'école.

Chambolle-Musigny premier cru Les Amoureuses 2010
Rouge | 2022 à 2030 | NC **18/20**
Admirable nez de réséda, pudique et précis, texture merveilleusement soyeuse et tanin aristocratique, grand terroir, grand style !

Chambolle-Musigny premier cru Les Fuées 2010
Rouge | 2020 à 2025 | NC **16,5/20**
Nez floral, beaucoup de finesse et de subtilité, sans la perfection suprême des amoureuses du domaine.

Musigny grand cru 2010
Rouge | 2020 à 2035 | NC **18,5/20**
Grand nez floral, typé à la perfection, corps équilibré, tanin et fin de bouche aussi raffinés qu'il est souhaitable, expression classique et pudique d'un très grand terroir. Attendre impérativement.

Nuits-Saint-Georges premier cru Clos de la Maréchale 2010
Blanc | 2015 à 2020 | NC **15/20**
Généreux au nez et en bouche, gras, rond, complexe, rappelle certains chassagnes-morgeot, encore un peu sur la réserve.

Nuits-Saint-Georges premier cru Clos de la Maréchale 2010
Rouge | 2018 à 2025 | NC **17/20**
Coloré, magnifiquement équilibré, long, classique au meilleur sens du terme, grand avenir, recommandé (il y en a un peu pour la Bourgogne !).

DOMAINE MUNIER

1, rue de Cîteaux • 21640 Gilly-les-Citeaux
Tél. 03 80 62 86 38
Visite : Sur rendez-vous au 06 87 46 66 81.

Petit domaine artisanal situé au pied du Clos de Vougeot et propriétaire de jolies parcelles sur le village de Chambolle, sur des terres de même qualité que les premiers crus. Son style de vin est classique, privilégiant la finesse, ce qui convient au millésime 2010.

Chambolle-Musigny 2010
Rouge | 2017 à 2022 | 18 € **15,5/20**
Joli type de chambolle, caractère floral marqué au nez, tendre, délicat, précis, méticuleusement vinifié et vraiment recommandé.

Chambolle-Musigny Clos de l'Orme 2010
Rouge | 2018 à 2025 | 20 € **16/20**
Glissant, élégant, texture soyeuse, grande finesse, village de charme.

DOMAINE PIERRE NAIGEON

4, rue du Chambertin - Vieil Hôtel Jobert-de-Chambertin
21220 Gevrey-Chambertin
Tél. 03 80 34 14 87 • Fax : 03 80 58 51 18
pierre.naigeon@wanadoo.fr
www.domainepierrenaigeon.com
Visite : Sur rendez-vous.

Ce producteur a certainement le sens du bon style et propose des vins d'un équilibre incontestable et classique, avec pour certains l'évidence d'expression de raisins respectés lors de l'arrivée dans le cuvier.

GEVREY-CHAMBERTIN EN VOSNE 2010

Rouge | 2016 à 2025 | 25 € **15,5/20**

Toute la fraîcheur du raisin entier ou pas foulé, gevrey tout en finesse florale et élégance de texture, avec ce qu'il faut de soutien tannique pour la garde. Recommandé.

DOMAINE HENRI NAUDIN-FERRAND

12, rue du Meix-Grenot • 21700 Magny-les-Villers
Tél. 03 80 62 91 50 • Fax : 03 80 62 91 77
info@naudin-ferrand.com • www.naudin-ferrand.com
Visite : Du lundi au vendredi de 8h à 12h et de 13h30 à 17h30. Le samedi de 13h à 19h.

Claire Naudin est une jeune vigneronne de grand talent, qui a su faire une juste synthèse entre le savoir moderne, œnologique et agronomique, acquis à Montpellier, et le sens de la grande tradition bourguignonne. Elle excelle dans les «petites» appellations, Bourgogne rouge, Bourgogne aligoté, Hautes Côtes de Beaune et de Nuits, Côte de Nuits Villages, qui sont tous des exemples de vins raffinés dans leur simplicité et particulièrement digestes. Nous préférons largement ses rouges à ses blancs, très nature mais avec tous les dangers que cela comporte !

CÔTE DE NUITS-VILLAGES VIOLA ODORATA VIEILLES VIGNES 2010

Rouge | 2014 à 2018 | cav. 29 € **17/20**

Remarquable équilibre, vineux, raffiné, long, naturel.

HAUTES CÔTES DE BEAUNE ORCHIS MASCULA 2010

Rouge | 2017 à 2022 | cav. 25 € **16,5/20**

Parfaite extraction, parfum raffiné, aucune aspérité, précision assez étonnante dans l'extraction, un modèle.

HAUTES CÔTES DE NUITS 2010

Rouge | 2015 à 2020 | cav. 15 € **16/20**

Excellent fruit, tanin bien intégré, finesse, classe, pureté, simplicité, le bourgogne quasi idéal.

HAUTES CÔTES DE NUITS MYOSOTIS ARVENSIS 2005

Rouge | 2016 à 2020 | cav. 26 € **17/20**

Finesse transcendante, un des vins les plus racés de l'histoire de tout ce secteur et un exemple pour toute la Bourgogne !

DOMAINE MICHEL NOELLAT

5, rue de la Fontaine • 21700 Vosne-Romanée
Tél. 03 80 61 36 87 • Fax : 03 80 61 18 10
domaine.michel-noellat@wanadoo.fr
Visite : Sur rendez-vous.

Ce domaine, dirigé par des membres d'une des plus anciennes familles de Vosne, a beaucoup progressé et propose désormais des vins dignes des superbes pedigrees de leurs origines. Ses 2010 sont de loin les plus accomplis qu'il ait produit, de mémoire de vieux dégustateur des vins du village !

ÉCHEZEAUX GRAND CRU

Rouge | 2018 à 2025 | 80 € **16,5/20**

Grande matière mais tanin un rien moins harmonisé que dans les remarquables premiers crus présentés.

VOSNE-ROMANÉE 2010

Rouge | 2016 à 2022 | 34 € **15/20**

Vinification classique et attentive, vin joliment parfumé, d'excellente texture et de bon potentiel.

VOSNE-ROMANÉE PREMIER CRU BEAUMONTS 2010

Rouge | 2018 à 2025 | 49 € **17/20**

Excellent boisé, grand nez floral et fumé, texture soyeuse, finale longue, complexe et racée, très beau vin.

VOSNE-ROMANÉE PREMIER CRU SUCHOTS

Rouge | 2018 à 2030 | 49 € **16,5/20**

Robe noire, assez monumental et concentré, très viril, bien dans l'esprit suchots, mais il faudrait un peu plus de floral pour le rendre plus élégant.

MANUEL OLIVIER

Hameau de Corboin • 21700 Nuits-Saint-Georges
Tél. 03 80 62 39 33 • Fax : 03 80 62 10 47
contact@domaine-olivier.com
www.domaine-olivier.com
Visite : Sur rendez-vous.

Ce jeune viticulteur des Hautes-Côtes, d'une famille à juste titre fière de ses crèmes de cassis, s'est montré entreprenant ces dernières années, ajoutant à ses vignes une petite activité de négoce. Son sens du bon style est sûr, et particulièrement sensible dans les vins des Hautes-Côtes ou de Pommard. Certains côtes-de-nuits d'origine plus prestigieuse n'ont ni le même charme ni le même naturel.

Hautes Côtes de Nuits chardonnay 2010
Blanc | 2012 à 2013 | 10,50 € **13,5/20**
Savoureux et gras, un rien alourdi par un boisé peu apéritif, mais qui lui donne de la longueur, sans masquer le fruit. Question de goût.

Hautes Côtes de Nuits cuvée Tradition 2010
Rouge | 2013 à 2018 | 9,50 € **14,5/20**
Positif, très fruité et épicé, bon style, nerveux mais mûr, boire assez frais entre 16 et 17°; vive la finesse.

Hautes Côtes de Nuits Vieilles Vignes 2010 ☺
Rouge | 2012 à 2018 | 12,50 € **15,5/20**
Floral et épicé au nez, avec du caractère et de la finesse, à l'opposé des vins noirs à la mode, délicieux!

Meursault 2010
Blanc | 2014 à 2018 | 25 € **15/20**
Large, savoureux, boisé marqué mais mieux intégré et plus en situation que celui du hautes-côtes, long, mûr, fort agréable.

Pommard 2010
Rouge | 2015 à 2020 | 22,50 € **15/20**
Plus charnu que les côtes-de-nuits, équilibré, sain, avec du style, ce qu'on ne trouve pas si souvent chez les vignerons du village.

Pommard premier cru 2010
Rouge | 2016 à 2020 | 33,50 € **16/20**
Arômes de ronce, peut-être aidés par une proportion de raisins entiers, beaucoup de finesse et de style, jolie maturité du raisin, le pommard sans son vrai naturel.

Vosne-Romanée Damaudes 2010
Rouge | 2018 à 2022 | 36,50 € **15,5/20**
Sérieux, tendu, net, plus typé que les autres côtes-de-nuits, un rien trop austère mais certainement de l'avenir.

DOMAINE SYLVAIN PATAILLE

14, rue Neuve • 21160 Marsannay-la-Côte
Tél. 03 80 51 17 35 • Fax : 03 80 52 49 49
domaine.sylvain.pataille@wanadoo.fr
Visite : Sur rendez-vous au 06 30 94 88 28.

Le jeune œnologue Sylvain Pataille sait oublier ce qu'il a appris dans ses études, pour travailler dans le plus grand respect du naturel du raisin, et conseiller à ses clients d'en faire de même. Son savoir-faire s'exprime à fond dans sa cuvée l'Ancestrale en 2005, sans doute à ce jour le meilleur rouge jamais produit à Marsannay (en compétition serrée avec les cuvées supérieures de Jean Fournier). L'ensemble des 2010 a dominé nos dégustations de Marsannay, avec des vins sans rivaux dans l'expression ultime de leurs origines.

Marsannay Clos du Roy 2010
Rouge | 2018 à 2022 | 22 € **16,5/20**
Grand élevage, magnifique générosité de matière, complet, avec ce supplément d'âme qui enchante dans les beaux bourgognes.

Marsannay L'Ancestrale 2010
Rouge | 2018 à 2025 | 40 € **17,5/20**
Une merveille de fraîcheur et de noblesse aromatique et de soyeux de texture, très long, vraiment un modèle pour tous dans l'appellation.

Marsannay Longerois 2010
Rouge | 2017 à 2022 | 22 € **17/20**
Grand nez racé, texture magnifique, grande longueur, un des sommets du millésime dans le nord de la Côte de Nuits.

DOMAINE DES PERDRIX

Rue des Écoles • 21700 Prémeaux-Prissey
Tél. 03 80 61 26 53 • Fax : 03 85 98 06 62
contact@domainedesperdrix.com
www.domainedesperdrix.com
Visite : Sur rendez-vous.

Ce domaine est exploité par la famille Devillard, qui désormais s'est retirée du Domaine Prieur, à Meursault. Le vignoble se situe sur des terroirs remarquables du sud de la Côte de Nuits, et sa production est vinifiée dans l'esprit des vins modernes, en recherchant une haute maturité du raisin et des textures profondes et voluptueuses. Le résultat est fort réussi depuis quelques années, avec des villages très solides, un nuits-premier-cru chaleureux et subtil mais surtout un échezeaux de grande race, issu de la meilleure partie du cru.

Échezeaux grand cru 2010
Rouge | 2020 à 2030 | 132,90 € **17,5/20**
Grand nez racé de violette, texture noble, longue suite en bouche, parfait échezeaux, plus élégant que le 2009.

Nuits-Saint-Georges 2010
Rouge | 2018 à 2022 | 38,10 € **16,5/20**
Excellent boisé, vin de très belle couleur et de style affirmé, moderne mais généreux et élégant, grande suite en bouche, remarquable définition du millésime.

Nuits-Saint-Georges premier cru Aux Perdrix 2010
Rouge | 2020 à 2030 | 53,60 € **18/20**
Un des sommets du millésime à Nuits, grande couleur, grand corps, grande sève, grand avenir, on égale les grands crus ici.

Nuits-Saint-Georges premier cru Aux Perdrix Les 8 Ouvrées 2010
Rouge | 2020 à 2028 | 69 € **17,5/20**
Magnifique nez de myrtille, généreux, onctueux, très long, très racé, un ensemble digne d'un grand cru, un rien plus fermé que le perdrix «normal».

DOMAINE HENRI PERROT-MINOT ET DOMAINE CHRISTOPHE PERROT-MINOT

54, route des Grands-Crus • 21220 Morey-Saint-Denis
Tél. 03 80 34 32 51 • Fax : 03 80 34 13 57
gfa.perrot-minot@wanadoo.fr • www.perrot-minot.com
Visite : Sur rendez-vous.

Christophe Perrot-Minot propose une large gamme de vins issus du domaine ou élaborés à partir de vendanges achetées mais soigneusement surveillées, avec un style très affirmé, visant la puissance et la tension des corps et des textures. Progressivement, à partir de 2007, les vins ont gagné en harmonie et en raffinement et deviennent aujourd'hui des références incontournables pour toutes les appellations concernées. Ses magnifiques 2010 offrent sans doute la gamme la plus homogène jamais produite par lui, avec deux ou trois des sommets absolus du millésime. Et nous pensons qu'il peut aller plus haut encore et que la Bourgogne et tous les amis du grand vin lui seront reconnaissants.

Chambertin grand cru Vieilles Vignes 2010
Rouge | 2018 à 2030 | NC **19/20**
Matière somptueuse, texture sublime, longueur et naturel incroyables, le roi chambertin dans toute sa gloire !

Chambertin-Clos de Bèze grand cru 2010
Rouge | 2020 à 2025 | NC **17,5/20**
Sur cette bouteille, petite pointe de réduction et d'animalité, qui s'affaiblit mais ne disparaît pas à la longue aération, matière somptueuse mais le chambertin l'éclipse.

Chambolle-Musigny premier cru Combe d'Orveaux cuvée Ultra 2010
Rouge | 2018 à 2030 | NC **18,5/20**
Intensité et velouté de corps et de texture de très grand grand-cru, un des vins les plus parfaits de la commune mais hélas produit en si petit volume.

Chambolle-Musigny Vieilles Vignes 2010
Rouge | 2016 à 2022 | NC **16,5/20**
Excellent équilibre, texture raffinée, vin droit, simple mais pur, exemplaire maturité du raisin.

Chapelle-Chambertin grand cru 2010
Rouge | 2020 à 2035 | NC **18/20**
Puissance, générosité, race et classe, du superbe grand cru, magnifiquement élevé et vendangé au juste moment.

Charmes-Chambertin grand cru 2010
Rouge | 2020 à 2030 | NC **18/20**
Grande matière, boisé noble, texture dense, serrée, salinité spéciale donnée par le terroir, grand avenir, vin de très belle race.

Nuits-Saint-Georges premier cru La Richemone 2010
Rouge | 2018 à 2025 | NC **17/20**
Riche, onctueux, puissant, un rien confit dans sa chair et son goût, long, complexe, fait pour la garde.

Nuits-Saint-Georges premier cru La Richemone cuvée Ultra 2010
Rouge | 2020 à 2030 | NC **18,5/20**
On retrouve dans cette sélection de vieilles vignes l'étonnante personnalité de ce cru digne de se comparer aux plus grands malconsorts, avec une note de cassis noble inimitable. Toucher de bouche merveilleux.

Vosne-Romanée Champ Perdrix 2010
Rouge | 2018 à 2025 | NC **18/20**
Village d'une étoffe, d'une race et d'une beauté de saveur suprêmes, avec par rapport aux millésimes précédents encore plus de pureté d'expression. Hautement recommandé.

Vosne-Romanée premier cru Les Beaux Monts 2010
Rouge | 2020 à 2030 | NC **18,5/20**
Aussi beau, aussi racé que ce terroir noble peut l'être, notes florales de raisins entiers perceptibles, lui donnant plus d'élégance encore que les grands crus de Gevrey. Une merveille.

DOMAINE GILLES REMORIQUET

27, rue Charmois • 21700 Nuits-Saint-Georges
Tél. 03 80 61 24 84 ?ou 03 80 61 36 63
domaine.remoriquet@wanadoo.fr
Visite : Du lundi au vendredi de 9h à 12h et de 14h à 18h; le week-end sur rendez-vous.

Ce domaine avait produit des vins étranges par leur noirceur de robe et leur saveur compotée dans les années 2000, mais 2009 montre des vins d'un style opposé, recherchant et obtenant une réelle élégance, nécessaire pour tempérer le côté terrien des vins de Nuits. Superbe saint-georges 2010.

NUITS-SAINT-GEORGES PREMIER CRU
SAINT-GEORGES 2010
Rouge | 2020 à 2030 | 33 € **17,5/20**
On flirte encore avec le grand cru, nez racé de ronce, parfaite définition en bouche du climat, grand avenir, bravo !

VOSNE-ROMANÉE PREMIER CRU
AU DESSUS DES MALCONSORTS 2010
Rouge | 2018 à 2025 | 33 € **16/20**
Grande matière, puissante, tannique plus dans l'esprit nuiton que vosnien mais de bel avenir, et très «terroir».

DOMAINE CHANTAL RÉMY

1, place du Monument • 21220 Morey-Saint-Denis
Tél. 03 80 34 32 59 • Fax : 03 80 34 32 59
domaine.chantal.remy@orange.fr
www.domaine-chantal-remy.com
Visite : Sur rendez-vous.

Le domaine Louis Rémy n'est plus, vive le domaine Chantal Rémy ! Chantal Rémy vinifie et vend désormais sous son nom l'ensemble des appellations précédentes et met un point d'honneur à réussir particulièrement son simple morey-saint-denis, rebaptisé les-Roziers, de son nom d'épouse ! Avec l'aide de son fils, elle peut encore davantage soigner la viticulture mais reste fidèle au style classique et indémodable qui a fait son succès. Elle compte développer une petite activité de négoce pour élargir sa petite production du domaine.

CLOS DE LA ROCHE GRAND CRU 2010
Rouge | 2022 à 2030 | env. 90 € **17/20**
Tendu, racé, avec la trame minérale des vrais clos-de-la-roche, vin de style et de caractère.

LATRICIÈRES-CHAMBERTIN GRAND CRU 2010
Rouge | 2020 à 2030 | env. 96 € **17/20**
Puissant, précis, racé, va vraiment vers le chambertin, complet et de grande garde.

MOREY-SAINT-DENIS LES ROSIERS 2010
Rouge | 2018 à 2025 | env. 65 € **16,5/20**
Merveilleux arômes de violette, tout en finesse et en pureté d'expression du terroir, proche du clos-des-ormes.

DOMAINE HENRI RICHARD

75, route de Beaune • 21220 Gevrey-Chambertin
Tél. 03 80 34 31 37
info@domainehenririchard.com
www.domainehenririchard.com
Visite : Du lundi au samedi de 9h à 18h et le dimanche sur rendez-vous.

Ce domaine artisanal a eu des hauts et des bas depuis trente ans, mais les vins récents le montrent en très grands progrès, avec une viticulture bio revendiquée et courageuse et des vins de style, recherchant et obtenant de la finesse et de la pureté.

CHARMES-CHAMBERTIN GRAND CRU 2010
Rouge | 2018 à 2030 | 58 € **15/20**
Un peu durci et asséché dans le fût neuf, mais fin de bouche racée et prometteuse.

GEVREY-CHAMBERTIN AUX CORVÉES 2010
Rouge | 2018 à 2022 | 26 € **16,5/20**
Un des gevrey les plus stylés du millésime, arôme floral subtil, grande finesse de parfum et de texture. Belle suite en bouche.

PATRICE RION

1 rue de la Maladière-Prémeaux- Prissey
21700 Nuits-Saint-Georges
Tél. 03 80 62 32 63 • Fax : 03 80 62 49 63
contact@patricerion.com • www.patricerion.com
Visite : Sur rendez-vous.

Nous sommes ravis que Patrice (le troisième des domaine Rion, casse-tête typiquement bourguignon) ait présenté ses vins cette année, car nous savons son talent de vinificateur et aimons le style élégant de ses vins. Dommage qu'il se soit limité à Vosne.

VOSNE-ROMANÉE 2010
Rouge | 2018 à 2022 | NC **15/20**
Bel arôme de fourrure, vin suave, bien équilibré, long, personnel mais bien dans l'esprit du millésime.

VOSNE-ROMANÉE PREMIER CRU BEAUMONTS 2010
Rouge | 2018 à 2028 | NC **17/20**
Magnifique nez de violette, texture noble et suave, tanin fin, vin de grand style.

DOMAINE BERNARD ET ARMELLE RION

8, Route Nationale • 21700 Vosne-Romanée
Tél. 03 80 61 05 31 • Fax : 03 80 61 34 60
rion@domainerion.fr • www.domainerion.fr
Visite : Du lundi au samedi de 9h à 18h30.
Le dimanche sur rendez-vous.

Une nouvelle étape s'ouvre pour ce domaine scrupuleux et respecté de Vosne-Romanée, sous l'influence de la nouvelle génération. On sent à la dégustation des millésimes récents que les vinifications sont très calculées, sans qu'un style bien affirmé ne soit encore né. En 2010, la recherche d'une forte extraction n'a pas empêché les vins des meilleures origines de montrer de la finesse.

CLOS DE VOUGEOT GRAND CRU 2010
Rouge | 2020 à 2030 | 55 € **17/20**
Réduction toastée au nez, encore marqué par sa barrique neuve, mais beaucoup de puissance, d'énergie et de caractère, un vrai clos.

VOSNE-ROMANÉE PREMIER CRU CHAUMES 2010
Rouge | 2018 à 2025 | 33 € **16/20**
Beaucoup de matière, tanin ferme, style très classique pour la garde, attendre quelques années.

DOMAINE DANIEL RION ET FILS

17, RN 74 • 21700 Prémeaux-Prissey
Tél. 03 80 62 31 28 • Fax : 03 80 61 13 41
contact@domaine-daniel-rion.com
www.domaine-daniel-rion.com
Visite : Sur rendez-vous.

Bon domaine classique du sud de la Côte de Nuits, avec des vignes très bien réparties au cœur des coteaux et améliorant d'une année sur l'autre la finesse de ses vins. Le départ d'un des fils de la maison, Patrice, désormais responsable de sa propre marque, avait un temps déstabilisé le style maison mais on le retrouve dans les derniers millésimes avec une belle homogénéité : des vins aromatiques, pas très corpulents, dans le respect des équilibres classiques du pinot noir.

NUITS-SAINT-GEORGES LAVIÈRES 2010
Rouge | 2017 à 2022 | env. 28 € **15/20**
Légèrement fumé au nez, souple, onctueux, mûr, tanin fin, vin soigné et expressif.

NUITS-SAINT-GEORGES PREMIER CRU HAUTS PRULIERS 2010
Rouge | 2018 à 2025 | env. 37 € **16,5/20**
Beau nez, belle harmonie de bouche, long, typé, style sûr, recommandé.

DOMAINE DE LA ROMANÉE-CONTI

1, place de l'Eglise • 21700 Vosne-Romanée
Tél. 03 80 62 48 80 • Fax : 03 80 61 05 72
contact@romanee-conti.fr
www.domaine-romanée-conti.fr

Le domaine phare de la Bourgogne continue son parcours sans faute. Aubert de Villaine et Henri F. Roch l'administrent avec autant de passion que de modestie et le grand Bernard Noblet veille à tout en cave. Le résultat est une continuité unique de vins exceptionnels pour tous les crus, et dans chaque millésime une expression du potentiel de l'année d'un naturel confondant. La commercialisation de vins aussi recherchés est hélas un casse-tête que les administrateurs déplorent. Leur suivi aussi sévère que possible des ventes en première main et les prix fort élevés n'arrêtent pas les spéculateurs ni les contrefaçons. Après une toute petite récolte 2008, de qualité remarquable, le domaine respire un peu plus avec les 2009 très généreux et de caractère plus solaire. Les 2010 étant en cours de mise lors de notre visite, certaines notes de dégustation reprennent nos commentaires de l'an dernier en fût.

ÉCHEZEAUX GRAND CRU 2010
Rouge | 2020 à 2030 | NC **17/20**
Très floral et racé, mais ce n'est pas la plus grande matière de l'année pour ce cru.

GRANDS-ÉCHEZEAUX GRAND CRU 2010
Rouge | 2020 à 2030 | NC **18/20**
Grand nez floral, définition et charpente plus affirmées que pour l'échezeaux, grande fraîcheur, avec une pointe de dureté dans le tanin.

LA TÂCHE GRAND CRU 2010
Rouge | 2025 à 2035 | NC **18,5/20**
Seule une partie de la Tâche désormais, les plus vieilles vignes ont produit cette cuvée, sa puissance et son harmonie ne font aucun doute, mais l'ouverture n'est pas pour demain.

RICHEBOURG GRAND CRU 2010
Rouge | 2025 à 2035 | NC **19/20**
C'est la grande réussite du millésime et une somptueuse expression du Richebourg, avec la finesse

et la pureté qui sont la signature du domaine et un supplément de vinosité sur les autres crus.

ROMANÉE-CONTI GRAND CRU 2010
Rouge | 2030 à 2040 | NC **19,5/20**
Miraculeuse finesse et harmonie, surclassait tout le reste de la cave à la veille de sa mise en bouteille, entrera dans la légende.

ROMANÉE-SAINT-VIVANT GRAND CRU 2010
Rouge | 2025 à 2035 | NC **18/20**
Immense finesse et distinction de texture, grande longueur, grand style, léger manque de vinosité au plus haut niveau.

PHILIPPE ROSSIGNOL

61, avenue de la Gare • 21220 Gevrey-Chambertin
Tél. 03 80 51 81 17 • Fax : 03 80 51 81 17
sceaphilipperossignol@hotmail.fr
Visite : Sur rendez-vous.

Vigneron artisan, très sérieux, apparenté aux Roty, produisant des gevreys bien constitués et fidèles à leur terroir. Il aime déguster et apprend chaque année à perfectionner sa technique. 2009 est ce qu'il a fait de mieux à ce jour.

GEVREY-CHAMBERTIN PREMIER CRU CORBEAUX 2010
Rouge | 2018 à 2025 | 26 € **15,5/20**
Cuvée parfaitement réglée, excellent boisé, texture serrée, tanin racé, précis et finalement très gevrey ! Du beau travail artisanal.

GEVREY-CHAMBERTIN VIEILLES VIGNES 2010
Rouge | 2016 à 2022 | 18,50 € **14,5/20**
Boisé un rien trop brûlé mais derrière un vin solide, tendu, tannique, précis, avec des notes terriennes, presque racinaires, intéressantes.

DOMAINE ROSSIGNOL-TRAPET

4, rue de la Petite-Issue • 21220 Gevrey-Chambertin
Tél. 03 80 51 87 26 • Fax : 03 80 34 31 63
info@rossignol-trapet.com
www.rossignol-trapet.com
Visite : Sur rendez-vous.

David et Nicolas Rossignol (ne pas confondre ce dernier avec son homonyme de Volnay) forment un couple de frères vignerons attachés à la préservation de leurs splendides terroirs, fiers, légitimement, de leur viticulture biodynamique désormais certifiée Déméter. Ils aiment des vins solides, pleins et francs, et les réussissent ainsi mais cherchent aussi à gagner en finesse et en harmonie de texture et de tanin, sans égaler encore les plus habiles stylistes. Les 2008 sont excellents et permettront d'attendre les 2009, où la recherche de finesse est encore plus accomplie. Excellents 2010.

BEAUNE PREMIER CRU TEURONS 2010
Rouge | 2015 à 2018 | 28,10 € **14,5/20**
Couleur moyenne, tout en souplesse et harmonie immédiates, assez long, sincère, facile, glissant mais on attend un peu plus de vin.

CHAMBERTIN GRAND CRU 2010
Rouge | 2025 à 2035 | 110 € **18/20**
Beau nez de réglisse, belle texture, grande suite en bouche, racé, savoureux, réservé, un vrai chambertin !

GEVREY-CHAMBERTIN ÉTELOIS 2010
Rouge | 2018 à 2022 | 32,60 € **15/20**
Forte couleur, boisé sensible, du beau raisin mûr et une texture bien enveloppée, et beaucoup de suite en bouche.

LATRICIÈRES-CHAMBERTIN GRAND CRU 2010
Rouge | 2020 à 2030 | 77,80 € **16,5/20**
Un peu de réduit «brûlé» au nez, chaleureux, plus sensuel que la moyenne dans ce cru, complexe.

DOMAINE ARMAND ROUSSEAU

1, rue de l'Aumônerie • 21220 Gevrey-Chambertin
Tél. 03 80 34 30 55 • Fax : 03 80 58 50 25
contact@domaine-rousseau.com
www.domaine-rousseau.com

Éric Rousseau n'a pas eu trop de mal à remettre son domaine familial à sa vraie place, la première de Gevrey-Chambertin. Son patrimoine de vignes est insurpassable en noblesse d'origine et le niveau de vinification y a toujours été élevé. Une série unique de grandes réussites depuis 2000 le montre capable d'obtenir le meilleur de cycles végétatifs différents, ce qui n'est pas si fréquent ! Il faut signaler la sportivité de ce domaine iconique qui a le courage de présenter ses vins en dégustation à l'aveugle.

CHAMBERTIN GRAND CRU 2010
Rouge | 2025 à 2040 | NC **18,5/20**
Le collège local de dégustateurs a, comme souvent, d'une courte tête préféré le clos-de-bèze, et c'est normal car en vin jeune le chambertin est plus serré, tendu, secret mais quelle finale et quelle complexité à venir ! Grand millésime à nouveau.

CHAMBERTIN-CLOS DE BÈZE GRAND CRU 2010
Rouge | 2022 à 2035 | NC **19/20**
Totalement aristocratique et suprêmement équilibré, difficile de rêver style plus assuré et séduisant, très grand vin.

RUCHOTTES-CHAMBERTIN GRAND CRU
CLOS DES RUCHOTTES 2010
Rouge | 2020 à 2032 | NC **17,5/20**
Nez subtil de myrtille, tanin tendu, salin, presque minéral, classe évidente, encore discret, noble, grand style.

DOMAINE MARC ROY

8, avenue de la Gare • 21220 Gevrey-Chambertin
Tél. 03 80 51 81 13 • Fax : 03 80 34 16 74
domainemarcroy@orange.fr
www.canalgastronomie.com/Roy/index.html
Visite : Sur rendez-vous.

Sous l'influence d'Alexandrine, fille de Marc, ce modeste domaine familial s'ouvre à la clientèle nationale et internationale, avec des vins de mieux en mieux faits. La petite gamme de vins de la propriété culmine avec un des «villages» les plus complets de la Bourgogne actuelle, la désormais fameuse cuvée Alexandrine.

GEVREY-CHAMBERTIN ALEXANDRINE 2010
Rouge | 2018 à 2025 | 60 € **17/20**
Le millésime le plus racé de cette excellente sélection de vieilles vignes, coloré, noblement aromatique, long et complexe, digne d'un très beau premier cru. Vivement recommandé.

DOMAINE SÉRAFIN PÈRE ET FILS

7, place du Château • 21220 Gevrey-Chambertin
Tél. 03 80 34 35 40 • Fax : 03 80 58 50 66
domaine.serafin@orange.fr

Ce tout petit domaine artisanal de Gevrey a donné à nouveau des vins à la dégustation et nous l'en remercions. Nous avons retrouvé avec plaisir la richesse de style de sa production, marquée par des textures opulentes, des saveurs généreuses de raisin mûr et un sens certain du bel élevage, bref des vins parfaits pour la restauration de qualité.

CHARMES-CHAMBERTIN GRAND CRU 2010
Rouge | 2020 à 2030 | NC **17/20**
Robe bleu noir, nez puissant, exact, très 2010 de myrtille, fruits noirs et réglisse en bouche, finale assurée, très beau charmes.

GEVREY-CHAMBERTIN 2010
Rouge | 2015 à 2020 | NC **15,5/20**
Robe rouge pourpre lumineuse, nez floral, texture pulpeuse, légère réduction, haute maturité du raisin, vin de chair et de charme.

DOMAINE HERVÉ SIGAULT

12, rue des Champs • 21220 Chambolle-Musigny
Tél. 03 80 62 80 28 • Fax : 03 80 62 84 40
herve.sigaut@wanadoo.fr
Visite : Sur rendez-vous.

Ce domaine artisanal encore peu connu possède de jolies vignes sur Chambolle et a bien progressé dans les cinq dernières années. Une vinification attentive et classique donne des vins charmants et bien équilibrés, que nous recommandons avant que le marché ne dévalise le producteur.

CHAMBOLLE-MUSIGNY 2010
Rouge | 2020 à 2025 | 25 € **15,5/20**
Forte couleur, vin charnu, tanin ferme, notes racées de réséda en bouche, terroir fort lisible.

CHAMBOLLE-MUSIGNY PREMIER CRU CHÂTELOTS 2010
Rouge | 2019 à 2025 | 33 € **16/20**
Boisé fin, corps équilibré, expression juste et classique d'un bon terroir de Chambolle, recommandable comme tous les 2010 du domaine.

CHAMBOLLE-MUSIGNY PREMIER CRU FUÉES 2010
Rouge | 2020 à 2025 | 33 € **16,5/20**
Le plus élégant des chambolles du domaine, associant plénitude et suavité de texture, beaucoup de style et d'assurance, vivement recommandé.

MOREY-SAINT-DENIS PREMIER CRU MILLANDES 2010
Rouge | 2018 à 2022 | 31 € **16,5/20**
Beaucoup de puissance et d'éclat, grande maturité du raisin, tout pour bien vieillir si la mise en bouteille ne le fatigue pas.

CLOS DE TART

7, route des Grands-Crus • 21220 Morey-Saint-Denis
Tél. 03 80 34 30 91 • Fax : 03 80 51 86 70
contact@clos-de-tart.com • www.clos-de-tart.com

Ce domaine possède en monopole un grand cru d'exposition parfaite et planté dans le sens des courbes de niveau, ce qui permet au raisin d'atteindre une maturité idéale en année de grand soleil, sans craindre la grillure. Le réchauffement climatique récent ne lui fait pas peur. Son régisseur actuel, Sylvain Pitiot, a perfectionné les vinifications

et produit d'une année sur l'autre un vin mémorable par la noblesse de son caractère. Les jeunes vignes sont déclassées dans la cuvée de La-Forge mais en 2010 la toute petite récolte n'a pas permis d'en produire.

Clos de Tart grand cru 2010
Rouge | 2022 à 2030 | NC **17,5/20**
Élégant, frais, complexe, racé, moins voluptueux dans sa texture que dans des années chaudes, tanin ferme et frais.

DOMAINE TAUPENOT-MERME

33, route des Grands-Crus
21220 Morey-Saint-Denis
Tél. 03 80 34 35 24 • Fax : 03 80 51 83 41
domaine.taupenot-merme@orange.fr
Visite : Sur rendez-vous.

Ce domaine familial, apparenté par les grands-parents Merme au Domaine Perrot-Minot, se singularise par sa position sur deux secteurs : l'ensemble de la Côte de Nuits, avec de remarquables terroirs de Gevrey à Nuits, et des vignes d'origine Taupenot, sur Saint-Romain et Auxey-Duresses. Une nouvelle génération est aux commandes avec un excellent esprit, et les vins progressent d'une année sur l'autre. Romain Taupenot et sa sœur Virginie continuent avec les 2009 à affiner les textures et affirmer les terroirs.

Charmes-Chambertin grand cru 2010
Rouge | 2020 à 2030 | 88 € **16,5/20**
Nez très racé de violette, corps onctueux mais la finale est rendue pour le moment abrupte par un tanin amer de fût , récurent dans d'autres cuvées de ce producteur. Belle qualité d'extraction par delà cette amertume.

Mazoyères-Chambertin grand cru 2010
Rouge | 2018 à 2024 | 90 € **17/20**
Richement expressif au nez, notes d'épices, de violette, plus enrobé que charmes, raisin mûr, de l'onctuosité, de la noblesse, surtout dans le vin, le bois étant moins harmonieux.

Saint-Romain 2010
Blanc | 2014 à 2016 | 20 € **16/20**
Finesse citronnée considérable, fin de bouche pure, raisin mûr pour le village, beaucoup de chic et d'harmonie. Vivement recommandé et le meilleur depuis 2005.

THEVENOT - LE BRUN

36, Grande-Rue • 21700 Marey-lès-Fussey
Tél. 03 80 62 91 64 • Fax : 03 80 62 99 81
thevenot-le-brun@wanadoo.fr
www.thevenot-le-brun.com
Visite : De 9h à 12h et de 14h à 18h.

Hautes Côtes de Nuits 2010
Blanc | 2012 à 2015 | 8,70 € **15/20**
Sur un nez fin, ce joli vin très féminin offre un bel équilibre, avec de la vivacité. Très agréable et plaisant, c'est un vin parfait pour l'apéritif.

Hautes Côtes de Nuits Clos du Vignon 2010
Blanc | 2012 à 2015 | 9,50 € **14,5/20**
Sur un nez qui «chardonne», ce vin plutôt ensoleillé et chaud s'équilibre par son acidité qui offre une belle matière. Représentatif de son appellation, c'est un vin bien fait avec une bonne maîtrise de vinification.

DOMAINE DES TILLEULS – DAMIEN LIVÉRA

7, rue du Château • 21220 Gevrey-Chambertin
Tél. 03 80 34 30 43 • Fax : 03 80 34 30 43
philippe.livera@wanadoo.fr

Jeune viticulteur talentueux, inspiré par le style des vins de son ami Arnaud Mortet, Damien Livéra a métamorphosé les vins du domaine : leur couleur, leur parfum et leur personnalité tranchée les font remarquer depuis 2007 dans nos dégustations à l'aveugle.

Chapelle-Chambertin grand cru 2010
Rouge | 2020 à 2030 | NC **18/20**
En progrès sur l'excellent 2009, raffinement remarquable de texture, grande suite en bouche, hautement recommandé.

Gevrey-Chambertin Clos du Village 2010
Rouge | 2017 à 2025 | NC **15,5/20**
Construit sur la réduction, avec des notes torréfiées et fumées, carafer au moins trois heures avant de servir, race évidente.

Gevrey-Chambertin Évocelles 2010
Rouge | 2018 à 2022 | NC **15,5/20**
Robe bleu nuit, nez épicé, beaucoup d'étoffe, saveur framboisée de raisin mûr, tanin harmonieux, beaucoup de caractère.

TORTOCHOT

12, rue de l'Eglise • 21220 Gevrey-Chambertin
Tél. 03 80 34 30 68 • Fax : 03 80 34 18 80
contact@tortochot.com • www.tortochot.com
Visite : Sur rendez-vous.

CHAMBERTIN GRAND CRU 2010
Rouge | 2024 à 2034 | 75 € **17/20**
Beau nez complexe et minéral, indiscutablement typé, bon élevage, un peu plus de risque dans le choix de la maturité du raisin et il égalera les meilleurs.

MAZIS-CHAMBERTIN GRAND CRU 2010
Rouge | 2018 à 2030 | 65 € **16,5/20**
Joli vin racé, tout en subtilité et classicisme d'extraction, pas aussi puissant que d'autres mais assez attachant. Signe-t-il la résurrection de ce domaine ? Nous le souhaitons.

CHÂTEAU DE LA TOUR

Clos de Vougeot • 21640 Vougeot
Tél. 03 80 62 86 13 • Fax : 03 80 62 82 72
contact@chateaudelatour.com
www.chateaudelatour.com
Visite : Sur rendez-vous.

Ce domaine possède, et de loin, la parcelle la plus importante du grand cru Clos de Vougeot, et a le privilège insigne d'être le seul à la vinifier et à l'élever à l'intérieur du clos. La qualité des raisins de la cuvée Vieilles-Vignes est exceptionnelle, et sa vinification en raisin non égrappé donne un vin d'une race prodigieuse, digne d'être comparé au plus grand richebourg. 2009, premier millésime vinifié par la nouvelle équipe, ne voit aucun changement notable de style suivi par un 2010 tout aussi excellent et recommandable.

CLOS DE VOUGEOT GRAND CRU 2010
Rouge | 2020 à 2030 | épuisé **17/20**
Arôme de menthe très typé, plus ouvert et suave à ce stade que la cuvée vieilles-vignes, grande suite en bouche, terroir bien perceptible, grand avenir.

CLOS DE VOUGEOT GRAND CRU
VIEILLES VIGNES 2010
Rouge | 2020 à 2030 | épuisé **17,5/20**
Sentiment de plénitude et d'équilibre très confortable, encore dans les limbes sur le plan aromatique, vin de style et d'avenir.

DOMAINE JEAN TRAPET PÈRE ET FILS

53, route de Beaune • 21220 Gevrey-Chambertin
Tél. 03 80 34 30 40 • Fax : 03 80 51 86 34
message@trapet.fr • www.domaine-trapet.com
Visite : Sur rendez-vous.

Jean-Louis Trapet, magnifiquement aidé par son épouse Andrée, vigneronne alsacienne aussi engagée que lui, porte progressivement son célèbre domaine familial aux sommets absolus de la Bourgogne actuelle. La viticulture obéit aux principes les plus sains de la biodynamie, et les sols à nouveau vivants expriment dans les vins finis les plus subtiles nuances du terroir. Pour les 2006, Jean-Louis Trapet a volontairement assoupli sa vinification pour serrer de plus près la vérité du millésime et depuis, il recherche et trouve des tanins d'une rare élégance.

CHAMBERTIN GRAND CRU 2010
Rouge | 2025 à 2035 | env. 160 € **17,5/20**
Notes fumées au nez, texture raffinée, tout en délicatesse dans l'extraction du tanin, moins vineux que d'autres.

LATRICIÈRES-CHAMBERTIN GRAND CRU 2010
Rouge | 2020 à 2030 | env. 100 € **17,5/20**
Excellent équilibre, grande race aromatique, long, parfaitement défini. Le plus complet de la série.

DOMAINE CÉCILE TREMBLAY

1, rue de la Fontaine • 21700 Vosne-Romanée
Tél. 03 45 83 60 08 • Fax : 03 80 23 95 09
domainetremblay@yahoo fr
www.domaine-ceciletremblay.com

La nouvelle Lalou-Bize ? Cécile Tremblay s'affirme chaque année davantage comme une vinificatrice hors pair, intuitive mais ayant beaucoup réfléchi, lu et appris, et surtout comme une dégustatrice redoutablement précise et exigeante. Elle a la chance d'exploiter quelques très belles vignes de la Côte de Nuits et devrait en principe, dans un futur proche, agrandir considérablement son domaine en reprenant des fermages de famille. Elle vinifie souvent (mais pas toujours) comme son aînée en raisins entiers tout en soignant particulièrement la culture de la vigne. Ses somptueux 2009 ont largement dominé nos dégustations à l'aveugle dans les villages de la Côte de Nuits et ses 2010 ne seront pas loin derrière, avec une tendance un peu marquée à la réduction.

Chambolle-Musigny 2010
Rouge | 2018 à 2022 | NC **17,5/20**
Très beau parfum floral, boisé séduisant, grande délicatesse de texture et de tanin, aucune réduction. Magnifique «village».

Chambolle-Musigny premier cru Feusselottes 2010
Rouge | 2022 à 2028 | NC **17,5/20**
Grand nez complexe et racé, comme nous les aimons, rappelant l'églantier et le réséda, extrême raffinement de texture, grande fraîcheur en fin de bouche, chambolle idéal.

Échezeaux grand cru 2010
Rouge | 2020 à 2030 | NC **17/20**
Grand nez floral et épicé, bouche plutôt sur la réglisse, saveur noble, longue, un rien strict encore dans sa tension, bel avenir.

Morey-Saint-Denis Très Girard 2010
Rouge | 2017 à 2022 | NC **17/20**
Fût neuf en évidence, texture très fine, longueur considérable pour un «village», tanin réglissé, un peu de réduction à perdre.

Vosne-Romanée premier cru Beaumonts 2010
Rouge | 2020 à 2028 | NC **17/20**
Riche, velouté, complexe et racé, presque figué, pas dans le style habituel du domaine mais très prometteur.

Vosne-Romanée Vieilles Vignes 2010
Rouge | 2020 à 2025 | NC **17/20**
Le plus raffiné et aristocratique des villages présentés, nez d'aubépine, léger fumé, texture d'une impeccable précision, long, racé, magnifique !

DOMAINE DU VIEUX COLLÈGE – ÉRIC GUYARD

4, rue du Vieux-Collège • 21160 Marsannay-la-Côte
Tél. 03 80 52 12 43 • Fax : 03 80 52 95 85
jp-eric.guyard@wanadoo.fr
www.domaineduvieuxcollege.com
Visite : Sur rendez-vous.

Ce domaine artisanal très consciencieux de Marsannay ne cesse de progresser. Il vinifie avec le même sens de l'expression juste du terroir ses blancs comme ses rouges. Les 2009, comme les 2010, de style très classique, donneront beaucoup de plaisir au vieillissement pour un prix encore très raisonnable.

Marsannay Clos du Roy 2010
Rouge | 2017 à 2022 | 17 € **15/20**
Coloré, puissant, architecturé, tanin classique, très bien fait.

Marsannay Favières 2010
Rouge | 2015 à 2020 | 14 € **14,5/20**
Souple, facile, gourmand mais sans aucune sollicitation boisée, parfait pour les bonnes brasseries.

Marsannay Longeroies 2010
Rouge | 2017 à 2022 | 14 € **16/20**
Superbe longeroies, complexe, détaillé, long, montrant vraiment ce que peut faire Marsannay à son meilleur.

DOMAINE FABRICE VIGOT

20, rue de La Fontaine • 21700 Vosne-Romanée
Tél. 03 80 61 13 01 • Fax : 03 80 61 13 01
fabrice.vigot@wanadoo.fr • www.domainevigot.com
Visite : Sur rendez-vous.

Petit domaine artisanal de Vosne, qui trouve enfin ses marques, avec des vins probes, équilibrés et de prix encore raisonnable dans un village star, avec des vignerons stars. Accueil au domaine des plus amicaux et généreux.

Échezeaux grand cru 2010
Rouge | 2018 à 2025 | 80 € **16/20**
Puissant et racé, nez développé de myrtille, tanin bien équilibré, petite tendance à l'animalisation en bouche, séducteur mais pas tout à fait assez frais et pur.

Vosne-Romanée Colombière 2010
Rouge | 2016 à 2022 | 35 € **14,5/20**
Assez coloré, nez légèrement poivré, tout en fruit en bouche, plus pinot que terroir mais avec grâce.

DOMAINE COMTE GEORGES DE VOGÜÉ

Rue Sainte-Barbe • 21220 Chambolle-Musigny
Tél. 03 80 62 86 25 • Fax : 03 80 62 82 38
Visite : Du lundi au vendredi de 9h à 12h et de 14h à 18h.

Ce domaine illustre entre tous ne souhaite pas figurer dans le guide : vu son prestige et la qualité habituelle de ses vins nous le regrettons. Rappelons qu'il possède les deux tiers du Musigny mais qu'il n'en embouteille en grand cru qu'une petite partie, la fameuse cuvée Vieilles-Vignes. Nous continuons donc à regretter qu'une grande partie du Petit-

Musigny, monopole du domaine et dont le vignoble n'est plus tout jeune, soit déclassée chaque année en Chambolle premier cru, ce qui prive le monde de près de la moitié du grand cru.

DOMAINE DE LA VOUGERAIE

7 bis, rue de l'Église • 21700 Prémeaux-Prissey
Tél. 03 80 62 48 25 • Fax : 03 80 61 25 44
vougeraie@domainedelavougeraie.com
www.domainedelavougeraie.com
Visite : Sur rendez-vous.

Après les somptueux 2009, les sublimes 2010 élaborés par Pierre Vincent, aussi discret qu'inspiré, mettent désormais ce domaine, si riche en grands terroirs, au niveau absolu de la Bourgogne actuelle, retrouvant le style, la fraîcheur, le cachet des vins historiques de ces mêmes terroirs, après des décennies de viticulture sans âme et sans ligne directrice continue. Les effets bénéfiques d'une viticulture biodynamique sont évidents, mais en plus il y a le don, inexplicable, inimitable, qui transforme le vin sincère et bien fait en grande œuvre d'art. Chapeau !

Beaune 2010
Blanc | 2015 à 2020 | 23 € **16/20**
Plein, pur, naturel, équilibré, toute la franchise de cette appellation et quel réconfort que ces raisins récoltés à la juste maturité !

Beaune premier cru Grèves 2010
Rouge | 2018 à 2025 | 39 € **17,5/20**
Précision aromatique et harmonie de texture considérables, grande longueur, vin de style parfait.

Bonnes-Mares grand cru 2010
Rouge | 2020 à 2030 | NC **19/20**
Sublime réussite, maturité idéale du raisin, respect absolu de sa consistance, de son parfum et expression difficilement surpassable de son origine. Grand moment d'émotion.

Chambolle-Musigny 2010
Rouge | 2016 à 2022 | 36 € **18/20**
La perfection du chambolle village, avec la fraîcheur et la pureté des grandes vinifications en raisin entier.

Charmes-Chambertin grand cru 2010
Rouge | 2020 à 2028 | 73 € **18/20**
Mûr, onctueux, raffiné, immense finesse aromatique, tanin judicieux, boisé intégré, un modèle de style.

Clos de Vougeot grand cru 2010
Rouge | 2020 à 2030 | 72 € **17/20**
Une touche de dureté et de raideur pour ce vin de grande classe mais d'évolution lente et de présentation toujours un peu austère à la naissance.

Corton - Charlemagne grand cru 2010
Blanc | 2018 à 2025 | 110 € **19/20**
Le plus harmonieux et le plus noble des blancs du domaine et sans doute de son appellation dans ce millésime, tout ce qu'on chérit dans un grand charlemagne !

Corton - Clos du Roi grand cru 2010
Rouge | 2020 à 2030 | 60 € **19/20**
Incroyable perfection de parfum et de texture, le plus raffiné et le plus radieux corton rouge du millésime.

Gevrey-Chambertin Évocelles 2010
Rouge | 2018 à 2025 | 31 € **15/20**
Grand nez réglissé, texture ferme, classique, un rien austère, tanin racé, devrait s'épanouir avec plus d'ouverture.

Musigny grand cru 2010
Rouge | 2022 à 2040 | NC **19/20**
Production infime mais vin quasi parfait, avec une intensité et un sérieux de texture qui donnent de la solidité à l'incroyable noblesse de son parfum.

Savigny-lès-Beaune premier cru Marconnets 2010
Rouge | 2015 à 2022 | 22 € **17/20**
Raisin idéalement mûr, grande finesse, belle texture, montre ce qu'on peut faire de mieux à Savigny.

Vougeot Clos du Prieuré 2010
Blanc | 2014 à 2018 | 40 € **16/20**
Équilibré, net, sincère, beau vin à qui il ne manque que d'être né entre Meursault et Puligny !

Vougeot premier cru Les Cras 2010
Rouge | 2018 à 2025 | 49 € **18/20**
Réussite très spéciale, merveilleux arôme floral digne d'une amoureuse, d'ailleurs si proche de ce cras, raffinement idéal de texture, grande suite en bouche : que c'est beau le naturel et la non-manipulation !

La Côte de Beaune

Autour de la ville hautement touristique de Beaune, blancs et rouges peuvent atteindre des sommets de finesse, de complexité et d'individualité.

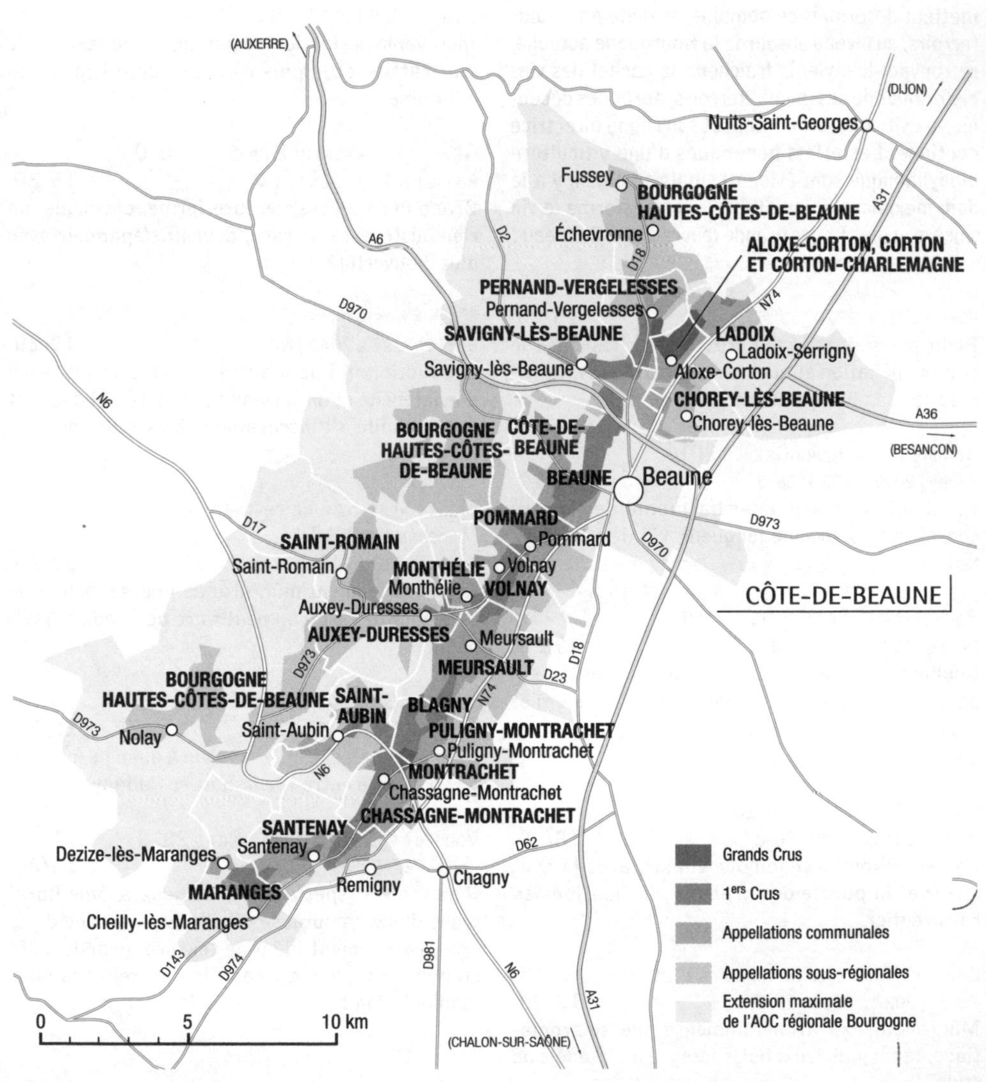

FRANÇOIS D'ALLAINES

2, impasse du Meix-du-Cray • 71150 Demigny
Tél. 03 85 49 90 16
francois@dallaines.com • www.dallaines.com
Visite : Sur rendez-vous.

Négociant-vinificateur fort sérieux, dont les blancs font preuve en 2008 d'une élégance notable et d'une fidélité aux origines difficile à prendre en défaut. Une source sûre pour les appellations moins connues, aussi soignées que les vedettes.

Bourgogne Planchottes 2010
Blanc | 2012 à 2014 | 8,50 € **14/20**
Clair, joli nez de fleurs blanches, souple, facile, pur, parfait à boire dès maintenant, raisin mûr et élevage adapté à sa constitution.

Mâcon-Villages 2010
Blanc | 2013 à 2015 | 8,50 € **14,5/20**
Gras, fruité, assez long, savoureux, parfait vin d'apéro. Mis en bouteille avec soin.

Pommard Vieilles Vignes 2009
Rouge | 2016 à 2022 | 23 € **15,5/20**
Grande couleur, beaucoup de matière, raisin ultra mûr, terroir lisible, très généreux en bouche, à la limite de la sensation sucrée, une réussite que nous recommandons.

Saint-Aubin premier cru En Remilly 2009
Blanc | 2013 à 2015 | 20 € **15/20**
Commence à aller sur la fougère, net, droit, sincère, prêt à boire, avec la finesse du lieu.

Santenay Les Bras 2009
Blanc | 2012 à 2014 | 20 € **14,5/20**
Net, souple, glissant, moins lourd que bien des 2009, simple mais pur, bons débuts dans la vie pour cette micro parcelle.

FRANÇOISE ANDRÉ - DOMAINE DES TERREGELESSES

7, rempart Saint-Jean • 21200 Beaune
Tél. 06 24 66 38 86 • Fax : 03 80 24 21 44
andre.lauriane@yahoo.com
www.domaineterregelesses-francoiseandre.com
Visite : Sur rendez-vous.

Françoise André signe désormais ses vins qui étaient auparavant vendus par le Domaine du Comte Sénard. Son premier millésime a donné des vins au caractère de terroir et de ferment bien marqué.

Corton - Charlemagne grand cru 2010
Blanc | 2018 à 2025 | 72 € **17/20**
Même réduction que sur le savigny, forme plus intense, grande longueur, grand caractère mais ce style trop typé peut déplaire à certains. Grande persistance.

Savigny-lès-Beaune premier cru Les Vergelesses 2010
Blanc | 2016 à 2020 | 27,40 € **15,5/20**
Forte réduction sur la noisette, mais beaucoup de longueur et de personnalité.

DOMAINE D'ARDHUY

Clos des Langres • 21700 Corgoloin
Tél. 03 80 62 98 73 • Fax : 03 80 62 95 15
domaine@ardhuy.com • www.ardhuy.com
Visite : Sur rendez-vous.

Ce domaine aux crus largement répartis sur les deux côtes a tout pour bien faire, y compris un excellent vinificateur. Il nous a présenté une gamme encore inégale mais avec quelques points forts surtout en blanc. Son monopole du Clos des Langres peut donner des vins possédants plus de personnalité. Une conversion en agriculture bio est en cours.

Hautes Côtes de Beaune 2010
Blanc | 2012 à 2016 | 9,90 € **15/20**
Nez très expressif de fruits jaunes et de mirabelle, la bouche offre un bon équilibre et une belle amplitude. Bon potentiel de garde sur ce vin plutôt masculin, qui a de la force.

Volnay premier cru Frémiets 2009
Rouge | 2017 à 2021 | 36 € **15,5/20**
Robe légèrement brunie, notes d'épices et de cuir, du charme, du fondu mais moins impressionnant que les beaux 2010.

ARNOUX PÈRE ET FILS

5, rue Le Ley • 21200 Chorey les Beaune
Tél. 03 80 22 57 98 • Fax : 03 80 22 16 85
arnoux.pereetfils@wanadoo.fr
Visite : Sur rendez-vous uniquement.

Domaine artisanal de Chorey qui nous a présenté des 2010 en nets progrès sur ce que nous connaissions dix ans auparavant.

Beaune premier cru En Genêt 2010
Rouge | 2016 à 2022 | 20 € **15/20**
Beaune plutôt fin et précis, tanin abouti, plus fin que celui des vins d'Aloxe présentés, ensemble agréable.

Corton - Le Rognet-et-Corton grand cru 2010
Rouge | 2017 à 2025 | 39 € **16/20**
Corsé et charnu, haute maturité du raisin, tanin puissant, sensation d'alcool qui demandera un peu de temps pour s'harmoniser, vin sérieux, soigné.

DOMAINE D'AUVENAY

Village bas • 21190 Saint-Romain-Meursault
Tél. 03 80 21 23 27 • Fax : 03 80 21 23 27
domaine.auvenay@orange.fr • domainedauvenay.fr ·

Ce micro-domaine appartient en totalité à Lalou Bize-Leroy qui vinifie et élève, au-dessus de Saint-Romain, des quantités infimes de vins blancs, sublimes d'intensité et de complexité même sur les terroirs plus modestes d'Auxey-Duresses, et deux grandissimes grands crus rouges de Côte de Nuits, un bonnes-mares et un mazis-chambertin. Le millésime 2010 a produit des blancs d'une tension irrésistible (beaucoup tournent autour de 3 de pH, valeur incroyablement basse que seule la biodynamie peut expliquer) et d'une longévité hors norme.

Auxey-Duresses Boutonnières 2010
Blanc | 2018 à 2025 | NC **18/20**
La perfection de l'auxey, corps de grand cru, persistance de grand meursault, un vin événement, d'une tension presque insoutenable à ce stade. Revoir dans 8 à 10 ans.

Auxey-Duresses Les Clous 2010
Blanc | 2017 à 2025 | NC **16/20**
Vin complet même si les deux autres auxeys le font paraître un peu simple, notes de froment et fleur de vigne, bouche très sapide, caractéristique de sols faits pour des rouges mais plantés en blanc.

Auxey-Duresses Macabrée 2010
Blanc | 2016 à 2022 | NC **17,5/20**
Grand charme aromatique avec des notes de fleur de vigne, texture et persistance de très vieille vigne, une merveille !

Bonnes-Mares grand cru 2010
Rouge | 2020 à 2035 | NC **18/20**
Le plus fermé des rouges 2010 vinifiés par Lalou Bize le jour de la dégustation, race magnifique évidente en fin de bouche mais sans la suavité des grands vosnes.

Bourgogne aligoté 2010
Blanc | 2014 à 2022 | NC **17/20**
Hors norme comme souvent par son ampleur, avec des notes de noisette fraîche (légère réduction) digne d'un beau charlemagne. Impossible de deviner le cépage tant le terroir le domine !

Chevalier-Montrachet grand cru 2010
Blanc | 2022 à 2035 | NC **20/20**
Vin événement, d'une beauté et d'une pureté formelles donnant une idée de la perfection sur terre, intensité et élégance propres à ce millésime si spécial (rendements de moins de 15 hl/ha !).

Criots-Bâtard-Montrachet grand cru 2010
Blanc | 2020 à 2030 | NC **19/20**
Quantité infime et style sans équivalent car vinifié et élevé en toute petite cuve inox ! Notes fines de lichen et fougère, pureté sublime de corps et de texture.

Mazis-Chambertin grand cru 2010
Rouge | 2022 à 2035 | NC **19/20**
Conforme à son habitude, vinosité, texture et éclat de saveur insurpassés par aucun autre mazis.

Meursault Narvaux 2010
Blanc | 2020 à 2030 | NC **18,5/20**
Admirable arôme de noisette fraîche et fleur de vigne, densité et élégance suprêmes, qui fait plus grand aujourd'hui ?

Meursault premier cru Gouttes d'or 2010
Blanc | 2022 à 2030 | NC **19/20**
Notes de noisette, de miel de fleurs, de fleur de vigne, avec une toute petite nuance d'agrumes, forme et saveur merveilleuses, acidité intense mais non agressive, immense avenir.

Puligny-Montrachet En la Richarde 2010
Blanc | 2016 à 2025 | NC **17,5/20**
Corps étonnant pour un village, tout en tension et élégance, avec un peu plus de discrétion minérale de naissance que les meursaults.

Puligny-Montrachet premier cru
Folatières 2010
Blanc | 2022 à 2030 | NC **19/20**
Densité insurpassable de texture, intensité des sensations tactiles hors norme, grande longueur, encore un vin sublime, dans son enfance !

JEAN LOUIS BACHELET

Place Saveron • 71150 Dezize les Maranges
Tél. 03 85 91 14 80 • Fax : 03 85 49 57 62
jean-louis_bachelet@orange.fr
Visite : Sur rendez-vous.

Chassagne-Montrachet premier cru
Morgeot 2010
Blanc | 2015 à 2020 | 29 € **16,5/20**
Beaucoup de savoir-faire dans ce vin très épanoui, aux fortes notes lactiques, long, complexe, d'appel universel.

DOMAINE BACHEY LEGROS

12, rue de la Charrière • 21590 Santenay
Tél. 03 80 20 64 14 • Fax : 03 80 20 64 14
christiane.bachey-legros@wanadoo.fr
www.bachey-legros.com
Visite : Sur rendez-vous.

Domaine familial et artisanal, ayant la chance de posséder quelques très vieilles vignes sur Santenay et Chassagne en pinot noir, et sans doute du meilleur vignoble de Maranges. Les vins de 2010 nous ont beaucoup plu par leur force de caractère. Les prix devraient être raisonnables pour l'excellent niveau de qualité.

Chassagne-Montrachet Plantes Momières 2010
Rouge | 2016 à 2020 | env. 23 € **14,5/20**
Coloré, fumé, vineux et plein, bonne mâche, vin de caractère.

Chassagne-Montrachet premier cru
Baudriotte 2010
Blanc | 2016 à 2020 | env. 36 € **16,5/20**
Ensemble gras, complet, né de raisins mûrs et donnant un sentiment de naturel de plus en plus rare dans l'expression du terroir. Vivement recommandé.

Chassagne-Montrachet premier cru
Morgeot 2010
Blanc | 2017 à 2022 | env. 37 € **17/20**
Grand nez de noisette, magnifique vinosité pour le millésime, long, racé, de garde, du grand morgeot.

Santenay Clos des Hâtes 2010
Rouge | 2017 à 2022 | env. 22 € **16/20**
Magnifique village, complet, fumé, beaucoup d'étoffe et de caractère, grande sincérité, vraiment réussi et recommandable.

Santenay premier Cru Fourneaux
Clos Rousseau Vieille Vigne 2010
Rouge | 2017 à 2025 | env. 28 € **17/20**
Du sang de pinot noir qui pourrait dans dix ans à l'aveugle surprendre son monde, intensité étonnante et grande persistance, le sommet de l'année à Santenay, sans trace des difficultés.

Santenay premier Cru Fourneaux
Clos Rousseau Vieille Vigne 2009
Rouge | 2017 à 2024 | env. 27 € **17,5/20**
Encore plus velouté et intense que le 2010, peu de côtes-de-beaune rivalisent en concentration de matière.

DOMAINE BRIGITTE BERTHELEMOT

24, rue des Forges • 21190 Meursault
Tél. 03 80 21 68 61 • Fax : 03 80 21 94 07
contact@domaineberthelemot.com
www.domaineberthelemot.com
Visite : Sur rendez-vous.

Pommard Noizons 2009
Rouge | 2015 à 2019 | NC **15,5/20**
Grande robe, élevage soigné, bien solaire et opulent mais avec distinction, très bon village.

DOMAINES ALBERT BICHOT

6 bis, boulevard Jacques-Copeau • 21200 Beaune
Tél. 03 80 24 37 37 • Fax : 03 80 24 37 38
bourgogne@albert-bichot.com
www.albert-bichot.com
Visite : Sur rendez-vous.

La maison Albert Bichot, une des plus anciennes et des plus importantes de la Bourgogne, poursuit très courageusement une refonte totale de sa philosophie et de la qualité de ses produits. Elle a clairement séparé les vins de ses domaines de ceux du négoce. On trouvera notre appréciation sur le Do-

maine Long Depaquit, et ses célèbres chablis, à leur place géographique. En Côte-d'Or, la maison possède deux grandes entités de vinification, le Domaine du Clos Frantin, à Nuits-Saint-Georges, et le Domaine du Pavillon, à Beaune. Les vins du Clos Frantin et ceux du Château Gris ont un peu d'antériorité dans la remise à niveau de la qualité, et commencent à produire des vins d'excellent style. Les vins de pur négoce progressent, sans encore égaler les meilleurs fournisseurs «haute couture».

Beaune premier cru Clos des Mouches
Domaine du Pavillon 2011
Blanc | 2015 à 2020 | NC **16/20**
Equilibré, précis assez rond; de la fraîcheur et du charme, moins fastueux que le 2009.

Bourgogne Secret de famille 2010
Rouge | 2012 à 2015 | NC **14/20**
C'est un pinot noir gourmand, on l'appréciera pour la fraîcheur de son fruité immédiat. Il est à boire sans se poser de question, il séduira.

Clos de Vougeot grand cru
Domaine du Clos Frantin 2010
Rouge | 2020 à 2030 | NC **17/20**
Nez précis, noblement épicé, boisé plus affiné que dans le passé, belle texture, dense, tannique, racé, de garde, un vrai clos.

Corton - Charlemagne grand cru
Domaine du Pavillon 2010
Blanc | 2017 à 2022 | NC **17,5/20**
Excellente tension de bouche, notes de fleur de vigne plus marquées que la noisette habituelle, assez long et gras, réservé mais distingué.

Corton grand cru Clos des Maréchaudes
Domaine du Pavillon 2010
Rouge | 2018 à 2030 | NC **17/20**
Harmonieux, avec de la chair, de la complexité, du style, boisé en grand progrès, bel avenir pour un corton bien typé «sud».

Grands-Échezeaux grand cru 2010
Rouge | 2018 à 2030 | NC **17,5/20**
Belle race aromatique, texture fine et dense, tannin noble, l'expression la plus précise à ce jour de cette parcelle au domaine.

Meursault premier cru Charmes
Domaine du Pavillon 2010
Blanc | 2015 à 2022 | NC **17/20**
Précis, aérien mais sans maigreur, pur, salin, long, excellent style et progrès spectaculaires en finesse. Recommandé.

Richebourg grand cru
Domaine du Clos Frantin 2010
Rouge | 2022 à 2030 | NC **18,5/20**
Toute petite production issue d'une micro parcelle qui pour la première fois donne un vin d'une puissance et d'une noblesse aromatique aussi affirmées et dignes du terroir.

Vosne-Romanée premier cru Malconsorts
Domaine du Clos Frantin 2010
Rouge | 2018 à 2030 | NC **16,5/20**
Pas complètement ouvert le jour de la dégustation, ensemble charnu et enveloppant, qui pourrait mériter une note plus haute dans le futur.

DOMAINE BITOUZET PRIEUR

19, rue de la Combe • 21190 Volnay
Tél. 03 80 21 62 13 • Fax : 03 80 21 63 39
françois@bitouzet-prieur.com

Volnay premier cru Caillerets 2010
Rouge | 2017 à 2022 | NC **15/20**
Il manque la profondeur et l'onctuosité des grands vins mais cette cuvée a du style, de la finesse, du raffinement et se détachait nettement de tous les autres vins présentés par ce producteur.

DOMAINE SIMON BIZE ET FILS

12, rue du Chanoine-Donin
21420 Savigny-lès-Beaune
Tél. 03 80 21 50 57 • Fax : 03 80 21 58 17
contact@domainebize.fr • www.domainebize.fr
Visite : Sur rendez-vous.

Patrick Bize fait partie de la bande des Lafon, Roumier, Grivot et quelques autres qui ont régénéré à la fin du siècle dernier le style des vins de leurs domaines en les modernisant intelligemment. Fin dégustateur et gourmet, il met en permanence à l'épreuve de la table sa production, ce qui explique le choix de donner la préférence à l'élégance aromatique et à la digestibilité sur l'ampleur des textures. Choix qui convient parfaitement aux meilleurs terroirs de Savigny dont il offre un large choix de lieux-dits. Les blancs, nerveux, minéraux et subtils,

sont largement influencés par le style des chablis de son ami Jean-Marie Raveneau.

Savigny-lès-Beaune 2010
Blanc | 2016 à 2020 | NC **15,5/20**
Beaucoup de nerf, salé, tendu, boisé, bel avenir.

Savigny-lès-Beaune Les Bourgeots 2010
Rouge | 2015 à 2022 | NC **15,5/20**
Fruité élégant, matière pleine, mûre, tanin extrait mais sans violence, fermeté et distinction, attendre quatre ou cinq ans.

Savigny-lès-Beaune premier cru Fournaux 2010
Rouge | 2016 à 2022 | NC **16/20**
Matière riche et pleine, tanin ferme, du style et du potentiel, peu de charme immédiat et un léger manque de générosité.

DOMAINE HENRI BOILLOT

1, rue des Angles • 21190 Volnay
Tél. 03 80 21 61 90 • Fax : 03 80 21 69 84
Visite : Sur rendez-vous.

En grand vigneron un peu «star», Kiki Boillot aime à se faire prier pour faire déguster ses vins et rechigne à toute dégustation comparative. Ce n'est pas fair play pour tous les autres producteurs qui acceptent notre éthique de travail et donc nous n'avons pas dégusté ses vins. Il n'y a aucune raison que ses 2010 n'aient pas l'excellence coutumière de sa production.

DOMAINE BONNEAU DU MARTRAY

2, rue de Frétille • 21420 Pernand-Vergelesses
Tél. 03 80 21 50 64 • Fax : 03 80 21 57 19
courrier@bonneaudumartray.com
www.bonneaudumartray.com

Quelques vins du milieu des années 1990 ont vieilli prématurément, comme chez bien d'autres producteurs en Bourgogne, sans doute en raison de bouchons défectueux. Mais le plus souvent, ce domaine prestigieux produit des corton-charlemagnes inusables, à la pureté de cristal, et un corton rouge sérieux mais très tannique. La taille immense (pour la Bourgogne) de sa parcelle de blanc lui permet d'offrir à la vente plusieurs millésimes et de ne pas trop contingenter ses clients. La vinification des derniers millésimes est réussie avec un blanc 2009 d'anthologie, suivie d'un 2010 dans la même veine.

Corton - Charlemagne grand cru 2010
Blanc | 2018 à 2025 | NC **19/20**
Très grand vin d'une harmonie de proportion remarquable, d'une définition de terroir par définition incomparable (il est seul à l'exprimer !), merveilleuse finesse et pureté, aucun ego de vinificateur, une leçon !

Corton grand cru 2010
Rouge | 2022 à 2030 | NC **17/20**
Grande couleur, très dense, très construit, minéral pour un rouge, tanin racé mais austère, grande droiture, à faire vieillir impérativement.

BOUCHARD PÈRE ET FILS

15, rue du Château - B.P. 70 • 21202 Beaune
Tél. 03 80 24 80 24 • Fax : 03 80 22 55 88
contact@bouchard-pereetfils.com
www.bouchard-pereetfils.com
Visite : D'avril à novembre : du lundi au samedi de 10h à 12h30 et de 14h30 à 18h30, le dimanche de 10h à 12h30. De décembre à mars : du lundi au samedi de 10h à 12h30 et de 14h30 à 17h30.

Cette grande maison a complètement retrouvé ses marques et son prestige. Le grand amateur donnera bien entendu la préférence aux vins du domaine, situés sur les plus grands climats des deux côtes, avec un choix d'appellations vraiment unique, dans les deux couleurs. Les rouges 2008 ont bénéficié d'un excellent état sanitaire, lié à une viticulture précise et prudente et à des dates de vendanges bien choisies. Les premiers crus de Volnay, le corton et les crus de Côte de Nuits semblent au dessus du reste. Les blancs ont amorcé une évolution attendue vers encore plus de maturité de raisin et de présence de texture, sans renoncer à leur finesse et à leur pureté. Après ses magnifiques 2009, la maison a produit des 2010 plus irréguliers, parfois un peu minces ou simples, mais dans le large éventail présenté il y a assez de grand vin pour satisfaire l'amateur difficile.

Beaune premier cru Grèves
Vignes de l'Enfant Jésus 2010
Rouge | 2018 à 2025 | 69 € **16,5/20**
Nez floral subtil, délicat, un rien de minceur mais beaucoup de noblesse dans l'arrière-bouche et le tanin. Mais d'autres ont obtenu des vins plus complets.

Beaune premier cru Les Teurons 2010
Rouge | 2018 à 2028 | 27,90 € **16,5/20**
Fidèle à son excellence habituelle, un beaune finement épicé, équilibré, qui cache bien son jeu et pourrait même dépasser le grèves dans dix ans.

Bouzeron 2011 ☺
Blanc | 2012 à 2013 | 9,30 € **14/20**
Équilibré et frais, le vin a une bonne persistance en bouche. La finale est guillerette, fleurie et mentholée.

Chambertin-Clos de Bèze grand cru 2010
Rouge | 2020 à 2030 | 155 € **19/20**
Un des sommets absolus du millésime, avec un nez floral de raisin entier surprenant mais tellement bienvenu, digne d'une grande romanée, avec une finesse dans les nuances encore supérieure au chapelle. Une merveille et cette fois un vin «artiste».

Chambolle-Musigny premier cru Noirots 2010
Rouge | 2016 à 2025 | 51,50 € **17/20**
Grande couleur, corps complet, vin intense avec presque plus de vinosité que bonnes-mares, précis, long, recommandé !

Chapelle-Chambertin grand cru 2010
Rouge | 2018 à 2025 | 125 € **18,5/20**
Cette cuvée nous comble avec le supplément de subtilité, de vitalité, d'harmonie et d'irisation des nuances de saveur qui sont la signature des plus grands bourgognes.

Chevalier-Montrachet grand cru 2010
Blanc | 2018 à 2025 | 185 € **18,5/20**
Finesse merveilleuse, grande pureté, absolument fidèle au style et aux canons de la maison pour ce grand classique du domaine.

Chevalier-Montrachet grand cru La Cabotte 2010
Blanc | 2018 à 2028 | 315 € **19/20**
Ultime finesse envisageable pour le millésime, texture merveilleuse, et déjà plus souriant que le chevalier du «dessus».

Corton - Charlemagne grand cru 2010
Blanc | 2018 à 2028 | 95 € **18/20**
Riche, intense, grande texture, savoureux et concentré mais encore trop jeune pour exprimer vraiment son amplitude.

Corton - Le Corton grand cru 2010
Rouge | 2020 à 2030 | 69 € **17,5/20**
Riche, équilibré, tanin noble, texture dense, style classique : il ne donne pas encore toute sa mesure.

Échezeaux grand cru 2010
Rouge | 2018 à 2028 | 125 € **18/20**
Beaucoup d'énergie et de développement aromatique, tanin noble, grand vin sans aucun doute et parfaite maturité de raisin.

Hautes Côtes de Nuits 2010
Rouge | 2012 à 2016 | 10,80 € **15,5/20**
Une petite réduction laisse place à un vin d'une jolie matière, gourmand, soyeux. Sa texture souple et sa viscosité en font un vin intéressant.

Meursault premier cru Goutte d'Or 2010
Blanc | 2015 à 2020 | 46,90 € **17/20**
Pur et très fin au nez avec les justes notes de noisette et de miel fin, tendre, frais, long, racé, beau style à défaut de grande intensité.

Meursault premier cru Perrières 2010
Blanc | 2017 à 2022 | 51,50 € **17,5/20**
Racé, plein, subtil encore une fois le meursault le plus complet de la maison, et beau potentiel de garde.

Montagny premier cru 2010 ☺
Blanc | 2012 à 2014 | 13,30 € **14,5/20**
Dans un style facile à boire, floral et fruité, c'est un agréable montagny. Il se mariera volontiers avec une friture de petits poissons.

Monthélie premier cru Champs Fulliot 2010
Rouge | 2016 à 2022 | 22,50 € **15,5/20**
Nez légèrement fumé, épicé, texture agréable, tanin fin, un des plus jolis vin de milieu de gamme de la maison.

Montrachet grand cru 2010
Blanc | 2020 à 2030 | 399 € **20/20**
Pour la seconde fois consécutive, cette cuvée bien réglée donne le sentiment d'exprimer la perfection en matière de vin blanc sec, avec un équilibre, une harmonie une pureté de définition qui vous laissent sans voix. Pourvu qu'elle ne déçoive pas avec l'âge. On aurait presque envie de la boire immédiatement...

Puligny-Montrachet premier cru Champ Canet 2010
Blanc | 2015 à 2022 | 54,90 € **17/20**
Le meilleur puligny de la maison en 2010, charmeur, tendre, précis et vendangé à juste maturité.

Volnay premier cru Clos des Chênes 2010
Rouge | 2022 à 2032 | 38,50 € **17,5/20**
La plus belle maturité de raisin à notre sens dans les volnays de la maison, grand caractère épicé, grande sève, tanin ferme, vin de haute expression.

Volnay premier cru Taillepieds 2010
Rouge | 2018 à 2025 | 38,50 € **17/20**
Précis et racé au nez, tanin fin, texture nette et serrée, vin classique de ce beau cru, avec une finesse particulière dans le millésime.

Vosne-Romanée premier cru Suchots 2010
Rouge | 2020 à 2030 | 74,90 € **17,5/20**
Arômes vraiment nobles de chocolat, épices douces, fruits rouges, texture racée, grande précision d'expression, un vrai suchots !

DOMAINE J.M. BOULEY

12, chemin de la Cave • 21190 Volnay
Tél. 03 80 21 62 33 • Fax : 03 80 21 64 78
jeanmarc.bouley@wanadoo.fr
www.jean-marc-bouley.com
Visite : Sur rendez-vous.

Le jeune Thomas, grand ami de Nicolas Rossignol et de quelques autres, grands vignerons de sa génération, suit la même voie, affine viticulture et vignification et obtient des vins d'une remarquable précision d'élaboration, avec du chic et du style.

Beaune premier cru Reversées 2010
Rouge | 2019 à 2024 | 20 € **16/20**
Très joli coup de nez floral, vin tendre, délicat mais plein, d'une finesse rare, merveilleusement beaunois. Servir à 17-18° pas plus.

Pommard premier cru Frémiers 2010
Rouge | 2020 à 2030 | 38 € **17,5/20**
Puissant, remarquablement équilibré par une texture et des tanins fermes mais soyeux, rappelant la proximité de Volnay, arômes merveilleusement préservés, grand naturel, grande suite en bouche, pommard d'une rare élégance.

Pommard premier cru Rugiens 2010
Rouge | 2022 à 2028 | 46 € **18/20**
Remarquable précision dans la définition du terroir, svelte mais sans faiblesse de constitution, tanin plus minéral et racé, grande longévité probable, de l'artisanat d'art.

Volnay premier cru Clos des Chênes 2010
Rouge | 2018 à 2030 | 36,80 € **17,5/20**
Une merveille ! La délicatesse aérienne du nez et du tanin feront rêver plus d'un amateur, et rarement ce terroir aura à ce point allégé son aspect terrien. Le caillerets du domaine fait rustique en comparaison !

Volnay Vieilles Vignes 2010
Rouge | 2017 à 2025 | 22,40 € **16/20**
Coloré, soyeux, belle tension, tanin plus noble que le village simple, complexe, vin de fort caractère.

DOMAINE BOUZEREAU GRUÈRE ET FILLES

22 A, rue de la Velle • 21190 Meursault
Tél. 03 80 21 20 05 • Fax : 03 80 21 68 16
bouzereau.gruere@aliceadsl.fr
www.bouzereaugruere.com
Visite : Sur rendez-vous.

Voici un valeureux domaine familial : Hubert Bouzereau et ses deux filles exploitent 12 hectares, judicieusement répartis sur Meursault et Chassagne. Les vins, après un départ timide au début des années 2000, ont pris une forme beaucoup plus précise et personnelle et sont d'excellentes expressions de beaux terroirs, modernes dans leur fraîcheur et leur netteté immédiate, classiques dans leurs infinies nuances. Une adresse à suivre, d'autant que l'accueil y est charmant.

Chassagne-Montrachet Blanchot Dessous 2010
Blanc | 2015 à 2020 | 23 € **15/20**
Consensuel dans son boisé, gras, large, du caractère, terroir bien exprimé, d'une parcelle de plus en plus reconnue, proche du Montrachet.

Meursault 2010
Blanc | 2016 à 2020 | 20 € **15/20**
Meursault archétypique, mûr, gras, savoureux, accessible, boisé intégré.

Meursault premier cru Charmes 2010
Blanc | 2015 à 2022 | 33 € **15,5/20**
Beau vin équilibré, net, savoureux, de style classique, plaira au plus grand nombre et confirme la belle forme actuelle du domaine.

Meursault premier cru Genevrières 2010
Blanc | 2018 à 2022 | 38 € **16,5/20**
Généreux, très fruité, très long en bouche, du caractère et du style, dans un ensemble plus propre que complexe.

DOMAINE BUISSON BATTAULT

5, rue du 11-Novembre • 21190 Meursault
Tél. 06 11 37 19 83 • Fax : 03 80 21 63 23
buisson-battault@club-internet.fr
Visite : Sur rendez-vous.

Meursault premier cru Genevrières 2010
Blanc | 2016 à 2025 | 29 € **15,5/20**
Finesse de premier cru évidente, encore marqué par son S02, ce qui lui durcit le nez et la bouche, droit, franc, devrait s'épanouir dans quatre à cinq ans.

DOMAINE HENRI ET GILLES BUISSON

Impasse du Clou • 21190 Saint-Romain
Tél. 03 80 21 22 22 • Fax : 03 80 21 64 87
contact@domaine-buisson.com
www.domaine-buisson.com
Visite : Du lundi au samedi de 9h à 12h et de 14h à 17h.

Sous l'influence de la nouvelle génération, ce domaine bien connu de Saint-Romain a considérablement affiné le style de ses vins et devient presque incontournable par son rapport qualité-prix.

Corton - Charlemagne grand cru 2010
Blanc | 2017 à 2020 | 76 € **17/20**
Beaucoup de finesse, aucune réduction, boisé très élégant, immenses progrès et vin hautement recommandable.

Saint-Romain Absolu 2010
Blanc | 2016 à 2020 | 24 € **16/20**
Beaucoup plus de réduction sur l'amande grillée et de tension acide et minérale, vin énergique, allant vers le charlemagne ! Audacieux, original mais trop d'amer.

Saint-Romain Sous la Velle 2010
Blanc | 2014 à 2018 | 19 € **15,5/20**
Notes de noisette grillée, très typé, élégant, en net progrès sur un passé récent.

BUTTERFIELD WINE

24, avenue du 8 Septembre • 21200 Beaune
Tél. 03 80 24 69 36
david@butterfieldwine.com
www.butterfieldwine.com
Visite : Dégustations sur rendez-vous.

David Butterfield, Canadien et gendre de Jacques Lardière, s'est tellement épris des vins de Bourgogne qu'il a décidé d'en «tâter» par lui-même et s'essaie avec succès dans sa petite cave de Monthelie d'en produire quelques-uns, à sa «façon», fondée sur le respect du terroir, de la grande tradition historique locale et des coups de mains artisanaux. Pari gagné avec des 2009 et 2010 sans esbroufe, blancs comme rouges, expressions savoureuses, équilibrées et sincères de leurs origines. Nous avons sélectionné trois cuvées, particulièrement au point.

Beaune premier cru 2010
Rouge | 2016 à 2022 | 24,75 € **16/20**
Beaucoup de fruit et d'agrément, toute la tendresse d'un beau vin de cette appellation sous-estimée, sera vite très agréable à boire mais mérite cinq ans d'attente ou plus.

Meursault 2010
Blanc | 2016 à 2022 | 24 € **16/20**
Assemblage équilibré et savoureux, légèrement beurré (patronyme oblige...) mais affiné par des notes de fleurs de vignes très nobles et authentiques, joli boisé.

Meursault premier cru Charmes 2010
Blanc | 2016 à 2022 | 39,75 € **17/20**
Juste expression de ce climat, opulent mais suffisamment tendu pour un long vieillissement, beaucoup de richesse de matière, aux antipodes des vins trop cristallins devenus à la mode.

CAMILLE GIROUD

3, rue Pierre-Joigneaux • 21200 Beaune
Tél. 03 80 22 12 65 • Fax : 03 80 22 42 84
contact@camillegiroud.com
www.camillegiroud.com

La toute petite taille de cette très vieille maison de Beaune, rachetée par des investisseurs américains avec à leur tête Ann Colgin, viticultrice d'élite de la

Napa Valley, et la remarquable qualité de ces derniers millésimes ont permis à de nombreux amateurs de se familiariser avec les vinifications soignées de David Croix. Il reste de très vieux millésimes à la vente, dans l'ancien style de la maison, avec parfois des bouteilles absolument remarquables. On préférera pourtant les vins rouges récents du nord de la Côte de Beaune ou de Gevrey, exemplaires de style et même certains blancs, épurés, peu boisés, hors de toute mode.

Beaune premier cru Avaux 2010
Rouge | 2017 à 2022 | 29,50 € **16/20**
Sérieux, épicé, avec la note de sarment fumé des beaunes classiques, tanin délicat, vin de style intemporel.

Chassagne-Montrachet premier cru Vergers 2010
Blanc | 2014 à 2018 | 44,40 € **16,5/20**
Grande finesse, avec une touche de naturel qui manque parfois chez les viticulteurs de la commune, encore un témoignage du savoir de David Croix.

Corton - Clos du Roi grand cru 2010
Rouge | 2020 à 2030 | 63,60 € **18/20**
Nez et corps de très belle race, entre la fleur et le fruit, texture remarquable, tanin fondu et bien fixé, boisé intelligent, grand avenir, un des plus beaux cortons du millésime.

Corton - Le Rognet-et-Corton grand cru 2010
Rouge | 2018 à 2028 | 63,60 € **17/20**
Grande couleur, nez ouvert aux arômes classiques de kirsch, excellent volume de bouche, tanin noble.

Latricières-Chambertin grand cru 2010
Rouge | 2020 à 2030 | 103,80 € **17/20**
Gracieux et subtil, cachant son corps et son potentiel, saveur minérale classique de ce cru, finale assurée, vin de caractère mais exigeant.

Marsannay Longeroies 2010
Rouge | 2016 à 2022 | 20,20 € **16,5/20**
Nez racé de petits fruits rouges, tanin assez ferme, élégant malgré une petite réduction provisoire.

Pommard premier cru Clos de Verger 2010
Rouge | 2018 à 2025 | 40,70 € **16/20**
Pommard classique, épicé, sérieux, nerveux, droit, légèrement terrien, à garder encore six à sept ans.

Santenay 2010
Rouge | 2016 à 2020 | 20,20 € **15,5/20**
Fruité pur et corps élégant, tanin précis, ce qui n'était pas évident dans ce millésime parfois défiguré par la grêle dans ce secteur.

Volnay Les Lurets 2010
Rouge | 2017 à 2025 | 38,20 € **17/20**
Merveilleux nez de violette, texture digne des meilleurs premiers crus, grande longueur, village exceptionnel.

CHAMPY

5, rue du Grenier-à-Sel • 21200 Beaune
Tél. 03 80 25 09 99 • Fax : 03 80 25 09 95
contact@champy.com • www.champy.com
Visite : Sur rendez-vous.

Cette maison est intelligemment dirigée par Pierre Meurgey et son œnologue Dimitri Bazas, formé à l'école de Kiriakos Kinigopoulos. Les petites appellations sont ici aussi soignées et recommandables que les grandes. Blancs et rouges sont vinifiés dans un style consensuel, très propres, précis, et équilibrés en boisé et tanin. Elle vient de racheter le Domaine Laleure-Piot, avec d'excellentes vignes sur Aloxe et Pernand.

Beaune premier cru Reversées 2010
Blanc | 2014 à 2016 | 29,90 € **15,5/20**
Forte réduction donnant un puissant arôme de noisette, avec une pointe d'amertume, tendre, long, un peu sur des notes de manzanille, long, fort agréable.

Corton - Charlemagne grand cru 2010
Blanc | 2016 à 2020 | 96 € **17/20**
Puissant, pur, tendu, minéral, un rien de vigueur en trop dans l'acidité, fin de bouche fraîche.

Mazis-Chambertin grand cru 2010
Rouge | 2020 à 2030 | 112,60 € **17/20**
Excellent mazis, raffiné, subtil, proche de celui de Tortochot, très bien élevé, finale presque minérale à la ruchotte !

Pernand-Vergelesses Combottes 2010
Blanc | 2013 à 2016 | 20,20 € **14,5/20**
Frais, joli nez de noisette, vin pur, un peu vert.

Pernand-Vergelesses premier cru
En Caradeux 2010
Blanc | 2014 à 2018 | 32,40 € **15,5/20**
Net, clair, minéral, un peu tendu, plus de matière et d'harmonie que combottes, encore un peu vif.

Pommard 2010
Rouge | 2017 à 2022 | 31,40 € **16/20**
Remarquable village, à la robe moirée, très épicé, précis, avec l'élégance tendue du millésime.

Savigny-lès-Beaune premier cru
Vergelesses 2010
Rouge | 2017 à 2022 | 26,70 € **15,5/20**
Ce que l'on attend : ensemble délicatement parfumé, tendre, subtil, se rapprochant dans le grain des meilleurs beaunes.

Volnay premier cru Taillepieds 2010
Rouge | 2020 à 2025 | 44,10 € **17,5/20**
Robe bleu noir, très grande réussite, remarquable onctuosité de texture, très belle race aromatique, un vin vraiment complet, chaudement recommandé.

DOMAINE CHANDON DE BRIAILLES

1, rue Sœur-Goby • 21420 Savigny-les-Beaune
Tél. 03 80 21 50 97 • Fax : 03 80 21 59 02
contact@chandondebriailles.com
www.chandondebriailles.com
Visite : Du lundi au vendredi de 9h à 12h et de 14h à 18h. Fermé en août.

Ce célèbre domaine possède des vignes sur les meilleurs terroirs du nord de la Côte de Beaune, et vinifie dans la vieille tradition à partir de vendanges entières, non égrappées, en ayant peu recours au bois neuf pendant l'élevage. Les vins apparaissent parfois peu colorés et maigres dans leur jeunesse, mais vieillissent admirablement, en montrant une jeunesse et une race appréciées des grands amateurs, une fois à maturité.

Corton - Bressandes grand cru 2010
Rouge | 2018 à 2024 | 70,20 € **16/20**
De la grâce au nez et en bouche mais au plus haut niveau, le raisin manque de densité de matière. Mais le terroir est là et bien interprété.

Corton grand cru 2010
Blanc | 2019 à 2022 | 77,30 € **17/20**
Robe paille, vin assez gras, pur, loyal, harmonieux, subtil, préservé de tout effet boisé, le plus stylé des cortons non charlemagne.

Pernand-Vergelesses premier cru
Île des Vergelesses 2010
Rouge | 2018 à 2025 | 33,60 € **16,5/20**
Robe délicate, forte matière, tanin noble de raisins entiers, ne fera que se bonifier sur dix ans ou plus.

Savigny-lès-Beaune premier cru
Aux Fourneaux 2010
Rouge | 2018 à 2024 | 25,30 € **15/20**
Robe claire, texture tendue et serrée, le tanin râpe encore un peu mais la définition du terroir et du millésime est juste. Attendre cinq ans au moins.

Savigny-lès-Beaune premier cru Lavières 2010
Rouge | 2017 à 2025 | 30 € **16/20**
Robe claire mais matière racée, tanin strict, grand avenir, peut-être le meilleur depuis 1990.

CHANSON PÈRE ET FILS

10, rue Paul-Chanson • 21200 Beaune
Tél. 03 80 25 97 97 • Fax : 03 80 24 17 42
chanson@domaine-chanson.com
www.domaine-chanson.com
Visite : Sur rendez-vous au 06 61 55 48 00.

Le millésime 2010 confirme la place de cette maison historique beaunoise au sommet de la qualité en Bourgogne. Bollinger a su y placer les hommes qu'il fallait, Gilles de Courcel aux affaires, Jean-Pierre Confuron au vignoble, à la cave et aux achats. L'outil de travail très performant construit en 2009 a permis de vinifier les raisins de 2010 avec sérénité et efficacité, avec un résultat global vraiment impressionnant, en rouge comme en blanc. On ne saurait assez conseiller les merveilleux beaunes premiers crus du domaine, au rapport qualité-prix encore trop méconnu. Les réussites individuelles s'accumulent, mais aussi, ce qui est plus important, la construction d'un vrai style «maison», lié en blanc au choix judicieux des dates de vendange, et en rouge à la vinification en raisin entier, mais sans les défauts habituels quand ce type de raisin ne provient pas d'une viticulture extrêmement disciplinée.

Beaune premier cru Clos des Fèves 2010
Rouge | 2020 à 2030 | 49 € **19/20**
Un des sommets absolus du millésime avec une texture admirable de soyeux mais construite sur un tanin parfaitement défini, avec une noblesse de saveur difficile à décrire et qui rappelle celle des grands crus de Vosne-Romanée à leur meilleur !

Beaune premier cru Clos des Marconnets 2010
Rouge | 2018 à 2025 | 35 € **17,5/20**
Raisin ultra mûr ayant donné une texture d'un velouté inégalé dans ce secteur en 2010, grande longueur, grande classe, perfection une fois encore du raisin entier.

Beaune premier cru Clos des Mouches 2010
Rouge | 2020 à 2030 | 49 € **18/20**
Un merveilleux raisin montrant le potentiel du millésime dans des vignes bien conduites, et une harmonie totale au nez et en bouche. Inimitable élégance.

Beaune premier cru Grèves 2010
Rouge | 2018 à 2025 | 37 € **17,5/20**
Beaucoup de race au nez et en bouche, corps complet pour le millésime, perfection d'un raisin entier mais cueilli à belle maturité. Vaut largement certains grands crus de Corton en distinction de goût.

Bourgogne pinot noir 2010 ☺
Rouge | 2012 à 2020 | 12 € **15,5/20**
Près de 100 000 bouteilles pour un assemblage exemplaire donnant le sentiment de raisin mûr, et d'un tanin bien fixé, sans âpreté ni maigreur. Vivement recommandé mais servir à 16°, pas plus !

Chablis 2010
Blanc | 2014 à 2018 | 14,50 € **15/20**
Précis, salin, frais, parfaitement typé, dans l'esprit des millésimes précédents.

Chablis grand cru Preuses 2010
Blanc | 2015 à 2020 | 45 € **17/20**
Finesse très expressive, fin de bouche saline à souhait, vin racé et précis, au même niveau que les meilleurs preuses des producteurs locaux.

Chambertin-Clos de Bèze grand cru 2010
Rouge | 2020 à 2030 | 155 € **18,5/20**
Grande noblesse de forme et d'arômes, la note réglissée au nez et la fermeté du tanin font penser à des parcelles proches du Chambertin, avec une longévité probable en accord avec ce caractère. Grand vin !

Charmes-Chambertin grand cru 2010
Rouge | 2018 à 2028 | 110 € **18/20**
Absolument délicieux, souple mais charnu, complexe, frais et mûr, avec un terroir parfaitement défini et une assurance digne des meilleurs producteurs locaux.

Chassagne-Montrachet 2010
Blanc | 2015 à 2020 | 37 € **16,5/20**
Excellent village, exprimant librement et précisément son origine, tendre, gras mais sans la moindre fatigue en vue.

Chassagne-Montrachet premier cru Chenevottes 2010
Blanc | 2015 à 2020 | 49 € **17,5/20**
Complet, racé, généreux mais sans lourdeur, fixe le plus haut point de qualité dont ce climat est capable, signe d'une viticulture exemplaire.

Corton - Les Vergennes grand cru Domaine des Héritiers P. Chanson 2010
Blanc | 2017 à 2025 | 95 € **18/20**
Pureté, élégance et race avec un rien moins de volume et de charme que l'étonnant 2009. Beaucoup plus de droiture d'expression que dans la fameuse cuvée des Hospices, sur le même cru.

Fleurie 2010 ☺
Rouge | 2013 à 2018 | 44,50 € **16/20**
Floral, délicat, subtil, très bien typé, superbe rapport qualité-prix.

Gevrey-Chambertin 2010
Rouge | 2018 à 2025 | 33 € **17,5/20**
Un des meilleurs assemblages du millésime pour ce village, entièrement vinifié par la maison : nez noble de petits fruits, texture distinguée, tanin racé, vivement recommandé.

Meursault 2010
Blanc | 2015 à 2020 | 35 € **16/20**
Excellent assemblage, net, précis, d'une juste maturité, terroir bien lisible, boisé juste.

Meursault premier cru Perrières 2010
Blanc | 2018 à 2022 | 63 € **17/20**
Équilibre remarquable pour un long vieillissement, un rien moins mûr que Folatières mais tout aussi racé et exact dans la définition de son origine. Parfaite source d'approvisionnement.

Montagny premier cru 2010 ☺
Blanc | 2013 à 2015 | 16,50 € **15/20**
Fort agréable au nez avec une touche muscatée, beaucoup de finesse et de précision, excellent rapport qualité-prix.

Morgon 2010
Rouge | 2014 à 2020 | 9,50 € **15,5/20**
La maison sait choisir ses beaujolais, et ce morgon au nez puissant et dégagé de cerise, sans la moindre rusticité de tanin, saura bien vieillir.

Pernand-Vergelesses premier cru
En Caradeux 2010
Blanc | 2015 à 2022 | 29 € **17,5/20**
Une petite merveille, le vin le mieux défini de ce village dans le millésime, avec une assurance et une plénitude proches d'un charlemagne. Bel avenir.

Puligny-Montrachet premier cru
Folatières 2010
Blanc | 2015 à 2022 | 69 € **17,5/20**
Fort séduisant, racé, subtil, frais, énergique, vendangé à exacte maturité, long, racé, style impeccable.

Rully 2010 ☺
Blanc | 2012 à 2020 | 14,50 € **16 /20**
Beau nez de noisette fraîche, vin flatteur mais frais, fin de bouche ouverte, charmeuse. Hélas il n'y en aura pas en 2011 en raison de la grêle.

Savigny-lès-Beaune premier cru
Les Hauts Marconnets 2010
Blanc | 2014 à 2020 | 24 € **16,5/20**
Encore plus fin et mieux défini que le 2009. Très bel arôme de fleur de vigne, parfaite maturité du raisin, excellente fusion du bois, vin de style et de caractère, vivement recommandé.

Volnay 2010
Rouge | 2017 à 2025 | 35 € **17/20**
Grande finesse et justesse d'expression au nez et en bouche, village d'une élégance et d'une fraîcheur dignes d'être remarquées.

DOMAINE JEAN CHARTRON

Grande-Rue - B.P. 1 • 21190 Puligny-Montrachet
Tél. 03 80 21 99 19 • Fax : 03 80 21 99 23
info@jeanchartron.com • www.jeanchartron.com
Visite : De mai à novembre, du lundi au mercredi sur rendez-vous. Du jeudi au dimanche de 10h à 12h et de 14h à 18h.

Jean-Michel Chartron est un producteur très soucieux de la qualité, qui gère un domaine propriétaire dans les crus les plus prestigieux de Puligny. Il lui faut encore progresser dans la personnalisation des terroirs et du style propre du domaine, même si les vins sont en réels progrès. On surveillera pourtant leur aptitude au vieillissement. 2010 semble d'ailleurs bien parti.

Chassagne-Montrachet premier cru
En Caillerets 2010
Blanc | 2015 à 2018 | 51 € **16/20**
Beau nez d'agrumes, raisin mûr, onctueux, long, racé, très bien parti.

Chevalier-Montrachet grand cru
Clos des Chevaliers 2010
Blanc | 2017 à 2022 | 149 € **17,5/20**
Notes pures de fleur de vigne, aérien en bouche, assez long, souple pour le cru, pur, manque un peu de fond.

Corton - Charlemagne grand cru 2010
Blanc | 2016 à 2020 | 82 € **17/20**
Beau boisé, généreux en alcool, racé, puissant, plus de vinosité que la moyenne, un peu moins de fraîcheur.

Hautes Côtes de Beaune
En Bois Guillemain 2010
Blanc | 2012 à 2015 | 12,90 € **14/20**
Un nez aux arômes de noisettes fraîches, une bouche à l'attaque plaisante, de la fraîcheur, un bon équilibre et de la rondeur.

Puligny-Montrachet 2010
Blanc | 2014 à 2018 | 34,90 € **15,5/20**
Grande finesse au nez, plus de style que la moyenne des vins présentés, notes de fleur de vigne, de citron, pur, très agréable.

Puligny-Montrachet premier cru
Clos du Cailleret 2010
Blanc | 2018 à 2022 | 55 € **17,5/20**
Le plus pur et le plus racé des pulignys de notre grande dégustation, merveilleuses notes de fleur de vigne, grande suite en bouche, enfin un vin digne de ce terroir si bien placé chez ce producteur.

SAINT-AUBIN PREMIER CRU LES MURGERS DES DENTS DE CHIEN DOMAINE JEAN-CHARTRON 2010
Blanc | 2014 à 2015 | 27,50 € **15/20**
Plein, net, un peu lourd mais généreux en fruit. Ne pas trop faire vieillir.

DOMAINE CHEVALIER PÈRE ET FILS

Hameau de Buisson - Cedex 18
21550 Ladoix-Serrigny
Tél. 03 80 26 46 30 • Fax : 03 80 26 41 47
contact@domaine-chevalier.fr
www.domaine-chevalier.fr
Visite : Sur rendez-vous du lundi au samedi.

Claude Chevalier, «patron» des viticulteurs bourguignons, se devait de soigner la qualité, ce que ses prédécesseurs n'ont pas toujours fait. Ses vins ont une excellente netteté d'expression et des tanins aimables qui les rendent bons à boire assez vite. Les blancs ont sans doute encore davantage de classe que les rouges.

CORTON - CHARLEMAGNE GRAND CRU 2010
Blanc | 2016 à 2022 | cav. env. 68 € **17/20**
Large, net, stylé, pas encore bien ouvert, un peu plus vif que grêchons, très bien vinifié.

CORTON GRAND CRU ROGNET 2009
Rouge | 2018 à 2024 | cav. env. 48 € **16,5/20**
Corsé, velouté, terroir bien marqué, généreux, de la suite et un bel équilibre dans le tanin. Mise en bouteille précise.

LADOIX BOIS DE GRECHONS 2010
Blanc | 2016 à 2020 | cav. env. 18 € **16,5/20**
Clair, notes de fleurs blanches, excellent corps, complet, racé, tendu mais sans agressivité, bien protégé de toute oxydation.

LADOIX PREMIER CRU LE CLOU D'ORGE 2009
Rouge | 2019 à 2022 | cav. env. 23 € **15,5/20**
Vineux, large, dense, assez profond, très mûr.

DOMAINE CHEVROT ET FILS

19, route de Couches • 71150 Cheilly-les-Maranges
Tél. 03 85 91 10 55 • Fax : 03 85 91 13 24
contact@chevrot.fr
Visite : Sur rendez-vous.

HAUTES CÔTES DE BEAUNE 2010
Blanc | 2012 à 2015 | 8,50 € **15,5/20**
Joli nez complexe floral et élégant. Gourmande et suave, la bouche est d'une belle texture souple et soyeuse. Ce vin féminin offre une belle présence avec beaucoup d'élégance.

DOMAINE FRANÇOISE ET DENIS CLAIR

14, rue de la Chapelle • 21590 Santenay
Tél. 03 80 20 61 96 • Fax : 03 80 20 65 19
fdclair@orange.fr • www.domaineclair.fr
Visite : Dégustation sur rendez-vous.

Une famille très unie, beaucoup de générosité de cœur, un goût inné pour la saveur juste, de belles vignes sur les meilleurs terroirs de Saint-Aubin et de Santenay, tout cela explique la réussite constante de ce domaine depuis près de vingt ans. Malgré les nombreux handicaps liés à une météo très cruelle sur Santenay, le domaine garde imperturbablement le cap. Délicieux blancs de Saint-Aubin, trésor caché du secteur de Puligny.

SAINT-AUBIN PREMIER CRU EN REMILLY
Blanc | 2014 à 2020 | 18 € **16/20**
Grans, long, pur, beaucoup de matière et de style.

SAINT-AUBIN PREMIER CRU LES CHAMPLOTS 2010
Blanc | 2015 à 2020 | 14 € **16/20**
Beau nez de noisette, vin salin, tendre, long, très typé, impeccablement vinifié et élevé.

SAINT-AUBIN PREMIER CRU LES MURGERS DES DENTS DE CHIEN 2010
Blanc | 2014 à 2020 | 18 € **16,5/20**
Racé, raffiné, complexe, parfaitement défini, le meilleur terroir de Saint-Aubin encore une fois.

SANTENAY 2010
Blanc | 2012 à 2015 | 11 € **15/20**
Gras, joli fruit, tendre, assez opulent en finale, très agréable en finale.

SANTENAY PREMIER CRU CLOS DES MOUCHES 2010
Rouge | 2016 à 2022 | 18 € **16/20**
Texture raffinée, vin harmonieux, parmi les plus accomplis de l'année dans ce village, et terroir digne d'être mieux connu.

DOMAINE JEAN-FRANÇOIS COCHE-DURY

25, rue Charles-Giraud • 21190 Meursault
Tél. 03 80 21 24 12 • Fax : 03 80 21 67 65
Visite : Sur rendez-vous.

Raphaël Coche, fils de Jean-François, est désormais en charge du domaine, sans que rien ne change dans

les habitudes et le style des vins : ils sont toujours aussi brillamment vinifiés et séducteurs et bien entendu jamais envoyés à nos dégustations collectives à l'aveugle. Mais cette fois le domaine a fait savoir qu'il ne souhaitait même pas une dégustation en cave ! Nous le regrettons vivement.

DOMAINE BRUNO COLIN

3, impasse des Crets • 21190 Chassagne-Montrachet
Tél. 03 80 24 75 61 • Fax : 03 80 21 93 79
contact@domainebrunocolin.com
Visite : Sur rendez-vous.

Les vins de ce domaine tout neuf, qui prend en partie la suite du Domaine Colin-Deleger, furent la révélation de nos dégustations en matière de chassagne-montrachets. Bruno Colin semble parti pour une brillante carrière, avec un sens aigu du pressurage et de l'élevage, qui ne s'apprend pas mais est inné. Un grand styliste est né et 2009 confirme la chose.

Chassagne-Montrachet premier cru
En Remilly 2010
Blanc | 2015 à 2020 | 35 € **16/20**
Beaucoup de netteté aromatique, légère réduction, boisé fin, vin long, au terroir particulièrement élégant et bien situé !

Chassagne-Montrachet premier cru
La Maltroie 2010
Blanc | 2015 à 2020 | 35 € **15/20**
Droiture et finesse, jolie tension, demi maturité mais sans verdeur.

DOMAINE MARC COLIN ET FILS

1, rue de la Chatenière • 21190 Saint-Aubin
Tél. 03 80 21 30 43 • Fax : 03 80 21 90 04
marccolin@ymail.com • www.marc-colin.com
Visite : Sur rendez-vous.

Marc Colin passe progressivement le relais à deux de ses fils pour le domaine familial. Pierre-Yves, le troisième de ses fils, a quant à lui repris ses vignes et créé une petite firme de négoce. On trouvera ici des vins issus des meilleurs terroirs de Saint-Aubin et de Chassagne-Montrachet et une petite quantité de grands crus, irréprochables dans leur finesse et droiture de style ainsi que dans leur régularité.

Chassagne-Montrachet Les Encégnières 2010
Blanc | 2015 à 2020 | env. 26 € **15,5/20**
Beau nez fermentaire de poire, ensemble riche, élégant, racé, digne d'un premier cru, encore un peu trop lactique.

Puligny-Montrachet 2010
Blanc | 2015 à 2020 | env. 26 € **15/20**
Pâle, tendu, minéral, bien marqué par les vignes d'altitude du village, encore sous la protection du SO2, attendre trois ans.

Puligny-Montrachet premier cru
La Garenne 2010
Blanc | 2016 à 2022 | env.35 € **17/20**
Merveilleuse pureté et finesse, grande suite en bouche, le domaine à son meilleur et plus inimitable !

DOMAINE PHILIPPE COLIN

ZA du Haut-des-Champs
21190 Chassagne-Montrachet
Tél. 03 80 21 90 49 • Fax : 03 80 21 92 73
domainephilippecolin@orange.fr
Visite : Sur rendez-vous.

Il faut être assez savant pour ne pas se perdre dans la tribu des Colin de Chassagne. Philippe, frère de Bruno, a lui aussi repris une partie des vignes de son père Michel Colin-Deleger, dont une splendide petite parcelle de Chevalier-Montrachet. Les vins sont fins, purs et nets, et progressent en individualité de caractère.

Chassagne-Montrachet premier cru
Chenevottes 2010
Blanc | 2015 à 2020 | 34 € **16,5/20**
Remarquable finesse et pureté, obtenues par une intelligente réduction, finale racée, très beau style.

Saint-Aubin premier cru En Remilly 2010
Blanc | 2014 à 2018 | 19 € **15/20**
Plus de matière et de définition que charmois, tendre, notes de châtaigne liées au type de bois utilisé, joli vin sans surprise.

DOMAINE DES COMTES LAFON

Clos de la Barre • 21190 Meursault
Tél. 03 80 21 22 17 • Fax : 03 80 21 61 64
comtes.lafon@wanadoo.fr

Le domaine phare de Meursault, dirigé avec une sérénité retrouvée par Dominique Lafon, vient de

s'associer avec Jean-Marc Roulot et quelques grands amateurs pour reprendre de nouvelles vignes, ce qui lui permettra de proposer presque tous les premiers crus du village. Une discipline stricte dans le travail biodynamique des sols et un art de vinifier reconnu de tous lui permettent de proposer des vins blancs et rouges de haute expression en 2009. Le domaine n'a pas souhaité présenter ses vins, qui sont parmi les derniers à être mis en bouteille. Nous referons un point complet l'an prochain. En attendant, ses 2009, depuis longtemps épuisés, restent aussi somptueux qu'à leur naissance.

DOMAINE CONFURON-GINDRE

2, rue de la Tache • 21700 Vosne-Romanée
Tél. 03 80 61 20 84 • Fax : 03 80 62 31 29
confuron.gindre@sfr.fr
Visite : Sur rendez-vous.

Nuits-Saint-Georges 2010
Rouge | 2018 à 2022 | NC **15/20**
Ce village réussit à ce domaine artisanal qui a produit à nouveau en 2010 un vin très équilibré, mûr, harmonieux, assez long, bien boisé, très recommandable.

Vosne-Romanée premier cru Chaumes 2010
Rouge | 2018 à 2025 | NC **15/20**
Grande couleur, belle matière, un peu noyée dans le bois, tanins puissants, de style presque bordelais, vin sincère, pas encore assez subtilement vinifié mais plein de promesses.

DOMAINE EDMOND CORNU & FILS

Le Meix Gobillon - 6, rue du Bief - Cedex 34 • 21550 Ladoix-Serrigny
Tél. 03 80 26 40 79 • Fax : 03 80 26 48 34
cornu.pierre@voila.fr • bourgogne-vigne-verre.com
Visite : Sur rendez-vous.

Edmond Cornu est un des vignerons les plus respectés de Ladoix, à juste titre quand il s'agit du travail des vignes. Quelques millésimes ont été affectés par des faux goûts amers et il n'est pas le seul dans ce cas, mais nous sommes ravis de voir les derniers millésimes bien plus nets. Il faudrait peut-être donner un peu plus de charme aromatique immédiat aux vins les plus simples de la gamme.

Corton - Bressandes grand cru 2010
Rouge | 2016 à 2022 | 52,70 € **15,5/20**
Saveur réglissée, tanin fin, ensemble net, précis, sans l'envolée des tout meilleurs mais l'âge pourra révéler plus de nuances pour un prix encore fort raisonnable.

Ladoix premier cru La Corvée 2010
Rouge | 2016 à 2022 | 24,40 € **14,5/20**
Corsé mais équilibré, sain, net, beaucoup de franchise dans la saveur, à défaut de complexité.

CHÂTEAU DE CORTON ANDRÉ

Rue des Cortons • 21420 Aloxe-Corton
Tél. 03 80 26 44 25 • Fax : 03 80 26 43 57
info@corton-andre.com • www.pierre-andre.com
Visite : D'avril à fin novembre tous les jours de 10h à 12h30 et de 14h à 18h.

Avec le départ de son directeur et l'arrivée d'une nouvelle équipe dirigeante (mais Ludivine Griveau, l'excellente oenologue maison reste), cette «winery» (mi-domaine, mi-négoce) a été un peu déstabilisée mais il y a toutes les raisons de penser que les progrès accomplis depuis cinq ans ne seront pas un souvenir !

Beaune premier cru Teurons 2010
Rouge | 2019 à 2027 | 24 € **16/20**
Riche matière, tanin ferme, caractère épicé très bien défini, vin de terroir au bel avenir.

Corton - Charlemagne grand cru 2010
Blanc | 2015 à 2020 | 69 € **16,5/20**
Délicieusement vanillé au nez, tout en finesse et en nuances, mais peut-être pas assez tendu dans sa salinité. Vin de charme, civilisé, un rien trop lisse.

Corton grand cru Château Corton André 2009
Rouge | 2017 à 2022 | 79 € **15,5/20**
Robe dense, boisé intégré, tanin fin, fruité chaleureux, notes de prunes typiques d'un été chaud, plein, commence à évoluer dans la bonne direction.

Nuits-Saint-Georges 2010
Rouge | 2019 à 2022 | 26 € **15,5/20**
Village classique, généreux, coloré, harmonieux et assez long, supérieur à bien des premiers crus, bien vinifié à partir de raisins bien achetés.

DOMAINE COSTE-CAUMARTIN

2, rue du Parc - B.P. 19 • 21630 Pommard
Tél. 03 80 22 45 04 • Fax : 03 80 22 65 22
coste.caumartin@wanadoo.fr
www.costecaumartin.fr
Visite : Du lundi au samedi de 10h à 12h et de 14h à 19h. Dimanche et jours fériés sur rendez-vous.
Fermeture annuelle : du 23 décembre au 4 janvier inclus.

POMMARD PREMIER CRU
CLOS DES BOUCHEROTTES 2010
Rouge | 2017 à 2022 | NC **14,5/20**
Ensemble précis, droit, nez de ronces, bon boisé, pas très volumineux mais net et soigné.

DOMAINE DE COURCEL

Place de l'Église • 21630 Pommard
Tél. 03 80 22 10 64 • Fax : 03 80 24 98 73
courcel@domaine-de-courcel.com
www.domainedecourcel.com
Visite : Sur rendez-vous hors période de vendange.

Le domaine possédait déjà le plus homogène des vignobles de Pommard, presque tout entier situé en premier cru, avec une parcelle royale de cinq hectares d'Épenots et de très vieilles vignes. Mais il a fallu attendre le talent et la rigueur de vinificateur d'Yves Confuron pour que les vins atteignent la dimension majestueuse qui est la leur actuellement, et qui en fait les équivalents en Côte de Beaune du Domaine de la Romanée-Conti en Côte de Nuits. Même ampleur et pureté de style, données par des vinifications en raisin entier, même autorité absolue dans l'expression du terroir. 2008 est dans la lignée des remarquables millésimes précédents. Mais attention, une fois en bouteille les grands pommards se renferment et leur mâche cache un peu leur fruit. Il faut souvent attendre dix à douze ans pour retrouver le glorieux toucher de bouche de leur naissance.

POMMARD PREMIER CRU
GRAND CLOS DES ÉPENOTS 2010
Rouge | 2020 à 2030 | NC **17,5/20**
Grande sève, grande expression, un peu réservé mais pas encore en bouteille, tanin ultra racé, grand style pour sûr.

POMMARD PREMIER CRU LES FRÉMIERS 2010
Rouge | 2018 à 2025 | NC **16,5/20**
Belle robe, raisin entier évident, tanin ferme, beaucoup de mâche mais avec de la finesse, parfait frémiers.

POMMARD PREMIER CRU RUGIENS 2010
Rouge | 2020 à 2030 | NC **17,5/20**
Grande construction en bouche, tendu et minéral, comme souvent sur cette parcelle, intense, fait pour la garde.

POMMARD VAUMURIENS 2010
Rouge | 2018 à 2025 | NC **16,5/20**
Beau nez de truffe et de ronce, racinaire, tendu, complet.

CHÂTEAU DE LA CRÉE

11, rue Gaudin • 21590 Santenay
Tél. 03 80 20 63 36 • Fax : 03 80 20 65 27
la.cree@orange.fr • www.la-cree.com
Visite : Du lundi au vendredi de 9h à 12h et de 13h30 à 17h30. Le week-end sur rendez-vous.

Nous avons été séduits par tous les vins présentés par ce nouveau producteur, installé dans une des plus belles propriétés du haut de Santenay, au cœur d'un environnement particulièrement magnifique. Toutes les cuvées témoignent d'une adresse et d'une sûreté étonnantes, offrant générosité, élégance de parfum et, ce qui est plus difficile, parfaite intégration du bois aux différentes matières et aux différents tanins.

POMMARD PETITS NOIZONS 2010
Rouge | 2018 à 2022 | 40 € **16/20**
Excellent style, vin de haute maturité du raisin, très bien vinifié, complet.

SANTENAY PREMIER CRU BEAUREPAIRE 2010
Blanc | 2012 à 2018 | 19,50 € **16 /20**
Fraîcheur, complexité, naturel, beaucoup plus de charme qu'en 2009, excellent.

SANTENAY PREMIER CRU GRAVIÈRES 2010
Rouge | 2016 à 2022 | 19,50 € **16/20**
Très coloré, tanins imposants, grande matière, léger manque de finesse et de fraîcheur mais grand avenir. Belle réussite dans ce millésime difficile.

DOMAINE DES CROIX

2, rue Colbert • 21200 Beaune
Tél. 09 65 23 46 88
contact@domainedescroix.com

En dehors de ses activités de vinificateur de la maison Camille Giroud, David Croix dirige un petit domaine propriétaire sur quelques jolis terroirs du secteur de Beaune : les vins ont le même style pur

et classique que ceux qu'il produit chez Camille Giroud, et offrent aux amateurs français épris de finesse, mais qui ne le connaissent pas encore assez, des vins encore abordables sur le plan financier.

Beaune premier cru Grèves 2010
Rouge | 2018 à 2028 | 33 € **17/20**
Grande élégance de saveur et de texture, avec des notes de violette de grand millésime de garde, vinification exemplaire.

Beaune premier cru Pertuisots 2010
Rouge | 2018 à 2025 | 27,50 € **17,5/20**
Un terroir méconnu mais un vin exceptionnel de finesse et de profondeur, avec une vinosité supérieure à celle des grèves, et une finesse considérable. Vivement recommandé.

Corton - Charlemagne grand cru 2010
Blanc | 2018 à 2025 | 66,50 € **17,5/20**
Corps droit et tendu, nez bien typé de noisette fraîche, finale saline, excellent style et certainement grande longévité.

Corton - Vigne-au-Saint grand cru 2010
Rouge | 2020 à 2030 | 56 € **17,5/20**
Corton très équilibré et noble au nez comme en bouche, vinification fidèle au cépage et au terroir, grande suite en bouche, grand avenir.

DOMAINE CYROT-BUTHIAU

2, ruelle Richebourg • 21630 Pommard
Tél. 03 80 22 06 56 • Fax : 03 80 24 00 86
cyrot.buthiau@wanadoo.fr
www.cyrot-pommard.com
Visite : Sur rendez-vous.

Ce jeune producteur s'applique à faire des vins précis et typés, dans un style classique, avec une bonne régularité dans la gamme des 2010 présentés. Il n'atteint pas encore le niveau des tout meilleurs, mais pour y arriver il faut prendre plus de risques en viticulture et en vinification. Le meilleur rapport qualité-prix reste le clos-rousseau à Santenay.

Pommard Le 19 Vingt 2010
Rouge | 2017 à 2022 | 30 € **15,5/20**
Le vin le plus harmonieux du domaine, avec un rien de plus de vinosité que les premiers crus. Style sans surprise pour amateur de pommard classique.

Pommard premier cru Charmots 2010
Rouge | 2018 à 2022 | 25 € **15/20**
Puissant, charnu avec de la mâche, expression classique du terroir de Pommard, sincère mais pas encore assez raffiné.

Santenay premier cru Clos Rousseau 2010
Rouge | 2015 à 2020 | 15 € **15/20**
Joli vin, généreux, rond, mûr, bon boisé, de la fraîcheur et du style, belle réussite pour l'année.

Volnay 2010
Rouge | 2016 à 2022 | 18 € **14,5/20**
Net, droit, style classique et abouti, un peu de raideur encore dans le tanin.

DOMAINE VINCENT DANCER

23, route de Santenay
21190 Chassagne-Montrachet
Tél. 03 80 21 94 48
vincentdancer@free.fr • www.vincentdancer.com
Visite : Sur rendez-vous.

Nous continuons à considérer Vincent Dancer, passionnément engagé dans la défense et l'illustration des grands terroirs que sert son talent, comme une des figures de proue de la nouvelle génération bourguignonne. On a pu lui reprocher, et il en est conscient, quelques vieillissements trop rapides dans les vins des millésimes entre 1999 et 2003, comme chez d'autres, mais le tir est rectifié et les vins actuels sont très droits, très nets, très nerveux, avec une race incontestable liée à des terroirs de premier ordre.

Chassagne-Montrachet premier cru
La Romanée 2010
Blanc | 2015 à 2020 | 35 € **17/20**
Beaucoup d'étoffe, grande race au nez et en bouche, onctuosité rare au domaine, digne de son emplacement.

Chassagne-Montrachet premier cru
Morgeot Grande Borne 2010
Rouge | 2017 à 2022 | NC **14,5/20**
Vin tendu, sérieux, très franc de goût, fruité précis, pourrait avoir un peu plus de générosité.

Chassagne-Montrachet premier cru
Morgeot Tête du Clos 2010
Blanc | 2016 à 2022 | 35 € **17/20**
Robe très pâle, extrême finesse, élégance remarquable du toucher de bouche, vin de race, à conserver certainement longtemps.

Chevalier-Montrachet grand cru 2010
Blanc | 2018 à 2025 | 95 € **18/20**
Grande matière, gras, nerveux, tendu mais intense, minéralité supérieure et élégance inimitable du toucher de bouche. Attendre.

Meursault Les Grands Charrons 2010
Blanc | 2015 à 2022 | 22 € **15/20**
Jolie réussite de l'école «réductrice» avec ses fines notes de noisette grillée et sa petite amertume de départ, très pur en fin de bouche, nous crûmes avoir deviné Roulot, ce fut Dancer....

Meursault premier cru Perrières 2010
Blanc | 2020 à 2030 | 45 € **18/20**
Très grand perrières et sommet incontesté de notre dégustation aveugle des meursault : le terroir parle. Pureté magnifique, subtilité et race qu'on aurait aimé confronter à conditions égales avec les vins de quelques domaines prestigieux mais rétifs à la compétition...

Pommard premier cru Pézerolles 2010
Rouge | 2018 à 2025 | 30 € **15/20**
Encore un peu d'austérité mais belle présence du terroir avec des notes de truffe et de terre sèche, et un tanin complexe, typique des vinifications du domaine, faites pour la garde.

DOMAINE HENRI DELAGRANGE

7, cours François-Blondeau • 21190 Volnay
Tél. 03 80 21 64 12 • Fax : 03 80 21 65 29
didier@domaine-henri-delagrange.com
www.domaine-henri-delagrange.com
Visite : Sur rendez-vous.

Didier Delagrange est en charge désormais de ce domaine de tradition et a beaucoup fait avancer viticulture et vinification, dans l'esprit qui anime ses amis dégustateurs du village, Thomas Bouley et Nicolas Rossignol. Ses 2010 sont sans doute les meilleurs qu'il ait jamais produits, avec en particulier un champans d'anthologie.

Pommard Vaumuriens Hauts 2010
Rouge | 2017 à 2022 | 22 € **14,5/20**
Style classique, un rien sur la réduction, vin net, droit, belle tension, expression juste du terroir.

Volnay premier cru Champans 2010
Rouge | 2022 à 2030 | 35 € **18/20**
Admirable nez complexe sur la fleur, sans aucun caractère terrien ou truffé comme souvent sur les Champans. Merveilleuse texture satinée, grande longueur, grande classe, un des sommets du millésime en rouge.

Volnay premier cru Clos des Chênes 2010
Rouge | 2020 à 2030 | 32 € **15,5/20**
Très charpenté et épicé au nez et en bouche, tanin ferme, vin puissant, tendu, strict mais avec de belles promesses.

RODOLPHE DEMOUGEOT

2, rue du Clos-de-Mazeray • 21190 Meursault
Tél. 03 80 21 28 99 • Fax : 03 80 21 29 18
rodolphe.demougeot@orange.fr
Visite : Sur rendez-vous.

Ce domaine propose des vins bien faits, et certainement plus purs et fidèles au terroir en 2009 qu'il ne l'ont jamais été. On peut en boire quelques-uns dans le bar le plus sympathique de Beaune, place Carnot.

Pommard Les Vignots 2010
Rouge | 2017 à 2022 | 31 € **17/20**
Le meilleur village de notre grande dégustation, grand nez de réglisse, texture onctueuse, fondu étonnant du tanin, très long, digne de ce climat très privilégié du cœur de Pommard.

Pommard premier cru Les Charmots 2010
Rouge | 2016 à 2022 | 34 € **16/20**
Notes complexes de ronce et de fleurs, beau volume de bouche, énergie et complexité, très beau pommard.

DOMAINE DOUDET

3, rue Henri-Cyrot • 21420 Savigny-lès-Beaune
Tél. 03 80 21 51 74 • Fax : 03 80 21 50 69
doudet-naudin@wanadoo.fr
www.doudet-naudin.com
Visite : Sur rendez-vous.

Domaine classique du nord de la Côte de Nuits avec d'excellents emplacements sur Savigny, Pernand, Aloxe et Ladoix. Quelques rouges de vieilles vignes peuvent être exceptionnels mais en général les blancs sont plus réussis, vinifiés sur la réduction mais sans excès, associant nervosité et densité de texture. Attention néanmoins à ne pas se laisser trop dépasser par la nouvelle génération de producteurs !

Corton - Charlemagne grand cru 2010
Blanc | 2014 à 2020 | 69 € **16/20**
Un peu trop de réduction amère mais beaucoup de caractère et d'intensité, terroir fort, pureté moyenne dans ce millésime.

Corton - Maréchaudes grand cru Vieilles Vignes 2010
Rouge | 2020 à 2030 | 50 € **16/20**
De loin le meilleur 2010 rouge du domaine avec une meilleure maturité du raisin et donc un fruit plus harmonieux et une texture mieux équilibrée : bel exemple de corton Sud.

Pernand-Vergelesses Les Pins 2005
Blanc | 2010 à 2013 | 21 € **15/20**
Frais, élégant, minéral, bon boisé, du style et de la complexité, joli pernand.

Savigny-lès-Beaune premier cru En Redrescul 2010
Blanc | 2014 à 2016 | 22 € **14,5/20**
Réduction amère et grillée mais beau volume de bouche, quand le SO2 libre aura disparu le vin montrera certainement du caractère.

JOSEPH DROUHIN

7, rue d'Enfer • 21200 Beaune
Tél. 03 80 24 68 88 • Fax : 03 80 22 43 14
maisondrouhin@drouhin.com • www.drouhin.com
Visite : Sur rendez-vous.

Cette grande maison historique de Beaune est désormais conduite par la nouvelle génération de la famille Jousset-Drouhin, avec la complicité pour la vinification de son directeur technique, Jérôme Faure-Brac. D'énormes efforts de viticulture propre, d'inspiration biodynamique, ont métamorphosé les fruits du domaine et expliquent le supplément de maturité des vins rouges et blancs. Sans renoncer à l'élégance et au fruité très pur caractéristiques du style maison, les vins ont gagné en densité de matière, au prix de quelques inégalités, facilement compréhensibles en raison des risques pris et assumés. Les 2010 font preuve de la même assurance et de la même élégance de style que les 2009.

Beaune premier cru Grèves 2010
Rouge | 2016 à 2022 | 47 € **17/20**
Belle robe, plus de vinosité et d'intensité que les mouches dans ce millésime, tanin raffiné, excellent style.

Bonnes-Mares grand cru 2010
Rouge | 2022 à 2030 | 230 € **19/20**
Maturité géniale du raisin, tanin diaboliquement exact dans sa consistance et son intégration au corps du vin, race incomparable du terroir.

Bourgogne La Forêt 2010 ☺
Blanc | 2012 à 2016 | 9,30 € **14,5/20**
Beaucoup de netteté et de fidélité au type général bourguignon, assemblage réussi de tous les secteurs de production de blanc de l'appellation, et vivement recommandé.

Chambolle-Musigny premier cru 2010
Rouge | 2018 à 2025 | 48 € **17/20**
Finesse et pureté aromatique exemplaires, assez souple, tendre mais avec le soutien tannique nécessaire, du vrai chambolle.

Chambolle-Musigny premier cru Amoureuses 2010
Rouge | 2020 à 2028 | 188 € **18/20**
Ultra raffiné et suave, jusqu'en milieu de bouche, tanin solide en finale, excellent style, digne de ce grand terroir.

Chassagne-Montrachet 2010
Blanc | 2015 à 2020 | 37 € **16/20**
Tendre, rond, équilibré, finale pure, un rien impersonnel.

Chassagne-Montrachet Marquis de Laguiche 2010
Blanc | 2016 à 2022 | 55 € **17/20**
Vineux, très beau miel de fleurs au nez, très marqué par son terroir (Morgeot) qui figure désormais sur l'étiquette !

Corton - Bressandes grand cru 2010
Rouge | 2020 à 2030 | 101 € **18/20**
Toute petite production mais vin de grande classe, d'une harmonie exceptionnelle pour ce cru et pour le millésime.

Corton - Charlemagne grand cru 2009
Blanc | 2018 à 2025 | 87 € **19/20**
Noblement aromatique, profond, complexe, plus complet dans son style encore une fois que le montrachet, admirable.

Côte de Beaune 2010 ☺
Rouge | 2012 à 2018 | 21 € **15/20**
Beaucoup de finesse et de classe pour la catégorie, joli pinot noir, stylé.

Gevrey-Chambertin 2010
Rouge | 2017 à 2022 | 35,20 € **16,5/20**
Excellent assemblage de négociant, parfum frais, élégant, corps équilibré, beau type de gevrey et stabilité assurée pour le vieillissement.

Grands-Échezeaux grand cru 2010
Rouge | 2020 à 2030 | 216 € **18,5/20**
De l'essence de fleurs au nez, texture merveilleusement élégante, grande allonge, tout ce qu'on aime et souhaite.

Meursault Luraules 2010
Blanc | 2015 à 2020 | 38,30 € **16,5/20**
Joli fruité, subtil, beaucoup de tendresse et de pureté en fin de bouche, vin charmant.

Meursault premier cru Perrières 2010
Blanc | 2017 à 2025 | 55 € **18/20**
Exceptionnelle pureté et finesse, corps équilibré, race incomparable du terroir (le cœur du climat), grande suite en bouche.

Montrachet grand cru
Marquis de Laguiche 2010
Blanc | 2018 à 2025 | 374 € **18/20**
Encore sur le coup de son bâtonnage, grand volume de bouche plus que de densité de texture, long, harmonieux, on attend encore plus de détails et de personnalité même à ce très haut niveau.

Musigny grand cru 2010
Rouge | 2025 à 2035 | 274 € **19,5/20**
Encore une fois le sommet de cave en beauté d'expression et complétude de constitution, toucher de bouche presque magique et une leçon pour certains voisins...

DOMAINE DUBLÈRE

Rue François-Germain-la-Montagne • 21200 Beaune
Tél. 06 86 92 00 29 • Fax : 03 80 24 11 01
contact@domaine-dublere.com
www.domaine-dublere.com
Visite : Sur rendez-vous.

Ce domaine appartient à une famille américaine que nous avions par mégarde prise pour une famille anglaise. La viticulture y est respectueuse de l'environnement et du sol, les vins sont vinifiés de façon très conservatrice, comme souvent quand des Américains se prennent d'amour pour la Bourgogne. La recherche du naturel sans épate mais il faut parfois savoir prendre plus de risques !

Beaune premier cru Les Blanches Fleurs 2010
Rouge | 2016 à 2020 | 21 € **15/20**
Beaucoup de délicatesse de parfum, ensemble précis, sincère et agréable, attendre trois ans.

Corton - Charlemagne grand cru 2010
Blanc | 2018 à 2022 | 72 € **16,5/20**
Nez développé de noisette grillée, vinifié sur la réduction, ce qui convient bien à ce cru, tendu, racé, un rien austère, encore sur l'amer de jeunesse mais racé.

Volnay premier cru Pitures Dessus 2010
Rouge | 2018 à 2022 | NC **16/20**
Le meilleur rouge du domaine, subtil au nez entre la cerise et la pivoine, texture tendre, vin aérien, très raffiné, vendangé à juste maturité, caressant, beaucoup de charme.

DOMAINE DUBREUIL-FONTAINE PÈRE ET FILS

18, rue Rameau-Lamarosse • 21420 Pernand-Vergelesses
Tél. 03 80 21 55 43 • Fax : 03 80 21 51 69
domaine@dubreuil-fontaine.com • www.dubreuil-fontaine.com
Visite : Du lundi au vendredi de 9h à 12h et de 14h à 18h. Le samedi de 9h à 12h.

Ce domaine a longtemps été le plus célèbre du pittoresque village de Pernand et l'un des pionniers de la mise en bouteille à la propriété. Après une vingtaine d'années de vins moins élégants qu'on ne l'aurait souhaité, Christine Dubreuil, désormais en charge de la propriété, a rendu les vinifications plus précises et respectueuses du raisin. Les rouges sont charpentés et très classiques de saveur, les blancs, plus tendus que la moyenne, exigent quelques années de garde préalable.

Beaune premier cru Montrevenots 2010
Rouge | 2017 à 2022 | 20 € **16/20**
Beau fruité énergique, tanin ferme, vin de caractère, vendange vraiment mûre, vinifié avec soin.

Corton - Charlemagne grand cru 2010
Blanc | 2017 à 2022 | 50 € **16/20**
Plein, gras mais sans lourdeur, matière intense, aucune surcharge de boisé, puissant, léger manque de pureté.

Savigny-lès-Beaune premier cru
Vergelesses 2010
Rouge | 2015 à 2020 | 17 € **15/20**
Nez épicé,vin nerveux, de chair moyenne mais tendu et racé, peut-être d'ailleurs une terre à chardonnay plus qu'à pinot, tout en finesse.

MICHEL ET JOANNA ECARD

3, rue Boulanger-et-Vallée
21420 Savigny-lès-Beaune
Tél. 06 30 18 28 13 • Fax : 03 80 26 10 55
ecard.michel.joanna@orange.fr •
www.1000bourgognes.com
Visite : Sur rendez-vous.

Beau domaine artisanal de Savigny, avec d'excellentes parcelles de premier cru et notamment de Serpentières. Le style des vins est très affirmé, ils sont plus colorés et charnus que la moyenne du village, dans le droit sillage des vins produits par son père dans les années 1970 et 1980.

Savigny-lès-Beaune premier cru
Les Gravains 2010
Rouge | 2016 à 2020 | env. 23 € **16/20**
Toute l'élégance attendue dans un beau savigny, beaucoup de charme aromatique, ensemble précis, facile à comprendre et à aimer.

Savigny-lès-Beaune premier cru
Narbantons 2010
Rouge | 2016 à 2022 | env. 23 € **16/20**
Nerveux, épicé, droit, grande matière et juste définition du terroir.

Savigny-lès-Beaune premier cru
Serpentières 2010
Rouge | 2018 à 2022 | env. 23 € **16,5/20**
Vin complet et stylé, belle maturité du raisin, ensemble harmonieux, hautement recommandable.

BENOÎT ENTE

4, rue de la Mairie • 21190 Puligny-Montrachet
Tél. 03 80 21 93 73 • Fax : 03 80 21 93 73
domainebenoit-ente@orange.fr
Visite : Sur rendez-vous.

Benoît Ente est le frère d'Arnaud et comme lui exploite un tout petit vignoble de famille qui a la chance de comprendre quelques jolies parcelles sur Puligny-Montrachet. L'exemple de son frère, sans doute le plus accompli des vinificateurs de chardonnay actuels en Bourgogne a été fort utile. À chaque nouveau millésime, par de toutes petites améliorations de détail, Benoît Ente se rapproche du plus haut niveau et ses exceptionnels 2010 seront sans doute très recherchés.

Bourgogne 2010
Blanc | 2014 à 2018 | 17,50 € **15,5/20**
Boisé juste et intégré, excellente constitution, du nerf et de la densité, excellent générique.

Bourgogne aligoté 2010
Blanc | 2013 à 2015 | 11 € **15/20**
Matière intense, un peu sauvage même, acidité revigorante, vin de grand caractère montrant ce que peut produire ce cépage.

Chassagne-Montrachet Les Houillères 2010
Blanc | 2014 à 2018 | 40 € **17/20**
Merveilleuse finesse, intégration du boisé en progrès sur l'an dernier, mise en bouteille au parfait moment, un des plus beaux «villages» du millésime, hautement recommandé.

Puligny-Montrachet 2010
Blanc | 2014 à 2018 | 40 € **17,5/20**
Matière exceptionnelle, notes de citronnelle subtiles, boisé racé, tension magnifique, tout ce que ce village doit être et est si peu souvent !

Puligny-Montrachet premier cru
Folatières 2010
Blanc | 2015 à 2020 | 96 € **18/20**
Mieux élevé et mis en bouteille que le 2009, merveilleux équilibre général, pureté d'expression remarquable, un des sommets de l'année.

Puligny-Montrachet premier cru Referts 2010
Blanc | 2015 à 2020 | 67 € **18/20**
Production infime mais vin merveilleux d'onctuosité et d'élégance, rappelant la marge de progrès possible... chez les autres.

ARNAUD ENTE

12, rue de Mazeray • 21190 Meursault
Tél. 03 80 21 66 12 • Fax : 03 80 21 66 12
Visite : Sur rendez-vous.

Les vins de 2010 confirment le statut de ce tout petit producteur artisanal de Meursault comme le plus perfectionniste et le plus remarquable vigneron de sa commune, nous donnant quelques-unes des plus grandes émotions de notre carrière de critique de vin, à partir de vignes ne faisant pas partie en principe, à deux exceptions près, du gotha bourguignon. Sa production principale provient du lieu-dit En Ormeau, décliné en plusieurs cuvées selon la nature du sol et l'âge de la vigne. Or ce simple meursault dépasse nombre de grands crus en beauté de parfum et en densité de matière, avec des 2010 qui repoussent les limites de ce que nous croyions possible. Un grand maître donc, qui va obliger ses pairs à ne pas se contenter de la routine de leur excellence ! Espérons qu'un propriétaire de grand cru lui confie une vigne

Bourgogne 2010
Blanc | 2014 à 2020 | 35 € **17,5/20**
Merveilleuse finesse et pureté aromatique, relevée par un boisé d'une exactitude confondante par rapport à la densité du vin, harmonie parfaite et longueur incroyable pour un générique.

Bourgogne aligoté 2010
Blanc | 2013 à 2020 | 24 € **16,5/20**
Matière vraiment exceptionnelle, supérieure à de nombreux grands crus, mais évidemment le parfum et la tension du vin sont celles du cépage aligoté, qui trouve ici une de ses trois plus grandes expressions au monde.

Meursault 2010
Blanc | 2015 à 2020 | 60 € **17/20**
La partie casse-tête affine le vin mais lui donne un peu moins de plénitude de corps que le bourgogne : grande pureté aromatique (aucune réduction, aucune oxydation, la perfection de l'équilibre entre les deux), longueur appréciable.

Meursault Clos des Ambres 2010
Blanc | 2015 à 2020 | 76 € **19/20**
Majestueux et raffiné, impossible d'imaginer plus grand et plus accompli meursault-village.

Meursault premier cru Goutte d'Or 2010
Blanc | 2016 à 2022 | 130 € **19/20**
Un rien de finesse en plus, naturellement, que le clos-des-ambres, mais les deux vins se valent et émeuvent autant.

Meursault Sève du Clos 2010
Blanc | 2015 à 2020 | 130 € **19/20**
Très proche dans ce millésime du clos-des-ambres, même harmonie, même perfection d'élaboration.

Puligny-Montrachet premier cru Referts 2010
Blanc | 2017 à 2022 | 130 € **18,5/20**
Nez élancé, harmonieux, d'une rare perfection formelle, corps élégant, grande longueur mais par rapport au terroir la surprise est évidemment moins grande, ce qui n'ôte rien à la valeur de ce vin d'école.

ALEX GAMBAL

14, boulevard Jules-Ferry • 21200 Beaune
Tél. 03 80 22 75 81 • Fax : 03 80 22 21 66
info@alexgambal.com • www.alexgambal.com
Visite : Sur rendez-vous.

Alex Gambal est un Bostonien qui, par amour du bourgogne, s'est installé à Beaune, où sa petite firme de négoce a rapidement acquis l'estime locale. Le niveau général des vins est fort élevé, dans un style élégant qui plaît à tous. La plupart des vins sont vinifiés sur place, ce qui garantit une parfaite homogénéité de style.

Chassagne-Montrachet 2010
Blanc | 2015 à 2020 | 36 € **15/20**
Très pur, salin, réduction maîtrisée, aérien, frais, bien dans l'esprit du millésime.

Chassagne-Montrachet Clos Saint-Jean 2010
Blanc | 2014 à 2018 | 45,50 € **15/20**
Beaucoup de délicatesse, boisé intégré, sapide, subtil, original dans sa fin de bouche sur les agrumes.

Corton - Charlemagne grand cru 2010
Blanc | 2020 à 2025 | 87 € **17/20**
Très vanillé au nez, ce qui trouble la pureté liée au terroir, mais l'extrême finesse des nuances à l'aération rappelle les succès précédents. Beaucoup de fraîcheur et grande longévité probable.

Puligny-Montrachet 2010
Blanc | 2015 à 2020 | 39 € **15/20**
Forte réduction sur la noisette grillée, complexe, long mais certains trouveront ce style un peu forcé.

Puligny-Montrachet premier cru Garenne 2010
Blanc | 2015 à 2020 | 58 € **16/20**
Arôme noble de fleur de vigne, pur, aérien complexe, une leçon de bon élevage pour un blanc de ce village.

Vosne-Romanée 2010
Rouge | 2016 à 2022 | 50 € **16/20**
Issu de vieilles vignes, très délicat, subtil, velouté, mieux équilibré que certains grands crus proposés, assez long.

DOMAINE FRANÇOIS GAY ET FILS

9, rue des Fiètres • 21200 Chorey-lès-Beaune
Tél. 03 80 22 69 58 • Fax : 03 80 24 71 42
dom.gay.francois.fils@orange.fr
Visite : Sur rendez-vous.

Domaine artisanal sérieux de Chorey-lès-Beaune, issu de la division de l'important domaine familial, et producteur de vins pleins, encore un peu rustiques mais sincères et surtout tarifés avec une louable modération.

BEAUNE PREMIER CRU CLOS DES PERRIÈRES
Rouge | 2017 à 2022 | 18,70 € **15/20**
Sérieux et sincère, plus tendu que teurons, moins enrobé dans son tanin, bien marqué par le raisin «chaud» de l'année.

BEAUNE PREMIER CRU TEURONS VIEILLE VIGNE 2009
Rouge | 2016 à 2022 | 18,40 € **15,5/20**
Un peu sur la réduction au nez et en bouche, caractère fumé assez beaune, rappelant le sarment sur la braise, grande texture mais petit manque de finesse et de fraîcheur.

LADOIX 2009
Rouge | 2015 à 2020 | 12,80 € **15/20**
Coloré, fumé, texture onctueuse, tanin bien enrobé, du caractère et même du style.

DOMAINE MICHEL GAY ET FILS

1, rue des Brenots • 21200 Chorey-lès-Beaune
Tél. 03 80 22 22 73 • Fax : 03 80 22 95 78
michelgayetfils@orange.fr
Visite : Sur rendez-vous.

Nous avions perdu de vue ce domaine qui nous a donné quelques vins rustiques au tournant du millénaire. 2007 nous permet de le retrouver et d'admirer une totale métamorphose de style et de qualité, sans parler du remodelage de l'étiquette. Tous les vins présentés frappaient par leur pureté d'expression, la justesse de leur tanin et de l'expression du terroir ainsi qu'une une rare maîtrise de l'élevage. Ces qualités se retrouvent dans les remarquable rouges 2009 présentés, au meilleur niveau de la Côte de Beaune.

BEAUNE PREMIER CRU COUCHERIAS 2010
Rouge | 2017 à 2022 | NC **16/20**
Floral, fin, notes florales, assez long, terroir lisible.

BEAUNE PREMIER CRU TOUSSAINTS VIEILLES VIGNES 2010
Rouge | 2020 à 2030 | NC **17/20**
Magnifique race, tension, texture, longueur, grande cuvée, grande suite en bouche, le meilleur beaune du domaine.

CORTON - RENARDES GRAND CRU 2010
Rouge | 2017 à 2022 | NC **17,5/20**
Grande sève, grande texture, saveur noble, suite en bouche magnifique, un des sommets du corton actuel.

SAVIGNY-LÈS-BEAUNE PREMIER CRU VERGELESSES 2010
Rouge | 2015 à 2020 | NC **16,5/20**
Bel équilibre, net, épicé, terroir lisible, joli style.

DOMAINE GÉNOT BOULANGER

25, rue de Cîteaux • 21190 Meursault
Tél. 03 80 21 49 20 • Fax : 03 80 21 49 21
contact@genot-boulanger.com
www.genot-boulanger.com
Visite : Sur rendez-vous.

Retour de ce grand domaine de Meursault, très bien doté en rouge comme en blanc, sous l'impulsion de la nouvelle génération de propriétaire qui a bien discipliné les vinifications et la mise en bouteille. Reste à donner un peu plus de nuances et de raffinement aux textures pour les rouges, les blancs étant en proportion plus accomplis.

BEAUNE PREMIER CRU GRÈVES 2010
Rouge | 2016 à 2022 | 29 € **15/20**
Jolie couleur, fruité précis et propre, bon équilibre général, du caractère à défaut de grand style.

CHASSAGNE-MONTRACHET PREMIER CRU VERGERS 2010
Blanc | 2015 à 2020 | 38 € **16/20**
Excellente pureté, vin charmeur, complexe, très typé, très bien mis en bouteille, avec un bel avenir, recommandé.

MEURSAULT CLOS DU CROMIN 2010
Blanc | 2014 à 2020 | 30 € **16/20**
Impeccablement vinifié et typé, boisé fin, équilibre réussi entre réduction et oxydation, long, beau terroir.

MEURSAULT PREMIER CRU BOUCHÈRES 2010
Blanc | 2018 à 2022 | 41 € **17,5/20**
Confirme la noblesse du 2009, vin aristocratique, sur la fleur de vigne, très long, très complexe, magistralement vinifié et élevé.

PULIGNY-MONTRACHET PREMIER CRU FOLATIÈRES 2010
Blanc | 2015 à 2020 | 50 € **16/20**
Pur, cristallin même, ensemble droit, plein de finesse, peut-être manquant un peu de profondeur, mais expression exacte de cette belle origine.

VOLNAY 2010
Rouge | 2017 à 2022 | 23 € **15/20**
Légère réduction, très bon corps, tanin fin, style moderne sur le fruit noir, bien vinifié.

ALETH GIRARDIN

21 route d'Autun • 21630 21630 Pommard
Tél. 03 80 22 59 69 • Fax : 03 80 24 96 57
alethgirardin@orange.fr
www.alethgirardin-pommard.com
Visite : Sur rendez-vous.

Ce petit domaine possède quelques-unes des plus vieilles vignes et des mieux exposées de Pommard, et si jamais il lui reste des 2009 à la vente, parmi ceux présentés pour le guide, il faut prendre tout ce que l'on peut, tant ces vins ont l'évidence de leur lieu d'origine et de la grandeur du millésime. Nous souhaitons à Aleth Girardin d'autres belles années de ce niveau !

POMMARD PREMIER CRU CHARMOTS 2009
Rouge | 2017 à 2022 | 30 € **17/20**
Belle couleur, texture onctueuse, finesse remarquable, longueur appréciable, du très beau vin de style classique, digne du millésime.

POMMARD PREMIER CRU ÉPENOTS 2009
Rouge | 2020 à 2024 | 39 € **17,5/20**
Belle couleur, magnifique onctuosité et finesse, style classique et indémodable, terroir remarquablement défini, du parfait pommard, ce qui n'est pas si courant...

POMMARD PREMIER CRU RUGIENS BAS 2009
Rouge | 2019 à 2024 | 45 € **18/20**
Grande expression du Rugiens dans un grand millésime, épicé, suave, tendu, minéral, inimitable, grand avenir. Vivement recommandé, s'il en reste...

DOMAINE VINCENT GIRARDIN

Les Champs-Lins • 21190 Meursault
Tél. 03 80 20 81 00 • Fax : 03 80 20 81 10
vincent.girardin@vincentgirardin.com
www.vincentgirardin.com
Visite : Du lundi au vendredi de 8h à 12h et de 14h à 17h, uniquement pour les professionnels.

Le domaine vient de changer de mains et nous verrons ce qu'il va devenir mais les 2010 vinifiés par Vincent Girardin ont l'entier caractère habituel, amples et fins, respectueux des terroirs mais dans un style volontairement moderne et séducteur.

BIENVENUES-BÂTARD-MONTRACHET GRAND CRU 2010
Blanc | 2018 à 2025 | 160 € **18/20**
Opulence, énergie, race, grandes notes de fleurs de vigne, aux antipodes du style Sauzet mais pour ce cru ici c'est mieux !

CHASSAGNE-MONTRACHET PREMIER CRU CAILLERET 2010
Blanc | 2016 à 2020 | 54 € **16,5/20**
Ultra classique dans ses notes de vanille et de citronnelle, proche de puligny dans son style, long, complexe.

CHASSAGNE-MONTRACHET PREMIER CRU MORGEOT 2010
Blanc | 2015 à 2020 | 44 € **15,5/20**
Ensemble très franc, très net, vigoureux mais frais, à encaver.

MEURSAULT PREMIER CRU CHARMES 2010
Blanc | 2018 à 2022 | 48 € **17/20**
Beaucoup de sève et de rondeur, grande suite en bouche, splendide charmes de style classique, bien dans l'esprit de la famille Germain (qui ne présente pas ses vins de domaine).

PULIGNY-MONTRACHET PREMIER CRU COMBETTES 2010
Blanc | 2015 à 2020 | 68 € **17/20**
Le plus riche et le plus complet des premiers crus présentés par le domaine, noble arôme de fleur de vigne, corps puissant et harmonieux, long, savoureux mais fin, le grand style !

PULIGNY-MONTRACHET PREMIER CRU LES FOLATIÈRES 2010
Blanc | 2015 à 2020 | 64 € **16/20**
Plus racé, pur et complexe, ce jour-là que pucelles, long, harmonieux mais sensuel dans son boisé.

DOMAINE B. ET TH. GLANTENAY

3, rue de Vaut • 21190 Volnay
Tél. 03 80 21 62 20 • Fax : 03 80 21 67 78
glantenay@free.fr
Visite : Sur rendez-vous.

Volnay premier cru Brouillards 2010

Rouge | 2017 à 2022 | NC **15,5/20**

Beau raisin mûr, tanin moins harmonieux que les tout meilleurs mais très jolie texture de volnay, pulpeuse, naturelle, et certainement à suivre en bouteille.

Volnay premier cru Clos des Chênes 2010

Rouge | 2018 à 2022 | NC **15,5/20**

Beau fruit de raisin mûr, pas le plus richement constitué en texture mais subtil, racé, assez expressif de son terroir. On rêverait d'y voir planté du chardonnay.

Volnay premier cru Santenots 2010

Rouge | 2018 à | NC **16,5/20**

Boisé toasté ne masquant pas les arômes de tabac blond et d'épices propres à ce terroir, remarquable soyeux de tanin, grande longueur, très beau vin.

DOMAINE ALAIN GRAS

Village Haut • 21190 Saint-Romain
Tél. 03 80 21 27 83 • Fax : 03 80 21 65 56
gras.alain1@wanadoo.fr
www.domaine-alain-gras.com
Visite : Sur rendez-vous.

Le plus connu des viticulteurs de Saint-Romain, le mieux diffusé dans la restauration française. Les vins sont adroitement vinifiés pour un plaisir immédiat, et d'une régularité qui explique leur succès.

Auxey-Duresses 2010

Blanc | 2014 à 2018 | épuisé **14,5/20**

Nez discret et pur, sur la noisette fraîche, simple mais très franc, parfait apéritif.

DOMAINE ANTONIN GUYON

2, rue de Chorey • 21420 Savigny-lès-Beaune
Tél. 03 80 67 13 24 • Fax : 03 80 66 85 87
domaine@guyon-bourgogne.com
www.guyon-bourgogne.com
Visite : Sur rendez-vous.

Ce domaine respecté de Savigny a comme points forts de remarquables parcelles en appellations Corton et Corton-Charlemagne, mais offre d'excellents exemples de meursault, volnay et chambolle-musigny, avec une réussite plus constante en vin rouge qu'en vin blanc, où certaines évolutions trop rapides au vieillissement gâchent notre plaisir. Le domaine a intelligemment réagi en 2010 en affinant sa technique de mise en bouteille, mais il est évident qu'il peut et qu'il doit aller encore plus loin en raffinement de saveur et de texture sur ses grands terroirs.

Aloxe-Corton premier cru Fournières 2009

Rouge | 2013 à 2018 | NC **15/20**

Robe assez dense, nez discret de fruits rouges, texture riche , charnue, aucune violence, tannin ferme mais lisse, terroir élégant, millésime savoureux.

Aloxe-Corton premier cru Vercots 2008

Rouge | 2017 à 2025 | 35 € **16/20**

Plus corsé que fournières, comme souvent, plus charnu, précis mais un peu de rusticité dans le tanin. Fait pour la garde.

Chambolle-Musigny Clos du Village 2010

Rouge | 2016 à 2022 | 36 € **15,5/20**

Nez floral typé, bon équilibre général, terroir lisible et de toute évidence très fin, tanin strict, droiture de caractère évidente mais il faut vendanger encore plus exact.

Chambolle-Musigny Les Cras 2010

Rouge | 2018 à 2022 | 35 € **16/20**

Un peu plus de vinosité que le clos du village, vin net, racé, franc, subtil, peut-être un peu trop strict dans son tanin.

Corton - Charlemagne grand cru 2010

Blanc | 2018 à 2025 | 75 € **17,5/20**

Nez pur, strict et défini, terroir bien présent avec ses notes de noisette fraîche, de sel iodé, un corps longiligne, dense, une finale affirmée et un boisé bien réglé.

Corton - Clos du Roi grand cru Clos du Roy 2010

Rouge | 2018 à 2030 | 55 € **17,5/20**

Toujours et de loin le meilleur rouge du domaine, avec la même finesse aromatique que bressandes mais bien plus de vinosité, de densité de texture et d'affirmation de classe grand cru dans le tanin. Excellent !

Hautes Côtes de Nuits Dames de Vergy 2010
Rouge | 2012 à 2015 | 14 € **13/20**
Sur un nez plutôt discret ce vin offre une bouche assez précise, grâce à une matière fine et élégant. Pour les amateurs de pinot noir peu concentré.

Volnay premier cru Clos des Chênes 2010
Rouge | 2018 à 2025 | 38 € **16/20**
Ensemble équilibré, net, finement épicé, en progrès sur les millésimes précédents en intégration du tanin.

LOUIS JADOT

21, rue Eugène-Spuller • 21200 Beaune
Tél. 03 80 22 10 57 • Fax : 03 80 22 56 03
maisonlouisjadot@louisjadot.com
www.louisjadot.com
Visite : Sur rendez-vous.

Sous la direction rigoureuse de Pierre-Henry Gagey, cette maison de négoce, appartenant à une riche famille américaine, est devenue la plus importante de Beaune. Toutes les appellations ou presque sont présentes ce qui ne simplifie pas le choix, mais une bonne stratégie est de se fier en priorité à des assemblages bien au point pour les villages réputés, particulièrement en blanc, à des appellations moins connues, au rapport qualité-prix souvent exceptionnel, mais surtout aux crus de ses trois domaines. Les rouges peuvent manquer de charme immédiat mais sont élaborés pour vieillir de façon merveilleuse. Les meilleurs blancs, vinifiés par le génial Jacques Lardière, n'ont guère d'équivalents pour leur complexité, leur vinosité, et leur noblesse de saveur, conservant mieux que partout ailleurs la vitalité du raisin d'origine. La régularité de l'ensemble de l'offre s'est nettement améliorée dans les cinq derniers millésimes.

Auxey-Duresses 2010
Blanc | 2016 à 2020 | cav. 21 € **16,5/20**
Arômes délicats de noisette, tendre, rond, précis, charmeur, digne des meilleurs meursaults voisins, avec un sens du style que peu de producteurs locaux approchent.

Bâtard-Montrachet grand cru 2010
Blanc | 2018 à 2028 | cav. 240 € **19/20**
Grand nez de miel, corps magnifique, finale vraiment inoubliable, le plus noble bâtard imaginable, du moins au départ dans la vie !

Beaune premier cru Clos des Couchereaux 2010
Rouge | 2018 à 2025 | cav. 33,60 € **17/20**
Le beaune spécialement réussi en 2010, épicé, charnu, tendu, forte personnalité et tanin adroitement présent et intégré à la matière. Recommandé.

Beaune premier cru Clos des Ursules 2010
Rouge | 2018 à 2025 | cav. 54,60 € **16,5/20**
Nez racé avec des nuances de réglisse et de menthol, frais, avec une texture séduisante mais pas très intense.

Beaune premier cru Grèves 2010
Blanc | 2016 à 2022 | cav. 44 € **17/20**
Miel et minéralité en excellente harmonie, long, harmonieux, conforme à l'attente.

Beaune premier cru Grèves 2010
Rouge | 2018 à 2025 | cav. 34 € **17/20**
Racé, énergique, très long, toute la subtilité et la séduction des meilleurs beaunes.

Bonnes-Mares grand cru 2010
Rouge | 2022 à 2030 | cav. 210 € **18,5/20**
Un prix d'excellence, nobles arômes de fruits rouges et de menthe, grande construction, tanin parfait et évidemment grand avenir.

Chambertin grand cru 2010
Rouge | 2025 à 2030 | cav. 200 € **18,5/20**
Arôme noble et précis, définition parfaite du cru avec sa tension de type «minéral», un des meilleurs des trente derniers millésimes.

Chambertin-Clos de Bèze grand cru 2010
Rouge | 2025 à 2035 | cav. 244 € **19/20**
Grand nez réglissé, corps ample et harmonieux, perfection de style évidente, mais il faudra bien se garder de l'ouvrir trop vite !

Chambolle-Musigny premier cru Amoureuses 2010
Rouge | 2020 à 2030 | cav. 186 € **18/20**
Forme plus longiligne que fuées, parfum encore plus intense, essence de fleurs, tanin tendu donnant une sensation minérale, vin de très grande classe mais production hélas infime.

Chambolle-Musigny premier cru Fuées 2010
Rouge | 2018 à 2028 | cav. 74 € **17,5/20**
Merveilleux nez floral, tendre mais complet de corps, définition très précise du terroir, tanin de grande classe, encore un chambolle d'école!

CHAPELLE-CHAMBERTIN GRAND CRU 2010
Rouge | 2020 à 2028 | cav. 162 € **18/20**
Beaucoup de finesse de parfum, texture vraiment vibrante, tanin complexe mais intégré, noblesse évidente de construction et de saveur.

CHASSAGNE-MONTRACHET PREMIER CRU MORGEOT DUC DE MAGENTA 2010
Blanc | 2016 à 2022 | cav. 64 € **17/20**
Riche, mielleux, plus complet que les autres morgeots de la maison mais moins raffiné que romanée ou ruchottes.

CHASSAGNE-MONTRACHET PREMIER CRU ROMANÉE 2010
Blanc | 2018 à 2025 | cav. 34 € **17,5/20**
Harmonie, finesse et complexité à revendre, vinification confondante de naturel.

CHASSAGNE-MONTRACHET PREMIER CRU RUCHOTTES 2010
Blanc | 2016 à 2022 | cav. 84 € **18/20**
Idéale pureté et noblesse d'expression, équilibre exemplaire entre le fruit et les notes lactiques du ferment, boisé parfaitement adapté.

CHEVALIER-MONTRACHET GRAND CRU DEMOISELLES 2010
Blanc | 2020 à 2030 | cav. 314 € **19,5/20**
Arôme génial et bouche magique, on est au sommet absolu du bourgogne blanc actuel et même le montrachet n'atteint pas tout à fait le même degré de perfection.

CLOS DE VOUGEOT GRAND CRU 2010
Rouge | 2025 à 2035 | cav. 116 € **18/20**
Caractère plus épicé au nez que les crus de Gevrey, puissance évidente mais aucune austérité, équilibre remarquable des notes terriennes en bouche et une persistance plus aérienne, fraîche avec sa note de menthol.

CLOS SAINT-DENIS GRAND CRU 2010
Rouge | 2022 à 2030 | cav. 186 € **19/20**
Sublime finesse aromatique, comme souvent, coup de cœur absolu, tanin d'une grâce supérieure à celle des chambertins et même du musigny !

CORTON - CHARLEMAGNE GRAND CRU 2010
Blanc | 2020 à 2030 | cav. 120 € **18,5/20**
Raffiné et énergique mais avec moins d'ampleur et de profondeur qu'en 2009.

CORTON - GRÈVES GRAND CRU 2010
Rouge | 2020 à 2030 | cav. 70 € **18/20**
Impressionnant et sans grande concurrence dans le millésime, grande couleur, texture veloutée à souhait, longueur, densité, classe et naturel. Un grand corton.

CÔTE DE NUITS-VILLAGES VAUCRAINS 2010 ☺
Rouge | 2012 à 2020 | cav. 24 € **15,5/20**
Parfaite introduction à la Côte de Nuits, et rapport qualité-prix attractif, épicé, tendre, déjà ouvert et défini, assez long.

ÉCHEZEAUX GRAND CRU 2010
Rouge | 2020 à 2030 | cav. 138 € **18,5/20**
Le millésime a glorieusement réussi dans ce secteur et le vin rivalisera avec les autres grands crus de la maison en noblesse d'expression, avec une touche florale particulièrement séduisante.

GEVREY-CHAMBERTIN PREMIER CRU CAZETIERS 2010
Rouge | 2022 à 2030 | cav. 66 € **18/20**
Noblement réglissé, profond, expression infiniment juste d'un terroir qui révèle toute sa classe quand les raisins sont très mûrs. Grand avenir.

GEVREY-CHAMBERTIN PREMIER CRU PETITE CHAPELLE 2010
Rouge | 2017 à 2022 | cav. 66 € **17/20**
Précoce, charmeur pour gevrey, et parfaitement équilibré, finale réglissée comme il se doit et particulièrement fine.

MARSANNAY 2010
Blanc | 2014 à 2020 | cav. 20 € **16/20**
Délicat, avec une note de poire et de miel immédiatement confortable, parfaite vinification et élevage en accord. Ce village, décidément ne cesse de surprendre et de séduire, à des prix raisonnables.

MARSANNAY 2010
Rouge | 2016 à 2022 | cav. 18,60 € **16/20**
Grande réussite et parfait rapport qualité-prix : équilibre très réussi entre alcool, acidité et tanin, définition impeccable du terroir, vivement recommandé.

MEURSAULT 2010
Blanc | 2015 à 2022 | cav. 34 € **16,5/20**
Remarquable assemblage, produit en quantité non négligeable, donnant une idée complète du village et du millésime, la petite proportion

d'acide malique conservée lui donnant un supplément de vitalité appréciable.

Meursault premier cru Genevrières 2010
Blanc | 2017 à 2025 | cav. 76 € **18,5/20**
Extraordinaire finesse, fin de bouche gracieuse, un des sommets de l'année à Meursault, et un témoignage idéal de l'art de vinifier de Jacques Lardière.

Monthélie premier cru Champs Fulliots 2010
Rouge | 2016 à 2022 | cav. 30 € **16/20**
Rond, mûr, onctueux, tanin délié, charmeur et étoffé, excellente introduction au charme des bons côtes-de-beaune.

Montrachet grand cru 2010
Blanc | 2022 à 2030 | cav. 416 € **19/20**
Délicatesse et raffinement remarquables, mais tension tout aussi étonnante, un rien plus d'austérité et moins de grâce immédiate que le fabuleux chevalier. En tout cas, un très grand millésime chez Jadot.

Nuits-Saint-Georges premier cru Aux Boudots 2010
Rouge | 2020 à 2025 | cav. 74 € **17,5/20**
Beaucoup de nez, texture ample et veloutée, longueur déjà appréciable, caractère sensuel conforme à l'esprit de ce climat très original.

Pommard 2010
Rouge | 2017 à 2022 | cav. 38 € **16/20**
Vinifié en finesse et en harmonie, avec un tanin parfaitement intégré, moelleux, assez profond, élégant, séduira les détracteurs de ce «village».

Puligny-Montrachet 2010
Blanc | 2016 à 2020 | cav. 38 € **17/20**
Le meilleur assemblage récent de la maison dans ce village dans notre souvenir, nez pur, racé, citronné, fin de bouche subtile, grande pureté.

Puligny-Montrachet premier cru Combettes 2010
Blanc | 2016 à 2022 | cav. 91 € **18/20**
Finesse prodigieuse, corps harmonieux, vitalité irrésistible de la fin de bouche, classe formidable, puligny d'école !

Savigny-lès-Beaune 2010 ☺
Blanc | 2012 à 2020 | cav. 22 € **16/20**
Joli vin complet, de séduction immédiate mais vinifié pour accentuer encore son charme.

Savigny-lès-Beaune premier cru Dominode 2010
Rouge | 2016 à 2022 | cav. 29 € **15,5/20**
Floral et épicé au nez, en finesse et en subtilité mais terminant sur un tanin ferme. Du style et de l'avenir.

Volnay premier cru Clos de la Barre 2010
Rouge | 2017 à 2025 | cav. 54,40 € **17,5/20**
Magnifique nez floral, texture soyeuse et racée, le grande suite en bouche, volnay exemplaire, le meilleur produit en vingt ans sur ce terroir.

Vosne-Romanée premier cru Suchots 2010
Rouge | 2020 à 2030 | cav. 92 € **17,5/20**
Notes de ronce au nez, grand volume de bouche, tanin ferme et racé, définition juste du terroir, un rien plus de tension que beaumonts, ici encore millésime complet.

JAFFELIN

2, rue Paradis • 21200 Beaune
Tél. 03 80 22 12 49 • Fax : 03 80 21 52 43
jaffelin@maisonjaffelin.com
Visite : Du lundi au samedi de 9h30 à 13h et de 14h à 18h.

Givry premier cru 2010
Rouge | 2015 à 2018 | NC **16,5/20**
Il a besoin d'un peu d'air mais la matière est onctueuse, aérienne.

Rully 2010
Blanc | 2012 à 2019 | NC **14,5/20**
Vin dynamique, fruité, avec une énergie rentrée qui ne demanche qu'à enrober un filet de rouget grillé.

DOMAINE PATRICK JAVILLIER

7, impasse des Acacias • 21190 Meursault
Tél. 03 80 21 27 87 • Fax : 03 80 21 29 39
contact@patrickjavillier.com
www.patrickjavillier.com
Visite : Sur rendez-vous.

Ce domaine classique de Meursault a remis ses vins en dégustation cette année et ils se sont montrés excellents. En général, ils ont besoin de trois ou quatre ans de bouteille pour se révéler pleinement et ce sera encore le cas avec 2010. Les rouges, vinifiés légers, fruités et tendres sont moins personnels et ne se comparent pas aux meilleurs de leurs appellations respectives.

Corton - Charlemagne grand cru 2010
Blanc | 2017 à 2022 | NC **17/20**
Intense, minéral, un brin austère, un vrai charlemagne, soigné, qu'il faudrait peut-être vendanger un rien plus mûr.

Meursault Clos du Cromin 2010
Blanc | 2012 à 2018 | 28 € **16/20**
Le plus accompli des villages du domaine en 2010, complet, mûr, gras, noble dans sa fin de bouche, digne d'un premier cru.

Meursault Tillets 2010 ☺
Blanc | 2012 à 2018 | 28 € **15/20**
Beaucoup de rondeur et de gras, saveur déjà épanouie, vin bien fait, d'un appel immédiat et universel.

Pernand-Vergelesses 2010
Rouge | 2015 à 2018 | NC **14/20**
Robe convenable, un peu de cuir et d'épices au nez, corps franc, mieux équilibré que la cuvée d'aloxe, non retenue, simple mais bon.

Savigny-lès-Beaune Monchenevoy 2010 ☺
Blanc | 2012 à 2018 | 16,50 € **16/20**
Un des meilleurs savignys blancs imaginable, notes de fleurs blanches, grande pureté, grande finesse mais avec aussi beaucoup de gras, harmonieux, surprenant, vivement recommandé.

DOMAINE RÉMI JOBARD

12, rue Sudot • 21190 Meursault
Tél. 03 80 21 20 23 • Fax : 03 80 21 67 69
remijobardvins@orange.fr
Visite : Sur rendez-vous.

Nous retrouvons avec plaisir ce domaine à son meilleur niveau , les vins sont nets mais expressifs de leur terroir dans un style adroitement modernisé, à mi-chemin entre les «pro-riesling» et les «pro-oxydation ménagée».

Meursault Chevalières 2010
Blanc | 2015 à 2020 | NC **15/20**
Frais, élégant, sur la fleur blanche et la noisette fraîche, de l'énergie et une finale très assurée, joli vin.

Meursault Narvaux 2010
Blanc | 2017 à 2022 | NC **15,5/20**
Finement floral, plus sur les agrumes en bouche, nerveux, pur, un peu «riesling» dans sa recherche de fluidité noble, joli vin.

Meursault premier cru Genevrières 2010
Blanc | 2018 à 2024 | NC **17/20**
Plus riche, un peu plus complexe que Porusot, belle suite en bouche, le plus harmonieux des genevrières ce jour-là.

Meursault premier cru Le Poruzot-Dessus 2010
Blanc | 2017 à 2022 | NC **16/20**
Beau vin généreux, nez frais sur les agrumes (citron ou orange pas trop mûre), beaucoup de délicatesse dans le toucher de bouche, très bien vinifié.

VINCENT ET FRANÇOIS JOUARD

Place de l'Eglise • 21190 Chassagne-Montrachet
Tél. 03 80 21 30 25 • Fax : 03 80 21 96 27
domaine.jouardvf@wanadoo.fr
Visite : Sur rendez-vous.

Chassagne-Montrachet premier cru Maltroie 2010
Blanc | 2015 à 2020 | 25 € **15/20**
Beau nez d'agrumes, vin riche, net, classique, montrant de nets progrès de vinification dans cette propriété familiale, dotée de très jolies parcelles.

DOMAINE PIERRE LABET

Clos de Vougeot • 21640 Vougeot
Tél. 03 80 62 86 13 • Fax : 03 80 62 82 72
contact@chateaudelatour.com
www.chateaudelatour.com
Visite : Sur rendez-vous.

Les vignes appartiennent au père de François Labet mais les vins sont vinifiés au Clos de Vougeot, fief de sa mère et de sa tante, par la même équipe et selon les mêmes principes. Le niveau de qualité continue à s'améliorer avec des 2007 parmi les plus complets de l'histoire récente, dont un bourgogne rouge vieilles-vignes d'anthologie. Si les blancs 2010 déçoivent, manquant de densité et sans doute de maturité de raisin, les rouges ont de la droiture, de la franchise et répondent à l'attente.

Beaune Clos du Dessus des Marconnets 2010
Rouge | 2015 à 2020 | 25,50 € **14,5/20**
Notes de cerise, vin frais, harmonieux, subtil, pas très étoffé mais d'une parfaite franchise.

Beaune premier cru Coucherias 2010
Rouge | 2016 à 2022 | 30 € **15/20**
Souple, tendre, franc de goût, très «beaune», finale fraîche, vin sincère mais moins abouti qu'en 2009.

Bourgogne Vieilles Vignes 2010
Blanc | 2012 à 2015 | 14 € **14/20**
Simple, net, léger arôme de poire, bien fait, sans ambition mais droit.

Bourgogne Vieilles Vignes 2010
Rouge | 2016 à 2022 | 14 € **15/20**
Belle couleur, imposante densité de matière pour un générique, de la fraîcheur, du style et de la longévité. Recommandé mais pour la garde !

Gevrey-Chambertin Vieille Vigne 2010
Rouge | 2016 à 2020 | 32 € **15/20**
Village net, plein, très droit dans son tanin, pas très complexe dans sa rétro-olfaction, excellente maturité de raisin mais terroir un peu neutre.

DOMAINE MICHEL LAFARGE

15, rue de la Combe • 21190 Volnay
Tél. 03 80 21 61 61 • Fax : 03 80 21 67 83
contact@domainelafarge.com
www.domainelafarge.com
Visite : Sur rendez-vous.

Domaine célèbre et probe, et qui ne trouve pas déshonorant de présenter ses vins en dégustation comparative ! Frédéric Lafarge continue l'œuvre de grand artisan de son père et se donne à fond dans la viticulture biodynamique et la production de vins souples, sincères, raffinés mais moins intenses que par le passé. Le clos-des-chênes reste un des plus accomplis du genre.

Volnay premier cru Clos des Chênes 2010
Rouge | 2018 à 2025 | NC **17/20**
Bonne couleur, grande élégance de texture, de saveur et de tanin, définition très précise d'un terroir qui tourne plus du côté d'un taillepieds que des clos-des-chênes classiques. Très beau vin, indémodable.

Volnay Vendanges Sélectionnées 2010
Rouge | 2015 à 2020 | NC **14,5/20**
Dans ce millésime, cette cuvée emblématique du domaine se démarque par sa robe très claire et son nez de cerise qui rappelle certains riceys plus que la violette associée à Volnay. Original et charmant mais pas vraiment accompli.

DOMAINE HUBERT LAMY

20, rue des Lavières • 21190 Saint-Aubin
Tél. 03 80 21 32 55 • Fax : 03 80 21 38 32
domainehubertlamy@wanadoo.fr
www.domainehubertlamy.com

Ce domaine de tradition est aux mains d'un jeune vigneron fort doué, Olivier Lamy, fils d'Hubert, dont le sens du style pour les vins blancs mérite tous les éloges. Leur finesse, leur charme et leur fraîcheur devraient être médités par bien des producteurs plus célèbres. Les 2008 confirment le talent de vinification d'Olivier, dans un style remarquablement fin. Les rouges, avec un caractère très fruité et très agréable, ont peu d'équivalent dans le secteur. Les blancs 2009, très nerveux, ne seront pas à boire avant trois ans.

Chassagne-Montrachet Concis du Champ 2010
Blanc | 2015 à 2018 | cav. 45 € **15,5/20**
Drôle de nom pour ce vin d'une superbe fraîcheur, réductif certes mais long, citronné, subtil et bien plus fin que la moyenne.

Chassagne-Montrachet
La Goujonne Vieilles Vignes 2010
Rouge | 2015 à 2020 | cav. 30 € **14,5/20**
Bonne tension, vin franc, équilibré, fruité net, bien au dessus de la moyenne présentée, bon avenir.

Puligny-Montrachet Les Tremblots 2010
Blanc | 2015 à 2020 | cav. 45 € **16/20**
Style très pur, grande finesse, notes classiques de citronnelle et fleurs blanches, précis, subtil, du très bon 2010 !

Saint-Aubin premier cru
Clos de la Chatenière 2010
Blanc | 2014 à 2018 | cav. 42 € **16/20**
Belles notes d'agrumes, le plus mûr et le plus complet de ces saint-aubins, harmonieux, long, largement au niveau d'une excellent puligny.

Saint-Aubin premier cru
Derrière Chez Édouard 2010
Blanc | 2014 à 2018 | cav. 33 € **14,5/20**
Léger réduit amer, sur une dominante de citron, fin, pur, un peu serré, net.

Saint-Aubin premier cru
Les Murgers des Dents de Chien 2010
Blanc | 2015 à 2020 | cav. 45 € **17/20**
Superbe nez expressif, citronné, tendu, belle intensité, subtil, raffiné, finale racée très cousine de

certains montrachets, encore une fois le plus noble des saint-aubins.

DOMAINE DANIEL LARGEOT

5, rue des Brenots • 21200 Chorey-lès-Beaune
Tél. 03 80 22 15 10 • Fax : 03 80 22 60 62
domainedaniellargeot@orange.fr
Visite : Sur rendez-vous au 06 75 47 40 67.

Bon domaine artisan, aux vins toujours soignés et élégants, avec des prix raisonnables. Les trois villages du domaine sont bien individualisés : chorey plein et harmonieux, aloxe plus tannique mais plus irrégulier, savigny paradoxalement le plus complet en corps, en saveur et en régularité grâce aux efforts de la fille de Daniel. Les 2010 n'ont pas été dégustés dans ce secteur.

LOUIS LATOUR

18, rue des Tonneliers - B.P. 127 • 21204 Beaune
Tél. 03 80 24 81 00 • Fax : 03 80 22 36 21
louislatour@louislatour.com • www.louislatour.com
Visite : Sur rendez-vous.

Cette maison historique est une de celles qui comprend le mieux le monde actuel, et son développement récent témoigne de son sens de la stratégie. Après une installation qu'on souhaite durable à Chablis par l'achat de la firme Simonnet-Febvre, elle joue la carte du Beaujolais avec l'acquisition de la maison Fessy. Elle couvrira ainsi la «grande Bourgogne», concept géographique et économique dont elle est un ferme partisan. La nouvelle équipe technique se sent de plus en plus à son aise et imprime une évolution longtemps attendue dans le style des rouges et des blancs. Un fruit plus frais et plus harmonieux, avec des textures plus affirmées dans les rouges, un boisé plus franc et mieux intégré dans les blancs. Exceptionnelles romanée-saint-vivants 2009 et 2010, au sommet absolu de la Bourgogne actuelle.

ALOXE-CORTON 2010
Rouge | 2017 à 2022 | 28,20 € **15,5/20**
Village remarquablement défini, exact, rond en milieu de bouche, ferme dans son tanin, net dans son fruit.

BÂTARD-MONTRACHET GRAND CRU 2010
Blanc | 2017 à 2025 | 266,80 € **18/20**
Puissant, racé, typé, long, excellent bois, grand avenir, hautement recommandable si on en a les moyens.

BEAUNE AUX CRAS 2010
Blanc | 2014 à 2020 | 36,30 € **15,5/20**
Boisé plus marqué, vin assez riche, intense même, finale sur le lichee, la fougère, les fleurs blanches, ce qui définit un vrai terroir à blanc.

BEAUNE CLOS SAINT-DÉSIRÉ 2010
Blanc | 2015 à 2020 | 21,80 € **15/20**
Réduction amère en évidence mais sur un corps suffisant pour imaginer un bel avenir, du nerf, de l'ampleur, pas d'excès de bois, vin de qualité.

BEAUNE VIGNES FRANCHES 2010
Rouge | 2017 à 2022 | 41 € **15,5/20**
Épicé, équilibré, assez dense, plus moelleux et étoffé que la moyenne, belle suite en bouche.

CHAMBOLLE-MUSIGNY 2010
Rouge | 2017 à 2022 | 45 € **16/20**
Beaucoup de délicatesse de texture et de pureté au nez et en fin de bouche, excellent style.

CHASSAGNE-MONTRACHET 2010
Blanc | 2015 à 2020 | 33,90 € **16,5/20**
Robe or vert, excellent équilibre général, pas de réduction au nez, finesse et charme, type de village très bien défini. Une valeur sûre.

CHASSAGNE-MONTRACHET PREMIER CRU MORGEOT 2010
Blanc | 2015 à 2022 | 47,30 € **17/20**
Du moelleux et de la profondeur, expression exacte de ce terroir, beau potentiel.

CHEVALIER-MONTRACHET GRAND CRU LES DEMOISELLES 2010
Blanc | 2017 à 2025 | 266.80 € **18/20**
Beaucoup de générosité et d'enveloppe, finesse garantie, encore jeune et un rien moins évolué que le bâtard.

CORTON - CHARLEMAGNE GRAND CRU 2010
Blanc | 2018 à 2025 | 113.60 € **18/20**
Nez bien en place, avec ses notes de noisette grillée et de pierre-à-fusil, riche, équilibré, long, avec un boisé mieux fondu dès le début qu'auparavant.

CORTON - CLOS DU ROI GRAND CRU 2010
Rouge | 2020 à 2030 | 67 € **18/20**
Nez noble de fruits rouges, remarquable texture, on retrouve avec plaisir Corton à son plus grand niveau. Vivement recommandé.

CORTON GRAND CRU CHÂTEAU CORTON GRANCEY 2010
Rouge | 2018 à 2025 | 70,20 € **17/20**
Pas très coloré mais racé au nez, avec une touche minérale habituelle dans le secteur des Perrières et Chaumes, base importante de cet assemblage, tanin fin.

ÉCHEZEAUX GRAND CRU 2010
Rouge | 2018 à 2025 | 141,20 € **17/20**
Beaucoup d'épices au nez, texture élégante, tanin fin, ensemble défini, assez strict mais racé.

MEURSAULT GOUTTE D'OR 2010
Blanc | 2016 à 2022 | 60 € **17/20**
Meursault de style et de caractère, saveur raffinée de noisette, bonne longueur, excellent élevage.

MEURSAULT PREMIER CRU CHÂTEAU DE BLAGNY 2010
Blanc | 2016 à 2020 | 45,80 € **16/20**
Nez fin, peu développé, corps moyennement plein mais équilibré, fin de bouche nette, de la race mais pas de générosité.

MEURSAULT PREMIER CRU PERRIÈRES 2010
Blanc | 2017 à 2022 | 66,20 € **17/20**
Bonne densité de texture, très jeune, bien défini, strict en finale, fait pour vieillir.

MONTRACHET GRAND CRU 2010
Blanc | 2018 à 2025 | 363 € **18,5/20**
Excellente densité de matière, digne du cru, ensemble généreux, droit, franc, peu évolué, sans doute promis à un grand destin, provenant d'une belle parcelle sur Puligny.

PERNAND-VERGELESSES PREMIER CRU
ÎLE DES VERGELESSES 2010
Rouge | 2020 à 2022 | 21,50 € **16/20**
Joli robe pourpre, nez de baies rouges, notes de réglisse, finale sur la tension, vin racé, harmonieux, tanin fin.

PULIGNY-MONTRACHET 2010
Blanc | 2015 à 2020 | 38,60 € **16/20**
Salin, nerveux, racé, tendu, bien marqué par le style des vins de la partie haute du village, vers Blagny.

PULIGNY-MONTRACHET PREMIER CRU
LA GARENNE 2010
Blanc | 2016 à 2020 | 47,30 € **16,5/20**
Beaucoup de finesse dans les nuances de fleur de vigne au nez, citronnelle marquée en bouche et classique dans cette commune, pur et droit.

ROMANÉE-SAINT-VIVANT GRAND CRU
LES QUATRE JOURNAUX 2010
Rouge | 2020 à 2035 | 227,30 € **19/20**
Magnifique constitution, arôme magique des grandes romanées, tanin raffiné, expression pleine et entière du terroir, pour amateur de bourgognes d'émotion.

VOLNAY PREMIER CRU EN CHEVRET 2010
Rouge | 2018 à 2025 | 41 € **16,5/20**
Beaucoup de précision et de définition aromatique, texture élégante, tanin fin, volnay délicat et de garde.

VOSNE-ROMANÉE 2010
Rouge | 2016 à 2022 | 44,10 € **16/20**
Subtil, floral, assez long, beaucoup de caractère, ce qui devient rare dans les vosnes de négoce !

VOSNE-ROMANÉE PREMIER CRU PETITS MONTS 2010
Rouge | 2018 à 2025 | 72,60 € **17,5/20**
Vraiment extra, grande texture, grand fruit, tanin harmonieux, beaucoup de «grain».

DOMAINE LATOUR-GIRAUD

6, RN 74 • 21190 Meursault
Tél. 03 80 21 21 43 • Fax : 03 80 21 64 26
domaine-latour-giraud@wanadoo.fr
www.domaine-latour-giraud.com
Visite : Sur rendez-vous.

Ce domaine dispose de très belles parcelles (particulièrement dans les Genevrières) sur les meilleurs climats de Meursault, vinifie avec précision, sans ambition autre que de servir ses terroirs, et ses vins font souvent de délicieuses bouteilles entre huit et dix ans. Ses 2010 qu'il a eu le courage de présenter sont bien réussis et très recommandables.

MEURSAULT PREMIER CRU CHARMES 2010
Blanc | 2016 à 2022 | 40 € **16/20**
Excellent meursault de style classique, équilibré en bouche, assez pur, long, universel d'appel.

MEURSAULT PREMIER CRU GENEVRIÈRES 2010
Blanc | 2017 à 2024 | 42 € **16,5/20**
À l'aveugle un peu plus fin et complexe que charmes, ce qui confirme la vision locale des terroirs, joli vin sur les agrumes, élégant, un peu réservé, pourrait mériter une note plus haute dans cinq ans.

VOLNAY PREMIER CRU CLOS DES CHÊNES 2009
Rouge | 2017 à 2024 | 37 € **16/20**
Autre 2009 fort respectable, sentiment de raisin mûr, texture onctueuse, tanin élégant, bouquet noblement complexe, terroir défini, du beau travail.

JEAN LATOUR-LABILLE

6, rue du 8-Mai-1945 • 21190 Meursault
Tél. 03 80 21 22 49 • Fax : 03 80 21 67 86
latourlabillefils@wanadoo.fr • www.latour-labille.com
Visite : Sur rendez-vous.

Ce domaine artisanal fort sympathique renouvelle en 2007 la réussite de ses 2006 et s'affirme progressivement, en raison de la diversité de ses cuvées, comme un des producteurs incontournables du village. Il y a encore un peu de vin à vendre et à des prix raisonnables, cela ne durera pas très longtemps car les amateurs vont se ruer sur ces bouteilles. Vincent Latour, en vinificateur conscient de son talent, signe de son prénom désormais certaines étiquettes des mêmes crus, avec des vins de niveau encore supérieur, en particulier dans la maîtrise du boisé. Les 2010 ont été dégustés au domaine.

MEURSAULT MEIX CHAVAUX 2010
Blanc | 2012 à 2018 | 20 € **15,5/20**
Séducteur, mûr, opulent, très sur la noisette, un meursault bien typé, long, harmonieux, recommandé.

MEURSAULT PREMIER CRU CHARMES 2010
Blanc | 2015 à 2020 | 32 € **16/20**
Rond mais fin, excellent équilibre, bon boisé, exact et pur.

MEURSAULT PREMIER CRU GOUTTES D'OR 2010
Blanc | 2017 à 2022 | 35 € **16,5/20**
Beaucoup de finesse et de complexité, charmant, racé, subtil, à défaut de grandeur.

MEURSAULT PREMIER CRU LES CRAS 2010
Rouge | 2015 à 2020 | 25 € **15/20**
Du fruit, de la tension, vin très rare, un des derniers rouges en premier cru sur le village, bien vinifié et bien élevé, sans rusticité. À connaître.

MEURSAULT PREMIER CRU PERRIÈRES 2010
Blanc | 2018 à 2022 | 45 € **17/20**
Très pur, minéral, long, complexe, bon boisé, il ne lui manque qu'un supplément de corps pour flirter avec le grand cru.

MEURSAULT PREMIER CRU PORUSOTS 2010
Blanc | 2017 à 2025 | 32 € **16/20**
Énergique et très typé meursault, une spécialité du domaine à faire vieillir un peu plus que les autres premiers crus.

DOMAINE LEFLAIVE

Place des Marronniers • 21190 Puligny-Montrachet
Tél. 03 80 21 30 13 • Fax : 03 80 21 39 57
sce-domaine-leflaive@wanadoo.fr • www.leflaive.fr

Nous avions été impressionnés par la tenue du 2009 et les promesses du 2010 l'an dernier au domaine. Comme d'habitude cette année, les vins n'ont pas été présentés dans nos dégustations bourguignonnes et les 2010 n'étaient pas en bouteille en mars. Nous avons eu moins de chance avec les vins ouverts tout au long de la saison, en grand cru, manquant de force, de précision et d'énergie pour le chevalier 1999, les bienvenues 2002 et 2004 n'avaient pas le tonus attendu non plus.

OLIVIER LEFLAIVE

Place du Monument • 21190 Puligny-Montrachet
Tél. 03 80 21 37 65 • Fax : 03 80 21 33 94
contact@olivier-leflaive.com
www.olivier-leflaive.com
Visite : Du lundi au samedi de 8h à 22h
et le dimanche 8h à 12h.

Après avoir été le premier à créer une maison de négoce spécialisée dans les vins blancs, puis un restaurant (La Table d'Olivier) où il est possible de déguster en situation une large gamme de ses vins, Olivier Leflaive a ouvert un magnifique hôtel en plein cœur de Puligny, et propose désormais le gîte et le couvert. Les vins du négoce comme ceux du domaine (les premiers et grands crus de Puligny de l'héritage d'Olivier connaissent en 2011 leur premier millésime), possèdent une grande sûreté de style, grâce à l'expérience et au talent de Frank Grux. Les 2010 n'égaleront peut-être pas les 2008 mais sont de

beaux exemples d'un excellent millésime. La maison propose aussi de séduisants rouges du secteur de Volnay.

Bâtard-Montrachet grand cru 2010
Blanc | 2018 à 2025 | 185 € **18,5/20**
Récolte du domaine, dans le style aérien inimitable de la famille, fin de bouche longue et assurée, vin de très grande race.

Bourgogne Les Sétilles 2010
Blanc | 2014 à 2018 | 12,50 € **15/20**
Fraîcheur, équilibre, netteté, bourgogne classique, produit en quantités non négligeables (250 000 bouteilles).

Chablis Deux Rives 2010
Blanc | 2016 à 2020 | 14,30 € **16/20**
Chablis idéalement équilibré et expressif, dans la ligne des meilleurs millésimes précédents.

Chevalier-Montrachet grand cru 2010
Blanc | 2018 à 2028 | 230 € **19/20**
Une merveille : nez de fleur de vigne, corps onctueux, boisé d'une pureté idéale, grande longueur, finesse transcendante.

Meursault Narvaux 2010
Blanc | 2015 à 2022 | 35,70 € **17/20**
Beau nez de noisette fraîche, élégance très affirmée, excellente interprétation d'un terroir de premier ordre.

Pommard premier cru Épenots 2010
Rouge | 2018 à 2025 | 44,50 € **16,5/20**
Corps de densité moyenne mais la compensant par une texture fort élégante et un tanin délié : il pourrait bien surprendre au vieillissement !

Pommard premier cru Rugiens 2010
Rouge | 2020 à 2030 | 46 € **17,5/20**
Belle couleur pourpre, excellent corps, tanin ferme et noble, définition juste de ce remarquable terroir, grande classe dans un ensemble plus élégant que 2009.

Puligny-Montrachet 2010
Blanc | 2015 à 2020 | 35,70 € **16/20**
Vin très net, un rien moins complexe que le 2008 à sa naissance, boisé intégré, style sûr, dans la ligne des pulignys de la maison.

Puligny-Montrachet premier cru Pucelles
Blanc | 2015 à 2022 | 76 € **18/20**
Récolte du domaine, merveille de pureté et de raffinement de texture, avec la douceur spéciale propre à ce climat, très long, entrée en fanfare dans le portefeuille de la maison !

Rully premier cru Monpalais 2010 ☺
Blanc | 2012 à 2018 | 16,80 € **16/20**
Beaucoup de largeur en bouche, finale charmeuse et fraîche, élégance évidente de l'élevage, Rully de premier ordre et bon rapport qualité-prix.

Saint-Aubin premier cru
Murgers des Dents de Chien 2010
Blanc | 2015 à 2020 | 27 € **17/20**
Merveilleuse pureté aromatique, corps équilibré, boisé fin et caractère proche des plus élégants pulignys. Hélas les quantités produites sont faibles...

Saint-Romain 2010 ☺
Blanc | 2012 à 2018 | 16,90 € **16/20**
Fraîcheur, pureté, minéralité et équilibre de bouche à citer en exemple aux producteurs du village ! Un vin délicieux.

Volnay 2010
Rouge | 2018 à 2022 | 25 € **16/20**
Excellent village souple et suave, finale épicée, joli style, nettement plus élégant que le 2009.

Volnay premier cru Mitans 2010
Rouge | 2018 à 2025 | 31 € **17/20**
Beaucoup de délicatesse et de subtilité, corps élégant et équilibré, tanin fin, volnay de charme et de race.

DOMAINE LEJEUNE

La Confrérie - 1, place de l'Église • 21630 Pommard
Tél. 03 80 22 90 88 • Fax : 03 80 22 90 88
domaine-lejeune@wanadoo.fr
www.domaine-lejeune.fr
Visite : Du lundi au samedi, de 9h à 12h
et de 14h à 18h.

Comme récompense de sa promotion l'an dernier, ce domaine, aux vins si réussis depuis trois ans et d'une élégance superlative, n'a pas présenté le nouveau millésime à notre dégustation et nous le regrettons.

DOMAINE LEQUIN-COLIN

10, rue de Lavau • 21590 Santenay
Tél. 03 80 20 66 71 • Fax : 03 80 20 66 70
renelequin@aol.com • www.lequin-colin.com
Visite : Du lundi au dimanche de 10h à 12h et de 14h à 18h, sauf les jours fériés. En été, tous les jours de 10h à 19h.

Chassagne-Montrachet Clos Devant 2010
Blanc | 2014 à 2018 | NC **14,5/20**
Citronné, frais, droit, belle acidité, style moderne sans complexité mais d'une évidente franchise.

Puligny-Montrachet 2010
Blanc | 2015 à 2020 | NC **15/20**
Très bon village, pur, long ,subtil, sur la fleur blanche, bien vinifié et élevé, dans le style classique et épuré que nous aimons.

SYLVAIN LOICHET

2, rue d'Aloxe-Corton • 21200 Chorey-les-Beaune
Tél. 03 80 22 38 60 ou 06 80 75 50 67
Fax : 09 70 32 30 73
contact@sylvainloichet.com
www.sylvainloichet.com
Visite : Sur rendez-vous.

Petit domaine bio, sis à Chorey-lès-Beaune et complétant ses vins par une activité de négoce «haute couture», comme Sylvain Loichet la qualifie luimême. L'ensemble montre un grand savoir-faire de vinification et d'élevage au service du terroir : encore une bonne pioche dans la nouvelle génération.

Aloxe-Corton premier cru Valozières 2009
Rouge | 2015 à 2019 | 32,20 € **17/20**
Riche, onctueux, tanin fin, raisin mûr, réglissé, un des meilleurs exemples de ce beau terroir produit depuis vingt ans. Recommandé.

Ladoix Clos des Gréchons 2010
Blanc | 2013 à 2018 | 23,90 € **17/20**
Merveilleuse intégration du boisé, très joli style, grande longueur, décidément les Gréchons sont un superbe climat de blancs, supérieur à bien des chassagnes ou meursaults.

Nuits-Saint-Georges 2010
Rouge | 2017 à 2022 | 28 € **16/20**
Robe bleu....nuits parfaite, réduction assumée et réussie ayant protégé la netteté du fruit, grande construction en bouche, majestueux et onctueux, long, beau style.

Pernand-Vergelesses Les Belles Filles 2008
Blanc | 2013 à 2017 | 16,10 € **15,5/20**
Petite note de caramel, grande finesse, boisé fin, élevage fort soigné, délicieux pour une consommation rapide grâce à sa fin de bouche citronnée.

Puligny-Montrachet 2010
Blanc | 2014 à 2018 | 28 € **15/20**
Très propre et sur sa levure, équilibré, élégant, précis, bien vinifié, confirme le talent du producteur.

LOUIS MAX

6, rue de Chaux • 21700 Nuits-Saint-Georges
Tél. 03 80 62 43 00 • Fax : 03 80 62 43 16
louismax@louis-max.fr • www.louismax.com
Visite : Sur rendez-vous.

Un changement complet de propriétaire et de cap remettent en selle ce négociant de Nuits-Saint-Georges : les vins sont de plus en plus souvent vinifiés et élevés par la maison pour garantir un style et une continuité, avec un joli domaine propre sur Mercurey. Tout n'est pas encore exemplaire mais la ténacité de Philippe Bardet, directeur de la maison, qui connaît le caractère des grands bourgognes (il est co-propriétaire du Clos de Tart !) laisse promettre le meilleur pour un avenir proche.

Puligny-Montrachet premier cru Champs Gains 2010
Blanc | 2014 à 2018 | 55 € **15/20**
Robe assez dorée, vin gras, charnel pour puligny, avec une longue suite en bouche, encore marqué par son bois.

Volnay premier cru Brouillards 2010
Rouge | 2017 à 2030 | 39 € **15,5/20**
Raisin bien mûr, texture suave, un rien de dureté dans le tanin, terroir bien dessiné, vin de qualité.

DOMAINE SÉBASTIEN MAGNIEN

6, rue Pierre-Joigneaux • 21190 Meursault
Tél. 03 80 21 28 57 • Fax : 03 80 21 62 80
seb.magnien@yahoo.fr
Visite : Sur rendez-vous.

Ce jeune producteur confirme son talent : ses vins ont de la rondeur, de la finesse et un parfait naturel d'expression. On peut lui faire confiance pour des villages très bien faits et de prix raisonnable, les 2010 étant particulièrement réduits le jour de la dégustation.

Meursault Les Meix Chavaux 2010

Blanc | 2015 à 2020 | 24 € **14,5/20**

Forte réduction sur la noisette grillée : on voit de quel côte le cœur du producteur penche, carafer deux heures avant de servir. Joli vin par ailleurs.

Volnay Échards 2009

Rouge | 2017 à 2024 | 19 € **15,5/20**

Complet pour ce millésime réputé, nez épicé, beaux tanins, un volnay dans l'esprit de Pommard.

DOMAINE MICHEL MALLARD ET FILS

43, route de Dijon - Cedex 14
21550 Ladoix-Serrigny
Tél. 03 80 26 40 64 • Fax : 03 80 26 47 49
domainemallard@hotmail.fr
Visite : Sur rendez-vous.

Un des domaines les plus dynamiques du nord de la Côte de Beaune et qui, sous l'influence de la plus récente génération, remodèle le style de ses vins. Naguère encore virils et rustiques, un peu triturés par des vendanges mécaniques, ils sont en train d'acquérir la précision, la souplesse et la subtilité liées à la qualité des terroirs, et on parle même ici de revenir à des vendanges manuelles. On encourage vivement ces bonnes dispositions. Les 2009 confirment la classe des 2008.

Aloxe-Corton premier cru Toppe au Vert 2009

Rouge | 2018 à 2021 | env. 35 € **16,5/20**

Texture particulièrement mûre et soyeuse, tanin enrobé, excellente matière, du charme, de la puissance et de l'équilibre à défaut de grande complexité.

Corton - Le Rognet-et-Corton grand cru 2009

Rouge | 2017 à 2024 | env. 50 € **17/20**

Tendre, très velouté, finale florale longue et distinguée, caractère original qu'on retrouve également au domaine Chevalier, beau vin riche et généreux.

Ladoix Clos Royer 2009

Rouge | 2016 à 2021 | env. 20 € **16/20**

Forte couleur, excellente maturité du raisin, fruit profond, remarquable village, d'un style sûr, expression réussie d'un grand millésime.

Ladoix premier cru Les Joyeuses 2009

Rouge | 2018 à 2021 | env. 25 € **16/20**

Robe dense mais moins que celle du clos-royer, nez épicé, texture fine, raisin mûr, élégant, très bien vinifié, pas très voluptueux.

CHÂTEAU DE LA MALTROYE

16, rue de la Murée • 21190 Chassagne-Montrachet
Tél. 03 80 21 32 45 • Fax : 03 80 21 34 54
chateau.maltroye@wanadoo.fr
Visite : Sur rendez-vous.

Un des domaines classiques de Chassagne, avec une palette complète de climats remarquablement situés, en rouge et en blanc, et une habileté égale. Les blancs sont issus de raisins très mûrs, parfois trop mûrs ce qui leur confère de la lourdeur à la naissance dans les millésimes chauds, mais ils remplissent bien la bouche, et les rouges ont une puissance et un équilibre devenus rares dans le village.

Chassagne-Montrachet Clos du Château de la Maltroye - Monopole 2010

Blanc | 2016 à 2022 | NC **16/20**

Très forte réduction amère mais somptueuse matière derrière, avec un gras et une maturité du raisin rares en 2010, savoureux, à attendre.

Chassagne-Montrachet Les Grandes Ruchottes 2010

Blanc | 2016 à 2020 | NC **17/20**

Robe légèrement ambrée, très grand vin voluptueux, au terroir très marqué, rappelant les Ramonet de la grande époque, pour amateur de faste et de puissance.

Chassagne-Montrachet premier cru La Romanée 2010

Blanc | 2017 à 2022 | NC **17,5/20**

Beaucoup de bois neuf et de réduction mais cette forte autolyse de levures donne une richesse de saveur considérable et un éclat et une tenue en bouche qui ne passent pas inaperçus !

DOMAINE CATHERINE ET CLAUDE MARÉCHAL

6, route de Chalon • 21200 Bligny-lès-Beaune
Tél. 03 80 21 44 37 • Fax : 03 80 26 85 01
marechalcc@orange.fr
www.bourgogne-marechal.com
Visite : Sur rendez-vous.

Ce domaine intègre nous a souvent régalés avec des rouges d'un fruité merveilleusement naturel et ra-

pidement expressif. Du pinot noir gourmand au plus haut point et des prix sages. Les 2008 et encore plus les 2009 renoueront avec l'amabilité des merveilleux 2005. Ne pas manquer l'aligoté si on veut savoir ce que ce cépage peut faire. Les quelques difficultés liées à des pollutions chlorées, fréquentes hélas un peu partout, ont complètement disparu.

BOURGOGNE ALIGOTÉ 2010
Blanc | 2013 à 2015 | 11 € **14,5/20**
Simple mais franc, très bon fruit, droiture parfaite, un brin nerveux comme souvent en 2010.

BOURGOGNE GRAVEL 2010
Rouge | 2014 à 2018 | 15 € **14,5/20**
Gracieux mais plus tannique que 2009, beaucoup de naturel et de sapidité, dans la ligne de réussite habituelle.

SAVIGNY-LÈS-BEAUNE PREMIER CRU LES LAVIÈRES 2010
Rouge | 2017 à 2022 | 31 € **16/20**
Grande élégance, texture soyeuse, tanin naturel du pinot, fin, mais pas faible ! Du charme.

DOMAINE MARQUIS D'ANGERVILLE

Clos des Ducs • 21190 Volnay
Tél. 03 80 21 61 75 • Fax : 03 80 21 65 07
info@domainedangerville.fr
Visite : Sur rendez-vous.

Pour l'année du Champans, (il y en a eu d'extraordinaires en 2010), nous aurions aimé déguster à l'aveugle celui du domaine le plus emblématique de Volnay et qui plus est, le plus gros propriétaire en Champans ! Malgré toutes nos demandes de dégustation à Paris ou sur place, nous n'avons jamais eu de réponse. On refera le point l'an prochain.

DOMAINE DU CHÂTEAU DE MEURSAULT

Rue du Moulin Foulot - B.P. 6 • 21190 Meursault
Tél. 03 80 26 22 75 • Fax : 03 80 26 22 76
domaine@chateau-meursault.com
www.chateau-meursault.com
Visite : En été, de 12h à 14h.

Nous avons dégusté toute la gamme de ce vaste domaine, propriétaire sur les meilleurs terroirs, et constaté une grande inégalité de réussite entre les crus trop légers, ceux marqués par des tanins amers de barriques indignes de leur prix d'achat, et quelques vins très bien équilibrés montrant que les vinifications sont sérieuses mais que le raisin et le tonnelier peuvent trahir.

BOURGOGNE TERROIR D'EXCEPTION 2010
Blanc | 2014 à 2015 | 20 € **15,5/20**
Nez ouvert et puissant d'agrumes, acidité bien équilibrée, vin gras, ample, persistant, assez exceptionnel en effet pour son appellation.

MEURSAULT PREMIER CRU 2010
Blanc | 2015 à 2020 | 55 € **16/20**
Vin tendre, assez persistant, notes de noisette, tout en finesse, bien mis en bouteille (aucune réduction), long, consensuel.

MEURSAULT PREMIER CRU CHARMES 2010
Blanc | 2016 à 2022 | 65 € **17/20**
Belle ampleur de corps et texture, style sûr, classique, sans effets, terroir bien lisible, très beau Meursault.

MEURSAULT PREMIER CRU PERRIÈRES 2010
Blanc | 2017 à 2022 | 75 € **17/20**
Notes complexes de miel, de noisette, de citron, texture élégante, vin montrant un sens du style réconfortant, excellente expression d'un grand terroir.

SAVIGNY-LÈS-BEAUNE 2009
Rouge | 2013 à 2016 | 15 € **15/20**
Belle couleur, vin large, onctueux, petite note de caramel de vin solaire, finale tendre et lactique, long, velouté, bien vinifié.

VOLNAY PREMIER CRU CLOS DES CHÊNES 2010
Rouge | 2016 à 2022 | 39 € **16/20**
Robe plus légère que 2009, plus de subtilité au nez, avec les mêmes épices, plus élégant en texture mais le tanin reste tendu et minéral, indiquant de toute évidence un terroir à vin blanc !

VOLNAY PREMIER CRU CLOS DES CHÊNES 2009
Rouge | 2017 à 2029 | 42 € **16/20**
Belle couleur, vin dense, épicé, serré, le tanin s'est durci en deux ans et indique qu'il faut attendre cette bouteille quelques années.

DOMAINE MICHELOT

31, rue de la Velle • 21190 Meursault
Tél. 03 80 21 23 17 • Fax : 03 80 21 63 62
mestremichelot@aol.com
Visite : Sur rendez-vous.

MEURSAULT NARVAUX 2010
Blanc | 2018 à 2022 | NC **15,5/20**
Vin racé et très soigné dans son boisé, notes d'agrumes succulentes, tendre, long, tout en finesse, un pur narvaux.

MEURSAULT PREMIER CRU PERRIÈRES 2010
Blanc | 2016 à 2022 | NC **15/20**
Rond, gras, ouvert, chaleureux, plus meursault que perrières, facile mais élégant et d'appel universel.

DOMAINE BERNARD MILLOT

27, rue de Mazeray • 21190 Meursault
Tél. 03 80 21 20 91 • Fax : 03 80 21 62 50
domaine.millotb@wanadoo.fr
www.domaine-millot.com
Visite : Sur rendez-vous.

MEURSAULT PREMIER CRU GOUTTE D'OR 2010
Blanc | 2017 à 2025 | NC **16/20**
Encore bien protégé par son S02 mais très pur, complexe, subtil, grand terroir évident, du style et de l'avenir.

PULIGNY-MONTRACHET LES CORVÉES 2010
Blanc | 2014 à 2018 | NC **14,5/20**
Robe pâle, légère réduction, vin très propre, assez fin, bien protégé mais pas très complexe.

DOMAINE DIDIER MONCHOVET

23, rue de la Gare • 21190 Nantoux
Tél. 03 80 26 03 13
domaine@montchovet.fr

HAUTES CÔTES DE BEAUNE 2010
Rouge | 2012 à 2014 | 11 € **14,5/20**
Vin plein de fruits avec une jolie texture, souple et agréable. Dans un style bio «jeune et branché», pour un plaisir immédiat.

DOMAINE RENÉ MONNIER

6, rue du Docteur-Rolland • 21190 Meursault
Tél. 03 80 21 29 32 • Fax : 03 80 21 61 79
domaine-rene-monnier@wanadoo.fr
Visite : Du lundi au vendredi de 9h à 12h et de 14h à 17h.

Ce domaine possède de jolies parcelles sur d'excellents terroirs rouges et blancs du secteur de Meursault. Les blancs 2010 ont sans doute été vendangés trop tôt et présentent une agressivité déroutante, mais les rouges sont excellents, mûrs, onctueux et en progrès pour ce qui est de la définition de leurs terroirs.

BEAUNE PREMIER CRU TOUSSAINTS 2010
Rouge | 2018 à 2022 | NC **15,5/20**
Beaucoup plus de caractère et de style que cent-vignes, grande couleur, excellente maturité du raisin, bon tannin, du vrai beaune.

POMMARD VIGNOTS 2010
Rouge | 2015 à 2020 | NC **15/20**
Frais, sans lourdeur, assez subtil et fin, du style et un véritable agrément.

PULIGNY-MONTRACHET PREMIER CRU FOLATIÈRES 2010
Blanc | 2016 à 2020 | NC **15,5/20**
Très fin, très souple, moyennement mûr, notes de citronnelle, attendre cinq ans.

VOLNAY PREMIER CRU CLOS DES CHÊNES 2010
Rouge | 2018 à 2022 | NC **16/20**
Coloré, ouvert, précis et bien défini au nez, tanin couvert, terroir lisible, une belle expression de ce lieu-dit si original de Volnay.

(2) DEUX MONTILLE

Rue Pied-de-la-Vallée • 21190 Volnay
Tél. 03 80 21 39 14 • Fax : 03 80 21 67 14
contact@demontille.com
www.domainedemontille.com

Alix et Étienne de Montille se sont associés pour créer une petite firme de négoce, dédiée uniquement aux vins blancs : Alix choisit ses fournisseurs, vinifie et élève les vins dans les nouvelles caves du Domaine de Montille à Meursault, et c'est la raison pour laquelle les commentaires et les notes figurent sous la rubrique Domaine De Montille. Les vins sont tous bouchés en liège DIAM, garanti sans goût de bouchon, et pour le moment c'est vrai ! Les «petites» appellations brillent ici autant sinon plus que les

«grandes», dans un style d'une pureté cristalline remarquable.

Meursault Casse-Tête 2010
Blanc | 2013 à 2018 | NC **16,5/20**
Excellent équilibre, style pur, frais mais sans réduction, assez long, délicat, très 2010, hautement recommandable !

Montagny Les Coères 2010
Blanc | 2013 à 2016 | NC **16/20**
Superbe fraîcheur citronnée au nez, très pur, intense, excellent rapport qualité-prix.

Saint-Romain Le Jarron 2010
Blanc | 2014 à 2018 | NC **16/20**
Nerveux, racé, très pur, sur la noisette fraîche, désaltérant en diable, excellent rapport qualité-prix et vinification exemplaire.

DOMAINE DE MONTILLE

Rue de Pied-de-la-Vallée • 21190 Volnay
Tél. 03 80 21 62 67 • Fax : 03 80 21 39 07
contact@demontille.com
www.domainedemontille.com
Visite : Sur rendez-vous

Alix et Étienne de Montille ont pris la relève de leur père Hubert, à la tête d'un domaine qui dispose depuis 2005 d'un considérable patrimoine de vignes avec l'arrivée des crus achetés à la famille Thomas de Nuits-Saint-Georges. Alix vinifie le puligny-cailleret, Étienne tous les rouges. Le style des vins du domaine privilégie la finesse et la précision des arômes, ainsi que la fraîcheur des corps et des textures, avec une tendance à augmenter fortement la part de raisins entiers à la vinification. La propriété vient de racheter l'essentiel du domaine du Château de Puligny-Montrachet.

Beaune premier cru Grèves 2009
Rouge | 2016 à 2021 | 37,50 € **15,5/20**
Pas très coloré, tout en souplesse et rondeur, moyennement corsé pour l'année, subtil mais ce n'est pas encore du grand jus !

Corton - Clos du Roi grand cru 2006
Rouge | 2018 à 2021 | NC **17/20**
Demi couleur, nez floral et épicé, plus longiligne, minéral et «terroir» que champans, style volontairement allégé de toute épaisseur, assez long.

Volnay premier cru Champans 2009
Rouge | 2017 à 2021 | 54 € **17/20**
Nez floral fin, texture tendre mais l'ensemble possède la rondeur et la chaleur du millésime, grain de tanin fin.

Vosne-Romanée premier cru Malconsorts 2009
Rouge | 2019 à 2029 | 120 € **18/20**
A encore gagné en densité, vin très élégant, épicé, avec le corps qu'on attend, et la chance ou l'adresse d'avoir conservé de la fraîcheur. Très beau vin.

DOMAINE BERNARD MOREAU ET FILS

3, route de Chagny • 21190 Chassagne-Montrachet
Tél. 03 80 21 33 70 • Fax : 03 80 21 30 05
domaine.moreau-bernard@wanadoo.fr
Visite : Sur rendez-vous.

Excellent domaine de Chassagne, avec des vignes bien réparties et une belle sûreté actuelle dans les vinifications des rouges et des blancs. On aime ici la vinosité mais avec suffisamment de finesse pour l'équilibrer. La vieille vigne des Grandes-Ruchottes donne le vin le plus complet de ce climat prestigieux, digne d'un grand cru. L'excellence des blancs 2008 rappellera aux amateurs celle du 2005. 2009 semble aussi réussi. Ce grand classique de nos guides a oublié de présenter ses vins cette année.

DOMAINE JEAN MOREAU - DAVID MOREAU

4, rue de la Bussière • 21590 Santenay
Tél. 03 80 20 61 79 • Fax : 03 80 20 64 76
jean-moreau@wanadoo.fr • www.jeanmoreau.fr
Visite : Sur rendez-vous.

Une nouvelle génération redonne vie à ce domaine traditionnel de Santenay et montre un réel savoir-faire en vinification et en élevage, avec des vins fins, précis et représentatifs de leur terroir.

Maranges David Moreau 2010
Rouge | 2012 à 2018 | 15 € **14,5/20**
Fruité net et délicat, jolie texture, vinification soignée, une adresse recommandable qui mérite de trouver son public.

Pommard 2010
Rouge | 2018 à 2022 | 23 € **15,5/20**
Beaucoup de finesse mais pas au détriment de la mâche, vin précis, long, très soigné.

SANTENAY 2010

Rouge | 2015 à 2018 | 15 € **14/20**

Le millésime a été difficile mais le village s'en sort honorablement avec un vin tendre, bien marqué par les fruits rouges, seul le tanin trop épicé trahit un raisin qui a souffert.

SANTENAY CLOS DES MOUCHES 2010

Blanc | 2017 à 2022 | 31 € **15/20**

Fruit net et pur, style classique et soigné, bon boisé, assez raffiné, terroir de premier ordre pas encore assez connu (Beaune a fait de l'ombre à ce nom).

SANTENAY PREMIER CRU BEAUREPAIRE - DAVID MOREAU 2010

Blanc | 2015 à 2018 | 26 € **14,5/20**

Vin souple, tendre, jolies notes d'agrumes au nez, vinifié avec finesse et soin.

DAVID MORET

1-3, rue Goussery • 21200 Beaune
Tél. 03 80 24 00 70 • Fax : 03 80 24 79 65
moret.nomine@wanadoo.fr
Visite : Sur rendez-vous.

David Moret, séparé d'Odile Nominé, continue son activité de négoce et propose des vins blancs toujours bien choisis, de style consensuel, convenant parfaitement à Meursault : des vins gras, bien bâtonnés, soigneusement élevés et de qualité constante. Ses pulignys, bien que de qualité offrent moins de plaisir.

MEURSAULT NARVAUX 2010

Blanc | 2015 à 2020 | 21 € **14,5/20**

Notes fraîches de citron, vin très équilibré, droit, propre, très «marchand», d'appel universel.

MEURSAULT PREMIER CRU CHARMES 2010

Blanc | 2016 à 2020 | 33 € **15,5/20**

Ensemble classique et savoureux sur la noisette, long, gras, facile, bien charmes.

MEURSAULT PREMIER CRU GOUTTE D'OR 2010

Blanc | 2018 à 2022 | 38 € **16,5/20**

Précis, intense, classe et personnalité évidentes, beau 2010, bien dans l'esprit de ce cru.

MOREY COFFINET

6, place du Grand-Four
21190 Chassagne-Montrachet
Tél. 03 80 21 31 71 • Fax : 03 80 21 90 81
morey.coffinet@wanadoo.fr
www.domaine-morey-coffinet.com
Visite : Sur rendez-vous.

Michel et Thibault Coffinet forment un couple père fils assez efficace et portent progressivement leur domaine au sommet de la qualité avec une viticulture extrêmement attentive et des vinifications soignées. Une prise de risque supplémentaire en vendange et même en élevage pourrait l'aider à passer de l'excellence à l'émotion, comme y est parvenu Arnaud Ente.

CHASSAGNE-MONTRACHET PREMIER CRU CAILLERETS 2010

Blanc | 2014 à 2018 | 35 € **16/20**

Généreux, avec un départ de noisette et de miel, plus gras et enveloppé que pur, savoureux.

CHASSAGNE-MONTRACHET PREMIER CRU LA ROMANÉE 2010

Blanc | 2015 à 2020 | 35 € **16/20**

Très grande pureté et subtilité au nez et en bouche. A-t-on vendangé à la plus haute maturité possible ?

CHASSAGNE-MONTRACHET PREMIER CRU MORGEOT FAIRENDES 2010

Blanc | 2014 à 2018 | 42 € **15/20**

Gras mais pas aussi équilibré ni pur que dans certains millésimes précédents. Bon boisé, en revanche.

DOMAINE PIERRE MOREY ET MOREY BLANC

13, rue Pierre-Mouchoux • 21190 Meursault
Tél. 03 80 21 21 03 • Fax : 03 80 21 66 38
morey-blanc@wanadoo.fr • www.morey-meursault.fr

Anne, fille de Pierre, est désormais en charge du domaine et du petit négoce attenant, mais son père donne toujours de judicieux conseils : la viticulture d'inspiration biodynamique donne de magnifiques raisins, vinifiés lentement en cave froide pour tenir au vieillissement. Leur style noble leur permet d'évoluer splendidement dans le temps et d'exprimer le potentiel de leurs origines respectives comme peu d'autres. Les grands amateurs seront comblés.

MEURSAULT 2009
Blanc | 2016 à 2022 | 32,50 € **17/20**
Étonnante pureté de style, notes de fleur de vigne de grand cru, grande énergie, tension magnifique, raisin supérieur, grande suite en bouche, magistral : il est rare de trouver des villages de cette trempe ! Mais c'est un 2009 !

POMMARD PREMIER CRU LES GRANDS ÉPENOTS 2009
Rouge | 2019 à 2029 | 38 € **16/20**
Épicé, complexe, racé, un rien austère pour le millésime, tanin précis, beau vin de garde, aucune concession .

VINCENT ET SOPHIE MOREY

3, hameau de Morgeot
21190 Chassagne-Montrachet
Tél. 03 80 20 67 86
06 76 25 58 35 • Fax : 03 80 21 39 72
morey.vincentetsophie@sfr.fr • www.morey-vins.com
Visite : Sur rendez-vous.

Domaine artisanal, successeur pour partie du domaine réputé Bernard Morey. Les vins ont de la richesse et de la précision dans un style consensuel. On peut lui faire confiance.

CHASSAGNE-MONTRACHET PREMIER CRU CAILLERETS 2010
Blanc | 2015 à 2020 | 40 € **15,5/20**
Boisé fin, pas le plus puissant des caillerets mais un vin harmonieux, jouant sur la finesse et doté de la longueur attendue.

DOMAINE ALBERT MOROT

20, avenue Charles Jaffelin • 21200 Beaune
Tél. 03 80 22 35 39 • Fax : 03 80 22 47 50
albertmorot@aol.com
Visite : Sur rendez-vous.

Domaine familial de qualité, avec des parcelles sur les meilleurs terroirs de Savigny et Beaune, des vieilles vignes et des rendements faibles. Les vins sont parmi les plus colorés et corsés de leurs appellations sans renier leur élégance native, avec parfois des tanins un peu accrocheurs. Belle réussite globale en 2010 avec les vins fermes mais équilibrés attendus.

BEAUNE PREMIER CRU LES CENT VIGNES 2010
Rouge | 2016 à 2022 | 26 € **16/20**
Aux antipodes du marconnets, ce beaune tout en tendresse et en harmonie séduira en premier, et sans doute surprendra le moins le public.

BEAUNE PREMIER CRU LES MARCONNETS 2010
Rouge | 2017 à 2025 | 28 € **16/20**
Toujours un peu sauvage et violacé dans sa robe, ferme, puissant, haut en couleur mais certainement prometteur.

BEAUNE PREMIER CRU LES TEURONS 2010
Rouge | 2017 à 2025 | 28 € **17/20**
Le plus harmonieux des beaunes 2010 du domaine, arômes de violette et d'épices, texture délicate, ensemble plein, franc et racé.

BEAUNE PREMIER CRU LES TOUSSAINTS 2010
Rouge | 2018 à 2025 | 26 € **16,5/20**
Note florale classique, beaucoup de finesse et d'harmonie malgré la fermeté du tanin, beaune classique et de garde.

SAVIGNY-LÈS-BEAUNE PREMIER CRU LA BATAILLÈRE AUX VERGELESSES 2010
Rouge | 2018 à 2025 | 23 € **17/20**
Grande délicatesse aromatique, ensemble racé, complexe, étonnant, et qui retrouve en 2010 sa suprématie même sur les meilleurs beaunes, hautement recommandé.

CLOS DU MOULIN AUX MOINES

21190 Auxey-Duresses
Tél. 03 80 21 60 79 • Fax : 09 70 63 12 26
info@moulinauxmoines.com
www.moulinauxmoines.com
Visite : Sur rendez-vous.

Entrée dans le guide pour ce jeune domaine pratiquant une viticulture respectueuse et soignant ses vinifications, et qui représente la jeune garde d'Auxey-Duresses, bien plus inspirée que l'ancienne.

AUXEY-DURESSES VIEILLES VIGNES 2009
Rouge | 2016 à 2019 | 28 € **14,5/20**
Bon boisé, fruit agréable et précis, tanin souple, sans astringence, corps équilibré, beaucoup plus soigné que la moyenne des vins présentés et d'un appel universel.

POMMARD 2009
Rouge | 2015 à 2019 | 33 € **15/20**
Bon bois, fraîcheur florale au nez qui change de tant de vins terriens et rustiques, excellent volume de bouche, retour bienvenu à l'élégance sur Pommard.

DOMAINE LUCIEN MUZARD ET FILS

11 bis, rue de la Cour-Verreuil • 21590 Santenay
Tél. 03 80 20 61 85 • Fax : 03 80 20 66 02
lucienmuzard@orange.fr
Visite : Sur rendez-vous.

Les frères Muzard ont désormais acquis une rare maîtrise dans tous les domaines et offrent une gamme complète de santenays, remarquablement constitués et fidèles au terroir. Le style des rouges est exemplaire, les blancs sont en grand progrès. Une petite activité de négoce complète la gamme avec des vins faits avec soin mais pour le moment un peu moins engageants que ceux du domaine. En 2009, et ce n'est pas rare en Côte de Beaune, les blancs semblent plus équilibrés et plus «grand millésime» que les rouges.

Chassagne-Montrachet premier cru Morgeot 2010

Blanc | 2015 à 2020 | 39,70 € **16,5/20**

Notes racées de noisette, ensemble équilibré, fin de bouche complexe, très beau style.

Corton - Charlemagne grand cru 2010

Blanc | 2015 à 2020 | 64,50 € **16,5/20**

Clair, discret mais sur la juste note de noisette fraîche, bon équilibre général, terroir lisible, moins généreux que le 2009.

Pommard Les Cras Vieille Vigne 2010

Rouge | 2018 à 2022 | 27,50 € **15,5/20**

Pommard vineux et plein, avec la mâche attendue, savoureux, très bien fait.

Puligny-Montrachet 2010

Blanc | 2015 à 2020 | 33,50 € **17/20**

Somptueux village d'une sûreté de style étonnante, mais les frères Muzard ont d'autres surprises en réserve, le plus complet 2010 de la dégustation.

Santenay Champs Claude 2010

Blanc | 2014 à 2016 | 18 € **15/20**

Notes marquées de noisette grillée, soulignée par une touche de réduction, assez gras, mûr, ample, quelques notes de boulangerie en finale, bien fait mais à ne pas trop attendre.

Santenay premier cru Clos de Tavannes 2010

Rouge | 2017 à 2022 | 20,10 € **16/20**

Un des sommets de l'année à Santenay, coloré, épicé, velouté, tanin plus mûr, finale racée et longévité assurée.

Volnay premier cru Santenots 2010

Rouge | 2018 à 2030 | 30,70 € **17/20**

Robe bleu nuit, boisé noble, magnifique velouté de texture, grande longueur, tanin énergique mais harmonieux, vin de grande dimension.

NEWMAN

29, boulevard Clémenceau • 21200 Beaune
Tél. 03 80 22 80 96 • Fax : 03 80 24 29 14
info@domainenewman.com
www.domainenewman.com
Visite : Sur rendez-vous.

Pommard 2009

Rouge | 2014 à 2019 | 25 € **15/20**

Petit domaine américain, dirigé par Christopher Newman dont le père avait acheté des vignes en Bourgogne avec l'aide d'Alexis Lichine. Ce pommard est de belle facture, vinifié avec soin, finement boisé, assez long.

DOMAINE CLAUDE NOUVEAU

Marcheseuil • 21340 Change
Tél. 03 85 91 13 34 • Fax : 03 85 91 10 39
domaine@claudenouveau.com
www.claudenouveau.com
Visite : Du lundi au samedi de 8h à 18h.

Hautes Côtes de Beaune 2010

Blanc | 2012 à 2014 | 9,70 € **14/20**

Belle robe dorée, joli gras de vin dès l'entrée de bouche qui offre rondeur et équilibre. Bon ensemble pour ce vin à déguster comme vin de repas.

Hautes Côtes de Beaune Vieilles Vignes 2010

Rouge | 2012 à 2016 | 9,70 € **14,5/20**

Sur une matière légère, les tanins sont encore fermes et l'ensemble donne un toucher de bouche rappelant la soie sauvage. Vin élégant et équilibré.

NUITON-BEAUNOY - CAVE DES HAUTES-CÔTES

Route de Pommard • 21200 Beaune
Tél. 03 80 25 01 00 • Fax : 03 80 22 87 05
sebastien.sauvageot@cavedeshautescotes.fr

HAUTES CÔTES DE BEAUNE 2010
Blanc | 2012 à 2016 | 6,95 € **14/20**
Nez très expressif de mirabelle pour ce vin qui offre une belle matière avec beaucoup d'expression, de longueur et de présence. Très joli classique avec un bon potentiel de garde pour sa catégorie.

DOMAINE ANTOINE OLIVIER

5, rue Gaudin • 21590 Santenay
Tél. 03 80 20 61 35 • Fax : 03 80 20 64 82
domaineolivier@orange.fr • www.domaineolivier.fr
Visite : Sur rendez-vous.

Antoine Olivier, jeune et dynamique producteur de Santenay, est devenu en quelques années un des vinificateurs les plus accomplis du sud de la Côte de Beaune et celui qui obtient les blancs de Santenay les plus racés et les plus complexes. Il réussit bien les vins rouges et triomphe avec une exceptionnelle cuvée de nuits-damodes, du niveau d'un grand cru. Les blancs 2010 sont remarquables et même mémorables, parmi les meilleurs santenays de l'histoire.

SANTENAY CLOS DES CHAMPS CARAFE 2010
Blanc | 2016 à 2022 | 15 € **16/20**
Drôle de nom mais vin délicieux de fraîcheur et de tension, avec une finesse considérable pour Santenay en blanc !

SANTENAY LE BIÉVAUX L'AIR DE RIEN 2010
Blanc | 2015 à 2020 | 18,30 € **16,5/20**
Ne souffre que de la présence de la cuvée sous-la-roche ! Complet, avec des notes d'agrumes de raisins bien mûrs, merveilleuse finesse.

SANTENAY LES COTEAUX SOUS LA ROCHE 2010
Blanc | 2018 à 2025 | 17,40 € **17,5/20**
Un triomphe, ce vin égale les beaux charlemagnes en densité de matière et éloquence de ce que l'on peu qualifier de minéral dans la saveur.

PHILIPPE PACALET

12, rue de Chaumergy • 21200 Beaune
Tél. 03 80 25 91 00
contact@vins-philippe-pacalet.fr
www.vins-philippe-pacalet.fr
Visite : Sur rendez-vous.

POMMARD 2009
Rouge | 2012 à 2021 | 41,50 € **16/20**
Vin floral, d'une rare élégance pour un pommard village, maîtrise parfaite du raisin entier, bon exemple du style de ce producteur culte qui présente trop rarement ses vins à nos dégustations.

DOMAINE PARIGOT

Route de Pommard • 21190 Meloisey
Tél. 03 80 26 01 70 • Fax : 03 80 26 04 32
parigot-pere-et-fils@wanadoo.fr
Visite : Sur rendez-vous.

POMMARD LES RIOTTES 2009
Rouge | 2014 à 2019 | NC **16,5/20**
Grande robe, élevage parfait, matière somptueuse pour un village, un rien chaud mais complexe et profond, vivement recommandé.

POMMARD PREMIER CRU CHARMOTS 2010
Rouge | 2016 à 2021 | NC **15,5/20**
Robe dense, très beau nez floral, vin précis, centré, épicé, savoureux, fait avec soin.

VOLNAY BROUILLARDS 2010
Rouge | 2017 à 2022 | NC **15,5/20**
Excellent village, vineux, équilibré, fin, terroir bien lisible, recommandé.

DOMAINE JEAN-MARC ET HUGUES PAVELOT

1, chemin des Guettottes • 21420 Savigny-lès-Beaune
Tél. 03 80 21 55 21 • Fax : 03 80 21 59 73
hugues.pavelot@wanadoo.fr
www.domainepavelot.com
Visite : Sur rendez-vous.

Ce domaine dispose d'une très belle palette de premiers crus sur Savigny et Beaune. Il a pendant longtemps passé, dans son village, pour le producteur le plus authentique du cru la Dominode, dont il possède deux hectares. Nous avons parfois été déçus par quelques bouteilles des années 1990 mais le domaine a retrouvé en 2010 son plus haut niveau avec une gamme incomparable de premiers crus.

Beaune premier cru Bressandes 2010
Rouge | 2020 à 2024 | env. 22 € **16,5/20**
Nez épicé et fumé, très original, précis, subtil, parfaite maturité du raisin, boisé intelligent, du très bon travail et la preuve que Beaune regorge de trésors abordables.

Savigny-lès-Beaune 2010
Blanc | 2015 à 2018 | env. 14 € **14,5/20**
Robe pâle, nez un peu réduit mais avec une touche de citron très fraîche, du beau jus, peu boisé, plutôt fin, encore trop jeune.

Savigny-lès-Beaune premier cru Dominode 2010
Rouge | 2018 à 2025 | env. 24 € **16,5/20**
Excellente vinosité, caractère plus épicé que d'autres, tanin ferme, vin de race, très bien vinifié et sans doute le plus réussi jamais produit récemment par ce domaine respecté.

Savigny-lès-Beaune premier cru
Les Serpentières 2010
Rouge | 2015 à 2020 | env. 20 € **15,5/20**
Joli pourpre, nez distingué de fruits rouges, vin charnu, velouté, harmonieux, pas très corsé, fait avec soin, très agréable : beau rapport qualité-prix.

MAISON ET DOMAINES MICHEL PICARD

5, chemin du Château • 21190 Chassagne-Montrachet
Tél. 03 80 21 98 57
contact@michelpicard.com • www.michelpicard.com

Francine Picard, avec beaucoup de courage et de ténacité, a entrepris de remettre à plat la viticulture et la vinification des domaines de sa famille. Un jeune directeur technique et des installations rénovées devraient lui permettre d'élargir à toute sa production les progrès évidents dans les blancs du millésime 2010. Les vins de pointe sont déjà commercialisés sous une étiquette destinée à devenir culte, «Au pied du Mont Chauve» (sens du nom Montrachet). Les rouges peuvent et doivent encore progresser.

Chassagne-Montrachet premier cru
Les Chaumées 2010
Blanc | 2014 à 2018 | cav. 59 € **16,5/20**
Excellent équilibre général, boisé intégré, beaucoup de finesse et de classe, très bien vinifié.

Montagny premier cru Clos Chaudron 2010
Blanc | 2014 à 2016 | cav. 15 € **15/20**
Jolie salinité, expressive du terroir, bonne tension de bouche, du style et un bon exemple du renouveau des domaines du château de Davenay.

Puligny-Montrachet premier cru
Demoiselles 2010
Blanc | 2018 à 2022 | cav. 100 € **18/20**
Admirable finesse et complexité aromatique, digne de l'emplacement de ce cru, vraiment soigné et comparable aux meilleurs grands crus. Il y en a peu, hélas.

Puligny-Montrachet premier cru
La Garenne 2010
Blanc | 2015 à 2020 | cav. 59 € **16/20**
Beaucoup de finesse, de pureté et de fraîcheur, terroir bien exprimé.

CHÂTEAU DE POMMARD

15, rue Marey-Monge • 21630 Pommard
Tél. 03 80 22 12 59 • Fax : 03 80 24 65 88
contact@chateaudepommard.com • www.chateaudepommard.com
Visite : Tous les jours de l'année de 9h30 à 18h30.

Le domaine, bien connu de nombreux touristes qui y sont royalement accueillis, a parfaitement réussi ses 2008 et 2009 qui sont à la fois élégants et terriens, et donnent une idée luxueuse mais assurée du caractère véritable du terroir de Pommard dans sa partie basse. Quel dommage qu'il ne vinifie pas une belle parcelle d'Épenots !

Pommard 2010
Rouge | 2018 à 2028 | NC **16,5/20**
Grande couleur, boisé et réglissé, mais sans sécher une texture large et onctueuse, du vrai pommard d'avenir assuré et plus de finesse que 2009.

Pommard 2009
Rouge | 2017 à 2024 | NC **16,5/20**
Mur, onctueux, tanin suave, élevage luxueux mais beaucoup de matière et de discipline dans sa mise au point.

DOMAINE DE LA POUSSE D'OR

Rue de la Chapelle • 21190 Volnay
Tél. 03 80 21 61 33 • Fax : 03 80 21 29 97
patrick@lapoussedor.fr • www.lapoussedor.fr
Visite : Sur rendez-vous.

Voici sans doute le domaine de Volnay le mieux doté en grands terroirs bourguignons. Élaborés dans une cuverie ultra moderne, les vins rouges sont d'une redoutable précision dans l'expression du terroir et du millésime. Le domaine s'est récemment agrandi de quelques superbes parcelles de Chambolle, mais le premier millésime complètement sous contrôle est 2008. Et il ne snobe ni ne craint les dégustations comparatives, contrairement à d'autres. Mais Patrick Landanger, le propriétaire passionné du domaine, est issu de l'industrie, pas du monde paysan.

POMMARD PREMIER CRU JAROLLIÈRES 2010
Rouge | 2020 à 2030 | 49,20 € **17,5/20**
Splendide générosité, notes de bois exotique au nez, texture de taffetas, saveur riche de myrtille, vendange admirablement mûre, un modèle !

VOLNAY PREMIER CRU CLOS DE LA BOUSSE D'OR 2010
Rouge | 2020 à 2030 | 52,80 € **16,5/20**
Réduit au nez mais vite les notes épicées et florales prennent le dessus, grande matière, tanin suave, plus secret que d'autres à ce stade, race évidente du terroir.

VOLNAY PREMIER CRU CLOS DES SOIXANTE OUVRÉES 2010
Rouge | 2022 à 2030 | 55,20 € **18/20**
Une merveille au nez et en bouche, tout le plus grand volnay possible, associant velouté, profondeur, complexité et harmonie dans un ensemble quasi unique dans ce millésime.

VOLNAY PREMIER CRU EN CAILLERET 2010
Rouge | 2020 à 2030 | 44,40 € **17/20**
Un tout petit cran en dessous des 60-ouvrées, mais il est rare que les deux cuvées soient aussi proches en matière de chair, de bouquet et de longueur, unifiant ainsi leur caractère «cailleret».

DOMAINE JACQUES PRIEUR

6, rue des Santenots • 21190 Meursault
Tél. 03 80 21 23 85 • Fax : 03 80 21 29 19
info@prieur.com • www.prieur.com
Visite : Sur rendez-vous.

Voici un des plus prestigieux domaines de la Bourgogne, administré avec un grand professionnalisme par la famille Labruyère, son principal actionnaire, avec une gamme complète de grands crus et premiers crus, et un style très affirmé et constant. Martin Prieur, aidé d'une des meilleures œnologues de Bourgogne, Nadine Gublin, illustre le meilleur des conceptions de vinification modernes, mises au service du terroir et du millésime. Les 2007 sont irréprochables, dominés par de somptueux grands crus de Côte de Nuits. Les 2008 sont irréprochables, sublimes même en blanc, les 2009 partent dans la vie avec toute la générosité du millésime.

BEAUNE PREMIER CRU GRÈVES 2010
Rouge | 2018 à 2022 | NC **17/20**
Séveux, long, suave, beaucoup de charme.

CHAMBERTIN GRAND CRU 2010
Rouge | 2025 à 2035 | NC **18/20**
Grande puissance mais sans vulgarité ni violence, chair très présente, beaucoup de droiture en finale, aux antipodes du style Duband.

CLOS DE VOUGEOT GRAND CRU 2010
Rouge | 2020 à 2030 | NC **17/20**
Excellente expression du clos même si la vigne est dans la partie basse ! Grand corps, grand volume de bouche, sensation de raisin mûr et de grande origine.

CORTON - BRESSANDES GRAND CRU 2010
Rouge | 2020 à 2022 | NC **17/20**
Vendangé ultra mûr, grand velouté de texture, long, un rien trop cuit en bouche, merveilleuse longueur.

MEURSAULT CLOS DE MAZERAY - MONOPOLE 2010
Blanc | 2016 à 2022 | NC **15/20**
Ensemble très riche, très beurré, travaillé au bâtonnage, dans le style traditionnel mais avec autorité ! Pour amateurs de chardonnays puissants.

MEURSAULT PREMIER CRU PERRIÈRES 2010
Blanc | 2018 à 2025 | NC **17,5/20**
Grande matière, grand raisin, très puissant au nez et en bouche, alcool sensible, très long, du niveau d'un grand cru et vraiment «perrières».

MONTRACHET GRAND CRU 2010
Blanc | 2018 à 2030 | NC **19/20**
Égal à lui-même dans sa somptuosité de texture et sa recherche de la plus haute maturité possible du raisin, ensemble crémeux, noble, très long, la perfection ou presque dans son style mais il ne se révélera pleinement que dans cinq ans minimum.

MUSIGNY GRAND CRU 2010
Rouge | 2020 à 2030 | NC **17,5/20**
Grande couleur, raisin très mûr, texture noble comme il se doit, beaucoup de caractère et d'allonge, mais un rien moins floral que d'autres.

PULIGNY-MONTRACHET PREMIER CRU LES COMBETTES 2010
Blanc | 2018 à 2022 | NC **16/20**
Robe or à reflets verts lumineux, texture ample et crémeuse, grande maturité du raisin (assez rare dans le millésime!), boisé sensible, vin de grande échelle, encore sur son ferment, attendre cinq ans.

VOLNAY CHAMPANS 2010
Rouge | 2022 à 2030 | NC **18/20**
Robe bleu noir, vin monumental , le plus complet jamais produit sur ce terroir par le domaine, matière réglissée de très grand millésime, beauté étonnante du parfum et du fruit, tanin de soie, boisé complètement fondu, un chef d'œuvre. 2010, année des Champans ?

VOLNAY CLOS DES SANTENOTS MONOPOLE 2010
Rouge | 2020 à 2030 | NC **17/20**
Grande couleur, boisé intense mais matière magnifique capable de le supporter, onctuosité rare de texture, grande longueur, terroir magnifiquement défini, grand vin de garde.

VOLNAY PREMIER CRU SANTENOTS 2010
Rouge | 2018 à 2028 | NC **17/20**
On croyait la vigne arrachée pour y planter du blanc mais elle a produit un splendide 2010, d'un rare velouté de texture, avec un nez magique de cerise et un grain remarquable : son chant du cygne ?

CHÂTEAU DE PULIGNY-MONTRACHET

Rue de But • 21190 Puligny-Montrachet
Tél. 03 80 21 39 14 • Fax : 03 80 21 39 07
chateaudepuligny@wanadoo.fr
www.chateaudepuligny.com
Visite : Sur rendez-vous.

La Caisse des Dépôts et Consignation vient de revendre cette belle propriété (moins deux micro parcelles de grand cru) au domaine de Montille et à ses associé. Sous la direction attentive d'Étienne de Montille, le domaine produisait des vins blancs fins et stylés, avec une recherche constante de transparence dans l'expression du terroir. Leur boisé, discret et respectueux, était à citer en exemple. Cela ne devrait donc pas changer ! Les rouges pourraient même bien avoir plus de caractère.

CHASSAGNE-MONTRACHET 2009
Blanc | 2013 à 2016 | 29,50 € **16/20**
Belle onctuosité, plus d'intensité et de caractère que le puligny village, très agréable, expressif du caractère du millésime. Excellente évolution en un an .

MEURSAULT PREMIER CRU LES PERRIÈRES 2009
Blanc | 2015 à 2021 | 49 € **17/20**
Note de noisette fraîche au nez, texture élégante et finale racée, saline et élancée, digne du climat, style sûr, sans effet de manche.

SAINT-AUBIN PREMIER CRU EN REMILLY 2009
Blanc | 2014 à 2019 | 25 € **16,5/20**
Pur, complexe, sur la fleur de vigne, un peu moins intense que l'échantillon de l'an dernier.

DOMAINE RAPET PÈRE ET FILS

Place de la Mairie • 21420 Pernand-Vergelesses
Tél. 03 80 21 59 94 • Fax : 03 80 21 54 01
vincent@domaine-rapet.com
www.domaine-rapet.com
Visite : Sur rendez-vous.

Incontestablement, Vincent Rapet est un des plus fins vinificateurs de blancs de sa génération, et il obtient de ses vignes de Pernand, du village au superbe corton-charlemagne, un maximum de fraîcheur, de finesse et de transparence dans l'expression du terroir. Les rouges de mieux en mieux vinifiés rejoignent en qualité les blancs avec de superbes 2009.

BEAUNE PREMIER CRU GRÈVES 2010
Rouge | 2018 à 2022 | NC **16/20**
Robe dense, corps bien équilibré, texture soyeuse, du charme et une véritable profondeur.

CORTON - CHARLEMAGNE GRAND CRU 2010
Blanc | 2017 à 2025 | 55 € **18/20**
Au début d'une grande carrière, style parfait, grande sapidité, gras mais sans lourdeur, maturité idéale, grand avenir grâce à une acidité bienvenue.

Corton - Pougets grand cru 2010
Rouge | 2018 à 2025 | 46 € **16/20**
Un peu plus de nuances et de fraîcheur aromatique que le corton du domaine, épicé, net, racé mais peut-être trop cuvé. Attendre cinq ans ou plus.

Pernand-Vergelesses premier cru Sous Frétille 2010
Blanc | 2018 à 2025 | 25 € **16,5/20**
Parfaite expression, long, racé, complexe, merveilleuse note de noisette, excellent équilibre en CO2, bel avenir.

Savigny-lès-Beaune premier cru Fournaux 2010
Rouge | 2016 à 2022 | 22 € **15/20**
Notes de fraises vives et tendues au nez, pas très charnu mais élégant, tanin sans agressivité, bien vinifié.

DOMAINE REBOURGEON-MURE

Grande-Rue • 21630 Pommard
Tél. 03 80 22 75 39 • Fax : 03 80 22 71 00
Visite : Sur rendez-vous.

Pommard premier cru Clos des Arvelets 2009
Rouge | 2016 à 2021 | NC **15/20**
Robe intense, beau volume de bouche, style classique, épuré mais savoureux, certainement de garde.

Pommard premier cru Rugiens Bas 2009
Rouge | 2017 à 2022 | NC **15,5/20**
Charnu et velouté, tanin ferme, beau pommard classique, de garde, léger manque de minéralité pour le terroir (la partie la plus prisée des Rugiens).

REINE PÉDAUQUE

21420 Aloxe-Corton
Tél. 03 80 25 00 00 • Fax : 03 80 26 42 00
reine-pedauque@corton-andre.com
www.reine-pedauque.com
Visite : Sur rendez-vous.

Corton - Charlemagne grand cru 2010
Blanc | 2018 à 2025 | 69 € **18/20**
Magnifique exemple de charlemagne sud, grand volume de bouche, boisé idéal, long, racé, remarquable.

Corton - Chaumes grand cru 2009
Rouge | 2019 à 2024 | 43 € **16/20**
Charnu et chaleureux, tanin fin, terroir lisible, corton soigné, un peu d'amertume tannique.

Volnay 2010
Rouge | 2017 à 2022 | 23,50 € **14,5/20**
Épicé au nez, strict, net, bien constitué, bien vinifié.

NICOLAS ROSSIGNOL

27, rue de Mont • 21190 Volnay
Tél. 03 80 21 62 43 • Fax : 03 80 21 27 61
nicolas-rossignol@wanadoo.fr
www.nicolas-rossignol.com
Visite : Sur rendez-vous.

Nicolas Rossignol est certainement dans sa génération un des talents les plus prometteurs de la Côte de Beaune, avec un don de dégustation qui lui permet à chaque nouveau millésime d'affiner et d'affirmer son style. Il a la chance de vinifier et de présenter au public une large palette d'excellents terroirs et de leur donner individualité et séduction à l'intérieur d'une vision moderne du pinot noir, capable de plaire à un public plus diversifié qu'autrefois. 2010 sera ici un peu en retrait sur 2009 et sans doute 2011 qui s'annonce plus homogène.

Beaune premier cru Clos des Mouches 2010
Rouge | 2015 à 2022 | 40 € **15,5/20**
Beaune légèrement épicé, équilibré, net, plus élégant dans son tanin que le clos-du-roy, un peu moins généreux dans sa texture.

Beaune premier cru Clos du Roy 2010
Rouge | 2015 à 2020 | 26 € **15/20**
Arôme puissant de fruit à noyau, corps généreux, beaucoup de gras, sensation de raisin très mûr, léger manque de fraîcheur.

Volnay premier cru Caillerets 2010
Rouge | 2020 à 2030 | 50 € **17,5/20**
Le plus racé des rouges du domaine en 2010 et le plus complet en matière et en possibilité de garde, porteur de tout le cachet de ce terroir célèbre.

Volnay premier cru Chevret 2010
Rouge | 2017 à 2022 | 38 € **16/20**
Robe moyennement intense, finesse évidente au nez et en bouche, très droit mais on attendait un peu plus d'ampleur.

ROSSIGNOL-CORNU

rue de Mont • 21190 Volnay
Tél. 03 80 21 61 48 • Fax : 03 80 21 20 83
info@domaine-rossignolcornu.fr
www.domaine-rossignolcornu.fr
Visite : Sur rendez-vous.

VOLNAY PREMIER CRU ROBARDELLE 2009
Rouge | 2015 à 2022 | 18 € **16,5/20**
Joli 2009 suave, raffiné dans son parfum, harmonieux dans son équilibre en alcool, complexe, à ne pas manquer (le millésime a quasiment disparu du marché).

DOMAINE ROULOT

1, rue Charles-Giraud • 21190 Meursault
Tél. 03 80 21 21 65 • Fax : 03 80 21 64 36
roulot@domaineroulot.fr

Depuis de nombreux millésimes, les vins de ce domaine célèbre ont été dignes de sa réputation, marqués par une étonnante transparence d'expression, les plus fins et les plus purs dont on puisse rêver, d'un équilibre idéal de maturité du raisin. On recommande la dégustation de ces vins à tous les jeunes viticulteurs bourguignons pour s'inspirer de leur perfection de style. Tous les millésimes récents sont du plus haut niveau et le plus-que-célèbre vigneron Jean-Marc Roulot présente ses vins sportivement à l'aveugle !

AUXEY-DURESSES 2010
Blanc | 2015 à 2020 | NC **15,5/20**
Légère réduction sur la noisette, très grande finesse et pureté, long, très adroit dans sa teneur en CO_2, plaira à tous.

MEURSAULT 2010
Blanc | 2015 à 2020 | NC **15,5/20**
Réduction marquée, un peu sur l'amer, beaucoup de pureté, style tendu, acéré, ciselé, un rien dur encore en finale. Bel avenir.

MEURSAULT PREMIER CRU CHARMES 2010
Blanc | 2017 à 2025 | NC **16,5/20**
Vinifié avec forte réduction, très pur et transparent en texture et en saveur, long, complexe, plus charnel qu'élégant en fin de bouche, beau charmes classique, de belle évolution probable.

MEURSAULT TESSONS CLOS DE MON PLAISIR 2010
Blanc | 2017 à 2025 | NC **16,5/20**
Grande réussite de l'école «sur la réduction», beaux arômes de noisette, grande pureté, fin de bouche longue, complexe, pure, dégagée du bois et de la barrique, grande garde probable.

CHÂTEAU PHILIPPE LE HARDI

1, rue du Château • 21590 Santenay
Tél. 03 80 20 61 87 • Fax : 03 80 20 63 66
contact@chateau-de-santenay.com
www.chateau-de-santenay.com
Visite : Sur rendez-vous.

Le Château Philippe le Hardi, à Santenay, dispose d'un très grand vignoble, essentiellement situé à Mercurey et remarquablement cultivé. Ses cuvées de Côte d'Or n'ont pour le moment rien de spécial sauf deux blancs, un délicieux saint-aubin et un santenay-comme plus vineux et corsé. Mais son propriétaire, le Crédit Agricole, est en train de donner les moyens de progresser.

MERCUREY 2010
Blanc | 2013 à 2016 | 12.90 € **14/20**
Robe claire, très propre, équilibre nettement supérieur aux saint-aubins dans ce millésime, net, facile, équilibré, attendre deux ans.

CHÂTEAU DE SANTENAY

Château Philippe le Hardy • 21590 Santenay
Tél. 03 80 20 61 87 • Fax : 03 80 20 63 66
contact@chateau-de-santenay.com
www.chateau-de-santenay.com
Visite : Sur rendez-vous pour les visites de caves.
Dégustations tous les jours de 10h à 18h.

MERCUREY 2010
Rouge | 2012 à 2017 | 12,90 € **14/20**
Belle attaque de pinot noir, la finale a besoin de patiner un tanin un peu en avant pour l'instant.

DOMAINE ÉTIENNE SAUZET

11, rue de Poiseul • 21190 Puligny-Montrachet
Tél. 03 80 21 32 10 • Fax : 03 80 21 90 89
etienne.sauzet@wanadoo.fr • www.etiennesauzet.com

Ce producteur prestigieux a connu des bouteilles à l'évolution trop rapide, sans parler d'une certaine neutralité de style qui tranchait avec la magnifique pureté et la franchise des vins des décennies 1970 et 1980. Il avait retrouvé une grande partie de son savoir-faire avec les excellents 2005. Les millésimes récents, vinifiés avec l'aide du gendre de Gérard Boudot, vigneron lui même en Sancerrois, n'ont cessé de maintenir ce haut niveau, avec des expression du chardonnay d'une précision pouvant servir

de modèle à tous les producteurs bourguignons. Une petite partie de la production provient d'achats de vins destinés à élargir une gamme pourtant déjà bien remplie, mais ce ne sont pas les moins réussis avec en particulier un montrachet 2010 d'anthologie.

BÂTARD-MONTRACHET GRAND CRU 2010
Blanc | 2018 à 2025 | 165 € **18,5/20**
Grande concentration de matière, énergique, complexe, très jeune, beaucoup d'épaules, grand avenir. Nez de fleur de vigne de grande race.

BIENVENUES-BÂTARD-MONTRACHET GRAND CRU 2010
Blanc | 2018 à 2022 | 160 € **17/20**
Riche, complexe mais moins énergique que le bâtard : il faudra sans doute l'attendre.

MONTRACHET GRAND CRU 2010
Blanc | 2018 à 2025 | 350 € **19,5/20**
Grande race évidente dès le nez qui embaume la fleur de vigne, citronné en milieu de bouche, long, complexe, subtil, merveilleuse élégance, le montrachet dans son inégalable personnalité.

PULIGNY-MONTRACHET 2010
Blanc | 2015 à 2020 | 32 € **17/20**
Définition parfaite, grande pureté, grande allure, tendu sans austérité, grand style !

PULIGNY-MONTRACHET PREMIER CRU
CHAMP CANET 2010
Blanc | 2016 à 2020 | 62 € **17,5/20**
Frais, suave, élégant, plus sensuel que folatière, plus tendre, boisé fin.

PULIGNY-MONTRACHET PREMIER CRU GARENNE 2010
Blanc | 2014 à 2018 | 47 € **16,5/20**
Légèrement citronné, très pur, très subtil, très frais, aérien.

PULIGNY-MONTRACHET PREMIER CRU
LES COMBETTES 2010
Blanc | 2016 à 2022 | 85 € **18/20**
Très racé au nez, généreux, subtil, long, complet, vin de grande classe.

PULIGNY-MONTRACHET PREMIER CRU
PERRIÈRES 2010
Blanc | 2015 à 2020 | 55 € **17,5/20**
Minéral, racé, très pur, très longiligne, pureté magnifique, aérien, racé.

SEGUIN MANUEL

2, rue de l'Arquebuse • 21200 Beaune
Tél. 03 80 21 50 42 • Fax : 03 80 21 59 38
contact@seguin-manuel.com
www.seguin-manuel.com
Visite : Sur rendez-vous.

Maison de négoce reprise en mains par le très consciencieux Thibault Marion, de la famille Chanson. La production reste sagement limitée, fondée avant tout sur un petit domaine qui vient d'ailleurs de s'agrandir sur Pommard. Les vinifications sont précises et rigoureuses, et nous avons été impressionnés par le classicisme et l'homogénéité de tout ce qui nous a été présenté en blanc comme en rouge.

BEAUNE PREMIER CRU CHAMPIMONTS 2010
Rouge | 2018 à 2022 | 32 € **16,5/20**
Très joli vin, plus défini et nettement dessiné que cent-vignes, avec toute la finesse et la subtilité des meilleurs beaunes.

MEURSAULT VIEILLES VIGNES 2010
Blanc | 2012 à 2018 | 30 € **16/20**
Délicatement grillé, texture fine mais dense, terroir parfaitement lisible (assemblage de meursault «chauds» et «froids»), vivement recommandé.

POMMARD PREMIER CRU CLOS BLANC 2010
Rouge | 2017 à 2022 | 45 € **16/20**
Beau vin généreux, tanin net, bien fixé, texture aussi accomplie que celle du 2009, style classique.

SAVIGNY-LÈS-BEAUNE GOUDELETTES 2010
Blanc | 2012 à 2018 | 21 € **16,5/20**
Blanc séducteur et raffiné, beaucoup de précision et d'adresse dans l'équilibre avec le bois, de la fraîcheur et une vinosité largement préférable à beaucoup de vins d'origine plus connue...

SAVIGNY-LÈS-BEAUNE PREMIER CRU
LAVIÈRES 2010
Rouge | 2015 à 2022 | 22 € **17/20**
Un des meilleurs savignys du millésime et certainement la meilleure expression du cru Lavières : finesse ciselée, tanin précis, équilibre impeccable pour aujourd'hui comme pour demain.

SAVIGNY-LÈS-BEAUNE VIEILLES VIGNES 2010
Rouge | 2018 à 2022 | 18 € **16/20**
Classicisme exemplaire du style, avec un nez précis et épicé et une texture fine, excellent rapport qualité-prix, les vieilles vignes valent le détour.

TERRES DE VELLE

Chemin sous la Velle • 21190 Auxey-Duresses
Tél. 03 80 22 80 31 • Fax : 09 72 12 14 95
info@terresdevelle.fr • www.terresdevelle.fr
Visite : Sur rendez-vous.

Notre découverte de l'année dans le secteur : un investisseur intelligent a fait appel à Fabrice Laronze, qui vinifiait de superbes vins chez Alex Gambal, et à sa femme Sophie, pour diriger un petit vignoble situé sur d'excellentes vignes encore abordables en prix. Il n'a pas lésiné sur les installations techniques et dès les premiers millésimes les vins ont de la personnalité et réconcilient avec le village d'Auxey où les domaines traditionnels, trop routiniers, ne rendaient plus justice au terroir.

AUXEY-DURESSES 2010
Rouge | 2015 à 2020 | 13 € **14,5/20**
Nez de fraise des bois, très fruité, net, séduisant, vin simple mais très friand, équilibré, sincère et exact.

CHASSAGNE-MONTRACHET 2010
Blanc | 2014 à 2018 | 26 € **15/20**
Joli boisé, vin sincère, précis, avec du style et surtout la tension propre à ce beau millésime de blancs.

MEURSAULT 2010
Blanc | 2015 à 2020 | 23 € **16/20**
Beaucoup de finesse et de complexité, très jolie maturité du raisin, un des villages les plus accomplis de la dégustation, confirmant le talent de ce jeune domaine.

PULIGNY-MONTRACHET 2010
Blanc | 2015 à 2020 | 28 € **15/20**
Assez gras, issu de raisins plus mûrs que la moyenne, savoureux et fin, bon boisé, très bon style.

VOLNAY 2010
Rouge | 2017 à 2022 | 23 € **16/20**
Beaucoup de style, ensemble classique entre la violette et les épices, tanin fin, terroir très bien défini, recommandé.

DOMAINE TOLLOT-BEAUT ET FILS

Rue Alexandre-Tollot • 21200 Chorey-lès-Beaune
Tél. 03 80 22 16 54 • Fax : 03 80 22 12 61
tollot.beaut@wanadoo.fr
Visite : Sur rendez-vous.

Le domaine nous a présenté cette année toute sa gamme et montré un excellent niveau de maîtrise tant dans l'extraction d'un tanin juste que dans l'usage d'un boisé plus intégré immédiatement à la matière que ce ne fut le cas il y a une dizaine d'années. Des vins justes et justement réputés !

ALOXE-CORTON 2010
Rouge | 2016 à 2020 | épuisé **15,5/20**
Un des meilleurs aloxes village du millésime, robe violacée, saveur de bon merrain, texture tendue, tanin poli, précis.

ALOXE-CORTON PREMIER CRU FOURNIÈRES 2010
Rouge | 2017 à 2022 | épuisé **16/20**
Pas très coloré mais d'une grande finesse aromatique au nez et en bouche, tanin élégant, beaucoup de classe naturelle.

BEAUNE PREMIER CRU CLOS DU ROI 2010
Rouge | 2018 à 2022 | épuisé **16,5/20**
Le meilleur beaune du domaine et le meilleur clos-du-roy de l'année, généreux, onctueux, mûr, raffiné, plus en largeur qu'en profondeur.

SAVIGNY-LÈS-BEAUNE PREMIER CRU LAVIÈRES 2010
Rouge | 2016 à 2022 | épuisé **16/20**
Beaucoup de personnalité mais toujours ce profil tendre et subtil de la texture et un parfum civilisé. De la grâce et plus de plaisir à venir que dans la cuvée de grèves.

HENRI DE VILLAMONT

Rue du Docteur Guyot • 21420 Savigny-lès-Beaune
Tél. 03 80 21 50 59 • Fax : 03 80 21 36 36
oenotheque@hdv.fr • www.hdv.fr
Visite : Du lundi au vendredi de 10h à 12h30 et de 13h30 à 18h, le week-end selon saison: aux mêmes horaire le samedi, et le dimanche matin jusqu'à 13 h uniquement.

Maison de négoce appartenant au grand groupe suisse Schenk, dont le style des vins s'était amélioré dans les trois derniers millésimes, mais la gamme présentée ne se goûtait pas à son mieux. Nous referons un point complet l'an prochain.

MEURSAULT PREMIER CRU CAILLERETS 2010
Blanc | 2015 à 2020 | 40 € **15/20**
Très gras et lactique, beaucoup de vin derrière ce caractère fermentaire, onctueux, long, à revoir dans deux ans quand le bois sera mieux fondu.

SAVIGNY-LÈS-BEAUNE LES VERMOTS 2010
Blanc | 2014 à 2018 | 18 € **14,5/20**
Robe claire, vin net, sain, équilibré, très propre en finale, encore réservé sur le plan aromatique.

DOMAINE ANNE-MARIE ET JEAN-MARC VINCENT

3, rue Sainte-Agathe • 21590 Santenay
Tél. 03 80 20 67 37 • Fax : 03 80 20 67 37
vincent.j-m@wanadoo.fr
Visite : Sur rendez-vous.

Ce petit domaine est le plus idéaliste de sa commune, et certainement celui qui sait donner aux santenays la forme la plus élégante et la plus aboutie. La météo n'a pas épargné son village dans les derniers millésimes, victimes de grêles meurtrières à répétition, mais son sens du vrai et beau vin est resté intact et tous ses 2009 sont hautement recommandables.

AUXEY-DURESSES LES HAUTÉS 2010
Blanc | 2015 à 2020 | 17 € **16/20**
Le plus complexe des auxeys blancs présentés, comme souvent, nez dégagé de noisette, long, terroir très marqué et proche de Meursault comme expression, grand rapport qualité-prix.

PULIGNY-MONTRACHET CORVÉE DES VIGNES 2010
Blanc | 2015 à 2020 | 26 € **16/20**
Nez complexe de noisette, lié à un bon travail fermentaire, long, racé, très beau style et pleinement digne de la réputation du village.

SANTENAY PREMIER CRU BEAUREPAIRE 2010
Blanc | 2014 à 2018 | 20 € **16,5/20**
Joli nez complet rappelant les fruits blancs et l'abricot, belle acidité mûre, enveloppant pour un 2010, excellent.

SANTENAY PREMIER CRU GRAVIÈRES 2010
Rouge | 2016 à 2022 | 18,50 € **16/20**
Belle couleur, vin assez large, plus de vinosité que dans les autres vins du domaine, harmonieusement élevé, classe évidente, un des meilleurs santenays du millésime.

SANTENAY PREMIER CRU LE PASSETEMPS 2010
Rouge | 2015 à 2020 | 18,50 € **15/20**
Couleur soutenue, raisin mûr, style classique et sûr, aucune trace des difficultés du millésime, un tri de raisin exemplaire, dans la ligne du domaine.

La Côte chalonnaise

Nous sommes ici au cœur de la « vieille France », avec des petits villages charmants et tranquilles, mais qui disparaîtraient tragiquement si l'on arrachait les vignes… Il n'en n'est pas question d'autant que les vins sont très agréables, plus vite prêts à boire qu'en Côte d'Or, et de prix encore raisonnable.

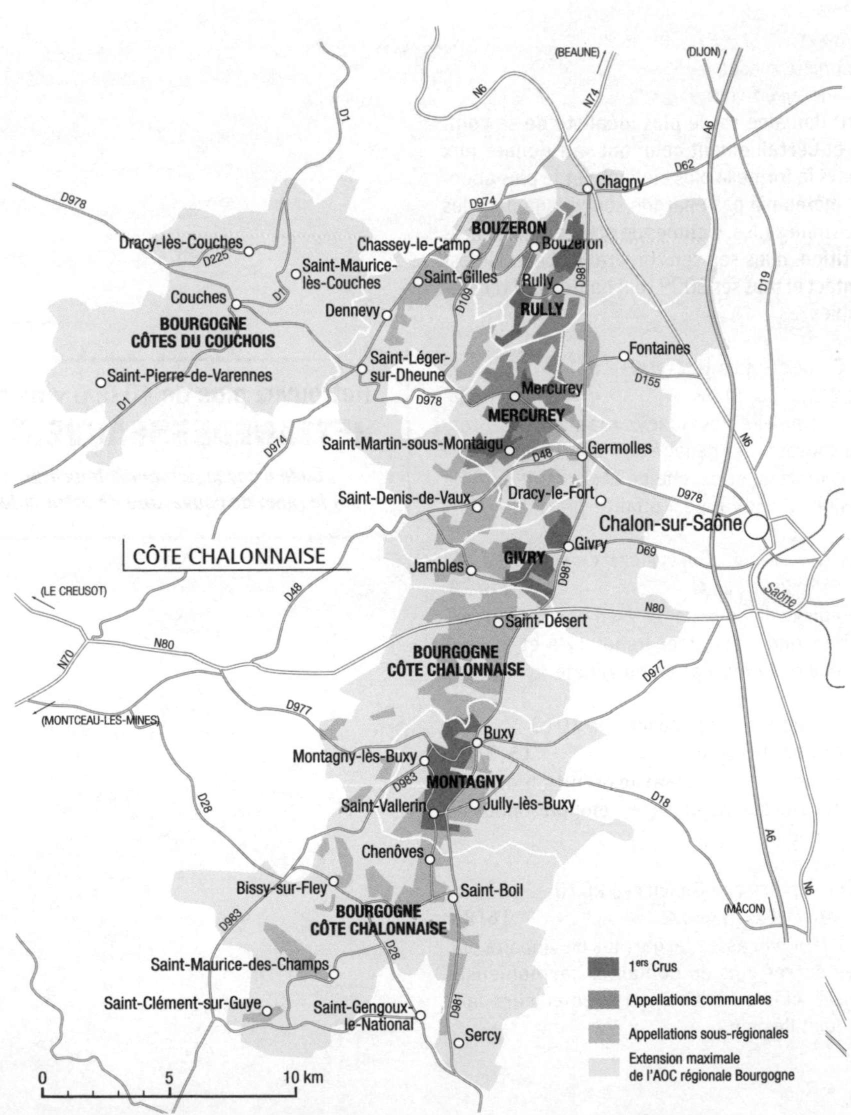

DOMAINE STÉPHANE ALADAME

Rue du Lavoir • 71390 Montagny-les-Buxy
Tél. 03 85 92 06 01 • Fax : 03 85 92 03 67
aladame@wanadoo.fr • www.aladame.fr
Visite : Sur rendez-vous.

Figure emblématique de son appellation depuis une quinzaine d'années, Stéphane Aladame propose une large gamme de sept montagnys, que des premiers crus. Ces vins de plaisir immédiat s'apprécient sur la franchise de leur fruité blanc. 2010 connaît des variations d'une cuvée à l'autre avec des nez pas toujours précis mais des bouches majestueuses.

MONTAGNY PREMIER CRU LES COÈRES 2010
Blanc | 2013 à 2020 | 18 € **15/20**
Le nez est particulièrement épanoui, fleurs blanches, fruits jaunes, la bouche est grasse, complexe. On peut commencer à boire ce montagny qui sort des sentiers battus mais on peut idéalement l'attendre un peu.

MONTAGNY PREMIER CRU LES VIGNES DERRIÈRE 2010
Blanc | 2012 à 2018 | 16 € **14/20**
Bouche pleine et soyeuse, épicée et longue. Il fait saliver et sa construction de fin de bouche étonne, remarquable d'opulence bien qu'il puisse gagner encore en précision.

MONTAGNY SÉLECTION VIEILLES VIGNES 2010
Blanc | 2014 à 2018 | 15 € **14/20**
Le nez n'est pas en place, la bouche est charnue, très gourmande, longue et savoureuse.

ANTONIN RODET

71640 Mercurey
Tél. 03 85 98 12 12 • Fax : 03 85 45 25 49
rodet@rodet.com • www.rodet.com
Visite : Du premier avril au 31 octobre, tous les jours de 10 à 12h et de 14 à 18h, le week-end jusqu'au 18h30. En hors saison, du lundi au vendredi de 10h à 12h et de 14h à 18h.

Implantée à Mercurey, la maison Antonin Rodet propose une gamme sur l'ensemble de la Bourgogne, en vins de négoce mais également en vins de domaines. À partir de leurs vignes propres, le Château de Rully (sur Rully, donc), et le Château de Mercey (sur Mercurey), sont travaillés avec la même philosophie : les vendanges sont manuelles, les vinifications se font en fûts, avec une part variable de fûts neufs.

HAUTES CÔTES DE BEAUNE
CHÂTEAU DE MERCEY 2009
Rouge | 2012 à 2017 | 9,90 € **14/20**
Consistance légère et bon équilibre avec une texture plutôt fine des tanins, encore fermes. Bon potentiel de vieillissement.

MERCUREY CHÂTEAU DE MERCEY 2009
Rouge | 2012 à 2017 | env. 12 € **15/20**
Beau volume de vin, aérien, subtil, avec une finale tendue mais fraîche.

RULLY PREMIER CRU LA BRESSANDE
- CHÂTEAU DE RULLY 2009
Blanc | 2012 à 2018 | 17,30 € **14,5/20**
Complexe en bouche avec un beau volume, c'est un blanc de gastronomie. Une volaille grillée fera l'affaire.

DOMAINE JEAN-PIERRE BERTHENET

Rue du Lavoir • 71390 Montagny-les-Buxy
Tél. 03 85 92 17 06 • Fax : 09 70 06 91 70
domaine.berthenet@free.fr • www.vinsberthenet.com
Visite : Du lundi au vendredi de 9h à 12h et de 13h30 à 17h30 et le week-end sur rendez-vous.

MONTAGNY PREMIER CRU LES PLATIÈRES 2010
Blanc | 2012 à 2014 | 12 € **14/20**
Le nez plaira. Floral, il est en bouche agréable, gras et souple. Sa fraîcheur le portera volontiers à l'apéritif.

MONTAGNY SYMPHONIE 2010
Blanc | 2012 à 2016 | 16,80 € **16/20**
Grand nez, légèrement brioché, abricoté, avec une longueur immense.

CAVE DE BISSEY

Le Bourg • 71390 Bissey-sous-Cruchaud
Tél. 03 85 92 12 16 • Fax : 03 85 92 08 71
www.cave-bissey.com
Visite : Du lundi au samedi de 9h à 12h et de 14h à 19h. Les dimanches et jours fériés de 14h à 18h.

GIVRY 2010
Rouge | 2012 à 2018 | 8,70 € **14/20**
Dans un style souple, le vin porte les qualités du pinot à travers un fruité rafraîchissant avec une finale gourmande, légèrement épicée.

Montagny premier cru Les Pidances 2010 ☺
Blanc | 2012 à 2017 | 9 € **14/20**
Blanc au nez flatteur, épuré sans manquer de corps, persistant, frais en finale. La note mentholée lui donne beaucoup de charme.

Rully 2010 ☺
Blanc | 2012 à 2018 | 8,30 € **14,5/20**
Épuré, droit, en finesse, il n'est pas en largeur mais en longueur. La finale est longue, fraîche.

DOMAINE MICHEL BRIDAY

31, Grande-Rue • 71150 Rully
Tél. 03 85 87 07 90 • Fax : 03 85 91 25 68
domainemichelbriday@orange.fr
www.domaine-michel-briday.com
Visite : Du lundi au vendredi de 9h à 12h et 14h à 18h. Sur rendez-vous le week-end.

Stéphane Briday propose régulièrement de sincères interprétations de Rully, avec de beaux premiers crus (grésigny en blanc, les-pierres et champs-cloux en rouge). Les blancs sont fruités et gourmands, plus homogènes que les rouges.

Bouzeron 2010
Blanc | 2012 à 2013 | 8,80 € **13/20**
Fraîcheur, fruité, une bonne acidité sont les marqueurs de ce vin gras en finale.

Rully premier cru Grésigny 2010 ☺
Blanc | 2012 à 2016 | 15,40 € **15/20**
Rully dynamique, tendu avec de la fraîcheur. Sa longueur et sa fraîcheur charment.

DOMAINE BRINTET

105, Grande-Rue • 71640 Mercurey
Tél. 03 85 45 14 50 • Fax : 03 85 45 28 23
domaine.brintet@wanadoo.fr • domainebrintet.com
Visite : Sur rendez-vous.

Adresse sûre à Mercurey, grâce au travail soigné de Luc Brintet, la viticulture se rapproche petit à petit des principes bios et les vins offrent une grande franchise de saveur. Une belle gamme de premiers crus permet d'explorer les différents terroirs de l'appellation, les blancs sont nets, bien vinifiés et 2010 a permis de grands pinots noirs. Ils demandent deux années en bouteille pour être au mieux. Le fruité des rouges est magnifique en 2010 et 2011 sera dans la lignée.

Mercurey 2010 ☺
Blanc | 2012 à 2017 | 12 € **14,5/20**
Bien construit, ciselé, pur et long, c'est un prototype du mercurey village bien réalisé.

Mercurey La Perrière 2010
Rouge | 2014 à 2018 | 11 € **15/20**
La bouche est dynamique, minérale, tendue. Le pinot noir est frais, vivace.

Mercurey premier cru La Levrière 2010 ☺
Rouge | 2012 à 2020 | 16 € **15,5/20**
Monopole du domaine, ce vin élégant, frais et pur a un tanin qui a besoin de se fondre mais qui ne manque pas de race. Une belle bouteille en perspective.

Mercurey premier cru Les Vasées 2010
Rouge | 2014 à 2020 | 16 € **15,5/20**
Les notes de griotte et de cerise sauvage dominent. Le vin cumule l'onctuosité de son terroir argileux et la puissance tannique de Mercurey.

Mercurey premier cru Les Vasées 2009
Rouge | 2013 à 2019 | 16 € **15/20**
Fruité gourmand, cerise mûre, une bouche de velours, une finale suave et parfumée, bien dans l'esprit du millésime.

Mercurey Vieilles Vignes 2010
Blanc | 2012 à 2017 | 14,20 € **15/20**
Attaque puissante, bouche réglissée, pain d'épices avec un début d'évolution vers des arômes secondaires.

Mercurey Vieilles Vignes 2010
Rouge | 2014 à 2020 | 13 € **15/20**
La puissance est marquée, le fruit est pur, frais et gourmand. L'attendre un peu récompensera les patients.

VIGNERONS DE BUXY

Les Vignes de la Croix • 71390 Buxy
Tél. 03 85 92 03 03 • Fax : 03 85 92 08 06
accueil@vigneronsdebuxy.fr
www.vigneronsdebuxy.com

Givry premier cru 2010
Blanc | 2012 à 2017 | NC **14/20**
Réalisé dans un style délicat, ce blanc exprime un fruité frais, abricot et pêche. Il est tenu par une acidité juste.

MONTAGNY PREMIER CRU TÊTE DE CUVÉE 2009
Blanc | 2012 à 2017 | NC **13/20**
Le style est opulent mais délicat, avec une fin de bouche fraîche et gourmande, portée par une pointe d'alcool.

DOMAINE DU CELLIER AUX MOINES

B.P. 5 • 71640 Mercurey
Tél. 03 85 45 21 61 • Fax : 03 85 98 06 62
contact@domaines-devillard.com
Visite : Sur rendez-vous.

Philippe Pascal a racheté il y a quelques années cette splendide propriété, située en plein cœur des premiers crus de Givry, et n'hésite pas à entreprendre les démarches nécessaires à la vigne pour que le cru retrouve son lustre d'antan. Les 2009 tirent bien profit du millésime avec fraîcheur, 2010 s'exprime dans un registre souple et charmeur.

BOUZERON 2009
Blanc | 2012 à 2016 | 11 € **14/20**
Le grillé soutient un vin à la tonalité minérale. Le volume de bouche étonne, la persistance également. Un vin de style, un peu décalé par rapport aux classiques de l'appellation. Il est à boire.

GIVRY PREMIER CRU
CLOS DU CELLIER AUX MOINES 2010
Rouge | 2012 à 2016 | 23,20 € **15/20**
Floral, particulièrement fruité, reconnaissable par son équilibre de saveurs et son intensité de bouche. On le boira dès maintenant.

GIVRY PREMIER CRU
CLOS DU CELLIER AUX MOINES 2009
Rouge | 2011 à 2019 | 22,50 € **14/20**
Le floral et le fruité s'expriment, dans un style souple et frais.

CHÂTEAU DE CHAMIREY

lieu-dit Chamirey • 71640 Mercurey
Tél. 03 85 45 21 61 • Fax : 03 85 98 06 62
contact@chateaudechamirey.com • www.chamirey.com
Visite : Sur rendez-vous.

La famille Devillard, entourée par une équipe technique compétente, conduit avec soin cette grande propriété de Mercurey, où tout est mis en œuvre, à la vigne comme à la cave, pour élaborer des rouges gourmands aux tanins enrobés et des blancs riches et puissants, avec une empreinte du bois assumée. Les vins ont une gourmandise naturelle et une netteté rare.

MERCUREY 2010
Blanc | 2012 à 2017 | 18,80 € **15/20**
Les notes grillées portent le nez, la bouche est tendue, minérale et fraîche, savoureuse.

MERCUREY 2010
Rouge | 2012 à 2018 | 18,80 € **15/20**
Du jus, de la fraîcheur, le vin est aérien mais puissant avec une finale de fruits bien mûrs.

MERCUREY 2007
Blanc | 2010 à 2015 | 16,50 € **15,5/20**
Très belle affaire pour la restauration, il est parfait à boire, complexe et superbement fruité.

MERCUREY LES CINQ 2010
Blanc | 2012 à 2018 | 49 € **15/20**
Joli fruit délicat, subtil, avec une texture remarquable, son boisé demande du temps.

MERCUREY PREMIER CRU CLOS DU ROI 2010
Rouge | 2012 à 2019 | 26,30 € **16/20**
Grand nez, avec une bouche de fruits bien mûrs, le vin est épicé, complet. Il a la souplesse du cru, ce qui permettra de le goûter tôt.

MERCUREY PREMIER CRU LA MISSION 2010
Blanc | 2014 à 2020 | 26,30 € **16/20**
Grillé, avec de la fraîcheur, racé et une opulence en fin de bouche. La finale est longue, saline, elle a besoin de temps.

MERCUREY PREMIER CRU LES RUELLES 2010
Rouge | 2013 à 2020 | 26,30 € **16/20**
Dans un style souple, le vin offre les qualités du pinot, des fruits frais et rafraîchissants avec une finale gourmande et légèrement épicée où les tanins reprennent une tension. Le fumé porte la toute fin de bouche.

DOMAINE DU CLOS SALOMON

16, rue du Clos-Salomon • 71640 Givry
Tél. 03 85 44 32 24 • Fax : 03 85 44 49 79
clos.salomon@wanadoo.fr
www.du-gardin.com/clossalomon
Visite : Du lundi au samedi de 9h à 12h
et de 14h à 18h.

Le Clos Salomon est un premier cru monopole du domaine éponyme. Sous la conduite appliquée de Ludovic du Gardin et de Fabrice Perrotto, la vigne est soignée, cultivée sans désherbants, et les vins ont bien progressé dans les derniers millésimes. Il est préférable de leur laisser une à deux années en

bouteille pour que s'expriment au mieux leur fruité noir et leur mâche souvent sérieuse.

GIVRY PREMIER CRU CLOS SALOMON 2010
Rouge | 2012 à 2018 | 18 € **14,5/20**
La texture est soyeuse, enrobée, le fruit est gourmand, dès maintenant. Il évoluera avec charme.

GIVRY PREMIER CRU LA GRANDE BERGE 2010
Blanc | 2012 à 2015 | 18 € **14/20**
La bouche est fraîche, c'est un vin dynamique et agréable. Un poisson de rivière fera le bel accord.

DOMAINE LAURENT COGNARD

9, rue des Fossés • 71390 Buxy
Tél. 06 85 13 91 35 • Fax : 03 85 92 15 40
laurent@domainecognard.fr
Visite : Sur rendez-vous.

Laurent Cognard fait partager sa passion pour Montagny, appellation trop peu connue de la Côte Chalonnaise, dont il donne régulièrement de savoureuses interprétations. La cuvée phare, les-bassets, est à la fois fruitée et minérale. C'est la cuvée que nous avons préférée cette année.

MONTAGNY PREMIER CRU LES BASSETS 2010
Blanc | 2012 à 2018 | 12 € **14/20**
Le nez ne s'impose pas encore, en revanche la bouche est grasse, onctueuse tout en restant fraîche. Il fait partie des montagnys réalisés sur la puissance avec une corpulence affirmée.

DOMAINE ANNE-SOPHIE DEBAVELAERE

21, rue des Buis • 71150 Rully
Tél. 03 58 09 36 14
as.debavelaere@gmail.com • www.rois-mages.com
Visite : Sur rendez-vous au 06 80 38 66 16.

Le domaine réalise l'essentiel de sa production sur Rully, mais produit également un bouzeron floral et parfumé à souhait. Régulièrement, nous préférions ici les vins blancs, toujours francs, élégants et frais, mais à partir du millésime 2009, le fils d'Anne-Sophie, Félix, en charge de la vinification, a montré de grands espoirs que nous suivrons avec intérêt.

BOUZERON 2010
Blanc | 2012 à 2013 | 8 € **14,5/20**
Le vin a capté de la fraîcheur, avec une jolie finale acidulée et charmeuse qui s'achève sur le chèvrefeuille. Bonne persistance.

RULLY LES CAILLOUX 2010
Rouge | 2012 à 2013 | 12,50 € **13/20**
Grand fruit du nez à la bouche, la matière est évanescente. On le boira donc dès maintenant pour son expression aromatique.

DOMAINE ANDRÉ DELORME

Lieu-dit «Le Meix» 11, rue des bordes • 71150 Rully
Tél. 03 85 87 10 12 • Fax : 03 85 87 04 60
contact@andre-delorme.com • www.andre-delorme.com
Visite : Du lundi au vendredi et le 1er samedi de chaque mois de 9h à 12h et de 14h à 17h.

HAUTES CÔTES DE BEAUNE 2010
Rouge | 2012 à 2016 | 8,90 € **15/20**
Sur un joli nez élégant de rose, ce vin offre une belle concentration sur une matière naturelle avec beaucoup de présence. Quelques notes fumées du fût sur la finale donnent un joli velouté à l'ensemble.

RULLY 2010
Blanc | 2012 à 2018 | env. 10,50 € **15/20**
Joli nez d'agrumes suivi par une bouche fraîche et délicate qui se termine sur l'amande verte.

RULLY 2010
Rouge | 2012 à 2016 | env. 10,70 € **14/20**
Grand nez et en bouche beaucoup de fruit dans ce rully 2010, avec une acidité un peu marquée qui tend la finale. Il ne laissera pas indifférent.

DOMAINE VINCENT DUREUIL-JANTHIAL

10, rue de la Buisserolle • 71150 Rully
Tél. 03 85 87 26 32 • Fax : 03 85 87 15 01
vincent.dureuil@wanadoo.fr
Visite : Sur rendez-vous.

Le fil rouge de ce remarquable domaine est l'acidité particulière obtenue dans les blancs et la délicatesse qui émane des rouges. Vincent Dureuil incarne la nouvelle génération de Rully, bien qu'il ait déjà près de vingt vinifications à son actif. Sa viticulture consciencieuse depuis une dizaine d'années (conversion en cours à l'agriculture biologique), ainsi que des élevages allongés avec une part de bois neuf en diminution ont permis à ses vins de gagner en pureté d'expression et en droiture. Le domaine brille désormais dans les deux couleurs, en Côte Chalonnaise mais aussi en Côte d'Or.

Nuits-Saint-Georges 2010 ☺
Rouge | 2012 à 2017 | 17 € **15,5/20**
On en boira trop, le vin est puissant mais d'une buvabilité impressionnante. Suave et gourmand, racé.

Nuits-Saint-Georges premier cru Clos des Argillières 2010
Rouge | 2012 à 2024 | 34 € **17/20**
Toujours la délicatesse de fruit du domaine avec la puissance typique de ce terroir de la Côte de Nuits.

Puligny-Montrachet premier cru Les Champ Gains 2010
Blanc | 2012 à 2018 | 34 € **16,5/20**
On retrouve la patte acide du domaine sur ce terroir qui donne parfois des vins un peu chauds mais qui a été vendangé tôt. La fraîcheur est remarquable.

Rully 2010 ☺
Blanc | 2012 à 2016 | 14,50 € **15/20**
Assemblage de quatre parcelles qui fait un village idéal avec une minéralité subtile et une acidité marquée. Elle en font un vin précis.

Rully 2010 ☺
Rouge | 2012 à 2016 | 14,50 € **15/20**
Joli rouge bien typé pinot noir, frais, sans extraction intempestive. Le croquant est remarquable.

Rully En Guesnes 2010
Rouge | 2012 à 2017 | 15,50 € **15/20**
Grande minéralité, du fruit et toujours la délicatesse du pinot noir dans ce village bien réussi.

Rully Maizières 2010
Rouge | 2012 à 2015 | 16,50 € **15/20**
Juste expression du pinot noir, avec une puissance en finale qui demande à s'épanouir tout en restant dans un style délicat.

Rully Maizières 2010
Blanc | 2012 à 2017 | 15 € **15,5/20**
Très marqué par les agrumes, cette cuvée est équilibrée, fraîche et complexe. Ici encore l'acidité est remarquable.

Rully premier cru Chapitre 2010
Blanc | 2012 à 2018 | 17 € **16/20**
Joli vin équilibré et frais, bien tenu par de jolis arômes fruités. C'est un vin rond et délicieux.

Rully premier cru Les Margotés 2010
Blanc | 2012 à 2018 | 18 € **16,5/20**
Beaucoup de saveurs orientées vers les fleurs blanches, les agrumes, avec une évidente sensation de fraîcheur en fin de bouche.

Rully premier cru Meix Cadot 2010
Blanc | 2014 à 2018 | 17 € **15,5/20**
De la densité, du style avec un équilibre réel. Le vin est en construction, long et plein.

Rully premier cru Meix Cadot Vieilles Vignes 2010
Blanc | 2012 à 2017 | 19 € **16/20**
Belle cuvée du domaine, opulente et racée, longue et crémeuse en bouche.

Rully premier cru Vieilles Vignes 2010
Blanc | 2014 à 2018 | 16,50 € **16/20**
Grande fraîcheur tendue par une minéralité remarquable. Le fruité de finale est splendide.

DOMAINE DE L'ECETTE

71150 Rully
Tél. 03 85 91 21 52 • Fax : 03.85.91.24.33.
daux.vincent@wanadoo.fr
www.domaine-de-l-ecette.com
Visite : Sur rendez-vous.

Rully Les Gaudoirs 2009 ☺
Blanc | 2012 à 2017 | 12 € **14/20**
Marqué par des notes d'abricot, avec un beau volume de bouche, c'est un vin de plaisir immédiat, frais en finale.

DOMAINE DE LA FERTÉ

B.P. 5 • 71640 Mercurey
Tél. 03 85 45 21 61 • Fax : 03 85 98 06 62
contact@domaine-de-la-ferte.com
www.domaine-de-la-ferte.com
Visite : Sur rendez-vous.

Située à Givry, cette petite propriété appartient à la famille Devillard, également propriétaire du Château de Chamirey. Elle ne propose que deux vins rouges, en quantités très limitées, mais produits avec un soin comparable aux mercureys. Bons 2009.

Givry 2010
Rouge | 2012 à 2018 | 15,50 € **15,5/20**
La note florale est superbe, marquée par la violette, la finale est suave et d'un charme indéniable.

DOMAINE FEUILLAT-JUILLOT

BP 13 • 71390 Montagny Les Buxy
Tél. 03 85 92 03 71 • Fax : 03 85 92 19 21
domaine@feuillat-juillot.com • www.feuillat-juillot.com
Visite : Du lundi au samedi de 8h à 18h.

MONTAGNY PREMIER CRU LES JARDINS 2010

Blanc | 2012 à 2017 | NC **14/20**

Doté d'une bonne structure, assez puissant, porté par l'alcool, c'est un vin de gastronomie qui ne reculera pas devant les préparations de poisson en sauce.

DOMAINE HIBON-PELLETIER

rue de la Planchette-Poncey • 71640 Givry
Tél. 03 85 94 87 42 • Fax : 03 85 44 38 82
pelletier.hibon@club-internet.fr
Visite : Sur rendez-vous.

GIVRY 2010 ☺

Rouge | 2012 à 2017 | NC **15/20**

Légèrement grillé au nez, fruité et tendu, floral, avec une note étonnante de noisette fraîche, c'est un vin de charme. Très délicat.

DOMAINE PAUL ET MARIE JACQUESON

5 et 7, rue de Chèvremont • 71150 Rully
Tél. 03 85 91 25 91 • Fax : 03 85 87 14 92
marie.jacqueson@wanadoo.fr
www.domainejacqueson.fr
Visite : Sur rendez-vous.

Ce domaine, depuis longtemps ambassadeur des vins de Rully, est une affaire de famille : aujourd'hui, c'est Marie, la fille de Paul, qui reprend la main. Les blancs sont ici majoritaires et tous les niveaux de la gamme bénéficient du même soin, des gourmands vins de soif aux savoureux premiers crus. Les blancs 2011 ont subi la grêle mais le tri minutieux a permis de ne pas altérer les raisins. On pourraitattendreplus de fond des meilleurs terroirs, mais le domaine privilégie la délicatesse et le floral plutôt que la puissance.

BOURGOGNE PASSE-TOUT-GRAINS 2011 ☺

Rouge | 2012 à 2013 | env. 6 € **13,5/20**

Floral, pimpant, c'est un joli passe-tout-grains qui offre son fruité gourmand, prenez-le dès maintenant.

BOUZERON 2011

Blanc | 2012 à 2013 | env. 7,50 € **13/20**

Beau volume de bouche pour cet aligoté gras et puissant.

RULLY LES CHAPONNIÈRES 2011

Rouge | 2012 à 2015 | env. 11 € **14/20**

Version prête à boire du rully, florale, bien adaptée à une côte de veau.

RULLY PREMIER CRU GRÉSIGNY 2011 ☺

Blanc | 2013 à 2018 | env. 12,50 € **15/20**

Blanc de grand volume, moins élancé que pucelle, plus en puissance, qui se révélera au vieillissement.

RULLY PREMIER CRU GRÉSIGNY 2010

Blanc | 2012 à 2016 | épuisé **15/20**

Avec plus de tension que pucelle contrairement à 2011, c'est une belle bouteille dynamique.

RULLY PREMIER CRU LA PUCELLE 2011 ☺

Blanc | 2012 à 2017 | env. 12,50 € **15/20**

Issu d'une parcelle de vignes de 20 ans, on aime la tension de ce blanc droit, assez long et délicatement épicé, tout en finesse.

RULLY PREMIER CRU LA PUCELLE 2010

Blanc | 2012 à 2014 | env. 12,50 € **14/20**

Fruit un peu en retrait, mais le vin a du volume.

RULLY PREMIER CRU LES CLOUX 2011

Rouge | 2012 à 2016 | env. 12,50 € **14,5/20**

Ces cloux sont à boire sur leur fruit, ils expriment de jolies nuances de pivoine, de framboise.

RULLY PREMIER CRU LES CLOUX 2010 ☺

Rouge | 2012 à 2016 | 12 € **15/20**

À la fois tendre et bien tenu par son tanin, il exprime une fraîcheur remarquable.

RULLY PREMIER CRU MARGOTÉS 2011 ☺

Blanc | 2012 à 2016 | env. 12,50 € **15,5/20**

Récolté sur des marnes, on obtient ici une précision remarquable tout en ayant le volume de bouche de grésigny.

DOMAINE JAEGER-DEFAIX

71000 Rully
Tél. 03 86 42 40 75
helene.jaeger@wanadoo.fr • www.bernard-defaix.fr
Visite : Sur rendez-vous.

Dans une appellation qui évolue lentement, ce domaine est certainement l'un de ceux à suivre. Deux climats de Rully nous ont étonné en rouge dans le millésime 2010, cloux et plus encore chapitre, encore en construction.

RULLY CHAPITRE 2010
Rouge | 2012 à 2018 | 20 € **15,5/20**
Le nez impressionne, la matière portée par la vanille de l'élevage évolue vers une note de réglisse forte, elle est intense. Un vin en devenir.

RULLY CLOUX 2010
Rouge | 2012 à 2017 | 18 € **14,5/20**
Nez étonnant d'aubépine et de fleurs blanches avec une onctuosité en bouche et une finale complexe, portée par l'alcool.

DOMAINE JOBARD

Route de Beaune • 71150 Demigny
Tél. 03 85 49 46 81 • Fax : 03 85 49 48 63
contact@domaineclaudiejobard.fr
www.domaineclaudiejobard.fr
Visite : Sur rendez-vous.

RULLY LA CHAUME 2010
Rouge | 2012 à 2016 | 10,50 € **14,5/20**
Le style est très mûr, avec une profondeur de goût et une authenticité bourguignonne évidente. Les arômes portent la finale.

RULLY MONTAGNE LA FOLIE 2010
Blanc | 2012 à 2018 | 10,50 € **14,5/20**
Plein, fruité, sans lourdeur mais en mode onctuosité, c'est un joli rully à la finale d'amande fraîche.

DOMAINE JOBLOT

4, rue Pasteur • 71640 Givry
Tél. 03 85 44 30 77 • Fax : 03 85 44 36 72
domaine.joblot@wanadoo.fr •
Visite : Sur rendez-vous d'octobre à décembre.

Depuis trente ans, Jean-Marc Joblot et son frère Vincent sont fidèles aux mêmes principes de viticulture attentive et de vinifications soignées (avec toujours le même tonnelier), et cette fidélité leur est rendue par leur clientèle, amatrice de ces vins où dominent la gourmandise et la pureté du fruit, des vins régulièrement au sommet de l'appellation. La fille de Jean-Marc, Juliette les a rejoints. La vente des vins est ouverte de la fin octobre à la fin décembre. Bien que le domaine soit un peu plus connu pour ses rouges, il ne faudra pas passer à côté des blancs 2011.

GIVRY PIED DE CHAUME 2011
Rouge | 2012 à 2018 | NC **15/20**
Le vin est puissant, rentré dans ses arômes avec une longueur étonnante. Son avenir est réel. Ce climat pourrait être déclaré en premier cru à compter de 2011 mais le domaine le laissera en «village» par choix commercial.

GIVRY PIED DE CHAUME 2011
Blanc | 2012 à 2020 | NC **16/20**
De grand style, long, complexe et particulièrement gourmand. Il se pose en évidence dans le millésime.

GIVRY PREMIER CRU CLOS DES BOIS CHEVAUX 2011
Rouge | 2014 à 2020 | NC **15,5/20**
Le fruit est rentré, en puissance avec une générosité de saveurs en finale. Il est parti pour une belle garde.

GIVRY PREMIER CRU CLOS DU CELLIER AUX MOINES 2011
Rouge | 2014 à 2020 | NC **15,5/20**
Puissant en bouche, profond et savoureux. Il faut lui laisser une peu de temps, la finale est d'une intensité rare.

GIVRY PREMIER CRU CLOS MAROLE 2011
Rouge | 2014 à 2020 | NC **16/20**
La fraîcheur est perceptible, le style est long et plein en finale.

GIVRY PREMIER CRU EN VAUX 2011
Blanc | 2012 à 2020 | NC **16/20**
Ici aussi, un vin de grand style, long complexe salin et généreux. Cette parcelle devient premier cru à compter de 2011.

GIVRY PREMIER CRU SERVOISINE 2011
Rouge | 2012 à 2020 | NC **16,5/20**
Le plus soyeux de la gamme avec une complexité en fin de bouche. La finale est racée.

GIVRY PREMIER CRU SERVOISINE 2011
Blanc | 2012 à 2020 | NC **17/20**
De grand style, long, savoureux et complexe. Une grande servoisine.

DOMAINE DE LA MONETTE

15 rue du château • 71640 Mercurey
Tél. 03 85 98 07 99
vigneron@domainedelamonette.fr
www.domainedelamonette.fr
Visite : Sur rendez-vous.

Bourgogne Côte Chalonnaise 2010
Rouge | 2015 à 2018 | 7,50 € **13/20**
Joli nez de pinot noir, avec une finale un peu serrée dans ses tanins. Un vin de soif à boire d'ici à un ou deux ans.

DOMAINE DAVID LEFORT

14 rue du Clou • 71150 Rully
Tél. 06 50 39 59 05
contact@domainelefort.fr • www.domainelefort.fr
Visite : Sur rendez-vous.

Mercurey premier cru Castille 2010
Rouge | 2012 à 2017 | 18 € **13/20**
Élégant et fin, subtil et raffiné, avec une finale qui le resserre. La qualité de la texture étonne.

LES CHAMPS DE L'ABBAYE

9, rue des Roches-Pendantes • 71510 Aluze
Tél. 03 85 45 59 32 • Fax : 03 85 45 59 32
alainhasard@wanadoo.fr •
Visite : Sur rendez-vous.

Alain et Isabelle Hasard ont construit un domaine ex-nihilo, ce qui est un défi rarissime en Bourgogne et que seul le talent peut relever. Ils dirigent l'un des domaines les plus en pointe en matière de biodynamie de la région chalonnaise, et impriment avec force tout le caractère du sous-sol dans chacune de leurs cuvées. Leur arrivée récente sur de beaux terroirs de Mercurey, de Rully et maintenant sur Monthélie va leur permettre de poursuivre encore plus loin ce beau parcours. La minéralité des blancs impressionne, leur persistance est le style du domaine.

Bourgogne 2010
Rouge | 2012 à 2016 | 12 € **14,5/20**
Étonnant vin, puissant, profond, particulièrement riche en saveurs, complexe et très frais. On peut même l'attendre un peu.

Crémant de Bourgogne
Prélude Brut Nature 2010 ☺
Blanc Brut effervescent | 2012 à 2014 | 11 € **14/20**
Assemblage pour moitié de pinot noir complété de chardonnay. Il exprime de beaux amers dans une finale complexe, gourmande.

Mercurey La Brigadière 2010
Blanc | 2012 à 2020 | 22 € **16/20**
Terroir de marnes blanches élevé en fûts d'un vin, la rondeur prime avec un grillé délicat en fin de bouche. La finale est très longue.

Mercurey La Brigadière 2010
Rouge | 2012 à 2020 | 20 € **16/20**
Le floral est en avant, la bouche est belle, profonde, le vin est dynamique dans un registre élégant, particulièrement subtil.

Mercurey Les Marcoeurs 2010
Rouge | 2012 à 2020 | 22 € **16/20**
Opulente, mûre, longue et complète, c'est une version brillante de mercurey, plus en largeur que la-brigadière, mais un rien moins élancée. Un débat d'esthète.

Monthélie 2010
Rouge | 2012 à 2020 | 22 € **14/20**
Vin puissant pour l'appellation, la vigne est en cours de reprise, elle s'est déjà calée dans le style du domaine.

Rully Les Cailloux 2010 ☺
Blanc | 2012 à 2020 | 22 € **16/20**
Impressionnant rully village d'une minéralité hors pair avec une note citronnée et très plaisante qui se termine vers l'épicé du gingembre.

DOMAINE BRUNO LORENZON

14, rue du Reu • 71640 Mercurey
Tél. 03 85 45 13 51 • Fax : 03 85 45 15 52
contact@domainelorenzon.com
www.domainelorenzon.com
Visite : Sur rendez-vous.

Bruno Lorenzon est l'un des vignerons les plus doués de sa génération et s'est petit à petit imposé comme le leader de l'appellation Mercurey dont il transcende les archétypes. Une viticulture méticuleuse et soignée, un tri drastique des vendanges, des vinifications sans chaptalisation ni acidification et un usage du bois de plus en plus discret et précis, tout cela permet de faire ressortir l'authenticité de

chaque millésime, dans les deux couleurs, que Bruno réussit avec un égal talent.

CORTON - CHARLEMAGNE GRAND CRU 2010
Blanc | 2012 à 2023 | 70 € **17,5/20**
Épanoui, large avec la patte du domaine qui recherche une expression du terroir la plus transparente possible. Le vin montre une sérénité et une digestibilité hors pair.

MERCUREY PREMIER CRU CROICHOTS 2010
Blanc | 2012 à 2020 | 26 € **16/20**
Magnifique nez de poire et d'agrumes, de fleurs blanches avec une acidité naturelle qui tend le vin tout en soulignant son velouté sans lourdeur.

MERCUREY PREMIER CRU LES CHAMPS MARTINS 2010
Blanc | 2012 à 2022 | 26 € **16,5/20**
Nez d'agrumes, de pomelo complexifié par une pointe de fenouil. Un vin de grande simplicité, qui impose naturellement sa classe, sa profondeur.

MERCUREY PREMIER CRU LES CHAMPS MARTINS 2010
Rouge | 2012 à 2020 | 26 € **16,5/20**
Ce 2010 s'impose par un équilibre souverain, d'une subtilité rare, complexe, ourlé en finale. Le tanin structure le vin tout en restant invisible.

MERCUREY PREMIER CRU
LES CHAMPS MARTINS 2009
Rouge | 2013 à 2024 | 21 € **16/20**
Une élégance et une fraîcheur remarquables qui faisaient légèrement défaut au village, toucher de bouche parfaitement soyeux et racé, finale subtile évoluant vers les agrumes.

MERCUREY PREMIER CRU
LES CHAMPS MARTINS CARLINE 2010
Rouge | 2012 à 2025 | 28 € **17/20**
Grand pinot noir de référence, un jus magnifique, salin, minéral avec des épices douces. La cerise porte ce vin aérien dont les tanins sont ici aussi invisibles.

MERCUREY PREMIER CRU PIÈCE 13 2010
Rouge | 2012 à 2025 | 39 € **17,5/20**
On gagne ici en finesse de tanin, le velouté est souverain. On peut préférer la jutosité de Carline, c'est un débat d'esthète.

MERCUREY PREMIER CRU PIÈCE 15 2010
Blanc | 2012 à 2025 | 39 € **17,5/20**
Récolté avec des rendements très faibles, on trouve ici encore plus de dynamique, de profondeur, de salinité et une sensation minérale digne des meilleures cuvées de la Côte d'Or. Une combinaison florale, fleurs blanches et fruits jaunes est portée par une digestibilité hors pair.

DOMAINE FRANÇOIS LUMPP

Le Pied-du-Clou - 36, avenue de Mortières
71640 Givry
Tél. 03 85 44 45 57 • Fax : 03 85 44 46 66
domaine@francoislumpp.com •
Visite : Sur rendez-vous.

François Lumpp s'est bâti en deux décennies une réputation méritée grâce à une viticulture attentive produisant chaque année des givrys parmi les plus soignés de l'appellation, grâce à une application rigoureuse à la vigne, bien relayée par des vinifications sous bois qui amplifient la gourmandise du vin sans négliger la tension des beaux terroirs. Les 2010 sont hautement fréquentables et disponibles à la vente, les 2011 seront également remarquables avec un grand clos-du-cras-long rouge, très racé, les autres climats ne dépareillant pas.

GIVRY PREMIER CRU CLOS DU CRAS LONG 2010
Rouge | 2012 à 2020 | 20 € **15,5/20**
Le vin a du jus, du fond, avec une pointe saline et une note florale en finale. Il va se révéler avec le temps.

GIVRY PREMIER CRU CLOS JUS 2010
Rouge | 2012 à 2020 | 20 € **15,5/20**
Intense et fruité, il sera à boire jeune mais pourra attendre. La finale fruitée est très fraîche.

GIVRY PREMIER CRU CRAUSOT 2010
Blanc | 2012 à 2018 | 20 € **16/20**
L'ensemble est frais, fruité, avec une envolée en fin de bouche. Le charme tactile de Crauzot récolté sur les calcaires est évident, le nez suit. Il est complet et harmonieux, très persistant.

GIVRY PREMIER CRU PETIT MAROLE 2010
Blanc | 2012 à 2017 | 20 € **14,5/20**
L'acidité est marquée, elle tend le vin en accompagnant sa gourmandise immédiate. Un peu de patience arrondira ce cru installé sur un sol argilo-calcaire.

DOMAINE VINCENT LUMPP

45, rue de Jambles • 71640 Givry
Tél. 03 85 44 52 00 • Fax : 03 85 44 52 01
info@domaine-lumpp.fr • www.domaine-lumpp.fr
Visite : Sur rendez-vous.

Baptiste Lumpp est le neveu de François, et comme lui cultive ses vignes sur Givry mais la personnalité de ses vins est différente. Les rouges affichent un style volumineux et rond que l'on peut apprécier assez vite. Les blancs ont un caractère plus tendre, moins affirmé. Le clos-du-cras-long fera une bonne bouteille en 2010.

Givry premier cru Clos du Cras Long 2010 ☺
Rouge | 2012 à 2018 | 15 € **14/20**
Le vin se reconnaît par sa fraîcheur native, le style est délicat et fruité dans un registre fin.

Givry premier cru La Grande Berge 2010
Blanc | 2012 à 2013 | 13 € **13,5/20**
Dans un style opulent, il a su garder une fraîcheur. Citronné, il est plus abouti que le-vigron.

DOMAINE RAYMOND MASSE PÈRE ET FILS

Theurey • 71640 Barizey
Tél. 03 85 44 36 73
domainemasse@wanadoo.fr
Visite : Du lundi au samedi de 8h30 à 18h.

Givry Clos de la Brûlée 2010 ☺
Rouge | 2012 à 2016 | 12 € **14,5/20**
Floral et délicat, le vin est superbe de jolis fruits rouges épanouis. La finale est longue, charnue, en demi-corps.

Givry En Veau Vieilles Vignes 2010 ☺
Rouge | 2012 à 2016 | 12 € **14,5/20**
Floral et fruité, très inspiré par le pinot avec une finale réellement gourmande, délicate.

DOMAINE DU MEIX-FOULOT

Touches • 71640 Mercurey
Tél. 03 85 45 13 92 • Fax : 03 85 45 28 10
meixfoulot@club.fr • www.domaine-du-meix-foulot.com
Visite : Du lundi au vendredi de 10h à 12h et de 14h à 18h. Le week-end sur rendez-vous.

Agnès Dewé préfère mettre sur le marché des vins avec un millésime de décalage par rapport à ses voisins de Mercurey, pour leur laisser le temps de s'épanouir en bouteille. Le grand vin est ici le monopole du clos-du-château-de-montaigu, avec ses gourmandes notes de fruits noirs et d'encre de Chine.

Mercurey 2010
Blanc | 2012 à 2017 | 16 € **14/20**
L'arôme grillé est porté par une matière onctueuse. Le floral équilibre la note végétale, l'ensemble est harmonieux et frais.

Mercurey 2009
Rouge | 2012 à 2016 | 16 € **13/20**
Joli fruit, sur une structure facile d'accès, la finale est agréable.

DOMAINE GÉRARD MOUTON

6 rue de l'Orcène Poncey • 71640 Givry
Tél. 03 85 44 37 99 • Fax : 03 85 44 48 19
domaine-mouton@vin-givry.com
www.domainemouton.com
Visite : Du lundi au samedi.

Givry premier cru Clos Jus 2010
Rouge | 2012 à 2016 | 15 € **14/20**
La fraîcheur fruitée emmène le vin. Floral et gourmand, il fera l'accord avec un rôti de bœuf, un foie de veau.

Givry premier cru La Grande Berge 2010
Rouge | 2012 à 2017 | 14 € **14/20**
Intense en fruits, en saveurs, long en bouche. Sa finale épicée reste sur la fraîcheur.

DOMAINE JEAN-BAPTISTE PONSOT

26, Grande-Rue • 71150 Rully
Tél. 03 85 87 17 90 • Fax : 03 85 87 17 90
domaine.ponsot@orange.fr
Visite : Sur rendez-vous.

Jean-Baptiste, viticulteur perfectionniste, développe petit à petit le domaine familial, et augmente régulièrement la superficie plantée. Les sols sont travaillés, et les vendanges entièrement mécaniques, ce qui exige un gros travail de tri sur la grappe, avant la récolte. Tous les vins sont logés en fûts, avec des élevages de dix à douze mois. Les vins sont nourris par les lies, les blancs 2010 impressionnent et les rouges sont une référence dans l'appellation. Ceci mérite une promotion au domaine.

Rully 2010
Blanc | 2012 à 2018 | 12 € **15/20**
Dans un style épuré, droit et tendu, c'est une belle réussite en 2010. Il vaut bien des premiers crus de l'appellation, probablement grâce à la situation des vignes sur le coteau.

Rully 2010

Rouge | 2012 à 2018 | 12 € **15,5/20**

Joli volume de bouche avec une pointe kirschée et une réelle profondeur de texture et de la fraîcheur. Un grand dans une appellation dont on ne parle pas assez.

Rully premier cru La Fosse 2010

Rouge | 2014 à 2020 | 14 € **16/20**

Encore jeune, il est sur la retenue mais avec beaucoup de fond. Un grand rully en devenir.

Rully premier cru Molesme 2010

Blanc | 2012 à 2018 | 14 € **16/20**

Vin de style avec beaucoup de gras et d'onctuosité, et une réelle longueur portée par le minéral.

Rully premier cru Molesme 2010

Rouge | 2012 à 2017 | 14 € **16/20**

Gourmand, fruité, intense avec une onctuosité réelle en finale. La longueur du fruit et sa suavité impressionnent, un vin soyeux empreint de délicatesse.

Rully premier cru Montpalais 2010

Blanc | 2012 à 2020 | 14 € **16/20**

Vieilles vignes de 55 ans, le style est gras, onctueux, long en bouche, complexe et suave, délicatement épicé. C'est le premier cru le plus complexe de la cave, un peu moins ouvert aujourd'hui que molesme.

DOMAINE RAGOT

4, rue de l'École • 71640 Givry
Tél. 03 85 44 35 67 • Fax : 03 85 44 38 84
givry@domaine-ragot.com • www.domaine-ragot.com
Visite : Du lundi au vendredi de 8h à 12h et de 14h à 19h. Le week-end sur rendez-vous.

Nicolas Ragot fait partie des valeurs montantes de Givry. Grâce à de constantes remises en question, les derniers millésimes n'ont cessé de gagner en raffinement de saveur. Les 2010 feront date avec deux premiers crus au meilleur niveau de l'appellation, l'un en blanc, l'autre en rouge.

Givry premier cru Crausot 2010

Blanc | 2012 à 2018 | 17 € **16/20**

Le vin déborde d'énergie, citronné, floral, parfumé, à la fois chic et limpide.

Givry premier cru La Grande Berge 2010

Rouge | 2012 à 2016 | 14,50 € **16/20**

Joli fruité fin et délicat, l'élevage est bien intégré et a laissé le fruit s'exprimer à loisir. Hautement recommandable et à boire vite.

Givry Vieilles Vignes 2010

Rouge | 2012 à 2017 | 11,50 € **14/20**

Le nez n'est pas en place mais le volume est aérien, avec un fruité fin et délicat.

DOMAINE FRANÇOIS RAQUILLET

19, rue de Jamproyes • 71640 Mercurey
Tél. 03 85 45 14 61 • Fax : 03 85 45 28 05
francoisraquillet@club-internet.fr
www.domaine-raquillet.com
Visite : Du lundi au samedi de 9h à 19h.
Le dimanche sur rendez-vous.

La régularité de ce domaine depuis quelques années en fait l'une des valeurs sûres de Mercurey. La recherche des meilleurs raisins est le credo du domaine avec un interventionnisme à la cuverie le plus réduit possible. Les blancs et les rouges sont récoltés à grande maturité, le style des vins est opulent avec beaucoup de fond et une sève particulière dans les meilleures cuvées de rouges.

Mercurey La Brigadière 2010

Blanc | 2012 à 2018 | 12 € **15/20**

Le cru s'exprime avec une fraîcheur spécifique au secteur, la finale est grasse, gourmande.

Mercurey premier cru Clos des Barraults 2010

Blanc | 2012 à 2018 | 18 € **15/20**

Petite récolte concentrée, saline et épicée, complexe et gourmand. Elle est réalisée dans un style opulent mais représente moins de deux pièces.

Mercurey premier cru Les Naugues 2010

Rouge | 2012 à 2020 | 17 € **16,5/20**

Puissant mais plein, cerises noires, fruits à noyaux, le tanin est fin, la finale est séveuse, minérale.

Mercurey premier cru Les Veleys 2010

Blanc | 2012 à 2018 | 18 € **15/20**

Le vin est porté par une acidité qui le structure. La finale de ce cru de marnes blanches est fraîche, tendue, complexe.

Mercurey premier cru Les Veleys 2010
Rouge | 2015 à 2020 | 17 € **15,5/20**
Le vin est en longueur, dynamique et précis, frais et plein. C'est un bon représentant des premiers crus de Mercurey.

Mercurey premier cru
Les Veleys Révélation 2010
Rouge | 2016 à 2022 | 25 € **17/20**
Raffiné, superbe dans sa texture veloutée mais dynamique, à la fois fraîche, complexe et intensément gourmand. Long et intense, un festival de saveurs.

Mercurey Vieilles Vignes 2010
Blanc | 2012 à 2016 | 11,20 € **14/20**
Mercurey puissant, gras en bouche porté en finale par la maturité du fruit et par une pointe d'alcool. Il joue dans l'opulence.

Mercurey Vieilles Vignes 2010
Rouge | 2012 à 2017 | 13,20 € **14/20**
Fruité agréable aux tanins enveloppés dans l'appellation. La finale est fruitée, agréable.

DOMAINE MICHEL SARRAZIN ET FILS

26, rue de Charnailles • 71640 Jambles
Tél. 03 85 44 30 57 • Fax : 03 85 44 31 22
sarrazin2@wanadoo.fr
www.sarrazin-michel-et-fils.fr
Visite : Du lundi au samedi de 9h à 12h et de 14h à 19h. Le dimanche de 9h à 12h.

Guy et Jean-Yves Sarrazin produisent une gamme assez étoffée, essentiellement des givrys, où nous préférons régulièrement le clos-de-la-putin, au joli jus parfumé en bouche, hélas non dégusté cette année. En blanc, le givry premier cru se goûte bien.

Givry Champ Lalot 2010
Blanc | 2012 à 2013 | 12,50 € **13/20**
Beau volume de bouche, finale beurrée, plus en opulence qu'en fraîcheur.

Givry premier cru 2010
Blanc | 2012 à 2017 | 12,80 € **14,5/20**
Parfumé, floral, la texture est grasse mais sans lourdeur. Un poisson grillé fera un accompagnateur de choix.

Givry premier cru
Rouge | 2014 à 2018 | NC **14/20**
De la profondeur dans ce givry construit sérieusement avec de la longueur. Le boisé demande à se fondre.

DOMAINE DE SUREMAIN

Château de Bourgneuf - 71 Grande Rue
71640 Mercurey
Tél. 03 85 98 04 92 • Fax : 03 85 45 17 88
contact@domaine-de-suremain.com
www.domaine-de-suremain.com
Visite : Sur rendez-vous.

Mercurey 2009
Rouge | 2012 à 2017 | 12,90 € **15/20**
Joli fruit, frais dans le millésime avec une finale florale épanouie.

Mercurey premier cru La Bondue 2009
Rouge | 2012 à 2017 | 17,60 € **15/20**
Le fruité de la cuvée s'exprime, délicat, porté plutôt vers les fruits à noyaux, avec une réelle longueur.

DOMAINE THEULOT-JUILLOT

4, rue Mercurey • 71640 Mercurey
Tél. 03 85 45 13 87 • Fax : 03 85 45 28 07
e.juillot.theulot@wanadoo.fr • www.theulotjuillot.eu
Visite : Du lundi au vendredi de 8h30 à 12h et de 13h30 à 18h. Le week-end sur rendez-vous. Fermé entre le 25 décembre et le 1er janvier.

Grâce à un travail soigné, Jean-Claude et Nathalie Theulot réussissent à tirer le meilleur de leur vignoble en contrôlant la vigueur de leur matériel végétal. Le style du domaine est reconnaissable par ses bouches charnues, pas les plus concentrées de l'appellation mais digestes, avec des tanins enrobés. La qualité est très régulière, le domaine aligne une série remarquable de 2010, en rouge et en blanc.

Mercurey 2010
Rouge | 2012 à 2018 | 9,20 € **15/20**
Joli nez de griotte, floral et avenant, il joue la délicatesse du cépage. Une envolée aromatique en fin de bouche.

Mercurey lieu-dit Château Mipont 2010
Rouge | 2012 à 2017 | 12,35 € **14/20**
Très joli fruité, fin et subtil, de demi-corps. Un vin de plaisir.

Mercurey premier cru La Cailloute - Monopole 2010

Rouge | 2012 à 2018 | 15,20 € **16/20**

Avec une bouche de grande gourmandise, d'une délicatesse rare, ce rouge se remarque et plaira aux amateurs de rouges subtils, d'une grande générosité de fruit et d'un confort voluptueux.

Mercurey premier cru Les Champs Martins 2010

Rouge | 2012 à 2018 | 14,50 € **14/20**

Dans le style de la-cailloute, avec une finale plus marquée par les amers mais sans sa délicatesse.

Mercurey premier cru Les Saumons 2010

Blanc | 2012 à 2018 | 15,50 € **16/20**

Porté par une colonne vertébrale acide, le vin a du fond et une belle longueur. Floral, sapide, équilibré, complexe il fait saliver.

DOMAINE VENOT

71390 Moroges
Tél. 03 85 47 90 20 ou 06 13 30 95 89
Fax : 03 85 47 99 96
maxime.venot@neuf.fr • http://gaecvenot.fr.nf/
Visite : Du lundi au samedi de 8h à 12h et de 14h à 19h sur rendez-vous.

Bourgogne Côte Chalonnaise 2010

Rouge | 2012 à 2015 | 6,50 € **13/20**

La fraîcheur du pinot noir en attaque est relayée par une note plus sèche en finale. Profitons en sur son fruit immédiat !

DOMAINE AUBERT ET PAMÉLA DE VILLAINE

2, rue de la Fontaine • 71150 Bouzeron
Tél. 03 85 91 20 50 • Fax : 03 85 87 04 10
contact@de-villaine.com • www.de-villaine.com
Visite : Sur rendez-vous.

Aubert de Villaine et son neveu Pierre de Benoist portent à bout de bras l'appellation Bouzeron, grâce à ce petit domaine mené selon les règles de l'agriculture biologique. Les bouzerons ont une incomparable expression florale avec un volume de bouche peu connu sur le cépage aligoté. Les côtes-chalonnaises rouges la-fortune et la-digoine expriment toute l'intensité d'un pinot noir idéalement conduit. La-digoine, issue d'une modeste appellation sous-régionale, se hisse régulièrement dans nos dégustations à l'aveugle au niveau des meilleurs premiers crus de la Côte Chalonnaise. Tous les millésimes sont ici réussis, et les vins vieillissent sur dix ans et plus.

Bourgogne Côte Chalonnaise La Digoine 2010

Rouge | 2012 à 2018 | cav. 14 € **16/20**

Fin, floral, fruité, il fait saliver. La finale est superbe. Elle incarne la délicatesse derrière un tanin juvénile qui va se fondre.

Bourgogne Côte Chalonnaise La Digoine 2009

Rouge | 2012 à 2018 | cav. 14 € **16/20**

Concentré de saveurs dans l'appellation, avec une note sauvage et une profondeur kirschée du nez en finale.

Bourgogne Côte Chalonnaise Les Clous 2010

Blanc | 2012 à 2018 | NC **16/20**

Floral, il se révèle sur une finale fraîche et complexe, subtilement épicée. La longueur impressionne.

Bouzeron 2010

Blanc | 2012 à 2017 | cav. 12 € **15,5/20**

Étonnant aligoté qui révèle la primauté de Bouzeron pour ce cépage. Floral, marqué par le tilleul, la brioche, onctueux, il montre un remarquable équilibre de bouche.

Rully Les Saint-Jacques 2010

Blanc | 2012 à 2020 | cav. 13 € **16/20**

Avec un peu plus de fond que les-clous, il en partage la délicatesse et la complexité de finale.

Le Mâconnais

Un vignoble merveilleusement pittoresque et en plein renouveau qualitatif où règne le chardonnay qui y trouve ses expressions les plus opulentes, en raison d'un surcroît de soleil. Quand cette opulence est disciplinée par des terroirs calcaires, donnant au vin une solide colonne vertébrale, le bonheur est total ! Les prix restent encore sages.

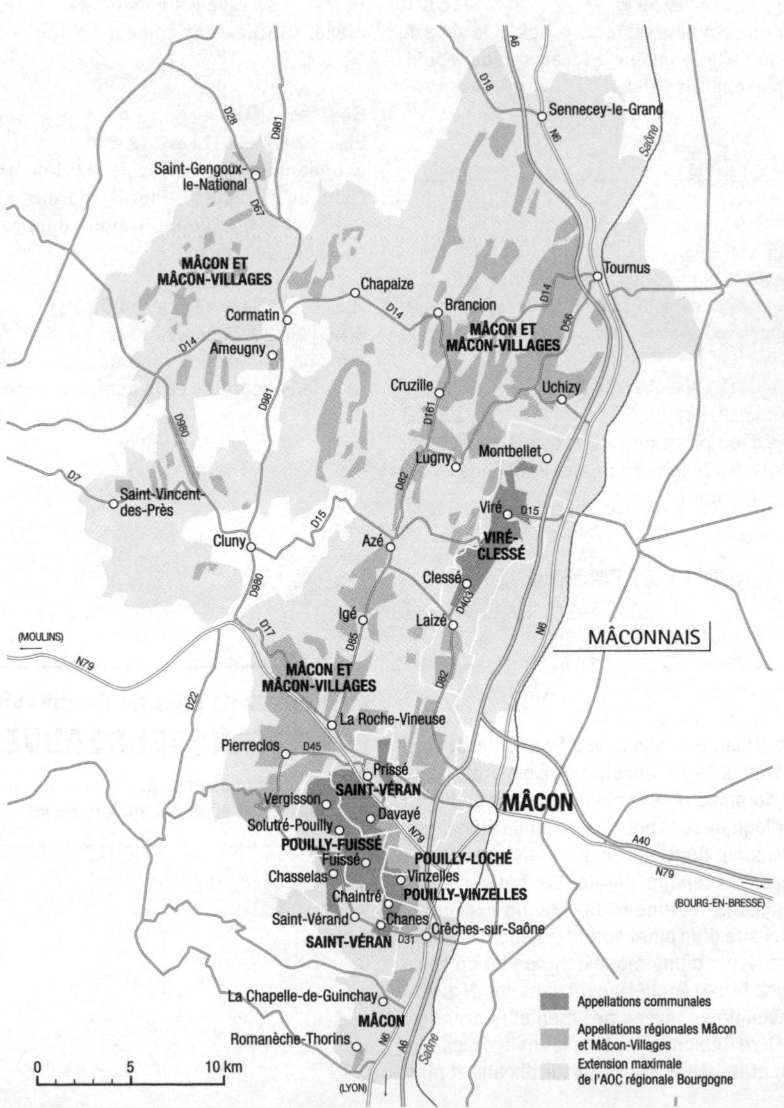

AUVIGUE

3131, route de Davayé - Le Moulin du Pont
71850 Charnay-lès-Mâcon
Tél. 03 85 34 17 36 • Fax : 03 85 34 75 88
vins.auvigue@wanadoo.fr • www.auvigue.fr
Visite : Du lundi au vendredi de 8h à 12h et de 13h30 à 17h. Le week-end sur rendez-vous.

Négociant, propriétaire de tradition, bien implanté dans le secteur de Mâcon, Auvigue produit quelques cuvées de prestige bien typées, à partir de son propre vignoble dans un style très classique sur Pouilly-Fuissé. Le mâcon-solutré a également de la tenue.

MÂCON-VILLAGES SOLUTRÉ 2010
Blanc | 2012 à 2014 | NC **15/20**
En terme de buvabilité, voilà un mâcon qui vous tend les bras et on a vraiment plaisir à retendre le verre, car il y a du coulant et de la fraîcheur.

POUILLY-FUISSÉ LES CRAYS 2010
Blanc | 2012 à 2014 | 12 € **15/20**
C'est précis dans la structure, avec de la franchise et du fond, belle finale fraîche.

DOMAINE DANIEL, JULIEN ET MARTINE BARRAUD

Le Nambret • 71960 Vergisson
Tél. 03 85 35 84 25 • Fax : 03 85 35 86 98
contact@domainebarraud.com
www.domainebarraud.com
Visite : Sur rendez-vous.

Ici, les vins affichent une touche minérale qui progresse créscendo dans les crus proposés. En-France, sur sol argileux, évolue vers un soyeux crémeux avec ce qu'il faut de tension. Les calcaires des Crays, accrochés à la roche de Vergisson, possèdent cette subtilité crayeuse. En-Buland produit un vin d'une rare complexité, avec une tension vibrante. Ce domaine constitue l'un des sommets de Pouilly-Fuissé, avec d'admirables rapports qualité-prix.

POUILLY-FUISSÉ EN BULAND 2010
Blanc | 2014 à 2022 | 23,50 € **16,5/20**
Encore sur la retenue, ce vin offre une tension vibrante et profonde, il est plus en structure qu'en arômes. Beau potentiel.

POUILLY-FUISSÉ EN CRAYS 2010
Blanc | 2012 à 2020 | 19,50 € **15,5/20**
Notes crayeuses et noisetées, bouche dynamique avec une longueur effilée.

POUILLY-FUISSÉ EN FRANCE 2010
Blanc | 2013 à 2022 | 14,50 € **15,5/20**
On sent bien la richesse et le potentiel, avec de l'élégance et une bouche tendue persistante.

CHÂTEAU DE BEAUREGARD

Maison Joseph Burrier • 71960 Fuissé
Tél. 03 85 35 60 76 • Fax : 03 85 35 66 04
joseph.burrier@wanadoo.fr • www.joseph-burrier.com
Visite : Sur rendez-vous au 03 85 32 90 48.

Frédéric Burrier dirige avec aplomb cette grande propriété où le pouilly-fuissé trouve une juste expression de terroir à travers les-charmes, cras, insarts ou maréchaude, qui gagnent en complexité avec le temps en jouant sur une finesse savoureuse. Les saint-vérans et les beaujolais sont également au diapason. Beau tir groupé dans nos dégustations, avec un faible pour les merveilleux 2010 !

FLEURIE LES COLONIES DE ROCHEGRÈS 2005
Rouge | 2012 à 2022 | épuisé **16/20**
Nez d'épices et de noyau de cerise, la bouche confirme cette note aromatique avec un tanin cerisé et soyeux.

MORGON GRAND GRAS 2010
Rouge | 2012 à 2022 | 11,20 € **16/20**
On évalue le potentiel, tout en se régalant au bout de deux heures d'ouverture sur ce vin floral, avec un fond de cerise noire, et des accents épicés. Il y a de la profondeur, et une gourmandise sous-jacente du tanin.

MOULIN-À-VENT LA SALOMINE 2010
Rouge | 2012 à 2022 | 16,10 € **16/20**
Frais et épicé, avec des accents de fruits noirs, voici un nez qui fait saliver, la bouche se révèle raffinée avec un tanin profond et juteux, très belle réussite.

POUILLY-FUISSÉ LA MARÉCHAUDE 2010
Blanc | 2012 à 2020 | 21,50 € **16,5/20**
Nez floral avec des touches de mangue et une pointe minérale, la bouche offre à la fois richesse et tension, avec une fin fraîche précise. C'est déjà superbe, et on pourra lui donner rendez-vous dans dix ans !

POUILLY-FUISSÉ LES INSARTS 2010
Blanc | 2012 à 2023 | 21,50 € **16/20**
Nez de fruits jaunes avec une pointe fumée, bouche à l'attaque soyeuse avec une tension der-

rière, vin qui sur ce millésime a gagné en complexité. En plus, il y a du potentiel !

Pouilly-Fuissé Vers Cras 2010
Blanc | 2012 à 2018 | 21,50 € **15,5/20**
Subtil, long, crayeux, frais et tendu, ce vin offre de délicieux accents de noisette fraîche.

DOMAINE DE LA BONGRAN - JEAN ET GAUTIER THÉVENET

Quintaine - Cedex 654 • 71260 Clessé
Tél. 03 85 36 94 03 • Fax : 03 85 36 99 25
contact@bongran.com • www.bongran.com
Visite : Du lundi au vendredi de 9h à 12h et de 14h à 18h. Le samedi sur rendez-vous.

Pour bien saisir ce domaine, il faut déguster des crus qui ont déjà cinq ou six ans. Ses vins, issus de vendanges récoltées très mûres, conservent un soupçon de sucre résiduel qui fait leur particularité. Ils n'en sont pas moins toujours équilibrés par une belle acidité, due à un travail rigoureux des sols. Leur évolution en bouteille est l'une des meilleures du Mâconnais.

Viré-Clessé Domaine de la Bongran - cuvée Quintaine 2005
Blanc | 2012 à 2017 | NC **16/20**
Vin très racé combinant puissance, élégance et minéralité, avec des notes exotiques et une bonne fraîcheur en fin de bouche. Il évolue parfaitement.

Viré-Clessé Domaine Émilian Gillet - cuvée Quintaine 2009
Blanc | 2012 à 2016 | NC **15,5/20**
Nez d'agrumes confits et de brioche, bouche onctueuse avec des accents de mangue et une finale fraîche sur l'ananas.

Viré-Clessé Domaine Émilian Gillet - cuvée Quintaine 2005
Blanc | 2012 à 2020 | épuisé **16/20**
Nez de fruits jaunes avec une touche fumée, la bouche est onctueuse tout en gardant de la fraîcheur et une fin de bouche très subtile. Excellent sur des ris de veau.

DOMAINE ANDRÉ BONHOMME

71260 Viré
Tél. 03 85 27 93 93
earl.bonhomme.andre@terre-net.fr
www.vireclessebonhomme.fr
Visite : Tous les jours de 8h30 à 12h et de 13h30 à 18h30.

C'est avec le plus grand des plaisirs que nous saluons le retour de ce domaine mythique dans le guide. Entre 1960 et 2000, André Bonhomme était la référence du secteur et ses vins sont encore en pleine forme. Depuis l'arrivée de son petit fils Aurélien sur la propriété, on assiste à une saine évolution entre modernisme et classicisme, les vins sont ainsi plus précis dans leur définition.

Viré-Clessé Cuvée Spéciale 2009
Blanc | 2012 à 2017 | 9,70 € **14/20**
C'est franc, coulant avec ce qu'il faut de matière, voilà un vin qui convient bien au jambon persillé.

Viré-Clessé Les Prêtres de Quintaine 2009
Blanc | 2012 à 2017 | 15,50 € **15,5/20**
Issue de vignes centenaires, cette cuvée nous pousse à entonner le gloria, pour sa plénitude, sa densité et sa structure harmonieuse.

Viré-Clessé Vieilles Vignes 2009
Blanc | 2012 à 2024 | 12 € **15/20**
Le potentiel est là, avec une matière riche, équilibrée par une finale saline et briochée savoureuse. Ces vignes qui ont entre 60 et 95 ans donnent leur pleine mesure.

DOMAINE DENIS BOUCHACOURT

Les Gerbeaux • 71960 Solutré
Tél. 03 85 35 81 88
denbouc@free.fr
Visite : Sur rendez-vous.

Denis Bouchacourt a mis ses vins en bouteille à partir de 2004. La cuvée Feuille-de-Laurier est une bonne mise en bouche mais on réservera en priorité En-Servy, cru minéral, puissant et délicat, qui traduit bien le terroir calcaire qui le porte. La cuvée Ammonite est produite à partir de vignes de 1927 sur une parcelle argileuse, elle se révèle à la fois puissante et élégante.

Pouilly-Fuissé En Servy 2010
Blanc | 2012 à 2014 | 12,50 € **14/20**
Accents briochés et anisés, il y a du volume et ce qu'il faut d'énergie en fin de bouche.

DOMAINE CHÂTAIGNERAIE LABORIER

595, route des Bruyères • 71960 Vergisson
Tél. 03 85 35 85 51 • Fax : 03 85 35 82 42
gil.morat@wanadoo.fr • www.gillesmorat-vins.com
Visite : Sur rendez-vous.

Gilles et Joëlle Morat travaillent le plus naturellement possible. Les pouilly-fuissés sont issus exclusivement de Vergisson. La gamme des vins se révèle franche et d'une grande digestibilité, avec une cuvée Bélemnites sur argiles qui offre de la profondeur et de belles rondeurs briochées. Plus minérale, la-roche possède une tension savoureuse. 2010 possède un beau profil.

POUILLY-FUISSÉ BÉLEMNITES 2010
Blanc | 2012 à 2016 | 15 € **15/20**
L'amande et le froment se dessinent au nez, la bouche attaque en rondeurs et se poursuit de façon harmonieuse avec ce qu'il faut de relance en finale.

POUILLY-FUISSÉ LA ROCHE 2010
Blanc | 2012 à 2017 | 17 € **15,5/20**
Plus minéral, plus complet dans sa profondeur, ce cru surpassait lors de notre dégustation Bélemnites que l'on boira sur une gougère. La-roche peut affronter un poisson noble ou une langouste.

DOMAINE CHEVEAU

Hameau de Pouilly • 71960 Solutré-Pouilly
Tél. 03 85 35 81 50 • Fax : 03 85 35 87 88
domaine@vins-cheveau.com • www.vins-cheveau.com
Visite : Sur rendez-vous au 06 82 03 05 61.

Les sept hectares sont situés intégralement dans le hameau de Pouilly. Les jeunes vignes servent à produire la cuvée des Trois-Terroirs, il y a ensuite les Vieilles-Vignes, et surtout deux sélections parcellaires, avec 40 ares de vers-vras et 32 ares de bouthières qui produisent les meilleures cuvées.

POUILLY-FUISSÉ AUX BOUTHIÈRES 2010
Blanc | 2012 à 2016 | 19 € **15/20**
Il y a du gras, de l'allonge et des accents briochés, avec en finale des notes d'épices douces.

POUILLY-FUISSÉ LES TROIS TERROIRS 2010
Blanc | 2012 à 2014 | 13 € **13/20**
Accents de noisette avec un zeste d'amande fraîche, c'est un grand classique qui se boira à partir de l'automne.

POUILLY-FUISSÉ VIEILLES VIGNES 2010
Blanc | 2012 à 2014 | 16 € **13,5/20**
C'est l'attaque en bouche qui séduit, derrière c'est franc avec des accents noisetés.

DOMAINE DE LA CROIX SÉNAILLET

En Colland • 71960 Davayé
Tél. 03 85 35 82 83 • Fax : 03 85 35 87 22
richard@domainecroisenaillet.com
www.domainecroixsenaillet.com
Visite : Du lundi au vendredi de 8h à 12h et de 13h30 à 17h30. Le samedi sur rendez-vous.

Les frères Martin sont certifiés par Ecocert pour leur agriculture biologique. Leur travail sur le terroir est plus poussé avec une sélection parcellaire plus fine sur Saint-Véran En Pommards et sur Saint-Véran La Carrière. Il y a désormais une collection village pour les entrées de gamme et une collection de lieux-dits qui traduisent la diversité des terroirs de la propriété.

MÂCON-VILLAGES DAVAYÉ 2010
Blanc | 2012 à 2014 | env. 12 € **15/20**
Belle franchise de constitution, avec de la fraîcheur et ce qu'il faut d'allonge.

SAINT-VÉRAN EN POMMARDS 2010
Blanc | 2012 à 2014 | env. 15 € **15/20**
Nez floral avec des accents de froment, bouche sphérique et équilibrée.

SAINT-VÉRAN EN POMMARDS 2009
Blanc | 2012 à 2014 **15/20**
Nez de pêche blanche, bouche sphérique avec ce qu'il faut de fraîcheur, il devrait bien évoluer dans les prochains mois.

SAINT-VÉRAN LES ROCHATS 2010
Blanc | 2012 à 2014 | env. 15 € **13,5/20**
Coulant à souhait, ce vin s'offre volontiers une partie de casse-croûte, on apprécie sa finale saline.

DOMAINE DENUZILLER

Le Bourg • 71960 Solutre-Pouilly
Tél. 03 85 35 80 77 • Fax : 03 85 35 83 38
domaine.denuziller@orange.fr
Visite : Du lundi au vendredi de 9h à 12h
et de 13h30 à 18h30.

Sur les 11,5 hectares du domaine, 10 sont situés sur Solutré et 1 sur Vergisson. En moyenne chaque année, un tiers de la récolte est embouteillé, le reste

est vendu au négoce. On attaque la gamme avec une cuvée Prestige équilibrée. Le-Clos-de-Solutré, La-Frérie et L'Astragale sont plus complexes. Quant au mâcon-solutré, il est très bien sorti cette année.

MÂCON-VILLAGES SOLUTRÉ 2010
Blanc | 2012 à 2016 | 5,50 € **15/20**
Il y a de la matière et ce qu'il faut de tension avec une finale saline subtile.

POUILLY-FUISSÉ ASTRAGALE 2010
Blanc | 2012 à 2014 | 9,90 € **14/20**
On a du volume en attaque et le vin se resserre derrière.

POUILLY-FUISSÉ CLOS DE SOLUTRÉ 2010
Blanc | 2012 à 2014 | 13,20 € **14,5/20**
Il y a du volume, bouche pour l'instant en retrait, potentiel certain.

POUILLY-FUISSÉ LA FRÈRIE 2010
Blanc | 2012 à 2017 | 11 € **15,5/20**
On retrouve le fond et la bouche énergique de ce terroir qui fait l'orgueil de la maison.

POUILLY-FUISSÉ PRESTIGE 2010
Blanc | 2012 à 2015 | 11 € **14/20**
Bouche traçante et saline, avec ce qu'il faut de tension pour accompagner un cabillaud truffé.

DOMAINE DES DEUX ROCHES

Route de Mâcon - D 54 • 71960 Davayé
Tél. 03 85 35 86 51 • Fax : 03 85 35 86 12
info@collovrayterrier.com • www.collovrayterrier.com
Visite : Du lundi au vendredi de 8h à 12h et de 13h30 à 17h30. Le samedi sur rendez-vous.

Cette grande propriété est une source sûre pour trouver en volume important des saint-vérans bien faits, d'un bon rapport qualité-prix. Les meilleures cuvées, terres-noires et cras, se signalent par leur finesse et leur franchise de fruit.

SAINT-VÉRAN LES CRAS 2009
Blanc | 2012 à 2014 | 21,50 € **15/20**
De l'onctuosité en attaque avec des accents salins et une touche d'amande, se boit sur un blanc de volaille.

SAINT-VÉRAN VIEILLES VIGNES 2010
Blanc | 2012 à 2013 | 14,50 € **14/20**
Trame souple avec des accents noisetés, bien sur des fromages.

SAINT-VÉRAN VIGNES DERRIÈRE LA MAISON 2009
Blanc | 2012 à 2014 | 17,30 € **14,5/20**
C'est rond et souple avec une fin noisetée, ce vin donne déjà du plaisir sur une terrine de poisson.

DOMAINE J.-A. FERRET-LORTON

Le Plan • 71960 Fuissé
Tél. 03 85 35 61 56 • Fax : 03 85 35 62 74
ferret@domaine-ferret.com
www.domaine-ferret.com
Visite : Sur rendez-vous.

Archétypes de leur appellation, avec une vraie personnalité, les vins offrent de purs instants de bonheur. La reprise du domaine par la maison beaunoise Louis Jadot assure une superbe continuité, et Audrey Braccini dirige avec aplomb ce domaine référence en essayant de le porter vers les sommets, avec des cuvées domaine Autour-de-Fuissé et Sous-Vergisson d'une belle pureté et d'un excellent rapport qualité-prix. Les cuvées parcellaires sont du niveau des grands crus de la Côte de Beaune ! Heureusement avec 2010, l'amateur retrouvera une production normale pour les grandes cuvées.

POUILLY-FUISSÉ AUTOUR DE FUISSÉ 2010
Blanc | 2012 à 2018 | 19,30 € **15,5/20**
Notes florales avec des nuances briochées, ce vin offre à la fois des rondeurs et de la droiture avec une finale fumée.

POUILLY-FUISSÉ HORS CLASSE
- TOURNANT DE POUILLY 2010
Blanc | 2012 à 2019 | 31 € **16,5/20**
Fruité immédiat sur les agrumes avec une touche de fumé, la bouche a de la densité et de la longueur.

POUILLY-FUISSÉ HORS CLASSE
LES MÉNÉTRIÈRES 2010
Blanc | 2014 à 2030 | 31 € **17,5/20**
Tout en retenue, ce vin a du potentiel et beaucoup de style, on apprécie ses accents de mangue et son tranchant en même temps qu'une minéralité qui ne demande qu'à s'épanouir dans les prochains mois.

POUILLY-FUISSÉ SOUS VERGISSON 2010
Blanc | 2012 à 2018 | 19,30 € **16,5/20**
Tension, minéralité et énergie sont les maîtres mots pour désigner cette cuvée profonde et fraîche.

POUILLY-FUISSÉ TÊTE DE CRU LE CLOS 2010
Blanc | 2012 à 2023 | 24,50 € **17/20**
Nez citronné avec des accents de fruits jaunes, bouche à la fois suave et vibrante, la finale fait parler la poudre. Le meilleur clos jamais produit !

OLIVIER FICHET

Vignoble de Burgy • 71960 Igé
Tél. 06 81 60 11 13 • Fax : 03 85 33 44 45
olivier.fichet@wanadoo.fr • www.domaine-fichet.com
Visite : Du lundi au samedi de 8h à 12h et de 13h à 18h30. Le dimanche sur rendez-vous.

Ce domaine qui produit rouges et blancs dans le secteur d'Igé nous a surtout séduits par ses chardonnays. Vifs, coulants avec ce qu'il faut de matière, ces crus sont d'une bonne digestibilité et ils sont très à l'aise sur les terrines de poisson, les rillettes et les fromages et la galette des rois pour la cuvée Quintessence-du-chardonnay.

MÂCON-VILLAGES QUINTESSENCE DU CHARDONNAY 2009
Blanc | 2012 à 2015 | 18 € **15/20**
Accents de mandarine impériale et d'anis, bouche équilibrée, avec des accents exotiques et de la fraîcheur, vin de galette des rois.

MÂCON-VILLAGES TERROIR DE LA CRA IGÉ 2010
Blanc | 2012 à 2014 | 14,50 € **14,5/20**
La matière séduit dès l'entrée de bouche par sa texture soyeuse avec une belle longueur derrière et une finale anisée.

DOMAINE ÉRIC FOREST

56, rue du Martelet • 71960 Vergisson
Tél. 06 22 41 42 55
forest.eric@free.fr • www.ericforest.fr
Visite : Sur rendez-vous.

Éric Forest est l'un des jeunes talents du Mâconnais, avec des cuvées de pouilly, saint-véran et mâcon parmi les meilleures de leurs appellations, ses vins traduisant au mieux la mosaïque des terroirs qui les portent. Biodynamie, vendanges manuelles, élevage bien maîtrisé, tout est réuni pour que le domaine soit l'une des références du Mâconnais. Si les 2009 ont de l'allure, nous leur préférons les 2010.

MÂCON-VILLAGES SUR LA ROCHE 2010
Blanc | 2012 à 2014 | 12 € **15/20**
De l'énergie, des accents salins et ce qu'il faut de longueur.

POUILLY-FUISSÉ 24 CARATS 2010
Blanc | 2014 à 2020 | 24 € **15,5/20**
On sent une très belle matière, mais pour l'instant l'élevage domine, le vin reprend le dessus en fin de bouche. À suivre de près.

POUILLY-FUISSÉ L'ÂME FOREST 2010
Blanc | 2012 à 2016 | NC **16/20**
Agrumes au nez avec des accents fumés, bouche en tension avec de la densité, superbe réussite !

POUILLY-FUISSÉ LES CRAYS 2010
Blanc | 2012 à 2015 | NC **15,5/20**
Nez crayeux avec des accents d'agrumes et une bonne tension qui vous prend en milieu de bouche. C'est déjà très bon.

CHÂTEAU DE FUISSÉ

Le Plan • 71960 Fuissé
Tél. 03 85 35 61 44 • Fax : 03 85 35 67 34
domaine@chateau-fuisse.fr • www.chateau-fuisse.fr
Visite : Du lundi au vendredi de 8h à 12h et de 13h30 à 17h30. Le week-end sur rendez-vous.

Ce grand classique produit toujours des cuvées de qualité. Le-Clos, à la fois puissant et élégant, donne la réplique à la sole. Plus opulent, Les-Brûlés peut converser avec un chapon. La cuvée Vieilles-Vignes, plus tendue, a du ressort et du style pour caresser des ris de veau truffés. Il convient de carafer les 2010.

POUILLY-FUISSÉ LE CLOS 2010
Blanc | 2012 à 2017 | 27,50 € **15,5/20**
On retrouve la croûte de pain et des accents épicés, la bouche offre cohésion, tension et persistance.

POUILLY-FUISSÉ LES BRÛLÉS 2010
Blanc | 2012 à 2016 | 27,50 € **15,5/20**
Explosif à souhait, voilà un vin au caractère bien affirmé, avec une percussion harmonieuse.

POUILLY-FUISSÉ LES COMBETTES 2010
Blanc | 2012 à 2015 | 27,50 € **15/20**
Épicé et fruits jaunes au nez, ce vin se déguste bien avec une fin de bouche montante.

POUILLY-FUISSÉ VIEILLES VIGNES 2010
Blanc | 2012 à 2017 | 30 € **15,5/20**
Vin généreux aux accents de pain grillé et de froment, bouche onctueuse qui se livre totalement.

DOMAINE GUFFENS-HEYNEN

71960 Vergisson
Tél. 03 85 51 66 00 • Fax : 03 85 51 66 09
guffens.heynen@orange.fr • www.verger-sa.fr
Visite : Sur rendez-vous.

Il suffit de passer dans les vignes de Vergisson avant vendanges pour comprendre pourquoi ce domaine est l'un des hauts lieux mondiaux du chardonnay. Jean-Marie Guffens produit des vins d'une éloquence et d'une constance phénoménales. Tout y est : la qualité extraordinaire de la vendange, la parfaite traduction minérale des sols, travaillés amoureusement et rigoureusement de la même manière depuis plus d'un quart de siècle et l'intensité aromatique. Le pressurage est ensuite diaboliquement précis et permet d'obtenir une pureté cristalline extraordinaire. Il faut absolument carafer les vins pour les saisir dans leur intimité.

Mâcon-Villages Tri de Chavigne Pierreclos 2009
Blanc | 2012 à 2020 | 34 € **16,5/20**
Ce vin est toujours d'une grande pureté, avec les fruits jaunes qui se mêlent aux agrumes et une pointe iodée. Il y a un tel raffinement que l'on passe une heure à le commenter tellement il se révèle complexe. La bouche offre largeur, longueur, tension et précision.

Pouilly-Fuissé La Roche 2010
Blanc | 2012 à 2024 | 13,80 € **17/20**
C'est vibrant, salin, très long en bouche avec la percussion voulue.

Pouilly-Fuissé La Roche 2009
Blanc | 2012 à 2023 | 21 € **17,5/20**
Ce vin vous prend dès le début de bouche, et il vous transporte par sa matière et sa grande pureté.

DOMAINE DES HÉRITIERS DU COMTE LAFON

Cartelées • 71960 Milly-Lamartine
Tél. 03 85 37 78 09 • Fax : 03 85 37 65 21
comtes.lafon@gmail.com • www.comtes-lafon.fr

Créé par Dominique Lafon, un des plus célèbres viticulteurs de la Côte d'Or, ce domaine est devenu en un peu plus d'une dizaine d'années un des phares du Mâconnais. Peu à peu, avec l'aide de Caroline Gon, il affine sa connaissance des crus individuels et leur donne le maximum d'expression. Le clos-de-la-crochette et le clos-du-four constituent des priorités.

Mâcon-Villages Clos de la Crochette 2009
Blanc | 2012 à 2017 | NC **16/20**
Fruits jaunes, avec un zeste de fumé le nez devient plus complexe, la bouche allie l'onctuosité et la tension avec une finale saline très subtile qui va crescendo.

Mâcon-Villages Clos du Four Milly-Lamartine 2010
Blanc | 2012 à 2019 | NC **16,5/20**
Attaque onctueuse, bouche complexe avec une belle finale saline très stylée, c'est l'un des sommets du millésime.

Mâcon-Villages Mâcon-Bussières Le Monsard 2010
Blanc | 2012 à 2014 | NC **14/20**
Marquée par son bois, la matière est pour l'instant en retrait. À revoir.

Viré-Clessé 2010
Blanc | 2012 à 2014 | NC **15/20**
Accents noisetés au nez, bouche en retrait avec une matière qui devrait bien évoluer.

DOMAINE LA SOUFRANDISE

Rouette du Clos • 71960 Fuissé
Tél. 03 85 35 64 04 • Fax : 03 85 35 65 57
la-soufrandise@wanadoo.fr • www.soufrandise.fr
Visite : Du lundi au samedi sur rendez-vous; fermé pendant les vendanges.

Domaine à ne pas confondre avec La Soufrandière des frères Bret, à Vinzelles, La Soufrandise est un joli vignoble dans le secteur de Fuissé. Si les mâcons reste des références, les cuvées de pouilly-fuissé Vieilles-Vignes et Cos-Marie ont également du répondant, avec de belles réussites en 2010.

Mâcon-Villages Le Ronté 2010
Blanc | 2012 à 2017 | 9,50 € **15,5/20**
Plus en tension que le 2009, on apprécie les accents noisetés et briochés avec une finale anisée.

Pouilly-Fuissé Clos Marie 2010
Blanc | 2012 à 2016 | 13 € **15/20**
Il y a du gras et de l'énergie, avec au niveau de l'équilibre une supériorité par rapport au 2009.

Pouilly-Fuissé Vieilles Vignes 2010
Blanc | 2012 à 2014 | 16 € **15,5/20**
Attaque en largeur, puis le vin se tend et se termine sur une finale aux accents d'amande.

DOMAINE LAPALUS

758, route de Vergisson • 71960 Pierreclos
Tél. 03 85 35 71 90
contact@vinslapalus.com • www.domaine-lapalus.com
Visite : Tous les jours de 9h à 12h et de 14h à 17h30.

Dans notre dégustation de mâcons rouges, cette cuvée de pierreclos a très vite retenu notre attention pour sa franchise de goût et sa gourmandise. Comme tous les autres vins de ce domaine familial, il est récolté à partir des principes de l'agriculture raisonnée.

Mâcon-Villages Pierreclos 2010 ☺
Rouge | 2012 à 2014 | 6,10 € **14/20**
Tanins gourmands et juteux, bouche sphérique aux accents de cerise noire. C'est coulant à souhait !

DOMAINE ROGER LASSARAT

121, rue du Martelet • 71960 Vergisson
Tél. 03 85 35 84 28 • Fax : 03 85 35 86 73
info@roger-lassarat.com • www.roger-lassarat.com
Visite : Sur rendez-vous.

Ce domaine historique de Pouilly possède un bon potentiel de vieilles vignes sur des coteaux bien exposés. Le clos-de-France puise sa complexité dans son terroir argilo-limono-siliceux, avec des vignes cinquantenaires. La cuvée Racines est un assemblage de trois parcelles de vignes centenaires sur Solutré et Vergisson, qui donnent des vins bien tendus. Les saint-vérans 2010 sont également en formes !

Pouilly-Fuissé Clos Martelet 2010
Blanc | 2012 à 2015 | 15 € **15/20**
Classique avec ses accents de froment et de noisette, ce pouilly est à la fois frais et élégant.

Pouilly-Fuissé Racines 2010
Blanc | 2012 à 2016 | 19 € **14,5/20**
Le potentiel est évident avec une belle persistance et des accents épicés.

Saint-Véran Les Mûres 2010
Blanc | 2012 à 2016 | 16 € **15/20**
La fraîcheur et l'équilibre sont les maîtres mots de ce vin qui figure parmi les meilleurs saint-vérans sur les 2010.

DOMAINE JOSEPH LEFLAIVE

Place des Marronniers • 21190 Puligny
Tél. 03 80 21 30 13
sce-domaine-leflaive@wanadoo.fr • www.leflaive.fr

Anne-Claude Leflaive est en Mâconnais depuis le millésime 2004. Son domaine a pris le nom de son grand-père, et il est mené de la façon la plus biodynamique possible. Ce secteur de Verzé permet d'obtenir des vins de fraîcheur et de tension. Les 2010 sont prometteurs.

Mâcon-Villages Verzé 2010
Blanc | 2012 à 2019 | NC **15/20**
Vin en tension avec la droiture du millésime et de l'énergie. Belle finale saline !

Mâcon-Villages Verzé 2008
Blanc | 2012 à 2016 | NC **15,5/20**
Nez très pur au niveau aromatique avec une grande cohérence au niveau de la bouche et une jolie finale iodée.

DOMAINE NICOLAS MAILLET

La Cure, route d'Igé • 71960 Verzé
Tél. 03 85 33 46 76 • Fax : 03 85 33 46 76
vinsnicolasmaillet@orange.fr
www.vins-nicolas-maillet.com
Visite : Sur rendez-vous.

Trentenaire truculent, Nicolas Maillet élève tous ses vins en cuve et cela réussit bien car avec le recul, on peut goûter des vins de quelques années qui évoluent parfaitement. Ici, on privilégie avant tout la fraîcheur avec des cuvées délicieusement lampantes qui ont du style. Les blancs sortent toujours en tête de nos dégustations par leur fraîcheur et leur cohérence. Excellents rapports qualité-prix.

Mâcon-Villages 2010 ☺
Blanc | 2012 à 2013 | 8 € **15/20**
Cette cuvée de base séduit toujours autant pour sa fraîcheur et sa souplesse. Très beau vin d'apéritif.

Mâcon-Villages Igé 2010
Blanc | 2012 à 2014 | 10,50 € **15/20**
Il y a du fruit, du coulant, et ce qu'il faut pour taquiner les rillettes.

Mâcon-Villages Verzé 2010 ☺
Blanc | 2012 à 2015 | 10 € **15,5/20**
C'est déjà très bon, on apprécie les touches florales, d'amande et cette fraîcheur en bouche.

Mâcon-Villages Verzé Le Chemin Blanc 2010
Blanc | 2012 à 2016 | 14 € **15,5/20**
Bouche persistante, bien calibrée, avec de la matière, de la finesse et une fraîcheur de bon aloi.

MERLIN

Domaine du Vieux-Saint-Sorlin
71960 La-Roche-Vineuse
Tél. 03 85 36 62 09 • Fax : 03 85 36 66 45
merlin.vins@wanadoo.fr • www.merlin-vins.com
Visite : Sur rendez-vous.

Olivier Merlin a eu la bonne idée de reprendre un vignoble très bien situé, sur la Roche-Vineuse. Ses talents de vinificateur se confirment ici encore, en offrant des vins tendus, d'une précision aromatique parfaite. Les moulin-à-vents 2009 dégustés ont du fond, du fruit et un potentiel évident. Ils devraient parfaitement évoluer.

Mâcon-Villages La Roche Vineuse Vieilles Vignes 2010
Blanc | 2012 à 2015 | 12,40 € **14,5/20**
On sent une matière dense en attaque, avec des accents épicés en finale et de la rondeur.

Mâcon-Villages Les Cras La Roche Vineuse 2010
Blanc | 2012 à 2014 | 17,85 € **15,5/20**
Noiseté au nez, ce vin s'affirme par son onctuosité et sa tension derrière.

Pouilly-Fuissé Clos des Quarts 2010
Blanc | 2012 à 2016 | 21,30 € **15,5/20**
Tension et onctuosité avec des touches épicées séduisent et permettent d'envisager un dos de turbot.

Pouilly-Fuissé Terroir de Vergisson 2010
Blanc | 2012 à 2018 | 21,30 € **15,5/20**
La profondeur et la tension conjuguées font merveille avec une texture onctueuse et crémeuse.

DOMAINE MICHEL

Cray • 71260 Clessé
Tél. 03 85 36 94 27
domainemichelclesse@orange.fr
www.domainemichelclesse.fr
Visite : Du lundi au samedi, de 9h à 12h et de 14h à 18h.

L'appellation Viré-Clessé est très bien sortie sur nos dégustations de 2009 et 2010. Le domaine Michel incarne la bonne forme de ce secteur de plus en plus prisé du Mâconnais, avec des vins soit en tension, soit en légère surmaturité.

Viré-Clessé Quintaine 2009
Blanc | 2012 à 2016 | 12,50 € **15/20**
Accents mûrs de fruits exotiques, fin fraîche et saline qui conclut une bouche pleine et savoureuse.

Viré-Clessé Tradition 2010
Blanc | 2012 à 2017 | 12 € **15/20**
C'est fin, avec de la matière, épicé en milieu de bouche avec une expression de fruits jaunes, c'est complexe en finale.

DOMAINE JEAN-PIERRE MICHEL

Place de Quintaine • 71260 Clessé
Tél. 03 85 23 04 82 • Fax : 03 85 23 04 82
vinsjpmichel@orange.fr
www.vinsmichel-jeanpierre-clesse71.fr
Visite : Sur rendez-vous.

Sur ses terroirs de Quintaine, Jean-Pierre Michel produit des vins aux accents exotiques de bon aloi avec une richesse de constitution qui appelle la volaille.

Mâcon-Villages Terroir de Quintaine 2010
Blanc Doux | 2012 à 2018 | 10 € **15/20**
Nez de fruits confits, bouche ample avec une sucrosité équilibrée.

Viré-Clessé Terroirs de Quintaine 2010
Blanc Doux | 2012 à 2015 | 14 € **14/20**
Marqué encore par son élevage, ce vin a du potentiel, il faut attendre.

DOMAINE PASCAL PAUGET

Les Crets • 71700 Ozenay
Tél. 03 85 32 53 15
pauget.pascal@wanadoo.fr
Visite : Sur rendez-vous.

Ce domaine, situé au nord du Mâconnais, évolue dans une tendance d'agriculture biologique, avec des parcelles bien identifiées par rapport à leur terroir. Le petit îlot de calcaire de Prety est situé sur la rive gauche de la Saône, il donne des vins tendus alors que les crus provenant du secteur de Tournus sont plus gourmands.

Bourgogne Terroir de Tournus 2010
Rouge | 2012 à 2014 | 12 € **14,5/20**
On apprécie le tanin gourmand et le fruité frais, assez belle longueur, avec une finale sur la cerise.

Mâcon Prety 2010
Rouge | 2012 à 2014 | 11 € **14,5/20**
Tanin qui se structure autour d'une aromatique où émergent la cerise et le poivre gris.

DOMAINE ÈVE ET MICHEL REY

220, rue du Château-de-France • 71960 Vergisson
Tél. 03 85 35 85 78 • Fax : 03 85 35 87 91
michel.rey19@wanadoo.fr • www.rey-bourgogne.com
Visite : Sur rendez-vous.

Michel Rey est chef de culture au Château de Beauregard et ce sont les Burrier qui l'ont installé dans cette partie septentrionale de l'appellation. Son épouse Ève organise l'activité de ce domaine qui compte 4 hectares depuis 2010 sur Vergisson. Notre dégustation et notre visite au domaine constituent une heureuse découverte, avec trois superbes cuvées de pouilly qui devraient accéder au rang de premier cru : les-crays, au potentiel élégant, la-maréchaude, à la fois soyeuse et tendue, et la-roche, bien dans sa minéralité, toutes sont des priorités pour l'amateur. Ici, on vinifie en vendanges entières et l'on cultive le plus naturellement possible. Les 2010 constituent une priorité.

Pouilly-Fuissé Aux Crays 2010
Blanc | 2012 à 2014 | 15 € **15,5/20**
Nez crayeux avec des accents de fruits jaunes, bouche énergique avec une tension harmonieuse.

Pouilly-Fuissé En Buland 2010
Blanc | 2012 à 2019 | 15 € **15,5/20**
Vin tout en retenue avec un superbe potentiel et une réelle vibration, voilà un premier millésime très réussi. On est sur la finesse et la puissance.

Pouilly-Fuissé Maréchaude 2010
Blanc | 2012 à 2023 | 17,50 € **16/20**
Nez complexe où se mêlent noisette, brioche, fruits jaunes, fumé, la bouche rayonne et possède de la percussion et de l'énergie. Superbe expression du chardonnay sur l'un des meilleurs terroir du secteur.

Pouilly-Fuissé Terroirs de Vergisson 2010
Blanc | 2012 à 2015 | 14 € **15,5/20**
Dans ce monde de brutes, ce vin fait du bien aux joues, d'accès immédiat il montre également ce qu'il faut de retenue.

DOMAINE RIJCKAERT

Correaux • 71570 Leynes
Tél. 03 85 35 15 09
rijckaeryt.jean@orange.fr • www.rickjaert.fr
Visite : Sur rendez-vous.

Vigneron de qualité sur le Mâconnais avec des cuvées qui sortent remarquablement, Jean Rijckaert est également un négociant talentueux qui sélectionne les vieilles vignes de Pouilly sur de beaux climats comme Les Crous et La Roche sur Vergisson. C'est du cousu-vin ! Les fins de bouche sont toujours d'une grande pureté et les vins sont meilleurs après plusieurs heures d'ouverture.

Mâcon-Villages Montbellet
En Pottes Vieilles Vignes 2009
Blanc | 2012 à 2017 | 14,20 € **15,5/20**
Rondeurs et énergie marquent ce vin bien dans son terroir, on aimerait lui présenter une volaille.

Mâcon-Villages Terroir de Bissy
- Les Crays vers Vaux 2009
Blanc | 2012 à 2017 | 14,20 € **15,5/20**
La trame saline qui s'empare du milieu de bouche donne la tonalité avec une belle matière derrière et des accents miellés.

Saint-Véran En Faux
Vieilles Vignes 2009
Blanc | 2012 à 2015 | NC **16/20**
Ce vin offre un nez généreux avec la marque du millésime, la bouche ouvre sur des accents noisetés nuancés de brioche, puis le vin gagne de la tension et la finale possède assise et fraîcheur.

Viré-Clessé L'Épinet 2010
Blanc | 2012 à 2015 | 12,50 € **15,5/20**
On apprécie toujours plus la bouche que le nez sur ce style de vin, à la fois large et dynamique.

Viré-Clessé Les Verchères 2009
Blanc | 2012 à 2019 | 16,50 € **15,5/20**
Nez d'amande, il y a une vraie attaque avec de l'onctuosité et de l'énergie qui se poursuivent dans une bouche accomplie.

Viré-Clessé Mont-Chatelaine 2010
Blanc | 2012 à 2016 | NC **15/20**
C'est incontestablement un beau représentant du sud bourguignon avec une finale fraîche et minérale qui le complexifie. Bonne persistance.

CLOS DES ROCS

Chemin de la Colonge • 71000 Loché
Tél. 03 85 32 97 53 • Fax : 03 85 35 69 83
vin@closdesrocs.fr • www.closdesrocs.fr
Visite : Sur rendez-vous.

Olivier Giroux produit de bons pouilly-lochés qui jouent dans le registre de la fraîcheur, avec ce qu'il faut de longueur et une vraie plasticité. L'élevage est bien maîtrisé et les vins affichent une juste maturité. Si les cuvées Monopole constituent de belles entrées de gamme, la cuvée Révélation, plus complexe, mérite une plus longue garde.

Pouilly-Fuissé 2009
Blanc | 2012 à 2014 | 13,90 € **14/20**
Belle attaque, on a des accents noisetés et une bouche coulante derrière.

Pouilly-Loché Révélation 2008
Blanc | 2012 à 2017 | 18,90 € **14/20**
De l'allonge, avec des accents briochés et salins, cette bouche a du charme.

CHÂTEAU DES RONTETS

Les Rontés • 71960 Fuissé
Tél. 03 85 32 90 18 • Fax : 03 85 35 66 80
base@chateaurontets.com • www.chateaurontets.com
Visite : Sur rendez-vous.

Claire et Fabio Gazeau-Montrasi ont troqué le métier d'architecte pour celui de vigneron. Ils travaillent leurs sols avec bon sens, dans une approche qui s'appuie sur l'agriculture biologique, et sont toujours à la recherche de l'expression précise des différentes parcelles. Ils font preuve d'une démarche esthétique jusque dans leurs élevages et leurs vins sont vibrants avec un tournant en 2008. Les 2009 et 2010 de la percussion. À suivre de très près !

Pouilly-Fuissé Les Birbettes 2009
Blanc | 2012 à 2020 | 27 € **16,5/20**
Nez en retrait, bouche somptueuse avec une onctuosité sur le froment en attaque, une matière riche et précise qui s'installe et rayonne, avec une fin cristalline. Le vin gagne en complexité au fil de la dégustation.

Pouilly-Fuissé Les Birbettes 1998
Blanc | 2012 à 2016 | épuisé **15,5/20**
Nez de curry, bouche alliant tension et onctuosité, puis le vin gagne en tension, avec une finale noisetée élégante.

Pouilly-Fuissé Pierrefolle 2010
Blanc | 2012 à 2021 | 20 € **16/20**
Les fruits jaunes émergent au nez, l'attaque conjugue onctuosité et tension, l'énergie se renforce derrière et la finale est délicieusement saline.

Pouilly-Fuissé Pierrefolle 2002
Blanc | 2012 à 2017 | épuisé **16/20**
L'ananas et les épices émergent dans un nez très gourmand, la bouche se fait enveloppante et onctueuse, avec une finale menthée.

DOMAINE SAINTE-BARBE

EARL Jean-Marie Chaland • 71260 Viré
Tél. 09 64 48 09 44
jean-marie.chaland@orange.fr
www.jeanmariechaland.com
Visite : Du lundi au vendredi de 8h à 12h et de 13h30 à 18. Le week-end sur rendez-vous au 03 85 33 11 18

Couvrant 8,2 hectares de chardonnays cultivés selon les modes de l'agriculture biologique sur les villages de Viré et de Montbellet, ce domaine nous a séduit pour ses viré-clessés 2010 qui ont de la percussion et un style bien affirmé. Ils sont arrivés dans le peloton de tête des vins dégustés sur cette appellation.

Viré-Clessé L'Épinet 2010
Blanc | 2012 à 2016 | 13,90 € **15/20**
Nez qui fait saliver, vin droit et profond avec des accents de fruits jaunes frais et une jolie fin saline et anisée.

Viré-Clessé Vieilles Vignes 2010
Blanc | 2012 à 2019 | 11 € **15,5/20**
Nez floral avec des accents anisés, la bouche se révèle dense, crémeuse et tendue. Belle réussite !

DOMAINE RAPHAËL SALLET

Domaine de l'Arsentière • 71700 Uchizy
Tél. 03 85 40 50 45
mrsallet@orange.fr
Visite : Sur rendez-vous.

Mâcon-Villages Uchizy 2010
Blanc | 2012 à 2013 | NC **13/20**
Vin franc et coulant avec une pointe saline pour accompagner les rillettes.

DOMAINE SAUMAIZE-MICHELIN

Le Martelet - 51, impasse du Puit • 71960 Vergisson
Tél. 03 85 35 84 05
saumaize-michelin@wanadoo.fr
www.domaine-saumaize-michelin.com
Visite : Sur rendez-vous.

Pratiquement toutes les cuvées produites sur le domaine ont été dégustées, et à chaque fois ce fut un sans faute ! Les vins brillent par leur gourmandise et leur pureté, plutôt axées sur le fruit et la tension. C'est le résultat d'un travail acharné, tant à la vigne que lors de l'élevage. Toute la gamme a gagné en précision et certains 2001 regoûtés montre qu'elle évolue parfaitement.

Pouilly-Fuissé Ampelopsis 2001
Blanc | 2012 à 2019 | 20,50 € **16/20**
Nez d'une grande jeunesse sur le froment, la noisette et le fumé, la bouche est à la fois riche et tranchante, ce vin fait merveille sur une poularde aux ris de veau.

Pouilly-Fuissé Clos sur la Roche 2010
Blanc | 2012 à 2019 | 19 € **16,5/20**
Nez distingué alliant des accents citronnés et crayeux, bouche d'une très grande classe avec de la longueur et une fin saline irrésistible.

Pouilly-Fuissé Le Haut des Crays 2010
Blanc | 2012 à 2020 | 19,50 € **16/20**
La minéralité dans toute sa splendeur, avec une tension crayeuse et une superbe énergie en bouche.

Saint-Véran Les Crèches 2010
Blanc | 2012 à 2016 | 12 € **15,5/20**
Dominant largement la dégustation des saint-vérans, ce vin s'exprime par sa tension, sa matière équilibrée, sa longueur et son amplitude avec une finale fraîche.

DOMAINE LA SOUFRANDIÈRE - BRET BROTHERS

Aux Bourgeois • 71680 Vinzelles
Tél. 03 85 35 67 72 • Fax : 03 85 35 67 72
contact@bretbrothers.com • www.bretbrothers.com
Visite : Sur rendez-vous.

Les frères Bret sont maintenant trois et leur vaillance devient légendaire ! Biodynamiques, toujours avec un projet d'avance, ils figurent parmi les ténors du Mâconnais. Les vins sont de bonne maturité avec une pureté d'expression de plus en plus évidente. La discipline et l'efficacité de la maison ne se dément pas, que ce soit pour les crus du domaine, signés Soufrandière, ou ceux du négoce, signés Bret Brothers.

Mâcon-Villages Uchizy cuvée La Martine 2010 ☺
Blanc | 2012 à 2017 | 11 € **15,5/20**
C'est l'un des meilleurs mâcons de notre dégustation, avec sa bouche sphérique et gourmande et ce qu'il faut de longueur. Vin idéal pour un blanc de volaille.

Pouilly-Fuissé Clos Reyssié 2010
Blanc | 2012 à 2017 | 19,50 € **15,5/20**
Nez de fruits jaunes avec des notes de pain d'épice, la bouche offre un bon volume et ce qu'il faut d'accents briochés.

Pouilly-Vinzelles La Soufrandière 2010
Blanc | 2012 à 2016 | 16 € **15/20**
On apprécie les rondeurs crémeuses de ce vinzelles et son glissant avec ce qu'il faut de fraîcheur finale.

Pouilly-Vinzelles Les Longeays 2010
Blanc | 2012 à 2017 | 20 € **15,5/20**
Un des modèles pour l'appellation, avec une réelle complexité, et un équilibre entre la richesse et l'énergie du vin.

Pouilly-Vinzelles Les Quarts 2010
Blanc | 2012 à 2017 | 25 € **16/20**
Belle constitution pour ce vin qui possède densité et longueur, avec une texture crémeuse harmonieuse, la finale montante offre une belle sensualité.

Viré-Clessé Sous les Plantes 2010
Blanc | 2012 à 2016 | 15 € **15,5/20**
Il y a de la fraîcheur, de l'élégance et des accents noisetés, avec de belles perspectives pour un jambon persillé.

DOMAINE THIBERT PÈRE ET FILS

Rue Adrien-Arcelin • 71960 Fuissé
Tél. 03 85 27 02 66 • Fax : 03 85 35 66 21
info@domaine-thibert.com • www.domaine-thibert.com
Visite : Du lundi au vendredi de 8h30 à 12h30 et de 13h30 à 18h30. Le samedi et le dimanche sur rendez-vous.

Ce domaine travaille une partie de ses vignes en agriculture biologique, le reste étant conduit de façon raisonnée. Sur les huit hectares, la majorité des vignes se situe sur Fuissé, la moitié entre dans la composition de la cuvée Domaine, un hectare et demi dans la cuvée Vieilles-Vignes. Depuis 2007, de gros efforts ont été faits pour mettre en bouteille les meilleures parcelles de façon séparée. De ce point de vue, la partie haute des 16 ares des Insarts possède des ceps de plus de 100 ans, qui entrent dans la cuvée les-champs depuis 2007. Plus explosives, les-ménétrières existent en tant que telles depuis le millésime 2007, elles sont produites à partir de 16 ares, c'est l'une des meilleures cuvées de l'appellation. Bien placées, les 110 ares de Vignes Blanches donnent de la prestance. La lisibilité des terroirs est de plus en plus précise.

POUILLY-FUISSÉ LES CRAS 2010
Blanc | 2012 à 2017 | 23,50 € **15,5/20**
Léger pain grillé au nez, bouche à la fois minérale et crayeuse, avec de l'élégance.

POUILLY-FUISSÉ LES MÉNÉTRIÈRES 2010
Blanc | 2013 à 2021 | 27 € **15,5/20**
Toutes en retenue, ces ménétrières ont du souffle, du ressort et du potentiel.

POUILLY-FUISSÉ LES MÉNÉTRIÈRES 2009
Blanc | 2012 à 2019 | 27 € **15,5/20**
Sur la réserve à son ouverture, le vin prend progressivement du volume, avec le côté explosif du secteur. Idéal pour des ravioles aux truffes.

POUILLY-FUISSÉ VIGNES BLANCHES 2010
Blanc | 2012 à 2016 | 27 € **15,5/20**
Crayeux au nez, ce vin possède une trame droite et commence à être expressif en fin de bouche.

SAINT-VÉRAN LE BOIS DES FÉES 2010
Blanc | 2012 à 2015 | 17,50 € **15,5/20**
Produite depuis 2009, cette cuvée constitue un excellent rapport qualité-prix, sur ce millésime on apprécie l'élégance et l'ouverture de ce vin, dans un registre de gourmandise tendue.

DOMAINE VALETTE

80, chemin du Roy-de-Croix • 71570 Chaintré
Tél. 03 85 35 62 97 • Fax : 03 85 35 68 02
baptiste.valette@wanadoo.fr
Visite : Sur rendez-vous.

Depuis janvier 2010, Gérard Valette s'est retiré pour laisser la place à ses fils Baptiste et Philippe. En plus du domaine, ce dernier exploite 1,5 hectare sur Viré-Clessé. Ici, on prend son temps dans l'élevage pour présenter des vins qu'il convient de carafer au moins une heure avant le service. Les 2006, 2007 et 2008 goûtés sont de grands vins de gastronomie, grâce à une maturité juste, de l'onctuosité et une belle tension.

POUILLY-FUISSÉ CLOS DE MONSIEUR NOLY 2000
Blanc | 2012 à 2016 | 41 € **15,5/20**
Ce terroir phare de Chaintré s'affirme ici avec son gras, sa tension et sa texture crémeuse, belle finale saline, avec une aromatique oscillant entre mandarine, miel et amande. Grand vin de repas.

POUILLY-FUISSÉ CLOS REYSSIÉ 1999
Blanc | 2012 à 2017 | épuisé **15,5/20**
Bien en phase avec une truffe en croûte de pain, grâce à sa trame à la fois onctueuse et tendue. C'est à ce stade qu'il convient de célébrer les vins de la maison.

POUILLY-FUISSÉ TRADITION 2007
Blanc | 2012 à 2017 | 20 € **15/20**
Vin très salin, avec un juste tranchant qui reçoit tout notre agrément. Ce vin évolue avec distinction.

VERGET

Le Bourg • 71960 Sologny
Tél. 03 85 51 66 00 • Fax : 03 85 51 66 09
info.verget@orange.fr • www.verget-sa.fr
Visite : Sur rendez-vous.

Il faut acheter en primeurs dans cette petite maison de négoce, dirigée par Jean-Marie Guffens, si l'on veut bénéficier de prix intéressants. Les vins sont de mieux en mieux maîtrisés, qu'il s'agisse des blancs du Mâconnais ou de ceux de Chablis ou de la Côte de Beaune. La production est désormais parfaitement axée sur la finesse, des vins dont le potentiel de garde peut se révéler énorme. Jeunes, il faut absolument les carafer. Les 2010 et 2009 sont admirables.

CHABLIS GRAND CRU BOUGROS 2009
Blanc | 2012 à 2020 | 32,80 € **16,5/20**
Ces vieilles vignes de Bougros ont de la percussion avec une fin de bouche fraîche et précise.

CORTON - CHARLEMAGNE GRAND CRU 2009
Blanc | 2013 à 2025 | 67,70 € **17/20**
Ces vieilles vignes ont de l'allure, le vin est à la fois élancé et profond, avec un rayonnement fantastique en bouche.

MÂCON-VILLAGES MÂCON-CHARNAY
LE CLOS SAINT-PIERRE 2010 ☺
Blanc | 2012 à 2020 | 10,50 € **15,5/20**
On appelle justement ce cru le meursault de Mâcon, avec ses accents enveloppants provenant des terroirs argileux, et ses flaveurs de brioche, d'amande et de froment, la bouche est onctueuse et vibrante.

MÂCON-VILLAGES MÂCON-CHARNAY
VIEILLE VIGNE DE MONBRISON 2010
Blanc | 2012 à 2020 | 10,50 € **16/20**
Vin dont on apprécie la densité, la richesse et la tension, avec des accents noisetés qui rayonnent en bouche.

MEURSAULT LES CLOUS 2009
Blanc | 2012 à 2020 | NC **16/20**
À la fois riche et tendu, ce cru offre des accents de brioche, de noisette et de fumé, et une superbe allonge.

POMMARD PREMIER CRU LES RUGIENS 2009
Rouge | 2018 à 2025 | NC **16/20**
Grande couleur, nez magnifiquement diversifié, texture veloutée, grande classe évidente. Recommandé !

POMMARD PREMIER CRU LES SAUCILLES 2009
Rouge | 2017 à 2022 | NC **15,5/20**
Belle maturité de raisin, onctueux, large, texture élégante, belle longueur. Excellente vinification.

PULIGNY-MONTRACHET PREMIER CRU
SOUS LE PUITS 2010
Blanc | 2014 à 2020 | NC **16/20**
Remarquable élégance et complexité aromatique, grande longueur, associe avec adresse vinosité et recherche d'une pureté cristalline.

DOMAINE VESSIGAUD

Hameau de Pouilly • 71960 Solutré
Tél. 03 85 35 81 18 • Fax : 03 85 35 84 29
contact@domainevessigaud.com
www.domainevessigaud.com
Visite : Du lundi au vendredi de 8h30 à 12h et de 13h30 à 19h. Le week-end sur rendez-vous.

Pierre Vessigaud sait faire des vins de terroir et de gourmandise, ce qui n'est pas si courant. Il cultive impeccablement son vignoble, qui lui rend des raisins porteurs de toute la personnalité du terroir. Sa vinification comme son élevage se font dans le bon sens du vin. Les 2010 sont un cran au-dessus des 2009.

MÂCON-VILLAGES MÂCON-FUISSÉ LES TÂCHES 2010
Blanc | 2012 à 2015 | 15 € **15,5/20**
Dégusté au milieu de vins de Pouilly-Fuissé, ce mâcon a sorti son épingle du jeu grâce à sa tension, sa matière équilibrée et sa fraîcheur.

POUILLY-FUISSÉ VERS POUILLY 2010
Blanc | 2012 à 2017 | 23 € **15,5/20**
Nez de fleur de vigne magnifique, attaque suave, bouche onctueuse avec des accents d'amande en fin.

CAVE DE VIRÉ

En Vercheron • 71260 Viré
Tél. 03 85 32 25 50 • Fax : 03 85 32 25 55
cavedevire@wanadoo.fr • www.cavedevire.fr
Visite : Du lundi au samedi, de 9h à 12h30 et de 14h à 18h (19h en été) et les dimanches et jours fériés de 10h à 12h30 et de 14h30 à 18h (19h en été).

Sur ses grandes cuvées, la Cave de Viré produit des vins d'un bon rapport qualité-prix comme ce mâcon Quintaine 2010, harmonieux et généreux, à moins de 10 euros.

MÂCON-VILLAGES QUINTAINE 2010
Blanc | 2012 à 2015 | 9,50 € **14/20**
C'est frais en attaque, il y a de l'allonge derrière avec une finale harmonieuse.

La sélection Bettane et Desseauve pour la Champagne

Le vignoble de Champagne

La Champagne et son vin unique sont la success story du vignoble français : la demande nationale et mondiale est insatiable et il n'y en a plus assez ! On le comprend, jamais ce produit hautement civilisé n'a été d'une qualité aussi homogène et maîtrisée, sans que les prix, pour 90 % de la production, ne flambent comme à Bordeaux. Mais combien de temps cela va-t-il durer ?

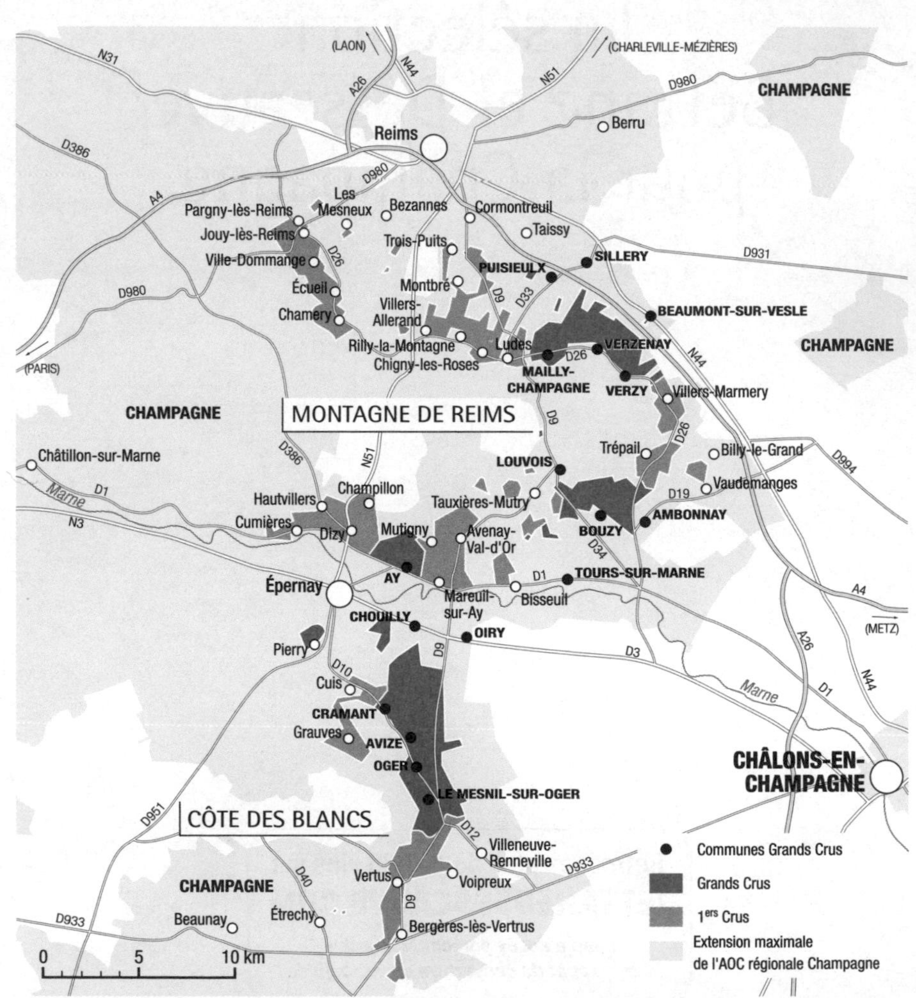

(LAON)
(CHARLEVILLE-MÉZIÈRES)
Soissons
CHAMPAGNE
Brimont
Pévy
St-Thierry
Fismes
Reims
CHAMPAGNE
Berru
Sillery
MONTAGNE DE REIMS
VALLÉE DE LA MARNE
Rilly-la-Montagne
Verzenay
Ludes
Châtillon-sur-Marne
Verneuil
Dormans
Trépail
Bouzy
Ambonnay
Sainte-Menehould
Château-Thierry
Dizy
Aÿ
Épernay
Tours-sur-Marne
(METZ)
Blesmes
Moussy
Oiry
Charly
Azy-sur-Marne
Le Breuil
Cramant
Avize
St-Memmie
Oger
Le Mesnil-sur-Oger
CHÂLONS-EN-CHAMPAGNE
(PARIS)
CÔTE DES BLANCS
Vertus
Montmirail
Beaunay
Vitry-la-Ville
CHAMPAGNE
Villevenard
St-Amand-sur-Fion
Fère-Champenoise
Sézanne
Vitry-le-François
Saint-Dizier
Barbonne-Fayel
Villenauxe-la-Grande
Lac du Der-Chantecoq
Provins
Arcis-sur-Aube
Nogent-sur-Seine
Romilly-sur-Seine
(PARIS)
Lac d'Auzon-Temple
BAR-SUR-AUBOIS
Montgueux
TROYES
CHAMPAGNE
Lac d'Orient
Bar-sur-Aube
Sens
Bligny
Vitry-le-Croisé
Bar-sur-Seine
CHAMPAGNE
Fontette
Essoyes
BAR-SÉQUANAIS
(CHAUMONT)
Les Riceys
Mussy-sur-Seine
ROSÉ DES RICEYS

Grands Crus
1ers Crus
Appellation communale
Extension maximale de l'AOC régionale Champagne

0 5 10 20 km

L'actualité des millésimes

Force. Pendant la crise, les affaires continuent. Le champagne a les reins solides et la crise financière européenne ne semble pas pour l'instant l'avoir touché, en tous cas pas d'une manière propre à remettre en cause les équilibres structurels locaux ni à provoquer des braderies plus ou moins dissimulées de la part d'opérateurs aux abois. Les vignerons prospèrent, les caves coopératives jouent et gagnent sur tous les tableaux et les maisons, grosses ou petites, avancent sans relâche sur tous les continents. La Pax Campania règne sur le monde.

On ne prête qu'aux riches. 2011 démontre sous un jour inédit cette éclatante santé : pour la première fois dans l'histoire de la Champagne, son plus important producteur, Moët et Chandon, aura pris l'initiative de retarder de plusieurs jours (cinq à huit selon les secteurs) la date des vendanges et donc de renvoyer temporairement chez eux, en les payant bien sûr, toutes les équipes de vendangeurs nécessaires à une récolte sur plus de 1000 hectares ! Car l'année, mal partie, a bénéficié d'un mois de septembre superbe qui a permis à certains, pas forcément la majorité néanmoins, de retrouver une véritable maturité de raisin.

La décennie du bonheur. 2010 est ici clairement une année moyenne, nettement inférieure à 2009 et 2008, qui seront certainement millésimés par beaucoup. Les bruts sans année s'appuient sur ces millésimes et sont donc souvent remarquables. Dans les vins millésimés, on commence à trouver des 2006 et 2007 tandis que les 2005 et 2004 composent un doublé intéressant, confortant une décennie bénie commencée avec l'excellent 2002.

Luxe. Les cuvées de prestige proposent des millésimes plus anciens, et constituent de loin le marché régulier le plus important pour des vins de cet âge, ce dont il faut remercier les producteurs locaux. Rappelons que seul l'âge, et souvent dix ans ou plus, révèle le potentiel complet des vins issus des grands terroirs champenois (comme de nombreux autres, d'ailleurs). Grâce à la crise on trouve encore en vente, à des prix moins déraisonnables qu'on ne le croit, des 1998 merveilleux, des 1999 plus avancés mais charmeurs et des 2000 moins pleins et moins charmeurs, mais fort agréables. Le cas du 1996 est plus ambigu, qui passe sans transition de l'extraordinaire, sans égal imaginable, au vin mort ! 1995 n'a pas ces états d'âme et séduit pratiquement toujours, 1993 et 1992, offrent des réussites ponctuelles, 1990 et 1989 sont plus abondants, mais de caractère fort différent. Réjouissons-nous enfin de la continuation de la tendance à doser moins les vins mis sur le marché, ce qui respecte davantage le style des terroirs et du raisin.

MEILLEURS VINS TOUTES CATÉGORIES

Dom Pérignon
Champagne Œnothèque, brut 1996

Deutz
Champagne William Deutz, brut rosé 1999

Veuve Clicquot-Ponsardin
Champagne Cave Privée, brut rosé 1989

Salon
Champagne Millésimé, brut 1999

Egly-Ouriet
Coteaux Champenois Ambonnay cuvée des Grands Côtés, rouge 2009

Bollinger
Champagne Grande Année, brut 2002

Dom Pérignon
Champagne, brut rosé 2002

LE BONHEUR TOUT DE SUITE

Alain Thiénot
Champagne La Vigne aux Gamins, brut 2001

Bertemes
Champagne Coquelicot, brut rosé non millésimé

Pertois-Lebrun
Champagne blanc de blancs, brut non millésimé

Margaine
Champagne Spécial Club, brut 2006

Didier Doué
Champagne Blanc de blancs, brut 2004

Benoît Lahaye
Champagne, brut rosé non millésimé

Paul Bara
Champagne grand cru Réserve, brut non millésimé

Le Mesnil
Champagne grand cru, brut non millésimé

Sadi Malot
Champagne Millésimé, brut 2006

Ch. & A. Prieur
Champagne Grand Prieur, brut rosé non millésimé

MEILLEURS BRUTS NON MILLÉSIMÉS

Krug
Champagne, brut rosé

Bollinger
Champagne, brut rosé

Laurent-Perrier
Champagne Grand Siècle, brut

Jacques Selosse
Champagne, brut rosé

Egly-Ouriet
Champagne Blanc de Noirs Vieilles Vignes grand cru Les Crayères, brut

Taittinger
Champagne Les Folies de la Marquetterie, brut

Pannier
Champagne Égérie rosé de Saignée, brut rosé

Charles Heidsieck
Champagne Réserve, brut rosé

Alexandre Penet
Champagne grand cru blanc de blancs, extra-brut

Francis Boulard
Champagne Petraea, extra-brut

G.H. Mumm
Champagne Mumm de Verzenay grand cru pinot noir, brut

MEILLEURS BRUTS MILLÉSIMÉS

Charles Heidsieck
Champagne Blanc des Millénaires, brut 1995

Charles Heidsieck
Champagne Millésimé, brut rosé 1999

Krug
Champagne Vintage, brut 1998

Deutz
Champagne William Deutz, brut 1999

Deutz
Champagne Amour de Deutz Blanc de Blancs, brut 2002

Pol-Roger
Champagne Sir Winston Churchill, brut 1999

Louis Roederer
Champagne Cristal, brut 2004

Bollinger
Champagne Grande Année, brut rosé 2004

Veuve Clicquot-Ponsardin
Champagne La Grande Dame, brut 2004

Veuve Clicquot-Ponsardin
Champagne La Grande Dame, brut rosé 2004

Dom Pérignon
Champagne Dom Pérignon, brut 2003

Jacques Selosse
Champagne Blanc de blancs grand cru, brut 2002

Gosset
Champagne Célébris, brut 1998

MEILLEURS ROSÉS

Charles Heidsieck
Champagne Millésimé, brut rosé 1999

Bollinger
Champagne Grande Année, brut rosé 2004

Veuve Clicquot-Ponsardin
Champagne La Grande Dame, brut rosé 2004

Bollinger
Champagne, brut rosé non millésimé

Ruinart
Champagne Dom Ruinart, brut rosé 1998

Billecart-Salmon
Champagne Élisabeth Salmon, brut rosé 2000

Jacques Selosse
Champagne, brut rosé non millésimé

Pol-Roger
Champagne Vintage, brut rosé 2002

Taittinger
Champagne Comtes de Champagne, brut rosé 2005

ASPASIE

4 et 8, Grand-Rue • 51170 Brouillet
Tél. 03 26 97 43 46 • Fax : 03 26 97 49 34
contact@champagneaspasie.com
www.champagneaspasie.com
Visite : Du lundi au samedi de 9h à 12h et de 13h30 à 17h.

Le village méconnu de Brouillet, un peu perdu, a pourtant vu naître la légendaire famille Moët ! Certes, c'était il y a cinq siècles... Remi Ariston, sans doute aidé par son nom, produit sur ce terroir original des vins d'une pureté attique, et sa marque commerciale peut facilement devenir votre inspiratrice ! Ne manquez pas sa cuvée Antan, élaborée avec les vieux cépages oubliés de la champagne.

BLANC DE BLANCS
Blanc Brut | 2013 à 2014 | 18 € **14/20**
Fruité épanoui, vin tendre, pas trop minéral mais plutôt floral, bulles fines, usage universel.

CÉPAGES D'ANTAN
Blanc Brut | 2012 à 2014 | 50 € **14,5/20**
Original, vineux, complexe, petite amertume particulière, sur la bouteille présentée, assez avancé dans son bouquet mielleux, vin pour œnophile curieux.

AYALA

1, rue Edmond-de-Ayala - B.P. 6 • 51160 Aÿ
Tél. 03 26 55 15 44 • Fax : 03 26 51 09 04
contact@champagne-ayala.fr
www.champagne-ayala.fr
Visite : Du lundi au vendredi de 8h à 12h et 14h à 17h.

Installée à Aÿ, cette maison produit des champagnes dotés d'une véritable personnalité, droite, svelte, sans aucune lourdeur, dont les cuvées Nature (c'est-à-dire sans ajout de sucre lors de la mise en bouteille) constituent l'incarnation. Le grand public n'a pas encore pris conscience de la qualité de ces vins : profitez-en, le rapport qualité-prix est incroyable!

BLANC DE BLANCS 2004
Blanc Brut | 2012 à 2016 | 39 € **16/20**
Délicat et élancé, joli blanc de blancs, aux arômes fruités et à l'allonge subtile.

BRUT MAJEUR
Blanc Brut | 2012 à 2014 | 28 € **16/20**
Excellent brut fin, délié, d'une grande pureté de définition. Parfait apéritif et l'un des meilleurs rapports qualité - prix de Champagne.

PERLE D'AYALA 2002
Blanc Brut | 2012 à 2018 | 63 € **16,5/20**
Beau vin svelte et vigoureux, finement élancé, aux notes délicates de torréfaction qui s'imposent dans une finale très persistante. Le vin peut encore vieillir.

PERLE D'AYALA NATURE 2002
Blanc Brut | 2012 à 2018 | 68 € **17/20**
Splendide de pureté et de droiture : grand champagne à découvrir à table, sur des crustacés ou des poissons fins.

ROSÉ NATURE
Rosé Brut | 2012 à 2015 | 52 € **16,5/20**
Rosé sans concession, pour amateurs exigeants : pur, presque minéral, c'est un vin de très grande intensité et de grande fermeté.

CHAMPAGNE BARNAUT

1, place André-Collard - B.P. 19 • 51150 Bouzy
Tél. 03 26 57 01 54 • Fax : 03 26 57 09 97
contact@champagne-barnaut.fr
www.champagne-barnaut.com
Visite : Du lundi au vendredi de 9h30 à 12h et de 13h30 à 17h30. Le samedi sur rendez-vous de 10h30 à 13h et de 13h30 à 17h. Fermé les jours fériés.

Philippe Secondé est l'un des plus affables viticulteurs de Bouzy, passionné par son terroir et très raisonnable dans la tarification de ses produits. Il élabore des vins énergiques, parfois un peu lourds et rustiques, mais toujours sincères. À leur meilleur, ils expriment avec beaucoup de naturel la force des pinots noirs du secteur.

BRUT BLANC DE NOIRS GRAND CRU
Blanc Brut | 2012 à 2015 | 19,10 € **15,5/20**
Bonne rondeur, vin vineux, équilibré, assez long, sans aller jusqu'au bout de la logique «grand cru».

GRAND CRU AUTHENTIQUE ROSÉ
Rosé Brut | 2012 à 2014 | 20,10 € **15/20**
Rose soutenu, beaucoup de fruit (grenadine), rond, fruité, un rien trop dosé.

BARONS DE ROTHSCHILD

2, rue Camille Lenoir • 51100 Reims
Tél. 03 26 85 80 92 • Fax : 03 26 47 50 10
mprame@scbra-sas.fr • www.champagne-bdr.com
Visite : Sur rendez-vous

Brut rosé
Blanc Brut | 2012 à 2014 | 42,90 € **14/20**
Champagne Barons de Rothschild est une nouvelle marque - ne la confondez surtout pas avec Alfred de Rothschild ! - créée par les trois branches Rothschild présentes à Bordeaux : Philippine (Mouton), Éric (Lafite) et Benjamin (Clarke). Ces prestigieux parents ne manquent évidemment pas d'ambition, comme en témoigne ce brut généreux (et certainement un peu trop généreusement dosé), ample et harmonieux.

Brut rosé
Rosé Brut | 2012 à 2014 | 57,60 € **14/20**
Framboisé, rond, agréable et équilibré, d'une personnalité immédiatement accessible.

Blanc de Blancs
Blanc Brut | 2012 à 2014 | 57,60 € **15/20**
Finement fruité - notes de zeste de citron - et floral, harmonieux, rond, apéritif.

Grande réserve
Blanc Brut | 2012 à 2013 | 17,40 € **13,5/20**
Vin souple, assez généreusement dosé, mais ample et chaleureux.

Nostalgie 1999
Blanc Brut | 2012 à 2016 | NC **15,5/20**
Champagne tendre et velouté, avec une bulle très fine et une élégance aromatique florale séduisante.

BEAUMONT DES CRAYÈRES

64, rue de la Liberté • 51530 Mardeuil
Tél. 03 26 55 29 40 • Fax : 03 26 54 26 30
contact@champagne-beaumont.com
www.champagne-beaumont.com
Visite : Du lundi au vendredi de 8h30 à 12h et de 13h30 à 17h.

Fleur Blanche 2004
Blanc Brut | 2012 à 2016 | NC **14,5/20**
Notes d'agrumes et de beurre frais, généreux et tendre, finale à notre sens un peu trop dosée.

Fleur Noire 2003
Blanc Brut | 2012 à 2016 | NC **15/20**
Epanoui, tendre, sur la suavité du millésime.

Grand rosé 2004
Rosé Brut | 2012 à 2016 | NC **16/20**
Robe tendre, bouquet complexe, relevé par une note d'anis étoilé qui s'associe joliment au fruits rouges, bouche équilibrée, de bonne longueur.

FRANÇOISE BEDEL

71, Grande-Rue • 02310 Crouttes-sur-Marne
Tél. 03 23 82 15 80 • Fax : 03 23 82 11 49
contact@champagne-bedel.fr
www.champagne-bedel.fr
Visite : Du lundi au vendredi de 9h à 12h30 et de 13h30 à 18h. Le week-end sur rendez-vous.

Cette petite propriété, située aux portes de Paris ou presque, pratique une viticulture biodynamique idéaliste mais rigoureuse, et ne cesse de progresser dans l'élaboration de champagnes fidèles à la gueule de l'endroit, comme le dirait Jacques Puisais. Les vins présentés cette année brillaient par leur netteté, leur naturel, leur véritable et discrète élégance, mais il faut aimer les vins mûrs et marqués par une forte autolyse des levures.

Dis, Vin Secret
Blanc Brut | 2013 à 2015 | 29,70 € **14,5/20**
Robe et nez évolués mais saveur riche, entière, à l'ancienne dans le meilleur sens du terme, champagne de table.

Entre Ciel et Terre
Blanc Brut | 2013 à 2015 | 37,50 € **15/20**
Beaucoup de rondeur, d'ampleur de saveur, très marqué par le ferment, mais sans lourdeur, terroir bien en évidence, champagne de table, à nouveau.

ALAIN BERGÈRE

81 Grande Rue • 51270 ETOGES
Tél. 03 26 59 35 90 • Fax : 03 26 59 12 55
champagne-alain-bergere@wanadoo.fr
www.champagne-alain-bergere.com

Brut rosé
Rosé Brut | 2012 à 2013 | NC **15/20**
Beau nez floral, très fin très pur, notes savoureuses de zeste d'orange, jolie suite en bouche, une découverte à partager.

BERTEMES

11, rue Saint-Vincent • 51380 Trepail
Tél. 06 08 89 59 11 • Fax : 03 26 57 81 39
fabrice.bertemes@orange.fr
www.champagne-bertemes.fr
Visite : De 10h a 19h.

Cette petite propriété artisanale que nous avons découverte lors de notre grande dégustation produit des vins sur l'excellent terroir de Trépail, aux portes d'Ambonnay, dont on regrettera éternellement l'arrachage des pinots noirs pour des chardonnays, d'ailleurs très bons, mais moins originaux. La propriété a conservé quelques uns de ces pinots, bravo !

Coquelicot

Rosé Brut | 2012 à 2016 | 19 € **16,5/20**

Vraiment la spécialité de la maison, remarquable arôme floral, tendre, fruité, finale délicieuse.

GRANDE SÉLECTION

Blanc Brut | 2013 à 2015 | 15,50 € **15/20**

Rond et séducteur, complètement épanoui, dosage marqué mais bien intégré, beaucoup de finesse, tendre et apéritif.

Premier cru Extra Brut

Blanc Brut | 2013 à 2015 | 19 € **14/20**

Tendu, assez ouvert, forte note de noisette, demande encore un an d'affinage.

PIERRE BERTRAND

166, rue Louis-Dupont • 51480 Cumières
Tél. 03 26 54 08 24 • Fax : 03 26 55 22 08
bertrand.pierre7@wanadoo.fr • www.champagnepierrebertrand.com
Visite : Sur rendez-vous.

L'ensemble de la gamme nous a semblé partager les mêmes qualités d'honnêteté. Il met notamment en avant l'excellent terroir de Cumières.

Brut Premier Cru

Blanc Brut | 2013 à 2015 | 14,60 € **15/20**

Robe dorée, beau nez fruité de raisin mûr, dosage sensible mais intégré, très confortable et consensuel.

BRUT ROSÉ

Rosé Brut | 2012 à 2015 | 14,90 € **15/20**

Petits fruits rouges élégants au nez, rosé délicat, fruité, subtil, très apéritif.

Elisée 2005

Blanc Brut | 2014 à 2017 | 16,30 € **16,5/20**

Tout en puissance, et en race, Cumières idéal, marqué par la force des pinots, bon dosage, vivement recommandé pour la table !

BESSERAT DE BELLEFON

66, rue de Courlancy BP 41 • 51573 Reims Cedex 02
Tél. 03 26 78 52 16 • Fax : 03 26 78 50 99
contact@besseratdebellefon
www.besseratdebellefon.com

Cette maison née au XIXe siècle appartient au groupe BCC (Lanson, Boizel, etc.). Elle a toujours produit des champagnes fondés sur l'onctuosité et une pression moins forte qu'à l'habitude : ils possèdent ainsi une pétillance plus légère que la plupart des autres, dans un style assumé depuis toujours.

Cuvée des Moines

Blanc Brut | 2012 à 2013 | 31 € **14/20**

Droit, consistant, équilibré et d'un usage universel.

Cuvée des Moines

Blanc Extra brut | 2012 à 2014 | 35 € **15/20**

Très différente du brut, cette cuvée s'appuie assurément sur un assemblage de champagnes plus anciens, aujourd'hui en pleine maturité d'expression. Avec ses notes grillées et sa belle nervosité, c'est un champagne de grand caractère.

Cuvée des Moines Millésimé 2002

Blanc Brut | 2012 à 2016 | 45 € **15,5/20**

Robe dorée, caractère de biscotte et de céréales torréfiées, allonge charnue, bon dosage, solide, avec une finale épanouie ne manquant pas de finesse.

BILLECART-SALMON

40, rue Carnot • 51160 Mareuil-sur-Aÿ
Tél. 03 26 52 60 22 • Fax : 03 26 52 64 88
billecart@champagne-billecart.fr
www.champagne-billecart.fr
Visite : Sur rendez-vous.

Cette maison de Mareuil-sur-Aÿ a acquis une réputation internationale au cours des années 1990 grâce à des champagnes aériens et raffinés, dont le rosé est le vin emblématique. Les millésimes et les grandes cuvées sont exceptionnels.

Blanc de Blancs
Blanc Brut | 2012 à 2014 | cav. 53,20 € **16/20**
Associant floral et agrumes, voilà un très harmonieux blanc de blancs, sans aucune agressivité, mais long et fin.

Blanc de blancs Millésimé 1999
Blanc Brut | 2012 à 2018 | cav. 95 € **18/20**
Champagne de grande délicatesse, aux fines notes de mirabelle et de toast, à l'allonge racée et pure, à la tendresse sans mollesse.

Brut Réserve
Blanc Brut | 2012 à 2014 | cav. 36,50 € **15/20**
Souple et rond, très agréable et finement équilibré, d'un usage universel

Brut Rosé
Rosé Brut | 2012 à 2014 | cav. 58 € **16/20**
à la hauteur de sa réputation : finement fruité, élancé, frais, disert et tendrement profond.

Clos Saint-Hilaire 1998
Blanc Brut | 2012 à 2018 | cav. 330 € **17/20**
Beaucoup de vinosité dans un style plus puissant que les autres champagnes de la maison, avec une personnalité faite pour la table.

Élisabeth Salmon Rosé 2000
Rosé Brut | 2014 à 2022 | cav. 148 € **18/20**
Dans le même registre «à attendre» que Nicolas-François 2000, avec un fruit très pur et une allonge de grande persistance.

Nicolas-François Billecart 2000
Blanc Brut | 2012 à 2018 | cav. 81 € **17/20**
D'un style moins vineux mais plus rond que le 1998, le 2000 déploie ses charmes aromatiques avec beaucoup d'allant : registre de fruits meringués, notes florales et bouche épanouie.

Nicolas-François Billecart 1998
Blanc Brut | 2012 à 2018 | cav. 81 € **18/20**
Aujourd'hui à point, c'est un champagne profond, de grande vinosité, à la note de petits fruits rouges et de rhubarbe très persistante en finale, et à la dimension svelte.

Vintage 2004
Blanc Brut | 2012 à 2018 | cav. 55,30 € **17/20**
Svelte et élancé, voilà un beau millésime au bouquet d'agrumes et de meringue, à l'allonge sans aucune lourdeur, avec du nerf. Au final, un beau champagne apéritif et racé.

H. BLIN & CO

5, rue de Verdun - B.P. 3-5 • 51700 Vincelles
Tél. 03 26 58 20 04 • Fax : 03 26 58 29 67
contact@champagne-blin.com
www.champagne-blin.com
Visite : Du lundi au vendredi de 8h à 12h et de 14h à 17h. Le samedi de 10h à 12h et de 14h à 17h.

Blanc de blancs
Blanc Brut | 2012 à 2014 | 21 € **14/20**
On privilégiera dans cette marque classique, issue de la cave de Vincelles, ce blanc de blancs vineux et intense, d'une franchise apéritive clairement affirmée.

BOIZEL

46, avenue de Champagne • 51200 Épernay
Tél. 03 26 55 21 51 • Fax : 03 26 54 31 83
boizelinfo@boizel.fr • www.boizel.com
Visite : sur rendez-vous.

Cette maison familiale a intégré au milieu des années 1990 le dynamique groupe BCC, dirigé par Bruno Paillard, sans que son management familial (Évelyne Roques-Boizel et son mari la dirigent toujours) et ses principes d'approvisionnement et de vinification en soient changés. Les vins possèdent tous un caractère mature et généreux, qui donne véritablement sa pleine mesure dans les millésimes et les cuvées de prestige.

Brut Millésimé 2002
Blanc Brut | 2012 à 2017 | 41 € **16,5/20**
Les notes de toast sont très séduisantes. L'ensemble est gras, ample et très gourmand, c'est un beau champagne complet et intense.

Brut Réserve
Blanc Brut | 2012 à 2014 | 27 € **14/20**
Robe dorée, champagne de belle maturité, généreusement dosé, avec de la vinosité. Un style à l'ancienne assumé.

Brut Rosé
Rosé Brut | 2012 à 2013 | 33 € **14,5/20**
Fruité et souple, bon équilibre général, d'un usage universel.

Joyau de France Rosé 2000
Rosé Brut | 2012 à 2015 | 89 € **17/20**
Pour amateur de rosés de grande maturité, un beau champagne épanoui, avec de l'intensité et une belle finale fraîche et sans dureté.

BOLLINGER

16, rue Jules-Lobet - B.P. 4 • 51160 Aÿ
Tél. 03 26 53 33 66 • Fax : 03 26 54 85 59
contact@champagne-bollinger.fr
www.champagne-bollinger.com

Cette maison d'Aÿ est demeurée familiale et constitue certainement pour beaucoup d'amateurs l'illustration la plus exemplaire du champagne de puristes. Bollinger réalise des champagnes extrêmement vineux, droits, profonds. Pour autant, cette vinosité n'exclut pas, bien au contraire, la plus extrême finesse ! Toutes les cuvées, y compris le brut non millésimé Spécial Cuvée, bénéficient avant leur commercialisation d'une lente maturation dans les caves de la maison. Le R.D. est un champagne parvenu à pleine maturité et dégorgé (c'est-à-dire débarrassé de ses lies) juste avant la commercialisation pour préserver au maximum la fraîcheur du vin. Le Grande-Année est un champagne vintage de haute volée, généralement au sommet du millésime concerné.

Brut Grande Année 2002

Blanc Brut | 2012 à 2020 | NC **19,5/20**

La robe est d'un or pâle brillant, le nez, avec ses notes d'orange amère, de beurre frais et ses nuances torréfiées, séduit immédiatement. En bouche, c'est un champagne parfait, onctueux, brillant, long et à point. Peut-être le plus séducteur des millésimes de Grande Année.

Grande Année Rosé 2004

Rosé Brut | 2012 à 2020 | NC **19/20**

Décidément le Grande Année rosé fait un sans faute éblouissant depuis sa création : ce 2004 apparaît d'une suavité et d'une profondeur magnifiques, relevés par une palette aromatique extraordinairement épanouie.

Rosé

Rosé Brut | 2012 à 2015 | NC **18,5/20**

Bouquet très fin de fruits rouges, droiture impressionnante en bouche, délicatesse et fraîcheur, finale pure et longue.

Spécial Cuvée

Blanc Brut | 2012 à 2015 | NC **17/20**

Grand raffinement et générosité savoureuse : toujours le plus impeccable des bruts non millésimés, dans un style plus accessible (c'est un compliment !) qu'autrefois.

BONNAIRE

120, rue d'Epernay • 51530 Cramant
Tél. 03 26 57 50 85 • Fax : 03 26 57 59 17
info@champagne-bonnaire.com
www.champagne-bonnaire.com
Visite : Du lundi au samedi de 8h à 12h et de 14h à 17h.

Jean-Louis Bonnaire élabore les champagnes Bonnaire et Paul Clouet à Cramant. Le vignoble Bonnaire est important, 22 hectares, surtout sur la Côte des Blancs, et le style des vins plaira au plus grand nombre par leur délicatesse et leur subtilité, qui sont les qualités mêmes des vins de Cramant qui forment l'ossature des hauts de gamme de la maison.

Blanc de Blancs grand cru extra brut

Blanc Brut | 2012 à 2015 | 21 € **16/20**

Tendu, minéral et rassis à la fois, assez Cramant, vin de connaisseur.

blanc de blancs Ver Sacrum ☺

Blanc Brut | 2013 à 2015 | env. 25 € **15,5/20**

Précis mais tout aussi rond, fruité et consensuel que Variance, avec une toute petite note minérale supplémentaire, vin de caractère, universel.

Grand cru Prestige

Blanc Brut | 2015 à 2020 | 29 € **17/20**

Vin complet, puissant mais équilibré, peu dosé, assemblage fort réussi, plus corsé que le blanc de blancs.

BONNET GILMERT

16, rue de la Côte • 51190 Oger
Tél. 03 26 59 49 47 ou 03 26 53 86 08
Fax : 03 26 59 00 17
contact@champagne-bonnet-gilmert.com
www.champagne-bonnet-gilmert.com
Visite : Sur rendez-vous.

Voici encore une bonne adresse pour se fournir en blancs de blancs très apéritifs. Oger est la continuation du fameux vignoble d'Avize, avec sans doute les plus belles terres à chardonnay de toute la Côte des Blancs. Ce producteur soigne visiblement son brut sans année, d'un prix très raisonnable. Les vins présentés cette année retrouvent leur niveau habituel avec un vin de luxe, Précieuse d'Ambroise, racé, complet et un délicieux rosé de saignée plus expressif que le rosé grand cru normal.

CUVÉE DE RÉSERVE GRAND CRU BLANC DE BLANCS
Blanc Brut | 2013 à 2018 | 14,50 € **15,5/20**
Charpenté mais racé, avec les notes classiques du secteur d'Oger, suffisamment âgé.

PERLE DE ROSÉ
Rosé Brut | 2012 à 2016 | 20 € **16/20**
Cuvée fort réussie cette année, très intense sur le plan aromatique avec toutes les notes florales de pinots noirs adroitement vinifiés, bon dosage, consensuel.

PRÉCIEUSE D'AMBROISE
Blanc Brut | 2012 à 2017 | 33 € **16,5/20**
Vin de grand caractère, pleinement grand cru, dosage marqué mais intégré, fin de bouche rivalisant avec beaucoup de vins plus connus.

FRANCK BONVILLE

9 rue Pasteur • 51190 Avize
Tél. 03 26 57 52 30
contact@champagne-franck-bonville.com
www.champagne-franck-bonville.com
Visite : Du lundi au vendredi de 8h30 à 12h
et de 13h30 à 18h sur rendez-vous de préférence.
Le samedi sur rendez-vous uniquement.

Cette propriété classique de la Côte des Blancs, dotée de terroirs exceptionnels sur Avize, entre autres, a présenté pour la première fois ses vins à nos dégustations et ils se sont immédiatement fait remarquer par leur pureté et leur sûreté de style. Les prix restent sages.

BRUT PRESTIGE
Blanc Brut | 2013 à 2015 | 19,10 € **16/20**
Grande pureté aromatique, saveur de noisette fraîche, racé, parfaitement apéritif, excellent dosage.

FRANCIS BOULARD

Route Nationale RD 944
51220 Cauroy-les-Hermonville
Tél. 03 26 61 52 77
contact@francis-boulard.com
www.francis-boulard.com
Visite : Sur rendez-vous.

Francis Boulard, associé à sa fille, entame une nouvelle vie de vigneron champenois, désormais libre de faire le vin qu'il souhaite, de la vigne au verre. Une jolie vigne à Mailly en grand cru et des parcelles aussi qualitatives dans la proche montagne de Reims, le tout cultivé en total respect du sol, de la plante et de l'environnement. Des vins brut nature, sans dosage, sans compromis, parmi les plus accomplis de cette famille, qui plairont aux puristes du champagne et aux autres.

LES RACHAIS 2005
Blanc Extra brut | 2012 à 2015 | 48 € **17/20**
Noble nez de froment, délicieuse finesse de bulles, aérien mais séveux, strict mais pas austère, mûr et frais, bref la quadrature du cercle du beau champagne.

PETRAEA
Blanc Extra brut | 2012 à 2014 | 36 € **17,5/20**
Vin de solera, comprenant tous les millésimes de 1997 à 2005, et un résultat épatant, délicat, épicé, subtil, plus complexe que le grand cru, pas loin de l'idéal du vin de la Grande Montage, à large dominante de noirs (60% pinot noir, 20% meunier, 20% chardonnay). Délicat, pur, mûr, tout ce qu'on aime. Mais nous ne voyons pas de minéralité et nous nous en moquons.

BOURMAULT

41, Rempart-du-Midi • 51190 Avize
Tél. 03 26 59 79 41 • Fax : 03 26 58 67 74
christian.bourmault@wanadoo.fr
Visite : Sur rendez-vous.

R DE ROSA
Rosé Brut | 2013 à 2015 | 18,85 € **15/20**
Cette année, c'est le rosé clair, fruité, légèrement vanillé et subtil de la propriété qui s'est imposé à l'aveugle, le Grand Eloge étant un peu fermé.

BRUNO PAILLARD

Avenue de Champagne • 51100 Reims
Tél. 03 26 36 20 22 • Fax : 03 26 36 57 72
info@brunopaillard.com
www.champagnebrunopaillard.comss
Visite : Du lundi au vendredi de 8h30 à 18h.

Tout en maintenant volontairement un volume de production limité, Bruno Paillard a développé cette maison en réalisant une gamme très complète, de l'impeccable brut non millésimé à la cuvée de prestige Nec-Plus-Ultra («NPU», sûrement l'un des champagnes vieillissant le plus longuement avant commercialisation) en passant par des millésimes qui affichent sur leur étiquette une œuvre inédite, créée à chaque fois par un artiste différent. La maison a trouvé son rythme de croisière.

Brut Première Cuvée
Blanc Brut | 2012 à 2017 | NC **16/20**
Peu dosé, très apéritif, exprimant des notes d'agrumes et de fruits rouges séduisantes, mais témoignant en bouche d'une belle maturité : impeccable brut non millésimé.

N.P.U. 1996
Blanc Brut | 2012 à 2018 | NC **18/20**
Plus que le bouquet, qui demande un peu d'aération pour s'épanouir pleinement, c'est par son corps onctueux et profond que ce champagne impressionne : velouté et long, il ne s'oublie pas.

Première Cuvée Rosé
Rosé Brut | 2012 à 2015 | NC **16/20**
Champagne frais, élancé, en tendresse et en allonge. Fruité séduisant.

CANARD-DUCHÊNE
1, rue Edmond-Canard • 51500 Ludes
Tél. 03 26 61 11 60 • Fax : 03 26 61 13 90
info@canard-duchene.fr • www.canard-duchene.fr
Visite : sur rendez-vous.

Brut Authentic Green
Blanc Brut | 2012 à 2014 | 29,90 € **13,5/20**
Cette cuvée, qui est l'une des très rares en Champagne à être certifiée bio, offre un profil souple et tendre, sans lourdeur, prêt pour l'apéritif.

Charles VII Blanc de Noirs
Blanc Brut | 2012 à 2014 | 33 € **14,5/20**
Caractère souple mais marqué de raisins noirs, avec de jolis arômes de petits fruits rouges et une finale à l'élégante fraîcheur acidulée.

CHANOINE
Allée du Vignoble • 51100 Reims
Tél. 03 26 36 61 60 • Fax : 03 26 36 66 62
contact@champagnechanoine.com
www.tsarine.com

Tsarine, la marque développée par ce négociant appartenant au groupe BCC (également propriétaire de Lanson), s'est rapidement développée en accompagnant le monde du cinéma. Cette personnalité ne saurait faire oublier la qualité intrinsèque des champagnes de la gamme, tous produits dans un style souple, facile et immédiatement savoureux.

Tsarine Rosé Millésimé 2004
Rosé Brut | 2012 à 2014 | 37 € **15/20**
Fruité, souple, tendre, très équilibré et apéritif, assurément un joli rosé délicatement constitué.

Tzarina N°1
Blanc Brut | 2012 à 2015 | 50 € **17/20**
Cette nouvelle cuvée tirée seulement à quelques milliers d'exemplaires associe persistance, finesse avec le naturel souple et apéritif de la marque. Brillant.

GUY CHARLEMAGNE
4, rue de la Brèche-d'Oger
51190 Le Mesnil-sur-Oger
Tél. 03 26 57 52 98 • Fax : 03 26 57 97 81
champagneguycharlemagne@orange.fr
www.champagne-guy-charlemagne.fr
Visite : Du lundi au vendredi de 9h à 12h et de 14h à 18h. Le samedi de 9h à 12h sur rendez-vous.

Propriété classique du Mesnil-sur-Oger, capable du meilleur comme du plus indifférent, qui a présenté cette année quelques vins de très bon style, à nouveau.

Brut Réserve grand cru Blanc de Blancs
Blanc Brut | 2013 à 2015 | 19,10 € **15/20**
Dans le style classique avec un excellent équilibre, des bulles fines, propres, et un aspect diablement désaltérant.

Mesnillésime Grand Cru Blanc de Blancs 2004
Blanc Brut | 2014 à 2019 | 32,50 € **16/20**
Au nez, les notes grillées se développent parfaitement, le vin est vineux, puissant, fait pour la gastronomie, pas encore complètement harmonieux, mais le grand cru parle sans doute Chétillon.

CHARLES HEIDSIECK
12, allée du Vignoble • 51100 Reims
Tél. 03 26 84 43 00 • Fax : 03 26 84 43 49
claudie.fresne@champagnes-ph-ch.com
www.charlesheidsieck.com

Cette maison propose des champagnes d'une exquise finesse et d'une parfaite maturité. L'ensemble de la gamme est brillamment homogène et s'appuie sur un style très fondu, aérien, qui n'a jamais été aussi précis qu'aujourd'hui. Elle appartient aujourd'hui à la famille Descours, très présente dans le luxe «made in France» (notamment les chaussures Weston), qui semble clairement décidée à le faire savoir.

Blanc des Millénaires 1995

Blanc Brut | 2012 à 2020 | 146,95 € **19/20**

Une texture d'un raffinement hors norme, avec sa finesse de taffetas, une longueur insinuante, une subtilité aromatique sur des notes de brioche et de noisette, un plaisir de tous les instants : un champagne inoubliable !

Brut Réserve

Blanc Brut | 2012 à 2014 | 32,70 € **16,5/20**

Très floral et finement fruitée, la cuvée non millésimée de Charles Heidsieck est remarquablement affinée, pure et persistante.

Millésime 2000

Blanc Brut | 2012 à 2018 | 49,05 € **18/20**

Robe d'un bel or brillant, nez épanoui de toast, noisettes et fruits confits, ampleur gourmande et savoureuse, remarquable équilibre, finale longue et allègre.

Rosé Millésimé 1999

Rosé Brut | 2012 à 2019 | 81,70 € **19/20**

Une dimension aérienne quasi surnaturelle, une finesse aromatique éblouissante, une tendreté profonde et longue.

Rosé Réserve

Rosé Brut | 2012 à 2016 | 45,80 € **17,5/20**

Rose pâle, nez d'un raffinement exquis, bulle surfine, allonge tendre, grande pureté et persistance aromatique splendide. Un must !

J. CHARPENTIER

88, rue de Reuil • 51700 Villers-sur-Chatillon
Tél. 03 26 58 05 78 • Fax : 03 26 58 36 59
info@jcharpentier.fr • www.jcharpentier.fr
Visite : Du lundi au samedi de 9h à 12h et de 14h à 18h. Le dimanche sur rendez-vous.

Comte de Chenizot

Blanc Brut | 2012 à 2014 | 20 € **14/20**

Robe dorée, beaucoup de fruit et de générosité dans les bulles, ensemble équilibré et sincère, d'usage universel.

CHASSENAY D'ARCE

11, rue Pressoir • 10110 Ville-sur-Arce
Tél. 03 25 38 30 70
champagne@chassenay.com • www.chassenay.com
Visite : Du lundi au samedi de 10h à 12h et de 14h à 17h30.

Confidences

Blanc Brut | 2012 à 2014 | cav. 39 € **16/20**

Magnifique nez de fleurs blanches, notes de mousseron fines et racées, vin de fort caractère local, épanoui, long original et harmonieux, recommandé !

Confidences

Rosé Brut | 2012 à 2014 | 39 € **14/20**

Cette coopérative de l'Aube propose une gamme cohérente parmi lesquelles on retiendra ce rosé souple, fruité et floral, précis.

PAUL CLOUET

1, place Andrée-Tritant • 51150 Bouzy
Tél. 03 26 57 07 31 • Fax : 03 26 58 26 36
cantact@champagne-paul-clouet.com
www.champagne-paul-clouet.com
Visite : De 9h à 12h et de 14h30 à 17h.

à la demande du propriétaire, nous séparons les champagnes Paul Clouet des champagnes Bonnaire, même si les deux sont vinifiés à Cramant, chez Bonnaire. En fait, c'est par mariage que les deux domaines sont joints, mais Marie-Thérèse Clouet possède ses propres bâtiments à Bouzy, où elle reçoit les visiteurs et les clients. Les vins sont ronds, harmonieux, consensuels, peut-être un peu trop dosés.

Brut Sélection

Blanc Brut | 2012 à 2014 | 17 € **14,5/20**

Rond, fruité, équilibré, dosage consensuel, facile à boire.

Grand Cru Brut

Blanc Brut | 2012 à 2015 | 21 € **15,5/20**

Robe paille, plus de corps que dans la cuvée Sélection, même style fruité, généreux, consensuel, avec un peu plus de tenue.

Grand Cru Prestige

Blanc Brut | 2014 à 2016 | 29 € **15/20**

Robe dorée, nez plus complexe, avec plus d'autolyse de levures, dosage consensuel, vin rond, généreux, traditionnel, léger manque de finesse.

COLIN

101, avenue du Général-de-Gaulle • 51130 Vertus
Tél. 03 26 58 86 32 • Fax : 03 26 51 69 79
info@champagne-colin.com
www.champagne-colin.com
Visite : Du lundi au samedi de 10h à 12h
et de 14h à 17h.

Blanc de blancs premier cru
Blanche de Castille ☺
Blanc Brut | 2012 à 2014 | cav. 22 € **15/20**
Frais, équilibré, de style moderne, un blanc de blancs parfaitement apéritif, avec la tendresse des bons Vertus.

COQUARD-VAZARD

6, rue des Partelaines • 51530 Chouilly
Tél. 03 26 55 40 04 • Fax : 03 26 55 15 94
contact@vazart-coquart.com
Visite : Du lundi au vendredi de 8h à 11h30
et de 13h30 à 17h et le samedi sur rendez-vous.

Une des familles les plus en vue de Chouilly, les Vazard élaborent des champagnes parfois un peu rustiques, mais souvent fidèles à l'expression originale de leur terroir, avec quelques vieux millésimes très bien conservés. Cette année, les vins ont montré plus de finesse et de précision et nous sommes heureux de rentrer cette source dans le guide.

Réserve
Blanc Brut | 2013 à 2014 | 15,30 € **14,5/20**
Dosé juste, facile, sur la pomme verte, très apéritif, prix sage.

Spécial club 2005
Blanc Brut | 2014 à 2017 | 25,80 € **16,5/20**
Noble arôme de fleurs blanches, très vineux mais précis, belle suite en bouche, du vrai grand cru, comparable à bien des vins de prestige, mais à moitié prix.

DE SOUSA

12, place Léon-Bourgeois • 51190 Avize
Tél. 03 26 57 53 29 • Fax : 03 26 52 30 64
contact@champagnedesousa.com
www.champagnedesousa.com
Visite : Sur rendez-vous.

Éric de Sousa est l'un des viticulteurs les plus brillants de la Côte des Blancs, et aussi l'un des plus actifs. Les vignes se situent sur les grands crus Avize, Cramant, Oger, Aÿ et Ambonnay. Le brut sans année simple est déjà un produit accompli, mais le savoir-faire de ce brillant vinificateur est davantage perceptible dans ses cuvées Caudalies, millésimées ou non, remarquables expressions de la grandeur du terroir d'Avize. La cuvée des trois A ne triple pas la grandeur des trois crus incomparables qui la composent (Avize, Ay et Ambonnay).

Brut Blanc de Blancs grand cru Réserve
Blanc Brut | 2013 à 2015 | 29,50 € **16/20**
Pur, précis, peu dosé, blanc de blancs d'école, finale saline, apéritif, vivementrecommandé.

cuvée des Caudalies non millésimé
Blanc Brut | 2016 à 2021 | 46,50 € **17/20**
Dégorgé en mars 2011, admirable nez racé de noisette, boisé parfaitement intégré, style sûr, un classique de la Côte des Blancs, comme souvent.

Grand Cru 3 A
Blanc Brut | 2015 à 2020 | 38 € **15,5/20**
Dégorgé en novembre 2010, l'assemblage n'est toujours pas complètement abouti, avec une dureté loin de s'attendrir ! Le principe est grandiose, il faut affiner les proportions !

grand cru Caudalies 2006
Blanc Brut | 2016 à 2023 | 104 € **18/20**
Notes de noisette, de moka, de fleur de vigne, boisé noble, immense finesse (liée à une acidité énergique), long, complexe, le grand cru dans toute sa puissance.

DEHOURS

2, rue de la Chapelle • 51700 Cerseuil
Tél. 03 26 52 71 75 • Fax : 03 26 52 73 83
champagne.dehours@wanadoo.fr
www.champagne-dehours.fr
Visite : Tous les jours de la semaine sur rendez-vous.

Jérôme Dehours est l'un des producteurs les plus imaginatifs et les plus ambitieux du secteur de Cerseuil, réputé pour ses pinots meuniers de classe. Il a suivi l'excellente logique de la vinification parcellaire sous bois de ses meilleures vignes, et l'habillage des bouteilles est aussi élégant que le style des vins, réalisés avec de très faibles dosages en sucre.

Extra-Brut Les Genevraux 2005
Blanc Brut | 2012 à 2017 | 38 € **16,5/20**
Robe dorée, nez de miel et de céréales grillées, corps ample, généreux, bulle légère : un vin de Champagne fait pour la table.

Les Vignes de la Vallée

Blanc Brut | 2012 à 2015 | 23,75 € **16/20**

Le bouquet est riche et séduisant avec ces notes florales associées aux fruits blancs et jaunes. En bouche, c'est un champagne généreux, vineux et gras, à la bulle fine et au dosage remarquablement maîtrisé.

Trio

Blanc Brut | 2012 à 2014 | 48,35 € **17/20**

Onctueux, suave et franc, racé. Champagne harmonieux et équilibré, à l'allonge remarquablement persistante.

DEHU PÈRE ET FILS

Adresse : 3 Rue Saint Georges • 02650 Fossoy
Tél. 03 23 71 90 47 • Fax : 03 23 71 88 91
contact@champagne-dehu.com
www.champagne-dehu.com
Visite : Sur rendez-vous 8h30 à 14h
et de 14h à 17h30.

Prestige

Rosé Brut | 2012 à 2015 | 23,45 € **14/20**

Robe pelure d'oignon, tout en finesse et en souplesse de caractère, petite note de biscotte en fin de bouche, facile à comprendre et à aimer.

Tradition

Blanc Brut | 2013 à 2015 | 18,50 € **14/20**

Vin souple et chaleureux, notes de craie au nez et ferment bien maîtrisé sur la noisette, bon dosage, usage universel,

DELAMOTTE

7, rue de la Brèche-d'Oger
51190 Le Mesnil-sur-Oger
Tél. 03 26 57 51 65 • Fax : 03 26 57 79 29
champagne@salondelamotte.com
www.salondelamotte.com

Discrète maison appartenant au groupe Laurent-Perrier, Delamotte s'est spécialisée dans la réalisation de champagnes clairement apéritifs dans lesquels le chardonnay tient une place prépondérante. Proposant une gamme volontairement ramassée (un brut, un blanc de blancs, un millésimé), elle s'appuie sur des approvisionnements venus en majorité de la Côte des Blancs pour afficher un caractère frais, élancé et souple, très complet dans les tirages actuels.

Blanc de Blancs

Blanc Brut | 2012 à 2013 | NC **16/20**

Floral et finement salin, bulle très délicate, allonge subtile.

Blanc de Blancs 2002

Blanc Brut | 2012 à 2016 | NC **16,5/20**

Le fruit gourmand des beaux 2002, encore juvénile, s'exprime parfaitement dans ce vin à la longueur souple et tendre, très apéritif.

Brut Rosé

Rosé Brut | 2012 à 2013 | NC **15/20**

Épanoui, floral et tendre, brillant champagne souple et apéritif.

PAUL DÉTHUNE

2, rue du Moulin • 51150 Ambonnay
Tél. 03 26 57 01 88 • Fax : 03 26 57 09 31
info@champagne-dethune.com
www.champagne-dethune.com
Visite : Du lundi au vendredi de 9h à 12h
et de 14h à 17h. Le samedi sur rendez-vous.
Fermé le dimanche et les jours fériés.

Propriété classique d'Ambonnay avec un vignoble superbement exposé. Les vins sont de style traditionnel, ronds, vineux, souvent raffinés au vieillissement et de qualité régulière. Dans les derniers tirages, le dosage se fait moins sentir, favorisant la pureté de l'expression du cru, et une contre-étiquette indique la date de dégorgement et même, pour la cuvée de prestige, la date de mise en bouteille initiale. Cette dernière est l'une des meilleures de la vallée de la Marne.

Grand cru Blanc de noirs

Blanc Brut | 2015 à 2020 | 28 € **15/20**

Robe plus dorée, boisé sensible, race de terroir évidente, mais il faut encore mieux intégrer ce boisé. Dans trois ans cette restriction n'aura plus de sens.

Grand cru Brut

Blanc Brut | 2014 à 2017 | 20 € **15,5/20**

Pâle, très équilibré et net, avec l'harmonie propre des Ambonnay réussis, dosage sûr, vin très recommandable.

Grand cru Princesse des Thunes

Blanc Brut | 2013 à 2018 | 32 € **17 /20**

Mise en bouteille en 2005, dégorgement en 2012, le plus pur style d'Ambonnay. Délicat, remarquable note de tilleul au nez et en bouche, harmonieux, avec un chardonnay équilibrant la force du pinot, Ambonnay complet.

DEUTZ

16, rue Jeanson - B.P. 9 • 51160 Aÿ
Tél. 03 26 56 94 00 • Fax : 03 26 56 94 10
france@champagne-deutz.com
www.champagne-deutz.com

Cette très élégante maison d'Aÿ a progressivement ciselé une gamme qui impose le respect, depuis son brut non millésimé, Classic, jusqu'à ses cuvées de prestige, William-Deutz (plutôt axée sur les raisins noirs) et Amour-de-Deutz (pur chardonnay). Ce sont des champagnes à la fois vineux et très fins, qui peuvent s'imposer avec autant d'éclat à table qu'en apéritif.

Amour de Deutz Blanc de Blancs 2002
Blanc Brut | 2015 à 2030 | 140 € **19/20**
Blanc de blancs d'une totale pureté, racé, d'une longueur très fine et harmonieuse, qu'il faut à notre sens attendre en cave, car son potentiel de vieillissement paraît éblouissant.

Brut Classic
Blanc Brut | 2012 à 2015 | 35,80 € **17/20**
Nez très pur et minéral, laissant apparaître après la craie de fines notes citronnées et florales, bouche droite, svelte, mais enveloppante, associant une réelle nervosité à un corps velouté et ample. Grand brut !

Brut Millésimé 2006
Blanc Brut | 2012 à 2019 | 51 € **17,5/20**
La jeunesse du millésime n'empêche pas ce champagne d'affirmer une forte personnalité, à la fois tranchante et aimable, associant le minéral et les notes de zeste d'agrumes, long et frais, indiscutablement racé. Il vieillira bien, mais possède un caractère apéritif actuellement remarquable.

Brut Rosé
Rosé Brut | 2012 à 2014 | 47 € **17/20**
La robe est assez soutenue et les notes de fruits rouges mûrs sont bien présentes. Champagne plein, juvénile, long.

William Deutz 1999
Blanc Brut | 2012 à 2025 | 118 € **19/20**
Vineux et ample, avec un bouquet de belle maturité, une ampleur profonde et raffinée, une grande persistance aromatique. Aussi à l'aise seul qu'à table, et délicieux actuellement.

William Deutz Rosé 1999
Rosé Brut | 2012 à 2020 | 118 € **19,5/20**
Le génie d'un grand champagne dans sa maturité et sa plénitude. Somptueusement raffiné !

DOM PÉRIGNON

20, avenue de Champagne • 51200 Epernay
Tél. 03 26 51 20 00 • Fax : 03 26 54 84 23
gtemil@mhdfrance.fr • www.domperignon.com
Visite : Du lundi au vendredi de 9h30 à 11h30 et de 14h30 à 16h30.

La production de cette marque mythique n'a jamais été aussi fine, aussi brillamment construite ni aussi régulière qu'aujourd'hui. Elle le doit à l'extrême qualité de l'approvisionnement, améliorée grâce à l'intégration des anciens vignobles Pommery et Lanson, et à la rigueur du chef de cave Richard Geoffroy.

Dom Pérignon 2003
Blanc Brut | 2012 à 2020 | 135 € **19/20**
1976 avait produit un Dom Pérignon légendaire. Cet autre grand millésime de canicule possède aussi une personnalité hors norme. Alliant un fruit remarquablement épanoui à une ampleur délicate, ronde et subtile, c'est un grand champagne, tendre, d'une longueur savoureuse.

Dom Pérignon Rosé 2002
Rosé Brut | 2012 à 2020 | 238 € **19,5/20**
La délicatesse du fruit est inoubliable, tout comme l'est la finesse aérienne du vin. Persistance aromatique magnifique.

Œnothèque 1996
Blanc Brut | 2012 à 2020 | 398 € **20/20**
Le bouquet s'est aujourd'hui épanoui et confond par ses fines notes de miel associées à l'amande, aux fleurs, à la craie. Le corps est désormais somptueusement velouté, profond, intense, d'une aristocratique allonge. Parfait.

DOSNON LEPAGE

4 bis, rue du Bas-de-Lingey • 10340 Avirey-Lingey
Tél. 03 25 29 19 24 • Fax : 03 25 29 14 68
n.laugerotte@champagne-dosnon-lepage.com
www.champagne-dosnon-lepage.com

Cette jeune maison de la Côte des Bar, dans l'Aube, réalise la plupart de ses vins en fûts et démontre que l'on peut et que l'on doit être ambitieux dans ce secteur encore trop méconnu du grand public. La Récolte Noire (pinot noir) se montre cette année à

la hauteur da la savoureuse Récolte Blanche issue de chardonnay.

Récolte Blanche
Blanc Brut | 2012 à 2013 | cav. env. 36 € **15,5/20**
Beau nez ample, bouche vigoureuse et profonde, joli caractère acidulé en finale, de la personnalité et de l'allant.

Récolte Noire
Blanc Brut | 2012 à 2014 | cav. env. 29 € **15,5/20**
Bonne cuvée intense et précise, développant de bons arômes de fruits rouges en finale.

Récolte Rose
Rosé Brut | 2012 à 2013 | cav. env. 38 € **15/20**
Belle teinte délicate, nez agréablement framboisé, allonge vive. Bon apéritif.

DIDIER DOUÉ

3, voie des Vignes • 10300 Montgueux
Tél. 03 25 79 44 33 • Fax : 03 25 79 40 04
doue.didier@wanadoo.fr
www.champagne-didier-doue.fr
Visite : Sur rendez-vous.

Ce viticulteur porte bien son nom : un agriculteur soigneux, amoureux fou de son terroir et qui, à notre sens, produit aujourd'hui les vins les plus réguliers et les plus expressifs du terroir si fin de Mongueux. Les prix restent angéliques pour une telle qualité.

Blanc de blancs 2004 ☺
Blanc Brut | 2014 à 2016 | 18 € **16,5/20**
Très finement aromatique, pur, délicat, bulles très fines, parfait Mongueux.

Nature
Blanc Brut | 2012 à 2015 | 16 € **14,5/20**
Très franc au nez et en bouche, légère note de froment et fleurs blanches, équilibré et persistant.

DRAPPIER

Rue des Vignes • 10200 Urville
Tél. 03 25 27 40 15 • Fax : 03 25 27 41 19
info@champagne-drappier.com
www.champagne-drappier.com
Visite : Du lundi au samedi de 8h à 12h et de 14h à 18h; prendre rendez-vous pour les visites de caves.

Cette maison familiale qui bénéficie d'un vignoble de 40 hectares est devenue l'une des plus belles références des champagnes de l'Aube, qu'elle complète d'ailleurs par des sources de chardonnay venues de la Côte des Blancs. L'ensemble de la gamme est à conseiller.

Brut Nature pinot noir
Blanc Brut | 2012 à 2014 | 30,60 € **14,5/20**
Champagne vigoureux, dense, terrien, avec une réelle vivacité et du corps, des notes de pommes et d'agrumes.

Carte d'Or
Blanc Brut | 2012 à 2014 | 28,60 € **14/20**
Rond, souple, d'usage universel, facile à boire et bien construit.

La Grande Sendrée 2002
Blanc Brut | 2012 à 2016 | 65 € **16,5/20**
Vin noble et vigoureux, de belle définition, avec une vivacité fine et déliée et des notes de zeste d'agrumes et une longueur fraîche.

Quattuor
Blanc Brut | 2012 à 2014 | 42,85 € **15,5/20**
Joli caractère aromatique en bouche, avec des notes presque anisées qui se mêlent discrètement à une palette de citron et de beurre frais, bouche harmonieuse, équilibrée, longue et fraîche.

DUVAL-LEROY

69, avenue de Bammental • 51130 Vertus
Tél. 03 26 52 10 75 • Fax : 03 26 52 12 93
champagne@duval-leroy.com • www.duval-leroy.com
Visite : Sur rendez-vous.

Sous la conduite de Carol Duval, cette maison installée à Vertus, dans la Côte des Blancs, n'a cessé d'élever son niveau d'exigence. Ses bruts non millésimés sont francs et précis et il faut découvrir ses très intéressantes cuvées parcellaires, réalisées avec beaucoup de précision.

Authentis Bouzy 2005
Blanc Brut | 2012 à 2016 | 60 € **16,5/20**
Robe dorée, vineux, belle intensité, allonge onctueuse. A point, il est fait pour la table, sur une volaille à la crème.

Authentis Clos des Bouveries 2005
Blanc Brut | 2012 à 2017 | 60 € **16,5/20**
élancé, fruité, entre aujourd'hui dans sa pleine maturité.

Brut Nature 2002
Blanc Extra brut | 2012 à 2017 | 49 € **17/20**
Belle maturité de fruit, corps onctueux et vineux, allonge sans raideur, beaucoup de style et de caractère.

Femme de Champagne 2000
Blanc Brut | 2012 à 2016 | 95 € **17/20**
La cuvée est subtile et élégante. La bulle est fine, l'allonge suave et profonde.

Fleur de Champagne non millésimé
Blanc Brut | 2012 à 2015 | 33 € **15,5/20**
Beau volume fruité et frais, gourmand, exprimant joliment la nature du terroir de Vertus ici majoritaire dans ce Premier Cru.

EGLY-OURIET

9-15, rue de Trépail • 51150 Ambonnay
Tél. 03 26 57 82 26 • Fax : 03 26 57 06 52
eglyouriet@orange.fr

Par la rigueur de sa discipline de travail, le niveau de son stock et la précision de ses étiquettes indiquant la date de dégorgement et le temps de vieillissement sur lies, Francis Egly donne le ton à toute la viticulture champenoise. Les terres chaudes d'Ambonnay permettent au pinot noir d'atteindre une maturité idéale avec une régularité sans faille depuis dix ans. Les deux cuvées les plus étonnantes de la maison sont certainement l'extraordinaire blanc de noirs, non millésimé, d'une richesse de constitution unique, et le coteaux-champenois, hélas produit en infime quantité, sans doute le meilleur de la Champagne d'aujourd'hui. Mais dès le premier niveau de vin, le très subtil pinot meunier de Vrigny, la qualité est déjà exemplaire de régularité.

Blanc de Noirs Vieilles Vignes grand cru
Les Crayères
Blanc Brut | 2014 à 2018 | 66 € **18/20**
Dégorgé janvier 2012, robe blond doré, saveur formidable où le bois parfaitement à sa place joue son rôle de révélateur, aucun dosage, personnalité absolument inimitable. Cette cuvée fixe pour le type le niveau le plus original possible.

Brut Millésimé 2002
Blanc Brut | 2016 à 2022 | 72 € **18/20**
Robe pâle, les beaux chardonnays d'Ambonnay allégeant la force des pinots, ultra brut, tendre, racé, complexe, encore jeune, subtil, apéritif, attendre trois ou quatre ans en cave.

Coteaux Champenois Ambonnay
Cuvée des grands côtés 2009
Rouge | 2017 à 2024 | 52 € **19,5/20**
On touche au sublime, si on sert le vin à 19/20°, température à laquelle son onctuosité incomparable, le fondu de son tannin et de son boisé (tronçais tri centenaire garanti) en font une des plus hautes expressions mondiales du pinot noir. Le chef d'oeuvre à ce jour de ce grand vigneron.

Grand cru Rosé
Rosé Brut | 2013 à 2016 | 40 € **17/20**
Rosé pâle mais désormais à la hauteur de tous les autres vins du domaine, parfaite élégance, netteté insurpassable de la fin de bouche peu dosée, grand avenir.

grand cru Tradition
Blanc Brut | 2013 à 2016 | 30 € **16/20**
Dégorgé en novembre 2011, riche, généreux, très mûr, dense, soutenu par une vive acidité, grands vin de table à prix encore accessible.

Premier cru Les Vignes de Vrigny
Blanc Brut | 2013 à 2015 | 24 € **15,5/20**
Robe dorée, nez de fleur de vigne, généreux, mûr, complexe, rassis, fait pour la table, forte autolyse de levure, vin de terroir sans concession.

CHAMPAGNE FLEURY

43, Grande-Rue • 10250 Courteron
Tél. 03 25 38 20 28 • Fax : 03 25 38 24 65
champagne@champagne-fleury.fr
www.champagne-fleury.fr
Visite : Sur rendez-vous.

Voici sans doute le meilleur producteur actuel de l'Aube, le pionnier absolu de la viticulture biodynamique, dont les vins récoltent aujourd'hui les fruits d'un travail rigoureux des sols. Mais, contrairement à ceux de ses collègues, vinificateurs imprécis qui nous livrent des vins oxydés et sans expression du terroir, les vins ont ici une précision, une droiture et une digestibilité étonnantes. Le rosé reste la grande spécialité de la maison.

Blanc de Noirs
Blanc Brut | 2012 à 2014 | cav. 26 € **16/20**
Robe dorée, fruits rouges intenses, bouche énergique et allègre, belle dimension.

BRUT ROSÉ
Rosé Brut | 2012 à 2014 | cav. 32 € **15,5/20**
Très fruité et glissant, évidence de la bulle, naturel irrésistible, grand fruit gourmand.

CUVÉE ROBERT-FLEURY 2002
Blanc Brut | 2012 à 2018 | cav. 37 € **17/20**
Vineux, charnu, avec des notes de fruits blancs et céréales torréfiées associées aux arômes de fûts, c'est un champagne de table très consistant.

GALLIMARD

18-20, rue Gaston-Cheq • 10340 Les Riceys
Tél. 03 25 29 32 44
champ.gallimard@wanadoo.fr
www.champagne-gallimard.com

Domaine classique des Riceys, producteur depuis très longtemps de champagnes typés de ce cru si original, qui réussit magnifiquement le rosé tranquille, le rouge et le champagne rosé. Il est un peu trop traditionnel dans ses dosages pour les champagnes «normaux», mais ceux ci gagnent à être bus trois ou quatre ans après dégorgement.

BRUT ROSÉ
Rosé Brut | 2013 à 2018 | NC **17/20**
Admirable nez complexe et floral, grande finesse, grande pureté, long, le grand Riceys dans sa perfection, hautement recommandé.

QUINTESSENCE
Blanc Brut | 2013 à 2015 | NC **14/20**
Droit, très franc sur le plan aromatique, relativement dosé, ample, attendre un an.

RESERVE
Blanc Brut | 2013 à 2014 | NC **14/20**
Fraîcheur, naturel, finesse, droiture, bien Riceys mais un peu dosé.

GATINOIS

7, rue Marcel-Mailly • 51160 Aÿ
Tél. 03 26 55 14 26 • Fax : 03 26 52 75 99
contact@champagne-gatinois.com
www.champagne-gatinois.com
Visite : Sur rendez-vous.

Pierre Cheval exploite un petit domaine prestigieux sur les meilleures vignes d'Aÿ, le plus fameux cru de la Champagne, et son voisin Bollinger lui achète fidèlement, depuis longtemps, une partie de ses raisins. La force du terroir s'exprime pleinement dans les cuvées non millésimées (particulièrement la Réserve, vieillie un an de plus sur pointe), et surtout dans le millésimé et le coteaux-champenois. Les vins présentés cette année possèdent la force et la plénitude qui ont fait la réputation du producteur.

BRUT GRAND CRU RÉSERVE
Blanc Brut | 2013 à 2018 | 19,50 € **16/20**
Robe dorée, vin classique d'Ay, harmonieux, consensuel, avec un dosage qui pourra déplaire aux puristes mais parfaitement adapté au corps du vin.

BRUT ROSÉ
Rosé Brut | 2013 à 2015 | 22 € **15/20**
Puissant, solide, plutôt pâle, vraiment fuchsia, racé mais comme un Ay blanc. On est en deça de ce que les grands pinots de ce producteur donnent en coteau champenois.

MILLÉSIMÉ 2006
Blanc Brut | 2015 à 2021 | 26,50 € **17 /20**
Beaucoup de matière et de personnalité, mais on s'en doute c'est un champagne de table en raison de sa vinosité.

MICHEL GENET

29, rue des Partelaines • 51530 Chouilly
Tél. 03 26 55 40 51 • Fax : 03 26 59 16 92
champagne.genet.michel@wanadoo.fr
www.michelgenet.com
Visite : Sur rendez-vous.

Cette propriété familiale manipule depuis plusieurs générations et dispose de vignes situées sur les beaux emplacements de Chouilly, dont les fameuses Partelaines qui ont donné leur nom à la principale rue du village. Les vins sont faits avec précision, sans chichi ni maquillage, et produisent des grands crus de la Côte des Blancs un peu plus enveloppés et prêts à boire que ceux du village voisin de Cramant, où la famille possède aussi quelques vignes.

PRESTIGE DE LA CAVE 2005
Blanc Brut | 2014 à 2017 | 25 € **15/20**
Beaux arômes de fleurs blanches, bonne vinosité pour un blanc de blancs, élaboration soignée, style fidèle aux belles vignes de Chouilly, prix encore raisonnable.

PIERRE GIMONNET ET FILS

1, rue de la République • 51530 Cuis
Tél. 03 26 59 78 70 • Fax : 03 26 59 79 84
info@champagne-gimonnet.com
www.champagne-gimonnet.com
Visite : Du lundi au vendredi de 8h30 à 12h et de 14h à 17h30. Le samedi de 8h30 à 12h sur rendez-vous.

Olivier et Didier Gimonnet sont en charge d'une très importante propriété au cœur de la Côte des Blancs et, avec une grande régularité, perpétuent un style de vin indémodable, fondé sur la fraîcheur et la finesse aromatique. L'assemblage, dans des proportions diverses, des premiers crus Cuis et Vertus et des grands crus Cramant et Chouilly permet de donner plus de complexité qu'un mono-cru. Les vins présentés cette année étaient encore une fois exemplaires.

BLANC DE BLANCS PREMIER CRU FLEURON 2006
Blanc Brut | 2013 à 2017 | 29,95 € **17/20**
Pur, délicat, transparent, minéralité évidente, toujours les mêmes qualités de légèreté, le vin spirituel par excellence.

BRUT CUIS PREMIER CRU ☺
Blanc Brut | 2012 à 2015 | 22,40 € **14,5/20**
Frais, pur, souple aérien, bulles fines, l'apéritif quasi idéal, avec le fruit et le dosage diaboliquement efficaces !

PREMIER CRU ŒNOPHILE EXTRA-BRUT 2005
Blanc Brut | 2013 à 2016 | 31,70 € **16/20**
Tendu, austère mais pas agressif, finale parfaite pour amateur du genre, devrait sublimer sushis et autres joyaux japonais, vin épuré.

PREMIER CRU SPÉCIAL CLUB BRUT 2005
Blanc Brut | 2012 à 2015 | 36,80 € **16/20**
Vinosité évidemment plus marquée, saveur rassise, équilibrée, mais faite pour la table, ensemble à point.

GONET PHILIPPE

1, rue de la Brèche-d'Oger
51190 Le Mesnil-sur-Oger
Tél. 03 26 57 53 47 • Fax : 03 26 57 51 03
office@champagne-philippe-gonet.com
www.champagne-philippe-gonet.com
Visite : Du lundi au vendredi de 8h à 12h et de 14h à 17h. Le week-end sur rendez-vous.

Les vins de ce producteur réputé du Mesnil-sur-Oger sont élaborés dans les meilleures conditions techniques sous la surveillance du clocher de l'église du village. Pierre et Chantal Gonet, sa soeur, ont beaucoup affiné les derniers tirages et offrent aujourd'hui quelques uns des vins les plus accomplis de cette fameuse commune. Ils ont aussi la chance d'exploiter un beau vignoble à Montgueux, sans doute le meilleur terroir de l'Aube pour le chardonnay, qui allège et égaie leur blanc de blancs de base.

BRUT
Blanc Brut | 2013 à 2015 | 23 € **14,5/20**
Ensemble souple, fruité, espiègle et fin, parfait à l'apéritif, surtout dans sa version non dosée, délicieuse dans le dernier tirage.

GRAND CRU BELEMNITA 2004
Blanc Brut | 2014 à 2018 | 120 € **18/20**
En un an, le vin a pris une dimension magique, délivrant une pureté aromatique saisissante. Une des plus grandes expressions actuelles du chardonnay en Champagne et destinée à devenir culte, dans son élégante bouteille.

GRAND CRU MILLÉSIMÉ 2006
Blanc Brut | 2014 à 2018 | 38 € **16/20**
Beaucoup de vinosité, excellente acidité tenant la matière, complexe, encore un rien jeune.

GRAND CRU ROY SOLEIL
Blanc Brut | 2013 à 2017 | 32 € **15,5/20**
Léger boisé, parfaitement intégré, notes marines au nez, long, complexe, peut encore gagner en énergie et pureté.

GONET-MÉDEVILLE

4, rue du Port • 33210 Preignac
Tél. 05 56 76 28 44 • Fax : 05 56 76 28 43
contact@gonet-medeville.com
www.gonet-medeville.com

Ce domaine est né du mariage des héritiers de deux grandes familles de viticulteurs, Xavier Gonet (du Mesnil-sur-Oger) et Julie Médeville (de Preignac, en Sauternais, notamment Château Gilette). Les vignes, remarquablement cultivées, se situent sur d'excellents coteaux de Bisseuil, Ambonnay et Mesnil-sur-Oger, avec les trois cépages champenois, ce qui permet de réussir des assemblages équilibrés dans tous les types de champagne. Les dosages sont ici réduits au minimum, ce qui accentue la pureté d'expression de toutes les cuvées. Les cuvées parcellaires de grands crus et les assemblages cuvée Théophile sont en cours de vieillissement, et les derniers 2003 disponibles étaient même extraordinairement équilibrés dans ce millésime si original.

Blanc de Noirs premier cru
Blanc Brut | 2013 à 2016 | 25 € **16/20**
Parfaitement équilibré, fruité dégagé et savoureux, rondeur sans présence de sucre, bulles fines.

Brut tradition
Blanc Brut | 2013 à 2015 | 20 € **15,5/20**
Joli nez fermentaire, champagne universel, apéritif mais assez corsé pour la table, bulles et dosage précis, équilibré par une bonne proportion de réserve.

Extra-brut rosé
Rosé Brut | 2012 à 2016 | 29 € **16/20**
Salin, subtil, tendu, très apéritif, impeccable équilibre entre fruit et acidité. Parfait champagne rosé d'amateur et, bien que non dosé,également très accessible à la majorité du public.

GOSSET

69, rue Jules-Blondeau - B.P. 7 • 51160 Aÿ
Tél. 03 26 56 99 56 • Fax : 03 26 51 55 88
info@champagne-gosset.com
www.champagne-gosset.com
Visite : Sur rendez-vous pour les professionnels.

Relancée par la famille Cointreau, Gosset s'est fait une spécialité de champagnes vineux, intenses et puissants, jamais meilleurs que lorsqu'ils bénéficient de quelques années de garde. La maison produit une gamme qui a pris de l'étoffe, au sommet de laquelle dominent les amples et profondes cuvées Célébris, en assemblage classique, en blanc de blancs et en rosé, toutes trois millésimées et proposées en extra-brut, c'est-à-dire très peu dosées en sucre. Tous ces vins sont particulièrement à l'aise à table.

Célébris 1998
Blanc Brut | 2012 à 2020 | 116 € **18,5/20**
Champagne ample, charnu, à la densité onctueuse, associant des notes boisées à des touches de nougatine et de fruits confits. Encore très jeune.

Grand Blanc de Blancs
Blanc Brut | 2012 à 2016 | 53 € **17/20**
Avec beaucoup d'esprit, d'allégresse et de vinosité, voilà une très belle expression du champagne de chardonnay, exprimant avec brio un caractère vif mais ample et un bouquet de zeste d'agrumes, de fruits blancs et de notes finement beurrées.

Grand Millésime 2004
Blanc Brut | 2012 à 2020 | 61 € **16,5/20**
Beaucoup de vinosité, des arômes de fruits noirs et de petits fruits rouges, et une allonge musclée qui s'épanouit en bouche sur une belle longueur aux notes de mirabelle.

Grand Rosé
Rosé Brut | 2012 à 2016 | 50 € **16/20**
Robe d'un or rose, bouquet fin et complexe, allonge associant tendresse et vigueur pour finir sur une longueur très apéritive.

Grande Réserve
Blanc Brut | 2012 à 2016 | 40 € **15,5/20**
Joli tirage vineux sans agressivité, ample et gourmand, avec des notes de petits fruits rouges qui s'expriment joliment en finale.

GOSSET BRABANT

23, boulevard du Mar-de-Lattre-de-Tassigny
51160 Ay
Tél. 03 26 55 17 42 • Fax : 03 26 54 31 33
gosset-brabant@wanadoo.fr
Visite : Sur rendez-vous.

Les Gosset font partie des plus vieilles familles champenoises, associés depuis des siècles à la ville et au terroir d'Aÿ. Avec plus de 5 ha dans ce grand cru, ce récoltant-manipulant peut en présenter au public des expressions accomplies, avec parfois un peu de lourdeur. Les tirages actuels sont très recommandables. Pour la cuvée Gabriel, une vigne de Chouilly allège un peu la force des grands terroirs d'Aÿ.

Gabriel grand cru 2004
Blanc Brut | 2014 à 2016 | 32 € **15/20**
Robe dorée, vin puissant, presque tannique, notes d'évolution marquées, pour la table.

Grand cru réserve
Blanc Brut | 2013 à 2015 | 23,50 € **15,5/20**
Plus lactique et fondu au nez que les autres grands crus, harmonieux, précis, assez long, vin de caractère.

HENRI GOUTORBE

9 bis, rue Jeanson • 51160 Aÿ
Tél. 03 26 55 21 70
info@champagne-henri-goutorbe.com
www.champagne-henri-goutorbe.com
Visite : Sur rendez-vous du lundi au samedi de 9h à 12h et de 14h à 17h.

Ce domaine familial est bien connu de la Champagne parce que l'entreprenante famille Goutorbe est également propriétaire d'une des plus importantes pépinières du département, ce qui lui a permis de tisser des liens de confiance avec les plus grandes maisons et de nombreux viticulteurs. à cette activité s'ajoute la restauration du magnifique hôtel particulier de la rue Jeanson, à Aÿ, devenu l'un des hôtels les plus élégants et confortables des environs d'Epernay. Les vins millésimés ont toute la race attendue des grands terroirs d'Aÿ, et une très rare cuvée de coteaux-champenois égale les cinq meilleures du genre.

BRUT GRAND CRU ROSÉ
Rosé Brut | 2015 à 2017 | 17,95 € **15,5/20**
Fuchsia soutenu, dans la grande tradition, ample, net, racé, peu fruité, fin de bouche sûre d'elle, attendre encore deux ans.

GRAND CRU CUVÉE MILLÉSIMÉE 2005
Blanc Brut | 2015 à 2020 | 19,45 € **16/20**
Robe pâle, notes rassises mais élégantes au nez, tendre, raffiné, mais en fin de bouche le dosage se sent un peu trop. Attendre trois ans pour une meilleure intégration du sucre.

GUIBORAT FILS

99, rue de la Garenne • 51530 Cramant
Tél. 03 26 57 54 08 • Fax : 03 26 53 17 95
champagneguiborat@orange.fr
www.champagne-guiborat-fils.com
Visite : Sur rendez-vous au 06 82 94 07 78.

Jeune viticulteur parmi les plus doués et les plus engagés de la Côte des Blancs, Richard Fouquet produit des vins de plus en plus typés Cramant, nés sur d'excellentes parcelles comme le Mont Aigu, cristallins et minéraux, à des tarifs encore attractifs. Il faut se mettre sur les rangs avant qu'il ne devienne « institutionnel » !

GRAND CRU 2005
Blanc Brut | 2014 à 2020 | 25 € **17/20**
Extra brut, superbe nez complexe, raffiné, plus élégant que la version boisée, grande longueur, beaucoup de style.

GRAND CRU BLANC DE BLANCS
Blanc Brut | 2013 à 2016 | 17 € **16,5/20**
Remarquable ampleur, très peu dosé, racé, subtil, peut encore s'améliorer sur trois ans, vivement recommandé.

TRADITION
Blanc Brut | 2013 à 2016 | 14 € **15/20**
Frais, net, légèrement beurré, bon dosage, brut soigné, pour l'apéritif.

HENRIOT

81, rue Coquebert • 51100 Reims
Tél. 03 26 89 53 00 • Fax : 03 26 89 53 10
contact@champagne-henriot.com
www.champagne-henriot.com

Cette maison familiale constitue le centre originel des activités de la famille Henriot, également propriétaire de Bouchard Père et Fils et de William Fèvre, en Bourgogne. Elle s'attache à produire des champagnes purs et déliés, très apéritifs par leur caractère aérien et fin. La gamme est un modèle du genre par sa cohérence.

BLANC DE BLANCS
Blanc Brut | 2012 à 2015 | 35 € **16/20**
Finement citronné, avec une note toastée associée au zeste, c'est comme d'habitude le point fort de la maison. Beaucoup d'allant et d'allure.

BRUT ROSÉ
Rosé Brut | 2012 à 2014 | 40 € **15/20**
Belle robe saumonée, allonge fruité, tendre et souple.

CUVÉE DES ENCHANTELEURS 1998
Blanc Brut | 2012 à 2018 | 120 € **18/20**
Brioché, avec des arômes de fruits confits, c'est un champagne ultra savoureux et de grande finesse. Délicieux aujourd'hui.

MILLÉSIMÉ 2005
Rosé Brut | 2012 à 2020 | 43 € **16,5/20**
Gras, gourmand, onctueux et élancé, un rosé aux accents de cerise et de framboise. Belle persistance gourmande.

JACQUART

34, boulevard Lundy • 51100 Reims
Tél. 03 26 07 88 40 • Fax : 03 26 07 12 07
www.champagne-jacquart.com

Marque développée par un grand groupe coopératif champenois, Jacquart propose un éventail de champagnes solidement construits, qui semble progresser dès le brut non millésimé de la gamme Mosaïque.

BRUT DE NOMINÉE
Blanc Brut | 2012 à 2015 | 49 € **15/20**
Champagne mature, confortable, associant des notes de zeste aux céréales torréfiées, non dénué de finesse texture avec de la rondeur.

BRUT MOSAÏQUE
Blanc Brut | 2012 à 2013 | 25 € **14,5/20**
Champagne solide, charnu, équilibré. Ce tirage a de la vinosité et le dosage est mieux intégré qu'auparavant.

EXTRA-BRUT
Blanc Brut | 2012 à 2014 | 30 € **15,5/20**
Bonne cuvée vigoureuse et nette, belle allonge, vive mais sans verdeur.

MOSAÏQUE BLANC DE BLANCS MILLÉSIMÉ 2006
Blanc Brut | 2012 à 2016 | 36 € **15/20**
Agréable chardonnay friand, équilibré, tendre mais de bonne persistance.

JACQUESSON

68, rue du Colonel-Fabien • 51530 Dizy
Tél. 03 26 55 68 11 • Fax : 03 26 51 06 25
info@champagnejacquesson.com
www.champagnejacquesson.com
Visite : Sur rendez-vous.

Créée à la fin du XVIIIe siècle, la maison connut un succès certain avant de s'effacer dans la première moitié du XXe siècle. Appartenant depuis plusieurs décennies à la famille Chiquet, elle est devenue progressivement le porte-drapeau du champagne de connaisseurs, traduisant avec une incroyable fidélité le potentiel des terroirs qu'elle illustre, limitant les dosages au strict minimum, faisant vieillir ses cuvées le temps qu'il faut avant de les proposer à la vente. Les vins possèdent ainsi toujours un caractère affirmé qui peut parfois surprendre, du rosé très intense au magnifique blanc d'Avize. Absolument remarquable, le brut non millésimé est numéroté : ainsi la cuvée 736 correspond-elle à des vins de base majoritairement issus du millésime 2008.

AVIZE GRAND CRU BLANC DE BLANCS 1996
Blanc Brut | 2012 à 2020 | 180 € **17,5/20**
Ce grand cru de chardonnay a produit un vin ample et raffiné, au caractère toujours tranchant, mais avec plus de charme immédiat que la cuvée d'assemblage du même millésime. Beaucoup de race.

CUVÉE 735
Blanc Brut | 2012 à 2018 | 35 € **17/20**
Fruit et épices fin, petits fruits rouges, belle intensité vineuse, tension, profondeur, à la fois puissant et très apéritif grâce à une acidité superbement énergique.

CUVÉE 736
Blanc Brut | 2012 à 2018 | 39 € **17/20**
Construit sur une base de 2008 et avec une majorité de chardonnay, c'est un champagne énergique aux notes d'agrumes et à la droiture déjà très minérale. Encore tout d'un bloc, c'est un diamant brut !

DIZY TERRES ROUGES 2007
Rosé Brut | 2012 à 2020 | 70 € **17/20**
Ce rosé à la robe très rouge possède un caractère généreux et vineux, exprimant avec beaucoup de vigueur des notes de fruits rouges et offrant une véritable mâche en bouche, avec une longueur profonde et sans agressivité.

MILLÉSIME 1996
Blanc Brut | 2012 à 2020 | 180 € **17/20**
Un vrai champagne de table, vineux et tranchant, sans l'arrondi d'un dosage et marqué par une vinification en fût : à réserver aux amateurs exigeants.

JANISSON-BARADON

2, rue des Vignerons • 51200 Epernay
Tél. 03 26 54 45 85 • Fax : 03 26 54 25 54
info@champagne-janisson.com
www.champagne-janisson.com
Visite : Du lundi au vendredi de 9h à 12h et de 13h30 à 17h30. Le week-end sur rendez-vous.

Cette maison possède de jolies vignes sur la côte d'Épernay et modernise intelligemment le style de ses vins, qui apparaissent équilibrés et désaltérants, dans l'esprit de ce secteur de la Marne. Les sélections parcellaires vont dans la juste direction avec des vins au caractère plus affirmé, mais conservant la souplesse locale.

EXTRA BRUT

Blanc Brut | 2012 à 2014 | 22 € **14,5/20**

Même vin sans doute que le non dosé mais avec léger dosage, mieux adapté d'ailleurs à la texture légère du vin, souple, facile ,universel, plaira au plus grand nombre.

JOSEPH PERRIER

69, avenue de Paris - B.P. 31
51016 Châlons-en-Champagne
Tél. 03 26 68 29 51 • Fax : 03 26 70 57 16
contact@josephperrier.fr • www.josephperrier.com
Visite : Sur rendez-vous.

Cette petite maison propose une gamme de haute tenue, dès l'excellent brut non millésimé (Royale) et jusqu'à l'une des cuvées de prestige les plus raffinées de Champagne, Joséphine. L'ensemble est impeccable !

BLANC DE BLANCS VINTAGE 2004

Blanc Brut | 2012 à 2018 | cav. env. 55 € **16,5/20**

Aristocratique et racé, avec une dimension saline subtilement associée aux notes d'agrumes et de beurre frais. Encore très jeune, beau potentiel.

BRUT CUVÉE ROYALE

Blanc Brut | 2012 à 2014 | cav. env. 31 € **16/20**

Brillamment floral, ce champagne aérien séduit par sa finesse, sa plénitude de constitution, et sa longueur délicate.

CUVÉE ROYALE VINTAGE 2002

Blanc Brut | 2012 à 2017 | cav. env. 45 € **17/20**

Gourmand, profond, noisetté, ce champagne charnu et long possède une dimension confortable et noble. Il est aujourd'hui à point.

JOSÉPHINE 2004

Blanc Brut | 2012 à 2020 | cav. env. 100 € **18/20**

Grand fruit, précis et aérien, d'une allonge intense mais très subtile, grand avenir.

KRUG

5, rue Coquebert • 51100 Reims
Tél. 03 26 84 44 20 • Fax : 03 26 84 44 49
krug@krug.fr • www.kruglovers.com

La maison, qui appartient depuis 1999 au groupe LVMH, demeure la plus brillante illustration de l'art de l'assemblage champenois. Jouant avec une maîtrise consommée des cépages, des origines et des années, Krug affirme en outre son style par l'utilisation systématique des fûts pour vinifier ses vins tranquilles. Ces principes transmettent à l'ensemble des cuvées une personnalité affirmée, plus accessible aujourd'hui que par le passé aux «non-krugistes» : la Grande-Cuvée, vin phare de la maison, possède, comme le rosé, un style plus souple et allègre qu'autrefois. La maison propose également deux cuvées monocru et monocépage, le très intense et profond Clos-du-Mesnil en chardonnay et l'inédit Clos-d'Ambonnay en pinot noir.

BRUT ROSÉ

Rosé Brut | 2012 à 2018 | NC **19/20**

Un rosé qui ne joue jamais avec un caractère flatteur et primaire, mais exalte au contraire la profondeur et la finesse d'un grand cru de champagne, avec une persistance infinie.

VINTAGE 1998

Blanc Brut | 2012 à 2023 | NC **19/20**

Grand Krug d'une élégance et d'un équilibre suprêmement inspirés, avec un bouquet d'une étonnante diversité. Longueur formidable, race superbe.

BENOÎT LAHAYE

33, rue Jeanne-d'Arc • 51150 Bouzy
Tél. 03 26 57 03 05 • Fax : 03 26 52 79 94
lahaye.benoit@wanadoo.fr
Visite : Sur rendez-vous.

Ce jeune vigneron fort sérieux de Bouzy pratique une viticulture de premier ordre en ce qui concerne le respect de l'environnement, mais sans la naïveté de quelques-uns de ses collègues, qui abîment chaque année tout ou partie de l'état sanitaire de leur récolte. Ses vins sont une parfaite définition du terroir. Les dégorgements de 2009 sont certainement les plus fruités et purs jamais produits par le vigneron.

BLANC DE NOIRS PRESTIGE

Blanc Brut | 2013 à 2015 | 36 € **15,5/20**

Nez de petits fruits, souple, gras, précis, dosage idéal, vin sincère, pour les connaisseurs.

NATURESSENCE

Blanc Brut | 2010 à 2012 | 31 € **16,5/20**

Magnifique nez complexe, note de fût bien perceptible, équilibre remarquable, dosage léger et adapté, excellent, mais à attendre deux ans en cave !

Rose de Maceration ☺

Rosé Brut | 2012 à 2014 | 25 € **16/20**

Rose soutenu, nez gourmand de petits fruits rouges, délicieux en bouche, consensuel. La délicatesse du pinot noir est remarquablement préservée grâce à un dosage idéal.

LAHERTE FRÈRES

3, rue des Jardins • 51530 Chavot
Tél. 03 26 54 32 09 • Fax : 03 26 51 54 77
contact@champagne-laherte.com
www.champagne-laherte.com
Visite : Sur rendez-vous.

Ce vigneron installé à Chavot, à la sortie sud d'Epernay, travaille avec beaucoup de précision, tant sur le plan viticole que sur celui des vinifications, faites pour la plupart en foudres ou en fûts. La cuvée Empreinte, composée pour 40% de chardonnay et 40% de pinot noir, ne manque pas de vinosité.

Les 7

Blanc Extra brut | 2012 à 2015 | 41 € **14,5/20**

Ce champagne, issu des sept cépages autorisés, dont les pinots blanc, gris, petit meslier et arbanne, se révèle vif et intense. Il accompagnera parfaitement des belons.

Les Empreintes

Blanc Extra brut | 2012 à 2015 | 31 € **15/20**

Bon équilibre et belle vinosité pour ce champagne fermenté en barriques. Il y a une grande vivacité mais aussi du corps et du volume, sans la moindre once de sucrosité.

JEAN LALLEMENT ET FILS

1, rue Moët-et-Chandon • 51360 Verzenay
Tél. 03 26 49 43 52 • Fax : 09 71 70 63 90
alex.lallement@wanadoo.fr
Visite : Sur rendez-vous.

Remarquable petit domaine artisanal produisant des expressions complètes des meilleures expositions de Verzenay.

Brut Rosé

Rosé Brut | 2012 à 2015 | 18,50 € **16,5/20**

Rose pâle, nez floral épicé, type pivoine, fruité délicieux, grande finesse, toute l'élégance de Verzenay.

Grand cru

Blanc Brut | 2012 à 2014 | 15,30 € **15/20**

Riche, presque crémeux, très fruité, dosage quand même perceptible, beau vin de table, aux bulles bien intégrées, raisin mûr.

Grand cru réserve

Blanc Brut | 2013 à 2014 | 17,40 € **15,5/20**

Robe dorée, nez très développé, même évolué, aux notes d'épices, rond, complexe, pour amateur de grands crus mûrs.

LALLIER

4, place de la Libération • 51160 Aÿ
Tél. 03 26 55 43 40 • Fax : 03 26 55 79 93
contact@champagne-lallier.fr
www.champagne-lallier.com
Visite : Du lundi au vendredi de 9h à 12h et de 14h à 18h. Le samedi sur rendez-vous.

Cette petite maison basée à Aÿ ne produit que des champagnes grand cru, hormis le rosé qui est tout de même un premier cru ! Les approvisionnements proviennent évidemment essentiellement d'Aÿ, avec un complément de chardonnay d'Avize et de Cramant. Un style très pur, franc et légèrement acidulé en fait des champagnes apéritifs immédiatement séduisants.

Blanc de blancs

Blanc Brut | 2012 à 2013 | 38 € **15,5/20**

Souple et agréable, mais sans la vigueur tranchante du Zéro dosage et de son assemblage à dominante noire.

Grand Dosage

Blanc | 2012 à 2014 | 35 € **16/20**

Dosé à 20 grammes de sucre par litre, c'est à dire environ deux fois plus qu'un brut classique, ce champagne de dessert (plutôt meringué) ou de foie gras, ne manque pas de vigueur et affiche un bel équilibre racé.

Grande Réserve

Blanc Brut | 2012 à 2013 | 28 € **15,5/20**

Très apéritif, fruité, c'est un champagne très équilibré, à l'intensité acidulée, au caractère charnu et à la persistance aromatique sur les fruits rouges. Dosage un peu marqué en finale.

Zéro dosage

Blanc Extra brut | 2012 à 2013 | 49 € **16/20**

Belle vivacité fruitée, maturité de fruit qui permet sans mal l'absence de dosage, allonge profonde.

LANCELOT-PIENNE

1, place Pierre-Rivière • 51530 Cramant
Tél. 03 26 59 99 86 • Fax : 03 26 57 53 02
contact@champagne-lancelot-pienne.fr
www.champagne-lancelot-pienne.fr
Visite : Du lundi au vendredi de 9h à 12h et de 14h à 18h. Le week-end sur rendez-vous.

Ce producteur habite la plus belle maison de Cramant (qui a jadis appartenu à Mumm) avec une vue unique sur les coteaux prestigieux de la commune. On sera ravi par la subtile minéralité qui est le propre des grands vins de Cramant. La cuvée de la Table-Ronde (la femme de Gilles Lancelot est née Perceval, cela ne s'invente pas) rivalise largement avec le célèbre cramant de Mumm. Le nouveau dosage extra brut élargira son public, même si nous avons préféré le brut normal. Les vins de base peuvent encore gagner en caractère et ne nous ont pas été présentés cette année.

GRAND CRU BLANC DE BLANCS
CUVÉE DE LA TABLE RONDE
Blanc Brut | 2014 à 2017 | 18,90 € **16/20**
Parfait équilibre, net, pur, crayeux, dosage réussi, excellent apéritif.

GRAND CRU BLANC DE BLANCS
MARIE LANCELOT 2006
Blanc Brut | 2013 à 2016 | 28,60 € **17/20**
Crémeux, subtil, aérien, salin, parfaite expression de ce terroir, apéritif. Délicieux!

LANCELOT-ROYER

540, rue du Général-de-Gaulle • 51530 Cramant
Tél. 03 26 57 51 41 • Fax : 03 26 57 12 25
champagne.lancelot.royer@cder.fr
Visite : Du lundi au samedi de 10h30 à 12h et de 14h à 17h, dimanche de 10h30 à 12h.

CUVÉE DES CHEVALIERS
Blanc Brut | 2013 à 2015 | 17,20 € **16/20**
Ne pas confondre les Lancelot ni les chevaliers mais celui ci est de bonne compagnie, droit, minéral, intelligemment dosé, bien Cramant.

LANSON

66, rue de Cour-Lancy • 51100 Reims
Tél. 03 26 78 50 50 • Fax : 03 26 78 50 99
info@lansonpf.com • www.lanson.com
Visite : Du lundi au vendredi de 9h à 12h et de 14h à 17h.

Tous les vins de la gamme de cette maison rémoise, bien reprise en main par le groupe BCC, sont vinifiés en bloquant la fermentation malolactique, ce qui a pour effet de conserver une plus grande vivacité aux vins, et parfois un caractère un rien mordant. Cette pratique permet aussi aux champagnes de la maison de bien vieillir. La gamme est aujourd'hui sans faiblesse.

BLACK LABEL
Blanc Brut | 2012 à 2014 | 27 € **15,5/20**
Franc, vif, vigoureux et plein, champagne nerveux, allonge profonde et savoureuse.

EXTRA ÂGE
Blanc Brut | 2012 à 2015 | 50 € **16/20**
Généreusement construite avec de la tension et de la chair, profond et raffiné, c'est une réussite incontestable.

EXTRA ÂGE BLANC DE BLANCS
Blanc Brut | 2012 à 2015 | 60 € **16,5/20**
Consistant, dense et d'une excellente maturité, c'est un beau blanc de blancs vineux et apéritif, d'une belle personnalité.

GOLD LABEL 2002
Blanc Brut | 2012 à 2016 | 35 € **16/20**
Généreux et charnu, mais avec de l'amabilité dans une finale onctueuse et joliment fruitée : beau millésime gourmand.

GUY LARMANDIER

30, rue du Général-Kœnig • 51130 Vertus
Tél. 03 26 52 12 41 • Fax : 03 26 52 19 38
guy.larmandier@wanadoo.fr
www.champagne-larmandier-guy.fr
Visite : Sur rendez-vous.

François Larmandier a pris la relève de son père, et cela se sent en particulier dans la meilleure intégration du dosage dans les vins. Les cuvées sont issues en grande partie des terroirs prestigieux de Cramant, Chouilly et Vertus, et sont marquées par la finesse de leur origine. Les très vieilles vignes de Cramant donnent un remarquable blanc de blancs millésimé, d'un insurpassable rapport qualité-prix.

Cramant Brut grand cru

Blanc Brut | 2012 à 2016 | env. 18,50 € **15,5/20**

Grand naturel, fruité subtil, sans réduction au nez, finale délicatement saline, terroir lisible, brut bien fait malgré un dosage marqué.

Cramant grand cru 2005

Blanc Brut | 2014 à 2017 | env. 25 € **16/20**

Rondeur, délicatesse, ampleur du fruit, sollicité par un dosage marqué mais bien enrobant, long, universel, à point.

LARMANDIER-BERNIER

19, avenue du Général-de-Gaulle • 51130 Vertus
Tél. 03 26 52 13 24 • Fax : 03 26 52 21 00
champagne@larmandier.fr • www.larmandier.fr
Visite : Sur rendez-vous.

Pierre Larmandier est sans doute le viticulteur le plus réfléchi de sa commune de Vertus, et celui qui exprime ce terroir avec le plus de précision. Tous les champagnes ont ici un naturel exemplaire, et une digestibilité irréprochable. En dehors de son exceptionnel cramant, issu de très vieilles vignes, le produit emblématique de la maison est Terres-de-Vertus, champagne de terroir remarquable de finesse. Les derniers tirages ont donné des vins légers et spirituels, mais sans doute à ne pas à garder trop longtemps.

Coteaux Champenois Vertus Rouge 2009

Rouge | 2014 à 2019 | 35,50 € **16/20**

Belle couleur, nez fruité, grande matière pour la source, tannin un peu rêche mais texture onctueuse à souhait, attendre deux ans ce rouge de haute valeur.

Tradition premier cru brut

Blanc Brut | 2011 à 2012 | 19 € **15,5/20**

Rond, équilibré, intégré, dosé juste, usage universel, tradition très soignée.

Vieille Vigne de Cramant grand cru Extra-Brut 2005

Blanc Brut | 2013 à 2014 | 50 € **17/20**

Robe claire, délicieux ensemble, aujourd'hui à son sommet, subtil, frais, naturel, très apéritif.

LAURENT-PERRIER

32, avenue de Champagne • 51150 Tours-sur-Marne
Tél. 03 26 58 91 22 • Fax : 03 26 58 77 29
www.laurent-perrier.com
Visite : Sur rendez-vous pour les professionnels.

Maison encore largement familiale (même si une partie de son capital est en bourse), Laurent-Perrier s'est brillamment développée depuis les années 1950 sous l'impulsion d'un des grands acteurs de la Champagne moderne, Bernard de Nonancourt, qui nous a quitté en 2010. Il avait imposé un style élancé et apéritif, illustré par des proportions toujours significatives de chardonnay dans les assemblages. Il fut aussi le premier à croire au potentiel du champagne rosé, et celui-ci demeure toujours l'un des fers de lance de la maison, l'autre étant sans nul doute la fine et très pure cuvée de prestige, Grand Siècle. Ces piliers stylistiques demeurent fermement ancrés dans l'esprit de la maison, aujourd'hui dirigée par ses deux filles.

Brut L.P.

Blanc Brut | 2012 à 2015 | 36 € **15,5/20**

Très beau tirage, frais, pur, brillamment construit, et d'une franchise aromatique superbe.

Brut Rosé

Rosé Brut | 2012 à 2020 | 71 € **16,5/20**

Gourmand et subtil, avec des notes de fraise des bois charmeuses et un corps très savoureux.

Brut Vintage 2002

Blanc Brut | 2012 à 2020 | 51 € **17,5/20**

Fin et épanoui, très Laurent-Perrier, dans un registre aérien et brillamment élégant, avec beaucoup de longueur et une finale subtilement persistante.

Grand Siècle

Blanc Brut | 2012 à 2020 | 170 € **18/20**

De la rondeur, un fruité charmeur, des notes florales et une allonge très tendre mais aussi très persistante. Remarquable tirage.

Ultra Brut

Blanc Brut | 2012 à 2016 | 55 € **16/20**

Dans le même registre pur et droit que Brut L-P, mais avec le soupçon de minéralité et de fermeté en finale qu'apporte l'absence de dosage, et sans la raideur de trop d'ultra bruts. Idéal pour accompagner des belons !

LECLERC-BRIANT

67, rue de la Chaude-Ruelle - B.P. 108
51204 Épernay
Tél. 03 26 54 45 33 • Fax : 03 26 54 49 59
segolene.leclerc@gmail.com
www.leclercbriant.comsurface
Visite : Du lundi au vendredi de 9h à 12h
et de 14h à 17h.

Après la disparition de Pascal Leclerc-Briant, son vignoble de 30 hectares, situé en grande partie sur Cumières (avec des appoints sur Damery, Dizy, Verneuil, Épernay et Hautvillers), continue à produire en bio des champagnes sincères et solides, non dénués d'une certaine rusticité.

Les Chèvres Pierreuses
Blanc Brut | 2012 à 2014 | 35 € **15/20**
Ce cru de Cumières cultivé en biodynamie a produit un champagne consistant, généreux, aux accents de fruits jaunes et blancs mûrs, à la finale presque épicée.

MARIE-NOËLLE LEDRU

5, place de la Croix • 51150 Ambonnay
Tél. 03 26 57 09 26 • Fax : 03 26 58 87 61
info@champagne-mnledru.com
Visite : Sur rendez-vous.

Marie-Noelle Ledru est une vraie vigneronne, une vraie paysanne, ce qui fera taire ceux qui clament partout que cela n'existe plus en Champagne. Seule à tout faire, elle peut réussir plus ou moins bien une cuvée, mais ce quelle réussit est excellent de naturel, de puissance et d'harmonie, ce qu'on attend du grand cru Ambonnay. Si elle pouvait faire encore vieillir d'un ou deux ans ses extra bruts, ce serait parfait.

Brut grand cru
Blanc Brut | 2013 à 2018 | 19,10 € **15/20**
Le léger dosage harmonise la cuvée davantage que l'extra brut, le caractère du terroir est là, la finale reste pure et très «terroir».

cuvée du Goulté Blanc de Noirs 2007
Blanc Brut | 2012 à 2017 | 27,80 € **17/20**
Excellent jus, vineux, tendu, racé, autolyse de levures réussie, du caractère à revendre, et l'inimitable sapidité d'Ambonnay.

Millésime grand cru 2006
Blanc Brut | 2012 à 2018 | 31,40 € **17 /20**
Excellente autolyse, toute la race et la complexité d'un bel Ambonnay, finale non dosée, parfaite, tendue, saline, salivante. Il surclasse le 2007 qui lui semble dosé.

CHAMPAGNE R&L LEGRAS

10, rue des Partelaines • 51530 Chouilly
Tél. 03 26 54 50 79 • Fax : 03 26 54 88 74
contact@champagne-legras.fr
www.champagner-legras.fr
Visite : Dégustation du lundi au vendredi de 8h30
à 12h et de 14h à 17h.

Cette maison possède des vignes à Chouilly. Elle s'est fait une spécialité de blancs très apéritifs, qui cultivent la tendresse native des bons chouillys. On retrouve régulièrement les vins sur les meilleures tables de la grande restauration.

Blanc de blancs grand cru
Blanc Brut | 2012 à 2015 | 19,10 € **15,5/20**
L'élégance de la bulle est caractéristique des terroirs de Chouilly. C'est un champagne friand, tendre, très apéritif, d'une finesse qui ouvre indiscutablement l'appétit.

Evanescence 2002
Blanc Extra brut | 2012 à 2016 | 72 € **16/20**
Ce champagne non dosé reste parfaitement dans le style de la maison, c'est-à-dire ouvert, séduisant, et sans la moindre agressivité.

Saint Vincent 2000
Blanc Brut | 2012 à 2016 | 36 € **15,5/20**
De la densité et une réelle générosité gourmande pour ce champagne issu de vieilles vignes, qui sait rester souple.

A.R. LENOBLE

35, rue Paul-Douce • 51480 Damery
Tél. 03 26 58 42 60 • Fax : 03 26 58 65 57
contact@champagne-lenoble.com
www.champagne-lenoble.com
Visite : Sur rendez-vous.

Cette petite maison familiale reprise au milieu des années quatre-vingt-dix par les arrière-petits-enfants du fondateur, Anne et Antoine Malassagne, n'a cessé de progresser pour apparaître aujourd'hui comme l'une des plus intéressantes de sa catégorie. 60% de ses approvisionnements proviennent du vignoble familial de Chouilly pour les blancs et Bisseuil pour les noirs. Le style de Chouilly, rond, friand et fin, est particulièrement perceptible pour les chardonnays et donne une personnalité à la fois séduisante et unique à la gamme.

DOSAGE ZÉRO
Blanc Extra brut | 2012 à 2013 | 27 € **15,5/20**
Net, précis mais sans dureté : attaque ronde, finale plus nerveuse.

GRAND CRU BLANC DE BLANCS
Blanc Brut | 2012 à 2014 | 29,80 € **16/20**
Intense mais avec une rondeur friande et une ampleur gourmande qui est la marque des terroirs de Chouilly.

GRAND CRU BLANC DE BLANCS MILLÉSIME 2002
Blanc Brut | 2012 à 2018 | 50 € **18/20**
Belles notes de torréfaction, bulle raffinée, onctuosité en bouche, grand champagne raffiné, apaisé et profond.

L'EPURÉE
Blanc Brut | 2012 à 2015 | 31 € **16,5/20**
Dans un style beaucoup plus tendu que le blanc de blancs classique, avec une acidité plus mordante et des arômes de pomme séchée et de fleurs blanches, une persistance aromatique brillante et une longueur svelte.

CHAMPAGNE MICHEL LORIOT

13, rue de Bel-Air • 51700 Festigny
Tél. 03 26 58 34 01 • Fax : 03 26 58 03 98
info@champagne-loriot.com
www.champagne-loriot.com
Visite : Du lundi au samedi sur rendez-vous de 9h à 11h30 et de 14h à 17h.

BLANC DE NOIRS
Blanc Brut | 2013 à 2014 | env. 16,50 € **14/20**
Tendre, souple, marqué par la finesse de pinots meuniers bien sélectionnés, usage universel.

PINOT MEUNIER VIEILLES VIGNES 2005
Blanc Brut | 2013 à 2014 | env. 28 € **15/20**
Notes marines au nez, un peu sur l'iode, beaucoup de nuances et de subtilité, finale sur l'orange, vin de caractère.

MAILLY GRAND CRU

28, rue de la Libération • 51500 Mailly-Champagne
Tél. 03 26 49 41 10 • Fax : 03 26 49 42 27
contact@champagne-mailly.com
www.champagne-mailly.com
Visite : Du lundi au vendredi, de 9h à 12h et de 14h à 18h. Du 1er mai au 15 décembre, le samedi de 10h à 12h et de 14h à 18h et le dimanche de 11h à 12h et de 14h à 18h.

Mailly Grand Cru est une coopérative tout à fait originale en Champagne par sa taille, très modeste, et la cohérence de ses produits : elle ne champagnise que les vins du village dont elle a emprunté le nom, qui est classé grand cru. Les vins du cru Mailly, à dominante de pinot noir, ont moins de puissance que ceux de Aÿ ou Ambonnay, moins de tension que ceux de Verzenay, mais une finesse plus vite dégagée et un équilibre spécifique qui les rend très harmonieux à tout âge. Les cuvées de prestige de la cave en sont aujourd'hui les expressions les plus abouties et rivalisent aisément avec ce qui se fait de mieux en Champagne.

GRAND CRU BRUT MILLÉSIMÉ 2006
Blanc Brut | 2014 à 2021 | 37 € **17/20**
Très ouvert au nez avec les nuances de miel, de fougère, de levain, racé, minéral et salin en bouche, belle énergie liée à la craie, style sûr, excellent millésime !

GRAND CRU BRUT RÉSERVE
Blanc Brut | 2013 à 2014 | 29 € **15/20**
Notes de noisette au nez, ensemble équilibré, droit, plus séduisant que l'extra brut, plus dans l'esprit Mailly, d'autant que son dosage reste modéré. Usage universel.

L'INTEMPORELLE 2007
Blanc Brut | 2014 à 2019 | 59 € **17/20**
Beaucoup de gras, saveur harmonieuse, belle persistance, assemblage tout en élégance, encore un an trop jeune, excellent dosage.

LES ÉCHANSONS 2000
Blanc Brut | 2012 à 2015 | 82 € **16/20**
Robe paille, vin énergique et masculin, bouteille mieux préservée que l'an dernier, intense, très peu dosé, mais la complexité du millésimé 2006 lui fait un peu d'ombre.

MALARD

23, rue Jeanson • 51160 Aÿ
Tél. 03 26 32 40 11 • Fax : 03 26 32 41 92
info@champagnemalard.com
www.champagnemalard.com
Visite : du lundi au samedi de 10h à 19h
et le dimanche de 10h à 17h.

Excellence Grand Cru blanc de noirs

Blanc Brut | 2012 à 2014 | 24,70 € **15/20**

Après avoir dirigé Canard Duchêne, l'entreprenant Jean-Louis Malard a créé une marque à son nom. Ce blanc de noirs est un apéritif qui séduit par son éclat fruité et sa finale finement acidulée.

Lady Style

Blanc Extra brut | 2012 à 2014 | 50 € **15/20**

Élancé, svelte et très orienté aromatiquement sur les agrumes, voilà un extra brut séduisant.

MARGAINE

3, avenue de Champagne • 51380 Villers-Marmery
Tél. 03 26 97 92 13 • Fax : 03 26 97 97 45
champagne-margaine@terre-net.fr
www.champagne-a-margaine.com
Visite : Du lundi au vendredi de 8h à 12h et de 14h à 18h. Le samedi sur rendez-vous.

Les sols de Villers-Marmery, en pleine Montagne de Reims, se distinguent de leurs voisins en ceci qu'ils sont plus adaptés au chardonnay qu'au pinot noir. Le style des vins est différent de celui de la Côte des Blancs, moins minéral, plus vineux, avec un fruité très élégant, facile à apprécier et d'évolution un peu plus rapide en bouteille.

Spécial Club 2006

Blanc Brut | 2013 à 2018 | NC **16,5/20**

Racé, subtilement toasté, aérien, dosage impeccable, merveilleux à l'apéritif et dans la ligne des meilleurs vins de la commune.

THIERRY MASSIN

6, route des Deux-Bar • 10110 Ville-sur-Arce
Tél. 03 25 38 74 01 • Fax : 03 25 38 79 10
champagne.thierry.massin@wanadoo.fr
Visite : Du lundi au vendredi de 9h à 12h et de 14h à 18h; le week-end sur rendez-vous.

Mélodie

Blanc Brut | 2012 à 2015 | 16,40 € **14,5/20**

Beaucoup de délicatesse et de finesse, dosage net mais intégré, ensemble harmonieux, long, bien vinifié.

Prestige

Blanc Brut | 2012 à 2015 | 15,55 € **14/20**

Puissant, énergique, sur les agrumes, original et savoureux, le dosage faisant partie de la construction du vin en bouche.

LE MESNIL

19, rue Charpentier-Larain
51190 Le Mesnil-sur-Oger
Tél. 03 26 57 53 23 • Fax : 03 26 57 79 54
lemesnil@wanadoo.fr • www.champagnelemesnil.com
Visite : Sur rendez-vous.

Sous la marque Le Mesnil Grand Cru, la coopérative du village éponyme propose au public des vins très bien faits à des prix raisonnables, profitant d'installations techniques ultra modernes et performantes. C'est en quelque sorte le pendant en Côte des Blancs de l'excellente cave Mailly Champagne, et une source très recommandable. Avec deux ou trois grammes de dosage en moins, la déjà remarquable cuvée Sublime pourrait rivaliser en style et force de caractère avec Salon ! Les tirages actuels sont excellents.

grand cru

Blanc Brut | 2013 à 2015 | 17,80 € **16/20**

Léger, floral, racé, dosage intelligent (huit grammes), notes de noisette, largement au niveau des meilleures caves du village et prix raisonnable.

Prestige 2004

Blanc Brut | 2014 à 2016 | 27,80 € **16,5/20**

Salin, très terroir, savoureux, équilibré, le parfait blanc de blancs de ce grand village, apte à soutenir le choc du homard comme du saumon sauvage.

MOËT & CHANDON

9, avenue de Champagne • 51200 Épernay
Tél. 03 26 51 20 00 • Fax : 03 26 54 84 23
contact@moet.fr • www.moet.com
Visite : Du lundi au vendredi de 9h30 a 13h et de 14h à 17h30. Du 1er avril au 13 novembre, de 9h30 à 17h30.

Fer de lance de LVMH dans le secteur, la maison produit 30 millions de bouteilles chaque année, avec une régularité qualitative qui force le respect. Sous l'impulsion de son chef de cave, Benoît Gouez, Moët démontre également qu'elle réalise quelques-unes des meilleures cuvées millésimées du marché.

Brut Impérial Rosé
Rosé Brut | 2012 à 2014 | NC **15/20**

Souple, joliment fruité, bien dosé, un rosé très agréable et harmonieux.

Grand Vintage 2004
Blanc Brut | 2012 à 2018 | NC **17/20**

Sans aucune lourdeur, finement bouqueté avec ses notes de zeste, c'est un champagne racé et élancé qui possède une délicatesse aérienne et apéritive. Grande réussite.

Grand Vintage Collection 1993
Blanc Brut | 2012 à 2017 | NC **16/20**

Ce millésime méconnu retrouve ici une seconde jeunesse grâce à sa fraîcheur aromatique et sa finesse fruitée. La petite pointe d'amertume qui termine la bouche est caractéristique du style de la maison à l'époque !

Grand Vintage Rosé 2004
Rosé Brut | 2012 à 2016 | NC **17/20**

Très coloré, comme toujours chez Moët, mais avec la même finesse aérienne que le blanc, et un bouquet de pivoine et de fraise des bois : une gourmandise qui confirme la brillante réussite de la marque dans ce millésime.

Moët Impérial
Blanc Brut | 2012 à 2013 | NC **14,5/20**

Élancée sans aucune lourdeur, la cuvée de champagne la plus vendue au monde possède une franchise très apéritive.

PIERRE MONCUIT

11, rue Persault-Maheu • 51190 Le Mesnil-sur-Oger
Tél. 03 26 57 52 65 • Fax : 03 26 57 97 89
contact@pierre-moncuit.fr • www.pierre-moncuit.fr
Visite : Du lundi au vendredi de 9h à 12h et de 14 h à 17h30. Le samedi de 10h à 12h30 et de 14h à 17h30.

Cet important domaine est une source sûre pour la production de blancs de blancs très consensuels, un peu plus souples et plus vite prêts à boire que la majorité des vins du Mesnil, mais porteurs de toute la finesse et la pureté de ces terroirs exceptionnels. La cuvée Hugues-de-Coulmet provient de vignes du Sézannais et possède évidemment, malgré ses réelles qualités, moins de finesse et de race que les grands crus. En hommage à ses parents, Yves Moncuit baptise désormais son grand cru non millésimé de réserve cuvée Pierre-Moncuit-Delos, un vin au rapport qualité-prix épatant. Une très vieille vigne, au cœur du Mesnil, donne une toute petite production d'un des plus grands blancs de blancs imaginables, la cuvée Nicole-Moncuit.

Grand Cru Millésimé 2005
Blanc Brut | 2015 à 2020 | 30 € **17/20**

Remarquablement typé Mesnil, riche, complexe, dosage marqué mais pas lourd, enveloppé, parfait grand cru!

Hugues de Coulmet
Blanc Brut | 2013 à 2016 | 16,50 € **16/20**

Robe paille, nez généreux, légèrement beurré, excellente vivacité, dosage équilibré, plein, racé, très recommandable.

Pierre-Moncuit-Delos Grand cru
Blanc Brut | 2013 à 2017 | 19 € **16,5/20**

Frais, ample, fruité, riche et équilibré, dosage équilibré par rapport à l'acidité, beaucoup de charme.

MOREL PÈRE ET FILS

93, rue du Général-de-Gaulle • 10340 Les Riceys
Tél. 03 25 29 10 88 • Fax : 03 25 29 66 72
morel.pereetfils@wanadoo.fr
www.champagnemorelpereetfils.com
Visite : Du lundi au samedi de 9h à 12h et de 14h à 18h. Le dimanche sur rendez-vous.

Nous sommes ici au coeur de la tradition du vignoble des Riceys et de leur célèbre et rare rosé tranquille, mais dans des installations neuves, modernes, permettant d'élaborer des vins d'une belle maîtrise technique. La finesse des meilleurs terroirs des

différents vallons se retrouve dans pratiquement tous les vins présentés.

BRUT RÉSERVE
Blanc Brut | 2013 à 2017 | 14,95 € **15/20**
Rond, fruité, généreux, consensuel dans le dosage, mais intelligemment, excellent rapport qualité-prix.

CUVÉE GABRIEL
Blanc Brut | 2013 à 2015 | 23,90 € **15,5/20**
Nez de fleur de vigne, beaucoup de vinosité et de droiture, parfaite expression des Riceys, usage universel.

CUVÉE MILLÉSIMÉE 2006
Blanc Brut | 2015 à 2021 | 20,90 € **14,5/20**
Notes de noisette au nez, vivant, mais un peu trop dosé cette fois, seul le temps rééquilibrera ce dosage.

MOUTARD

6, Grande-Rue • 10110 Buxeuil
Tél. 03 25 38 50 73 • Fax : 03 25 38 57 72
champagne@champagne-moutard.eu
www.champagne-moutard.fr
Visite : Du lundi au vendredi de 8h à 12h et de 14h à 18h30. Le Samedi sur rendez-vous de 10h à 12h.

Moutard est l'une des plus anciennes maisons de la Côte des Bar, au sud de l'appellation champagne. Elle propose une intéressante gamme de champagnes issus de terroirs spécifiques, ainsi qu'une cuvée composée des six cépages autorisés : arbane, petit meslier, pinot blanc, chardonnay, pinot noir et pinot meunier.

CHAMP PERSIN CÔTE DES BAR CHARDONNAY
Blanc Brut | 2012 à 2014 | 24,50 € **15,5/20**
Bon tirage, avec des notes de beurre frais, de l'élégance, une allonge pure et distinguée, belle réussite.

CUVÉE DES 6 CÉPAGES 2005
Blanc Brut | 2012 à 2017 | 48,30 € **15/20**
Cette cuvée qui rassemble les six cépages autorisés en champagne se révèle fruitée, équilibrée, franche et apéritive.

DAME NESLE CÔTE DES BAR
Rosé Brut | 2011 à 2013 | NC **15,5/20**
Très coloré, fruité savoureux, allonge et générosité gourmande.

PRESTIGE
Rosé Brut | 2012 à 2013 | 31 € **16/20**
Gras et onctueux, fruit épanoui, allonge tendre. De la classe.

VIGNES BEUGNEUX CÔTE DES BAR PINOT NOIR
Blanc Brut | 2012 à 2015 | 24,50 € **15,5/20**
Beaucoup de franchise et de fruit, bonne allonge savoureuse, intensité fruitée.

G.H. MUMM

29, rue du Champ-de-Mars • 51100 Reims
Tél. 03 26 49 59 69 • Fax : 03 26 40 46 13
mumm@mumm.com • www.mumm.com
Visite : De 9h à 12h et de 14h à 18h pour la boutique. La cave se visite de 9h à 11h et de 14h à 17h.

La maison, fleuron du groupe Pernod-Ricard en Champagne, réalise des cuvées nettes et souples, d'un style immédiatement accessible. Au sommet de la gamme, la cuvée de prestige R. Lalou et le toujours impeccable Mumm de Cramant se complètent harmonieusement. Les bruts non millésimés ont beaucoup gagné en naturel et en fraîcheur.

CORDON ROUGE
Blanc Brut | 2012 à 2013 | 28 € **14,5/20**
Souple, très fruité, avec un dosage beaucoup plus finement dispensé qu'il y a quelques années, c'est un champagne universel et bien composé.

CORDON ROUGE 2004
Blanc Brut | 2012 à 2018 | 38 € **17,5/20**
Très harmonieux, généreux, mais frais et fin, c'est l'un des plus beaux vins du millésime et la marque du renouveau de la maison.

MUMM DE CRAMANT GRAND CRU CHARDONNAY
Blanc Brut | 2012 à 2017 | 60 € **17/20**
Délicat, tendu, avec de belles notes minérales associées à de fines touches d'agrumes, voici une cuvée de chardonnay toujours aussi impeccable.

MUMM DE VERZENAY GRAND CRU PINOT NOIR
Blanc Brut | 2012 à 2018 | 60 € **17,5/20**
Pendant original du fameux Mumm de Cramant, cette nouvelle cuvée est une réussite brillante : ample, avec une vinosité affirmée sans aucune rudesse, une belle palette de fruits rouges et une allonge savoureuse et mûre.

R. Lalou 1999

Blanc Brut | 2012 à 2018 | 118 € **17/20**

Riche et luxueux, ce millésime de R. Lalou est un champagne extrêmement confortable, ample, opulent et généreusement parfumé.

NICOLAS FEUILLATTE

CD 40 A - Chemin de Plumecoq - Chouilly
51200 Épernay
Tél. 03 26 59 55 50 • Fax : 03 26 59 55 82
e.schaller@feuillatte.com • www.feuillatte.com
Visite : Sur rendez-vous

Disposant de la richesse et de la variété d'approvisionnement sans égales que procure l'appartenance au puissant groupe coopératif de Chouilly, Nicolas Feuillate propose une gamme vaste, allant du brut non millésimé à la cuvée de prestige (Palmes d'Or) en passant par de nombreuses spécialités.

cuvée 225 2003

Blanc Brut | 2012 à 2017 | 48 € **16,5/20**

Très gras et ample, avec une acidité basse, mais non sans fraîcheur, texture de taffetas et bulle fine : un vin ambitieux et remarquablement construit, toujours avec cette netteté qui est la «marque de fabrique» de la maison.

Grand cru Blanc de Blancs 2000

Blanc Brut | 2012 à 2017 | 38 € **16/20**

Robe pâle, fines notes d'agrumes, longueur franche, fraîcheur. Plus convaincant que le pinot noir Grand cru dans le même millésime.

Grande Réserve

Blanc Brut | 2012 à 2015 | env. 25 € **15/20**

Plus de vigueur que le Brut et la Réserve Particulière, une intensité certaine et toujours du fruit, de l'équilibre.

NOMINÉ-RENARD

32, rue Vigne l'Abesse • 51270 Villevenard
Tél. 03 26 52 82 60
www.champagne-nomine-renard.com

Spécial club 2004

Blanc Brut | 2012 à 2015 | NC **15/20**

Nez pur, vin gras, souple, équilibré, très net, montrant la finesse des bons terroirs de Villevenard.

PIERRE PAILLARD

2, rue du XXe siècle • 51150 Bouzy
Tél. 03 26 57 08 04 • Fax : 03 26 57 83 03
contact@champagne-pierre-paillard.fr
www.champagne-pierre-paillard.fr
Visite : Du lundi au vendredi de 9h à 12h et de 14h à 17h. Le week-end sur rendez-vous.

Domaine traditionnel de Bouzy présentant des grands crus bien faits et bien typés à des prix raisonnables, avec une spécialité très savoureuse où le chardonnay, allégeant la célèbre puissance des pinots de ce village, permet l'élaboration d'un vin de très grande classe.

Grand cru

Blanc Brut | 2014 à 2019 | 18,50 € **16/20**

Assemblage de 2007 et 2006, robe claire, belle rondeur, excellent fruit, dosage réussi, usage universel.

Grand Cru Blanc de Noirs les Maillerets

Blanc Brut | 2013 à 2016 | 25 € **16/20**

Robe claire, beaucoup de générosité aromatique, vrai caractère Bouzy, ferme, tendu malgré son dosage (réussi), du style et une bonne introduction au pinot noir champenois.

Grand cru 2002

Blanc Brut | 2012 à 2014 | 26 € **17/20**

Absolument à point, parfaitement défini, très aromatique et long, racé, belle présence de chardonnay qui marque la fin de bouche. Curieux pour un Bouzy, mais cela marche !

PALMER & CO

67, rue Jacquart • 51100 Reims
Tél. 03 26 07 35 07 • Fax : 03 26 07 45 24
contact@champagne-palmer.fr
www.champagne-palmer.fr
Visite : Du lundi au vendredi de 8h à 12h et de 14h à 18h.

Marque issue du secteur coopératif, Palmer est une discrète mais solide référence, avec des cuvées franches et sérieusement construites. Le sommet de la gamme est plus, à notre sens, la cuvée millésimée qu'Amazone.

Blanc de Blancs 2004

Blanc Brut | 2012 à 2014 | épuisé **17,5/20**

Confirmation de l'éclatante réussite de la maison dans ce grand millésime, avec un vin de chardonnay, cristallin, pur, racé et très long, d'une remarquable précision de constitution.

Brut
Blanc Brut | 2012 à 2013 | cav. 25 € **15/20**
Souple, gouleyant, fruité et facile à boire, avec une finale néanmoins consistante : bon champagne d'apéritif.

Brut Millésimé 2004
Blanc Brut | 2012 à 2015 | cav. 33 € **16,5/20**
Nez très frais, ouvert harmonieux avec ses notes de fruit et d'agrumes, corps souple, élégant et distingué : c'est un beau champagne apéritif très pur.

PANNIER

23, rue Roger-Catillon - B.P. 70300 • 02407 Château-Thierry
Tél. 03 23 69 51 30 • Fax : 03 23 69 51 31
champagnepannier@champagnepannier.com
www.champagnepannier.com
Visite : Du lundi au samedi de 9h à 12h30 et de 14h à 18h30.

Cette maison est l'émanation de la cave coopérative de Château-Thierry, à la quasi-extrémité occidentale de l'appellation et des vignobles de la vallée de la Marne. Les vins sont techniquement bien réalisés, mais manquent parfois un peu de personnalité, ce qui n'est en revanche pas le cas de la magnifique et pure cuvée Egérie rosé.

Brut blanc de blancs 2005
Blanc Brut | 2012 à 2015 | cav. 35 € **15/20**
Vin droit, rectiligne, techniquement parfait, d'un glissant savoureux.

Égérie Extra-Brut 2002
Blanc Brut | 2012 à 2015 | cav. 67 € **16/20**
Bulle très fine, allonge onctueuse, du corps et de la finesse avec un bouquet qui demeure discret.

Égérie Rosé de Saignée
Rosé Brut | 2012 à 2015 | cav. 73 € **17,5/20**
Belle spécialité, au fruit très tendre et pur , à l'allonge aérienne et au naturel désarmant. C'est incontestablement LA grande cuvée de la maison.

Vintage 2005
Blanc Brut | 2012 à 2015 | cav. 32 € **16/20**
Joli vin, finement fruité, élancé, intense, terminant sur de superbes notes acidulées.

PAUL BARA

4, rue Yvonnet • 51150 Bouzy
Tél. 03 26 57 00 50
www.champagnepaulbara.com

Enfin ! Ce domaine pionnier des récoltants manipulants de Bouzy et d'une très forte réputation locale a consenti à envoyer des échantillons pour ce guide et nous avons pu apprécier leur sûreté d'élaboration et leur excellent rendu du terroir.

Grand cru Millésimé 2004
Blanc | 2012 à 2014 | 22,50 € **15/20**
Robe claire, nez fruité et épanoui, corps tendre, ensemble facile et consensuel même si le dosage ressort un peu trop.

Grand cru brut réserve
Blanc | 2013 à 2015 | 17,50 € **16/20**
Brut presque idéal par son équilibre, sa fraîcheur, sa finesse, son amabilité mais aussi son caractère de terroir affirmé.

Marie de France grand cru 2000
Blanc | 2013 à 2015 | 33 € **16,5/20**
Robe dorée, vin généreux, complexe, complètement mûr, définition réussie du cru Bouzy.

PAUL GOERG

30 rue du Général Leclerc • 51130 Vertus
Tél. 03 26 52 15 31 • Fax : 03 26 52 23 96
info@champagne-goerg.com
www.champagne-goerg.com
Visite : Dégustation du lundi au vendredi de 9h à 12h et de 14h à 17h.

Marque de la petite, mais splendidement située, coopérative la Goutte d'Or de Vertus, Paul Goerg bénéficie d'approvisionnements remarquables. Rosé, extra brut et blanc de blancs constituent une très complète triplette de champagnes fins, mais profonds et très respectueux de leur terroir. Pour les millésimes, on préférera le 2002 «classique» à la cuvée Lady.

Blanc de blancs Premier Cru
Blanc Brut | 2012 à 2015 | 30 € **15,5/20**
Souple, raffiné, long, avec de la générosité, un beau blanc de blancs pour une soirée de fête raffinée!

PREMIER CRU

Rosé Brut | 2012 à 2013 | 33 € **16/20**

Fin rosé harmonieux et subtil, s'appuyant sur de jolies touches framboisées, mais aussi sur une véritable longueur vineuse.

VINTAGE PREMIER CRU 2002

Blanc Brut | 2012 à 2016 | 35 € **16/20**

Dans un style épanoui et de belle maturité, voici un champagne aujourd'hui prêt à boire, d'une richesse de saveur peu commune.

PÉHU SIMONET

7, rue de la Gare • 51360 Verzenay
Tél. 03 26 49 43 20 • Fax : 03 26 49 45 06
champagne.pehu-simonet@hotmail.fr
www.champagne-pehu-simonet.com
Visite : Sur rendez-vous.

Cette petite maison s'appuie d'abord sur un vignoble familial installé, côté Péhu, à Verzenay et, côté Simonet, au Mesnil pour les chardonnays. Ces belles sources permettent de produire une gamme courte, mais très intéressante.

BLANC DE NOIRS

Blanc Brut | 2012 à 2014 | 34 € **15,5/20**

Bien plus précis que le Brut Sélection, ce blanc de noirs a de l'intensité, de la vivacité et du nerf.

BRUT ROSÉ

Rosé Brut | 2012 à 2014 | 25 € **15/20**

Joli fruité tendre, allonge souple, très apéritif et d'une simplicité réjouissante.

GRAND CRU SÉLECTION

Blanc Brut | 2012 à 2013 | 21 € **14/20**

Fruité, gras, assez généreux et rond, c'est champagne consistant mais souple.

ALEXANDRE PENET

4, rue Arthur-Lallement • 51380 Verzy
Tél. 03 26 97 94 73 • Fax : 03 26 97 97 31
contact@penet-chardonnet.com
www.penet-chardonnet.com
Visite : Sur rendez-vous.

Les grands vignerons sont rares à Verzy, au cœur de la grande montagne de Reims. Ce producteur de vieille tradition possède six hectares de grand cru. Ses vins sont complets, remarquablement vineux et complexes, dignes du terroir. La gamme renouvelée brille par son homogénéité de style. Un artiste est à l'œuvre. Depuis 2011, les vins sont signés Alexandre Penet sur l'étiquette. Le producteur prépare, à partir de 2009, une cuvée parcellaire de grand cru «Les Fervins» qui fera parler d'elle!

EXTRA BRUT ROSÉ

Rosé Brut | 2013 à 2015 | 34 € **16/20**

Rose pâle, touche de bois, beaucoup de tension, de complexité et de netteté, aidé par le non dosage, vin de caractère !

EXTRA-BRUT

Blanc Brut | 2013 à 2015 | 29 € **14,5/20**

Robe claire, assez corsé avec des notes de noisette, finale tendue, plutôt fait pour la table.

GRAND CRU BLANC DE BLANCS EXTRA BRUT

Blanc Brut | 2012 à 2015 | env. 40 € **17,5/20**

Mielleux, fondu, complexe, magnifique intégration du boisé, grande longueur, vin complet, vivement recommandé.

GRAND CRU BRUT NATURE

Blanc Brut | 2012 à 2015 | 36 € **17/20**

Remarquable pureté d'expression, vin harmonieux, long, complexe, avec toute la race de son origine. Non dosé et sans aucune agressivité !

PENET-CHARDONNET

12, rue Gambetta • 51380 Verzy
Tél. 03 51 00 28 80
contact@lamaisonpenet.com
www.lamaisonpenet.com

Alexandre Penet tient à séparer les vins qu'il vend sous son nom de ceux qu'il continue à élaborer dans la société familiale de départ, sous la marque Penet-Chardonnet : les vignes sont situées au coeur de la Montagne de Reims et les vins produits possèdent dans toute leur plénitude les qualités de vinosité des vins de la Montagne.

GRAND CRU GRANDE RÉSERVE

Blanc | 2013 à 2015 | env. 80 € **17/20**

Robe largement dorée, grand nez iodé et salin , vivacité surprenante malgré la maturité, très long vieillissement sur pointe (10 ans), grande suite en bouche.

GRAND CRU CUVÉE DIANE CLAIRE

Blanc | 2013 à 2018 | env. 110 € **18/20**

Ici encore une bonne dizaine d'années de vieillissement sur pointe a donné une robe or très lumineuse, et un bouquet complexe de sous bois typique de Verzenay. Grand et à point.

GRAND CRU MILLÉSIME 2007
Blanc | 2015 à 2020 | env. 35 € **18/20**
Robe paille clair, fruité parfait, équilibre étonnant, vinification superlative, dosage faible et idéal pour la matière.

GRAND CRU RÉSERVE EXTRA BRUT
Blanc | 2014 à 2018 | env. 50 € **16/20**
Beaucoup de vinosité, fruit énergique et tonique, servi par une acidité hors norme, race de terroir très présente.

PERRIER-JOUËT

28, avenue de Champagne • 51200 Épernay
Tél. 03 26 53 38 00 • Fax : 03 26 54 54 55
frederique_baveret@perrier-jouet.fr
www.perrier-jouet.com
Visite : Sur rendez-vous.

Perrier-Jouët est une marque célèbre dans le monde entier, en particulier grâce à sa cuvée de prestige Belle Époque, à la bouteille joliment sérigraphiée. Une dégustation verticale de millésimes du siècle dernier, et même de celui d'avant, nous a d'ailleurs montré à quel point le style ample et raffiné qu'elle développe fait partie des «gènes» de la maison. Si l'on apprécie ce style rond, on ne manquera pas de remarquer la belle cohérence actuelle de la gamme.

BELLE ÉPOQUE 2004
Blanc Brut | 2012 à 2024 | NC **18/20**
La mousse crémeuse de cette cuvée est superbe et donne le ton de ce champagne ample, raffiné, très tendre, persistant mais tout en finesse, plein de charme.

BLASON ROSÉ
Rosé Brut | 2012 à 2015 | NC **16/20**
Le style épanoui et confortable de la marque convient bien au rosé, qui séduit par sa précision aromatique avec ses notes de framboise, de sucre et de meringue et son allonge suave.

GRAND BRUT
Blanc Brut | 2012 à 2014 | NC **15/20**
Généreux, bouquet mature de fruits confits, charme confortable.

PERTOIS-LEBRUN

399, rue de la Libération • 51530 Cramant
Tél. 03 26 57 54 25 • Fax : 03 26 57 52 60
champ-pertoislebrun@hexanet.fr
www.champ-pertoislebrun.com
Visite : Sur rendez-vous.

Les vins ont beaucoup progressé en régularité et en finesse d'expression, et la gamme présentée cette année, bien que ne jouant pas sur le concept de chevalerie, est sans reproche ! Voilà une source désormais recommandable de vins de grand pedigree à prix d'ami.

BRUT BLANC DE BLANCS
Blanc Brut | 2013 à 2015 | env. 16 € **16,5/20**
Grande pureté, dosage parfait, style exemplaire, apéritif idéal ou presque, plaisir garanti.

MILLÉSIME 2004
Blanc Brut | 2013 à 2016 | env. 20 € **17/20**
Superbe cramant, minéral à souhait, grand équilibre, belle suite en bouche, dosage idéal (8 grammes) pour la matière. Ne le manquez pas...

PIERRE PÉTERS

26, rue des Lombards • 51190 Le Mesnil-sur-Oger
Tél. 03 26 57 50 32 • Fax : 03 26 57 97 71
champagne-peters@wanadoo.fr
www.champagne-peters.com
Visite : Sur rendez-vous.

Rodolphe Péters, neveu doué de Jacques, qui fut le très respecté chef de cave de Veuve Clicquot jusqu'en 2009, élabore désormais en totale indépendance les champagnes du domaine familial situé au Mesnil-sur-Oger. La précision et l'élégance de tous les vins les rendent hautement recommandables, ce qu'une large clientèle internationale sait depuis longtemps.

ALBANE
Rosé Brut | 2013 à 2016 | 24,70 € **15/20**
Rosé soutenu et très lumineux, tout en fruit, rond, pas lourd, équilibré, facile à comprendre, mais sans recherche originale.

GRAND CRU BLANC DE BLANCS LES CHÉTILLONS 2004
Blanc Brut | 2014 à 2019 | 42,90 € **17/20**
Robe pâle, grand arôme floral, vin nerveux, tendu, de grande classe, classicisme exemplaire !

GRAND CRU RÉSERVE PRIVÉE

Blanc Brut | 2014 à 2020 | cav. 35 € **16,5/20**

Robe très pâle, grande finesse, terroir grand cru très lisible, dosage bien conçu, beaucoup de style.

PHILIPPONNAT

13, rue du Pont • 51160 Mareuil-sur-Aÿ
Tél. 03 26 56 93 00 • Fax : 03 26 56 93 18
info@champagnephilipponnat.com
www.philipponnat.com
Visite : Sur rendez-vous.

Cette maison fameuse pour son très vineux champagne du Clos des Goisses, qui surplombe abruptement la Marne, n'a cessé de progresser sous la conduite de Charles Philipponnat. La gamme est aujourd'hui très complète et remarquablement homogène.

BRUT 1522 2002

Blanc Brut | 2012 à 2016 | 58 € **18/20**

Même plénitude que le 2002 «classique», mais avec une vigueur supplémentaire qui en fait un champagne aussi séduisant que racé. Clos des Goisses mis à part, le plus beau vin jamais réalisé par cette maison qui confirme sa progression.

RÉSERVE MILLÉSIMÉE 2002

Blanc Brut | 2012 à 2016 | 44 € **17/20**

Beau vin mature, très ample et complet avec un bouquet remarquablement expressif dans un registre noisette, toasté, finement beurré et une allonge veloutée, superbe.

ROYALE RÉSERVE

Blanc Brut | 2012 à 2014 | 29 € **16/20**

Très ample, complet, gourmand et mature, un beau champagne confortable et racé.

ROYALE RÉSERVE NON DOSÉE

Blanc Brut | 2012 à 2014 | 29 € **16/20**

La maturité des vins qui composent cette cuvée favorise pleinement le non dosage : l'ensemble demeure ample et riche, avec un surcroît bienvenu de nervosité.

PIPER-HEIDSIECK

12, allée du Vignoble • 51100 Reims
Tél. 03 26 84 43 00 • Fax : 03 26 84 43 49
www.piper-heidsieck.com

Reprise par la famille Descours, comme Charles Heidsieck, Piper est menée par le même chef de cave, Régis Camus. Les deux marques conservent un style bien distinct. Les cuvées de Piper sont amples, généreuses, d'un style fruité agréable. Le brut non millésimé a nettement progressé.

RARE 2002

Blanc Brut | 2012 à 2017 | NC **18/20**

Beau vin onctueux et très raffiné, à l'allonge subtile et au bouquet noble et fin.

BRUT

Blanc Brut | 2012 à 2013 | 27 € **15,5/20**

Beau champagne fin, pur, précis, avec un caractère floral et une persistance brillante. De loin le meilleur tirage de cette cuvée depuis que nous la dégustons.

BRUT MILLÉSIME 2004

Blanc Brut | 2012 à 2016 | 38 € **16/20**

Style ample, avec un fruité généreux et une allonge crémeuse et fraîche, incontestablement raffinée.

BRUT SAUVAGE ROSÉ

Rosé Brut | 2012 à 2014 | 34 € **15,5/20**

Robe d'un rosé rouge, souple constitution, harmonieuse et onctueuse, finement fruitée.

POL-ROGER

1, rue Winston-Churchill - B.P. 199 • 51206 Épernay
Tél. 03 26 59 58 00 • Fax : 03 26 55 25 70
polroger@polroger.fr • www.polroger.com
Visite : Du lundi au jeudi de 7h à 11h30 et de 13h30 à 17h30. Le vendredi de 7h à 11h30.

Cette maison de taille moyenne appartient toujours aux familles fondatrices. Elle s'est développée au siècle dernier grâce à des millésimes de haut niveau qui font indiscutablement partie du gotha des champagnes, comme le 1928, et grâce à un client assidu, Sir Winston Churchill, qui en fit sa marque de chevet. Son patron, Patrice Noyelle, peut être fier du travail accompli pendant sa mandature : il aura replacé la maison au très haut niveau des joyaux de Champagne.

BLANC DE BLANCS VINTAGE 2000

Blanc Brut | 2012 à 2020 | 79 € **18,5/20**

Une année de cave supplémentaire lui a donné toute sa dimension : pur, long, minéral et racé, grande droiture, très juvénile, grande rigueur svelte.

Brut Réserve

Blanc Brut | 2012 à 2014 | 36 € **16/20**
Plus riche, corpulent et fin, élégant, richesse sans amertume, longueur charnue.

Pure

Blanc Brut | 2012 à 2015 | 43 € **16/20**
Frais, fruité floral, acidité mais sur la rondeur, élégant, souple, net et franc. Un caractère juvénile et direct.

Rosé Vintage 2002

Rosé Brut | 2012 à 2020 | épuisé **18/20**
Très jolie couleur. Fruit précis, grande fraîcheur, élégant, racé et intense, grand volume brillant.

Sir Winston Churchill 1999

Blanc Brut | 2012 à 2022 | épuisé **19/20**
Très pâle, beurré fin, racé, élégantissime, superbe et distingué, élancé, brillant.

Vintage 2000

Blanc Brut | 2012 à 2020 | épuisé **17,5/20**
Composé à 60% de pinot noir et 40% de chardonnay, un millésime vineux, plein, profond, fruit rouge, intense, long, droit, racé.

POMMERY

5, place du Général-Gouraud • 51100 Reims
Tél. 03 26 61 62 56 • Fax : 03 26 61 62 96
domaine@vrankenpommery.fr
www.vrankenpommery.com
Visite : De 10h à 18h.

Pommery est l'une des grandes marques historiques de la Champagne. Devenue le fer de lance de l'ambitieux Paul-François Vranken, la marque conserve le style fin et délié qu'ont toujours apprécié les chefs de cave de la maison. La gamme est cohérente et sans faille.

Brut Royal

Blanc Brut | 2012 à 2013 | cav. 30,70 € **13,5/20**
Souple, franc, net, personnalité simple mais universelle.

Louise 1999

Blanc Brut | 2012 à 2018 | cav. 135 € **18/20**
Fruit délicat et brillant, allonge distinguée, grande délicatesse en bouche. Alliant la tendresse, l'élégance et la profondeur, il décrit à lui seul une certaine idée du champagne.

Rosé Apanage

Rosé Brut | 2012 à 2013 | cav. 69,90 € **16/20**
Robe d'un joli et très pâle or rose, nez finement aromatique, allonge subtile.

R. POUILLON

3, rue de la Couple • 51160 Mareuil-sur-Ay
Tél. 03 26 52 60 08
www.champagne-pouillon.com

Entrée dans le guide pour ce récoltant fort connu à Mareuil, sur d'excellents terroirs qu'une nouvelle génération exprime désormais avec plus d'élégance et de précision.

Brut

Blanc Brut | 2013 à 2015 | NC **16/20**
Excellente vinosité, grand nez floral, le type de vin le plus adapté au terroir et à la commune, large, long, savoureux, excellent rosé de table.

Nature de Mareuil

Blanc Brut | 2013 à 2016 | NC **15,5/20**
Excellent non dosé, racé, légèrement boisé, complexe, pur, tendu, plaira aux puristes et à tous ceux qui veulent un Mareuil typé.

JÉRÔME PRÉVOST

2, rue Petite-Montagne • 51390 Gueux
Tél. 03 26 03 48 60 • Fax : 03 26 03 48 60
champagnelacloserie@orange.fr
Visite : Sur rendez-vous.

Ce disciple d'Anselme Selosse est devenu l'un des récoltants-manipulants les plus réputés de Champagne dans le monde, et l'on comprendra pourquoi en dégustant ses magnifiques vins de meunier de la banlieue chic de Reims, qui ne sont pas les terroirs les plus prestigieux, mais dont il exprime avec autorité et un grand savoir-faire toute la sève.

Les Beguines

Blanc Brut | 2013 à 2017 | 45 € **16/20**
Base 2008, boisé légèrement moka et noisette grillé au nez, forme ciselée, aucun dosage, beaucoup d'arômes primaires préservés, ambitieux et réusssi.

CH. & A. PRIEUR

30 rue du Général Leclerc - B.P. 41 • 51130 Vertus
Tél. 03 26 52 37 61 • Fax : 03 26 52 29 10
info@champagne-prieur.com

GRAND PRIEUR ☺
Rosé Brut | 2012 à 2016 | NC **16/20**
Superbe vin de cette marque de Vertus : générosité fruitée, grande vinosité, allonge subtile et profonde, persistance remarquable. à apprécier avant, pendant ou après le repas!

LOUIS ROEDERER

21, boulevard Lundy • 51100 Reims
Tél. 03 26 40 42 11 • Fax : 03 26 47 66 51
com@champagne-roederer.com
www.louis-roederer.com

Roederer est avec Bollinger la plus brillante illustration des maisons demeurées familiales. Malgré le succès planétaire de Cristal, sa cuvée de prestige, légèrement dominée par des pinots noirs de haute volée, elle a toujours refusé de se lancer dans une course aux quantités produites, préférant rester maître d'un approvisionnement qui s'appuie quasi exclusivement sur un vignoble en propriété (une exception à ce niveau !) parmi les mieux situés et travaillés de Champagne. Le style des champagnes est très axé sur la pureté et la droiture. La gamme est idéalement maîtrisée - avec en particulier le brut Premier au sommet des bruts non millésimés - et Louis Roederer, sous l'impulsion de Frédéric Rouzaud et de Jean-Baptiste Lecaillon, n'a jamais été aussi brillant qu'aujourd'hui.

BLANC DE BLANCS 2006
Blanc Brut | 2012 à 20120 | 75 € **18/20**
Aérien, brillant, floral et pur, un blanc de blancs d'une élégance apéritive hors norme, d'une profondeur à la fois subtile et intense.

BRUT PREMIER
Blanc Brut | 2012 à 2015 | 39 € **17/20**
Élancé, droit, très pur, avec de superbes et joyeuses notes de zeste d'orange confit, ce brut non millésimé brille par son raffinement aérien.

CRISTAL 2004
Blanc Brut | 2012 à 2018 | 190 € **19/20**
D'une fraîcheur justement cristalline, pur et aérien, Cristal 2004 s'épanouit avec une finesse confondante.

ROSÉ MILLÉSIMÉ 2007
Rosé Brut | 2012 à 2017 | 68 € **17/20**
Robe pâle mais légèrement plus marquée que dans les millésimes précédents, fruit délicat, bouche tendre mais persistante.

VINTAGE 2006
Blanc Brut | 2012 à 2018 | 62 € **18/20**
Brillant et aiguisé, ce millésime de très grande finesse s'impose à la fois en volume et en longueur sans jamais perdre sa subtilité aérienne : du grand art!

RUINART

4, rue des Crayères - B.P. 85 • 51053 Reims
Tél. 03 26 77 51 51 • Fax : 03 26 82 88 43
info@ruinart.com • www.ruinart.com
Visite : Sur rendez-vous.

Plutôt axés sur les chardonnays, les champagnes de cette maison rémoise appartenant à LVMH témoignent tous d'une grande délicatesse et d'une pureté aromatique où la minéralité et les agrumes s'expriment remarquablement. Cette personnalité, sans aucune lourdeur, destine tout particulièrement ces vins à l'apéritif. La maison a assez judicieusement rajeuni le caractère de sa cuvée de prestige, Dom-Ruinart, en blanc et en rosé, et n'a jamais produit une gamme aussi brillamment homogène.

BLANC DE BLANCS
Blanc Brut | 2012 à 2016 | NC **17/20**
Vin vibrant, velouté, profond et racé, d'une maturité de fruit remarquable. Grand style.

BRUT
Blanc Brut | 2012 à 2014 | NC **16/20**
Fruité, élancé, gourmand, apéritif, et d'une dimension brillante. Quasi parfait !

BRUT MILLÉSIMÉ 2006
Blanc Brut | 2012 à 2018 | NC **17/20**
Toujours cette subtile fraîcheur saline et fruitée, superbement délicate et racée, et cette élégance apéritive qui est la marque de la maison.

BRUT ROSÉ
Rosé Brut | 2012 à 2014 | NC **16/20**
Belle couleur rose doré, nez subtilement floral, allonge friande et fondue, rosé souple et raffiné.

Dom Ruinart 2002
Blanc Brut | 2012 à 2018 | NC **18/20**
Millésime harmonieux, séducteur en diable, mais aussi ultra fin et racé : la minéralité et les zestes d'agrumes sont là, la fraîcheur et la pureté aussi.

Dom Ruinart Rosé 1998
Rosé Brut | 2012 à 2018 | NC **18,5/20**
Rosé de grande expression, où le fruit s'efface pour donner place à un bouquet brillant et complexe, et où la bouche s'épanouit avec une vigueur veloutée et ultra racée.

SADI MALOT

35, rue Pasteur • 51380 Villers-Marmery
Tél. 03 26 97 90 48 • Fax : 03 26 97 97 62
sadi-malot@wanadoo.fr
Visite : Du lundi au vendredi de 9h à 12h et de 14h à 19h. Le samedi de 9h à 12h et de 14h à 17h. Fermé les jours fériés et les dimanches.

Nous avons toujours aimé le style pur et sans façon des vins de ce beau domaine du cœur de la Marne, entre la vallée et la montagne. De tout ce secteur, le terroir de Villers est celui qui convient le mieux au chardonnay, qui ne trace jamais et fait briller des qualités de finesse et de pureté bien connues de tous les chefs de cave. Les prix du domaine restent fort raisonnables.

cuvée de Réserve
Blanc Brut | 2012 à 2013 | 14 € **14,5/20**
Vin délicat sur la fleur blanche et la noisette, dosage agréable, belle légèreté apéritive.

Millésimé 2006
Blanc Brut | 2013 à 2016 | 20,50 € **16/20**
Complet, crémeux, harmonieux, très fin. Le parfait Villers Marmery.

DE SAINT-GALL

7, rue Pasteur • 51190 Avize
Tél. 03 26 57 94 22 • Fax : 03 26 57 57 98
info@de-saint-gall.com • www.de-saint-gall.com
Visite : Du lundi au jeudi de 8h à 12h et de 13h30 à 17h. Le vendredi de 9h à 12h.

L'Union Champagne est un groupement coopératif s'appuyant sur des vignobles situés en premier ou en grand cru, avec une très nette majorité de villages de la Côte des Blancs. Elle a créé cette marque, qui propose une gamme issue d'excellentes origines : on choisit les cuvées les moins dosées, comme l'extra-brut.

grand cru Blanc de Blancs cuvée Orpale 1998
Blanc Brut | 2012 à 2015 | 88,90 € **15/20**
La robe est d'un or encore vif, mais le vin s'exprime sur des arômes de pleine maturité comme la noisette grillée. Il faut le boire à table, c'est un champagne qui conviendra parfaitement à une poularde aux morilles, par exemple.

premier cru Blanc de Blancs Extra-Brut
Blanc Brut | 2012 à 2013 | 34,70 € **15/20**
Souple et tendre, mais non dénué de finesse : on a là une jolie expression du potentiel des beaux terroirs de la Côte des Blancs pour exalter la fraîcheur apéritive du chardonnay.

SALON

5, rue de la Brèche-d'Oger
51190 Le-Mesnil-sur-Oger
Tél. 03 26 57 51 65 • Fax : 03 26 57 79 29
champagne@salondelamotte.com
www.salondelamotte.com

Toute petite maison née au début du XXe siècle, Salon a toujours produit une unique cuvée millésimée, issue uniquement de chardonnay récolté au Mesnil-sur-Oger, certainement le grand cru le plus prestigieux de la Côte des Blancs. Si plusieurs millésimes des décennies 1970 et 1980 (1976, 1982, 1988) témoignent de la formidable propension de ce champagne de cru à s'épanouir sur de longues durées, il faut également souligner que la marque n'a cessé de progresser sous l'administration inspirée de l'équipe qui en a la charge depuis que Laurent-Perrier en est propriétaire.

Brut Millésimé 1999
Blanc Brut | 2012 à 2030 | cav. env. 310 € **19,5/20**
Le bouquet s'est magnifiquement développé avec une complexité éblouissante, le corps svelte et intense est sculpté par une bulle ultra fine, champagne ultra racé et épanoui. Du grand art et du grand plaisir!

JACQUES SELOSSE

59, rue de Cramant • 51190 Avize
Tél. 03 26 57 53 56 • Fax : 03 26 57 70 06
a.selosse@wanadoo.fr

Anselme Selosse est le grand vigneron artiste de la Côte des Blancs, celui qui inspire les viticulteurs les plus idéalistes de la nouvelle génération. La grande affaire de la maison en 2012 a été l'ouverture d'un hôtel-restaurant de grande classe, qui manquait cruellement à Avize : les Avisés. Mais les vins, dé-

sormais logés dans l'annexe du nouveau lieu, n'ont pas été négligés et ce qu'il y a dans les fûts nous fait présager le retour du meilleur style chez ce grand vigneron. Le vin le plus original de la maison, mais aussi le plus risqué, est la cuvée Substance, issue de plus de dix millésimes différents élevés ensemble selon les principes de la solera. L'entrée de gamme, la cuvée V.O. non dosée, reste un classique de la Côte des Blancs à un prix encore accessible.

Blanc de blancs grand cru 2002
Blanc Brut | 2014 à 2017 | NC **19/20**
Admirable maturité et expressivité d'un grand raisin, et triomphe du terroir d'Avize, dans un millésime de grande générosité naturelle. Robe légèrement dorée, nez d'une complexité, d'une harmonie et d'une distinction idéales, vinosité parfaite, grande longueur, l'idéal du vin millésimé de cru et d'artisan.

Brut Rosé
Rosé Brut | 2013 à 2017 | 63,50 € **18/20**
Encore une fois le triomphe du rosé d'assemblage, où le vin rouge apporte toute la force de sa personnalité, nez splendide, vinosité parfaite, grande longueur, un monument.

Version Originale grand cru Extra-Brut
Blanc Brut | 2013 à 2018 | 59 € **17/20**
Toujours aussi nerveuse, tendue, minérale, saline, subtile et intransigeante, mais sans maigreur ou agressivité, cette cuvée reste le modèle de style des vins non dosés.

SOUTIRAN

3, rue de Crilly • 51150 Ambonnay
Tél. 03 26 57 07 87 • Fax : 03 26 57 81 74
info@soutiran.com • www.soutiran.com
Visite : Sur rendez-vous du lundi au vendredi.

Blanc de noirs grand cru
Blanc Brut | 2013 à 2016 | cav. 33 € **15,5/20**
Parfaitement typé Ambonnay avec ses notes de miel frais, beaucoup de rondeur et de fruit, dosage un rien appuyé. Usage universel.

TAITTINGER

9, place Saint-Nicaise • 51100 Reims
Tél. 03 26 85 45 35 • Fax : 03 26 50 14 30
marketing@taittinger.fr • www.taittinger.com
Visite : Du lundi au samedi, de 9h30 à 12h et de 14h à 16h30. Fermé le samedi de mi-novembre à mi-mars.

Taittinger est devenu, du vignoble à la présentation des cuvées, un beau modèle pour la Champagne et le vin en général. Tous les vins – pas uniquement les plus prestigieux – sont de brillants représentants d'une école champenoise classique, fondée sur une élégance apéritive, fraîche et allègre. Chaque cuvée possède en outre sa propre personnalité et nous ne saurions trop vous conseiller de les découvrir!

Brut Millésimé 2005
Blanc Brut | 2012 à 2017 | 47,50 € **17/20**
Brillant et svelte, un représentant superbe de ce millésime intéressant. La finale possède un éclat aromatique remarquable.

Brut Réserve
Blanc Brut | 2012 à 2014 | 35 € **15/20**
Remarquable équilibre et parfaite vivacité : voilà un vin d'apéritif très agréable, à la finale fruitée et franche.

Comtes de Champagne Blanc de Blancs 2002
Blanc Brut | 2012 à 2020 | 110 € **18,5/20**
Sûrement l'un des plus épanouis des grands Comtes de Champagne : ample, brillant, généreux et se développant avec beaucoup de finesse et de subtilité en bouche.

Comtes de Champagne Rosé 2005
Rosé Brut | 2012 à 2018 | 160 € **18/20**
Fraîcheur vive et éclatante sur les notes de fruits rouges, allonge pleine d'allant et de vigueur juvénile.

Les Folies de la Marquetterie
Blanc Brut | 2012 à 2017 | 46,50 € **17,5/20**
Souple, presque crémeux, très profond aussi, ce champagne issu du vignoble du château de la Marquetterie, à Cuis, possède une délicatesse superbe.

Prélude Grands Crus
Blanc Brut | 2012 à 2016 | 44 € **17/20**
Issu uniquement de grands crus, ce champagne noble et allègre, profond et élancé, séduit par sa dimension ultra raffinée, mais aussi par sa vinosité.

TARLANT

21, rue Principale • 51480 Œuilly
Tél. 03 26 58 30 60 • Fax : 03 26 58 37 31
champagne@tarlant.com • www.tarlant.com
Visite : Du lundi au samedi de 10h à 12h et de 13h30 à 17h30.

Récoltant-manipulant dynamique, Tarlant progresse régulièrement et n'hésite pas à proposer des cuvées issues de parcelles spécifiques et très peu, ou pas du tout, dosées. Les deux vins issus du millésime 2003 sont ainsi remarquables.

La Vigne d'Or 2003

Blanc Brut | 2012 à 2016 | 65 € **16/20**

Issu de pinot meunier d'une seule parcelle, ce vin vendangé à la fin du mois d'août de l'été de la canicule a conservé une grande fraîcheur et une belle vivacité. Belle tension généreuse.

La Vigne Royale 2003

Blanc Extra brut | 2012 à 2016 | NC **16/20**

Beau champagne issu d'un coteau abrupt de Celles les Condé planté de pinot noir : belle vinosité, caractère ferme et intense, prêt à accompagner une belle volaille.

Zéro

Blanc Extra brut | 2012 à 2014 | 26 € **14/20**

Caractère très fruité, vif et acidulé pour un extra-brut qui ne manque pas de coffre. A privilégier sur un plateau de fruits de mer.

ALAIN THIÉNOT

4, rue Joseph-Cugnot • 51500 Taissy
Tél. 03 26 77 50 10 • Fax : 03 26 77 50 19
infos@thienot.com • www.thienot.com
Visite : Du lundi au vendredi de 9h à 12h et de 14h à 17h.

Tête de pont champenoise de l'entreprenant Alain Thiénot, également propriétaire de Dourthe à Bordeaux et de Canard Duchêne en Champagne, cette marque dispose aujourd'hui d'une gamme très complète et sans faille. La maison est devenue en quelques années une valeur sûre.

Alain Thiénot 1999

Blanc Brut | 2012 à 2016 | 80 € **15/20**

Champagne mature, aux notes de céréales grillées, assez souple pour s'accorder autant à table qu'à l'apéritif.

Brut

Blanc Brut | 2012 à 2013 | 30 € **15/20**

Bon brut gourmand et équilibré, aux accents joliment fruités.

Brut Rosé

Rosé Brut | 2012 à 2013 | 34 € **16/20**

Robe pâle, fins arômes de fruits rouges et en particulier de fraise des bois, allonge tendre et délicate, très joli rosé fin, svelte et long.

La Vigne aux Gamins 2001

Blanc Brut | 2012 à 2016 | 120 € **17/20**

Très jolis arômes abricotés et meringués au nez comme en bouche, bouche onctueuse et à point, gourmand et raffiné. Belle réussite.

CHAMPAGNE VELUT

9, rue du Moulin • 10300 Montgueux
Tél. 03 25 74 83 31 • Fax : 03 25 74 17 25
champ.velut10@gmail.com
www.champagne-velut.fr
Visite : Sur rendez-vous.

Montgueux est la petite perle cachée du vignoble aubois, aux portes de Troyes. Découvert par la très intelligente famille Gonnet (du Mesnil et d'Avize), ce coteau a vite séduit le négoce à la recherche de bons raisins de chardonnay, denrée trop rare à leurs yeux. Seule une poignée d'agriculteurs locaux a pu planter quelques hectares de vignes, dont la famille Velut. Le niveau de viticulture y est fort sérieux, les vins sont francs, sincères, faciles à comprendre et les derniers tirages montrent une meilleure pureté aromatique.

Brut Tradition

Blanc Brut | 2012 à 2014 | 14,90 € **15/20**

Bon fruité, ensemble équilibre, mûr, généreux, très bien fait.

Millésimé 2005

Blanc Brut | 2013 à 2017 | 20,10 € **15,5/20**

Nez joliment réduit sur la noisette, terroir très lisible, excellent équilibre, du vrai Mongueux, harmonieux, d'appel universel.

DE VENOGE

46, avenue de Champagne • 51200 Épernay
Tél. 03 26 53 34 34 • Fax : 03 26 53 34 35
infos@champagnedevenoge.com
www.champagnedevenoge.com

Cette maison d'Épernay appartenant au même groupe que Lanson, Boizel ou Philipponnat, poursuit son chemin avec une gamme assez particulière dont on retiendra certaines spécialités, en particulier les cuvées Louis XV blanc et rosé présentées en carafe.

Blanc de Noirs
Blanc Brut | 2012 à 2014 | 34,60 € **14/20**
Avec sa robe dorée, ce champagne assez simple mais gras et plein offre une interprétation honorable d'un champagne de pinot, plus apéritif que gastronomique.

Brut Millésimé 2000
Blanc Brut | 2012 à 2017 | 39,70 € **14,5/20**
Gras et souple, avec un caractère citronné qui aiguise les papilles.

Louis XV 2002
Rosé Brut | 2012 à 2017 | 157,10 € **16/20**
Nous ne sommes pas certains que l'étonnant flacon en verre blanc qui contient cette cuvée soit le meilleur garant d'une préservation de toutes ses qualités organoleptiques. Ce champagne possède une véritable finesse, profonde et intense, et exprime un raffinement de texture actuellement remarquable.

Vin du Paradis dry
Blanc | 2012 à 2017 | 34,60 € **16,5/20**
Re-création (avec la très jolie étiquette originale de la version de 1864) d'un champagne dry, c'est-à-dire presque doux, mais avec une véritable allonge raffinée et fraîche. à essayer sur un foie gras. C'est d'assez loin la cuvée la plus convaincante de la maison, et à coup sûr la plus originale.

JEAN-LOUIS VERGNON

1, Grande-Rue • 51190 Le Mesnil-sur-Oger
Tél. 03 26 57 53 86 • Fax : 03 26 52 07 06
contact@champagne-jl-vergnon.com
www.champagne-jl-vergnon.com
Visite : Du lundi au vendredi de 8h à 12h et de 13h30 à 17h30. Le week-end sur rendez-vous.

Progressivement, Christophe Constant construit dans cette maison historique du Mesnil une gamme de champagne de très grand style, sans compromis sur l'expression entière de terroirs de caractère. La gamme est adroitement déclinée sous des termes musicaux et poétiques qui permettent d'établir autour de la dégustation des vins des correspondances fructueuses.

Brut blanc de blancs millésimé Résonance 2006
Blanc Brut | 2014 à 2019 | cav. 32 € **16,5/20**
Grand caractère Mesnil, bulles ultra fines, parfait apéritif et léger dosage permettant au vin de respirer.

Grand cru Blanc de blancs conversation
Blanc Brut | 2014 à 2019 | NC **14,5/20**
Salin crayeux, un rien austère mais pur, intransigeant, encore un peu trop jeune.

Grand cru Confidence 2007
Blanc Brut | 2014 à 2019 | cav. 45 € **16,5/20**
Non dosé, mais grâce au boisé et à la haute qualité du raisin, cela passe mieux, vin de grande race, intransigeant.

VEUVE CLICQUOT-PONSARDIN

12, rue du Temple • 51100 Reims
Tél. 03 26 89 54 40 • Fax : 03 26 89 99 52
www.veuve-clicquot.com
Visite : Sur rendez-vous du mardi au samedi d'avril à octobre.

Avec une production plus que doublée en quinze ans, Veuve Clicquot a beaucoup changé pendant cette période. Le brillant Dominique Demarville, chef de cave, a désormais parfaitement pris ses marques, si l'on en juge par la vigueur retrouvée du célèbre Brut Carte Jaune ! Quant aux millésimes (trop méconnus mais souvent brillants, comme un 1990 en pleine forme aujourd'hui) et à la cuvée Grande Dame, ils offrent depuis la fin des années quatre-vingt et jusqu'à maintenant une éclatante démonstration du style inimitable de la maison et de sa régularité à ce niveau.

Demi-Sec
Blanc Demi-sec | 2012 à 2015 | NC **17/20**
Modèle quasi absolu du demi-sec : aucune lourdeur, grande allonge et beaucoup plus rafraîchissant que nombre de bruts !

Brut Rosé
Rosé Brut | 2012 à 2013 | NC **16/20**
Robe brillamment or rose, fruit framboisé fin, allonge plutôt vigoureuse et nerveuse, très apéritif et gourmand.

Carte Jaune
Blanc Brut | 2012 à 2013 | NC **15,5/20**
Champagne rond et assez profond, d'une souplesse certaine qui lui donne un caractère quasi universel. Le dosage n'est pas apparent.

Cave Privée Rosé 1989
Rosé Brut | 2012 à 2018 | NC **19,5/20**
Bel or vieux rose, nez sans exubérance, bouche svelte, profonde, insinuante, un grand champagne de table, pour un gibier à plume par exemple.

La Grande Dame 2004
Blanc Brut | 2012 à 2022 | NC **19/20**
Dans un style plus consensuel que le Vintage, mais d'une époustouflante classe, ce millésime fera date : grand volume aérien, superbe élégance, allonge inoubliable. Du grand art!

La Grande Dame Rosé 2004
Rosé Brut | 2012 à 2018 | NC **19/20**
Élancé et brillant, d'une remarquable allonge et d'une grande finesse, ce rosé est d'un style moins vineux que le Vintage. Il a une classe folle.

Vintage 2004
Blanc Brut | 2012 à 2022 | NC **18,5/20**
Le Vintage est peut-être, encore plus que la Grande Dame, la quintessence du style vineux et fin de Clicquot : ce millésime en offre une expression parfaite, par son allonge svelte mais intense et par sa superbe palette aromatique de petits fruits rouges.

VEUVE FOURNY

5, rue du Mesnil - B.P. 12 • 51130 Vertus
Tél. 03 26 52 16 30 • Fax : 03 26 52 20 13
www.champagne-veuve-fourny.com
Visite : Du lundi au vendredi de 9h à 12h et de 14h à 18h. Le samedi sur rendez-vous.

Charles-Henry et Emmanuel Fourny ont transformé cette petite maison familiale installée à Vertus en une adresse sûre et excitante pour les amateurs de champagnes précis, vineux et authentiques. Issus essentiellement de chardonnays du village, peu ou pas dosés, ces champagnes sont à leur meilleur après quelques années de garde.

Blanc de blancs premier cru millésimé 2006
Blanc Brut | 2012 à 2018 | 40 € **16,5/20**
Plein, gourmand, avec de la subtilité et du fruit, allonge puissante, vieillira remarquablement.

Brut Nature premier cru
Blanc Extra brut | 2012 à 2015 | 24 € **16,5/20**
Construit plus en délicatesse que le «R», avec une intensité et une pureté similaire. Très bel apéritif.

Grand Millésime 1996
Blanc Brut | 2012 à 2018 | 78 € **17,5/20**
Ce millésime de garde associe très finement notes salines et d'écorces d'orange amère, délicatesse et vigueur, allonge et subtilité. Brillant.

Premier cru Grande Réserve
Blanc Brut | 2012 à 2015 | 23 € **16/20**
Les notes de craie, d'iode et d'agrumes sont saisissantes, la bouche se développe avec une grande vivacité et une sveltesse remarquable, la longueur est très franche.

premier cru Les Rougemonts
Rosé Brut | 2012 à 2015 | 33 € **16,5/20**
Robe soutenue, belle allonge brillante, fruit précis, finale ciselée, superbe.

VEUVE A. DEVAUX

Domaine de Villeneuve - B.P. 17
10110 Bar-sur-Seine
Tél. 03 25 38 30 65 • Fax : 03 25 29 73 21
info@champagne-devaux.fr
www.champagne-devaux.fr
Visite : Sur rendez-vous pour les professionnels uniquement.

Très important groupe coopératif, l'Union Auboise a fait de cette marque le fer de lance des champagnes de l'Aube. Dans une gamme très large, il faut s'intéresser en priorité aux champagnes D.-de-Devaux, solides et bien constitués dans toutes leurs variétés.

Brut Grande Réserve NM
Blanc Brut | 2012 à 2014 | NC **14/20**
Vin net, franc, souple, d'un style clairement apéritif, avec une finale très fruitée.

D. de Devaux
Blanc Brut | 2012 à 2015 | NC **15/20**
Raffiné et élancé, voici une jolie cuvée apéritive, possédant un caractère délié. La dimension est moyenne, mais l'ensemble a de la l'allure.

D. de Devaux Rosé

Rosé Brut | 2012 à 2015 | NC **16/20**

Fruit rouge précis, vigueur et sveltesse, beau vin profond et doté d'une véritable personnalité fine et persistante.

VILMART & CIE

4, rue de la République • 51500 Rilly-La-Montagne
Tél. 03 26 03 40 01 • Fax : 03 26 03 46 57
laurent.champs@champagnevilmart.fr
www.champagnevilmart.fr
Visite : Sur rendez-vous du lundi au vendredi de 9h à 12h et de 14h à 17h30. Fermé le samedi et le dimanche et pendant le mois d'août.

Cœur de cuvée 2004

Blanc Brut | 2013 à 2019 | 55 € **16,5/20**

Robe pâle, nez complexe et racé, commence à aller vers le miel positif (pas la cire d'abeille !) en bouche, vin complexe, pour amateur, cette fois-ci à point.

Grand Cellier

Blanc Brut | 2013 à 2016 | 25 € **14,5/20**

Notes de fougère au nez, acidité marquée, bulle fines, ensemble nerveux, encore un peu jeune, finale saline, usage apéritif.

Grand cellier d'Or 2007

Blanc Brut | 2014 à 2019 | 34 € **15/20**

Mêmes notes classiques de fougère et noisette, boisé discret, belle nervosité, vin racé mais encore jeune.

VRANKEN

5, place du Général-Gouraud - Cedex 2 • 51689 Reims
Tél. 03 26 61 62 63 • Fax : 03 26 61 63 98
domaine@vrankenpommery.fr
www.vrankenpommery.com
Visite : Du lundi au samedi de 9h à 18h.

Vranken, marque éponyme créée par l'une des personnalités marquantes de la Champagne d'aujourd'hui, Paul-François Vranken, s'est imposé grâce à des champagnes souples et très accessibles, largement distribués. La gamme actuelle propose des vins très nets, francs et accessibles.

Demoiselle Grande cuvée Rosé ☺

Rosé Brut | 2012 à 2013 | 33,80 € **14/20**

Bon rosé souple et frais, aux jolis arômes framboisés et au caractère très accessible.

Demoiselle Premium Cuvée

Blanc Brut | 2012 à 2013 | 32,90 € **13,5/20**

Souple, fruité, clairement destiné à l'apéritif ou à une fête entre amis, c'est un champagne très équilibré et facile à boire.

Diamant

Rosé Brut | 2012 à 2013 | 55 € **14,5/20**

Joli caractère avec un peu plus de vinosité que dans les autres cuvées de la gamme, élégance fruitée et tendre en finale.

CHAMPAGNE WARIS-LARMANDIER

608, Rempart-du-Nord • 51190 Avizé
Tél. 03 26 57 79 05 • Fax : 03 26 52 79 52
earlwarislarmandier@wanadoo.fr
www.champagne-waris-larmandier.com
Visite : Du lundi au vendredi de 9h à 12h et 13h à 17h30 sur rendez-vous.

Ce producteur exploite une partie des propriétés de la famille Larmandier, une des plus connues et des plus actives de la Côte des Blancs. En dehors de la coquetterie des habillages (dont le style peut ne pas convenir à tous), les vins sont en général nets, fins, typés, sans égaler les expressions les plus complètes de ces grands terroirs.

Brut Rosé

Rosé Brut | 2012 à 2015 | 17,50 € **14/20**

Rosé élégant, pâle, pur, dans le style aimé des producteurs de chardonnay, dosage équilibré.

Empreinte Millésimé Blanc de Blancs 2005

Blanc Brut | 2014 à 2017 | 26 € **14,5/20**

Crayeux au nez, comme il se doit, légèrement réduit sur l'amer, vineux, terroir bien marqué, assez dense. De l'avenir, ce qui semble indiquer une évolution vers plus de risques dans l'élaboration.

La sélection Bettane et Desseauve pour la Corse

Le vignoble de la Corse

Le public ravi redécouvre le riche patrimoine des vins de l'Ile de Beauté, remis en valeur par des viticulteurs et des viticultrices souvent inspirés par leur terre, leur cépages si originaux et un climat étonnant leur permettant de produire les vins les plus fins de Méditerranée, particulièrement en blanc. L'essentiel est consommé sur place mais ici ou là, de par le monde et jusqu'au Japon on commence à leur faire fête.

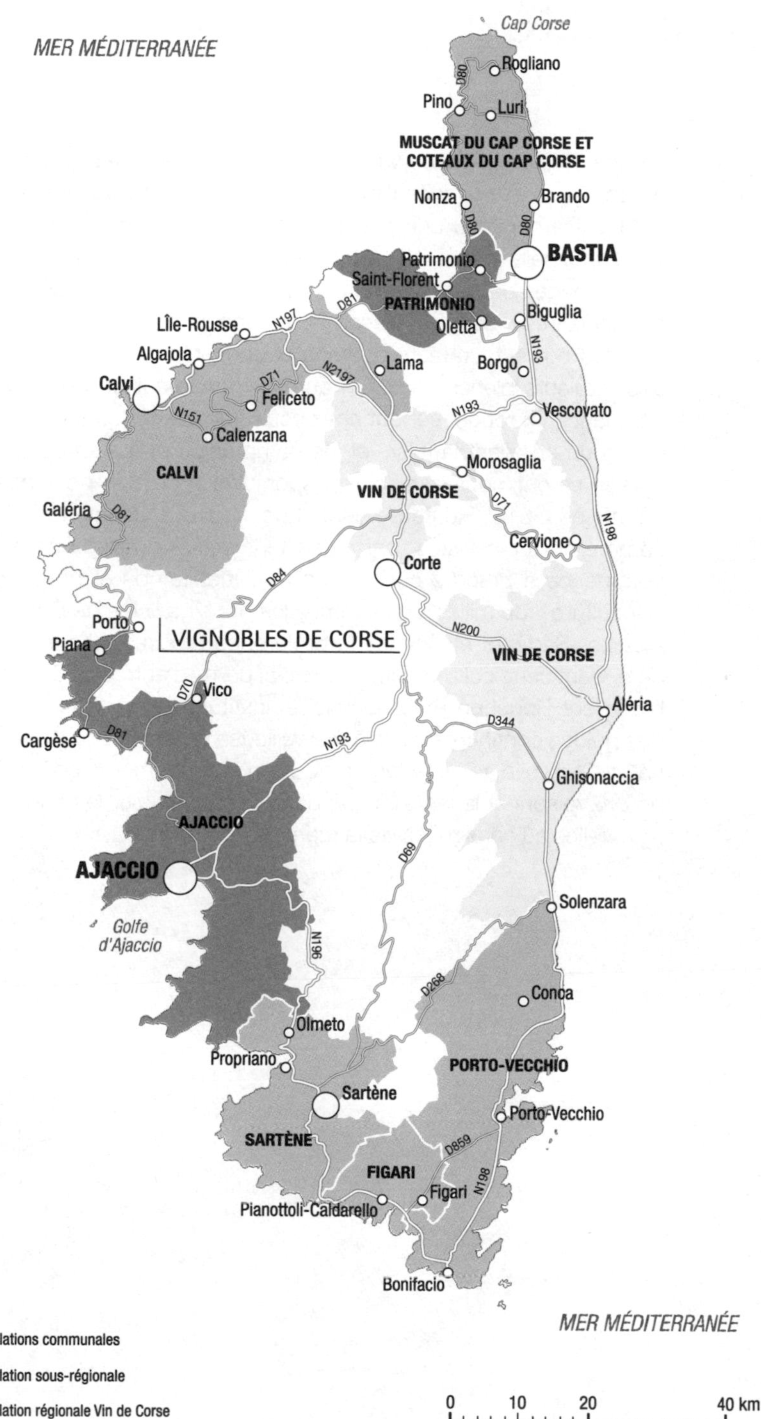
MER MÉDITERRANÉE
Cap Corse
Rogliano
Pino
Luri
MUSCAT DU CAP CORSE ET COTEAUX DU CAP CORSE
Nonza
Brando
BASTIA
Patrimonio
Saint-Florent
PATRIMONIO
Oletta
Biguglia
LÎle-Rousse
Algajola
Calvi
Lama
Borgo
Feliceto
Calenzana
Vescovato
CALVI
Morosaglia
VIN DE CORSE
Galéria
Cervione
Corte
Porto
Piana
VIGNOBLES DE CORSE
VIN DE CORSE
Vico
Aléria
Cargèse
Ghisonaccia
AJACCIO
AJACCIO
Golfe d'Ajaccio
Solenzara
Conca
Olmeto
Propriano
PORTO-VECCHIO
Sartène
Porto-Vecchio
SARTÈNE
FIGARI
Figari
Pianottoli-Caldarello
Bonifacio
MER MÉDITERRANÉE
Appellations communales
Appellation sous-régionale
Appellation régionale Vin de Corse
0 10 20 40 km

L'actualité des millésimes

Le vin corse se porte toujours aussi bien, mais les effets pervers de son succès, évoqués l'an dernier, ne font que s'accentuer : 2011 est à nouveau une petite récolte, de style comparable à 2010, très belle en qualité, surtout pour les blancs de vermentino et les rouges de sciaccarello, dont l'été 2012 ne va faire qu'une bouchée. Les rosés ne passeront pas l'année, et seuls quelques cavistes ou restaurateurs courageux conserveront la mémoire des meilleurs blancs secs. On aura certainement un peu plus de chance en rouge, surtout chez ceux qui élèvent leurs vins au moins un an avant la mise, et les patrimonios et autres corses corsés seront pour la plupart disponibles en 2013, peut être même en 2014. Heureusement, une nouvelle génération de sommeliers et cavistes, parmi les plus passionnés d'Europe, commence à prendre conscience de l'effet temps et propage la « culture » du millésime : écumez les bons cavistes de Bastia, Ajaccio, Sartène, et donnez la préférence aux restaurants qui défendent cette culture. Citons en trois, parmi d'autres : à Bastia, l'excellent Bouchon et La Corniche, institution trop méconnue des guides continentaux, et la merveilleuse et improbable trattoria La Caravelle à Saint-Florent, où vous pourrez même goûter à un prix raisonnable les plus grands bourgognes, sur les divines tagliatelles aux araignées de la maman !

LE BONHEUR TOUT DE SUITE

Clos Venturi
Corse, rosé 2011

Domaine Vaccelli
Ajaccio Granit, rosé 2011

Clos Teddi
Patrimonio, rosé 2011

Clos d'Alzeto
Ajaccio, blanc 2011

Domaine Castellu di Baricci
Corse – Sartène, rosé 2011

Domaine du Comte Peraldi
Ajaccio, blanc 2011

Domaine Giacometti
Patrimonio, Cru des Agriates, blanc 2011

Domaine Orenga de Gaffory
Patrimonio Felice, blanc 2011

MEILLEURS VINS À MOINS DE 10 €

Domaine du Comte Peraldi
Ajaccio, blanc 2011

Domaine Giacometti
Patrimonio Cru des Agriates, blanc 2011

Domaine de Torraccia
Corse, blanc 2011

Novella
Patrimonio, blanc 2011

Domaine Casabianca
Corse, blanc 2011

Clos Fornelli
Corse, blanc 2011

Domaine du Comte Peraldi
Ajaccio, rouge 2010

Domaine de Fiumicicoli
Corse – Sartène, rouge 2010

Clos Poggiale
Corse, blanc 2011

MEILLEURS BLANCS

Domaine Antoine Arena
Patrimonio, Carco, blanc 2011

Clos Nicrosi
Muscat du Cap Corse Muscatellu, blanc doux 2011

Clos Canarelli
Corse - Figari, blanc 2011

Clos Canarelli
Vin de Table muscat petits grains, blanc 2011

Domaine Pieretti
Corse - Coteaux du Cap Corse Marine, blanc 2011

Yves Leccia
Patrimonio E Croce, blanc 2011

Domaine Giacometti
Patrimonio cuvée Sarah, blanc 2011

Clos Venturi
Corse, blanc 2010

MEILLEURS ROSÉS

Domaine Culombu
Corse – Calvi Clos Culombu, rosé 2011

Clos Canarelli
Corse - Figari, rosé 2011

Domaine Vico
Corse 1769, rosé 2011

Domaine Orenga de Gaffory
Patrimonio Clos San Quilico, rosé 2011

Clos Teddi
Patrimonio, Grande Cuvée, rosé 2011

Domaine Pieretti
Corse - Coteaux du Cap Corse Marine, rosé 2011

MEILLEURS ROUGES

Domaine du Comte Peraldi
Ajaccio Clos du Cardinal, rouge 2009

Richard Spurr
Corse – Calvi Clos des Anges, rouge 2010

Clos Canarelli
Corse - Figari, rouge 2010

Domaine Pieretti
Corse - Coteaux du Cap Corse Vieilles Vignes, rouge 2010

Clos Signadore
Patrimonio Clos Signadore, rouge 2009

Domaine Vecchio
Corse Mélusine, rouge 2010

Domaine d'Alzipratu
Corse – Calvi Pumonte, rouge 2010

Domaine de Torraccia
Corse Oriu, rouge 2006

Clos Alivu
Patrimonio, rouge 2010

Clos Teddi
Patrimonio, rouge 2010

CLOS ALIVU

Linguizzetta • 20230 San-Nicolao
Tél. 04 95 38 86 38 • Fax : 04 95 38 94 71
clos.alivu@orange.fr
Visite : En été, de 9h à 12h30 et de 15h30 à 19h30.

Petit domaine viticole situé sur des terres argilo-calcaires et schisteuses, particulièrement propices à la qualité du vermentino, le Clos Alivu appartient à Éric Poli, du Domaine de Piana et mari de Marie-Brigitte Poli, du Clos Teddi. Depuis deux millésimes, ses vins sont bien représentatifs de l'appellation tout en étant modernes dans leur netteté de fruit. Remarquables 2011.

Patrimonio 2011
Blanc | 2013 à 2018 | 10,20 € **16/20**
Excellente réussite, vin complet, large, d'un fruité pur et irrésistible d'agrumes, beaucoup de générosité, parfait vin de langouste.

Patrimonio 2010
Rouge | 2013 à 2018 | NC **15/20**
Belle robe, excellente vinification, maîtrise du fruit mais aussi du tanin qui ici n'a aucune astringence, expression équilibrée des terroirs les plus originaux de l'appellation.

CLOS D'ALZETO

20151 Sari-d'Orcino
Tél. 04 95 52 24 67 • Fax : 04 95 52 27 27
contact@closdalzeto.com • www.closdalzeto.com
Visite : Du lundi au samedi, de 8h à 12h et de 14h à 18h. En été, du lundi au samedi de 8h à 12h et de 14h à 19h.

Le point le plus élevé du vignoble corse et des vins sans concession, parfois frustes, parfois remarquablement purs et tendus. Son blanc 2011 est un des meilleurs du millésime.

Ajaccio 2011
Blanc | 2012 à 2014 | 14,70 € **16/20**
Vin particulièrement gracieux et pur, dans les notes de cédrat inimitables du secteur, grande suite en bouche.

DOMAINE D'ALZIPRATU

20214 Vilia
Tél. 04 95 62 75 47 • Fax : 04 95 60 32 16
alzipratu@wanadoo.fr • www.domaine-alzipratu.com
Visite : De septembre à juin, du lundi au vendredi de 9h à 12h et de 13h30 à 17h. De juillet à août, du lundi au samedi de 9h à 12h et de 15h à 19h.

Le superbe couvent d'Alzipratu (célèbre pour son festival de musique conçu par le baron Henry-Louis de la Grange, le grand spécialiste du compositeur Mahler) a donné son nom à un excellent domaine, intelligemment dirigé par Pierre Acquaviva. Le microclimat assez frais de la montagne, tempéré par les embruns de la mer proche, donne des vins nerveux, subtils, plus incisifs que la moyenne. Les derniers millésimes sont les plus brillamment vinifiés, alliant modernisme et respect des terroirs granitiques, avec des blancs délicieux, des rosés époustouflants et des rouges devenus élégants, particulièrement Pumonte, le vin issu de sélections parcellaires.

Corse - Calvi Fiumeseccu 2010
Rouge | 2013 à 2018 | 10,80 € **14/20**
Texture veloutée, raisin mûr, tanin fin, souple et charnu, fruit resté frais, vin bien fait.

Corse - Calvi Pumonte 2011
Blanc | 2012 à 2014 | 19,15 € **14,5/20**
Pimpant, aromatique, dans l'esprit d'un sauvignon, très habilement vinifié, un rien trop nerveux.

Corse - Calvi Pumonte 2010
Rouge | 2014 à 2018 | 19,15 € **15/20**
Terroir granitique sensible, beaucoup de finesse et de souplesse, fruit pur, le boire assez frais (15-16°C).

CASA ANGELI

Stoppione • 20248 Tomino
Tél. 06 76 99 15 36 • Fax : 04 95 32 07 79
angeli.daniel@wanadoo.fr
Visite : Tous les jours de 8h à 12h et de 14h à 18h.

Muscat du Cap Corse 2011
Blanc liquoreux | 2012 à 2013 | 14,35 € **15/20**
Un classique du cap, bien fait, précis, complexe, universel, mais seulement limité par son mutage.

DOMAINE ANTOINE ARENA

20253 Patrimonio
Tél. 04 95 37 08 27 • Fax : 04 95 37 01 14
antoine.arena@wanadoo.fr • www.antoine-arena.fr
Visite : Sur rendez-vous.

De tous les vignerons corses, Antoine Arena est sans doute celui qui a eu la plus grande volonté de faire connaître ses vins au-delà de l'île. Et ils le méritaient amplement. Les blancs de vermentino, de muscat et de bianco gentile, n'ont que peu de rivaux en Méditerranée en matière de splendeur aromatique

et de force de caractère, aussi bien les secs que les vendanges-tardives. Ces vins d'artiste sont devenus pour nous des références. Nous avouons un faible pour le blanc de la vigne de Carco, un des sommets de la Méditerranée dans cette couleur. Les fils d'Antoine partagent les idéaux de leur père, et nous nous en réjouissons. La replantation de la partie haute de Carco, terroir extraordinaire par son sol et son exposition, en malvoisie et en vermentino, promet des merveilles. Les rouges mériteraient un élevage sous bois plus long et plus généralisé.

IGP Ile de Beauté bianco gentile 2011
Blanc | 2012 à 2016 | 18 € **15/20**
Livré en IGP île de Beauté, est plein de caractère, de vitalité, avec encore la mémoire de son ferment, bel avenir.

Muscat du Cap Corse 2011
Blanc | 2012 à 2014 | 18,60 € **14/20**
Riche en sucre, étonnamment stéréotypé pour un vin de ce producteur : c'est bon, mais Antoine et tes fils, remettez-vous à aimer le muscat !

Patrimonio Carco 2011
Blanc | 2016 à 2020 | 18 € **18/20**
Le sommet de Patrimonio et l'égal d'un grand cru bourguignon en plénitude et complexité à venir, sublime maturité du raisin, grande suite en bouche, difficile à surpasser.

Patrimonio Carco 2010
Rouge | 2014 à 2018 | 18 € **14,5/20**
Ce n'est pas un monstre de puissance et de personnalité comme le blanc mais un vin plein et équilibré, fait pour être bu sans façon, à partir d'un beau raisin mûr.

Patrimonio Morta Maïo 2007
Rouge | 2012 à 2015 | 18 € **14,5/20**
Petite touche animale mais chair pleine et grâce à l'évolution beaucoup de nuances aromatiques de garrigue, prêt à boire.

CLOS CANARELLI

Tarabucetta • 20114 Figari
Tél. 04 95 71 07 55 • Fax : 04 95 71 07 55
closcanarelli2a@orange.fr •
Visite : Du lundi au vendredi de 8h à 12h et de 14h à 18h.

Yves Canarelli, sans doute le vigneron le plus doué et le plus entreprenant de tout le sud de l'île, dispose d'installations techniques les plus intelligemment conçues qui soient, où le travail se fait entièrement par gravité. Il continue à affiner vinification et élevage et à créer des normes que le reste de la Corse suivra si elle veut produire du grand vin. Ses blancs de vermentino ont un raffinement dans le toucher de bouche qui les situe à part, les rosés sont merveilleux de subtilité de fruit, les rouges encore un ton en dessous, mais ils s'améliorent avec l'essai de nouveaux clones de syrah et, surtout, de carcaiolo-liouner. Une micro cuvée de très vieilles vignes non greffées, complantée en cépages autochtones souvent disparus, va vite devenir culte. Le rouge pourrait égaler en finesse les plus grands pinots noirs bourguignons.

Corse - Figari 2011 ☺
Rosé | 2012 à 2014 | 14,95 € **15/20**
Beaucoup de raffinement aromatique et une note saline très «terroir», un rosé complexe, élevé et mis en bouteille à la perfection.

Corse - Figari 2011
Blanc | 2014 à 2018 | 21,50 € **17/20**
Encore une fois le sommet de nos dégustations, vin magnifique de transparence et de pureté, et exemplaire dans son intégration du boisé.

Corse - Figari 2010 ☺
Rouge | 2013 à 2018 | 19,15 € **15,5/20**
Coloré, avec une touche de caramel au nez, vin très gourmand, rond, mûr, tanin élégant, mais généreux en alcool.

Vin de Table 2011
Blanc | 2015 à 2021 | 21,50 € **16,5/20**
Toujours plus corsé et fermé en vin jeune que le figari, mais avec l'énergie considérable du bianco gentile bien travaillé.

Vin de Table muscat petits grains 2011
Blanc | 2012 à 2018 | 30 € **17/20**
Non muté et montrant la voie de la finesse suprême pour ce cépage, arômes d'une délicatesse étonnante et d'une pureté de fruit quasi parfaite.

CLOS CAPITORO

Pisciatella • 20166 Porticcio
Tél. 04 95 25 19 61 • Fax : 04 95 25 19 33
info@clos-capitoro.com • www.clos-capitoro.com
Visite : Du lundi au samedi de 9h à 12h30 et de 15h à 18h30. En juillet et août jusqu'à 19h30.

Les coteaux granitiques du secteur d'Ajaccio sont sans doute les plus originaux de la Corse, dans la mesure où ils sont idéalement adaptés au prince des

cépages rouges autochtones, le sciacarello, capable d'emprisonner dans ses arômes à la fois les senteurs d'herbes aromatiques du maquis et les embruns iodés de la mer. Mais ce cépage est capricieux : le Clos Capitoro, bénéficiant d'un parcellaire complexe, excelle dans la production des rouges, même si leur fruité est au départ caché par des élevages trop longs. Le talent des filles de Jacques Bianchetti rassurera tous les habitués.

Ajaccio 2011
Blanc | 2012 à 2013 | 10 € **14,5/20**
Robe paille clair, assez gras, pur, soutenu par une belle acidité et des amers d'agrumes engageants.

Ajaccio 2010
Rouge | 2013 à 2015 | 10 € **13,5/20**
Délicat, avec une petite touche de caramel au nez, texture veloutée, alcool sensible.

DOMAINE CASABIANCA

RN 198 Bravone • 20230 Linguizzetta
Tél. 04 95 38 96 00 • Fax : 04 95 38 96 09
domaine-casabianca@wanadoo.fr
www.vinscasabianca.com
Visite : Du lundi au vendredi de 8h à 19h.

Corse 2011
Blanc | 2012 à 2013 | 7,80 € **14/20**
Beaucoup de pureté aromatique, vin cristallin, net, très bien fait.

DOMAINE CASTELLU DI BARICCI

Haute Vallée-de-l'Ortolo • 20100 Sartène
Tél. 09 54 07 32 61 • Fax : 04 95 73 41 95
info@castelludibaricci.com
wwww.castelludibaricci.com
Visite : Sur rendez-vous au 06 64 19 60 21

La jeune et charmante Laurence Quilichini s'implique de plus en plus dans sa propriété familiale et prend modèle sur les meilleurs vignerons de l'île. Le blanc commence à rivaliser avec les meilleurs, et ce terroir de la sublime vallée de l'Ortolo promet de grands vins pour le futur. Les 2011 ont pleinement répondu à notre attente.

Corse - Sartène 2011 ☺
Rosé | 2012 à 2014 | 12 € **15,5/20**
Nuances or gris, nez porté par les embruns de la mer, rosé complet, typé, subtil, bravo.

Corse - Sartène 2011 ☺
Blanc | 2012 à 2014 | 19,20 € **14,5/20**
Vin très vivant, complexe, équilibré, encore un peu sur l'amer. Du style.

CLOS COLONNA

27, Cours Sœur-Amélie • 20100 Sartène
Tél. 04 95 77 23 03

Corse - Sartène 2011
Blanc | 2012 à 2013 | NC **13,5/20**
Crémeux et légèrement caramélisé au nez, vin bien mûr, onctueux, équilibré.

DOMAINE COMTE ABBATUCCI

Pont de Calzola • 20140 Casalabriva
Tél. 04 95 74 04 55
contact@domaine-abbatucci.com
www.domaine-abbatucci.com

Dans ce haut-lieu historique du vignoble d'Ajaccio, dont la collection unique de vieux cépages blancs locaux a fait prendre conscience de l'obligation morale et culturelle de diversifier l'encépagement de toute la Corse, Jean-Charles Abbatucci pratique avec une générosité contagieuse une viticulture irréprochable, dans le respect du cahier des charges de l'agriculture biodynamique. Les vins récents ont la souplesse, le naturel et le glissant qu'on attend d'eux, et ont nettement progressé en régularité. Les blancs de la gamme Collection peuvent avoir une longévité considérable en bouteilles. Le domaine n'a pas présenté ses 2011 à notre dégustation et nous le regrettons.

DOMAINE DU COMTE PERALDI

Chemin du Stiletto • 20167 Mezzavia
Tél. 04 95 22 37 30 • Fax : 04 95 20 92 91
info@domaineperaldi.com • www.domaineperaldi.com
Visite : Du lundi au samedi de 8h à 12h et de 14h à 18h. L'été jusqu'à 19h.

Une sérieuse reprise en main technique permet à cette propriété phare d'Ajaccio de produire à nouveau des vins d'une suprême finesse dans les trois couleurs. Ils correspondent à l'élégance de leur habillage, où l'influence bourguignonne est évidente. Les deux cuvées de prestige, le Clos-du-Cardinal en rouge, et Clémence en blanc, sont parmi les plus raffinées et accomplies de l'île et vieillissent superbement. Le comte de Poix nous a malheureusement quittés, mais la propriété tourne parfaitement et sa veuve continue son œuvre dans le même esprit.

AJACCIO 2011
Blanc | 2012 à 2014 | 9,60 € **15,5/20**
Parfait équilibre, transparence inimitable des vins de granite, délicieux fruité, un des meilleurs jamais produits.

AJACCIO 2010
Rouge | 2013 à 2016 | 9,60 € **14/20**
Framboisé au nez, lui aussi façon pinot noir, équilibré, net, agréable mais sans grande envolée.

AJACCIO CLOS DU CARDINAL 2009
Rouge | 2014 à 2019 | 18 € **15,5/20**
Robe rosée plus que rouge, mais corps équilibré et finale étonnamment assurée par rapport à la couleur, délicieusement épicée, vraiment très sciaccarrello.

AJACCIO CUVÉE CLÉMENCE 2008
Blanc | 2014 à 2018 | 13,20 € **15,5/20**
Note saline au nez, texture raffinée, finale gracieuse, très cristallin mais aussi très complexe, bon style.

DOMAINE CORDOLIANI

Lieu-dit Sant'Angelo • 20232 Poggio-d'Oleta
Tél. 06 11 01 16 15
contact@domaine-cordoliani.com
www.domaine-cordoliani.com
Visite : Du lundi au samedi de 10h à 19h.

Producteur situé dans les meilleurs terroirs de Patrimonio et artisan sincère, produisant des vins de terroir fort intéressants, qui gagneraient à s'affiner davantage.

PATRIMONIO 2010
Rouge | 2012 à 2016 | 15,60 € **14,5/20**
Riche, nez de myrte, très marqué par son terroir, plaira aux puristes malgré un rien de réduction au nez. Également un très bon 2007.

DOMAINE CULOMBU

Chemin San-Petru • 20260 Lumio
Tél. 04 95 60 70 68 • Fax : 04 95 60 63 46
contact@closculombu.fr • www.closculombu.fr
Visite : Du lundi au samedi de 9h à 19h.
Sur rendez-vous pour les groupes.

Peu à peu, ce superbe vignoble de 60 hectares, répartis sur différents types de sols dont une terrasse argileuse idéale pour les raisins rouges, devient une référence incontournable en matière de qualité. Étienne Suzzoni réussit avec le même flair ses blancs, ses rosés et ses rouges, qui partagent la même qualité de fruit, la même élégance et la même pureté. Ce qui, pour les vins rouges, n'allait pas de soi. La nouvelle cave state-of-the-art, la plus moderne de Corse, devrait encore faire progresser les vins.

CORSE - CALVI CLOS CULOMBU 2011
Rosé | 2013 à 2014 | 10,50 € **15/20**
Pâle, assez aromatique, mais sans vulgarité, en bouche beaucoup plus typé sciaccarello que la moyenne, merveilleusement délicat, alliant modernité d'élaboration et expression du terroir.

CORSE - CALVI CLOS CULOMBU 2011
Blanc | 2012 à 2014 | 10,50 € **14,5/20**
Rond, droit, un peu d'amertume d'agrumes en finale, moins frais en proportion que d'autres, solide matière.

CORSE - CALVI CLOS CULOMBU RIBBE ROSSE 2010
Rouge | 2014 à 2018 | 21,50 € **14,5/20**
Ne réédite pas l'exploit du 2009, sans démériter. Plutôt serré et austère sur le plan aromatique, mais droit dans son tanin. Il devrait s'ouvrir davantage dans deux ans.

CORSE - CALVI RIBBE ROSSE 2011
Blanc | 2013 à 2017 | 21,50 € **15,5/20**
Abouti, généreux, bonne vinosité et ampleur de bouche, bon élevage, vin de gastronomie, un rien moins fin qu'on ne le souhaiterait.

DOMAINE DE FIUMICICOLI

Route de Levie • 20100 Sartène
Tél. 04 95 77 10 20 • Fax : 04 95 76 24 24
domaine.fiumicicoli@laposte.net
www.domaine-fiumicicoli.fr
Visite : D'avril à octobre, du lundi au vendredi (le samedi à partir du mois de mai) de 9h à 12h et de 14h à 19h. Le reste de l'année, le caveau ferme à 18h.

Voici sans doute la propriété de pointe du vignoble de Sartène avec, dans les trois couleurs, des vins d'une grande pureté aromatique et d'un équilibre moderne mais sans excès. Quelques vieux pieds de cépages presque disparus contribuent certainement à leur personnalité, qu'on voudrait néanmoins plus affirmée.

CORSE - SARTÈNE 2010
Rouge | 2013 à 2015 | 9,40 € **14/20**
Bonne vinosité, petite caramélisation du raisin, sincère et conforme au style local.

CLOS FORNELLI

20270 Tallone
Tél. 04 95 32 18 01 • Fax : 04 95 57 11 54
fabrice.couloumere@laposte.net ou josee.vanucci@laposte.net • www.closfornelli.com
Visite : Du lundi au vendredi de 9h à 12h et de 15h à 19h. Le week-end sur rendez-vous.

Corse 2011
Blanc | 2012 à 2014 | 7,80 € **14/20**
Assez ambitieux, complexe dans ses notes d'agrumes matinées de nuances lactiques, matière généreuse, mais finale délicate, recommandé.

DOMAINE GENTILE

Olzo • 20217 Saint-Florent
Tél. 04 95 37 01 54 • Fax : 04 95 37 16 69
domaine.gentile@wanadoo.fr • www.domaine-gentile.com
Visite : Sur rendez-vous.

Le Domaine Gentile dispose de quelques-uns des meilleurs terroirs de Patrimonio et fut certainement le pionnier de la qualité, avec un niveau de viticulture remarquable et des vinifications modernes et précises. Les vins ont la force et la tenue au vieillissement qu'on attend et, sous l'impulsion du fils de Dominique, Jean-Paul Gentile, les blancs secs et les merveilleux muscats sont en train de surpasser les rouges. On trouvera à la vente des millésimes anciens, étonnants, dont de sublimes vins de dessert !

Muscat du Cap Corse 2010
Blanc liquoreux | 2013 à 2020 | 19 € **15,5/20**
Ici aussi plus poire qu'agrumes au nez, liqueur riche, mais fort équilibrée, beaucoup d'extrait sec et de potentiel de garde.

Patrimonio 2011
Rosé | 2012 à 2014 | 15 € **14,5/20**
Rosé technique mais savoureux, avec des notes d'agrumes comme seule la Corse sait le faire, croquant et vif, comme un blanc mais de robe rosée !

Patrimonio 2011
Blanc | 2014 à 2020 | 15,50 € **15/20**
Grande matière, notes de tilleul au nez, gras, riche en promesses, et comme souvent il faudra l'attendre au moins deux ans avant épanouissement.

DOMAINE GIACOMETTI

Casta • 20217 Saint-Florent
Tél. 04 95 37 00 72 • Fax : 04 95 37 19 49
domainegiacometti@orange.fr
Visite : Du lundi au vendredi de 8h à 12h et de 15h30 à 17h30. Le week-end sur rendez-vous

En limite d'appellation, à l'entrée du désert des Agriates, le terroir change de nature par rapport au cœur de Patrimonio, avec des sols granitiques et un microclimat encore plus sec. Un domaine pilote y avait été planté par Michel Martini dans les années 1960, et la famille Giacometti, passionnément respectueuse de la nature et de l'environnement, y continue brillamment son œuvre. Les derniers millésimes ont beaucoup progressé en précision et expriment magnifiquement le terroir.

Patrimonio Cru des Agriates 2011 ☺
Blanc | 2012 à 2014 | 7,20 € **15,5/20**
Mûr, rond, exact, beaucoup de caractère, très bien fait.

Patrimonio cuvée Sarah 2011
Blanc | 2014 à 2018 | 12 € **16,5/20**
Ultra mûr, grand bouquet d'agrumes, matière magnifique, du grand blanc de gastronomie et absolument magnifié par un élevage sous bois réussi.

DOMAINE GIUDICELLI

20232 Poggio-d'Oletta
Tél. 04 95 35 62 31 • Fax : 04 95 35 62 31
muriel.giudicelli0008@wanadoo.fr
Visite : Sur rendez-vous.

Encore un domaine de «femme corse». Muriel Giudicelli exploite avec autorité une propriété située au cœur du vignoble historique de Patrimonio. Dans les trois couleurs, ses vins font partie des meilleurs, associant puissance et finesse. Les muscats sont particulièrement exceptionnels, mais il faut choisir la cuvée la plus riche, légèrement passée sous bois. Les 2010 sont, dans les trois couleurs, des modèles du genre.

Muscat du Cap Corse 2011 ☺
Blanc liquoreux | 2012 à 2014 | 20,40 € **15/20**
Tout en équilibre, sans rien de stéréotypé, liqueur sans lourdeur, belle suite en bouche.

Patrimonio 2011
Blanc | 2013 à 2019 | 18 € **15,5/20**
Citronné, vif, pur, désaltérant, merveilleux sur des oursins.

Patrimonio 2010
Rouge | 2013 à 2016 | 18 € **14/20**
Excellent corps, texture complète mais tanin ferme, à la limite de l'astringence, pour le moment.

DOMAINE GRANAJOLO

20144 Sainte-Lucie-de-Porto-Vecchio
Tél. 04 95 70 37 83 • Fax : 04 95 70 37 43
info@granajolo.fr • www.granajolo.fr
Visite : Du lundi au vendredi de 9h30 à 13h. En haute saison, ouverture l'après-midi de 17h à 19h.

Propriété très «bio» et tendance du secteur de Porto-Vecchio, dont le vin rosé est un des derniers à conserver avec panache le style traditionnel, proche d'un clairet de Bordeaux par la couleur, mais infiniment plus parfumé et porteur des valeurs du remarquable terroir granitique dont il est issu.

Corse - Porto-Vecchio 2009
Rouge | 2012 à 2013 | NC **13/20**
Début de tuile, montrant une évolution de la couleur, vin souple, glissant, naturel, sans façon, parfait vin de bistro et à point.

CLOS LANDRY

Route de l'Aéroport • 20260 Calvi
Tél. 04 95 65 04 25 • Fax : 04 95 65 37 56
closlandry@wanadoo.fr
Visite : Du lundi au vendredi.

Ce cru célèbre pour son rosé pâle et apéritif ne présente plus ses vins à nos dégustations.

DOMAINE LECCIA - ANNETTE LECCIA

Morta-Piana • 20232 Poggio-d'Oletta
Tél. 04 95 37 11 35 • Fax : 04 95 37 17 03
domaine.leccia@wanadoo.fr • www.domaineleccia.fr
Visite : De 9h à 12h et de 14h à 19h.

Annette Leccia, sœur d'Yves, a depuis quelques années repris sa part de vignes tout en conservant les installations de vinification familiales, intelligemment modernisées. Avec l'aide d'un excellent chef de culture, elle a converti son vignoble en agriculture biologique et son maître de chai produit des vins énergiques et précis, capables de vieillir et vendus sans précipitation sur le dernier millésime. En 2011, les vins blancs nous ont semblé plus réussis que les rouges.

Muscat du Cap Corse 2010
Blanc liquoreux | 2012 à 2015 | 22,75 € **15/20**
Note de poire au nez, très riche en liqueur, dans la ligne du domaine, vin de dessert plus que d'apéritif.

Patrimonio 2011
Blanc | 2013 à 2018 | 21,50 € **15/20**
Beaucoup de matière, fruité d'agrumes très typé, pur, dense, énergique.

YVES LECCIA

Morta-Piana • 20232 Poggio-d'Oletta
Tél. 04 95 30 72 33
leccia.yves@wanadoo.fr • www.yves-leccia.com
Visite : Du lundi au samedi de 10h à 13h et de 15h à 19h.

Yves Leccia est parti en 2005 du vignoble familial, repris par sa sœur Annette, en conservant une partie des vignes sur le secteur plus schisteux d'E Crocce. Son talent de vinificateur, unique en Corse, n'a pas changé mais le style des étiquettes s'est intelligemment modernisé. Ses blancs et ses rouges sont toujours rigoureux, précis, intenses et bâtis pour vieillir. Avec son épouse, Yves a ouvert à Saint-Florent un bar à vin où il est possible d'apprécier ses produits à table, en parfaite situation, avec les spécialités locales. Pour les millésimes anciens, n'hésitez pas à demander au patron de la Corniche, merveilleux restaurant des hauteurs de Bastia, qui sait faire vieillir l'élite des vins corses.

Patrimonio E Crocce 2011
Blanc | 2014 à 2020 | 22,35 € **17/20**
Toujours magistral dans sa définition de l'énergie du vermentino et de la force des grands terroirs de Patrimonio, et quelle suite en bouche.

Patrimonio YL 2010
Rouge | 2014 à 2018 | 16,95 € **14,5/20**
Nez précis et fortement typé, corps pour le moment serré et tanin très tendu, presque métallique, le vin a besoin de beaucoup d'air.

DOMAINE MAESTRACCI - CLOS REGINU

Route de Santa-Reparata • 20225 Feliceto
Tél. 04 95 61 72 11 • Fax : 04 95 61 80 16
contact@domaine-maestracci.com
www.domaine-maestracci.com
Visite : En saison, du lundi au samedi de 9h à 12h30 et de 14h à 19h30; les dimanches et jours fériés sur rendez-vous. Hors saison, du mardi au vendredi de 9h à 12h30.

Domaine classique du secteur de Calvi, avec une longue tradition d'élaboration de vins de garde, et

la capacité de réussir dans les trois couleurs. Les derniers millésimes, sous la direction de la nouvelle génération de la famille, montrent plus de précision dans l'élevage, sans aucune dimension de la densité de construction caractéristique du terroir.

CORSE - CALVI E PROVE 2011
Blanc | 2012 à 2015 | 10 € **15,5/20**
Ultra pâle, généreux, commence à sortir son fruité d'agrumes, texture tendue et serrée, bien dans sa ligne habituelle.

CORSE - CALVI VILLA MAESTRACCI 2007
Rouge | 2012 à 2014 | 17 € **13,5/20**
Assez intense et sérieux dans sa texture et son tanin épicé, aérer une heure avant de servir.

CORSE E PROVE 2011 ☺
Rosé | 2012 à 2014 | 10 € **14,5/20**
Pâle, avec la discrète nuance orangée des rosés non rectifiés, charmeur, fruité, assez onctueux, peu salin, plus apéritif que vin pour la table.

DOMAINE MONTEMAGNI

Puccinasca • 20253 Patrimonio
Tél. 04 95 37 00 80 • Fax : 04 95 37 17 15
scea.montemagni@wanadoo.fr
www.domainemontemagni.com
Visite : D'avril à octobre de 9h30 à 19h.

Nous faisons entrer ce domaine classique de Patrimonio, l'un des plus grands propriétaires de terres dans l'appellation, en raison d'importants progrès de vinification, surtout marqués sur les vins blancs. En 2011, seul d'ailleurs le blanc nous a semblé recommandable.

PATRIMONIO PRESTIGE DU MENHIR 2011
Blanc | 2012 à 2018 | 13,20 € **16/20**
Superbe patrimonio, salin marin, très généreux et long en bouche, et étonnant dans ses notes aromatiques exotiques de fruit tropical.

CLOS NICROSI

20247 Rogliano
Tél. 04 95 35 41 17 • Fax : 04 95 35 47 94
clos.nicrosi@orange.fr
Visite : De mi-juin à mi-octobre de 10h à 12h
et de 16h à 19h.

Nous avons plaisir à faire rentrer le grand domaine historique de la Corse, dont les vins nous avaient hélas trop souvent déçus depuis quinze ans. Les deux derniers millésimes voient une nette amélioration dans la propreté et la régularité des mises avec la race inimitable des vignes du cap Corse. Le sec 2011 n'égalera sans doute pas le sublime 1988 (équivalent en race d'un beau clos-sainte-hune ou d'une grande coulée-de-serrant) mais il est sur la voie...

CORSE - COTEAUX DU CAP CORSE 2011
Blanc | 2014 à 2019 | 14,35 € **15,5/20**
Type de vin plus traditionnel avec la robe dorée et la caramélisation du fruit liée à un début de passerillage, mais matière imposante et grand avenir, un vin inclassable mais réussi.

MUSCAT DU CAP CORSE MUSCATELLU 2011
Blanc Doux | 2013 à 2021 | 20,40 € **17,5/20**
Robe dorée ambrée unique, grand nez complexe, fascinant, exprimant et le fruit frais du muscat (agrumes) et son passerillage, grande longueur, grand style, honneur du cap Corse !

DOMAINE ORENGA DE GAFFORY

Morta-Majo • 20253 Patrimonio
Tél. 04 95 37 45 00 • Fax : 04 95 37 14 25
contact@orengadegaffory.com
www.orengadegaffory.com
Visite : En saison, toute la semaine de 8h30 à 19h30, en juillet et en août jusqu'à 20h (y compris dimanches et jours fériés) et pour les groupes sur rendez-vous.
Le reste de l'année sur rendez-vous.

Très grand propriétaire terrien dont les vins ont été variables dans le passé, mais avec régulièrement des sélections parfaitement recommandables. Les deux derniers millésimes le voient en nette progression avec des vins bien vinifiés, précis, assurés, et pour la première fois San-Quilico égale le reste de la production.

MUSCAT DU CAP CORSE CLOS SAN QUILICO 2011 ☺
Blanc Liquoreux | 2012 à 2013 | 10,80 € **15/20**
Parfait nez de cédrat, bon équilibre, grande finesse de liqueur, très bien fait.

PATRIMONIO CLOS SAN QUILICO 2011
Rosé | 2012 à 2014 | 10,80 € **15/20**
Robe rose profond, vin vigoureux, plus terroir que Felice, ressemble à certains tavels d'autrefois par sa vinosité. Rosé de gastronomie.

PATRIMONIO CLOS SAN QUILICO 2011
Blanc | 2012 à 2014 | 10,80 € **14,5/20**
Un rien d'amertume à fondre mais très bonne exactitude d'expression du raisin et du millésime.

Patrimonio Clos San Quilico 2010
Rouge | 2014 à 2018 | 10,80 € **13,5/20**
Vin épicé, charnu, tannique, un brin austère mais très franc.

Patrimonio Felice 2011 ☺
Rosé | 2012 à 2014 | 13,30 € **14/20**
Notes de safran au nez, fruité, net, très droit, plus de franchise que de complexité mais un équilibre qui en fait un vin d'usage universel.

Patrimonio Felice 2011 ☺
Blanc | 2012 à 2015 | 15,65 € **15,5/20**
Arôme pur de citron, excellente matière, terroir bien exprimé, tendu et plein, très recommandable.

DOMAINE PIERETTI

Santa-Severa • 20228 Luri
Tél. 04 95 46 22 76 • Fax : 04 95 35 01 03
domainepieretti@orange.fr • www.vinpieretti.com
Visite : En été, du lundi au samedi de 9h à 12 et 15h à 19h. Le reste de l'année sur rendez-vous.

Dans son nouveau cuvier ultra moderne, Lina Venturi-Pieretti, brillamment épaulée par son mari et son gendre, a encore affiné le style de ses vins en 2010, leur donnant plus de précision et plus d'élégance. Les vins les plus réussis sont peut-être les deux cuvées Marine, en blanc et rosé, expressions idéales en sec de l'incomparable microclimat du cap Corse, mais les rouges restent toujours aussi recommandables, marqués par le velouté spécial de texture des vieux grenaches de la propriété, qui s'harmonisent parfaitement avec le niellucio. Magnifiques 2011.

Corse - Coteaux du Cap Corse Marine 2011 ☺
Rosé | 2012 à 2014 | 15,30 € **15/20**
Ultra pâle et raffiné, notes marines subtiles, finale sur le cédrat, grande pureté, vin vif, spirituel, d'une finesse considérable.

Corse - Coteaux du Cap Corse Marine 2011
Blanc | 2013 à 2018 | 21,50 € **17/20**
Un vermentino d'une grâce et d'une pureté encore supérieures à celle des millésimes précédents, avec une touche saline inimitable en fin de bouche. Devrait figurer dans toute bonne carte des vins de Méditerranée.

Corse - Coteaux du Cap Corse Vieilles Vignes 2010
Rouge | 2013 à 2015 | 19,75 € **15,5/20**
Rouge complet, velouté, tannin raffiné, très «sudiste» mais dans l'esprit d'un beau Rhône, beaucoup de plaisir et de profondeur donnée par le grenache, trop rare en Corse.

Muscat du Cap Corse 2011
Blanc liquoreux | 2012 à 2014 | 21,30 € **15/20**
Nez d'ananas, frais, amusant, finale sur le cédrat, usage universel.

CLOS POGGIALE

20270 Tallone
Tél. 04 95 57 20 30 • Fax : 04 95 57 08 98
www.clospoggiale.com ou www.skallifamilywines.com
Visite : Du lundi au vendredi de 8h à 12h et de 14h à 18h.

La famille Skalli vient de vendre ce beau vignoble situé aux portes de l'étang de Diana au domaine voisin, Terra Vecchia, pleinement conscient de la qualité du site et du potentiel de qualité qu'on peut y obtenir. Son premier millésime sera sans doute suivi de vins plus personnalisés.

Corse 2011
Blanc | 2012 à 2013 | 8,30 € **13/20**
Très propre et technique avec ses notes de bonbon et d'angélique. Un peu court mais droit.

SANT ARMETTU

9, avenue Napoléon • 20110 Propriano
Tél. 04 95 76 24 47
www.santarmettu.com

Un ermite guérisseur ayant choisi ce site exceptionnel pour exercer ses dons a inspiré le nom du domaine. Gilles Seroin y produit les vins les plus réguliers du secteur de Sartène, bénéficiant de vieilles vignes et d'un sens inné de l'équilibre dans la vinification.

Corse - Sartène 2011
Blanc | 2012 à 2013 | NC **14/20**
Du caractère et un fort arôme de poire, belle puissance, un peu d'amer à fondre.

Corse - Sartène 2010
Rouge | 2013 à 2016 | NC **14/20**
Bon nez de cerise, tannin sans dureté, vin équilibré, sain, net.

Corse - Sartène Myrtus 2009
Rouge | 2013 à 2017 | NC **14,5/20**
Belle vinosité, petite touche animale de réduction au nez, tannin équilibré, fait pour le petit gibier.

Corse - Sartène Pivarella 2011
Blanc | 2012 à 2015 | NC **16/20**
Merveilleuse expression du vermentinu, rehaussé par un usage intelligent du bois, qui lui donne un supplément de stabilité et d'énergie, beau vin de gastronomie.

DOMAINE SANTAMARIA

Route du Lac de Padula à Oletta • 20217 Saint-Florent
Tél. 04 95 39 03 51 • Fax : 04 95 39 07 42
domaine.santamaria@orange.fr
Visite : Du lundi au vendredi de 9h à 12h et de 14h à 18h. Le week-end sur rendez-vous.

Jolie propriété en bout d'appellation Patrimonio, dirigée par un propriétaire affable et plein de bonnes intentions. Les blancs sont plus originaux que les rouges, avec parfois des muscats sensationnels et quelques spécialités savoureuses que nous vous laissons découvrir à la propriété. Les 2011 ne nous ont pas été présentés.

CLOS DE SARCONE

Clos Sarcone • 20114 Figari
Tél. 04 95 71 02 29
closdesarcone@wanadoo.fr
Visite : Sur rendez-vous au 06 70 52 54 45

Jean Ferraci est un des vignerons corses les plus attachants, un vrai sang de la terre de Figari, où il dispose de certaines des meilleurs parcelles. Seul pour s'occuper de son petit domaine, il n'a pas les moyens de raffiner vinification et élevage mais ses vermentinos regorgent de caractère de terroir et de finesse, et un jour pourront égaler les meilleurs.

Corse - Figari 2011
Blanc | 2013 à 2015 | 16,15 € **13/20**
Expression juste de Figari même si une petite astringence empêche le vin de finir cristallin en bouche, un vrai produit de vigneron.

CLOS SIGNADORE

Lieu-dit Mortta-Piana • 20232 Poggio-d'Oletta
Tél. 06 15 18 29 81
contact@signadore.com • www.signadore.com
Visite : Sur rendez-vous.

Christophe Ferrandis, né à Marseille et formé au grand vin par les Saint-Victor, au Château de Pibarnon, a réussi l'exploit d'acheter des vignes magnifiques au cœur de Patrimonio et, malgré (ou grâce à) sa grande gueule et son côté rebelle, à se faire accepter par une communauté de vignerons qui n'aime pas trop voir les continentaux s'installer sur place. Ses derniers vins nous ont beaucoup plu malgré des incidents climatiques qui ont rendu plus difficiles ses 2010 et 2011.

Patrimonio A Mandria 2011
Blanc | 2012 à 2014 | 19,80 € **14,5/20**
Tendu, nerveux, dense, sans concession, un peu réduit, à aérer deux heures avant le service.

Patrimonio Clos Signadore 2009
Rouge | 2013 à 2015 | 42 € **15/20**
Nez de cerise, corps ample, vinification adroite qui a préservé la fraîcheur du fruit, moins complexe que prévu.

RICHARD SPURR

4, de la Signoria - Route de la Forêt-Boniffatu
20260 Calvi
Tél. 06 19 85 16 39 ou 06 20 26 31 70
richard@enclosdesanges.fr
Visite : Tous les jours sur rendez-vous de préférence.

Une des belles aventures de la Corse d'aujourd'hui : un jeune Britannique travaille dur au clos Culumbu, tombe amoureux de la Balagne, séduit les Corses et s'installe à son compte, philosophie bio et caractère rebelle ! Mais on commence à sentir un assagissement avec les 2011, magnifiquement constitués.

Corse - Calvi Clos des Anges 2010
Rosé | 2012 à 2013 | 10,80 € **15/20**
Robe rose orange assez soutenue, riche, très aromatique, sentant les herbes locales, finale avec une petite note sucrée mais pas gênante, vin de fort caractère individuel.

Corse - Calvi Clos des Anges 2010
Rouge | 2014 à 2018 | 13,90 € **15,5/20**
Un des meilleurs rouges de l'année, grande maturité du raisin, excellente suavité de texture, grand naturel sans déviation, vin sincère et complet.

CORSE ENCLOS DES ANGES 2011
Blanc | 2012 à 2013 | 15,20 € **16/20**
Une perfection dans le rendu du fruité d'agrumes, entre mandarine et cédrat, grande matière et surtout mise en valeur de quelques notes terpéniques ajoutant de la complexité. Beau vin de terroir.

CLOS TEDDI

Casta • 20217 Saint-Florent
Tél. 06 10 84 11 73 • Fax : 04 95 37 24 07
clos.teddi@orange.fr • www.closteddi.com
Visite : En été, de 9h à 12h30 et de 15h30 à 19h30.

Marie-Brigitte Poli confirme qu'elle est l'une de ces remarquables jeunes vigneronnes corses qui redonnent du sang neuf à la viticulture locale en recherchant encore plus de finesse dans leurs vins. Tout au bout de l'appellation et d'un seul tenant, le vignoble pousse sur du granite, et non du calcaire, ce qui explique l'étonnant profil aromatique du rosé et le glissant naturel des blancs. On peut faire ici de très grandes choses dans ces deux couleurs, le rouge étant moins corsé que d'autres mais plus nuancé et complexe. 2011 est une réussite totale.

PATRIMONIO 2011
Rosé | 2012 à 2014 | 10,20 € **16/20**
Plus ouvert que la Grande-Cuvée, notes caramélisées au nez à la tavel, forte expression de terroir, rosé riche, vigoureux, plein de caractère.

PATRIMONIO 2010
Rouge | 2013 à 2018 | 10,20 € **15/20**
Plus ouvert, gourmand et évident dans son équilibre que la cuvée Prestige, tanin explosif, grande suite en bouche.

PATRIMONIO GRANDE CUVÉE 2010
Rouge | 2013 à 2016 | 16,80 € **14,5/20**
Élevage sous bois sensible mais permettant le développement d'un fruité de cerise stable à l'air, tanin ferme, bien sculpté.

PATRIMONIO GRANDE CUVÉE 2011
Rosé | 2012 à 2014 | 13,20 € **15/20**
Plus pâle que le rosé normal, notes d'agrumes plus marquées, tout en finesse et en pureté, mais moins original comme expression de terroir.

PATRIMONIO GRANDE CUVÉE 2010
Blanc | 2013 à 2018 | 16,80 € **16/20**
Somptueux vermentino moderne, ambitieux dans son élevage mais fort réussi dans son équilibre, long, remarquable en accompagnement de crustacés.

PATRIMONIO TRADITION 2011
Blanc | 2013 à 2016 | 10,20 € **15/20**
Bel arôme de cédrat, vin très net, propre, savoureux, bien vinifié.

TERRA VECCHIA

Skalli : 278, avenue du Maréchal-Juin • 34200 Sète
Tél. 04 67 46 70 00 • Fax : 04 67 46 71 99
info@terravecchia.com • www.terravecchia.com

CORSE 2011
Blanc | 2012 à 2013 | NC **13/20**
Excellent vin de brasserie, nez propre, technique (amylique) mais aussi nuancé par les agrumes, désaltérant, net, souple.

DOMAINE DE TORRACCIA

Lecci • 20137 Porto-Vecchio
Tél. 04 95 71 43 50 • Fax : 04 95 71 50 03
torracciaoriu@wanadoo.fr
Visite : Du lundi au samedi de 8h à 12h et de 14h à 18h. En juillet et en août de 8h à 20h sauf le dimanche.

Le domaine est un véritable paradis conquis sur les ronces mais surtout un des hauts lieux de la viticulture corse. Christian Imbert ne s'est pas contenté de faire les vins qu'il aime, très «nature», avec le moins de manipulations possible. Il a aussi mis toute son énergie à défendre la viticulture locale et à la faire rayonner partout en Europe, en créant et en dirigeant une union de viticulteurs très dynamique, l'UVA Corse. Le sommet de la cave est ici le rouge Oriu, au subtil bouquet de garrigue, lent à venir mais inimitable, avec hélas parfois des bouteilles liégeuses. Gage de continuité pour cette propriété exceptionnelle, le retour au domaine du fils de Christian, Marc, et de sa petite famille, nous a réjouis.

CORSE 2011
Blanc | 2012 à 2014 | 9,30 € **15/20**
Magnifiques reflets verts, acidité pimpante et rare dans le millésime, beaucoup de caractère et d'énergie.

CORSE ORIU 2006
Rouge | 2013 à 2016 | 18,65 € **15/20**
Une bouteille un rien liégeuse, l'autre exactement conforme à l'attente avec son beau nez d'herbes

du maquis et son tanin un rien sec, vin complexe, presqu'à point.

DOMAINE VACCELLI

Lieu-dit Aja-Donica • 20123 Cognocoli-Monticchi
Tél. 04 95 24 35 54 • Fax : 04 95 24 38 07
vaccelli@aol.com
Visite : Tous les jours sur rendez-vous.

L'exemple du comte Abbatucci fait école et le jeune Courrèges pratique désormais dans ce domaine classique d'Ajaccio une viticulture plus méticuleuse et plus respectueuse que naguère. Les vins ont gagné en pureté et netteté de saveur, ses cuvées Granit comptent désormais parmi les vins les plus fins et les plus aboutis de Corse.

Ajaccio Granit 2009

Rouge | 2012 à 2014 | 30 € **14,5/20**

Parfaite expression de terroir, vin pur, fruité expressif, finale minérale (vraiment granite !), très joliment fait.

Ajaccio Granit 2011

Rosé | 2012 à 2014 | 16,80 € **16/20**

Admirable pureté aromatique, notes d'angélique en bouche, finale sur de jolis amers, délicieusement apéritif, un des plus beaux de l'île.

Ajaccio Roger Courrèges 2010

Blanc | 2013 à 2015 | 18 € **15/20**

Délicieusement apéritif, grande finesse, glissant, pur, très bien vinifié. Pour le moment, il domine la cuvée Granit.

Ajaccio Roger Courrèges 2008

Rouge | 2013 à 2014 | 18 € **14/20**

Dégradés de couleur nets mais joli nez expressif, avec une tendance à «pinoter», délicat, à point.

DOMAINE VECCHIO

Lieu-dit Listincone • 20230 Chiatra-di-Verde
Tél. 06 09 50 49 36 • Fax : 04 95 38 03 37
vecchio@sfr.fr • www.domainevecchio.com
Visite : En été, de 9h à 12h et de 15h30 à 19h.
Le reste de l'année, sur rendez-vous.

Un peu à l'écart des autres propriétés de la «plaine», le jeune domaine Vecchio («vieux», en corse...) progresse de façon passionnante. Florence Giudicelli, vigneronne joyeuse et passionnée, son mari et son chef de cave forment un trio uni et complémentaire ils produisent des vins de pays excellemment vinifiés mais de style encore un peu international, et, en petites quantités, d'éblouissantes expressions de cépages corses dont certains ne vont pas continuer longtemps à être «oubliés». Leurs deux cuvées Mélusine sont un enchantement.

Corse Mélusine 2010

Rouge | 2014 à 2017 | 36 € **15/20**

Magnifique suavité de texture, ne ressemble à rien d'autre en Corse, grande finale rappelant la myrte, vraiment parfait sur un rôti de marcassin.

Vin de pays de l' Ile de Beauté Mélusine 2010

Blanc | 2013 à 2016 | 36 € **16/20**

Robe ambrée, fort passerillage du raisin, vin magnifique de plénitude et d'originalité.

CLOS VENTURI

Route de Calvi • 20218 Ponte-Leccia
Tél. 04 95 47 61 35 • Fax : 04 95 30 85 57
domaine.vico@orange.fr • www.domainevico.com
Visite : En été, du lundi au samedi de 9h à 12h et de 14h30 à 19h.

Le Clos Venturi porte le nom de Jean-Marc Venturi, qui a longtemps dirigé le groupe UVIB, regroupant les deux caves coopératives d'Aleria. Aujourd'hui, il dirige la Chambre d'Agriculture de l'île et il a confié à son fils son vignoble de Vico, merveilleusement situé en piémont de neiges éternelles, et le Clos Venturi, qui se veut l'expression la plus parfaite possible de ses meilleures terres. Dès sa création, le Clos a produit le plus complet des vins blancs secs de l'île, quelque chose comme un Montrachet ! Stupéfiant de race et d'amplitude, le vin fait un tabac dans toute la belle restauration. Le rouge et le rosé de la gamme, très bien faits, ne sont pas indignes de lui.

Corse 2010

Blanc | 2014 à 2018 | 15,70 € **16/20**

Grand vin très gras, parfaitement défini au nez et en bouche, profond et savoureux, à boire en 2014. Le 2011 doit encore attendre.

Corse 2011

Rosé | 2012 à 2014 | 15,70 € **16,5/20**

Notre meilleur rosé corse cette année, robe fuchsia, nez développé de fraise harmonisé par des nuances d'agrumes, corps magnifique, distingué, complexe, superbe !

DOMAINE VICO

Route de Calvi • 20218 Ponte-Leccia
Tél. 04 95 47 32 04 • Fax : 04 95 30 85 57
domaine.vico@orange.fr • www.domainevico.com
Visite : Du 1er juin au 30 septembre, du lundi au samedi de 9h à 12h et de 14h30 à 19h. Le reste de l'année, du lundi au samedi de 9h à 12h et de 14h à 17h.

Ce très grand domaine de 50 hectares a retrouvé une seconde jeunesse sous l'impulsion de la famille Venturi. Ses meilleurs sols donnent le clos Venturi. Des vins précis, équilibrés et d'un excellent rapport qualité-prix sont produits sous la marque 1769. Manu Venturi, fils de Jean-Marc, est l'un des plus brillants représentants de la nouvelle génération de viticulteurs corses et il ne néglige rien pour continuer à faire progresser le domaine par des essais de viticulture biodynamique, chaque année plus importants et concluants.

CORSE 1769 2011 ☺
Rosé | 2013 à 2014 | 10,20 € **15/20**
Du corps, de l'intensité, de la générosité aromatique. Le parfait vin pour rouget de roche ou bouillabaisse.

CORSE 1769 VERMENTINO 2011 ☺
Blanc | 2014 à 2016 | 10,20 € **15/20**
Vivant, nerveux, plein de fruit, parfait à l'apéro.

CORSE COLLECTION 2011
Rosé | 2013 à 2014 | 11,90 € **14/20**
Robe très pâle, petite note citronnée au nez fort apéritive, délicat, très fruité, très souple, facile à boire.

VIN DE PAYS DE L' ILE DE BEAUTÉ 1769 2011
Blanc | 2012 à 2014 | 11,90 € **14,5/20**
Cuvée de bianco gentile, beaucoup de finesse aromatique, dans une dominante d'agrumes, un peu rond en fin de bouche.

La sélection Bettane et Desseauve pour le Jura

Le vignoble du Jura

Les vins de niche du Jura, consommés avec une touchante fidélité sur place mais méconnus ailleurs, se réveillent et commencent à rêver de devenir universels. Ils ont de solides raisons, dotés qu'ils sont d'une forte et originale personnalité et parce qu'une nouvelle génération en modernise intelligemment le type. Les blancs secs de chardonnay du sud du vignoble ont donné le ton, mais les rouges suivent, et l'avenir est à eux !

VIGNOBLES DU JURA

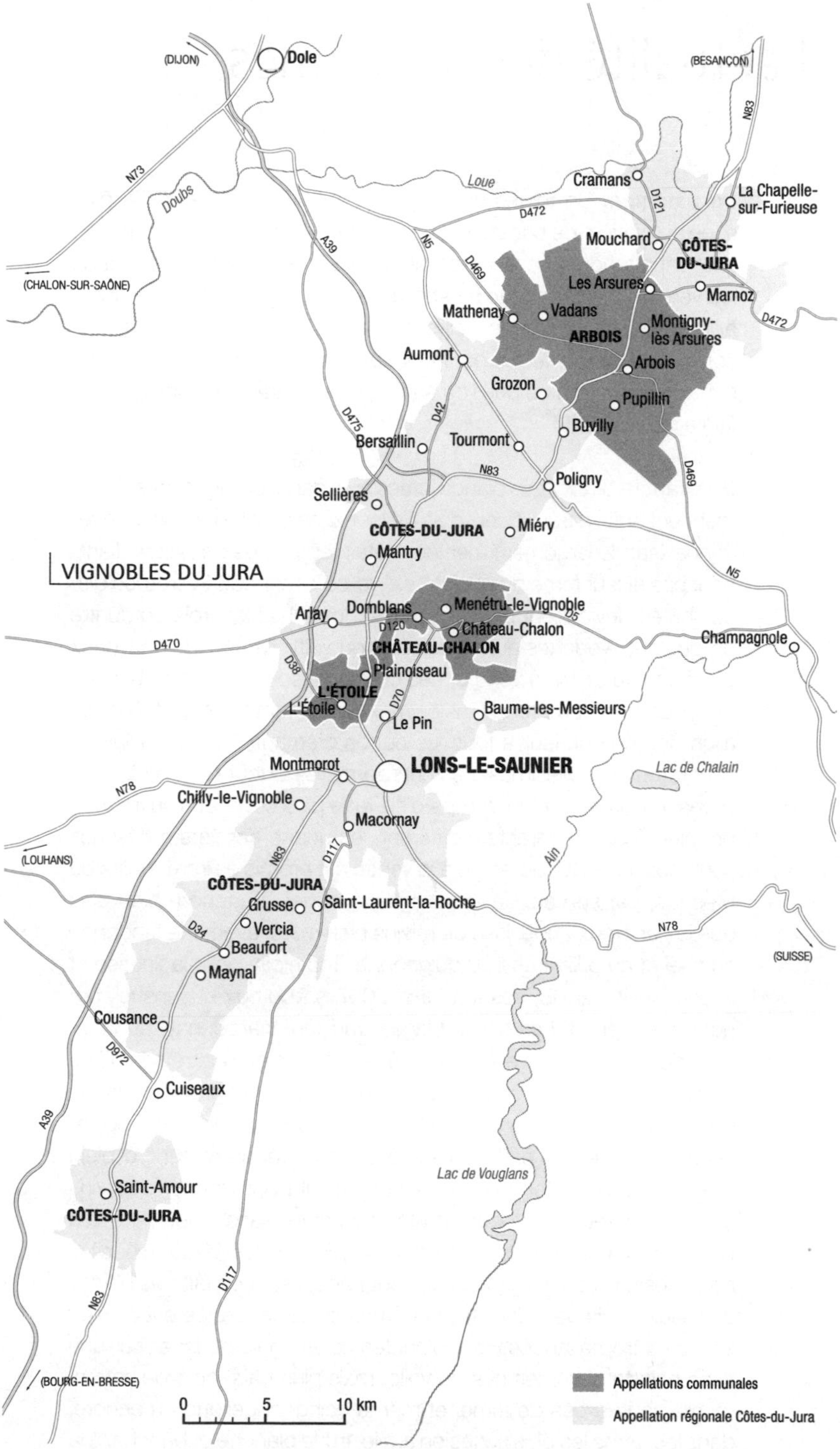

L'actualité des millésimes

La patience. De toutes nos régions vinicoles, le Jura est la plus sage en matière de commercialisation des millésimes, qui sait le plus souvent attendre que les vins soient prêts à la dégustation avant de les vendre. Il est vrai que sa spécialité la plus célèbre, le vin jaune, exige plus de six ans de vieillissement minimum avant de pouvoir sortir de la propriété, ce qui freine les ardeurs et donne au temps son vrai sens. Et à ce que l'on sache, les viticulteurs ne sont pas en faillite pour autant !

En avant le blanc. Les blancs jurassiens, dans tous les types, commencent enfin à trouver, au-delà de leur zone de production, une reconnaissance largement méritée. Il était temps ! Leurs prix ne flambent pas et leur force de caractère… force le respect. Seules les disponibilités deviennent plus limitées, surtout chez les trois ou quatre producteurs vedettes qui n'acceptent que difficilement de nouveaux clients, faute de vin à vendre. Les crémants sont largement bus sur place, et on le comprend tant les meilleurs offrent finesse et légèreté à un degré supérieur à tous les autres crémants connus. Mais ils sont rarement millésimés. Les chardonnays partent en premier des caves, car ils exigent un temps d'élevage plus court et s'ouvrent en premier. Tous de caractère différent, les quatre derniers millésimes sont réussis. 2010, qui arrive à la vente, est promis à l'immortalité ou presque, par son acidité et sa vigueur, et devra attendre bien plus que le généreux 2009, issu de raisins bien mûrs, avec une tendance au miel et au grillé très bourguignonne. Toutefois, pour la finesse et la complexité, 2008, très tendu, et 2007, savoureux et sensuel, ont notre préférence. Les assemblages tradition/chardonnay, au léger goût de « jaune », se vendent en général à trois ou quatre ans d'âge et c'est le 2007 qui séduit le plus. Pour notre plus grand bonheur, de plus en plus de vignerons vinifient des savagnins purs – appelés naturés - et les ouillent (c'est-à-dire font régulièrement le plein des barriques en fonction de l'évaporation) pour donner des vins secs magistraux, d'une originalité étonnante, sans doute les plus beaux de tous. Si vous trouvez des 2005 ou des 2006, n'hésitez pas ! Reste le cas des jaunes qui, pour nous, sont en fait des blancs spéciaux, mais des blancs quand même ! La tendance est d'éviter les notes trop avancées rappelant les xérès, mais de jouer sur une riche palette d'arômes nés du voile, mais plus frais, de type safran, morille sans excès de fumé, et même coing, angélique ou encore, dans les terres les plus riches en argile, truffe blanche et brioche, à la bourguignonne. Le millésime 2003 n'a pas souffert de la canicule et reste magistral. Le 2004, plus nerveux, intense, et certainement de grande garde, offre une réelle complexité avec beaucoup de finesse. Quant au 2005 il s'annonce dentelé plus que puissant, charmeur, mais aussi ample et de grand équilibre.

Rouges sur blancs. Pendant longtemps, les rouges jurassiens étaient la punition inévitable pour avoir accès aux grands blancs, les maladresses de vinification et d'élevage passant pour l'expression normale de terroirs et de cépages ingrats ! Depuis dix ans, les choses changent et une nouvelle génération de vignerons, y compris les plus radicalement bios, retrouvent la voie du fruit pur et non évolué du raisin, ce qui nous donne des poulsards délicieusement acidulés, frais, digestes, à la façon des grands beaujolais de naguère, et des trousseaux plus fermes, eux aussi sans évolution oxydative ou foxée, comme un croisement entre pinot noir et cabernet franc de qualité. Reste le cas des pinots noirs, rarement séduisants en cépage pur, mais plus réussis en assemblage avec les trousseaux.

LE BONHEUR TOUT DE SUITE

Domaine Berthet-Bondet
Côtes du Jura chardonnay, blanc 2010

Domaine Labet
Côtes du Jura Fleurs, blanc 2010

Domaine Frédéric Lornet
Arbois chardonnay, blanc 2010

Domaine Peggy et Jean-Pascal Buronfosse
Côtes du Jura Les Ammonites, blanc 2009

Domaine Frédéric Lornet
Arbois poulsard, rouge 2011

Philippe Vandelle
Crémant du Jura Blanc, brut non millésimé

MEILLEURS VINS À MOINS DE 7 €

Philippe Vandelle
L'Étoile chardonnay Tradition, blanc 2009

Philippe Vandelle
Crémant du Jura Blanc, brut non millésimé

MEILLEURS ROUGES

Domaine Ganevat
Côtes du Jura trousseau Plein Sud, rouge 2011

Domaine Frédéric Lornet
Arbois Signée Roger, rouge 2011

Domaine Jacques Puffeney
Arbois trousseau, rouge 2010

MEILLEURS VINS DE PAILLE

Domaine Jacques Puffeney
Arbois Vin de Paille, blanc moelleux 2008

Domaine de Montbourgeau
L'Étoile Vin de Paille, blanc moelleux 2007

MEILLEURS BLANCS SECS

Domaine Ganevat
Côtes du Jura chardonnay Chalasse "Vieilles Vignes 1902", blanc 2010

Domaine André et Mireille Tissot - Stéphane Tissot
Arbois chardonnay La Mailloche, blanc 2009

Domaine Macle
Côtes du Jura, blanc 2008

Domaine Labet
Côtes du Jura chardonnay Les Varrons, blanc 2008

Pierre Overnoy
Arbois Pupillin savagnin, blanc 2000

MEILLEURS VINS JAUNES

Domaine Macle
Château-Chalon, blanc 2004

Domaine André et Mireille Tissot - Stéphane Tissot
Arbois Vin Jaune La Vasée, blanc 2005

Domaine Jacques Puffeney
Arbois Vin Jaune, blanc 2005

Domaine Berthet-Bondet
Château-Chalon, blanc 2005

Domaine Pignier
Côtes du Jura Vin Jaune, blanc 2005

Domaine Labet
Côtes du Jura Vin Jaune, blanc 2005

PRIX DES LECTEURS

EN PARTENARIAT AVEC LES HÔTELS MERCURE

Caves de la Reine Jeanne
Crémant du Jura, blanc brut, non millésimé

Domaine Rijckaert – Jura
Arbois chardonnay En Paradis, blanc 2009

CHÂTEAU D'ARLAY

2, route de Proby • 39140 Arlay
Tél. 03 84 85 04 22 • Fax : 03 84 85 04 22
chateau@arlay.com • www.arlay.com
Visite : Du lundi au samedi de 9h à 12h et de 14h à 18h. Le dimanche sur rendez-vous.

Ancien couvent classé monument historique, le château d'Arlay est d'abord un site touristique renommé. Ses vins ensuite ne déméritent pas ; la gamme resserrée autour de sept vins, produite sur 30 hectares, est homogène, dans un style classique de bon niveau. Privilégiant les élevages longs, Alain de Laguiche, le propriétaire, a l'excellente idée de proposer à la vente entre trois et six millésimes pour chacun de ses vins. Une aubaine d'autant qu'ils vieillissent admirablement bien.

Côtes du Jura 2007
Rouge | 2012 à 2015 | 11 € **14/20**
Ce pinot noir passé en foudres affiche une petite évolution, des notes d'épices et une bonne finesse.

Côtes du Jura Vin de Paille 2007
Blanc Liquoreux | 2012 à 2027 | 31 € les 37,5 cl **14,5/20**
Un paille aux notes de graphite au nez, avec une bouche tendue et de bon confort, un fruit long et savoureux malgré une présence du bois encore perceptible qui assèche légèrement.

DOMAINE BERTHET-BONDET

Rue de la Tour • 39210 Château-Chalon
Tél. 03 84 44 60 48 • Fax : 03 84 44 61 13
berthet-bondet@orange.fr • www.berthet-bondet.net
Visite : Sur rendez-vous.

L'ancien édile de Château-Chalon vaque désormais à plein temps à son labeur de vigneron, juché sur son éperon rocheux à 450 mètres d'altitude. De là, tout le village se découvre en contrebas. Mais le paysage n'a pas le monopole de l'émerveillement : les caves voûtées du domaine où s'alignent les vieilles barriques, peu profondes et bien ventilées, construites sur la roche et ainsi pas trop humides, garantissent la conservation optimale du vin et favorisent la formation du voile.

Château-Chalon 2005
Blanc | 2012 à 2030 | 31,20 € les 62 cl **15,5/20**
Voici une interprétation fine et délicate du château-chalon : iodé voire fumé, de grande pureté, ce jaune de fine allonge offre un profil aromatique plus varié que le simple accent curry. À la fois nerveux et gras, il passera sans problème à table sur une poularde.

Côtes du Jura chardonnay 2010
Blanc | 2012 à 2018 | 9 € **15,5/20**
De petits notes grillées pour le relief, un beau jus tendre et sapide pour la soif, voici un bien joli vin, coulant et tonique, finissant agréablement sur une pointe minérale.

Côtes du Jura savagnin 2007
Blanc | 2012 à 2022 | 16,70 € **15/20**
Trois ans de voile et voici un vin délicat, au typé noisette, sur une fine amertume, qui ne joue pas de l'oxydation avec force mais opte pour la pureté. Ce millésime est épuisé au domaine, le 2008 suit.

DOMAINE DE LA BORDE

Chemin des Vignes • 39600 Pupillin
Tél. 03 84 66 25 61
julien.mareschal@free.fr • www.domaine-de-la-borde.fr
Visite : De 8h à 19h.

Après un diplôme d'œnologue, le jeune Julien Mareschal s'est installé à Pupillin en 2003 où il cultive 5 hectares de vignes. Quelques essais sont conduits en biodynamie. Nous n'avons pu déguster toutes les cuvées, notamment le ploussard vinifié en blanc (Vénéon) et le savagnin passerillé sur souche (Gelées-de-Novembre). Notre préférence est allée au savagnin ouillé. Il faudra revoir ces vins l'année prochaine.

Arbois chardonnay Caillot 2010
Blanc | 2012 à 2015 | 7,80 € **13,5/20**
Rond, avec une sensation de légers sucres, voilà un blanc assez consensuel. Élevé deux ans sur lies.

Arbois savagnin Foudre à Canon 2010
Blanc | 2012 à 2016 | 9 € **14/20**
Ouillé pendant 18 mois, ce savagnin a gardé un esprit tonique et enjoué. Droit, simple et de bonne facture.

DOMAINE PEGGY ET JEAN-PASCAL BURONFOSSE

La Combe • 39190 Rotalier
Tél. 03 84 25 05 09 • Fax : 03 84 25 05 09
buronfossepjp@orange.fr
Visite : Sur rendez-vous.

À peine 4 hectares, des installations modestes et une renommée déjà bien établie en seulement une décennie. Jean-Pascal et Peggy Buronfosse sont arrivés de la région Rhône-Alpes en 2000 et ont démarré avec 70 ares. C'est en vinifiant qu'ils sont devenus vigne-

rons... Et en s'inspirant de leurs voisins aussi, de bons conseils, notamment Julien Labet. Tous les vins n'ont pu être dégustés, faute de disponibilité. Il faut donc se manifester très rapidement et réserver !

CÔTES DU JURA CHARDONNAY LE PRÉ DU BIEF 2010
Blanc | 2012 à 2020 | 7 € **14,5/20**
Chardonnay ouillé neuf mois, fin, droit, croquant, sur les fruits jaunes. De la rondeur et du charme.

CÔTES DU JURA CHARDONNAY MARCUS 2010
Blanc | 2012 à 2020 | 7 € **15/20**
Plus large que le Pré-du-Bief, en même temps ciselé, avec des notes citronnées, c'est un joli chardonay, fin et salivant.

CÔTES DU JURA LES AMMONITES 2009 ☺
Blanc | 2012 à 2019 | 9 € **15/20**
Un caractère minéral indéniable, alliant vivacité et maturité. Vin charnu, gras, élancé, jolie facture.

CHÂTEAU DE CHAVANES

4, rue Saint-Laurent - B.P. 19
39600 Montigny-les-Arsures
Tél. 03 84 37 47 95
f.dechavanes@chateau-de-chavanes.com
www.chateau-de-chavanes.com
Visite : Sur rendez-vous.

Magnifique château situé à Montigny-les-Arsures, Chavanes a ressuscité son vignoble, laissé en friches, pour ne cultiver qu'à peine 5 hectares. François de Chavanes s'y emploie avec soin, ayant opté pour la biodynamie. Les résultats sont inégaux mais le souci de bien faire, lié aux moyens mis en œuvre, devrait porter ses fruits d'ici quelques temps.

ARBOIS SAVAGNIN 2009
Blanc | 2012 à 2020 | cav. 17 € **15/20**
Une matière très mûre laisse apparaître un fruit gourmand et rond. La bouche ample offre un joli relief, avec un accent muscaté. L'ensemble est charnu, relevé, de bonne allonge, gracieux.

CRÉMANT DU JURA NM
Blanc Brut eff. | 2012 à 2014 | cav. 14 € **14,5/20**
Assemblage de pinot et de chardonnay, ce crémant montre un profil vineux, teinté d'une bonne tension. Long et épicé, c'est un vin de gastronome.

DOMAINE DANIEL DUGOIS

4, rue de la Mirode • 39600 Les Arsures
Tél. 03 84 66 03 41 • Fax : 03 84 37 44 59
daniel.dugois@wanadoo.fr • www.vins-danieldugois.com
Visite : Du lundi au samedi de 9h30 à 12h et de 14h à 18h30. Le dimanche sur rendez-vous.

C'est désormais Philippe, le fils, qui gère la destinée du domaine. Formé en Bourgogne, il assure la conduite des 10 hectares de vignes plantés sur Arbois exclusivement, dont un tiers de trousseaux. Une quatrième cuvée de ce cépage a d'ailleurs vu le jour pour le millésime 2011, avec un élevage raccourci à douze mois. L'ensemble est cohérent et sérieux, avec des matières aimables et abouties.

ARBOIS CHARDONNAY MOUCHET 2009 ☺
Blanc | 2012 à 2015 | 9,50 € **14,5/20**
Sur des calcaires du Kimméridgien, ce chardonnay gras et gourmand semble se plaire à merveille : fruité, avec une pointe saline et de la fraîcheur, il offre un plaisir immédiat.

ARBOIS TROUSSEAU 2010
Rouge | 2012 à 2014 | 7,20 € **14/20**
Un bon fruit tendre, simple et juteux. Un vin joyeux pour prolonger l'été ou attaquer la nouvelle saison.

CRÉMANT DU JURA NM
Blanc Brut eff. | 2012 à 2014 | 7 € **15/20**
Avec trois quarts de chardonnay, ce crémant de bonne fraîcheur, non dosé, joue la carte du tonus. Désaltérant, élégant, voilà un vin qui passera sans efforts.

DOMAINE GANEVAT

La Combe • 39190 Rotalier
Tél. 03 84 25 02 69 • Fax : 03 84 25 02 69
Visite : Sur rendez-vous.

Jean-François Ganevat, dit «Fanfan», cultive une allure décontractée et l'air-de-ne-pas-y-toucher. Passé par le sillage de Chassagne-Montrachet, il ne cache pas une parenté, de style tout du moins, avec les grands chardonnays de Bourgogne. Le vignoble de 8,5 hectares et ses 25 cépages donnent lieu à des sélections parcellaires converties en autant de vins qu'il faut. Depuis 2005, Jean-François Ganevat travaille selon les principes de la biodynamie, avec levures indigènes, pas de sulfitage et des élevages sur lies pendant deux ans minimum. Le résultat est purement éblouissant. Tous les vins ont été dégustés sur fût au domaine, faute de disponibilité immédiate. Les prix au domaine, toutes cuvées confondues, ne dépassent pas vingt euros.

CÔTES DU JURA CHAMP BERNARD 2010
Blanc | 2012 à 2020 | NC **17/20**
Très rare savagnin vert, planté sur schistes. Menthol et réglisse dominent, dans une bouche ciselée très pure, précise. Les dentelles d'une cathédrale gothique.

CÔTES DU JURA CHARDONNAY
CHALASSE «VIEILLES VIGNES 1902» 2010
Blanc | 2012 à 2030 | NC **17,5/20**
Serait-ce le privilège de l'âge ? Ces vignes de 1902 donnent une densité incroyable à ce vin, à l'équilibre parfait. À la fois salin et porté par un volume de bouche monumental, il épuise les superlatifs.

CÔTES DU JURA CUVÉE MARGUERITE 2010
Blanc | 2012 à 2020 | NC **17/20**
Le melon à queue rouge, une variété de chardonnay, donne ici une salinité exceptionnelle, portée par des vignes plus que centenaires. De grande allonge et d'une profondeur éblouissante. Volumes très réduits.

CÔTES DU JURA TROUSSEAU PLEIN SUD 2011
Rouge | 2012 à 2021 | NC **17/20**
Étonnant trousseau, issu de vignes d'une dizaine d'années plantées en franc de pied. Épicé, tendre, fin, soyeux et savoureux, c'est une gourmandise à l'état pur.

DOMAINE GENELETTI PÈRE ET FILS

Rue Saint-Jean • 39210 Château-Chalon
Tél. 03 84 44 95 06
contact@domaine-geneletti.net
www.domaine-geneletti.net
Visite : De 10h à 12h et de 14h à 19h. En été, de 10h à 19h.

David Geneletti a mis un pied à l'Étoile (avec dix hectares), le deuxième il y a dix ans à Château-Chalon (1,80 hectare). Un grand écart qui demande parfois quelque souplesse pour se revendiquer du cru castel-chalonnais. Mais qu'importe, David aspire aujourd'hui à la tranquillité et poursuit ses gammes avec constance. On se tournera de préférence vers ses vins non ouillés, dont un bel assemblage de chardonnay et savagnin en vignes complantées.

ARBOIS 2009
Rouge | 2012 à 2013 | 9 € **14,5/20**
Les 30 ares achetés en 2004 sur Arbois donnent lieu à cette bien plaisante cuvée, friande et croquante. Un vin rond et facile, à l'allonge fraîche, pour le partage dans la simplicité.

CÔTES DU JURA POULSARD BLANC 2010
Blanc | 2012 à 2015 | 7,80 € **15/20**
Un poulsard vinifié en blanc, voilà de quoi surprendre. Rond, sur la groseille, très agréable, c'est un vin avenant et gourmand.

CRÉMANT DU JURA PRESTIGE NM
Blanc Brut eff. | 2012 à 2013 | 8,20 € **15/20**
Issu de savagnins de la récolte 2009, non dosé, cet effervescent au style vineux et rond exprime des notes de poire chaude. Finale rafraîchissante.

DIDIER GRAPPE

81, route de Revermont • 39230 Saint-Lothain
Tél. 03 84 37 19 21
didier.grappe@orange.fr • www.vindujura.com
Visite : De 10h à 19h.

Didier Grappe a un nom prédestiné, cela arrive. La quarantaine, il a créé son domaine en 2001 et s'est installé dans une ancienne fromagerie à Saint-Lothain. Un certain atavisme l'y a sans doute conduit, sa mère présidant deux clubs de dégustation, son père étant un ancien restaurateur de Poligny. Désireux de tout faire seul, ce végétarien convaincu s'est cantonné à quatre hectares de vignes, certifiées en agriculture biologique depuis 2010. La gamme - en appellation Côtes du Jura - est modeste mais de bonne facture, avec des sélections massales sur tous les plants. Le premier vin jaune (millésime 2005) est arrivé au printemps.

CÔTES DU JURA CHARDONNAY 2010
Blanc | 2012 à 2016 | 7 € **14/20**
Fin, frais, légèrement fumé, ce chardonnay affiche une belle minéralité. Tension de bon aloi.

CÔTES DU JURA LES INSOUCIANTES 2010
Rouge | 2012 à 2016 | 7 € **15/20**
Poulsard, trousseau et pinot noir se fondent dans cette cuvée fine et tendue, au caractère minéral délicat.

CÔTES DU JURA SAVAGNIN 2007
Blanc | 2012 à 2017 | 12 € **14,5/20**
Tendre, élégant, c'est un joli savagnin typé, avec une note beurrée. Sans être démonstratif ni très complexe, il présente une bonne entrée en matière.

HENRI MAIRE

Château Boichailles • 39600 Arbois
Tél. 03 84 66 12 34 • Fax : 03 84 66 42 42
info@henri-maire.fr • www.henri-maire.fr
Visite : D'octobre à avril, du lundi au vendredi de 9h à 12h et de 14h à 17h. De mai à septembre, du lundi au vendredi de 9h à 19h.

Depuis la disparition d'Henri Maire en 2003, la famille a mis en place un directoire présidé depuis début 2009 par Bernard Langlois, pour préparer la maison aux enjeux du XXIe siècle : diminution progressive des achats pour se concentrer sur les trois-cents hectares de vignes propres au domaine, et spécialisation de chacun des cinq centres de production sur un type de vin particulier. Il y a encore trop de cuvées où le terroir ne semble pas s'exprimer.

ARBOIS VIN DE PAILLE LA VIGNIÈRE 2008
Blanc Brut eff. | 2012 à 2016 | NC **13/20**
Nez d'oranges amères, bouche légèrement collante, manquant de finesse mais ensemble correct.

DOMAINE LABET

Place du Village • 39190 Rotalier
Tél. 03 84 25 11 13 • Fax : 03 84 25 06 75
domaine.labet@wanadoo.fr
Visite : Sur rendez-vous.

Josie la maman, Alain le père, Charline la fille et Romain et Julien les fils sont tous partie prenante du domaine familial. Avec 9 hectares en 1974, très orienté blancs, le vignoble n'a pas bougé en surface mais s'est peu à peu tourné vers une culture plus exempte de produits de synthèse. Cela sous l'impulsion de Julien, totalement partisan de la cause bio et installé sur ses propres vignes en 2003. À la fin de l'année 2012, les deux entités ne feront plus qu'une et ne subsistera qu'un seul domaine Labet. Les vins dégustés participent cette année encore des grandes cuvées du Jura avec pour les blancs notamment cette pureté cristalline qui leur donne tout leur éclat.

CÔTES DU JURA CHARDONNAY LES VARRONS 2008
Blanc | 2012 à 2020 | cav. 17 € **16,5/20**
Nez de coing, confit. Superbe tension minérale, de grande noblesse, avec une sensation d'eau de roche extra. Les vignes de 70 ans apportent la densité et la puissance idéales et un fumé en cœur de bouche très noble.

CÔTES DU JURA FLEUR DE CHARDONNAY 2010
Blanc | 2012 à 2017 | cav. 13 € **16/20**
Issu d'une seule parcelle de haut de coteau, ce chardonnay offre du grain et du relief, gainé d'un grand élan salin. Bel éclat minéral et matière cristalline, le tout non sans volume.

CÔTES DU JURA FLEURS 2010
Blanc | 2012 à 2016 | cav. 11,80 € **15,5/20**
Un jus dense et profond, beaucoup de charme et de pureté pour ce chardonnay issu de différentes parcelles de «jeunes» vignes d'une quarantaine d'années. L'élevage de dix-huit mois en fûts ne laisse rien paraître et l'amande, la pêche blanche se lient dans une excellente tension finale. Belle réussite.

CÔTES DU JURA VIN JAUNE 2005
Blanc | 2012 à 2022 | cav. 38 € les 62 cl **15,5/20**
La tourbe s'exprime encore une fois, avec du gras et un joli toucher de bouche, tendre, dans un style moins puissant qu'un château-chalon et peut-être moins complexe.

DOMAINE JULIEN LABET

Place du Village • 39190 Rotalier
Tél. 03 84 25 18 39 • Fax : 03 84 25 06 75
domaine.labet@wanadoo.fr
Visite : Sur rendez-vous.

Julien Labet a fait sécession en 2003 avec trois hectares, tout en gardant un œil (et une main) sur le domaine paternel. Ce jeune vigneron est une tête chercheuse qui trouve dans des vinifications parfois anti-conformistes de bien jolies matières. Souvent sur le fil en terme de sulfitage, il faut découvrir ses cuvées après un temps de repos, apaisées. La grande majorité des vins sont ouillés. À suivre dès l'année prochaine pour la réunification des deux domaines.

CÔTES DU JURA CHARDONNAY LA REINE 2010
Blanc | 2012 à 2025 | cav. 18 € **16/20**
Une cuvée parcellaire sur la roche, offrant une grande puissance et une fabuleuse tension saline. Un vin mordant, cristallin, qui sent le calcaire à pleines dents !

CÔTES DU JURA FLEUR DE SAVAGNIN EN CHALASSE 2010
Blanc | 2012 à 2020 | cav. 16,40 € **15,5/20**
Bel éclat, trame saline, léger confit dans l'arôme, avec des accents de fruits jaunes bien mûrs et de compotée de poire chaude. Gras et ample, un savagnin de confort bien avenant. Volumes limités.

CÔTES DU JURA POULSARD EN BILLAT 2011
Rouge | 2012 à 2021 | cav. 16 € **15,5/20**
Les vignes centenaires sur argiles et schistes procurent profondeur et fruité à ce joli vin aux arômes de cerise noire. Finale minérale.

DOMAINE LIGIER PÈRE ET FILS

56, rue de Pupillin • 39600 Arbois
Tél. 03 84 66 28 06 • Fax : 03 84 66 24 38
gaec.ligier@wanadoo.fr • www.domaine-ligier.com
Visite : Du lundi au samedi de 10h à 18h30.

Installé à Arbois, ce domaine familial offre une gamme cohérente, notamment sur les blancs que nous avons préférés. Un domaine à suivre.

Arbois chardonnay Vieilles Vignes 2010

Blanc | 2012 à 2015 | 10,50 € **14/20**

Joli chardonnay, fin, fruité, coulant. De bon équilibre, harmonieux.

Côtes du Jura savagnin Les Chassagnes 2008

Blanc | 2012 à 2016 | 14 € **14,5/20**

Savagnin non ouillé de bon confort, fin, élancé, avec un accent beurré. Corps svelte.

DOMAINE FRÉDÉRIC LORNET

L'Abbaye • 39600 Montigny-les-Arsures
Tél. 03 84 37 45 10 • Fax : 03 84 37 40 17
frederic.lornet@orange.fr
Visite : Du lundi au vendredi de 8h à 12h et de 14h à 18h. Le week-end sur rendez-vous.

Cette ancienne abbaye du secteur de Montigny-les-Arsures, «fille» d'une abbaye cistercienne du Haut-Doubs, abrite aujourd'hui les caves de Frédéric Lornet. Ce grand blond très avenant revendique un travail à l'alsacienne, précis, et une orientation vers les vins ouillés qu'il a entreprise dès le début des années 1980. Ne pas confondre oxydation et terroir est son leitmotiv ; son travail en foudres lui permet de maîtriser la protection de ses vins. Le vignoble de 18 hectares compte plus de 2 hectares de trousseau, dont Frédéric s'est fait une spécialité, ainsi que des blancs de grande pureté.

Arbois chardonnay 2010

Blanc | 2012 à 2015 | 8,50 € **15/20**

Sur marnes grises, ce blanc pimpant et bien expressif sur sa jeunesse déploie ses fruits jaunes sous un accent exotique, et de légères épices qui lui procurent un caractère frais et joyeux. Jolie finale abricotée.

Arbois poulsard 2011

Rouge | 2012 à 2014 | 8,50 € **15/20**

Dégusté sur foudres en mars, ce rouge léger à la robe tirant sur le rose offre une chair tendre et des épices douces, sur la groseille, la fraise et le bonbon. Aimable et friand, c'est un joyeux panier de fruits rouges à croquer sans attendre.

Arbois Signée Roger 2011

Rouge | 2012 à 2022 | 15 € **16/20**

C'est «la» grande cuvée de trousseau de Frédéric Lornet, produite seulement dans les meilleurs millésimes et dédiée à son père. Musclé, profond, ce rouge de vignes âgées (60 ans) offre un petit supplément d'âme, du grain et de l'étoffe.

Arbois Vin Jaune 2005

Blanc | 2012 à 2025 | 28 € les 62 cl **15/20**

Plus complet que le 2004, ce jaune-là est aussi plus large et étoffé que son prédécesseur. C'est un vin de belle finesse, légèrement tourbé, ample et sphérique, tiré par une finale saline.

DOMAINE MACLE

Rue de la Roche • 39210 Château-Chalon
Tél. 03 84 85 21 85 • Fax : 03 84 85 27 38
maclel@wanadoo.fr
Visite : Sur rendez-vous.

La constance est sans doute le mot qui caractérise le mieux le domaine, en plus de son excellence. Depuis plus de vingt ans qu'il a succédé à son père Jean, Laurent Macle, épaulé de son épouse Béatrice et de sa sœur Christelle, est parvenu année après année à produire de merveilleux côtes-du-jura et château-chalons qu'il veille à ne commercialiser qu'au moment opportun, soit en ce moment les 2008 pour les premiers, le 2004 pour le vin jaune. Ses 11 hectares (dont huit de chardonnay et trois de savagnin) ne servent la cause que de l'oxydation ménagée, dans la plus pure tradition jurassienne. Mais ici, le «typé» est remarquable, dans des tonalités aromatiques plus graphites et fumées que curry, et des matières toujours très complexes, salines sur les finales.

Château-Chalon 2004

Blanc | 2012 à 2030 | 37 € les 62 cl **17,5/20**

Toute la délicatesse du millésime est enfermée dans ce flacon inouï. Des notes de graphite et de fumé ouvrent sur une matière à la fois riche et racée, dans un profil puissant et en même temps très cristallin. Un vin de grande noblesse qui n'en est qu'à ses débuts. Il entrera dans l'histoire.

Côtes du Jura 2008

Blanc | 2012 à 2020 | 12 € **16,5/20**

Assemblage de chardonnay (80 %) et de savagnin, ce blanc d'un bel or profond et éclatant réjouit l'œil autant que le palais. Puissant, gras et onctueux, gainé dans une grande finesse, il offre un corps complet et musclé, égayé d'une note fumée et d'une superbe finale saline. Les savagnins sur marnes de Château-Chalon font merveille.

Macvin du Jura NM

Blanc liquoreux | 2012 à 2030 | 18,50 € **16,5/20**

Avec deux tiers de chardonnays récoltés le dernier jour des vendanges 2007 et un tiers de marc de l'année 2002 conservé en fûts, ce macvin joue dans la cour de l'excellence. Conservé quatre ans avant sa commercialisation, il livre aujourd'hui de superbes notes d'amande, de raisins de Corinthe et de fruits confits, dans une grande variété d'expression.

DOMAINE DE MONTBOURGEAU

53, rue de Montbourgeau • 39570 L'Étoile
Tél. 03 84 47 32 96 • Fax : 03 84 24 41 44
domaine.montbourgeau@wanadoo.fr
www.montbourgeau.com
Visite : Sur rendez-vous.

Nicole Deriaux a un faible pour le chardonnay, typé de préférence, qui représente près de 70 % de son vignoble (9 hectares au total sur l'appellation Étoile). Sa famille occupe les lieux depuis 1920 et la voilà depuis vingt-cinq ans pratiquement seule aux commandes. Appliquée et soucieuse de bien faire, elle agit posément, privilégiant des élevages longs, débutés en foudres et prolongés en pièces ou en demi-muids. Ses blancs bénéficient ainsi d'une fine oxydation ménagée.

L'Étoile En Banode 2008

Blanc | 2012 à 2016 | 10,50 € **15/20**

Complantation de chardonnay et savagnin sur la parcelle éponyme, cette cuvée pimpante et fraîche joue plus de minéralité et de délicatesse que de la puissance oxydative. Non dénuée de relief, elle s'appuie sur des notes d'amande et une finale iodée.

L'Étoile Vin de Paille 2007

Blanc liquoreux | 2012 à 2027 | 22 € les 37,5 cl **15,5/20**

Nez de graphite qui ouvre sur une bouche charmeuse de prune compotée et de clou de girofle. Grande liqueur, finesse tangible, étirées par une finale iodée. Très bel équilibre d'ensemble.

L'Étoile Vin Jaune 2005

Blanc | 2012 à 2030 | 28 € les 62 cl **15/20**

Un jaune équilibré, à la fois nerveux et ample, avec une note de graphite doublée d'épices. Finale longiligne étirant l'ensemble.

DOMAINE DE L'OCTAVIN

1, rue de la Faïencerie • 39600 Arbois
Tél. 03 84 66 27 39
contact@octavin.fr • www.octavin.fr
Visite : Sur rendez-vous.

Alice Bouvot et Charles Dagand se sont installés sur Arbois en 2005. Converti en biodynamie dès 2007, le vignoble de 5 hectares se situe tout autour de la commune. Empirique et guidé par son instinct, le couple s'applique à mener ses raisins avec le plus de retenue possible, à privilégier le ressenti et l'émotion. Un travail en douceur, sans pompes ni mécanisation, qui donne de belles matières, certes fragiles. Les vins portent tous les noms des personnages d'opéras de Mozart, Alice cultivant la fibre violoncelliste en plus de celle de l'œnologie. Les blancs doivent encore gagner en précision, les rouges sont à redécouvrir après un peu de bouteille.

Arbois Dorabella 2010

Rouge | 2012 à 2014 | 9,50 € **14,5/20**

Étonnant poulsard de vignes cinquantenaires ! Une robe rappelant le clairet, d'un rouge framboise profond, et en bouche des saveurs de groseille et des notes épicées. Là aussi un peu de gaz et un brin d'amertume en finale. Vin épuisé au domaine.

Arbois P'tit Poussot 2010

Blanc | 2012 à 2014 | 8 € **14/20**

Une autre version du chardonnay, plus exotique, vive et plus tendue. Avec une volonté revendiquée de laisser un peu de perlant, lui conférant une fraîcheur citronnée. Vin épuisé au domaine.

PIERRE OVERNOY

Rue Abbé-Guichard • 39600 Pupillin
Tél. 03 84 66 24 27 • Fax : 03 84 66 24 27
emmanuel.houillon@wanadoo.fr
Visite : Sur rendez-vous.

La mémoire des lieux brille dans les yeux de Pierre Overnoy. Le domaine «vaut le voyage et le détour» autant pour les vins que pour la figure de ce patriarche sémillant. Emmanuel Houillon, le fils spirituel, travaille avec lui depuis 1989 et a repris les rênes en 2001 ; le vignoble compte aujourd'hui six hectares également répartis entre chardonnay, savagnin et poulsard. La symbiose est totale entre les deux hommes et les vins de grande tenue, issus de longues cuvaisons, sans soufre à la mise en bouteille, ni filtrés ni collés. Des matières cristallines et fragiles mais surveillées à toutes les étapes de la vinification avec un grand soin. Des vins à encaver et laisser reposer.

Arbois chardonnay 2011
Blanc | 2013 à 2020 | 12 € **16/20**
Pressé tout de suite à la vendange, ce vin encore sur son jus est tout à fait aimable, joyeux, avec des notes d'agrumes, nerveux, minéral, très long en bouche.

Arbois Pupillin chardonnay 2010
Blanc | 2012 à 2025 | 14 € **16/20**
Un vin lumineux et cristallin. Avec beaucoup de gras, la matière est sans aspérité, limpide, légèrement fumée, en même temps nerveuse et fondue. Un chardonnay de grand caractère.

Arbois Pupillin savagnin 2000
Blanc | 2012 à 2025 | 38 € les 50 cl **16,5/20**
Ouillé durant neuf ans et demi, mis en bouteille en mars 2010, ce vin est un véritable OVNI. Robe dorée, nez de noisette, bouche fondante, à l'accent cacaoté, limpide, eau de roche. Grande texture suave et oxydation majestueusement contenue. Tout un art !

DOMAINE PIGNIER

11, place Rouget-de l'Isle • 39570 Montaigu
Tél. 03 84 24 24 30 • Fax : 03 84 47 46 00
pignier-vigneron@wanadoo.fr
www.domaine-pignier.com
Visite : Du lundi au samedi de 10h à 12h et de 14h à 19h.

Jean-Étienne Pignier est un homme pressé, empressé plutôt d'expliquer sa vision du vin, les terroirs, la conversion du vignoble en biodynamie en 2002. Parti de 5 hectares en 1984 avec son frère Antoine et sa sœur Marie-Florence, le voilà arrivé à quinze aujourd'hui et calé sur cette surface pour mieux s'en occuper. Les vignes sont situées dans deux reculées : le Val de Vallière (calcaires du Bajossien et marnes argileuses pour le chardonnay, marnes feuilletées pour le savagnin) et le Val de Sorne (marnes du Trias avec les trousseaux). Les vins - dont un quart de rouges - sont pour certains proposés dans une version sans soufre. Tous démarrent leur fermentation avec un pied de cuve sur le principe du levain. Enfin, les cépages «oubliés» refont parler d'eux ici, comme l'enfariné !

Côtes du Jura chardonnay
Cellier des Chartreux 2008
Blanc | 2012 à 2018 | 13 € **14,5/20**
D'allure affable, ample et rond, ce vin élevé trois ans sous voile offre un beau caractère oxydatif, bien tempéré. Sans être très long, il reste agréable.

Côtes du Jura savagnin 2007
Blanc | 2012 à 2027 | 18,50 € **15,5/20**
Joliment étiré, suave et de grand caractère, avec une oxydation douce, une note fumée délicate. De grande finesse, pour une poularde à la crème.

Côtes du Jura trousseau 2010
Rouge | 2012 à 2020 | 14,50 € **15/20**
Une jolie trame fine, abritant un fruit croquant. Ce rouge délicat élevé 12 mois en fûts et demi-muids résume parfaitement l'esprit de la maison : finesse, fruit, pureté.

Côtes du Jura Vin de Paille 2006
Blanc Liquoreux | 2012 à 2025 | 25 € les 37,5 cl **15/20**
Nez de mine de crayon, sur la finesse, introduisant une bouche d'une grande fraîcheur, très variée. Un style suave et longiligne, très réussi.

Côtes du Jura Vin Jaune 2005
Blanc | 2012 à 2035 | 32 € les 62 cl **15,5/20**
Un jaune fin et minéral, aux notes épicées et fumées délicates. Plus dentelé que puissant, terminant sur l'amande, voilà une grande expression de voile.

DOMAINE JACQUES PUFFENEY

11, rue de Saint-Laurent • 39600 Montigny-les-Arsures
Tél. 03 84 66 10 89 • Fax : 03 84 66 08 36
jacques.puffeney@wanadoo.fr
Visite : Sur rendez-vous.

Jacques Puffeney fêtera sa cinquantième vinification pour la récolte 2012. Celui qui a commencé «par de la bricole» avec les douze ares laissés par son père est devenu une icône pour tout le Jura. Une étoile qui brille avec discrétion car rien d'ostentatoire chez cet homme paisible. Depuis 2006, il a réduit la voilure à 5,60 hectares, dont plus de la moitié de rouges ; il y a deux ans, des savagnins francs de pied ont aussi été replantés. Quant aux vins, purs et délicats, longuement élevés en foudres et fûts, ils sont sans aucune oxydation brutale pour les blancs, éclatants de fruits pour les rouges. Les petits volumes (35 000 bouteilles environ, pas de crémant) en font des biens recherchés.

Arbois poulsard 2010
Rouge | 2012 à 2015 | 9 € **15,5/20**
Le poivre blanc, le clou de girofle s'égaient sous une matière de grand éclat, fine et friande. Un charme fou à savourer sur la jeunesse.

Arbois savagnin de voile 2007
Blanc | 2012 à 2020 | 13 € **16/20**
Élevé sous voile durant trois ans mais sans oxydation brutale, ce vin délivre sous une grande pureté de délicats arômes de noix fraîche. Magnifique fraîcheur d'ensemble.

Arbois trousseau 2010
Rouge | 2012 à 2020 | 15 € **16/20**
Exprimant toute la joliesse des fruits frais (cassis, groseille) et des notes poivrées, ce vin d'avenir séduit d'ores et déjà par sa constitution longiligne et racée.

Arbois Vin de Paille 2008
Blanc liquoreux | 2012 à 2025 | 23 € les 37,5 cl **17/20**
Moitié chardonnay, moitié poulsard, sa grande richesse est somptueusement équilibrée par une trame droite d'une finesse extra. Nez de graphite, corps complet de liqueur d'oranges, arômes très variés avec des notes de cerise noire et de pruneau. Superbe complexité et réussite d'ensemble.

Arbois Vin Jaune 2005
Blanc | 2012 à 2030 | 30 € les 62 cl **16/20**
Avec un accent légèrement tourbé, de prune et de fruits secs, on entre ici de plein pied dans la force du vin jaune, son caractère large et épicé.

CAVES DE LA REINE JEANNE

5, rue de Bourgogne • 39600 Arbois
Tél. 03 84 66 08 27 • Fax : 03 84 66 25 08
stephane.tissot.arbois@wanadoo.fr
Visite : Sur rendez-vous.

Stéphane et Bénédicte Tissot gèrent cette maison de négoce basée à Arbois, en vinifiant et élevant des vins issus d'achats de raisin. Les vins sont de bonne qualité avec une facilité de dégustation qui les rend très séduisants jeunes.

Crémant du Jura
Blanc Brut eff. | 2012 à 2014 | NC **14,5/20**
Crémant fruité, vineux en bouche avec une bulle fine. Délicieux et facile à boire.

DOMAINE DE LA RENARDIÈRE

Rue du Chardonnay • 39600 Pupillin
Tél. 03 84 66 25 10 • Fax : 03 84 66 25 70
renardiere@libertysurf.fr
Visite : De 10h à 12h et de 14h à 18h30.

Jean-Michel Petit possède 6 hectares sur Pupillin. Esprit libre, il n'adhère à aucune coterie, pas plus qu'il ne souscrit à la voie biologique, pour des raisons pragmatiques. Il préfère suivre son instinct et proposer des vins à son idée, tout en respectant ses terroirs et s'appliquant à en tirer le meilleur. Nous avons davantage apprécié les blancs que les rouges, l'ensemble est de bon ton mais perfectible.

Arbois Grande Réserve 2009
Rouge | 2012 à 2018 | 9,60 € **14,5/20**
Pinot frais et croquant, sur les fruits rouges et une pointe de zan. Sans être d'une ampleur démesurée, il offre une belle suavité.

Arbois Jurassique 2010
Blanc | 2012 à 2015 | 8 € **14/20**
Chardonnay sur argiles et calcaires, frais et pimpant, juteux, assez savoureux, porté par un élevage mesuré (en fûts et non demi-muids pour cette cuvée).

DOMAINE RIJCKAERT - JURA

Correaux • 71570 Leynes
Tél. 03 85 35 15 09
rijckaert.jean@orange.fr • www.rijckaert.fr
Visite : Sur rendez-vous.

Un pied dans le Jura, l'autre dans le Mâconnais, Régine et Jean Rijckaert avouent un faible bien logique pour le chardonnay et sa vinification classique. Sur les 5 hectares de vignoble, les quelques pieds de savagnin sont eux aussi soumis à la vinification bourguignonne, sans recherche de goût de jaune. Le domaine produit des côtes-du-jura et des arbois de grande race, à conserver quelques années, au moins le temps que le bois se fonde bien.

Arbois chardonnay En Paradis 2009
Blanc | 2012 à 2019 | 12,50 € **14,5/20**
Expression sapide et charmeuse, de grand confort, soutenue par une bonne densité et une pointe saline. Légère surmaturité plutôt agréable.

Côtes du Jura chardonnay Les Sarres 2010
Blanc | 2012 à 2020 | 11,50 € **15,5/20**
Un boisé fin et intelligent séduit au premier nez. En bouche, un jus tendre et de bon gras prend le relais, étoffé, au fruité savoureux. Ensemble complet et complexe, précis, long.

Côtes du Jura savagnin Les Sarres 2009
Blanc | 2012 à 2019 | 14,30 € **15/20**
Savagnin ouillé de pur style, équilibré et claquant. Bouche fine et longiligne, fraîche, épicée. Finale enlevée et sapide.

DOMAINE ROLET PÈRE ET FILS

Route de Dole - B.P. 67 • 39600 Arbois
Tél. 03 84 66 00 05 • Fax : 03 84 37 47 41
rolet@wanadoo.fr • www.rolet-arbois.com
Visite : sur rendez-vous.

C'est l'un des plus vastes domaines du Jura, avec 64 hectares de vignes réparties sur les appellations Arbois, Côtes du Jura et L'Étoile. La famille Rolet le dirige depuis sa création dans les années 1940. Ce sont aujourd'hui les quatre enfants du fondateur Désiré qui se partagent les tâches, dans les vignes, à la cave et au commercial. Les cuvées sont nombreuses, dont presque la moitié en rouge. La gamme est très homogène et régulière, avec d'importantes capacités de garde. Les vins ont une bonne densité avec un jaune archétypal du style arbois, toujours très intense et savoureux.

ARBOIS HARMONIE 2009
Blanc | 2012 à 2016 | 8,50 € **14/20**
Ce chardonnay au nez grillé, rond et charmeur, est d'un style assez puissant, avec une finale enlevée.

ARBOIS TRADITION 2006
Blanc | 2012 à 2016 | 12,50 € **14,5/20**
Matière suave et apaisée pour cet assemblage à parts égales de savagnin et de chardonnay non ouillés. De bon classicisme, au typé franc et crémeux, très agréable.

ARBOIS VIN JAUNE 2005
Blanc | 2012 à 2025 | 27 € **15/20**
Un nez fin et harmonieux, une bouche aux touches d'amande et de noix fraîche : ce jaune joue de délicatesse et de pureté. Matière très coulante, de bon équilibre, suave et sans sécheresse.

CÔTES DU JURA CHARDONNAY 2009
Blanc | 2012 à 2017 | 8,50 € **15/20**
Nez toasté, profond, qui précède une bouche au grain affirmé, nerveuse et de bon relief, encore portée par un boisé un peu perceptible à ce stade. Bon équilibre d'ensemble.

DOMAINE ANDRÉ ET MIREILLE TISSOT – STÉPHANE TISSOT

Quartier Bernard - B.P. 77 • 39600 Montigny-les-Arsures
Tél. 03 84 66 08 27 • Fax : 03 84 66 25 08
stephane.tissot.arbois@wanadoo.fr
www.stephane-tissot.com
Visite : sur rendez-vous.

Véritable «Monsieur 100 000 volts» du Jura, Stéphane Tissot a repris les commandes du domaine familial il y a plus de vingt ans avec une énergie peu commune, et développé l'idée de produire de grands vins hors des seuls vins de voile. Le domaine de 46 hectares a été converti en agriculture biologique en 1999 puis en biodynamie en 2004. Les cuvées parcellaires se multiplient pour donner l'expression la plus juste des terroirs autour d'Arbois mais aussi de Château-Chalon. Depuis 2010, trois vins jaunes d'Arbois de terroirs différents ont rejoint la panoplie. 2011 a vu l'apparition d'un vin jaune magnifique, élevé en barriques de whisky, et d'un macvin à base de pinot noir, tout autant exceptionnel.

ARBOIS CHARDONNAY LA MAILLOCHE 2009
Blanc | 2012 à 2020 | 18,50 € **17/20**
Sur ces marnes argileuses, le chardonnay atteint une profondeur extra. Nez de graphite, grillé, matière riche et saline, de grande ampleur, grain superbe, jus encore marqué par l'élevage mais de grande dimension, gras et persistant.

ARBOIS SAVAGNIN 2008
Blanc | 2012 à 2025 | 18 € **17/20**
Élevé sous voile pendant 30 mois, ce savagnin allie puissance à une délicate suavité. Fin, digeste, étiré, avec une note beurrée, des arômes variés, une longue finale sapide.

ARBOIS SPIRALE PASSERILLÉ NM
Blanc Liquoreux | 2012 à 2020 | 29,50 € les 37,5 cl **17,5/20**
Encore une cuvée hors-norme, répudiée par les homologueurs. Les raisins blancs ne titrent ici que 8°, insuffisant sans doute. Pourtant, c'est un festival de saveurs, raisins de Corinthe, thym, basilic, origan, hydromel. Fin et enjôleur, il séduira les anti-conformistes.

ARBOIS VIN JAUNE LA VASÉE 2005
Blanc | 2012 à 2025 | 41 € les 62 cl **16,5/20**
Beau nez de macvin, bouche pure et cristalline, saline, iodée, avec des notes de girofle et d'épices. Un jaune baroque, de grande allonge, de grande classe. C'est le premier millésime isolé sur ce terroir exposé plein nord.

MACVIN DU JURA PINOT NOIR 2010
Rouge liquoreux | 2012 à 2018 | 22,50 € **17,5/20**
Phénoménal macvin, explosif de fruits noirs, cassis et griotte notamment. Frais et salin, il a su préserver une trame de grand équilibre, où la liqueur s'harmonise à merveille avec de subtils amers de fin de bouche.

DOMAINE DE LA TOURNELLE

5, Petite Place • 39600 Arbois
Tél. 03 84 66 25 76 • Fax : 03 84 66 27 15
domainedelatournelle@wanadoo.fr
www.domainedelatournelle.com
Visite : En janvier et février sur rendez-vous.
En été, du lundi au samedi de 10h à 12h et de 14h30 à 18h30. Le reste de l'année, ouvert les lundi, mardi, jeudi, vendredi et samedi après-midi.

Pascal et Évelyne Clairet cultivent comme un jardin leurs 7,8 hectares sur l'appellation Arbois exclusivement. Les vins sont peu soufrés, sans sucres résiduels et jamais chaptalisés, issus de raisins bien mûrs et éraflés, élevés en fûts ou foudres. Ils ont de l'éclat et une belle suavité qui les rend très digestes. L'été, le caveau se transforme en bistrot au bord de l'eau.

Arbois Fleur de savagnin 2009

Blanc | 2012 à 2015 | 13,50 € **15,5/20**

Le savagnin à son état pur, dénué de tout brouillage oxydatif. Des notes de mangue et d'épices douces accompagnent une matière suave et étirée, la finale légèrement fumée dote l'ensemble d'un réel caractère. Garde promise de cinq ans.

Arbois Les Corvées sous Curon 2009

Blanc | 2012 à 2019 | 12,50 € **15,5/20**

Plus ambitieux que le chardonnay des Gryphées, celui-ci est aussi plus minéral et tendu. Né d'un coteau exposé plein sud, sur éboulis calcaires et marnes du Lias, sa maturité se traduit par une franche onctuosité. Beaucoup de finesse et de tendresse.

Arbois savagnin de Voile 2008

Blanc | 2012 à 2020 | 14,90 € **16/20**

Aucune lourdeur ni trait caricatural ici : tout n'est que finesse, avec un voile bien ajusté, à bonne hauteur, pour ne pas perdre de vue le plaisir du fruit. Avec un tajine de poulet au cumin.

Arbois Vin de Paille 2007

Blanc Liquoreux | 2012 à 2022 | 24,90 € les 37,5 cl **15/20**

Sans soufre, ce trio de poulsard, chardonnay et savagnin se montre parfaitement digeste, avec un sucre bien installé et une bonne acidité. Le camphre, l'écorce d'orange, la prune cuite se mêlent dans un ensemble savoureux et équilibré qui ne paraît pas ses 130 grammes de sucres résiduels.

PHILIPPE VANDELLE

186, rue Bouillod • 39570 L'Étoile
Tél. 03 84 86 49 57 • Fax : 03 84 86 49 58
info@vinsphilippevandelle.com
www.vinsphilippevandelle.com
Visite : Du lundi au samedi de 9h à 12h et de 14h à 19h. Dimanche et jours fériés sur rendez-vous.

Apparenté au propriétaire du Château de l'Étoile dont il s'est séparé en 2001, Philippe Vandelle vinifie sur le même site, dans une cave distincte. Les 14 hectares - essentiellement chardonnays et savagnins - sont en grande partie situés sur la colline du Mont Morin, l'une des cinq branches de l'appellation Étoile. La particularité du domaine est de proposer uniquement des blancs non ouillés, élevés entre six mois et trois ans (hors vin jaune) selon le «typé» souhaité. Les vins reçoivent une dose de soufre a minima, sont généralement filtrés mais non collés. L'ensemble est fort réussi, dans des prix très raisonnables.

Crémant du Jura NM ☺

Blanc Brut eff. | 2012 à 2014 | 6,30 € **15/20**

Un pur chardonnay sur une base 2009, offrant une belle vinosité. Fruits jaunes, accent poivré, pas de dosage pour une trame bien vivace.

L'Étoile chardonnay Tradition 2009

Blanc | 2012 à 2019 | 6,90 € **15/20**

L'art délicat de l'oxydation ménagée trouve ici une juste expression, avec beaucoup de finesse. Une bouche saline aux accents de noisette confirme la délicatesse de l'ensemble.

L'Étoile savagnin 2007

Blanc | 2012 à 2020 | 10,70 € **15,5/20**

Iodé, typé fin, un vin davantage sur l'élégance que la puissance, resté sous voile durant trois ans. Jolie délicatesse et minéralité de fin de bouche.

FRUITIÈRE VINICOLE DE VOITEUR

Route de Nevy • 39210 Voiteur
Tél. 03 84 85 21 29 • Fax : 03 84 85 27 67
voiteur@fvv.fr • www.fruitiere-vinicole-voiteur.fr
Visite : Du lundi au samedi, de 8h30 à 12h et de 13h30 à 18h. En juillet et en août, de 8h30 à 12h et de 13h30 à 19h. Dimanche et jours fériés de 10h à 12h et de 14h à 19h.

Crémant du Jura NM

Blanc Brut eff. | 2012 à 2014 | NC **15/20**

Corps vif et vineux, de bonne tenue, avec un accent poivré rafraîchissant.

La sélection Bettane et Desseauve pour le Languedoc

Le vignoble du Languedoc

La « nouvelle Californie » française a largement dépassé le cap du dernier vignoble à la mode : elle ne devient que trop « classique », avec une viticulture à deux vitesses, une masse de vins indifférents et au débouché incertain, et une élite de vins de plus en plus raffinés et expressifs de terroirs à la personnalité remarquable. Leur trait commun : le charme et le plaisir immédiats ; nul ne s'en plaindra.

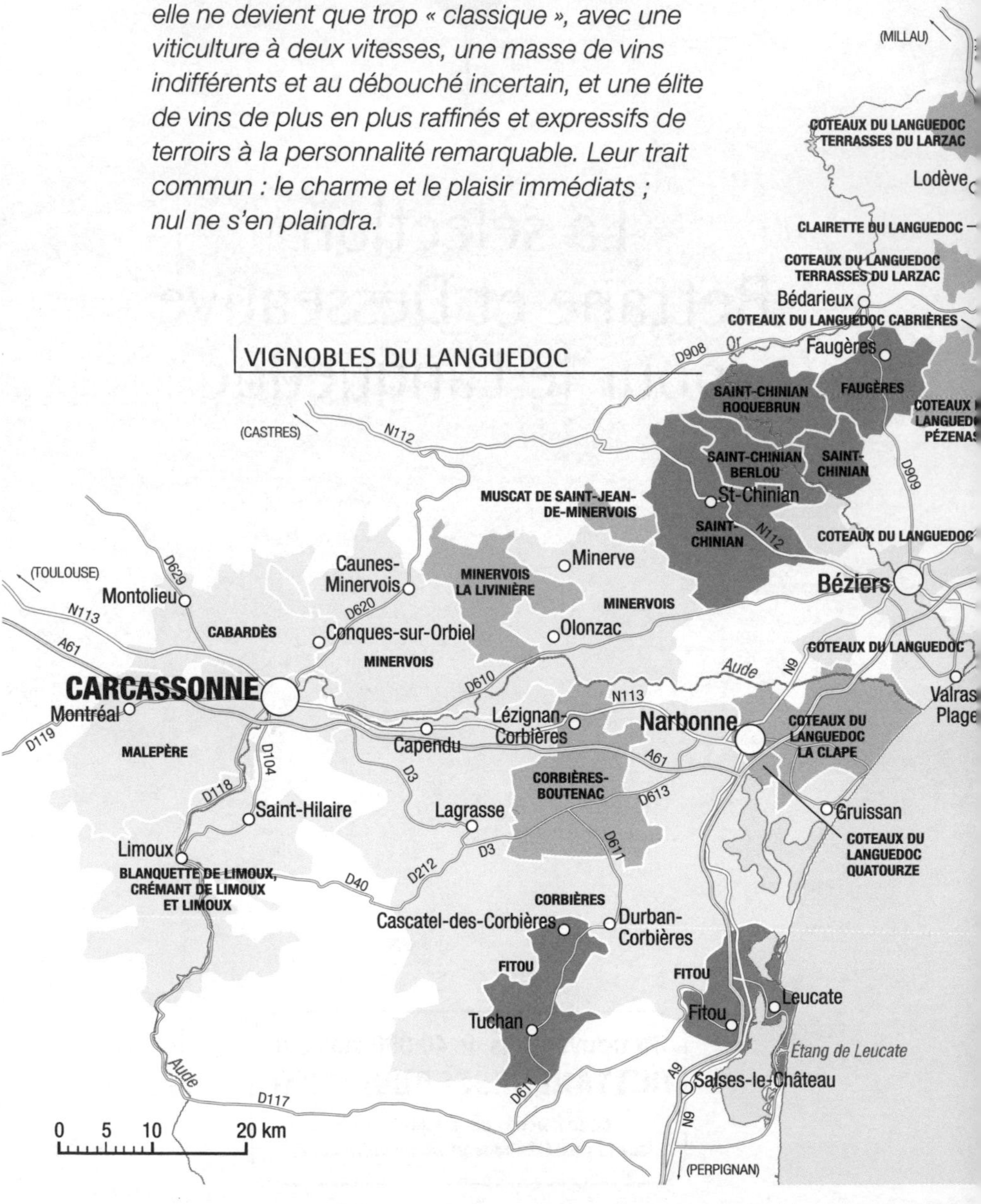

VIGNOBLES DU LANGUEDOC

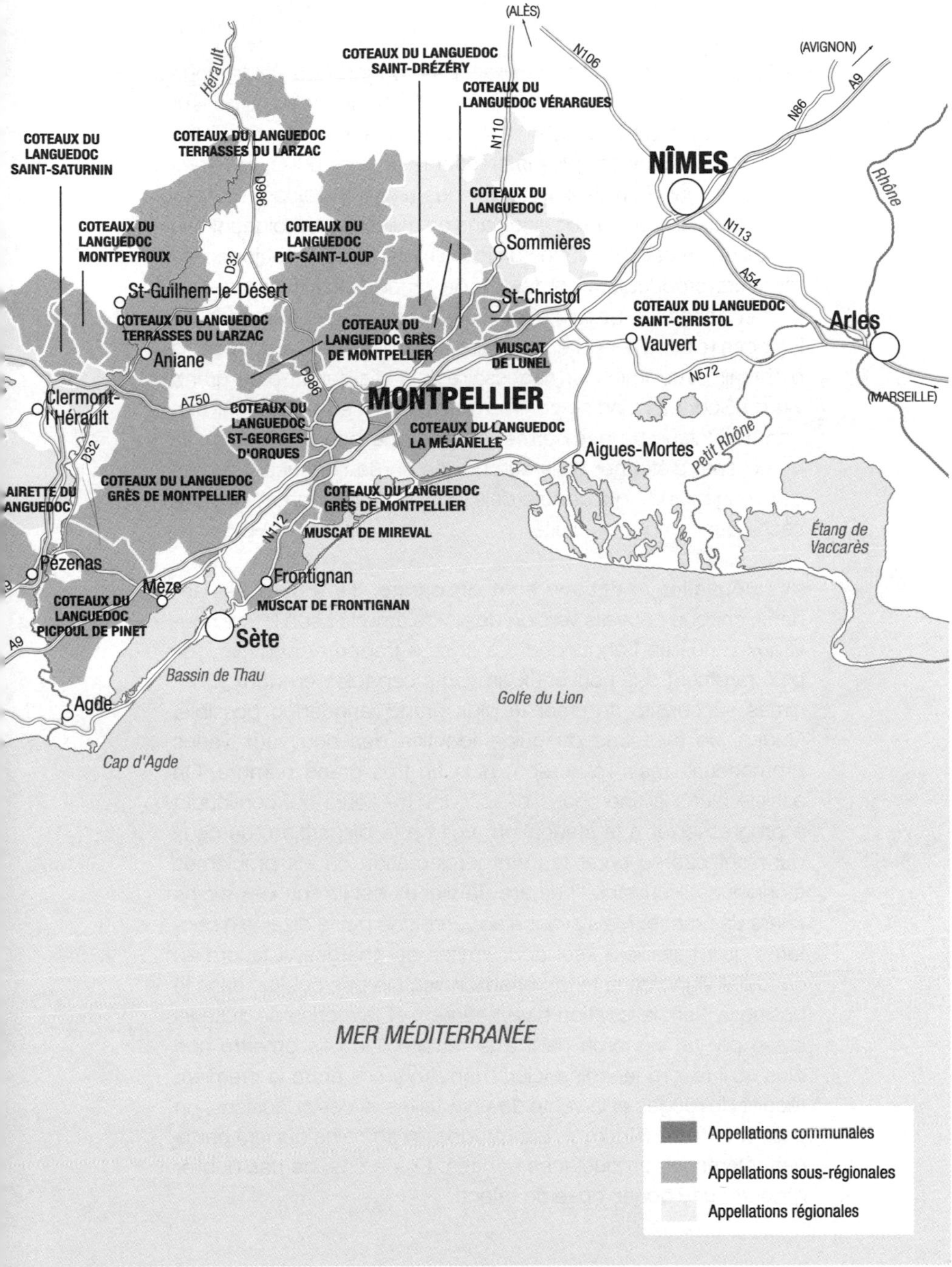

(ALÈS)
(AVIGNON)
COTEAUX DU LANGUEDOC SAINT-DRÉZÉRY
COTEAUX DU LANGUEDOC VÉRARGUES
COTEAUX DU LANGUEDOC SAINT-SATURNIN
COTEAUX DU LANGUEDOC TERRASSES DU LARZAC
Hérault
N106
N110
N86
A9
NÎMES
Rhône
D986
COTEAUX DU LANGUEDOC
COTEAUX DU LANGUEDOC MONTPEYROUX
COTEAUX DU LANGUEDOC PIC-SAINT-LOUP
Sommières
N113
D32
A54
St-Guilhem-le-Désert
St-Christol
COTEAUX DU LANGUEDOC TERRASSES DU LARZAC
COTEAUX DU LANGUEDOC GRÈS DE MONTPELLIER
COTEAUX DU LANGUEDOC SAINT-CHRISTOL
Arles
Aniane
Vauvert
MUSCAT DE LUNEL
N572
Clermont-l'Hérault
A750
COTEAUX DU LANGUEDOC ST-GEORGES-D'ORQUES
MONTPELLIER
(MARSEILLE)
COTEAUX DU LANGUEDOC LA MÉJANELLE
Aigues-Mortes
Petit Rhône
AIRETTE DU ANGUEDOC
COTEAUX DU LANGUEDOC GRÈS DE MONTPELLIER
COTEAUX DU LANGUEDOC GRÈS DE MONTPELLIER
N112
MUSCAT DE MIREVAL
Étang de Vaccarès
Pézenas
Frontignan
Mèze
COTEAUX DU LANGUEDOC PICPOUL DE PINET
MUSCAT DE FRONTIGNAN
Sète
A9
Bassin de Thau
Golfe du Lion
Agde
Cap d'Agde
MER MÉDITERRANÉE

Appellations communales
Appellations sous-régionales
Appellations régionales

L'actualité des millésimes

2010 et 2008 sans se presser. Les rouges à la vente cette année seront pour l'essentiel des 2010. Nous avons aimé leur bon niveau qualitatif moyen, avec la fraîcheur si nécessaire en Languedoc. Ils seront plus intéressants que les 2009, marqués par la chaleur du millésime et par des niveaux d'alcool souvent importants. Beaucoup de vins dans ce millésime témoignent des conditions météorologiques difficiles mais, comme toujours, les meilleurs producteurs ont réalisé de grands vins dans un style mûr et généreux. La faible acidité de ces rouges demande de les boire relativement vite. À l'inverse, le millésime 2008 a permis d'obtenir cette fraîcheur nécessaire à la réalisation d'un grand vin du Sud. Les vins se sont remis de la mise et montrent une trame tannique un peu serrée, alliée à une bonne fraîcheur. Ils ne cessent d'étonner et ils auront une garde supérieure à celle des rouges 2007 qui ont été délicieux, mais qui commencent à fléchir par manque d'acidité.

Les nouvelles vocations sont en panne. Il y a quelques années, chaque nouvelle version du guide amenait son lot de nouveaux venus en Languedoc. La crise a frappé et nous voyons plus rarement ces nouveaux arrivants capables en deux millésimes successifs de créer le plus grand languedoc possible. Certes, ce millésime du guide identifie des nouveaux venus prometteurs, mais ils ne sont plus en très grand nombre. On assiste plutôt à une consolidation des meilleurs qui continuent à progresser et à la stagnation, voire à la disparition, de ceux qui n'ont pas su gérer la commercialisation ou les problèmes techniques. Pourtant, l'hectare de vignes est ici l'un des moins chers de France. Mais avant d'acquérir une petite dizaine d'hectares qu'il travaillera seul pour limiter les charges, il faudra au candidat vigneron la foi du charbonnier. Ne pas oublier, dans le business plan, la location d'un bâtiment et la reprise de matériel laissé par un vigneron parti à la retraite. Ne pas omettre non plus qu'il faudra tenir financièrement trois ans entre la première récolte de rouges et la vente des bouteilles. A ces conditions, on peut encore construire en Languedoc un domaine qui fera partie des références en quelques années. En ce cas, ne pas oublier d'ajouter une bonne dose de talent.

Mal élevé. Combien de languedocs à la matière magnifique sont dénaturés par un élevage sous bois inapproprié ? Nous goûtons trop souvent des vins splendides à leur naissance qui deviennent des clones (ratés) de bordeaux, bourgognes et autres rhônes du nord après leur passage dans des barriques de mauvaise qualité ou pour le moins inadaptées aux cépages locaux. Le problème n'est pas à la marge, 80 % des vins «sous bois» dans le Sud sont dans ce cas. Certes, les meilleurs vins sont souvent des vins élevés, mais en ce cas la matière doit avoir du répondant et le choix des barriques doit être irréprochable. Les grands contenants donnent souvent les meilleurs résultats et les bois neufs ne conviennent pas bien, ils marquent trop les cépages languedociens. On aboutit souvent au paradoxe qui voit des vins IGP, les anciens vins de pays élevés en cuve, mieux ressortir dans nos dégustations que des vins d'appellation passés sous bois. Fuyez donc les cuvées étiquetées « vieilli en fût de chêne ». Elles vous coûteront plus cher et vous priveront du fruit frais, apanage des meilleurs rouges d'ici. Même chez les meilleurs faiseurs, goûtez avec circonspection les vins élevés. L'amélioration des techniques d'élevage est une priorité pour les syndicats professionnels. Le chantier est énorme, mais la région ne peut qu'y gagner. La raison voudrait que l'on cesse de détruire ce que la nature et l'homme ont fait grand et savoureux à la vendange.

MEILLEURS EFFERVESCENTS

Domaine Jean-Louis Denois
Crémant de Limoux Tradition, brut non millésimé

Antech
Blanquette de Limoux Brut Nature non millésimé

Domaine J. Laurens
Crémant de Limoux Clos des Demoiselles, brut 2010

Domaine Delmas
Crémant de Limoux cuvée Audace, brut 2008

Caves du Sieur d'Arques
Crémant de Limoux Toques et Clochers, brut 2007

Domaine Alain Cavaillès
Crémant de Limoux Micromegas, brut 2009

MEILLEURS VINS TOUTES CATÉGORIES

Clos Marie
Coteaux du Languedoc - Pic Saint-Loup Simon, rouge 2009

Domaine de Montcalmès
Coteaux du Languedoc - Terrasses du Larzac, blanc 2009

Mas Jullien
Coteaux du Languedoc - Terrasses du Larzac, rouge 2009

Château Rouquette-sur-Mer
Coteaux du Languedoc - La Clape L'Absolu, rouge 2009

Domaine La Grange Léon
Saint-Chinian D'une Main à l'Autre, rouge 2010

Borie de Maurel
Minervois Sylla, rouge 2010

Domaine d'Aigues Belles
Vin de pays d'Oc L'Autre blanc, blanc 2011

Mas Cal Demoura
Coteaux du Languedoc - Terrasses du Larzac Les Combariolles, rouge 2010

Mas du Soleilla
Coteaux du Languedoc - La Clape Clôt de l'Amandier, rouge 2009

LE BONHEUR TOUT DE SUITE

Domaine de la Prose
Coteaux du Languedoc Les Embruns, rouge 2010

Château L'Euzière
Coteaux du Languedoc Grains de Lune, blanc 2011

Domaine Jean-Baptiste Sénat
Minervois Mais où est donc Ornicar, rouge 2011

Château Guéry
Vin de pays d'Oc chardonnay Serre de Guéry, blanc 2011

Les Fusionels
Faugères RE-Naissance, rouge 2010

Domaine Mirabel
Coteaux du Languedoc - Pic Saint-Loup Le Chant du Sorbier, rouge 2010

MEILLEURS VINS À MOINS DE 7 €

Château Guéry
Vin de pays d'Oc chardonnay Serre de Guéry, blanc 2011

Domaine Taluos
Cabardès Petit Taluos, rouge 2011

Château de Fauzan
Minervois, rouge 2007

Borie de Maurel
Minervois Esprit d'Automne, rouge 2011

Domaine La Grangette
Vin de pays des Côtes de Thau La Saignée de Rose, rosé 2011

Domaine des Aires Hautes
Minervois, rouge 2010

Château Cesseras
Vin de pays d'Oc Domaine Coudoulet - grenache, rouge 2011

Château La Dournie
Vin de pays d'Oc Le blanc de la Dournie, blanc 2011

Jeanjean
Faugères Domaine de Fenouillet - Extraits de Schistes, rouge 2010

MEILLEURS ROSÉS

L'Ostal Cazes
Vin de pays d'Oc, rosé 2011

Domaine d'Aigues Belles
Vin de pays d'Oc Poirier des Rougettes, rosé 2011

Domaine de l'Hortus - Vignobles Orliac
Coteaux du Languedoc Bergerie de l'Hortus - rosé de saignée, rosé 2011

Domaine Mirabel
Coteaux du Languedoc - Pic Saint-Loup Le Dessert du Loup, rosé 2011

Château des Estanilles
Faugères L'Impertinent, rosé 2011

La Grange de Quatre Sous
Vin de pays d'Oc Le Rosé, rosé 2011

Mas Granier - Mas Montel
Vin de pays du Gard Vin d'Une Nuit, rosé 2011

MEILLEURS VINS BLANCS DU LANGUEDOC

Domaine de Montcalmès
Coteaux du Languedoc, blanc, 2009

Domaine d'Aigues Belles
Vin de pays d'Oc, L'Autre blanc, blanc, 2011

Domaine Les Aurelles
Coteaux du Languedoc, blanc 2008

Château L'Euzière
Coteaux du Languedoc Grains de Lune, blanc 2011

Clos Marie
Languedoc Manon, blanc 2006

Domaine de Baron Arques
Limoux Le Chardonnay, blanc 2011

Domaine de l'Aigle
Limoux L'Aigle Royal, blanc 2010

Domaine de l'Hortus - Vignobles Orliac
Vin de pays du Val de Montferrand Bergerie de l'Hortus, blanc 2011

Domaine L'Oustal blanc
Vin de Table Naïck 10, blanc non millésimé

Mas Jullien
Vin de pays de l'Hérault, blanc 2010

MEILLEURS ROUGES

Château Rouquette-sur-Mer
Coteaux du Languedoc L'Absolu, rouge 2009

Clos Marie
Coteaux du Languedoc - Pic Saint-Loup Métairie du Clos, rouge 2008

Domaine du Pas de l'Escalette
Coteaux du Languedoc Le Grand Pas, rouge 2010

Domaine de la Prose
Coteaux du Languedoc Les Embruns, rouge 2010

Domaine Les Amants de la Vigneronne
Faugères Dans la Peau, rouge 2010

Mas Champart
Saint-Chinian Côte d'Arbo, rouge 2010

Domaine Peyre Rose
Coteaux du Languedoc Clos des Cistes, rouge 2004

PRIX DES LECTEURS

EN PARTENARIAT AVEC LES HÔTELS MERCURE

Abbaye de Fontfroide
Corbières Déo Gratias, rouge 2009

Domaine d'Aigues Belles
Languedoc Classique, rouge 2010

Cave Anne de Joyeuse
Limoux La Butinière, blanc 2008

Clos Bagatelle
Saint-Chinian Donnadieu Camille et Juliette, rouge 2011

Gérard Bertrand
Vin de pays d'Oc Cigalus, blanc 2011

Gérard Bertrand
Coteaux du Languedoc - Terrasses du Larzac Château La Sauvageonne, Pica Broca, rouge 2010

Domaine de l'Aigle
Limoux, blanc 2011

Domaine du Grand Arc
Corbières cuvée des Quarante, rouge 2010

Hecht & Bannier
Saint-Chinian, rouge 2010

Jeanjean
Faugères Domaine de Fenouillet - Grande Réserve, rouge 2009

Château Lancyre
Coteaux du Languedoc - Pic Saint-Loup Vieilles Vignes, rouge 2010

Michel Laroche - Mas La Chevalière
Vin de pays d'Oc Mas La Chevalière - Vignoble Peyroli, blanc 2010

Domaine Les Grandes Costes
Coteaux du Languedoc La Sarabande, rouge 2007

Mont Tauch
Fitou Montmal, rouge 2010

Les domaines Paul Mas
Vin de pays d'Oc Arrogant Frog Chardonnay-Viognier Ribet, blanc 2011

Château Sainte-Eulalie
Minervois-La-Livinière La Cantilène, rouge 2010

ABBAYE DE FONTFROIDE

Route départementale 613 • 11000 Narbonne
Tél. 04 68 45 50 65
nlcv@fontfroide.com

Corbières Déo Gratias 2009
Rouge | 2012 à 2016 | 14 € — 14,5/20
On aime les riches arômes de prune, cassis, résineux et violette, la bouche opulente, exubérante mais équilibrée par une bonne fraîcheur de cette voluptueuse cuvée.

Corbières Oculus 2011
Blanc | 2012 à 2014 | 7,50 € — 14/20
Contraste entre le nez aérien, très agrumes, délicatement vanillé, épicé, et la bouche riche, opulente mais heureusement vive en finale.

Minervois Caudios 2008
Rouge | 2014 à 2016 | 12 € — 14/20
Encore boisée, cette cuvée montre une belle matière. Il faudra la revoir dans quelques années après que le bois se soit fondu.

Minervois Grenu 2010
Rouge | 2012 à 2014 | 10 € — 13/20
Certes le nom accroche l'oreille mais le vin est fruité, frais en finale, dans un style puissant.

Minervois Les Bonnes 2011
Blanc | 2012 à 2014 | 6 € — 14,5/20
Blanc de saveurs, avec de jolis amers, des notes de pamplemousse dans l'esprit des cuvées du Sud, avec un beau volume de bouche. Les notes de fenouil seront parfaites sur un bar grillé.

ABBOTTS ET DELAUNAY

32, avenue du Languedoc • 11800 Marseillette
Tél. 09 77 86 46 75 • Fax : 04 68 78 93 66
contact@abbottsetdelaunay.com
www.abbottsetdelaunay.com

Laurent Delaunay y a installé ses chais de vinifications à Marseillette, petit village viticole non loin de Carcassonne. L'œnologue Vincent Charleux en a la charge. Ces deux passionnés des terroirs du Languedoc mettent en commun leurs talents afin de sélectionner au mieux le parcellaire, les vinifications, les assemblages et l'élevage. Dans la gamme Nuages et Vents, la cuvée Zéphyr, issue de trois terroirs de Limoux, nous a totalement séduits.

Limoux Zéphyr 2011
Blanc | 2012 à 2016 | 18,90 € — 15,5/20
Robe or éclatante. Nez fin et expressif sur des notes fruitées, abricot, citron confit. Bouche droite et minérale, équilibrée, au boisé élégant.

CHÂTEAU D'AGEL

Les Crozes • 34210 Agel
Tél. 04 68 91 37 74 • Fax : 04 68 91 12 76
contact@chateaudagel.com • www.chateaudagel.com
Visite : Du lundi au vendredi de 9h à 12h et de 14h à 16h.

Agel a été repris en main en 2003 et la gamme a été remodelée. Pour ce faire, le travail à la vigne a été repensé. Nous aimerions moins de boisé dans les cuvées qui s'affranchiraient volontiers des apports aromatiques massifs du chêne. Le travail à la vigne est là, on le détecte dans les belles cuvées, peut-être manque-t-il simplement un peu plus de confiance dans le potentiel du raisin.

DOMAINE D'AIGUES BELLES

Aiguebelle • 30260 Brouzet-les-Quissac
Tél. 06 07 48 74 65 • Fax : 04 66 77 40 52
aigues.belles@orange.fr • www.aigues-belles.com
Visite : Sur rendez-vous au 06 07 48 74 65.

Ce domaine d'une vingtaine d'hectares, installé dans le Gard, appartient à la famille Palatan. L'ensemble de la gamme est élevé soigneusement avec un usage judicieux de la barrique : Gilles Palatan sait faire varier la proportion de bois neuf et la durée d'élevage, en fonction des matières premières dont il dispose. La réussite en vin de pays d'Oc est exceptionnelle, elle surpassait encore cette année tout ce que nous avons goûté sous cette dénomination. L'autre blanc au plus haut niveau depuis 2008 verra le 2011 dépasser tous ceux qui l'ont précédé. Les rouges sont des classiques désormais à haut niveau en Languedoc. Nous avons le sentiment que le domaine se joue des chausse-trappes de chaque millésime pour faire chaque fois mieux, ceci mérite amplement une promotion.

Languedoc Classique 2010
Rouge | 2012 à 2016 | 10 € — 16/20
Cuvée à base du tryptique languedocien grenache, syrah et mourvèdre. C'est un vin frais, très équilibré, gourmand par ses saveurs fruitées noires et par ses épices. Nous aimons beaucoup sa buvabilité.

IGP Pays d'Oc L'Autre Blanc 2011
Blanc | 2012 à 2015 | 12 € — 17/20
Le nez est tout simplement exceptionnel, au-delà du connu en Languedoc. La roussanne complétée de sauvignon et de chardonnay ont donné une bouche magique de noisette fraîche, d'amande,

de beurre frais. L'onctuosité est magnifiquement équilibrée par la fraîcheur.

IGP Pays d'Oc Le Blanc 2011 ☺
Blanc | 2012 à 2015 | 13 € **16/20**
Pur chardonnay, gras, onctueux, long en bouche, très frais. Seule la cuvée L'Autre-Blanc lui fait de l'ombre par son assemblage idéal dans le millésime.

IGP Pays d'Oc Lombarde 2010 ☺
Rouge | 2012 à 2016 | 9,50 € **16/20**
L'équilibre est différent du classique, avec un complément de structure apporté par le cabernet. C'est un rouge frais, lui aussi très buvable et intense en saveurs.

IGP Pays d'Oc Nicole 2010 ☺
Rouge | 2012 à 2016 | 12 € **16/20**
La syrah et le cabernet portent le vin, le merlot se faisant plus discret. Le vin participe de la même fraîcheur que les autres cuvées, la syrah apportant de l'éclat aromatique.

IGP Pays d'Oc
Poirier des Rougettes 2011 ☺
Rosé | 2012 à 2013 | 8 € **16/20**
Rosé savoureux, puissant en saveurs. Il propose son fruité noble et sa rondeur réjouissante. Son nez de poire William et de rose ancienne est remarquable.

DOMAINE DES AIRES HAUTES

Chemin des Aires • 34210 Siran
Tél. 04 68 91 54 40 • Fax : 04 68 91 54 40
gilles.chabbert@wanadoo.fr
Visite : Sur rendez-vous.

À Siran, au cœur du Minervois-la-Livinière, les Aires Hautes sont l'un des domaines les plus réguliers du secteur. Gilles Chabbert, artiste anxieux de mieux faire, toujours en doute, réalise des vins de grande gourmandise. Sa grande cuvée, le Clos de l'Escandil, a beaucoup évolué. 2007 impressionne par sa finesse de tanins. Le 2008 lui succède en interprétant la puissance native du 2008 avec justesse. Les entrées de gamme sont toujours bien soignées avec un rapport qualité-prix qui permettra à tous les amateurs de se régaler.

Minervois 2010 ☺
Rouge | 2012 à 2014 | 5,10 € **15/20**
Belle entrée de gamme avec un fruité remarquable, lumineux. Les épices complètent les petits fruits rouges. Le rapport qualité-prix est au-dessus de toute interrogation.

Minervois-La-Livinière 2009
Rouge | 2012 à 2014 | 9 € **14/20**
Le millésime a apporté des notes de maturité au vin. Les fruits noirs couvrent une trame onctueuse, légèrement resserrée en finale.

Minervois-La-Livinière
Clos de l'Escandil 2008
Rouge | 2012 à 2017 | 18 € **15,5/20**
Très jolis tanins permis par la syrah et le mourvèdre complétés de grenache. Ce millésime est un peu plus ferme pour l'instant que le remarquable 2007. Très jolie fraîcheur de finale qui dynamise la note truffée.

DOMAINE ALEXANDRIN

8, rue du Labadou • 34150 Saint-Jean-de-Fos
Tél. 04 67 57 72 09
exclamation@domaine-alexandrin.com
domaine-alexandrin.com
Visite : En juillet et en août, tous les jours de 10h30 à 12h30 et de 17h à 20h; le reste de l'année sur rendez-vous.

Coteaux du Languedoc Les Hermes 2010 ☺
Rouge | 2012 à 2016 | 11 € **15/20**
Savoureux et complexe, fruité et aérien dans son tanin, c'est un grand languedoc à la complexité fraîche et suave.

DOMAINE ALLEGRIA

Lieu-dit Fontarèche • 34720 Caux
Tél. 06 25 93 08 08
allegria@vinotinto.fr • www.tribuallegria.fr
Visite : Sur rendez-vous.

Vin de pays de Caux cinsault Abuelo 2011
Rouge | 2012 à 2014 | 10 € **13/20**
Nouveau domaine prometteur qui réalise un vin au fruité charnu, avec le charme du cépage, dans un style gourmand.

CHÂTEAU D'ANGLÈS

11560 Saint-Pierre-la-Mer
Tél. 04 68 33 61 33 • Fax : 04 68 33 90 32
info@chateaudangles.com • www.chateaudangles.com
Visite : De 9h à 19h.

Éric Fabre a commencé sa carrière bien au sud du Languedoc, puis en Médoc, notamment à la direction de Lafite-Rothschild. Il produit des rouges puissants, mais la spécialité du château se situe incontestablement dans les blancs. On produit ici dans cette couleur l'un des crus les plus originaux du Languedoc, à dominante de bourboulenc. La saveur des 2009 et 2010 les fait remarquer dans la région.

Coteaux du Languedoc - La Clape Classique Blanc 2010
Blanc | 2012 à 2014 | 8,90 € **15/20**
Porté par les amers et les thiols, avec une pointe d'oxydation. On l'aimera sur des huîtres, il fera merveille grâce à son acidité. Un vin complexe, fruité en diable, savoureux.

Coteaux du Languedoc - La Clape Classique Rouge 2009
Rouge | 2012 à 2016 | 8,90 € **13,5/20**
Le Classique est un vin sérieusement réalisé, avec du fond et un fruit agréable. Il vivra bien le mariage avec une entrecôte grillée.

Coteaux du Languedoc - La Clape Grand Vin 2009
Rouge | 2012 à 2016 | 14,90 € **14,5/20**
L'appartenance à La Clape est forte dans cette cuvée où le fruit domine une pointe végétale. Elle est intense en saveurs.

Coteaux du Languedoc - La Clape Grand Vin 2009
Blanc | 2012 à 2015 | 14,90 € **14,5/20**
Blanc particulièrement savoureux, long et corsé, presque tannique. Il a une onctuosité particulière qui l'identifie entre mille : c'est à cela qu'on connaît un vrai goût de terroir, l'élevage le portant un peu fort.

CAVE ANNE DE JOYEUSE

41, avenue Charles-de-Gaulle • 11300 Limoux
Tél. 04 68 31 11 30 • Fax : 04 68 74 79 49
www.annedejoyeuse.fr
Visite : Du lundi au samedi de 9h à 12h30
et de 15h à 19h.

L'une des deux grandes caves de Limoux, qui se partagent 80 % de l'appellation. Anne de Joyeuse est spécialisée dans l'élaboration des vins tranquilles, et notamment des vins hauts de gamme.

Limoux Coquelicot 2008
Rouge | 2012 à 2015 | 7,10 € **14/20**
Vin de plaisir fruité aux arômes de cerise, framboise, cassis. Bouche fine et fraîche. À servir légèrement frais entre 14 et 16°C.

Limoux La Butinière 2008
Blanc | 2012 à 2016 | 9,95 € **15/20**
Vin savoureux aux notes briochées, d'abricots, et de pêches blanches. Bouche équilibré avec une belle minéralité, et un doux mélanges d'agrumes et de notes miellées.

IGP Pays d'Oc Gargantuavis pinot noir 2010
Rouge | 2012 à 2015 | 7,10 € **15/20**
Robe rubis profond. Belle fraîcheur, parfum de cerise griotte et de fruits rouges. Bouche droite aux notes vanillées. Vin de plaisir.

IGP Pays d'Oc malbec Original 2010
Rouge | 2012 à 2016 | 6 € **14,5/20**
Nez aux arômes de mûres et de violette. Bouche fine et élégante et d'une grande buvabilité ! Vin à boire entre amis sur des grillades.

ANTECH

Domaine de Flassian - Route de Carcassonne
11300 Limoux
Tél. 04 68 31 15 88 • Fax : 04 68 31 71 61
courriers@antech-limoux.com
www.antech-limoux.com
Visite : Du lundi au vendredi de 8h à 12h
et de 14h à 17h30.

Six générations de la famille Antech se sont succédées à la tête de cette maison, spécialisée dans l'élaboration des bulles. Pas moins de 940 000 bouteilles de crémant, blanquette et ancestrale y sont produites. Infatigable voyageuse aux quatre coins du monde, Francoise Antech Gazeau la dirige aujourd'hui. Différentes cuvées d'un bon niveau qualitatif composent une large gamme.

Blanquette de Limoux Brut Nature NM
Blanc Brut eff. | 2012 à 2014 | 7,40 € **15/20**
Cuvée non dosée. Robe cristalline. Bulles d'une grande finesse. Nez intense aux arômes floraux. Bouche droite, exprimant les zestes d'agrumes.

Blanquette de Limoux Doux et Fruité NM
Blanc Demi-sec eff. | 2012 à 2014 | 6,85 € **14,5/20**
Robe d'un joli doré, arômes de poires bien mûres, de pommes. Bouche pleine, ample sur des notes fruitées, finale aux saveurs briochées.

Blanquette de Limoux Réserve 2010
Blanc Brut eff. | 2012 à 2014 | 7,10 € **14/20**
D'une couleur jaune pâle aux reflets dorés avec des bulles fines. Cette cuvée élaborée à partir des meilleures lots de mauzac, offre un nez floral, et une bouche harmonieuse et vive, sur les fruits blancs. Idéal pour l'apéritif.

Crémant de Limoux Grande Cuvée 2010
Blanc Brut eff. | 2012 à 2014 | 8,20 € **15/20**
Belle finesse aromatique. Fines notes de toasté, bouche d'une grande fraîcheur aux notes de pamplemousse rose.

Crémant de Limoux Héritage 2009
Blanc Brut eff. | 2012 à 2014 | 10,30 € **15/20**
Notes de pêches blanches. Bulles fines donnant une belle effervescence. Bouche droite, énergique. A consommer à l'apéritif ou au cours d'un repas.

CHÂTEAU D'ANTUGNAC

4, rue du Château • 11190 Antugnac
Tél. 04 68 74 22 38 • Fax : 04 68 74 22 60
info@collovrayterrier.com • www.collovrayterrier.com
Visite : Sur rendez-vous.

En 1997, Christian Collovray et Jean-Luc Terrier, vignerons du Mâconnais au Domaine des Deux Roches, se sont implantés dans l'Aude pour y travailler le chardonnay et le pinot noir. Le travail des sols et une incontestable maîtrise technique sont les ingrédients de leur réussite.

Limoux Aux Bons Hommes 2009
Rouge | 2012 à 2017 | 7,40 € **15/20**
Couleur profonde. Nez expressif sur les fruits rouges. Bouche ample, avec de la vinosité, offrant un beau panel d'épices.

Limoux Las Gravas 2009
Blanc | 2012 à 2016 | 15 € **15,5/20**
Vin minéral aux notes de silex et de schistes. Bouche ample, riche qui ne perd rien de sa fraîcheur.

Limoux Terres Amoureuses 2010
Blanc | 2012 à 2016 | 10 € **15/20**
Vin complexe aux notes d'ananas et de mangue. Bouche dense et structurée, riche en conservant une vivacité rafraîchissante.

Vin de pays de la Haute Vallée de l'Aude
Côté Pierre Lys 2010
Rouge | 2012 à 2017 | 10 € **14,5/20**
Couleur profonde, nez expressif aux notes d'épices et de moka. Attaque franche, bouche ample et fruitée, jolie fraîcheur en finale.

DOMAINE DE L'ARJOLLE

7 bis, rue Fournier • 34480 Pouzolles
Tél. 04 67 24 81 18 • Fax : 04 67 24 81 90
domaine@arjolle.com • www.arjolle.com
Visite : Du lundi au samedi de 9h à 12h et de 14h à 18h.

Vin de pays des Côtes de Thongue
Paradoxe 2009
Rouge | 2012 à 2013 | 16 € **14,5/20**
On le remarque, dans un millésime chaud et compliqué. Il affiche sa fraîcheur mais c'est son expression aromatique de violette qui surprend. Et pourquoi ne pas l'essayer avec un boudin blanc ?

DOMAINE D'AUPILHAC

28, rue du Plô • 34150 Montpeyroux
Tél. 04 67 96 61 19 • Fax : 01 83 64 04 71
aupilhac@wanadoo.fr • www.aupilhac.com
Visite : Du lundi au samedi de 9h à 12h et de 13h30 à 17h. Le week-end sur rendez-vous.

Sylvain Fadat a démarré son exploitation en 1988, à partir d'un petit vignoble familial sur le lieu-dit Aupilhac, exposé plein sud. En haut de gamme, les Cocalières sont des parcelles de plus haute altitude, exposées au nord et organisées en terrasses. Certaines cuvées ne se goûtaient pas au mieux lors de notre dégustation mais les plus réussies sont au sommet de l'AOP Montpeyroux, avec une ouverture vers un monde de saveurs rare.

Coteaux du Languedoc La Boda 2009
Rouge | 2012 à 2018 | 25,20 € **15/20**
De jolis tanins qui se patineront avec l'âge. Le vin est goûteux, sensuel.

Coteaux du Languedoc Les Clos 2009
Rouge | 2012 à 2016 | 38 € **16/20**
Les clos représentent l'essence de l'appellation Montpeyroux. Suave et gourmand, racé.

Coteaux du Languedoc Lou Maset 2011
Rouge | 2012 à 2015 | 7,40 € **14/20**
2011 le voit en grande forme, goûteux, d'une grande fraîcheur, mentholé.

DOMAINE LES AURELLES

8, chemin des Champs-Blancs • 34320 Nizas
Tél. 04 67 25 08 34 • Fax : 04 67 25 00 38
contact@les-aurelles.com • www.les-aurelles.com
Visite : Sur rendez-vous.

Basile Saint-Germain a recherché en Languedoc des terroirs avec de vieilles vignes. Perfectionniste, il va aussi loin que possible, de la vigne au chai, pour réaliser des vins qui satisfont à ses exigences de fin dégustateur. Le blanc est réalisé à base de roussanne. Aurel et Solen obtiennent des cépages traditionnels languedociens des structures délicates de pinots noirs. La maison réalise des vins en rupture de style avec les classiques du Languedoc et mérite d'être visitée pour l'originalité de sa production, orientée vers la finesse et l'élégance tout en exprimant une intensité de saveur peu commune. Déella est un vin d'entrée de gamme qui est un modèle à lui seul.

Coteaux du Languedoc 2008
Blanc | 2012 à 2018 | 48 € **17/20**
Quel joli blanc, d'une complexité étonnante. Un vin de référence dans le sud. Atypique et unique, caramel blond, floral mais aussi bubble gum dans sa belle expression. Bref, il est unique, difficilement descriptible avec des mots.

Coteaux du Languedoc Aurel 2009
Rouge | 2012 à 2017 | NC **16/20**
Un vin remarquable, inscrit dans le millésime avec ses saveurs chaudes et mûres et une gracilité de tanin que peu ont réussi à obtenir.

Coteaux du Languedoc Déella 2009
Rouge | 2012 à 2016 | NC **15/20**
On a ici un vin de grand fruit, frais dans le millésime, avec cette légère note de havane en finale. On peut le boire dès à présent.

Coteaux du Languedoc Solen 2009
Rouge | 2012 à 2016 | NC **15,5/20**
Solen a capté le millésime. Les tanins sont goûteux, avec une pointe de sécheresse qui se patinera avec le temps.

CHÂTEAU AURIS

Route du massif de Fontfroide • 11100 Narbonne
Tél. 04 68 45 16 85
chateauauris@voila.fr

Corbières 2009
Rouge | 2012 à 2014 | 8,50 € **13,5/20**
Une cuvée épanouie, très fruitée et garrigue, fraîche et plaisante à boire dès à présent.

CHÂTEAU D'AUSSIÈRES

RD 613 • 11100 Narbonne
Tél. 04 68 45 17 67 • Fax : 04 68 45 76 38
aussieres@lafite.com • www.lafite.com

Le hameau d'Aussières, proche de l'abbaye de Fontfroide, témoigne d'une tradition viticole depuis le premier millénaire qui avait été progressivement abandonnée à la fin du XXe siècle. Les barons de Rothschild, branche Lafite, lui ont redonné vie en 1999 en replantant massivement les vignes à l'abandon et en rénovant complètement les installations. On réalise ici du corbières et de l'IGP pays-d'oc, dans les parties les plus basses en altitude. Dans cette zone climatique plus fraîche des Corbières, les vins produits sont aux antipodes de bien des languedocs surextraits.

Corbières 2009
Rouge | 2012 à 2017 | 18 € **15/20**
Belle profondeur de fruit, minéralité et notes de garrigue, bouche voluptueuse, avec une belle trame tannique et de la fraîcheur. Du potentiel.

IGP Pays d'Oc Aussières 2010
Rouge | 2012 à 2014 | 6 € **13,5/20**
Parfaitement vinifié et équilibré, avec d'intenses arômes fruits noirs, violette, résineux, une bouche gourmande, chaleureuse et équilibrée par une bonne fraîcheur.

IGP Pays d'Oc
Aussières Blanc chardonnay 2011
Blanc | 2012 à 2014 | 6 € **14,5/20**
On aime les arômes fruités, floraux et résineux très épanouis, la tonicité et le parfait équilibre entre le gras et l'élégante fraîcheur.

CLOS BAGATELLE

34360 Saint-Chinian
Tél. 04 67 93 61 63 • Fax : 04 67 93 68 84
closbagatelle@wanadoo.fr • www.closbagatelle.com
Visite : Du lundi au samedi de 9h à 12h
et de 14h à 18h.

Christine et Luc Simon, le frère et la sœur, mènent ce domaine de plus de 50 hectares sur argilo-calcaires et sur schistes. Ils possèdent une maîtrise technique reconnue et une partie du vignoble est conduite en agriculture inspirée du bio. Les vins sont désormais des classiques de Saint-Chinian, toujours réussis. Assurément l'une des adresses les plus sûres de l'appellation.

Saint-Chinian Donnadieu
Camille et Juliette 2011
Rosé | 2012 à 2013 | 6,90 € **14,5/20**
Tout ce qui doit être discret dans cette cuvée l'est, notamment les tanins. La délicatesse de bouche s'impose en finale, avec cette élégance raffinée, typique de cette cuvée.

Saint-Chinian Donnadieu
Mathieu et Marie 2011
Rouge | 2012 à 2017 | 7,60 € **14,5/20**
La cuvée évolue vers la précision du fruit, dépouillée de tout artifice, très saint-chinian. Elle est remarquable.

Saint-Chinian La Terre de mon Père 2007
Rouge | 2012 à 2018 | 22 € **15,5/20**
Cette cuvée de 2007 est à boire. Fruitée, épicée, feuille de havane, elle est déjà d'une gourmandise étonnante avec un tanin fin.

Saint-Chinian Tradition 2011
Rouge | 2012 à 2015 | 6 € **14,5/20**
On se régale avec ces notes aromatiques uniques : saint-chinian jusqu'au bout des tanins, quelle meilleure entrée en matière que cette cuvée ?

DOMAINE DE BARON ARQUES

11300 Saint-Polycarpe
Tél. 04 68 31 96 60 • Fax : 04 68 31 54 23
domainedebaronarques@domainedebaronarques.com
www.domainedebaronarques.com
Visite : En été de 9h à 12h et de 14h à 18h.
Le week-end sur rendez-vous.

Philippine de Rothschild, propriétaire du Château Mouton-Rothschild, à Pauillac, a créé ce domaine sur Limoux en y apportant la maîtrise de la viticulture et de la vinification bordelaises. En évolution permanente grâce à une bonne maîtrise du terroir et de l'âge du vignoble qui augmente, le style des vins et leur qualité évolue au fil des ans. L'assemblage varie au gré des millésimes, avec une partie de cépages atlantiques, merlot, cabernet franc et cabernet-sauvignon et de cépages méditerranéens, syrah, malbec, et grenache. Les chardonnays, surgreffés il y a quelques années, permettent l'élaboration de l'un des meilleurs blancs de l'appellation.

Limoux 2010
Rouge | 2012 à 2022 | NC **16/20**
Couleur rubis. Nez élégant et expressif sur les fruits rouges, mais aussi sur les épices. Bouche concentrée, soyeuse, suave, avec des notes toastées. Tanins d'une grande finesse.

Limoux 2009
Rouge | 2012 à 2022 | 30 € **15,5/20**
Couleur rubis. Nez expressif, finement épicé. Bouche fruitée, onctueuse et séveuse. Tanins d'une grande finesse.

Limoux La Capitelle du Domaine de
Baron'Arques 2009
Rouge | 2012 à 2018 | 16,50 € **14,5/20**
Vin un peu plus marqué "sudiste" avec la présence de 42 % de cépages méditerranéens. Beau toucher de bouche, épicé, fruité, avec de l'homogénéité. Beaux tanins.

Limoux Le Chardonnay
Domaine de Baron'Arques 2011
Blanc | 2012 à 2018 | 32 € **16/20**
Nez tout à la fois précis et d'une grande finesse. Notes d'agrumes, de pamplemousse, de poire. En bouche, une sensation de dentelle, avec un peu plus de tension que le millésime précédent, avec des notes de fruits bien mûrs et de zestes d'agrumes. Joli vin.

DOMAINE LÉON BARRAL

Lenthéric • 34480 Cabrerolles
Tél. 04 67 90 29 13 • Fax : 04 67 90 13 37
www.domaineleonbarral.com

Homme de conviction, Didier Barral fait partie de ceux qui ont le plus réfléchi au travail des sols. Il a réintroduit vaches et cochons pour replonger ses vignes dans un monde de polyculture. Ses sols sont travaillés au chenillard pour les marquer le moins possible. Les vinifications sont très peu interventionnistes. Si, par le passé, certaines cuvées ont pu décevoir par manque de protection, il est évident

que l'on réalise ici l'un des plus grands faugères, peut-être le plus grand. Tout ce que nous avons goûté en bouteilles était impeccable. Il faudra veiller à protéger les vins de transports ou de stockages trop agressifs en saison chaude. Le domaine n'a pas présenté ses vins à la dégustation cette année et nous le regrettons.

DOMAINE DE BARROUBIO

34360 Saint-Jean-de-Minervois
Tél. 04 67 38 14 06 • Fax : 04 67 38 14 06
barroubio@barroubio.fr • www.barroubio.fr
Visite : De 10h à 12h et de 14h à 19h.

Minervois Marie-Thérèse 2010

Rouge | 2012 à 2016 | 10 € **15,5/20**

La cuvée Marie-Thérèse a manifestement bénéficié des meilleurs apports, le tanin est soyeux et velouté avec un aromatique inspiré des senteurs de garrigue. La note graphitée du nez ressort dans une finale minérale.

LA BASTIDE DES SONGES

Chemin de la Garrigue • 34800 Canet
Tél. 04 67 88 21 33 • Fax : 04 67 88 21 33
contact@bastidedessonges.com
www.bastidedessonges.com
Visite : Du lundi au samedi sur rendez-vous :
04 67 88 21 33 ou 06 81 27 45 32 ou 06 33 28 52 45

Vin de pays de l'Hérault Lisa 2003

Rouge | 2012 à 2014 | 89 € **15/20**

Le nez est envoûtant, le tabac le porte. La bouche regorge de saveurs, la matière est coulante, épicée et savoureuse. La finale rappelle que dans ce millésime de canicule, les vignes ont eu chaud et soif. Elles l'expriment par des notes de havane, un peu sèches. Le prix surprendra mais le vin aussi.

CHÂTEAU BEAUREGARD MIROUZE

11200 Bizanet
Tél. 04 68 45 19 35 • Fax : 04 68 45 10 07
info@beauregard-mirouze.com
www.beauregard-mirouze.com
Visite : Hors-saison, sur rendez-vous. En été, du lundi au dimanche de 9h à 12h et de 14h à 18h.

Corbières Lauzina 2010

Blanc | 2012 à 2014 | 12 € **14/20**

On aime l'exubérance et la complexité du nez aux arômes de glycine, groseille blanche, abricot et vanille, la bouche chaleureuse, ample, épicée, riche mais équilibrée par une bonne vivacité.

Corbières Lauzina 2009

Rouge | 2012 à 2016 | 12 € **15/20**

On apprécie le nez épanoui, exubérant, richement fruité et épicé, la bouche charnue, très aromatique, longue et d'une excellente fraîcheur qui reflète parfaitement le terroir.

MAS BELLES EAUX

34720 Caux
Tél. 04 67 09 30 96 • Fax : 04 67 90 85 45
contact@mas-belleseaux.com
www.mas-belleseaux.com
Visite : En pleine saison, du lundi au vendredi de 9h à 12h30 et de 14h à 18h. Le samedi de 9h à 13h.

Cette vaste propriété est située au nord de Pézenas. Entourée de sources qui sont à l'origine du nom, elle s'étend sur près de 100 hectares répartis autour d'une folie du XIXe siècle. Elle appartient depuis 2003 à Axa Millésimes, qui consacre des efforts importants pour faire renaître cette marque. La gamme produite couvre des IGP et des coteaux-du-languedoc, la cuvée Sainte-Hélène concentre tout le savoir-faire du domaine. Tous les vins sont réalisés dans un style dense et structuré, d'inspiration résolument moderne.

Languedoc 2011

Rosé | 2012 à 2013 | NC **14,5/20**

Rosé savoureux, puissant, à l'allure d'un rouge qui lui permettra de dépasser l'apéritif pour aller trouver de grands accords avec une viande.

Languedoc Les Coteaux 2009

Rouge | 2012 à 2015 | 9 € **13/20**

2009 montre sa puissance et sa maturité. L'élevage est présent, le vin a besoin de temps pour s'en affranchir.

Languedoc Sainte-Hélène 2009

Rouge | 2012 à 2017 | 16 € **14/20**

Le boisé domine le millésime mais le vin affiche des tanins fins et onctueux.

GÉRARD BERTRAND

Château l'Hospitalet - Route de Narbonne-Plage
11100 Narbonne
Tél. 04 68 45 36 00 • Fax : 04 68 45 27 17
vins@gerard-bertrand.com • www.gerard-bertrand.com
Visite : Tous les jours de 9h à 19h.

La gamme de cet entreprenant vigneron couvre la plupart des appellations du Languedoc-Roussillon. Le Domaine de Villemajou et L'Hospitalet proposent des vins très bien réussis et gourmands. Au sommet de la gamme, la-forge est l'un des corbières les plus raffinés, avec un velouté de texture unique. Son pendant en minervois est la cuvée Le Viala, et en coteaux-du-languedoc, Hospitalitas. Nous avons beaucoup apprécié les blancs cette année.

Corbières Le Blanc de Villemajou 2011

Blanc | 2012 à 2016 | 11,50 € **15/20**

Frais et gourmand, il affiche de beaux amers étirés inscrits dans un spectre aromatique charmeur.

Corbières-Boutenac Domaine de Villemajou 2010

Rouge | 2012 à 2017 | 11,50 € **16/20**

Puissant, généreux, long et complexe, ce boutenac développe notamment de superbes notes de poivre de Séchuan.

Coteaux du Languedoc - La Clape Château l'Hospitalet 2011

Blanc | 2012 à 2016 | 12 € **15/20**

Onctueux, de beau volume, voici un blanc du sud généreux mais gourmand, frais et équilibré.

Coteaux du Languedoc - La Clape Hospitalitas 2010

Rouge | 2012 à 2018 | 41 € **16/20**

De bonne longueur, hospitalitas est montre des notes iodées. Ce vin puissant est marqué par la tapenade en finale.

Coteaux du Languedoc - Terrasses du Larzac Château La Sauvageonne, Pica Broca 2010

Rouge | 2012 à 2016 | NC **14/20**

Le vin cumule fraîcheur et générosité épicée du sud. Les viandes rouges et les viandes en sauce seront son terrain de jeu privilégié.

IGP Pays d'Oc Cigalus 2011

Blanc | 2012 à 2016 | 27 € **14,5/20**

Frais, fruits du soleil, abricot, gras, le vin montre des notes salines complexifiées par le citron vert.

DOMAINE BERTRAND-BERGÉ

38, avenue du Roussillon • 11350 Paziols
Tél. 04 68 45 41 73 • Fax : 04 68 45 03 94
bertrand-berge@wanadoo.fr • www.bertrand-berge.com
Visite : De 8h à 12h et de 14h à 18h.

La rigueur et le travail de Jérôme Bertrand, sur les beaux terroirs de Paziols, ont fait du Domaine Bertrand-Bergé le modèle à suivre pour toute l'appellation. Les entrées de gamme en rouge sont tarifées à un prix raisonnable, tout en étant très au-delà des standards qualitatifs de Fitou. L'onctueuse cuvée Jean-Sirven porte le nom de l'aïeul, qui œuvrait déjà pour une viticulture de qualité au début du siècle dernier. Quand le millésime n'est pas excessif, cette cuvée s'impose par sa race et sa densité, dans le gotha des plus grandes cuvées du Sud.

Fitou Ancestrale 2010

Rouge | 2012 à 2017 | 11 € **14/20**

Le nez est magnifique de maturité et de complexité, la bouche, chaleureuse mais élégante, s'appuie sur une trame tannique très solide. Du potentiel.

Fitou Jean Sirven 2009

Rouge | 2012 à 2020 | 35 € **15,5/20**

Nez d'une puissance et d'une densité superbes, fruits confiturés, épices douces, résineux, bouche très concentrée, chaleureuse, avec des tanins d'une très grande maturité. Un véritable exercice de style dans la recherche de la réussite totale. Manque un peu de buvabilité.

Fitou Origines 2010

Rouge | 2012 à 2017 | 7,90 € **14,5/20**

Très authentique et pleine de potentiel, cette cuvée exprime des arômes puissamment fruités et garrigue, une bouche très chaleureuse, aux tanins ronds et équilibrée par une pointe de vivacité en finale.

Le Méconnu 2011

Blanc | 2012 à 2014 | 7,70 € **14/20**

Original, agréable, très gai, avec ses arômes prononcés de litchis, rose et muscat pur, sa bouche charnue et très vive.

Rivesaltes Tuilé Ma Ga 2008

Rouge Doux | 2012 à 2020 | 18 € **14,5/20**

Robe rubis grenat soutenue, nez épanoui, chaleureux, cacao, épicé, noix, prune, bouche onctueuse, aromatique et équilibrée par une petite touche d'amertume.

DOMAINE BONIAN

9, ancien Chemin-de-Margon • 34480 Pouzolles
Tél. 04 67 24 77 16 • Fax : 04 67 24 77 16
domainebonian@voil.fr
www.vins-languedoc-bonian.com
Visite : A partir de 17h ou sur rendez-vous.

Vin de pays des Côtes de Thongue
Douceur d'Automne 2011
Blanc Doux | 2012 à 2013 | 10 € les 50 cl **14,5/20**
Vin de dessert, fruité et équilibré, avec des notes florales et fruitées, abricot sec, dattes, orange. Une jolie tarte aux fruits jaunes lui donnera la répartie.

BORIE DE MAUREL

Rue de la Sallèle • 34210 Félines-Minervois
Tél. 04 68 91 68 58 • Fax : 04 68 91 63 92
contact@boriedemaurel.fr • www.boriedemaurel.fr
Visite : Du lundi au samedi de 9h à 12h
et de 14h à 18h.

Michel Escande, esthète visionnaire, a été l'un des précurseurs du renouveau du Minervois. Son domaine est situé à Félines, sur certaines des meilleures zones du cru. Les entrées de gamme recherchent un plaisir immédiat, aisément accessible. La cuvée Sylla doit à la macération carbonique son style raffiné, lui aussi charmeur. Ceux qui s'interrogent sur cette technique de vinification pourront goûter le très beau 2006 et savourer la truffe du 1996, en pleine forme. 2010 et 2011 sont absolument remarquables, le domaine progresse encore. On pourra venir en soirée vérifier tout ceci au Charivari, le bar à vin du domaine ouvert en saison.

Minervois Esprit d'Automne 2011
Rouge | 2012 à 2015 | 6 € **15,5/20**
Beaucoup de matière dans cette cuvée sérieusement réalisée, profonde en saveurs, bien ancrée dans les fruits noirs. Le tanin est rond, la finale est fraîche. Bref, un vin d'équilibre.

Minervois Maxime 2010
Rouge | 2013 à 2017 | 16 € **15/20**
Cette cuvée à base de mourvèdre est structurée, faite pour une petite garde. Tout est en place, il faut le temps que les éléments se fondent.

Minervois Sylla 2010
Rouge | 2012 à 2018 | 24 € **17/20**
Sylla est la muse du domaine. Toute en charmes, charnue, légèrement viandée, intensément truffée, la syrah cherche à plaire et y réussit à merveille.

Minervois-La-Livinière La Féline 2010
Rouge | 2012 à 2016 | 10 € **16/20**
Belle cuvée typique de la livinière. Les arômes de cendré et de fumé soulignent la puissance des fruits noirs. En bouche, le vin est gourmand, intense.

BORIE LA VITARÈLE

34490 Causses-et-Veyran
Tél. 04 67 89 50 43 • Fax : 04 67 89 70 79
jf.izarn@borielavitarele.fr • www.borielavitarele.fr
Visite : Sur rendez-vous.

Ce domaine, qui possède des vignes au milieu de zones boisées, peut mener son expérience de biodynamie sans l'influence intempestive de voisins plus interventionnistes sur leurs vignes. Terres-Blanches est une entrée de gamme qui nous fait penser à un haut de gamme très abouti, sans élevage apporteur de scories. On le recherchera avidement. La cuvée Les-Schistes est aussi un must. Ce domaine est un classique de Saint-Chinian.

Saint-Chinian Les Schistes 2010
Rouge | 2012 à 2018 | 13 € **16/20**
Minérale, intense, fruitée, réglissée, cette cuvée s'exprime dans le grand style de saint-chinian, reconnaissable entre tous.

Saint-Chinian Terres Blanches 2011
Rouge | 2012 à 2016 | 8,50 € **15/20**
Encore une belle réussite, très typé de saint-chinian, minérale à souhait, puissante.

CHÂTEAU DE BRAU

11620 Villemoustaussou
Tél. 04 68 72 31 92 • Fax : 04 68 25 91 17
chateaudebrau@aliceadsl.fr
chateaudebrau.over-blog.com
Visite : Du lundi au vendredi de 9h à 19h
et le week-end sur rendez-vous.

IGP Pays d'Oc petit verdot 2011
Rouge | 2012 à 2013 | 8,50 € **15/20**
Domaine en bio qui réalise différentes cuvées dont un petit verdot remarquable. Étonnante cuvée de ce cépage très bordelais qui trouve ici une expression mûre mais fraîche, racée. À découvrir.

MAS DES BROUSSES

2, chemin du Bois • 34150 Puechabon
Tél. 04 67 57 33 75 • Fax : 04 67 57 33 75
geraldine.combes@wanadoo.fr
www.masdesbrousses.fr
Visite : Sur rendez-vous.

Géraldine Combes et Xavier Peyraud (du Domaine Tempier, à Bandol) exploitent une douzaine d'hectares en Terrasses du Larzac. Leur premier millésime date de 1997, et le domaine produit aujourd'hui un vin de pays issu de merlot et de grenache, ainsi qu'un coteaux-du-languedoc de haute volée, qui vieillit remarquablement. Une cuvée de mourvèdre complète la gamme, de haute lignée. Attendu en rouge, c'est en blanc que le domaine impose le contre-pied. Avouons toutefois que certains rouges déconcertent un peu depuis 2009 alors que nous mettions beaucoup d'espoir dans ce domaine.

COTEAUX DU LANGUEDOC - TERRASSES DU LARZAC MATARO 2009
Rouge | 2012 à 2016 | 36 € **15/20**
L'élevage est dominant mais la matière est belle, racée, gourmande.

IGP PAYS D'OC 2011
Blanc | 2012 à 2015 | 12 € **15,5/20**
Grand style original, infusion d'herbes, verveine, beaucoup de charme dans ce blanc des plus originaux.

MAS BRUGUIÈRE

La Plaine • 34270 Valflaunès
Tél. 04 67 55 20 97 • Fax : 04 67 55 20 97
xavier.bruguiere@wanadoo.fr
www.mas-bruguiere.com
Visite : Du lundi au samedi sauf mercredi de 10h à 12h et de 14h à 18h.

COTEAUX DU LANGUEDOC - PIC SAINT-LOUP L'ARBOUSE 2010
Rouge | 2012 à 2015 | 11 € **13/20**
Dans le style vin de copains, léger, avec du fruit, autour d'une grillade.

COTEAUX DU LANGUEDOC - PIC SAINT-LOUP L'ARBOUSE 2011
Rosé | 2012 à 2013 | 8 € **14/20**
L'Arbouse est également un joli rosé de fruit, frais et fin, gourmand comme il le faut. La persistance en bouche est évidente.

CHÂTEAU CABEZAC

16-18 Hameau de Cabezac • 11120 Bize Minervois
Tél. 04 468 462 305
info@chateaucabezac.com

VIN DE PAYS DU VAL DE CESSE CARIÑU 2008
Rouge | 2012 à 2014 | NC **13,5/20**
Cuvée issue de très vieilles vignes exclusivement en cépage carignan, élevée en fût. Nez fondu, mûr et agréable, aux arômes de pruneau, noyau de cerise, cuir, bouche très aromatique, offrant une texture suave et de la fraîcheur. Subtil et plaisant.

CAVE DE CABRIÈRES

Route de Roujan • 34800 Cabrières
Tél. 04 67 88 91 60 • Fax : 04 67 88 00 15
sca.cabrieres@wanadoo.fr • www.cabrieres.com
Visite : Du lundi au dimanche. Fermé le 1er janvier et le 25 décembre.

COTEAUX DU LANGUEDOC CHÂTEAU CABRIÈRES 2010
Rouge | 2012 à 2016 | 12 € **14/20**
Encore une jolie réussite de la cave avec ce rouge frais et gourmand. On le boira volontiers avec une grillade de viande rouge.

COTEAUX DU LANGUEDOC CUVÉE FULCRAND CABANON 2011
Rosé | 2012 à 2013 | 5 € **14,5/20**
Ici, on sait faire du rosé. Onctueux, plein et fruité, sans dureté de finale. Le taux de redemande sera élevé.

COTEAUX DU LANGUEDOC CUVÉE FULCRAND CABANON 2010
Rouge | 2012 à 2016 | 6 € **14/20**
Agréable tenue en bouche et beaucoup de fraîcheur dans cette cuvée réussie de la cave.

DOMAINE DE CABROL

RD 118 • 11600 Aragon
Tél. 04 68 77 19 06 • Fax : 04 68 77 54 90
cc@domainedecabrol.fr • www.domainedecabrol.fr
Visite : Du lundi au vendredi, de 11h à 12h et de 17h à 19h. Le samedi de 11h à 12h et de 15h à 19h.
Le dimanche sur rendez-vous.

Ce domaine classique de Cabardès produit une gamme de vins classiques, généralement de bonne tenue avec parfois quelques irrégularités. Si la cuvée Vent-d'Est se remarque régulièrement dans cette gamme, elle est en 2010 époustouflante !

Cabardès La Dérive 2007
Rouge | 2012 à 2013 | 18 € **14/20**
Vin en puissance, très marqué par la réglisse, avec une belle densité de bouche et une finale tabac. Il est à boire dès maintenant.

Cabardès Vent d'Est 2010
Rouge | 2012 à 2015 | 13,50 € **16,5/20**
Vin étonnant, particulièrement savoureux, salin en diable, délicatement iodé. Nous le recommandons absolument pour sa complexité.

MAS CAL DEMOURA

3 A, route de Saint-André • 34725 Jonquières
Tél. 04 67 44 70 82 • Fax : 04 67 88 59 35
info@caldemoura.com • www.caldemoura.com
Visite : Sur rendez-vous.

Vincent Goumard, venu du conseil financier, a repris cette propriété de Jonquières, en Terrasses du Larzac, qui appartenait au père d'Olivier Jullien. Son obsession est de faire mieux à chaque millésime et il insuffle cette envie d'aller de l'avant à toute la zone des Terrasses du Larzac dont il est le président. Au domaine, les-Combariolles est une cuvée dense de belle plénitude, et l'Infidèle est une entrée de gamme idéale tout en étant de haut niveau. Les rouges, mais également les blancs, sont hautement fréquentables !

Coteaux du Languedoc - Terrasses du Larzac Feu Sacré 2009
Rouge | 2012 à 2018 | 35 € **15,5/20**
Avec 80 % de grenache, une note aromatique évoluée et un style mature, on lui imaginerait volontiers une origine castelpapale.

Coteaux du Languedoc - Terrasses du Larzac L'Infidèle 2010
Rouge | 2012 à 2017 | 14,50 € **16,5/20**
C'est certainement un nouveau pas vers le grand languedoc, avec un sens inné de l'équilibre et de la fraîcheur.

Coteaux du Languedoc - Terrasses du Larzac Les Combariolles 2010
Rouge | 2012 à 2018 | 22 € **17/20**
Avec un supplément de complexité par rapport à l'Infidèle, ce 2010 déploie ses saveurs autour d'un tanin particulièrement élégant. Savoureux en diable, le temps le complexifiera encore.

Coteaux du Languedoc - Terrasses du Larzac Les Combariolles 2009
Rouge | 2012 à 2017 | 22 € **16,5/20**
Syrah et mourvèdre sont complétés de 20 % de grenache. La puissance des saveurs est évidente, la complexité est là. Le jus est superbe.

CALMEL + JJOSEPH

42, rue Barbès • 11000 Carcassonne
Tél. 04 68 72 09 88
jjoseph@jjoseph.fr • www.jjoseph.fr
Visite : Sur rendez-vous.

Jérôme Joseph et Laurent Calmel sont des négociants sans chai. Ils élèvent les cuvées qu'ils sélectionnent chez les vignerons auxquels il les achètent. Leur art consiste à développer les saveurs des vins dans le respect des terroirs d'origine. La profondeur est le dénominateur commun de leurs cuvées.

Saint-Chinian 2009
Rouge | 2009 à 2014 | 8,50 € **15,5/20**
Le grand fruité de saint-chinian en attaque, la finale est puissante, un peu marquée. La résultante serait un languedoc qui aurait fauté avec une romanée-saint-vivant. Ici, on voyage.

Vin de pays des Côtes du Brian carignan 2010 ☺
Rouge | 2009 à 2014 | 8,50 € **14,5/20**
Il a de l'allure, ce carignan si décrié qui nous dévoile ici son corps svelte et sa fraîcheur native avec une pointe de réglisse forte. La vigne date de 1890.

CAVE DE CAMPLONG

23, avenue de la Promenade • 11200 Camplong-d'Aude
Tél. 04 68 43 60 86 • Fax : 04 68 43 69 21
vignerons-camplong@wanadoo.fr • www.camplong.com
Visite : Du lundi au vendredi, de 8h à 12h et de 14h à 18h (l'été jusqu'à 19h) et le samedi, de 9h30 à 12h30 et de 14h à 18h (l'été de 15h à 19h).

Situé sur le terroir de Lagrasse et au pied de la montagne d'Alaric, le dernier roi wisigoth, cette cave coopérative a su se remettre en question et importer le savoir-faire de deux négociants associés, le Rhodanien Tardieu et le Bourguignon Laurent, pour penser la cuvée C.

Corbières La Cuvée des Vignerons 2009

Rouge | 2012 à 2015 | 11,70 € **13,5/20**

Nez épanoui, bouche souple, fondante, avec des tanins gras et beaucoup de fruit. Très plaisant et bien fait.

Corbières Le C de Camplong 2009

Rouge | 2012 à 2015 | 18 € **14/20**

Les vieilles vignes communiquent à cette jolie cuvée une superbe exubérance aromatique, la bouche est charnue et équilibrée par une finale friande.

CLOS CANOS

Rue de Canos • 11200 Luc-sur-Orbieu
Tél. 04 68 27 00 06 • Fax : 04 68 27 61 08
chateau-canos@wanadoo.fr
Visite : Du lundi au samedi de 9h à 19h.

Dans une région plus naturellement tournée vers les rouges, le rosé fait partie des valeurs sûres de la maison. En blanc, il réalise des vins de soif en sauvignon et en chardonnay.

Corbières 2011

Rosé | 2012 à 2013 | NC **14/20**

La robe d'un superbe rose tendre laisse présager de l'élégance du nez, la bouche est charnue, fruitée, bien faite, gourmande et vive.

Vin de France Les Éoliennes 2011

Blanc | 2012 à 2015 | NC **14/20**

Nez extrêmement fruité et épicé, bouche savoureuse, riche, enveloppante, aromatique et vigoureuse.

VIGNERONS DU CAP LEUCATE

2, avenue Francis-Vals • 11370 Leucate
Tél. 04 68 33 20 41 • Fax : 04 68 33 08 22
cave-leucate@wanadoo.fr • www.cap-leucate.com
Visite : En hiver, du lundi au vendredi de 9h30 à 12h30 et de 15h à 19h. En été, du lundi au vendredi, de 9h30 à 19h30.

Corbières Quintilius 2011

Blanc | 2012 à 2014 | NC **13,5/20**

Beaucoup de pétulance dans les arômes d'agrumes et de fleurs, dans la texture charnue et tonique, et dans la petite touche d'amertume perçue en finale.

Corbières Tresmoulis 2009

Rouge | 2012 à 2016 | 6,30 € **13,5/20**

Arômes persistants de confiture de prune, groseille, pierre chaude, texture charnue, flatteuse mais non dénuée de fraîcheur.

Fitou Cap 42° 2009

Rouge | 2012 à 2015 | 13 € **14/20**

Nez fondu, fruité et très grillé, belle texture franche. Toute la fraîcheur maritime associée au joli fruit bien mûr se retrouve dans cette cuvée.

DOMAINE DU CAPITAT

39, RD 6009 • 11510 Fitou
Tél. 04 68 45 76 98
pierre.abelanet@wanadoo.fr • www.abelanet-capitat.fr
Visite : De 9h30 à 12h30 et de 14h30 à 19h.

Fitou cuvée Chautrus 2010

Rouge | 2012 à 2015 | 4,70 € **14/20**

De beaux arômes de fruits rouges très mûrs et de résineux, une bouche rondouillarde et vigoureuse, non dénuée d'élégance. Du caractère.

MAS DES CAPRICES

37, avenue Georges-Brassens • 11370 Leucate
Tél. 04 68 40 96 19 • Fax : 04 68 40 96 19
masdescaprices@free.fr
Visite : Du lundi au jeudi sur rendez-vous. Le vendredi et le samedi de 18h à 20h. Le dimanche de 11h à 13h. En été, du mardi au samedi de 18h à 20h. Le dimanche de 11h à 13h.

Fitou Le Blanc de l'Œuf 2011

Rouge | 2012 à 2014 | 10 € **14/20**

Une cuvée pleine de pep's élevée dans une cuve en forme d'œuf ! Nez délicatement fruité et verveine, bouche ronde, très aromatique et vigoureuse.

Fitou Retour Aux Sources 2010

Rouge | 2012 à 2016 | 11 € **14/20**

Nez épanoui, fruits confiturés, fleuri, toasté, bouche charnue, fondante, très aromatique et dotée d'une belle structure tannique.

DOMAINE DES CAPRIERS

605, avenue de la Gare • 34480 Puissalicon
Tél. 04 67 36 21 08 • Fax : 04 67 36 21 08
matthieu.vergnes@wonderland.fr • www.domainedes-capriers.com
Visite : Sur rendez-vous.

Vin de pays des Côtes de Thongue L'Imaginaire de Paul 2010
Rouge | 2012 à 2013 | 6 € 12,5/20
Plaisant, souple en bouche, assez sensuel dans son tanin simple mais précis, c'est un joli vin de grillades.

CHÂTEAU DE CARAGUILHES

11220 Saint-Laurent-de-la-Cabrerisse
Tél. 04 68 27 88 99 • Fax : 04 68 27 88 90
chateau@caraguilhes.fr • www.caraguilhes.fr
Visite : Du lundi au vendredi, de 9h à 12h et de 14h à 18h. Le week-end sur rendez vous.

Corbières 2011
Blanc | 2012 à 2014 | 8 € 13,5/20
Arômes très agréables de reine-claude, melon, fleurs blanches, bouche ample, chaleureuse et équilibrée par une excellente vivacité. Bonne vinification.

Corbières Prestige 2010
Rouge | 2012 à 2016 | 11,50 € 14/20
Le fruit est très beau, les nuances de violette, résineux et épices agréables, la texture charnue et la fraîcheur parachèvent l'ensemble.

Corbières-Boutenac Solus 2010
Rouge | 2012 à 2018 | 19 € 15/20
Fruit explosif, notes poivrées et violette, belle fraîcheur pour cette cuvée puissante, exubérante et voluptueuse.

LES MAÎTRES VIGNERONS DE CASCASTEL

Grand-Rue • 11360 Cascastel
Tél. 04 68 45 91 74 • Fax : 04 68 45 82 70
info@cascastel.com • www.cascastel.com
Visite : Du lundi au vendredi de 8h à 12h et de 14h à 18h. De juillet à août, du lundi au samedi jusqu'à 19h.

Fitou Expression de Schistes 2010
Rouge | 2012 à 2015 | 8,50 € 13,5/20
On aime l'exubérance des arômes de fruits rouges frais, minéraux, violette, la bouche chaleureuse, franche, aux tanins un peu rugueux de cette cuvée de caractère.

Fitou L'Extravagant 2010
Rouge | 2012 à 2016 | 6,90 € 14/20
Encore un peu dominé par l'élevage en barrique mais la matière, la charpente et le fruit sont là.

Fitou Réserve de Fonsalis 2010
Rouge | 2012 à 2016 | 7 € 14,5/20
Très réussie, cette cuvée propose un nez exubérant de fruits mûrs et de fleurs, une bouche dense, chaleureuse, très aromatique et d'une grande fraîcheur.

DOMAINE DE CASTELNAU

32 Avenue de Pézenas • 34120 Castelnau de Guers
Tél. 04 67 98 16 19

IGP Pays d'Oc Le Rosé Osé 2011 ☺
Rosé | 2012 à 2013 | 3,50 € 14/20
Une vraie gourmandise ! Nez élégant et épanoui, avec ses arômes très fruités, épicés et fleuris, bouche tout aussi aromatique, charnue et bien vive.

DOMAINE CATHARE

rue du Béal • 11250 Saint-Hilaire
Tél. 0468200878
franck.schisano@cathare.tm.fr • www.cathare.tm.fr

Après avoir rangé ses crampons d'une carrière rugbystique bien remplie, l'ex 3/4 aile de Narbonne a décidé de posé son sac entre deux rangs de vignes en terre limouxine. Les 3,5 hectares qu'il possède lui permettent de jouer sous les deux couleurs, du rouge et du blanc. Ses premières cuvées de blancs sont séduisantes.

Limoux Caretas 2011
Blanc | 2012 à 2016 | 12 € 14,5/20
Bel équilibre de vin pour cette cuvée 100 % chenin, d'un beau doré, au nez vif et à la bouche savoureuse.

Limoux Caretas 2010
Blanc | 2012 à 2016 | 12 € 15/20
Robe dorée. Nez riche et expressif, aux notes de fruits exotiques. Bouche fraîche et suave, sur des fruits bien mûrs.

LIMOUX CONSOLAMENT 2011
Blanc | 2012 à 2016 | 13 € **14,5/20**
Robe paille. Jolies notes d'agrumes. Soyeux en bouche avec de la droiture et de la tension, finale fraîche sur les zestes d'agrumes.

DOMAINE CAUSSE D'ARBORAS

477, rue Georges-Cuvier - Le Mas-de-Cazes
34090 Montpellier
Tél. 06 11 51 08 41 • Fax : 04 67 04 11 40
causse-arboras@wanadoo.fr
www.causse-arboras.com
Visite : Sur rendez-vous.

Jean-Louis Sagne complète ses activités médicales montpelliéraines par l'exploitation de ce vignoble qu'il a acquis en 2003. Il s'est associé à un technicien de la chambre d'agriculture pour vinifier des terroirs d'altitude des Terrasses du Larzac, au-dessus de Saint-Saturnin. Le domaine réalise deux cuvées, les-Cazes et 3-Jean, qui expriment haut et fort un terroir de qualité. Après un petit creux, le domaine revient au niveau qui était le sien lors de ses premiers millésimes.

COTEAUX DU LANGUEDOC LES 3 JEAN 2008
Rouge | 2012 à 2015 | 19 € **15/20**
La fraîcheur du millésime transcende cette cuvée qui a retrouvé son dynamisme.

COTEAUX DU LANGUEDOC LES CAZES 2009
Rouge | 2012 à 2013 | 9,80 € **14,5/20**
On remarque dès l'attaque une fraîcheur gourmande dans le millésime et une buvabilité remarquable.

DOMAINE ALAIN CAVAILLÈS

Chemin d'Alon • 11300 Magrie
Tél. 04 68 31 11 01
cavailles.alain@wanadoo.fr • www.alaincavailles.com
Visite : Tous les jeudis de l'année. Les vendredis d'été. Tous les autres jours sur rendez-vous.

Alain Cavaillès s'est installé à Magrie en 1999. Autodidacte, il a tout appris sur le terrain. Conduire un tracteur, tailler la vigne, et bien sûr vinifier. Une seule chose le motive, avoir des vignes et faire du vin. Aujourd'hui, Alain conduit ses 8,5 hectares de vignes en agriculture biologique.

BLANQUETTE DE LIMOUX ÉTINCELLE 2009
Blanc Brut eff. | 2012 à 2014 | 13 € **14/20**
Cuvée 100 % mauzac. Vin droit, minéral, énergique aux notes de fruits, pommes, agrumes.

CRÉMANT DE LIMOUX MICROMEGAS 2009
Blanc Brut eff. | 2012 à 2016 | 13 € **15/20**
Fruits rouges au nez. Bouche gourmande aux notes de framboises et de pommes vertes, enrobée d'une bulle fine. Assemblage heureux du chardonnay, du chenin et du pinot.

CRÉMANT DE LIMOUX RÉSILIENCE 2008
Blanc Brut eff. | 2012 à 2014 | 11,50 € **14,5/20**
Couleur or. Bulles fines et persistantes. Nez minéral. Explosion de fruit en bouche, avec un côté floral. Minéralité équilibrante en finale.

DOMAINE DE CAZABAN

Chemin des Eclauzes • 11600 Villegailhenc
Tél. 04 68 72 11 63 ou 06 58 06 22 74
Fax : 04 68 47 55 76
clement.mengus@orange.fr
www.domainedecazaban.com
Visite : Sur rendez-vous.

Clément Mengus, jeune alsacien formé à Beaune, a rejoint Cabardès après avoir fait ses armes chez plusieurs viticulteurs phare, en Alsace puis chez Charlopin à Gevrey. Il a repris 6 hectares majoritairement en syrah, qu'il complète par 3 hectares de nouvelles plantations de cépages atlantiques. En quelques millésimes, il a défini une nouvelle norme en cabardès. Le domaine complète son activité par la location de gîtes de charme en plein milieu des vignes.

CABARDÈS 2011
Rosé | 2012 à 2013 | 6,50 € **14,5/20**
À base de grenache et de cinsault, on est ici en présence d'un rosé vineux, avec du fond et une réelle profondeur. Ce qui change tout par rapport à beaucoup de rosés amyliques sans âme.

CABARDÈS DOMAINE DE CAZABAN 2010
Rouge | 2012 à 2017 | 16,90 € **16/20**
Une grande suavité dès l'attaque avec une matière remarquable, élancée et fraîche. Très grande qualité de tanin dans un millésime difficile qui a été ici remarquablement compris.

CABARDÈS LES PETITES RANGÉES 2011 ☺
Rouge | 2012 à 2014 | 10,90 € **15,5/20**
Très jolie matière délicate et fraîche, épicée, tendue. On se régale de cet assemblage de syrah et de merlot.

Vin de pays des Côtes de Lastours
Jours de Vigne 2011
Rouge | 2012 à 2015 | 7,60 € **15/20**
Beaucoup de fond dans cette entrée de gamme vinifiée en cuve qui dépasse bien des cuvées «vieillies en fûts de chêne». Le vin a un naturel étonnant et une délicatesse veloutée en finale.

CHÂTEAU DE CAZENEUVE

Cazeneuve • 34270 Lauret
Tél. 04 67 59 07 49 • Fax : 04 67 59 06 91
andre.leenhardt@wanadoo.fr • www.cazeneuve.net
Visite : Du lundi au vendredi sur rendez-vous.
Le samedi de 9h à 12h et de 14h à 18h.

André Leenhardt exploite 25 hectares dans la zone du Pic Saint-Loup. Il réalise le Sang-du-Calvaire, une cuvée intégralement dédiée à ce mourvèdre qu'il affectionne. Carline, nouvelle cuvée, montre la voie à suivre vers la netteté des matières. Les échantillons des autres cuvées se goûtaient mal lors de notre dégustation. Nous les regoûterons avec intérêt l'année prochaine.

Coteaux du Languedoc - Pic Saint-Loup
Carline 2010
Rouge | 2012 à 2016 | 10 € **15,5/20**
Le nez n'est pas en place mais la matière de cette nouvelle cuvée est superbe, le jus est absolument gourmand avec un tanin aérien.

Coteaux du Languedoc - Pic Saint-Loup
Le Sang du Calvaire 2009
Rouge | 2013 à 2018 | 34 € **14/20**
De grande puissance, avec une matière orientée vers la réglisse, c'est l'un des piliers du Pic. On attendra que la matière s'affine.

DOMAINE DE CÉBÈNE

La Papeterie - Ancienne route de Béziers
34600 Bédarieux
Tél. 06 74 96 42 67
bchevalier@wanadoo.fr • www.cebene.fr
Visite : Sur rendez-vous.

Brigitte Chevalier travaillait pour Jean-Luc Thunevin. Elle a monté son domaine sur Faugères qui compte aujourd'hui 4 hectares, complétés par une zone de sédiments marins en IGP Pays d'Oc. Le nom du domaine vient de Cébèna, fille des titans sensible à la beauté du monde, qui aurait donné la forme de son corps à la montagne qui culmine au dessus de Faugères. Les rendements au domaine sont limités à moins de 20 hectolitres par hectare. Les Bancèls et Felgaria 2011 goûtés en échantillons sont prometteurs.

Faugères Belle Lurette 2010
Rouge | 2012 à 2017 | 14 € **15,5/20**
L'échantillon que nous avons goûté laissait apercevoir une très belle matière aux tanins raffinés, une longueur de bouche remarquable. Il pourra mériter une note supérieure après la mise.

Faugères Les Bancèls 2011
Rouge | 2012 à 2017 | 14 € **16/20**
Vin de grande saveur, fruité et complexe, aux tanins très fins. Il fait saliver.

CHÂTEAU DU CERBIER

5, portail de la Trinité • 11200 Fabrezan
Tél. 04 68 43 55 31 • Fax : 04 68 43 55 30
domaineducerbier@free.fr
Visite : Sur rendez-vous.

Corbières Indiana 2010
Rouge | 2012 à 2014 | 6 € **14/20**
Arômes fruités, délicieuse fraîcheur, belle suite, bon équilibre : cette agréable cuvée mise tout sur l'élégance avec succès.

LES VIGNERONS DE CERS-PORTIRAGNES

34420 Cers-Portiragnes
Tél. 04 67 39 31 79
www.codewine.com

Vin de pays des Coteaux du Libron
In Vino Erotico 2010
Rouge | 2012 à 2013 | 5,50 € **14/20**
Le nom de la cuvée inquiète. Racoleur, il convient finalement assez bien à cette cuvée faite pour plaire, gourmande en fruits et longue dans sa finale.

CHÂTEAU CESSERAS

34210 Cesseras

Tél. 04 68 91 15 70 • Fax : 04 68 91 15 78

pierreandre.coudoulet@wanadoo.fr

Visite : Sur rendez-vous.

Pierre-André Ournac exploite, avec son neveu Guillaume, le Domaine Coudoulet, vaste propriété en IGP Pays d'Oc puis, plus récemment, le Château Cesseras, en Minervois. Les vins d'appellation ont rejoint l'élite vigneronne et le domaine réalise des vins de cépages incroyablement joueurs et de grande expression. Ce domaine nous sert de diapason pour mesurer la réussite d'un cépage dans le millésime, il est hautement fréquentable.

Minervois-La-Livinière 2009
Rouge | 2012 à 2015 | 12 € **16/20**
Le millésime imprime sa marque sur cette belle cuvée en renforçant la note de cuir et d'épices douces. La finale de truffe est portée par les fruits noirs pour ne citer que les arômes marquants tant la bouche est complexe. Il peut être bu dès maintenant.

IGP Pays d'Oc
Domaine Coudoulet - grenache 2011
Rouge | 2012 à 2014 | 5 € **15/20**
Étonnement, le grenache est plus frais que la cuvée de syrah. Dans un registre simple, certes, mais absolument croquant, les arômes de petits fruits rallieront au vin rouge ceux qui n'appréciaient pas cette couleur.

IGP Pays d'Oc
Domaine Coudoulet - syrah 2011
Rouge | 2012 à 2014 | 5 € **14,5/20**
Syrah croquante de fruit, très mûre dans le millésime, gourmande et généreuse à souhait. Son aromatique plaira beaucoup.

CHÂTEAU CHAMP-DES-SŒURS

19, avenue des Corbières • 11510 Fitou

Tél. 04 68 45 66 74 • Fax : 04 68 45 66 74

chateauchampdessoeurs@orange.fr

www.champdessoeurs.fr

Visite : Sur rendez-vous.

Dans la course à la qualité lancée à Fitou par le Domaine Bertrand-Bergé, l'outsider à surveiller est assurément le Château Champ-des-Sœurs. Le sérieux, la remise en question permanente et le désir d'aller de l'avant devraient amener Laurent Meynadier à progresser encore. Le domaine, installé sur Fitou, dans la zone maritime de l'appellation, produit une cuvée Bel-Amant qui est en fait le patronyme de sa belle-famille. La cuvée la-Tina est la traduction occitane du mot «cuvée». Les amateurs de grand vin y décèleront un très joli modèle de fitou.

Fitou 2010
Rouge | 2012 à 2014 | 7 € **13/20**
Sans prétention mais équilibrée et bien agréable, cette cuvée exprime des arômes finement fruités et poivrés, de la franchise et de la fraîcheur.

Fitou Bel Amant 2010
Rouge | 2012 à 2016 | 9,50 € **14/20**
On aime le nez épanoui et exubérant, richement fruité, garrigue et violette, la bouche ample, pleine de caractère et de vigueur de cette cuvée au bon potentiel.

Fitou La Tina 2010
Rouge | 2012 à 2015 | 14,50 € **14,5/20**
Une pure gourmandise : nez très original de figue fraîche, fruits rouges, résineux, bouche tout aussi aromatique, ronde, chaleureuse et vive.

Muscat de Rivesaltes 2011
Blanc liquoreux | 2012 à 2017 | NC **14,5/20**
Arômes très purs, typés muscat, abricot, coing, floral, bouche onctueuse, riche, fraîche et bien équilibrée. Très agréable.

MAS CHAMPART

Bramefan, route de Villespans - Route de Villespassans

34360 Saint-Chinian

Tél. 04 67 38 05 59 • Fax : 04 67 38 20 09

mas-champart@wanadoo.fr

Visite : Sur rendez-vous.

Isabelle et Mathieu Champart ont créé leur domaine de toutes pièces en 1976. Cette Parisienne et ce Champenois ont sorti de la coopération leurs beaux terroirs au sud de Saint-Chinian. Le domaine offre une version épurée de l'appellation, avec des vins tendus et très précis, peu démonstratifs en vins jeunes, contrairement aux terroirs de schistes. Ils ont réussi de grands vins en 2009 malgré les conditions météo. 2010 s'annonce grand.

Saint-Chinian 2010
Blanc | 2012 à 2013 | 12 € **15/20**
Frais, intense puissant et absolument gourmand, tendu. Ce 2010 fera date, tendu et opulent, deux qualités qui peuvent sembler antinomiques. Blanc de forte personnalité.

Saint-Chinian Causse du Bousquet 2009
Rouge | 2012 à 2020 | 12 € **16/20**
Un peu plus mûr que d'habitude, millésime oblige, avec une longueur minérale époustouflante.

Saint-Chinian Clos de la Simonette 2009
Rouge | 2012 à 2018 | 18 € **16/20**
Opulente, fraîche, longue, savoureuse, un peu mûre dans ce millésime chaud, cette cuvée se remarque par la qualité de ses tanins et son emprise minérale.

Saint-Chinian Côte d'Arbo 2010
Rouge | 2012 à 2018 | 8 € **17/20**
Noblesse du raisin, grand soin apporté à la vendange, tout est là pour réaliser une cuvée remarquée entre toutes dans l'appellation par sa minéralité.

DOMAINE LES CHEMINS DE CARABOTTE

Jean-Yves Chaperon et Nicole Michel • 34150 Aniane
Tél. 06 07 16 76 13
contact@carabotte.com • www.carabotte.com
Visite : Sur rendez-vous.

À côté du journalisme musical en radio nationale, Jean-Yves Chaperon s'est intéressé au vin. Deux cuvées méritent une attention particulière dont il a su tirer la quintessence dans un millésime compliqué. La cuvée les-Pierres-qui-Chantent étonnera ceux qui la goûteront par son éclat aromatique.

Coteaux du Languedoc 2010
Rouge | 2012 à 2017 | NC **14/20**
Le nez est porté par les arômes de truffe, de lard, de réglisse forte. La bouche est gourmande, fruitée, délicatement épicée.

Coteaux du Languedoc 2009
Rouge | 2012 à 2018 | 11 € **15/20**
Vin étonnant, très aromatique, frais et incroyablement gourmand. La finale est suave, c'est un charmeur !

Coteaux du Languedoc
- Terrasses du Larzac 2008
Rouge | 2012 à 2015 | 18 € **14/20**
Nez truffé, viandé avec des saveurs épicées fruitées. La finale est tendue, gourmande avec une pointe d'acidité en fin de bouche.

MAS DES CHIMÈRES

La Vialle • 34800 Octon
Tél. 04 67 96 22 70 • Fax : 04 67 88 07 00
mas.des.chimeres@wanadoo.fr
www.masdeschimeres.com
Visite : De juillet à août, de 10h à 12h et de 17h à 19h sauf le dimanche après-midi. Hors-saison sur rendez-vous.

L'amateur qui viendra dans le secteur d'Octon verra un paysage dantesque, qui alterne des terres rouges incroyablement arides, le noir des sols basaltiques et une masse d'eau inattendue qui est contenue par le lac artificiel du Salagou. Il trouvera également quelques vignes dont les feuilles parviennent malgré tout à verdir dans cet endroit peu hospitalier en apparence. Guilhem Dardé, paysan vigneron, ainsi qu'il aime à le rappeler sur ses étiquettes, affiche sa sincérité, une vertu qui transparaît ici dans les vins.

Coteaux du Languedoc Caminarem 2009
Rouge | 2009 à 2015 | 13 € **13/20**
Voici un vin de personnalité, puissant, d'un grand fruit, avec une acidité marquée en fin de bouche. On l'aimera ou elle dérangera.

CLOS DES CLAPISSES

Route de la Molière • 34800 Octon
Tél. 04 67 72 20 84
clos.clapisses@yahoo.fr
Visite : Sur rendez-vous.

Bruno Peyre travaille ses 4,5 hectares à l'ancienne, à la main, sans tracteur ni cheval, tel qu'on le faisait au début du siècle passé. Rien n'est trop soigneux pour le carignan qu'il chérit. Toute la gamme est bien réussie, elle mérite de s'y intéresser. Les vignes jouxtent le lac du Salagou, un lieu étonnant qui mérite également le détour. Voici deux bonnes raisons de venir ici.

IGP Pays d'Oc La Ruffe 2011
Rouge | 2012 à 2015 | 8 € **15/20**
Le vigneron a capté la fraîcheur, un joli fruité. Sans puissance extravertie mais sans maigreur, sa fluidité assurera un taux de redemande élevé.

IGP Pays d'Oc Scinérite 2010
Rouge | 2012 à 2014 | 50 € **15,5/20**
Plus en puissance que la Ruffe, l'élevage le marque légèrement. On apprécie sa fraîcheur et sa buvabilité.

VIN DE PAYS DES COTEAUX DU SALAGOU CARIGNAN 2011

Rouge | 2012 à 2015 | 7 € **14,5/20**

Belle réussite dans le millésime avec de la concentration, de l'équilibre et une réelle fraîcheur.

DOMAINE DE CLOVALLON

Route du Col-du-Buis • 34600 Bédarieux
Tél. 04 67 95 19 72 • Fax : 04 67 95 11 18
domaine@clovallon.fr • www.clovallon.fr
Visite : Sur rendez-vous.

IGP PAYS D'OC PINOT NOIR 2011

Rouge | 2012 à 2013 | 9 € **14/20**

L'un des rares pinots noirs de qualité dans la région. On aime son fruité et sa finesse de bouche, dans un style résolument sudiste, opulent et affirmé.

CHÂTEAU DE COINTES

11290 Roullens
Tél. 04 68 26 81 05 • Fax : 04 68 26 84 37
gorostis@chateaudecointes.com
www.chateaudecointes.com
Visite : L'été du mardi au vendredi de 10h30 à 12h30 et de 17h30 à 19h et le samedi de 10h30 à 15h; l'hiver sur rendez-vous.

MALEPÈRE MARIE ANNE 2009

Rouge | 2012 à 2013 | 7 € **13/20**

Bien dans le style malepère, avec un tanin suave, des notes de poivron vert, ce vin mettra en valeur une grillade aux sarments.

DOMAINE DES CONQUÊTES

chemin des conquêtes • 34150 Aniane
Tél. 04 67 57 35 99 • Fax : 04 67 57 35 99
ellner.philippe@neuf.fr • www.domainedesconquetes.fr
Visite : De 9h à 12h et de 14h à 19h du lundi au mercredi, et de 15h à 19h du jeudi au samedi. Fermé le dimanche.

VIN DE PAYS DE SAINT-GUILHEM LE DÉSERT 2011

Rouge | 2012 à 2014 | 6,25 € **14,5/20**

Large en bouche, intense, très fruité, des notes de réglisse forte, de cacao. Sans faiblesse de constitution, c'est un rouge particulièrement facile à boire.

MAS CONSCIENCE

Route de Montpeyroux • 34150 Saint-Jean-de-Fosc
Tél. 04 67 57 77 42 • Fax : 04 67 57 77 42
mas.conscience@wanadoo.fr
Visite : Sur rendez-vous.

Geneviève et Laurent Vidal conduisent leur Mas Conscience qui tire son nom de l'une des poteries de Saint-Jean de Fos, village dont cet artisanat avait autrefois construit la réputation. Les vignes sont cultivées ici en biodynamie. Les matières premières goûtées au domaine sont magnifiques mais on ne les retrouve pas toujours en dégustation après la mise : quelques réglages seraient parfois nécessaires. Cieux privilégie les cinsaults. L'As est un coteaux-du-languedoc qui assemble syrah, grenache et carignan, élevés en cuves tronconiques. Le-Cas est étiqueté en igp car il n'est réalisé qu'à partir du seul carignan, vinifié en cuves inox. Trois styles différents, dont l'un privilégie le fruit, l'autre l'arôme et le dernier la structure.

COTEAUX DU LANGUEDOC - TERRASSES DU LARZAC L'AS 2009

Rouge | 2012 à 2016 | 18 € **14,5/20**

La finale est portée par l'acidité et des notes lardées. La finale allie une sensation séveuse et une pointe de sécheresse.

VIN DE FRANCE CIEUX 2011 ☺

Rouge | 2012 à 2014 | 11 € **14,5/20**

Vin de gourmandise, frais et agréablement fruité. Pour une soirée entre copains amateurs de vin.

VIN DE PAYS DE L'HÉRAULT LE CAS 2010

Rouge | 2012 à 2016 | 12 € **14/20**

Le vin surprend par une note d'évent entourée de beaucoup de fraîcheur. On peut adorer le fruit, moins l'acidité. Un vin de discussion.

DOMAINE DES CRÈS RICARDS

34800 Ceyras
Tél. 04 67 90 16 10 • Fax : 04 67 44 67 63
contact@cresricards.com • www.cresricards.com
Visite : Du lundi au samedi de 8h30 à 12h30 et de 14h à 17h.

Cette propriété a été reprise par les domaines Paul Mas. Les cuvées ne tendent pas à être l'expression d'un terroir spécifique, mais plutôt à exprimer la gourmandise. Ce sont des vins modernes, sans aucune accroche de tanin, qui sont à boire sur le fruité éclatant de leur jeunesse. 2010 amène sa gourmandise native ainsi que sa fraîcheur épicée et truffée.

Coteaux du Languedoc - Terrasses du Larzac Œnothera 2010

Rouge | 2012 à 2015 | 15,30 € **15/20**

Cette cuvée est une jolie introduction aux terrasses-du-larzac. Ses notes de lard fumé, son fruité épicé et sa fraîcheur en font un vin très plaisant.

Coteaux du Languedoc Œnothera 2010

Rouge | 2012 à 2013 | 15,30 € **14/20**

Très mûr, épicé, c'est un 2010 que l'on remarque pour sa puissance onctueuse et son fruit extraverti.

IGP Pays d'Oc marsanne - roussanne 2011

Rouge | 2012 à 2015 | 7,10 € **13/20**

De la fraîcheur, du style, avec une pointe de fraîcheur. La note mentholée de finale le rend gourmand.

Vin de pays du Mont Baudile Alexaume 2011

Rouge | 2012 à 2014 | 5,10 € **14/20**

Lardé, fumé, ce vin de plaisir se donne tout de suite. Idéal pour une soirée entre copains, avec la fraîcheur nécessaire.

DOMAINE DE LA CROIX RONDE

34260 La Tour sur Orb

Tél. 04 67 95 35 05 • Fax : 04 67 95 37 16

info@croixronde.com • www.croixronde.com

Visite : Du lundi au samedi de 10h à 12h et de 16h à 19h. Le dimanche sur rendez-vous.

Vin de pays de la Haute Vallée de l'Orb Améthyste 2010

Rouge | 2012 à 2016 | 12 € **15/20**

Fruité, frais, intense, puissant, mentholée, lardé. Voilà ce rouge gourmand et très avenant, avec ses notes de vieille rose.

Vin de pays de la Haute Vallée de l'Orb Jade chardonnay 2010

Blanc | 2012 à 2013 | 7,50 € **14,5/20**

Étonnant chardonnay, aromatique, plein, puissant, très marqué par les thiols qui donnent cette sensation aromatique proche du pamplemousse. Le vin très long se suffit à lui-même. Il animera l'apéritif.

MAS DE DAUMAS-GASSAC

34150 Aniane

Tél. 04 67 57 71 28 • Fax : 04 67 57 41 03

prives@daumas-gassac.com • www.daumas-gassac.com

Visite : Du lundi au samedi de 10h à 12h30 et de 14h à 18h30.

On a beaucoup écrit sur le Mas de Daumas-Gassac. Aimé Guibert a su identifier, sur Aniane, des terroirs qualitatifs aptes à porter un cabernet-sauvignon non autorisé par les appellations locales. En blanc, il a également choisi de vinifier un assemblage de chardonnay, de viognier et de petit manseng qui lui interdisait l'accès à l'appellation. Son domaine produit donc un rouge et un blanc en vin de pays de l'Hérault, qu'il a su imposer à un niveau de prix inconnu dans cette catégorie. Le blanc reçoit un élevage en cuves inox alors que le rouge est partiellement élevé en barriques. La gamme est complétée par des vins de pays agréables, conçus pour être bus rapidement.

Vin de pays de l'Hérault 2011

Blanc | 2012 à 2018 | 35 € **15/20**

Cette cuvée est réalisée à base de viognier, de chardonnay, de petit manseng et complétée par d'autres cépages en proportions plus limitées. Le 2011 est puissant et fruité, de bonne longueur.

Vin de pays de l'Hérault 2010

Rouge | 2012 à 2020 | 35 € **16/20**

Long, frais, subtil, il n'est pas réalisé sur la puissance mais plutôt dans un style digeste. Beau vin de garde.

Vin de pays de l'Hérault Albaran 2010

Rouge | 2012 à 2014 | 7 € **13/20**

Assemblage de cabernet-sauvignon et de syrah, agréable à boire dès maintenant.

Vin de pays de l'Hérault Eraus 2011

Blanc | 2012 à 2013 | 7 € **13/20**

Eraus est un blanc de sauvignon facile à boire, équilibré. Bien typé par son cépage, il n'exacerbe pas les notes variétales du cépage. Pour l'apéritif.

Vin de pays de l'Hérault Guilhem 2011

Rouge | 2012 à 2013 | 5 € **13/20**

Cuvée de syrah, grenache, carignan et mourvèdre. Son acidité apporte de la fraîcheur dans une finale longue. C'est un vin simple d'accès mais avec une réelle franchise.

DOMAINE DE L'AIGLE

Château de l'Hospitalet - Route de Narbonne plage
11000 Narbonne
Tél. 04 68 45 36 00 • Fax : 04 68 45 27 17
vins@gerard-bertrand.com • www.gerard-bertrand.com

Situé autour du village de Roquetaillade, au pied des Pyrénées, ce vignoble est l'un des plus haut, de la Haute-Vallée de l'Aude. Planté de chardonnay, de chenin et de pinot noir, il bénéficie de conditions climatiques où l'on peut préserver la fraîcheur et la minéralité.

LIMOUX 2011

Blanc | 2012 à 2015 | NC **14,5/20**

Le boisé est encore perceptible mais la matière est puissante, charnue, bien mûre.

LIMOUX L'AIGLE ROYAL 2010

Blanc | 2012 à 2015 | 39 € **16/20**

Couleur paille dorée. Note de brioche chaude. Bouche sublime de rondeur et de fraîcheur, finale fraîche sur des petites notes d'agrumes.

DOMAINE DELMAS

1 route de Couiza • 11190 Antugnac
Tél. 04 68 74 21 02 • Fax : 04 68 74 19 90
domainedelmas@wanadoo.fr
www.blanquette-delmas-bio.com

En 1976, après avoir passé 10 ans de sa vie à la tête des cuisines d'un restaurant de Beaucaire, Bernard Delmas est revenu s'occuper des vignes familiales. Les 3 hectares de vignes de l'époque se sont transformé en 30 hectares aujourd'hui. Pour ce pionnier du bio dans la région Languedoc, la conversion de ses vignes a eu lieu en 1986. La diversité de ces répond à différents moments de consommations.

BLANQUETTE DE LIMOUX CUVÉE TRADITION NM

Blanc Brut eff. | 2012 à 2014 | 8 € **14,5/20**

Notes de pommes vertes. Bouche droite et longue avec une belle fraîcheur. Aucune lourdeur. Délicieuse blanquette d'apéritif.

BLANQUETTE MÉTHODE ANCESTRALE CLAIR DE LUNE NM

Blanc Brut eff. | 2012 à 2014 | 7,30 € **14/20**

Nez expressif de poiré, de brioche chaude, tout en conservant fraîcheur et droiture. Délicieux sur des tartes ou des crèmes brûlées.

CRÉMANT DE LIMOUX CUVÉE AUDACE 2008

Blanc Brut eff. | 2012 à 2020 | 17,50 € **15/20**

Crémant complexe, au nez vif et aux notes florales. Bouche ample, riche, minérale.

CRÉMANT DE LIMOUX CUVÉE PASSION 2008

Blanc Brut eff. | 2012 à 2014 | 9,20 € **14/20**

Avec 70 % de chardonnay, le côté rond, charmeur et enveloppant du cépage ressort. Crémant équilibré, droit et frais, un compagnon de table idéal.

DOMAINE JEAN-LOUIS DENOIS

Borde Longue • 11300 Roquetaillade
Tél. 04 68 31 39 12 • Fax : 04 68 31 39 14
jldenois@orange.fr • www.jldenois.com

Le vignoble de Jean-Louis Denois est dominé par le village de Roquetaillade, perché sur son piton rocheux. C'est l'un des crus les plus hauts de la Haute-Vallée de l'Aude, en plein Pays Cathare. Terroir d'altitude et fortement venté, il permet la bonne adaptation de cépages précoces. Infatigable chercheur des différents mode cultural, et après avoir voyagé au quatre coins du nouveau monde viticole, c'est ici près de Limoux qu'il élabore des vins d'une grande originalité.

CRÉMANT DE LIMOUX BRUT MILLÉSIMÉ 2008

Blanc Brut eff. | 2012 à 2014 | 10 € **15/20**

Belle fraîcheur aromatique, sur les zestes d'agrumes. Bouche vive, avec un côté beurré qui pommade l'ensemble de la bouche, tout en restant fraîche dans sa longueur.

CRÉMANT DE LIMOUX TRADITION NM

Blanc Brut eff. | 2012 à 2014 | 11 € **15,5/20**

D'une couleur dorée, ce brut offre une bouche savoureuse et d'un grand équilibre, bulle extrêmement soignée et fine.

LIMOUX CHLOÉ 2010

Rouge | 2012 à 2020 | 20 € **15,5/20**

Couleur rubis. Nez expressif sur les notes épicées. Bouche suave, ronde, souple, beaux tannins.

IGP PAYS D'OC CABERNET FRANC 2010

Rouge | 2012 à 2017 | 8 € **14,5/20**

Nez exprimant le cabernet franc. Bouche ample et soyeuse, épicée, aux arômes floraux, longueur sur la fraîcheur.

CHÂTEAU DU DONJON

11600 Bagnoles
Tél. 04 68 77 18 33 • Fax : 04 68 72 21 17
jean.panis@wanadoo.fr • www.chateau-du-donjon.com
Visite : Du lundi au vendredi de 9h à 12h et de 15h à 19h. Le week-end et les jours fériés sur rendez-vous.

Minervois 2011

Rosé | 2012 à 2013 | 6 € **13,5/20**

Agréable et fruité, le moelleux de la finale lui donne une allure confortable qui le portera volontiers à table vers une quiche au saumon.

Minervois Grande Tradition 2010

Rouge | 2012 à 2013 | 6,50 € **13/20**

Gourmand au nez, avec une attaque puissante et une finale marquée par le poivron.

CAVE D'EMBRES ET CASTELMAURE

4, route des Canelles • 11360 Embres-et-Castelmaure
Tél. 04 68 45 91 83 • Fax : 04 68 45 83 56
castelmaure@wanadoo.fr et vins@castelmaure.fr
www.castelmaure.com
Visite : De 10h à 12h et de 14h à 18h.

Prenez un président de cave coopérative et un directeur, aussi facétieux qu'intelligents, qui s'entendent comme larrons en foire. Confiez-leur la production de raisins d'une soixantaine d'apporteurs motivés, bien encadrés et convenablement rémunérés. Hissez le souci marketing au niveau du perfectionnisme technique. Rajoutez sur les étiquettes le zeste d'impertinence qui chasse l'ennui. Dernier détail, mais il est lui aussi essentiel, un grand terroir. Vous obtiendrez l'une des meilleures caves coopératives de France, qui tient la palme du dynamisme technique et commercial. Toute la gamme est impeccable et les prix ne dissuadent même pas de boire les vins.

Corbières Blanc Paysan 2011

Blanc | 2012 à 2014 | 5 € **14/20**

Un beau fruit, des notes épicées et de rose, une bouche fondante, charnue, aromatique et particulièrement bien équilibrée.

Corbières La Grande Cuvée 2010

Rouge | 2013 à 2017 | 10,75 € **14/20**

Grande matière, belle amplitude, boisé plutôt perceptible pour cette cuvée prestige qui passe un peu en force. Il faudra l'attendre un peu, elle le mérite.

Corbières La Pompadour 2009

Rouge | 2012 à 2015 | 8,30 € **13,5/20**

Belle réalisation que cette cuvée savoureuse et ronde, très aromatique et fraîche. Plaisant.

Corbières n°3 de Castelmaure 2009

Rouge | 2012 à 2017 | 19,35 € **15/20**

Plus accomplie qu'en 2008, cette cuvée offre de beaux arômes complexes de fruits noirs très mûrs et de résineux, une bouche charpentée, boisée sans excès et longue.

Corbières Rosé Agricole 2011

Rosé | 2012 à 2013 | 5 € **13,5/20**

Fruit éclatant, grande minéralité, bouche chaleureuse et vigoureuse, avec une toute petite pointe d'amertume qui lui donne du caractère.

CHÂTEAU DE L'ENGARRAN

34880 Laverune
Tél. 04 67 47 00 02 • Fax : 04 67 27 87 89
lengarran@wanadoo.fr • www.chateau-engarran.com
Visite : De 10h à 13h et de 15h à 19h, tous les jours, même le dimanche, sauf le 1er mai, le 25 décembre et le 1er janvier.

Diane et sa sœur Constance sont la troisième génération de femmes à mener avec dynamisme la cinquantaine d'hectares de l'Engarran, disséminés autour d'une belle folie bâtie au XVIIIe siècle. La cuvée Quetton-Saint-Georges se remarque par la fraîcheur que le terroir de Saint-Georges d'Orques parvient à imprimer aux vins. Ce sont les vins d'appellation qui sont à remarquer cette année.

Coteaux du Languedoc - Grès de Montpellier 2009

Rouge | 2012 à 2015 | 11,60 € **14/20**

Onctueux, plein, avec du gras, il faudrait patienter pour que l'élevage s'affine.

Coteaux du Languedoc - Saint-Georges d'Orques 2011

Rosé | 2012 à 2013 | 8,20 € **15/20**

Rosé hautement recommandable, avec un nez certes accrocheur mais avec une évidente fraîcheur de finale. Le taux de redemande sera important.

Coteaux du Languedoc Quetton Saint-Georges 2009
Rouge | 2012 à 2017 | 20 € **15/20**
Quetton est dans la ligne du millésime, avec une sensation d'alcool et de fruits mûrs. Le tanin est onctueux, gourmand.

IGP Pays d'Oc La Lionne 2010
Rouge | 2012 à 2014 | 8,80 € **14,5/20**
Notes végétales de poivron au nez, avec des épices. Le vin est frais, on le goûtera volontiers avec une entrecôte grillée.

CHÂTEAU DES ESTANILLES

Lentheric • 34480 Cabrerolles
Tél. 04 67 90 29 25 • Fax : 04 67 90 10 99
contact@chateau-estailles.com
www.chateau-estanilles.fr
Visite : Du lundi au vendredi de 9h à 12h et de 14h à 17h30.

Belle endormie qui fit la grandeur de Faugères dans les années 1990, reprise en main par Julien Seydoux, venu ici avec la modestie d'apprendre le terroir et avec l'envie de porter à nouveau les Estanilles au premier plan. Tous les espoirs sont permis car toutes les cuvées ont fait l'objet d'un soin évident, Raison-d'Être étant la plus complexe.

Faugères Clos du Fou 2010
Rouge | 2012 à 2017 | NC **15,5/20**
Cuvée à base de syrah aux tanins fins. Il ne lui manque que la complexité de la cuvée Raison-d'Être apportée par son multi-encépagement.

Faugères Inverso 2010
Rouge | 2014 à 2020 | 12 € **15/20**
La dominante de mourvèdre structure cette cuvée puissante, sans concession. Elle est partie pour une garde longue.

Faugères L'Impertinent 2011
Rosé | 2012 à 2013 | 7,50 € **15/20**
Rosé de saveurs, tendu, frais, on approche de la pureté possible dans le fruit. Plutôt destiné à la table, il fera de beaux accords gourmands.

Faugères L'Impertinent 2010
Rouge | 2012 à 2016 | 8 € **15/20**
L'Impertinent est puissant en saveurs avec un support alcool présent et une finale épicée et complexe.

Faugères Raison d'Être 2010
Rouge | 2012 à 2017 | 35 € **16/20**
Tanin très fin avec un élevage élégant, la finale est fraîche. Grande cuvée qui signe le renouveau de la propriété.

CHÂTEAU FABRE GASPARETS

Château de Luc • 11200 Luc-sur-Orbieu
Tél. 04 68 27 10 80 • Fax : 04 68 27 38 19
marie@famille-fabre.com • www.famillefabre.com
Visite : Du lundi au vendredi de 10h à 12h et de 14h à 18h. Le week-end sur rendez-vous.

Corbières-Boutenac 2008
Rouge | 2012 à 2015 | 12,80 € **14/20**
Dans la droite lignée du 2007. On y retrouve les arômes subtils, épicés et floraux, la texture tendre et surtout la longue finale fraîche.

Corbières-Boutenac 2007
Rouge | 2012 à 2015 | 11,90 € **14,5/20**
On retrouve toute l'élégance et la fraîcheur du terroir de Boutenac dans cette cuvée. Le nez offre une belle palette aromatique, avec un fruit bien mûr, une grande suavité épicée et une belle minéralité, la bouche est charmeuse, aromatique, vive et longue.

MAS FABREGOUS

Chemin d'Aubaygues • 34700 Soubes
Tél. 04 67 44 31 75 • Fax : 04 67 44 31 75
masfabregous@free.fr
Visite : Sur rendez-vous.

Mas Fabregous produit un igp des Coteaux du Salagou, en limite nord de la zone des appellations contrôlées du Languedoc. Il commercialise également un coteaux-du-languedoc et un terrasses-du-larzac plus racés et marqués par leur terroir. Tous les vins du domaine sont réalisés dans un style gourmand, facile à boire, sans aspérité aucune, avec la fraîcheur apportée par les vignes d'altitude. Un blanc complète les cuvées de rouge.

Coteaux du Languedoc Sentier Botanique 2010
Blanc | 2012 à 2015 | 13 € **14/20**
Joli nez de poire, de fruits frais, nous ne connaissions pas cette cuvée dans cette couleur. Elle démarre sous de bons auspices.

Vin de pays des Coteaux du Salagou Croquignol 2011

Rouge | 2012 à 2016 | 5,65 € **15/20**

Croquignol fait de fraîcheur et de fruit, il communique dans le registre de la gourmandise. Elle est complétée par une finale subtile.

Vin de pays des Coteaux du Salagou Croquignol 2010

Rouge | 2012 à 2014 | 5,65 € **14/20**

Vin de soif, intense et assez long qui racontera son histoire gourmande à un plat de charcuteries. On reviendra vers lui trop souvent.

CHÂTEAU DE FAUZAN

Hameau de Fauzan • 34210 Cesseras
Tél. 04 68 27 09 09 • Fax : 04 68 42 30 00
bourrel.jp@wanadoo.fr • www.chateaudefauzan.com
Visite : Sur rendez-vous dans le hameau de Fauzan au: 06 83 82 24 90

Nouvelle entrée dans le guide pour ce domaine d'une cinquantaine d'hectares. La situation géographique des vins, vers 400 mètres d'altitude sur le plateau de Fauzan, permet une fraîcheur étonnante. Jean-Philippe Bourrel veille sur son patrimoine de syrahs, de grenaches et de cinsaults dont il réalise deux cuvées de prix accessible et de grande saveur. Les investissements réalisés pour se doter d'un nouveau chai devraient encore faire progresser le domaine. À suivre !

Minervois 2007

Rouge | 2012 à 2014 | 5,50 € **15,5/20**

Belle bouteille de grand fruit, lardé, fumé et une remarquable matière avec un contact tactile intelligent et suave. Plus en délicatesse qu'en puissance, on se régale pour le prix.

Minervois La Balme 2008

Rouge | 2012 à 2015 | 9 € **14,5/20**

Notes lardées et fumées dans un style opulent. Faite pour plaire, la finale de bonbon à la réglisse permet de régresser sans scrupule. Ce vin sera d'une consommation apéritive, sa légère sucrosité risquant de perturber la table classique. Une autre approche permet de l'imaginer en vin de philosophie de l'après-repas.

FILLON MOLLARD

Chemin des Condamines
34700 Saint Jean de la Blaquiere
Tél. 04 67 88 21 96
nicolas.mollard@leclosduserres.fr
Visite : Sur rendez-vous.

Coteaux du Languedoc - Terrasses du Larzac 2011

Rouge | 2012 à 2016 | 13 € **15/20**

Vin en puissance, structuré et dense avec des saveurs étonnantes de garrigue et d'épices.

FONCALIEU

Domaine de Corneille • 11290 Arzens
Tél. 04 68 76 21 68
rames@foncalieu.com

Saint-Chinian Apogée 2008

Rouge | 2012 à 2015 | 21,75 € **14/20**

Cette bonne coopérative propose une gamme large de vins de fruit et des hauts de gamme qualitatifs. Parmi ceux-ci, ce 2008 très aromatique est porté par un élevage soigné, encore présent qui tient le vin avec élégance.

Minervois Le Lien 2008

Rouge | 2013 à 2015 | 21,75 € **13/20**

Fruité, charnu, tenu par un élevage qualitatif qui met en avant la sève du vin. Une petite garde révélera ses qualités.

IGP Pays d'Oc Le Versant 2011

Rosé | 2012 à 2013 | 5,95 € **13/20**

Vin de grenache frais, fruité, agréable en finale. On boira ce vin pimpant dès l'apéritif.

CHÂTEAU FONTANÈS

34270 Saint Mathieu de Tréviers
Tél. 04 67 34 04 39

Languedoc 2010

Rouge | 2012 à 2016 | NC **15/20**

Nouveau domaine entrant dans le guide avec un languedoc 2010, certainement l'un des très beaux produits de cette jeune appellation. Dense, puissant et gourmand, mûr mais sans excès. Deux cuvées nous étaient présentées sans nom particulier. Il s'agit ici de celle présentée en bouteille bordelaise classique.

MAS FOULAQUIER

Route des Embruscalles • 34270 Claret
Tél. 04 67 59 96 94
contact@masfoulaquier.com
www.masfoulaquier.com
Visite : L'été, de 10h à 12h et de 14h à 18h.
hors-saison, sur rendez-vous.

Coteaux du Languedoc - Pic Saint-Loup Le Rollier 2009
Rouge | 2012 à 2016 | 14,40 € **14,5/20**
Cette cuvée réputée pour sa fraîcheur a bien négocié 2009. La finale est dynamique.

Coteaux du Languedoc Gran' T 2009 ☺
Rouge | 2012 à 2016 | 20,50 € **14/20**
Joli vin frais, assez léger mais sans faiblesse de constitution, frais et long, certainement le vin le plus pur de la gamme. On en redemande.

DOMAINE DE FOURN

11300 Pieusse
Tél. 04 68 31 15 03 • Fax : 04 68 31 77 65
robert.blanquette@wanadoo.fr
www.robert-blanquette.com
Visite : De 9h à 12h et de 14h à 19h.

C'est en 1937 que Pierre Robert s'installe au Domaine de Fourn, avec seulement 1,5 hectare de mauzac. Aujourd'hui ses petits-fils Jean-Pierre, Jean-Luc et Bernard cultivent 38 hectares de vignes. Une large gamme de vins y est élaborée, avec majoritairement des bulles.

Blanquette méthode ancestrale NM
Blanc Demi-sec eff. | 2012 à 2014 | 7,40 € **14,5/20**
Nez élégant et fin. Bouche aux saveurs briochées sans aucunes lourdeurs. Compagnon idéal des desserts tels que les tartes tatin.

Crémant de Limoux Robert 2007
Blanc Brut eff. | 2012 à 2014 | 8,50 € **14/20**
Cuvée élaborée avec trois cépages, chardonnay, chenin, mauzac. Notes florales et de pommes vertes. Bouche élégante, assortie de bulles fines. Crémant pouvant aussi bien être consommé en apéritif qu'à table.

FRANÇOIS LURTON

Domaine de Poumeyrade • 33870 Vayres
Tél. 05 57 55 12 26 • Fax : 05 57 55 88 00
francoislurton@francoislurton.com
www.francoislurton.com

Côtes du Roussillon-Villages Mas Janeil 2009 ☺
Rouge | 2012 à 2016 | NC **15/20**
Nez tendre aux arômes complexes de fruits rouges, freesia, garrigue, très épicé, bouche savoureuse, riche, avec des arômes très persistants et de la fraîcheur. Flatteur, exubérant mais parfaitement élégant en même temps.

Fitou cuvée des Ardoises des Erles 2010
Rouge | 2012 à 2016 | NC **14/20**
Une explosion d'arômes poivrés et de fruits frais, bouche ronde, charnue, axée sur la fraîcheur et l'équilibre. Beaucoup de caractère.

CHÂTEAU DE GAURE

11250 Rouffiac d'Aude
Tél. 04 68 10 63 89 ou 06 43 47 36 85
pierre.fabre@skynet.be • www.chateaudegaure.com
Visite : Sur rendez-vous.

Pierre Fabre, ancien directeur de la filiale belge Crowncork, leader mondial de l'emballage, a décidé de retrouver ses origines de vigneron en 2004, en achetant le Château de Gaure. Dès lors, d'important travaux furent entrepris, tout d'abord à la vigne, puis à la création du cuvier et du chai. Les vins sont à l'image de cet artiste, colorés et pleins de contrastes. Pierre dessine lui-même les étiquettes de ses différentes cuvées, avec parfois l'aide de son jeune fils.

Limoux mauzac 2009
Blanc | 2012 à 2016 | 25 € **14/20**
Vin au caractère droit et très frais. Notes de pommes vertes et de coing. Bouche puissante, équilibrée par une belle acidité.

Limoux Opidum 2010
Blanc | 2012 à 2016 | 15 € **15/20**
Vin au nez expressif offrant une bouche des plus suaves aux accents de fruits jaunes. Belle droiture.

CHÂTEAU GAUSSAN-KOZINE

11200 Bizanet
Tél. 04 68 45 18 07

Corbières 2010

Rouge | 2012 à 2014 | 7 € **13,5/20**
Du caractère pour ce vin qui bien que n'étant pas un monstre de puissance affiche un nez épanoui et élégant, une bouche très aromatique et vive.

DOMAINE GAVIN CRISFIELD

6, rue des Deux-Ponts • 34700 Saint-Privat
Tél. 04 67 88 11 07 • Fax : 04 67 88 11 07
gavincriesfield@mcom.fr • www.latraversee.fr
Visite : Sur rendez-vous.

Ce domaine, planté il y a une trentaine d'années, a été repris en 2001 par un sommelier aidé par des investisseurs. Il présente une cuvée de cinsault, un cépage qui prend tout son sens sur de beaux terroirs, avec des expressions d'une gourmandise étonnante, certainement le grand cépage oublié du Languedoc. Une autre cuvée, la-Traversée est issue des cépages classiques de la région.

Coteaux du Languedoc La Traversée 2010

Rouge | 2012 à 2016 | 25 € **15/20**
Assemblage classique du Languedoc à base de syrah, de cinsault, de grenache et de carignan. La matière est belle, onctueuse mais souple. Elle se boira facilement.

Vin de France Le Cinsault 2011

Rouge | 2012 à 2015 | 16 € **14,5/20**
Vin fruité et léger, gourmand en diable. Le cinsault montre ses arômes de fruits rouges, de groseille. On en boira trop.

DOMAINE GAYDA

11300 Brugairolles
Tél. 04 68 31 64 14 • Fax : 04 68 20 78 31
info@domainegayda.com • www.domainegayda.com
Visite : Le mardi de 10h à 17h30. Du mercredi au samedi de 10h à 18h30.

Le Domaine Gayda est installé à Brugairolles, dans l'Aude, sur une soixantaine d'hectares. Il réalise des IGP pays-d'oc mono-cépages, et aussi les plus ambitieux Figure-Libre, dans sa version qui met en avant le cabernet franc, et Chemin-de-Moscou, d'une remarquable régularité. Une verticale de cette cuvée a récemment montré que la propriété évolue dans le bon sens.

IGP Pays d'Oc Chemin de Moscou 2009

Rouge | 2012 à 2016 | épuisé **16/20**
Grande cuvée, nette dans ses arômes, fraîche et élancée dans un millésime chaud et très mûr. La cuvée est en progrès, et fait partie des grands languedocs.

IGP Pays d'Oc Chemin de Moscou 2007

Rouge | 2012 à 2016 | épuisé **15,5/20**
De grande puissance, avec un fruit bien mûr et des tanins gourmands. Large en bouche, il approche de son apogée.

IGP Pays d'Oc Figure Libre Freestyle 2010

Rouge | 2012 à 2015 | 10 € **15/20**
Il s'exprime en trois dimensions, aérien, fin et frais. Une acidité bien dosée le tient et le pousse jusque dans la finale bien relevée par les poivres.

DOMAINE GIRARD

3, chemin de la Garriguette • 11240 Alaigne
Tél. 04 68 69 05 27 • Fax : 04 68 69 05 27
domaine-girard@wanadoo.fr • www.domainegirard.fr
Visite : Sur rendez-vous.

Malepère 2010

Rouge | 2012 à 2013 | 6 € **13/20**
Beau malepère dans l'esprit de l'appellation, puissant, séveux et gourmand.

IGP Pays d'Oc chardonnay 2011

Blanc | 2012 à 2013 | 5 € **14,5/20**
Chardonnay de grande fraîcheur qui présente une belle tension, avec une complexité réelle en finale.

IGP Pays d'Oc pinot noir 2011

Rouge | 2012 à 2013 | 6,50 € **15/20**
Philippe Girard a capté la finesse et la délicatesse du pinot noir. C'est l'un des rares grands pinots du sud, ne le ratez pas.

GRAIN DE FANNY

10 Avenue du Chemin Neuf • 11200 Ornaisons
Tél. 04 68 27 05 65
ftisseyre@free.fr

Corbières L'égrappé ... à picorer 2010

Rouge | 2012 à 2014 | 6 € **14/20**
Un vin joyeux et bien vinifié, au fruit croquant, aux notes de résineux, à la texture fondante et bien équilibrée sur la fraîcheur.

DOMAINE DU GRAND ARC

Le Devez • 11350 Cucugnan
Tél. 04 68 45 01 03 • Fax : 04 68 45 01 03
info@grand-arc.com
www.grand-arc.fr et www.grand-arc.com
Visite : Sur rendez-vous.

À proximité des châteaux cathares de Queribus, Peyrepertuse et Padern, ce domaine est installé dans la zone montagneuse des Hautes Corbières, qui permet des vins frais. La gamme est cohérente, les entrées de gamme ne vous ruineront pas et le domaine est en progrès, notamment sur la précision des élevages. Toutes les couleurs sont soignées et la régularité est de mise ici.

Corbières cuvée des Quarante 2010
Rouge | 2012 à 2015 | 7,60 € **14/20**
Le nez est très raffiné, la bouche savoureuse s'appuie sur une texture fondante, de jolis arômes complexes et une bonne vivacité en finale.

Corbières En Sol Majeur 2010
Rouge | 2012 à 2017 | 10,80 € **14,5/20**
Pleine de caractère et de potentiel cette belle cuvée exprime des arômes de fruits noirs très mûrs, violette et pierre chaude, la bouche est charpentée, aromatique et équilibrée.

CHÂTEAU DU GRAND CAUMONT

11200 Lézignan-Corbières
Tél. 04 68 27 10 82 • Fax : 04 68 27 54 59
chateau.grand.caumont@wanadoo.fr
www.grandcaumont.com
Visite : Du lundi au vendredi de 8h30 à 12h et de 14h à 17h30. Le week-end sur rendez-vous.

Après une première vie dans la publicité, Laurence Rigal est revenue au domaine familial et s'est piquée au jeu du corbières. Avec Patrick Blanchard, elle cherche à s'éloigner ici du style rustico-traditionnel pour essayer de construire des vins dotés de tanins savoureux, tout en conservant une expression authentique de ce beau terroir des Corbières. La cuvée Spéciale est l'un des meilleurs rapports qualité-prix du domaine.

Corbières cuvée Spéciale 2010
Rouge | 2012 à 2015 | 5,20 € **14/20**
Le nez est très sur le fruit, avec des nuances fumées, la bouche très épanouie et mûre, chaleureuse, aromatique, avec de la vigueur et une excellente fraîcheur en finale.

Corbières cuvée Tradition 2010
Rouge | 2012 à 2014 | 4,50 € **13,5/20**
Très cassis, mûre, violette et surtout poivrée, cette cuvée charnue et vive sera à apprécier rapidement.

Corbières Réserve de Laurence 2011
Rouge | 2012 à 2015 | 7,50 € **13,5/20**
Joli fruit fondu, notes de résineux et garrigue, bouche tout aussi aromatique, vigoureuse, qui sait rester élégante dans la texture et l'équilibre.

DOMAINE DU GRAND CHEMIN

30350 Savignargues
Tél. 04 66 83 42 83 • Fax : 04 66 83 44 46
domainedugrandchemin@wanadoo.fr
www.domainedugrandchemin.com
Visite : Du lundi au samedi de 9h à 18h30 et le dimanche sur rendez-vous.

IGP Pays d'Oc chardonnay 2011
Blanc | 2012 à 2013 | 5,70 € **13/20**
Le domaine réussit régulièrement d'agréables chardonnays, fruités et floraux, frais et sans lourdeur. On pourra boire ce 2011 de l'apéritif à la table.

DOMAINE DU GRAND CRÈS

40, avenue de la Mer • 11200 Ferrals-les-Corbières
Tél. 04 68 43 69 08 • Fax : 04 68 43 58 99
grand.cres@wanadoo.fr • www.domainedugrandcres.fr
Visite : Sur rendez-vous.

Le vignoble d'une vingtaine d'hectares est situé à l'est de Lagrasse, sur un plateau argilo-calcaire à 400 mètres d'altitude. Hervé Leferrer, après avoir œuvré à l'INAO et occupé quatre années durant le poste de régisseur du Domaine de la Romanée-Conti, est venu s'implanter ici.

Corbières cuvée Majeure 2009
Rouge | 2012 à 2015 | 14,80 € **14/20**
Comme dans le 2008, on retrouve cette fraîcheur équilibrante due à l'altitude élevée de la propriété. Le nez est très floral et fruits rouges, la bouche offre une texture en dentelle, aromatique et très fraîche.

IGP Pays d'Oc muscat vendangé tardivement 2008
Blanc liquoreux | 2012 à 2020 | 8,40 € **13,5/20**
Superbe nez aux arômes exubérants et typés de muscat, fleur d'oranger, orange amère, chèvre-

feuille, abricot, bouche plus en retrait mais facile à boire et fraîche.

Vin de Table Cressaïa 2009
Rouge | 2012 à 2014 | 45 € **13,5/20**
Une cuvée riche, chaleureuse, aux arômes confiturés, avec une bienheureuse vivacité en finale, qu'il conviendra de servir un peu frais.

DOMAINE GRAND GUILHEM

1, chemin du Col-de-la-Serre • 11360 Cascastel
Tél. 04 68 45 86 67 • Fax : 04 68 45 29 58
gguilhem@aol.com • www.grandguilhem.com
Visite : De 10h30 à 12h30 et de 17h à 19h.

Fitou 2008
Rouge | 2012 à 2014 | 11 € **13,5/20**
Beaucoup de caractère pour ce vin resté très jeune. Arômes épanouis, joliment fruités et épicés, belle amplitude et finale vigoureuse.

Fitou Angels 2011
Rouge | 2012 à 2016 | 30 € **14/20**
Une cuvée prometteuse, vinifiée intégralement en barrique, ce qui lui confère charme, rondeur, suavité de texture sans que la fraîcheur en pâtisse.

CHÂTEAU GRAND-MOULIN

6, avenue Galliéni - RN 113 • 11200 Lézignan-Corbières
Tél. 04 68 27 40 80 • Fax : 04 68 27 47 61
chateaugrandmoulin@wanadoo.fr
www.chateaugrandmoulin.com
Visite : Du lundi au samedi de 9h à 19h.
Dimanche sur rendez-vous.

Corbières-Boutenac 2009
Rouge | 2012 à 2015 | 14,50 € **14/20**
Tout en équilibre et en fraîcheur, avec juste ce qu'il faut d'exubérance : on aime les notes de violette de garrigue et la grande minéralité.

DOMAINE DE LA GRANGE

Route des Fouzihon • 34320 Gabian
Tél. 04 67 24 69 81 • Fax : 04 67 24 69 81
shugeux@domaine-lagrange.com
www.domaine-lagrange.com
Visite : Du lundi au vendredi de 9h à 16h.

Cette propriété de Gabian, installée sur un terroir schisteux, confirme son entrée remarquée dans le guide l'an passé. Les matières que nous avons goûtées sont magnifiques. Quelques réglages dans les élevages et voilà un candidat au grand languedoc rouge. Vous l'aurez compris, à suivre de près notamment pour le fruité de l'igp pays-d'oc.

IGP Pays d'Oc syrah Terroir 2011
Rouge | 2012 à 2013 | 6,95 € **14,5/20**
Cette syrah a le goût du péché originel. Gourmande à souhait, les faibles humains que nous sommes craqueront devant elle.

DOMAINE DE LA GRANGE

Cabanes de la Palme • 11480 La Palme
Tél. 04 68 48 17 88
dellovafreres@orange.fr

Fitou Dell'Ova 2009
Rouge | 2012 à 2015 | 8 € **13,5/20**
Cuvée chaleureuse et charpentée, amplement fruitée, poivrée, dotée d'une délicieuse vivacité en finale.

LA GRANGE DE QUATRE SOUS

34360 Assignan
Tél. 04 67 38 06 41 • Fax : 04 67 38 27 16
hildegard.horat@wanadoo.fr
Visite : Sur rendez-vous.

Ici rien n'est standardisé. Tous les vins sont des absolus, sans concession, avec des défauts que leurs qualités surpassent souvent. On est dans un univers de goûts, de saveurs complexes, un monde étonnant. Hautement fréquentable.

IGP Pays d'Oc 2009
Rouge | 2012 à 2015 | 16,40 € **16/20**
L'un des vins à la plus forte personnalité du Languedoc. On pourra adorer sa matière, sa puissance, ses expressions savoureuses. Sans concession, son tanin droit avec une pointe de sec étonnera. Une dimension unique.

IGP Pays d'Oc Le Jeu du Mail 2010
Blanc | 2012 à 2015 | 10,30 € **15/20**
Blanc de gastronomie, à base de marsanne et de viognier, étonnant de saveurs. Baroque, il n'est pas consensuel mais sa complexité racée forcera l'adhésion.

IGP Pays d'Oc Le Rosé 2011
Rosé | 2012 à 2013 | 7,20 € **15/20**
Un rosé de grande saveur, inscrit dans un millésime difficile, avec une réelle complexité des saveurs.

IGP Pays d'Oc Les Serrottes 2009
Rouge | 2012 à 2016 | 12,30 € **16/20**
Saveurs complexes, tanin droit, racé, très plein. Cette cuvée se remarque par une profondeur rare.

MAS GRANIER - MAS MONTEL

Cellier du Mas-Montel - Cedex 1110 • 30250 Aspères
Tél. 04 66 80 01 21 • Fax : 04 66 80 01 87
montel@wanadoo.fr • www.masmontel.fr
Visite : Du lundi au samedi de 9h à 12h30 et de 14h à 19h.

Jean-Philippe Granier conseille les viticulteurs des Coteaux du Languedoc. Le domaine familial, situé sur le secteur de Sommières, propose des vins parfaitement propres, impeccablement vinifiés, du simple igp jusqu'aux coteaux-du-languedoc. Une adresse sûre, aux rouges d'une rare régularité et aux blancs particulièrement frais.

Coteaux du Languedoc La Clémence 2010
Rouge | 2012 à 2015 | 6,50 € **15/20**
La Clémence a trouvé dans 2010 une gracilité du tanin, une bouche très fraîche et une buvabilité étonnante. Une esquisse du vin de plaisir.

Coteaux du Languedoc Les Grès 2010
Rouge | 2012 à 2017 | 9,80 € **15/20**
Plus de matière et de potentiel que la Clémence mais sans son tanin aérien. Un vin sérieux qui révélera la profondeur du Languedoc, il faut lui laisser un peu de temps.

Vin de pays du Gard Bouquet de Blancs 2011
Blanc | 2012 à 2013 | 4,90 € **14,5/20**
Bouquet-de-Blancs est un bouquet de fraîcheurs. Fleurs blanches, fruits blancs, c'est rafraîchissant, une vertu rare à ce niveau.

Vin de pays du Gard Camp de l'Oste 2009
Rouge | 2012 à 2015 | 14 € **15,5/20**
Cette cuvée de syrah, de grenache et de mourvèdre, onctueuse et généreuse s'est extrait des chausse-trappes du millésime en mettant en avant la fraîcheur.

Vin de pays du Gard Vin d'Une Nuit 2011
Rosé | 2012 à 2013 | 4,30 € **15/20**
Rosé assez sombre, techniquement abouti, sans amylique, frais et profond. Il est plutôt destiné à une consommation à table, sa pointe tannique nous y invite.

CLOS DU GRAVILLAS

34360 Saint-Jean-de-Minervois
Tél. 04 67 38 17 52
nicole@closdugravillas.com • www.closdugravillas.com
Visite : Sur rendez-vous.

Gravillas a été constitué, hectare après hectare, à partir de 1999 par un sympathique jeune couple américano-narbonnais, autour des terroirs de Saint-Jean-du-Minervois. En rouge, le domaine est un ardent défenseur du cépage carignan qui est ici bien traité. La cuvée de syrah est également bien réussie en 2009. L'expression des vins, vraiment originale et savoureuse, est dotée d'une forte personnalité même si, parfois, les faibles couvertures en soufre jouent des tours à la pureté native du raisin.

Vin de pays des Côtes du Brian
L'Estranger 2009
Rouge | 2012 à 2015 | 20 € **14,5/20**
Cuvée de pure syrah qui ne s'exprime pas sur le cépage mais sur la minéralité du sol. Elle est fraîche et fruitée.

Vin de pays des Côtes du Brian
Le Rendez-Vous du Soleil 2009
Rouge | 2012 à 2013 | 12 € **14/20**
Vin sans artifice, au tanin velouté, soyeux en bouche avec une finale tendue et fraîche.

DOMAINE ANNE GROS

34210 Cazelles
Tél. 03 80 61 07 95 • Fax : 03 80 61 23 21
domaine-annegros@orange.fr • www.anne-gros.com

Minervois Les Carrétals 2010
Rouge | 2012 à 2015 | cav. env. 28 € **14/20**
Vin de fraîcheur, emmené par les notes de garrigue et de romarin. Il se boira facilement.

Minervois Les Fontanilles 2010
Rouge | 2012 à 2016 | cav. env. 16 € **13,5/20**
Vin austère dans sa jeunesse mais avec une capacité de garde. Il est frais en finale.

CHÂTEAU GUÉRY

4, avenue du Minervois • 11700 Azille
Tél. 04 68 91 44 34 • Fax : 04 68 91 44 34
rh-guery@chateau-guery.com
www.chateau-guery.com
Visite : Du lundi au samedi de 10h à 12h
et de 16h à 19h.

Les Guéry sont en Minervois depuis 1635 et se transmettent la passion de la vigne de génération en génération. L'essentiel de l'exploitation produit des igp pays-d'oc particulièrement bien traités. 2011 voit des blancs en fanfare, infiniment gourmands, dans le style inimitable de la maison. Les rouges suivent, dès le minervois Tradition. Nous avouons un capital sympathie réel pour cette maison qui sait si bien traiter les cépages et en exprimer tout le potentiel. Nous augmentons la note du domaine en conséquence. Le chardonnay nous a émus cette année.

MINERVOIS LES ÉOLIDES 2010
Rouge | 2012 à 2014 | 12,50 € **14/20**
Goûté en échantillon, avec une prise de bois encore marquée, le vin va fondre ses constituants pendant la fin de l'élevage. Aucune inquiétude sur son évolution. Ce sera un vin aux arômes mûrs et chaleureux.

MINERVOIS TRADITION 2010
Rouge | 2012 à 2014 | 6,20 € **14/20**
Archétype du minervois, il permettra à ceux qui ne connaissent pas l'appellation d'en saisir le génome. Puissant, épicé et corsé mais frais et gourmand.

IGP PAYS D'OC CHARDONNAY
SERRE DE GUÉRY 2011
Blanc | 2012 à 2014 | 6,30 € **16/20**
Tout simplement l'un des meilleurs chardonnays du Sud, qui ferraillera volontiers avec les plus ambitieux des limoux. D'une puissance de saveurs étonnante avec une netteté aromatique et une pureté hors pair. Ne cherchez pas à mesurer la persistance en bouche, vous allez vous lasser.

IGP PAYS D'OC SAUVIGNON
SERRE DE GUERY 2011
Blanc | 2012 à 2014 | 5,80 € **15/20**
Ce sauvignon ne renie pas ses notes variétales. Il les exprime avec intensité mais sans brutalité, sans vulgarité. La cuvée est baptisée La-Sagesse. Nous lui voyons plutôt de l'énergie. Ce serait donc un nouveau concept, la sagesse tonique.

CHÂTEAU GUILHEM

1, boulevard du Château • 11300 Malvies
Tél. 04 68 31 14 41 • Fax : 04 68 31 58 09
contact@chateauguilhem.com
www.chateauguilhem.com
Visite : Du lundi au samedi de 9h à 12h
et de 14h a 18h.

IGP PAYS D'OC LE SAUVIGNON 2011
Blanc | 2012 à 2013 | 6 € **13/20**
Très marqué par le cépage, ce sauvignon récolté en juste maturité affiche un nez de buis, de genêt. À boire à l'apéritif pour ouvrir l'appétit.

MAISON GUINOT

3, avenue du Chemin-de-Ronde - B.P. 74
11304 Limoux
Tél. 04 68 31 01 33 • Fax : 04 68 31 60 05
guinot@blanquette.fr • www.blanquette.fr
Visite : Du lundi au vendredi de 9h à 12h
et de 14h à 18h. Le samedi de 9h à 12h.

Maison fondée en 1875 par l'arrière grand-père de Michel Rancoule. Aujourd'hui tout a été conservé pour garder l'ambiance images d'Épinal. Le premier pressoir pneumatique de France de la marque Willmes fut installé dans cette maison (l'autre était en Champagne, chez Moët). Beaucoup de manipulations sont effectuées lors de l'élaboration de ces vins authentiques, tel le remuage traditionnel sur pupitre ainsi que le dégorgement à la volée.

CRÉMANT DE LIMOUX CUVÉE IMPÉRIAL NM
Blanc Brut eff. | 2012 à 2014 | 9,95 € **14/20**
Robe dorée. Mousse fine. Nez expressif et floral. Bouche enrobée, onctueuse.

DOMAINE HAUT-LIROU

Le Village - Le Triadou • 34270 Saint-Jean-de-Cuculles
Tél. 04 67 55 38 50 • Fax : 04 67 55 38 49
info@hautlirou.com • www.hautlirou.com
Visite : Du lundi au samedi de 9h a 12h30 et de 14h30 a 18h30. Ouvert le dimanche aux mois de juillet et août.

COTEAUX DU LANGUEDOC - PIC SAINT-LOUP
DOMAINE HAUT-LIROU 2011
Rouge | 2012 à 2014 | 8,50 € **13/20**
Réalisé dans un style puissant mais sans excès, le vin est frais. On pourra le boire rapidement.

Coteaux du Languedoc
Esprit Haut-Lirou 2009
Rouge | 2012 à 2014 | 25 € **14/20**
Onctueux, puissant, bien calé dans le millésime. On l'appréciera sur une viande en sauce.

Coteaux du Languedoc
Mas des Costes 2010
Rouge | 2012 à 2016 | 14 € **14,5/20**
Frais et fin, avec un tanin élégant. La finale mentholée montre un charme réel.

HAUTES TERRES DE COMBEROUSSE

Comberousse - Route de Gignac
34660 Cournonterral
Tél. 04 67 85 05 18 • Fax : 04 67 85 05 18
paul@comberousse.com • www.comberousse.com
Visite : Tous les jours sur rendez-vous.

Ce domaine, mené par Paul Reder, produit dans le secteur des Grès de Montpellier certains des vins blancs les plus originaux du Languedoc. Ne cherchez ici aucun produit à la mode. Sans aucune concession, ces blancs très légèrement oxydatifs emportent le dégustateur vers des notes absolument raffinées : le miel, le gingembre et la noix de muscade s'y disputent avec les fruits confits, dans un registre de vins parfaitement secs.

Coteaux du Languedoc Roucaillat 2009
Blanc | 2012 à 2015 | 9,80 € **15/20**
Égal à nul autre, un pied dans le monde oxydatif bien géré, l'autre dans les saveurs épicées et complexes, il est roucaillat, absolu, racé. Le millésime limite son explosion fruitée mais c'est assurément un vin de méditation.

DOMAINE LES HAUTES-TERRES

4, rue du château • 11 300 Roquetaillade
Tél. 04 68 31 63 72• Fax : 04 68 94 16 56
les.hautes.terres@wanadoo.fr

Situé sur la commune de Roquetaillade, en terroir Haute-Vallée, les parcelles du Domaine de Hautes-Terres sont situées à plus de 400 mètres d'altitude. Gilles Azam y produit des vins fins et élégants, possédant de la fraîcheur.

Crémant de Limoux Cuvée Joséphine 2006
Blanc Brut eff. | 2012 à 2013 | 13 € **14/20**
Crémant élégant mais à la fois complexe. Bulles fines persistantes. La bouche est ample et massive, avec une finale fraîche.

Limoux Louis 2010
Blanc | 2012 à 2017 | 12 € **14,5/20**
Nez complexe aux notes de fruits secs. Bouche ample, suave, très nette. Vin d'une grande finesse.

HECHT & BANNIER

3, rue Seguin • 34140 Bouzigues
Tél. 04 67 74 66 38 • Fax : 04 67 74 66 45
contact@hbselection.com • www.hechtbannier.com

Hecht et Bannier sont deux jeunes passionnés de vins qui ont monté un négoce de qualité, ambitieux et original, en Languedoc et Roussillon. Année après année, ils tiennent la barre pour proposer une gamme de vins de bon niveau. La réussite majeure est à rechercher encore cette année en saint-chinian, il domine la gamme de sa fraîcheur et de sa finesse, son nez est superbe de complexité. On suit avec intérêt la cuvée de languedoc, étonnante dans son appellation.

Faugères 2009
Rouge | 2012 à 2015 | 25 € **14,5/20**
Encore une belle réussite dans le millésime. Faugères puissant et séveux, avec une finale de feuille de havane. On peut commencer à le boire dès maintenant.

Languedoc 2011
Blanc | 2012 à 2015 | 7,90 € **14,5/20**
Remarquable fruité dans une cuvée de charme. On mord dans une composition d'agrumes et de fruits frais.

Languedoc 2010
Rouge | 2012 à 2017 | 7,90 € **14,5/20**
Voici certainement l'un des languedocs les plus structurés, denses mais frais, bien dans l'esprit de 2010. Ce rouge a un potentiel de garde certain.

Saint-Chinian 2010
Rouge | 2012 à 2018 | 17 € **15,5/20**
Dominé par la syrah, ce Saint Chinian 2010,subtilement soyeux est un joli vin à la longueur persistante

DOMAINE DE L'HERBE SAINTE

11120 Mirepeisset
Tél. 04 68 46 30 37 • Fax : 04 68 46 06 15
herbe.sainte@wanadoo.fr • www.herbe-sainte.com
Visite : Du lundi au samedi de 10h à 12h et de 16h à 19h. Le dimanche sur rendez-vous.

L'Herbe Sainte est un lieu-dit qui a donné son nom au domaine. La famille Greuzard l'a acheté en 2001 avec ses 58 hectares autour de la Cesse. Les vins sont constants, dans un style mûr et gourmand. De manière étonnante, les notes d'herboristerie et de verveine séchée sont présentes dans le vin, notamment dans le Tradition 2009 et lui donnent un style reconnaissable entre tous.

MINERVOIS TRADITION 2009
Rouge | 2012 à 2014 | 7 € **14,5/20**
Le minervois du domaine exprime les notes classiques ici d'herboristerie. Avec une jolie fraîcheur, il commence à truffer.

DOMAINE DE L'HORTUS – VIGNOBLES ORLIAC

34270 Valflaunes
Tél. 04 67 55 31 20 • Fax : 04 67 55 38 03
vins@vignobles-orliac.com • www.vignobles-orliac.com
Visite : Du lundi au vendredi de 8h à 12h et de 13h30 à 18h. Le samedi de 10h à 12h et de 15h à 18h (il est conseillé de prendre rendez-vous).

Situé au pied des impressionnantes falaises de l'Hortus, ce domaine produit des vins en appellation Pic Saint-Loup et Coteaux du Languedoc, sur des terres en altitude situées au-dessus de la vallée de la Buèges. Les élevages sont parfois un peu visibles, notamment en blanc, mais les rouges, à leur meilleur, sont réalisés avec beaucoup de finesse. La Bergerie, en rouge, est un vin agréable, à boire vite. Cette année encore, c'est le Clos-du-Prieur qui attire tous les regards.

COTEAUX DU LANGUEDOC - PIC SAINT-LOUP
BERGERIE DE L'HORTUS 2010
Rouge | 2012 à 2016 | 10,90 € **14,5/20**
Vin fin aux tanins lisses, très agréable à boire dès maintenant mais avec une petite capacité de garde.

COTEAUX DU LANGUEDOC BERGERIE DE L'HORTUS
- ROSÉ DE SAIGNÉE 2011
Rosé | 2012 à 2013 | 8,90 € **15,5/20**
Remarquable rosé, profond en saveurs, long et subtil. Sa saveur en finale est étonnante et réjouissante, sans aucune note amylique.

COTEAUX DU LANGUEDOC CLOS DU PRIEUR 2010
Rouge | 2012 à 2018 | 15,95 € **16,5/20**
La cuvée la plus réussie du domaine, on la reconnaît par sa fraîcheur et sa gracilité de tanins.

VIN DE PAYS DU VAL DE MONTFERRAND
BERGERIE DE L'HORTUS 2011
Blanc | 2012 à 2015 | 10,90 € **16/20**
Réalisé à partir de chardonnay, de viognier, de sauvignon et de roussanne, il montre une étonnante fraîcheur. Fenouil et garrigue, dans un charme absolu.

VIN DE PAYS DU VAL DE MONTFERRAND
DOMAINE DE L'HORTUS - GRANDE CUVÉE 2010
Blanc | 2014 à 2018 | 20,50 € **14/20**
Un grand vin à l'évidence, un boisé de qualité mais l'ensemble n'est pas fondu pour l'instant.

JEANJEAN

L'Enclos - B.P. 1 • 34725 Saint-Félix-de-Lodez
Tél. 04 67 88 80 01 • Fax : 04 67 96 65 67
caveau@vignerons-passions.fr • www.advini.com
Visite : Du lundi au vendredi, de 9h à 12h30 et de 13h30 à 19h. Le samedi, de 9h30 à 12h30 et de 14h à 18h30.

Acteur majeur des vins du sud de la France, le groupe Jeanjean est devenu Advini en créant avec la maison Laroche un groupe puissant dont font également partie les maisons Ogier en Rhône et Gassier en Provence. La maison Jeanjean demeure ancrée dans les vins du Languedoc, en s'appuyant sur de belles propriétés familiales, comme le Mas Lunès ou Devois des Agneaux, mais aussi des vins réalisés en partenariat avec des caves locales, comme celles de Castelmaure en Corbières ou de Pinet. 2010 comporte de belles réussites.

COTEAUX DU LANGUEDOC DEVOIS DES AGNEAUX
D'AUMELAS 2011
Blanc | 2012 à 2015 | NC **14/20**
En puissance, épicé et séveux, c'est un blanc à attendre. Il devra s'affranchir d'un boisé puissant mais de qualité, pour remettre en avant son fruit.

COTEAUX DU LANGUEDOC DEVOIS DES AGNEAUX
D'AUMELAS 2010
Rouge | 2012 à 2017 **14/20**
L'élevage domine, une matière superbe très équilibrée. Il faudra lui laisser un peu de temps.

Coteaux du Languedoc Mas de Lunès 2010
Rouge | 2012 à 2016 | NC **14/20**
Nous aimons le fruit de cette cuvée fraîche et gourmande. Elle est largement diffusée.

Faugères Domaine de Fenouillet - Extraits de Schistes 2010
Rouge | 2012 à 2018 | NC **15/20**
Cette cuvée met en avant la fraîcheur et un fruité charnu. Gourmande, sa finale est longue, sans lourdeur tout en ayant un caractère sudiste affirmé.

Faugères Domaine de Fenouillet - Grande Réserve 2009
Rouge | 2012 à 2016 | NC **14,5/20**
Ensemble frais et charnu, le fruité ne montre pas de notes confiturées, il exprime le terroir de schistes.

DOMAINE DU JONCAS

17, chemin du Murier • 34150 Montpeyroux
www.domaine-du-joncas.com

Coteaux du Languedoc - Montpeyroux Joia 2010
Rouge | 2012 à 2015 | NC **14/20**
Il a été récolté à bonne maturité. Il affiche de la souplesse et un fruité légèrement confituré mais frais.

Coteaux du Languedoc - Montpeyroux Obra 2010
Rouge | 2012 à 2015 | NC **14,5/20**
Joli jus raffiné, séduisant et souple avec une évidente fraîcheur. On le boira facilement.

CHÂTEAU DE JONQUIÈRES

34725 Jonquières
Tél. 04 67 96 62 58 • Fax : 04 67 88 61 92
contact@chateau-jonquieres.com
www.chateau-jonquieres.com
Visite : De juin à octobre, du lundi au samedi de 9h à 12h et de 15h à 18h. Hors saison sur rendez-vous uniquement, la semaine de 17h à 19h et le samedi toute la journée. Fermé de janvier à mars.

Isabelle et François de Cabissole ont sorti leur domaine de la coopération pour l'exploiter directement. Le vignoble du beau château de Jonquières, classé monument historique, est installé sur des éboulis calcaires provenant du Larzac, un sol drainant apte à donner des vins de forte expression. La Baronne 2008 et le rosé étaient les cuvées qui se goûtaient le mieux cette année.

Coteaux du Languedoc Château de Jonquières La Baronnie 2008
Rouge | 2012 à 2015 | 15,50 € **14,5/20**
2008 est plus mûr que son prédécesseur, il évolue vers la truffe et les épices douces avec du glissant en bouche et de la fraîcheur.

Coteaux du Languedoc Domaine de Jonquières 2010
Rouge | 2012 à 2013 | 11 € **13/20**
Joli jus avec une finale fraîche mais tenue par des tanins austères pour l'instant.

Vin de pays de l'Hérault 2011
Rosé | 2012 à 2013 | 7,50 € **15/20**
2011 voit ici un grand rosé, fin et suave, floral à souhait, les notes de pamplemousse rose sont présentes dans leur suavité sans vulgarité aucune. On s'en délecte.

DOMAINE JORIU

Les Bouziers • 11300 Pieusse
Tél. 06 22 87 82 17 • Fax : 04 68 20 41 09
contact@domaine-joriu.com • www.domaine-joriu.com
Visite : Sur rendez-vous.

Ce domaine, également connu sous le nom « les Bouziers », est situé sur la commune de Pieusse, entre Carcassonne et Limoux. Caroline a rejoint son grand-père Jo en 2006, pour l'épauler dans sa tâche. Assistée d'Arnaud le régisseur-œnologue, et de Jean qui arpente les vignes depuis plus de 20 ans,Caroline a insufflé un style plus dynamique aux derniers millésimes, notamment sur la cuvée Capucine.

Limoux Esprit de Famille « Capucine » 2010
Blanc | 2012 à 2016 | 7,50 € **15,5/20**
Bouche enveloppante, suave, élégante et d'une grande précision. Un léger côté toasté.

Limoux La Tour 2011
Blanc | 2012 à 2014 | 4 € **13,5/20**
Vin léger, fringuant, aux notes d'agrumes et de pêches, belle vivacité ! Vin de soif, à boire entre amis à l'apéritif.

IGP Pays d'Oc Gourmandise 2011
Rosé | 2012 à 2013 | 3,20 € **14/20**
D'une couleur saumon, ce rosé aux notes florales et fruitées est gourmand et friand.

IGP Pays d'Oc La Chapelle 2009
Rosé | 2012 à 2013 | 3,50 € **14/20**
Notes de petits fruits noirs. Bouche ronde, ample et épicée. Finale réglissée.

CHÂTEAU JOUCLARY

Route de Villegailhenc • 11600 Conques-sur-Orbiel
Tél. 04 68 77 10 02 • Fax : 04 68 77 00 21
chateau.jouclary@wanadoo.fr
www.chateaujouclary.over-blog.com
Visite : Du lundi au samedi de 11h à 19h.
Le dimanche sur rendez-vous.

Pascal Gianesini a repris cette propriété familiale d'une soixantaine d'hectares, consacrée à parité aux IGP et aux cabardès. Elle est située dans la zone proche du Minervois, sur des sols caillouteux. Les rouges sont d'inspiration plutôt atlantique avec une forte proportion de cépages bordelais. Guillaume-de-Jouclary, consul de Carcassonne vers 1530, est le nom de la cuvée la plus ambitieuse en rouge, bien dans l'esprit de Cabardès. La cuvée Tradition mérite également le détour ainsi que le rosé, bien réussi.

Cabardès 2011
Rosé | 2012 à 2013 | 5,50 € **14/20**
Rosé de saveurs, agréable et fruité, très propre, on en boira trop !

Cabardès cuvée Guillaume de Jouclary 2009
Rouge | 2012 à 2014 | 12 € **15,5/20**
Belle inflexion du style vers plus de buvabilité, un tanin beaucoup plus fin que dans les millésimes antérieurs, bravo ! On en redemande !

Cabardès Tradition 2010
Rouge | 2012 à 2014 | 5,50 € **14,5/20**
Assemblage typique du cabardès, merlot, cabernet-sauvignon, syrah et grenache, cette cuvée est un archétype de l'appellation. Une côte de bœuf, ce 2010 : le bonheur.

IGP Pays d'Oc Domaine Jouclary - sauvignon 2011
Blanc | 2012 à 2013 | 5 € **13,5/20**
À revoir après la mise, mais il laisse déjà apercevoir un joli fruit complexe et raffiné. De la profondeur et un joli style.

MAS JULLIEN

Chemin du Mas-Jullien • 34725 Jonquières
Tél. 04 67 96 60 04 • Fax : 04 67 96 60 50
masjullien@free.fr
Visite : Du lundi au vendredi de 14h à 18h en juillet et août, fermé en janvier, février, mars et novembre et décembre sauf sur rendez-vous.

Olivier Jullien est un artiste qui produit un vin qui lui ressemble. Les rouges, ici plus qu'ailleurs, sont infiniment Languedoc. Ils évoluent lentement et peuvent sembler austères en vin jeune. Le Mas-Jullien nécessitant plusieurs années pour s'ouvrir, Olivier a créé États-d'Âme, qui est accessible plus rapidement tout en ayant la patte du domaine. Il exploite également des terres d'altitude qui ont permis la cuvée Carlan que nous n'avons pas dégustée cette année. Les rouges sont au plus haut niveau languedocien. Nous avons réalisé une verticale de deux décennies de Mas-Jullien, accessible sur notre site web. Olivier était le seul en Languedoc à pouvoir présenter une série à ce niveau !

Coteaux du Languedoc 2009
Rouge | 2015 à 2025 | 26 € **18/20**
Olivier Jullien a recherché la juste maturité dans ce millésime chaud. Les vins vont exploser dans le temps, ce sera grand dans un millésime difficile. Un vin de vibrations qu'on ne peut vraiment concevoir aujourd'hui.

Vin de pays de l'Hérault 2010
Blanc | 2013 à 2018 | 24 € **16/20**
Complètement refermé de prime abord, le vin est immense mais ne se donne pas. Il lui faudra du temps pour exprimer sa grandeur native mais elle est évidente. Un peu de patience.

CHÂTEAU DES KARANTES

40, Le Haut • 11100 Narbonne-Plage
Tél. 04 68 43 61 70 • Fax : 04 68 32 14 58
chateaudeskarantes@karantes.com • www.karantes.com
Visite : Du mardi au samedi de 9h à 12h et de 14h à 18h; le lundi sur rendez-vous.

Cette propriété appartient à des Américains venus tenter une expérience de vins du Nouveau Monde en Languedoc. Les premiers millésimes ont été un peu caricaturaux, avec des extractions très poussées et des boisés en fanfare. L'embauche de Nicolas Laverny a permis de ramener les vins vers des notions plus justes. Sa Bergerie rouge 2011, l'entrée de gamme, pourrait gagner un premier prix de beauté, tant elle est délicate et gourmande. Le

Château 2010 demande un peu de patience mais il a beaucoup de fond. Le domaine progresse.

Coteaux du Languedoc - La Clape
Bergerie 2011 ☺
Rouge | 2012 à 2015 | 7,50 € **15/20**
Cette entrée de gamme est rafraîchissante, bien inspirée la-clape. La séduction incarnée.

Coteaux du Languedoc Bergerie 2011
Rosé | 2012 à 2013 | 7,50 € **14,5/20**
Le style du rosé évolue, saveurs expressives, joli fruit, longueur, intensité mais sans opulence intempestive.

Coteaux du Languedoc Chateau des Karantes 2011
Blanc | 2012 à 2016 | 13 € **16/20**
Il part grand, fruité et subtil, avec une agréable fraîcheur.

Coteaux du Languedoc Château des Karantes 2010
Rouge | 2013 à 2018 | 16 € **15,5/20**
Goûté en échantillon, cette cuvée se présente bien, fraîche et dense avec un élevage adapté à la matière. Elle a beaucoup de fond.

L'ANCIENNE MERCERIE

6, rue de l'Égalité • 34480 Autignac
Tél. 04 67 90 27 02 • Fax : 04 67 90 27 02
ancienne.mercerie@free.fr • www.anciennemercerie.fr
Visite : Sur rendez-vous.

Cette propriété peu connue du sud de Faugères séduit par la qualité de ses deux cuvées. Nathalie et François Caumette, ingénieurs agronomes et œnologues, travaillent les vignes des grands-pères dans la mercerie de la grand-mère, transformée en cave pour les besoins du vin. Les Petites-Mains 2010 ont un joli jus, elles ne laisseront pas indifférent. La cuvée Couture fait appel aux cépages traditionnels, la syrah y mène l'assemblage à hauteur d'un tiers, complétée à parts égales par le grenache, le mourvèdre et le carignan.

Faugères Couture 2009
Rouge | 2012 à 2015 | 14,80 € **15/20**
2009 a apporté un beau jus, avec des notes de havane et d'épices douces. Il est à boire, associé à une gardiane savoureuse.

Faugères Les Petites Mains 2010
Rouge | 2012 à 2015 | 8,70 € **14/20**
Le jus est superbe et l'acidité porte une finale qui n'est pas encore en place.

CHÂTEAU L'ARGENTIER

Route de Petit-Galargues • 30250 Sommières
Tél. 04 66 80 98 66 • Fax : 04 66 80 98 66
contact@chateauargentier.fr • www.chateauargentier.fr
Visite : Sur rendez-vous au 06 86 81 85 89.

Vin de pays du Gard Vieilles Vignes de carignan 2009
Rouge | 2012 à 2014 | 13,60 € **14/20**
Issu d'une parcelle plantée en 1937, cette cuvée étonne par la fraîcheur de la finale et par la gourmandise des tanins. Elle est à boire.

CHÂTEAU L'EUZIÈRE

Ancien Chemin d'Anduze • 34270 Fontanès
Tél. 04 67 55 21 41 ou 04 67 56 38 04
Fax : 04 67 56 38 04
leuziere@chateauleuziere.fr
Visite : sur rendez-vous.

Installé à Fontanès, en Pic Saint-Loup, ce domaine propose une gamme marquée par une précision des tanins et une fraîcheur qui constituent le fil rouge de la production. Tourmaline est réalisée à partir de grenache et de syrah, l'Almandin et les-Escarboucles sont additionnés de mourvèdre, cette dernière cuvée étant élevée en barriques. Les blancs progressent et font un pied de nez à beaucoup de productions dans cette couleur en Languedoc, on peut penser qu'ils tangentent désormais les sommets dans la couleur. Les rouges sont devenus des valeurs sûres en Pic Saint-Loup.

Coteaux du Languedoc - Pic Saint-Loup
L'Almandin 2010 ☺
Rouge | 2012 à 2016 | 9,10 € **14,5/20**
Joli jus, avec du fruit, ce rouge assez dynamique, à boire entre copains, est un vin de plaisir avec du fond.

Coteaux du Languedoc Grains de Lune 2011 ☺
Blanc | 2012 à 2016 | 8 € **16,5/20**
Millésime après millésime, nous nous demandons si l'un des plus grands blancs du Languedoc ne serait pas cette cuvée. Sans épate mais suave, avec des amers splendides, et une finale très fraîche.

Coteaux du Languedoc L'Or des Fous 2010
Blanc | 2012 à 2015 | 14 € **15/20**
Toujours dans le style du grand languedoc, avec une puissance certaine et une finale fraîche.

Coteaux du Languedoc Tourmaline 2010
Rouge | 2012 à 2017 | 6,90 € **14/20**
Très buvable avec une fraîcheur de bouche notable, il est bien construit dans l'appellation.

L'OSTAL CAZES

Tuilerie Saint-Joseph • 34210 La Livinière
Tél. 04 68 91 47 79 • Fax : 04 68 91 47 79
lostalcazes@aol.com • www.lostalcazes.com
Visite : De mai à novembre, du mardi au dimanche de 14h a 19h. Sur rendez-vous le reste de l'année.

Ce domaine a été acquis par Jean-Michel Cazes, le propriétaire du Château Lynch-Bages à Pauillac, en remembrant deux anciennes propriétés de bonne notoriété. Il a passé la main à son fils Jean-Charles, qui a la charge de le faire évoluer. Le secteur chaud où sont implantées les vignes marque les vins, ce sont des minervois denses et sérieusement construits, qui nécessitent un peu de patience. 2009 est une référence quand beaucoup ont chuté devant ce millésime particulièrement chaud.

Minervois Estibals 2003
Rouge | 2012 à 2013 | 12 € **14/20**
Belle attaque, jolie matière de bouche, élégante et aérienne. La finale anis et réglisse forte évolue vers des notes de feuilles séchées qui amèneront à boire ce vin dès maintenant, pour le plaisir.

Minervois-La-Livinière 2009
Rouge | 2013 à 2016 | 21 € **16/20**
Vin de grand style, long et fin, certes un peu marqué en extrême finale par ce millésime chaud qui a perturbé beaucoup de producteurs du Minervois. Quelle race dans ce 2009 ! À encaver.

IGP Pays d'Oc 2011
Rosé | 2012 à 2013 | 7,90 € **16/20**
Superbe rosé de grande délicatesse, floral et subtil. La finale est gourmande et aérienne.

DOMAINE L'OUSTAL BLANC

4 bis, avenue de la Source • 34370 Creissan
Tél. 04 67 26 93 84 • Fax : 04 67 26 93 84
earl.fonquerle@wanadoo.fr • www.oustal-blanc.com
Visite : Sur rendez-vous.

Claude Fonquerle, homme d'une rare générosité, réalise une gamme de vins précis, frais et racés. Le classement de certaines cuvées en vin de table permettent à l'artiste quelques excentricités gourmandes en dehors des contraintes de l'appellation. Ils sont la démonstration d'un grand savoir-faire. Naïck signifie Anne en breton, l'une des filles de Claude. Le numéro qui suit correspond au millésime, qui ne pouvait pas être revendiqué en vin de table. Une dégustation au domaine est toujours un grand moment de saveurs et de réconciliation avec le genre humain.

Minervois-La-Livinière Prima Donna 2009
Rouge | 2012 à 2016 | 25 € **15,5/20**
Le millésime chaud marque cette cuvée avec une jolie buvabilité. Le registre est mûr, gourmand et raffiné.

Vin de Table Naïck 10 NM
Blanc | 2012 à 2016 | 18 € **16/20**
Rare cuvée de grenache gris dans la région. Légèrement oxydative, elle ne répond à aucun canon de la beauté moderne mais son charme est évident. Construite à l'inverse des vins dits d'apéritif, typiquement adaptée à la table, rien ne fait plus saliver. Devant tant de contradictions, on ne peut que l'aimer.

Vin de Table Naïck 10 NM
Rouge | 2012 à 2017 | 12 € **16/20**
Assemblage de carignan et de cinsault, les deux cépages dont on parle peu en Languedoc, ou que l'on cache. Ils sont ici unis pour le meilleur, le fruité et la fraîcheur. Buvabilité ne rime pas avec austérité ni avec trop de légèreté. Ici, c'est avec convivialité.

DOMAINE LA CROIX BELLE

160, avenue de la Gare • 34480 Puissalicon
Tél. 04 67 36 27 23 • Fax : 04 67 36 60 45
information@croix-belle.com • www.croix-belle.com
Visite : Du lundi au samedi de 9h à 12h30 et de 14h à 18h. Fermé les jours fériés.

Vin de pays des Côtes de Thongue
Le Champ des Grillons 2011
Rosé | 2012 à 2013 | 7 € **15/20**
Bien tenu par son acidité, fin, aromatique, il s'accommodera à merveille de coquillages, de crevettes, langoustines, etc. Sa persistance se remarque, on en redemande.

DOMAINE LA CROIX DE SAINT-JEAN

11120 Bize-Minervois
Tél. 04 68 46 35 32 • Fax : 04 68 40 76 55
lacroixdestjean@hotmail.fr
Visite : Sur rendez-vous.

La Croix de Saint-Jean a été créée en 2004 par Michel Fabre, vigneron, et Fabrice Leseigneur, photographe de presse. Le domaine produit deux cuvées sur les terroirs de Minervois, Lo-Mainatge et Lo-

Paire. Ce sont deux grandes expressions racées et profondes de ce beau terroir, qui entrent dans le gotha du meilleur de cette appellation, même si 2009 ne sera pas le millésime du siècle en minervois.

Minervois Lo Mainatge 2009
Rouge | 2012 à 2014 | 7 € **14,5/20**
Bien typé par 2009, année chaude et solaire, le vin montre une fraîcheur bienvenue en fin de bouche.

Minervois Lo Paire 2009
Rouge | 2012 à 2014 | 15 € **14,5/20**
Le vin est dans l'esprit de 2009, avec un tanin qui a un peu manqué d'eau. La finale de pruneau et de fruits bien mûrs signe ce millésime.

CHÂTEAU LA DOURNIE

La Dournie • 34360 Saint-Chinian
Tél. 04 67 38 19 43 • Fax : 04 67 38 00 37
chateau.ladournie@wanadoo.fr
www.chateauladournie.com
Visite : Du lundi au samedi de 9h à 12h et de 14h à 18h. Le dimanche sur rendez-vous.

Les filles de la famille Étienne ont repris ce domaine de Saint-Chinian. Cette grande propriété commercialise plusieurs cuvées. Celle qui porte le nom du château est une belle entrée dans la gourmandise de l'appellation. Plus ambitieuses encore sont Château-Étienne-la-Dournie et la cuvée Élise, elles ont en commun le profil aromatique puissant que les schistes confèrent aux rouges, avec un supplément de race pour Élise en 2009.

Saint-Chinian Élise 2009
Rouge | 2012 à 2017 | 14 € **15/20**
La profondeur, le fruit et l'élégance des saint-chinians, avec leur fruité rouge.

IGP Pays d'Oc
Le Blanc de la Dournie 2011
Blanc | 2012 à 2015 | 5,20 € **15/20**
Blanc de grande complexité, fruité et fin, avec une allonge étonnante, poire, pommes golden, mirabelle et une finale fleurs blanches.

DOMAINE LA GRANGE LÉON

3, rue du Caladou • 34360 Berlou
Tél. 06 73 83 37 68 • Fax : 04 67 89 73 61
lagrangeleon@orange.fr
Visite : Sur rendez-vous.

Joël Fernandez est sorti partiellement de la cave coopérative où était apportée la production des 20 hectares de vignes de son arrière grand-père Léon. Son premier millésime est 2008 avec trois cuvées, l'Insolent en grenache et syrah, l'Audacieux, un carignan en macération carbonique complété par de la syrah et du grenache et, en saint-chinian Berlou, la cuvée d'une-Main-à-l'Autre, élevée partiellement en barriques. Soutenu par le père de Joël et son épouse, ce domaine pourtant jeune fait désormais partie du petit club des meilleurs saint-chinians.

Saint-Chinian D'une Main à l'Autre 2010
Rouge | 2012 à 2018 | 14,50 € **17,5/20**
Un grand millésime de grand style, on est ici dans un must sans équivalent ailleurs, dans le grand style des saint-chinians.

Saint-Chinian L'Audacieux 2011
Rouge | 2012 à 2016 | 8,80 € **16/20**
La cuvée progresse en gracilité du tanin, avec moins d'opulence que le 2009 mais avec plus d'emphase.

Saint-Chinian L'Insolent 2011
Rouge | 2012 à 2015 | 6,50 € **15/20**
Goûté en échantillons, avec la note florale et fruitée du millésime dans un vin aux tanins aériens.

Saint-Chinian La Rose de Laury 2011
Rosé | 2012 à 2013 | 5,70 € **14,5/20**
On l'apprécie pour sa délicatesse, sa fraîcheur et une tendresse particulière.

DOMAINE LA GRANGETTE

34120 Castelnau-de-Guers
Tél. 04 67 98 13 56
info@domainelagrangette.com
www.domainelagrangette.com
Visite : En été, du lundi au samedi de 9h à 12h30 et de 15h à 20h. Le dimanche de 9h à 12h30.

Ce domaine a été racheté par des pharmaciens qui ont reconstitué un vignoble en bien mauvais état. Le picpoul-de-pinet en remontrerait à beaucoup de ses pairs. Un verre, une huître, un rayon de soleil : ce tryptique s'approche de l'idéal terrien. Le cabernet franc est un archétype du cépage, impressionnant de précision.

Vin de pays des Côtes de Thau
La Saignée de Rose 2011
Rosé | 2012 à 2013 | 5,70 € **15/20**
Toujours un rosé atypique mais attachant, subtil, très pamplemousse, gourmand. Sans puissance

intempestive mais avec une complexité délicate. C'est mieux.

Vin de pays des Côtes de Thau Tentation 2011
Rouge | 2012 à 2013 | 6,80 € **14/20**
Nous ne connaissions pas cette cuvée de picpoul rouge, croquante à souhait, particulièrement gourmande. Elle sera l'accord parfait de tapas. Son cépage en fait un ovni de la production languedocienne, avec une originalité évidente.

CHÂTEAU LA GRAVE

11800 Badens
Tél. 04 68 79 16 00 • Fax : 04 68 79 22 91
chateaulagrave@wanadoo.fr
www.chateau-la-grave.net
Visite : Du lundi au vendredi de 8h à 12h et de 13h30 à 17h30. Le week-end sur rendez-vous.

Installé à Badens, à l'ouest du Minervois, Jean-François Orosquette cherche des vins de fruit, très aromatiques en blanc et en rouge, sans chichi, juste pour le plaisir. Il y réussit particulièrement bien dans les trois couleurs, à travers ses cuvées Expression. Le rosé montrait une réelle gourmandise cette année.

Minervois Expression 2011
Blanc | 2012 à 2013 | 6,40 € **13,5/20**
Vin agréable, fruité et rafraîchissant. Il fera un parfait blanc d'apéritif. La pointe iodée et saline sera le lien vers un plateau de fruits de mer.

Minervois Expression 2011
Rosé | 2012 à 2013 | 6,20 € **13/20**
Les petites notes de framboise et d'agrumes dynamisent ce vin. Parfait pour l'apéritif, un poisson un peu gras trouvera un équilibre avec l'acidité du vin.

LA GRAVETTE DE CORCONNE

30260 Corconne
Tél. 04 66 77 47 72 • Fax : 04 66 77 13 56
la.gravette@wanadoo.fr • www.la-gravette.com
Visite : De 8h30 à 12h30 et de 14h à 19h du lundi au samedi et le dimanche de 8h30 à 13h et de 14h à 18h.

Cette cave coopérative à proximité du Pic Saint-Loup regroupe une centaine de producteurs. Son entrée dans le guide rend hommage aux terroirs méconnus mais qualitatifs des Gravettes de Corconne. Elles portent des vins uniques, d'une fraîcheur inhabituelle en Languedoc. En prise constante avec le terroir, fraîcheur et minéralité sont ici le fil rouge. Gravettissime, moins immédiat, a besoin de temps pour fondre son élevage.

Coteaux du Languedoc - Pic Saint-Loup Gravettissime 2009
Rouge | 2013 à 2017 | 14,90 € **14/20**
Le vin est onctueux, mûr, avec une dimension minérale masquée pour l'instant par l'élevage.

Coteaux du Languedoc - Pic Saint-Loup Vignes Hautes 2010
Rouge | 2012 à 2017 | 9,70 € **14,5/20**
La minéralité est évidente ici, on suce le caillou, cette gravette qui type les vins de manière unique.

DOMAINE LA ROUVIOLE

34210 Siran
Tél. 04 68 91 42 13 • Fax : 04 68 91 42 13
franck.leonor@wanadoo.fr • www.larouviole.fr
Visite : Sur rendez-vous.

Franck Léonor a abandonné l'Éducation nationale pour reprendre le domaine familial situé à Siran, au cœur qualitatif du Minervois. Il exploite une douzaine d'hectares de cette appellation, et les vins sont ici sérieusement construits, dans un style profond et dense. Ils font de l'adresse une valeur sûre.

Minervois-La-Livinière 2009
Rouge | 2013 à 2016 | 18 € **14,5/20**
Le bois domine pour l'instant le fruit dans une cuvée récoltée à juste maturité. Un filet mignon fera un bel accord.

DOMAINE LA TOUR BOISÉE

1, rue du Château-d'Eau • 11800 Laure-Minervois
Tél. 04 68 78 10 04 • Fax : 04 68 78 10 98
info@domainelatourboisee.com
www.domainelatourboisee.com
Visite : Du lundi au vendredi de 9h à 12h et de 14h à 18h. Le week-end sur rendez-vous.

Ce domaine de Laure, sur les grès et les marnes gréseuses, a fait partie des précurseurs du renouveau de l'appellation Minervois. Nous avouons une petite déception sur les rouges. C'était le blanc de la cuvée Histoire-de-Famille qui se goûtait le mieux cette année.

Minervois Une Histoire de Famille 2011
Blanc | 2012 à 2013 | 7,10 € **13/20**
Un blanc classique du Languedoc, profond et plein, avec une touche acide et fraîche qui apporte de l'énergie.

CHÂTEAU LA VOULTE-GASPARETS

Rue des Corbières • 11200 Boutenac
Tél. 04 68 27 07 86 • Fax : 04 68 27 41 33
chateaulavoulte@wanadoo.fr
www.lavoultegasparets.com
Visite : De 9h à 12h et de 14h à 18h.

Patrick Reverdy et son fils Laurent sont très attachés à leurs vignes de carignan dont le terroir de Corbières-Boutenac s'est fait une spécialité. On est ici en pleine zone délimitée pour ce cru. La cuvée de base est une référence en corbières. La cuvée Romain-Pauc, baptisée ainsi en hommage à un aïeul de la famille, marie des carignans et des grenaches largement quadragénaires à des syrahs et des mourvèdres plus jeunes.

Corbières 2011
Rosé | 2012 à 2013 | NC **14,5/20**
Parfaite harmonie entre la richesse, la maturité et une grande élégance rafraîchissante. On peut le savourer en toutes circonstances.

Corbières 2011
Blanc | 2012 à 2014 | NC **13,5/20**
Arômes d'agrumes et de melon confit, bouche chaleureuse et ferme à la fois, belle vivacité équilibrante : l'ensemble est plein de caractère.

Corbières-Boutenac Romain Pauc 2009
Rouge | 2012 à 2016 | NC **14,5/20**
On aime son nez intense et précis, avec de la minéralité, de la fraîcheur et surtout ces arômes de violette, sa bouche dans le même esprit, avec une belle longueur et une très légère fermeté en finale. L'équilibre est là.

CHÂTEAU LALIS

2 rue des Fleurs • 11220 Ribaute
Tél. 04 68 43 19 50
lalis@orange.fr

Corbières Choryphée 2011
Rosé | 2012 à 2013 | NC **14/20**
Une symphonie d'arômes pleins de délicatesse, tendrement fruités, épicés, floraux et pierre-à-fusil, le tout se finissant par une délicieuse fraîcheur.

CHÂTEAU LANCYRE

Lancyre • 34270 Valflaunès
Tél. 04 67 55 32 74 • Fax : 04 67 55 23 84
contact@chateaudelancyre.com
www.chateaudelancyre.com
Visite : Du lundi au samedi de 10h à 12h30 et de 14h30 à 18h30. Fermé les jours fériés.

Bernard Durand a accompagné la reconversion du Pic Saint-Loup de la polyculture à dominante ovine jusqu'à sa reconnaissance en zone viticole qualitative. La grande cuvée est toujours très tannique dans sa jeunesse, mais elle a une exceptionnelle capacité à bien vieillir. La cuvée Vieilles-Vignes 2010 porte haut l'étendard du Pic. Le style de la propriété ouvre la voie à une nouvelle générations de vins affranchis des élevages, et d'une buvabilité hors normes. La nouvelle cuvée Madame pousse l'exercice encore plus loin. Par la qualité des jus, cette adresse s'affirme comme une valeur sûre du Pic.

Coteaux du Languedoc 2011
Rosé | 2012 à 2013 | 7,10 € **15/20**
Prototype du rosé qui n'impressionne pas en attaque, sa finale ralliera ceux qui ne recherchent pas d'amylique, mais plutôt un fruit net et frais, long en bouche.

Coteaux du Languedoc - Pic Saint-Loup Madame 2009
Rouge | 2012 à 2016 | 25 € **16/20**
Grand jus, tanin fin, subtil et racé. Long et sensuel.

Coteaux du Languedoc - Pic Saint-Loup Vieilles Vignes 2010
Rouge | 2012 à 2016 | 9,80 € **15,5/20**
Toujours le charme de cette cuvée dynamique, avec une fraîcheur remarquée. À la fois dense et très buvable, elle est hautement recommandable.

Coteaux du Languedoc Grande Cuvée 2009
Rouge | 2013 à 2017 | 16 € **15/20**
Il faudra attendre que le boisé se fonde, il est un peu présent alors que la matière est fine et fraîche dans le millésime.

MICHEL LAROCHE – MAS LA CHEVALIÈRE

Route de Murviel - 13, Chemin Rural • 34500 Béziers
Tél. 04 67 49 88 30 • Fax : 04 67 49 88 59
info@larochewines.com • www.larochewines.com
Visite : Du lundi au jeudi de 8h à 12h et de 14h30 à 17h. Le vendredi de 8h à 12h et de 13h30 à 16h.

Michel Laroche avait complété sa gamme de chablis par cette implantation en terre du sud pour y vinifier des IGP pays d'oc. Il a investi dans un chai ultramoderne, persuadé que la plus grande hygiène était indispensable à la réalisation de vins propres et de grande qualité. Ce domaine a rejoint le groupe Advini dont il est l'un des fleurons.

IGP Pays d'Oc 2011
Blanc | 2012 à 2013 | 12 € **14/20**
Joli blanc fruité et gourmand. On pourra l'apprécier dès l'apéritif grâce à sa fraîcheur et sa tenue en bouche.

IGP Pays d'Oc La Croix Chevalière 2010
Rouge | 2012 à 2015 | 23 € **14/20**
Le vin gagne en fraîcheur et en facilité à être bu, sans tanin accrocheur avec une légère pointe de sécheresse.

IGP Pays d'Oc Mas La Chevalière 2010
Rouge | 2012 à 2014 | 12 € **13,5/20**
Jus agréable, fruité et puissant, avec une finale un peu tendue, serrée par ses tanins pour l'instant.

IGP Pays d'Oc Mas La Chevalière - Vignoble Peyroli 2010
Blanc | 2012 à 2014 | NC **14/20**
La finesse du vin commence à s'épanouir, il évolue vers les fleurs blanches avec une délicatesse d'arômes qui rend la finale agréable.

CHÂTEAU DE LASCAUX

Place de l'Église • 34270 Vacquières
Tél. 04 67 59 00 08 • Fax : 04 67 59 06 06
info@chateau-lascaux.com
www.chateau-lascaux.com
Visite : Du lundi au vendredi, de 10h à 12h et de 14h à 19h; le samedi aux mêmes heures pendant l'été. Le week-end et les jours fériés sur rendez-vous.

Le Château de Lascaux est dirigé depuis 1990 par Jean-Benoît Cavalier, ingénieur agronome qui préside également aux destinées de la vaste appellation des Coteaux du Languedoc. Le domaine, installé sur Vacquières, exploite des parcelles dont certaines sont classées en Pic Saint-Loup. Ce domaine de 45 hectares, plutôt orienté vers la syrah, est en cours de reconversion vers l'agriculture biologique. 2011 montre une inflexion de style passionnante dès le vin de pays. C'est une adresse sûre pour s'approvisionner.

Coteaux du Languedoc - Pic Saint-Loup Les Nobles Pierres 2008
Rouge | 2012 à 2017 | 17,50 € **15/20**
Le vin a une ouverture à l'air, un tanin puissant et séveux et une finale dense. À mettre en cave. Il sera à l'aise avec une grillade de viande rouge.

Languedoc 2011
Rouge | 2012 à 2016 | 7 € **14,5/20**
Cette cuvée a gagné en volume de bouche en 2011, les tanins sont bien intégrés. C'est un très bon représentant de l'appellation régionale. Le président de l'AOP Languedoc montre le chemin.

Vin de pays du Val de Montferrand 2011
Rouge | 2012 à 2015 | 6 € **14,5/20**
La gourmandise est évidente, on le boira à grandes lampées. Frais, fin et juteux comme doit l'être un bon vin de copains.

CHÂTEAU DE LASTOURS

11490 Portel-des-Corbières
Tél. 04 68 48 64 74 • Fax : 04 68 40 06 94
contact@chateaudelastours.com
www.chateaudelastours.com
Visite : De septembre à juin, du lundi au samedi de 10h à 12h30 et de 13h30 à 18h. De juillet à août, de 10h à 13h30 et de 14h30 à 19h.

Implanté sur le secteur méditerranéen des Corbières, le domaine a été racheté par la famille Allard, qui gère également le Château Laroque à Saint-Émilion. D'importants travaux ont été réalisés sur la propriété, tant dans les équipements techniques que dans la replantation massive du vignoble pour redonner à Lastours tout son prestige. Pour aller encore plus loin, un tout nouveau chai a été mis en service. La gamme a été simplifiée et ne comporte plus que trois rouges et un rosé. Le site de Lastours abrite également un circuit automobile où viennent s'entraîner les meilleures écuries, ainsi qu'un complexe d'œnotourisme, avec une restauration et une hôtellerie de qualité.

Corbières L'Éphémère 2011
Rosé | 2012 à 2013 | 11,90 € **14/20**
Un beau rosé de repas, richement fruité tout en restant élégant, savoureux, expressif et équilibré par une excellente vivacité.

Corbières Réserve 2009
Rouge | 2012 à 2016 | 18,90 € **14,5/20**
Harmonieux, plein de caractère, bien fruité et épicé, avec une bouche charnue, vigoureuse, longue et équilibrée.

Corbières Simone Descamps 2009
Rouge | 2012 à 2016 | 11,90 € **15/20**
Tout est dans la justesse de l'équilibre : arômes complexes et harmonieux, texture charnue, ample, fraîche, longue. Un régal !

LAURAIRE DES LYS

Vialanove • 34210 La Caunette
Tél. 04 67 97 44 20
lauraire.deslys@wanadoo.fr • www.khalkhal-pamies.com
Visite : Sur rendez-vous.

Minervois Lauraire des Lys 2007
Rouge | 2012 à 2015 | 22 € **13,5/20**
Aromatique, truffé, cassis, le vin exprime une évidente générosité de saveurs. Le tanin un rien sec renforce la puissance en finale.

DOMAINE J. LAURENS

Les Graimenous • 11300 La-Digne-d'Aval
Tél. 04 68 31 54 54 • Fax : 04 68 31 61 61
domaine.jlaurens@wanadoo.fr • www.jlaurens.com
Visite : Du lundi au vendredi de 9h à 18h. Le week-end sur rendez-vous.

Domaine très qualitatif dans la conception et la réalisation de ses différentes cuvées. Vins très raffinés et tout en subtilité. Toujours présent lors de nos dégustations à l'aveugle, blanquettes et crémants de cette petite maison sont de premier ordre.

Blanquette de Limoux Le Moulin NM
Blanc Brut eff. | 2012 à 2014 | 7,50 € **14,5/20**
Robe paille claire. Nez fruité où prédomine la pomme verte. Bouche d'une grande netteté, fraîche et nette. Idéale pour l'apéritif.

Crémant de Limoux Clos des Demoiselles 2010
Blanc Brut eff. | 2012 à 2014 | 10,50 € **15/20**
Crémant subtil et complexe, aux arômes floraux et fruités. En bouche, la bulle est fine et racée. Peut être servi à l'apéritif, mais pourra parfaitement accompagner un repas de poissons ou de viandes blanches.

Crémant de Limoux La Rose n°7 NM
Rosé Brut eff. | 2012 à 2014 | 9,50 € **14,5/20**
Robe d'un rose intense. Nez fin aux arômes de framboise et de cassis. Bouche dense et complète avec de la vinosité, et une bulle fine et aérienne.

Crémant de Limoux Les Graimenous 2010
Blanc Brut eff. | 2012 à 2014 | 8,50 € **14,5/20**
Beaucoup d'élégance pour ce crémant à la robe dorée et claire. Nez aux notes citronnées. Beaucoup de rondeur en bouche.

CHÂTEAU LE BOUÏS

Route Bleue • 11430 Gruissan
Tél. 04 68 75 25 25 • Fax : 04 68 75 25 26
contact@chateaulebouis.fr • www.chateaulebouis.fr
Visite : De 9h à 12h et de 15h à 19h au 05 68 75 25 25.

Cette propriété de Gruissan a construit sa réputation sur les rouges, un modèle de style, avec des tanins absolument remarquables. Le domaine exploite des vignes fort bien situées, sur les contreforts du massif de la Clape et en bord de mer. Il a été repris par Frédérique Olivié, qui s'essayait aux grands vins en petits volumes dans son garage, à quelques pas de là. Si l'étiquette des vins de pays ne ralliera pas tous les suffrages, nous commençons à retrouver en bouteille ce que nous aimions tant au Bouïs, l'un des meilleurs domaines du Languedoc.

Corbières Arthur 2007
Rouge | 2012 à 2015 | 14 € **14/20**
Très épanoui, aromatique, fruits mûrs, cuir, garrigue, texture dense et bonne fraîcheur.

Corbières La Grange du Bouïs cuvée Roméo 2009
Rouge | 2012 à 2016 | 32 € **14,5/20**
Nez très puissant tout en restant élégant, bouche dense, chaleureuse, avec une trame serrée et de la fraîcheur en finale. Bon potentiel.

LE CLOS DU SERRES

Chemin des Condamines
34700 Saint-Jean-de-la-Blaquière
Tél. 04 67 88 21 96 • Fax : 04 86 17 23 86
contact@leclosduserres.fr • www.leclosduserres.fr
Visite : Sur rendez-vous.

Ce jeune couple s'est installé en 2006 à Saint-Jean-de-la-Blaquière, sur les contreforts du Larzac, à près de 300 mètres d'altitude. Le style est friand et charmeur. La gamme est large et démarre par un carignan que peu sont capables d'amener à ce niveau de charme : juvénile en bouche, il n'a que 85 ans. Sur une dominante de syrah, la-Blaca montre un charme étonnant. Avec plus de profondeur, mais aussi plus d'intensité, les-Maros rappelle le très haut niveau qualitatif que peut atteindre le grenache. L'Humeur-Vagabonde est un hymne au carignan majoritaire. Nous incitons les détracteurs du cépage à le fréquenter assidûment. Sa fraîcheur ne cesse d'étonner.

Coteaux du Languedoc - Terrasses du Larzac
Humeur Vagabonde 2010
Rouge | 2012 à 2016 | 20 € **15,5/20**
Avec une forte proportion de carignan, cette cuvée est à la gloire du cépage. Le volume de bouche est magnifique avec un tanin aérien, suave et frais.

Coteaux du Languedoc - Terrasses du Larzac
La Blaca 2010
Rouge | 2012 à 2016 | 12 € **15/20**
La syrah domine avec une puissance affirmée. Sans concession, une petite garde lui donnera tout l'éclat aromatique.

Coteaux du Languedoc - Terrasses du Larzac
Les Maros 2010
Rouge | 2012 à 2016 | 12 € **14/20**
La fraîcheur de l'échantillon étonne, dans un style un peu plus mince que la-Blaca. La finale est agréable et gourmande.

Coteaux du Languedoc Le Clos 2011
Rouge | 2012 à 2015 | 8 € **14,5/20**
Languedoc de fruit, léger et fruité, bien dans l'esprit de l'appellation. La finale est longue et gourmande.

LE CLOS RIVIERAL

34700 Loiras-du-Bosc
Tél. 04 67 44 72 71 ou
06 72 22 38 68 • Fax : 04 67 44 72 71
belletol@wanadoo.fr • www.leclosrivieral.fr
Visite : Sur rendez-vous.

Cette nouvelle propriété est installée vers Saint-Jean-de-la-Blaquière, sur des terroirs de schistes. Olivier Bellet a sorti les vignes familiales de la coopération. Après un 2008 de haut niveau, les 2009 sont plus généreux en alcool. 2010 et 2011 apportent des vins sympathiques, de bonne tenue.

Coteaux du Languedoc - Terrasses du Larzac
Le Rocher des Cistes 2010
Rouge | 2012 à 2018 | 12 € **14,5/20**
La bouche est onctueuse, avec un fruité qui tapisse bien la bouche.

Languedoc Les Fontanilles 2010
Rouge | 2012 à 2015 | 8 € **14/20**
2010 de fraîcheur avec une acidité marquée en finale qui le serre en bouche. On l'aime pour son jus.

IGP Pays d'Oc Infini 2011
Rouge | 2012 à 2014 | 6 € **13,5/20**
Joli vin de fruit, frais et gourmand, avec sa note fraîche de finale.

DOMAINE LE CONTE DES FLORIS

4, rue Denfert-Rochereau • 34120 Pézenas
Tél. 06 16 33 35 73
domaine.floris@gmail.com
www.domainelecontedesfloris.com
Visite : Sur rendez-vous.

Daniel Le Conte des Floris s'est implanté sur le terroir de Pézenas. Les blancs, remarquables de profondeur, démontrent l'intérêt de la roussanne dans ces contrées chaudes, complétée par la variété blanche du carignan qui apporte l'acidité. La gamme de rouges se décline avec plus ou moins de précision, mais toujours avec une une profondeur de constitution rare autour de trois cuvées qui portent le nom de leur sous-sol : Carbonifère, Basaltique et Villafranchien. Elles mériteraient de meilleures protections avant la mise. Homo-Habilis était la plus gourmande cette année.

Coteaux du Languedoc - Pézenas Homo Habilis 2009
Rouge | 2012 à 2018 | 22 € **15/20**
Le vin est juteux, avec un fruité particulièrement expressif. Une gourmandise saline et sensuelle, juste retenue par un élevage un rien marqué.

Coteaux du Languedoc Arès 2010
Blanc | 2011 à 2014 | 13,50 € **14,5/20**
Le style d'arès 2010 est rancio, oxydatif avec une très belle matière large, racée et fraîche. Un vin d'esthète, compliqué à déguster mais complexe.

DOMAINE LE NOUVEAU MONDE

34350 Vendres
Tél. 04 67 37 33 68 • Fax : 04 67 37 58 15
domaine-lenouveaumonde@wanadoo.fr
www.nouveaumonde.com
Visite : De juillet à août, du lundi au samedi de 10h à 13h et de 17h à 20h. Le dimanche de 10h à 13h. Le reste de l'année, sur rendez-vous.

Les notes florales des derniers millésimes impressionnent. Il se passe quelque chose dans ce domaine menée par une œnologue de talent. Si nous ne souscrivons pas à l'élevage de certaines cuvées, d'autres, plus récentes nous ont charmés. Un grand de demain ?

Coteaux du Languedoc 2009
Rouge | 2012 à 2017 | 7 € **15,5/20**
Il y a ici un style unique, le floral a été capté comme nulle part en Languedoc. L'opération semblait impensable dans le millésime. À découvrir absolument.

Coteaux du Languedoc L'Estanquier 2008
Rouge | 2012 à 2016 | 10 € **15/20**
La délicatesse des notes florales surprend. 2008 extraverti mais la note est juste. Le serré du millésime réapparaît en fin de bouche pour retendre la dimension aromatique.

IGP Pays d'Oc 2011
Rouge | 2012 à 2013 | 5 € **14/20**
Autant de nuances fleuries sont rares dans un vin. Simple et souple, en bouche, on se régale de la poursuite aromatique.

DOMAINE LERYS

1, chemin de Pech-de-Gril
11360 Villeneuve-les-Corbières
Tél. 04 68 45 95 47
domlerys@aol.com
Visite : Du lundi au samedi de 10h à 18h.

Fitou Prestige 2009
Rouge | 2012 à 2015 | 7,80 € **14/20**
Arômes très originaux d'agrumes, pinède, fruits rouges que l'on retrouve dans une bouche ronde, franche et d'une grande fraîcheur.

Fitou Solène 2010
Rouge | 2012 à 2015 | 10,80 € **14/20**
Très nouveau monde, avec un fruit violent et pur, des nuances eucalyptus, une bouche ronde aux tanins frais. Une cuvée plaisir pleine de caractère.

DOMAINE LES AMANTS DE LA VIGNERONNE

18, route de Pézenas • 34600 Faugères
Tél. 04 67 95 78 49 • Fax : 04 67 95 79 20
lesamantsdelavigneronne@yahoo.fr
www.lesamantsdelavigneronne.com
Visite : Du 16 octobre au 14 avril, sur rendez-vous. Du 15 avril au 15 octobre, tous les jours de 10h à 19h.

L'un des domaines les plus étonnants de Faugères, avec une réussite remarquable pour les cuvées de-Chair-et-de-Sang et le-Rouge-aux-Lèvres. La matière est magnifique et l'élevage de ces deux cuvées est tout en finesse. Volupté annoncée sur des contre-étiquettes chaudes, très chaudes, volupté rencontrée dans la bouteille. Nous avons souvent des réserves sur les annonces un peu provocantes mais ici, la promesse est tenue dans le vin. Allons-y ! 2009 était très réussi, 2010 le surpasse.

Faugères Dans la Peau 2010
Rouge | 2012 à 2018 | 23,50 € **17/20**
Grand style, élevage fin, tanin noble, superbe de longueur. Difficile de ne pas s'en amouracher.

Faugères De Chair et de Sang 2010
Rouge | 2012 à 2018 | 13,50 € **16/20**
Sans la précision ultime de fin de bouche des autres cuvées mais avec une générosité de saveurs qui étonne, jubilatoire. La fin de bouche est sanguine, on est bien à Faugères.

Faugères Le Rouge aux Lèvres 2010

Rouge | 2012 à 2018 | 8,50 € **17/20**

Grand style, superbe jus énergique, très long en saveurs. Le style est droit dans sa structure, complexe dans ses arômes.

LES CREISSES

34290 Valros
Tél. 06 75 66 65 78 • Fax : 04 67 98 55 36
lescreisses@free.fr • www.les-creisses.com
Visite : Sur rendez-vous.

Les creisses désignent les cailloux. Philippe Chesnelong a repris ce domaine familial en 1990. Il est assisté de Louis Mitjaville, son cousin, dont la renommée a largement dépassé Saint-Émilion. Les deux vins présentés se remarquent. La cuvée les-Brunes joue le registre de la puissance quand la cuvée des Creisses, plus immédiate, explose de saveurs. Le 2009 n'était pas facile à élever mais la matière commence à prendre le dessus.

IGP Pays d'Oc les Creisses 2009

Rouge | 2014 à 2017 | 12,25 € **15/20**

Nez d'une élégance rare, avec une matière superbe dominée pour l'instant par son élevage. Le vin devrait intégrer son boisé, les tanins sont fins, il suffit d'attendre.

DOMAINE LES FAÏSSES

40, avenue d'Espondeilhan • 34290 Servian
Tél. 06 08 83 02 81
carayonb@wanadoo.fr • www.domainelesfaisses.com
Visite : Les vendredis de 17h30 à 19h30 et le reste du temps sur rendez-vous.

Vin de pays des Côtes de Thongue
Le Carré Rond 2010

Rouge | 2012 à 2013 | 7,50 € **14/20**

Nouvelle arrivante dans le secteur des Côtes de Thongue, cette propriété se fait remarquer par cette cuvée bien inscrite dans la typicité de l'IGP. Sa fraîcheur, son charme et sa fraîcheur en font un vin à suivre, légèrement iodé et délicatement floral.

DOMAINE LES FILLES DE SEPTEMBRE

30, avenue Guynemer • 34290 Abeilhan
Tél. 04 67 39 01 65 • Fax : 04 67 39 01 65
les-filles-de-septembre@club-internet.fr
www.les-filles-de-septembre.com
Visite : Sur rendez-vous.

Les Filles de Septembre sont l'association de deux frères qui ont eu quatre filles. Hélas pour l'authenticité de l'anecdote, elles ne sont pas toutes nées en septembre, mais ce mois essentiel, celui des vendanges, méritait qu'on le cite dans la dénomination du domaine. Delphine-de-Saint-André était la meilleure des filles cette année.

Vin de pays des Côtes de Thongue
Delphine de Saint-André 2009

Rouge | 2012 à 2013 | 7 € **14/20**

Jolie cuvée de ce domaine sympathique, avec une note florale et fruitée, un corps plein et une finale savoureuse de fruits rouges et noirs empreints de notes de garrigue.

LES FUSIONELS

Route de Aigues-Vives • 34480 Cabrerolles
Tél. 04 67 77 31 40 • Fax : 04 67 76 91 64
arielleetjem@les-fusionels-faugeres.com
www.les-fusionels-faugeres.com
Visite : Sur rendez-vous au 06 07 03 56 16 ou 06 74 70 38 58.

Que peuvent faire un jeune éphèbe au profil de surfeur australien (il en vient), une blonde raffinée, craquante de charme et un terroir au nord de l'appellation Faugères. Le-Rêve est magnifique de fruit, assemblage de grenache et de syrah. Intemporelle, constituée à partir de syrah, de grenache et de mourvèdre, rappelle où il faut positionner le magnifique cru Faugères. Une nouvelle cuvée RE-naissance voit le jour en 2010 et se positionne immédiatement à haut niveau.

Faugères Le Rêve 2010

Rouge | 2012 à 2017 | 11 € **16/20**

Lardé ce qu'il faut, fortement réglissé, le nez est dans la lignée des précédents millésimes. La bouche suit, ne passera pas inaperçue, extravertie, explosive.

Faugères RE-Naissance 2010

Rouge | 2012 à 2017 | 28 € **16/20**

Le tanin est de grande finesse, le vin n'apparaît pas en puissance, demi-corps, svelte et frais, intense mais encore discret. L'allonge est rentrée, en potentiel.

DOMAINE LES GRANDES COSTES

2-6, route du Moulin-à-Vent • 34270 Vacquières
Tél. 04 67 59 27 42 • Fax : 04 67 59 27 42
jcgranier@grandes-costes.com
www.grandes-costes.com
Visite : Du jeudi au vendredi de 10h à 12h et de 15h à 19h. Du lundi au mercredi sur rendez-vous.

Après une première carrière dans la presse viticole, Jean-Christophe Granier est revenu dans son village de Vacquières, une commune qui fait partie de la zone du Pic Saint-Loup, en Coteaux du Languedoc. Le domaine est sur la bonne voie et fait preuve de régularité. La cuvée au nom du domaine est le vin aux tanins les plus affinés, les autres cuvées recherchent la gourmandise. 2009 a joué la maturité, 2010 retrouve la fraîcheur.

COTEAUX DU LANGUEDOC GRANDES COSTES 2009
Rouge | 2012 à 2015 | 18,50 € **15/20**
Le millésime marque le vin de ses notes mûres, de pruneau. L'alcool fait ressortir une finale sur la feuille de havane. On boira ce rouge complexe avec une viande en sauce qu'il accompagnera à merveille.

COTEAUX DU LANGUEDOC LA SARABANDE 2008
Rouge | 2012 à 2013 | 12,50 € **15/20**
Rouge suave, mûr, épicé, mais avec une structure élancée et la buvabilité attendue pour les repas entre copains. Il est à boire dès maintenant autour d'une grillade.

COTEAUX DU LANGUEDOC LA SARABANDE 2007
Rouge | 2012 à 2013 | NC **13/20**
Cuvée souple, marquée par des notes de cassis. Son millésime peu acide la rend prête à boire dès maintenant.

COTEAUX DU LANGUEDOC MUSARDISES 2010
Rouge | 2012 à 2014 | 9,50 € **14,5/20**
Musardises continue en 2010 sa quête de fraîcheur et de simplicité pour animer des soirées entre amis sans tomber dans l'ennui.

CHÂTEAU LES PALAIS

11220 Saint-Laurent-de-la-Cabrerisse
Tél. 04 68 44 01 63 • Fax : 04 68 44 07 42
chateaulespalais@orange.fr
Visite : Du lundi au vendredi de 9h à 12h et de 14h à 18h. Le week-end sur rendez-vous.

Xavier de Volontat, débordant d'énergie et d'activités syndicales, mène cette propriété tel qu'il mène l'appellation Corbières. La gamme est large, dominée par la cuvée Randolin qui concentre le meilleur du domaine.

CORBIÈRES TRADITION 2011
Blanc | 2012 à 2014 | NC **13,5/20**
Exubérance exotique et florale, texture riche et fondante, l'ensemble est agréable et très facile à boire.

CORBIÈRES-BOUTENAC RANDOLIN 2009
Rouge | 2012 à 2015 | NC **14,5/20**
Dans un style rafraîchissant et élégant, le nez exprime des arômes fruits rouges, fumés et minéraux, la bouche est charnue, aromatique et équilibrée.

DOMAINE LES TERRASSES D'ÉLISE

10, rue Victor-Hugo • 34150 Saint-Jean-de-Fos
Tél. 04 67 57 24 47 • Fax : 04 67 57 99 40
terrassedelise@club-internet.fr
www.terrassedelise.com
Visite : Sur rendez-vous au 06 22 91 81 39.

Récoltés avec des rendements de 20 à 25 hectolitres par hectare, les vins sont issus du secteur des Brousses vers Aniane, et colorent les vins d'une typicité très reconnaissable : c'est la caractéristique d'un grand terroir. Il est ici associé à un grand vigneron. Le domaine ne nous a pas envoyé d'échantillons cette année. Espérons que ce ne sera pas le cas l'an prochain.

LES VIGNES OUBLIÉES

Chemin du Mas-Jullien • 34725 Jonquière
Tél. 06 72 77 38 88
lesvignesoubliees@gmail.com
www.lesvignesoubliees.com
Visite : Sur rendez-vous.

Association du maître Olivier Jullien et d'un amateur passionné et viticulteur talentueux, Jean-Baptiste Granier, initié aux meilleures sources. Ces vignes oubliées sont des parcelles d'altitude de Saint-Privat en haut des Terrasses du Larzac. Le résultat sonne fort dès les premiers millésimes, la trilogie 2009, 2010 et 2011. Pouvait-il en être autrement ?

COTEAUX DU LANGUEDOC - TERRASSES DU LARZAC 2011
Rouge | 2012 à 2018 | 16 € **16/20**
Rouge de grandes saveurs, avec un tanin raffiné et complexe, dense dans le millésime.

DOMAINE LIGNÈRES-LATHENAY

1, rue de la Mairie • 34210 Siran
Tél. 04 68 91 50 07
domaineligneres@orange.fr
www.domaine-ligneres-lathenay.fr
Visite : Sur rendez-vous.

Minervois Emma 2010

Rouge | 2012 à 2014 | 7 € **15/20**

Fruité, frais, gourmand, Emma est un joli minervois bien vinifié, intelligemment réalisé et charmeur.

CHÂTEAU DE LA LIQUIÈRE

La Liquière • 34480 Cabrerolles
Tél. 04 67 90 29 20 • Fax : 04 67 90 10 00
info@chateaulaliquiere.com
www.chateaulaliquiere.com
Visite : Du lundi au vendredi de 9h à 12h et de 14h30 à 18h30. Le week-end sur rendez-vous.

Faugères Cistus 2010

Rouge | 2012 à 2016 | 15,20 € **15/20**

Belle cuvée, goûtée en échantillon, à l'élevage discret et bien intégré. Elle est fraîche, subtile et longue et montre ce dont est capable cette grande propriété du Faugérois.

Faugères Vieilles Vignes 2010

Rouge | 2012 à 2016 | 9,60 € **13/20**

Cuvée puissante avec une sensation chaude, des tanins démonstratifs et une pointe de sec.

DOMAINE DE LONGUEROCHE

Rue de l'Ancienne-Poste • 11200 Roquelongue
Tél. 04 68 41 48 26
cavedelamphore@orange.fr • www.longueroche.fr
Visite : Du lundi au samedi de 9h à 20h. Le dimanche et les jours fériés de 10h à 13h.

Corbières Aurélien 2009

Rouge | 2012 à 2016 | 9,90 € **13,5/20**

Très aromatique, chaleureuse, charnue et vigoureuse, cette cuvée puissante reste tout de même équilibrée.

Corbières Tradition 2011

Rosé | 2012 à 2013 | 5,90 € **13,5/20**

Un vrai rosé de repas, puissant, très aromatique, plein de caractère.

LORGERIL - CHÂTEAU DE PENNAUTIER

Vignobles Lorgeril - B.P. 4 • 11610 Pennautier
Tél. 04 68 72 65 29 • Fax : 04 68 72 65 84
marketing@lorgeril.com • www.lorgeril.com
Visite : Du lundi au jeudi de 10h à 18h. Le vendredi et samedi de 10h à 22h. Juillet et août, du lundi au samedi de 10h à 22h et le dimanche de 10h à 15h – fermé le lundi soir.

En Cabardès, l'historique Château de Pennautier, qui appartient à la famille Lorgeril, pourrait faire figure de gardien de la tradition dans cette appellation investie par de jeunes talents. Mais à y regarder de près, la gamme évolue par touches vers un cabardès moderne et séduisant. Aux mains d'un couple entreprenant, le domaine s'étend désormais sur plus de 200 hectares et produit également du minervois, du corbières, du saint-chinian, du faugères et des roussillons, avec le même souci qualitatif qu'en cabardès.

Cabardès L'Esprit de Pennautier 2009

Rouge | 2012 à 2018 | 16,80 € **14/20**

Grand fruit, dans un style marqué par le millésime, puissant et dense en alcool.

Cabardès Terroirs d'altitude 2008

Rouge | 2012 à 2018 | 8,60 € **15/20**

Beaucoup de saveurs et des tanins avec une saveur acide marquée, un grand fruit et une finale dense.

Minervois-La-Livinière La Croix 2009

Rouge | 2012 à 2015 | 20,45 € **15/20**

Avec un boisé mieux intégré qu'en 2008, ce 2009 est plus abouti. La finale savoureuse est portée par la puissance intrinsèque au millésime.

CHÂTEAU MANSENOBLE

15, avenue Henri-Bataille • 11700 Moux
Tél. 04 68 43 93 39 • Fax : 04 68 43 97 21
mansenoble@wanadoo.fr • www.mansenoble.com
Visite : Du lundi au vendredi de 9h à 12h et de 14h à 18h. Le week-end sur rendez-vous.

Mansenoble a été racheté en 1994 par une famille belge. Guido Jansegers, fin dégustateur des vins du monde a compris qu'en Corbières plus qu'ailleurs la fraîcheur aromatique et la finesse des tanins étaient le Saint-Graal qu'il fallait absolument capter. Il a abandonné une partie des vignes pour se recentrer autour d'une vingtaine d'hectares, sur les terroirs les plus frais.

Corbières Marie-Annick 2009
Rouge | 2012 à 2016 | NC **14,5/20**
Belle harmonie entre la richesse, la maturité et l'élégance pour cette cuvée équilibrée et prometteuse.

Corbières Réserve 2009
Rouge | 2012 à 2015 | NC **13,5/20**
Arômes de fruits très mûrs et de résineux, bouche chaleureuse, dense, le style est flatteur.

CLOS MARIE

Route de Cazeneuve • 34270 Lauret
Tél. 04 67 59 06 96 • Fax : 04 67 59 08 56
clos.marie@orange.fr
Visite : Sur rendez-vous uniquement.

Clos Marie est un domaine de Pic Saint-Loup où chaque cuvée, dès l'entrée de gamme, s'approche de l'idéal languedocien. Christophe Peyrus a acquis le sens du grand vin en côtoyant les meilleurs vignerons. Cultivé en biodynamie, son vignoble fournit des rouges aux tanins très raffinés. La gamme est cohérente avec une Olivette très gourmande, incroyablement florale et fraîche, et s'achève par Simon et les-Glorieuses, deux cuvées très différentes mais racées à souhait. Clos Marie s'est échappé du peloton des pics et ne semble pas pouvoir être rattrapé de sitôt. De vieux millésimes goûtés récemment confirment la tenue dans le temps des vins. Les Métairies-du-Clos, au vieillissement, tendent vers l'aérien de Simon. Nous avons mis en ligne cette dégustation de millésimes anciens, tous exceptionnels, qu'ils proviennent de grands ou de petits millésimes.

Coteaux du Languedoc - Pic Saint-Loup
Glorieuses 2007
Rouge | 2012 à 2017 | 45 € **17/20**
La note de cassis l'emporte puis la finale est superbe, la syrah se dévoile. Un vin de grande fraîcheur, qui s'épanouit aujourd'hui, havane et fraîcheur, ce qui semble incompatible sauf ici.

Coteaux du Languedoc - Pic Saint-Loup
Glorieuses 1999
Rouge | 2012 à 2018 | épuisé **18/20**
Millésime maudit qui a produit un vin incroyable avant les vendanges. Le temps a fait son œuvre, la finesse est exceptionnelle.

Coteaux du Languedoc - Pic Saint-Loup
L'Olivette 2010
Rouge | 2012 à 2016 | 13 € **16/20**
Remarquable fraîcheur, jolie tension, très beau fruit.

Coteaux du Languedoc - Pic Saint-Loup
L'Olivette 2009
Rouge | 2012 à 2015 | épuisé **15,5/20**
Très belle matière, d'un naturel étonnant avec une longueur réjouissante. La finale est portée par la maturité et la fraîcheur.

Coteaux du Languedoc - Pic Saint-Loup
L'Olivette 2008
Rouge | 2012 à 2016 | NC **16/20**
Beaucoup de subtilité avec une magnifique note florale. Très facile à boire dans un millésime un rien tendu. Austère et charmeur, tout en contraste.

Coteaux du Languedoc - Pic Saint-Loup
Métairie du Clos 2009
Rouge | 2012 à 2017 | 24 € **16,5/20**
Longueur exceptionnelle, un jus magnifique, qui fera référence dans l'appellation. La finale est d'une complexité rarement trouvée.

Coteaux du Languedoc - Pic Saint-Loup
Métairie du Clos 2008
Rouge | 2012 à 2018 | NC **17/20**
Beaucoup de fraîcheur dans un millésime qui s'arrondit. Subtil et raffiné.

MAS DE MARTIN

Route de Carnas • 34160 Saint-Bauzille-de-Montmel
Tél. 04 67 86 98 82 • Fax : 04 67 86 98 82
masdemartin@wanadoo.fr • www.masdemartin.info
Visite : De 9h à 12h et de 14h30 à 18h tous les jours même le dimanche.

Christian Mocci a dû doublement renoncer à la Corse puis à l'Éducation nationale pour diriger ce domaine des Coteaux du Languedoc. Curieux de grands vins et fin dégustateur, il extrait de sa petite vingtaine d'hectares une gamme dont le maître mot est le charme aromatique. Nous avons été déçus par la gamme, seule Ultreïa portait haut les couleurs d'un domaine qui nous a régalés pendant près d'une décennie. Espérons que le millésime à venir permette de retrouver un Mas de Martin en grande forme.

Coteaux du Languedoc Ultreia 2010
Rouge | 2012 à 2017 | 20 € **16/20**
Le nez est savoureux en diable et la bouche est suave, racée, une pointe de feuille de havane en finale. Le grand vin du domaine.

DOMAINE MARTINOLLE-GASPARETS

27, avenue Frédéric-Mistral
11200 Lezignan-Corbières
Tél. 04 68 27 10 45
pierre.martinolle@domaine-martinolle.com
www.domaine-martinolle.com
Visite : De 9h à 18h.

Corbières 2010
Rouge | 2012 à 2014 | 6,40 € **13,5/20**
Même si ce n'est pas un monstre de puissance, on apprécie les arômes délicats et persistants, la bouche tendre, charnue et vive.

Corbières-Boutenac 2008
Rouge | 2012 à 2015 | 11 € **14/20**
Nez complexe, bouche fraîche, texture fine, arômes persistants, belle vivacité : toute l'élégance du terroir de Boutenac !

DOMAINE DE MARTINOLLES

11250 Saint-Hilaire
Tél. 04 68 69 41 93 • Fax : 04 68 69 45 97
info@martinolles.com • www.martinolles.com
Visite : Du lundi au vendredi de 8h à 12h et de 14h à 17h. Le week-end sur rendez-vous.

Le Domaine de Martinolles est dans la même famille depuis trois générations. Situé sur la commune de Saint-Hilaire, berceau de la création en 1531 de la méthode ancestrale au sein même de l'abbaye. C'est tout naturellement que l'on travaille en famille sur le domaine. Cette année, nous avons été séduits par la méthode ancestrale.

Blanquette méthode ancestrale Vergnes NM
Blanc Demi-sec eff. | 2012 à 2014 | 7,75 € **14,5/20**
Cette cuvée habillée d'un joli doré, offre des arômes de poires et une bouche fraîche et élégante, bien équilibrée.

DOMAINE DU MAS DE MADAME

Route de Montpellier • 34110 Frontignan
Tél. 06 07 38 77 89
www.mas-de-madame.com
Visite : De 9h à 20h.

IGP Pays d'Oc Élégance muscat à petits grains 2009
Blanc Doux | 2012 à 2016 | env. 13,50 € **15,5/20**
On le croque plus qu'on ne le boit. Infiniment muscat, très aromatique, charmeur en diable. Un expérience étonnante et un grand moment sur une soupe de fruits. N'oubliez pas les litchis.

CHÂTEAU DE MATTES-SABRAN

Mattes • 11490 Portel des Corbières
Tél. 09 77B78 21 35
mattes.sabran@laposte.net

Corbières Clos Redon 2010
Rouge | 2012 à 2017 | 5,50 € **14/20**
Fait pour durer, avec son nez puissant, mûr, aux arômes impressionnants de violette que l'on retrouve dans une bouche solide, fraîche et longue.

DOMAINE MAURY

11110 Salles-d'Aude
Tél. 06 15 08 54 07
domaine.maury@gmail.com
www.domainemaury.com
Visite : Sur rendez-vous.

Coteaux du Languedoc - La Clape Le Diable au Corps 2009
Rouge | 2012 à 2017 | 17 € **14/20**
Rouge avec la salinité de la-clape dans un millésime chaud, puissant, avec une finale portée par l'élevage.

CHÂTEAU MAYLANDIE

11200 Ferrals les Corbières
Tél. 04 68 43 66 50
contact@maylandie.fr

Corbières Le Cabanon 2011
Rosé | 2012 à 2013 | 5,90 € **14/20**
Un agréable mélange d'arômes fruits rouges, glycine et noyau, une bouche franche, fraîche, parfaitement équilibrée et tonique. Parfait tout au long d'un repas ensoleillé.

Corbières Le Cabanon 2011

Blanc | 2012 à 2014 | 5,90 € **14/20**

Jolis arômes de pamplemousse rose, floraux et grillés, bouche ample, riche, très tonique, aromatique et équilibrée. Que du plaisir.

DOMAINE MAYNADIER

RN 9 • 11510 Fitou
Tél. 04 68 45 63 11 • Fax : 04 68 45 60 94
gaecmaynadier@aol.com
www.domainemaynadier.com
Visite : Du lundi au samedi de 9h à 19h.

Fitou Sélection 2010

Rouge | 2012 à 2016 | 8 € **13,5/20**

Belle association d'arômes explosifs à des tanins vigoureux. Une belle fraîcheur l'équilibre parfaitement.

Rivesaltes 2007

Rouge liquoreux | 2012 à 2020 | 8 € **14,5/20**

Robe tuilée, nez très noix, fruits confits, minéral, cacao, épicé, prune, bouche onctueuse, aromatique et équilibrée par une petite touche d'amertume.

CHÂTEAU MEUNIER SAINT-LOUIS

11200 Boutenac
Tél. 04 68 27 09 69 • Fax : 04 68 27 53 34
info@pasquier-meunier.com
www.pasquier-meunier.com
Visite : Du lundi au jeudi de 9h à 12h et de 15h à 19h.
Du vendredi au dimanche sur rendez-vous.

Le château appartient à Martine et Philippe Pasquier-Meunier. Cette très grande propriété de plus de 110 hectares en production se fait souvent remarquer par ses cuvées Exégèse et A-Capella. Cette année, ce sont les blancs et rosés qui sortent du lot.

Corbières Prestige 2011

Rosé | 2012 à 2013 | 5,50 € **13,5/20**

Belle minéralité, arômes floraux, épices et fruits rouges, bouche gourmande et d'une très grande vivacité.

Corbières Prestige 2011

Blanc | 2012 à 2014 | 5,70 € **13,5/20**

Pleine de caractère, cette cuvée exprime un nez très délicat, fruité, floral, fumé, ainsi qu'une bouche charnue et très vigoureuse.

DOMAINE MIRABEL

30260 Brouzet-lès-Quissac
Tél. 06 22 78 17 47 • Fax : 04 66 77 48 88
domainemirabel@neuf.fr
Visite : Sur rendez-vous.

Le Domaine Mirabel est situé à la limite nord-est de l'aire d'appellation du Pic Saint-Loup, sur un terroir d'argilo-calcaires. Les frères Feuillade le mènent avec passion. Ils le cultivent avec le plus grand soin comme un jardin. Le rendement moyen est faible, de l'ordre de 20 hectolitres par hectare. Nous aimons beaucoup les trois cuvées de rouges du domaine, le-Chant-des-Sorbiers, les-Bancels, dans un style gourmand et racé et les-Éclats, une grande cuvée qui reste à un prix raisonnable. Elles ont la fraîcheur pour dénominateur commun.

Coteaux du Languedoc - Pic Saint-Loup
Le Chant du Sorbier 2010

Rouge | 2012 à 2020 | 11 € **16/20**

Une réelle profondeur de goût teinte cette cuvée où la réglisse et les arômes de la garrigue s'entremêlent harmonieusement.

Coteaux du Languedoc - Pic Saint-Loup
Le Dessert du Loup 2011

Rosé | 2012 à 2013 | 7,50 € **15,5/20**

Oui, c'est un beau rosé, toute délicatesse dehors, suave et fin, gourmand mais raffiné. L'air de ne pas y toucher tout en étant dans la note, infiniment dans la note.

Coteaux du Languedoc Les Bancels

Rouge | 2012 à 2020 | 11 € **16/20**

Ramassée bien mûre cette cuvée est légèrement confiturée. Elle illustre l'opulence quand les autres du vins du domaine recherchent la fraîcheur.

CHÂTEAU MIRAUSSE

11800 Badens
Tél. 09 60 43 65 01 • Fax : 04 68 79 12 30
julien.mirausse@wanadoo.fr
Visite : Sur rendez-vous.

Minervois Rouge de l'Azerolle 2010

Rouge | 2012 à 2015 | 5,50 € **14/20**

Facile à boire, avec un beau fruité, séveux, il plaira sans renier la force de constitution typique des vins du domaine.

DOMAINE MONPLEZY

Chemin Mère-des-Fontaines • 34120 Pézenas
Tél. 04 67 98 27 81 • Fax : 04 67 01 47 44
domainemonplezy@orange.fr
www.domainemonplezy.fr
Visite : Sur rendez-vous.

VIN DE PAYS DES CÔTES DE THONGUE
PLAISIRS INTERDITS 2010
Rouge | 2012 à 2013 | 5 € **13/20**
Vin de plaisir gourmand et fruité. On le partagera autour d'un plat de tapas auquel il apportera sa bonne humeur.

MONT TAUCH

2, rue de la Cave-Coopérative • 11350 Tuchan
Tél. 04 68 45 41 08 • Fax : 04 68 45 45 29
contact@mont-tauch.com caveau@mont-tauch.com
www.mont-tauch.fr
Visite : Du lundi au samedi de 9h à 12h et de 14h à 18h. En été, de 9h à 13h et de 14h à 19h.

Cette coopérative, qui vinifie les deux tiers de l'appellation, a réussi à imposer à ses adhérents une discipline sévère, fondée sur une rémunération des apports de raisin en fonction de la dégustation des vins qu'ils permettent. La rigueur technique et le dynamisme commercial sont les clés de la réussite de cette cave à la large gamme et d'un bon rapport qualité-prix.

FITOU CHÂTEAU DE SÉGURE 2010
Rouge | 2012 à 2015 | 9,90 € **14/20**
Élégant et très bien vinifié, avec un fruit épanoui et raffiné, une bouche veloutée, aux tanins soyeux, à la finale équilibrée.

FITOU CHÂTEAU DE SÉGURE - CUVÉE OLIVIER DE TERMES 2009
Rouge | 2012 à 2016 | 12,50 € **15/20**
Mise tout sur la puissance : du nez avec son fruit très mûr et ses notes cacaotées, de la bouche avec sa texture veloutée, charmeuse, très aromatique et équilibrée par une finale fraîche.

FITOU LES QUATRE 2009
Rouge | 2012 à 2018 | 10,90 € **14/20**
3 cépages traditionnels sélectionnés par 4 vignerons du village de Paziols, sur une parcelle d'altitude au cœur du Haut-Fitou, donnent cette cuvée pleine de caractère, puissante, aux arômes de fruits noirs mûrs, cacao, garrigue, à la bouche dense, vigoureuse, aux tanins un peu rugueux.

FITOU MONTMAL 2010
Rouge | 2012 à 2014 | 9,90 € **14/20**
D'une grande richesse et fraîcheur aromatique, fruité, floral, très épicé, avec une texture souple, charnue et vive. Facile à boire.

DOMAINE DE MONTCALMÈS

Chemin du Cimetière • 34150 Puéchabon
Tél. 04 67 57 74 16 • Fax : 04 67 57 74 16
gaecbh@wanadoo.fr
www.domainedemontcalmes.com
Visite : Sur rendez-vous.

Il faut avoir eu préalablement la curiosité du grand vin pour pouvoir soi-même en produire. Frédéric Pourtalié et son cousin Vincent Guizard, qui a désormais quitté le domaine, ont vinifié pour la Grange des Pères, Olivier Jullien et Alain Graillot. Ils se sont installés en 1999 en Coteaux du Languedoc, dans le secteur des Terrasses du Larzac, sur le terroir de Puechabon. Les tanins de leurs vins rouges sont veloutés et raffinés à l'extrême. Ils dispose, à travers un exceptionnel fruité, de toute la sérénité des grands vins, dans un style absolument naturel et sans esbroufe. Le blanc, cette année, posera la question du plus grand Montcalmès possible : blanc ou rouge ? Comment dans ces conditions ne pas progresser dans notre hiérarchie des grands domaines de France ?

COTEAUX DU LANGUEDOC 2009
Rouge | 2012 à 2017 | 21 € **17,5/20**
Le millésime marque le vin, les tanins sont aériens, d'une exceptionnelle finesse. Les saveurs sont superbement élégantes.

COTEAUX DU LANGUEDOC 2009
Blanc | 2012 à 2018 | 21 € **18,5/20**
Certes le boisé dominait un peu la dégustation pour l'instant mais la promesse est immense. La fraîcheur du fruit est époustouflante. Un must en Languedoc. What else ?

DOMAINE MORTIÈS

Route de Cazevieille • 34270 Saint-Jean-de-Cuculles
Tél. 04 67 55 11 12 • Fax : 04 67 55 10 06
contact@morties.com • www.morties.com
Visite : Le mercredi et le vendredi de 15h à 19h. Le samedi de 10h à 19h.

Au bord d'impressionnantes falaises d'argile noire, ce domaine racheté par trois amis produit plusieurs cuvées de rouge, dont Jamais-Content.

Coteaux du Languedoc - Pic Saint-Loup
Jamais Content 2009
Rouge | 2012 à 2017 | NC **14/20**
Frais et agréable, cette cuvée ne renie pas pour autant la notion de densité.

DOMAINE MOULINIER

Pierrerue • 34360 Saint-Chinian
Tél. 04 67 38 03 97 • Fax : 04 67 38 09 15
domaine-moulinier@wanadoo.fr
Visite : Du lundi au vendredi de 9h à 12h et de 14h à 18h. Le week-end et les jours fériés, sur rendez vous.

Saint-Chinian Les Terrasses Grillées 2008
Rouge | 2012 à 2016 | 25 € **14/20**
Un charme au nez, il s'inscrit bien dans l'appellation. La finale est serrée mais le fruit s'exprime ici.

DOMAINE DE MOUSCAILLO

6, rue du Frêne • 11300 Roquetaillade
Tél. 04 68 31 38 25 • Fax : 04 68 31 38 25
info@mouscaillo.com • www.mouscaillo.com
Visite : Sur rendez-vous.

Le domaine est situé sur les contreforts pyrénéens, entre les climats océanique et méditerranéen, au cœur de la Haute-Vallée. Sur les coteaux du village de Roquetaillade, les vigne du domaine sont balayées par les vents. Le « cers » venant de l'intérieur des terres et le « marin », de la mer. Ces conditions particulières sont propices à la culture de la vigne, permettant d'obtenir des cuvées pleines de minéralité et de fraîcheur.

Limoux 2009
Blanc | 2012 à 2018 | 17 € **15,5/20**
Vins droits et tendus, avec beaucoup de minéralité dans leur jeunesse, et qui gagnent en complexité au fil des années.

Vin de pays de la Haute Vallée de l'Aude 2009
Rouge | 2012 à 2017 | 17 € **14/20**
Vin droit, fin, tout en élégance, possédant une belle persistance aromatique sur les fruits rouges. Tanins fins et raffinés.

CHÂTEAU DE NOUVELLES

SCEA R. Daurat-Fort • 11350 Tuchan
Tél. 04 68 45 40 03 • Fax : 04 68 45 49 21
daurat-fort@terre-net.fr
www.chateau-de-nouvelle.com
Visite : Du lundi au samedi de 8h à 12h et de 14h à 17h30. Le dimanche sur rendez-vous.

Le Château de Nouvelles, installé à Tuchan dans une zone assez reculée, a été un pionnier de la progression qualitative en Fitou. Initialement réputé pour ses vins doux naturels, il continue d'offrir une gamme qui s'avère particulièrement réussie et dont nous ne nous lassons pas, même si ce type de vins n'est pas à la mode. Les rouges progressent à pas de géant. L'infatigable Jean Daurat, qui a porté haut et fort la réputation du fitou pendant des décennies, est secondé par son fils Jean-Rémy.

Fitou Augusta 2008
Rouge | 2012 à 2014 | 8,50 € **13/20**
Arômes épicés et de prune, bouche charnue, vive, pour ce vin facile à boire et équilibré.

Fitou Gabrielle 2010
Rouge | 2012 à 2019 | 14 € **15/20**
Solide et fait pour durer. Nez riche et complexe, fruits noirs, prune, goudron, bouche concentrée, chaleureuse, vigoureuse et puissamment aromatique.

Fitou Vieilles Vignes 2009
Rouge | 2012 à 2017 | 10 € **15,5/20**
Superbe puissance et maturité du fruit, notes épicées, bouche chaleureuse, sans aucune lourdeur, très longue. On retrouve le soyeux des vieilles vignes et la fraîcheur des schistes dans cette cuvée voluptueuse et équilibrée.

PHILIPPE NUSSWITZ

Route de Canaules • 30170 Durfort
Tél. 04 66 80 40 45
philippe@orenia.fr • www.orenia.fr
Visite : Sur rendez-vous.

Vin de pays du Duché d'Uzès Orenia 2010
Rouge | 2012 à 2014 | 6,60 € **14/20**
Nous aimons le jus de ce rouge frais et énergique. La longueur est bonne et le fruité est persistant.

DOMAINE OLLIER-TAILLEFER

Route de Gabian • 34320 Fos
Tél. 04 67 90 24 59 • Fax : 04 67 90 12 15
ollier.taillefer@wanadoo.fr • www.olliertaillefer.com
Visite : Du 15 avril au 15 octobre, du lundi au samedi de 11h à 12h et de 14h30 à 18h. Le reste de l'année sur rendez-vous.

Françoise Ollier et son frère Luc ont repris l'exploitation familiale. Ce domaine produit des vins empreints de naturel et d'humanisme, sans recherche du sensationnel. La cuvée de blanc, Allegro, va chercher la roussanne et le rolle, mais renonce au bois pour exprimer leur naturel. En rouge, Grande-Réserve constitue un vin raffiné, produit en quantité importante et donc aisément disponible. Castel-Fossibus, (traduisez par là «le château de Fos»), emprunte à la syrah, au grenache et au mourvèdre leur fruité fin. Notre sélection sera plus réduite cette année, certaines cuvées étaient perturbées par leur millésime.

Faugères Allegro 2011
Blanc | 2012 à 2016 | 9,60 € **15/20**

Le vin gagne en profondeur, en expression de la matière, les amers extravertis, certes présents, ne sont pas au devant de la scène. On se régale.

Faugères Les Collines 2011
Rouge | 2012 à 2017 | 6,20 € **14/20**

On aime ce jus gourmand, expressif en fruits noirs, long et savoureux.

Faugères Les Collines 2011
Rosé | 2012 à 2013 | 6 € **14/20**

Rosé élégant, net, avec une fraîcheur raffinée. Sa finale délicate plaira.

CHÂTEAU OLLIEUX-ROMANIS

RD 613 • 11200 Montseret
Tél. 04 68 43 35 20 • Fax : 04 68 43 35 45
ollieuxromanis@hotmail.com • www.ollieux.com
Visite : De 9h à 18h.

En rachetant le Château Ollieux pour l'intégrer à Ollieux-Romanis, la famille Bories a reconstitué l'un des plus grands vignobles de Corbières et mis un terme à plus d'un siècle de scission. Dans toutes les cuvées, on recherche la plus grande buvabilité et beaucoup d'élégance, de la cuvée Prestige à la cuvée Or, jusqu'à Atal-Sia, réalisée en appellation Corbières-Boutenac.

Corbières cuvée Classique 2011
Blanc | 2012 à 2014 | 7,50 € **14/20**

Fruit délicat, notes de fleurs suaves et pierre chaude, bouche charnue, ronde et parfaitement équilibrée.

Corbières Prestige 2010
Blanc | 2012 à 2015 | 16 € **15/20**

Dans un style plein de charme : arômes de fruits blancs très mûrs, résineux, minéraux, eucalyptus, bouche très opulente mais restant fraîchement harmonieuse.

Corbières Prestige 2009
Rouge | 2012 à 2017 | 12 € **14/20**

Beaucoup de tenue et de classe pour cette cuvée aux arômes intenses de fruits noirs et café vert, à la bouche riche, ample, montrant une trame tannique serrée et une belle fraîcheur.

Corbières-Boutenac Atal Sia 2009
Rouge | 2012 à 2017 | 17,95 € **15,5/20**

Tout en exubérance et en puissance, avec des arômes de fruits noirs mûrs, cacao, eucalyptus et truffe blanche, une bouche chaleureuse, équilibrée par une bonne vivacité.

Corbières-Boutenac cuvée Or 2010
Rouge | 2012 à 2017 | 21 € **14,5/20**

Très bon potentiel pour cette cuvée au nez typé, puissant, mûr, avec des notes épicées et moka, à la bouche dense, s'adossant sur une trame tannique solide et une bonne fraîcheur.

LES CELLIERS D'ORFÉE

53, avenue des Corbières • 11200 Ornaisons
Tél. 04 68 27 09 76 • Fax : 04 68 27 58 15
info@cuveesextant.com • www.cuveesextant.com
Visite : Du lundi au jeudi de 8h à 12h et de 14h à 18h. Le vendredi fermeture à 17h. Le samedi de 9h à 12h.

Corbières L'Infernale 2010
Rouge | 2012 à 2016 | 7,90 € **14/20**

On aime cette cuvée puissante, richement fruitée, aux notes de résineux et violette, particulièrement voluptueuse.

Corbières Orfée 2011
Blanc | 2012 à 2014 | 5,60 € **14/20**

Les arômes de fruits blancs et exotiques, de chèvrefeuille sont friands, bouche souple, ronde et bien vive. Très agréable.

DOMAINE DE PARAZOLS

11600 Bagnoles
Tél. 04 68 77 06 46 • Fax : 04 68 72 57 41
jean-marie.bertrou@wanadoo.fr
www.parazols-bertou.com
Visite : Du 15 juillet au 31 août, mercredi de 17h à 19h. Le samedi de 10h à 12h et de 14h à 17h. Le reste de l'année sur rendez-vous.

CABARDÈS TENTATION 2010
Rouge | 2012 à 2013 | 5,40 € **13/20**
La matière est belle, cette cuvée a été mieux préservée d'un élevage dominateur. Elle montre une bouche ronde, onctueuse, savoureuse.

IGP PAYS D'OC CHÂTEAU PARAZOLS 2009
Rouge | 2012 à 2015 | 7,10 € **14,5/20**
De la fraîcheur dans ce 2009 atypique dans l'appellation, tenu par un élevage présent mais qui s'estompera. Ce vin beaucoup plus long que large étonne par sa persistance.

DOMAINE DU PAS DE L'ESCALETTE

Le Champ-de-Peyrottes • 34700 Poujols
Tél. 04 67 96 13 42 • Fax : 09 70 62 26 61
contact@pasdelescalette.com
www.pasdelescalette.com
Visite : Le lundi et le vendredi de 9h à midi et le reste du temps sur rendez-vous.

Julien Zernott et Delphine Rousseau ont acquis en 2002 ce vignoble de 10 hectares implanté en terrasses. Situés à 350 mètres d'altitude, au pied du plateau du Larzac, sur des terroirs d'éboulis calcaires, les sols sont travaillés et les vignes menées dans une approche bio. Les raisins sont vendangés à la main et font l'objet de soins attentifs. Ces pratiques et l'altitude relative fournissent à la plupart des cuvées un toucher de bouche raffiné. L'évolution du domaine est patente chaque année, 2009 a montré le potentiel de ces terroirs d'altitude en année chaude. 2010 installe les meilleures cuvées parmi l'élite du Languedoc.

COTEAUX DU LANGUEDOC - TERRASSES DU LARZAC LE PAS DE D. 2010
Rouge | 2012 à 2018 | 16 € **16,5/20**
Superbe cuvée d'une fraîcheur vivifiante. Le tanin est très fin, lisse et une gourmandise amère particulièrement noble ressort en finale.

COTEAUX DU LANGUEDOC - TERRASSES DU LARZAC LES CLAPAS 2010
Rouge | 2012 à 2017 | 13 € **14/20**
La fraîcheur est le fil rouge du domaine grâce aux terroirs d'altitude. Cette cuvée dense a de l'avenir.

COTEAUX DU LANGUEDOC - TERRASSES DU LARZAC LES PETITS PAS 2011
Rouge | 2012 à 2015 | 9,50 € **15,5/20**
Impressionnant dès le nez, avec une gracilité de tanins surprenante, une entrée de gamme infiniment gourmande.

COTEAUX DU LANGUEDOC LE GRAND PAS 2010
Rouge | 2012 à 2018 | 24 € **17/20**
D'une grande puissance mais sans aspérité, ce 2010 fera date. Le festival des saveurs est déjà là. Le temps lui permettra de se développer.

LES DOMAINES PAUL MAS

Route de Villeveyrac • 34530 Montagnac
Tél. 04 67 90 16 10 • Fax : 04 67 98 00 60
info@paulmas.com • www.paulmas.com
Visite : Du lundi au vendredi de 9h à 12h et de 14h à 17h.

Jean-Claude Mas, fin dégustateur, dirige avec intelligence et brio les domaines Paul Mas implantés autour de Pézenas et de Limoux. Ils produisent une large gamme d'AOC et de vins de pays du Languedoc et du Roussillon, essentiellement destinés à l'export. La production des domaines est complétée par des achats de raisin. Nous aimerions voir plus souvent des négociants de ce type, capables de fournir à l'amateur de très jolis vins à un prix raisonnable.

COTEAUX DU LANGUEDOC CHÂTEAU PAUL MAS - CLOS DES MÛRES 2011
Rouge | 2012 à 2016 | 10,70 € **14/20**
Assez concentré, goûteux, avec un tanin onctueux, c'est un rouge de caractère. Une viande persillée, puissante en saveurs sera son alter ego.

VIN DE PAYS D' OC ARROGANT FROG CHARDONNAY VIOGNIER RIBET 2011
Blanc | 2012 à 2014 | NC **13/20**
Le chardonnay apporte l'onctuosité, le viognier fournit l'éclat aromatique immédiat. C'est un vin gourmand, extraverti, très adapté à l'apéritif.

IGP Pays d'Oc DA cabernet-sauvignon Réserve 2011 ☺
Rouge | 2012 à 2014 | 7,10 € **14/20**
Cuvée avec de beaux fruits noirs croquants, gourmands et tendus par un combiné d'acidité équilibrée et de salinité.

IGP Pays d'Oc DA pinot noir 2011
Rouge | 2012 à 2014 | 7,10 € **13,5/20**
Joli pinot noir fruité, léger, fin. Idéal pour une consommation rapide un soir entre amis. Prévoir du stock !

IGP Pays d'Oc Vignes de Nicole cabernet-sauvignon - merlot 2011
Rouge | 2012 à 2014 | 8,15 € **13/20**
Souple et facile à boire, avec une pointe d'épices.

IGP Pays d'Oc Vignes de Nicole cabernet-sauvignon - syrah 2011 ☺
Rouge | 2012 à 2014 | 8,15 € **14/20**
Vin de plaisir immédiat, la structure du cabernet est complétée par les épices poivrées de la syrah. La finale est généreuse.

CHÂTEAU DE PECH-REDON

Route de Gruissan • 11100 Narbonne
Tél. 04 68 90 41 22 • Fax : 04 68 65 11 48
chateaupechredon@wanadoo.fr • www.pech-redon.fr
Visite : Du lundi au samedi de 9h à 12h
et de 14h à 19h.

Installé sur les hauteurs de Gruissan, à deux pas de la Méditerranée, pour produire des vins frais, Pech-Redon réalise de longue date les meilleurs vins du secteur de La Clape, l'un des plus intéressants des Coteaux du Languedoc, en compétition frontale avec Mas Jullien et Peyre Rose. Les échantillons n'étaient pas simples à déguster cette année mais ils montraient de grands vins en devenir. S'inscrire parmi la clientèle est une priorité tant les vins sont racés et gourmands.

Coteaux du Languedoc - La Clape L'Épervier 2011
Rouge | 2012 à 2018 | 13 € **16/20**
L'échantillon dégusté n'était pas en place mais il montrait une matière énorme, savoureuse en diable, digne des grands Pech-Redon. La promesse est forte.

Coteaux du Languedoc - La Clape L'Épervier 2011
Rosé | 2012 à 2013 | 8 € **14,5/20**
Concentré de saveurs avec une pointe d'amertume relayée par un fruité énorme. Un beau rosé de gastronomie.

Coteaux du Languedoc - La Clape Les Cades 2011
Rouge | 2012 à 2017 | 8 € **14,5/20**
Un beau volume de bouche avec un tanin bien dessiné, salin et puissant, de grande maturité.

CHÂTEAU PEPUSQUE

7, rue du 11-Novembre-1918 • 11700 Pépieux
Tél. 04 68 91 41 38
chateau.pepusque@orange.fr
www.chateau-pepusque.leminervois.com
Visite : Sur rendez-vous.

Minervois Les Gravettes 2011 ☺
Rouge | 2012 à 2013 | 8 € **14/20**
Nez fumé et lardé, porté par la réglisse avec un tanin confortable. C'est un rouge immédiat, fait pour des soirées entre copains où on l'appréciera pour sa gourmandise bonhomme.

Minervois Terre de Pepusque 2010
Rouge | 2013 à 2015 | 16,50 € **14/20**
Plus en puissance qu'en nuances, cette nouvelle cuvée est dominée par le cassis. Elle installe un nouveau style au domaine. Les tanins de finale sont portés par une sensation crayeuse.

DOMAINE DU PETIT CAUSSE

De la Sallèle • 34210 Félines-Minervois
Tél. 04 68 91 66 12
chabbert-philippe@orange.fr
www.domaine-du-petit-causse.leminervois.com
Visite : Du lundi au samedi de 11h30 à 13h30
de 17h à 19h. Le dimanche sur rendez-vous.
De juin à août, de 10h30 à 18h.

Ce domaine est situé à Félines-Minervois, dans la zone du Petit Causse dont le domaine a emprunté le nom. La famille Chabbert sort progressivement le domaine de la coopération. Elle présente des vins au fruité savoureux, empreints de naturel et d'une grande buvabilité, qui conjuguent raffinement et simplicité. La cuvée Andréa apporte un supplément de finesse à une gamme qui ne manque pas de gourmandise, dès le rosé. La Griotte-de-Ventajoux ne démérite pas, 2010 lui va bien.

MINERVOIS GRIOTTE DE VENTAJOUX 2010 ☺
Rouge | 2012 à 2015 | 7,50 € **15,5/20**
On est complètement dans le style minervois, celui que l'on a envie de goûter, charmeur, onctueux, généreux et épicé, avec un bouquet de fruits noirs qui explose en bouche.

MINERVOIS-LA-LIVINIÈRE ANDRÉA 2008
Rouge | 2012 à 2014 | 11,50 € **14,5/20**
La cuvée porte le nom de la grand-mère qui possédait les vignes. On perçoit un fruité rouge agréable et une acidité qui amène à le boire dès maintenant.

VIN DE PAYS DE L'AUDE
LA COMBE DES CIGALES 2010 ☺
Rouge | 2012 à 2014 | 5,50 € **14/20**
Joli vin de fruit, simple, gourmand, épicé. Le prototype du vin de copains, quand ils aiment l'insouciance et les bons moments.

DOMAINE PEYRE ROSE

34230 Saint-Pargoire
Tél. 04 67 98 75 50
peyrerose@orange.fr
Visite : Sur rendez-vous.

Cette exploitation, perdue au bout d'un chemin introuvable, est conduite en agriculture biologique par Marlène Soria, la sensibilité à fleur de peau. Marlène produit deux cuvées de rouge à dominante de syrah, le Clos-des-Cistes et Syrah-Léone. Les Cistes proviennent de la partie la plus haute du domaine, installée sur des sols caillouteux très durs. Cette cuvée porte plus d'acidité que Syrah-Léone, installée sur des roches plus friables et facilement traversées par l'eau. Il faut comprendre ces vins de Marlène sur la finale, avec une suavité sans équivalent. Millésime après millésime, les vins sont uniques ici et ne ressemblent à rien de connu. Il faut également parler du blanc, réalisé à partir de rolle, de roussanne et de viognier, qui joue lui aussi dans un registre hors normes. Il ravira les amateurs de vins de voile, dont nous sommes.

COTEAUX DU LANGUEDOC CLOS DES CISTES 2004
Rouge | 2012 à 2018 | 58 € **17/20**
Grand, il l'est, mais compliqué à déguster, tout autant. Un vin de rêve à consommer en absolu près de la cheminée. Explosion de saveurs et d'arômes, il a les défauts de ses qualités, il est unique.

COTEAUX DU LANGUEDOC SYRAH LÉONE 2004
Rouge | 2012 à 2015 | 58 € **16/20**
Prêt à boire avec une note d'encaustique, d'olive noire, de truffe, comme il n'en existe pas ailleurs. La bouche reprend ces arômes et force sur le tabac à la fois brun et froid. Une pointe de sec le limite. Un festival de saveurs, sans modération et sans l'attendre plus.

LES VIGNERONS DU PIC

34820 Assas
Tél. 04 67 59 62 55 ou 04 67 59 61 81 ou 04 67 65 93 55 • Fax : 04 67 59 56 39
cavevigneronsdupic@wanadoo.fr
Visite : En juillet et en août, ouvert tous les jours sauf le dimanche après-midi de 9h à 12h30 et de 15h à 18h30. Le reste de l'année du mardi au samedi de 9h à 12h et de 14h à 18h.

COTEAUX DU LANGUEDOC - PIC SAINT-LOUP
TOUR DU ROC 2010
Rouge | 2012 à 2017 | 9,50 € **14,5/20**
Agréable cuvée épicée et fruitée produite par la cave. La finale est complexe, avec un joli jus.

DOMAINE DU PIC SAINT-JEAN D'AUREILHAN

34800 Liausson
Tél. 04 67 96 66 18 • Fax : 04 67 96 66 18
christian.arboux@wanadoo.fr
Visite : Sur rendez-vous.

LANGUEDOC LES TERRES ROUGES 2011 ☺
Rouge | 2012 à 2016 | 8 € **14/20**
Il a du jus, une présence minérale et juteuse en fin de bouche avec une réelle fraîcheur. Hautement recommandable.

PLAN DE L'HOMME

15, avenue Marcellin-Albert
34125 Saint-Félix-de-Lobez
Tél. 06 89 33 40 64
contact@plandelhomme.fr • www.plandelhomme.fr
Visite : Sur rendez-vous.

Nouveau propriétaire, nouveau nom. Le Mas Plan de l'Om devient Plan de l'Homme. Le domaine vient d'être repris par l'ancien propriétaire du Domaine Mortiès qui a insufflé son style, plus moderne, mais sans dénaturer l'esprit du lieu. Toutes les cuvées ont conservé de la fraîcheur en 2009, une vertu rare en

Languedoc dans ce millésime. Nous espérons beaucoup de ce changement de style.

Coteaux du Languedoc Florès 2009
Rouge | 2012 à 2014 | 9 € **14/20**
à base de cinsault, nous aimons la buvabilité de cette cuvée très fraîche, facile à boire avec un glissant évident.

Coteaux du Languedoc Sapiens 2009
Rouge | 2012 à 2015 | 18 € **15/20**
Elevé chic, sans surmaturité trop poussée, cette cuvée de syrah et de grenache apporte un renouveau La matière est puissante mais fraîche.

PLÔ ROUCARELS

1, rue F Mistral • 11250 Couffoulens
Tél. 06 63 21 82 70
postmaster@plo-roucarels.com

Vin de pays de la cité de Carcassonne
Les Pépieux 2010
Rouge | 2012 à 2015 | 12 € **14,5/20**
De vieilles vignes de carignan et syrah s'exprimant sur le terroir de Couffoulens, méconnu mais plein de potentiel. Beau vin inattendu, très agréablement plein de caractère, développant des arômes de prune, fruits noirs, boisé toasté, une bouche voluptueuse, grasse, aromatique et bien fraîche en finale.

DOMAINE LA PRADE MARI

34210 Aigne
Tél. 04 68 91 22 45 • Fax : 04 68 91 22 45
domainelaprademari@wanadoo.fr
www.laprademari.com
Visite : Sur rendez-vous.

Minervois L'Or des Garrigues 2011
Blanc | 2012 à 2014 | 11 € **14/20**
Marquée par le bois, cette roussanne devrait digérer son élevage pour devenir un blanc de belle gastronomie.

Minervois Terroir des Anges 2009
Rouge | 2012 à 2017 | NC **15/20**
Certainement la cuvée aux tanins les plus aboutis dans le millésime. Ils sont souples et fins, le vin est puissant, dense.

CHÂTEAU PRIEURÉ BORDE-ROUGE

11220 Lagrasse
Tél. 05 34 40 59 20 • Fax : 05 34 40 59 21
contact@borde-rouge.com • www.borde-rouge.fr
Visite : Sur rendez-vous.

Corbières Ange 2009
Rouge | 2012 à 2014 | 17 € **14/20**
Beaux arômes persistants, confiturés, résineux, belle texture charnue pour cette cuvée vive et prête à boire.

Corbières Carminal 2011
Blanc | 2012 à 2016 | 9,80 € **14,5/20**
Belle cuvée au bon potentiel : nez très élégant, fruits frais, minéral, fumé, bouche opulente, aromatique, vigoureuse et fraîche.

Corbières Rubellis 2010
Rouge | 2012 à 2016 | 6,50 € **13,5/20**
Un nez très typé aux jolis arômes fruités, eucalyptus, épices, que l'on retrouve dans une bouche pleine de tenue.

DOMAINE PRIEURÉ SAINTE-MARIE D'ALBAS

45, avenue Henri-Bataille • 11700 Moux
Tél. 04 68 49 61 54
contact@saintemariedalbas.com
www.saintemariedalbas.com
Visite : Sur rendez-vous au 06 98 83 47 36.

Corbières Clos de Cassis 2009
Rouge | 2012 à 2014 | 10,90 € **13,5/20**
Typé et agréable, avec ses arômes fruités et délicatement épicés, sa bouche ronde et vive en finale.

DOMAINE DE LA PROSE

34570 Pignan
Tél. 04 67 03 08 30 • Fax : 04 67 03 48 70
domaine-de-la-prose@wanadoo.fr • www.laprose.com
Visite : Du lundi au samedi de 9h à 12h
et de 15h à 19h.

Saint-Georges d'Orques, aux portes de Montpellier, bénéficie d'une fraîcheur particulière. Bien que le Domaine de la Prose emprunte son nom à un lieu-dit plutôt qu'à la littérature, il produit néanmoins des vins de civilisation. Il réalise sur cette zone, ainsi que sur le secteur des Grès de Montpellier, une gamme de vins dépouillés d'artifices inutiles, et tous

d'une grande pureté. Ce domaine nous étonne régulièrement.

Coteaux du Languedoc Les Embruns 2011
Blanc | 2012 à 2017 | env. 15 € **16/20**
Goûté en échantillons, la promesse est forte. Derrière le fruit frais, la minéralité et le salin du terroir ressortent. Infiniment savoureux, si la mise le respecte, ce sera un grand vin.

Coteaux du Languedoc Les Embruns 2010 ☺
Rouge | 2012 à 2016 | 13 € **17/20**
Les saveurs sont splendides, à la fois florales et minérales, très en prise avec les cailloux. La personnalité de cette cuvée s'exprime à plein en 2010.

CHÂTEAU PUECH-HAUT

2250, route de Teyran • 34160 Saint-Drézéry
Tél. 04 99 62 27 27 • Fax : 04 99 62 27 29
domainesbru@wanadoo.fr
www.chateau-puech-haut.com
Visite : Du lundi au samedi de 10h à 12h
et de 14h à 18h.

Coteaux du Languedoc Prestige 2010
Rouge | 2012 à 2015 | 16,20 € **13/20**
Joli jus, belle matière mais la finale est compotée et manque de fraîcheur. La vanille de l'élevage ressort.

CAVE DU RAZES

RD 623 • 11240 Routier
Tél. 04 68 69 39 15 • Fax : 04 68 69 00 15
caveau@cave-razes.com • www.cavedurazes.com
Visite : Du lundi au samedi de 9h à 12h
et de 14h à 18h.

Coteaux du Languedoc Fournery 2010
Rouge | 2012 à 2013 | 3,50 € **13,5/20**
Classique de l'appellation, fruité et gourmand, on s'inscrit ici dans la tradition Malepère. Ses tanins l'amènent vers un magret ou une viande rouge puissante en goût.

CHÂTEAU RICARDELLE

Route de Gruissan • 11100 Narbonne
Tél. 04 68 65 21 00 • Fax : 04 68 32 58 36
ricardelle@wanadoo.fr • www.chateau-ricardelle.com
Visite : De 9h à 19h tous les jours.

Bruno Pellegrini a acquis ce domaine il y a une vingtaine d'années. A côté de vins en appellation Languedoc et, demain, La Clape, Alencades est un vin de pays inspiré des atlantiques merlots et cabernets mâtinés de marselan, un hybride de grenache et de... cabernet-sauvignon. Toutes les cuvées ont pour dénominateur commun les arômes très méditerranéens du secteur de La Clape et une finale saline qui appelle irrésistiblement une grillade de bœuf. Les matières sont ici magnifiques, les élevages peuvent encore progresser pour faire ici l'un des meilleurs la-clape.

Coteaux du Languedoc Blason 2010
Rouge | 2012 à 2016 | 15,50 € **14,5/20**
Le boisé se remarque, il domine pour l'instant une fin de bouche aux tanins remarquables.

Coteaux du Languedoc Combemale 2010 ☺
Blanc | 2012 à 2013 | 8 € **14/20**
Agréable blanc frais, avec des notes d'orange et de pamplemousse. Un très joli blanc de tonnelle.

Coteaux du Languedoc Combemale 2010 ☺
Rouge | 2012 à 2016 | 8 € **15/20**
Très joli nez envoûtant, beaucoup de saveurs en finale, iodé, garrigue, romarin. Des tanins fins lui donnent une buvabilité remarquable. Un vin de grand équilibre.

Coteaux du Languedoc cuvée Juliette 2010
Rouge | 2012 à 2016 | 25 € **15,5/20**
Le vin a une longueur impressionnante, un rien retenue par l'élevage. Salé iodé, une complexité rare.

DOMAINE RIMBERT

Place de l'Aire • 34360 Berlou
Tél. 04 67 89 74 66 • Fax : 04 67 89 73 98
domaine.rimbert@wanadoo.fr
www.domainerimbert.com
Visite : Sur rendez-vous.

Jean-Marie Rimbert s'est installé en 1994 sur Saint-Chinian. C'est l'un des viticulteurs qui révèlent le mieux ce terroir méconnu des schistes de Berlou. El-Carignator montre l'intérêt des carignans, qui trouvent de l'acidité sur ces sols. Les cuvées Travers-de-Marceau, Mas-au-Schiste et Berlou sont un

hymne à cette roche qui colore tous les vins de notes de vieille rose. Le domaine n'est pas la régularité incarnée, certaines cuvées peuvent déranger. Mais à leur meilleur, elles portent une typicité saint-chinian unique dans l'appellation.

Saint-Chinian Les Travers de Marceau 2011 ☺
Rouge | 2012 à 2017 | 7 € **15/20**
Dans un style inverse de 2010, ce millésime part dans la vie avec un éclat aromatique évident. Séveux, il a une dynamique énorme.

CHÂTEAU RIVES BLANQUES

11300 Cépie
Tél. 04 68 31 43 20 • Fax : 04 68 31 43 20
rives-blanques@wanadoo.fr
www.rives-blanques.com
Visite : Sur rendez-vous.

Situé sur les hauteurs du village de Cépie, à 400 mètres d'altitude, le vignoble du Château Rives Blanques est idéalement situé face à la chaîne des Pyrénées. Ses propriétaires, la famille Panman, Hollandais d'origine, sont aidés par Éric Vialade qui veille sur la propriété. Depuis quelques millésimes, les vins ont gagné en raffinement et en fraîcheur.

Limoux 2010
Blanc | 2012 à 2014 | 11,25 € **14,5/20**
Robe dorée. Nez expressifs aux notes florales. Bouche pleine, suave, avec une finale sur des notes vanillées.

Limoux cuvée Occitania 2010
Blanc | 2012 à 2014 | 11,25 € **15/20**
D'une couleur paille claire, le nez possède une grande finesse aromatique. Notes citronnées en bouche. Élégant par sa fraîcheur, ce vin ne manque pas de droiture.

Limoux La Trilogie 2010
Blanc | 2012 à 2014 | 19,50 € **15,5/20**
Osmose réussit entre les trois cépages, chardonnay, chenin et mauzac, composant cette cuvée. Un nez expressif. une bouche grasse, suave et énergique donnant un vin complet et généreux.

CLOS DE LA RIVIÈRE

34490 Causses et Veyran
Tél. 04 67 77 56 99
madallejp@orange.fr • www.closdelariviere.com

Saint-Chinian 2011 ☺
Rosé | 2012 à 2013 | 6 € **14,5/20**
Le gras en bouche impressionne, la matière est suave et gourmande. Un panier de fruits !

DOMAINE DE LA ROCHELIERRE

17, rue du Vigné • 11510 Fitou
Tél. 04 68 45 70 52 • Fax : 04 68 45 70 52
lapointrochelierre@orange.fr
www.domainedelarochelierre.com
Visite : De 9h à 12h et de 14h à 19h.

Fitou Noblesse du Temps 2010
Rouge | 2012 à 2016 | 18 € **15/20**
Séduisante par son côté gourmand, frais et élégant, cette cuvée offre un fruit d'une grande pureté, de la minéralité, un boisé harmonieux, une texture savoureuse, fondante et vive.

Fitou Privilège 2010 ☺
Rouge | 2012 à 2014 | 9 € **13,5/20**
Pas très puissant mais finement fruité, épicé, suave, rond, frais et prêt à boire.

CHÂTEAU LA ROQUE

34270 Fontanès
Tél. 04 67 55 34 47 • Fax : 04 67 55 10 18
contact@chateau-laroque.fr
www.chateau-laroque.fr
Visite : Du lundi au samedi de 10h à 12h et 14h à 18h. Les samedis sur rendez-vous d'octobre à mai. Fermé les jours fériés.

Coteaux du Languedoc Cupa Numismae 2009
Rouge | 2012 à 2016 | 16 € **14/20**
Onctuosité, générosité et charnu du fruit sont les fils rouges de cette cuvée. On la boira autour d'une entrecôte qu'elle enrobera de ses saveurs épicées.

Coteaux du Languedoc En Garde ! 2009
Rouge | 2012 à 2018 | 29 € **13/20**
Le mourvèdre et le grenache donnent de la tension à cette cuvée aux tanins serrés et puissants.

DOMAINE DE ROQUE-SESTIÈRE

8, rue des Étangs • 11200 Luc-sur-Orbieu
Tél. 04 68 27 18 00 • Fax : 04 68 27 04 18
roque.sestiere@wanadoo.fr
Visite : Le samedi de 10h à 18h.

Le domaine produit beaucoup de blancs, dans une appellation tournée à près de 98 % vers les rouges et quelques rosés. Pour s'y retrouver dans la gamme, il suffit de savoir que la cuvée Carte-Noire concerne les blancs et que la cuvée Carte-Blanche concerne les rouges. La constance qualitative du domaine est la marque des bonnes adresses, dans les trois couleurs. Roland Lagarde va bientôt se retirer et laisse un bel outil à celui qui prendra la suite.

Corbières À l'Orée des Pins 2011
Rouge | 2013 à 2016 | 6 € **13/20**
Plus austère que le 2010, cette cuvée dense et chaleureuse a le mérite d'avoir un bon potentiel.

Corbières À l'Orée des Pins 2010
Rouge | 2012 à 2013 | 5,50 € **14,5/20**
On aime le fruit explosif et mûr de cette cuvée, les notes de cacao, la fraîcheur et la tonicité de la bouche.

Corbières Carte Noire 2011
Blanc | 2012 à 2014 | 5,50 € **14/20**
Classique, équilibré, il propose un nez délicat et très frais, une bouche bien aromatique, vive et de belle tenue.

Corbières Vieilles Vignes 2011
Blanc | 2012 à 2014 | 7 € **14/20**
Jolis arômes frais de litchis, pamplemousse et abricot que l'on retrouve dans une bouche ronde, charnue, vive, avec une pointe d'amertume équilibrante.

CAVE DE ROQUEBRUN

Avenue des Orangers • 34460 Roquebrun
Tél. 04 67 89 64 35 • Fax : 04 67 89 57 93
cave@cave-roquebrun.fr • www.cave-roquebrun.fr
Visite : Sur rendez-vous.

Coteaux du Languedoc
Chemin des Olivettes 2011 ☺
Rouge | 2012 à 2016 | cav. env. 4,20 € **14/20**
Ce coteaux de la cave de Roquebrun exprime les terroirs de schiste, dans une inspiration saint-chinian non dissimulée. Un bouquet d'arômes et une finale très marquée par la réglisse forte.

Saint-Chinian Roches Noires 2010 ☺
Rouge | 2012 à 2016 | 8,95 € **15/20**
Le terroir et la syrah dominante marquent la cuvée, la rendant particulièrement expressive. Elle est saint-chinian de schistes jusqu'au bout de la finale, réglisse forte, lardée, fumée.

DOMAINE DE ROQUEMALE

25, route de Clermont • 34560 Villeveyrac
Tél. 04 67 78 24 10 • Fax : 04 67 78 24 10
contact@roquemale.com • www.roquemale.com
Visite : Du mardi au samedi de 10h à 12h et de 16h à 19h. Le dimanche sur rendez-vous.

Coteaux du Languedoc - Grès de Montpellier
Les Grès 2010 ☺
Rouge | 2012 à 2016 | 9,20 € **14/20**
Puissant mais frais, avec du gras, de la rondeur. C'est un bon vin gourmand et agréable.

Coteaux du Languedoc - Grès de Montpellier
Mâle 2010
Rouge | 2012 à 2016 | 18 € **14,5/20**
Dans un style onctueux et opulent, cette cuvée ressort par la qualité de ses tanins et une fraîcheur de finale.

Coteaux du Languedoc Roq Blanc 2011
Blanc | 2012 à 2014 | 10 € **14,5/20**
Blanc de grande fraîcheur, remarquablement fruité, légèrement poiré, suave. Son accroche acide lui permettra les meilleures huîtres du sud. La finale est réellement complexe.

DOMAINE DE ROUDÈNE

Espace des Écoles • 11350 Paziols
Tél. 04 68 45 43 47 • Fax : 04 68 45 43 47
domainederoudene@caramail.com
contact@domainederoudene.fr
www.domainederoudene.fr
Visite : Du lundi au samedi de 9h à 12h30 et de 14h30 à 19h30. Le dimanche de 9h à 13h.

Fitou Sélection 2010
Rouge | 2012 à 2016 | NC **14/20**
Parfaitement savoureuse, cette cuvée offre un nez très expressif, fruité, fleuri, poivré, une bouche charnue, franche, aromatique et très fraîche.

ROUIRE-SÉGUR

12, rue des Fleurs • 11220 Ribaute
Tél. 04 68 27 19 76
nicolasbourdel@orange.fr
Visite : Sur rendez-vous.

Corbières L'Ardente 2010
Rouge | 2012 à 2017 | 16 € **14/20**
La cuvée haut de gamme du domaine, dans un style ambitieux mais bien fait, nez à la limite de la surmaturité, boisé perceptible, bouche opulente mais pas déséquilibrée.

Corbières Tradition 2010
Rouge | 2012 à 2015 | 5 € **13,5/20**
Arômes de cassis, violette, cuir, bouche charnue, fraîche, longue : agréable et plein de caractère.

CHÂTEAU ROUQUETTE-SUR-MER

Route Bleue • 11100 Narbonne-Plage
Tél. 04 68 65 68 65 • Fax : 04 68 65 68 68
bureau@chateaurouquette.com
www.chateaurouquette.com
Visite : Tous les jours de 10h à 12h et de 15h à 19h en été, et en hiver de 10h à 12h et de 14h à 19h.

Jacques Boscary a investi dans ce domaine au bord de la mer. Le vignoble bien tenu montre que le secteur de La Clape peut produire de grands vins. Pour preuve, les multiples cuvées du domaine, impeccablement vinifiées, avec cette année en rouge un supplément de raffinement pour Henry Lapierre et Le Clos de la Tour. L'élégance et la gourmandise ont été visiblement cherchées et trouvées. Un domaine à suivre dès la cuvée Amarante, incroyablement gourmande. L'Absolu est remarquable en 2009, mais on pourra préférer la fraîcheur et l'équilibre des grandes cuvées dans le millésime 2010.

Coteaux du Languedoc Amarante 2010 ☺
Rouge | 2012 à 2017 | 11,05 € **14,5/20**
Gourmande et raffinée, cette cuvée n'a pas le brio de 2009. Elle est portée par le fruit et les épices, une pointe d'iode resserre le tanin.

Coteaux du Languedoc cuvée Henry Lapierre 2010
Rouge | 2012 à 2017 | 19,90 € **17/20**
Remarquable sensation de bouche avec un tanin ultra-fin et la suavité de bouche permise par le secteur.

Coteaux du Languedoc L'Absolu 2009
Rouge | 2013 à 2019 | NC **17,5/20**
Les mourvèdres apportent ici une race particulière. La finale est longue, avec un volume de bouche important. L'élevage a fini par s'intégrer pour donner un remarquable 2009 aux tanins très fins.

Coteaux du Languedoc Le Clos de la Tour 2010
Rouge | 2012 à 2018 | 35,70 € **17/20**
2010 voit le retour dans le guide de cette cuvée. En fanfare, elle impressionne par sa relation au terroir.

DOMAINE SAINT-GEORGES D'IBRY

Route d'Espondeilhan • 34290 Abeilhan
Tél. 04 67 39 19 18 • Fax : 04 67 39 07 44
info@saintgeorgesdibry.com
www.saintgeorgesdibry.com
Visite : Du lundi au vendredi de 9h à 12h et de 14h30 à 19h et le samedi jusqu'à 18h. Le dimanche sur rendez-vous.

Michel Cros exploite ce domaine sur Abeilhan, entre Agde et Pézenas. La production se partage entre côtes-de-thongue et vins de pays d'Oc. Excellence en blanc et 1860 en rouge sont très aromatiques. On ne peut pas accuser la Cuvée-des-Amis, en rosé, de dilution ou de pâleur. Excellence fait bon dans les trois couleurs.

Vin de pays des Côtes de Thongue chardonnay 2011
Blanc | 2012 à 2013 | 5,50 € **13/20**
Blanc de charme, gras en bouche, bien typé par son cépage, idéal avec des saint-jacques grillées.

Vin de pays des Côtes de Thongue Excellence 2011
Rosé | 2012 à 2013 | 5,90 € **14/20**
Dans le même style que le rouge dont il ne peut nier la parenté, il est puissant, long, savoureux. C'est un rosé de gastronomie.

Vin de pays des Côtes de Thongue Excellence 2011 ☺
Blanc | 2012 à 2013 | 6,20 € **14/20**
Nous aimons l'expression puissante mais savoureuse de ce blanc. Son opulence native l'amènera plutôt à table vers un loup grillé par exemple. Sa chair fine s'harmonisera avec le fruité de ce vin.

VIN DE PAYS DES CÔTES DE THONGUE EXCELLENCE 2009

Rouge | 2012 à 2013 | 6,20 € **13,5/20**

Gourmand, assez structuré, il évoque la garrigue. Il renforcera les saveurs d'un gigot de ses notes salines et florales.

CHÂTEAU SAINT-JACQUES D'ALBAS

Le Bas • 11800 Laure-Minervois
Tél. 04 68 78 24 82 • Fax : 04 68 78 48 08
info@chateaustjacques.com
www.chateaustjacques.com
Visite : du lundi au samedi de 9h à 12h et de 13h30 à 18h.

Graham Nutter, grand connaisseur des meilleurs vins de la planète, a acquis en 2001 ce domaine, situé à Laure, en plein cœur du Minervois. Après d'impressionnants investissements, les vins ont désormais rejoint le clan des très bons représentants de la région. 2009 et encore plus 2010 marquent un tournant pour le domaine qui maîtrise l'essence de ses sols et produit désormais des vins d'une grande buvabilité. La cuvée du Château a trouvé son style. Nous nous en réjouissons.

MINERVOIS 2010

Rouge | 2012 à 2014 | 6,10 € **14,5/20**

Le vin se remet de sa mise. Avec du fond, il exprime une originalité de terroir avec une réelle fraîcheur.

MINERVOIS 2009

Rouge | 2012 à 2014 | 9,25 € **15/20**

Terrien dans ses arômes, le vin surprend en bouche par la qualité du tanin, aérienne et fraîche dans un millésime très mûr. Digeste, avec une personnalité réelle.

MINERVOIS 2007

Rouge | 2012 à 2014 | 9,25 € **14,5/20**

Dans un style tendu, dépouillé, le vin a digéré son élevage. On apprécie aujourd'hui sa digestibilité avec une pointe saline qui le corse. Il est très à l'aise à table, avec une viande grillée.

PRIEURÉ DE SAINT-JEAN DE BÉBIAN

Route de Nizas • 34120 Pézenas
Tél. 04 67 98 13 60 • Fax : 04 67 98 22 24
info@bebian.com • www.bebian.com
Visite : Du 1er mai au 31 septembre, du lundi au vendredi de 10h à 12h30 et de 14 à 18h30, le samedi de 10h à 13 et de 15h à 19h, le dimanche sur rendez-vous. Le reste de d'année du lundi au vendredi de 9h à 12 h et de 14h à 18h. Le week-end sur rendez-vous.

Bébian a été pendant longtemps la rare expression d'un classicisme languedocien à la fois généreux et raffiné, et surtout capable de vieillir harmonieusement. Le blanc, à forte dominante de roussanne, est une cuvée qui compte en Languedoc. La Chapelle, en blanc, prend son autonomie par rapport à sa grande sœur. Dans le rôle de la starlette, plus incisive et plus fraîche, elle n'est pas sans amateurs. Le domaine a été revendu à des investisseurs. Le 2009 rouge ne trouve pas son équilibre et le 2010 semble au bord du chemin. Nous attendons la dégustation de l'an prochain avec espoir.

COTEAUX DU LANGUEDOC 2010

Rouge | 2012 à 2018 | env. 26 € **15/20**

L'échantillon est éventé et ne permet pas de le noter convenablement. Puissant en matière, il sera à voir après la mise.

COTEAUX DU LANGUEDOC 2010

Blanc | 2014 à 2020 | env. 27 € **16/20**

Le style est classique mais assuré. Le vin a besoin de temps pour fondre son élevage, mais il devrait le surmonter. Un vin de patience qui sera destiné à la gastronomie.

COTEAUX DU LANGUEDOC 2009

Rouge | 2011 à 2016 | 26 € **15/20**

Le millésime s'impose dans ce vin avec ses notes très mûres, confiturées, avec une acidité basse. Il n'a pas l'élégance des meilleurs bébians.

COTEAUX DU LANGUEDOC LA CHAPELLE 2011

Rosé | 2012 à 2013 | 8 € **14/20**

Jolie note de bonbon, un vin frais et long avec une allure de tavel.

COTEAUX DU LANGUEDOC LA CHAPELLE DE BÉBIAN 2011

Blanc | 2012 à 2015 | 13,50 € **15,5/20**

Grand et beau fruit, superbe de complexité, avec une évidente longueur délicatement amère.

DOMAINE SAINT-JEAN DU NOVICIAT

Mas du Novi - Route de Vilveyrac • 34530 Montagnac
Tél. 04 67 24 07 32 • Fax : 04 67 24 07 32
contact@masdunovi.com • www.masdunovi.com
Visite : Tous les jours de 10h à 19h.

La famille bordelaise Palu, implantée dans le négoce de bière et de liquides alimentaires en Afrique, a acquis ce très beau domaine en 1994. Les vins élevés en cuves sont vendus sous le nom de Saint-Jean-du-Noviciat, rappelant que la propriété était rattachée à l'abbaye de Valmagne toute proche. Les élevages nous interpellent, par rapport aux matières originelles de grande qualité.

Coteaux du Languedoc
Mas du Novi Prestigi 2009
Rouge | 2012 à 2016 | 10,80 € **13/20**
Le tanin est fin mais pour l'instant enrobé dans une emprise boisée qui le dénature.

Coteaux du Languedoc N de Novi 2008
Rouge | 2012 à 2018 | 47 € **15/20**
Grand nez racé, iodé, salin, très joli tanin, l'élevage le simplifie hélas par rapport à la fabuleuse matière que nous avions goûtée l'an passé.

DOMAINE SAINT-MARTIN

11250 Leuc
Tél. 06 85 80 91 03
h.cases@wanadoo.fr

Vin de pays de la cité de Carcassonne
Merci 2009
Rouge | 2012 à 2014 | 7 € **13,5/20**
Gourmand et plaisant à boire, avec des arômes épanouis de mûre, cassis, fleuris et minéraux, une bouche plutôt dense, très fruitée, avec des tanins vifs et une bonne suite.

CHÂTEAU SAINT-MARTIN DE LA GARRIGUE

34530 Montagnac
Tél. 04 67 24 00 40 • Fax : 04 67 24 16 15
contact@stmartingarrigue.com
www.stmartingarrigue.com
Visite : Du lundi au vendredi de 8h à 12h et de 14h à 17h30. Le week-end sur rendez-vous.

Ce grand domaine de 160 hectares, dont 60 plantés en vignes, appartient à la famille Guida, qui a œuvré dans la grande distribution. Les terroirs exploités, sur les Grès de Montpellier et Picpoul de Pinet, produisent des vins axés sur la fraîcheur et sur le plaisir. 2009, opulent, sera agréablement suivi par 2010, épicé et complexe.

Coteaux du Languedoc
- Grès de Montpellier 2009
Rouge | 2012 à 2016 | 15 € **16/20**
Le boisé couvre légèrement cette matière racée, note saline, superbe de fruit. Les tanins sont particulièrement élégants.

Coteaux du Languedoc Bronzinelle 2010
Rouge | 2012 à 2016 | 9,30 € **15,5/20**
Nez envoûtant, assez velouté, joli jus, fin et frais, garrigue, fumé lardé. On le boit très facilement, sur sa suavité gourmande.

Coteaux du Languedoc Tradition 2010
Rouge | 2012 à 2014 | 6,30 € **14/20**
On aime la fraîcheur du fruit, la dynamique du vin. Malgré un tanin resserré, on le boira dès à présent pour sa fin de bouche fraîche.

Picpoul de Pinet 2011
Blanc | 2012 à 2013 | 8,50 € **14,5/20**
Rien ne ressemble vraiment à ce picpoul puissant, très marqué par la noisette et l'amande, avec une suite en bouche étonnante.

CAVE DE SAINT-SATURNIN

5, avenue Noël-Calmel
34725 Saint-Saturnin-de-Lucian
Tél. 04 67 96 61 52 • Fax : 04 67 88 60 13
contact@vins-saint-saturnin.com
www.vins-saint-saturnin.com
Visite : Du lundi au samedi de 8h30 à 12h et de 14h à 18h. Le dimanche et les jours fériés de 10h à 12h et de 15h à 19h de juin à septembre.

Coteaux du Languedoc Max Rouquette 2009
Rouge | 2012 à 2017 | 8 € **15/20**
Nous avons été étonnés par la fraîcheur étonnante de cette cuvée dans un millésime chaud. Très digeste tout en étant bien structurée, elle brille par son fruité.

DOMAINE SAINTE-CÉCILE DU PARC

SCEA Mouton Bertoli • 34120 Pèzenas
Tél. 04 67 94 85 88
www.stecileduparc.com

COTEAUX DU LANGUEDOC NOTES D'ORPHÉE 2009
Rouge | 2012 à 2014 | NC **14/20**
Épicé et puissant, aromatique, ce rouge à dominante de syrah produit par un domaine d'une douzaine d'hectares chante le romarin et la garrigue. Une viande grillée lui conviendra bien.

VIN DE PAYS DE CAUX NOTES PURES 2011
Blanc | 2012 à 2013 | NC **13/20**
Étonnant sauvignon, sans notes variétales mais avec une fraîcheur et la tension qu'il faut en finale.

CHÂTEAU SAINTE-EULALIE

34210 La Livinière
Tél. 04 68 91 42 72 • Fax : 04 68 91 66 09
info@chateausainteeulalie.com
www.chateausainteeulalie.com
Visite : Du lundi au samedi de 11h à 13h et de 15h à 19h. Le week-end sur rendez vous.

Mené par un couple d'œnologues, le domaine est constitué de 35 hectares d'un seul tenant, sur les hauteurs de La Livinière, à environ 250 mètres d'altitude. Cette situation permet une gamme de rouges et de rosés au fruité de très belle qualité. Les sols sont très caillouteux et l'intégralité de la production est en appellation Minervois et Minervois-La-Livinière. Une verticale de dix ans de la cuvée Cantilène montre son niveau ainsi que la capacité du domaine à réussir également les millésimes dits difficiles. 2009 en est l'exemple, l'altitude et le savoir-faire ont permis un magnifique Cantilène.

MINERVOIS PLAISIR D'EULALIE 2010
Rouge | 2012 à 2013 | 5,40 € **14/20**
Vin de charme, d'où son nom, avec un fruité agréable et une bonne persistance en bouche autour d'une ligne légèrement acide. à ce prix, et vu qu'il s'en produit 105 000 bouteilles, il y en aura pour tout le monde.

MINERVOIS PRESTIGE D'EULALIE 2010
Rouge | 2012 à 2013 | 7,20 € **14,5/20**
Agréable cuvée gourmande, charnue, pleine de fruits avec des tanins ronds. Une côte de bœuf lui ira parfaitement.

MINERVOIS-LA-LIVINIÈRE GRAND VIN 2010
Rouge | 2012 à 2016 | 16,50 € **14/20**
Nouvelle cuvée à base de carignan et de syrah dominants. Avec des tanins ronds et puissants, elle se présente encore austère, sans le charme tactile de la Cantilène. Il faudra l'attendre un peu.

MINERVOIS-LA-LIVINIÈRE LA CANTILÈNE 2010
Rouge | 2012 à 2018 | NC **16,5/20**
La cantilène a été le premier poème écrit en langue française. Ce vin a des choses à dire. Il raconte le cuir, la truffe autour de tanins superbes. Un grand du Languedoc.

SAINTE-LUCIE D'AUSSOU

11200 Boutenac
Tél. 04 68 45 12 35 • Fax : 05 61 58 13 83
sainteluciedaussou@wanadoo.fr
Visite : Sur rendez-vous.

CORBIÈRES-BOUTENAC BELLA DAMA 2009
Rouge | 2012 à 2015 | 10 € **14,5/20**
Dans un style flatteur, avec un nez riche, mûr et bien fondu, une bouche chaleureuse, franche et dotée d'une belle suite.

DOMAINE SAINTE-MARIE DES CROZES

36, avenue des Corbières • 11700 Douzens
Tél. 06 14 60 60 91 • Fax : 04 68 79 20 57
bernard.alias@wanadoo.fr
www.saintemariedescrozes.com
Visite : Sur rendez-vous.

Ce domaine de taille moyenne, mené par la vigneronne Dominique Alias, produit des vins de pays et des corbières. Il est situé dans le nord-ouest de l'appellation, au pied de la montagne d'Alaric, dans des zones où les influences océaniques deviennent perceptibles. La cuvée Les-Mains-sur-les-Hanches est réalisée à partir de grenache dans un style qui recherche, et qui trouve, la délicatesse des arômes et des perceptions tactiles.

CORBIÈRES LES MAINS SUR LES HANCHES 2011
Rouge | 2012 à 2015 | 10 € **14/20**
Un fruit explosif, des notes de violette, une bouche veloutée, ronde, aromatique, pour cette cuvée gouleyante.

Corbières Timeo 2009
Rouge | 2012 à 2015 | 15 € **14/20**
Bien équilibrée et agréable à boire, cette cuvée propose un nez particulièrement mûr, une bouche charnue et vive.

Vin de pays des Coteaux de Miramont
Premiers Pas sur la Lune 2011
Blanc | 2012 à 2015 | 7,60 € **14,5/20**
Une cuvée qui surfe sur un registre d'exubérance, d'opulence, de maturité, avec de beaux arômes de fruits confits, miel et agrumes, le tout équilibré par une superbe vivacité.

DOMAINE JEAN-BAPTISTE SÉNAT

12, rue de l'Argen-Double • 11160 Trausse-Minervois
Tél. 04 68 79 21 40 • Fax : 04 68 78 26 61
charlotte.senat@gmail.fr
www.domaine-jeanbaptistesenat.fr
Visite : Sur rendez-vous.

Jean-Baptiste Sénat, vigneron talentueux et perfectionniste, la sensibilité à fleur de peau, ne cesse de se remettre en question pour progresser. Il exploite 15 hectares dans la partie centrale du Minervois, qui n'est pas la plus chaude mais la plus sèche. Le style des vins recherche la buvabilité et la finesse. Arbalètes-et-Coquelicots, inspirée de Guns and Roses, est une entrée de gamme destinée aux copains. La-Nine est un métissage de vignes jeunes et de vieux carignans issus d'un patchwork de terroirs. Mais-où-est-donc-Ornicar mixe des cinsaults et des grenaches qui ont trouvé en 2011 leur terrain de jeu. Le Bois-des-Merveilles, sans démériter, montre moins de caractère en 2010 qu'Ornicar 2011 que nous avons goûté en échantillon. Le domaine progresse et pourra prétendre à un classement supérieur prochainement.

Minervois La Nine 2010
Rouge | 2012 à 2017 | 11 € **15/20**
La cuvée est d'une étonnante finesse aromatique, presque discrète à ce stade. Le tanin est présent en finale mais très fin, subtil.

Minervois Le Bois des Merveilles 2010
Rouge | 2013 à 2016 | 19 € **16/20**
Séveux mais plus austère qu'Ornicar, c'est un rouge qui a besoin de temps. Le carignan bride l'aromatique mais apporte une fraîcheur remarquable.

Minervois Mais où est donc Ornicar 2011 ☺
Rouge | 2012 à 2016 | 13,50 € **16/20**
Le moka, les fruits noirs en attaque précèdent un remarquable glissant en bouche. C'est un vin puissant en saveurs et délicat dans sa texture, une belle figure de style pour une production minervoise qui se cherche parfois.

Vin de pays de l'Aude
Arbalète and Coquelicots 2011 ☺
Rouge | 2012 à 2015 | 8 € **15/20**
Goûté sur cuve, cette cuvée montre un glissant étonnant. La finale fruitée et chocolatée est d'une remarquable intensité. Elle dégage une sensualité qui amènera à trop en boire.

CHÂTEAU DE SÉRAME

11200 Lézignan-Corbières
Tél. 05 56 35 53 00 • Fax : 05 56 35 53 79
contact@dourthe.com • www.chateaudeserame.com
Visite : Sur rendez-vous.

Cette ancienne propriété du XIIe siècle, installée à Lézignan, a été reprise en 2001 par le Bordelais Dourthe qui a réalisé d'importants investissements à la vigne et au chai pour faire renaître cette belle endormie. Sérame présente une gamme de vins de pays d'oc. En rouge, la syrah montrait la complexité des arômes poivrés du cépage et le viognier était charmeur.

Corbières Réserve du Château 2010
Rouge | 2012 à 2015 | 7,90 € **14/20**
Arômes intenses de fruits noirs, résineux et violette, bouche très tonique, bien constituée, fraîche et longue.

IGP Pays d'Oc viognier 2011
Blanc | 2012 à 2015 | NC **15/20**
Très joli viognier aux arômes attendus de violette et d'abricot, certainement l'un des plus réussis du Languedoc.

MAS DE LA SERANNE

Route de Puéchabon • 34150 Aniane
Tél. 04 67 57 37 99 • Fax : 04 67 57 37 99
mas.seranne@wanadoo.fr • www.mas-seranne.com
Visite : Du lundi au samedi de 10h à 12h et de 15h à 19h. Le dimanche sur rendez-vous.

Le Mas de la Serrane, situé dans la zone des Terrasses du Larzac, en Coteaux du Languedoc, appartient à Jean-Pierre Venture. Ce vigneron s'est extirpé de l'industrie agro-alimentaire pour revenir à

la vigne où il s'est patiemment construit un domaine d'une quinzaine d'hectares. La gamme de rouges profonds est orientée vers la gourmandise, dans un style accessible et flatteur, fait pour être bu rapidement. 2009 est un millésime chaud qui n'a pas permis d'obtenir la fraîcheur habituelle.

COTEAUX DU LANGUEDOC
LE CLOS DES IMMORTELLES 2009
Rouge | 2012 à 2015 | 12,60 € **15/20**
De la fraîcheur dans ce millésime chaud où ce vin lardé et fumé est savoureux.

DOMAINE DE SERRES

Herminis • 11000 Carcassonne
Tél. 04 68 25 29 82 • Fax : 04 68 25 03 94
info@chateaudeserres.com • www.chateaudeserres.com
Visite : Sur rendez-vous au 06 80 45 27 78.

MALEPÈRE 2011 ☺
Rouge | 2012 à 2013 | NC **14/20**
Rouge de fruit, délicat, avec une finale taffetas. Sa délicatesse appelle une viande rouge, pas trop puissante, aérienne.

VIN DE PAYS DE LA CITÉ DE CARCASSONNE 2011
Rosé | 2012 à 2013 | 4,50 € **14/20**
Rosé franc, sincère, assez vineux, réalisé à partir de cabernet franc pour l'essentiel. À boire avec un carpaccio de bœuf.

DOMAINE SERRES-MAZARD

6, place Fontvieille • 11220 Talairan
Tél. 04 68 44 02 22 • Fax : 04 68 44 08 47
mazard.jeanpierre@free.fr • www.serres-mazard.com
Visite : De 9h à 19h.

Ce domaine, situé dans l'Aude à Talairan, au cœur du pays cathare, produit une gamme de vins agréables, toujours délicats et bien fruités.

CORBIÈRES JOSEPH MAZARD 2009
Rouge | 2012 à 2017 | NC **15/20**
On apprécie l'exubérance aromatique, avec les arômes floraux, laurier et romarin, la bouche flatteuse, charnue, vigoureuse et dotée d'un grand caractère.

CORBIÈRES L'ORIGINE 2011
Rosé | 2012 à 2013 | NC **14/20**
Nez plein de pep's et de fruit, notes de garrigue, bouche ronde, fruitée, tendre et vive à la fois : une pure gourmandise pleine d'équilibre.

CAVES DU SIEUR D'ARQUES

Route de Carcassonne • 11300 Limoux
Tél. 04 68 74 63 00 • Fax : 04 68 74 63 12
g.marty@sieurdarques.com
www.boutique-sieurdarques.com
Visite : Du lundi au samedi de 9h à 12h30 et de 14h à 18h. Le dimanche de 10h à 12h30 et de 14h30 à 17h.

La coopérative du Sieur d'Arques est l'acteur économique majeur de Limoux, car elle met en marché seize millions de bouteilles. La gamme Toques et Clochers, de diffusion plus large, regroupe un ensemble de jolis vins, avec plusieurs chardonnays issus des différentes zones de l'appellation. Les bulles y sont de grande qualité.

BLANQUETTE DE LIMOUX
BULLE DE BLANQUETTE NM
Blanc Brut eff. | 2012 à 2014 | 10 € **14,5/20**
Vin ayant un côté minéral, tranchant. Bouche droite, vive, aux notes toastées et briochées.

CRÉMANT DE LIMOUX TOQUES ET CLOCHERS 2007
Blanc Brut eff. | 2012 à 2017 | 15 € **15/20**
Denis Dubourdieu a participé à l'élaboration de ce crémant 2007. Racé, vibrant, d'une grande droiture, il est issu d'un assemblage majoritairement composé de chardonnay.

LIMOUX TOQUES ET CLOCHERS
MÉDITERRANÉEN 2010
Blanc | 2012 à 2014 | 12,20 € **15/20**
Robe paille claire. Note de poires bien mûres et de zestes d'agrumes. Bouche fraîche, élégante et raffinée.

LIMOUX TOQUES ET CLOCHERS
TERROIR D'AUTAN 2010
Blanc | 2012 à 2014 | 12,20 € **14/20**
De couleur paille, ce vin a la bouche ample et suave est vif, droit et tranchant.

MAS DU SOLEILLA

Route de Narbonne-Plage • 11100 Narbonne
Tél. 04 68 45 24 80 • Fax : 04 68 45 25 32
vins@mas-du-soleilla.com • www.mas-du-soleilla.com
Visite : D'avril à septembre du lundi au samedi de 9h à 19h et les dimanche et jours fériés de 16h à 19h. D'octobre à mars, du lundi au vendredi d 9h à 18h et les week-end et jours fériés sur rendez-vous.

La propriété provient du partage d'un grand domaine du massif de la Clape, où les vins bénéficient des entrées maritimes. Il a été acquis par un couple de Suisses passionnés de vins. L'ensemble des vins

démontre un beau savoir-faire qui a gagné l'ensemble des cuvées. Les élevages encore présents s'affinent, millésime après millésime, pour mieux mettre en avant une qualité de jus étonnante, infiniment tendre et savoureuse. Nous apprécions la régularité qui fait de cette adresse une valeur sûre à rechercher. Tous les vins gagneront à un ou deux ans de cave pour affiner l'esprit de la-clape présent dans toutes les cuvées.

COTEAUX DU LANGUEDOC - LA CLAPE
CLÔT DE L'AMANDIER 2009
Rouge | 2013 à 2018 | 36 € **17/20**
Le Clôt a bénéficié des meilleurs jus de la propriété. Le tanin est magnifique dans ce millésime qui a permis de grands vins ici.

COTEAUX DU LANGUEDOC - LA CLAPE
RÉSERVE 2008
Rouge | 2012 à 2017 | 21 € **15/20**
Le nez ne se dégage pas encore mais le jus est agréable, bien dans l'esprit de l'appellation.

COTEAUX DU LANGUEDOC LES BARTELLES 2009
Rouge | 2012 à 2017 | 22 € **16/20**
L'équilibre est superbe, avec un boisé qui s'intègre au vin. La fin de bouche montre le charme des rouges de La Clape.

COTEAUX DU LANGUEDOC LES CHAILLES 2010
Rouge | 2012 à 2017 | 15 € **15,5/20**
2010 voit un élevage encore plus précis, qui va vers le vin. Cette cuvée est gourmande, suave. Elle se boira facilement. Avec un magret ?

VIN DE PAYS DES COTEAUX DE NARBONNE
TERRE DU VENT 2009
Rouge | 2012 à 2017 | 22 € **16/20**
Cuvée très réussie, charmeuse comme La Clape sait si bien le faire. Saline, elle permettra tous les accords avec une viande rouge.

VIN DE PAYS DES COTEAUX DE NARBONNE
TERRE DU VENT 2009
Rouge | 2012 à 2016 | 22 € **14,5/20**
La belle expression des cépages bordelais, cabernet franc et merlot, sur un terroir du sud. Merveilleux nez riche et exubérant, développant un fruit pur et d'une excellente maturité, des notes de pinède et une grande minéralité. La bouche est très massive mais sans accroche, l'alcool très présent mais il est noyé dans une belle texture charnue, aux tanins francs et frais.

STRATAGÈME

1, hameau Veyran • 34490 Causses et Veyran
Tél. 04 67 89 71 72 • Fax : 04 67 89 70 69
info@prieuresaintsever.com
www.prieuresaintsever.com
Visite : Sur rendez-vous du lundi au vendredi de 9h à 12h et de 16h à 18h.

COTEAUX DU LANGUEDOC BASALTE 2009
Rouge | 2012 à 2016 | 10 € **13/20**
Très aromatique, déjà évolué avec une évidente note lardée. Il sera parfait sur un porc aux pruneaux.

COTEAUX DU LANGUEDOC SCHISTES 2009
Rouge | 2012 à 2013 | 10 € **14/20**
Les cuvées n'usurpent pas leur nom. Le Basalte ressemble vraiment à un vin de basalte, Leschistes sont une expression extravertie de ce sol. Aromatique et très fumé, il est aussi bien ancré dans les fruits rouges.

VILLA SYMPOSIA

1, Montpezat • 33350 Belves de Castillon
Tél. 05 57 40 07 31 ou 06 30 35 91 48
vignoblesprissette@orange.fr
www.vignoblesprissette.com
Visite : Du lundi au samedi, de 9h à 12h et de 14h à 18h. (Fermeture du 24 décembre au 1er janvier inclus)

Ce domaine créé il y a une dizaine d'années a connu une baisse qualitative après un partage familial. Il est en cours de reprise avec des 2009 et 2010 qui reviennent au devant de la scène, notamment l'Amphora et sa fraîcheur. Un domaine à suivre.

COTEAUX DU LANGUEDOC L'AMPHORA 2010
Rouge | 2012 à 2016 | 8,50 € **15/20**
Le tanin est frais et juteux, subtil. Un vin de charme délectable.

COTEAUX DU LANGUEDOC L'ÉQUILIBRE 2010
Rouge | 2013 à 2017 | 14 € **13/20**
Puissant, séveux et intensément fruité. C'est un rouge de grand volume, destiné à la table.

COTEAUX DU LANGUEDOC L'ÉQUILIBRE 2009
Rouge | 2012 à 2015 | 14 € **14,5/20**
Le vin a gardé un peu de gaz qui part au carafage. Fruits à noyaux et tapenade emmènent des arômes très mûrs.

Coteaux du Languedoc L'Origine 2010
Rouge | 2012 à 2015 | 30 € **13/20**
Beaucoup de profondeur de goût dans ce vin puissant et crémeux. Un peu de gaz dissous nécessitera un carafage préalable avant le service.

DOMAINE TALUOS

6 bis, avenue de la Viale • 11610 Ventenac-Cabardès
Tél. 06 86 49 84 32
domaine.taluos@gmail.com
Visite : Sur rendez-vous.

Éric Soulat a repris les vignes d'Arnaud Escourrou et signe des vins d'artistes. Petit-Taluos, comprenez Soulat à l'envers, signe un joli vin racé. Grand-Taluos était en phase d'élevage lors de notre dégustation et ne se montrait pas sous son meilleur jour. Ce qui est certain ici est la capacité à faire du grand vin. Inscrivez vous !

Cabardès Petit Taluos 2011
Rouge | 2012 à 2013 | 6,05 € **15,5/20**
Le style n'est pas encore complètement abouti mais tout montre ici un potentiel indéniable. Qualité des tanins, longueurs, finesse, grande structure. À suivre.

Cabardès Taluos 2011
Rouge | 2012 à 2016 | 16,60 € **15/20**
Doté d'une meilleure matière que le Petit-Taluos mais avec un élevage plus marqué, il faudra le regoûter en fin d'élevage.

TAUDOU VIGNERONS

1, rue du Parc • 11300 Loupia
Tél. 04 68 69 50 14 • Fax : 04 68 69 50 14
taudouvignerons@orange.fr
Visite : Sur rendez-vous.

Le vignoble compte aujourd'hui 30 hectares, fruit du développement entrepris par Jean-Marc Taudou depuis les années 2000. Situé sur trois communes, Malras, Ajac et Villelongue d'Aude, les parcelles ont été certifiées en agriculture raisonnée également en 2000. Rejoint par son fils Jean-Pascal, il y a cinq ans, les deux hommes continuent d'écrire les pages de l'histoire de cette propriété familiale. Les vins élaborés en famille ne manquent pas d'expression.

Crémant de Limoux 2009
Rosé Brut eff. | 2012 à 2013 | 8,50 € **14,5/20**
Couleur saumon. Jolies bulles. Bouche savoureuse, avec de la vinosité.

Limoux Crémant 2008
Blanc Brut eff. | 2012 à 2013 | 8 € **14,5/20**
Robe légèrement dorée. Notes briochées au nez. Bouche droite à la bulle fine, finale aux notes grillées.

TERROIRS DU VERTIGE

2, chemin des Vignerons • 11220 Talairan
Tél. 04 68 45 41 73 • Fax : 04 68 44 06 13
terroirsduvertige11@orange.fr
www.terroirsduvertige.com
Visite : De septembre à mai, du lundi au vendredi de 9h à 12h et de 14h à 19h.

Corbières Prestige 2010
Rouge | 2012 à 2015 | 7,40 € **14,5/20**
Dans un style élégant et frais, avec ses arômes très typés de violette, poivre, fruits noirs et sa bouche charnue, très équilibrée.

CHÂTEAU TRILLOL

Route de Duilhac • 11350 Cucugnan
Tél. 04 68 45 01 13 • Fax : 04 68 45 00 67
trillol@orange.fr • www.trillol.com
Visite : Du lundi au vendredi de 10h à 18h. De juillet à août, de 10h30 à 18h30.

Corbières 2010
Blanc | 2012 à 2014 | NC **13,5/20**
Dans un style très opulent, avec de beaux arômes de fruits exotiques, miel, résineux et fleurs blanches, une texture chaleureuse et une bonne vivacité en finale.

Corbières 2009
Rouge | 2012 à 2016 | NC **14/20**
Riche, flatteur, avec un fruit très mûr, des notes boisées, de garrigue, et un bon équilibre assuré par de la fraîcheur en finale. Bon potentiel.

DOMAINE DE VALENSAC

RD 28 • 34510 Florensac
Tél. 04 67 77 41 16 • Fax : 04 67 77 53 77
valensac@orange.fr
Visite : Du lundi au vendredi de 10h a 12h
et de 14h à 17h.

IGP Pays d'Oc Grand Valensac - chardonnay 2011
Blanc | 2012 à 2013 | 6,50 € **13,5/20**
Chardonnay fruité, gourmand et droit, qui fera un très joli blanc d'apéritif.

CHÂTEAU DE VAUGELAS

11200 Camplong-d'Aude
Tél. 04 67 93 10 10 • Fax : 04 67 93 10 05
chateauvaugelas@wanadoo.fr
www.chateauvaugelas.com
Visite : Du lundi au vendredi de 8h à 12h
et de 14h à 19h.

Cette propriété appartient à la famille Bonfils, très implantée dans les vignobles du Sud et également en Montagne Saint-Émilion. La propriété est en bordure de l'Orbieu, sur des galets roulés. Le terroir n'est pas facile mais le domaine parvient, par son savoir-faire et son exigence, à se positionner au niveau des très bons corbières.

Corbières Excellence 2010
Rouge | 2012 à 2016 | NC **15/20**
Une exubérance aromatique contenue dans une chair veloutée, enrobante et équilibrée. Très charmeur.

Corbières Le Prieuré 2010
Rouge | 2012 à 2017 | NC **15,5/20**
Puissante, chaleureuse, veloutée, d'une extrême complexité aromatique, c'est une superbe cuvée de plaisir !

IGP Pays d'Oc Domaine Cibadiès - pinot 2011
Rosé | 2012 à 2013 | NC **14,5/20**
Un rosé étonnant : charnu, très parfumé, suave, frais, long. Délicieux !

DOMAINE VENTENAC

4, rue du Jardin • 11610 Ventenac
Tél. 04 68 24 93 42 • Fax : 04 68 24 81 16
olivier.rame@vignoblesalainmaurel.fr
www.vignoblesalainmorel.fr
Visite : Du lundi au vendredi de 8h à 12h
et de 13h30 à 18h.

Le domaine remonte au début des années 1970. Alain Maurel passe progressivement la main à la génération suivante. Avec le château Pennautier, le château de Ventenac est l'autre grand domaine de l'appellation Cabardès. Il produit sous l'étiquette domaine Ventenac une gamme de vins de fruits destinés à une consommation immédiate et essentiellement distribués à l'export. Une gamme plus ambitieuse est commercialisée sous le nom du château et à travers le Mas Ventenac, très réussi en 2009. L'ensemble des vins évolue vers plus de pureté.

Cabardès chardonnay 2011
Blanc | 2012 à 2013 | 6,80 € **14,5/20**
Beau chardonnay avec un fruit très agréable, long en bouche. Parfait pour l'apéritif. Un peu de gaz dissous le protège et pourra nécessiter un léger carafage.

Cabardès Mas Ventenac 2009
Rouge | 2012 à 2017 | 22 € **15,5/20**
Dans le style du millésime, un peu chaud mais l'élevage est remarquable autour d'un tanin particulièrement élégant et de très belles saveurs iodées et salines. Une nouvelle référence en Languedoc.

IGP Pays d'Oc cabernet-sauvignon 2011
Rouge | 2012 à 2013 | 6,80 € **13,5/20**
Assez tendu, plus en muscles que le merlot, le vin est long en bouche, bien vinifié. Un vin pour une soirée grillades qu'il rehaussera de son énergie.

IGP Pays d'Oc syrah 2011
Rouge | 2012 à 2013 | 6,80 € **13,5/20**
Agréable expression du cépage, fruitée et délicatement épicée. Le vin est net avec une jolie finale épicée.

CHÂTEAU VIEUX MOULIN

11700 Montbrun-des-Corbières
Tél. 04 68 43 29 39 • Fax : 04 68 43 29 36
alex.they@vieuxmoulin.net • www.vieuxmoulin.net
Visite : De 9h à 12h et de 14h à 18h.
Le week-end sur rendez-vous.

Alexandre They a repris les vignes familiales qui produisaient essentiellement du vin vendu en vrac. Il s'est fait une spécialité de vins assez concentrés et chaleureux, en limitant le rendement moyen de l'exploitation à moins de 30 hectolitres par hectare. Le corbières Les-Ailes est l'expression réussie de ce que la syrah peut produire sur ces terroirs très chauds.

Corbières Les Ailes 2009

Rouge | 2012 à 2016 | NC **13,5/20**

De style costaud mais toutefois non dénué d'arômes fruités et épicés persistants, et d'une fraîcheur équilibrante.

Corbières Vox Dei 2009

Rouge | 2012 à 2015 | NC **14/20**

Bien vinifié avec un superbe nez de garrigue, fruits noirs, résineux, une bouche ample, avec une belle texture ainsi qu'une finale longue et fraîche.

CHÂTEAU DU VIEUX PARC

1, avenue des Vignerons • 11200 Conilhac-Corbières
Tél. 04 68 27 47 44 • Fax : 04 68 27 38 29
louis.panis@orange.fr • www.chateau-vieuxparc.fr
Visite : De 9h à 19h.

Corbières La Sélection 2009

Rouge | 2012 à 2014 | NC **14/20**

Arômes de noyau, fruits rouges, violette, texture longue, charnue et fraîche. L'ensemble est harmonieux.

LES VIGNERONS DE FLORENSAC

5, avenue des Vendanges • 34510 Florensac
Tél. 04 67 77 00 20 • Fax : 04 67 77 79 66
cave.florensac@wanadoo.fr • www.vinipolis.fr
Visite : Le lundi de 9h à 12h30 et de 14h à 18h. Du mardi au samedi de 9h à 18h. Le dimanche de 11h à 15h30. En été, le lundi de 9h à 12h30 et de 14h à 19h. Du mardi au samedi de 9h à 19h. Le dimanche de 10h 16h30.

IGP Pays d'Oc Ressac 2011

Blanc | 2012 à 2013 | 5,20 € **13/20**

Agréable sauvignon typé nouveau monde avec de l'énergie, une pointe de gaz dissous et d'agréables amers qui supportent l'acidité du cépage. Avec une daurade grillée, sur la terrasse.

IGP Pays d'Oc syrah 2011

Rosé | 2012 à 2013 | 4,15 € **13,5/20**

Le tube de l'été sera le rosé cette année ! Ce rosé de syrah à la couleur très soutenue montre une intensité remarquée. Certains pensaient que le consommateur préférait les rosés peu colorés mais la cave vend beaucoup plus de celui-ci. Certes amylique, un peu bonbon anglais, il est néanmoins très gourmand.

Vin de pays des Côtes de Thau muscat 2011

Blanc | 2012 à 2013 | 5,20 € **14/20**

Ce muscat sec est... bien sec, avec cette tension de bouche qu'on aime dans ce cépage quand il n'est pas muté. Il est également aromatique, savoureux. En apéritif sur la terrasse, il sera absolu.

CHÂTEAU VILLERAMBERT-JULIEN

D 620 • 11160 Caunes-Minervois
Tél. 04 68 78 00 01 • Fax : 04 68 78 05 34
info@villerambert-julien.com
www.villerambert-julien.com
Visite : En hiver, du lundi au vendredi de 9h à 11h30 et de 14h à 18h30. Le samedi sur rendez-vous.
En été, du lundi au vendredi de 9h à 12h et de 14h à 20h, ouvert également le samedi et le dimanche, sans rendez-vous.

Implantée à Caunes-Minervois, le pays du marbre rose qui permit le Grand Trianon et l'Opéra Garnier, cette propriété a été l'une des références de la région. Nous retrouvons avec un plaisir évident des rouges qui reviennent vers le style des années 2000, quand le domaine se détachait nettement en minervois. Le blanc réalisé selon les canons modernes est frais et gourmand.

Minervois 2011
Blanc | 2012 à 2013 | 10,90 € **14/20**
Le style de ce blanc s'installe. Vinifié pour plaire, il exprime sa fraîcheur à travers une note délicatement amère, parfumée par le pamplemousse et la pêche blanche.

Minervois 2008
Rouge | 2013 à 2016 | 15,40 € **15/20**
Le vin est réussi dans ce millésime pourtant moins immédiat que le 2007. Puissant, séveux, il faut l'attendre mais tout est en place. C'est un minervois de référence.

Minervois 2007
Rouge | 2012 à 2013 | 15,40 € **14/20**
Depuis la dégustation en échantillon de l'an passé, le vin a pris le pas sur l'élevage et montre des tanins qui se sont civilisés. La note minérale s'est installée. On peut le boire dès maintenant.

Minervois Incarnat 2008
Rouge | 2012 à 2013 | 8,90 € **14/20**
Clin d'œil à la production locale du célèbre marbre incarnat, cette cuvée conjugue un aromatique plaisant avec une élégance en bouche bien stylée minervois. Nous aimons la fraîcheur de finale de ce rouge.

CHÂTEAU VIRANEL

34460 Cessenon
Tél. 04 67 89 60 59 • Fax : 04 67 89 64 99
contact@chateau-viranel.com
www.chateau-viranel.com
Visite : Sur rendez-vous.

Saint-Chinian Trilogie 2011
Rosé | 2012 à 2013 | 5,80 € **13,5/20**
Cuvée de rosé intense, fruitée, longue en bouche. On l'emmènera volontiers vers un saumon cuit à l'unilatérale.

CHÂTEAU WIALA

3, rue de la Glacière • 11350 Tuchan
Tél. 04 68 45 49 49 • Fax : 04 68 45 92 13
vins@chateau-wiala.com • www.chateau-wiala.com
Visite : De 16h à 20h.

Fitou Rebelle 2010
Rouge | 2012 à 2015 | 6 € **13,5/20**
Le fruit est harmonieux, les notes florales agréables, la bouche chaleureuse, riche, franche, longue et fraîche.

Fitou Sélection 2009
Rouge | 2012 à 2016 | 12,40 € **14/20**
On aime les arômes épanouis de griotte, violette, poivre, la texture dense, charnue et tendue par une grande vivacité. Bon potentiel.

DOMAINE ZÉLIGE-CARAVENT

30260 Corconne
Tél. 04 66 77 10 98 ou 06 87 32 35 02
contact@zelige-caravent.fr • www.zelige-caravent.com
Visite : Sur rendez-vous au 06 87 32 35 02.

Ce domaine récent, mené en bio, a été créé par Luc Michel qui a sorti les vignes de la grand-mère de la coopération. Il est installé à Corconne, sur La Gravette, des petits éboulis d'effondrement au pied des Cévennes. La gamme est assez vaste, avec des noms aussi charmants que Jardin-des-Simples, à base de cinsault, Velvet, à majorité de syrah, Nuits-d'Encre, dédiée à l'alicante ou Fleuve-Amour à majorité de grenache. Rien ne passe en bois. Les découvreurs de nouveaux terroirs viendront en pèlerinage pour découvrir ce qui se fait ici.

Coteaux du Languedoc - Pic Saint-Loup
Fleuve Amour 2010
Rouge | 2012 à 2017 | 28 € **16/20**
Rouge de grand style, minéral à souhait, long et vivifiant. La finale est fraîcheur.

Coteaux du Languedoc - Pic Saint-Loup
Velvet 2009
Rouge | 2012 à 2016 | 18 € **15/20**
Étonnante sensation fraîche dans un vin puissant, onctueux, mûr sans être trop surmûri dans le millésime.

Vin de France Manouches NM
Rouge | 2012 à 2014 | 13 € **14/20**
Sensation onctueuse, de jolis fruits rouges charnus avec une fraîcheur de finale bienvenue.

Notes personnelles

La sélection Bettane et Desseauve pour la Provence

La Provence

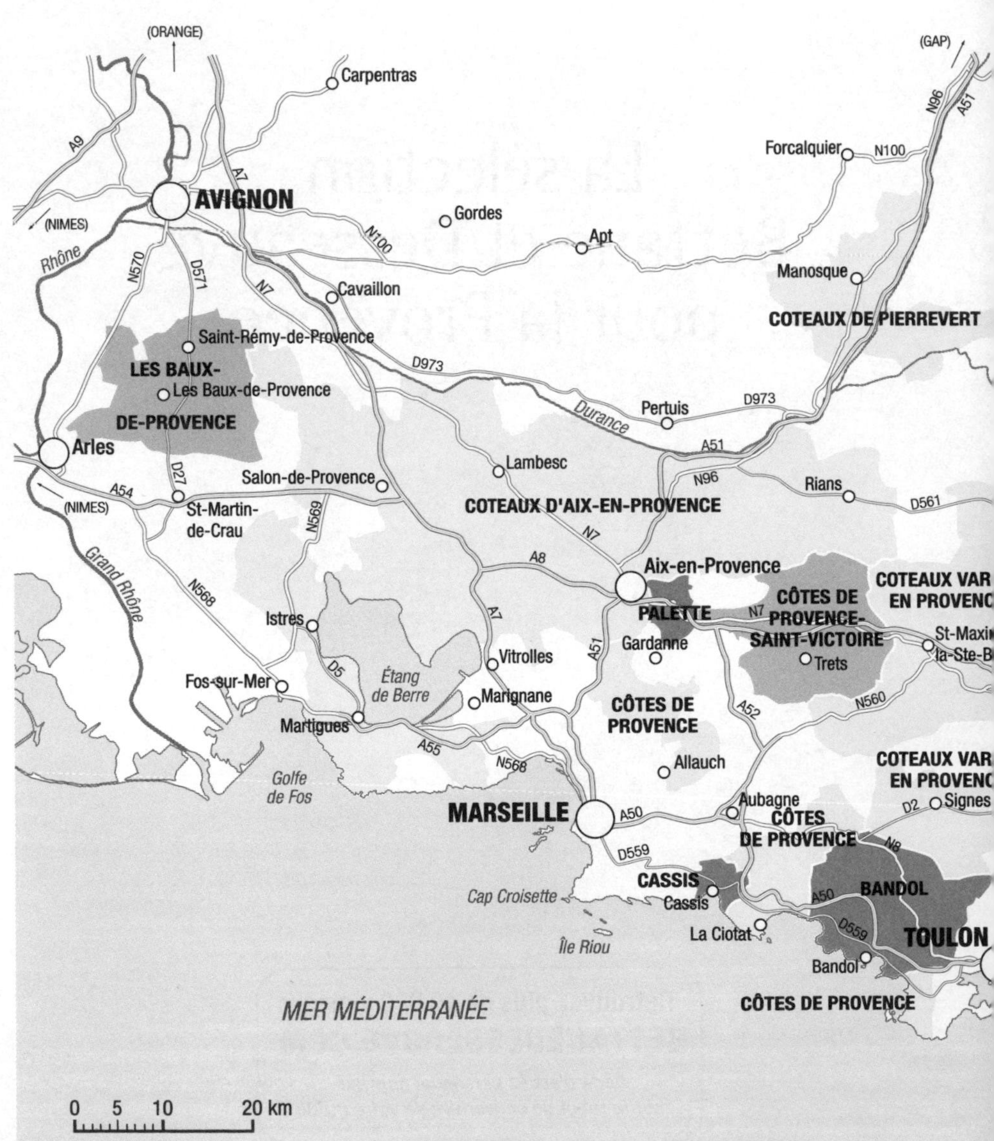
(ORANGE)
(GAP)
Carpentras
Forcalquier
N100
AVIGNON
Gordes
Apt
(NIMES)
Rhône
Manosque
Cavaillon
COTEAUX DE PIERREVERT
Saint-Rémy-de-Provence
LES BAUX-
Les Baux-de-Provence
DE-PROVENCE
D973
Pertuis
Durance
Arles
Lambesc
Salon-de-Provence
Rians
(NIMES)
St-Martin-
de-Crau
COTEAUX D'AIX-EN-PROVENCE
Grand Rhône
Aix-en-Provence
COTEAUX VAR
EN PROVENC
PALETTE
CÔTES DE
PROVENCE-
SAINT-VICTOIRE
Istres
Gardanne
St-Maxi
la-Ste-B
Trets
Vitrolles
Fos-sur-Mer
Étang
de Berre
Marignane
CÔTES DE
PROVENCE
Martigues
Golfe
de Fos
Allauch
COTEAUX VAR
EN PROVENC
MARSEILLE
Aubagne
CÔTES
DE PROVENCE
Signes
CASSIS
Cassis
BANDOL
Cap Croisette
La Ciotat
TOULON
Île Riou
Bandol
MER MÉDITERRANÉE
CÔTES DE PROVENCE
0 5 10 20 km

On ne prenait pas trop la Provence du vin au sérieux, pas plus que ses vins rosés, fer de lance de la production. Le renversement qui rend ces mêmes rosés beaucoup plus estimables, parce qu'ils ont progressé et parce que tout le monde les aime, devrait attirer davantage l'attention sur les blancs et les rouges, expressions originales et uniques de cépages rares (rolle, mourvèdre), et vins de grande classe.

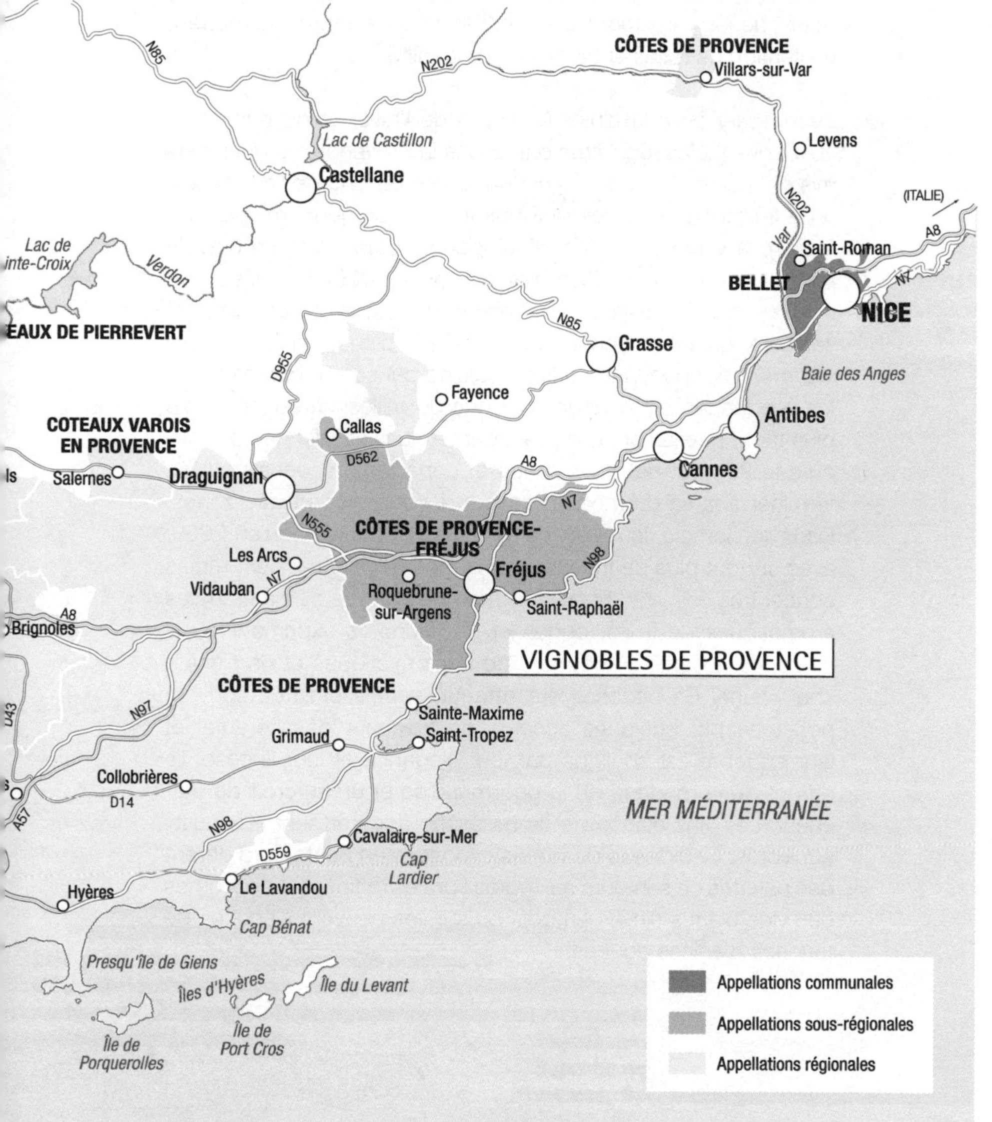

L'actualité des millésimes

2011, de beaux raisins. Les pluies régulières de l'hiver ont arrosé les sols, le printemps chaud et ensoleillé a engendré un joli débourrement, suivi d'une belle floraison, l'été fut marqué par une légère baisse des températures autour du 14 Juillet pour revenir à des constantes en août qui ont permis de longues maturations favorables aux rouges de qualité. L'état sanitaire est impeccable pour que les vendanges débutent le 13 septembre, permettant l'obtention de rosés et de blancs de qualité.

2010, jouer avec la pluie. Au cours de l'hiver et du printemps 2010, des pluies régulières ont arrosé la Provence, ce qui a permis de maintenir la réserve hydrique tout au long de l'été. Grâce à de fréquents épisodes pluvieux (parfois orageux, mais bénéfiques), la vigne s'est bien développée, quoiqu'avec un peu de retard (une dizaine de jours par rapport à 2009). Le vent a une nouvelle fois été l'allié des vignobles, limitant la pression phytosanitaire, qui fut moyenne cette année et bien maîtrisée par les vignerons. Cependant les fortes pluies qui sont tombées avant les vendanges ont changé la donne du millésime qui se révèle plus tardif que les années précédentes. Les vendanges ont débuté le 20 août dans les zones et cépages précoces pour se terminer à la fin du mois d'octobre dans la plupart des zones. Dans l'ensemble, le millésime est plus harmonieux qu'en 2009, avec surtout plus de fraîcheur. Si les rouges s'annoncent moins concentrés, les vins rosés sont marqués par de délicates notes aromatiques de fruits rouges et de fleurs. Ils expriment aussi quelques accents d'agrumes, de fruits exotiques et de fruits à chair jaune. En bouche, leur attaque souple est très souvent ponctuée par quelques accents de fraîcheur désaltérante, et leur équilibre est souligné par leur élégance et leur finesse. Ils offrent de la rondeur, de la gourmandise et un surcroît de fraîcheur. Les vins blancs de ce millésime apparaissent eux aussi équilibrés. Ceux issus de vignes exposées en pente nord offrent des palettes de senteurs aux notes florales raffinées. Les arômes des vins blancs élevés en bois ou sur lies peuvent s'enrichir de touches d'épices douces.

MEILLEURS VINS TOUTES CATÉGORIES

Château de Bellet
Bellet Baron G., rouge 2010

Château de Pibarnon
Bandol, rouge 2010

Domaine de l'Hermitage
Bandol L'Oratoire, rouge 2007

Clos Saint-Vincent
Bellet Vino di Gio, rouge 2010

Domaine du Gros'Noré
Bandol, rouge 2009

Château Sainte-Roseline
Côtes de Provence La Chapelle, blanc 2010

Château Simone
Palette, blanc 2009

Domaine Hauvette
Coteaux d'Aix-en-Provence Cornaline, rouge 2007

Domaines Ott
Côtes de Provence Blanc de Blancs Clos Mireille, blanc 2011

LE BONHEUR TOUT DE SUITE

Clos Saint-Vincent
Bellet, rosé 2011

Domaine Sainte-Lucie
Côtes de Provence L'Hydropate, rouge 2007

Domaine des Diables
Côtes de Provence Sainte-Victoire Le Petit, rosé 2011

Château de Crémat
Bellet, blanc 2009

Domaine de l'Abbaye de Lérins
Vin de pays des Alpes-Maritimes Saint-Honorat, rouge 2010

Château de Pibarnon
Bandol Les Restanques de Pibarnon, rouge 2010

Château La Calisse
Coteaux Varois en Provence, blanc 2011

Château Vignelaure
Coteaux d'Aix-en-Provence, rosé 2011

MEILLEURS VINS À MOINS DE 10 €

Domaine des Diables
Côtes de Provence Sainte-Victoire Le Petit, rosé 2011

Domaine du Jas d'Esclans
Côtes de Provence cuvée du Loup, rouge 2010

Château Hermitage Saint-Martin
Côtes de Provence Enzo, rosé 2011

Domaine Sainte-Lucie
Côtes de Provence, rouge 2010

Château Grand Boise
Côtes de Provence Sainte-Victoire, rouge 2009

Domaine des Peirecèdes
Côtes de Provence Regue des Botes, blanc 2011

Château Grand Boise
Côtes de Provence cuvée Mazarine, rosé 2011

Château des Demoiselles
Côtes de Provence Le Charme, rosé 2011

MEILLEURS VINS À METTRE EN CAVE

Domaine Tempier
Bandol Cabassaou, rouge 2010

Château de Pibarnon
Bandol, rouge 2007

Château Sainte-Roseline
Côtes de Provence La Chapelle, blanc 2010

Château Grand Boise
Côtes de Provence Jadis, rouge 2010

Domaine de la Bastide Blanche
Bandol Château des Baumelles, rouge 2010

Domaine du Gros'Noré
Bandol Antoinette, rouge 2008

MEILLEURS BLANCS

Château Sainte-Roseline
Côtes de Provence La Chapelle, blanc 2010

Clos Saint-Vincent
Bellet Le Clos, blanc 2010

Château Henri Bonnaud
Palette Quintessence, blanc 2010

Domaine de la Courtade
Côtes de Provence, blanc 2010

Dupéré-Barrera
Côtes de Provence Clos de la Procure, blanc 2010

MEILLEURS ROSÉS

Château Sainte-Roseline
Côtes de Provence Prieuré, rosé 2011

Clos Saint-Vincent
Bellet, rosé 2011

Domaine Saint-André de Figuière
Côtes de Provence Confidentielle, rosé 2011

Domaine des Diables
Côtes de Provence Sainte-Victoire Le Petit, rosé 2011

Château de Crémat
Bellet, rosé 2010

Domaine de Rimauresq
Côtes de Provence R, rosé 2011

Château d'Esclans
Côtes de Provence Garrus, rosé 2010

Château de Bellet
Bellet, rosé 2011

MEILLEURS ROUGES

Domaine Tempier
Bandol Cabassaou, rouge 2010

Château Jean-Pierre Gaussen
Bandol Longue Garde, rouge 2009

Château Vannières
Bandol, rouge 2007

Domaine de Trévallon
Vin de pays des Bouches-du-Rhône, rouge 2008

Domaine Saint-André de Figuière
Côtes de Provence Confidentielle, rouge 2009

Château Grand Boise
Côtes de Provence Jadis, rouge 2010

Domaine de l'Abbaye de Lérins
Vin de pays des Alpes-Maritimes Saint-Lambert, rouge 2010

PRIX DES LECTEURS

EN PARTENARIAT AVEC LES HÔTELS MERCURE

Mas de Cadenet
Côtes de Provence Sainte-Victoire L'Arbaude, rouge 2011

Domaine de Camaïssette
Coteaux d'Aix-en-Provence, blanc 2011

Domaine La Suffrène
Bandol, rosé 2011

Château Malherbe
Côtes de Provence Pointe du Diable, rouge 2010

Château d'Ollières
Coteaux Varois en Provence Prestige, blanc 2011

Château Sainte-Roseline
Côtes de Provence Lampe de Méduse, rosé 2011

Domaine de Triennes
Vin de pays du Var Sainte-Fleur, blanc 2010

Château Vignelaure
Coteaux d'Aix-en-Provence La Source de Vignelaure, rosé 2011

DOMAINE DE L'ABBAYE DE LÉRINS

Île Saint-Honorat - B.P. 157 • 06416 Cannes
Tél. 04 92 99 54 32 • Fax : 04 92 99 54 41
mariepaques@abbayedelerins.com • www.abbayedelerins.com et www.excellencedelerins.com
Visite : Tous les jours, de 9h30 à 17h30.

Le père Nicolas, abbé du monastère, poussé par l'étoilé Jacques Chibois, décida de développer une politique qualitative de la vigne. Aujourd'hui c'est le frère Marie Pâques qui évangélise toutes les brebis à la recherche de crus sincères. On se laisse volontiers porter par le péché de gourmandise sur les rouges sensuels et épicés et les blancs harmonieux. 2009 offre une densité équilibrée et 2010 ouvre de saintes perspectives. Saint-Lambert reste une cuvée de mourvèdre qui vous fait dire : «Dieu existe».

Vin de pays des Alpes-Maritimes Saint-Cyprien 2010
Blanc | 2012 à 2014 | 125 € **15/20**
Saint du viognier, Cyprien est une cuvée apéritive, elle s'ouvre sur des accents abricotés et épicés, qui se prolongent en bouche de la plus belle des façons.

Vin de pays des Alpes-Maritimes Saint-Honorat 2010 ☺
Rouge | 2012 à 2019 | 33 € **16/20**
Par sa texture soyeuse, son fruité charnu et épicé, sa plénitude en bouche, ce vin pousse au péché de gourmandise car il y a une finale fraîche harmonieuse.

Vin de pays des Alpes-Maritimes Saint-Lambert 2010
Rouge | 2012 à 2020 | 120 € **17/20**
Mourvèdre sensuel et profond avec les accents épicés habituels, ce millésime offre déjà beaucoup de charme, à condition de le carafer au moins trois heures avant le service. La texture pousse à une contemplation hédoniste.

Vin de pays des Alpes-Maritimes Saint-Pierre 2010
Blanc | 2012 à 2019 | 23 € **15,5/20**
On est plus en tension et en vibration que sur 2009, délicieux accents épicés, finale sur la menthe sauvage avec une touche saline.

Vin de pays des Alpes-Maritimes Saint-Sauveur 2010
Rouge | 2012 à 2019 | 42 € **16,5/20**
Ces vieilles vignes de syrah ont toujours beaucoup de charme, avec de la profondeur, une texture soyeuse bien tenue, et une finale épicée d'excellente facture.

CHÂTEAU DES ANGLADES

1845, quartier Couture - Route de Nice • 83400 Hyères
Tél. 04 94 65 22 21 • Fax : 04 94 65 96 69
contact@lesanglades.com • www.lesanglades.com
Visite : Du lundi au samedi de 9h à 12h et de 14h à 18h. En été, du lundi au samedi de 9h30 à 12h et de 14h à 19h.

Ce domaine de la région de Lalonde Les Maures continue de nous étonner, et cette année c'est pour son blanc. 2011 poursuit la dynamique du 2010. À 7,50 euros, il surpasse beaucoup de crus plus huppés, deux à trois fois plus chers. Les rouges ont la structure pour épauler les gibiers. Les rapports qualité-prix continuent d'être excellents.

Côtes de Provence 2011 ☺
Blanc | 2012 à 2013 | 7,50 € **15/20**
Tout en vivacité, ce vin porte une robe légère à la voilure saline et aux contours anisés, il claque bien en bouche, on peut alors hisser la grande voile du plaisir. Haut les mâts !

DOMAINE DE L'ANGUEIROUN

1077, chemin de l'Angueiroun • 83230 Bormes-les-Mimosas
Tél. 04 94 71 11 39 • Fax : 04 94 71 75 51
contact@angueiroun.fr • www.angueiroun.fr
Visite : Du lundi au samedi de 8h à 12h et de 14h à 18h.

Le Domaine de l'Angueiroun est installé dans une vallée de Bormes-les-Mimosas sur des sols de micaschiste et de grès. Éric Dumon l'a repris en 1999 et l'a fait sortir de l'ombre, menant une démarche respectueuse de l'environnement. La qualité des cuvées Prestige est en constante progression, surtout sur les rouges et les blancs.

Côtes de Provence Jules 2009
Rouge | 2012 à 2017 | 9,90 € **15/20**
Nez floral, avec des accents de cerise, tanin légèrement enrobé avec une fin épicée.

Côtes de Provence Prestige 2010
Blanc | 2012 à 2014 | 15,50 € **14/20**
Boisé dominateur, on ne sent pour l'instant que les accents vanillés, il y a de la matière derrière. À revoir dans les prochains mois.

Côtes de Provence Prestige 2009
Rouge | 2012 à 2019 | 15,50 € **16/20**
Finesse de grain, tanin frais élégant avec une très belle harmonie, ce vin deviendra plus complexe.

Côtes de Provence Réserve cuvée Iris 2011 ☺

Blanc | 2012 à 2013 | 8,90 € **15/20**

Nez d'herbes coupées avec des accents de citron, on retrouve tout cela dans une bouche élancée et vive.

BERGERIE D'AQUINO

Route des Vins sur Camary - Domaine de Rebarbery
83170 Brignoles
Tél. 06 29 21 09 52
info@aquino.fr • www.aquino.fr

Coteaux Varois en Provence 2005

Rouge | 2012 à 2016 | 25 € **14/20**

Nez épicé, cela tapisse bien avec un tanin ferme, une fin épicée et une petite pointe acidulée, pour un gibier en sauce aigre-doux, c'est idéal. Le 2007 possède plus de fond.

CHÂTEAU DE L'AUMÉRADE

83390 Pierrefeu
Tél. 04 94 28 20 31 • Fax : 04 94 28 23 09
chateau@aumerade.com • www.aumerade.com
Visite : En hiver, du lundi au samedi de 8h30 à 12h30 et de 13h30 à 17h30. Au printemps, de 8h30 à 12h30 et de 14h à 18h. En été, de 8h30 à 12h30 et de 14h à 19h.

Les domaines Fabre comptent 550 hectares de vignes dispersés sur le département du Var. Le Château de l'Aumérade se situe sur un terroir argilo-calcaire de Pierrefeu qui donne des vins plus charpentés que ceux du Château de la Clapière, issus d'un terroir de bord de mer du côté d'Hyères.

Côtes de Provence cuvée Château de Clapière 2011

Rosé | 2012 à 2013 | 7,50 € **14/20**

Coulant, franc et sincère avec des accents de framboise et de poivre, ce vin se lampe en terrasse.

Côtes de Provence cuvée Marie-Christine 2011

Rosé | 2012 à 2014 | 7,95 € **15/20**

Rosé de repas, structuré, avec des accents de fruits rouges et d'épices, et une belle allonge.

CHÂTEAU D'AZUR

1010, chemin de la Péguière • 83270 Saint-Cyr-sur-Mer
Tél. 04 94 26 31 42 • Fax : 04 94 26 31 42
contact@chateaudazur.fr • www.chateaudazur.fr
Visite : Du lundi au samedi de 9h à 12h30 et de 15h à 19h.

Bandol Jardin du Soleil 2011

Rosé | 2012 à 2014 | 12,50 € **14,5/20**

Puissant, tannique, sérieusement construit, dense. C'est un rosé long en bouche, bien adapté à un saumon mi-cuit. Sa trame acide bien présente apporte de la fraîcheur.

BAGUIERS

227, rue des Micocouliers
83330 Le Plan-du-Castellet
Tél. 04 94 90 41 87 • Fax : 04 94 90 41 87
jourdan@domainedesbaguiers.com
www.domainedesbaguiers.com
Visite : Du lundi au samedi de 10h à 12h et de 14h à 18h.

Bandol 2011

Rosé | 2012 à 2013 | 11,50 € **14,5/20**

Primesautier, frais et friand, c'est un rosé à boire dès maintenant de l'apéritif à la quiche au saumon.

Bandol 2011

Blanc | 2012 à 2014 | 10,50 € **13,5/20**

Frais et simple, gourmand, facile à boire.

CHÂTEAU BARBANAU

13830 Roquefort
Tél. 04 42 73 14 60 • Fax : 04 42 73 17 85
contact@chateau-barbanau.com
www.chateau-barbanau.com
Visite : Du lundi au samedi de 10h à 12h et de 15h à 18h.

Jouant sur les Côtes de Provence avec des cuvées Et-Cae-Terra de bon niveau, le Château Barbanau offre un cassis Kalahari original, taillé pour la garde.

Cassis Kalahari 2009

Blanc | 2012 à 2017 | 21,75 € **14/20**

Assemblage de clairette, marsanne, ugni blanc et sauvignon, voici un cassis de garde aux accents épicés, avec de l'onctuosité et une finale saline.

Côtes de Provence Et Cae Terra 2009
Rouge | 2012 à 2014 | 13,50 € **14/20**
Vin tendre, avec des accents de fruits noirs délicats, bien fait, idéal sur une pintade.

CHÂTEAU BARBEYROLLES

Route de Cuers • 83390 Pierrefeu-du-Var
Tél. 04 94 28 20 17 • Fax : 04 94 48 14 69
regine.sumeire@toureveque.com • www.toureveque.com
Visite : Du lundi au vendredi de 9h à 18h. En été, du lundi au vendredi de 9h à 19h et le samedi entre de 9h à 12h et de 13h à 19h.

Régine Sumeire a acquis le Château Barbeyrolles en 1977. Cette propriété de 12 hectares se situe au pied de Gassin, dans la région de Saint-Tropez, lieu préservé d'une beauté magique, peint par de nombreux artistes, notamment Charles Camoin. Les couleurs dominantes en 2011 sont le blanc et le rosé, dans un style classique savoureux.

Côtes de Provence 2006
Rouge | 2012 à 2015 | NC **14,5/20**
Nez de fourrure, avec des petits fruits à l'eau-de-vie, bouche dynamique, tanin épicé et long.

Côtes de Provence Château Barbeyrolle 2011
Blanc | 2012 à 2014 | 13,40 € **15/20**
Belle texture fine et longue avec des accents de fenouil très délicats en fin de bouche.

Côtes de Provence Château Barbeyrolles 2011
Rosé | 2012 à 2013 | NC **14/20**
Bon classique sur les fruits rouges et les agrumes, la bouche est fraîche et délurée.

Côtes de Provence
Château La Tour de l'Évêque 2007
Rouge | 2012 à 2014 | 11 € **14,5/20**
Avec ses accents de garrigue et son fruité épicé, ce vin aime la compagnie d'une daube de chevreuil.

Côtes de Provence Château La Tour de l'Évêque Rouge et Or 2007
Rouge | 2012 à 2015 | NC **15/20**
En ce moment, les 2007 du domaine sont en pleine forme et ils passeront l'hiver avec allégresse, comme cette cuvée énergique et sensuelle digne d'une tourte de faisan aux truffes.

Côtes de Provence Pétale de Rose 2011
Rosé | 2012 à 2013 | 13,40 € **14/20**
Floral à souhait, avec une touche poivrée, ce vin mérite qu'on l'effeuille le temps d'une soirée.

DOMAINE BARTHES

Chemin du Val d'Arrenc • 83330 Le Beausset
Tél. 04 94 98 60 06
barthesph2@wanadoo.fr
Visite : Sur rendez-vous uniquement.

Bandol 2011
Rosé | 2012 à 2013 | 11 € **14,5/20**
Rosé équilibré entre les amers et les acides, pamplemousse et fleurs. Il est gourmand, à boire dès maintenant dans un style gourmand.

Bandol 2011
Blanc | 2013 à 2014 | 11 € **14/20**
Grand potentiel avec une phase fermée pour l'instant. Long en saveurs.

Bandol 2010
Rouge | 2013 à 2018 | 12 € **14/20**
Le tanin est encore serré, c'est large en fruits, presque acidulé. Un vin de grande fraîcheur, de demi-corps que l'on pourra boire vite.

DOMAINE DE LA BASTIDE BLANCHE

367, route des Oratoires
83330 Sainte-Anne-du-Castellet
Tél. 04 94 32 63 20 • Fax : 04 94 32 74 34
contact@bastide-blanche.fr • www.bastide-blanche.fr
Visite : Du lundi au vendredi de 9h à 12h et de 13h à 17h. Le samedi sur rendez-vous.

Le domaine est mené par Michel Bronzo, soutenu par une direction technique de pointe qui veille également sur le Château des Baumelles. La bastide blanche est installée sur des sols d'argile rouge où est réalisée la cuvée Fontanieu, et d'argile caillouteuse pour la cuvée Estagnol. Tout est mené en biodynamie, ce qui apporte une réelle intensité aux vins. En rouge, les Baumelles et Estagnol sont très réussis en 2010.

Bandol 2011
Rosé | 2012 à 2013 | 11,50 € **14/20**
Friand en bouche, ce rosé montre de jolis arômes de fruits et une gourmandise avérée avec de beaux amers.

Bandol 2011
Rosé | 2012 à 2014 | NC **14/20**
Rosé bien typé Provence avec une typicité cinsault marquée, la tenue en bouche est longue.

Bandol 2011
Blanc | 2012 à 2013 | 14,50 € **15/20**
Saveurs profondes de fleurs et de fruits, de pamplemousse, c'est un charmeur que l'on fréquentera trop.

Bandol Château des Baumelles 2010
Rouge | 2014 à 2022 | 15 € **17/20**
Structuré, puissant, très aromatique, avec des notes de fruits cuits mais frais. Bâti pour la garde, on peut l'encaver sans souci.

Bandol Estagnol 2010
Rouge | 2013 à 2020 | 20 € **16,5/20**
Tanin racé, légèrement fumé, un vin de style, dense et puissant. Savoureux, très bandol.

DOMAINE DES BÉATES

Route de Caireval - B.P. 52 • 13410 Lambesc
Tél. 04 42 57 07 58 • Fax : 04 42 57 19 70
contact@domaine-des-beates.com
www.domaine-des-beates.com
Visite : Du lundi au samedi de 10h à 17h.

La famille Terrat a converti ce grand domaine de Lambesc à la biodynamie. Les vins rouges sont en formes, et le 2009 possède toute la gourmandise et la fraîcheur voulues.

Coteaux d'Aix-en-Provence Les Béates 2009
Rouge | 2012 à 2015 | 15 € **14,5/20**
Délicatesse, accents de cassis au niveau de l'aromatique, avec une pointe menthée en finale, c'est déjà très bon.

CHÂTEAU DE BEAUPRÉ

RN 7 • 13760 Saint-Cannat
Tél. 04 42 57 33 59 • Fax : 04 42 57 27 90
contact@beaupre.fr • www.beaupre.fr
Visite : De 9h à 12h et de 14h à 18h30.

Situé à 12 kilomètres à l'ouest d'Aix-en-Provence, au centre d'un massif forestier de 100 hectares, avec ses prairies et son bassin, le château de Beaupré est un modèle de bastide aixoise. Quatre générations de Double se sont succédé depuis la création du vignoble, en 1890. Ce grand classique de la Provence a surtout retenu notre attention cette année pour son rouge 2007, de belle élégance.

Coteaux d'Aix-en-Provence Collection du Château 2007
Rouge | 2012 à 2017 | 16 € **15/20**
Belle collection, avec de la souplesse, du fond et de l'élégance, ce qui est rare sur le secteur avec des accents de fruits noirs et une pointe poivrée.

DOMAINE DE LA BÉGUDE

Route des Guarrigues • 83330 Le Camp-du-Castellet
Tél. 04 42 08 92 34 • Fax : 04 42 08 27 02
contact@domainedelabegude.fr
www.domainedelabegude.fr
Visite : En été a partir de juillet, du lundi au samedi de 10h à 18h. Hors saison, du lundi au vendredi de 9h à 15h.

Ce domaine appartient à une famille qui fut célèbre à Bordeaux pour avoir longtemps dirigé le Château Giscours. Immense (plus de 500 hectares, dont seuls 17 sont plantés de vignes), possédant une importante oliveraie, la propriété a été restaurée par le sémillant Guillaume Tari à la suite de son acquisition en 1996. Les matières sont excellentes mais les élevages marqués imposent la patience. L'actualité du domaine a été marquée par le non-classement du rosé en bandol : devenu l'Irréductible, le 2011 est commercialisé en vin de France. Il fait cavalier seul par rapport au style de l'appellation, mais il jouera le rôle en accord gastronomique avec une réelle capacité à surprendre. À l'instar de certains mauvais élèves, il est aussi dérangeant qu'attachant.

Bandol 2009
Rouge | 2015 à 2019 | 20 € **14,5/20**
La souplesse et le fruité primaire du vin laissent la place à une phase fermée. C'est aujourd'hui un vin un peu serré, puissant, avec de la saveur. Il faudrait l'attendre désormais.

Bandol 2007
Rouge | 2014 à 2021 | NC **14,5/20**
Le boisé est marqué mais le vin est suave, long et fin avec des arômes de grande expression.

Bandol La Brulade 2009
Rouge | 2015 à 2020 | env. 40 € **14,5/20**
En puissance, avec une bonne structure, dense. Il a besoin de temps mais le potentiel est là.

Vin de France L'Irréductible 2011
Rosé | 2012 à 2015 | 18 € **15/20**
L'Irréductible n'est pas un bandol en 2011. Jugé atypique lors des agréments de l'appellation, il l'est certainement. Sa couleur orange cuivrée a une intensité

qui peut étonner. Son onctuosité surprend tout autant par une présence alcoolique importante et une sensation de légère sucrosité en finale. C'est un rosé de gastronomie, plus enclin à ferrailler avec un saumon à l'unilatéral qu'à rafraîchir lors d'un apéritif. Avec lui, le consensuel n'aura pas cours, il sera vin de débat avec les défauts de ses qualités. Et il le restera quelques années car il est bâti pour durer.

CHÂTEAU DE BELLET

440, chemin de Saquier • 06200 Nice
Tél. 04 93 37 81 57 • Fax : 04 93 37 93 83
chateaudebellet@aol.com • www.vinsdebellet.com
Visite : Sur rendez-vous.

Ce domaine viticole et son château Renaissance viennent d'être cédés mais Ghislain de Charnacé va assurer la transition technique de ce domaine qui a fait la réputation de l'appellation Bellet. Implanté sur la colline des Séoules, sur les hauteurs de Nice, le vignoble exposé sud-sud-ouest bénéficie des embruns qui tempèrent la chaleur estivale. Les cuvées Baron-G., en blanc et en rouge, concentrent le savoir-faire du domaine. Le blanc est à base de vermentino, complété d'un léger apport de chardonnay. Le rouge fait appel au braquet et à la folle noire, complétés de grenache. Le rosé est l'un des plus originaux qui soit. Et il vieillit remarquablement dans un registre de roses anciennes.

Bellet 2011
Rosé | 2012 à 2018 | 17 € **16/20**
Une note lactique complète les arômes de rose ancienne, le vin est puissant dans le millésime, charmeur et onctueux. On se régale.

Bellet Baron G. 2010
Blanc | 2012 à 2016 | 20 € **17/20**
Archétype du grand bellet blanc, juteux et fruité, frais, quelle allonge ! La tension est superbe.

Bellet Baron G. 2010
Rouge | 2012 à 2018 | 25 € **18/20**
La qualité du tanin impressionne, le vin est subtil, profond et frais tout en étant racé. Un grand vin de grand millésime.

CHÂTEAU DE BERNE

Route de Salernes • 83510 Lorgues
Tél. 04 94 60 43 60 • Fax : 04 94 60 43 58
info@chateauberne.com • www.chateauberne.com
Visite : De 10h à 18h. En été, de 9h à 18h.

Entre Méditerranée et gorges du Verdon, le Château de Berne est l'un pionniers de l'œnotourisme et du cavage de la truffe. Possédant 80 hectares de vignes, ce domaine produit des cuvées Terre-de-Berne, fraîches avec un fruit croquant, la gamme des cuvées spéciales est plus structurée et les grandes cuvées se révèlent plus complexes.

Côtes de Provence cuvée du Château 2009
Rouge | 2012 à 2016 | 23 € **15,5/20**
Soyeux, velouté, long, ce vin constitue un pur plaisir, avec une belle finale sur les fruits noirs.

Côtes de Provence Terre de Berne 2011
Rosé | 2012 à 2012 | 12,50 € **15/20**
Mandarine et épices se mêlent de la façon la plus agréable au nez comme en bouche, on en apprécie la longueur avec une pointe poivrée qui ravive la finale.

Côtes de Provence Terre de Berne 2010
Rouge | 2012 à 2016 | 12,50 € **14/20**
On a de la gourmandise et de la fraîcheur, un tanin croquant sur fond de cerise noire et d'épices.

CHÂTEAU HENRI BONNAUD

945, chemin de la Poudrière • 13100 Le Tholonet
Tél. 04 42 66 86 28 • Fax : 04 42 66 94 64
contact@chateau-henri-bonnaud.fr
www.chateau-henri-bonnaud.fr
Visite : Du lundi au samedi de 10h à 12h et de 14h à 18h.

Le terroir d'éboulis calcaires est typique de l'appellation Palette. Les rouges dominent, avec des assemblages de grenache, carignan et mourvèdre orientés sud-est. Ils ont ce qu'il faut de concentration et de soyeux dans le dessin des tanins. Les blancs savoureux sont plantés sur le versant nord du Tholonet, gage de fraîcheur. Ce domaine est l'un des meilleurs de Provence.

Côtes de Provence Sainte-Victoire 2011
Rosé | 2012 à 2015 | 9,50 € **15,5/20**
La palette aromatique est large, elle va des agrumes aux fruits rouges en passant par les épices, la structure est à la fois puissante et élégante.

Palette 2011
Rosé | 2012 à 2014 | 16,50 € **15,5/20**
Rosé structuré qui a de l'amplitude et des accents épicés. Convient parfaitement à une grillade de porc.

Palette 2008
Rouge | 2014 à 2020 | 19 € **16/20**
En retrait pour l'instant au niveau aromatique, ce vin offre une structure charnue et profonde, idéale pour une viande rouge.

Palette Quintessence 2010
Blanc | 2012 à 2020 | 25 € **16,5/20**
Ce vin en tension, en puissance avec ce qu'il faut d'élégance, possède beaucoup de complexité et un superbe potentiel, c'est l'une des plus belles cuvées de blanc sur la Provence et elle évolue parfaitement.

CHÂTEAU DE BRÉGANÇON

639, route de Léoube • 83230 Bormes-les-Mimosas
Tél. 04 94 64 80 73 • Fax : 04 94 64 73 47
chateaudebregancon@wanadoo.fr
www.chateau-de-bregancon.fr
Visite : Du lundi au vendredi de 9h à 12h et de 14h à 19h. En été, ouvert le week-end.

C'est dans cette vaste demeure du XVIIe siècle, ancienne ferme du marquisat de Brégançon, dont le fief était le fort de Brégançon (actuellement résidence présidentielle), que depuis 1816 la famille Tézenas apporte de génération en génération un soin rigoureux à la culture de la vigne, avec cette année, une cuvée Réserve en rouge de belle facture.

Côtes de Provence Réserve 2009
Rouge | 2012 à 2017 | 11,90 € **15,5/20**
Syrah, grenache et mourvèdre composent l'assemblage final, au nez se dégagent de délicieuses flaveurs de cerise burlat et épices, la bouche est bien concentrée, il y a de la puissance et de l'élégance, et une profondeur digne de ce nom.

DOMAINES BUNAN

Chemin de Fontagneu • 83740 La Cadière-d'Azur
Tél. 04 94 98 58 98 • Fax : 04 94 98 60 05
bunan@bunan.com • www.bunan.com
Visite : En hiver, du lundi au samedi de 9h à 12h et de 14h à 18h. En été, du lundi au samedi de 9h à 12h30 et de 14h à 19h. Dimanche et jours fériés de 10h à 12h et de 16h à 19h.

Les domaines Bunan dirigent plusieurs propriétés installées sur La-Cadière-d'Azur et sur Le-Castellet : le Moulin des Costes, le Mas de la Rouvière et le Château La Rouvière. La Rouvière a produit cette année de beaux blancs et rosés. Cette couleur est également à rechercher en Moulin des Costes.

Bandol Charriage 2007
Rouge | 2013 à 2020 | NC **14,5/20**
Opulence du millésime, grande saveur épicée, complexe, avec un tanin un peu raidi en finale.

Bandol Château La Rouvière 2011
Blanc | 2012 à 2013 | 15,80 € **14/20**
Fruité, de beau volume, c'est un vin un peu court mais agréable.

Bandol Château La Rouvière 2011
Rosé | 2012 à 2013 | 15,80 € **14,5/20**
Marqué par les thiols, avec de la fraîcheur, de dimension moyenne mais avec une bonne persistance.

Bandol Moulin des Costes 2011
Rosé | 2012 à 2015 | 14,30 € **14,5/20**
Bonne structure, un rosé assez tannique, long, porté par les senteurs d'agrumes.

MAS DE CADENET

Chemin départemental 57 • 13530 Trets-en-Provence
Tél. 04 42 29 21 59 • Fax : 04 42 61 32 09
matthieu.negrel@masdecadenet.fr
www.masdecadenet.fr
Visite : Du lundi au samedi de 9h à 12h et de 14h à 19h.

Guy Negrel dirige ce domaine familial installé à Trets, au pied de la montagne Sainte-Victoire. Le rosé et le rouge font appel à une forte proportion de grenache. Le premier est complété de cinsault et le second a trouvé la syrah pour principal partenaire. La gamme Négrel-Cadenet est la plus concentrée et les cuvées Domaine sont friandes.

Côtes de Provence Sainte-Victoire 2011
Blanc | 2012 à 2013 | 9,50 € **13/20**
Accents de miel et d'épices douces, la bouche s'offre de la façon la plus directe, avec ce qu'il faut de coulant.

Côtes de Provence Sainte-Victoire 2011
Rosé | 2012 à 2013 | 9,50 € **13/20**
Nez où se mêlent fruits rouges et agrumes, la bouche se révèle fraîche et coulante.

Côtes de Provence Sainte-Victoire
L'Arbaude 2008
Rouge | 2012 à 2014 | NC **14/20**
Du fruit, des épices, des notes de garrigues. Bref, tout ce qu'on attend d'un beau provence gourmand.

DOMAINE DU CAGUELOUP

Route de la Cadière • 83270 Saint-Cyr-sur-Mer
Tél. 04 94 26 15 70 • Fax : 04 94 26 54 09
domainedecagueloup@gmail.com •
Visite : Du lundi au vendredi, de 9h à 12h et de 14h à 19h. Le samedi et le dimanche sur rendez-vous.

La famille Prébost est enracinée au domaine de très longue date dans le vignoble de Bandol. Ce domaine de Saint-Cyr-sur-Mer nous a séduits cette année par sa gamme homogène dans les trois couleurs. Les Terrasses-de-Gaston sont à rechercher en 2009.

BANDOL 2011
Blanc | 2012 à 2014 | 13 € **14/20**
Fraîcheur, volume de bouche puissant et beaux amers font le style gourmand de ce joli blanc.

BANDOL LES TERRASSES DE GASTON 2009
Rouge | 2012 à 2020 | env. 24 € **15,5/20**
De jolies notes de fruits à l'eau-de-vie avec une finale élégante, aromatique et fraîche. Un vin délicat, charmeur et épicé, qui peut être bu dès maintenant.

CHÂTEAU CALISSANNE

RD 10 • 13680 Lançon-de-Provence
Tél. 04 90 42 63 03 • Fax : 04 90 42 40 00
commercial@chateau-calissanne.fr • www.calissanne.fr
Visite : Le lundi de 12h à 19h, du mardi au samedi de 9h à 19h, le dimanche de 9h à 13h. En été, du lundi au samedi de 9h à 19h et le dimanche de 9h à 13h.

Calissanne est installé à Lançon-de-Provence, où les vignes sont plantées sur des éboulis de falaises calcaires. Les rouges bien tramés se déclinent en cuvées du Rocher Rouge, Épidaure et Clos-Victoire, ce sont des vins concentrés et élégants. Plus en retrait, la cuvée domaine a fait des progrès sur les derniers millésimes.

COTEAUX D'AIX-EN-PROVENCE 2010
Rouge | 2012 à 2016 | 6,90 € **15/20**
Nez de cassis avec des touches d'olive noire, la bouche est caressante et toute en rondeurs, un vin qui donne déjà du plaisir.

COTEAUX D'AIX-EN-PROVENCE CLOS VICTOIRE 2008
Rouge | 2012 à 2019 | 15,80 € **15,5/20**
Attaque explosive avec des fruits noirs et des tanins fins et épicés.

DOMAINE DE CAMAÏSSETTE

13510 Eguilles
Tél. 04 42 92 57 55 • Fax : 04 42 28 21 26
contact@camaissette.fr • www.camaissette.fr
Visite : Du lundi au samedi de 9h30 à 12h et de 14h30 à 18h30. En été, du lundi au samedi de 9h30 à 12h et de 14h30 à 19h.

Situé à l'ouest d'Aix, ce domaine de 23 hectares appartient à la famille d'Olivier Nasles, œnologue confirmé qui conseille ici sa mère. Il reprend progressivement le vignoble en main, avec deux types de cuvées : celles du domaine pour les vins francs et coulants, et les Amadeus, issues de vieilles vignes élevées en barriques.

COTEAUX D'AIX-EN-PROVENCE 2011
Blanc | 2012 à 2013 | 4,90 € **14,5/20**
Fringant, frais, vaillant, toutes flaveurs déployées, ce vin offre un taux de redemande important, avec une finale saline sur les agrumes.

COTEAUX D'AIX-EN-PROVENCE 2011
Rosé | 2012 à 2013 | 4,90 € **13/20**
Franc, coulant, sans détour, vin de Tournoi des 6 Nations pour s'échauffer afin de bien se mettre en ligne.

DOMAINE DU CLOS D'ALARI

717, route de Mappe • 83510 Saint-Antonin-du-Var
Tél. 04 94 72 90 49 • Fax : 04 94 72 90 51
domaine.du.clos.alari@orange.fr
Visite : Tous les jours de 10h à 18h.

Nathalie Vancoillie cultive avec un égal bonheur truffes, oliviers et vignes du côté de Saint-Antonin du Var. Il faut souvent du temps pour que les cuvées s'expriment, et aujourd'hui il est conseillé d'ouvrir les 2008 et 2009 et d'attendre les 2010 et 2011.

CÔTES DE PROVENCE CUVÉE GUSTAVE 2008
Rouge | 2012 à 2016 | 14 € **15/20**
Tanin élancé et frais avec de la profondeur, avec des accents de résine de pin, de fruits noirs et de tapenade.

CÔTES DE PROVENCE GRAND CLOS 2011
Rosé | 2012 à 2014 | 10 € **14,5/20**
Dans le style rosé tannique, on est dans la structure ferme et profonde, pour une côte de porc.

CÔTES DE PROVENCE VERMENTINO 2011
Blanc | 2012 à 2015 | 13 € **14/20**
Miel et poivre au nez, la bouche se recroqueville sur elle-même, avec une fin miellée. À revoir.

DOMAINE COLLET DU BOVIS

Domaine du Fogolar - 370, chemin de Crémat • 06200 Nice
Tél. 04 93 37 82 52
jeanetmichel.spizzo@sfr.fr • www.vin-de-bellet.com
Visite : De 8h à 12h et de 13h à 17h.

BELLET 2011
Blanc | 2012 à 2014 | 15 € **14,5/20**
De jolis fruits et une approche gourmande, fraîche et un rien tendue, sont portés par une acidité présente.

BELLET 2010
Rouge | 2012 à 2018 | 15 € **15,5/20**
Robe claire, très marqué par les griottes, les fruits à noyaux, la fin de bouche est tendue, très précise, inspirée par un pinot noir bourguignon.

BELLET 2009
Rouge | 2012 à 2014 | 15,50 € **14,5/20**
Vin de saveurs, à la robe légèrement évoluée, la finale est gourmande avec de jolies notes de fruits-à-noyaux.

DOMAINE DE LA COURTADE

• 83400 Île de Porquerolles
Tél. 04 94 58 31 44 • Fax : 04 94 58 34 12
domaine@lacourtade.com • www.lacourtade.com
Visite : De 9h30 à 19h (sur réservation pour les groupes).

La Courtade est l'un des rares domaines de Porquerolles qui maintienne haut les couleurs de la Provence. Les bouteilles étiquetées du nom du château sont à rechercher en priorité, elles vont plus loin dans la recherche de profondeur, avec des matières plus intenses, mais elles demandent un peu de patience pour s'affirmer.

CÔTES DE PROVENCE 2010
Blanc | 2012 à 2019 | 17,90 € **16/20**
Très saline, cette cuvée en énergie marine ouvre de vastes horizons au dégustateur qui ne veut pas rester sur le sable des blancs insipides. Ici, on a un vrai caractère pour escorter les coquillages.

CÔTES DE PROVENCE 2006
Rouge | 2012 à 2017 | 17,90 € **15,5/20**
La fraîcheur des tanins se mêle aux épices, la bouche offre plénitude et droiture avec une belle finale sur la garrigue, comme tous les 2006, ce vin est en pleine forme.

CHÂTEAU COUSSIN

1048, chemin de Coussin • 13530 Trets-en-Provence
Tél. 04 42 61 20 00 • Fax : 04 42 61 20 01
sumeire@sumeire.com • www.sumeire.com
Visite : Du lundi au vendredi de 8h30 à 12h et de 14h à 17h30.

Ce domaine doit son nom à Jean-Baptiste Coussin, avocat à la cour d'Aix au siècle des Lumières. Aujourd'hui, ce sont les Sumeire qui plaident la cause des cuvées baignées par la luminosité chère à Cézanne. Les vins ont gagné en régularité et en précision sur les derniers millésimes et sont hautement recommandables pour la bouillabaisse ou le sanglier.

CÔTES DE PROVENCE CUVÉE COLLECTION 2011
Blanc | 2012 à 2013 | 12,50 € **13,5/20**
Du gras en attaque, des rondeurs en bouche, ce qu'il faut de vivacité en finale, ce vin aime les rillettes de thon.

CÔTES DE PROVENCE CUVÉE SÉLECTION 2010
Rouge | 2013 à 2018 | 15 € **14,5/20**
Joli volume sur fond de cerise noire et de garrigue, avec une finale sur la menthe poivrée.

CÔTES DE PROVENCE SAINTE-VICTOIRE 2007
Rouge | 2012 à 2017 | 24 € **15/20**
Nez chocolaté avec des nuances de myrtille, bouche très bien constituée et à point.

CHÂTEAU CRÉMADE

Route de Langesse • 13100 Le Tholonet
Tél. 04 42 66 76 80 • Fax 04 42 66 76 81
chateaucremade@yahoo.fr • www.chateaucremade.com

PALETTE 2011
Rosé | 2012 à 2013 | NC **14/20**
Tendre et souple, avec un caractère gourmand et une finale légèrement saline.

PALETTE 2007
Rouge | 2012 à 2015 | NC **14,5/20**
Le tanin, très présent, s'est assoupli et on peut apprécier ce vin généreux et suave, aux accents finement épicés.

CHÂTEAU DE CRÉMAT

442, chemin de Crémat • 06200 Nice
Tél. 04 92 15 12 15 • Fax : 04 92 15 12 13
chateaucremat@orange.fr
Visite : Du lundi au vendredi de 9h à 18h.

La bâtisse se voit de loin. C'est un château-fort construit... au début du XXe siècle, dans le style des folies architecturales que l'on peut trouver sur la région de Nice. La propriété a été reprise en 2000 par un industriel hollandais, Cornélis Kamerbeck, qui dirige ce domaine de 14 hectares de vignes. Les installations techniques sont certainement les plus impressionnantes de l'appellation. Les vins partent souvent un peu fermés dans la vie mais un petit vieillissement convient bien aux rouges et encore plus aux blancs et aux rosés, contrairement aux idées reçues.

BELLET 2010
Rosé | 2012 à 2014 | 19 € **16/20**
Rosé de forte personnalité, avec beaucoup de saveurs, une réelle complexité tactile et un aromatique de grand charme.

BELLET 2009
Blanc | 2012 à 2016 | 20 € **16/20**
De grand style, épanoui et floral, raffiné en diable, il a considérablement gagné à l'élevage.

BELLET 2008
Rouge | 2012 à 2018 | 22 € **14,5/20**
La fraîcheur prédomine et l'acidité tient ce vin à la finale serrée mais fraîche et gourmande.

DOMAINE DE LA CROIX

816, boulevard de Tabarin • 83420 La Croix-Valmer
Tél. 04 94 17 47 65 • Fax : 04 94 17 47 67
contact@domainedelacroix.com
www.domainedelacroix.com
Visite : Du mardi au samedi de 10h à 13h
et de 15h à 19h.

Situé sur La Croix Valmer, ce cru classé de Provence renaît grâce à des investissements salutaires pour la qualité du cru. À l'heure actuelle, il convient de privilégier les rouges qui se signalent depuis 2008 par leur soyeux. La cuvée Éloge, composée de 70 % syrah et 30 % mourvèdre mérite son nom, en rosé l'Irrésistible s'affirme comme l'un des grands vins du secteur. Le deuxième n'est pas loin.

CÔTES DE PROVENCE 2011
Rosé | 2012 à 2013 | 7 € **14/20**
C'est la fin de bouche qui détermine la note, par sa persistance vineuse. La structure l'emporte sur l'aromatique.

CÔTES DE PROVENCE ÉLOGE 2010
Rouge | 2012 à 2017 | 20 € **15,5/20**
Grande profondeur, avec un tanin suave, élégant et énergique, sur fond de fruits noirs et d'épices. Confirmation du renouveau du cru.

CÔTES DE PROVENCE L'IRRÉSISTIBLE 2011
Rosé | 2012 à 2013 | 10 € **15,5/20**
Avec cette cuvée, le domaine rentre dans le cercle des rosés du millésime car il y a l'élégance, la vinosité et une finale poivrée délicieuse.

DOMAINE DALMERAN

45, avenue Notre-Dame du Château
13103 Saint-Étienne-du-Grès
Tél. 04 90 49 04 04 • Fax : 04 90 49 15 39
info@dalmeran.fr • www.dalmeran.fr
Visite : De novembre à mars, du lundi au samedi de 10h à 12h30 et de 14h à 18h. D'avril à octobre, du lundi au samedi de 10h à 12h30 et de 15h à 18h30.

La dizaine d'hectares plantés sur ce versant nord des Alpilles, sur des sols argilo-calcaires, donne des rouges de plus en plus accomplis qui peuvent bien évoluer dans le temps, avec une fraîcheur de fin de bouche de bon aloi. Neil Joyce peut être fier de ses derniers millésimes.

LES BAUX-DE-PROVENCE 2011
Blanc | 2012 à 2013 | 25 € **14/20**
Anis et amande dominent le nez comme la bouche, celle-ci offre de belles perspectives à une lotte au fenouil.

LES BAUX-DE-PROVENCE CHÂTEAU DALMÉRAN 2011
Rosé | 2012 à 2013 | 11 € **14/20**
Robe d'un rose très foncé, la bouche offre de l'amplitude et des notes de sucrosité. Bien sur des fraises au poivre.

LES BAUX-DE-PROVENCE CHÂTEAU DALMERAN 2007
Rouge | 2013 à 2020 | 20 € **15,5/20**
On sent le potentiel avec ce qu'il faut de profondeur, on est plus en structure qu'en arômes.

Les Baux-de-Provence cuvée La Bastide 2008
Rouge | 2013 à 2016 | 12,50 € **14/20**
Épicée avec des touches de réglisse, cette cuvée bien proportionnée offre ses tanins à une perdrix aux petits oignons.

MAS DE LA DAME

RD 5 • 13520 Les Baux-de-Provence
Tél. 04 90 54 32 24 • Fax : 04 90 54 40 67
masdeladame@masdeladame.com
www.masdeladame.com
Visite : En été, tous les jours de 9h à 19h.

Situé sur le versant sud des Alpilles, ce domaine possède des sols drainants et le mistral favorise l'état sanitaire des raisins. Il peut s'enorgueillir d'avoir été peint par Van Gogh et les tanins des rouges sont parfaitement dessinés, avec une préférence pour le Coin-Caché.

Les Baux-de-Provence Coin Caché 2009
Rouge | 2012 à 2018 | 20,50 € **15,5/20**
On apprécie la générosité du tanin, avec une aromatique de fruits noirs et de garrigue.

Les Baux-de-Provence La Stèle 2008
Rouge | 2012 à 2017 | 13,40 € **15/20**
Assemblage syrah et cabernet-sauvignon, ce vin offre un tanin dynamique sur fond de fruits noirs et d'olives.

Vin de Pays des Alpilles La Stèle 2011
Blanc | 2012 à 2013 | 9,30 € **14/20**
Élégance au nez, avec des accents d'anis et de fleurs blanches, bouche fraîche avec une finale épicée.

DOMAINE DU DEFFENDS

Chemin du Deffends
83470 Saint-Maximin-la-Sainte-Baume
Tél. 04 94 78 03 91 • Fax : 04 94 59 42 69
domaine@deffends.com • www.deffends.com
Visite : Du lundi au samedi de 9h à 12h et de 15h à 18h.

Depuis la disparition de son mari, l'énergique Suzel de Lanversin continue de produire des vins de belle qualité à des prix accessibles, son Clos-de-la-Truffière figure parmi les meilleurs rouges de Provence. Sur un plateau argilo-calcaire juché à 400 mètres, la situation privilégiée du domaine limite la chaleur estivale et permet aux vins de garder leur fraîcheur dans les trois couleurs. La cuvée Pointes-du-Deffends rouge 2009 est déjà délicieuse, et 2010 offre également un bon potentiel.

Coteaux Varois en Provence
Champs de la Truffière 2009
Rouge | 2014 à 2020 | 12,80 € **14/20**
Vin recroquevillé sur lui-même, avec du fond et un tanin pour l'instant un peu brut, à revoir car on sent le potentiel.

Coteaux Varois en Provence
Champs du Bécassier 2010
Rouge | 2012 à 2017 | 10,10 € **14,5/20**
Marqué par ses flaveurs de cassis et d'épices, ce vin possède une belle allonge.

Coteaux Varois en Provence
Les Pointes du Deffends 2009
Rouge | 2012 à 2019 | 15,80 € **16,5/20**
L'un des sommets du secteur, c'est profond, suave, épicé, avec un superbe retour de fruits noirs frais et de fleurs.

Coteaux Varois en Provence Rosé d'Une Nuit 2011
Rosé | 2012 à 2013 | 10,10 € **15,5/20**
Une nuit, cela ne suffit pas si l'on veut vraiment coucher, mieux vaut une semaine de ce vin de table de nuit, élégant et structuré en même temps.

Vin de pays Portes de Méditerranée
Rosé des Filles 2011
Rosé | 2012 à 2013 | 10,10 € **15,5/20**
Agrumes et fruits rouges se mêlent pour ce vin élégant qui ramène la parité à de justes saveurs.

CHÂTEAU DES DEMOISELLES

Route de Callas • 83920 La Motte
Tél. 04 94 70 28 78 • Fax : 04 94 47 53 06
contact@chateaudesdemoiselles.com
www.chateaudesdemoiselles.com
Visite : Tous les jours, de 9h30 à 13h et de 14h à 18h30.

Ancienne propriété de la famille Grimaldi, ce domaine a été racheté en 2005 par la famille Teillaud, qui le possédait jusqu'à la fin des années 1970. Ce retour aux sources motive pleinement Aurélie Bertin, qui dirige également l'autre propriété familiale, le Château Sainte-Roseline. Un énorme travail a été entrepris dans les vignes et 2010 marque un palier qualitatif. Les cuvées Charme portent parfaitement leur nom.

Côtes de Provence 2010
Rouge | 2012 à 2015 | 11,90 € **15,5/20**
Grande élégance pour ce vin au tanin élancé et poivré en finale.

CÔTES DE PROVENCE 2009
Rouge | 2012 à 2014 | NC 14/20
Floral et épicé, avec des accents de cerise burlat, c'est déjà bon à boire. En progrès !

CÔTES DE PROVENCE LE CHARME 2011
Blanc | 2012 à 2013 | 7,50 € **14/20**
Anis et poivre avec des touches d'agrumes, ce vin offre un charme immédiat apéritif.

CÔTES DE PROVENCE LE CHARME 2011
Rosé | 2012 à 2013 | 7,50 € **15,5/20**
C'est le meilleur rosé produit sur la propriété, il y a le fruité croquant, les accents floraux et la finale poivrée.

DOMAINE DES DIABLES

Avenue Paul-Cézanne • 13114 Puyloubier
Tél. 06 68 65 33 22
guillaume@mit-provence.com • www.mit-povence.com
Visite : De décembre à août, du mardi au samedi, de 10h à 12h et de 14h à 17h30.

Pour ce jeune domaine de 15 hectares, situé au pied de la montagne Saint-Victoire, on veut bien vendre son verre au diable car les deux cuvées de rosé sont à se damner. La tentation débute avec la cuvée Rose-Bonbon au fruité croquant et aérien, avec un glissant qui pousse au péché de gourmandise. Plus structuré, le Petit-Diable est un vin qui vous joue le grand air de Faust.

CÔTES DE PROVENCE SAINTE-VICTOIRE LE PETIT 2011
Rosé | 2012 à 2013 | 7 € **16,5/20**
Salin, fruité, accents de rose, poivre, palette aromatique riche au nez comme en bouche, avec une finale montante et aérienne. Grand vin qui ne s'impose pas.

CÔTES DE PROVENCE SAINTE-VICTOIRE ROSE BONBON 2011
Rosé | 2012 à 2013 | 8,50 € **16/20**
Fruité croquant irrésistible, accents de rose, poivre, groseille et framboise à partir du milieu de bouche, finale longue et vive.

DOMAINE DUPÉRÉ-BARRERA

254, rue Robert-Schumann • 83130 La Garde
Tél. 04 94 23 36 08
vinsduperebarrera@hotmail.com
www.duperebarrera.com
Visite : Sur rendez-vous uniquement.

Négociants de talent dans le Sud-Est, vignerons bios en Côtes de Provence, Emmanuelle Dupéré et Laurent Barrera sont de grands agitateurs de tanins, avec des cuvées concentrées de belle harmonie. La cuvée Très-Longue-Macération reste l'une des plus abouties de la Provence et le Clos de la Procure est un terroir d'argilo-calcaire de premier ordre qui donne des vins profonds et savoureux.

CÔTES DE PROVENCE CLOS DE LA PROCURE 2010
Rouge | 2013 à 2019 | 13 € **16,5/20**
Accents de cassis et d'épices au nez, belle amplitude en bouche avec un tanin qui devrait évoluer de façon harmonieuse.

CÔTES DE PROVENCE CLOS DE LA PROCURE 2010
Blanc | 2012 à 2016 | 17 € **16/20**
Le gras se mêle de façon harmonieuse à une tension sous-jacente qui relance bien la fin de bouche.

CÔTES DE PROVENCE EN CARACTÈRES 2010
Blanc | 2012 à 2014 | 9 € **15/20**
Nez très frais avec des notes iodées, bouche en tension et en fraîcheur avec une finale saline et des touches d'agrumes.

CÔTES DE PROVENCE TRÈS LONGUE MACÉRATION 2009
Rouge | 2012 à 2019 | 25 € **15,5/20**
Nez de fruits noirs et d'épices, attaque voluptueuse, texture soyeuse et tanin profond.

DOMAINE DUPUY DE LÔME

624, route de Toulon - RN 8
83330 Sainte-Anne-d'Évenos
Tél. 04 94 05 22 99 • Fax : 04 94 05 22 99
domainedupuydelome@orange.fr
www.dupuydelome.com
Visite : De mai à août, du mardi au samedi de 9h à 12h et de 14h à 17h30. Le reste de l'année du lundi au vendredi, de 8h à 12h et de 13h30 à 17h.

BANDOL 2011
Blanc | 2012 à 2013 | 14 € **13,5/20**
Très frais, floral, fleurs blanches, porté par les notes d'agrumes et une finale très inspirée par le menthol.

BANDOL 2009
Rouge | 2012 à 2018 | 16 € **15/20**
Une pointe de réduction nécessite un carafage, la bouche est fraîche, goûteuse, dans un style léger mais complexe. Un bon bandol que la restauration pourra mettre à table sans plus tarder.

DOMAINE D'ÉOLE

D24, Route de Mouries - Chemin des Pilons
13810 Eygalières
Tél. 04 90 95 93 70 • Fax : 04 90 95 99 85
domaine@domainedeole.com • www.domainedeole.com
Visite : Tous les jours de 10h à 12h30 et de 14h30 à 18h.

Toujours placé avec ses différentes cuvées, ce domaine biodynamique est retenu cette année dans les trois couleurs et nous nous en réjouissons. La fraîcheur et la franchise de constitution des vins sélectionnés permet d'accrocher le plus naturellement du monde le premier.

Coteaux d'Aix-en-Provence 2011
Rosé | 2012 à 2013 | 11 € **14/20**
C'est franc, cuvée qui va droit au goût, vin de casse-croûte.

Coteaux d'Aix-en-Provence Confidence 2010
Blanc | 2012 à 2014 | 18 € **15/20**
Accents de miel et d'anis se retrouvent au nez comme en bouche, avec du gras et une juste tension derrière.

Coteaux d'Aix-en-Provence Éole 2009
Rouge | 2012 à 2015 | 11 € **14/20**
Fruit bien dégagé, de la gourmandise en attaque mais derrière le vin est plus en retrait.

CHÂTEAU D'ESCLANS

4005, route de Callas • 83920 La Motte
Tél. 04 94 60 40 40 • Fax : 04 94 70 23 99
chateaudesclans@sachalichine.com
www.chateaudesclans.com ou www.cavesdesclans.com
Visite : De janvier à Pâques, du lundi au vendredi de 9h à 13h et de 14h à 18h. De Pâques à décembre, du lundi au samedi de 9h à 13h et de 14h à 19h. Le dimanche, de 10h à 13h et de 14h à 18h.

La production du domaine a fait couler beaucoup de rosé et cela continue ! Sacha Lichine, qui posséda Château Prieuré-Lichine, à Margaux, a repris cette propriété. La cuvée Garrus, qui sort à 90 euros, trouve son régime de croisière ; ce vin confidentiel ne doit pas masquer les autres cuvées du château, comme le rosé Whispering-Angels ou le délicieux Esclans. En rouge, la cuvée Déesse porte bien son nom. Au bout du compte, on ne peut que louer la grande majorité de la production, et tant pis pour les quelques bouteilles élevées luxueusement à l'ombre des barriques en pleurs, Sacha Lichine a ce sens de la mise en scène et c'est pour cela qu'on l'aime.

Côtes de Provence 2010
Blanc | 2012 à 2013 | 60 € **14/20**
On est sur des accents de fenouil au nez comme en bouche, avec une jolie finale anisée.

Côtes de Provence Déesse 2009
Rouge | 2012 à 2016 | 24 € **15,5/20**
Tanin bien enrobé avec de la densité, de l'élégance et de la gourmandise, c'est juteux, soyeux et tout en rondeurs.

Côtes de Provence Esclans 2010
Rosé | 2012 à 2014 | NC **15,5/20**
Un fruité frais et épicé émerge de façon très nette, la bouche a de la percussion et de la fraîcheur.

Côtes de Provence Garrus 2010
Rosé | 2012 à 2015 | 90 € **16/20**
C'est le type de rosé de garde, avec des accents épicés, de la tension et une finale montante sur les fruits rouges.

DOMAINE DE FONT VIVE

Chemin du Val d'Arenc • 83330 Le Beausset
Tél. 04 94 98 60 06 • Fax : 04 94 98 65 31
barthesph2@wanadoo.fr
Visite : Sur rendez-vous uniquement.

Bandol 2010
Rouge | 2013 à 2018 | 11 € **14/20**
Le style du vin est original, avec une pointe de kirsch, de prunes à l'eau-de-vie. La finale est longue, épicée, souple.

DOMAINE DE FRÉGATE

Route de Bandol • 83270 Saint-Cyr-sur-Mer
Tél. 04 94 32 57 57 • Fax : 04 94 32 24 22
domainedefregate@wanadoo.fr
www.domainedefregate.fr
Visite : De 8h30 à 12h30 et de 13h30 à 18h tous les jours (sauf le dimanche d'octobre à mars).

Jean-Sébastien Thiollier dirige cette propriété d'une trentaine d'hectares sur Saint-Cyr-sur-Mer, ainsi que l'appellation Bandol. Il réalise les trois couleurs avec soin, le rouge 2009 est axé sur le charme, c'est un bon archétype de cette couleur à Bandol.

Bandol 2011
Blanc | 2012 à 2013 | 12 € **14/20**
La trame acide est puissante et porte le vin dans la longueur. Les notes de thiol s'expriment pour l'instant, elles seront ensuite relayées par les fruits rouges.

Bandol 2009

Rouge | 2012 à 2020 | 13 € 15/20

Puissant, profond, épicé, avec des notes de tabac, et une finale immédiatement séduisante. Il s'inscrit dans un registre frais et facile à boire qui plaira beaucoup.

CHÂTEAU GASSIER

Chemin départemental 57 • 13114 Puyloubier

Tél. 04 42 66 38 74 • Fax : 04 42 66 38 77

gassier@chateau-gassier.fr

À deux portées de grenache d'Aix, Gassier appartient au paysage de la Sainte-Victoire qui opère quand on s'en approche une véritable fascination, surtout côté Puyloubier. Quatre terroirs marquent cette propriété qui récolte les raisins à la machine aux premières heures de la journée. Dès leur arrivée en cave on en extrait le jus avec douceur pour produire des rosés en vivacité et élégance.

Côtes de Provence 946A 2011

Blanc | 2012 à 2014 | 25 € 15/20

C'est à 946 mètres, perchée au sommet de sa pointe occidentale que s'élève la croix de Provence qui protège le vignoble. Cette altitude a donné le nom à cette cuvée qui provient d'un assemblage d'ugni blanc et de roll sur argilo-calcaire. On apprécie le nez de mangue avec une touche de pêche blanche, l'attaque onctueuse et la bouche en rondeurs avec ce qu'il faut de fraîcheur derrière.

Coteaux d'Aix-en-Provence 946 2011

Rosé | 2012 à 2013 | 25 € 15/20

Accents de mangue et de groseille avec une touche poivrée, on retrouve tous ces éléments dans une bouche sphérique bien en phase avec une côte de porc.

Côtes de Provence cuvée Loubiero 2011

Rosé | 2012 à 2013 | 8 € 14,5/20

Nez de fruits rouges et d'agrumes, bouche en rondeurs avec ce qu'il faut de vivacité derrière pour escorter une soupe de poissons de roche.

Côtes de Provence Sainte-Victoire
Le Pas du Moine 2011

Rosé | 2012 à 2013 | 11 € 15/20

Nez de framboise et de pamplemousse, la bouche fraîche et élancée possède une structure suffisante pour épauler un porc au curry.

CHÂTEAU JEAN-PIERRE GAUSSEN

1585, chemin de l'Argile - B.P. 23

83740 La Cadière-d'Azur

Tél. 04 94 98 75 54 • Fax : 04 94 98 65 34

jp.gaussen@free.fr

Visite : Du lundi au samedi de 9h à 12h et de 14h à 19h.

Jean-Pierre et Julie Gaussen ont créé ce domaine il y a 45 ans. Ils produisent régulièrement des vins puissants et sans concession. La classe du 2007 rayonnait dans notre dégustation à l'aveugle dernièrement. 2009 avait pris le relais et cette année la cuvée Longue-Garde impressionnait.

Bandol 2008

Rouge | 2013 à 2018 | NC 14/20

Ensemble assez évolué, tanin plus présent mais moins fin que certains de ses pairs.

Bandol Longue Garde 2009

Rouge | 2013 à 2025 | 24,50 € 17,5/20

La texture est fine, charmeuse et intense. Le vin est remarquable de précision, de fraîcheur, grande classe.

DOMAINE DE GAVOTY

Le Grand Campdumy • 83340 Cabasse

Tél. 04 94 69 72 39 • Fax : 04 94 59 64 04

domaine@gavoty.com • www.gavoty.com

Visite : En hiver, du lundi au vendredi de 8h à 12h et de 14h à 18h. En été, du lundi au vendredi de 8h à 12h et de 14h à 19h. Le samedi de 10h à 12h et de 14h à 19h.

La cuvée Clarendon, qui porte le nom du pseudonyme du critique musical du Figaro, Bernard Gavoty, signe les vins les plus aboutis de ce domaine exemplaire. Le rosé y est tendre et vineux et le blanc et le rouge sont parmi les seuls en Provence à pouvoir bien évoluer dans le temps pour accompagner la rabasse. Une revue de rouges nous a permis d'apprécier l'excellente évolution dans le temps avec un 1983 encore en pleine forme. L'accueil à la propriété est toujours délicieux.

Côtes de Provence Clarendon 2011

Rosé | 2012 à 2013 | 15,50 € 15,5/20

De la délicatesse, c'est à la fois vineux et subtil, avec une finale aérienne montante.

Côtes de Provence Clarendon 2011

Blanc | 2012 à 2022 | 17 € 15,5/20

Nez légèrement beurré avec une touche de fenouil derrière, grande élégance en bouche avec une finale saline subtile.

Côtes de Provence Clarendon 2010
Blanc | 2012 à 2020 | 18 € **15,5/20**
Herbes coupées, poivre gris au nez sont d'excellente augure. Quant à la bouche, elle se révèle dynamique avec une finale anisée montante.

Côtes de Provence Clarendon 2007
Rouge | 2012 à 2014 | 15 € **15,5/20**
Tanin élégant et souple, velouté sur fond de fruits noirs et de romarin. Il évolue parfaitement.

Côtes de Provence Clarendon 2001
Rouge | 2012 à 2020 | 30 € **16/20**
Nez de fruits noirs frais, tanin longiligne et énergique avec ce qu'il faut autour. Ce vin a encore du potentiel, il devrait pouvoir aller aussi loin que le 1983 qui truffe délicieusement.

CHÂTEAU GRAND BOISÉ

Chemin de Grisole - B.P. 2 • 13530 Trets
Tél. 04 42 29 22 95 • Fax : 04 42 61 38 71
contact@grandboise.com • www.grandboise.com
Visite : De 9h à 12h et de 14h à 18h.

Dès le Moyen-Âge, les terres viticoles de Grand Boisé sont choyées par les moines et depuis le millésime 2008, c'est Olivier Dauga qui chante laudes, matines et vêpres pour les vinifications, et là on veut bien suivre tous les offices ! En effet, toutes les cuvées ont gagné en fraîcheur de constitution et en pureté de fruit. Les sélections sont plus rigoureuses et les vins plus précis avec un nouveau palier qualitatif très net sur 2010. Dans les vignes, l'équipe technique managée par Florent Campana, réplique viticole de José Anigo, se montre très motivée par le challenge proposé. Les rouges et les blancs donnent déjà de l'agrément, et ils offrent de belles perspectives pour les prochaines Ligues des Champions. On est en train d'assister à l'éclosion d'un grand de Provence. À suivre de très près.

Côtes de Provence 2011 ☺
Rosé | 2012 à 2013 | 8,50 € **15,5/20**
Délicieux nez de rose, de framboise, de groseille, de poivre, attaque élégante avec derrière une belle persistance, ce vin est joyeux et permet à Florent, le directeur technique, de fêter chaque but de l'OM avec beaucoup d'allégresse.

Côtes de Provence 2009
Rouge | 2012 à 2017 | 9 € **15,5/20**
Nez de tabac brun et de cerise noire, bouche au tanin élancé sur des accents de tabac.

Côtes de Provence 1610 2010
Rouge | 2012 à 2020 | 22 € **16/20**
Cette cuvée destinée à fêter les 400 ans du domaine séduit par ses tanins frais, tendus et épicés, avec une texture soyeuse bien corsetée.

Côtes de Provence 1610 2009
Rouge | 2012 à 2017 | 22 € **15,5/20**
Boisé bien intégré, vin puissant et profond avec une jolie matière, derrière les fruits noirs arrivent sur des accents menthés, les tanins enrobent en largeur.

Côtes de Provence Jadis 2010
Blanc | 2013 à 2020 | 19 € **16/20**
100 % rolle, cette cuvée possède un fort potentiel. Pour l'instant, on en apprécie la longueur bien tendue et la richesse de la fin de bouche. C'est l'un des vins du millésime en blanc et il évolue parfaitement. Son énergie appelle la truffe blanche.

Côtes de Provence Jadis 2010
Rouge | 2014 à 2020 | 29 € **17/20**
La texture soyeuse se révèle dès l'entrée de bouche très charmeuse, le tanin a de l'énergie et de la subtilité, avec une jolie finale épicée.

Côtes de Provence Jadis 2009
Rouge | 2012 à 2020 | 36 € **16,5/20**
Tanin fin et subtil, aux accents de cerise, on a du style dans le registre grand cru de Bourgogne, avec une finale soignée.

Côtes de Provence Mazarine 2011
Rosé | 2012 à 2013 | 9 € **15/20**
Tendreté, finesse, sur fond de fruits rouges avec un coulant daugaste, ce vin se boit en regardant la montagne Sainte-Victoire.

Côtes de Provence Mazarine 2010 ☺
Blanc | 2012 à 2015 | 11,20 € **15,5/20**
Frais et persistant, anisé et salin avec ce qu'il faut d'énergie, cette cuvée apprécie la compagnie d'un confit de truffe noire.

DOMAINE DU GROS'NORÉ

675, chemin de l'Argile • 83740 La Cadière-d'Azur
Tél. 04 94 90 08 50 • Fax : 04 94 98 20 65
alainpascal@gros-nore.com • www.gros-nore.com
Visite : Du lundi au vendredi de 9h à 12h et de 14h à 18h. En été, du lundi au samedi de 9h à 12h et de 14h à 18h.

Après avoir fait ses classes à Romassan et à Pibarnon, Alain Pascal exploite dorénavant 16 hectares sur La Cadière-d'Azur. Il a recherché longtemps à construire des rouges puissants. Toujours en quête de progression qualitative, avec une intention déclarée d'égaler les meilleurs de l'appellation, il a entamé une évolution vers la recherche de finesse sans que ses vins ne perdent en structure. Peu de domaines ont su évoluer aussi bien et aussi vite, nous saluons cette intelligence servie par un étonnant sens du produit. Les vins évoluent naturellement bien et prennent un complément de sens au vieillissement.

BANDOL 2009
Rouge | 2013 à 2025 | 21 € **17,5/20**
Un monde de saveurs porté par une pointe d'alcool, garrigue, fleurs séchées, réglisse, romarin, thym, et une finale remarquable. Un redoutable séducteur qui tourne résolument le dos au style ancien du domaine.

BANDOL ANTOINETTE 2008
Rouge | 2014 à 2025 | 38 € **17/20**
Grand style, tanin très fin, opulent, d'une suavité hors pair. La gourmandise est évidente.

DOMAINE HAUVETTE

Voie Aurélia - La Haute-Galine
13210 Saint-Rémy-de-Provence
Tél. 04 90 92 03 90 • Fax : 04 90 92 08 91
domainehauvette@wanadoo.fr
Visite : Sur rendez-vous.

Ce domaine phare est adossé au nord du massif des Alpilles, sur Saint-Rémy. Dominique Hauvette a mis en place un mode de culture en biodynamie, depuis 2003, avec de petits rendements. La propriété produit des rouges de grand style grâce à leur pureté de fruit et la précision dans le dessin de leurs tanins. Les 2007 ont beaucoup de classe.

COTEAUX D'AIX-EN-PROVENCE CORNALINE 2007
Rouge | 2012 à 2020 | 26 € **17/20**
Robe très jeune et profonde, le nez a de la densité, il exhale de délicieuses notes d'olive noire, de mûre et de myrtille, le tanin est long et bien enrobé avec une fraîcheur unique sur le secteur.

LES BAUX-DE-PROVENCE AMÉTHYSTE 2007
Rouge | 2012 à 2018 | 32 € **15,5/20**
On aime bien goûter et regoûter ce vin qui séduit par sa fraîcheur de constitution et son fruité très pur.

DOMAINE DE L'HERMITAGE

Le Rouve - B.P. 41 • 83330 Le Beausset
Tél. 04 94 98 71 31 • Fax : 04 94 90 44 87
contact@domainesduffort.com
www.domainesduffort.com
Visite : Du lundi au vendredi de 9h à 12h et de 14h à 18h.

Ce domaine planté sur des restanques, au pied de la chapelle du Beausset-Vieux, nous impressionne par la qualité de ses rouges, l'Oratoire 2007 est un très grand bandol, au sommet de son appellation. Les autres couleurs sont bien réussies.

BANDOL 2011
Blanc | 2012 à 2014 | 16 € **14/20**
Élégance des amers et des thiols, une finale fraîche fait ressortir ce vin même si il n'était pas encore complètement en place lors de notre dégustation.

BANDOL 2011
Rosé | 2012 à 2014 | 14 € **15/20**
Fruité, frais avec un bon volume de bouche et une sapidité marquée. La suite en bouche est longue.

BANDOL L'ORATOIRE 2007
Rouge | 2013 à 2020 | 18 € **18/20**
Superbe de fraîcheur, de grand style, c'est un vin de référence dans l'appellation.

CHÂTEAU HERMITAGE SAINT-MARTIN

303, chemin du Haut Pansard • 83250 La Londe
Tél. 04 94 00 44 44 • Fax : 04 94 00 44 45
contact@vinsfaillard.com
www.chateauhermitagesaintmartin.com
Visite : Du lundi au vendredi de 9h à 12h et de 14h à 18h. Le samedi de 9h30 à 12h30 et de 14h à 17h.

Achetée en 1999 par G. Enzo Fayard sur la région de Cuers, cette propriété dispose d'un terroir argilo-calcaire qui permet d'obtenir des rouges à la fois puissants et élégants avec ce qu'il faut de fraîcheur. La cuvée Enzo ouvre la gamme et l'Ikon constitue la cuvée prestige, plus concentrée. Les blancs et rosés sont très aromatiques. Le style s'est bien affiné avec des rouges dignes de ce nom.

Côtes de Provence Enzo 2011
Rosé | 2012 à 2014 | 9,50 € **16/20**
Du fond, de l'allonge, avec de l'élégance et des accents de poivre gris, belle fin florale. De mieux en mieux, au niveau des rosés !

Vin de pays du Var Ikon 2007
Rouge | 2012 à 2017 | 22 € **15,5/20**
Fruit très pur, avec de la densité, du soyeux et de la profondeur, sur fond de griottes et d'épices. Vin à la sensualité irrésistible, il y a la puissance et l'élégance. Note en hausse depuis notre dernière dégustation

DOMAINE DU JAS D'ESCLANS

3094, route de Callas • 83920 La Motte-en-Provence
Tél. 04 98 10 29 29 • Fax : 04 98 10 29 28
mdewulf@terre-net.fr • www.jasdesclans.fr
Visite : En hiver, du lundi au samedi de 9h30 à 12h et de 14h à 18h. Le reste de l'année de 8h30 à 12h et de 14h à 19h.

Ce vignoble profite des embruns de la Méditerranée, que l'on aperçoit depuis le domaine. Le potentiel des trois couleurs est exploité dans une cuvée de base, qui fait mieux que tenir son rang. Les Wulf ont créé la cuvée du Loup, qui regroupe les sélections les plus qualitatives. Sur les dégustations des derniers millésimes, on peut vraiment crier au loup !

Côtes de Provence 2011
Blanc | 2012 à 2013 | 8,40 € **13,5/20**
Fraîcheur anisée au nez comme en bouche, très bien sur une terrine de poisson.

Côtes de Provence 2011
Rosé | 2012 à 2013 | 8,40 € **15,5/20**
Pamplemousse rose, ce sont les maîtres mots de ce rosé persistant et frais, on crie au Loup avant la cuvée portée par ce carnassier.

Côtes de Provence Coup de Foudres 2007
Rouge | 2012 à 2014 | 10 € **14/20**
Nez de cuir, fruits macérés en bouche, épicé en fin, vin de bécasse.

Côtes de Provence cuvée du Loup 2011
Rosé | 2012 à 2014 | 9,80 € **15/20**
Pas de flou sur ce vin, mais du loup, version rosé de garde, avec du fond et des accents de fruits rouges persistants en finale. Pour l'instant nous lui préférons la cuvée domaine, mais au cœur de l'hiver nous pourrons vraiment crier au loup !

Côtes de Provence cuvée du Loup 2010
Rouge | 2014 à 2020 | 8,40 € **16/20**
Il y a du potentiel avec des accents de fruits noirs et d'olive qui se combinent à un élevage de qualité, et une grande profondeur.

CHÂTEAU DE JASSON

813, route de Collobrières • 83250 La Londe-les-Maures
Tél. 04 94 66 81 52 • Fax : 04 94 05 24 84
chateau.de.jasson@wanadoo.fr • www.chateaujasson.com
Visite : Tous les jours de 9h30 à 12h30 et de 14h30 à 19h.

Benjamin de Fresne, ancien chef de cuisine, et son épouse Marie-Andrée veillent aux destinées de ce domaine de 16 hectares, complantés de cépages d'origines très diverses. Les rendements sont raisonnables et toutes les cuvées ont été baptisées du prénom d'une reine d'origine provençale, sauf Victoria dont le rouge 2010 est superbe.

Côtes de Provence Éléonore 2011
Rosé | 2012 à 2013 | 12,50 € **14,5/20**
Pétale de rose au nez, bouche structurée, vin de grillade.

Côtes de Provence Jeanne 2011
Blanc | 2012 à 2013 | 13,50 € **14,5/20**
L'anis étoilé domine au nez comme en bouche, le vin s'y positionne bien, avec ce qu'il faut de vivacité.

Côtes de Provence Victoria 2010
Rouge | 2012 à 2020 | 14,50 € **15,5/20**
Tanin précis et traçant, avec un grain fin aux accents de cerise noire et une jolie fin poivrée. Le meilleur rouge jamais goûté ici.

CHÂTEAU LA CALISSE

RD 560 • 83670 Pontèvès
Tél. 04 94 77 24 71 • Fax : 04 94 77 05 93
contact@chateau-la-calisse.fr
www.chateau-la-calisse.fr
Visite : De 9h à 18h.

Au Château La Calisse, les rendements sont faibles et la vigne menée en agriculture biologique, les vendanges s'effectuent manuellement. Le vignoble, situé à près de 400 mètres et balayé par le mistral, profite d'une influence continentale. Le style est élégant comme Patricia Ortelli, qui fait passer sa passion à travers ses vins, avec des 2011 particulièrement réussis.

Coteaux Varois en Provence 2011
Blanc | 2012 à 2014 | 14 € **15,5/20**
De l'élégance stylée avec beaucoup de délicatesse en bouche, de la longueur et une finale sur l'anis et la menthe poivrée.

Coteaux Varois en Provence 2011
Rosé | 2012 à 2013 | 14 € **15,5/20**
Grand charme pour cette cuvée à l'attaque florale, au corps distingué avec une finale saline et poivrée.

Coteaux Varois en Provence Patricia Ortelli - Étoiles 2009
Rouge | 2012 à 2013 | 35 € **15/20**
Très cassis au nez comme en bouche, ce vin a un tanin croquant et juteux très frais.

CHÂTEAU LA COSTE

27-50, route de la Cride
13610 Le Puy-Sainte-Réparade
Tél. 04 42 61 89 98 • Fax : 04 42 61 89 41
contact@chateau-la-coste.com
www.chateau-la-coste.com
Visite : Tous les jours de 10h à 19h.

Mathieu Cosse, l'un des plus brillants jeunes vinificateurs de sa génération, a pris la direction de ce domaine situé entre Puy-Sainte-Réparade et Aix-en-Provence. Tout s'organise autour de la bastide d'inspiration palladienne, qui compte plus d'une centaine d'hectares de vignoble. Le blanc-de-blancs a juste ce qu'il faut de fraîcheur pour taquiner la daurade. Plus complexes, les cuvées Pentes-Douces s'affirment en rouge comme en blanc de jolis vins de gastronomie, avec un fruité frais et profond.

Coteaux d'Aix-en-Provence 2010
Rouge | 2012 à 2016 | 11,50 € **15/20**
Souplesse et gourmandise du tanin, sur fond de garrigue et de cassis, ce vin s'ouvre en vous tendant ses tanins.

Coteaux d'Aix-en-Provence 2009
Rouge | 2012 à 2016 | 11,50 € **15/20**
Tanins souples et à la fois élancés, avec une belle présence.

Coteaux d'Aix-en-Provence Les Pentes Douces 2010
Rouge | 2012 à 2019 | 16 € **15,5/20**
Charnu en attaque, ce vin offre une bouche ample avec une aromatique fraîche sur les fruits noirs, les épices et la garrigue.

Coteaux d'Aix-en-Provence Les Pentes Douces 2010
Blanc | 2012 à 2015 | 16 € **15/20**
Anis, fruits jaunes et épices offrent un nez complexe, la bouche possède de l'amplitude avec une fraîcheur menthée en finale.

DOMAINE LA SUFFRÈNE

1066, chemin de Cuges • 83740 La Cadière-d'Azur
Tél. 04 94 90 09 23 • Fax : 04 94 90 02 21
suffrene@wanadoo.fr • www.domaine-la-suffrene.com
Visite : Du lundi au vendredi de 9h à 12h et de 14h à 18h. D'avril à septembre, du lundi au samedi de 9h30 à 12h30 et de 15h30 à 19h.

Le domaine propose deux cuvées en rouge, l'une au nom du domaine, l'autre sous la dénomination Les-Lauves, le nom d'un lieu-dit vers le sommet de La-Cadière-d'Azur. La proportion de vieux mourvèdres y atteint 90 %. Tout est très sérieusement vinifié ici, les trois couleurs sont de haut niveau, leur régularité en fait une valeur sûre pour l'amateur, les rouges 2009 valent le détour. Et l'accueil n'est pas en reste.

Bandol 2011
Rosé | 2012 à 2014 | 11,50 € **15,5/20**
Rosé long en saveurs, puissant mais intense. La finale fraîche et précise est de grande largeur.

Bandol 2009
Rouge | 2015 à 2025 | 14 € **15,5/20**
Vin en puissance, épicé, aux tanins marqués et un peu secs. Une grande complexité des saveurs caractérise la finale bien tenue par une pointe d'alcool.

Bandol Les Lauves 2009
Rouge | 2012 à 2020 | 20 € **16/20**
Si le tanin est un peu en avant, le vin a du goût avec une finale puissante, marquée par la garrigue. C'est un 2009 savoureux.

DOMAINE DE LA LAIDIÈRE

426, chemin de Font-Vive - Sainte-Anne-d'Évenos
83330 Évenos
Tél. 04 98 03 65 75 • Fax : 04 94 90 38 05
info@laidiere.com • www.laidiere.com
Visite : Du lundi au vendredi de 9h à 12h et de 13h30 à 18h. Le samedi de 10h30 à 12h. Les dimanches et jours fériés sur rendez-vous.

Le Domaine de la Laidière est situé à la sortie de Toulon, près des gorges d'Ollioules. Les vignes ont été plantées de cépages nobles, sur des restanques orientées principalement au sud-est. Cette pro-

priété familiale est aujourd'hui dirigée par Freddy Estienne. L'ensemble de la gamme est constitué de vins sérieux et bien vinifiés. Dans un style différent de 2008, le rouge 2009 est également bien réussi.

Bandol 2011
Rosé | 2012 à 2014 | 14,50 € **13,5/20**
Style gourmand et charnu, très rond, de longueur moyenne, bien équilibré.

Bandol 2009
Rouge | 2013 à 2022 | 15,50 € **16/20**
Le millésime a besoin de temps mais la finale est complexe et ne devrait pas décevoir.

DOMAINE LE GALANTIN

690, chemin du Galantin • 83330 Le Plan-du-Castellet
Tél. 04 94 98 75 94 • Fax : 04 94 90 29 55
domaine-le-galantin@wanadoo.fr • www.le-galantin.com
Visite : Du mardi au samedi de 9h à 12h et de 14h à 17h30, fermé du 24 décembre au 1er janvier.

Les Pascal ont largement développé cette exploitation du Plan-du-Castellet en la portant à 35 hectares de vignes, ils passent aujourd'hui la main à la génération suivante. Réputé pour rechercher des maturités importantes, le domaine évolue et a bien réussi cette année dans les trois couleurs. Le superbe rouge 2009 ne passera pas inaperçu, le blanc 2011 est également très fréquentable.

Bandol 2011
Blanc | 2012 à 2014 | 14 € **14,5/20**
Fruitée, florale, d'un réel volume de bouche, voici une belle cuvée avec une longueur affirmée.

Bandol 2009
Rouge | 2013 à 2020 | 13 € **16,5/20**
La matière est fraîche, la finale aromatique exprime les fruits rouges. Dans un style floral, léger et très élégant, c'est un vin unique, aérien, voluptueux.

CHÂTEAU LÉOUBE

2387, route de Léoube • 83230 Bormes-les-Mimosas
Tél. 04 94 64 80 03 • Fax : 04 94 71 75 40
info@chateauleoube.com et • www.chateauleoube.com
Visite : Du lundi au samedi, de 9h à 12h et de 14h à 18h. De Pâques à fin octobre, de 9h à 19h30 tous les jours.

Sur les rivages schisteux de Bormes, le château de Léoube est la propriété de Sir Anthony Bamford qui souhaite développer l'activité viticole sur 75 hectares. Un vaste programme de remise en état des parcelles et de plantation a été lancé. Romain Ott pilote les vinifications, il privilégie la fraîcheur et l'élégance. Il convient de carafer les rouges une heure avant le service.

Côtes de Provence 2010
Rouge | 2012 à 2014 | 14 € **13,5/20**
Accents de fraise des bois, tanins souples et coulants.

Côtes de Provence Forts de Léoube 2008
Rouge | 2012 à 2016 | 18 € **15/20**
Épicé, sur fond d'olive noire et de poivre gris, ce vin possède une bouche fraîche, et les tanins se sont assouplis.

Côtes de Provence Secret de Léoube 2010
Rosé | 2012 à 2013 | 18,50 € **14,5/20**
Nez de rose, de groseille, il y a une bouche fraîche, avec de la suavité et une petite tension de bon aloi en fin de bouche.

CHÂTEAU LES VALENTINES

Route de Collobrières - RD 88
83250 La Londe-les-Maures
Tél. 04 94 15 95 50 • Fax : 04 94 15 95 55
contact@lesvalentines.com • www.lesvalentines.com
Visite : Du lundi au samedi de 9h à 19h.

Repris en 1997 par Gilles Pons, le vignoble s'étend sur 23 hectares entourés de pinèdes et de garrigues. La culture se veut la plus naturelle possible et les vins sont d'une grande digestibilité, avec ce qu'il faut de délicatesse et de fraîcheur tout en restant concentrés.

Côtes de Provence 2011
Blanc | 2012 à 2013 | 12,90 € **15/20**
Nez de fenouil et de mandarine, bouche avec du gras et de l'énergie, belle réussite.

Côtes de Provence 2011
Rosé | 2012 à 2013 | 11,50 € **14,5/20**
C'est élégant, avec des fruits rouges frais et une bouche harmonieuse.

Côtes de Provence 2009
Rouge | 2012 à 2013 | 12,90 € **14/20**
Structure toute en souplesse, marquée par ses fruits rouges et une finale coulante.

Côtes de Provence 2008
Rouge | 2012 à 2017 | 14,90 € **14,5/20**
Nez de guimauve, de violette, attaque délicate, tanins élégants.

Côtes de Provence La Gourmande 2009
Rouge | 2012 à 2015 | 14,90 € **15/20**
Voilà une cuvée qui porte bien son nom avec ses tanins charnus, sa bouche aux accents de cerise noire et de garrigue, et une finale sur le poivre noir.

CHÂTEAU MAÏME

RN 7 • 83460 Les Arcs-sur-Argens
Tél. 04 94 47 41 66 • Fax : 04 94 47 42 08
maime.terre@wanadoo.fr • www.chateaumaime.com
Visite : Du lundi au samedi de 10h à 12h et de 14h à 18.

Didier Sangoy, sommelier de talent à l'Hostellerie du Château, dans le charmant village de Bar-sur-Loup, sait dénicher les bons rapports qualité-prix du vignoble, comme ce 2010 à la fraîcheur anisée qu'il sert sur des cardons, os à moelle et truffe noire. Le rouge 2007 offre ses tanins à une queue de bœuf au foie gras. Cela vaut son pesant de tanin !

Côtes de Provence 2010
Blanc | 2012 à 2013 | 9,70 € **14/20**
Nez de fenouil, bouche fraîche et persistante, ce vin est à l'aise sur beaucoup de plats.

Côtes de Provence cuvée Véronique 2007
Rouge | 2012 à 2015 | 12,20 € **15/20**
Nez délicieusement épicé, avec des accents de garrigue, la bouche possède profondeur et tension, ce vin s'affirme sur des mets de caractère.

CHÂTEAU MALHERBE

1, route du Bout du Monde
83230 Bormes-les-Mimosas
Tél. 04 94 64 80 11 • Fax : 04 94 71 84 46
chateau-malherbe@wanadoo.fr
www.chateau-malherbe.com
Visite : Du lundi au samedi de 9h à 12h et de 14h à 17h30. De mai à septembre, du lundi au dimanche de 10h à 13h et de 14h à 20h.

Entre la mer et le massif des Maures, au pied de Brégancon, cet ancien vignoble du fort tutoie la résidence des présidents de la République. Bien remis en état par Sébastien Ferrari et une équipe technique attachante dirigée par Arnaud Ferrier, Malherbe produit des cuvées Pointe-du-Diable privilégiant la souplesse. Plus onctueuses, les cuvées Domaine ont du répondant, et il faut se donner la peine de les carafer et de les mettre en scène sur toutes les spécialité provençales. Les 2011 ont du répondant, avec des blancs de belle ampleur. Quant aux rouges 2010, ils témoignent des gros progrès effectués sur cette propriété qui pratique de petits rendements, les vendanges manuelles, avec une agriculture en voie de conversion biologique. À suivre de très près.

Côtes de Provence 2011
Rosé | 2012 à 2013 | 16,80 € **14,5/20**
Plus en structure que la Pointe-du-Diable, ce rosé par ses accents épicés est idéal pour les grillades.

Côtes de Provence 2011
Blanc | 2012 à 2014 | 19,90 € **15/20**
Style opulent, avec une belle palette aromatique allant de la poire William au miel. Un filet de Saint-Pierre lui irait bien.

Côtes de Provence 2010
Rouge | 2012 à 2019 | 19,90 € **15,5/20**
Aiguilles de pin et olive noire se mêlent de la plus belle des façons dans un nez très harmonieux, la bouche offre une belle persistance avec un tanin énergique et épicé, vin d'agneau au romarin.

Côtes de Provence Pointe du Diable 2011
Rosé | 2012 à 2013 | 13,50 € **15/20**
Nez de fruits rouges, attaque florale, bouche fraîche et coulante avec ce qu'il faut de concentration.

Côtes de Provence Pointe du Diable 2010
Rouge | 2012 à 2017 | 16,20 € **15/20**
Avec ses accents épicés, sa souplesse et sa profondeur élégante, ce vin est un pur délice, à condition de le carafer 3 heures avant le service.

Côtes de Provence Pointe du Diable 2009
Rouge | 2012 à 2017 | épuisé **15,5/20**
Les tanins sont délicieusement enrobés, avec ce qu'il faut d'énergie derrière.

CHÂTEAU MARGÜI

Quartier Margui • 83670 Chateauvert
Tél. 06 10 26 56 25 • Fax : 04 94 77 30 34
philguillanton@yahoo.fr • www.chateaumargui.com
Visite : Du mardi au samedi, de 9h à 18h.

Coteaux Varois en Provence 2009
Rouge | 2012 à 2014 | 11,50 € **14/20**
Tanins longs et épicés, avec des fruits noirs et une définition aromatique élégante.

DOMAINE DES MASQUES

Chemin Maurely • 13100 Saint-Antonin-sur-Bayon
Tél. 06 70 19 54 67 • Fax : 04 42 12 38 50
jean-michel.marbaise@domainedesmasques.com
www.domainedesmasques.com
Visite : Sur rendez-vous en basse saison et l'été du mercredi au samedi de 10h à 18h.

Dominant la région d'Aix, ce domaine qui remonte aux Templiers a trouvé un nouveau missionnaire en la personne d'Yves Cuilleron, l'un des preux chevaliers du condrieu et de la côte-rôtie. Son savoir-faire projette d'entrée cette propriété sur le devant du bouchon avec des rouges suaves et épicés d'une haute tenue et des rosés bien proportionnés.

Vin de pays des Bouches-du-Rhône Essentielle 2011
Rosé | 2012 à 2013 | 7,70 € **15/20**
Du volume en bouche, avec des accents de fraise des bois, de pétale de rose, et une finale épicée, avec ce qu'il faut de vivacité.

Vin de pays des Bouches-du-Rhône Exception 2010
Rouge | 2012 à 2022 | 14,90 € **15,5/20**
Tanin charnu, gourmand et épicé, avec une suavité de texture harmonieuse.

Vin de pays des Bouches-du-Rhône Exception 2010
Blanc | 2012 à 2014 | 11,90 € **15/20**
On a la richesse et l'onctuosité du chardonnay, avec des rondeurs et une finale épicée.

VILLA MINNA VINEYARD

Roque-Pessade • 13760 Saint-Cannat
Tél. 04 42 57 23 19
contact@villaminnavineyard.fr
www.villaminnavineyard.fr
Visite : Du lundi au samedi de 9h à 19h.

Ce domaine de 15 hectares est situé entre Aix et Salon-de-Provence, en bordure de la Via Aurélia. Les vignes sont enherbées naturellement, les traitements sont limités et les désherbants, pesticides et engrais chimiques sont bannis. Les vendanges sont manuelles et acheminées en cagettes. Ce sont surtout les rouges qui ont retenu notre attention, ils sont concentrés et complexes, avec une fraîcheur de bon aloi.

Vin de pays des Bouches-du-Rhône
Minna Vineyard 2007
Rouge | 2012 à 2016 | 20 € **15/20**
Vin concentré, avec des notes de fruits noirs et d'épices, le vin s'est affiné depuis notre dernière dégustation, et le tanin paraît plus dynamique.

Vin de pays des Bouches-du-Rhône Villa Mina 2007
Rouge | 2012 à 2015 | 14 € **14,5/20**
Des accents de cassis et de myrtille émergent du verre, la bouche a de l'allonge et de la fraîcheur.

CHÂTEAU MINUTY

Route de la Berle • 83580 Gassin
Tél. 04 94 56 12 09 • Fax : 04 94 56 18 38
infominuty@orange.fr • www.chateauminuty.com
Visite : Du lundi au vendredi, de 9h à 12h et de 14h à 18h.

Les vicissitudes de l'histoire avaient presque anéanti ce vignoble, qui couvrait la presqu'île de Saint-Tropez il y a plus d'un siècle. Heureusement la famille Matton racheta la bâtisse Napoléon III et la chapelle en 1936, puis ont patiemment reconstitué 75 hectares de vignes. Belle réussite des 2011.

Côtes de Provence 2011
Rosé | 2012 à 2013 | 13 € **14,5/20**
À la fois tendre et caressant, ce vin offre un fruité croquant très frais.

Côtes de Provence Prestige 2011
Rosé | 2012 à 2013 | 17 € **15,5/20**
Élégant et puissant, ce vin aux accents de poivre gris et de framboise constitue un pur régal.

Côtes de Provence Rose et Or 2011
Rosé | 2012 à 2013 | 20 € **15,5/20**
Poivre blanc et fruits rouges se mêlent de belle façon au nez comme en bouche. On apprécie la longueur stylée.

Côtes de Provence Rouge et Or 2009
Rouge | 2012 à 2018 | 20 € **15,5/20**
Griotte au nez avec des accents de poivre vert, la bouche est longue, avec un tanin précis et profond.

CHÂTEAU DE MIRAVAL

Correns • 83143 Le Val
Tél. 04 94 86 39 33 • Fax : 04 94 86 46 79
info@mirabal.com • www.miraval.com

Le Château de Miraval est connu pour ses vins mais également pour ses célèbres propriétaires : Brad Pitt et Angelina Jolie. Chose inédite, les vins produits sur ce domaine provençal peuvent appartenir à la fois aux Côtes de Provence et Coteaux Varois en Provence.

Côtes de Provence cuvée Play Bach 2006

Rouge | 2012 à 2016 | 14,90 € **15,5/20**

Nez profond sur les épices et les raisins de Corinthe, tanin frais, énergique avec une finale menthée.

CLOS NICÉA

34 chemin de la pouncia - Bellet • 06200 Nice
Tél. 04 93 87 93 19 • Fax : 04 93 87 93 19
closnicea@gmail.com • www.closnicea.com

Bellet 2009

Rouge | 2012 à 2015 | 18 € **14/20**

Vin puissant, volumineux en bouche, il n'a pas la complexité des meilleurs mais il revendique fièrement son origine Bellet.

CHÂTEAU DE LA NOBLESSE PIGNATEL

1685, chemin de l'Argile • 83740 La Cadière-d'Azur
Tél. 04 94 98 72 07 • Fax : 04 94 98 40 41
chateau.noblesse@gmail.com
www.chateaudelanoblesse.com
Visite : Du lundi au samedi de 10h à 12h et de 14h à 18h. Le dimanche sur rendez-vous.

Bandol 2009

Rouge | 2013 à 2025 | 13 € **16,5/20**

Texture aérienne et suave pour ce 2009 élégant qui est resté frais dans le millésime. Les tanins sont délicats et la finale est très goûteuse avec une pointe de fruits à noyaux.

DOMAINE DE L'OLIVETTE

519, chemin de l'Olivette - Le Brulat
83330 Le Castellet
Tél. 04 94 98 58 86 • Fax : 04 94 32 68 43
contact@domaine-olivette.com
www.domaine-olivette.com
Visite : Du lundi au vendredi de 9h à 12h et de 14h à 18h. Le week-end sur rendez-vous.

Bandol 2011

Rosé | 2012 à 2014 | 13,50 € **15/20**

Fruité puissant et complexe, long, avec une finale réglissée qui plaira depuis l'apéritif. Un archétype du bandol rosé.

Bandol 2011

Blanc | 2014 à 2015 | 15,50 € **14/20**

Il ne s'exprime pas sur le fruit mais plutôt par les fleurs, le chèvrefeuille commence à s'affirmer. Long et puissant, c'est un vin en devenir.

Bandol 2007

Rouge | 2013 à 2018 | NC **14,5/20**

Marqué par l'eau-de-vie de prune, une texture souple et suave. Il est facile à boire malgré un support alcool légèrement présent.

CHÂTEAU D'OLLIÈRES

83470 Ollières
Tél. 04 94 59 85 57 • Fax : 04 94 59 85 57
info@chateau-ollieres.com • www.chateau-ollieres.com
Visite : Du lundi au vendredi de 9h à 12h30 et de 14h et 17h30. En été, du lundi au samedi de 9h à 12h30 et de 14h à 17h30.

À l'ombre du mont Aurélien, du massif de la Sainte Victoire et de celui de la Sainte-Baume, les 35 hectares de ce vignoble varois ont été repris de main de maître par Charles Rouy qui met bien en valeur ces coteaux argilo-calcaires, en donnant aux rouges un style profond et gourmand, aux rosés et aux blancs une juste harmonie.

Coteaux Varois en Provence Clos de l'Autin 2011

Rosé | 2012 à 2013 | 14,60 € **14/20**

Nez de bonbon anglais, bouche généreuse toute en rondeurs.

Coteaux Varois en Provence Clos de l'Ermitage 2009

Rouge | 2012 à 2020 | 18,20 € **15,5/20**

Densité au nez dans un registre très fruits noirs, tanins bien enrobés avec un côté juteux à l'attaque.

Coteaux Varois en Provence Clos du Pigeonnier 2011

Blanc | 2012 à 2014 | 16,60 € **14/20**

Dans un style opulent et miellé, ce vin offre de l'onctuosité en attaque et ce qu'il faut de fraîcheur derrière.

Coteaux Varois en Provence
Prestige 2011

Blanc | 2012 à 2015 | 12,50 € **15/20**

Très abricot frais au nez avec une pointe anisée, ce vin offre une bouche qui constitue un pur plaisir, c'est aérien, frais et lampant avec ce qu'il faut de fond.

Coteaux Varois en Provence Prestige 2009

Rouge | 2012 à 2016 | 13 € **14,5/20**

Au fil des millésimes, ce Prestige s'affirme par sa profondeur épicée. À servir sur une daube de sanglier.

DOMAINES OTT

Route du Fort de Brégançon • 83250 La Londe-les-Maures
Tél. 04 94 01 53 50 • Fax : 04 94 01 53 51
closmireille@domaines-ott.com • www.domaines-ott.com
Visite : Du lundi au vendredi de 9h à 12h et de 14h à 18h.

En bordure de mer, le Clos Mireille se situe sur Lalonde, à proximité du Fort de Brégançon. Il mérite à coup sûr d'être servi à la table présidentielle voisine, pour honorer les hôtes de la France, car c'est l'un des meilleurs blancs de Provence. Son terroir bénéficie des embruns qui confèrent ces flaveurs iodées tant recherchées sur ce cru. Le 2011 s'annonce superbe et il convient d'en réserver au plus vite ! En rosé, le château de Selle sera apprécié pour sa structure.

Côtes de Provence Blanc de Blancs Clos Mireille 2011
Blanc | 2012 à 2020 | 19,50 € **17/20**
Beaucoup de style, avec une robe vive, un nez de pêche, d'abricot frais, de poivre, grande classe en bouche avec une énergie soyeuse, des accents cristallins et une finale saline du meilleur effet.

Côtes de Provence Château de Selle 2010
Rosé | 2012 à 2014 | 20,80 € **15/20**
Couleur orangée, ce vin est plus en structure qu'en arômes, vin viril, typé ott, en saveurs pour caresser l'agneau dans le sens du thym.

CHÂTEAU PARADIS

Quartier Paradis • 13610 Le Puy-Sainte-Réparade
Tél. 04 42 54 09 43 • Fax : 04 42 54 05 05
paradis.communication@orange.fr
www.chateauparadis.com
Visite : Du lundi au vendredi de 9h à 12h30 et de 14h à 18h. le week-end de 10h à 13h et de 15h à 19h.
Fermé le week-end de octobre à mars.

Les coteaux calcaires argilo-sableux du domaine sont en culture raisonnée. Sur les rouges, la puissance du cabernet-sauvignon se mêle avec bonheur au fruité du grenache et aux épices de la syrah. Toutes les cuvées sont allègrement sorties dans nos dégustations, avec un Terre-des-Anges biblique.

Coteaux d'Aix-en-Provence 2010
Rouge | 2012 à 2014 | 9,80 € **14/20**
Souple et épicé, ce vin présente une extraction juste, ici on fait dans la délicatesse !

Coteaux d'Aix-en-Provence Terre des Anges 2010
Rouge | 2012 à 2016 | 18 € **15,5/20**
Tanin profond et élégant, avec des accents d'olive noire, on est bien dans la région et c'est tant mieux !

Coteaux d'Aix-en-Provence Terre des Anges 2009
Rouge | 2012 à 2019 | 18 € **15,5/20**
Floral, beaucoup de fruits noirs frais, de la subtilité au niveau du tanin et de l'allonge.

DOMAINE DES PEIRECÈDES

Voie Communale n°2, dite Ancien Chemin d'Hyères
83390 Cuers
Tél. 04 94 48 67 15
peirecedes@domainedespeirecedes.com
www.peirecedes.com
Visite : Du lundi au samedi de 9h à 12h et de 15h à 18h.
Ouvert le dimanche en été de 10h à 13h et de 15h à 17h.

Avec tact, charme et intelligence, Audrey Baccino trouve les mots justes pour expliquer qu'à 29 ans, elle travaille en parfaite osmose avec ses parents, ses deux grands-pères et sa grand-mère... La douceur de sa voix dissimule une riche volonté intérieure. Quand on goûte les rosés subtils, les blancs bien tendus et les rouges stylés, on a envie de faire partie de la famille. Les vins du domaine connaissent un succès grandissant.

Côtes de Provence Regue des Botes 2011 ☺
Blanc | 2012 à 2015 | 7,50 € **15,5/20**
Facile d'accès sur une fraîcheur d'agrumes, ce vin tout en énergie lampante possède un grand charme.

Côtes de Provence Regue des Botes 2011 ☺
Rosé | 2012 à 2013 | 7,50 € **15,5/20**
Généreux et épicé, ce rosé de repas se montre en parfaite adéquation avec des ravioles à la truffe noire.

Côtes de Provence Regue des Botes 2008
Rouge | 2012 à 2016 | 13 € **15/20**
Plus en retenue que le 2007, il faut laisser à ce vin le temps de se positionner, on sent une structure équilibrée.

Côtes de Provence Ruisseau des Crapauds 2003
Rouge | 2012 à 2015 | 20 € **16/20**
Délicieusement torréfié, avec des notes de réglisse, ce vin aux tanins assagis possède toujours ce qu'il faut de densité.

COMMANDERIE DE PEYRASSOL

RN 7 • 83340 Flassans-sur-Issole
Tél. 04 94 69 71 02 • Fax : 04 94 59 69 23
contact@peyrassol.com • www.peyrassol.com
Visite : D'octobre à mars, du lundi au vendredi de 9h à 18h et le samedi de 10h à 18h. D'avril à septembre, tous les jours de 9h à 19h.

Ancienne commanderie des Templiers, Peyrassol fut gérée durant deux siècles par les femmes. En 2001, Philippe Austruy rachète la propriété et il en confie la direction à son neveu Alban Cacaret, qui remet depuis quelques millésimes les cuvées sur le devant du bouchon, avec surtout un Château-de-Peyrassol rouge d'une grande complexité. Les cuvées Commanderies sont plus souples.

Côtes de Provence 2011
Rosé | 2012 à 2013 | 9 € **14/20**
Groseille avec une touche iodée, voilà le nez de ce rosé fringant qui va droit au goût.

Côtes de Provence Château de Peyrassol 2008
Rouge | 2012 à 2017 | 17,70 € **14,5/20**
Élégance, finesse, du fond, il faut carafer absolument ce vin qui devrait parfaitement évoluer.

Côtes de Provence Le Clos Peyrassol 2007
Rouge | 2012 à 2020 | 45 € **16/20**
Une bombe de fruits noirs au nez, robe très profonde, liqueur de cassis et de mûre en bouche, tanins bien enrobés, tapissant l'ensemble de la bouche, on retrouve la matière prometteuse des débuts.

CHÂTEAU DE PIBARNON

410, chemin de la Croix-des-Signaux
83740 La Cadière-d'Azur
Tél. 04 94 90 12 73 • Fax : 04 94 90 12 98
contact@pibarnon.fr • www.pibarnon.fr
Visite : Du lundi au samedi de 9h à 12h et de 14h à 17h.

Le château de Pibarnon est une bastide du XVIIIe siècle, installée à 300 mètres d'altitude dans un cirque orienté vers la mer. Les mourvèdres de Pibarnon disposent là d'un support idéal, qui permet à ce cépage capricieux d'exprimer tout son raffinement. Le rosé est régulièrement l'un des plus savoureux de Provence. Le rouge, corsé en vin jeune, parfois austère, développe au vieillissement une subtile palette de nuances aromatiques méditerranéennes, avec une qualité de tanins qui le hisse au niveau des grands vins de France. Les rouges de Pibarnon frappent fort en 2010, même le second vin est très grand.

Bandol 2011
Rosé | 2012 à 2014 | 21 € **14,5/20**
Puissant et séveux, profond, c'est un rosé en puissance, bien étayé par ses mourvèdres. On le privilégiera sur une viande rouge.

Bandol 2010
Rouge | 2013 à 2020 | 28 € **18/20**
Grande construction de bouche portée par des saveurs racées, puissantes, extrêmement goûteuses. C'est un grand bandol en devenir, les qualités du tanin ont encore progressé.

Bandol 2008
Rouge | 2012 à 2025 | 27 € **17,5/20**
Grande fraîcheur, finale suave, très aromatique, le nez est superbe avec une grande suite en bouche portée par une fraîcheur bienvenue.

Bandol 2007
Rouge | 2014 à 2025 | NC **17/20**
Frais et élégant, porté par son acidité, de grande fraîcheur et une réelle complexité de bouche. Il a besoin de temps.

Bandol Les Restanques de Pibarnon 2010
Rouge | 2012 à 2018 | 18 € **16/20**
Robe assez claire, tanin fin, salinité étonnante, un vin de grand style, en délicatesse. Le festival de saveurs est étonnant.

CHÂTEAU PRADEAUX

676, chemin des Pradeaux • 83270 Saint-Cyr-sur-Mer
Tél. 04 94 32 10 21 • Fax : 04 94 32 16 02
chateaupradeaux@wanadoo.fr
www.chateau-pradeaux.com
Visite : Du lundi au vendredi de 9h à 12h30 et de 15h à 18h30. Le samedi de 10h à 12h30 et de 15h à 18h30.

Bandol 2011
Rosé | 2012 à 2014 | 12 € **14/20**
Pradeaux réussit bien les rosés. La relève familiale aura à cœur, espérons-le, de ramener les rouges à leur vrai niveau, le meilleur de l'appellation. Ce rosé est puissant en alcool, il a de la suite en bouche. À servir frais.

DOMAINE DU REVAOU

3ème Borrels • 83250 La Londe-les-Maures
Tél. 04 94 65 68 44 • Fax : 04 94 35 88 54
domaine-revaou@orange.fr
Visite : De juin à septembre, du lundi au samedi de 10h à 12h et de 15h à 18h30. D'octobre à mai, du mardi au jeudi de 10h à 12h et de 15h à 18h. Le vendredi et le samedi de 10h à 12h.

En lisière de forêt, ce domaine bien mené par Bernard Scarone est éloigné des sentiers convenus de la Provence. Il produit dans les trois couleurs des vins d'une belle franchise de constitution, avec notamment des rouges frais et bien dans leurs tanins. Orientée vers une culture la plus proche de la nature, cette propriété a du répondant.

CÔTES DE PROVENCE 2011
Blanc | 2012 à 2013 | 8,20 € **14,5/20**
Une vraie fraîcheur s'empare de vous dès l'attaque et se prolonge de la façon la plus sincère sur des connotations de chèvrefeuille et de poivre. À boire le col ouvert en déclamant quelques vers d'Ausone.

CÔTES DE PROVENCE 2011
Rosé | 2012 à 2013 | 8,20 € **14/20**
De la structure droite en attaque, c'est net et tannique avec de la fraîcheur en finale.

CÔTES DE PROVENCE LALONDE 2010
Rouge | 2012 à 2017 | 7,60 € **15/20**
Délicieux accents de cassis au nez comme en bouche avec un tanin charnu et une finale sur la myrtille.

CÔTES DE PROVENCE LALONDE 2009
Rouge | 2012 à 2023 | 8,60 € **15/20**
Vin franc et direct avec un fruité frais et épicé qui tient toutes les promesses entrevues lors de notre première dégustation.

CHÂTEAU REVELETTE

Chemin de Revelette • 13490 Jouques
Tél. 04 42 63 75 43 • Fax : 04 42 67 62 04
chateaurevelette@orange.fr • www.revelette.fr
Visite : Du lundi au vendredi de 10h à 12h et de 14h à 18h et le samedi de 14h à 18H.

Peter Fischer anime ce domaine de Jouques depuis le milieu des années 1980, avec un mode cultural qui se veut le plus naturel possible. Les entrées de gamme portent le nom du château, ce sont des cuvées souples et fruitées qui gardent de la fraîcheur. Les crus plus concentrés sont appelés Grand-Rouge et Grand-Blanc, avec un élevage adapté de mieux en mieux intégré.

COTEAUX D'AIX-EN-PROVENCE 2011
Blanc | 2012 à 2014 | 10,50 € **15/20**
Fenouil, herbes coupées avec un zeste d'épices rendent ce nez très agréable, la bouche confirme avec une fraîcheur effilée et ce qu'il faut d'onctuosité.

COTEAUX D'AIX-EN-PROVENCE 2010
Rouge | 2012 à 2015 | 10,50 € **15,5/20**
Belle fraîcheur de fruits noirs, sur une texture caressante et tendue, avec une finale sur l'olive noire.

COTEAUX D'AIX-EN-PROVENCE 2009
Rouge | 2012 à 2016 | 10,50 € **15,5/20**
Nez très franc de myrtille et d'olive noire, la bouche offre des tanins bien dessinés, avec une longueur soyeuse et épicée. Avec l'évolution en bouteille, le vin devient plus complexe.

COTEAUX D'AIX-EN-PROVENCE LE GRAND ROUGE 2010
Rouge | 2013 à 2020 | 22 € **15,5/20**
Cette cuvée gagne en charme et en distinction, le tanin est long, profond, suave et tendu avec une fraîcheur épicée de bon aloi.

DOMAINE DE RIMAURESQ

Route de Notre-Dame-des-Anges - B.P. 26 • 83790 Pignans
Tél. 04 94 48 80 45 • Fax : 04 94 33 22 31
rimauresq@wanadoo.fr • www.rimauresq.fr
Visite : Du lundi au samedi de 9h à 12h et de 14h à 17h. En été, du lundi au samedi de 9h à 12h et de 15h à 18h.

Près du point culminant du massif des Maures, les sous-sols de schiste et de quartz qui portent les vignes de Rimauresq lui permettent de réaliser des vins profonds très accomplis. Une cuvée porte le nom du château et l'autre, étiquetée R-de-Rimauresq, représente une sélection des meilleurs terroirs, elle offre un supplément de densité. Les blancs offrent une vraie délicatesse.

CÔTES DE PROVENCE 2011
Blanc | 2012 à 2014 | 12,85 € **15/20**
De la finesse et une bonne présence en bouche font le succès de cette cuvée à la finale anisée.

CÔTES DE PROVENCE 2009
Rouge | 2012 à 2017 | 12,45 € **14,5/20**
Accents épicés au nez comme en bouche, il y a une belle allonge, vin de sanglier grand veneur.

CÔTES DE PROVENCE QUINTESSENCE 2007
Rouge | 2013 à 2020 | 26 € **16,5/20**
Accents résinés, réglissés, taffetas en bouche avec toutefois des tanins qui prennent sur le de-

vant de la langue, il y a 84 % de mourvèdre et le reste en cabernet-sauvignon. Très équilibré, ce sera un grand vin d'ici deux ans.

Côtes de Provence R 2011
Rosé | 2012 à 2014 | 12,05 € **16/20**
Grande fin de bouche poivrée, avant il y a une belle structure et de la vibration.

Côtes de Provence R 2009
Rouge | 2012 à 2018 | 38,80 € le magnum **15,5/20**
De l'énergie dans le tanin avec ce qu'il faut d'enrobage, et des accents épicé. Une fin de bouche montante.

DOMAINE ROCHE REDONNE

Chemin des Paluns • 83740 La Cadière-d'Azur
Tél. 04 94 90 11 83 • Fax : 04 94 90 00 96
roche.redonne@free.fr
Visite : Sur rendez-vous.

Geneviève Tournier a repris des terres familiales sur les communes de La-Cadière et du Castellet, le premier millésime du domaine date de 1988. La cuvée des Bartavelles est vinifiée à base de mourvèdre.

Bandol 2006
Rouge | 2013 à 2019 | 21 € **14/20**
Un peu sec dans son tanin mais d'un joli volume de bouche, il porte un grand fruit.

Bandol La Lyre 2011
Blanc | 2013 à 2014 | 13,50 € **14/20**
Les saveurs complexes ont besoin de temps pour s'épanouir. Sans éclat immédiat, c'est un vin en devenir.

CHÂTEAU ROMANIN

Route de Cavaillon • 13210 Saint-Rémy-de-Provence
Tél. 04 90 92 45 87 • Fax : 04 90 92 24 36
contact@romanin.com • www.romanin.com
Visite : En été, du lundi au vendredi de 9h30 à 19h. Le week-end de 10h à 19h. En hiver, du lundi au dimanche de 9h30 à 18h. Fermé le dimanche entre janvier et mars.

Le Château Romanin, situé au pied des Alpilles, dans un cadre magique, a été racheté par Jean-Louis Charmolüe, ex-propriétaire de Montrose (Saint-Estèphe). Les rouges de Romanin atteignent un haut niveau dans la précision du dessin des tanins et dans leur fraîcheur de constitution. Le blanc évolue parfaitement.

Les Baux-de-Provence 2011
Blanc | 2012 à 2014 | 11,20 € **15/20**
Il y a une attaque sur le fenouil et les herbes coupées, derrière on a une tension harmonieuse avec une finale saline distinguée.

Les Baux-de-Provence 2008
Rouge | 2012 à 2018 | NC **15,5/20**
La structure est dense et souple avec des tanins épicés, la fin de bouche est montante et fraîche.

Les Baux-de-Provence 2007
Rouge | 2012 à 2018 | 17 € **16/20**
Nez profond de fruits noirs, de figue sèche, de raisin, tanins enveloppants et soyeux avec à la fois de la souplesse et de la puissance, ce vin prend de la profondeur.

MOULIN DE LA ROQUE

Le Vallon - B.P. 26 • 83740 La Cadière-d'Azur
Tél. 04 94 90 10 39 • Fax : 04 94 90 08 11
cave@laroque-bandol.fr • www.laroque-bandol.fr
Visite : De mai à septembre, du lundi au samedi de 9h30 à 12h30 et de 15h à 19h; le dimanche de 10h à 13h.

Bandol Grande Réserve 2007
Rouge | 2013 à 2020 | 12,70 € **14,5/20**
Nez frais, finale intense, bouche mentholée, un léger sec en bouche le limite pour l'instant.

CHÂTEAU DE ROQUEFORT

13830 Roquefort
Tél. 04 42 73 20 84
chateau@deroquefort.com • www.deroquefort.com
Visite : Du mardi au vendredi, de 9h à 12h et de 14h à 18h.

Prolongement des chaînes reliant la Sainte-Baume, les 24 hectares du Château de Roquefort s'épanouissent sur un terroir d'argilo-calcaires en terrasses de plus de 350 mètres d'altitude, dans un cadre privilégié dominé par le cirque rocheux. On en apprécie les rouges, aux tanins frais et gourmands.

Côtes de Provence Les Genêts 2011
Blanc | 2012 à 2014 | 12 € **14/20**
Les papilles sont avivées par ce type de vin aux accents d'agrumes avec un zeste d'anis, on est dans un registre de plaisir lampant immédiat, il peut également bien évoluer.

Côtes de Provence Les Mûres 2011
Rouge | 2012 à 2017 | 12 € **15/20**
La bouche avec son fruité charnu et frais promet des lendemains qui sentent. Très belle matière.

Côtes de Provence Les Mûres 2004 ☺
Rouge | 2012 à 2014 | épuisé **15/20**
Le cassis et l'olive noire se mêlent dans un nez qui fait saliver, on en apprécie le tanin frais et juteux d'une grande gourmandise.

CHÂTEAU ROUBINE

RD 562 • 83510 Lorgues
Tél. 04 94 85 94 94 • Fax : 04 94 85 94 95
contact@chateauroubine.com • www.chateauroubine.com
Visite : Tous les jours: du lundi au vendredi de 9h à 18h, le samedi de 10h à 18h et les dimanches de juin à septembre de 10h à 18h.

Valérie Rousselle dirige avec charme et efficacité cette très jolie propriété de Lorgues, implantée en cirque autour du château. Elle la fait évoluer par touches, pour amener les vins au niveau du potentiel que permet ce terroir viticole déjà exploité au XIVe siècle par les Templiers. Les 2010 et 2011 sont de belles réussites.

Côtes de Provence 2011
Rosé | 2012 à 2012 | 12,30 € **14/20**
Rosé classique de Provence, avec une attaque fruitée dans un registre puissant mais frais.

Côtes de Provence inSpire 2010
Blanc | 2012 à 2014 | 26 € **15/20**
Dans un style opulent, cette cuvée tire son épingle du blanc, avec des accents de fruits jaunes et une bouche longue et dynamique.

Côtes de Provence inSpire 2011
Rosé | 2012 à 2014 | 22,65 € **14,5/20**
Larges d'épaules en attaque, ce rosé masculin est destiné à une côte de porc.

Côtes de Provence InSpire 2009
Rouge | 2012 à 2017 | 26 € **15,5/20**
Nez de fruits noirs, vin puissant avec une finale de macération de cassis, c'est bien fait.

Côtes de Provence Terre de Croix 2011
Rosé | 2012 à 2014 | 16,30 € **15,5/20**
Délicatesse au nez comme en bouche, avec des accents de poivre gris, de rose et de framboise, belle finale florale.

DOMAINE SAINT-ANDRÉ DE FIGUIÈRE

B.P. 47 - Quartier Saint-Honoré
83250 La Londe-les-Maures
Tél. 04 94 00 44 70 • Fax : 04 94 35 04 46
figuiere@figuiere-provence.com
www.figuiere-provence.com
Visite : Du lundi au samedi de 9h à 12h et de 14h à 18h.

Ce domaine est situé sur le terroir de La-Londe, en bordure maritime. Les vignes ont en moyenne 35 ans, ce qui n'est pas si fréquent en Provence. Elles poussent sur des sols de schistes, selon les critères de l'agriculture biologique. Si les rosés constituent toujours une priorité sur la Provence, les blancs et les rouges ont gagné en raffinement et en profondeur.

Côtes de Provence Confidentielle 2011
Rosé | 2012 à 2014 | 24,70 € **16,5/20**
Superbe structure, avec de l'énergie et une tenue de bouche superbe.

Côtes de Provence Confidentielle 2009
Rouge | 2012 à 2022 | 26,85 € **17/20**
Très grande profondeur, accents de fruits noirs frais et d'encre, de violette, il y a une superbe texture suave avec de la finesse.

Côtes de Provence Vieilles Vignes 2011 ☺
Blanc | 2012 à 2013 | 12,50 € **15,5/20**
Nez d'agrumes et de pêche, bouche déclinant de beaux amers, il y a de la structure et c'est très lampant.

Côtes de Provence Vieilles Vignes 2011
Rosé | 2012 à 2013 | 11,80 € **15,5/20**
Accents de fruits rouges et une belle allonge, avec une belle finale poivrée et saline.

Côtes de Provence Vieilles Vignes 2010
Rouge | 2012 à 2019 | 14,85 € **16/20**
Les fruits noirs et les épices se croisent et se mêlent de la plus belle des façons au nez comme en bouche. On en apprécie le tanin énergique et poivré.

Côtes de Provence Vieilles Vignes 2009
Rouge | 2012 à 2020 | 14,85 € **16/20**
Enveloppant et subtil au niveau du tanin, sur des accents de cerise noire, superbe définition aromatique, ce vin a tout pour lui.

CHÂTEAU SAINT-BAILLON

Route de Brignoles • 83340 Flassans-sur-Issole
Tél. 04 94 69 74 60 • Fax : 04 94 69 80 29
chateau.st.baillon@wanadoo.fr
www.chateau-saint-baillon.com
Visite : Du lundi au samedi de 9h à 18h30.
Le dimanche sur rendez-vous.

Saint-Baillon est situé à 300 mètres d'altitude sur des sols argilo-calcaires. Le château commercialise des rouges à maturité. Il faut reconnaître à ces vins un potentiel à évoluer vers des arômes frais, ce qui n'est pas si fréquent dans cette couleur. C'est l'une des valeurs sûres de la Provence.

Coteaux Varois en Provence Clos Barbaroux 2004
Rouge | 2012 à 2016 | 21,10 € **14/20**

Olive noire et épices se mêlent au nez comme en bouche, le tanin est long, lissé et finit sur des notes poivrées.

Côtes de Provence L'Oppidum 2006
Rouge | 2012 à 2016 | 25,30 € **15/20**

Ce millésime de garde doit être carafé pour qu'il exprime au mieux ses accents de réglisse, de cuir et de fruits noirs. Le tanin est tendu et persistant.

Côtes de Provence Le Roudaï 2008
Rouge | 2013 à 2020 | 21,10 € **15/20**

Composé pratiquement à égalité de cabernet-sauvignon et de syrah, ce vin mérite d'attendre encore en cave pour qu'il dévoile tout son potentiel. Le tanin est pour l'instant compact, et l'on sent derrière une belle matière.

Côtes de Provence Le Roudaï 2004
Rouge | 2012 à 2017 | 21,10 € **15,5/20**

Accents de tabac et d'épices, la bouche offre un tanin tendu et persistant de belle étoffe.

DOMAINE SAINT-JEAN

343 Chemin de Crémat • 06200 Nice
Tél. 06 08 28 08 74www.saintjean-bellet.com

Bellet 2011
Blanc | 2012 à 2015 | 19 € **14/20**

Ce nouveau venu dans l'appellation commercialise son blanc aromatique, avec de jolies saveurs de fruits jaunes. Élégant et charmeur, ce 2011 est une belle réussite dans son contexte, il est issu de très jeunes vignes de 4 ans.

CHÂTEAU DE SAINT-MARTIN

Route des Arcs • 83460 Taradeau
Tél. 04 94 99 76 76
contact@chateaudesaintmartin.com
www.chateaudesaintmartin.com
Visite : De septembre à juin de 9h à 12h et de 14h à 18h et en été de 9h à 13h et de 15h à 19h.

Côtes de Provence Grande Réserve 2011
Rosé | 2012 à 2013 | 10,90 € **14/20**

Ce domaine d'ancienne tradition, classé, produit une gamme dont nous extrayons volontiers ce rosé souple, vif, avec un fruité persistant et une finale ample.

CHÂTEAU SAINT-MAUR

Château Saint-Maur • 83310 Cogolin
Tél. 04 94 54 63 12
csm@zannier.com • www.zannier.com
Visite : En été, du lundi au samedi, de 9h à 12h et de 14h à 18h30. En hiver, du lundi au vendredi, de 9h à 12h et de 14h à 17h30.

Le Château Saint-Maur est situé dans le golfe de Saint-Tropez, sa cuvée Excellence en rosé nous a séduits par sa trame harmonieuse mêlant les fruits rouges aux épices, avec un équilibre entre puissance et élégance.

Côtes de Provence Excellence 2011
Rosé | 2012 à 2013 | 12,50 € **14/20**

On a l'équilibre entre la matière et la fraîcheur, avec ce qu'il faut de persistance, avec une aromatique déclinant la fraise des bois, et le poivre gris.

DOMAINE DE SAINT-SER

Avenue Cézanne • 13114 Puyloubier
Tél. 04 42 66 30 81
info@saint-ser.com • www.saint-ser.com
Visite : Tous les jours en haute saison.

Niché au creux de la montagne Sainte-Victoire, à 400 mètres d'altitude, ce domaine a retenu notre attention pour ses rouges d'argilo-calcaires distingués et profonds. La cuvée les Hauts-de-Saint-Cer est produite à partir d'un assemblage syrah, cabernet-sauvignon particulièrement réussi et elle possède une suavité de tanins unique sur le secteur. Le blanc, 100% vermentino, est également une belle réussite.

Côtes de Provence Les Hauts de Saint-Ser 2007
Rouge | 2012 à 2017 | 18,50 € **15,5/20**

Épicé, sur fond de fruits noirs et de garrigue, ce vin est profond et distingué. Très belle surprise.

Côtes de Provence Sainte-Victoire 2007
Rouge | 2012 à 2017 | 12 € **14/20**
Nez de garrigue avec un fond de fruits noirs et une touche épicée, la bouche offre un tanin énergique de bonne dimension.

Côtes de Provence Tradition 2010
Blanc | 2012 à 2013 | 8,80 € **14,5/20**
Volume en bouche, accents anisés et tension saline derrière, ce vin est de bonne dimension.

CLOS SAINT-VINCENT

Chemin Collet des Fourniers
Saint-Roman-de-Bellet • 06200 Nice
Tél. 04 92 15 12 69 • Fax : 04 92 15 12 69
contact@clos-st-vincent.fr • www.clos-st-vincent.fr
Visite : Sur rendez-vous.

Joseph Sergi a racheté en 1993 cette propriété qui compte aujourd'hui 5 hectares en production, surface respectable en appellation Bellet. La gamme Di-Gio est réalisée à partir de folle noire pour les rouges et de rolle pour les blancs. La gamme du Clos est complétée en rouge par un zeste de grenache. Les rosés, quant à eux, sont issus du cépage très local, le braquet. Le domaine, en biodynamie depuis 2007, réalise des vins un peu plus en puissance que ceux du Château de Bellet. Il ne cesse de progresser, dans toutes les couleurs et affine encore ses élevages. Il n'entend pas rester l'outsider de son prestigieux voisin, la compétition s'annonce donc passionnante pour les amateurs sincères de cette appellation unique.

Bellet 2011
Rosé | 2012 à 2014 | 18 € **17/20**
Tanin raffiné dans ce rosé bien ancré dans l'appellation, charmeur et suave, délicat par ses notes de vieille rose, la poursuite en bouche est remarquable.

Bellet Le Clos 2010
Blanc | 2013 à 2016 | 26,50 € **16,5/20**
De grande puissance, charmeur, long, suave, avec un boisé qui a besoin de se fondre un peu.

Bellet Le Clos 2010
Rouge | 2014 à 2018 | 26,50 € **17/20**
Vin puissant, volumineux en bouche, la matière est énorme, il capitalise les qualités de ce grand millésime ici. Comme souvent au domaine, un peu de patience récompensera ceux qui l'auront attendu.

Bellet Le Clos 2009
Rouge | 2012 à 2017 | 26,50 € **16/20**
Savoureux, opulent, profond dans son tanin, la matière est splendide. C'est un vin de grand style, superlatif dans sa recherche du terroir.

Bellet Vino di Gio 2010
Blanc | 2012 à 2016 | 57 € **16,5/20**
L'élevage marque encore légèrement un vin qui évoluera bien, avec un corps superbe et une complexité rare dans l'appellation.

Bellet Vino di Gio 2010
Rouge | 2014 à 2020 | 57 € **17,5/20**
Le tanin impressionne par son élégance. Il montre qu'être profond et aérien sont deux notions qui ne sont pas antinomiques. Il sera commercialisé au printemps 2013.

Bellet Vino di Gio 2009
Rouge | 2012 à 2017 | 57 € **17/20**
Remarquable finesse, beaucoup de charme, le vin est détendu dans ses tanins, souple, onctueux et raffiné. La folle noire en liberté !

DOMAINE SAINTE-LUCIE

Avenue Paul-Cézanne • 13114 Puyloubier
Tél. 06 68 65 33 22 • Fax : 04 42 66 33 22
info@mip-provence.com • www.mip-provence.com
Visite : Du mercredi au samedi de 10h à 12h et de 14h à 18h.

Au pied de la montagne Sainte-Victoire, dans un site cézannesque, Michel Fabre créa ce domaine en 1978. Sainte-Lucie se fait surtout remarquer depuis l'arrivée des enfants sur la propriété en 2005. Toutes les parcelles sont conduites en lutte raisonnée. Les rosés, qui peuvent avoir jusqu'à 10 % de rolle, sont parmi les plus élégants de Provence et les blancs sont dans le même registre.

Côtes de Provence 2010
Rouge | 2012 à 2016 | 8,50 € **15,5/20**
Accents de pivoine et d'olive noire, tanin noble avec une bouche qui laisse apparaître de belles rondeurs.

Côtes de Provence Classic 2011
Blanc | 2012 à 2013 | 8,50 € **15,5/20**
Pour 8,50 euros la bouteille, voici une cuvée aérienne et cristalline, vive, lampante, saline sur sa finale, et il y a tout de même du fond.

Côtes de Provence L'Hydropate 2007

Rouge | 2012 à 2022 | 35 € **16,5/20**

Jus de myrtille, épices, bouche suave et complexe, avec de la profondeur et un tanin élancé, fondu et subtil.

Côtes de Provence Made in Provence 2011

Blanc | 2012 à 2013 | 11,50 € **14,5/20**

Abricot frais et fleurs blanches dominent au premier coup de nez, la bouche est vive, aérienne et lampante.

Côtes de Provence Made in Provence 2011

Rosé | 2012 à 2013 | 10,50 € **16/20**

On croque dans le fruit frais, on retend son verre et l'on commence à chanter quelques hymnes païens, parce que cela tient en plus très bien en bouche. Un pur régal !

CHÂTEAU SAINTE-MARGUERITE

303, chemin du Haut Pansard
83250 La Londe-les-Maures
Tél. 04 94 00 44 44 • Fax : 04 94 00 44 45
info@chateausaintemarguerite.com
www.chateausaintemarguerite.com

Visite : Du lundi au samedi de 9h30 à 12h et de 14h à 19h.

La propriété, située sur La-Londe-Les-Maures, produit des vins issus de l'agriculture biologique. Les derniers millésimes sont frais et purs avec ce qu'il faut de concentration, ce sont des crus qui se tiennent bien à table, ils témoignent ainsi du travail entrepris par Brigitte et Jean-Pierre Fayard. Le domaine a encore progressé, notamment sur les rouges.

Côtes de Provence Symphonie 2011

Rosé | 2012 à 2013 | 15 € **15,5/20**

De la structure, de l'élégance avec ce qu'il faut de fruits rouges et d'épices derrière.

Côtes de Provence Symphonie Pourpre 2008

Rouge | 2012 à 2022 | 15,50 € **16,5/20**

Floral sur la pivoine et l'œillet de Nice, bouche offrant une texture suave de grande harmonie, avec une fin épicée.

CHÂTEAU SAINTE-ROSELINE

83460 Les Arcs-sur-Argens
Tél. 04 94 99 50 30 • Fax : 04 94 47 53 06
contact@sainte-roseline.com • www.sainte-roseline.com

Visite : Tous les jours à partir de 14h30 pour les particuliers et sur rendez-vous pour les groupes.

Bien mis en valeur par Aurélie Bertin, ce domaine démarre sa gamme dans les trois couleurs par une cuvée Lampe-de-Méduse de plus en plus aboutie dans sa fraîcheur de constitution et aux premiers souffles du printemps, elle devient irrésistible. Les cuvées Prieuré et La-Chapelle, plus ambitieuses, ont une garde plus longue. D'un millésime à l'autre, elles rivalisent pour le titre de meilleur vin de la région, les 2011 ont gagné en raffinement.

Côtes de Provence La Chapelle 2011

Rosé | 2012 à 2014 | 21,90 € **17/20**

Il ne faut pas hésiter à carafer ce rosé qui tapisse tout le palais et qui rayonne. C'est un vin de gastronomie de grand style qui apprécie la compagnie d'un porcelet rôti. Il n'a rien d'éphémère et peut évoluer favorablement sur plusieurs années.

Côtes de Provence La Chapelle 2010

Blanc | 2014 à 2020 | 24,30 € **17/20**

Tout en devenir, ce vin exhale de délicieuses flaveurs vanillées, mais il y a une matière très noble derrière. À attendre absolument pour venir soulever une salade de pommes de terre aux truffes.

Côtes de Provence La Chapelle 2009

Rouge | 2012 à 2022 | 39 € **17/20**

Nez vertigineux de fruits noirs frais, la bouche offre un tanin civilisé et profond. La finale joliment épicée a du style et a gagné en raffinement par rapport à notre dernière dégustation.

Côtes de Provence Lampe de Méduse 2011

Rosé | 2012 à 2012 | 12,50 € **15,5/20**

Rosé aux accents de rose et de fruits frais. On se régale de sa fraîcheur qui laisse une bouche très élégante.

Côtes de Provence Lampe de Méduse 2011

Blanc | 2012 à 2013 | 12,95 € **15,5/20**

Comme toujours à pareille époque, la Lampe-de-Méduse éclaire les dégustations du printemps et de l'été, par son énergie lampante, et ses accents salins avec des touches anisées. On est dans la finesse et la vivacité, avec une approche immédiate.

Côtes de Provence
Lampe de Méduse 2011

Rosé | 2012 à 2014 | NC **15,5/20**

Produite à 180 000 bouteilles, cette cuvée aux accents floraux sur fond de fruits rouges et de poivre gris se révèle aérienne, subtile avec une finale saline montante irrésistible. Le Rosé avec un grand R qui est bien dans l'air du temps !

Côtes de Provence Prieuré 2011

Rosé | 2012 à 2014 | 15,95 € **17/20**

Équilibré au nez avec des accents de poivre gris, de framboise, de fraise des bois, la bouche a de l'énergie et elle conjugue puissance et élégance.

Côtes de Provence Prieuré 2010

Blanc | 2014 à 2022 | 16,70 € **16/20**

Pour l'instant, c'est la fin de bouche qui prévaut, avec des accents miellés et anisés, on sent le potentiel, ce vin est taillé pour la garde.

Côtes de Provence Prieuré 2010

Rosé | 2012 à 2014 | 15,95 € **16,5/20**

Voici la preuve que les rosés peuvent évoluer favorablement, ils prennent du gras et des accents poivrés puis la fraise écrasée arrive derrière, c'est un vin qui aime la compagnie d'un riz cantonais.

CHÂTEAU SALETTES

Chemin des Salettes
83740 La Cadière-d'Azur
Tél. 04 94 90 06 06 • Fax : 04 94 90 04 29
salettes@salettes.com • www.salettes.com
Visite : Du lundi au jeudi de 8h à 12h et de 13h à 18h. Le vendredi de 8h à 12h et de 14h à 18h. En avril, mai et septembre du lundi au vendredi de 8h à 12h et de 13h à 18h. Le samedi de 9h a 12h30. De juin à août, du lundi au samedi de 9h à 12h30 et de 16h à 19h.

Bandol 2011

Blanc | 2012 à 2014 | 17 € **13,5/20**

La marque acide est puissante, un vin frais et primesautier.

Bandol 2011

Rosé | 2012 à 2014 | 15 € **15,5/20**

De l'allure, un charmeur dandy avec une pointe de sucrosité en finale, de la fraîcheur et une délicatesse dans le toucher de bouche. Une réelle complexité.

Bandol 2009

Rouge | 2013 à 2020 | 17 € **14,5/20**

Le style apparaît léger mais la finale est intense, suave, portée par l'alcool dans un registre de fruits mûrs.

DOMAINE DE LA SANGLIÈRE

3886, route de Léoube • 83230 Bormes-les-Mimosas
Tél. 04 94 00 48 58 • Fax : 04 94 00 43 77
sangliere@domaine-sangliere.com
www.domaine-sangliere.com
Visite : Du lundi au samedi de 9h à 12h et de 15h à 18h.

Sur ce domaine situé en bord de mer, dans l'exceptionnel site du fort de Brégançon, les Devictor produisent des rouges d'une grande franchise de constitution.

Côtes de Provence Prestige 2011

Rosé | 2012 à 2013 | 10,20 € **13/20**

C'est franc et coulant.

Côtes de Provence Prestige 2009

Rouge | 2012 à 2016 | 10,20 € **13,5/20**

Toujours une grande franchise de tanins sur cette cuvée, il y a de l'allonge, c'est large d'épaules dans un registre XL.

Côtes de Provence Spéciale 2010

Rouge | 2012 à 2017 | 7,90 € **14/20**

Franchise de tanins sans détour, avec des accents de fruits noirs et d'olive, et de la profondeur, ce cru est idéal pour une daube de sanglier.

CHÂTEAU SIMONE

Chemin de la Simone • 13590 Meyreuil
Tél. 04 42 66 92 58 • Fax : 04 42 66 80 77
chateau-simone@orange.fr • www.chateau-simone.fr
Visite : Du lundi au vendredi de 8h à 12h et de 14h à 18h et la samedi de 9h à 12h et de 14h à 18h.

Entre Aix et la montagne Sainte-Victoire, le Château Simone possède des vignes situées à environ 200 mètres d'altitude, sur un versant nord qui leur épargne la morsure du soleil provençal. Grenache, mourvèdre, syrah et plusieurs cépages secondaires composent l'assemblage des rouges qui évoluent parfaitement et se révèlent de plus en plus précis. Le blanc, obtenu essentiellement à partir de clairette, prend ici une dimension exceptionnelle, avec une capacité à admirablement évoluer, il lui faut au moins 10 ans.

Palette 2009

Blanc | 2018 à 2026 | 28 € **17/20**

La matière est généreuse et bien tenue, on sent le beau potentiel du vin, surtout il ne faut pas l'ouvrir car on passerait à côté du grand frisson.

PALETTE 2001

Blanc | 2012 à 2019 | épuisé **17/20**

Le grand frisson de Simone, c'est à partir de 10 ans, avec de délicieux accents de truffe blanche, une touche de cire et d'épices, une onctuosité en attaque et une tension épicée irrésistible.

PALETTE 2008

Rouge | 2014 à 2019 | 27,50 € **15,5/20**

On a une matière harmonieuse, il faut carafer ce vin pour qu'il exprime ses accents subtils de garrigue et d'épices et qu'il dévoile son potentiel, la fraîcheur finale fait la différence.

DOMAINE SORIN

1617, route de la Cadière d'Azur • 83270 Saint-Cyr-sur-Mer
Tél. 04 94 26 62 28 • Fax : 04 94 26 40 06
luc.sorin@wanadoo.fr • www.domainesorin.com
Visite : Sur rendez-vous.

BANDOL 2011

Rosé | 2012 à 2013 | 12 € **15/20**

Les pamplemousses et les fruits frais lui apportent une immédiateté de saveurs.

DOMAINE DE LA SOURCE

303, chemin de Saquier - Saint-Roman-de-Bellet
06200 Nice
Tél. 04 93 29 81 60 • Fax : 04 93 29 81 60
contact@domainedelasource.fr • www.domainedelasource.fr
Visite : De 9h à 20h.

BELLET 2010

Rouge | 2012 à 2018 | 25 € **15,5/20**

La fraîcheur est au rendez-vous, le jus est joli, la finale est complexe, suave, c'est un ensemble équilibré. Nous sommes ravis de voir le rouge du domaine à ce niveau.

DOMAINE DE SOUVIOU

83330 Le Beausset
Tél. 04 94 90 57 63 • Fax : 04 94 98 62 74
souviou@aol.com • www.domaine-souviou.fr
Visite : D'avril à octobre, de 9h30 à 12h30 et de 15h à 19h. De novembre à mars, de 9h à 12h et de 14h à 18h.

Ce domaine du Beausset a connu différents propriétaires. Installé sur 51 hectares partagés entre l'olivier et la vigne, il inscrit ses deux cuvées de rouges parmi les meilleurs bandols. Un domaine à suivre.

BANDOL 2008

Rouge | 2013 à 2025 | 21 € **16/20**

Savoureux et puissant, long, dynamique, la finale est fraîche, superbe.

BANDOL CLASSIQUE 2008

Rouge | 2013 à 2020 | 15 € **16/20**

Complexe et structuré, savoureux, long en bouche. Ce 2008 est gourmand, subtil et suave.

DOMAINE TEMPIER

Le Plan du Castellet • 83330 Le Castellet
Tél. 04 94 98 70 21 • Fax : 04 94 90 21 65
domaine.tempier@gmail.com
www.domainetempier.com
Visite : Du lundi au vendredi de 9h à 12h et de 14h à 18h.

Le domaine est de réputation ancienne puisqu'il est dans la même famille depuis le début du XIXe siècle. La famille Peyraud est aujourd'hui assistée par Daniel Ravier qui conduit avec brio le domaine dans l'esprit Tempier. Le vignoble s'étale sur Le-Beausset, Le-Castellet et La-Cadière, où il est partiellement implanté sur des restanques qui font face à la mer. La cuvée de base est de bon niveau et les trois cuvées, Cabassaou (la plus provençale), La-Migoua (la plus fraîche) et La-Tourtine (la plus dense), font figure de référence dans l'appellation. Vous pouvez boire ou stocker les rosés, 2007 est au mieux en ce moment. Les grandes cuvées de rouge 2010 y compris la cuvée au nom du domaine sont très réussies et portent haut l'étendard de l'appellation.

BANDOL 2011

Rosé | 2012 à 2015 | 20 € **15/20**

De la fraîcheur, du fruit rouge, une personnalité réelle avec une puissance en alcool soutenue qui apporte l'onctuosité.

BANDOL 2010

Rouge | 2013 à 2020 | 26 € **16,5/20**

Belle structure puissante, longue en finale, un peu serrée pour l'instant mais la matière va se révéler. Le tanin est fin.

BANDOL CABASSAOU 2010

Rouge | 2014 à 2020 | 54 € **17,5/20**

Nez très net, racé et fin. Une pointe sauvage et une explosion aromatique en bouche en font un vin de grand style, déjà très ouvert.

Bandol La Migoua 2010
Rouge | 2013 à 2020 | 39 € **17/20**
Net, vif, long en bouche, fruité frais sans puissance marquée mais avec une élégance des saveurs iodées et salines. Une grande complexité dans un style presque prêt à boire.

Bandol La Tourtine 2010
Rouge | 2013 à 2020 | 39 € **16,5/20**
Jolie structure avec un fruité immédiat et une finale agréable, florale, souple et fraîche, savoureuse. C'est un archétype du millésime 2010 à Bandol.

DOMAINE DES TERRES PROMISES

Chemin de la Persévérance • 83136 La Roquebrussane
Tél. 06 81 93 64 11
jean-christophe.comor@wanadoo.fr
Visite : Sur rendez-vous.

Jean-Christophe Comor débuta sa carrière dans les cabinets ministériels, créa des réseaux, dirigea des mouvements comme «Demain la France», monta une fondation dite Marc Bloch. Il sillonna la France aux services de Pasqua, Séguin et Chevènement, avant de jeter ses cartes aux orties un certain 21 avril 2002 pour se consacrer à sa passion du vin du côté de la Sainte-Baume. Ses 13 hectares sont cultivés de la façon la plus naturelle et les vins dégustés possèdent de la fraîcheur, avec une belle suavité sur les rouges.

Vin de pays du Mont Caume L'Amourvèdre 2011
Rouge | 2012 à 2013 | 13 € **13/20**
Accents de myrtille et de poivre, tanin frais et épicé, à boire sur des charcuteries.

Vin de pays du Mont Caume L'Antidote 2011
Rouge | 2012 à 2013 | 10 € **13,5/20**
Issu de vignes de carignan, ce vin offre des tanins gourmands et épicés.

DOMAINE DE TOASC

213, chemin de Crémat • 06200 Nice
Tél. 04 92 15 14 14 • Fax : 04 92 15 14 00
contact@domainedetoasc.com
www.domainedetoasc.com
Visite : Du mardi au samedi de 14h30 à 17h30.

Bellet 2011
Blanc | 2012 à 2016 | 18 € **15/20**
La note est donnée dès l'attaque. La sensation de bouche est sèche, puissante, tendue mais savoureuse. Les amers complexifient l'acidité naturelle du vin.

Bellet 2010
Rosé | 2012 à 2016 | 14,50 € **13/20**
De belle fraîcheur, il est suave et agréable à boire.

Bellet 2010
Rouge | 2012 à 2015 | 19,50 € **15/20**
Le vin a du jus, il est intense en saveurs, avec de petits tanins marqués. Les fruits-à-noyaux emportent une finale gourmande, en demi-corps.

DOMAINE DE LA TOUR DES VIDAUX

Hameau les Vidaux - Route de Pignans • 83390 Pierrefeu-du-Var
Tél. 04 94 48 24 01 • Fax : 04 94 48 24 02
tourdesvidaux@orange.fr • www.tourdesvidaux.com
Visite : Du lundi au samedi de 9h à 12h et de 14h30 à 18h30.

Installé sur le versant méridional du massif des Maures, ce domaine exploite les sols schisteux d'une petite vallée. Marlène et Paul Volker ont repris le vignoble et l'ont sorti de la coopération. En rosé, la cuvée Farnoux est construite à partir du cépage cinsault, très majoritaire. Nous avons également apprécié le bon niveau des rouges.

Côtes de Provence cuvée Farnoux 2009
Rouge | 2012 à 2014 | 14,90 € **14,5/20**
Rondeurs épicées, tanin caressant avec ce qu'il faut de longueur, ce vin est déjà très bon sur un filet de bœuf.

Côtes de Provence cuvée Saint-Paul 2009
Rouge | 2012 à 2017 | 15,40 € **15/20**
Nez élégant de fleurs et de fruits noirs, pour l'instant les tanins sont appuyés mais il y a du vin derrière.

Côtes de Provence Sainte-Madeleine 2011
Blanc | 2012 à 2014 | 7,50 € **13,5/20**
Fenouil et herbes coupées se mêlent de la façon la plus agréable, la bouche est fraîche et épicée, vin de tarte aux légumes.

CHÂTEAU TOUR SAINT-HONORÉ

RD 559 • 83250 La Londe
Tél. 04 94 66 98 22 • Fax : 04 94 66 52 12
chateau-tsh@wanadoo.fr • www.chateautoursthonore.fr
Visite : Du lundi au vendredi de 9h à 12h et de 14h à 18h.

Le Château Tour Saint-Honoré, situé au sud du massif des Maures, étend la majorité de son vignoble sur les coteaux argilo-schisteux exposés plein sud. On en apprécie les rouges frais et séveux et les rosés dont le carillon mérite la mention vin de chapelle pour sa cuvée Sixtine toujours dans les canons des crus élégants et salins de Lalonde.

Côtes de Provence 2011
Rouge | 2013 à 2016 | 8,50 € **14/20**
Un fruité frais et les épices dominent au nez, la bouche est franche et coulante.

Côtes de Provence 2007
Rouge | 2012 à 2014 | 13,90 € **14/20**
Vin qui a bien évolué, avec des tanins déjà bien lissés, avec ce qu'il faut de fond et la fraîcheur en fin des crus du secteur.

DOMAINE DE TRÉVALLON

Vieux chemin d'Arles à Saint-Rémy • 13103 Saint-Étienne-du-Grès
Tél. 04 90 49 06 00 • Fax : 04 90 49 02 17
info@domainedetrevallon.com
www.domainedetrevallon.com
Visite : Sur rendez-vous.

Ce domaine est l'une des plus grandes réussites qualitatives de ces trois dernières décennies. Eloi et Floriane Dürrbach ont planté et développé le vignoble avec leurs enfants, ils continuent de faire de Trévallon l'un des fleurons du vignoble français. Le rouge devenu mythique inclut cabernet-sauvignon et syrah à parité. Au bout de quelques années, on en apprécie les tanins frais, élégants et vibrants, taillés pour tous les plats de truffe noire. Le blanc est à l'unisson, avec également un réel potentiel. Une dégustation au domaine nous a permis de juger l'excellente évolution des rouges comme des blancs. Les grincheux du tanin locaux et de l'INAO feraient bien de prendre modèle sur l'encépagement parfaitement adéquate de ce vin de pays, le plus vibrant du paysage viticole français !

Vin de pays des Bouches-du-Rhône 2010
Blanc | 2015 à 2022 | 60 € **16,5/20**
Certes, il n'y a que 8000 bouteilles en moyenne de Trevallon blanc, aussi est-ce toujours anecdotique de commenter ce cru, mais on le déguste avec un tel plaisir que l'on ne peut résister à l'envie de vous conter l'histoire de ce vin aux accents floraux et miellés, avec une bouche à la fois onctueuse et élancée et une finale miellée et menthée.

Vin de pays des Bouches-du-Rhône 2009
Rouge | 2015 à 2025 | 45 € **17/20**
On sent le potentiel, avec la structure et la richesse du millésime, il y a beaucoup d'ampleur en bouche, avec des accents de fruits noirs et de poivre de Sichuan.

Vin de pays des Bouches-du-Rhône 2008
Rouge | 2013 à 2020 | 40 € **17/20**
Nez profond et frais sur la garrigue et les aiguilles de pin, la bouche est dense avec un tanin qui commence à s'assouplir, la finale épicée et menthée a beaucoup de style, note en hausse !

Vin de pays des Bouches-du-Rhône 1995
Rouge | 2012 à 2020 | épuisé **17/20**
Encore du potentiel pour ce Trévallon, structuré, avec un tanin encore énergique et profond. Au fil de l'ouverture, il gagne en sensualité et sa texture se fait plus soyeuse. Superbe bouteille !

DOMAINE DE TRIENNES

RN 560 • 83860 Nans-les-Pins
Tél. 04 94 78 91 46 • Fax : 04 94 78 65 04
triennes@triennes.com • www.triennes.com
Visite : Du lundi au vendredi, de 9h à 12h et de 13h à 18h. Le samedi, d'octobre à mars de 10h à 18h et d'avril à septembre de 10h à 19h.

Entre le massif de la Sainte-Baume et le mont Aurélien, les vignes bénéficient des nuits fraîches et d'un long cycle végétatif qui confère une complexité aux vins. Jérémy Seysses, l'homme orchestre du Domaine Dujac en Bourgogne, donne un nouveau souffle à la propriété en affinant le style, tout en tenant compte du concours très précieux de Rémy Laugier, œnologue et directeur de l'exploitation.

Vin de pays du Var Auréliens 2010
Blanc | 2012 à 2014 | 8,50 € **14,5/20**
Épicé et tendu, avec des accents de fenouil, ce vin est taillé pour la daurade.

Vin de pays du Var Auréliens 2009
Rouge | 2012 à 2015 | 8,50 € **14,5/20**
Attaque puissante et compacte, puis le vin prend de la suavité et le tanin s'assouplit en finale, il faut le carafer pour qu'il donne toute sa mesure.

Vin de pays du Var Auréliens 2008
Rouge | 2012 à 2016 | 8,50 € **15/20**
Vin gourmand, à la fois rond, souple et concentré, dans un registre aromatique de fruits noirs et d'olive, avec une finale marquée par la cerise à l'eau-de-vie. Il faut le carafer deux heures avant le service.

Vin de pays du Var Saint-Auguste 2008
Rouge | 2013 à 2019 | 11,20 € **15,5/20**
Grande unité entre le nez, la bouche et la finale, avec des nuances d'olive noire, d'épices et de fruits à noyau.

Vin de pays du Var Sainte-Fleur 2010
Blanc | 2012 à 2014 | 11,20 € **15,5/20**
Abricot sec, pêche avec une touche de poivre gris, ce vin donne du plaisir tout de suite.

CHÂTEAU DE LA TULIPE NOIRE

Route communale n°2, dite Ancien Chemin d'Hyères
83390 Cuers
Tél. 04 94 48 67 15 • Fax : 04 94 48 52 30
peirecedes@domainedespeirecedes.com
www.peirecedes.com
Visite : Du lundi au vendredi, de 9h à 12h et de 15h à 18h. Le samedi de 10h à 12h et de 15h à 17h.

Égérie du Domaine des Peirecèdes, Audrey Baccino est devenue à moins de 30 ans l'une des figures majeures du paysage viticole provençal. Sur un site qui était spécialisé dans la tulipe noire, à cheval sur La-Moutonne et Carcairanne, elle vient de constituer son propre domaine de 10 hectares. Elle y produit un rosé de repas structuré de première saveur. Le rouge est également porteur de tous les espoirs.

Côtes de Provence 2011
Rosé | 2012 à 2013 | 11,50 € **15/20**
Tibouren, mourvèdre et grenache permettent de donner du fond à ce rosé généreux et structuré.

Côtes de Provence R 2011
Rouge | 2012 à 2020 | 14,50 € **15/20**
Épicé, sur fond d'olive noire et de mûre, ce vin a une superbe profondeur et la bonne maturité du mourvèdre permet d'entretenir de belles perspectives d'avenir.

CHÂTEAU VANNIÈRES

Chemin de Saint-Antoine • 83740 La Cadière-d'Azur
Tél. 04 94 90 08 08 • Fax : 04 94 90 15 98
info@chateauvannieres.com
www.chateauvannieres.com
Visite : Du lundi au samedi de 9h à 12h et de 14h à 18h30.

Le Château Vannières, situé entre le village de La-Cadière-d'Azur et Saint-Cyr-sur-Mer, cultive une trentaine d'hectares de vignes exposées au sud et à l'ouest, sur un terroir de marnes et de calcaires d'un seul tenant, en plein mistral. Réalisés dans un profil classique, les rouges ont une indéniable capacité à vieillir, en prenant assez rapidement des nuances de tabac et de cuir, qui se laissent tranquillement patiner par le temps. Disponible sur notre site web, une dégustation de millésimes anciens jusqu'au splendide 1971 démontre la qualité de ce terroir, au sommet de l'appellation. En millésime récents, à côté d'un rosé 2010 savoureux, le rouge 2008 continue une série impressionnante dans cette couleur.

Bandol 2011
Rosé | 2012 à 2015 | 17 € **13,5/20**
Fruité, une amertume présente mais du style. La finale est acidulée.

Bandol 2009
Rouge | 2012 à 2030 | 26 € **17/20**
De grand style, très savoureux, porté par une pointe d'alcool et beaucoup de saveurs. Le vin est immense.

Bandol 2008
Rouge | 2013 à 2022 | 27 € **17/20**
Joli boisé qui se fondra. Avec une évidente plénitude de bouche, un alcool un peu marqué, c'est un très beau Vannières.

Bandol 2007
Rouge | 2010 à 2030 | 28 € **17/20**
Encore un peu marqué par l'élevage, il est porté par un monde de saveurs, la finale est superbe, grande texture.

Bandol 2001
Rouge | 2012 à 2030 | 33 € **19/20**
Ce millésime est exceptionnel, les textures sont somptueuses. Un Vannières de référence.

CHÂTEAU VIGNELAURE

Route de Jouques • 83560 Rians
Tél. 04 94 37 21 10 • Fax : 04 94 80 53 39
info@vignelaure.com • www.vignelaure.com
Visite : Du lundi au vendredi de 9h à 18h.
Le week-end de 10h à 18h.

Ce domaine a été créé par Georges Brunet, l'ancien propriétaire du Château La Lagune, cru classé du Médoc. Il avait identifié ici des sols argilo-calcaires graveleux qui n'étaient pas sans parenté avec son ancienne propriété. Le domaine a ensuite connu des succès divers jusqu'à sa reprise par Bengt Sundstrom, qui en a confié la direction technique à Philippe Bru. Toute la gamme de rouges a pour dénominateur commun la fraîcheur de fruit et l'élégance.

Coteaux d'Aix-en-Provence 2011 ☺
Rosé | 2012 à 2013 | 12,90 € **15,5/20**
Des progrès manifestes sur le rosé avec cette cuvée élégante et toute en fruité distingué, et une finale sur la compote de pêches blanches fraîches.

Coteaux d'Aix-en-Provence 2007
Rouge | 2012 à 2016 | 20 € **14/20**
Le tanin s'est durci depuis notre dernière dégustation, avec une forme de rigidité. Est-ce une phase avant que le vin reparte de plus belle ?

Coteaux d'Aix-en-Provence 2005
Rouge | 2012 à 2015 | 21 € **15/20**
Tanin souple et élégant, il y a un vrai équilibre avec du fond.

Coteaux d'Aix-en-Provence La Source de Vignelaure 2011 ⓜ ☺
Rosé | 2012 à 2012 | 8,20 € **15/20**
Une bouffée de fraîcheur absolue. Le vin n'est pas en puissance mais en intensité mentholée. Une conception originale du rosé dont on ne se lasse pas.

DOMAINE DE VINCELINE

30 rue du château • 06440 L'Escarène
Tél. 04 93 79 67 44
www.domainedevinceline.com

Bellet 2011
Blanc | 2012 à 2015 | 17 € **13/20**
Frais, bien fruité, ce blanc montre une bonne tenue en bouche.

Bellet 2010
Rouge | 2012 à 2016 | 19 € **14/20**
Nez de réglisse, il est construit autour d'un corps léger. Une légère astringence de bouche est bien compensée par une finale qui fuse vers les fruits-à-noyaux.

DOMAINE DE LA VIVONNE

3345, montée du Château
83330 Le Castelet
Tél. 04 94 98 70 09 • Fax : 04 94 90 59 98
domaine@vivonne.com • www.vivonne.com
Visite : Du lundi au vendredi de 9h à 18h45h.
Le week-end sur rendez-vous.

Bandol 2011
Rosé | 2012 à 2014 | 13 € **15/20**
Avec une personnalité évidente, ce 2011 est large en saveurs, puissant, complexe.

La sélection Bettane et Desseauve pour le Roussillon

Le Roussillon

Si l'on aime les « r » qui roulent et l'accentuation énergique des Catalans on ne sera pas déçu par les vins actuels du Roussillon, hauts en couleur, hauts en saveur et plus ambitieux dans leur élaboration. Seul sujet d'inquiétude, les vins doux naturels, qui sont pourtant

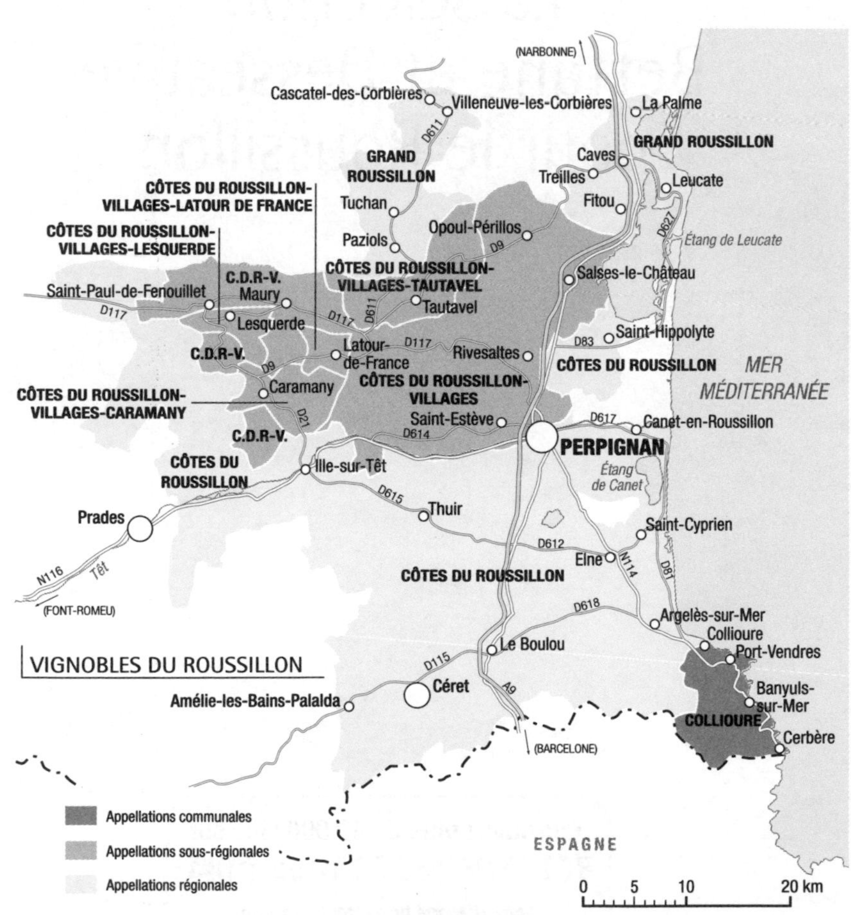

à notre sens l'expression la plus originale de cette magnifique région, sont en crise. À vous d'aider à sauver un patrimoine et une palette de goûts dont la perte serait irréparable.

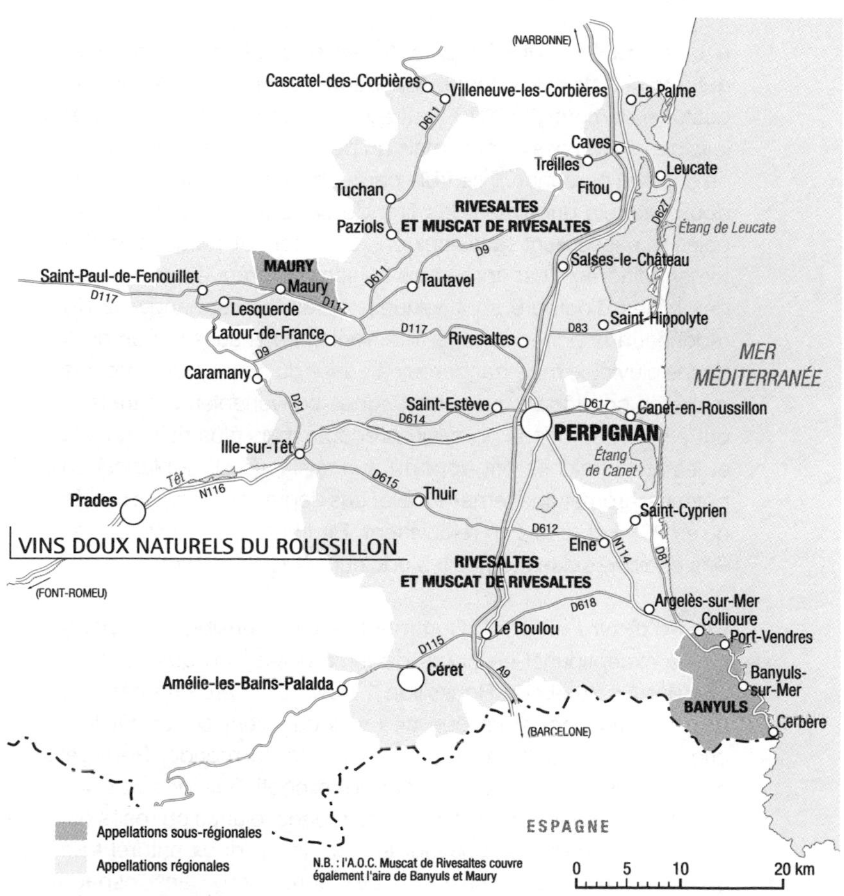

L'actualité des millésimes

L'air des montagnes. Les tendances générales relevées pour les vins du Languedoc peuvent s'appliquer à ceux du Roussillon, bien que nous soyons souvent surpris par la relative fraîcheur de bien des roussillons par rapport à leurs homologues languedociens. De fait, le Roussillon, plus au sud, supporte un ensoleillement très important et manque régulièrement d'eau. L'origine de cette relative fraîcheur que nous constatons dans les meilleurs vins s'explique par leur provenance, terroirs élevés en altitude, ou par l'emprise marine importante exercée sur le vignoble, qui adoucit celle du soleil.

À boire ou à garder ? Après le très solaire et précoce 2009, qui a donné des vins dont la puissance a été redoublée par les petits rendements, le 2010, tout aussi précoce et concentré par la faible charge des vignes, mais un peu plus équilibré en acidité, ne décevra personne. Il semble particulièrement adapté aux vins doux naturels qui aiment les fins de saisons venteuses où les baies se passerillent sans accident. 2011 sera de nature complètement différente car après trois saisons de grande sécheresse, des pluies d'octobre sont venues, après les vendanges 2010 redonner aux vignes de la fertilité, renforcée ensuite par un printemps pluvieux, mais dangereux à cause du développement des maladies cryptogamiques. Les vignes convenablement traitées ont à nouveau donné un raisin précoce, mais plus riche en jus, et les nuits fraîches ont apporté aux raisins (surtout blancs) un potentiel aromatique remarquable. Les degrés sont moins élevés qu'en 2010 et tous s'en réjouissent. Bref une jolie récolte et des vins équilibrés dans toutes les couleurs et tous les types.

Chef-d'œuvre en péril. Comment rester insensible à ce patrimoine exceptionnel en cours de lente disparition que sont les vins doux naturels du Roussillon ? Leur commerce ne parvient pas à se relancer alors que ces vins devraient surfer sur leur originalité. Leur style a peu d'équivalents au monde, Portugal et Andalousie exceptés. Ils sont l'allié exceptionnel des cuisines inventives. Quand l'accord avec des rouges, blancs ou rosés est impossible, ce qui est souvent le cas, un vin doux naturel tuilé ou ambré sera la botte secrète. Voyager avec eux dans l'espace culinaire mondial est passionnant : la plupart des cuisines asiatiques trouvent des accords somptueux avec ceux que l'on appelle par leurs initiales, les VDN. Mais le voyage dans le temps en leur compagnie est encore plus trépidant. Nombre de producteurs possèdent des stocks de vieux, voire de très vieux, millésimes. Avec un peu de tact et quelques billets, pas forcément orange ou verts, la découverte de goûts inconnus, mais passionnants, devient possible. Certes, le prix des vins augmente un peu quand on s'aventure au-delà du siècle précédent. Mais une remontée dans le XIXe siècle en Roussillon coûte désormais bien moins cher qu'une excursion dans les 2009 de certains vins plus au nord. Dans l'espace ou dans le temps, en voyage, il faut sauver le soldat VDN !

LE BONHEUR TOUT DE SUITE

La Préceptorie de Centernach
Maury Hors d'Âge, rouge VDN non millésimé

Mas Karolina
Maury, rouge VDN 2010

Cave L'Étoile
Banyuls grand cru Grains d'Étoile, rouge VDN 2008

Domaine Lafage
Rivesaltes Hors d'Âge, ambré VDN non millésimé

Domaine Lafage
Côtes du Roussillon Léa, rosé 2011

Domaine La Tour Vieille
Collioure La Pinède, rouge 2010

Château de Jau
Côtes du Roussillon, blanc 2011

Domaine Le Roc des Anges
Côtes du Roussillon-Villages Segna de Cor, rouge 2010

Cave Beille
Muscat de Rivesaltes Gorges du Soleil - Muska d'Été, blanc VDN, 2008

Domaine Vidal
Côtes du Roussillon Sensations, blanc 2011

MEILLEURS VINS À MOINS DE 7 €

Domaine de Bila Haut – Chapoutier
Côtes du Roussillon-Villages, rouge 2010

Château de Caladroy
Vin de pays des Côtes catalanes, blanc 2011

Vignerons de Caramany
Côtes du Roussillon-Villages Presbytère, rouge 2009

Vignerons de Trémoine et Rasigueres
Côtes du Roussillon-Villages Loubet de Sceaury, rouge 2010

MEILLEURS VINS TOUTES CATÉGORIES

Les Vignerons de Terrats Terrassous
Rivesaltes Château Mosse, ambré VDN 1948

Domaine Cazes
Rivesaltes Aimé Cazes, ambré VDN 1978

Domaine Gauby
Vin de pays des Côtes catalanes Coume Gineste, blanc 2010

La Cave de l'Abbé Rous
Banyuls Helyos, rouge VDN 2004

Domaine Vial Magnères
Banyuls Al Tragou 1983, ambré VDN 1986

Thunevin-Calvet
Maury, rouge VDN 2007

La Préceptorie de Centernach
Maury Hors d'Âge, rouge VDN non millésimé

Vignobles Dom Brial - Cave de Baixas
Muscat de Rivesaltes Château Les Pins, blanc VDN 1993

Coume del Mas
Banyuls Quintessence, rouge VDN 2010

Domaine Madeloc
Banyuls Cirera, rouge VDN 2009

Les Vignerons de Terrats Terrassous
Rivesaltes L'Héritage, ambré VDN 1974

Domaine Vial Magnères
Banyuls Al Tragou 1983, ambré VDN 1986

Thunevin-Calvet
Maury, rouge VDN 2007

MEILLEURS BLANCS SECS

Domaine Gauby
Vin de pays des Côtes catalanes Coume Gineste, blanc 2010

La Préceptorie de Centernach
Côtes du Roussillon Terres Nouvelles, blanc 2011

Domaine La Tour Vieille
Vin de pays des Côtes catalanes, Mémoire d'Automne, blanc non millésimé

Domaine des Schistes
Vin de pays des Côtes catalanes Rancio sec, blanc non millésimé

MEILLEURS ROSÉS

Domaine Lafage
Côtes du Roussillon Léa, rosé 2011

Domaine de la Rectorie
Collioure Côté Mer, rosé 2011

MEILLEURS ROUGES

Thunevin-Calvet
Côtes du Roussillon-Villages Les Trois Marie, rouge 2008

Domaine de la Casa blanca
Collioure, rouge 2009

Domaine de Bila Haut – Chapoutier
Côtes du Roussillon-Villages R.I., rouge 2009

Domaine du Clos des Fées
Côtes du Roussillon-Villages La Petite Sibérie, rouge 2010

Domaine Gauby
Côtes du Roussillon-Villages La Muntada, rouge 2009

Domaine Le Roc des Anges
Vin de pays des Côtes catalanes 1903, rouge 2010

PRIX DES LECTEURS

EN PARTENARIAT AVEC LES HÔTELS MERCURE

Vignerons de Caramany
Côtes du Roussillon-Villages Carmin, rouge 2011

Vignerons de Caramany
Côtes du Roussillon-Villages Presbytère, rouge 2011

LA CAVE DE L'ABBÉ ROUS

56, avenue Charles-de-Gaulle
66650 Banyuls-sur-Mer
Tél. 04 68 88 72 72 • Fax : 04 68 88 30 57
contact@banyuls.com • www.abberous.com

Dédiée aux professionnels, la Cave de l'Abbé Rous propose une large gamme de vins en blanc, rouge et rosé, de grande qualité. L'amateur pourra retrouver ces produits chez les cavistes ou les restaurateurs. Hélios et Cyrcée, les deux cuvées « haut de gamme » conseillées par le Bordelais Alain Raynaud, sont de belles réussites sur le millésime 2009.

BANYULS GRAND CRU CUVÉE CHRISTIAN REYNAL 2004
Rouge Doux | 2014 à 2018 | cav. 33 € **15/20**
Joli nez épicé, tendre, notes de gingembre, riche en sucre, très grenache, civilisé, bien élaboré.

BANYULS HELYOS 2004
Rouge Doux | 2014 à 2019 | cav. 32,65 € **18/20**
Élevage ambitieux et réussi, somptueux nez d'herbes aromatiques, grande suite en bouche, grande race, tanins noblement amers, très grand banuyls.

MAS AMIEL

66460 Maury
Tél. 04 68 29 01 02 • Fax : 04 68 29 17 82
contact@lvod.fr ou contact@masamiel.fr
www.masamiel.fr
Visite : De septembre à juin, du lundi au vendredi de 8h30 à 18h. Le samedi de 10h à 18h. De juillet à août, du lundi au vendredi de 8h30 à 18h et le week-end de 10h à 18h.

Proche de Maury, le Mas Amiel compte 170 hectares de vignes dominés par le château cathare de Quéribus. Terroir d'exception pour les vins doux naturels, une fois de plus très réussis, la cuvée Charles-Dupuy est généreuse, riche et parfaitement équilibrée. Cette année, la gamme des rouges secs se complète avec la cuvée Vol-de-Nuit, 100 % carignan, issue d'une parcelle d'altitude, mais nous préférons encore les blancs secs.

CÔTES DU ROUSSILLON-VILLAGES NOTRE TERRE 2011
Rouge | 2014 à 2016 | 14 € **14,5/20**
Nez épicé, corps plein et équilibré, terroir lisible, vin classique de l'Agly, attendre encore un an.

MAURY MILLÉSIME 1969
Rouge Doux | 2010 à 2025 | 70 € **16/20**
Grand nez de rancio, saveur riche et complexe, à dominante d'orange amère, encore beaucoup d'éclat, très beau vin de gastronomie.

MAURY VINTAGE 2010
Rouge Doux | 2014 à 2018 | 15,50 € **16/20**
Élevage sensible, ensemble équilibré, complexe, un rien asséché par son bois pour le moment, mais sans masquer le terroir. Devrait s'harmoniser d'ici deux ans.

MAURY VINTAGE CHARLES DUPUY 2009
Rouge Doux | 2014 à 2019 | 35 € **16/20**
Robe noire, encore un peu de réduction au nez, grand volume de bouche, excellent équilibre de mutage, sérieux, doit encore s'assouplir en bouteille.

MAURY VINTAGE RÉSERVE 2009
Rouge Doux | 2014 à 2024 | 21 € **15,5/20**
Beaucoup de puissance, saveur dominante de cacao, belle architecture, grand avenir qui harmonisera encore plus l'ensemble.

DOMAINE ARGUTI

14, avenue du 16-Août-1944
66220 Saint-Paul-de-Fenouillet
Tél. 06 73 85 17 93 • Fax : 04 68 28 57 68
domaine.arguti@orange.fr • http://domainearguti.fr/
Visite : Du lundi au vendredi de 8h à 12h et de 14h à 18h. Sur rendez-vous le week-end.

MUSCAT DE RIVESALTES MUSCAT D'ANGE 2010
Blanc Doux | 2012 à 2020 | 12 € **13,5/20**
Riche en liqueur, ambitieux, marqué par son foudre, vieillira plus comme un blanc que comme un VDN.

DOMAINE ARRIVÉ

39, rue de la Fou • 66220 Saint-Paul-de-Fenouillet
Tél. 06 70 79 90 86
domainearrive@hotmail.fr
www.domainearrive.fr
Visite : Sur rendez-vous.

Ce domaine produit à des prix angéliques des maurys parfaitement typés, sans recherche excessive ou imaginative de «modernisation» du type, mais porteurs de toutes les senteurs d'une terre indomptable. Au public de reconnaître la valeur de ces vins inimitables.

MAURY L'ÂME DE MAURY 2010
Rouge Doux | 2013 à 2018 | 15 € **15/20**
Beaucoup de caractère, énergique, assez raffiné, terroir marqué, encore un brin agressif mais le mutage est réussi.

Maury L'Âme de Maury 2008
Rouge Doux | 2012 à 2017 | 17 € **16,5/20**
Très grande classe aromatique, superbe équilibre, long, racé, un parfait VDN, que nous recommandons chaudement.

CAVE BEILLE

2, rue de la République • 66330 Cabestany
Tél. 04 68 50 77 58 • Fax : 04 68 50 39 75
d.g.s.beille@wanadoo.fr • www.cave-beille.fr
Visite : Du marsi au dimanche de 10h à 12h30.

Ce domaine de Cabestany regroupe sa production sous deux étiquettes, le Mas Beille et le Domaine des Gorges du soleil. Il n'a présenté que ses muscats-de-rivesaltes mais ces derniers ont dominé nos dégustations par leur naturel, leur finesse et leur richesse de saveur. Une source méconnue mais sûre pour ce type de vin.

Muscat de Rivesaltes Gorges du Soleil - Muska d'Été 2008
Blanc liquoreux | 2012 à 2015 | 7 € **15/20**
Pâle, floral, citronné, subtilement parfumé, merveilleuse délicatesse, grande longueur, vraiment exemplaire.

Muscat de Rivesaltes Less is More NM
Blanc liquoreux | 2013 à 2015 | 8 € **14/20**
Le vrai caractère traditionnel avec ses notes de mendiant, de gingembre, long, savoureux, ce qu'on aime à Rivesaltes.

DOMAINE BÉNASSIS

5, impasse de l'Hort • 66140 Canet en Roussillon
Tél. 04 68 80 34 14 • Fax : 04 68 35 19 07
www.domaine-benassis.fr

Propriété familiale bien gérée du secteur de Canet et produisant une gamme de vins bien faits, avec une gradation claire partant des vins plaisir et aboutissant aux vins prestige dont un remarquable blanc.

Côtes du Roussillon Artémis 2009
Rouge | 2013 à 2014 | 6,80 € **14/20**
Beau nez diversifié et très typé de réglisse zan, avec la puissance attendue et une belle présence tannique. Recommandé.

Côtes du Roussillon Grande Terre 2008
Rouge | 2013 à 2014 | 12 € **14,5/20**
Beaucoup de diversité aromatique, entre fleur et réglisse, note d'anis, texture élégante, assez long, recommandé.

Côtes du Roussillon Grande Terre 2011
Blanc | 2013 à 2015 | 12 € **16,5/20**
Robe paille, grand nez complexe avec la dimension de miel de fleurs que seule une maturité parfaite du raisin donne, grande longueur, vin remarquable et en proportion plus racé que les rouges, comme souvent en Roussillon.

BERNARD MAGREZ GRANDS VIGNOBLES

Château Pape Clément
216, avenue du Docteur-Nancel-Pénard
33600 Pessac
Tél. 05 57 26 38 38 • Fax : 05 57 26 38 39
chateau@pape-clement.com
www.bernard-magrez.com
Visite : Du lundi au samedi de 11h à 19h30.
Le dimanche de 9h à 12h.

Le compositeur de vins rares Bernard Magrez n'a pas délaissé la région du Languedoc-Roussillon, avec pas moins de huit vignobles. Sous les conseils avisés de Michel Rolland, les principes appliqués pour le suivi et l'élaboration de ses vins sont les mêmes qu'à Bordeaux. Vins résolument généreux et imposants, ils conservent toutefois un bel équilibre, comme pour le millésime 2008 de Mon-Seul-Rêve.

Côtes du Roussillon Si mon Père savait... 2010
Rouge | 2012 à 2016 | NC **15/20**
Fruit élégant avec un élevage légèrement visible et une matière fraîche et suave, légèrement saline.

DOMAINE DE BLANES

Mas Blanes • 66370 Pézilla-la-Rivière
Tél. 04 68 92 00 51 • Fax : 04 68 38 08 90
mariebories@aol.com • www.domainedeblanes.com
Visite : Sur rendez-vous.

Après avoir emprunté des chemins de traverse qui l'ont conduit en Argentine, au Chili et jusqu'en Australie, Marie-Pierre Borie est revenue sur la propriété familiale. Le domaine se situe dans une zone de plaine à Pézilla-la-Rivière. C'est sur ces terroirs composés d'argiles, de calcaires et de limons qu'elle réalise des vins souples, aux belles notes de garrigue. Tous les vins présentés nous ont séduits.

Vin de pays des Côtes catalanes Le Clot 2011
Rouge | 2013 à 2016 | 10 € **14,5/20**
Beaucoup de caractère, grande robe, tanin ferme, texture dense, saveur épicée allant sur le cacao, très typé.

Vin de pays des Côtes catalanes
Lumière de Pierre 2009
Blanc | 2012 à 2013 | NC **15/20**
Issu de viognier, voici un vin très original et complet, avec du gras, de la complexité et malgré l'âge et le millésime de la fraîcheur, rivalisant avec les meilleurs du Roussillon. Hautement recommandé.

DOMAINE BOUDAU

6, rue Marceau - B.P. 60 • 66602 Rivesaltes
Tél. 04 68 64 45 37 • Fax : 04 68 64 46 26
contact@domaineboudau.fr • www.domaineboudau.fr
Visite : sur rendez-vous.

Cette propriété, située autour de Rivesaltes, est divisée en deux vignobles : Le Clos, sur les premiers contreforts des Corbières exposés aux vents secs et la Pinède, sur le plateau de Baixas sur sols argilo-calcaires, constitués de gros galets roulés de rivière. Véronique et Pierre Boudau, frère et sœur, composent des vins de belle facture et d'un très bon rapport qualité-prix.

Côtes du Roussillon Le Clos 2011
Rouge | 2013 à 2014 | 6,70 € **13/20**
Bonne définition au nez et en bouche, ensemble souple, franc, sur la réglisse, longueur moyenne.

CHÂTEAU DE CALADROY

Lieu-dit Col-de-la-Bataille • 66720 Bélesta-de-la-Frontière
Tél. 04 68 57 10 25 • Fax : 04 68 57 27 76
contact@caladroy.com ou chateau.caaladroy@wanadoo.fr
www.caladroy.com
Visite : Du lundi au samedi de 8h à 12h et de 13h30 à 17h30.

Vin de pays des Côtes catalanes 2011
Blanc | 2012 à 2016 | 5,60 € **14,5/20**
Beaucoup de caractère au nez, avec des notes de foin coupé, excellente vinosité, boisé à fondre (attendre huit à dix mois), ambitieux mais réussi.

VIGNERONS DE CARAMANY

70, Grand'Rue • 66720 Caramany
Tél. 04 68 84 51 80 • Fax : 04 68 84 50 84
contact@vigneronsdecaramany.com
www.vigneronsdecaramany.com
Visite : sur rendez-vous.

Côtes du Roussillon-Villages Presbytère 2009
Rouge | 2012 à 2016 | 6,90 € **14,5/20**
Bel élevage, vin soigné, assez long, tanin intégré, bonne persistance, prêt à boire : plus de saveur que de finesse néanmoins.

Côtes du Roussillon-Villages
Carmin 2011
Rouge | 2012 à 2016 | NC **14,5/20**
Jolies promesses, beaucoup de notes poivrées de type syrah, avec du laurier et de la mûre en bouche, il est assez long, bien vinifié.

Côtes du Roussillon-Villages
Presbytère 2011
Rouge | 2012 à 2015 | NC **14/20**
Chaleureux, gorgé de saveurs, fruité et épicé, la finale est portée par les poivres. Il incarne la gourmandise des bons vins du sud.

DOMAINE DE LA CASA BLANCA

16, avenue de la Gare • 66650 Banyuls-sur-Mer
Tél. 04 68 88 12 85 • Fax : 04 68 88 04 08
domainedelacasablanca@orange.fr
Visite : D'avril à septembre, du lundi au samedi de 10h30 à 13h et de 15h30 à 19h.
Sinon, sur rendez vous.

Sur 8 hectare de vignes escarpées, Laurent Escapa et Hervé Levano proposent désormais certains des vins les plus accomplis de Bayuls et Collioure, démontrant que l'expression ultime du terroir passe aussi par une grande discipline de vinification. Nous encourageons tous les amoureux de ce type de vin à déguster les leurs.

Collioure 2009
Rouge | 2012 à 2016 | NC **17/20**
Somptueuse puissance et précision, exprime parfaitement son terroir mais avec une perfection formelle rare en Roussillon, notre grande révélation de l'année dans ce secteur.

VIGNERONS CATALANS EN ROUSSILLON

1870, avenue Julien-Panchot - B.P. 29000
66962 Perpignan Cedex 9
Tél. 04 68 85 04 51 • Fax : 04 68 55 25 62
contact@vigneronscatalans.com
www.fruitecatalan.com

Ce vaste regroupement propose forcément une gamme de vins peu homogène avec beaucoup de produits simples ou sans caractère. Mais on ne devra pas sous-estimer quelques sélections de qualité, au rapport qualité-prix favorable dont de magnifiques VDN.

Côtes du Roussillon-Villages
cuvée du Presbytère 2011
Rouge | 2013 à 2015 | NC **14/20**
Fruité propre et typé, nuances de chocolat, de piment et de cuir, finale nette, bien vinifié.

Rivesaltes Croix Milhas - 20 ans d'âge

Ambré Doux | 2012 à 2016 | NC **16/20**

Plus sur l'amande que l'orange, un rien d'amer, très enveloppé, grand bouquet de noyau, collant, long, très réussi mais moins fin que Barbera.

DOMAINE CAZES

4, rue Francisco-Ferrer • 66602 Rivesaltes
Tél. 04 68 64 08 26 • Fax : 04 68 64 69 79
info@cazes-rivesaltes.com • www.cazes-rivesaltes.com
Visite : De mi-juin à mi-septembre tous les jours de 9h à 19h et le reste de l'année du lundi au samedi de 8h30 à 12h et de 14h à 18h30.

La création de ce domaine historique de Rivesaltes remonte au du XIXe siècle. Aujourd'hui, la maison Cazes compte 220 hectares de vignes, entièrement cultivés en biodynamie depuis 2005. À noter en 2010 de belles réussites sur les blancs, tel le Canon-du-Maréchal, aux jolies notes muscatées, sans oublier la gamme exceptionnelle de vins doux naturels. Mais les rouges ne nous ont pas paru du niveau attendu.

Muscat de Rivesaltes 2008

Blanc Doux | 2012 à 2017 | 10,30 € **13,5/20**

Pâle, très net et propre, glissant et séducteur mais pour un vin bio manque un peu de force de caractère.

Muscat de Rivesaltes 1996

Blanc Doux | 2013 à 2018 | 34 € **17/20**

Un trésor à nouveau dans le riche patrimoine des VDN locaux, mais l'âge a parfaitement préservé et même amplifié la noblesse des arômes muscatés, leur donnant une sorte d'éternité. Pour beaucoup ce sera une révélation.

Rivesaltes 1999

Ambré Doux | 2014 à 2019 | 16 € **15/20**

Une touche jeune et muscatée donne de la fraîcheur à ce vin équilibré et délicat, où le salé du rancio apporte une touche fort intéressante pour son usage gastronomique.

Rivesaltes Aimé Cazes 1978

Ambré Doux | 2012 à 2017 | 68 € **18/20**

Admirable nez d'orange confite, parfaite élégance, équilibre d'élevage exemplaire, comme toujours la référence pour ce type de vin.

Vin de pays des Côtes catalanes Canon du Maréchal 2011 ☺

Blanc | 2012 à 2013 | 5,30 € **14/20**

Très facile et fruité, avec une juste adaptation au style sec des arômes muscatés, glissant, très plaisant.

LA PRÉCEPTORIE DE CENTERNACH

1, route de Lansac • 66220 Saint-Arnac
Tél. 04 68 59 26 74 • Fax : 04 68 59 99 07
lapreceptorie@gmail.com • www.la-preceptorie.com
Visite : Sur rendez-vous.

Même si l'esprit de famille reste, désormais Préceptorie et Rectorie forment deux domaines séparés et indépendants. Marc Parcé et ses enfants ont repris l'exploitation de Centernach et proposent des vins du secteur de l'Agly, schisteux, avec un dévouement à la cause de l'histoire locale et des terroirs inentamés.

Côtes du Roussillon Terres Nouvelles 2011

Blanc | 2014 à 2016 | 15 € **17/20**

Grande sève, magnifique nez d'ananas, personnalité inimitable, le plus complet des blancs dégustés et un vin de haute gastronomie.

Maury Aurélie 2009

Rouge Doux | 2014 à 2019 | 13,80 € **15,5/20**

Nez puissant de cacao, ensemble puissant, sain, très «terroir» mais harmonieux.

Maury Hors d'Âge ☺

Rouge Doux | 2013 à 2018 | 16 € **18/20**

Admirable complexité aromatique, notes de caramel, d'épices type gingembre, finale difficilement oubliable, encore un trésor, digne des plus grands moments gastronomiques.

DOMAINE DE BILA HAUT - CHAPOUTIER

18, avenue du Docteur-Paul-Durand
26600 Tain-l'Hermitage
Tél. 04 75 08 28 65 • Fax : 04 75 08 81 70
chapoutier@chapoutier.com • www.chapoutier.com
Visite : De 9h à 12h30 et de 14h à 19h.

Michel Chapoutier a beaucoup investi dans sa magnifique propriété de Latour de France (avec des vignes débordant sur d'autres villages comme Lesquerde). Sa volonté de produire ce que le Roussillon peut faire de plus marquant commence à porter ses fruits, avec des vins de plus en plus typés dont des sélections parcellaires qui feront beaucoup parler d'elles.

Banyuls 2009

Rouge Doux | 2014 à 2020 | 10 € **15/20**

Ensemble plein et classique sur le cacao, tanin ferme, un rien rêche mais sans violence, grande suite en bouche.

CÔTES DU ROUSSILLON-VILLAGES 2010
Rouge | 2013 à 2015 | 6 € **14,5/20**
Excellent fruité, tanin maîtrisé, assez long, très facile à boire.

CÔTES DU ROUSSILLON-VILLAGES BILA HAUT OCCULTUM LAPIDEM 2010
Rouge | 2014 à 2018 | 10,50 € **15/20**
Fruit frais au nez, grande matière, tanin strict pour la région mais porteur d'avenir en bouteille,

CÔTES DU ROUSSILLON-VILLAGES LESQUERDA 2009
Rouge | 2012 à 2016 | 10,50 € **15,5/20**
Vin très épicé, noble avec des notes de violette et de poivre, signature de belles syrahs, finale sur le laurier, grande matière, bel élevage.

CÔTES DU ROUSSILLON-VILLAGES R.I. 2009
Rouge | 2012 à 2016 | 55 € **17/20**
Un des plus grands rouges du Roussillon, d'une très grande profondeur de texture mais sans chocolat ou suavité excessive, grande suite en bouche, montre la valeur des terres de Lesquerde.

DOMAINE DES CHÊNES

7, rue du Maréchal-Joffre • 66600 Vingrau
Tél. 04 68 29 40 21 ou 06 87 70 15 87
Fax : 04 68 29 10 91
domainedeschenes@wanadoo.fr
www.domainedeschenes.fr
Visite : Du lundi au vendredi de 9h à 12h et de 14h à 18h.

Alain Razungles, professeur d'œnologie à Montpellier, exploite au pied du cirque de Vingrau un petit domaine familial. Il recherche la netteté aromatique et la franchise des vins. Les rouges sont bien réussis, avec une cuvée La-Carissa d'un raffinement remarqué. Le domaine réalise une gamme de vins doux naturels parfois étonnante mais réussie, que nous vous incitons à découvrir.

CÔTES DU ROUSSILLON LES MAGDALÉNIENS 2010
Blanc | 2013 à 2015 | 12,30 € **15/20**
Mielleux, complexe, très riche, assez long, ici encore un vin de gastronomie plus que d'apéritif, très bien défini et capable de vieillir.

CÔTES DU ROUSSILLON-VILLAGES - TAUTAVEL LA CARISSA 2008
Rouge | 2014 à 2018 | 19,50 € **14/20**
Corsé, charnu, beau bouquet de laurier, vin de soleil qui s'assume !

CÔTES DU ROUSSILLON-VILLAGES GRAND-MÈRES 2009 ☺
Rouge | 2013 à 2017 | 7,80 € **14/20**
Notes d'olive, de figue et de violette, corps généreux, tanin souple, assez fin et prêt à boire.

DOMAINE DU CLOS DES FÉES

69, rue du Maréchal-Joffre • 66600 Vingrau
Tél. 04 68 29 40 00 • Fax : 04 68 29 03 84
info@closdesfees.com • www.closdesfees.com
Visite : Du lundi au vendredi de 9h à 12h et de 14h à 18h et le week-end sur rendez-vous.

Hervé Bizeul, l'agitateur d'idées du Roussillon, perpétuellement en recherche de l'excellence, a encore réalisé une série de vins exemplaires. Un rien classique, un Faune-avec-son-fifre 2010, 80 % cabernet franc et 20 % merlot, offre distinction et longueur en bouche. Les-Sorcières 2010 sont harmonieuses et d'une buvabilité remarquable. Debattre-mon-cœur-s'est-arrêté 2009, issu de sol granitique, est fin et racé. La cuvée Images-Dérisoires 2010, par sa densité, reflète bien l'assemblage des 80 % de tempranillo, de carignan et de syrah. Pour sa part, la Petite-Sibérie 2008, suave, profonde et immensément précise nous a tout simplement bluffés.

CÔTES DU ROUSSILLON-VILLAGES LA PETITE SIBÉRIE 2010
Rouge | 2016 à 2020 | 200 € **17/20**
Grand boisé comme on s'y attend mais tout ici prend une dimension monumentale, le corps, l'étoffe, le gras, le moelleux mais dans des proportions harmonieuses, le pari est gagné et cette cuvée reste le sommet actuel du Roussillon en rouge.

CÔTES DU ROUSSILLON-VILLAGES LE CLOS DES FÉES 2010
Rouge | 2014 à 2020 | 50 € **16/20**
Plein et harmonieux, boisé intégré, tanin dompté par l'élevage, un des vins les plus élégants du secteur, comme d'habitude.

CÔTES DU ROUSSILLON-VILLAGES VIEILLES VIGNES 2010
Rouge | 2014 à 2018 | 25 € **15,5/20**
Grand nez de laurier, richesse en alcool équilibrée par une étonnante acidité, beaucoup de caractère harmonisé par un élevage intelligent.

Vin de pays des Côtes catalanes
Images Dérisoires 2011
Rouge | 2013 à 2015 | 22 € **14,5/20**
Rien n'est dérisoire dans le vin d'un fruité riche et insolent, terminant sur des amers nobles. Beaucoup de classe pour un vin de pays.

LE CLOS DES VINS D'AMOUR

3, route de Lesquerde • 66460 Maury
Tél. 06 14 35 18 89 • Fax : 04 68 34 97 07
maury@closdesvinsdamour.fr
www.closdesvinsdamour.fr
Visite : Sur rendez-vous.

Découverte de l'année, cette propriété de l'Agly, bio certifiée en 2012, dirigée par la famille Dornier, propose des vins à forte individualité dont un blanc sec délicieux, et elle mérite d'être suivie.

Côtes du Roussillon 2011
Blanc | 2012 à 2015 | 9,20 € **15/20**
Léger boisé, vin nerveux, travaillé mais très fin, salin, long, raffiné, très intéressant.

Vin de pays des Côtes catalanes 2010
Rouge | 2013 à 2015 | 7,30 € **14,5/20**
Parfaite expression du Roussillon avec ses notes de cacao, réglisse zan, tendre, agréable, gourmand, très bien vinifié.

COUME DEL MAS

3, rue Alphonse-Daudet • 66650 Banyuls-sur-Mer
Tél. 04 68 88 37 03 • Fax : 04 68 88 37 03
coumedelmas@aliceadsl.fr • www.coumedelmas.com
Visite : Sur rendez-vous au 04 68 88 37 03 ou 06 86 81 71 32

Philippe Gard, ingénieur agronome, connaît les sols de Banyuls comme personne. À la Coume del Mas, il produit des vins de caractère, fins et élégants à l'image de sa cuvée Quintessence 2009, remarquable d'harmonie. Ses collioures 2010 ne sont pas en reste, alliant finesse et énergie.

Banyuls Galateo 2010
Rouge Doux | 2015 à 2022 | 16 € **14,5/20**
Forte couleur, beaucoup de tanin, forte personnalité, un brin sauvage, de l'ampleur.

Banyuls Quintessence 2010
Rouge Doux | 2016 à 2022 | 26 € **17,5/20**
Absolument remarquable par le raffinement de son élevage et la séduction d'une texture satinée à souhait, très long.

Collioure Folio 2010
Blanc | 2013 à 2015 | 16,50 € **15/20**
Boisé intégré, vin très équilibré, gras, long, précis, savoureux, d'usage universel.

MAS CRISTINE

3, rue Alphonse-Daudet • 66650 Banyuls-sur-Mer
Tél. 04 68 88 37 03 • Fax : 04 68 88 92 68
info@tramontanewines.com • www.mas-cristine.fr
Visite : Sur rendez-vous au 04 68 88 92 68 ou 06 86 81 71 32

Rivesaltes 2006
Ambré Doux | 2012 à 2015 | 18 € **14/20**
Type classique, ensemble bien fait, mis dans un bon foudre, assez long, savoureux, avec encore de l'avenir.

DOMAINE DANJOU-BANESSY

1 bis, rue Thiers • 66600 Espira-de-l'Agly
Tél. 04 68 67 53 48 • Fax : 04 68 64 18 04
bendanjou@hotmail.fr
www.domainedanjou-banessy.com
Visite : Sur rendez-vous.

Le domaine familial Danjou-Banessy se situe au cœur même du village d'Espira de l'Agly. Après des études de lettres, c'est en 2001 que Benoît Danjou décide de prendre la suite de son grand-père. Il sort les vignes de la coopération et mentionne artisan-vigneron sur ses bouteilles. Son vignoble est conduit en biodynamie. Nous avons beaucoup apprécié son rivesaltes ambré.

Rivesaltes Rancio 1997
Ambré Doux | 2013 à 2018 | NC **17/20**
Magnifique rancio d'une couleur brune très foncée, au nez noble de raisin de Corinthe, de moka, de datte, incroyablement concentré et riche, très long, encore un trésor méconnu.

DOMAINE DEPEYRE

1, rue Pasteur • 66600 Cases-de-Pène
Tél. 04 68 28 32 19 • Fax : 04 68 28 32 19
brigitte.bile@orange.fr
www.domaine-depeyre-66.com
Visite : Sur rendez-vous.

Ce domaine de 13 hectares, situé dans la vallée de l'Agly, entre Rivesaltes et Maury, possède un terroir volcanique et calcaire, essentiellement composé de marnes et de schistes noirs. Cette diversité apporte de la complexité aux différentes cuvées. Serge

Depeyre et Brigitte Bile y font des vins charmeurs, fruités et d'une grande finesse à l'image de leur cuvée Sainte-Colombe 2009. Remarquable Rubia-Tinctoria 2010.

CÔTES DU ROUSSILLON-VILLAGES
CUVÉE SAINTE-COLOMBE 2009
Rouge | 2013 à 2015 | 15 € **15/20**
Nez séducteur de cerise, belle chair, ensemble séduisant et très intelligemment vinifié.

CÔTES DU ROUSSILLON-VILLAGES
RUBIA TINCTORIA 2010
Rouge | 2014 à 2018 | 18 € **15/20**
La cuvée porte le nom latin du romarin et l'on peut imaginer pourquoi. Ce 2010 délivre un riche bouquet où le laurier, l'olive noire, le romarin et les épices se complètent, avec une chair magnifique et une belle longueur. Recommandé.

VIGNOBLES DOM BRIAL - CAVE DE BAIXAS

14, avenue du Maréchal-Joffre • 66390 Baixas
Tél. 04 68 64 22 37 • Fax : 04 68 64 26 70
contact@dom-brial.com • www.dom-brial.com
Visite : Du lundi au samedi de 8h30 à 12h et de 14h à 18h.

Les Vignobles Dom Brial, créés en 1923, regroupent aujourd'hui 380 coopérateurs qui cultivent 2500 hectares. Le Roussillon a une exceptionnelle capacité à réaliser des vins doux naturels d'anthologie, capables de défier le temps. Dom Brial fait partie de ceux qui ont su garder ces trésors et certains vieux millésimes sont d'anthologie. Les vins tranquilles ont moins de personnalité mais sont très proprement vinifiés.

MUSCAT DE RIVESALTES CHÂTEAU LES PINS 1993
Blanc Doux | 2012 à 2015 | NC **18/20**
Robe ambre profond, d'une luminosité sans égale, une merveille d'ampleur, de délicatesse et une longueur de premier cru classé sauternais, vin magique, défiant le temps.

RIVESALTES 1993
Ambré Demi-sec | 2014 à 2018 | 16 € **16,5/20**
Ambre jaune, rancio rafraîchi par des notes muscatées, grand extrait sec, de la race, de la longueur, caractère demi-sec parfait pour la gastronomie, aérien en fin de bouche, bravo !

CAVE D'ESTAGEL ET MONTNER

Route de Maury • 66310 Estagel
Tél. 04 68 29 00 45 • Fax : 04 68 29 19 80
commercial@agly.fr • www.agly.fr
Visite : En juillet et en août, du lundi au samedi de 9h à 13h et de 15h à 19h; le reste de l'année du mardi au samedi de 9h à 12h et de 14h à 18h.

RIVESALTES CHÂTEAU MONTNER 1996
Ambré Doux | 2013 à 2017 | 7,50 € **16/20**
Étonnant trésor dans une cave où les vins tranquilles pourraient être meilleurs : force de caractère étonnante, bouquet tertiaire complexe, finale pure, longue, réconfortante, beau vin de gastronomie à prix très accessible.

DOMAINE FONTANEL

25, avenue Jean-Jaurès • 66720 Tautavel
Tél. 04 68 29 04 71 • Fax : 04 68 29 19 44
domainefontanel@hotmail.com
www.domainefontanel.com
Visite : De juillet à septembre du lundi au dimanche de 10h à 12h et de 14h à 18h30 et le reste de l'année seulement l'après-midi.

Les 35 hectares du vignoble, composés de sols argilo-calcaires et de marnes schisteuses, sont situés sur les contreforts des Corbières, à Tautavel et Estagel. Pierre et Marie-Claude Fontaneil y produisent des vins riches et denses mais avec de l'équilibre, comme la cuvée Prieuré 2009. Mention spéciale pour l'ambré 2000, tout aussi remarquable que le 1999. Tous les vins présentés étaient de qualité pour ce guide 2013.

CÔTES DU ROUSSILLON-VILLAGES CISTES 2009
Rouge | 2013 à 2016 | 13 € **15/20**
Beau nez de mûre, vin sincère, au terroir affirmé et à l'équilibre irréprochable.

MAURY 2009
Rouge Doux | 2015 à 2019 | 13 € **17/20**
Grand nez de chocolat, magnifique matière, du grand grenache sans violence mais construit de façon monumentale, chaudement recommandé !

MUSCAT DE RIVESALTES L'ÂGE DE PIERRE 1998
Blanc Doux | 2016 à 2020 | 16,50 € **15,5/20**
Nez complexe, associant des notes finement lactiques à toute la gamme des agrumes, du cédrat à l'orange sévillane, long, complexe, savoureux, très beau vin de dessert.

DOMAINE GARDIÉS

Chemin de Montpins • 66600 Espira-de-l'Agly
Tél. 04 68 64 61 16 • Fax : 04 68 64 69 36
domgardies@wanadoo.fr • www.domaine-gardies.fr
Visite : Sur rendez-vous.

Jean Gardiès continue au fil des millésimes à nous surprendre. Homme discret, travailleur de l'ombre, il veille sur son vignoble avec ses équipes, en observant continuellement ses parcelles. Vendangeant à parfaite maturité, il obtient des vins complexes, fins et élégants, comme les Glacières 2010 en blanc, et des rouges de grandes dimensions telle la cuvée Falaise.

Rivesaltes Ambré 1981
Ambré Doux | 2013 à 2018 | NC **14,5/20**
Robe très foncée, très puissantes notes boisées au nez, vanillé confortable, vin large , généreux, sur la marmelade d'orange, un peu facile.

Côtes du Roussillon Les Glacières 2011
Blanc | 2012 à 2013 | NC **16/20**
Fruité gourmand, belles notes de zeste d'orange, allonge savoureuse : bel équilibre sans lourdeur.

Côtes du Roussillon-Villages Les Falaises 2010
Rouge | 2014 à 2020 | NC **16/20**
Puissant, profond et intense, avec un caractère profond et très structuré qui en fait une belle bouteille de garde.

Rivesaltes Cerra 2009
Rouge Doux | 2013 à 2016 | NC **15/20**
Grande couleur, et vin de luxe : le producteur n'a pas lésiné sur l'élevage , mais la matière le vaut bien et la suite en bouche le justifie. Conserver sans crainte quelques années.

DOMAINE GAUBY

Lieu-dit La Muntada • 66600 Calce
Tél. 04 68 64 35 19 • Fax : 04 68 64 41 77
domaine.gauby@wanadoo.fr • www.domainegauby.fr
Visite : Sur rendez-vous.

Gérard Gauby et son fils Lionel se qualifient de paysans vignerons. Le père travaille les vignes pendant que le fils s'occupe de la cave. Biodynamistes convaincus, ils gèrent et soignent leurs vignes avec leurs propres préparations, tisanes et huiles essentielles entre autres. Leur volonté est de se servir de leur environnement. Les vinifications des rouges se font rafles entières, à la bourguignonne. Des vins moins soutenus en couleur mais qui ont gagné en finesse.

Côtes du Roussillon-Villages
La Muntada 2009
Rouge | 2011 à 2025 | 72 € **16,5/20**
Toujours profond et suave, avec une fin de bouche assurée, moins voluptueuse que dans le secteur de Vingrau.

Côtes du Roussillon-Villages
Les Calcinaires 2011
Blanc | 2013 à 2014 | 14 € **15,5/20**
Grande fraîcheur, minéral, tendu, raffiné en fin de bouche sur le cédrat, beaucoup de finesse.

Vin de pays des Côtes catalanes
Coume Gineste 2010
Blanc | 2016 à 2020 | 72 € **18/20**
Le plus grand blanc du Roussillon actuel et peut-être le plus grand roussillon, ensemble époustouflant de finesse, de grâce, de tension et de noblesse de terroir.

CHÂTEAU DE JAU

66600 Cases-de-Pène
Tél. 04 68 38 90 10 • Fax : 04 68 38 91 33
daure@wanadoo.fr • www.chateau-de-jau.com
Visite : En juin et septembre, de 10h à 18h.
De juillet à août, de 10h à 22h. Le reste de l'année, de 9h à 12h et 14h à 17h.

Les vins du château ont perdu beaucoup de leur notoriété et les vignes ne sont pas toutes tenues comme il le faudrait. Les rouges nous ont déçus mais le blanc sec était vraiment recommandable, avec une finesse et une sophistication de caractère rares dans la région.

Côtes du Roussillon 2011
Blanc | 2013 à 2015 | 7,90 € **15,5/20**
Exceptionnel coup de nez sur l'iode, le fenouil, les herbes aromatiques locales, tout en nerf et en intensité de saveur, ce qui en fait un compagnon idéal des grands poissons.

Vin de pays des Côtes catalanes Jaja 2011
Blanc | 2012 à 2012 | 4,75 € **14/20**
Notes espiègles de cédrat, façon vermentino corse, frais, fluide et sans maigreur, aromatique, parfait vin d'été.

MAS KAROLINA

29, boulevard de l'Agly
66220 Saint-Paul-de-Fenouillet
Tél. 06 20 78 05 77 • Fax : 04 68 84 78 30
mas.karolina@gmail.com • www.mas-karolina.com
Visite : Du lundi au vendredi de 10h à 12h et de 15h à 18h. Le week-end sur rendez-vous.

Caroline Bonville est une Bordelaise dynamique qui a abandonné ses terres natales pour s'implanter sur le terroir de Maury. Amoureuse du grenache, elle produit des vins de caractère, généreux et équilibrés. Son maury, dense et épicé, est remarquable d'expression et les autres vins présentés attestent d'une maîtrise du raisin et de la vinification à citer en exemple pour toute la région.

Maury 2010

Rouge Doux | 2014 à 2020 | 13,40 € **17/20**

Excellent fruité, tanin remarquablement harmonieux, beaucoup de race, rivalise en élégance et en personnalité avec les meilleurs portos Vintage.

Vin de pays des Côtes catalanes 2010

Blanc | 2012 à 2014 | 9,80 € **14/20**

Très soigné, jusque dans son intégration du boisé, parfaitement mis en bouteille avec le niveau idéal de CO_2, glissant, apéritif, recommandé.

Vin de pays des Côtes catalanes L'Enverre 2010

Rouge | 2012 à 2014 | 19 € **14/20**

Très charnu, moelleux, velouté, pulpeux même, un vin glissant, savoureux, à boire sans restriction.

CAVE L'ÉTOILE

26, avenue du Puig-del-Mas • 66651 Banyuls-sur-Mer
Tél. 04 68 88 00 10 • Fax : 04 68 88 15 10
info@cave-letoile.com • www.banyuls-etoile.com
Visite : Du lundi au dimanche de 9h30 à 19h30.

Cette petite cave fait partie de la vie de Banyuls et préserve les saveurs traditionnelles des VDN mais aussi des vins tranquilles. Elle amorce une mutation bienvenue vers la modernité, dans les étiquettes mais aussi dans la recherche d'un fruité plus pur et plus immédiatement défini.

Banyuls grand cru Grains d'Étoile 2008

Rouge Doux | 2014 à 2018 | 18,55 € **17/20**

Robe un brin évoluée mais nez complexe, corps parfaitement équilibré, personnalité remarquable, une petite merveille !

Banyuls Select Vieux

Rouge Doux | 2013 à 2017 | 42,50 € **15/20**

Tawny complet, rancio prononcé, caractère à l'ancienne, avec la petite note d'acétate mais sans agressivité.

DOMAINE LA TOUR VIEILLE

12, route de Madeloc • 66190 Collioure
Tél. 04 68 82 44 82 • Fax : 04 68 82 38 42
info@latourvieille.com • www.latourvieille.com
Visite : Tous les jours de 9h à 12h30 et de 15h à 19h.

Le Domaine La Tour Vieille existe depuis 1982, au travers de la reprise de deux domaines familiaux, l'un situé à Collioure et l'autre sur la commune de Banyuls. Restructuré depuis en une douzaine de parcelles, le vignoble est essentiellement implanté sur des coteaux abrupts d'argiles et de schistes surplombant la Méditerranée. L'exposition, l'altitude et l'influence des vents offrent une multitude de nuances à ces vins. L'ensemble des vins produits par Vincent Cantié et Christine Campadieu est l'un des plus expressifs et des plus accomplis de tout le Roussillon.

Collioure La Pinède 2010

Rouge | 2013 à 2015 | 12 € **16/20**

Toucher de bouche raffiné, digne de celui d'un beau pinot noir, fin de bouche subtile et tendre, un délice.

Collioure Puig Oriol 2009

Rouge | 2014 à 2018 | 13 € **16/20**

Puissant, chaleureux, très terroir dans ses notes de zan, grande qualité du tanin, collioure accompli.

Vin de pays des Côtes catalanes Mémoire d'Automne

Blanc | 2015 à 2020 | 15 € les 50 cl **17/20**

Un des plus jolis vins de voile français, remarquable saveur de noix fraîche, grande suite en bouche, rancio presque parfait, idéal sur un grand jambon ibérique. De grâce, continuez !

DOMAINE LAFAGE

Mas Miraflors - Route de Canet • 66000 Perpignan
Tél. 04 68 80 35 82 • Fax : 04 68 80 38 90
contact@domaine-lafage.com
www.domaine-lafage.com
Visite : En été, du lundi au dimanche de 9h30 à 12h30 et de 14h30 à 19h. En hiver, fermé le dimanche et le lundi.

Ce très grand domaine en pleine forme dispose de vignobles cultivés selon les cahiers des charges bio,

dans trois secteurs, l'Agly, les Aspres et la côte maritime de Perpignan. Jean-Marc Lafage et son épouse Éliane Salinas, tous deux œnologues, ont dépassé la phase technologique pour passer à l'expression du terroir et leur discipline de travail fait mouche avec de nombreux vins tous soignés et significatifs.

CÔTES DU ROUSSILLON CENTENAIRE 2011
Blanc | 2012 à 2013 | 12 € **14/20**
Beaux arômes de buis, vin ample, généreux, stylé, fait avec soin.

CÔTES DU ROUSSILLON LÉA 2011
Rosé | 2012 à 2014 | 18 € **16,5/20**
Nouvelle cuvée de luxe crée pour le millésime 2011, et vraiment remarquable de finesse et de pureté, dans un style élancé, rappelant les plus grands provences.

RIVESALTES HORS D'ÂGE
Ambré Doux | 2013 à 2018 | 12 € **16,5/20**
Ambré lumineux, nez complexe et sophistiqué, grande suite en bouche, salé et malté, devrait intéresser un cuisinier inventif de talent !

CAVE COOPÉRATIVE DE LATOUR DE FRANCE

66720 Latour de France
Tél. 04 68 29 11 12
scv.magasin@wanadoo.fr
Visite : Du lundi au samedi de 9h à 12h et de 14h à 18h.

RIVESALTES GRENAT 2007
Rouge liquoreux | 2012 à 2014 | 7,10 € **15/20**
Le plus harmonieux des grenats de notre dégustation, notes d'épices et de cèdre fort racées au nez, ensemble droit, précis, accompli, vivement recommandable.

MAS DE LAVAIL

RD 117 - Km 4 - Route d'Estagel • 66460 Maury
Tél. 04 68 59 15 22 • Fax : 04 68 29 08 95
masdelavail@wanadoo.fr • www.masdelavail.com
Visite : Du lundi au samedi de 10h30 à 12h30 et de 15h30 à 19h. Le dimanche matin sur rendez-vous.

Située entre Maury et Estagel, la propriété de la famille Batlle est menée en viticulture raisonnée, vendanges manuelles et labour des parcelles sont de rigueur. Les vins de mieux en mieux faits on du caractère et de la suite en bouche.

CÔTES DU ROUSSILLON-VILLAGES TRADITION 2010
Rouge | 2013 à 2017 | 7 € **14/20**
Notes de bois brûlé au nez, onctuosité très «grenache» en bouche, alcoolisé mais bien dans son terroir, sincère.

VIN DE PAYS DES CÔTES CATALANES EGO 2011
Rouge | 2013 à 2014 | 13 € **14,5/20**
Belle expression de carignan maîtrisé, onctueux, pur, tanin fin, épicé comme il faut, facile à boire.

DOMAINE LE ROC DES ANGES

2, place de l'Aire • 66720 Montner
Tél. 04 68 29 16 62 • Fax : 04 68 29 45 31
rocdesanges@wanadoo.fr • www.rocdesanges.com
Visite : Sur rendez-vous.

Marjorie Gallet est installée sur les schistes gris de Montner. Son domaine, Le Roc des Anges, fait partie des nouvelles références du Roussillon. Le blanc sec Iglesa-Vella 2010, issu de vieilles vignes de grenache gris, exprime superbement sa minéralité. En rouge, la cuvée Segna-de-Cor 2009 est surprenante d'harmonie et d'équilibre.

CÔTES DU ROUSSILLON VIGNES MÉTISSÉES 2011
Rosé | 2014 à 2018 | 16 € **14,5/20**
Vignes de complantation, vin frais, gourmand, complexe, original, plus épicé que fruité mais nuancé par des notes d'agrumes, beaucoup de tension en fin de bouche.

CÔTES DU ROUSSILLON-VILLAGES SEGNA DE COR 2010
Rouge | 2014 à 2018 | 13,80 € **15,5/20**
Tout en souplesse, finesse, délicatesse, grande précision dans l'extraction du tanin, facile à boire dès sa naissance, mérite son succès !

VIN DE PAYS DES CÔTES CATALANES 1903 2010
Rouge | 2013 à 2016 | 33 € **17/20**
Robe bleu nuit, le plus délicat et le plus élégant des carignans (malgré sa puissance) que nous connaissions, texture parfaite, aucune animalité, que du fruit rouge et du réglisse, adaptation idéale au terroir et au climat.

VIN DE PAYS DES CÔTES CATALANES LAS TRABASSERES
Rouge | 2012 à 2014 | 50 € **14,5/20**
Grande matière, tanin ferme, original, finesse moyenne mais caractère à revendre !

VIN DE PAYS DES PYRÉNÉES-ORIENTALES 2011

Blanc | 2013 à 2014 | NC **15,5/20**

Beaucoup de charme aromatique, notes de foin coupé, de miel de fleurs et d'agrumes, finale très pure, précis et subtil.

DOMAINE MADELOC

1 bis, avenue du Général-de-Gaulle • 66650 Banyuls-sur-Mer
Tél. 04 68 88 38 29 • Fax : 04 68 88 04 65
domaine-madeloc@wanadoo.fr
www.domainespierregaillard.com
Visite : Du lundi au vendredi de 10h30 à 12h30 et de 14h à 19h.

Pierre Gaillard reprend en 2002 ce domaine de 29 hectares aux multiples facettes et y applique des méthodes révolutionnaires pour Banyuls de conduite de la vigne, inspirée de son travail en Côte Rôtie. Les parcelles proches de la mer, ouvertes aux vents marins, apportent beaucoup de fraîcheur aux blancs et aux rosés, celles situées en fond de vallée, plus chaudes, sont plus propices à la production des vins doux naturels. Belle réussite en 2010 pour le rosé Foranell, suave et équilibré.

BANYULS CIRERA 2009

Rouge Doux | 2015 à 2019 | 20 € **17,5/20**

Admirable nez de cuir, de violette et d'épices, sur le chocolat noir en bouche, grande persistance, grande allure, un régal !

COLLIOURE CRESTALL 2008

Rouge | 2015 à 2020 | 22 € **15,5/20**

Grand nez complexe, avec les notes poivrées de belles syrahs, long et avec du style, et de l'avenir.

DOMAINE DU MAS BLANC

9, avenue du Général-de-Gaulle
66650 Banyuls-sur-Mer
Tél. 04 68 88 32 12 • Fax : 04 68 88 72 24
domainemasblanc@free.fr
www.domainedumasblanc.com
Visite : Du lundi au vendredi de 9h à 12h et de 14h à 18h. Le week-end et les jours fériés sur rendez-vous.

COLLIOURE COSPRONS LEVANTS 2009

Rouge | 2015 à 2020 | 18,50 € **15/20**

Seul vin du domaine présenté et excellent, avec une complexité aromatique liée à la qualité de ses syrahs, et un ensemble visant au grand vin sans en avoir toute la pureté. Cette cuvée mérite d'être attendue.

DOMAINE MAS CRÉMAT

66600 Espira-de-l'Agly
Tél. 04 68 38 92 06 • Fax : 04 68 38 92 23
mascremat@mascremat.com • www.mascremat.com
Visite : Du lundi au samedi de 8h30 à 12h et de 14h à 18h30. Le dimanche sur rendez-vous.

Christine et son frère, Julien Jeannin, font partie de la branche des Mongeard-Mugneret qui a abandonné Échezaux, Richebourg et autres Clos-Vougeot pour la vallée de l'Agly en Roussillon. Leur domaine, situé sur un très beau terroir de schistes noirs, produit grâce à leur sensibilité et leur compétence des vins tout en fraîcheur et simplicité.

CÔTES DU ROUSSILLON LA YOSE 2010

Blanc | 2016 à | 7,90 € **15/20**

Robe paille, remarquable expression des cépages locaux, notes de fenouil au nez, vin gras, terminant sur les fruits blancs, très bien vinifié.

VIN DE PAYS DES CÔTES CATALANES
SENTINELLES 2010

Blanc | 2012 à 2013 | 14 € **13,5/20**

Robe jaune appuyée, bouche recherchée avec des notes d'abricot et un début de caramélisation du raisin, spécial, savoureux, mais ne plaira pas à tous.

DOMAINE MODAT

Le Plas • 66720 Cassagnes
Tél. 04 68 54 39 14 ou 06 11 64 40 38
pmodat@domaine-modat.fr
www.domaine-modat.com
Visite : De juin à septembre, du lundi au samedi de 8h à 12h et de 13h à 17h. Sinon, sur rendez vous.

Philippe Modat compense l'ingratitude de son métier de greffier au Tribunal de Commerce par une autre, en redonnant vie à ses terres sauvages de gneiss de Caramany, avec l'aide de son infatigable régissseur Laurent Abet. Viticulture irréprochable, vinifications respectueuses, beaucoup d'intelligence et de modernité au service de la tradition et de l'authenticité, tout cela est bien trop rare mais diablement réconfortant. Les vins de 2010 n'ont pas été présentés lors de notre dégustation comparative à l'aveugle et donc nous referons le point l'an prochain.

CÔTES DU ROUSSILLON-VILLAGES - CARAMANY
COMME AVANT 2008

Rouge | 2012 à 2016 | NC **14,5/20**

Vin agréable dans sa conception, jouant la carte du fruit.

DOMAINE MUDIGLIZA

20, rue de Lesquerde • 66220 Saint-Paul-de-Fenouillet
Tél. 06 79 82 03 46 ou 04 68 35 01 99
masmudigliza@neuf.fr • www.masmudigliza.fr
Visite : Sur rendez-vous.

Dimitri Glipa, d'origine bordelaise, s'est installé en 2006 au cœur des Fenouillèdes, entre les gorges de Galamus et le château cathare de Quéribus. Ses vins produits à 350 mètres d'altitude sont denses et généreux. Un domaine à suivre.

Côtes du Roussillon Symbiosis 2008
Rouge | 2011 à 2015 | 19 € 14/20
Très coloré et énergique, avec une note marquée de laurier, bonne acidité, reste complexe et vivant.

Maury 2009
Rouge Doux | 2013 à 2019 | 15 € 16/20
Robe noire, remarquable maturité du raisin, formidable suavité du tanin, vin de très grand caractère.

Vin de pays des Côtes catalanes 2011
Blanc | 2012 à 2014 | 5 € 13/20
Vin gras, arôme amusant de cédrat et clémentine, fin de bouche sur la fleur d'oranger, original et sympathique.

CHÂTEAU DE L'OU

Route de Villeneuve • 66200 Montescaut
Tél. 04 68 54 68 67 • Fax : 04 68 54 68 67
chateaudelou66@orange.fr • www.chateau-de-lou.fr
Visite : Du lundi au vendredi de 14h à 18h. Le reste du temps sur rendez-vous.

Vin de pays des Côtes catalanes
Velours Noir 2010
Rouge | 2013 à 2015 | 25 € 14/20
Beaucoup de matière, de mâche et de suite en bouche, ambitieux par son élevage mais réussi, vin de fort caractère.

DOMAINE PAGÈS-HURÉ

2, allée des Moines • 66740 Saint-Génis des Fontaines
Tél. 04 68 89 82 62
pages-hure@free.fr
Visite : En été du lundi au samedi de 9h à 12h30 et de 16h à 19h.

Collioure 2009
Rouge | 2012 à 2014 | 12 € 14,5/20
Robe noire, texture confite, beaucoup de caractère et de sincérité, excellent rapport qualité-prix.

DOMAINE DE LA PERDRIX

Traverse de Thuir • 66300 Trouillas
Tél. 04 68 53 12 74 • Fax : 04 68 53 52 73
contact@domaine-perdrix.com
www.domaine-perdrix.com
Visite : Du lundi au samedi de 10h à 12h30 et de 15h30 à 18h30.

Côtes du Roussillon 2009
Rouge | 2012 à 2014 | NC 13,5/20
Rond, mûr, onctueux, léger parfum de gentiane, agréable à boire mais pas trop «terroir».

Vin de pays des Côtes catalanes 2011
Blanc | 2012 à 2014 | NC 15/20
Beaucoup de miel au nez, vin long, savoureux, complexe, au terroir fortement marqué, vraiment recommandable.

DOMAINE PIÉTRI GÉRAUD

22, rue Pasteur • 66190 Collioure
Tél. 04 68 82 07 42 • Fax : 04 68 98 02 58
domaine.pietri-geraud@wanadoo.fr
Visite : Du lundi au samedi de 9h à 12h et de 14h à 19h. Ouvert le dimanche en été.

Banyuls cuvée Méditerranée 2010
Rouge Doux | 2012 à 2014 | 16 € 15/20
Robe délicate, corps élégant, mutage précis et équilibrant, long, très agréable.

Collioure Sine Nomine 2010
Rouge | 2013 à 2014 | 12 € 14/20
Beau nez typé de cacao, ample, puissant, traditionnel, tanin ferme, attendre encore un an.

DOMAINE POUDEROUX

2, rue Émile-Zola • 66460 Maury
Tél. 04 68 57 22 02 • Fax : 04 68 57 11 63
domainepouderoux@orange.fr
www.domainepouderoux.fr
Visite : Sur rendez-vous.

Situé sur le terroir de Maury, avec sa géologie particulière faite de schistes noirs et de marnes schisteuses sur argiles rouges, ce domaine produit

des vins savoureux et puissants. La-Mouriane 2008, en Côtes du Roussillon-Villages, est élégante et raffinée. Le maury hors d'âge nous transporte par son aromatique généreuse.

Côtes du Roussillon-Villages Terre Brune 2008
Rouge | 2013 à 2016 | 15,5 € **13,5/20**
Simple, droit, sincère, sur le cacao, à point mais pas aussi diversifié en bouquet que d'autres.

Maury Vendange 2010
Rouge Doux | 2015 à 2020 | 14,5 € **15/20**
Beaucoup de générosité de matière, bon équilibre de mutage, assez harmonieux dans son tanin, vin de forte personnalité, avec du style.

Maury Vendange Mise Tardive 2006
Rouge Doux | 2013 à 2018 | 17 € **14,5/20**
Coloré, riche, équilibré, tanin intégré, un peu moins complexe et recherché sur le plan aromatique que les tout meilleurs, mais très bien fait.

DOMAINE DE RANCY

11, rue Jean-Jaurès • 66720 Latour-de-France
Tél. 04 68 29 03 47 • Fax : 04 68 29 03 47
info@domaine-rancy.com • www.domaine-rancy.com
Visite : Du lundi au samedi de 10h à 12h30 et de 15h à 19h30. Le dimanche de 10h à 12h30.

Brigitte Verdaguer et son mari Jean-Hubert, spécialistes des vins doux ambrés hors du temps, cultivent avec passion la vingtaine d'hectares de ce domaine situé sur la commune de Latour de France. Les parcelles sont labourées avec l'aide d'un cheval. Cette année, nous avons particulièrement apprécié l'Ambré 1998 et ses notes complexes de noix et de rancio.

Rivesaltes 1998
Ambré Doux | 2013 à 2018 | 16 € **16/20**
Robe brune, nez spécial type vin de paille, très concentré, splendides amers en finale, serré, tendu, porte bien son nom de Rancy, et parfait sur une crème... catalane !

Rivesaltes cuvée Delphine 1982
Ambré Doux | 2012 à 2015 | 40 € **16/20**
Un monstre de concentration, nez ultra puissant et indompté, avec des notes étranges dans leur union de pneumatique brûlé et d'orange amère, de noix, de figue, de gomme de vieil arbre, écorce de chêne, terre mouillée, et nous en passons, incroyablement long, du très grand rustique !

DOMAINE DE LA RECTORIE

65, avenue du Puig-Delmas • 66650 Banyuls-sur-Mer
Tél. 04 68 88 13 45 • Fax : 04 68 81 02 42
larectorie@wanadoo.fr ou pierreparfe@orange.fr
www.la-rectorie.com
Visite : Du lundi au samedi de 10h à 12h et de 16h à 19h.

La Rectorie («le presbytère» en catalan) est réputée pour ses banyuls et ses collioures de grande qualité. Toujours à la recherche de l'excellence, les frères Parcé viennent de produire, en hommage à leur arrière grand-mère, gérante du domaine pendant un demi-siècle, Thérèse-Reig, un vin muté sur grain à la bouche onctueuse, suave et élégante.

Collioure Côté Mer 2011
Rosé | 2012 à 2015 | 14 € **15/20**
Robe légèrement orangée, arômes marins intenses, plein, savoureux, salin en finale, tout ce qu'on attend.

CLOS DEL REY

7, rue Barbusse • 66460 Maury
Tél. 04 68 59 15 08
closdelrey@wanadoo.fr

Autre révélation de nos dégustations : ce beau domaine, dirigé par Jacques Montagné et qui bénéficie des conseils amicaux de Jean-Luc Thunevin, produit des rouges complets, exprimant avec netteté la force de leur origine. Nous suivrons leur évolution.

Côtes du Roussillon-Villages La Sabina 2010
Rouge | 2014 à 2018 | 8,50 € **15/20**
Robe noire, beaucoup de force d'expression, ensemble plein, mûr, savoureux et de garde, bref : exemplaire.

DOMAINE DE ROMBEAU

Pierre-Henri de La Fabrègue • 66600 Rivesaltes
Tél. 04 68 64 35 35 • Fax : 04 68 64 64 66
contact@domaine-de-rombeau.com
www.domaine-de-rombeau.com

Le domaine de Rombeau, c'est d'abord une ferme auberge restaurant, la table la plus populaire de Perpignan, immense cantine où l'on se régale du meilleur de la tradition gastronomique catalane. Pierre de la Fabregue, aristocrate rondouillard et épicurien est le plus généreux des hôtes et veille à ce que les vins du domaine viticole adjacent soient aussi savoureux que sa cuisine, et il y réussit. Une étape indispensable en Roussillon.

Côtes du Roussillon-Villages Château Rombeau 2010
Rouge | 2014 à 2018 | 7,50 € 14,5/20
Excellent boisé, de type moka, même si ce n'était pas obligatoire, excellent équilibre, vin de caractère mais bien travaillé, au goût moderne.

Côtes du Roussillon-Villages Élise 2009
Rouge | 2014 à 2018 | 14 € 15/20
Intelligemment boisé, harmonieux, riche, savoureux, du beau vin de gibier fait par quelqu'un qui sait manger...

Côtes du Roussillon-Villages Élise 2008
Rouge | 2015 à 2018 | 14 € 15/20
Autre millésime et même séduction, boisé grillé, texture voluptueuse, beaucoup d'allonge, texture de velours, du plaisir dans le verre.

Rivesaltes Grande Réserve
Ambré liquoreux | 2014 à 2019 | 16 € 16/20
Grand rancio plein de caractère, sur la figue, le raisin sec de Corinthe, belle amertume, vin de belle gastronomie, étonnant.

DOMAINE ROSSIGNOL

Route de Villemolaque • 66300 Passa
Tél. 04 68 38 83 17 • Fax : 04 68 38 83 17
domaine.rossignol@free.fr • www.domaine.rossignol.fr
Visite : Du lundi au samedi de 9h30 à 12h30
et de 15h à 19h.

Rivesaltes 2006
Ambré Doux | 2013 à 2016 | 9 € 15/20
Robe ambre lumineux, grand nez boisé et malté, ensemble associant l'abricot et l'eau-de-vie de noyau, long, savoureux, recherché, à connaître !

SABARDA

Rue de la Fou - ZA Le Réal
66220 Saint Paul de Fenouillet
domainesducourd@orange.fr
www.domainesabarda.fr

Domaine du secteur de Fenouillède dans l'Agly, repris par un jeune vigneron, Thomas Ducourt, dont on suivra avec intérêt l'évolution. Pour le moment, le rouge 2010 nous a plu par son assurance de style.

Côtes du Roussillon-Villages 2010
Rouge | 2013 à 2015 | NC 14/20
Précis, équilibré, très facile à boire mais sans démagogie, utile modernisation du caractère local sans sacrifier à l'empreinte du terroir.

DOMAINE SAINT-SÉBASTIEN

10, avenue Fontaulé • 66650 Banyuls-sur-Mer
Tél. 04 68 88 30 14 • Fax : 04 68 88 30 14
contact@domaine-saint-sebastien.com
www.domaine-saint-sebastien.com
Visite : Du lundi au dimanche de 10h à 13h
et de 14h à 19h.

Les vignes en terrasses, cultivées manuellement, forment un amphithéâtre face à la mer, remontant jusqu'aux crêtes des Albères, à 400 mètres d'altitude. Les vins les plus ambitieux portent la mention Inspiration : Inspiration-Marine, où les notes iodées et une belle fraîcheur de bouche apportent beaucoup d'élégance au rouge 2009, et Inspiration-Minérale, vif et énergique pour le blanc 2010. Le jeune Romuald Peronne, tout feu tout flamme, et assez monsieur-je-sais-tout, va encore certainement progresser.

Collioure Empreintes 2010
Rouge | 2013 à 2015 | NC 14,5/20
Belle maturité du raisin, ensemble plein de vitalité, pas encore harmonieux ou épanoui mais prometteur car le tanin est élégant.

Collioure Inspiration Céleste 2010
Rouge | 2013 à 2015 | NC 14,5/20
Beau raisin mûr, corps ample, texture onctueuse, assez long, très bien fait.

DOMAINE SANAC

3, rue Pasteur • 66740 Saint-Génis-des-Fontaines
Tél. 04 68 89 80 61
domainesanac@wanadoo.fr • www.domainesanac.com
Visite : Du lundi au vendredi de 10h à 12h et de 16h à 19h. Fermeture le samedi après-midi et le dimanche.

Rivesaltes 2003
Ambré liquoreux | 2012 à 2015 | 7,80 € 14/20
Pas vraiment ambre mais rubis, qu'importe, la matière est imposante et le rancio fort agréable et complexe.

DOMAINE SARDA-MALET

Mas Saint-Michel - Chemin de Sainte-Barbe
66000 Perpignan
Tél. 04 68 56 72 38 • Fax : 04 68 56 47 60
info@sarda-malet.com • www.sarda-malet.com
Visite : Sur rendez-vous.

Implanté sur la commune de Perpignan, le Domaine Sarda-Malet a montré la voie de la haute qualité en Roussillon. Jérôme Malet y produit des vins qui sont raffinés sans concentration extrême. L'Insouciant 2007 en est un bel exemple, ce pur grenache exprime le fruit d'une manière énergique et généreuse, sans lourdeur. La cuvée du Terroir-de-Mailloles, tant en blanc qu'en rouge, reste l'une des valeurs les plus sûres du secteur si chaud de la plaine de Rivesaltes.

Côtes du Roussillon Terroir de Mailloles 2011
Blanc | 2013 à 2015 | 23 € **16/20**
Très recherché au nez, avec des notes de melon et d'agrumes, ultra mûr, sensation de moelleux et de léger sucre mais absolument pas gênante car intégrée à la matière, vin de grande gastronomie.

Côtes du Roussillon Terroir de Mailloles 2008
Rouge | 2013 à 2015 | 23 € **14/20**
Boisé vanillé un peu insistant mas corps complet, texture onctueuse et finale chaleureuse, un classique du secteur.

Muscat de Rivesaltes 2011
Blanc Doux | 2013 à 2014 | 11 € **14/20**
Joli nez sur l'ananas, les agrumes, avec un rien d'exotisme et d'amertume, mais bien plus complexe et original que la plupart.

DOMAINE DES SCHISTES

1, avenue Jean-Lurçat • 66310 Estagel
Tél. 04 68 29 11 25 • Fax : 04 68 29 47 17
sire-schistes@wanadoo.fr
www.domaine-des-schistes.com
Visite : Sur rendez-vous.

Ce vignoble, situé au cœur de la vallée de l'Agly, sur les communes d'Estagel, Tautavel et Maury, possède un terroir composé d'éboulis calcaire et de schistes gris et noirs. Jacques Sires et son fils Mickaël y produisent des vins modernes, avant tout équilibrés, denses et généreux en fruits.

Côtes du Roussillon 2011 ☺
Blanc | 2012 à 2013 | 14 € **13,5/20**
Fruité généreux, un rien bonbon, vin droit, assez fin, apéritif, très propre.

Côtes du Roussillon-Villages Tradition 2010
Rouge | 2011 à 2016 | 8 € **14/20**
Bouche tendre et parfums élaborés, plus subtils que la moyenne, sur les épices, tanin sans lourdeur.

Maury La Cerisaie 2009
Rouge Doux | 2014 à 2018 | 13 € **16/20**
Excellent style, vin puissant, harmonieux, beaucoup d'élan, long, racé, excellente modernisation du type.

Rivesaltes Solera
Ambré Doux | 2013 à 2018 | 14 € **16/20**
Ambre parfait, nez concentré, assez riche en sucre, beaux amers, vigoureux, facile à comprendre et honteusement méconnu.

Vin de pays des Côtes catalanes Rancio sec NM
Blanc | 2012 à 2019 | 15 € les 50 cl **17/20**
Encore une spécialité plus intéressante et racée que tous les blancs normaux dégustés, grande sève, admirable arôme complexe où le foudre neuf joue son rôle, long, vraiment remarquable, dans le style d'un grand palo cortado !

DOMAINE SINGLA

4, rue de Rivoli • 66250 Saint-Laurent-de-la-Salanque
Tél. 04 68 28 30 68 • Fax : 04 68 28 30 68
laurent@domainesingla.com • www.domainesingla.com
Visite : Sur rendez-vous.

Laurent de Besombes Singla a repris depuis une dizaine d'années la propriété familiale, composée d'une cinquantaine d'hectares certifiés en agriculture biologique depuis 2006. Jouant avec ses deux terroirs, le premier en bord de mer sur des sols argilo-calcaire et le second plus chaud sur des calcaires dans les Aspres, il élabore une gamme de vins gourmands et aromatiques. Mais le domaine excelle surtout par ses vins doux naturels, parmi les plus accomplis de France.

Côtes du Roussillon La Crinyane 2010
Rouge | 2014 à 2018 | 17 € **15/20**
Robe noire, ensemble ambitieux, complexe, complet au nez et en bouche avec toujours l'olive, la violette, la cerise, comme dans les beaux maurys.

Côtes du Roussillon-Villages Castell Vell 2009
Rouge | 2014 à 2017 | 17 € **14,5/20**
Bien construit, équilibré, savoureux, très «terroir», très authentique, sans sophistication d'élevage que la matière mérite peut-être.

Côtes du Roussillon-Villages Mataro 2010
Rouge | 2013 à 2018 | 16 € **14/20**
Nez sauvage mais bien local avec du cuir, de l'olive, du laurier et peut-être la force du mourvèdre dont mataro est le nom catalan. Vin de caractère !

Rivesaltes Héritage du Temps - 30 ans ☺
Ambré Doux | 2013 à 2018 | 39 € **16/20**
Robe ambre clair, tout en finesse et équilibre, moins spectaculaire mais plus universel d'emploi, un très beau produit.

DOMAINE DES SOULANES

Mas de las Frédas - CD69 • 66720 Tautavel
Tél. 04 68 29 12 84
daniel.laffite@nordnet.fr • www.domaine-soulanes.com
Visite : Sur rendez-vous.

Maury Hors d'Âge
Rouge Doux | 2012 à 2016 | 25 € **17/20**
Vin tout à fait étonnant, au rancio parfaitement abouti, très savoureux, long et vivant, finissant sur le menthol, un vrai trésor à découvrir sans trop l'ébruiter...

Vin de pays des Côtes catalanes 2011 ☺
Rouge | 2013 à 2014 | NC **13,5/20**
Robe bleu noir, bon fruit de cerise et de prune, large en bouche mais net, fort agréable.

LES VIGNERONS DE TERRATS TERRASSOUS

46, avenue des Corbières • 66302 Terrats
Tél. 04 68 53 02 50 • Fax : 04 68 53 23 06
contact@terrassous.com • www.terrassous.com
Visite : Du lundi au samedi de 8h30 à 12h et de 14h à 18h30.

Ne serait-ce que pour son sublime rivesaltes si bien nommé l'Héritage, et plus encore les vieux Château-Mossé, cette cave vaudrait la visite. Mais le rouge Villare-Juliani ne manque pas de typicité.

Côtes du Roussillon Villare Juliani 2011
Rouge | 2013 à 2015 | 7,50 € **14/20**
Beaucoup de sève, style traditionnel au terroir bien marqué, fait pour le marcassin.

Rivesaltes Château Mosse 1948 ☺
Ambré Doux | 2012 à 2016 | NC **19/20**
On atteint ici les plus hauts sommets mondiaux du rancio, la robe est redevenue verte, sa luminosité est sublime, le coup de nez fumé et salé est génial, réconciliant justement le sel et l'amer, la persistance défie les minutes ! Le 1932 commence à montrer de l'âge...

Rivesaltes L'Héritage 1974
Ambré Doux | 2015 à 2020 | NC **18,5/20**
Nez d'une beauté et d'une complexité inimaginable, sur l'abricot, l'orange, le malt et le sel, immense matière, générosité merveilleuse, grande longueur, un futur vin culte...

LES TERRES DE FAGAYRA

2, place de l'Aire • 66720 Montner
Tél. 04 68 29 16 62
www.terresdefagayra.com
Visite : Sur rendez-vous.

Stéphane Gallet, mari de Marjorie, du Roc des Anges, après avoir quitté le Mas Amiel, avec la rude expérience d'un vignoble alors nouveau pour lui, s'est installé à son compte, et immédiatement a produit certains des maurys les plus originaux et les plus accomplis de notre époque, nés d'une viticulture impeccable et d'une vinification qui ne laisse rien au hasard.

Maury Fagayra 2010
Rouge Doux | 2014 à 2022 | 28 € **17/20**
Grande puissance et onctuosité, du très beau grenache, de l'avenir et du caractère à revendre !

Maury Fagayra 2010
Blanc Doux | 2013 à 2018 | 28 € **15,5/20**
Nez pur, frais, sur les agrumes, équilibre remarquable, vin accompli, pouvant servir de modèle de style.

THUNEVIN-CALVET

Avenue Jean-Jaurès - Rond-Point Est • 66460 Maury
Tél. 04 68 51 05 57 • Fax : 04 68 59 17 28
contact@thunevin-calvet.fr • www.thunevin-calvet.fr
Visite : Du lundi au samedi de 9h30 à 12h30 et de 14h30 à 18h30.

L'association entre Jean-Luc Thunevin, du Château Valandraud à Saint-Émilion, et Jean-Roger Calvet, viticulteur de Maury, date de 2001. Aujourd'hui, la propriété compte 60 hectares de vignes, réparties sur des sols argilo-calcaires, des marnes schisteuses et du granite offrant fraîcheur et acidité. Ces vins de grande ampleur gagnent au fil des années en finesse et en élégance. La cuvée Trois-Marie 2008 s'exprime avec beaucoup de générosité et a encore gagné en un an.

Côtes du Roussillon-Villages Hugo 2008
Rouge | 2014 à 2018 | 30 € **15/20**
Interprétation moderne et réussie du terroir de l'Agly, grand volume de bouche, riche bouquet de cacao mais tanin délié et aucune lourdeur de fin de bouche, beaucoup d'énergie, beau vin de gastronomie.

Côtes du Roussillon-Villages
Les Trois Marie 2008
Rouge | 2013 à 2018 | 100 € **17/20**
L'autre sommet du Roussillon avec la petite Sibérie, du sang de vigne, au noir profond, texture et mâche formidables, dignes d'un grand châteauneuf, force et harmonie, bravo !

Maury 2008
Rouge Doux | 2015 à 2020 | 20 € **15,5/20**
On sent la présence du foudre mais les notes de cacao sont bien présentes, l'ensemble large, très tannique, tout en puissance devrait s'affiner dans les deux prochaines années.

Maury 2007
Rouge Doux | 2012 à 2018 | 25 € **18/20**
Merveilleuse classe, vin complet, généreux, suave, arrivé à parfaite maturité, long, irrésistible !

VIGNERONS DE TRÉMOINE ET RASIGUERES

66720 Rasiguères
Tél. 04 68 29 11 82 • Fax : 04 68 29 16 45
contact@tremoine.com • www.tremoine.com
Visite : Du lundi au samedi de 8h à 12h et de 14h à 18h; fermé les dimanches et jours fériés.

Sans doute la meilleure cave coopérative du Roussillon, à en juger par la moyenne de qualité des vins présentés. Une taille encore humaine, un directeur remarquablement fin et politique mais exigeant et bon pédagogue, et certains des terroirs les plus nobles du secteur de Rasiguères et Latour de France. Pris angéliques pour les meilleurs VDN.

Côtes du Roussillon-Villages
Château Planèze 2009
Rouge | 2013 à 2018 | 9,20 € **15,5/20**
Magnifique nez de violette, réglisse, harmonie idéale pour la région, tanin fin, terroir noble, vivement recommandé à moins de 10 euros !

Côtes du Roussillon-Villages
Loubet de Sceaury 2010
Rouge | 2012 à 2016 | 6 € **14,5/20**
Arômes complexes et élégants, sur le laurier et la cerise, tanin bien extrait, texture de terroir de race, très bien vinifié. Grand rapport qualité-prix !

Côtes du Roussillon-Villages
Moura Lympany 2009
Rouge | 2014 à 2018 | 6,70 € **14,5/20**
La cuvée porte le nom d'une grande pianiste qui a vécu dans ce village au paysage précieux : le vin est excellent, harmonieux, avec la sûreté d'élaboration propre à la cave.

DOMAINE DE VÉNUS

13, avenue Jean-Moulin
66220 Saint-Paul-de-Fenouillet
Tél. 04 68 59 18 81 • Fax : 04 68 59 18 81
domainedevenus@aliceadsl.fr
www.domainedevenus.com
Visite : Sur rendez-vous.

Situé à Saint-Paul-de Fenouillet, ce domaine de 15 hectares, fondé par une dizaine d'amis, regroupe une quarantaine de parcelles sur un terroir de schistes noirs. En blanc, l'Effrontée 2009, qui n'en a bien que le nom, offre une cuvée ample et généreuse aux notes de fleurs blanches. Le rosé 2010 est friand et rafraîchissant. Les rouges sont toujours sur la finesse et la gourmandise.

Côtes du Roussillon 2011
Rosé | 2012 à 2014 | 7 € **13/20**
Vin très net, arômes réservés de fruits rouges et d'épices douces, sincère, terminant sur de délicats amers, ne pas boire trop frais.

Côtes du Roussillon 2007
Rouge | 2013 à 2015 | NC **14/20**
Robe noire, nez épicé, boisé intégré, texture assez serrée , tannins fermes mais sans dureté. Sérieusement constitué.

Côtes du Roussillon-Villages Les Démons 2008
Rouge | 2013 à 2016 | NC **14,5/20**
Un peu plus de finesse dans les épices au nez. Belle tension, texture serrée, jolie vin de garde.

Maury 2010
Blanc liquoreux | 2013 à 2016 | 13,50 € **13,5/20**
Très pâle, limpide, pur et propre, technique mais respectueux du raisin, bonne suite en bouche.

DOMAINE VIAL MAGNÈRES

Clos Saint-André - 14, rue Edouard-Herriot
66650 Banyuls-sur-Mer
Tél. 04 68 88 31 04 • Fax : 04 68 88 02 43
al.tragou@orange.fr
Visite : Sur rendez-vous.

Ce très traditionnel domaine de Banyuls, avec ses 10 hectares de schistes proches du littoral, maintient haut les valeurs du VDN et ses vins nous ont impressionnés par leur personnalité et leur fidélité au terroir. Le public devrait leur accorder un accueil beaucoup plus large et enthousiaste.

Banyuls Al Tragou 1983 1986
Ambré Doux | 2013 à 2020 | 86,40 € **18/20**

Immense vin et perfection du type tawny avec ses reflets jaunes, un nez sublime à l'espagnole (il rappelle quelques grands amontillados), et surtout une longueur impressionnante, renforcée par un petit départ d'acétate. Quelle honte que ce type de vin soit si méconnu !

Banyuls grand cru Rimatge 2008
Rouge Doux | 2012 à 2018 | 28 € **14,5/20**

Très coloré, riche, un rien réduit, puissant mais bien sculpté.

Banyuls Rivage 2008
Blanc Doux | 2014 à 2018 | 17,50 € **14/20**

Beaucoup de caractère, épicé, grillé, mielleux, riche en liqueur, plus large que fin.

DOMAINE VIDAL

2, rue Pierre Lefranc • 66390 Baixas
Tél. 04 68 64 51 46
www.domainevidal.com

Côtes du Roussillon Sensations 2011
Blanc | 2013 à 2015 | NC **15/20**

Beau nez de foin coupé, du style, de la longueur, de la complexité et de la fraîcheur, excellent vin du secteur de Baixas.

CAVE ARNAUD DE VILLENEUVE

153, route départementale 900 • 66600 Rivesaltes
Tél. 04 68 64 06 63 • Fax : 04 68 64 64 69
contact@caveadv.com • www.arnauddevilleneuve.com
Visite : De juillet à août, du lundi au samedi de 9h à19h. De mai à août le dimanche de 9h à12h. Hors saison dlundi au samedi de 9h à 12h et de 14h à19h. Les groupes (>10 personnes) prendre rendez-vous.

Rivesaltes Flacon 1969
Ambré Doux | 2013 à 2018 | 82 € **17/20**

Un seul vin à chérir dans la large gamme de cette coopérative rivesaltienne, ce flacon d'anthologie, aux notes de rancio fruité étonnantes de contraste, entre le coing et le tilleul, mais aussi la cerise, les épices et les agrumes.

CHÂTEAU WIALA

3, rue de la Glacière • 11350 Tuchan
Tél. 04 68 45 49 49 • Fax : 04 68 45 92 13
contact@chateau-wiala.com • www.chateau-wiala.com
Visite : Du lundi au dimanche de 16h à 20h.

Cette propriété de Fitou nous a impressionnés avec son muscat-de-rivesaltes, d'une ampleur et d'une harmonie vraiment rares de nos jours dans cette appellation.

Muscat de Rivesaltes NM
Blanc liquoreux | 2012 à 2020 | 10 € **15/20**

Robe jaune avancée, magnifique caractère muscat au nez et en bouche, généreux, vraiment fait à partir de raisins mûrs et sans sollicitation technologique. Vivement recommandé.

La sélection Bettane et Desseauve pour la Savoie et le Bugey

La Savoie et le Bugey

On aurait tort de limiter les vins de Savoie à l'accompagnement roboratif des fondues après une rude journée de ski. Ses vins blancs d'altesse et de roussette rivalisent avec les meilleurs de France et quelques artistes façonnent des mondeuses capables de soutenir la comparaison avec de belles syrahs du nord du Rhône.

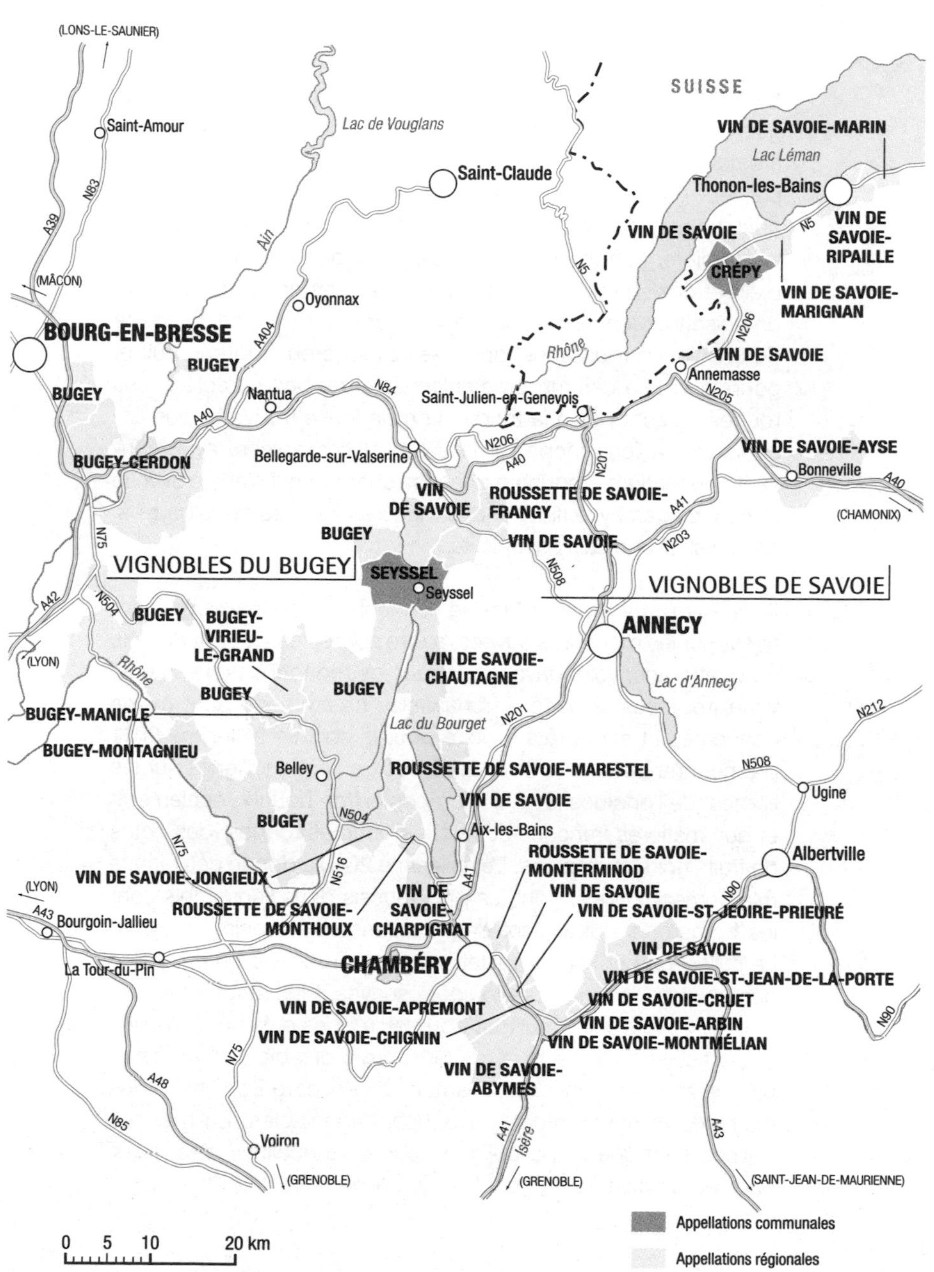

VIGNOBLES DU BUGEY
VIGNOBLES DE SAVOIE
SUISSE
(LONS-LE-SAUNIER)
Saint-Amour
Lac de Vouglans
Saint-Claude
VIN DE SAVOIE-MARIN
Lac Léman
Thonon-les-Bains
VIN DE SAVOIE-RIPAILLE
VIN DE SAVOIE
CRÉPY
VIN DE SAVOIE-MARIGNAN
(MÂCON)
Oyonnax
BOURG-EN-BRESSE
BUGEY
Rhône
VIN DE SAVOIE
Annemasse
Nantua
Saint-Julien-en-Genevois
BUGEY-CERDON
Bellegarde-sur-Valserine
VIN DE SAVOIE-AYSE
Bonneville
VIN DE SAVOIE
ROUSSETTE DE SAVOIE-FRANGY
(CHAMONIX)
SEYSSEL
Seyssel
ANNECY
BUGEY-VIRIEU-LE-GRAND
(LYON)
VIN DE SAVOIE-CHAUTAGNE
Lac d'Annecy
BUGEY-MANICLE
Lac du Bourget
BUGEY-MONTAGNIEU
Belley
ROUSSETTE DE SAVOIE-MARESTEL
Ugine
Aix-les-Bains
Albertville
VIN DE SAVOIE-JONGIEUX
ROUSSETTE DE SAVOIE-MONTERMINOD
ROUSSETTE DE SAVOIE-MONTHOUX
VIN DE SAVOIE-CHARPIGNAT
VIN DE SAVOIE-ST-JEOIRE-PRIEURÉ
Bourgoin-Jallieu
La Tour-du-Pin
CHAMBÉRY
VIN DE SAVOIE-ST-JEAN-DE-LA-PORTE
VIN DE SAVOIE-APREMONT
VIN DE SAVOIE-CRUET
VIN DE SAVOIE-ARBIN
VIN DE SAVOIE-CHIGNIN
VIN DE SAVOIE-MONTMÉLIAN
VIN DE SAVOIE-ABYMES
Isère
Voiron
(GRENOBLE)
(SAINT-JEAN-DE-MAURIENNE)
0 5 10 20 km
Appellations communales
Appellations régionales

L'actualité des millésimes

Eldorado perdu du vin. Savoie comme Bugey peuvent se targuer de n'être ni copiés ni égalés. Paradis insoupçonné des amateurs de blancs, la jacquère autant que l'altesse brillent par leur grâce et leur finesse, lorsqu'elles sont sublimées par quelque magicien de la vinification et du terroir. La minéralité de la première, sa fraîcheur, son aisance, répondent au caractère plein et chaleureux de la seconde, avec ses notes de coing et de noisette. Mention spéciale pour le cru Marestel, en roussette de Savoie. La roussanne, appelée ici bergeron, imprime fruit et gourmandise à des matières enlevées et de bon caractère. Les rouges ne sont pas à la traîne : la mondeuse trouve ici des accents rhodaniens rappelant la syrah et ses épices, avec souvent une matière croquante et assez charnue qui s'affine avec le temps. Le gamay, enfin, sur des matières fraîches et pulpeuses, sait afficher une saine simplicité.

Jeunes premiers. Si les vins se vendent très jeunes, ils gagnent aussi, sur les meilleures cuvées, à être appréciés au bout de trois ou quatre ans, voire davantage pour les mondeuses. Les secs, voire très secs, à base de chasselas notamment, sont moins concernés et sont prêts à boire pour la soif. Le millésime 2011 promet une belle minéralité, avec des trames longilignes sur les blancs, de l'onctuosité et un bon confort de bouche également, et des matières franches et fraîches pour les rouges, des notes de fruits noirs et d'épices. Le millésime 2010 a donné des blancs relativement acides, dont les plus réussis dans l'ensemble sont les bergerons, qui avaient déjà surclassé leurs pairs en 2009. Le millésime conciliait en effet volume et rondeur, un caractère généreux et des matières toujours suaves. Plus strict à ses débuts, le 2010 s'affine, surtout pour les rouges et les mondeuses en particulier. Une petite garde leur sera profitable. Les meilleurs blancs affichent, en altesse autant qu'en bergeron, de belles maturités et des conforts de bouche indéniables. Enfin si ces régions sont une étape obligée pour leurs qualités, c'est aussi pour leurs prix, très abordables, que l'on fera le détour.

MEILLEURS VINS TOUTES CATÉGORIES

Gilles Berlioz
Roussette de Savoie El Hem, blanc 2010

Domaine Louis Magnin
Vin de Savoie - Arbin mondeuse Tout un Monde, rouge 2008

Jacques Maillet
Roussette de Savoie Autrement, blanc 2010

Dominique Belluard
Vin de Savoie Le Feu, blanc 2010

LE BONHEUR TOUT DE SUITE

Dominique Belluard
Vin de Savoie Ayse Mousseux Mont-Blanc Brut Zéro, brut 2008

Jacques Maillet
Vin de Savoie Le P'tit Canon, blanc 2011

Domaine du Cellier des Cray
Vin de Savoie - Chignin-Bergeron, blanc 2010

Domaine du Cellier des Cray
Vin de Savoie, mondeuse Traditionnelle, rouge 2011

Domaine André et Michel Quénard
Vin de Savoie - Chignin Vieilles Vignes, blanc 2011

Domaine Jean-Pierre et Jean-François Quénard
Vin de Savoie - Chignin, blanc 2011

Domaine Grisard
Vin de Savoie - Cruet, blanc 2011

MEILLEURS VINS À MOINS DE 7 €

Domaine de Rouzan
Vin de Savoie - Apremont cuvée Sélection, blanc 2009

Domaine André et Michel Quénard
Vin de Savoie - Chignin Vieilles Vignes, blanc 2011

Domaine Pascal et Annick Quénard
Vin de Savoie - Chignin, blanc 2011

Domaine André et Michel Quénard
Vin de Savoie - Chignin, blanc 2011

MEILLEURS BLANCS

Gilles Berlioz
Roussette de Savoie El Hem, blanc 2010

Jacques Maillet
Roussette de Savoie Autrement, blanc 2010

Dominique Belluard
Vin de Savoie Le Feu, blanc 2010

Gilles Berlioz
Vin de Savoie - Chignin Chez Odette, blanc 2010

Domaine Louis Magnin
Roussette de Savoie, blanc 2010

Domaine du Cellier des Cray
Vin de Savoie - Chignin-Bergeron Raimpoupou, blanc 2010

MEILLEURS VINS ROUGES

Domaine Louis Magnin
Vin de Savoie - Arbin mondeuse Tout un Monde, rouge 2008

Gilles Berlioz
Vin de Savoie mondeuse La Deuse, rouge 2010

Les Fils de Charles Trosset
Vin de Savoie - Arbin mondeuse Confidentiel, rouge 2010

Jacques Maillet
Vin de Savoie - Chautagne mondeuse, rouge 2010

Domaine du Cellier des Cray
Vin de Savoie mondeuse Marie-Clotilde, rouge 2011

MEILLEURS EFFERVESCENTS

Dominique Belluard
Vin de Savoie Ayse Mousseux Mont-Blanc Brut Zéro, brut 2008

Domaine Rondeau
Bugey Pétillant Cerdon Méthode Ancestrale, rosé demi-sec non millésimé

Maison Yves Duport
Bugey Mousseux Montagnieu Méthode Traditionnelle, brut 2010

DOMINIQUE BELLUARD

283, route de Chevenaz • 74130 Ayze
Tél. 04 50 97 05 63 • Fax : 04 50 25 79 66
domainebelluard@wanadoo.fr • www.domainebelluard.fr
Visite : Sur rendez-vous.

Chantre du cépage oublié, le gringet, une variété endémique dont il ne reste que vingt hectares dans le monde, Dominique Belluard s'est fait une spécialité des vinifications en blanc depuis 1988. Discret, peu avide de louanges, il cultive à Ayse un peu plus de dix hectares, convertis à la biodynamie depuis 2001. Les vins n'ont pas été dégustés collégialement sur place mais lors d'un salon de vignerons bios à Paris. Ils nous avaient fait très bonne impression, voilà pourquoi nous les signalons ici aux amateurs de blancs purs et effilés.

VIN DE SAVOIE AYSE MOUSSEUX MONT-BLANC BRUT ZÉRO 2008 ☺
Blanc Brut eff. | 2012 à 2015 | 12 € **16/20**
Encore du gringet ! Et pour quel résultat ! Un non dosé impeccable de netteté, droit comme un i, filant comme une lame de rasoir. Aucune austérité là-dedans toutefois, mais une grande salinité et une bulle légère et allègre.

VIN DE SAVOIE GRINGET 2010
Blanc | 2012 à 2015 | 8,40 € **15,5/20**
Arômes noisetés, bouche grasse et charnue, de grand caractère.

VIN DE SAVOIE LE FEU 2010
Blanc | 2012 à 2020 | 16 € **16,5/20**
La grande cuvée de gringet du domaine, produite sur un seul terroir à dominante d'argiles rouges, à 400 mètres d'altitude. Très eau de roche, grande pureté minérale, sur les agrumes et les fruits blancs, finale énergique et persistante de grande tenue.

GILLES BERLIOZ

Le Viviers - Cedex 4000 • 73800 Chignin
Tél. 04 79 28 00 51 • Fax : 04 79 71 58 80
domainegillesberlioz@wanadoo.fr
Visite : Sur rendez-vous.

Voilà vingt ans que Gilles Berlioz est passé du métier de paysagiste à celui de vigneron. La biodynamie a pris le pas depuis cinq ans et le vignoble est porté à 4 hectares. Ce choix radical a été motivé par l'envie de bien faire et de tout maîtriser de A à Z. Le but est largement atteint aujourd'hui car les vins, vinifiés selon le mode «un terroir égale une cuvée», sont magistralement aboutis, purs, minéraux, délicats. Revers de la médaille : les 2010 dégustés au domaine sont déjà épuisés mais les 2011 suivent !

ROUSSETTE DE SAVOIE EL HEM 2010
Blanc | 2012 à 2020 | 17 € **17/20**
Le coing à plein nez, très mûr, un confort de bouche extra, avec des notes épicées, de confit, de poivre et de clou de girofle. Énorme puissance gainée dans une tension saline. Sphérique et tranchant à la fois, la réconciliation des extrêmes.

VIN DE SAVOIE - CHIGNIN CHEZ ODETTE 2010
Blanc | 2012 à 2018 | 13 € **16/20**
C'est Odette qui loue la vigne, une parcelle à 50 % de déclivité. Très exotique, beurre frais, confit, truffe blanche aussi, avec un jus dense et coulant, de grand volume.

VIN DE SAVOIE MONDEUSE LA DEUSE 2010
Rouge | 2012 à 2020 | 22 € **16/20**
La mondeuse en argot, cette deuse affiche au compteur. Nez profond de prune cuite, de fruits noirs écrasés, de zan, de cassis. Les épices suivent en bouche. Frais, friand, de grande allonge avec une finale caressante. Matière dense sans aucune aspérité.

DOMAINE DU CELLIER DES CRAY

Le Viviers • 73800 Chignin
Tél. 04 79 28 00 53 • Fax : 04 79 28 00 53
adrienberlioz@hotmail.com
Visite : Sur rendez-vous.

Le jeune Adrien Berlioz, cousin de Gilles Berlioz, s'est installé en 2006 sur les coteaux de Chignin. Intègre et pointilleux, Adrien Berlioz va jusqu'au bout de sa démarche bio, n'hésitant pas à abandonner une bonne parcelle lorsque le voisin d'à côté empiète largement avec ses traitements... Les cuvées, nombreuses, portent toutes des noms à coucher dehors, mais que l'on retiendra vite lorsqu'on y aura goûté : éclat et finesse pour les blancs, fraîcheur et profondeur pour les rouges caractérisent ces vins produits à petits volumes. La relève est en marche.

VIN DE SAVOIE - CHIGNIN-BERGERON 2010 ☺
Blanc | 2012 à 2015 | 10 € **15/20**
Une belle roussanne, tendre, avec une pointe de miel et d'agrumes en finale. Joli corps svelte et élégant.

VIN DE SAVOIE - CHIGNIN-BERGERON RAIMPOUPOU 2010
Blanc | 2012 à 2018 | 15 € **16/20**
Nom d'un ancien radis occitan, ce vin charnu affiche une matière crémeuse, de bon relief avec beaucoup de tonus. Pointe anisée, finesse et finale de belle amertume complètent le tableau.

VIN DE SAVOIE MONDEUSE MARIE-CLOTILDE 2011
Rouge | 2012 à 2022 | 15 € **16/20**
Encore jeune, sur les herbes coupées, le poivre blanc. Allonge et puissance. Encore austère, il faudra l'attendre, le carafer et le réserver à une belle côte de bœuf.

VIN DE SAVOIE MONDEUSE TRADITIONNELLE 2011 ☺
Rouge | 2012 à 2016 | 10 € **15/20**
Épices, cassis, fruits noirs, trame tendre et de bon volume. Une jolie mondeuse qu'on n'hésitera pas à carafer.

DOMAINE DUPASQUIER

Aimavigne • 73170 Jongieux
Tél. 04 79 44 02 23 • Fax : 04 79 44 03 56
veronique.dupasquier@wanadoo.fr
Visite : Sur rendez-vous.

David et Véronique ont repris les rênes du domaine familial situé sur les contreforts pentus du mont de la Charvaz, sur la commune de Jongieux. C'est là, à quelque 300 mètres d'altitude, que se perche le cru Marestel. Les 14 hectares de vignes, dont 60 % plantés en blanc - et 3,6 hectares en Marestel -, sont vinifiés parcelle par parcelle et traditionnellement assemblés en une fois. Notre préférence va au marestel, ce cru magnifique qui porte la roussette à sa plus haute expression. Le reste de la gamme est de simple expression, proposé à des prix largement accessibles.

ROUSSETTE DE SAVOIE MARESTEL 2008
Blanc | 2012 à 2016 | 10,50 € **14/20**
Une belle cuvée, sur le coing et un accent miellé agréable. Minéral, fin, dense. Il faudra confirmer avec le 2009 qui arrive.

VIN DE SAVOIE JACQUÈRE 2010
Blanc | 2012 à 2014 | 5,60 € **13/20**
Jacquère sur la pêche blanche, assez acidulé, friand. Pour la soif, sans être très étoffé.

DOMAINE DUPORT ET DUMAS

Pont Bancet • 01680 Groslee
Tél. 04 74 39 75 19 • Fax : 04 74 39 70 05
duportdumas.vinsdubugey@orange.fr
Visite : Sur rendez-vous.

Jean-Philippe Dumas, aidé par son beau-père Jacques Duport, a quitté la propriété familiale et créé en 1996 ce domaine situé sur les éboulis calcaires de Groslée. Si roussette et mondeuse réussissent bien, le chardonnay et le pinot noir, issus du Clos du Colombier à l'arrière du domaine, donnent des résultats intéressants après un élevage sur lies de 9 mois en fûts. Il faut encore affiner les matières, mais le caractère est là.

BUGEY CHARDONNAY CLOS DU COLOMBIER 2010
Blanc | 2012 à 2015 | 7 € **13,5/20**
Le Clos du Colombier est une parcelle précoce où le raisin mûrit bien. En effet très mûr au nez, anisé, ce vin a gardé quelques sucres résiduels qui, sans l'alourdir, lui donnent un accent miellé et de coing. Un blanc charnu, ample, énergique.

BUGEY PINOT NOIR CLOS DU COLOMBIER 2010
Rouge | 2012 à 2015 | 7 € **13/20**
Manque un peu de chair et de densité. Dans un style simple et agréable.

CHÂTEAU DE MÉRANDE

450, chemin des Moulins • 73800 Arbin
Tél. 04 79 65 24 32 • Fax : 04 79 65 24 32
domaine.genoux@wanadoo.fr • www.domaine-genoux.fr
Visite : Du lundi au vendredi de 9h à 12h et de 14 à 19h.

Les frères Genoux, André et Daniel, ont relancé l'exploitation en s'associant il y a dix ans, ils ont alors racheté et entièrement rénové la splendide forteresse du XIIe siècle qui fait office de caveau. Souhaitant réserver le nom «Domaine Genoux» à leur marque de grande distribution, ils mettent en avant le Château de Mérande, des vins bien calibrés, soignés, axés sur les mondeuses. Depuis 2008, Yann Pernuit a rejoint l'aventure en tant qu'associé. Sous son impulsion, le vignoble de 12 hectares est converti à la biodynamie, le millésime 2012 sera certifié Ecocert.

ROUSSETTE DE SAVOIE SON ALTESSE 2010
Blanc | 2012 à 2015 | 10 € **14,5/20**
Bouche tendre, tension saline, pureté des arômes, coing, pêche cuite, léger confit.

VIN DE SAVOIE - ARBIN MONDEUSE
LA BELLE ROMAINE 2010
Rouge | 2012 à 2016 | 10 € **14,5/20**
Première cuvée de mondeuse, cette Belle-Romaine est plus suave que le 2009. Fruits frais, cassis, épices douces, un rouge juteux, sans aspérité.

VIN DE SAVOIE - CHIGNIN-BERGERON
LE GRAND BLANC 2010
Blanc | 2012 à 2015 | 12 € **14/20**
Vin de bon confort, sur des notes miellées, bien mûres, suave et confortable.

DOMAINE GIACHINO

Chemin du Mimoray-la-Pallud • 38530 Chapareillan
Tél. 04 76 92 37 94 • Fax : 04 76 92 37 94
giachino.frederic@orange.fr • domaine-giachino.fr
Visite : Sur rendez-vous.

Lors de la dégustation, avec des échantillons présentés pris sur cuve (millésime 2011), notre préférence va clairement aux blancs. Il faudra continuer de suivre ce domaine familial, converti à l'agriculture biologique en 2006 et aujourd'hui géré par les frères David et Frédéric Giachino. Le vignoble est largement orienté vers la jacquère, avec six hectares sur les neuf plantés.

VIN DE SAVOIE - ABYMES MONFARINA 2011
Blanc | 2012 à 2015 | 8,50 € **14/20**
Notes florales, corps de bon aloi, bon jus, encore sur la poire à ce stade de la dégustation, tension et relief s'installent.

VIN DE SAVOIE PRIMITIF 2011
Blanc | 2012 à 2014 | 8,50 € **14/20**
Sans être très complexe, un jus salin et tendu, de bon confort. Estampillé vin «nature», titrant 9°, et c'est louable, attention toutefois à la garde.

EDMOND JACQUIN ET FILS

Le Haut • 73170 Jongieux
Tél. 04 79 44 02 35 • Fax : 04 79 44 03 05
jacquin4@wanadoo.fr
www.domaine-edmond-jacquin.com
Visite : Du lundi au samedi de 8h à 12h et de 14h à 18h. Le dimanche après-midi sur rendez-vous.

Patrice et Jean-François Jacquin assurent la relève du père Edmond, sur les pendes abruptes du terroir de Jongieux. L'altesse est ici reine, et le domaine ne se prive pas d'y consacrer une grande part, sur les 34 hectares que compte le vignoble. Le cru Marestel notamment est l'un de leurs fers de lance. À suivre !

VIN DE SAVOIE - JONGIEUX GAMAY 2010
Rouge | 2012 à 2015 | 6,40 € **13/20**
Bon jus, tendre et suave, avec du tonus et un fruit parfaitement exprimé. Salivant et souple.

VIN DE SAVOIE - JONGIEUX JACQUÈRE 2011
Blanc | 2012 à 2015 | 5,40 € **14/20**
Arômes de pêche blanche, fruit mûr et croquant, relief de bouche agréable.

DOMAINE LA COMBE DES GRAND'VIGNES

Le Viviers • 73800 Chignin
Tél. 04 79 28 11 75 • Fax : 04 79 28 16 22
contact@chignin.com • www.chignin.com
Visite : Lundi au samedi, 8h à 12h et 14h à 19h

Les frères Denis et Didier Berthollier ne ménagent pas leur peine à reconquérir les coteaux abrupts, privilégiant le bergeron et la jacquère, leurs cépages principaux. Le vignoble compte 11 hectares, dont de vertigineuses parcelles plantées plein sud face au massif de la Chartreuse, sur des pentes atteignant au sommet 55 % de déclivité. Ces versants de roche dure et d'éboulis calcaires sont bien entendu assez chers à exploiter... Les vins nous ont séduits par leur style aimable et savoureux, très suave. À suivre !

VIN DE SAVOIE - CHIGNIN VIEILLES VIGNES 2010
Blanc | 2012 à 2015 | 5,90 € **13/20**
Un jacquère charnu, agréable, d'abord simple mais aimable, qui sans être très complexe ni très long, affiche une jolie trame.

VIN DE SAVOIE - CHIGNIN-BERGERON
SAINT-ANTHELME 2008
Blanc | 2012 à 2020 | cav. 15,30 € **14/20**
Nez bien ouvert, de coing, d'ananas confit, mentholé. Bouche de bon volume, où le bois se fait encore sentir (18 mois d'élevage). Style replet et étoffé. Finale étirée par de beaux amers.

VIN DE SAVOIE MONDEUSE 2010
Rouge | 2012 à 2015 | 7,20 € **13/20**
Légères épices, sans aspérité, jus friand sans être complexe, fleuri. Facile à boire, sans attendre.

DOMAINE LOUIS MAGNIN

90, chemin des Buis • 73800 Arbin
Tél. 04 79 84 12 12 • Fax : 04 79 84 40 92
louis.magnin@wanadoo.fr • www.domainelouismagnin.fr
Visite : Sur rendez-vous.

Louis et Béatrice Magnin sont devenus des incontournables du vignoble savoyard, représentant sa plus haute expression. Partis de 4 hectares en 1978, ils en cultivent le double aujourd'hui, dont plus de la moitié plantés en mondeuse et bergeron, leurs fers de lance, le tout converti à la biodynamie depuis 2007. Les vins sont d'une grande pureté et surtout d'une grande régularité année

après année. Une constance dont on peut rapidement se rendre compte en passant au domaine puisque les Magnin gardent toujours quelques anciens millésimes pour leurs clients. Les rouges traduisent une grande intelligence de l'élevage et des terroirs.

Roussette de Savoie 2010
Blanc | 2012 à 2020 | 18 € **16/20**
Nez exotique, des notes de mangue et de coing, légèrement miellé. Les cinq grammes de résiduel donne un tour très gourmand à ce vin élégant, de bon volume, élevé uniquement en cuve. Un charme fou !

Vin de Savoie - Arbin mondeuse 2010
Rouge | 2012 à 2020 | 13 € **15,5/20**
Fruitée, concentrée, une mondeuse fraîche et épicée, avec de la chair et de la tension.

Vin de Savoie - Arbin mondeuse Tout un Monde 2008
Rouge | 2012 à 2028 | 18 € **16,5/20**
Anciennement appelée vieilles-vignes, puisque issue de plants centenaires, cette cuvée élevée en partie en demi-muids pendant 18 mois offre une grande complexité et beaucoup d'énergie. Prune cuite, olive noire, tanins très enveloppés, chair fine et juteuse, tout y est.

Vin de Savoie - Chignin-Bergeron 2008
Blanc | 2012 à 2015 | 13 € **15/20**
Un bergeron gras, traversé d'une grande tension, très cristallin dans sa définition. Relief et caractère salivant. Finale très fraîche.

JACQUES MAILLET

Venaise Dessus • 73310 Serrières-en-Chautagne
Tél. 04 79 63 74 56 • Fax : 04 79 63 74 56
jacques-maillet@orange.fr
Visite : Sur rendez-vous.

Le verbe haut et la pugnacité assurée, ce moustachu indépendant poursuit son petit bonhomme de chemin avec brio. Difficile à atteindre - son terroir se niche dans les replis de Chautagne - il faut aller le trouver en pleins labours, le cheval à la main. Mais l'on ne sera pas déçu du voyage : ses vins (quatre rouges et trois blancs) ont un charme fou, une pureté cristalline à toute épreuve, un fruit profond. À peine plus de quatre hectares répartis sur deux parcelles (le Cellier des Pauvres, sur grès purs, et les Vignes du Seigneur, surplombant le Rhône) ont été défrichés à la main. Arrivé en 1988 avec sa R5 et sa tronçonneuse, cet ancien éducateur originaire de Chignin est d'abord passé par la case coopérative avant de prendre le large et de faire «Autrement»... sa première cuvée. En biodynamie depuis 2003 (non revendiqué), ses vins sans soufre ne sont «surtout pas passés en fûts» précise-t-il, vendus entre dix et vingt euros.

Roussette de Savoie Autrement 2010
Blanc | 2012 à 2020 | 17 € **16,5/20**
Nez de coing et de noisette. Complexité énorme en bouche, avec une grande tension minérale malgré un léger résiduel. Finale de châtaigne et de coing, légèrement miellée. Un régal.

Vin de Savoie - Chautagne mondeuse 2010
Rouge | 2012 à 2022 | 18,50 € **16/20**
Une mondeuse sur l'élégance, aux tanins raffinés, tout en velours. Issue de vignes préphylloxériques centenaires.

Vin de Savoie Le P'tit Canon 2011
Blanc | 2012 à 2015 | 12 € **15/20**
Assemblage de jacquère et d'altesse, ce blanc gras et charnu sort des replis de l'appellation. Et alors ? C'est fort bon, joyeux, coulant.

DOMAINE ANDRÉ ET MICHEL QUÉNARD

Torméry - Cedex 210 • 73800 Chignin
Tél. 04 79 28 12 75 • Fax : 04 79 28 19 36
am.quenard@wanadoo.fr
Visite : Sur rendez-vous.

Les Quénard père et fils ont les pieds en pente, dans les cailloux du coteau de Torméry, sur le piémont du massif des Bauges. Ce terroir, le plus au sud de Chignin, impressionne par sa déclivité, qui peut atteindre 60 %, et par ses calcaires grisâtres déboulant de la montagne. Ce domaine familial de 24 hectares a largement privilégié la roussanne. Michel le père avait déjà défriché pour en planter. Aujourd'hui son fils Guillaume, qui l'a rejoint depuis trois ans, suit la tendance tout en imprimant son propre style, diminuant au passage le sulfitage. Posé et réfléchi, le garçon veille particulièrement à récolter sain et très mûr, intervenant peu par la suite lors des vinifications. Le résultat est au rendez-vous, les vins droits, équilibrés, sans esbroufe. De surcroît raisonnables en termes de prix, ce qui ne gâche rien.

Vin de Savoie - Chignin 2011
Blanc | 2012 à 2015 | 5 € **14/20**
Un jacquère frais, simple et avenant, avec des notes de pamplemousse rose. Élevé sur lies fines, il conserve un perlant naturel.

Vin de Savoie - Chignin mondeuse Vieilles Vignes 2009
Rouge | 2012 à 2015 | 8,50 € **15/20**
Suave, long et épicé, avec des notes lardées et fumées, de cassis et de cuir frais. Bon relief de bouche, mordant, longiligne, ferme sans excès.

Vin de Savoie - Chignin Vieilles Vignes 2011 ☺
Blanc | 2012 à 2016 | 6 € **14,5/20**
Sur des sols d'éboulis calcaires, caillouteux jusqu'à la roche mère, ce blanc nerveux et frais, de grande maturité, affiche un côté large, sur la noisette et l'orange amère. Bonne allonge.

Vin de Savoie - Chignin-Bergeron Le Grand Rebossan 2010
Blanc | 2012 à 2020 | 13 € **15/20**
Passée en foudres pendant un an, cette cuvée produite depuis 2005 affiche plus d'ambition. De joli grain, ample, avec une grande trame effilée, légèrement abricotée, elle reste très minérale, marquée par les agrumes, avec de beaux amers sur la finale.

DOMAINE JEAN-PIERRE ET JEAN-FRANÇOIS QUÉNARD

Caveau de la Tour-Villard • 73800 Chignin
Tél. 04 79 28 08 29 • Fax : 04 79 28 18 92
j.francois.quenard@wanadoo.fr • www.jfquenard.com
Visite : Sur rendez-vous.

Jean-François Quénard a pris la suite de son père en 1987, après un diplôme d'œnologue à Dijon. Les cinq hectares d'origine ont été élargis par fermage pour arriver à 17 hectares aujourd'hui. Avec son épouse Catherine, il gère le domaine en bon père de famille, se méfiant des excès. C'est pourquoi il a préféré une voie médiane, l'agriculture raisonnée, qui lui permet de travailler ses différentes parcelles au cas par cas. La jacquère est arrachée au profit du bergeron et de l'altesse, qu'affectionne particulièrement Jean-François Quénard. Comme les années précédentes, le chignin-bergeron au-Pied-des-Tours sort du lot.

Roussette de Savoie Anne-Sophie 2010
Blanc | 2012 à 2020 | 11,60 € **15,5/20**
Très large, épaulée par un élevage d'un tiers en fûts très bien conduit, cette roussette est dans la continuité des précédentes. Style gras, miellé, charnu. Acidité rafraîchissante en finale.

Roussette de Savoie Anne-Sophie 2009
Blanc | 2012 à 2019 | 11,60 € **15,5/20**
Miel, pâte de coing, une roussette large et profonde, portée par le millésime. Bouche opulente étirée par de beaux amers.

Vin de Savoie mondeuse Élisa 2011
Rouge | 2012 à 2020 | 11,60 € **15,5/20**
Encore un vin dégusté avant mise, les cuvées passant vite de main ici ! Accents de cassis, de graphite, d'épices légères, style plutôt délicat, avec des tanins polis et beaucoup de finesse. Bon potentiel de garde.

DOMAINE PASCAL ET ANNICK QUÉNARD

Le Villard • 73800 Chignin
Tél. 04 79 28 09 01 • Fax : 04 79 28 13 53
pascal.quenard.vin@wanadoo.fr
Visite : Du lundi au samedi de 9h à 12h et de 14h à 19h.

Installé au Villard depuis 1987, Pascal Quénard a repris le vignoble de son père Raymond il y a cinq ans et lui a adjoint les trois hectares qu'il cultivait de son côté. Le vignoble ainsi réuni compte aujourd'hui 8 hectares. La gamme courte (sept vins) et cohérente est autant convaincante que peu onéreuse. Les blancs, malolactique faite, offrent une bon confort de bouche et beaucoup de gourmandise. Les deux mondeuses cherchent la finesse et le floral, avec réussite.

Vin de Savoie - Chignin 2011
Blanc | 2012 à 2015 | 6 € **14,5/20**
Délicat, fin, de bon confort, cette jacquère très enrobée et grasse conserve malgré tout une belle finale sur les agrumes.

Vin de Savoie - Chignin Vieilles Vignes 2011
Blanc | 2012 à 2018 | 7 € **15/20**
Rond et fruité, issu de vignes plantées en 1903, ce blanc profond est gourmand et réjouissant. Une petite garde ne lui sera pas désagréable.

Vin de Savoie mondeuse L'Étoile de Gaspard 2010
Rouge | 2012 à 2018 | 10 € **15/20**
Très fin, aux épices assagies, davantage sur le floral et les fruits frais. Beaucoup de croquant en bouche. Un joli vin de fraîcheur, au corps svelte.

LES FILS DE RENÉ QUÉNARD

Le Villard • 73800 Chignin
Tél. 04 79 28 01 15 • Fax : 04 79 28 18 98
fils.rene.quenard@wanadoo.fr • www.lesfilsderenequenard.com
Visite : De 9h à 12h et de 14h à 18h.

Après le rachat du domaine en 2008 par Claire Taittinger, associée au négociant Philippe Viallet, il a fallu reconstruire un style et une image. La dégustation des 2010 a confirmé ce nouvel élan, nous avons particulièrement apprécié les chignin-bergerons. Le domaine compte 18 hectares sur Chignin, dont les deux tiers plantés de roussanne.

Vin de Savoie - Chignin mondeuse 2010
Rouge | 2012 à 2016 | 9 € **14/20**
Classique, coulant, frais, ce rouge de très bon aloi offre une bouche épicée, de bon équilibre, avec de légers amers en finale.

Vin de Savoie - Chignin-Bergeron La Cigale 2010
Blanc | 2012 à 2016 | 14,50 € **14,5/20**
Style délicat tout en fraîcheur et en finesse pour cette autre roussanne de bon équilibre, avec une excellente finale, très minérale.

DOMAINE RONDEAU

Hameau de Cornelle • 01640 Boyeux-Saint-Jérôme
Tél. 04 74 37 12 34
bernard.rondeau01@orange.fr
Visite : Sur rendez-vous.

Bernard Rondeau s'est installé à la fin des années 1990 dans le Bugey avec cinq hectares. Il est devenu en quelques millésimes le spécialiste reconnu du Cerdon, une méthode ancestrale rosée réalisée à partir de poulsard, gamay et mondeuse. Une originalité à cultiver.

Bugey Pétillant Cerdon Méthode Ancestrale NM
Rosé Demi-sec eff. | 2012 à 2014 | 6,30 € **14/20**
Couleur framboise bien soutenue, annonçant une bouche gourmande de fruits rouges. La fraise des bois domine avec joliesse et entrain. Belle finesse d'ensemble.

DOMAINE DE SOLÉYANE

Le Chenay • 01300 Parves
Tél. 04 79 81 32 58 • Fax : 04 79 81 32 58
domainedesoleyane@orange.fr
www.domaine.soleyane.free.fr
Visite : Sur rendez-vous.

Olivier et Marie-Hélène Lelièvre ont franchi le pas en 2004, s'installant à Parves, sur les hauteurs de Belley, dans le Bugey. Tous deux œnologues, originaires du Sud-Ouest, ils n'ont pas choisi la voie de la facilité, devant renoncer à leurs six hectares des débuts pour descendre à trois et demi en 2008. Dans le même temps, ils sont passés en bio (ils seront certifiés pour le millésime 2012). La gamme est fort simple : quatre vins de cépage, deux blancs et deux rouges, et deux effervescents.

Bugey Le Lièvre d'Automne 2009
Blanc | 2012 à 2014 | 10 € **14/20**
Un chardonnay charnu et très mûr, sur les fruits exotiques, concentré, manquant un peu de tension nerveuse. On le préfère dans un millésime moins solaire comme 2008.

Bugey Octobre 2009
Rouge | 2012 à 2017 | 12 € **14/20**
Une mondeuse au nez frais, racinaire, sur le poivre blanc. Jolie finesse d'ensemble. Classique.

LES FILS DE CHARLES TROSSET

280, chemin des Moulins • 73800 Arbin
Tél. 04 79 84 30 99 • Fax : 04 79 84 30 99
louis.trosset@univ-savoie.fr
Visite : Sur rendez-vous.

Les fils de Charles Trosset, ce sont Louis et Joseph. Associés en 2000 après avoir travaillé avec leurs parents sur le domaine familial, ils exploitent cinq hectares à Arbin, royaume de la mondeuse. Leurs vignes taillées en gobelets ont une trentaine d'années en moyenne, réparties sur quinze parcelles qui font autant de cuves une fois le raisin rentré. Aucun fût ne passe ici la porte : l'élevage est exclusivement réalisé en cuve, pour mettre en valeur ces terroirs de caillasse, à la fois des marnes blanches très dures du Kimméridgien et des terres rouges ferriques plus profondes. Les vins rouges (trois mondeuses de sélection parcellaire) sont de grande race, taillés pour la garde, un peu austères sur leur jeunesse. Autre atout du domaine : les prix restent (très) sages.

Vin de Savoie - Arbin mondeuse Confidentiel 2010
Rouge | 2012 à 2025 | 10,50 € **16/20**
Les vignes les plus âgées (45 ans) donnent sa pleine puissance à cette mondeuse à la fois large et fine. Fruits noirs, poivre, densité, volume, avec des tanins fondus et de beaux amers sur la finale.

Vin de Savoie - Arbin mondeuse Harmonie 2010
Rouge | 2012 à 2020 | 9,50 € **15,5/20**
Des sols caillouteux, des vignes d'une quarantaine d'années et au final un jus profond et dense. Bel équilibre, finesse, tension nerveuse, une mondeuse de caractère dans un corps complet.

Vin de Savoie - Chignin-Bergeron Prélude 2010
Blanc | 2012 à 2017 | 9 € **15/20**
Sphérique, large, bien mûr, avec des raisins frais et croquants. Attaque ronde tout en souplesse, grand confort de bouche, porté par huit grammes de sucres résiduels et une bonne tension. Un blanc gourmand et généreux.

DOMAINE DE VENS-LE-HAUT

Le Crêt • 74910 Seyssel
Tél. 04 50 48 42 38 • Fax : 04 50 48 42 38
contact@domainedevens.com
www.domainedevens.com

Micro-domaine créé en 2002 par Georges Siegenthaler, juste au-dessus de Seyssel, le domaine de Vens-le-Haut (DVH pour les intimes) affiche l'ambition de produire des vins de Savoie haut de gamme, en culture biologique, selon le principe des «vins de garage». La taille de l'exploitation confirme cette dénomination, avec pour l'instant moins de 5 000 bouteilles produites.

VIN DE SAVOIE GAMAY 2011
Rouge | 2012 à 2015 | 12,50 € 14/20
Nez de cassis et de mûre, suave et enrobé en bouche, avec des notes de cassis et de zan. Un gamay croquant et aimable, avec une jolie tonalité épicée.

La sélection Bettane et Desseauve pour le Sud-Ouest

Le Sud-Ouest

Les vins de cette magnifique région, si diverse, si attachante, sont depuis toujours liés à une gastronomie universellement admirée : ils en tirent aujourd'hui les bénéfices car ils n'ont jamais été tentés de briller comme des bêtes à concours,

mais comme de bons compagnons de table, et c'est bien de cela que la plupart des amateurs gourmands ont besoin. Et l'on peut encore se les offrir...

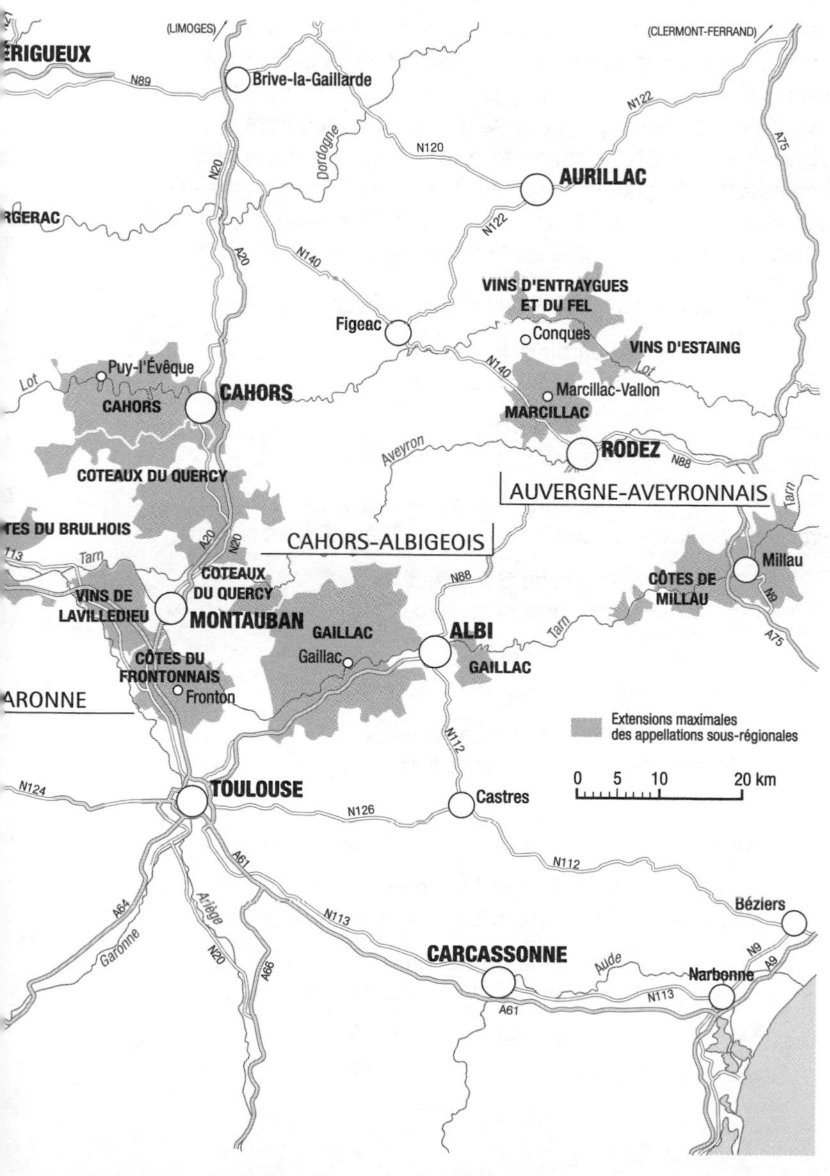

L'actualité des millésimes

Cette vaste région fournit toujours le plus grand nombre de bouteilles de qualité à prix raisonnable. La diversité de l'offre n'a aucun équivalent dans tous les styles de vins, et 2011 comme 2010 sera partout réussi, avec des vins riches en alcool naturel, mais équilibrés par des acidités inespérées. Evidemment, c'est 2009 qu'il faut acheter en rouge, millésime très puissant, riche en alcool et voluptueux en texture, bien plus équilibré et homogène que dans le Languedoc. Nous aimerions insister ici, pour les millésimes les plus jeunes, sur le remarquable développement des vins de pays : vins de pays blancs du Lot, où viognier et chardonnay peuvent surprendre, mais surtout vins de pays de Gascogne, produits en volumes importants et vendus à prix d'amis. 2011 semble continuer une nouvelle étape dans la progression de leur qualité et certains terroirs, spécialement dans le secteur de la Ténarèze, rivalisent avec les crus d'appellation protégée. L'exportation leur fait fête et ils sont encore mal connus chez nous.

MEILLEURS VINS TOUTES CATÉGORIES

Les Jardins de Babylone
Jurançon, blanc moelleux 2008

Clos Thou
Jurançon Suprême de Thou, blanc moelleux 2010

Domaine Cauhapé
Jurançon Quintessence de petit manseng, blanc liquoreux 2010

Domaine Bousquet
Jurançon, blanc moelleux 2010

Domaine Nigri
Jurançon Hors de Piste, blanc liquoreux 2010

Château Tirecul La Gravière
Monbazillac Madame, blanc liquoreux 2005

Michel Issaly
Vin de France Le Vin de l'Oubli, blanc sec 2000

Domaine Bellegarde
Jurançon cuvée Thibault, blanc moelleux 2010

Domaine de Souch
Jurançon Mary Kattalin, blanc moelleux 2011

Mas Del Perié
Cahors La Pièce, rouge 2009

LE BONHEUR TOUT DE SUITE

Clos Bellevue
Jurançon cuvée spéciale, blanc liquoreux 2010

Causse Marines
Vin de Table Rasdu, rouge 2010

Causse Marines
Gaillac Peyrouzelles, rouge 2011

Cave de Crouseilles
Pacherenc du Vic Bilh Folie du Roi, blanc moelleux 2011

Château de Jurque
Jurançon Tendresse, blanc moelleux 2010

Vignoble des Verdots
Côtes de Bergerac Excellence des Tours des Verdots, blanc sec 2009

Domaine de Brin
Gaillac Brin de Temps, rouge 2009

Domaine Guy Capmartin
Madiran cuvée du Couvent, rouge 2009

MEILLEURS VINS À MOINS DE 7 €

Domaine Barréjat
Pacherenc du Vic Bilh cuvée de la passion, blanc moelleux 2011

Domaine Barréjat
Pacherenc du Vic Bilh, blanc sec 2011

Producteurs Plaimont
Saint-Mont Marquis de Seillan, blanc sec 2011

Domaine du Haut-Montlong
Bergerac sec Éclat de Fruit, blanc moelleux 2011

Domaine des Trois Cazelles
Cahors, rouge 2009

Château Le Raz
Montravel, blanc sec 2011

Le Roc
Fronton La Saignée, Rosé, sec 2011

Château La Rayre
Bergerac, rouge 2009

Château de Viella
Pacherenc du Vic Bilh, blanc sec 2011

Clos de la Coutale
Cahors, rouge 2010

Le Roc
Fronton Le Classique, rouge 2009

MEILLEURS BLANCS SECS

Michel Issaly
Vin de France Le Vin de l'Oubli, blanc sec 2000

Clos Thou
Jurançon sec cuvée Guilhouret, blanc sec 2010

Causse Marines
Vin de Table Mystique Mysterre, blanc sec 2011

Château Tour des Gendres
Bergerac sec Anthologia, blanc sec 2010

Château de Jurque
Jurançon Passion, blanc sec 2006

Producteurs Plaimont
Saint-Mont Empreinte, blanc sec 2011

Domaine Cauhapé
Jurançon sec La Canopée, blanc sec 2010

LES MEILLEURS BLANCS DOUX DU SUD-OUEST

Clos Thou
Jurançon Suprême de Thou, blanc moelleux 2010

Domaine Cauhapé
Jurançon Quintessence de petit manseng, blanc liquoreux 2010

Les Jardins de Babylone
Jurançon, blanc moelleux 2008

Domaine Bousquet
Jurançon, blanc moelleux 2010

Domaine Nigri
Jurançon Hors de Piste, blanc liquoreux 2010

Domaine Bellegarde
Jurançon cuvée Thibault, blanc moelleux 2010

Domaine de Souch
Jurançon Mary Kattalin, blanc moelleux 2011

LES MEILLEURS ROUGES DU SUD-OUEST

Mas Del Perié
Cahors La Pièce, rouge 2009

Domaine Barréjat
Madiran cuvée de l'extrême, rouge 2010

Château Montus
Madiran La Tyre, rouge 2010

Château Lagrezette
Cahors Le Pigeonnier, rouge 2009

Château du Cèdre
Cahors GC, rouge 2009

Mas Del Perié
Cahors Les Acacias, rouge 2009

Michel Issaly
Gaillac Le braucol, rouge 2010

Clos Triguedina
Cahors Petites Cailles Moureau, rouge 2009

Producteurs Plaimont
Saint-Mont Le Faîte, rouge 2010

Château Bouscassé
Madiran Vieilles Vignes, rouge 2010

Domaine Cosse Maisonneuve
Cahors Les Laquets, rouge 2009

Château Les Croisille
Cahors Grain par grain, rouge 2009

PRIX DES LECTEURS

EN PARTENARIAT AVEC LES HÔTELS MERCURE

Domaine Guy Capmartin
Madiran cuvée du Couvent, rouge 2009

Domaine Chiroulet
Vin de pays des Côtes de Gascogne Terres Blanches, blanc 2011

Domaine du Haut-Montlong
Bergerac Éclat de Fruit, blanc moelleux 2011

Producteurs Plaimont
Vin de pays des Côtes de Gascogne Caprice de Colombelle, blanc 2011

DOMAINE AMEZTIA

64430 Saint-Étienne-de-Baigorry
Tél. 06 83 23 19 70 • Fax : 05 59 37 93 68
ameztia@orange.fr
Visite : De 10h à 12h et de 15h à 19h.
Groupes sur rendez-vous.

Jean-Louis Costera mène son exploitation agricole de Saint-Étienne-de-Baïgorry en polyculture. Il a développé la petite vigne familiale, passée de trois à sept hectares, tout en continuant son métier initial de berger, et a quitté la cave coopérative en 2001 pour réaliser des vins qui s'affranchissent du style rustique parfois rencontré dans l'appellation Irouléguy. À la vigne, il apporte une attention particulière au tannat, plus fragile qu'il n'y paraît quand on veut préserver sa subtilité. Il y a ici une grâce naturelle dans les vins. Le premier blanc tenté est un coup de maître.

IROULEGUY 2011
Blanc | 2012 à 2015 | 12,50 € **16/20**
Vin de style, avec de magnifiques arômes de grillé. Un vin gourmand, exprimant à merveille une sucrosité sans sucre. La puissance en alcool est là, mais le vin reste très frais. Première incursion réussie dans la production de blancs.

IROULEGUY 2010
Rouge | 2012 à 2015 | 11,50 € **15,5/20**
Très beau volume de bouche, gourmand, complexe frais et fruité. La pointe saline le complexifie. Le domaine sait extraire une gracilité de tanin unique.

IROULEGUY 2009
Rouge | 2012 à 2018 | NC **15/20**
Beaucoup de mâche, un joli fruité, des notes cendrées dans un vin gourmand et généreux, pulpeux et goûteux.

DOMAINE DE L'ANCIENNE CURE

EARL Christian Roche - L'Ancienne Cure
24560 Colombier
Tél. 05 53 58 27 90 • Fax : 05 53 24 83 95
ancienne-cure@wanadoo.fr
www.domaine-anciennecure.fr
Visite : Du lundi au samedi de 9h à 18h.

En rugbyman passionné, Christian Roche aime les vins qui ont du punch et du volume comme les 2009 et 2010, très réussis. La gamme se divise en trois : le Domaine, l'Abbaye, d'un niveau supérieur, et enfin l'Extase, réalisée uniquement lorsque la qualité du millésime le permet. Les plus belles émotions proviennent des liquoreux qui sont d'excellente facture.

BERGERAC JOUR DE FRUIT 2008
Rouge | 2012 à 2014 | 6,50 € **14/20**
Ce Jour de fruit a atteint son apogée, il présente un tanin coulant et frais.

BERGERAC L'ABBAYE 2009
Rouge | 2012 à 2020 | 12 € **15,5/20**
Belle réussite avec un tanin enrobé, équilibré, élégant et frais. Beau potentiel.

BERGERAC SEC EXTASE 2010
Blanc | 2012 à 2020 | 19,50 € **15,5/20**
Nez floral avec quelques touches de pêche blanche et de prune, du ressort en bouche avec une trame longue et distinguée.

MONBAZILLAC L'EXTASE 2009
Blanc Liquoreux | 2012 à 2022 | 38 € **15,5/20**
Nez d'ananas confit et de miel que l'on retrouve dans une bouche déjà bien en place.

DOMAINE ARRETXEA

Maison Arretxea • 64220 Irouléguy
Tél. 05 59 37 33 67 • Fax : 05 59 37 33 67
arretxea@free.fr
Visite : Sur rendez-vous.

La gamme est large ici et permet de se faire plaisir dans les trois couleurs. Ce domaine exemplaire d'Irouléguy travaille en respectant des règles éthiques très rigoureuses sur des coteaux particulièrement escarpés. Thérèse et Michel Rieuspeyroux, sympathique couple de viticulteurs, travaillent en agriculture biologique. Pour désherber, ils ont remplacé les molécules de synthèse par... les brebis d'un berger voisin, qui viennent passer l'hiver dans les vignes.

IROULEGUY ELLORI 2011
Blanc | 2012 à 2015 | NC **15/20**
Très joli style, de jolies notes amères et de la fraîcheur. Sa tension donnera un vin très gourmand. Cette base de petit manseng a été récoltée sur les grès.

IROULEGUY HEGOXURI 2011
Blanc | 2012 à 2015 | 18 € **15/20**
Goûté en échantillons, ce vin a une race évidente. Un grand fruit, frais et complexe, fin.

Irouleguy Pantxuri 2011
Blanc | 2012 à 2014 | NC **14,5/20**
Finale profonde, de grand style, certes un peu austère mais longue et profonde. Ce vin assagi et puissant affiche une longueur étonnante.

CHÂTEAU BAROUILLET

24240 Pomport
Tél. 06 86 06 85 58 • Fax : 05 53 58 68 83
contact@barouillet.com
Visite : Du lundi au vendredi de 9h à 12h et de 13h à 18h30. Le week-end sur rendez-vous.

Ce vignoble familial depuis neuf générations est principalement situé en coteaux sur des sols argilo-calcaires. Sa parcelle de 4,5 hectares de pécharmant est en conversion bio. En 2010, le vin qui en est issu constitue l'un des meilleurs de cette AOC.

Côtes de Bergerac 2011
Blanc liquoreux | 2012 à 2015 | 5 € **14/20**
Frais au nez avec ses arômes ananas, ce vin se révèle posséder un coulant apéritif.

Pecharmant Hécate 2010
Rouge | 2012 à 2017 | 17,50 € **15/20**
Accents de fruits noirs, avec un tanin profond et frais et ce qu'il faut d'énergie.

DOMAINE BARRÉJAT

SCEA Denis-Capmartin • 32400 Maumusson
Tél. 05 62 69 74 92 • Fax : 05 62 69 77 54
deniscapmartin@laposte.net
Visite : Du lundi au samedi de 8h30 à 12h30 et de 14h à 19h.

Les très vieilles vignes non greffées du domaine sont une sorte de patrimoine historique de l'appellation, et devraient l'être de la nation. Elles aident à produire des vins complets, lorsque le vinificateur est à la hauteur. 2010 et 2011 l'ont inspiré, avec de très beaux vins vendus à prix d'ami.

Madiran cuvée de l'extrême 2010
Rouge | 2016 à 2022 | 13 € **17/20**
Noblement boisé, grande matière, grande texture, tanin complexe, absolument remarquable, un ses sommets actuels de l'appellation.

Madiran Vieux Ceps 2010
Rouge | 2020 à | 7 € **15,5/20**
Belle prise de bois, magnifique onctuosité, beaucoup de sève, étonnant pour un madiran de type «tradition», mais l'âge des vignes y fait quelque chose !

Pacherenc du Vic Bilh 2011
Blanc | 2012 à 2015 | 3,90 € **15,5/20**
Joli nez complexe sur l'abricot et la fleur de vigne, ensemble plein, racé, vendangé à juste maturité.

Pacherenc du Vic Bilh cuvée de la passion 2011
Blanc liquoreux | 2014 à 2018 | 6,90 € les 50 cl **16/20**
Encore un vin superbe, riche en arômes primaires, long, complexe, très racé.

CHÂTEAU BELINGARD

24240 Pomport
Tél. 05 53 58 28 03 • Fax : 05 53 58 38 39
contact@belingard.com • www.belingard.com
Visite : Du lundi au samedi de 9h à 18h. Les groupes sur rendez-vous.

Au sommet d'un tertre qui domine tout le vignoble, cette vaste propriété vaut surtout par ses cuvées haut de gamme beaucoup plus soignées que les autres.

Monbazillac Blanche de Bosredon 2009
Blanc | 2012 à 2017 | 28 € **15/20**
C'est rond, caressant, avec une jolie texture, vin de pur plaisir.

DOMAINE BELLEGARDE

Quartier Coos • 64360 Monein
Tél. 05 59 21 33 17 • Fax : 05 59 21 44 40
contact@domainebellegarde-jurancon.com
www.domainebellegarde-jurancon.com
Visite : Du lundi au vendredi de 10h à 12h à 14h à 18h30.

Voici un domaine qui sait trier ses raisins en phase finale et peut proposer des liquoreux remarquables, au sein d'une gamme de vins souples, faciles à boire, et qui devrait intéresser de nombreux restaurateurs du Sud-Ouest. Pascal Labasse sait trouver le juste équilibre entre œnologie moderne et maîtrisée et expression du terroir.

Jurançon cuvée Thibault 2010
Blanc liquoreux | 2016 à 2022 | 16 € **17,5/20**
Remarquable tri, toutes les qualités, richesse et raffinement, grand savoir-faire !

CLOS BELLEVUE

Chemin des Vignes • 64360 Cuqueron
Tél. 05 59 21 34 82 • Fax : 05 59 21 34 82
closbellevue@club-internet.fr • www.vins-jurancon.fr
Visite : Du lundi au samedi de 8h à 12h et de 14h à 17h30. Groupes sur rendez-vous.

Petite ferme pratiquant la polyculture, mais soignant ses vin de façon artisanale, avec une amélioration notable de la régularité liée à la nouvelle génération de ses propriétaires. Les vins moelleux peuvent avoir du cachet comme cet excellent 2010.

JURANÇON CUVÉE SPÉCIALE 2010
Blanc Liquoreux | 2014 à 2020 | 14 € **16,5/20**
Remarquable onctuosité, beaucoup d'éclat et de diversification dans le fruit, long, généreux, hautement recommandable. Le vin à acheter au domaine.

CLOS BENGUERES

Chemin des Écoles • 64360 Cuqueron
Tél. 05 59 21 43 03
bengueres@free.fr • www.bengueres.com
Visite : Du lundi au samedi de 9h à 19h et le dimanche sur rendez-vous.

Jeune propriété très sympathiquement gérée du secteur de Cancaillaü qui s'applique à bien faire sans grands moyens. La qualité a beaucoup progressé en trois ans et, dans tous les types de vin, on retrouve les mêmes caractères de droiture, franchise et sens du juste moment pour vendanger. Le Chêne-Couché est un jurançon de race, complet, raffiné, très expressif des terroirs de Cancaillaü, les plus réputés de l'appellation. Les 2010 propulsent le domaine au premier rang de l'appellation.

JURANÇON PLAISIR D'AUTOMNE 2010
Blanc liquoreux | 2014 à 2018 | 10 € **14,5/20**
Précis et délicat dans ses notes citronnées, moins riche qu'en 2009 mais équilibré et élégant.

DOMAINE BERTHOUMIEU

Dutour • 32400 Viella
Tél. 05 62 69 74 05 • Fax : 05 62 69 80 64
barre.didier@wanadoo.fr
www.domaine-berthoumieu.com
Visite : Du lundi au samedi de 8h à 12h et de 14h à 18h. Le dimanche et les jours fériés sur rendez-vous.

Didier Barré est l'un des vinificateurs les plus expérimentés et les plus doués du Sud-Ouest, et ses vins associent plénitude de constitution et finesse à un degré rare à Madiran. Les meilleures parcelles, situées sur les coteaux de Viéla, sont impeccablement cultivées. Elles donnent la cuvée Charles-de-Batz, un rouge très puissant, mais pur et sans les déviations animales qui déparent tant de vins locaux.

MADIRAN CUVÉE CHARLES DE BATZ 2010
Rouge | 2016 à 2020 | 13,30 € **15,5/20**
Ensemble puissant, fin et équilibré, tanin complexe, terroir bien marqué, vin très soigné, dans sa ligne habituelle.

MADIRAN HAUTE TRADITION 2010
Rouge | 2015 à 2019 | 8 € **14,5/20**
Nez puissant mais lié, excellent corps, plein truffé, très net, finesse de grain moyenne.

PACHERENC DU VIC BILH
SYMPHONIE D'AUTOMNE 2011
Blanc liquoreux | 2015 à 2021 | 12 € **16/20**
Arômes d'agrumes d'une grande finesse, très jolie acidité, assez aérien pour le type, tout en élégance.

CAVE DE BERTICOT

Route de Sainte-Foy-la-Grande • 47120 Duras
Tél. 05 53 83 75 47 • Fax : 05 53 83 82 40
berticot@wanadoo.fr • www.berticot.com
Visite : Du lundi au samedi de 8h30 à 12h30 et de 14h à 18h.

à deux kilomètres de Duras, en 1965, une poignée de viticulteurs désireux de se regrouper ont créé la cave de Berticot. Au fil des ans, la cave est devenue une référence et une garantie de qualité. Regroupant 120 vignerons, elle est engagée dans une démarche de développement durable et de viticulture biologique.

CÔTES DE DURAS PREMIER FRIMAS 2009
Blanc liquoreux | 2012 à 2018 | env. 12,20 € **15/20**
Cette cuvée 100 % sémillon bénéficie d'un élevage de 5 mois en barriques neuves. Le nez est sur des notes d'abricot, la bouche est gourmande, suave, aux notes finement toastées.

CÔTES DE DURAS QUINTESSENCE 2009
Blanc liquoreux | 2012 à 2016 | NC **14/20**
Couleur jaune paille aux reflets dorés. Notes de fruits confits intenses aux nez. Très beau fruit en bouche, et beaucoup de richesse en sucre. Finale sur des notes miellées.

DOMAINE DE BEYSSAC

Bellevue - Beyssac • 47200 Marmande
Tél. 06 81 26 46 52
info@domainedebeyssac.fr
www.domainedebeyssac.fr
Visite : Sur rendez-vous du mardi au samedi de 9h à 18h.

Sur le terrain familial en AOC Côtes de Marmandais dont ils étaient propriétaires, Véronique Broutet, ingénieur dans l'industrie aéronautique, et son mari Frédéric, ingénieur dans les système de détection d'orages, ont créé le Domaine de Beyssac en 2006. Le chai a été construit en 2009 et l'aventure ce poursuit aujourd'hui avec ces 10,4 hectares d'un seul tenant menés en agriculture biologique. Les vins produits sont denses, suaves et ne manquent d'aucune saveur.

CÔTES DU MARMANDAIS DOMAINE DE BEYSSAC L'ESSENTIEL 2010
Rouge | 2012 à 2018 | 15 € **14,5/20**
D'une couleur sombre, ce vin au notes de mûres et de framboises offre une bouche gourmande au boisé totalement intégré. Il accompagnera toutes les grillades.

CÔTES DU MARMANDAIS DOMAINE DE BEYSSAC L'INITIAL 2010
Rouge | 2012 à 2017 | 12 € **13,5/20**
Cuvée tout à la fois, fruitée, souple, onctueuse, mais aussi d'une grande densité.

CHÂTEAU DU BLOY

SCEA Lambert Lepoittevin-Dubost - Le Bloy
24230 Bonneville
Tél. 05 53 22 47 87 • Fax : 05 53 27 56 34
château.du.bloy@wanadoo.fr
Visite : Du lundi au vendredi de 9h à 12h et de 14h à 18h.

Nous sommes ici au cœur de l'appellation Montravel, sur les meilleurs coteaux et les mieux exposés du lieu-dit Bloy, plantés avec les cépages bordelais classiques. Ils le sont en blanc comme en rouge, selon le cahier des charges d'une des appellations les plus rigoureuses sur ce plan de tout le pays.

MONTRAVEL 2010
Blanc | 2012 à 2014 | NC **15/20**
Belle fraîcheur fruitée, bouche gourmande et souple, allonge tendre : un blanc fait pour l'apéritif autant que pour les poissons.

DOMAINE DU BOIRON

Route de Miradoux • 47220 Astaffort
Tél. 06 32 83 91 08 • Fax : 05 53 47 54 53
cabrel.philippe@wanadoo.fr • www.leboiron.fr
Visite : Du lundi au vendredi de 8h à 12h et de 14h à 18h. Le week-end sur rendez-vous.

Le Domaine du Boiron est à peine à un jet de sarbacane du centre du village d'Astaffort, fief de la famille Cabrel. Sur les sols argilo-calcaires de cette propriété de 9 hectares cohabitent merlot, tannat, cabernet-sauvignon et malbec. Les vins sont colorés, denses et fruités.

VIN DE PAYS DE L' AGENAIS
DOMAINE DU BOIRON 2009
Rouge | 2012 à 2020 | 10,20 € **15/20**
De couleur sombre, ce vin offre un nez dense et complexe. Bouche sphérique, aux notes de fruits mûrs, d'épices, soutenue par des tanins biens enrobés.

VIN DE PAYS DE L' AGENAIS
LE PETIT BOIRON 2010
Rouge | 2012 à 2017 | 7 € **14/20**
Les merlots qui composent cette cuvée à 60 % lui offrent une bouche gourmande et suave. Les 30 % de côt et les 10 % de tannat lui donnent structure et droiture.

CHÂTEAU BONNET

405, route de Mondot • 31620 Villaudric
Tél. 05 83 02 94 68

FRONTON TRADITION 2009
Rouge | 2012 à 2016 **13,5/20**
La bouche est bien droite, ce vin ne manque pas d'énergie mais juste d'un peu de chair, beaux arômes de fruits noirs et de viande. Finale saline.

DOMAINE BORDENAVE

Route d'Ucha - Quartier Bas Ucha-Ouest
64360 Monein
Tél. 05 59 21 34 83 • Fax : 05 59 21 37 32
contact@domaine-bordenave.com
www.domaine-bordenave.com
Visite : Du lundi au samedi de 9h à 19h. Le dimanche sur rendez-vous. Groupes sur rendez-vous.

Gisèle Bordenave a porté la propriété familiale à un haut niveau de qualité, aussi bien par l'excellence et la régularité des vins que par la restauration très réussie des bâtiments d'accueil, où le public prendra une vraie leçon de viticulture locale. On préférera

néanmoins, comme souvent à Jurançon, les moelleux aux secs.

JURANÇON CUVÉE DES DAMES 2010
Blanc liquoreux | 2015 à 2020 | 13,60 € **16/20**
Egale à elle-même, cette cuvée séduit par sa générosité de fruit, associant le citron au caramel des raisins parfaitement passerillés, grande fin de bouche, moelleux complet.

DOMAINE BORDENAVE-COUSTARRET

Chemin Ranque • 64290 Lasseube
Tél. 05 59 21 72 66
domainecoustarret@wanadoo.fr • vins-jurancon.fr
Visite : Du lundi au samedi de 9h à 12h et de 13h30 à 18h. Le dimanche sur rendez-vous.

Domaine artisanal produisant des vins bien typés, réguliers et de rapport qualité-prix impeccable. Ses 2010 et 2011 sont dans la lignée.

JURANÇON 2010
Blanc liquoreux | 2014 à 2018 | 9,50 € **14,5/20**
Pâle, peu évolué, petites notes de caramel au lait classiques, bien défini, un peu simple.

JURANÇON SEC RENAISSANCE 2010
Blanc | 2014 à 2018 | 8,50 € **15/20**
Notes de caramel au lait au nez, signe des mansengs bien mûrs, presque passerillés, original, long, fait pour le foie de canard !

CHÂTEAU BOUISSEL

200, chemin du Vert • 82370 Campsas
Tél. 05 63 30 10 49 • Fax : 05 63 64 01 22
chateaubouissel@orange.fr
www.chateaubouissel.com
Visite : Du lundi au vendredi de 10h à 12h et de 14h à 19h. Le samedi sur rendez-vous. Fermé les jours fériés.

Cette propriété familiale a entamé une conversion à l'agriculture biologique, à l'initiative de Nicolas Selle, jeune vigneron motivé par les enjeux actuels de la viticulture. Toutes les cuvées offrent une même franchise dans les arômes et les touchers de bouche, ronds et harmonieux. La gamme propose différentes interprétations du terroir de Fronton, des cuvées croquantes de fruit à celles plus structurées et de petite garde.

FRONTON CLASSIC 2009 ☺
Rouge | 2012 à 2014 | 6 € **14,5/20**
Dense, concentré, dans un millésime de haute maturité qui se signale par ses notes de fruits confits, la bouche reste fraîche et savoureuse.

FRONTON LA NÉGRETTE DE BOUISSEL 2010
Rouge | 2012 à 2018 | 7,50 € **14,5/20**
Bouche pleine de chair et de sève, allonge concentrée, du charme.

FRONTON LE BOUISSEL 2009
Rouge | 2012 à 2019 | 10 € **14,5/20**
Texture riche, tanins gras, la bouche reste équilibrée même si on peut encore aller plus loin dans la fraîcheur de fin de bouche.

VIN DE PAYS DU COMTÉ TOLOSAN
LA SYRAH DE BOUISSEL 2010 ☺
Rouge | 2012 à 2020 | 7 € **15/20**
Épices puis chocolat, une jolie syrah, intense et élancée, grande fraîcheur.

CHÂTEAU BOUJAC

82370 Campsas
Tél. 05 63 30 17 79 • Fax : 05 63 30 19 12

FRONTON ALEXANNE 2009
Rouge | 2012 à 2015 **14/20**
Texture veloutée, allonge fruits noirs et épices, ensemble droit et charnu, finale saline, la cuvée tire profit du beau millésime 2009.

DOMAINE BOUSQUET

Chemin Serrot • 64110 Saint-Faust
Tél. 05 59 83 05 56 • Fax : 05 59 83 05 56
isabbousquet@orange.fr
Visite : Du lundi au vendredi de 9h à 19h. Le week-end sur rendez-vous.

Nous sommes ravis de retrouver ce domaine classique au plus haut de sa forme : le terroir incomparable de Saint-Faust donne une dimension merveilleuse de truffe blanche à tous les types de vins, avec le temps, et une variété de nuances que le 2009 illustre à la perfection. Le 2010 le dépasse encore avec une formidable tonicité.

JURANÇON 2010
Blanc liquoreux | 2015 à 2020 | 11 € **18/20**
Robe ambrée, nez admirable de grand passerillage avec des notes fabuleuses de truffe blanche

en formation, texture anthologique, de l'essence de petit manseng.

DOMAINE BRANA

3 bis, avenue du Jaï-Alaï
64220 Saint-Jean-Pied-de-Port
Tél. 05 59 37 00 44 • Fax : 05 59 37 14 28
contact@brana.fr • www.brana.fr
Visite : Du 1er juillet au 15 septembre de 10h à 12h30 et de 14h à 18h30.

La quatrième génération de Brana a, depuis 1985, complété l'activité de négoce en vin par des plantations de vignes en Irouléguy, sur des terroirs de grès et argilo-calcaires. Les installations sont ultra modernes et une attention particulière est donnée au cabernet franc, dénommé ici axeria, essentiellement mené en élevage long en barrique. La production des domaines est complétée par des achats de raisin. A côté des rouges bien construits, les blancs mettent en avant des notes amères.

IROULEGUY 2011
Blanc | 2012 à 2015 | 16 € **14/20**
Notes exubérantes de pamplemousse, de fruits frais, dans un vin à boire frais.

IROULEGUY 2009
Rouge | 2012 à 2016 | 19,50 € **15/20**
Assemblage net, fin, tendu. La bouche agréable de ce vin long et gourmand permettra de le goûter volontiers avec une côte de bœuf, qu'il sublimera. La structure est remarquable.

IROULEGUY HARRI GORRI 2009
Rouge | 2012 à 2017 | 13 € **15/20**
Style construit sur l'élégance, avec un tanin fin, subtil et une finale fraîche. Ce vin recherche la gourmandise quand la cuvée du domaine affiche une trame tannique plus précise. Deux styles, on boira celui-ci sur le fruit.

DOMAINE DE BRIN

81150 Castanet
Tél. 06 81 50 78 14
domainedebrin@gmail.com

Révélation de notre tournée gaillacoise l'an passé, Damien Bonnet a confirmé tous les espoirs que nous avions placés en lui, et on commence à trouver ses vins dans les restaurants de la région. Installé depuis peu, il a déjà entamé sa conversion à l'agriculture biologique, vendange à la main, et fait des élevages longs. Quelques réglages doivent encore être trouvés mais la voie est bien tracée.

GAILLAC ANTHOCYANES 2010
Rouge | 2012 à 2020 | NC **15,5/20**
Il doit s'aérer, évacuant ainsi ses notes d'élevage et faisant ressortir rapidement sa gourmandise de fruit. Les tanins sont fins, un jus salin revient bien en fin, c'est frais et salivant.

GAILLAC BRIN DE TEMPS 2009
Rouge | 2012 à 2019 | NC **16/20**
Raisin sec et épices au nez, les tanins sont gourmands et bien enrobés, le bouche est concentrée, harmonieuse, avec de la densité et beaucoup d'équilibre, même si la finale révèle un raisin très mûr.

GAILLAC LOIN DE L'ŒIL 2011
Blanc liquoreux | 2012 à 2021 | NC **15,5/20**
Fruité pur relayé par de beaux parfums floraux, la fine liqueur est élégante, avec quelques touches de sous-bois gourmandes, tout en finesse. À essayer sur une volaille aux morilles.

GAILLAC PIERRES BLANCHES 2010
Blanc | 2012 à 2017 | NC **15,5/20**
Arômes puissants de fruits secs et de fleurs séchées, l'attaque est très sèche en raison d'une légère oxydation maîtrisée, le gras et la minéralité viennent ensuite. Il accompagnera sans hésitation des viandes blanches ou des poissons, sa haute maturité le fait sortir de l'apéritif.

GAILLAC VENDEMIA 2009
Rouge | 2012 à 2019 | NC **14,5/20**
Il exprime bien ses deux cépages autochtones, le fruité noir du braucol et les épices du duras, attaque veloutée suivie d'une montée de poivres, droit et net, il combine le caractère et la fraîcheur.

VIN DE FRANCE LOIN DE L'ŒIL 2010
Blanc liquoreux | 2012 à 2020 | NC **16/20**
La pointe volatile s'estompe pour laisser place à une liqueur de dattes et de figues, une note de tabac, la très riche liqueur lui barre la route des desserts, à déguster pour lui-même car il offre une tenue étonnante à ce niveau de richesse, dernière sensation sur le caramel au beurre salé.

VIGNERONS DE BUZET

56, avenue des Côtes-de-Buzet
47160 Buzet-sur-Baïse
Tél. 05 53 84 74 30 • Fax : 05 53 84 74 24
buzet@vignerons-buzet.fr • www.vignerons-buzet.fr
Visite : De 9h à 12h et de 14h à 18h.

La Cave des Vignerons de Buzet existe depuis 1953, suite au regroupement des viticulteurs de la région. Bénéficiant d'installations modernes, les équipes d'œnologues et de techniciens, sous l'impulsion de leur directeur Pierre Philippe, élaborent une gamme étendues de vins dans les trois couleurs. Plus de 120 000 visiteurs par an découvrent ce lieu.

Buzet Baron d'Ardeuil 2011
Blanc | 2012 à 2014 | 5,50 € **13,5/20**
Ce vin à la robe paille offre un nez floral et des notes de fruits bien mûrs. Bouche ronde, avec un joli gras.

Buzet Baron d'Ardeuil 2009
Rouge | 2012 à 2015 | 8,50 € **13,5/20**
Vin savoureux aux notes de fruits rouges bien mûrs. Une valeur sûre de la cave.

Buzet Château de Gueyze 2011
Rosé | 2012 à 2014 | 7,00 € **13,5/20**
Couleur pétale de rose foncé. Notes de bonbons anglais. L'attaque en bouche est franche, tonique, ampleur du fruit. Finale agréable. Avant tout un rosé de repas.

Buzet Château de Gueyze 2010
Rouge | 2012 à 2019 | 12,90 € **14,5/20**
Couleur intense. Nez finement boisé. Bouche possédant un bel équilibre entre le fruit et le boisé. Tanins fins.

DOMAINE DE CABARROUY

Chemin Cabarrouy • 64290 Lasseube
Tél. 05 59 04 23 08
domaine.cabarrouy@orange.fr
domainedecabarrouy.simdif.com
Visite : Du lundi au samedi de 10h à 12h15 et 14h à 19h. Le dimanche de 10h à 12h30. Le dimanche après-midi et les jours fériés sur rendez-vous.

Ce domaine pratique une viticulture de plus en plus attentive et obtient, sur des sols calcaires très particuliers, des vins fins et originaux de Jurançon, particulièrement adaptés à la garde.

Jurançon Sec 2010
Blanc | 2012 à 2014 | 6 € **14,5/20**
Toujours marqué par son acidité, un peu d'amertume en finale aussi, mais beaucoup de race et belle tenue en bouche.

MAISON CANTURY

Goulepdan • 46700 Vire-sur-Lot
http://maison-cantury.com

C'est une aventure un peu folle de Cahors : le jeune Sébastien Canivry, passionné par le destin du vin de Cahors et possédant le grain de tous les natifs de Langon, a créé une petite société de négoce pour produire le rouge de ses rêves. Son coup d'essai en 2007 est un coup de maître. Tout simplement le meilleur vin de son millésime, avec un raffinement dans les sensations tactiles jusqu'ici rarissime dans l'appellation. Le millésime 2009 très riche en alcool a un peu dominé les intentions du vinificateur.

Cahors Parenthèse 2009
Rouge | 2014 à 2019 | NC **14/20**
Fortes notes de cacao au nez, sentiment de surmaturité du raisin, notes de raisin sec en fin de bouche, vin de caractère mais très marqué par 2009.

DOMAINE CAPDEVIEILLE

Quartier Coos • 64360 Monein
Tél. 05 59 21 30 25 • Fax : 09 74 44 74 53
domaine.capdevielle@wanadoo.fr
www.domaine-capdevielle.com
Visite : Du lundi au samedi de 8h30 à 12h et de 13h30 à 18h. Le dimanche sur rendez-vous.

Pour la seconde année consécutive ce domaine de vieille tradition familiale, remontant à 1847, nous a offert un grand liquoreux porteur de toute la palette aromatique des petits mansengs parfaitement passerillés. Nous le visiterons l'an prochain. En attendant, on peut consulter son site internet très bien fait.

Jurançon Rêve de Pyrène 2010
Blanc Liquoreux | 2014 à 2019 | 13 € **17/20**
Remarquable finesse aromatique, notes de réglisse assez rares, mais fréquentes dans ce millésime, texture et fin de bouche de grande noblesse.

DOMAINE GUY CAPMARTIN

Le Couvent • 32400 Maumusson
Tél. 05 62 69 87 88 • Fax : 05 62 69 83 07
capmartinguy@yahoo.fr
www.domaine-capmartin.com
Visite : Du lundi au samedi de 9h à 13h et 14h à 19h. Le dimanche sur rendez-vous.

Propriété fort sérieuse de Madiran, «Le Couvent» produit des vins sincères, très typés par leur mâche, leur intensité et leur rugosité non violente, capables de supporter parfaitement le bois neuf. Ces beaux gaillards accompagneront parfaitement le canard sous toutes ses formes.

MADIRAN CUVÉE DU COUVENT 2011
Rouge | 2012 à 2014 | 12 € **15,5/20**
Beau raisin mûr, arômes frais, mais non technologiques, du gras, de la complexité. Un vin sec complet, remarquablement mis en bouteille.

MADIRAN CUVÉE DU COUVENT 2009
Rouge | 2012 à 2020 | NC **16/20**
Excellent équilibre général, intensité et fougue des meilleurs tannats, long, terroir marqué, indubitable sens du style.

PACHERENC DU VIC BILH CUVÉE DU COUVENT 2011
Blanc liquoreux | 2016 à 2021 | 12 € **16,5/20**
Robe dorée, grande richesse de saveur, raisin parfaitement passerillé, grande suite en bouche, très noble.

DOMAINE DE LA CAROLIE

La Carolie • 12330 Salles La Source
Tél. 05 65 71 74 13

MARCILLAC COSTE DE GRADELS 2009
Rouge | 2012 à 2015 | NC **13,5/20**
Une finesse et une élégance qui faisaient défaut à la cuvée Tradition. Jus poivré en bouche, texture souple avec de la densité et de petits tanins.

MARCILLAC CUVÉE COUMBAUZITS 2009
Rouge | 2012 à 2017 | NC **14,5/20**
Fruité mûr, gelée de fruits noirs, texture plus enrobée que Coste-de-Gradels, toucher soyeux, des parfums inhabituels pour l'appellation mais la fine amertume finale rappelle que c'est bien du mansois dans le flacon.

DOMAINE CASTERA

Quartier Ucha • 64360 Monein
Tél. 05 59 21 34 98 • Fax : 05 59 21 46 32
christian.lihour@wanadoo.fr
www.domainecastera.com
Visite : Du lundi au samedi de 8h à 12h et de 13h30 à 20h. Le dimanche et les jours fériés sur rendez-vous.

Ce domaine artisanal sérieux, aux installations techniques modernes et irréprochables, sait parfaitement recevoir les visiteurs. Les vins ont progressé de façon importante et les 2011 ont brillé dans nos dégustations à l'aveugle. Les prix restent raisonnables.

JURANÇON PRIVILÈGE 2010
Blanc Liquoreux | 2015 à 2020 | 12,80 € **17/20**
Grand nez truffé, grande sève, noblement aromatique, grand jurançon !

JURANÇON SEC 2011
Blanc | 2012 à 2014 | 6,40 € **14,5/20**
Pâle, pur, assez complexe, sans amertume, adroitement mis en bouteille, frais grâce à son CO_2, moins long que large.

DOMAINE CAUHAPÉ

Quartier Castet • 64360 Monein
Tél. 05 59 21 33 02 • Fax : 05 59 21 41 82
contact@cauhape.com • www.cauhape.com
Visite : Du lundi au vendredi de 8h à 12h30 et de 13h30 à 18h. Le samedi de 10h à 18h.

Voici, et de loin, le domaine privé le plus important de Jurançon et la marque la plus diffusée dans l'univers de la grande restauration et des cavistes de luxe. Henri Ramonteu a su à la fois perfectionner la production, en quantité très réduite, de vins très liquoreux au bouquet spectaculaire et à la longueur en bouche fascinante, et proposer un large volume de vins secs d'une qualité régulière, avec en haut de gamme sa cuvée Canopée, récoltée à haute maturité du raisin et élevée sous bois, ce qui lui donne une vinosité unique dans l'appellation. Dans certains millésimes, les liquoreux contiennent une certaine proportion de raisins botrytisés qui contribuent à leur originalité de style et à la sensation de «rôti».

JURANÇON NOBLESSE DU TEMPS 2010
Blanc liquoreux | 2015 à 2020 | 28,50 € **17/20**
Robe pâle, très grande complexité aromatique, fraîcheur bien préservée malgré l'élevage évident sous bois neuf, longue finale sur le citron et l'ananas, parfait moelleux.

Jurançon Quintessence de petit manseng 2010
Blanc Liquoreux | 2016 à 2022 | 100 € **18,5/20**
Extraordinaire finesse et suite en bouche pour ce vin qui n'a pas encore été mis en bouteille et qui promet d'égaler les plus grandes quintessences. Ramonteu n'a pas perdu la main !

Jurançon Sec La Canopée 2010
Blanc | 2015 à 2020 | 22,50 € **16,5/20**
Remarquable ampleur, nez riche associant l'exotique (ananas) au local (notes de sous-bois), puissant mais harmonieux, toujours dans une catégorie à part.

CAUSSE MARINES

Le Causse • 81140 Vieux
Tél. 05 63 33 98 30 • Fax : 05 63 33 96 23
causse.marines@gmail.com
www.causse-marines.com
Visite : Du lundi au samedi de 8h à 20h.

Patrice Lescarret est un vigneron engagé, qui donne une interprétation très personnelle du terroir gaillacois grâce à un travail de tous les instants sur son vignoble. Ses cuvées ont parfois un nom original, héritage d'un temps où il fallait ruser avec les règles concernant l'étiquetage pour faire figurer le cépage ou le millésime sur l'ancienne catégorie des vins de table, car ici on est rarement dans les canons de l'appellation. Sa cuvée Hystérie, un moût partiellement fermenté récolté en 2002, qui titre moins de 1° d'alcool vient seulement d'être mise en bouteille, et elle ne ressemble à rien d'autre au monde. Mais sa nouvelle folie, c'est sa cuvée Mystique Mysterre, issue d'une technique très complexe de solera en vin de voile. Pourquoi faire simple quand on peut faire très compliqué ? C'est un peu ça, Patrice Lescarret, mais c'est ce qu'on aime chez lui !

Gaillac Grain de Folie Douce 2011
Blanc liquoreux | 2012 à 2021 | 11,50 € **16/20**
Fruité exotique, pâte d'amandes, la fine liqueur est bien intégrée grâce à une fraîcheur dynamique, le tout à un prix imbattable.

Gaillac Les Greilles 2011
Blanc | 2012 à 2016 | 10,50 € **15,5/20**
Fruits blancs et fleurs, une pointe de fleur d'oranger, beaucoup de gourmandise pour un plaisir immédiat, mais la tension finale amène un bel équilibre.

Gaillac Peyrouzelles 2011
Rouge | 2012 à 2017 | 9,50 € **16/20**
Les fruits noirs se marient aux notes viandées et au poivre avec élégance, les tanins sont fins, beaucoup de chair et de jus salin, grande réussite, l'accord parfait avec une rondelle de saucisson (testé et approuvé !).

Vin de Table Dencon 2010
Blanc | 2012 à 2017 | 15 € **16/20**
Note anisée fine, beaucoup de pureté aromatique, ensemble frais empreint d'une délicate subtilité.

Vin de Table Mystique Mysterre Solera 2011
Blanc | 2012 à 2031 | 37 € **17/20**
Une étonnante solera de vin de voile, mise en bouteille en 2011. Fruits secs, sous-bois, note grillée et torréfiée, on est entre vin jaune et xérès, plus haut en alcool qu'un vin jaune, du moins dans son expression. Une volaille rôtie, de beaux champignons ou des fromages de vache permettront de jolies noces.

Vin de Table Rasdu 2010
Rouge | 2012 à 2020 | 15 € **16,5/20**
Nez très poivre, très duras, la bouche est gourmande, avec de fins tanins qui dompteront un agneau de sept heures.

CHÂTEAU DU CÈDRE

Bru • 46700 Vire-sur-Lot
Tél. 05 65 36 53 87 • Fax : 05 65 24 64 36
chateauducedre@wanadoo.fr
www.chateauducedre.com
Visite : Du lundi au samedi de 9h à 12h et de 14h à 18h. Fermé les jours fériés.

Cette propriété continue dans la tourmente actuelle à soigner viticulture et vinification et à montrer le bon exemple à toute l'appellation. Pascal Verhaegue et son frère savent cueillir les malbecs à maturité optimale et leur donner le cachet épicé, tendu et subtil, propre aux magnifiques terroirs de première terrasse de Vire. Les excès d'extraction d'un passé récent ont été abandonnés. Les vins restent puissants et concentrés en raison du contrôle strict des rendements, mais leur tanin est harmonieux et le boisé de plus en plus adapté aux matières. Il faut simplement attendre deux à quatre ans de plus la cuvée Grand-Cru, de plus en plus équilibrée depuis 2009.

Cahors GC 2009
Rouge | 2016 à 2021 | 66 € **17/20**
Un des sommets incontestés du millésime : magnifique générosité de constitution, dans un équi-

libre en fait plus réussi que celui de la cuvée Cèdre, remarquable qualité de tanin, grand avenir.

Cahors Le Cèdre 2009
Rouge | 2016 à 2021 | 30 € **15,5/20**
Robe noire, très grande matière, un peu sauvage, fortes notes de cuir, raisin rôti, long, savoureux, un rien trop chaleureux.

CHÂTEAU DE CHAMBERT

Les Hauts-Côteaux • 46700 Floressas
Tél. 05 65 31 95 75 • Fax : 05 65 31 93 56
info@chambert.com • www.chambert.com
Visite : Du lundi au vendredi de 9h à 12h30 et de 14h à 18h. En été, jusqu'au samedi. Groupes sur rendez-vous.

Le jeune et énergique Philippe Lejeune met son talent d'entrepreneur au service de sa magnifique propriété, mais aussi à celui de l'appellation, et forme avec Stéphane Derenoncourt, son conseiller viticole, un remarquable tandem qui redonne au grand vin toute la classe attendue. Attention aux clichés, le grand vin de Chambert ne se livre pas immédiatement. Il est, comme de grands bordeaux, construit pour s'épanouir dans le temps. Il faut encore perfectionner les cuvées de début de gamme.

Cahors Chambert grand vin 2009
Rouge | 2016 à 2024 | 24 € **16/20**
Grand nez de cèdre, tension rare dans le millésime, tanin ultra racé. Grand cahors au tout début de sa carrière.

DOMAINE CHATER

Vignoble de la Lègue • 47120 Saint-Sernin-de-Duras
Tél. 05 53 64 67 14 • Fax : 05 53 64 67 14
info@domainechater.com • www.domainechater.com
Visite : Du lundi au vendredi de 14h à 18h.
Le reste du temps sur rendez-vous.

Ce couple de Londoniens s'est installé à Saint-Sernin en 2003. Ils se sont fait remarquer tout de suite par la qualité de leurs différentes cuvées. Une valeur sûre de la région de Duras.

Côtes de Duras Chater 2011
Rosé | 2012 à 2014 | 5,50 € **14/20**
Ce rosé de plat, dense en bouche, est à la fois gourmand et fruité.

Côtes de Duras Chater 2011
Blanc | 2012 à 2014 | 6,50 € **13,5/20**
Cette cuvée 100 % sauvignon offre une sensation de raisins très mûrs. La bouche est ample et ronde. Vin agréable avec un réel avenir. Il accompagnera des plats cuisinés comme des ris de veau.

DOMAINE CHIROULET

32100 Larroque-sur-l'Osse
Tél. 05 62 28 02 21 • Fax : 05 62 28 01 46
chiroulet@wanadoo.fr • www.chiroulet.com
Visite : Du lundi au vendredi de 9h à 12h et de 14h à 18h30. Le samedi aux mêmes horaires de mai à septembre sinon sur rendez-vous.

Philippe Fezas fait partie des «petits» vignerons de l'appellation avec seulement 65 hectares. Il faut dire qu'il mène aussi une activité de conseil chez Seguin-Moreau, qui le conduit dans les chais des grands crus bordelais. Fins et soignés, ses vins offrent un profil élégant et harmonieux. A suivre de très près !

Vin de pays des Côtes de Gascogne
La Côte d'Heux 2010
Blanc | 2012 à 2015 | 7,50 € **14,5/20**
Ce gros manseng élevé en foudre est très réussi, à la fois gras et fin. Un vin très agréable, à marier avec une cuisine épicée ou des poissons. Le 2011 arrive.

Vin de pays des Côtes de Gascogne
Terres blanches 2011
Blanc | 2012 à 2014 | 6,80 € **13,5/20**
Un assemblage de gros manseng, de sauvignon et d'ugni blanc, qui tire son épingle du jeu par la finesse et la fraîcheur. Bonne tension nerveuse.

Vin de pays des Côtes de Gascogne
Vent d'Hiver 2009
Blanc liquoreux | 2012 à 2015 | 18 € les 50 cl **14/20**
Très frais, ce liquoreux (il affiche 90 grammes de sucre) concilie finesse et arômes confits, tout en légèreté. Citron confit, pain grillé, épices s'harmonisent avec bonheur.

DOMAINE DE CINQUAU

Chemin du Cinquau • 64230 Artiguelouve
Tél. 05 59 83 10 41 • Fax : 05 59 83 12 93
info@jurancon.com • www.jurancon.com
Visite : Du lundi au vendredi de 9h à 18h.
Le week-end sur rendez-vous.

Le vignoble agrandi et réorganisé est superbe, le vinificateur très compétent, et le propriétaire passionné par la remise en valeur de son patrimoine. On y trouvera des vins d'un style affirmé, constant depuis 2009.

Jurançon cuvée Henri 2010
Blanc liquoreux | 2014 à 2018 | 8 € **16,5/20**
Un des plus complets du millésime, large, onctueux, très ouvert et complexe avec des notes de café, de caramel, de citron. Boisé fondu, grande race. Vivement recommandé.

Jurançon Sec 2010
Blanc | 2013 à 2015 | 7 € **15/20**
Beaux arômes d'ananas typiques du gros manseng, gourmand, et terminant sur les agrumes.

CHÂTEAU CLUZEAU

Le Petit-Cluzeau • 24240 Flaugeac
Tél. 05 53 24 33 71 ou 06 80 71 04 05
Fax : 05 53 24 33 71
marc.saury@chateaucluzeau.com
www.chateaucluzeau.com
Visite : Du lundi au vendredi de 8h à 18h
et le week-end sur rendez-vous.

Composée de 10 hectares, cette propriété appartenant à la famille Saury possède des sols calcaires et argilo-calcaires orientés sud/sud-ouest, avec 1,3 hectare de Monbazillac. C'est l'un des seuls domaines à pratiquer la vendange à la main sur l'intégralité de son vignoble. Les vins produits sont harmonieux, en bergerac comme en monbazillac.

Bergerac 2009
Rouge | 2012 à 2015 | 8 € **14/20**
C'est équilibré, frais avec ce qu'il faut d'allonge.

Monbazillac Bois Blanc 2010
Blanc Liquoreux | 2012 à 2019 | 14 € **15,5/20**
Très miel au nez, ce vin offre une belle tenue en bouche avec un équilibre harmonieux entre le sucre et l'acidité. Depuis notre dernière dégustation, il a pris de l'ampleur.

CHÂTEAU COMBEL LA SERRE

Cournou • 46140 Saint-Vincent-Rive-d'Olt
Tél. 05 65 30 71 34 • Fax : 05 65 30 54 44
combel.la.serre@wanadoo.fr
Visite : De 9h à 18h

Cahors Coeur de cuvée 2010
Rouge | 2014 à 2018 | 8 € **14/20**
Joli nez épicé, corps équilibré, vinification soignée, permettant au terroir de s'exprimer avec personnalité.

DOMAINE DU COMTE DE THUN

81170 Frousseilles
Tél. 05 63 56 14 02 • Fax : 05 63 56 15 03
chateaufrousseilles@wanadoo.fr
www.comtedethun.com

Vin de pays des Côtes du Tarn La Maze 2008
Rouge | 2012 à 2018 | 32 € **16/20**
Attaque puissante, le boisé est présent mais se fond agréablement, joli vin doté de fins tanins et d'une allonge pleine de jus. Un vin à bien aérer. Le prix demandé paraît en revanche excessif.

Vin de pays des Côtes du Tarn
La Tarabelle 2007
Rouge | 2012 à 2017 | NC **15/20**
Nez épicé, intense, allonge savoureuse en bouche, persistante et gourmande, du caractère et du bon.

DOMAINE COSSE MAISONNEUVE

Les Beraudies • 46700 Lacapelle-Cabanac
Tél. 06 87 16 68 08 • Fax : 05 65 24 22 37
laquets.maisonneuve@gmail.com
Visite : Sur rendez-vous.

L'association de Mathieu Cosse, brillant jeune œnologue, fou de grands vins et de gastronomie, et de Catherine Maisonneuve, une des viticultrices les plus idéalistes de ce pays, nous donne quelques-uns des vins les plus complets et les plus sincères de Cahors. Deux belles cuvées sont ici produites : La Fage illustre l'originalité de caractère des meilleurs terroirs, et Les Laquets, issus des raisins les plus mûrs du Causse, est un vin souvent sans rival dans l'appellation en densité et en potentiel. Le domaine produit en petites quantités des vins rouges de pays de Quercy exceptionnels, à partir du gamay et du cabernet franc. Tous ces vins gagnent énormément à être ouverts et carafés deux à trois heures avant le service, car ils sont vinifiés volontairement sous

réduction. Les vins sélectionnés ont été dégustés au domaine.

Cahors Les Laquets 2009
Rouge | 2016 à 2021 | 27 € **16,5/20**
Remarquable potentiel, saveur chaleureuse de raisins très mûrs, rehaussés par une tension dans la forme unique à Cahors, aromatiquement très puissant mais avec une réduction évidente.

Vin de Table Carmenet 2010
Rouge | 2014 à 2020 | 24 € **15,5/20**
Exceptionnelle puissance et intégrité pour ce vin de cabernet franc de vignes centenaires cultivées en haut Quercy, mis dans une bouteille et sous une étiquette dignes de lui.

DOMAINE DES COSTES

4, rue Jean-Brun • 24100 Bergerac
Tél. 05 53 57 64 49 • Fax : 05 53 61 69 08
jean-marc.dournel@orange.fr
www.domainedescostes.fr
Visite : Du lundi au samedi de 10h à 12h
et de 14h à 18h.

Œnologue bardé de diplômes, Jean-Marc Dournel reprend avec enthousiasme le domaine de ses beaux-parents, sur Pécharmant : «Après une période d'adaptation, j'ai complètement réorganisé ma façon de faire. En 2003, la vigne a été conduite en culture biologique et la biodynamie vient d'être mise en place». Il convient de carafer les vins pour qu'ils donnent toute leur mesure.

Pecharmant 2009
Rouge | 2012 à 2014 | 12 € **14,5/20**
Tanin souple et frais avec une fin épicée qui peut escorter un parmentier de chapon.

Pecharmant Tradition 2009
Rouge | 2013 à 2018 | 9 € **14/20**
Pour l'instant serré et compact, il faut laisser du temps à ce cru, car il y a de la matière derrière.

DOMAINE DES COSTES ROUGES

Combret de Nauviale • 12330 Marcillac
Tél. 05 65 72 83 85 • Fax : 05 65 72 83 85
www.domaine-des-costes-rouges.fr

Marcillac Clos de la Ferrière 2009
Rouge | 2012 à 2015 | NC **13,5/20**
Une expression plus profonde que l'autre cuvée du domaine, toujours ce toucher rond et élégant, finale sur le poivre noir.

CHÂTEAU COURT LES MUTS

24240 Razac-de-Saussignac
Tél. 05 53 27 92 17 • Fax : 05 53 23 77 21
court-les-muts@wanadoo.fr
Visite : Du lundi au vendredi de 9h à 12h et de 14h
18h. Le samedi et les jours fériés sur rendez-vous.

C'est sur Saussignac que le château Court Les Muts donne toute sa mesure avec un liquoreux équilibré entre les sucres et l'acidité. Le 2007 arrive à point.

Saussignac 2007 ☺
Blanc Liquoreux | 2012 à 2016 | 16 € **14,5/20**
Nez de mirabelle, onctueux et miellé, avec de l'équilibre.

CLOS DE LA COUTALE

46700 Vire-sur-lot
Tél. 05 65 36 51 47 • Fax : 05 65 24 63 73
info@coutale.com • www.closlacoutale.com
Visite : Du lundi au vendredi de 9h à 12h
et de 14h à 18h.

Propriété classique du meilleur secteur des troisièmes terrasses, voisin direct de Gaudou et du Cèdre, cette propriété gérée adroitement depuis longtemps par la famille Bernède produisait un vin simple, franc, sans grande ambition, largement exporté. Elle a présenté un excellent 2010, au style bien plus affirmé que par le passé et digne de son terroir.

Cahors 2010
Rouge | 2015 à 2020 | 6 € **15/20**
Nez ample et précis, solidement épicé, corps et tanins racés, origine de terroir excellente, belle suite en bouche, retour du cru à son vrai niveau.

DOMAINE DE COUTANCIE

22, rue Valette • 24100 Bergerac
Tél. 05 53 57 52 26 • Fax : 05 53 58 52 76
coutancie@wanadoo.fr
www.domaine-de-coutancie.com

Les 5,49 hectares de vignes du domaine de Coutancie descendent à flanc de colline sur la rive droite de la Dordogne, avec une exposition plein sud. Le rosette et le bergerac rouge constituent de bons rapports qualité/prix.

BERGERAC 2010
Rouge | 2012 à 2016 | 9,80 € **14/20**
Tanins déliés et juteux, avec un bon glissant, on est en présence d'un bon compagnon.

ROSETTE ELINA 2010
Blanc Doux | 2012 à 2014 | 8,50 € **14,5/20**
Attaque fraîche avec des accents caressants, belle palette de fruits jaunes.

DOMAINE DU CROS

Le Cros • 12390 Goutrens
Tél. 05 65 72 71 77 • Fax : 05 65 72 68 80
pteulier@domaine-du-cros.com
www.domaine-du-cros.com
Visite : De 9h à 12h et de 14h à 18h30.

Philippe Teulier a bien développé le domaine familial, dans le vignoble reculé de Marcillac. Sa jolie gamme est une ode au fer servadou, le cépage local, connu également sous le nom de mansois en Aveyron ou de braucol à Gaillac.

MARCILLAC LES ROUGIERS 2005
Rouge | 2012 à 2020 | NC 15/20
L'élevage s'est bien fondu et le vin goûte aujourd'hui très bien. Fruits secs, cuir, fruits à noyaux, bouche charnue où les tanins de l'élevage ressortent un peu mais s'accommoderont d'une viande, belle fraîcheur.

MARCILLAC LO SANG DEL PAÏS 2011 ☺
Rouge | 2012 à 2016 | NC **14,5/20**
Fruité intense, pêche de vigne et poivre blanc, bouche charnue, de la matière mais des tanins ronds, joli vin de plaisir et de belles charcuteries.

MARCILLAC VIEILLES VIGNES 2009 ☺
Rouge | 2013 à 2019 | NC **15,5/20**
Concentré et droit, arômes frais de menthol et de fruits noirs, tanins gras et fins, beaucoup d'élégance et un plaisir qui incite à finir la bouteille.

CAVE DE CROUSEILLES

Cave de Crouseilles • 64350 Crouseilles
Tél. 05 59 68 10 93 • Fax : 05 62 69 6 168
d.degache@crouseilles.fr ou s.lhau@plaimont.fr
www.plaimont.fr
Visite : De octobre à avril, du lundi au samedi de 9h30 à 12h30 et de 14h à 18h. De mai à septembre de 9h à 13h et de 14h à 19h.

La reprise par les producteurs de Plaimont de la cave coopérative de Crouseilles, pionnière du Madiran, située au cœur de son vignoble historique, a donné des ailes à l'équipe qui l'a en charge, entraînant une remarquable progression de la qualité. Les rouges des cuvées sélectionnées se sont améliorés, mais ce sont surtout les pacherencs qui en ont profité : nous avons été épatés par le niveau moyen des moelleux et des liquoreux, merveilleusement complexes et expressifs. Les 2008 sont à ce jour le millésime le plus réussi en rouge, mais les blancs, quoiqu'excellents, n'égaleront pas les 2007. Il en reste heureusement à la vente.

MADIRAN CHÂTEAU DE CROUSEILLES 2010
Rouge | 2018 à 2022 | 10,50 € **15/20**
Beaucoup de fruit et d'onctuosité de texture, de l'allonge et même du charme, belle sélection de vendange.

PACHERENC DU VIC BILH FOLIE DU ROI 2011 ☺
Blanc liquoreux | 2012 à 2015 | 10,10 € **16/20**
Beau bois, jolie caramélisation du raisin liée au passerillage réussi, beaucoup de finesse, d'onctuosité, de charme aromatique.

PACHERENC DU VIC BILH GRAINS DE GIVRE 2011
Blanc liquoreux | 2014 à 2018 | 12 € **16,5/20**
Grand nez d'agrumes, très riche et complexe, grande longueur, moelleux parfait.

PACHERENC DU VIC BILH
PRÉLUDE À L'HIVERNAL 2011
Blanc liquoreux | 2014 à 2023 | 15,85 € **17/20**
Somptueux nez de miel et de fleurs, immense suite en bouche, passerillage ultime magnifique, du grand vin de dessert, digne des plus grands jurançons.

ELIAN DA ROS

La Clotte • 47250 Cocumont
Tél. 05 53 20 75 22 • Fax : 05 53 94 79 29
e_daros@club-internet.fr
Visite : Sur rendez-vous.

C'est dans le paysage vallonné du Marmandais, à Cocumont, que se trouvent les 21,6 hectares de la propriété d'Elian Da Ros, assisté depuis 2008 par son épouse Sandrine. Les vignes sont cultivées selon les principes de la biodynamie. Les vins, qui étaient déjà charmeurs, ont gagné en raffinement.

Côtes du Marmandais Abouriou 2010
Rouge | 2012 à 2015 | 8,50 € **14,5/20**
Nez d'épices douces, poivre blanc, paprika. Bouche fraîche, droite, finale sur la réglisse.

Côtes du Marmandais Chante Coucou 2009
Rouge | 2012 à 2022 | 16 € **15/20**
Beaucoup de finesse dans cette cuvée, très joli fruit, de la rondeur, belle acidité et beaux tanins structurants.

Côtes du Marmandais Clos Baquey 2009
Rouge | 2013 à 2025 | 28 € **16/20**
Droit et minéral. Bouche ample, avec un grand fruit. Charnu. Finale salivante.

Côtes du Marmandais Coucou Blanc 2010
Blanc | 2012 à 2017 | 17 € **15/20**
Nez floral, notes de guimauve, bouche sur les fruits à chair blanche.

Côtes du Marmandais Le Vin est une Fête 2010
Rouge | 2012 à 2015 | 7,50 € **14/20**
Nez droit, avec une belle fraîcheur. Bouche fraîche et fruitée, avec de la tension. Finale avec avec une belle amertume.

Côtes du Marmandais Sua Sponte 2010
Blanc Demi-sec | 2012 à 2020 | 30 € **14/20**
Notes de roses, d'abricot, d'ananas. Bouche fine, élégante, sans aucune lourdeur.

Côtes du Marmandais Vignoble d'Elian 2010
Rouge | 2013 à 2020 | 10,50 € **15/20**
Nez aux notes fumées. Touché de bouche suave et soyeux. Structure tannique imposante en finale.

DOMAINE DAMIENS

64330 Aydie
Tél. 05 59 04 03 13 • Fax : 05 59 04 02 74
domainedamiens@numeo.fr
www.domainedamiens.e-monsite.com
Visite : Du lundi au vendredi de 9h à 12h30 et de 14h à 19h30. Le week-end sur rendez-vous.

Pacherenc du Vic Bilh 2011
Blanc liquoreux | 2012 à 2015 | 9 € **15/20**
Forte prise de bois mais vin richement aromatique, sur l'ananas, très belle longueur.

MAS DEL PERIÉ

46090 Trespoux
Tél. 05 65 30 18 07 • Fax : 05 65 53 12 13
masdelperie@wanadoo.fr • www.masdelperie.com
Visite : De 8h à 20h.

Cette propriété confirme tous les espoirs placés en elle. Fabien Jouves, avec beaucoup de ténacité et d'ambition, affine à chaque nouveau millésime sa conception du cahors de qualité, recherchant la finesse et la pureté plus que la puissance ou les recettes habituelles des vins de luxe. Cela donne des vins puissants, mais digestes, vivement recommandés et d'une exceptionnelle élégance en 2009.

Cahors La Pièce 2009
Rouge | 2017 à 2024 | 49 € **17,5/20**
Notre vin préféré lors de notre grande dégustation à l'aveugle et l'un des plus beaux exemples de rouges du Sud-Ouest. Un boisé plus subtil et plus harmonieux encore que celui de Lagrezette, un velouté, une tendresse et une subtilité de texture et de tanins qui feront date à Cahors. Un vin d'artiste.

Cahors La Roque 2010
Rouge | 2014 à 2018 | 12,50 € **15,5/20**
Corps particulièrement généreux, tanin très habilement extrait, long, séducteur, un cahors relooké qui va en intriguer plus d'un !

Cahors Les Acacias 2009
Rouge | 2015 à 2021 | 21 € **17/20**
Texture magnifiquement satinée, grande longueur, encore un cahors d'exception et un exemple de la maîtrise étonnante de ce viticulteur.

VIGNERONS DE DONZAC

3458, avenue du Bruhlois • 82340 Donzac
Tél. 05 63 39 91 92 • Fax : 05 63 39 82 83
info@vigneronsdubrulhois.com
www.vigneronsdubrulhois.com
Visite : Du lundi après-midi au samedi de 9h30 à 12h et de 14h30 à 18h30.

Située aux limites de trois départements, Tarn-et-Garonne, Lot-et-Garonne et Gers, la cave des Vignerons de Donzac regroupe la quasi totalité des producteurs de la région et vinifie une centaine d'hectares en AOC. Autour du célèbre Vin Noir, il existe également une gamme de rouges et de rosés.

BRULHOIS ROSÉ 1808 2011 ☺
Rosé | 2012 à 2014 | 4,20 € **13,5/20**
De couleur saumon, ce rosé aux notes de fraises en bouche est friand et léger.

CÔTES DU BRULHOIS LE VIN NOIR 2007
Rouge | 2012 à 2020 | 8,40 € **14,5/20**
Nez profond, droit. Notes de zan. Touché de bouche suave, de la fraîcheur, beaux tanins structurants en fin de bouche.

VIN DE FRANCE GRAIN D'AMOUR NM
Rosé liquoreux | 2012 à 2013 | 5,50 € **13/20**
Cuvée élaborée avec 75% de muscat de Hambourg, et 25% de cabernet francs. Ce vin à tout de la rose ! Couleur, nez et bouche. On y trouve également des notes de litchis. Vin agréable à l'apéritif.

DOMAINE D'ESCAUSSES

La Salamanderie • 81150 Sainte-Croix
Tél. 05 63 56 80 52 • Fax : 05 63 56 87 62
jean-marc.balaran@wanadoo.fr
www.domainedescausses.com
Visite : Du lundi au samedi de 9h à 19h.
Le dimanche sur rendez-vous.

Jean-Marc Balaran travaille désormais avec sa fille Aurélie, qui a ramené ses vignes de l'Enclos des Roses dans le domaine familial. La plupart des cépages du Gaillacois sont ici cultivés, qu'ils soient autochtones ou pas, et les cuvées en assemblent toujours plusieurs. Les vins vinifiés en cuve sont croquants de simplicité et de gourmandise, les cuvées élevées en fût nous ont semblé perdre en expression d'origine ce qu'elles avaient gagné en sophistication, une impression confirmée encore cette année.

GAILLAC CHÂTEAU L'ENCLOS DES ROSES 2009
Rouge | 2012 à 2016 | 11 € **14/20**
Puissant, tannique, la concentration du millésime le rend robuste et un peu chaleureux, il se fondra dans une sauce au vin.

GAILLAC LA CROIX PETITE 2010
Rouge | 2012 à 2018 | 9,50 € **15/20**
Bouche raffinée et élégante grâce à l'apport de cabernet-sauvignon, ensemble droit et structuré.

GAILLAC LA VIGNE BLANCHE 2010 ☺
Rouge | 2012 à 2017 | 6 € **14,5/20**
Arômes élégants de poivre et de fruits noirs, allonge fine et pleine d'élégance, savoureuse finale minérale.

GAILLAC LA VIGNE DE L'OUBLI 2010
Blanc | 2012 à 2016 | 9,50 € **14,5/20**
Plus de profondeur et de chair que l'Ombre-Fraîche, élégant, pur et ciselé, fruits blancs et fruits secs.

GAILLAC PREMIÈRES CÔTES CHÂTEAU L'ENCLOS DES ROSES 2009
Blanc | 2012 à 2017 | 13,80 € **14/20**
Ensemble au fruité très mûr, où un peu plus de vivacité compenserait la richesse du millésime. Pour des sauces à la crème.

MAS DES ETOILES

84220 Gordes
Tél. 06 83 86 69 89
www.mas-des-etoiles.com

Encore un exemple des changements produits à Cahors par l'arrivée d'une nouvelle génération. Le vignoble du château Bladinières, appartenant à la famille du même nom, produisait des vins indifférents. En sélectionnant des parcelles de vieilles vignes et en les cultivant avec plus d'ambition, Arnaud Bladinières, associé à David Liorit, a créé le Mas des Etoiles. Son vin fétiche «Une étoile est née» mérite tout à fait son nom dans le très riche, mais dangereux, millésime 2009.

CAHORS UNE ÉTOILE EST NÉE 2009
Rouge | 2015 à 2019 | 16,50 € **16/20**
Grand vin noblement bouqueté, doté d'une texture particulièrement onctueuse et harmonieuse, long, précis, avec une étonnante maîtrise de l'élevage sous bois.

CHÂTEAU EUGÉNIE

Rivière Haute • 46140 Albas
Tél. 05 65 30 73 51 • Fax : 05 65 20 19 81
couture@chateaueugenie.com
www.chateaueugenie.com
Visite : Du lundi au samedi de 9h30 à 12h30 et de 14h à 19h.

Les Couture sont une des plus anciennes familles cadurciennes à avoir mis en bouteilles au domaine et sur leurs terres classiques d'Albas, sur les terrasses du Lot et le Causse. Ils produisent des cahors sincères et de très bonne garde, dont la version la plus élégante a été dans un délicieux clin d'oeil baptisée Haute Collection.

Cahors Cuvée de l'Aïeul 2009

Rouge | 2015 à 2017 | 11 € **14,5/20**

Robe noire, vin intense, tendu, le type même du grand Cahors d'autrefois, le tanin ne se lissera qu'avec les années, mais y a des chevaux sous le capot !

Cahors Haute Collection 2009

Rouge | 2014 à 2019 | 20 € **15/20**

Beaucoup d'élégance et de fraîcheur, texture délicate pour le millésime, ensemble savoureux, facile à comprendre, modernisation réussie du type.

CHÂTEAU FLOTIS

1013, chemin de Flotis
31620 Castelnau-d'Estretefonds
Tél. 05 62 79 03 94 • Fax : 05 61 82 72 38
chateauflotis@cegetel.net • www.chateauflotis.com
Visite : Sur rendez-vous.

Frédéric Ribes, déjà fameux pour Le Roc, s'est associé à des amis pour acheter cette propriété en 2004, sur des terroirs différents de Le Roc. Le domaine est en cours de conversion à l'agriculture biologique. Le travail des sols a mis quelques années à payer, mais se ressent à partir du millésime 2008, le meilleur millésime de la propriété à ce jour. Les millésimes récents ne font que confirmer cette tendance.

Fronton Les L de Flotis 2011

Rosé | 2012 à 2014 | NC **13,5/20**

Il faut bien l'aérer pour libérer sa puissance et sa vinosité, mais son caractère est indéniable. Pas très orthodoxe mais du charme.

Fronton Les L de Flotis 2008

Rouge | 2012 à 2018 | NC 15/20

Séveux, salin, frais et droit, la bouche est pulpeuse et gourmande.

Fronton Sy Noire 2009

Rouge | 2012 à 2019 | NC **15,5/20**

Les arômes de graphite et de fruits noirs sont élégants, les tanins bien graissés par l'élevage, grande cuvée.

DOMAINE GAILLOT

Quartier Laquidée • 64360 Monein
Tél. 05 59 21 31 69 • Fax : 05 59 21 45 96
domaine.gaillot@orange.fr • www.jurancon-gaillot.fr
Visite : Tous les jours de 9h à 19h et le dimanche sur rendez-vous.

Un propriétaire très cultivé a repris depuis quelques années, au décès de son frère, un beau domaine disposant de vignes de coteau parfaitement exposées. La régularité de qualité peut s'améliorer, mais les vins réussis peuvent égaler les meilleurs, comme ce grand moelleux 2010.

Jurançon Sélection 2010

Blanc Doux | 2013 à 2018 | 17 € **17/20**

Riche en liqueur, merveilleusement onctueux et complexe, très long, grand tri de raisin, belle acidité, du parfait jurançon !

DOMAINE DE LA GARDE

46090 Labastide Marnhac
Tél. 05 65 21 06 59
contact@domainedelagarde.com
www.domainedelagarde.com

Cahors 2010

Rouge | 2015 à 2020 | NC **16/20**

Une découverte ! Magnifique nez complexe, corps puissant et équilibré, très beau tanin, grande expression de terroir. Propriété à suivre si la bouteille confirme !

CHÂTEAU GAUDOU

Lieu-dit Gaudou • 46700 Vire-sur-Lot
Tél. 05 65 36 52 93 • Fax : 05 65 36 53 60
info@chateaudegaudou.com
www.chateaudegaudou.com
Visite : Du lundi au samedi de 15h à 18h.

Ce château domine les superbes coteaux de Viré et jouxte Triguedina et Le Cèdre. Nous sommes ici sur les superbes troisièmes terrasses caillouteuses du Lot, les plus qualitatives. Issus d'un terroir géré avec sagesse et rigueur par la famille Durou, présente depuis «seulement» sept générations (les Mellot de Sancerre n'ont pas de souci à se faire), les vins

possèdent la vigueur et le tempérament des meilleurs rouges de l'appellation. De très vieilles vignes, pratiquement centenaires, donnent un vin de prestige remarquable.

CAHORS GRANDE LIGNÉE 2010
Rouge | 2014 à 2018 | 7 € **14/20**
Nez légèrement torréfié, ensemble équilibré mais souple, tanin sans aspérité, sera assez vite prêt à boire.

MÉTAIRIE GRANDE DU THÉRON

46220 Prayssac
Tél. 05 65 22 41 80 • Fax : 05 65 30 67 32
barat-sigaud@wanadoo.fr
Visite : Sur rendez-vous.

Patron des viticulteurs de Cahors, Pierre Sigaud laisse son fils Sébastien cultiver et vinifier un superbe coteau, tout fleuri le jour de notre visite, et obtient pour sa cuvée de prestige un vin très bien constitué, digne des meilleurs.

CAHORS PRESTIGE 2009
Rouge | 2015 à 2019 | 9 € **15/20**
Robe noire, beau nez sans lourdeur, de la fraîcheur pour le millésime, beaux tanins sur le cèdre, excellent Cahors. La cuvée normale impressionne moins.

GRANDE MAISON

24240 Monbazillac
Tél. 05 53 58 26 17 • Fax : 05 53 24 97 36
grandemaison.monbazillac@gmail.com
www.grande-maison.fr
Visite : Du lundi au samedi de 8h30 à 12h et de 14h à 19h.

Ce domaine revient par la grande porte dans le guide : il nous gratifie de monbazillacs de haute volée, avec une cuvée Les Monstres et une cuvée Le Château qui sont dans le peloton de tête de l'appellation. Il faut signaler que l'exposition essentiellement plein sud de ces 20 hectares en coteaux favorise la bonne maturité des raisins.

BERGERAC TÊTE DE CUVÉE 2010
Blanc | 2012 à 2019 | 13,40 € **14,5/20**
Le boisé domine pour l'instant, mais il y a une jolie matière derrière.

MONBAZILLAC LE CHÂTEAU 2007
Blanc Liquoreux | 2012 à 2020 | 22 € **15,5/20**
Bouche pleine et rayonnante aux accents de miel et d'ananas rôti, c'est onctueux avec une vraie plénitude.

MONBAZILLAC LES MONSTRES 2007
Blanc Liquoreux | 2012 à 2019 | 66 € **16/20**
Nez de cire d'abeille, bouche onctueuse et bien enrobée avec une fin sur l'abricot confit, l'orange amère et le bonbon au miel. Cela reste frais.

DOMAINE MICHEL GUÉRARD

Château de Duhort-Bachen • 40800 Duhort-Bachen
Tél. 05 58 71 76 76 • Fax : 05 58 71 77 77
direction@michelguerard.com
www.michelguerard.com
Visite : Du lundi au vendredi de 8h à 12h et de 14h à 18h.

Dans ce coin des Landes, le vignoble de Tursan est grand comme un mouchoir de poche. Michel Guérard y exploite une vingtaine d'hectares, 9,5 pour les blancs et 10,5 pour les rouges. Il a transformé l'ancienne bergerie en maison d'hôtes et creusé un magnifique chai souterrain. Les vendanges sont manuelles et les conseils sont assurés par Jean-Claude Berrouet et Denis Dubourdieu. Les blancs ont du gras et de la tension, les rouges sont délicieusement épicés avec ce qu'il faut d'enrobage.

TURSAN BARON DE BACHEN 2010
Blanc | 2013 à 2017 | NC **15/20**
Nez de fruits jaunes, bouche à la fois généreuse et tendue avec une finale fraîche harmonieuse.

TURSAN CHÂTEAU DE BACHEN 2010
Blanc | 2012 à 2016 | NC **15/20**
Souple, coulant, avec ce qu'il faut de tension, ce vin décline les agrumes avec une pointe saline en finale.

VIN DE PAYS DES LANDES ROUGE DE BACHEN 2010
Rouge | 2012 à 2016 | NC **15,5/20**
Combinant puissance et élégance, ce vin présente un tanin énergique avec ce qu'il faut d'éclat dans le fruit.

DOMAINE GUIRARDEL

Chemin Bartouille • 64360 Monein
Tél. 05 59 21 31 48 • Fax : 05 47 74 85 92
jurancon@domaine-guirardel.fr
www.vins-jurancon.fr/guirardel
Visite : Sur rendez-vous.

Monsieur Casaubielh est une des grandes figures, aussi modeste qu'érudite, de la viticulture de Jurançon et sa famille cultivait déjà une vigne au même endroit sous Henri IV ! Les bâtiments de la ferme sont d'une beauté indescriptible, tout comme le paysage, constitué par les terrasses du vignoble de 5 hectares qui les jouxtent. L'exploitation a la chance aujourd'hui d'être reprise par la fille du propriétaire, ingénieur de formation, qui s'est transformée en très peu de temps en vigneronne confirmée. Le moelleux Bit-de-Prat de la propriété est l'un des vins les plus authentiques et les plus accomplis de l'appellation.

JURANÇON 2011
Blanc liquoreux | 2015 à 2020 | NC **15/20**
Boisé légèrement lactique, crémeux, long, complexe, beaucoup de caractère, ici aussi le meilleur de l'histoire récente.

JURANÇON BIT DE PRAT 2010
Blanc liquoreux | 2015 à 2020 | env.14 € **15/20**
Jolis arômes lactiques, bien défini, précis, terroir typé, assez long, encore jeune.

HAUGAROT

Chemin des Crêtes • 64110 Saint-Faust
Tél. 05 59 40 69 10 • Fax : 05 59 40 69 10
domainehaugarot@yahoo.fr
Visite : De 8h30 à 12h30 et de 14h à 19h.
Le dimanche et les jours fériés sur rendez-vous.

Petit domaine artisanal courageusement repris par un jeune viticulteur très sérieux, Jean Proharam, sur des coteaux de haute valeur, mais difficiles à cultiver. Les vins ont du style et offrent un très bon rapport qualité-prix.

JURANÇON 2010
Blanc Liquoreux | 2015 à 2020 | 11 € **15,5/20**
Notes de bois toasté, riche, complexe, très moka en bouche, long, droit, n'a pas dit son dernier mot.

JURANÇON VENDANGES TARDIVES 2010
Blanc Liquoreux | 2015 à 2020 | 21 € **17/20**
Robe claire, grande sève, ne cesse de s'enrichir à l'air, grande longueur, pour grand amateur !

HAUT-BERBA

64150 Lahourcade
Tél. 06 85 67 03 76
vincent.maysounave@wanadoo.fr

Nouveau domaine de l'appellation, Vincent Maysounave nous a intrigués dès sa première apparition avec un somptueux moelleux, comparable aux meilleurs ! Il va falloir suivre de près ce petit vignoble de Lahourcade.

JURANÇON 2010
Blanc Liquoreux | 2015 à 2020 | 16 € **17/20**
Grand volume de bouche, exceptionnelle acidité, grande tension de bouche, remarquable !

CHÂTEAU HAUT-LAVIGNE

Michau Lavigne • 47120 Saint-Astier
Tél. 05 53 20 01 94
nadia.lusseau@orange.fr • www.hautlavigne.fr
Visite : Sur rendez-vous.

CÔTES DE DURAS LA MISS 2010
Blanc | 2012 à 2016 | 9 € **14,5/20**
Nez aux notes d'agrumes, et d'abricots. Bouche gourmande et suave où l'on retrouve l'abricot. Vin possédant une belle fraîcheur.

CHÂTEAU HAUT-MONPLAISIR

Monplaisir • 46700 Lacapelle-Cabanac
Tél. 05 65 24 64 78 • Fax : 05 65 24 68 90
chateau.hautmonplaisir@wanadoo.fr
www.chateau-haut-monplaisir.com
Visite : Du lundi au vendredi de 9h à 12h et de 14h à 18h. Le week-end et les jours fériés sur rendez-vous. Du 2 juillet au 31 août inclus, de 9h30 à 12h et de 14h à 18h30.

Une petite vingtaine d'hectares bien cultivés, sur la bonne terrasse de l'appellation, la célèbre troisième, avec l'appoint des judicieux conseils de Pascal Verhaegue. Le terroir est excellent, et la volonté de bien faire évidente. Les vins de base doivent encore progresser.

CAHORS PUR PLAISIR 2008
Rouge | 2013 à 2018 | 22 € **14,5/20**
Présenté à nouveau et inchangé, un vin sérieux, épicé, avec des notes de tabac en bouche, de style classique, pas vraiment épanoui encore.

DOMAINE DU HAUT-MONTLONG

24240 Pomport
Tél. 05 53 58 81 60 • Fax : 05 53 58 09 42
sergenton-haut-montlong@wanadoo.fr
www.haut-montlong.com
Visite : Du lundi au vendredi de 8h à 12h et de 14h à 18h. Le week-end sur rendez-vous.

Retenu par le passé pour ses liquoreux et ses rouges, Haut-Montlong s'impose avec ce blanc sec 2011 d'un bel équilibre.

BERGERAC SEC ÉCLAT DE FRUIT 2011
Blanc liquoreux | 2012 à 2015 | 5 € **15,5/20**
Nez floral avec des accents de pêche blanche, bouche offrant une énergie équilibrée, ce vin donne déjà beaucoup de plaisir.

LA CAVE D'IROULÉGUY

Route de Saint-Jean-Pied-de-Port • 64430 Saint-Étienne-de-Baïgorry
Tél. 05 59 37 41 33 • Fax : 05 59 37 47 76
contact@cave-irouleguy.com
www.cave-irouleguy.com
Visite : D'avril à septembre, tous les joursde 9h à 12h et de 14h à 18h. Fermé le dimanche d'octobre à mars.

Cette coopérative de taille moyenne (130 hectares) joue pourtant un rôle capital dans l'économie de la toute petite appellation Irouléguy, et le joue bien. On y pratique une viticulture disciplinée et respectueuse de l'environnement, et les vins dans les trois couleurs ont la vivacité et le charme aromatique des vrais vins de montagne.

IROULEGUY ANDERE D'ANSA 2011
Blanc | 2012 à 2013 | 7,20 € **15/20**
Notes d'ananas frais, de pêche blanche, un vin très en largeur, à boire dès maintenant.

IROULEGUY ARGI D'ANSA 2011
Rosé | 2012 à 2013 | 5,50 € **13/20**
Notes de fruits rouges, dans un vin fluide et frais, gourmand. Pour l'apéritif.

IROULEGUY AXERIDOY 2011
Rosé | 2012 à 2013 | 7 € **15/20**
Rosé de belle saveur, gourmand, long et fruité, Il sera à l'aise partout de l'apéritif à la table.

IROULEGUY XURI 2011
Blanc | 2012 à 2014 | 10,40 € **15,5/20**
Vin de saveur, long et complexe, avec un fruité frais et une finale remarquable. Sous-tendu par une salinité étonnante.

MICHEL ISSALY

Domaine de la Ramaye - Sainte-Cécile-d'Avès
81600 Gaillac
Tél. 05 63 57 06 64
contact@michelissaly.com • www.michelissaly.com
Visite : Du lundi au vendredi de 10h à 12h et de 14h à 19h. Le samedi sur rendez-vous.

Michel Issaly est un vigneron engagé qui assume ses convictions : il va encore réduire la taille de son exploitation, la ramenant à 2 hectares, ce qui lui permettra d'aider un jeune vigneron à s'installer, une chouette idée ! Depuis le millésime 2007, il a volontairement arrêté la vinification sous bois, la remplaçant par un an en cuve suivi de deux ans de maturation en bouteille, avant commercialisation. Cela paye dès les premiers millésimes, les vins y gagnent en fraîcheur et en pureté de fruit ce qu'ils y ont perdu en volume et en puissance. La régularité au plus haut niveau des derniers millésimes méritait d'être soulignée dans notre hiérarchie.

GAILLAC GRAND MILLÉSIME 2010
Blanc | 2012 à 2020 | 15 € **15/20**
Nouvelle cuvée. Parfaitement sec malgré une maturité très poussé, l'équilibre est riche même si on sent une pointe d'oxydation que le 2011 corrige en adaptant le mode de vinification. Il ne plaira pas à tous pour sa non-orthodoxie.

GAILLAC LA COMBE D'AVÈS 2008
Rouge | 2012 à 2018 | 16 € **15,5/20**
Poivrons et fruits noirs au nez, les poivres accentuent la saveur de bouche, toucher fin et élégant, une petite carafe ne lui fait pas peur.

GAILLAC LE BRAUCOL 2010
Rouge | 2012 à 2020 | 45 € **16,5/20**
Fruité gourmand, herbes de Provence, tanins gras, bon potentiel d'évolution, à ce stade il ne creuse pas l'écart avec Grand-Tertre du même millésime.

GAILLAC LE GRAND TERTRE 2010
Rouge | 2012 à 2020 | 25 € **16/20**
Grande réussite pour cette cuvée, raffinée et élégante, le tanin est fin, les arômes poivre et fruits gourmands, il faut en profiter car il n'y aura pas de 2011.

GAILLAC PECH DE LA TILLETTE 2007
Rouge | 2012 à 2017 | 8 € **14,5/20**
Nez concentré, minéral, notes de viande fumée, le registre minéral et fruits noirs se développe en

bouche, graphite, avec une conclusion saline pour un ensemble digeste à souhait.

Gaillac Premières Côtes Les Cavaillès Bas 2011 ☺
Blanc | 2012 à 2018 | 10 € **15,5/20**
Très riche, bouche épaisse et grasse, allonge savoureuse pour ce vin aux arômes de compote de fruits jaunes, de sous-bois.

Vin de France Le Vin de l'Oubli 2000
Blanc | 2012 à 2025 | 30 € **17,5/20**
Nez puissant de fruits secs et de cacao, la richesse de bouche est domptée par le côté « sec » propre aux vins de voile, grande réussite avec une longue persistance.

CHÂTEAU JOLYS

Société Latrille - 330, route Chapelle-de-Rousse
64290 Gan
Tél. 05 59 21 72 79 • Fax : 05 59 21 55 61
chateau.jolys@wanadoo.fr • www.chateau-jolys.com
Visite : Du lundi au vendredi de 8h à 12h et de 13h30 à 17h. Le week-end sur rendez-vous.

Ce domaine, l'un des plus importants en surface de l'appellation, se trouve au cœur du terroir de Jurançon, sur des demi coteaux de plus en plus soigneusement cultivés. Marion Latrille a pris en charge les vinifications, et cela se sent dans la précision et la finesse de tous les types de vins produits à partir de 2008, à Jolys comme à Jurques, propriété voisine reprise en fermage.

Jurançon 2010 ☺
Blanc liquoreux | 2012 à 2017 | 9 € **15/20**
Parfumé, très ouvert avec juste ce qu'il faut de passerillage, très équilibré en sucre, très facile à boire, encore un vin plaisir.

Jurançon cuvée Jean 2010
Blanc liquoreux | 2015 à 2020 | 13,80 € **15,5/20**
Notes réglissées au nez, plus corsé et profond que la cuvée de base, mais même charme en finale où l'on retrouve le citron vert et le style inimitable du petit manseng.

Jurançon Sec 2011 ☺
Blanc | 2013 à 2014 | 6,90 € **14/20**
Joli nez expressif de citron/cédrat, facile, souple, d'une nervosité sans agressivité diablement apéritive.

Jurançon Sec Pauline 2010 ☺
Blanc | 2014 à 2018 | 12,80 € **15/20**
Beaucoup d'arômes d'agrumes, avec une pointe d'amertume, finale précise, parfaitement sec. Vin plaisir.

CHÂTEAU JONC-BLANC

24230 Vélines
Tél. 05 53 74 18 97 • Fax : 05 53 74 18 97
jonc.blanc@free.fr
Visite : Sur rendez-vous.

Isabelle Carles et Franck Pascal sont aux commandes depuis le début de ce millénaire et ils sont en agriculture bio, les blancs échappent aux stéréotypes pêche blanche ou jaune souvent trop exubérants. Les rouges sont frais et se boivent sur le fruité de leur jeunesse.

Bergerac Classik 2009
Rouge | 2012 à 2015 | 8,50 € **14,5/20**
Le fruit est joli et bien dégagé et le tanin frais et élégant.

CLOS D'UN JOUR

46700 Duravel
Tél. 05 65 36 56 01 • Fax : 05 65 36 56 01
s.azemar@wanadoo.fr • www.leclosdunjour.fr
Visite : Du lundi au samedi de 9h à 19h ou sur rendez-vous au 06 81 57 04 83.

En très peu de temps, cette toute petite propriété arrive au sommet de son appellation en suivant les exemples de haute viticulture des meilleurs vignerons du Sud-Ouest : Véronique et Stéphane Azemar vont même plus vite que leurs pairs en proposant sous l'intrigant nom de Un-Jour-sur-Terre une étonnante cuvée de rouge élevée comme on le faisait au temps des Romains, dans des jattes en terre cuite. L'objectif est d'obtenir un échange d'oxygène utile au vin sans l'apport aromatique inévitable du bois. Un-Jour est en général plus corsé et plus long à se faire qu'Un-Jour-sur-Terre.

Cahors Un Jour 2009
Rouge | 2014 à 2019 | 15 € **14,5/20**
Fort boisé de type torréfié, puissant, de la mâche, finesse moyenne, vineux. Attendre peut-être trois ou quatre ans pour un meilleur équilibre.

Cahors Un Jour sur Terre 2009
Rouge | 2016 à 2021 | 14 € **15,5/20**
Beau nez lactique avec des notes de chocolat et de violette, tanin ferme mais sur le cèdre, beaucoup de caractère et de personnalité.

DOMAINE DE JOŸ

32110 Panjas
Tél. 05 62 09 03 20 • Fax : 05 62 69 04 46
contact@domaine-joy.com • www.domaine-joy.com

Olivier et Rolland Gessler sont de joyeux gascons. L'un aux vinifications, l'autre à la commercialisation, ils forment un tandem efficace qui a hissé la propriété héritée du grand-père parmi les plus dynamiques du secteur. Leurs 140 hectares de vignes (deux fois plus qu'il y a dix ans) s'exportent pour près de la moitié et leur succès ne se dément pas. D'autant que les blancs, récoltés plus mûrs que leurs pairs, offrent beaucoup de rondeur.

Vin de pays des Côtes de Gascogne Grain de Joÿ 2006
Blanc liquoreux | 2012 à 2016 | 7,90 les 50cl **€13,5/20**
Un joli moelleux aux notes de coing, de fruits légèrement confits, d'abricot. Finale miellée et enlevée. Bonne sensation de fraîcheur.

Vin de pays des Côtes de Gascogne L'Étoile 2011
Blanc | 2012 à 2013 | 4,50 € **13,5/20**
Colombard, ugni blanc, gros manseng et sauvignon composent ce bouquet de fruits frais, pimpant et franc. Bonne tension saline.

CHÂTEAU DE JURQUE

Société Latrille - 330, route Chapelle-de-Rousse
64290 Gan
Tél. 05 59 21 72 79 • Fax : 05 59 21 55 61
chateau.de.jurque@orange.fr
www.chateau-jolys.com
Visite : Du lundi au vendredi de 8h à 12h et de 13h30 à 17h. Le week-end sur rendez-vous.

Cette propriété a été reprise en main et replantée par la famille Latrille de Château Jolys, sur des terres classiques du hameau même de Jurançon. Les vins ont révélé un charme aromatique encore supérieur à Jolys dans un style très technique et moderne. Les progrès se confirment depuis 2008 avec un ensemble de vins secs ou moelleux sans faute et capable de séduire un large public.

Jurançon Passion 2006
Blanc | 2012 à 2016 | 33,20 € **16,5/20**
Vin très original, récolté en... janvier 2007 ! Ambré, très personnel dans son complexe aromatique associant cerise, orange et des notes de début de rancio, long, capable de séduire un cuisinier imaginatif.

Jurançon Sec Émotion 2009
Blanc | 2012 à 2015 | 19,50 € **16/20**
Toujours en vente et semblable à l'an dernier, excellente maturité du raisin et boisé intelligent. Beau vin de gastronomie.

Jurançon Séduction 2010
Blanc liquoreux | 2015 à 2020 | 14,20 € **15/20**
Raisin bien «rôti», tout en fruit, avec une liqueur importante, pas encore assez bien intégrée, attendre trois ans.

Jurançon Tendresse 2010
Blanc liquoreux | 2014 à 2018 | 12,90 € **16/20**
Remarquable modernisation du type, arômes de fruits de la passion, sans caricature mais vraiment séduisants, pur, onctueux, fruité immédiatement aimable, parfait apéritif.

CHÂTEAU K

Le Fougueyrat • 24240 Saussignac
Tél. 06 72 13 73 17 • Fax : 05 53 58 79 60
mowi@wanadoo.fr • www.chateau-k.com
Visite : Sur rendez-vous.

Derrière la lettre K, il n'y a rien de secret, mais un prénom féminin, Katarina, venue de sa Norvège natale pour mettre en tanins ces parcelles de merlot et de cabernet-sauvignon qui donnent des rouges harmonieux et élégants. Le blanc offre également de belles perspectives, dans un registre de fraîcheur bienvenue.

Bergerac K 2009
Rouge | 2013 à 2019 | 11 € **14/20**
Les tanins sont encore fougueux, avec des flaveurs épicées sur fond de fruits noirs.

CHÂTEAU KALIAN

Bernasse • 24240 Monbazillac
Tél. 05 53 24 98 34
kalian.earl@orange.fr • www.chateaukalian.com
Visite : Tous les jours de 10h à 19h.

Situé à 10 km au sud de Bergerac, sur la rive gauche de la Dordogne, le vignoble du Château Kalian

couvre 10,5 ha sur Monbazillac. Une petite production de rouges s'affirme d'année en année de façon qualitative.

Bergerac 2010
Rouge | 2012 à 2018 | 8 € **15/20**
De l'assise, avec un vin qui a de l'attaque et une finale bien construite.

Bergerac 2009
Rouge | 2012 à 2017 | 8 € **15/20**
Il y a des tanins bien enrobés avec ce qu'il faut d'énergie derrière.

DOMAINE LA BÉRANGERAIE

Vignoble de Cahors - Cournou • 46700 Grezels
Tél. 05 65 31 94 59 • Fax : 05 65 31 94 64
berangeraie.juline@orange.fr • www.berangeraie.fr
Visite : De 9h à 12h et de 14h à 17h30.

Cahors La Gorgée de Mathis Bacchus 2009
Rouge | 2015 à 2021 | 17 € **15,5/20**
Robe noire, très grande puissance aromatique, grand volume de bouche, tanin ferme, boisé pas complètement en place, mais beaucoup d'avenir.

CHÂTEAU LA CAMINADE

Vignobles Resses & Fils • 46140 Parnac-Luzech
Tél. 05 65 30 73 05 • Fax : 05 65 20 17 04
resses@wanadoo.fr • www.chateau-caminade.com
Visite : Du lundi au vendredi de 8h à 12h et de 14h à 18h30. Le samedi sur rendez-vous.

La Caminade est un ancien presbytère appartenant depuis plus d'un siècle à la famille Resses. Elle exploite un joli vignoble de 35 hectares sur Parnac et a immédiatement adhéré à la charte qualité. La cuvée Commandery possède un beau type de cahors de vallée du Lot, elle est en général veloutée et souple. La cuvée Esprit, plus boisée et plus corsée, demande deux ans de vieillissement supplémentaire pour trouver son équilibre.

Cahors Commandery 2009
Rouge | 2014 à 2017 | 14 € **14/20**
Bonne matière, acidité marquée pour l'année, tanin sympathique, un rien rustique mais bien dans un certain classicisme cadurcien.

Cahors Esprit 2009
Rouge | 2015 à 2019 | 32 € **14,5/20**
Boisé marqué, ensemble puissant, travaillé, très épicé, bel avenir.

CHÂTEAU LA COUSTARELLE

Lieu-dit Les Caris • 46220 Prayssac
Tél. 05 65 22 40 10 • Fax : 05 65 30 62 46
chateaulacoustarelle@wanadoo.fr
Visite : Du lundi au vendredi de 9h à 12h et de 14h à 18h. L'été, jusqu'à 19h.

Cette propriété familiale est en train de bouger sous l'impulsion de Caroline Cassot, jeune vigneronne attentive à déguster ce qui se fait de mieux dans l'appellation. Le millésime 2009 offre deux cuvées de caractère, qui expriment bien le potentiel des vignes de troisième terrasse.

Cahors Eclat 2009
Rouge Demi-sec | 2015 à 2020 | env. 25 € **14,5/20**
Excellent corps, nez truffé, assez costaud, avec une bonne suite en bouche, vin de caractère.

Cahors Réserve d'Athena 2009
Rouge Demi-sec | 2013 à 2016 | env. 9 € **14/20**
Bonne maturité de raisin, texture agréable, tanin sans aspérité, ensemble équilibré et soigné.

CHÂTEAU DE LA MALLEVIEILLE

24130 MONFAUCON
Tél. 05 53 24 64 66
chateaudelamallevieille@wanadoo.f
www.chateaudelamallevieille.com
Visite : Tous les jours de 9h à 12h et de 14h à 19h.

Edouard Féret mentionne ce cru en 1903. Depuis, les Biau ont remis ce domaine à flot, en 1983, dans les secteurs de Bergerac et Montravel. Seuls les grands millésimes permettent de réaliser la cuvée Imagine. C'est l'un des vins les plus aboutis de l'appellation.

Montravel Imagine 2009
Rouge | 2012 à 2022 | 15 € **15,5/20**
Nez d'épices mêlé de fruits noirs, tanin long, élégant et bien enrobé, il y a du potentiel.

Montravel Imagine 2005
Rouge | 2012 à 2017 | épuisé **14,5/20**
Les tanins commencent d'être fondus, il y a ce qu'il faut de présence en bouche, avec une texture soyeuse qui se dessine.

CHÂTEAU LA RAYRE

La Rayre • 24560 Colombier
Tél. 05 53 58 32 17 • Fax : 05 53 24 55 58
vincent.vesselle@wanadoo.fr
www.chateau-la-rayre.fr
Visite : Sur rendez-vous.

Vincent Vesselle est l'une des belles signatures de Monbazillac. C'est jusqu'alors uniquement sur cette appellation qu'il figurait dans les réussites du guide. Comme l'an passé, les blancs secs de Bergerac et le bergerac rouge 2009 nous ont pleinement convaincus pour leur équilibre.

Bergerac 2009
Rouge | 2012 à 2016 | 6 € **15/20**
Bon support tannique avec de la fraîcheur et de l'harmonie et une concentration équilibrée.

Bergerac Sec 2010
Blanc | 2012 à 2014 | 12 € **14,5/20**
La bouche fraîche, épicée et florale offre une belle longueur avec une fin sur épices.

CHÂTEAU LA REYNE

Leygue • 46700 Puy-l'Évêque
Tél. 05 65 30 82 53 • Fax : 05 65 21 39 83
chateaulareyne@orange.fr
www.chateaulareyne.unblog.fr
Visite : Du lundi au vendredi de 9h à 12h et 14h à 18h. Le week-end sur rendez-vous.

La famille Vidal gère avec beaucoup d'efficacité une propriété emblématique du renouveau de l'appellation Cahors. Elle sait donner au vin un côté moderne, par un tanin plus lisse et moins rustique, mais respecte la force et la valeur des superbes terroirs de troisième terrasse.

Cahors Grande Réserve 2010
Rouge | 2012 à 2015 | 6 € **14,5/20**
Net, frais, beaucoup de droiture et de franchise de caractère, tanin sans pesanteur, cahors de vinification soignée.

DOMAINE LABRANCHE-LAFFONT

32400 Maumusson-Laguian
Tél. 05 62 69 74 90 • Fax : 05 62 69 76 03
christine.dupuy@labranchelaffont.fr
Visite : Du lundi au samedi de 9h30 à 12h30 et de 14h à 19h. Le dimanche sur rendez-vous.

Christine Dupuy a porté à un niveau fort honorable de qualité cette propriété qui ne dispose pas des terroirs les plus faciles à travailler. Elle produit à partir d'une viticulture exemplaire des vins charnus, réguliers, un rien rustiques, avec une perle rare, une très vieille vigne largement centenaire dont les pieds produisent un nectar à la texture très veloutée. Le suivi d'une année sur l'autre est exemplaire, même dans des années de petite récolte en raison d'accidents climatiques comme en 2007 ou 2008. Heureusement pour elle, les millésimes suivant ont retrouvé quantité tout en préservant une haute qualité.

Madiran 2010
Rouge | 2014 à 2020 | 7,50 € **15/20**
Excellent équilibre en alcool et en tanin, arômes frais de poivron rouge, très bonne construction en bouche, vin sincère et d'appel universel.

Madiran Vieilles Vignes 2010
Rouge | 2016 à 2022 | 13 € **15,5/20**
Petite réduction, mais fruité généreux, tanin frais et fin, ensemble précis, soigné, terroir bien exprimé.

Pacherenc du Vic Bilh Sec 2011
Blanc | 2012 à 2016 | 7,80 € **15/20**
Beau raisin mûr, vin gras, notes de miel frais, assez long, complet.

CHÂTEAU DE LACROUX

Lacroux-de-Lincarque • 81150 Cestayrols
Tél. 05 63 56 88 88 • Fax : 05 63 56 88 88
chateaudelacroux@wanadoo.fr
www.chateaudelacroux.com
Visite : De 9h à 12h et de 14h à 18h.

Également propriétaire du Château de Salettes, la famille Derrieux propose avec Lacroux une gamme de vins plus souples et immédiatement prêts à la consommation.

Gaillac Premières Côtes Vigne de Maurival 2010
Blanc | 2012 à 2016 | 7,50 € **14/20**
Par rapport à la vigne du Baronnet, on gagne en gras ce qu'on perd en dynamisme. C'est un autre style, celui-ci a plus sa place à table.

Gaillac Vigne de Maurival 2010
Rouge | 2012 à 2015 | 6,50 € **14/20**
Belle fraîcheur aromatique, plein de fruit et de chair, gourmand, à boire sur son fruit.

GAILLAC VIGNE DU BARONNET 2010 ☺
Blanc | 2012 à 2015 | 5 € **13,5/20**
Belle vivacité, le registre fruits blancs nuancé d'une note anisée est rafraîchissant, élégant et frais, apéritif.

GAILLAC VIGNE DU CASTELLAN 2009 ☺
Rouge | 2012 à 2017 | 5 € **14,5/20**
De gourmands arômes de fruits noirs et de poivre, texture ferme mais bouche en allonge, de la finesse.

CHÂTEAU LADESVIGNES

Ladesvignes • 24240 Pomport
Tél. 05 53 58 30 67 • Fax : 05 53 58 22 64
contact@ladesvignes.com • www.ladesvignes.com
Visite : Du lundi au vendredi de 9h à 12h et de 13h30 à 18h. Le week-end sur rendez-vous.

La vue du château sur la vallée de la Dordogne est splendide. Les cuvées en rouge comme le Pétrocore, dense et suave, et le Velours-Rouge, plus souple, nous ont encore pleinement convaincus. L'essentiel de la production est consacrée à des monbazillacs frais, subtils et bien proportionnés.

CÔTES DE BERGERAC PÉTROCORE 2009
Rouge | 2012 à 2016 | 9,50 € **15/20**
Vin structuré aux accents d'épices avec un fruité sous-jacent mûr, et de la longueur.

CÔTES DE BERGERAC VELOURS ROUGE 2009
Rouge | 2012 à 2015 | 7,50 € **14/20**
Tanin épicé et tendu, avec juste ce qu'il faut d'enrobage autour.

MONBAZILLAC AUTOMNE 2009
Blanc Liquoreux | 2012 à 2020 | 14 € les 50 cl **15,5/20**
Bel équilibre des sucres et de l'acidité, l'aromatique décline le miel, le gingembre et les épices, la bouche est riche et onctueuse avec une fin sur l'abricot confit, ce vin évolue parfaitement.

CHÂTEAU LAFFITTE-TESTON

32400 Maumusson
Tél. 05 62 69 74 58 • Fax : 05 62 69 76 87
info@laffitte-teston.com
www.chateau-laffitte-teston.com
Visite : Du lundi au samedi de 9h à 12h30 et de 13h30 à 19h. Fermé les jours fériés.

Jean-Marc Laffitte a mis au point un style de vin fort original dans le Madiranais en privilégiant, pour les rouges, la finesse du tanin et l'équilibre, et pour les pacherencs, un type de vin sec élaboré avec des raisins pleinement mûrs. Il a très bien réussi dans les deux cas et sans doute encore plus en blanc, avec sa célèbre cuvée Éricka qui domine encore aujourd'hui la production locale. Sa fille Éricka prend peu à peu sa suite, avec la même philosophie. Ses 2011 frisaient l'austérité, sauf un excellent moelleux. Le sol pourrait être davantage travaillé.

PACHERENC DU VIC BILH RÊVE D'AUTOMNE 2011
Blanc liquoreux | 2013 à 2018 | 11,90 € **16/20**
Riche, onctueux, arômes nobles d'abricot et d'agrumes, belle acidité, long et savoureux.

DOMAINE LAFFONT

32400 Maumusson
Tél. 05 62 69 75 23 • Fax : 05 62 69 80 27
pierre@domainelaffont.fr
Visite : Sur rendez-vous.

Remarquable personnalité sur le plan humain, Pierre Speyer est évidemment capable du meilleur dans ses vins réussis, d'une ampleur baroque inimitable. D'autres présentent, hélas, des défauts importants. Les 2010 semblent bien nés et vaudront qu'on ne les oublie pas en bouteilles !

MADIRAN HECATE 2010
Rouge | 2016 à 2020 | 24 € **16/20**
Splendide velouté de texture, boisé marqué, immense personnalité, à revoir en bouteille dans un an.

CHÂTEAU LAGREZETTE

46140 Caillac
Tél. 05 65 20 07 42 • Fax : 05 65 20 06 95
adpsa@lagrezette.fr • www.chateau-lagrezette.tm.fr
Visite : De 10h à 18h.

Cru vedette de Cahors, Lagrezette est avant tout une œuvre de mécénat : Alain-Dominique Perrin a mis beaucoup de sa fortune personnelle pour créer puis entretenir une propriété modèle dans une appellation en proie à tous les doutes et toutes les démissions. Avec l'aide de Michel Rolland, il a révolutionné le goût et la texture des vins de la région en recherchant une maturité plus poussée du raisin et un élevage plus luxueux. Une cuvée de printemps, à boire jeune, permet d'attendre le cahors normal et le vin de prestige Le-Pigeonnier, ce dernier exigeant sept à huit ans de bouteille pour digérer complètement son boisé. Le cru continue à donner l'exemple d'une viticulture disciplinée (mais légèrement moins perfectionniste qu'il y a quelques

années) et d'une vinification luxueuse, ambitieuse, digne du patrimoine du terroir.

Cahors Dame Honneur 2009
Rouge | 2015 à 2021 | 48 € **16/20**
Difficile de ne pas le reconnaître à l'aveugle et, donc, de rester impartial : un style unique dans la région avec la conjonction d'un boisé abondant et de notes de haute maturité du malbec, avec des notes d'eucalyptus qui peuvent choquer certains. Le tanin sur le cèdre, vraiment Cahors, donne sa vraie dimension à cette superbe cuvée.

Cahors Le Pigeonnier 2009
Rouge | 2017 à 2021 | 98 € **17/20**
Encore plus rassasiant que Dame Honneur, robe noire, onctuosité assez étonnante digne d'un grand malbec argentin. Mais la finale sur le cèdre, plus complexe, plus racée, est signée Cahors. Un vin hors norme qu'il faudra savoir attendre mais sur lequel on écrira bien des bêtises !

CHÂTEAU LAMARTINE

46700 Soturac
Tél. 05 65 36 54 14 • Fax : 05 65 24 65 31
chateau-lamartine@wanadoo.fr
www.cahorslamartine.com
Visite : Du lundi au samedi de 9h à 12h
et de 14h à 18h30.

Une propriété classique de l'appellation, située sur les terroirs précoces de Soturac, gérée avec conscience par Alain Gayraud qui aime son cahors solide et tannique, au prix d'une certaine austérité pour les vins de base. La cuvée Expression, issue des bonnes vignes de troisième terrasse, est d'une régularité exemplaire.

Cahors Expression 2009
Rouge | 2015 à 2020 | 22 € **15/20**
Robe pourpre noir, boisé légèrement caramélisant, pulpeux et riche en bouche, mais frais pour le millésime.

LAOUGUÉ

Route de Madiran • 32400 Viella
Tél. 05 62 69 90 05 • Fax : 05 62 69 71 41
pierre-dabatie@orange.fr • www.domaine-laougue.fr
Visite : Tous les jours de 9h à 19h.

Pierre Dabadie fait son entrée cette année dans le guide. Son vignoble se situe sur Viella, avec des terres parfaitement adaptées aux deux couleurs de vin, et sa production a beaucoup gagné en pureté aromatique tout en conservant un fort accent de terroir.

Pacherenc du Vic Bilh 2011
Blanc liquoreux | 2013 à 2018 | 9 € **16/20**
Arômes complexes d'orange et d'abricot, très riche, pacherenc complet car la délicatesse est aussi présente.

CLOS LAPEYRE

La Chapelle-de-Rousse - Chemin du Couday
64110 Jurançon
Tél. 05 59 21 50 80 • Fax : 05 59 21 51 83
contact@jurancon-lapeyre.fr
www.jurancon-lapeyre.fr
Visite : Du lundi au vendredi, de 8h30 à 12h30
et de 14h à 18h. Le samedi de 14h à 18h.
Dimanche et jours fériés sur rendez-vous.

Jean-Bernard Larrieu fait partie de l'élite des vignerons de Jurançon, appellation qui a de la chance avec ses meilleurs producteurs. Il pratique une viticulture très propre et vinifie habilement les secs et les liquoreux. Quelques irrégularités étaient apparues au milieu des années 1990, ce n'est plus qu'un souvenir. À leur meilleur, le bouquet de ses vins développe puissamment les arômes de truffe blanche ou noire (selon les millésimes) propres aux terroirs de La-Chapelle-des-Rousses, les plus originaux du secteur. Ses vins blancs secs se distinguent de la plupart par leur vigueur et leur fort, et remarquable, goût de terroir. Mais ce ne sont pas des vins «primeurs».

Jurançon Sec Lapeyre 2011
Blanc | 2013 à 2014 | NC **14,5/20**
Léger boisé, bonne maturité du raisin, droit, fin, très bien fait, bon style.

Jurançon Sec Vitatge Vielh 2010
Blanc | 2014 à 2018 | 12,50 € **15/20**
Boisé sensible, grande matière, beaucoup de caractère en finale, un rien d'alcool aussi.

CHÂTEAU LAPUYADE

Côte Lapuyade • 64360 Cardesse
Tél. 05 59 21 32 17
clos.marie-louise@wanadoo.fr
Visite : Sur rendez-vous.

Ce domaine qui nous était inconnu a présenté cette année un très grand vin liquoreux à classer parmi les plus étonnants du millésime 2009, dans lequel quelques grandes pointures n'ont pas réussi de cette

façon. Nous engageons les amateurs à rendre visite à la propriété au cas, fort probable, où il y aurait d'autres trésors.

JURANÇON 2009
Blanc liquoreux | 2014 à 2019 | 13 € **17 /20**
Très bon boisé intégré, grand volume de bouche, beaucoup de style, terroir parfaitement exprimé, vin hautement recommandable.

CAMIN LARREDYA

La Chapelle-de-Rousse • 64110 Jurançon
Tél. 05 59 21 74 42 • Fax : 05 59 21 76 72
contact@caminlarredya.fr • www.caminlarredya.fr
Visite : Sur rendez-vous.

Voici une excellente source pour les vins demi-moelleux et moelleux, au caractère classique, assez rapides à se développer en bouteille. Les meilleures «terrasses» donnent même un vin exceptionnellement riche et subtil, à un prix encore fort accessible. Jean-Marc Grussaute convertit progressivement son vignoble à la viticulture biodynamique et affine à chaque nouveau millésime un style de vin déjà très assuré. Les aléas climatiques des derniers millésimes n'ont rien changé à la détermination du vigneron et au style de ses vins.

JURANÇON AU CAPCÉU 2010
Blanc liquoreux | 2015 à 2020 | 22 € **16/20**
Robe dorée, grand nez complet, classique, associant truffe blanche et agrumes, terroir remarquablement mis en valeur, encore un peu tendu en fin de bouche.

LATAPY

Chemin Berdoulou • 64290 Gan
Tél. 06 23 22 07 29
www.domaine-latapy.com

JURANÇON 2010
Blanc liquoreux | 2014 à 2018 | 12,50 € **14,5/20**
Un vin très «terroir» à l'image de sa propriétaire, dans un vignoble presque périphérique de Jurançon, mais disposant de sols parfois calcaires, originaux. Du caractère et une parfaite adaptation au foie gras de canard.

CHÂTEAU LAULERIE

Le Gouyat • 24610 Saint-Méard-de-Gurçon
Tél. 05 53 82 48 31 • Fax : 05 53 82 47 64
contac@vignoblesdubard.com
www.vignoblesdubard.com
Visite : Du lundi au vendredi de 8h à 12h et 14h à 18h. Le samedi sur rendez-vous.

Le vignoble s'étend sur les coteaux qui dominent la rive droite de la Dordogne, dans la partie ouest de l'aire d'appellation Bergerac. Ce domaine prévaut pour ses cuvées de montravel, notamment celles de la Comtesse-de-Ségur, dans lesquelles ne rentrent que les vignes anciennes à faible rendement, situées sur les parcelles les mieux exposées. Cette année, les entrées de gamme se sont montrées plus convaincantes.

BERGERAC 2009
Rouge | 2012 à 2015 | 6,90 € **13,5/20**
Délicate et élégante avec ce qu'il faut de souplesse au niveau des tanins, cette cuvée se révèle d'une belle franchise.

MONTRAVEL 2011
Blanc | 2012 à 2013 | 4,90 € **13/20**
De la fraîcheur, des accents d'amande, et du coulant.

CHÂTEAU LAUROU

2250, route de Nohic • 31620 Fronton
Tél. 05 61 82 40 88 • Fax : 05 61 82 73 11
guy.salmona@wanadoo.fr
Visite : Sur rendez-vous.

Guy Salmona est devenu vigneron en 1997, après une première carrière dans l'informatique. Ses vins sont de bons représentants de l'appellation, on les apprécie pour leur charme fruité. Pleinement piqué au jeu, Guy vient de demander la conversion bio, dans la foulée des progrès récents constatés dans l'expression de chacune de ses cuvées.

FRONTON 2011
Rosé | 2012 à 2015 | 5,50 € **14/20**
Nuance anisée rafraîchissante, bouche élancée et diversifiée dans ses arômes de fleurs et de fruits, désaltérant.

FRONTON DÉLIT D'INITIÉS 2011
Rouge | 2012 à 2016 | 8 € **14,5/20**
Épicé, fruits noirs, bouche charnue, de l'allonge et du plaisir.

FRONTON LES COMPLICES 2011
Rouge | 2012 à 2017 | 8 € **14,5/20**
Goûtée avant mise, cette nouvelle cuvée offre de la chair et de la densité, bon volume. À revoir en bouteille.

FRONTON TRADITION 2010
Rouge | 2012 à 20164 | 5,50 € **14/20**
Épicé, fruits noirs, bouche charnue, de l'allonge et du plaisir.

CHÂTEAU LE CHABRIER

24240 Razac-de-Saussignac
Tél. 05 53 27 92 73 • Fax : 05 53 23 39 03
chateau.le.chabrier@free.fr
www.chabrier.jimdo.com
Visite : Tous les jours de 10h à 12h et de 14h à 17h, de préférence sur rendez-vous.

Pierre Carle abandonne en 1991 son métier d'ingénieur pour vivre sa passion de la vigne en constituant un domaine qui domine la Dordogne. Respect des sols selon les méthodes de l'agriculture biologique et petits rendements permettent d'obtenir des vins de belle pureté, en blanc comme en rouge. Toutes les cuvées sont d'un excellent rapport qualité-prix.

BERGERAC GROS CAILLOU 2000
Rouge | 2012 à 2015 | 12 € **15/20**
Déguster les vins qui sont à la vente pour la sortie du guide c'est très bien, mais il faut aller au-delà pour donner des repères au lecteur, comme la belle évolution de cette cuvée aux tanins fondus, avec une texture caressante et une aromatique oscillant entre les fruits et le sous-bois.

BERGERAC PATRIMOINE 2008
Rouge | 2012 à 2016 | 20 € **15/20**
Accents de prune rouge au nez, tanins caressants, soyeux, avec une longueur harmonieuse.

CÔTES DE BERGERAC MOELLEUX D'OCTOBRE 2010
Blanc liquoreux | 2012 à 2014 | 7 € **14/20**
Très pain d'épices avec des touches de zeste d'orange, le nez a de l'épaisseur, la bouche onctueuse et longue décline le miel et les agrumes.

CHÂTEAU LE RAZ

24610 Saint-Méard-de-Gurçon
Tél. 05 53 82 48 41 • Fax : 05 53 80 07 47
vignobles-barde@le-raz.com • www.le-raz.com
Visite : Du lundi au vendredi de 8h30 à 12h15 et de 14h à 18h30. Le samedi sur rendez-vous.

Depuis 1610, des générations de Barde se succèdent et développent ce vignoble de 70 ha. Cette année, notre sélection s'est surtout portée sur les montravel.

MONTRAVEL 2011
Blanc | 2012 à 2014 | 5,40 € **15/20**
C'est droit, frais, salin et coulant, avec du ressort.

MONTRAVEL CUVÉE LES FILLES 2009
Rouge | 2012 à 2014 | env. 14 € **14/20**
Cuvée avec ce qu'il faut de concentration et de souplesse, à boire déjà sur une côte de veau.

LE ROC

1605 C, route de Toulouse • 31620 Fronton
Tél. 05 61 82 93 90 • Fax : 05 61 82 72 38
leroc@cegetel.net • www.leroc-fronton.com
Visite : Du lundi au vendredi, sur rendez-vous.
Le samedi, sans rendez-vous.

Le Roc fait partie du peloton de tête de Fronton, grâce à la régularité du travail de Frédéric Ribes et de ses associés. L'actuel président du syndicat de l'appellation à un style bien à lui, et souvent identifiable à l'aveugle grâce à un supplément de parfum et de caractère. Si les entrées de gamme expriment un charme fruité immédiat, dans leur jeunesse, les cuvées plus ambitieuses méritent généralement de patienter quatre à cinq ans minimum. Une adresse incontournable dans la région car les prix restent très modérés. Excellents 2009.

FRONTON DON QUICHOTTE 2009
Rouge | 2012 à 2024 | 11 € **16,5/20**
Plus en finesse et en allonge subtile que le-Classique, son élégance vieillira plus longtemps car son charme salin revient bien en finale.

FRONTON LA FOLLE NOIRE D'AMBAT 2010
Rouge | 2012 à 2016 | 7 € **15/20**
Toujours aussi parfumé, fleurs et réglisse, tanins gourmands et beaucoup d'énergie, pour ce vin qui glisse irrésistiblement dans la gorge, sur une ultime sensation saline.

FRONTON LA SAIGNÉE 2011

Rosé | 2012 à 2015 | 5,50 € **15/20**

Mélange de fruits rouges et de jus de viande, on reconnaît son lien de parenté avec Flotis, mais il offre une meilleure fraîcheur et plus d'élégance. Sa vinosité le destine à table.

FRONTON LE CLASSIQUE 2009

Rouge | 2012 à 2019 | 6 € **15,5/20**

Bouche juteuse, à la tension saline salivante, droit et épuré, dans un grand millésime où la fraîcheur reste en finale.

CHÂTEAU LES CROISILLE

Fages • 46140 Luzech
Tél. 05 65 30 53 88 ou 06 72 31 02 71
chateaulescroisille@wanadoo.fr
www.lescroisille.com
Visite : De 9h à 18h.

La sympathique famille Croisille a donné son nom à une excellente exploitation artisanale dont tous les vins en remontrent à bien d'autres en matière de solidité de constitution et de probité dans l'expression de l'origine. Situé en partie sur l'excellent terroir de Fages, le vignoble donne des vins intenses mais équilibrés, tous réussis en 2006. La cuvée de prestige, qui bénéficie des conseils de Pascal Veraeghe, est certainement l'un des sommets de l'appellation. Le fils de la maison, jeune et enthousiaste, est une garantie de régularité dans la qualité pour l'avenir.

CAHORS DIVIN CROISILLE 2009

Rouge | 2016 à 2020 | 21 € **16/20**

Splendide texture, élevage ambitieux et réussi, tanin noble, le type même des grands cahors actuels.

CAHORS GRAIN PAR GRAIN 2009

Rouge | 2016 à 2021 | 60 € **16,5/20**

Grand boisé, encore un peu envahissant, corps magnifique, raisin ultra mûr, beaucoup d'alcool mais finale assez monumentale. On va en reparler longtemps.

LES HAUTS D'AGLAN

46700 Soturac
Tél. 05 65 36 52 02 • Fax : 05 65 24 64 27
isabelle.auriat@terre-net.fr
www.les-hauts-d-aglan.fr
Visite : Du lundi au samedi de 9h à 12h et de 14h à 19h. Le dimanche sur rendez-vous.

Cette propriété reste fidèle à un type de cahors sans boisé, équilibré en alcool, et de prix raisonnable, avec une régularité dans la réussite des vinifications assez rare dans l'appellation.

CAHORS LES HAUTS D'AGLAN 2009

Rouge | 2014 à 2018 | 7,30 € **14,5/20**

Beaucoup de délicatesse dans le fruit et la texture, vin très net, frais, élégant, facile à boire.

CHÂTEAU LES HAUTS DE CAILLEVEL

24240 Pomport
Tél. 05 53 73 92 72 • Fax : 05 53 73 92 72
caillevel@wanadoo.fr • caillevel.fr
Visite : Tous les jours de 9h à 12h et de 14h à 18h. Fermé le dimanche.

Quittant la vie trépidante de la ville en 1999, Sylvie Chevallier est venue s'installer dans ce coin de Dordogne avec son mari, qui traçait à l'époque les pistes du Paris-Dakar. Ce raid bachique entrepris sur le Bergeracois mérite une mention spéciale car les blancs ont de l'allure, les rouges du style et les monbazillacs figurent en haut de l'affiche !

BERGERAC SEC ATYPIQUE 2010

Blanc | 2012 à 2020 | 8,50 € **15/20**

40 % de sauvignon blanc, 40 % de sauvignon gris et 20 % de chenin, ce vin porte bien son nom et il nous régale par son nez bien dégagé et sa tension rafraîchissante.

MONBAZILLAC GRAIN DE FOLIE 2006

Blanc Liquoreux | 2012 à 2019 | 14 € **15,5/20**

Nez de cire avec des accents de fruits confits, bouche ronde et onctueuse avec une jolie fin miellée.

DOMAINE LES HAUTS DE RIQUETS

Les Riquets • 47120 Baleyssagues
Tél. 05 53 83 83 60 • Fax : 05 53 83 83 60
marie-jose.bireaud@wanadoo.fr
www.domainelesriquets.com
Visite : De 9h à 19h.

Côtes de Duras Orchis 2010
Blanc | 2012 à 2016 | 14 € **14,5/20**
Issue des plus beaux terroirs de la propriété, cette cuvée est « soignée ». Le sauvignon y est majoritairement représenté, assemblé avec avec du sémillon et du chenin. Une vinification en barriques de 500 litres, puis un élevage de 12 mois sur lies fines avec bâtonnage lui procurent rondeur et gras, sur des notes de pamplemousse et de fruits exotiques.

LES JARDINS DE BABYLONE

64920 Aubertin
Tél. 05 59 04 28 15 • Fax : 05 59 04 28 15
silex@wanadoo.fr
Visite : Sur rendez-vous.

Benjamin Dagueneau, aidé de Pautrat, son fidèle maître de chai, n'a rien changé au bijou de vignoble créé par Didier Dagueneau, son père, et au perfectionnisme de l'élaboration de son vin, un seul vin d'ailleurs, l'idéal du moelleux de Jurançon et sans doute l'idéal du Jurançon. Le 2008 flirte avec le sublime. Comme le domaine ne présente pas ses vins à notre dégustation générale à l'aveugle, il ne nous a pas été possible de déguster le 2010. On ne voit pas pourquoi il ne serait pas dans la lignée !

Jurançon 2008
Blanc liquoreux | 2017 à 2024 | NC **18,5/20**
Sublime pureté aromatique, définition parfaite du terroir et du millésime, fusion absolue du vin et du bois, le modèle !

CHÂTEAU LES MARNIÈRES

Les Brandines • 24520 Saint-Nexans
Tél. 05 53 58 31 65 • Fax : 05 53 73 20 34
christophe.geneste2@wanadoo.fr
www.chateaulesmarnieres.com
Visite : Du lundi au vendredi de 9h30 à 12h30 et de 14h à 19h30. Le week-end sur rendez-vous.

Propriété familiale de 32 hectares où l'on cultive la vigne depuis six générations, le château Les Marnières est l'un de nos coups de coeur de l'année. Reine et Christophe Geneste y produisent des bergeracs rouges et pécharmants qui sont larges d'épaules dans leur jeunesse. Ils évoluent parfaitement dans le temps puisque les 1998 sont aujourd'hui délicieux. Comme les blancs secs ont de la percussion et que les monbazillacs séduisent, ce domaine est l'une des entrées majeures du Bergeracois dans le guide.

Bergerac Sec La Côte Fleurie 2011
Blanc | 2012 à 2016 | 15 € **15/20**
On a un fruité croquant, avec des accents de mirabelle, et une bouche tonique bien constituée.

Côtes de Bergerac Eglantières 2009
Rouge | 2012 à 2023 | 9 € **15,5/20**
Tout en potentiel avec de la profondeur, et des accents de crasse de fer, il faut laisser du temps à ce vin. Si vous l'ouvrez en l'état, prévoir absolument le carafage.

Monbazillac 2009
Blanc liquoreux | 2012 à 2020 | 25 € **15/20**
Joli nez de fruits confits que l'on retrouve dans une bouche onctueuse et épanouie, terminant sur le gingembre et l'abricot confit, ce vin évolue parfaitement !

CHÂTEAU LES MERLES

24520 Mouleydier
Tél. 05 53 63 43 70 • Fax : 05 53 63 43 70
alain.lajonie@wanadoo.fr • www.vignoblelajaunie.com
Visite : Sur rendez vous au 06 22 13 54 13.

Cette année, Le Merle blanc est la cuvée la plus en pointe de ce domaine situé dans la banlieue de Bergerac, à proximité d'un des plus beaux golfs de la région.

Côtes de Bergerac Le Merle Blanc 2010
Blanc | 2012 à 2014 | 10 € **13,5/20**
Accents de mirabelle et une touche de pêche blanche, bouche ronde et coulante.

FRANCIS M

Le Bourg • 47200 Marcellus
Tél. 0553201606 • Fax : 0553201668
sarl.miquel@wanadoo.fr

Francis Miquel est un sommelier reconnu depuis le temps où, chez André Daguin, à Auch, il conseillait les accords mets/vins qui convenaient à la cuisine du maître des lieux. Aujourd'hui, après un passage dans la commercialisation chez un tonnelier, il produit ses propres barriques, et propose ses services en suivi technique. Pour les vins qu'il élève, les

cépages proviennent de parcelles d'amis viticulteurs, tel que Elian Da Ros, Mathieu Cosse, Sylvain Fadat ou encore Guillaume Boussens. Adepte des élevage long, ses vins restent en moyenne trente mois en barriques et entre huit et quinze mois en cuves béton.

VIN DE FRANCE LES YEUX NOIRS 2008
Rouge | 2013 à 2030 | 17 € **16/20**
Cuvée dont le vin a passé 36 mois en barrique et 6 mois en cuve béton. Les 65 % de mourvèdre, 25 % de syrah et 10 % de carignan offrent une palette aromatique précise, sur des notes de fruits rouges. La bouche est crémeuse, fraîche et d'une grande longueur. Tanins portés à leur apogée !

VIN DE FRANCE LES YEUX NOIRS 2007
Rouge | 2012 à 2025 | 19 € **15,5/20**
Jolie notes épicées et réglissées. Bouche droite et tendue. Tanins d'une grande finesse.

VIN DE FRANCE MINOR SWING
Rouge | 2013 à 2030 | 17 € **16/20**
Cuvée composée de 40 % de cabernet franc, 40 % de carignan et 20 % de syrah, un nez aux notes de garrigues et de fruits noirs comme la prunelle. La bouche est harmonieuse, crémeuse, fraîche et d'une grande longueur, de la sapidité en finale.

CHÂTEAU MASBUREL

33220 Fougueyrolles
Tél. 05 53 24 77 73
chateau-masburel@wanadoo.fr
www.chateau-masburel.com
Visite : Du lundi au vendredi de 9h à 17h et le week-end sur rendez-vous.

C'est simplement depuis 2001 que l'AOC Montravel rouge existe réellement. Chaque année nous avons de bonnes surprises comme sur ce Masburel 2009, déjà bien en tanin.

MONTRAVEL 2009
Rouge | 2012 à 2017 | 17 € **15,5/20**
De la densité et du fond avec des accents de fruits noirs. Vin bien équilibré.

DOMAINE JEAN-LUC MATHA

Rue de la Pantarelle - Bruejouls • 12330 Clairvaux
Tél. 05 65 72 63 29
www.matha-vigneron.fr

MARCILLAC CUVÉE LAÏRIS 2010
Rouge | 2012 à 2016 | NC **13,5/20**
Beaux arômes végétaux, poivron mûr, fruits noirs, épices, de la matière, de la chair, finale élancée.

MARCILLAC CUVÉE PÈIRAFI 2008 ☺
Rouge | 2012 à 2016 | NC **14,5/20**
Les tanins se sont fondus, le toucher est soyeux, avec toujours cette trame propre au fer servadou, un retour minéral en fin.

DOMAINE MAURO GUICHENEY

47120 Villeneuve de Duras
Tél. 0689374175 • Fax : 0553947442
earlmauroguicheney@wanadoo.fr

Viticulteurs depuis deux générations, Corine et Didier Mauro Guicheney cultivent avec passion leur vignoble, situé sur le flanc sud des collines dominant le Château de Duras. Le vignoble est conduit et certifié en agriculture biologique. Une tout petite production de blanc sur 1 hectare a particulièrement retenu notre attention.

CÔTES DE DURAS DOMAINE MAURO GUICHENEY 2011
Blanc | 2012 à 2014 | 9 € **15/20**
Issu des terroirs argilo-calcaires de la propriété, cet assemblage de sauvignon et de sauvignon gris est des plus séduisant. Notes de pamplemousse d'une grande pureté, bouche droite avec un joli volume de bouche. De la netteté.

CHÂTEAU MOLHIÈRE

La Moulière • 47120 Duras
Tél. 05 53 83 70 19 • Fax : 05 53 83 07 30
molhiere@wanadoo.fr
Visite : De 9h à 19h.

Située sur la commune de Duras, les 29,5 hectares de cette très vieille exploitation familiale sont aujourd'hui gérés par deux frères, Patrick et Francis Blancheton. Les rouges sont plantés sur des sols argileux et argilo-calcaires qui apportent finesse et élégance, tout en conservant la puissance. Les blancs ont été plantés sur les parties supérieures constituées de molasses.

Côtes de Duras cuvée Pierrot 2009
Rouge | 2012 à 2018 | 13 € **15/20**
Un élevage de 16 mois en barriques neuves confère à ce vin une bouche structurée, ample, avec un joli fruit harmonisé à un boisé élégant.

CHÂTEAU MONESTIER LA TOUR

24240 Monestier
Tél. 05 53 24 18 43 • Fax : 05 53 24 18 14
contact@chateaumonestierlatour.com
www.chateaumonestierlatour.com
Visite : Les lundis, mardis et jeudis de 9h à 12h et de 14h à 17h et les autres jours sur rendez-vous.

Le château adroitement restauré par son ancien propriétaire, Philippe Haseth-Möller, vient d'être racheté par Karl Friedrich Sheufele, co-président de Chopard et fondateur des caveaux de Bacchus en Suisse, qui a demandé à Stéphane Derenoncourt de superviser de nouveau les vinifications : des progrès louables ont été effectués sous sa houlette et les derniers rouges présentés sont de plus en plus précis.

Bergerac 2010
Rouge | 2012 à 2017 | 12 € **15,5/20**
Style élégant, avec un tanin enrobé et énergique et une finale fraîche bien soignée.

Côtes de Bergerac Émily 2010
Rouge | 2012 à 2017 | 15 € **15,5/20**
C'est élégant, profond, sur des accents de fruits noirs. Jolie fin sur la fraîcheur.

CHÂTEAU MONPLAISIR

147, route de Peymilon • 24130 Prigonrieux
Tél. 06 81 05 69 64
info@chateau-montplaisir.com • chateau-montplaisir
Visite : Tous les jours de 9h à 19h.

La propriété vendue aux enchères en 1978 a été acquise par Marie-Françoise Jean, fille de vigneron négociant à Saint-Emilion, et Jean-Louis Blanc, fils de viticulteur charentais. Progressivement, ils ont remis en état les bâtiments et refait le vignoble, lui redonnant ainsi toute sa beauté et sa potentialité. Depuis 2001, Charles, le fils de la maison, poursuit le travail engagé. Il a recentré le vignoble autour des 7 meilleurs hectares. Le bergerac rouge 2010 constitue une priorité.

Bergerac 2010
Rouge | 2012 à 2017 | 7,50 € **15,5/20**
Avec ses accents de fruits noirs frais, ce vin est bien concentré, avec une réelle profondeur. Ce cru a dominé notre dégustation à l'aveugle des bergeracs rouges et il a encore quelques belles années devant lui.

CHÂTEAU MONTUS – CHÂTEAU BOUSCASSÉ

32400 Maumusson-Laguian
Tél. 05 62 69 74 67 • Fax : 05 62 69 70 46
contact@brumont.fr • www.brumont.fr
Visite : Du lundi au samedi de 8h à 13h et de 14h à 19h.

Si les terroirs incomparables de Montus et la Tyre permettent la maturation optimale du tannat, encore faut-il savoir, par la vinification et l'élevage, porter ce potentiel au plus haut niveau. Les vins sont monumentaux, avec une force et une violence évidentes, mais complètement domptées et sous contrôle, ce qui est un véritable tour de force. Les blancs du Pacherenc ont la même fougue, la même complexité, le même luxe dans leur élaboration et frapperont certainement l'imaginaire de nombreux amateurs. Bouscassé, aux installations techniques tout aussi monumentales et perfectionnées, donne un madiran de plus en plus généreux et harmonieux et des pacherencs exemplaires. L'ensemble de ces domaines constitue sans doute le sommet actuel de la viticulture du Sud-Ouest. Et Alain Brumont nous réserve de sacrées surprises pour l'avenir, encore à l'état d'essais, à partir de pinot noir, en retrouvant les secrets perdus du passé.

Madiran Bouscassé 2010
Rouge | 2014 à 2020 | 15 € **15,5/20**
Nez complexe avec des notes de racines et de truffe, bon boisé, tanin ferme et précis, excellente suite en bouche, du caractère mais aussi de la discipline !

Madiran Château Bouscassé Vieilles Vignes 2010
Rouge | 2018 à 2025 | 27 € **16,5/20**
Remarquable matière, tanin ferme, boisé présent mais intégré, grande expression de terroir, grand avenir.

MADIRAN CHÂTEAU MONTUS 2010
Rouge | 2016 à 2022 | 22 € **15,5/20**
Grande maturité de raisin, vin puissant, assez épais pour le moment, tendu en finale, grosse matière qui n'a pas fini son élevage.

MADIRAN LA TYRE 2010
Rouge | 2018 à 2025 | NC **17/20**
Excellent boisé, matière noble, tanin racé, ensemble puissant mais harmonieux, grand avenir.

PACHERENC DU VIC BILH SEC
CHÂTEAU MONTUS 2011
Blanc | 2012 à 2017 | 17,45 € **16/20**
Grande puissance, raisin ultra mûr, beaucoup de bois avec les notes lactiques qu'il apporte, tout en onctuosité, plus impressionnant que fin.

VIN DE PAYS DES CÔTES DE GASCOGNE
PINOT NOIR 2010
Rouge | 2016 à 2020 | 32 € **16/20**
Produite sur le terroir de Montus, cette cuvée confirme l'adaptabilité du pinot noir à Madiran, avec une expression supérieure en complexité et en terroir à tout ce que nous connaissons au sud de la Loire.

CHÂTEAU MOULIN CARESSE

1235, route de Couin
24230 Saint-Antoine-de-Breuilh
Tél. 05 53 27 55 58 • Fax : 05 53 27 07 39
moulin.caresse@cegetel.net • www.pays-de-bergerac.com ou www.chateau-moulin-caresse.winealley.com
Visite : Du lundi au vendredi de 9h à 12h et de 14h à 18h. Le week-end sur rendez-vous. Et de mai à septembre, le samedi de 9h à 12h.

Un nouveau chai opérationnel pour le millésime 2011 va permettre d'affiner encore le style des rouges qui sont parmi les plus précis du Sud-Ouest. il faut dire que Sylvie et Jean-François Deffarge se battent à travers toute la planète vin pour faire reconnaître la qualité des vins de Montravel. Les 2009 ont la profondeur du millésime et les 2010 s'annoncent plus harmonieux dans leur fraîcheur.

MONTRAVEL 100 POUR CENT 2010
Blanc | 2012 à 2020 | 13,50 € **15,5/20**
Accents de mirabelle, et une touche épicée, il y a du volume, de la profondeur, et des accents frais en fin de bouche.

MONTRAVEL 100 POUR CENT 2009
Rouge | 2013 à 2023 | 15 € **16,5/20**
Nez de clou de girofle et de fruits noirs, et ce qu'il faut de maturité et de profondeur. Le tanin est bien enrobé, avec de la fraîcheur derrière.

MONTRAVEL CŒUR DE ROCHE 2010
Rouge | 2015 à 2027 | 40 € **16,5/20**
Ce millésime offre de la profondeur et un tanin énergique avec une belle fraîcheur en fin.

MONTRAVEL CŒUR DE ROCHE 2009
Rouge | 2014 à 2023 | 40 € **16/20**
Cette nouvelle cuvée vendangée à la main d'après une sélection des meilleurs terroirs promet pour sa profondeur. La texture veloutée commence à s'affirmer.

MONTRAVEL MAGIE D'AUTOMNE 2010
Blanc | 2012 à 2014 | 7,40 € **15/20**
Nez d'herbes coupées avec des touches d'agrumes derrière, la bouche fait ressortir le sauvignon, avec une petite touche sur un fruité croquant et une fin fraîche.

DOMAINE MOUTHES LE BIHAN

Mouthes • 47120 Saint-Jean-de-Duras
Tél. 05 53 83 06 98 • Fax : 05 53 89 62 70
contact@mouthes-le-bihan.com
www.mouthes-le-bihan.com
Visite : Sur rendez-vous.

Les années se suivent et se ressemblent chez Catherine et Jean-Mary Le Bihan. Leur cuvées, les Apprentis en rouge et Perette-et-les-Noisetiers en blanc, sont toujours au sommet de l'appellation. Les vignes sont travaillées à l'ancienne, labourées, sans engrais ni désherbant chimique.

CÔTES DE DURAS LA LIONNE ET LE DÉSERT 2009
Blanc liquoreux | 2012 à 2018 | 25 € **15,5/20**
Ce sont les noms de deux parcelles qui ont donné le sien à cette cuvée. 90 % de sémillon et 10 % de muscadelle la compose. Grande richesse ! Belle définition, précision du fruit. Vin superbe !

CÔTES DE DURAS LA PIE COLETTE 2010
Blanc | 2012 à 2014 | 7 € **14,5/20**
Bouche ample, beaucoup de rondeur, du gras, vin terriblement séduisant.

Côtes de Duras Les Apprentis 2008
Rouge | 2012 à 2020 | 17 € **15,5/20**
Nez intense et profond, sur des notes de cerise, de cassis, d'amandes grillées. Beau touché de bouche, à la fois puissant et suave. Belle longueur se terminant sur des tanins soyeux.

Côtes de Duras Pérette et les Noisetiers 2009
Blanc | 2012 à 2016 | 25 € **16/20**
Robe dorée, avec de la brillance. Nez expressif, aux notes finement grillées, mais avec un peu d'évolution. Bouche superbe d'équilibre, entre les notes fruitées, florales, et ces notes d'évolution.

DOMAINE NIGRI

Quartier Candeloup • 64360 Monein
Tél. 05 59 21 42 01 • Fax : 05 59 21 42 59
domaine.nigri@wanadoo.fr
Visite : Du lundi au vendredi de 9h à 12h et de 13h30 à 18h30. Le week-end sur rendez-vous.

Les 2009 sont réussis, dans tous les types, associant une évidente maîtrise technique avec le sens de la vendange juste. Un style de jurançon moderne et épuré mais porteur de toute la race des cépages locaux, dont le propriétaire est un ardent défenseur et conservateur. En 2010 la gamme présentée manquait de régularité, mais le meilleur moelleux était simplement fabuleux!

Jurançon Hors de Piste 2010
Blanc Liquoreux | 2016 à 2020 | 35 € **18/20**
Fabuleuse finesse aromatique, grande suite en bouche, fruité remarquablement pur malgré la richesse du vin, longueur infinie, niveau premier cru classé sauternais !

CHÂTEAU PIERRON

47600 Nérac
Tél. 05 53 65 05 52 • Fax : 05 53 65 75 03
chateau.pierron@orange.fr • www.chateau-pierron.fr
Visite : De 8h à 12h et de 14h à 16h. Fermé du samedi 12h au lundi 14h.

Situé sur les hauteur de Nérac, le Château Pierron a été repris en juin 2007 par deux amis passionné par le vin. Guy Belooussof, spécialiste de la grande distribution et Jean-François Fonteneau, responsable d'une entreprise à vocation nationale et européenne. Sous la responsabilité de Jean Leplus, la propriété est conseillée par l'oenologue Stéphane Toutoundji, les vins produits sont corsés et généreux, tout en offrant des tanins d'une grande finesse.

Buzet Alternative par Château Pierron 2009
Rouge | 2012 à 2022 | 9,90 € **15,5/20**
Nez profond, dense. La bouche est onctueuse, suave, sur un fruit bien mûr. Longueur fraîche se finissant sur une trame tannique imposante.

Buzet Château Pierron 2011
Rosé | 2012 à 2014 | 5 € **14/20**
D'une couleur pomelo, ce rosé évoque le coeur d'une rose au nez. Belle fraîcheur fruitée en bouche.

Buzet Château Pierron 2009
Rouge | 2012 à 2018 | 6,50 € **14,5/20**
Couleur sombre. Notes de mûres au nez. Bouche droite, sur un fruit très mûr. Longue finale sur la fraîcheur.

CHÂTEAU PIQUE-SÈGUE

Ponchapt • 33220 Port-Sainte-Foy
Tél. 05 53 58 52 52 • Fax : 05 53 58 77 01
chateau-pique-segue@wanadoo.fr
Visite : Du lundi au vendredi de 9h à 12h et de 14h à 17h.

Côtes de Bergerac Château Dauzan La Vergne 2009
Rouge | 2012 à 2015 | NC **14/20**
Tanin souple avec ce qu'il faut de concentration, et un glissant de bon aloi.

Montravel 2011
Blanc | 2012 à 2014 | NC **15,5/20**
Ce qu'on attend d'un vrai sec, avec de la droiture et des accents salins.

DOMAINE PLAGEOLES

Très-Cantous • 81140 Cahuzac-sur-Vère
Tél. 05 63 33 90 40 • Fax : 05 63 33 95 64
vinsplageoles@orange.fr • www.vins-plageoles.com
Visite : De septembre à juin, du lundi au samedi de 8h à 12h et de 14h à 18h. En juillet et août, du lundi au samedi de 8h à 12h et de 15h à 19h30.

Les Plageoles (Robert et maintenant Bernard, son fils) ont été à l'origine du renouveau du vignoble gaillacois, en faisant connaître dans toute la France toutes les variétés possibles du cépage mauzac. Tous les cépages sont vinifiés et mis en bouteille séparément, avec une grande régularité. Les grandes curiosités sont ici le pétillant mauzac Nature, un modèle de vin frais et désaltérant, le vin d'Autan,

issu du passerillage de l'ondenc (sauf en 2011 !) et le fameux vin de voile, très gastronomique.

Gaillac braucol 2011
Rouge | 2012 à 2016 | 8,20 **15/20**
Fruits noirs mûrs, réglisse, tanins croquants, beaucoup de charme et une texture onctueuse.

Gaillac duras 2011
Rouge | 2012 à 2015 | NC **14/20**
Fruité croquant, gourmand, sans l'allonge dynamique du 2010 mais déjà très plaisant.

Gaillac duras 2010
Rouge | 2012 à 2016 | 12 € **15/20**
Fruits cuits et tisane, de petits tanins et une trame dense, du charme et de la tenue.

Gaillac Grains d'Autan 2011
Blanc Liquoreux | 2012 à 2021 | 75 € **15,5/20**
Un exercice imposé par le millésime, qui a fait botrytiser des raisins normalement destinés après passerillage au vin d'Autan, qui de fait ne sera pas produit dans le millésime. Arômes purs, de beaux amers de sirop de citron, une allonge élégante et une fraîcheur grâce au botrytis, qui n'est pourtant pas la caractéristique première de l'année.

Gaillac len de lel 2010
Blanc liquoreux | 2012 à 2025 | 10,40 15,5/20
Fleurs séchées et cire d'abeille, la liqueur est finement tendue par l'acidité du millésime, pâte de fruits et tisane en fin.

Gaillac mauzac Nature 2011
Blanc Demi-sec eff. | 2012 à 2015 | 12 € **14/20**
Cette cuvée est désormais millésimée. Compote de fruits, gourmand, désaltérant, tout simplement irrésistible, à prendre avant l'apéritif pour être sûr de ne pas l'oublier.

Gaillac mauzac roux 2010
Blanc liquoreux | 2012 à 2016 | 12,20 € **15/20**
Parfumé, fruits exotiques, cassonade, tisane, fine liqueur, gourmand et frais.

Gaillac muscadelle 2011
Blanc liquoreux | 2012 à 2018 | 15 € **15/20**
Fruité gourmand, confiture de mirabelle, gourmand, plus fruité que l'ondenc, sur un registre plus floral.

Gaillac ondenc 2011
Blanc liquoreux | 2012 à 2018 | 10,40 € **15/20**
Fin, fruits confits, liqueur onctueuse et intense, à essayer sur une crème brûlée.

Gaillac Premières Côtes mauzac vert 2011
Blanc | 2012 à 2016 | 9 € **14,5/20**
Parfumé, registre fruité, floral et racinaire, pas une grosse acidité mais du charme et de la gourmandise.

Gaillac Premières Côtes ondenc 2011
Blanc | 2012 à 2017 | 12 € **14,5/20**
Une fine amertume étire la bouche, un jus glissant et rafraîchissant, aux fines nuances florales et réglissées.

Gaillac prunelart 2011
Rouge | 2012 à 2017 | 17 € **14,5/20**
Complet, dense, droit, épicé et fruité, c'est le plus serré de tous les rouges du domaine dégustés cette année.

Gaillac Vin d'Autan 2008
Blanc Liquoreux | 2012 à 2020 | 50 € **16/20**
Moins liquoreux que 2007, mais avec une jolie tension, attendons encore que le tout se fonde.

Gaillac Vin d'Autan 2007
Blanc Liquoreux | 2012 à 2027 | 50 € **17/20**
Pâte de fruits, raisins de Corinthe, la liqueur est toujours aussi gourmande, finement équilibrée par une fraîcheur désaltérante dans une finale de grande dimension.

Gaillac Vin de Voile 1999
Blanc | 2012 à 2019 | 25 € **16/20**
Dominé par des notes de boulangerie et de curry au nez, l'allonge « sèche » est salivante et parfaitement gastronomique, grâce à un relais champignons et sous-bois en bouche. Toujours aussi atypique, toujours aussi réussi.

PRODUCTEURS PLAIMONT

Route d'Orthez • 32400 Saint-Mont
Tél. 05 62 69 62 87 • Fax : 05 62 69 61 68
f.lhau@plaimont.fr • www.plaimont.com
Visite : Du lundi au samedi, de 9h à 12h30
et de 14h30 à 19h. Le dimanche de 14h à 18h.

Producteurs Plaimont ou, bientôt, Plaimont Producteurs est la marque de la coopérative la plus dynamique du Sud-Ouest, et sans doute de France, celle qui a ressuscité les terroirs du secteur de Saint-

Mont, jadis voués aux céréales ou aux vignes d'Armagnac, et su imposer largement ses produits en France et à l'étranger. Le sens collectif des coopérateurs permet des sélections vraiment étonnantes, comme les blancs et les rouges du Faîte, Arte-Benedicte, le rouge superbe du Monastère (les vignes appartiennent aux célèbres sœurs Laborde, journalistes de télévision) et, bien entendu, les pacherencs de vendanges tardives. Quant au conservatoire de très vieilles vignes préphylloxériques que la cave entretient avec amour, il deviendra très bientôt un vin culte.

Saint-Mont Château de Saint-Go 2011
Blanc | 2013 à 2015 | cav. env. 8,95 € **15/20**
Robe or gris, vin gras, parfaitement mûr, onctueux, complexe, très soigné.

Saint-Mont château du Bascou 2010
Rouge | 2015 à 2020 | cav. env. 14 € **15,5/20**
Boisé fin, jolie texture, un des vins les plus élégants de la gamme, jolie suite en bouche, recommandé.

Saint-Mont Empreinte 2011
Blanc | 2013 à 2015 | cav. env. 12 € **16,5/20**
Complet, frais, harmonieux, toujours sur les fruits blancs, un des plus élégants secs du Sud-Ouest.

Saint-Mont Empreinte 2010
Rouge | 2015 à 2020 | cav. env. 12 € **15/20**
Boisé marqué, matière intense mais texture veloutée, fruité de prune bien mûre, équilibré dans sa puissance.

Saint-Mont Le Faîte 2010
Rouge | 2016 à 2022 | cav. env. 18 € **16,5/20**
Beaucoup d'onctuosité et une complexite jusqu'ici inconnue dans l'appellation, magnifique assemblage, décanter une heure avant de servir.

Saint-Mont Marquis de Seillan 2011
Blanc | 2012 à 2013 | cav. env. 4,30 € **15,5/20**
Racé, avec des notes fines de pamplemousse, ciselé, subtil, très agréable.

Saint-Mont Monastère 2010
Rouge | 2015 à 2022 | cav. env. 16 € **15,5/20**
Très corsé, mais sans agressivité, tanin ferme, grande ampleur, grande vinosité, beau vin d'argile.

Saint-Mont vignes retrouvées 2011
Blanc | 2012 à 2014 | cav. env. 6,50 € **14/20**
Notes de fleurs blanches au nez, tendre, équilibré, très pur, facile à boire.

Vin de pays des Côtes de Gascogne
Caprice de Colombelle 2011
Blanc | 2012 à 2015 | NC **13/20**
Le producteur a recherché l'expression immédiate du fruit dans un style très expressif. Un vin à boire entre amis sans devoir nécessairement refaire le monde.

CHÂTEAU PLAISANCE

102, place de la Mairie • 31340 Vacquiers
Tél. 05 61 84 97 41 • Fax : 05 61 84 11 26
chateau-plaisance@wanadoo.fr
www.chateau-plaisance.fr
Visite : Du mercredi au samedi de 9h à 12h et de 15h à 19h.

Marc Penaveyre est un vigneron enthousiaste qui porte haut les couleurs de son appellation et de son cépage local, la négrette. Grâce à une viticulture particulièrement soignée, actuellement en cours de labellisation pour l'agriculture biologique, tous les millésimes font ressortir un fruité et une chair peu communes dans l'appellation. Ses vins ont une concentration et une gourmandise que l'on peut citer en exemples, avec au sommet de la gamme, Tot-Ço-Que-Cal, qui montre la juste ambition de la nouvelle vague des vignerons du cru. 2010 est moins en chair et en puissance que 2009, mais les 2011 promettent beaucoup.

Fronton 2011
Rosé | 2012 à 2014 | 7,30 € **13/20**
Fruité, élégant, gourmand, sa fraîcheur est désaltérante.

Fronton Alabets 2011
Rouge | 2012 à 2017 | 11,30 € **15,5/20**
Charnu, concentré, on sent un raisin bien mûr, les tanins sont fondants, une finale irrésistible par son velouté.

Fronton Le Grain de Folie 2011
Rouge | 2012 à 2015 | 6,70 € **14/20**
Fruité croquant, charnu, désaltérant et salin en fin, parfait vin de soif.

FRONTON THIBAUT DE PLAISANCE 2010
Rouge | 2012 à 2020 | 9,70 € **15/20**
L'attaque est déjà épicée, avec de beaux tanins bien enrobés, mais un peu moins de chair qu'en 2011. Il s'appréciera plus vite.

FRONTON TOT ÇÒ QUE CAL 2010
Rouge | 2012 à 2020 | 17,30 € **15/20**
L'élevage demande encore à se fondre mais les tanins sont gourmands, un équilibre plus fin que 2009 mais moins concentré, on apprécie sa finesse.

FRONTON TRADITION 2011 ☺
Rouge | 2012 à 2016 | 7 € **14,5/20**
Charnu, bouche en rondeur, déjà bien équilibré, frais et gourmand.

VIN DE PAYS DU COMTÉ TOLOSAN COLLECTION PRIVÉE 2011 ☺
Blanc Doux | 2012 à 2021 | 16,50 € **15/20**
Le chenin a préservé l'acidité dans ce vin a la liqueur concentrée, aux arômes de fruits exotiques confits. Étonnante réussite pour ce cépage dans le sud de la France. Servir frais.

VIN DE PAYS DU COMTÉ TOLOSAN MAËLLE 2011 ☺
Blanc Doux | 2012 à 2018 | 8,80 € **14,5/20**
Fruité blanc et exotique, note de dragée, la bouche est fraîche à souhait, la petite liqueur est bien équilibrée, parfait sur un crumble aux fruits blancs. Le prix est imbattable.

CHÂTEAU PONZAC

Le Causse • 46140 Carnac-Rouffiac
Tél. 05 65 31 99 48 • Fax : 05 65 31 99 48
chateau.ponzac@wanadoo.fr
Visite : Du lundi au dimanche de 8h à 20h.

Mathieu Molinié et son épouse confirment à chaque millésime qu'ils sont deux des espoirs les plus brillants de l'appellation Cahors. Cette viticulture très attentive devrait en faire réfléchir beaucoup. Une belle précision de vinification révèle le potentiel des terroirs du Causse malgré des millésimes très secs et délicats sur ce type de sol.

CAHORS ÉTERNELLEMENT 2009
Rouge | 2014 à 2019 | 15 € **15/20**
Nez tout en finesse, corps équilibré, texture souple, tanin épicé, de la générosité, mais sans lourdeur.

CAHORS PATIEMMENT 2009
Rouge | 2013 à 2017 | 7 € **14/20**
Souple mais charnu, fait pour un plaisir plus immédiat.

DOMAINE DU POUNTET

La Simone • 82340 Saint-Cirice
Tél. 06 23 84 82 45
contact@pountet.com • www.pountet.com

C'est en 2003 que Guillaume Combes, jeune ingénieur œnologue fraîchement sorti de Purpan et son épouse Amanda ont acheté ce domaine de 13 hectares situé à Saint-Cirice, tout près du village d'Auvillar, l'un des plus beaux de France. Le vignoble planté en 1985 sur des sols argilo-calcaires et graveleux, est constitué de malbec (3,5 ha), de tannat (4 ha), de merlot (2 ha) et de cabernet franc (3,5 ha). Les vignes sont conduites en agriculture biologique. Il en ressort des vins fruités et suaves.

CÔTEAUX DU BRULHOIS ÉCLATS DE FRUITS 2010
Rouge | 2012 à 2017 | 6,70 € **14/20**
Couleur rubis. Nez concentré de fruits rouges. Bouche au touché suave, belle rondeur en bouche, finale aux notes épicées.

CÔTEAUX DU BRULHOIS L'HORLOGE 2009
Rouge | 2012 à 2022 | 15 € **15/20**
Cuvée 100 % malbec. Cassis très présent au nez. Bouche ronde et suave, avec une longueur épicée, finale aux tanins suaves.

VIN DE PAYS DU COMTÉ TOLOSAN 2010
Blanc Doux | 2012 à 2016 | 8 € **15/20**
60 % de petit manseng et 40 % de mauzac, élevés pendant 20 mois, composent cette cuvée. Nez très raffiné, aux notes d'abricots juteux, de coing, et au boisé très fin.

DOMAINE DU PRINCE

Cournou • 46140 St Vincent de Rive d'Olt
Tél. 05 65 20 14 09 • Fax : 05 65 30 78 94
contact@domaineduprince.fr
www.domaineduprince.fr
Visite : Sur rendez-vous.

CAHORS CUVÉE ROSSIGNOL 2009
Rouge | 2015 à 2021 | 12 € **15,5/20**
Dans cette propriété qui a présenté des 2009 étonnants, cette cuvée apparaît comme la plus équilibrée et la plus recommandable. Très forte expression de terroir, mais disciplinée et

construite pour la longue durée. Un vinificateur (encore un Jouves) à suivre... Une cuvée de surmaturité, Lou Prince, donne une idée de «porto sec» qui rappelle certains vins mythiques de Cahors, pratiquement centenaires.

DOMAINE PUY SERVAIN

Calabre • 33220 Port-Sainte-Foy-Ponchapt
Tél. 05 53 24 77 27 • Fax : 05 53 58 37 43
oenovit.puyservain@wanadoo.fr
www.puyservain.com
Visite : Du lundi au vendredi de 8h à 12h et de 14h à 18h. Le samedi sur rendez-vous.

Bien dans ses terroirs de Montravel, Puy Servain produit des vins de belle facture avec des liquoreux qui figurent parmi les meilleures cuvées de la région. Cette année, c'est la priorité absolue!

HAUT-MONTRAVEL TERREMENT 2009 ☺

Blanc Liquoreux | 2012 à 2020 | 19,30 € **15,5/20**

Nez miellé avec des touches fumées, jolie liqueur en bouche, avec une allonge soyeuse et fraîche particulièrement harmonieuse et surtout une tension derrière.

MONTRAVEL VIEILLES VIGNES 2009

Rouge | 2012 à 2016 | 13,80 € **14,5/20**

Fruits noirs et épices caractérisent le nez profond, la bouche offre une belle intensité de tanins. Ce vin s'est refermé depuis notre dernière dégustation : pour le servir, mieux vaut le carafer une paire d'heures.

DOMAINE ROTIER

Petit-Nareye • 81600 Cadalen
Tél. 05 63 41 75 14 • Fax : 05 63 41 54 56
rotier.marre@domaine-rotier.com
www.domaine-rotier.com
Visite : Du lundi au samedi de 9h à 12h et de 14h à 19h. Fermé les jours fériés.

Alain Rotier est le président de l'AOC Gaillac, et dirige en parallèle le domaine familial. Après plusieurs années d'essais, il a officiellement entamé une conversion à l'agriculture biologique. La gamme se décline en trois catégories : Initiale (des vins de négoce, vendus sous la marque Rotier), Gravels (en référence au terroir de graves de la propriété) et Renaissance (le haut de gamme). La nouvelle cuvée, l'Âme, montre tout le potentiel de Gaillac en rouge.

GAILLAC L'ÂME 2009

Rouge | 2012 à 2019 | 23,50 € **16/20**

Opulent, tanins gras, riche, il doit encore fondre sa structure et ses douces notes vanillées, mais le duras très majoritaire préserve l'essentiel dans ce vin : sa fraîcheur. Savoureux accords en perspective, avec une pastilla de pigeon notamment, il faut un plat qui sache absorber la chaleur de la fin de bouche.

GAILLAC L'ÂME 2008

Rouge | 2012 à 2018 | 23,50 € **15,5/20**

Un style moins chaleureux que 2009, un registre poivré affirmé. Belle droiture en bouche, complet, équilibré, joli style, plus classique que 2009 mais aussi plus frais.

GAILLAC LES GRAVELS 2011

Blanc liquoreux | 2012 à 2017 | 10,70 € **13/20**

Notes acidulées, fruité tendre, élégant et droit, liqueur intégrée, pour ceux qui apprécient un verre de moelleux à l'apéritif.

GAILLAC LES GRAVELS 2010 ☺

Rouge | 2012 à 2016 | 8,70 € **14/20**

Fruits noirs et cacao au nez, la bouche équilibre sa chair par une jolie tension, un vin énergique.

GAILLAC RENAISSANCE 2010

Blanc | 2012 à 2015 | 10,70 € **14,5/20**

Fleurs et feuilles, bonne acidité, de la matière, droit.

GAILLAC RENAISSANCE 2010 ☺

Blanc Doux | 2012 à 2017 | 11 € **15,5/20**

Fine liqueur, agrumes confits, fleurs séchées, gourmand et frais, de beaux amers en fin, un beau liquoreux à un prix très accessible.

GAILLAC RENAISSANCE 2009 ☺

Rouge | 2012 à 2019 | 11 € **15,5/20**

Bien en chair, texture grasse, réglisse et fruits noirs, fondant et savoureux.

DOMAINE ROUMAGNAC

Hameau de Raygades • 31340 Villematier
Tél. 06 80 95 34 08
www.domaineroumagnac.fr

FRONTON O GRAND AIR 2010
Rouge | 2012 à 2015 | NC **13/20**
De l'élégance et de la fraîcheur en finale, il offre plus de caractère que l'Authentique dans le même millésime.

GAILLAC L'AOUTOUNO 2010
Blanc liquoreux | 2012 à 2018 | 9,30 € **15/20**
Une aromatique plus complexe que l'autre moelleux, sous-bois et notes de tisane, élégant et élancé, raffiné.

GAILLAC PREMIÈRES CÔTES 2009
Blanc | 2012 à 2016 | épuisé 14,5/20
Agrumes et pâte d'amandes, une bouche ciselée et rafraîchissante, de grande finesse.

CHÂTEAU DE ROUSSE

La Chapelle-de-Rousse • 64110 Jurançon
Tél. 05 59 21 75 08 • Fax : 05 59 21 76 54
chateauderousse@wanadoo.fr
Visite : De 9h à 19h.

Un des classiques de Jurançon par la nature truffée du vin, au bouquet sensationnel et inoubliable, et pourtant encore fort peu connu à l'extérieur du canton de Gan. Le vignoble devant le château forme un parfait fer à cheval, aussi beau à voir que le vin est noble. Le panorama sur les Pyrénées vaut aussi le voyage. Le potentiel pour un grand cru est donc présent, mais il reste à savoir réussir aussi bien les vinifications en sec.

JURANÇON SÉDUCTION 2010
Blanc liquoreux | 2015 à 2020 | 15 € **15,5/20**
Robe dorée, vin large mais compact, tendu, racé, encore jeune, un peu rustique dans sa finale, mais noble de caractère.

CHÂTEAU DE SALETTES

Lieu-dit Salettes • 81140 Cahuzac-sur-Vere
Tél. 05 63 33 60 60 • Fax : 05 63 33 60 61
salettes@chateaudesalettes.com
www.chateaudesalettes.com
Visite : En été, tous les jours. En hiver, du jeudi au samedi.

Cette belle propriété appartient à la famille Derrieux, tout comme le Château de Lacroux, également sur Gaillac. Sur ce terroir argilo-calcaire, les vins supportent une vinification en barrique, ce qui leur donne une concentration supérieure, et un bon potentiel de garde sur quelques années.

GAILLAC 2010
Blanc liquoreux | 2012 à 2016 | 9,30 € **14/20**
Le fruité fin peut paraître discret, mais la fine liqueur est bien compensée par l'acidité nécessaire. Bel apéritif.

JULIEN DE SAVIGNAC

Avenue de la Libération • 24260 Le Bugue
Tél. 05 53 07 10 31 • Fax : 05 53 07 16 41
julien.de.savignac@wanadoo.fr
www.julien-de-savignac.com
Visite : Du mardi au samedi de 9h à 12h et de 14h à 18h.

Entre vins de propriété et sélections de négoce à partir de domaines phares du Bergeracois, Julien de Savignac s'est fait un nom dans le Sud-Ouest. Les vins sélectionnés cette année se boivent déjà bien sur le fruité de leur jeunesse et les cuvées Lisa en blanc et Magis en rouge, plus complexes, méritent d'attendre encore un peu.

BERGERAC MAGIS 2009
Rouge | 2012 à 2015 | 8,90 € **14,5/20**
Vin déjà bien dans ses tanins, avec ce qu'il faut de longueur et une maturité équilibrée. C'est l'occasion de rendre hommage au peintre qui a donné son nom à cette cuvée qui évolue toujours bien dans le temps.

BERGERAC SEC LISA 2010
Blanc | 2012 à 2016 | 8,50 € **14/20**
Onctueux, avec des rondeurs et des accents de pêche et de mirabelle. C'est un vin franc et coulant.

DOMAINE SERGENT

32400 Maumusson-Laguian
Tél. 05 62 69 74 93 • Fax : 05 62 69 75 85
contact@domaine-sergent.com
www.domaine-sergent.com
Visite : Du lundi au samedi de 9h à 19h.

Corinne Dousseau, qui gère ce domaine avec sa sœur, fait partie des meilleurs espoirs de l'appellation Madiran. Après avoir fait le tour du monde, et en particulier vinifié en Nouvelle-Zélande à Dry River, petite propriété culte, elle vinifie désormais les vins du domaine familial avec beaucoup de pré-

cision. La cuvée de prestige provient d'une jeune vigne remarquablement située à proximité d'une des parcelles de Montus. Le vin est étonnant de plénitude, il faudra le suivre. Les 2010 manquaient un peu de générosité de texture.

DOMAINE DE SOUCH

805, chemin de Souch • 64110 Laroin
Tél. 05 59 06 27 22 • Fax : 05 59 06 51 55
domaine.desouch@neuf.fr
Visite : Du lundi au samedi de 8h30 à 12h30 et de 14h à 18h30. Le dimanche sur rendez-vous.

Yvonne Hegoburu, octogénaire d'une vitalité encore étonnante et amoureuse du vin vrai et pur, réussit de façon unique des grandes cuvées de moelleux qui n'ont aujourd'hui aucun équivalent en puissance et en originalité d'expression. Le vignoble est cultivé de la façon la plus noble, s'inspirant de l'école biodynamique. On se ruera sur les sublimes cuvées Pour-René et Marie-Kattalin, avec leur irrésistible nez de truffe. Un nouveau jeune régisseur, très dévoué, a vinifié pour la première fois en 2008. Malgré des aléas climatiques divers, les cuvées réussies du domaine brillent toujours par leur pureté d'expression du terroir et du cépage. Leur prix relativement élevé, mais encore accessible, est lié aux rendements ridiculement bas nécessaires à cette qualité.

JURANÇON MARY KATTALIN 2011
Blanc liquoreux | 2014 à 2022 | env. 27 € **17,5/20**
En avant-première, un splendide Souch, remarquablement équilibré, plus pur au nez et en bouche que le 2009, dans la lignée des 2005 et 2006.

JURANÇON SEC 2011
Blanc | 2012 à 2018 | 19 € **15/20**
Le plus réussi de l'histoire, très beaux arômes complexes d'abricot et de fruits jaunes, délicate amertume, beaucoup de caractère.

CAVE DE TÉCOU

Pagezou • 81600 Técou
Tél. 05 63 33 00 80

GAILLAC PASSION 2011
Blanc | 2012 à 2017 | NC **15/20**
Boisé légèrement torréfié, bouche charnue et fruitée, ensemble riche et frais.

CLOS DES TERRASSES

Les Terrasses • 24240 Sigoules
Tél. 05 53 63 22 60 • Fax : 05 53 63 22 60
fabricedesuyrot@wanadoo.fr • closdesterrasses.com
Visite : Du lundi au vendredi de mai à octobre de 9h à 12h et de 14h à 18h et le reste de l'année sur rendez-vous.

Au sud de Bergerac, sur les collines ensoleillées de Sigoulès, le Clos des Terrasses prospère sur des sols composés d'argile et de calcaire. Le Bergerac rouge 2009 a retenu toute notre attention.

BERGERAC CLOS DES TERRASSES 2009
Rouge | 2012 à 2013 | 9 € **15/20**
C'est juteux, gourmand, sphérique avec un fruit bien dégagé.

CLOS THOU

Chemin Larredya • 64110 Jurançon
Tél. 05 59 06 08 60 • Fax : 05 59 06 87 81
clos.thou@wanadoo.fr • www.clos-thou.fr
Visite : Du lundi au samedi de 9h à 12h30 et de 14h30 à 19h. Le dimanche et les jours fériés sur rendez-vous.

Petit domaine situé sur les terres les plus réputées de l'appellation, Thou brille par la régularité et la typicité de sa production : on mettra nettement au-dessus du reste sa cuvée Suprême-de-Thou, sublime vin moelleux aux arômes truffés étonnants, mais chaque bouteille possède une vraie personnalité. Après une ou deux millésimes moyens, le cru a retrouvé sa pleine forme avec des 2010 et 2011 vraiment magnifiques, parmi les plus grands blancs de tout l'ouest de la France.

JURANÇON JULIE 2010
Blanc liquoreux | 2014 à 2018 | 11 € **15/20**
Très épicé, collant, riche, complexe, pas encore complètement harmonisé, certainement prometteur.

JURANÇON SEC CUVÉE GUILHOURET 2010
Blanc | 2014 à 2018 | 10 € **17/20**
Grand nez d'une admirable harmonie, entre la truffe blanche, le fruit jaune et les épices exotiques, remarquable longueur, grand style. Hautement recommandé.

JURANÇON SUPRÊME DE THOU 2010
Blanc liquoreux | 2015 à 2022 | 16,50 € **18,5/20**
Robe dorée ambrée, sublime coup de nez, truffé mais aussi noblement exotique (mangue, abricot), race et finesse superlatives, grande suite en

bouche, égal en noblesse à des crus classés de Sauternes de premier rang !

CHÂTEAU TIRECUL LA GRAVIÈRE

24240 Monbazillac
Tél. 05 47 77 07 60 • Fax : 05 53 61 36 49
bruno@vinibilancini.com • www.vinibilancini.com
Visite : Toute l'année, du lundi au vendredi de 9h à 12h et de 14h à 18h; fermeture à 17h30 en décembre et janvier.

Claudie et Bruno Bilancini sont experts dans la vendange et la vinification de raisins complètement botrytisés et savent emprisonner toute leur extravagante palette de parfums. Les vins évoluent de superbe manière, une verticale de 1998 à 2008 nous a laissés sous le charme. Voici un des hauts lieux mondiaux de la production de vins liquoreux : Tirecul offre des vins d'une générosité de caractère hors norme et d'une perfection d'élaboration digne d'Yquem.

Monbazillac 2008

Blanc Liquoreux | 2012 à 2027 | 25 € **16/20**

Placé au milieu d'une dégustation de 2009, ce cru s'en est tiré en faisant la course en tête grâce à un vrai milieu et une fin de bouche remarquables.

Monbazillac Les Pins 2009

Blanc Liquoreux | 2012 à 2020 | cav. env. 10 € **15,5/20**

Abricot confit, safran au nez comme en attaque de bouche, puis le vin prend de l'onctuosité avec une fin précise.

Monbazillac Madame 2008

Blanc Liquoreux | 2012 à 2023 | 76 € **17/20**

Texture fine et soyeuse en bouche avec une classe et un charme fou, fin très précise sur l'abricot confit avec une persistance extraordinaire sur le miel, le safran, les épices douces. Beau potentiel.

Monbazillac Madame 2005

Blanc Liquoreux | 2012 à 2030 | 88 € **17,5/20**

Soyeux, dense et très élégant derrière, ce vin est plus en structure qu'en arômes, il rayonne en bouche, il possède un sacré potentiel !

Monbazillac Madame 2001

Blanc Liquoreux | 2012 à 2023 | 80 € **19/20**

L'un des sommets du millésime dans le monde ! Nez subtil d'ananas rôti, d'orange confite et de pain d'épices avec une touche de safran, on retrouve toutes ces flaveurs dans une bouche toute en tension suave et onctueuse, avec une texture de rêve, et une finale délicieusement abricotée, c'est renversant.

CHÂTEAU DE TIREGAND

118, route de Sainte-Alvere • 24100 Creysse
Tél. 05 53 23 21 08 • Fax : 05 53 22 58 49
contact@chateau-de-tiregand.com
www.chateau-de-tiregand.com
Visite : Du lundi au samedi de 9h à 12h et de 14h à 17h30. Fermé les jours fériés.

Détruit par les gelées de 1956, ce vignoble fut reconstitué à partir de plantations en vignes hautes et larges. Aujourd'hui, celles-ci sont réalisées en rangs serrés à une densité de 5 800 pieds par hectare, soit un peu plus dense que la vigne traditionnelle sur Pécharmant. La maturité est ainsi plus précoce et la concentration meilleure. Les vins présentent, comme à Pomerol, des accents de crasse de fer qui évoluent vers des flaveurs truffières. Ce sont des crus taillés pour le diamant noir.

Pecharmant 2009

Rouge | 2012 à 2023 | 10,50 € **15,5/20**

Nez de crasse de fer qui devrait évoluer vers la truffe, bouche subtile avec un tanin noble de belle étoffe.

Pecharmant cuvée Grand Millésime 2010

Rouge | 2014 à 2024 | 19,70 € **15,5/20**

Le tanin a de l'énergie et le fruité offre une belle fraîcheur. Il faut laisser du temps à ce vin car le potentiel est évident.

Pecharmant cuvée Grand Millésime 2009

Rouge | 2014 à 2024 | 19,70 € **15,5/20**

Plénitude, longueur, avec des tanins prenants et subtils, ce vin est taillé pour une tourte de faisan au diamant noir.

CHÂTEAU TOUR DES GENDRES

Lieu-dit les Gendres • 24240 Ribagnac
Tél. 05 53 57 12 43 • Fax : 05 53 58 89 49
familledeconti@wanadoo.fr
www.chateautourdesgendres.com
Visite : Du lundi au vendredi de 9h à 12h et de à 14h à 18h. Le week-end sur rendez-vous.

Située sur l'emplacement d'une ancienne villa gallo-romaine, cette propriété appartient à la famille de Conti depuis 1981. Le terroir est essentiellement argilo-calcaire. Luc de Conti est considéré comme un maniaque de la qualité et ses vins ont gagné en pureté et en texture sur 2009 comme sur 2010.

Bergerac Sec Anthologia 2010
Blanc | 2012 à 2020 | 39 € **16,5/20**
C'est le meilleur blanc jamais produit sur la propriété avec ses accents de mangue et de réglisse. Beaucoup de volume en bouche, du tranchant, de la puissance, de l'élégance et de la fraîcheur. Ce vin évolue très bien et se révèle excellent!

Côtes de Bergerac Le Petit Bois 2009 ☺
Rouge | 2012 à 2023 | 30 € **15,5/20**
Ce 100 % cabernet sauvignon est soyeux, juteux, croquant et charnu. Le toucher de tanin est inhabituel et néanmoins superbe pour un cabernet sauvignon tout en fruit. A encaver absolument!

Côtes de Bergerac Les Gendres 2010
Rouge | 2012 à 2023 | 30 € **16/20**
Un merlot élégant porté par un terroir à dominante calcaire et une vinification précise. Il possède un beau potentiel.

Côtes de Bergerac Tour des Gendres La Gloire de mon Père 2009
Rouge | 2012 à 2017 | 12 € **15,5/20**
Tanins souples et gourmands avec une bonne persistance. Aromatique déclinant la cerise noire et les épices.

CLOS TRIGUEDINA

46700 Puy-l'Évêque
Tél. 05 65 21 30 81 • Fax : 05 65 21 39 28
contact@jlbaldes.com • www.jlbaldes.com
Visite : Du lundi au samedi de 9h à 12h et de 14h à 18h.

Cette propriété qui diffuse largement ses vins dans la restauration française et à l'étranger est une ambassadrice privilégiée de l'appellation. Les vins sont charnus et généreux, surtout la cuvée Prince-Probus, et de nombreux millésimes sont en vente. Les Baldès n'ont pas un caractère commode et apprécient peu la critique, mais nous nous devons de reconnaître que leurs derniers millésimes sont tous très bien vinifiés et élevés, et font honneur à leur appellation. Le New-Black-Wine va jusqu'au bout, et avec panache, d'une certaine logique dans la puissance, mais ne se révèle qu'après deux ou trois ans de bouteille.

Cahors Les Galets Nozières 2009
Rouge | 2015 à 2021 | NC **16/20**
Terroir de Viré : forte couleur, nez riche, mûr, typé cuir, excellent équilibre, excellent fruit, le plus proche du raisin, tanins fins, cahors subtil.

Cahors Probus 2009
Rouge | 2014 à 2018 | 29,95 € **15/20**
Mûr, généreux, épicé, aucune astringence, élevage réussi, cahors de style, équilibré pour un long vieillissement.

Cahors New Black Wine 2009
Rouge | 2017 à 2021 | 50,95 € **16/20**
Très forte couleur, de la prune au nez, confirmée dans un corps généreux en bouche, long, tanin ferme, beaucoup de personnalité, même si ce type de vinification ne privilégie pas la pureté !

Cahors Petites Cailles Moureau 2009
Rouge | 2015 à 2022 | NC **16,5/20**
Terroir de Floressas, grande couleur, grande matière, long, remarquable, digne de hautes comparaisons.

DOMAINE DES TROIS CAZELLES

Le Pech • 46090 Trespoux
Tél. 05 65 30 05 17 • Fax : 05 65 30 05 17
francis-pouderoux@wanadoo.fr
Visite : Du lundi au vendredi 9h à 12h et de 14h à 19h.

Cahors 2009
Rouge | 2015 à 2019 | 5 € **15/20**
Jolie découverte, robe noire, beau nez de réglisse, excellente matière, tanin délié, vin naturel et fort agréable à boire.

CLOS TROTELIGOTTE

Le Cap-Blanc • 46090 Villesèque
Tél. 06 74 81 91 26
contact@clostroteligotte.com
www.clostroteligotte.com
Visite : Du lundi au samedi de 9h à 12h et de 14h à 18h. Le dimanche sur rendez-vous.

Cette propriété de 10 hectares sur les hauteurs de Cahors pratique, dans un paysage d'une rare austérité, une viticulture intelligente et raisonnée. Les vins produits par Christian Rybinski et son fils Emmanuel se signalent par leur finesse et leur équilibre, et progressent à chaque nouveau millésime. Les bouteilles sont habillées de façon élégante par des étiquettes joliment pensées.

Cahors K Lys 2009
Rouge | 2015 à 2021 | 12 € **15,5/20**
Robe noire, texture de raisin mûr, ensemble charpenté et classique, tanin profond, excellent 2009, complet.

Cahors Lannac Saint Jean 2010
Rouge | 2012 à 2015 | 5,50 € **14,5/20**
Vinifié en partenariat par Ribynski et Jouves, un vin très frais, droit, typique des idées de la nouvelle génération, facile à boire mais avec du caractère !

DOMAINE UBY

32150 Cazaubon
Tél. 05 62 09 51 93 • Fax : 05 62 09 58 94
contact@domaine-uby.com • www.domaine-uby.com
Visite : Du lundi au vendredi de 8h à 12h
et de 14h à 18h.

François Morel n'a pas passé la quarantaine mais n'en est pas à ses débuts. A la tête de 160 hectares (certifiés en agriculture raisonnée), il a repris il y a quinze ans le flambeau familial en abandonnant le vrac au profit de la bouteille, dynamisant la marque et la dotant de packaging modernes et bien étudiés pour l'export mais aussi pour le marché français qui a largement adopté le concept. Les vins sont volontairement vinifiés pour gommer l'effet millésime et recherchent des blancs secs aromatiques et vifs ainsi que des moelleux onctueux et frais.

Vin de pays des Côtes de Gascogne
Colombard - Ugni blanc 2011
Blanc | 2012 à 2013 | 4,40 € **13/20**
Bon fruit croquant, dans le style agrumes et asperge, qui trouve ici, grâce à un léger sucre résiduel, un bon enrobage. Agréable et frais.

Vin de pays des Côtes de Gascogne
Petit maseng 2011
Blanc | 2012 à 2015 | 11,25 € **13,5/20**
Récolté début novembre, avec une belle maturité (78 grammes de sucre), ce vin élevé en bois américain est une réussite. Joli grain, relief, et confort de bouche le caractérisent, avec des amers filants bienvenus sur la finale.

CLOS UROULAT

Chemin Uroulat • 64360 Monein
Tél. 05 59 21 46 19 • Fax : 05 59 21 46 90
contact@uroulat.com • www.uroulat.com
Visite : Sur rendez-vous.

Les vins blancs présentés cette année nous ont beaucoup plu, retrouvant la sûreté de style et la buvabilité que nos grands restaurateurs aiment tant, et à juste titre, dans les vins du domaine. L'équilibre alcool-acidité est leur qualité maîtresse.

Jurançon Sec cuvée Marie 2010
Blanc | 2013 à 2018 | 11 € **15/20**
Jolis arômes originaux, rappelant le réglisse, très équilibré en bouche, assez complexe, prêt à vieillir avec grâce.

Jurançon Uroulat 2010
Blanc liquoreux | 2014 à 2020 | 18 € **17/20**
Impeccable puissance et grand équilibre, parfaite suite en bouche, un classique du millésime.

CAVE DES VIGNERONS DU VALLON

RD 840 • 12330 Valady
Tél. 05 65 72 70 21
www.vigneronsduvallon.com

Marcillac Exception 2009
Rouge | 2012 à 2015 | NC **14/20**
De la concentration, l'élevage se fond bien dans la maturité du millésime, dimension saline et épicée en bouche, finale élégante.

Marcillac Les Crestes 2011
Rouge | 2012 à 2015 | NC **13/20**
Fruité tendre, souple, gourmand, désaltérant.

CHÂTEAU VARI

24240 Monbazillac
Tél. 05 53 61 84 98 • Fax : 05 53 58 49 89
contact@chateau-vari.com • www.chateau-vari.com
Visite : Du lundi au vendredi de 8h à 12h
et de 13h30 à 17h.

Les monbazillacs du Château Vari deviennent des références pour l'appellation, et les cavistes dignes de ce nom ne se privent pas pour faire rentrer des Réserve-du-Château ou des cuvées Gold. Une verticale de Réserve-du-Château depuis 2003 nous a pleinement convaincus. Les 2009 et 2010 sont prometteurs.

Monbazillac Cuvée Gold 2010
Blanc Liquoreux | 2012 à 2015 | 55 € **14/20**
Nez de miel, bouche soyeuse et caressante avec un bon glissant et une finale sur l'abricot confit.

Monbazillac Réserve du Château 2010
Blanc Liquoreux | 2012 à 2019 | 18 € **15/20**
Nez de miel, attaque onctueuse sur des accents de fruits secs, fin caressante.

VIGNOBLE DES VERDOTS

Les Verdots • 24560 Conne-de-Labarde
Tél. 05 53 58 34 31 • Fax : 05 53 57 82 00
verdots@wanadoo.fr • www.verdots.com
Visite : Du lundi au samedi de 9h à 12h30 et de 14h à 18h30. Du 1er juillet au 31 août du lundi au samedi de 9h à 19h.

David Fourtout s'est lancé dans la culture truffière, ce qui est parfaitement logique par rapport à la structure de ses vins : Clos-des-Verdots est l'entrée de gamme dans un registre fruité et souple, Les-Tours-des-Verdots offre plus de chair et de concentration. Le-Grand-Vin est quant à lui construit avec une sélection plus poussée. Quand l'année s'y prête, Le-Vin-selon-David-Fourtout constitue le très haut de gamme. Les monbazillacs sont également des références et le 2001 reste une légende ! Nous attendons avec impatience les 2009 et 2010!

Bergerac Clos des Verdots 2010
Rouge | 2013 à 2017 | 7 € **14/20**
Les tanins sont encore saillants, il y a de la matière, il faut encore quelques mois avant que cela ne s'harmonise.

Côtes de Bergerac
Excellence des Tours des Verdots 2009 ☺
Blanc | 2012 à 2020 | 20 € **16/20**
Nez très aromatique où domine la mangue, la mandarine et les épices, attaque onctueuse, bouche de sec tendre avec beaucoup d'élégance et une matière première bien maîtrisée.

Monbazillac Le Vin 2007
Blanc Liquoreux | 2012 à 2020 | NC **15,5/20**
Abricot confit, ananas rôti, accents miellés en attaque que l'on retrouve dans une bouche tendue et énergique.

CHÂTEAU DE VIELLA

Route de Maumusson • 32400 Viella
Tél. 05 62 69 75 81 • Fax : 05 62 69 79 18
contact@chateauviella.fr • www.chateauviella.fr
Visite : Du lundi au samedi de 8h à 12h30 et de 14h à 19h. Le dimanche sur rendez-vous.

Le vignoble se situe sur un des coteaux les plus remarquables, par son exposition et la nature de son sol, du Madiranais. Le propriétaire aime le chêne merrain et en use (et parfois abuse) largement, mais ses vins ont la puissance et la générosité aromatique attendues, en blanc comme en rouge. De nombreuses activités œnotouristiques sont ici intelligemment développées en été.

Madiran Château Viella Prestige 2010
Rouge | 2016 à 2020 | env. 12 € **16/20**
Robe noire, boisé puissant, beaucoup d'opulence et d'ambition, avec une matière qui le mérite.

Pacherenc du Vic Bilh 2011
Blanc | 2012 à 2015 | 6 € **15/20**
Bois neuf abondant, mais nez complexe, associant le sel, l'épice douce (gingembre) et la fleur de vigne, excellent corps.

Pacherenc du Vic Bilh 2011
Blanc liquoreux | 2014 à 2018 | 10 € **16/20**
Beaucoup de passerillage, complexe, notes d'agrumes prononcées, très long, savoureux, grand rapport qualité prix.

DOMAINE VIGNAU LA JUSCLE

Chemin Mantoulan • 64110 Saint-Faust
Tél. 05 59 83 03 66 ou 06 03 51 12 90
Fax : 05 59 83 03 71
michelvalton@yahoo.fr • www.vignaulajuscle.com
Visite : Sur rendez-vous.

Le petit bijou de vignoble de Vignau-la-Juscle est la perle cachée de l'appellation Jurançon. Il appartient à Michel Valton, médecin urologue, qui s'en occupe avec une pertinence de grand chirurgien et qui prend tous les risques pour ne produire qu'un seul vin, récolté au sommet du passerillage du raisin. Son coteau est un véritable bijou de viticulture de montagne, et sa petite production de vin de pays rouge, d'une personnalité peu commune, dépasse désormais largement la consommation personnelle du propriétaire !

Jurançon Vendanges Tardives 2010
Blanc Liquoreux | 2016 à 2022 | 30 € **17/20**
Robe ambrée, très fort passerillage ayant donné des notes de caramélisation très prononcées, façon Trockenbeerenauslese du Palatinat. Original et inclassable avec un tout petit déficit en finesse.

CHÂTEAU VIGUERIE DE BEULAYGUE

1650, chemin de Bonneval
82370 Labastide-Saint-Pierre
Tél. 05 63 30 54 72 • Fax : 05 63 30 54 72
ce.faure@gmail.com
Visite : Du lundi au vendredi de 10h à 19h.

Cédric Faure fait partie de la nouvelle génération de Fronton, et ses vins se distinguent régulièrement dans nos dégustations.

1000008153-M5W4L2-BR01

THE ECONOMIST
PO BOX 4510 STN A
TORONTO ON M5W 4L2

FRONTON L'ENCHANTEUR 2009
Rouge | 2012 à 2017 | NC **14/20**
Puissant, bouche généreuse, la finale chauffe légèrement mais des plats en sauce sauront la rafraîchir. Ce vin ne manque pas de caractère.

FRONTON LA NÉGRETTE 2010
Rouge | 2012 à 2015 | NC **13/20**
Droit, tendu, du fruit noir et du nerf, bien fait.

CHÂTEAU VINCENS

lieu-dit Foussal • 46140 Luzech
Tél. 05 65 30 51 55 • Fax : 05 65 20 15 83
contact@chateauvincens.fr • www.chateauvincens.fr
Visite : Sur rendez-vous.

Nous faisons entrer cette propriété, désormais dirigée par la nouvelle génération de la famille Vincens. Pleinement confiant de son terroir situé sur une magnifique exposition, avec un point de vue à nul autre pareil sur le haut Cahors, Philppe Vincens vinifie avec soin.

CAHORS LA PARCELLE OUBLIÉE 2009
Rouge | 2015 à 2019 | 38 € **15/20**
Saveur classique de réglisse et cèdre, excellent corps, tanin ferme, vin très bien fait.

CAHORS LES GRAVES DE PAUL 2009
Rouge | 2015 à 2019 | 14 € **15,5/20**
Beaucoup de velouté et d'ampleur, plus tendre, lactique, fondu et boisé que La Parcelle Oubliée, séducteur et très 2009.

CAHORS PRESTIGE 2009
Rouge | 2014 à 2019 | cav. env. 7 € **15/20**
Excellente cuvée, sur le cèdre, de proportions classiques, tanin droit, du style et de la tenue en bouche.

CHÂTEAU D'AYDIE - VIGNOBLES LAPLACE

64330 Aydie
Tél. 05 59 04 08 00 • Fax : 05 59 04 08 08
contact@famillelaplace.com
www.famillelaplace.com
Visite : Tous les jours de 9h à 13h et de 14h à 19h.

Les frères Laplace gèrent cette grande propriété et un petit négoce attenant avec beaucoup de courage, d'abnégation même, mais avec l'intelligence de notre époque. Ils ont su adapter le style des vins locaux aux nécessités contemporaines, recherchant plus d'équilibre et de précision dans les vinifications.

MADIRAN CHÂTEAU D'AYDIE PRESTIGE 2010
Rouge | 2016 à 2020 | env. 15 € **14,5/20**
Forte couleur, boisé confortable, puissant et charnu, mais un peu de lourdeur.

VIN DE PAYS DU COMTÉ TOLOSAN ARAMIS 2011
Blanc liquoreux | 2012 à 2014 | 7 € **14/20**
Belle robe or paille à reflets verts. Le nez séduit tout autant, sur le coing. Bouche onctueuse, légèrement fumée, de fruits confits. Volume, douceur, gourmandise (petit et gros mansengs à parts égales).

VIN DE PAYS DU COMTÉ TOLOSAN ARAMIS 2011
Blanc | 2012 à 2013 | 5 € **14/20**
Notes de pêche blanche et d'agrumes. Beau profil, rond et avenant, avec un accent exotique (mangue, litchi), très confortable, sans aucun sucre. Belle alliance de sauvignon (80 %) et de colombard.

DOMAINE BELMONT

Le Gagnoulat • 46250 Goujounac
Tél. 05 65 36 68 51 • Fax : 05 65 36 60 59
contact@domaine-belmont.com
www.domaine-belmont.com
Visite : Sur rendez-vous.

Un terrible tragédie familiale a endeuillé cette remarquable propriété située juste à côté de l'appellation Cahors. Nous avons été les premiers à souligner l'originalité et la valeur des vins élaborés par le regretté Christian Belmon, à partir des intuitions si justes de Claude et Lydia Bourguignon. Sur les calcaires semblables à ceux de Chablis, le chardonnay fait des petits miracles et l'alliance du cabernet franc et de la syrah produit des rouges aussi racés qu'on pouvait s'y attendre sur un terroir de cette qualité. Françoise Belmon, épaulée par Stéphane Derenoncourt, et par toute l'équipe du domaine, continue avec un grand courage cette oeuvre.

VIN DE PAYS DU LOT CHARDONNAY DOLMEN 2009
Blanc | 2012 à 2015 | NC **15,5/20**
Beau boisé, joli gras, finale complexe, moins tendue que dans d'autres millésimes mais plus confortable : à boire dans les trois ans.

VIN DE PAYS DU LOT SYRAH - CABERNET FRANC 2009
Rouge | 2014 à 2019 | NC **15,5/20**
Excellent équilibre général, nez très pur, aux nuances subtiles de tabac, fruit rouge, truffe noire. Tanin fin. Remarquable vin de pays, malgré la relative jeunesse des vignes.

La sélection Bettane et Desseauve pour la Vallée de la Loire

Le vignoble de la Loire

Le vignoble de la Loire accompagne le cours du plus long des fleuves français, de sa naissance liée à la région Rhône, jusqu'à l'océan, avec même une courte intrusion en... Bourgogne à Pouilly-sur-Loire. On y trouvera tous les types de vin possibles, et une expression très fine d'un très grand nombre de cépages.

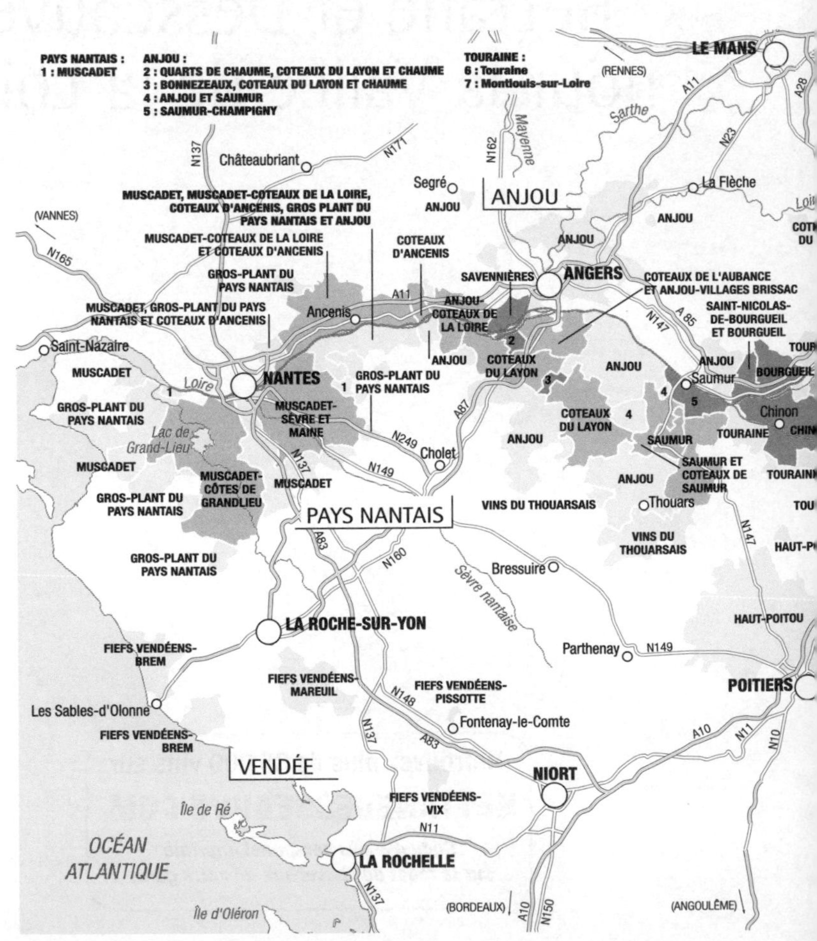

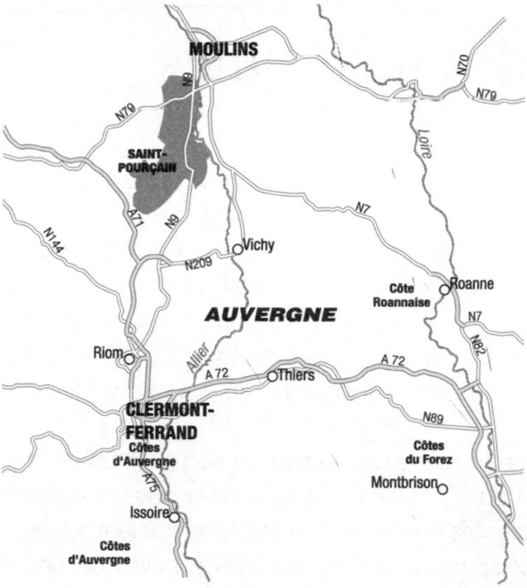

MOULINS
SAINT-POURÇAIN
Vichy
AUVERGNE
Côte Roannaise
Roanne
Riom
Thiers
CLERMONT-FERRAND
Côtes d'Auvergne
Côtes du Forez
Montbrison
Issoire
Côtes d'Auvergne
Loire
Allier

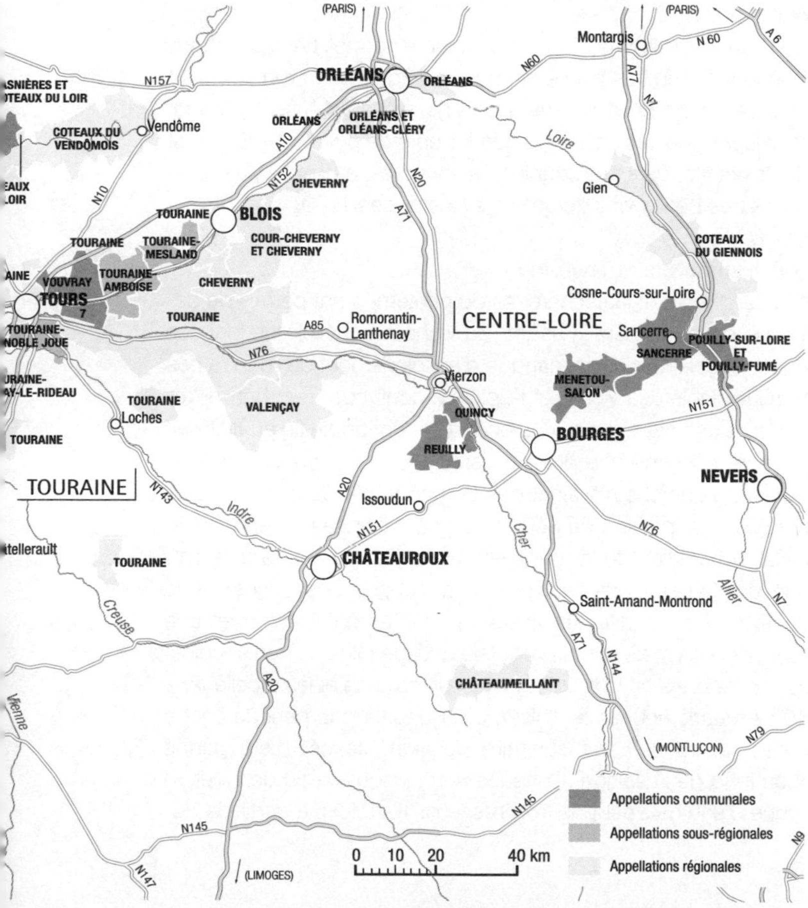

(PARIS)
(PARIS)
Montargis
ORLÉANS
ORLÉANS
ORLÉANS
ORLÉANS ET ORLÉANS-CLÉRY
ASNIÈRES ET COTEAUX DU LOIR
COTEAUX DU VENDÔMOIS
Vendôme
CHEVERNY
TOURAINE
BLOIS
TOURAINE
TOURAINE-MESLAND
COUR-CHEVERNY ET CHEVERNY
VOUVRAY
TOURAINE-AMBOISE
CHEVERNY
TOURS
TOURAINE
TOURAINE-NOBLE JOUÉ
Romorantin-Lanthenay
CENTRE-LOIRE
Gien
COTEAUX DU GIENNOIS
Cosne-Cours-sur-Loire
Sancerre
SANCERRE
POUILLY-SUR-LOIRE ET POUILLY-FUMÉ
MENETOU-SALON
Vierzon
QUINCY
REUILLY
BOURGES
NEVERS
TOURAINE-AZAY-LE-RIDEAU
TOURAINE
Loches
VALENÇAY
TOURAINE
TOURAINE
Issoudun
CHÂTEAUROUX
Châtellerault
TOURAINE
Saint-Amand-Montrond
CHÂTEAUMEILLANT
(MONTLUÇON)
(LIMOGES)
Indre
Cher
Creuse
Vienne
Allier

Appellations communales
Appellations sous-régionales
Appellations régionales

0 10 20 40 km

L'actualité des millésimes

Le Pays nantais

2011 : L'été, décevant et humide, fut précédé par un printemps permettant une certaine précocité, mais il fallait savoir attendre pour les vendanges, car ceux qui se sont précipités ont eu tort. Les cuvées sont inégales, il y a des vins qui manquent d'équilibre et de maturité. Seules les grandes signatures et les communales ont tiré leur épingle du jeu.

2010 : Ce millésime possède une teneur en sucres et un potentiel en alcool proches du 2009, tandis que le niveau d'acidité s'avère plus élevé. Ainsi, les vins possèdent un équilibre souvent supérieur qui permettra aux communales de réaliser de belles cuvées de garde. C'est ici qu'il faut chercher les meilleurs rapports qualité/prix pour l'amateur.

2009 : L'année a signé le retour d'un volume normal. Les vendanges ont bénéficié d'un très bon état sanitaire. Equilibre et rondeur sont les maîtres mots du millésime. Les vins se caractérisent par leur gras et leur bonne acidité, avec des flaveurs de poire, d'agrumes et de fruits confits. Déjà très souples, ils sont prêts à boire. Il y a également de très beaux vins de garde, à l'instar des 1989.

Anjou, Saumurois et Touraine

2011 : La chaleur et la sécheresse du printemps ont permis de démarrer le débourrement très tôt. La vigne a bénéficié de longues journées ensoleillées. Puis manque d'ensoleillement de l'été n'a pas été préjudiciable à la vigne, et la pluie a contribué à un bon développement des baies. Le temps chaud et humide de fin août-début septembre a exercé une pression sanitaire, alors que sur toute la saison, les vignerons n'avaient pas ou peu traité. Ce climat a aussi fait craindre l'apparition de pourriture et a précipité les vendanges. Au final, l'été indien de la mi-septembre a permis aux raisins d'atteindre une belle maturité, notamment en rouges. Les rouges ont de la couleur, peu d'acidité, les vins sont relativement ronds avec une touche soyeuse mais parfois végétale et des tanins un peu souples. Il faut s'attendre à un bon millésime pour les secs et les moelleux.

2010 : Après la rigueur de l'hiver, c'est une longue période sèche qui s'est installée. L'état sanitaire du vignoble est resté parfait tout au long de la saison. Curieusement, jusqu'à la fin de juillet, le manque d'eau ne s'est pas trop ressenti. Toutefois, à partir de dé-

but août, toujours sans pluies significatives, certains cabernets ont commencé à montrer des signes de stress notables. Bien qu'un peu tardive, l'arrivée de quelques averses vers le 25 septembre a débloqué cette situation et permis un début de vendanges dans de très bonnes conditions. Pendant ce temps, la pourriture noble s'est s'installée de façon homogène sur les chenins réservés aux vins liquoreux. Avec le retour de conditions anticycloniques très favorables, la concentration des raisins a été ensuite très rapide. Avec cette fin de saison idéale, et de telles concentrations, les moelleux et liquoreux de l'Aubance, du Layon et de Bonnezeaux s'annoncent plus équilibrés qu'en 2009. Ils constituent une des priorités sur ce millésime, avec les blancs secs qui sont en constante progression. Les rouges du Saumurois seront très classiques et les grandes cuvées seront de haut vol, dans une dizaine d'années. Les grands chinons sont légions et de remarquables bourgueils et saint-nicolas ont été réalisés, il faut encaver ces grands rouges. 2011 et 2010 incarnent parfaitement la fraîcheur des rouges de Loire.
2009 : Le stress hydrique dû à l'ensoleillement prolongé a généré certains déséquilibres pour les rouges sur les schistes. Les blancs secs s'annoncent sous de meilleurs auspices. Les réussites sont les liquoreux, avec un botrytis en général harmonieux, et une bonne acidité mais il y a toutefois des vins un peu trop lourds.

Centre

2011 : Insolite et paradoxal, l'été au printemps et l'automne en été, tel fut le climat de cette saison viticole. Après une pousse très rapide en avril et mai jusqu'à la floraison, la vigne retrouva un rythme normal pour le développement et la maturation de ses raisins. Le millésime fut sans doute un des plus précoces depuis le fameux 1893. Malgré ce climat, les vins sont typés. Souples et pleins au palais, les blancs conservent la fraîcheur caractéristique du Centre-Loire. Les rouges ont le potentiel pour se développer et s'épanouir à la faveur des mois d'élevage.
2010 : Un grand classique est né d'un climat modérément sec, rythmé au long de la saison végétative par des alternances de fortes chaleurs et de températures fraîches. La maturation, comme tous les autres stades - débourrement, floraison et véraison - a été marquée par un démarrage lent et un achèvement dans des condi-

tions climatiques optimales, avec enfin une récolte digne de ce nom sur Menetou-Salon, durement frappé par la grêle en 2008 et 2009. La majorité des vignobles (Sancerre, Pouilly, Coteaux du Giennois, Châteaumeillant) ont ouvert les vendanges le 27 septembre. Reuilly et Quincy avaient donné le ban le 20, tandis qu'on attendait le 29 septembre à Menetou-Salon. Pratiquement tout était rentré le 15 octobre. Les vendanges se sont déroulées sous un ciel clément, hormis la grosse pluie du 4 octobre. En général, les rouges ont été cueillis dans la première moitié des vendanges, exceptés chez quelques uns qui ont eu des très beaux résultats en repoussant la récolte à la fin, avec un tri rigoureux. Les blancs, très classiques, sont plus équilibrés qu'en 2009. Selon les origines (sols, expositions), ils exhalent toute la richesse et la finesse aromatiques du sauvignon , fruits exotiques (passion, mangue), pierre à fusil, buis et autres nuances végétales (rhubarbe, pois, asperge). Amples, ils sont soutenus par une juste et belle vivacité et affirment une présence, une fermeté et une belle longueur au palais. Leur potentiel de conservation est certain, et beaucoup n'atteindront leur pleine expression qu'après 12 à 18 mois d'élevage. Les rouges aussi sont séduisants par leur fruité intense (fraise, framboise, cassis, mûre). En bouche, l'attaque est ferme. Les tanins austères, parfois vigoureux, bien soutenus par du gras, confèrent de la solidité et de la longueur à la structure. Plus sur l'élégance que sur la puissance.

MEILLEURS VINS EFFERVESCENTS DU VAL DE LOIRE

Domaine Huet
Vouvray Pétillant, brut 2007

Langlois-Château
Crémant de Loire Quadrille, brut 2004

Domaine de la Taille aux Loups
Montlouis-sur-Loire Triple Zéro, brut non millésimé

Domaine Bouvet-Ladubay
Saumur Mousseux cuvée Trésor, brut 2008

Domaine La Grange Tiphaine
Montlouis-sur-Loire Nouveau Nez, brut non millésimé

Domaine Brisebarre
Vouvray, brut 2008

LE BONHEUR TOUT DE SUITE

Domaine de la Cotelleraie
Saint-Nicolas-de-Bourgueil Les Perruches, rouge 2010

Domaine de la Taille aux Loups
Montlouis-sur-Loire Remus, blanc 2011

Domaine Huet
Vouvray Pétillant, brut 2007

Domaine du Rocher des Violettes
Touraine côt, rouge 2011

Domaine de la Chevalerie
Bourgueil Chevalerie, rouge 2010

Domaine du Rocher des Violettes
Montlouis-sur-Loire Touche-Mitaine, blanc 2010

Domaine de la Bergerie
Quarts de Chaume, blanc liquoreux 2010

La Source du Ruault
Saumur-Champigny Clos de la Côte, rouge 2009

Les Maisons Rouges
Jasnières Molières, blanc moelleux 2010

MEILLEURS BLANCS SECS DU PAYS NANTAIS

Domaine de la Pépière
Muscadet Sèvre-et-Maine Granite de Clisson, blanc 2009

Domaine de la Chauvinière
Muscadet Sèvre-et-Maine Clos Les Monthys Vigne de 1914, blanc 2010

Domaine Le Fay d'Homme
Muscadet Sèvre-et-Maine Monnières - Saint-Fiacre, blanc 2007

Domaine de l'Écu
Muscadet Sèvre-et-Maine Expression de Granite, blanc 2010

Domaine Brégeon
Muscadet Sèvre-et-Maine, blanc 2004

Domaine Bruno Cormerais
Muscadet Sèvre-et-Maine Clisson, blanc 2009

Domaine du Rafou
Muscadet Sèvre-et-Maine La Côte, blanc 2004

MEILLEURS BLANCS SECS DE L'ANJOU ET DU SAUMUROIS

Coulée de Serrant
Savennières - Coulée de Serrant, blanc 2007

Domaine Éric Morgat
Savennières L'Enclos, blanc 2010

Château du Hureau
Saumur Foudre, blanc 2011

Domaine de Saint-Just
Saumur Coulée de Saint-Cyr, blanc 2010

Château Pierre-Bise
Savennières - Roche aux Moines, blanc 2010

Domaine des Guyons
Saumur L'Ardile, blanc 2010

MEILLEURS BLANCS SECS DE TOURAINE

Domaine de la Taille aux Loups
Vouvray Clos de Venise, blanc 2011

Domaine du Rocher des Violettes
Montlouis-sur-Loire La Négrette, blanc 2010

Domaine de Bellivière
Coteaux du Loir Vieilles Vignes Éparses, blanc 2010

Domaine Huet
Vouvray Haut-Lieu, blanc 2011

Domaine du Clos Naudin
Vouvray, blanc 2010

MEILLEURS BLANCS SECS DU SANCERROIS

Domaine Alphonse Mellot
Sancerre Générations, blanc 2010

Domaine Didier Dagueneau
Pouilly-Fumé Silex, blanc 2010

Domaine Gérard Boulay
Sancerre La Côte, blanc 2010

Domaine Pascal Cotat
Sancerre Monts Damnés, blanc 2010

Domaine Vacheron
Sancerre Les Romains, blanc 2010

Domaine Minchin
Menetou-Salon Honorine, blanc 2010

MEILLEURS BLANCS DEMI-SECS DU VAL DE LOIRE

Domaine Frantz Saumon
Vin de Table Le Jaune, blanc demi-sec 2005

Domaine de la Sansonnière
Vin de Table Les Fouchardes, blanc demi-sec 2010

Les Maisons Rouges
Coteaux du Loir Dans les Perrons, blanc demi-sec 2010

Domaine Huet
Vouvray Le Mont, blanc demi-sec 2011

Domaine François Chidaine
Vouvray Le Bouchet, blanc demi-sec 2010

MEILLEURS VINS MOELLEUX

Domaine du Clos Naudin
Vouvray Réserve, blanc moelleux 2009

Domaine Huet
Vouvray Le Mont, blanc moelleux 2009

Château Pierre-Bise
Quarts de Chaume, blanc liquoreux 2009

Château La Varière
Bonnezeaux Melleresses, blanc liquoreux 2009

Domaine des Petits Quarts
Bonnezeaux Le Malabé, blanc liquoreux 2010

Château de Fesles
Bonnezeaux, blanc liquoreux 2009

Domaine de la Bergerie
Quarts de Chaume, blanc liquoreux 2010

Domaine Philippe Delesvaux
Coteaux du Layon Saint-Aubin Sélection de Grains Nobles,
blanc liquoreux 2009

MEILLEURS ROSÉS DU VAL DE LOIRE

Domaine Les Poëte
Reuilly, rosé 2011

Domaines Tatin
Reuilly, rosé 2011

Domaines Baudry-Dutour
Chinon Château de la Grille, rosé 2011

MEILLEURS VINS ROUGES DE SAUMUR

Clos Rougeard
Saumur-Champigny Clos du Bourg, rouge 2009

Château de Villeneuve
Saumur-Champigny Le Grand Clos, rouge 2009

Domaine Antoine Sanzay
Saumur-Champigny Les Poyeux, rouge 2010

Clos Cristal
Saumur-Champigny Clos Cristal, rouge 2010

MEILLEURS VINS ROUGES DE TOURAINE

Domaine Philippe Alliet
Chinon L'Huisserie, rouge 2010

Domaine Frédéric Mabileau
Saint-Nicolas-de-Bourgueil Les Coutures, rouge 2010

Domaine de la Chevalerie
Bourgueil Grand-Mont, rouge 2010

Domaine de la Butte
Bourgueil Mi-Pente, rouge 2010

Domaine Charles Joguet
Chinon Clos de la Dioterie, rouge 2010

Domaine de Bellivière
Coteaux du Loir Hommage à Louis Derré, rouge 2010

Domaine Yannick Amirault
Bourgueil Le Grand Clos, rouge 2010

MEILLEURS VINS ROUGES DE SANCERRE

Domaine du Carrou
Sancerre La Jouline, rouge 2009

Jean-Max Roger
Sancerre Vieilles Vignes, rouge 2008

Domaine Vincent Pinard
Sancerre cuvée Charlouise, rouge 2010

Domaine Alphonse Mellot
Sancerre Générations, rouge 2009

Domaine Minchin
Touraine Franc du Côt Lié, rouge 2010

MEILLEURS VINS À MOINS DE 7 €

Domaine de la Chauvinière
Muscadet Sèvre-et-Maine L'Inattendu, blanc 2010

Cave Bruneau-Dupuy
Saint-Nicolas-de-Bourgueil Réserve, rouge 2010

Domaine des Bouquerries
Chinon cuvée Royale, rouge 2010

Domaine des Guyons
Saumur Vent du Nord, blanc 2009

Domaine de la Pépière
Muscadet Sèvre-et-Maine Les Gras Moutons, blanc 2010

Domaine de l'Aujardière
Muscadet Côtes de Grandlieu La Noë - sur lie, blanc 2010

Domaine La Haute-Févrie
Muscadet Sèvre-et-Maine Les Gras Moutons, blanc 2010

PRIX DES LECTEURS

EN PARTENARIAT AVEC LES HÔTELS MERCURE

Domaine de Bablut
Coteaux de l'Aubance Sélection, blanc moelleux 2007

Domaine Émile Balland
Sancerre Croq' Caillote, blanc 2011

Domaine des Champs Fleuris
Saumur-Champigny Vieilles Vignes, rouge 2011

Domaine de la Chevalerie
Bourgueil Galichets, rouge 2010

Domaine des Corbillières
Touraine Les Demoiselles, rouge 2010

Domaine de la Cotelleraie
Saint-Nicolas-de-Bourgueil, rouge 2011

Pierre et Bertrand Couly
Chinon, rosé 2011
Couly-Dutheil, Chinon Diligence, rouge 2010

Domaines Véronique Günther-Chéreau
Muscadet Sèvre-et-Maine Grand Fief de la Cormeraie, blanc 2010

Henry et Jean-Sébastien Marionnet
Touraine Première Vendange, rouge 2011

Domaine du Rocher des Violettes
Montlouis-sur-Loire Touche-Mitaine, blanc 2010

Le Pays nantais

L'océan tout proche apporte ses notes salines et iodées à des vins secs très légers mais subtils, qui sont les meilleurs compagnons des huîtres, fruits de mer et poissons grâce à leur générosité ! Ces vins se boivent jeunes mais les meilleurs surprendront après dix ou quinze ans de bouteille et méritent une gastronomie digne d'eux.
Les prix sont angéliques.

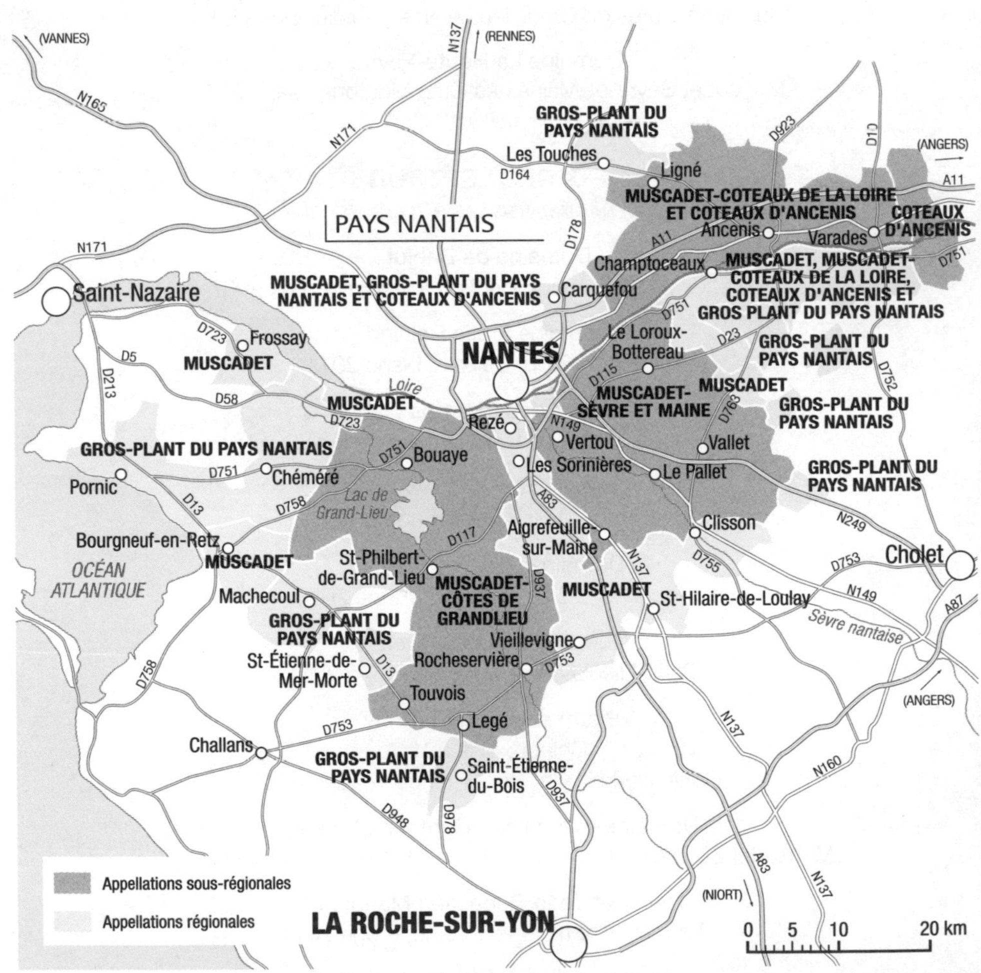

AMPELIDAE

Manoir de Lavauguyot • 86380 Marigny-Brizay
Tél. 05 49 88 18 18 • Fax : 05 49 88 18 85
ampelidae@ampelidae.com frederic@ampelidae.com
baptoste@ampelidae.fr • www.ampelidae.com
Visite : Du lundi au samedi de 9h à 12h
et de 14h à 18h.

Frédéric Brochet possède l'un des plus beaux cursus universitaires du monde du vin et son courage est immense : il a en effet redonné vie à ce secteur de Marigny-Brizay en Poitou. Ce savant vigneron concilie à la fois culture bio, écologie et technologie. Tous les vins traduisent le terroir qui les porte, et leurs normes échappent aux repères traditionnels. Les 2010 sont les meilleurs jamais produits sur la propriété !

Vin de pays de la Vienne K 2010
Rouge | 2012 à 2019 | 17 € **15,5/20**
Accents de cerise noire et d'épices, la bouche offre un tanin juteux et épicé avec déjà une vraie gourmandise.

Vin de pays de la Vienne S 2010
Blanc | 2012 à 2014 | 17 € **14,5/20**
Vif, salin avec une tension mesurée, ce vin claque bien en bouche.

Vin de pays de la Vienne sauvignon rose 2010
Blanc | 2012 à 2014 | 10 € **15,5/20**
Charme immédiat au nez avec ce qu'il faut de retenue, la bouche offre une juste tension et une finale sur les agrumes et l'iode.

DOMAINE DE L'AUJARDIÈRE

44310 Saint-Philbert-de-Grand-Lieu
Tél. 06 27 43 81 91 • Fax : 02 40 78 05 19
eric@chevalierledomaine.com
www.chevalierledomaine.com
Visite : Du lundi au samedi de 8h à 19h.

Éric Chevalier a repris le domaine familial en 2000. Il cultive maintenant 28 hectares de vignes conduits selon les principes de la lutte raisonnée, avec une vinification parcellaire. La gamme des côtes-de-grandlieux est élégante et de plus en plus qualitative. Dans un millésime très difficile comme 2011, ce domaine offre de belles réussites. Nous avons toujours un faible pour le fié gris coproduit avec Michèle Vételé, sommelière du restaurant Anne de Bretagne à La-Plaine. Avec son mari Philippe, deux étoiles au Michelin, elle met pleinement en valeur les crus du Pays Nantais.

Muscadet Côtes de Grandlieu
Clos de la Butte 2011
Blanc | 2012 à 2015 | 4,10 € **14,5/20**
Longueur effilée d'une belle élégance, avec une belle finale saline.

Muscadet Côtes de Grandlieu
La Noë - sur lie 2010
Blanc | 2012 à 2019 | 5,20 € **15,5/20**
Accents à la fois lactés et iodés, avec une structure assez riche et de la tension. Le fruit est maintenant bien dégagé, avec des touches d'agrumes très délicates.

Vin de pays du Val de Loire fié gris 2011
Blanc | 2012 à 2015 | 7,10 € **15/20**
L'iode et la salinité dominent, et les agrumes arrivent ensuite, tant au nez qu'en bouche, on retrouve le dynamisme du vin en bouche. Belle réussite sur un millésime très délicat.

DOMAINE DE BELLE VUE

18, rue du Pont Jean Vay • 44190 Gétigné
Tél. 09 54 04 56 38
jbretaudeau@free.fr
Visite : Sur rendez-vous.

Installé depuis six ans après des stages dans des propriétés phares comme Jo Landron, Jérôme Bretaudeau compte maintenant 8 hectares, il est en reconversion en agriculture biologique et produit des vins d'une belle pureté, avec un fruit bien dégagé et de belles fins salines. Les cuvées Domaine et Granit 2011 sont bien élancées et la cuvée Fût de Chêne 2009 est devenue magnifique. À suivre de très près.

Muscadet Sèvre-et-Maine 2011
Blanc | 2012 à 2013 | 7 € **14/20**
Style coulant, salin, citron vert avec une évaporation dans le verre révélatrice.

Muscadet Sèvre-et-Maine Fût de Chêne 2009
Blanc | 2012 à 2014 | 9 € **15,5/20**
Élevage parfaitement intégré, nous nous posions des questions l'an passé, nous nous contenterons cette année de retendre notre verre, et de souhaiter les magnums sur une telle cuvée qui offre la richesse du millésime avec cette tension d'un charme fou !

MUSCADET SÈVRE-ET-MAINE GRANIT 2011
Blanc | 2012 à 2017 | 8 € **15/20**
On aime beaucoup cette cuvée, par sa tension, sa profondeur et ses accents iodés de belle facture.

DOMAINE PIERRE-LUC BOUCHAUD

La Hautière - 4, rue des Manoirs
44690 Saint-Fiacre-sur-Maine
Tél. 02 40 36 95 23 • Fax : 02 40 36 79 56
muscadet@bouchaud.fr • www.bouchaud.fr
Visite : Sur rendez-vous.

Pierre-Luc Bouchaud a pris femme depuis notre dernière édition. Désormais, vous serez reçus par le sourire irradiant de Véronique qui vous expliquera qu'en 2010, il y a une nouvelle cuvée Le-Pont-Caffino sur des granites situés à côté de Château Thébaud. Amateurs de minéralité intense, tendez votre verre. Les gneissistes continueront d'apprécier l'assise subtile du Perd-son-Pain. Les 2011 constituent une réussite majeure sur le secteur.

MUSCADET SÈVRE-ET-MAINE
CUVÉE SUR LIES 2011
Blanc | 2012 à 2014 | 4,20 € **14/20**
Entrée de gamme réussie sur ce millésime délicat, le vin est franc, coulant, salin avec ce qu'il faut de longueur.

MUSCADET SÈVRE-ET-MAINE
LE PERD SON PAIN 2011
Blanc | 2012 à 2017 | 4,80 € **15,5/20**
Orange, iode et fleurs blanches se mêlent de la plus belle des façons, la bouche est dynamique dans sa tension saline. Belle réussite pour le millésime.

MUSCADET SÈVRE-ET-MAINE
LE PERD SON PAIN 2010
Blanc | 2012 à 2022 | 5 € **15,5/20**
Le meilleur millésime de cette cuvée culte, aux accents iodés et floraux, avec une touche délicate d'agrumes. Sa tension élégante et sa fin de bouche saline se prolongent et font merveille sur une salade de langoustines aux agrumes.

MUSCADET SÈVRE-ET-MAINE PONT CAFFINO 2011
Blanc | 2013 à 2020 | 5,30 € **15,5/20**
Puissance saline et tension mesurée font que ce vin se montre plus en structure qu'en arômes, il faut le carafer, si l'on veut le servir actuellement.

DOMAINE BRÉGEON

5, Les Guisseaux • 44190 Gorges
Tél. 02 40 06 93 19 • Fax : 02 40 06 95 91
domainemichelbregeon@orange.fr
Visite : Du lundi au samedi de 9h à 12h30 et de 15h à 19h. Le dimanche matin sur rendez-vous.

Depuis son entrée dans le guide avec 3BD, Michel Brégeon collectionne les louanges nationales et internationales. Aujourd'hui en retraite active, (comment se passer d'une telle personnalité ?) Il épaule Frédéric Lailler, «un bon gamin de 32 ans» diplômé en viti-oeno. Ici, on continue d'élever sur lies fines les muscadets entre deux et cinq ans. Toutes les cuvées sont hautement recommandables avec une mention spéciale pour celle du Gorgeois, issue de 2 hectares de vignes de plus de cinquante ans. Les pèlerinages sous la vierge noire qui protège le domaine se multiplient, et les 2011 s'annoncent de haute volée.

MUSCADET SÈVRE-ET-MAINE 2005
Blanc | 2012 à 2017 | 9 € **15,5/20**
Le miel et le fumé se mêlent de la façon la plus subtile, la bouche offre de l'onctuosité en attaque et ce qu'il faut de percussion derrière.

MUSCADET SÈVRE-ET-MAINE 2004
Blanc | 2012 à 2019 | 10,20 € **16/20**
Ce millésime est l'un des meilleurs de la cave, sa tension et sa profondeur ont de l'éclat, sur un mode iodé et salin de la meilleure veine.

MUSCADET SÈVRE-ET-MAINE SUR LIE 2011
Blanc | 2012 à 2017 | 5 € **15,5/20**
On sent dès le nez qu'il y a un équilibre et une maturité, avec une tension franche et saline derrière. Pour le millésime, c'est superbe !

DOMAINE DE LA CHAUVINIÈRE

La Chauvinière • 44690 Château-Thébaud
Tél. 02 40 06 51 90 • Fax : 02 40 06 51 90
domaine-de-la-chauviniere@wanadoo.fr
www.domainedelachauviniere.com
Visite : Sur rendez-vous.

Ce domaine a de grands terroirs, avec les vignes centenaires du Clos des Montys qui s'ajoutent au Château Thébaud et au fermage du Château de la Bretesche. Les vignes sont conduites en lutte raisonnée, et les vinifications s'effectuent dans un ancien monastère sous l'égide de Jérémie Huchet. Les crus produits offrent une gamme complète et les 2010 sont de sacrées réussites. Le 3e est proche!

Muscadet Sèvre-et-Maine
Château de la Templerie 2010
Blanc | 2012 à 2017 | 5,50 € **15,5/20**
C'est coquille d'huître et floral au nez, subtil et long en bouche avec une tension équilibrée.

Muscadet Sèvre-et-Maine
Clos des Monthys 2010
Blanc | 2012 à 2020 | 5,30 € **15,5/20**
Nez citronné avec des touches de pamplemousse, c'est à la fois puissant et subtil, on peut envisager des crevettes grises. Depuis sa mise en bouteille, ce vin gagne en complexité.

Muscadet Sèvre-et-Maine
Clos Les Monthys Vigne de 1914 2010
Blanc | 2012 à 2023 | 9,20 € **16,5/20**
Richesse, élégance, tension vibrante, sur des accents iodés avec une touche de fruits jaunes, ce vin est d'une grande complexité !

Muscadet Sèvre-et-Maine
Granit de Château Thébaud 2007
Blanc | 2012 à 2022 | 10,20 € **15,5/20**
Vin complet avec une tension fraîche, une juste maturité et une persistance iodée.

Muscadet Sèvre-et-Maine L'Inattendu 2010
Blanc | 2012 à 2017 | 5,50 € **16/20**
Grand frisson pour ce vin dégusté à trois reprises, on l'aime pour ses accents iodés d'une grande pureté, avec une tension vibrante et saline. Ce vin qui excelle sur des palourdes sauvages, sifflets de poireaux, sorbet vinaigrette, huile de colza Vigean. Ce plat composé par Philippe Vételé lors de la Paulée des vins de Loire à Chartres était la meilleure des répliques.

CHÂTEAU DU CLÉRAY

44194 Vallet
Tél. 02 40 36 22 55 • Fax : 02 40 36 34 62
sauvion@sauvion.fr • www.sauvion.fr
Visite : De 9h à 12h et de 13h30 à 16h30.

Situé en plein cœur du Muscadet, à Vallet, le Château du Cléray est le fleuron de la famille Sauvion. Depuis 1981, la sélection de la cuvée Haute-Culture est une vraie réussite pour les amateurs de muscadets de garde, prouvant ainsi que sur ce secteur l'on peut produire de grands blancs secs pouvant escorter les mets marins les plus nobles. La salinité élégante et la pureté des millésimes goûtés est un modèle du genre.

Muscadet Sèvre-et-Maine Haute Culture 2011
Blanc | 2012 à 2020 | env. 10,50 € **15,5/20**
On apprécie les accents d'embruns marins, avec une touche d'agrumes, ce vin claque bien en attaque et se montre persistant et élégant avec une finale saline et cristalline.

Muscadet Sèvre-et-Maine Haute Culture 2010
Blanc | 2012 à 2024 | 12 € **15,5/20**
Vin qui commence à s'ouvrir avec des accents salins et une bouche quasi cristalline de grande classe.

Muscadet Sèvre-et-Maine Haute Culture 1996
Blanc | 2012 à 2016 | épuisé **15/20**
Dégusté en magnum, ce vin offre quelques touches miellées avec une touche d'anis et une pointe de fumé, la bouche a encore de l'éclat.

DOMAINE DES COGNETTES

Bournigal - 1, chemin des Sauts • 44190 Clisson
Tél. 02 40 54 45 62 • Fax : 09 72 21 23 87
vincentperraud@wanadoo.fr
www.domainedescognettes.fr
Visite : Du lundi au samedi de 8h à 12h30 et de 14h à 19h15. Le samedi jusqu'à 18h.

Le vignoble est implanté sur les coteaux de la Sèvre Nantaise et la Moine, sur des sols de granite et de gabbro qui permettent de produire de grands muscadets, de belle tension et avec une pureté aromatique digne d'éloges. Le clisson est la grande cuvée du domaine et il se révèle être l'un des meilleurs de la région.

Muscadet Granite de Clisson 2007
Blanc | 2013 à 2020 | 10 € **15,5/20**
De la percussion dans ce Granite à la fois tranchant, dense et minéral à souhait. Ce grand millésime commence à prendre son envol.

Muscadet Granite de Clisson 2006
Blanc | 2012 à 2023 | 10 € **15,5/20**
De la densité en bouche et un retour de fruits jaunes derrière avec des notes salines. Vin idéal pour des saint-jacques aux coques.

Muscadet Sèvre-et-Maine 2011
Blanc | 2012 à 2013 | 6 € **13,5/20**
Très salin au nez, ce vin prend des accents de coquille d'huître en bouche, avec une bonne longueur pour le millésime.

Muscadet Tentation des Cognettes 2005
Blanc | 2012 à 2016 | 9 € **14,5/20**
Nez de miel avec des touches fumées, attaque onctueuse puis la bouche prend de la tension et se termine sur des notes exotiques et iodées.

DOMAINE BRUNO CORMERAIS

La Chambaudière • 44190 Saint-Lumine-de-Clisson
Tél. 02 40 03 85 84
b.mf.cormerais@wanadoo.fr
www.domaine-bruno-cormerais.com
Visite : Du lundi au samedi de 10h à 12h30 et de 15h à 18h. Le dimanche sur rendez-vous.

Bruno Cormerais produit des vins sur lies de bon niveau. Notre préférence ira au clisson, dont le terroir justifie vraiment l'appellation. La collection de Vieilles-Vignes ou la cuvée Prestige ont également du répondant. Les vins évoluent très bien en bouteille, il faut donc savoir attendre.

Muscadet Sèvre-et-Maine 2010
Blanc | 2012 à 2015 | 7,10 € **14,5/20**
Il y a du gras, de la vivacité, des accents salins et citronnés et une bonne longueur.

Muscadet Sèvre-et-Maine Bruno 2004
Blanc | 2012 à 2019 | 11,20 € **15/20**
On sent que le patron s'appelle Bruno, mais pas de tord-boyaux ici, il s'agit d'un muscadet de garde comme on les aime avec de la tension, un zeste d'iode et un bon retour de gorge.

Muscadet Sèvre-et-Maine Clisson 2009
Blanc | 2013 à 2025 | 12,20 € **16/20**
On a la richesse du millésime avec le tranchant habituel du cru, dans toute sa pureté et sa persistance minérale.

Muscadet Sèvre-et-Maine Clisson 2008
Blanc | 2012 à 2022 | 9,70 € **15,5/20**
Nez d'anis, de camphre et de fruits exotiques, on apprécie la densité de la bouche et une fin très minérale. Ce vin gagne en complexité, et peut maintenant épauler la langoustine.

Muscadet Sèvre-et-Maine
La Chambaudière 2010
Blanc | 2012 à 2016 | 4,80 € **14,5/20**
C'est salin, souple et citronné en fin, avec toute la vivacité voulue, c'est un vin de fruits de mer.

DOMAINE DE L'ÉCU

La Bretonnière • 44430 Le Landreau
Tél. 02 40 06 40 91 • Fax : 02 40 06 46 79
contact@domaine-ecu.com • www.domaine-ecu.com
Visite : Sur rendez-vous.

Mélomane, biodynamiste, Guy Bossard produit de vrais vins de garde, de ceux qu'on a plaisir à retrouver quelques années après la mise en bouteille. Expression-de-Gneiss, Expression-d'Orthogneiss ou Expression-de-Granite, ces cuvées expriment au mieux le naturel et la minéralité élégante de leur terroir. Ludwig Hahn est une bulle de haut vol. Il faut absolument que les grandes cuvées mûrissent en cave. Les 2011 ont de la percussion par rapport au millésime, car ici on ne s'est pas précipité pour vendanger !

Muscadet Sèvre-et-Maine
Expression d'Orthogneiss 2011
Blanc | 2012 à 2015 | env. 8,50 € **15,5/20**
On est sur une belle tension avec des accents iodés qui se mêlent aux agrumes en aromatique, et une finale saline montante qui fait merveille sur une gelée d'huître.

Muscadet Sèvre-et-Maine
Expression de Gneiss 2011
Blanc | 2012 à 2015 | env. 8 € **15/20**
Citron vert et iode avec des notes florales constituent la palette aromatique, bien soutenue par une tension harmonieuse.

Muscadet Sèvre-et-Maine
Expression de Granite 2010
Blanc | 2012 à 2023 | 8,10 € **16/20**
Cette cuvée évolue parfaitement avec des accents de fruits jaunes et de fumé, et une tension qui devient de plus en plus élégante.

DOMAINE GADAIS PÈRE ET FILS

Les Perrières • 44690 Saint-Fiacre-sur-Maine
Tél. 02 40 54 81 23 • Fax : 02 40 36 70 25
musgadais@wanadoo.fr • www.gadaispereetfils.fr
Visite : Du lundi au vendredi de 9h à 13h et de 15h à 19h. Le samedi sur rendez-vous.

Christophe Gadais est l'un des chefs de file du Muscadet et ses crus sont parmi les plus qualitatifs. La cuvée Grande-Réserve-du-Moulin est de bons rapports qualité-prix. Les Vieilles-Vignes, tendues et délicieusement iodées, se révèlent particulièrement harmonieuses par leur élégance et leur digestibilité.

Muscadet Les Perrières Monopole 2009
Blanc | 2013 à 2020 | 11,80 € **15/20**
Ce muscadet hors classe, issu d'un coteau d'exposition plein sud dominant la petite Maine; a fermenté pour 50 % en fût de chêne de 300 litres, à usage unique. On sent le potentiel, le boisé est encore présent, laissons-lui le temps.

Muscadet Sèvre-et-Maine Émotion 2011
Blanc | 2012 à 2013 | 5 € **13/20**
Très coquille d'huître, au nez comme en bouche, ce vin se boit le col ouvert sur des fruits de mer.

Muscadet Sèvre-et-Maine
Grande Réserve du Moulin 2011
Blanc | 2012 à 2014 | 6,10 € **14/20**
Tendu dès l'attaque, ce vin se révèle nerveux et coulant.

Muscadet Sèvre-et-Maine Vieilles Vignes 2009
Blanc | 2012 à 2017 | 7,90 € **15,5/20**
On apprécie le raffinement de cette cuvée en tension, saline, élégante et persistante.

DOMAINE DE LA GANOLIÈRE

2, la Ganolière • 44190 Gorges
Tél. 02 40 06 98 87 • Fax : 02 40 06 98 87
earl.boucher@wanadoo.fr
Visite : Du lundi au vendredi de 8h à 12h et de 14h à 19h. Le samedi de 8h à 12h et l'après-midi sur rendez-vous.

La Ganolière a appartenu aux seigneurs de Remouillé, et aujourd'hui elle est un fief important pour le Gorgeois, avec des 2005 de haut vol. Brigitte et Christophe Boucher confirment leur classement dans le peloton de tête du Muscadet, non seulement pour leurs crus communaux mais aussi pour leur muscadet-sur-lie l'Arche-de-la-Ganolière et la Gano, avec des 2010 vifs et fringuants.

Muscadet Sèvre-et-Maine
Arche de la Ganolière 2010
Blanc | 2012 à 2013 | 4,20 € **15/20**
Vin à la fois salin, avec une tension mesurée et parfaitement équilibrée pour entrer en composition avec des crevettes grises.

Muscadet Sèvre-et-Maine Gorges 2005
Blanc | 2012 à 2021 | 8,50 € **15,5/20**
Ce vin a évolué au niveau de l'aromatique vers plus de complexité, on trouve du miel, de l'orange confite, des accents fumés et un tranchant unique avec cette fin iodée très racée. On se régale toujours autant en le faisant jouer cette fois sur une salade de homard aux agrumes.

Muscadet Sèvre-et-Maine La Gano 2010
Blanc | 2012 à 2015 | 4,50 € **14/20**
Très fumé, ce vin est en tension saline avec ce qu'il faut d'élégance.

DOMAINE CHRISTIAN GAUTHIER

44190 Saint-Hilaire de Clisson
Tél. 02 40 54 42 91
vins-gauthier@orange.fr
www.muscadet-christiangauthier.fr
Visite : Du lundi au vendredi de 15h à 19h et le samedi de 9h à 12h.

Comme une déferlante iodée, le Clisson du domaine a marqué notre dégustation de communales, et il s'est imposé à l'aveugle comme l'un des meilleurs du secteur.

Muscadet Sèvre-et-Maine Clisson 2007
Blanc | 2012 à 2020 | 8,25 € **15,5/20**
Explosif et tendu, avec ses accents de citron vert, ce vin donne l'impression d'une vague iodée en bouche.

DOMAINE XAVIER GOURAUD

1, le Pin • 44330 Mouzillon
Tél. 02 40 36 62 85
xaviergouraud@free.fr • www.xaviergouraud.fr
Visite : Du lundi au samedi de 10h à 12h30 et de 15h à 18h. Le dimanche sur rendez-vous.

Xavier Gouraud effectue un réel travail de terroirs et a la chance de posséder des vignes sur gabbro, qui donnent un Rubis-de-la-Sanguèze-Clos-Barillère bien ciselé, c'est la cuvée la plus aboutie de la propriété, bien dans le style des vins de Mouzillon. Les Perrières sont des cuvées plus souples. Ici, les vendanges sont manuelles.

Muscadet Sèvre-et-Maine Les Perrières 2010
Blanc | 2012 à 2013 | 3,90 € **13/20**
Sur les agrumes, avec une touche de fleurs blanches, ce vin continue de séduire par ses accents citronnés bien proportionnés.

Muscadet Sèvre-et-Maine
Les Rigoles du Pin 2010
Blanc | 2012 à 2017 | 4,80 € **14/20**
Nez de pamplemousse avec une touche fumée, la bouche est fraîche et élégante.

MUSCADET SÈVRE-ET-MAINE SEIGNEURIE DE LA BARILLÈRE 2005
Blanc | 2012 à 2017 | 7,80 € **15,5/20**
Bien dans le style des vins du secteur de Mouzillon, avec des amers subtils et fumé, avec des accents de poire pour l'aromatique et un tranchant bien calibré en bouche.

DOMAINE PIERRE GUINDON

La Couleuverdière • 44150 Saint-Géréon
Tél. 02 40 83 1896 • Fax : 02 40 83 29 51
domaine.guindon@hotmail.fr
Visite : Du lundi au samedi de 9h à 12h et de 14h à 18h.

Ce domaine historique joue à la fois sur les coteaux-d'ancenis et les muscadets coteaux-de-la-loire. Sur ce terroir, la gamme est complète au niveau qualitatif, du Tradition, vif et coulant, en passant par le Prestige, plus structuré. Autre cru communal, le clisson, vin de garde par excellence qui montre une minéralité épanouie.

MUSCADET COTEAUX DE LA LOIRE ROCHES DE LOIRE 2007
Blanc | 2012 à 2015 | 7,15 € **14/20**
Nez salin avec des touches d'agrumes, bouche incisive et fraîche.

DOMAINES VÉRONIQUE GÜNTHER-CHÉREAU

Château du Coing de Saint-Fiacre - La Bourchinière
44690 Saint-Fiacre-sur-Maine
Tél. 02 40 54 85 24 • Fax : 02 51 71 60 96
contact@chateau-du-coing.com
www.chateau-du-coing.com
Visite : Du lundi au vendredi de 9h à 12h30 et de 13h30 à 18h. Le week-end sur rendez-vous.

De sa voix douce et charmeuse, Véronique Günther-Chéreau vous explique comment elle a débuté avec un millésime extraordinaire, le 1989, qui sera remplacé par la subtilité du 2010. Cette femme passionnée est une militante des communales et ses sélections parcellaires sont toujours judicieuses. La gamme des vins présentés est homogène, et les derniers millésimes ont du ressort.

MUSCADET SÈVRE-ET-MAINE CHÂTEAU DE LA GRAVELLE 2010
Blanc | 2012 à 2019 | env.7 € **15/20**
Délicieux accents de fruits jaunes, il y a une bonne tension et une longueur saline. Vin de crevettes grises.

MUSCADET SÈVRE-ET-MAINE CHÂTEAU DE LA GRAVELLE - GORGEOIS 2010
Blanc | 2012 à 2023 | env. 9,50 € **15,5/20**
Ananas et épices au nez, bouche tranchante avec de la percussion. Vin de langoustines.

MUSCADET SÈVRE-ET-MAINE CHÂTEAU DU COING DE SAINT-FIACRE 2010
Blanc | 2012 à 2017 | env.7 € **15,5/20**
Grand plaisir déjà sur cette cuvée aux accents de pamplemousse rose et d'iode, la bouche confirme cette aromatique et claque de la meilleure des façons.

MUSCADET SÈVRE-ET-MAINE CHÂTEAU DU COING L'ANCESTRALE 2007
Blanc | 2012 à 2018 | env. 9,50 € **15,5/20**
Orange confite et pierre à fusil dominent au nez, la bouche a de l'ampleur et offre une vraie complexité, la finale saline avec des accents de fruits secs a du style.

MUSCADET SÈVRE-ET-MAINE GRAND FIEF DE LA CORMERAIE 2010
Blanc | 2012 à 2021 | env. 7 € **15,5/20**
Robe jaune dorée, c'est à la fois rond et vif, tendu et iodé. C'est très harmonieux.

DOMAINE DES HERBAUGES

Les Herbauges • 44830 Bouaye
Tél. 02 40 65 44 92 • Fax : 02 40 65 58 02
contact@domaine-des-herbauges.com
www.domaine-des-herbauges.com
Visite : Du lundi au vendredi de 9h à 12h et de 14h à 18h30. Le samedi de 9h à 12h et de 14h à 17h.

Sur les Côtes de Grandlieu, Jérôme Choblet est un ligérien gaudrioleur, et son domaine nous a de nouveau convaincus par la qualité de ses 2010. Les cuvées les plus coulantes entrent dans la catégorie des «instants plaisirs, et les sélections parcellaires dans la «collection terroirs».

MUSCADET CÔTES DE GRANDLIEU COLLECTION PLAISIR 2011
Blanc | 2012 à 2013 | 4,80 € **13/20**
Fruité immédiat, vin de demi-corps, idéal pour l'apéritif.

MUSCADET CÔTES DE GRANDLIEU FIEF GUÉRIN 2011
Blanc | 2012 à 2014 | 5,15 € **14/20**
Attaque ronde, vin de bonne tenue en bouche, idéal pour une salade de moules.

Muscadet Côtes de Grandlieu
Le Légendaire 2000
Blanc | 2012 à 2017 | 9,50 € **15/20**
Belle structure pour ce vin élancé et profond, avec une finale saline bien proportionnée.

Muscadet Côtes de Grandlieu
Roche Blanche 2011
Blanc | 2012 à 2013 | 5,65 € **14/20**
Accents iodés, bouche franche, vin de fromage de chèvre.

DOMAINE LA CHAUME

Crieuré la Chaume - 35, chemin de la Chaume
85770 Vix
Tél. 02 51 00 49 38 • Fax : 02 51 00 49 38
contact@la-chaume.net
www.prieure-la-chaume.com
Visite : Sur rendez-vous entre juin et août du lundi au samedi de 10h à 12h et de 15h à 18h30.

Créé par Christian Chabirand, ce domaine se situe dans une région méconnue pour ses vins, la Vendée, et plus précisément sur un terroir calcaire au potentiel qualitatif certain. Cette bizarrerie géographique ne se retrouve pas dans le style des vins, d'un beau classicisme mais non dépourvus de race et vieillissant fort bien.

Vin de pays de la Vendée Bel Canto 2009
Rouge | 2012 à 2014 | 9 € **14,5/20**
Vin gourmand avec des tanins juteux qui s'affinent au fil du temps, la bouche offre un fruité croquant.

Vin de pays de la Vendée Bellae Domini 2009
Rouge | 2012 à 2019 | 15 € **15,5/20**
Superbe cuvée au fruité croquant, au tanin bien enrobé tout en étant persistant, finale fraîche et savoureuse.

Vin de pays de la Vendée Orféo 2008
Rouge | 2012 à 2014 | 13 € **15/20**
Marqué par la cerise noire et les épices, ce vin offre un tanin rond et velouté, avec ce qu'il faut de longueur.

DOMAINE LA HAUTE-FÉVRIE

109, la Févrie • 44690 Maisdon-sur-Sèvre
Tél. 02 40 36 94 08 • Fax : 02 40 36 96 69
haute-fevrie@orange.fr • wwww.lahautefevrie.com
Visite : Sur rendez-vous du lundi au vendredi de 8h30 à 12 et de 14h à 18h. Le samedi de 10h à 12h et de 14h à 17h.

Sébastien Branger travaille avec son père Claude. Adeptes de la culture raisonnée, ils vendangent toute la récolte à la main. Ce travail permet de produire des cuvées de 2010 reflétant l'expression la plus fidèle du terroir, avec de belles perspectives d'évolution dans le temps.

Muscadet Sèvre-et-Maine
Excellence Vieilles Vignes 2010
Blanc | 2012 à 2018 | 4,85 € **15/20**
À la fois élégant et puissant, ce vin possède une finale saline bien dessinée.

Muscadet Sèvre-et-Maine
Les Gras Moutons 2010
Blanc | 2012 à 2019 | 5,10 € **15,5/20**
Ce vin a de l'amplitude, un léger gras en attaque et une fin longue et saline, avec une aromatique sur les agrumes qui évolue de la meilleure des façons.

Muscadet Sèvre-et-Maine
Monnières-Saint-Fiacre 2009
Blanc | 2012 à 2020 | env. 9 € **15,5/20**
Agrumes, iode, fleur d'oranger constituent l'aromatique de cette cuvée qui s'étire en bouche de la façon la plus harmonieuse, avec une finale saline élégante.

DOMAINE DE LA RINIÈRE

44430 Le Landreau
Tél. 02 40 06 44 23
pasquerauddidier@orange.fr
Visite : Du lundi au vendredi de 9h à 12h et de 14h à 18h. Le samedi sur rendez-vous.

Comptant 20 hectares, ce domaine familial produit une cuvée domaine qui claque bien en bouche. Sur les schistes de Goulaines, Terre de Soleil se révèle plus complexe et elle est taillée pour escorter les poissons les plus subtils.

Muscadet Domaine 2010
Blanc | 2012 à 2017 | 3,70 € **15,5/20**
C'est très bon, jolie harmonie dans la subtilité, avec des pointes de miel, un côté salin et une très belle longueur en finale.

Muscadet Pierre de Soleil 2003
Blanc | 2012 à 2014 | 6,50 € **15/20**
Sur les schistes de Goulaines, cette cuvée arrive maintenant à point, avec de la densité en bouche et l'aspect exotique du millésime, avec ce qu'il faut de fraîcheur.

DOMAINES JOSEPH LANDRON

Les Brandières • 44690 La Haye-Fouassières
Tél. 02 40 54 83 27 • Fax : 02 40 54 89 82
domaines.landron@wanadoo.fr
www.domaines-landron.com
Visite : Du lundi au jeudi de 9h à 12h30 et de 14h à 17h. Le vendredi de 9h à 12h30 et de 14h à 16h. Le samedi sur rendez-vous.

Les vins de la propriété évoluent parfaitement avec le temps et ils ont le caractère joyeux de Jo Landron. Le-Fief-du-Breuil 1993 et 1996 sont toujours en pleine forme. 2009 et 2010 ont une très belle tenue, 2011, millésime ingrat a été très bien maîtrisé ici, constituant l'une des priorités d'achat pour l'amateur. Ici, toutes les cuvées sont de grand style et méritent le magnum.

Muscadet Amphibolite 2011
Blanc | 2012 à 2013 | 9,50 € **15/20**
Franche, coulante, lampante, cette cuvée mérite les plus belles levées de coude.

Muscadet Sèvre-et-Maine Fief du Breil 2011
Blanc | 2012 à 2020 | 12 € **15,5/20**
De la matière, de la percussion, une nouvelle fois, cette cuvée s'annonce être une des meilleures du Muscadet, il faut lui laisser du temps.

Muscadet Sèvre-et-Maine Hermine d'Or 2011
Blanc | 2012 à 2017 | 9 € **15,5/20**
Agrumes et iode sont bien intégrés dans une tension harmonieuse qui permet d'envisager le meilleur sur cette cuvée taillée pour les crustacés.

DOMAINE LE FAY D'HOMME

Les Côteaux • 44690 Monnières
Tél. 02 40 54 62 06 • Fax : 02 40 54 64 20
contact@lefaydhomme.com • www.lefaydhomme.com
Visite : Sur rendez-vous.

Vincent Caillé s'est lancé avec enthousiasme dans la démarche Monnières-Saint-Fiacre, fruit d'une réflexion de reconnaissance de cru communal sur un terroir de gneiss ou orthogneiss, recouvert par une couche de surface mêlée de graviers et d'argiles, sur des vieilles vignes. Il faut absolument attendre ces crus car ils peuvent apparaître austères dans leur jeunesse.

Muscadet Sèvre-et-Maine Monnières - Saint-Fiacre 2007
Blanc | 2012 à 2022 | 9,90 € **16/20**
Grande pureté saline, avec beaucoup de nuances autour et une tension de grand style.

Muscadet Sèvre-et-Maine Vieilles Vignes 2010
Blanc | 2013 à 2024 | 5,50 € **14,5/20**
Ce terroir de gabbro donne ici toute sa densité au cru en même temps que son tranchant, le vin a pris des rondeurs et du gras.

LES FRÈRES COUILLAUD

SCEA de la Ragotière - Château de la Ragotière
44330 La Regrippière
Tél. 02 40 33 60 56 • Fax : 02 40 33 61 89
freres.couillaud@wanadoo.fr
www.freres-couillaud.com
Visite : Du lundi au vendredi de 8h à 12h et de 14h à 18h.

Ce vignoble de 70 hectares se situe sur l'un des coteaux les plus élevés du Sèvre-et-Maine. Les sols de schistes et micaschistes produisent des vins récoltés à bonne maturité, alliant puissance et élégance, avec un potentiel de garde évident sur les vieilles vignes de La Ragotière. On peut ainsi remonter le temps, et cette année le 1989 est une merveille d'équilibre et de jeunesse. 2010 confirme tous les espoirs placés en lui.

Muscadet Sèvre-et-Maine
Château de la Ragotière Vieilles Vignes 2010
Blanc | 2012 à 2030 | 5,50 € **15,5/20**
Belle tension saline, avec de l'allonge et une belle pureté. Ce vin est subtil et il est porteur d'un grand potentiel qui se confirme après quelques mois de bouteille.

Muscadet Sèvre-et-Maine
Collection Privée 2010
Blanc | 2013 à 2022 | 10 € **15,5/20**
Tout en devenir, ce vin mérite d'être carafé pour qu'il exprime eu mieux ses accents iodés et sa minéralité harmonieuse.

Muscadet Sèvre-et-Maine
Collection Privée 2006
Blanc | 2012 à 2015 | 10 € **15,5/20**
Coureur de fond avec sa structure en tension et son tranchant, voilà un vin qui se dévoile progressivement sur une fricassée de homard.

DOMAINE MARTIN LUNEAU

44190 Gorges
Tél. 02 40 54 38 44
martinluneau@wanadoo.fr
www.martin-luneau-muscadet.fr
Visite : Du lundi au vendredi de 8h à 19h30 et le samedi jusqu'à 17h.

Exploitation familiale depuis quatre générations, ce vignoble s'étend sur trois communes : Gorges, Clisson et Mouzillon. Cette diversité de terroirs est un atout important avec une gamme de Muscadet très différents. La cuvée Tradition se lampe allègrement sur sa jeunesse, ce qui permet d'attendre les grandes cuvées de gorges et de clisson.

Muscadet Sèvre-et-Maine Clisson 2007
Blanc | 2012 à 2020 | 8,90 € **15,5/20**
Nez très pur, belle densité en bouche avec ce qu'il faut de tranchant et une fin minérale bien en forme.

Muscadet Sèvre-et-Maine Gorges 2007
Blanc | 2012 à 2020 | 8,90 € **15,5/20**
On apprécie la densité de ce vin qui décline des accents iodés, avec la persistance élégante du secteur de Gorges.

DOMAINE GILLES LUNEAU

20, les Forges • 44190 Gorges
Tél. 02 40 54 05 09 • Fax : 02 40 54 05 67
chateau-elget@wanadoo.fr
www.chateauelget-muscadet.com
Visite : Du lundi au vendredi de 8h à 12h30 et de 14h à 19h30. Le week-end sur rendez-vous.

Ce domaine possède des parcelles sur gabbro. Ce terroir permet d'obtenir des muscadets de garde, racés, avec une minéralité bien affirmée. Autre beau terroir, le Granite de Clisson, très qualitatif pour son potentiel. Les muscadets produits sur le Château Elget sont plus immédiats, tout en présentant un réel charme. Le match des 2007 entre clisson et gorges a tourné cette année en faveur du premier.

Muscadet Sèvre-et-Maine
Château Elget cuvée Prestige 2010
Blanc | 2012 à 2014 | 5,30 € **15/20**
Nez discret de fleurs blanches et d'iode, bouche élégante. Ce vin est meilleur qu'avant sa mise en bouteille.

Muscadet Sèvre-et-Maine Clisson 2007
Blanc | 2012 à 2019 | 9,50 € **15,5/20**
Fruits de la passion et fumé au nez, la bouche est de très belle dimension avec de l'ampleur et une fin saline qui allonge le vin.

DOMAINE PIERRE LUNEAU-PAPIN

La Grange • 44430 Le Landreau
Tél. 02 40 06 45 27 • Fax : 02 40 06 46 62
domaineluneaupapin@wanadoo.fr
www.domaineluneaupapin.com
Visite : Du lundi au vendredi de 9h à 12h30 et de 15h à 18h. Le samedi sur rendez-vous.

Ce domaine privilégie la sélection parcellaire, avec des cuvées précises, notamment le L-d'Or produit sur des terroirs granitiques qui traduisent les côtés iodés propres aux vins du secteur. La cuvée Excelsior, sur schistes de Goulaine, décline la minéralité dans ce qu'elle a de plus noble. Ce sont d'excellents vins de gastronomie.

Muscadet Sèvre-et-Maine Clos des Allées 2010
Blanc | 2012 à 2016 | 8,50 € **15/20**
Nez de pamplemousse rose, de fumé avec une touche poivrée, la bouche confirme avec une belle attaque, et une bouche plus coulante derrière.

Muscadet Sèvre-et-Maine Clos des Pierres Blanches Vieilles Vignes 2010
Blanc | 2012 à 2017 | 9 € **15,5/20**
Nez complexe d'iode, de fruits jaunes et blancs, la bouche est subtile et aérienne, avec une longueur effilée.

Muscadet Sèvre-et-Maine Excelsior 2007
Blanc | 2012 à 2020 | 15 € **15,5/20**
De jolis amers en attaque, fruits exotiques derrière et fin saline et minérale, vin très cohérent.

Muscadet Sèvre-et-Maine L d'Or 2010
Blanc | 2012 à 2022 | 10 € **15,5/20**
Vif, salin, tendu ce vin possède une belle énergie.

DOMAINE MAILLARD

44190 Sainte Lumine de Clisson
Tél. 02 40 54 74 37
Visite : Du lundi au samedi de 8h à 12h
et de 15h à 18h

Clisson est l'un des meilleurs terroirs du Muscadet, et les cuvées Granite constituent souvent un gage qualitatif. Celle de ce domaine, dans un style très classique n'échappe pas à la règle.

MUSCADET SÈVRE-ET-MAINE CLISSON 2007
Blanc | 2012 à 2017 | 8 € **15/20**
On sent la densité de la matière et le potentiel, à carafer absolument avant le service, car pour l'instant c'est encore compact.

CHÂTEAU MARIE DU FOU

2, place Circulaire • 85320 Mareuil
Tél. 02 51 97 20 10 • Fax : 02 51 97 21 58
contact@mourat.com • www.mourat.com
Visite : Du lundi au samedi de 9h30 à 12h30
et de 14h15 à 19h.

Le château Marie du Fou veille désormais sur 67 hectares de vignes surplombant les vallées du Lay et de l'Yon. Le terroir, constitué d'une majorité de schistes associés à quelques parcelles sur rhyolites, bénéficie d'un microclimat issu de trois écosystèmes, le bocage vendéen, la plaine de Luçon et le marais poitevin. La gamme de vins produits progresse de belle façon, et les 2011 ont de sacrés arguments !

FIEFS VENDÉENS 2011
Rouge | 2012 à 2014 | NC **15/20**
Charme fou sur les fruits rouges, avec une bouche croquante, juteuse et épicée.

FIEFS VENDÉENS 2011
Blanc | 2012 à 2014 | NC **15/20**
Accents salins et tendus, on a une jolie matière et une harmonie iodée de première saveur.

FIEFS VENDÉENS CLOS SAINT-ANDRÉ 2011
Blanc | 2012 à 2015 | 11,20 € **15,5/20**
Maturité parfaite qui apporte la rondeur, avec derrière une tension profonde, magnifique bouteille sur 2011.

DOMAINE MÉNARD-GABORIT

La Minière • 44690 Monnières
Tél. 02 40 54 61 06 • Fax : 02 40 54 66 12
philippe.menard7@wanadoo.fr
www.domaine-menard-gaborit.fr
Visite : Sur rendez-vous du lundi au samedi de 8h à 12h et de 14h à 19h.

Depuis 1734, la vigne est une affaire de famille chez les Ménard-Gaborit. L'agriculture raisonnée est de mise pour un souci plus poussé de l'environnement. Mais le véritable développement durable, c'est la démarche de cru communal, pour des parcelles qui reçoivent l'agrément pour devenir Monnières-Saint-Fiacre. Les derniers millésimes sont prometteurs.

MUSCADET SÈVRE-ET-MAINE MONNIÈRES - SAINT-FIACRE 2007
Blanc | 2012 à 2020 | 8,50 € **15/20**
Silex rapé, la pluie sur les plateaux calcaires au nez, bouche tendue et saline sur la finale.

MUSCADET SÈVRE-ET-MAINE PRESTIGE 2010
Blanc | 2012 à 2015 | 4,20 € **14,5/20**
Nez et bouche subtil, c'est tendre, iodé avec une fin sur les agrumes.

DOMAINE CYRILLE ET SYLVAIN PAQUEREAU

20 Route de la Sablette • 44190 Clisson
Tél. 02 40 36 13 57
domaine-epiney@@orange.fr
Visite : Tous les jours sur rendez-vous de 9h à 18h.

Particulièrement énergique, le clisson de Cyrille et Sylvain Paquereau possède tout le potentiel de garde propre au secteur. C'est un très bon rapport qualité-prix !

MUSCADET SÈVRE-ET-MAINE CLISSON 2007
Blanc | 2012 à 2020 | 8 € **15/20**
On sent de la matière, de la densité, avec le tranchant et l'énergie du secteur de Clisson.

DOMAINE DE LA PÉPIÈRE

Domaine de la Pépière • 44690 Maisdon-sur-Sèvre
Tél. 02 40 03 81 19 • Fax : 02 40 06 69 85
earl.lapepiere@orange.fr
www.domainedelapepiere.com
Visite : Du lundi au vendredi de 9h à 12h et de 14h à 18h. Le samedi sur rendez-vous.

Depuis quelques mois, Rémi Branger s'est associé à Marc Ollivier et il adopte le même sens cultural : taille courte, fertilisation, utilisation de la sélection

massale pour le renouvellement du vignoble, labour des sols et récolte manuelle permettant progressivement d'évoluer vers la culture biologique.

MUSCADET 2011
Blanc | 2012 à 2013 | 4,50 € **14,5/20**
Coquille d'huître et des accents de citron vert se mêlent de la façon la plus agréable dans une bouche qui claque comme il faut.

MUSCADET SÈVRE-ET-MAINE CLOS DES BRIORES VIEILLES VIGNES 2011
Blanc | 2012 à 2014 | 5,50 € **15,5/20**
Belle réussite avec la tension, les accents salins, et la persistance dans l'élégance.

MUSCADET SÈVRE-ET-MAINE GRANITE DE CLISSON 2010
Blanc | 2013 à 2023 | 10,50 € **16/20**
C'est le muscadet de garde par excellence, avec de la percussion et une colonne vertébrale minérale vibrante.

MUSCADET SÈVRE-ET-MAINE GRANITE DE CLISSON 2009
Blanc | 2012 à 2024 | 21 € le magnum **16,5/20**
Amande, fruits secs, poivre blanc, badiane jaunes, bouche puissante et élégante, avec une superbe fin saline qui étire le vin.

MUSCADET SÈVRE-ET-MAINE LES GRAS MOUTONS 2010
Blanc | 2012 à 2020 | 5,50 € **15,5/20**
Cette parcelle située sur gneiss a de la richesse, du gras, mais aussi un tranchant de très bonne facture qui se termine sur de fines notes iodées.

DOMAINE DE LA POITEVINIÈRE

44190 Gorges
Tél. 02 40 06 96 93
vincent.rineau@wanadoo.fr
www.domaine-de-la-poiteviniere.com
Visite : Du lundi au vendredi de 17h à 20h. Le samedi de 11h à 20h. Le dimanche sur rendez-vous.
Fermeture annuelle la 3ème semaine d'août.

Vincent Rineau présente des cuvées d'une grande franchise de constitution. Le muscadet-sur-lie claque en bouche, grâce à une fraîcheur iodée de bon aloi. Les sèvre-et-maines ont une densité qui s'affine avec le temps, ils épaulent parfaitement les crustacés.

MUSCADET SÈVRE-ET-MAINE 2008
Blanc | 2012 à 2018 | 4,10 € **15/20**
Grande pureté au nez comme en bouche, avec l'iode comme soutien, finale cristalline : ce vin serait excellent sur la déclinaison d'huîtres de Philippe Vételé du restaurant Anne de Bretagne, à La Plaine-sur-Mer.

MUSCADET SÈVRE-ET-MAINE 2007
Blanc | 2012 à 2019 | 4,40 € **15,5/20**
Nez très pierre-à-fusil, bouche tendue et longue d'une belle intensité. Ce vin évolue parfaitement.

MUSCADET SÈVRE-ET-MAINE 2004
Blanc | 2012 à 2016 | 5,30 € **14,5/20**
Le miel et l'iode font bon ménage au nez, la bouche claque et une lame saline emporte le tout, vin de palourde.

DOMAINE R DE LA GRANGE

La Grange • 44430 Le Landreau
Tél. 02 40 06 45 65 • Fax : 02 40 06 48 17
domaine.r.rdelagrange@wanadoo.fr
wwww.domaine-r-delagrange.com
Visite : Du lundi au vendredi de 9h à 12h30 et de 14h à 19h. Le samedi sur rendez-vous.

Chez les Luneau, ce n'est pas facile de s'y retrouver: Betty, Rémy, le frère de Pierre, et Raphaël sont à classer dans le domaine R de La Grange. Ici on cultive la vigne depuis 8 générations, et les 2010 nous ont pleinement convaincus par leur tension élégante, avec comme point d'orgue la cuvée communale des schistes de Goulaines.

MUSCADET SÈVRE-ET-MAINE 2010
Blanc | 2012 à 2014 | 7,30 € **14,5/20**
Nez très discret, en bouche il y a une belle matière fine, tendue et saline.

MUSCADET SÈVRE-ET-MAINE SCHISTES DE GOULAINES 2005
Blanc | 2012 à 2017 | 12 € **15,5/20**
Badiane, ananas confit, abricot, tout est complexe au niveau aromatique, la bouche possède du gras et de la tension.

MUSCADET SÈVRE-ET-MAINE VIEILLES VIGNES 2010
Blanc | 2012 à 2015 | 6,50 € **15/20**
Les fruits jaunes se mêlent aux fleurs, la bouche de bonne dimension possède ce qu'il faut de fraîcheur.

DOMAINE DU RAFOU

49230 Tillières

Muscadet Sèvre-et-Maine Clos de Béjarry 2010
Blanc | 2012 à 2014 | NC **14/20**
Les arômes laiteux ont du charme, la bouche saline et coulante se révèle très plaisante.

Muscadet Sèvre-et-Maine La Côte 2004
Blanc | 2012 à 2017 | NC **16/20**
Fruits de la passion et pamplemousse rose se mêlent au nez, la bouche se révèle très tendue, belle fin saline, c'est très complexe au niveau aromatique.

DOMAINE SAINT-NICOLAS

11, rue des Vallées • 85470 Brem-sur-Mer
Tél. 02 51 33 13 04 • Fax : 02 51 33 18 42
contact@domainesaintnicolas.com
www.domainesaintnicolas.com
Visite : Sur rendez-vous.

Grâce à Thierry Michon, on peut bronzer de l'intérieur du côté des Sables-d'Olonnes. Ce vigneron s'est taillé un fief en Pays Vendéen, et il porte haut la particule de la biodynamie. Ce travail herculéen et la qualité des vins produits expliquent certains prix pour les grandes cuvées. Il convient de bien carafer les rouges avant le service, car les cuvées goûtées cette année sont irrésistibles.

Fiefs Vendéens La Grande Pièce 2007
Rouge | 2012 à 2015 | 28 € **15,5/20**
Les tanins sont bien arrondis, ils ont un fruité frais, ce qu'il faut de profondeur, et un retour de fruits rouges avec une pointe d'iode de belle facture.

Fiefs Vendéens Le Haut des Clous 2010
Blanc | 2012 à 2014 | 18 € **15/20**
Tendu, salin et miellé, ce cru offre une onctuosité en attaque avec une belle tension derrière.

Fiefs Vendéens Les Clous 2011
Blanc | 2012 à 2013 | 9,50 € **14/20**
Nez miellé avec quelques touches florales, attaque ronde puis le vin prend une légère tension et sa finale se révèle coulante.

Fiefs Vendéens Plante Gâte 2009
Rouge | 2012 à 2016 | 38 € **16,5/20**
Grandissime bouteille, avec un nez de noyau de cerise, une suavité de texture en attaque, de l'ampleur en bouche et un tanin profond bien corseté, avec de la fraîcheur et une finale saline et cerisée irrésistible.

DOMAINE DE LA TOURLAUDIÈRE

174, village de Bonne-Fontaine • 44330 Vallet
Tél. 02 40 36 24 86 • Fax : 02 40 36 29 72
vigneron@tourlaudiere.com • www.tourlaudiere.com
Visite : Sur rendez-vous.

Entre Vallet et La Chapelle-Heulin, ce domaine s'étend sur une quarantaine d'hectares, avec à sa tête un couple expérimenté qui pratique la lutte raisonnée comme mode cultural. Ici, la cuvée Domaine est franche et coulante, les Vieilles-Vignes plus tendues et les Schistes-de-Goulaine constituent la cuvée la plus aboutie et la plus complexe.

Muscadet Clos Le Royaume 2009
Blanc | 2012 à 2019 | 7,90 € **14/20**
Tension bien intégrée, avec ce qu'il faut de puissance et d'élégance.

Muscadet Clos Le Royaume 2003
Blanc | 2012 à 2016 | 15 € **13,5/20**
Nez d'orange avec une touche florale, la bouche est fraîche et saline.

DOMAINE JEAN-LUC VIAUD

La Renouère • 44430 Le Landreau
Tél. 02 53 78 13 25 • Fax : 02 40 06 45 43
contact@domainejeanlucviaud.fr
domainejeaunlucviaud.fr
Visite : Le samedi de 9h à 12h30 et de 14h à 18h30.

C'est par les schistes de Goulaine que Jean-Luc Viaud et son épouse Bernadette, œnologue et prof de viticulture, s'expriment totalement. Ce terroir privilégié du Muscadet est composé de roche tendre appelée schiste ou gneiss, et les vieilles vignes, par leur enracinement, y font merveille. Les rendements ne doivent pas excéder quarante-sept hectolitres à l'hectare et l'élevage sur lies dure au minimum 18 mois. Sur le Clos du Panloup, cela permet d'obtenir un vin qui se chante, avec une structure élégante déclinant une expression minérale dotée d'une agréable complexité aromatique.

Muscadet Sèvre-et-Maine Fleur du Panloup 2007
Blanc | 2012 à 2017 | 7,50 € **15,5/20**
Une Fleur qui fleure bon les fruits jaunes et l'iode, la bouche a pris du gras que l'on retrouve dans une attaque en rondeur, avec ce qu'il faut de tension derrière. Un schistes-de-goulaines bien réussi !

Muscadet Sèvre-et-Maine Petit Panloup 2010
Blanc | 2012 à 2013 | 4,90 € **13/20**
C'est le vin de saut du lit. Frais et coulant, il se boit au petit matin sur une douzaine d'huîtres.

Notes personnelles

L'Anjou et le Saumurois

Du soleil dans le verre, c'est ainsi que l'on décrit le fruité si remarquable et explosif des vins blancs angevins, bénéficiant d'un climat étonnamment chaud, avec la possibilité de produire, si le marché le souhaite, un important volume de liquoreux, dont les meilleurs sont le charme incarné. Les rouges en nets progrès portent la fraîcheur de la Loire.

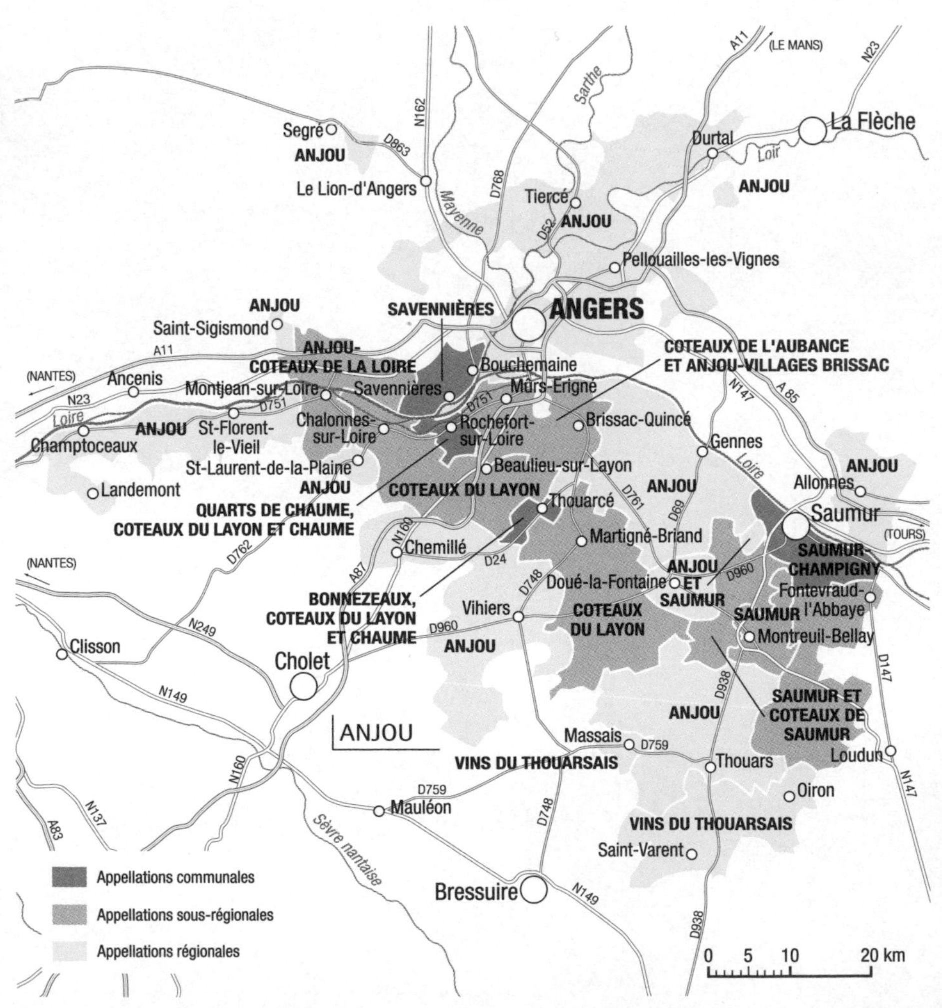

ACKERMAN

19, rue Léopold-Palustre
49400 Saint-Hilaire-Saint-Florent
Tél. 02 41 53 03 10 • Fax : 02 41 53 09 16
contact@ackerman.fr • www.ackerman.fr
Visite : D'octobre à avril, du lundi au samedi de 9h30 à 12h30 et de 14h à 18h30. De mai à septembre, de 9h30 à 17h30.

CRÉMANT DE LOIRE GRANDE RÉSERVE NM
Blanc Brut effervescent | 2012 à 2014 | NC **14/20**
Bulle savoureuse avec de l'élégance et de la puissance, et des accents d'agrumes avec une pointe de fumé.

DOMAINE DE BABLUT

49320 Brissac-Quincé
Tél. 02 41 91 22 59 • Fax : 02 41 91 24 77
daviau.contact@wanadoo.fr • www.bablut.fr
Visite : Du lundi au samedi de 10h à 12h et de 14h à 18h30.

Christophe Daviau, un adepte de l'agriculture biologique, a bien réussi ses 2009, il faudra absolument attendre les rouges, et commencer d'entamer le coteau-de-l'aubance et les blancs secs sur les premières truffes du domaine.

ANJOU-VILLAGES BRISSAC PETRA ALBA 2009
Rouge | 2014 à 2025 | 10,95 € **14/20**
La matière est brute, on sent le potentiel, il faut que cela s'affine. Il convient de se montrer patient.

ANJOU-VILLAGES BRISSAC ROCCA NIGRA 2009
Rouge | 2014 à 2030 | 10,95 € **14,5/20**
Plus en nuance que Petra-Alba, Rocca-Nigra possède également de la tension et un bon potentiel.

COTEAUX DE L'AUBANCE SÉLECTION 2009
Blanc liquoreux | 2012 à 2019 | 10,95 € **15/20**
Nez et bouche aux accents miellés avec une touche d'abricot confit, on sent la richesse du millésime.

COTEAUX DE L'AUBANCE SÉLECTION 2007
Blanc liquoreux | 2012 à 2017 | NC **13/20**
Nez et bouche aux accents miellés avec une touche d'abricot confit, on sent la richesse du millésime.

DOMAINE CLÉMENT BARAUT

Princé • 49290 Chaudefonds-sur-Layon
Tél. 06 78 23 67 44
clembaraut@yahoo.fr

Clément Baraut, directeur technique du domaine Baudouin, s'est constitué depuis 2008 un vignoble de poupée de 2 hectares sur Bonnezaux et sur Savennières. Sur cette dernières appellation, il produit deux cuvées, le Pitrouillé, facile d'accès dans un registre de tension coulante, et surtout un roche-aux-Moines énergique et de grand style.

SAVENNIÈRES ROCHE AUX MOINES 2010
Blanc | 2012 à 2023 | 24 € **15,5/20**
Beau retour minéral, ciselé de façon élégante, ce vin a du ressort et de la vibration.

DOMAINE PATRICK BAUDOUIN

Princé • 49290 Chaudefonds-sur-Layon
Tél. 02 41 74 95 03 • Fax : 02 41 74 95 03
domaine@patrick-baudouin.com
www.patrick-baudouin.com
Visite : Sur rendez-vous.

Chantre du Layon, Patrick Baudouin et son équipe nous ont particulièrement impressionnés sur nos dernières dégustations sur les millésimes 2009 et 2010, les moelleux et liquoreux offrent une énergie et une pureté de première saveur, les blancs secs sont vibrants et les rouges précis. Ces cuvées commencent à tutoyer les meilleures.

ANJOU EFFUSION 2010
Blanc | 2012 à 2019 | 13,90 € **16/20**
C'est pur, de la richesse en attaque et cette marque saline derrière quasi cristalline.

ANJOU-VILLAGES 2009
Rouge | 2012 à 2023 | 13,10 € **15,5/20**
C'est serré et rond, respecte le terroir, bien fait, du fond et du fruit.

COTEAUX DU LAYON 2010
Blanc liquoreux | 2012 à 2020 | 15,90 € **15,5/20**
Un modèle du genre, c'est un style, dans la finesse, la tension, la fraîcheur, sur des accents d'abricot confit, safran, miel, c'est superbe.

SAVENNIÈRES 2009
Blanc | 2012 à 2017 | 19,50 € **16/20**
On apprécie la verticalité de ce vin taillé comme la cathédrale de Chartres, avec un équilibre biblique entre l'onctuosité et la tension, la finale saline vous ferait galoper un archevêque un jour de Vendredi Saint.

DOMAINE DES BAUMARD

8, rue de l'Abbaye • 49190 Rochefort-sur-Loire
Tél. 02 41 78 70 03 • Fax : 02 41 78 83 82
contact@baumard.fr • www.baumard.fr
Visite : Du lundi au samedi de 10h à 12h et de 14h à 17h30. Fermé les jours fériés.

Florent Baumard est le chef de file ligérien de la capsule à vis, afin d'éviter les vices de l'horrible goût de bouchon. Il conditionne ainsi toutes ses cuvées. Sur la dégustation des 2010, nous remarquons une plus grande précision dans la gamme des blancs proposés. À suivre...

Coteaux du Layon Carte d'Or 2010 ☺
Blanc Liquoreux | 2012 à 2020 | 9 € **15,5/20**
Tendu au nez et en bouche, dans un registre agrumes confits, on aime les accents de miel et une grande fraîcheur en fin de bouche.

Savennières Clos de Saint-Yves 2010
Blanc | 2012 à 2020 | 12,50 € **15,5/20**
C'est classique, avec une attaque fougueuse, de l'allonge et de la finesse.

Savennières Clos du Papillon 2010
Blanc | 2012 à 2020 | 18 € **15,5/20**
Plus complet que le clos-saint-yves, on apprécie ce clos-du-papillon avec de belles amertumes au niveau de l'aromatique, et une subtilité de texture et de structure.

CHÂTEAU BELLERIVE

Chaume • 49190 Rochefort-sur-Loire
Tél. 02 41 78 33 66 • Fax : 02 41 78 68 47
info@vignobles-alainchateau.com
www.domaine-belle-rive.com
Visite : Sur rendez-vous.

Alain Château possède plusieurs vignobles en Anjou, et sur 2010, c'est le Château Bellerive qui est en haut de l'affiche ! L'anjou sec de La Guimonière est resserré et le chaume est en pleine forme, quant au savennières Château-de-Varennes, il faudra se montrer patient.

Chaume Château de la Guimonière 2010
Blanc Liquoreux | 2012 à 2023 | 14,95 € **15,5/20**
C'est frais au nez, avec des accents d'ananas et de miel et ce qu'il faut d'onctuosité en bouche.

Coteaux du Layon 2010
Blanc Liquoreux | 2012 à 2020 | 9,75 € **14/20**
Nez d'ananas et de fumé, attaque moelleuse, avec de la fraîcheur derrière, c'est déjà harmonieux.

Quarts de Chaume 2010
Blanc Liquoreux | 2012 à 2026 | 32,50 € **15,5/20**
Il y a une jolie matière, de l'allonge et le vin termine sur des accents miellés.

Savennières Château de Varennes 2010
Blanc | 2013 à 2023 | 12 € **14/20**
Fermé à double tour au nez, on devine une structure de qualité pour ce vin, il faut lui laisser du temps.

DOMAINE DE LA BERGERIE

49380 Champ-sur-Layon
Tél. 02 41 78 85 43 • Fax : 02 41 78 60 13
domainede.la.bergerie@wanadoo.fr
www.yves-guegniard.com
Visite : Sur rendez-vous du lundi au samedi de 9h à 12h30 et de 14 à 18h.

Yves Guégniard mène le Domaine de la Bergerie, à Champ-sur-Layon. Il exploite également le Clos du Grand Beaupréau, remarquable terroir de Savennières. En rouge, l'Évanescence est l'une des meilleures cuvées de l'Anjou. Fragrance est un coteaux-du-layon puissant et le quarts-de-chaume s'impose en dégustation par son velouté et son élégance. On retrouve ces vins à la Table de la Bergerie où le gendre de la maison, David Guitton, formé chez les plus grands étoilés, compose une cuisine ligérienne toute en mesure.

Anjou-Villages Évanescence 2009
Rouge | 2012 à 2023 | 12 € **14,5/20**
Il faut laisser quelques années à ce vin pour que ses tanins se polissent, pour le moment il se montre très fougueux.

Quarts de Chaume 2010 ☺
Blanc Liquoreux | 2012 à 2020 | env. 35 € **16/20**
Miel, profond, tendu au nez, enveloppant en début de bouche, un poil salin en milieu, c'est déjà très bon.

Savennières La Croix Picot 2010
Blanc | 2012 à 2023 | env. 10,50 € **15,5/20**
C'est droit, tranchant, on décline l'amertume de la plus belle des façons.

DOMAINE MICHEL BLOUIN

53 Rue du canal de Monsieur
49190 Saint-Aubin-de-Luigné
Tél. 02 41 78 33 53
domaine.michel.blouin@wanadoo.fr
www.domaine-michel-blouin.fr
Visite : Du lundi au samedi de 9h à 12h30 et de 14h à 19h. Le dimanche et les jours fériée sur rendez-vous.

COTEAUX DU LAYON BEAULIEU BEAULIEU 2010
Blanc liquoreux | 2012 à 2020 | 8,75 € **13,5/20**
Nez frais de fruits exotiques, avec une touche fumée que l'on retrouve dans une bouche fraîche et coulante.

COTEAUX DU LAYON BEAULIEU BEAULIEU 2009
Blanc liquoreux | 2012 à 2018 | 8,55 € **13,5/20**
Miellé, onctueux et dense, on a la richesse du millésime avec un assez bon équilibre.

CHÂTEAU DE BOIS BRINÇON

49320 Blaison-Gohier
Tél. 02 41 57 19 62 • Fax : 02 41 57 10 46
chateau.bois.brincon@terre-net.fr
www.chateau-bois-brincon.com
Visite : Sur rendez-vous du lundi au samedi de 9h30 à 12 et de 14h à 18h. Fermé les jours fériés.

Cette propriété familiale dirigée par Xavier Cailleau s'est convertie au bio, et l'année 2009 est celle du premier millésime certifié AB. Pour la circonstance, l'effort de sélection parcellaire a pleinement payé avec de belles cuvées de blancs secs et de moelleux en Aubance et en Coteaux du Layon. 2010 continue sur la lancée avec en plus des rouges de grolleau et de pineau d'Aunis gourmands.

COTEAUX DE L'AUBANCE LA MORINIÈRE 2010
Blanc liquoreux | 2012 à 2018 | 14 € **14,5/20**
On est plus sur une expression miellée et épicée, que ce soit au nez comme en bouche. Se boit entre copines à 17 heures.

COTEAUX DU LAYON LES VARENNES 2010
Blanc liquoreux | 2012 à 2019 | 12 € **15/20**
Abricot et mangue constituent l'aromatique dominante, la bouche offre une longueur percutante qui peut aussi bien s'adapter sur une volaille que sur une sole.

VIN DE FRANCE 79 2010 ☺
Rouge | 2012 à 2014 | 9 € **14/20**
Cette parcelle du Vivier a résisté au phylloxéra mais a gelé en 1928. Replantée en 1930, elle nous offre cet inclassable grolleau d'une grande gourmandise. À ce stade, c'est l'une des meilleures expressions de vin rouge en Anjou.

DOMAINE DE BOIS MOZÉ

Le Bois Mozé • 49320 Coutures
Tél. 02 41 57 91 28 • Fax : 02 41 57 93 71
boismoze@gmail.com
Visite : Sur rendez-vous.

René Lancien est un industriel qui vit de plus en plus sa passion du vin à travers son domaine, où il infléchit avec son épouse Odile le style des cuvées pour augmenter leur niveau qualitatif, aidé dans cette tâche par son œnologue Mathilde Giraudet-Crapier. La gamme de rouges a gagné en raffinement comme les blancs secs, les aubances jouent également une belle partition. Cette propriété est à suivre de très près et l'amateur y trouvera d'excellents rapports qualité-prix !

ANJOU 2010
Rouge | 2012 à 2015 | 5 € **13,5/20**
Poivron rouge et fruits rouges se mêlent dans une bouche coulante. Vin de charcuterie. En 1996, la cuvée vieilles-vignes nous a ravis par sa belle évolution avec de la tenue en bouche et un tanin épicé harmonieux.

ANJOU-VILLAGES CHAMP NOIR 2010
Rouge | 2012 à 2022 | env. 7,40 € **15,5/20**
C'est très tendu, profond, avec de l'élégance et de la fraîcheur, vin pour les amateurs ligériens.

ANJOU-VILLAGES JEAN-JOSEPH 2010
Rouge | 2012 à 2022 | env. 10 € **15,5/20**
Nez très profond, cerise noire, note poivrée, très bien fait, du fond et de l'allonge.

DOMAINE THIBAUD BOUDIGNON

49170 Savennières
Tél. 06 63 41 65 87
thibaud.boudignon@laposte.net
Visite : Sur rendez-vous.

Parallèlement au domaine de la Soucherie où il est directeur technique, Thierry Boudignon exploite le week-end 1,7 hectare de chenin en appellation Anjou à une vingtaine de kilomètres d'Angers, sur la rive gauche de la Loire, qui seront complétés en 2012 par 0,53 hectare de Savennières. Progressivement, ce fou de vin se donne les moyens pour une progression constante, sans compromis, en travaillant d'arrache-pied ses parcelles. Ses deux

cuvées d'anjou blanc figurent déjà dans le trio de tête du secteur.

Anjou 2010
Blanc | 2012 à 2018 | 14 € **15/20**
Tendu comme il le faut, déclinant une aromatique qui oscille entre la cire, les fleurs blanches et le fumé, cet anjou a du style et il constitue l'une des priorités sur le millésime.

Anjou 2009
Blanc | 2012 à 2019 | 14 € **15/20**
Bonne maturité au nez comme en bouche, ce vin a du ressort, avec déjà un style bien affirmé.

DOMAINE BOUVET-LADUBAY

11, rue Jean-Ackerman - Saint-Hilaire-Saint-Florent
49400 Saumur
Tél. 02 41 83 83 83 • Fax : 02 41 50 24 32
bouvetladubay@vinsdusiecle.com
www.bouvet-ladubay.fr
Visite : De juin à septembre, tous les jours de 9h à 19h. D'octobre à mai, du lundi au samedi de 9h à 12h30 et de 14h à 18h. Le dimanche et jours fériés de 10h à 12h30 et de 14h30 à 18h.

Patrice Monmousseau, le sémillant directeur, est toujours en fermentation et il utilise la technique des plus grands crus pour élaborer ses cuvées de bulles avec lesquelles on pétille de plaisir. À l'origine des journées nationales du Livre et du Vin, il élabore également de bonnes cuvées de vins tranquilles, celle consacrée à Jean Carmet se boit le col ouvert en regardant la Loire. Les bulles de Gérard Depardieu valent bien un oscar ! On observe une qualité de plus en plus aboutie sur l'ensemble des crus.

Bourgueil cuvée Jean Carmet 2010
Rouge | 2012 à 2020 | 6,40 € **15/20**
Accents de cerise et de prune, vin aux tanins confortables dignes du chantre de la France peinarde.

Saumur Mousseux cuvée Trésor 2008
Blanc Brut eff. | 2012 à 2014 | 13,45 € **15,5/20**
Toujours en forme, cette cuvée ouvre sur les agrumes et la brioche, avec une bulle de grand style, la bouche a de l'ampleur avec ce qu'il faut de distinction.

Saumur Mousseux Saphir Vintage 2009
Blanc Brut eff. | 2012 à 2015 | 9,50 € **15,5/20**
On aime la bulle délicate, avec en aromatique des accents de fruits rouges et de fleurs avec une touche de cire, la bouche conjugue puissance et élégance.

Saumur Mousseux Zéro
Blanc Brut eff. | 2012 à 2013 | 14 € **15/20**
Assemblage de chenin et chardonnay, cette cuvée non dosée est fraîche et incisive, elle se révèle idéale pour l'apéritif.

Saumur-Champigny 2010
Rouge | 2012 à 2017 | 6,40 € **14,5/20**
Tanin souple et plein de fruits rouges, on boit ce vin en regardant la Loire et en grignotant quelques rillons.

CHÂTEAU DU BREUIL

Le Breuil • 49750 Beaulieu-sur-Layon
Tél. 02 41 78 32 54 • Fax : 02 41 78 30 03
ch.breuil@wanadoo.fr • www.chateaudubreuil.eu
Visite : Du lundi au vendredi de 9h à 12h et de 14h à 18h. Le week-end sur rendez-vous.

Dans ce secteur historique du Layon, le Château du Breuil offre une gamme de blancs secs et de liquoreux en progression, avec une aromatique et des structures dans un registre classique.

Coteaux du Layon Beaulieu 2010
Blanc Liquoreux | 2012 à 2017 | env. 15 € **15/20**
L'élevage semble mieux maîtrisé que sur les autres cuvées car il y a une belle matière et de la fraîcheur.

CHÂTEAU DE BRÉZÉ

12 Rue de la Prée • 49260 Saint-Just sur Dive
Tél. 02 41 51 62 01 • Fax : 02 41 67 94 51
infos@st-just.net • www.st-just.net
Visite : Du lundi au vendredi de 9h à 12h30 et de 14h à 17h30. Fermé le week-end.

L'altier château de Brézé, qui appartient au comte de Colbert, vit sa renaissance grâce à Arnaud Lambert. Ce jeune talent ligérien, qui rayonne déjà sur le domaine de Saint-Just, remet progressivement en état les 25 hectares en s'orientant vers la culture biologique et en différenciant chaque parcelle pour en faire des cuvées différentes. Au bout de deux millésimes, les progrès sont spectaculaires, ce cru redevient aristocratique !

COTEAUX DE SAUMUR
CLOS DE LA BONNE NOUVELLE 2009
Blanc liquoreux | 2012 à 2020 | 20 € **15,5/20**
Nez très subtil de fruits confits et d'abricot sec, bouche suave avec un bon équilibre entre les sucres et l'acidité. Vin qui gagne en raffinement.

SAUMUR CLOS DAVID 2010
Blanc | 2012 à 2025 | 16 € **15,5/20**
C'est droit, tendu harmonieusement, avec des accents cristallins.

SAUMUR CLOS DU TUE LOUP 2010
Rouge | 2012 à 2022 | 12 € **15,5/20**
On peut légitimement crier au loup avec ce tanin gourmand, salin et crayeux ; c'est une belle réussite !

DOMAINE CADY

20, Valette • 49190 Saint-Aubin-de-Luigné
Tél. 02 41 78 33 69
domainecady@yahoo.fr • www.domainecady.fr
Visite : Du lundi au vendredi de 9h à 12h et de 15h à 18h30. Le week-end sur rendez-vous.

Installé à Saint-Aubin-de-Luigné, sur des sols constitués d'argiles et de schistes, ce domaine propose une gamme cohérente de 2009 et de 2010. On débute par un Cheninsolite, anjou blanc de bonne facture. Plus complexe, Le saint-aubin est un coteaux-du-layon équilibré entre l'acidité et la liqueur, le chaume se révèle plus exotique tout en restant tendu.

ANJOU CHENINSOLITE 2010
Blanc | 2012 à 2029 | 8,90 € **15/20**
Taillé pour la garde, ce 2010 a de la matière et le potentiel des grandes années de chenin.

COTEAUX DU LAYON CHAUME 2010
Blanc Liquoreux | 2012 à 2020 | 13,90 € **15,5/20**
Nez d'abricot confit, de cire, avec des touches fumées. La bouche offre richesse et tension dans un style encore plus abouti qu'en 2009.

COTEAUX DU LAYON SAINT-AUBIN 2010
Blanc Liquoreux | 2012 à 2020 | 9,80 € **15/20**
La mirabelle émerge et la bouche attaque de façon onctueuse et miellée, avec ce qu'il faut de fraîcheur derrière.

DOMAINE DES CHAMPS FLEURIS

50-54, rue des Martyrs • 49730 Turquant
Tél. 02 41 38 10 92 • Fax : 02 41 51 75 33
domainechamps-fleuris@wanadoo.fr
www.champs-fleuris.com
Visite : Du lundi au vendredi de 8h à 12h et de 13h30 à 17h30, le samedi sur rendez-vous.

Patrice Rétif réalise des rouges sérieux et profonds, capables de bien évoluer. La cuvée des Roches provient du terroir des Rôtissants. Elle prend une grande dimension quand l'élevage s'estompe. Les-Tufolies sont accessibles plus rapidement. En blanc, les Damoiselles ont également de la race. C'est un des domaines de référence du Saumurois.

COTEAUX DE SAUMUR CUVÉE SARAH 2009
Blanc liquoreux | 2012 à 2022 | 16 € **15,5/20**
Agrumes et fruits jaunes dominent au nez, en bouche le miel commence à apparaître, il y a un équilibre entre les sucres et l'acidité.

SAUMUR LES DAMOISELLES 2009
Blanc | 2013 à 2022 | 7,40 € **15/20**
Le vin s'affine avec le temps et nous délivre des accents minéraux avec une longueur en tension.

SAUMUR-CHAMPIGNY LES ROCHES 2010
Rouge | 2014 à 2024 | env. 15 € **15,5/20**
On sent une belle structure avec un tanin énergique, et un potentiel évident. Il faut absolument attendre ce vin.

SAUMUR-CHAMPIGNY VIEILLES VIGNES 2011
Rouge | 2012 à 2016 | **15/20**
Souple et fruité, facile à boire, avec une certaine longueur.

DOMAINE DE CHÂTEAU GAILLARD

Ruette du Moulin • 49260 Montreuil-Bellay
Tél. 02 41 52 31 11 • Fax : 02 41 52 39 94
matthieu.bouchet@neuf.fr
Visite : Sur rendez-vous.

Sans esbroufe ni détour, ce domaine en biodynamie depuis 1962 prévaut pour son grolleau gourmand et croquant et son cabernet franc, pur, franc et racé, sans la raideur habituelle de la plupart des vins de ce secteur. Mathieu et Sylvaine Bouchet tracent leur sillon sans faire de bruit et ils méritent un arrêt sur tanins. 2010 affiche encore un grand naturel.

Vin de Table 2010
Rouge | 2012 à 2013 | 8,50 € **14/20**
Le fruité offre cette gourmandise que l'on recherche à l'heure du casse-croûte pour épauler la charcuterie.

Vin de Table Fleur Bleue 2010
Rouge | 2012 à 2014 | 6,50 € **15/20**
Avec ses arômes de corbeille de fruits rouges au nez, ce vin gourmand séduit par son fruité croquant qui évolue parfaitement.

MOULIN DE CHAUVIGNÉ

Le Moulin de Chauvigné • 49190 Rochefort-sur-Loire
Tél. 02 41 78 86 56 • Fax : 02 41 78 86 56
info@moulindechauvigne.com
www.moulindechauvigne.com
Visite : Sur rendez-vous.

Les 2010 du Moulin de Chauvigné sont pour l'instant en retrait par rapport aux autres domaines : en Coteaux du Layon, la cuvée de base est orientée vers des expressions florales et fruitées, alors que La-Croix-Blanche est plus concentrée. Côté savennières, le Clos-Brochard, issu d'un sol volcanique, donne des vins plus étoffés.

Coteaux du Layon La Croix Blanche 2010
Blanc Liquoreux | 2012 à 2018 | 7,20 € **15/20**
Plus miellé, avec des touches de mirabelle, ce vin offre un caractère onctueux et équilibré.

Savennières Clos Brochard 2010
Blanc | 2012 à 2020 | 11,30 € **15/20**
Assez belle tension, avec ce qu'il faut en structure, en le carafant deux heures avant le service, on peut déjà le boire.

DOMAINE DU CLOS DE L'ÉLU

49190 Saint-Aubin-de-Luigné
Tél. 02 41 78 39 97 • Fax : 02 41 57 78 54
chai@closdelelu.com • www.closdelelu.com
Visite : Le lundi de 14h à 18h, le mardi et le jeudi de 9h à 18h. Les autres jours sur rendez-vous.

Les Carsin sont des Bretons au long cours, passés par la Champagne et venus poursuivre leur chenin en Anjou du côté de Saint-Aubin-de-Luigné, où ils produisent des layons à la fois enrobants et frais. Leur conversion à l'agriculture biologique se poursuit. En rouge, on a compris ici que le grolleau sur schistes, avec des petits rendements, apporte une gourmandise que n'ont pas les cabernets.

Anjou L'Aiglerie 2010
Rouge | 2012 à 2014 | 12 € **14,5/20**
Tanins gourmands et croquants avec ce qu'il faut de coulant, on ne se pose pas de questions, et cela fait du bien aux joues !

Coteaux du Layon 2010
Blanc Doux | 2012 à 2016 | 16 € **15,5/20**
Couleur accentuée, nez très pur d'abricot confit avec un zeste de miel et de safran, bouche à la fois onctueuse et fraîche, avec ce qu'il faut de longueur.

DOMAINE DU CLOSEL

Château des Vaults - 1, place du Mail
49170 Savennières
Tél. 02 41 72 81 00 • Fax : 02 41 72 86 00
closel@savennieres-closel.com
www.savennieres-closel.com
Visite : D'avril à octobre, du lundi au dimanche 9h30 à 18h30 et du lundi au samedi de 9h30 à 18h30 de novembre à mars.

Situé au centre de Savennières, ce domaine possède un beau patrimoine de vieilles vignes. Les cuvées affichent l'identité de leur parcelle d'origine. En blanc, la structure des vins exprime la minéralité de chaque terroir. Il faut toutefois leur laisser du temps.

Cabernet d'Anjou Château des Vaults 2010
Rosé Demi-sec | 2012 à 2014 | 10,50 € **14/20**
Nez de fraise écrasée sucrée, c'est frais, coulant, avec un léger perlant, beau vin de pétanque.

Savennières Le Clos du Papillon 2008
Blanc | 2012 à 2022 | env. 24 € **14/20**
Nez de grillé et miel, l'élevage domine et la matière revient derrière.

Savennières Les Caillardières 2009
Blanc | 2012 à 2018 | 17,40 € **15,5/20**
Il y a la tension qu'il faut, dans la finesse, avec une fin saline, belle réussite, fin de bouche montante. Ce vin a favorablement évolué.

DOMAINE DU COLLIER

62, place du Collier • 49400 Chacé
Tél. 02 41 52 69 22 • Fax : 02 41 52 69 22
domaineducollier@wanadoo.fr
www.domaineducollier.free.fr

Sur ses 6 hectares cultivés en biodynamie, Antoine Foucault joue dans le répertoire de son père Charly, avec des vins qui ont le rythme des chansons de Boby

Lapointe et une bouche rabelaisienne. Le chenin, sur les célèbres coteaux de Brézé, donne depuis 2004 deux cuvées de blancs qui s'affirment dans leur tension et leur structure. En rouge, les cabernets francs traduisent au mieux l'expression du terroir de Saumur, avec des finales souvent salines.

Saumur 2009
Blanc | 2012 à 2017 | NC **15,5/20**
Agrumes, fruits jaunes et minéralité composent un nez de belle facture, la bouche est en tous points conforme, avec une tension bien calibrée derrière.

Saumur La Charpentrie 2009
Blanc | 2012 à 2019 | NC **15,5/20**
Au départ, l'élevage marque encore le vin, puis une très belle matière, à la fois riche et tendue se met en place, au bout d'une heure le vin rayonne et entre en composition avec un homard et des petites pommes de terre de Noirmoutier.

Saumur La Charpentrie 2008
Blanc | 2012 à 2015 | NC **15,5/20**
Accents iodés sur fond d'agrumes, ce vin se révèle tranchant et persistant, il aime la compagnie d'une terrine de lapin.

COMPLICES DE LOIRE

4 Rue de la Cotelleraie
37140 Saint-Nicolas-de-Bourgueil
Tél. 06 84 35 22 07
fxbarc@complicesdeloire.com
www.complicesdeloire.com
Visite : Du lundi au vendredi de 9h à 12h et de 14h à 17h. Le samedi sur rendez-vous.

François Xavier Barc, ex-Joguet et Gérald Vallée, l'un des grands hommes du cabernet franc sur le pays de Bourgueil, se sont associés pour sélectionner des approvisionnements de raisins et vinifier des crus, guidés par le désir de produire des vins francs et purs proches de leur terroir ligérien d'origine. Les 2009 et 2010 sont de belles réussites et, signe qualitatif, figurent déjà à la carte du restaurant Jacky Dallais au Petit-Pressigny.

Chinon La Petite Timonerie 2010
Rouge | 2012 à 2017 | 9 € **15,5/20**
Nez de violette avec des touches de fruits noirs, le tanin est long, caressant et subtil.

Saumur 2009
Blanc | 2012 à 2018 | 12 € **14,5/20**
Franc, salin et tendu avec une bonne longueur, ce vin est très représentatif de ce que doit être un bon saumur blanc.

Saumur-Champigny Les Roches Célestes 2010
Rouge | 2012 à 2017 | 9 € **15/20**
Les fruits noirs émergent avec une touche saline que l'on retrouve dans une bouche aux tanins souples, frais et de bonne longueur.

CLOS DES CORDELIERS

Earl Domaine Ratron • 49400 Souzay-Champigny
Tél. 02 41 52 95 48 • Fax : 02 41 52 99 50
domaine-ratron@clos-des-cordeliers.com
www.clos-des-cordeliers.com
Visite : Du premier mars au 30 novembre, tous les jours, même fériés, de 9h à 18h30. Le reste le l'année, du lundi au samedi de 8h à 12h et de 14h à 18h30 ainsi que le dimanche sur rendez-vous.

On est ici dans le cœur historique de Champigny où l'on élabore deux cuvées : Tradition est issue de parcelles présentant du tuffeau en sous-sol, on l'apprécie pour sa souplesse, et la cuvée Prestige provient des vignes les plus anciennes sur un terroir de calcaires lacustres, lui conférant un potentiel de garde important. Les derniers millésimes sont de très bonne tenue.

Saumur-Champigny Prestige 2009
Rouge | 2012 à 2020 | 13 € **15,5/20**
On a une belle matière, avec la richesse du millésime et l'élégance du secteur, avec une fin légèrement saline.

Saumur-Champigny Tradition 2011
Rouge | 2012 à 2015 | 7 € **15/20**
Les fruits rouges avec une touche florale émergent, en bouche, c'est soyeux et souple avec ce qu'il faut de fond.

Saumur-Champigny Tradition 2010
Rouge | 2012 à 2019 | 7,50 € **15/20**
Nez de fruits rouges, attaque souple, avec un tanin enrobant, belle fin fraîche avec une touche saline.

CLOS CRISTAL

Clos Cristal • 49400 Souzay-Champigny
Tél. 02 41 52 96 08 • Fax : 02 41 52 97 81
contact@clos-cristal.com • www.clos-cristal.com
Visite : Sur rendez-vous.

Depuis 1928, les Hospices de Saumur exploitent ce clos de 10 hectares légué par Antoine Cristal, qui fit boire ce cabernet de Souzay à son ami Clemenceau. Aujourd'hui, le Père-la-Victoire se nomme Éric Dubois, il a ce sens cultural et une habileté d'élevage qui ont permis à ce vin de sortir dans le peloton de tête des champignys depuis 2005. Si les 2008 et 2009 ont de la sève, 2010 offre encore plus de complexité. À suivre de très près !

Saumur-Champigny 2010
Rouge | 2014 à 2024 | NC **16/20**
Si l'on se montre patient, cette cuvée sera l'une du millésime sur le secteur, il y a une maturité juste, une persistance et une énergie qui poussent à encaver pour les prochaines années.

Saumur-Champigny Clos Cristal 2010
Rouge | 2013 à 2023 | 15 € **17/20**
Sève des grands cabernets francs, tanin énergique et profond, ce vin est promis à un grand avenir.

Saumur-Champigny Clos Cristal 2009
Rouge | 2014 à 2027 | 10 € **15,5/20**
Une nouvelle fois ce millésime fait honneur au père Cristal, avec sa densité suave en attaque et sa grande sève derrière, bien carafé, le vin donne le tempo à un filet de chevreuil.

Saumur-Champigny Les Murs 2008
Rouge | 2012 à 2025 | 16 € **15,5/20**
Les tanins ont gagné en raffinement et en expression, à condition de le carafer, en bouche il gagne en complexité, note en hausse !

DOMAINE PHILIPPE DELESVAUX

Les Essards - La Haie-Longue
49190 Saint-Aubin-de-Luigné
Tél. 02 41 78 18 71 • Fax : 02 41 78 68 06
dom.delesvaux.philippe@wanadoo.fr
domaine.delesvaux@hotmail.fr
Visite : Sur rendez-vous.

Dans la dégustation à l'aveugle effectuée à la maison des vins d'Angers, les trois échantillons présentés se sont distingués, avec une sélection de grains nobles d'excellente facture. Ce domaine est en effet un spécialiste des liquoreux en Anjou. De ce point de vue, avec 2009 et 2010, les amateurs seront gâtés.

Coteaux du Layon Les Clos 2010
Blanc Liquoreux | 2012 à 2018 | 12,50 € **15/20**
Nez d'abricot confit, bouche onctueuse et compacte, il faut lui laisser du temps car il y a du potentiel.

Coteaux du Layon Saint-Aubin Sélection de Grains Nobles 2009
Blanc Liquoreux | 2012 à 2020 | 30 € **16/20**
Nez d'ananas, de miel avec une touche d'abricot sec, on retrouve cela dans une bouche multidimensionnelle.

DOMAINE SYLVAIN DITTIÈRE

La Porte Saint-Jean • 49260 Montreuil-Bellay
Tél. 06 34 87 22 45
sylvain.dittiere@hotmail.fr
Visite : Sur rendez-vous.

Gendre de Françoise et Charly Foucault, Sylvain Dittière, plus connu sous son nom de vignes, «Tonton», se devait de produire ses propres crus. Installé à Montreuil-Bellay, il vinifie des raisins récoltés à proximité de l'hôpital de Saumur, avec une culture de la vigne la plus naturelle du monde. Le premier millésime, 2010 évolue bien et le 2011 est prometteur.

Saumur-Champigny Les Beauxgrands 2010
Rouge | 2012 à 2022 | 24 € **15,5/20**
Avec l'élevage, le vin s'affine, il est encore fougueux et bien proportionné.

Saumur-Champigny Porte Saint-Jean 2011
Rouge | 2012 à 2016 | 17 € **14,5/20**
Tanin gourmand, avec du coulant, une bonne présence et un fruité frais.

DOMAINE BRUNO DUBOIS

98, rue de la Paleine • 49260 Saint-Cyr-en-Bourg
Tél. 06 07 70 95 20 • Fax : 02 41 38 32 96
b-d@wanadoo.fr
Visite : Du lundi au samedi de 8h à 12h et de 14h à 18h.

Chez les Dubois du Saumurois, il faut se faire un prénom et Bruno est en train de sortir du bois, avec un blanc du meilleur style, à la fois long, riche et tendu, avec cette réserve cheninée et la légère amertume rafraîchissante de fin de bouche. Les rouges offrent des tanins serrés et profonds qui gardent, après un carafage, une bonne plasticité.

Saumur Blanc du Bois 2010
Blanc | 2012 à 2023 | 12,50 € **15/20**
Nez noiseté avec une pointe crayeuse, bouche onctueuse en attaque, belle tension derrière.

Saumur-Champigny 2010
Rouge | 2012 à 2019 | 9,50 € **14/20**
À la fois souples et frais, les tanins ont de l'élan et ce qu'il faut de longueur pour chatouiller un pot-au-feu.

Saumur-Champigny La cuvée du Coin 2010
Rouge | 2012 à 2021 | 12,50 € **15/20**
Tanin juteux sur fond de fruits noirs avec une jolie finale épicée, vin taillé pour la viande rouge.

DOMAINE CHRISTELLE DUBOIS

8, route de Chacé • 49260 Saint-Cyr-en-Bourg
Tél. 02 41 51 61 32 • Fax : 09 70 61 05 98
ch-dubois@hotmail.com
Visite : Sur rendez-vous.

Chez les Dubois, Christelle est en train de se faire un prénom, ses saumur-champignys sont souples et bien équilibrés. Il convient d'avoir une préférence pour la cuvée Automne, plus structurée.

Saumur-Champigny cuvée d'Automne 2010
Rouge | 2012 à 2019 | 7 € **14,5/20**
C'est la cuvée la plus structurée de la dégustation sur cette propriété, avec un fruité plus mûr.

DOMAINE FABIEN DUVEAU

36, rue de l'Église • 49400 Chacé
Tél. 06 30 87 32 24
fabienduveau@yahoo.fr
Visite : Du lundi au samedi de 10h à 12h et de 14h à 18h.

Ce jeune loup du Saumurois sort régulièrement en rouge et en blanc, avec des vins faciles d'accès qui ont ce qu'il faut de fond.

Coteaux de Saumur Rumba 2010 ☺
Blanc liquoreux | 2012 à 2017 | 14 € **15/20**
De la rythmique dans la tension, avec de l'onctuosité autour et une fin minérale.

CHÂTEAU DE FESLES

Fesles • 49380 Thouarcé
Tél. 02 41 68 94 16 • Fax : 02 41 68 94 30
sauvion@sauvion.fr
Visite : Du lundi au samedi de 10h à 12h30 et 14h à 17h30.

Référence en Anjou, Fesles est connu pour son bonnezeaux particulièrement racé, 2009 et 2010 possèdent un potentiel évident. Les blancs secs 2009 et 2010 sont de très bonne facture et l'on peut apprécier la continuation de l'inflexion qualitative de cette gamme.

Anjou La Chapelle Vieilles Vignes 2010
Blanc | 2012 à 2020 | 12 € **15/20**
Dans un style plus tranchant que le 2009, ce 2010 offre une belle pureté et se révèle harmonieux.

Anjou La Chapelle Vieilles Vignes 2009
Blanc | 2012 à 2020 | épuisé **15/20**
Nez aux accents d'épices, d'abricot frais, la bouche est à la fois riche et tendue avec une fin saline, ce vin évolue parfaitement.

Bonnezeaux 2010
Blanc Liquoreux | 2013 à 2035 | NC **15,5/20**
De la matière, ananas confit au nez, tension, minéralité en bouche, avec de la profondeur. Du potentiel !

Bonnezeaux 2009
Blanc Liquoreux | 2013 à 2033 | 23 € **16/20**
On sent la densité et l'onctuosité qui s'affinent progressivement, avec un fort potentiel derrière, il convient de se montrer encore patient.

DOMAINE FILLIATREAU

Chaintres • 49400 Saumur
Tél. 02 41 52 90 84
domaine@filliatreau.fr • www.filliatreau.fr
Visite : Tous les jours de 9h à 12h et de 14h à 18h.

Frédrik Filliatreau, qui tient le gouvernail de ce domaine, est l'un des vignerons les plus attachants de Loire, et lorsqu'il chante à gorge déployée les grandes chansons de geste du répertoire rabelaisien, on sort les magnums. Il exploite 35 hectares sur des terroirs à dominante argilo-calcaire et différencie les cuvées suivant l'âge du vignoble.

Saumur-Champigny Domaine 2011
Rouge | 2012 à 2013 | 7,40 € **13/20**
Ce vin se boit sur le fruit de sa jeunesse, il se révèle coulant et tout en fraîcheur;

Saumur-Champigny Vieilles Vignes 2010
Rouge | 2012 à 2017 | 10 € **14/20**
On apprécie la suavité, la rondeur et l'élégance, avec derrière un beau dégradé de fruits rouges.

DOMAINE FL

11, place François-Mitterrand • 49100 Angers
Tél. 02 72 73 59 16 • Fax : 02 72 73 58 22
info@domainefl.com • www.domainefl.com
Visite : Sur rendez-vous.

Réunissant l'ex-domaine Jo Pithon et le Château de Chamboureau, FL appartient à Philip Fournier, industriel qui œuvre dans la téléphonie. Conduit en biodynamie, il regroupe un bon patrimoine de vignes sur Savennières, Quarts de Chaume et Coteaux du Layon. Il reçoit les conseils de Stéphane Derenoncourt, l'un des grands consultants du Bordelais. Les derniers millésimes embouteillés sont en pleine forme.

Anjou Le Cochet 2009
Rouge | 2012 à 2020 | 14,50 € **15/20**
Voilà un cochet que l'on peut fouetter dans le sens du tanin, car il y a la fougue de la jeunesse, avec la maturité du millésime.

Coteaux du Layon 4 Villages 2009
Blanc Liquoreux | 2012 à 2024 | 21,50 € **15/20**
Nez de fruits exotiques et de miel, bouche onctueuse et enveloppante, qui vous prend bien et qui se termine sur des notes fraîches épicées.

Savennières Chamboureau 2009
Blanc | 2012 à 2024 | 16,50 € **16/20**
Miellé au nez avec quelques accents de fumé, ce vin attaque en richesse pour terminer en tension avec les beaux amers propres au secteur.

DOMAINE DU GUÉ D'ORGER

La Piquellerie • 49130 Sainte-Gemmes-sur-Loire
Tél. 06 14 76 66 01
lm@loicmahe.fr • www.loicmahe.fr
Visite : Sur rendez-vous.

Loïc Mahé apporte un grand soin au respect des équilibres de la faune et de la flore de son vignoble, qui compte un bon patrimoine de vignes sur Savennières. Ses différentes cuvées, dégustées sur 2007 et 2009, ont du ressort et de la précision. Elles ont permis à ce jeune talent ligérien de s'ouvrir le chenin du guide. Les anjous blancs et rouges se boivent sur le fruit de leur jeunesse.

Savennières Équilibre 2009
Blanc | 2012 à 2017 | 21 € **14,5/20**
Le vin s'affine et il a perdu de son côté massif, on le boit sur une tête de veau au homard.

Savennières Les Fougeraies 2009
Blanc | 2012 à 2020 | 14,50 € **15/20**
Vin traçant qui, par sa puissance tranchante et son dégradé d'agrumes, se montre persistant et équilibré, il mérite une salade de langoustines.

DOMAINE GUIBERTEAU

3, impasse du Cabernet - Mollay
49260 Saint-Just-sur-Dive
Tél. 02 41 38 78 94 • Fax : 02 41 38 56 46
domaine.guiberteau@wanadoo.fr
www.domaineguiberteau.fr
Visite : Sur rendez-vous.

Romain Guiberteau produit de magnifiques blancs issus de grands terroirs comme Brézé et le Clos des Carmes, où il montre tout le potentiel du saumur dans cette couleur, dès que les boisés d'élevage s'estompent. Les rouges s'assagissent après une jeunesse fougueuse, il faut les attendre quelques années. Les 2006 et 2007 commencent à émerger. Ce domaine est devenu l'une des références du Saumurois.

Saumur Clos de Guichaux 2010
Rouge | 2012 à 2020 | 21 € **15,5/20**
C'est pur et salin avec une belle fin de bouche vibrante.

Saumur Domaine 2011
Blanc | 2012 à 2015 | 14 € **15/20**
Profil tendu sur fond d'agrumes, avec une finale saline équilibrée.

Saumur Domaine 2011
Rouge | 2014 à 2020 | 15 € **15/20**
Souple, sur les fruits rouges avec ce qu'il faut de profondeur, cette cuvée mérite d'être carafée, et elle peut ainsi s'exprimer sur un filet de bœuf.

Saumur Les Arboises 2009

Rouge | 2016 à 2026 | 33 € **16/20**

De grâce laissez ces Arboises tranquilles quelques années, car ce 2009 encore compact possède des tanins enrobés et profonds, il lui faut du temps pour qu'il nous livre les plus belles histoires de cabernet franc.

DOMAINE DES GUYONS

7, rue Saint-Nicolas • 49260 Le Puy-Notre-Dame
Tél. 02 41 52 21 15 • Fax : 02 41 38 88 24
domainedesguyons@wanadoo.fr
www.domaine-des-guyons.com
Visite : De 8h à 12h et de 14h à 18h.
Le mercredi de 14h à 18h.

Franck et Ingrid Bimond réalisent au Puy-Notre-Dame des saumurs blancs de haute volée qui deviennent progressivement des références par leur richesse de constitution et leur fraîcheur. Vent-du-Nord constitue une très belle mise en bouche, la complexité de la cuvée Ardile ne se dément pas, 2010 et 2009 goûtés à plusieurs reprises figurent parmi les meilleurs chenins du secteur. Les rouges doivent attendre en cave pour qu'ils s'arrondissent.

Saumur L'Ardile 2010

Blanc | 2012 à 2020 | 10,50 € **16/20**

On sent les fruits jaunes, la pêche et les épices, avec une tension harmonieuse derrière et la pureté du millésime.

Saumur Murmure 2010

Rouge | 2012 à 2017 | 6,50 € **14/20**

Accents de fruits rouges, tanin droit et rafraîchissant.

Saumur Odyssée 2010

Rouge | 2012 à 2020 | 9,50 € **15/20**

Les tanins sont à la fois souples et structurés avec de l'allonge et une fin saline, à carafer deux heures avant le service.

Saumur Vent du Nord 2009

Blanc | 2012 à 2021 | 6,50 € **15,5/20**

Nez de mangue et une pointe saline, il y a une belle matière en bouche et une minéralité épanouie qui évolue toujours parfaitement.

CHÂTEAU DU HUREAU

Le Hureau • 49400 Dampierre-sur-Loire
Tél. 02 41 67 60 40 • Fax : 02 41 50 43 35
philippe.vatan@wanadoo.fr • www.domaine-hureau.fr
Visite : Du lundi au vendredi de 9h à 12h30 et de 14h à 17h30. Le samedi sur rendez-vous.

Philippe Vatan est un ingénieur agronome rationnel et avisé, il recherche de la fraîcheur et du volume en bouche dans ses rouges. Son entrée de gamme est un modèle. Lisagathe est un joli vin de garde structuré, récolté sur des coteaux argileux. La parcelle des Fevettes fournit un vin très fin mais qui évolue très bien, en développant d'élégantes notes de pivoine. Le saumur blanc et le coteaux-de-saumur sont de très bon niveau. Si 2009 est toujours aussi bon, nous sentons plus de précision à partir de 2010. Le saumur blanc «Foudre» est un des sommets sur le Saumurois.

Saumur Foudre 2011

Blanc | 2013 à 2029 | env. 17 € **16,5/20**

Exceptionnel dans son harmonie, il y a tension, juste maturité et harmonie, l'un des vins du millésime.

Saumur-Champigny Fevettes 2005

Rouge | 2012 à 2020 | épuisé **16/20**

C'est aujourd'hui l'un des meilleurs 2005 du secteur, avec son soyeux, son enrobage et son tanin frais et sensuel.

Saumur-Champigny Lisagathe 2009

Rouge | 2012 à 2024 | 17 € **16,5/20**

Ce vin a toujours autant d'éclat, avec un velouté sensuel, une longueur raffinée et une texture toute en suavité. Il faut réserver en magnum.

Saumur-Champigny Tuffe 2010

Rouge | 2012 à 2020 | 9 € **15,5/20**

C'est élégant, avec du fond, du fruit, et du coulant.

DOMAINE DE JUCHEPIE

Les Quarts • 49380 Faye-d'Anjou
Tél. 02 41 54 33 47
contact@juchepie.fr • www.juchepie.fr
Visite : Sur rendez-vous.

Moustaches effilées, voix de ténor, Eddy Osterling assouvit avec son épouse sa passion pour les grands liquoreux. Leurs crus du Layon cultivés de façon biodynamique pousseraient volontiers à la galanterie et deviennent en la matière des références. Les vins dégustés révèlent une belle forme dans leur

définition aromatique et leur structure, de quoi mettre la serviette sur la tête et entonner la chanson de la Paulée des Vins de Loire. Les secs 2008 sont aussi dans le bon tempo !

Anjou Le Sec de Juchepie - Le Clos 2008
Blanc | 2012 à 2020 | épuisé **15,5/20**
Depuis notre dernière dégustation, ce vin a gagné en complexité, on apprécie sa suavité et son onctuosité en attaque et sa tension galante derrière. Très belle finale saline, ce sec a tout pour lui. Sa structure permet d'envisager un homard grillé.

Anjou Le Sec de Juchepie - Les Monts 2008
Blanc | 2012 à 2019 | épuisé **15,5/20**
Plus enveloppant que les-monts, ce sec tendre et sensuel offre onctuosité et richesse en attaque, avec une matière pour l'instant moins pure que chez son grand frère, la fin de bouche abricotée a de l'allure.

Coteaux du Layon Faye d'Anjou La Passion 2008
Blanc Liquoreux | 2012 à 2020 | 29 € **15,5/20**
Récoltée entre le 30 Septembre et le 20 Octobre, cette cuvée a nécessité quatre passages et ses accents miellés et d'orange confite portent témoignage de sa maturité, la bouche est enveloppante, elle a de l'allonge et des accents d'épices douces en finale.

Coteaux du Layon Faye d'Anjou
Les Churelles 2008
Blanc liquoreux | 2012 à 2020 | épuisé **15,5/20**
Accents de cire, de fruits exotiques, bouche onctueuse avec du volume, de la densité et une finale fraîche.

LA SOURCE DU RUAULT

29, rue du Ruau • 49400 Varrains
Tél. 02 41 52 93 80 • Fax : 02 41 52 46 13
lasourceduruault@orange.fr
www.lasourceduruault.com
Visite : Du lundi au vendredi de 8h à 18h.

Du côté de Varrains, Jean-Noël Millon est l'une des grandes révélations de notre dégustation des 2009 et 2010. Ayant repris le domaine familial de 13 hectares en 2002, il l'a reconverti cinq ans plus tard en biodynamie, et favorise la biodiversité par la plantation de haies sur ce terroir situé essentiellement sur argilo-calcaires. Ni collés ni filtrés, les vins sont d'une grande gourmandise, avec une texture soyeuse. La cuvée Senseï reprend un terme japonais désignant «celui qui était là avant moi, qui est garant du savoir et de l'expérience d'une technique ou d'un savoir-faire», elle résume parfaitement la philosophie du domaine.

Saumur-Champigny 2010 ☺
Rouge | 2012 à 2019 | 7,50 € **15,5/20**
On aime cette gourmandise sur fond de fruits noirs, avec ce soyeux de tanin, on boit, on retend son verre, et on se dit que la bouteille est trop petite !

Saumur-Champigny Clos de la Côte 2009 ☺
Rouge | 2012 à 2015 | 20 € **16/20**
Nez sur le raisin frais, bouche où l'on croque les fruits noirs, avec une texture veloutée et caressante, le glissé de tanins est impressionnant, cela vous descend délicatement jusqu'à la plante des pieds. On ne sait pas si ce vin évoluera dans les dix ans, car le plaisir immédiat est intense.

Saumur-Champigny Senseï 2009
Rouge | 2012 à 2019 | 12,50 € **15,5/20**
Tanins gourmands, soyeux, longs et fondants sur fond de fruits noirs et d'épices, c'est déjà excellent et le vin prend de la profondeur depuis sa mise en bouteille, à suivre de près.

CHÂTEAU LA VARIÈRE

49320 Brissac
Tél. 02 41 91 22 64 • Fax : 02 41 91 23 44
beaujeau@wanadoo.fr • www.chateaulavariere.com
Visite : Du lundi au vendredi de 10h à 12h et de 14h à 17h. Le week-end sur rendez-vous.

Les vins blancs secs du Château La Varière sont de mieux en mieux définis. La gamme de liquoreux est superbe, les coteaux-de-l'aubance et coteaux-du-layon laissent clairement transparaître leur terroir, et le bonnezeaux constitue une référence. Sur 2008, 2009 et 2010, c'est un festival, les grands amateurs de chenin doivent encaver au plus vite...

Anjou-Villages Brissac
La Grande Chevalerie 2009
Rouge | 2013 à 2020 | 19 € **15,5/20**
Nez profond sur les épices, les fruits noirs, attaque médocaine, trame bien construite.

Bonnezeaux 2008
Blanc Liquoreux | 2012 à 2050 | épuisé **16,5/20**
Nez d'abricot et d'orange confite, bouche soyeuse et tendue, avec de l'énergie et surtout un parfait équilibre.

Bonnezeaux Melleresses 2009

Blanc Liquoreux | 2012 à 2100 | 31 € **16,5/20**

Le vin coule lentement dans le verre, la texture est renversante, avec de la suavité en attaque de bouche, puis il prend de l'onctuosité, la liqueur est fine, fraîche et d'une longueur superlative, en finale apparaissent la mangue et les fruits secs. Évolution parfaite!

Quarts de Chaume Les Guerches 2009

Blanc Liquoreux | 2012 à 2022 | 33 € **15,5/20**

On est sur un grand équilibre entre les sucres et l'acidité, avec la richesse du millésime, harmonieuse ici, car il y a une fraîcheur élégante en fin de bouche.

LANGLOIS-CHÂTEAU

3, rue Léopold-Palustre - B.P. 57
49400 Saint-Hilaire-Saint-Florent
Tél. 02 41 40 21 40 • Fax : 02 41 40 21 49
contact@langlois-chateau.fr
www.langlois-chateau.fr
Visite : D'avril à octobre, de 10h à 12h30 et de 14h à 18h30.

Cette maison centenaire qui appartient à Bollinger propose toute une gamme de vins de qualité, surtout sur le terrain des bulles avec une série de crémants-de-loire absolument remarquable. Quatre cuvées se dégagent en blanc et rosé, elles possèdent un bel équilibre. La cuvée Quadrille évolue parfaitement, le 2002 est en grande forme, le 2004 se révèle prometteur, quant à la cuvée Réserve 2005, un grand avenir s'ouvre devant lui.

Crémant de Loire Quadrille 2004

Blanc Brut eff. | 2011 à 2018 | NC **16,5/20**

Nez iodé avec quelques touches de froment, la bouche est délicieusement tranchante avec un côté cristallin et vibrant, ce vin a gagné en complexité par rapport à notre première dégustation, note en hausse.

Crémant de Loire Quadrille 2002

Blanc Brut eff. | 2012 à 2016 | 17,95 € **15,5/20**

C'est l'un des meilleurs crémants de Loire, cette cuvée assemble le chenin, les deux cabernets et le chardonnay, elle est extra-brut en 2002. Le fruit a de l'éclat, il est très net, fin, frais, la pointe d'iode fait toujours un tabac sur les crustacés.

Crémant de Loire Réserve 2005

Blanc Brut eff. | 2012 à 2016 | 12,70 € **15,5/20**

Pour la deuxième fois nous dégustons ce 2005 et nous en sommes ravis, on l'aime toujours autant avec ses accents délicieux d'écorce d'orange, d'agrumes confits et de mandarine, en bouche ce vin a une sacrée ampleur, il est très vineux, on sent ici le grand faiseur de bulles.

Saumur Vieilles Vignes du Domaine Langlois-Chateau 2005

Blanc | 2012 à 2025 | 15,50 € **15/20**

Il y a une belle matière et des accents d'agrumes et de miel, la bouche offre quelques rondeurs en attaque et une juste tension derrière.

Saumur-Champigny Vieilles Vignes 2005

Rouge | 2012 à 2019 | 14,70 € **15,5/20**

Grâce à son tanin suave et raffiné, ce vin s'impose par une texture très harmonieuse avec une sève digne des meilleurs vins du secteur.

DOMAINE DAMIEN LAUREAU

Chemin du Grand Hamé - Epiré • 49170 Savennières
Tél. 09 64 37 02 57 • Fax : 02 41 72 87 39
damien.laureau@orange.fr • www.damien-laureau.fr
Visite : Sur rendez-vous au 06 07 59 19 99.

Damien Laureau a repris en 1999 le domaine viticole familial avec un patrimoine de vignes passionnant sur Savennières : Les-Genêts, Le-Bel-Ouvrage, et le Roche-aux-Moines sont de mieux en mieux réalisés, avec des derniers millésimes de belle facture et d'un grand naturel. Les 2010 sont prometteurs.

Savennières - Roche aux Moines 2010

Blanc | 2012 à 2037 | 35 € **16/20**

Nez profond sur les agrumes, le minéral, avec beaucoup de fond, c'est puissant avec une fin typée pierre-à-fusil et une flaveur miellée.

Savennières Le Bel Ouvrage 2010

Blanc | 2013 à 2023 | 26 € **15,5/20**

On sent une belle structure avec du potentiel, même si pour l'instant on reste sur une phase de fermeture.

Savennières Les Genêts 2010

Blanc | 2012 à 2020 | 16 € **15/20**

Longiligne, tendu comme il le faut, ce vin possède du ressort.

LE PETIT SAINT-VINCENT

Le Petit • 49400 Varrains
Tél. 02 41 52 99 95 • Fax : 02 41 38 75 76
d-joseph@petit-saint-vincent.com
www.petit-saint-vincent.com
Visite : Du lundi au vendredi de 9h à 12h et de 14h à 18h. Le samedi sur rendez-vous.

Les accords de saxo de Dominique Joseph sont aussi célèbres que ses vignes de Poyeux. Il intègre ce terroir mythique à sa cuvée Pélo toujours bien structurée. Le Crescendo est à la portée des plus patients : produit les grandes années à partir des plus vieilles vignes, ce vin doit battre la mesure en cave une dizaine d'années. À partir de 2011, la mélodie changera de gamme avec des cuvées parcellaires précises. En attendant, les 2009 et 2010 sont bien dans le tempo, note en hausse !

Saumur Nobile 2010
Blanc | 2012 à 2020 | 15 € **16/20**
Anis et fenouil au nez avec une touche saline, on est en tension et en minéralité avec des accents cristallins. Superbe !

Saumur-Champigny 2011
Rouge | 2012 à 2016 | env. 7 € **14,5/20**
Vin de plaisir aux accents de fruits rouges, avec un bon glissant de tanin.

Saumur-Champigny Crescendo 2009
Rouge | 2012 à 2022 | 15 € **15,5/20**
Fruité pur, tanin à la fois énergique et enrobant, avec une texture soyeuse et une grande profondeur. Beau potentiel.

DOMAINE RICHARD LEROY

52, Grande Rue • 49750 Rablay-sur-Layon
Tél. 02 41 78 51 84 • Fax : 02 41 78 51 84
sr.leroy@wanadoo.fr
Visite : Sur rendez-vous.

Ex-col blanc de la finance, Richard Leroy change de col tout en conservant sa couleur de prédilection puisqu'il est devenu adepte du chenin. Sur ses 3 hectares qu'il cultive comme un jardin, ce biodynamiste produit des vins haute couture que tout amateur se doit d'encaver au plus vite. Il y a de la vibration et du potentiel avec de très beaux 2009 et 2010.

Anjou Clos des Rouliers 2010
Blanc | 2012 à 2017 | NC **15,5/20**
Incisif, avec ce qu'il faut de maturité derrière, ce vin offre de l'allonge, des accents fumés et une finale fraîche.

Anjou Noëls de Montbenault 2010
Blanc | 2012 à 2020 | NC **16/20**
Colonne vertébrale minérale, avec une aromatique de fruits jaunes et d'agrumes, finale saline distinguée.

DOMAINE LES GRANDES VIGNES

Lieu-dit la Roche-Aubry • 49380 Thouarcé
Tél. 02 41 54 05 06 • Fax : 02 41 54 08 21
vaillant@domainelesgrandesvignes.com
www.domainelesgrandesvignes.com
Visite : Sur rendez-vous.

Jean-François, Dominique et Laurence Vaillant réalisent avec brio tous les types de vins de Loire. Ils se sont passionnés pour les rouges et parviennent à leur donner le charnu et la rondeur qui manquent trop souvent dans la région. Les blancs secs et les liquoreux en layon et bonnezeaux ont du répondant.

Anjou L'Aubinaie 2010
Rouge | 2012 à 2020 | 7 € **15,5/20**
On attaque en délicatesse, derrière c'est rond, fin, soyeux, avec un bel équilibre.

Anjou La Varenne de Poirier 2010
Blanc | 2012 à 2022 | 9 € **15,5/20**
Une dominante minérale avec une touche miellée se mêlent au nez. Par son tranchant et ses amers harmonieux, ce vin tire sur le savennières, très belle réussite !

Coteaux du Layon Le Pont Martin 2010
Blanc Liquoreux | 2012 à 2017 | 12 € **14/20**
Nez miellé mêlé aux fruits exotiques, bouche à l'attaque onctueuse, de belles rondeurs, vin d'apéritif.

DOMAINE MARTIN

49290 Chaudefonds-sur-Layon
Tél. 02 41 78 19 91
luc.martin3@wanadoo.fr
Visite : Du lundi au samedi sur rendez-vous.

Savennières L'Aiglerie 2010
Blanc | 2012 à 2020 | 9 € **15/20**
Vin à la tension miellée, avec ce qu'il faut d'énergie et de pureté.

DOMAINE MÉLARIC

25 Rue du Château • 49700 Les Verchers sur Layon
Tél. 02 41 50 70 96
contact@vins-melaric.com • www.vins-melaric.com
Visite : Sur rendez-vous.

Une erreur informatique nous avait privé l'an passé de ce jeune domaine prometteur du Saumurois. Les vins issus de l'agriculture bio offrent de la plénitude sur les saumurs rouges, les blancs ont une belle maturité avec ce qu'il faut de tension derrière. Au fil des millésimes, le style devient plus précis.

Saumur Puy-Notre-Dame Bille de Roche 2010
Blanc | 2012 à 2015 | 13,50 € **14,5/20**
Accents de fruits jaunes et de pomme, bouche droite et bien tendue avec ce qu'il faut de fraîcheur en finale.

Saumur Puy-Notre-Dame Bille de Roche 2009
Rouge | 2012 à 2016 | 13 € **14/20**
Belle maturité au nez comme en bouche, avec un tanin bien enrobé et franc.

Saumur Puy-Notre-Dame
Clos de la Cerisaie 2009
Blanc | 2012 à 2016 | 17 € **14/20**
Accents de fruits exotiques au nez avec une touche fumée, on retrouve ces nuances dans une bouche de bonne dimension.

DOMAINE DE MIREBEAU

49750 Rablay-sur-Layon
Tél. 02 41 78 29 57
domainedemirebeau@orange.fr
Visite : Sur rendez-vous.

Bruno Rochard est un bio qui se signale chaque année par ses vins d'une grande digestibilité avec un Moque-Souris en blanc à la fois complexe et coulant. En rouge, le Coteau-Kante offre des arguments gourmands de première saveur.

Anjou Moque Souris 2010
Blanc | 2012 à 2016 | 13 € **14/20**
Belle matière, fraîche et élancée, vin d'une grande disgestibilité.

Vin de pays du Val de Loire Coteau Kanté 2009
Rouge | 2012 à 2014 | 18 € **14/20**
Vin toujours gourmand, on croque dans les fruits rouges et le tanin se fait juteux.

DOMAINE AUX MOINES

La Roche aux Moines • 49170 Savennières
Tél. 02 41 72 21 33 • Fax : 02 41 72 86 55
info@domaine-aux-moines.com
www.domaine-aux-moines.com
Visite : Du lundi au samedi de 9h30 à 12h30 et de 13h30 à 19h.

Les 9 hectares sont essentiellement destinés à produire du savennières-roche-aux-moines en trois niveaux de sucrosité. Le sec est superbe, le moelleux a le rôle ingrat des cadets coincés entre deux personnalités immenses, et le doux est magnifique de fruits. Il faut absolument attendre tous ces crus pour qu'ils expriment leur potentiel et donnent toute leur mesure.

Savennières - Roche aux Moines 2010
Blanc | 2013 à 2027 | 18 € **15,5/20**
Dans une palette de tension harmonieuse, on apprécie la trame.

Savennières - Roche aux Moines 2009
Blanc | 2013 à 2025 | épuisé **15,5/20**
Bien tramé, ce vin est à la fois puissant et élégant dans un registre de bonne maturité. Les accents de miel et d'ananas émergent maintenant.

Savennières - Roche aux Moines
cuvée de l'Abbesse 2010
Blanc Doux | 2013 à 2020 | épuisé **14/20**
Les accents miellés dominent pour l'instant un vin qui n'est pas encore sorti de ses langes.

DOMAINE DE MONTGILET

Victor et Vincent Lebreton • 49610 Juigné-sur-Loire
Tél. 02 41 91 90 48 • Fax : 02 41 54 64 25
montgilet@wanadoo.fr • wwww.montgilet.com
Visite : Du lundi au samedi de 9h à 18h.
Fermé le dimanche et les jours fériés.

En Coteaux de l'Aubance, Victor Lebreton est l'un des chefs de file. Il revient dans le guide avec les Trois-Schistes, harmonieux et frais. Les 2010 semblent une priorité.

Coteaux de l'Aubance Trois Schistes 2010
Blanc liquoreux | 2012 à 2020 | 17,30 € **15/20**
Nez de miel, attaque onctueuse, tapisse toute la bouche, finale sur la sucrosité.

DOMAINE ÉRIC MORGAT

Clos Ferrard • 49170 Savennières
Tél. 02 41 72 22 51
contact@ericmorgat.com • www.ericmorgat.com
Visite : Sur rendez-vous.

Éric Morgat originaire du Layon, produit un savennières issu de très faibles rendements, ramassé mûr et élevé sous bois. Il recherchait la rondeur plutôt que le caractère incisif du chenin, sur son terroir cultivé en agriculture biologique. Sur les derniers millésimes, on assiste à un changement de style avec des vins plus droits, 2010 est un modèle du genre vers la recherche de la pureté. L'anjou blanc, issu d'une parcelle rachetée en 2002 dans le secteur de Pierre Bise, planté en 2003 sur spilite, donne une cuvée Litus toute en tension.

ANJOU LITUS 2010 ☺
Blanc | 2012 à 2023 | 22 € **15,5/20**
Mûr, minéral et tranchant, cet anjou a de l'énergie et une belle allonge, il est délicieux avec une fin sur les agrumes étourdissante !

SAVENNIÈRES L'ENCLOS 2010
Blanc | 2013 à 2023 | 25 € **16,5/20**
Nez sur la minéralité, attaque soyeuse, la bouche est d'une pureté cristalline, il y a de l'énergie et de la vibration, l'une des bouteilles les plus pures sur le millésime.

SAVENNIÈRES L'ENCLOS 2009
Blanc | 2012 à 2020 | 25 € **16/20**
Nez fumé avec des touches de safran et de fruits jaunes, attaque ample et onctueuse avec une minéralité qui s'affirme derrière, et de la profondeur.

DOMAINE MOSSE

4, rue de la Chauvière
49750 Saint-Lambert-du-Lattay
Tél. 02 41 66 52 88
mosse@domainemosse.com
www.domainemosse.com
Visite : Sur rendez-vous.

Le naturel des 2008 de René Mosse nous a pleinement convaincus sur ce domaine qui figure en bonne place chez Jacky Dallais, l'étoilé du Petit Pressigny. «Il faut aimer la nature pour apprécier ces vins, accepter qu'un vin vivant exprime un caractère différent selon le moment, tout le contraire du monde standardisé qui nous entoure». Notre préférence va aux blancs qui sont des vins de gastronomie. Les 2009 et 2010 le confirment pleinement.

VIN DE PAYS DU JARDIN DE LA FRANCE 2010
Rouge | 2012 à 2013 | 8,50 € **13,5/20**
Vin à boire sur son fruit croquant, coulant et frais.

CHÂTEAU DES NOYERS

Les Noyers • 49540 Martigné-Briand
Tél. 02 41 54 03 71 • Fax : 02 41 54 27 63
chateaudesnoyers@wanadoo.fr
www.chateaudesnoyers.fr
Visite : Du lundi au vendredi de 9h à 12h et de 14h à 19h. Le week-end sur rendez-vous.

Suivant les millésimes, le Château des Noyers place ses coteaux-du-layon ou anjous blancs. Cette année, il vire au rouge.

ANJOU-VILLAGES 2010
Rouge | 2012 à 2017 | 6 € **13/20**
Accents de fruits rouges avec ce qu'il faut de fond et de souplesse.

DOMAINE OGEREAU

44, rue de la Belle-Angevine
49750 Saint-Lambert-du-Lattay
Tél. 02 41 78 30 53 • Fax : 02 41 78 43 55
contact@domaineogereau.com
www.domaineogereau.com
Visite : Sur rendez-vous.

En face du musée de la vigne et du vin, ce domaine familial est exploité par Vincent Ogereau, dont la cave est située dans le bourg de Saint-Lambert, . Il dispose d'une collection de beaux terroirs, qu'il mène selon une démarche inspirée de l'agriculture biologique. Les 2010 présentés affichent une belle régularité dans toutes les cuvées.

ANJOU-VILLAGES CÔTE DE LA HOUSSAYE 2009
Rouge | 2015 à 2025 | 13,80 € **15/20**
Belle entrée, de la profondeur et du fond pour ce rouge de garde.

COTEAUX DU LAYON SAINT-LAMBERT CLOS DES BONNES BLANCHES 2010
Blanc Liquoreux | 2012 à 2025 | 32 € **15,5/20**
Miel, mirabelle, fumé, au nez comme en bouche, c'est équilibré, avec du potentiel.

SAVENNIÈRES CLOS LE GRAND BEAUPRÉAU 2010
Blanc | 2013 à 2023 | 12,50 € **15,5/20**
C'est pur, droit, tranchant avec ce qu'il faut de maturité, bien dans le style du millésime.

CHÂTEAU DE PASSAVANT

49560 Passavant sur Layon
Tél. 02 41 59 53 96 • Fax : 02 41 59 57 91
passavant@wanadoo.fr • http://passavant.net
Visite : Du lundi au vendredi de 8h à 12h30 et de 13h30 à 18. Le samedi sur rendez-vous.

Grand classique des Coteaux du Layon, ce domaine revient par éclipse sur le devant du bouchon. On attend une plus grande régularité sur l'ensemble des cuvées.

COTEAUX DU LAYON LES GREFFIERS 2010
Blanc Liquoreux | 2012 à 2019 | 14 € — 14/20
Ananas, fruits exotiques au nez, bouche caressante en attaque, avec derrière une nervosité de bon aloi.

DOMAINE DU PETIT MÉTRIS

13, chemin de Treize-Vents - Le Grand Beauvais • 49190 Saint-Aubin-de-Luigné
Tél. 02 41 78 33 33 • Fax : 02 41 78 67 77
domaine.petit.metris@wanadoo.fr
www.domaine-petit-metris.com
Visite : Du lundi au samedi de 9h à 12h et de 15h à 18h.

Hervé et Pascal Renou réalisent près de la moitié de leur production en liquoreux, où se concentrent les vins les plus intéressants de la cave. Leurs vignes sont implantées sur des sols à dominante de schistes, en Chaume et Quarts de Chaume. Les 2010 ont une belle tenue et constituent une priorité.

COTEAUX DU LAYON CHAUME 2010
Blanc Liquoreux | 2012 à 2031 | 10,50 € — 15,5/20
Nez d'abricot confit et de miel, que l'on retrouve dans une bouche riche et tendue avec une finale sur les fruits confits.

QUARTS DE CHAUME 2010
Blanc Liquoreux | 2012 à 2031 | 27 € — 15,5/20
Orange confite, miel et abricot sec constituent l'aromatique de ce vin à la richesse onctueuse et bien définie, avec une belle finale abricotée.

SAVENNIÈRES CLOS DE LA MARCHE 2010
Blanc | 2012 à 2020 | 9 € — 15,5/20
Nez d'amande et de fumé, attaque riche et onctueuse, bouche dynamique avec une fin miellée.

DOMAINE DES PETITS QUARTS

CA Douve • 49380 Faye-d'Anjou
Tél. 02 41 54 03 00 • Fax : 02 41 54 25 36
Visite : Du lundi au samedi de 8h à 12h et de 14h à 17h30.

Jean-Pascal Godineau a hérité de la passion des liquoreux, et 30 de ses 40 hectares leur sont consacrés. Les bonnezeaux sont d'une pureté et d'une richesse d'anthologie. On peut les apprécier jeunes mais ils savent défier le temps. Parmi ces merveilles, la cuvée produite sur le Malabé bénéficie d'un supplément de raffinement. Une verticale jusqu'en 1989 s'est révélée très probante et les 2010 sont une priorité sur l'Anjou.

BONNEZEAUX 2010
Blanc Liquoreux | 2012 à 2035 | 12 € — 15,5/20
Nez très frais sur l'abricot et l'ananas, que l'on retrouve dans une bouche parfaitement équilibrée entre le sucre et l'acidité.

BONNEZEAUX GRAIN PAR GRAIN 2010
Blanc Liquoreux | 2012 à 2045 | env. 25 € — 16/20
Miellé avec des accents de safran, ce vin a une haute tenue en bouche, qu'il tapisse parfaitement avec ce qu'il faut de fraîcheur en fin.

BONNEZEAUX LE MALABÉ 2010
Blanc Liquoreux | 2012 à 2040 | 14 € — 16,5/20
Nez d'abricot et d'orange confite, la bouche est à la fois onctueuse et miellée, avec une finale safranée et fraîche de grand style, c'est l'une des priorités sur le millésime.

CHÂTEAU PIERRE-BISE

Impasse Chanoine de Douvres
49750 Beaulieu-sur-Layon
Tél. 02 41 78 31 44 • Fax : 02 41 78 41 24
chateaupb@hotmail.com
Visite : Sur rendez-vous.

Chez les Papin, les maillons entre Joëlle, Claude et leurs enfants sont solides. Leur quête de la perfection trouve son aboutissement dans des layons et quarts-de-chaumes de très haut vol dans leur précision structurelle et aromatique. Les savennières ont également beaucoup de style, et les entrées de gamme constituent d'excellents rapports qualité-prix. Ici, chaque vin correspond parfaitement à son écosystème. Toutes les cuvées sont hautement recommandables.

ANJOU HAUT DE LA GARDE 2009
Blanc | 2012 à 2020 | 8 € **15,5/20**
C'est l'un des excellents rapports qualité-prix de la cave, ce vin conjugue onctuosité et tension, sur fond de fruits jaunes et d'agrumes, avec une finale saline. Excellent sur les poissons nobles !

ANJOU SEC DES ROUANNIÈRES 2010
Blanc | 2012 à 2022 | 10,75 € **15,5/20**
Ce terroir prestigieux du Layon permet également d'élaborer un sec de qualité comme ce 2010 aux accents d'abricot frais, d'agrumes et d'iode, que l'on retrouve dans une bouche harmonieuse et persistante.

QUARTS DE CHAUME 2009
Blanc Liquoreux | 2012 à 2070 | 22,50 € **16,5/20**
On reste sous le charme des accents de fruits exotiques et de pain d'épices, bouche onctueuse qui termine tout en fraîcheur. Ce vin continue d'être un pur délice.

SAVENNIÈRES - ROCHE AUX MOINES 2010
Blanc | 2012 à 2024 | 16,50 € **16,5/20**
Portée par un grand terroir, cette cuvée offre une bouche tranchante et énergique, avec des accents iodés délicieux en finale.

SAVENNIÈRES CLOS LE GRAND BEAUPRÉAU 2010
Blanc | 2012 à 2023 | 12,50 € **16/20**
Tout en tension mesurée, sur fond d'agrumes confits et d'iode, ce vin a la percussion des grands terroirs de Savennières.

DOMAINE DES PIERRES SÈCHES

La Guimardière • 49380 Faveraye-Mâchelles
Tél. 02 41 66 65 43
guimardiere@orange.fr • www.les-roches-seches.fr
Visite : Sur rendez-vous.

Après des études dans le vin et une pratique vigneronne, Jean-Marie Brousset, Thibaut Ducleux et Julien Delrieu se sont récemment installés à Faveraye-Mâchelles, au cœur de l'Anjou, sur les coteaux confidentiels du Lys, un affluent du layon où ils ont créé le domaine « Les Pierres Sèches ».
Les vignes sont cultivées de manière biologique et 2010 est la première année de conversion, c'est un millésime de belle réussite pour sa fraîcheur de constitution.

ANJOU LE JEAU 2010
Blanc | 2012 à 2014 | 11 € **14,5/20**
Accents de fruits jaunes avec une touche iodée, la bouche est tendue, fraîche, coulante et de bonne dimension, un vrai régal. Belle expression de vignes datant de 1955.

ANJOU LE JEAU 2010
Rouge | 2012 à 2014 | 14 € **15/20**
Grande gourmandise pour ce vin au tanin croquant et juteux, avec ce qu'il faut d'ampleur, c'est déjà très bon, belle finale sur la fraîcheur. Ces vieilles vignes de cabernet franc sur schiste constituent une sacrée réussite !

DOMAINE PITHON-PAILLÉ

19, rue Saint-Vincent
49750 Saint-Lambert-du-Lattay
Tél. 02 41 78 68 74
contact@pithon-paille.com • www.pithon-paille.com
Visite : Sur rendez-vous.

Entre négoce de qualité avec des vignerons partenaires et 5 hectares de vignes personnelles, Jo Pithon rebondit de la meilleure des façons en s'affirmant comme l'une des grandes signatures des anjous blancs secs issus du mode de culture biologique. Les Treilles constituent déjà une cuvée de haute volée. Au fil des millésimes, le domaine s'étoffe et les rouges ont de l'allant, les 2010 sont de toute beauté.

ANJOU MOZAÏK 2010
Blanc | 2012 à 2014 | 12 € **15/20**
Onctuosité et tension avec une réelle profondeur, et des accents miellés avec une touche d'agrumes, ce vin ouvre de belles pespectives.

CHINON VIEILLES VIGNES 2010
Rouge | 2012 à 2017 | 14 € **15/20**
Cabernet franc travaillé dans la gourmandise et la tension avec un glissant de tanin de belle facture.

COTEAUX DU LAYON BELARGUS DES TREILLES 2010
Blanc Liquoreux | 2012 à 2017 | 40 € les 37,5 cl **16/20**
Le Belargus est un papillon rare qui vit sur ce coteau protégé, et le layon qui en est issu fleure bon le miel et les fruits exotiques. La bouche onctueuse offre un botrytis harmonieux avec une finale fraîche. C'est déjà très bon.

SAVENNIÈRES 2010
Blanc | 2012 à 2021 | 20 € **15,5/20**
Nez marqué par la minéralité qui se décline en bouche avec une tension harmonieuse et une finale qui se révèle au bout de trois heures d'ouverture.

CHÂTEAU PRINCÉ ET CHÂTEAU DE PARNAY

Petit-Princé • 49610 Saint-Mélaine-sur-Aubance
Tél. 02 41 57 82 28 • Fax : 02 41 38 18 04
m.levron@chateaudeparnay.fr
www.chateaudeparnay.fr
Visite : Du lundi au vendredi de 9 à 12h30 et de 13h30 à 19h. Le week-end de 10h à 12h et de 14h à 19h.

Mathias Levron et Régis Vincenot jouent sur deux tableaux, en Anjou au Château Princé et en Saumurois au Château de Parnay. Celui-ci constitue l'ancienne propriété du Père Cristal, avec son célèbre clos entre les murs qui est l'un des meilleurs terroirs de la Loire. Le blanc produit sur cette parcelle est explosif et tranchant, c'est l'un des meilleurs du Saumurois sur 2009, 2010 est pour l'instant plus en retrait.

SAUMUR CHÂTEAU DE PARNAY - CLOS DES MURS 2010
Blanc | 2013 à 2023 | 19,90 € **15/20**
Belle matière, pour l'instant dominée par l'élevage, il y a du fond.

SAUMUR-CHAMPIGNY CLOS DU CHÂTEAU 2010
Rouge | 2012 à 2019 | 8,10 € **14,5/20**
Tanin distingué, avec ce qu'il faut de fond et de souplesse.

DOMAINE RICHOU

Chauvigné • 49610 Mozé-sur-Louet
Tél. 02 41 78 72 13 • Fax : 02 41 78 76 05
domaine.richou@wanadoo.fr • www.domainerichou.fr
Visite : Du lundi au samedi de 8h30 à 12h et de 14h à 18h30. Fermé les jours fériés.

Situés dans le secteur le plus à l'ouest de l'Aubance, Damien et Didier Richou travaillent les sols pour obtenir des vins élégants et frais. Les blancs secs et les coteaux-de-l'aubance ont du style. Les Trois-Demoiselles, quand le millésime s'y prête, propulse les coteaux-de-l'aubance au firmament des liquoreux, avec des 2009 et 2010 délicieux. Les Rogeries 2010 constituent un des sommets du millésime en Anjou blanc sec.

ANJOU LE CHAMP DE LA PIERRE 2010
Rouge | 2012 à 2014 | 8,05 € **14/20**
C'est gourmand, souple, sur les fruits rouges, vin de charcuterie.

ANJOU-VILLAGES BRISSAC 2010
Rouge | 2013 à 2029 | 8,70 € **15,5/20**
C'est serré, il y a de la longueur et de la profondeur, fin mûre et bien dessinée.

COTEAUX DE L'AUBANCE LES VIOLETTES 2010
Blanc Liquoreux | 2013 à 2026 | 19,30 € **15,5/20**
Poire, coing au nez comme en bouche, avec une fin miellée et minérale.

DOMAINE DES ROCHELLES

Jean-Yves Lebreton • 49320 Saint-Jean-des-Mauvrets
Tél. 02 41 91 92 07 • Fax : 02 41 54 62 63
jy.a.lebreton@wanadoo.fr
www.domaine-des-rochelles.com
Visite : Du lundi au samedi de 9h à 12h et de 14h à 19h. Fermé les jours fériés.

Mené par Jean-Yves Lebreton et son fils Jean-Hubert, ce domaine possède des terroirs de schistes altérés dont sont issues La-Croix-de-Mission, élevée en cuve, et Les-Millerits, élevés sous bois. Le cabernet-sauvignon s'y trouve à son aise et y parvient régulièrement à bonne maturité . Les coteaux-de-l'aubance sont excellents et les blancs secs en progrès.

ANJOU-VILLAGES BRISSAC CROIX DE MISSION 2010
Rouge | 2013 à 2022 | 9,50 € **15,5/20**
De l'énergie dans le tanin, gros potentiel.

COTEAUX DE L'AUBANCE 2010
Blanc liquoreux | 2012 à 2022 | 12,50 € **15,5/20**
Accents d'abricot sec avec une touche minérale, c'est frais et tendu en bouche.

COTEAUX DE L'AUBANCE AMBRE DE ROCHES 2010
Blanc liquoreux | 2012 à 2025 | 25 € **15,5/20**
Abricot confit au nez, attaque onctueuse et large, sucrosité bien intégrée. Vin de tarte aux abricots.

DOMAINE DES ROCHES NEUVES

56, boulevard Saint-Vincent • 49400 Varrains
Tél. 02 41 52 94 02 • Fax : 02 41 52 49 30
thierry-germain@wanadoo.fr
www.rochesneuves.com
Visite : Sur rendez-vous.

Les vignes conduites en biodynamie sont plantées sur argilo-calcaires recouvrant du tuffeau. Les derniers millésimes sont marqués par une plus grande pureté aromatique et des textures d'un grand raffinement. Thierry Germain est un perfectionniste qui ne fait jamais les choses à moitié. La cuvée Domaine est fraîche avec des tanins souples, les Terres-Chaudes ont la profondeur des terroirs de Poyeux, la Marginale exprime l'absolu du cabernet franc ligérien. La cuvée Franc-de-Pieds se révèle voluptueuse avec une précision de texture et un éclat aromatique de première saveur et les blancs sont au diapason. Les 2010 sont maintenant en bouteille et ils confirment tous les espoirs placés en eux lors de nos premières dégustations.

SAUMUR INSOLITE 2010
Blanc | 2012 à 2014 | 17 € **16/20**
En tension et en fraîcheur, ce vin distingué est idéal sur un cabillaud truffé.

SAUMUR-CHAMPIGNY FRANC DE PIEDS 2010
Rouge | 2012 à 2014 | 30 € **17/20**
Fruité croquant délicieux, avec un toucher de tanin suave et gourmand d'un grand raffinement, la bouteille est souvent trop petite.

SAUMUR-CHAMPIGNY MARGINALE 2010
Rouge | 2012 à 2022 | 25 € **16,5/20**
Tanin raffiné, avec de l'énergie et une fraîcheur de fruits délicieuse, c'est déjà très bon, à condition de carafer ce vin une heure avant le service.

SAUMUR-CHAMPIGNY TERRES CHAUDES 2010
Rouge | 2012 à 2017 | 17 € **16,5/20**
Fruits rouges, accents crayeux avec une touche de pivoine, c'est le meilleur Terres-Chaudes jamais produit sur la propriété.

CLOS ROUGEARD

15, rue de L'Église • 49400 Chacé
Tél. 02 41 52 92 65 • Fax : 02 41 52 98 34
Visite : Sur rendez-vous.

L'œil frétillant et les bacchantes lustrées, les frères Foucault produisent dans la région de Chacé les plus grands vins rouges de cabernet franc. Issus d'un terroir silico-calcaire, les 3 hectares de Poyeux ont fait la réputation de la maison. Isolé depuis 1988, l'hectare de Clos du Bourg provient de vignes de 77 ans sur argilo-calcaires. En blanc, sur 120 ares, les secs constituent l'une des références absolues en matière de chenin. Leur minéralité possède un raffinement qui se révèle avec l'âge. Les 2009 rouges s'annoncent fulgurants et les 2010 ont un équilibre fou ! Les 2004 et les 2006 conservent ce supplément de chair et de raffinement qui font la différence dans un millésime difficile. Pour avoir quelques précieux flacons, mieux vaut entretenir des rapports de confiance avec votre caviste. Sur table, il faut aller au Petit Pressigny, où Jacky Dallais possède des millésimes des années 1930. La carte de Clos Rougeard y est impressionnante ! Laissons les 2009 et 2008 en paix pour se régaler des 2007 et des 2000 !

SAUMUR-CHAMPIGNY CLOS DU BOURG 2009
Rouge | 2017 à 2100 | NC **19/20**
Il ne faut pas se montrer pressé, car à l'ouverture, ce vin se montre grincheux, mais 24 heures après, il nous livre potentiellement l'une des plus belles histoires de cabernet franc.

SAUMUR-CHAMPIGNY CLOS DU BOURG 2005
Rouge | 2016 à 2046 | cav. 100 € **17,5/20**
Laissons pour l'instant le clos-du-bourg 2009 qui s'est refermé, pour carafer trois à quatre heures avant le service ce 2005. Il se montre d'une grande complexité, avec de l'amplitude, de l'énergie et une persistance de grand style. Il est encore beaucoup trop jeune mais...

SAUMUR-CHAMPIGNY POYEUX 2009
Rouge | 2012 à 2026 | NC **16,5/20**
Il faut carafer ce vin trois heures, on apprécie son tanin énergique et élégant avec ce qu'il faut de raffinement, de fraîcheur, avec la sève des grands cabernets francs.

CHÂTEAU DE LA ROULERIE

49190 Saint-Aubin-de-Luigne
Tél. 02 41 54 88 26 • Fax : 02 41 68 94 01
philippemile.germain@wanadoo.fr
Visite : Sur rendez-vous.

COTEAUX DU LAYON CHAUME LES AUNIS 2010
Blanc Liquoreux | 2012 à 2019 | 30 € **15,5/20**
Nez profond de fruits exotiques, de miel, attaque soyeuse, plénitude en bouche avec de la fraîcheur, et une finale pure.

DOMAINE DES SABLONNETTES

L'Espérance • 49750 Rablay-sur-Layon
Tél. 02 41 78 40 49
domainedessablonnettes@wanadoo.fr
www.lessablonettes.free.fr
Visite : Sur rendez-vous.

C'est l'un de nos coups de cœur sur le Layon. Joël Ménard est un biodynamiste historique, et ses moelleux et liquoreux ont toute la fraîcheur et la finesse recherchées des amateurs. Avec de tels vins, on ne cale pas au milieu du verre, on ne s'embourbe pas dans des profils sirupeux, et les vins évoluent parfaitement, c'est l'une des priorités sur les Coteaux du Layon.

Coteaux du Layon Rablay Le Vilain Canard 2010
Blanc Liquoreux | 2012 à 2025 | 27 € **15,5/20**
Nez de cire de miel très subtil, c'est enrobant tout en restant frais, on est sur la pâte de fruit.

Coteaux du Layon Rablay Vieilles Vignes 2010
Blanc Liquoreux | 2012 à 2023 | 13 € **15,5/20**
On est en fraîcheur, en tension sur l'abricot, avec une fraîcheur menthée et épicée en fin de bouche.

DOMAINE DE SAINT-JUST

Mollay - 12, rue de la Prée
49260 Saint-Just-sur-Dive
Tél. 02 41 51 62 01 • Fax : 02 41 67 94 51
infos@st-just.net • www.st-just.net
Visite : Du lundi au vendredi de 9h à 12h30 et de 14h à 17h30. Le samedi sur rendez-vous.

Yves Lambert, le créateur de ce domaine, nous a quittés, il convient de lui rendre hommage pour avoir hissé Saint-Just dans les meilleures références de la Loire. Son fils Arnaud qui travaillait à ses côtés a repris le flambeau, il s'occupe des vignes cultivées dans une démarche proche de la biodynamie. Ici toute la gamme est irréprochable. Les blancs sont d'une finesse exquise et constituent un hymne à la délicatesse. Les rouges sont... au même niveau. L'âge respectable des vignes y est pour beaucoup, le talent également. Une adresse de référence avec des 2009 et 2010 à couper le souffle !

Saumur Coulée de Saint-Cyr 2010
Blanc | 2012 à 2023 | 17 € **16,5/20**
Dans les nombreuses dégustations à l'aveugle de cette cuvée phare de Saumur, celle au milieu des premiers crus de Puligny et de Chassagne a dérouté, car si on reconnaissait le chenin, il fichait une belle pagaille dans le hiérarchie finale. Ce vin offre une pureté cristalline avec ce qu'il faut de structure, et au bout de 3 heures d'ouverture, rayonne.

Saumur Les Perrières 2010
Blanc | 2012 à 2016 | 8,50 € **15/20**
Pur au nez comme en bouche, belle entrée de bouche, de l'allonge, dans un style coulant.

Saumur-Champigny Terres Rouges 2011
Rouge | 2013 à 2019 | 8,50 € **15,5/20**
Tanin droit et épicé, avec un fruit déjà bien dégagé.

DOMAINE DE LA SANSONNIÈRE

La Sansonnière • 49380 Thouarcé
Tél. 02 41 54 08 08 • Fax : 02 41 54 08 08
martial.angeli@gmail.com
Visite : Le samedi matin sur rendez-vous.

Mark Angeli, biodynamiste convaincu, parvient à faire exprimer à sa gamme un grand naturel. Il protège peu ses cuvées en soufre pour leur garder toute leur gourmandise. Il conviendra en tout cas de ne pas exposer les vins à des conditions climatiques trop chaudes pendant le transport et le stockage. Les 2009 et 2010 sont de franches réussites.

Vin de Table La Lune 2010
Blanc | 2012 à 2015 | cav. 18 € **15/20**
Le miel et les épices dominent au nez, on est dans la logique d'un sec tendre avec une texture crémeuse bien tenue par une tension adéquate.

Vin de Table Les Fouchardes 2010
Blanc Demi-sec | 2012 à 2016 | cav. 23 € **15,5/20**
Beaucoup de complexité dans ce vin aux accents de cire et d'iode, la bouche offre un volume et une densité avec une juste tension qui surpasse en pureté le très beau 2009.

Vin de Table Les Vieilles Vignes des Blanderies 2010
Blanc | 2012 à 2015 | cav. 35 € **16/20**
Irrésistible dans l'expression minérale et la tension qui apporte au vin une vraie profondeur, avec une finale saline très stylée.

…MAINE ANTOINE SANZAY

…, rue des Roches-Neuves • 49400 Varrains
…él. 02 41 52 90 08 • Fax : 02 41 50 27 39
antoine-sanzay@wanadoo.fr
Visite : Sur rendez-vous.

Ce jeune viticulteur de Varrains est un élève de Nady Foucault et il a du talent. Il produit un blanc sur la puissance mais avec beaucoup de fond. En rouge, le saumur-champigny montre de superbes notes d'une rare élégance. Plus intense et élevée sous bois, les-Poyeux, qui existe depuis 2008, est l'une des plus belles cuvées de l'appellation. 2009 est un cran au-dessus et le 2010 offre un toucher de tanin exceptionnel. Le 2011 est porteur de grands espoirs. À suivre de très près.

Saumur Les Salles Martin 2010
Blanc | 2012 à 2031 | 16 € **15,5/20**

Personnalité qui s'affirme au fil de l'ouverture, dans un registre à la fois riche et frais. Gros potentiel.

Saumur-Champigny 2011
Rouge | 2012 à 2022 | 10,50 € **15,5/20**

Accents de cassis, tanins souples et longs avec des accents de fruits noirs, tanin croquant et gourmand.

Saumur-Champigny Les Poyeux 2010
Rouge | 2012 à 2032 | 22 € **17/20**

Toucher de tanins exceptionnel, bouche concentrée, raffinée, et profonde, ce disciple des frères Foucault fait plaisir sur ce millésime à ses mentors.

Saumur-Champigny Les Poyeux 2009
Rouge | 2014 à 2036 | 20 € **16/20**

Énergie en bouche de première saveur, avec une profondeur et une texture dignes des plus grands de l'appellation. Ce vin évolue parfaitement mais il souffre aujourd'hui de la comparaison avec le 2010.

COULÉE DE SERRANT

Château de la Roche-aux-Moines • 49170 Savennières
Tél. 02 41 72 22 32 • Fax : 02 41 72 28 68
info@coulee-de-serrant.com
www.coulee-de-serrant.com
Visite : Du lundi au samedi de 9h à 12h et de 14h à 17h30. Fermé les jours fériés.

La Coulée de Serrant est un promontoire de schistes sur le versant nord de la Loire, à une dizaine de kilomètres d'Angers. Elle a été identifiée de longue date comme terroir d'exception. Curnonsky, le prince élu des gastronomes, la comptait parmi les cinq plus grands vins blancs de France. Cultivée depuis 1980 en biodynamie, elle donne un vin parfois difficile à goûter jeune, et qui ne se comprend vraiment que sur la durée, quand le terroir affirme sa personnalité. Le domaine, mené par Nicolas Joly, désormais bien épaulé par sa fille, vinifie également le savennières Les-Vieux-Clos et le savennières-roche-aux-moines Le-Clos-de-la-Bergerie.

Savennières - Coulée de Serrant 2010
Blanc | 2017 à 2027 | 46 € **16,5/20**

Belles dimensions pour ce vin encore dans ses langes, qu'il convient de déguster sur 24 heures pour en saisir le potentiel, la tension est vibrante et la maturité juste, l'aromatique se dévoile progressivement, mais pour l'instant on est plus en structure.

Savennières - Coulée de Serrant 2007
Blanc | 2012 à 2025 | épuisé **17/20**

Carafé 3 heures, voilà un vin qui a les «Coulée» franches et vibrantes, avec des rebondissements, une aromatique précise sur les agrumes et l'iode et une colonne vertébrale minérale superbe.

Savennières - Roche aux Moines Le Clos de la Bergerie 2010
Blanc | 2012 à 2017 | 30 € **15,5/20**

Nez miellé avec des accents de pamplemousse confit, la bouche offre moelleux, tension et finale saline.

CHÂTEAU SOUCHERIE

Lieu-dit la Soucherie • 49750 Beaulieu-sur-Layon
Tél. 02 41 78 31 18 • Fax : 02 41 78 48 29
contact@domaine-de-la-soucherie.fr
www.domaine-de-la-soucherie.fr
Visite : Du lundi au samedi de 9h à 18h.

Du château Soucherie, on bénéficie d'un superbe point de vue sur le vignoble de l'Anjou. Le changement de propriétaire a donné un nouveau souffle à ce grand domaine qui s'oriente vers une conversion naturelle dans le domaine cultural. La progression est constante depuis le millésime 2008. 2009 et 2010 sont à encaver au plus vite, avec des 2010 de haute volée.

Chaume 2008
Blanc liquoreux | 2012 à 2020 | 25 € **15/20**

Tendu et miellé, ce vin offre de belles perspectives.

Savennières 2009
Blanc | 2012 à 2020 | 17,50 € **16/20**
Un modèle, une référence à suivre, on a une tension profonde et stylée, en évitant la trop grande amertume et les accents rondouillards de certains savennières, ce vin évolue parfaitement et nous livre tout son potentiel.

Vin de pays du Val de Loire Carmen 2010 ☺
Rouge | 2012 à 2014 | 9,90 € **15,5/20**
Assemblage gamay, grolleau et cabernet franc, il est d'une gourmandise irrésistible, c'est un vin d'opérette.

CHÂTEAU DE VILLENEUVE

3, rue Jean-Brevet • 49400 Souzay-Champigny
Tél. 02 41 51 14 04 • Fax : 02 41 50 58 24
jpchevallier@chateaudevilleneuve.com
www.chateaudevilleneuve.com
Visite : Du lundi au samedi de 9h à 12h et de 14h à 18h. Fermé les jours fériés.

Situé sur la côte calcaire de Souzay, le Château de Villeneuve est l'un des meilleurs domaines de Loire. Œnologue de formation, Jean-Pierre Chevalier s'oriente vers l'agriculture biologique et les arbres truffiers. La cuvée Vieilles-Vignes présente de la densité avec un velouté de texture raffiné. Issu d'une parcelle de 5 hectares devant le château, le Grand-Clos est l'une des grandes cuvées de l'appellation. Les blancs ne sont pas en reste. Les vins évoluent parfaitement en bouteille, avec des millésimes anciens dignes de ce nom.

Saumur Les Cormiers 2010
Blanc | 2012 à 2030 | 14 € **15,5/20**
Touches d'agrumes et miel au nez, bouche persistante et tendue, jolie fin citronnée, vin de saint jacques.

Saumur-Champigny 2010
Rouge | 2012 à 2016 | 10 € **14,5/20**
Moins en forme que le charmeur 2009, ce millésime a besoin d'un peu de temps pour donner toute sa mesure.

Saumur-Champigny Le Grand Clos 2009
Rouge | 2012 à 2031 | épuisé **17/20**
Certainement le plus Grand Clos jamais produit par Jean-Pierre Chevalier, il y a une longueur, une finesse et un grain de tanin exceptionnels qui se livre bien. Ce vin évolue de la meilleure des façons, à acheter en magnum !

Saumur-Champigny Vieilles Vignes 2009
Rouge | 2012 à 2025 | 13 € **16/20**
Vin suave, avec un tanin tendu et profond. C'est toujours très bon.

CHÂTEAU YVONNE

12, rue Antoine-Cristal • 49730 Parnay
Tél. 02 41 67 41 29 • Fax : 02 41 67 41 29
chateau.yvonne@wanadoo.fr
Visite : Sur rendez-vous.

Les vignes sont conduites en bio et font l'objet de soins attentifs. Le blanc et le rouge sont vinifiés et élevés en barriques, ils passent ensuite en cuve pour une mise en bouteille sans filtration. Le blanc est très gras, parfois luxueusement élevé. Le rouge ne surjoue pas les millésimes, et s'adapte à ce que Dame Nature fournit, sans recherche de concentration excessive. Leur point commun est la fraîcheur revigorante de leurs finales. Les 2009 et 2010 ont de la classe.

Saumur 2010
Blanc | 2012 à 2024 | 19 € **15,5/20**
Il y a une belle matière avec un élevage bien intégré, il y a du gras en attaque et ce qu'il faut derrière.

Saumur-Champigny Château Yvonne 2010
Rouge | 2012 à 2025 | 17 € **15,5/20**
Fruité croquant, touches florales, c'est déjà très bon.

Saumur-Champigny La Folie 2010 ☺
Rouge | 2012 à 2018 | 12 € **15,5/20**
On sent la matière, le fruité charnu et de l'allonge. Vin Bien vinifié.

La Touraine

Ces vins incarnent le classicisme ligérien, fait de grâce et de légèreté dans la puissance, d'harmonie dans l'équilibre entre l'alcool, l'acidité et le tanin. Le revers de la médaille est la soumission aux aléas des millésimes, et de l'inégalité du savoir-faire des producteurs.

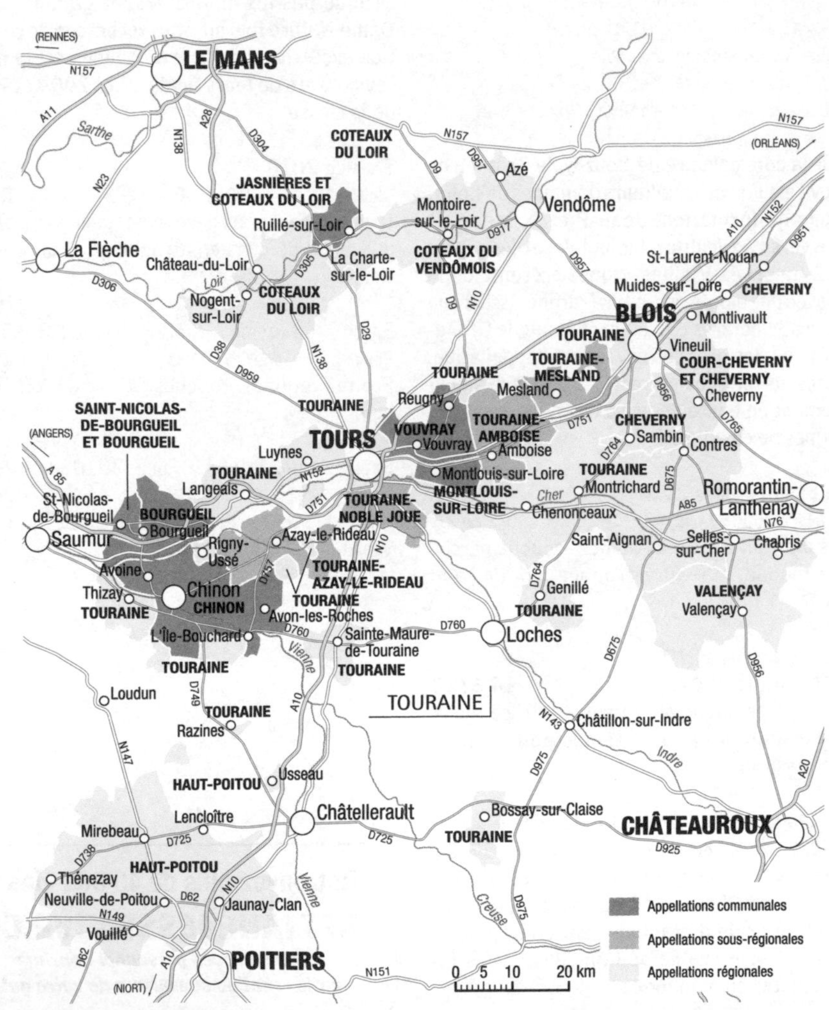

DOMAINE PHILIPPE ALLIET

Briançon - RD 8 • 37500 Cravant-les-Côteaux
Tél. 02 47 93 17 62 • Fax : 02 47 93 17 62
philippe.alliet@wanadoo.fr
Visite : Sur rendez-vous du lundi au samedi.

Claude et Philippe Alliet sont unis sous le régime de la communauté du cabernet franc. Leur dernier enfant, l'huisserie, est une parcelle de très jeunes vignes plantées en coteau, sur un terroir argilo-siliceux qui commence à prendre son régime de croisière. La cuvée Vieilles-Vignes, sur sables graveleux, gagne chaque année en distinction, et le Coteau-de-Noiré est devenu l'une des références de l'appellation pour les terroirs argilo-calcaires. À maturité, cette cuvée jouerait les trouble-fêtes dans une dégustation de Premiers du Bordelais. Essayez avec le 2003. 2010 semble encore plus absolu que son prédécesseur.

Chinon Coteau de Noiré 2010
Rouge | 2014 à 2025 | 20 € **18,5/20**
Envoûtant. Voilà ce 2010 goûté en échantillons, sublime de texture, certes en prise avec le bois mais tout est là. Les patients y verront un grand vin. Nous en sommes.

Chinon L'Huisserie 2010
Rouge | 2012 à 2025 | 17 € **18/20**
Grande huisserie, la bouche est superlative, excessive, charmeuse et endiablée.

Chinon Vieilles Vignes 2010
Rouge | 2012 à 2018 | 15 € **16/20**
Grands tanins, fins, extraordinairement fins. La fin de bouche est gracile et élégante.

DOMAINE YANNICK AMIRAULT

5, pavillon du Grand-Clos • 37140 Bourgueil
Tél. 02 47 97 78 07 • Fax : 02 47 97 94 78
info@yannickamirault.fr • www.yannickamirault.fr
Visite : Sur rendez-vous.

Éternel anxieux, Yannick Amirault est un perfectionniste qui donne le bon tempo sur Bourgueil et Saint-Nicolas, ayant la chance de posséder un bon patrimoine de vieilles vignes. Les-Quartiers reflète l'élégance des terroirs calcaires de Bourgueil. Les saint-nicolas sont ici plus puissants qu'ailleurs. Les vins sont construits pour la garde.

Bourgueil La Petite Cave 2010
Rouge | 2012 à 2024 | 20 € **17/20**
Bien que l'échantillon ne soit pas parfait, on ne peut qu'être impressionné par la complexité des saveurs avec un nez de fruits noirs et des tanins enrobés, vraiment onctueux.

Bourgueil Le Grand Clos 2010
Rouge | 2015 à 2030 | 15 € **17/20**
Quintessence de fruits noirs, le tanin est raffiné. Ce vin racé et intense est un festival en finale.

Bourgueil Les Quartiers 2010 ☺
Rouge | 2012 à 2020 | env. 14 € **16,5/20**
2010 voit cette cuvée en mode charnu et charmeur. Puissante tout en étant souple dans son tanin, la finale exprime la craie en direct du terroir.

Saint-Nicolas-de-Bourgueil La Mine 2010
Rouge | 2012 à 2020 | 10 € **15,5/20**
La mine emprunte aux pessacs sa note fumée, le tanin est puissant, savoureux.

Saint-Nicolas-de-Bourgueil
Les Malgagnes 2010
Rouge | 2014 à 2020 | 20 € **16,5/20**
Cuvée sur la puissance, profonde en saveurs, corsée, bien calée dans les fruits noirs. Le futur est évident.

DOMAINE AMIRAULT-GROSBOIS

Allée des Quarterons
37140 Saint-Nicolas-de-Bourgueil
Tél. 02 47 97 75 25 • Fax : 02 47 97 97 97
agnes@amirault-grosbois.com
www.amirault-grosbois.com
Visite : Du lundi au samedi de 9h à 18h.
Groupes sur rendez-vous.

Thierry Amirault et son cousin Nicolas Grosbois se sont associés pour proposer une gamme de saint-nicolas d'une étonnante franchise. Les vins sont vraiment dans l'archétype de l'appellation, on se régale de leur fruité soyeux. Les vins sont magnifiques et font progresser l'appellation vers des textures étonnantes.

Saint-Nicolas-de-Bourgueil
La Boissière 2010 ☺
Rouge | 2009 à 2017 | 6,40 € **15/20**
Superbe fruit, tanin onctueux, générosité native du terroir et immense fraîcheur. On se régale.

Saint-Nicolas-de-Bourgueil Les Graipins 2010
Rouge | 2012 à 2018 | 8,25 € **16,5/20**
Splendide délicatesse de texture, soyeux et charmeur, un grand vin de style. Finesse remarquable.

DOMAINE DE L'AUMONIER

Villequemoy • 41110 Couffy
Tél. 02 54 75 21 83 • Fax : 02 54 75 21 83
domaine.aumoniertchardon@wanadoo.fr
www.domaine-aumonier.com
Visite : Du lundi au vendredi sur rendez-vous.

TOURAINE HENRI 2010

Blanc | 2012 à 2015 | cav. 9 € **14/20**

Agréable, de jolies notes de biscuit, de figue fraîche, d'abricot et de miel. Sa trame acide porte volontiers ce panier de fruits.

DOMAINE BERNARD BAUDRY

9, Côteau-de-Sonnay • 37500 Cravant-les-Côteaux
Tél. 02 47 93 15 79 • Fax : 02 47 98 44 44
bernardbaudry@chinon.com
www.chinon.com/vignoble/bernardbaudry.com
Visite : Sur rendez-vous.

Bernard Baudry travaille avec son fils Mathieu, ils ont bâti leur réputation sur les cabernets de garde, séveux, tanniques, denses et longs. Ici, les cuvées prennent le nom des terroirs qui les portent. Les-Granges assemblent les raisins de sols de graviers et d'argiles, cela permet de produire un vin souple et frais, que l'on boit dans les trois ans. Les Grézeaux, sur argilo-siliceux, disposent d'une belle finesse et d'une structure permettant au vin de bien traverser le temps. Plus profonde, La-Croix-Boissée, sur argilo-calcaire, se révèle plus dense. Francs de pieds, les ceps du Clos Guillot produisent un vin charnu, suave et plein. Ils révèlent 2010 comme jamais. Le domaine est un classique de ce que sait produire Chinon. Une valeur sûre.

CHINON LA CROIX BOISSÉE 2010

Rouge | 2012 à 2022 | 16,50 € **16/20**

Avec une pointe de sucrosité, un millésime aux tanins aériens et très fins pour ce croix boissée. On peut lui imaginer une garde longue.

CHINON LE CLOS GUILLOT 2010

Rouge | 2012 à 2017 | 12,50 € **16,5/20**

Évolution du style classique, légèrement froid mais subtil, élégant, ce 2010 montre la maîtrise du domaine à réussir les petits millésimes mais également les grands, tels ce 2010.

CHINON LES GRANGES 2011

Rouge | 2012 à 2014 | 7,85 € **14,5/20**

Franc et frais, les granges ne déçoivent pas. Aucune note végétale dans le millésime, aucune sur-maturité à l'inverse, bref rien n'est surjoué ou sous-joué. On se régale de ce vin de copains.

CHINON LES GRÉZEAUX 2010

Rouge | 2013 à 2016 | 11 € **15,5/20**

Style puissant, dense, profond, les grézeaux ne tombent pas dans le charme immédiat. Graphités et minéraux, la patience s'impose en 2010 même si le tanin est déjà gracile.

DOMAINES BAUDRY-DUTOUR

12, Côteau-de-Sonnay • 37500 Cravant-les-Côteaux
Tél. 02 47 93 44 99 • Fax : 02 47 58 64 06
info@baudry-dutour.fr • www.baudry-dutour.fr
Visite : Du mardi au samedi de 10h à 12h et de 14h à 18h.

Christophe Baudry, issu d'une vieille famille viticole de Cravant et Jean-Martin Dutour, ingénieur agronome et œnologue se sont associés pour démarrer un négoce qualitatif assis sur plusieurs propriétés qu'ils gèrent ou possèdent. Ils ont repris le château de la Grille qui appartient à l'histoire du Chinonnais et mettent tout en oeuvre pour le relancer. Les domaines de la Perrière et du Roncée produisent égalemnt de beaux chinons classiques et le château de Saint-Louans possède un terroir de grande qualité.

CHINON CHÂTEAU DE LA GRILLE 2011

Rosé | 2012 à 2014 | NC **14/20**

Version rosée du château avec ce qu'il faut de rondeur gourmande pour accompagner un saumon, une préparation crémée.

CHINON CHÂTEAU DE LA GRILLE 2009

Rouge | 2012 à 2017 | 17 € **14,5/20**

Rond, avec un tanin enrobé, des arômes d'épices, une pointe de jus de viande. La finale est portée par ce millésime chaud. Un carré de porc juste rôti fera un grand accord.

CHINON DOMAINE DE LA PERRIÈRE 2011

Rouge | 2012 à 2017 | 6,50 € **14,5/20**

Le vin est velouté, suave, frais. Sa finale mentholée est charmeuse en diable dans un millésime qui est parfois marqué par la sous-maturité. Rien de cela ici !

CHINON DOMAINE DU RONCÉE 2011

Rouge | 2012 à 2017 | 7 € **15/20**

Toujours de la fraîcheur avec une buvabilité qui n'était pas l'apanage des 2011. Très fréquentable.

DOMAINE DE BELLIVIÈRE

Bellivière • 72340 Lhomme
Tél. 02 43 44 59 97 • Fax : 02 43 79 18 33
info@belliviere.com • www.belliviere.com
Visite : Sur rendez-vous.

Éric Nicolas réécrit avec beaucoup de style l'histoire des vins de la Sarthe en la positionnant à son plus haut niveau. Cet as du chenin est revenu à la sélection massale, et sa conduite du vignoble se révèle irréprochable de millésime en millésime. Les vinifications sont exemplaires, et les cuvées traduisent au plus juste la marque de leur terroir : les coteaux-du-loir ont une belle assise et les jasnières une profondeur et un raffinement uniques pour le secteur. Même le pineau d'Aunis semble touché par la grâce.

COTEAUX DU LOIR HOMMAGE À LOUIS DERRÉ 2010
Rouge | 2012 à 2015 | 27 € **17/20**
Le pineau d'Aunis centenaire est une rareté qu'il faut découvrir ici. Cet Hommage 2010 est certainement l'un des plus éloquents qui ait été fait à ce cépage porté à son paroxysme.

COTEAUX DU LOIR L'EFFRAIE 2010
Blanc | 2012 à 2017 | 17 € **16,5/20**
Assemblage de vignes plus jeunes que les autres cuvées, entendez celles qui n'ont pas atteint 50 ans, l'Effraie va un peu moins loin dans l'expression du cépage et du terroir. Elle est néanmoins un modèle de coteaux-du-loir.

COTEAUX DU LOIR VIEILLES VIGNES ÉPARSES 2010
Blanc | 2012 à 2017 | 27 € **17,5/20**
Grande interprétation du chenin, en version sec majorée de quelques grammes de sucre résiduel. L'équilibre est superbe, les amers sont exceptionnels.

JASNIÈRES CALLIGRAMME 2010
Blanc | 2012 à 2018 | 35 € **17/20**
Fait de tension du support acide et de souplesse de texture, arrondi d'une pointe de sucre, 2010 est à nouveau une grande réussite de Calligramme.

JASNIÈRES LES ROSIERS 2005
Blanc | 2012 à 2018 | 20 € **16,5/20**
Un glissant étonnant en fera l'une des stars de l'apéritif. Sec mais avec une sensation de sucrosité, de très beaux fruits jaunes en finale : tous les ingrédients sont là pour porter l'étendard du jasnières vers les sceptiques.

JASNIÈRES PRÉMICES 2010
Blanc | 2012 à 2016 | 13,50 € **15/20**
Entrée de gamme précise, avec cette pointe fraîche qui le tend en finale. Un vin idéal pour l'apéritif, arrondi par une pointe de sucrosité bien fondue. Elle permet d'accéder au domaine avec son prix accessible.

DOMAINE DES BOIS VAUDONS

30, route de la Vallée • 41400 Saint-Julien-de-Chedon
Tél. 02 54 32 14 23 • Fax : 02 54 32 84 03
merieau2@wanadoo.fr • www.merieau.com
Visite : D'avril à septembre, du lundi au samedi de 10h à 12h30 et de 14h à 18h30. Le dimanche de 10h à 12h30.

Jean-François Mérieau ne fait rien comme les autres. On peut ne pas apprécier certaines cuvées. D'autres, notamment les côts, mais ils ne sont pas les seuls, révèlent des visages d'une originalité folle. Les étiquettes partagent ce sens de la transgression. À fréquenter régulièrement pour se précipiter sur de véritables perles, résultantes de paris techniques osés. Ce n'est pas si fréquent.

TOURAINE CENT VISAGES 2010
Rouge | 2012 à 2018 | env. 10 € **16/20**
Splendide échantillon de malbec, l'un des plus originaux qui soient. Si la mise conserve ses qualités, on verra un grand vin. L'expression fleurie est éblouissante.

TOURAINE GUEULE DE BOA 2009
Rouge | 2012 à 2017 | 16,50 € **15/20**
La maison sait élever le côt. En voici une expression toujours originale, intensément fruitée, profonde et savoureuse.

TOURAINE L'ARPENT DES VAUDONS 2011
Blanc | 2012 à 2017 | 8 € **14,5/20**
On ne fait rien ici comme ailleurs. Le sauvignon, dans son registre variétal prend des notes fumées et musquées étonnantes. Pour un apéritif animé !

CHÂTEAU DE LA BONNELIÈRE

Route Marcay, rue des Basses Vignes - Lieu-dit Launay, B.P. 60232 • 37500 La-Roche-Clermault
Tél. 02 47 93 16 34 • Fax : 02 47 98 48 23
info@plouzeau.com • www.plouzeau.com
Visite : Du mardi au samedi de 11h à 13h et de 15h à 19h. D'avril à fin septembre, du lundi au vendredi de 9h à 12h et de 14h à 16h.

Touraine Clos de Maulevrier 2009
Rouge | 2013 à 2020 | 25 € **16/20**
Une matière crémeuse et des tanins ronds caractérisent cet ensemble volumineux mais équilibré et fin. Il a besoin de vieillir.

DOMAINE DES BOUQUERRIES

4, les Bouquerries • 37500 Cravant-les-Côteaux
Tél. 02 47 93 10 50 • Fax : 02 44 93 41 94
gaecdesbouquerries@wanadoo.fr
Visite : Du lundi au samedi de 8h à 12h et de 14h à 18h.

Ce domaine de Cravant-les-Coteaux pratique des rendements raisonnables et possède un intéressant patrimoine de vieilles vignes. 2010 est une belle réussite, on se régale.

Chinon cuvée Royale 2010
Rouge | 2012 à 2020 | 5,80 € **16/20**
2010 est une grande réussite. Plein, puissant mais longiligne, frais et droit, c'est un chinon d'un classicisme évident. On se régale.

DOMAINE PIERRE BRETON

8, rue du Peu-Muleau • 37140 Restigné
Tél. 02 47 97 30 41
domainebreton@yahoo.fr • www.domainebreton.net
Visite : Sur rendez-vous.

Catherine et Pierre Breton constituent des références dans le monde du bio ligérien, car on a la fraîcheur de fruit, l'équilibre et beaucoup de naturel de constitution. L'utilisation plus que modérée du soufre joue parfois des tours à la pureté aromatique mais la digestibilité pourrait être le credo général de la gamme, l'une des plus gourmandes de la Loire, qui pousse à la gaudriole. 2010 a été ici particulièrement réussi. La cuvée franc-de-pied trouve dans ce millésime une justification évidente. Merci d'avoir osé affronter le diabolique phylloxera. Le clos-sénéchal est également remarquable.

Bourgueil Franc de Pied 2010
Rouge | 2011 à 2018 | 14 € **16,5/20**
Superbe réussite pour ce franc de pied. Le fruit semble lumineux en 2010 avec un tanin des plus fins. Le risque pris en plantant franc de pied trouve pleinement sa justification ici. Bravo !

Bourgueil Le Clos Sénéchal 2010
Rouge | 2012 à 2018 | 16 € **15/20**
Le tanin est fin, le vin gourmand, avec le naturel que l'on aime dans les cuvées du domaine.

Chinon 2010
Rouge | 2012 à 2018 | 12 € **15/20**
Frais, digeste, savoureux avec un tanin brillant qui donne envie. Épaulé, jeté, le credo du domaine.

DOMAINE BRISEBARRE

37210 Vouvray
Tél. 02 47 52 63 07 • Fax : 02 47 52 65 59
brisebarre.ph@wanadoo.fr
Visite : Sur rendez-vous.

Vouvray 2008
Blanc Brut eff. | 2012 à 2014 | 6,30 € **15,5/20**
Frais au nez, mentholé en bouche, ce crémant est élégant, suave. Les arômes de fruits blancs sont complétés en bouche par les fruits rouges, avec une pointe de kirsch.

CAVE BRUNEAU-DUPUY

14, La Martelière
37140 Saint-Nicolas-de-Bourgueil
Tél. 02 47 97 75 81 • Fax : 02 47 97 43 25
info@cave-bruneau-dupuy.com
www.cave-bruneau-dupuy.com
Visite : Sur rendez-vous du lundi au samedi de 9h à 12h et de 13h30 à 18h.

Le domaine Bruneau-Dupuy est un domaine implanté de longue date sur 18 hectares protégés au nord par la forêt. Une partie importante est exposée au sud dans des terrains argilo-calcaires recouvrant le tuffeau. Les vins montrent des tanins et des fruits remarquables. Un domaine à suivre absolument pour la cohérence et le niveau des vins.

Saint-Nicolas-de-Bourgueil Réserve 2010
Rouge | 2012 à 2018 | 6,80 € **16/20**
Joli style, grand tanin, la finale sapide, à la fois puissante et tendre signe un joli rouge.

Saint-Nicolas-de-Bourgueil Tradition 2011
Rouge | 2012 à 2018 | 4,90 € **15/20**
Étonnamment fruité, très frais avec un tanin remarquable. Ce Tradition ne passe pas inaperçu !

Saint-Nicolas-de-Bourgueil
Vieilles Vignes 2011
Rouge | 2012 à 2018 | 5,30 € **15,5/20**
Un saint-nicolas de grand style, puissant et séveux avec un tanin raffiné.

DOMAINE DE LA BUTTE

La Butte • 37140 Bourgueil
Tél. 02 47 97 81 30 • Fax : 02 47 45 11 14
labutte@jackyblot.fr • www.jackyblot.fr
Visite : Sur rendez-vous.

À l'origine de la résurrection de l'appellation Montlouis, Jacky Blot perfectionne depuis 2002 ses cabernets francs sur Bourgueil. Recherchant la sensualité, ce néo-bourgueillois sélectionne ses parcelles sur le modèle bourguignon, avec un Pied-de-la-Butte gourmand, un Haut plus complexe et un Mi-Pente sensuel et structuré. Perrières élevé sous bois affine son élevage de millésime en millésime. Le domaine continue de progresser, ce qui n'est pas simple après un millésime 2010 remarquable. Les 2011 goûtés pour la plupart en échantillon avant la mise sont splendides.

Bourgueil Le Haut de la Butte 2011
Rouge | 2012 à 2019 | 12 € **16,5/20**
Le soyeux du tanin étonne, puis la complexité du vin s'installe en bouche, c'est une cuvée de 2011 gracile et savoureuse.

Bourgueil Le Pied de la Butte 2011
Rouge | 2012 à 2020 | 8 € **15,5/20**
Le tanin est racé, dans un vin minéral, profond et subtilement graphité.

Bourgueil Mi-Pente 2011
Rouge | 2012 à 2020 | 18 € **16,5/20**
L'échantillon s'annonce superbe, sans la grâce des hauts-de-la-butte mais avec encore plus de fond. Un débat d'esthète.

Bourgueil Mi-Pente 2010
Rouge | 2013 à 2020 | 18 € **17/20**
Les promesses de l'échantillon de l'an passé sont tenues, le tanin est gracile et supérieurement élégant. Une ou deux années de cave seraient parfaites pour lui laisser le temps de s'affranchir de son élevage.

Bourgueil Perrières 2011
Rouge | 2012 à 2020 | 16 € **17/20**
Perrières semble le plus abouti des échantillons de 2011 que nous avons goûtés grâce à un raffinement rare. La délicatesse faite bourgueil !

Bourgueil Perrières 2010
Rouge | 2012 à 2020 | 15 € **17/20**
Les tanins sont superbes, d'une délicatesse étonnante. Ils ont perdu en puissance pour retrouver une complexité rare avec ce qu'il faut de tension en finale.

DOMAINE VINCENT CARÊME

1, rue du Haut-Clos • 37210 Vernou-sur-Brenne
Tél. 02 47 52 71 28 • Fax : 02 47 52 01 36
vin@vincentcareme.fr • www.vincentcareme.fr
Visite : Le lundi, mardi, jeudi,vendredi de 9h à 12h et de 14h à 17h. Les autres jours sur rendez-vous.

Ayant des parents qui possédaient quelques arpents de vigne sur Vouvray, Vincent Carême est revenu au pays, après des études viticoles et des vinifications en Afrique du Sud, en Muscadet et en Anjou. Ses deux principaux terroirs se situent sur des sols d'argile à silex pour le Peu-Morier, et sur une dominante de calcaire pour les Aubuis, où les vignes se développent à fleur de coteau. Les bulles sont régulièrement remarquables ainsi que le moelleux.

Vouvray NM
Blanc Brut eff. | 2012 à 2014 | 9,80 € **15/20**
Toujours aussi agréable en bouche, tirage après tirage, typé par son cépage, avec une bonne longueur. Aucun dosage n'a été ajouté, la finale est construite autour des sucres naturels du raisin non fermentés. Un pur régal.

Vouvray 2009
Blanc liquoreux | 2012 à 2015 | 20 € **14,5/20**
Joli moelleux gourmand et frais. La liqueur n'est pas envahissante, équilibrée entre l'acide et le sucre. C'est l'idéal compagnon de la tarte aux fruits quand on ne veut pas d'un vin qui s'impose par sa sucrosité.

Vouvray L'Ancestrale 2009
Blanc Brut eff. | 2012 à 2013 | 13 € **15/20**
Magnifique pétillant naturel, la fermentation se termine en bouteille sans sucres ni levures ajoutés. La finale tendue est minérale, avec un fruité gourmand.

DOMAINE DE LA CHAPINIÈRE

4, chemin de la Chapinière • 41110 Chateauvieux
Tél. 02 54 75 43 00 • Fax : 02 54 75 31 60
contact@lachapiniere.com • www.lachapiniere.com
Visite : Du mardi au samedi de 10h à 19h.
Le dimanche de 10h à 13h. En dehors de ces horaires sur rendez-vous.

Florence Veilex avait la réussite économique sur Paris et en 2003, elle a tout plaqué pour vivre son rêve sur ce coin de Touraine où elle possède treize hectares, avec surtout une sélection massale de côt mise au point par le sieur Garnon. Cette cuvée à la fois dense, longiligne et poivrée possède ce qu'il faut de soyeux et d'énergie. Elle est l'une des meilleures de Touraine. Le 2010 s'annonce superbe.

TOURAINE 2011
Blanc | 2012 à 2014 | 5,10 € **14/20**
Nez d'agrumes, bouche bien calibrée entre le gras et la vivacité.

TOURAINE CÔT GARNON 2010
Rouge | 2012 à 2020 | 6,50 € **15/20**
Fruit bien dégagé, belle persistance, la bouche possède un joli volume.

TOURAINE GAMAY 2011
Rouge | 2012 à 2014 | 4,50 € **13,5/20**
Fraise et cerise se mêlent de la façon la plus agréable, dans une bouche au fruité croquant.

DOMAINE DE LA CHEVALERIE

7-14, rue du Peu-Muleau • 37140 Restigné
Tél. 02 47 97 46 32 • Fax : 02 47 97 45 87
chevalerie@caslot.fr • www.domainedelachevalerie.fr
Visite : Du lundi au samedi de 9h à 18h. Le dimanche de 9h à 12h, l'après-midi sur rendez-vous.

2010 vient compléter une impressionnante série de réussites. Ce domaine d'un seul tenant produit des cuvées précises, épousant pleinement leur terroir, dans un registre de tension et de fraîcheur. Ici, le 1906 et bien d'autres millésimes d'avant-guerres rappelleront à tous ceux qui affirment que les vins de Loire ne vieillissent pas que le doute est une vertu et que venir au domaine est un pèlerinage impératif.

BOURGUEIL BONN'HEURE 2011
Rouge | 2012 à 2020 | 6 € **15/20**
Nouvelle cuvée qui donne une vision parfaitement charmeuse de Bourgueil, sans accroche, ronde à souhait. Le vin de copains, des bons copains.

BOURGUEIL BUSARDIÈRES 2010
Rouge | 2012 à 2025 | 15,50 € **16/20**
Son onctuosité, sa puissance, son équilibre, sa fraîcheur et son grand tanin racé en font un vin de référence dans l'appellation.

BOURGUEIL CHEVALERIE 2010
Rouge | 2012 à 2020 | 13,50 € **17/20**
Rencontre de la profondeur et de la souplesse, cette cuvée est une charmeuse. On a ici tiré toute la délicatesse possible du cabernet franc.

BOURGUEIL GALICHETS 2010
Rouge | 2014 à 2025 | 8,30 € **16/20**
L'attaque est souple mais le vin est long, avec du gras et une texture superbe. La finale est fraîche.

BOURGUEIL GRAND-MONT 2010
Rouge | 2012 à 2020 | 24 € **17,5/20**
Grand tanin très fin, superbe dans son expression raffinée. Tout en étant le plus structuré de la gamme, il est très souple et incarne ainsi la caractéristique des vins du domaine.

BOURGUEIL PEU MULEAU 2010
Rouge | 2012 à 2018 | 6,70 € **15/20**
Superbe tanin ourlé, fruité fin, avec un charme indéniable, on en boira trop !

DOMAINE FRANÇOIS CHIDAINE

5, Grand Rue • 37270 Montlouis-sur-Loire
Tél. 02 47 45 19 14 • Fax : 02 47 45 19 08
lacaveinsolite@wanadoo.fr
www.francois-chidaine.com
Visite : Du lundi au samedi de 10h à 12h et de 14h30 à 19h.

François Chidaine a précédé de quelques années la jeune garde de Montlouis, qui rend si passionnante la progression de cette petite appellation. Il produit des vouvrays qui partagent le même brio que ses montlouis. L'intégralité de la gamme est d'un bon niveau qualitatif, et fait de cette adresse une valeur sûre parmi les producteurs de chenin.

MONTLOUIS-SUR-LOIRE 2010
Blanc liquoreux | 2012 à 2015 | 9,30 € **14/20**
Plus équilibré que le 2009, avec une fraîcheur agréable et une longueur moyenne.

MONTLOUIS-SUR-LOIRE CHOISILLES 2009
Blanc Brut effervescent | 2012 à 2017 | 14,90 € **15/20**
Puissante et minérale, les choisilles 2010 sont dans la lignée des 2009, avec un important volume de bouche et une fraîcheur limitée.

MONTLOUIS-SUR-LOIRE LES BOURNAIS 2010
Blanc | 2012 à 2018 | NC **15,5/20**
Frais et long, puissant, il démarre fermé comme souvent.

VOUVRAY LE BOUCHET 2010
Blanc Demi-sec | 2012 à 2015 | NC **15/20**
Vin droit, pur, tendu, plus en longueur qu'en largeur.

DOMAINE PATRICE COLIN

5, impasse de la Gaudetterie
41100 Thoré-la-Rochette
Tél. 02 54 72 80 73 • Fax : 02 54 72 75 54
colinpatrice41@orange.fr • www.patrice-colin.fr
Visite : Sur rendez-vous.

Figure de proue des coteaux-du-vendômois, Patrice Colin s'appuie sur de très vieilles vignes, dont un pineau d'aunis centenaire qui produit chaque année des vins frais et épicés. Le chenin, à peine plus jeune, produit une gamme allant du sec au moelleux. Ces vins évoluent parfaitement avec le temps, les autres cuvées sont délicieusement lampantes.

COTEAUX DU VENDÔMOIS CUVÉE PIERRE À FEU 2011
Blanc | 2012 à 2014 | NC **14/20**
Nez d'agrumes avec des touches fumées, la bouche offre tension harmonieuse et finale fumée

COTEAUX DU VENDÔMOIS PENTE DES COUTIS 2010
Blanc Demi-sec | 2009 à 2016 | NC **14,5/20**
Ce sec tendre aux accents de fruits jaunes et de fumé est bien équilibré entre sucrosité et acidité, il offre une tension mesurée et une finale énergique, le 2004 goûté dans la foulée a évolué de façon parfaite avec encore une belle fraîcheur et des accents d'agrumes confits.

COTEAUX DU VENDÔMOIS VIEILLES VIGNES 2010
Blanc | 2012 à 2014 | NC **14,5/20**
Fruits rouges avec une touche épicée donnent la tonalité aromatique, la bouche offre un tanin croquant et gourmand avec ce qu'il faut de longueur.

COTEAUX DU VENDÔMOIS VIGNES D'ÉMILIEN COLIN 2010
Rouge | 2012 à 2016 | NC **15,5/20**
100 % pineau d'Aunis, ce vin offre des accents de poivre gris, de fruits rouges, avec un tanin, frais, long et tendu.

DOMAINE DES CORBILLIÈRES

Lieu-dit Corbillères • 41700 Oisly
Tél. 02 54 79 52 75 • Fax : 02 54 79 64 89
dominique.barbou@wanadoo.fr
www.domainedescorbillieres.com
Visite : Du lundi au samedi de 9h à 12h et de 14h à 18h sur rendez-vous.

Dominique Barbou est l'un des vignerons les plus consciencieux de la Touraine. Les rendements raisonnables et le travail des vignes permettent d'obtenir des vins de belle facture. En rouge, la délicatesse des tanins impressionne et pourra servir de référence. Les blancs ne sont pas en reste malgré un millésime 2011 qui n'était pas simple.

TOURAINE LES DAMES 2009
Rouge | 2012 à 2016 | 9,20 € **14,5/20**
Cuvée plus en puissance mais moins fraîche que d'autres dans la gamme, elle est marquée par l'élevage.

TOURAINE LES DEMOISELLES 2010
Rouge | 2012 à 2016 **14/20**
Cet assemblage charme. Côt gamay et pinot noir y sont unis pour le meilleur avec la fraîcheur des rouges de Touraine en prime.

TOURAINE LES DEMOISELLES 2009
Rouge | 2012 à 2016 | 5,65 € **15/20**
La fin de bouche de cet assemblage côt, gamay et pinot noir est gourmande. La finale réjouit de ses saveurs fruitées, fraîches et sensuelles.

TOURAINE LES GRIOTTINES 2010
Rouge | 2012 à 2016 | 5,20 € **15/20**
On se régale de ce vin de charme, glissant, facile mais savoureux. Les petits fruits rouges de la finale valent bien des cuvées plus ambitieuses mais de moindre délicatesse.

TOURAINE SAUVIGNON 2011
Blanc | 2012 à 2015 | 5,65 € **14/20**
Buvable, un peu variétal diront certains mais frais et gourmand. Un bel exemple de sauvignon en appellation Touraine.

DOMAINE DE LA COTELLERAIE

2, la Cotelleraie • 37140 Saint-Nicolas-de-Bourgueil
Tél. 02 47 97 75 53 • Fax : 02 47 97 85 90
gerald.vallee@wanadoo.fr
Visite : Du lundi au samedi de 9h à 12h30 et de 14h à 18h. Fermé les jours fériés.

Gérald Vallée a repris le domaine familial, situé entièrement sur Saint-Nicolas-de-Bourgueil. La gamme est étonnante, avec des vins au toucher de bouche soyeux et raffiné, et qui évoluent parfaitement. La très belle série que nous suivons depuis plusieurs millésimes se poursuit avec une envolée qui lorgne résolument vers les sommets. Le Vau-Jaumier tutoiera également les plus grands, mais il faudra attendre quelques années.

SAINT-NICOLAS-DE-BOURGUEIL 2011

Rouge | 2012 à 2017 | 8,50 € **15,5/20**

Le tanin est gracile, sans aucune sous-maturité du millésime, un style d'artiste.

SAINT-NICOLAS-DE-BOURGUEIL L'ENVOLÉE 2009

Rouge | 2012 à 2020 | 20 € **16,5/20**

L'Envolée prend de l'altitude en 2009. Un tanin superlatif avec une matière incroyablement racée, plus intense que puissante. Cette cuvée est à elle seule un style du grand Loire mais elle devra domestiquer son bois.

SAINT-NICOLAS-DE-BOURGUEIL LE VAU JAUMIER 2010

Rouge | 2014 à 2020 | 18 € **18/20**

Le vau-jaumier a besoin de temps. Il nécessite de l'oubli en cave pour que son élevage se soumette au fruit natif du millésime. Un grand de demain.

SAINT-NICOLAS-DE-BOURGUEIL LES PERRUCHES 2010

Rouge | 2012 à 2018 | 11,50 € **17/20**

On approche du plus grand saint-nicolas possible par la qualité des tanins, la suavité et l'élégance.

CHÂTEAU DE COULAINE

2, rue de Coulaine • 37420 Beaumont-en-Véron
Tél. 02 47 98 44 51 • Fax : 02 47 93 49 15
chateaudecoulaine@orange.fr
Visite : Sur rendez-vous.

Planté en vignes dès le XIVe siècle, ce vignoble a failli disparaître après la grave crise du phylloxéra puisque, de 1902 à 1988, il ne restait qu'un hectare du domaine initial. Heureusement, Étienne de Bonnaventure a ressuscité ce cru historique. L'âge des vignes et le mode cultural tourné vers le bio contribuent au succès grandissant de la propriété. Avec des vins mieux protégés, on serait au sommet de ce que Chinon peut faire. Il faudra comme toujours bien veiller aux conditions de transport et de stockage.

CHINON CLOS DE TURPENAY 2010

Rouge | 2012 à 2015 | 16 € **14/20**

Dans le style typique du domaine, le vin, pas en place pour l'instant, montre une race évidente. Les tanins sont remarquables.

CHINON LES PICASSES 2010

Rouge | 2012 à 2015 | 17 € **13/20**

Un grand fruit et une matière soyeuse et longue compensent une légère imprécision des arômes. La fraîcheur emmène le vin.

PIERRE ET BERTRAND COULY

4, rue de Saint-Louans • 37500 Chinon
Tél. 02 47 93 43 97 • Fax : 02 47 93 05 99
contact@pb-couly.com • www.pb-couly.com
Visite : Tous les jours de 10h à 19h.

Pierre et Bertrand ont reconstruit depuis 2004 un vignoble qui compte chaque année de nouvelles cuvées. Ils affichent un bel optimisme et il y a de quoi, car leurs vins ont cette race ligérienne avec du fruit, de la fraîcheur et des accents de violette, et les textures soyeuses sont parmi les meilleures de Loire en cabernet franc. Au delà des cuvées de «simple» chinon s'ajoute une cuvée située sur argilo-calcaire, baptisée V, plus complexe, avec une pureté et une fraîcheur de fruits du meilleur effet. Elle est complétée depuis 2008 par le Clos-de-la-Haute-Olive puis par le Clos du Parc. En blanc, les blancs-closeaux feront date. Tant de talent dès les entrées de gamme mérite une promotion au domaine.

CHINON 2011

Rosé | 2012 à 2013 | 7 € **15/20**

Rosé de gourmandise, large et profond, avec de jolies notes framboisées. Il ne sombre pas dans le côté technologique de bien des rosés. C'est un vin d'équilibre, empreint de naturel.

CHINON 2011

Rouge | 2012 à 2018 | 7,80 € **15/20**

2011 sera charmeur, il fallait de la maîtrise technique pour aboutir à ce résultat. Équilibré et gourmand, un chinon de soif, à boire dès maintenant.

CHINON 2010

Rouge | 2012 à 2020 | 8 € **16/20**

2010 a apporté une dimension aérienne à ce chinon quand 2009 le voyait plus terrien. La finale est délicate et raffinée, fraîche. On se régale.

CHINON CLOS DU PARC 2011

Rouge | 2012 à 2018 | 9 € **16/20**

Empreinte de minéralité, profonde et fraiche, cette nouvelle cuvée interprète le millésime avec tension.

CHINON LA HAUTE OLIVE 2011

Rouge | 2012 à 2020 | 10,50 € **16,5/20**

Si 2011 n'a pas la perfection de 2010, il montre une suavité de tanins des plus étonnantes. La note très légèrement végétale tend le vin magnifiquement.

CHINON LE V DE PIERRE ET BERTRAND COULY 2011

Rouge | 2012 à 2018 | 8,10 € **15,5/20**

2011 verra V épicé, délicatement fruité, long et charmeur. La note végétale du millésime ne s'impose pas mais participe à la complexité des saveurs.

CHINON LE V DE PIERRE ET BERTRAND COULY 2010

Rouge | 2012 à 2018 | 8,40 € **16,5/20**

Un grand et joli vin, délicat dans sa texture, charmeur et sensuel. La finale fraîche lui donne un raffinement supplémentaire.

CHINON LE V DE PIERRE ET BERTRAND COULY 2009

Rouge | 2012 à 2020 | 9 € **14,5/20**

Emporté par des notes de lies, le millésime chaud a pris le dessus et étouffe la fraîcheur du vin.

CHINON LES BLANCS CLOSEAUX 2011

Blanc | 2012 à 2018 | 9,50 € **16/20**

Nouvelle cuvée qui entre en fanfare dans le monde des blancs de Chinon. Une charmeuse qui gomme les amertumes par une sensualité sucrée de fin de bouche.

COULY-DUTHEIL

12, rue Diderot - B.P. 234 • 37502 Chinon
Tél. 02 47 97 20 20 • Fax : 02 47 97 20 25
info@coulydutheil-chinon.com
www.coulydutheil-chinon.com
Visite : Du lundi au vendredi de 8h à 12h et de 14h à 17h30.

Le domaine Couly-Dutheil rentre dans sa quatre-vingt-dixième année et retrouve progressivement le niveau où nous le connaissions. Il propose deux clos réputés, le Clos-de-l'Olive et le Clos-de-l'Écho, un terroir mythique, argilo-calcaire, qui fait face au Château de Chinon. 2010 leur va bien.

CHINON CLOS DE L'ÉCHO 2010

Rouge | 2012 à 2025 | 17,50 € **16,5/20**

Le clos-de-l'écho ne s'affirme pas en vin jeune. 2010 le voit partir grand dans la vie mais rentré dans son expression aromatique. Le temps lui donnera une ouverture qu'il n'a pas à ce jour.

CHINON CLOS DE L'OLIVE 2010

Rouge | 2012 à 2022 | 17 € **17/20**

Le clos-de-l'olive revient au premier plan en 2010. Le tanin est graphité, racé et juteux. L'avenir est certain.

CHINON DILIGENCE 2010

Rouge | 2012 à 2017 | NC **15/20**

Le millésime a été faste à Chinon. Le vin est fruité et aromatique, souple dans ses tanins. On peut le boire dès maintenant.

DOMAINE SÉBASTIEN DAVID

La Gardière • 37140 Saint-Nicolas-de-Bourgueil
Tél. 02 47 97 89 64 • Fax : 02 47 97 95 05
davidseb@wanadoo.fr • patrimoinesd.canalblog.com
Visite : Sur rendez-vous.

Installé depuis 1999, Sébastien David est un biodynamiste qui vendange ses 5,20 hectares à la main et qui ne soufre pas ses vins. L'Hurluberlu est réalisé à partir d'une macération carbonique. La cuvée Kezako est prometteuse. Elle est élevée en révolution, les barriques étant tournées chaque jour.

SAINT-NICOLAS-DE-BOURGUEIL HURLUBERLU 2011

Rouge | 2012 à 2014 | 8,50 € **13,5/20**

Vin de plaisir, fait pour les soirées entre copains. Aucun tanin n'accroche, le fruité est mis en avant.

SAINT-NICOLAS-DE-BOURGUEIL KEZAKO 2011

Rouge | 2012 à 2017 | 12 € **15/20**

Agréable vin de graviers, aux tanins ronds, onctueux mais denses. Il a de l'avenir.

NATHALIE ET DAVID DRUSSÉ

1, impasse de la Villatte
37140 Saint-Nicolas-de-Bourgueil
Tél. 02 47 97 98 24 • Fax : 02 47 97 61 89
drusse@wanadoo.fr • www.drusse-vindeloire.com
Visite : Du lundi au samedi de 9h à 12h30 et de 14h à 19h. Le dimanche sur rendez-vous.

Saint-Nicolas-de-Bourgueil
Vieilles Vignes 2010
Rouge | 2013 à 2017 | 6,50 € **14/20**
Dans le style de l'appellation, avec une tendresse du fruit évidente. La fin de bouche est gourmande, fruitée et toujours fraîche.

DOMAINE FRISSANT

1, Chemin Neuf • 37530 Mosnes
Tél. 02 47 57 23 18 • Fax : 02 47 57 23 25
xf@xavierfrissant.com • www.xavierfrissant.com
Visite : Du lundi au samedi de 9h à 12h et de 14h à 19h. Le dimanche de 10h à 12h.

Xavier Frissant est l'une des figures de proue de Touraine-Amboise. Sa cuvée de fié gris, La-Griffe-d'Isa, est l'une des plus originales de la région. Cette année, ce sont les Roses-du-Clos que nous avons le plus appréciés.

Touraine Les Roses du Clos 2011
Blanc | 2012 à 2015 | 7 € **14,5/20**
Des notes de buis signent l'attaque bien que le vin soit mûr, il est de grand style, presque entêtant, racé et très long, porté par des thiols et leurs notes de pamplemousse.

DOMAINE GROSBOIS

Le Pressoir • 37220 Panzoult
Tél. 06 87 74 49 03
grosboisnicolas@yahoo.fr • www.domainegrosbois.fr
Visite : Du lundi au samedi de 8h à 12h
et de 14h à 17h.

En parallèle de l'association qu'il mène avec son cousin Thierry Amirault sur Saint-Nicolas-de-Bourgueil, Nicolas Grosbois exploite ses 9 hectares de Chinon en agriculture biodynamique. Il extrait des vins sans concession, en recherchant l'intensité native du cru. Nous n'avons dégusté que la cuvée Gabarre cette année mais c'était une grande réussite.

Chinon Gabarre 2010
Rouge | 2012 à 2017 | 10,50 € **16/20**
Rouge à la fois complexe, long, suave avec un beau tanin enlevé. La finale est remarquable, d'une incroyable élégance.

DOMAINE DES HUARDS

Les Huards • 41700 Cour-Cheverny
Tél. 02 54 79 97 90 • Fax : 02 54 79 26 82
info@domainedehuards.com
www.domainedeshuards.com
Visite : Du lundi au samedi de 9h à 12h
et de 14h à 19h.

Conduit selon les principes de la culture biodynamique, ce domaine exemplaire se juge vraiment au bout de quelques années de bouteille, avec des chevernys de tension harmonieuse, et des cour-chevernys absolument admirables dans leur évolution avec une pureté qui nous guide naturellement vers le magnum !

Cheverny 2011
Blanc | 2012 à 2014 | 8,10 € **14/20**
Nez floral avec une touche minérale, bouche vive et coulante avec ce qu'il faut de maturité.

Cheverny 2011
Rouge | 2012 à 2014 | 8,10 € **13,5/20**
Accents de fruits rouges, tanins un peu serrés avec un côté incisif et une finale fraîche.

Cheverny cuvée François Ier 2005
Blanc | 2012 à 2016 | 9,50 € **15/20**
Cépage introverti, le romorantin dévoile son potentiel au fil du temps, tel ce 2005 arrivé à maturité ,avec une attaque onctueuse et une tension de bonne facture en finale.

Cour-Cheverny 2007
Blanc | 2012 à 2017 | 8,10 € **14,5/20**
Belle longueur et de la tension, il y a une droiture de bon aloi et un réel potentiel, ce vin évolue parfaitement !

DOMAINE HUET

11-13, rue de la Croix-Buisée • 37210 Vouvray
Tél. 02 47 52 78 87 • Fax : 02 47 52 66 74
contact@huet-echansonne.com
www.huet-echansonne.com
Visite : Sur rendez-vous.

Le domaine est progressivement devenu l'un des mentors de la biodynamie ligérienne, avec des

vouvrays moelleux et demi-secs vibrants, et surtout des secs de gastronomie d'une précision unique, qui traduisent au mieux l'expression de leur terroir : la tendreté crayeuse du haut-lieu sur l'onctuosité des rillettes, la minéralité du mont cajolant les saint-jacques, et la puissance tranchante du clos-du-bourg taillée pour le homard. L'actualité du domaine indique un changement de direction. Noël Pinguet avait porté le domaine au plus haut de la Loire. Espérons que le futur du domaine poursuive cette trajectoire hors du commun.

Vouvray Clos du Bourg 2011
Blanc | 2012 à 2018 | 16 € **16/20**

Sec, tendu, droit , longiligne. Le vin est racé, profond, il ne lui manque que la dimension absolue de 2010.

Vouvray Haut-Lieu 2011
Blanc | 2012 à 2017 | 14 € **17/20**

De beaux amers portent cette cuvée de profondeur moyenne. On peut commencer à la boire.

Vouvray Haut-Lieu 2009
Blanc liquoreux | 2012 à 2018 | 18 € **15,5/20**

La race des grands vouvrays parle ici. Le nez est superlatif, la bouche très fruitée montre une pointe de lourdeur en extrême finale.

Vouvray Le Mont 2011
Blanc Demi-sec | 2012 à 2017 | 16,50 € **15/20**

Joli blanc de gastronomie fait pour une volaille bien juteuse. Sa chair onctueuse s'associera avec bonheur à la pointe de sucre du vin.

Vouvray Le Mont 2009
Blanc liquoreux | 2012 à 2020 | 20 € **17/20**

Magnifique nez de fruits jaunes dans la grande tradition vouvrillonne. La finale est superbe de fruits, de fleurs. On se régale.

Vouvray Pétillant 2007 
Blanc Brut effervescent | 2012 à 2015 | 14 € **17/20**

Noël Pinguet regrette que tant de vouvrays s'adonnent au pétillant. Au passage, il a donné ici une leçon de ce que doit être un grand effervescent de Loire. Subtil et charmeur en diable !

DOMAINE CHARLES JOGUET

La Dioterie • 37220 Sazilly
Tél. 02 47 58 55 53 • Fax : 02 47 58 52 22
contact@charlesjoguet.com • www.charlesjoguet.com
Visite : D'avril à octobre, du lundi au vendredi de 9h à 18h et le samedi de 10h à 18h. En hors saison le samedi de 10h à 12h.

Cette propriété phare du Chinonnais est en pleine renaissance. Après une gloire ancienne qui en faisait une référence dans la région, des millésimes moins éclatants ont suivi. Une reprise en main évidente a eu lieu. Elle fait mentir la réputation du domaine à produire des vins bâtis pour la grande garde, sans concession en vins jeunes. Certes, les grandes cuvées ne sont pas destinées à une consommation immédiate mais elles nous avaient vraiment étonnés en 2009. Toute la gamme est réussie en 2010.

Chinon Clos de la Dioterie 2010
Rouge | 2012 à 2030 | NC **17/20**

Bien qu'encore dominé par son bois, il a la rondeur qui fait pour l'instant défaut au clos du chêne vert. Il faut néanmoins l'encaver et l'oublier. Parions que la complexité actuelle de la finale ne devrait pas mentir à terme.

Chinon Clos du Chêne Vert 2010
Rouge | 2015 à 2025 | 19 € **17/20**

Le vin est en construction, encore en prise avec le boisé de l'élevage mais la finale en dit long sur les potentialités du vin à terme.

Chinon cuvée de la Cure 2010
Rouge | 2012 à 2015 | 12,50 € **14,5/20**

Très belle approche du chinon dans ce rouge que nous avons goûté en échantillon. À suivre !

Chinon Les Charmes 2010
Rouge | 2012 à 2017 | 15 € **17/20**

Minéral, graphité, en prise avec le terroir, peu de vins expriment autant d'extraits secs. La longueur est suave, remarquable. Un vin de dissertation. Plus intellectuel que charmeur, mais quel style !

Chinon Les Petites Roches 2010
Rouge | 2012 à 2015 | 10 € **15,5/20**

Grand style, tanin superbe, extraction remarquable. On se régale dès cette cuvée. À commander d'urgence !

Chinon Les Varennes du Grand Clos 2010
Rouge | 2012 à 2017 | 18 € **16,5/20**
Grande texture, un vin souple et brillant. Les charmes lui font de l'ombre, c'est son seul problème aujourd'hui mais le temps lui donnera raison.

DOMAINE FRANCIS JOURDAIN

Les Moreaux • 36600 Lye
Tél. 02 54 41 01 45 • Fax : 02 54 41 07 56
jourdain.earl@wanadoo.fr
www.domainejourdain.com
Visite : Du lundi au samedi de 9h à 12h30 et de 15h à 19h. Le dimanche et les jours fériés sur rendez-vous.

Francis Jourdain a compris depuis longtemps l'intérêt des sélections parcellaires :« les Terrajots » associent des sols de perruches chauds et caillouteux idéals pour les cépages tardifs et des sols d'Aubuis sur des calcaires drainants qui confèrent finesse et fruité. De ce fait, ce terroir porte en rouge comme en blanc les meilleurs vins du domaine. Plus immédiates, les cuvées Chèvrefeuille en blanc et Griottes en rouge se boivent sur des charcuteries.

Touraine côt 2009
Rouge | 2012 à 2020 | NC **15/20**
Le fruit de cette cuvée commence à émerger, on apprécie sa profondeur, la bouche massive s'affine au fil de l'ouverture, elle possède une maturité harmonieuse.

Valençay Chèvrefeuille 2011
Blanc | 2012 à 2013 | 4,40 € **13,5/20**
Nez floral avec une touche d'agrumes, fruité frais en bouche, c'est coulant et franc.

Valençay Terrajots 2009
Rouge | 2012 à 2017 | NC **15/20**
On apprécie l'allonge des tanins qui sur ce millésime sont bien enrobés, il y a une longueur rafraîchissante

DOMAINE JOUSSET

36, rue des Bouvineries • 37270 Montlouis-sur-Loire
Tél. 02 47 50 70 33
bertrand.jousset@wanadoo.fr
www.domaine-jousset.fr
Visite : Sur rendez-vous.

Voici encore un exemple du dynamisme de Montlouis. Ce domaine a été repris par un couple sans grands moyens, selon le schéma classique des nouveaux arrivants ici, où l'un des deux travaille à l'extérieur pendant que l'autre essaie de lancer le domaine. Le premier millésime produit a été 2004, et le réveil des très vieilles vignes issues de sélection massale se fait progressivement.

Montlouis-sur-Loire Bubulle 2010
Blanc Brut eff. | 2012 à 2014 | 13 € **14/20**
Bubulle est... effervescent, dans la tradition de la bulle de Montlouis avec un charme évident, de grands arômes de poire William et une fraîcheur bonne enfant. À boire entre copains, mais attention, une bouteille appellera l'autre.

Montlouis-sur-Loire Premier Rendez-Vous 2010
Blanc | 2012 à 2016 | 13 € **13,5/20**
Une jolie cuvée pour entrer dans le chenin. Apéritive, fraîche, minérale, avec un zeste d'amer.

Montlouis-sur-Loire Singulier 2010
Blanc | 2012 à 2017 | 20 € **14,5/20**
Belle attaque assez incisive, fraîche, fruitée, dynamique. Ce montlouis est très apéritif.

DOMAINE LA GRANGE TIPHAINE

La Grange Tiphaine • 37400 Amboise
Tél. 09 64 04 32 09 • Fax : 02 47 57 39 49
lagrangetiphaine@wanadoo.fr
www.lagrangetiphaine.com
Visite : Sur rendez-vous de préférence du lundi au samedi de 9h à 12 et de 14h à 17h30.

Ce clarinettiste œnologue exploite avec succès les vignes familiales sur Amboise et Montlouis. Les vins rouges donnent un sentiment de sérénité, dans un équilibre qui semble délicat tout en offrant une gourmandise de bouche rare. Clef-de-Sol joue juste en blanc. L'ensemble de la gamme est constituée de vins apaisés, parfois trop, un zeste d'énergie en plus leur conviendrait bien. Naturel, mais sans faire référence à une mode actuelle, serait le mot qui caractériserait la production de ce domaine.

Montlouis-sur-Loire Clef de Sol 2010
Blanc | 2012 à 2018 | 14 € **15,5/20**
Puisant en saveurs, avec de beaux fruits dès l'attaque et une longue finale où les amers du chenin sont très intégrés.

Montlouis-sur-Loire L'Équilibriste 2009
Blanc | 2012 à 2013 | 27 € **13,5/20**
On le goûtera avec un dessert aux fruits jaunes. Fraîcheur, sucrosité et fragances jouent par tiers, plus en harmonie qu'en intensité, CQFD pour cet équilibriste.

Montlouis-sur-Loire Les Grenouillères 2010
Blanc Demi-sec | 2012 à 2016 | 14 € **14/20**
Assez large, le support acide n'est pas marquant. On cherchera une belle volaille pour l'accompagner à moins que ce ne soit l'inverse.

Montlouis-sur-Loire Nouveau Nez ☺
Blanc Brut effervescent | 2012 à 2013 | 13 € **15,5/20**
Élégant, avec une jolie bulle, sans accroche intempestive, le maître mot pourrait être digeste. On en boira facilement, bien trop sans doute.

Touraine Amboise Clef de Sol 2010
Rouge | 2012 à 2015 | 14 € **15/20**
Rouge savoureux, incroyablement onctueux, étonnant de fruit avec une acidité marquée en finale. C'est un vin attachant, de grand goût.

Touraine Quatre Mains 2010
Blanc | 2012 à 2018 | 19 € **14,5/20**
Certainement l'un des plus originaux sauvignons de Touraine, plus puissant que dynamique. Un sainte-maure sera le bel accord.

DOMAINE DE LA LANDE

20, route du Vignoble • 37140 Bourgueil
Tél. 02 47 97 80 73 • Fax : 02 47 97 95 65
earl.delaunay.pfils@wanadoo.fr
www.domainedelalande.com
Visite : Sur rendez-vous.

Bourgueil Les Graviers 2010
Rouge | 2012 à 2020 | 6,20 € **15/20**
Belle cuvée fraîche et droite, pleine de fruit tout en étant tendue et longiligne. Elle fait honneur au domaine.

DOMAINE ANGÉLIQUE LÉON

2, rue des Capelets • 37420 Savigny-en-Véron
Tél. 02 47 58 92 70 • Fax : 02 47 58 92 70
leon.vindechinon@wanadoo.fr
contact@leonchinon.fr • www.leonchinon.fr
Visite : Sur rendez-vous.

À l'ouest de l'appellation Chinon, le vignoble s'étend au sud de la Loire, au confluent avec la Vienne. Les sables et graviers composent majoritairement ces sols de plaine repris partiellement à la culture de l'asperge. Ils donnent des cabernets francs aimables rapidement, violette et petits fruits rouges. Limitée par le 2009, Angélique a créé un 2010 qui fera date, incroyablement caressant. La seule limitation au talent semble désormais celle du terroir. La notation du domaine évolue vu le niveau de la seule cuvée réalisée.

Chinon 2010
Rouge | 2012 à 2018 | env. 7 € **17/20**
Gracilité du tanin hors normes, c'est un grand chinon d'une sensualité incroyable. La dimension est aérienne.

Chinon 2009
Rouge | 2012 à 2015 | env. 7,50 € **16/20**
2009 est de grand charme, tout en fruits et en fleurs mauves. Il pourra également être bu rapidement. La qualité des tanins étonne.

LES MAISONS ROUGES

29, route des Hautes Touches • 72340 Ruillé-sur-Loir
Tél. 02 43 79 50 09 • Fax : 02 43 79 50 09
mr@maisonsrouges.com • www.maisonsrouges.com
Visite : Sur rendez-vous.

L'amateur qui osera sortir des appellations classiques trouvera ici des coteaux-du-loir épatants et de très beaux jasnières comme on est en droit d'attendre de ce terroir méconnu. Il imprime une minéralité très reconnaissable dans les vins quand on apporte le soin nécessaire aux vignes. Installés depuis 1994, Élisabeth et Benoît Jardin limitent les rendements : ils s'approchent des 25 hectolitres par hectare, soit le rendement de l'appellation en 1937, alors que ce dernier a presque doublé depuis. Un domaine à découvrir pour la pureté et la sincérité de ces jolis vins de terroir. Ceux qui méprisent le pineau d'Aunis devront changer d'opinion après une descente de cave ici.

Coteaux du Loir Alizari 2011 ☺
Rouge | 2012 à 2015 | 19 € **15,5/20**
Le pineau d'Aunis est à l'honneur ici. Plus en puissance que Garance, intense dans son expression des poivres, la finale est longue. On en redemande.

Coteaux du Loir Dans les Perrons 2010
Blanc Demi-sec | 2012 à 2018 | 9,50 € **15,5/20**
Sec tendre avec ses 17 grammes de sucres résiduels, il a l'usage d'un demi-sec. La finale conjugue sucres, acides et amers dans une finale gourmande.

Coteaux du Loir Garance 2011
Rouge | 2012 à 2015 | 11,50 € **14,5/20**
Agréable pineau d'Aunis, délicatement épicé, floral, d'une tendresse évidente. L'interprétation du cépage est remarquable.

Jasnières L'Eclos 2010

Blanc | 2012 à 2017 | 12 € **15/20**

Chenin interprété dans la note, sans surjouer. Traité en mode délicat, il est d'une pureté étonnante.

Jasnières Molières 2010

Blanc liquoreux | 2012 à 2017 | 19 € **16/20**

Moelleux de gastronomie. Le sucre apporte le confort de bouche qui arrondit l'amertume native du chenin. De jolis fruits jaunes bien mûrs complètent le tableau.

Jasnières Sur le Nez 2010

Blanc | 2012 à 2017 | 19 € **15,5/20**

Avec plus de matière que l'Eclos, le chenin montre la minéralité du terroir de Jasnières.

DOMAINE LES POËTE

9, route de Boisgisson • 18120 Preuilly

Tél. 06 61 62 88 52 • Fax : 02 48 51 07 99

gsorbe@lespoete.com • www.lespoete.com

Visite : Sur rendez-vous.

Toujours enraciné en Touraine, le domaine des Poëte a élargi sa gamme avec des terroirs familiers à Guillaume Sorbe, ceux du Berry où dès le premier millésime, il se cale dans le peloton de tête de l'appellation.

Quincy 2011

Blanc | 2012 à 2014 | NC **15/20**

Nez fumé avec une touche de pamplemousse rose, la bouche a de la tension et une finale saline.

Reuilly 2011

Blanc | 2012 à 2014 | NC **15/20**

Nez sur la mangue avec une touche fumée, la bouche est grasse et alerte, avec juste ce qu'il faut de maturité et de dynamisme.

Reuilly 2011

Rosé | 2012 à 2014 | NC **15,5/20**

Nez sur les agrumes, le poivre gris et la framboise sont de belle facture, on retrouve une bouche longue, épicée avec déjà beaucoup de charme.

Touraine cabernet - côt 2010

Rouge | 2012 à 2015 | NC **15,5/20**

Ce vin est bien dans ses tanins, il se révèle profond et possède un fruit bien dégagé.

Touraine Les Poëte 2011

Blanc | 2012 à 2014 | NC **14/20**

Nez de pamplemousse avec une touche florale, la bouche est coulante de bonne maturité.

DOMAINE LYSIANE & GUY MABILEAU

17, rue du Vieux-Chêne

37140 Saint-Nicolas-de-Bourgueil

Tél. 02 47 97 70 43 • Fax : 02 47 97 70 43

lg.mabileau@aliceadsl.fr

www.lysianeetguymabileau.com

Visite : Du lundi au samedi de 9h à 19h
et le dimanche sur rendez-vous.

Saint-Nicolas-de-Bourgueil cuvée Domaine 2011

Rouge | 2012 à 2014 | 5,20 € **14/20**

Joli 2011, vinifié en vin tendre, dans le style de l'appellation. On le boira facilement pendant une soirée de copains. Il se fera discret, sans accroche astringente mais avec une réelle qualité de fruits.

DOMAINE FRÉDÉRIC MABILEAU

6, rue du Pressoir • 37140 Saint-Nicolas-de-Bourgueil

Tél. 02 47 97 79 58 • Fax : 02 47 97 45 19

contact@fredericmabileau.com

www.fredericmabileau.com

Visite : Du lundi au vendredi de 8h30 à 12h
et de 14h à 17h30. Le samedi de 10h30 à 12h30
et de 14h à 17h30.

Frédéric Mabileau joue le registre floral et frais, ce que l'on est en droit d'attendre d'un saint-nicolas-de-bourgueil. Pour en arriver là, ce nouveau talent du cabernet franc, qui a repris l'intégralité du domaine familial en 2003, pratique l'enherbement, l'ébourgeonnage, travaille son sol, vendange manuellement et ramasse en caisses. 2011 et 2010 confirment l'espoir que nous avons mis dans le talent du vigneron. Un domaine à suivre de très près. Le vigneron continue à nous étonner, ce qui n'est pas si fréquent, millésime après millésime. On s'approche du must en Loire, doucement, sereinement mais avec une ambition que nous ne pouvons qu'applaudir.

Anjou Chenin des Rouillères 2011

Blanc | 2012 à 2017 | 8,50 € **16/20**

Suave, d'une exceptionnelle finesse, long et raffiné. La fin de bouche est superbe de netteté et de précision. Encore une grande réussite.

Saint-Nicolas-de-Bourgueil Éclipse 2009
Rouge | 2014 à 2020 | 19 € **16,5/20**
Éclipse apporte un supplément d'intensité au reste de la gamme mais doit fondre son bois. Un vin en devenir.

Saint-Nicolas-de-Bourgueil Les Coutures 2010
Rouge | 2012 à 2020 | 13 € **17,5/20**
La notion de tanin aérien de la cuvée se retrouve en 2011. Encore un très joli saint-nicolas, mûr et diablement raffiné. Une œuvre de styliste avec une finale immense, d'une rare complexité de saveurs.

Saint-Nicolas-de-Bourgueil
Les Rouillères 2011
Rouge | 2012 à 2018 | 9 € **16,5/20**
Grand style, tanin veloutés, d'une onctuosité hors normes. Bravo !

Saumur chenin du Puy 2008
Blanc | 2012 à 2018 | 14 € **16,5/20**
Chenin raffiné, subtil et très fin, d'une étonnante longueur et d'un volume de bouche superbe.

HENRY ET JEAN-SÉBASTIEN MARIONNET

La Charmoise • 41230 Soings
Tél. 02 54 98 70 73 • Fax : 02 54 98 75 66
henry@henry-marionnet.com
www.henry-marionnet.com
Visite : Du lundi au vendredi de 9h à 12h et de 14h à 17h. Le week-end sur rendez-vous.

Quand une carte de restaurant n'impressionne pas ou rebute par ses tarifs, il faut rechercher si un Marionnet ne s'est pas glissé dans liste. Très répandus en belle restauration, ce sera LE choix, raffinement du vrai luxe, quelle que soit la cuvée ! Les plus simples ont déjà beaucoup à dire et distancent la plupart de leurs congénères. Les cuvées spéciales sont remarquables, avec un gamay franc de pied en forme olympique. Le côt est régulièrement le plus soyeux de toute la Loire : on ne peut s'empêcher de revenir vers son charme envoûtant. Les vignes de 150 ans sont en pleine forme, le phylloxera qui a pourtant anéanti le reste du vignoble français ne s'y est pas risqué. Et, si l'on vous explique qu'un gamay de Touraine vinifié sans soufre de 1976, 1990 ou 1996 ne peut être que trépassé en 2010, venez consulter le docteur-ès-gamay sans attendre. Il vous expliquera son gamay avec une sympathie et une intelligence uniques.

Touraine Première Vendange 2011
Rouge | 2012 à 2015 | 8,75 € **15,5/20**
La cuvée ne cesse de progresser. Grand fruit, finale onctueuse et gourmande, racée à souhait. Que demander de plus ?

Touraine sauvignon vinifera
franc de pied 2011
Blanc | 2012 à 2016 | 11,65 € **15,5/20**
Très supérieure à la cuvée de sauvignon, cette parcelle de franc de pied montre une gourmandise exceptionnelle dans ce millésime qui exprimait parfois à haute voix le variétal.

Touraine Vinifera gamay Franc de Pieds 2011
Rouge | 2012 à 2018 | 9,40 € **16/20**
Un must pour les amateurs de grand fruit, d'une fraîcheur incroyable. Le domaine a capté en 2011 la pointe de végétal qui corse l'ensemble. Magistral, docteur !

DOMAINE THIERRY MICHAUD

20, rue des Martinières • 41140 Noyers-sur-Cher
Tél. 02 54 32 47 23 • Fax : 02 54 75 39 19
thierry@domainemichaud.com
www.domainemichaud.com
Visite : Du lundi au vendredi de 9h à 12h et de 14h à 19h. Le samedi de 10h à 12h et de 14h à 18h.

Cette propriété de 20 hectares, située sur la rive droite du Cher, constitue l'un des domaines phare de la région. Le gamay de Thierry Michaud sonne toujours juste, Ad-Vitam, un peu plus concentré, est d'un excellent rapport qualité-prix. Le sauvignon mérite d'être recherché, tout autant que le crémant.

Touraine Éclat de Silex 2011
Blanc | 2012 à 2016 | 6,10 € **13/20**
Le nom de la cuvée annonce la minéralité de la cuvée. Charmeuse mais tendue, elle est fraîche en finale.

Touraine gamay 2011
Rouge | 2012 à 2015 | 3,70 € **14/20**
Gamay puissant mais aux tanins ronds, suaves, épicés. On le boira sur un plat légèrement relevé, des charcuteries aux magrets.

Touraine sauvignon 2011
Blanc | 2012 à 2016 | 4,10 € **14/20**
Sauvignon frais et aromatique, souple et fruité.

DOMAINE DE MONPLAISIR

La Grelettière • 41130 Selles-sur-Cher
Tél. 02 54 97 40 59 • Fax : 02 54 97 75 74
alexloste@hotmail.fr • www.domainedemonplaisir.com
Visite : Du lundi au samedi de 9h à 12h et de 14h à 17h30.

Alexandre Loste est originaire de la région de Saint-Emilion, et en 2008, il a quitté la terre de ses ancêtres pour celle de Talleyrand. Ayant la fibre tannique il a choisi un domaine qui produit 70 % de vins rouges sur Valençay et la Touraine. En quatre millésimes, il a su imposer son style, ses crus conjuguent élégance, profondeur et fraîcheur ligérienne.

Valençay 2009

Rouge | 2012 à 2014 | env.7 € **14,5/20**

Cerise noire et épices au nez, les tanins sont souples et enrobés, avec une belle allonge distinguée.

Vin de pays du Val de Loire Côt 2008

Rouge | 2012 à 2020 | env. 7 € **14/20**

Nez de cannelle, de mûre et myrtille, bouche bien construite avec une belle attaque, de l'amplitude en milieu et la fermeté du millésime en fin.

DOMAINE DU MORTIER

37140 Saint-Nicolas-de-Bourgueil
Tél. 02 47 97 94 68 • Fax : 02 47 97 94 68
info@boisard-fils.com • www.boisard-fils.com
Visite : Sur rendez-vous.

Saint-Nicolas-de-Bourgueil 180 Jours 2010

Rouge | 2012 à 2014 | 20 € **15/20**

Dans un équilibre instable, c'est certainement l'un des grands vins de l'appellation si on oublie les notes métalliques du nez. Subtil, minéral aux tanins raffinés. Toute l'onctuosité possible est là, on croque dans le raisin en fin de fermentation. Une expérience unique !

Saint-Nicolas-de-Bourgueil Dionysos 2010

Rouge | 2012 à 2016 | 11 € **14/20**

Minéral, strict mais velouté, on l'aime pour son énergie et sa fraîcheur.

Saint-Nicolas-de-Bourgueil Graviers 2010 ☺

Rouge | 2012 à 2015 | 8,50 € **14,5/20**

Joli rouge aux tanins onctueux, équilibré et fin. Le vin se livre aisément, on aime à se glisser en lui alors qu'en général les rôles sont inversés.

DOMAINE DU CLOS NAUDIN

14, rue de la Croix-Buisée • 37210 Vouvray
Tél. 02 47 52 71 46 • Fax : 02 47 52 73 81
leclosnaudin.foreau@orange.fr
Visite : Sur rendez-vous de préférence.

Philippe Foreau produit sur le célèbre terroir des Perruches des vouvrays d'une fraîcheur de fruit exceptionnelle, capables de traverser les décennies. Ses vins d'une pureté extraordinaire font apercevoir des finales vibrantes sur les zestes d'agrumes. Attention, jeunes, ces vins peuvent paraître hermétiques mais dans le temps, ils gagnent toujours en raffinement, une verticale jusque dans les années 1920 n'a rien démenti des capacités de ces vouvrays à traverser les âges !

Vouvray 2010

Blanc | 2012 à 2018 | 14 € **17/20**

Grand vouvray ciselé comme la maison sait les produire, la minéralité est renforcée par une juste tension.

Vouvray 2009

Blanc liquoreux | 2012 à 2024 | 24 € **17/20**

Le vin commence à s'ouvrir, minéral, avec une longueur subtile et de très beaux arômes de fruits confits et de coing. L'équilibre est superbe.

Vouvray 2007

Blanc Brut eff. | 2012 à 2014 | 15 € **15/20**

La bulle est belle, généreuse, équilibrée entre acidité et amertume avec une finale d'amande fraîche.

Vouvray Réserve 2009

Blanc liquoreux | 2012 à 2030 | 39 € **18/20**

Cette Réserve a trouvé un volume de bouche et une race aromatique superlatifs par rapport au moelleux classique. L'équilibre est remarquable, chose pourtant délicate en 2009.

DOMAINE DE LA NOBLAIE

21, rue des Hautes-Cours - Le Vau Breton
37500 Ligré
Tél. 02 47 93 10 96 • Fax : 02 47 93 26 13
contact@lanoblaie.fr • www.lanoblaie.fr
Visite : Du lundi au samedi de 10h à 12h
et de 14h à 18h. Fermé les jours fériés.

Les Manzagol, Corréziens d'origine devenus fromagers à Poissy, ont remonté cette propriété très ancienne de Chinon qui était à l'abandon. Avec les Billard, ils ont à cœur de proposer un bel ensemble de produits sincères. Les chinons sérieusement

construits sont réalisés dans le grand style classique. Ils partent dans la vie souvent fermés mais avec une capacité de garde évidente. Les mettre en cave est un pari gagnant.

Chinon chenin blanc 2011 ☺
Blanc | 2012 à 2017 | 9,50 € **14/20**
La cuvée a capté la délicatesse des arômes du chenin, fruits et fleurs blanches. Facile à boire, on se régale !

Chinon La Noblaie 2009
Rouge | 2012 à 2020 | 7,50 € **15/20**
Un vin de construction lente qui commence à révéler son assise minérale derrière des tanins puissants mais séveux. Il ne fait que commencer sa carrière.

Chinon La Part des Anges 2011 ☺
Blanc | 2012 à 2017 | 13 € **15/20**
Certainement l'un des blancs les plus originaux de la Loire, avec l'apport de quelques raisins botrytisés. Bien élevée, des arômes fumés et lardés complètent la complexité du fruit. On se régale.

Chinon Les Chiens Chiens 2009
Rouge | 2014 à 2020 | 10 € **15/20**
La trame tannique est présente, le vin évolue vers beaucoup de fraîcheur. On peut sans risque le mettre en cave, le temps joue pour lui.

DOMAINE DE NOIRÉ

160, rue de l'Olive • 37500 Chinon
Tél. 02 47 93 44 89 • Fax : 02 47 98 44 13
domaine.de.noire@orange.fr
www.domainedenoire.com
Visite : Du lundi au samedi de 10h à 12h et de 14h à 19h. Le dimanche et les jours fériés sur rendez-vous.

Le vigneron est accueillant. Jean-Max Manceau est aussi très impliqué dans l'évolution de l'Aoc Chinon. Il présente une gamme bien étagée avec Soif-de-Tendresse en entrée, charmeuse et d'une incroyable gourmandise en 2010, Élégance pour aller plus loin. La cuvée Caractère, élevée pour la garde, impose de patienter.

Chinon Caractère 2009
Rouge | 2014 à 2017 | 10,80 € **14,5/20**
Beau chinon de caractère. Un peu de patience permettra au boisé de se fondre pour révéler l'aromatique de cette cuvée.

Chinon Soif de Tendresse 2011 ☺
Rouge | 2012 à 2017 | 6,50 € **14,5/20**
Cette cuvée a encore progressé en 2011. Jamais elle n'a autant mérité son nom. Le fruit est plein, charnu, charmeur.

DOMAINE OCTAVIE

Marcé • 41700 Oisly
Tél. 02 54 79 54 57 • Fax : 02 54 79 65 20
domaineoctavie@domaineoctavie.com
www.domaineoctavie.com
Visite : Sur rendez-vous.

Touraine gamay 2011
Rouge | 2012 à 2014 | 5,60 € **13/20**
Gamay bien inscrit dans le style touraine, avec un velouté de texture gourmand.

Touraine pineau d'Aunis 2011 ☺
Rosé | 2012 à 2013 | 5,60 € **14,5/20**
Le pineau d'Aunis a été capté dans sa délicatesse. Fruité et floral, on se régale. La finale d'épices rappelle les fondamentaux du cépage.

Touraine Prestige d'Octavie 2011
Blanc | 2012 à 2016 | 6,60 € **13,5/20**
Ancré dans la typicité du cépage, cette cuvée de fruits montre une agréable longueur en bouche.

DOMAINE DE PALLUS

Pallus • 37500 Cravant-les-Côteaux
Tél. 02 47 93 00 05 • Fax : 02 47 93 05 06
jeanbernard.sourdais@free.fr • www.domainedepallus.com
Visite : Sur rendez-vous.

Bertrand Sourdais a repris en 2005 le domaine familial. Nous avons beaucoup aimé les matières des 2008 et des 2009, dans la cuvée Pallus mais aussi dans les Pensées. C'est un domaine à surveiller de près. Après quelques adaptations, on y trouvera peut-être un jour l'un des très grands chinons.

Chinon Pallus 2009
Rouge | 2013 à 2017 | 29 € **15/20**
Le style est fin et frais, la matière est élégante avec de jolis tanins. Un vin à découvrir.

Chinon Pensées de Pallus 2009 ☺
Rouge | 2012 à 2014 | 14 € **14/20**
La robe est claire, un vin sans aspérité, souple mais la finale est nette et gourmande. Rien n'accroche, on le boira en magnum autour de charcuteries.

DOMAINE DES PIERRETTES

Le Meunet • 41150 Rilly-sur-Loire
Tél. 02 54 20 98 44 • Fax : 02 54 20 98 83
contact@domainedespierrettes.fr
www.domainedespierrettes.fr
Visite : Du lundi au samedi de 9h à 19h.

Touraine Rédemption 2009
Rouge | 2012 à 2015 | 6 € **15/20**
Rédemption, ou inflexion du domaine vers des rouges aux beaux tanins bien maîtrisés. Ce rouge est savoureux, particulièrement gourmand et allègre. Bravo !

Touraine Sen'S 2011
Blanc | 2012 à 2015 | 5 € **14/20**
Très sauvignon, mais avec une indéniable fraîcheur et une finale anisée-mentholée qui ne manque pas de charme.

DOMAINE FRANÇOIS PINON

Vallée de Cousse - 55, rue Jean-Jaurès • 37210 Vernou-sur-Brenne
Tél. 02 47 52 16 59 • Fax : 02 47 52 10 63
francois.pinon@wanadoo.fr
Visite : Sur rendez-vous.

Vouvray 2008
Blanc liquoreux | 2012 à 2018 | 16,30 € **14/20**
Agréable moelleux frais et friand aux notes de biscuit, de pommes confites et de coing. Pour un dessert aux fruits jaunes.

CLOS DES QUARTERONS

44, avenue Saint-Vincent
37140 Saint-Nicolas de Bourgueil
Tél. 02 47 97 75 25 • Fax : 02 47 97 97 97
amirault.thierry@wanadoo.fr
Visite : Tous les jours de 8h à 19h sauf le dimanche

Saint-Nicolas-de-Bourgueil
Clos des Quarterons - Vieilles Vignes 2010
Rouge | 2014 à 2018 | 9,45 € **15,5/20**
Le boisage de cette cuvée a été intelligemment réajusté pour mieux laisser le fruit s'exprimer. Corsé et délicatement épicé, ce 2010 s'inscrit complètement dans l'archétype de l'appellation, gourmand et sensuel. Une petite garde sera parfaite.

Saint-Nicolas-de-Bourgueil
Les Quarterons 2010
Rouge | 2012 à 2017 | 7 € **15,5/20**
Belle réussite, on croque dans un fruit onctueux et généreux. La fin de bouche légèrement cendrée rappelle certaines nuances des pessacs mais sa souplesse et son soyeux ramènent la dégustation vers Saint-Nicolas.

DOMAINE OLGA RAFFAULT

1, rue des Caillis • 37420 Savigny-en-Véron
Tél. 02 47 58 42 16 • Fax : 02 47 58 83 61
infos@olga-raffault.com • www.olga-raffault.com
Visite : Du lundi au samedi de 9h à 12h30 et de 14h à 18h.

Entre Loire et Vienne, le domaine fut longtemps une référence du chinon. Après deux décennies d'éclipse qualitative, le domaine renaît tout en étant resté dans la même famille. Et la nouvelle histoire semble bien conduite, l'échantillon de la petite cuvée 2011, millésime souvent compliqué ici, dépasse même en qualité de tanin les cuvées de millésimes antérieurs. Le blanc est calé, en témoigne un 2010 très réussi. À suivre.

Chinon Champ-Chenin 2010
Blanc | 2012 à 2018 | épuisé **16/20**
Champ-Chenin produit... du blanc. C'est une cuvée très ronde, gourmande, avec de jolies notes de poire, de fruits blancs et de mirabelle. On se régale.

Chinon La Singulière 2008
Rouge | 2012 à 2018 | 16 € **14/20**
L'extraction est forte et l'élevage domine. Assez monumentale, cette cuvée n'a pas la qualité de fruit de ses compagnons de cave.

Chinon Les Barnabés 2011
Rouge | 2012 à 2018 | env. 7 € **15,5/20**
Superbe cuvée de chinon goûtée en échantillons. Elle transcende le millésime et semble mieux réussie que 2010, grande année dans le secteur.

Chinon Les Barnabés 2010
Rouge | 2012 à 2015 | 7 € **15/20**
Joli chinon puissant, séveux et croquant de fruit.

Chinon Les Peuilles 2009
Rouge | 2012 à 2018 | 8,50 € **15/20**
Chinon juteux, plein de sève, bien mûr. Les tanins sont élégants. On le verrait volontiers acoquiné à un magret.

CHINON LES PICASSES 2008
Rouge | 2014 à 2020 | 10,50 € **15,5/20**
Vin fait pour la garde, issu des terroirs calcaires. Les tanins sont ronds tout en étant puissants, ils mériteraient idéalement une petite garde pour fusionner avec la matière.

DOMAINE VINCENT RICARD

19, rue de la Bougonnetière • 41140 Thésée
Tél. 02 54 71 00 17 • Fax : 02 54 71 00 17
domaine.ricard@wanadoo.fr
www.domaine-ricard.com
Visite : Sur rendez-vous.

Vincent Ricard a pour mentor Philippe Alliet. Cette star du Chinonnais a suscité très tôt sa vocation, et dès l'âge de 14 ans, Vincent savait qu'il marcherait sur les traces des quatre générations qui l'ont précédé. L'héritage est de choix, avec un beau patrimoine de vieilles vignes en sauvignon, car sur ce domaine, les blancs de belle maturité constituent une priorité dans le millésime 2010.

TOURAINE LE PETIOT 2011
Blanc | 2012 à 2014 | 6,80 € **14/20**
Clairement marqué par le sauvignon, ce vin exprime les notes variétales du cépage conjuguées au charme réel de ce terroir de Touraine.

TOURAINE LES TROIS CHÊNES 2010
Blanc | 2012 à 2015 | 9 € **14/20**
Le volume de bouche s'exprime via les fruits jaunes. Le boisé présent reste discret. La cuvée a de l'avenir.

TOURAINE VILAIN P'TIT ROUGE 2010
Rouge | 2012 à 2015 | 9 € **13,5/20**
Tout en puissance, épicé et floral, le côt marque le vin de ses saveurs corsées et intenses.

ALAIN ROBERT ET FILS

Charmigny • 37210 Chançay
Tél. 02 47 52 97 95 • Fax : 02 47 52 27 24
vignoblerobert@orange.fr • www.vignoblerobert.com
Visite : Du lundi au samedi de 8h à 12h et de 14h30 à 18h30. Fermé les jours fériés.

VOUVRAY NM
Blanc Brut eff. | 2012 à 2013 | 5,50 € **14/20**
Bulle agréable, le tirage donne un vin plus droit que l'an passé, avec une bulle dynamique et apéritive.

VOUVRAY LES JOURS HEUREUX 2010
Blanc Demi-sec | 2012 à 2015 | 5,30 € **14/20**
Belle réussite dans le millésime avec ce qu'il faut d'énergie. La finale est fraîche et aromatique.

DOMAINE DU ROCHER DES VIOLETTES

38, rue Rocher-des-Violettes • 37400 Amboise
Tél. 02 47 23 52 08 ou 06 15 96 52 47 ou 06 25 07 22 70 • Fax : 02 47 23 57 82
xavier.weisskopf@hotmail.com
www.lerocherdesviolettes.com
Visite : Sur rendez-vous.

Xavier Weisskopf a fait ses classes dans l'un des meilleurs domaines de Gigondas, le Château de Saint-Cosme. Il s'est implanté près d'Amboise, sur 8 hectares de chenin et 1 hectare de rouge, et en quelques millésimes, il est devenu l'une des références de l'appellation. Ses terroirs sont plantés de vieilles vignes issues de sélections massales. Les blancs impressionnent, dans une appellation Montlouis qui ne manque pourtant pas de talents. 2010 a permis des chenins d'anthologie. Le rouge montre que le talent du producteur n'a eu aucune difficulté pour se transposer du blanc à une autre couleur : 1,30 hectare de fruits d'une intensité rare.

MONTLOUIS-SUR-LOIRE LA NÉGRETTE 2010
Blanc | 2012 à 2020 | 13 € **18/20**
Un montlouis de rêve, on retrouve le même équilibre entre l'amer, le salin et l'acide, avec un complément de dimension.

MONTLOUIS-SUR-LOIRE PÉTILLANT NATUREL 2009
Blanc Brut effervescent | 2012 à 2014 | 11 € **14,5/20**
Étonnant, très frais, largement porté par les notes de fruits blancs. C'est un beau pétillant pour l'apéritif entre copains.

MONTLOUIS-SUR-LOIRE
TOUCHE-MITAINE 2010
Blanc | 2012 à 2020 | 10 € **16,5/20**
Précis, tendu avec une minéralité perceptible et un très bel aromatique. La finale fait saliver par son équilibre entre l'acide, l'amer et le salin.

TOURAINE CÔT 2011
Rouge | 2012 à 2018 | 9 € **17/20**
Xavier semble avoir capté ici le cœur du raisin, la pulpe, sans l'astringence des pépins ou de la peau. Le fruit domine avec un sentiment de naturel rare. La mise devrait conserver ces qualités et en faire un malbec de référence.

JEAN-FRANÇOIS ROY

3, rue des Acacias • 36600 Lye
Tél. 02 54 41 00 39 • Fax : 02 54 41 06 89
jfr@jeanfrancoisroy.fr • www.jeanfrancoisroy.fr
Visite : Sur rendez-vous.

Installé sur Lye, Jean-François Roy joue à la fois sur la Touraine avec des cuvées de côt qui ont du fond, et sur Valençay avec des cuvées plus souples. Sur ce secteur la cuvée Batfers est un blanc qui associe sauvignon blanc et sauvignon rose ou fié, c'est l'une des plus complexes de l'appellation.

TOURAINE CÔT 2010
Rouge | 2012 à 2020 | NC **15/20**
Cette cuvée prometteuse tient toutes ses promesses, les tanins à la fois gourmands et souples ont du répondant.

VALENÇAY 2010
Rouge | 2012 à 2013 | NC **13/20**
Accents de fruits rouges, de la densité, de la souplesse en bouche et de la fraîcheur en finale.

VALENÇAY LES BATFERS 2011
Blanc | 2012 à 2015 | NC **14,5/20**
Le fié gris domine au niveau aromatique, on apprécie les flaveurs épicées sur fond d'agrumes, avec ce qu'il faut de tension derrière.

DOMAINE FRANTZ SAUMON

15, chemin des Cours - Husseau
37270 Montlouis-sur-Loire
Tél. 02 47 35 83 65 ou 06 16 83 47 90
f.saumon@sfr.fr
Visite : Sur rendez-vous.

Frantz Saumon est installé au Husseau, près de Montlouis. Il vendange à la main dans une démarche d'agriculture biologique. Il fait partie des nouveaux talents qui font de Montlouis l'une des appellations les plus passionnantes du moment, en Val de Loire. Le vin jaune, un peu atypique sous le climat de Montlouis montre à la Loire ce que peut être l'oxydation quand elle n'est pas subie mais tentée.

MONTLOUIS-SUR-LOIRE LE CLOS DU CHÊNE 2011
Blanc | 2012 à 2020 | 20 € **15,5/20**
Cuvée de grand style, longue et raffinée, le chenin y exprime sa fougue naturelle, à peine contenue.

MONTLOUIS-SUR-LOIRE MINÉRAL + 2011 ☺
Blanc Demi-sec | 2012 à 2018 | 15 € **15/20**
On l'imagine en compagnie d'un poisson délicat aux agrumes, le ton juste et précis de ce 2011 le relèvera, la pointe de sucrosité l'enveloppera. Les amers joueront en partition avec les agrumes.

MONTLOUIS-SUR-LOIRE PINTRAY 2010
Blanc eff. | 2012 à 2018 | 40 € le magnum **15/20**
Pintray est vendu en magnum. 2010 est une version tendue, sans concession, avec une finale complexe, subtile.

VIN DE TABLE LE JAUNE 2005
Blanc Demi-sec | 2012 à 2020 | 20 € les 50 cl **17/20**
Le jaune. Tout est dit. La construction est celle des vins du Jura en milieu oxydatif. Celui-ci ne dénoterait pas dans une dégustation de vins jaunes. Noix, curry, tout y est avec une finale d'une amertume absolument gourmande. Montlouis-sur-Revermont ?

DOMAINE DE LA TAILLE AUX LOUPS

8, rue des Aitres - Husseau
37270 Montlouis-sur-Loire
Tél. 02 47 45 11 11 • Fax : 02 47 45 11 14
latailleauxloups@jackyblot.fr • www.jackyblot.fr
Visite : Du lundi au samedi de 10h à 12h30 et de 14h à 18h. Le week-end sur rendez-vous.

Les jeunes loups de Montlouis doivent beaucoup à Jacky Blot. Il a construit depuis près de vingt ans la renommée d'une appellation qui souffre de l'ombre de Vouvray en termes de notoriété, mais qui surprend par la qualité de ses produits. Jacky poursuit sur sa lancée. Il continue à montrer la voie tout en affinant son style, que ce soit en bulles, en blancs secs ou en liquoreux, pouvant comparer grâce à ses crus aussi bien montlouis que vouvray. Une promotion est amplement justifiée. Le maître de Montlouis n'entend pas être dépassé par le premier élève venu bien que les talentueux ne manquent pas dans l'appellation.

MONTLOUIS-SUR-LOIRE CLOS DE MOSNY 2011
Blanc | 2012 à 2020 | 18 € **17/20**
Goûté en échantillons, le vin n'était pas abouti mais montrait une race unique. À revoir en bouteille pour une notation définitive mais la race est exceptionnelle.

MONTLOUIS-SUR-LOIRE CLOS MICHET 2011 ☺
Blanc | 2012 à 2018 | 15 € **16,5/20**
La race est là, absolue, d'une exceptionnelle tension. Goûté en échantillons, le vin semble une bombe de saveurs.

MONTLOUIS-SUR-LOIRE LES DIX ARPENTS 2011 ☺
Blanc | 2012 à 2018 | 10 € **16/20**
Infiniment racé, pur et d'une droiture absolue, dix arpents est la meilleure introduction possible au chenin, tout simplement.

MONTLOUIS-SUR-LOIRE REMUS 2011 ☺
Blanc | 2012 à 2018 | 12 € **17/20**
La tension est exceptionnelle, racée, absolue, dans un millésime qui n'était pas simple. Quelle finale, compter les secondes ne sert à rien, passons aux minutes !

MONTLOUIS-SUR-LOIRE TRIPLE ZÉRO
Blanc Brut effervescent | 2012 à 2013 | 12 € **16/20**
Voici un pétillant de Loire avec un nez éblouissant, complexe, d'une élégance telle qu'il faudrait en avoir en permanence dans sa cave pour fêter tous les événements. Le taux de redemande est incroyable.

VOUVRAY CLOS DE LA BRETONNIÈRE 2011
Blanc | 2012 à 2022 | 14 € **18/20**
La race parle. Incroyable précision du chenin à son paroxysme des saveurs. Les mots manquent.

VOUVRAY CLOS DE VENISE 2011
Blanc | 2012 à 2018 | 20 € **18,5/20**
La précision absolue, la longueur, une subtilité d'exception. Rien n'est banal ici : la construction d'une tension acide parfaite, les amers splendides. Bref, un monument au grand chenin.

DOMAINE TALUAU-FOLTZENLOGEL

Chevrette • 37140 Saint-Nicolas-de-Bourgueil
Tél. 02 47 97 78 79 • Fax : 02 47 97 95 60
joel.taluau@wanadoo.fr
www.vins-taluau-foltzenlogel.com
Visite : Du lundi au vendredi de 8h30 à 12h et de 13h30 à 18h. Le samedi de 10h à 12h et de 14h à 17h

SAINT-NICOLAS-DE-BOURGUEIL VAU JAUMIER 2010
Rouge | 2012 à 2018 | 6,90 € **15/20**
Saint-nicolas classique, fruité, rond, séveux. Il vieillira bien mais le tanin sans accroche appelle déjà une grillade.

SAINT-NICOLAS-DE-BOURGUEIL VIEILLES VIGNES 2009
Rouge | 2013 à 2017 | 8,90 € **15/20**
Beaux tanins, avec l'élégance de saint-nicolas dans un ensemble puissant qui évoluera harmonieusement. Le vin se referme légèrement, il faudrait idéalement l'attendre.

Le centre-Loire

Les calcaires anciens, les mêmes que ceux de Champagne ou de Chablis, conviennent admirablement au sauvignon qui y trouve ses expressions les plus gracieuses mais aussi les plus tendues et minérales. Le réchauffement climatique fait mieux mûrir les pinots noirs et favorise la production de rouges de plus en plus réussis.

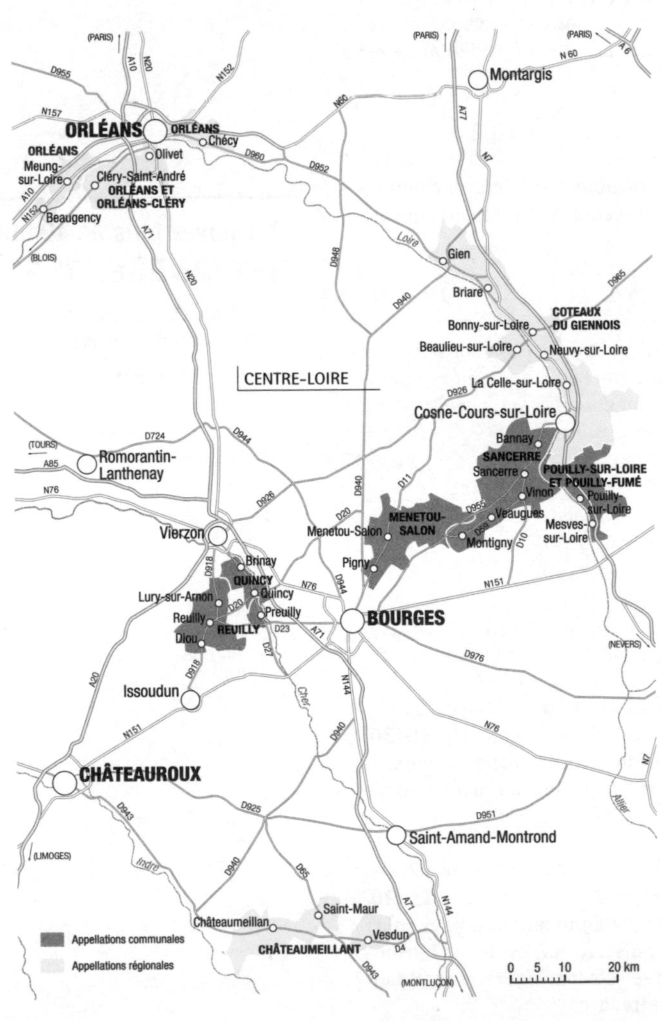

DOMAINE BAILLY MICHEL ET FILS

Les Loges • 58150 Pouilly-sur-Loire
Tél. 03 86 39 04 78 • Fax : 03 86 39 05 25
domaine.michel.bailly@wanadoo.fr
www.micheldavidbailly.com
Visite : Du lundi au vendredi de 8h à 12h et de 13h30 à 17h30. Le week-end sur rendez-vous.

Ce domaine familial de 17 hectares produit des cuvées issues de sélections parcellaires affichant des personnalités bien marquées. Les vins possèdent le juste équilibre entre acidité et maturité avec la signature minérale du terroir.

Pouilly-Fumé Les Bines 2010
Blanc | 2012 à 2015 | 10 € **15/20**
Ce vin a pris du volume par rapport à notre dernière dégustation, l'aromatique est dominée par l'ananas et la bouche a une bonne longueur, avec ce qu'il faut de tension.

Pouilly-Fumé Les Terrasses 2010
Blanc | 2012 à 2015 | 15 € **14/20**
Tranchant et salin, ce vin a de la personnalité et il apprécie la compagnie des crustacés.

DOMAINE BAILLY-REVERDY

43, rue de Venoize • 18300 Bué
Tél. 02 48 54 18 38 • Fax : 02 48 78 04 70
bailly.reverdy@wanadoo.fr
Visite : Du lundi au vendredi de 9h à 12h et de 14h à 18h. Le week-end sur rendez-vous.

Les Bailly-Reverdy sont à Bué ce que les Colin-Morey sont sur Chassagne... En effet dans ce haut lieu des joyeuses birettes berrichonnes, voilà une famille implantée depuis des générations de vieilles vignes. En dégustation nous préférons les blancs qui fleurent bon la salsa diabolique : Monts Damnés, Mercy Dieu, et Point d'Orgue jouent le grand air des meilleurs sauvignons.

Sancerre La Mercy Dieu 2011
Blanc | 2012 à 2013 | 10 € **14,5/20**
Pimpant et tout en fruité croquant, ce vin possède une belle fraîcheur de constitution.

Sancerre Monts Damnés 2009
Blanc | 2012 à 2014 | 17 € **14/20**
On est en richesse et en rondeurs, avec des accents exotiques.

Sancerre Point d'Orgue 2010
Blanc | 2012 à 2017 | 13 € **15,5/20**
On peut jouer des grandes orgues car ce vin possède une belle gamme aromatique allant des fruits jaunes aux agrumes et une persistance harmonieuse.

DOMAINE ÉMILE BALLAND

RN 7 - B.P. 9 • 45420 Bonny-sur-Loire
Tél. 02 38 31 62 59 • Fax : 03 86 39 22 57
emile.balland@orange.fr
Visite : Sur rendez-vous.

Émile Balland appartient à une famille qui brille sur le Sancerrois depuis quelques siècles. Œnologue, ingénieur, travailleur infatigable, ses blancs du Giennois ont de la tenue et les rouges sont bien gainés dans une structure à la puissance mesurée. La cuvée Beaux-Jours est franche et coulante et Grand-Chemin est plus complexe. Les sancerres sont toujours au diapason.

Coteaux du Giennois Le Grand Chemin 2011
Blanc | 2012 à 2015 | 14,30 € **15/20**
Nez de buis, de bourgeon de cassis, bouche toute en vivacité, avec une finale saline qui relance bien.

Coteaux du Giennois Les Beaux Jours 2010
Blanc | 2012 à 2013 | 10,60 € **14/20**
Fruité croquant, bouche vive et coulante sur le pamplemousse, ce vin évolue bien.

Sancerre Croq' Caillote 2011
Blanc | 2012 à 2017 | 17,15 € **15,5/20**
Tout en droiture et salinité, voilà un vin élégant et subtilement tendu.

DOMAINE GÉRARD BOULAY

Le Cul de Beaujeu • 18300 Chavignol
Tél. 02 48 54 36 37 ou 06 33 34 25 96
Fax : 02 48 54 30 42
boulayg-vigneron@wanadoo.fr
Visite : Sur rendez-vous.

En différenciant bien ses terroirs de Chavignol, Gérard Boulay a gagné en précision sur les derniers millésimes. Les amateurs de sauvignons tendus et minéraux seront ravis. La cuvée Monts-Damnés est iodée et fidèle à son terroir, le Clos-de-Beaujeu plus cristallin, la Comtesse a de la particule et la Côte possède une sacrée percussion. Les 2010 sont de haut vol !

Sancerre Clos de Beaujeu 2010
Blanc | 2012 à 2019 | NC **16,5/20**
Accents de mangue et de fumé au nez, la bouche est à la fois riche et tendue et la finale minérale. Superbe évolution!

Sancerre Comtesse 2010
Blanc | 2013 à 2020 | 20 € **16,5/20**
Grande énergie en bouche, puis l'aromatique arrive avec des accents de fruits jaunes et des touches minérales.

Sancerre La Côte 2010
Blanc | 2013 à 2022 | 17,50 € **17/20**
De la percussion, de la richesse, du gras et une tension montante font de ce cru l'un des vins du millésime.

Sancerre Monts Damnés 2010
Blanc | 2012 à 2015 | 16 € **15,5/20**
Salin, avec du volume en bouche, ce vin offre ses accents minéraux de la plus belle des façons.

DOMAINE HENRI BOURGEOIS

Chavignol • 18300 Sancerre
Tél. 02 48 78 53 20 • Fax : 02 48 54 14 24
domaine@henribourgeois.com
www.henribourgeois.com
Visite : Du lundi au vendredi de 9h30 à 18h30.
Le week-end et les jours fériés de 10h à 18h30.

Les Bourgeois hissent leurs grandes cuvées parmi les vins de l'élite du Sancerrois. Dans le registre élégant, on apprécie la subtilité et la régularité des Monts-Damnés et la minéralité épanouie de la cuvée Jadis, qui constituent un hymne aux grands sauvignons.

Sancerre Étienne Henri 2009
Blanc | 2012 à 2016 | 29,40 € **15,5/20**
Nez épicé avec des touches exotiques, beau volume de bouche avec des accents quasi-crémeux.

Sancerre Jadis 2010
Blanc | 2013 à 2017 | 28,60 € **15,5/20**
On sent des accents de fruits confits et une tension derrière, avec une vraie complexité dans l'expression du terroir.

Sancerre Monts Damnés 2011
Blanc | 2012 à 2017 | 19,25 € **15/20**
Tout en tendreté, cette cuvée exprime les accents crayeux de son terroir, avec ce qu'il faut de fond.

DOMAINE CAILBOURDIN

RN Maltaverne • 58150 Tracy-sur-Loire
Tél. 03 86 26 17 73 • Fax : 03 86 26 14 73
domaine-cailbourdin@wanadoo.fr
www.domaine-cailbourdin.com
Visite : Du lundi au vendredi de 8h à 17h30.
Le week-end sur rendez-vous.

16 hectares situés sur Pouilly,Tracy, Saint-Andelain et Villiers composent ce domaine. Parmi les cuvées phares, il faut citer Les Cris situés sur un sol à dominante calcaire. Elle évolue lentement en bouteille. Les vieilles vignes sont sur la butte de Saint-Andelain, elles donnent le vin le plus minéral dans la cuvée Tryptique.

Pouilly-Fumé Les Cris 2011
Blanc | 2012 à 2019 | env. 10,70 € **15/20**
Nez d'agrumes avec une touche crayeuse, la bouche est vive avec une longueur effilée et des touches minérales.

Pouilly-Fumé Triptyque 2010
Blanc | 2013 à 2026 | env. 18 € **15,5/20**
La belle cuvée de garde de Pouilly, avec structure, minéralité et style.

DOMAINE DU CARROU

7, place du Carrou • 18300 Bué
Tél. 02 48 54 10 65 • Fax : 02 48 54 38 77
contact@dominique-roger.fr
www.dominique-roger.fr
Visite : Du lundi au samedi de 9h à 12h et de 14h à 18h30. Le dimanche sur rendez-vous.

Dominique Roger est méticuleux, il tient compte de la spécificité de chaque terroir et la régularité est sans faille, avec une sève plus intense à partir des derniers millésimes sur ses rouges, car ici 35 % du domaine est planté en pinot noir. Orgueil du Sancerrois, La-Jouline offre une concentration rafraîchissante dans les deux couleurs. Les cuvées Domaine sont de bonnes affaires. Le gîte bien aménagé du domaine permet de pouvoir apprécier pleinement tous les crus.

Sancerre 2011
Rouge | 2012 à 2017 | 12 € **15,5/20**
Joli fruit gourmand, avec une aromatique déclinant les variétés de cerise noire, tanin souple et juteux.

Sancerre Chêne Marchand 2011
Blanc | 2012 à 2019 | 14,50 € **15,5/20**
Nez d'agrumes, de mangue, bouche élégante et tendue, avec ce qu'il faut de maturité et de fraîcheur.

Sancerre La Jouline 2010
Rouge | 2014 à 2023 | 18 € **16/20**
La structure l'emporte pour l'instant sur l'aromatique, avec une finale sur le noyau de cerise. Beau potentiel.

Sancerre La Jouline 2009
Rouge | 2012 à 2020 | 18 € **16,5/20**
Tanins longs, suaves, avec de la tension et une sève très pure. Très beau potentiel, avec une aromatique très kirschée qui continue de nous séduire.

DOMAINE DU CHAILLOT

Place de la Tournoise • 18130 Dun-sur-Auron
Tél. 02 48 59 57 69 • Fax : 02 48 59 58 78
pierre.picot@wanadoo.fr
www.domaine.du.chaillot.free.fr
Visite : Sur rendez-vous.

Situé dans le sud du département du Cher, le Domaine du Chaillot est l'un des domaines phares de la toute nouvelle appellation Châteaumeillant. Les rouges sont entièrement réalisés à partir du cépage gamay, ils sont friands, droits et épicés, traduisant au mieux ces terroirs de la marche entre Bassin Parisien et Massif Central.

Châteaumeillant 2011
Rouge | 2012 à 2014 | 12 € **13,5/20**
Fruité déjà bien épanoui, avec des notes épicées et une bouche coulante.

Châteaumeillant 2011
Rosé | 2012 à 2013 | 11 € **13/20**
Coulant et franc, ce vin se boit sur un pâté berrichon.

Châteaumeillant cuvée Parenthèse 2010
Rouge | 2012 à 2013 | 11 € **14/20**
Suavité en entrée de bouche sur fond de cerise noire, ce vin est une vraie gourmandise. Il évolue parfaitement.

DOMAINE CHAVET

Route de Bourges • 18510 Menetou-Salon
Tél. 02 48 64 80 87 • Fax : 02 48 64 84 78
contact@chavet-vins.com • www.chavet-vins.com
Visite : Du lundi au samedi de 8h à 12h
et de 13h30 à 18h.

Figures emblématique du vignoble, les Chavet reçoivent toujours de la meilleure des façons à la propriété. Leurs cuvées sortent régulièrement dans nos dégustations, notamment le rosé qui constitue un vin de repas délicieux. Les blancs offrent une juste maturité et les rouges sont généralement taillés pour la garde.

Menetou-Salon 2011
Rosé | 2012 à 2014 | 8,60 € **14/20**
Nez de bonbon anglais, bouche franche avec ce qu'il faut de longueur pour la grillade.

Menetou-Salon 2010
Blanc | 2012 à 2015 | 8,60 € **14,5/20**
La mangue s'impose au nez, bouche riche en attaque, avec de l'onctuosité et une finale fraîche.

DOMAINE DANIEL CHOTARD

Reigny - 5, rue des Fontaines
18300 Crézancy-en-Sancerre
Tél. 02 48 79 08 12 • Fax : 02 48 79 09 21
sancerre@danielchotard.fr
www.chotard-sancerre.com
Visite : Du lundi au samedi de 8h à 12h et de 14h à 18h30. Le dimanche sur rendez-vous.

Issu d'une famille qui cultive la vigne depuis plus de deux siècles, Daniel Chotard a débuté sa carrière comme enseignant avant de revenir au domaine familial. Accordéoniste, guitariste, il connaît parfaitement le tempo du sauvignon et du pinot. Rejoint, depuis quelques mois par son fils Simon, major de l'école d'œnologie de Toulouse, il forme avec celui-ci un duo en mode majeur du Sancerrois.

Sancerre 2011
Blanc | 2012 à 2017 | 8,20 € **15,5/20**
Fruité croquant, de la distinction et de la tension harmonieuse.

Sancerre 2011
Rosé | 2012 à 2013 | 8,20 € **14,5/20**
Nez de fraise écrasée et de poivre gris, la bouche est joyeuse et en rythme.

Sancerre 2010

Rouge | 2012 à 2018 | 8,50 € **15,5/20**

Le vin coule de la plus belles des façons dans le verre, la robe est sombre, le nez concentré, et l'attaque ouvre sur des tanins suaves et caressants, la suite a de l'allure avec ce qu'il faut de persistance et de distinction. C'est superbe !

DOMAINE GÉRARD CORDIER

La Ferté • 36260 Reuilly

Tél. 02 54 49 25 47

gerard.cordier0788@orange.fr

Visite : Du lundi au samedi de 8h à 18h.

Le dimanche sur rendez-vous.

«Les Cordier», ils sont de la gueule, c'est pour cela que Gérard produit depuis toujours des vins francs de goût dans les trois couleurs, avec un point d'orgue pour le pinot gris que l'on boit à grandes lampées dans les émission de printemps de France Bleu Berry.

Reuilly 2011

Rosé | 2012 à 2014 | 6,50 € **14,5/20**

Tout en glissant intérieur, ce vin n'est pas démonstratif mais il fait du bien aux joues sur une galette aux patates.

Reuilly 2011

Rouge | 2012 à 2013 | 6,50 € **13/20**

Nez de fruits rouges, vin coulant et souple pour escorter le poulet du dimanche.

DOMAINE FRANÇOIS COTAT

18300 Chavignol

Tél. 02 48 54 21 27 • Fax : 02 48 78 01 41

sarlfrancoiscotat@bbox.fr

À l'origine, il y avait Francis et Paul Cotat, qui soignaient avec affection leurs parcelles situées sur Chavignol. Ces frères ont partagé leur domaine entre leurs fils Pascal et François. Ce dernier possède les mêmes terroirs que Pascal, avec en plus des Culs-de-Beaujeu. Il convient de se montrer patient avec de tels vins taillés pour la garde. C'est toujours un sport national pour se procurer des échantillons du domaine, c'est pourquoi il convient de remercier Didier Turpin, restaurateur talentueux de La Pomme d'Or sur Sancerre, qui a encore facilité notre dégustation de l'année, avec une cuvée Clément de la Grande Côte 2002 superbe !

Sancerre Grande Côte 2002

Blanc | 2012 à 2020 | épuisé **16,5/20**

Nez d'ananas et de pamplemousse, en bouche on a un sec tendre délicieux, avec un très beau potentiel.

Sancerre Monts Damnés 2009

Blanc | 2012 à 2039 | épuisé **16/20**

Nez très profond sur les agrumes et les fruits jaunes, avec des touches crayeuses, la bouche est pleine et elle dégage beaucoup d'énergie, ce vin prend de l'étoffe au fil du temps.

DOMAINE PASCAL COTAT

98, chemin des Grous • 18300 Sancerre

Tél. 02 48 72 13 45 • Fax : 02 48 54 14 00

pascal.cotat@bbox.fr

Visite : Du lundi au vendredi de 8h à 12h et de 14h à 18h.

Pascal Cotat est un adepte des vendanges tardives en surmaturité, qui permettent d'obtenir des vins onctueux avec généralement un peu de sucre résiduel. Ces vins traversent les décennies sans problème et ils contribuent à la légende des grands vins de Sancerre. Monts-Damnés et Grande-Côte sont à encaver et à garder au moins une dizaine d'années. Les amateurs qui veulent faire une verticale le peuvent chez Didier Turpin à La Pomme d'Or sur Sancerre, une table incontournable pour de telles agapes. Les 2010 et 2011 marquent bien leur territoire.

Sancerre Monts Damnés 2011

Blanc | 2014 à 2024 | 17,34 € **15,5/20**

Encore dans ses langes, ce vin séduit par sa plénitude, son onctuosité, ses accents exotiques et crayeux.

Sancerre Monts Damnés 2010

Blanc | 2012 à 2030 | 17,34 € **17/20**

Véritable lame de fond du sauvignon, ce 2010 est à la fois opulent, tendu, vibrant et minéral de la plus belle des façons.

DOMAINE DANIEL CROCHET

18300 Bué

Tél. 02 48 54 07 83

daniel-crochet@wanadoo.fr

Visite : Du lundi au samedi de 9h à 18h.

À Bué, les Crochet constituent une bonne partie du village et en matière de vignoble, ils écrivent en majuscules les lettres de noblesse du Sancerrois. Daniel est à la tête depuis 1996 du domaine familial, dont les parcelles sont réparties entre Bué et San-

cerre et ses vins présentent un fruit bien dégagé et une belle sincérité.

Sancerre Plante des Prés 2010
Blanc | 2012 à 2016 | NC **15/20**
Tension harmonieuse, il y a du gras en bouche, finale saline toute en fraîcheur.

Sancerre Prestige 2010
Rouge | 2012 à 2017 | env. 14 € **15/20**
Cerise noire et épices émergent au nez, le tanin est policé, suave et frais. Bel équilibre !

DOMAINE FRANÇOIS CROCHET

Marcigoué • 18300 Bué
Tél. 02 48 54 21 77 • Fax : 02 48 54 25 10
francoiscrochet@wanadoo.fr
Visite : Du lundi au samedi de 8h30 à 12h et de 13h30 à 18h.

François Crochet conduit ses arpents de vigne en lutte raisonnée et pratique l'enherbement. L'ensemble de ses cuvées joue la carte de l'élégance et de la finesse, tant sur les rouges de plus en plus recherchés que sur les blancs, avec des 2010 de très belle facture qui évoluent parfaitement. La parcelle la plus éloignée du domaine, baptisée Exils, offre un terroir de silex et un vin de plus en plus raffiné.

Sancerre 2011
Blanc | 2012 à 2014 | 9,70 € **14,5/20**
Franc, net, ce vin est coulant et tout en vivacité.

Sancerre Chêne Marchand 2010
Blanc | 2012 à 2015 | 17 € **15,5/20**
Vin à la fois tendu, long et salin avec des accents de fruits jaunes, ce vin évolue parfaitement, note en hausse.

Sancerre Les Amoureuses 2010
Blanc | 2012 à 2017 | 15,50 € **15,5/20**
Énergique, avec une aromatique d'agrumes confits, ce vin offre un beau potentiel.

Sancerre Réserve de Marcigoué 2010
Rouge | 2012 à 2017 | 19 € **15,5/20**
Grande suavité, tanins longs et épicés, ce vin tient toutes les promesses de l'élevage.

DOMAINE LUCIEN CROCHET

Place de l'Église • 18300 Bué
Tél. 02 48 54 08 10 • Fax : 02 48 54 27 66
contact@lucien-crochet.fr • www.lucien-crochet.fr
Visite : Du lundi au vendredi de 8h30 à 12h et de 13h30 à 17h30. Le samedi sur rendez-vous.

Gilles Crochet est au Berry ce que Christophe Roumier est à la Bourgogne, dans le raffinement des tanins de ses vins rouges. En blanc, le sancerre Le-Chêne-Marchand, issu d'un terroir de caillottes, offre un fruit et des accents floraux distingués. La cuvée Prestige, délicieusement concentrée, provient d'un assemblage des plus vieilles vignes. Depuis 2009, la cuvée Cul-de-Beaujeu est très excitante, car cette incursion de cet homme de Bué sur Chavignol se révèle du meilleur effet !

Sancerre cuvée Prestige 2005
Rouge | 2012 à 2016 | épuisé **16,5/20**
Par pure gourmandise, nous regoûtons chaque année cette cuvée au tanin soyeux et profond, avec une aromatique déclinant la cerise et le noyau, la finale élégante et fraîche nous fait retendre le verre. La bouteille est trop petite.

Sancerre Le Chêne Marchand 2010
Blanc | 2012 à 2017 | 16,50 € **15,5/20**
Bon compromis entre densité et fraîcheur, ce vin a du style et il est porté par une aromatique où se mêlent fruits jaunes et agrumes avec une touche florale.

Sancerre Le Cul de Beaujeu 2009
Blanc | 2012 à 2022 | 17,50 € **16,5/20**
Cette nouvelle cuvée ouvre de belles perspectives, elle se révèle tonique, de tension harmonieuse avec la richesse du millésime : matière de belle ampleur, complexe, soutenue par un fruit mûr et savoureux et une élégante finale saline. Finalement, Bué sur Chavignol, c'est un plaisir supplémentaire, et c'est tant mieux.

DOMAINE DIDIER DAGUENEAU

5, rue Ernesto Cheguevara • 58150 Saint-Andelain
Tél. 03 86 39 15 62 • Fax : 03 86 39 07 61
silex@wanadoo.fr
Visite : Sur rendez-vous.

Didier Dagueneau était un extrémiste de la qualité. C'était l'un des hommes les plus attachants du vignoble en même temps qu'un maître cultural. Aujourd'hui, son fils Benjamin reprend le flambeau et assure dignement la continuité, les 2007 et 2008 sont exceptionnels dans la définition de la pureté

cristalline de chaque cru et ils nous ont encore fait vibrer. La richesse des 2009 est bien domptée et elle mérite que l'on passe à table autour des mets les plus nobles ! Sur 2010, on est dans le registre de la fulgurance qui se confirme après la mise en bouteille.

Pouilly-Fumé Blanc Fumé de Pouilly 2010
Blanc | 2012 à 2015 | NC **15,5/20**
Fruit croquant avec tension rafraîchissante et des accents de fumé qui signent pleinement le terroir, c'est déjà excellent et il introduit parfaitement à l'excellence du millésime.

Pouilly-Fumé Buisson Renard 2010
Blanc | 2012 à 2022 | NC **16,5/20**
Plus pur que le 2009, ce Buisson a de la vibration, il devient ardent et donne toute sa mesure avec une fin de bouche montante superbe.

Pouilly-Fumé Pur Sang 2010
Blanc | 2012 à 2020 | NC **16,5/20**
Accents d'abricot et de fumé avec une touche d'iode, la bouche offre richesse et minéralité épanouie, c'est déjà très bon, mais il convient de carafer le vin une heure avant le service.

Pouilly-Fumé Silex 2010
Blanc | 2013 à 2023 | NC **18/20**
Matière très pure portée par un excellent support acide et une maturité juste, la colonne vertébrale minérale est superbe, on est dans le registre de la fulgurance.

Sancerre Le Mont Damné 2010
Blanc | 2012 à 2023 | NC **17,5/20**
Millésime chavignolesquement pur dans son expression aromatique comme dans sa structure, il s'offre progressivement au bout d'une heure d'ouverture.

DOMAINE SERGE DAGUENEAU ET FILLES

Les Berthiers • 58150 Pouilly-sur-Loire
Tél. 03 86 39 11 18 • Fax : 03 86 39 05 32
sergedagueneaufilles@wanadoo.fr •
www.s-dagueneau-filles.fr
Visite : Du lundi au vendredi de 9h à 12h
et de 14h à 17h30. Le samedi sur rendez-vous.

Chez les Dagueneau, le repère est l'arrière-grand-mère Léontine, vigneronne au caractère bien trempé qui donna son nom à une cuvée à la tension et à l'élégance vibrante, issue d'un terroir exclusivement calcaire. Ici le blanc fumé est coulant, Les-Chaudoux plus onctueux et la cuvée Les-Filles plus riche, autant de vins qui font honneur à Florence, disparue de façon prématurée.

Pouilly-Fumé Fumé 2011 ☺
Blanc | 2012 à 2014 | 12 € **15,5/20**
Délicieusement fumé, avec de la tension et un fruité croquant, ce vin a tout pour lui.

Pouilly-Fumé La Centenaire 2011
Blanc | 2012 à 2015 | 8,50 € **14/20**
Vin pour l'instant sur la réserve, avec des accents salins et un fruit un peu en retrait.

Pouilly-Fumé La Léontine 2010
Blanc | 2012 à 2022 | 26 € **15,5/20**
Très grande cuvée de Pouilly qui ouvre de belles perspectives avec richesse, tension, et persistance, l'aromatique évoque l'iode, les agrumes et les fruits jaunes.

DOMAINE DENIS JAMAIN

Villa Camille - 20, route d'Issoudun • 36260 Reuilly
Tél. 02 38 66 16 74
denis-jamain@wanadoo.fr • www.denisjamain.com
Visite : Du lundi au vendredi de 10h à 18h
et le week-end sur rendez-vous.

Denis Jamain est la force tranquille du Reuilly. Installé depuis 1938 sur le domaine familial, il s'est engagé dans une démarche de conversion en agriculture biologique. Il sélectionne lui-même les arbres régionaux dans lesquels il fera élaborer les barriques destinées à l'élevage de son pinot noir. Les vins produits dans les trois couleurs ont de la tenue.

Reuilly 2011
Rosé | 2012 à 2014 | 8 € **15/20**
Fruits rouges et poivre se retrouvent au nez comme en bouche, son glissant se révèle gourmand.

Reuilly Les Chênes Rouges 2009
Rouge | 2012 à 2014 | 11,50 € **14/20**
Tanins assagis et bien arrondis, avec ce qu'il faut de soyeux en texture.

Reuilly Les Fossiles 2011
Blanc | 2012 à 2014 | 10,50 € **15/20**
C'est le type de vin que l'on aime avoir le matin à 10 heures pour bien se caler dans la journée. On apprécie ses accents salins, sa tension en bouche et sa fraîcheur pour accompagner une terrine de

crustacés. On le reprend ensuite pour le déjeuner sur des poissons nobles.

DOMAINE ANDRÉ DEZAT ET FILS

Rue des Tonneliers Chaudoux
18300 Verdigny-en-Sancerre
Tél. 02 48 79 38 82 • Fax : 02 48 79 38 24
dezat.andre@terre-net.fr • dezat-sancerre.com
Visite : Du lundi au samedi de 8h30 à 12h et de 14h à 18h. Sur rendez-vous pour les groupes.

André Dezat a passé la main à ses fils Louis et Simon, mais il marque toujours de son empreinte les vins de la maison qui fleurent bon la gaudriole et la convivialité sancerroise. Son accent roule le sauvignon de l'année qui pousse les rillettes ou le crottin de Chavignol.

Pouilly-Fumé 2011
Blanc | 2012 à 2014 | 7,75 € **14/20**
Nez d'agrumes, vin qui claque en bouche, on le boit entre deux histoires d'André Dezat, l'une des figures les plus attachantes du Sancerrois.

DOMAINE BERNARD FLEURIET ET FILS

La Vauvize • 18300 Menetou-Ratel
Tél. 02 48 79 34 09
fleuriet.vauvise@wanadoo.fr • www.domaine-bernard-fleuriet-et-fils.com
Visite : Tous les jours de 9h à 19h30.

Benoît et Mathieu Fleuriet possèdent 17 hectares sur Sancerre et 3 hectares sur Menetou-Salon. Ils produisent des vins sincères qui permettent de bien identifier les terroirs qui les portent. Juste maturité, fraîcheur de constitution et élégance sont les maîtres mots du duo.

Menetou-Salon La Vigne au Paul 2011
Blanc | 2012 à 2014 | 7 € **14/20**
Menetou qui claque bien en bouche, avec une attaque grasse, une matière mûre et une finale aux accents salins.

Sancerre Tradition 2010
Blanc | 2012 à 2014 | 8 € **13,5/20**
Tendre et crayeux au nez comme en bouche, ce vin prend de délicieux accents d'agrumes, avec une tension harmonieuse derrière.

DOMAINE FOUASSIER

180, avenue de Verdun • 18300 Sancerre
Tél. 02 48 54 02 34 • Fax : 02 48 54 35 61
contact@fouassier.fr • www.fouassier.fr
Visite : Sur rendez-vous.

Les sélections parcellaires permettent une belle pédagogie du Sancerrois pour ce vignoble en conversion biodynamique : le point d'orgue va à la cuvée des Romains, l'un des terroirs les plus solaires de l'appellation. Sur les trois derniers millésimes, on sent une belle progression.

Sancerre Les Chasseignes 2010
Blanc | 2012 à 2014 | 13 € **15,5/20**
Droiture, finesse, tension de bon aloi et aromatique sur les agrumes font de ce vin une belle réussite qui évolue parfaitement, note à la hausse !

Sancerre Les Romains 2011
Blanc | 2012 à 2016 | 14 € **15,5/20**
Ananas au nez, bouche en rondeurs avec une fin saline.

Sancerre Mélodie 2008
Blanc | 2012 à 2014 | 18 € **15/20**
Cette crème de tête transpire les épices et l'exotisme, la bouche a du volume et un profil harmonieux.

Sancerre X 2007
Rouge | 2012 à 2015 | 18 € **14,5/20**
Accents de noyau de cerise que l'on retrouve au nez comme en bouche, avec un tanin complètement fondu. Cette cuvée X est réservée à toutes les bouches !

DOMAINE GEOFFRENET-MORVAL

21 bis, rue Benoît Malon • 18000 Bourges
Tél. 06 07 24 44 94 • Fax : 09 70 62 66 41
fabien.geoffrenet@wanadoo.fr
www.geoffrenet-morval.com
Visite : Sur rendez-vous.

Pour des raisons familiales, Fabien Geoffrenet a restreint son domaine à 3 hectares. Il garde le même style de vins élégants sur le fruit et la fraîcheur, avec un joli croquant en bouche. Les rendements sont soigneusement limités et les vendanges se font à la main.

Châteaumeillant Comte de Barcelone 2011 ☺
Rosé | 2012 à 2013 | 10,90 € **15/20**
Les fruits rouges et le poivre gris se mêlent de la façon la plus agréable, la bouche est vive et joyeuse, vin festif.

Châteaumeillant Version Originale 2011 ☺
Rouge | 2012 à 2013 | 10,90 € **15/20**
On croque dans le fruit et les tanins sont souples et gourmands.

DOMAINE GILBERT

Les Faucards • 18510 Menetou-Salon
Tél. 02 48 66 65 90 • Fax : 02 48 66 65 99
info@domainegilbert.fr
www.domainephilippegilbert.fr
Visite : Du lundi au vendredi de 8h30 à 12h30 et de 14h à 18h.

Membre de Renaissance des Appellations, Philippe Gilbert est un vigneron d'une grande probité, il travaille depuis quelques millésimes de la façon la plus naturelle possible, avec un directeur technique de talent, Jean-Philippe Louis. Cela se répercute au niveau de la qualité des vins, avec des blancs cristallins et des rouges de plus en plus précis.

Menetou-Salon 2011
Blanc | 2012 à 2017 | 13,50 € **15,5/20**
Plus en tension que les autres cuvées Domaine du millésime sur Menetou, ce vin offre une jolie percussion.

Menetou-Salon 2011
Rouge | 2012 à 2016 | 14,50 € **15,5/20**
Fruité bien dégagé, dans un registre de cerise noire et d'épices, bouche avec beaucoup de fraîcheur et une belle longueur.

Menetou-Salon Les Renardières 2010
Rouge | 2012 à 2017 | 24 € **15,5/20**
Très cerise burlat en aromatique, bouche au tanin énergique encore dans ses langes, avec beaucoup de fond.

DOMAINE ALAIN GUENEAU

Maison Sallé • 18300 Sury-En-Vaux
Tél. 02 48 79 30 51
agueneau@terre-net.fr
Visite : Du lundi au vendredi de 9h à 12h et de 14 à 18. Le week-end sur rendez-vous.

L'hospitalité chevillée au corps, la famille Gueneau continue de régaler les clients fidèles comme les touristes de passage. Pour épauler Alain, il y a les enfants Elisa et Dominique qui apportent leur touche. Les vins produits sont sincères, avec depuis 2010 une meilleure définition.

Sancerre Éloi 2010
Blanc | 2012 à 2017 | 15 € **14,5/20**
Accents exotiques au nez comme en bouche, la finale se révèle fraîche et joyeuse, de quoi entonner la chanson des orfèvres...

Sancerre La Guiberte 2011
Blanc | 2014 à 2020 | 8,50 € **14/20**
De la richesse en bouche, avec une finale saline, pour l'instant ce vin est plus en structure qu'en arômes, il faut savoir attendre.

DOMAINE CLAUDE ET FLORENCE THOMAS LABAILLE

Chavignol • 18300 Sancerre
Tél. 02 48 54 06 95 • Fax : 02 48 54 07 80
thomas.labaille@wanadoo.fr
Visite : Toute la semaine de 10h à 12h et de 15h à 18h30.

Adepte des petits rendements, Jean-Paul Labaille a succédé à son beau-père au milieu des années 1990. Cet ex-employé de France Télécom connecte bien ses différentes cuvées, portées sur 9 hectares par les meilleurs terroirs de Chavignol, avec notamment une parcelle située sur les Monts Damnés.

Sancerre Authentique 2011
Blanc | 2013 à 2015 | 10 € **15/20**
Tendu comme il faut, ce vin se déguste surtout en fin de bouche, et il convient de l'attendre un peu, pour commencer à l'ouvrir au printemps 2013.

Sancerre Authentique 2010
Blanc | 2012 à 2014 | épuisé **15,5/20**
Tension harmonieuse, belle aromatique sur l'abricot avec des accents crayeux.

Sancerre Les Aristides 2010
Blanc | 2012 à 2015 | épuisé **15/20**
Accents cristallins très subtils avec une tension effilée bien dans son terroir.

DOMAINE CLAUDE LAFOND

Le Bois Saint-Denis - Route de Graçay
36260 Reuilly
Tél. 02 54 49 22 17 • Fax : 02 54 49 26 64
nathalie.lafond.reuilly@wanadoo.fr
www.claudelafond.com
Visite : Du lundi au vendredi de 9h à 12h et de 13h30 à 18h. Le samedi de 10h à 12h30 et e 13h30 à 18h0. En dehors de ces plages horaires sur rendez-vous.

«Pour moi, le vin, c'est un sol, une plante, un climat et des hommes», explique Claude Lafond. D'une belle régularité, ce domaine phare de l'Indre produit des cuvées de blancs et de rosés bien constituées. Depuis 2006, une partie des rouges est vendangée à la main, ce qui permet une meilleure définition, cela se ressent dans l'évolution de la cuvée André 2009, l'une des meilleures du secteur.

Reuilly cuvée André 2009
Rouge | 2012 à 2016 | 9,90 € **15/20**
Robe sombre, nez de cerise à l'eau-de-vie, belle présence en bouche, il y a encore du potentiel.

Reuilly La Grande Pièce 2011
Rosé | 2012 à 2014 | 7,60 € **14,5/20**
Nez de framboise, attaque franche, bouche qui prend des notes fumées et de bonbon, il aime la compagnie de terrine d'oreille de cochon.

Reuilly La Raie 2011
Blanc | 2012 à 2013 | 7,60 € **14,5/20**
Nez de pomelos, bouche qui claque bien, idéal sur un crottin de Chavignol.

DOMAINE SERGE LALOUE

Rue de la Mairie • 18300 Thauvenay
Tél. 02 48 79 94 10 • Fax : 02 48 79 92 48
contact@serge-laloue.fr • www.serge-laloue.fr
Visite : Du lundi au vendredi de 9h à 12h et de 14h à 17h30. Le week-end sur rendez-vous.

Les coteaux exposés est et sud-est ont des sols caillouteux riches en silex ou argilo-calcaires de deux types, appelés Caillotes et Terres Blanches. Franck et Christine Laloue ont rejoint leur père sur la propriété, et ces deux générations réunies produisent des blancs de belle étoffe. Notre préférence ira au cul-de-beaujeu.

Sancerre 2011
Blanc | 2012 à 2014 | 10,90 € **14/20**
La mangue et les agrumes cohabitent dans une aromatique fraîche, la bouche a de la vivacité et elle se révèle joyeuse.

Sancerre Cul de Beaujeu 2010
Blanc | 2012 à 2017 | 17 € **15,5/20**
On a plus de persistance que lors de notre dernière dégustation, la bouche possède une tension mesurée.

DOMAINE LANDRAT-GUYOLLOT

Les Berthiers • 58150 Saint-Andelain
Tél. 03 86 39 11 83 • Fax : 03 86 39 11 65
contact@landrat-guyollot.com
www.landrat-guyollot.com
Visite : Du lundi au vendredi : 09h à 12h et 13h à 18h (jusqu'à 19h de juin à août).Week-end et jours fériés : sur rendez-vous.

Produite sur le meilleur terroir à silex du domaine, la cuvée Gemme-de-Feu vous fait monter le sauvignon au front. Cela vaut le coup de faire le détour, d'autant que l'accueil à la propriété est délicieux.

Pouilly-Fumé Gemme de Feu 2009
Blanc | 2012 à 2014 | 15 € **15/20**
On a la richesse du millésimes avec les notes de fruits jaunes en attaque de bouche, et la tension derrière.

DOMAINE LAPORTE

Route de Sury-en-Vaux - B.P. 34 • 18300 Saint-Satur
Tél. 02 48 78 54 20 • Fax : 02 48 54 34 33
contact@laporte-sancerre.com
www.laporte-sancerre.com
Visite : Du lundi au vendredi de 8h30 à 12h et de 13h30 à 17h. Le week-end sur rendez-vous.

La-Vigne-de-Beaussopet, sur silex, est l'un des meilleurs pouilly-fumés. Le Rochoy est un coteau sancerrois de silex bien exposé. Plus complexe, Le-Grand-Rochoy regroupe des vieilles vignes de ce secteur, donnant un vin plus ample, avec une minéralité bien épanouie. La-Comtesse, située dans les Monts Damnés, a déjà acquis ses lettres de noblesse.

Pouilly-Fumé La Vigne de Beaussoppet 2009
Blanc | 2012 à 2015 | 18,80 € **15,5/20**
Il y a de l'ampleur dès l'attaque de bouche onctueuse, puis le vin se tend et la finale fumée mérite attention.

Pouilly-Fumé Les Duchesses 2010
Blanc | 2012 à 2017 | 14,60 € **15,5/20**
On apprécie les accents fumés et la bouche à la fois riche et tranchante.

Sancerre Le Rochoy 2010
Blanc | 2012 à 2017 | 15,30 € **15,5/20**
La plénitude de ce cru ne se dément pas sur ce millésime à la fois riche et tranchant, avec des accents d'agrumes et une finale saline du meilleur effet.

Sancerre Les Grandmontains 2011
Blanc | 2012 à 2015 | 14,60 € **15,5/20**
Amplitude et tension font bon ménage pour ce vin qui possède une belle finale saline.

LES BERRYCURIENS

Le Buisson Long - Route de Quincy • 18120 Brinay
Tél. 02 48 51 30 17 • Fax : 02 48 51 35 47
le6emesens@wanadoo.fr • www.berrycuriens.com
Visite : Du lundi au samedi de 9h à 12h
et de 14h à 18h.

Les Berrycuriens sont des arcandiers qui ont bien tourné. Depuis le milieu des années 1990, ces vignerons du samedi cultivent amoureusement leurs lopins de vignes, encadrés par le chevronné Jean-Michel Sorbe et son fils Guillaume qui leur apportent leur sens cultural et œnologique. Au fil des millésimes, les vins sont plus précis et ils gagnent en complexité. Belle série de reuillys.

Quincy La Berrycurienne 2010
Blanc | 2012 à 2019 | 8,70 € **15,5/20**
Nez de fruits jaunes, bouche en rondeurs avec une onctuosité soutenue par une tension harmonieuse. On est plus en structure qu'en arômes.

Quincy La Loge de Vigne 2011
Blanc | 2012 à 2016 | 7,10 € **15,5/20**
Agrumes au nez avec des touches de fumé, on retrouve cette déclinaison dans une bouche tendue avec une finale saline.

Reuilly 2010
Rouge | 2012 à 2015 | 7,90 € **15/20**
Flaveurs de cerise Montmorency avec une touche de griotte, cette dernière domine dans une bouche franche et harmonieuse.

Reuilly Les Chatillons 2011
Rosé | 2012 à 2014 | 8,50 € **15/20**
Nez de fruits rouges et de poivre gris, on retrouve cette aromatique dans une bouche bien construite.

DOMAINE ALAIN ET MATTHIEU MABILLOT

3, Chemin de l'Orme - Villiers les Roses
36260 Sainte-Lizaigne
Tél. 02 54 04 02 09 • Fax : 02 54 04 01 33
matthieu.mabillot@orange.fr
Visite : Sur rendez-vous.

Après des études d'œnologie dans le Bordelais et un stage à Lynch-Bages, Matthieu Mabillot fit ses armes commerciales à la cristallerie d'Arc. Il est revenu depuis deux ans prêter main forte à son père Alain, qui exploite 6 hectares de vignes sur Reuilly. Le duo produit depuis 2008 des cuvées qui figurent parmi les meilleures de l'appellation, 2010 et 2011 marquent un tournant qualitatif supplémentaire. C'est notre coup de cœur sur le secteur.

Reuilly 2011
Blanc | 2012 à 2014 | 7 € **15/20**
Nez d'agrumes, bouche vive et alerte avec une finale élégante.

Reuilly 2011
Rosé | 2012 à 2014 | 7 € **15,5/20**
Belle palette aromatique au nez, où framboise, groseille, poivre gris et fraise se mêlent de la façon la plus agréable, la bouche est délicieusement lampante, avec ce qu'il faut de tension à la fin.

Reuilly 2010
Rouge | 2012 à 2015 | 7 € **14,5/20**
Tanin souple marqué par la cerise, la bouche se révèle coulante et bien en formes.

Reuilly Mont Cocu 2010
Blanc | 2012 à 2019 | 9 € **15,5/20**
Nez de coing, de fruits jaunes, la bouche est à la fois onctueuse et en tension. Bel exercice de style.

DOMAINE MASSON-BLONDELET

1, rue de Paris • 58150 Pouilly-sur-Loire
Tél. 03 86 39 00 34
info@masson-blondelet.com
wwww.masson-blondelet.com
Visite : Du lundi au samedi de 9h à 12h et de 13h30 à 18h. Le dimanche sur rendez-vous.

Depuis sept générations, cette famille cultive la vigne dans la région de Pouilly. On apprécie sa cuvée Pierres de Pierre issue d'argile à silex, d'une belle franchise de goût; la Villa Paulus produite sur des argiles blanches donne des vins enveloppants, pouvant évoluer parfaitement dans le temps. Uniquement sur les bons millésimes la cuvée Cullus est

récoltée sur les marnes kimméridgiennes, elle offre sa richesse exotique à une cuisine épicée.

Pouilly-Fumé Tradition Cullus 2008
Blanc | 2012 à 2017 | 28 € **15/20**
Ananas au nez avec des notes de truffe, la bouche est riche, onctueuse avec des notes salines, c'est gourmand.

Pouilly-Fumé Villa Paulus 2010
Blanc | 2012 à 2015 | 12 € **15/20**
On apprécie la tension effilée et les accents salins de fin de bouche.

DOMAINE ALPHONSE MELLOT

3, rue Porte-César - B.P. 18 • 18300 Sancerre
Tél. 02 48 54 07 41 • Fax : 02 48 54 07 62
alphonse@mellot.com • www.mellot.com
Visite : Sur rendez-vous.

Alphonse Junior, bien épaulé par sa sœur Emmanuelle, est toujours en ébullition. Ce duo prolonge le travail de Senior, qui a trouvé là de dignes successeurs en même temps que des complices... Sur les derniers millésimes, Junior ajoute une intuition de génie, qui permet d'obtenir des résultats à la hauteur de son travail, les vins sont très précis avec en 2010 le meilleur millésime jamais produit sur la propriété.

Sancerre Edmond 2010
Blanc | 2013 à 2020 | épuisé **17/20**
Enveloppant en attaque, ce vin prend de la tension en milieu de bouche, avec plus de pureté que sur certains millésimes plus chaleureux, on apprécie l'aromatique déclinant la mangue et les agrumes, ce vin est encore dans ses langes.

Sancerre Générations 2010
Blanc | 2012 à 2022 | 30 € **18/20**
Le meilleur Générations de l'histoire par sa maturité juste, sa tension raffinée qui se prolonge et qui se révèle vibrante du début à la fin de bouche. Grande émotion en vin seul et par les accords générés à table, on met le turbot et l'on cave la truffe.

Sancerre Générations 2009
Rouge | 2014 à 2020 | 52 € **16/20**
On sent un tanin énergique et épicé avec des accents de fumé. Ce vin tout en potentiel est dans une phase de fermeture. Laissons-lui le temps !

Sancerre La Moussière 2011
Blanc | 2012 à 2015 | 17 € **15,5/20**
Agrumes et fleurs blanches se mêlent de belle façon, le vin claque bien en bouche sur un saumon fumé d'Écosse.

Sancerre La Moussière 2010
Rouge | 2012 à 2016 | 24 € **15,5/20**
Superbe nez de cerise noire, de pivoine et d'épices, la bouche est gourmande avec de la profondeur et de la finesse. Le meilleur La-Moussière rouge jamais produit !

Sancerre Les Romains 2010
Blanc | 2013 à 2019 | 27 € **16/20**
On a le côté solaire du secteur, avec derrière une tension bien proportionnée et des accents de mangue fraîche délicieux.

DOMAINE JOSEPH MELLOT

Route de Ménétréol • 18300 Sancerre
Tél. 02 48 78 54 54 • Fax : 02 48 78 54 55
josephmellot@josephmellot.com
www.josephmellot.com
Visite : Du lundi au vendredi de 8h30 à12h et de 13h30 à 17h. La boutique est ouverte le samedi de 10h à 12h30 et de 13h30 à 19h.

Coteaux-du-giennois, menetou-salon, reuilly, quincy, pouilly-fumé ou sancerre, la gamme des vins produits par cette famille historique du Sancerrois est large. Avec 2010 et 2011, ce domaine a franchi un cap qualitatif dans toutes ses appellations, de Quincy à Menetou en passant par Pouilly ou Sancerre. Bravo à Catherine Corbeau Mellot et son équipe !

Menetou-Salon Clos du Pressoir 2011
Blanc | 2012 à 2014 | 12,15 € **15/20**
Belle réussite, on a une bouche structurée et aromatique, dans un registre de fruits jaunes et d'agrumes.

Pouilly-Fumé Domaine des Mariniers 2010
Blanc | 2012 à 2014 | 13,90 € **14/20**
Dans un style coulant, ce vin se boit le col ouvert en regardant la Loire et en chantant des airs de mariniers.

Pouilly-Fumé Le Tronc Sec 2010
Blanc | 2012 à 2016 | 13,90 € **15,5/20**
Nez d'agrumes, bouche à l'attaque dynamique et une tension qui se met bien en place avec une fin saline.

Sancerre La Chatellenie 2010
Blanc | 2012 à 2019 | 15,90 € **16/20**
Délicieux accents de mangue et de fleurs blanches, bouche à la fois riche et tendue qui évolue parfaitement avec une tonalité cristalline du meilleur effet, ce vin est actuellement superbe.

DOMAINE MINCHIN

Saint-Martin • 18340 Crosses
Tél. 02 48 25 02 95 • Fax : 02 48 25 05 03
ab.minchin.vins@orange.fr
Visite : Du lundi au vendredi de 8h30 à 12h et de 14h à 17h30 Le week-end sur rendez-vous.

Installé sur Morogues, Bertrand Minchin travaille avec application. S'il appartient aux ténors de Menetou, c'est sur Valençay et la Touraine qu'il suscite l'enthousiasme avec des rouges d'une texture pulpeuse inégalable qui vourloutent et des blancs tendus harmonieusement. 2010 constitue le meilleur millésime de ce domaine exemplaire.

Menetou-Salon 2011
Rouge | 2012 à 2016 | 11,30 € **15/20**
Des promesses, belle amplitude en bouche et une finale sur la griotte qui s'affirme bien.

Menetou-Salon Honorine 2010
Blanc | 2013 à 2020 | 18,90 € **16,5/20**
On aime la retenue en même temps que l'énergie de cette cuvée à la structure très précise et vibrante. C'est l'un des vins du millésime car il a gagné en précision et en harmonie.

Menetou-Salon Morogue 2011
Blanc | 2012 à 2016 | 10,90 € **15,5/20**
Nez de fruits jaunes, bouche très équilibrée avec de la persistance, des rondeurs et ce qu'il faut de tension derrière.

Menetou-Salon Morogue 2010
Blanc | 2012 à 2017 | 10,90 € **15,5/20**
On a une dynamique en bouche propre à la réussite du millésime, et une tension élégante.

Touraine Franc du Côt Lié 2010
Rouge | 2012 à 2017 | 12,90 € **15,5/20**
Expression juteuse du côt et du cabernet franc, ce vin possède une sacrée profondeur.

Touraine Hortense 2010
Blanc | 2012 à 2015 | 9,70 € **15,5/20**
Fin de bouche irrésistible, avec des accents d'agrumes et une salinité de bon aloi. Ce vin a de la tension et une belle allonge qui convient bien à une salade de langoustines aux truffes.

Valençay Claux Delorme 2010
Rouge | 2012 à 2017 | 7,90 € **15,5/20**
Après 2009, voici un autre succès de ce domaine exemplaire, on apprécie sa profondeur et son tanin frais et gourmand.

DOMAINE GÉRARD MORIN

Le Bourg - 4, rue de l'Abbaye • 18300 Bué
Tél. 02 48 54 36 75 • Fax : 02 48 54 12 57
morin.perefils@orange.fr
Visite : Sur rendez-vous.

Ce domaine produit des blancs sincères avec un fruit croquant. La cuvée Domaine constitue une belle entrée de gamme, on retrouve bien le côté caillotes, tendre et élégant sur la cuvée Ovide. Quant au Chêne-Marchand, il allie à la fois richesse de constitution et tension harmonieuse.

Sancerre 2011
Blanc | 2012 à 2013 | 8,50 € **14/20**
Pour le casse-croûte de 10 heures, c'est un vin idéal, il offre sa vivacité et son coulant.

Sancerre Chêne Marchand 2008
Blanc | 2012 à 2014 | NC **14,5/20**
On a une assez belle trame sur ce millésime tout en droiture, avec de belles nuances fumées.

Sancerre cuvée Ovide 2010
Blanc | 2012 à 2015 | 13 € **15,5/20**
Vin aux accents d'agrumes et de fruits jaunes qui évolue parfaitement sur un filet de cabillaud, grâce à sa profondeur saline.

DOMAINE HENRY NATTER

Place de l'Église • 18250 Montigny
Tél. 02 48 69 58 85 • Fax : 02 48 69 51 34
info@henrynatter.com • www.henrynatter.com
Visite : Sur rendez-vous.

Les Natter sont respectueux de l'environnement de leur îlot viticole de Montigny. Le sous-sol argilo-calcaire et la bonne maturité des vendanges permettent d'obtenir des blancs avec des touches souvent exotiques, sans aucune lourdeur. Les rouges sont élégants et précis. Toutes ces cuvées gagnent de la complexité au bout de deux ou trois ans.

Sancerre 2011
Blanc | 2012 à 2014 | NC **14/20**
Nez de fruits jaunes, bouche sphérique et fraîche.

Sancerre François de la Grange 2010
Blanc | 2012 à 2017 | NC **15/20**
Du gras et du soyeux en attaque, bouche onctueuse et crémeuse, avec une finale sur les agrumes. Vin de chapon.

Sancerre L'Enchantement 2008
Rouge | 2012 à 2017 | NC **15/20**
On est sur le noyau de cerise au nez comme en bouche, les tanins sont assagis pour caresser un blanc de volaille.

DOMAINE DU NOZAY

Château du Nozay
18240 Sainte-Gemme-en-Sancerrois
Tél. 02 48 79 30 23 • Fax : 02 48 79 36 64
nozays@aol.com • www.domaine-du-nozay.com
Visite : Sur rendez-vous.

Il faut lire les vers de la contre-étiquette, qui donne avec humour le ton de ce domaine familial où Philippe de Benoist, flanqué de son fils Cyril, ne vinifie qu'une cuvée, sous l'œil attentif de Pierre, l'autre garçon, directeur du Domaine de Villaine, à Bouzeron. Ce sancerre blanc, élégant et subtil dans sa tension, claque bien en bouche.

Sancerre 2011
Blanc | 2012 à 2014 | 11 € **15/20**
Iodé et tranchant, on est sur du classique bien fait, avec un retour d'agrumes.

Sancerre Château du Nozay 2011
Blanc | 2012 à 2016 | épuisé **15,5/20**
Plus de concentration et de noblesse dans cette cuvée Château qui est taillée pour les crustacés.

DOMAINE HENRY PELLÉ

Route d'Aubinges • 18220 Morogues
Tél. 02 48 64 42 48 • Fax : 02 48 64 36 88
info@henry-pelle.com, contact@domainepelle.fr
www.henry-pelle.com
Visite : Du lundi au vendredi de 9h à 12h et de 13h30 à 17h30. Le samedi sur rendez-vous.

Le travail à la vigne comme celui en cuverie permettent une véritable sélection des terroirs. Ainsi en blanc, on a des expressions bien marquées : Morogues est délicieusement tonique et le Clos-des-Blanchais reste également une référence en sauvignon.

Menetou-Salon Clos de Ratier 2011
Blanc | 2012 à 2014 | 15 € **15,5/20**
Mangue au nez, richesse et tension en bouche, ce Ratier est déjà en formes.

Menetou-Salon Clos des Blanchais 2010
Blanc | 2012 à 2016 | 17 € **15,5/20**
Mangue et iode au nez, bouche dynamique et stylée, avec une belle fin fraîche et une aromatique qui se met bien en place.

Menetou-Salon Les Cris 2010
Rouge | 2012 à 2015 | 18 € **15/20**
Tanins suaves et épicés avec de l'élégance et de la fraîcheur, et une finale sur la cerise noire harmonieuse.

Menetou-Salon Morogues 2011
Rouge | 2012 à 2014 | 14 € **14/20**
La cerise domine l'aromatique, la bouche est franche et va droit au goût.

DOMAINE VINCENT PINARD

42, rue Saint-Vincent • 18300 Bué
Tél. 02 48 54 33 89 • Fax : 02 48 54 13 96
vincent.pinard@wanadoo.fr
www.domaine-pinard.com
Visite : Sur rendez-vous.

Grand spécialiste des rouges, Vincent Pinard et ses fils Florent et Clément ont bien affiné le style de leurs blancs. Ce domaine présente désormais de sacrées garanties en la matière, avec un déclic qui se situe à partir des millésimes 2006 et 2007, quand sont apparues de nouvelles cuvées parcellaires comme Le-Petit-Chemarin ou Le-Chêne-Marchand. La propriété est maintenant bien calée parmi les références phares du Sancerrois.

Sancerre Chêne Marchand 2010
Blanc | 2012 à 2021 | 27 € **16/20**
Mangue et agrumes constituent l'aromatique dominante, que l'on retrouve dans une bouche élancée et onctueuse.

Sancerre cuvée Charlouise 2010
Rouge | 2013 à 2020 | 20,80 € **16/20**
Le charnu et la gourmandise des tanins avec une profondeur ligérienne harmonieuse, de l'énergie sur la fin de bouche mettent dans d'excellentes dispositions.

Sancerre Petit Chemarin 2010
Blanc | 2013 à 2023 | 27 € **16,5/20**
Complet sur toutes les lignes, on sent dans ce vin les meilleures vibrations du sauvignon, avec une tension à la fois énergique et enveloppante.

DOMAINE PHILIPPE PORTIER

Domaine de la Brosse • 18120 Brinay
Tél. 02 48 51 04 47 • Fax : 02 48 51 00 96
philippe.portier@wanadoo.fr
www.philippe-portier.com
Visite : Du lundi au vendredi de 8h à 12h et de 14h à 18h. Le week-end sur rendez-vous ainsi que pour les groupes.

La Quincyte, cela s'attrape en 2011 par les sauvignons, et se transmet grâce à cette cuvée ample et fraîche mise en formes par un Philippe Portier qui joue dans la cour des quincys de garde.

Quincy La Quincyte 2011
Blanc | 2012 à 2016 | 8,85 € **15/20**
Joli volume en bouche avec des accents de fruits jaunes et une finale énergique.

DOMAINE DES POTHIERS

42155 Villemontais
Tél. 04 77 63 15 84
domainedespothiers@yahoo.fr
wwww.domainedespothiers.com
Visite : Du lundi au samedi de 8h à 12h et de 14h à 19h. Le dimanche sur rendez-vous.

Romain Payre est un styliste des vins de Pays d'Urfé et des Côtes Roannaises. Sur celles-ci, La cuvée Référence se boit sur le fruit de sa jeunesse. De demi-garde, le Clos-du-Puy et l'Intégrale sont issus de vignes de plus de 80 ans.

Côte Roannaise Clos du Puy 2010
Rouge | 2012 à 2015 | 9,80 € **15,5/20**
Tendu et profond, ce vin possède une fin montante aérienne et poivrée de haute tenue.

Côte Roannaise Domaine 2011
Rouge | 2012 à 2013 | 7 € **14/20**
Floral, très fruits rouges avec une finale poivrée, ce vin se boit à la renverse sur des charcuteries.

Côte Roannaise Intégrale 2010
Rouge | 2012 à 2014 | 14,20 € **15,5/20**
Nez de grosse pivoine, on apprécie la densité et la fraîcheur de la bouche et le tanin s'affine progressivement.

Côte Roannaise Référence 2011
Rouge | 2012 à 2014 | 5,80 € **14,5/20**
Concentré et gourmand, ce vin donne déjà du plaisir.

PRIEUR PIERRE ET FILS

Rue Saint-Vincent • 18300 Verdigny
Tél. 02 48 79 31 70 • Fax : 02 48 79 38 87
prieur-pierre@netcourrier.com
www.prieur-pierre-sancerre.com
Visite : Du lundi au vendredi de 9h à 12h et de 14h à 18h. Le week-end sur rendez-vous.

Ce domaine a produit, sur les derniers millésimes, des cuvées de rouge de bonne facture. La cuvée de base possède toujours un joli fruit, et la cuvée Maréchal-Prieur talonne les meilleurs chaque année, grâce à sa concentration mesurée et sa précision aromatique. Toutes les vignes de pinot noir sont enherbées, le travail du sol s'effectue de façon scrupuleuse et les vendanges sont manuelles avec un tri sélectif, les raisins sont égrappés à 100 %. Les blancs sont vifs et agiles. Les 2010 et 2011 sont de franches réussites, domaine à suivre de près.

Sancerre Les Coinches 2011
Rouge | 2012 à 2016 | 11,70 € **15/20**
Sur son terroir de caillotes, ce vin s'exprime avec finesse et tension.

Sancerre Les Monts Damnés 2011
Rouge | 2012 à 2019 | 11,70 € **15,5/20**
Très prometteuse, cette cuvée est fidèle à la minéralité distinguée des lieux.

Sancerre Maréchal Prieur 2010
Blanc | 2012 à 2014 | NC **15,5/20**
De l'allant, du gras et de la tension, on reste sous le charme.

ROGER ET DIDIER RAIMBAULT

Chaudenay • 18300 Verdigny
Tél. 02 48 79 32 87 • Fax : 02 48 79 39 08
didier@raimbault-sancerre.com
www.raimbault-sancerre.com
Visite : du lundi au samedi de 8h à 12h et de 13h30 à 18h30. Le dimanche sur rendez-vous.

Didier Raimbault ne fait jamais de bruit, mais ses vins sortent régulièrement, avec un blanc domaine assemblage de calllotes et de terres blanches de bonne vivacité. La cuvée vieilles-vignes est uniquement située sur des terres blanches, et elle mérite

d'attendre quelques années en cave. Le rouge est souple et fruité.

SANCERRE 2011
Blanc | 2012 à 2014 | 8,80 € **14/20**
Franchise de goût, avec des accents de citron vert et une bouche coulante font le succès de cette cuvée que l'on boit sur le crottin de Chavignol.

SANCERRE VEILLES VIGNES 2006
Blanc | 2012 à 2015 | 11 € **14,5/20**
Bouche rafraîchissante, avec de la vivacité et un fruité croquant et tendre.

MICHEL REDDE ET FILS

58150 Saint-Andelain
Tél. 03 86 39 14 72 • Fax : 03 86 39 04 36
thierry-redde@michel-redde.com
www.michel-redde.com
Visite : Du lundi au vendredi de 8h à 18h. Le samedi de 9h30 à 18h30. Groupes sur rendez-vous.

Avec l'arrivée de la jeune génération, on élabore les cuvées en isolant chaque type de terroir. Sur Tracy, Les-Champs-des-Billons traduisent l'élégance des terroirs de caillotes, composés d'argile et de calcaires. Sur Pouilly, Les-Cornets sont issus de marnes, appelées également terres blanches, qui donnent des vins plus opulents. Les-Bois-de-Saint-Andelain proviennent de sols où cohabitent argiles et silex, cette cuvée allie la fraîcheur et une minéralité assez tendre.

POUILLY-FUMÉ LES CHAMPS DES BILLONS 2010
Blanc | 2012 à 2015 | 23 € **15,5/20**
On apprécie l'élégance et la tendreté de ce vin qui termine sur des notes salines et crayeuses, avec une touche finale d'ananas.

POUILLY-FUMÉ MAJORUM 2009
Blanc | 2012 à 2016 | 40 € **15,5/20**
Fruits jaunes au nez, richesse et suavité en bouche avec ce qu'il faut de fraîcheur en finale, ce vin donne déjà beaucoup de plaisir.

POUILLY-FUMÉ PETIT FUMÉ 2011
Blanc | 2012 à 2014 | 10 € **15/20**
On ne se pose pas de question, mais on sait où on est, avec ce vin qui claque parfaitement en bouche.

DOMAINE VALÉRY RENAUDAT

3, place des Écoles • 36260 Reuilly
Tél. 02 54 49 38 12 • Fax : 02 54 49 38 26
domaine@valeryrenaudat.fr • www.valeryrenaudat.fr
Visite : Du lundi au samedi de 9h à 19 non stop.

Valéry Renaudat officia sept mois dans une winery américaine. Revenu en France, il opte pour le Bordelais puis la Bourgogne. De retour au pays, il achète des vignes sur Quincy et sur Reuilly. Le pinot noir sur argilo-calcaires est toujours bien constitué.

QUINCY LES NOUZATS 2011
Blanc | 2012 à 2013 | 7,65 € **14,5/20**
Quelques notes florales au nez, de la vivacité en bouche et du coulant.

REUILLY LES LIGNIS 2011
Blanc | 2012 à 2013 | 7,65 € **14/20**
Notes de citron, bouche alerte et franche.

REUILLY LES LIGNIS 2011
Rosé | 2012 à 2018 | 7,65 € **15/20**
Floral sur fond de fruits rouges, ce pinot gris a du charme, et la bouche se révèle élégante.

DOMAINE NICOLAS ET PASCAL REVERDY

Maimbray • 18300 Sury-en-Vaux
Tél. 02 48 79 37 31 • Fax : 02 48 79 41 48
reverdypn@wanadoo.fr
Visite : Du lundi ou samedi sauf mercredi de 9h à 12h et de 14h30 à 18h. Le dimanche sur rendez-vous.

La disparition tragique de Nicolas Reverdy a plongé les amateurs dans la consternation. Pascal et l'épouse de Nicolas font front. Les cuvées Terre-de-Maimbray, issues de terroirs argilo-calcaires, constituent de bons rapports qualité-prix. Les Vieilles-Vignes proviennent de sols d'argile bleue, cela donne des vins plus intenses.

SANCERRE ANGES LOTS 2010
Blanc | 2012 à 2017 | 14,50 € **15,5/20**
L'exotisme et la fraîcheur se mêlent dans une bouche bien construite avec ce qu'il faut de persistance, superbe retour d'agrumes.

SANCERRE TERRE DE MAIMBRAY 2011
Blanc | 2012 à 2014 | 8,90 € **15,5/20**
Très agrumes, cette cuvée présente déjà beaucoup de charme pour sa tension harmonieuse.

SANCERRE TERRE DE MAIMBRAY 2010
Rouge | 2012 à 2015 | 9,60 € **15/20**
Belle tenue, avec des tanins longs et énergiques qui se bonifient.

DOMAINE REVERDY-DUCROUX

Rue du Pressoir - Chaudoux • 18300 Verdigny
Tél. 02 48 79 31 33 • Fax : 02 48 79 36 19
reverdy.ducroux.sancerre@wanadoo.fr
www.reverdy-ducroux.fr
Visite : Du lundi au vendredi de 8h à 12h et de 13h30 à 18h. Le week-end sur rendez-vous.

C'est sur 2009 que ce domaine marque un tournant qualitatif avec des vins plus frais et plus précis. Ici, sur ce type d'année, on ne surjoue pas le millésime. En blanc, le Beau-Roy reste souple et l'ampleur de la Montée-de-Bouffant est tenue par une juste tension. Les rouges ont également un fruit bien dégagé. 2010 confirme cette progression.

SANCERRE BEAU ROY 2011
Blanc | 2012 à 2014 | 9,90 € **14/20**
Coulant et persistant, on apprécie ce cru sur une terrine d'avocat au crabe.

SANCERRE BEAUREGARD 2010
Rouge | 2012 à 2014 | 10,50 € **14/20**
Cerise à l'eau-de-vie et épices se retrouvent au nez comme en bouche, avec des tanins déjà bien arrondis.

SANCERRE MONTÉE DE BOUFFANT 2010
Blanc | 2012 à 2016 | 14,50 € **15,5/20**
Les fruits exotiques émergent d'un nez profond et dense, la bouche en fraîcheur révèle une belle longueur et une fin épicée.

CLAUDE RIFFAULT

Maison Sallé • 18300 Sury-en-Vaux
Tél. 02 48 79 38 22 • Fax : 02 48 79 36 22
claude.riffault@wanadoo.fr • www.clauderiffault.com
Visite : Sur rendez-vous de préférence du lundi au samedi de 10h à 12h et de 15h à 18h. Le dimanche matin sur rendez-vous uniquement.

Stéphane Riffault tient solidement la barre de cette propriété familiale avec son père Claude. Son frère Benoît, qui a repris en main les destinées du Domaine Sauzet, à Puligny, surveille la manœuvre. Les vignes sont labourées et enherbées, et les ébourgeonnages sont stricts. Les cuvées sont toujours bien différenciées suivant les terroirs, et les progrès sont manifestes sur les trois derniers millésimes.

SANCERRE DESMALET 2011
Blanc | 2014 à 2024 | 15 € **16/20**
Sur la réserve, cette cuvée est riche de promesses, avec une tension élégante, avec ce qu'il faut de vibration derrière.

SANCERRE DESMALET 2010
Blanc | 2013 à 2020 | 14 € **16/20**
Énergique et tendu, ce vin offre une profondeur effilée de première saveur.

SANCERRE LA NOUE 2010
Rouge | 2012 à 2015 | env. 12 € **15/20**
Les accents floraux sur fond de fruits rouges sont du meilleur effet, bouche toute en charme.

SANCERRE LES BOUCAUDS 2010
Blanc | 2012 à 2014 | 10 € **15,5/20**
Accents de pamplemousse frais avec une touche de fleurs blanches. La bouche droite et longue a de l'élégance et prend de l'étoffe.

MATTHIAS ET ÉMILE ROBLIN

Maimbray • 18300 Sury-en-Vaux
Tél. 02 48 79 48 85 • Fax : 02 48 79 48 85
matthias.emile.roblin@orange.fr
wwww.sancerre-roblin.fr
Visite : Sur rendez-vous.

Les frères Roblin sont porteurs d'espoirs dans ce secteur du Sancerrois. Le rouge 2008 cuvée Nascentia a glané la médaille d'or du prix plaisir des consommateurs encadrés par les experts Bettane&Desseauve. Les blancs ont gagné en précision et leur tension se révèle harmonieuse.

SANCERRE GRANDE CÔTE DE LA VALLÉE 2010
Rouge | 2012 à 2015 | 14,50 € **15/20**
Progressivement le vin monte en bouche avec des accents de cerise et de poivre noir, belle longueur.

SANCERRE ORIGINES 2010
Blanc | 2012 à 2017 | 9 € **15,5/20**
Les fruits exotiques se mêlent aux notes fumées, le vin est onctueux en bouche avec une finale sur l'anis et l'ananas frais. Ce vin évolue parfaitement.

JEAN-MAX ROGER

11, place du Carrou • 18300 Bué
Tél. 02 48 54 32 20 • Fax : 02 48 54 10 29
contact@jean-max-roger.fr • www.jean-max-roger.fr
Visite : Du lundi au vendredi de 8h à 12h et de 14h à 17h30. Le week-end sur rendez-vous.

Travaillant avec ses deux fils, Étienne et Thibault, Jean-Max Roger produit des vins que l'on doit attendre pour qu'ils dévoilent toutes leurs qualités aromatiques. Les rouges, bien constitués, évoluent de belle façon et gagnent en complexité avec l'âge. Les blancs gagnent en précision sur les derniers millésimes.

Sancerre 2010
Blanc | 2012 à 2014 | 10,20 € **14/20**
Dans un registre franc et direct, ce vin aime le crottin sec de trois semaines.

Sancerre 2010
Rouge | 2012 à 2016 **15/20**
Sur des accents de cerise, ce vin se révèle plus profond que prévu.

Sancerre cuvée CM 2011
Blanc | 2012 à 2019 | 10,50 € **15/20**
On retrouve ici la subtilité de ce grand terroir, avec de la puissance et de l'élégance.

Sancerre Vieilles Vignes 2008
Rouge | 2012 à 2016 | 18 € **16,5/20**
Matière de grande ampleur, soutenue par une belle tension, des accents salins et un fruité mûr, belle expression de sauvignon !

CLOS SAINT-FIACRE

560, route de Saint-Fiacre • 45370 Mareau-aux-Prés
Tél. 02 38 45 61 55 • Fax : 02 38 45 66 58
contact@clossaintfiacre.fr • www.clossaintfiacre.com
Visite : Sur rendez-vous du lundi au samedi de 9h à 12h30 et de 14h à 18h. Fermé les jours fériés.

Un musée de la vigne et du vin témoigne du passé viticole de ce domaine historique de l'Orléanais d'une vingtaine d'hectares. Bénédicte et Hubert Piel pratiquent la lutte raisonnée et sur les trois derniers millésimes ils sont montés en puissance avec des vins d'une élégance et d'une précision inégalées sur le secteur.

Orléans 2011
Blanc | 2012 à 2014 | 7 € **14/20**
Nez floral avec des touches de citron vert, on retrouve tout cela dans une bouche franche et coulante, avec une finale saline.

Orléans 2010
Rouge | 2012 à 2014 | 7 € **15/20**
En droiture et en longueur, ce vin possède un tanin énergique avec un fruité croquant, on le boit à la régalade en chantant les airs de salle de garde de la Renaissance...

Orléans Excellence 2010
Blanc | 2012 à 2015 | 12 € **15,5/20**
En tension et en rondeurs, ce vin offre un bel équilibre avec une belle énergie en fin de bouche.

Orléans Excellence 2010
Rouge | 2012 à 2015 | 12 € **15,5/20**
Issu de vieilles vignes, cette cuvée est récoltée sur une belle parcelle d'argilo-calcaire, au nez comme en bouche on est sous le charme de la griotte, le tanin est frais et poivré.

DOMAINE ROBERT SÉROL

Les Estinaudes • 42370 Renaison
Tél. 04 77 64 44 04 • Fax : 04 77 62 10 87
contact@domaine-serol.com • www.domaine-serol.com
Visite : Du lundi au samedi de 9h à 12h et de 14h à 19h. Le dimanche matin sur rendez-vous.

Ce domaine possède un vignoble en Côte Roannaise, où le gamay s'exprime totalement sur les sols de granite et de porphyre. Le travail des Serol est exemplaire, et le soutien de la famille Troisgros total. Au fil des millésimes, de nouvelles cuvées apparaissent comme ce viognier du Pays d'Urfé, très gourmand.

Côte Roannaise cuvée Troisgros 2011
Rouge | 2012 à 2015 | 7,90 € **15/20**
Gourmand, stylé, avec un fruit bien dégagé, ce vin est bien dans le style du gamay raffiné recherché.

Côte Roannaise L'Incorruptible 2011
Rouge | 2012 à 2013 | 7,20 € **14,5/20**
Fruité croquant pour ce vin sans soufre, avec un tanin frais et juteux.

Côte Roannaise Les Millerands 2010
Rouge | 2012 à 2014 | 7,20 € **15,5/20**
Accents de kirsch, il y a de la profondeur et des tanins tendus et frais qui ont pris de l'allonge, avec des accents à la fois gourmands et aériens.

Côte Roannaise Les Vieilles Vignes 2011
Rouge | 2012 à 2013 | 6,55 € **14/20**
Fruité gourmand en attaque, bouche franche et coulante.

DOMAINES TATIN

Le Tremblay • 18120 Brinay
Tél. 02 48 75 20 09 • Fax : 02 48 75 70 50
contact@domaines-tatin.com
www.domaines-tatin.com
Visite : Du lundi au vendredi de 8h à 18h.
Le week-end sur rendez-vous.

Chanta Wilk exploite le Domaine des Ballandors, planté essentiellement en jeunes vignes. Cela donne des cuvées aux flaveurs de fleurs et de groseille blanche, que l'on boit rapidement. Plus masculins et plus complexes, les vins du Domaine du Tremblay sont ceux de Jean Tatin, son compagnon, qui joue sur Quincy et sur Reuilly.

Quincy Ballandors 2011
Blanc | 2012 à 2013 | 8,20 € **15/20**
C'est très friand, l'aromatique dans un style agrumes est déjà bien en place.

Quincy Vin Noble 2011
Blanc | 2012 à 2014 | 8,20 € **15,5/20**
Plus salin et plus tranchant que les Ballandors, ce quincy a du dynamisme et une belle longueur.

Reuilly 2011
Rosé | 2012 à 2014 | 7,70 € **14/20**
Nez d'agrumes, on retrouve cette aromatique dans une bouche coulante avec une finale poivrée.

DOMAINE JEAN TEILLER

13, route de la Gare • 18510 Menetou-Salon
Tél. 02 48 64 80 71 • Fax : 02 48 64 86 92
domaine-teiller@wanadoo.fr • www.domaine-teiller.fr
Visite : Du lundi au samedi de 8h30 à 12h et de 13h30 à 18h. Fermé les jours fériés et le dimanche.

Jean-Jacques Teiller travaille maintenant avec sa fille Patricia et son gendre Olivier Luneau, qui ont fait leurs premiers assemblages sur les bancs du lycée viticole de Beaune. Le trio évolue en soignant le cultural et un élevage plus précis. Progressivement, il prend sa place dans le quatuor gagnant de l'appellation avec des 2010 qui confirment et des premières cuvées de 2011 au fruité croquant.

Menetou-Salon 2011
Blanc | 2012 à 2014 | 8,50 € **15,5/20**
Fruité croquant irrésistible, avec une bouche sur le citron vert et les agrumes, et une tension lampante.

Menetou-Salon 2011
Rouge | 2012 à 2015 | 8,50 € **15/20**
La cerise noire émerge de belle façon, il y a de la persistance et un tanin frais en bouche.

Menetou-Salon Hommage 2010
Rouge | 2012 à 2015 | 11 € **15,5/20**
Nez de griotte, bouche avec de la rondeur et un tanin dynamique.

Menetou-Salon Mademoiselle T 2010
Blanc | 2012 à 2016 | 11 € **15,5/20**
Vive l'ampleur de ce vin tout en tension, avec une structure à caresser la langoustine.

DOMAINE THOMAS ET FILS

Chaudoux - Rue du Pressoir • 18300 Verdigny
Tél. 02 48 79 38 71 • Fax : 02 48 79 38 14
contact@domainethomas.fr • www.domainethomas.fr
Visite : Du lundi au vendredi de 9h à 12h et de 14h à 18h. Le samedi , dimanche et les jours fériés sur rendez-vous.

Installés depuis 1670, les Thomas font partie de l'aristocratie viticole de Verdigny. On apprécie particulièrement leurs blancs, avec le Pierrier fin et tendre, la Grand'Chaille marquée par son terroir de silex, avec une expression plus tendue. Les vieilles vignes sur argilo-calcaire permettent de produire, les grandes années, une cuvée Ultimus taillée pour la garde. L'accueil à la propriété est délicieux.

Sancerre cuvée Pierrier 2010
Blanc | 2012 à 2015 | 10 € **15/20**
Le tranchant de cette cuvée s'affirme et la structure prend le pas sur l'aromatique.

Sancerre Ultimus 2010
Blanc | 2012 à 2015 | 14 € **15,5/20**
Dans un registre exotique, ce vin s'affirme progressivement, avec une finale sur l'ananas de belle facture.

CHÂTEAU DE TRACY

58150 Tracy-sur-Loire
Tél. 03 86 26 15 12 • Fax : 03 86 26 10 73
contact@chateau-de-tracy.com
www.chateau-de-tracy.com
Visite : Du lundi au vendredi de 8h à 12h et de 13h30 à 17h30. Le vendredi jusqu'à 16h30. Le week-end sur rendez-vous.

Veste à carreaux, moustache effilée, le comte d'Estutt d'Assay, propriétaire de ce château viticole, adopte une attitude so british. Il vous montre les coteaux bien exposés de Tracy et Vilmay. Dans sa jeunesse, le pouilly-fumé est franc, les cuvées Mademoiselle-T et Haute-Densité ont permis au domaine de franchir un cap qualitatif et les 101-Rangs de silex, sur la butte de Tracy, sont l'une des cuvées du millésime sur 2008. Nous continuons d'accrocher un second B&D au nœud papillon de Sir Henry d'autant que le 2010 évolue parfaitement.

Pouilly-Fumé 2010

Blanc | 2012 à 2021 | 18 € **15,5/20**

Vin aux accents de fumé avec une bouche dynamique et saline et des accents d'agrumes. Le vin évolue superbement, note en hausse.

Pouilly-Fumé 101 Rangs 2009

Blanc | 2012 à 2021 | env. 60 € **16,5/20**

Il y a la richesse du millésime avec une juste tension derrière, sur des accents de fruits jaunes. La bouche a de la densité et de l'énergie, c'est une franche réussite, il commence à bien s'exprimer.

DOMAINE VACHERON

1, rue du Puits-Poulton - B.P. 49 • 18300 Sancerre
Tél. 02 48 54 09 93 • Fax : 02 48 54 01 74
vacheron.sa@wanadoo.fr
Visite : Tous les jours de 10h à 12h et de 14h à 18h.

Jean-Dominique et Jean-Laurent Vacheron ont apporté un souffle biodynamique à ce domaine phare du Sancerrois, sous le regard bienveillant de leurs pères Jean-Louis et Denis. Le travail à la vigne paie pleinement avec des blancs tranchants. Cuvée phare, Les-Romains bénéficie de l'une des meilleures expositions de l'appellation. Les rouges restent toujours des références, ils sont meilleurs à table après un passage en carafe. Les cuvées parcellaires ont fleuri en 2009 et 2010, elles se révèlent plus précises, c'est tant mieux car la passion truffière de Denis Vacheron exige des vins à la hauteur du précieux diamant !

Sancerre 2011

Blanc | 2012 à 2016 | 14 € **15,5/20**

Belle entrée de gamme avec cette cuvée domaine, il y a un style vif, enlevé, mâtiné de finesse aromatique où percent les agrumes.

Sancerre Chambrates 2010

Blanc | 2012 à 2017 | 24 € **16/20**

Accents de mangue et de fruits jaunes, avec des relents salins que l'on retrouve au nez comme en bouche, la bouche offre une belle tension avec une finale à la fois saline et sur le fruit.

Sancerre Les Romains 2010

Blanc | 2013 à 2020 | 24 € **16,5/20**

On est toujours dans la grande pureté, avec des accents quasi cristallins et des touches d'agrumes, de fruits exotiques et une finale saline de grand style. Note en hausse !

Sancerre Paradis 2010

Blanc | 2012 à 2019 | 24 € **16,5/20**

On est plus en tension que sur 2009, avec une énergie et un tranchant harmonieux.

DOMAINE JACQUES VINCENT

11, chemin des Caves • 18120 Lazenay
Tél. 02 48 51 73 55 • Fax : 02 48 51 14 96
vincent.pierre.18@hotmail.fr • www.vinimarket.fr
Visite : Du lundi au samedi de 9h à 12h et de 14h à 19h. Le dimanche sur rendez-vous.

Jacques Vincent est le seul vigneron sur l'appellation à posséder une majorité de pinot gris sur son domaine, avec 60 %. Chaque année, sa cuvée est l'une des plus recherchées. Au niveau aromatique, le vin évolue avec le temps : le côté pêche blanche de la jeunesse, selon les millésimes, disparaît pour laisser la place aux fruits confits et aux épices.

Reuilly 2011

Rouge | 2012 à 2014 | 7 € **13,5/20**

Tout encerisé, ce vin est bien dans le millésime et il possède l'élégance des crus du secteur.

Reuilly pinot gris 2011

Rosé | 2012 à 2019 | 7 € **15/20**

Notes d'agrumes, caractéristiques de la maison, avec du fond et de la tension.

La sélection Bettane et Desseauve pour la Vallée du Rhône

La vallée du Rhône

Deux parties très distinctes pour un vignoble qui a le vent en poupe. Un vignoble mouchoir de poche entre Vienne et Valence, encore marqué par le Massif Central, et un océan de vignes ensoleillées au sud de Montélimar, d'obédience alpine, mais marquées par le climat de Provence. Le caractère des vins est ici la générosité et parfois l'exubérance.

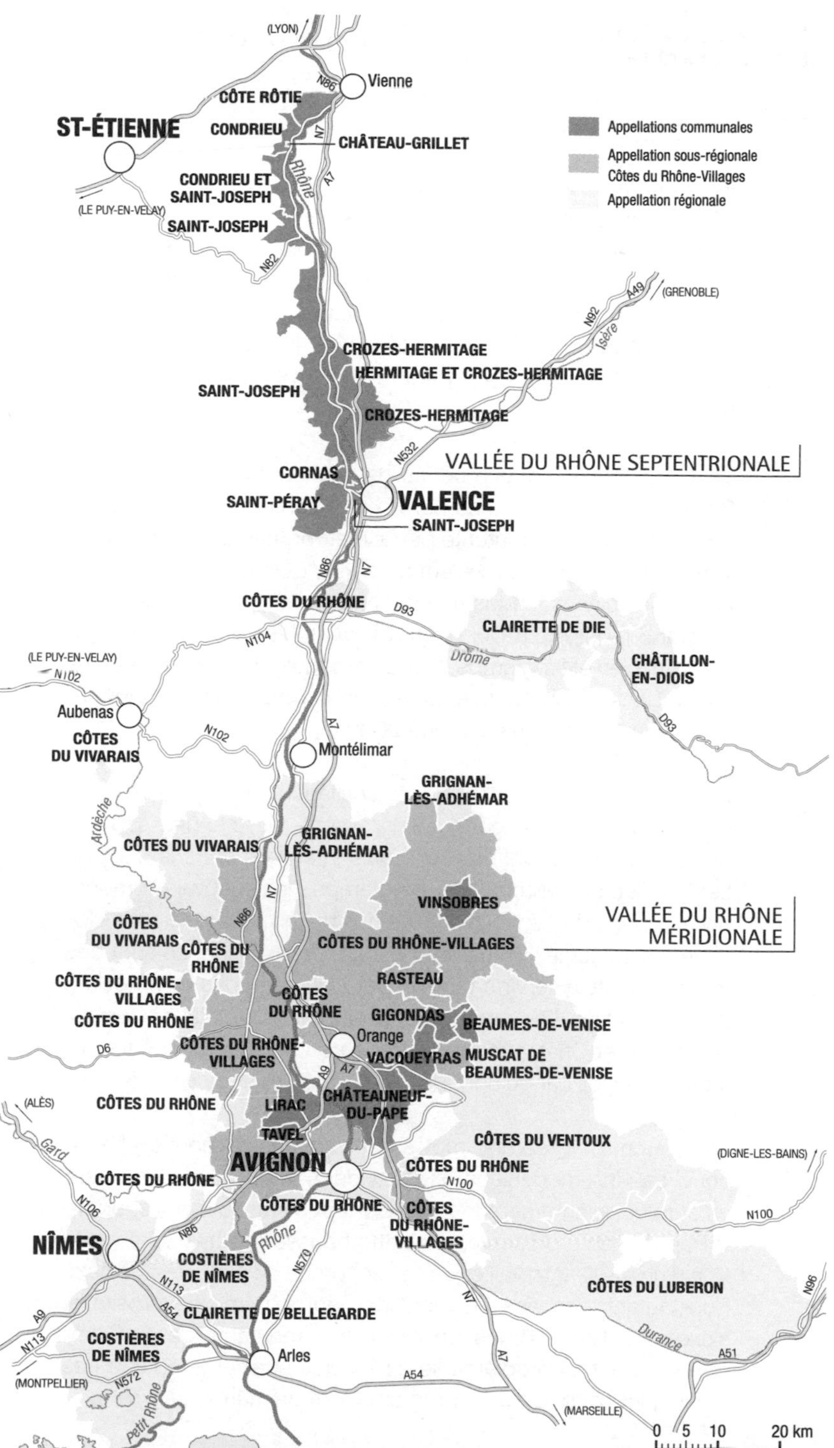
(LYON)
Vienne
CÔTE RÔTIE
ST-ÉTIENNE
CONDRIEU
CHÂTEAU-GRILLET
CONDRIEU ET SAINT-JOSEPH
SAINT-JOSEPH
(LE PUY-EN-VELAY)
Rhône
Appellations communales
Appellation sous-régionale Côtes du Rhône-Villages
Appellation régionale
(GRENOBLE)
Isère
CROZES-HERMITAGE
HERMITAGE ET CROZES-HERMITAGE
SAINT-JOSEPH
CROZES-HERMITAGE
VALLÉE DU RHÔNE SEPTENTRIONALE
CORNAS
SAINT-PÉRAY
VALENCE
SAINT-JOSEPH
CÔTES DU RHÔNE
CLAIRETTE DE DIE
Drôme
CHÂTILLON-EN-DIOIS
(LE PUY-EN-VELAY)
Aubenas
CÔTES DU VIVARAIS
Montélimar
GRIGNAN-LÈS-ADHÉMAR
Ardèche
CÔTES DU VIVARAIS
GRIGNAN-LÈS-ADHÉMAR
VINSOBRES
VALLÉE DU RHÔNE MÉRIDIONALE
CÔTES DU VIVARAIS
CÔTES DU RHÔNE
CÔTES DU RHÔNE-VILLAGES
RASTEAU
CÔTES DU RHÔNE-VILLAGES
CÔTES DU RHÔNE
GIGONDAS
BEAUMES-DE-VENISE
CÔTES DU RHÔNE
Orange
CÔTES DU RHÔNE-VILLAGES
VACQUEYRAS
MUSCAT DE BEAUMES-DE-VENISE
(ALÈS)
CÔTES DU RHÔNE
LIRAC
CHÂTEAUNEUF-DU-PAPE
TAVEL
CÔTES DU VENTOUX
Gard
AVIGNON
CÔTES DU RHÔNE
(DIGNE-LES-BAINS)
CÔTES DU RHÔNE
CÔTES DU RHÔNE
CÔTES DU RHÔNE-VILLAGES
NÎMES
COSTIÈRES DE NÎMES
CÔTES DU LUBERON
CLAIRETTE DE BELLEGARDE
Durance
COSTIÈRES DE NÎMES
Arles
(MONTPELLIER)
Petit Rhône
(MARSEILLE)
0 5 10 20 km

L'actualité des millésimes

Intermédiaire. 2011 ne restera pas dans les mémoires. Comme 2008, c'est un millésime hétérogène où l'attention portée à la viticulture et le choix des dates de vendanges font la différence. Bref, une année où les bons vignerons - ceux qui sont dans notre guide ! - s'en sortent mieux que les autres... Dans tous les cas, les vins s'apprécieront tôt, sur leur fruit et leur souplesse. Cependant, 2011 succède à deux autres millésimes d'un calibre bien différent.

Brillant. Consacrant une année de sécheresse, les vendanges 2010 ont été caractérisées par un état sanitaire des raisins impeccable, avec une maturité parfaite et mêmes des rafles. Dans le nord, les rouges se révèlent plus frais que les 2009, plus fins aussi. Des blancs tendus et fins, mais avec de la matière : c'est un grand millésime à Condrieu. Et, dans les deux cas, les vins vieilliront bien et longtemps. Cette homogénéité qualitative se retrouve dans le sud, où blancs et rouges possèdent un équilibre moins fondé sur l'opulence que 2009.

Glorieux. 2009 est, comme à Bordeaux, un millésime hors norme par sa puissance et son opulence, avec le plus souvent des teneurs en alcool élevées, mais intégrées dans la matière. Les meilleurs vieilliront très longtemps, les mauvais tombent dans le piège de l'alcool et même des tanins secs (quelques blocages de maturité). En blanc, c'est généreux, riche, ce sont des vins puissants à servir à table impérativement, pas un millésime de dégustation. Les grandes appellations, Côte Rôtie, Cornas, Hermitage et Châteauneuf-du-Pape sont logiquement au sommet (en rouge), car ce sont des millésimes pour ce type de vins.

Too much ? Un dernier mot sur les degrés d'alcool de beaucoup de vins rhodaniens, surtout dans le sud, qui dépassent aujourd'hui allègrement les 15°. Certes, bien souvent, l'équilibre du vin demeure préservé, car cette hausse spectaculaire est le fruit d'un meilleur travail et d'une recherche de maturité optimale. Pour autant, ces vins fatiguent par leur extrême générosité et s'excluent d'eux-mêmes de nombreux moments de consommation. C'est un problème lié à l'époque et à l'amélioration des techniques, mais c'est un problème tout de même...

MEILLEURS VINS TOUTES CATÉGORIES

Domaine Jean-Louis Chave
Cathelin Hermitage, rouge 2009

M. Chapoutier
Ermitage L'Ermite, blanc 2010

Château de Beaucastel
Châteauneuf-du-Pape roussanne Vieilles Vignes, blanc 2011

Domaine Jamet
Côte Rôtie Côte Brune, rouge 2009

Domaine Georges Vernay
Condrieu Coteau de Vernon, blanc 2010

Domaine Henri Bonneau
Châteauneuf-du-Pape Réserve des Célestins, rouge 2005

Château Rayas
Châteauneuf-du-Pape, rouge 2009

E. Guigal
Condrieu La Doriane, blanc 2010

Domaine Pierre Gaillard
Côte Rôtie Rose Pourpre, rouge 2010

LE BONHEUR TOUT DE SUITE

Château d'Aquéria
Tavel, rosé 2011

Prieuré de Montézargues
Tavel, rosé 2011

Domaine Vindemio
Côtes du Ventoux Regain, blanc 2009

Domaine de L'Aure
Côtes du Rhône G, rouge 2009

Mas Neuf
Vin de pays d'Oc Avec des Si, rouge 2007

Domaine Les Bruyères
Crozes-Hermitage Les Croix Vieilles Vignes, rouge 2010

MEILLEURS VINS À MOINS DE 6 €

Dauvergne Ranvier
Costières de Nîmes Vin Gourmand, rouge 2011

Laudun-Chusclan Vignerons
Côtes du Rhône Prieuré Saint Julien, rouge 2011

Romain Duvernay
Côtes du Rhône-Villages, rouge 2010

Perrin et Fils
Côtes du Ventoux La Vieille Ferme, rouge 2011

Romain Duvernay
Côtes du Rhône Vieilles Vignes, rouge 2010

Balma Venitia
Côtes du Rhône Légende des Toques, rouge 2011

Domaine du Moulin
Côtes du Rhône, blanc 2011

Domaine du Joncier
Lirac L'O de Joncier, rouge 2011

Les Terrasses Cévenoles
IGP Cévennes Roche Fourcade, rouge 2010

Domaine des Bernardins
Côtes du Rhône Rosé des Balmes, rosé 2011

MEILLEURS VINS À METTRE EN CAVE

Domaine de la Janasse
Châteauneuf-du-Pape Chaupin, rouge 2010

Le Clos du Caillou
Châteauneuf-du-Pape Réserve, rouge 2010

Tardieu-Laurent
Châteauneuf-du-Pape cuvée Spéciale, rouge 2010

Château de Saint-Cosme
Gigondas Hominis Fides, rouge 2010

Philippe Cambie - Les Halos de Jupiter
Châteauneuf-du-Pape, rouge 2009

Domaine de Marcoux
Châteauneuf-du-Pape, rouge 2010

M. Chapoutier
Ermitage L'Ermite, blanc 2010

MEILLEURS BLANCS DU NORD DE LA VALLÉE DU RHÔNE

M. Chapoutier
Ermitage Le Méal, blanc 2010

Domaine Jean-Louis Chave
Hermitage, blanc 2009

Domaine Georges Vernay
Condrieu Coteau de Vernon, blanc 2010

E. Guigal
Condrieu La Doriane, blanc 2010

Domaine Marc Sorrel
Hermitage Les Rocoules, blanc 2010

PRIX DES LECTEURS

EN PARTENARIAT AVEC LES HÔTELS MERCURE

Domaine des Bernardins
Muscat de Beaumes-de-Venise, blanc moelleux 2011

Domaine des Bernardins
Vin de pays Portes de Méditerranée L'Esprit Libre, blanc demi-sec 2011

M. Chapoutier
Saint-Joseph Deschants, blanc 2011

M. Chapoutier
Tavel, rosé 2011

M. Chapoutier
Crozes-Hermitage La Petite Ruche, rouge 2010

E. Guigal
Côtes du Rhône, rosé 2010

E. Guigal
Saint-Joseph, blanc 2011

E. Guigal
Crozes-Hermitage, rouge 2009

Ogier
Châteauneuf-du-Pape Clos de l'Oratoire des Papes, blanc 2011

Ogier
Châteauneuf-du-Pape Clos de l'Oratoire des Papes, rouge 2010

MEILLEURS BLANCS DU SUD DE LA VALLÉE DU RHÔNE

Château de Beaucastel
Châteauneuf-du-Pape roussanne Vieilles Vignes, blanc 2010

Château Rayas
Châteauneuf-du-Pape, blanc 2010

Domaine des Bernardins
Muscat de Beaumes-de-Venise Hommage, blanc moelleux non millésimé

Domaine Gourt de Mautens
Rasteau, blanc 2010

Clos des Papes
Châteauneuf-du-Pape, blanc 2010

MEILLEURS ROSÉS DU SUD DE LA VALLÉE DU RHÔNE

Château d'Aquéria
Tavel, rosé 2011

Domaine Gourt de Mautens
Rasteau, rosé 2010

Prieuré de Montézargues
Tavel, rosé 2011

Château Mourgues du Grès
Costières de Nîmes Capitelles de Mourgues, rosé 2011

Pierre Amadieu
Gigondas Romane-Machotte, rosé 2011

E. Guigal
Côtes du Rhône, rosé 2010

Château de Trinquevedel
Tavel, rosé 2011

MEILLEURS ROUGES DU NORD DE LA VALLÉE DU RHÔNE

M. Chapoutier
Ermitage Le Pavillon, rouge 2010

Domaine Jean-Louis Chave
Hermitage, rouge 2009

Domaine Jamet
Côte Rôtie Côte Brune, rouge 2009

Domaine Pierre Gaillard
Côte Rôtie Rose Pourpre, rouge 2010

Domaine Georges Vernay
Côte Rôtie La Maison Rouge, rouge 2009

Domaine Auguste Clape
Cornas, rouge 2009

E. Guigal
Côte Rôtie La Landonne, rouge 2008

Domaine Vincent Paris
Cornas Granit 60°, rouge 2010

MEILLEURS ROUGES DU SUD DE LA VALLÉE DU RHÔNE

Domaine Henri Bonneau
Châteauneuf-du-Pape Réserve des Célestins, rouge 2005

Château Rayas
Châteauneuf-du-Pape, rouge 2009

Tardieu-Laurent
Châteauneuf-du-Pape cuvée Spéciale, rouge 2010

Domaine de Marcoux
Châteauneuf-du-Pape Vieilles Vignes, rouge 2010

Domaine de la Janasse
Châteauneuf-du-Pape, Chaupin, rouge 2010

Château de Beaucastel
Châteauneuf-du-Pape, rouge 2009

Château Fortia
Châteauneuf-du-Pape, Réserve, rouge 2010

Domaine La Bouïssière
Gigondas, Prestige Le Font de Tonin, rouge 2009

Le Rhône Nord

La région se spécialise dans des cuvées « haute couture », petites quantités mais grand savoir-faire, avec des tissus d'une étoffe unique, syrah pour les rouges, marsanne et roussane ou viognier pour les blancs.

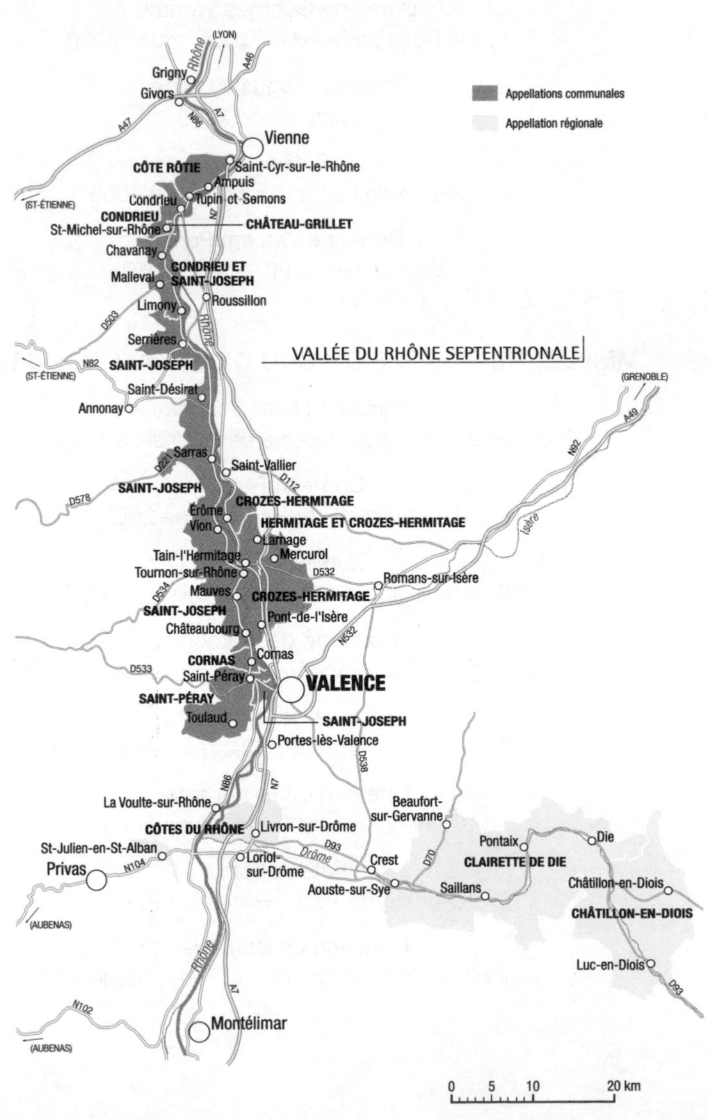

DOMAINE BELLE

510, rue de la Croix • 26600 Larnage
Tél. 04 75 08 24 58 • Fax : 04 75 07 10 58
domaine.belle@wanadoo.fr
Visite : Sur rendez-vous.

Ce domaine propose des crozes-hermitage très typés, avec la minéralité propre aux kaolins du secteur de Larnage, qui donnent beaucoup de relief à la bouche. En 2009, les blancs offrent une tension citronnée avec beaucoup de pureté, et les rouges des structures fermes et harmonieuses comme on pouvait l'attendre dans ce beau millésime. Les 2010 continuent sur cette belle lancée. Les grandes cuvées, bénéficiant d'élevages allongés, sont toujours commercialisées avec un millésime de décalage.

CROZES-HERMITAGE CUVÉE LOUIS BELLE 2010
Rouge | 2012 à 2020 | 19,50 € **16/20**
Allonge distinguée et élégante, bouche tendue au tanin serré, une profondeur gourmande et énergique.

CROZES-HERMITAGE LES PIERRELLES 2010 ☺
Rouge | 2012 à 2018 | 14,50 € **15/20**
Petite tension minérale, fruité charnu, droit et gourmand, interprétation minérale du terroir de Crozes, finale serrée.

CROZES-HERMITAGE ROCHE BLANCHE 2010
Blanc | 2012 à 2020 | 21,50 € **15,5/20**
Concentration et droiture, une fine minéralité envahit la bouche et épaissit le volume, nerveux et pur, allonge dynamique.

CROZES-HERMITAGE ROCHE PIERRE 2009
Rouge | 2012 à 2024 | 26,50 € **16,5/20**
Un long élevage dans un millésime de haute intensité explique cette cuvée puissante et concentrée, où la richesse de l'année est domptée avec élégance, la finale retrouvant de la fraîcheur sur une note de fruits noirs et de réglisse. Une harmonie rare pour l'appellation.

HERMITAGE 2010
Blanc | 2012 à 2020 | 43 € **15,5/20**
Fruité blanc juteux, relayé par de fines notes de fleurs jaunes, l'épaisseur de bouche signe le terroir, un hermitage gourmand et accessible.

HERMITAGE 2009
Rouge | 2012 à 2024 | 45 € **16/20**
Fermeté tannique et dominante de fruits confits et épicés, une allonge droite et serrée conclue par une finale surmûre qui arrondit les angles.

DOMAINE CHRISTOPHE BILLON

Rozier • 69420 Ampuis
Tél. 04 74 56 17 75 • Fax : 04 74 56 17 75
domainebillonchristophe@orange.fr
Visite : Sur rendez-vous.

Christophe Billon vient de s'installer à son compte après avoir travaillé dans plusieurs domaines de la région. De longs élevages (deux ans et parfois plus) assouplissent les tanins, donnant l'impression de bouches en demi-corps sur les 2009, dans un ensemble toujours élégant et fin.

CÔTE RÔTIE LA BROCARDE 2009
Rouge | 2012 à 2019 | 40 € **15,5/20**
Non produite en 2008, cette cuvée est plus richement élevée que les autres dans la gamme. Le nez est encore marqué par le bois, mais les tanins sont bien arrondis, l'ensemble parfumé et élégant.

DOMAINE PATRICK ET CHRISTOPHE BONNEFOND

Route de Rozier • 69420 Mormas
Tél. 04 74 56 12 30 • Fax : 04 74 56 17 93
gaec.bonnefond@orange.fr •
Visite : Du lundi au vendredi de 9h à 12h et de 13h30 à 19h. Le week-end sur rendez-vous.

Christophe Bonnefond possède de belles parcelles en Rochains et Côte Rozier, deux climats de la Côte Rôtie. Les aléas climatiques l'ont poursuivi en 2007 (la grêle) puis en 2008 (des départs en pourriture), mais heureusement les raisins de 2009 étaient splendides, permettant aux différentes cuvées lde retrouver le style harmonieux et suave propre au domaine. Dans un style moins exubérant que 2009, les 2010 ont une finesse et une délicatesse de grand millésime.

CÔTE RÔTIE COLLINE DE COUZOU 2010
Rouge | 2012 à 2020 | NC **15,5/20**
Fruité noirs et épices, jolis tanins en longueur, pour une consommation plaisir assez rapide.

Côte Rôtie Côte Rozier 2010
Rouge | 2012 à 2025 | NC **16,5/20**
Encore jeune, de la matière qui demande encore un peu de temps, toujours cette élégance et cette finesse dans la bouche.

Côte Rôtie Les Rochains 2010
Rouge | 2012 à 2025 | NC **17/20**
Beaucoup d'élégance, une texture légèrement minérale, une allonge fine et fraîche, fleurs et fruits noirs.

DOMAINE DE BONSERINE

2, chemin de la Viallière • 69420 Ampuis
Tél. 04 74 56 14 27 • Fax : 04 74 56 18 13
bonserine@wanadoo.fr • www.domainedebonserine.fr
Visite : Du lundi au samedi de 9h à 17h.

Ce domaine a été acquis en 2006 par la famille Guigal, mais a conservé une direction autonome. La viticulture est très soignée, et les vignes sont labourées, même en coteau. Les vinifications se font sous bois, demi-muids ou fûts, pour des élevages longs, jusqu'à trente-six mois. Les 2009 goûtés avant mise l'an passé se sont bien refaits en bouteille, les côtes-rôtie sont charnus et parfumés à souhait. En condrieu, 2010 est ici parfaitement maîtrisé, dans l'esprit fin et pur de l'appellation.

Condrieu 2010
Blanc | 2012 à 2020 | 29 € **16/20**
Parfumé, pur et droit, abricot poêlé au beurre, nuance anisée, tout en élégance, avec une fin légèrement saline qui réhausse la gourmandise.

Côte Rôtie La Viallière 2009
Rouge | 2012 à 2024 | 45 € **16,5/20**
Note fumée élégante au nez, relayée par un bouquet cassissé et épicé, touche balsamique. La gourmande palette aromatique laisse place en bouche à un toucher velouté, à de la concentration et à une savoureuse allonge.

CAVES CAROD FRÈRES

26340 Vercheny
Tél. 04 75 21 73 77
www.caves-carod.com

Clairette de Die
Demi-sec eff. | 2012 à 2015 | NC **13/20**
Puissant, arômes concentrés de muscat bien mûr, bouche riche mais à la finale vive. Plus pour la table que l'apéritif.

M. CHAPOUTIER

18, avenue du Docteur-Paul-Durand
26600 Tain-l'Hermitage
Tél. 04 75 08 28 65 • Fax : 04 75 08 81 70
chapoutier@chapoutier.com • www.chapoutier.com
Visite : Du lundi au vendredi de 9h à 12h30 et de 13h à 19h. Le samedi de 9h30 à 13h et de 14h à 19h. Le dimanche de 10h à 13h et de 14h à 18h. En été, du lundi au vendredi de 9h à 19h. Le samedi de 9h30 à 19h. Le dimanche et les jours fériés de 10h à 13h et de 14h à 18h.

Chantre de la biodynamie dans le nord de la vallée du Rhône, Michel Chapoutier voit le travail méticuleux de ses équipes récompensé avec le grand millésime 2009, qui suit un 2008 déjà remarquablement maîtrisé. Dans la foulée, les 2010 restent aux plus hauts sommets comme on pouvait l'espérer. Les vins issus du domaine, cultivé en biodynamie, autant que ceux provenant de l'activité négoce sont désormais au premier plan, avec une gamme de sélections parcellaires d'une rare homogénéité. Mention spéciale pour les ermitages L'Ermite, Le Pavillon et Le Méal, qui touchent à la perfection, ainsi que pour le trop rare vin de paille, l'un des grands vins doux de France, dont le millésime 2010 sera hélas peut-être le dernier pour la maison !

Condrieu Coteau de Chery 2010
Blanc | 2012 à 2020 | 99 € **16,5/20**
L'élevage doit encore pleinement s'assimiler, mais la fluidité de bouche est des plus désaltérantes, grande pureté de parfum, longueur cristalline pour ce nouveau parcellaire de la maison. Prometteur.

Condrieu Invitare 2010
Blanc | 2012 à 2020 | 38 € **15,5/20**
Arômes fins de fruits jaunes délicatement poêlés au beurre, l'élevage souligne la gourmandise avec discrétion, délicatesse et style.

Cornas Les Arènes 2010
Rouge | 2012 à 2020 | 31 € **15,5/20**
L'élevage le marque puissamment, les tanins sont élégants mais à ce stade le terroir ne peut s'exprimer. À revoir en bouteille.

Côte Rôtie La Mordorée 2010
Rouge | 2012 à 2030 | NC **18/20**
Expression profonde de jus de viande et de fruits noirs, toucher velouté remarquable, fondu et ample à la fois.

Côte Rôtie Les Bécasses 2010
Rouge | 2012 à 2020 | 48 € **16/20**
Texture veloutée et fondante, parfums gourmands de fruits rouges confits, raffiné et frais.

Côtes du Rhône Belleruche 2010
Rouge | 2012 à 2016 | 7,50 € **14/20**
Charnu, gourmand, note fumée qui allonge la bouche, il profite bien de la maturité et de l'équilibre du millésime.

Crozes-Hermitage La Petite Ruche 2010
Rouge | 2012 à 2016 | 12,50 € **14/20**
Parfumé, élégant, une belle expression de syrah, complet.

Crozes-Hermitage Les Meysonniers 2010
Rouge | 2012 à 2018 | 13,50 € **15/20**
Un parfum plus raffiné que Petite Ruche, une bouche éclatante avec une fin légèrement saline, droit et frais.

Crozes-Hermitage Les Varonniers 2010
Rouge | 2012 à 2020 | NC **16/20**
De la matière, corsé à souhait, allonge séveuse avec une bonne concentration, droit, il vieillira bien.

Ermitage de l'Orée 2010
Blanc | 2012 à 2030 | NC **18/20**
Un vin éclatant, fin et frais, arômes subtils d'amande grillée, grande allonge, raffiné et gastronomique, finale torréfiée et zan, rafraîchissante.

Ermitage L'Ermite 2010
Blanc | 2015 à 2030 | NC **19,5/20**
Le plus fin et le plus pur de tous, cristallin et légèrement citronné dans sa tension, une grande subtilité qui devra s'étoffer en bouteille, aérien. Jeune, il est plus timoré que Le Méal.

Ermitage L'Ermite 2010
Rouge | 2012 à 2040 | NC **20/20**
Autre réussite exceptionnelle, par la délicatesse de son tanin, la gourmandise de ses parfums de réglisse légèrement torréfiée, son allonge de taffetas, du grand art.

Ermitage Le Méal 2010
Blanc | 2012 à 2030 | NC **20/20**
Plus floral que De l'Orée, plus large et plus profond aussi, la bouche exprime une grande richesse solaire, une allonge et une persistance incroyables, sur de savoureux parfums de fruits secs et de pain grillé. Ce terroir chaud profite bien de l'équilibre et de la fraîcheur du millésime.

Ermitage Le Méal 2010
Rouge | 2012 à 2030 | NC **19/20**
Concentré, puissant, fruits noirs et réglisse, tanin épais, splendide matière, allonge rafraîchissante sur le menthol, éclat et brillance.

Ermitage Le Pavillon 2010
Rouge | 2012 à 2040 | NC **20/20**
L'un des sommets du millésime, par sa concentration et sa densité de bouche. Le tanin est surfin, surfrais, gourmandes notes de graphite et de fruits noirs, raffinement et précision.

Ermitage Les Greffieux 2010
Rouge | 2012 à 2030 | NC **17,5/20**
Tanin velouté, bouche charnue et dense, allonge droite, avec de la chair et beaucoup d'harmonie.

Hermitage Chante-Alouette 2010
Blanc | 2012 à 2020 | 45,50 € **16/20**
Notes de fruits jaunes, de fruits secs et de miel, belle sapidité, longueur rafraîchissante, bon équilibre pour une demi-récolte, persistance typique du terroir.

Hermitage Monier de la Sizeranne 2010
Rouge | 2012 à 2020 | 59 € **16/20**
De très jolis tanins, de l'élégance, une allonge savoureuse pour un charme rapide.

Hermitage Vin de Paille 2010
Blanc Liquoreux | 2012 à 2025 | NC **16/20**
Parfums de fruits confits, d'abricot séché, la bouche est fine et savoureuse, la liqueur caressante, une longueur gourmande pour ce qui sera peut-être le dernier millésime de vin de paille sur l'Hermitage de la maison. Il ne faut pas manquer l'occasion !

Saint-Joseph Deschants 2011
Blanc | 2012 à 2017 | 18 € **14/20**
De l'élan, une bonne fraîcheur, une fine amertume étire la fin de bouche, gastronomique.

Saint-Joseph Les Granilites 2010
Blanc | 2012 à 2017 | NC **14,5/20**
Un grain salin en bouche, beaucoup d'élégance, une allonge légèrement miellée, cette nouvelle cuvée issue du domaine montre tout son intérêt.

Saint-Joseph Les Granilites 2010
Rouge | 2012 à 2018 | 23 € **15/20**
Une tonalité poivrée qui manquait à Deschants, de l'allonge et un vrai caractère minéral, dans l'esprit du cru.

Saint-Joseph Les Granits 2010
Blanc | 2012 à 2025 | NC **16,5/20**
Bouche d'une grande pureté, arômes fondants de jus de fruits et de beurre à la poêle, un régal, dans la finesse et la légèreté, grand équilibre.

Saint-Joseph Les Granits 2010
Rouge | 2012 à 2020 | NC **17/20**
Tanin raffiné, texture fondante avec un grain typique, beaucoup d'élégance et une gourmandise précoce.

Saint-Peray Les Tanneurs 2011
Blanc | 2012 à 2017 | 13 € **14,5/20**
Grain fin en bouche, notes grillées savoureuses qui ne peuvent provenir que du raisin, gourmand et dynamique.

Saint-Peray lieu-dit Hongrie 2011
Blanc | 2012 à 2021 | 24,50 € **15/20**
Nouvelle cuvée dans la gamme, issue de vignes du domaine. Un beau raisin donne cette bouche riche et savoureuse, l'élevage arrondit et engraisse la bouche, longueur et persistance.

Tavel 2011
Rosé | 2012 à 2016 | NC **14/20**
Fruité grenadine, bouche vineuse, désaltérant, le parfait rosé de grillades, on aimerait en voir plus sur les cartes des vins des restaurants.

DOMAINE JEAN-LOUIS CHAVE

37, avenue du Saint-Joseph • 07300 Mauves
Tél. 04 75 08 24 63 • Fax : 04 75 07 14 21

Ce domaine est indissociable de la colline de l'Hermitage, Gérard hier, Jean-Louis aujourd'hui. Les rouges sont une brillante synthèse des différents quartiers de la colline, une cuvée Cathelin, encore plus typée Bessards, étant produite uniquement dans les années jugées exceptionnelles (2003 et 2009 pour les plus récentes). Les blancs s'imposent régulièrement par leur puissance et leur allonge fraîche. À partir de 2009, millésime d'anthologie où l'échelle de notation ne monte pas suffisamment haut pour saluer le génie de ce grand terroir, Jean-Louis opte pour une nouvelle orthographe de l'appellation, permise par décret : "L'Hermitage". Tout simplement.

Hermitage 2009
Blanc | 2012 à 2039 | cav. 170 € **20/20**
Un subtil grillé au nez, qui amène une noblesse infinie, la bouche est d'une allonge diabolique, fraîche et gourmande, la puissance est contenue par la minéralité fine de l'Hermitage, la richesse de l'année est domptée, aucune lourdeur, une longueur prodigieuse. Et une grande longévité qui s'annonce.

Hermitage 2009
Rouge | 2012 à 2039 | cav. 170 € **19,5/20**
Corsé, précision des arômes de myrtille et de viande fumée, texture dense, tanin surfin et surfrais, il faut attendre quelques années qu'il se fonde, mais il a tout pour lui, dès sa naissance, et il vieillira dans la perfection. Seule la présence de Cathelin au-dessus de lui l'empêche de récolter la note parfaite...

Hermitage Cathelin 2009
Rouge | 2012 à 2039 | NC **20/20**
Intensément Bessards, graphite, encre et fleurs puissantes, un autre visage de l'hermitage, avec un tanin d'un raffinement ultime, une finale à la fraîcheur fondante, une droiture et une longueur exceptionnelles. Qui n'a jamais goûté ce vin ne sait pas ce qu'est un grand tanin.

DOMAINE YANN CHAVE

La Burge • 26600 Mercurol
Tél. 04 75 07 42 11 • Fax : 04 75 07 47 34
chaveyann@yahoo.fr

Yann Chave est depuis peu labellisé en agriculture biologique, même s'il n'en fait pas un argument commercial sur ses étiquettes, et les deux beaux millésimes 2009 et 2010 confirment les progrès récents de la propriété, vers une pureté de fruit plus prononcée, avec des tanins plus fins et mieux enrobés que par le passé. 2010 semble ici supérieur à 2009 en rouge, où la surmaturité alourdissait parfois l'équilibre de bouche. Et le crozes blanc confirme également ces progrès récents.

Crozes-Hermitage 2010
Blanc | 2012 à 2016 | épuisé **14,5/20**
Fruité gourmand avec une pointe florale, bouche élégante et droite, ensemble frais et fin.

Crozes-Hermitage Le Rouvre 2010

Rouge | 2012 à 2018 | 22 € **15/20**

Un tanin plus épicé que le crozes générique, une palette aromatique fleurs et cacao, ensemble savoureux et droit, bien équilibré.

Hermitage 2010

Rouge | 2012 à 2020 | 55 € **15,5/20**

Un toucher velouté, une allonge sur les fruits noirs et le chocolat, la finale est fraîche et dense, très plaisant.

DOMAINE DU CHÊNE

8, Le Pêcher • 42410 Chavanay
Tél. 04 74 87 27 34 • Fax : 04 74 87 02 70
m.rouviere@terre-net.fr
www.domaineduchenerouviere.com
Visite : Sur rendez-vous.

Condrieu 2010

Blanc | 2012 à 2017 | NC **14/20**

Tendre, fruité jaune mûr, bouche équilibrée et savoureuse.

CAVE CHEVALIER

Quartier Le Caire • 26600 Chanos-Curson
Tél. 04 75 07 32 81

Lors de notre grande dégustation à l'aveugle, Nicolas et Marlène Chevalier se sont distingués cette année, avec toutes leurs cuvées brillamment sélectionnées. Leurs vins expriment une finesse et une élégance prometteuses.

Crozes-Hermitage La Motte 2010

Rouge | 2012 à 2018 | NC **15,5/20**

Élégant et fin, allonge distinguée, précision et raffinement de la texture.

Crozes-Hermitage Les Côtes des Pends 2010 ☺

Blanc | 2012 à 2017 | NC **13,5/20**

Tout en délicatesse, subtils parfums de fruits blancs et de fleurs, léger et harmonieux.

Crozes-Hermitage Marius 2010

Rouge | 2012 à 2017 | NC **14,5/20**

Un registre floral ouvert, de la mâche, bonne structure, ferme et droit.

DOMAINE AUGUSTE CLAPE

146, avenue Colonel-Rousset • 07130 Cornas
Tél. 04 75 40 33 64 • Fax : 04 75 81 01 98
Visite : Sur rendez-vous.

Ce domaine incarne l'idéal du cornas pour de nombreux amateurs. La très courte gamme s'articule principalement autour de deux cuvées : Renaissance, issue des «jeunes» vignes (qui vieillissent année après année), et la grande cuvée, sans nom particulier, qui exprime la quintessence de l'appellation en assemblant plusieurs origines. Les 2009 confirment tous les espoirs entrevus l'an passé : puissants, concentrés, veloutés, c'est un magnifique millésime, et les 2010 qui suivront les dépasseront sans soute en raffinement et en équilibre.

Cornas 2009

Rouge | 2015 à 2029 | NC **18/20**

Ultra riche, l'attaque large emplit tout de suite la bouche, avec une inhabituelle sensation de sucrosité même si la fermentation fut complète. Tanin gras, allonge graphite et réglisse. Déjà gourmand, même si la petite fermeté de fin de bouche demande à patienter encore un peu.

Cornas Renaissance 2009

Rouge | 2012 à 2024 | NC **17/20**

Charnu, gras, intensément fruits noirs, fleurs et réglisse, de la matière et de la profondeur, sa haute teneur en alcool est parfaitement fondue et apporte une rondeur inhabituelle à la fin de bouche.

JEAN-LUC COLOMBO

12, rue des Violettes • 07130 Cornas
Tél. 04 75 84 17 10 • Fax : 04 75 84 17 19
colombo@vinscolombo.fr • www.vinsjlcolombo.com
Visite : Sur rendez-vous.

Consultant pour de nombreuses propriétés de la région, Jean-Luc Colombo applique ses propres conseils à son domaine de Cornas, mais aussi à une activité de négoce qui couvre toute la vallée du Rhône et même au-delà. Ses cuvées de cornas La Louvée ou Les Ruchets constituent des expressions particulièrement civilisées, soyeuses et profondes, de l'appellation. Très jolie gamme en 2009, avec un cornas Le Vallon de l'Aigle au sommet. Les 2010 poursuivent sur cette brillante lancée, on a vraiment de la chance en ce moment en vallée du Rhône !

Condrieu Amour de Dieu 2011
Blanc | 2012 à 2018 | 45 € **15,5/20**
Citronné et fruits exotiques, bouche d'une grande fraîcheur, un toucher très délicat, tout en élégance.

Cornas La Louvée 2010
Rouge | 2012 à 2025 | NC **17,5/20**
Le plus concentré et le plus tannique des trois parcellaires de Cornas, de belles promesses en perspectives mais une bonne mâche et un tanin velouté constituent d'excellents signes. À revoir en bouteille.

Cornas Les Méjeans 2010
Rouge | 2012 à 2018 | 24,50 € **14,5/20**
Un cornas gourmand et charnu, à la texture veloutée, accessible en prix et que l'on peut apprécier jeune.

Cornas Les Ruchets 2010
Rouge | 2012 à 2025 | NC **17/20**
Bouche profonde et droite, un tanin enrobé à souhait, une texture veloutée, beaucoup de charme et d'élégance. À revoir en bouteille.

Cornas Terres Brûlées 2010
Rouge | 2012 à 2025 | NC **16,5/20**
Bouche concentrée et bien charnue, beaucoup d'élégance, une allonge svelte et fraîche, très beau tanin. À revoir en bouteille.

Côte Rôtie La Divine 2010
Rouge | 2012 à 2018 | 48,20 € **15/20**
Tanins veloutés, bouche ronde et harmonieuse, de la gourmandise de fruits noirs, plaisant.

Côtes du Rhône La Redonne 2011 ☺
Blanc | 2012 à 2017 | 14 € **15/20**
Parfait équilibre entre le gras et le fruité fin, allonge gourmande, frais et élégant.

Côtes du Rhône Les Abeilles 2011 ☺
Blanc | 2012 à 2016 | 9 € **13,5/20**
Apéritif, élégant, désaltérant, à boire sans autre forme de procès.

Côtes du Rhône Les Abeilles 2010 ☺
Rouge | 2012 à 2015 | 9 € **14/20**
De la chair, des arômes poivrés, des tanins gourmands et beaucoup de plaisir pour une bouche ronde.

Saint-Joseph Les Lauves 2010 ☺
Rouge | 2012 à 2016 | 23 € **14,5/20**
Texture fondante, tanins bien enrobés, allonge gourmande, frais et précis.

Saint-Peray La Belle de Mai 2010
Blanc | 2012 à 2020 | 20,10 € **15/20**
Élégant et frais, texture grasse savoureuse, fines notes de beurre frais et d'amande.

COLOMBO ET FILLE

10-12 rue des Violettes • 07130 Cornas
Tél. 04 75 84 17 10 • Fax : 04 75 84 17 19
colombo@vinscolombo.fr • www.vinscolombo.fr

Cornas 2010
Rouge | 2012 à 2018 | 20 € **17/20**
Laure Colombo, fille de Jean-Luc, vient de lancer sa propre maison. Les débuts sont ultra prometteurs, comme en témoigne ce cornas long, svelte et éminemment racé.

Saint-Joseph 2009
Rouge | 2012 à 2016 | 14 € **16,5/20**
Superbe saint-joseph pur, minéral et droit, d'une finesse de tanin remarquable et d'une longueur élégante et fraîche.

DOMAINE COMBIER

RN 7 • 26600 Pont-de-l'Isère
Tél. 04 75 84 61 56 • Fax : 04 75 84 53 43
domaine-combier@wanadoo.fr
www.domaine-combier.com
Visite : Sur rendez-vous.

Conséquence du succès des vins de Laurent Combier, il est préférable de s'adresser chez les cavistes et bars à vins pour les savourer. Mais ce serait dommage de passer à côté, tant des entrées de gamme vinifiées sur le fruit que de la très régulière cuvée Clos des Grives, dans les deux couleurs. Deux nouvelles cuvées cette année, appelées Cap Nord et créées avec la collaboration de l'œnologue Véronica Ortega, complètent harmonieusement la série. « Si je pouvais choisir ma dernière vinification avant d'arrêter, 2010 aurait été le millésime idéal », voilà comment Laurent résume son millésime. Nous sommes d'accord avec lui, mais nous lui souhaitons de continuer longtemps encore.

Crozes-Hermitage 2011 ☺
Blanc | 2012 à 2017 | 18 € **15/20**
Chair grasse, allonge savoureuse sur les fruits blancs et les fleurs, belle dynamique de bouche.

Crozes-Hermitage 2011
Rouge | 2012 à 2016 | 18 € **14,5/20**
Une chair qui faisait un peu défaut à la cuvée L, ensemble gourmand et croquant, tanins ronds.

Crozes-Hermitage 2010
Rouge | 2012 à 2018 | NC **15,5/20**
Fruité rouge gourmand, note de viande fraîche, allonge charnue et fraîche, parfumé et désaltérant.

Crozes-Hermitage 2010
Blanc | 2012 à 2017 | NC **15/20**
Gourmand, fruité juteux, gras et finement minéral en fin, complet.

Crozes-Hermitage Cap Nord 2010
Rouge | 2012 à 2018 | 25 € **15/20**
Une texture plus étoffée, plus riche que la cuvée Domaine, la bouche est plus aérienne, toujours sur ce registre de fruits mûrs et d'épices.

Crozes-Hermitage Clos des Grives 2010
Blanc | 2013 à 2020 | NC **16/20**
Fins arômes de fleurs, de fruits blancs, d'anis aussi, l'élevage en barrique ressort avec gourmandise en bouche, belle fraîcheur.

Crozes-Hermitage Clos des Grives 2010
Rouge | 2012 à 2025 | NC **17/20**
Fin et raffiné, une fraîcheur plus salivante que sur la cuvée Domaine, beaucoup de distinction dans la caresse de bouche, ensemble gourmand et parfumé. Sans doute l'un des plus grands clos que Laurent ait jamais fait.

Crozes-Hermitage Laurent Combier 2011
Blanc | 2012 à 2015 | 12,50 € **13,5/20**
Droit, frais, fin, arômes de fruits blancs, désaltérant, il est assez proche du 2010.

Crozes-Hermitage Laurent Combier 2011 ☺
Rouge | 2012 à 2015 | 12,50 € **13,5/20**
Croquant, tendre, sans la richesse des deux millésimes qui le précèdent, ce qui convient bien à cette cuvée de fruit.

Saint-Joseph 2010
Rouge | 2012 à 2018 | 17 € **14,5/20**
Une minéralité affirmée dès le nez, une bouche ronde, à la texture élégante, ensemble gourmand, charnu et intensément fruité.

Saint-Joseph Cap Nord 2010
Rouge | 2012 à 2020 | 25 € **15,5/20**
L'élevage marque encore de ses arômes vanillés, mais le tanin est splendide, grassement enrobé, avec une allonge riche et savoureuse.

DOMAINE DE LA CÔTE SAINTE-ÉPINE

17, chemin de la Côte-Sainte-Épine
07300 Saint-Jean-de-Muzols
Tél. 04 75 08 85 35 • Fax : 04 75 08 85 35
andre@vinealis.qc.ca • www.vinealis.qc.ca
Visite : Sur rendez-vous.

Mickaël Desestre a la chance d'exploiter des vignes plus que centenaires sur la Côte Sainte-Épine, une magnifique exposition de Saint-Joseph au sol sableux décomposé. Il ne produit qu'un vin rouge (et un blanc anecdotique), à la texture étonnante mais caractéristique.

Saint-Joseph Vieilles Vignes 2010
Rouge | 2012 à 2015 | 14 € **15/20**
Bouche charnue, concentrée, fruité noir légèrement épicé, le vin goûte bien mais, dans ce grand millésime, on sent que ce joli terroir pouvait aller encore plus loin dans la droiture et l'énergie dégagée en bouche. La finale peut gagner en tension.

DOMAINE COURBIS

Route de Saint-Romain • 07130 Châteaubourg
Tél. 04 75 81 81 60 • Fax : 04 75 40 25 39
contact@domaine-courbis.fr
www.vins-courbis-rhone.com
Visite : Du lundi au vendredi de 9h à 12h et de 14h à 18h. Le samedi sur rendez-vous.

Les frères Laurent et Dominique Courbis proposent un choix large de cornas et de saint-joseph du sud de l'appellation, dans le secteur de Châteaubourg. Les entrées de gamme privilégient le fruit et la délicatesse dans le toucher de bouche, mais peuvent paraître un peu faciles dans leur définition du terroir. Les cornas Les Eygats et, surtout, La Sabarotte sont régulièrement au sommet de la dégustation. Nous avions apprécié les 2009, mais nous n'avons pas pu les regoûter cette année. Le millésime 2011 a délivré un joli blanc de Saint-Joseph, fin et frais.

CORNAS CHAMPELROSE 2009
Rouge | 2012 à 2017 | 26 € **14,5/20**
Il a repris de la chair en une année, avec une texture affirmée, de petits tanins et de la fraîcheur en finale.

SAINT-JOSEPH 2011
Blanc | 2012 à 2016 | 19 € **14/20**
Le fruité est fin (blanc essentiellement, pulpe de poire), la bonne droiture du millésime tend la bouche, dans un ensemble désaltérant et légèrement salin en finale.

SAINT-JOSEPH LES ROYES 2009
Rouge | 2012 à 2016 | 26 € **14/20**
Le boisé est encore présent au nez, la bouche est ronde, avec des tanins souples, un vin plus typé 2009 que saint-joseph.

DOMAINE YVES CUILLERON

58, RD 1086 - Verlieu • 42410 Chavanay
Tél. 04 74 87 02 37 • Fax : 04 74 87 05 62
cave@cuilleron.com • www.cuilleron.com
Visite : Sur rendez-vous. Fermeture au mois d'août.

Yves Cuilleron est le plus important vigneron producteur de tout le Rhône Nord, avec 50 hectares en exploitation et une vingtaine de références, essentiellement sur Saint-Joseph, Condrieu et Côte Rôtie. Levures indigènes et élevages sous bois (9 mois pour les blancs, 18 mois pour les rouges) définissent un style certes boisé mais où chaque terroir finit par s'exprimer. 2010 est ici assez proche de 2009, les rouges présentant une homogénéité supérieure aux blancs, parmi lesquels nous préférons les condrieux.

CONDRIEU LA PETITE CÔTE 2010
Blanc | 2012 à 2016 | 27,50 € **14,5/20**
Jus d'abricot, rondeur pulpeuse en bouche, pas très diversifié mais registre plein et gourmand.

CÔTE RÔTIE BASSENON 2010
Rouge | 2014 à 2020 | 33,50 € **15,5/20**
Concentré, charnu, profond, allonge veloutée dont les parfums de fruits rouges et noirs emplissent la bouche.

CÔTE RÔTIE LES TERRES SOMBRES 2010
Rouge | 2016 à 2030 | 46,50 € **17/20**
Texture serrée, allonge finement saline, encre et fruits noirs, bouche tout en velours, profond et droit.

CÔTE RÔTIE MADINIÈRE 2010
Rouge | 2015 à 2025 | 35,50 € **16/20**
Un soyeux plus raffiné que Bassenon, une allonge dans la finesse et l'élégance, finale caressante.

SAINT-JOSEPH L'AMARYBELLE 2010
Rouge | 2012 à 2020 | 17,30 € **16/20**
Plus en fruit et en volupté que Les Pierres Sèches, bouche en rondeurs harmonieuses et élégantes, qui ne sont pas sans rappeler la proche côte-rôtie, note saline en fin.

SAINT-JOSEPH LES PIERRES SÈCHES 2010
Rouge | 2012 à 2017 | 14,20 € **15/20**
Fruit noir et jus de viande, bouche charnue avec une finale minérale «sèche», la cuvée profite bien de ce très beau millésime, gourmand et juteux.

SAINT-JOSEPH LES SERINES 2010
Rouge | 2014 à 2020 | 27 € **16/20**
L'élevage le marque encore de ses notes torréfiées, l'équilibre de bouche est haut en tanins et en alcool, avec une fin aujourd'hui austère, qui s'affinera avec le temps.

CHÂTEAU CURSON

26600 Chanos-Curson
Tél. 04 75 07 34 60 • Fax : 04 75 07 30 27
domainespochon@wanadoo.fr
www.chateaucurson.fr
Visite : Du lundi au samedi de 14h à 19h
ou sur rendez-vous.

Étienne Pochon dirige cette propriété familiale avec beaucoup de régularité. La gamme Étienne Pochon correspond à l'entrée de gamme, le Château Curson offre plus de complexité. Dans cette dernière série, 2010 offre un bel équilibre, digeste à souhait.

CROZES-HERMITAGE CHÂTEAU CURSON 2010
Blanc | 2012 à 2017 | 14,50 € **14,5/20**
Un fruité blanc gourmand, une bouche onctueuse au gras délicat, une fine amertume en fin, appétissante, belle réussite.

CROZES-HERMITAGE CHÂTEAU CURSON 2010
Rouge | 2012 à 2018 | env. 15 € **14,5/20**
Un fruité noir agrémenté de notes poivrées relevées, un tanin sur le même registre épicé, structure et fermeté pour ce vin de jolie tenue.

DOMAINE EMMANUEL DARNAUD

26600 La Roche-de-Glun
Tél. 06 20 64 48 24 • Fax : 04 75 84 81 64

L'une de nos découvertes cette année en vallée du Rhône Nord, lors de nos dégustation à l'aveugle. Le fil conducteur des vins de ce jeune vigneron est la gourmandise des arômes et le charnu de la bouche. À suivre.

Crozes-Hermitage Les Trois Chênes 2010
Rouge | 2012 à 2016 | NC **15/20**
Arômes fruits noirs et jus de viande, une bouche à la trame ferme, de la mâche, finale fraîche, savoureux.

Saint-Joseph 2010
Rouge | 2012 à 2018 | NC **15,5/20**
Bons tanins droits et enrobés, allonge gourmande sur la mine de crayon et les fruits noirs, sérieux et complet.

Saint-Joseph 2010
Blanc | 2012 à 2017 | NC **14/20**
Gourmande expression minérale en bouche, qui donne du volume et accroit la richesse, bonne tension.

DELAS

ZA de l'Olivet • 07300 Saint-Jean-de-Muzols
Tél. 04 75 08 60 30 • Fax : 04 75 08 39 28
detail@delas.com • www.delas.com
Visite : Toute l'année du lundi au samedi de 9h30 à 12h et de 14h30 à 18h30.
Ouvert tous les jours en juillet et en août 9h30 à 12h et de 14h00 à 19h00.

Cette vieille maison, propriété des champagnes Deutz, propose une très large gamme de vins de toute la vallée du Rhône. Sous la conduite intelligente de Jacques Grange, de nombreuses cuvées sont parmi les plus savoureuses représentations de leurs appellations respectives. Le millésime 2009 a été brillamment réussi. Les rouges 2010 sont dans la même veine, plus frais, même si malheureusement beaucoup de cuvées du Rhône Nord n'étaient pas en bouteille lors de notre visite et se présentaient mal, laissant juste suggérer leur beau potentiel. Nous les regoûterons pour la prochaine édition !

Châteauneuf-du-Pape Hautes Pierres 2010
Rouge | 2012 à 2025 | 37,10 € **16,5/20**
Dominé par les plantes aromatiques, au nez comme en bouche, qui n'est pas sans rappeler une chartreuse V.E.P., un châteauneuf aux tanins fondus, éclatant de gourmandise, assez corsé mais restant frais en finale.

Condrieu Clos Boucher 2010
Blanc | 2012 à 2020 | 42,40 € **16/20**
Raffinement dans le profil aromatique, fruits mûrs, épices douces, raisins secs, fines notes boisées encore perceptibles, gourmand et droit.

Condrieu La Galopine 2010
Blanc | 2012 à 2018 | 35,80 € **15/20**
Gras, droit, la fine réduction due à l'élevage sur lies amène une belle longueur, de la richesse.

Côtes du Rhône Saint-Esprit 2011
Blanc | 2012 à 2016 | 7,80 € **14/20**
Fine amertume savoureuse, fruits blancs fins, allonge et équilibre.

Côtes du Ventoux 2010
Rouge | 2012 à 2016 | 6,40 € **15/20**
Un fruité rouge et noir concentré, de beaux tanins encore fermes, de la chair et une bonne longueur.

Crozes-Hermitage
Domaine des Grands Chemins 2010
Rouge | 2012 à 2020 | 19,60 € **15/20**
Jus de viande et myrtille, beaux tanins, allonge ferme et finale élancée.

Crozes-Hermitage Les Launes 2011
Blanc | 2012 à 2016 | 13,70 € **14/20**
Nez large de fleurs jaunes, bouche grasse, de l'allonge, fine amertume en fin.

Crozes-Hermitage Les Launes 2010
Rouge | 2012 à 2017 | 21 € **14,5/20**
Bon équilibre, fruits rouges et poivre, bouche droite, complet, très frais.

Gigondas Les Reinages 2010
Rouge | 2012 à 2020 | 5,90 € **15/20**
Beaux tanins gras et enveloppants, allonge bien fraîche, arômes fondants de fruits noirs, d'épices douces et de chocolat, les gibiers sont au garde-à-vous.

Grignan-les-Adhémar 2010
Rouge | 2012 à 2015 | NC **14,5/20**
Il commence à adopter un registre poivré des plus plaisants. Beaucoup de gourmandise pour un splendide rapport qualité-prix à apprécier sans trop de modération.

HERMITAGE MARQUISE DE LA TOURETTE 2010
Blanc | 2012 à 2025 | 43,70 € **17/20**
Texture grasse, fines notes d'amande et d'épices douces, une amertume savoureuse et une très belle persistance.

SAINT-JOSEPH FRANÇOIS DE TOURNON 2010
Rouge | 2012 à 2020 | 23,90 € **15/20**
Dominé par le cassis et le poivre, une bouche élégante où déjà la texture minérale donne beaucoup de suavité, du muscle mais bien dosé.

SAINT-JOSEPH LES CHALLEYS 2011 ☺
Blanc | 2012 à 2018 | 16 € **15/20**
Jolie subtilité dans la définition de bouche, de fins amers et une légère structure minérale, très granite dans le style.

SAINT-JOSEPH LES CHALLEYS 2010
Rouge | 2012 à 2020 | 17,50 € **14,5/20**
Il doit bien respirer pour évacuer sa note réductive, un registre viandé et poivré, une jolie texture minérale à souhait, finale corsée.

VACQUEYRAS DOMAINE DES GENÊTS 2010
Rouge | 2012 à 2016 | 13,60 € **14/20**
Texture ferme avec de bons tanins droits, de la fraîcheur et de l'équilibre même si l'équilibre est relevé et la finale généreuse, sur une note cacaotée.

DOMAINE BENJAMIN ET DAVID DUCLAUX

34, route de Lyon • 69420 Tupin-Semons
Tél. 04 74 59 56 30 • Fax : 04 74 56 64 09
contact@coterotie-duclaux.com
www.coterotie-duclaux.com
Visite : Sur rendez-vous.

L'arrivée des deux frères, David et Benjamin, a petit à petit révolutionné le style des vins vers plus de fraîcheur et d'élégance. Deux cuvées de côte-rôtie sont proposées, à partir de parcelles dans le sud de l'appellation : La Germine est la plus facile des deux et Maison Rouge est plus en chair et en suavité. Les 2009 étaient riches et concentrés, les 2010 offrent sans surprise une meilleure fraîcheur mais aussi un bel équilibre. Le millésime vieillira bien.

CÔTE RÔTIE LA GERMINE 2010
Rouge | 2012 à 2025 | 35 € **16/20**
Bouche droite et élancée, la fraîcheur est particulièrement salivante, un équilibre plus digeste que le même vin en 2009.

CÔTE RÔTIE MAISON ROUGE 2010
Rouge | 2012 à 2025 | 50 € **16,5/20**
Toujours plus riche que La Germine, plus opulent, un fruité noir et épicé, savoureux, tanin gras, allonge en épaisseur qui emplit bien la bouche, un vin en devenir.

ÉQUIS

Les Chênes Verts • 26600 Pont-de-l'Isère
Tél. 04 75 55 13 49 • Fax : 04 75 55 11 94
maximegraillot@gmail.com
thomas.schmittel@orange.fr
Visite : Sur rendez-vous.

Maxime Graillot, le fils d'Alain, a l'esprit entrepreneur. En marge du domaine familial, il a créé son propre domaine, le Domaine des Lises, et une structure de négoce, Équis, en achat de raisins. Les vendanges sont éraflées, et les vinifications privilégient le plaisir et la gourmandise immédiate. Les 2010 sont splendides.

CORNAS 2009
Rouge | 2012 à 2024 | NC **16,5/20**
Élégant et charnu, avec un tanin ferme mais mûr et gras, une allonge savoureuse et un ensemble gourmand, belle interprétation du terroir. Vivement recommandé.

CROZES-HERMITAGE DOMAINE DES LISES 2010
Rouge | 2012 à 2020 | NC **15/20**
Un tanin légèrement épicé, une bouche glissante et beaucoup de fraîcheur, désaltérant et croquant.

CROZES-HERMITAGE ÉQUINOXE 2011 ☺
Rouge | 2012 à 2016 | NC **14/20**
Charnu, croquant, une bouche gourmande et digeste, un millésime frais et nettement plus glissant que les concentrés 2009 et 2010.

SAINT-JOSEPH 2010
Rouge | 2012 à 2020 | NC **15/20**
Le 2009 n'avait pas été mis en marché, ce 2010 retrouve sa forme habituelle, avec sa texture minérale affirmée et son tanin un peu plus serré que sur les crozes. Finale épicée.

DOMAINE GUY FARGE

18, chemin de la Roue • 07300 Saint-Jean-de-Muzols
Tél. 06 08 21 31 72 • Fax : 04 75 08 12 10
guyfarge@orange.fr
Visite : Le vendredi de 14h à 19h. Le samedi de 9h à 13h et sur rendez vous au 06 08 21 31 72.

Guy Farge a longtemps été vice-président de la cave de Tain. Il en est sorti en 2007 pour exploiter son domaine de 12 hectares, qui dispose de splendides terrasses, avec beaucoup de vignes centenaires.

SAINT-JOSEPH PASSION DE TERRASSE 2010
Rouge | 2012 à 2018 | NC **15,5/20**
Bouche bien charnue, allonge gourmande, des tanins gras et un registre fruits noirs et graphite, finale fraîche, complet.

SAINT-PERAY GRAIN DE SILEX 2010
Blanc | 2012 à 2016 | NC **14/20**
Une bouche agréablement tendue par une minéralité légèrement fumée, du caractère, de l'élégance et du nerf.

DOMAINE FAURY

La Ribaudy • 42410 Chavanay
Tél. 04 74 87 26 00 • Fax : 04 74 87 05 01
c.faury@42.sideral.fr • www.domaine-faury.fr
Visite : Sur rendez-vous.

SAINT-JOSEPH 2010 ☺
Blanc | 2012 à 2017 | NC **14,5/20**
De fins amers étirent la bouche, lui donnant de la longueur et une finesse qui conclut sur un registre salin.

DOMAINE FAYOLLE FILS ET FILLE

9, rue du Ruisseau • 26600 Gervans
Tél. 04 75 03 33 74 • Fax : 04 75 03 32 52
contact@fayolle-filsetfille.fr • www.fayolle-filsetfille.fr
Visite : Du lundi au vendredi de 9h à 12h et de 14h à 18h. Le week-end sur rendez-vous.

Cette cave est née en 2002 de la scission du domaine fondé par Jules Fayolle. Après des 2008 délicats à gérer, 2009 et 2010 sont ici deux belles réussites, d'expression différente mais de niveau comparable, plus opulent et charnu pour 2009, plus frais et droit pour 2010. La gamme offre une régularité satisfaisante.

CROZES-HERMITAGE CLOS LES CORNIRETS VIEILLES VIGNES 2010
Rouge | 2012 à 2018 | 17 € **14,5/20**
Fin et droit, agréablement concentré, allonge désaltérante, l'élevage n'est pas encore totalement fondu mais l'ensemble se boit bien.

CROZES-HERMITAGE LES PONTAIX 2010 ☺
Rouge | 2012 à 2017 | 14 € **14/20**
Charnu et friand, un crozes d'excellente facture, désaltérant et fin, à la finale sur le fruit.

CROZES-HERMITAGE SENS 2010 ☺
Rouge | 2012 à 2016 | NC **13,5/20**
Fruité croquant, texture tendre, droit et frais, un parfait vin de soif.

HERMITAGE LES DIONNIÈRES 2010
Blanc | 2012 à 2020 | NC **15/20**
La richesse de la bouche signe l'origine de la belle colline, texture grasse, parfums de beurre frais et de miel de fleurs, élégant et svelte, enlevé, à défaut d'être d'une intense profondeur.

FERRATON PÈRE & FILS

13, rue de la Sizeranne • 26600 Tain-l'Hermitage
Tél. 04 75 08 59 51 • Fax : 04 75 08 81 59
ferraton@ferraton.fr • www.ferraton.fr
Visite : Du lundi au samedi de 10h à 12h30 et de 14h30 à 19h.

Acquise par sa consœur M. Chapoutier en 1998, cette petite maison possède une équipe technique distincte mais partage la même approche des sélections parcellaires pour le haut de gamme, dont la liste s'est bien étoffée depuis deux millésimes. Les rouges 2010 sont gourmands, les blancs 2010 ont été vite épuisés et laissent la place à des 2011 qui présentent bien.

CORNAS LES GRANDS MÛRIERS 2010 ☺
Rouge | 2012 à 2020 | NC **15,5/20**
De beaux tanins bien enrobés, une bouche charnue, une expression de fruits noirs avec le charme propre à l'appellation.

Cornas lieu-dit Les Eygats 2010
Rouge | 2012 à 2025 | NC **16,5/20**
À ce stade moins en place que Patou, mais le tanin est également raffiné et la longueur rafraîchissante, l'écart devrait se creuser en bouteille.

Cornas lieu-dit Patou 2010
Rouge | 2012 à 2025 | NC **16/20**
Raffiné et gourmand, un tanin enrobé et subtil, une allonge grasse et gourmande, vin de charme et de chair.

Côte Rôtie L'Églantine 2010
Rouge | 2012 à 2020 | NC **15,5/20**
La texture est fondante, les arômes de fruits rouges et noirs gourmands, l'ensemble reste frais et élancé.

Côte Rôtie lieu-dit Montmain 2010
Rouge | 2012 à 2020 | NC **16/20**
Tous les éléments ne sont pas encore en place, mais la finesse des tanins a bien été enrobée par un élevage qui, pour l'instant, domine un peu de ses notes torréfiées.

Côtes du Rhône Samorëns 2010 ☺
Rouge | 2012 à 2016 | NC **14/20**
Un fruité noir agrémenté de cacao, des tanins ronds, beaucoup de gourmandise pour ce côtes-du-rhône bien typé grenache.

Côtes du Rhône-Villages Plan de Dieu 2010 ☺
Rouge | 2012 à 2016 | NC **15/20**
Plus épicé que Samorëns, plus de diversité aromatique avec également une meilleure fraîcheur, une bouche dynamique. L'aération lui fait du bien.

Crozes-Hermitage La Matinière 2011 ☺
Blanc | 2012 à 2016 | NC **14/20**
Très floral, apéritif et frais, la bouche vive et l'équilibre de bouche incitent à retendre son verre.

Crozes-Hermitage La Matinière 2010 ☺
Rouge | 2012 à 2017 | NC **14/20**
Fruits rouges et violette, bien typé châssis dans son origine, droit et gourmand.

Crozes-Hermitage Le Grand Courtil 2010 ☺
Rouge | 2012 à 2020 | NC **15,5/20**
Élégant et élancé, un jus fin et gourmand, avec beaucoup de fraîcheur pour une bouche droite qui gagnera en étoffe en bouteille.

Crozes-Hermitage Les Pichères 2010 ☺
Rouge | 2012 à 2017 | NC **14/20**
La jeunesse des vignes se ressent dans le milieu de bouche mais le jus est fin et parfumé, ensemble gourmand.

Ermitage Le Méal 2010
Rouge | 2012 à 2025 | NC **16,5/20**
Un peu resserré aujourd'hui, mais la bonne trame tannique est prometteuse, grasse et épaisse, arômes gourmands de fruits noirs et de cacao, ampleur et sève.

Ermitage Le Reverdy 2010
Blanc | 2012 à 2020 | NC **16/20**
La pointe de méal dans l'assemblage apporte sa richesse à la bouche, l'ensemble est relevé mais reste frais, de gourmands arômes de fleurs et de cire, finale sur le miel.

Saint-Joseph La Source 2011 ☺
Blanc | 2012 à 2017 | NC **14,5/20**
Fruité gourmand, texture grasse en bouche, allonge et fraîcheur, la nervosité est très désaltérante.

Saint-Joseph La Source 2010 ☺
Rouge | 2012 à 2018 | NC **14/20**
Note poivrée typique des granites de l'appellation, texture minérale élégante, de l'allonge.

Saint-Joseph Les Oliviers 2010
Blanc | 2012 à 2020 | NC **16/20**
De juteux parfums de fruits jaunes et blancs, agrémentés de notes grillées, une texture grasse, une allonge savoureuse et toujours ce bel équilibre pour cette cuvée qui confirme, millésime après millésime.

Saint-Joseph lieu-dit Paradis 2010 ☺
Rouge | 2012 à 2018 | NC **15/20**
Le boisé se fond bien à l'aération, les tanins offrent un gras agréable, l'ensemble est assez généreux mais le fruit noir préserve la gourmandise.

Saint-Joseph lieu-dit Saint-Joseph 2010 ☺
Rouge | 2012 à 2025 | NC **16/20**
Ce Lieu-Dit Saint-Joseph se présente plus frais que le Paradis, grâce à un tanin gras et délicatement enrobé, une allonge réglissée, ensemble de grande finesse.

Saint-Peray Le Mialan 2011

Blanc | 2012 à 2016 | NC 14,5/20

Nerveux, frais et droit, une allonge finement amère qui ramène de la gourmandise.

DOMAINE PIERRE FINON

20, impasse des Vieux-Murs-Picardel
07340 Charnas
Tél. 04 75 34 08 75 • Fax : 04 75 34 06 78
domaine.finon@gmail.com •
Visite : Du lundi au samedi de 9h à 12h et de 14h à 19h.

Situé sur le plateau de Charnas, dans la partie nord de l'appellation Saint-Joseph, Pierre Finon propose une gamme agréable de régularité millésime après millésime, en saint-joseph et en condrieu. Ses rouges sont charnus et pleins de fruit, ses blancs désaltérants et droits. 2009 offrait une puissance assez exubérante, 2010 revient dans un style plus classique, mais du grand classique.

Condrieu 2010

Blanc | 2012 à 2017 | 23,50 € 15/20

Pur, élégants arômes d'abricot frais, texture crémeuse en bouche, élégant et désaltérant.

Saint-Joseph Le Caprice d'Héloïse 2009

Rouge | 2012 à 2024 | 18 € 16/20

Le long élevage lui a permis de dompter la richesse de l'année. Parfums de fruits noirs et d'herbes de Provence, allonge grasse, équilibre haut mais qui reste frais et droit, dans un style plus concentré que 2010.

Saint-Joseph Les Jouvencelles 2010

Rouge | 2012 à 2016 | 11 € 14/20

Fruité, charnu, bouche ronde, le jus des jeunes vignes tire bien profit de ce millésime de grand équilibre.

Saint-Joseph Les Rocailles 2010

Rouge | 2012 à 2020 | 14,50 € 15/20

Intense et profond, texture savoureuse aux tanins bien enrobés, graphite et fruits noirs, il exprime parfaitement son origine caillouteuse dans un splendide millésime.

Saint-Joseph Quatuor 2010

Blanc | 2012 à 2017 | épuisé 15/20

Texture grasse et savoureuse, équilibre frais et fin, fruité blanc et jaune dominant, tendu ce qu'il faut.

DOMAINE PIERRE GAILLARD

Lieu-dit Chez-Favier • 42520 Malleval
Tél. 04 74 87 13 10 • Fax : 04 74 87 17 66
vinsp.gaillard@wanadoo.fr
www.domainespierregaillard.com
Visite : Sur rendez-vous.

Après une longue expérience comme chef de culture chez Vidal-Fleury et Guigal, Pierre Gaillard s'est mis à son compte pour exploiter aujourd'hui 30 hectares en vallée du Rhône (sans parler de ses autres projets, notamment dans le Roussillon). La vaste gamme est reconnaissable entre toutes, car chaque bouteille est habillée d'une étiquette colorée distincte. Les 2009 nous avaient impressionnés par leur concentration et leur fraîcheur, les 2010 atteignent une volupté supérieure, notamment une Rose Pourpre exceptionnelle.

Condrieu L'Octroi 2010

Blanc liquoreux | 2012 à 2020 | 36 € 16/20

Fleurs et anis, tout en élégance et en délicatesse, le fruité arrive subtilement, en bouche, pur et fin.

Côte Rôtie 2010

Rouge | 2012 à 2025 | 37 € 17/20

Attaque veloutée, bouche charnue avec des tanins ronds, allonge svelte et gourmande, irrésistible.

Côte Rôtie Rose Pourpre 2010

Rouge | 2012 à 2020 | 75 € 18,5/20

Un velouté encore plus suave que sur la côte-rôtie générique, de juteux arômes de salade de fruits rouges et noirs et beaucoup de fraîcheur en fin.

Saint-Joseph Clos de Cuminaille 2010

Rouge | 2012 à 2020 | 20 € 16,5/20

Nez intensément poivré, bouche pure et élancée, à la fine minéralité structurante, droit et élégant.

DOMAINE GARON

58, route de la Taquière • 69420 Ampuis
Tél. 04 74 56 14 11

Ce domaine nous a étonnés avec deux très jolis côtes-rôties, qui bénéficient de l'effet millésime pour se révéler fraîches et juteuses à souhait.

Côte Rôtie Les Rochains 2010

Rouge | 2012 à 2025 | NC 16,5/20

Note réglissée gourmande à l'attaque, due à un élevage soigné, beaucoup de caresse dans le toucher du tanin, un vin juteux à la finale savoureuse et parfumée, pêche de vigne.

Côte Rôtie Les Triotes 2010
Rouge | 2012 à 2025 | NC **16/20**
Belle fraîcheur en bouche, avec une touche saline qui accroît la sapidité, toucher élégant, savoureux, fin et tendu.

DOMAINE JEAN-MICHEL GERIN

19, rue de Montmain - Verenay • 69420 Ampuis
Tél. 04 74 56 16 56 • Fax : 04 74 56 11 37
info@domaine-gerin.fr • www.domaine-gerin.fr
Visite : Du lundi au vendredi de 8h à 12h et de 13h30 à 17h; le samedi sur rendez-vous.

Jean-Michel Gerin a créé ce domaine phare de la Côte Rôtie, où les deux cuvées cultes, Les Grandes Places et La Landonne, sont sévèrement rationnées mais toujours disponibles au domaine. Travail des sols quand la pente le permet, éraflage systématique en rouge, vinification en levures indigènes quand c'est possible, la gamme présente un fruité et une élégance typiques de l'appellation. Ne passez pas à côté des grands 2010, au besoin en passant au caveau.

Condrieu La Loye 2011
Blanc | 2012 à 2017 | 33 € **15/20**
Un condrieu plein de fruit, gras et charmeur, désaltérant, on croque dans le fruit blanc, un style gourmand et frais plus que minéral.

Côte Rôtie Champin Le Seigneur 2010
Rouge | 2012 à 2020 | 35 € **15,5/20**
Goûtée en élevage, toujours aussi gourmande et croquante, fruits rouges et épices fines, elle sera accessible plus vite que le 2009, sa buvabilité est dangereuse.

Côte Rôtie La Landonne 2010
Rouge | 2012 à 2030 | 130 € **17/20**
Encore en élevage lors de notre passage, il a encore besoin de s'affiner, de longs tanins structurent la bouche, c'est droit et ferme, un peu serré. Ça fera néanmoins une grande bouteille.

Côte Rôtie Les Grandes Places 2010
Rouge | 2012 à 2030 | 75 € **18/20**
Lui aussi goûté en élevage, il est plus en chair et en étoffe que La Landonne, avec une profondeur et un équilibre qui tiendront la comparaison avec 2009, dans un autre style.

Saint-Joseph 2010
Rouge | 2012 à 2017 | 15 € **15/20**
Du fruit, de fines notes viandées, des tanins bien enrobés, une allonge minérale pour un vin gourmand et très bien réalisé.

DOMAINE PIERRE GONON

34, avenue Ozier • 07300 Mauves
Tél. 04 75 08 45 27 • Fax : 04 75 08 65 21
gonon.pierre@wanadoo.fr •
Visite : Sur rendez-vous.

Les deux frères Jean et Pierre Gonon ont demandé l'agrément pour l'agriculture biologique, dans la droite ligne des efforts qu'ils ont entrepris depuis une décennie vers plus de naturel et de pureté dans le raisin. Ce travail paye chaque année et, après des 2008 d'un étonnant niveau, les 2009 répondent pleinement à la richesse du millésime. Les 2010 sont sans surprise encore plus fins, plus frais et plus plaisants aujourd'hui. Les saint-joseph de ce domaine, modèle pour l'appellation, vieillissent remarquablement dans les deux couleurs.

Saint-Joseph 2010
Rouge | 2012 à 2025 | 20 € **16,5/20**
Attaque nette, développement tendre, tout en longueur, le millésime n'est pas aussi charnu que 2009 mais plus frais, plus fin, plus droit. Fin salivante, légèrement réglissée, d'une grande digestibilité. S'il vous paraît un peu mince jeune, laissez-le s'étoffer en bouteille.

Saint-Joseph Les Oliviers 2010
Blanc | 2012 à 2025 | 22 € **17/20**
Grosse maturité des arômes, abricot sec et compote de pêche, texture grasse et fondante, allonge gourmande, irrésistible, un accord légèrement épicé comblera les papilles. La fin de bouche tendue lui permettra de bien vieillir, comme souvent.

DOMAINE ALAIN GRAILLOT

Les Chênes-Verts • 26600 Pont-de-l'Isère
Tél. 04 75 84 67 52 • Fax : 04 75 84 79 33
graillot.alain@wanadoo.fr •
Visite : Sur rendez-vous.

Alain Graillot a transmis les rênes à son fils Maxime, qui partage la même philosophie. Les vignes sont méticuleusement tenues, les rouges sont vinifiés en vendanges entières, avec une recherche de l'extraction. La cuvée La Guiraude fait partie des rares crozes à bien évoluer dans le temps, elle est splendide de fraîcheur et d'équilibre en 2009. En 2010,

la gamme Équis (voir la fiche) propose des cuvées au croquant plus immédiat que celles du domaine, qui demanderont un peu de patience.

CROZES-HERMITAGE 2011 ☺
Blanc | 2012 à 2015 | 16,50 € **14,5/20**
Frais et tendu, registre citronné, apéritif à souhait, l'année sourit à cette couleur dans l'appellation.

CROZES-HERMITAGE 2010
Rouge | 2015 à 2020 | 16,50 € **14,5/20**
Registre floral prononcé, allonge épicée, les tanins ne sont pas parfaitement épanouis même si Maxime a heureusement raccourci la durée de macération, ils se présentent sous un jour austère, on devra patienter, ce qui n'est pas vraiment le style maison.

CROZES-HERMITAGE LA GUIRAUDE 2010
Rouge | 2012 à 2020 | 26 € **16/20**
Le tanin offre une délicatesse et une fraîcheur qui font défaut à la cuvée Domaine, la bouche est dense et droite, avec un éclat en fin dans la lignée des belles réussites de cette cuvée. Mais il reste un ton en dessous de la grandiose 2009.

SAINT-JOSEPH 2010 ☺
Rouge | 2012 à 2015 | 16 € **14/20**
Vinifié sur le fruit cette année à cause de difficultés viticoles, le vin n'offre pas le style habituel. La bouche respecte la promesse, désaltérante et fraîche. À boire.

CHÂTEAU GRILLET

42410 Verin
Tél. 04 74 59 51 56
Visite : Sur rendez-vous.

En juin 2011, François Pinault a racheté ce micro-cru culte du nord de la vallée du Rhône et en a confié la direction à Frédéric Engerer, son homme de confiance à Château-Latour. De lourds travaux ont immédiatement été entrepris et, durant cette phase de transition, la nouvelle direction ne souhaite pas présenter de vins à la dégustation, même ceux partiellement réalisés par les équipes précédentes. Nous respectons ce choix, et prenons rendez-vous pour l'année prochaine. Conformément à notre règle, nous mettons provisoirement la note du domaine entre parenthèses.

DOMAINE BERNARD GRIPA

5, avenue Ozier • 07300 Mauves
Tél. 04 75 08 14 96 • Fax : 04 75 07 06 81
gripa@wanadoo.fr
Visite : Du lundi au vendredi de 9h à 12h et de 13h30 à 18h. Le samedi sur rendez-vous.

Bernard Gripa a passé la main à son fils Fabrice depuis quelques temps déjà, et après une période moins en réussite, nos dégustations des belles récoltes 2009 et 2010 nous ont permis d'apprécier l'élégance de ces cuvées, toutes dans l'esprit des millésimes. En 2010, nous avons une petite préférence pour les blancs du domaine, chaque cru ayant sa personnalité, notamment Le Figuier et Le Berceau, les rouges adoptant un profil plus souple, plus rond, destinés à un plaisir rapide.

SAINT-JOSEPH 2010
Blanc | 2012 à 2016 | 17 € **15/20**
Frais et droit, texture savoureuse avec une légère amertume en fin, élégant dans ses parfums de fruits blancs mûrs, avec une note de caramel au beurre salé.

SAINT-JOSEPH LE BERCEAU 2010
Blanc | 2012 à 2018 | épuisé **15,5/20**
Texture élégante et glissante en bouche, légèrement huileuse, savoureux parfums de fruits secs et d'épices orientales (curry), la fine amertume étire la finale.

SAINT-JOSEPH LE BERCEAU 2010
Rouge | 2012 à 2017 | 30 € **15,5/20**
Une bouche assez ronde, un fruité mûr agrémenté d'herbes aromatiques, de l'allonge mais un vin que l'on boira assez jeune.

SAINT-PERAY LES FIGUIERS 2010
Blanc | 2012 à 2020 | épuisé **15/20**
Gras et gourmand, allonge savoureuse sur l'amande grillée, les fleurs séchées, bouche salivante et parfumée, désaltérant à souhait.

E. GUIGAL

Château d'Ampuis • 69420 Ampuis
Tél. 04 74 56 10 22 • Fax : 04 74 56 18 76
contact@guigal.com • www.guigal.com
Visite : du lundi au vendredi de 8h à 12h et de 14h à 18h.

Voilà une formidable aventure humaine et familiale, développée par Marcel, aujourd'hui secondé par son fils Philippe, qui dépasse largement le seul cadre de Côte Rôtie et de Condrieu, où la maison est le prin-

cipal opérateur. La démarche de Guigal consiste à juxtaposer la production issue de ses propres vignobles (dont les mythiques côtes-rôties La Mouline, La Landonne et La Turque) à une importante affaire de négoce, extraordinaire tant par les volumes concernés que par la qualité et la régularité sans faille. Les élevages très longs font que la maison dispose de plusieurs années de stocks, ce qui lui a permis par exemple de faire l'impasse sur le millésime 2008 en choisissant de ne rien acheter en rouge (elle ne propose que les vins issus de ses propres vignes). Cette année, somptueux condrieux 2010 (une Doriane d'anthologie), grand rouges 2009 issus du négoce et 2008 parfaitement maîtrisés pour les trois côtes-rôties stars.

Châteauneuf-du-Pape 2006
Rouge | 2012 à 2026 | 20,20 € **16,5/20**
Épanoui, riche, les notes tertiaires apparaissent (sous-bois, pruneau, figue), l'allonge est dynamique, la finale corsée mais équilibrée. Grande buvabilité.

Condrieu 2010 ☺
Blanc | 2012 à 2018 | 23,50 € **16/20**
Grand millésime dans l'appellation, à l'équilibre parfait, fin et savoureux, le boisé est parfaitement intégré. Bravo car les volumes disponibles sont importants !

Condrieu La Doriane 2010
Blanc | 2012 à 2025 | 41,90 € **18,5/20**
Un raffinement supérieur au condrieu, dû à un élevage soigné, une allonge fine et pure, des notes gourmandes de nectarine et de melon. Peut-être la meilleure La Doriane jamais produite, car sa fraîcheur et son équilibre sont rares pour une telle richesse, il faut se jeter sur les dernières bouteilles disponibles.

Côte Rôtie Brune et Blonde 2008
Rouge | 2012 à 2023 | 23,20 € **15,5/20**
Les épices douces du boisé se marient astucieusement avec les notes poivrées plus fortes du vin, pour un ensemble gourmand et fin, où l'on reconnaît le millésime pour son toucher toujours un peu strict, qui appelle des viandes mijotées.

Côte Rôtie Château d'Ampuis 2008
Rouge | 2012 à 2028 | 50 € **17/20**
Un toucher raffiné, les arômes généralement poivrés du millésime laissent ici la place à un fruité rouge gourmand, une suavité étonnante pour l'année. Bravo ! Les 38 mois d'élevage ont été bien utiles.

Côte Rôtie La Landonne 2008
Rouge | 2016 à 2028 | 124 € **18/20**
Un nez typique de vendange entière, intensément floral, la grosse matière tannique a parfaitement supporté l'élevage, même si les arômes du bois doivent encore se fondre. Il faut de toute façon l'attendre, c'est encore un peu ferme.

Côte Rôtie La Mouline 2008
Rouge | 2012 à 2028 | 124 € **17,5/20**
Plus parfumée que ses deux consœurs, comme toujours, un délié élégant et sans creux, une texture juteuse gourmande, elle vieillira bien.

Côte Rôtie La Turque 2008
Rouge | 2016 à 2028 | 124 € **17,5/20**
Plus poivrée que La Mouline, plus de tanins aussi, mais il faudra patienter un petit peu, la finale est assez serrée.

Côtes du Rhône 2011 ☺
Blanc | 2012 à 2015 | 5,70 € **14,5/20**
Gras, fruité juteux mûr, on croque dans la chair de pêche, fine amertume en fin, désaltérante.

Côtes du Rhône 2010 m ☺
Rosé | 2011 à 2015 | NC **15/20**
Robe foncée, arômes de fruits rouges frais (soupe de fraise), la bouche est très gourmande, toujours dans ce style pulpeux savoureux, il est très proche du 2009.

Côtes du Rhône 2009 ☺
Rouge | 2012 à 2019 | 5,70 € **15,5/20**
Il a bien digéré la grande richesse du millésime et présente une fraîcheur et une buvabilité de bon aloi grâce à une sélection rigoureuse et un long élevage. L'appellation régionale idéale, surtout à ce niveau de production.

Crozes-Hermitage 2010 ☺
Blanc | 2012 à 2017 | 9 € **14/20**
Bien désaltérant, texture grasse, allonge fraîche et pure, aromatique sur les fleurs séchées.

Crozes-Hermitage 2009 m ☺
Rouge | 2012 à 2019 | 9,20 € **15,5/20**
Des tanins gras, une bouche charnue au fruité noir et réglissé, un ensemble frais et gourmand, représentatif des différents styles de l'appellation.

ERMITAGE EX-VOTO 2007
Blanc | 2013 à 2027 | 78,40 € **17/20**
De fines notes grillées commencent à dominer les beaux arômes de beurre frais de l'élevage. Allonge distinguée pour une bouche bien concentrée, qui finit fraîche, on peut encore patienter.

ERMITAGE EX-VOTO 2007
Rouge | 2012 à 2027 | 134,50 € **18/20**
Fruits secs et épices, pointe de tabac, la puissance de bouche est remarquable avec un tanin bien enrobé, une allonge concentrée et savoureuse.

GIGONDAS 2009
Rouge | 2012 à 2029 | 12,40 € **17,5/20**
Arôme de pêche de vigne typique du millésime, le riche volume de bouche s'assoit sur des tanins gras, allonge gourmande et charnue.

SAINT-JOSEPH 2011
Blanc | 2012 à 2016 | 12,30 € **15/20**
Un élevage légèrement perceptible, mais la minéralité du granite reprend le dessus, amenant une fine salinité en finale.

SAINT-JOSEPH LE SAINT-JOSEPH 2010
Blanc | 2012 à 2020 | 19,70 € **16/20**
Gras, parfumé, le riche élevage est perceptible mais très gourmand, le fruité fondant, la finale complexe, un régal, peut-être plus apéritif que gastronomique dans le style.

SAINT-JOSEPH LE SAINT-JOSEPH 2009
Rouge | 2012 à 2029 | 19,70 € **17/20**
Le riche élevage apporte un poli splendide au tanin, une suavité rare pour le cru, où la minéralité est encore discrète. La plupart des bouteilles sont déjà bues, et c'est bien dommage.

SAINT-JOSEPH VIGNES DE L'HOSPICE 2009
Rouge | 2016 à 2029 | 39 € **17,5/20**
Plus serré que le saint-joseph, plus de densité, une fine salinité vient rehausser la fin de bouche, on peut l'attendre, grand millésime.

DOMAINE DES HAUTS-CHÂSSIS

26600 La-Roche-de-Glun
Tél. 04 75 84 50 26 • Fax : 04 75 84 50 26
domaine.des.hauts.chassis@wanadoo.fr •

En dépit de toutes nos relances, Franck Faugier, bon vigneron de Crozes-Hermitage, ne nous a pas présenté ses vins. Nous espérons pouvoir les regoûter l'an prochain, mais nous mettons sa notation entre parenthèses pour cette édition.

DOMAINES PAUL JABOULET AÎNÉ

8, rue Monier • 26600 Tain-l'Hermitage
Tél. 04 75 84 68 93 • Fax : 04 75 84 56 14
info@jaboulet.com • www.jaboulet.com
Visite : Le lundi de 14h à 19h et du mardi au dimanche de 10h à 19h.

Caroline Frey et ses équipes, conseillées par l'œnologue bordelais Denis Dubourdieu, continuent de rajeunir le style des vins de cette vénérable maison vers plus de pureté, d'équilibre et de raffinement en bouche. Si les moyens nécessaires ont été consentis, il faudra un peu de temps pour que les vignes s'adaptent à leurs nouvelles contraintes de culture. 2009 avait montré un sursaut dans le verre, 2010 se présente mieux équilibré et plus frais en rouge, et les blancs 2011 ont du tonus (à noter qu'il n'y aura pas d'hermitage La Chapelle blanc dans ce millésime). Un nouveau chai est actuellement en construction, au pied de la colline de l'Hermitage, qui devrait permettre à la maison de franchir un nouveau cap.

CHÂTEAUNEUF-DU-PAPE
DOMAINE DE TERRE FERME 2011
Blanc | 2012 à 2021 | 49 € **15,5/20**
De fins amers allongent la bouche et font saliver en finale, registre d'agrumes rafraîchissant, bouche charnue et équilibrée, avec du nerf.

CHÂTEAUNEUF-DU-PAPE
DOMAINE DE TERRE FERME 2010
Rouge | 2012 à 2025 | 53,90 € **17/20**
Une texture veloutée et raffinée, ensemble harmonieux, fruits noirs et viande fraîche, allonge élégante et belle envolée finale savoureuse et parfumée, sur des notes de thym et de laurier.

CORNAS DOMAINE DE SAINT-PIERRE 2010
Rouge | 2012 à 2025 | 68,20 € **16,5/20**
Une texture granitique affirmée, un vrai caractère qui appelle des viandes à mâcher, un tanin ferme mais sans rudesse, droit à souhait.

CÔTES DU RHÔNE-VILLAGES PLAN DE DIEU
DOMAINE DE PÈRE EN FILLES 2010
Rouge | 2012 à 2017 | 16,50 € **14,5/20**
Charnu, beaucoup d'élégance et de délicatesse dans le toucher de bouche, une belle fraîcheur, ensemble digeste et parfumé.

Crozes-Hermitage Domaine de Roure 2011
Blanc | 2012 à 2017 | 31,80 € **14,5/20**
Floral et agrumes, la bouche est vive et élancée, la finale tonique et fraîche.

Crozes-Hermitage Domaine de Roure 2010
Rouge | 2012 à 2020 | 45,60 € **15,5/20**
Plus de matière que Domaine de Thalabert, avec un registre poivre noir et viande plus marqué, une finale saline, belle expression de terroirs granitiques et toujours un très bel équilibre. Chacun son style.

Crozes-Hermitage
Domaine de Thalabert 2010 ☺
Rouge | 2012 à 2020 | 33 € **15,5/20**
Un jus de fruit frais au nez comme en bouche, relayé par une touche torréfiée, des tanins fins et une fraîcheur gourmande.

Hermitage La Chapelle 2010
Rouge | 2012 à 2030 | NC **17,5/20**
Joli velouté de texture, qui faisait défaut à La Petite Chapelle, allonge raffinée et droite, parfums de myrtille et une grande fraîcheur. La cuvée a gagné en chair et en densité de bouche par rapport aux millésimes récents (2009 excepté).

Hermitage La Chapelle 2009
Rouge | 2014 à 2024 | NC **18/20**
Un nez typique de la cuvée, méal bien mûr, jus de cassis frais, la bouche est tout en caresse et en velouté, un tanin de soie. C'est ce raffinement tactile qui séduit, plus que sa palette aromatique, ce qui le rend presque atypique pour le cru. Mais c'est indéniablement une grande bouteille.

Hermitage La Petite Chapelle 2010
Rouge | 2012 à 2020 | 75,90 € **15,5/20**
La texture est ferme, les parfums de fruits noirs et d'encre sont gourmands, seul le caractère légèrement austère de la finale rappelle que ce n'est que La Petite Chapelle...

Hermitage Le Chevalier de Sterimberg 2011
Blanc | 2012 à 2026 | 53,70 € **17/20**
Pur et aérien, registre citronné et floral très élégant, il se distingue par sa dimension cristalline plus que par son épaisseur de bouche. Comme en rouge, un style original pour le cru, mais la finale tendue est très rafraîchissante.

Saint-Joseph
Domaine de la Croix des Vignes 2010 ☺
Rouge | 2012 à 2020 | 42,90 € **16/20**
Un jus corsé savoureux et concentré, belle élégance des tanins, velouté et onctueux, finale saline salivante.

DOMAINE PHILIPPE ET VINCENT JABOULET

La Négociale • 26600 Mercurol
Tél. 04 75 07 44 32 • Fax : 04 75 07 44 06
jabouletphilippeetvincent@wanadoo.fr • www.jaboulet-philippe-vincent.fr
Visite : Du lundi au vendredi de 8h30 à 12h et de 13h30 à 18h. L'été, du lundi au vendredi de 8h30 à 12h et de 13h30 à 18h. Le samedi de 8h30 à 12h.

Philippe Jaboulet et son fils Vincent ont créé leur propre domaine après le rachat de leur maison familiale. Leur premier millésime était 2006. Dans une gamme comportant des crozes-hermitage, des ermitages et des cornas, des élevages longs entraînent souvent des commercialisations en décalé. Cette année, tous les 2009 nous ont été présentés, des rouges à la fermeté tannique affirmée, qui vieilliront bien, nécessitant souvent un petit passage en carafe. L'ermitage blanc 2010 est splendide, rayonnant tout le génie de la colline.

Crozes-Hermitage
Domaine de Collonge 2009 ☺
Rouge | 2012 à 2019 | 10 € **15/20**
Le tanin est épicé, la bouche charnue, avec d'intenses arômes de café et de violette, ensemble riche et concentré, pulpeux à souhait dans ce millésime relevé en saveurs.

Crozes-Hermitage Nouvelère 2009
Rouge | 2012 à 2019 | 16,50 € **15,5/20**
Un registre plus animal que l'autre crozes, jus de viande, plus de fermeté tannique aussi, avec une texture enrobée par un long élevage, sans accroche, l'allonge fait saliver grâce à une finale légèrement mentholée.

Ermitage 2010
Blanc | 2012 à 2025 | env 38 € **17/20**
Robe dorée brillante, attirante, nez fin de fleurs séchées et d'amandes grillées, texture riche et grasse, toucher délicat en bouche, allonge savoureuse, équilibre riche mais tendu en finale, avec de fins amers. À ne pas servir trop frais.

Ermitage 2009
Rouge | 2015 à 2024 | env 38 € **16/20**
Concentré, serré, dense, sa fermeté exige un peu de patience en bouteille. S'il n'offre pas le même éclat en bouche que le blanc, sa structure satisfera les amateurs de vins costauds, en puissance.

JAILLANCE

Avenue de la Clairette - B.P. 79 • 26150 Die
Tél. 04 75 22 30 40 • Fax : 04 75 22 21 06
info@jaillance.com • www.jaillance.fr

Créée en 1950, la cave de Jaillance compte plus de 200 coopérateurs aujourd'hui. Véritable moteur de l'appellation, elle produit des vins pétillants en Diois mais aussi en crémant de Bordeaux. Les vins sont expressifs, agréables et accessibles.

Clairette de Die Tradition bio
Blanc Brut eff. | 2012 à 2016 | NC **14/20**
On croque dans le grain de raisin, très typé muscat, finale thé et bergamote très rafraîchissante.

Clairette de Die Tradition cuvée Impériale - méthode ancestrale
Blanc Doux eff. | 2012 à 2016 | NC **14/20**
Gourmands arômes de fruits, rose et litchee, allonge vive et nerveuse, parfait sur les desserts aux fruits blancs et jaunes. À servir bien frais, pour éviter que le sucre ne ressorte.

Crémant de Die cuvée Originale 2008
Blanc Brut eff. | 2012 à 2013 | NC **14,5/20**
L'élevage donne du gras en bouche, beaux arômes de fruits jaunes juteux, gourmand, droit et élancé.

DOMAINE JAMET

Le Vallin • 69420 Ampuis
Tél. 04 74 56 12 57 • Fax : 04 74 56 02 15
domainejamet@wanadoo.fr
Visite : Sur rendez-vous.

Jean-Paul Jamet dirige ce domaine avec son frère Jean-Luc. Les 25 parcelles réparties sur 15 lieux-dits de l'appellation permettent de présenter une excellente synthèse du terroir de Côte Rôtie, notamment dans la cuvée d'assemblage. La Côte Brune, issue du climat du même nom, est réalisée chaque année, mais en volumes extrêmement limités dans les années délicates comme 2008. La dégustation des fabuleux 2009, en bouteille cette année, est un régal absolu. Ils seront au moins égalés par les 2010, encore en gestation lors de notre visite.

Côte Rôtie 2009
Rouge | 2012 à 2029 | NC **17/20**
Raffiné, suave, une côte-rôtie qui représente bien toute la diversité des expressions de l'appellation, en largeur comme en longueur, avec de gourmands parfums de fruits rouges et une fine minéralité de schiste qui revient bien en fin.

Côte Rôtie Côte Brune 2009
Rouge | 2019 à 2029 | NC **19/20**
Le nez offre encore quelques petites notes boisées, dont la gourmandise s'intègre bien au fruit du vin. La bouche est droite, tendue, avec de splendides tanins, la finale serrée et légèrement corsée. Ça fera une splendide bouteille d'ici une dizaine d'années. D'ici là, on passerait à côté si on l'ouvrait.

DOMAINE JASMIN

14, rue des Maraîchers • 69420 Ampuis
Tél. 04 74 56 16 04 • Fax : 04 74 56 01 78
jasmin.pa@wanadoo.fr
Visite : Sur rendez-vous.

Ce petit domaine exploite 11 parcelles sur 8 lieux-dits en Côte Rôtie, à partir desquelles Patrick Jasmin n'élabore qu'une seule cuvée, un authentique vin d'assemblage. 2009 est parti pour être une très grande bouteille mais il faudra patienter un peu, le 2010 goûte aujourd'hui très bien mais fera également une grande carrière grâce à un équilibre plus frais. Nous récompensons la régularité du domaine au plus haut niveau par une promotion dans notre hiérarchie.

Côte Rôtie 2010
Rouge | 2012 à 2030 | 29 € **17/20**
Une buvabilité exceptionnelle, un équilibre savoureux, fruits noirs et épices, des tanins glissants, on vide son verre et on en redemande. Moins en puissance que le 2009, mais plus frais.

CHÂTEAU LA ROLIÈRE

26250 Livron-sur-Drôme
Tél. 04 75 61 60 04
www.chateau-la-roliere.com

Ce domaine est sans conteste le leader qualitatif du secteur méconnu de Brézème, enclave de l'appellation Côtes du Rhône dans le nord de la vallée, plantée exclusivement de syrah. 2009 et 2010 ont été bien réussis ici, à l'image des appellations plus prestigieuses de la zone.

Côtes du Rhône Brézème cuvée Maurice Marchal 2010
Rouge | 2012 à 2018 | NC **14,5/20**
Nez intense de fruits rouges et de pêche de vigne, texture encore ferme mais allonge élégante et dense, sérieux et du potentiel.

DOMAINE LES BRUYÈRES

Bruyères - Chemin du Stade
26600 Beaumont-Monteux
Tél. 04 75 84 74 14 • Fax : 04 75 84 14 06
domainelesbruyeres@orange.fr
www.domainelesbruyeres.fr
Visite : Du lundi au vendredi de 9h à 12h et de 14h à 18h.

David Reynaud a sorti le domaine familial de la coopérative en 2003 et l'a depuis converti à la biodynamie, avec certification depuis le millésime 2008. Depuis quelques années, ses cuvées nous ont semblé franchir un palier en termes de pureté de fruit, de caresse de tanin et d'élégance, les boisés sont mieux intégrés et respectent la fraîcheur des vins. Le millésime 2009 en offrait une savoureuse démonstration (même si nous n'avons pas aimé la nouvelle cuvée de cornas), le 2010 en est la brillante confirmation, méritant pleinement une promotion dans notre hiérarchie. Domaine hautement recommandable !

Crozes-Hermitage Aux Bêtises d'Héloïse et Léa 2010
Blanc | 2012 à 2017 | 15,50 € **15/20**
Robe dorée soutenue. Les arômes sont bien frais, ananas au jus et miel fin, gourmands à souhait. La texture de bouche est grasse et savoureuse, sur le même registre. Superbe vin de gastronomie.

Crozes-Hermitage Entre Ciel et Terre 2009
Rouge | 2012 à 2024 | 30 € **16,5/20**
Robe noire. Une fraîcheur réglisse et menthol envahit le nez, l'élevage est fondu dans la riche matière, les tanins sont superbes d'élégance, la haute maturité du raisin se ressent en finale mais sans excès, c'est une très grande bouteille.

Crozes-Hermitage Georges Reynaud 2010
Rouge | 2012 à 2017 | 15,50 € **15/20**
Charnu, fruits noirs et chocolat, la rondeur de bouche est croquante, on en redemande.

Crozes-Hermitage Les Croix Vieilles Vignes 2010
Rouge | 2012 à 2020 | 20 € **16/20**
Jus plus subtil et plus fin que dans la cuvée Georges Reynaud, allonge légèrement saline, ensemble droit et frais, brillant.

DOMAINE MARCEL MAILLEFAUD & FILS

26150 Barsac
Tél. 04 75 21 71 77 • Fax : 04 75 21 75 24

Ce domaine a dominé notre dégustation à l'aveugle avec sa jolie clairette, parfumée, à la sucrosité bien intégrée.

Clairette de Die
Demi-sec eff. | 2009 à 2015 | NC **14/20**
Bulle délicate, belle finesse des arômes, fruits confits et exotiques, sucre bien intégré.

PIERRE-HENRI MOREL

18, avenue du Docteur-Paul-Durand
26600 Tain-l'Hermitage
Tél. 04 75 08 92 68

Le dynamique directeur de la maison Chapoutier, Pierre-Henri Morel, a acquis quelques hectares de vignes dans le sud de la vallée du Rhône, complétés par des achats de moûts ou de raisins. Les vinifications sont effectuées à Tain-l'Hermitage, dans le cuvier flambant neuf de la grande maison, mais les cuvées proposées sont différentes, dans un style gourmand un peu plus immédiat.

Châteauneuf-du-Pape 2010
Rouge | 2012 à 2020 | NC **15,5/20**
Un fruité rouge et épicé, gourmand et généreux, de la chair en bouche, une allonge qui reste équilibrée, et surtout un éclat en fin qui faisait défaut au gigondas de la même source.

Châteauneuf-du-Pape lieu-dit Pignan 2010
Rouge | 2012 à 2025 | NC **16,5/20**
Plus de profondeur et de finesse que le châteauneuf générique, une texture de tanin savoureuse et raffinée, persistance et équilibre.

Côtes du Rhône-Villages Laudun 2011
Blanc | 2012 à 2016 | NC **14/20**
Abricot et anis, un registre à la fois gourmand et frais pour un vin qui saura séduire tous les publics.

Côtes du Rhône-Villages Signargues 2010
Rouge | 2012 à 2016 | NC **14/20**
Bouche charnue, note cacaotée gourmande, petits tanins, finale mentholée qui ramène de la fraîcheur.

DOMAINE MOUTON

23, montée du Rozay • 69420 Condrieu
Tél. 04 74 87 82 36

Côte Rôtie 2010
Rouge | 2012 à 2020 | NC **14,5/20**
Gourmand, bouche ronde, un corps charnu et d'agréables parfums de fruits rouges et de fleurs.

DOMAINE DU MURINAIS

Quartier Champ-Bernard
26600 Beaumont-Monteux
Tél. 04 75 07 34 76 • Fax : 04 75 07 35 91
luctardy@sfr.fr •
Visite : Du lundi au samedi de 8h à 12h
et de 15h à 19h.

Luc Tardy propose une courte gamme de quatre crozes-hermitage fidèles à leur terroir et agréables de régularité. Les beaux millésimes 2009 et 2010 ont été ici parfaitement négociés. Caprice de Valentin 2009 est une belle cuvée élevée avec style, tandis que la cuvée Vieilles Vignes 2010 offre une meilleure fraîcheur, dans l'esprit du millésime.

Crozes-Hermitage Caprice de Valentin 2009
Rouge | 2012 à 2019 | 19 € **15,5/20**
Plus longuement élevé que les autres vins de la gamme, il se goûte aujourd'hui en pleine maturité, avec un tanin gras et en longueur, de l'épaisseur en bouche et beaucoup de précision dans les arômes de fruit et de cacao. Un élevage soigné dans un grand millésime.

Crozes-Hermitage Les Amandiers 2010
Rouge | 2012 à 2017 | 12,50 € **14,5/20**
Charnu, rond, chocolat, violette et café, tout en gourmandise et en chair, à boire au verre sur toutes les terrasses cet été.

Crozes-Hermitage Marine 2011
Blanc | 2012 à 2016 | 14 € **14/20**
Fruité délicat, tarte aux pommes et amande, bouche désaltérante et pure.

Crozes-Hermitage Vieilles Vignes 2010
Rouge | 2012 à 2018 | 15 € **15/20**
Un jus fin et frais, une belle élégance en bouche, ensemble droit et stylé, savoureux dans ses arômes de fruits noirs.

MAISON NICOLAS PERRIN

23, rue La Pérouse • 26000 Valence
Tél. 04 90 11 12 21 • Fax : 04 90 11 12 08
njaboulet@gmail.com
www.maison-nicolas-perrin.com

Petite structure de négoce de crus du Rhône Nord née du rapprochement de deux grandes familles de la vallée : Nicolas Jaboulet représente la partie septentrionale et la famille Perrin (Château de Beaucastel), la partie méridionale. Leur expertise en matière de sélection juste et d'élevage adroit fait merveille dans le millésime 2010, avec des rouges d'une fraîcheur gourmande inégalée jusque-là, et des blancs rayonnants de parfums. Les plus beaux terroirs étant représentés, voilà une source à suivre de près.

Condrieu 2010
Blanc | 2012 à 2017 | 32 € **15,5/20**
Beaux parfums de fruits jaunes frais, élégants et délicats, allonge en finesse, droite et parfumée.

Crozes-Hermitage 2010
Rouge | 2012 à 2018 | 16 € **15/20**
Croquant de gourmandise, parfums de violette et de fruits épicés, jolis tanins, élancé et frais, allonge désaltérante.

Ermitage 2010
Rouge | 2014 à 2020 | 55 € **16/20**
Goûté avant mise, l'élevage a poli les tanins, l'ensemble est rond et gourmand, sur un registre fruits noirs et chocolat. À revoir en bouteille.

Hermitage 2010
Blanc | 2012 à 2020 | 45 € **16/20**
Il goûte beaucoup mieux que le rouge du même cru, mais lui est en bouteille. Fine amertume, bouche grasse, allonge dynamique et finale salivante, de l'équilibre.

DOMAINE NIERO

Impasse du Pressoir - Rue de la Mairie
69420 Condrieu
Tél. 04 74 56 86 99
domaine@vins-niero.com • www.vins-niero.com
Visite : Sur rendez-vous.

Robert et son fils Rémi dirigent ce petit domaine qui produit des vins essentiellement sur Côte Rôtie et Condrieu. De longs élevages sur la cuvée Vires de Serine expliquent sa commercialisation en décalé. Le 2009 est aujourd'hui un régal.

CONDRIEU CHÉRY 2010
Blanc | 2012 à 2017 | 34 € **14,5/20**
Plus minéral que Ravines, allonge fraîche, élégance des arômes, discret mais agréable.

CÔTE RÔTIE 2010
Rouge | 2012 à 2020 | 29 € **15,5/20**
Toucher élégant, allonge fraîche et gourmande, parfums mûrs de fruits rouges juteux et d'épices, équilibré.

CÔTE RÔTIE VIRES DE SERINE 2009
Rouge | 2012 à 2024 | 48 € **16,5/20**
Arômes très puissants de fruits noirs très mûrs, confits même, les tanins sont gras, c'est avant tout la puissance qui s'exprime.

DOMAINE RÉMY NODIN

Quartier La Baylesse • 07130 saint-Péray
Tél. 06 81 04 16 62
www.remy-nodin.fr

SAINT-PERAY LA BAYLESSE 2010
Blanc | 2012 à 2018 | NC **15,5/20**
Gourmandes notes de fruits secs et de toast, allonge savoureuse, raffiné et équilibré, finale marquée par le zan.

DOMAINE MICHEL ET STÉPHANE OGIER

3, chemin du Bac • 69420 Ampuis
Tél. 04 74 56 10 75 ou 06 85 11 64 35
Fax : 04 74 56 01 75
sogier@domaine-ogier.fr ou
j.dalmas@domaine-ogier.fr • www.domaine-ogier.fr
Visite : Sur rendez-vous.

Stéphane Ogier a beaucoup développé le domaine familial, notamment en s'étendant sur Condrieu et Seyssuel, et en se lançant dans une petite activité de négoce. Les élevages sont longs, ce qui explique la commercialisation avec un millésime de décalage pour certaines cuvées. Les rouges 2009 sont splendides, mais les deux cuvées phare de côte-rôtie, La Belle Hélène et Lancement, n'étaient pas encore prêtes cette année. Elles goûtaient merveilleusement en élevage l'an passé, nous les dégusterons en bouteille pour la prochaine édition !

CONDRIEU LA COMBE DE MALLEVAL 2010
Blanc | 2012 à 2020 | NC **15,5/20**
Élégant, joli jus agrumes et fruits jaunes, de l'allonge et du nerf qui fait saliver en finale.

CONDRIEU LES VIEILLES VIGNES DE JACQUES VERNAY 2010
Blanc | 2012 à 2025 | NC **16/20**
L'écart avec La Combe de Malleval ne semble pas creusé aujourd'hui, pourtant on sent une profondeur et une densité supérieures.

CÔTE RÔTIE RÉSERVE DU DOMAINE 2009
Rouge | 2012 à 2024 | NC **16,5/20**
Splendide cuvée, riche et puissante, bien dans l'esprit du millésime, de très bon potentiel.

DOMAINE VINCENT PARIS

Chemin des Peyrouses • 07130 Cornas
Tél. 04 75 40 13 04 • Fax : 04 75 80 03 24
vinparis@wanadoo.fr
Visite : Sur rendez-vous.

Vincent Paris est un jeune vigneron qui a su investir pour acquérir de belles parcelles, essentiellement sur Cornas. Sa gamme est restreinte mais gagne en intensité année après année. Au sommet se trouvent les cuvées Granit 60°, nommée d'après l'inclinaison de la pente où elle est récoltée, et La Geynale, issue de vignes presque centenaires. Les 2009 confirment le talent de ce vigneron plein d'avenir : ne tardez pas, la production est limitée. Nous leur avons même préféré les 2010, supérieurs par leur fraîcheur et leur équilibre, sublimes expressions de cornas. Nous avouons cependant notre incompréhension devant le caractère lourd et plombé du blanc Granit Blanc.

CORNAS GRANIT 30° 2010
Rouge | 2012 à 2020 | 19 € **16,5/20**
Concentré, de la sève, parfums de fruits noirs, tanins fondants, texture grasse et allonge salivante, il délivre un plaisir plus immédiat que Granit 60°.

Cornas Granit 60° 2010
Rouge | 2012 à 2030 | 27 € **18/20**
Fruits noirs et encre, une allonge minérale et concentrée, la finale retrouve une fraîcheur légèrement cassissée, dans la droiture. Subtil et élégant.

Cornas La Geynale 2010
Rouge | 2012 à 2030 | 33 € **18/20**
Envoûtants parfums de fruits noirs, tanin d'un velouté extrêmement élégant, moins en minéralité que Granit 60° mais d'une séduction supérieure.

DOMAINE ANDRÉ PERRET

17, RN 86 • 42410 Chavanay
Tél. 04 74 87 24 74 • Fax : 04 74 87 05 26
andre.perret@terre-net.fr • www.andreperret.com
Visite : Sur rendez-vous.

André Perret dispose de belles parcelles en Condrieu et Saint-Joseph. Ses condrieux affichent généralement une personnalité supérieure, fondée sur la pureté et la délicatesse. Cependant, en 2009, nous avons préféré la gourmandise et les tanins enrobés des rouges de Saint-Joseph, les condrieux pêchant par excès de richesse, l'un des traits de caractère du millésime, un travers que la fraîcheur naturelle du millésime 2010 a bien corrigé.

Condrieu Chéry 2010
Blanc | 2012 à 2020 | NC **16/20**
Le plus puissant de tous, mais le millésime apporte une fraîcheur qui faisait défaut en 2009, c'est élégant et gastronomique.

Condrieu Clos Chanson 2010
Blanc | 2012 à 2020 | NC **15,5/20**
Droit et fin, attaque concentrée mais relais frais et salivant ensuite, de l'équilibre.

Saint-Joseph 2010 ☺
Rouge | 2012 à 2018 | NC **14,5/20**
Moins riche mais plus frais que le 2009, il goûte aujourd'hui très bien, son élevage se fond assez vite.

Saint-Joseph 2010 ☺
Blanc | 2012 à 2018 | NC **15/20**
Vraiment gourmand, fruits jaunes fins, une jolie fraîcheur et de la matière pour un vin qui peut déjà s'ouvrir.

Saint-Joseph Les Grisières 2010
Rouge | 2012 à 2020 | NC **16/20**
Jolie réussite dans le millésime, la minéralité n'est pas encore complètement en place mais la finale est longue et fraîche.

DOMAINE PICHON

36, le Grand-Val - Lieu-dit Verlieu • 42410 Chavanay
Tél. 04 74 87 06 78 • Fax : 04 74 87 07 27
chrpichon@wanadoo.fr • www.domaine-pichon.fr
Visite : Sur rendez-vous.

Christophe Pichon concentre l'essentiel de sa production sur Saint-Joseph, Condrieu et Côte Rôtie. Le haut de gamme est constitué ici par les deux cuvées de côte-rôtie : Rozier, une sélection parcellaire au cœur de la Côte Rozier, et surtout La Comtesse en Côte Blonde, un vin au toucher suave. Bons 2010, dans un style élancé.

Condrieu Caresse 2010
Blanc | 2012 à 2020 | 45 € **15,5/20**
Un raffinement et une élégance supérieures au condrieu générique, belle pureté des arômes et, surtout, grande droiture dans la bouche.

Côte Rôtie La Comtesse en Côte Blonde 2010
Rouge | 2012 à 2025 | 55 € **16,5/20**
L'élevage apporte ses notes vanillées et toastées, dans un registre gourmand mais encore un peu présent, le toucher de bouche est caressant, avec une bonne fraîcheur en finale, ensemble élégant et élancé.

JULIEN PILON

8, rue Cuvillière • 69420 Condrieu
Tél. 06 75 77 55 66
www./julienpilon.fr

Après avoir beaucoup voyagé, Julien Pilon a posé ses valises dans son Rhône natal, et ses premières vinifications sont pleines de promesses.

Condrieu Lône 2010
Blanc | 2012 à 2017 | NC **13,5/20**
Fruité fin, équilibre tendre, la fraîcheur est au rendez-vous et permet de savourer de gourmands parfums exotiques en finale.

Saint-Joseph 2010
Blanc | 2012 à 2018 | NC **15/20**
Bouche charnue, jus de fruits blancs et exotiques, équilibre frais, salivant et légèrement salin en fin.

POULET & FILS

Quartier La Chapelle • 26150 Pontaix
Tél. 04 75 21 72 80 • Fax : 04 75 21 20 95

Clairette de Die
Demi-sec eff. | 2012 à 2015 | NC **13/20**
Arômes gourmands, pomme mûre, touche muscatée, bouche parfumée et acidulée.

DOMAINE DES REMIZIÈRES

26600 Mercurol
Tél. 04 75 07 44 28 • Fax : 04 75 07 45 87
contact@domaineremizieres.com
www.domaineremizieres.com
Visite : Du lundi au samedi de 9h à 12h et de 14h à 18h30.

Philippe Desmeure, aujourd'hui accompagné de sa fille Émilie, a bien développé ce domaine familial pour l'amener à 30 hectares de vignes. Les vinifications et les élevages sous bois donnent des cuvées au toucher caressant et suave, avec des équilibres toujours frais, y compris dans un millésime riche comme 2009. Les 2010 offrent un niveau légèrement supérieur par leur fraîcheur et leur buvabilité immédiate. Le domaine a la chance de posséder quelques parcelles en Hermitage, mais son crozes rouge Autrement est l'un des vins les plus aboutis de la cave, par son raffinement et son rayonnement en bouche. Hélas, il y en a très peu.

Crozes-Hermitage cuvée Christophe 2010
Rouge | 2012 à 2020 | 14 € **16,5/20**
Fruité plus confit que la cuvée Particulière, plus de puissance aussi, conclue par une fraîcheur dynamique et salivante, les tanins sont enrobés à souhait.

Crozes-Hermitage cuvée Particulière 2010 ☺
Blanc | 2012 à 2016 | 9 € **14,5/20**
Fruité blanc, une pointe d'amer dans l'allonge qui ramène de la fraîcheur, juteux et droit, finale légèrement saline.

Crozes-Hermitage cuvée Particulière 2010
Rouge | 2012 à 2020 | 9 € **15,5/20**
Allonge pleine de chair et de fruit, un relais épicé en bouche, beaucoup de caresse dans le tanin, savoureux mais généreux.

Hermitage cuvée Émilie 2010
Blanc | 2012 à 2025 | 35 € **17/20**
Fin, racé, savoureuses notes d'amande et de pulpe de fruits blancs, de la tension qui étire progressivement la bouche, très beau.

Hermitage cuvée Émilie 2010
Rouge | 2012 à 2025 | 35 € **17/20**
Un tanin gras et délicatement enrobé, une allonge de fruits noirs qui ramène de la fraîcheur, beaucoup de classe et de délicatesse.

DOMAINE GILLES ROBIN

Les Châssis-Sud • 26600 Mercurol
Tél. 04 75 08 43 28 • Fax : 04 75 08 43 64
gillesrobin@wanadoo.fr • www.gillesrobin.com
Visite : Sur rendez-vous.

Gilles Robin ne vend pas aux particuliers, mais ses crozes-hermitage et son saint-joseph sont présents chez les cavistes et les restaurants. Les vignes sont bien tenues, avec une conversion à l'agriculture biologique en cours. En 2009, un blocage de maturité a empêché de vendanger des tanins soyeux, mais les 2010 retrouvent la fraîcheur et la chair qui font le style du domaine, dans une gamme sans faille cette année, y compris sur la nouvelle et microscopique cuvée d'hermitage.

Crozes-Hermitage 1920 2010
Rouge | 2015 à 2025 | 40 € **16/20**
Il faut lui laisser le temps de se refaire en bouteille, mais le toucher est velouté, l'allonge dynamique et savoureuse, les arômes de fruits secs raffinés et complexes.

Crozes-Hermitage Albéric Bouvet 2010
Rouge | 2012 à 2020 | 17 € **15/20**
Fruité frais gourmand, épices douces, bouche charnue et veloutée, allonge élégante.

Crozes-Hermitage Les Marelles 2010 ☺
Blanc | 2012 à 2018 | épuisé **15/20**
Parfumé, herbes fraîches et fleurs, gras et savoureux, équilibre bien frais, un crozes de gastronomie.

Crozes-Hermitage Papillon 2010 ☺
Rouge | 2012 à 2018 | épuisé **14,5/20**
Du fruit mûr et de la chair, expression typique du terroir des Châssis, allonge digeste et équilibre frais.

DOMAINE SAINT-CLAIR

Quartier le Colombier • 26600 Beaumont-Monteux
Tél. 04 75 84 63 23 • Fax : 04 75 84 63 23
domainesaintclair@orange.fr
Visite : Sur rendez-vous.

Denis Basset est sorti de la cave coopérative en 2007, année de sa première vinification. Ce jeune vigneron aux idées claires nous a tout de suite séduits par l'application de son travail. Après le délicat millésime 2008, ici correctement maîtrisé, l'opulence et le fruité profond des 2009 a prolongé la bonne impression, les 2010 ont plus de fraîcheur.

Crozes-Hermitage La Fleur Enchantée 2010 ☺

Rouge | 2012 à 2016 | 15 € **14/20**

L'élevage ressort un peu dans les arômes, soulignant la gourmandise de bouche, ensemble droit et frais.

Saint-Joseph Les Abîmes de l'Enfer 2010 ☺

Rouge | 2012 à 2017 | 16 € **15/20**

Un registre épicé prononcé, un poivre typiquement granitique, texture fine en bouche, joli caractère et de la persistance, la minéralité allonge la fin de bouche.

DOMAINE MARC SORREL

128 bis, avenue Jean-Jaurès
26600 Tain-l'Hermitage
Tél. 04 75 07 10 07 • Fax : 04 75 08 75 88
marc.sorrel@wanadoo.fr • www.marcsorrel.fr
Visite : Sur rendez-vous.

Ce domaine fait partie des grands noms de la colline de l'Hermitage. Dans la gamme restreinte de six vins, il ne faut pas passer à côté de l'hermitage Les Rocoules, un blanc puissant mais toujours équilibré, et l'hermitage Le Gréal, un rouge fin et tendu, assemblage astucieux des lieux-dits Greffieux et Méal. Les 2009 sont magnifiques de puissance et de concentration, les 2010 sont plus en fraîcheur mais avec autant de chair et, sans doute, une aussi belle longévité prévisible.

Hermitage 2010

Blanc | 2012 à 2025 | 40 € **17/20**

Gourmand, élancé, fruits jaunes et fruits secs, race incontestable, il est plus frais et plus vif que le 2009.

Hermitage 2010

Rouge | 2012 à 2025 | 40 € **16,5/20**

Une chair qui fait défaut au crozes, de l'équilibre et un joli velouté dans la caresse de bouche.

Hermitage Le Gréal 2010

Rouge | 2012 à 2030 | 70 € **18/20**

Grand, profond, notes de viandes cuites et de fruits noirs, d'épices, équilibre plus frais que 2009 mais grande évolution prévisible, encore très jeune.

Hermitage Les Rocoules 2010

Blanc | 2012 à 2030 | 70 € **17,5/20**

Un grand Les Rocoules est en gestation, finement épicé et très frais, avec les inimitables parfums de raisin mûr que l'on n'obtient qu'en grand millésime.

DOMAINE JEAN-MICHEL STEPHAN

1, ancienne route de Semons - Tupin
69420 Tupin-Semons
Tél. 04 74 56 62 66 • Fax : 04 74 56 62 66
jean-michel.stephan3@wanadoo.fr
Visite : Sur rendez-vous.

Jean-Michel Stephan est un puriste, et ses vins lui ressemblent. Le domaine travaille entièrement sans soufre, et les différentes cuvées doivent impérativement être conservées dans des caves fraîches ou des armoires réfrigérées. Comme ils n'ont pas vu l'oxygène durant leur élaboration, il est préférable de les carafer longuement. Les côtes-rôties 2008 offrent une belle droiture pour le millésime. Les 2009 n'étaient pas encore en bouteille lors de notre visite mais feront de grands flacons, et 2010 est déjà en bouteille : il n'y aura qu'une seule cuvée, à cause de la petitesse des rendements.

Côte Rôtie 2010

Rouge | 2015 à 2030 | NC **17/20**

Fruité noir, les tanins sont fins, l'allonge tendue, moins en puissance que 2009 mais le reversement de tous les parcellaires dans cette cuvée l'a avantageusement dopée, lui donnant de la chair.

Côte Rôtie Coteaux de Bassenon 2008

Rouge | 2012 à 2018 | NC **15,5/20**

Fruité noir, grosse mâche, une concentration étonnante pour le millésime que 36 mois d'élevage ont bien assoupli. On le boira plus vite que d'autres années.

Côte Rôtie Coteaux de Tupin 2008

Rouge | 2012 à 2023 | NC **16/20**

Une grosse concentration, une texture serrée, un grain légèrement salin, un bon carafage s'impose.

CAVE DE TAIN

22, route de Larnage • 26600 Tain-l'Hermitage
Tél. 04 75 08 20 87 • Fax : 04 75 07 15 16
contact@cavedetain.com • www.cavedetain.com
Visite : Du lundi au samedi de 9h à 12h30 et de 14h à 18h30. Le dimanche et les jours fériés de 10h à 12h30 et de 14h à 18h.

Hermitage Epsilon 2009

Rouge | 2012 à 2019 | NC **15,5/20**

La cave de Tain est l'un des acteurs historiques de la région, depuis sa fondation par Louis Gambert de Loche en 1933. L'amateur doit ici rester vigilant face à la vaste gamme, car les cuvées génériques sont souvent en-deçà de ce que l'on est en droit d'attendre de crus réputés, a fortiori dans de beaux millésimes comme 2009 ou 2010. Toutefois, nous avons été séduits par trois cuvées de jolie facture, dont les deux parcellaires cornas Arène Granitique 2009 en rouge (élevage ambitieux mais intégré, bouche charnue et ronde : 14/20) et l'hermitage Au Cœur des Siècles 2009 en blanc (puissance du millésime bien emprisonnée dans le fût, un style d'hermitage torréfié, mais qui préserve un ensemble droit et compact, avec de jolies notes de raisin sec en fin de bouche 14,5/20). Au sommet, la micro-cuvée d'hermitage Epsilon 2009, fort jolie dans ce millésime de haute maturité, avec sa robe noire, un fruité cassissé frais, de beaux tanins gras et une allonge fraîche qui malheureusement faisait défaut aux autres cuvées du même cru.

DOMAINE DU TUNNEL

20, rue de la République • 07130 Saint-Péray
Tél. 04 75 80 04 66 • Fax : 04 75 80 06 50
domaine-du-tunnel@wanadoo.fr •
Visite : Du lundi au samedi de 9h à 12h et de 14h à 19h. Le dimanche sur rendez-vous.
Fermé la première quinzaine d'août.

Sandrine et Stéphane Robert proposent une gamme complète en saint-péray, cornas et saint-joseph. Les rouges constituent l'essentiel de la production, ils sont vinifiés en levures indigènes, avec des fins de cuvaison assez chaudes, et entonnés dans des fûts de plusieurs vins. Charnus et ronds, on les apprécie jeunes. Pur Noir et Pur Blanc signent les cuvées supérieures, respectivement de cornas et de saint-péray, plus concentrées, plus richement élevées aussi, toutes les deux produites en 2010. Le cornas se présentait fort mal lors de notre dégustation, mais il faudra le regoûter, la cuvée étant généralement bien réussie.

Cornas 2010

Rouge | 2012 à 2020 | 22 € **16/20**

Un jus fin et noir, une bouche dense, à la rondeur suave et élégante, une fin corsée qui monte en puissance et en densité, sur un registre d'encre, intense et gastronomique.

Saint-Joseph 2010

Rouge | 2012 à 2020 | 17 € **15/20**

Charnu, concentré, riche, tanin gras, belle densité mais sans accroche, un retour minéral (graphite) en finale.

Saint-Peray Pur Blanc 2010

Blanc | 2012 à 2020 | 28 € **15,5/20**

La richesse de bouche est finement tendue par la fraîcheur du millésime, l'élevage se fond avec gourmandise, encore une belle réussite pour cette cuvée.

DOMAINE GEORGES VERNAY

1, Route Nationale • 69420 Condrieu
Tél. 04 74 56 81 81 • Fax : 04 74 56 60 98
pa@georges-vernay.fr • www.georges-vernay.fr
Visite : Du lundi au vendredi de 9h à 12h et de 14h à 18h.

Christine Vernay a porté le domaine de son père, Georges, au plus haut niveau possible, celui des ambassadeurs de la civilisation du vin. Les condrieux ont atteint un raffinement unique dans la région, avec un boisé toujours discret pour souligner la pureté de leurs formes, leur donnant parfois des faux-airs de bâtard-montrachet. Les trois cuvées préservent chacune leur style : finesse et délicatesse pour Les Terrasses de l'Empire, richesse et puissance pour Les Chaillées de l'Enfer, et pureté et raffinement pour Coteau de Vernon. Si les blancs font depuis longtemps la réputation du domaine, c'est sans nul doute dans les rouges que les progrès sont les plus visibles sur la décennie écoulée, avec une qualité de tanin dans les côtes-rôties qui n'a cessé de s'affiner. Blonde du Seigneur exprime le caractère velouté et parfumé du cru quand La Maison Rouge présente une texture plus dense et plus corsée. Les rouges 2009 sont remarquables, mais les blancs 2010 apportent une émotion difficilement égalable.

Condrieu Coteau de Vernon 2010

Blanc | 2018 à 2030 | NC **19/20**

Une puissance phénoménale due à une haute maturité du raisin, le sucre a totalement fermenté, la grande richesse devra s'apaiser en bouteille mais voilà un vin de classe mondiale, à attendre patiemment.

CONDRIEU LES CHAILLÉES DE L'ENFER 2010
Blanc | 2016 à 2025 | NC **17,5/20**
Une très légère rondeur sucrée à l'attaque, que le gras de bouche fait rapidement oublier, l'ensemble est riche et un peu atypique dans le millésime, il faut des plats forts en saveurs et en texture. Il vaut mieux l'oublier un peu, ça fera une très grande bouteille.

CONDRIEU LES TERRASSES DE L'EMPIRE 2010
Blanc | 2012 à 2020 | NC **17/20**
Arômes très fins de pêche et d'abricot, un jus coulant en bouche, la tension donne une dimension cristalline à la finale, un équilibre dans la pureté.

CÔTE RÔTIE BLONDE DU SEIGNEUR 2009
Rouge | 2015 à 2029 | NC **18/20**
Arômes fins d'épices et de zan, légère note de viande fraîche très appétissante, un toucher velouté, des tanins parfaitement enrobés, une finale légèrement mentholée, le terroir prend le pas sur le millésime grâce à une bonne fraîcheur.

CÔTE RÔTIE LA MAISON ROUGE 2009
Rouge | 2016 à 2029 | NC **18,5/20**
Sa mise récente fait ressortir un élevage riche, mais le tanin est de toute beauté. Bouche serrée, le velouté apparaîtra dans quelques années, il est préférable de ranger les tire-bouchons.

CÔTES DU RHÔNE SAINTE-AGATHE 2010 ☺
Rouge | 2012 à 2018 | NC **15/20**
Des arômes de pêche de vigne, une texture de petite côte-rôtie, une allonge dynamique et beaucoup de fraîcheur.

SAINT-JOSEPH LA DAME BRUNE 2009
Rouge | 2012 à 2024 | NC **17/20**
Arômes de fruits rouges et de frangipane, la bouche est plus sphérique qu'en 2010. C'est un vin en trois dimensions, plus expressif du millésime que de l'appellation. Il se goûte avec gourmandise aujourd'hui, mais vieillira très bien.

SAINT-JOSEPH TERRES D'ENCRE 2010
Rouge | 2012 à 2020 | NC **15,5/20**
Il doit bien respirer, pour exprimer ses nuances minérales profondes et son fruité noir. De beaux tanins étirent la bouche, ensemble parfaitement équilibré et frais.

VIDAL-FLEURY

48, route de Lyon • 69420 Tupin-et-Semons
Tél. 04 74 56 10 18 • Fax : 04 74 56 19 19
contact@vidal-fleury.com • www.vidal-fleury.com
Visite : Sur rendez-vous du lundi au jeudi de 8h à 12h et de 14h à 17h30. Le vendredi de 8h à 11h30 et de 14h à 16h30. Fermé les jours fériés.

Cette belle maison qui appartient à Guigal a cependant toujours été gérée de façon autonome. Grâce à ses nouvelles installations, elle continue de rajeunir le style de ses cuvées, avec des vins exprimant plus de fruit et de fraîcheur qu'autrefois. Sa vaste gamme couvre plusieurs millésimes, mais le dénominateur commun à toutes ces cuvées reste un splendide rapport qualité-prix. Ne manquez pas le très régulier muscat de Beaumes-de-Venise, original et parfumé, particulièrement réussi en 2009.

CÔTE RÔTIE BRUNE ET BLONDE 2007
Rouge | 2012 à 2022 | NC **16/20**
Un fruité plus prononcé que dans les millésimes précédents, un toucher caressant, le travail du boisé s'est affiné depuis la reprise en main de la maison, une très belle côte-rôtie pour un prix abordable, dans un style floral.

CÔTE RÔTIE CÔTE BLONDE LA CHATILLONNE 2007
Rouge | 2012 à 2027 | NC **16,5/20**
Une belle richesse aromatique, une palette large de fruits mûrs et juteux (pêche de vigne), de très jolis tanins et beaucoup d'élégance pour cette cuvée qui progresse régulièrement.

CÔTES DU RHÔNE 2010 ☺
Rouge | 2012 à 2016 | 6,70 € **14/20**
Une bonne matière tannique dans une bouche charnue, des notes de fruits rouges et d'épices, une finale généreuse sans excès d'alcool.

CÔTES DU RHÔNE-VILLAGES 2010 ☺
Rouge | 2012 à 2017 | 7,60 € **15,5/20**
Plus marqué grenache au nez que dans les millésimes précédents, chocolat et fruits noirs, la bouche est pleine de jus, avec des tanins gras et une finale épanouie. Hautement recommandé.

CÔTES DU RHÔNE-VILLAGES CAIRANNE 2010 ☺
Rouge | 2012 à 2016 | 8,80 € **14,5/20**
Une fraîcheur qui faisait défaut au 2009, des tanins droits, beaucoup de gourmandise pour un vin à boire sans réfléchir.

Côtes du Rhône-Villages
Domaine de la Vieille Fontaine 2010
Rouge | 2014 à 2020 | NC **16/20**
Un jus dense et concentré, beaucoup de raffinement dans la définition de bouche, la richesse en tanins demande à se fondre.

Crozes-Hermitage 2010 ☺
Blanc | 2012 à 2015 | 12,70 € **14/20**
Miel fin, du volume en bouche, très typé marsanne par ses petits amers, il s'apprécie jeune, bien apéritif.

Muscat de Beaumes-de-Venise 2009 ☺
Blanc liquoreux | 2012 à 2019 | 16,40 € **15,5/20**
Cédrat, fleurs séchées, bergamote, nez large et puissant, bouche pure à la liqueur bien intégrée, d'atypiques notes de fruits rouges en finale. Toujours aussi gourmand et frais, pour une année plus riche en liqueur que d'habitude.

Saint-Joseph 2010 ☺
Rouge | 2012 à 2018 | 16,50 € **15/20**
Une note salée typique du cru, une texture minérale qui enserre bien la langue, bon caractère, avec un retour d'un fruité rouge en fin.

Tavel 2011 ☺
Rosé | 2012 à 2016 | 11 € **14,5/20**
Fruité généreux, gourmand, on croque dans le fruit rouge, texture pulpeuse en bouche, recommandé.

Vacqueyras 2010 ☺
Rouge | 2012 à 2018 | 12 € **15/20**
Arômes de violette, bouche charnue, tanins gourmands, finale juteuse.

Ventoux 2010 ☺
Rouge | 2012 à 2016 | 5,60 € **14,5/20**
Fruité rouge et épices fines au nez, texture charnue et ronde, gourmand, cerise burlat en bouche, complet, un rapport qualité-prix à ne pas manquer.

PIERRE-JEAN VILLA

5, route de Pélussin • 42410 Chavanay
Tél. 06 79 44 38 47
contact@pierre-jean-villa.com
www.pierre-jean-villa.com
Visite : Sur rendez-vous.

Longtemps directeur technique aux Vins de Vienne, Pierre-Jean Villa a franchi le pas en se mettant à son compte comme vigneron. Sur Saint-Joseph, Côte Rôtie et Condrieu, il pratique des élevages longs, avec la chance de débuter par les deux très beaux millésimes 2009 et 2010. Notre dégustation cette année des 2010 en bouteille confirme tous les espoirs que nous avons placés dans ce «jeune» vigneron.

Côte Rôtie Carmina 2010
Rouge | 2012 à 2020 | 40 € **15/20**
Une bonne trame en bouche, une allonge séveuse et beaucoup d'élégance.

Saint-Joseph Préface 2010 ☺
Rouge | 2012 à 2016 | 19 € **14,5/20**
Texture typique du cru, fruité fin, bons tanins, finale salivante légèrement saline.

Saint-Joseph Saut de l'Ange 2010
Blanc | 2012 à 2017 | 20 € **15/20**
Fruité bien mûr, texture riche, un bon volume pour ce vin taillé pour la table. La fin de bouche est idéalement fraîche, compte tenu du gras en bouche.

Saint-Joseph Tildé 2010
Rouge | 2012 à 2020 | 28 € **15,5/20**
Un boisé un peu plus torréfié au nez, une trame serrée en bouche, très belle expression des granites du nord de l'appellation, la finale est dense, plus de puissance que le côte-rôtie.

DOMAINE FRANÇOIS VILLARD

330, route du Réseau-Ange
42410 Saint-Michel-sur-Rhône
Tél. 04 74 56 83 60 • Fax : 04 74 56 87 78
vinsvillard@wanadoo.fr
Visite : Sur rendez-vous.

Voilà deux années que ce vigneron refuse de nous présenter ses échantillons. Quelles que soient ses motivations, nous nous devons d'en informer nos lecteurs et nous le sortons de notre sélection.

LES VINS DE VIENNE

1, ZA de Jassoux • 42410 Chavanay
Tél. 04 74 85 04 52 • Fax : 04 74 31 97 55
contact@lesvinsdevienne.fr • www.lesvinsdevienne.fr
Visite : Du lundi au vendredi de 8h à 12h et de 13h à 17h. Le vendredi, jusqu'à 16h.

Déçue de nos commentaires lors des deux éditions précédentes, la direction des Vins de Vienne nous a interdit de venir déguster cette année. Nous ne

pouvons donc informer nos lecteurs du niveau actuel de la maison.

DOMAINE ALAIN VOGE

4, impasse Équerre • 07130 Cornas
Tél. 04 75 40 32 04 • Fax : 04 75 81 06 02
contact@alain-voge.com • www.alain-voge.com
Visite : Du lundi au vendredi de 9h à 18h. Le samedi sur rendez-vous.

Albéric Mazoyer dirige désormais le domaine d'Alain Voge, l'un des meilleurs spécialistes de cornas et de saint-péray. La gamme y est large, entre les cuvées vinifiées en cuve et celles passées sous bois, et les vins vieillissent avec bonheur. Très sagement, le domaine ne produit pas ses cuvées haut de gamme si le millésime ne s'y prête pas (comme en 2007 ou 2008), mais 2009 est ici brillamment réussi, jusqu'au cornas Les Vieilles Fontaines, l'un des sommets de l'appellation. Les blancs 2010 sont éclatants de fraîcheur, les rouges encore en élevage promettent beaucoup.

Cornas Les Chailles 2009
Rouge | 2012 à 2017 | 23 € **15/20**
Charnu, fruité tendre, de petits tanins structurent la bouche mais ce vin de bon équilibre se livre déjà.

Cornas Les Vieilles Fontaines 2009
Rouge | 2015 à 2029 | 55 € **17,5/20**
De très beaux parfums de fruits noirs (cassis, myrtille), une texture grasse, une allonge dynamique et beaucoup de fraîcheur, pour un vin à l'indiscutable potentiel de garde.

Cornas Les Vieilles Vignes 2009
Rouge | 2012 à 2024 | 35 € **16/20**
Droit, tanins gras, une chair dense avec une mâche savoureuse, un toucher onctueux, ensemble gourmand sur les fruits noirs et la réglisse.

Saint-Joseph Les Vinsonnes 2009
Rouge | 2012 à 2018 | 21 € **14/20**
Arômes profonds, cerise, violette, la bouche est tendre, les jeunes vignes commencent à exprimer une minéralité légèrement fumée en finale, avec de la longueur.

Saint-Peray Fleur de Crussol 2010
Blanc | 2012 à 2020 | 25 € **16/20**
Le plus élégant des saint-péray, un jus fin et racé, une allonge fraîche et de bon style, une fine amertume en finale, un grand vin de gastronomie.

Saint-Peray Harmonie 2010
Blanc | 2012 à 2017 | 14 € **14,5/20**
Fruit blanc et miel fin, gourmand, désaltérant, une très légère pointe de gaz accroît la fraîcheur, idéal.

Saint-Peray Terres Boisées 2010
Blanc | 2012 à 2020 | 18 € **15,5/20**
Raffiné, gras, petite note fumée très gourmande, élevage en barrique bien maîtrisé, la finale est fraîche.

Le Rhône Sud

Le grenache, complété par une symphonie de cépages d'appoint, y donne aux rouges l'ampleur, le moelleux et le velouté qui séduisent désormais toute la planète, avec plus de puissance et de pompe côté Vaucluse, plus de sérieux côté Gard, alors catholique ou protestant, à vous de choisir !

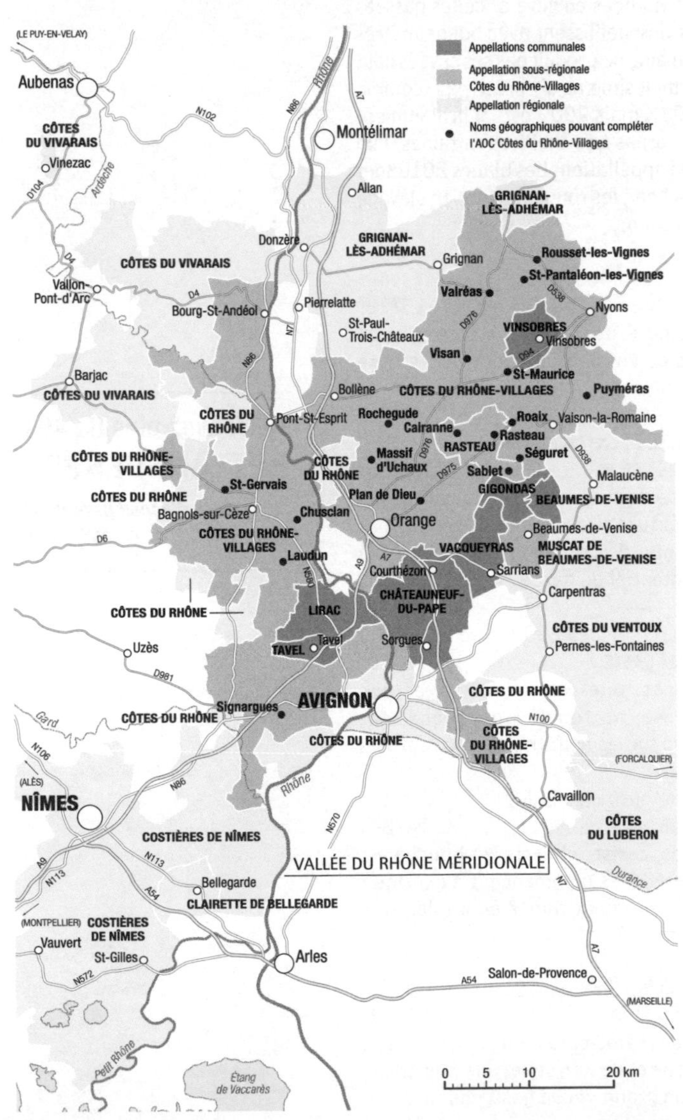

DOMAINE DES TROIS CELLIERS

2, quartier St Pierre • 84230 Châteauneuf-du-Pape
Tél. 06 17 17 86 71
www.3cellier.fr

Châteauneuf-du-Pape Insolente 2011
Blanc | 2012 à 2015 | NC **15/20**
Assez crémeux, vanillé, mais avec de la générosité et de l'équilibre.

Châteauneuf-du-Pape Marceau 2010
Rouge | 2015 à 2023 | NC **14/20**
Vin solide mais peu expressif à ce stade, il faut attendre que le laurier se développe.

DOMAINE D'AÉRIA

Route de Rasteau • 84290 Cairanne
Tél. 04 90 30 88 78 • Fax : 04 90 30 78 38
domaine.aeria092@orange.fr
Visite : Sur rendez-vous au 04 90 30 88 78 ou au 06 73 99 25 99.

Véritable valeur sûre du secteur depuis des décennies, Roland Gap tire de ses vignes des vins souvent somptueux. Ce domaine de 18 hectares, un des plus anciens du village, produit des vins solaires et charpentés dans un style traditionnel. Du simple côtes-du-rhône à la cuvée Bouto-Novo, tous les vins sont solides et bien construits, avec un très bon potentiel de vieillissement. Le millésime 2010 s'impose par la finesse de ses textures ainsi que la subtilité des gammes aromatiques.

Côtes du Rhône-Villages Cairanne 2010
Blanc | 2015 à 2023 | 10,50 € **15/20**
Retranscription honnête d'un blanc du soleil aux senteurs finement citronnées qui laisse venir une bouche saline et dynamique.

Côtes du Rhône-Villages
Cairanne Bouto Novo 2010
Rouge | 2015 à 2025 | 12,50 € **16/20**
Dégusté sur la fin de son élevage. Les nuances de prune, de chocolat, sont marquées par le caractère aromatique du grenache. La bouche est finement étoffée et bien construite.

Côtes du Rhône-Villages Rasteau 2009
Rouge | 2015 à 2028 | 9 € **16/20**
Image juste et finement concentrée de Rasteau sur des notes de cassis et de cacao poudré. La matière en bouche est compacte, un peu ferme, mais elle libérera de l'harmonie avec un peu d'évolution en cave.

DOMAINE ALARY

Route de Rasteau - La Font-d'Estevenas
84290 Cairanne
Tél. 04 90 30 82 32 • Fax : 04 90 30 74 71
alary.denis@wanadoo.fr • www.domaine-alory.fr
Visite : Du lundi au samedi de 8h à 12h et de 14h à 18h. En hiver, sur rendez-vous.

Dans cette commune de Cairanne, riche en vignerons talentueux, Daniel et Denis Alary, père et fils, ont su donner à leurs productions un cachet bien particulier, en jouant sur des terroirs variés, avec des expositions différentes. Les vins sont d'un caractère sérieux, souvent réservés dans leur jeunesse, mais leur forte personnalité exprime beaucoup d'authenticité et de naturel. Les prix pratiqués sont parmi les plus abordables de la vallée du Rhône eu égard à la qualité des vins.

Côtes du Rhône La Chèvre d'Or 2011
Blanc | 2014 à 2020 | 6,40 € **14/20**
La gamme aromatique se livre tout en subtilité sur des senteurs florales. La bouche laisse deviner une matière sphérique et juste, réglissée.

DOMAINE PIERRE AMADIEU

La Paillouse • 84190 Gigondas
Tél. 04 90 65 84 08 • Fax : 04 90 65 82 14
pierre.amadieu@pierre-amadieu.com
www.pierre-amadieu.com
Visite : De 10h à 12h et de 14h à 18h.

Comptant parmi les plus vieux domaines de l'appellation, le domaine Pierre Amadieu compte 137 hectares de vignes, ce qui représente plus de 10 % de la superficie en appellation ! L'âge des vignes (une cinquantaine d'années) ainsi que l'altitude (entre 260 et 400 mètres) apporte une grande fraîcheur aux vins. Les raisins sont vendangés à la main, les cuvaisons sont longues et les élevages se font en foudres et en barriques. Des vins charpentés, solides et bien construits, qui affichent une personnalité affirmée et un bon potentiel de vieillissement, surtout pour les cuvées de vieilles vignes (Grande-Romane et Pas-de-l'Aigle). Il produit également un 100 % clairette, issu de vieilles vignes qui entourent la cave de Romane, du blanc de Gigondas mais sans l'appellation !

Côtes du Rhône
Domaine Grande Romane 2011
Blanc | 2014 à 2020 | 8,80 € **14/20**
Blanc du sud charmeur aux accents de miel, de verveine et de fruits confits. La bouche bâtie en

pureté et en tension fait même oublier sa provenance méridionale.

GIGONDAS GRANDE ROMANE 2010
Rouge | 2014 à 2022 | 13,30 € **15/20**
D'accès facile et spontané, ce vin régale par ses notes de fruits noirs, d'encre de Chine, doublées en bouche par de la gourmandise et un fruité délicat.

GIGONDAS LE PAS DE L'AIGLE 2009
Rouge | 2016 à 2026 | 17 € **15/20**
Le nez s'ouvre sur une gamme aromatique complexe qui joue sur des nuances de cerise burlat et de cacao. La texture de bouche est juteuse avec une trame charnue.

GIGONDAS ROMANE-MACHOTTE 2011
Rosé | 2014 à 2015 | 10,20 € **15/20**
Issu d'une saignée de syrah et de cinsault, le vin s'impose comme un rosé de gastronomie aux notes de cerise et à la matière tendue et acidulée en bouche.

CHÂTEAU D'AQUÉRIA

Route de Roquemaure • 30126 Tavel
Tél. 04 66 50 04 56 • Fax : 04 66 50 18 46
contact@aqueria.com • www.aqueria.com
Visite : Du lundi au vendredi de 8h à 12h
et de 14h à 18h.

Le domaine a la particularité d'être le seul à s'étendre d'un seul tenant sur les appellations Tavel et Lirac. Ses galets roulés en surface et son sous-sol sablo-argileux produisent des vins assez frais, les vignes souffrant moins de la chaleur que dans d'autres zones. Le tavel contient huit des neuf cépages autorisés dans l'appellation. C'est une des fiertés de la famille Bez, qui gère avec discrétion et sagesse ce magnifique domaine. Les prix demeurent sages. Bref, voilà un modèle pour la région.

TAVEL 2011
Rosé | 2012 à 2017 | NC **17,5/20**
De très loin le meilleur tavel actuellement produit, remarquable de gourmandise fruitée et de plénitude de corps, avec un équilibre épatant.

DOMAINE DE L'ARNESQUE

Traverse Ode • 84150 Jonquières
Tél. 04 90 40 32 84 • Fax : 04 90 70 66 57
arnesque@arnesque.com • www.arnesque.com
Visite : Du mardi au jeudi de 9h à 12h et de 14h à 18h30. Les lundi et samedi de 9h à 12h.

CHÂTEAUNEUF-DU-PAPE CAPELANE 2010
Rouge | 2014 à 2021 | 18 € **16/20**
Couleur profonde, bon fruit (fraise), bouche ample et suave, gourmande, chair généreuse mais de bonne finesse, tanin mûr, allonge et persistance.

DOMAINE DE L'AURE

Route de Fournès • 30210 Saint Hilaire d'Ozilhan
Tél. 04 66 37 00 82 • Fax : 04 66 37 28 39
domaine-de-laure@orange.fr
www.domainedelaure-vin-rhone.com
Visite : De mai à octobre, du lundi au vendredi de 9h à 12h et de 14h à 19h, le samedi de 10h à 12 ainsi que le dimanche et jours fériés de 10h à 12h30.

À quelques kilomètres du fameux pont du Gard, ce domaine s'étend sur une cinquantaine d'hectares, pratiquant une agriculture raisonnée. L'ensemble de la gamme présente des vins avec une personnalité rhodanienne marquée. Immense coup de cœur pour la cuvée G qui nous a offert un plaisir rare, grâce à sa texture délicate affinée par un élevage d'une grande distinction, elle n'est pas sans rappeler les beaux châteauneufs.

CÔTES DU RHÔNE G 2009
Rouge | 2015 à 2025 | 22 € **16/20**
L'approche se fait sur une robe à la teinte finement orangée et des senteurs chocolatées presque orientales. La bouche se pare d'un grain de tanin caressant et délicatement velouté.

CÔTES DU RHÔNE-VILLAGES BOIS DE BRIGNON 2009
Rouge | 2015 à 2025 | 12 € **14,5/20**
Voici une délicieuse cuvée de plaisir et de partage qui suggère de fines touches réglissées puis fumées. La bouche est croquante de fruit et déjà bien en place.

BALMA VENITIA

Quartier Ravel • 84190 Beaumes-de-Venise
Tél. 04 90 12 41 00 • Fax : 04 90 65 02 05
vignerons@beaumes-de-venise.com
www.beaumes-de-venise.com
Visite : Du lundi au samedi de 8h30 à 12h30 et de 14h à 19h. Le dimanche de 9h à 12h30 et de 14h30 à 19h.

Sous la marque Balma Venitia (Beaumes de Venise en latin), les vignerons coopérateurs réalisent environ 75 % de la production de cette jeune appellation en rouge. Si toute la gamme n'est pas d'un niveau complètement homogène, on y trouve de nombreuses cuvées tout à fait intéressantes, avec des expressions de saveur bien nuancées, dotées de tanins précis et sans raideur. Leur gamme de muscats-de-beaumes-de-venise est également très intéressante et même étonnante, avec des cuvées dans les trois couleurs.

Côtes du Rhône Legende des Toques 2011
Rouge | 2014 à 2020 | 4,85 € **13/20**
L'approche aromatique se fait sur des notes de garrigue puis des tonalités plus confiturées. La bouche est séveuse et pleine de fruit.

DOMAINE ÉLODIE BALME

Quartier Saint-Martin - Route d'Orange
84110 Rasteau
Tél. 06 20 55 20 87
balme.elodie@wanadoo.fr
Visite : Le mardi de 14h à 19h, le jeudi de 9h à 13 et de 14h à 19h et sur rendez-vous le reste de la semaine.

Ancienne stagiaire chez Marcel Richaud, Élodie Balme vinifie maintenant 7,5 hectares repris à son père en 2006. Personnalité radieuse, elle réalise des vins qui lui ressemblent. Les vignes se situent sur les communes de Rasteau et de Roaix, et toutes sont de belles expressions de grenache, gorgées de soleil et de fruits noirs. Ce sont de vrais vins de plaisir, fruités et soyeux, avec de belles constructions en bouche. Les amateurs de vins ensoleillés et structurés ne seront pas déçus.

Côtes du Rhône-Villages
Roaix Champs Libres 2011
Rouge | 2012 à 2014 | 11 € **15/20**
Apprécié en cours d'élevage, le vin s'est montré bien constitué, épicé à souhait, avec une texture de bouche encore un peu ferme mais bien en place. L'aromatique joue sur la prune noire et le cuir.

CHÂTEAU BEAUBOIS

Route de Générac • 30640 Franquevaux
Tél. 04 66 73 30 59 • Fax : 04 66 73 33 02
chateau-beaubois@wanadoo.fr
www.chateau-beaubois.com
Visite : Tous les jours de 9h à 12h et de 14h à 18h.

Le duo fraternel de Fanny et François Boyer dirige le Château Beaubois avec un dynamisme et une détermination exemplaires. Les 50 hectares de vignoble qui entourent le château sont composés du terroir typique des Costières, des galets roulés sur des sols argilo-calcaires, avec une belle influence maritime due à la proximité de la Méditerranée. Toute la gamme est recommandée, le style moderne et fruité a tendance à plaire à une clientèle internationale. Depuis 2009, les vignes sont en conversion à l'agriculture biologique, ce qui procure des matières encore plus élégantes et harmonieuses.

Costières de Nîmes Confidence 2009
Rouge | 2013 à 2020 | 10,80 € **14,5/20**
Nettement dominée par le grenache, cette cuvée livre une expression solaire, élégante, sur des ensembles chocolatés et épicés.

Costières de Nîmes Élégance 2011
Blanc | 2014 à 2020 | 8,50 € **15/20**
La menthe poivrée rejoint très vite des nuances de fruits jaunes dans un ensemble finement aromatique. La texture en bouche est ample avec une salinité affirmée.

Costières de Nîmes Élégance 2010
Rouge | 2015 à 2025 | 8,50 € **15/20**
Signée par une extraction très juste, cette cuvée s'impose en finesse sur des notes d'eau-de-vie de fruits noirs et de cuir.

Costières de Nîmes Harmonie 2011
Rouge | 2015 à 2025 | 18 € **16/20**
Très certainement le vin le plus dense et compact du château. Nez aux nuances de terre chaude et de havane et bouche concentrée à souhait.

CHÂTEAU DE BEAUCASTEL

Chemin de Beaucastel • 84350 Courthézon
Tél. 04 90 70 41 00 • Fax : 04 90 70 41 19
contact@beaucastel.com • www.beaucastel.com
Visite : Sur rendez-vous.

La propriété est d'un seul tenant, située sur un terroir très spectaculaire de galets roulés, avec un sous-sol très argileux (limitant ainsi le stress hydrique) qui occupe tout le nord-est de l'appellation,

autour du lieu-dit Coudoulet. Outre un côtes-du-rhône issu de terroirs contigus, Coudoulet-de-Beaucastel, le domaine produit quatre vins. En blanc, une cuvée classique où la roussanne est dominante, et même exclusive dans la cuvée roussanne Vieilles Vignes. En rouge, le mourvèdre joue un grand rôle, puisqu'il représente près d'un tiers des plantations, autant que le grenache. Dans la cuvée Hommage à Jacques Perrin, les vieilles vignes de mourvèdre sont quasi exclusives. L'ensemble de ces vins est depuis longtemps au sommet de l'appellation, mais les vinifications ont gagné en précision et en raffinement dans les dernières années.

CHÂTEAUNEUF-DU-PAPE 2011
Blanc | 2014 à 2020 | NC **18/20**
Ample et frais, longueur brillante, grande allonge mûre, longueur suave et finement abricotée.

CHÂTEAUNEUF-DU-PAPE 2009
Rouge | 2016 à 2030 | NC **18/20**
Futur classique. Vin gras, chocolaté, puissant et volumineux, avec la fraîcheur et de la densité. Grande énergie.

CHÂTEAUNEUF-DU-PAPE ROUSSANNE VIEILLES VIGNES 2011
Blanc | 2015 à 2025 | NC **19/20**
Mûr et gras, un nerf incroyable, longueur musclée, belle sève. Formidablement construit.

CHÂTEAUNEUF-DU-PAPE ROUSSANNE VIEILLES VIGNES 2010
Blanc | 2014 à 2024 | NC **18,5/20**
Gras, complet, belle fraîcheur et grand équilibre, longueur ferme.

CÔTES DU RHÔNE COUDOULET 2011
Blanc | 2012 à 2014 | NC **15,5/20**
Associant viognier, clairette, marsane et grenache blanc, c'est un beau vin rond, sans lourdeur, à l'allonge fraîche.

DOMAINE DE BEAURENARD

10, avenue Pierre-de-Luxembourg
84230 Châteauneuf-du-Pape
Tél. 04 90 83 71 79 • Fax : 04 90 83 78 06
paul.coulon@beaurenard.fr • www.beaurenard.fr
Visite : Du lundi au samedi de 9h à 12h et de 13h30 à 17h30. Le dimanche sur rendez-vous.

Beaurenard est l'un des classiques de l'appellation. 32 hectares de vignes en Châteauneuf et vingt-cinq en Côtes du Rhône et à Rasteau constituent un patrimoine appréciable et bien mis en valeur par Daniel et Frédéric Coulon. Les vins sont d'un style très puissant, tant la cuvée classique que celle de prestige, Boisrenard. Il faut leur donner le temps de s'épanouir en cave, ils vieillissent remarquablement.

CHÂTEAUNEUF-DU-PAPE 2010
Rouge | 2012 à 2021 | NC **15,5/20**
Volume fin, finement chocolaté, onctueux et presque subtil même si la longueur n'est pas éblouissante.

CHÂTEAUNEUF-DU-PAPE DOMAINE DE BEAURENARD 2010
Blanc | 2012 à 2015 | NC **16/20**
Notes florales, petites fleurs blanches, aromatique, belle bouche pleine, le vin est élégant et long en bouche avec une belle fraîcheur

DOMAINE DES BERNARDINS

138, avenue Gambetta • 84190 Beaumes-de-Venise
Tél. 04 90 62 94 13 • Fax : 04 90 65 01 42
domainedesbernardins@gmail.com
www.domaine-des-bernardins.com
Visite : Du lundi au samedi de 9h à 12h et de 14h à 18h.

Ce domaine emblématique de Beaumes-de-Venise signe chaque année l'un des plus beaux vins doux de France : son muscat conjugue, avec un délicieux équilibre, une finesse de parfum avec une souple et ronde richesse de constitution et surtout une fraîcheur inégalable en bouche. Le vin a toujours une magnifique robe cuivrée grâce à des vignes complantées en muscats à petits grains blancs et rouges ! En 2008, la famille a sorti une nouvelle cuvée passionnante qui rend hommage à leur grand-père Louis Castaud, qui était à l'origine de l'appellation Beaumes-de-Venise. C'est un assemblage de cinq millésimes, chacun vinifié et élevé séparément et ensuite assemblé, comme c'était la tradition dans les années 1930.

BEAUMES DE VENISE 2011
Rouge | 2012 à 2016 | 7,90 € **14/20**
Derrière une robe pourpre, un nez chaleureux et profond laisse venir une bouche finement structurée en demie puissance. L'aromatique fleure bon les fruits noirs juteux.

CÔTES DU RHÔNE LES BALMES 2011
Rouge | 2012 à 2015 | 6,50 € **13,5/20**
Un flacon au fruité croquant sur le cassis et la prune. La texture de bouche est fine, aux tanins

gourmands et acidulés. La réglisse marque le palais.

Muscat de Beaumes-de-Venise 2011
Blanc liquoreux | 2012 à 2018 | 11,80 € **16/20**
Teinte très finement cuivrée qui laisse venir une gamme aromatique charmeuse sur la figue, la cardamome et l'épice. La douceur en bouche enveloppe avec équilibre le palais.

Muscat de Beaumes-de-Venise Hommage
Blanc liquoreux | 2012 à 2025 | 15,80 € **17/20**
Une teinte ambrée sublime la robe qui laisse venir des senteurs enivrantes de rose ancienne et de patchouli dans un fond très oriental. La texture de bouche repose sur un moelleux affirmé aux nuances de figues rôties. Sublime vin de méditation ou d'accords tout en douceur.

Vin de pays Portes de Méditerranée L'Esprit Libre 2011

Blanc Demi-sec | 2012 à 2014 | NC **15/20**
Il est né demi-sec, sa sucrosité n'en fait pas l'allié des coquillages. En revanche, la plupart des préparations à base de poisson lui conviendront. Il amusera un apéritif et pourquoi ne pas l'associer également à un dessert aux fruits jaunes ?

DOMAINE BERTHET-RAYNE

2334, route de Caderousse • 84350 Courthezon
Tél. 04 90 70 74 14 • Fax : 04 90 70 77 85
christian.berthet-rayne@wanadoo.fr
www.berthet-rayne.fr
Visite : De 8h à 12h et de 14h à 19h.

Châteauneuf-du-Pape Cadiac 2010
Rouge | 2014 à 2022 | NC **16/20**
Très coloré, boisé ambitieux mais réussi, du fruit et de la densité, caractère onctueux de la chair, bonne dimension à défaut d'une personnalité très originale.

Châteauneuf-du-Pape Tradition 2010
Rouge | 2014 à 2021 | NC **14,5/20**
Robe moyennement intense, volume épicé plutôt style mourvèdre, poivré et assez ferme en finale.

Châteauneuf-du-Pape Vieilli en fût de chêne 2010
Rouge | 2017 à 2025 | NC **14,5/20**
Arômes de fruits noirs, allonge riche, alcool encore dominateur à ce stade, mais le vin est solide, il faut l'oublier en cave quelques années.

DOMAINE DE LA BISCARELLE

Route du gres impasse 2835 • 84100 Orange
Tél. 04 90 51 88 48 ou 06 63 41 99 88
Fax : 09 57 72 38 15
labiscarelle@aliceadsl.fr • www.labiscarelle.com
Visite : Sur rendez-vous

Châteauneuf-du-Pape 2010
Rouge | 2014 à 2021 | 15 € **14,5/20**
Beaucoup de souffre, un certain volume derrière et une dimension aromatique correcte.

DOMAINE BOIS DE BOURSAN

Quartier Saint-Pierre • 84230 Châteauneuf-du-Pape
Tél. 04 90 83 73 60 • Fax : 04 90 83 73 60
bois.de.boursan@wanadoo.fr

Châteauneuf-du-Pape Tradition 2010
Rouge | 2014 à 2021 | NC **15,5/20**
Très expressif aromatiquement avec ses notes de thym, laurier (surtout) et olive noire, corps onctueux, d'une dimension moyenne, mais de l'énergie en bouche et une belle finale de tapenade.

DOMAINE DU BOIS DES MÈGES

607, route d'Orange • 84150 Violès
Tél. 04 90 70 92 95 • Fax : 04 90 70 97 39
gguigue@boisdesmeges.fr • www.boisdesmeges.fr
Visite : Du lundi au vendredi de 8h à 12h et de 14h à 18h. Le samedi sur rendez-vous.

Entre les Dentelles de Montmirail et le mont Ventoux, le domaine partage ses vignes sur le terroir de Violès. Ghislain Guigue a fait ses arômes au Château Mont-Redon, sur Châteauneuf-du-Pape, avant de créer cette exploitation.

Côtes du Rhône Un jour d'été 2011
Blanc | 2014 à 2020 | 5,40 € **13/20**
Un duo grenache blanc et roussanne qui fonctionnement à merveille sur des nuances anisées. La texture de bouche est riche, en demi gras, avec une finale sur la fleur de sel.

DOMAINE HENRI BONNEAU

Rue Joseph-Ducos • 84230 Châteauneuf-du-Pape
Tél. 04 66 50 73 08 • Fax : 04 90 83 73 08
distribution.danielcombin@orange.fr

Légende vivante ou même pape de Chateauneuf, les superlatifs affluent pour qualifier Henri Bonneau, maitre incontesté du grenache. Vinifiant depuis plus de quarante millésimes, il magnifie ses vins issus des

plus beaux terroirs de La Crau au gré d'élevages longs qui sculptent le grenache avec force et profondeur. Un temps d'élevage très long, dompte la profondeur et la structure de ces vins inouis et seul le palais d'Henri Bonneau dicte leurs dates de mises sous verre. Les Rouliers, vin de table de France récolté dans le Gard permet une première lecture des vins d'Henri et de Marcel Bonneau. L'ensemble des cuvées sont proposés par Daniel Combin, célèbre courtier Gardois qui voue une affection et une dévotion sans faille à cette famille unique.

Châteauneuf-du-Pape 2007
Rouge | 2012 à 2030 | NC **16/20**
Vin d'approche dans lequel on comprend parfaitement le «style» Bonneau : long, puissant, tout en étant fin. Aromatiquement, on évolue sur le cacao et une série délicatement empyreumatique.

Châteauneuf-du-Pape Marie Beurrier 2007
Rouge | 2012 à 2030 | NC **16/20**
Dégusté sur barriques, voici un millésime de puissance, de profondeur. Il se laisse deviner sur un fruité confit séduisant. Compacte et dense, la trame de bouche est vouée à un long vieillissement.

Châteauneuf-du-Pape Marie Beurrier 2006
Rouge | 2012 à 2025 | NC **16/20**
Sur barriques. Le nez plonge vers des arômes de chocolat, de tabac froid, pour rejoindre ensuite une bouche suave, fondue, avec une longueur bien gérée.

Châteauneuf-du-Pape
Réserve des Célestins 2007
Rouge | 2012 à 2040 | NC **18/20**
Vin de caractère et racé sur une gamme aromatique portée sur le cacao. La matière en bouche présente une texture tannique signe d'un élevage rare. Dégusté en cours d'élevage, la mise devrait se faire courant 2012. Un flacon de temps à découvrir ou redécouvrir dans 30 ans.

Châteauneuf-du-Pape
Réserve des Célestins 2006
Rouge | 2012 à 2030 | NC **16,5/20**
Lecture intéressante du millésime 2006 sur une trame tantôt réglissée ou épicée. Le grenache se montre ici dense tout en étant habillée de tanins poudrés.

Vin de Table Les Rouliers
Rouge | 2012 à 2020 | NC **15/20**
Travaillés sur les terroirs du Gard, Les Rouliers se font séducteurs, intenses, sur des notes de viande fumée et de kirsch. La texture de bouche se montre gourmande avec du fond et de la matière.

DOMAINE BOSQUET DES PAPES

18, route d'Orange - B.P. 50
84232 Châteauneuf-du-Pape
Tél. 04 90 83 72 33 • Fax : 04 90 83 50 52
bosquet.des.papes@orange.fr
www.le-bosquet-des-papes.com
Visite : Du lundi au vendredi de 9h à 12h et de 14h à 18h. Le samedi sur rendez-vous.

Ce domaine a acquis une belle réputation avec sa cuvée Chante Le Merle, issue de vieilles vignes, pour trois quarts de grenache et pour le reste de l'ensemble des cépages noirs. Il a également créé un vin à 98 % grenache, Gloire De Mon Grand Père. Tous deux sont extrêmement séduisants et profonds.

Châteauneuf-du-Pape Chante Le Merle
vieilles vignes 2010
Rouge | 2013 à 2022 | NC **16/20**
Beaux arômes de laurier, généreux et finement épicé, allonge suave, bon classique.

Châteauneuf-du-Pape
Gloire de Mon Grand-Père 2010
Rouge | 2014 à 2022 | NC **16/20**
Vin charnu, de belle souplesse, aux arômes d'épices et de mûre, à la longueur assez profonde.

Châteauneuf-du-Pape Tradition 2010
Blanc | 2012 à 2015 | NC **15/20**
Fruits exotiques, riche et rond, avec une bonne texture, plus gras que d'autres mais bien fait.

DOMAINE DES BOSQUETS

Route de Sablet • 84190 Gigondas
Tél. 04 90 83 70 31 • Fax : 04 90 83 51 97
contact@famillebrechet.fr • www.famillebrechet.fr
Visite : Du lundi au vendredi de 10h à 12h et de 14h à 18h. Le samedi sur rendez-vous.

La famille Bréchet, également propriétaire du Château Vaudieu à Châteuneuf-du-Pape, possède ce magnifique domaine familial depuis 1963. Les 26 hectares sont situés sur Gigondas, avec des parcelles en coteaux et en plateaux jusqu'à 300 mètres d'altitude. Les vins sont structurés, d'une grande délicatesse et d'une belle finesse dues à de

longs élevages en cuve ciment. Ils évoluent remarquablement bien et développent un merveilleux nez de pivoine et de rose ancienne. Depuis 2010, un nouveau caveau de dégustation est ouvert en plein milieu des vignes, à Gigondas.

Côtes du Rhône 2011
Blanc | 2014 à 2020 | 12,50 € **14/20**
Un trio immuable : grenache, roussanne et clairette arborent fièrement des senteurs de poire rôtie et de thym. La bouche est salivante, aux accents ensoleillés.

Côtes du Rhône-Villages
Domaine de la Jérôme 2011
Rouge | 2016 à 2028 | 11 € **15/20**
On se dirige très vite sur des touches de chocolat et de tapenade qui dissimulent une bouche aux accents délicatement tanniques à l'élevage mesuré.

Gigondas 2010
Rouge | 2017 à 2030 | 17,50 € **16/20**
Beaucoup de plénitude au nez, avec des touches de cassis, de poivre noir et même de truffe. La matière offre un plaisir direct au gré d'une approche tannique très suave.

Gigondas Le Lieu Dit... 2010
Rouge | 2017 à 2030 | 32 € **16/20**
Très nettement dominé par le grenache, on évolue autour de notes de fruits noirs confiturés évoquant la cerise et la mûre. La bouche est compacte, bien serrée avec un boisé discret.

DOMAINE DE LA BOUTINIÈRE

17, route de Bédarridès
84230 Châteauneuf-du-Pape
Tél. 04 90 83 75 78 • Fax : 04 90 83 76 29
info@domainelaboutiniere.fr
www.domainelaboutiniere.fr
Visite : Tous les jours de 10h à 13h et de 14h à 19h30.

Châteauneuf-du-Pape 2010
Rouge | 2014 à 2021 | 16 € **15,5/20**
Volume frais et rond, équilibre fraise, belle allonge veloutée.

Châteauneuf-du-Pape Grande Réserve 2010
Rouge | 2014 à 2021 | 25 € **14/20**
Assez souple mais de bonne constitution avec des notes de cuir bien associées au fruit.

MAS DES BRESSADES

Route de Bellegarde - Le Grand-Plagnol
30129 Manduel
Tél. 04 66 01 66 00 • Fax : 04 66 01 80 20
masdesbressades@aol.com
www.masdesbressades.com
Visite : De 8h à 12h et de 13h30 à 16h.
En juillet et août, le matin sur rendez-vous.

Des vins sur le fruit, accessibles et gourmands, c'est le style développé par Cyril Marès dans son domaine familial situé au nord-est de l'appellation, à Manduel. Plusieurs cuvées y sont produites mais la cuvée Tradition, en entrée de gamme, est souvent notre préférée ! En rouge, syrahs et grenaches sont ici les cépages rois, en blanc ce sont les roussannes, marsannes, grenaches blancs et viogniers. 2010 offre un retour à des flacons harmonieux et équilibrés, et 2011 réserve de belles promesses, avec des textures fraîches et juteuses.

Costières de Nîmes cuvée Excellence 2011
Blanc | 2014 à 2018 | 9,50 € **14/20**
La phase olfactive renferme tout un panel de fruits blancs et jaunes tandis que la bouche surprend par sa fine tension et son approche équilibrée.

Costières de Nîmes cuvée Excellence 2010
Rouge | 2014 à 2020 | 9,50 € **14/20**
Une fois l'élevage intégré, on profitera d'une matière solaire, en demi-puissance, et d'un univers aromatique porté par l'épice et le tabac.

Costières de Nîmes Tradition 2011
Blanc | 2014 à 2023 | 6 € **14/20**
Délicat blanc du sud comme nous les aimons, sur l'amande, le poivre blanc et la nectarine. La texture tonique et minérale laisse rêver à des accords hautement savoureux.

Vin de pays du Gard Les vignes de mon père 2010
Rouge | 2015 à 2030 | 9,50 € **15/20**
Un duo de cépage : syrah-cabernet sauvignon qui s'harmonise à merveille. Le premier apporte une trame effilée tandis que le second joue la carte de l'aromatique sur la crème de cassis.

DOMAINE BRESSY-MASSON

Route d'Orange • 84110 Rasteau
Tél. 04 90 46 10 45 • Fax : 04 90 46 17 78
marie-francemasson@club-internet.fr
Visite : De 9h à à 18h. Fermé de janvier à Pâques, le dimanche.

Avec une trentaine d'hectares sur la commune de Rasteau, la famille Bressy-Masson réalise des vins d'une profondeur et d'une finesse exemplaires. Grâce à un encépagement de très vieilles vignes de grenache, dont certaines sont centenaires, complété de syrah et de mourvèdre, le domaine élabore des vins charnus et expressifs, s'appuyant sur une texture tannique fine. Les cuvées Paul-Émile et À-la-Gloire-de-mon-Père peuvent se conserver plusieurs années en cave.

Côtes du Rhône 2011
Blanc | 2015 à 2025 | 7,80 € **14,5/20**
Le nez s'ouvre sur des senteurs d'abricot et de pêche pour laisser place à une texture revigorante et finement fumée.

BROTTE

Route d'Avignon - B.P. 1 - Le Clos
84231 Châteauneuf-du-Pape
Tél. 04 90 83 70 07 ou 04 90 83 59 40
Fax : 04 90 83 74 34
brotte@brotte.com • www.brotte.com
Visite : En hiver, de 9h à 12h et de 14h à 18h.
En été, de 9h à 13h et de 14h à 19h.

Cette grande et traditionnelle maison de Châteauneuf-du-Pape produit une large gamme de vins dont le classique est la Fiole du Pape, curieuse bouteille contenant un assemblage de millésimes. La maison possède aussi un domaine de 15 hectares, Barville.

Châteauneuf-du-Pape Domaine Barville 2010
Rouge | 2014 à 2020 | NC **16/20**
Gras et suave, générosité mais aussi équilibre, bonne finale sur le fruit noir et les notes d'ardoise.

Châteauneuf-du-Pape
Domaine de Barville - Optimum 2010
Rouge | 2013 à 2020 | NC **15/20**
Robe à reflets orangers, boisé un peu sec mais vin languide, écorce d'orange, tanin à l'ancienne, allonge certaine. Rustique mais séduisant.

CALENDAL

Les Escaravailles • 84110 Rasteau
Tél. 04 90 46 14 20 • Fax : 04 90 46 11 45
philippe-cambie@orange.fr
ou domaine.escaravailles@rasteau.fr
Visite : Le lundi, le mardi, le jeudi et le vendredi de 9h à 12h et de 14h à 18h. Le mercredi et le week-end sur rendez-vous.

Appartenant à l'œnologue vedette de Châteauneuf-du-Pape, Philippe Cambie, et au propriétaire du Domaine des Escaravailles, Gilles Ferran, cette petite vigne du Plan de Dieu a permis la naissance de Calendal. L'assemblage grenache et mourvèdre, élevé en barrique, présente un vin avec beaucoup de densité et de profondeur qui porte haut les valeurs de l'appellation.

Côtes du Rhône-Villages Plan de Dieu 2010
Rouge | 2017 à 2030 | 16,50 € **16/20**
Du fond et de la chair sont au rendez-vous pour souligner un volume ample, de la largeur de tanins et des nuances finement chocolatées.

CLOS DU CAILLOU

1600, chemin Saint-Dominique • 84350 Courthezon
Tél. 04 90 70 73 05 • Fax : 04 90 70 76 47
closducaillou@wanadoo.fr • www.closducaillou.com
Visite : Du lundi au vendredi de 9h à 12h et de 13h30 à 17h30. Le samedi de 9h à 12h30 et l'après-midi sur rendez-vous.

Disposant d'installations performantes et adaptées, Sylvie Vacheron s'appuie sur un vignoble situé au nord-est de l'appellation dont une partie produit d'excellents côtes-du-rhônes. En châteauneuf, elle réalise des vins concentrés et modernes, très fruités et savoureux, parfois un peu trop chaleureux. L'ensemble est hautement recommandable.

Châteauneuf-du-Pape Les Quartz 2010
Rouge | 2013 à 2023 | NC **17/20**
Robe carmin de bel éclat, fruits rouges (fraise) très expressifs, bouche ample et généreuse sans la moindre lourdeur bien que de très large volume. Persistance.

Châteauneuf-du-Pape Réserve 2010
Rouge | 2015 à 2023 | NC **17/20**
Boisé assez présent, mais volume très ambitieux, presque crémeux, allonge fruitée et finement épicée, gras et gourmand, de garde.

DOMAINE DU CAYRON

rue de la libération • 84190 Gigondas
Tél. 04 90 65 87 46
cayron.faraud@alicerpro.fr
www.domaine-cayron.com
Visite : Du lundi au vendredi de 9h à 12h30 et de 14h à 18h. Le samedi sur rendez-vous.

Depuis 1840, le domaine s'étend au pied des sublimes dentelles de Montmirail. Aujourd'hui, la cinquième génération, menée par trois sœurs talentueuses, porte les valeurs de la propriété au travers de vins issus de sols argilo-calcaires, nettement dominés par le grenache dans les assemblages. Les rendements confidentiels sont mis en valeur par des élevages juste et parfaitement intégrés.

Gigondas 2010
Rouge | 2017 à 2030 | 16,20 € **16/20**
Le nez séduit par sa très fine concentration enrichie par des notes de fruits noirs à peine macérés, d'épices délicatement poudrés, avec une profondeur en bouche rare et une justesse d'équilibrée bien présentée.

DOMAINE DE LA CHARBONNIÈRE

26, route de Courthézon
84230 Châteauneuf-du-Pape
Tél. 04 90 83 74 59 • Fax : 04 90 83 53 46
maret-charbonniere@club-internet.fr
contact@domainedelacharbonniere.com
www.domainedelacharbonniere.com
Visite : Du lundi au vendredi de 9h à 12h et de 14h à 19h. Le week-end sur rendez-vous.

Le domaine réalise grâce à une judicieuse sélection de terroirs différentes cuvées très typées. Hautes-Brusquières et le blanc proviennent du lieu-dit situé sur le plateau de Mont-Redon, et les Vieilles Vignes (à 100 % grenache) des pentes de la Crau, tout comme Mourre des Perdrix.

Châteauneuf-du-Pape 2011
Blanc | 2012 à 2015 | NC **16/20**
Robe dorée, gras, ample, vanillé finement, allonge sur le fruit avec un bon volume de bouche.

Châteauneuf-du-Pape Hautes-Brusquières 2010
Rouge | 2017 à 2027 | NC **17/20**
Plus moelleux, beaux arômes de fruits mûrs, allonge soyeuse, onctueuse et profonde, richesse gourmande. Grande garde.

Châteauneuf-du-Pape L'Envol 2010
Rouge | 2015 à 2025 | NC **17/20**
Gras, épicé, beau volume profond, élevage présent mais sans lourdeur, allonge.

Châteauneuf-du-Pape Mourre des Perdrix 2010
Rouge | 2015 à 2025 | NC **16/20**
Gras, ample, séduisant, onctueux et suave, allonge ample et charnue, générosité de l'alcool aussi.

Châteauneuf-du-Pape Vieilles Vignes 2010
Rouge | 2015 à 2025 | NC **17/20**
Plus tendre, délicat, tapissant, généreux mais fin, arômes de fraise et d'épices fins, profondeur veloutée.

DOMAINE CHAUME-ARNAUD

Les Paluds • 26110 Vinsobres
Tél. 04 75 27 66 85 • Fax : 04 75 27 69 66
chaume-arnaud@wanadoo.fr
Visite : Sur rendez-vous.

Philippe Chaume et Valérie Chaume-Arnaud ont réussi à faire du domaine l'un des plus réguliers de l'appellation. Les vignes sont certifiées bio et le couple est également passionné par les bienfaits de la biodynamie. Avec 38 hectares sur les appellations Vinsobres, Saint-Maurice et en Côtes du Rhône, ils produisent plusieurs cuvées dans un style franc et structuré, avec de belles matières tanniques pour les rouges. Côté blancs, ce sont des vins frais et tendus, avec de belles expressions du terroir.

Côtes du Rhône-Villages La Cadène 2010
Blanc | 2012 à 2013 | 11 € **14/20**
Un flacon porté sur des nuances de fruits jaunes avec une expression aromatique intense. La texture est riche et très grasse.

Vin de pays de Méditerranée Marselan 2009
Rouge | 2015 à 2022 | épuisé **14/20**
Un cépage rare issu du croisement du grenache et du côt. L'approche aromatique régale sur des nuances de violette et de groseille à maquereaux. La bouche est charnue, avec une demi-puissance veloutée.

Vinsobres 2010
Rouge | 2017 à 2025 | 9,50 € **15/20**
Un surcroît de finesse se dégage sur des senteurs de fruits noirs avec des touches finement mentholées. La matière encore ferme se délivre tout doucement et aura besoin de temps.

Vinsobres La Cadène 2009

Rouge | 2012 à 2014 | 15 € **14/20**

On approche sur un nez qui évoque le balsamique et le poivre noir. La matière est solaire, généreuse avec une structure très dense.

CHÊNE BLEU

Chemin de la Verrière • 84110 Crestet

Tél. 04 90 10 06 30 • Fax : 04 90 10 06 31

contact@laverriere.com • www.chenebleu.com

Visite : Sur rendez-vous.

Nichée à 500 mètres d'altitude au-dessus du village de Crestet, au cœur des côtes du Ventoux, cette ancienne ferme a été minutieusement restaurée au cours des dix dernières années par Nicole et Xavier Rolet. Ce projet a été conçu avec l'idée de faire des vins parmi les plus grands du sud de la France. Un chai ultra moderne, enterré dans la colline, abrite une cuverie digne des plus grandes wineries de Californie. Les vins sont ambitieux et luxueusement vinifiés, ils sont systématiquement passés en barrique.

Ventoux Astralabe 2008

Rouge | 2012 à 2014 | NC **15/20**

Délicieux, un vin franc et ouvert, aux notes de poivre blanc et fruits noirs, au tanin doux et parfaitement intégré, harmonieux et savoureux.

Vin de pays du Vaucluse cuvée Alliot 2010

Blanc | 2012 à 2013 | NC **15,5/20**

Notes florales (chèvrefeuille) au nez avec une bouche richement fruitée et grasse, très élaboré, bien fait avec beaucoup d'élégance.

Vin de pays du Vaucluse Viognier 2010

Blanc | 2012 à 2014 | NC **15/20**

Belle expression de viognier, riche, gras et rond en bouche avec une touche de boisé fine.

DOMAINE DE LA CITADELLE

Route de Cavaillon • 84560 Ménerbes

Tél. 04 90 72 41 58 • Fax : 04 90 72 41 59

contact@domaine-citadelle.com

www.domaine-citadelle.com

Visite : Du lundi au vendredi de 9h à 12h et de 14h à 17h. Le week-end sur rendez-vous. D'avril à octobre, de 9h à 12h et de 14h à 19h.

Yves Rousset-Rouard a effectué un gros travail de restructuration du vignoble, acquérant une trentaine d'hectares supplémentaires sur les huit originaux et construisant une cave de vinification aujourd'hui dirigée par son fils Alexis. La propriété propose une large gamme de vins, tous de bon niveau, qui jouent plus sur l'élégance et la précision aromatique que la puissance. Les vins de la Citadelle constituent une valeur sûre, avec une qualité de production exemplaire. Les 2010 offre une lecture élégante, soyeuse et délicatement extraite du millésime.

Luberon Gouverneur Saint-Auban 2010

Rouge | 2014 à 2020 | env. 20 € **15/20**

La maturité s'exprime avec une grande intensité sur le cacao et la mûre. La bouche serrée, étoffée se prédestine à des accords mets et vins savoureux.

Luberon Le Châtaignier 2011

Blanc | 2013 à 2020 | 7,20 € **14/20**

La gamme aromatique joue sur des senteurs de fruits blancs pour laisser place à une bouche acidulée et tendue.

Luberon Le Châtaignier 2011

Rouge | 2015 à 2020 | 8 € **14/20**

Rouge de plaisir et de gourmandise sur des senteurs de fraise cuite avec une bouche pulpeuse et finement croquante.

Luberon Les Artèmes 2011

Blanc | 2014 à 2020 | 11,50 € **14,5/20**

Le citron confit et la citronnelle imprègnent le nez. On les retrouve en bouche au gré d'une texture ciselée et saline.

CHÂTEAU DE CLAPIER

RN 96 • 84120 Mirabeau

Tél. 04 90 77 01 03 • Fax : 04 90 77 03 26

chateau-de-clapier@wanadoo.fr

www.chateau-de-clapier.com

Visite : Du lundi au samedi de 9h30 à 12h30 et de 14 à 18h. Fermé entre Noël et jour de l'an.

Aux portes de la Provence, le château de Clapier est une des propriétés incontournables du Luberon mais également une des plus anciennes, datant du XIXe siècle, «Clapier» signifiant «tas de caillou» en provencal. Les vinifications se font dans de très vieux foudres sans pour autant négliger les derniers outils à la pointe du modernisme. La qualité du millésime présenté séduit par son harmonie et sa complexité.

Côtes du Luberon Tessiture 2006

Rouge | 2012 à 2018 | 18,50 € **14/20**

Un trio de choix (grenache, syrah et pinot noir) compose cette cuvée aux nuances solaires de fruits noirs. La bouche présente une texture suave aux tanins sages.

Luberon Soprano 2010
Blanc | 2013 à 2018 | 11,60 € **14/20**
Blanc tourné vers la gastronomie avec ses nuances de tilleul et de melon. La bouche renferme un grain salin et une matière vive à souhait.

Luberon Soprano 2011
Rosé | 2012 à 2015 | 8,60 € **13/20**
Rosé tout en fraîcheur et en spontanéité sur des touches de cerise à l'eau de vie. Des tanins très légers font reposer la bouche sur une matière tonique et épicée.

BASTIDE DU CLAUX

Campagne le Claux • 84240 La Motte-d'Aigues
Tél. 04 90 77 70 26 • Fax : 04 90 77 73 27
contact@bastideduclaux.fr • www.bastideduclaux.fr
Visite : Sur rendez vous.

Ludmila et Sylvain Morey ont mis sept ans à remettre en état les vignes du père de Ludmila, et ont pu vinifier leurs premiers vins en 2002. Depuis, ils ont acquis une bonne connaissance de leur terroir. Les deux principales cuvées se définissent par rapport à deux vignobles. Le premier, en exposition sud-ouest avec des sols sableux, donne des vins fruités et suaves (Malacare). De l'autre côté de la colline, les sols sont très argileux et donnent des vins plus puissants et structurés (Le Claux). Les blancs sont vinifiés et élevés à la bourguignonne, c'est-à-dire en barrique avec bâtonnage, ce qui donne des expressions assez riches, mais avec de beaux équilibres et un boisé délicat et fin.

Côtes du Luberon Barraban 2010
Blanc | 2012 à 2014 | 8,50 € **15/20**
Derrière un encépagement intelligent, on profite très vite de touches de cuir et de tabac. La bouche délivre une délicate suavité avec de la profondeur.

Côtes du Luberon Le Claux 2010
Rouge | 2018 à 2030 | 11 € **14/20**
Voici une cuvée plus affirmée en terme de concentration et de matière. Les notes jouent sur la réglisse, le cacao et le poivre noir.

Côtes du Luberon Malacare 2010
Rouge | 2015 à 2022 | 8,50 € **14,5/20**
La syrah témoigne sur de fines nuances de violette et de cassis. La densité de la bouche est bien gérée par un élevage juste et bien intégré.

Vin de pays du Vaucluse chardonnay 2010
Blanc | 2015 à 2020 | 9,50 € **15,5/20**
Pure expression d'un chardonnay solaire sur des notes de citron et de verveine. La texture est délicatement acidulée avec une minéralité discrète.

LE CLOS DU CAILLOU

1600, Chemin Saint Dominique • 84350 Courthézon
Tél. 04 90 70 73 05 • Fax : 04 90 70 76 47
closducaillou@wanadoo.fr • www.closducaillou.com
Visite : Du lundi au vendredi de 9h à 12h et de 13h30 à 17h30. Le samedi de 9h à 12h30 et sur rendez-vous l'après-midi.

Idéalement situé sur les très beaux terroirs de Courthézon, le Clos du Caillou a fière allure et offre des flacons toujours bien constitués à la puissance affirmée. Dirigé par Sylvie Vacheron, le domaine évolue en biodynamie, ce qui confère aux textures de bouche une plus grande race et un velouté délectable. Les différents côtes-du-rhône produits par le domaine présentent de la gourmandise autant que de la personnalité et les beaux châteauneufs sont plus étoffés et sculptés par le terroir.

Châteauneuf-du-Pape Les Quartz 2010
Rouge | 2013 à 2023 | NC **17/20**
Robe carmin de bel éclat, fruits rouges (fraise) très expressifs, bouche ample et généreuse sans la moindre lourdeur bien que de très large volume. Persistance.

Châteauneuf-du-Pape Les Safres 2010
Rouge | 2017 à 2030 | 25,50 € **16,5/20**
Issu du lieu-dit les «Bédines», cette cuvée offre parfaite lecture du style du domaine reposant sur une gamme aromatique entêtante aux accents fumés puis à la bouche veloutée, au toucher élégant et délicatement poivré

Châteauneuf-du-Pape Réserve 2010
Rouge | 2017 à 2040 | 60 € **17/20**
Voici un vin comme nous les aimons sur l'appellation : puissance rime avec finesse sur des senteurs de tabac et des essences de tanneurs. La longueur impressionne par sa finesse tactile et sa persistance en bouche.

Côtes du Rhône 2011
Rosé | 2015 à 2015 | 8 € **14/20**
Attention, flacon à la gourmandise extrême, finement tannique, sur des arômes de fraise des bois et de poivre noir. Délicat rosé.

Côtes du Rhône Bouquet des garrigues 2010 ☺
Rouge | 2015 à 2020 | 10 € **14,5/20**
La gourmandise et la pureté de fruit sont au rendez-vous pour laisser venir une sensation tactile gourmande très finement acidulée avec un univers subtilement solaire.

Côtes du Rhône Clos du Caillou 2011 ☺
Rouge | 2015 à 2020 | 8 € **14/20**
La garrigue point le bout de son nez dans cette cuvée aux accents sudistes à la bouche croquante et en demi-puissance.

Côtes du Rhône Réserve 2010
Rouge | 2015 à 2022 | 17,50 € **15/20**
Tout proche du terroir de Châteauneuf-du-Pape, Réserve présente un nez solaire et complexe aux touches réglissées. La texture de bouche est poudrée avec de la gourmandise au rendez-vous.

DOMAINE COMTE DE LAUZE

8, avenue Bosquets
84230 84230 Châteauneuf-du-Pape
Tél. 04 90 83 72 87 • Fax : 04 90 83 50 93
comtelauze@wanadoo.fr • www.comtedelauze.com
Visite : Du lundi au vendredi de 8h30 à 12 et de 13h30 à 17h30.

Châteauneuf-du-Pape 2010
Rouge | 2014 à 2021 | 20 € **14/20**
Robe assez souple, nez sobre sur des notes d'ardoise et un fruit sans lourdeur, allonge svelte, bonne profondeur avec une certaine souplesse en finale.

Châteauneuf-du-Pape
Réserve de la Contesse 2010
Rouge | 2014 à 2021 | 31 € **15,5/20**
Robe assez claire, arômes d'ardoise et d'herbes de Provence. La bouche est intense, sans sucrosité, encore assez austère.

DOMAINE DE LA CÔTE DE L'ANGE

9, quartier Font-du-Pape
84230 Châteauneuf-du-Pape
Tél. 04 90 83 72 24 • Fax : 04 90 83 54 88
cotedelange@libertysurf.fr • www.cotedelange.fr
Visite : Du lundi au samedi de 9h à 12h et de 14h à 18h.

Le domaine ne s'étend pas sur un seul coteau, fût-il angélique, mais sur plusieurs parcelles bien situées dans les parties sud et centre de l'appellation. Il possède également 2 hectares et demi en côtes du rhône. L'ensemble a bien progressé.

Châteauneuf-du-Pape 2010
Rouge | 2012 à 2021 | NC **16/20**
Robe profonde et vive, notes de quetsche et de cuir, corps ample, tanins puissants mais beaucoup de chair, beau volume.

Châteauneuf-du-Pape Secret de l'Ange 2010
Rouge | 2014 à 2024 | NC **16/20**
Gras, épicé et onctueux, volume généreux et brillant, de la profondeur et du style.

Châteauneuf-du-Pape Vieilles Vignes 2010
Rouge | 2014 à 2021 | NC **15,5/20**
Arômes de fraise et d'épices fins, longueur assez onctueuse, la finale est encore assez marquée par la générosité en alcool du vin.

DOMAINE DES COTEAUX DES TRAVERS

B.P. 5 • 84110 Rasteau
Tél. 04 90 46 13 69 • Fax : 04 90 46 15 81
coteaux-des-travers@rasteau.com
www.coteaux-des-travers.com
Visite : De 10h à 18h.

Le domaine est reparti sur une quinzaine d'hectares et le terme «Travers» signifie du côté du soleil levant. à partir de là tout est clair. Il se partage sur les communes de Rasteau et de Cairanne avec des sols argilo-sableux favorisant des maturités marquées pouvant atteindre de hauts degrés.

Côtes du Rhône Cuvée Marine 2010
Blanc | 2014 à 2020 | 10,80 € **14/20**
Un duo marsanne-roussanne est réuni ici sur des senteurs de lavande, d'abricot, avec beaucoup de spontanéité. La bouche renferme un gras juteux et une fine salinité.

DAUVERGNE RANVIER

Château Saint-Maurice - RN 580 • 30290 Laudun
Tél. 04 66 82 96 59 • Fax : 04 66 82 96 58
contact@dauvergne-ranvier.com
www.dauvergne-ranvier.com
Visite : Sur rendez-vous.

François Dauvergne et Jean-François Ranvier font partie d'une nouvelle génération de jeunes négociants de la vallée du Rhône. Très impliqués dans la production de leurs vins, ils travaillent avec leurs amis vignerons tout au long de l'année et conservent les expressions des terroirs. Le style des vins met

en avant un fruité très mûr avec des élevages soignés. Le duo ne cesse d'évoluer, et la gamme s'étend de l'Hermitage au nord jusqu'au Luberon dans le sud, en passant par Côte Rôtie, Châteauneuf-du-Pape et Costières-de-Nîmes, avec même maintenant des partenariats jusqu'en Roussillon !

Costières de Nîmes Vin Gourmand 2011 ☺
Rouge | 2012 à 2014 | 3,50 € **14/20**
Rond et effectivement gourmand, avec une générosité fruitée immédiatement savoureuse.

Côtes du Rhône-Villages Grand Vin 2010 ☺
Rouge | 2012 à 2016 | 6,50 € **15/20**
Notes de ronces et de mûres sauvages au nez, la bouche est suave et fruitée, longue et savoureuse, avec une touche de réglisse.

DOMAINE DUSEIGNEUR

Rue Nostradamus • 30126 Saint-Laurent-des-Arbres
Tél. 04 66 50 02 57 • Fax : 04 66 50 43 57
info@domaineduseigneur.com
www.domaineduseigneur.com
Visite : Du lundi au samedi de 8h à 12h et de 14h à 19h. Le dimanche sur rendez-vous.

Le domaine d'une trentaine d'hectares se divise en deux parties, sur les communes de Saint-Laurent-des-Arbres et de Lirac. Sur la rive droite du Rhône, le terroir est constitué de galets roulés, sur des sols d'abord argilo-calcaires puis sableux. Depuis la création du domaine, la famille Duseigneur a toujours cultivé ses terres naturellement, respectant au maximum la nature des sols, et elle pratique aujourd'hui la biodynamie. Les différentes cuvées ont toutes une trame sérieuse et sont souvent assez fermées dans leur jeunesse. Le domaine produit également une deuxième gamme sous la marque Domaine de Mayran. Nous constatons que les derniers millésimes ont gagné en finesse et en texture fruitée, certainement le résultat de leur collaboration récente avec l'œnologue Philippe Cambie.

Côtes du Rhône-Villages Laudun par Philippe Faure-Brac 2007
Rouge | 2013 à 2020 | 22 € **16/20**
L'évolution a anobli ce flacon sur des accents de balsamique, d'essences nobles et de tanneurs. La matière en bouche offre un velouté exquis et finement équilibré.

Lirac 2010
Blanc | 2013 à 2015 | 15 € **15/20**
Les accents du sud viennent sur des nuances de pêche rôtie et d'abricot. La texture de bouche suggère de la salinité et un équilibre bien géré.

Lirac Antarès 2010
Rouge | 2012 à 2017 | 14 € **16/20**
On approche ici d'un flacon à la dimension méridionale affirmée sur des touches de cacao et de terre chaude. La densité de la bouche s'estompera avec le temps.

Lirac Odyssée 2010
Rouge | 2018 à 2030 | 9,50 € **15/20**
Le grenache vient sur des fragrances de cacao poudré et de tabac sur une matière dense, mais avec beaucoup de distinction.

ROMAIN DUVERNAY

1, rue de la nouvelle Poste
84230 Châteauneu-du-Pape
Tél. 04 90 83 71 88 • Fax : 04 90 80 70 72
contact@lesvinsduvernay.fr • www.lesvinsduvernay.fr

Cette jeune maison de négoce propose quasiment toute la gamme des vins des Côtes du Rhône. Il faut d'abord s'intéresser aux vins issus de son territoire de prédilection, le Vaucluse, où l'on trouvera une belle expression des grandes appellations locales. Les vins du nord de la vallée sont plus simples.

Châteauneuf-du-Pape 2009
Rouge | 2012 à 2020 | 15,50 € **16/20**
Beau châteauneuf onctueux et moelleux, à la générosité sans lourdeur et à la bouche tapissante.

Côtes du Rhône-Villages Cairanne 2010
Rouge | 2012 à 2016 | 6,90 € **14,5/20**
à aérer une bonne demi-heure avant la dégustation, un vin charnu et structuré, de bonne allonge.

Gigondas 2010
Rouge | 2014 à 2018 | 12,50 € **16/20**
Gigondas en finesse, avec un fruit à noyau bien exprimé, un caractère charnu et équilibré, une finale qui manque encore d'un peu de garde pour être totalement épanouie.

Rasteau 2010
Rouge | 2014 à 2018 | 8,50 € **15/20**
Très dense, encore rigide, mais avec un potentiel certain : on peut l'oublier deux à trois ans en cave.

Vacqueyras 2010

Rouge | 2012 à 2016 | 8,50 € **15/20**

Souple et de belle longueur, ce vin aux fines notes de chocolat et d'ardoise séduit par son équilibre gourmand.

DOMAINE DES ESCARAVAILLES

84110 Rasteau
Tél. 04 90 46 14 20 • Fax : 04 90 46 11 45
domaine.escaravailles@rasteau.fr
www.domaine-escaravailles.com
Visite : Du lundi au vendredi de 9h à 12h et de 14h à 18h. Le samedi sur rendez-vous.

Ce domaine familial d'une soixantaine d'hectares est situé sur les communes de Rasteau, Cairanne et Roaix. Il joue plutôt la carte de la finesse, sur des appellations généralement connues pour la puissance de leurs vins. Depuis 1999, Gilles Ferran le dirige avec la collaboration de l'œnologue Philippe Cambie et bénéficie d'une cave de vinification adaptée à la réalisation de vins à la mesure de la variété des terroirs. Il faut souligner la vraie recherche d'élégance et de finesse de texture présente au cœur des vins depuis déjà quelques millésimes.

Côtes du Rhône Les Antimagnes 2010

Rouge | 2014 à 2020 | 7,50 € **14/20**

La convivialité est au rendez-vous sur des notes très aromatiques de gelée de framboise et de cerise burlat. La gourmandise est acidulée et croquante en bouche.

Côtes du Rhône-Villages Cairanne Ventabren 2010

Rouge | 2015 à 2030 | 9,50 € **15/20**

D'emblée, la gamme aromatique offre un recueil de senteurs sudistes : olive, thym et garrigue pour laisser place à une texture profondément goûteuse et dense

Côtes du Rhône-Villages Rasteau 2010

Rouge | 2015 à 2025 | 7 € **15/20**

Solaire et bien structuré, le vin présente des notes de cuir et de tabac. La structure et la profondeur font bon ménage en bouche.

Côtes du Rhône-Villages Roaix Les Hautes Granges 2010

Rouge | 2012 à 2017 | 13 € **16/20**

Derrière un boisé encore un peu présent, on profite de toute une série épicée. La matière en bouche est solaire, généreuse à souhait et gage d'une longue évolution dans le temps.

LES VIGNERONS D'ESTÉZARGUES

Route des Grès • 30390 Estézargues
Tél. 04 66 57 03 64 • Fax : 04 66 57 04 83
caveau@vins-estezargues.com
Visite : Du lundi au samedi de 8h à 12h et de 14h à 18h. Le samedi de 9h à 12h et de 14h à 18h.

Cave coopérative d'un genre unique dans la région, Les Vignerons d'Estézargues a valeur d'exemple en France. Ultra dynamiques, les adhérents cultivent leurs vignes en lutte raisonnée, les vinifications se passent sans ajouter de levures, d'enzymes ni trop de soufre, ce qui est une prouesse en regard du nombre de flacons produits. La gamme est variée, les prix doux avec un coup de coeur pour la récente appellation Signargues.

Côtes du Rhône Domaine des Bacchantes 2010

Rouge | 2015 à 2025 | 5,95 € **14/20**

Un caractère très sudiste marque ce flacon aux accents de tapenade et cuir. La bouche offre un relief généreux et finement épicé.

Côtes du Rhône-Villages Signargues - Domaine de Sarrelon 2010 ☺

Rouge | 2014 à 2022 | 6,60 € **13,5/20**

Voici une expression sincère de ce que l'on peut attendre d'un côtes-du-rhône bien réussi, avec une trame croquante, juste épicée et une généreuse gourmandise.

Côtes du Rhône-Villages Signargues Domaine d'Andézon 2008 ☺

Rouge | 2015 à 2022 | 7,45 € **14/20**

Subtile expression aromatique sur le poivre frais pour rejoindre une texture suave, aux tanins denses, bien assis avec un équilibre juste.

Côtes du Rhône-Villages Signargues Domaine La Montagnette 2010

Rouge | 2015 à 2025 | 5,95 € **14/20**

Passionnante lecture du millésime 2010 sur des senteurs de mûre et de fruits des bois. La matière en bouche s'affinera après deux ans d'évolution en cave.

CHÂTEAU DES FINES ROCHES

1, avenue du Baron-Leroy
84230 Châteauneuf-du-Pape
Tél. 04 90 83 51 73 • Fax : 04 90 83 52 77
chateaux@vmb.fr • www.vmb.fr
Visite : De 13h30 à 19h30.

Cette propriété classique, bien connue pour son spectaculaire château qui domine le village de

Châteauneuf, dispose d'un vignoble situé en majeure partie autour du château, sur des terrasses classiques de galets roulés. La cuvée Fines Roches, pas nécessairement supérieure à la cuvée classique, est élevée en barriques.

CHÂTEAUNEUF-DU-PAPE 2011
Blanc | 2015 à 2020 | NC **16/20**
Zeste et minéral, allonge svelte et musclée, sans gras, mais avec du muscle et une vraie finale.

CHÂTEAUNEUF-DU-PAPE FINES ROCHES 2010
Rouge | 2015 à 2025 | NC **16/20**
Gras, gourmand, bien construit et équilibré avec une palette aromatique fruitée et sans lourdeur, une bonne fraîcheur finale à défaut d'une dimension supérieure.

DOMAINE DE FONDRÈCHE

84380 Mazan
Tél. 04 90 69 61 42 • Fax : 04 90 69 61 18
contact@fondreche.com • www.fondreche.com
Visite : Du lundi au vendredi de 14h à 18h.

Ce domaine de grande qualité est régulier au plus haut niveau depuis une bonne dizaine d'années et constitue certainement une des propriétés les plus exemplaires du Ventoux, dans une appellation qui ne cesse de nous étonner par la qualité de sa production. Les vins sont charnus et équilibrés, grâce à un vignoble essentiellement en plateau, sur des sols argilo-calcaires. Les vignes sont en conversion vers l'agriculture biologique et les vins semblent prendre plus de finesse, avec une extraction moins ambitieuse qu'auparavant.

CÔTES DU VENTOUX IL ÉTAIT UNE FOIS 2010
Rouge | 2015 à 2030 | 30 € **17/20**
Produite de façon confidentielle, cette cuvée regorge de notes de fraises des bois et de cassis. La matière est suave, finement fumée, avec un élevage parfaitement intégré.

CÔTES DU VENTOUX NADAL 2010
Rouge | 2014 à 2025 | 13,65 € **15/20**
Dans une extraction marquée et raffinée, la gamme aromatique dévoile des nuances de cèdre et de havane. La texture en bouche est effilée avec une capacité au vieillissement certaine.

CÔTES DU VENTOUX PERSIA 2011
Blanc | 2014 à 2020 | 18 € **15/20**
La roussanne pointe le bout de nez sur des senteurs de poire fraîche et de verveine. La bouche est finement acidulée et respire la minéralité.

CÔTES DU VENTOUX PERSIA 2010
Rouge | 2015 à 2022 | 18 € **16/20**
Superbe fondu de texture en bouche grâce à un toucher d'une rare élégance. La matière libère également des senteurs subtiles de réglisse et de fruits noirs juste mijotés.

VIN DE PAYS DU VAUCLUSE NATURE 2011
Rouge | 2014 à 2020 | 8,70 € **15/20**
Vinification osée qui délivre cependant une intensité aromatique rare et, surtout, une texture qui offre un plaisir rare et finement gourmand.

CHÂTEAU DE FONSALETTE

84290 Lagarde-Pareol
Tél. 04 90 83 73 09 • Fax : 04 90 83 51 17
www.chateaurayas.fr

Petit cru situé dans le nord du Vaucluse appartenant à la famille Reynaud, Fonsalette est géré par Emmanuel Reynaud et vinifié à Rayas. Depuis des lustres, cette propriété démontre, avec son vin de grenache aussi bien qu'avec son rare syrah, l'extraordinaire potentiel de ces terroirs si souvent engloutis dans les grands groupes coopératifs du secteur. Comme à Rayas, Emmanuel Reynaud voit aujourd'hui tout le travail engagé dans les vignes à la fin des années quatre-vingt-dix payer, et les vins, dont le superbe blanc, gagner encore en plénitude et en soyeux. C'est aujourd'hui l'un des plus grands vins des Côtes du Rhône.

CÔTES DU RHÔNE 2010
Blanc | 2012 à 2017 | NC **16/20**
Joliment parfumé, ce vin ne manque pas de structure et de fraîcheur. Incontestablement de la classe.

CÔTES DU RHÔNE 2009
Rouge | 2014 à 2020 | NC **17,5/20**
Beaux arômes de prune et de quetsche associés à des épices très fins, ampleur charnue et intense, longueur veloutée.

Côtes du Rhône Syrah 2009
Rouge | 2015 à 2023 | NC **17,5/20**
Présentant toujours une grande personnalité, croquante, onctueuse et profonde, cette Syrah 2009 brille par son éclat et sa fraîcheur.

DOMAINE FONT DE MICHELLE

14, impasse des Vignerons • 84370 Bedarrides
Tél. 04 90 33 00 22 • Fax : 04 90 33 20 27
egonnet@terre-net.fr • www.font-de-michelle.com
Visite : Du lundi au vendredi de 9h à 12h et de 14h à 17h30. Le week-end et les jours fériés sur rendez-vous.

Le domaine se situe sur la pente qui mène au plateau de la Crau, à l'ouest du village de Bedarrides. S'appuyant sur un vignoble âgé, où le grenache domine largement, les Gonnet réalisent des vins très classiques qui, ces dernières années, ont assoupli leur style, avec un caractère plus immédiatement prêt à boire.

Châteauneuf-du-Pape Élégance de Jeanne 2010
Rouge | 2013 à 2021 | NC **16,5/20**
Onctueux et plutôt savoureux, avec des arômes de fruits rouges frais et en confiture séduisants et un vrai équilibre en bouche.

Châteauneuf-du-Pape Étienne-Gonnet 2010
Rouge | 2013 à 2021 | NC **16/20**
Volume assez suave, palette aromatique sur les fruits à noyau et les épices doux, une bonne fraîcheur en finale.

Châteauneuf-du-Pape Tradition 2011
Blanc | 2012 à 2015 | NC **16/20**
Or vert, mirabelle et floral, tendre avec de l'allonge. Très réussi.

CHÂTEAU DE LA FONT DU LOUP

Route de Châteauneuf-du-Pape • 84350 Courthézon
Tél. 04 90 33 06 34 • Fax : 04 90 33 05 47
f.loup@melia.fr • www.melia.fr
Visite : Sur rendez-vous.

Ce domaine se compose de 20 hectares de vignes. Parmi les cuvées produites, il faut relever Le Puy Rolland, issu de vignes centenaires de grenache, et lLes Fondateurs, assemblage de grenache, syrah et mourvèdre élevé 24 mois.

Châteauneuf-du-Pape 2011
Blanc | 2012 à 2015 | NC **15/20**
Doré, gras, vanillé, souplement construit, bonne saveur florale et finale onctueuse.

Châteauneuf-du-Pape 2010
Rouge | 2013 à 2021 | NC **16/20**
Robe carmin, fruit rouge franc et frais, corps assez souple et de bon dynamisme, allonge équilibrée, dimension pas exceptionelle mais d'un bon volume.

DOMAINE DE FONTAVIN

1468, route de la Plaine • 84350 Courthezon
Tél. 04 90 70 72 14 • Fax : 04 90 70 79 39
helene-chouvet@fontavin.com • www.fontavin.com

Châteauneuf-du-Pape David et Goliath 2010
Rouge | 2015 à 2025 | NC **15,5/20**
Gras, dense, onctueux, long, peu disert sur le plan aromatique, pas vraiment épanoui aujourd'hui, mais du potentiel car l'équilibre est là.

CHÂTEAU FORTIA

Route de Bedarrides - B.P. 13
84231 Châteauneuf-du-Pape
Tél. 04 90 83 72 25 • Fax : 04 90 83 51 03
fortia@terre-net.fr • www.chateau-fortia.com
Visite : Du lundi au samedi de 9h à 12h et de 14h à 18h. Le dimanche sur rendez-vous.

Propriété historique s'il en est, puisqu'elle a appartenu au baron Le Roy, et que c'est ici qu'est né le projet des appellations d'origine. Située à l'orée du village de Châteauneuf, Fortia est certainement l'un des plus anciens domaines viticoles reconnus de l'appellation. L'encépagement est classique et même si la roussanne domine largement en blanc, le grenache (70 %) prend sa revanche en rouge, avec l'appoint de la syrah (24 %), d'une pointe de mourvèdre et d'un soupçon de counoise. Les vins, en particulier la Cuvée du Baron, révèlent toute leur classe avec le vieillissement.

Châteauneuf-du-Pape Réserve 2010
Rouge | 2014 à 2026 | NC **18/20**
Grande robe profonde, nez fin et racé, belle allonge onctueuse et brillante, tanins veloutés, caractère noble et profond. Grand vin.

DOMAINE LA FOURMONE

Route de Bollène • 84190 Vacqueyras
Tél. 04 90 65 86 05 • Fax : 04 90 65 87 84
contact@fourmone.com • www.fourmone.com
Visite : Du lundi au vendredi de 9h30 à 12h
et de 14h à 18h.

à la fois sur Gigondas et Vacqueyras, la famille Combe signe depuis des générations des flacons à l'élégance naturelle doublée par des gammes aromatiques très sudistes. La cuvée Fauquet est l'un des plus beaux vins dégustés sur l'appellation.

GIGONDAS FAUQUET 2009
Rouge | 2015 à 2022 | 11,50 € **15/20**
Le nez est tout simplement divin sur des notes d'orange sanguine et de poivre noir. La texture de bouche est effilée avec un grain de tanin d'un extrême soyeux dompté par l'élevage.

MOULIN DE LA GARDETTE

Place de la Mairie • 84190 Gigondas
Tél. 04 90 65 81 51
info@moulindelagardette.com
www.moulindelagardette.com
Visite : Du lundi au samedi de 10h à 13h et de 14h30 à 18h30 entre début mai et fin octobre.
Du lundi au samedi de 10h à 13h et de 14h à 18h le reste de l'année

Jean-Baptiste Meunier exploite ce beau domaine familial de 9,5 hectares entièrement situé sur Gigondas depuis 1988. Très impliqué dans le respect et la protection de son terroir, il n'utilise plus de désherbants depuis 1999. Actuellement, les vignes sont en cours de certification biologique. Les levures sont indigènes et les doses de soufre limitées au maximum. À l'arrivée, les trois cuvées du domaine affichent une pureté de fruit et un naturel remarquables, avec une texture soyeuse et un tanin présent, mais toujours bien intégré. La lecture de différents millésimes nous confirme le haut niveau d'homogénéité des vins.

GIGONDAS TRADITION 2010
Rouge | 2017 à 2030 | 15 € **16/20**
Encore à ses débuts, des notes de cerise noire et d'épices caractérisent le nez. En bouche, une trame ciselée et profonde se laisse apprécier.

GIGONDAS TRADITION 2009
Rouge | 2015 à 2025 | 16 € **16/20**
La concentration et la structure sont de mises pour ce millésime dense et compact en bouche sur des fragrances de crème de cassis.

GIGONDAS VENTABREN 2010
Rouge | 2017 à 2030 | 22 € **16/20**
Concentrée et tout en finesse, la gamme aromatique flirte avec des notes de garrigue et de mûre. En bouche, beaucoup de subtilité avec une étoffe massive et des tanins intégrés.

GIGONDAS VENTABREN 2009
Rouge | 2017 à 2030 | épuisé **16/20**
Une longue garde attend ce flacon sur des notes de goudron et de figue rôtie. La bouche offre une structure confortable avec un équilibre bien mené.

CHÂTEAU DE LA GARDINE

Route de Roquemaure - B.P. 35
84231 Châteauneuf-du-Pape
Tél. 04 90 83 73 20 • Fax : 04 90 83 77 24
chateau@gardine.com • www.gardine.com
Visite : Du lundi au vendredi de 9h à 12h et de 13h à 18h. Le samedi en saison de 10h à 17h30.

Grand classique de l'appellation, la Gardine est un vaste domaine d'un seul tenant. Dans sa bouteille à la forme originale, la cuvée classique du domaine est d'une régularité sans faille, tandis que les cuvées spéciales Générations constituent, en blanc comme en rouge, des vins très puissants qui demandent quelques années de garde pour s'affiner. Les Brunel ont créé une cuvée vinifiée sans soufre, Peur Bleue.

CHÂTEAUNEUF-DU-PAPE 2010
Blanc | 2012 à 2015 | NC **15/20**
Fines notes de fleurs blanches au nez, de la personnalité en bouche avec une bonne fraîcheur élégante en finale.

CHÂTEAUNEUF-DU-PAPE LES GÉNÉRATIONS 2010
Blanc | 2012 à 2015 | NC **15,5/20**
Avec 80 % de roussanne, la richesse de la cuvée est évidente au premier nez. Un vin ambitieux et moderne dans son élevage.

CHÂTEAUNEUF-DU-PAPE LES GÉNÉRATIONS GASTON PHILIPPE 2010
Rouge | 2015 à 2025 | NC **15,5/20**
Robe opaque, boisé présent mais gros volume derrière, il faut donner le temps à ce vin charnu et charpenté de s'épanouir.

CHÂTEAUNEUF-DU-PAPE PEUR BLEUE 2010
Rouge | 2014 à 2023 | NC **16,5/20**
Beau fruit épanoui, volume charnu, tanin fin, suavité mais retour du nerf en finale.

Châteauneuf-du-Pape Tradition 2010
Rouge | 2015 à 2021 | NC **15/20**
Coloré, dense et puissant, belle palette épicée en bouche, un rien de sécheresse en finale.

CHÂTEAU GIGOGNAN

Chemin du Castillon • 84700 Sorgues
Tél. 04 90 39 57 46 • Fax : 04 90 39 15 28
info@chateau-gigognan.fr
www.chateau-gigognan.fr
Visite : Du lundi au samedi de 10h à18h.

Châteauneuf-du-Pape Clos du Roi 2010
Rouge | 2014 à 2021 | 25 € **16,5/20**
Souple et harmonieux, bel équilibre fruité, allonge finement épicée, beau volume racé.

DOMAINE GIRAUD

19, le Bois-de-la-Ville • 84230 Châteauneuf-du-Pape
Tél. 04 90 83 73 49 • Fax : 04 90 83 52 05
contact@domainegiraud.fr • www.domainegiraud.fr
Visite : Sur rendez-vous.

Châteauneuf-du-Pape Grenache de Pierre 2010
Rouge | 2014 à 2022 | NC **16/20**
Gras, ambitieux, coulis de fruits rouges et noirs, épices en bouche, finale poivrée, corps volumineux mais velouté, belle dimension.

Châteauneuf-du-Pape Les Gallimardes 2010
Rouge | 2014 à 2024 | NC **16,5/20**
Corps profond et insinuant, épices fins, allonge assez subtile, bon potentiel.

Châteauneuf-du-Pape Tradition 2010
Rouge | 2012 à 2021 | NC **16/20**
Fruité mûr, corps ample et équilibré, épices fins, fraise, belle saveur profonde, persistance.

DOMAINE GOURT DE MAUTENS

Route de Cairanne • 84110 Rasteau
Tél. 04 90 46 19 45 • Fax : 04 90 46 18 92
info@gourtdemautens.com
www.gourtdemautens.com

Enfant du cru, Jérôme Bressy a immédiatement compris que Rasteau constituait le grand terroir méconnu du Vaucluse et a aussitôt mis en œuvre une viticulture d'une extrême exigence pour le démontrer. Ses rouges ont encore progressé, associant à leur intensité première un soyeux de texture qu'on ne retrouve que dans les plus grandes expressions de châteauneuf. Ses blancs sont très amples, mais ils gardent beaucoup de fraîcheur.

Rasteau 2010
Blanc | 2012 à 2015 | NC **17/20**
Grand vin intense, riche, charpenté, plus adapté à l'accompagnement d'un chapon de Bresse qu'à un poisson.

Rasteau 2010
Rosé | 2012 à 2016 | NC **17/20**
Cette nouveauté du domaine ne pouvait être un rosé comme les autres : voici un vin généreux et onctueux, à la persistance poivrée, à l'élevage en barrique présent mais harmonieux, à la longueur vineuse. Grand rosé de table.

Rasteau 2009
Rouge | 2015 à 2022 | NC **17/20**
Moins construit sur la puissance que les millésime d'autrefois mais toujours aussi généreux, ce 2009 ravit par son onctuosité et sa plénitude. Il faut encore l'oublier en cave quelques années.

DOMAINE DU GRAND TINEL

3, route de Bédarrides-BP 58
84232 Chateauneuf-du-Pape Cedex
Tél. 04 90 83 70 28 • Fax : 04 90 83 78 07
beatrice@domainegrandtinel.com
www.domainegrandtinel.com
Visite : Du lundi au vendredi de 9h à 13h et de 14h à 18h. Sur rendez-vous le week-end.

Châteauneuf-du-Pape 2010
Rouge | 2012 à 2021 | 18,50 € **16/20**
Robe rouge tendre, notes de fraises mûres et fraîches, allonge suave et sans lourdeur, belle fraîcheur.

Châteauneuf-du-Pape Alexis Establet 2010
Rouge | 2014 à 2021 | NC **16/20**
Fruité ample, générosité en alcool mais sécheresse, volume de belle plénitude, potentiel.

DOMAINE DE GRANGENEUVE

Grangeneuve • 26230 Roussas
Tél. 04 75 98 50 22 • Fax : 04 75 98 51 09
domaines.bour@wanadoo.fr
www.domainedegrangeneuve.fr
Visite : Du lundi au vendredi de 9h à 12h30 et de 14h à 19h. Le week-end de 10h à 12h30 et de 14h30 à 19h.

Depuis des décennies, la famille Bour, représentante la plus performante de la région, sait jouer avec la finesse du grenache pour l'associer à des syrahs dont la personnalité commence à se rapprocher de celles de leurs voisins plus réputés du nord. Les vins blancs et rosés progressent au fil des millésimes. L'élevage de mieux en mieux maîtrisé portent les rouges à un très haut niveau.

CÔTES DU RHÔNE-VILLAGES
ESPRIT DE GRENACHE 2010
Rouge | 2012 à 2018 | 8 € **14,5/20**
Le cacao, le poivre noir et la prune impriment leurs senteurs au nez tandis que la bouche renferme une trame gourmande et friande. Du plaisir.

GRIGNAN LES ADHÉMAR CUVÉE V 2011
Blanc | 2012 à 2015 | 13 € **14/20**
Un pur viognier, délicat et finement aromatique, sur le tilleul et l'abricot. La texture de bouche est finement suave, bien équilibrée et minérale.

GRIGNAN LES ADHÉMAR
DAMES BLANCHES DU SUD 2011
Blanc | 2012 à 2018 | 7,50 € **14/20**
Voici un blanc solaire aux accents de thym et d'abricot qui présente une personnalité affirmée, saline, avec une douce minéralité.

GRIGNAN-LES-ADHÉMAR LA TRUFFIÈRE 2010
Rouge | 2012 à 2020 | 13 € **15/20**
De vieilles vignes de syrah qui renferment une matière dense, compacte, au grain de tanin délicatement velouté. L'aromatique séduit sur des touches de cassis et de cannelle.

GRIGNAN-LES-ADHÉMAR TERRE D'ÉPICES 2010
Rouge | 2012 à 2020 | 12 € **15/20**
Un duo syrah-grenache qui joue la carte de la finesse sur des nuances finement poivrées. La sensation tactile en bouche est suave sur des tanins poudrés.

GRIGNAN-LES-ADHÉMAR VIEILLES VIGNES 2010
Rouge | 2012 à 2020 | 8,50 € **14/20**
Subtilement aromatique, le nez évoque les fruits noirs à peine confits pour laisser deviner une sensation tactile en demie puissance avec une gestion intelligente de l'élevage.

DOMAINE DU GRAPILLON D'OR

84190 Gigondas
Tél. 04 90 65 86 37 • Fax : 04 90 65 82 99
c.chauvet@domainedugrapillondor.com
www.domainedugrapillondor.com
Visite : Du lundi au samedi de 9h à 12h et de 14h à 18h. Fermé les jours fériés.

Avec 15 hectares de vignes à Gigondas, Bernard Chauvet et sa fille Céline font des vins structurés, vinifiés dans un style traditionnel avec des élevages en cuve ou en foudre. Les macérations assez longues donnent des vins puissants et naturels, sans jamais aller vers la surextraction. Ils possèdent également quelques hectares en Vacqueyras avec des flacons prometteurs. 2010 a été vu à la propriété avec des extractions très douces et bien maîtrisées.

GIGONDAS EXCELLENCE 2010
Rouge | 2017 à 2030 | 21 € **16/20**
Le grenache se dévoile sur des nuances de fruits noirs et de cacao brut. La bouche s'ouvre et se savoure tout en largeur avec de la consistance et du volume, grâce à un long élevage.

LES GRIMAUDES

701, Chemin des Perrières • 30129 Manduel
Tél. 03 88 08 95 83 • Fax : 03 88 08 41 16
marc@kreydenweiss.com • www.kreydenweiss.com
Visite : Sur rendez-vous du lundi au samedi de 10hà 12h et de 14h à 17h. Dégustation sur rendez-vous.

Producteur alsacien emblématique, Marc Kreydenweiss a jeté son dévolu sur des terroirs plus méridionaux depuis maintenant plus de 10 ans. On trouve aux Grimaudes sur les Costières de Nîmes un terroir de galets roulés similaire à celui de Chateauneuf-du-Pape. Placés sous l'égide de la biodynamie, carignan, grenache, syrah, mourvèdre composent les rouges avec puissance et empreinte solaire.

COSTIÈRES DE NÎMES KA 2010
Rouge | 2012 à 2020 | 30 € **15,5/20**
Pur carignan qui se découvre sur des notes de prune noire et de macis. La matière en bouche est large, consistante, avec un velouté séduisant en devenir.

Costières de Nîmes Les Grimaudes 2010
Rouge | 2012 à 2020 | 9 € **14/20**
2010 s'impose avec une extraction bien présente sur des arômes de chocolat, d'épices douces et même de fourrure. L'équilibre règne en bouche avec une série aromatique presque balsamique.

Costières de Nîmes Les Perrières 2010
Rouge | 2015 à 2020 | 11 € **14/20**
Dégusté au cours de son élevage, le vin s'est montré bien structuré, profond, avec une matière compacte qui s'affinera dans le temps sur des notes très cacaotées.

Vin de pays des Coteaux Flaviens Ansata 2010 ☺
Rouge | 2012 à 2020 | 15,50 € **14/20**
Le nez présente une ouverture aromatique sur le cassis, la violette, couplés au poivre noir. La bouche repose sur des tanins ciselés et frais.

DOMAINE DES GRIS DES BAURIES

Les Estras • 26770 Taulignan
Tél. 04 75 53 60 87 • Fax : 04 75 53 53 98
info@gris-des-bauries.com
www.gris-des-bauries.com
Visite : Du lundi au vendredi. En été, le week-end.

Quelle belle aventure que celle de ces deux couples qui se sont associés pour faire du vin dans l'un des plus jolis coins du Sud, la Drôme provençale ! C'est précisément à Taulignan, entre Montélimar et Dieulefit, que ces propriétaires, ayant tous une activité autre que le vin, cultivent leurs vignes plantées en grenache et syrah. C'est la passion et le rêve de faire leur propre vin qui les a réunis autour de ces belles vignes. Une unité en terme de style et de maîtrise des élevages commence à se laisse entrevoir. Bravo

Côtes du Rhône Devant le puits 2010 ☺
Blanc | 2014 à 2020 | 7 € **14/20**
Blanc du sud avec le soleil et des nuances de fruits du verger. La bouche offre le gras qu'il faut pour la rendre attirante et saline.

Côtes du Rhône Les Chaix 2010
Rouge | 2014 à 2018 | 6 € **13/20**
Une approche sincère avec un fruité expressif sur l'épice et le chocolat. Belle expression gourmande en bouche.

Côtes du Rhône-Villages Sous les Cyprès 2008
Rouge | 2014 à 2020 | 13 € **14/20**
Sur un millésime délicat, le vin s'exprime pleinement sur des senteurs de rose ancienne et de cuir. La matière de bouche est très équilibrée et délicate.

DOMAINE GUILLAUME GROS

325, chemin du Carraire • 84660 Maubec
Tél. 09 52 69 63 30 ou 06 75 70 87 50
domaineguillaumegros@free.fr
www.domaineguillaumegros.com
Visite : Sur rendez-vous.

Côtes du Luberon 2009
Rouge | 2014 à 2017 | NC **15/20**
Intense et sérieusement construit, il y une belle matière riche et fruitée, les tanins sont encore un peu rigides, comme beaucoup dans ce millésime, mais l'avenir s'annonce très prometteur.

Vin de France À Contre Courant 2010
Blanc | 2012 à 2013 | NC **14,5/20**
Miel et amandes fraîches au nez, corps vif et franc avec une belle longueur en bouche.

TERRES D'HACHENE

Le Puechlong • 30610 Saint Nazaire des Gardies
Tél. 06 69 00 12 24
horace.pictet@gmail.com
Visite : Du lundi au samedi de 8h à 12h et de 13h à 18 sur rendez-vous.

Au sud du Piémont cévenol, ce domaine se répartit sur une masse argilo-calcaire d'une quinzaine d'hectares, conduits en biodynamie depuis une quinzaine d'années. Les rendements sont ultra confidentiels et les deux cuvées, passionnantes. Sorte de premier vin où le petit verdot se fait dominant, Ilex est élevé en partie en barriques neuves. Pour Petreae, l'approche se veut spontanément plus gourmande. Saluons la bonne direction prise, et attendons de découvrir les prochains millésimes !

Vin de pays du Gard Ilex 2011
Rouge | 2015 à 2022 | NC **13,5/20**
Le petit verdot prend une part importante dans l'assemblage, permettant à la texture de bouche de trouver de la tension tout en jouant avec la profondeur de la syrah et du grenache, sur des nuances de zan et de cuir.

Vin de pays du Gard Petreae 2011

Rouge | 2015 à 2025 | NC **14,5/20**

Syrah et grenache, voici un duo qui fonctionne à merveille, offrant un vin avec de la personnalité mais surtout une matière bien constituée, aux tanins sages et à l'univers aromatique flatteur.

LES HALOS DE JUPITER

Château de Nages - Chemin des Canaux
30132 Caissargues
Tél. 04 66 38 44 30
www.michelgassier.com ou www.philippecambie.com
Visite : Sur rendez-vous uniquement
au 04 66 38 44 30.

Œnologue phare de la vallée du Rhône, particulièrement sur sa partie méridionale, Philippe Cambie travaille sous les Halos de Jupiter une gamme de flacons à l'empreinte sudiste et à la personnalité affirmée. L'ensemble des vins provient de sélections de très vieilles vignes avec de petits rendements, ils sont marqués par la «patte» de leur maître qui se caractérise par beaucoup de largeur, de densité et de concentration. 2010 offre une lecture harmonieuse, aux extractions encore compactes mais pleines de promesses.

Châteauneuf-du-Pape 2009

Rouge | 2016 à 2035 | 35 € **16/20**

Passionnante vision de Châteauneuf avec des raisins qui viennent tout droit de La Crau, terroir unique venant sur des esquisses de cassis rejointes par un subtil fumé d'élevage.

Costières de Nîmes 2010

Rouge | 2015 à 2022 | 6,50 € **14/20**

Interprétation structurée de l'appellation sur un nez finement torréfié et marqué par la prune noire. La texture est délicatement concentrée avec un équilibre bien en place.

Gigondas 2010

Rouge | 2017 à 2030 | 19 € **14,5/20**

On découvre un univers aromatique sur le poivre noir, les épices douces et la garrigue. Un duo grenache-mourvèdre en bouche offre une matière complète et vouée à une belle évolution.

DOMAINE ALBIN JACUMIN

9, chemin du Clos • 84230 Châteauneuf-du-Pape
Tél. 04 90 83 78 55
domaine.ajacumin@orange.fr
Visite : Mercredi, jeudi et vendredi de 8h30 à 12h et de 13h30 à 18h30. Les autres jours sur rendez-vous.

Châteauneuf-du-Pape La Begude des Papes 2010

Rouge | 2014 à 2021 | 19 € **15,5/20**

Robe assez brillante, nez fin avec des notes salines, ardoise et olive noire, bouche svelte mais intense, profondeur chaleureuse, beau volume.

DOMAINE DE LA JANASSE

27, chemin du Moulin • 84350 Courthézon
Tél. 04 90 70 86 29 • Fax : 04 90 70 75 93
lajanasse@free.fr • www.lajanasse.com
Visite : Du lundi au vendredi de 8h à 12h et de 14h à 18h. Le week-end sur rendez-vous.

S'imposant comme l'une des références sur Châteauneuf-du-Pape, le Domaine de la Janasse nous séduit pour sa constance et sa finesse d'expression. La famille Sabon veille au grain sur des vignes tirées au cordeau sur plus de 50 hectares se répartissant entre les vins de pays, de somptueux côtes-du-rhône et châteauneuf-du-pape. Au chai, les vinifications mettent en valeur des raisins de parfaite maturité, tout comme des élevages au velouté délicat et à la longueur envoûtante.

Châteauneuf-du-Pape 2010

Rouge | 2012 à 2021 | NC **16,5/20**

Belle couleur profonde, onctueux et velouté, saveur racée sur les fruits noirs et rouges frais et de fines notes d'olive noire, allonge gourmande et assez profonde.

Châteauneuf-du-Pape Chaupin 2010

Rouge | 2020 à 2040 | 50 € **18/20**

Chaupin fait partie des flacons incontournables sur ce beau terroir de Châteauneuf. A l'approche, il suggère de senteurs de fruits noirs acidulés, rejoints en bouche par une matière large et sphérique, au toucher caressant et effilé. Du grand art.

Châteauneuf-du-Pape Tradition 2010

Rouge | 2017 à 2030 | 30 € **15/20**

Voici une expression très fidèle de Châteauneuf, avec une gamme aromatique qui fleure bon la mûre et la cannelle. La texture de bouche est dense avec un grain de tanin effilé et une persistance excellence.

Châteauneuf-du-Pape Vieilles Vignes 2010
Rouge | 2013 à 2020 | 70 € **17/20**
Les vieilles vignes livrent leurs secrets sur une gamme aromatique complexe et finement épicée. La matière en bouche offre de la profondeur et une étoffe finement structurée.

Côtes du Rhône-Villages Terres d'Argile 2010
Rouge | 2015 à 2025 | 14,50 € **15/20**
Évoquant le cacao poudré et la figue fraîche, c'est un côtes-du-rhône acidulé, croquant, avec de la gourmandise qui tapisse le palais de son grain équilibré et savoureux.

CHÂTEAU JAS DE BRESSY

631, route de Sorgues • 84230 Châteauneuf-du-Pape
Tél. 04 90 83 51 73 • Fax : 04 90 83 52 77
chateaux@vmb.fr • www.vmb.fr
Visite : De 13h30 à 19h30.

Châteauneuf-du-Pape 2010
Rouge | 2014 à 2021 | NC **15,5/20**
Cerise noire, charnu avec de la fraîcheur, intense, beau volume avec une finale expressive et très épicée.

ALAIN JAUME ET FILS

1358 Route de Châteauneuf du Pape • 84100 Orange
Tél. 04 90 34 68 70 • Fax : 04 90 34 43 71
jaune@domaine-grand-veneur.com

Crée en 1826 par Mathieu Jaume, cette structure de négoce continue lentement et sûrement sa progression. Actuellement, le domaine se repartit sur plus de 80 hectares sur Châteauneuf-du-Pape, bien sûr, mais également Lirac. Les châteauneufs présentés sont impressionnants par leur finesse de constitution et la richesse de leurs gammes aromatiques.

Châteauneuf-du-Pape
Domaine Grand Veneur 2011
Rouge | 2016 à 2028 | 24,50 € **14,5/20**
Le nez offre, derrière un alcool présent, des notes de griotte et de havane. La puissance se retrouve en bouche dans une matière solaire et délicatement épicée.

Châteauneuf-du-Pape
Domaine Grand Veneur 2010
Rouge | 2014 à 2020 | env. 24,50 € **14/20**
Une fois aéré, le vin libère des nuances d'anis, de violette et de prune. Le poudré de tanins en bouche dessine une trame pulpeuse et regorgeante de fruits.

Châteauneuf-du-Pape
Domaine Grand Veneur Vieilles Vignes 2010
Rouge | 2015 à 2025 | 55,70 € **14/20**
Entre le grenache et le mourvèdre, des senteurs de rose, de cacao et fruits noirs cuits se libèrent doucement tandis qu'en bouche, la matière est dense et bien constituée.

DOMAINE DU JONCIER

5, rue de la Combe • 30126 Tavel
Tél. 04 66 50 27 70 • Fax : 04 66 50 34 07
contact@domainedujoncier.com
www.domainedujoncier.com
Visite : Sur rendez-vous pour les dégustations.

Les vins de Marine Roussel, gorgés de soleil, ne cherchent pas à masquer leur personnalité méridionale. Structurés et sérieusement construits, ils possèdent tous un potentiel de garde important, et l'encépagement varié du domaine permet de réaliser des cuvées bien différenciées, développant chacune son propre style. Le terroir est ici typique de l'appellation, sur des galets roulés en surface avec un sous-sol argilo-calcaire. La qualité d'extraction des rouges tout comme leurs finesses tactiles nous ont vraiment impressionnés. Depuis quelques années, Marine Roussel cultive ses vignes selon les principes de la biodynamie, ce qui apporte une harmonie et une fraîcheur supplémentaires à ses vins.

Lirac L'O de Joncier 2011
Rouge | 2015 à 2028 | 5 € **15/20**
C'est la cuvée qui charme par sa finesse aromatique, sur la confiture de fraise et l'airelle, pour laisser s'exprimer ensuite une texture tout en soyeux et en délicatesse.

Lirac Le Classique 2010
Rouge | 2015 à 2022 | 13 € **14,5/20**
Profondeur et puissance laissent venir des notes de cacao et de poivre noir. On apprécie le délicieux velouté de la bouche avec un caractère plus épicé.

Lirac Le Gourmand 2010
Rouge | 2015 à 2025 | 8,70 € **15/20**
Beaucoup de subtilité au nez sur des touches de fraise cuite et de framboise confite. La bouche se livre au gré de tanins d'une suavité délicate.

Lirac Les Muses 2010
Rouge | 2017 à 2028 | 17 € 15/20
Un duo syrah-mourvèdre qui fonctionne à merveille sur une matière dense mais soyeuse, à l'élégance rare, avec une finale délicatement chocolatée.

LA BASTIDE SAINT DOMINIQUE

Chemin Saint-Dominique • 84350 Courthézon
Tél. 04 90 70 85 32 • Fax : 04 90 70 76 64
contact@bastidesaintdominique.com
www.bastidesaintdominique.com
Visite : Du lundi au vendredi de 9h à 12h et de 13h30 à 18h. Le week-end sur rendez-vous.

Châteauneuf-du-Pape 2010
Rouge | 2012 à 2021 | NC 14/20
Robe très sombre, nez de liqueur et confiture de fruits noirs, bouche ample et languide, un peu de lourdeur fruitée en finale, mais générosité.

Châteauneuf-du-Pape Andréas 2010
Blanc | 2012 à 2015 | NC 15/20
Issu d'un raisin très mur, la prise de bois est toujours marquée, belle longueur épicée.

Châteauneuf-du-Pape Les Hespèrides 2010
Rouge | 2015 à 2022 | NC 15/20
Coloré, puissant, notes de cuir et de fruit noirs, épices en bouche, alcool assez dominateur.

Châteauneuf-du-Pape Secrets de Pignan 2010
Rouge | 2015 à 2025 | NC 15,5/20
Gras et solide, vin serré, dense, de volume intense, long mais austère.

DOMAINE LA BOUÏSSIÈRE

Rue du Portail • 84190 Gigondas
Tél. 04 90 65 87 91 • Fax : 04 90 65 82 16
labouissiere@aol.com
Visite : Du lundi au samedide 10h à 12h et de 14h à 19h. Le dimanche sur rendez-vous.

La Bouïssière est une petite propriété de seulement 8,5 hectares à Gigondas. Gilles et Thierry Faravel dirigent ce domaine familial avec passion et sagesse, créant des vins somptueux aux tanins racés. La majorité des vignes se trouvent dans les dentelles de Montmirail, entre 350 et 400 mètres d'altitude, ce qui permet aux deux frères de pousser la maturité des raisins au maximum, les vendanges se déroulant tous les ans jusqu'à la mi-octobre. Les vinifications sont soignées, avec très peu de manipulation et des élevages en barrique assez longs, parfaitement maîtrisés. Il y a également 2,5 hectares en Vacqueyras, des vins tout aussi exceptionnels mais en quantités limitées. Les 2010 sont épatants de finesse tactile et d'harmonie, doublées d'une juste concentration. Le cuvée Prestige Le Font de Tonin est une vraie merveille et nous a profondément marqués pour cette édition.

Gigondas Prestige Le Font de Tonin 2009
Rouge | 2018 à 2025 | 25 € 17,5/20
Un incontournable au coeur de cette appellation fabuleuse. Divines senteurs de rose, de poivre frais et des esquisses de truffe pour compléter l'ensemble. Le velouté de bouche est superbe et bien interprété. Un vrai coup de coeur

Gigondas Traditionnelle 2010
Rouge | 2016 à 2030 | 15 € 15/20
Encore en élevage lors de la dégustation, un flacon à la texture mûre, compacte, profonde, sur des nuances de cacao brut et un relief fumé.

Vacqueyras 2010
Rouge | 2013 à 2018 | 14 € 15/20
Pris sur barrique, voici un 2010 aux accents épicés et à la chair massive tempérée par un élevage très bien geré.

DOMAINE LA CABOTTE

Quartier Les Vinsacs • 84430 Mondragon
Tél. 04 90 40 60 29 • Fax : 09 63 68 14 41
domaine@cabotte.com • www.cabotte.com
Visite : Du lundi au vendredi de 8h à 17h.
Le week-end sur rendez-vous.

Châteauneuf-du-Pape Vieilles vignes 2010
Rouge | 2014 à 2021 | NC 16/20
Epices fins, texture raffinée, allonge pleine et sans mollesse, longueur brillante.

LA CÉLESTIÈRE

1956, Route de Roquemaure
84230 Châteauneuf-du-Pape
Tél. 04 90 25 28 92 • Fax : 04 90 25 33 29
lacelestiere@orange.fr • www.lacelestiere.fr
Visite : Du lundi au vendredi de 9h à 12h et de 13h à 18h. Le mercredi de 14h à 18h.

Châteauneuf-du-Pape La Croze 2010

Rouge | 2014 à 2021 | NC **16/20**

Large et crémeux, un vin très ample et assez subtil, à la palette aromatique épanouie et diversifiée, à la finale encore ferme.

Châteauneuf-du-Pape Les Domaines 2010

Rouge | 2014 à 2021 | NC **15,5/20**

Gras et coloré, fruits noirs, bouche charnue et généreuse, maturité assez épicée en finale, bonne allonge.

Châteauneuf-du-Pape Les Domaines 2010

Rouge | 2014 à 2021 | NC **15/20**

Belle structure ample, caractère très épicé, volume intense mais manquant de fraîcheur en finale.

DOMAINE LA GARRIGUE

84190 Vacqueyras
Tél. 04 90 65 84 60 • Fax : 04 90 65 80 79
info@domaine-la-garigue.fr
www.domaine-la-garrigue.fr
Visite : Du lundi au samedi de 8h à 12h et de 14h à 18h30. Le dimanche et jours fériés sur rendez-vous.

Ce domaine appartient à la famille Bernard, vignerons depuis six générations. Il est situé sur le plateau de Garrigues, pas loin du village de Vacqueyras et produit une large gamme de vins vinifiés traditionnellement : vendanges à la main, vinification et élevage en cuve sans égrappage, mise en bouteille sans collage ni filtration. Les vins ont souvent un caractère rustique et naturel mais avec un bon potentiel de vieillissement. L'élégance de texture commence à se deviner sur les derniers millésimes

Vacqueyras 2011

Blanc | 2016 à 2026 | 9 € **14/20**

L'infusion pointe le bout de son nez sur des nuances de verveine et de camomille. La bouche repose sur un gras confortable sans perdre de vue la fraîcheur.

LA GENESTIÈRE

Chemin de Cravailleux • 30126 Tavel
Tél. 04 66 50 07 03 • Fax : 04 66 50 27 03
garcin-layouni@domaine-genestiere.com
www.domaine-genestiere.com
Visite : Du lundi au jeudi de 8h à 12h et de 13h30 à 17h30. Le vendredi de 8h à 12h et de 13h30 à 16h30. Le samedi de 9h à 12h30 et de 14h à 17h30.

Le domaine a été racheté en 1994 par la famille Garcin, qui a entrepris depuis un vaste projet de restructuration de la vigne et de modernisation des méthodes de vinification. Aujourd'hui, ils produisent des vins de caractère à Tavel et à Lirac. Les vins sont naturels et solaires, toujours honnêtes, ce sont de bonnes expressions de leur terroirs respectifs.

Lirac Cuvée Eliott 2011

Blanc | 2015 à 2025 | env. 17 € **14/20**

La gamme aromatique repose sur des accents finement floraux rejoints par l'épice. La bouche s'ouvre en volume et en minéralité pour notre plus grand plaisir.

DOMAINE LA MEREUILLE

Le Grès • 84100 Orange
Tél. 04 90 34 10 68 • Fax : 04 90 34 27 77
contact@domainelamereuille.com
www.domainelamereuille.com

Châteauneuf-du-Pape 2011

Blanc | 2012 à 2015 | NC **14/20**

Or vert, floral et fins épices, notes végétales, allonge un peu stricte.

Châteauneuf-du-Pape Les Bataurels 2010

Rouge | 2014 à 2020 | NC **14,5/20**

Puissant, épicé, dense et intense, avec un volume néanmoins assez fatigant.

CHÂTEAU LA NERTHE

Route de Sorgues • 84232 Châteauneuf-du-Pape
Tél. 04 90 83 70 11 • Fax : 04 90 83 79 69
contact@chateaulanerthe.fr
www.chateaulanerthe.fr
Visite : Du lundi au samedi de 9h30 à 12h et de 14h à 18h.

C'est l'un des grands domaines historiques de l'appellation. Les 90 hectares du vignoble sont situés autour du château, dans la partie sud de l'appellation, avec une belle part (25 hectares) sur le plateau de la Crau. Les vins, rouges et blancs, possèdent une

vraie personnalité, loin des châteauneufs solaires et rustiques.

Châteauneuf-du-Pape 2011
Blanc | 2012 à 2015 | NC **16,5/20**
Or vert, zeste, belle allonge élancée, équilibre et charme floral.

Châteauneuf-du-Pape 2010
Rouge | 2012 à 2021 | NC **14/20**
Pas très dense, mais équilibré et d'allonge correcte.

DOMAINE LA RÉMÉJEANNE

Cadignac • 30200 Sabran
Tél. 04 66 89 44 51 • Fax : 04 66 89 64 22
contact@remejeanne.com • www.laremejeanne.com
Visite : Du lundi au samedi de 9h à 12h et de 14h à 18h .en été et le samedi matin sur rendez-vous le reste de l'année. Fermé les jours fériés.

Avec un remarquable amour du travail bien fait, Rémi Klein, désormais secondé par son fils Olivier, démontre le potentiel des terroirs de la rive droite du Rhône, côté gardois. À 200 mètres d'altitude, sur un sol de grès calcaires, il produit depuis plusieurs années maintenant des vins complexes et structurés, offrant une belle fraîcheur en bouche et un fruit (mûre, cassis, fraise) toujours très expressif. Avec sa femme Ria, ils offrent un accueil chaleureux au caveau avec, en été, des balades de découverte du terroir gardois dans la garrigue qui entoure leurs vignes cultivées en bio.

Côtes du Rhône Les Arbousiers 2011
Blanc | 2012 à 2015 | 9 € **15/20**
Parfaite image d'un blanc méridional qui s'ouvre sur des nuances citronnées pour rejoindre une bouche aussi spontanée que saline.

Côtes du Rhône Terre de Lune 2011
Rouge | 2012 à 2020 | env.11 € **15/20**
Terre de Lune présente une approche subtile sur les fruits noirs frais. La texture de bouche est raffinée, sur des tanins gourmands et très ronds.

Côtes du Rhône-Villages Genévriers 2010
Rouge | 2012 à 2018 | 13 € **15/20**
Derrière une robe violacé, des arômes de poivre noir se distinguent sur un nez complexe. Profondeur et équilibre sont les maîtres mots de la bouche.

Côtes du Rhône-Villages Les Églantiers 2011
Blanc | 2012 à 2015 | 16 € **15/20**
Travaillé autour d'une juste maturité, Les Eglantiers viennent sur des nuances de fruits jaunes pour dérouler une bouche ample, harmonieuse, à la minéralité subtile

DOMAINE DE LA SOUMADE

Route d'Orange • 84110 Rasteau
Tél. 04 90 46 13 63 • Fax : 04 90 46 18 36
dom-lasoumade@hotmail.fr
domainelasoumade.over-blog.com
Visite : Du lundi au samedi de 8h30 à 11h30 et de 14h à 18h.

André Roméro, aidé désormais de son fils Frédéric, est un producteur majeur de Rasteau. La gamme explore toutes les facettes des terroirs de Rasteau, y compris dans les secteurs hors appellation. En matière de rouges, le sommet d'intensité est atteint avec Fleur de Confiance, une cuvée de vieux grenaches issus d'un terroir de pures argiles bleues. Les échantillons dégustés ont impressionné par la justesse d'interprétation.

Côtes du Rhône Les Violettes 2010
Rouge | 2015 à 2023 | 18 € **15/20**
Pure expression sur la violette, le cassis, avec des nuances épicées. La matière en bouche est friande avec un très beau fond de vin.

Gigondas 2010
Rouge | 2015 à 2025 | 18 € **16/20**
Très tourné grenache, le nez suggère des touches d'épices et de cacao. Le poudré de tanins qui habille la bouche est tout simplement délicieux

DOMAINE LAFOND ROC-ÉPINE

Route des Vignobles • 30126 Tavel
Tél. 04 66 50 24 59 • Fax : 04 66 50 12 42
lafond@roc-epine.com • www.roc-epine.com
Visite : Du lundi au vendredi de 8h à 12h et de 13h30 à 17h30.

Depuis 1780, cette propriété porte au plus haut les valeurs de Tavel. Sur les terroirs des Côtes du Rhône, de Tavel, de Lirac et plus récemment de Châteauneuf-du-Pape, les vins sont travaillés en conversion vers l'agriculture biologique. Les vinifications offrent une lecture claire et très aromatique du fruit tout comme des textures élégantes et sagement extraites. Mention spéciale pour le châteauneuf-du-pape, très confidentiel qui met en valeur le mer-

veilleux terroir du Pradel reposant sur une base calcaire.

Châteauneuf-du-Pape 2010
Rouge | 2012 à 2021 | NC **15,5/20**
Volume souple et élégant, sauge et épices fins, allonge discrète mais persistante.

Châteauneuf-du-Pape 2009
Rouge | 2015 à 2030 | 25,50 € **16/20**
Le terroir imprime ce flacon avec des notes de cacao et de cuir sur une matière mûre. Le soyeux de bouche et sa fine structure sont déjà bien en place.

Lirac 2011
Blanc | 2012 à 2020 | 9 € **14/20**
Derrière une expression solaire et bien en chair, le palais se délecte des touches d'abricot rôti et surtout d'une fine salinité.

Lirac La Ferme Romaine 2009
Rouge | 2015 à 2022 | 16,50 € **15/20**
Délicate approche sur le fruit noir légèrement sur mûri, avec des nuances épicées. La suavité tout comme la souplesse de la bouche sont fort bien menées.

Tavel Roc épine 2011
Rosé | 2013 à 2014 | 9 € **14/20**
Lecture très aromatique sur des senteurs de nèfle et de fraise des bois. La vinosité et la fraîcheur s'unissent à merveille en bouche.

LAUDUN-CHUSCLAN VIGNERONS

Route d'Orsan • 30200 Chusclan
Tél. 04 66 90 11 03 • Fax : 04 66 90 16 52
contact@lc-v.com
www.laudunchusclanvignerons.com
Visite : De 9h à 12h et de 14h à 18h30.

Producteur ultra dominant de ce secteur du nord du Gard, la cave de Chusclan travaille très sérieusement, tant pour les vins de domaines que pour les vins génériques. Depuis la fusion avec les Vignerons de Laudun, la gamme s'élargit encore et l'on constate aussi sur ce secteur une reprise en mains bienvenue.

Côtes du Rhône Prieuré Saint Julien 2011
Rouge | 2015 à 2023 | 4,25 € **14/20**
Superbe approche spontanée et intense sur le chocolat et la garrigue. En bouche, le vin trouve son équilibre entre des tanins gourmands et une matière souple.

DOMAINE LE SANG DES CAILLOUX

Route de Vacqueyras • 84260 Sarrians
Tél. 04 90 65 88 64 • Fax : 04 90 65 88 75
le-sang-des-cailloux@wanadoo.fr
www.lesangdescailloux.com
Visite : Du lundi au vendredi de 9h30 à 12h et de 14h à 18h. Le samedi après-midi sur rendez-vous.

Personnage aussi attachant que passionnant, Serge Férigoule a commencé à travailler dans ce domaine comme ouvrier agricole. Il en est aujourd'hui la figure historique. Ses vins apparaissent d'une densité et d'une concentration étonnantes, dues aux rendements minuscules que la nature détermine chaque année. Tous les ans, le nom de la cuvée classique porte le nom d'une de ses filles, Azalaïs, Floureto et Doucinello. La cuvée Lopy correspond à une parcelle de très vieilles vignes de grenache et de syrah, et possède une personnalité encore plus affirmée. Le blanc, très confidentiel, est un hymne aux grands vins du sud.

Vacqueyras Floureto 2010
Rouge | 2012 à 2020 | 15,50 € **15/20**
Dominé par le grenache, ce flacon se montre sur des accents de cacao et de poivre noir. La bouche, aux tanins poudrés, est d'un équilibre juste et d'une longue persistance.

Vacqueyras Lopy 2010
Rouge | 2014 à 2020 | 21 € **16/20**
2010 convie à de la profondeur de texture, de la matière et des nuances séduisantes de cuir et de cacao amer.

Vacqueyras Un Sang Blanc 2010
Blanc | 2012 à 2020 | 22 € **16/20**
La gamme aromatique se montre d'une élégance rare avec la verveine et la pêche jaune. En bouche, une minéralité saline, profonde, saisit le palais dès les premiers instants.

LE VIEUX DONJON

9, avenue Saint-Joseph - B.P. 66
84232 Châteauneuf-du-Pape
Tél. 04 90 83 70 03 • Fax : 04 90 83 50 38
vieux-donjon@orange.fr
Visite : Sur rendez-vous.

Si les caves sont installées dans le village de Châteauneuf-du-Pape, ce petit domaine de 13 hectares est situé plutôt dans le nord de l'appellation. Issus de vignes cultivées très méticuleusement, et vinifiés sans esbroufe, mais avec un sens très sûr de l'équilibre, les vins du Vieux Donjon sont parmi ceux qui vieillissent le mieux, dans un registre profond et très savoureux.

LES CAILLOUX - ANDRÉ BRUNEL

6, chemin du Bois-de-la-Ville
84230 Châteauneuf-du-Pape
Tél. 04 90 83 72 62 • Fax : 04 90 83 51 07
brunel.andre@wanadoo.fr
Visite : Sur rendez-vous.

Les vins d'André Brunel associent toujours générosité, finesse de tanins et fraîcheur. Le blanc, très raffiné, possède une part assez importante de clairette. En rouge, le grenache domine avec une part de mourvèdre. Enfin, la cuvée La Centenaire est composée de très vieilles vignes de grenache plantées sur le plateau de Mont-Redon.

Châteauneuf-du-Pape 2010

Blanc | 2012 à 2015 | NC **15/20**

Notes d'agrumes très prononcées, fraîcheur, texture encore serrée, acidité prononcée.

DOMAINE LES GOUBERT

84190 Gigondas
Tél. 04 90 65 86 38 • Fax : 04 90 65 81 52
jpcartier@lesgoubert.fr • www.lesgoubert.fr
Visite : Du lundi au vendredi de 9h à 12h et de 14h à 18h. Le week-end sur rendez-vous.

Ce beau domaine réputé est l'une des valeurs phares de l'appellation. Sur un total de 23 hectares, il en exploite dix sur Gigondas, où il élabore deux cuvées (en rouge, évidement). Deux côtes-du-rhône rouges, un beaumes-de-venise, un sablet ainsi que plusieurs blancs sont également produits. Le point fort du domaine est la maîtrise parfaite de l'extraction et des tanins. Les vins sont toujours équilibrés et savoureux, sans excès. Millésime après millésime, la cuvée Florence est une grande expression de puissance et de maturité.

Beaumes de Venise 2011

Rouge | 2012 à 2014 | env. 8 € **13/20**

Gourmand, suave avec une texture croquante et des tanins canailles, c'est un flacon source de plaisir et de partage. Le chocolat et la cannelle sont très présents aromatiquement

Côtes du Rhône cuvée de V 2011

Blanc | 2014 à 2020 | 12 € **14/20**

L'aromatique est porté de façon très intense sur des nuances d'abricot et de violette anoblies par le tilleul. La texture de bouche est délicatement veloutée avec une fraîcheur tonique. Un blanc de cabillaud et une tombée d'épinards au beurre demi-sel souligneront son volume.

Côtes du Rhône-Villages Sablet 2011

Blanc | 2012 à 2013 | 6,80 € **14/20**

Le terroir de Sablet se livre sur des senteurs de pierres blanches, de fruits blancs pochés et de fleur de sel. La bouche est finement saline et harmonieuse.

Gigondas 2009

Rouge | 2012 à 2016 | 12,50 € **15/20**

Bonne lecture de l'appellation au travers d'un flacon avec de la personnalité, des nuances de cacao et de cèdre soulignant une texture ample et en demi-puissance

Gigondas cuvée Florence 2006

Rouge | 2012 à 2020 | 23 € **16/20**

Très dense, bien extraite avec un élevage raffiné. Des notes de fruits noirs et d'épices douces accompagnent une bouche suave et veloutée.

DOMAINE LES PALLIÈRES

Route d'Encieu • 84190 Gigondas
Tél. 04 90 33 00 31 • Fax : 04 90 33 18 47
vignobles@brunier.fr • www.vignoblesbrunier.fr
Visite : Du lundi au vendre de 8h à 12h et de 13h à 18h.

Cet important domaine (130 hectares, dont 25 hectares de vignes) jouit d'une solide réputation depuis déjà fort longtemps. Il a été racheté en 1998 par la famille Brunier (Vieux Télégraphe, à Châteauneuf) associée à l'importateur américain Kermit Lynch, avec la ferme intention de respecter le terroir de Gigondas. En 2007, la décision a été prise de scinder la production en deux pour faire deux cuvées différentes. La cuvée Les Terrasses du Diable est issue des parcelles en hauteur et des vignes les plus jeunes, 45 ans tout de même ! La cuvée Les Racines est

issue des vignes qui entourent l'ancienne ferme, là ou le terroir est plus argileux, les plus veilles de la propriété.

Gigondas Les Racines 2010
Rouge | 2018 à 2030 | 22 € **16/20**
C'est un flacon en devenir mais déja pourvu de séduisantes notes de girofle et de myrtille. La bouche est tout en puissance et en concentration sans perdre l'équilibre de vue.

Gigondas Les Terrasses du Diable 2010
Rouge | 2017 à 2025 | 22 € **16/20**
2010 impose son style avec une finesse et une minéralité rares. La trame est bien constituée, avec de l'équilibre et une très fine approche mentholée.

MAS DE LIBIAN

Libian • 07700 Saint-Marcel-d'Ardèche
Tél. 06 61 41 45 32 • Fax : 04 75 98 66 38
h.thibon@wanadoo.fr • www.masdelibian.com
Visite : Sur rendez-vous.

Le succès du domaine montrent le potentiel de ce secteur du sud de l'Ardèche, longtemps trop méconnu, qui gagne désormais en réputation et en qualité. Sur les terroirs de galets roulés, à la confluence du Rhône et de l'Ardèche, les vignes du Mas de Libian, cultivées en biodynamie, produisent des vins surprenants par leur pureté de fruit, leur sincérité et leur concentration, tout en restant sur la fraîcheur.

Côtes du Rhône Bout d'Zan 2011
Rouge | 2015 à 2025 | 11 € **15/20**
Le grenache s'exprime pleinement sur des senteurs de prune, de terre humide et de havane. La suavité de la bouche est délicieusement ponctuée par un équilibre très juste.

Côtes du Rhône Khayyâm 2010
Rouge | 2017 à 2027 | 15 € **16/20**
Superbes fragrances de crème de cassis et de chocolat. La matière est longue, profonde, avec une finesse tactile rare.

Côtes du Rhône-Villages La Calade 2010
Rouge | 2017 à 2030 | 23 € **16/20**
On rentre dans un univers aromatique qui évoque le cèdre et le cacao. La texture de bouche offre un velouté délicat et des tanins poudrés bien mûrs.

Vin de France Vin de Pétanque 2011
Rouge | 2015 à 2022 | 8 € **14/20**
Construit sur l'opulence, avec une texture dense, soulignée de tanins ronds et suaves. La gamme aromatique joue sur les fruits noirs et le cuir.

Vin de pays des Coteaux de l'Ardèche viognier 2011
Blanc | 2014 à 2020 | 15 € **15/20**
Expression très séduisante et finement aromatique sur la pêche de vigne et le citron confit. La bouche est délicatement acidulée avec de l'ampleur et un volume agréable.

DOMAINE LA LORENTINE

B.P. 31 • 84231 Châteauneuf-du-Pape
Tél. 04 90 34 67 43 • Fax : 04 90 51 84 53
info@domaine-Marcoux.com
Visite : Sur rendez-vous.

Les célèbres et attachantes sœurs Armenier, du domaine de Marcoux à Châteauneuf-du-Pape, ont jeté leur dévolu sur la merveilleuse appellation Lirac. On retrouve l'esprit des vins du domaine castelpapal avec de l'ampleur et de la gourmandise qui s'affinent au fur et à mesure des millésimes.

Lirac 2010
Rouge | 2018 à 2030 | 14 € **15/20**
En devenir, c'est un flacon qui se déguste sur des senteurs de fruits noirs confiturés avec un accent épicé. La bouche est confortable, finement extraite avec une puissance subtile.

DOMAINE MABY

249, rue Saint-Vincent - B.P. 8 • 30126 Tavel
Tél. 04 66 50 03 40 • Fax : 04 66 50 43 12
domaine-maby@wanadoo.fr • www.domainemaby.fr
Visite : Du lundi au vendredi de 8h à 17h30.
Le week-end sur rendez-vous.

Dans ce domaine historique de Tavel, la famille Maby produit des vins d'une qualité uniforme, toujours honnêtes, agréables et charnus. Dirigé par le dynamique Richard Maby, le domaine ne cesse d'avancer, les vins gagnant en précision chaque année. Les vignobles se situent sur les communes de Tavel, le plateau de Lirac et dans les Côtes du Rhône limitrophes. Des prix raisonnables et la qualité régulière des vins font de ce domaine une valeur sûre sur le marché actuel.

Côtes du Rhône Variations 2011 ☺
Blanc | 2014 à 2020 | 6,20 € **14/20**
La gamme aromatique évoque l'agrume confit et le poivre blanc avec beaucoup de panache. La bouche est acidulée, harmonieuse avec des amers nobles.

Lirac Casta Diva 2011
Blanc | 2015 à 2025 | 15,90 € **15/20**
On se laisse très vite charmer par de fines notes d'abricot, de fleur de sel, sur une texture aussi goûteuse que minéral.

Lirac La Fermade 2011
Blanc | 2015 à 2022 | 8,60 € **14/20**
Une part non négligeable de clairette dessine un nez particulièrement aromatique et flatteur. La bouche regorge de spontanéité et de fraîcheur.

Lirac La Fermade 2010
Rouge | 2017 à 2027 | 9,70 € **15/20**
La finesse marque ce flacon aux délicates senteurs de thym et de poivre torréfié. La matière offre un ciselé de tanins irréprochable et une gamme aromatique sur les fruits noirs en gelée.

Tavel Prima Donna 2011
Rosé | 2014 à 2015 | 9,50 € **14/20**
Vinifié avec une extraction marquée, voici un rosé au fruité entêtant avec une texture juteuse et très finement épicée.

DOMAINE PATRICE MAGNI

Route de Bedarrides • 84230 Châteauneuf-du-Pape
Tél. 04 90 83 54 01 • Fax : 04 90 83 54 01
domainepatrice-magni@wanadoo.fr

Châteauneuf-du-Pape 2010
Rouge | 2014 à 2021 | NC **14,5/20**
Volume onctueux, fruit frais, longueur correcte, un peu tendre.

DOMAINE DE MARCOUX

198, chemin de la Gironde • 84100 Orange
Tél. 04 90 34 67 43 • Fax : 04 90 51 84 53
info@domaine-marcoux.com
www.domainedemarcoux.com
Visite : Sur rendez-vous.

Les soeurs Armenier font partie de l'image actuelle et moderne de Châteauneuf-du-Pape. Fanatiques du terroir, elles travaillent sous l'égide de la biodynamie et prodiguent un soin rare et attentif aux vignes... Une fois au chai, on découvre des matières à juste maturité, parfaitement extraites et surtout magnifiées par des élevages de grandes classes et harmonieux. Sur les derniers millésimes, les flacons présentent une grande finesse tactile couplée à un toucher de bouche raffiné jamais égalé auparavant.

Châteauneuf-du-Pape 2011
Blanc | 2012 à 2015 | 40 € **15/20**
La roussanne et le bourboulenc se réunissent pour évoquer des notes de réglisse, de tilleul et de fruits jaunes à peine pochés. La texture de bouche est sphérique, d'un équilibre très pur et ciselé.

Châteauneuf-du-Pape 2010
Rouge | 2020 à 2035 | 40 € **16/20**
Dégusté après sa mise en bouteille, le nez suggère des fragrances de fruits rouges poudrés d'épices. Le toucher en bouche est caressant, délicatement puissant et harmonieux.

Châteauneuf-du-Pape Vieilles Vignes 2010
Rouge | 2011 à 2022 | 100 € **18/20**
Un vin immense de raffinement et de puissance. La gamme aromatique plonge en finesse vers des senteurs de violette, de pierre chaude et de tabac. La texture de bouche est dense, bien épaulée mais développe un toucher rare et d'une classe infinie. Un hymne au terroir !

Côtes du Rhône 2010
Rouge | 2014 à 2024 | 12 € **14,5/20**
Formé autour d'un duo grenache-mourvèdre, des senteurs de fruits noirs rôtis et de poivre noir caractérisent le nez. La bouche est croquante, avec une pureté de fruit assez séduisante.

MARTINELLE

84190 Lafare
Tél. 04 90 65 05 56
info@martinelle.com • www.martinelle.com

Beaumes de Venise 2010
Rouge | 2012 à 2016 | NC **15,5/20**
Dense et sérieux, avec la patte de la vigneronne mais une matière plus élaborée, toujours cette sensation de fruits parfaitement mûrs en bouche.

Côtes du Ventoux 2011

Rouge | 2013 à 2016 | NC **15/20**

Brillamment réussi, notes de fraises écrasées au nez, le vin est mûr, rond et gouleyant, que du plaisir avec une belle matière en bouche.

Côtes du Ventoux 2010

Rouge | 2012 à 2016 | NC **14,5/20**

Légèrement plus souple en bouche que Le 10ème, mais avec une belle structure des notes épicées et soyeuses.

DOMAINE MATHIEU

3 bis, route de Courthézon
84230 Châteauneuf-du-Pape
Tél. 04 90 83 72 09 • Fax : 04 90 83 50 55
dnemathieu@aol.com • www.domaine-mathieu.com
Visite : Du lundi au samedi de 9h à 12h et de 13h30 à 18h. Ouvert les jours fériés.

Châteauneuf-du-Pape 2011

Blanc | 2013 à 2016 | NC **16/20**

(nouvelle série blancs 100)
Frais, tendre, zeste d'agrumes et bon fruit. Frais et équilibré.

Châteauneuf-du-Pape
Marquis Anselme Mathieu 2010

Rouge | 2014 à 2021 | NC **14,5/20**

Gras et charnu, des arômes de fruits rouges précis et frais, une bouche équilibrée et de bonne longueur, une finale nette à défaut d'être très persistante.

Châteauneuf-du-Pape Vin di Felibre 2010

Rouge | 2013 à 2020 | NC **15/20**

Bon volume souple, fruits rouges, classique, équilibré. Finale franche.

CHÂTEAU MAUCOIL

Chemin de Maucoil • 84100 Orange
Tél. 04 90 34 14 86 • Fax : 04 90 34 71 88
contact@chateau-maucoil.com • www.maucoil.com
Visite : Du lundi au vendredi de 10h à 12h30
et de 14h30 à 18h30. Le week-end de 9h à 12h
et de 14h à 18h.

Châteauneuf-du-Pape 2010

Rouge | 2012 à 2021 | NC **14/20**

Souple, fruité, assez complet et équilibré, un rien de mollesse.

Châteauneuf-du-Pape L'Esprit 2010

Rouge | 2013 à 2021 | NC **15,5/20**

Gras, fruit à noyau, bon équilibre, saveur assez vive, bonne finale sur la fraîcheur.

Châteauneuf-du-Pape Privilège 2010

Rouge | 2014 à 2021 | NC **14/20**

Gras, fruité, bon volume, toujours un peu d'évent.

VIGNOBLES MAYARD

24, avenue Baron-Le-Roy - B.P. 16
84231 Châteauneuf-du-Pape
Tél. 04 90 83 70 16 • Fax : 04 90 83 50 47
www.vignobles-mayard.fr
Visite : De 9h30 à 12h30 et de 13h30 à 18h.

Cette entité familiale regroupe plus de 40 hectares répartis sur de nombreuses parcelles de Châteauneuf : les principales sont situées au sud de l'appellation et sur le plateau de la Crau, d'où est logiquement issue la cuvée La Crau de ma Mère. Ce sont des châteauneufs traditionnels, de plus en plus précis dans les derniers millésimes.

Châteauneuf-du-Pape
La Crau de ma Mère 2010

Blanc | 2012 à 2015 | NC **14,5/20**

Droit et vif avec une bonne dose de barrique, correct mais manquant de vraie profondeur.

DOMAINE DE LA MONARDIÈRE

La Monardière • 84190 Vacqueyras
Tél. 04 90 65 87 20 • Fax : 04 90 65 82 01
info@monardiere.com • www.monardiere.fr
Visite : Du lundi au samedi de 9h à 12h
et de 14h à 18h.

Depuis plusieurs années, le domaine de Christian et Martine Vache, maintenant rejoints par leur fils Damien, s'est affirmé comme l'une des propriétés de pointe de l'appellation Vacqueyras, produisant des vins équilibrés avec une personnalité certaine. S'appuyant sur deux terroirs, l'un argilo-sableux, l'autre argilo-calcaire, les vins associent puissance et finesse des cépages méridionaux. Les cuvées Les Deux Monardes et Vieilles Vignes se sont imposées régulièrement comme les mètres-étalons de leur appellation. Le domaine élabore également en petites quantités un très bon blanc à base de roussanne et grenache blanc, vinifié en demi-muids. L'interprétation du millésime 2010 est bien menée avec des vins qui portent très haut les valeurs de l'appellation tout comme la finesse de leurs textures.

VACQUEYRAS GALÉJADE 2010

Blanc | 2014 à 2020 | 18 € **15/20**

Voué à de délicieux accords vins et mets, on apprécie les senteurs de cédrat, de verveine, et la bouche profondément saline avec une persistance de très belle longueur.

VACQUEYRAS LES DEUX MONARDES 2010

Rouge | 2017 à 2025 | 12 € **15,5/20**

L'approche olfactive se fait avec profondeur sur des nobles arômes de cuir et de terre chaude. En bouche, puissance rime avec finesse pour un flacon à ouvrir sous 5 ans.

VACQUEYRAS VIEILLES VIGNES 2009

Rouge | 2015 à 2030 | 17 € **16/20**

Millésime de grande constitution, le nez régale par sa richesse aromatique sur l'épice. La bouche est puissante, suave, avec un équilibre bien en place.

CLOS DU MONT-OLIVET

3, chemin du Bois-de-la-Ville
84230 Châteauneuf-du-Pape
Tél. 04 90 83 72 46 • Fax : 04 90 83 51 75
clos.montolivet@wanadoo.fr ou contact@clos-montolivet.com • www.clos-montolivet.com
Visite : Du lundi au vendredi de 9h à 12h et de 14h à 18h. Le samedi sur rendez-vous.

Ce domaine, mené par la famille Sabon depuis plus d'un siècle, dispose malgré son nom d'un vignoble extrêmement morcelé, s'appuyant sur des sols argilo-calcaires et argilo-sableux. Le style est ultra traditionnel, parfois austère ou curieusement évanescent dans la phase de jeunesse, mais les vins gagnent au vieillissement.

CHÂTEAUNEUF-DU-PAPE 2010 ☺

Blanc | 2012 à 2015 | NC **15/20**

Gras et riche au nez avec une touche de barrique, en bouche le vin est frais avec une belle tension, bonne longueur vive, bel avenir.

CHÂTEAUNEUF-DU-PAPE CLOS DU MONT-OLIVET 2010

Rouge | 2012 à 2021 | NC **15/20**

Gras, souple et épicé. Bon volume généreux.

CHÂTEAU MONT-REDON

B.P. 10 • 84231 Châteauneuf-du-Pape
Tél. 04 90 83 72 75 • Fax : 04 90 83 77 20
contact@chateaumontredon.fr
www.chateaumontredon.fr
Visite : Sur rendez-vous.

Mont-Redon est une très vaste propriété d'une centaine d'hectares de vignes en Châteauneuf (sur un total de 150 hectares plantés), occupant une bonne part du plateau de galets roulés qui porte le nom du domaine, mais aussi une partie plantée face au domaine. En châteauneuf rouge, les Abeille-Fabre ont néanmoins toujours tenu à ne réaliser qu'un vin, représentatif de l'ensemble du domaine, et n'ont donc pas cédé à la mode des cuvées de prestige. Sans jamais apparaître comme l'un des vins les plus spectaculaires de l'appellation, le cru vieillit en fait fort bien et impose sa tranquille plénitude. La famille produit également des blancs de qualité, de nombreux côtes-du-rhône et elle a aussi une propriété à Lirac.

CHÂTEAUNEUF-DU-PAPE 2010

Blanc | 2012 à 2015 | NC **14,5/20**

Vif et brillant, citron, et l'amertume de clairette en bouche, un rien végétal, mais agréable.

PRIEURÉ DE MONTÉZARGUES

Route de Rochefort-du-Gard • 30126 Tavel
Tél. 04 66 50 04 48 • Fax : 04 66 50 30 41
gdugas@prieuredemontezargues.fr
www.prieuredemontezargues.fr
Visite : Sur rendez-vous.

Sans doute une des plus belles propriétés de la région, rachetée et restaurée avec soin par la maison Richard et dirigée depuis 2003 par Guillaume Dugas. L'extraction des rouges laisse augurer de belles promesses au vieillissement. Et le rosé présente une vinosité prédestinée aux plaisirs de la table.

TAVEL 2011 ☺

Rosé | 2014 à 2015 | 10,90 € **16/20**

Superbe vinosité qui appelle à une gastronomie savoureuse. Les arômes régalent par leur richesse : nèfle, poivre blanc ou encore mandarine. La vinosité de la bouche est rare et charmeuse.

VIN DE TABLE

Rouge | 2015 à 2030 | 10,50 € **17,5/20**

Une riche complexité se dessine au nez sur des senteurs de pulpe de fruits et de fine torréfaction. La bouche est mûre, d'une concentration rare avec une persistance très suave.

MONTIRIUS

Le Devès • 84260 Sarrians
Tél. 04 90 65 38 28 • Fax : 04 90 65 48 72
montirius@wanadoo.fr • www.montirius.com
Visite : De 9h à 12h et de 14h à 18h.

Biodynamistes passionnés, Éric et Christine Saurel ont converti en totalité leur vignoble selon les principes de Rudolf Steiner. Ils ont même conçu une station d'épuration utilisant différentes plantes pour la dépollution des eaux de vinification ! L'ensemble des vins est très sérieusement construit, marqués par de justes maturités et des tanins affinés et soyeux. Il faut leur donner quelques années de cave pour qu'ils s'ouvrent et s'épanouissent parfaitement. Le toucher de bouche des différents flacons atteint un niveau de finesse rarement égalé.

Côtes du Rhône Jardin Secret 2010 ☺
Rouge | 2012 à 2015 | 15 € — 14/20

Pur grenache, ce flacon s'illustre sur des notes de fruits noirs pochés, un nez bien construit, avec à la clef une bouche suave et ultra gourmande.

Gigondas Confidentiel 2010
Rouge | 2015 à 2020 | env. 40 € — 16/20

Bâti pour durer, 2010 s'exprime avec densité, consistance, sans être dépourvu d'élégance sur une série marquée par le cassis et le chocolat.

Gigondas Terre des Aînés 2010
Rouge | 2012 à 2020 | env.20 € — 16/20

Derrière une approche olfactive complexe et mûre, on découvre une bouche compacte, aux tanins serrés mais au velouté exquis.

Vacqueyras Garrigues 2011
Rouge | 2013 à 2020 | env.14,50 € — 15/20

Dégusté en cours d'élévage, la finesse impressionne au nez dans un registre de fruits rouges étonnant. La sensation tactile au palais est raffinée sur des tanins ciselés.

Vacqueyras Le Clos 2010
Rouge | 2015 à 2025 | env. 30 € — 16/20

Arômes méridionaux qui évoquent le maquis, la tapenade, les épices et matière au soyeux délicat et à l'extraction juste.

Vacqueyras Minéral 2010
Blanc | 2012 à 2020 | 25 € — 16/20

Expression ensoleillé très aromatique : aiguille de pin, abricot, fleur de sel se devinent au nez. La bouche est marquée par une délicate salinité et une longue persistance.

DOMAINE DE MONTVAC

84190 Vacqueyras
Tél. 04 90 65 85 51 • Fax : 04 90 65 82 38
dusserre@domainedemontvac.fr
www.domainedemontvac.fr
Visite : Sur rendez-vous.

La famille Dusserre perpétue ce domaine emblématique de mère en fille, suscitant des vocations passionnées. Le vignoble est idéalement réparti sur Vacqueyras, en grande majorité, sur son proche voisin Gigondas et en Côtes du Rhône. Une vraie notion de respect du terroir et beaucoup de travail à la vigne conduisent à enfanter des flacons d'un grand équilibre évoluant au gré d'élevages parfaitement intégrés.

Gigondas Adage 2009
Rouge | 2015 à 2030 | 13,50 € — 15/20

Un trio grenache, syrah et mourvèdre est réuni pour offrir des senteurs élégantes de poivre noir et de cacao. La personnalité de la bouche est bien en place avec une approche longue et mûre.

DOMAINE DE LA MORDORÉE

Chemin des Oliviers • 30126 Tavel
Tél. 04 66 50 00 75 • Fax : 04 66 50 47 39
info@domaine-mordoree.com
www.domaine-mordoree.com
Visite : Du lundi au vendredi de 8h à 12h et de 13h30 à 17h30. Le samedi de 10h à 12h et de 15h à 18h. Du 1er avril au 1er octobre, du lundi au vendredi de 8h à 12h et de 13h30 à 17h Le dimanche et les jours fériés de 10h à 12h et de 15h à 18h.

Crée en 1986, sur la merveilleuse commune de Tavel, le domaine de la Mordorée offre la pleine expression des plus beaux crus de la Vallée du Rhône. Ici, règne la philosophie «vigneronne», tout est mis en oeuvre pour un profond respect des terroirs tout comme de leurs pleines expressions. Une des devises du domaine : «Nous ne cherchons pas à plaire à tout le monde, nous essayons simplement de rester nous-mêmes». La réponse est dans la bouteille, au gré de vins blancs salins et charnus et de rouges pulpeux, profonds, avec un équilibre juste.

Châteauneuf-du-Pape La Reine des Bois 2010
Rouge | 2012 à 2025 | 45 € — 15/20

A l'approche du nez, on distingue des notes plus ensoleillés sur la fourrure, le cacao et la prune. La texture de bouche gagne en allonge et en constitution.

Condrieu Reine des Bois 2010
Blanc | 2014 à 2020 | 30 € **16/20**
On retrouve un condrieu avec une finesse d'expression rare, bercée par des nuances d'abricot et de violette. La texture généreuse et ample de la bouche laisse présager des accords de plaisir.

Lirac La Reine des Bois 2010
Blanc | 2012 à 2018 | épuisé **14/20**
Un trio viognier, marsanne et roussanne se donne la répartie sur des touches de mirabelle et de fleur de sel. La bouche est goûteuse avec de la tension.

Lirac La Reine des Bois 2010
Rouge | 2012 à 2020 | 15,50 € **14,5/20**
On monte en gamme en terme de profondeur et d'élevage pour rejoindre des senteurs finement boisées et une chair bien constituée.

DOMAINE DU MOULIN

Montée du Moulin • 26110 Vinsobres
Tél. 04 75 27 65 59 • Fax : 04 75 27 63 92
denis.vinson@wanadoo.fr
Visite : Du lundi au samedi de 8h à 12h et de 13h30 à 19h. Le dimanche de 9h à 12h.

Denis et Frédérique Vinson ont décidé très jeunes de construire leur cave et de faire leur propre vin. C'était d'ailleurs la première cave souterraine de Vinsobres. Ils sont désormais épaulés par leurs deux fils ,Charles et Joseph. De vieilles vignes en coteaux sur un terroir argilo-calcaire très caillouteux produisent des vins d'une grande finesse, aux arômes de fruits gourmands avec des tanins souples. Toutes les cuvées de vinsobres font un passage en barrique. Cet élevage donne une grande qualité de tanins, fondus et raffinés, pour des bouteilles souvent accessibles dès leur mise en vente. Cela ne s'oppose pas au bon potentiel de vieillissement de certaines cuvées, surtout dans les derniers millésimes.

Côtes du Rhône-Villages 2011 ☺
Blanc | 2014 à 2020 | 7,90 € **14/20**
Dégusté juste avant sa mise en bouteille. Des notes de violette et de fruits à noyaux jouent avec une texture spontanée et juteuse.

Vinsobres Cuvée ++ 2010
Rouge | 2015 à 2022 | 8,90 € **15/20**
Interprétation intelligente du millésime 2010 sur de douces senteurs de figue et d'olive. Le caractère pulpeux et en demi-puissance de la bouche offre une longueur louable.

Vinsobres cuvée Charles Joseph 2009
Rouge | 2014 à 2020 | 15,50 € **16/20**
Le terroir de Vinsobres se livre sur des nuances d'encre et de terre chaude. La bouche est finement solaire avec un toucher raffiné.

Vinsobres Les Vieilles Vignes de J. Vinson 2010
Rouge | 2015 à 2030 | 6,90 € **15/20**
Retour avec un flacon très subtil construit l'élégance et la finesse aromatique. En bouche, puissance rime avec élégance sur des touches épicées.

LE MOULIN DES SAINTS

31, avenue Saint-Joseph
84230 Chateauneuf-du-Pape
Tél. 04 90 83 51 27 • Fax : 04 90 83 51 27
esteoulle@free.fr
Visite : Tous les jours de 10h30 à 12h et de 14h à 18h.

Châteauneuf-du-Pape 2010
Rouge | 2014 à 2021 | 14 € **16/20**
Gras, gourmand, plein, bon fruit, beau volume frais.

DOMAINE DU MOURCHON

84110 Séguret
Tél. 04 90 46 70 30 • Fax : 04 90 46 70 31
enquiries@domainedemourchon.com
www.domainedemourchon.com
Visite : Tous les jours de 8h à 12h et de 14h à 18 sauf le dimanche sur rendez-vous.

Blotti entre le mont Ventoux et le charmant village de Séguret, le domaine du Mourchon s'étend sur 17 hectares reposant sur un duo de sols argile et calcaire. Une culture respectueuse de la vigne (biologique) permet une superbe qualité de vendanges avec des vins toujours marqués par l'esprit du millésime et par une vraie finesse de vinification.

Côtes du Rhône-Villages Séguret Tradition 2009
Rouge | 2015 à 2022 | 8,95 € **13,5/20**
L'aromatique nous oriente avec générosité sur des nuances de nèfle et de macis. La personnalité de la bouche nous place sous des auspices ensoleillés et denses.

CHÂTEAU MOURGUES DU GRÈS

Route de Saint-Gilles - D 38 • 30300 Beaucaire
Tél. 04 66 59 46 10 • Fax : 04 66 59 34 21
chateau@mourguesdugres.com
www.mourguesdugres.com
Visite : Du lundi au vendredi de 9h à 12h et 14h à 18h. Le samedi de 10h à 12h. Le samedi après-midi et les jours fériés sur rendez-vous.

Véritable pionnier du renouveau qualitatif de l'appellation, ce domaine dispose de terroirs variés dont il joue pour faire des assemblages équilibrés entre finesse et structure. D'un très haut niveau qualitatif, les vins ne cessent de progresser, le domaine réussit dans les trois couleurs à produire des vins immédiatement savoureux, sans aucune lourdeur ni sensation de fluidité. La plupart des vins sont vinifiés en cuve, seule la cuvée des Capitelles, en rouge et rosé, fait un passage en barrique avant d'être assemblée. En été, François et Anne Collard proposent des circuits pédestres et VTT autour de la propriété avec découverte de leur terroir et de la flore et la faune de la région. ça mérite le détour !

Costières de Nîmes Capitelles de Mourgues 2011
Rosé | 2014 à 2015 | 7,50 € **15/20**
Dégustée juste avant la mise en bouteille, cette cuvée offre une approche vineuse avec une fine sensation tactile en bouche et un caractère épicé apporté par le mourvèdre.

Costières de Nîmes Capitelles des Mourgues 2010
Rouge | 2014 à 2025 | 14,50 € **15/20**
Beaucoup d'harmonie et d'équilibre se dégagent de ce flacon, sur des notes de mûre et de cannelle. La texture de bouche est guidée par un élevage parfaitement intégré.

Costières de Nîmes Les Galets Rouges 2010
Rouge | 2015 à 2022 | 6,40 € **14,5/20**
Lecture d'un millésime équilibré qui joue la carte de la complexité aromatique tournée vers les fruits noirs pour rejoindre une bouche ciselée au caractère solaire.

Costières de Nîmes Terre d'Argence 2010 ☺
Rouge | 2015 à 2025 | 10 € **15,5/20**
Le grenache s'offre sur des nuances entêtantes de fruits rôtis et d'épices. Le grain de tanin est ciselé, d'un velouté séduisant, avec une finale ronde à souhait.

Costières de Nîmes Terre de Feu 2010
Rouge | 2015 à 2025 | 12 € **15,5/20**
Encore en élevage lors de sa dégustation, on distingue une approche plus généreuse et solaire. La texture de bouche est compacte mais équilibrée et s'affinera dans le temps sur une série balsamique.

MOURIESSE VINUM

18 bis, chemin du Clos • 84230 Châteauneuf-du-Pape
Tél. 06 14 94 69 15 • Fax : 04 90 83 71 29
contact@mouriesse-vinum.com
www.mouriesse-vinum.com
Visite : Sur rendez-vous.

Châteauneuf-du-Pape Pierre d'Ambre 2011
Blanc | 2014 à 2021 | 23 € **15,5/20**
Gras et ample avec un bon équilibre, le fruit et le floral sont bien exprimés, il y a de la longueur.

Châteauneuf-du-Pape Pierre d'Ambre 2010
Rouge | 2012 à 2015 | 28 € **15,5/20**
Gras, épicé, beau volume onctueux, du potentiel.

CHÂTEAU DU MOURRE DU TENDRE

1028, chemin Moure du Tendre • 84350 Courthézon
Tél. 04 90 70 24 96 • Fax : 04 90 70 78 94
mourredutendre@wanadoo.fr
www.chateaudumourredutendre.com

Châteauneuf-du-Pape Prestige 2010
Rouge | 2014 à 2022 | NC **15,5/20**
Bouche avec du volume et un fruit expressif (mûre et fruits noirs), allonge et énergie, de la chair, une structure tannique présente.

CHÂTEAU DE NAGES

Chemin des Canaux • 30132 Caissargues
Tél. 04 66 38 44 30 • Fax : 04 66 38 44 39
info@michelgassier.com • www.michelgassier.com
Visite : En été du lundi au samedi de 10h à 12h et de 15h à 19h. A partir d'octobre de 10h à 12h et de 14h à 18 du lundi au jeudi, de 15h à 19h le vendredi et le samedi.

Le Château de Nages, qui fait partie des vignobles Michel Gassier, s'étend sur 70 hectares, sur la commune de Caissargues ,au sud de Nîmes. Le terroir est composé de grès et des fameux cailloux de la vallée du Rhône appelés «galets roulés». Tous les vins sont modernes, avec de la couleur et de la profondeur. Depuis le millésime 2006, Philippe

Cambie intervient comme consultant. Le style est dorénavant tourné vers plus de régularité.

COSTIÈRES DE NÎMES CUVÉE JOSEPH TORRÈS 2010
Blanc | 2012 à 2020 | 11,95 € **14/20**
Approche fraîche, finement acidulée, avec une expression très pure. La bouche est dynamique et équilibrée avec des nuances citronnées.

COSTIÈRES DE NÎMES CUVÉE JOSEPH TORRÈS 2010
Rouge | 2012 à 2022 | 11,95 € **15/20**
Cuvée à l'élevage dense et bien géré. La sensation tactile présente un vin structuré, juteux, avec des senteurs florales.

COSTIÈRES DE NÎMES LOU COUCARDIÉ 2010
Blanc | 2013 à 2020 | 15 € **14/20**
Série olfactive sur le clou de girofle et la pêche de vigne qui laisse la place à une une matière sphérique et généreuse sans excès.

COSTIÈRES DE NÎMES MICHEL GASSIER NOSTRE PAÏS 2010
Rouge | 2012 à 2020 | 9,90 € **15/20**
Les arômes sont d'une riche complexité évoquant à la fois le cèdre, le tabac et la réglisse. La bouche présente du caractère et un grain de tanin très velouté.

COSTIÈRES DE NÎMES VIEILLES VIGNES 2010
Blanc | 2013 à 2020 | 8,90 € **14/20**
On approche ici une matière généreuse sur le poivre blanc et le cédrat. Confirmation en bouche sur une trame ample avec une chair consistante et fumée.

COSTIÈRES DE NÎMES VIEILLES VIGNES 2010
Rouge | 2012 à 2020 | 8,90 € **15/20**
Intéressante lecture du millésime pour ce vin au grain de tanin encore serré mais d'une finesse juste. L'aromatique évoque le poivre noir et la prune.

DOMAINE DE NALYS

Route de Courthézon • 84230 Châteauneuf-du-Pape
Tél. 04 90 83 72 52 • Fax : 04 90 83 51 15
contact@domainedenalys.com
www.domainedenalys.com
Visite : Le lundi et le mercredi de 8h30 à 12h30 et de 14h à 17h30. Le mardi, le jeudi et le vendredi de 8h30 à 18h. Le samedi de 10h à 18h. En été, le lundi et le mercredi de 8h30 à 12h30 et de 13h30 à 17h30. Le mardi, le jeudi et le vendredi de 8h30 à 18h. Le samedi 10h à 18h30. Pour les groupes sur rendez-vous.

Très bien situé au nord-ouest du village, avec une bonne moitié du vignoble sur le plateau de la Crau, ce domaine historique a longtemps produit des vins très souples. Une nette inflexion de style est heureusement perceptible aujourd'hui.

CHÂTEAUNEUF-DU-PAPE CLASSIQUE 2011
Blanc | 2012 à 2015 | NC **15/20**
Fruité et floral, bon vin svelte et élancé, avec une vivacité sympathique.

CHÂTEAUNEUF-DU-PAPE LE CHÂTAIGNIER 2010
Rouge | 2014 à 2021 | NC **14/20**
Rustique, puissant, très épicé.

MAS NEUF

30600 Gallician
Tél. 04 66 73 33 23 • Fax : 0466733349
contact@chateaumasneuf.com
www.chateau-mas-neuf.com
Visite : Du lundi au jeudi de 9h à 12h et de 14h à 18h. Le vendredi de 9h à 12h et de 14h à 17h.

Luc Baudet s'impose comme une figure rare de la Vallée du Rhône méridionale. Profondément passionné, fou de vins comme de terroirs, il s'évertue à produire sur les terres des Costières de Nimes de délicieux flacons aux accents ensoleillés avec justesse et finesse d'expression. Reposant sur des galets roulés similaires à ceux de Châteauneuf-du-Pape, la gamme de vins se répartit sous trois formes bien différentes : Rhone Paradox regorge de fruits et de convivialité certaine, la gamme Compostelle joue sur des nuances de terroirs plus affirmées et les sélections parcellaires portent haut les valeurs du domaine. à noter, la cuvée Armonio, à l'élevage raffiné, née d'une amitié sincère avec Louis Mitjaville de Tertre Roteboeuf.

Costières de Nîmes Compostelle 2011
Blanc | 2014 à 2020 | 12,60 € **14,5/20**
La roussanne pointe le bout de son nez sur des nuances de miel et de verveine soutenues en bouche par la consistance du viognier.

Costières de Nîmes Rhône Paradox 2011
Blanc | 2014 à 2020 | 7,80 € **14,5/20**
Voici un blanc du soleil aux vertus rafraîchissantes et vivifiantes accompagnées de senteurs de thym et de citron confit.

Costières de Nîmes Rhône Paradox 2010
Rouge | 2015 à 2022 | 7,80 € **14/20**
Nettement dominé par la syrah, le nez donne la réplique à des senteurs de crème de cassis et de marmelade de figue. La texture de bouche offre un croquant de tanins délicieux et beaucoup de gourmandise.

Vin de pays d'Oc Armonio 2008
Rouge | 2017 à 2030 | 33,30 € **17/20**
Issu d'un assemblage rare pour la région : grenache, cabernet sauvignon et merlot, Armonio délivre une fabuleuse gamme aromatique sur la mûre et la cannelle. La bouche se résume par profondeur, suavité et douceur d'extraction.

PHILIPPE ET PASCALE NUSSWITZ

Route de Canaules • 30170 Durfort
Tél. 06 20 88 64 51
philippe@orelia.fr • www.orelia.fr
Visite : Du lundi au samedi sue rendez-vous.

Entre Vallée du Rhone et Languedoc, Philippe et Pascale Nusswitz ont établi leur domaine au coeur du Piémont cévenol. Meilleur Sommelier de France 1986, Philippe se passionne pour les terroirs du Duché d'Uzès qui savent délivrer une subtilité rare et une franche minéralité lorsqu'ils sont présentés à leur juste valeur. C'est le cas ici, avec les différentes cuvées présentées, rivalisant de pureté de fruit et surtout de touchers de bouche suaves et raffinés.

Vin de pays du Duché d'Uzès Orénia-Réserve 2010
Blanc | 2017 à 2025 | 11 € **15,5/20**
L'approche se fait sur des senteurs d'aiguille de pin et de touches calcaire. L'équilibre est de mise en bouche sur une texture effilée et profondément saline.

Vin de pays du Duché d'Uzès Ornénia 2010
Rouge | 2014 à 2022 | 6,70 € **14,5/20**
Entre syrah et grenache, le nez se partage sur des notes de cassis et de prune. La bouche est en demi-puissance, habillée de tanins mûrs et veloutés.

Vin de pays du Gard Miratus 2008
Rouge | 2014 à 2025 | 18 € **16/20**
Sur un millésime qui commence à se découvrir, la gamme aromatique évoque des notes de macis et de poivre noir. La bouche est suave, tout en ampleur et en harmonie.

Vin de Table Miratus
Blanc | 2015 à 2022 | 18 € **15/20**
La gamme aromatique suggère des touches de garrigue et de fruits jaunes confits. La chair en bouche offre du confort et une fine salinité.

OGIER

10, avenue Louis-Pasteur
84232 Châteauneuf-du-Pape
Tél. 04 90 39 32 32 ou 0490393241
Fax : 04 90 83 72 51
caveau@ogier.fr • www.ogier.fr
Visite : Du lundi au samedi de 9h30 à 12h et de 14h à 18h30.

Depuis 1859, Ogier siège en maître à Chateauneuf-du-Pape en s'affirmant comme négociants sérieux avec plusieurs casquettes : Clos de l'Oratoire des Papes, Oratorio, Chorégies et l'étiquette Ogier, qui retient notre attention. Les arrivées de raisins sont strictement vérifiées, pour rentrer la plus belle matière première qui soit. Celle-ci évolue ensuite dans des élevages de différentes contenances : barrique, demi-muid et même cuves tronconiques. Dans le verre, la netteté aromatique tout comme le relief tactile nous ont séduits.

Châteauneuf-du-Pape Clos de l'Oratoire des Papes 2011
Blanc | 2015 à 2025 | 27 € **14,5/20**
La gamme aromatique joue sur une série mentholée et aussi d'agrumes confits. La texture de bouche présente un gras confortable et une matière sphérique.

CHÂTEAUNEUF-DU-PAPE
CLOS DE L'ORATOIRE DES PAPES 2010
Blanc | 2012 à 2015 | NC **15,5/20**
Grenache, clairette et roussanne font bon ménage dans cette cuvée de prestige, dense et fine, avec une belle présence en bouche et une belle longueur.

CHÂTEAUNEUF-DU-PAPE
CLOS DE L'ORATOIRE DES PAPES 2010
Rouge | 2012 à 2018 | NC **16,5/20**
Epices, fruits rouges, beau style, très équilibré, tanins soyeux. Il confirme la progression de la cuvée après un 2009 réussi.

CHÂTEAUNEUF-DU-PAPE GALETS ROULÉS 2010
Rouge | 2017 à 2030 | 25 € **15/20**
Expression fidèle de l'appellation sur des senteurs balsamiques puis chocolatées. La matière de bouche est suave et délicatement poudrée.

CHÂTEAUNEUF-DU-PAPE REINE JEANNE 2010
Rouge | 2015 à 2030 | 19 € **14/20**
La gamme aromatique se présente dans une fine concentration sur des essences nobles de havane et de moka. La bouche encore puissante s'assouplira dans le temps.

CHÂTEAUNEUF-DU-PAPE SAFRES 2010
Rouge | 2012 à 2030 | NC **15/20**
Bon registre de soupe de fruits, allonge charnue, bonne persistance.

CHÂTEAU D'OR ET DE GUEULES

Chemin des Cassagnes • 30800 Saint-Gilles
Tél. 04 66 87 32 86 • Fax : 04 66 87 39 11
chateaudoretdegueules@wanadoo.fr
www.chateau-or-et-gueules.com
Visite : Du lundi au samedi de 9h à 19h.

Diane de Puymorin s'est installée en 1998, sur un terroir de galets roulés et de grès, aux portes de la Camargue. Les vins du domaine ont une forte personnalité, jouant sur la puissance et l'extraction tout en gardant des tanins fins. Les vinifications se font en cuve béton, suivies par un élevage selon le cépage, en barrique ou en cuve. Les cuvées en blanc sont impressionnantes pour leurs textures rafraîchissantes et leur spontanéité. En rouge, les cuvées Les Cimels et La Syrah de Charlotte sont les plus accessibles, sur le fruit, mais avec de belles concentrations de matière. Trassegum et Castel Noù sont des vins puissants et extraits, avec des élevages sous bois plus ambitieux. Les 2009 sont particulièrement réussis, avec une intensité de fruit impressionnante et 2010 montre un retour à l'équilibre plus juste.

COSTIÈRES DE NIMES LA BOLIDA 2009
Rouge | 2012 à 2020 | 23 € **15/20**
2009 s'impose ici dans une concentration impressionnante, marquée par des tanins denses et une série épicée sur la cannelle, le poivre et le balsamique.

COSTIÈRES DE NÎMES CASTEL NOÙ 2010
Rouge | 2013 à 2020 | 17,50 € **15/20**
Le nez plonge d'emblée vers la violette et la mûre. Une texture élégante et raffinée se retrouve en bouche pour laisser place au plaisir.

COSTIÈRES DE NÎMES QU'ES AQUO 2010
Rouge | 2012 à 2020 | 15,50 € **14/20**
Voici un vin construit sur la force et la puissance qui laisse s'exprimer des senteurs balsamiques. Quelques années en cave affineront le caractère solaire perçu en bouche.

COSTIÈRES DE NÎMES TRASSEGUM 2010
Rouge | 2012 à 2020 | 12,50 € **15/20**
Un vin qui livre une partition bien dictée sur des tanins au fondu intéressant, ponctués par des nuances épicées et de confiture de prune noire.

DOMAINE DE L'ORATOIRE SAINT-MARTIN

Route de Saint-Romain • 84290 Cairanne
Tél. 04 90 30 82 07 • Fax : 04 90 30 74 27
falary@wanadoo.fr • www.oratoiresaintmartin.com
Visite : Du lundi au samedi de 9h à 12h et de 14h à 18h30. Fermé les jours fériés.

Depuis près de vingt ans, Frédéric et François Alary font de leur propriété l'une des ambassadrices les plus séduisantes et régulières des Côtes du Rhône. Toujours solidement charpentés, mais sans aucune rudesse de tanin, exprimant avec précision un fruit mûr mais pas surmature, harmonieux en alcool, moins immédiatement gourmands que ceux de Richaud, mais impeccablement construits, leurs vins rouges ne sont jamais meilleurs qu'après un à trois ans de garde, selon les cuvées et les millésimes. Quant aux vins blancs, ils s'épanouissent autour de textures suaves, bien en chair, à la minéralité discrète.

Côtes du Rhône-Villages
Cairanne Haut-Coustias 2010
Blanc | 2015 à 2022 | 16 € **16/20**
Superbe blanc solaire et voué à la gastronomie qui évoque d'emblée l'anis étoilé et le thym. La bouche est sphérique, saline avec une finale salivante à souhait.

Côtes du Rhône-Villages
Cairanne Haut Coustias 2010
Rouge | 2012 à 2016 | 17,50 € **16/20**
L'approche aromatique vient sur des nuances réglissés puis rapidement fumées. La très fine concentration de la bouche est parfaitement équilibrée par un élevage intégré.

Côtes du Rhône-Villages Cairanne
Réserve des Seigneurs 2010
Rouge | 2015 à 2025 | 10,50 € **15/20**
Beaucoup de personnalité au coeur de ce flacon aux accents épicés. La texture de bouche est dense, tout en longueur et en suavité de tannins.

CLOS DES PAPES

13, avenue Pierre-de-Luxembourg - B.P. 8
84231 Châteauneuf-du-Pape
Tél. 04 90 83 70 13 • Fax : 04 90 83 50 87
clos-des-papes@clos-des-papes.com
www.clos-des-papes.com
Visite : Du lundi au jeudi de 8h à 12h et de 14h à 18h. Fermé à 17h le vendredi.

Le Clos des Papes, qui s'appuie malgré son nom sur vingt-quatre parcelles situées dans pratiquement tous les terroirs (mais avec tout de même 7 hectares sur la Crau), est l'un des grands classiques de Châteauneuf : on ne trouve pratiquement pas un millésime faible, ici, depuis vingt ans. Les Avril n'ont pas succombé à la mode des cuvées spéciales, aussi leur vin brille-t-il par sa plénitude. Le blanc n'est pas négligeable, ni en quantité (un dixième des surfaces plantées) ni en qualité, elle aussi tout en équilibre et en fraîcheur.

Châteauneuf-du-Pape 2010
Blanc | 2012 à 2015 | NC **16,5/20**
Amertume de clairette et grenache blanc, belle matière bonne fraîcheur, avec de la profondeur et un soupçon de sucre roux.

DOMAINE DU PEGAU

15, avenue Impériale • 84230 Châteauneuf-du-Pape
Tél. 04 90 83 72 70 • Fax : 04 90 83 53 02
pegau@pegau.com • www.pegau.com
Visite : De 10h à 12h et de 13h30 à 17h.

Laurence Féraud et son père ont fait de cette propriété de Châteauneuf-du-Pape l'un des archétypes de l'appellation. La gamme se compose de trois cuvées : un généreux châteauneuf classique, la cuvée Laurence, qui bénéficie d'un élevage en barrique, et la cuvée Da Capo, sélection de vieilles vignes élevée en bois neuf et proposée dans les meilleurs millésimes. Longtemps puissants mais parfois rustiques, les vins ont bénéficié d'une inflexion vers plus de fraîcheur et d'équilibre.

Châteauneuf-du-Pape Réservée 2010
Rouge | 2015 à 2025 | NC **17/20**
Avec puissance, richesse, c'est un très beau chateauneuf de garde classique et profond.

DOMAINE PÉLAQUIÉ

7, rue Vernet • 30290 Saint-Victor-la-Coste
Tél. 04 66 50 06 04 • Fax : 04 66 50 33 32
contact@domaine-pelaquie.com
www.domaine-pelaquie.com
Visite : Du lundi au samedi de 9h à 12h et de 14h à 18h.

La famille Pélaquié cultive des vignes à Saint-Victor-la-Coste depuis le XVIe siècle. Les blancs du domaine sont parmi les plus frais et les plus élégants de la région, avec une belle texture et une pureté de fruits admirable. Superbe lecture du millésime 2009 avec un très juste compromis extraction-structure.

Côtes du Rhône-Villages Laudun 2010
Rouge | 2017 à 2030 | 6,70 € **14/20**
La gamme aromatique suggère des nuances chocolatées puis réglissées. La bouche est bien en place et structurée par des tanins savoureux.

Côtes du Rhône-Villages Laudun 2009
Rouge | 2017 à 2027 | 10 € **14/20**
Un flacon de pur plaisir aux senteurs de baies noires finement ensoleillées. La matière en bouche est sphérique avec un grain de tanin très fin.

PERRIN ET FILS

Route de Jonquières • 84100 Orange
Tél. 04 90 11 12 00 • Fax : 04 90 11 12 19
familleperrin@beaucastel.com
www.perrin-et-fils.com

Si La Vieille Ferme, savoureux et fruité côtes-du-ventoux, est un assemblage de vins issus de leurs vignes et de vins achetés à différents producteurs, toutes les autres cuvées de cette entreprise familiale créée par la famille propriétaire du Château de Beaucastel (Châteauneuf-du-Pape) correspondent à des vignobles directement administrés et cultivés par les Perrin. La gamme a ainsi beaucoup gagné, autant en homogénéité de style - avec des vins vigoureux, nets et sans lourdeur - qu'en capacité à exprimer fidèlement les terroirs qu'elle illustre. Les cuvées de châteauneuf, gigondas et vinsobres sont parmi les meilleures expressions de leurs appellations respectives.

Côtes du Rhône Perrin Réserve 2010

Rouge | 2012 à 2015 | NC **14,5/20**

Plein et structuré, un côtes-du-rhône sérieux, parfait pour les viandes grillées.

Côtes du Ventoux La Vieille Ferme 2011 ☺

Rouge | 2012 à 2014 | 4,50 € **14/20**

Fruité, équilibré et svelte, parfaite définition du vin gourmand.

Vinsobres Les Cornuds 2009

Rouge | 2012 à 2016 | NC **15,5/20**

Arômes de violette et de fruits noirs, un vin élégant, parfaitement vinifié, belle rondeur, finesse des tanins, finale fraîche. Un an de bouteille supplémentaire l'a encore affiné.

CHATEAU PESQUIÉ

Route de Flassan - B.P. 6 • 84570 Mormoiron
Tél. 04 90 61 94 08 • Fax : 04 90 61 94 13
contact@chateaupesquie.com
www.chateaupesquie.com

Visite : Du lundi au vendredi de 9h à 12h et de 14h à 18h. De Pâques à septembre, du lundi au dimanche de 9h à 12h et de 14h à 18h.

Affaire familiale depuis trois générations maintenant, Château Pesquié produit une large gamme de vins structurés, dans un style moderne et ambitieux. Le domaine, avec son traditionnel château provençal, exploite neuf cépages différents sur des coteaux de graves argilo-calcaires, à 300 mètres d'altitude. Les vins sont vinifiés avec précision, avec souvent un passage en barrique ou en foudre. La lecture des derniers millésimes confirme des vins à la puissance affirmée sans être dénués de finesse.

Côtes du Ventoux Artemia 2009

Rouge | 2015 à 2020 | 25 € **16/20**

Le nez joue tout de suite la carte de la fine concentration aromatique sur des nuances de réglisse et de crème de cassis. La bouche renferme un toucher soyeux et juteux.

Côtes du Ventoux Quintessence 2009

Rouge | 2015 à 2020 | épuisé **16/20**

Parfaite expression mentholée puis finement fumée. La matière en bouche est sphérique, ample, avec un grain de tanin finement tendu.

DOMAINE DE PIAUGIER

3 route de Carpentras • 84110 Sablet
Tél. 04 90 46 96 49 • Fax : 04 90 46 99 48
piaugier@yahoo.fr • www.piaugier.fr

Visite : Tous les jours sur rendez-vous.

Ce charmant domaine viticole s'impose sans conteste comme l'une des valeurs les plus sûres sur le terroir de Sablet. Propriété familiale depuis 4 générations, il se répartit entre Gigondas, Sablet et Côtes du Rhône. Le morcellement du domaine lui permet de reposer sur des sols bien différents à dominance d'argile. Les vinifications sont très douces, en cuves pour les vins blancs tandis qu'une partie des rouges est passée en barriques et en demi-muids.

Côtes du Rhône-Villages Sablet 2010

Rouge | 2015 à 2022 | 7,90 € **14/20**

Formé autour d'un duo syrah-grenache, le nez présente des notes chocolatées et épicées. La bouche repose sur une matière bien en place et bien structurée.

Gigondas 2010

Rouge | 2017 à 2027 | 16,50 € **15/20**

Entre syrah, grenache et mourvèdre, le nez trouve son point d'expression sur des nuances de cassis, de myrtille et de bois précieux. L'étoffe de la bouche est dessinée par des tanins fondus et gourmands.

DOMAINE DE PIGNAN

17, avenue des Bosquets
84230 Châteauneuf-du-Pape
Tél. 04 90 83 55 38 • Fax : 04 90 83 55 38
charvin@domaine-de-pignan.com
www.domaine-de-pignan.com

Châteauneuf-du-Pape Coralie et Floriane 2010
Rouge | 2014 à 2021 | NC **15,5/20**
Le boisé parait un peu superfétatoire, c'est dommage, car le vin est fin et se développe avec fraîcheur et onctuosité.

Châteauneuf-du-Pape Traditionnelle 2010
Blanc | 2012 à 2015 | NC **15/20**
Belle robe profonde, fruits noirs, bouche gourmande généreuse, bon équilibre fin.

DOMAINE PHILIPPE PLANTEVIN

La Daurelle • 84290 Cairanne
Tél. 04 90 30 71 05 • Fax : 04 90 30 77 75
philippe-plantevin@wanadoo.fr
www.domainephilippeplantevin.com
Visite : Sur rendez-vous les mardi, mercredi et jeudi de 10h à 15h.

Idéalement situé sur les communes de Cairanne, de Sainte-Cécile-les-Vignes, de Visan et de Travaillan, ce domaine s'étend sur plus de 40 hectares. Reposant sur des sols argilo-calcaires appelés localement «garrigues», les vins sont travaillés avec tact et finesse d'extraction. Les millésimes présentés rivalisent de finesse et de complexité.

Côtes du Rhône-Villages 2011
Blanc | 2015 à 2020 | 6,50 € **14/20**
Dominé par le viognier, le nez se présente sur des nuances de chèvrefeuille et d'anis. La bouche est bien en chair avec une fraîcheur ciselé.

Côtes du Rhône-Villages 2007
Rouge | 2014 à 2020 | 6,50 € **14,5/20**
L'évolution a fait son travail. Nuances de framboise cuite et de confiture de fraise des bois. La bouche est large, bien en chair avec des tanins bien en place.

Côtes du Rhône-Villages Le Perrussier 2009
Rouge | 2015 à 2022 | épuisé **15/20**
L'aromatique suggère avec élégance des touches de crème de groseille et de poivre. La bouche offre un relief en demi-puissance avec une rétro olfaction portée sur la girofle.

DOMAINE LE POINTU

255, chemin de la Grande-Allée • 84350 Courthézon
Tél. 04 90 51 03 62 • Fax : 04 90 51 03 62
domainelepointu@orange.fr
www.domaine-le-pointu.com
Visite : De 9h à 12h et de 14h à 19h.

Châteauneuf-du-Pape Aeternalis 2010
Rouge | 2013 à 2020 | NC **15/20**
Rond et souple, fruits au sirop, bouche tendre, petite persistance sur les épices fins.

DOMAINE PORTE ROUGE

SCEA Friedman 9, avenue des Bosquets
84230 Chateauneuf-du-Pape
Tél. 06 80 67 85 02
contact@domaineporterouge.fr
www.domaineporterouge.fr
Visite : Sur rendez-vous.

Châteauneuf-du-Pape 2010
Rouge | 2014 à 2021 | 17 € **16/20**
Finement épicé et fruité, allonge raffinée, bonne onctuosité, équilibre fin.

DOMAINE RASPAIL-AY

Le Colombier • 84190 Gigondas
Tél. 04 90 65 83 01 • Fax : 04 90 65 89 55
raspail.ay@orange.fr
Visite : Du lundi au vendredi de 8h à 12h et de 13h à 17h. Le week-end et jours fériés sur rendez-vous.

Dominique Ay (prononcer [è]) est l'une des figures emblématiques de Gigondas. Son domaine est un bon exemple d'un des styles qu'il est possible de faire sur l'appellation : des vins droits, aux tanins puissants, à la matière profonde et bien mûre. Les flacons demandent un peu de temps à se faire, mais votre patience sera largement récompensée. Les vieux millésimes que nous avons pu goûter en sa compagnie démontraient la grande qualité du terroir de Gigondas.

Gigondas 2010
Rouge | 2017 à 2030 | env. 13 € **16,5/20**
Dégusté juste avant mise, la gamme aromatique est entêtante sur le poivre noir avec une profondeur rare. La texture de bouche présente une matière veloutée à l'extrême avec un fondu de tanins délicieux. Faites-le patienter en cave au moins dix ans.

CHÂTEAU RAYAS

84230 Châteauneuf-du-Pape
Tél. 04 90 83 73 09 • Fax : 04 90 83 51 17
www.chateaurayas.fr

Situé sur un terroir de sables très compacts qu'on appelle safres, aéré et rafraîchi par de petites pinèdes, Rayas possède une situation véritablement à part à Châteauneuf. Ses principes, qui sont à contre-courant des vins modernes sur le plan de l'élevage (on utilise ici des foudres et des barriques en bois si vieux qu'il en paraît minéralisé), sont apparus en revanche très en avance sur l'essentiel : petits rendements sur les pieds, attente de la maturité parfaite pour récolter, vinification naturelle et sans recherche d'extraction maximale. Emmanuel Reynaud, en place depuis 1997, les applique avec beaucoup de subtilité mais sans esbroufe. Les derniers millésimes de Rayas n'ont jamais été aussi complets, dans un style qui privilégie toujours une souveraine finesse.

Châteauneuf-du-Pape 2010

Blanc | 2015 à 2025 | NC **18/20**

Très droit, ample et fin, de grande fraîcheur également, c'est un blanc riche mais sans aucune lourdeur, ultra racé.

Châteauneuf-du-Pape 2009

Rouge | 2016 à 2030 | NC **18,5/20**

Incontestablement riche et enveloppant, mais aussi fin et suave qu'à l'accoutumée : au final, un grand Rayas de longue garde qui fera date par son ampleur.

Châteauneuf-du-Pape Pignan 2009

Rouge | 2015 à 2025 | NC **17/20**

Belle générosité, finesse soyeuse, grande allonge souple. Splendide.

DOMAINE RICHAUD

Route de Rasteau • 84290 Cairanne
Tél. 04 90 30 85 25 • Fax : 04 90 30 71 12
marcel.richaud@wanadoo.fr
Visite : Du lundi au samedi de 9h à 12h et de 14h à 18h.

Personnalité vive, perfectionniste et attachante, Marcel Richaud représente certainement mieux que quiconque le métier de vigneron, avec sa noblesse simple et sa capacité à toujours se remettre en question. Peu ont, comme lui, porté autant d'attention à tous les vins de leur gamme, et on peut être sûr, ici, de se régaler avec un simple vin de table comme avec une cuvée aussi ambitieuse que L'Ébrescade. Les 2010 offrent une lecture harmonieuse, avec toujours une extraction affirmée sans être jamais excessive.

Côtes du Rhône-Villages Cairanne 2010

Rouge | 2015 à 2022 | 12 € **16/20**

La gamme aromatique présente des nuances de figue rôtie et de havane. La texture de bouche offre un poudré de tanins gourmand et finement velouté.

Côtes du Rhône-Villages Cairanne L'Ébrescade 2009

Rouge | 2015 à 2030 | 18 € **17/20**

La profondeur et l'étoffe du nez séduisent et nous plongent sur la prune noire, le cuir et la terre humide. La bouche est subtilement concentrée avec une minéralité profonde. A découvrir ou redécouvrir dans 10 ans.

ROC D'ANGLADE

700, chemin de Vignecroze • 30980 Langlade
Tél. 04 66 81 45 83 • Fax : 04 66 75 39 06
remy.pedreno@rocdanglade.fr • www.rocdanglade.fr
Visite : Sur rendez-vous.

Passionnés et passionnants, Rémy et Martine Pedreno ont porté millésime après millésime les vins du Roc d'Anglade vers de la finesse et une profonde élégance. Les blancs, travaillés autour du chenin, se révèlent être de parfaits partenaires pour la gastronomie. Côté rouge, les textures sont bien équilibrées, veloutées, signées par des élevages raffinés et longs. Le rosé très confidentiel est à découvrir également.

Vin de pays du Gard 2010

Blanc | 2012 à 2018 | 32 € **15/20**

La gamme aromatique évoque la poire, la verveine, sur un fond de fruits jaunes. La minéralité imprime la bouche avec une vivacité saisissante.

Vin de pays du Gard 2009

Rouge | 2012 à 2020 | 34 € **15/20**

Encore au début d'une longue vie, 2009 séduit par son nez très complexe sur le réglisse. La bouche est longue, bien mûre, avec une matière savoureuse et riche

DOMAINE ROCHE-AUDRAN

Route de Saint Roman • 84110 Buisson
Tél. 04 90 28 96 49 • Fax : 04 90 28 90 96
roche-audran@orange.fr • www.roche-audran.com
Visite : Sur rendez-vous.

Châteauneuf-du-Pape 2010
Rouge | 2014 à 2021 | 28 € **15/20**
Coloré, fruits noirs, épicé, bon volume intense.

DOMAINE DE LA ROIZELIÈRE

14, rue Frédéric-Soumille • 84350 Courthézon
Tél. 04 90 70 80 29 • Fax : 04 90 70 25 84
dom.roizeliere@wanadoo.fr • non
Visite : Sur rendez-vous.

Châteauneuf-du-Pape 2010
Rouge | 2012 à 2021 | NC **16,5/20**
Vin charnu et structuré, belle densité, équilibre remarquable, finale persistante sur les épices fins et la fraîcheur.

DOMAINE DE LA RONCIÈRE

B.P. 86 • 84232 Châteauneuf-du-Pape
Tél. 04 90 83 78 08 • Fax : 04 90 83 74 52
domaine.de.la.ronciere@wanadoo.fr
www.domaine-de-la-ronciere84.com
Visite : De 10h30 à 19h.

Châteauneuf-du-Pape Tradition 2010
Rouge | 2014 à 2021 | NC **15,5/20**
Coloré, tabac brun, épicé, bon volume avec de la sève.

DOMAINE DE LA ROQUÈTE

2, avenue Louis-Pasteur - B.P. 22
84230 Châteauneuf-du-Pape
Tél. 04 90 33 00 31 • Fax : 04 90 33 18 47
vignobles@brunier.fr • www.vignoblesbrunier.fr
Visite : Sur rendez-vous.

Le domaine appartient à la famille Brunier (Vieux Télégraphe) mais il dispose de ses propres installations dans le village de Châteauneuf, et son vignoble est indépendant. De fait, il se situe dans la zone de la Roquette (sables et sous-sol argilo-calcaire), sur le plateau de Pied-Long (galets) et les sables de Pignan.

Châteauneuf-du-Pape 2010
Rouge | 2014 à 2021 | NC **15/20**
Laurier et olive, vin volumineux et épicé en bouche, avec des tanins enrobés et un style pas ultra fin mais large d'épaule.

Châteauneuf-du-Pape Clos la Roquète 2010
Blanc | 2014 à 2020 | NC **14,5/20**
Vin large et languide, gras et gourmand, bonne allonge sur le laurier, volume savoureux.

ROUCAS TOUMBA

Les restanques de Cabassole • 84190 Vacqueyras
Tél. 04 90 12 39 36ou 06 77 49 74 37.
roucas.toumba@gmail.com
Visite : Sur rendez-vous uniquement.

Eric Bouletin a repris les vignes de ce domaine d'exception en 2003. Roucas Toumba, qui signifie «rocher tombé» en vieux provençal, repose sur à peine 3 hectares, choyés comme des jardins japonais. Tout est pensé au plus près de la nature, sans aucun traitement de synthèse ni pratique œnologique à la cave. Les sols sont principalement caillouteux avec des présences non négligeables de calcaire et d'argile. Les vins, quant à eux, offrent des concentrations marquées, des saveurs étoffés sans jamais tomber dans le too much. Vraie émotion avec le vacqueyras blanc, à découvrir d'urgence.

Vacqueyras 2010
Blanc | 2015 à 2025 | 15 € **15/20**
Dans un florilège de cépages rhodaniens, le nez joue sur des senteurs de cédrat et de poivre blanc. La texture de bouche est en demiegras avec une finale profondément saline.

DOMAINE ROUGE GARANCE

Chemin de Massacan • 30210 Saint-Hilaire-d'Ozilhan
Tél. 04 66 37 06 92 • Fax : 04 66 37 06 92
contact@rougegarance.com
www.rougegarance.com
Visite : Du lundi au samedi de 9h à 12h et de 14h à 17h30. De juillet à août, du lundi au samedi de 9h à 12h et de 14h30 à 18h.

Premiers du village à quitter la cave coopérative de Saint-Hilaire-d'Ozilhan, Bertrand et Claudie Cortellini se sont associés en 1996 avec le comédien Jean-Louis Trintignant pour créer leur propre domaine. Les vignes sont situées sur la rive droite du Rhône, sur les communes de Castillon-du-Gard et Saint-Hilaire-d'Ozilhan. Les vendanges sont manuelles, la vinification sans soufre, les vignes certi-

fiées en bio, tout indique ici un travail précis et en perpétuelle quête de progression. Côté vins, c'est leur fraîcheur et leur buvabilité, avec des prix très raisonnables, qui nous séduisent chaque année.

Côtes du Rhône 2011
Blanc | 2012 à 2014 | NC **15/20**
Notes de fruits exotiques au nez et en bouche, belle fraîcheur et équilibre, très bon exemple d'un vin du sud de grande buvabilité !

Côtes du Rhône Blanc de Garance 2011 ☺
Blanc | 2012 à 2015 | 8,50 € **14/20**
Superbe expression aromatique sur l'abricot et la pêche de vigne. La bouche renferme une chair acidulée, spontanée, avec de l'équilibre et une touche de citron confit.

Côtes du Rhône Feuilles de Garance 2011
Rouge | 2012 à 2015 | 7,50 € **14/20**
Un vin qui exprime bien le millésime, épicé au nez, la bouche est moins concentrée que d'habitude, rond et plein avec un tanin souple.

Côtes du Rhône Garances 2010
Rouge | 2012 à 2016 | NC **15/20**
Un nez savoureux qui met l'eau à la bouche : très belle cuvée à base de syrah, bien équilibrée.

Côtes du Rhône-Villages Les Saint-Pierre 2010
Rouge | 2014 à 2016 | 16 € **15/20**
La seule cuvée élevée en barrique, 90 % syrah, complété par le mourvèdre. Dense et sérieux, belle texture, bonne fraîcheur, l'élevage emporte le final, il lui faut du temps.

DOMAINE JEAN ROYER

84230 Châteauneuf-du-pape
Tél. 09 52 65 56 29 • Fax : 04 90 02 31 25
info@domainejeanroyer.fr • www.domainejeanroyer.fr
Visite : Sur rendez-vous.

Châteauneuf-du-Pape Sables de la Crau 2010
Rouge | 2013 à 2021 | 49 € **15,5/20**
Rond, tendre, souple et fruité, un joli grain.

DOMAINE RUFFINATTO

Chemin de Barielle • 84560 Ménerbes
Tél. 04 90 72 86 67 ou 06 30 80 95 20
Fax : 04 90 72 39 76
cruffinatto@orange.fr • ww.domaine-ruffinatto.fr
Visite : Sur rendez-vous.

Christian Ruffinatto a démarré en 2001, avec quelques parcelles en location. Aujourd'hui, il gère près de 7 hectares de vignes et figure parmi l'élite de la région, celle qui montre le vrai potentiel de cette appellation. Ses vins sont raffinés, avec de belles constructions, toujours axés sur la finesse. Les cuvées Les Ménines sont des vins riches et flatteurs avec de belles constitutions, tandis que la cuvée Infante, produite uniquement les années exceptionnelles, est profonde et sérieuse, avec des tanins toujours très élégants et fins.

Côtes du Luberon Les Ménines 2011
Blanc | 2014 à 2020 | 11 € **15,5/20**
Beaucoup de finesse aromatique marquée par le thym, l'abricot et le miel. La bouche s'ouvre sur une fraîcheur délicate acidulée et vivifiante.

Côtes du Luberon Les Ménines 2010
Rouge | 2014 à 2020 | 9 € **15/20**
Délicieux rouge tout en finesse de constitution, avec une structure en demi-puissance ponctuée par des nuances de fruits noirs et d'épices.

DOMAINE SAINT-AMANT

Saint-Amant • 84190 Suzette
Tél. 04 90 62 99 25 • Fax : 04 90 65 03 56
contact@saint-amant.com
www.domainesaintamant.com
Visite : Du lundi au vendredi de 9h à 18h.

Le domaine a été créé par la famille Wallut en 1990, quand celle-ci a décidé de planter du viognier autour de sa maison de vacances. Les vignes sont situées entre 400 et 600 mètres d'altitude, ce qui apporte fraîcheur et élégance aux vins du domaine. La moitié de la production du domaine est en blanc, presque entièrement dédiée au cépage viognier qui, grâce à l'altitude, produit des vins délicats et floraux, sans la lourdeur qui empâte tant de viogniers du Sud. Les rouges possèdent aussi des bouquets pleins et floraux. 2010 succède aux brillants vins de 2009, pour offrir un retour à des matières équilibrées et harmonieuses.

Beaumes de Venise Grangeneuve 2010
Rouge | 2015 à 2025 | 10 € **15/20**
Plus solaire, finement chocolaté et profond. La trame est orientée vers une matière fine et ciselée par la grenache.

Côtes du Rhône Las Clapas 2010
Rouge | 2015 à 2025 | 8 € **15/20**
La gamme aromatique joue la carte de l'épice avec la coriandre et la cannelle. La bouche reflète une matière délicatement fondue avec une suavité délectable.

Côtes du Rhône-Villages La Tabardonne 2010
Blanc | 2014 à 2022 | 15 € **16/20**
Taillé pour la gastronomie, l'abricot et les agrumes se dessinent sur un nez finement aromatique. La bouche offre un volume consistant et très salin.

CHÂTEAU DE SAINT-COSME

84190 Gigondas
Tél. 04 90 65 80 80 • Fax : 04 90 65 81 05
barruol@chateau-st-cosme.com
www.saintcosme.com
Visite : Du lundi au vendredi de 9h à 17h.

Au coeur du merveilleux village de Gigondas, Louis Barruol règne en maître sur de nombreuses appellations acquises en propriété ou par le biais du négoce. Toutes issues de très vieilles vignes, elles expriment au gré de vinifications minutieuses et d'élevages très racés, l'immense potentiel de leurs terroirs. Les flacons présentés rivalisent de finesse de textures avec un toucher de bouche consistant et toujours affiné par des boisés nobles. Les 2010 offrent une lecture subtile et harmonieuse du millésime

Côte Rôtie 2010 ☺
Rouge | 2018 à 2029 | 31 € **16/20**
Juste avant la mise en bouteille, des nuances de rose et d'encre de Chine viennent rejoindre une bouche à la matière ciselée épaulée par une trame raffinée et veloutée. Découvrez-la dans une bonne dizaine d'années.

Côtes du Rhône Les Deux Albions 2010 ☺
Rouge | 2015 à 2020 | 8 € **14/20**
Gourmand et respirant le fruit encore acidulé, c'est un flacon qui régalera les palais exigeants avec un rapport qualité-prix séduisant.

Gigondas 2010
Rouge | 2018 à 2030 | 14,50 € **15/20**
Apprécié en cours d'élevage, la gamme aromatique joue avec le fruit noir confit et l'épice. La suavité de la bouche est soutenue par des tanins denses et fondus.

Gigondas Hominis Fides 2010
Rouge | 2020 à 2035 | 38 € **17/20**
A l'approche de la gamme aromatique, on devine une constitution et une matière profondément concentrées. La texture de bouche est ample, tapissante, avec une fantastique longueur doublée de senteurs chocolatées et fumées.

Gigondas Valbelle 2010
Rouge | 2018 à 2030 | 25 € **16/20**
La profondeur déja affirmée au nez impressionne par l'harmonie et la sensualité qu'elle développe en bouche au gré de nuances chocolatées et de mine de crayon.

CLOS SAINT-JEAN

18, avenue Général-de-Gaulle
84231 Châteauneuf-du-Pape
Tél. 04 90 83 58 00 • Fax : 04 90 83 58 02
clos-st-jean@orange.fr
Visite : Sur rendez-vous.

Ce vaste domaine, conseillé par le brillant Philippe Cambie, possède une gamme à la fois originale et complète de châteauneufs. Les trois cuvées sont très complémentaires et méritent d'être découvertes.

Châteauneuf-du-Pape 2010
Blanc | 2012 à 2015 | NC **16/20**
Vif et expressif, un corps plein avec des notes d'agrumes confits et une touche d'amertume en finale.

CLOS SAINT-MICHEL

2505, route de Châteauneuf-du-Pape
84700 Sorgues
Tél. 04 90 83 56 05 • Fax : 04 90 83 56 06
mousset@clos-saint-michel.com
www.clos-saint-michel.com
Visite : De 8h à 12h30 et de 13h30 à 19h.

Ce grand domaine d'une quinzaine d'hectares s'appuie sur un encépagement assez équilibré entre grenache, syrah et mourvèdre. On retrouve ces assemblages dans les deux cuvées principales (Clos Saint Michel et Réservée), le Grand Clos étant quant à lui composé uniquement de mourvèdre.

Châteauneuf-du-Pape 2011

Blanc | 2012 à 2015 | NC **16,5/20**

Belle robe or vert, floral et finement agrumes, fin, technique mais brillant, belle allonge gourmande.

Châteauneuf-du-Pape Réservée 2010

Rouge | 2014 à 2021 | NC **14,5/20**

Coloré, boisé, sérieux, un volume assez intense mais plutôt sec en finale.

DOMAINE SAINT-PRÉFERT

Quartier des Serres • 84230 Châteauneuf-du-Pape
Tél. 04 90 83 75 03 • Fax : 04 90 33 26 23
contact@st-prefert.fr • www.st-prefert.fr

En quelques années, Isabel Ferrando a amené à un niveau remarquable ce domaine historique de l'appellation, situé au sud du secteur, dans le quartier des Serres. Deux cuvées de vieilles vignes existent, Collection Charles Giraud et Réserve Auguste Favier, tandis qu'une autre parcelle produit un vin proposé sous le nom de Domaine Isabel Ferrando. Il faut aussi s'intéresser au rare blanc de clairette.

Châteauneuf-du-Pape 2010

Blanc | 2012 à 2015 | NC **15,5/20**

Un vin riche, plein en bouche, des notes de fruits exotiques bien fait dans un style mûr et moderne.

Châteauneuf-du-Pape 2010

Rouge | 2012 à 2021 | NC **16/20**

Robe carmin, bon fruit mûr et frais, allonge souple et tendre, précis et plutôt racé.

Châteauneuf-du-Pape Collection Charles Giraud 2010

Rouge | 2014 à 2021 | NC **16,5/20**

Robe moyennement intense, jolis arômes de fraise sans lourdeur, équilibre et délicatesse, tapissante, pas surpuissant mais fin et subtil.

Châteauneuf-du-Pape Réserve Auguste Favier 2010

Rouge | 2013 à 2022 | NC **17/20**

Belle palette aromatique fine et subtile, attaque tapissante, allonge racée, beau volume intense.

Châteauneuf-du-Pape Vieilles Vignes clairette 2010

Blanc | 2012 à 2016 | NC **16,5/20**

Une cuvée exceptionnellement profonde, riche, avec un caractère affirmé. Texture longue.

CHÂTEAU SAINT-ROCH

Chemin de Lirac • 30150 Roquemaure
Tél. 04 66 82 82 59 • Fax : 04 66 82 83 00
brunel@chateau-saint-roch.com
www.chateau-saint-roch.com
Visite : Du lundi au jeudi de 8h à 12h et de 13h30 à 17h30. Fermé parfois le jeudi. Le vendredi de 8h à 12h et de 14h à 17h.

Châteauneuf-du-Pape 2010

Rouge | 2012 à 2021 | NC **16,5/20**

Coloré, rond, velouté, beau fruit noir, allonge complète et finale suave. De la classe.

DOMAINE SALADIN

Les Pentes-de-Salaman
07700 Saint-Marcel-d'Ardèche
Tél. 04 75 04 63 20 • Fax : 04 75 04 63 20
domaine.saladin@wanadoo.fr
ou contact@domaine-saladin.com
www.domaine_saladin.com
Visite : Du lundi au vendredi de 8h à 12h et de 14h à 19h. Le week-end sur rendez vous.

Souriantes et très ouvertes, les sœurs Saladin parlent avec enthousiasme et passion de leurs vignes et de leurs vins. La fraîcheur de ces terroirs ardéchois leur permet de produire des côtes-du-rhône et côtes-du-rhône-villages élégants, soyeux, et des équilibres bien gérés. Depuis 2006, les cuvées Haut Brisson et Chaveyron 1422 sont étiquetées en vins de table. Le comité de dégustation ayant refusé l'agrément de l'une d'elles, les sœurs ont décidé que leurs meilleures cuvées resteraient en vin de table, pour votre plus grand plaisir.

Côtes du Rhône Loï 2009

Rouge | 2015 à 2022 | 11 € **15,5/20**

La puissance liée au millésime se distingue sur une gamme aromatique complexe et finement chocolatée. La texture de bouche, aux tanins veloutés, est suave.

Côtes du Rhône-Villages Per Èl 2010

Blanc | 2015 à 2022 | 16 € **15/20**

Le cédrat, les fruits confits et la citronnelle se donnent la repartie sur un nez aérien. La bouche repose sur une très fine trame saline et vive à souhait.

Vin de Table Haut-Brissan 2007

Rouge | 2015 à 2025 | 20 € **16/20**

Séduisante gamme aromatique sur la fourrure, la nèfle et une tonalité plus épicée. La corps en bouche repose sur une matière effilée avec une juste concentration.

DOMAINE SCAMANDRE-RENOUARD

Chemin des Coquillons - Gallician • 30600 Vauvert
Tél. 06 15 38 63 07 • Fax : 01 46 57 40 63
information@scamandre.com
scamandreadr@aol.com • www.scamandre.com
Visite : Sur rendez-vous.

Ce domaine, créé en 2000 sur un terroir de galets roulés en petite Camargue, a résolument choisi de jouer la carte de la modernité. Des vins ambitieux, avec de longs élevages en barrique : les créateurs ont une vision contemporaine et internationale de leur production. Les vignes sont travaillées dans le plus grand respect de la nature, souvent avec l'aide d'un cheval. Le chai ultra moderne installé au milieu des vignes est un outil de travail efficace pour l'équipe dirigée par l'œnologue bordelais Stéphane Beuret. Les vins rouges sont puissants mais équilibrés, assez fermes dans leur jeunesse car le passage en barrique reste très marqué. Le blanc gagne de plus en plus en finesse tandis que le rosé est résolument atypique sur le millésime 2011, tout comme une vendange tardive de muscat à petits grains très agréable.

Costières de Nîmes 2007
Rouge | 2014 à 2025 | 18 € **15/20**
Porté par la générosité du millésime, la gamme aromatique évoque la crème de cassis et la garrigue. La bouche est dense, étoffée, presque compacte tant les tanins apparaissent serrés.

Vin de pays du Gard 2011
Blanc | 2014 à 2020 | 18 € **14/20**
Un flacon qui joue la carte sudiste, mais avec un relief finement acidulé, dynamique, sur des senteurs légèrement citronnées.

CHÂTEAU DE LA SELVE

07120 Grospierres
Tél. 04 75 93 02 55 • Fax : 04 75 93 09 37
florence@chateau-de-la-selve.fr •
www.chateau-de-la-selve.fr
Visite : Du lundi au vendredi de 9h à 12h et de 14h à 18h. Vacances scolaires et de mai à octobre, du lundi au samedi de 9h à 12h et de 14h à 19h.

En plein cœur de l'Ardèche, Benoît Chazallon cultive,avec sa femme Florence, 40 hectares de vignes en agriculture biologique. Le domaine possède une large palette de cépages, tous vinifiés en levures indigènes, pour faire plusieurs cuvées mises en bouteille sans filtration. Nous avons particulièrement apprécié les vins de la gamme Les Confidentielles (Florence, L'Audacieuse et Madame de) élaborés uniquement à partir de cépages méridionaux.

Vin de pays de l'Ardèche Beaulieu 2009
Rouge | 2014 à 2024 | 9,90 € **14/20**
Le végétal mûr s'exprime sur des nuances de laurier et de crème de cassis. La gourmandise de la bouche, harmonieuse et équilibrée, laisse espérer des accords vins et mets savoureux.

Vin de pays de l'Ardèche Florence 2009
Rouge | 2014 à 2025 | 42 € **15/20**
Issue d'un élevage affirmé, cette cuvée renferme des nuances de tapenade et de fruits cuits. La bouche est dense, encore compacte, a toutes les capacités pour s'affiner avec le temps

Vin de pays de l'Ardèche Madame de 2011
Blanc | 2014 à 2018 | 22 € **15/20**
Pur viognier élevé avec tension. élégantes notes fumées. La bouche en demi gras offre un plaisir direct avec un boisé intégré.

Vin de pays de l'Ardèche Palissaire 2010
Rouge | 2014 à 2020 | 6,75 € **14/20**
Le merlot domine aromatiquement cette cuvée aux notes de crème de cassis et de violette. La bouche s'ouvre tout en soyeux et en fondu de tanins.

Vin de pays de l'Ardèche Saint Régis 2011
Blanc | 2014 à 2020 | 9,90 € **14/20**
Expression dynamique et rafraîchissante sur des accents mentholés. La bouche renferme de la tension avec une délicate salinité en finale.

Vin de pays de l'Ardèche Serre de Berty 2009
Rouge | 2014 à 2022 | 13,95 € **14/20**
Aromatiquement, on découvre un registre tourné vers les épices et la marmelade de fruits noirs. La texture de bouche est dense, serrée, avec des fragrances plus balsamiques.

DOMAINE DES SÉNÉCHAUX

3, rue de la Nouvelle-Poste
84230 Châteauneuf-du-Pape
Tél. 04 90 83 73 52 • Fax : 04 90 83 52 88
senechaux@domaine-des-senechaux.com
Visite : Du lundi au vendredi de 9h à 12h
et de 13h à 17h.

Ce domaine très ancien et très bien situé, avec des sols de galets, d'argiles et de safre, a été repris en 2006 par la famille Cazes, propriétaire entre autres du pauillac Lynch-Bages. Une seule cuvée est produite en blanc comme en rouge, et les derniers millésimes indiquent une tranquille montée en puissance.

Châteauneuf-du-Pape 2010
Blanc | 2012 à 2015 | NC **15/20**
Jolies notes florales, agréable et élégant en bouche, une belle expression fraîche et longue.

CHÂTEAU SIXTINE

10, route de Courthezon
84230 Châteauneuf-du-Pape
Tél. 04 90 83 70 51
contact@chateausixtine.com
www.cuveeduvatican.fr
Visite : Du lundi au vendredi de 9h à 12h
et de 14h à 18h.

Châteauneuf-du-Pape 2010
Rouge | 2014 à 2021 | 43 € **16,5/20**
Robe opaque et grenat, fruit rouge et noir, frais et mûr, allonge épanouie, saveur finement épicée, persistance brillante.

Châteauneuf-du-Pape Manus Dei 2010
Rouge | 2012 à 2021 | 25 € **15,5/20**
Dense, sérieux, bonne allonge franche, tanin un peu sec mais volume.

TARDIEU-LAURENT

Les Grandes Bastides - Route de Cucuron
84160 Lourmarin
Tél. 04 90 68 80 25 • Fax : 04 90 68 22 65
info@tardieu-laurent.com • www.tardieu-laurent.com
Visite : De 8h à 12h et de 13h30 à 17h.

Michel Tardieu s'impose aujourd'hui comme l'un des meilleurs négociants de la Vallée du Rhône. Au coeur de très douce commune de Lourmarin, Michel et son fils Bastien évoluent autour de raisins de très vieilles vignes, parfaitement sélectionnés, et surtout élevés autour d'un boisé qui se tempère au fur et à mesure des millésimes. La sélection proposée sur 2010 offre des texture raffinées, savoureuses avec de très longues persistances, signes de grands terroirs. Mention particulière pour le châteauneuf-du-pape Vieilles Vignes provenant du cœur de la Crau, fabuleux terroir historique.

Châteauneuf-du-Pape 2010
Blanc | 2015 à 2024 | 32 € **16/20**
Des senteurs d'amande et de miel de châtaignier impriment le nez. La texture de bouche offre une chair et une consistance savoureuses avec une minéralité bien dessinée.

Châteauneuf-du-Pape cuvée Spéciale 2010
Rouge | 2018 à 2035 | 46 € **18/20**
La gamme aromatique évoque des notes entêtantes de balsamique, de terre chaude et de figue. La texture de bouche est longue, charnue avec un équilibre rare. Un flacon unique et une hymne aux grands Chateauneuf.

Châteauneuf-du-Pape Vieilles Vignes 2010
Rouge | 2017 à 2035 | 46 € **17/20**
Le nez plonge avec élégance sur des senteurs de figue, de prune et d'épices. La texture de bouche offre un relief confortable souligné par une trame tannique suave.

Côtes du Rhône Guy-Louis 2010 ☺
Rouge | 2014 à 2020 | 16 € **14/20**
Dégusté juste avant la mise en bouteille, on apprécie le fruité gourmand, porté sur la prune, et les notes plus chocolatées d'une bouche friande et soyeuse.

Côtes du Rhône Les Becs fins 2010 ☺
Rouge | 2014 à 2020 | 8,20 € **14/20**
Comme à son habitude, voici une très belle réussite tout en gourmandise et en pulpeux de texture. Bienvenue à la gastronomie provençale.

Rasteau 2010

Rouge | 2015 à 2027 | 18 € **14/20**

Le soleil est dans le verre sur des fragrances chocolatées. La bouche est généreuse, finement tannique et mûre.

Saint-Joseph 2010

Rouge | 2017 à 2030 | 26 € **15/20**

La syrah se dessine sur des senteurs de violette et de poivre fraîchement moulu. La matière tannique en bouche est ciselée et finement structurée.

LES TERRASSES CÉVENOLES

999 Route de Nîmes • 30170 St Hippolyte du Fort
Tél. 04 66 77 21 30
cave-st-hippolyte@wanadoo.fr

IGP Cévennes Roche Fourcade 2010

Rouge | 2012 à 2014 | 5,30 € **14/20**

Un vin de plaisir, assurément. Nez raffiné, fruit pur, notes poivrées et de violette, avec une très belle expression de la syrah. Bouche tout aussi aromatique, charnue, avec une délicieuse fraîcheur.

DOMAINE DE LA TOURADE

Route de la Bollène • 84190 Gigondas
Tél. 04 90 70 91 09 • Fax : 04 90 70 96 31
tourade@aol.com
Visite : Du lundi au vendredi de 9h à 19h
et le week-end sur rendez-vous.

Propriété historique de Gigondas, dont on retrouve la devise, «Tradition et qualité», dans les différents vins. Le style est marqué par des rosés à la vinosité délicat et des rouges déclinés sous Gigondas et Vacqueyras avec des cuvées qui rivalisent de fruit pour certaines et de constitution pour d'autres.

Gigondas Morgane 2009

Rouge | 2017 à 2027 | 17 € **15/20**

La maturité séduit par des notes fumées et chocolatées. La matière en bouche est veloutée, avec une suavité rare et salivante.

Vacqueyras Cuvée de l'euse 2009

Rouge | 2015 à 2030 | 12,80 € **15/20**

On rentre dans un univers plus structuré avec une extraction marquée sur des nuances de fruits noirs pochés. La texture de bouche est encore compacte et ferme.

Vacqueyras Gourmande 2011

Rouge | 2014 à 2020 | 9,50 € **14/20**

La gamme aromatique livre des nuances épicées puis marquées par la prune. La texture de bouche est croquante et délicatement acidulée. Patienter encore 3 ans avant d'en profiter pleinement.

CLOS DE TRIAS

Route de la Roque-Alric • 84330 Le Barroux
Tél. 04 90 28 16 53 • Fax : 04 90 65 14 88
info@closdetrias.com • www.closdetrias.com
Visite : Sur rendez-vous.

Even Bakke a repris l'ancien Domaine Champaga à la veille des vendanges 2007. Mais avec treize ans d'expérience comme winemaker en Californie, Even possédait tous les outils nécessaires pour réussir ses vendanges en France. 15 hectares de vignes nichées au cœur des Dentelles, dans un cadre magnifique. Les vinifications se passent sans levures chimiques et avec le minimum de S02. Une certification en bio suivra certainement dans les années qui viennent.

Côtes du Ventoux 2009

Rouge | 2013 à 2017 | NC **15/20**

Bel assemblage de fruits noirs au nez, épicé et harmonieux en bouche, équilibré, tanin encore jeune mais avec de l'avenir.

Côtes du Ventoux L'Aube 2009

Rouge | 2012 à 2016 | NC **15,5/20**

Notes de thé noir et de sous-bois au nez, cette cuvée de grenache est complexe et profonde tout en restant gourmande et sapide.

Côtes du Ventoux Vieilles Vignes 2009

Rouge | 2013 à 2017 | NC **16,5/20**

Des vignes centenaires de grenache et pour 10 %, du carignan, un nez somptueux, riche et expressif, gourmand, riche et mûr en bouche avec un tanin soyeux, épicé et frais.

CHÂTEAU DE TRINQUEVEDEL

Trinquevedel • 30126 Tavel
Tél. 04 66 50 04 04 • Fax : 04 66 50 31 66
demoulin@chateau-trinquevedel.fr
www.chateau-trinquevedel.fr
Visite : Du lundi au vendredi de 9h à 12h et de 14h à 19h Le week-end sur rendez-vous.

TAVEL 2011
Rosé | 2012 à 2012 | NC **15/20**
Beau nez de fruits rouge, expressif et vif en bouche avec une belle attaque, rond mais avec de la matière.

VIN DE TABLE AUTREMENT TAVEL 2011 ☺
Rosé Doux | 2012 à 2013 | NC **14,5/20**
Un rosé d'apéritif, gourmand et gouleyant, fruits frais, rond et aromatique, très agréable, moins «sérieux» que son tavel habituel.

DOMAINE RAYMOND USSEGLIO

84230 Châteauneuf-du-Pape
Tél. 04 90 83 71 85 • Fax : 04 90 83 50 42
info@domaine-usseglio.fr • www.domaine-usseglio.fr
Visite : Sur rendez-vous.

CHÂTEAUNEUF-DU-PAPE 2010
Blanc | 2012 à 2015 | NC **15,5/20**
Quelle texture, quelle race ! Superbe matière, beaucoup de personnalité et de profondeur, le tout finissant sur une belle fraîcheur.

CHÂTEAUNEUF-DU-PAPE 2010
Rouge | 2012 à 2021 | NC **16/20**
Volume charnu et finement épicé, tanins ourlés, vin savoureux, persistance.

CHÂTEAUNEUF-DU-PAPE PURE ROUSSANE 2010
Blanc | 2012 à 2015 | NC **16,5/20**
Toute la richesse du cépage parfaitement liée à une structure serrée et sérieuse, texture dense et tendue, belle réussite !

DOMAINE PIERRE USSEGLIO ET FILS

Route d'Orange • 84230 Châteauneuf-du-Pape
Tél. 04 90 83 72 98 • Fax : 04 90 83 56 70
domaine-usseglio@wanadoo.fr
Visite : Sur rendez-vous.

Les deux fils de Pierre, Thierry et Jean-Pierre, mènent ce domaine classique depuis la fin des années 1990. Ils réalisent des vins intenses, solaires et de grande sève, particulièrement spectaculaires dans la cuvée faite pour la longue garde, Mon Aïeul. Le domaine n'a pas présenté d'échantillons cette année.

CHÂTEAUNEUF-DU-PAPE 2010
Blanc | 2012 à 2015 | NC **15,5/20**
Mûr et gras, le vin présente une texture riche mais avec un bel équilibre en bouche, du caractère et du potentiel.

CHÂTEAUNEUF-DU-PAPE 2010
Rouge | 2012 à 2021 | NC **15/20**
Volume équilibré, fruit noir et quetsche, bonne allonge.

CHÂTEAUNEUF-DU-PAPE MON AÏEUL 2010
Rouge | 2013 à 2021 | NC **16,5/20**
Beau bouquet au nez comme en bouche d'olive, de laurier et de fruits à noyau, bouche harmonieuse et tapissante, tanins sans sécheresse, allonge épicée avec une touche de menthol. Beaucoup de personnalité.

CHÂTEAU DE VAUDIEU

Route de Courthézon • 84230 Châteauneuf-du-Pape
Tél. 04 90 83 70 31 • Fax : 04 90 83 51 97
julien.brechet@famillebrechet.fr
www.famillebrechet.fr
Visite : Du lundi au vendredi de 10h à 12h et de 14h à 18h. Le samedi sur rendez-vous.

Cette magnifique propriété, située à l'est de Châteauneuf-du-Pape, fut acquise et restructurée par le grand négociant de Gigondas, Gabriel Meffre. Aujourd'hui dirigée par son petit-fils, elle retrouve un très haut niveau, tant en blanc qu'en rouge, sur l'ensemble de ses cuvées.

CHÂTEAUNEUF-DU-PAPE 2010
Blanc | 2012 à 2015 | NC **16/20**
Jolies notes d'agrumes et de tilleul, superbe texture riche mais équilibrée, avec l'acidité qu'il faut en finale.

CHÂTEAUNEUF-DU-PAPE 2010
Rouge | 2015 à 2024 | NC **15,5/20**
Charnu et intense, olive et sauge, finale assez serrée et un peu asséchante pour l'instant.

CHÂTEAUNEUF-DU-PAPE BELVÉDÈRE 2010
Blanc | 2012 à 2015 | NC **16,5/20**
Cuvée plus ambitieuse avec un élevage en barrique qui marque encore le vin. La matière est cependant superbe et le vin a un grand potentiel.

Châteauneuf-du-Pape Val de Dieu 2010
Rouge | 2014 à 2021 | NC **15/20**
Bon fruit gourmand, gras et souple, volume généreux avec une finale encore un peu ferme.

DOMAINE DE VERQUIÈRE

Rue Georges-Bonnefoy • 84110 Sablet
Tél. 04 90 46 90 11 • Fax : 04 90 46 99 69
chamfort@domaine-de-verquiere.com
www.domaine-de-verquiere.fr
Visite : Du lundi au vendredi de 8h à 12h et de 14h à 18h. Sur rendez-vous le weeke-end

Ce domaine familial, transmis de génération en génération, propose une séduisante gamme de vins aux accents méridionaux, ensoleillés sans jamais tomber dans l'excès. Une place non négligeable donnée à la conversion vers une agriculture biologique permet d'apporter finesse et justesse d'équilibre aux derniers millésimes.

Côtes du Rhône-Villages Sablet 2009
Rouge | 2015 à 2022 | 8,50 € **13,5/20**
La grenache dessine les subtilités du nez sur des touches de fruits noirs confiturés. Gourmandise et finesse de texture impriment la bouche.

DOMAINE DE LA VIEILLE JULIENNE

Le Grès • 84100 Orange
Tél. 04 90 34 20 10 • Fax : 04 90 34 10 20
contact@vieillejulienne.com • www.vieillejulienne.com
Visite : Sur rendez-vous.

Ce domaine d'un seul tenant est situé au nord de l'appellation. Pour autant, il partage sa superficie sur diverses appellations : 10 hectares sont en vin de pays, 10 en côtes-du-rhône et 10 en châteauneuf. Cultivé en bio depuis 1990, il est mené en biodynamie depuis maintenant cinq ans. 100 % éraflées, deux cuvées existent en rouge, l'une classique et l'autre, appelée Réservée, s'appuyant sur des vieilles vignes de grenache et de tout petits rendements. Nous n'avons pas pu déguster les vins cette année.

DOMAINE DU VIEUX TÉLÉGRAPHE

3, route de Châteauneuf-du-Pape - B.P. 5
84370 Bédarrides
Tél. 04 90 33 00 31 • Fax : 04 90 33 18 47
vignobles@brunier.fr • www.vignoblesbrunier.fr
Visite : Du lundi au vendredi de 8h à 12h et de 13h30 à 18h.

Cette splendide propriété de Bédarrides est l'un des crus majeurs de l'appellation et dispose d'un vaste vignoble d'un seul tenant, entièrement situé sur le plateau de la Crau. Le rouge est l'un des plus complets de l'appellation, dans un style qui ne privilégie pas la puissance et la générosité en alcool mais au contraire l'équilibre et la buvabilité.

Châteauneuf-du-Pape 2010
Rouge | 2014 à 2021 | NC **14,5/20**
Fruits à noyau, quetsche, volume épicé en bouche, finale assez brûlante.

Châteauneuf-du-Pape La Crau 2010
Blanc | 2012 à 2015 | NC **14,5/20**
Belle richesse de matière, expressif en bouche avec une légère note de barrique, bonne texture pleine mais sans lourdeur.

VIGNERONS DE CARACTÈRE

84190 Vacqueyras
Tél. 04 90 65 84 54 • Fax : 04 90 65 81 32
contact@vigneronsdecaractere.com
www.vigneronsdecaractere.com
Visite : Tous les jours: d'avril à octobre de 9h à 19h et le reste de l'année de 9h à 12h et de 14h à 18h.

Vignerons de caractère est la dénomination commerciale de la cave de Vacqueyras. Dirigée par Pascal Duconget, qui a su faire comprendre à ses adhérents les vertus de l'exigence de la vigne à la bouteille, elle propose une gamme large de cuvées et d'appellations. La cave commercialise à elle seule la moitié de la production de Vaqueyras et produit également d'autres appellations telles que Gigondas ou Beaumes-de-Venise. Seigneur de Fontimple est un coeur de gamme impeccablement vinifié dans les trois couleurs. Plusieurs cuvées poussent l'exigence encore plus loin, en compétition directe avec les meilleurs producteurs de l'appellation.

Gigondas Dentelles de Montmirail 2009
Rouge | 2012 à 2017 | NC **16/20**
Avec un supplément de fraîcheur par rapport aux vacqueyras du millésime, cette cuvée généreuse et épicée met en avant sa complexité de bouche.

Vacqueyras Eternité 2009
Rouge | 2012 à 2016 | 25,30 € **16/20**
à base de 80 % de grenache, complexe, généreux mais sans lourdeur, très suave, épicé, le tanin est élégant. Un vacqueyras de grand style.

Vacqueyras Seigneur de Fontimple 2011

Blanc | 2012 à 2014 | 13,20 € **15/20**

à dominante de grenache blanc, de viognier et de clairette, ce blanc onctueux, gourmand et salin montre de beaux amers étirés. Nous aimons la complexité et la dynamique de la finale.

Vacqueyras Seigneur de Fontimple 2010

Rouge | 2012 à 2016 | 13,20 € **14/20**

Cuvée friande et souple tout en étant bien structurée. Elle est très nette, agréable et représente un archétype des bons rouges du Rhône sud.

DOMAINE DE VILLENEUVE

Route de Courthézon • 84100 Orange
Tél. 04 90 34 57 55 • Fax : 04 90 51 61 22
domainedevilleneuve@free.fr
www.domainedevilleneuve.com
Visite : Sur rendez-vous.

Cette propriété discrète s'est bien installée dans le paysage de Châteauneuf, avec une cuvée unique issue de vieilles vignes de grenache. C'est un vin à la fois solide, solaire et raffiné, vieillissant avec beaucoup de style.

Châteauneuf-du-Pape Vieilles Vignes 2010

Rouge | 2012 à 2021 | NC **15/20**

Robe colorée et sombre, fruit noir très présent, encore un peu de gaz carbonique, beau volume et équilibre.

DOMAINE VINDEMIO

Avenue Jean-Jaurés • 84570 Villes-sur-Auzon
Tél. 04 90 70 20 45 • Fax : 09 70 62 46 01
vindemio@hotmail.fr • www.vindemio.com
Visite : Du mardi au samedi de 9h à 12h. Du 1er Juin au 30 septembre, du lundi au samedi de 9h à 12h30 et de 16h à 19h. Fermé en Janvier. En dehors de ces heures, sur rendez-vous au 06 79 03 53 86

Avec 15 hectares cultivés en bio, Jean Marot, rejoint par son fils Guillaume, vinifie trois cuvées en rouge et une en blanc. Depuis 2009, il s'est lancé dans la biodynamie pour aller encore plus loin dans le travail - déjà minutieux - de ses vignes. Au fur et à mesure des millésimes, les vins gagnent en élégance, en maturité et, surtout, en soyeux de textures. Les 2009 sont d'une concentration extraordinaire, tout en restant équilibrés, tandis que les 2010 jouent la carte de la subtilité et du raffinement.

Côtes du Ventoux Amadeus 2010

Rouge | 2015 à 2025 | 19 € **16,5/20**

La gamme aromatique évoque une notion plus solaire accompagnée de touches d'épices et de cuir. La texture est juteuse, charnue sur une matière tannique caressante.

Côtes du Ventoux Imagine 2010

Rouge | 2013 à 2022 | 14 € **16/20**

Cacao et cannelle s'expriment au nez avec élégance et raffinement. Le corps en bouche présente de l'ampleur, de la consistance, sur des tanins poudrés.

Côtes du Ventoux Regain 2009

Blanc | 2013 à 2020 | 8 € **16/20**

Délicate expression ensoleillée sur le brugnon, le miel et la verveine. En bouche, l'ampleur, le gras, font bon ménage avec une trame saline.

Côtes du Ventoux Regain 2010

Rouge | 2013 à 2020 | 8 € **14,5/20**

Expression finement structurée sur le cassis et la prune. La chair en bouche est dense, ample avec une maîtrise très élégante de l'élevage.

Un pari fou, faire du vin à Tahiti

La réalisation de vins en métropole bénéficie de près de trois millénaires de connaissances accumulées. On y a sans cesse cherché, testé, amélioré, les pratiques à la vigne comme au chai. Des centaines de milliers de cerveaux n'ont cessé de s'échanger échecs et bonnes pratiques. En Polynésie, rien de tout cela. Un homme, Dominique Anroy, a pourtant décidé d'y faire du vin. Il ne pouvait s'appuyer sur aucune expérience de culture de la vigne à cet endroit. Toutes les questions étaient posées. Quel cépage retenir ? Planter une seule variété, ou plusieurs, comme à Bordeaux, en Languedoc, pour capitaliser sur le meilleur de ce que chaque cépage pouvait apporter ? Où implanter ces vignes, les sols de Polynésie n'étant pas propices à cette culture, au moins sur le papier ? Et comment les conduire ? Aucun manuel de viticulture ne parlait de sol coralien en zone tropicale ! Autre difficulté, la vigne est une plante annuelle qui apprécie une saison froide et des saisons chaudes. Comment faire sans hiver ? Encore plus compliqué, comment capter l' ensoleillement très particulier à cette latitude, et donc limité ? Sans lui, les feuilles ne peuvent pas donner le sucre qui fait du bon raisin… On le voit, faire un vin à Tahiti exigeait plus que de simplement demander à un technicien d'y adapter des solutions éprouvées. Il fallait tout repenser à partir d'une page blanche. Nous avons aimé le Blanc de Corail 2009, goûté fin 2011. Impossible à rapprocher d'un type de vin connu sous nos latitudes plus classiques, il surprend par son volume de bouche et par la complexité de ses arômes. Son fruité est magnifique, ananas frais, pêches jaunes, abricots. La finale en bouche est impressionnante. Le 2011 prend la relève avec un peu moins d'opulence mais autant d'originalité.
14/20, 29,40 €. www.tahitiessentiels.com

Les index

DOMAINES MAISONS, ET CAVES

A

B

D

E

F

G

H

I

J

K

L

N

Q

R

S

T

W

Y

Z

AOC

AJACCIO

ALOXE-CORTON

ALSACE

ALSACE GRAND CRU

CHAMBERTIN GRAND CRU

CHAMBERTIN-CLOS DE BÈZE GRAND CRU

CHAMBOLLE-MUSIGNY

CHAMPAGNE

CORTON - CHARLEMAGNE GRAND CRU

CORTON - CHAUMES GRAND CRU

CORTON - CLOS DU ROI GRAND CRU

CORTON - GRÈVES GRAND CRU

CORTON - LE CORTON GRAND CRU

CORTON - LE ROGNET-ET-CORTON GRAND CRU

CORTON - LES VERGENNES GRAND CRU

CORTON - MARÉCHAUDES GRAND CRU

CORTON - POUGETS GRAND CRU

CORTON - RENARDES GRAND CRU

CORTON - VIGNE-AU-SAINT GRAND CRU

CORTON GRAND CRU

COSTIÈRES DE NÎMES

COSTIÈRES DE NIMES

CÔTE DE BEAUNE

CÔTE DE BROUILLY

CÔTE DE NUITS-VILLAGES

CÔTE ROANNAISE

CÔTE RÔTIE

COTEAUX DU LANGUEDOC - TERRASSES DU LARZAC

COTEAUX DU LAYON

COTEAUX DU LAYON BEAULIEU

COTEAUX DU LAYON CHAUME

COTEAUX DU LAYON FAYE D'ANJOU

COTEAUX DU LAYON RABLAY

COTEAUX DU LAYON SAINT-AUBIN

COTEAUX DU LAYON SAINT-LAMBERT

COTEAUX DU LOIR

COTEAUX DU VENDÔMOIS

COTEAUX VAROIS EN PROVENCE

CÔTES DE BERGERAC

CÔTES DE BORDEAUX

CÔTES DE BORDEAUX SAINT-MACAIRE

CÔTES DE BOURG

CÔTES DE CASTILLON

CÔTES DE DURAS

CÔTES DE FRANCS

CÔTES DE PROVENCE

CÔTES DE PROVENCE SAINTE-VICTOIRE

CÔTES DU BRULHOIS

CÔTES DU JURA

CÔTES DU LUBERON

CÔTES DU MARMANDAIS

CÔTES DU RHÔNE

CÔTES DU RHÔNE-VILLAGES

FRONSAC

FRONTON

GAILLAC

GEVREY-CHAMBERTIN

GIGONDAS

GIVRY

GRANDS-ÉCHEZEAUX GRAND CRU

GRAVES

PERNAND-VERGELESSES

PESSAC-LÉOGNAN

PETIT CHABLIS

PICPOUL DE PINET

POMEROL

POMMARD

SAINT-ESTÈPHE

SAINT-GEORGES-SAINT-ÉMILION

SAINT-JOSEPH

VINS DE PAYS : beaucoup de bouteilles sont encore étiquetées vins de pays. Nous avons provisoirement maintenu cette dénomination bien qu'elle soit en cours de remplacement par IGP, indication géographique protégée.

ILS NOUS ONT AIDÉS À RÉALISER CE GUIDE

Catherine Alby, Nathalie Archimbault, Jérémy Arnaud, Catherine Barbier-Lalève, Florence Barthes, Emma Baudry, Neil Bechetoille, Franck Berkules, Catherine Berté, Hervé Bianchi, David Bidegaray, Michel Blanc, Nelly Blau-Picard, Isabelle de Boisguilbert, François Boitard, Sylvain Boivert, Gontran Bosteaux, Audrey Bourolleau, Philippe Cabrit, Paula Campos, Amandine Carlier, Béatrice de Chabert, Guy Charneau, Baudoin de Chassey, Mishoko Condy, Hortense Courteaux, Stéphane Cros, Sophie Dabudyk, Emmanuelle Dantin, Clotilde Deleaz, Pascal Delbeck, Sonia Delgrange, Perrine Dequecker, Marlène Derc, Karine Devilder, Nathalie Diffi, Catherine Duperat, Patricia Ferrero, Cécile Fierdepied, Christelle Forestier, Thierry Fritsch, Jean Gabert, Nicolas Garcia, Jean-Marie Garde, Christine Gasq, Sandra Gay, Pascal Gianesini, Serge Giavitto, Isabelle Gibier, Céline Girod, Didier Gontier, Jean-Pierre Gouvazé, Jean-Philippe Granier, Emilienne Grazilly, Hubert Groutel, Christian Guerin, Dominique Huet, Marie-Hélène Inquimbert, Frédérique Javanaud, Corinne Lacombe, Isabelle Lallemand, Sandra Lanne, Aurélie Lanquetin, Cédric Laprun, Graziella Léon, Anne-Sophie Lerouge, Jean Lissague, Jean-Luc Longère, Marie Stéphane Malbec, Bruno Marchand, Cécile Mathiaud, Clément Mengus, Yannick Menguy, Virginie Monnier, Anny Morandy, Michel Morillon, Carole Perrier, Bernard Petiot, Michèle Piron-Soulat, Richard Planas, Nicolas Ponzo, Selma Régincos, Jean-Louis Rizet, Benoit Roumet, Denis Roumet, Catherine Roussel, Elodie Roux, Stéphane Roux, Olivier Rufflet, Guillaume Sénéchal, Joseph Sergi, Gérard Sibourg-Baudry, Philippe Simon, Bernard Sonnet, Nicolas Stromboni, Marie-Pierre Tamagnon, Jean Pierre Thène, Jean-François Touzet, Aude Tsitoglou, Carole Vidal, Marie Vigneron, Julien Vignault, Marie-France Villeneuve, Christian Vital, Jean-Louis Vivière, Jean-Luc Zell, Yves Zier, Alexandre de Zordi.

Les syndicats d'appellation de Fixin et Marsannay, Gevrey Chambertin, Chambolle Musigny, Morey Saint Denis, Vosne Romanée et Nuits Saint Georges

Cet ouvrage a été achevé d'imprimer en juillet 2012
sur les presses de l'imprimerie Rotolito Lombarda
Dépôt légal : août 2012
Imprimé en Italie